Kollmer / Klindt / Schucht

Arbeitsschutzgesetz

Arbeitsschutzgesetz

mit
BetrSichV · BaustellV · BildscharbV · LasthandhabV
PSA-BV · BiostoffV · MuSchArbV · LärmVibrationsArbSchV
OStrV · ArbMedVV · ArbStättV · EMFV

Kommentar

Herausgegeben von

Dr. Norbert Kollmer
Präsident des Zentrums Bayern Familie und Soziales

Prof. Dr. Thomas Klindt
Rechtsanwalt, Fachanwalt für Verwaltungsrecht,
Honorarprofessor an der Universität Kassel und an der Universität Bayreuth

Dr. Carsten Schucht
Rechtsanwalt

Bearbeitet von

Julia Balikcioglu, Dr. Wolfgang Balze, Dr. Maximilian Baßlsperger,
Prof. Dr. Carsten Doerfert, Tillmann Hecht,
Gerd Kann, Prof. Dr. Thomas Klindt, Prof. Dr. Wolfhard Kohte,
Dr. Norbert Kollmer, Dr. Dr. Michael Kossens, Dr. Kurt Kreizberg,
Susanne Kunz, Dr. Konrad Leube, Georg Lorenz,
Dr. Christian Pelz, Dr. Axel W. Schack, Dr. Petra Schack,
Prof. Dr. Birgit Schmidt am Busch, Dr. Carsten Schucht
Dr. Marc Steffek, Friedrich Wink

3. Auflage 2016

C.H.BECK

www.beck.de

ISBN 978 3 406 69582 7

© 2016 Verlag C. H. Beck oHG
Wilhelmstraße 9, 80801 München
Druck und Bindung: Beltz Bad Langensalza GmbH
Neustädter Straße 1–4, 99947 Bad Langensalza

Satz: Jung Crossmedia Publishing GmbH
Gewerbestr. 17, 35633 Lahnau

Umschlaggestaltung: Druckerei C. H. Beck Nördlingen

Gedruckt auf säurefreiem, alterungsbeständigem Papier
(hergestellt aus chlorfrei gebleichtem Zellstoff)

Verzeichnis der Bearbeiterinnen und Bearbeiter

Julia Balikcioglu, Oberregierungsrätin bei der Landesbehörde Zentrum Bayern Familie und Soziales, Landshut

Dr. Wolfgang Balze, Richter am Arbeitsgericht Augsburg

Dr. Maximilian Baßlsperger, Regierungsdirektor, Fachhochschullehrer an der Bayerischen Beamtenfachhochschule

Prof. Dr. Carsten Doerfert, Professor an der Fachhochschule Bielefeld

Tillmann Hecht, Rechtsanwalt, Fachanwalt für Arbeitsrecht, Frankfurt/Main

Dipl.-Ing. Gerd Kann, früher Berufsgenossenschaft Rohstoffe und chemische Industrie, Langenhagen

Prof. Dr. Thomas Klindt, Rechtsanwalt, Fachanwalt für Verwaltungsrecht, München, Honorarprofessor an der Universität Kassel

Prof. Dr. Wolfhard Kohte, pensionierter Professor an der Martin-Luther-Universität Halle

Dr. Norbert Kollmer, Präsident der Landesbehörde Zentrum Bayern Familie und Soziales, Bayreuth

Dr. Dr. **Michael Kossens,** M. A., Ministerialrat, Hannover

Dr. Kurt Kreizberg, Rechtsanwalt, Solingen, Lehrbeauftragter für Arbeits- und Sozialrecht an der Hochschule für Oekonomie und Management (FOM), Essen, Köln, Düsseldorf

Susanne Kunz, Richterin am Landessozialgericht, München

Dr. Konrad Leube, Geschäftsführer a. D. Bundesverband der Unfallversicherungsträger der öffentlichen Hand, Juristische Fakultät der Universität Passau

Georg Lorenz, Regierungsdirektor Recht, Abteilungsleiter Recht am Staatlichen Bauamt Nürnberg

Dr. Christian Pelz, Rechtsanwalt, Fachanwalt für Strafrecht und Fachanwalt für Steuerrecht, München

Dr. Axel W. Schack, Rechtsanwalt, Wiesbaden

Dr. Petra Schack, Rechtsanwältin, Wiesbaden

Prof. Dipl.-Ing. Dieter Schmidt, M. A., Professor an der Fachhochschule des Bundes für öffentliche Verwaltung in Dieburg a. D.

Priv.-Doz. Dr. Birgit Schmidt am Busch, LL. M. *(Univ. Iowa),* außerplanmäßige Professorin an der Ludwig-Maximilians-Universität München

Dr. Carsten Schucht, Rechtsanwalt, München

Dr. Marc Steffek, Rechtsanwalt, Fachanwalt für Arbeitsrecht, Berlin

Dipl.-Ing. Friedrich Wink, Gewerbeoberrat, Leiter Gewerbeaufsichtsamt bei der Regierung der Oberpfalz

Vorwort zur 3. Auflage

Pünktlich zur dritten Auflage dieses Kommentars sind die Schlagwörter „Industrie 4.0" und „Arbeit 4.0" in aller Munde: Die vierte industrielle Revolution wird mit ihrer allseitigen Vernetzung der Produktionsmittel *(smart products)* zur intelligenten Fabrik *(smart factory)* führen und die Arbeitsumwelt signifikant umgestalten. Um es gleich vorwegzunehmen, sind die sog. Neuen Gefahren, d.h. die psychischen Belastungen in der Arbeitsumwelt, zentraler Bestandteil dieser Neuauflage. Sie sind Gegenstand einer vertieften Abhandlung, die neu in den Teil der Systematischen Darstellungen aufgenommen wurde.

Der Wandel der Industrie- und Dienstleistungs- zur digitalen Gesellschaft hat das Herausgeber- und Autorenteam nicht zufällig in seinen Bann gezogen. Er ist vielmehr Ausfluss eines neuen ganzheitlichen Verständnisses von Arbeitsschutz, Arbeitssicherheit und Arbeitsumwelt (Arbeitsumwelt „vom Menschen, vom Mitarbeiter her gedacht").

Die Einstufung psychischer Belastungen als zu bekämpfende Gefahrenquelle hat eine erstaunliche Entwicklung genommen: Was noch im Jahr 1994 im Zuge der ersten Vorschläge und Entwürfe zu einem neuen Arbeitsschutz(rahmen)gesetz als Extrem- und Maximalforderung von interessierter Gewerkschaftsseite und damaliger Opposition befürwortet wurde, ist seit Herbst 2013 geräuschlos und weitestgehend unbeachtet von der breiten Öffentlichkeit im Arbeitsschutzgesetz verankert worden. An der Umsetzung in der betrieblichen Praxis hapert es freilich noch.

Neben zahlreichen weiteren Neuerungen auf gesetzlicher und verordnungsrechtlicher Ebene gibt es auch zwei personelle Veränderungen zu vermelden: Wir begrüßen sehr herzlich erstens Herrn Rechtsanwalt *Dr. Carsten Schucht* im Herausgeber- und Autorenteam und zweitens Frau *Julia Balikcioglu* im Autorenteam, die sich der Thematik „Arbeit 4.0" und den psychischen Belastungen am Arbeitsplatz angenommen hat.

Bayreuth und München im August 2016   Die Herausgeber

Vorwort zur 1. Auflage

„Arbeitsschutz verträgt keinen Stillstand" – mit diesem Satz leitete *Günther Sokoll* im Jahre 1999 sein Geleitwort zur Erstauflage des *Praxiskommentars Arbeitsschutzgesetz* ein. Recht hat er behalten, denn das Gesicht des deutschen Arbeitsschutzsystems hat sich auch *nach* der „großen Reform" des Arbeitsschutzes in Europa und in Deutschland (1989 bis 1996) *noch* weiter gehend gewandelt:
- Man denke nur an die Neuauflage des Geräte- und Produktsicherheitsgesetzes mit der Liberalisierung des Prüf- und Sachverständigenwesens im volkswirtschaftlich bedeutendsten Sektor der deutschen Industrie, nämlich dem Geräte- und Maschinenbau,
- man denke nur an die grundlegende Überarbeitung der Systematik des deutschen Gefahrstoffrechts mit den nunmehr gleitenden Verweisen auf die einschlägigen EU-Richtlinien,
- man denke nur an die Verschlankung der Arbeitsstättenverordnung von bisher 56 auf nunmehr 8 (!) Paragraphen;
- und man denke an die umfassende Reform des Rechts der Unfallversicherungsträger in den letzten drei Jahren, einher gehend mit der Schaffung einer Gemeinsamen Deutschen Arbeitsschutzstrategie im Jahre 2008.

Kurzum: Auch fast ein Jahrzehnt nach Inkrafttreten des Arbeitsschutzgesetzes 1996 ist „das einzig Konstante der Wechsel".

Gleichwohl sind die dynamischsten Zeiten des Systemwandels vorbei: Die derzeitigen Reformbemühungen stehen vielmehr im Zeichen der Konsolidierung, der Konzentration, der Vereinfachung und der praxisgerechten Ausgestaltung bestehenden Rechts. Diese Entwicklung ist erfreulich.

Der vorliegende Kommentar leistet nun seinen Beitrag zu *dem* wesentlichen Grundpfeiler des betrieblichen Arbeitsschutzes, dem „Grundgesetz" des Arbeitsschutzes, das schlicht und ergreifend den Namen „Arbeitsschutzgesetz" trägt. Kommentiert werden aber auch die auf dem Arbeitsschutzgesetz beruhenden Rechtsverordnungen, ohne die das Arbeitsschutzgesetz wie ein „Fisch ohne Wasser" wäre.

Einige Materien des Arbeitsschutzgesetzes unter darauf beruhenden Verordnungen haben sich dynamisch entwickelt – man denke nur an das Mitbestimmungsrecht, an die vielfältigen Praxishilfen im Bereich der Gefährdungsbeurteilung sowie an die Rechtsprechung zur arbeitgeberischen Kostentragungspflicht für Sehhilfen. Andere Teile wiederum sind recht statisch geblieben, der „Zahn der Rechtsprechung" ist spurlos an ihnen vorbeigegangen.

Entsprechend differenziert findet der Leser dieses nunmehr von Loseblatt- auf gebundene Ausgabe umgestellte Werk die Nachkommentierungen. Einige Beiträge wurden naturgemäß vollkommen überarbeitet (so z. B. die Beiträge zur Gefährdungsbeurteilung und zu deren Dokumentation sowie zu den Definitionen), andere Beiträge wiederum vornehmlich an die aktuelle Rechtslage angepasst und durchgesehen, so beispielsweise die Grundsatzkommentierung zur Zielbestimmung des § 1 ArbSchG.

München/Brüssel, den 1. Mai. 2005   Norbert Kollmer

Inhaltsverzeichnis

	Seite
Abkürzungsverzeichnis	XIII
Verzeichnis der abgekürzt zitierten Literatur	XXV

Einleitung

A. Verfassungsrechtliche Grundlagen *(Schmidt am Busch)* 1
B. Europarechtliche Grundlagen *(Balze)* 21

Kommentar

Gesetz über die Durchführung von Maßnahmen des Arbeitsschutzes zur Verbesserung der Sicherheit und des Gesundheitsschutzes der Beschäftigten bei der Arbeit (Arbeitsschutzgesetz – ArbSchG)

Überblick Vor § 1 *(Kollmer)* 53

Erster Abschnitt. Allgemeine Vorschriften

§ 1 Zielsetzung und Anwendungsbereich *(Kollmer)* 85
§ 2 Begriffsbestimmungen *(Kohte)* 114

Zweiter Abschnitt. Pflichten des Arbeitgebers

§ 3 Grundpflichten des Arbeitgebers *(Kohte)* 164
§ 4 Allgemeine Grundsätze *(Kohte)* 212
§ 5 Beurteilung der Arbeitsbedingungen *(Kreizberg)* 229
§ 6 Dokumentation *(Kreizberg)* 253
§ 7 Übertragung von Aufgaben *(Schack/Schack)* 269
§ 8 Zusammenarbeit mehrerer Arbeitgeber *(Schack/Schack)* 288
§ 9 Besondere Gefahren *(Kohte)* 299
§ 10 Erste Hilfe und sonstige Notfallmaßnahmen *(Steffek)* 326
§ 11 Arbeitsmedizinische Vorsorge *(Leube)* 336
§ 12 Unterweisung *(Steffek)* 351
§ 13 Verantwortliche Personen *(Steffek)* 356
§ 14 Unterrichtung und Anhörung der Beschäftigten des öffentlichen Dienstes *(Baßlsperger)* 384

Dritter Abschnitt. Pflichten und Rechte der Beschäftigten

§ 15 Pflichten der Beschäftigten *(Schucht)* 392
§ 16 Besondere Unterstützungspflichten *(Schucht)* 419
§ 17 Rechte der Beschäftigten *(Schucht)* 449

Inhalt

Seite

Vierter Abschnitt. Verordnungsermächtigungen
§ 18 Verordnungsermächtigungen *(Doerfert)* 471
§ 19 Rechtsakte der Europäischen Gemeinschaften und zwischenstaatliche Vereinbarungen *(Doerfert)* 476
§ 20 Regelungen für den öffentlichen Dienst *(Baßlsperger)* 482

Fünfter Abschnitt. Gemeinsame deutsche Arbeitsschutzstrategie
§ 20a Gemeinsame deutsche Arbeitsschutzstrategie *(Schucht)* 506
§ 20b Nationale Arbeitsschutzkonferenz *(Kollmer)* 519

Sechster Abschnitt. Schlußvorschriften
§ 21 Zuständige Behörden; Zusammenwirken mit den Trägern der gesetzlichen Unfallversicherung *(Schucht)* 529
§ 22 Befugnisse der zuständigen Behörden *(Kunz)* 567
§ 23 Betriebliche Daten; Zusammenarbeit mit anderen Behörden; Jahresbericht *(Baßlsperger)* 619
§ 24 Ermächtigung zum Erlaß von allgemeinen Verwaltungsvorschriften *(Doerfert)* ... 638
§ 25 Bußgeldvorschriften *(Pelz)* 641
§ 26 Strafvorschriften *(Pelz)* 666

Erläuterung der Arbeitsschutzverordnungen

Verordnung über Sicherheit und Gesundheitsschutz bei der Verwendung von Arbeitsmitteln(Betriebssicherheitsverordnung – BetrSichV) *(Wink)* 673

Verordnung über Sicherheit und Gesundheitsschutz auf Baustellen (Baustellenverordnung – BaustellV) *(Kann)* 725

Verordnung über Sicherheit und Gesundheitsschutz bei der Arbeit an Bildschirmgeräten (Bildschirmarbeitsverordnung – BildscharbV) *(Kreizberg)* 744

Verordnung über Sicherheit und Gesundheitsschutz bei der manuellen Handhabung von Lasten bei der Arbeit (Lastenhandhabungsverordnung – LasthandhabV) *(Klindt)* 761

Verordnung über Sicherheit und Gesundheitsschutz bei der Benutzung persönlicher Schutzausrüstungen bei der Arbeit (PSA-Benutzungsverordnung – PSA-BV) *(Klindt)* .. 771

Verordnung über Sicherheit und Gesundheitsschutz bei Tätigkeiten mit biologischen Arbeitsstoffen (Biostoffverordnung – BiostoffV) *(Kossens)* 781

Verordnung zum Schutze der Mütter am Arbeitsplatz *(Kossens)* 833

Verordnung zum Schutz der Beschäftigten vor Gefährdungen durch Lärm und Vibrationen (Lärm- und Vibrations-Arbeitsschutzverordnung – LärmVibrationsArbSchV) *(Kreizberg)* 843

Verordnung zum Schutz der Beschäftigten vor Gefährdungen durch künstliche optische Strahlung (Arbeitsschutzverordnung zu künstlicher optischer Strahlung – OStrV) *(Kreizberg)* 864

Verordnung zur arbeitsmedizinischen Vorsorge (ArbMedVV) *(Kreizberg)* 888

Inhalt

Seite

Verordnung über Arbeitsstätten (Arbeitsstättenverordnung – ArbStättV) *(Lorenz)* 932

Verordnung zum Schutz der Beschäftigten vor Gefährdungen durch elektromagnetische Felder (Arbeitsschutzverordnung zu elektromagnetischen Feldern – EMFV) – Referentenentwurf der Bundesregierung (Stand: 5. April 2016) *(Kreizberg)* 1016

Systematische Darstellungen

A. Psychische Belastungen am Arbeitsplatz *(Balikcioglu)* 1049

B. Betriebliche Mitbestimmung im Arbeitsschutzrecht *(Hecht)* 1071

C. Arbeitssicherheitsgesetz *(Leube)* 1101

D. Siebtes Buch. Sozialgesetzbuch (Gesetzliche Unfallversicherung) *(Leube)* 1111

Sachverzeichnis 1157

Abkürzungsverzeichnis

ABAS	Ausschuss für Biologische Arbeitsstoffe
Abb.	Abbildung
ABBergV	Allgemeine Bundesbergverordnung
AbfG	Abfallgesetz
ABl	Amtsblatt
AblEG	Amtsblatt der Europäischen Gemeinschaften
Abs.	Absatz
Abschn.	Abschnitt
Abt.	Abteilung
AcetV	Acetylenverordnung
AcP	Archiv der civilistischen Praxis (Zeitschrift)
AD	Merkblätter der Arbeitsgemeinschaft Druckbehälter
admin.	administrativ
ADR	Europäisches Übereinkommen über die internationale Beförderung gefährlicher Güter auf der Straße
AEUV	Vertrag über die Arbeitsweise der Europäischen Union
AEntG	Arbeitnehmerentsendegesetz
AFG	Arbeitsförderungsgesetz
AG	Arbeitgeber/Arbeitsgericht/Aktiengesellschaft
AGA	Ausschuss für gefährliche Arbeitsstoffe
AGS	Ausschuss für Gefahrstoffe
AiB	Arbeitsrecht im Betrieb (Zeitschrift)
AK StVollzG	Alternativkommentar zum Strafvollzugsgesetz
AktG	Aktiengesetz
AllgVwV	Allgemeine Verwaltungsvorschrift
AllMBl	Allgemeines Ministerialblatt
AMBV	Arbeitsmittelbenutzungsverordnung
AMG	Arzneimittelgesetz
AMS	Arbeitsschutzmanagement-System
Amtl. Anm.	Amtliche Anmerkung
AN	Arbeitnehmer
Anh.	Anhang
Anm.	Anmerkung
AOK	Allgemeine Ortskrankenkasse
AöR	Anstalt öffentlichen Rechts/Archiv des öffentlichen Rechts (Zeitschrift)
AP	Arbeitsrechtliche Praxis, Nachschlagewerk des Bundesarbeitsgerichts
AR-Blattei SD	Arbeitsrechtsblattei, Losebl., Systematischer Darstellungsteil
ArbG	Arbeitsgericht
ArbGG	Arbeitsgerichtsgesetz
ArbMedVV	Verordnung zur arbeitsmedizinischen Vorsorge
ArbR	Arbeitsrecht
ArbSch	Arbeitsschutz-Fachteil des Bundesarbeitsblattes bis 1978
ArbSchG	Arbeitsschutzgesetz
ArbSchRG(-E)	Arbeitsschutzrahmengesetz (seinerzeit gescheiterter Gesetzentwurf)

Abkürzungsverzeichnis

ArbStättV	Arbeitsstättenverordnung
ArbuR	Arbeit und Recht (Zeitschrift)
ArbuSozPol	Arbeit und Sozialpolitik (Zeitschrift)
ArbZG	Arbeitszeitgesetz
ArbZRG	Arbeitszeitrechtsgesetz
arg.	argumentum
Arge	Arbeitsgemeinschaft
Art.	Artikel
ASiG	Gesetz über Betriebsärzte, Sicherheitsingenieure und andere Fachkräfte für Arbeitssicherheit
ASP	Arbeitsmedizin, Sozialmedizin, Präventionsmedizin (Zeitschrift)
ASR	Technische Regeln für Arbeitsstätten
ASUMed	Arbeitsmedizin Sozialmedizin Umweltmedizin (Zeitschrift)
AsylblG/AsylVfG	Asylbewerberleistungsgesetz/Asylverfahrensgesetz
AtG	Atomgesetz
AuA	Arbeit und Arbeitsrecht (Zeitschrift)
Aufl.	Auflage
AufzV	Verordnung über Aufzugsanlagen
AuG	Arbeit und Gesundheitsschutz
AÜG	Arbeitnehmerüberlassungsgesetz
AuR/ArbuR	Arbeit und Recht (Zeitschrift)
AuslG	Ausländergesetz
AVV	Allgemeine Verwaltungsvorschrift
Az.	Aktenzeichen
AZO	Arbeitszeitordnung
BA	Bundesanstalt für Arbeit
BÄ	Betriebsärzte
BAG	Bundesarbeitsgericht
BAGE	Entscheidungen des Bundesarbeitsgerichts
BAM	Bundesanstalt für Materialforschung und -prüfung
BAnz	Bundesanzeiger (Bekanntmachungen des Bundes)
BArbBl.	Bundesarbeitsblatt (des Bundesarbeitsministeriums)
BASI	Bundesarbeitsgemeinschaft für Sicherheit und Gesundheitsschutz bei der Arbeit
BAT	Bundesangestelltentarifvertrag/Biologischer Arbeitsplatztoleranzwert
BAU	Bundesanstalt für Arbeitsschutz (frühere Bezeichnung)
BAuA	Bundesanstalt für Arbeitsschutz und Arbeitsmedizin in Dortmund und Berlin
BauR	Baurecht (Zeitschrift)
BaustellV	Baustellenverordnung
BayBG	Bayerisches Beamtengesetz
BayBO	Bayerische Bauordnung
BayKostG	Bayerisches Kostengesetz
BayLStVG	Bayerisches Landesstraf- und Verordnungsgesetz
BayObLG	Bayerisches Oberstes Landesgericht
BayPAG	Bayerisches Polizeiaufgabengesetz
BayRS	Sammlung bayerischer Rechtsvorschriften
BaySTMAS	Sozialordnung, Familie, Frauen und Gesundheit
BayStMI	Bayerisches Staatsministerium des Innern

Abkürzungsverzeichnis

BayVBl.	Bayerisches Verwaltungsblatt
BayVGH	Bayerischer Verwaltungsgerichtshof
BayVwZVG	Bayerisches Verwaltungszustellungs- und Vollstreckungsgesetz
BB	Betriebs-Berater (Zeitschrift)
BBergG	Bundesberggesetz
BBG	Bundesbeamtengesetz
BBiG	Berufbildungsgesetz
Bd.	Band
BDA	Bundesverband Deutscher Arbeitgeberverbände
BDI	Bundesverband der Deutschen Industrie
BDSG	Gesetz zum Schutz vor Missbrauch personenbezogener Daten bei der Datenverarbeitung
Begr. AT/BT	Begründung zum Allgemeinen/Besonderen Teil des Gesetz- oder Verordnungsentwurfs
Beil.	Beilage/(zur Zeitschrift)
Bek.	Bekanntmachung
ber.	bereinigt, berichtigt
BErzGG	Bundeserziehungsgeldgesetz
Beschl.	Beschluss
BetrR	Der Betriebsrat (Zeitschrift)
BetrVG	Betriebsverfassungsgesetz
BfA	Betriebsbeauftragter für Abfall
BfG	Betriebsbeauftragter für Gewässerschutz
BFH	Bundesfinanzhof
BfI	Betriebsbeauftragter für Immissionsschutz
BFK	Bücker/Feldhoff/Kohte, Vom Arbeitsschutz zur Arbeitsumwelt (Buch)
BG	Berufsgenossenschaft, Die Berufsgenossenschaft (Zeitschrift)
BGA	Bundesgesundheitsamt
BGB	Bürgerliches Gesetzbuch
BGBl. I	Bundesgesetzblatt Teil I (Gesetze und Verordnungen des Bundes)
BGBl. II	Bundesgesetzblatt Teil II (völkerrechtliche Vereinbarungen, Rechtsvorschriften, Bekanntmachungen)
BGBl. III	Bundesgesetzblatt Teil III (Sammlung des Bundesrechts)
BGH	Bundesgerichtshof
BGHSt	Entscheidungen des Bundesgerichtshof in Strafsachen
BGHZ	Entscheidungen des Bundesgerichtshofs in Zivilsachen
BGV	Berufsgenossenschaftliche Vorschrift
BildscharbV	Bildschirmarbeitsverordnung
BinSchG	Binnenschifffahrtsgesetz
BiostoffV	Verordnung über biologische Arbeitsstoffe
BK	Berufskrankheit(en)
BKK	Bundesverband der Betriebskrankenkassen/Die Betriebskrankenkasse (Zeitschrift)
BKV(O)	Berufskrankheitenverordnung
BImSchG	Bundes-Immissionsschutzgesetz
BImSchV	Verordnung zur Durchführung des Bundes-Immissionsschutzgesetzes
BinSchUO	Binnenschiffsuntersuchungsordnung
BMA	Bundesminister(ium) für Arbeit und Sozialordnung
BMBau	Bundesminister(ium) für Raumordnung, Bauwesen und Städtebau

Abkürzungsverzeichnis

BMI	Bundesminister(ium) des Innern
BMU	Bundesminister(ium) für Umwelt, Naturschutz und Reaktorsicherheit
BMVg	Bundesminister(ium) der Verteidigung
BMWA	Bundesministerium für Wirtschaft und Arbeit
BMWi	Bundesminister(ium) für Wirtschaft
BMZ	Bundesminister(ium) für wirtschaftliche Zusammenarbeit
BPersVG	Bundespersonalvertretungsgesetz
BR	Bundesrat
BRAK	Bundesrechtsanwaltskammer
BR-Drs.	Bundesratsdrucksache
BReg	Bundesregierung
BRK	Bayerisches Rotes Kreuz
BRRG	Beamtenrechtsrahmengesetz
BSchG	Beschäftigtenschutzgesetz
BSG	Bundessozialgericht
BSGE	Entscheidungen des Bundessozialgerichts
BSHG	Bundessozialhilfegesetz
BT	Bundestag
BT-Drs.	Bundestagsdrucksache
BUrlG	Bundesurlaubsgesetz
BVerfG	Bundesverfassungsgericht
BVerfGE	Entscheidungen des Bundesverfassungsgerichts
BVerwG	Bundesverwaltungsgericht
BVerwGE	Entscheidungen des Bundesverwaltungsgerichts
BZRG	Bundeszentralregistergesetz
BW	Baden-Württemberg
CE	Europäische Gemeinschaft
CEN	Europäisches Komitee für Normung
CENELEC	Europäisches Komitee für elektronische Normung
ChemG	Chemikaliengesetz
CIS	Internationales Informationszentrum
CR	Computer und Recht (Zeitschrift)
d.	der/die/das
dh	das heißt
DAB	Deutsches Architektenblatt
DAbF	Deutscher Ausschuss für brennbare Flüssigkeiten
DAcA	Deutscher Acetylenausschuss
DAGSch	Deutscher Ausschuss für Getränkeschankanlagen
DampfkV	Dampfkesselverordnung
dB	Dezibel
DB	Der Betrieb (Zeitschrift)
DBA	Deutscher Druckbehälterausschuss
DGA	Deutscher Druckgasausschuss
DGAH	Deutsche Gesellschaft für Arbeitshygiene
DGUV	Deutsche Gesetzliche Unfallversicherung (zugl.: Zeitschrift)
DGB	Deutscher Gewerkschaftsbund
Die BG	Die Berufsgenossenschaft (Zeitschrift)
DIN	Deutsches Institut für Normung e.V.

Abkürzungsverzeichnis

Diss.	Dissertation
DKK(S)	Däubler/Kittner/Klebe (Kommentar)
DöD	Der öffentliche Dienst (Zeitschrift)
DÖV	Die öffentliche Verwaltung (Zeitschrift)
DRiG	Deutsches Richtergesetz
DRK	Deutsches Rotes Kreuz
DruckbehV	Druckbehälterverordnung
DruckluftV	Druckluftverordnung
DV/DVO	Durchführungsverordnung
DVBl.	Deutsches Verwaltungsblatt (Zeitschrift)
DVW	Der Verwaltungswirt (Zeitschrift)
DWiR	Deutsche Zeitschrift für Wirtschaftsrecht
E	Entscheidung(en)
EAS	Europäisches Arbeits- und Sozialrecht (Loseblattwerk von *Oetker/ Preis*)
EASUG	Gesetz zur Umsetzung der EG-Rahmenrichtlinie Arbeitsschutz und weiterer Arbeitsschutz-Richtlinien
EDV	Elektronische Datenverarbeitung
EEA	Einheitliche Europäische Akte
EFTA	Europäische Freihandelszone
EG	Europäische Gemeinschaften
e. G.	eingetragene Genossenschaft
EGBGB	Einführungsgesetz zum Bürgerlichen Gesetzbuch
EGKO	Einführungsgesetz zur Konkursordnung
EGStGB	Einführungsgesetz zum StGB
EGV	Vertrag über die Gründung der Europäischen Gemeinschaften (Maastrichter Fassung)
Einl.	Einleitung
EKD	Evangelische Kirche Deutschlands
ElexV	Verordnung über elektrische Anlagen in explosionsgefährdeten Räumen
ElZulBergV	Elektrozulassungs-Bergverordnung
EMFV	Arbeitsschutzverordnung zu elektromagnetischen Feldern
EMG	Elektro-Myographie
EMVG	Gesetz über die elektromagnetische Verträglichkeit von Geräten
EP	Europäisches Parlament
ErfK	Erfurter Kommentar
Erg. Lfg.	Ergänzungslieferung
Erl.	Erlass/Erläuterungen
etc.	et cetera
EU	Europäische Union
EUG/EUG I	Europäisches Gericht erster Instanz
EuGH	Europäischer Gerichtshof
EuR	Europarecht (Zeitschrift)
EuroAS	Zeitschrift für Europäisches Arbeits- und Sozialrecht
EuroAS	Zeitschrift für Europäisches Arbeits- und Sozialrecht
EUV	Vertrag über die Europäische Union
EuGH	Europäischer Gerichtshof
EuZA	Europäische Zeitschrift für Arbeitsrecht

Abkürzungsverzeichnis

e.V.	eingetragener Verein
EWG	Europäische Wirtschaftsgemeinschaft
EWGV	Vertrag zur Gründung der Europäischen Wirtschaftsgemeinschaften
EWiV	Europäische wirtschaftliche Interessenvereinigung
EWS	Europäische Zeitschrift für Wirtschaft und Steuern
EzA	Entscheidungen zum Arbeitsrecht (Entscheidungssammlung)
f.	folgende
FAS	Fachkräfte für Arbeitssicherheit
FAZ	Frankfurter Allgemeine Zeitung
ff.	fortfolgende
FG	Festgabe
FG.	Festgabe
FK	Frankfurter Kommentar
FKHE	Fitting/Kaiser/Heither/Engels (Kommentar)
FlsBergV	Festlandsockel-Bergverordnung
FS	Festschrift
G	Gesetz
G+S	Gesund und Sicher (Zeitschrift)
GAA	Gewerbeaufsichtsamt
GAB	Gewerbeaufsichtsbeamte
GB	Gefahrgutbeauftragte(r)
GBl	Gesetzesblatt
GbR	Gesellschaft bürgerlichen Rechts
GbV	Gefahrgutbeauftragtenverordnung
GDA	Gemeinschaftliche Arbeitsschutzstrategie
GD	Generaldirektion(en)
GefahrgutV	Verordnung über die Beförderung gefährlicher Güter
GefStoffV	Gefahrstoffverordnung
gem.	gemäß
GemRdErl	Gemeinsamer Runderlass
GenDG	Gendiagnostikgesetz
GenTG	Gentechnikgesetz
GenTSV	Gentechnik-Sicherheitsverordnung
GenTVfV	Gentechnikverfahrensordnung
Ges.	Gesamt(e)/Gesetz
GesBergV	Gesundheitsschutz-Bergverordnung
GewArch/GewA	Gewerbearchiv (Zeitschrift)
GewO	Gewerbeordnung
GG	Grundgesetz
ggf.	gegebenenfalls
GKÖD	Gemeinschaftskommentar für den Öffentlichen Dienst
GMBl.	Gemeinsames Ministerialblatt der Bundesministerien
GPSOV	Verordnung zum Geräte- und Produktsicherheitsgesetz
GPSG	Geräte- und Produktsicherheitsgesetz
Gr	Gruppe
grds.	grundsätzlich
GS	Großer Senat
GSG	(früheres) Gerätesicherheitsgesetz

Abkürzungsverzeichnis

GSGV	(frühere) Verordnung zum Gerätesicherheitsgesetz
GtA	Gesetz über technische Arbeitsmittel
GUV	Gemeindeunfallversicherungsverband
GVBl	Gesetz- und Verordnungsblatt
GVG	Gerichtsverfassungsgesetz
h. A.	herrschende Auffassung
h. E.	hiesigen Erachtens
h. M.	herrschende Meinung
HAG	Heimarbeitergesetz
Halbs.	Halbsatz
HGB	Handelsgesetzbuch
HO	Handwerksordnung
HOAI	Honorarordnung für Architekten und Ingenieure
HRR	höchstrichterliche Rechtsprechung (Sammelwerk)
Hrsg.	Herausgeber
HSG	Hess/Schlochauer/Glaubitz, Kommentar
HVBG	(früherer) Hauptverband der gewerblichen Berufsgenossenschaften, Sankt Augustin (bis 2007)
HVwVG	Hessisches Verwaltungsvollstreckungsgesetz
HwO	Handwerksordnung
idF	in der Fassung
idR	in der Regel
idS	in diesem Sinne
IEC	Internationale Elektrotechnische Commission
ieS	im engeren Sinn
iSd	im Sinne des
iSv	im Sinne von
iVm	in Verbindung mit
IAA	Internationales Arbeitsamt
IAEO	Internationale Atomenergie-Organisation
IAK	Internationale Arbeitskonferenz
IAO/ILO	Internationale Arbeitsorganisation/International Labour Organization
IAS	Institut für Arbeit und Sozialhygiene
IEC	Internationale Elektrotechnische Kommission
IG	Industriegewerkschaft
IHK	Industrie- und Handelskammer
InsO	Insolvenzordnung
ISO	International Standardization Organization
IVSS	Internationale Vereinigung für soziale Sicherheit
JArbSchG	Jugendarbeitsschutzgesetz
JuS	Juristische Schulung (Zeitschrift)
JZ	Juristenzeitung
Kap.	Kapitel
KG	Kommanditgesellschaft
KindArbSchV	Kinderarbeitsschutzverordnung
KlimaBergV	Klima-Bergverordnung

Abkürzungsverzeichnis

KMU	Klein- und Mittelunternehmer
KO	Konkursordnung
Kom./Komm.	Kommentar
KrWG	Kreislaufwirtschaftsgesetz
KSchG	Kündigungsschutzgesetz
LadenschlußG	Ladenschlussgesetz
LAG	Landesarbeitsgericht
LASI	Länderausschuss für Arbeitsschutz und Sicherheitstechnik
LasthandhabV	Lastenhandhabungsverordnung
LB	Laserschutzbeauftragter
LBG	Landwirtschaftliche Berufsgenossenschaft
LfAS	(früheres) Bayerisches Landesamt für Arbeitsschutz, Arbeitsmedizin und Sicherheitstechnik
Lfg.	Lieferung
LG	Landgericht
LGE	Landgerichtsentscheidung (Amtliche Sammlung)
lit.	Buchstabe
LK	Leipziger Kommentar (zum Strafgesetzbuch)
LMBG	Lebensmittel- und Bedarfsgegenständegesetz
Losebl.	Loseblattwerk
LPVG	Landespersonalvertretungsgesetze der jeweiligen Länder
LSG	Landessozialgericht
m. E.	meines Erachtens
m. w. N.	mit weiteren Nachweisen
MAK	Maximale Arbeitsplatz-Konzentration
MDR	Monatsschrift für Deutsches Recht
med.	medizinisch
MedGV	Medizingeräteverordnung
MedR	Medizinrecht (Zeitschrift)
MIK	Maximale Immissions-Konzentration
Min.	Minute(n)
MinBl	Ministerialblatt
MitbestG	Mitbestimmungsgesetz
MPBetreibV	Medizinprodukte-Betreiberverordnung
MPG	Medizinproduktegesetz
MuSchG	Mutterschutzgesetz
MuSchRiV	Mutterschutzrichtlinienverordnung
MuSchV	Mutterschutzverordnung
MVG	Kirchengesetz über die Mitarbeitervertretungen in der Evangelischen Kirche Deutschlands
NAK	Nationale Arbeitsschutzkonferenz
nF	neue Fassung
NJW	Neue Juristische Wochenschrift (Zeitschrift)
NJW-CoR	Computerreport der Neuen Juristischen Wochenschrift (Zeitschrift)
Nr.	Nummer
NRW	Nordrhein-Westfalen
NSC	National Safety Council

Abkürzungsverzeichnis

NStZ	Neue Zeitschrift für Strafrecht
nv	nicht veröffentlicht
NVwZ	Neue Zeitschrift für Verwaltungsrecht
NW	Nordrhein-Westfalen
NZA	Neue Zeitschrift für Arbeitsrecht
NZA-RR	Neue Zeitschrift für Arbeitsrecht – Rechtsprechungsreport
NZS	Neue Zeitschrift für Sozialrecht
NZV	Neue Zeitschrift für Verkehrsrecht
OHG	Offene Handelsgesellschaft
OLG	Oberlandesgericht
OLGE	Entscheidungen des Oberlandesgerichts (Amtliche Sammlung)
OStrV	Arbeitsschutzverordnung zu künstlicher optischer Strahlung
OV/OWi	Ordnungswidrigkeitsverfahren (Aktenzeichen)
OVG	Oberverwaltungsgericht
OVGE	Entscheidungen des Oberverwaltungsgerichts
OWiG	Gesetz über Ordnungswidrigkeiten
ozN	oder zur Niederschrift
PAG	Polizeiaufgabengesetz
PAM	Personalaufnahmemittel
PersV	Die Personalvertretung (Zeitschrift)
PersVG	Personalvertretungsgesetz
ProdHG	Produkthaftungsgesetz
ProdSG	Produktsicherheitsgesetz
PSA	Persönliche Schutzausrüstung
PSA-BV	Persönliche Schutzausrüstungen-Benutzungsverordnung
PTB	Physikalisch-Technische Bundesanstalt
pVV	positive Vertragsverletzung
RABl	Reichsarbeitsblatt
Rd.-Erl.	Rundschreiben-Erlass
RdA	Recht der Arbeit (Zeitschrift)
RdErl.	Runderlass
RegBl	Regierungsblatt
RegE	Regierungsentwurf
RG	Reichsgericht
RGBl	Reichsgesetzblatt
RGRK	Kommentar zum Bürgerlichen Gesetzbuch, herausgegeben von Mitgliedern des Bundesgerichtshofs
RGSt	Entscheidungen des Reichgerichts in Strafsachen
RGZ	Entscheidungen des Reichgerichts in Zivilsachen
RL	Richtlinie
Rn.	Randnummer
ROG	Raumordnungsgesetz
RöV	Röntgenverordnung
rS	rechtsfähige Stiftung
RSI	Repetitive Strain Injuries
RVO	(frühere) Reichsversicherungsordnung
RZ	Randzeichen

Abkürzungsverzeichnis

S.	Seite/siehe
SAE	Sammlung arbeitsrechtlicher Entscheidungen (Zeitschrift)
SchankV	Getränkeschankanlagenverordnung
SchwbG	Schwerbehindertengesetz
SeemG	Seemannsgesetz
SGb	Die Sozialgerichtsbarkeit (Zeitschrift)
SGB	Sozialgesetzbuch
SGB VII	Siebtes Buch Sozialgesetzbuch
SGG	Sozialgerichtsgesetz
SiGE-Plan	Sicherheits- und Gesundheitsschutzplan (nach der Baustellenverordnung)
s. i. s.	Sicher ist sicher (Zeitschrift)
Slg.	Sammlung (Rechtsprechung des Europäischen Gerichtshofs)
sogen./sog.	sogenannt/e/r/n
SoldG	Soldatengesetz
SozSich	Soziale Sicherheit (Zeitschrift)
SprengG	Sprengstoffgesetz
SprengKostV	Kostenverordnung zum Sprengstoffgesetz
SprengRL	Sprengstofflagerrichtlinie
SprengV	Sprengstoffverordnung (1. SprengV usw.)
SprengVwV	Allgemeine Verwaltungsvorschrift zum Sprengstoffgesetz
st. Rspr.	ständige Rechtsprechung
StAnz	Staatsanzeiger
StB	Strahlenschutzbeauftragte(r)/Störfallbeauftragter
StGB	Strafgesetzbuch
StMAS	Staatsministerium für Arbeits- und Sozialordnung
StörfV	Störfall-Verordnung
StPO	Strafprozessordnung
str.	streitig
StrlSchV	Strahlenschutzverordnung
StRspr	ständige Rechtsprechung
StVG	Straßenverkehrsgesetz
StVO	Straßenverkehrs-Ordnung
StVollzG	Strafvollzugsgesetz
TAB	Technischer Aufsichtsbeamter
TALärm	Technische Anleitung zum Schutz gegen Lärm
TALuft	Technische Anleitung zur Reinhaltung der Luft
techn.	technisch
TG	Technische Grundsätze
TRA	Technische Regeln für Aufzüge
TRAC	Technische Regeln für Acetylenanlagen und Calciumcarbidlager
TRB	Technische Regeln zur Druckbehälterverordnung – Druckbehälter
TRBA	Technische Regeln für biologische Arbeitsstoffe
TRbF	Technische Regeln für brennbare Flüssigkeiten
TRD	Technische Regeln für Dampfkessel
TRF	Technische Regeln für Flüssiges
TRG	Technische Regeln für Druckgase
TRGL	Technische Regeln für Gashochdruckleitungen
TRGS	Technische Regeln für gefährliche Stoffe (früher TRgA)

Abkürzungsverzeichnis

TRK	Technische Richtkonzentration
TRR	Technische Regeln zur Druckbehälterverordnung – Rohrleitungen
TRSK	Technische Regeln für Getränkeschankanlagen
TU	Technische Universität
TÜ	Technische Überwachung
TÜV	Technischer Überwachungsverein
TV	Tarifvertrag
TVG	Tarifvertragsgesetz
u.	und
Urt.	Urteil
u. a.	unter anderen(m)/und andere
uE	unseres Erachtens
UIG	Umweltinformationsgesetz
uU	unter Umständen
UPR	Umwelt- und Planungsrecht (Zeitschrift)
Urt.	Urteil
usw.	und so weiter
UVEG	Gesetz zur Einordnung des Rechts der gesetzlichen Unfallversicherung in das Sozialgesetzbuch
UVT	Unfallversicherungsträger
UVV	Unfallverhütungsvorschriften der Berufsgenossenschaft
UWG	Gesetz über den unlauteren Wettbewerb
VbF	Verordnung über brennbare Flüssigkeiten
VBG	Unfallverhütungsvorschriften, herausgegeben vom Hauptverband der gewerblichen Berufsgenossenschaften
VDE	Verband Deutscher Elektrotechniker
VDI	Verein Deutscher Ingenieure
VDMA	Verband Deutscher Maschinen- und Anlagenbau
VDRI	Verein Deutscher Revisionsingenieure e. V.
VDSI	Verein Deutscher Sicherheitsingenieure e. V.
VdTÜV	Vereinigung der Technischen Überwachungsvereine
vergl./vgl.	vergleiche
VersR	Versicherungsrecht (Zeitschrift)
VG	Verwaltungsgericht
VGH	Verwaltungsgerichtshof
VO (EG)	EG-Verordnung
VO (EWG)	EWG-Verordnung
VO/V	Verordnung
VOB	Verdingungsordnung für Bauleistungen
VSSR	Vierteljahresschrift für Sozialrecht
VV	Verwaltungsvorschrift
VwGO	Verwaltungsgerichtsordnung
VwV	Allgemeine Verwaltungsvorschrift
VwVfG	Verwaltungsverfahrensgesetz des Bundes (wird teilweise stellvertretend zitiert für die VwVfG der Länder)
VwVG	Verwaltungsvollstreckungsgesetz
VwVZG	Verwaltungszustellungsgesetz
VzA	Anordnung der sofortigen Vollziehung

Abkürzungsverzeichnis

W(R)V	Weimarer (Reichs-)Verfassung
WGK	Weltgesundheitskonferenz
WGO	Weltgesundheitsorganisation
WHG	Wasserhaushaltsgesetz
WHO	World Health Organization (Weltgesundheitsorganisation)
WiB	Wirtschaftsberatung (Zeitschrift)
WinterbauVO	Arbeitsschutzverordnung für Winterbaustellen
WSI-Mitt.	Mitteilungen des Wirtschafts- und Sozialwissenschaftlichen Instituts des Deutschen Gewerkschaftsbundes
ZArbWiss.	Zeitschrift für Arbeitswissenschaft
zB	zum Beispiel
zT	zum Teil
Zbl. Arbeitsmed.	Zentralblatt für Arbeitsmedizin, Arbeitsschutz und Ergonomie (Zeitschrift)
ZBR	Zeitschrift für Beamtenrecht
ZfA	Zeitschrift für Arbeitsrecht
ZfB	Zeitschrift für Bergrecht
ZfG	Zeitschrift für Gesetzgebung
ZfSH/SGB	Zeitschrift für Sozialhilferecht und Sozialgesetzbuch
ZH 1	Sammelwerk, herausgegeben vom Hauptverband der gewerblichen Berufsgenossenschaften
Ziff.	Ziffer
ZIP	Zeitschrift für internationales Privatrecht
zit. n.	zitiert nach
ZPO	Zivilprozessordnung
ZRP	Zeitschrift für Rechtspolitik
ZTR	Zeitschrift für Tarif-, Arbeits- und Sozialrecht des öffentlichen Dienstes

Verzeichnis der abgekürzt zitierten Literatur

(Vgl. ergänzend auch die Angaben im jeweiligen Spezialschrifttum)

AK-StVollzG	Kommentar zum Strafvollzugsgesetz, hrsg. v. Feest/Lesting, 6. Aufl. 2011
AR-Blattei	Arbeitsrecht-Blattei, hrsg. v. Dietrich/Schwab/Neef Loseblatt, Stand 2007
BeckOK GewO	Beck'scher Online-Kommentar zur Gewerbeordnung, hrsg v. Pielow, Stand: 2016
Brand	Brand, SGB III, 7. Aufl. 2015
Calliess/Ruffert	Calliess/Ruffert (Hrsg.), EUV/AEUV, 5. Aufl. 2016
DKKW	Betriebsverfassungsgesetz, hrsg. v. Däubler/Kittner/Klebe/Wedde, 15. Aufl. 2016
EAS	Europäisches Arbeits- und Sozialrecht, hrsg. v. Oetker/Preis, Loseblatt, Stand: 2016
ErfK	Erfurter Kommentar zum Arbeitsrecht, hrsg. v. Müller-Glöge/Preis/Schmidt, 16. Aufl. 2016
Erman	Erman, BGB, 14. Aufl. 2014
EuArbR	Franzen/Gallner/Oetker, Kommentar zum europäischen Arbeitsrecht, 2016
Fitting	Fitting/Engels/Schmitt/Frebinger/Linsenmaier, Betriebsverfassungsgesetz, 28. Aufl. 2016
FK-InsO	Frankfurter Kommentar zur Insolvenzordnung, hrsg v. Wimmer, 8. Aufl. 2015
Friauf	Karl Heinrich Friauf (Hrsg.), Kommentar zur Gewerbeordnung, Loseblatt, Stand: 2016
Fuchs/Marhold	Fuchs/Marhold, Europäisches Arbeitsrecht, 4. Aufl. 2014
GKÖD I-IV	Gesamtkommentar für den öffentlichen Dienst, hrsg. v. Fürst/Franke/Weiß, Stand: 2016
GK-BetrVG	Gemeinschaftskommentar zum Betriebsverfassungsgesetz, hrsg. v. Wiese/Kreutz/Oetker/Raab/Weber/Franzen/Gutzeit/Jacobs, 10. Auflage 2014
GK-SGB	Gemeinschaftskommentar zum Sozialgesetzbuch IX, hrsg. v. Großmann/Schumanski/Spiolek, Loseblatt, Stand: 2015
Göhler	Göhler, Ordnungswidrigkeitengesetz, 16. Aufl. 2012
Hanau/Steinmeyer/Wank	Hanau/Steinmeyer/Wank, Handbuch des europäischen Arbeits- und Sozialrechts, 2002
Hauck/Noftz SGB I-XII	Sozialgesetzbuch SGB I bis Sozialgesetzbuch XII, hrsg. v. Hauck/Noftz, Loseblatt, Stand: 2016
Heilmann/Aufhauser	Heilmann/Aufhauser, Arbeitsschutzgesetz, NomosKomentar, 2. Aufl. 2015

Literaturverzeichnis

HK-ArbR	Däubler/Hjort/Schubert/Wolmerath(Hrsg.), Arbeitsrecht, 3. Aufl. 2013
HK-ArbSchR	Kohte/Faber/Feldhoff, NomosKommentar Gesamtes Arbeitsschutzrecht, 2014
HK-ASiG	Aufhauser/Braunhöber/Igl, Arbeitssicherheitsgesetz, 4. Aufl. 2010, Nomos Kommentar
HK-BetrVG	Düwell, Betriebsverfassungsgesetz, NomosKommentar, 4. Aufl. 2014
HK-SGB IX	Handkommentar zum Sozialgesetzbuch IX, hrsg. v. Lachwitz, Schellhorn, Welti, 4. Aufl. 2015
HwB AR	Handwörterbuch Rechtsprechung zum Arbeitsrecht, 3. Aufl. 2000/2001, hrsg. v. Schoof/Schmidt
Jarass/Pieroth	Jarass/Pieroth, Grundgesetz für die Bundesrepublik Deutschland, 14. Aufl. 2016
Jauernig	Jauernig, Bürgerliches Gesetzbuch, 16. Aufl. 2015
Kasseler Handbuch	Kasseler Handbuch zum Arbeitsrecht, hrsg. v. Leinemann, 2000
KassKomm	Kasseler Kommentar Sozialversicherungsrecht hrsg. v. Körner/Leitherer/Mutschler, Loseblatt, Stand: 2016
Kater/Leube	Gesetzliche Unfallversicherung VII, 1997
Kittner/Zwanziger/Deinert	Kittner/Zwanziger/Deinert, Arbeitsrecht, 8. Aufl. 2015
Koll/Janning/Pinter	Koll/Janning/Pinter, Arbeitsschutzgesetz, Loseblatt, Stand: 2016
KK-OWiG	Karlsruher Kommentar zum Ordnungswdrigkeitenrecht, hrsg. v. Senge, 4. Aufl. 2014
Kollmer ArbSchG	Kollmer, Arbeitsschutzgesetz und -verordnungen, 3. Aufl. 2008
Kollmer ArbStättV	Kollmer, Arbeitsstättenverordnung, 3. Aufl. 2009
Kollmer BauStellV	Kollmer, Baustellenverordnung, 2. Aufl. 2004
Kollmer/Vogl	Kollmer/Vogl, Das Arbeitsschutzgesetz, 1999
Kopp/Ramsauer	Verwaltungsverfahrensgesetz, 17. Aufl. 2016
Kopp/Schenke	Verwaltungsgerichtsordnung, 22. Aufl. 2016
KR	Gemeinschaftskommentar zum Kündigungsschutzgesetz und zu sonstigen kündigungsrechtlichen Vorschriften, hrsg. v. Beckel/Etzel/Bader
Landmann/Rohmer, GewO	Landmann/Rohmer, Gewerbeordnung, Loseblatt
Leinemann/Taubert	Berufsbildungsgesetz, 2. Auflage 2008
LPK-SGB VII	Becker/Franke/Molkentin, Sozialgesetzbuch VII, 4. Auflage 2014
MHdB ArbR	Münchner Handbuch zum Arbeitsrecht, hrsg. von Richardi/Wißmann/Wlotzke/Oetker, 3. Aufl. 2009
MüKoBGB	Münchener Kommentar zum Bürgerlichen Gesetzbuch, hrsg. v. Säcker/Rixecker/Oetker/Limperg, 6./7. Aufl. 2012ff.
NK-ArbR	Hümmerich/Boecken/Düwell, NomosKommentar Arbeitsrecht, 2. Aufl. 2010
Nöthlichs	Nöthlichs, Arbeitsschutz und Arbeitssicherheit, Loseblatt
Palandt	Bürgerliches Gesetzbuch, 75. Aufl. 2016

Literaturverzeichnis

Pielow	Pielow, Gewerbeordnung, 2009 (Printfassung)
Pieper ArbSchG	Pieper, Basiskommentar zum Arbeitsschutzgesetz, 6. Aufl. 2014
Pieper ArbSchR	Pieper, Arbeitsschutzrecht, 5. Aufl. 2012
Richardi	Richardi, Betriebsverfassungsgesetz, 15. Aufl. 2016
Sachs	Sachs (Hrsg.), Grundgesetz, 7. Aufl. 2014
Schaub ArbR-HdB	Schaub, Arbeitsrechts-Handbuch, 16. Aufl. 2015
Scheuermann/ Schucht BetrSichV	Scheuermann/Schucht, Die neue Betriebssicherheitsverordnung, 2015
Schmitt	Entgeltfortzahlungsgesetz und Aufwendungsausgleichgesetz Kommentar, 7. neubearbeitete Auflage 2012
Schwarze/Rebhahn	EU-Kommentar, 3. Aufl. 2012
Soergel	Soergel, Bürgerliches Gesetzbuch mit Einführungsgesetz und Nebengesetzen, 13. Aufl. 2000 ff., Kommentar
Staudinger	Staudinger, Kommentar zum Bürgerlichen Gesetzbuch, Buch 2, 15. Aufl. 2005 ff.
Streinz	Streinz (Hrsg.), EUV/AEUV, 2. Aufl. 2012
Tettinger/Wank/Ennuschat	Tettinger/Wank/Ennuschat, Gewerbeordnung, 8. Aufl. 2011
Wedde ArbR	Wedde, Arbeitsrecht, 4. Aufl. 2014
Wank TAS	Wank, Kommentar zum technischen Arbeitsschutz, 1999

Einleitung

A. Verfassungsrechtliche Grundlagen

Übersicht

	Rn.
A. Einführung	1
B. Arbeitsschutz als Verfassungsanliegen	3
I. Arbeitsschutz in der Weimarer Reichsverfassung	4
II. Arbeitsschutz in den Verfassungen der DDR	7
III. Arbeitsschutz im Grundgesetz	9
IV. Arbeitsschutz in den Landesverfassungen	12
C. Verfassungsrechtlicher Regelungsauftrag für den Arbeitsschutz	17
I. Schutzauftrag aus dem Sozialstaatsprinzip	19
II. Schutzauftrag aus den Grundrechten	21
1. Schutz von Leben und körperlicher Unversehrtheit (Art. 2 Abs. 2 Satz 1 GG)	23
a) Schutzbereich	24
b) Auslösung der Schutzpflicht	29
2. Schutz der Menschenwürde (Art. 1 Abs. 1 GG)	32
3. Schutz der Mütter, von Jugendlichen und Menschen mit Behinderungen (Art. 6 Abs. 4 GG, Art. 2 Abs. 1 i. V. m. Art. 1 Abs. 1 GG und Art. 3 Abs. 3 Satz 2 GG)	34
D. Verfassungsrechtliche Grenzen staatlicher Arbeitsschutzregelungen	38
I. Berufsfreiheit des Arbeitgebers und des Arbeitnehmers (Art. 12 Abs. 1 GG)	39
II. Recht auf Gleichbehandlung, insbesondere von Männern und Frauen (Art. 3 Abs. 2 GG)	43
E. Gesetzgebungszuständigkeiten im Bereich des Arbeitsschutzes	46
I. Gesetzgebungszuständigkeiten des Bundes	47
II. Verbleibende Landeszuständigkeiten	53
F. Überlagerung des Verfassungsrechts durch das EU-Recht im Bereich des Arbeitsschutzes	55
I. Überlagerung des verfassungsrechtlichen Regelungsauftrags für den Arbeitsschutz durch Pflicht zur Umsetzung der EU-Arbeitsschutzrichtlinien	56
II. Eingeschränkter verfassungsrechtlicher Prüfungsmaßstab bei EU-rechtlich determinierten Arbeitsschutzregelungen	57

Literatur: *Brenne,* Soziale Grundrechte in den Landesverfassungen, 2003; *Diercks,* Soziale Grundrechte in der DDR: Bewertung und die verfassungsrechtliche Problematik ihrer Verbürgung im Grundgesetz, 1993; *Hermes,* Das Grundrecht auf Schutz von Leben und Gesundheit, Schutzpflicht und Schutzanspruch aus Art. 2 Abs. 2 Satz 1 GG, 1987; *Lange,* Soziale Grundrechte in der deutschen Verfassungsentwicklung und in den derzeitigen Länderverfassungen in Böckenförde/Jekewitz/Ramm (Hrsg.), Soziale Grundrechte, 1981, S. 49; *Löwisch,* Schutz der Selbstbestimmung durch Fremdbestimmung – Zur verfassungsrechtlichen Ambivalenz des Arbeitnehmerschutzes, ZfA 1996, 293; *Nörr,* Arbeitsrecht und Verfassung – Das Beispiel der Weimarer Reichsverfassung von 1919, ZfA 1992, 361; *Simon,* Plädoyer zur verfassungskräftigen

Einl A Einleitung

Anerkennung sozialer Rechte, ArbuR 1992, 289; *Graf Vitzthum*, Soziale Grundrechte und Staatszielbestimmungen morgen – Landesverfassungsgebung und Grundgesetzreform, ZfA 1991, 695; *Zöllner*, Arbeitsrecht unter neuen verfassungsrechtlichen Vorgaben?, ZfA 1991, 713.

A. Einführung

1   Das Arbeitsschutzgesetz (ArbSchG) vom 7.8.1996 (BGBl. I S. 1246, zuletzt geändert durch Art. 427 der Verordnung vom 31.8.2015 [BGBl. I S. 1474]), das durch zahlreiche Verordnungen konkretisiert wird, ist das zentrale Gesetz für den betrieblichen Arbeitsschutz. Es wird vervollständigt durch das Arbeitssicherheitsgesetz (ArbSiG) vom 12.12.1973 (BGBl. I S. 1885, zuletzt geändert durch Art. 3 Abs. 5 des Gesetzes vom 20.4.2013 [BGBl. I S. 868]). Darüber hinaus finden sich Regelungen zum Gesundheitsschutz am Arbeitsplatz in vielen Spezialgesetzen wie z. B. im Arbeitszeitgesetz (ArbZG) vom 6.6.1994 (BGBl. I S. 1170, 1171, zuletzt geändert durch Art. 3 Abs. 6 des Gesetzes vom 20.4.2013 [BGBl. I S. 868]) oder Mutterschutzgesetz (MuSchG) in der Fassung der Bekanntmachung vom 20.6.2002 (BGBl. I S. 2318, zuletzt geändert durch Art. 6 des Gesetzes vom 23.10.2012 [BGBl. I S. 2246]). Zweck der staatlichen Arbeitsschutzregelungen ist die **Verbesserung der Sicherheit und des Gesundheitsschutzes der Beschäftigten bei der Arbeit,** d. h. vor allem die Verhütung von Unfällen am Arbeitsplatz und von arbeitsbedingten Gesundheitsgefahren.

2   Mit der Weimarer Reichsverfassung wurde Arbeitsschutz erstmalig als Verfassungsanliegen formuliert. Wenngleich zurückhaltender als die Weimarer Reichsverfassung, setzt auch das Grundgesetz wichtige Impulse für den Arbeitsschutz (→ Rn. 3 ff.). Sowohl dem Sozialstaatsprinzip als auch einzelnen Grundrechten lässt sich ein Auftrag an den Gesetzgeber entnehmen, für sichere und gesunde Arbeitsbedingungen zu sorgen. Dem ist der Gesetzgeber mit dem Arbeitsschutzgesetz nachgekommen (→ Rn. 17 ff.). Gleichzeitig setzt das Grundgesetz dem Arbeitsschutz auch Grenzen, insbesondere hat der Gesetzgeber bei seinen Regelungen die Grundrechte des Arbeitgebers und der Beschäftigten zu achten (→ Rn. 38 ff.). Der Bund kann sich beim Erlass von Arbeitsschutzregelungen auf seine konkurrierende Gesetzgebungskompetenz nach Art. 74 Abs. 1 Nr. 12 GG berufen, die auch nach der Föderalismusreform 2006 die Regelung von Arbeitsschutzmaßnahmen in Gaststätten und in Bezug auf den Ladenschluss umfasst. Allerdings ist die personale Reichweite des Art. 74 Abs. 1 Nr. 12 GG begrenzt (→ Rn. 46 ff.). Das deutsche Arbeitsschutzrecht ist heute in weiten Teilen durch das EU-Recht determiniert (dazu *Balze* → Einl B Rn. 62 ff.), so dass das Verfassungsrecht insoweit vom EU-Recht überlagert wird (→ Rn. 55 ff.).

B. Arbeitsschutz als Verfassungsanliegen

3   Im Grundgesetz finden sich – anders als in der Weimarer Reichsverfassung oder den meisten Länderverfassungen – kaum konkrete Aussagen zum Arbeitsrecht bzw. zum Arbeitsschutz. Der Arbeitsschutz wird unmittelbar nur in der Kompetenznorm des Art. 74 Abs. 1 Nr. 12 GG angesprochen. Diese **Zurückhaltung im Grundgesetz ist historisch bedingt.** Sie geht zurück auf die Erfahrungen mit der Weimarer Reichsverfassung. Die Wortkargheit des Grundgesetzes in Bezug auf den Arbeitsschutz bedeutet jedoch nicht, dass Arbeitsschutz kein Verfassungsanlie-

A. Verfassungsrechtliche Grundlagen **Einl A**

gen ist. Auch nach der Werteordnung des Grundgesetzes kommt dem Arbeitsschutz große Bedeutung zu. Insbesondere über Art. 2 Abs. 2 Satz 1 GG setzt auch das Grundgesetz Maßstäbe für den gesetzlichen Schutz von Sicherheit und Gesundheit der Beschäftigten an ihrem Arbeitsplatz.

I. Arbeitsschutz in der Weimarer Reichsverfassung

Zum Katalog der Grundrechte in der Weimarer Reichsverfassung gehörten **ne-** 4 **ben den klassischen Freiheits-, Gleichheits- und Eigentumsrechten auch soziale Grundrechte** (ausführlich zu den sozialen Grundrechten in der Weimarer Reichsverfassung *Lange,* S. 49, 53) wie die Koalitionsfreiheit (Art. 159 WRV) und das Recht auf Arbeit (Art. 163 Abs. 2 WRV). Darüber hinaus sah Art. 161 WRV die Schaffung eines umfassenden Versicherungswesens unter maßgebender Mitwirkung der Versicherten „zur Erhaltung der Gesundheit und Arbeitsfähigkeit, zum Schutz der Mutterschaft und zur Vorsorge gegen die wirtschaftlichen Folgen von Alter, Schwäche und Wechselfällen des Lebens" vor. Art. 157 Abs. 1 WRV schließlich statuierte die Verpflichtung des Staates zum Schutz der menschlichen Arbeitskraft: „Die Arbeitskraft steht unter dem besonderen Schutz des Reichs". Hierin lag ein Auftrag an den Gesetzgeber, diejenigen Normen zu erlassen, die den Schutz der Arbeitskraft in der gesamten Rechtsordnung sicherstellen (*Nörr* ZfA 1992, 361, 367).

Diese weitreichenden sozialpolitischen Aussagen der Weimarer Reichsverfas- 5 sung reflektierten das Erstarken der Arbeiterschaft nach der Novemberrevolution von 1918. Die Forderungen der Arbeiterschaft fanden, wenn auch in abgeschwächter Form, Eingang in die Verfassungsurkunde von 1919. Mit Art. 157 Abs. 1 WRV sollte vor allem **der als kritisch empfundene Gegensatz zwischen Eigentum und Arbeit** überwunden werden. Nachdem das Eigentum durch das Strafrecht und Privatrecht geschützt war, fehlte bis dahin ein entsprechender Schutz für die Arbeitskraft. Durch die Aufnahme des Art. 157 Abs. 1 WRV rückte der Träger der Arbeitskraft, der Mensch, in den Blickpunkt, der gegenüber der Macht, die das Eigentum gewährt, zu schützen war (*Nörr* ZfA 1992, 361, 368). Art. 157 Abs. 1 WRV sprach damit die Würde des arbeitenden Menschen an. Bei dieser Vorschrift handelte es sich um eine Konkretisierung des in Art. 151 WRV formulierten Grundgedankens der Wirtschafts- und Sozialordnung der Weimarer Republik, allen ein menschenwürdiges Dasein zu sichern (*Nörr* ZfA 1992, 361, 368). Das Anliegen des Art. 157 Abs. 1 WRV wurde durch die in Abs. 2 der Vorschrift statuierte Verpflichtung des Reiches, ein einheitliches Arbeitsrecht zu schaffen, unterstrichen. Damit war in Art. 157 Abs. 2 WRV der Grundstein gelegt, dem Bürgerlichen Gesetzbuch als Kodex der Eigentümer ein „Gesetzbuch der Arbeiter" gegenüber zu stellen (*Nörr* ZfA 1992, 361, 368). Gleichzeitig sollten durch die Schaffung eines einheitlichen Arbeitsrechts ungerechtfertigte Differenzierungen bei den Rechten und Pflichten der verschiedenen Arten von Arbeitnehmern aufgehoben werden (*Nörr* ZfA 1992, 361, 368).

Die mit der Aufnahme sozialer Rechte verbundenen Erwartungen wurden je- 6 doch nicht erfüllt, wenngleich in der Zeit der Weimarer Republik einige Fortschritte im Bereich des Arbeitsrechts erzielt werden konnten (*Laufs,* Rechtsentwicklungen in Deutschland, 6. Aufl. 2006, S. 360 ff.). Mit Ausnahme der als einklagbares Recht formulierten Vereinigungsfreiheit (Art. 159 WRV) waren die sozialen Grundrechte so gefasst, dass sie überwiegend als **Programmsätze** interpretiert wurden. Ihnen wurde ausschließlich eine deklaratorische Wirkung zugeschrieben. Weder von der Rechtslehre noch der Rechtsprechung wurden Anstrengungen unternommen, ihnen mehr Gehalt zu verleihen (*Pieroth/Schlink/Kingreen/ Poscher*, Grundrechte – Staatsrecht II, 31. Aufl. 2015, Rn. 38). Die damit einhergehenden Enttäuschungen wurden in den dann folgenden wirtschaftlichen Krisenzeiten von nationalsozialistischen Kräften genutzt, um die Verfassungsordnung auszuhebeln. Mit der Machtergreifung Hitlers 1933 wurde die Weimarer Reichsverfassung schließlich faktisch außer Kraft gesetzt (näher *Hufen*, Staatsrecht II – Grundrechte, 5. Aufl. 2016, § 2 Rn. 17).

II. Arbeitsschutz in den Verfassungen der DDR

7   Die erste Verfassung der DDR vom 7.10.1949 orientierte sich sehr stark an der Weimarer Reichsverfassung und enthielt daher auch soziale Grundrechte. Sie wurde am 9.4.1968 durch eine neue Verfassung abgelöst, die mit Wirkung zum 7.10.1974 neu gefasst wurde. Die sozialen Grundrechte wurden dabei fast unverändert übernommen. Neben der Verbürgung eines Rechts auf Arbeit wurde ein **Recht auf Schutz der Arbeitskraft und menschengerechte Arbeitsbedingungen** gewährt. Des Weiteren enthielt die Verfassung ein Recht auf Familien-, Mutter- und Jugendschutz (Einzelheiten bei *Brenne*, S. 23 ff.). Diese Rechte dienten vor allem der **Entwicklung der sozialistischen Gesellschaft**. Sie waren mit Pflichten gekoppelt und wurden z. T. vom Einsatz der Bürger abhängig gemacht. Beispielsweise wurde das Recht auf Schutz der Arbeitskraft an die Produktivität der Bevölkerung geknüpft (*Diercks*, S. 92). Größtenteils waren sie sehr unbestimmt formuliert, so dass sich aus ihnen keine unmittelbar durchsetzbaren Ansprüche ableiten ließen (*Diercks*, S. 90 f.).

8   Mit dem Inkrafttreten des Einigungsvertrages (BGBl. II 1990, S. 885, 889) am 29.9.1990 und dem Wirksamwerden des Beitritts am 3. Oktober 1990 verlor die DDR-Verfassung 1968/74 ihre Geltung. Ab diesem Zeitpunkt galt auf dem Gebiet der früheren DDR auch das Grundgesetz.

III. Arbeitsschutz im Grundgesetz

9   **Auf die Aufnahme sozialer Grundrechte** in das Grundgesetz wurde dagegen 1949 angesichts der Erfahrungen in der Weimarer Republik (→ Rn. 6) bewusst **verzichtet**, zumal es große Differenzen hinsichtlich des Inhalts und der Reichweite einzelner sozialer Grundrechte gab (*Brenne*, S. 22). Als arbeitsspezifisches Grundrecht fand allein die in Art. 9 Abs. 3 GG umschriebene Koalitionsfreiheit Eingang in den Grundrechtskatalog des Grundgesetzes. In Art. 20 Abs. 1 und Art. 28 Abs. 1 GG wurden Hinweise auf den sozialen Bundesstaat und den sozialen Rechtsstaat aufgenommen. Darüber hinaus hielten sich die Mütter und Väter des Grundgesetzes jedoch mit arbeits- und sozialpolitischen Aussagen zurück.

10 **Trotz des Fehlens spezifischer Bestimmungen** sind dem Grundgesetz deutliche **Maßstäbe für den Arbeitsschutz** zu entnehmen. Sowohl das Sozialstaatsprinzip als auch die allgemeinen Grundrechte, insbesondere Art. 2 Abs. 2 Satz 1 GG (Schutz des Lebens und der körperlichen Unversehrtheit) weisen dem Staat Verantwortung für den Schutz der Gesundheit und Sicherheit der Beschäftigten an ihrem Arbeitsplatz zu. Die Rechtsordnung muss danach so gestaltet sein, dass Leben und körperliche Unversehrtheit am Arbeitsplatz nicht gefährdet sind. Daneben gewannen die Fürsorgepflichten für Mütter und Jugendliche sowie die Gleichheits-

A. Verfassungsrechtliche Grundlagen **Einl A**

sätze des Art. 3 GG zunehmend Bedeutung für die Arbeitsgesetzgebung und Arbeitsrechtsprechung.

Anfang der 80er Jahre gab es erstmalig Bestrebungen, das Grundgesetz um soziale Grundsatznormen zu erweitern (vgl. z. b. die Empfehlungen der von der Bundesregierung unter Helmut Schmidt eingesetzten Sachverständigenkommission von 1983), die in der Folge jedoch ohne Erfolg blieben. 1991 setzte **anlässlich der deutschen Wiedervereinigung** erneut eine **Diskussion über die Aufnahme sozialer Grundsatznormen** in die Verfassung ein, nachdem Art. 5 des Einigungsvertrages ausdrücklich den Auftrag erteilt hatte, sich auch mit Fragen zur Aufnahme von Staatszielbestimmungen in das Grundgesetz zu befassen. Vor dem Hintergrund der großen arbeitspolitischen Herausforderungen, die beim Übergang von der Plan- zur Marktwirtschaft zu erwarten waren, wurde insbesondere die Aufnahme arbeitsspezifischer Grundrechte gefordert. Neben einem ausdrücklichen Recht jedes Menschen auf Arbeit standen auch Vorschläge für ein Recht auf sichere und gesunde Arbeitsbedingungen im Raum. Diese Forderungen lösten eine heftige Verfassungsdebatte aus (kritisch: *Graf Vitzthum* ZfA 1991, 695, 698; *Zöllner* ZfA 1991, 713, 714 ff.; befürwortend: *Simon* ArbuR 1992, 289). Die von Bundestag und Bundesrat 1993 gemeinsam eingesetzte Verfassungskommission unter der Leitung von Rupert Scholz und Henning Voscherau lehnte schließlich in ihrem Abschlussbericht vom 5.9.1993 die Aufnahme sozialer und ökonomischer Rechte in das Grundgesetz ab (BT-Drs. 12/6000, S. 75 ff.). Als Folge wurde das Grundgesetz 1994 nur in wenigen Punkten geändert (ausführlich zur Reform des Grundgesetzes von 1994 *Schmalenbach,* Föderalismus und Unitarismus in der Bundesrepublik Deutschland, 1998). Für den Arbeitsschutz wurde allerdings in den darauf folgenden Jahren die Ergänzung in Art. 3 Abs. 2 GG bedeutsam. Der neu eingefügte Satz 2 sieht vor, dass der Staat die tatsächliche Durchsetzung der Gleichberechtigung von Frauen und Männern fördert und auf die Beseitigung bestehender Nachteile hinwirkt.

IV. Arbeitsschutz in den Landesverfassungen

Die meisten Länderverfassungen enthalten auffallend **viele soziale Rechte,** setzen **jedoch unterschiedliche Akzente.** In den Verfassungen, die vor dem Grundgesetz erlassen wurden, nehmen die sozialen Bestimmungen in Anlehnung an die Weimarer Reichsverfassung einen breiten Raum ein (Bayern, Rheinland-Pfalz, Hessen, Bremen). Die Verfassungen, die nach dem Grundgesetz in Kraft traten, werden entweder durch klare, aber verhältnismäßig knappe Regelungen charakterisiert (Berlin, Nordrhein-Westfalen) oder haben mit Blick auf das in wirtschafts- und arbeitspolitischen Fragen eher zurückhaltende Grundgesetz weitgehend auf soziale Bestimmungen verzichtet (Baden-Württemberg, Schleswig-Holstein, Niedersachsen). Die Verfassungen der neuen Länder haben – mit Blick auf Erfahrungen in der DDR – an die Tradition sozialer Rechte angeknüpft (*Brenne,* S. 27) und umfassende arbeitsrechtliche Regelungen aufgenommen, diese Normen aber überwiegend programmatisch formuliert (Brandenburg).

Ein Anliegen des Landesverfassungsrechts ist der **Arbeitsschutz.** Die Verfassungen betonen in der Regel die Bedeutung der menschlichen Arbeitskraft als wichtiges wirtschaftliches Gut und fordern den Schutz der Arbeitskraft gegen Ausbeutung, Betriebsgefahren und gesundheitliche Schädigungen. Einige Landesverfassungen stellen die Arbeitskraft unter den besonderen Schutz des Staates (Bayern, Bremen, Hessen). Diese Schutzbestimmungen werden z. T. konkretisiert durch den

Auftrag, die Arbeitsbedingungen so zu gestalten, dass sie die Gesundheit und Würde, aber auch das Familienleben und die kulturellen Ansprüche der Arbeitnehmer sichern. Brandenburg formuliert sogar ein unmittelbares Recht des Arbeitnehmers auf sichere, gesunde und menschenwürdige Arbeitsbedingungen (Art. 48 Abs. 3 der Verfassung Brandenburgs). Die Arbeitsschutzbestimmungen stellen – wie schon Art. 157 WRV – eine Ausprägung des Menschenwürdesatzes im Arbeitsleben dar (vgl. z. B. *Lindner* in Lindner/Möstl/Wolff, Verfassung des Freistaats Bayern, 2009, Art. 167 Rn. 1). Dabei liegt die Erhaltung der Arbeitskraft nicht nur im Interesse des einzelnen Menschen zur Sicherung seiner materiellen Existenz und zur Entfaltung seiner Persönlichkeit, sondern wird auch als volkswirtschaftliches Anliegen gesehen, wie z. B. in der Bayerischen Verfassung (Art. 167 Abs. 1 BV: „wertvollstes wirtschaftliches Gut des Volkes") deutlich zum Ausdruck kommt (näher *Schmidt am Busch* in Meder/Brechmann, Die Verfassung des Freistaates Bayern, 5. Aufl. 2014, Art. 167 Rn. 1).

14 Daneben legen die Landesverfassungen besonderen Wert auf den **Jugendschutz**. Zahlreiche Verfassungen verpflichten den Staat zur besonderen Fürsorge. Dabei haben sie häufig gerade auch das Arbeitsleben im Blick, soweit sie sich ausdrücklich zum Schutz gegen die Ausbeutung der Arbeitskraft Jugendlicher bekennen.

15 Schließlich finden sich vereinzelt Hinweise auf eine besondere **Schutzpflicht des Staates gegenüber Frauen, Schwangeren und Müttern** (Berlin, Brandenburg, Bremen, Rheinland-Pfalz), die auch den Schutz am Arbeitsplatz umfasst.

16 Bei diesen landesverfassungsrechtlichen Arbeitsschutzbestimmungen handelt es sich fast immer um programmatische Vorschriften für den Gesetzgeber, aus denen sich subjektive Rechte für den einzelnen Arbeitnehmer nicht herleiten lassen (vgl. *Schmidt am Busch* in Meder/Brechmann, Die Verfassung des Freistaates Bayern, 5. Aufl. 2014, Art. 167 Rn. 3). Es greift jedoch zu kurz, sie lediglich als Wertungen des Verfassungsgebers einzustufen. Vielmehr enthalten sie in der Regel einen an den Staat gerichteten Verfassungsauftrag, d. h. die Verpflichtung für den Staat, im Sinne der Schutzvorschrift tätig zu werden (vgl. hierzu *Schmidt am Busch* GewArch 2015, 273, 276 f.). Ihre Bedeutung im Bereich des Arbeitsschutzes ist aber dennoch gering, weil sie weitgehend von Bundes- und Unionsrecht überlagert sind. Die Funktion der landesverfassungsrechtlichen Arbeitsschutzbestimmungen reduziert sich heute im Wesentlichen auf eine „Reservedirektionswirkung" für den Fall, dass das durch Bundesrecht gewährleistete Arbeitsschutzniveau hinter dem vom Menschenwürdeschutz verlangten Mindestniveau zurückbleibt (*Lindner* in Lindner/Möstl/Wolff, Verfassung des Freistaates Bayern, 2009, Art. 167 Rn. 2).

C. Verfassungsrechtlicher Regelungsauftrag für den Arbeitsschutz

17 Sowohl dem in Art. 20 verankerten Sozialstaatsprinzip (→ Rn. 19 f.) als auch einigen Grundrechten wie insbesondere Art. 2 Abs. 2 Satz 1 GG (→ Rn. 21 ff.) ist ein **Auftrag an den Staat** zu entnehmen, für gesunde und sichere Arbeitsbedingungen zu sorgen. Demgegenüber ist Zurückhaltung geboten, auch aus der Kompetenznorm des Art. 74 Abs. 1 Nr. 12 GG einen Handlungsauftrag für den Arbeitsschutz herzuleiten (vgl. *Hermes*, S. 136). Die Konkretisierung dieser Handlungspflicht obliegt in erster Linie dem Gesetzgeber, der mit dem Arbeitsschutzgesetz und den darauf gestützten Verordnungen sowie zahlreichen anderen Regelungen (→ Rn. 1) diesem Auftrag nachgekommen ist.

A. Verfassungsrechtliche Grundlagen					Einl A

Beim Erlass von Arbeitsschutzregelungen verfügt der Gesetzgeber über einen 18 großen **Gestaltungsspielraum** (zur EU-rechtlichen Determinierung siehe → Rn. 55 ff.), da das Grundgesetz für das Maß und den Umfang des gebotenen Schutzes keine spezifischen Vorgaben enthält. Ein absoluter Schutz ist verfassungsrechtlich nicht geboten. Der Staat kann beispielsweise im Rahmen seines Schutzkonzepts von den Betroffenen (Arbeitgebern und Beschäftigten) verlangen, dass sie die drohende Rechtsgutverletzung mit eigenen Mitteln abwehren bzw. an der Vermeidung der Rechtsgutverletzung mitwirken (vgl. *Hermes,* S. 245 f.). Grenzen werden den staatlichen Schutzmaßnahmen vor allem durch kollidierende Grundrechte gesetzt (zu den Grenzen arbeitsschutzrechtlicher Regelungen siehe → Rn. 38 ff.).

I. Schutzauftrag aus dem Sozialstaatsprinzip

Eine Verantwortung des Staates für den Arbeitsschutz ergibt sich bereits aus dem 19 Sozialstaatsprinzip. Es enthält einen Auftrag an den Staat, „für einen Ausgleich der sozialen Gegensätze" (*BVerfGE* 100, 271, 284; 22, 180, 204) bzw. für eine „gerechte Sozialordnung" (*BVerfGE* 69, 272, 314; 94, 241, 263; 110, 412, 445) zu sorgen. Das Sozialstaatsprinzip zielt auf den **„Schutz des Schwächeren"** (*Sachs* in Sachs Art. 20 Rn. 46 mit Nachweisen aus der Rechtsprechung). Damit wirkt es sich auch auf das Arbeitsverhältnis aus (vgl. *Stern,* Das Staatsrecht der Bundesrepublik Deutschland, Bd. I, 2. Aufl. 1984, S. 896 f.; *Jarass* in Jarass/Pieroth Art. 20 Rn. 119). Der Arbeitnehmer, der zur Sicherung seines Einkommens auf seinen Arbeitsplatz angewiesen ist, ist vor Ausbeutung zu schützen. Insbesondere soll er an seinem Arbeitsplatz nicht seine Gesundheit riskieren müssen. Insoweit strahlt der Menschenwürdegehalt des Sozialstaatsprinzips auf das Arbeitsleben aus.

Wegen seiner Offenheit und Unbestimmtheit hat das Sozialstaatsprinzip jedoch 20 lediglich **Direktivcharakter** (vgl. *Stern,* Das Staatsrecht der Bundesrepublik Deutschland, Bd. I, 2. Aufl. 1984, S. 887). Es bedarf einer Konkretisierung durch den Gesetzgeber (*BVerfGE* 65, 182, 193; 71, 66, 80). Das Sozialstaatsprinzip enthält einen verbindlichen Handlungsauftrag an den Gesetzgeber, lässt sich jedoch nicht zu konkreten Einzelmaßnahmen verdichten (*Sachs* in Sachs Art. 20 Rn. 47). Dem Gesetzgeber steht ein weiter Gestaltungsspielraum zu (*BVerfGE* 70, 278, 288; 97, 169, 185; 98, 169, 204; 103, 271, 288). Diesem obliegt es zu beurteilen, wann Regelungen geboten sind und welchen Inhalt diese haben sollen. Konkrete Arbeitsschutzmaßnahmen lassen sich aus dem Sozialstaatsprinzip nicht ableiten.

II. Schutzauftrag aus den Grundrechten

Neben dem Sozialstaatsprinzip sind die Grundrechte in ihrer **objektiven** 21 **Schutzfunktion für den Arbeitsschutz** bedeutsam. Die Grundrechte bezwecken heute nicht mehr nur die Abwehr staatlicher Eingriffe, sondern wirken objektiv als Schutzverpflichtung für die in Art. 1 ff. GG genannten Schutzgüter (ausführlich *Calliess* in Merten/Papier (Hrsg.), Handbuch der Grundrechte in Deutschland und Europa, Band II: Grundrechte in Deutschland – Allgemeine Lehren I, 2006, § 44). Der Staat hat sich „schützend und fördernd vor die Grundrechte" zu stellen (*Hufen,* Staatsrecht II – Grundrechte, 5. Aufl. 2016, § 5 Rn. 5). Ihn trifft die Verpflichtung, die in den Grundrechten zum Ausdruck kommenden Werte und Rechtsgüter zu schützen, damit die Grundrechte für den Einzelnen zur Wirkung gelangen (*Hufen,* Staatsrecht II – Grundrechte, 5. Aufl. 2016, § 5 Rn. 5). Einige Grundrechte wie z. B. Art. 1 Abs. 1 Satz 1 GG und Art. 6 Abs. 1 und 4 GG sind bereits als Schutzrechte formuliert, bei den übrigen Grundrechten wird eine Schutzpflicht durch Auslegung – z. T. unter Heranziehung des Sozialstaatsprinzips – hergeleitet. Für den Arbeitsschutz setzt vor allem der Art. 2 Abs. 2 Satz 1 GG Maßstäbe, der jedermann das Recht auf Leben und Gesundheit garantiert. Darüber hinaus ergibt sich ein Handlungsauftrag zum Schutz der Beschäftigten vor Gesundheitsgefahren am Arbeitsplatz aus Art. 1 Abs. 1 GG sowie Art. 6 Abs. 4 GG und Art. 3 Abs. 3 Satz 2 GG.

22 Die grundgesetzlichen Schutzgebote wenden sich primär an den Gesetzgeber, dem dadurch aufgegeben wird, den Schutz verwirklichendes Recht zu schaffen. Die Grundrechte gebieten schützende Regelungen des einfachen Rechts mit der Folge, dass diese nicht ersatzlos aufgehoben werden dürfen. Im Bereich des Arbeitsschutzes kommen neben Mitteln des Zivilrechts vor allem öffentlich-rechtliche Verbote und Gebote sowie Straf- und Bußgeldvorschriften in Betracht. Für den Fall, dass sich der durch vorhandene Regelungen angestrebte Schutz als unzureichend erweisen sollte, trifft den Gesetzgeber eine Pflicht zur Nachbesserung des bestehenden Regelungsinstrumentariums. Dabei verfügt er über einen erheblichen Einschätzungs- und Gestaltungsspielraum (*BVerfGE* 85, 191, 212). Die Art und Weise des Schutzes obliegt seiner demokratischen Verantwortung und damit seinem **gesetzgeberischen Ermessen** (*Hufen*, Staatsrecht II – Grundrechte, 5. Aufl. 2016, § 5 Rn. 6), das auch Raum für die Berücksichtigung konkurrierender öffentlicher und privater Interessen lässt (*BVerfGE* 85, 191, 212). Als Maßstab ist den Grundrechten allein die Effektivität der getroffenen Maßnahmen zu entnehmen (*Hermes*, S. 261 ff.). Allenfalls in Ausnahmefällen kann sich die Schutzpflicht derart konkretisieren, dass allein das Ergreifen einer bestimmten Maßnahme verfassungsgemäß ist. Dies kann der Fall sein, wenn die Gefahr einer schweren Grundrechtsbeeinträchtigung droht und zudem lediglich eine bestimmte Abwehr sachgerecht ist. Soweit der Gesetzgeber untätig bleibt oder nur unzureichende Maßnahmen ergreift, sind die Gerichte gehalten, den notwendigen Schutz gegen Beeinträchtigungen der Grundrechte im Einzelfall sicherzustellen.

23 **1. Schutz von Leben und körperlicher Unversehrtheit (Art. 2 Abs. 2 Satz 1 GG).** Im Bereich des Arbeitsschutzes ergibt sich eine Schutzpflicht vor allem aus Art. 2 Abs. 2 Satz 1 GG. Art. 2 Abs. 2 Satz 1 GG garantiert jedem das Recht auf Leben und körperliche Unversehrtheit. Das Bundesverfassungsgericht hat das Grundrecht auf Leben und körperliche Unversehrtheit als einen **„Höchstwert" innerhalb der gesetzlichen Ordnung** bezeichnet (*BVerfGE* 39, 1, 36, 42; *BVerfG* NJW 2008, 2409, 2412). Kein anderes Grundrecht nimmt den Staat so umfassend und unmittelbar in die Pflicht wie dieses. Das Bundesverfassungsgericht entnimmt Art. 2 Abs. 2 Satz 1 GG die „Pflicht der staatlichen Organe, sich schützend und fördernd vor die darin genannten Rechtsgüter zu stellen und sie insbesondere vor rechtswidrigen Eingriffen von Seiten anderer zu bewahren" (*BVerfGE* 39, 1, 42; 46, 160, 164; grundlegend *Hermes*, S. 187 ff.) In seinem objektiv-rechtlichen Gehalt stellt sich Art. 2 Abs. 2 Satz 1 GG als wesentlicher Maßstab für den Arbeitsschutz dar, worauf auch die amtliche Begründung zum Entwurf eines Gesetzes der Bundesregierung zur Umsetzung der EG-Rahmenrichtlinie Arbeitsschutz und weiterer Arbeitsschutzrichtlinien (BT-Drs. 13/3540, S. 11) hinweist.

24 **a) Schutzbereich.** Schutzgüter des Art. 2 Abs. 2 Satz 1 GG sind das Leben und die körperliche Unversehrtheit jedes Menschen. Der Schutz des Lebens gebietet nicht nur den Schutz vor einer gezielten Tötung, sondern auch den Schutz vor Verhaltensweisen, die unbeabsichtigt den Tod eines Menschen herbeiführen wie z. B.

A. Verfassungsrechtliche Grundlagen **Einl A**

der Einsatz riskanter Technik. Das Recht auf körperliche Unversehrtheit zielt auf den **Schutz der Gesundheit,** allerdings nur **im biologisch-physiologischen Sinne.** Nicht erfasst sind Beeinträchtigungen des geistig-seelischen und sozialen Wohlbefindens im Sinne der umfassenden Gesundheitsdefinition der Weltgesundheitsorganisation (WHO), die Gesundheit als den Zustand des vollständigen körperlichen, geistigen und sozialen Wohlbefindens und nicht nur als das Freisein von Krankheit und Gebrechen beschreibt (ausführlich *Schmidt am Busch,* Die Gesundheitssicherung im Mehrebenensystem, 2007, S. 9). Die psychische Integrität ist nur insoweit geschützt, als durch Einwirkungen auf die Psyche körperliche Effekte hervorgerufen werden können (*Murswiek* in Sachs Art. 2 Rn. 149). Psychische Krankheiten werden im Gegensatz zu Beeinträchtigungen der psychischen Befindlichkeit vom Schutzbereich erfasst, da sie sich praktisch immer auch physisch auswirken (*Murswiek* in Sachs Art. 2 Rn. 149).

Diesen Gewährleistungen muss das Arbeitsschutzrecht Rechnung tragen. Praktisch bedeutsam ist Art. 2 Abs. 2 Satz 1 GG für die Sicherheit von Arbeitsmitteln und Arbeitsstoffen am Arbeitsplatz. Die sich rasant verändernde Arbeitswelt konfrontiert die Arbeitnehmer mit immer neuen Technologien, sehr häufig verbunden mit neuen Gesundheitsgefahren. Ihr Gefährdungspotenzial ist zu beurteilen und erfordert ggf. neue Schutzkonzepte. Der Arbeitnehmer ist insbesondere vor **gesundheitsschädlichen Strahlen, Giften und Gasen bei der Arbeit** zu schützen. Ebenso gebietet Art. 2 Abs. 2 Satz 1 GG einen Schutz vor **Lärm am Arbeitsplatz,** wenn er ein Ausmaß erreicht, das das körperliche Befinden negativ verändert bzw. verändern kann (*Murswiek* in Sachs Art. 2 Rn. 155). Gefährdungen der menschlichen Gesundheit können sich auch durch die **Gestaltung der Arbeitsstätte** und den **Einsatz von riskanten technischen Maschinen und Geräten** ergeben (z. B. auf Baustellen oder in besonderen Fertigungsverfahren). Diesen Gefährdungen wird durch besondere Unfallverhütungsverpflichtungen im Arbeitsschutzgesetz und den spezifischen Arbeitsschutzverordnungen Rechnung getragen. 25

Nach jahrelangen Diskussionen besteht heute kein Zweifel mehr, dass der Schutz der körperlichen Unversehrtheit Maßnahmen zum **Schutz vor den Gefahren des Passivrauchens am Arbeitsplatz** verlangt. Die erheblichen Gesundheitsbeeinträchtigungen durch Passivrauchen sind nachhaltig wissenschaftlich belegt (vgl. die Nachweise bei B*VerfG* NJW 2008, 2409, 2412 f.). Diesen Gefahren trägt das Arbeitsschutzrecht in § 5 der Arbeitsstättenverordnung (ArbStättV) vom 12. 8. 2004 (BGBl. I S. 2179, zuletzt geändert durch Art. 282 der Verordnung vom 31. 8. 2015 (BGBl. I S. 1474)) bislang nur unzulänglich Rechnung, da der Arbeitgeber nach § 5 Abs. 2 ArbStättV in Arbeitsstätten mit Publikumsverkehr nur insoweit Schutzmaßnahmen für seine Beschäftigten gegen das Rauchen zu treffen hat, als die Natur des Betriebs und die Art der Beschäftigung es zulassen. Zwar profitieren seit Erlass der Nichtraucherschutzgesetze in allen Ländern seit 2008 auch die Beschäftigten im Gaststättengewerbe von dem nunmehr grundsätzlich geltenden Rauchverbot in Gaststätten und anderen Kultur- und Freizeiteinrichtungen. Doch bleibt das Rauchen in der Regel in der Kleingastronomie bzw. in Nebenräumen größerer Gaststätten erlaubt, so dass die Beschäftigten an diesen Arbeitsstätten den Gefahren des Passivrauchens weiterhin ausgesetzt sind. Z. T. wird daher gefordert, die bestehenden Ausnahmen vom Rauchverbot gerade auch zum Schutz der betroffenen Arbeitnehmerinnen und Arbeitnehmer abzuschaffen. 26

Des Weiteren führt eine **übermäßige zeitliche Belastung sowie Nacht- und Schichtarbeit** zu erheblichen gesundheitlichen Beeinträchtigungen, die in den Schutzbereich des Art. 2 Abs. 2 Satz 1 GG fallen. In seiner Entscheidung vom 27

28.1.1992 hat das Bundesverfassungsgericht (*BVerfGE* 85, 191, 212) der Auffassung zugeneigt, dass Art. 2 Abs. 2 Satz 1 GG den Gesetzgeber verpflichte, die Arbeitnehmer vor den schädlichen Folgen der Nachtarbeit zu bewahren. Entsprechende Schutzregeln enthält § 6 ArbZG, der u. a. Vorgaben für die Arbeitszeit von Nacht- und Schichtarbeitnehmerinnen und -arbeitnehmern enthält und ihnen ein Recht auf regelmäßige arbeitsmedizinische Untersuchungen einräumt.

28 Stark zugenommen haben die **psychischen Belastungen am Arbeitsplatz** (→ Syst. A Rn. 1 ff.) durch die zunehmende Verdichtung der Arbeitsabläufe, die ständige Erreichbarkeit auch außerhalb des Arbeitsplatzes sowie den wachsenden Druck zur gleichzeitigen Erledigung von Arbeitsaufträgen als Folge des Einsatzes der neuen digitalen Kommunikationsmittel wie E-Mail und Handy. Hinzu kommt eine immer stärker geforderte Mobilität der Beschäftigten, die vom Arbeitgeber an verschiedenen Orten eingesetzt werden und daher ständig auf Dienstreisen – zum Teil über mehrere Zeitzonen hinweg – sind. Immer mehr Arbeitnehmerinnen und Arbeitnehmer fühlen sich dieser „Beschleunigung" der Arbeitswelt nicht mehr gewachsen, so dass die Zahl psychischer Krankheiten wie Burnout etc. erheblich gestiegen ist. Diesen neuen Belastungsstrukturen hat der Gesetzgeber inzwischen durch Änderungen im Arbeitsschutzgesetz Rechnung getragen (Art. 8 des Gesetzes zur Neuorganisation der bundesunmittelbaren Unfallkassen, zur Änderung des Sozialgerichtsgesetzes und zur Änderung anderer Gesetze vom 19.10.2013, BGBl. I S. 3836). Gem. § 4 Nr. 1 ArbSchG hat der Arbeitgeber die Arbeit so zu gestalten, dass eine Gefährdung für die physische und psychische Gesundheit möglichst vermieden oder gering gehalten wird. Gemäß § 5 Abs. 3 Nr. 6 ArbSchG sind nunmehr ausdrücklich auch „psychische Belastungen bei der Arbeit" im Rahmen der Gefährdungsbeurteilung zu berücksichtigen.

29 **b) Auslösung der Schutzpflicht.** Die Schutzpflicht wird ausgelöst **durch eine drohende oder noch andauernde Verletzung von Leben oder Gesundheit durch Dritte.** Dabei kommt es auf die Kausalität zwischen verursachenden Faktoren und schädlichen Wirkungen an. Welchen Grad von Wahrscheinlichkeit zukünftige Schadensereignisse annehmen müssen, damit verfassungsrechtlich eine Reaktion der öffentlichen Gewalt gefordert ist, richtet sich nach dem im Polizei- und technischen Sicherheitsrecht entwickelten Gefahrenbegriff (*Hermes*, S. 236). Dabei bestimmt sich die erforderliche Wahrscheinlichkeit nach dem Ausmaß des Schadens und der Bedeutung des bedrohten Rechtsgutes: Je größer der drohende Schaden, desto geringere Anforderungen sind an die Eintrittswahrscheinlichkeit zu stellen. Bei Gefährdungen für das Leben begründet danach schon eine geringe Wahrscheinlichkeit eine Gefahr. Umgekehrt ist in Bezug auf geringfügige oder vorübergehende Körperschäden eine höhere Schadenswahrscheinlichkeit zu verlangen (ausführlich *Hermes,* S. 236 ff.; *Murswiek* in Sachs Art. 2 Rn. 179).

30 Im Einzelfall kann zweifelhaft sein, ob ein bestimmtes Verhalten nachweisbar zu schädlichen Gesundheitsbeeinträchtigungen führt, d. h. ob eine Kausalität zwischen einer Gesundheitsschädigung und bestimmten Faktoren gegeben ist (lange diskutiert in Bezug auf Passivrauchen). Der Gesetzgeber steht häufig vor der Situation, dass in der Wissenschaft konträre Auffassungen vertreten werden. In diesen Fällen ist vom Bestehen einer Schutzpflicht auszugehen, wenn die **ganz überwiegende Meinung in der Wissenschaft** einen Ursachenzusammenhang bejaht (BVerfG NJW 2008, 2409, 2412 f.). Die Schutzpflicht des Art. 2 Abs. 2 Satz 1 GG liefe ins Leere, wenn sie nur dann ausgelöst würde, wenn sich ein unwidersprochen einheitliches wissenschaftliches Meinungsbild durchgesetzt hat. Es ist gerade Sinn von Wis-

A. Verfassungsrechtliche Grundlagen **Einl A**

senschaft, gefundene Ergebnisse in Frage zu stellen und neue Erkenntnisse zu gewinnen (*Hufen*, Staatsrecht II – Grundrechte, 5. Aufl. 2016, § 34 Rn. 6).

Die **Gefahrenschwelle** bestimmt somit das **Mindestmaß an Sicherheit,** das 31 verfassungsrechtlich zu gewährleisten ist: Risiken für Leben und Gesundheit, die sich unterhalb dieser Schwelle bewegen, lösen noch nicht die staatliche Schutzpflicht aus. Dahinter steht die Einsicht, dass eine Verpflichtung zur Vermeidung jedes noch so kleinen Risikos das menschliche Zusammenleben und insbesondere den Einsatz moderner Technik unmöglich machen würde (vgl. *Murswiek in* Sachs Art. 2 Rn. 175). Erst wenn das Risiko das Ausmaß einer Gefahr erreicht, ist der Staat gehalten, Vorsorge zu treffen. Es steht ihm allerdings frei, schon unter der Gefahrenschwelle Maßnahmen der Risikovorsorge zu ergreifen (zu den Grenzen arbeitsschutzrechtlicher Maßnahmen siehe → Rn. 38 ff.).

2. Schutz der Menschenwürde (Art. 1 Abs. 1 GG). Auch aus Art. 1 Abs. 1 32 GG lässt sich eine Pflicht des Staates herleiten, Beeinträchtigungen der Sicherheit und Gesundheit der Arbeitnehmer zu verhindern bzw. in Grenzen zu halten. Zwar werden nach allgemeiner Auffassung die Schutzgüter Gesundheit und Leben als solches nicht vom Schutzgut der Menschenwürde umfasst, da diese Rechtsgüter speziell in Art. 2 Abs. 2 Satz 1 GG geschützt sind. Wegen der unterschiedlichen Beschränkungsmöglichkeiten seien Art. 1 Abs. 1 GG und Art. 2 Abs. 2 Satz 1 GG als eigenständige Grundrechte zu behandeln (*Hermes,* S. 141). Der Schutzbereich des Art. 1 Abs. 1 GG ist jedoch durch eine Gesundheitsbeeinträchtigung betroffen, wenn sich der Verletzungsvorgang oder seine Wirkung als Würdeverletzung darstellt (*Hermes,* S. 142). Das Bundesverfassungsgericht knüpft bei der Prüfung einer Würdeverletzung an die sog. Objektformel an, nach der der Mensch nicht zum Objekt, zu einem bloßen Mittel, zur vertretbaren Größe herabgewürdigt werden darf (*BVerfGE* 9, 89, 95; 27, 1, 6; 87, 209, 228; 109, 133, 149 f.; 115, 118, 153). Deshalb sind solche **Gesundheitsbeeinträchtigungen** vom Schutzbereich des Art. 1 Abs. 1 GG erfasst, **die mit einer „Erniedrigung, Verfolgung, Ächtung" einhergehen.** Als Bestandteil der Würde wird z. T. die Freiheit von Angst vor Gefahren angesehen, die durch das Handeln anderer Menschen ausgelöst werden und denen der Betroffene ohne die geringste Einflusschance ausgeliefert ist, d. h. im Fall von typischen „unübersehbaren oder unbeherrschbaren technischen Gefahren" von besonderer Qualität (*Roßnagel,* Grundrechte und Kernkraftwerke, 1979, S. 45).

Für den Arbeitsschutz wird die Menschenwürdegarantie somit vor allem bei der 33 Gestaltung der Arbeit, d. h. bei der **Gestaltung der Arbeitsplätze sowie der Auswahl von Arbeitsmitteln und der Arbeits- und Fertigungsverfahren,** bedeutsam. Eintönige Arbeit sowie ein maschinenbestimmter Arbeitsrhythmus können nicht nur gesundheitsschädliche Auswirkungen haben, sondern lassen vor allem den Faktor Mensch bei der Arbeit unberücksichtigt. Den Arbeitnehmern darf kein die allgemeine Leistungsfähigkeit überschreitendes Arbeitspensum abverlangt werden (vgl. *BAG* Urt. v. 24. 2. 1982, AP Nr. 7 zu § 17 BAT). Zu berücksichtigen sind stets die individuelle Belastungsfähigkeit und individuelle Beeinträchtigungen auf Grund körperlicher Behinderungen oder besonderer Lebenssituationen wie z. B. jugendliches Alter oder Schwangerschaft (vgl. amtliche Begründung zum Gesetzentwurf der Bundesregierung für ein Gesetz zur Umsetzung der EG-Rahmenrichtlinie Arbeitsschutz und weiterer Arbeitsschutz-Richtlinien, BT-Drs. 13/3540, S. 15). Dem trägt § 2 ArbSchG Rechnung, der zu den Maßnahmen des Arbeitsschutzes auch Maßnahmen der menschengerechten Gestaltung der Arbeit zählt.

34 3. **Schutz der Mütter, von Jugendlichen und Menschen mit Behinderungen (Art. 6 Abs. 4 GG, Art. 2 Abs. 1 i. V. m. Art. 1 Abs. 1 GG und Art. 3 Abs. 3 Satz 2 GG).** Aus Art. 6 Abs. 4, Art. 2 Abs. 1 i. V. m. Art. 1 Abs. 1 und Art. 3 Abs. 3 Satz 2 GG ergibt sich schließlich ein Auftrag, die dort genannten Personengruppen auf Grund ihrer besonderen Schutzwürdigkeit vor speziellen Gefahren am Arbeitsplatz zu schützen. Soweit das Grundgesetz diese Personengruppen allgemein unter einen besonderen Schutz stellt, ist auch der Schutz vor gesundheitlichen Belastungen, die sich speziell für diese Beschäftigtengruppen am Arbeitsplatz ergeben können, umfasst. Diesem Schutzauftrag trägt der Gesetzgeber in § 4 Nr. 6 ArbSchG Rechnung, der die Berücksichtigung spezieller Gefahren für besonders **schutzwürdige Beschäftigtengruppen** zu einem allgemeinen Grundsatz des Arbeitsschutzes erklärt. Darüber hinaus hat der Gesetzgeber besondere Vorkehrungen zum Schutz von Müttern, Jugendlichen und Menschen mit Behinderungen in speziellen Rechtsvorschriften getroffen (z. B. Mutterschutzgesetz und die Mutterschutzarbeitsverordnung, Jugendarbeitsschutzgesetz etc.).

35 Der von Art. 6 Abs. 4 GG geforderte Schutz der Mutter setzt bei der **Mutterschaft** an. Der Schutz steht nach h. M. nur der Frau zu, die im biologisch-medizinischen Sinne Mutter ist bzw. Mutter wird und erstreckt sich daher nur auf den Zeitraum von der Schwangerschaft über die Geburt bis hin zur Stillzeit, nicht hingegen auf die gesamte Lebenszeit einer Mutter (*Jarass* in Jarass/Pieroth Art. 6 Rn. 68; *von Coelln* in Sachs Art. 6 Rn. 90; a. A. *Robbers* in von Mangoldt/Klein/Starck, Grundgesetz, Bd. 1, 6. Aufl. 2010, Art. 6 Rn. 292). In diesem Zeitraum wird die Frau als besonders schutzbedürftig angesehen. Sofern sie in einem Arbeitsverhältnis steht, ist sie in diesem Zeitraum vor Gefahren, Überforderung und Gesundheitsschädigungen am Arbeitsplatz zu bewahren. Arbeitsschutz bedeutet z. B. Schonzeit vor und nach der Geburt. Bedeutsam ist die Schutzverpflichtung aber auch bei Beschäftigungen mit chemischen Gefahrstoffen und biologischen Arbeitsstoffen sowie bei Berufstätigkeiten mit physikalischen Schadeinflüssen (Stöße, Lärm, ionisierende Strahlungen), die zu Schädigungen des Fötus führen können.

36 Einen besonderen verfassungsrechtlichen Schutz genießen auch Jugendliche, wenngleich über die Herleitung des Schutzauftrages unterschiedliche Ansichten vertreten werden. Während z. T. ein Schutzauftrag aus dem Vorbehalt des Jugendschutzes in Art. 5 Abs. 1 GG hergeleitet wird (*Schulze-Fielitz* in Dreier (Hrsg.), Grundgesetz, Bd. I, 3. Aufl. 2013, Art. 5 Rn. 147), sehen andere die eigentliche Grundlage des Schutzauftrages im allgemeinen Persönlichkeitsrecht des Art. 2 Abs. 1 i. V. m. Art. 1 Abs. 1 GG (*Jarass* in Jarass/Pieroth Art. 5 Rn. 75, Art. 2 Rn. 49; *Nikles/Roll/Spürck/Erdemir/Gutknecht,* Jugendschutzrecht, 3. Aufl. 2011, Teil I: Systematik des Jugendschutzes, Rn. 5). Die besondere **Schutzbedürftigkeit des Jugendlichen** ergibt sich daraus, dass Kinder und Jugendliche sich nicht selbst **gegen Gefährdungen ihrer Persönlichkeitsentwicklung** wehren können. Solchen Gefährdungen sind junge Menschen vor allem **in der Arbeitswelt** ausgesetzt. Eine wesentliche seit jeher anerkannte Kernaufgabe des Jugendschutzes besteht deshalb darin, in Ausbildung stehende und in das Berufsleben eintretende junge Menschen vor Überforderungen, Gesundheitsbeeinträchtigungen und Ausbeutung am Arbeitsplatz zu schützen (*Nikles/Roll/Spürck/Erdemir/Gutknecht,* Jugendschutzrecht, Kommentar, 3. Aufl. 2011, Teil I: Systematik des Jugendschutzes, Rn. 7).

37 Art. 3 Abs. 3 Satz 2 GG enthält nicht nur ein Gleichheitsrecht zugunsten von Menschen mit Behinderungen, sondern auch einen Auftrag an den Staat, auf die gleichberechtigte Teilhabe von Menschen mit Behinderungen hinzuwirken (*Rüfner*

A. Verfassungsrechtliche Grundlagen **Einl A**

in Kahl/Waldhoff/Walter (Hrsg.), Bonner Kommentar zum Grundgesetz, Stand: Mai 1996, Art. 3 Rn. 884; *Jarass* in Jarass/Pieroth Art. 3 Rn. 142). Die Teilhabe bezieht sich auf alle gesellschaftlichen Bereiche, also auch auf die Arbeitswelt. Die **Eingliederung von Menschen mit Behinderungen ins Arbeitsleben** ist jedoch nur möglich, wenn auch den individuellen sich auf Grund einer körperlichen Behinderung ergebenden Gefährdungen am Arbeitsplatz Rechnung getragen wird.

D. Verfassungsrechtliche Grenzen staatlicher Arbeitsschutzregelungen

Bei der Erfüllung des Regelungsauftrags für den Arbeitsschutz hat der Gesetzgeber die ihm in der Verfassung gesetzten Grenzen zu beachten. Arbeitsschutzregelungen greifen insbesondere in **Grundrechte des Arbeitgebers und des Arbeitnehmers** ein. Die nach Art. 2 Abs. 2 Satz 1 GG, Art. 2 Abs. 1 i. V. m. Art. 1 Abs. 1 GG, Art. 6 Abs. 4 GG und Art. 3 Abs. 3 Satz 2 GG gebotenen Maßnahmen im Bereich des Arbeitsschutzes können vor allem mit der Berufsfreiheit des Arbeitgebers sowie des Arbeitnehmers (Art. 12 Abs. 1 GG) und dem Recht auf Gleichbehandlung von Männern und Frauen (Art. 3 Abs. 2 GG) in Konflikt geraten. Der Gesetzgeber ist in diesen Fällen gehalten, im Wege der praktischen Konkordanz die gegenläufigen Grundrechtspositionen miteinander zu vereinbaren. 38

I. Berufsfreiheit des Arbeitgebers und des Arbeitnehmers (Art. 12 Abs. 1 GG)

Arbeitsschutzregelungen greifen typischerweise in die allgemeine Berufsfreiheit des Arbeitgebers oder auch des Arbeitnehmers (Art. 12 Abs. 1 GG) ein (vgl. *Hufen,* Staatsrecht II – Grundrechte, 5. Aufl. 2016, § 35 Rn. 18). Die meisten gesetzlichen Vorgaben richten sich an den **Arbeitgeber,** der Schutzvorkehrungen in Bezug auf die Gestaltung des Arbeitsplatzes und des Arbeitsablaufs zu treffen hat. Er ist dadurch **in seiner unternehmerischen Organisationsfreiheit betroffen,** die vom Recht der Berufsausübung umfasst ist (*Mann* in Sachs Art. 12 Rn. 79). Den Arbeitgeberverpflichtungen stehen umfangreiche **Mitwirkungs-, Befolgungs- und Meldepflichten der Beschäftigten** gegenüber (vgl. z. B. §§ 15, 16 ArbSchG). Soweit diese Adressat der gesetzlichen Regelungen sind, sind auch sie in ihrer Berufsausübungsfreiheit berührt. Im Einzelfall können sich Arbeitsschutzregelungen sogar als subjektive Berufszulassungsschranke für den Arbeitnehmer erweisen, wenn z. B. körperliche Anforderungen an die Ausübung einer Tätigkeit gestellt werden oder die schützende Maßnahme in einem (vorübergehenden) Beschäftigungsverbot besteht. 39

Solche Beeinträchtigungen der Berufsfreiheit müssen **verhältnismäßig** sein. Das Bundesverfassungsgericht hat den Grundsatz der Verhältnismäßigkeit in Bezug auf die Berufsfreiheit durch die sog. Stufenlehre konkretisiert (erstmals BVerfGE 7, 377, 397 ff. – Apothekerurteil). Während Berufszugangsschranken nur zum Schutze überragender Gemeinschaftsgüter zulässig sind, werden reine Berufsausübungsregelungen durch jede vernünftige Erwägung des Gemeinwohls legitimiert. Als ein **überragend wichtiges Gut** hat das Bundesverfassungsgericht die **Gesundheit** anerkannt (*BVerfGE* 7, 377, 414; BVerfG NJW 2008, 2409, 2412). Daher kommen Arbeitsschutzvorschriften auch als zulässige Einschränkung der Berufswahl in Betracht. Anders verhält es sich bei bestimmten Regelungen des Arbeits- 40 zeitrechts oder Mutterschutzrechts, bei denen nicht der Gesundheitsschutz, sondern weniger wichtige Belange wie z. B. die Verbesserung der Rahmenbedingungen für flexible Arbeitszeiten (§ 1 Nr. 1 2. Alt. ArbZG) im Vordergrund stehen. Voraussetzung für eine Rechtfertigung ist stets, dass die Regelung geeignet, erforderlich und angemessen ist (vgl. BVerfGE 94, 372, 389f.; 102, 197, 213; 103, 1, 10; 106, 181, 191f.; BVerfG NJW 2008, 2409, 2411).

41 Bei arbeitsschutzrechtlichen Regelungen sind gelegentlich Zweifel an der **Geeignetheit** angebracht. Arbeitsschutzgesetze müssen z. B. als ungeeignet angesehen werden, wenn sie sich offensichtlich nicht durchsetzen lassen (*Löwisch* ZfA 1996, 293, 302f.) Das Bundesverfassungsgericht lässt es allerdings für die Geeignetheit bereits ausreichen, dass mit Protesten von Interessen- und Verbraucherverbänden gegen Verletzungen der arbeitsschutzrechtlichen Bestimmung gerechnet werden kann (BVerfGE 87, 363, 386 – Nachtbackverbot).

42 Als weitaus problematischer erweist sich die Beurteilung der **Erforderlichkeit**. Der Gesetzgeber kann im Arbeitsschutzrecht zu unterschiedlichen Wirkungsmechanismen greifen. Die Regel ist das strikte, straf- und ordnungswidrigkeitsbewehrte Verbot wie insbesondere Beschäftigungsverbote für bestimmte Personengruppen (Schwangere oder Jugendliche) bei besonders gefährlichen Tätigkeiten. Daneben kann der Gesetzgeber schlichte, nicht mit öffentlich-rechtlichen Sanktionen bewehrte Verbote vorsehen oder dem Schutzbedürfnis durch ein Leistungsverweigerungsrecht des Beschäftigten Rechnung tragen. In jedem Einzelfall muss der Gesetzgeber abwägen, ob anstelle von rigorosen Verboten mit ordnungswidrigkeits- und strafrechtlichen Sanktionen nicht die weniger einschneidenden Maßnahmen wie schlichte Regelungen oder Leistungsverweigerungsrechte ausreichend sind. Soweit die Regelung dem Schutz vor erheblichen Gesundheitsgefährdungen dient, ist ohne öffentlich-rechtliche Sanktionen kaum auszukommen (*Löwisch* ZfA 1996, 293, 304). Von Beschäftigungsverboten z. B. können aber Ausnahmen gemacht werden, wenn im Einzelfall eine Gefährdung nachweislich nicht gegeben ist. So bestimmt § 3 Abs. 2 MuSchG z. B., dass werdende Mütter in den letzten sechs Wochen vor der Entbindung nicht beschäftigt werden dürfen, es sei denn, sie erklären sich zur Arbeitsleistung ausdrücklich bereit. Diese Vorschrift trägt der Tatsache Rechnung, dass nicht jede Beschäftigung einer gesunden Schwangeren gesundheitsgefährdend ist, sondern es vielmehr auf die konkrete körperliche Befindlichkeit der Frau und die Art der Tätigkeit ankommt. Der Gesetzgeber darf davon ausgehen, dass den Beschäftigten ein gewisses Maß an Eigenverantwortung und Selbsthilfe zugemutet werden kann. Allerdings können Beschäftigungsverbote häufig die erforderliche Maßnahme darstellen, wenn der Arbeitnehmer die Gesundheitsfolgen selbst nicht abschätzen kann und insoweit eines Schutzes vor sich selbst bedarf (*Löwisch* ZfA 1996, 293, 304). Weniger wird der Gesetzgeber bei der Wahl des Wirkungsmechanismus darauf abstellen können, dass der Arbeitgeber ein eigenes Interesse an der Durchsetzung von arbeitsschutzrechtlichen Vorschriften hat, da diese für ihn regelmäßig Hürden der Organisation des Betriebs darstellen (*Löwisch* ZfA 1996, 293, 304).

II. Recht auf Gleichbehandlung, insbesondere von Männern und Frauen (Art. 3 Abs. 2 GG)

43 Für das Arbeitsschutzrecht hat der verfassungsrechtliche Gleichheitssatz als Diskriminierungsverbot erhebliche Bedeutung. Schutzbestimmungen für besondere Personengruppen, die bei der Arbeit als besonders schutzbedürftig angesehen wer-

A. Verfassungsrechtliche Grundlagen Einl A

den, wie z. B. Frauen und Mütter, können eine verfassungswidrige Diskriminierung darstellen. Wenn Frauen bestimmte Tätigkeiten vorenthalten werden oder sie zu bestimmten Zeiten (nachts oder während der Schwangerschaft) nicht arbeiten dürfen, wirkt sich dieser **Schutz als Nachteil bei der Stellensuche sowie als Verdiensteinbuße** für die betroffenen Schutzgruppen aus.

In seiner Entscheidung zum Nachtarbeitsverbot von Frauen hat das Bundesverfassungsgericht 1993 einen **strengen Maßstab** für die Rechtfertigung von geschlechtsbezogenen Schutzvorschriften vorgegeben. Danach sind nach Geschlecht differenzierende Regelungen nur als zulässig anzusehen, wenn sie zur Lösung von Problemen, die **ihrer Natur nach** nur entweder bei Männern oder bei Frauen auftreten können, **zwingend erforderlich** sind (*BVerfGE* 85, 191, 207; 92, 91, 101; *Sacksofsky* in Umbach/Clemens, Grundgesetz, Bd. I, 2002, Art. 3 Rn. 344). Funktionale (arbeitsteilige) Unterschiede können eine Ungleichbehandlung nicht (mehr) rechtfertigen (anders noch BVerfGE 68, 384, 390). Das Bundesverfassungsgericht hielt das Nachtarbeitsverbot für Frauen dementsprechend für verfassungswidrig, weil Nachtarbeit grundsätzlich für jeden Menschen schädlich sei und spezifische gesundheitliche Risiken, die auf die weibliche Konstitution zurückgingen, nicht mit hinreichender Sicherheit erkennbar seien. Das Gericht ließ auch das Argument nicht gelten, Frauen würden durch Nachtarbeit stärker beeinträchtigt, weil Hausarbeit und Kinderbetreuung sie zusätzlich belasteten. Zwar entspreche es dem geltenden Rollenverständnis, dass die Frau den Haushalt führe und die Kinder betreue, doch reiche dieser soziale Befund nicht zur Rechtfertigung einer geschlechtsbezogenen Ungleichbehandlung aus. Dem nicht zu leugnenden Schutzbedürfnis könne durch sachgerechte Regelungen Rechnung getragen werden (*BVerfGE* 85, 191, 207 ff.). Arbeitsschutzregelungen zugunsten von Frauen werden somit nur ausnahmsweise mit Art. 3 Abs. 2 GG vereinbar sein, wenn es um den Schutz der Mutterschaft i. S. d. Art. 6 Abs. 4 GG (vgl. → Rn. 34 ff.) geht. Außerhalb von unmittelbar mit Schwangerschaft, Geburt und Stillzeit zusammenhängenden Regelungen ist eine Rechtfertigung für geschlechtsdifferenzierende Regelungen kaum noch denkbar (*Sacksofsky* in Umbach/Clemens, Grundgesetz, Bd. I, 2002, Art. 3 Rn. 348). Aber auch Regelungen, die an die Mutterschaft anknüpfen, sind auf ihre Sinnhaftigkeit zu überprüfen, da sie häufig Ausdruck eines „männlichen" Schutzbedürfnisses sind, wie z. B. das früher in einigen bayerischen kommunalen Friedhofssatzungen festgeschriebene Beschäftigungsverbot von schwangeren Frauen als Bestatter, das medizinisch nicht geboten ist (ausführlich zu dieser Problematik *Nebe*, Betrieblicher Mutterschutz ohne Diskriminierungen, 2006, S. 156 ff.).

Fraglich ist, ob der Gesetzgeber im Arbeitsschutzgesetz diesen verfassungsgerichtlichen Maßgaben zum Diskriminierungsverbot des Art. 3 Abs. 2 GG ausreichend Rechnung getragen hat. Nach § 4 Nr. 8 ArbSchG hat der Arbeitgeber bei Maßnahmen des Arbeitsschutzes von dem Grundsatz auszugehen, dass mittelbar oder unmittelbar geschlechtsspezifisch wirkende Regelungen nur zulässig sind, wenn dies **aus biologischen Gründen zwingend geboten** ist. Aufgrund des strengen Maßstabs des Bundesverfassungsgerichts sind die biologischen Gründe im Sinne dieser Vorschrift eng auszulegen, d. h. in Betracht kommen grundsätzlich nur Schwangerschaft, Geburt und Stillzeit als Anknüpfungspunkte für unterschiedliche Schutzregelungen.

44

45

E. Gesetzgebungszuständigkeiten im Bereich des Arbeitsschutzes

46 Im Bereich des Arbeitsschutzes verfügt **vor allem der Bund** über das Gesetzgebungsrecht. Der Bund kann für Arbeitsschutzregelungen auf die ihm zugewiesenen Kompetenzen nach Art. 74 Abs. 1 Nr. 12 GG (Arbeitsrecht einschließlich Arbeitsschutz) und Art. 74 Abs. 1 Nr. 7 GG (öffentliche Fürsorge für bestimmte Beschäftigungsgruppen) sowie Art. 73 Nr. 8 GG (Rechtsverhältnisse der Bundesbediensteten) verweisen, von denen er in umfassender Weise Gebrauch gemacht hat. Den Ländern verbleibt in erster Linie die Befugnis, Arbeitsschutzregelungen für die Beamten der Länder zu erlassen.

I. Gesetzgebungszuständigkeiten des Bundes

47 Art. 74 Abs. 1 Nr. 12 GG weist dem Bund eine **konkurrierende Gesetzgebungsbefugnis für das Arbeitsrecht einschließlich des Arbeitsschutzes** zu. Das bedeutet, dass die Länder auf Grund von Art. 72 Abs. 1 GG auf diesem Gebiet die Befugnis zur Gesetzgebung haben, solange und soweit der Bund von seiner Gesetzgebungszuständigkeit nicht Gebrauch gemacht hat. Nach der Föderalismusreform 2006 ist der Bund im Bereich des Arbeitsschutzes **ohne weiteres zuständig,** d. h. er muss nicht mehr darlegen, dass die arbeitsschutzrechtliche Regelung zur Herstellung gleichwertiger Lebensverhältnisse oder zur Wahrung der Rechts- oder Wirtschaftseinheit im gesamtstaatlichen Interesse erforderlich ist (Umkehrschluss aus Art. 72 Abs. 2 GG). Auf die Prüfung der Erforderlichkeit wurde verzichtet, weil es sich beim Arbeitsrecht einschließlich des Arbeitsschutzes um eine Materie handelt, die grundsätzlich bundesweit einheitliche Regelungen erfordert, vor allem soweit es sich um die Umsetzung von EU-Recht handelt (*Balze* → Einl. B. Rn. 3 ff. und 49 ff.).

48 Arbeitsschutz als Unterfall des Arbeitsrechts umfasst die öffentlich-rechtlichen **Regelungen zum Schutz der Arbeitnehmer vor sich aus der Arbeit ergebenden Gefahren** (*Sannwald* in Schmidt-Bleibtreu/Hofmann/Henneke, Grundgesetz, 13. Aufl. 2014, Art. 74 Rn. 153). Sowohl die Gefahrenabwehr als auch die Gefahrenvorsorge unterfallen dem Begriff des Arbeitsschutzes (*Oeter* in von Mangoldt/Klein/Starck, Grundgesetz, Bd. 2, 6. Aufl. 2010, Art. 74 Rn. 103). Ihm werden z. T. auch Arbeitszeitbestimmungen und Beschäftigungsverbote an Feiertagen zugerechnet (*Degenhart* in Sachs Art. 74 Rn. 54; für Arbeitsrecht BVerwG NJW 1986, 2003). Der Kompetenztitel nach Art. 74 Abs. 1 Nr. 12 GG umfasst dabei lediglich die Rechtsbeziehungen zwischen Arbeitgebern und Arbeitnehmern, so dass ein allgemeines sich an die Besucher von Gaststätten richtendes Rauchverbot nicht auf diesen Titel gestützt werden kann (vgl. *Rossi/Lenski* NJW 2006, 2657, 2659).

49 Der Schutz am Arbeitsplatz fällt generell unter die Kompetenz nach Art. 74 Abs. 1 Nr. 12 GG, auch wenn mit der Föderalismusreform 2006 das **Ladenschlussrecht** und das **Gaststättenrecht** durch ausdrückliche Ausklammerung aus dem Recht der Wirtschaft in die ausschließliche Landeskompetenz übergegangen sind. Ladenschlussrecht und Gaststättenrecht wurden lediglich insoweit in die Landeskompetenz überführt, als sie Gegenstand der Kompetenz nach Art. 74 Abs. 1 Nr. 11 GG (Recht der Wirtschaft) waren. Die Länder haben somit nur dann eine ausschließliche Gesetzgebungskompetenz, wenn der wirtschaftliche Bereich des Ladenschlusses bzw. der Gaststätten betroffen ist. Anderweitige Bundeskompeten-

A. Verfassungsrechtliche Grundlagen **Einl A**

zen, die den Ladenschluss sowie das Gaststättenwesen miterfassen, wurden durch die Übertragung nicht berührt (*Sannwald* in Schmidt-Bleibtreu/Hofmann/Henneke, Grundgesetz, 13. Aufl. 2014, Art. 74 Rn. 135, 137; *Horstmann* NZA 2006, 1246, 1248). So ist die Gesetzgebungskompetenz zur Regelung der Arbeitszeiten von Ladenangestellten, insbesondere an Samstagen, trotz der Föderalismusreform beim Bund verblieben (BVerfGE 138, 261, 273 ff.), der nach Auffassung des Bundesverfassungsgerichts allerdings von dieser Kompetenz bislang nicht abschließend Gebrauch gemacht hat (BVerfGE 138, 261, 279 ff.; a. A. *Thüsing/Stiebert* GewArch 2013, 425, 430 ff.; vgl. auch die abweichende Meinung des Richters Paulus, BVerfGE 138, 261, 289 ff.). Auch besteht weiterhin eine Bundeszuständigkeit für den Schutz der Arbeitnehmer vor Gesundheitsgefahren durch Passivrauchen in Gaststätten (*Degenhart* in Sachs Art. 74 Rn. 54).

Allerdings ist die personale Reichweite des Kompetenztitels nach Art. 74 Abs. 1 Nr. 12 GG begrenzt, da Art. 74 Abs. 1 Nr. 12 GG wegen der speziellen Kompetenzmaterien in Art. 73 Abs. 1 Nr. 8 GG und Art. 74 Abs. 1 Nr. 27 GG nur zum Teil für den öffentlichen Dienst herangezogen werden kann. In Bezug auf Angestellte und Arbeiter des öffentlichen Dienstes geht zwar Art. 74 Abs. 1 Nr. 12 GG nach h. M. den anderen beiden Kompetenztiteln vor, da Art. 73 Abs. 1 Nr. 8 GG nur das Recht erfasst, das die besonderen Belange des öffentlichen Dienstes zum Gegenstand hat wie z. B. die Anforderungen an die Verfassungstreue von Angestellten und Arbeitern des öffentlichen Dienstes (*Seiler* in Epping/Hillgruber (Hrsg.), Grundgesetz, 2. Aufl. 2013, Art. 73 Rn. 38; *Sannwald* in Schmidt-Bleibtreu/Hofmann/Henneke, Grundgesetz, 13. Aufl. 2014, Art. 73 Rn. 119; *Pieroth* in Jarass/Pieroth Art. 74 Rn. 32; *Rossi/Lenski* NJW 2006, 2657, 2659; a. A. *Kunig* in von Münch/Kunig, Grundgesetz-Kommentar, Bd. 2, 6. Aufl. 2012, Art. 74 Rn. 50; *Degenhart* in Sachs Art. 73 Rn. 73). Dagegen ist Art. 74 Abs. 1 Nr. 12 GG in Bezug auf Beamte nicht anwendbar, weil Art. 73 Abs. 1 Nr. 8 GG weit auszulegen ist und eine umfassende Regelungsbefugnis des Bundes für das gesamte Dienstrecht vorsieht (BVerfGE 7, 120, 127). Damit fällt der **Arbeitsschutz für Bundesbeamte** unter die Kompetenz des **Art. 73 Abs. 1 Nr. 8 GG** (*Rossi/Lenski* NJW 2006, 2657, 2659). 50

Darüber hinaus ist der Kompetenzordnung des Grundgesetzes (Art. 70 ff. GG) **keine Befugnis des Bundes** zum Erlass von Arbeitsschutzmaßnahmen für die **Beamten der Länder** zu entnehmen. Mit der Föderalismusreform 2006 verfügt der Bund nach Art. 74 Abs. 1 Nr. 27 GG nur noch über eine konkurrierende Zuständigkeit hinsichtlich der „Statusrechte und -pflichten" der Beamten der Länder. Auf Art. 74 Abs. 1 Nr. 27 GG können daher keine Arbeitsschutzmaßnahmen für die Beamten der Länder gestützt werden (so schon *Rossi/Lenski* NJW 2006, 2657, 2659). Soweit sich das Arbeitsschutzgesetz auch auf die Beamten der Länder erstreckt (vgl. § 2 Abs. 2 ArbSchG), geht dies auf die Rechtslage vor der Föderalismusreform zurück. Der Bund konnte in Bezug auf die allgemeinen Rahmenregelungen des Arbeitsschutzgesetzes auf seine Kompetenz nach Art. 75 Abs. 1 Satz 1 Nr. 1 GG verweisen, der eine Zuständigkeit für den Erlass von Rahmenvorschriften in Bezug auf die „Rechtsverhältnisse" der im öffentlichen Dienste der Länder, Gemeinden und anderen Körperschaften des öffentlichen Rechts stehenden Personen vermittelte. Da in Einzelheiten gehende Arbeitsschutzvorschriften nicht mehr auf Art. 75 Abs. 1 Satz 1 Nr. 1 GG gestützt werden konnten, stellt § 20 Abs. 1 ArbSchG klar, dass das Landesrecht regelt, ob und inwieweit die die allgemeinen Vorgaben des Arbeitsschutzgesetzes konkretisierenden Verordnungen nach § 18 ArbSchG gelten. Durch die Überführung der Rahmenkompetenz in Art. 75 Abs. 1 Satz 1 Nr. 1 GG 51 in die konkurrierende und zugleich enger gefasste Kompetenz nach Art. 74 Abs. 1 Nr. 27 GG ist die Kompetenz des Bundes für den Erlass von Rahmenvorschriften für die Beamten der Länder im Bereich des Arbeitsschutzes entfallen, d. h. das Arbeitsschutzgesetz könnte nach der geltenden Kompetenzordnung nicht mehr mit Wirkung für die Beamten der Länder erlassen werden. Wegen Art. 125a Abs. 1 Sätze 1 und 2 GG gilt das Arbeitsschutzgesetz in Bezug auf die Beamten der Länder jedoch solange als Bundesrecht fort, bis es durch Landesrecht ersetzt wird.

52   Soweit der Bund Arbeitsschutzregelungen zugunsten bestimmter Gruppen von Beschäftigten, wie Jugendliche oder Mütter, erlassen will, kann er sich zusätzlich unter der – hier unzweifelhaft vorliegenden – Voraussetzung des Art. 72 Abs. 2 GG auf die Kompetenz der öffentlichen **Fürsorge in Art. 74 Abs. 1 Nr. 7 GG** berufen.

II. Verbleibende Landeszuständigkeiten

53   Der Bund hat unter Verweis auf seine Zuständigkeiten insbesondere nach Art. 74 Abs. 1 Nr. 12 GG das Arbeitsschutzgesetz sowie zahlreiche Spezialgesetze (vgl. Rn. 1) erlassen. Aufgrund seiner bei Erlass des Arbeitsschutzgesetzes begrenzten Kompetenzen für den Arbeitsschutz der Beamten der Länder hat er es im Arbeitsschutzgesetz (§ 20 Abs. 1 ArbSchG) den Ländern überlassen zu regeln, ob und inwieweit die nach § 18 zu erlassenden Rechtsverordnungen für die Beamten der Länder, Gemeinden und sonstigen Körperschaften, Anstalten und Stiftungen des öffentlichen Rechts gelten. Die Länder haben hierzu zumeist **Übernahmeregelungen in ihren Beamtengesetzen** bzw. in spezifischen auf ihre Beamtengesetze gestützten Verordnungen getroffen (vgl. z. B. Art. 99 Abs. 1 Satz 1 Nr. 4, Abs. 2 BayBG i. V. m. der Verordnung über die Anwendung des Arbeitsschutzgesetzes und der auf das Arbeitsschutzgesetz gestützten Rechtsverordnungen vom 21. 4. 2009 (GVBl. S. 116)).

54   Fraglich ist, ob darüber hinaus Regelungsmöglichkeiten der Länder im Bereich des Arbeitsschutzes bestehen. Wiederholt gab es in den Ländern Überlegungen, die konkurrierende Zuständigkeit in Anspruch zu nehmen, wo eine Bundesregelung für unzulänglich und daher für reformbedürftig gehalten wurde. So haben in Bayern Nichtrauchervereinigungen unter Verweis auf den in der Bayerischen Verfassung verankerten Schutz der Arbeitskraft gegen Ausbeutung, Betriebsgefahren und sonstige gesundheitliche Schädigungen (Art. 167 Abs. 3 BV, vgl. allgemein zu den Arbeitsschutzbestimmungen in den Landesverfassungen → Rn. 12 ff.) gefordert, ein totales Rauchverbot in Gaststätten zum Schutz der dort Beschäftigten zu erlassen. In seiner Entscheidung über die Zulassung eines Volksbegehrens zur Einführung von Mindestlöhnen in Bayern hat der Bay. Verfassungsgerichtshof (Entscheidung vom 3. 2. 2009, BayVBl. 2009, 300) klargestellt, dass **landesverfassungsrechtliche Normen keine Kompetenzen außerhalb der vom Grundgesetz vorgegebenen Zuständigkeiten** begründen können. Eine Zuständigkeit des Landes komme nur insoweit in Betracht, als der Bund von seiner Kompetenz nicht abschließend Gebrauch gemacht habe. Ob eine bundesrechtliche Regelung abschließend sei oder nicht, könne nur einer Gesamtwürdigung des betreffenden Normenkomplexes entnommen werden (unter Verweis auf BVerfGE 102, 99, 114 ff.).

A. Verfassungsrechtliche Grundlagen **Einl A**

F. Überlagerung des Verfassungsrechts durch das EU-Recht im Bereich des Arbeitsschutzes

Da die EU den Bereich des Arbeitsschutzes weitgehend durch Richtlinien deter- 55
miniert hat (im Einzelnen *Balze* → Einl. B Rn. 3 ff. und 49 ff.), ergeben sich einige
Abweichungen von den allgemeinen verfassungsrechtlichen Grundlagen. Grundsätzlich ist nämlich vom **Vorrang des EU-Rechts** auch vor dem Verfassungsrecht
auszugehen (Einzelheiten bei *Streinz*, Europarecht, 10. Aufl. 2016, Rn. 194 ff.).

I. Überlagerung des verfassungsrechtlichen Regelungsauftrags für den Arbeitsschutz durch Pflicht zur Umsetzung der EU-Arbeitsschutzrichtlinien

Der sich aus dem Sozialstaatsprinzip und den Grundrechten ergebende Rege- 56
lungsauftrag für den Arbeitsschutz (→ Rn. 17 ff.) wird durch den Erlass von EU-Richtlinien zum Arbeitsschutz überlagert. Der europarechtlichen **Pflicht zur Umsetzung** von EU-Richtlinien nach Art. 288 Abs. 3 AEUV i. V. m. Art. 4 Abs. 3
EUV (früher: Art. 249 Abs. 3 EG i. V. m. Art. 10 Abs. 1 EG) (*Kahl* in Calliess/Ruffert, Art. 4 EUV Rn. 56; *Streinz* in Streinz, Art. 4 EUV Rn. 47) entspricht eine
verfassungsrechtliche Pflicht zur Richtlinienumsetzung **aus Art. 23 Abs. 1 GG**
auf Grund der Hoheitsübertragung an die EU, soweit die Richtlinien sich im
Rahmen der Integrationsermächtigung bewegen, d. h. von einer Kompetenz im
Vertrag über die Arbeitsweise der EU gedeckt sind (*Jarass* in Jarass/Pieroth Art. 23
Rn. 42 ff.). Der Gesetzgeber verfügt in diesen Fällen nicht, wie sonst bei der Erfüllung seiner Schutzpflichten, über eine Einschätzungsprärogative (→ Rn. 18), sondern ist zum Erlass der zur Umsetzung der Richtlinien notwendigen Arbeitsschutzregelungen verpflichtet. Ihm verbleibt nur insoweit ein Gestaltungsspielraum, als
die Richtlinien den Mitgliedstaaten eigene Spielräume bei der Umsetzung einräumen.

II. Eingeschränkter verfassungsrechtlicher Prüfungsmaßstab bei EU-rechtlich determinierten Arbeitsschutzregelungen

Da die Arbeitsschutzregelungen weitgehend durch das EU-Recht determiniert 57
sind, ergeben sich Besonderheiten beim Grundrechtsschutz. Das **Bundesverfassungsgericht** lehnt seit dem sog. Tabakbeschluss (*BVerfG* NJW 1990, 974) eine
Überprüfung des durch eine EU-Richtlinie indizierten Rechts am Maßstab der Grundrechte ab, weil damit indirekt die zugrunde liegende Richtlinie
anhand des deutschen Grundgesetzes gemessen und damit der Vorrang des EU-Rechts in Frage gestellt werde. Seit dem Solange II-Beschluss verzichtet das Bundesverfassungsgericht darauf, Rechtsakte der EU auf ihre Grundrechtskonformität
zu überprüfen (*BVerfGE* 73, 339, 378; 102, 147, 164; bestätigt durch BVerfGE
118, 79, 95 f. sowie *BVerfG* NVwZ 2007, 942), soweit nicht der Menschenwürdekern der einschlägigen Grundrechte verletzt ist (BVerfG Beschl. v. 15. 12. 2015 – 2
BvR 2735/14, juris, Rn. 48 ff.). Als Prüfungsmaßstab kommen daher für EU-rechtlich determinierte Arbeitsschutzregelungen ausschließlich die Unionsgrundrechte
(z. B. Art. 15, 16 der Charta der Grundrechte der Europäischen Union) in Betracht
mit der Folge, dass das zuständige nationale Gericht die einschlägige unionsrecht-

Einl A

liche Richtlinienbestimmung an den Unionsgrundrechten messen und bei Zweifeln an der Gültigkeit dem EuGH nach Art. 267 AEUV (früher: Art. 234 EG) entgegen seinem Wortlaut bereits in erster Instanz vorlegen muss (*Streinz* in Sachs Art. 23 Rn. 47). Vorlagen an das Bundesverfassungsgericht sind unzulässig. Unklar sind allerdings die Rechtsfolgen für das nationale Umsetzungsgesetz, wenn der EuGH die zugrunde liegende Richtlinie wegen Unvereinbarkeit mit Unionsgrundrechten für nichtig erklärt. Während man die in Umsetzung der Richtlinie erlassene nationale Regelung ihrerseits wegen Verstoßes gegen Unionsgrundrechte als nicht anwendbar ansehen könnte, da die Mitgliedstaaten nach Art. 51 der Charta der Grundrechte der Europäischen Union ihrerseits bei der Durchführung des Rechts der Union gebunden sind, hält die h. M. nach Wegfall der Richtlinie eine umfassende Prüfung des nationalen Rechts am Maßstab der deutschen Verfassung wieder für möglich (BVerfGE 118, 79, 97 f.; *Cremer* Die Verwaltung 2004, 165, 187).

58 Uneingeschränkt behalten die Grundrechte des Grundgesetzes ihre Maßstabsfunktion insoweit, als die Richtlinie den Mitgliedstaaten **autonom zu füllende Rechtsetzungsspielräume** belässt, da diese vom Umsetzungsgesetzgeber **grundrechtswahrend** genutzt werden müssen. Dementsprechend kommt bei Arbeitsschutzregelungen eine Prüfung durch das Bundesverfassungsgericht nur in Betracht, wenn diese im Rahmen des Spielraums erlassen wurden.

B. Europarechtliche Grundlagen

Übersicht

	Rn.
A. Einführung	1
B. Grundzüge des EU-Rechts	3
I. Primärrechtliche Grundlagen	3
II. Rechtsetzungsbefugnis der Europäischen Union	8
1. Verordnung, Richtlinie und Beschluss	8
2. Vorrang des EU-Rechts	13
3. Prinzip der Einzelermächtigung	15
4. Rechtsetzungsverfahren	16
5. Subsidiaritätsprinzip	18
III. Besonderheiten der Rechtsform der Richtlinie	19
1. Umsetzung der Richtlinie	19
2. Richtlinienkonforme Auslegung	24
IV. Der Gerichtshof der Europäischen Union	31
1. Vorbemerkungen	31
2. Verfahrensgrundsätze	33
a) Zuständigkeiten	33
b) Zusammensetzung und Arbeitsweise des EuGH	35
c) Verfahren unter besonderer Berücksichtigung des Vertragsverletzungs- und des Vorabentscheidungsverfahrens	37
d) Auslegungsgrundsätze	45
e) Verhältnis zur deutschen Gerichtsbarkeit	48
C. Art. 114 und Art. 153 AEUV als zentrale Rechtsgrundlagen des europäischen Arbeitsschutzrechts	49
I. Vorbemerkungen	49
II. Art. 114 AEUV	52
III. Art. 153 AEUV	55
IV. Verhältnis Art. 114 – Art. 153 AEUV; Synopse	60
D. Entwicklung des europäischen Arbeitsschutzrechts	62
I. Vorbemerkungen	62
II. Erste Phase: 1958–1971	64
III. Zweite Phase: 1972–1986	65
IV. Dritte Phase: 1987–1994	68
V. Vierte Phase: Die Jahre seit 1995	72
E. Systematik und Grundzüge des europäischen Arbeitsschutzrechts	79
I. Systematik	79
II. Grundzüge	83
1. Wesentlicher Inhalt der Rahmenrichtlinie (RL 89/391/EWG)	83
a) Vorbemerkungen	83
b) Ziel der Richtlinie	84
c) Anwendungsbereich	86
d) Pflichten der Arbeitgeber (Art. 5–12 RL 89/391/EWG)	89
e) Pflichten der Arbeitnehmer (Art. 13 RL 89/391/EWG)	98
2. Richtlinie zum Schutz von Leiharbeitnehmern und Arbeitnehmern mit befristetem Arbeitsverhältnis (RL 91/383/EWG)	100
3. Leitlinien des europäischen Arbeitsschutzrechts	101
4. Synopse Rahmenrichtlinie – ArbSchG	103

Einl B Einleitung

Literatur: *Balze,* Die sozialpolitischen Kompetenzen der Europäischen Union, 1994; *ders.,* Überblick zum sozialen Arbeitsschutz in der EU in Oetker/Preis (Hrsg.), Europäisches Arbeits- und Sozialrecht (EAS), Losebl., Stand Juli 2012; *Bauer/Diller,* Recht und Taktik des arbeitsgerichtlichen EuGH-Vorabentscheidungsverfahrens, NZA 1994, 169; *Bertelsmann,* Vorabentscheidungsverfahren der Arbeitsgerichtsbarkeit zum EuGH, NZA 1993, 775; Borelli, Der Arbeitnehmerbegriff im europäischen Recht – Ein Überblick über die Rechtsprechung des Europäischen Gerichtshofs, AuR 2011, 472; *Clever,* Gemeinschaftscharta sozialer Grundrechte und soziales Aktionsprogramm der EG-Kommission – Zwischenbilanz und Ausblick, ZfSH/SGB 1990, 225; *Colneric,* Die Rolle des EuGH bei der Fortentwicklung des Arbeitsrechts, EuZA 2008, 212; *Feldhoff,* Mitbestimmung des Betriebsrats – Anmerkung zum Beschluss des BAG vom 2. April 1996 – 1 ABR 47/95, AuA 1997, 72; *Gaul,* Praktische Konsequenzen aus der Nichtumsetzung der EU-Arbeitsschutzrichtlinien, ArbuR 1995, 445; Greiner, Auslegung von Absenkungsverboten in Richtlinien und Reichweite der richtlinienkonformen Auslegung, EuZA 2011, 74; *Hanau/ Steinmeyer/Wank,* Handbuch des europäischen Arbeits- und Sozialrechts, 2002; *Junker,* Die Einflüsse des europäischen Rechts auf die personelle Reichweite des Arbeitnehmerschutzes – Der Arbeitnehmerbegriff in der Rechtsprechung des Europäischen Gerichtshofs, EuZA 2016, 184; *Kohte,* Arbeitsschutzrahmenrichtlinie in Oetker/Preis (Hrsg.), Europäisches Arbeits- und Sozialrecht (EAS), Losebl., Stand August 1998; *Kreizberg,* Einzelrichtlinien zur Arbeitsschutzrichtlinie in: Oetker/Preis (Hrsg.), Europäisches Arbeits- und Sozialrecht (EAS), Losebl., Stand August 2015; *ders.,* Europäisches Gefahrstoffrecht in Oetker/Preis (Hrsg.), Europäisches Arbeits- und Sozialrecht (EAS), Losebl., Stand Oktober 2009, *Mörsdorf,* Unmittelbare Anwendung von EG-Richtlinien zwischen Privaten in der Rechtsprechung des EuGH, EuR 2009, 219; *Nägele* (Hrsg.), EG-Arbeitsrecht in der deutschen Praxis, 2007; *Pache/Rösch,* Die Grundrechte der EU nach Lissabon, EWS 2009, 393; *Pickert/Scherfer,* Neue Impulse für Technikgestaltung und Arbeitsumweltschutz durch die Europäische Union, WSI-Mitt. 1994, 452; Sagan, Arbeitsrecht als Gegenstand des Gemeinschaftsrecht – das Europäische Arbeitsrecht, EAS B 1100 in Oetker/Preis (Hrsg.), Europäisches Arbeits- und Sozialrecht (EAS), Losebl., Stand November 2012; *Preis/ Temming,* Der EuGH, das BVerfG und der Gesetzgeber – Lehren aus Mangold II, NZA 2010, 185; Richardi/Wlotzke/Wißmann/Oetker (Hrsg.), Münchener Handbuch zum Arbeitsrecht, Band 2; *Riesenhuber,* Europäisches Arbeitsrecht, 2009; *Schaub,* Der Rechtsschutz im Arbeitsrecht vor dem Gerichtshof der Europäischen Gemeinschaften, NJW 1994, 81; Seifert, Zur Horizontalwirkung sozialer Grundrechte, EuZA 2013, 299; *Wank,* Technischer Arbeitsschutz in der EU im Überblick in Oetker/Preis (Hrsg.), Europäisches Arbeits- und Sozialrecht (EAS), Losebl., Stand Mai 2009; Willemsen/Sagan, Die Auswirkungen der europäischen Grundrechtscharta auf das deutsche Arbeitsrecht, NZA 2011, 258; *Wißmann,* Europäischer Gerichtshof und Arbeitsgerichtsbarkeit – Kooperation mit Schwierigkeiten, RdA 1995, 193.

A. Einführung

1 Das **deutsche Arbeitsrecht** wird zunehmend von der **Rechtsetzungstätigkeit der Europäischen Union** (EU) **beeinflusst.** Dies gilt in besonderem Maße für das Arbeitsschutzrecht. Auf diesem Gebiet hat „Brüssel" mittlerweile sogar die nationalen Parlamente als wichtigsten Gesetzgeber abgelöst. Ein typisches Beispiel für diese Entwicklung ist das ArbSchG, das „Grundgesetz" des deutschen Arbeitsschutzrechts, das verbindliche Vorgaben von zwei EU-Richtlinien in deutsches Recht umsetzt:
- der Richtlinie (RL) 89/391/EWG über die Durchführung von Maßnahmen zur Verbesserung der Sicherheit und des Gesundheitsschutzes der Arbeitnehmer bei der Arbeit vom 12.6.1989, der **Rahmenrichtlinie,** und
- der RL 91/383/EWG zur Ergänzung der Maßnahmen zur Verbesserung der Sicherheit und des Gesundheitsschutzes von Arbeitnehmern mit befristetem Arbeitsverhältnis oder Leiharbeitsverhältnis vom 25.6.1991.

B. Europarechtliche Grundlagen **Einl B**

Die Rechtsetzungstätigkeit auf dem Gebiet des europäischen Arbeitsschutzrechts 2
begann 1967 mit dem Erlass der Richtlinie 67/548/EWG über die Angleichung
der Rechts- und Verwaltungsvorschriften für die Einstufung, Verpackung und
Kennzeichnung gefährlicher Stoffe durch die Europäische Wirtschaftsgemeinschaft
(EWG). Mittlerweile existieren **über 40 verbindliche EU-Rechtsakte,** fast ausnahmslos Richtlinien, welche das Arbeitsschutzrecht der Mitgliedstaaten teilweise
erheblich umgestaltet haben. So beruht die Neustrukturierung des deutschen Arbeitsschutzrechts mit dem ArbSchG als zentraler Regelung überwiegend auf der
von der EU entwickelten Arbeitsschutzkonzeption (dazu unten Rn. 79 ff.). Inhalt
und Leitlinien der Rahmenrichtlinie beeinflussen das ArbSchG in der Praxis unmittelbar, da sich die **Auslegung** der Bestimmungen **des deutschen Arbeitsschutzrechts** an den Richtlinien des europäischen Arbeitsschutzrechts zu orientieren hat
(Grundsatz der **richtlinienkonformen Auslegung,** dazu → Rn. 24 ff.).

B. Grundzüge des EU-Rechts

I. Primärrechtliche Grundlagen

Die Grundlage des europäischen Arbeitsschutzrechts bildet der **Vertrag über** 3
die Arbeitsweise der Europäischen Union (AEUV), der am 1.12.2009 den
Vertrag über die Gründung einer Europäischen Gemeinschaft (EG) ablöste. Auf
Grund entsprechender Ermächtigungen im EG-Vertrag bzw. im Vertrag zur Gründung der Europäischen Wirtschaftsgemeinschaft (EWGV) vom 25.3.1957 verabschiedeten seit 1967 zunächst die Europäische Wirtschaftsgemeinschaft (EWG),
seit 1.11.1993 die Europäische Gemeinschaft (EG) und seit 1.12.2009 die Europäische Union (EU) zahlreiche Richtlinien und Verordnungen, die mittlerweile ein
umfassendes arbeitsschutzrechtliches Regelungswerk ergeben. Im Bereich der
Strahlensicherheit beruhen einige arbeitsschutzrechtliche Sonderbestimmungen
auf dem Euratom-Vertrag (so die RL 2013/59/Euratom vom 5.12.2013 zur Festlegung grundlegender Sicherheitsnormen für den Schutz vor den Gefahren einer
Exposition gegenüber ionisierenden Strahlen).

Der **Reformvertrag von Lissabon** vom 13.12.2007 mit dem geänderten Ver- 4
trag über die Europäische Union (EUV) und dem AEUV trat am 1.12.2009 in
Kraft. EUV und AEUV sind als einheitlicher Regelungskomplex zu sehen: Der
EUV regelt die Grundsätze, der AEUV insbesondere die Politikbereiche der Union
und die Verfahrensabläufe. Die Europäische Union besitzt seit 1.12.2009 eigene
Rechtspersönlichkeit (Art. 47 EUV). Der AEUV übernahm in **Art. 114** und
Art. 153 AEUV die beiden bisher für den Arbeitsschutz relevanten Kompetenzbestimmungen des EG-Vertrages, Art. 95 (vor 1999: Art. 100a) und Art. 137 (vor
1999: Art. 118a), im Wesentlichen inhaltlich unverändert (→ Rn. 49 ff.).

Mit dem Inkrafttreten des Vertrages von Lissabon wurde auch die **Charta der** 5
Grundrechte der Europäischen Union rechtsverbindlich. Nach Art. 6 Abs. 1
EUV erkennt die Europäische Union (EU) die Rechte, Freiheiten und Grundsätze
an, die in der Charta der Grundrechte der EU vom 7.12.2000 in der am
12.12.2007 angepassten Fassung niedergelegt sind. Gewisse Ausnahmen gelten allerdings für Großbritannien und Polen (vgl. Protokoll Nr. 26 zum Vertrag von Lissabon). Nach Art. 6 Abs. 2 EUV wird die Europäische Union der Europäischen
Konvention zum Schutz der Menschenrechte und Grundfreiheiten (EMRK) beitreten. Der Charta kommt dieselbe Rechtsverbindlichkeit zu wie dem EUV und

dem AEUV. Die **Organe der EU und die Mitgliedstaaten nur,** soweit sie das Recht der Union durchführen (Art. 51 Abs. 1 Satz 1 der Charta), sind an die Grundrechtscharta **gebunden.** Nationales Recht unterliegt der Charta nur insoweit, als Behörden und Gerichte AEUV, EUV, Verordnungen oder Richtlinien anwenden. Die Grundrechte gelten daher (nur) in allen unionsrechtlich geregelten Fallgestaltungen (vgl. etwa EuGH Urt. v. 26. 2. 2013 – C-617/10 „Aklagave/Fransson", NJW 2013, 1215 = EAS GR-Charta Art. 51 Nr. 1). Auf innerstaatliche Sachverhalte, die keinen Bezug zum EU-Recht haben (etwa durch Geltung einer Richtlinie), findet die Charta keine Anwendung. Richtlinien sind anhand der Charta grundrechtskonform auszulegen (zur richtlinienkonformen Auslegung Rn. 24 ff.). Um festzustellen, ob eine nationale Maßnahme die Durchführung des Rechts der Union betrifft, ist zu prüfen, ob mit der fraglichen nationalen Regelung die Durchführung einer Bestimmung des Unionsrechts bezweckt wird, welchen Charakter diese Regelung hat und ob mit ihr andere als die unter das Unionsrecht fallenden Ziele verfolgt werden, selbst wenn sie das Unionsrecht beeinflussen kann. Allein der Umstand, dass eine nationale Maßnahme in einen Breich fällt, in dem die Union über Zuständigkeiten verfügt, kann sie nicht in den Gestaltungsbereich des Unionsrechts bringen und somit zur Anwendbarkeit der Charta führen (EuGH Urt. v. 10. 7. 2014 Hernándes/Spanien – (– 198/13, NZA 2014, 1325). Eine Einschränkung der Grundrechte ermöglicht Art. 52 GR-Charta unter vier Bedingungen (sog. „Schranken-Schranken"). Danach ist der Grundrechtseingriff gerechtfertigt, wenn er gesetzlich vorgesehen ist, einem anerkannten Ziel des Gemeinwohls oder dem Schutz der Rechte anderer dient, dem Grundsatz der Verhältnismäßigkeit entspricht und den Wesensgehalt der Chartagrundrechte achtet (vgl. dazu *Sagan* EAS B 1100 Rn. 95). Eine der Verfassungsbeschwerde des deutschen Rechts vergleichbare Individualklage kennt die Charta nicht. Prüfungen anhand der GR-Charta erfolgen deshalb regelmäßig im Rahmen eines Vorabentscheidungs-. oder Vertragsverletzungsverfahrens (→ Rn. 37 ff.).

6 Da die Grundrechte im EU-Recht bereits als sog. allgemeine Rechtsgrundsätze anerkannt waren, die der EuGH als Gemeingut aus den Verfassungen der Mitgliedstaaten ableitete, ändert sich qualitativ am Grundrechtsstandard wenig. Allerdings werden die Grundrechte durch den Verweis des Art. 6 Abs. 2 EUV als Ausdruck ihrer materiellen Wertorientierung deutlich sichtbarer, inhaltlich erkennbarer und in ihrer identitätsprägenden Wirkung für die EU als Rechtsgemeinschaft betont (so *Pache/Rösch* EWS 2009, 393, 400). Die Charta der Grundrechte enthält auch Bestimmungen mit **sozialpolitischem Inhalt** (vgl. insbes. Art. 27–Art. 36). Für den Arbeitsschutz ist Art. 31 Abs. 1 von Bedeutung: Danach hat jede Arbeitnehmerin und jeder Arbeitnehmer das Recht auf **gesunde, sichere** und würdige **Arbeitsbedingungen** (vgl. auch Art. 31 Abs. 2: Recht auf Begrenzung der Höchstarbeitszeit, auf tägliche und wöchentliche Ruhezeiten sowie auf bezahlten Jahresurlaub). Die sozialen Grundrechte sind allerdings **nicht** als echte **Leistungsansprüche** gegenüber dem Staat konzipiert (vgl. dazu *Seifert* EuZA 2013, 299, 311). Sie haben Programmcharakter und enthalten vielfach Verweise auf bestehendes Gemeinschaftsrecht bzw. auf die mitgliedstaatlichen Rechte (vgl. *Riesenhuber* § 2 Rn. 34). Es handelt sich eher um soziale Gewährleistungen, die durch Maßnahmen der EU und der Mitgliedstaaten näher ausgestaltet werden müssen. Ihnen kommt deshalb nicht dieselbe Verbindlichkeit wie den „klassischen" Freiheits-, Gleichheits- und Unionsbürgerrechten zu (*Pache/Rösch* EWS 2009, 393, 397). Bedeutung haben sie vor allem bei der grundrechtskonformen Auslegung arbeitsrechtlicher Richtlinien (vgl. *Willemsen/Sagan* NZA 2011, 258, 260).

B. Europarechtliche Grundlagen **Einl B**

Ein Überblick über alle wesentlichen Fragen des EU-Rechts kann an dieser 7
Stelle nicht gegeben werden. Den **Schwerpunkt** der folgenden Darstellung bilden die zwei für die praktische Beschäftigung mit dem ArbSchG wichtigsten EU-rechtlichen Themen: die **Besonderheiten der Rechtsform der Richtlinie** (→ Rn. 19ff.) und **die Verfahren vor dem EuGH,** insbesondere das Vertragsverletzungs- und Vorabentscheidungsverfahren (→ Rn. 37ff.).

II. Rechtsetzungsbefugnis der Europäischen Union

1. Verordnung, Richtlinie und Beschluss. Die Europäische Union (EU) ist 8
eine supranationale Organisation, auf welche die derzeit 28 Mitgliedstaaten im EUV und AEUV Hoheitsrechte übertragen haben. Besondere Bedeutung hat die Befugnis zur Rechtsetzung: Die EU kann unter Beachtung der Voraussetzungen beider Verträge **verbindliche Rechtsakte,** nämlich Verordnungen, Richtlinien und Beschlüsse erlassen (Art. 288 AEUV).

Während die **EU-Verordnung** wie ein Gesetz mit Inkrafttreten unmittelbare 9
Wirkung für einen abstrakten Personenkreis entfaltet und der Beschluss als verbindliche Einzelfallregelung mit einem Verwaltungsakt nach deutschem Recht vergleichbar ist, bedarf die Richtlinie der Umsetzung in das nationale Recht durch die Mitgliedstaaten. Die **Richtlinie** ist an die Mitgliedstaaten gerichtet und hinsichtlich des zu erreichenden Ziels verbindlich, überlässt jedoch den innerstaatlichen Stellen die Wahl der Form und Mittel (Art. 288 Abs. 3 AEUV). Die Zweistufigkeit der Richtlinie soll den Mitgliedstaaten damit einen gewissen Spielraum bei der Umsetzung belassen und stellt im Vergleich zur Verordnung eine für die Mitgliedstaaten „schonendere" Regelungsform dar. Je allgemeiner die Bestimmungen der Richtlinie gefasst sind, desto größer ist der **Gestaltungsspielraum** des nationalen Gesetzgebers bei der Umsetzung. Allerdings kann eine Richtlinie auch so detaillierte Vorgaben enthalten, dass letztlich den Mitgliedstaaten eine 1:1 Umsetzung vorgeschrieben wird. Beispiele sind die zur Rahmenrichtlinie ergangenen Einzelrichtlinien (→ Rn. 80ff.).

Die Richtlinien werden im Allgemeinen durch Gesetze oder Verordnungen des 10
nationalen Rechts **umgesetzt.** Zwingend ist dies aber nicht, wie das Beispiel der Richtlinie über die Benutzung persönlicher Schutzausrüstungen zeigt, die in das deutsche Recht teilweise über Unfallverhütungsvorschriften transformiert worden ist (*Kreizberg* EAS B 6200 Rn. 91). Eine förmliche Umsetzung kann unterbleiben, wenn ein bestehender allgemeiner rechtlicher Kontext tatsächlich die vollständige Anwendung der Richtlinie hinreichend klar und bestimmt gewährleistet (*EuGH* Urt. v. 6.4.2006 Kommission/Österreich – C-428/04, Slg. 2006, I-3325 = EAS RL 89/391/EWG Art. 8 Nr. 1).

Das europäische Arbeitsschutzrecht beruht ganz überwiegend auf 11
Richtlinien (zu dieser Rechtsform unten Rn. 19ff.). Die wichtigste Richtlinie zum europäischen Arbeitsschutz ist die Richtlinie 89/391/EWG über die Durchführung von Maßnahmen zur Verbesserung der Sicherheit und des Gesundheitsschutzes der Arbeitnehmer bei der Arbeit vom 12.6.1989, die sog. Rahmenrichtlinie, die im Wesentlichen durch das ArbSchG umgesetzt wird. Die **Rahmenrichtlinie** räumt den Mitgliedstaaten **weitreichende Umsetzungsspielräume** ein, weil die meisten Bestimmungen wegen ihres weiten sachlichen Anwendungsbereichs und des Charakters der Rahmenrichtlinie als arbeitsschutzrechtliches „Grundgesetz" (vgl. → Rn. 79) nur wenig konkrete Vorgaben enthalten. Den Mitgliedstaaten ist es in einigen Bestimmungen ausdrücklich überlassen, ob sie Regelungen der Rahmenrichtlinie in das nationale Recht überhaupt über-

nehmen, so z. B. in Art. 7 Abs. 7 RL 89/391/EWG: „Die Mitgliedstaaten können […] festlegen, […]" (vgl. auch Art. 7 Abs. 8, Art. 9 Abs. 2 RL 89/391/EWG). Dagegen enthalten die auf der Grundlage der Rahmenrichtlinie bisher ergangenen 20 Einzelrichtlinien zumeist detaillierte Vorgaben, welchen den Mitgliedstaaten – wenn überhaupt – nur geringe Umsetzungsspielräume belassen. **Deutschland** hat die Rahmenrichtlinie so gut wie unverändert im ArbSchG übernommen und die Vorgaben der Einzelrichtlinien überwiegend durch Rechtsverordnungen umgesetzt (zu den Einzelrichtlinien → Rn. 80).

12 **Keine Rechtsverbindlichkeit** haben **Aktionsprogramme, Mitteilungen und Entschließungen** der Organe. Sie können aber wichtige politische Aussagen zu geplanten EU-Vorhaben enthalten und bereits verabschiedete und umgesetzte Rechtsakte insbesondere im Hinblick auf ihre Auswirkungen auf die Mitgliedstaaten bewerten. Auch beinhalten sie oft Stellungnahmen zu möglichen Defiziten in den nationalen Rechtsordnungen im Hinblick auf EU-weite Ziele.

13 **2. Vorrang des EU-Rechts.** Um eine einheitliche Geltung des EU-Rechts in den Mitgliedstaaten sicherzustellen, gehen die Bestimmungen des EUV bzw. AEUV sowie Verordnungen und Beschlüsse evtl. entgegenstehendem nationalem Recht vor (Grundsatz des Vorrangs des EU-Rechts). Der Vorrang ergibt sich nicht unmittelbar aus dem EUV bzw. AEUV, der EuGH leitet ihn im Wesentlichen aus dem Grundsatz der Gemeinschaftstreue (Art. 4 Abs. 3 EUV), aus Art. 18 AEUV (Diskriminierungsverbot) und aus der besonderen supranationalen Struktur der Europäischen Union ab, die durch die Übertragung von Hoheitsrechten der Mitgliedstaaten gekennzeichnet ist (ständige Rechtsprechung seit *EuGH,* Urt. v. 15. 7. 1964, C- 6/64 „Costa/Enel", Slg. 1964, 1141). Dies bedeutet in der Praxis, dass **Regelungen des nationalen Rechts,** die mit einer europäischen Rechtsnorm kollidieren, **nicht** mehr **angewandt** werden dürfen (*Feldhoff* AuA 1997, 72, 74). Dieser Anwendungsvorrang erstreckt sich auch auf die **Rechtsprechung,** d. h. Urteile des EuGH in Vorabenetscheidungsverfahren (→ Rn. 40 ff.) etwa zur Rahmenrichtlinie müssen von vorlegenden Gerichten beachtet werden (→ Rn. 48). Für Richtlinien gilt der Vorrang nur, wenn sie ausnahmsweise unmittelbar anwendbar sind (→ Rn. 20). Die Vorrangfrage stellt sich deshalb nicht bei ordnungsgemäßer Umsetzung der Richtlinie in nationales Recht (→ Rn. 19 ff.).

14 Das **Bundesverfassungsgericht** erkennt den Anwendungsvorrang des EU-Rechts gegenüber dem deutschen (Verfassungs)recht an (vgl. *BVerfG* Beschl. zur Verfassungsmäßigkeit des Reformvertrages von Lissabon v. 30. 6. 2009, NJW 2009, 2267, 2285). Es **behält sich** aber ausdrücklich die **Prüfung vor,** ob die Tätigkeit der EU-Organe, insbesondere der Erlass von Verordnungen und Richtlinien, sich (noch) **in den Grenzen** der von den Mitgliedstaaten im EUV bzw. AEUV eingeräumten **Hoheitsrechte** hält oder aber diese Grenzen überschreitet. In einem solchen Fall wäre das Handeln der EU-Organe nicht mehr vom Zustimmungsgesetz des deutschen Gesetzgebers (Art. 23 Abs. 1 GG) gedeckt. Das BVerfG würde die Unanwendbarkeit eines solchen Rechtsaktes für Deutschland feststellen (*BVerfG* NJW 2009, 2267, 2285; vgl. auch *Schmidt am Busch* → Einl A Rn. 57).

15 **3. Prinzip der Einzelermächtigung.** Die Befugnis zum Erlass von Verordnungen, Richtlinien und Entscheidungen muss sich aus den Verträgen ergeben. Nur in den Bereichen, in denen die Mitgliedstaaten im AEUV Hoheitsrechte auf die Europäische Union übertragen haben und der AEUV eine ausdrückliche Kompetenznorm enthält, ist die EU zur Rechtsetzung ermächtigt. Dieses Prinzip der Einzelermächtigung (Art. 5 Abs. 1 und 2 EUV) gehört zu den **wesentlichen**

B. Europarechtliche Grundlagen **Einl B**

Strukturelementen des EUV bzw. AEUV. Für den Bereich des Arbeitsschutzrechts stellen Art. 114 und Art. 153 AEUV die beiden wichtigsten Kompetenznormen dar (→ Rn. 49ff.). Das von den beiden Verträgen abgeleitete Recht in Form von Verordnungen, Richtlinien und Beschlüssen wird als **Sekundärrecht** bezeichnet, im Gegensatz zum **Primärrecht,** dem Recht des EUV und AEUV einschließlich der Charta der Grundrechte.

4. Rechtsetzungsverfahren. In der jeweiligen Kompetenznorm des AEUV ist **16** neben dem materiellen Anwendungsbereich auch festgelegt, welche Rechtsakte (also Verordnung oder Richtlinie bzw. beide) verabschiedet werden können und welches Verfahren Anwendung findet. Im **Rechtsetzungsverfahren** wirken drei Organe (Europäische Kommission, der aus Vertretern der Regierungen der Mitgliedstaaten bestehende Rat und das Europäisches Parlament) zusammen (vgl. Art. 289 AEUV): Die Kommission hat im Regelfall das Initiativrecht. Die Verabschiedung des Rechtsakts erfolgt durch den Rat und das Europäische Parlament. Für den Bereich des Arbeitsschutzrechts gilt das auch sonst übliche Mitentscheidungsverfahren nach Art. 294 AEUV. Danach bedarf ein Rechtsakt der Zustimmung des Rates und des Parlamentes.

Im Anwendungsbereich des Art. 153 AEUV, der die EU zur Rechtsetzung auf be- **17** stimmten Gebieten des Gebiet des Arbeits- und Sozialrechts (u. a. des Arbeitsschutzes, unten Rn. 55ff.) ermächtigt, können unter den Voraussetzungen des Art. 153 Abs. 3 i. V. m. Art. 155 AUEV die **Sozialpartner** die Europäische Kommission im Rechtsetzungsverfahren als **Initiativorgan** ablösen. Einigen sie sich auf eine Vereinbarung, kann diese auf Vorschlag der Kommission durch einen Beschluss des Rates die Verbindlichkeit eines EU-Rechtsaktes (z. B. Richtlinie) erhalten. Bisher kamen solche Vereinbarungen etwa zum Elternurlaub, zur Teilzeitarbeit sowie zu den befristeten Arbeitsverhältnissen zustande. Arbeitsschutzbestimmungen enthält die Vereinbarung zwischen dem Verband der Reeder in der Europäischen Gemeinschaft (ECSA) und der Europäischen Transportarbeiter-Föderation (ETF) über das Seearbeitsübereinkommen 2006, welches der Rat am 16.2.2009 auf der Grundlage von Art. 139 Abs. 2 EG (jetzt Art. 155 Abs. 2 AEUV) als RL 2009/13/EG verabschiedete.

5. Subsidiaritätsprinzip. Will die Union einen Rechtsakt erlassen, hat sie das **18** Subsidiaritätsprinzip (Art. 5 Abs. 3 EUV) zu beachten. Danach darf die EU nur tätig werden, wenn die Ziele der in Betracht gezogenen Maßnahmen auf Ebene der Mitgliedstaaten nicht ausreichend erreicht und daher wegen ihres Umfangs oder ihrer Wirkungen besser von der Union wahrgenommen werden können. Das Subsidiaritätsprinzip ist eine **Kompetenzausübungsschranke:** Verfügt die Union nach dem Prinzip der Einzelermächtigung (oben Rn. 15) über eine Kompetenz nach dem AEUV, hat sie unabhängig davon das Bedürfnis für eine gemeinschaftsweite Regelung in den Begründungserwägungen (Art. 296 AEUV) zum jeweiligen Rechtsakt nachzuweisen. Eine gewisse **Konkretisierung** des wenig aussagekräftigen Art. 5 Abs. 3 EUV sieht das **Protokoll Nr. 27 zum Reformvertrag von Lissabon** über die Anwendung der Grundsätze der Subsidiarität und Verhältnismäßigkeit vor. Darin sind insbesondere Anforderungen an die Begründung von Rechtsakten enthalten.

III. Besonderheiten der Rechtsform der Richtlinie

1. Umsetzung der Richtlinie. Nach Art. 288 AEUV ist die Richtlinie hin- **19** sichtlich der Ziele verbindlich, überlässt aber den Mitgliedstaaten die Wahl der Form und der Mittel zur Umsetzung. Die Richtlinien legen eine **Frist** fest, innerhalb der die Umsetzung des Richtlinieninhalts in die Rechtsordnungen der Mitgliedstaaten erfolgen muss. Vor Ablauf der Umsetzungsfrist entfaltet die Richtlinie für das nationale Recht grundsätzlich keine Wirkung (vgl. aber zur sog. Vorwirkung der Richtlinie → Rn. 21). Der AEUV und die jeweils einschlägige Richtlinie gehen davon aus, dass spätestens mit Fristablauf der Richtlinieninhalt vollständig und korrekt in die einzelnen Rechtsordnungen der Mitgliedstaaten transformiert wurde. Die Praxis zeigt jedoch, dass zumeist das Gegenteil der Fall ist. Deutlich wurde dies etwa bei der Umsetzung der Rahmenrichtlinie, die in Deutschland erst mehr als **3 ½ Jahre nach Fristablauf** (31. 12. 1992) mit dem Inkrafttreten des ArbSchG am 21. 8. 1996 erfolgt ist. Gegen fast alle Mitgliedstaaten leitete die Kommission wegen fehlender bzw. fehlerhafter Umsetzung der Rahmenrichtlinie Vertragsverletzungsverfahren ein. Der EuGH musste in mehreren Urteilen die nicht korrekte Umsetzung der Rahmenrichtlinie feststellen (→ Rn. 39).

20 Große Bedeutung haben die Urteile des EuGH zu den Folgen **unterbliebener oder fehlerhafter Umsetzung** von Richtlinien. In ständiger Rechtsprechung erkennt der Gerichtshof einer nicht korrekt oder nicht fristgemäß umgesetzten Richtlinie **unmittelbare Wirkung** zu, wenn der Inhalt hinreichend klar bestimmt und aus sich heraus anwendbar ist (z. B. *EuGH* Urt. v. 19. 1. 1982 – C- 8/81 Becker, Slg. 1982, 53). Dies gilt jedoch nur im **Verhältnis Unionsbürger – Mitgliedstaat.** Die Richtlinie entfaltet nach Fristablauf bei nicht ordnungsgemäßer Umsetzung **keine Drittwirkung** (horizontale Wirkung), gilt also nicht zwischen Privaten. Dies bedeutet bei Richtlinien mit arbeitsrechtlichem Inhalt, dass eine unmittelbare Wirkung in den Rechtsbeziehungen zwischen Arbeitgebern und Arbeitnehmern nicht eintreten kann, es sei denn, es handelt sich um Beschäftigte des öffentlichen Dienstes (*Gaul* ArbuR 1996, 445).

21 **Mittelbar** kann sich der Richtlinieninhalt allerdings auch auf **Private** auswirken, weil nach dem Grundsatz der **richtlinienkonformen Auslegung** (→ Rn. 24 ff.) nach Ablauf der Umsetzungsfrist die Bestimmungen des nationalen Rechts im Lichte der Richtlinie auszulegen sind. Ziel dieser Verpflichtung ist es, Spielräume des nationalen Rechts so zu nutzen, dass die jeweilige Richtlinie effektive Geltung und praktische Wirksamkeit in der innerstaatlichen Rechtsordnung erhält (*Feldhoff* AuA 1997, 72, 74). Insbesondere über Generalklauseln des nationalen Rechts kann so der Richtlinieninhalt zur Anwendung kommen. Während des Laufs der Umsetzungsfrist sind die Mitgliedsaaten noch nicht verpflichtet, die innerstaatlichen Maßnahmen zu erlassen. Aus Art. 4 Abs. 3 EUV (Grundsatz der Gemeinschaftstreue) in Verbindung mit Art. 288 Abs. 3 AEUV und aus der jeweiligen Richtlinie selbst ergibt sich jedoch, dass die Mitgliedstaaten während der Umsetzungsfrist den Erlass von Vorschriften zu unterlassen haben, die geeignet sind, das in dieser Richtlinie vorgeschriebene Ziel ernstlich in Frage zu stellen (sog. Vorwirkung von Richtlinien, vgl. *EuGH*, Urt. v. 18. 12. 1997 Rs. C-129/96 Slg. 1997, I-7411; vgl. auch *Kappelhoff* in Nägele S. 20 f., *Mörsdorf* EuR 2009, 219, 231 f.).

22 Bei nicht **korrekter** Umsetzung kommt außerdem ein **Schadensersatzanspruch** gegen den Mitgliedstaat in Betracht. Wesentliche Voraussetzungen sind, dass einem Privaten infolge einer unterbliebenen oder fehlerhaften Umsetzung durch den Mitgliedstaat ein Schaden entstanden ist und die verletzte (d. h. nicht oder fehlerhaft umgesetzte) gemeinschafsrechtliche Vorschrift bezweckt, dem Geschädigten Rechte zu verleihen. Zwischen dem Verstoß, also der unzureichenden Umsetzung, und dem Schaden des Unionsbürgers muss ein unmittelbarer Kausalzusammenhang bestehen und der Mitgliedstaat muss die Grenzen, die seinem Ermessen gesetzt sind, offenkundig und erheblich überschritten haben

B. Europarechtliche Grundlagen **Einl B**

(grundlegend *EuGH* Urt. v. 19.11.1991 – C-6 u. 9/90 – Francovich, Slg. 1991, I-5357 = EAS RL 80/987/EWG Art. 11 Nr. 2; vgl. auch *EuGH* Urt. v. 25.1.2007 Rs. C-278/05, Slg. 2007, I-1053 = EAS RL 80/987/EWG Art. 8 Nr. 1 = NZA 2007, 499).

Nach erfolgter **korrekter** Transformation in das nationale Recht ist der Inhalt 23 der Richtlinie **Teil der jeweiligen nationalen Rechtsordnung.** Für Rechtsanwender ist im Regelfall nicht erkennbar, dass es sich um auf EU-Recht beruhende Vorschriften handelt (so stellt sich das ArbSchG als „normales" Gesetz dar). Dennoch verliert das zur Umsetzung ergangene Recht – wie das Beispiel ArbSchG zeigt – nicht seine europarechtliche „Herkunft". Denn das nationale Recht ist richtlinienkonform auszulegen.

2. Richtlinienkonforme Auslegung. Behörden und Gerichte der Mitglied- 24 staaten sind zur richtlinienkonformen Auslegung des nationalen Rechts verpflichtet. Dies bedeutet nach der Rechtsprechung des EuGH, dass die **nationalen Bestimmungen,** insbesondere die Umsetzungsregeln, im Lichte der Richtlinie und des Primärrechts, also etwa der Grundrechts-Charta (→ Rn. 5 f.), auszulegen sind. Bei mehreren Auslegungsvarianten ist diejenige zu wählen, die dem Zweck der Richtlinie am nächsten kommt (*EuGH* Urt. v. 13.11.1990 – C-106/89 „Marleasing", Slg. 1990, I-4135 Rn. 8). Nur durch eine am **Wortlaut und Zweck der Richtlinie** orientierte Auslegung der zur Umsetzung ergangenen nationalen Bestimmungen lässt sich das mit einer Richtlinie verfolgte Ziel, die Rechtsordnungen der Mitgliedstaaten anzugleichen, verwirklichen.

Die nationalen Gerichte haben deshalb das **gesamte innerstaatliche Recht** 25 **zu berücksichtigen,** um zu beurteilen, inwieweit es angewendet werden kann, damit kein der Richtlinie widersprechendes Ergebnis herbeigeführt wird. Bei der Anwendung des innerstaatlichen Rechts, insbesondere der Bestimmungen einer speziell zur Umsetzung der Vorgaben einer Richtlinie erlassenen Regelung, muss das nationale Gericht das innerstaatliche Recht so weit wie möglich anhand des Wortlauts und des Zwecks der Richtlinie auslegen, um das in ihr festgelegte Ergebnis zu erreichen. Es hat unter Berücksichtigung des gesamten nationalen Rechts und unter Anwendung ihrer Auslegungsmethoden alles zu tun, was in ihrer Zuständigkeit liegt, um die volle Wirksamkeit der Richtlinie zu gewährleisten und zu einem Ergebnis zu kommen, das mit dem von der Richtlinie verfolgten Ziel übereinstimmt (EuGH Urt. v. 24.6.2010 – C-98/09 „Sorge/Poste Italiane", Slg. 2010, I-5837 = NZA 2010, 805 = EAS RL 1999/70 § 8 Nr. 1). Ermöglicht es das nationale Recht durch Anwendung seiner Auslegungsmethoden, eine innerstaatliche Bestimmung so zu interpretieren, dass eine Kollision mit einer anderen Norm innerstaatlichen Rechts vermieden wird, sind die nationalen Gerichte deshalb gehalten, die gleichen Methoden anzuwenden, um das von der Richtlinie verfolgte Ziel zu erreichen. Diese Verpflichtung besteht auch dann, wenn die nationalen Gerichte die **Reichweite der innerstaatlichen Bestimmung** zu diesem Zweck **einschränken** müssen (vgl. *EuGH* Urt. v. 5.10.2004 – C-397–403/01 „Pfeiffer", Slg. 2004, I-8835 = EAS RL 93/104/EG Art. 2 Nr. 3 = NZA 2004, 1145; vgl. auch *BAG* NZA 2009, 538, 543 unter Verweis auf die EuGH-Rechtsprechung). Ist das nationale Gericht mit einem Rechtsstreit über die Anwendung innerstaatlicher Rechtsvorschriften befasst, die speziell zur Umsetzung einer Richtlinie erlassen wurden, hat es davon auszugehen, dass der Staat die Absicht hatte, den sich aus der betreffenden Richtlinie ergebenden Verpflichtungen in vollem Umfang nachzukommen (EuGH NZA 2004, 1145). Die natio-

Einl B Einleitung

nalen Gerichte haben also das gesamte ihnen nach ihrer jeweiligen Rechtsordnung zur Verfügung stehende Methodenspektrum auszuschöpfen, um den Vorgaben der Richtlinie zur innerstaatlichen Anwendung zu verhelfen (so *Mörsdorf* EuR 2009, 219, 223).

26 Ihre **Grenze** hat die richtlinienkonforme Auslegung, wo **Wortlaut, Systematik und Zweck des nationalen Rechts** eine Interpretation entsprechend den europarechtlichen Vorgaben nicht zulassen (*Kappelhoff* in Nägele, S. 36f.). Sie scheidet aus, wenn eine eindeutige abweichende Entscheidung des nationalen Gesetzgebers feststellbar ist. Die richtlinienkonforme Auslegung erfordert nur, dass die Gerichte alles tun, was in ihrer Zuständigkeit liegt, um ein europarechtskonformes Ergebnis herbeizuführen. Eine Zuständigkeitsüberschreitung, insbesondere ein Übergriff in die Kompetenz des Gesetzgebers, wird von den nationalen Gerichten nicht verlangt. In einem solchen Fall bleibt die nicht richtlinienkonforme nationale Norm gültig und anwendbar (vgl. Greiner EuZA 2011, 74, 81 f.). Allerdings kann die Pflicht zur richtlinienkonformen Auslegung auch eine Rechtsfindung „contra legem" erfordern. Dabei ist der Begriff der **„Auslegung contra legem"** funktionell zu verstehen. Er meint den Bereich, in dem eine richterliche Rechtsfindung unzulässig ist, weil sie eine eindeutige Entscheidung auf Grund eigener rechtspolitischer Vorstellungen ändern will und damit – nach deutschem Verfassungsrecht – die Bindung der Gerichte an Recht und Gesetz (Art. 20 Abs. 3 GG) sowie das Gewaltenteilungsprinzip verletzt. Wird diese Grenze nicht überschritten, ist das nationale Recht richtlinienkonform fortzubilden, wo es nötig und möglich ist (*BAG* Urt. v. 24.3.2009 NZA 2009, 538, 544; vgl. auch *Mörsdorf* EuR 2009, 219, 227). Zu beachten ist, dass auch eine **teleologische Reduktion** von Vorschriften entgegen ihrem Wortlaut in Deutschland zu den anerkannten, verfassungsrechtlich nicht zu beanstandenden Auslegungsgrundsätzen gehört (*Colneric* EuZA 2008, 212, 222; *Riesenhuber* § 1 Rn. 73). So hat das BAG § 7 Abs. 3 BUrlG, der für die Urlaubserteilung einen Bezugs- und Übertragungszeitraum (31.12. bzw. 31.3. des Folgejahres) festlegt, durch teleologische Reduktion dahin gehend ausgelegt, dass bei richtlinienkonformer Auslegung dieser Bestimmung im Hinblick auf Art. 7 Abs. 1 RL 2003/88/EG (Arbeitszeit-Richtlinie) der Urlaub nicht verfällt, wenn ein Arbeitnehmer infolge krankheitsbedingter Arbeitsunfähigkeit nicht in der Lage war, seinen Urlaub innerhalb des Bezugs- bzw. Übertragungszeitraums zu nehmen (*BAG* Urt. v. 24.3.2009 a. a. O. als Reaktion auf das Urt. d. *EuGH* v. 20.1.2009 Rs. C-350/06 „Schultz-Hoff" Slg. 2009, I-179 = EAS RL 2003/88/ EG Art. 7 Nr. 1 = NZA 2009, 135).

27 Eine **Abgrenzung** zwischen (noch) zulässiger **richtlinienkonformer Auslegung** durch Elimenierung nationaler Bestimmungen im Wege der teleologischen Reduktion und einer nach innerstaatlichem Recht nicht mehr haltbaren Änderung einer eindeutigen Entscheidung des Gesetzgebers lässt sich **nicht immer exakt durchführen.** Scheidet eine richtlinienkonforme Auslegung der mitgliedschaftlichen Vorschrift wegen Überschreitens der „contra legem"-Grenze aus, besteht eine Nichtanwendungskompetenz dann, wenn mit dem Verstoß gegen eine Richtlinie auch primäres Unionsrecht verletzt wird (*Preis/Temming* NZA 2010, 185, 189). In Betracht kommen vor allem Verstöße gegen die Grundrechts-Charta wie etwa gegen das Diskriminierungsverbot wegen Alters (Art. 21 GR-Charta, vgl. *EuGH* Urt. v. 22.1.2005 Rs. C-144/04 „Mangold" Slg. 2005, I-9981 = EAS RL 2000/ 78 Art. 6 Nr. 1 = NZA 2005, 1345; *EuGH* Urt. v. 19.1.2010 Rs. C-555/07v „Kücükdeveci" EAS RL 2000/78 Art. 6 Nr. 6 =NZA 2010, 85; diese Entscheidungen ergingen vor Inkrafttreten der GR-Charta; der EuGH nahm Verstöße gegen allgemeine Rechtsgrundsätze an).

B. Europarechtliche Grundlagen **Einl B**

Der **EuGH** hat in Vorabentscheidungsverfahren erst zweimal zur Rahmenricht- 28
linie entschieden. Es ging in beiden Fällen um die Anwendbarkeit der Rahmenrichtlinie (*EuGH* Urt. v. 5.10.2004 – C-397–401/01 Pfeiffer u. a., Slg. 2004, I-8835 = EAS RL 93/104/EWG Art. 2 Nr. 3 = NZA 2004, 1145; *EuGH* Urt. v. 14.7.2005 – C-52/04 Personalrat der Stadt Hamburg/Leiter der Feuerwehr Hamburg, Slg. 2005, I-7111 = EAS RL 93/104/EWG Art. 2 Nr. 4; vgl. auch unten Rn. 43). Der EuGH hat zudem im Rahmen von Vertragsverletzungsverfahren (dazu Rn. 38 f.) einige **Bestimmungen der RL 89/391/EWG ausgelegt** und deren Inhalt konkretisiert. So ist vor dem Hintergrund zweier Entscheidungen zu Art. 7 RL 89/391/EWG § 13 Abs. 1 Nr. 5 ArbSchG richtlinienkonform dahingehend auszulegen, dass der Arbeitgeber zunächst betriebsangehörige Mitarbeiter zu Arbeitnehmern mit besonderen Arbeitsschutzaufgaben bestimmt, bevor er auf externe Fachkräfte zurückgreift (*EuGH* Urt. v. 6.4.2006 – C-428/04 Kommission/Österreich, Slg. 2006, I-3325 = EAS RL 89/391/EWG Art. 8 Nr. 1; so auch bereits *EuGH* Urt. v. 22.5.2003 Kommission/Niederlande – C-441/01, Slg. 2003, I-5463; dazu Rn. 93).

Das **BAG** hat in einigen Entscheidungen arbeitsschutzrechtliche Bestimmungen 29
richtlinienkonform ausgelegt. Ein Beispiel hierfür ist die Bildschirmarbeitsplatz-Richtlinie (RL 90/270/EWG vom 29.5.1990), die der deutsche Gesetzgeber nicht fristgerecht umgesetzt hatte. Das BAG entschied, dass nach Fristablauf die in Art. 7 Bildschirmarbeitsplatz-Richtlinie vorgesehene Pflicht zur Organisation der Bildschirmarbeit durch Pausen oder Mischarbeit über die mittlerweile durch Inkrafttreten des ArbSchG aufgehobene Generalklausel des § 120a GewO zu beachten sei (*BAG* NZA 1996, 998; *Feldhoff* AuA 1997, 72, 75; vgl. jetzt Bildschirmarbeitsplatzverordnung v. 4.12.1996 und dazu unten die Kommentierung von *Kreizberg*).

Bei **Anwendung des ArbSchG in der Praxis** sind deshalb immer auch die 30
Rahmenrichtlinie und evtl. zur Auslegung der Rahmenrichtlinie ergehende Entscheidungen des EuGH **zu berücksichtigen.** Auch Urteile des EuGH zu anderen Arbeitsschutzrichtlinien können für die Anwendung des ArbSchG relevante Aussagen enthalten. Unklarheiten über den Inhalt von Bestimmungen der Rahmenrichtlinie, die bei der Anwendung des ArbSchG auftreten, können bzw. müssen im Wege des Vorabentscheidungsverfahrens geklärt werden (→ Rn. 40 ff.).

IV. Der Gerichtshof der Europäischen Union

1. Vorbemerkungen. Der Gerichtshof der Europäischen Union umfasst den 31
Gerichtshof, das Gericht und die Fachgerichte. Er sichert die Wahrung des Rechts bei der Auslegung und Anwendung des EUV und des AEUV (Art. 19 Abs. 1 EUV; Art. 251–281 AEUV). Der Gerichtshof der EU hat verfassungs-, verwaltungs-, zivil- und damit auch **arbeitsgerichtliche Funktion.** Seine **Entscheidungen** sind für die Mitgliedstaaten bindend und **gehen** evtl. entgegenstehenden Urteilen der nationalen Gerichte **vor.** Die EuGH-Rechtsprechung hat daher **erhebliche Auswirkungen auf die nationalen Rechtsordnungen.**

Für mehrere Verfahrensarten ist das Gericht erstinstanzlich zuständig (Art. 256 32
Abs. 1 und 3 AEUV). Dies gilt allerdings nicht für das Vorabentscheidungsverfahren und das Vertragsverletzungsverfahren. Gegen die Entscheidungen des Gerichts können nach Maßgabe der Satzung Rechtsmittel beim Gerichtshof eingelegt werden. Das jeweilige Gericht ist anhand des Aktenzeichens zu erkennen: Urteile des Gerichtshofs haben vor der laufenden Nummer ein „C" für cour, Urteile des Gerichts ein „T" für tribunal. In der amtlichen Sammlung wird bei den Urteilen des

Einl B Einleitung

Gerichtshofs ein „I" der Seitenangabe vorangestellt, bei den Entscheidungen des Gerichts ein „II".

33 **2. Verfahrensgrundsätze. a) Zuständigkeiten.** Die verschiedenen Verfahrensarten (Art. 258–276 AEUV) lassen sich im Wesentlichen in folgende **drei Gruppen** einteilen:
- Vertragsverletzungsverfahren, z. B. Kommission gegen einen Mitgliedstaat wegen nicht fristgemäßer Umsetzung einer Richtlinie (→ Rn. 20), Art. 259–261 AEUV (→ Rn. 39);
- Nichtigkeits- und Untätigkeitsklagen, z. B. Mitgliedstaat gegen Rat wegen einer Bestimmung des Sekundärrechts, die gegen den AEUV verstößt, Art. 263–265 AEUV;
- Vorabentscheidungsverfahren nach Art. 267 AEUV (→ Rn. 40 ff.).

34 Die **größte Bedeutung** hat gerade auch im Arbeitsrecht das **Vorabentscheidungsverfahren.** Art. 267 AEUV **verpflichtet bzw. berechtigt** die **innerstaatlichen Gerichte, Rechtsfragen** über die Auslegung des EUV und des AEUV bzw. eines abgeleiteten Rechtsaktes, also insbesondere einer Richtlinie, dem EuGH zur Entscheidung **vorzulegen.** Die Kommission hat jedoch auch einige Vertragsverletzungsverfahren gegen Mitgliedstaaten eingeleitet mit der Begründung, nationale Bestimmungen würden gegen die Rahmenrichtlinie verstoßen (vgl. oben).

35 **b) Zusammensetzung und Arbeitsweise des EuGH.** Der Gerichtshof und das Gericht bestehen aus jeweils **28 Richtern.** Jeder Mitgliedstaat entsendet je einen Richter. Unterstützt wird der Gerichtshof von acht **Generalanwälten.** Deren Aufgabe ist es, als Art Berichterstatter in völliger Unparteilichkeit und Unabhängigkeit als „Schlussanträge" bezeichnete Entscheidungsvorschläge auszuarbeiten (Art. 252 AEUV). Die Bedeutung der Generalanwälte in der Praxis zeigt sich darin, dass in ca. 90% der Fälle der EuGH im Ergebnis die Voten der Generalanwälte übernimmt (*Bauer/Diller* NZA 1996, 169, 172).

36 Die **Entscheidungsgründe** des EuGH sind **äußerst knapp** in der Darstellung und Diktion. Der Urteilstenor wird eher durch apodiktische Formeln wiederholt als begründet (*Wißmann* RdA 1995, 193, 200). In den Gründen fehlt oft ein Eingehen auf das Vorbringen der Parteien sowie Auseinandersetzungen mit früheren Urteilen und Meinungen der Literatur. Demgegenüber befassen sich die **Schlussanträge** der Generalanwälte ausführlich mit den rechtlichen und tatsächlichen Fragen des Falls. Bei wichtigen Urteilen ist es deshalb unerlässlich, sich auch mit den Schlussanträgen auseinanderzusetzen, die in der amtlichen Sammlung mit abgedruckt sind. In den einschlägigen Zeitschriften erscheinen regelmäßig nur Auszüge aus den Entscheidungsgründen.

37 **c) Verfahren unter besonderer Berücksichtigung des Vertragsverletzungs- und des Vorabentscheidungsverfahrens.** Verfahrensrechtliche Grundlagen sind die als Protokoll Nr. 25 zum Vertrag von Lissabon vom 13.12.2007 verabschiedete **Satzung** des Gerichtshofs der Europäischen Union und die **Verfahrensordnung** vom 25.9.2012. Die Rechtssachen werden in der Regel auf kleine (drei Richter) oder große (fünf Richter) Kammern verteilt. Das in der EuGH-VerfahrensO geregelte Verfahren ist **an die nationalen Prozessordnungen angelehnt** und in einen schriftlichen und mündlichen Teil gegliedert. Der Kläger kann eine der 24 Verfahrenssprachen wählen. Im Beweisverfahren gilt der Untersuchungsgrundsatz. Die mündliche Verhandlung ist grundsätzlich öffentlich

B. Europarechtliche Grundlagen **Einl B**

und endet mit dem Schlussantrag des Generalanwalts. Die Entscheidung des EuGH ergeht etwa 6–8 Wochen nach dem Schlussantrag. Sie enthält auch eine Entscheidung über die Kosten, die regelmäßig nur die Auslagen der Streitparteien erfasst, weil Gerichtsgebühren nicht anfallen. Die Urteile sind vollstreckbar gem. Art. 280, 299 AEUV. Besondere Bedeutung im Bereich des Arbeitsschutzrechts haben das Vertragsverletzungs- und das Vorabentscheidungsverfahren.

Das **Vertragsverletzungsverfahren** wird von der Kommission, deren Aufgabe 38 u. a. die Überwachung des EU-Rechts in den Mitgliedstaaten ist (Art. 17 Abs. 1 Satz 3 EUV), oder von einem Mitgliedstaat nach Beteiligung der Kommission gem. Art. 258, 259 Abs. 1 AEUV eingeleitet (zum Vertragsverletzungsverfahren instruktiv *Kappelhoff* in Nägele, S. 24). Hat nach Auffassung der Kommission ein Mitgliedstaat gegen eine Verpflichtung aus den Verträgen verstoßen, gibt sie eine mit Gründen versehene Stellungnahme hierzu ab; sie hat dem Mitgliedstaat zuvor Gelegenheit zur Äußerung zu geben. In vielen Fällen handelt es sich dabei um nicht korrekte oder unterbliebene Umsetzungen von Richtlinien. Kommt der Staat den Forderungen der Kommission innerhalb der von der Kommission gesetzten Frist nicht nach, kann die **Kommission den Gerichtshof anrufen** (Art. 258 AEUV). Stellt der Gerichtshof fest, dass ein Mitgliedstaat gegen eine Verpflichtung aus den Verträgen verstoßen hat, so hat dieser Staat die Maßnahmen zu ergreifen, die sich aus dem Urteil ergeben (Art. 260 Abs. 1 AEUV). Im Regelfall bedeutet dies die Notwendigkeit einer Gesetzesanpassung. Unterlässt der Mitgliedstaaten eine solche Anpassung, kann der Gerichtshof gem. Art. 260 Abs. 2 AEUV nach Anrufung durch die Kommission die Zahlung eines Pauschalbetrags oder Zwangsgelds verhängen, was allerdings in der Praxis eher selten vorkommt.

Zur **Rahmenrichtlinie** sind im Rahmen von Vertragsverletzungsverfahren ei- 39 nige **Urteile** ergangen. Der EuGH stellte mehrmals die **nicht korrekte Umsetzung** von Vorgaben der Rahmenrichtlinie in nationales Recht fest, so z. B. *EuGH* Urt. v. 15.11.2001 – C-49/00, Slg. 2001, I-8575 = EAS RL 89/391/EWG Art. 7 Nr. 1: Italien; *EuGH* Urt. v. 22.5.2003 – C-441/01, Slg. 2003, I-5463: Niederlande; *EuGH* Urt. v. 22.5.2003 – C-335/02, Slg. 2003, I-5531: Luxemburg; *EuGH,* Urt. v. 12.1.2006, Rs. C-132/04, Slg. 2006. I-3: Spanien. Auch **Deutschland** wurde verurteilt, weil die Dokumentationspflichten der Arbeitgeber nach Art. 9 Abs. 1 lit. a), Art. 10 Abs. 3 lit. a) RL 89/391/EWG nicht vollständig in nationales Recht umgesetzt wurden (*EuGH* Urt. v. 7.2.2002 – C-5/00, Slg. 2002, I-305 = EAS RL 89/391/EWG Art. 9 Nr. 1, dazu unten Rn. 95). In zwei Vertragsverletzungsverfahren nahm der EuGH zu Auslegungsfragen betreffend einzelner Bestimmungen der Rahmenrichtlinie Stellung: *EuGH* Urt. v. 6.4.2006 – C-428/04, Slg. 2006, I-3325 = EAS RL 89/391/EWG Art. 8 Nr. 1 zu Art. 7, Art. 8 und Art. 11 der Rahmenrichtlinie in einem Verfahren gegen Österreich, vgl. Rn. 95 ff. und *EuGH* Urt. v. 14.6.2007 – C-127/05, Slg. 2007, I-4619 = EAS RL 89/391/EWG zu Art. 5 RL 89/391/EWG in einem Verfahren gegen Großbritannien, in dem allerdings keine Umsetzungsdefizite festgestellt wurden.

Das **Vorabentscheidungsverfahren** nach Art. 267 AEUV ist eine Konsequenz 40 daraus, dass in erster Linie die Mitgliedstaaten EU-Recht anwenden und vollziehen. Zwangsläufig sind deshalb nationale Gerichte mit EU-rechtlichen Fragestellungen konfrontiert. Um zu verhindern, dass in den Mitgliedstaaten die Gerichte EU-Recht **unterschiedlich auslegen,** können bzw. müssen nationale Gerichte Auslegungsfragen dem EuGH vorlegen. Das Vorabentscheidungsverfahren bildet so ein **Scharnier** zwischen dem Erfordernis einer einheitlichen Auslegung des EU-Rechts und der Anwendung von EU-Recht durch die Behörden und Gerichte der

Einl B Einleitung

Mitgliedstaaten. Gerade für die Rechtsform der Richtlinie kommt dem Vorabentscheidungsverfahren große praktische Relevanz zu. Denn das Erfordernis der richtlinienkonformen Auslegung (→ Rn. 24 ff.) verlangt eine Möglichkeit, den EuGH zur Klärung von Auslegungsfragen anzurufen. Das Vorabentscheidungsverfahren ist näher geregelt in Art. 267 AEUV und Art. 23, 23a Protokoll über die Satzung des Gerichtshofs der EU.

41 **Ausgangspunkt** für ein Vorabentscheidungsverfahren ist immer ein **Verfahren vor einem nationalen Gericht.** Treten dort Zweifel bei der Anwendung des Unionsrechts auf, etwa im Zusammenhang mit der Auslegung von Bestimmungen, die zur Umsetzung einer Richtlinie ergangen sind, und hält das nationale Gericht eine Klärung der Frage für die Entscheidung für erforderlich (Entscheidungserheblichkeit), so kann es gemäß Art. 267 Abs. 2 AEUV diese Frage dem Gerichtshof zur Entscheidung vorlegen. Es ist zur Vorlage **verpflichtet,** wenn gegen seine Entscheidungen keine Rechtsmittel des innerstaatlichen Rechts möglich sind (Art. 267 Abs. 3 AEUV). Maßgebend ist eine konkrete Betrachtungsweise, d. h. es kommt darauf an, ob das Urteil noch im „normalen" Instanzenzug angefochten werden kann. Dies bedeutet, dass ein Berufungsgericht letztinstanzliches Gericht ist, wenn eine Revision nicht zulässig ist (die Möglichkeit einer Nichtzulassungsbeschwerde bleibt außer Acht, *Schaub* NJW 1994, 81, 82).

42 Eine Pflicht zur Vorlage besteht nicht, wenn der EuGH bereits über die Auslegungsfrage entschieden hat oder die richtige Anwendung des EU-Rechts derart offenkundig ist, dass keine vernünftigen Zweifel bestehen („acte clair", bereits entschiedene Fragen können jedoch mit dem Ziel erneut vorgelegt werden, dass der EuGH eine anderslautende Entscheidung trifft). **Die Beurteilung der Entscheidungserheblichkeit obliegt dem nationalen Gericht,** das darüber von Amts wegen entscheidet. Eine zu Unrecht unterbliebene Vorlage eines letztinstanzlichen Gerichts kann in Deutschland mit einer **Verfassungsbeschwerde** nach Art. 101 Abs. 1 Satz 2 GG angegriffen werden (EuGH als gesetzlicher Richter). Das Bundesverfassungsgericht nimmt eine Verletzung des Rechts auf den gesetzlichen Richter nur an, wenn die Vorlage bewusst unterblieben ist und das nationale Gericht seinen Beurteilungsspielraum willkürlich überschritten hat (*BVerfGE* 73, 339; vgl. etwa BVerfG v. 10. 12. 2014, 2 BvR 1549/07, NZA 2015, 375, in dem festgestellt wurde, dass das BAG bei Fragen betreffend die MassenentlassungsRL die Vorlagepflicht verletzt hat).

43 Bejaht das nationale Recht die Entscheidungserheblichkeit, **setzt** es das **Verfahren** durch Beschluss **aus** (im Arbeitsgerichtsverfahren nach § 46 Abs. 2 Satz 1 ArbGG, §§ 495, 148 ZPO). Es erlässt dann einen weiteren Beschluss, den Vorlagebeschluss, der die abstrakte Vorlagefrage formuliert (z. B.: „Verstößt es gegen den AEUV, wenn ..."). Gegenstand des Urteils, das **ca. 18 Monate nach Eingang der Vorlage** beim EuGH ergeht, ist allein die abstrakte Vorlagefrage. Das vorlegende Gericht ist bei der Entscheidung über den Ausgangsrechtsstreit an das Ergebnis und die Begründung des zur Vorlagefrage ergangenen EuGH-Urteils gebunden (*Bertelsmann* NZA 1993, 775, 782). Im Bereich des betrieblichen Arbeitsschutzrechts sind bislang verhältnismäßig wenige Entscheidungen im Rahmen von Vorabentscheidungsverfahren ergangen:
– *EuGH* Urt. v. 12. 12. 1996 – C-74/95, C-129/95 – Strafverfahren gegen X (Slg. 1996, I-6609 = EAS RL 90/270/EWG Art. 4 Nr. 1 = NZA 1997, 307): zum Begriff des Arbeitnehmers im Sinne von Art. 9 Abs. 1 RL 90/270/EWG (Bildschirmrichtlinie = 5. Einzelrichtlinie);

B. Europarechtliche Grundlagen **Einl B**

- *EuGH* Urt. v. 17.12.1998 – C-2/97 – „IP SpA/Borsana" (Slg. 1998, I-8597 = EAS RL 89/391/EWG Art. 16 Nr. 3): zur Auslegung von Art. 4 RL 90/394/EWG über den Schutz der Arbeitnehmer gegen Gefährdung durch Karzinogene bei der Arbeit (6. Einzelrichtlinie): die Verpflichtung des Arbeitgebers, das Karzinogen zu verringern oder zu ersetzen, hängt nicht vom Ergebnis der Gefahrenbewertung ab;
- *EuGH* Urt. v. 6.7.2000 – C-11/99 – „Dietrich/WDR" (Slg. 2000, I-5589 = EAS RL 90/270/EWG Art. 2 Nr. 1): zum Begriff „Bildschirm zur Grafikherstellung" i. S. v. Art. 2 lit. a) RL 90/270/EWG (Bildschirmrichtlinie = 5. Einzelrichtlinie).
- *EuGH* Urt. v. 5.10.2004 – C-397–401/01 Pfeiffer u. a. (Slg. 2004, I-8835 = EAS RL 93/104/EWG Art. 2 Nr. 3 = NZA 2004, 1145): zum sachlichen Anwendungsbereich der Rahmenrichtlinie (dazu unten Rn. 86).
- *EuGH* Urt. v. 14.7.2005 – C-52/04 Personalrat der Stadt Hamburg/Leiter der Feuerwehr Hamburg (Slg. 2005, I-7111 = EAS RL 93/104/EWG Art. 2 Nr. 4): zum sachlichen Anwendungsbereich der Rahmenrichtlinie (dazu unten Rn. 86).
- EuGH Urt. v. 7.10.2010 – C-224/09 Nussbaumer (Slg 2010, I-9295 = EAS RL 92/57/EWG Art. 3 Nr. 1): zum Umfang der Pflichten eines Sicherheits- und Gesundheitsschutzkoordinators auf Baustellen gem. Art. 3 RL 92/57/EWG (Baustellenrichtlinie = 8. Einzelrichtlinie)
- EuGH Urt. v. 19.5.2011 – C-256/10 (Slg 2011, I-4083 = NZA 2011, 967): zu den Verpflichtungen eines Arbeitgebers bei einem erhöhten Lärmexpositionspegel gem. Art. 5 RL 2003/10/EG (Lärmrichtlinie = 17. Einzelrichtlinie)

Mehrere Vorabentscheidungsverfahren betrafen die Mutterschutz-Richtlinie **44** (RL 92/85/EWG vom 19.10.1992), die dem sozialen Arbeitsschutz zuzuordnen ist (vgl. etwa *EuGH* Urt. v. 26.2.2008 – C-506/06 Mayr/Flöckner, Slg. 2008, I-1017 = EAS RL 92/85/EWG Art. 10 Nr. 4; vgl. auch die Übersicht bei *Riesenhuber*, § 20; zur Umsetzung dieser Richtlinie durch die MuSchArbV vgl. *Kossens* Teil B unten).

d) Auslegungsgrundsätze. Die Auslegung des EU-Rechts durch den EuGH **45** erfolgt grundsätzlich nach herkömmlichen Auslegungskriterien. Ausgangspunkt ist immer der Wortlaut. Die grammatikalisch-historischen Auslegungsgrundsätze haben allerdings gegenüber der **systematisch-teleologischen** Auslegung eine untergeordnete Bedeutung, was u. a. darauf zurückzuführen ist, dass sich bei mittlerweile 24 offiziellen Amtssprachen Zweifelsfragen durch eine am Wortlaut orientierte Auslegung kaum lösen lassen (vgl. auch *Colneric* EuZA 2008, 212, 216ff.). Eine bedeutende Rolle bei der Auslegung von Verordnungen und Richtlinien spielen die **Begründungserwägungen** zu den jeweiligen Rechtsakten.

Der EuGH ermittelt den Inhalt der Begrife anhand des EU-Rechts. Nur eine **46** solche **autonome Auslegung** gewährleistet eine einheitliche Anwendung des EU-Rechts in den Mitgliedstaaten. Für Vorabentscheidungsverfahren im Anwendungsbereich der Rahmenrichtlinie bedeutet dies, dass die auf der Richtlinie basierenden Begriffe des ArbSchG losgelöst vom Bedeutungsgehalt, den die Begriffe in Deutschland haben, ausgelegt werden.

Beispiel: Sollte der EuGH in einem Vorabentscheidungsverfahren etwa zu entscheiden haben, **47** was unter einer „ausreichenden und angemessenen" Unterweisung der Arbeitnehmer zu verstehen ist (§ 12; Art. 12 RL 89/391/EWG), kommt es nicht darauf an, welche Bedeutung der Begriff im deutschen Recht hat. Andernfalls würde die Auslegung einer EU-rechtlichen Bestimmung letztlich davon abhängen, aus welchem Mitgliedstaat eine Vorlage stammt.

Einl B Einleitung

48 **e) Verhältnis zur deutschen Gerichtsbarkeit.** Der **Vorrang** des Unionsrechts, einer der fundamentalen Grundsätze des EU-Rechts (oben Rn. 13), erstreckt sich auch auf die Gerichtsbarkeit. Den Entscheidungen des EuGH entfalten zwar rechtlich nur eine Bindungswirkung zwischen den Parteien bzw. in Vorabentscheidungsverfahren gegenüber dem vorlegenden Gericht (dazu Rn. 40 ff.), sie haben aber wie andere höchstrichterliche Entscheidungen wichtigen Präzedenzcharakter für die Gerichte der Mitgliedstaaten.

C. Art. 114 und Art. 153 AEUV als zentrale Rechtsgrundlagen des europäischen Arbeitsschutzrechts

I. Vorbemerkungen

49 Art. 114 und Art. 153 sind die beiden zentralen Ermächtigungsgrundlagen des AEUV für Arbeitsschutzmaßnahmen. Darunter fällt sowohl der **technische** (betriebliche und produktbezogene) Arbeitsschutz als auch der **soziale Arbeitsschutz** (vgl. zur Begriffsbestimmung *Wank*, EAS B 6000 Rn. 2 ff.). Art. 114 AEUV entspricht dem früheren Art. 100a EGV bzw. Art. 95 EG. Der frühere Art. 118a EGV bzw. Art. 137 EG ging in Art. 153 AEUV auf. Art. 114 und Art. 153 AEUV **unterscheiden sich erheblich** hinsichtlich Zielrichtung, Voraussetzungen und Auswirkungen auf das nationale Recht.

50 **Art. 114 AEUV** ermächtigt die Union, in Richtlinien und Verordnungen einheitliche Regelungen zur Verwirklichung des Binnenmarktes zu erlassen. Der Arbeitsschutz ist im Anwendungsbereich von Art. 114 AEUV betroffen, wenn zur Verwirklichung des freien Warenverkehrs in sog. **Harmonisierungsrichtlinien** EU-weite, einheitliche Beschaffenheitsanforderungen für Produkte festgelegt werden und Arbeitnehmer bei der Arbeit mit diesen Produkten in Kontakt kommen (**produktbezogener** oder vorgelagerter **Arbeitsschutz;** dazu instruktiv *Kohte* in MüKoArbR § 294).

51 Im Gegensatz zur primär **wirtschaftspolitischen** (binnenmarktfinalen) Ausrichtung des Art. 114 AEUV weist **Art. 153** AEUV eine **sozialpolitische Zielrichtung** auf. Er ermächtigt gem. Abs. 2 die Union zum Erlass von Richtlinien in Form von Mindeststandards. Richtlinien gem. Art. 137 Abs. 2 i.V.m. Abs. 1 1. Spiegelstrich regeln den **betrieblichen** (standortbezogenen) oder den **sozialen Arbeitsschutz.** Die Rahmenrichtlinie, die im Wesentlichen durch das ArbSchG umgesetzt wird, beruht auf Art. 118a EWGV (jetzt Art. 153 AEUV).

II. Art. 114 AEUV

52 Die Art. 114-Richtlinien setzen die Beschaffenheitsanforderungen **abschließend** fest, d. h. die **Mitgliedstaaten** können abgesehen von den engen Ausnahmen des Art. 114 Abs. 4 – Abs. 10 AEUV **kein strengeres Schutzniveau** bestimmen. Die Verpflichtung zur „Totalangleichung" macht deutlich, dass es im Anwendungsbereich des Art. 114 AEUV darum geht, durch einheitliche Regelungen den freien Warenverkehr in der EU zu verwirklichen.

53 Eine wichtige produktbezogene Richtlinie ist die Richtlinie 89/392/EWG vom 14.6.1989 zur Angleichung der Rechtsvorschriften der Mitgliedstaaten für Maschinen, die **Maschinen-Richtlinie** (aktuelle Fassung: RL 2006/42/EG v. 17.5.2006). Die bis zum Ablauf der Umsetzungsfrist in der EU bestehenden unter-

B. Europarechtliche Grundlagen **Einl B**

schiedlichen nationalen Beschaffenheitsanforderungen für Maschinen und die dadurch hervorgerufenen **technischen Handelshemmnisse** beseitigte der europäische Gesetzgeber über Art. 100a EG-Vertrag (jetzt Art. 114 AEUV) dadurch, dass er in der Maschinen-Richtlinie einheitliche Beschaffenheitsanforderungen für den Binnenmarkt festlegte (Harmonisierung), welche die Mitgliedstaaten bis zum 31.12.1992 in nationales Recht umsetzen mussten. Seitdem sind Maschinen, welche die Anforderungen der Richtlinie erfüllen, innerhalb der EU frei verkehrsfähig. Ihre Einfuhr kann nicht mehr durch spezifische nationale Regelungen verhindert werden. Der freie Warenverkehr ist insoweit verwirklicht. Die Vorschriften der Maschinen-Richtlinie werden durch europäische Normen konkretisiert. In Deutschland erfolgte die Umsetzung der Maschinen-Richtlinie durch das Produktsicherheitsgesetz (ProdSG).

Die Maschinen-Richtlinie und die anderen produktbezogenen Richtlinien wie **54** z. B. die Richtlinie über die Angleichung der Rechtsvorschriften für persönliche Schutzausrüstungen vom 21.12.1989 (RL 89/686/EWG) wirken sich auf den Arbeitsschutz aus, wenn die **Maschinen** und andere Produkte in Betrieben eingesetzt werden und **Arbeitnehmer mit ihnen arbeiten.** Je strenger der produktbezogene Arbeitsschutzstandard für Maschinen und andere Produkte ist, desto geringer ist die Gefahr von Arbeitsunfällen, die sich auf die Beschaffenheit der Maschinen zurückführen lässt. Auf diesen Zusammenhang nimmt **Art. 114 Abs. 3 AEUV** Bezug: Danach ist beim Erlass der Richtlinien von einem hohen Schutzniveau u. a. in den Bereichen Gesundheit und Sicherheit auszugehen.

III. Art. 153 AEUV

Während sich die binnenmarktfinalen Richtlinien nach Art. 114 AEUV auf den **55** **Arbeitsschutz** auswirken können (vgl. oben das Beispiel Maschinen-Richtlinie, Rn. 53), ist dieser in Art. 153 Abs. 2 i. V. m. Abs. 1 1. Tiret AEUV das **zentrale Regelungsziel.** Nach Art. 153 Abs. 1 lit. a) AEUV bemühen sich die Mitgliedstaaten, die Verbesserung insbesondere der Arbeitsumwelt zu fördern, um die Sicherheit und Gesundheit der Arbeitnehmer zu schützen. Sie setzen sich die Harmonisierung der in diesem Bereich bestehenden Bedingungen bei gleichzeitigem Fortschritt zum Ziel. Nach Absatz 2 lit. b) kann die Union in den in Abs. 1 lit. a)–i) genannten Bereichen unter Berücksichtigung der in den einzelnen Mitgliedstaaten bestehenden Bedingungen und technischen Regelungen durch Richtlinien **Mindestvorschriften** erlassen, die schrittweise anzuwenden sind.

Art. 153 AEUV ermächtigt ausdrücklich nur zum Erlass von Mindestrichtlinien **56** zum Schutz der Sicherheit und Gesundheit von Arbeitnehmern. **Selbständige** sind vom Anwendungsbereich dieser Bestimmung **nicht erfasst** (zum Arbeitnehmerbegriff im EU-Recht Borelli, AuR 2011, 472, Rebhahn, EuZA 2012, 3 und *Junker* EuzA 2016, 184), obwohl sie sehr häufig der gleichen Gefährdung ausgesetzt sind wie die Arbeitnehmer. In seiner Empfehlung 2003/134/EG vom 18.2.2003 zur Verbesserung des Gesundheitsschutzes und der Sicherheit Selbständiger am Arbeitsplatz hat der Rat den Mitgliedstaaten lediglich in sehr allgemeiner Art und Weise empfohlen, der Förderung der Gesundheit und Sicherheit von Selbständigen vermehrte Aufmerksamkeit zu schenken und sie insbesondere besser über arbeitsschutzrelevante Themen zu informieren.

Der **EuGH** nahm in einer Entscheidung zur Frage, ob die Arbeitszeit-Richtlinie **57** auf Art. 118a EGV (jetzt Art. 153 AEUV) gestützt werden konnte, zum Anwendungsbereich dieser Kompetenznorm Stellung. Er führte aus, dass die Art. 118a (jetzt Art. 153 AEUV)-Richtlinien dem Schutz der Sicherheit und Gesundheit der Arbeitnehmer dienen und dieser Schutz auch das wesentliche Ziel der Richtlinie darstellen müsse. Den **Gesundheitsbegriff** legte der Gerichtshof mit Hinweis auf Art. 118a Abs. 1 EG-Vertrag (jetzt Art. 153 Abs. 1 lit. a AEUV: „insbesondere der Arbeitsumwelt") und der Präambel der Satzung der Weltgesundheitsorganisation **weit aus.** Diese definiere Gesundheit als den „Zustand des vollständigen körperlichen, geistigen und sozialen Wohlbefindens und nicht nur als Freisein von Krankheiten und Gebrechen" (*EuGH* Urt. v. 12.11.1996 – C-84/94, Slg. 1996, I-5755 = NZA 1997, 23 = EAS EG-Vertrag Art. 118a Nr. 2); vgl. auch *Kohte* EAS B 6100 Rn. 38, der eine Anlehnung an das IAO-Übereinkommen Nr. 155 über Arbeitsschutz und Arbeitsumwelt vom 1.8.1981 vorschlägt; darin umfasst der Begriff „Gesundheit" im Zusammenhang mit der Arbeit auch die physischen und geistig-seelischen Faktoren, die sich auf die Gesundheit auswirken und in unmittelbarem Zusammenhang mit der Sicherheit und der Gesundheit bei der Arbeit stehen.

58 Legen die binnenmarktfinalen Art. 114 AEUV-Richtlinien zur Verwirklichung des freien Warenverkehrs einheitliche Produktstandards fest (oben Rn. 53f.), so beschränken sich die Art. 153 AEUV-Richtlinien auf die Schaffung **verbindlicher Mindestregelungen** in den Mitgliedstaaten: Nach Art. 153 Abs. 4 2. Tiret AEUV hindern die Richtlinien die einzelnen Mitgliedstaaten nicht daran, Maßnahmen zum verstärkten Schutz der Arbeitsbedingungen beizubehalten oder zu treffen. Strengere als in den Richtlinien festgelegte Regelungen sind damit nicht nur zulässig, sondern sogar bezweckt. Gem. Art. 153 Abs. 2 lit. b) S. 2 AEUV sollen diese Richtlinien keine verwaltungsmäßigen, finanziellen oder rechtlichen Auflagen vorschreiben, die die Gründung und Entwicklung von kleinen und mittleren Unternehmen entgegenstehen. Gerade die Dokumentations- und Unterrichtungspflichten (→ Rn. 96), verursachen oftmals für kleinere Unternehmen einen erheblichen bürokratischen Aufwand, den die Kommission entsprechend ihrer aktuellen Mitteilung auch zu reduzieren beabsichtigt (→ Rn. 77).

59 Die Konzeption des Art. 153 AEUV beruht darauf, die Mitgliedstaaten mit einem geringeren Arbeitsschutzniveau zu verpflichten, ihren Arbeitsschutz an EU-weite Mindeststandards anzupassen, ohne die weiter entwickelten Mitgliedstaaten daran zu hindern, strengere Arbeitsschutzbestimmungen zu treffen oder beizubehalten. Ziel ist die **allmähliche Angleichung des Arbeitsschutzes** in der EU auf hohem Niveau. Damit wird berücksichtigt, dass die verbindliche Festschreibung des Arbeitsschutzstandards der Mitgliedstaaten mit dem höchsten Niveau für die weniger entwickelten Mitgliedstaaten eine Überforderung bedeuten würde.

IV. Verhältnis Art. 114 – Art. 153 AEUV; Synopse

60 Die **unterschiedliche Zielrichtung** der beiden Vorschriften ist für die Abgrenzung maßgeblich: Geht es primär um die Verwirklichung des Binnenmarktes, also insbesondere um den freien Warenverkehr, sind deshalb abschließende Bestimmungen notwendig, ist Art. 114 AEUV die zutreffende Rechtsgrundlage. Steht dagegen der betriebsbezogene oder soziale Arbeitsschutz im Vordergrund, ist Art. 153 Abs. 2 i. V. m. Abs. 1 1. Spiegelstrich AEUV einschlägig (vgl. auch *EuGH* Urt. v. 12.11.1996, a. a. O. zu Art. 118a EG-Vertrag; *Balze*, S. 175ff.).

61 Die **wesentlichen Unterschiede** beider Kompetenznormen sind in der folgenden Synopse dargestellt:

B. Europarechtliche Grundlagen

	Art. 114 AEUV	Art. 153 AEUV
Ziel	Verwirklichung des Binnenmarktes, insbesondere Freier Warenverkehr = wirtschaftspolitische Zielrichtung	Verbesserung des Arbeitsschutzes = sozialpolitische Zielrichtung
Konzept	Schaffung einheitlicher Beschaffenheitsanforderungen für Waren (Vereinheitlichung)	Schaffung verbindlicher Mindestvorschriften (Mindeststandards)
Auswirkungen auf nationales Recht	grds. keine Abweichungsmöglichkeiten (Ausnahme: Art. 114 Abs. 4–10)	günstigere nationale Bestimmungen zulässig (Art. 153 Abs. 4 2. Tiret)
Arbeitsschutzrelevanz	produktbezogener (vorgelagerter) Arbeitsschutz	betrieblicher und sozialer Arbeitsschutz
Beispiel	Maschinen-Richtlinie	Rahmenrichtlinie

D. Entwicklung des europäischen Arbeitsschutzrechts

I. Vorbemerkungen

Der **betriebliche und soziale Arbeitsschutz** ist Bestandteil der **Sozialpolitik** des AEUV; ihre Entwicklung lässt sich grob in **vier Phasen** einteilen, die im Wesentlichen auch für den Arbeitsschutz zutreffen:
- 1958–1971: relativ unbedeutende Rolle der Sozialpolitik;
- 1972–1986: Entwicklung der Sozialpolitik zu einem eigenständigen Politikbereich;
- 1987–1994: „Hochphase" der Rechtsetzungstätigkeit;
- seit 1995: Konsolidierungsphase mit nur noch geringer Rechtsetzungstätigkeit.

Im Folgenden soll der Schwerpunkt auf die **Entwicklung des betrieblichen Arbeitsschutzes** gelegt werden, weil die Rahmenrichtlinie, die im Wesentlichen vom ArbSchG in deutsches Recht umgesetzt wird, diesem Bereich zuzuordnen ist.

II. Erste Phase: 1958–1971

In der ersten Phase war die **Sozialpolitik der Wirtschaftspolitik vollkommen untergeordnet**, d. h. sie spielte überhaupt nur eine Rolle, wenn sie zur Verwirklichung der wirtschaftlichen Integration beitragen konnte. Ein Beispiel hierfür ist der erste verbindliche Rechtsakt mit arbeitsschutzrechtlichem Bezug, die RL 67/548/EWG über die Einstufung, Verpackung und Kennzeichnung gefährlicher Stoffe vom 27.6.1967. Sie vereinheitlichte die Beschaffenheitsanforderungen von Produkten und leistete so einen Beitrag zur Verwirklichung des Binnenmarktes (→ Rn. 52ff.). Sie zählt somit zum produktbezogenen Arbeitsschutz.

III. Zweite Phase: 1972–1986

In der zweiten Phase entwickelte sich die Sozialpolitik zu einem **eigenständigen**, d. h. von der unmittelbaren Ausrichtung auf die wirtschaftliche Integration losgelösten **Politikbereich**. Durch autonome sozialpolitische Aktivitäten sollten im Wesentlichen zwei Ziele erfüllt werden: einmal eine Flankierung bestimmter wirtschaftlicher Entwicklungen und zum anderen sollte die Gemeinschaft ein eigenständiges sozialpolitisches Profil erhalten. Ein Beispiel für das erste Ziel ist die Betriebsübergang-Richtlinie vom 12.2.1977, die vor dem Hintergrund der zunehmenden Zahl von Unternehmenszusammenschlüssen in der EWG die bis dahin teilweise recht unterschiedlichen nationalen Regelungen über den Schutz der Arbeitnehmer bei Betriebsübergängen angleicht (in Deutschland im Wesentlichen umgesetzt durch § 613a BGB). Beispiele für das zweite Ziel sind die Richtlinien zum betrieblichen und sozialen Arbeitsschutz (→ Rn. 80ff.).

66 Der Rat verabschiedete in der Folgezeit mehrere sozialpolitische Aktionsprogramme, so am **29.6.1978** das **„Aktionsprogramm der Europäischen Gemeinschaften für Sicherheit und Gesundheitsschutz am Arbeitsplatz"**, in dem u. a. eine Reduzierung der „immer noch hohen Zahl der Arbeitsunfälle und Berufskrankheiten" angestrebt wurde. Das Aktionsprogramm vom 29.6.1978 ist für die Entwicklung des autonomen europäischen Arbeitsschutzrechts von besonderer Bedeutung, weil es den politischen Willen der Gemeinschaft dokumentiert, arbeitsschutzrelevante Fragen losgelöst von einer engen Verbindung zur wirtschaftlichen Integration zu regeln. Die in den Aktionsprogrammen geplanten Aktivitäten sahen auch den Erlass von arbeits(schutz)rechtlichen Richtlinien vor. Die **erste betriebsbezogene**, d.h. nicht auf die Verwirklichung des freien Warenverkehrs gerichtete **Richtlinie** zum Arbeitsschutz hatte die Gemeinschaft bereits ein Jahr vor Verabschiedung des Aktionsprogramms erlassen: die Richtlinie 77/576/EWG über die **Sicherheitskennzeichnung am Arbeitsplatz vom 25.7.1977** (abgelöst durch die RL 92/58/EWG v. 24.6.1992 = 9. Einzelrichtlinie).

67 Es folgten weitere Richtlinien zu den im Aktionsprogramm genannten Themen. Besondere Bedeutung hat die RL 80/1107/EWG vom **27.11.1980** über den Schutz der Arbeitnehmer vor der Gefährdung durch chemische, physikalische oder biologische Stoffe. Diese **Rahmenrichtlinie zum Gefahrstoffrecht** wurde zwischen 1982 und 1986 durch **drei Einzelrichtlinien** über Gefährdungen durch metallisches Blei und seine Ionenverbindungen am Arbeitsplatz, über Gefährdungen durch Asbest und über Gefährdungen durch Lärm konkretisiert. Die Systematik des Gefahrstoffrechts, also die Regelung durch eine Rahmenrichtlinie und die Ausgestaltung besonders wichtiger Bereiche durch sog. Einzelrichtlinien, diente als **Vorbild** für die mit der **Rahmenrichtlinie** verfolgten Arbeitsschutzkonzeption (unten Rn. 79ff.; zum europäischen Gefahrstoffrecht *Kreizberg* EAS B 6400).

IV. Dritte Phase: 1987–1994

68 Durch die erste Vertragsrevision des EWGV, der am 1.7.1987 in Kraft getretenen Einheitlichen Europäischen Akte, fand mit **Art. 118a EWGV** (jetzt Art. 153 Abs. 2 i. V. m. Abs. 1 1. Spiegelstrich AEUV) erstmals eine **autonom sozialpolitische Kompetenznorm** Eingang in den Vertrag. Danach können Richtlinien in Form von Mindestvorschriften zum betrieblichen und sozialen Arbeitsschutz erlassen werden (→ Rn. 55ff.), was den schon damals herausgehobenen Stellenwert des Arbeitsschutzrechts innerhalb der Sozialpolitik der Gemeinschaft verdeutlicht. Es gibt **mehrere Gründe** dafür, dass gerade das **Arbeitsschutzrecht** im Gegensatz zu den anderen Bereichen des Arbeitsrechts einem **so starken europäischen Einfluss** ausgesetzt ist:

69 Bereits vor Verabschiedung der Einheitlichen Europäischen Akte bestand ein relativ **breiter Konsens** zwischen der Kommission, den Mitgliedstaaten und den Sozialpartnern, gemeinschaftsweit Anstrengungen zur Senkung der Zahl der Arbeits-

B. Europarechtliche Grundlagen **Einl B**

unfälle zu unternehmen, da Arbeitsunfälle für sämtliche Beteiligte neben den menschlichen Folgen auch enorme Kostenbelastungen bedeuten (*Clever* ZfSH/SGB 1990, 225, 231). Eine weitere wichtige Rolle spielte der Umstand, dass sich die für den Arbeitsschutz aufgewandten Kosten innerhalb eines durch binnenmarktähnliche Verhältnisse gekennzeichneten einheitlichen Wirtschaftsraums verstärkt als Wettbewerbsfaktor auswirken können (vgl. auch *Riesenhuber*, § 13 Rn. 1). Der **Gefahr,** dass es infolge des verschärften Wettbewerbs zu **Absenkungen des Arbeitsschutzniveaus** in einzelnen Mitgliedstaaten kommt, sollte mit verbindlichen Mindeststandards begegnet werden. So wird in den Begründungserwägungen zur Rahmenrichtlinie betont, dass ein unterschiedlicher Grad der Sicherheit und des Gesundheitsschutzes eine Konkurrenz entstehen lassen könne, die sich zu Lasten der Arbeitnehmer auswirken könne.

Die „Hochphase" des europäischen Arbeitsschutzrechts ist durch die auf Art. 118a **70** EWGV (jetzt Art. 153 AEUV) gestützte **umfassende Rechtsetzungstätigkeit** der Gemeinschaft mit der am 12.6.1989 verabschiedeten Rahmenrichtlinie als Ausgangspunkt gekennzeichnet. Sie ist im Zusammenhang mit der nach Inkrafttreten der Einheitlichen Europäischen Akte verstärkt eingesetzten Diskussion um die **soziale Dimension des Binnenmarktes** zu sehen. Dabei ging es um die Frage, inwieweit der Binnenmarkt einer sozialpolitischen Flankierung bedarf (*Balze*, S. 193 ff.).

Bis 1993 erließ die Gemeinschaft **13 Einzelrichtlinien,** welche die in der Rah- **71** menrichtlinie enthaltenen Pflichten näher konkretisieren oder darüber hinausgehen (*Kreizberg* EAS B 6200 Rn. 2; → Rn. 80). Hinzu kommen **weitere** auf Art. 118a EG-Vertrag (jetzt Art. 153 AEUV) gestützte **Richtlinien,** insbesondere zum sozialen Arbeitsschutz wie die Richtlinie über den besonderen Schutz von Leiharbeitnehmern und Arbeitnehmern mit befristetem Arbeitsverhältnis vom 25.6.1991 (unten Rn. 100), die Arbeitszeit-Richtlinie (aktuelle Fassung RL 2003/88/EG vom 4.11.2003) oder die Jugendarbeitsschutz-Richtlinie (RL 94/33/EG vom 22.6.1994). Die Art. 118a (jetzt Art. 153)-Richtlinien ergeben mit den bereits zwischen 1977 und 1986 verabschiedeten Richtlinien (→ Rn. 67) ein aufeinander abgestimmtes europäisches Arbeitsschutzsystem (zur Systematik → Rn. 80 ff.).

V. Vierte Phase: Die Jahre seit 1995

Nach der Verabschiedung einer Vielzahl von Richtlinien in den Jahren 1989– **72** 1994 verwundert es nicht, dass sich die **Rechtsetzungsaktivitäten** auf dem Gebiet des europäischen Arbeitsschutzrechts in den folgenden Jahren verlangsamten. Diese Tendenz lässt sich auch für die EU-Sozialpolitik insgesamt feststellen, die sich neuen Schwerpunkten wie der verstärkten Koordinierung der Beschäftigungspolitik zuwandte.

Der Schwerpunkt der **Rechtsetzungstätigkeit** im Bereich des Arbeitsschutz- **73** rechts lag in dem Erlass sechs weiterer Einzelrichtlinien durch Rat und Parlament. Am 7.4.1998 wurde die **14. Einzelrichtlinie** zur Rahmenrichtlinie, die Richtlinie 98/24/EG über den Schutz der Arbeitnehmer vor der Gefährdung durch chemische Arbeitsstoffe, am 16.12.1999 die **15. Einzelrichtlinie,** die Richtlinie 1999/92/EG über den Schutz der Arbeitnehmer, die durch explosionsfähige Atmosphären gefährdet werden können, verabschiedet. Die vier jüngsten Einzelrichtlinien beziehen sich auf **physikalische Einwirkungen:** die RL 2002/44/EG zum Schutz der Arbeitnehmer vor der Gefährdung durch Vibrationen **(16. Einzelrichtlinie)** vom 25.6.2002, die RL 2003/10/EG zum Schutz der Arbeitnehmer vor der Gefährdung durch Lärm **(17. Einzelrichtlinie)** vom 6.2.2003, die RL

Einl B   Einleitung

2004/40/EG zum Schutz der Arbeitnehmer vor der Gefährdung durch elektromagnetische Felder (**18. Einzelrichtlinie**) vom 29.4.2004 sowie die RL 2006/25/EG zum Schutz der Arbeitnehmer vor der Gefährdung durch künstliche optische Strahlung (**19. Einzelrichtlinie**) vom 5.4.2006. Die 18. Einzelrichtlinie ist mittlerweile aufgehoben und ersetzt worden durch die RL 2013/35/EU vom 26.6.2013 zum Schutz der Arbeitnehmer vor der Gefährdung durch elektromagnetische Felder (**20. Einzelrichtlinie**).

74   Zu einigen Einzelrichtlinien ergingen Ergänzungen und **Änderungen** z. B. Änderung der RL zum Schutz gegen die Gefährdung durch Karzinogene oder Mutagene v. 29.4.2004 (sechste Einzelrichtlinie), oder Neufassung der Richtlinie über den Schutz der Arbeitnehmer gegen Gefährdung durch biologische Arbeitsstoffe v. 18.9.2000 (siebte Einzelrichtlinie).

75   Die Kommission veröffentlichte am 5.2.2004 eine umfangreiche **Mitteilung** über die praktische **Durchführung der Bestimmungen der Rahmenrichtlinie** sowie der ersten fünf Einzelrichtlinien. Sie kommt darin zu dem Ergebnis, dass die EU-Vorschriften einen positiven Einfluss auf die einzelstaatlichen Standards für Sicherheit und Gesundheitsschutz hätten. Aus vorläufigen Schätzungen gehe hervor, dass Unfälle mit einer Fehlzeit von mehr als drei Arbeitstagen zwischen 1994 und 2000 um 11,5% abgenommen hätten. Allerdings würden EU-weit (damals 15 Mitgliedstaaten) durch Arbeitsunfälle immer noch jährlich etwa 158 Millionen Arbeitstage verloren gehen. Zu dem hoch gefährdeten Personenkreis würden junge Arbeitnehmer, Arbeitnehmer mit Zeitverträgen und gering qualifizierte Arbeitnehmer gehören.

76   Am 6.6.2014 veröffentlichte die Kommission ihre **Mitteilung über einen strategischen Rahmen** der EU für Gesundheit und Sicherheit am Arbeitsplatz 2014 – 2020 (KOM (2014) 332 endg.). Darin wird u. a. festgestellt, dass die **Inzidenzrate von Unfällen**, die zu Fehlzeiten von mehr als drei Tagen führten, zwischen 2007 und 2011 in der EU um 27,9% **gesenkt** werden konnte. Auch wird auf das Ergebnis einer Studie verwiesen, wonach 85% der Arbeitnehmer mit den Gesundheits- und Sicherheitsbedingungen am Arbeitsplatz zufrieden seien und 77% erklärten, dass es Informationen und/oder Schulungen über Gesundheit und Sicherheit am Arbeitsplatz gäbe. Auf der anderen Seite sterben jährlich 4000 Arbeitnehmer aufgrund von Arbeitsunfällen und mehr als drei Millionen Erwerbstätige erleiden jährlich einen Arbeitsunfall, der zu Fehlzeiten von mehr als drei Arbeitstagen geführt hat.

77   Vor diesem Hintergrund legt die Kommission **strategische Ziele** dar, mit denen **weitere Verbesserungen** im Bereich der Sicherheit und des Gesundheitsschutzes erzielt werden sollen. Wesentliche Ziele sind etwa die Erleichterung der Einhaltung der Rechtsvorschriften im Bereich Sicherheit und Gesundheitsschutz bei der Arbeit, insbesondere in Kleinst- und Kleinunternehmen, die bessere Durchsetzung der Rechtsvorschriften und die Bewältigung der Herausforderungen der Alterung der Erwerbsbevölkerung. In der Mitteilung werden konkrete Rechtsvorschriften, die nach Auffassung der Kommission zu erlassen wären, nicht genannt. Die Kommission führt lediglich aus, dass die Ergebnisse der laufenden Evaluierung der Gesetzgebung im Bereich der Sicherheit und Gesundheitsschutz am Arbeitsplatz zur Gestaltung künftiger Initiativen beitragen werden.

78   Von Bedeutung für die Entwicklung des europäischen Arbeitsschutzrechts ist schließlich die am 18.7.1994 errichtete **Europäische Agentur für Sicherheit und Gesundheitsschutz am Arbeitsplatz (EU-OSHA; vgl. näher VO (EG) Nr. 2062/94).** Die Agentur, die Rechtspersönlichkeit besitzt und ihren Sitz in Bilbao hat, soll die Kommission bei ihrer Tätigkeit im Bereich des Arbeitsschutzes in technischer und wissenschaftlicher Hinsicht unterstützen, zur Verbreitung von In-

B. Europarechtliche Grundlagen **Einl B**

formationen zum Arbeitsschutz beitragen, den Austausch einschlägiger Informationen zwischen den Mitgliedstaaten sowie die internationale Zusammenarbeit fördern (*Hanau/Steinmeyer/Wank*, § 18 Rn. 961 ff.). Schließlich sind noch drei **Ausschüsse** auf europäischer Ebene zu erwähnen, die von Bedeutung im Bereich des Arbeitsschutzrechts sind:
– der 2003 eingerichtete Ausschuss für Sicherheit und Gesundheit am Arbeitsplatz (ACSH), der die Kommission bei der Vorbereitung, Durchführung und Bewertung von Tätigkeiten auf dem Gebiet der Sicherheit und des Gesundheitsschutzes am Arbeitsplatz unterstützt
– der 1995 eingerichtete Wissenschaftliche Ausschuss für Grenzwerte berufsbedingter Exposition (SCOEL)
– Der 1995 eingerichtete Ausschuss hoher Arbeitsaufsichtsbeamter (SLIC), der der Kommission auf Anforderung oder aus eigenem Antrieb Stellungnahmen zu allen Problemen unterbreitet, die mit der Durchsetzung des EU-Rechts zu Sicherheit und Gesundheitsschutz am Arbeitsplatz durch die Mitgliedstaaten zu tun haben.

E. Systematik und Grundzüge des europäischen Arbeitsschutzrechts

I. Systematik

Die wesentlichen **Leitlinien** und Grundsätze des betrieblichen europäischen Arbeitsschutzrechts sind in der **Rahmenrichtlinie** enthalten. Die **Konkretisierung** der auf Grund des weiten sachlichen und personellen Anwendungsbereichs der Rahmenrichtlinie zwangsläufig allgemeinen Bestimmungen erfolgt gem. Art. 16 RL 89/391/EWG in den sog. **Einzelrichtlinien,** die jeweils bestimmte Arbeitsschutzbereiche näher regeln. Die Rahmenrichtlinie kann insofern als „Grundgesetz" oder als allgemeiner Teil des europäischen Arbeitsschutzrechts bezeichnet werden, dessen besonderen Teil die Einzelrichtlinien bilden (so *Kohte* EAS B 6100 Rn. 1). Nach Art. 16 Abs. 3 RL 89/391/EWG gelten die Bestimmungen der Rahmenrichtlinie uneingeschränkt für alle Bereiche, die unter die Einzelrichtlinien fallen. Gegebenenfalls bestehende strengere bzw. spezifische Bestimmungen in diesen Einzelrichtlinien bleiben unberührt. Das Zusammenspiel von allgemeinen und besonderen Regelungen kommt auch darin zum Ausdruck, dass Bestimmungen der Einzelrichtlinien häufig ausdrücklich auf die Rahmenrichtlinie verweisen (z. B. Art. 1 Abs. 3 Arbeitsstätten-Richtlinie: „Die Rahmenrichtlinie findet … in vollem Umfang Anwendung"; die Bildschirmarbeitsplatz-Richtlinie verweist in Art. 2 lit. c) hinsichtlich der Arbeitnehmerdefinition auf die Rahmenrichtlinie).

Die Gemeinschaft hat bisher **20 Einzelrichtlinien** erlassen. Systematisch lassen sich die Einzelrichtlinien in **fünf Regelungskomplexe** einteilen (vgl. auch *Kreizberg* EAS B 6200 Rn. 2 sowie die Übersicht bei *Böhm* in Nägele, S. 402):
– **Arbeitsstätten:**
RL 89/654/EWG vom 30.11.1989 über Mindestvorschriften für Sicherheit und Gesundheitsschutz in Arbeitsstätten (= Erste EinzelRL im Sinne von Art. 16 RL 89/391/EWG);
RL 92/57/EWG vom 24.6.1992 über die auf zeitlich begrenzte oder ortsveränderliche Baustellen anzuwendenden Mindestvorschriften für Sicherheit und Gesundheitsschutz (= Achte EinzelRL);

Einl B   Einleitung

RL 92/58/EWG vom 24.6.1992 über Mindestvorschriften für die Sicherheits- und/oder Gesundheitskennzeichnung am Arbeitsplatz (=Neunte EinzelRL);
RL 92/91/EG vom 3.11.1992 über Mindestvorschriften zur Verbesserung der Sicherheit und des Gesundheitsschutzes in den Betrieben, in denen durch Bohrungen Mineralien gewonnen werden (= Elfte EinzelRL);
RL 92/104/EWG vom 3.12.1992 über Mindestvorschriften zur Verbesserung der Sicherheit und des Gesundheitsschutzes der Arbeitnehmer in übertägigen und untertägigen mineralgewinnenden Betrieben (= Zwölfte EinzelRL);
RL 93/103/EWG vom 23.11.1993 über Mindestvorschriften für Sicherheit und Gesundheitsschutz bei der Arbeit an Bord von Fischereifahrzeugen (= Dreizehnte EinzelRL).

– **Arbeitsmittel:**
RL 2009/104/EG vom 16.9.2009 über Mindestvorschriften für Sicherheit und Gesundheitsschutz bei Benutzung von Arbeitsmitteln durch Arbeitnehmer bei der Arbeit (= Zweite EinzelRL);
RL 89/656/EWG vom 30.11.1989 über Mindestvorschriften für Sicherheit und Gesundheitsschutz bei Benutzung persönlicher Schutzausrüstungen durch Arbeitnehmer bei der Arbeit (= Dritte EinzelRL);
RL 90/270/EWG vom 30.11.1989 über Mindestvorschriften bezüglich der Sicherheit und des Gesundheitsschutzes bei der Arbeit an Bildschirmgeräten (= Fünfte EinzelRL).

– **Gefahrstoffe:**
RL 2004/37/EG vom 29.4.2004 über den Schutz der Arbeitnehmer gegen Gefährdung durch Karzinogene und Mutagene bei der Arbeit (= Sechste EinzelRL);
RL 2000/54/EG vom 18.9.2000 über den Schutz der Arbeitnehmer gegen Gefährdung durch biologische Arbeitsstoffe bei der Arbeit (= Siebte EinzelRL);
RL 98/24/EG vom 7.4.1998 zum Schutz von Gesundheit und Sicherheit der Arbeitnehmer vor der Gefährdung durch chemische Arbeitsstoffe bei der Arbeit (= 14. EinzelRL); zur weiteren Konkretisierung der 14. Einzel-Richtlinie → Rn. 81;

– **Schutz vor physikalische Einwirkungen:**
RL 2002/44/EG vom 25.6.2002 über Mindestvorschriften zum Schutz von Sicherheit und Gesundheit der Arbeitnehmer vor der Gefährdung durch physikalische Einwirkungen (Vibrationen) (= 16. EinzelRL);
RL 2003/10/EG vom 6.2.2003 über Mindestvorschriften zum Schutz von Sicherheit und Gesundheit der Arbeitnehmer vor der Gefährdung durch physikalische Einwirkungen (Lärm) (= 17. EinzelRL);
RL 2004/40/EG vom 29.4.2004 über Mindestvorschriften zum Schutz von Sicherheit und Gesundheit der Arbeitnehmer vor der Gefährdung durch physikalische Einwirkungen (Elektromagnetische Felder) (= 18. EinzelRL); die Richtlinie wurde aufgehoben und ersetzt durch die 20. Einzelrichtlinie;
RL 2006/25/EG vom 5.4.2006 über Mindestvorschriften zum Schutz von Sicherheit und Gesundheit der Arbeitnehmer vor der Gefährdung durch physikalische Einwirkungen (künstliche optische Strahlung) (= 19. EinzelRL).
RL 2013/35/EU vom 26.6.2013 über Mindestvorschriften zum Schutz von Sicherheit und Gesundheit der Arbeitnehmer vor der Gefährdung durch physikalische Einwirkungen (Elektromagnetische Felder) (= 20. EinzelRL)

B. Europarechtliche Grundlagen

Einl B

- **Sonstige Einzelrichtlinien:**
  RL 90/269/EWG vom 29.5.1990 über Mindestvorschriften bezüglich der Sicherheit und des Gesundheitsschutzes bei der manuellen Handhabung von Lasten, die für die Arbeitnehmer insbesondere eine Gefährdung der Lendenwirbelsäule mit sich bringt (= vierte EinzelRL);
  RL 92/85/EWG vom 19.10.1992 über die Durchführung von Maßnahmen zur Verbesserung der Sicherheit und des Gesundheitsschutzes von schwangeren Arbeitnehmerinnen, Wöchnerinnen und stillenden Arbeitnehmerinnen am Arbeitsplatz (= zehnte EinzelRL);
  RL 99/92/EG vom 16.12.1999 über Mindestvorschriften zur Verbesserung des Gesundheitsschutzes und der Sicherheit der Arbeitnehmer, die durch explosionsfähige Atmosphären gefährdet werden können (= 15. EinzelRL);

Die **14. Einzelrichtlinie** (Schutz gegen Gefährdung durch chemische Arbeitsstoffe) wird durch weitere Rechtsakte **konkretisiert**: drei Richtlinien, die die Festlegung von Arbeitsplatz-Richtgrenzwerten regeln, die RL 2009/14/EG über den Schutz der Arbeitnehmer gegen Gefährdung durch Asbest am Arbeitsplatz sowie die VO (EG) Nr. 1907/2006 zur Registrierung, Bewertung, Zulassung und Beschränkung chemischer Stoffe (sog. REACH-VO) und die VO (EG) Nr. 1272/2008/EG über die Einstufung, Kennzeichnung und Verpackung von Stoffen und Gemischen. Die Umsetzung der Einzelrichtlinien erfolgt in Deutschland ganz überwiegend durch Rechtsverordnungen (vgl. Kollmer vor § 1 Rn. 76ff.). 81

Auch die nicht ausdrücklich als Einzelrichtlinien bezeichneten und auf Art. 118a EG-Vertrag (jetzt Art. 153 AEUV) gestützten Richtlinien zum betrieblichen und sozialen Arbeitsschutz stehen in **engem systematischen und inhaltlichen Zusammenhang** mit der Rahmenrichtlinie, da sie wie die Einzelrichtlinien die Vorgaben der Rahmenrichtlinie konkretisieren. Beispiele sind die Richtlinie zur Verbesserung der Sicherheit und des Gesundheitsschutzes für Leiharbeitnehmer (unten Rn. 100) und die Jugendarbeitsschutz-Richtlinie (RL 94/33/EG vom 22.6.1994). Die Arbeitszeit-Richtlinie (RL 2003/88/EG) verweist etwa hinsichtlich ihres sachlichen Anwendungsbereiches in Art. 1 Abs. 3 auf die Rahmen-Rl („... für alle privaten und öffentlichen Tätigkeitsbereiche im Sinne des Art. 2 der RL 89/391/EWG"). 82

II. Grundzüge

1. Wesentlicher Inhalt der Rahmenrichtlinie (RL 89/391/EWG). 83
a) **Vorbemerkungen.** Die Richtlinie gliedert sich in **vier Abschnitte:**
- Abschnitt 1: Allgemeine Bestimmungen (Art. 1–4 RL 89/391/EWG),
- Abschnitt 2: Pflichten des Arbeitgebers (Art. 5–12 RL 89/391/EWG),
- Abschnitt 3: Pflichten des Arbeitnehmers (Art. 13 RL 89/391/EWG),
- Abschnitt 4: Sonstige Bestimmungen (Art. 14–19 RL 89/391/EWG).

Zur Entstehungsgeschichte und zum Inhalt der Rahmenrichtlinie ausführlich *Kohte* EAS B 6100. Die Rahmenrichtlinie wurde durch die RL 2007/30/EG vom 20.6.2007 im Hinblick auf die Vereinfachung und Rationalisierung der Berichte über die praktische Durchführung der Richtlinie **geändert** (vgl. nunmehr Art. 17a RL 89/391/EWG). Die jeweils zur Umsetzung der Rahmenrichtlinie ergangenen Normen des deutschen Arbeitsschutzrechts finden sich in der Synopse unten Rn. 103.

Einl B

84 **b) Ziel der Richtlinie.** Die Motive für die Verabschiedung der Rahmenrichtlinie werden in den **Begründungserwägungen** deutlich, die auch für die Auslegung der Richtlinie (oben Rn. 45) bedeutsam sind: Vor dem Hintergrund einer immer noch zu hohen Zahl von Arbeitsunfällen und berufsbedingten Erkrankungen sollen EU-weite Mindestbestimmungen vermeiden, dass die einschlägigen einzelstaatlichen Bestimmungen zu einem unterschiedlichen Grad der Sicherheit und des Gesundheitsschutzes führen und eine Konkurrenz entstehen lassen, die zu Lasten der Sicherheit und des Gesundheitsschutzes geht. Die Rahmenrichtlinie soll dazu beitragen, dass die Verbesserungen des Arbeitsschutzes **keinen rein wirtschaftlichen Überlegungen untergeordnet** werden.

85 Ziel der Richtlinie ist die **Durchführung von Maßnahmen zur Verbesserung der Sicherheit und des Gesundheitsschutzes der Arbeitnehmer am Arbeitsplatz** (Art. 1 Abs. 1 RL 89/391/EWG). Deshalb enthält die Richtlinie allgemeine Grundsätze für die Verhütung berufsbedingter Gefahren, für die Sicherheit und den Gesundheitsschutz, die Ausschaltung von Risiko- und Unfallgefahren, die Information, die Anhörung, die ausgewogene Beteiligung nach den nationalen Rechtsvorschriften bzw. Praktiken, die Unterweisung der Arbeitnehmer und ihrer Vertreter sowie allgemeine Regeln für die Durchführung dieser Grundsätze (Art. 1 Abs. 1 und Abs. 2 RL 89/391/EWG). Art. 1 Abs. 3 RL 89/391/EWG wiederholt den sich ohnehin aus Art. 118a Abs. 3 EG-Vertrag (jetzt Art. 153 Abs. 2b) AEUV) ergebenden Grundsatz, wonach bereits geltende oder künftige günstigere nationale Bestimmungen durch die Richtlinie nicht berührt werden (→ Rn. 58).

86 **c) Anwendungsbereich.** Die Richtlinie findet Anwendung auf **alle privaten oder öffentlichen Tätigkeitsbereiche,** soweit keine Besonderheiten bestimmter spezifischer Tätigkeiten im öffentlichen Dienst (z. B. bei den Streitkräften, der Polizei oder bei den Katastrophenschutzdiensten) zwingend entgegenstehen (Art. 2 RL 89/391/EWG). Die **Bereichsausnahme** ist **eng auszulegen.** Ausgenommen sind z. B. nicht die Katastrophenschutzdienste als solche, sondern nur soweit dies im Hinblick auf das ordnungsgemäße Funktionieren der Dienste in spezifischen Situationen, etwa weil eine korrekte Arbeitszeitplanung nicht möglich ist, erforderlich ist (*EuGH* Urt. v. 5.10.2004 Rs. C-397–403/01 Pfeiffer u. a., Slg. 2004, I-8835 = EAS RL 93/104/EG Art. 2 Nr. 3 = NZA 2004, 1145, 1148). Rettungsassistenten fallen danach unter den persönlichen Anwendungsbereich der Rahmenrichtlinie (*EuGH* a. a. O.). Auch Einsatzkräfte der Feuerwehr sind vom Anwendungsbereich der Rahmenrichtlinie und damit auch der Einzelrichtlinien sowie der sonstigen auf die Rahmenrichtlinie verweisenden Richtlinien nicht ausgenommen (*EuGH* Urt. v. 14.7.2005 – C-52/04 Personalrat Feuerwehr Hamburg, Slg. 2005, I-7111 = EAS RL 93/104/EWG Art. 2 Nr. 4). Ausnahmen nach Art. 2 Abs. 2 UAbs. 1 RL 89/391/EWG können nur in Fällen außergewöhnlicher Ereignisse zum Schutz der Bevölkerung in schwerwiegenden kollektiven Gefahrensituationen etwa bei Natur- und Technologiekatastrophen, Attentaten, schweren Unglücksfällen oder anderen Ereignissen gleicher Art zugelassen werden (*EuGH* aaO).

87 Auch der **persönliche Anwendungsbereich** ist **weit:** Der Richtlinie unterfällt jede Person, die von einem Arbeitgeber beschäftigt wird, einschließlich Praktikanten und Lehrlingen. Ausgenommen sind lediglich Hausangestellte (Art. 3 lit. a RL 89/391/EWG). Damit steht das Beschäftigungsverhältnis im Mittelpunkt, so dass auch arbeitnehmerähnliche Personen dem persönlichen Anwendungsbereich der Rahmenrichtlinie unterfallen (*Kohte* EAS B 6100 Rn. 33; vgl. die Umsetzung in das deutsche Recht in § 2 Abs. 2 Nr. 3). **Arbeitgeber** ist nach der Legaldefinition

B. Europarechtliche Grundlagen **Einl B**

des Art. 3 lit. b RL 89/391/EWG jede natürliche oder juristische Person, die als Vertragspartei des Beschäftigungsverhältnisses mit dem Arbeitnehmer die Verantwortung für das Unternehmen bzw. den Betrieb trägt. Für bestimmte Personengruppen wie Leiharbeitnehmer und Arbeitnehmer mit befristetem Arbeitsverhältnis (unten Rn. 100), werdende Mütter und Jugendliche konkretisieren besondere Richtlinien einige Bestimmungen der Rahmenrichtlinie.

Die Rahmenrichtlinie gilt für **alle Unternehmen und Betriebe** unabhängig 88 von der Größe. Sie trägt den Interessen der kleinen und mittleren Unternehmen dadurch Rechnung, dass sie einige Pflichten für die kleineren Betriebe modifiziert (z. B. bei Dokumentationspflichten nach Art. 7 Abs. 7, Notfallmaßnahmen nach Art. 8 Abs. 1, bei der Unterweisung von Arbeitsschutzbeauftragten nach Art. 9 Abs. 2 und bei der Arbeitnehmerbeteiligung nach Art. 10 Abs. 1 RL 89/391/EWG).

d) Pflichten der Arbeitgeber (Art. 5–12 RL 89/391/EWG). Kernstück der 89 Richtlinie sind die in Art. 5–12 RL 89/391/EWG statuierten Arbeitgeberpflichten. Bedeutsam ist, dass als Hauptverantwortliche für Arbeitsschutzpflichten die Arbeitgeber genannt werden. Damit wird der **Betriebsorientierung, der Grundsatz der Risikovermeidung vor Ort,** als eine der Leitlinien der Rahmenrichtlinie deutlich (auch *Kohte* EAS B Rn. 12).

Die Art. 5–12 RL 89/391/EWG enthalten für die Arbeitgeber **weitreichende** 90 **Grundpflichten,** die von der Verhütung von Sicherheits- und Gesundheitsgefahren, der Regelung einer geeigneten Arbeitsschutzorganisation bis zur Information, Unterweisung und Beteiligung der Arbeitnehmer und ihrer Vertretungen in Fragen des Arbeitsschutzes reichen. Allerdings räumen diese Bestimmungen den Mitgliedstaaten bzw. Arbeitgebern (vgl. in Deutschland § 3) erhebliche **Spielräume** ein. So hat der EuGH festgestellt, dass Art. 5 RL 89/391/EWG, wonach der Arbeitgeber verpflichtet ist, für die Sicherheit und den Gesundheitsschutz der Arbeitnehmer in Bezug auf alle Aspekte, die die Arbeit betreffen, zu sorgen, nur eine allgemeine Pflicht des Arbeitgebers vorsieht, ohne eine Aussage zu treffen, wie die Haftung konkret aussehen soll. Insbesondere müsse dem Arbeitgeber keine verschuldensunabhängige Haftung auferlegt werden (*EuGH* Urt. v. 14.6.2007 – C-127/05 Kommission/Großbritannien, Slg. 2007, I-4619 = EAS RL 89/391/EWG Art. 5 Nr. 1). Art. 5 Abs. 2 und 3 RL 89/391/EWG stellen klar, dass weder die Heranziehung außerbetrieblicher Experten noch die Verpflichtungen der Arbeitnehmer in Fragen der Sicherheit und des Gesundheitsschutzes am Arbeitsplatz den Arbeitgeber von seiner Verantwortung entheben bzw. diese berühren.

Allgemeine Pflichten der Arbeitgeber (Art. 6 RL 89/391/EWG). Die Ver- 91 pflichtung des Arbeitgebers, den jeweiligen Stand der Technik zu beachten und auf eine Verbesserung der bestehenden Arbeitsbedingungen hinzuarbeiten (Art. 6 Abs. 1, 2 lit. e RL 89/391/EWG), drückt den **dynamischen Charakter** der Richtlinie aus. Die moderne, etwa auf dem IAO-Übereinkommen Nr. 155 über Arbeitsschutz und Arbeitsumwelt vom 1.8.1981 beruhende Konzeption der Richtlinie wird in Art. 6 Abs. 2 lit. d RL 89/391/EWG deutlich: Bei der Gefahrverhütung haben Arbeitgeber den Faktor „Mensch" bei der Arbeit zu berücksichtigen und zwar insbesondere „bei der Gestaltung von Arbeitsplätzen sowie bei der Auswahl von Arbeitsmitteln und Arbeits- und Fertigungsverfahren, vor allem im Hinblick auf eine Erleichterung bei eintöniger Arbeit und bei maschinenbestimmtem Arbeitsrhythmus sowie auf eine Abschwächung ihrer gesundheitsschädigenden Auswirkungen". Die Kosten für die Sicherheits-, Hygiene- und Gesundheitsschutzmaßnahmen dürfen auf keinen Fall zu Lasten der Arbeitnehmer gehen (Art. 6 Abs. 5 RL 89/391/EWG).

Einl B Einleitung

92 **Mit Schutzmaßnahmen und Maßnahmen zur Gefahrverhütung beauftragte Dienste (Art. 7 RL 89/391/EWG).** Nach Art. 7 Abs. 1 RL 89/391/EWG haben Arbeitgeber unbeschadet ihrer Pflichten einen oder mehrere **Arbeitnehmer zu benennen,** die sie mit Schutzmaßnahmen und Maßnahmen zur Verhütung berufsbedingter Gefahren im Unternehmen bzw. im Betrieb beauftragen. Die Auswahl dieser Arbeitnehmer „mit besonderer Funktion" erfolgt gemäß den nationalen Rechtsvorschriften bzw. Praktiken (Art. 3 lit. c) RL 89/391/EWG). In Deutschland kommen vor allem die Fachkräfte für Arbeitssicherheit in Betracht (vgl. §§ 5–7 ASiG, → § 13 Rn. 45 ff.). Die **Arbeitsschutzbeauftragten** müssen entsprechend qualifiziert sein, wobei die Mitgliedstaaten Näheres festlegen können, und über die erforderlichen Mittel verfügen (Art. 7 Abs. 5 und 8 RL 89/391/EWG). Sie sind im erforderlichen Maße frei zu stellen (Art. 7 Abs. 2 UAbs. 2 RL 89/391/EWG) und haben nach Art. 12 Abs. 3 RL 89/391/EWG Anspruch auf eine angemessene Unterweisung. Weitere **Befugnisse** sind z. B. das Recht zur Einsichtnahme in bestimmte Unterlagen, die im Rahmen der Dokumentation gem. Art. 10 Abs. 3 RL 89/391/EWG zu erstellen sind, und das Anhörungsrecht nach Art. 11 Abs. 2 RL 89/391/EWG. Sie haben ein Vorschlagsrecht gegenüber dem Arbeitgeber hinsichtlich Maßnahmen zur Verbesserung der Sicherheit und Gesundheit. Aus ihrer Tätigkeit dürfen den Arbeitsschutzbeauftragten keine Nachteile entstehen (Art. 11 Abs. 3 und 4 RL 89/391/EWG). Sieht ein Mitgliedstaat für die Arbeitnehmer mit besonderer Funktion ein Wahlverfahren in den Betrieben vor, verpflichtet die Rahmenrichtlinie nicht, in der nationalen Regelung alle Modalitäten bis ins Kleinste zu regeln. Es muss nur sichergestellt werden, dass die Arbeitnehmer ihre Vertreter gemäß den nationalen Rechtsvorschriften und/oder Praktiken wählen können (*EuGH* Urt. v. 12.6.2003 Kommission/Portugal Rs. C-425/01, Slg. 2003, I-6025).

93 Sofern die Möglichkeiten im Unternehmen bzw. im Betrieb nicht ausreichen, um die Organisation dieser Schutzmaßnahmen und Maßnahmen zur Gefahrverhütung durchzuführen, muss der Arbeitgeber **außerbetriebliche Fachleute** (Personen oder Dienste) hinzuziehen (Art. 7 Abs. 3 RL 89/391/EWG). Der EuGH hat in einem Vertragsverletzungsverfahren gegen Österreich klar gestellt, dass sich die in Art. 7 RL 89/391/EWG festgelegte Rangfolge, also die vorrangige Heranziehung betriebsangehöriger Fachleute, im nationalen Recht widerspiegeln müsse (*EuGH* Urt. v. 6.4.2006, Rs. C-428/04 Kommission/Österreich, Slg. 2006, I-3325 = EAS RL 89/391/EWG Art. 8 Nr. 1; so auch bereits *EuGH* Urt. v. 22.5.2003 Kommission/Niederlande Rs. C-441/01, Slg. 2003-I, 5463). Vor diesem Hintergrund ist **§ 13 Abs. 1 Nr. 5 ArbSchG richtlinienkonform** dahingehend auszulegen, dass die Beauftragung externer Dienste nur subsidiär in Betracht kommt (zur richtlinienkonformen Auslegung → Rn. 24 ff.).

94 **Weitere Pflichten der Arbeitgeber (Art. 8, 9 RL 89/391/EWG).** Art. 8 RL 89/391/EWG betrifft Pflichten bei der Brandbekämpfung, der Evakuierung der Arbeitnehmer, der **Bekämpfung** ernster und unmittelbarer **Gefahren** sowie bei Erste-Hilfe-Fällen. Gem. Art. 8 Abs. 2 UAbs. 1 RL 89/391/EWG muss der Arbeitgeber Arbeitnehmer benennen, die dafür zuständig sind. Die Verpflichtung bezieht sich auf jeden Betrieb bzw. jedes Unternehmen (*EuGH* Urt. v. 6.4.2066 Kommission/Österreich a. a. O.). Nach UAbs. 2 sind die benannten Arbeitnehmer unter Berücksichtigung der Betriebsgröße bzw. der in diesem Unternehmen bzw. Betrieb bestehenden spezifischen Gefahren entsprechend auszubilden. Art. 9 RL 89/391/EWG enthält weitere Pflichten für die Arbeitgeber wie z. B. die Evaluierung der am Arbeitsplatz bestehenden Gefahren für die Sicherheit und Gesundheit oder das Führen einer Liste der Arbeitsunfälle, die einen Arbeitsausfall von mehr als drei Arbeitstagen zur Folge hatten.

B. Europarechtliche Grundlagen **Einl B**

In einem Vertragsverletzungsverfahren gegen Deutschland stellte der 95
EuGH fest, dass Deutschland Art. 9 Abs. 1 lit. a) RL 89/391/EWG, wonach der Arbeitgeber über eine **Evaluierung** der am Arbeitsplatz bestehenden **Gefahren** für die Sicherheit und die Gesundheit auch hinsichtlich der besonders gefährdeten Arbeitnehmergruppen verfügen muss, und Art. 10 Abs. 3 RL 89/391/EWG (Zugang der Arbeitnehmer oder Arbeitnehmervertreter mit einer besonderen Funktion bei der Sicherheit und beim Gesundheitsschutz zu bestimmten arbeitsschutzrelevanten Informationen), **nicht vollständig umgesetzt** hatte (*EuGH* Urt. v. 7.2.2002 C-5/00, Slg. 2002, I-1305 = EAS RL 89/391/EWG Art. 9 Nr. 1). Denn in § 6 **ArbSchG** wurden die Dokumentationspflichten der Richtlinie mit der Einschränkung übernommen, dass sie nicht für Arbeitgeber mit zehn oder weniger Beschäftigten gelten, soweit in sonstigen Rechtsvorschriften nichts anderes bestimmt ist. Der deutsche Gesetzgeber kam der sich aus dem Urteil ergebenden Pflicht nach und hob die Einschränkung in § 6 ArbSchG auf.

Unterrichtung und Unterweisung der Arbeitnehmer (Art. 10, 12 RL 89/ 96
391/EWG). Nach Art. 10 RL 89/391/EWG müssen die Arbeitgeber die Arbeitnehmer **umfassend** über alle Gefahren für Sicherheit und Gesundheit sowie die Schutzmaßnahmen und Maßnahmen zur Gefahrverhütung **unterrichten.** Bei Neueinstellungen, Versetzungen sowie der Einführung neuer Arbeitsmittel und Technologien haben die Arbeitgeber gem. Art. 12 RL 89/391/EWG dafür zu sorgen, dass die betroffenen Arbeitnehmer eine auf den konkreten Arbeitsplatz und Aufgabenbereich zugeschnittene Unterweisung über Sicherheit und Gesundheitsschutz erhalten.

Anhörung und Beteiligung der Arbeitnehmer (Art. 11 RL 89/391/ 97
EWG). Die umfassende Beteiligung der Arbeitnehmer und deren Vertreter, also in Deutschland der Betriebsräte, bei allen Fragen betreffend die Sicherheit und den Gesundheitsschutz am Arbeitsplatz ist in Art. 11 RL 89/391/EWG geregelt. Eine besondere Bedeutung kommt den mit der Wahrnehmung von Schutzmaßnahmen und Maßnahmen zur Verhütung berufsbedingter Gefahren betrauten Arbeitnehmern (→ Rn. 92) zu. Sie müssen von den Arbeitgebern im Voraus z. B. zu jeder Aktion angehört werden, die wesentliche Auswirkungen auf die Sicherheit und den Gesundheitsschutz haben kann. Um die Ausübung der Beteiligungsrechte sicherzustellen, verpflichtet Art. 11 Abs. 5 RL 89/391/EWG die Arbeitgeber, den mit den besonderen Aufgaben betrauten Arbeitnehmern eine ausreichende Arbeitsbefreiung ohne Lohnausfall (Freistellung) zu gewähren. Nach Art. 11 Abs. 6 RL 89/391/EWG haben diese Arbeitnehmer das Recht, sich gemäß den nationalen Rechtsvorschriften bzw. Praktiken an die für Sicherheit und den Gesundheitsschutz am Arbeitsplatz zuständigen Behörden zu wenden, sofern sie der Auffassung sind, dass die vom Arbeitgeber getroffenen Maßnahmen und bereitgestellten Mittel nicht ausreichen, um die Sicherheit und den Gesundheitsschutz am Arbeitsplatz sicherzustellen.

e) Pflichten der Arbeitnehmer (Art. 13 RL 89/391/EWG). Die moderne 98
Arbeitsschutzkonzeption der Rahmenrichtlinie beinhaltet die **Einbeziehung der Arbeitnehmer in die Verantwortlichkeit** für die Sicherheit und den Gesundheitsschutz im Betrieb. Nach Art. 13 Abs. 1 RL 89/391/EWG sind Arbeitnehmer verpflichtet, nach ihren Möglichkeiten für Sicherheit und Gesundheit sowie für die Sicherheit und Gesundheit derjenigen Personen Sorge zu tragen, die von ihren Handlungen oder Unterlassungen bei der Arbeit betroffen sind, und zwar gemäß ihren Unterweisungen und den Anweisungen der Arbeitgeber. Die in Art. 13 Abs. 2 RL 89/391/EWG normierten **Einzelpflichten** der Arbeitnehmer lassen sich in die folgenden drei Gruppen einteilen (vgl. *Riesenhuber* § 13 Rn. 39): Die

Einl B   Einleitung

Pflicht, Gefahren durch ordnungsgemäße Handhabung der Elemente am eigenen Arbeitsplatz zu minimieren (lit a)–lit. c)), Meldepflichten gegenüber Arbeitgeber bzw. Beauftragten (lit. d)) und die Kooperationspflichten gegenüber Arbeitgeber und sicherheitsbeauftragten Arbeitnehmern (lit. e) und f)). Die **dynamische Arbeitsschutzkomponente** der Rahmenrichtlinie kommt darin zum Ausdruck, dass Arbeitnehmer und Arbeitgeber gemäß den nationalen Praktiken gemeinsam so lange wie nötig darauf hinzuwirken haben, dass das Arbeitsumfeld und die Arbeitsbedingungen sicher sind und keine Gefahren für die Sicherheit und die Gesundheit aufweisen (Art. 13 Abs. 2 lit. f RL 89/391/EWG).

99   Stellt der Arbeitnehmer eine ernste und unmittelbare Gefahr oder Defekte an den Schutzsystemen fest, so ist er verpflichtet, dies dem Arbeitgeber oder den Arbeitnehmern mit besonderer Schutzfunktion (Art. 7 RL 89/391/EWG, → Rn. 93) unverzüglich zu melden. Ein **Zurückbehaltungs- sowie Anzeigerecht** ist in Art. 8 Abs. 4 RL 89/391/EWG geregelt: Arbeitnehmern, die bei ernster, unmittelbarer und nicht vermeidbarer Gefahr ihre Arbeitsplätze oder gefährliche Bereiche verlassen, dürfen dadurch keine Nachteile entstehen. Sie müssen auch gegen alle nachteiligen und ungerechtfertigten Folgen entsprechend den einzelstaatlichen Rechtsvorschriften geschützt werden.

100   **2. Richtlinie zum Schutz von Leiharbeitnehmern und Arbeitnehmern mit befristetem Arbeitsverhältnis (RL 91/383/EWG).** Eine nicht ausdrücklich als Einzelrichtlinie bezeichnete Richtlinie ist die Richtlinie 91/383/EWG zur Ergänzung der Maßnahmen zur Verbesserung der Sicherheit und des Gesundheitsschutzes von Arbeitnehmern mit befristetem Arbeitsverhältnis oder Leiharbeitsverhältnis vom 25.6.1991. Entsprechend der oben dargestellten Konzeption (→ Rn. 80) steht sie gleichwohl in engem systematischen Zusammenhang mit den allgemeinen Vorschriften der Rahmenrichtlinie, die sie für den besonderen Personenkreis der befristet Beschäftigten und Leiharbeitnehmer näher konkretisiert. Für diese Arbeitnehmer **sind besondere Regelungen** notwendig, weil wegen ihres relativ kurzen Einsatzes in den Betrieben eine nicht ausreichende Unterweisung und Unterrichtung über tatsächliche und potentielle Gefährdungen für Sicherheit und Gesundheit droht. Die Richtlinie enthält deshalb spezifische Vorschriften zur Unterrichtung und Unterweisung der Arbeitnehmer mit befristetem Arbeitsverhältnis und Leiharbeitsverhältnis (Art. 3, 4, 7 RL 91/383/EWG; *Balze* EAS B 5000 Rn. 29; *Riesenhuber*, § 19). Die Vorschriften der Richtlinie werden im Wesentlichen durch § 12 Abs. 2 ArbSchG und § 11 AÜG in deutsches Recht umgesetzt.

101   **3. Leitlinien des europäischen Arbeitsschutzrechts.** Die der Rahmenrichtlinie zugrunde liegende Arbeitsschutzkonzeption gilt auch für die Einzelrichtlinien und die anderen auf Art. 118a EG-Vertrag (jetzt Art. 153 AEUV) gestützten Richtlinien des betrieblichen und sozialen Arbeitsschutzes. Sie lassen sich wie folgt **zusammenfassen** (dazu auch *Pickert/Scherfer* WSI-Mitt. 1994, 452, 454; *Kohte* EAS B 6100 Rn. 10ff.):

- **weiter sachlicher und persönlicher Anwendungsbereich,** der eine Zersplitterung des Arbeitsschutzes verhindert, wie sie für das deutsche Arbeitsschutzrecht bis zum Inkrafttreten des ArbSchG charakteristisch war (→ Rn. 86ff.);
- weiter, **ganzheitlicher Arbeitsschutzbegriff,** der sich nicht auf die „klassische" Vermeidung von Arbeitsunfällen und Berufskrankheiten beschränkt, sondern z. B. auch eine menschengerechte Arbeitsumgebung (Einbeziehung psychischer und sozialer Faktoren) beinhaltet (→ Rn. 91);

B. Europarechtliche Grundlagen

- **dynamisches Arbeitsschutzverständnis:** Orientierung am jeweiligen Stand der Technik (→ Rn. 91);
- **Betriebsorientierung:** Die wichtigsten Adressaten für Arbeitsschutzpflichten sind die Arbeitgeber; insoweit kann von einer Verlagerung der Verantwortlichkeit für den Arbeitsschutz von den staatlichen Behörden in die Betriebe gesprochen werden (→ Rn. 89);
- Verantwortlichkeit im Betrieb nicht allein auf die Arbeitgeber übertragen; **Partizipationsrechte und -pflichten der Arbeitnehmervertretungen und Arbeitnehmer**, insbesondere die mit Schutzmaßnahmen und Maßnahmen zur Gefahrverhütung besonders beauftragten Arbeitnehmer (Kooperationsprinzip, → Rn. 97);
- Schwerpunkt **präventiver Arbeitsschutz** durch umfassende Unterrichtungs- und Unterweisungspflichten (→ Rn. 96).

Die Kommission hat in ihrer Mitteilung vom 5.2.2004 (→ Rn. 75) die durch die EU-Vorschriften über Sicherheit und Gesundheitsschutz verfolgte Zielrichtung treffend charakterisiert als „Wechsel von einem technologieorientierten Ansatz der Unfallverhütung zu einer Sicherheits- und Gesundheitspolitik, in deren **Mittelpunkt** das **Verhalten von Personen sowie Organisationsstrukturen** stehen".

4. Synopse Rahmenrichtlinie – ArbSchG. Die Umsetzung erfolgte durch das ArbSchG praktisch 1:1. Die Umsetzung der wichtigsten Bestimmungen der Rahmenrichtlinie durch das ArbSchG ergibt sich aus folgender Synopse:

	Rahmenrichtlinie	ArbSchG und andere Bestimmungen des deutschen Rechts
Zielsetzung	Art. 1	§ 1 Abs. 1 Satz 1
Anwendungsbereich	Art. 2	§ 1 Abs. 1 Satz 2, Abs. 2–4
Begriffsbestimmungen	Art. 3	§ 2
Arbeitgeberpflichten		
– Grundpflichten	Art. 5, 6 Abs. 1	§ 3 Abs. 1, 2
– Allgemeine Grundpflichten	Art. 6 Abs. 2	§§ 4, 7
– Zusammenarbeit mit anderen Arbeitgebern	Art. 6 Abs. 4, Art. 10 Abs. 2, Art. 12 Abs. 2	§ 8
– Beurteilung der Arbeitsbedingungen	Art. 6 Abs. 3	§ 5
– Kostenübernahme	Art. 6 Abs. 5	§ 3 Abs. 3
– Erste Hilfe und sonstige Notfallmaßnahmen	Art. 8 Abs. 1–3	§ 10
– Dokumentation	Art. 9 Abs. 1 lit. c und d, Abs. 2	§ 6
– Unterrichtung der Arbeitnehmer	Art. 10 Abs. 1	§ 81 BetrVG, § 14 ArbSchG

	Rahmenrichtlinie	ArbSchG und andere Bestimmungen des deutschen Rechts
Arbeitnehmer mit besonderen Funktionen	Art. 7, Art. 10 Abs. 3 Art. 12 Abs. 3	§§ 5–7 ASiG
Beteiligungsrechte der Arbeitnehmer	Art. 11	§§ 87 Abs. 1 Nr. 7, 89, 91 BetrVG
Arbeitnehmerpflichten	Art. 13	§§ 15–17

Kommentar

Gesetz über die Durchführung von Maßnahmen des Arbeitsschutzes zur Verbesserung der Sicherheit und des Gesundheitsschutzes der Beschäftigten bei der Arbeit (Arbeitsschutzgesetz – ArbSchG)

Vom 7. August 1996

(BGBl. I S. 1246), geänd. durch Art. 9 Arbeitsrechtl. BeschFG v. 25.39.1996 (BGBl. I S. 1476), Art. 53 AFRG v. 24.3.1997 (BGBl. I S. 594), Art. 18 1. SGB III-ÄndG v. 16.12.1997 (BGBl. I S. 2970), Art. 6c KorG v. 19.12.1998 (BGBl. I S. 3843), Art. 33 4. Euro-EinführungsG v. 21.12.2000 (BGBl. I S. 1983), Art. 3 Abs. 6 GSG- und ChemGÄndG v. 27.12.2000 (BGBl. I S. 2048), Art. 210 Siebente ZustAnpVO v. 29.10.2001 (BGBl. I S. 2785), Art. 8 Post- und telekommunikationsrechtl. BerG v. 7.5.2002 (BGBl. I S. 1529), Art. 17 HZvNG v. 21.6.2002 (BGBl. I S. 2167), Art. 179 Achte ZustAnpVO v. 25.11.2003 (BGBl. I S. 2304), Art. 83 Drittes G für mod. Dienstleistungen am Arbeitsmarkt v. 23.12.2003 (BGBl. I S. 2848), Art. 2b ArbeitsmarktzugangsG v. 23.4.2004 (BGBl. I S. 602), Art. 1 Nr. 20 ZuwanderungsG v. 30.7.2004 (BGBl. I S. 1950), Art. 227 Neunte ZustAnpVO v. 31.10.2006 (BGBl. I S. 2407), Art. 6 G v. 8.4.2008 (BGBl. I S. 706), § 62 Abs. 16 BeamtStG v. 17.6.2008 (BGBl. I S. 1010), Art. 6 Unfallversicherungsmodernisierungsgesetz v. 30.10.2008 (BGBl. I S. 2130), Art. 15 Abs. 89 DienstrechtsneuordnungsG v. 5.2.2009, durch Art. 8 BUK-Neuorganisationsgesetz – BUK-NOG v. 19.10.2013 (BGBl. I S. 3836) und Art. 427 Zehnte ZustAnpVO v. 31.8.2015 (BGBl. I S. 1474)

FNA 805–3

Überblick Vor § 1

Übersicht

	Rn.
A. Grundlegendes	1
I. 20 Jahre Arbeitsschutzgesetz in Deutschland	3
II. Warum ein Arbeitsschutzgesetz?	4
1. Rechtlicher Auftrag	5
2. Objektive Ziele des Arbeitsschutzes	8
B. Die Entstehung des Arbeitsschutzgesetzes	18
I. Geschichtliche Entwicklung des Arbeitsschutzrechts	18
II. Europäische Entwicklung als Motor der nationalen Gesetzgebung	23
III. Gesetzgebungsweg des „neuen" Arbeitsschutzgesetzes	27
1. Überblick	27
2. Erster Versuch in der 12. Legislaturperiode	28
3. Zweiter Versuch in der 13. Legislaturperiode	30
4. Zeittafel des Gesetzgebungsweges	36
C. Gesetz zur Umsetzung der EG-Rahmenrichtlinie Arbeitsschutz und weiterer Arbeitsschutz-Richtlinien	37
I. Eckpunkte der Neuordnung	38
II. Arbeitsschutzgesetz (Art. 1)	49

ArbSchG Vor § 1 Arbeitsschutzgesetz

	Rn.
1. Allgemeine Vorschriften (§§ 1–2)	50
2. Pflichten des Arbeitgebers (§§ 3–14)	53
3. Pflichten und Rechte der Beschäftigten (§§ 15–17)	60
4. Verordnungsermächtigungen (§§ 18–20)	64
5. Neue deutsche Arbeitsschutzstrategie (§§ 20a–20b)	65a
6. Schlussvorschriften (§§ 21–26)	66
III. Arbeitssicherheitsgesetz – Änderungen (Art. 2)	71
IV. Betriebsverfassungsgesetz – Änderungen (Art. 3)	72
V. Gewerbeordnung – Änderungen (Art. 4)	73
VI. Arbeitnehmerüberlassungsgesetz – Änderungen (Art. 5)	74
VII. Inkrafttreten des Gesetzeswerkes (Art. 6)	75
D. Verordnungen zum Arbeitsschutzgesetz	76
E. Unfallversicherungs-Einordnungsgesetz, SGB VII	89
F. Gesetzesänderungen seit 1996	91

Literatur: Vgl. Literaturverzeichnis und Verzeichnis zu § 1 ArbSchG.

A. Grundlegendes

1 Der Arbeitsschutz in Deutschland hat eine lange Tradition. Er ist die **Keimzelle des** deutschen, aber auch des europäischen **Arbeits- und Sozialrechts.** Seit mehr als hundert Jahren verfügen wir über ein duales Arbeitsschutzsystem, gemeinsam getragen von staatlicher Seite und von den Unfallversicherungsträgern. Seine verfassungsrechtliche Grundlage findet der Arbeitsschutz in Art. 1 Abs. 1 (Schutz der Menschenwürde als staatliche Verpflichtung), in Art. 2 Abs. 2 S. 1 (Recht auf körperliche Unversehrtheit) und in Art. 20 Abs. 1 (Sozialstaatsprinzip) des Grundgesetzes (*Ernst/Hochheim* in Koll/Janning/Pieper, B ArbSchG Erl. Rn. 1). Bis zum Jahr 1996, also mit Inkrafttreten des Arbeitsschutzgesetzes, war dieses Rechtsgebiet nur unzureichend und unsystematisch kodifiziert.

2 Zugleich kann die Arbeitsschutzpolitik in Deutschland, sofern man Unfallzahlen und die Entwicklung bei den Berufsunfähigkeitszahlen betrachtet, seit den siebziger Jahren des vorherigen Jahrhunderts als **Erfolgsgeschichte** betrachtet werden. Zu Recht, denn „Arbeitsunfähigkeit ist teurer": Die *Bundesanstalt für Arbeitsschutz und Arbeitsmedizin* schätzt die im Jahr 2013 ausgefallene Produktion durch Arbeitsunfähigkeit aufgrund 1,6 Millionen Erwerbsjahre auf insgesamt rund **59 Milliarden €.** Stark rückläufig ist die Zahl der tödlichen Arbeitsunfälle. Kamen im Jahr 1994 noch 1712 Menschen bei Arbeitsunfällen ums Leben, so waren es im Jahr 2013 (aktuellste veröffentlichte Erhebung) noch 606 Personen; die Anzahl der verunglückten Personen zeigt dabei stetig nach unten. Die Anzahl der meldepflichtigen Arbeitsunfälle je 1000 Vollarbeiter ist vom Jahr 1994 51,4 auf 23,9 gesunken. Die Zahl der neuen Arbeitsunfallrenten von 46.646 im Jahr 1994 auf nur noch 16.775 im Jahr 2013. Waren es im Jahr 1994 noch 946 tödliche Wegeunfälle, so ist die Zahl im Jahr 2013 auf nur noch 326 derartige tragische Ereignisse deutschlandweit gesunken (Quelle jeweils: BAuA Bericht „Sicherheit und Gesundheit bei der Arbeit 2013", S. 318). Zugleich ist die arbeitsschutzrechtliche und gesellschaftspolitische Bedeutung der sog. **neuen Gefahren** (Stichwort: Psychische Belastungen, Depressionen, Burn-Out, et cetera) gestiegen (→ 91 Rn. 19a).

I. 20 Jahre Arbeitsschutzgesetz in Deutschland

Mit dem im Jahre 1994 an politischen Widerständen gescheiterten Entwurf eines Arbeitsschutzrahmengesetzes (BT-Drs. 12/6752) war eine grundlegende Neuregelung des betrieblichen Arbeitsschutzes bezweckt. Ziel des damaligen Gesetzgebungsvorhabens war, neben der vollständigen Übernahme der Inhalte der Arbeitsschutz-Rahmenrichtlinie der EG (89/391/EWG), die Ablösung veralteter und die Zusammenfassung bewährter Rechtsvorschriften. Die in verschiedenen Gesetzen geregelten Grundsätze und Pflichten des betrieblichen Arbeitsschutzes, so die Intention des Arbeitsschutzrahmengesetz-Entwurfs, sollten in einem einheitlichen Gesetzeswerk **zusammengeführt** werden. Beabsichtigt war dabei vor allem die **Synthese** allgemeiner Arbeitsschutzregelungen für alle Tätigkeiten mit dem Gesetz über Betriebsärzte, Sicherheitsingenieure und andere Fachkräfte für Arbeitssicherheit (Arbeitssicherheitsgesetz – ASiG) aus dem Jahre 1973.

Eine solche (auch durch Art. 30 des Einigungsvertrags geforderte) grundlegende **Umgestaltung** des deutschen Arbeitsschutzsystems ist mit dem Arbeitsschutzgesetz **partiell** geglückt. Die organisatorischen Aspekte des Arbeitsschutzes einerseits und die allgemeinen Pflichten der Arbeitsschutzsubjekte andererseits sind weiterhin in zwei verschiedenen Gesetzen geregelt: im ASiG einerseits und im ArbSchG andererseits. Immerhin fasst das ArbSchG die Grundvorschriften für die meisten und ganz zentralen Aufgaben des betrieblichen Arbeitsschutzes zusammen. Neben seiner Funktion als subsidiäre Auffangvorschrift für Bereiche des betrieblichen Arbeitsschutzes, die nicht sondergesetzlich geregelt sind, erfüllt das Gesetz die Funktion eines **„Allgemeinen Teils"** des Arbeitsschutzrechts. Es werden flexible Mindestmaßstäbe für den betrieblichen Arbeitsschutz gesetzt, an denen kein Arbeitgeber „vorbeikommt": Die Anforderungen des Gesetzes gelten nicht nur für gewerbliche Arbeitgeber, sondern vielmehr auch für Freiberufler, öffentlich-rechtliche Dienstherren und für Arbeitgeber sog. arbeitnehmerähnlicher Personen, die früher vom deutschen Arbeitsschutzsystem nicht in dem Umfang und mit der Einheitlichkeit einbezogen wurden.

Vorschriften des Arbeitsschutzes

staatliche

z. B.
ArbSchG
ChemG
JArbSchG
ASiG
MPG

Verordnungen

| z. B. ArbStättV BetrSichV BaustellV OStrV | GefStoffV Chem-VerbotsV | MaschinenV SpielzeugV PSA-V |

Verwaltungsvorschriften i. d. R. von Bundes- u. Länderarb.-ministerien

berufsgenossenschaftliche/ Dt. Gesetzl. Unfallvers.

Siebtes Buch Sozialgesetzbuch (SGB VII)

Unfallverhütungsvorschriften

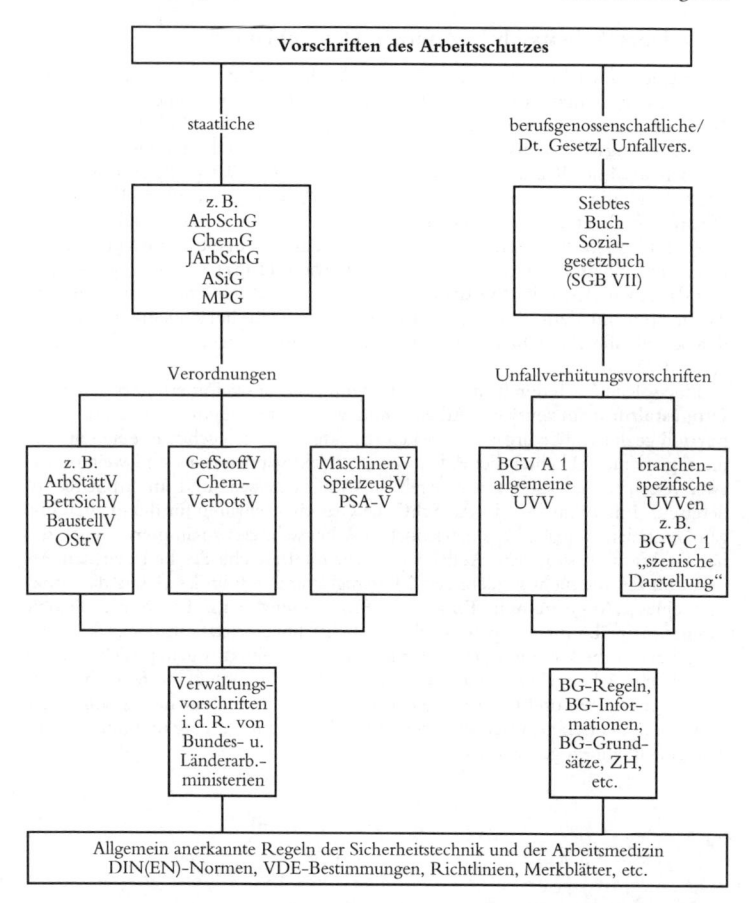

| BGV A 1 allgemeine UVV | branchenspezifische UVVen z. B. BGV C 1 „szenische Darstellung" |

BG-Regeln, BG-Informationen, BG-Grundsätze, ZH, etc.

Allgemein anerkannte Regeln der Sicherheitstechnik und der Arbeitsmedizin
DIN(EN)-Normen, VDE-Bestimmungen, Richtlinien, Merkblätter, etc.

3b Diese gleichwohl richtungsweisende Reform des Arbeitsschutzsystems in Deutschland wurde im Wesentlichen durch **drei** rechtssystematische **Reformblöcke** bewirkt:

– Im Mittelpunkt stand dabei das **Gesetz zur Umsetzung der EG-Rahmenrichtlinie Arbeitsschutz** und weiterer Arbeitsschutzrichtlinien vom 7.8.1996 (BGBl. I S. 1246): Als zentrale Bestandteile enthielt dieses Artikelgesetz die Umsetzung der Arbeitsschutz-Rahmenrichtlinie der EG (89/391/EWG) durch Art. 1 (Gesetz über die Durchführung von Maßnahmen des Arbeitsschutzes zur Verbesserung der Sicherheit und des Gesundheitsschutzes der Beschäftigten bei der Arbeit – Arbeitsschutzgesetz – ArbSchG vom 7.8.1996 BGBl. I S. 1246, zweiter zentraler Bestandteil war Art. 5 (Änderung des Arbeitnehmerüberlassungsgesetzes), mit dem die sog. Leiharbeitnehmerrichtlinie (91/383/EWG) in nationales Recht umgesetzt wurde. Ferner enthielt das Umsetzungsgesetz Ände-

rungen des ASiG (Art. 2), des BetrVG (Art. 3), der GewO (Art. 4) sowie eine Regelung über das Inkrafttreten des Gesetzeswerkes (Art. 6).
- Die **Einzelrichtlinien** auf Grund von Art. 16 der Arbeitsschutz-Rahmenrichtlinie der EG wurden vornehmlich durch **Verordnungen zum Arbeitsschutzgesetz,** erlassen auf Grund von §§ 18 und 19 ArbSchG, umgesetzt.
- Einen „dritten Block" bildete das **Unfallversicherungs-Einordnungsgesetz,** mit dem die für den Arbeitsschutz relevanten Bestimmungen des Unfallversicherungsrechts in ein neu geschaffenes Siebtes Buch Sozialgesetzbuch **(SGB VII)** überführt – und im Jahr 2013 durch das Gesetz zur Neuorganisation der bundesunmittelbaren Unfallkassen, zur Änderung des Sozialgerichtsgesetzes und zur Änderung anderer Gesetze (BUK-NOG) v. 19.10.2013 (BGBl. I S. 3836) mit Wirkung zum Teil zum **Oktober 2013,** zum Teil zum **1. Januar 2016,** noch einmal grundlegend novelliert und angepasst wurde.

II. Warum ein Arbeitsschutzgesetz?

Die Motive für die Schaffung einer zweiten – neben dem ASiG aus dem Jahre 1973 – rechtlichen Ausgangsbasis für den betrieblichen Arbeitsschutz in Form eines Arbeitsschutzgesetzes waren vielfältig. Bei der Fragestellung, welche Motive den Gesetzgeber zum Erlass dieses legislativen Aktes bewogen haben, kann zwischen
- der rechtlichen Verpflichtung des Gesetzgebers zum Erlass von Arbeitsschutzvorschriften und
- den objektiven Zielen des Arbeitsschutzes, die mittelbar durch das Gesetz forciert werden,

unterschieden werden. Ein kurzer **Überblick** über die wesentlichen Beweggründe des Gesetzgebers:

1. Rechtlicher Auftrag. Verfassungsrechtliche Gründe verpflichten den Gesetzgeber zur Schaffung und Ausgestaltung eines wirksamen Arbeitsschutzrechts. Der Staat ist verpflichtet, sich schützend vor das menschliche Leben zu stellen. Diese Verpflichtung ergibt sich aus Art. 2 Abs. 2 Grundgesetz (GG). Der verfassungsrechtliche Auftrag zur Schaffung eines wirksamen Arbeitsschutzrechts ergibt sich auch aus dem Sozialstaatsprinzip (Art. 20 Abs. 1 GG). Danach ist der Staat verpflichtet, soziale Mindestbedingungen zu schaffen und aufrecht zu erhalten.

Die Bundesrepublik Deutschland ist und war auch aus **europarechtlichen Gründen** zum Erlass eines betrieblichen Arbeitsschutzgesetzes verpflichtet. Seit der Verabschiedung der Einheitlichen Europäischen Akte im Februar 1986 wird das Arbeitsschutzrecht der Mitgliedstaaten der Europäischen Union weitestgehend durch EG-Richtlinien gestaltet. Das Gesetz zum Umsetzung der EG-Rahmenrichtlinie Arbeitsschutz und weiterer Arbeitsschutzrichtlinien enthält daher Regelungen zur Anpassung des bisherigen Rechts an die EG-Richtlinien 89/391/EWG des Rates vom 20.6.1989 (sog. Arbeitsschutz-Rahmenrichtlinie, ABlEG Nr. L 183, S. 1) und 91/383/EWG (sog. Leiharbeitnehmerrichtlinie, ABlEG Nr. L 206, S. 19). Die Rahmenrichtlinie wurde dabei durch das ArbSchG nur mit Verzögerung umgesetzt; sie hätte eigentlich bereits zum 31.12.1992 in innerdeutsches Recht transformiert werden müssen.

Schließlich bestimmte auch Art. 30 Abs. 1 Nr. 2 des **Einigungsvertrages,** dass es Aufgabe des gesamtdeutschen Gesetzgebers ist, „öffentlich-rechtlichen Arbeitsschutz in Übereinstimmung mit dem Recht der Europäischen Gemeinschaften und dem damit konformen Teil des Arbeitsschutzrechts der Deutschen Demokratischen Republik zeitgemäß neu zu regeln". Eine Neuordnung des deutschen Arbeitsschutzrechts war also schon auf Grund des Einigungsvertrages unumgänglich. Unklar ist, ob der Auftrag des Gesetzgebers mit der Installation des ArbSchG bereits erledigt ist.

8 **2. Objektive Ziele des Arbeitsschutzes.** Das ArbSchG ist natürlich kein Selbstzweck, kein purer Formalismus zur Umsetzung des (damaligen) EG-Vertrages oder des Einigungsvertrages. Vielmehr soll durch diesen Rechtsetzungsakt der Arbeitsschutz in Deutschland verbessert und forciert werden. Das ArbSchG dient – in Kurzform auf einen Nenner gebracht – der Verwirklichung folgender **Schutzziele:**

9 **Verhütung von Arbeitsunfällen** (plötzliche Ereignisse), **Berufskrankheiten** und arbeitsbedingten Erkrankungen einschließlich der Folgen psychischer Belastungen. Die Gründe für diese primäre Zielsetzung des Arbeitsschutzes sind zum einen humaner (moralisch-ethischer) sowie betriebs- und volkswirtschaftlicher Natur. Jeder Beschäftigte, Arbeitgeber, aber auch die Gesellschaft, besitzt von Natur aus ein Interesse, berufsbedingte gesundheitliche Schädigungen oder Lebensgefährdungen zu vermeiden.

10 **Erhaltung der Arbeitskraft.** Diese soll vornehmlich durch Verhütung von Verschleißerscheinungen erreicht werden; hiermit im Zusammenhang: Gewinn der Arbeitskraft, d. h. kein Entstehen von Schäden durch Jugend- oder Kinderarbeit. In neuerer Zeit auch der Aspekt der Schutz vor den neuen Gefahren psychischer Art.

11 **Volkswirtschaftliche Gründe.** Die Verhütung von Personenschäden beinhaltet eine Verbesserung der Wertschöpfung, des Nettosozialproduktes und des Volkseinkommens. Hiermit in Zusammenhang steht auch die geringere Belastung der Unfallverhütungsträger, der Rentenversicherungs- und Krankenversicherungsträger sowie der Pflegeversicherung durch verunglückte oder frühzeitig arbeitsunfähig gewordene Arbeitnehmer. Es existiert also ein „handfestes" volkswirtschaftliches Interesse daran, dass in Zeiten des demographischen bedingten Fachkräftemangels Ausfallzeiten durch vermeidbare Erkrankungen und Arbeitsunfälle minimiert werden (→ Rn. 2).

12 **Betriebswirtschaftliche Gründe.** Der wirtschaftliche Erfolg im Betrieb wird unmittelbar vergrößert, wenn es gelingt, Störfälle und Personenschäden zu vermindern oder zu vermeiden. In größeren Betrieben ist diese Komponente objektiv messbar.

13 **Wahrung des sittlichen Empfindens.** Ein Motiv, das heute vielleicht nicht den gleichen Stellenwert wie zum Zeitpunkt der Schaffung der GewO (Ende des 19. Jahrhunderts) einnimmt, gleichwohl weiterhin gilt.

14 Aufrechterhaltung und Schaffung **sicherheitsbewusster Einstellung beim Arbeitnehmer.** Das ArbSchG ist auch an den Beschäftigten adressiert. Ihm kommt eine nicht zu unterschätzende Rolle bei der Prävention von Unfallgefahren und Berufskrankheiten zu.

15 **Inverantwortungnahme des Arbeitgebers** und seiner Hilfskräfte. Der Arbeitgeber ist der für den Arbeitsschutz primär Verantwortliche im Betrieb. Das ArbSchG stellt diese Verantwortlichkeit klar und flankiert somit das ASiG. Auch die Verantwortlichkeit des Betriebsrats und des Personalrats.

16 **Humanisierung des Arbeitslebens.** Ebenfalls im ArbSchG festgeschrieben ist die menschengerechte Gestaltung der Arbeit. Auch künftig umstritten wird die Frage bleiben, inwieweit das Arbeitsschutzrecht zu rein humanen Faktoren wie

„Arbeitszufriedenheit", „Mobbing" oder „Gleichberechtigung" beitragen kann, darf oder muss. Die Frage wird teilweise beantwortet durch die Einfügung von § 4 Nr. 1 sowie § 5 Abs. 3 Nr. 6, wonach der Gesundheitsbegriff seit der Novelle 2013 neben der physischen auch die psychische Gesundheit der Beschäftigten umfasst.

Ganzheitliches Qualitätsmanagement. Arbeitsschutz ist heute nicht mehr isoliert zu sehen, sondern wird in ein gesamtheitliches Qualitätskonzept, im Rahmen dessen auch die betrieblichen Abläufe gewinnen, eingebunden. 17

B. Die Entstehung des Arbeitsschutzgesetzes

I. Geschichtliche Entwicklung des Arbeitsschutzrechts

Für das Verständnis des Arbeitsschutzrechts in seiner heutigen Form ist ein Blick zurück unerlässlich: Zentrale **Entstehungsursache** des „modernen" Arbeitsschutzrechts war die um 1800 in Deutschland **einsetzende Industrialisierung.** So wurde in Preußen am 9.3.1839 mit dem *Regulativ über die Beschäftigung jugendlicher Arbeiter in den Fabriken* der erste Grundstein des staatlichen Arbeitsschutzrechts gelegt. Das Regulativ war geschaffen worden wegen steigender Untauglichkeitsquoten unter jungen Rekruten und zur Sicherung der dreijährigen Schulpflicht. So wurde insbesondere die Arbeit von Kindern in Fabriken vor Vollendung des 9. Lebensjahres und eine Höchstarbeitszeit für Jugendliche unter 16 Jahren von zehn Stunden täglich festgelegt. Mit der *Preußischen Allgemeinen Gewerbeordnung* vom 17.1.1845 wurde darüber hinaus eine Vorschrift zur generellen Abwehr von Gesundheitsgefahren bei der Arbeit geschaffen. Mit der Verordnung vom 9.2.1849 zur Preußischen Allgemeinen Gewerbeordnung und dem Gesetz vom 16.5.1853 wurde die Rechtsetzung in diesem Bereich weiter ausgedehnt. Geregelt wurden dabei insbesondere Fragen der Arbeitszeit an Sonn- und Feiertagen sowie für Kinder und Jugendliche (ausführlich *Wlotzke* in MüKo ArbR § 199 Rn. 44 ff.). 18

1878 wurde durch die **Novelle zur Reichsgewerbeordnung** ein weiterer Schritt zur Verbesserung des Arbeitsschutzes getan. Besonders die nun verankerte Kontrollpflicht für den industriellen Bereich erscheint aus heutiger Sicht bedeutsam. Mit dem **Gesetz über die Unfallversicherung** vom 6.7.1884 begann die Entwicklung der Sozialversicherung. Erstmals bildeten sich auf dieser Grundlage Berufsgenossenschaften, die sowohl Schädigungsfragen regelten als auch mit technischen Aufsichtsdiensten die Einhaltung von Unfallverhütungsvorschriften überwachten. Mit der **Novelle zur Reichsgewerbeordnung** vom 1.6.1891 wurde ein weiterer bedeutender Schritt zur Entwicklung des Arbeitsschutzrechts gesetzt. Dabei waren zentrale Regelungsbereiche: 19

- Bestimmungen zur Arbeitsruhe an Sonn- und Feiertagen,
- Kinderarbeitsverbot für volksschulpflichtige Kinder unter 13 Jahren,
- Höchstarbeitszeiten für Kinder und Jugendliche,
- Nachtarbeitsverbot für Jugendliche und Arbeiterinnen,
- Höchstarbeitszeit für Frauen,
- Pflicht des Unternehmers zur allgemeinen Gefahrenabwehr sowie

Regelungen – zur staatlichen Aufsicht über das Arbeitsschutzrecht.

1897 bis 1908 erfolgten **drei weitere Novellen der Reichsgewerbeordnung** mit Regelungen zum Schutz von Lehrlingen, Personal in offenen Verkaufsstellen sowie für den Frauen- und Mutterschutz. Mit dem Kinderschutzgesetz vom

ArbSchG Vor § 1

30.3.1903 wurde dieser Regelungsbereich weiter verbessert und in diesem Gesetz zusammengefasst (ausführlich *Wlotzke* in MüKo ArbR § 199 Rn. 50ff.).

20 Der **Entwurf eines Arbeitsschutzgesetzes aus dem Jahre 1925** (RABl 1926, Beil. zu Nr. 45) kann als erster Versuch bezeichnet werden, den in vielen Rechtsvorschriften zersplitterten Arbeitsschutz in einem zentralen Gesetz zusammenzufassen. Nach Durchlauf von parlamentarischen Beratungen heißt es in dem Entwurf dieses Arbeitsschutzgesetzes vom 21.1.1929:

„Das Arbeitsschutzrecht in seiner jetzigen Gestalt ist das Ergebnis jahrzehntelanger wechselvoller Entwicklung. Die vielfachen Abänderungen und stückweisen Ergänzungen haben eine unübersichtliche und wenig einheitliche Regelung dieses wichtigen Rechtsgebiets, namentlich soweit die Gewerbeordnung in Frage kommt, zur Folge gehabt. Eine systematische Neufassung und Ausgestaltung des gesamten Arbeitsschutzes ist daher seit langem ein dringendes Bedürfnis."

Ziel dieses Entwurfs war es insbesondere, den Schutz gegen Betriebsgefahren, den Arbeitszeitschutz und die behördliche Aufsicht zu regeln. Die Verabschiedung des Entwurfs scheiterte im damaligen Reichstag. Mit der Auflösung des Reichstages 1930 wurde das Vorhaben auch nicht mehr weiter verfolgt (ausführlich *Fischer* BArbBl 10/1996, 5, 6; *Wlotzke* in MüKo ArbR § 199 Rn. 54ff.).

21 Erst **nach über 50 Jahren** wurde im Bundesministerium für Arbeit und Sozialordnung wiederum ein **Referentenentwurf eines Arbeitsschutzgesetzes** erarbeitet.
– Erster Entwurf abgedruckt in „Arbeitssicherheit", Informationsdienst 1/82 der IG-Metall sowie
– Zweiter Entwurf abgedruckt in „Arbeitsschutz und Menschenwürde im Betrieb" IG-Chemie – Papier-Keramik, November 1982.

Die Entwürfe enthielten die folgenden zentralen Regelungsbereiche:
– Grundpflichten von Arbeitgebern und Arbeitnehmern im betrieblichen Arbeitsschutz,
– Regelungen des Arbeitszeitschutzes,
– Regelungen zur Aufsicht sowie
– Regelungen zum Verhältnis der staatlichen Vorschriften zu den Unfallverhütungsvorschriften.

Die konträren Interessen der Sozialpartner aber auch die von Bund und Ländern und nicht zuletzt der Unfallversicherungsträger hatten dazu geführt, dass dieser Referentenentwurf politisch nicht durchsetzbar war (*Ernst/Hochheim* in Koll/Janning/Pieper B Rn. 39).

22 Auch mit dem Beitritt der DDR zur Bundesrepublik Deutschland am 3.10.1990 ergab sich ein weiterer Anlass für eine Neuordnung des betrieblichen Arbeitsschutzes (vgl. *Ernst/Hochheim* in Koll/Janning/Pieper B Rn. 41; *Wlotzke* in MüKo ArbR §§ 199 Rn. 67ff.): Grundsätzlich wurde mit dem **Einigungsvertrag** das bundesdeutsche Arbeitsschutzrecht im Gebiet der ehemaligen DDR in Kraft gesetzt. Allerdings gab es eine Vielzahl von Ausnahmeregelungen (vgl. im einzelnen Einigungsvertrag BGBl. II 1990 S. 1889ff.). Bei der Erarbeitung des Einigungsvertrages wurde nochmals **die Reformbedürftigkeit des bundesdeutschen Arbeitsschutzrechts** deutlich. Deshalb wurde in Art. 30 Abs. 1 EVertr (BGBl. II 1990 S. 885, 889, 899) festgelegt:

„Es ist Aufgabe des gesamtdeutschen Gesetzgebers,
1. das Arbeitsvertragsrecht sowie das öffentlich-rechtliche Arbeitszeitrecht einschließlich der Zulässigkeit von Sonn- und Feiertagsarbeit und den besonderen Frauenarbeitsschutz möglichst einheitlich zu kodifizieren,
2. den öffentlich-rechtlichen Arbeitsschutz in Übereinstimmung mit dem Recht der Europäischen Gemeinschaften und dem damit konformen Teil des Arbeitsschutzrechts der Deutschen Demokratischen Republik zeitgemäß neu zu regeln."

Der deutliche Verweis auf das **Recht der Europäischen Gemeinschaften** ist besonders hervorzuheben, denn die europäische Entwicklung sollte sich als Motor des neuen Arbeitsschutzgesetzes erweisen.

II. Europäische Entwicklung als Motor der nationalen Gesetzgebung

Von allen Gebieten des Arbeitsrechts wurde das technische Arbeitsschutzrecht durch das EU-Recht am stärksten beeinflusst. Insbesondere die **Schaffung des gemeinsamen Binnenmarktes** mit freiem Verkehr von Kapital, Waren und Dienstleistungen für die – damals – über 300 Millionen Einwohner der Gemeinschaft hatte diese Entwicklung nochmals unterstützt, da der technische Arbeitsschutz hier auf wesentlichen Gebieten miteinbezogen war:
1. **Abbau von Handelshemmnissen** bei verkehrsfähigen Produkten wie
   – Sicherheitstechnische Anforderungen an Maschinen, Geräte und sonstige Anlagen sowie
   – Kennzeichnung, Beschränkung, Verwendung von gefährlichen Stoffen und
2. soziale Flankierung des Binnenmarktes durch Mindestvorschriften zur Verbesserung des Arbeitsumfelds.

Nach Änderung des EWG-Vertrags durch die sog. **Einheitliche Europäische Akte 1997** konnte das Arbeitsschutzrecht auf allen Feldern zügig gestaltet werden (ABlEG Nr. L 189, S. 29). Diese europäische Entwicklung war wohl letztlich die wichtigste Voraussetzung für die Neuregelung des Arbeitsschutzes in der Bundesrepublik Deutschland, schon weil mit ihr die **europarechtliche Verpflichtung** einherging, die zahlreichen neuen EG-Richtlinien zum Arbeitsschutz **in deutsches Recht umzusetzen** (vgl. *Ernst/Hochheim* in Koll/Janning/Pinter B Rn. 14).

Diese grundlegende Entwicklung des Europäischen Rechts ließ sich zunächst in zwei Bereiche einteilen. Zum einen durch die Aufnahme des (damaligen) **Art. 100a** (Maßnahmen zur Angleichung der Rechts- und Verwaltungsvorschriften der Mitgliedstaaten, die die Schaffung und das Funktionieren des Binnenmarktes zum Gegenstand haben, heute analog Art. 114 AEUV) sowie des (damaligen) **Art. 118a** (Verbesserung der Arbeitsumwelt, heute analog Art. 153, 154 AEUV) in den EG-Vertrag. Nach diesen beiden Bestimmungen bedurfte es nicht mehr einer einstimmigen Verabschiedung der Richtlinien, vielmehr reichte **ein qualifizierter Mehrheitsbeschluss** aus. So wurden etwa im Bereich des Arbeitsschutzes 118 a-Richtlinien über folgende Maßnahmen erlassen Maßnahmen zur Verbesserung der Sicherheit und des Gesundheitsschutzes der Arbeitnehmer bei der Arbeit, Anforderungen an Arbeitsstätten, die Benutzung von Arbeitsmitteln durch Arbeitnehmer bei der Arbeit, etc. Die seinerzeit nach Art. 100a EGV ergangenen Richtlinien stellten dagegen Anforderungen an technische Arbeitsmittel, Geräte, Einrichtungen und Anlagen. Es handelt sich u. a. um die Bereiche: Maschinen, Aufzüge, Druckgeräte, persönliche Schutzausrüstungen, etc. (vgl. *Ernst/Hochheim* in Koll/Janning/Pieper B Rn. 13ff.; *Pieper* ArbuR 1996, 465f.).

ArbSchG Vor § 1 — Arbeitsschutzgesetz

26 Durch die erhebliche Zahl dieser erlassenen EG-Richtlinien wurde immer deutlicher, dass die **bundesdeutschen Rechtsgrundlagen** für eine konkrete Umsetzung **nicht mehr ausreichend** waren (*Wlotzke* in MüKo ArbR § 199 Rn. 78). Dies zeigte sich besonders deutlich an der Reichweite der Vorschriften, die entsprechend den europarechtlichen Vorgaben für privatrechtliche Unternehmen wie für die öffentliche Hand sowie für alle Beschäftigten – auch die Beamten – Anwendung finden mussten.

III. Gesetzgebungsweg des „neuen" Arbeitsschutzgesetzes

27 **1. Überblick.** Die Verpflichtung der Bundesrepublik Deutschland, die EG-Richtlinien umzusetzen, hatte zunächst zur **Novellierung des damaligen Gerätesicherheitsgesetzes (GSG** – 1992, BGBl. I S. 1564, heute: PSG) geführt. Für die Schaffung des „neuen" Arbeitsschutzgesetzes waren hingegen die Richtlinien nach dem damaligen Art. 118a EGV zum betrieblichen Arbeitsschutz (insbesondere Umsetzung der Richtlinie zur Verbesserung der Sicherheit und des Gesundheitsschutzes der Arbeitnehmer bei der Arbeit) der zentrale Ausgangspunkt. Für das Verständnis der politischen Entwicklung dieses Gesetzgebungsvorhabens war es von besonderer Bedeutung, dass das Bundesministerium für Arbeit und Sozialordnung von Anfang an das Ziel verfolgte, das **duale Arbeitsschutzsystem** (d. h. Erhaltung des bestehenden Dualismus von staatlichem Arbeitsschutzrecht sowie der Selbstverwaltung mit Unfallverhütungsvorschriften) **zu erhalten.** Außerdem sollten nach den Vorstellungen des Ministeriums und insbesondere der Koalitionsfraktionen **die EG-Richtlinien inhaltsgleich** durch staatliche Rechtsvorschriften **in deutsches Recht** übertragen werden. Dabei lassen sich zwei Versuche unterscheiden: In der 12. Legislaturperiode (1991 bis 1994) scheiterte ein erster Anlauf. Dieser Entwurf sah noch vor, das Arbeitssicherheitsgesetz mit einzubeziehen und den Arbeitsschutz in einer Reihe EG-rechtlich nicht vorgegebener Punkte weiter zu entwickeln (*Wlotzke* NZA 1996, 1017, 1018f.). Ein zweiter Entwurf wurde dann gegenüber dem ersten Versuch inhaltlich reduziert und konnte – trotz zunächst erheblicher Bedenken des Bundesrates – erfolgreich verabschiedet werden.

28 **2. Erster Versuch in der 12. Legislaturperiode.** Am 22.12.1992 legte das damalige Bundesministerium für Arbeit und Soziales (BMA) einen **Referentenentwurf** für ein „Gesetz über die Sicherheit und den Gesundheitsschutz bei der Arbeit **(Arbeitsschutzrahmengesetz)**" vor. Dieser Entwurf wurde mit der Stellungnahme des Bundesrates vom 17.12.1993 und der Gegenäußerung der Bundesregierung im Februar 1994 in den Bundestag eingebracht (*Pieper* ArbuR 1996, 465, 466). Hervorzuheben ist, dass dieser Entwurf über eine reine Umsetzung der EG-Rahmenrichtlinie **hinausging.** So enthielt er insbesondere weitergehende Regelungen zur:
– arbeitsmedizinischen Vorsorge,
– Integration des Arbeitssicherheitsgesetzes sowie
– Bundesanstalt für Arbeitsschutz und Arbeitsmedizin.

29 Im Verlauf der politischen Diskussion wurde sehr bald deutlich, dass es **erhebliche Widerstände des Bundesrates** gegen diesen Entwurf insbesondere wegen des gewählten konzeptionellen Ansatzes geben würde. Aber auch in der Koalitionsfraktion konnte **keine Einigkeit** über den **Regelungsumfang** erzielt werden. Für den Bundesrat war die **Schaffung eines Arbeitsschutzgesetzbuches** von zentraler Bedeutung. Hierzu führte er in seiner Stellungnahme (BR-Drs. 792/93) aus:

Überblick Vor § 1

Vor § 1 ArbSchG

„Die Umsetzung der Richtlinie des Rates vom 12.6.1989 über die Durchführung von Maßnahmen zur Verbesserung der Sicherheit und des Gesundheitsschutzes der Arbeitnehmer bei der Arbeit (89/391/EWG-Rahmenrichtlinie – Arbeitsschutz) und der auf dieser Rahmenrichtlinie gestützten Einzelrichtlinien der EG sowie Art. 30 des Einigungsvertrages verpflichten den Bundesgesetzgeber zu einer Neuordnung des Arbeitsschutzrechts in der Bundesrepublik Deutschland. Mit der Neuordnung erfolgt eine historische Weichenstellung der Inhalte, der Systematik, des Vollzuges und damit der Effektivität des deutschen Arbeitsschutzrechts.

Dies muss insbesondere auch dadurch bewirkt werden, dass in einem Arbeitsschutzgesetzbuch alle für den Gesundheitsschutz und die Sicherheit am Arbeitsplatz und im Arbeitsumfeld bedeutsamen Rechtsbereiche aufgenommen werden."

Insbesondere die Ausgestaltung der Arbeitgeberpflichten aber auch die Tatsache, dass der Entwurf über eine reine Umsetzung der EG-Rahmenrichtlinie hinausging, **standen einer Einigung** innerhalb der Koalitionsfraktionen **im Wege**. Mit dem Ende der 12. Legislaturperiode verfiel der Gesetzentwurf dann dem Grundsatz der Diskontinuität.

3. Zweiter Versuch in der 13. Legislaturperiode. Durch das Scheitern des Umsetzungsversuches in der 12. Legislaturperiode drohte der Bundesrepublik Deutschland nunmehr eine **Klage der EG-Kommission** vor dem EuGH **wegen Vertragsverletzung** gem. Art. 169 EGV, da die seit dem 31.12.1992 fällige Umsetzung der EG-Rahmen-RL 89/391/EWG sich weiter verzögerte. In dieser Situation konnte ein zweiter Entwurf eines Arbeitsschutzrahmengesetzes nicht einfach unverändert wieder eingebracht werden (ausführlich *Ernst/Hochheim* in Koll/Janning/Pinter B Rn. 44 ff.). Das Bundesministerium für Arbeit und Sozialordnung entwickelte daher eine neue Strategie zur Durchsetzung eines entsprechenden Gesetzentwurfes. Dafür wurde zunächst das **Gesetzgebungsvorhaben in zwei getrennte Vorhaben aufgeteilt:**
– Vorhaben zur „Umsetzung von EG-Arbeitsschutzrichtlinien" sowie
– Vorhaben zur „Erweiterung des Präventionsauftrages".

Damit wurde seitens der Bundesregierung die Möglichkeit geschaffen, die Umsetzung der EG-Arbeitsschutz-Richtlinie in einem **zustimmungsfreien Gesetzgebungsvorhaben** durchzuführen. So wurde an den Bundesrat das deutliche politische Signal ausgesandt, dass erhebliche Teile des Gesetzgebungsvorhabens notfalls auch gegen den Bundesrat durchsetzbar wären.

Am 4.5.1995 beschloss die Bundesregierung zunächst den Entwurf eines „Unfallversicherungs-Einordnungsgesetzes". Zentrale Regelungsbereiche waren:
– Erweiterung des Präventionsauftrages der Unfallversicherungsträger sowie
– Überführung des Dritten Buches der Reichsversicherungsordnung in das Sozialgesetzbuch.

In seiner Stellungnahme zu diesem Gesetzentwurf vom 14.7.1995 wandte sich **der Bundesrat entschieden gegen eine Trennung in zwei Gesetzgebungsverfahren.** Er forderte eine gleichzeitige Behandlung mit dem Gesetz zur Umsetzung der EG-Arbeitsschutzrichtlinie. In der politischen Diskussion mit dem Bundesrat spielte darüber hinaus die erweiterte Anordnungsbefugnis der Aufsichtsdienste der Unfallversicherungsträger eine entscheidende Rolle. Auch diesem Ansatz widersprach der Bundesrat in seiner Stellungnahme. Als Ergebnis der weiteren parlamentarischen Beratungen (22.8.1995 Gegenäußerung der Bundesregierung, 1. Lesung Bundestag, Beratung Ausschuss für Arbeit und Sozialordnung) wurde im Oktober 1995 eine **öffentliche Sachverständigen-Anhörung** durchge-

ArbSchG Vor § 1 Arbeitsschutzgesetz

führt. Nach dieser Anhörung ließ sich insbesondere festhalten, dass sich neben den Vertretern der Unfallversicherungsträger auch die Sozialpartner für die Beibehaltung und Stärkung des **dualen Arbeitsschutzsystems** aussprachen. Dennoch wurde das Thema „Dualismus" im Arbeitsschutz weiter problematisiert. Insbesondere unter dem Stichwort Vermeidung unproduktiver „Doppelprüfungen" erwogen einige Länder, ihre Gewerbeaufsicht abzuschaffen. Obwohl im Ergebnis eindeutig das Beibehalten des „Dualismus" im Arbeitsschutz festgestellt wurde, nahm man eine Vorschrift mit auf, wonach die **Länderbehörden** eine **Übertragung** von Überwachungsbefugnissen auf Unfallversicherungsträger vereinbaren können.

32   Am 23.11.1995 beschloss die Bundesregierung den Entwurf eines „Gesetzes zur Umsetzung der EG-Rahmenrichtlinie Arbeitsschutz und weiterer Arbeitsschutzrichtlinien". Nachdem am 8.2.1996 (BT-Drs. 13/3540) die erste Lesung im Deutschen Bundestag stattgefunden hatte, nahm der Bundesrat am 1.3.1996 Stellung (BT-Drs. 13/4337). Wie schon bei dem gescheiterten Versuch in der 12. Legislaturperiode wandte sich auch diesmal der **Bundesrat** insbesondere **gegen** die konzeptionelle Grundentscheidung dieses Gesetzentwurfes. Wörtlich führte der Bundesrat in seiner Stellungnahme aus:

> *„Notwendig ist ein Gesetzentwurf, der einen einheitlichen für alle Bereiche gleichermaßen geltenden Regelungsrahmen im Sinne der Philosophie der EG-Rahmenrichtlinie Arbeitsschutz bietet. Nur so lassen sich die mit einem verbesserten Arbeitnehmerschutz verbundenen erheblichen Einsparpotentiale zur Sicherung des Sozialleistungssystems und des Wirtschaftsstandortes Deutschland optimal erschließen.*
>
> *Diesen Anforderungen wird der Gesetzentwurf der Bundesregierung nicht gerecht.*
>
> *Dem politischen Auftrag, die Zersplitterung des Arbeitsschutzrechts zu beseitigen, wird in keiner Weise entsprochen; der vorliegende Regierungsentwurf soll zusätzlich zu den bisherigen Rechtsvorschriften gelten.*
>
> *Dadurch verfestigt er die auf der Regelungsebene bestehende Marginalisierung des Themas Arbeitnehmerschutz weiter. Arbeitnehmerschutz darf nicht länger Annex des Gewerbe-, Unfallversicherungs- und Umweltschutzrechtes bleiben.*
>
> *Kernpunkt der Anforderung des Bundesrates an die Neuregelung des Arbeitnehmerschutzrechtes (vgl. BR-Drs. 440/92, 792/93, 1139/94, 263/95) ist die Kodifizierung des Arbeitsschutzrechtes in einem Arbeitsschutzgesetzbuch, das alle für den Gesundheitsschutz und die Sicherheit am Arbeitsplatz und dem Arbeitsumfeld bedeutsamen Rechtsbereiche beinhaltet. Dies ist die notwendige Voraussetzung, die Systematik des Arbeitsschutzrechts zu vereinheitlichen, den Vollzug zu straffen und damit die Effektivität des Arbeitnehmerschutzes zu steigern."*

Nach seiner Vorstellung sollte die **Schaffung eines Arbeitsschutzgesetzbuches** als zusammenfassendes Regelungswerk angestrebt werden. Entsprechend diesem Ansatz hatte das Land Hessen bereits einen Antrag auf Einbringung eines Arbeitsschutzgesetzbuchs (BR-Drs. 854/95) gestellt.

33   Mit der **Gegenäußerung der Bundesregierung** vom 27.3.1996 wurde dieser Konflikt um die grundsätzliche konzeptionelle Ausgestaltung weiterhin aufrechterhalten. So machte die Bundesregierung in ihrer Stellungnahme deutlich:

> *„Die Bundesregierung ist der Auffassung, dass weder die Umsetzung der Rahmenrichtlinie Arbeitsschutz noch Art. 30 des Einigungsvertrages eine umfassende Kodifikation*

des betrieblichen Arbeitsschutzrechts in einem Arbeitsschutzgesetzbuch fordern. Mängel des geltenden Arbeitsschutzrechts liegen darin, dass allgemeine und grundlegende Verhaltensvorgaben nicht für alle Tätigkeitsbereiche einheitlich geregelt sind. Diesen Mangel beseitigt der Gesetzentwurf der Bundesregierung. Die Bundesregierung sieht nicht die Gefahr einer noch weitergehenden Zersplitterung des Arbeitsschutzrechts oder unterschiedlicher Vollzugspraktiken in den Ländern: Das Verhältnis zwischen den Regelungen des Gesetzentwurfs und den Arbeitsschutzvorschriften der Gewerbordnung wird durch allgemeine Rechtsgrundsätze ausreichend geregelt und die Gewährleistung einer einheitlichen Vollzugspraxis liegt in der Hand der Länder."

Der Regierungsentwurf beschränkt sich bewusst auf die vordringliche Umsetzung des überfristeten EG-Rechts. Er setzt die Rahmenrichtlinie vollständig um.

Um ein nochmaliges Scheitern des Gesetzgebungsvorhabens zu verhindern, wurden auf Initiative der Länder Hessen, Nordrhein-Westfalen und Niedersachsen, unter Beteiligung Bayerns **Vermittlungsgespräche** mit dem Bundesministerium für Arbeit und Sozialordnung aufgenommen. Zentrale Ergebnisse dieser Gespräche waren:
- Nichtweiterverfolgung des hessischen Antrages,
- Aufnahme wichtiger Durchführungsbestimmungen für einen bundeseinheitlichen Vollzug,
- Aufnahme einer Vorschrift zur Abgrenzung und zur Zusammenarbeit mit den Unfallversicherungsträgern sowie
- Beibehaltung des bisherigen Rechts beim Überwachungsinstrument der Einzelfall-Anordnung.

Damit lässt sich als Ergebnis festhalten, dass diese Gespräche zu einem Gesamtkompromiss zu den beiden Gesetzentwürfen Arbeitsschutzgesetz und Unfallversicherungs- Einordnungsgesetz geführt haben.

Somit war es gelungen, eine **breite Zustimmung** bei den Sozialpartnern, Unfallversicherungsträgern, beteiligten Kreisen sowie im parlamentarischen Verfahren zu erzielen. Die Ergebnisse der – nunmehr ja gemeinsam – entwickelten Konzeption wurden in die Gesetzentwürfe übertragen. Am 13.6.1996 beschloss der Deutsche Bundestag in 2. und 3. Lesung die geänderten Gesetzentwürfe. Durch die Überarbeitung der Gesetzentwürfe waren diese nunmehr beide zustimmungsbedürftig. Am 5.7.1996 stimmte der Bundesrat beiden Gesetzentwürfen zu, die dann am 20.8.1996 im Bundesgesetzblatt (BGBl. I S. 1246, 1254) verkündet wurden. Damit wurde nochmals deutlich, dass sich insbesondere die Länder und die Unfallversicherungsträger wieder auf einem gemeinsamen Weg im Bereich des Arbeitsschutzrechts befinden.

4. Zeittafel des Gesetzgebungsweges

Datum	Stadium Arbeitsschutzgesetz	BT/BR-Drucksache
22.12.1992	Referentenentwurf	
5.11.1993	Regierungsentwurf	BR-Drs. 792/93
17.12.1993	Stellungnahme BR	BR-Drs. 792/93 (Beschluss)
3.2.1994	Einbringung in den BT in der 12. Legislaturperiode nicht mehr abschließend beraten	BT-Drs. 12/6752
23.11.1995	Neuer Entwurf vom Kabinett verabschiedet	

Datum	Stadium Arbeitsschutzgesetz	BT/BR-Drucksache
29.12.1995	BR	BR-Drs. 881/95
22.1.1996	BT	BT-Drs. 13/3540
1.3.1996	BR Stellungnahme	BR-Drs. 881/95 (Beschluss)
15.3.1996	Gegenäußerung der BReg.	BT-Drs. 13/4337
28.5.1996	Ausschuss für Arbeit und Sozialordnung legt dem BT ergänzten Entwurf vor	BT-Drs. 13/4756 und BT-Drs. 13/4854 (12.6.1996)
13.6.1996	BT verabschiedet Gesetz	
5.7.1996	BR stimmt abschließend zu	BR-Drs. 427/96
20.8.1996	Veröffentlichung im BGBl. (Arbeitsschutzgesetz vom 7.8.1996 [BGBl. I S. 1246])	
21.8.1996	Inkrafttreten	

C. Gesetz zur Umsetzung der EG-Rahmenrichtlinie Arbeitsschutz und weiterer Arbeitsschutz-Richtlinien

37 Ziel des Umsetzungsgesetzes war die vollständige Umsetzung der zwei EG-Richtlinien zum betrieblichen Arbeitsschutz (sog. Rahmenrichtlinie 89/391/EWG und Leiharbeitnehmerrichtlinie 91/383/EWG). Da mit der Umsetzung und teilweisen Neugestaltung des Arbeitsschutzrechts mehr als nur die Schaffung eines bislang noch nicht dagewesenen Arbeitsschutzgesetzes, nämlich auch die Änderung bereits bestehender Rechtsvorschriften verbunden war, hat sich der Gesetzgeber für ein **Artikelgesetz** entschieden:
– Artikel 1: Das neu geschaffene Arbeitsschutzgesetz.
– Artikel 2: Notwendige Änderungen des Arbeitssicherheitsgesetzes.
– Artikel 3: Notwendige Änderungen des Betriebsverfassungsgesetzes.
– Artikel 4: Notwendige Änderungen der Gewerbeordnung.
– Artikel 5: Modifikationen des Arbeitnehmerüberlassungsgesetzes.
– Artikel 6: Die Inkrafttreten.

I. Eckpunkte der Neuordnung

38 **Kernstück** des Umsetzungsgesetzes war **Art. 1,** das Gesetz über die Durchführung von Maßnahmen des Arbeitsschutzes zur Verbesserung der Sicherheit und des Gesundheitsschutzes der Beschäftigten bei der Arbeit (Arbeitsschutzgesetz – ArbSchG). Die gesetzliche Konzeption des Arbeitsschutzgesetzes wurde von folgenden gesetzgeberischen **Leitgedanken** getragen (BT-Drs. 13/3540, S. 11–13):

39 – Bestreben des Gesetzgebers, eine **allgemeine Regelung** zu schaffen, um die in der Rahmenrichtlinie genannten Grundsätze nicht fortlaufend in nationalen Rechtsvorschriften mit gleich lautenden, ähnlichen Bestimmungen wiederholen zu müssen.

40 – Soweit das geltende Recht **bereits Spezialgesetze** mit richtlinienkonformen Inhalten bereithielt, erfolgte lediglich die notwendige Anpassung durch Änderung dieser Spezialgesetze (Art. 2–4).

- Das Gesetz orientierte sich an der **Regelungssystematik des** umzusetzenden 41
  Europäischen Rechts. Dies wiederum bedeutet:
  - Es wurden lediglich Schutzziele und allgemeine Anforderungen vorgegeben, keine detaillierten Verhaltensvorgaben formuliert.
  - Das Gesetz gilt grundsätzlich für alle Tätigkeitsbereiche und für alle Beschäftigten.
  - Es wurden grundlegende Pflichten von Arbeitgebern, aber auch von Beschäftigten für den betrieblichen Arbeitsschutz vorgegeben.
  - Für spezielle Sachverhalte in speziellen Arbeitsschutzbereichen gelten (spiegelbildlich zu den EG-Einzelrichtlinien) einzelne Bundesverordnungen, die mittlerweile auf Grund des ArbSchG (spiegelbildlich: EG-Rahmenrichtlinie) erlassen wurden.
  - Der relativ hohe Abstraktionsgrad der Vorschriften bietet die Möglichkeit individueller Anpassungen an die konkrete Gefährdungssituation, hat im Einzelfall (und Idealfall) aber auch angepasste und damit kostengünstige Arbeitsschutzmaßnahmen „zum Resultat" (BT-Drs. 13/3540, S. 12).
- Bei der Übernahme der Bestimmungen der EG-Rahmenrichtlinie wurde auf 42 „hohe Praktibilität" geachtet. Durch weit gefasste Formulierungen ließ der Gesetzgeber bewusst **Spielraum** für an die Situation der Betriebe angepasste Arbeitsschutzmaßnahmen. Diese Flexibilität soll insbesondere kleineren und mittleren Betrieben zu Gute kommen.
- Inhaltlicher Maßstab für die Umsetzung der Rahmenrichtlinie war das **Prinzip** 43 **der „1 zu 1-Umsetzung".** Betrieben sollten keine Arbeitsschutzpflichten auferlegt werden, die über die Rahmenrichtlinie hinausgehen, insbesondere keine Pflichten, die in anderen europäischen Ländern nicht existieren.
- Der **Dualismus** von staatlichem Arbeitsschutzrecht einerseits (Gesetze und 44 Rechtsverordnungen) und selbstverwaltetem Unfallversicherungsträgerrecht andererseits (Unfallverhütungsvorschriften – BGVen/UVVen) wird durch das Gesetz nicht negativ berührt. Im Gegenteil: Sinn und Zweck bestimmter Schnittstellenregelungen ist es, neue Gestaltungsmöglichkeiten im Verhältnis „Staat – Berufsgenossenschaften" zu schaffen.
- Die Initiatoren des Gesetzes gingen und gehen davon aus, dass Arbeitsschutz 45 auch ein Positivfaktor für den **Industrie- und Dienstleistungsstandort Deutschland** ist. Der Arbeitsschutz soll helfen, zwei der auch heute noch wichtigsten Pluspunkte der deutschen Wirtschaft, die Leistungsfähigkeit und Leistungsbereitschaft der Mitarbeiter in den Betrieben, zu fördern und zu erhalten (BT-Drs. 13/3540, S. 13).
- Die frühzeitige Einbeziehung von Arbeitsschutzaspekten in betriebliche Ent- 46 scheidungen und Abläufe soll auch für den **betrieblichen Erfolg** vorteilhaft sein. Nicht zuletzt geht es auch darum, die Qualität der Produktionsabläufe, von Produkten und Dienstleistungen zu steigern. Arbeitsschutz soll künftig untrennbar und sinnvoll mit betrieblichen Qualitätsmanagementkonzepten verknüpft werden.
- Ein wirksamer Arbeitsschutz wirkt sich auch entlastend auf das Sozialversiche- 47 rungssystem aus: Weniger Arbeitsunfälle und weniger arbeitsbedingte Erkrankungen bedeuten weniger Fehltage, eine geringere Zahl von Frührentnern und damit auch **weniger Ausgaben** in der gesetzlichen Unfall-, Kranken-, Renten- und Pflegeversicherung.
- Mit der Umsetzung europäisch-rechtlicher Maßgaben werden auch Wettbe- 48 werbsverzerrungen zwischen den Mitgliedstaaten der Europäischen Union (auf

Grund unterschiedlicher Mindeststandards) im betrieblichen Arbeitsschutz vermieden. Auf diese Art und Weise kann auch vorgebeugt werden, damit das viel zitierte sog. **Sozialdumping** nicht zum dauerhaften Standortfaktor in Europa wird.

II. Arbeitsschutzgesetz (Art. 1)

49 Art. 1 des Umsetzungsgesetzes, also das ArbSchG selbst, untergliedert sich gesetzestechnisch in **sechs Abschnitte:**
– Erster Abschnitt (Allgemeine Vorschriften): Zielsetzung und Anwendungsbereich des Gesetzes sowie Begriffsbestimmungen werden hier definiert.
– Zweiter Abschnitt (Pflichten des Arbeitgebers): Das **zentrale Kapitel,** in dem sämtliche Grundpflichten des Arbeitgebers, unbeschadet weiterer Pflichten aus anderen Gesetzen oder Verordnungen, sowie Verantwortlichkeiten festgelegt werden.
– Dritter Abschnitt (Pflichten und Rechte der Beschäftigten).
– Vierter Abschnitt (Verordnungsermächtigungen): „Aufhänger" und Ermächtigung der Bundesregierung, die den EG-Einzelrichtlinien spiegelbildlich entsprechenden Rechtsverordnungen in nationales Recht umzusetzen.
– Fünfter Abschnitt (Gemeinsame deutsche Arbeitsschutzstrategie).
– Sechster Abschnitt (Schlussvorschriften): Ein Abschnitt, der ursprünglich nur sehr wenige Vorschriften enthalten sollte, dann (im Laufe des weiteren Gesetzgebungsverfahrens) – vornehmlich auf Initiative des Bundesrates – mit zahlreichen Durchführungsbestimmungen „überfrachtet" wurde. Ein Abschnitt, der eigentlich hätte zweigeteilt werden sollen.

50 **1. Allgemeine Vorschriften (§§ 1–2).** Der Erste Abschnitt (§§ 1, 2) regelt **Zielsetzung** und **Anwendungsbereich** des Gesetzes sowie **Begriffsbestimmungen.** Zentrale Bedeutung hat die Leitidee einer erstmals einheitlichen arbeitsschutzrechtlichen Grundbestimmung für alle Tätigkeitsbereiche in Wirtschaft und Verwaltung und für alle Beschäftigtengruppen. Im Ersten Abschnitt wird festgelegt, dass das ArbSchG sowohl für Arbeitnehmer der Privatwirtschaft als auch für solche des öffentlichen Dienstes, insbesondere auch für Beamte, Soldaten und Richter gilt (BT-Drs. 13/3540, S. 12).

Allgemeine Vorschriften (§§ 1–2)		
Geltungsbereich (§ 1 Abs. 1–4)	**Zielsetzung** (§ 1 Abs. 1)	**Begriffsbestimmungen** (§ 2)

– Grundsätzlich alle Tätigkeitsbereiche (incl. öffentlicher Dienst und Landwirtschaft)
 – Ausnahmen
   – private Haushalte
   – Seeschiffe (z. T.)
   – Bergbetriebe (z. T.)
 – Sonderregelung für Religionsgemeinschaften
	– Sicherung und Verbesserung von
	 – Sicherheit und Gesundheitsschutz der Beschäftigten
	   – bei der Arbeit
	   – durch Maßnahmen des Arbeitsschutzes
	
	 dient ferner der
	
	 – Umsetzung der EG-Richtlinien
	   – 89/391/EWG ArbeitsschutzrahmenRL
	   – 91/383/EWG Leiharbeitnehmer-RL
		→ Arbeitsschutzmaßnahmen (Abs. 1)
		 – Unfallverhütung
		 – Gesundheitsgefahren
		 – Menschengerechte Arbeitsgestaltung
		 → Beschäftigte (Abs. 2)
		 – Arbeitnehmer
		 – Beamte, Richter, Soldaten,
		 – Auszubildende, Arbeitnehmerähnliche, Behinderte in Werkstätten
		 → Arbeitgeber (Abs. 3)
		 – Natürliche Personen
		 – Juristische Personen
		 – Personenhandelsgesellschaften
		 → Sonstige Rechtsvorschriften (Abs. 4)
		 → Betriebe im öffentlichen Dienst (Abs. 5)

§ 1 lässt sich in drei Regelungsinhalte aufspalten: § 1 Abs. 1 Satz 1 enthält die für 51 öffentlich-rechtliche Schutzgesetze üblichen neueren Datums übliche Zweckbestimmung. Der Grundsatz der grundsätzlich **umfassenden Geltung** des ArbSchG ist in § 1 Abs. 1 S. 2 festgelegt, seine ausnahmsweise Durchbrechung für bestimmte Lebensbereiche folgt in den Abs. 2 und 4. Den dritten Baustein des § 1 schließlich bildet Absatz 3, wonach Pflichten nach sonstigen Rechtsvorschriften unberührt bleiben.

§ 2 (Begriffsbestimmungen) definiert fünf Begriffe, die in § 1, aber auch im Fortgang 52 des ArbSchG immer wieder auftauchen: Beschäftigte (Abs. 2), Arbeitgeber (Abs. 3), sonstige Rechtsvorschriften (Abs. 4) und Betriebe/Dienststellen (Abs. 5). Besonders bedeutsam ist die Definition des **Beschäftigtenbegriffs** in § 2 Abs. 2; es wird klargestellt, dass auch arbeitnehmerähnliche Personen (mit Ausnahme von Heimarbeitern) Beschäftigte nach dem ArbSchG sind.

2. Pflichten des Arbeitgebers (§§ 3–14). Der Zweite Abschnitt (§§ 3–14) ent- 53 hält die grundlegenden Pflichten des Arbeitgebers. Klargestellt wird, dass der Arbeitgeber vorrangiger Normadressat ist; er ist für die Arbeitsbedingungen im Betrieb verantwortlich. Unter Arbeitsschutzgesichtspunkten hat er die Arbeitsbedingungen zu **beurteilen** und gemäß dem dabei festgestellten Gefährdungspotential Schutzmaßnahmen unter Beachtung bestimmter Grundsätze zu ergreifen. Die Maßnahmen sind auf ihre Wirksamkeit hin zu überprüfen und an neue Entwicklungen und Erkenntnisse anzupassen. Durch die Bereithaltung von Unterlagen soll die Arbeitsschutzsituation im Betrieb transparent gestaltet werden. Der Arbeitgeber ist verpflichtet, im Rahmen seiner Arbeitsschutzmaßnahmen mit Beschäftigten, Betriebsräten und Fachkräften für Arbeitssicherheit zu **kooperieren.** Ferner treffen ihn bestimmte Informations- und Unterweisungspflichten gegenüber seinen Mitarbeitern bezüglich besonderer Gefahren am Arbeitsplatz (BT-Drs. 13/5340, S. 12). Seit der Novelle 2013 sind auch die psychischen Gefährdungen vom Pflichtenspektrum des Arbeitgebers mit umfasst.

54 Der Zweite Abschnitt wiederum kann in folgende Elemente **gegliedert** werden:
- Allgemeine Grundpflichten und zu beachtende Grundsätze für den Arbeitgeber (§§ 3 und 4);
- die zentrale Beurteilungs- und **Dokumentationspflicht** des Arbeitgebers (§§ 5 und 6);
- Anweisungs-, Unterrichtungs- und Unterweisungspflichten (§§ 9, 12 und 14);
- Sicherstellung der korrekten Verantwortung (§§ 7, 8 und 13) und
- arbeitsmedizinische, Erste Hilfe und Notfallmaßnahmen (§§ 10 und 11).

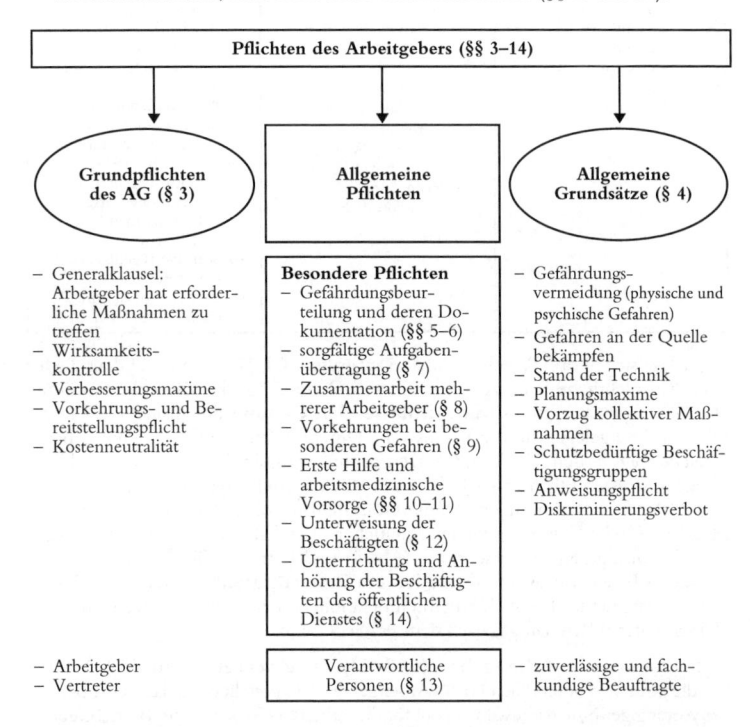

Pflichten des Arbeitgebers (§§ 3–14)		
Grundpflichten des AG (§ 3)	**Allgemeine Pflichten**	**Allgemeine Grundsätze (§ 4)**
– Generalklausel: Arbeitgeber hat erforderliche Maßnahmen zu treffen – Wirksamkeitskontrolle – Verbesserungsmaxime – Vorkehrungs- und Bereitstellungspflicht – Kostenneutralität	**Besondere Pflichten** – Gefährdungsbeurteilung und deren Dokumentation (§§ 5–6) – sorgfältige Aufgabenübertragung (§ 7) – Zusammenarbeit mehrerer Arbeitgeber (§ 8) – Vorkehrungen bei besonderen Gefahren (§ 9) – Erste Hilfe und arbeitsmedizinische Vorsorge (§§ 10–11) – Unterweisung der Beschäftigten (§ 12) – Unterrichtung und Anhörung der Beschäftigten des öffentlichen Dienstes (§ 14)	– Gefährdungsvermeidung (physische und psychische Gefahren) – Gefahren an der Quelle bekämpfen – Stand der Technik – Planungsmaxime – Vorzug kollektiver Maßnahmen – Schutzbedürftige Beschäftigungsgruppen – Anweisungspflicht – Diskriminierungsverbot
– Arbeitgeber – Vertreter	Verantwortliche Personen (§ 13)	– zuverlässige und fachkundige Beauftragte

55 §§ 3, 4 umschreiben allgemeine Grundpflichten des Arbeitgebers und Grundsätze, an denen er sich zu orientieren hat. Generalklauselartig werden Ziele und Vorgaben umschrieben. Von zentraler Bedeutung ist dabei das **Anpassungs- und Verbesserungsgebot** in § 3 Abs. 1. Weitere Schwerpunkte sind Kostenneutralität für Mitarbeiter (§ 3 Abs. 3), Gefährdungsminimierung (§ 4 Nr. 1), Stand der Technik (§ 4 Nr. 3) und menschengerechte Gestaltung der Arbeit (§ 4 Nr. 4).

56 Im Mittelpunkt des Zweiten Abschnitts und auch im **Mittelpunkt des Arbeitsschutzgesetzes** insgesamt stehen **§ 5 und § 6** (Beurteilung der Arbeitsbedingungen, Dokumentation). Die zentrale, nunmehr gesetzlich festgeschriebene Verpflichtung des Arbeitgebers zur Gefährdungsanalyse war einer der Hauptstreitpunkte des Gesetzgebungsverfahrens. Der Arbeitgeber hat durch eine Beurteilung der für die Beschäftigten mit ihrer Arbeit verbundenen (**seit 2013 auch psychischen**) Gefährdungen zu ermitteln, welche Maßnahmen des Arbeitsschutzes im Einzelnen erforderlich sind (§ 5 Abs. 1). Dabei hat er die Beurteilung je nach Art der Tätigkeit vorzunehmen, wobei sog. standardisierte Beurteilungen bei gleichartigen Arbeitsbedingungen ausreichend sind (§ 5 Abs. 2). Der Arbeitgeber muss über die je nach der Art der Tätigkeiten und der Zahl der Beschäftigten erforderlichen Unterlagen verfügen, aus denen das Ergebnis der Gefährdungsbeurteilung, die von ihm festgelegten Maßnahmen des Arbeitsschutzes und das Ergebnis ihrer Überprüfung ersichtlich sind (§ 6 Abs. 1 Satz 1).

Eine besondere **Privilegierung** bestand bis zur Gesetzesnovelle vom 25.10.2013 (Art. 8 Nr. 2a) für **Kleinbetriebe** mit zehn oder weniger Beschäftigten: Hier bestand die Dokumentationspflicht nur gemäß besonderer Anordnung der Gewerbeaufsichtsbehörde (§ 6 Abs. 1 Satz 3 a. F.). Dieses Kleinbetriebsprivileg wurde mittlerweile **aufgehoben,** was allerdings in weiten Teilen der Unternehmenslandschaft vermutlich nicht bekannt ist; relativiert wird die Pflicht zur Beurteilung und Dokumentation allerdings dadurch, dass hiesigen Erachtens bei **Kleinstbetrieben** die Anforderungen an § 5 und § 6 entsprechend niedrigschwellig anzusetzen sind, sofern es sich nicht um eine besonders gefahrenträchtige Tätigkeit handelt. Sprichwörtlich gesprochen sollte hier also „die Kirche im Dorf gelassen werden" (s. hierzu die sehr moderate **Empfehlung der Gemeinsamen deutschen Arbeitsschutz-Strategie – GDA** – Leitlinie Gefährdungsbeurteilung und Dokumentation, Anhang III, Anforderungen an die Dokumentation der Gefährdungsbeurteilung in kleinen Betrieben mit 10 oder weniger Beschäftigten, http://www.gda-portal.de/de/NAK/Geschaeftsstelle.html.). 56a

Anweisungs-, Unterweisungs- und **Unterrichtspflichten** treffen den Arbeitgeber nach § 8 Abs. 2 sowie §§ 9, 12 und 14. Bei erheblichen Gefahren ist der Arbeitgeber in der Verantwortung, seine Beschäftigten über entsprechende Schutzmaßnahmen zu unterrichten. Er muss sicherstellen, dass sich die Beschäftigten im Falle einer erheblichen Gefahr in Sicherheit bringen können. Unterweisungen über Sicherheit und Gesundheitsschutz am Arbeitsplatz müssen während der Arbeitszeit erfolgen (§ 12 Abs. 1). Die Unterweisungspflicht trifft bei einer Arbeitnehmerüberlassung den Entleiher (§ 12 Abs. 2). 57

Besondere Bestimmungen über die **Verantwortlichkeit im Betrieb** treffen §§ 7, 8 und 13. Bestimmte (gefährliche) Tätigkeiten dürfen nur einschlägig befähigten Beschäftigten übertragen werden (§ 7). Als Ausfluss der EG-Leiharbeitnehmerrichtlinie bestehen bestimmte Zusammenarbeitspflichten zwischen Arbeitgebern, wenn mehrere Beschäftigte an einem Arbeitsplatz tätig werden (§ 8). In § 13 ist noch einmal festgelegt, wer für die Erfüllung der sich aus dem Zweiten Abschnitt des ArbSchG ergebenden Pflichten neben dem Arbeitgeber verantwortlich ist. Bedeutsam ist die Regelung des § 13 Abs. 2, wonach der Arbeitgeber zuverlässige und fachkundige Personen schriftlich damit beauftragen kann, ihm obliegende Aufgaben nach dem ArbSchG in eigener Verantwortung wahrzunehmen. 58

Vorschriften für die Erste Hilfe und sonstige **Notfallmaßnahmen** enthält § 10. Auch § 9 Abs. 3 ist rechtssystematisch diesem Leitgedanken der Notfallmaßnahmen zuzuordnen: Danach hat der Arbeitgeber Maßnahmen zu treffen, die es den Beschäftigten bei unmittelbarer erheblicher Gefahr ermöglichen, sich durch sofortiges Verlassen der Arbeitsplätze in Sicherheit zu bringen (§ 9 Abs. 3 Satz 1). Im Übrigen konstituiert § 10 Brandbekämpfungs- und Evakuierungsorganisationspflichten. § 11 verpflichtet den Arbeitgeber, es den Beschäftigten (auf ihren Wunsch hin) zu ermöglichen, sich regelmäßig arbeitsmedizinisch untersuchen zu lassen. 59

ArbSchG Vor § 1 Arbeitsschutzgesetz

60 **3. Pflichten und Rechte der Beschäftigten (§§ 15–17).** Im Dritten Abschnitt (§§ 15–17) sind Pflichten und Rechte der Beschäftigten geregelt. Neben den „klassischen Pflichten", wie das ordnungsgemäße Bedienen von Geräten und die Befolgung von Weisungen ihrer Vorgesetzten, haben die Beschäftigten außerdem die von ihnen erkannten Gefahren unverzüglich zu melden. Ferner sind sie gehalten, an der Umsetzung von Schutzmaßnahmen aktiv mitzuwirken. Das ArbSchG sieht im Gegenzug vor, dass den Beschäftigten keine Nachteile entstehen dürfen, wenn sie sich (pflichtgemäß) über mangelnde Schutzmaßnahmen beschweren oder sich bei ernster, unmittelbarer und nicht vermeidbarer Gefahr vom Arbeitsplatz entfernen. Zu allen Fragen des Arbeitsschutzes haben die Beschäftigten ein **Vorschlagsrecht** (BT-Drs. 13/3540, S. 12).

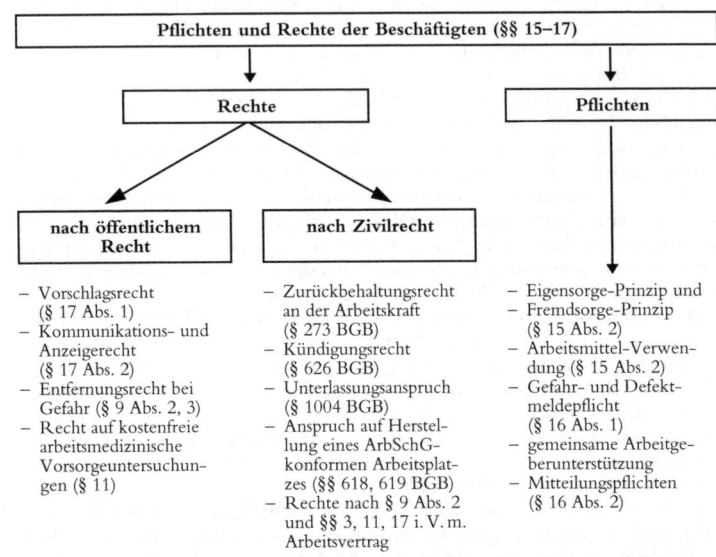

```
              Pflichten und Rechte der Beschäftigten (§§ 15–17)
                    │                                │
               Rechte                           Pflichten
           ┌─────┴─────┐                            │
  nach öffentlichem   nach Zivilrecht
      Recht
```

nach öffentlichem Recht	nach Zivilrecht	Pflichten
– Vorschlagsrecht (§ 17 Abs. 1)	– Zurückbehaltungsrecht an der Arbeitskraft (§ 273 BGB)	– Eigensorge-Prinzip und – Fremdsorge-Prinzip (§ 15 Abs. 2)
– Kommunikations- und Anzeigerecht (§ 17 Abs. 2)	– Kündigungsrecht (§ 626 BGB)	– Arbeitsmittel-Verwendung (§ 15 Abs. 2)
– Entfernungsrecht bei Gefahr (§ 9 Abs. 2, 3)	– Unterlassungsanspruch (§ 1004 BGB)	– Gefahr- und Defektmeldepflicht (§ 16 Abs. 1)
– Recht auf kostenfreie arbeitsmedizinische Vorsorgeuntersuchungen (§ 11)	– Anspruch auf Herstellung eines ArbSchG-konformen Arbeitsplatzes (§§ 618, 619 BGB)	– gemeinsame Arbeitgeberunterstützung
	– Rechte nach § 9 Abs. 2 und §§ 3, 11, 17 i. V. m. Arbeitsvertrag	– Mitteilungspflichten (§ 16 Abs. 2)

61 Strukturell kann der Dritte Abschnitt in **Pflichten** der Beschäftigten einerseits und Rechte der Beschäftigten andererseits zweigeteilt werden: Im Vordergrund steht zunächst die Obliegenheit der Beschäftigten, für ihre eigene Sicherheit und Gesundheit Sorge zu tragen (§ 15 Abs. 1 Satz 1). Daneben steht deren Verpflichtung, auch die Sicherheit und Gesundheit von Kollegen oder dritter Personen nicht zu missachten (§ 15 Abs. 1 Satz 2). Ein Verknüpfung von betrieblichem und vorgreifendem (Produktsicherheits-) Gefahrenschutz enthält § 15 Abs. 2: Beschäftigte sind verpflichtet, technische Arbeitsmittel und Schutzvorrichtungen wie Handschuhe, Helme, Maschinen, Werkzeuge und Arbeitsstoffe bestimmungsgemäß zu verwenden. Aktive Unterstützungspflichten der Beschäftigten zugunsten seines für den Arbeitsschutz verantwortlichen Arbeitgebers enthält § 16. Neben einer Gefahrmeldepflicht (§ 16 Abs. 1) konstituiert das Gesetz eine aktive Gefahrenschutz-Mitwirkungsverpflichtung (§ 16 Abs. 2).

62 Das zweite Strukturelement des Dritten Abschnitts, die **Rechte** der Beschäftigten, eröffnet ein komplexes Kapitel. Im Vordergrund des Gesetzes steht zunächst die **öffentlich-rechtliche** Seite: Die Beschäftigten sind berechtigt,

- dem Arbeitgeber Vorschläge zu allen Fragen der Sicherheit und des Gesundheitsschutzes bei der Arbeit zu machen (§ 17 Abs. 1),
- sich an die zuständige Behörde zu wenden, wenn sie auf Grund konkreter Anhaltspunkte der Auffassung sind, dass die vom Arbeitgeber getroffenen Maßnahmen und bereitgestellten Mittel nicht ausreichen, um ihre Sicherheit und den Gesundheitsschutz am Arbeitsplatz zu gewährleisten und der Arbeitgeber darauf gerichteten Beschwerden nicht abhilft (§ 17 Abs. 2) und
- den Arbeitsplatz im Falle einer unmittelbaren erheblichen Gefahr (ohne Nachteile für ihr berufliches Fortkommen) zu verlassen; letzteres ergibt sich nicht aus dem Dritten Abschnitt, sondern vielmehr aus einer Zusammenschau von § 9 Abs. 2 und Abs. 3, einer verkappten Arbeitgeberpflicht.

Im Falle einer (drohenden) Gesundheitsgefährdung am Arbeitsplatz, die vom Arbeitgeber nicht verhindert oder abgestellt wird, hat der Beschäftigte auch **arbeits- und zivilrechtliche** Ansprüche und Rechte: Er kann unter bestimmten Umständen das Zurückbehaltungsrecht an seine Arbeitskraft ausüben (§ 273 BGB), aktiv auf Arbeitsschutzmaßnahmen gemäß seinem arbeitsschutzrechtlichen Erfüllungsanspruch hinwirken (§§ 618, 619 BGB) und im Extremfall sogar (außerordentlich) kündigen (§ 626 BGB). § 17 ist öffentliches Recht und begründet damit keine zivilrechtlichen Anspruchspositionen; jedoch wird mit den öffentlich-rechtlichen Verpflichtungen des Arbeitgebers der „zivilrechtliche Boden" für privatrechtliche Ansprüche des Beschäftigten bereitet. Was im öffentlich-rechtlichen Arbeitsschutzrecht Gültigkeit hat, kann im Falle einer subjektiven Betroffenheit des Beschäftigten auch zivilrechtliche Ansprüche begründen (sog. **Transformationsprinzip**). Die öffentlich-rechtlichen Arbeitsschutznormen konkretisieren auch nach Auffassung des **Bundesarbeitsgerichts** den Inhalt der Fürsorgepflichten, die dem Arbeitgeber nach § 618 BGB in Hinblick auf Sicherheit und lebende Beschäftigte obliegt. Die öffentlich-rechtlichen Arbeitsschutz- Normen konkretisieren den Inhalt der Fürsorgepflichten, die dem Arbeitgeber nach § 618 BGB im Hinblick auf die Sicherheit und das Leben der Arbeitnehmer obliegen. Der Vorschriften des technischen Arbeitsschutzes kommt eine **Doppelwirkung** zu, wenn ihre Schutzpflichten über § 618 BGB in das Arbeitsvertragsrecht transformiert werden; sie werden so neben ihrer öffentlich-rechtlichen Eigenschaft zugleich zur **unabdingbaren** privatrechtlichen Pflicht des Arbeitgebers im Sinne eines einzuhaltenden **Mindeststandards.** Welche öffentlich-rechtlichen Arbeitsschutzvorschriften nun durch Transformation vertragliche Erfüllungsansprüche auf Herstellung eines arbeitsschutzkonformen Zustands begründen können, ist durch **Auslegung** zu ermitteln (vgl. BAGE 205–214 = BAG NZA 2009, 102–105 = AP Nr. 29 in § 618 BGB).

4. Verordnungsermächtigungen (§§ 18–20). Der Vierte Abschnitt (§§ 18– 20) enthält Verordnungsermächtigungen (u. a. auch zur Umsetzung von EG-Einzelrichtlinien zur Arbeitsschutz-Rahmenrichtlinie). § 18 Abs. 1 enthält eine allgemeine Ermächtigung für die Bundesregierung, durch Rechtsverordnung die **Pflichten** der Arbeitgeber und der Beschäftigten im Arbeitsschutz nach dem Zweiten und Dritten Abschnitt des ArbSchG **näher zu bestimmen.** § 18 Abs. 2 beschreibt durch Anführung einzelner Regelungstatbestände beispielhaft Art und Ausmaß einer näheren Konkretisierung der allgemeinen Pflichten für bestimmte Gefährdungssituationen. Zum Erlass entsprechender Regelungen ist die Bundesregierung allerdings **nicht verpflichtet** (BT-Drs. 13/3540, S. 20). Sonderregelungen für den öffentlichen Dienst trifft § 20.

Die Verordnungsermächtigung nach § 19 dient in erster Linie der **Umsetzung von EU-Richtlinien.** Zuständig ist dabei die Bundesregierung. § 19 entspricht

ArbSchG Vor § 1   Arbeitsschutzgesetz

spiegelbildlich Art. 16 der Arbeitsschutz-Rahmenrichtlinie der EG, wonach der Ministerrat der Europäischen Union auf der Grundlage des Art. 153 AEUV (früher Art. 118a EGV) Einzelrichtlinien erlässt, die unter die Bestimmungen der Arbeitsschutz-Rahmenrichtlinie fallen. Zur Umsetzung der EG-Einzelrichtlinien dient in Deutschland vorrangig das Instrumentarium der Bundesverordnung. Zulässig ist nach h. M. jedoch auch eine Umsetzung durch eine andere Rechtsform wie z. B. mittels einer Unfallverhütungsvorschrift.

65a   **5. Neue deutsche Arbeitsschutzstrategie (§§ 20a–20b).** Später hinzugekommen als „neuer" Fünfter Abschnitt und am 5.11.2008 in Kraft getreten sind die Vorschriften des § 20a ArbSchG sowie des § 20b ArbSchG, in denen eine gemeinsame deutsche Arbeitsschutzstrategie in Verbindung mit der Neuschaffung einer **„Nationalen Arbeitsschutzkonferenz"** eingeführt wurde. Damit wird eine Verpflichtung von Bund, Ländern und Unfallversicherungsträger festgelegt, eine gemeinsame, bundesweit geltende Arbeitsschutzstrategie zu entwerfen und zu pflegen.

66   **6. Schlussvorschriften (§§ 21–26).** Der Sechste (früher: Fünfte) Abschnitt wurde sehr knapp mit „Schlussvorschriften" tituliert. Die ursprüngliche Version (BT-Drs. 13/3540) enthielt lediglich **drei Vorschriften:** § 21 (Durchführungsbestimmungen), § 22 (Bußgeldvorschriften) und § 23 (Strafvorschriften). Auf Anregung des Bundesrates hin kamen im Laufe des Gesetzgebungsverfahrens noch umfangreiche Vorschriften hinzu, so dass in der Letzten redaktionellen Fassung der Umfang der Schlussvorschriften (nunmehr §§ 21–24) auf das ca. Dreifache des ursprünglichen Wortlauts ausgedehnt wurde (BT-Drs. 13/4756, 13/4337, 13/4854 sowie BR-Drs. 427/96).

67   Die Schlussvorschriften können im Wesentlichen in vier Komponenten aufgeteilt werden:
– Regelung des **dualen Arbeitsschutzsystems,** vornehmlich des Zusammenwirkens der staatlichen Arbeitsschutzbehörden mit den Trägern der gesetzlichen Unfallversicherung (§ 21),
– arbeitsschutzbehördliche Überwachungs- und Überprüfungsbefugnisse einschließlich der Geheimhaltungsregelungen (§§ 22, 23),
– Ermächtigungen zum Erlass allgemeiner Verwaltungsvorschriften (§ 24),
– Bußgeld- und Strafvorschriften (§§ 25, 26).

Schlussvorschriften (§§ 21–26)

Zuständige Behörde (§ 21)

- Beratungspflicht (Abs. 1)
- Überwachungspflicht (Abs. 1)
- Aufgabenabgrenzung (Abs. 2)
  - Unfallversicherungsträger
    → autonomes Recht (SGB VII)
  - Behörden
    → ArbSchG
  - aber:
    - Zusammenwirkungspflicht (Abs. 3)
    - sog. Experimentierklausel (Abs. 4)
- Zuständigkeiten
  - grundsätzlich Ländersache (Art. 30, 77 GG)
  - Sonderregelung für Bundesbehörden (Abs. 5)

Befugnisse (§ 22)

- Auskunftsverlangen (Abs. 1)
- Betretungsrecht (Abs. 2)
- Untersuchungs- und Prüfrecht (Abs. 2)
- Unterstützungsverlangen (Begleitung) (Abs. 2)
- Anordnungen (Abs. 3)
  - Gefahrenanordnung (Satz 1 Nr. 2)
  - Generalklausel (Satz 1 Nr. 1)
- Untersagung (S. 3)
- Vollstreckung (vgl. Landesrecht und BundesVwVG)

Betriebliche Daten, Zusammenarbeit (§ 23)

- Ermächtigung, Verwaltungsvorschriften (§ 24)
- Bußgeldvorschriften (§ 25)
- Strafvorschriften (§ 26)

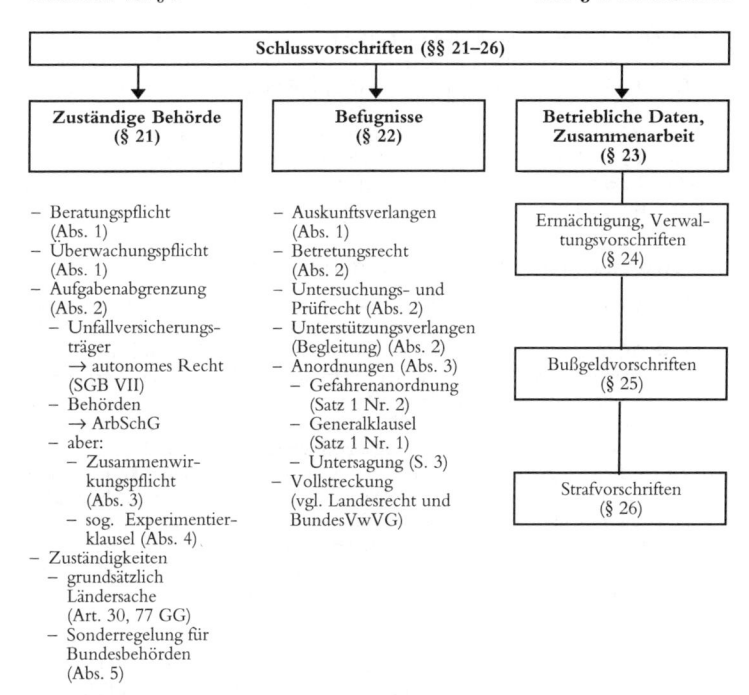

Von besonderer Bedeutung ist die Klarstellung in § 21 Abs. 1 und 2, wonach die **68** Überwachung des Arbeitsschutzes nach dem ArbSchG **staatliche** Aufgabe ist. Aufgaben und Befugnisse der Unfallversicherungsträger richten sich hingegen, soweit nichts Besonderes bestimmt ist, nach den Vorschriften des SGB VII. Eine Besonderheit war dabei die durch die **Zusammenarbeitsvorschrift (§ 20 SGB VII)** abgelöste sog. **Experimentierklausel,** gemäß der die zuständigen obersten Arbeitsschutzbehörden (i. d. R. sind dies die Ministerien der Länder) mit den Trägern der gesetzlichen Unfallversicherungen eine Delegation bestimmter Aufgabenbereiche weg von den staatlichen Behörden hin zu den Unfallversicherungsträgern vereinbaren konnten. Letzteres galt allerdings nur für Aufgaben nach dem ArbSchG oder den darauf beruhenden Rechtsverordnungen.

Die bisher bereits geltende Verpflichtung zur Zusammenarbeit von Arbeits- **69** schutzbehörden der Länder mit den Unfallversicherungsträgern hatte sich in der Praxis jedoch als nicht hinreichend wirksam erwiesen (Amtl. Begründung, BT-Drs. 16/9154 vom 8.5.2008, S. 114–115). Der mit Wirkung ab 5.11.2008 (BGBl. I 2008, S. 3121) **neu gefasste Abs. 3** dient dem Ziel, die gleichgerichteten aber bisher noch weitgehend parallel wahrgenommenen Funktionen der Aufsichtsdienste von Ländern und Unfallversicherungsträgern bei der Beratung und Überwachung der Betriebe stärker miteinander zu verzahnen und an einer **gemeinsamen Überwachungsstrategie** auszurichten. Die Neuregelung hält deshalb sowohl Länder als auch Unfallversicherungsträger zur Abstimmung eines gemeinsamen methodischen Vorgehens und zu einer stärkeren Arbeitsteilung in der Überwachung an. Diese

ArbSchG Vor § 1 Arbeitsschutzgesetz

Verpflichtung bezieht sich vor allem auf die intensivere Orientierung des Aufsichtshandelns an bestimmten Beratungs- und Überwachungsschwerpunkten sowie auf die **Durchführung gemeinsamer Schwerpunktaktionen** (vgl. BT-Drs. 16/9154 vom 8.5.2008, S. 114–115).

70 Umfangreiche **Anordnungsbefugnisse** der Arbeitsschutzbehörden ergeben sich aus § 22. Zeitgemäß angepasste Geheimhaltungsvorschriften (vgl. § 139b GewO a. F.) enthält § 23 Abs. 2. Den für öffentlich-rechtliche Arbeitsschutzgesetze üblichen Bußgeld- und Strafkatalog enthalten §§ 25–26.

III. Arbeitssicherheitsgesetz – Änderungen (Art. 2)

71 Die Änderungen des Arbeitssicherheitsgesetzes (ASiG) betreffen in erster Linie den Einsatz von Beschäftigten mit **befristeten Arbeitsverträgen** sowie von **Leiharbeitskräften**. Sowohl der Betriebsarzt als auch die Fachkraft für Arbeitssicherheit sind über deren Einsatz zu unterrichten. Der Aufgabenkatalog der Betriebsärzte und der Fachkräfte für Arbeitssicherheit (§§ 3, 6 ASiG) hat der Gesetzgeber um die Beratung des Arbeitgebers bei der in § 5 ArbSchG geregelten neuen Aufgabe zur Beurteilung der Arbeitsbedingungen ergänzt. Neben einem Benachteiligungsverbot für die Beratungskräfte wurde in § 10 ASiG aus Gründen einer koordinierten Aufgabenwahrnehmung auch eine ausdrückliche Zusammenarbeitspflicht der Beratungskräfte mit allen in einem Betrieb für bestimmte Sachgebiete bestellten Beauftragten (z. B. Immissionsschutzbeauftragte, Gefahrgutbeauftragte, Strahlenschutzbeauftragte) aufgenommen. § 5 Abs. 1 ASiG wurde dahingehend ergänzt, dass sich der konkrete Bedarf des Betriebs für die Beratung durch Fachkräfte für Arbeitssicherheit auch nach den Kenntnissen und der Schulung des Arbeitgebers in Fragen des Arbeitsschutzes bemisst. Schließlich hat man die Pflicht zur Bildung eines Arbeitsschutzausschusses in § 11 ASiG auf Betriebe mit mehr als 20 Beschäftigten beschränkt. Für das Erreichen dieser Anzahl sind die durchschnittlich in diesem Betrieb Beschäftigten maßgeblich. Arbeitnehmer mit kurzzeitig befristeten Arbeitsverhältnissen oder Aushilfskräfte bleiben in der Regel außer Betracht (*Kollmer/Vogl*, Rn. 345–349).

IV. Betriebsverfassungsgesetz – Änderungen (Art. 3)

72 § 81 BetrVG wurde um zwei **Arbeitgeberverpflichtungen** erweitert:
– In die Belehrung der Arbeitnehmer über Unfall- und Gesundheitsgefahren nach § 81 Abs. 1 BetrVG ist die Mitteilung der nach § 10 Abs. 2 ArbSchG getroffenen Maßnahmen (Benennung der Beschäftigten, die die Aufgaben der Ersten Hilfe, Brandbekämpfung und Evakuierung wahrnehmen) aufzunehmen.
– In Betrieben, in denen kein Betriebsrat besteht, sind die Arbeitnehmer zu allen Maßnahmen, die Auswirkungen auf ihre Sicherheit und Gesundheit haben können, anzuhören. Eine entsprechende Anhörungsverpflichtung für Beschäftigte des öffentlichen Dienstes ist in § 14 Abs. 2 ArbSchG geregelt (*Kollmer/Vogl*, Rn. 350, 351).

V. Gewerbeordnung – Änderungen (Art. 4)

73 Die bisherige Grundvorschrift des betrieblichen Arbeitsschutzes für gewerbliche Betriebe, nämlich § 120a GewO, wurde mit dem Inkrafttreten des ArbSchG **abgelöst**. Aus diesem Grunde konnte § 120a GewO (ebenso wie § 139 GewO) formal

aufgehoben werden. Mittlerweile ist die Gewerbeordnung als „Standort des Arbeitsschutzrechts" **komplett aufgegeben** worden.

VI. Arbeitnehmerüberlassungsgesetz – Änderungen (Art. 5)

Mit der Änderung des Arbeitnehmerüberlassungsgesetzes (AÜG) wurden Maßnahmen zur Verbesserung der Sicherheit und des Gesundheitsschutzes von Arbeitnehmern mit **befristetem Arbeitsverhältnis** oder **Leiharbeitsverhältnis** auf eine rechtliche Grundlage gestellt. Insbesondere hat der Entleiher dem Leiharbeitnehmer vor Beginn der Beschäftigung und bei Veränderungen in seinem Arbeitsbereich über Gefahren für seine Sicherheit und Gesundheit, denen er bei der Arbeit ausgesetzt sein kann, sowie über die Maßnahmen und Einrichtungen zur Abwendung dieser Gefahren **zu unterrichten.** Der Entleiher ist verpflichtet, den Leiharbeitnehmer zusätzlich über die Notwendigkeit besonderer Qualifikationen oder beruflicher Fähigkeiten zu informieren. Gleiches gilt hinsichtlich des Erfordernisses besonderer ärztlicher Überwachung; ebenso beim Vorliegen erhöhter besonderer Gefahren des Arbeitsplatzes (§ 11 Abs. 6 AÜG). In die Beurkundung des Arbeitsverhältnisses zwischen Verleiher und Leiharbeitnehmer müssen ferner die besonderen Merkmale der zu leistenden Arbeit sowie die dafür erforderlichen Qualifikationen aufgenommen werden. 74

VII. Inkrafttreten des Gesetzeswerkes (Art. 6)

Durch Art. 6 des Umsetzungsgesetzes ist das ArbSchG (Art. 1) am 21.8.1996 in Kraft getreten (das Bundesgesetzblatt wurde am 20.8.1996 herausgegeben). § 6 des Art. 1 (Arbeitsschutzgesetz), also die **Dokumentationspflicht,** trat am 21.8.1997 (ein Jahr später) in Kraft. Sinn und Zweck des nachgelagerten Inkrafttretens der Dokumentationspflicht des Arbeitgebers war es, insbesondere kleinen und mittleren Unternehmen Gelegenheit zu geben, die notwendigen Vorkehrungen zu Erfüllung dieser Pflichten treffen zu können (BT-Drs. 13/3540, S. 23). Die der Dokumentation vorgelagerte Pflicht zur Beurteilung trat allerdings schon am 21.8.1996 in Kraft (dies wurde in der Praxis häufig übersehen). 75

D. Verordnungen zum Arbeitsschutzgesetz

Die Arbeitsschutz-Rahmenrichtlinie folgt einer modernen Konzeption. Danach wurde **nur Grundlegendes** in der **Rahmenrichtlinie** selbst geregelt; die Teilregelungen für spezielle Tätigkeitsbereiche finden ihre Ausprägung in besonderen, fachspezifischen Einzelrichtlinien. Die Einzelrichtlinienregelungen finden ihre rechtliche Grundlage in der Ermächtigung des Art. 16 der EG-Rahmenrichtlinie. Aufgrund dieser Ermächtigung hat der (Minister-)Rat der Europäischen Union auf Vorschlag der Kommission Einzelrichtlinien für die verschiedenen Spezialbereiche erlassen. Aufgrund von Art. 16 der Arbeitsschutz-Rahmenrichtlinie sind 20 **Einzelrichtlinien** erlassen (*BMAS* Übersicht 2014/15, 710–711) und in deutsches Recht umgesetzt worden. Zu erwähnen sind zunächst die auf Grund des Arbeitsschutzgesetzes ergangenen Rechtsverordnungen des Bundes: 76

Mit der Betriebssicherheitsverordnung (**BetrSichV**) – und der (mittlerweile außer Kraft getretenen) Arbeitsmittel-Benutzungsverordnung (**AMBV**) – wurde die Arbeitsmittel-Richtlinie 89/655/EWG in deutsches Recht umgesetzt. Die Verordnung dient der Verbesserung der Sicherheit und des Gesundheitsschutzes von Be- 77

ArbSchG Vor § 1 Arbeitsschutzgesetz

schäftigten bei der Benutzung von Arbeitsmitteln (z. B. Geräten, Maschinen) bei der Arbeit. Unter anderem stellt die Verordnung Kriterien auf, die bei der Auswahl von Maschinen zu beachten sind. Ferner sind Inhalt der Verordnung Anhörungs-, Beteiligungs- und Unterweisungspflichten des Arbeitgebers.

78 Über die PSA-Benutzungsverordnung – (**PSA-BV**) – wurde die PSA-Benutzer-Richtlinie 89/656/EWG in deutsches Recht umgesetzt. Die Verordnung bezweckt die Verbesserung der Sicherheit und des Gesundheitsschutzes von Beschäftigten bei der Benutzung von Persönlichen Schutzausrüstungen am Arbeitsplatz. Die PSA-BV enthält Kriterien, die bei der Auswahl und beim Einsatz von Schutzausrüstungen zu beachten sind. Der Arbeitgeber ist verpflichtet, PSA zu bewerten sowie Arbeitnehmer nach Maßgabe der Verordnung zu unterrichten und zu unterweisen.

79 Die Lastenhandhabungs-Verordnung (**LasthandhabV**) dient der Umsetzung der Lastenhandhabungs-Richtlinie 90/269/EWG. Mit der Verordnung wird eine Verbesserung der Sicherheit des Gesundheitsschutzes von Beschäftigten bei der manuellen Handhabung von Lasten angestrebt. Die Verordnung enthält Kriterien für die Bewertung der Sicherheit sowie Maßnahmen zur Verringerung der Gesundheitsgefahren.

80 Eine der bedeutsamsten, auf Grund des Arbeitsschutzgesetzes ergangenen Verordnungen ist die Bildschirmarbeitsverordnung (**BildschArbV**). Mit ihr wurde die Bildschirm-Richtlinie 90/270/EWG in deutsches Recht transformiert. Die Verordnung enthält Schutzbestimmungen für alle Bereiche zur Sicherheit und Gesundheitsschutz der Beschäftigten bei der Arbeit an Bildschirmgeräten. Insbesondere enthält sie Kriterien für die Gestaltung von Bildschirm-Arbeitsplätzen und zur Vermeidung von Überlastung durch Überbeanspruchung der EDV-Anwender. Neben Unterrichtungs- und Beteiligungspflichten der Arbeitgeber enthält die Verordnung eine Vorschrift, in der bestimmte ärztliche Untersuchungen der Arbeitnehmer vorgeschrieben werden. Im Mittelpunkt steht dabei die Untersuchung der Augen und des Sehvermögens.

81 Über eine Neugestaltung der – mittlerweile komplett revidierten – Arbeitsstättenverordnung – **ArbStättV neu** – wurde die europäische Arbeitsstätten-Richtlinie 89/654/EWG in deutsches Recht umgesetzt. Die Arbeitsstätten-Verordnung enthält Grundanforderungen für die Einrichtung von Arbeitsstätten, wie z. B. Belüftung, Beleuchtung, Notausgänge und Raumtemperaturen. Weiterhin: Betriebliche Vorschriften wie z. B. die Pflicht zum Freihalten von Verkehrswegen. Die wesentlichste Änderung im Verhältnis zur alten ArbStättV: die Ausdehnung des bisherigen Anwendungsbereichs der Arbeitsstätten-Verordnung auf den sog. nichtgewerblichen Bereich, so dass sie heute z. B. auch auf öffentliche Dienststellen und Arztpraxen Anwendung findet. Mediale Bedeutung erlangte die Novelle der Verordnung im Jahr 2007, mit der ein wirksamer Nichtraucherschutz am Arbeitsplatz gemäß § 5 Abs. 1 ArbStättV in das Arbeitsschutzrecht Einzug erhält,

82 Mit der Baustellen-Verordnung (**BaustellV**) erfolgte die Umsetzung der Richtlinie 92/57/EWG (Baustellensicherheits-Richtlinie). Die Verordnung zielt im Wesentlichen auf eine erhebliche Verbesserung der Sicherheit und des Gesundheitsschutzes der Beschäftigten auf Baustellen ab. Arbeitsschutz soll bereits in der Planungsphase berücksichtigt werden. Darüber hinaus treffen den Arbeitgeber bzw. den Bauherrn zahlreiche Pflichten, wie die Pflicht zur Bestellung eines Koordinators bei größeren Bauvorhaben.

83 Die Biostoff-Verordnung (**BiostoffV**) setzte die Richtlinie 90/679/EWG in deutsches Recht um. Eine Verbesserung der Arbeitssicherheit der Beschäftigten bei

Überblick Vor § 1 **Vor § 1 ArbSchG**

Tätigkeiten mit biologischen Arbeitsstoffen ist Ziel dieser Verordnung. Sie enthält Vorschriften zur Risikobewertung, über Expositionsverbote und -beschränkungen sowie zur Gesundheitsüberwachung.

Die Mutterschutzrichtlinienverordnung **(MuSchVO)** diente der Umsetzung der EG-Mutterschutzrichtlinie 92/85/EWG. Die Verordnung schreibt, wie auch die EG-Richtlinie, im Wesentlichen für den Arbeitgeber ein gestuftes Vorgehen bei der Überprüfung sowie bei der Gestaltung des Arbeitsplatzes und der Beschäftigung (Arbeitsbedingungen, Arbeitszeit usw.) zum Schutz werdender und stillender Mütter vor. 84

Die Verordnung zum Schutz der Beschäftigten vor Gefährdungen durch Lärm und Vibrationen **(LärmVibrations-ArbSchV)** ist erst am 9.3.2007 in Kraft getreten. Mit ihr wird die nationale Umsetzung der Richtlinie 2002/44/EG zum Schutz von Sicherheit und Gesundheit der Arbeitnehmer vor der Gefährdung durch physikalische Einwirkungen (Vibrationen) und der entsprechenden EG-Richtlinie 2003/10/EG zum Schutz von Sicherheit und Gesundheit der Beschäftigten vor Lärm bewirkt. 85

Streng genommen ist seit der VO zur Anpassung der Gefahrstoffverordnung vom 23.12.2004 auch die **GefStoffV** eine Verordnung nach dem ArbSchG, da das Arbeitsschutzgesetz seit Inkrafttreten der Änderungsvorschrift am 1.1.1995 als gleichberechtigte Ermächtigungsgrundlage neben dem Chemikaliengesetz dient. 86

Mit der Verordnung zur arbeitsmedizinischen Vorsorge **(ArbMedV)** schließlich wurde die Schaffung rechtlich einwandfreier, systematischer und transparenter Rechtsgrundlagen zur arbeitsmedizinischen Vorsorge bezweckt. Die arbeitsmedizinische Vorsorge war vor Inkrafttreten der ArbMedV am 24.12.2008 in verschiedenen staatlichen Verordnungen und in der Unfallverhütungsvorschrift „Arbeitsmedizinische Vorsorge" (BGV A 4) geregelt. Die historisch bedingte, parallele Rechtsetzung sowohl im staatlichen Recht als auch im Unfallverhütungsrecht war fachlich nicht mehr begründbar und darstellbar (BR-Drs. 643/08, S. 1). 87

Schließlich ist im Jahr 2010 noch die Arbeitsschutzverordnung zu künstlicher optischer Strahlung **(OStrV)** hinzu gekommen, mit der Beschäftigte vor möglichen oder tatsächlichen Gefährdungen durch optische Strahlung aus künstlichen Strahlungsquellen geschützt werden sollen. Die OStrV ist am 27.7.2010 in Kraft getreten (BGBl. I S. 960). Mit dieser Arbeitsschutzverordnung ist Deutschland seiner Verpflichtung zur Umsetzung der Richtlinie 2006/95/EG vom 5.4.2006 über Mindestvorschriften zum Schutz von Sicherheit und Gesundheit der Arbeitnehmer vor der Gefährdung durch physikalische Einwirkungen (19. Einzelrichtlinie) nachgekommen. 88

In der Diskussion sind und waren in den vergangenen Monaten und Jahren 2015 und 2016 sowohl eine Zusammenfassung der Arbeitsstättenverordnung mit der Bildschirmarbeitsverordnung **(ArbStättV neu)** als auch eine qualitative Änderung des Gehalts der dann neu zu erlassenden ArbStättV. Ebenso eine **„Anti-Stress-Verordnung"** zur näheren Präzisierung des Gehalts der nach dem Arbeitsschutzgesetz vorgeschriebenen Gefährdungsbeurteilung im Hinblick auf psychische Belastungen. (Beide Vorhaben wurden aber zum **Redaktionsschluss** dieses Kommentars (noch) **nicht** konkretisiert respektive realisiert.) 88a

Kollmer

ArbSchG Vor § 1 Arbeitsschutzgesetz

E. Unfallversicherungs-Einordnungsgesetz, SGB VII

89 Parallel zum ArbSchG ist das Gesetz zur Einordnung des Rechts der gesetzlichen Unfallversicherungen des Sozialgesetzbuch (kurz: Unfallversicherungs-Einordnungsgesetz – UVEG) in Kraft getreten. Mit dem UVEG wurde die früher im Dritten Buch der Reichsversicherungsordnung (RVO) geregelte Materie des Unfallversicherungsrechts in das Sozialgesetzbuch als Siebtes Buch Sozialgesetzbuch (SGB VII) **systematisch integriert.** Die Neuordnung des Unfallversicherungsrechts war allerdings nicht (wie im Rahmen von Kranken- und Rentenversicherungsreformen üblich) mit einer grundlegenden Reform oder Umstrukturierung dieses Rechtsgebiets verbunden; sie führte aber neben einer **systematischen Überarbeitung** der Rechtsmaterie zu einigen doch nicht ganz unwesentlichen **inhaltlichen** Änderungen.

Das „duale Arbeitsschutzsystem" in Deutschland

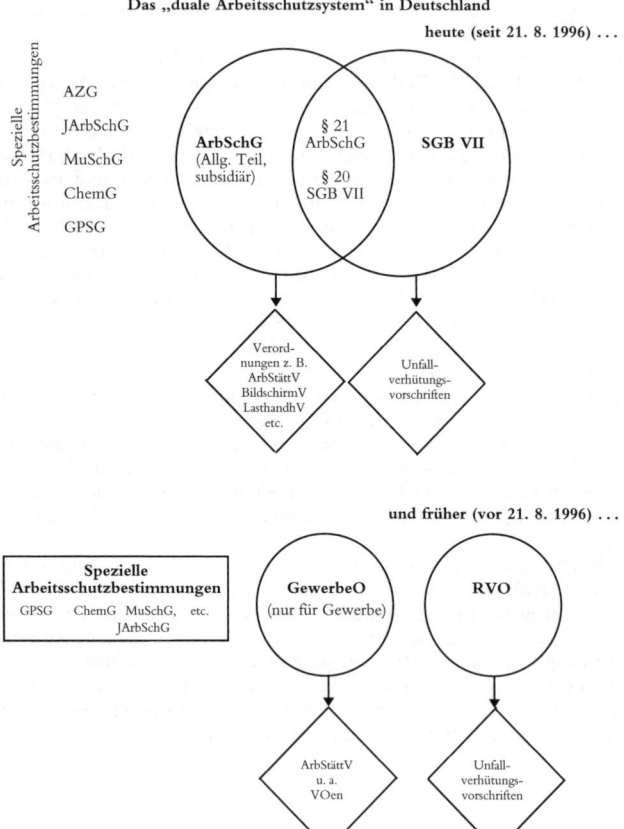

heute (seit 21. 8. 1996) ...

Spezielle Arbeitsschutzbestimmungen:
AZG
JArbSchG
MuSchG
ChemG
GPSG

ArbSchG (Allg. Teil, subsidiär) — § 21 ArbSchG / § 20 SGB VII — **SGB VII**

Verordnungen z. B. ArbStättV BildschirmV LasthandhV etc.

Unfallverhütungsvorschriften

und früher (vor 21. 8. 1996) ...

Spezielle Arbeitsschutzbestimmungen
GPSG ChemG MuSchG, etc.
JArbSchG

GewerbeO (nur für Gewerbe)

RVO

ArbStättV u. a. VOen

Unfallverhütungsvorschriften

Die wichtigsten **Neuerungen** von 1996 im Überblick: 90
- Der Präventionsauftrag der Unfallversicherungsträger wurde auf die Verhütung aller arbeitsbedingten Gesundheitsgefahren erweitert.
- Die Unfallversicherungsträger sind ausdrücklich verpflichtet, den Ursachen von arbeitsbedingten Gefahren für Leben und Gesundheit der Versicherten, z. B. durch entsprechende Forschungstätigkeit, nachzugehen.
- Die Unfallversicherungsträger sind verpflichtet, bei der Verhütung arbeitsbedingter Gesundheitsgefahren mit den Krankenkassen zusammenzuarbeiten.
- Unfallverhütungsvorschriften und Anordnungsbefugnisse der Aufsichtsdienste gelten auch für ausländische Unternehmen, die Tätigkeiten im Inland ausüben.
- Um die Zusammenarbeit zwischen den Unfallversicherungsträgern und der Gewerbeaufsicht der Länder effektiver zu gestalten, wurden die Unfallversicherungsträger verpflichtet, auf Landesebene gemeinsame Ansprechstellen für die obersten Arbeitsschutzbehörden zu bilden und sich gegenseitig über die Ergebnisse ihrer Überwachungstätigkeit zu informieren.
- Die Länder können mit den Unfallversicherungsträgern vereinbaren, dass diese das staatliche Arbeitsschutzrecht oder Teile davon überwachen (sog. Experimentierklausel).

F. Gesetzesänderungen seit 1996

Nachfolgend ein Überblick (*Quelle: Rechtsportal juris,* Stand: 1.2.2016) über die 91 seit Inkrafttreten des Arbeitsschutzgesetzes erfolgten Gesetzesänderungen. Hinsichtlich der Einzelheiten der geänderten materiellen Inhalte und Zuständigkeiten wird auf die Kommentierungen zu den einzelnen Vorschriften verwiesen.

Änderndes Gesetz oder ändernde Verordnung	Datum	Fundstelle	Geänderte Vorschrift
Gesetz zur Umsetzung der EG-Rahmenrichtlinie Arbeitsschutz und weiterer Arbeitsschutz-Richtlinien (ArbSchEGRLUmsG)	1996–08–07	BGBl. I 1996, 1246	außer § 6 Abs. 1 (Inkraftsetzung) *Inkrafttreten der Änderung am 21.8.1996* § 6 Abs. 1 (Inkraftsetzung) *Inkrafttreten der Änderung am 21.8.1997*
Arbeitsrechtliches Gesetz zur Förderung von Wachstum und Beschäftigung (WFArbRG)	1996–09–25	BGBl. I 1996, 1476	§ 6 Abs. 1 Satz 4 (eingef.) *Inkrafttreten der Änderung am 1.10.1996*
Gesetz zur Reform der Arbeitsförderung (AFRG)	1997–03–24	BGBl. I 1997, 594	§ 23 Abs. 3 Satz 1 Nr 1 *Inkrafttreten der Änderung am 1.1.1998*
Erstes Gesetz zur Änderung des Dritten Buches Sozialgesetzbuch und anderer Gesetze (SGB3uaÄndG 1)	1997–12–16	BGBl. I 1997, 2970	§ 23 Abs. 3 Satz 1 Nr 2 (Neureg.), § 23 Abs. 3 Satz 1 Nr 5 (Neureg.), § 23 Abs. 3 Satz 1 Schluss, § 23 Abs. 3 Satz 2 (Neureg.) *Inkrafttreten der Änderung am 1.1.1998*
Gesetz zu Korrekturen in der Sozialversicherung und zur Sicherung der Arbeitnehmerrechte (SVKorrG)	1998–12–19	BGBl. I 1998, 3843	§ 6 Abs. 1 Satz 4 *Inkrafttreten der Änderung am 1.1.1999*

ArbSchG Vor § 1

Änderndes Gesetz oder ändernde Verordnung	Datum	Fundstelle	Geänderte Vorschrift
Gesetz zur Einführung des Euro im Sozial- und Arbeitsrecht sowie zur Änderung anderer Vorschriften (EuroEG 4)	2000-12-21	BGBl. I 2000, 1983	§ 25 Abs. 2 *Inkrafttreten der Änderung am 1.1.2002*
Gesetz zur Änderung des Gerätesicherheitsgesetzes und des Chemikaliengesetzes (TechArbmG/ChemGÄndG)	2000-12-27	BGBl. I 2000, 2048	§ 18 Abs. 2 Nr 4, § 18 Abs. 2 Nr 5 (eingef.) *Inkrafttreten der Änderung am 31.12.2000*
Siebente Zuständigkeitsanpassungs-Verordnung (ZustAnpV 7)	2001-10-29	BGBl. I 2001, 2785	§ 20 Abs. 2 Satz 1, § 21 Abs. 5 Satz 3 *Inkrafttreten der Änderung am 7.11.2001*
Post- und telekommunikationsrechtliches Bereinigungsgesetz (PTBerG)	2002-05-07	BGBl. I 2002, 1529	§ 21 Abs. 5 Satz 5 (Neureg.) *Inkrafttreten der Änderung am 11.5.2002*
Gesetz zur Steuerung und Begrenzung der Zuwanderung und zur Regelung des Aufenthalts und der Integration von Unionsbürgern und Ausländern (ZuwandG)	2002-06-20	BGBl. I 2002, 1946	§ 23 Abs. 3 Satz 1 Nr 1, § 23 Abs. 3 Satz 1 Nr 6, § 23 Abs. 3 Satz 1 Schluss., § 23 Abs. 3 Satz 2
Gesetz zur Einführung einer kapitalgedeckten Hüttenknappschaftlichen Zusatzversicherung und zur Änderung anderer Gesetze (HZvNG)	2002-06-21	BGBl. I 2002, 2167	§ 21 Abs. 5 Satz 2 (Neureg.), § 21 Abs. 5 Satz 3 (Neureg.), § 21 Abs. 5 Satz 4 (Neureg.) *Inkrafttreten der Änderung am 1.1.2003*
Achte Zuständigkeitsanpassungsverordnung (ZustAnpV 8)	2003-11-25	BGBl. I 2003, 2304	§ 18 Abs. 2 Nr 5 Satz 2, § 20 Abs. 2 Satz 2, § 23 Abs. 1 Satz 2, § 24 Satz 1, § 24 Satz 1 Nr 3 *Inkrafttreten der Änderung am 28.11.2003*
Drittes Gesetz für moderne Dienstleistungen am Arbeitsmarkt (ArbMDienstLG 3)	2003-12-23	BGBl. I 2003, 2848	§ 23 Abs. 3 Satz 1 Nr 2 und Satz 2, § 23 Abs. 3 Satz 2 *Inkrafttreten der Änderung am 1.1.2004*
Gesetz über den Arbeitsmarktzugang im Rahmen der EU-Erweiterung (ArbeitsmarktzugG)	2004-04-23	BGBl. I 2004, 602	§ 23 Abs. 3 Satz 2 *Inkrafttreten der Änderung am 1.5.2004*
Gesetz zur Steuerung und Begrenzung der Zuwanderung und zur Regelung des Aufenthalts und der Integration von Unionsbürgern und Ausländern (ZuwandG 2004)	2004-07-30	BGBl. I 2004, 1950	§ 23 Abs. 3 Satz 1 Nr 1, § 23 Abs. 3 Satz 1 Nr 6, § 23 Abs. 3 Satz 1 Schluss, § 23 Abs. 3 Satz 2 *Inkrafttreten der Änderung am 1.1.2005*

Überblick Vor § 1

Änderndes Gesetz oder ändernde Verordnung	Datum	Fundstelle	Geänderte Vorschrift
Neunte Zuständigkeitsanpassungsverordnung (ZustAnpV 9)	2006-10-31	BGBl. I 2006, 2407 (2007, 2149)	§ 18 Abs. 2 Nr 5 Satz 2, § 23 Abs. 1 Satz 2, § 24 Satz 1 und Satz 1 Nr 3, § 20 Abs. 2 Satz 1, § 20 Abs. 2 Satz 2, § 21 Abs. 5 Satz 3 *Inkrafttreten der Änderung am 8.11.2006*
Gesetz zur Änderung seeverkehrsrechtlicher, verkehrsrechtlicher und anderer Vorschriften mit Bezug zum Seerecht (SeeRVsÄndG)	2008-04-08	BGBl. I 2008, 706	§ 1 Abs. 1 Satz 2 *Inkrafttreten der Änderung am 18.4.2008*
Gesetz zur Regelung des Statusrechts der Beamtinnen und Beamten in den Ländern (BeamtStG)	2008-06-17	BGBl. I 2008, 1010	§ 17 Abs. 1 Satz 3 (Neureg.) *Inkrafttreten der Änderung am 1.4.2009*
Gesetz zur Modernisierung der gesetzlichen Unfallversicherung (UVMG)	2008-10-30	BGBl. I 2008, 2130	Fünfter Abschnitt (§§ 20a und 20b) (eingef.), § 20a (eingef.), § 20b (eingef.), Fünfter Abschnitt (Überschr vor § 21) (Umnummerierung), § 21 Abs. 3 (Neureg.) *Inkrafttreten der Änderung am 5.11.2008*
Gesetz zur Neuordnung und Modernisierung des Bundesdienstrechts (DNeuG) Gesetz zur Neuorganisation der bundesunmittelbaren Unfallkassen, zur Änderung des Sozialgerichtsgesetzes und zur Änderung anderer Gesetze (BUK-Neuorganisationsgesetz)	2009-02-05 2013-10-19	BGBl. I 2009, 160 BGBl. I 2013, 3836	(Änderungsvorschrift) Inkrafttreten der Änderung am 12.2.2009 Beachte: Unterschiedliche Inkrafttretensdaten (zwischen 2013 und 2016)
Zehnte Zuständigkeitsanpassungsverordnung (ZustAnpV 10)	2015-08-31	BGBl. I 2015 (1474, 1537)	§ 20 Abs. 2 Satz 1 u. § 21 Abs. 5 Satz 3

Art 8 Nr 1	Teiländerung	ArbSchG § 4 Nr 1	25.10.2013
Art 8 Nr 2 Buchst a	Teiländerung	ArbSchG § 5 Abs. 3 Nr 5	25.10.2013
Art 8 Nr 2 Buchst b	Einfügung	ArbSchG § 5 Abs. 3 Nr 6	25.10.2013
Art 8 Nr 2a	Aufhebung	ArbSchG § 6 Abs. 1 S 3 und 4	25.10.2013

Art 8 Nr 3	Teil-änderung	ArbSchG § 13 Abs. 1 Nr 5	25.10.2013
Art 8 Nr 4 Buchst a	Teil-änderung	ArbSchG § 21 Abs. 5 S 2	1.1.2015
Art 8 Nr 4 Buchst b	Teil-änderung	ArbSchG § 21 Abs. 5 S 3	1.1.2015
Art 8 Nr 4 Buchst c	Teil-änderung	ArbSchG § 21 Abs. 5 S 5	1.1.2016

Erster Abschnitt. Allgemeine Vorschriften

§ 1 Zielsetzung und Anwendungsbereich

(1) ¹Dieses Gesetz dient dazu, Sicherheit und Gesundheitsschutz der Beschäftigten bei der Arbeit durch Maßnahmen des Arbeitsschutzes zu sichern und zu verbessern. ²Es gilt in allen Tätigkeitsbereichen und findet im Rahmen der Vorgaben des Seerechtsübereinkommens der Vereinten Nationen vom 10. Dezember 1982 (BGBl. 1994 II S. 1799) auch in der ausschließlichen Wirtschaftszone Anwendung.

(2) ¹Dieses Gesetz gilt nicht für den Arbeitsschutz von Hausangestellten in privaten Haushalten. ²Es gilt nicht für den Arbeitsschutz von Beschäftigten auf Seeschiffen und in Betrieben, die dem Bundesberggesetz unterliegen, soweit dafür entsprechende Rechtsvorschriften bestehen.

(3) ¹Pflichten, die die Arbeitgeber zur Gewährleistung von Sicherheit und Gesundheitsschutz der Beschäftigten bei der Arbeit nach sonstigen Rechtsvorschriften haben, bleiben unberührt. ²Satz 1 gilt entsprechend für Pflichten und Rechte der Beschäftigten. ³Unberührt bleiben Gesetze, die andere Personen als Arbeitgeber zu Maßnahmen des Arbeitsschutzes verpflichten.

(4) Bei öffentlich-rechtlichen Religionsgemeinschaften treten an die Stelle der Betriebs- oder Personalräte die Mitarbeitervertretungen entsprechend dem kirchlichen Recht.

Übersicht

	Rn.
A. Grundstruktur der Bestimmung	1
I. Ziel- und Zweckbestimmung	2
II. Anwendungsbereich und Ausnahmen	5
III. Verweis auf unberührt bleibende Vorschriften	7
B. Ziel, Zweck und Sinn des Gesetzes	9
I. Überblick: Merkmale und Schutzzwecke	10
II. „Dieses Gesetz"	12
1. Zielrichtung der Bestimmungen	12
2. Räumlicher Geltungsbereich	14
III. Sicherheit und Gesundheitsschutz	16
1. Begriff der Gesundheit	16
2. Erweiterung des Gesundheitsbegriffs?	19a
3. Schutz der Gesundheit (inkl. Sicherheit)	20
IV. „Beschäftigte bei der Arbeit"	23
1. Beschäftigtenbegriff	23
2. Zusammenhang mit dem Arbeitsprozess	25
V. „Sichern und Verbessern durch Maßnahmen"	27
1. Adressaten der Arbeitsschutzpflichten	28
2. Aktivitätsgebot („verbessern")	31
3. Status quo-Gebot („sichern")	33
4. Maßnahmen des Arbeitsschutzes	35
VI. Nicht-Schutzzwecke des Arbeitsschutzgesetzes	37
1. Persönlichkeitsschutz	38
2. Mobbing und psychische Belastungen	41

	Rn.
3. Sachgüter- und Vermögensschutz	42
4. Verbraucher- und Umweltschutz	44
5. Gleichberechtigung	45
C. Anwendungs- und Geltungsbereich	48
I. Überblick: Universalgeltung und Ausnahmen	49
II. Grundsatz der umfassenden Geltung (Absatz 1 Satz 2)	51
1. Frühere Rechtslage	51
2. Universalprinzip	52
a) Privatwirtschaftlicher Bereich	54
b) Öffentliche Hand	59
c) Rechtssubjekte	64
III. Ausnahmen vom sachlichen Geltungsbereich (Absatz 2)	65
1. Absolute Ausnahme: Hausangestellte in privaten Haushalten	66
2. Relative Ausnahmen	70
a) Seeschiff-Beschäftigte	70
b) Bundesberggesetz-Beschäftigte	73
3. Ausnahmen für die Kirchen (Absatz 4)	77
D. Unberührt bleibende Pflichten (nach sonstigen Vorschriften)	80
I. Sinn und Zweck der „Unberührtbleibens-Klausel"	80
1. Arbeitgeberpflichten nach „sonstigen Vorschriften" (Absatz 3 Satz 1)	81
2. Beschäftigtenpflichten „nach sonstigen Rechtsvorschriften" (Absatz 3 Satz 2)	84
3. Pflichten Dritter „nach sonstigen Rechtsvorschriften" (Absatz 3 Satz 3)	85

Literatur: *Balikcioglu,* Psychische Erkrankungen am Arbeitsplatz, NZA 2015,1424; *Düwell,* Verankerung der psychischen Gesundheit als Aufgabe im Arbeitsschutzgesetz, jurisPR-ArbR 39/2013; *Eder,* Anm. zum Urt. d. Kirchl. ArbG der Diözese Rottenburg-Stuttgart v. 26.9.2014, ZMV 2015, 39–40; *Fischer,* Arbeitsschutz-Artikelgesetz, BArbl. 1996, 21; *dies.,* Artikelgesetz Arbeitsschutz – große Zustimmung, BArbl. 1996, 5; *Heilmann,* Arbeitsumweltrecht: Aspekte einer neuen Disziplin aus Skandinavien über Europa nach Deutschland, Umwelt 2007, S. 29; *Hien,* Zur Reform der staatlichen Arbeitsschutzaufsicht in Deutschland, AiB 2004, 457; *Kohte,* Arbeitsschutz in der digitalen Arbeitswelt, NZA 2015, 1417; *Pieper,* Arbeitsschutzrecht (ArbSchR), 5. Aufl. 2012; *Klindt,* Arbeitsschutzgesetz, AR-Blattei SD 200.1, Stand: 2010; *Koll/Janning/Pinter,* Arbeitsschutzgesetz – Kommentar (Loseblatt.), Stand: Juni 2014; *Kollmer/Vogl,* Das Arbeitsschutzgesetz, 2. Aufl. 1999; *Kreizberg,* Arbeitsschutzrecht im Wandel, ecomed 2013; *Pieper,* Europäischer Arbeitsschutz komplett? AiB 2006, 533; *Nöthlichs* (Hrsg.), Arbeitsschutz und Arbeitssicherheit (Loseblatt.), Stand: 2014; *Streffer,* Das neue europäische Arbeitsschutzrecht und seine Umsetzung in der Bundesrepublik Deutschland, Sozialer Fortschritt 1994, 54; *Stürk,* Wegweiser Arbeitsschutzgesetz, 2000; *Vogl,* Das neue Arbeitsschutzgesetz, NJW 1996, 2753; *Wlotzke,* Das neue Arbeitsschutzgesetz – zeitgemäßes Grundlagengesetz für den betrieblichen Arbeitsschutz, NZA 1996, 1017; *ders.,* Münchner Handbuch zum Arbeitsrecht, 2000.

A. Grundstruktur der Bestimmung

1 § 1 ist strukturell **dreigeteilt.** Die einleitende Bestimmung enthält eine
– Ziel- und Zweckbestimmung, mittels derer der eigentliche Sinn der Vorschrift dar- und vorgestellt wird; ferner eine
– Regelung des Anwendungsbereichs und der Ausnahmen, die eine nähere Präzisierung in § 2 erfährt sowie einen

Zielsetzung und Anwendungsbereich **§ 1 ArbSchG**

– Verweis auf unberührt bleibende Vorschriften, mit dem klargestellt wird, dass anderweitige (Spezial-)Vorschriften im Arbeitsschutzrecht weiterhin ihre volle Geltung behalten.

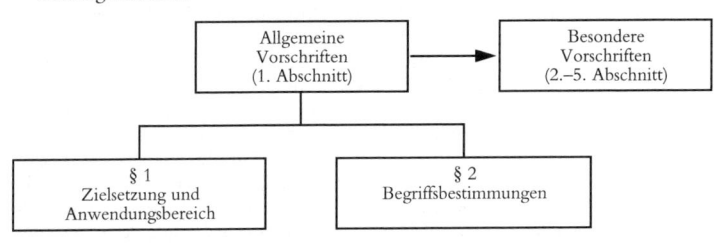

```
Allgemeine Vorschriften (1. Abschnitt) ──► Besondere Vorschriften (2.–5. Abschnitt)
       │
       ├── § 1 Zielsetzung und Anwendungsbereich
       └── § 2 Begriffsbestimmungen
```

I. Ziel- und Zweckbestimmung

Eine Art redaktionelle Einleitung und gleichzeitig die für Gesetze neueren Datums übliche Zweckbestimmung enthält § 1 Abs. 1 Satz 1. (Ähnliche einleitende Bestimmungen enthalten z. B. § 1 ASiG, § 1 ChemG, § 1 MPG und § 1 AtomG.) Eine **unmittelbare rechtliche Bedeutung** kommt dieser bloßen „Gesetzesbeschreibung" **nicht** zu. Beschäftigte, Arbeitgeber oder Dritte können aus § 1 keinerlei Ansprüche öffentlich-rechtlicher oder zivilrechtlicher Art herleiten. Eine Anordnungsbefugnis ist mit § 1 ebenfalls nicht verbunden, jedoch hat die Vorschrift nicht nur redaktionellen Charakter; Bedeutung kann sich für § 1 als eine Art „Grundgesetz des Arbeitsschutzes" bei der Auslegung der Vorschriften des ArbSchG sowie bei der Ermessensausübung der staatlichen Behörden ergeben (*Pieper*, ArbSchR ArbSchG, § 1 Rn. 3, *Wilrich* in Nöthlichs Nr. 4010, S. 7).

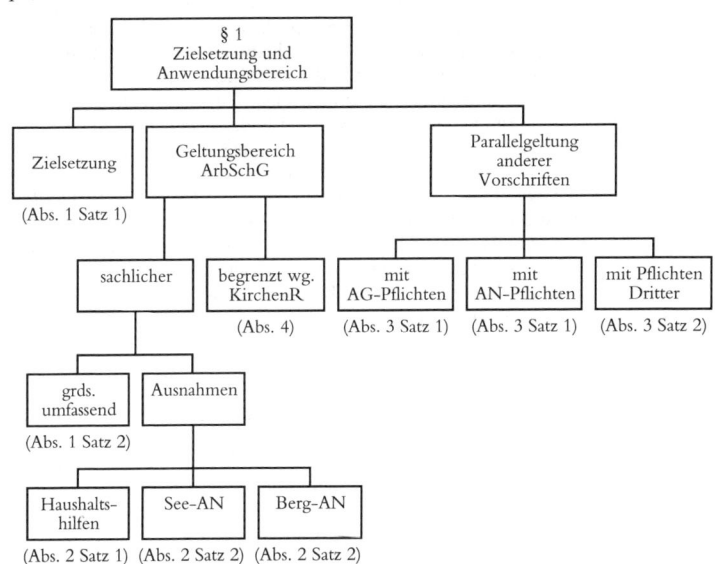

2

```
§ 1 Zielsetzung und Anwendungsbereich
   │
   ├── Zielsetzung (Abs. 1 Satz 1)
   ├── Geltungsbereich ArbSchG
   │      ├── sachlicher
   │      │     ├── grds. umfassend (Abs. 1 Satz 2)
   │      │     └── Ausnahmen
   │      │            ├── Haushaltshilfen (Abs. 2 Satz 1)
   │      │            ├── See-AN (Abs. 2 Satz 2)
   │      │            └── Berg-AN (Abs. 2 Satz 2)
   │      └── begrenzt wg. KirchenR (Abs. 4)
   └── Parallelgeltung anderer Vorschriften
          ├── mit AG-Pflichten (Abs. 3 Satz 1)
          ├── mit AN-Pflichten (Abs. 3 Satz 1)
          └── mit Pflichten Dritter (Abs. 3 Satz 2)
```

Kollmer

ArbSchG § 1 Arbeitsschutzgesetz

3   Die **Zweckbestimmung** bringt zum Ausdruck, dass Arbeitsschutzmaßnahmen dazu beitragen sollen, den erreichten Arbeitsschutzstandard in den Betrieben zu sichern und Sicherheit und Gesundheitsschutz für die Beschäftigten zu verbessern. Ferner wird dokumentiert, dass der **Arbeitsschutz als ständige Aufgabe** aller daran Beteiligten zu sehen ist. Was im Einzelnen unter „Maßnahmen des Arbeitsschutzes" zu verstehen ist, wird dann näher in § 2 Abs. 1 definiert. Damit steht die Zweckbestimmung des ArbSchG in Einklang mit Art. 1 Abs. 1 der Arbeitsschutzrahmen-Richtlinie, wonach es Ziel der Richtlinie ist, „die Durchführung von Maßnahmen zur Verbesserung der Sicherheit und des Gesundheitsschutzes der Arbeitnehmer am Arbeitsplatz" zu gewährleisten (BT-Drs. 13/3540, S. 14). Die arbeitsschutzgesetzliche Zielbestimmung geht allerdings über das Richtlinienziel hinaus; denn im Gesetz selber geht es nicht nur um die Fortentwicklung des Arbeitsschutzgedankens, sondern vielmehr auch um die Sicherung des Status quo.

4   Dem Arbeitsschutz wird der Stellenwert einer **ständigen Aufgabe** aller Beteiligten zugewiesen. Der Gesetzgeber hält es damit für erforderlich, „die Unterrichtung, den Dialog und die ausgewogene Zusammenarbeit im Bereich der Sicherheit und des Gesundheitsschutzes am Arbeitsplatz zwischen den Arbeitgebern und den Arbeitnehmern (und ihren Vertretern) durch geeignete Instrumentarien im Sinne eines **umfassenden Ansatzes** abzusichern" (*Pieper* ArbSchR ArbSchG § 1 Rn. 4). Wenn auch § 1 Abs. 1 nur wenig eigener regelungstechnischer Inhalt zukommt, so ist diese Grundlagenvorschrift gleichwohl von nicht zu unterschätzender Bedeutung: § 1 Abs. 1 ist zur **Auslegung** der einzelnen Gesetzesvorschriften heranzuziehen. Dies gilt insbesondere, soweit der Wortlaut der jeweils einschlägigen Vorschrift Zweifel offenlässt und der Sinn und Zweck sowie der normative Charakter der Einzelbestimmung ermittelt werden soll (vgl. *BVerfGE* 75, 329, 344). Insbesondere im Falle behördlichen Handelns (Handeln nach pflichtgemäßem Ermessen) erhält die Bestimmung Richtliniencharakter: Die Behörden haben bei der Ausübung ihres Ermessens die Zielsetzung des Gesetzes, dessen Intention, zu berücksichtigen. Ähnliches gilt für die Auslegung von sog. Sollvorschriften. Behörden sind im Zweifelsfalle berechtigt (und auch verpflichtet), die in Frage stehende Vorschrift des ArbSchG in Übereinstimmung mit den einschlägigen Grundrechten (z. B. Art. 2, 12 und 14 GG) zu interpretieren. Weiterhin ist der Gesetzesanwender zu einer **europarechtskonformen,** richtlinienkonformen Auslegung verpflichtet: Auslegungsspielräume müssen im deutschen Recht stets so genutzt werden, dass die Arbeitsschutzrahmen-Richtlinie Beachtung findet (*EuGHE* 1987, 3969, 3986; 1989, 3533, 3546). § 1 ist also als Wertentscheidung des Gesetzgebers zu sehen, wobei stets beachtet werden muss, dass die EG-rechtlichen Vorgaben lediglich Mindestbedingungen sind; dem Gesetzgeber bleibt es unbenommen, über Inhalt und Umfang des Gesetzes im Einzelfall hinaus zu gehen. Eine Unterschreitung ist allerdings unzulässig (*Wilrich* in Nöthlichs Nr. 4010, S. 7f.).

II. Anwendungsbereich und Ausnahmen

5   Der grundsätzlich **umfassende Geltungsbereich** des ArbSchG ist in § 1 Abs. 1 Satz 2 festgelegt. Diese Bestimmung des Gesetzes legt fest, dass das legislatorische Werk **„in allen Tätigkeitsbereichen"** gilt und im Rahmen der Vorgaben des Seerechtsübereinkommens der Vereinten Nationen vom 10.12.1982 (BGBl. 1994 II S.1799) auch in der ausschließlichen Wirtschaftszone Anwendung findet. Dieser weite Anwendungsbereich entspricht auch Art. 2 Abs. 1 der Arbeitsschutzrahmen-Richtlinie. Danach findet die Richtlinie Anwendung auf alle

privaten oder öffentlichen Tätigkeiten (gewerbliche, landwirtschaftliche, kaufmännische, verwaltungsmäßige sowie dienstleistungs- oder ausbildungsbezogene, kulturelle und Freizeittätigkeiten usw.). Damit – dies war im Jahre 1996 ein **Novum** im deutschen Arbeitsschutzrecht – wird erstmals für sämtliche Tätigkeitsbereiche ein einheitliches Arbeitsschutz-Rahmenwerk für den betrieblichen Arbeitsschutz geschaffen.

Der umfassende Geltungsbereich wird – wie bei solchen öffentlich-rechtlichen (Arbeitsschutz-) Gesetzen üblich – sogleich durch zahlreiche **Ausnahmeregelungen** durchbrochen. Ausnahmen sind geregelt in:
- § 1 Abs. 2 (Hausangestellte in privaten Haushalten sowie Beschäftigte auf Seeschiffen und in Bundesberggesetz-Betrieben),
- § 1 Abs. 4 (Sonderregelungen für Kirchenvertretungen),
- § 20 Abs. 2 (bestimmte Tätigkeiten im öffentlichen Dienst).

Diese Ausnahmen sind entweder ausdrücklich in der Arbeitsschutzrahmen-Richtlinie zugelassen (Art. 2 Abs. 2 und Art. 3 lit. a) oder stehen mit ihr in Einklang (*Ernst/Hochheim* in Koll/Janning/Pinter ArbSchG § 1 Rn. 6, *Pieper* ArbSchR ArbSchG § 1 Rn. 14ff).

III. Verweis auf unberührt bleibende Vorschriften

Das ArbSchG ist als eine Art „**Allgemeiner Teil**" des deutschen Arbeitsschutzrechts zu sehen. Es hat eine Art Klammerfunktion für alle Spezialvorschriften dieser sehr umfangreichen und zersplitterten Regelungsmaterie. Mit Fug und Recht kann man das ArbSchG als „Grundgesetz des deutschen Arbeitsschutzrechts" charakterisieren. Das ArbSchG ist also als Rahmenwerk zu sehen, das durch verschiedene Spezialvorschriften und durch die auf ihm beruhenden Rechtsverordnungen „mit Leben erfüllt" und fachspezifisch ergänzt wird. Im Gegenzug werden spezielle Arbeitsschutzvorschriften durch allgemeine Vorschriften des ArbSchG konkretisiert. Die meisten Bestimmungen des deutschen Arbeitsschutzrechts gelten weiterhin und bleiben in ihrer jeweiligen Fassung erhalten, so z. B. das JArbSchG, ArbZG, das ASiG sowie die weiteren Vorschriften des technischen und sozialen Arbeitsschutzes; ebenso die Unfallverhütungsvorschriften der Unfallversicherungsträger sowie die allgemeinen Verwaltungsvorschriften im Bereich des öffentlichen Dienstes.

Das ArbSchG enthält vielfach nur **sehr allgemein gehaltene** Bestimmungen. Das ist auch gut so, denn damit wird einerseits den unterschiedlichsten Betriebsarten und Größen Rechnung getragen; andererseits wird den Betrieben und Dienststellen genügend Spielraum **für die Entwicklung eigener Initiativen** gelassen. Was den allgemeinen Rahmen betrifft, so sind die Betriebe und Dienststellen **erstaunlich frei:** Auch wenn mittlerweile zahlreiche Checklisten und Vorschläge z. B. für Gefährdungsbeurteilung auf dem Markt sind, so ist doch jeder Arbeitgeber frei, diese zu verwenden oder nicht. Die Spanne reicht von „minimal bis maximal". Dabei muss jedem Arbeitgeber bewusst sein, dass guter Arbeitsschutz und gutes Gesundheitsmanagement letztendlich zu einem Wettbewerbsvorteil führen kann. Andererseits kann ein Maximum an Arbeitsschutz für so manchen Kleinbetrieb – insbesondere in nicht gefahrgeneigten Branchen wie Verwaltungen oder in der Dienstleistungsbranche – strangulierend, gründer- und mittelstandsfeindlich wirken. Dies gilt umso mehr, als das **Kleinbetriebs-Privileg** des § 6 (keine Dokumentationspflicht bei bis zu 10 Beschäftigten) im Jahr 2013 **abgeschafft** wurde. Den Betrieben und Dienststellen werden ohnehin durch die speziellen Einzel-

ArbSchG § 1   Arbeitsschutzgesetz

gesetze zwingende und klare Vorgaben für solche Fälle gemacht, in denen bestimmte Maßnahmen zum Schutz der Allgemeinheit und Einzelner zwingend erforderlich sind (*Stürk*, Wegweiser Arbeitsschutzgesetz, S. 75). Die Arbeitsschutzbehörden sind m. E. gerade **bei kleineren und mittleren Betrieben** gehalten, **mit Augenmaß** vorzugehen.

8   § 1 Abs. 3 beinhaltet eigentlich eine Selbstverständlichkeit: Das „Unberührtbleiben" anderer und spezifischerer Arbeitsschutzvorschriften. Grundsätzlich gilt, dass die in anderen Rechtsvorschriften enthaltenen Arbeitsschutzpflichten weiterhin ihre volle Gültigkeit behalten. Dies gilt für die Pflichten sowohl der Arbeitgeber als auch der Beschäftigten. Das ArbSchG selbst stellt im Wesentlichen nur **allgemeine Pflichten** auf, so dass sondergesetzliche Pflichten, z. B. nach der ArbStättV oder nach der GefStoffV, häufig gleichzeitig eine Konkretisierung dieser allgemeinen Obliegenheiten hinsichtlich bestimmter Gefährdungstatbestände darstellen. So geht beispielsweise die speziellere und umfassendere Pflichten erfordernde Gefährdungsanalyse nach dem Gefahrstoffrecht der Gefährdungsbeurteilung gemäß den §§ 5, 6 vor, soweit die gefahrstoffspezifische Gefährdungsbeurteilung über die Erfordernisse des (allgemeineren) ArbSchG hinausgeht. Der **Grundsatz der Spezialität** beinhaltet also den Vorrang der sondergesetzlichen Pflichten vor den allgemeinen Pflichten des ArbSchG. Unberührt bleiben aber auch weitergehende Rechte der Beschäftigten, zum Beispiel nach kollektivem Arbeitsrecht (Mitbestimmungsrechte des Betriebsrats oder des Personalrats, vgl. Pieper ArbSchR ArbSchG § 1 Rn. 25 und Rn. 28), sowie Verpflichtungen anderer Personen (z. B. Hersteller, Betreiber gefährlicher Anlagen, Inverkehrbringer nach ProdSV, ChemG und nach vielen weiteren Vorschriften).

B. Ziel, Zweck und Sinn des Gesetzes

9   § 1 Abs. 1 S. 1 ist eine sehr kurze, aber **bedeutsame Vorschrift**. Für das Verständnis des ArbSchG insgesamt ist es hilfreich und bedeutsam, sich die einzelnen Merkmale dieses ersten Satzes zu vergegenwärtigen.

Zielsetzung und Anwendungsbereich § 1 ArbSchG

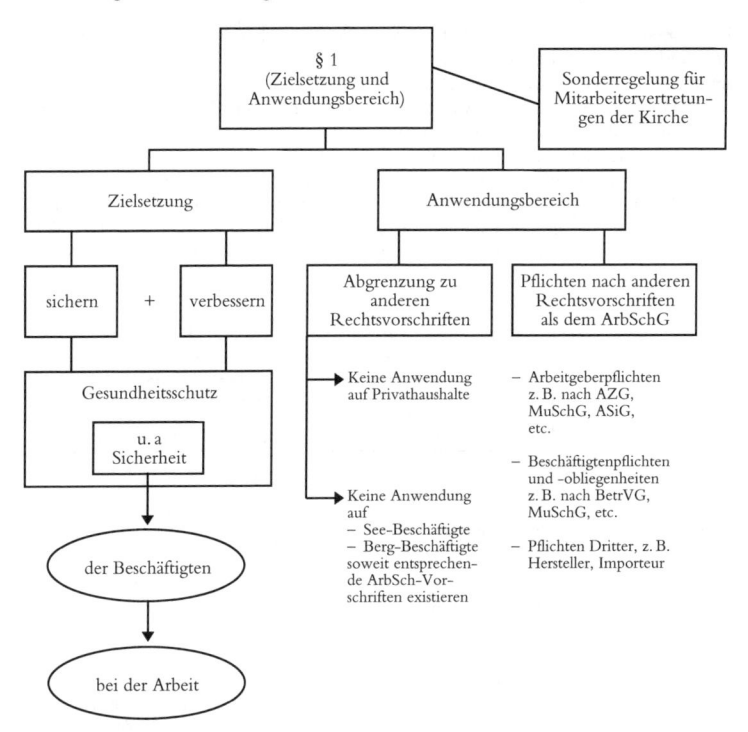

```
                    ┌─────────────────────┐
                    │        § 1          │
                    │  (Zielsetzung und   │─────┐
                    │ Anwendungsbereich)  │     │
                    └─────────────────────┘     │
                               │         ┌──────────────────────┐
                               │         │  Sonderregelung für  │
                               │         │ Mitarbeitervertretun-│
                               │         │   gen der Kirche     │
                               │         └──────────────────────┘
              ┌────────────────┴────────────────┐
      ┌───────────────┐                ┌─────────────────┐
      │  Zielsetzung  │                │Anwendungsbereich│
      └───────┬───────┘                └────────┬────────┘
              │                      ┌──────────┴──────────┐
   ┌──────┬───────────┐     ┌─────────────────┐  ┌──────────────────┐
   │sichern + verbessern│   │  Abgrenzung zu  │  │Pflichten nach    │
   └──────┴─────┬─────┘     │     anderen     │  │anderen           │
                │            │Rechtsvorschriften│  │Rechtsvorschriften│
                │            └─────────────────┘  │als dem ArbSchG   │
                │                                 └──────────────────┘
   ┌────────────────────┐   → Keine Anwendung     – Arbeitgeberpflichten
   │ Gesundheitsschutz  │     auf Privathaushalte   z. B. nach AZG,
   └────────────────────┘                           MuSchG, ASiG,
   ┌────────────────────┐                           etc.
   │       u. a         │
   │    Sicherheit      │                         – Beschäftigtenpflichten
   └──────────┬─────────┘                           und -obliegenheiten
              │            → Keine Anwendung        z. B. nach BetrVG,
              │              auf                    MuSchG, etc.
              ↓              – See-Beschäftigte
   ╭────────────────────╮    – Berg-Beschäftigte  – Pflichten Dritter, z. B.
   │ der Beschäftigten  │    soweit entsprechen-    Hersteller, Importeur
   ╰──────────┬─────────╯    de ArbSch-Vor-
              │              schriften existieren
              ↓
   ╭────────────────────╮
   │   bei der Arbeit   │
   ╰────────────────────╯
```

I. Überblick: Merkmale und Schutzzwecke

Der erste Satz des Gesetzes enthält eine Vielzahl von Begriffen und Merkmalen, 10
die zum Teil in § 2 des Gesetzes („Begriffsbestimmungen") definiert sind. Zunächst
fällt auf, dass dem Gesetzeswortlaut nach nur Aussagen über **„dieses Gesetz"** getroffen werden. Zwei zentrale Begriffe, nämlich die **„Sicherheit"** und der **„Gesundheitsschutz"**, finden Erwähnung; zwei Begriffe, die im Fortgang des Gesetzes nicht näher definiert werden und deren Interpretation daher der Wissenschaft, Rechtsprechung und Praxis überlassen sind. Mit diesen beiden Begriffen geht ein eher aktives Element einher, nämlich das **„Sichern"** und **„Verbessern"** des Arbeitsschutzes durch sog. **Maßnahmen** des Arbeitsschutzes. Begriffe, die ebenfalls im Fortgang des Gesetzes nicht weiter konkretisiert und erläutert werden.

Die Hauptsubjekte des Gesetzes, nämlich der **„Arbeitgeber"** und der **„Be-** 11
schäftigte", erfahren hingegen in § 2 eine nähere Be- und Umschreibung und können daher bei einer näheren Einkreisung der dem § 1 immanenten Begrifflichkeiten etwas mehr außer Acht gelassen werden. Interessant für eine Betrachtung der Hintergründe des ArbSchG sind aber auch die **Nicht-Schutzzwecke** dieses legislatorischen Werkes. Gerade im Bereich des Arbeitsschutzes gibt es hier häufig Abgrenzungsschwierigkeiten: Zahlreiche Gesetze (man denke hier nur an ProdSV, das GenTG oder die Gefahrguttransport-Vorschriften) gelten für eine Mehrzahl von

ArbSchG § 1

Lebensbereichen. Viele Vorschriften beinhalten gleichzeitig den Umweltschutz, den Verbraucherschutz, die allgemeine Bevölkerungssicherheit und den Arbeitsschutz. Dieser **Verzahnungseffekt** ist nicht zuletzt auf die europarechtliche Verschränkung des Arbeitsschutzes mit europäisch rechtlichen Produktvermarktungs-Richtlinien zurückzuführen. Gleichzeitig ist diese Verzahnung auch als positiv zu verzeichnender Beitrag zu einer Verwaltungsvereinfachung und Vorschriftenbegrenzung zu sehen. Ebenso muss aber auch klar sein, dass das ArbSchG einen **rein betrieblichen,** auf der Grundlage des (seinerzeitigen) Art. 153 AEUV (Ex-Art. 137 EGV) beruhenden Regelungshintergrund hat. Der allgemeine Bevölkerungs-, Verbraucher- und Drittschutz ist nicht Gegenstand der vorliegenden Bestimmungen.

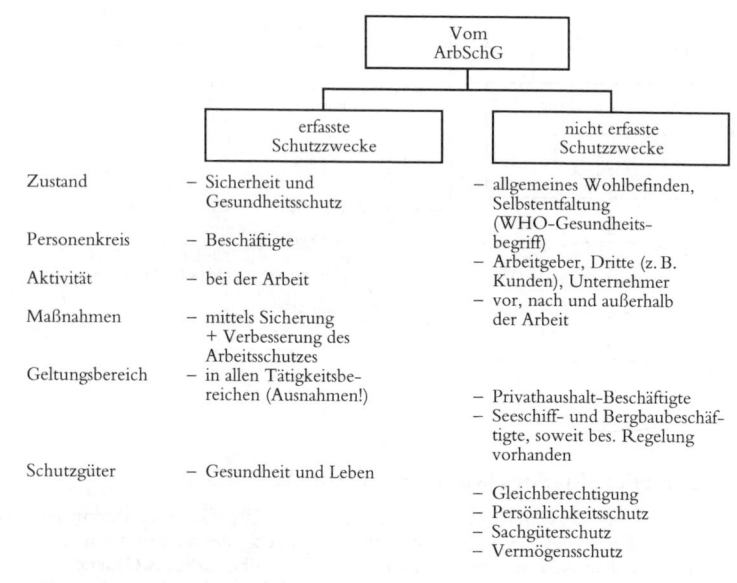

	Vom ArbSchG	
	erfasste Schutzzwecke	nicht erfasste Schutzzwecke
Zustand	– Sicherheit und Gesundheitsschutz	– allgemeines Wohlbefinden, Selbstentfaltung (WHO-Gesundheitsbegriff)
Personenkreis	– Beschäftigte	– Arbeitgeber, Dritte (z. B. Kunden), Unternehmer
Aktivität	– bei der Arbeit	– vor, nach und außerhalb der Arbeit
Maßnahmen	– mittels Sicherung + Verbesserung des Arbeitsschutzes	
Geltungsbereich	– in allen Tätigkeitsbereichen (Ausnahmen!)	– Privathaushalt-Beschäftigte – Seeschiff- und Bergbaubeschäftigte, soweit bes. Regelung vorhanden
Schutzgüter	– Gesundheit und Leben	– Gleichberechtigung – Persönlichkeitsschutz – Sachgüterschutz – Vermögensschutz

II. „Dieses Gesetz"

12 1. Zielrichtung der Bestimmungen. Mit dem Tatbestandsmerkmal „dieses Gesetz" wird zunächst etwas über den **sachlichen Geltungsbereich** ausgesagt. Das ArbSchG – auch wenn es als Allgemeiner Teil des Arbeitsschutz- und Sicherheitsrechts insgesamt angesehen wird – gilt zunächst nicht unmittelbar für andere legislatorische Werke, es sei denn, eine andere Vorschrift verweist auf das ArbSchG (wie z. B. § 38 PSG, der ausdrücklich auf § 22 ArbSchG verweist) So deckt sich auch der in § 2 definierte Beschäftigtenbegriff nicht notwendigerweise mit dem Arbeitnehmerbegriff anderer Gesetze (z. B. des BetrVG oder des ASiG). Der grundsätzlich umfassende Tätigkeitsbereich der Bestimmungen muss sich nicht unbedingt mit dem anderer Vorschriften (z. B. ProdSV oder ChemG) decken. Allerdings sind diese Gesetzesmerkmale im Zusammenhang mit § 18 ArbSchG zu lesen, also in Einklang mit der dort enthaltenen Verordnungsermächtigung. Schutzziele des § 1 Abs. 1 Satz 1 sind gleichzeitig solche der auf dem ArbSchG beruhenden Verordnungen.

Zielsetzung und Anwendungsbereich **§ 1 ArbSchG**

Mit anderen Worten: § 1 Abs. 1 Satz 1 ist gleichzeitig die oberste Maxime auch für die auf dem ArbSchG beruhenden Rechtsverordnungen, wie z. B. der ArbStättV oder der LasthandhabV.

Gleiches gilt für die Begriffe „Sicherheit und Gesundheitsschutz" sowie „Maß- 13 nahmen des Arbeitsschutzes" einschließlich deren Sicherung und Verbesserung. Die zitierten Begriffe gelten, soweit sie durch das ArbSchG näher konkretisiert oder mittelbar einer begrifflichen Eingrenzung zugeführt werden, auch für Rechtsbereiche außerhalb des Gesetzes. Die o. g. Begriffe sind ohnehin **unbestimmte Rechtsbegriffe,** bei denen die Schaffung des ArbSchG dazu geführt hat oder dazu führen wird, dass sie in den kommenden Jahren und Jahrzehnten von der Praxis der Arbeitssicherheit, der (technischen) Arbeitsschutzwissenschaft sowie der Rechtsprechung näher konkretisiert und mit Leben erfüllt werden. Insofern kann eine solche Fortentwicklung einer Interpretation der Begriffe zu einer Anwendung der dann gefundenen Definitionen und Umschreibungen auch im Bereich anderer Gesetze und Verordnungen führen.

2. Räumlicher Geltungsbereich. Das Gesetz trifft – mit Ausnahme des § 1 14 Abs. 1 Satz 2 (Geltung seit 18.4.2008) – keine Aussage über den räumlichen Anwendungsbereich. Dies ist bei öffentlich-rechtlichen Bestimmungen (also auch solchen des Arbeitsschutzes) so üblich. Gemäß dem **Territorialitätsprinzip** gilt das ArbSchG räumlich nur in der Bundesrepublik **Deutschland.** Nicht maßgeblich sind die Staatsangehörigkeit des Arbeitgebers oder des Beschäftigten. Maßgebend ist allein die Beschäftigung im Inland (*Wilrich* in Nöthlichs Nr. 4010, S. 13).

Das Arbeitsschutzgesetz **gilt daher:** 15
– für inländische Betriebe inländischer Unternehmer,
– für inländische Betriebe ausländischer Unternehmen (also auch für ausländische Beschäftigte, die (abgesandt von einem ausländischen Betrieb) tatsächlich in der Bundesrepublik Deutschland ihre Arbeit ausüben, und zwar unabhängig davon, welches nationale Recht die Vertragsparteien miteinander vereinbart haben (vgl. *Pieper* ArbSchG § 1 Rn. 15 m.w.N., der das Beispiel einer unselbstständigen US-amerikanischen Filiale mit Arbeitnehmern nennt, mit denen die Geltung des Arbeitsrechts der USA vereinbart worden ist, was sich m. E. als Konsequenz von § 1 Abs. 1 S. 2 aber nicht auf das Arbeitsschutzrecht erstrecken darf),
– im Rahmen der Vorgaben des Seerechtsübereinkommens der Vereinten Nationen vom 10. Dezember 1982 (BGBl. 1994 II S. 1799) auch in der ausschließlichen Wirtschaftszone.
– **nicht** für die Beschäftigung deutscher Arbeitnehmer im Ausland; für sie gilt das Arbeitsschutzrecht des Staates, in dem sie tätig sind. Allerdings kann arbeitsvertraglich geregelt werden, dass weitergehende Vorschriften des ArbSchG zu beachten sind (Art. 27, 30 Abs. 1, 2 EGBGB; *Wilrich* in Nöthlichs Nr. 4010, S. 13).
– für den **öffentlichen Dienst** gelten die EU-Arbeitsschutzrichtlinien grundsätz- 15a lich nach Art. 153 Abs. 1 Buchst. a AEUV, auch ohne seine Umsetzung in das Recht des jeweiligen Mitgliedstaates **unmittelbar,** wenn die Umsetzungsfrist abgelaufen ist. Diese rechtliche Konsequenz ist zwar von ihrer praktischen Dimension her aufgrund aufgrund der weitest gehenden Umsetzung der europäischen Arbeitsschutzrichtlinien nicht mehr allzu virulent; der Grundsatz bleibt aber zukünftige Regelungen und Änderungen relevant (so zu Recht: *Pieper* ArbSchR § 1 Nr. 16).

Der mit Wirkung ab 18.4.2008 eingefügte neue Halbsatz in § 1 Abs. 1 Satz 2 ist 15b rein deklaratorisch und enthält im Interesse der **Rechtssicherheit** eine Klarstel-

ArbSchG § 1

lung, dass das Rechtsregime des Arbeitsschutzes einschließlich seiner Vorgaben für den Vollzug in vollem Umfang auch im Gebiet der ausschließlichen Wirtschaftszone (AWZ) gilt. Dies betrifft den Bau und Betrieb stationärer Anlagen in der AWZ, insbesondere die Errichtung und Instandsetzung von **Offshore-Windenergieanlagen.** Die subsidiäre Anwendung des Arbeitsschutzgesetzes auf Beschäftigte auf Seeschiffen (§ 1 Abs. 2 Satz 2 ArbSchG) bleibt unberührt. Damit erfolgt der Vollzug des Arbeitsschutzgesetzes in der AWZ durch die zuständigen Behörden der Küstenländer. Die Länder sind jeweils für den an ihr Küstenmeer angrenzenden Bereich der AWZ zuständig (vgl. BT-Drs. 16/7415 v. 5.12.2007, S. 32; so auch Pieper ArbSchR ArbSchG § 1 Nr. 15).

III. Sicherheit und Gesundheitsschutz

16 1. **Begriff der Gesundheit.** Das ArbSchG dient seinem Wortlaut nach dazu, „Sicherheit und Gesundheitsschutz der Beschäftigten bei der Arbeit mittels Arbeitsschutzmaßnahmen zu sichern und zu verbessern". Das Begriffspaar „Sicherheit und Gesundheitsschutz" entstammt dem Wortlaut des Art. 153 AEUV (Ex-Art. 137 EGV), der vorsieht, dass der Rat durch Richtlinien Mindestvorschriften festlegt, „um die Sicherheit und die Gesundheit der Arbeitnehmer verstärkt zu schützen". **Leitbild** für den präventiven Arbeitsschutz im Sinne des ArbSchG ist der Schutz und die Förderung der sog. **Arbeitsumwelt.** Dieser Begriff ersetzt nicht den des Arbeitsschutzes, sondern steht synonym für dessen ganzheitliche Ausrichtung und präventive, dynamische Orientierung. Der Begriff zeigt inhaltliche Beziehungen zwischen dem betrieblichen Arbeitsschutz, dem betrieblichen Umweltschutz und der allgemeinen Gesundheitsförderung auf. Zum Ausdruck kommt dies auch in der Regelung des § 10 ASiG: Mit dieser Vorschrift wird das bisherige Zusammenarbeitsgebot von Betriebsärzten und Fachkräften für Arbeitssicherheit auf die anderen im Betrieb für Angelegenheiten der technischen Sicherheit, der Gesundheit und des Umweltschutzes beauftragten Personen **ausgedehnt** (*Pieper,* ArbSchR ArbSchG § 1 Rn. 11 m.w.N.).

17 Der **Begriff der Gesundheit** wird im Gesetz selbst nicht näher ausgeführt. Damit stellt sich die Frage, wie die Gesundheit zu definieren ist. Nach allgemeiner Meinung deckt sich der arbeitsschutzrechtliche Gesundheitsbegriff **nicht** mit dem Gesundheitsbegriff der Weltgesundheitsorganisation **(WHO),** wonach Gesundheit als ein „Zustand völligen körperlichen, seelischen und sozialen Wohlbefindens" definiert und damit weit über die Abwesenheit von Erkrankungen hinausgegangen wird (i. d. S. *Ernst/Hochheim* in Koll/Janning/Pinter ArbSchG § 1 Rn. 3, *Wilrich* in Nöthlichs Nr. 4010, S. 8 und *Kollmer* ArbSchG), Rn. 66). Die Definition der WHO umfasst z. B. auch Maßnahmen zur Förderung der Arbeitnehmerpersönlichkeit im Arbeitsverhältnis mit dem Ziel der Selbstverwirklichung der Beschäftigten bei der Arbeit. In eine ähnliche Richtung ging im Rahmen der Stellungnahme des Bundesrates zu dem (seinerzeit gescheiterten) Arbeitsschutzrahmengesetz (ArbSchRG) die Zusatzempfehlung B 15 („zu § 2 vor Abs. 1"): Der Bundesrat forderte seinerzeit die Einfügung eines Passus, wonach die Gesundheit auch „alle Belange des körperlichen, seelischen und sozialen Wohlbefindens" per gesetzlicher Definition umfassen sollte. Als Begründung für diese Zusatzempfehlung wurde argumentiert, dass der Arbeits- und Gesundheitsschutz als „ganzheitliche Aufgabe zu verstehen" sei. Technische, medizinische, psychologische, organisatorische und soziale Bedingungen müssten im Zusammenhang und mit ihren Wechselwirkungen berücksichtigt und daher der Gesundheitsbegriff klar und eindeutig in diesem Sinne

Zielsetzung und Anwendungsbereich **§ 1 ArbSchG**

definiert werden. Aus diesem Grunde müsse sich die Definition der Gesundheit an den Gesundheitsbegriff der **WHO** anlehnen, wonach die „Gesundheit nicht nur als Abwesenheit von Krankheit und Gebrechen, sondern vielmehr als physisches und psychisches Wohlbefinden" verstanden werde, „ergänzt um die individuellen und sozialen Handlungsmöglichkeiten von Menschen" (BT-Drs. 12/6752, S. 61).

Gesundheitsschutz ist gegeben, wenn ...

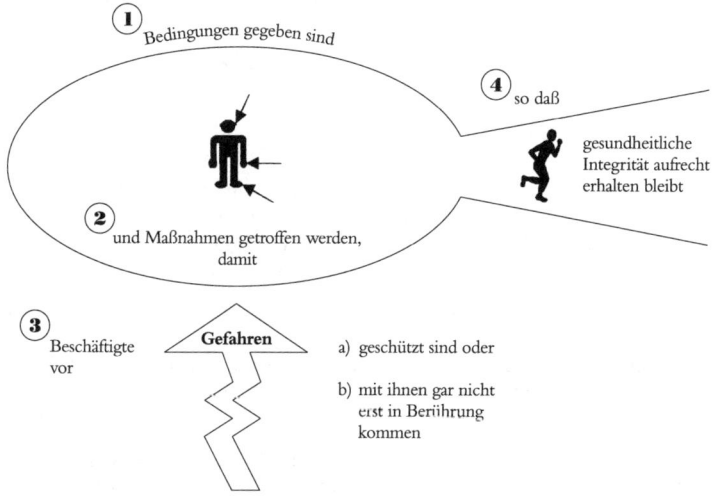

① Bedingungen gegeben sind

④ so daß

gesundheitliche Integrität aufrecht erhalten bleibt

② und Maßnahmen getroffen werden, damit

③ Beschäftigte vor **Gefahren**
a) geschützt sind oder
b) mit ihnen gar nicht erst in Berührung kommen

Diesem Ansatz ist der Gesetzgeber **seinerzeit** bewusst **nicht** gefolgt. Ziel arbeitsschutzrechtlicher Vorschriften war es vielmehr allein, den Arbeitnehmer vor gesundheitlichen und ergonomischen Beeinträchtigungen zu schützen. Ziel arbeitsschutzrechtlicher Vorschriften sollte nicht die Abwehr bloßer Belästigungen oder die Förderung der allgemeinen Arbeits- und Lebenszufriedenheit sein. Belästigungen als Störungen des körperlichen oder seelischen Wohlbefindens, die nicht mit einer messbaren Schädigung der Gesundheit von Arbeitnehmern verbunden sein können, sollten nach der Intention des Gesetzgebers außerhalb des Schutzzwecks des ArbSchG liegen. Zumindest nicht unmittelbar vom Gesetz erfasst wurden bloße **Befindlichkeitsstörungen,** wie z. B. die Zufriedenheit mit der Art der übertragenen Arbeit, das Verhältnis zu Vorgesetzten, die Selbstständigkeit und die sonstige Stellung im Betrieb oder das Betriebsklima (*Kollmer* ArbSchG), Rn. 66, 67; ähnlich: *Wilrich* in Nöthlichs Nr. 4010, S. 9; *Ernst/Hochheim* in Koll/Janning/Pinter ArbSchG § 1 Rn. 3). Von einer Belästigung spricht man dabei, wenn das körperliche oder seelische Wohlbefinden eines Menschen beeinträchtigt wird, **ohne** dass darin bereits eine **erhebliche** Beeinträchtigung der **Gesundheit** besteht. Ist allerdings eine Belästigung langdauernd und deshalb gesundheitsgefährdend, müssen die erforderlichen Arbeitsschutzmaßnahmen getroffen werden (*Wilrich* in Nöthlichs Nr. 4010, S. 9). Letzteres kann auch im Falle eines exzessiven **Mobbing,** das gesundheitliche Auswirkungen hat, der Fall sein.

18

ArbSchG § 1 Arbeitsschutzgesetz

Gesundheit
(i. S. d. Arbeitsrechts)

physische + psychische

Integrität, d. h. keine medizinisch feststellbaren

Erkrankungen (durch die Arbeit) | Verletzungen (durch die Arbeit) | Beeinträchtigungen (durch die Arbeit)

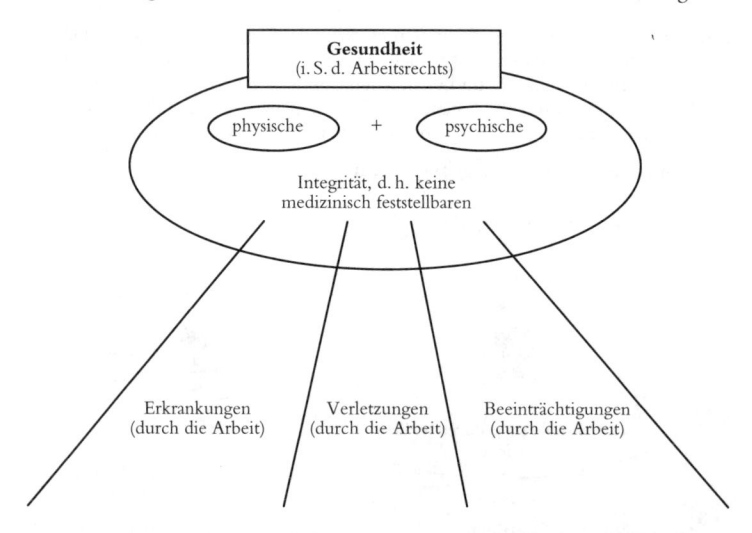

19 Zusammenfassend kann also gesagt werden, dass das Gesetz hauptsächlich der Abwehr von **Gefahren** dient. Daher werden **unerhebliche** Beeinträchtigungen der Gesundheit vom Gesundheitsbegriff des § 1 nicht erfasst. Die Begrifflichkeit des Gesundheitsschutzes orientiert sich an den Termini „Gefahr und Gefahrenabwehr" (BT-Drs. 13/3540, S. 16). Schadens- und Leidensvermeidung ist das oberste Ziel des öffentlich-rechtlichen Arbeitsschutzrechts. Zu dem Begriff der Gefahren siehe ausführlich: *BAG*, Urt. v. 12.8.2008, NZA 2009, S. 102–105 mit Verweis auf *Kreizberg* in Kollmer (Vorauflage) § 5 Rn. 30–31.

19a **2. Erweiterung des Gesundheitsbegriffs? ArbSchR.** Den Anhängern eines erweiterten Gesetzesbegriffs (sehr anschaulich: *Pieper* ArbSchG § 1 Nr. 8 ff. m. w. N.) ist zu konzedieren, dass es mit Inkrafttreten des Gesetzes zur Neuordnung der bundesunmittelbaren Unfallkassen (BUK-NOG) bereits im Jahr 2013 und der damit enthaltenen Präzisierung der Pflicht des Arbeitgebers, für sein Unternehmen eine Gefährdungsbeurteilung durchzuführen, einen interessanten **Paradigmenwechsel** gegeben hat: Die Gefährdungsbeurteilung bezieht sich seit dem auch auf die **psychischen Belastungen** bei der Arbeit. Mit dem Gesetz hat die Bundesregierung, fast unbemerkt von der arbeitsrechtlichen Fachöffentlichkeit, den bislang mehr an den Gefahren für die physische Gesundheit ausgerichteten Arbeitsschutz massiv erweitert (sehr plastisch *Kreizberg, S. 196:* „durchgewunken"). Die Neufassung des § 4 stellt klar, dass der Gesundheitsbegriff unteilbar ist und sowohl die **physische** als auch die **psychische** Gesundheit einschließlich der Wechselwirkungen umfasst. Konsequenterweise ist in §§ 5 und 6 dann auch die Pflicht zur Beurteilung und zur Dokumentation auch der psychischen Belastungsgefährdungen festgeschrieben worden (*Düwell* jurisPR-ArbR 39/2013 Anm. 1).

19b Allerdings lässt sich der amtlichen Begründung zum Gesetzentwurf (BR-Drs. 811/12 vom 21.12.2012 (zu Art. 8, Seite 66) auch entnehmen, dass durch die Formulierung (psychische Belastungen) **„bei der Arbeit"** der Gesetzgeber deutlich gemacht hat, dass die Klarstellung nicht bezweckt, den Gesundheitszustand des Beschäftigten generell im Hinblick auf die Lebensumstände zu verbessern; Schutzmaßnahmen werden dem Arbeitgeber weiterhin nur insoweit abverlangt, als Gefährdungen für die psychische oder die physische Gesundheit der Beschäftigten **durch die Arbeit** auftreten. Damit bleibt es aus hiesiger Sicht bei dem Grundsatz, dass dem weiten Gesundheitsbegriff der ILO nur eingeschränkt zu folgen ist. Dies steht einem ganzheitlichen und integrierten Arbeitsschutzansatz und der präventiven Ausrichtung der Arbeitssicherheit aber nicht entgegen. Aber: Der Gesundheitsbegriff ist unteilbar, und umfasst sowohl die physischen als auch die psychische Gesundheit einschließlich der Wechselwirkungen. Er hat sich also im Verhältnis zu damaligen gesetzgeberischen Intention im Jahr 1996 durchaus **fortentwickelt** (ausführlich und anschaulich zur Gefährdungsbeurteilung bei psychischen Belastungen:. *Balikcioglu NZA 2015,1424f.*).

3. Schutz der Gesundheit (inkl. Sicherheit). *Wlotzke* definiert den Begriff 20 Gesundheit im arbeitsschutzrechtlichen Sinne als die „physische und psychische Integrität der Beschäftigten und die Erhaltung dieser Integrität gegenüber Schädigungen durch medizinisch feststellbare Verletzungen, Erkrankungen oder Beeinträchtigungen" (*Wlotzke* in MüKo ArbR § 199 Rn. 26). Der Gesundheitsschutz der Beschäftigten ist demgemäß gewährleistet, wenn bei der Arbeit Bedingungen gegeben und Maßnahmen getroffen sind, bei denen Gefahren für die Gesundheit der Beschäftigten vermieden werden (i. d. S. auch *Ernst/Hochheim* in Koll/Janning/Pinter § 1 ArbSchG Rn. 3). Dieser Begriffsdefinition kann im Wesentlichen gefolgt werden. Unter Gesundheit i. S. d. Arbeitsschutzes wird grundsätzlich das Freisein von Eingriffen verstanden, welche zu einer Störung der körperlichen geistigen oder seelischen Lebensvorgänge führen. Dabei muss die Störung **physiologische Effekte** haben; es müssen funktionelle oder morphologische Veränderungen des menschlichen Organismus auftreten, die die natürliche Variationsbreite überschreiten (*Wilrich* in Nöthlichs Nr. 4010, S. 8 in Anlehnung an *BGH* NJW 1989, 1538 und NJW 1991, 1948). Dabei ist zu berücksichtigen, dass zur Gesundheit auch die Erhaltung der Arbeitskraft gehört. Hierunter versteht man insbesondere die Verhütung frühzeitiger, nicht auch altersbedingter Verschleißerscheinungen.

Fraglich ist, wie der Begriff der **Sicherheit** in § 1 Abs. 1 Satz 1 mit dem der Ge- 21 sundheit in Verbindung zu setzen ist. Richtigerweise kann die Gewährleistung und Verbesserung der Sicherheit der Beschäftigten als ein **spezieller Unterfall** der Gewährleistung und Verbesserung des Gesundheitsschutzes der Beschäftigten (allgemein) gesehen werden. In diesem Sinne liegt Sicherheit bei der Arbeit dann vor, wenn die Bedingungen gegeben und die Maßnahmen getroffen sind, bei denen die Beschäftigten von den Gefahren und Folgen der angewandten Technik geschützt sind (*Ernst/Hochheim* in Koll/Janning/Pinter ArbSchG § 1 Rn. 3). Umgekehrt ist die Sicherheit eines Beschäftigten gefährdet, wenn zu besorgen ist, dass er im Zusammenhang mit seiner Arbeit getötet wird oder einen Arbeitsunfall erleidet (*Wilrich* in Nöthlichs Nr. 4010, S. 8). Insgesamt ist der Begriff Sicherheit i. S. d. ArbSchG zu verstehen als **Schutz vor** technisch oder organisatorisch verursachten bzw. verhältnis- oder verhaltensbedingten **Unfällen** bei der Arbeit, d. h. von arbeitsbedingten Verletzungen bis hin zur Tötung. Der Begriff der Sicherheit bezieht sich daher – für sich betrachtet – auf den „klassischen" Teil des technischen Arbeitsschutzrechts. „Sicherheit" deutet zugleich auf inhaltliche Schnittstellen zwischen dem im ArbSchG geregelten betriebsbezogenen Arbeitsschutzrecht und dem produktbezogenen Arbeitsschutzrecht hin, das in den Regelungsbereich des PSG, des ChemG und der darauf beruhenden Rechtsverordnungen fällt (i. d. S. *Pieper,* ArbSchR ArbSchG § 1 Rn. 7).

ArbSchG § 1

22 Auf den ersten Blick scheint somit das Abwenden von Gesundheitsgefahren mehr auf die Verhütung von arbeitsbedingten Erkrankungen, die Sicherheit am Arbeitsplatz mehr auf die Verhütung von akuten, durch ein plötzliches Ereignis ausgelöste Vorfälle (Unfälle) hinzudeuten. Diese Sichtweise wirkt jedoch gekünstelt. Vielmehr ist die **Sicherheit als integraler Bestandteil** des Gesundheitsschutzes anzusehen. Das Ziel Sicherheit ist in dem übergeordneten Ziel Gesundheitsschutz mit enthalten. Gesundheitsschutz (inkl. Sicherheit) ist im Prinzip alles das, was dazu beiträgt, erforderlich und notwendig ist, dass Krankheiten und Unfälle nicht auftreten oder rechtzeitig abgewendet werden können (vgl. hierzu auch im Einzelnen: *Pieper*, ArbSchR ArbSchG § 1 Rn. 8 ff.). Jedenfalls stimmt der Begriff des Gesundheitsschutzes im Sinne des ArbSchG mit denjenigen nach § 87 Abs. 1 Nr. 7 BetrVG überein (*BAG, NZA* 2009, 1434–1436 = BAG AP Nr. 16 zu § 87 BetrVG 1972).

IV. „Beschäftigte bei der Arbeit"

23 **1. Beschäftigtenbegriff.** Das ArbSchG dient der Gewährleistung von Sicherheit und Gesundheitsschutz der Beschäftigten bei der Arbeit. Damit ist an eine **Abgrenzung** zu anderen Personenkreisen gedacht: Das ArbSchG beabsichtigt zunächst nicht die Prävention vor Unfall- und Gesundheitsgefahren zugunsten des Arbeitgebers, von Verbrauchern oder sonstigen Dritten (z. B. Selbständigen). Der allgemeine Gesundheitsschutz der Bevölkerung wird vom Präventionsauftrag des Arbeitsschutzgesetzes nicht erfasst; Prävention in diesem Bereich ist Aufgabe der gesetzlichen Krankenkassen (Nöthlichs/Wilrich Nr. 4010, Seite 10). In diesem Sinne ist auch Art. 1 der Arbeitsschutz-Rahmenrichtlinie formuliert, wonach Ziel der Richtlinie die Verbesserung der Sicherheit und des Gesundheitsschutzes der Arbeitnehmer am Arbeitsplatz ist.

24 Der **Begriff des Beschäftigten** ist im Einzelnen in § 2 Abs. 2 definiert. Mit der Definition des Begriffs Beschäftigte in Abs. 2 werden diejenigen Personen bestimmt, die auf Grund einer rechtlichen Beziehung zum Arbeitgeber (u. a. Arbeitsvertrag, öffentlich-rechtliches Dienstverhältnis, Arbeitnehmerüberlassung) Arbeitsleistungen erbringen und durch Arbeitsschutzmaßnahmen vor Gesundheitsgefahren geschützt werden sollen. Der Gesetzgeber hat den Begriff Beschäftigte gewählt, um der Vielfalt der rechtlichen Gestaltungsmöglichkeiten, in denen abhängige Arbeit geleistet wird, Rechnung zu tragen. Dabei werden insbesondere – neben den Arbeitnehmern der Privatwirtschaft und des **öffentlichen Dienstes** – auch Beamte, Richter und Soldaten erfasst (BT-Drs. 13/3540, S. 15, vgl. auch *Pieper*, ArbSchR ArbSchG § 1 Rn. 16 m. w. N. Hinsichtlich der Einzelheiten zum Beschäftigtenbegriff wird auf die Kommentierung von *Kohte* zu § 2 verwiesen). Explizit vom Beschäftigtenbegriff **ausgenommen** sind die in § 1 Abs. 2 genannten Hausangestellten, Seeschifffahrtsbeschäftigten und BBergG-Beschäftigten (→ Rn. 66 sowie *Pieper*, ArbSchR ArbSchG § 1 Rn. 17 ff).

25 **2. Zusammenhang mit dem Arbeitsprozess.** Der Passus „bei der Arbeit" in § 1 Abs. 1 Satz 1 beschränkt den Beschäftigtenschutz auf den **eigentlichen Arbeitsprozess:** Dort, wo zwar gearbeitet wird, Tätigkeiten aber auf rechtlich ungebundener (rein freiwilliger Basis) stattfinden, ist das ArbSchG nicht anwendbar. Beispiele: Tätigwerden im privaten Bereich (z. B. Bespannen des Tennisschlägers für ein Familienmitglied), im Rahmen von Gefälligkeitsverhältnissen (z. B. unentgeltliche Reparatur eines Radios für die Nachbarin). Es fehlt in diesen Bereichen an der

Zielsetzung und Anwendungsbereich **§ 1 ArbSchG**

für die Bezugsperson von Arbeitsschutzvorschriften charakteristischen Schutzbedürftigkeit. Allerdings greifen hier nicht immer, aber oftmals (vor allem im Bereich bestimmter freiwilliger Hilfsdienste) unfallversicherungsrechtliche Präventionsvorschriften (*Kollmer* ArbSchG, Rn. 42).

Die Formulierung „bei der Arbeit" stellt ferner klar, dass es nicht Sinn und 26 Zweck des Gesetzes ist, den Gesundheitszustand der Beschäftigten **allgemein zu verbessern.** Schutzmaßnahmen werden vom Arbeitgeber nur insoweit gefordert, als Gefahren für die Gesundheit der Beschäftigten spezifisch bei ihrer Arbeit auftreten können (*Ernst/Hochheim* in Koll/Janning/Pinter ArbSchG § 1 Rn. 4).

V. „Sichern und Verbessern durch Maßnahmen"

Den Kern der Zielbestimmung enthält der Passus „durch Maßnahmen des Ar- 27 beitsschutzes zu sichern und zu verbessern". Damit wird der Leitgedanke des Art. 138 EGV umgesetzt, wonach europaweit Mindestvorschriften festgelegt werden müssen, die auf eine **Verbesserung** der Arbeitsumwelt hinwirken, um die Sicherheit und die Gesundheit der Arbeitnehmer verstärkt zu schützen.

1. Adressaten der Arbeitsschutzpflichten. Vor einer Definition der Maß- 28 nahmen des Arbeitsschutzes steht die Frage, wer eigentlich **Adressat** und damit **Verpflichteter** nach dem ArbSchG ist. Primär verpflichtet das Gesetz den **Arbeitgeber:** Er ist verpflichtet, die erforderlichen Maßnahmen des Arbeitsschutzes unter Berücksichtigung arbeitsschutz- und sicherheitsrelevanter Umstände zu treffen, die Maßnahmen auf ihre Wirksamkeit hin zu überprüfen und erforderlichenfalls sich ändernden Gegebenheiten anzupassen (§ 3 Abs. 1). Diese zentrale Fixierung des Arbeitgebers im Gesetz entspricht bisheriger Tradition und auch Art. 5 der Arbeitsschutzrahmen-Richtlinie, der den Arbeitgeber zur Sorge für die Sicherheit und den Gesundheitsschutz der Arbeitnehmer verpflichtet (vgl. auch *Pieper,* ArbSchG § 2 Rn. 28–29).

Adressat des ArbSchG ist aber auch der **Staat.** Mittels angemessener Kontrolle 29 und Überwachung sind die Behörden der Bundesrepublik und der Länder verpflichtet, die Durchführung des ArbSchG (und damit der EG-Arbeitsschutzrahmen-Richtlinie) zu gewährleisten (Art. 4 der Arbeitsschutzrahmen-Richtlinie). Von der Zweckbestimmung des § 1 Abs. 1 Satz 1 sind alle Tätigkeiten staatlicher Stellen umfasst, die auf eine Überwachung der Einhaltung der Arbeitsschutzpflichten und die damit verbundene Beratung der Arbeitgeber abzielen (*Ernst/Hochheim* in Koll/Janning/Pinter ArbSchG § 1 Rn. 5).

Schließlich richtet sich das ArbSchG auch an **weitere Personen** wie: 30
- den gesetzlichen Vertreter eines Arbeitgebers (bei minderjährigen Arbeitgebern die Eltern),
- das vertretungsberechtigte Organ einer juristischen Person (z. B. Geschäftsführer einer GmbH),
- die vertretungsberechtigten Gesellschafter einer Personenhandelsgesellschaft (z. B. Gesellschafter einer OHG),
- Personen, die mit der Leitung eines Unternehmens beauftragt sind (z. B. Filialleiter) und
- sonstige schriftlich beauftragte Personen gemäß § 13 im Rahmen ihrer Aufgaben und Befugnisse (*Kollmer* ArbSchG, Rn. 35).

2. Aktivitätsgebot („verbessern"). Die **aktive Verbesserung** von Sicher- 31 heit und Gesundheitsschutz der Beschäftigen bei der Arbeit durch Maßnahmen des

Arbeitsschutzes ist Ziel des Gesetzes. Untermauert wird dieses Verbesserungsgebot durch § 3 Abs. 1 Satz 3, wonach der Arbeitgeber eine Verbesserung von Sicherheit und Gesundheitsschutz der Beschäftigten anzustreben hat. Das Verbesserungsgebot folgt europarechtlichen Vorgaben: Art. 6 Abs. 1 Unterabs. 2 der Arbeitsschutzrahmen-Richtlinie bestimmt, dass der Arbeitgeber „eine Verbesserung der bestehenden Arbeitsbedingungen anzustreben" hat. Art. 6 Abs. 2 lit. a Satz 2 (2. Spiegelstrich) der Richtlinie fordert vom Arbeitgeber „erforderlichenfalls" einen „höheren Grad an Sicherheit und einen besseren Gesundheitsschutz der Arbeitnehmer". Letztendlich fordert das ArbSchG **keine** ultimative **Endlosverbesserung;** gemeint ist vielmehr die **Anpassung** von Arbeitsschutzmaßnahmen an veränderte Gegebenheiten, z. B. eine geänderte Gefahrenbeurteilung auf Grund neuer Erkenntnisse, bessere Schutzmöglichkeiten auf Grund neuer Techniken oder eine Änderung in der Belastungsfähigkeit betroffener Arbeitnehmer, insbesondere durch gesundheitliche Beeinträchtigungen (BT-Drs. 13/3540, S. 16). In dem Verbesserungsgebot ist vor allem eine qualitative Weiterentwicklung gegenüber der früheren Grundvorschrift des Arbeitsschutzes, der Regelung des § 120a GewO, zu sehen: Der mittlerweile obsolete § 120a GewO begrenzte die öffentlich-rechtliche Verpflichtung des Arbeitgebers zu Arbeitsschutzmaßnahmen an der sog. „Natur des Betriebes". Demgegenüber dynamisiert das ArbSchG diese Verpflichtung (*Pieper,* ArbSchR ArbSchG § 1 Rn. 5).

32 Gleichzeitig stellt die Formulierung „Verbesserung" klar, dass das ArbSchG Zielsetzungen postuliert, die keinen rein wirtschaftlichen Überlegungen untergeordnet werden dürfen. Ein wirksamer betrieblicher Arbeitsschutz ist auch als Beitrag zur Sicherung des Wirtschaftsstandorts Deutschland anzusehen. Der rasante technische Wandel erreicht in der Regel immer zuerst die Arbeitswelt. Er verändert Arbeitsorganisation und Arbeitsbedingungen. Neue Technologien konfrontieren die arbeitende Bevölkerung häufig auch mit neuen Gesundheitsgefahren, so dass sich eine **moderne Arbeitsschutzkonzeption** als flexibel erweisen muss. Sinn und Zweck der Verbesserungsklausel ist es also auch, dass neue technische Entwicklungen umgehend aufgegriffen werden können, d. h. deren Gefährdungspotential beurteilt und wirksame Schutzkonzepte entwickelt werden können (*Kollmer* ArbSchG, Rn. 25, 26). Praktischer Ausfluss des Verbesserungsgebots ist der oben unter Nr. 19a und 19b beschriebene und gesetzlich verankerte **Paradigmenwechsel** im Bereich der psychischen Belastungen. Man könnte sagen, dass eine Erweiterung einer zeitgemäßen ArbSchG-Konzeption in Richtung psychische Belastungen auch der Grundlage des §§ 1 i. V. m. § 4 ohne gesetzliche Änderung seine Grundlage hätte finden können. So hat nun aber der Gesetzgeber für Klarheit gesorgt (s. *Balikcioglu* NZA 2015,1425).

33 **3. Status quo-Gebot („sichern").** Sicherheit und Gesundheitsschutz im Betrieb sind nicht nur zu verbessern, sondern gemäß § 1 Abs. 1 Satz 1 auch **zu sichern.** Dieses Tatbestandsmerkmal findet keine ausdrückliche Entsprechung in der EG-Arbeitsschutzrahmenrichtlinie. Dort ist nur von einer Verbesserung die Rede. Der Sicherungsgrundsatz ist aber vor folgendem Hintergrund sinnvoll: Richtlinien nach Art. 153 AEUV (Ex-Art. 137 EGV) postulieren lediglich Mindestvorschriften zur Verbesserung der Arbeitsumwelt. Denkbar wäre somit, dass in einem Staat, der bereits über einen sehr hohen Arbeitsschutzstandard verfügt, an ein Abrutschen der bereits höheren Anforderungen nachgedacht würde (vgl. allerdings Abs. 2 der Erwägungsgründe der Arbeitsschutz-Rahmenrichtlinie, demgemäß durch „diese Richtlinie keine mögliche Einschränkung des bereits in den einzelnen

Zielsetzung und Anwendungsbereich **§ 1 ArbSchG**

Mitgliedstaaten erzielten Schutzes gerechtfertigt" ist). Mit der Formulierung „zu sichern" wird schließlich jeder Zweifel darüber ausgeräumt, dass es ein **Absenken** der Standards in Deutschland *durch* das Arbeitsschutzgesetz nicht geben kann und **nicht** geben wird (etwas weitergehender wohl *Pieper,* ArbSchR ArbSchG § 1 Rn. 5, wonach das erreichte Niveau insgesamt nicht abgesenkt werden darf, nicht nur infolge des ArbSchG).

Darüber hinaus bringt die Formulierung zum Ausdruck, dass Arbeitsschutzmaß- 34 nahmen dazu beitragen sollen, den im jeweiligen Betrieb bereits erreichten Arbeitsschutzstandard zu halten. Gleichzeitig wird klargestellt, dass der Arbeitsschutz eine **ständige Aufgabe** aller daran Beteiligten ist (BT-Drs. 13/3540, S. 14).

4. Maßnahmen des Arbeitsschutzes. Das probate Mittel zur Sicherung und 35 Verbesserung der Sicherheit und der Gesundheit der Beschäftigten sind die eigentlichen Maßnahmen des Arbeitsschutzes. Die kausale Verknüpfung der Maßnahmen mit dem Ziel, Sicherheit und Gesundheitsschutz der Beschäftigten zu verbessern, deutet wiederum auf das arbeitgeberische **Aktivitätsgebot** hin. Fortschritte bei der Arbeitssicherheit müssen aktiv durch ein Tätigwerden des Arbeitgebers, seiner ihn unterstützenden Personen und die ihn beratenden Behörden gestaltet werden.

Was genau unter Maßnahmen des Arbeitsschutzes zu verstehen ist, wird in § 2 Abs. 1 beschrieben. Es handelt sich dabei um Maßnahmen zur
– Verhütung von Unfällen bei der Arbeit und
– arbeitsbedingten Gesundheitsgefahren (einschließlich der)
– Maßnahmen der menschengerechten Gestaltung der Arbeit unter Berücksichtigung psychischer Einwirkungen auf den Beschäftigten.

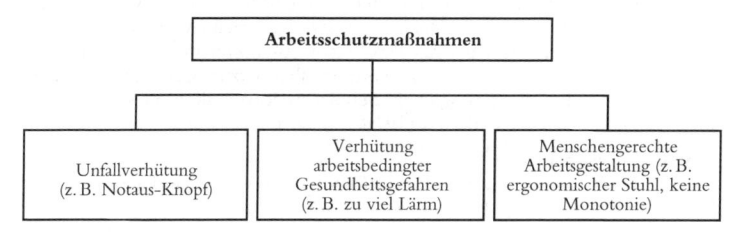

Arbeitsschutzmaßnahmen		
Unfallverhütung (z. B. Notaus-Knopf)	Verhütung arbeitsbedingter Gesundheitsgefahren (z. B. zu viel Lärm)	Menschengerechte Arbeitsgestaltung (z. B. ergonomischer Stuhl, keine Monotonie)

Bei der Gefährdungsbeurteilung im Sinne des § 5 und der Dokumentation im 35a Sinne des § 6 handelt es sich um **Maßnahmen des Gesundheitsschutzes.** Die Regelungen, die in Konkretisierung der Verpflichtungen aus dem Arbeitsschutzgesetz ergehen, haben den Zweck, Regelungen über die Verhütung von Arbeitsunfällen und Berufskrankheiten und den Gesundheitsschutz zu sein. Zwar sind diese Vorgänge noch keine Maßnahmen des Arbeitsschutzes im Sinne des § 2 Abs. 1; dieses folgt daraus, dass § 5 Abs. 1 vorsieht, dass durch die Gefährdungsbeurteilung **erst ermittelt** werden soll, welche Maßnahmen des Arbeitsschutzes erforderlich sind, und dass durch die Dokumentation im Sinne des Paares 6 unter anderem die festgelegten Maßnahmen des Arbeitsschutzes erfasst werden sollen. Beides zeigt, dass § 5 und § 6 davon ausgehen, dass Gefährdungsbeurteilung und Dokumentation **nicht selbst** Maßnahmen des Arbeitsschutzes sind, sondern diese nur vorbereiten und dokumentieren sollen (ArbG Hamburg, Beschl. v. 2. Juli 1998, ArbuR 1999, 115–117).

Durch die Gefährdungsbeurteilung werden **im Vorfeld Gefährdungen er-** 35b **mittelt,** denen ggf. durch entsprechende Maßnahmen zu begegnen ist. Gerade die Gefährdungsermittlung ist jedoch zentrales Element des technischen Arbeitsschut-

ArbSchG § 1 Arbeitsschutzgesetz

zes. Je genauer und wirklichkeitsnäher die Gefährdungen im Betrieb ermittelt und beurteilt werden, desto zielsicherer können konkrete Maßnahmen des Arbeitsschutzes getroffen werden. Die Bestandsaufnahme und die Analyse der Gefährdungen dienen mittelbar dem Gesundheitsschutz (BAG NZA 2009, 102–105 m. z. w. N.).

36   Aus dem Umkehrschluss zu § 2 Abs. 1 folgt, dass das Gesetz nicht der Verhütung von Unfällen dient, die keine Arbeitsunfälle sind; ferner nicht der Verhinderung von Krankheiten, die nicht arbeitsbedingt sind. Auch beabsichtigt das ArbSchG nicht den Schutz von Personen, die sich – ohne Beschäftigte i. S. d. § 2 Abs. 2 zu sein – in einer Arbeitsstätte aufhalten, wie z. B. Lieferanten, Kunden und Besucher (*Wilrich* in Nöthlichs Nr. 4010, S. 10).

VI. Nicht-Schutzzwecke des Arbeitsschutzgesetzes

37   Erwähnenswert sind einige Schutzgüter, auf deren Wahrung das ArbSchG explizit nicht ausgerichtet ist:

38   **1. Persönlichkeitsschutz.** Das ArbSchG ist durch eine „schlanke", EG-richtlinienkonforme Umsetzung des europäischen Rechts geprägt. Obwohl die Arbeitsschutz-Rahmenrichtlinie ein Hinausgehen über die europäischen Mindestanforderungen zulässt, hat der Gesetzgeber von einem extensiven Gebrauch dieser Möglichkeit abgesehen. Er hat nur die Sicherheit und den Gesundheitsschutz des Arbeitnehmers am Arbeitsplatz, **nicht** jedoch weitergehende Aspekte wie den **Persönlichkeitsschutz der Arbeitnehmer** berücksichtigt. Besonders die Mehrheit der Länder des Bundesrates hatte im (letztendlich) gescheiterten Entwurf eines Gesetzes über Sicherheit und Gesundheitsschutz bei der Arbeit (ArbSchRG) aus dem Jahre 1994 vehement Elemente des Persönlichkeitsschutzes für das neu zu erlassende Arbeitsschutzrahmenwerk eingefordert, aber letztendlich nicht erhalten. Nicht zuletzt auf diese Forderung ist ein **Scheitern** des damaligen Gesetzentwurfes zurückzuführen. So forderte der Bundesrat seinerzeit:

A. Grundempfehlung:
II.12... den Arbeitnehmerinnen und Arbeitnehmern ist ein umfassendes Informations- und Vorschlagsrecht zu gewährleisten.
...
B. Zusatzempfehlungen
... in § 2 ist vor Abs. 1 folgender neuer Absatz 01 einzufügen:
(01) Die Gesundheit umfasst alle Belange des körperlichen, seelischen und sozialen Wohlbefindens.

39   Diese und andere Forderungen nach einem verstärkten Persönlichkeitsschutz des Arbeitnehmers (BT-Drs. 12/6752, S. 60–61) wurden vom Gesetzgeber im Verfahren zum Erlass des ArbSchG nicht mehr aufgegriffen. Oppositionspolitiker bemängelten im Bericht des Ausschusses für Arbeit und Sozialordnung vom 12.6.1996 die „Stückwerkhaftigkeit" der Reform und der damit verbundene **Verzicht auf ein „ganzheitliches Gesundheitsverständnis"** (BT-Drs. 13/4854, S. 2). Forderungen des Bundesrates nach verstärkten Schutz- und Persönlichkeitsbeteiligungsrechten wurden im Hinblick auf die bereits verzögerte Umsetzung der Arbeitsschutz-Rahmenrichtlinie der EG vom Gesetzgeber nicht aufgegriffen oder später fallen gelassen.

40   Zusammenfassend können daher folgende **Aussagen** zu der Frage des **Persönlichkeitsschutzes** im ArbSchG getroffen werden: Gegenstand des Arbeitsschutzgesetzes ist es **nicht**

Zielsetzung und Anwendungsbereich **§ 1 ArbSchG**

- das Recht des Beschäftigten auf freie Entfaltung der Persönlichkeit zu gewährleisten,
- den Beschäftigten ein Recht auf berufliche Förderung einzuräumen,
- den Beschäftigten einen Anspruch auf selbstverantwortlich zu erfüllende Aufgabenübertragung zu verschaffen,
- den Beschäftigten ein Recht auf Versetzung auf einen anderen Arbeitsplatz einzuräumen, der den Fähigkeiten des Individuums besser entspricht,
- Personalinformationssysteme zu verbieten, die zu einer unzulässigen Speicherung von Daten führen,
- den Beschäftigten ein Recht auf Unterlassung des Einsatzes von Mikroelektronik zur Steuerung oder Unterstützung von Arbeitsabläufen, soweit diese zur Kontrolle des Arbeitsverhaltens der Beschäftigten führen, zu geben (hiergegen kann sich der Beschäftigte auf Grund des privaten Arbeitsrechts oder des Betriebsverfassungsrechts wenden) (*Wilrich* in Nöthlichs Nr. 4010, S. 11).

2. Mobbing und psychische Belastungen. Der Persönlichkeitsschutz kommt **41** allerdings dort zum Tragen, wo Beeinträchtigungen des Persönlichkeitsrechts unmittelbare **physiologische** (körperliche) **Auswirkungen** zeigen. Letzteres kann beispielsweise bei massiven Beeinträchtigungen des Arbeitnehmers durch **Mobbing** (Schikane durch Kollegen oder Vorgesetzte) der Fall sein. Zur menschengerechten Gestaltung der Arbeit i. S. v. § 4 gehört nämlich auch, dass Arbeit so organisiert wird, dass eine Gefährdung für Leben und Gesundheit möglichst vermieden wird. Dies bedeutet wiederum, dass vom Arbeitgeber ein bewusstes sog. „Schneiden" oder „Schikanieren" eines Beschäftigten durch einen oder mehrere andere zu unterbinden ist. Dies gilt insbesondere dann, wenn auf Grund von Einwirkungen aus dem Kollegenkreis nicht nur Gesundheits-, sondern vielmehr auch **Unfall**gefahren für den Betroffenen oder gar für Dritte drohen. Damit allerdings nicht die Grenze zum allgemeinen Persönlichkeitsschutz verwischt wird, kann ein Eingreifen des Arbeitgebers aber nur in Extremfällen geboten oder legitimiert sein. Eine öffentlich-rechtliche Arbeitsschutzpflicht zur Unterbindung des alltäglichen beruflichen Ärgers kommt dem Arbeitgeber nicht zu. Letztlich werden diese Beeinträchtigungen auch aufgrund des Gefahrenpotenzial-Minimierungsgebots für den Arbeitgeber im Zusammenhang mit den neuen Vorschriften zu den psychischen Einwirkungen (§§ 4–6) **zu unterbinden** sein.

3. Sachgüter- und Vermögensschutz. Nicht geschützt nach dem öffentlich- **42** rechtlichen ArbSchG sind Gegenstände der Beschäftigten, die während der Arbeit beschädigt werden. Gleiches gilt für das Vermögen von Arbeitern und Angestellten (*Wilrich* in Nöthlichs Nr. 4010, S. 11). Ein **mittelbarer** Schutz findet allerdings dadurch statt, dass der Beschäftigte einen Anspruch auf Zurverfügungstellung ordnungsgemäßer Schutzmittel (wie persönlicher Schutzausrüstungen, z. B. Helm, Handschuhe) hat. Durch diese Schutzmittel, die der Arbeitgeber dem Beschäftigten z. B. auf Grund der PSA-Verordnung zur Verfügung zu stellen hat, wird nicht nur die Sicherheit und die Gesundheit des Beschäftigten gewährleistet. Stellt der Arbeitgeber dem Beschäftigten ordnungsgemäß und unentgeltlich die Hilfsmittel zur Verfügung, so werden dadurch auch Sachgüter (z. B. die teure Armbanduhr) des abhängig Beschäftigten geschützt.

Die Frage, ob die Vorschriften des ArbSchG **Schutznormen** i. S. v. § 823 Abs. 2 **43** BGB sind, ist eher akademischer Natur: Kommt es auf Grund von fehlerhaften Arbeitsschutzmaßnahmen des Arbeitgebers zu Sach- und Vermögensschäden beim Beschäftigten, so kann letzterer den Arbeitgeber aus Vertragsverletzung sowie deliktsrechtlich direkt aus § 823 Abs. 1 BGB in Anspruch nehmen. Stellt der Arbeitgeber dem Beschäftigten z. B. keine ordnungsgemäße persönliche Schutzausrüstung zur Verfügung, und droht dadurch ein Vermögens- oder Sachschaden beim Beschäftigten, so kann letzterer auf Grund der Bestimmungen der Geschäftsführung ohne Auftrag (§ 678 BGB) finanziellen Ersatz für eine beispielsweise angeschaffte persönliche Schutzausrüstung (z. B. Blaumann zum Schutz der eigenen Privatkleidung) verlangen. Unabhängig davon kommt dem Beschäftigten ein arbeitsschutzrechtlicher **Erfüllungsanspruch** auf Einhaltung der essentiellen Arbeitsbedingungen gemäß §§ 618, 619 BGB zu.

44 **4. Verbraucher- und Umweltschutz.** Der allgemeine Verbraucher- und Umweltschutz ist ebenfalls nicht eigentlicher Schutzzweck des ArbSchG. Dies liegt schon an der europarechtlichen Natur des Rechtsakts: Art. 153 AEUV (Ex-Art. 137 EGV) legt Mindestbedingungen für den **betrieblichen** Arbeitsschutz fest. Elemente des Verbraucherschutzes hingegen sind Mit-Zielbestimmung nur bei den Richtlinien nach Art. 114 AEUV (Ex-Art. 95 EGV), bei denen es um das sichere Inverkehrbringen von Produkten auf dem europäischen Binnenmarkt (mit der Zielsetzung eines flankierenden Arbeitsschutzes) geht. Deutlich zeigt sich diese europarechtliche Differenzierung am **Beispiel** einer Persönlichen Schutzausrüstung: Das sichere Inverkehrbringen einer Persönlichen Schutzausrüstung (z. B. eines Helms) wird durch die auf dem PSG beruhende PSA-Inverkehrbringens-Verordnungen gewährleistet. Hier sind Schutzzwecke Verbraucherschutz (nämlich der Käufer) und Arbeitsschutz (nämlich der Beschäftigte). Ist die Schutzausrüstung einmal in Deutschland in den Verkehr gebracht, so greift (für den Bereich des betrieblichen Arbeitsschutzes, nicht für den Heimwerker) die PSA-Benutzer-Verordnung, welche auf dem ArbSchG beruht. Danach ist nur der Beschäftigte im Betrieb geschützt. Dem Heimwerker oder dem selbst die Arbeit ausführenden Selbstständigen hingegen bleibt es anheimgestellt, ob er die für den Betrieb verbindliche PSA-Benutzer-Verordnung als Empfehlung betrachtet. Für den Arbeitgeber ist sie verpflichtend. Zusammenfassend kann also gesagt werden, dass das ArbSchG nicht dem allgemeinen Verbraucher- und Umweltschutz dient.

45 **5. Gleichberechtigung.** Auch Erwägungen der Gleichberechtigung zwischen Männern und Frauen sind grds. **nicht** Inhalt, Gegenstand und Schutzziel des ArbSchG. Der Bundesrat forderte im Rahmen des (gescheiterten) ArbSchRG (1994) seinerzeit entsprechende Gesetzesbestimmungen, die von der Bundesregierung nicht aufgegriffen wurden:

A. Grundempfehlung

...

II.10. Dem Auftrag des Art. 31 des Einigungsvertrages folgend, die Gesetzgebung zur Gleichberechtigung von Mann und Frau weiter zu entwickeln, muss in einem neuen Arbeitsgesetzbuch der Grundsatz der Gleichbehandlung von Frauen und Männern am Arbeitsplatz verankert werden. Das vorliegende Arbeitsschutzrahmengesetz trägt diesem Grundsatz des Bundesrates keine Rechnung.

46 Die damalige (BT-Drs. 12/6752, S. 61) Forderung der Opposition wurde im späteren Verfahren zum Erlass des ArbSchG auf Grund von Zweckmäßigkeitserwägungen (Drängen der Umsetzung der Arbeitsschutz-Rahmenrichtlinie) fallengelassen. Gleichberechtigungsforderungen wären aber auch im Rahmen dieses Gesetzes deplatziert gewesen: Es liegt ohnehin in der Natur der Sache, dass geschlechtsspezifische Regelungen nur dort erlassen werden, wo dies auf Grund biologischer Un-

Zielsetzung und Anwendungsbereich **§ 1 ArbSchG**

terschiede unerlässlich erscheint. Dem trägt insbesondere § 4 Nr. 8 Rechnung, wonach mittelbar oder unmittelbar geschlechtsspezifisch wirkende Regelungen nur zulässig sind, wenn dies aus **biologischen Gründen zwingend** geboten ist. Hierdurch soll verhindert werden, dass die Beschäftigung von Frauen in bestimmten Branchen direkt oder indirekt erschwert oder verhindert oder die Frauenerwerbstätigkeit negativ beeinflusst wird. Sind z. B. schwere Lasten zu tragen, so hat der Arbeitgeber im Einzelfall die geschlechtsspezifischen, körperimmanenten Unterschiede zu berücksichtigen (auch *Wilrich* in Nöthlichs Nr. 4016, S. 14).

Der Gesetzgeber hat ferner durch Formulierungen im Wortlaut des ArbSchG **47** dem **Gleichberechtigungsgedanken** Rechnung getragen (vgl. § 4 Nr. 8). So werden in § 2 Abs. 2 Nr. 1, 4, 5 und 6 des Gesetzes auch die femininen Bezeichnungen verwendet („Arbeitnehmerinnen und Arbeitnehmer, Beamtinnen und Beamte").

C. Anwendungs- und Geltungsbereich

Wie bei Gesetzen üblich, steht die Definition des Anwendungsbereichs, gleich **48** nach der Zielbestimmung, ganz am Anfang des Gesetzes. Aufgrund der Klammerwirkung des ArbSchG fallen die **Durchbrechungen** des Universalgeltungsprinzips sehr **moderat** aus.

I. Überblick: Universalgeltung und Ausnahmen

Das ArbSchG als Basisvorschrift des Arbeitsschutzes hat eine nicht zu unterschät- **49** zende Zusammenführungsfunktion. Neben der europarechtlich erforderlichen Umsetzung der Arbeitsschutzrahmen- und Leiharbeitnehmerrichtlinien des Rates sollte endlich ein „ruhender Pol", ein systematischer **Mittelpunkt** des deutschen Arbeitsschutzrechts, geschaffen werden. Bislang fehlte es im betrieblichen Arbeitsschutz an zeitgemäßen Grundvorschriften mit Geltung für **alle** Tätigkeitsbereiche. Die einstigen Grundvorschriften (§§ 120a ff. GewO a. F.) galten nur für den **gewerblichen** Bereich und waren zudem (da weitgehend schon im Jahre 1891 konzipiert) größtenteils überholt (*Wlotzke* NZA 1990, 1017, 1018). Folgerichtig erhielt das ArbSchG nicht nur einen (EG-konformen) weiten Arbeitsschutzansatz, sondern auch einen weitgehend umfassenden Geltungsbereich. Eine zu weit gehende „Durchlöcherung" des Anwendungsbereichs hätte Bestrebungen, dem deutschen Arbeitsrecht systematisch einen Mittelpunkt zu geben, konterkariert.

Systematisch ist die Regelung des Anwendungsbereichs in § 1 daher wie folgt **50** **konzipiert:**
– Grundsätzlich, so wird in § 1 Abs. 1 Satz 2 klargestellt, gilt das Gesetz umfassend und in allen Tätigkeitsbereichen.
– Dieser umfassende Geltungsbereich wird in § 1 Abs. 2 zugunsten von Sonderregelungen für den Arbeitsschutz von Hausangestellten in privaten Haushalten, für Beschäftigte auf Seeschiffen und für Bundesberggesetz-Beschäftigte ganz bzw. partiell durchbrochen.
– Eine betriebsverfassungsrechtliche Sonderregelung für Kirchen findet sich schließlich in § 1 Abs. 4.

II. Grundsatz der umfassenden Geltung (Absatz 1 Satz 2)

51 **1. Frühere Rechtslage.** Schon früher gab es eine Reihe allgemeiner Teilregelungen für den betrieblichen Arbeitsschutz (z. B. ASiG 1973, ArbStättV 1975). Es mangelte aber vor allem an einer für den betrieblichen Arbeitsschutz zeitgemäßen Grundvorschrift mit Geltung **für alle** Tätigkeitsbereiche. Die §§ 120a ff. GewO a. F. waren im Wesentlichen die einzigen Grundvorschriften. Sie galten allerdings – wie bereits erwähnt – nur für den gewerblichen, nicht aber z. B. für den freiberuflichen und öffentlich-rechtlichen Sektor. Diese Mängel des staatlichen Arbeitsschutzrechts konnten lange Zeit zumindest teilweise von den Unfallverhütungsvorschriften der gesetzlichen Unfallversicherungsträger ausgeglichen werden. Dieser Ausgleich gelang aber eben nur zum Teil, nämlich im Hinblick auf die Verhütung von Arbeitsunfällen und Berufskrankheiten, nicht aber auch bei den sonstigen arbeitsbedingten Gesundheitsgefahren und auch nicht in sämtlichen Tätigkeitsbereichen (*Wlotzke* NZA 1996, 1017, 1018). Das ArbSchG sollte also dazu beitragen, die starke Rechtszersplitterung (*Wank* DB 1996, 1034) zu vermindern und einen Beitrag zur Neuordnung des deutschen Arbeitsschutzrechts – wie in Art. 30 Abs. 1 Nr. 2 des Einigungsvertrages gefordert – zu leisten. Zentrale Bausteine dieser Umstrukturierung sind und waren zunächst das GSG 1992 (jetzt: PSG), dann das ArbZG von 1994 und – zuletzt – das ArbSchG aus dem Jahre 1996 (*Kollmer* NZA 1997, 138, 139).

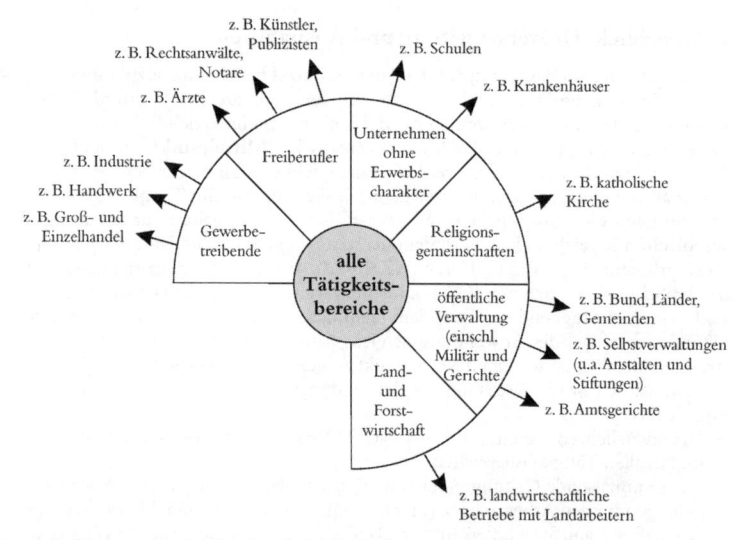

52 **2. Universalprinzip.** Das ArbSchG gilt gemäß § 1 Abs. 1 Satz 2 in allen Tätigkeitsbereichen. Dieses Universalgeltungsprinzip wird, wie nachfolgend noch ausgeführt werden soll, nur durch wenige Ausnahmen durchbrochen. Letzteres folgt zwingend aus dem umfassenden Geltungsbereich der Arbeitsschutz-Rahmenrichtlinie, wie er in Art. 2 Abs. 1 der EG-Richtlinie verankert ist: Danach findet die Rahmenrichtlinie Anwendung auf „alle privaten oder öffentlichen Tätigkeitsbereiche (gewerbliche, landwirtschaftliche, kaufmännische, verwaltungsmäßige sowie

Zielsetzung und Anwendungsbereich **§ 1 ArbSchG**

Dienstleistungs- oder ausbildungsbezogene, kulturelle und Freizeittätigkeiten usw.)". Anders als die frühere Grundvorschrift des Arbeitsschutzes (§ 120a GewO a. F.) betrifft das Gesetz damit nicht nur die gewerbliche Wirtschaft, sondern auch alle land- und forstwirtschaftlichen Betriebe, den öffentlichen Dienst, die freien Berufe, die Religionsgemeinschaften und alle sonstigen Organisationen mit oder ohne Erwerbscharakter (*Fischer* BArbBl. 1/1996, 21, 22; *Vogl,* NJW 1996, 2753, 2754, *Pieper,* ArbSchR ArbSchG § 1 Rn. 14ff.).

Erfasst werden also grundsätzlich **alle in abhängiger Arbeit** erbrachten Tätig- 53 keiten. Erfasst wird auch der gesamte öffentliche Dienst, und zwar sowohl seine Verwaltungen als auch seine Regiebetriebe. Ebenso die Betriebe zur Daseinsvorsorge sowie die gewerblichen Unternehmen der öffentlichen Hand.

a) Privatwirtschaftlicher Bereich. In der Privatwirtschaft gilt das ArbSchG 54 insbesondere für alle Unternehmen, die bisher dem Geltungsbereich der Gewerbeordnung unterlagen. Aus dem **gewerblichen Sektor** kommen im Wesentlichen solche Betriebe **neu** hinzu, die bisher zwar alle Merkmale eines Gewerbebetriebes i. S. v. § 1 GewO aufwiesen, gleichwohl nach § 6 GewO vom Anwendungsbereich dieser Grundvorschrift ausgenommen waren. Ferner kommen alle sonstigen Tätigkeitsbereiche hinzu, die zwar der Privatwirtschaft zuzuordnen waren, jedoch von der Gewerbedefinition aus dem einen oder anderen Grunde bislang nicht erfasst wurden. Dies sind im Wesentlichen folgende Branchen und Dienstleister, jeweils vorausgesetzt, dass **Beschäftigte** tätig werden (*Kollmer* ArbSchG, Rn. 56ff.):

- **Urproduktion,** u. a. alle landwirtschaftlichen Betriebe einschließlich Weinbau, 55 Gärtnereien und Baumschulen, Selbstpflückplantagen, Jagd- und Fischereibetriebe.
- Die sog. **freien Berufe,** u. a. Architekturbüros, Apotheken, Arztpraxen und 56 Praxen sonstiger Heilberufe, incl. gewerblicher Pflegedienste, Ingenieur- und Sachverständigenbüros, Maklerbüros, Rechtsanwalts- und Notars-, Steuerberater- und Wirtschaftsprüferkanzleien, Unternehmensberater, Werbeagenturen.
- **Sonstige Unternehmen mit Gewinnerzielungsabsicht,** u. a. privatrechtlich 57 organisierte Versicherungsunternehmen, Privatschulen, Private Rundfunk- und Fernsehveranstalter, Bordelle, Lotterieunternehmen, Buchmacher, alle privaten Theater, Museen etc.
- **Sonstige Unternehmen ohne Gewinnerzielungsabsicht;** hierunter fallen 58 alle privatrechtlich organisierten Tätigkeitsbereiche, in denen Personen entgeltlich beschäftigt werden und die unmittelbar gemeinnützigen, wohltätigen, sozialen, ästhetischen, pädagogischen, wissenschaftlichen oder künstlerischen Zwecken dienen. Dies sind z. B. Stiftungen des Privatrechts, eingetragene Vereine – auch ADAC, TÜV, Caritas, Arbeiterwohlfahrt etc. – Arbeitgeberverbände, Gewerkschaften, politische Parteien, Sportverbände, alle übrigen privatrechtlich organisierten Interessenverbände wie z. B. Verbraucherorganisationen, Umweltschutzorganisationen (soweit nicht schon zu den eingetragenen Vereinen zählend), private Krankenhäuser (soweit nicht schon den beiden obigen Kategorien zugehörend), private Kindergärten, Werkstätten für Behinderte, sonstige private Wohlfahrtsdienste und -verbände.

b) Öffentliche Hand. Schon bisher war die Gewerbeordnung für alle Gewer- 59 bebetriebe der öffentlichen Hand anwendbar. Hierzu gehörten allerdings nur diejenigen Betriebe, die mit der Absicht einer Gewinnerzielung am Wirtschaftsleben teilnahmen. Beispiele: Staatsbrauereien, kommunale Gastronomiebetriebe. Im Wesentlichen kommen **folgende Bereiche hinzu** (*Kollmer* ArbSchG, Rn. 60):

ArbSchG § 1   Arbeitsschutzgesetz

60   **Unmittelbare Landesverwaltung,** u. a. Landtage und Senate einschließlich Abgeordnetenbüros etc., Behörden und Dienststellen der unmittelbaren Staatsverwaltung (z. B. Bezirksregierungen, Landratsämter) einschließlich Ministerien, Staatsanwaltschaften und Gerichte (vgl. hierzu: *OVG Berlin,* Beschl. 18.8.2004, Az.: 4 N 82.03). Weiterhin: Regie- und Eigenbetriebe der unmittelbaren Staatsverwaltung (Betriebe, die nur dem eigenen Bedarf dienen, z. B. Landtagsdruckerei). Daneben auch alle Betriebe, die der staatlichen öffentlichen Daseinsvorsorge dienen und grundsätzlich nur nach dem Kostendeckungsgrundsatz arbeiten (anderenfalls als Gewerbebetrieb der öffentlichen Hand schon bisher von der Gewerbeordnung erfasst), wie z. B. staatliche Verkehrsbetriebe, Krankenhäuser, Energie- und Versorgungsunternehmen, aber auch staatliche Museen und Schauspielhäuser.

61   **Mittelbare Landesverwaltung,** u. a. Behörden und Dienststellen der kommunalen Gebietskörperschaften, also von Gemeinden, kreisfreien Städten, großen Kreisstädten, Verwaltungsgemeinschaften und Zweckverbänden, aber auch von Landkreisen und Regierungsbezirken in ihrer Eigenschaft als Gebietskörperschaft. Weiterhin auch Regie- und Eigenbetriebe sowie Versorgungsbetriebe der Gebietskörperschaften, z. B. Friedhöfe, Schwimmbäder, Müllabfuhr oder städtische Bauhöfe.

62   **Sonstige Körperschaften, Stiftungen und Anstalten des öffentlichen Rechts,** u. a. alle Sozialversicherungsträger (gesetzlichen Krankenkassen, Landesversicherungsanstalten etc.), Hochschulen mit angegliederten Bereichen (Instituten, Kliniken etc.), öffentlich-rechtliche Rundfunkanstalten, alle Wirtschafts- und Berufskammern (Industrie- und Handels- sowie Handwerkskammern, Ärzte- und Rechtsanwaltskammern).

63   **Kirchen und Religionsgemeinschaften,** u. a. Kirchenverwaltungen (Pfarrbüros, Diözesen), Klöster, kirchliche Wohlfahrtseinrichtungen wie Altenheime, Hospize, Pflegeeinrichtungen, sonstige Religionsgemeinschaften und Sekten.

64   c) **Rechtssubjekte.** Abzugrenzen von dem umfassenden Geltungsbereich, den § 1 Abs. 1 Satz 2 definiert, ist der vom ArbSchG umfasste **Personenkreis.** Er ist in § 2 Abs. 2 und 3 festgelegt. Insbesondere die Regelung des § 2 Abs. 2 stellt noch einmal klar, dass mit dem umfassenden Tätigkeitsbereich nicht nur die Institutionen, sondern die auch darin tätigen Arbeitnehmer gemeint sind. Explizit definiert diese Vorschrift Arbeitnehmer, Beamte, Richter, Soldaten, arbeitnehmerähnliche Personen, die zu ihrer Berufsbildung Beschäftigten sowie Angehörige von Behindertenwerkstätten zu **Beschäftigten** und damit i. S. d. ArbSchG zu berechtigten Rechtssubjekten. Eine für § 1 Abs. 1 Satz 2 wichtige Ergänzung stellt auch § 2 Abs. 5 dar, wonach als Betrieb i. S. d. ArbSchG für den Bereich des öffentlichen Dienstes die Dienststellen gelten (vgl. hierzu insbes.: *OVG Berlin,* Beschl. v. 18.8.2004, – 4 N 82.03: Dienstherr als – selbstverständlicher – Adressat des Arbeitschutzgesetzes; im Übrigen wird auf die Kommentierung von *Kohte* zu § 2 verwiesen).

III. Ausnahmen vom sachlichen Geltungsbereich (Absatz 2)

65   Der Geltungsbereich des ArbSchG ist grundsätzlich allumfassend (§ 1 Abs. 1 Satz 2). In Durchbrechung dieses Grundsatzes enthält § 1 Abs. 2 zwei Gattungen von Ausnahmen: Eine **absolute** Ausnahme für Hausangestellte in privaten Haushalten und zwei **relative** Ausnahmen für Beschäftigte auf Seeschiffen und nach dem BBergGesetz; bei den relativen Ausnahmen müssen dem ArbSchG „entspre-

Zielsetzung und Anwendungsbereich **§ 1 ArbSchG**

chende Rechtsvorschriften" gegenüberstehen, ansonsten gilt das ArbSchG weiterhin direkt.

1. Absolute Ausnahme: Hausangestellte in privaten Haushalten. Das 66 ArbSchG gilt nicht für den Arbeitsschutz von Hausangestellten in privaten Haushalten (§ 1 Abs. 2 Satz 1). Die Ausnahme für Hausangestellte entspricht Art. 3 lit. a der Arbeitsschutz-Rahmenrichtlinie („Arbeitnehmer: Jede Person, ... jedoch mit Ausnahme von Hausangestellten; ..."). Die Vorschrift trägt den Schwierigkeiten Rechnung, die einer Beachtung aller Vorschriften des Gesetzes und ihrer Kontrolle in privaten Haushalten entgegenstehen (BT-Drs. 12/6752, S. 34). Der **Überwachungsaufwand** der staatlichen Arbeitsschutzbehörde wäre kaum zu bewältigen (*Ernst/Hochheim* in Koll/Janning/Pinter ArbSchG § 1 Rn. 8). Ohnehin wäre es problematisch, in Privathaushalten staatliche Überwachungsmaßnahmen durchzuführen: Hier kollidiert der staatliche Schutzauftrag aus Art. 2 Abs. 1 GG mit dem Recht auf Unversehrtheit der Wohnung nach Art. 13 GG. Ein verfassungs- und verwaltungsrechtliches Dilemma, das in Zukunft gerade im Bereich der **Telearbeit** über die Genehmigung (mit Auflagen) und Arbeitsverträge sowie Dienstvereinbarungen mit den Personalvertretungen zu lösen ist.

In rechtssystematischer Hinsicht ist zu bemerken, dass die Ausnahme für Haus- 67 angestellte (auf den ersten Blick nicht verständlich) nicht in § 2 Abs. 2 (Definition der Beschäftigten), sondern vielmehr in § 1 Abs. 2 geregelt ist. Grund hierfür ist das Zusammenfallen des persönlichen und sachlichen Anwendungsbereichs bei den Hausangestellten in privaten Haushalten (*Ernst/Hochheim* in Koll/Janning/Pinter ArbSchG § 1 Rn. 8). Zu bemerken ist auch noch, dass **Heimarbeitnehmer** vom ArbSchG nicht erfasst werden. Sie fallen nicht unter den Katalog der Beschäftigten nach § 2 Abs. 2. Der Arbeitsschutz für Heimarbeitnehmer bleibt wegen der anders gelagerten Verantwortlichkeit weiterhin im Heimarbeitsgesetz geregelt. Gleichwohl fallen sie unter den Beschäftigtenbegriff nach § 2 Abs. 2 SGB VII und sind deshalb unfallversichert (*Wilrich* in Nöthlichs Nr. 4010, S. 12).

Der **Begriff des Haushalts** erfasst nicht nur den Familienhaushalt. Der Begriff 68 der Hausangestellten ist vergleichsweise weit auszulegen; neben **Haushaltshilfen** sind hier auch z. B. **Babysitter** mit umfasst (vgl. *Pieper,* ArbSchG § 1 Rn. 17). Auch der Einzelhaushalt ist damit gemeint. Mithelfende **Familienangehörige**, die Arbeit auf Grund einer familienrechtlichen Beziehung und nicht auf Grund einer arbeitsvertraglichen Vereinbarung leisten, gelten nicht als Beschäftigte und unterliegen **schon deshalb nicht** dem ArbSchG. Beispiele für Arbeitnehmer im Haushalt: Haushälterinnen und -mädchen, Kindergärtner(innen), Hausgärtner(innen) und Kraftfahrer(innen). Vom Gesetz werden auch Arbeitnehmer erfasst, die auf Grund eines Arbeitsverhältnisses die ihnen anvertrauten Personen pflegen, betreuen oder erziehen (*Wilrich* in Nöthlichs Nr. 4010, S. 12).

Die **Unfallverhütungsvorschriften** gelten allerdings, soweit Beschäftigte in 69 privaten Haushalten gemäß § 2 Abs. 1 Nr. 1 SGB VII unfallversichert sind (die Unfallverhütungsvorschriften der Gemeindeunfallversicherungsverbände im kommunalen Bereich gem. §§ 117, 129 Abs. 1 Nr. 2 SGB VII, vgl. *Pieper,* ArbSchR ArbSchG § 1 Rn. 17).

2. Relative Ausnahmen. a) Seeschiff-Beschäftigte. Für den Arbeitsschutz 70 auf **Seeschiffen** kommt das ArbSchG nur **subsidiär** zur Anwendung. Diese Subsidiarität gilt nach der Konzeption des § 1 Abs. 2 Satz 2 nur, solange keine gleichwertigen Regelungen für den Arbeitsschutz von Beschäftigten auf Seeschiffen bestehen. Seeschiffe sind solche, die Kauffahrteischiffe sind und nach den Vorschrif-

ArbSchG § 1   Arbeitsschutzgesetz

ten des Flaggenrechtsgesetzes zur Führung der Bundesflagge berechtigt sind. Mit dieser relativen Ausnahmeregelung stellt der Gesetzgeber sicher, dass eine vollständige Umsetzung der Arbeitsschutz-Rahmenrichtlinie gewährleistet ist und gleichzeitig die Möglichkeit eröffnet wird, die Anforderungen des EG-Rechts in die für diese Regelungsbereiche bestehenden besonderen Rechtsvorschriften zu übernehmen, soweit das sinnvoll und zweckmäßig erscheint (BT-Drs. 13/3540, 14). Ein weiterer Vorteil dieses gesetzgeberischen Griffs: Die betriebliche Praxis braucht sich zum überwiegenden Teil nicht auf neue Rechtsvorschriften umzustellen, sondern kann weiterhin die altbewährten und gewohnten Bestimmungen anwenden (*Ernst/Hochheim* in Koll/Janning/Pinter ArbSchG § 1 Rn. 9). Die subsidiäre Anwendung des Arbeitsschutzgesetzes auf Beschäftigte auf Seeschiffen (§ 1 Abs. 2 S. 2 ArbSchG) bleibt durch den mit Wirkung ab 18.4.2008 eingeschobenen 2. Halbs. in § 1 Abs. 1 S. 2 unberührt (s. o. Rn. 15a).

71 Spezialvorschriften bestehen für Arbeitnehmer, die in einem Heuerverhältnis stehen, gemäß dem Seemannsgesetz. Keine Sondervorschriften gibt es für Beschäftigte, die (ohne in einem Heuerverhältnis zu stehen) aus Anlass oder während der Reise im Rahmen des Schiffsbetriebes an Bord tätig sind. Beispiele: Angestellte eines an Bord befindlichen Modegeschäftes, Juweliers-, Friseurladens- oder sonstigen Dienstleistungs- bzw. Verkaufsbetriebs. Gleiches gilt für Hilfskräfte eines Restaurationsbetriebs (z. B. Kellner). Im Bereich der Seeschifffahrt erfolgte eine **Umsetzung** der einschlägigen Bestimmungen der Rahmenrichtlinie durch die **UVV „See"**. Dies gilt z. T. auch für die Regelungen der Richtlinie 93/103/EWG für Sicherheit und Gesundheitsschutz bei der Arbeit an Bord von Fischereifahrzeugen vom 23.11.1993 (AB1EG Nr. L 307, S. 1) (*Pieper,* ArbSchR ArbSchG § 1 Rn. 19 m. w. N.).

71a Für die **Binnenschifffahrt** gilt das ArbSchG im Übrigen ohne Einschränkung (*Wilrich* in Nöthlichs Nr. 4010, S. 13, Pieper ArbSchR ArbSchG § 1 Rn. 21).

72 Spezielle Rechtsvorschriften für die Seeschifffahrt:
– Seemannsgesetz (v. 26.7.1957, BGBl. II S. 713), und die darauf gestützten Rechtsverordnungen,
– z. B. VO über die Seediensttauglichkeit (v. 19.8.1970, BGBl. I S. 1241),
– z. B. VO über die Unterbringung der Besatzungsmitglieder an Bord von Kauffahrteischiffen (v. 8.2.1973, BGBl. I S. 66),

73 **b) Bundesberggesetz-Beschäftigte.** Der Arbeitsschutz wird für den Bergbau insgesamt weitgehend durch das **Bundesberggesetz** (BBergG) und den darauf gestützten Rechtsverordnungen geregelt. Auch hier hat der Gesetzgeber das gleiche Prinzip wie für den Arbeitsschutz auf Seeschiffen angewandt: Das ArbSchG gilt dann nicht, wenn „entsprechende Rechtsvorschriften" für Betriebe, die BBergG unterliegen, bestehen. Auch auf diese Art und Weise wird eine vollständige Umsetzung der Arbeitsschutz-Rahmenrichtlinie sichergestellt und gleichzeitig die Möglichkeit eröffnet, die Anforderungen des EG-Rechts für den Bergbau in die für diese Regelungsbereiche bestehenden besonderen Rechtsvorschriften zu übernehmen, soweit das sinnvoll und zweckmäßig erscheint (vgl. BT-Drs. 13/3540, S. 14). Die betriebliche Praxis muss sich nicht auf neue Rechtsvorschriften umstellen, sondern kann – soweit diese EG-rechtskonform sind – weiterhin die gewohnten Bestimmungen anwenden.

74 Diese für die Bergbetriebe einschlägige Regelung wurde, wie auch für die der Seeschifffahrt, in den Beratungen des Ausschusses für Arbeit und Sozialordnung im Gesetzgebungsverfahren geändert. In der Fassung des Regierungsentwurfs (BT-

Zielsetzung und Anwendungsbereich **§ 1 ArbSchG**

Drs. 13/3540) hieß es ursprünglich: „… soweit dafür Rechtsvorschriften bestehen, die **gleichwertige** Regelungen enthalten …". Nunmehr genügt es, dass „**entsprechende**" Rechtsvorschriften existieren. Dies bedeutet, dass die Betriebe keine wertende Prüfung im Einzelfall mehr vornehmen müssen, ob z. B. im BBergG oder in der allgemeinen Bundesbergverordnung auch tatsächlich gleichwertige Regelungen enthalten sind. Entsprechende Rechtsvorschriften i. S. v. § 2 Abs. 2 Satz 2 liegen nicht vor, wenn die Spezialvorschrift von den Bestimmungen des ArbSchG abweichende oder gar keine Regelungen enthält. Beispielsweise fehlen im BBergG Bestimmungen zur Kostentragung von Arbeitsschutzmaßnahmen, zur Unterrichtung der Beschäftigten über die vom Arbeitgeber benannten Notfallhelfer und zur Pflicht des Arbeitgebers, sich über die erfolgte Unterweisung außerbetrieblicher Arbeitskräfte zu vergewissern (*Ernst/Hochheim* in Koll/Janning/Pinter ArbSchG § 1 Rn. 12, *Pieper* ArbSchR § 1 Rn. 18 ff.). Hier kommt das ArbSchG subsidiär zur Anwendung.

Außerdem unterliegen dem ArbSchG uneingeschränkt solche Betriebe, die vom 75 Bergrecht nicht erfasst sind, jedoch (z. B. auf Grund von landesrechtlichen Zuständigkeitsbestimmungen) von der **Bergaufsicht** überwacht werden. Zu beachten ist ferner § 174 Abs. 2 Nr. 3 BBergG. Hohlraumbauten unterliegen auch dem ArbSchG (*Wilrich* in Nöthlichs Nr. 4010, S. 12). Insgesamt sind im Bereich des Bergrechts die entsprechenden Regelungen der Rahmenrichtlinie durch die Bergverordnung für alle bergbaulichen Betriebe (allgemeine Bundesbergverordnung – ABBergV – v. 23.10.1995; BGBl. I S. 1466) in deutsches Recht umgesetzt worden. Durch die ABBergV wurden auch umgesetzt (*Opfermann/Streit,* § 1 ArbStättV Rn. 38b; *Pieper,* ArbSchG § 1 Rn. 18):
– Die Richtlinie 92/91/EWG zur Verbesserung der Sicherheit und des Gesundheitsschutzes der Arbeitnehmer in den Betrieben, in denen durch Bohrungen Mineralien gewonnen werden, vom 3.11.1992 (ABlEG Nr. L 348, S. 8),
– die Richtlinie 92/104/EWG über Mindestvorschriften der Arbeitnehmer in übertägigen oder untertägigen mineralgewinnenden Betrieben vom 3.12.1992 (ABlEG Nr. L 404, S. 10) sowie
– weitere Einzelrichtlinien zur Rahmenrichtlinie (Benutzung von PSA – 89/656/EWG, bzw. von Arbeitsmitteln – 89/655/EWG; Sicherheits- und Gesundheitsschutzkennzeichnung – 97/48/EWG).

Vorschriften des **Bergrechts:** 76
– Bundesberggesetz (v. 13.8.1980, BGBl. I S. 1310), zul. geänd. durch G v. 31.7.2009 (BGBl. I S. 2585), ferner die
– Gesundheitsschutz-Bergverordnung (v. 31.7.1991, BGBl. I S. 1751), sowie die
– Allgemeine Bundesbergverordnung (v. 23.10.1995, BGBl. I S. 1466).

3. Ausnahmen für die Kirchen (Absatz 4). Kirchen haben einen besonderen 77 (verfassungs-)rechtlichen Status, auch nach dem ArbSchG. § 1 Abs. 4 bestimmt, dass bei öffentlich-rechtlichen Religionsgemeinschaften an die Stelle der Betriebs- und Personalräte die **Mitarbeitervertretungen** gemäß dem kirchlichen Recht treten. Zwar **gilt** das ArbSchG **grundsätzlich uneingeschränkt** auch für öffentlichrechtliche Religionsgemeinschaften. Dies ergibt sich aus der Zusammenschau von § 1 Abs. 1 Satz 2 i. V. m. § 1 Abs. 4 (Gegenschluss). Die betriebsverfassungsrechtliche Sonderregelung des § 1 Abs. 4 berücksichtigt jedoch, dass die Betriebsverfassungs- und Personalvertretungsgesetze in derartigen **Tendenzbetrieben** üblicherweise keine Anwendung finden (*Pieper* ArbuR 1996, 465, 467 m.w.N., vgl. im Übrigen: *Pieper* ArbSchR ArbSchG § 1 Rn. 27 m.w.N.). Die kirchlichen Mitarbeitervertre-

ArbSchG § 1 Arbeitsschutzgesetz

tungen haben gemäß § 2 MuSchArbV i. V. m. § 1 Abs. 4 ArbSchG einen Anspruch darauf, über die Ergebnisse der Beurteilung nach § 1 MuSchArbV und über die zu ergreifenden Maßnahmen für Sicherheit und Gesundheit unterrichtet zu werden; der öffentlich-rechtliche Arbeitsschutz bindet nach Art. 137 Abs. 3 der Weimarer Verfassung auch die Kirchen (Kirchliches Arbeitsgericht der Diözese Rottenburg-Stuttgart, Urteil vom 26.9.2014, AS 18/14, ZMV 2015, 38–39, s. auch Anm. *Eder* ZMV 2015, 39–40).

78 **Ausnahmebestimmungen** für die umfassende Geltung des ArbSchG auch für öffentlich-rechtliche Religionsgemeinschaften (BT-Drs. 13/3540, S. 15) finden sich weder im Gesetz selbst noch in der Arbeitsschutz-Rahmenrichtlinie. Auch im Hinblick auf Art. 140 GG i. V. m. Art. 137 Abs. 3 Satz 3 Weimarer Verfassung (WV) bestehen an der Geltung des ArbSchG keine Zweifel, da es sich hierbei um ein „für alle geltendes Gesetz" i. S. d. Art. 137 Abs. 3 Satz 1 WV handelt: Das ArbSchG hat für die Religionsgemeinschaften keine stärkeren Auswirkungen als für jedermann und trifft die Kirchen in ihrer Besonderheit auch nicht stärker als andere Arbeitgeber. Interessant auch der Hinweis von *Ernst/Hochheim* in Koll/Janning/Pinter, dass im Gesetzgebungsverfahren von den Kirchen keine Ausnahmewünsche geltend gemacht wurden; dies hätte bei der vom ArbSchG geregelten Materie allerdings auch im Widerspruch zum Selbstverständnis und Auftrag der Kirchen gestanden (*Ernst/Hochheim* in Koll/Janning/Pinter ArbSchG § 1 Rn. 14).

79 § 1 Abs. 4 beschränkt sich also darauf klarzustellen, dass – soweit das ArbSchG auf BetrVG und BPersVG (§ 118 BetrVG, § 112 BPersVG) Bezug nimmt – anstelle der nicht vorhandenen Betriebs- und Personalräte die Mitarbeitervertretungen nach kirchlichem Recht treten (*Ernst/Hochheim* in Koll/Janning/Pinter ArbSchG § 1 Rn. 14).

D. Unberührt bleibende Pflichten (nach sonstigen Vorschriften)

I. Sinn und Zweck der „Unberührtbleibens-Klausel"

80 § 1 Abs. 3 enthält eine für öffentlich-rechtliche Gesetze nicht untypische Formulierung, wonach Pflichten nach sonstigen Rechtsvorschriften „unberührt" bleiben. Dies gilt für Pflichten des Arbeitgebers, der Beschäftigten und anderer (zum Arbeitsschutz verpflichteten) Personen. Dieser gesetzliche Hinweis hat im Wesentlichen **zwei Funktionen:**

– Zum einen soll klargestellt werden, dass andere, ähnliche oder über das ArbSchG hinausgehende Verpflichtungen aus sonstigen Rechtsvorschriften (z. B. ASiG, MuSchG, JArbSchG) **nicht** durch das ArbSchG **verdrängt,** sondern vielmehr **ergänzt** werden.
– Zum anderen wird dem Umstand Rechnung getragen, dass das ArbSchG als „Allgemeiner Teil des Arbeitsschutzrechts" nur **allgemeine Pflichten** enthält; sondergesetzliche Obliegenheiten außerhalb des ArbSchG (z. B. nach AZG oder BetrVG) stellen häufig nur eine Konkretisierung dieser allgemeinen, im ArbSchG enthaltenen Pflichten in Bezug auf bestimmte Gefährdungstatbestände dar. Diese spezielleren Gesetze haben nach dem **Grundsatz der Spezialität** Vorrang vor den allgemeinen Pflichten des ArbSchG (auch BT-Drs. 13/3540 S. 14). Die Regelungen des ArbSchG werden insoweit zwar nicht verdrängt, jedoch überlagert (besser: „überschattet").

Zielsetzung und Anwendungsbereich **§ 1 ArbSchG**

1. Arbeitgeberpflichten nach „sonstigen Vorschriften" (Absatz 3 Satz 1). 81
Arbeitgeberpflichten zur Gewährleistung von Sicherheit und Gesundheitsschutz der Beschäftigten bei der Arbeit nach sonstigen Rechtsvorschriften bleiben **unberührt** (§ 1 Abs. 3 Satz 1). Wie bereits erwähnt, haben die speziellen Rechtsvorschriften nach dem Grundsatz der Spezialität Vorrang vor den allgemeinen Bestimmungen des ArbSchG. Erfüllt der Arbeitgeber die im Einzelfall einschlägige speziellere Rechtsvorschrift, so erfüllt er damit gleichzeitig auch die Pflichten nach der allgemeineren Rechtsnorm. Klassischer Beispielsfall: Nimmt der Arbeitgeber ordnungsgemäß eine Gefährdungsbeurteilung für den Umgang mit gefährlichen Stoffen nach § 16 Abs. 4 der GefStoffV vor, so ist eine Gefährdungsbeurteilung nach § 5 ArbSchG (allerdings nur für die damit bereits abgehandelten Gefährdungsarten) mit erledigt, also die Beurteilung gemäß § 5 Abs. 3 Nr. 2 (*Ernst/Hochheim* in Koll/Janning/Pinter ArbSchG § 1 Rn. 13).

Zu den **spezialgesetzlichen Vorschriften**, die durch das ArbSchG unberührt 82
bleiben, gehören insbesondere:
– die auf Grund des ArbSchG erlassenen Verordnungen (z. B. BetrSichV, BaustellV, LasthandhabV, OStrV),
– GefStoffV,
– PSG i. V. m. den Verordnungen zu den überwachungsbedürftigen Anlagen,
– medizinprodukterechtliche Vorschriften (insbesondere §§ 22, 23 MPG),
– Vorschriften des vorgreifenden Arbeitsschutzes, die auch das Inverkehrbringen von Anlagen oder Stoffen regeln, welche auch in Betrieben verwendet werden (z. B. PSG, ChemG, etc.),
– Vorschriften des sozialen Arbeitsschutzes (AZG, MuSchG, JArbSchG, etc.),
– Vorschriften, die auch dem Schutz Dritter (nicht nur der Arbeitnehmer) dienen, wie z. B. die atomrechtlichen Vorschriften (einschließlich AtomG, StrlSchV und RöV), GenTG, SprengG, Gesetz über die Beförderung gefährlicher Güter, Störfallverordnung, etc. (*Wilrich* in Nöthlichs Nr. 4010, S. 13f.).

Spezielle Arbeitsschutzvorschriften i. S. v. § 1 Abs. 3 Satz 1 können auch Berufs- 83
genossenschaftliche Vorschriften (BGVen) bzw. **Unfallverhütungsvorschriften** sein. Bis zum Inkrafttreten von Art. 2d. G. zur Modernisierung der GUV vom 4.11.2008 durften nach damals h. M. die Unfallversicherungsträger auch solche Unfallverhütungsvorschriften erlassen, die mit den Vorschriften der staatlichen Arbeitsschutzrechts übereinstimmen. Soweit die Ermächtigung zum Erlass von Unfallverhütungsvorschriften reichte, konnten sie Unfallverhütungsvorschriften das staatliche Arbeitsschutzrecht wörtlich übernehmen oder auf das Arbeitsschutzrecht Bezug nehmen, es aber auch konkretisieren. Dies wiederum bedeutete, dass die Unfallversicherungsträger befugt waren (soweit ihre Autonomie reicht), Arbeitsschutzanforderungen zu stellen, die über die staatlichen Anforderungen hinausgehen. Dies hat sich mit Inkrafttreten des „neuen § 15 SGB VII" geändert. Seither dürfen die UV-Träger autonome UVV nur noch treffen, soweit dies „zur Prävention geeignet" **und** erforderlich ist, **und** staatliche Arbeitsschutzvorschriften hierüber **keine Regelung** treffen (§ 15 Abs. 1 Satz 1 SGB VIII). In Verbindung mit den Vorschriften zur Genehmigung des autonomen Rechts (§ 15 Abs. IV SGB VII) und zur Vereinheitlichung (§ 15 Abs. 1 Satz 2) soll dadurch eine weitest gehende **Vereinheitlichung** der Rechtskrise von Staat und UV-Träger erreicht werden.

2. Beschäftigtenpflichten „nach sonstigen Rechtsvorschriften" (Ab- 84
satz 3 Satz 2). Auch für Beschäftigte gilt, dass Pflichten, die sie zur Gewährleistung von Sicherheit und Gesundheitsschutz am Arbeitsplatz nach sonstigen Rechtsvor-

schriften haben, unberührt bleiben (§ 1 Abs. 3 Satz 2). **Pflichten** der Beschäftigten können sich beispielsweise aus der GefStoffV (Mitwirkung bei der Gefährdungsanalyse) nach dem MuSchG (bestimmte Meldepflichten der werdenden Mutter) oder den BGVen/UVV (Mitwirkung am Arbeitsschutz) ergeben. **Rechte** der Beschäftigten ergeben sich insbesondere aus bürgerlichem Recht: So bleibt das Recht des Arbeitnehmer auf Zurückbehaltung seiner Arbeitsleistung nach § 273 BGB im Falle gravierender, akut gefährdender Mängel des Arbeitsschutzes (unbeschadet der Rechte aus § 9 Abs. 3) unberührt.

85 **3. Pflichten Dritter „nach sonstigen Rechtsvorschriften" (Absatz 3 Satz 3).** Unberührt bleiben auch gesetzliche Vorschriften, die „andere Personen als Arbeitgeber" zu Maßnahmen des Arbeitsschutzes verpflichten (§ 1 Abs. 3 Satz 3). Bei diesen Rechtsvorschriften kann es sich (insbesondere) auch um solche handeln, die **neben** dem Arbeitsschutz noch **andere Ziele** wie den allgemeinen Gesundheitsschutz, Verbraucherschutz oder Umweltschutz verfolgen und zum Teil auch andere Personen als den Arbeitgeber verpflichten (BT-Drs. 13/3540, S. 14). Zu diesen Vorschriften, die auch Dritte zu Arbeitsschutzmaßnahmen verpflichten, gehören z. B. die Vorschriften des Bauordnungsrechts, insbesondere die Verpflichtung des Bauherrn, für die öffentliche Sicherheit am Bau zu sorgen (*Wilrich* in Nöthlichs Nr. 4010, S. 14). Weitere **Beispiele** sind Hersteller, Importeur oder Händler nach dem ProdSG; kennzeichnende Person nach dem ChemG; zur Belehrung verpflichteter Arzt nach dem MuSchG oder JArbSchG.

§ 2 Begriffsbestimmungen

(1) **Maßnahmen des Arbeitsschutzes im Sinne dieses Gesetzes sind Maßnahmen zur Verhütung von Unfällen bei der Arbeit und arbeitsbedingten Gesundheitsgefahren einschließlich Maßnahmen der menschengerechten Gestaltung der Arbeit.**

(2) **Beschäftigte im Sinne dieses Gesetzes sind:**
1. **Arbeitnehmerinnen und Arbeitnehmer,**
2. **die zu ihrer Berufsbildung Beschäftigten,**
3. **arbeitnehmerähnliche Personen im Sinne des § 5 Abs. 1 des Arbeitsgerichtsgesetzes, ausgenommen die in Heimarbeit Beschäftigten und die ihnen Gleichgestellten,**
4. **Beamtinnen und Beamte,**
5. **Richterinnen und Richter,**
6. **Soldatinnen und Soldaten,**
7. **die in Werkstätten für Behinderte Beschäftigten.**

(3) **Arbeitgeber im Sinne dieses Gesetzes sind natürliche und juristische Personen und rechtsfähige Personengesellschaften, die Personen nach Absatz 2 beschäftigen.**

(4) **Sonstige Rechtsvorschriften im Sinne dieses Gesetzes sind Regelungen über Maßnahmen des Arbeitsschutzes in anderen Gesetzen, in Rechtsverordnungen und Unfallverhütungsvorschriften.**

(5) [1]**Als Betriebe im Sinne dieses Gesetzes gelten für den Bereich des öffentlichen Dienstes die Dienststellen.** [2]**Dienststellen sind die einzelnen Behörden, Verwaltungsstellen und Betriebe der Verwaltungen des Bundes, der Länder, der Gemeinden und der sonstigen Körperschaften, Anstalten**

Begriffsbestimmungen **§ 2 ArbSchG**

und Stiftungen des öffentlichen Rechts, die Gerichte des Bundes und der Länder sowie die entsprechenden Einrichtungen der Streitkräfte.

Übersicht
Rn.
- A. Normzweck und Systematik 1
- B. Gemeinschaftsrecht und supranationales Recht 3
- C. Entstehungsgeschichte 6
- D. Maßnahmen des Arbeitsschutzes 9
  - I. Allgemeines................................. 9
  - II. Verhütung von Unfällen bei der Arbeit 12
  - III. Verhütung arbeitsbedingter Gesundheitsgefahren 15
  - IV. Menschengerechte Gestaltung der Arbeit 22
- E. Beschäftigte 32
  - I. Arbeitnehmerbegriff der Arbeitsschutzrichtlinien 33
    1. Gemeinschaftsrechtliche Rechtsprechung zum Arbeitnehmerbegriff 34
    2. Erweiterung des Arbeitnehmerbegriffs im Arbeitsumweltrecht 37
  - II. Beschäftigung in der Systematik des deutschen Arbeitsschutzrechts 40
  - III. Struktur des Beschäftigtenbegriffs.................... 47
    1. Beschäftigungsverhältnis und Arbeitsverhältnis 48
    2. Beamte, Richter und Soldaten 53
    3. Zu ihrer Berufsbildung Beschäftigte 64
    4. Beschäftigte in einer Werkstatt für Behinderte 73
    5. Schlüsselrolle der arbeitnehmerähnlichen Personen 77
       - a) Übernahme der tarifrechtlichen Begriffsbildung? 78
       - b) Arbeitsschutzrechtlicher Begriff der arbeitnehmerähnlichen Person 83
       - c) „Neue Selbstständigkeit" und arbeitnehmerähnliche Personen im Arbeitsschutz 86
       - d) Sonstige Beschäftigungsverhältnisse: Einzelbeispiele 96
    6. Vom Anwendungsbereich ausgeschlossene Personen 115
- F. Arbeitgeberbegriff 122
  - I. Allgemeines................................. 122
  - II. Einzelbeispiele 127
  - III. Aufspaltung der Arbeitgeberstellung 134
- G. Rechtsvorschriften 140
- H. Betrieb und Dienststelle 146

Literatur: *Aligbe*, Arbeitsschutzrechtliche Bestimmungen bei Telearbeitsplätzen, ArbRaktuell 2016, 132ff; *Balikcioglu*, Psychische Erkrankungen am Arbeitsplatz, NZA 2015, 1424ff.; *Birk*, Die Rahmenrichtlinie über die Sicherheit und den Gesundheitsschutz am Arbeitsplatz – Umorientierung des Arbeitsschutzes und bisherige Umsetzung in den Mitgliedstaaten der Europäischen Union, FS für Otfried Wlotzke, 1996, S. 645 ff.; *Börgmann*, Die Gefahrstoffverordnung im Spannungsfeld zwischen Verfassungs- und EG-Recht, 1996; *Brandes*, System des europäischen Arbeitsschutzrechts, 1999; *Bremer*, Arbeitsschutz im Baubereich, 2007; *Bücker/Feldhoff/Kohte*, Vom Arbeitsschutz zur Arbeitsumwelt – Europäische Herausforderungen für das deutsche Arbeitsrecht, 1994; *Däubler*, Arbeitnehmerähnliche Personen im Arbeits-, Sozial- und EG-Recht, ZIAS 2000, 325; *ders.*, Digitalisierung und Arbeitsrecht, Sonderheft SR 2016, S. 2f.; *Deinert*, Soloselbstständige zwischen Arbeitsrecht und Wirtschaftsrecht, 2015; *Diepenbrock*, Selbständigkeit und Arbeitnehmerbegriff im Sozialrecht, NZS 2016, 127ff; *Däubler*, Internet und Arbeitsrecht, 5. Aufl. 2015; *Elkeles/Georg*, Bekämpfung arbeitsbedingter Erkrankungen, 2002; *Faber*, Die arbeitsschutzrechtlichen Grundpflichten des § 3 ArbSchG, 2004; *Forst*, Arbeitnehmer-Beschäftigte-Mitarbeiter, RdA 2014, 157 ff; *Georgi,* Die Beteiligungsrechte der Mitarbeitervertretungen im Arbeitschutz, 2007; *Gissel,* Arbeitnehmerschutz für den GmbH-Geschäftsführer, 1987; *Gitter,* Die gesetzliche Unfallversicherung nach der Einordnung ins Sozialgesetzbuch – ein Versicherungszweig ohne Reformbedarf?, BB-Beilage 6/1998, 1 ff.; *Grafe,* Scheinselbständigkeit fordert zum Handeln heraus, AuA 1997, 119 ff.; *Greiner,* Die Ich-AG als Arbeitnehmer DB 2003, 1058; *Heuchert/Horst/Kuhn,* Arbeitsbedingte Erkrankungen – Probleme und Handlungsfelder, BABl 2/2001, S. 24; *Hromadka,* Arbeitnehmerähnliche Personen – Rechtsgeschichtliche, dogmatische und rechtspolitische Überlegungen, NZA 1997, 1249 ff.; *H. Julius,* Die rechtliche und rechtstatsächliche Lage der „Neuen Selbständigen" – insbesondere in der Baubranche, 1995; *N. Julius,* Arbeitsschutz und Fremdfirmenbeschäftigung, 2004; *Kalina,* Arbeitstherapie – eine Leistung der medizinisch-beruflich orientierten Rehabilitation, ZfSH/SGB 2012, 317 ff; *Kohte,* Störfallrecht zwischen Umwelt- und Arbeitsrecht – eine Verbindung ohne Verständigung?, Jahrbuch des Umwelt- und Technikrechts 1995, S. 37 ff.; *ders.,* Die Umsetzung der RL 89/391 in den Mitgliedstaaten der EU, ZIAS 1999, 85 ff.; *ders.,* Der Beitrag der ESC zum europäischen und deutschen Arbeitsschutz, FS für Rolf Birk 2008, S. 417 ff.; *ders.,* Organpersonen und Arbeitsschutz in *G. Marx/U. Schindler* (Hrsg.) FS für Karl-Heinz Horst, 2011, S. 337 ff; *ders.,* Arbeitsschutz in der digitalen Arbeitswelt, NZA 2015, 1417 ff; *ders.,* FS für Wolfgang Slesina, 2008, S. 193, *Kollmer,* Die neue Baustellenverordnung, NJW 1998, 2634 ff.; *Krasney,* Unfallversicherungsschutz „wie ein Beschäftigter", BKK 1994, 363 ff.; *ders.,* Die „Wie-Beschäftigten" nach § 2 Abs, 2 Satz 1 SGB VII, NZS 1999, 577; *Leube,* Gesetzliche Unfallversicherung und Scheinselbständige, SozVers 1999, 61 ff.; *ders.,* Bundes- und Jugendfreiwilligendienst – Rechte und Pflichten im Dreipersonenverhältnis, ZfSH-SGB 2012, 18 ff.; *Löwisch,* Neue Beschäftigungsformen auf der Grundlage des Arbeitsförderungsrechts, FS für Peter Hanau, 1999, S. 669 ff.; *Mosler,* Die Gemeinschaftsmaßnahmen zur Verbesserung des Gesundheitsschutzes in *Koppensteiner* (Hrsg.), Österreichisches und europäisches Wirtschaftsprivatrecht, Teil 5: Arbeitsrecht, 1997, S. 223 ff.; *Mehrhoff,* Die Veränderung des Arbeitgeberbegriffs, 1984; *Mestwerdt,* Arbeit in persönlicher Abhängigkeit im Rahmen vereinsrechtlicher Strukturen, NZA 2014, 281 ff.; *Mikosch,* Arbeitnehmerbegriff und Schutzzwecke des Arbeitsrechts, FS für Manfred Löwisch 2007, S. 189 ff.; *Müller,* Die arbeitnehmerähnliche Person im Arbeitsschutzrecht, 2009; *Müllner,* Aufgespaltene Arbeitgeberstellung und Betriebsverfassungsrecht, 1978; *Nebe,* Die stufenweise Wiedereingliederung, SGb 2015, 125 ff; *Oppolzer,* Psychische Belastungen in der Arbeitswelt, 2002; *Pfarr,* Die arbeitnehmerähnliche Person – Neue Selbständigkeit und deren arbeitsrechtliche Beurteilung, FS für Karl Kehrmann, 1997, S. 75 ff.; *Pottschmidt,* Arbeitnehmerähnliche Personen in Europa, 2006; *Pünnel,* Der Beschäftigte in der Werkstatt für Behinderte (WfB) – eine „arbeitnehmerähnliche Person gem. § 54 Abs. 1 SchwBG" – Rechtsstellung und Auswirkungen, ArbuR 1996, 483 ff.; *Rebhahn,* Arbeitnehmerähnliche Personen – Rechtsvergleich und Rechtsperspektive, RdA 2009, 236 ff; *Richardi,* Arbeitnehmer als Beschäftigte, NZA 2010, 1101, 1102; *Salje,* Der Schutz von Jugendlichen und Kindern im Theater- und Musikbetrieb, DVBl 1988, 135 ff.; *C. Schubert,* Der Schutz der arbeitnehmerähnlichen Personen, 2004; *dies.,* Arbeitnehmerschutz für GmbH-Geschäftsführer, ZESAR 2013, S. 5 ff.; *Schweres,* Menschengerechte Gestaltung der Arbeit, AiB 1995, 634 ff.; *Sehmsdorf,* Europäischer Arbeitsschutz und seine Umsetzung in das deutsche Arbeitsschutzsystem unter besonderer Berücksichtigung des öffentlichen Dienstes, 1995; *Slesina,* Arbeitsbedingte Erkrankungen und Arbeitsanalyse – Arbeitsanalyse unter dem Gesichtspunkt der Gesundheitsvorsorge, 1987; *Sommer,* Das Ende der Scheinselbständigkeit, NZS 2003, 169; *Weber,* Das aufgespaltene Arbeitsverhältnis, 1992; *Wiebauer,* Arbeitsschutz im Fremdbetrieb, ZfA 2014, 29 ff; *Wilhelm,* Die Unfallverhütungsvorschriften im System des deutschen und europäischen Rechts, 2002; *Wlotzke,* Technischer Arbeitsschutz im Spannungsfeld von Arbeits- und Wirtschaftsrecht, RdA 1992, 85 ff.

Begriffsbestimmungen § 2 ArbSchG

A. Normzweck und Systematik

§ 2 enthält **zentrale Begriffsbestimmungen,** die den neuen Gehalt des Arbeits- 1
schutzrechts verdeutlichen und damit zugleich für eine zielgerichtete und einheitliche
Auslegung des neuen Arbeitsschutzrechts sorgen sollen. Sie sind als allgemeine Definitionen vorangestellt worden, damit die Normanwender sie zugleich bei der Auslegung
der Verordnungen zum ArbSchG, weiterer staatlicher Normen, die auf die arbeitsschutzrechtliche Terminologie Bezug nehmen, wie z. B. § 87 Abs. 1 Nr. 7 BetrVG
und § 75 Abs. 3 Nr. 11 BPersVG, sowie staatlicher Verwaltungsvorschriften, wie z. B.
§ 115 SGB VII, beachten. Ebenso dürften sie heranzuziehen sein bei der Auslegung
der vergleichbaren Beteiligungsvorschriften des Mitarbeitervertretungsrechts, so z. B.
der Mitbestimmung der Mitarbeitervertretung nach § 40b des Kirchengesetzes über
Mitarbeitervertretungen in der EKiD (MVG) sowie nach § 36 Abs. 1 Nr. 10 MAVO
(vgl. *Schulze-Froning,* Kirchliche Mitarbeitervertretungsregelungen Diss. Münster
2002 S. 95, 152; *Georgi,* Die Beteiligungsrechte der Mitarbeitervertretungen, S. 77)
und den Normen des Arbeitssicherheitsrechts. Mittelfristig werden diese Definitionen
auch Einfluss auf andere Rechtsgebiete gewinnen, da z. B. die Judikatur zum Tarifrecht
die Übereinstimmung tarifrechtlicher Begriffe mit dem üblichen juristischen Sprachgebrauch als Regelfall ansieht (*BAG* NZA 1988, 168).

Bereits in der Begründung (BT-Drs. 13/3540, S. 15) ist hervorgehoben worden, 2
dass sich die Terminologie eng an **europarechtlich geprägten Begriffen** und
Leitbildern orientiert. Es ist daher hier besonders wichtig, diese Begriffe jeweils in
ihrem gemeinschaftsrechtlichen Kontext zu sehen und zu interpretieren.

B. Gemeinschaftsrecht und supranationales Recht

Die in § 2 enthaltenen Definitionen entsprechen sachlich und methodisch weit- 3
gehend den Definitionen, die in maßgeblichen **ILO-Übereinkommen** sowie vor
allem in den **Richtlinien des Gemeinschaftsrechts** aufgenommen worden sind.
Es ist kennzeichnend für die neueren supranationalen und völkerrechtlichen Texte
zum Arbeitsschutz, dass diese die mit ihnen angestrebte neue Perspektive gerade
durch eine Reihe von Definitionen abzusichern versuchen. So hat bereits Art. 3 des
grundlegenden ILO-Übereinkommens Nr. 155 über Arbeitsschutz und Arbeitsumwelt vergleichbare Definitionen aufgenommen, mit denen die mit diesen Abkommen angestrebte Vereinheitlichung und Erweiterung des Arbeitsschutzes verdeutlicht werden sollte (*Bücker/Feldhoff/Kohte,* Rn. 234 ff.; *Birk,* FS Wlotzke, 2009,
S. 645, 656 ff.; *Brandes,* S. 104). Ebenfalls zu beachten ist Art. 3 der ESC, mit dem ein
soziales Grundrecht auf sichere und gesunde Arbeitsbedingungen statuiert worden
ist. Der Ausschuss für soziale Rechte, der die Einhaltung der auch von Deutschland
ratifizierten ESC zu überwachen hat, zieht den persönlichen Anwendungsbereich
dieses Grundrechts weit und integriert arbeitnehmerähnliche Personen und Selbstständige, die in die betrieblichen Abläufe integriert und damit vergleichbaren Gefahren ausgesetzt sind (*Kohte,* FS Birk, 2008, S. 417, 420 ff.). Seit dem 1. 12. 2009 ist zumindest bei der Auslegung der maßgeblichen EG-Richtlinien in der in Art. 31
der Charta der Grundrechte der Union statuierte Grundrecht auf sichere, gesunde und
würdige Arbeitsbedingungen maßgeblich, weil diese Grundrechte nach Art. 6 EUV
und Art. 51 der Charta bei der Durchführung des Rechts der Union zu beachten sind
(*Lörcher* in HK-ArbSchR, Grundrecht Rn. 44 ff.).

ArbSchG § 2   Arbeitsschutzgesetz

4 In den maßgeblichen Richtlinien der europäischen Gemeinschaft zu Arbeitsschutz und Arbeitsumwelt sind für § 2 ArbSchG maßgebliche Definitionen aufgenommen worden. Von zentraler Bedeutung ist hier vor allem **Art. 3 der RL 89/391/EWG**, mit der vor allem die grundlegenden Rechtsbegriffe der „Arbeitnehmer" und „Arbeitgeber" eine eigenständige Regelung gefunden haben (ausführlich unten Rn. 32 ff., 122 ff.).

5 In § 2 sind zusätzlich **weitere Definitionen,** die im Rahmen der Arbeitgeberpflichten in Art. 5 Abs. 1 und Art. 6 Abs. 2 d der RL 89/391/EWG statuiert worden sind, als generelle Begriffsbestimmungen formuliert und durch die Platzierung in § 2 Abs. 1 besonders hervorgehoben worden. Mit dieser auch optisch auffallenden Umgruppierung sollen den Normanwendern die neue Perspektive und das **neue Verständnis des Arbeitsschutzes** besonders deutlich gemacht werden (*Wlotzke* NZA 1996, 1017, 1019).

C. Entstehungsgeschichte

6 Bereits in § 2 ArbSchRGE (dem in den Jahren 1994/1995 gescheiterten Entwurf eines Arbeitsschutzrahmengesetzes) wurden die wesentlichen Definitionen aufgenommen, die später im Gesetz kodifiziert worden sind. Die damals vorgeschlagenen Begriffsbestimmungen waren umfassender, denn sie enthielten zusätzlich auch Definitionen zu den jeweils auf Landesebene zuständigen Behörden sowie zumindest in der ergänzenden Norm des damaligen § 5 Nr. 4 eine weitergehende und konkretere Definition des Rechtsbegriffs der menschengerechten Gestaltung der Arbeit, auf die damals auch explizit die Vermeidung eintöniger Arbeit gerichtet war (BT-Drs. 12/6752, S. 34).

7 Der 1995 neu eingebrachte **Regierungsentwurf** zum ArbSchG, der verschiedene Teilregelungen eliminiert und das Gesetz daher insgesamt „schlanker" gemacht hatte, hielt im Wesentlichen an den Definitionsvorschlägen aus § 2 ArbSchRGE fest; entfernt wurden die Definitionen zur Festlegung der Zuständigkeit der Behörden auf Landesebene, sowie alle expliziten Hinweise zur Verringerung eintöniger Arbeit.

8 Der **Bundesrat** übte keine prinzipielle Kritik an dieser Definitionsnorm. Er schlug ausschließlich vor, die in Heimarbeit Beschäftigten in das Gesetz umfassend zu integrieren (BT-Drs. 13/4337, S. 3). Dieser Antrag fand jedoch keine Mehrheit, so dass es auch insoweit bei der Fassung des Regierungsentwurfs verblieb.

D. Maßnahmen des Arbeitsschutzes

I. Allgemeines

9 Die erste zentrale Definition erläutert die Maßnahmen des Arbeitsschutzes. Diese betreffen die Prävention sowohl von **„Unfällen bei der Arbeit"** als auch von **„arbeitsbedingten Gesundheitsgefahren".** Diesen beiden großen Zielrichtungen der Maßnahmen des Arbeitsschutzes werden in einer im Gesetz nicht näher geregelten Weise die **„Maßnahmen der menschengerechten Gestaltung der Arbeit"** zugeordnet. Zu beachten ist, dass diese nicht als dritte „Säule" des Arbeitsschutzes definiert, sondern den anderen beiden Bereichen zugeordnet worden sind.

Mit dieser Definition wird zunächst Bezug genommen auf Art. 5 Abs. 1 RL 89/ 10
391/EWG, wonach der Arbeitgeber verpflichtet ist, „für die Sicherheit und den Gesundheitsschutz der Arbeitnehmer in Bezug auf alle Aspekte, die die Arbeit betreffen, zu sorgen". Das Begriffspaar **„Sicherheit und Gesundheitsschutz"** nimmt Bezug auf die klassischen Termini der angloamerikanischen und der französischen Rechtssprache „health and safety" sowie „securité et santé", die auch dem deutschen Gesetz zugrunde liegen und die bereits in § 1 normiert sind (→ § 1 Rn. 20ff.).

Die umfassende Dimension des neuen Arbeitsschutzes kommt darin zum Ausdruck, dass dieser Schutz nicht mehr eng technisch oder medizinisch formuliert und eingegrenzt ist, sondern bewusst in einen **weiten Rahmen** gestellt worden ist, indem der Arbeitgeber auf „alle Aspekte, die die Arbeit betreffen" einzugehen hat (*Kohte* ZIAS 1999, 85, 94f.). 11

II. Verhütung von Unfällen bei der Arbeit

Die erste Zielrichtung der Maßnahmen betrifft die Verhütung von Unfällen bei 12
der Arbeit. Diese Definition lehnt sich an die Begriffsbestimmung in § 8 SGB VII an, ohne damit jedoch völlig übereinzustimmen. Grundsätzlich gilt für die **Unfälle** bei der Arbeit ebenfalls die allgemeine **Definition** in § 8 Abs. 1 Satz 2 SGB VII, wonach Unfälle zeitlich begrenzte, von außen auf den Körper einwirkende Ereignisse sind, die zu einem Gesundheitsschaden oder zum Tod führen (*Schmitt* SGB VII, 4. Aufl. § 8 Rn. 108).

Dieser Begriff ist enger als der Rechtsbegriff des Arbeitsunfalls nach § 8 SGB VII, 13
weil **Wegeunfälle** aus diesem Begriff ausgeklammert sind, soweit sie nicht zum Einfluss- und Organisationsbereich des Arbeitgebers gehören. Wenn dagegen – wie z. B. nicht selten in der Bauwirtschaft – der Arbeitgeber für den Transport der Beschäftigten zum Arbeitsplatz und das Abholen von der Familienwohnung sorgt, dann müssen auch insoweit grundlegende arbeitsschutzrechtliche Pflichten, die sich auf die Sicherheit des PKW (vgl. den Sachverhalt *BAG* AP Nr. 51 zu § 611 BGB – Haftung des Arbeitnehmers sowie *BAG* VersR 2004, 1047), auf die Fähigkeiten des Fahrers sowie die Bedeutung der Arbeitszeitorganisation beziehen, beachtet werden (ebenso *Wiebauer* in Landmann/Rohmer, GewO ArbSchG § 2 Rn. 6). Ebenso wird in der Literatur zutreffend der Unfall bei der Instandhaltung und Erneuerung eines Arbeitsgeräts oder einer Schutzausrüstung nach § 8 Abs. 2 Nr. 5 SGB VII in das Arbeitsschutzrecht integriert.

Auf der anderen Seite ist der Rechtsbegriff „Unfälle bei der Arbeit" weiter ge- 14
fasst, denn er verlangt **keine enge Kausalbeziehung zwischen Unfall und Arbeit.** Daher ist die im Unfallversicherungsrecht regelmäßig eingesetzte **„Theorie der wesentlichen Bedingung"** (dazu nur *BSGE* 1, 150, 156; *Kater/Leube,* SGB VII, vor §§ 7ff. Rn. 30ff.; § 8 Rn. 36ff.) **nicht anwendbar.** Es entspricht dem in Art. 5 Abs. 1 RL 89/391 normierten umfassenden Schutz- und Präventionszweck, dass eine Gefährdungsanalyse und Unterweisung auch dann geboten ist, wenn die betriebliche Tätigkeit nicht als „wesentliche Bedingung", sondern „nur" als eine mitwirkende Ursache für einen Unfall von Bedeutung sein kann (ebenso *Pieper* ArbSchR ArbSchG § 2 Rn. 3).

III. Verhütung arbeitsbedingter Gesundheitsgefahren

Der Rechtsbegriff der Verhütung arbeitsbedingter Gesundheitsgefahren umfasst 15
ausdrücklich und bewusst eine **Erweiterung des Arbeitsschutzrechts** gegenüber

ArbSchG § 2

der bisherigen Doktrin und Praxis. Im Unfallversicherungs- und im klassischen Arbeitsschutzrecht hatte man sich an der Verhütung nur von Berufskrankheiten (§ 9 SGB VII) orientiert. Das auf dieser Norm basierende Listensystem führte zu einer wesentlichen Beschränkung präventiver Regelungen. Das bekannteste Beispiel ist die bis 1996 unterentwickelte Normierung von Schutzmaßnahmen bei Bildschirmarbeit, da am Bildschirm nach herkömmlicher Terminologie weder Arbeitsunfälle noch bekannte Berufskrankheiten in größerer Zahl drohten, so dass hier ein besonders auffälliges Schutzdefizit bestanden hatte (*Kollmer* NZA 1997, 138, 141; *Wlotzke* NJW 1997, 1469, 1472; *Bücker/Feldhoff/Kohte*, Rn. 289 ff.).

16 Eine Erweiterung war im bisherigen Recht zuerst in § 3 ASiG normiert worden, als den Betriebsärzten die Rechtspflicht zur Untersuchung der Ursachen von **arbeitsbedingten Erkrankungen** zugewiesen worden war. Diese Pflicht war allerdings nicht sanktionsbewehrt durch spezifische hoheitliche Anordnungsmöglichkeiten; ebenso war eine explizite Möglichkeit der Betriebsräte, diese Aufgabe im Wege der erzwingbaren Mitbestimmung durchzusetzen, nicht aufgenommen worden, so dass diese Pflicht überwiegend nicht effektiv realisiert worden war (ausführlich *Anzinger/Bieneck* ASiG, 1998, § 1 Rn. 18; § 3 Rn. 108 ff.; *Bücker/Feldhoff/Kohte*, Rn. 46 ff., 104 ff.; *Elkeles/Georg*, Bekämpfung arbeitsbedingter Erkrankungen, S. 20 f.).

17 Die Bekämpfung arbeitsbedingter Gesundheitsgefahren ist durch die verschiedenen Gesetzgebungsverfahren im Sommer und Herbst 1996 fast zeitgleich in den **§ 2 ArbSchG, § 14 SGB VII, § 20 SGB V** geregelt worden. Während im Krankenversicherungsrecht zwischen 1996 und 1998 die Maßnahmen zur betrieblichen Gesundheitsförderung nachhaltig eingeschränkt worden waren (zur Kritik *Hauck/Gerlach*, SGB V, 2009 § 20 Rn. 11.) und den Krankenkassen ausschließlich eine Kooperationsrolle mit den Berufsgenossenschaften zugestanden worden war, wurde in § 14 SGB VII den Berufsgenossenschaften die umfassende Aufgabe zugewiesen, mit allen geeigneten Mitteln für die Verhütung von arbeitsbedingten Gesundheitsgefahren zu sorgen. Damit sollte bewusst die präventive Aufgabe der Unfallversicherungsträger gestärkt werden. Die recht offene Formulierung des § 14 SGB VII wird insoweit als Vorteil angesehen, weil es erforderlich ist, dieses bisher noch wenig untersuchte und regulierte Feld schrittweise zu erschließen (*Coenen/Waldeck* BG 1996, 574, 576). Diese Norm gehört auch zu den Grundlagen der weiterführenden Präventionspflichten in § 3 SGB IX (zutreffend *Welti* in HK-SGB IX 3. Aufl. 2010 § 3 Rn. 21), die im Zusammenhang mit dem **Präventionsverfahren nach § 84 SGB IX** arbeitsschutzrechtliche Maßnahmen fördern und stimulieren können (*Kohte* ZSR 2003, 443, 455 ff.). Seit 1999 wurde schrittweise die betriebliche Gesundheitsförderung – seit 2007 in § 20a SGB V – als eine dem Arbeitsschutz vorgelagerte **präventive Pflichtaufgabe der gesetzlichen Krankenversicherung** normiert (*Hauck/Gerlach* SGB V, 2009, § 20a Rn. 9). Sie ist jetzt durch das Präventionsgesetz verdeutlicht worden; in § 20c SGB V nF wird ausdrücklich die **Ergänzung zum Arbeitsschutz** normiert (BT-Drs. 18/5261, S. 54).

18 In der unfallversicherungsrechtlichen Literatur werden als **arbeitsbedingte Gesundheitsgefahren** solche Gefahren benannt, die ihre alleinige Ursache oder eine wesentliche Teilursache in der versicherten Tätigkeit haben können (so z.B. *Ricke* in KassKomm, § 14 SGB VII Rn. 3; *Schmitt*, SGB VII, 4. Aufl., § 14 Rn. 6). Teilweise wird davon ausgegangen, dass die aus dem klassischen Unfallversicherungsrecht bekannte Theorie der wesentlichen Bedingung auch für den Rechtsbegriff der arbeitsbedingten Gesundheitsgefahren gelten müsse (so *Kater/Leube*, § 14 Rn. 11; *Niemeyer/Freund* NZS 1996, 497, 500).

Begriffsbestimmungen **§ 2 ArbSchG**

In der Literatur wird zunehmend die Gegenposition vertreten, die zwischen 19
Entschädigung und Prävention differenzierend die **Theorie der wesentlichen
Bedingung auf das Entschädigungsrecht beschränkt** und für die Prävention
einen kausalen Bezug zur Arbeitswelt ausreichen lässt („jede relevante Gefahrerhöhung" – *Kranig/Timm* in Hauck/Noftz SGB VII, § 14 Rn. 32; vgl. *Wannagat/Jung*
SGB VII, 2007, § 14 Rn. 9 und *Rentrop* in Lauterbach, SGB VII, 2015, § 14
Rn. 33). Dies entspricht der Entstehungsgeschichte des § 14 SGB VII, in der zunächst die Sorge der Berufsgenossenschaften dominierte, eine Einbeziehung der arbeitsbedingten Gesundheitsgefahren würde mittelfristig auch zu einer Entschädigungspflicht führen; daher wurde insoweit deutlich zwischen den Zwecken der
Prävention und der Entschädigung differenziert (dazu nur *Krasney* BG 1996, 120;
Gitter BB-Beil. 6/1998, S. 10). Dementsprechend haben inzwischen sowohl die
BG Chemie – jetzt BGRCI – als auch die Tarifvertragsparteien der chemischen Industrie als arbeitsbedingte Gesundheitsgefahren die Einflüsse qualifiziert, die in
nachvollziehbarem Zusammenhang mit dem Arbeitsplatz oder der Tätigkeit über
das allgemeine Lebensrisiko hinaus die Gesundheit beeinträchtigen können (*Jäger*
sis 1998, 121; *Gitter* BB-Beil. 6/1998, S. 9; *Pieper*, ArbSchR SGB VII Rn. 6).

Es ist an dieser Stelle nicht zu vertiefen, warum diese Auslegung der neuartigen 20
Präventionsaufgabe in § 14 SGB VII besser gerecht wird. Für die präventiven innerbetrieblichen Aufgaben, die in keiner Weise mit einer sozialrechtlichen Entschädigungspflicht verbunden sind, ist die Theorie der wesentlichen Bedingung auf keinen Fall zu übernehmen. In Übereinstimmung mit der **Begriffsbestimmung des
BMA**, die von diesem 1993 und 1995 veröffentlicht worden ist (BAnz 1993
Nr. 116 und 1995 Nr. 97; ausführlich *Nöthlichs* ArbSchG § 2 Rn. 1.3), ist davon auszugehen, dass **Erkrankungen arbeitsbedingt** sind, wenn sie **durch Arbeitseinflüsse verursacht oder mitverursacht** bzw. in ihrem Verlauf ungünstig beeinflusst
und verschlimmert worden sind. Es steht der Anerkennung arbeitsbedingter Gesundheitsgefahren nicht entgegen, dass diese Gefahren auch durch Einflüsse aus der
Umwelt oder durch die persönliche Konstitution oder Situation der Beschäftigten
ebenso beeinflusst werden können. Eine spezifische Gewichtung im Sinne der wesentlichen Bedingung wird im betrieblichen Arbeitsschutz nicht vertreten und wäre
auch nicht sachgerecht (*Nöthlichs* ArbSchG § 2 Rn. 1.3; *Pieper* ArbSchR ArbSchG
§ 2 Rn. 6; *Anzinger/Bieneck*, ASiG, § 3 Rn. 110; *Wank*, TAS ArbSchG § 2 Rn. 1;
Wiebauer in Landmann/Rohmer GewO ArbSchG § 2 Rn. 7). Ausschließlich sehr
geringfügige oder besonders fern liegende betriebliche Einflüsse sind insoweit aus
dieser Gefahrenlage auszuscheiden (*Kollmer*, ArbSchG Rn. 65).

Durch diese Offenheit der Arbeitsbedingtheit solcher Gefahren sollen auch viel- 21
fältige und **multifaktorielle Kausalverläufe** erfasst werden. Zu den Ursachen gehören nicht nur die körperliche Schwere oder ungünstige klimatische Verhältnisse
bei der Arbeit, sondern auch psychische Belastungen, Zeitdruck, Monotonie oder
ungünstige Schicht- und Nachtarbeitszeiten (vgl. dazu den Katalog bei *Schmitt*, § 14
Rn. 6). Diesem offenen Ansatz entsprechen die in § 3 BildscharbV besonders hervorgehobene Ermittlung psychischer Belastungen sowie der umfassende Katalog
der Gefährdungsursachen in § 5 Abs. 3 ArbSchG, der deutlich macht, dass das Gesetz weder eine monokausale noch eine versicherungsrechtliche Sicht der arbeitsbedingten Gesundheitsgefahren zugrunde legt (ebenso in der Arbeitswissenschaft *Slesina*, S. 17ff.; *Heuchert/Horst/Kuhn* BArbBl. 2/2001, S. 24ff.). Dies ist bestätigt
worden durch die klarstellende Aufnahme der psychischen Belastungen in § 5
Abs. 3 Nr. 6 ArbSchG (vgl. *Schulze/Doll* in HK-ArbSchG § 2 Rn. 8). In der Rechtsprechung ist dieser offene Ansatz, der sich am Zusammenhang zwischen Gesund-

ArbSchG § 2

heitsgefährdung und betrieblicher Tätigkeit orientiert, ausdrücklich übernommen worden (BVerwG 14.2.2013 – 6 PB 1/13, NZA-RR 2013, 390 391; zustimmend *Widmaier* DVBl 2015, 667, 671).

IV. Menschengerechte Gestaltung der Arbeit

22   Diese **Offenheit der Präventionsaufgaben** wird zusätzlich dadurch betont, dass diese Aufgaben „einschließlich Maßnahmen der menschengerechten Gestaltung der Arbeit" zu realisieren sind. Die Regierungsbegründung (BT-Drs. 13/3540, S. 15) weist aus, dass damit der in **Art. 6 Abs. 2d der Rahmenrichtlinie** enthaltene allgemeine Grundsatz der Gefahrenverhütung, dass der Faktor „Mensch" bei der Arbeit berücksichtigt werden müsse, umgesetzt werden sollte. Im Unterschied zu den Formulierungen in § 4 hat man sich insoweit nicht eng an den Wortlaut der Richtlinie gehalten, sondern auf einen Begriff des bisherigen deutschen Arbeits- und Arbeitsschutzrechts, nämlich die menschengerechte Gestaltung der Arbeit, zurückgegriffen.

23   Diese zunächst terminologische Entscheidung ist sowohl in gemeinschaftsrechtlicher als auch in rechtssystematischer Hinsicht akzeptabel. Gemeinschaftsrechtlich ist zu beachten, dass sich die sehr unscharfe deutsche Fassung der Richtlinie deutlich von der englischen und französischen Fassung unterscheidet, wonach die in Art. 6 Abs. 2d formulierte Grundpflicht wesentlich einfacher formuliert wurde als **„adapting the work to the individual"** bzw. **„adapter le travail à l'homme"**. Damit wurde an den allgemeinen Grundsatz der **Anpassung der Arbeit an den Menschen** angeknüpft, der bereits in den Grundpflichten des Arbeitgebers nach Art. 3 des niederländischen Arbo-Wet, das zu den Vorbildern der Rahmenrichtlinie gehörte, statuiert war (ausführlich *Kohte* EAS B 6100 Rn. 56).

24   In der deutschen arbeitsrechtlichen Terminologie war die Aufgabe der Anpassung der Arbeit an den Menschen als wesentliches Ziel der menschengerechten Gestaltung der Arbeit seit 1972 im Rahmen der parlamentarischen Beratungen zum BetrVG und ASiG definiert worden (BT-Drs. 7/1085, S. 6). Bis heute gehört die Anpassung der Arbeit an die physischen und psychischen Eigenschaften und Fähigkeiten der einzelnen Beschäftigten zu den wesentlichen Inhalten dieses Rechtsbegriffs (dazu nur *Kohte* in MHdB ArbR § 288 Rn. 5; *Fitting* BetrVG 28. Aufl. § 90 Rn. 38ff.; *Kohte/Schulze-Doll* in HK-BetrVG § 90 Rn. 21ff.). Dabei geht es **nicht** um die **reaktive Abwehr** von Gefahren, **sondern** um die **präventive** gesundheitsbezogene **Gestaltung** der Arbeitsbedingungen unter arbeitsphysiologischen und -psychologischen Gesichtspunkten, die auch die Gestaltung der Arbeitsumgebung und -organisation einschließt (ausführlich *Weber* in GK-BetrVG, 10. Aufl. 2014, § 90 Rn. 44).

25   Es besteht jedoch weitgehende Übereinstimmung, dass sich der Begriff der menschengerechten Gestaltung der Arbeit nicht in gesundheitsbezogenen Forderungen erschöpft, sondern ebenso weitergehend die Förderung und Entfaltung der Persönlichkeit der Beschäftigten im Betrieb durch eine entsprechende Arbeitsorganisation umfassen soll (dazu bereits *Wlotzke* in MHdB ArbR § 206 Rn. 15; *Fitting*, § 90 Rn. 39; *Richardi/Annuß*, 14. Aufl. BetrVG, § 90 Rn. 31; *Kohte/Schulze-Doll* in HK-BetrVG, § 90 Rn. 23). Die heutige Arbeitswissenschaft geht ebenso von einer umfassenden und nicht nur gesundheitsbezogenen Bedeutung der menschengerechten Gestaltung der Arbeit aus (dazu nur *Schweres*, AiB 1995, 634ff.; *Pieper*, ArbSchR ArbSchG § 2 Rn. 9). Insoweit zutreffend wird bei *Zöllner/Loritz/Hergenröder*, Arbeitsrecht, 7. Aufl. § 32 Rn. 19 beschrieben, dass es eine **„nicht ganz**

Begriffsbestimmungen **§ 2 ArbSchG**

schmale Zone von Regelungen oder Maßnahmen" gibt, die **sowohl der Humanisierung als auch dem Gesundheitsschutz** zugeordnet werden können.

Dementsprechend ist im bisherigen Arbeitsrecht der **Rechtsbegriff der men-** 26 **schengerechten Gestaltung der Arbeit** in unterschiedlicher Weise eingesetzt worden. Während in § 90 BetrVG dieser Rechtsbegriff in seiner umfassenden Breite zu verstehen ist (dazu nur *Fitting,* § 87 Rn. 293; *Klebe* in DKKW, 15. Aufl. § 90 Rn. 1, 354; *Kohte/Schulze-Doll* in HK-BetrVG, § 90 Rn. 24), wird er bereits im Gesetzeswortlaut in den § 6 ASiG, § 19 ChemG enger formuliert, indem er mit Hilfe des Begriffs „einschließlich" direkt auf den Gesundheitsschutz und die Unfallverhütung bezogen wird. In der Literatur wird daher dem Grundsatz der menschengerechten Gestaltung der Arbeit in diesen Normen nur der gesundheitsnahe Bereich dieser Gestaltung zugerechnet (grundlegend weiterhin *Wlotzke,* FS Wißmann 2005, S. 426, 437).

Die Terminologie in § 2 lehnt sich unmittelbar an die Vorbilder in § 6 Satz 1 27 ASiG, § 19 Abs. 1 Satz 1 ChemG an. Es entspricht daher bereits dem Wortlaut, auch insoweit nur den **gesundheitsnahen Bereich der menschengerechten Gestaltung der Arbeit den Maßnahmen des Arbeitsschutzes** zuzurechnen (so *Koll* in Koll/Janning/Peter § 2 Rn. 11; *Wlotzke* NZA 1996, 1017, 1019; *Müller-Petzer,* Fürsorgepflichten, 2003, S. 82ff; *F. Merten,* Gesundheitsschutz 2000, S. 55ff.; *Faber,* Die arbeitsschutzrechtlichen Grundpflichten, S. 80). Diese Sichtweise entspricht der Systematik des Gemeinschaftsrechts, das im Unterschied zum skandinavischen Recht keine umfassende Förderung der Persönlichkeit der Beschäftigten, sondern die Wahrung der Sicherheit und des Gesundheitsschutz der Beschäftigten in den Mittelpunkt stellt. Es entspricht auch der Entstehungsgeschichte des ArbSchG, dass insoweit keine weitergehende Regelung erfolgen sollte (dazu die Begründungen in BT-Drs. 12/6752, S. 34f. und 13/3540, S. 15; sowie ausführlich → § 1 Rn. 38ff.).

Eine solche Auslegung ist auch mit der **Systematik des Betriebsverfassungs-** 28 **rechts** vereinbar, in dem weiterhin zwischen einem umfassenden Mitbestimmungsrecht bei Regelungen zum gesetzlichen Gesundheitsschutz und einem eingeschränkten Mitbestimmungsrecht bei der Gestaltung der Arbeitsplätze am Maßstab der menschengerechten Gestaltung der Arbeit differenziert wird (*Kohte/Schulze-Doll* in HK-BetrVG, § 90 Rn. 24). Diese Unterscheidung fügt sich in die Systematik des § 2 ein, wenn erkannt wird, dass die gesundheitsnahen Grundsätze der menschengerechten Gestaltung der Arbeit, die im Rahmen von §§ 2, 4 zu **Rechtspflichten des Arbeitgebers** geworden sind, nunmehr im Rahmen von **§ 87 Abs. 1 Nr. 7 BetrVG** zu beachten sind, während für die anderen Grundsätze weiterhin die **§§ 90, 91 BetrVG** gelten (so überzeugend *Fitting,* § 87 Rn. 293; *F. Merten,* Gesundheitsschutz, S. 152ff.; *BAG* BB 1999, 55; *Klebe* in DKKW § 87 Rn. 221; a. A. ohne eine solche Differenzierung *Merten/Klein* DB 1998, 672, 674; verfehlt die am Gefahrbegriff orientierte Differenzierung von *Wiese/Gutzeit* in GK-BetrVG § 87 Rn. 604, die den Gefährdungsschutz des ArbSchG vernachlässigt).

Die hier zu Grunde gelegte Differenzierung führt nicht zu einer Abschwächung, 29 sondern zu einer Verdeutlichung der präventiven Aufgaben im Arbeitsschutz. Indem in Übereinstimmung mit dem Wortlaut nunmehr die Grundsätze der menschengerechten Gestaltung der Arbeit auch bei der Verhütung von Unfällen zu beachten sind, ist es geboten, die Erfahrungen der großen Störfälle der letzten Jahre auszuwerten. Diese haben gezeigt, dass wichtige Unfallursachen gerade in **Fehlern der Arbeitsorganisation,** in der Über- oder Unterforderung der Beschäftigten und in den Risiken monotoner und einförmiger Tätigkeiten bestanden (bereits

ArbSchG § 2

Kohte BB 1981, 1277, 1279; *Fischbach* sis 1992, 238, 240). Diesen Gefahren soll nicht nur durch die neuen Anforderungen an die Konstruktion von Maschinen (§ 2 der 9. ProdSV), wonach psychische Belastungen zu reduzieren sind (*Kollmer,* EAS B 6300 Rn. 71; *Bücker/Feldhoff/Kohte,* Rn. 459, 475), sondern auch durch die Gestaltung der betrieblichen Arbeitsorganisation entgegengewirkt werden. Es gehört damit gerade zu den Aufgaben der Gefährdungsbeurteilung, diese Aspekte bei der Auswertung der bisherigen Unfälle und bei allen Risikoanalysen entsprechend zu berücksichtigen, um daraus die erforderlichen Maßnahmen abzuleiten (dazu auch *Wlotzke* in FS Däubler, 1999, S. 654, 661 f.; *Kittner* in FS Däubler, 1999, S. 690, 698). Dieses Konzept entspricht auch der Betonung der Arbeitsorganisation als wichtiger Unfallursache in der bisherigen RL 96/82/EG (*Kohte,* WSI-Mitteilungen 2000, 567, 571 ff.) und den Anforderungen des heutigen Störfallrechts. Ein wichtiges Element der Arbeitsorganisation ist dabei die **Arbeitszeitorganisation.** In Übereinstimmung mit der Regelung in § 5 Abs. 3 Nr. 4 ist sowohl bei der Gefährdungsbeurteilung als auch bei den zu treffenden Maßnahmen regelmäßig zu prüfen, ob Probleme der Länge, Lage oder Gestaltung der Arbeitszeit die Gesundheit der Beschäftigten gefährden können (vgl. *Kohte* NZA 2015, 1417, 1421), so dass vor allem die Rechtspflicht in § 6 Abs. 1 ArbZG (dazu *Anzinger* in MHdB ArbR § 300 Rn. 18 ff.) in die Maßnahmen des Arbeitsschutzes zu integrieren ist. Dies entspricht zugleich der Bestimmung in Art. 1 Abs. 4 RL 2003/88/EG, wonach auch diese Richtlinie von den Grundsätzen der RL 89/391/EWG bestimmt wird und der Bedeutung, den die Judikatur des EuGH zu dieser Richtlinie dem Gesundheitsschutz und der RL 89/391 als „Grundrichtlinie" (*EuGH* NZA 2000, 1227, 1229) zuschreibt (vgl. *EuGH* NZA 1997, 23; 2001, 827; 2003, 1019; 2006, 89).

30   Die Einbeziehung der menschengerechten Gestaltung der Arbeit bei der Verhütung arbeitsbedingter Gesundheitsgefahren verlangt weiter, dass die gesundheitlichen Gefahren, die z. B. durch **psychische Belastungen** auftreten können (*Bonitz,* BKK 1998, 630 ff.; *Heilmann/Hage,* FS Däubler, 1999, S. 666 ff.; *Oppolzer,* Psychische Belastungen in der Arbeitswelt, 2002, S. 9 ff.), ermittelt und beurteilt werden. Dazu gehört aber auch, dass bereits im Rahmen der Gefährdungsbeurteilung die partizipativen Elemente des neuen Arbeitsschutzrechts ernst genommen werden (so auch Balikcioglu NZA 2015, 1424, 1427. Die bisherigen Erfahrungen der betrieblichen Gesundheitsförderung und der Gesundheitszirkel zeigen deutlich, dass die realistische Erfassung und die effektive Verhütung arbeitsbedingter Gesundheitsgefahren am besten gefördert werden kann, wenn das Erfahrungswissen der Betroffenen mobilisiert und deren Akzeptanz für die notwendigen verhaltens- sowie verhältnisbezogenen Veränderungen in der Arbeitswelt gewonnen wird (dazu nur *Sochert,* BKK 1998, 341 ff.; ausführlich *Slesina,* S. 38 ff., 122 ff.). Gerade der Verzicht auf die bisherige enge Fassung monokausaler Ursachenverläufe kann den Blick für präventive Gestaltungsformen freimachen (ausführlich *Faber* Arbeit 1998, 203, 210 ff.; *Oppolzer* BG 1999, 735 ff.; *Kohte,* FS Slesina, 2008, S. 193, 197). Inzwischen sind dazu gesicherte arbeitswissenschaftliche Erkenntnisse (→ § 4 n 18 ff) gut zugänglich, so zB der von der Bundesanstalt für Arbeitsschutz und Arbeitsmedizin 2014 herausgegebene Band „Gefährdungsbeurteilung psychischer Belastung".

31   Zugleich erlaubt eine solche Interpretation auch wieder einen systematischen Rückschluss auf den in § 1 zugrunde gelegten **Gesundheitsbegriff.** Zutreffend hat das BVerwG aus § 2 Abs. 1 abgeleitet, dass der Einschluss der Maßnahmen der menschengerechten Gestaltung in die Maßnahmen zur Verhütung von arbeitsbedingten Gesundheitsgefahren einem Gesundheitsbegriff korrespondiert, der nicht nur physische Beeinträchtigungen, sondern auch die Vermeidung psychischer Be-

Begriffsbestimmungen **§ 2 ArbSchG**

lastungen umfasst (*BVerwG* NZA 1997, 482, 483; *BAG* NZA 2014, 855, 856; auch *Faber* Arbeit 1998, 207 ff.; *Kittner,* FS Däubler, 1999, S. 690, 696; *Gaul* DB 2013, 60, 64; *Wiebauer* in Landmann/Rohmer GewO, ArbSchG § 4 Rn. 16). Damit ist nicht der umstrittene Gesundheitsbegriff der WHO dem Gesetz zugrunde gelegt; vielmehr geht es in Übereinstimmung mit Art. 5 Abs. 1 der Richtlinie um den Gesundheitsschutz in Bezug auf alle Aspekte, die die Arbeit betreffen. Dies entspricht Art. 3e ILO-Übereinkommen Nr. 155, wonach der Ausdruck **„Gesundheit"** im Zusammenhang mit der Arbeit **nicht nur das Freisein von Krankheit oder Gebrechen,** sondern auch die physische und geistig-seelischen Faktoren umfasst, die sich auf die Gesundheit auswirken und die in unmittelbarem Zusammenhang mit der Sicherheit und der Gesundheit bei der Arbeit stehen (*Kohte,* EAS B 6100, Rn. 38; ebenso *Wlotzke,* FS Däubler, 1999, S. 654, 658 und FS Wißmann, 2005, S. 426, 429; *Anzinger* in MHdB ArbR, § 300 Rn. 19; *F. Merten,* Gesundheitsschutz und Mitbestimmung bei der Bildschirmarbeit, 2000 S. 15, 19; *Faber,* Die arbeitsschutzrechtlichen Grundpflichten, S. 82; auch → § 1 Rn. 20 ff.; sowie *EuGH* NZA 2003, 1019, 1024). In vergleichbarer Weise ist diese Position auch im niederländischen Recht eingenommen worden (*Veigel,* Das niederländische Arbeitsschutzrecht und die Umsetzung der Arbeitsschutz-Rahmenrichtlinie in den Niederlanden, 2003, S. 62).

E. Beschäftigte

§ 2 Abs. 2 enthält eine Definition der Beschäftigten im Sinne dieses Gesetzes. Die 32 Begründung weist aus, dass man sich damit eng an die Arbeitnehmerdefinition in Art. 3a RL 89/391 anlehnt (BT-Drs. 13/3540, S. 15). Dieser Ansatz ist methodisch zutreffend, denn die Legaldefinition in der Richtlinie zeigt, dass der **Arbeitnehmerbegriff** dort **als einheitlicher und gemeinschaftsrechtlicher Rechtsbegriff** verstanden wird, der vom Ziel der Sicherung und Verbesserung der Sicherheit und des Gesundheitsschutzes am Arbeitsplatz und der Harmonisierung der Arbeitsbedingungen her ausgelegt werden soll (*Klindt/Schuch*t in EUArbR RL 89/391/ EWG Rn. 37 f.). Dieses Ziel kann nur erreicht werden, wenn dieser Begriff in allen Mitgliedstaaten einheitlich ausgelegt wird, so dass hier ebenso wie bei der Auslegung der Art. 39, 141 (früher: Art. 48, 119) EGV, jetzt Art. 45, 157 AEUV der Arbeitnehmerbegriff als gemeinschaftsrechtlicher Begriff zu verstehen ist, über den die nationalen Rechtsordnungen nicht verfügen können (so zu Art. 48 EGV: *EuGH* NJW 1983, 1249; *Runggaldier* EAS B 2000 Rn. 16; *Fuchs/Marhold,* S. 55 ff. und zu Art. 7 RL 2003/88/EG: *EuGH* 14.10.2010 C 428/09, EAS C RL 2003/ 88/EG Art. 1 Nr. 1). Die Technik der Legaldefinition in Art. 3 RL 89/391 zeigt deutlich, dass hier keiner der Ausnahmefälle vorliegt, in denen wegen des noch partiellen Standes der Harmonisierung auf das je unterschiedliche nationale Recht verwiesen wird (zum Arbeitnehmerbegriff in der RL 94/33 zum Jugendarbeitsschutz *Balze,* EAS B 5200 Rn. 19 sowie *Schmidt* BB 1998, 1362 und in Art. 2 der RL 2001/23 zum Betriebsübergang *Gaul* BB 1999, 526; zur früheren RL 77/187 *Kohte* BB 1997, 1738, 1740 m.w.N.). Die Auslegung des § 2 Abs. 2 setzt damit voraus, dass man sich Klarheit über den Rechtsbegriff des Arbeitnehmers in den Arbeitsschutzrichtlinien des Gemeinschaftsrechts verschafft.

ArbSchG § 2

I. Arbeitnehmerbegriff der Arbeitsschutzrichtlinien

33 Den frühen Arbeitsschutzrichtlinien war noch ein **klassischer Arbeitnehmerbegriff** zugrunde gelegt worden. So definierte Art. 2b RL 80/1107 den Arbeitnehmer als jede „im Lohn- und Gehaltsverhältnis stehende Person" und nahm damit direkt die Definition aus Art. 1 der VO 1612/68 auf, mit der damalige Art. 48 (später: Art. 39 EG, jetzt: Art. 45 AEUV) EGV in einem wichtigen Teilbereich umgesetzt werden sollte. Bereits dieser Begriff war gemeinschaftsrechtlich zu verstehen und enthielt eine aus deutscher Sicht wichtige Vereinheitlichung, da diese Definition nicht mehr zwischen privatrechtlichen und öffentlich-rechtlichen Beschäftigungsverhältnissen differenzierte und damit gleichermaßen auf **Arbeiter, Angestellte und Beamte** anzuwenden war (*Börgmann* S. 52ff.). Diese Vereinheitlichung gehört zu den Grundstrukturen des europäischen Arbeitsrechts (*EuGH* NZA 1997, 1277) und ist daher auch für die Richtlinien zum Gesundheitsschutz und zur Arbeitsumwelt zugrunde zu legen (*Kohte* EAS B 6100, Rn. 30ff.).

34 **1. Gemeinschaftsrechtliche Rechtsprechung zum Arbeitnehmerbegriff.** In der **Judikatur** des EuGH zu Art. 48 EGV bzw. Art. 39 EG wird als Arbeitnehmer qualifiziert, wer während einer bestimmten Zeit für einen anderen nach dessen Weisung Leistungen erbringt, für die er als Gegenleistung eine Vergütung erhält (dazu nur *EuGH* NVwZ 1987, 41 = Slg. 1986, 2121, 2144 – Lawrie-Blum; zuletzt *EuGH* NZA 2015, 861, 862 – Balkaya). Damit ist klargestellt, dass die klassischen Arbeitnehmer nach nationalem Recht auch als Arbeitnehmer i. S. d. europäischen Rechts anzusehen sind. Die Auslegung des EuGH ist grundsätzlich weit und seine Begriffe dürfen zur Sicherung der vom Vertrag garantierten Grundfreiheiten nicht eng ausgelegt werden (*EuGH* Rs. 53/81, Slg. 1982, 1035 Rn. 13 – Levin; *Brechmann* in *Calliess/Ruffert*, Art. 45 AEUV Rn. 12ff). Diese Aussagen wurden vom Generalanwalt so zusammengefasst: „Der Begriff des Arbeitnehmers ist ein gemeinschaftsrechtlicher Begriff. Seine Wirkung darf nicht anhand von im nationalen Recht aufgestellten Kriterien beschränkt werden, z. B. durch Erfordernisse in Bezug auf den Umfang der Tätigkeit oder den Mindestzeitraum, in dem Berufstätigkeiten verrichtet werden." (Schlussanträge vom 27.2.2003, Rs. 109/01 – Akrich.)

35 In Rechtsprechung und Literatur ist daher anerkannt, dass Art. 48 EGV und die nachfolgenden Normen auch für **atypische Arbeitsverhältnisse** gilt. Auch diese sind als Arbeitnehmer im Sinne des europäischen Rechts zu qualifizieren, wenn sie eine Arbeit leisten, die unter den Bedingungen einer tatsächlichen und echten Tätigkeit im Lohn- oder Gehaltsverhältnis durchgeführt wird und sich als echte, nicht nur unwesentliche Tätigkeit darstellt (dazu nur *EuGH* EuZW 1992, 315, 316 – Raulin; zuletzt *EuGH* NZA 2008, 995, 996 – Raccanelli und EuZW 2010, 268 – Genc; *Fuchs/Marhold* S. 56f; zum Arbeitnehmerbegriff bei atypischer Arbeit bereits *Pipkorn* in GTE, 1991 4. Aufl. Art. 118a Rn. 13).

36 Gleichwohl hat die Judikatur des EuGH zu Art. 48 EGV, 39 EG und 45 AEUV nicht zu einer umfassenden Öffnung des Arbeitnehmerbegriffs geführt. In mehreren Entscheidungen sind noch undeutlich formulierte Grenzen statuiert worden. So sollen **Praktikanten** nur dann als Arbeitnehmer gelten, wenn sie eine Tätigkeit durchführen, die nicht völlig untergeordnet und unwesentlich ist (*EuGH* NZA 1992, 736 – Bernini; *Wölker/Grill* in von der Groeben/Schwarze, EG, 6. Aufl. 2003, Rn. 27 vor Art. 48 EGV). Bei einer im Rahmen einer Berufsausbildung durchgeführten praktischen Tätigkeit, die für die spätere Ausübung des betreffenden Berufes als Vorbereitung betrachtet werden kann, ist Arbeitnehmereigenschaft anzunehmen,

Begriffsbestimmungen **§ 2 ArbSchG**

wenn diese Zeiten unter den Bedingungen einer tatsächlichen und echten Tätigkeit im Lohn- oder Gehaltsverhältnis absolviert werden, auch wenn die Produktivität des Betreffenden gering ist (*EuGH* DVBl. 2003, 451, 453 – Kurz né Yüce – Rn. 33). **Rehabilitanden** sollen nicht als Arbeitnehmer qualifiziert werden, wenn ihre Tätigkeit vorrangig nicht auf den Arbeitsmarkt, sondern auf die Wiederherstellung ihrer Arbeitsfähigkeit gerichtet ist (*EuGH* Slg. 1989, 1621, 1645 – Bettray = EAS Art. 48 EGV Nr. 47; *Runggaldier* EAS B 2000 Rn. 30; *Fuchs/Marhold*, S. 57).

2. Erweiterung des Arbeitnehmerbegriffs im Arbeitsumweltrecht. Die 37 Beratungen zur Rahmenrichtlinie zielten von Anfang an auf eine **Erweiterung des Arbeitnehmerbegriffs**. In einem ersten Entwurf waren als Arbeitnehmer alle Personen qualifiziert worden, die Leistungen irgendeiner Art erbringen (ABlEG Nr. C 141 v. 30.5.1988, S. 2). Im weiteren Verlauf der Verhandlungen wurde eine weniger offene Formulierung als Kompromisslösung gesucht. Die jetzt gefundene Formulierung, die sich an der **Beschäftigung** (employment) orientiert, geht über das Lohn- und Gehaltsverhältnis hinaus. Auch wenn bereits für den Arbeitnehmerbegriff nach Art. 48 (später: Art. 39; jetzt: Art. 45 AEUV) EGV anerkannt war, dass dieser auch Vertragsverhältnisse erfassen kann, die als eigenständige Rechtsverhältnisse „sui generis" ausgestaltet sind (*EuGH* Slg. 1989, 1621, 1645 = EAS Art. 48 EGV Nr. 47, Rn. 16 – Bettray; ebenso *Höland,* Atypische Arbeit und rechtliche Normalität, 1995, S. 429), ist die in der RL 89/391 kodifizierte Definition weiter als die vom EuGH verwandte Arbeitnehmerdefinition bei der Auslegung des damaligen Art. 48 EGV (auch *Balze,* Die sozialpolitischen Kompetenzen der Europäischen Union, 1994, S. 200ff.; *EuGH* 14.10.2010 C 428/09, EAS C RL 2003/88/EG Art. 1 Nr. 1). Die bisherige Judikatur des EuGH zum Arbeitnehmerbegriff nach Art. 48 EGV (später: Art. 39 EG) kann daher nur partiell verwandt werden (so auch *Müller,* Die arbeitnehmerähnliche Person, S. 211f.).

Deutlich zeigt dies die Formulierung in Art. 3a der RL 89/391, wonach **Prak-** 38 **tikanten,** die von einem Arbeitgeber beschäftigt werden, **generell als Arbeitnehmer** zu qualifizieren sind. Damit werden die Differenzierungen der EuGH-Judikatur zu Art. 48 EGV, die auf den zeitlichen Umfang der Beschäftigung und die Entgelthöhe abzielen, nicht übernommen. Dies ist zutreffend, da für die Zwecke des Arbeitsschutzes eine solche Differenzierung nicht sachgerecht ist, denn Gesundheitsgefahren können auch gerade bei kurzzeitigen Beschäftigungen, die wirtschaftlich wenig lukrativ sind, auftreten. Dementsprechend sind auch andere Restriktionen, die in der bisherigen Judikatur zu Art. 48 EGV z. B. aus besonderen sozialrechtlichen Zielsetzungen von Rehabilitationsmaßnahmen zu einer Einschränkung des gemeinschaftsrechtlichen Arbeitnehmerbegriffs geführt haben (*EuGH* Slg. 1989, 1621, 1645 – Bettray; authentische Interpretation in *EuGH* Slg. 1998, I-7747, 7778 Rn. 30 – Birden und *EuGH* NZA 2005, 757, 758 Rn. 19 – Trojani), für die Begriffsbildung im Arbeitsschutz nicht zu übernehmen (so auch *Mosler* in Koppensteiner [Hrsg.], Österreichisches und europäisches Wirtschaftsprivatrecht, Teil 5, 1997, S. 223, 268; jetzt ausdrücklich *EuGH* NZA 2015, 1444, 1446 Rn. 38 – Fenoll; insoweit zustimmend *Seifert* EuZA 2015, 500, 504). Normzweck der Richtlinien zu Art. 153 AEUV ist nicht die von Art. 45 AEUV angestrebte Marktöffnung und wirtschaftlich werthaltige Beteiligung am Wirtschaftsleben, sondern der Gesundheitsschutz der Beschäftigten. Dieser ist auch bei kurzzeitigen Beschäftigungen, bei denen die Einzelnen zunächst partiell in den Betrieb integriert sind, erforderlich, so dass insoweit als Arbeitnehmer auch Personen erfasst werden, die in der bisherigen deutschen Doktrin eher als arbeitnehmerähnliche Personen qualifiziert worden wären (so auch *Däubler,* ZIAS 2000, 327, 335; *Rainer* in Schwarze/Rebhahn Art. 153 Rn. 13; *Krebber* in *Calliess/Ruffert,* Art. 153 Rn. 2; *Rebhahn* RdA 2009, 236, 248; *Pottschmidt* S. 231). Somit ist zugleich das Arbeitsschutzrecht ein Beispiel für die vom Gerichtshof herausgearbeitete Relativität des gemeinschaftsrechtlichen Arbeitnehmerbegriffs, der im Zusammenhang mit unterschiedlichen Sachkomplexen und Situationen unterschiedlich ausgelegt werden kann (generell *EuGH* Slg. 1997 – I-495 – de Jaeck sowie EAS-VO 1408/71 Art. 4 Nr. 22, Martinez – Sala = EuZW 1998, 372, 374; *Kocher,* Europäisches Arbeitsrecht, 2016 S. 44ff; ebenso *Steinmeyer* in EuArbR Art. 48 AEUV Rn. 12 sowie *Müller,* Die arbeitnehmerähnliche Person, S. 203ff., m.w.N. zum sozialversicherungsrechtlichen Arbeitnehmerbegriff im Gemeinschaftsrecht). Die neuere Judikatur des EuGH zu den von Art. 153 AEUV erfassten Materien bestätigt diese Analyse, indem sie als „Arbeitnehmer" Personen umfasst, die nach der deutschen Terminologie eher als arbeitnehmerähnliche Personen zu qualifizieren wären (*EuGH* NZA 2011, 143 – *Danosa* NZA 2015, 55, 56 – FNV und NZA 2005, 1444, 1445 – Fenoll, dazu nur *Franzen* in EuArbR, Art. 153 Rn. 10; *Hlava/Heuschmid* AuR 2015, 194 und *Seifert* EuZA 2015, 500, 504). Dieser Judikatur ist durch unionsrechtskonforme Auslegung des deutschen Rechts Rechnung zu tragen (Rn. 119).

39 Die im ArbSchG enthaltene **Regelungstechnik** ist grundsätzlich mit diesen Entwicklungstendenzen vereinbar. Der Rechtsbegriff des Beschäftigten, der an die neuere Entwicklung des deutschen Arbeitsschutzrechts anknüpft, geht in verschiedener Hinsicht über den Arbeitnehmerbegriff hinaus und ist daher geeignet, auch der betrieblichen Praxis die mit dem ArbSchG bezweckte Erweiterung und Öffnung deutlich zu machen. In verschiedenen Bereichen verlangt das Gemeinschaftsrecht auch die Einbeziehung bestimmter Selbstständiger, so z.B. der RL 2002/15 im Straßenverkehr (*EuGH* EuZW 2004, 660, 663; zur verspäteten Umsetzung in Deutschland *Wiebauer* NZA 2012, 1331ff) und in der RL 92/57 auf Baustellen (*Kollmer,* BaustellV, 2. Aufl. 2004, § 1 Rn. 18, § 6 Rn. 2; *Bremer,* Arbeitsschutz im Baubereich, S. 117f.). Dies entspricht der Entwicklung in der Auslegung des Art. 3 ESC (*Kohte* FS Birk, 2008, S. 417, 419ff.), die sich nicht am „employer", sondern am „worker" orientiert (zum „worker" im Gesundheitsschutz: *Pottschmidt,* S. 453; *Rebhahn* RdA 2009, 236, 238).

II. Beschäftigung in der Systematik des deutschen Arbeitsschutzrechts

40 Im bisherigen Arbeitsschutzrecht ist weder in privatrechtlicher noch in öffentlich-rechtlicher Hinsicht eine strikte Beschränkung auf den Schutz von Arbeitnehmern vorgenommen worden. Die privatrechtliche Norm des **§ 618 BGB wird** von Judikatur und Literatur bei anderen Verträgen, die auf die Erbringung einer Tätigkeit gerichtet sind, **analog angewandt,** wenn der Schuldner der Tätigkeit der räumlichen oder organisatorischen Herrschaft des Gläubigers unterliegt (dazu nur *BGHZ* 5, 62, 65f.; *Oetker* in Staudinger § 618 Rn. 98ff. m.w.N.). Aus diesem Grund wird diese Norm auch bei der Leistungserbringung im Rahmen von Dienstverträgen, Werkverträgen und Auftragsverhältnissen angewandt. Diese analoge Anwendung orientiert sich an der Interessenwahrungspflicht des Leistungsgläubigers und ist unabhängig von einer sozialen oder wirtschaftlichen Abhängigkeit des Schuldners der Tätigkeit und von der Dauer des Vertragsverhältnisses (*BGH* VersR 1974, 565; *Henssler* in MüKoBGB § 618 Rn. 25; *Krause* in Henssler/Willemsen/Kalb, Arbeitsrecht, 7. Aufl. 2016, § 618 Rn. 8f.).

Begriffsbestimmungen **§ 2 ArbSchG**

Für den **öffentlich-rechtlichen Arbeitsschutz** wurde bereits 1963 von *Hueck* 41
konstatiert, dass die Anwendung der Vorschriften des Arbeitnehmerschutzrechts
nicht vom Bestehen eines Arbeitsvertrages, sondern von der tatsächlichen Beschäftigung abhängig sei. Daher seien diese Vorschriften im Einzelfall auch auf arbeitnehmerähnliche Personen anwendbar (*Hueck/Nipperdey,* Lehrbuch des Arbeitsrechts, Bd. I, 7. Aufl. 1963, S. 805). Die Judikatur zu **§ 120a GewO** hatte daher als
Arbeitnehmer i. S. d. Arbeitsschutzvorschriften **jede Person** qualifiziert, **die im
Betrieb des Arbeitgebers eingegliedert ist und in dessen Interesse tätig
wird,** auch wenn ein Arbeitsverhältnis nicht besteht (*OVG Münster* BB 1971, 222
= OVGE 26, 128; *Kohte* AuR 1989, 240, 242).

Im öffentlich-rechtlichen Arbeitsschutzrecht ist die Öffnung des persönlichen 42
Anwendungsbereichs über den Arbeitnehmerstatus hinaus zunächst im Recht
der überwachungsbedürftigen Anlagen nach **§ 24 GewO a. F.**, das 1992 in **§ 11
GSG**, später in **§ 14 GPSG** und jetzt in **§ 34 ProdSG** übernommen worden ist,
normiert worden. Die nach diesem Normenkomplex zu erlassenden Schutzvorschriften sollten, soweit sie arbeitsschutzrechtlich von Belang waren (*BVerwG*
GewArch 1973, 265, 269), nicht nur für Arbeitnehmer, sondern auch für Beschäftigte zur Anwendung kommen. Es gilt ein **funktionaler Beschäftigtenbegriff,** der jede Tätigkeit in der Anlage, auch die eines selbstständigen Handwerkers, einbezieht (*Sieg/Leifermann/Tettinger,* GewO, 5. Aufl. 1988, § 24 Rn. 1; vgl.
Peine, GSG, 3. Aufl. 2002, § 11 Rn. 3 m.w.N. und jetzt *Klindt,* ProdSG, 2. Aufl.
2015, § 34 Rn. 2). In vergleichbarer Weise öffnet § 5 Abs. 1 Nr. 2 GastG die
Anordnungsbefugnis der Aufsicht für Maßnahmen zum Gesundheitsschutz für
alle in der Gaststätte Beschäftigten (vgl. *OVG Koblenz* GewArch 1978, 136; *VG
Düsseldorf* v. 21.1.2014 – 3 K 4778/13).

Der von *Hueck* analysierten Öffnung des öffentlich-rechtlichen Arbeitsschutz- 43
rechts zur tatsächlichen Beschäftigung entspricht bereits seit längerer Zeit die sozialrechtliche Gesetzgebung. In Übereinstimmung mit den allgemeinen sozialrechtlichen Lehren zum Beschäftigungsverhältnis wurde das Arbeitsschutzrecht auch auf
nichtarbeitsvertraglich verfasste Sachverhalte der Beschäftigung für anwendbar erklärt. Grundlegend war die Regelung in § 142 Abs. 3 AVAVG, in der für eine Beschäftigung im Rahmen von Gemeinschaftsarbeiten angeordnet wurde, dass damit
kein Arbeitsverhältnis im Sinne des Arbeitsrechts begründet werde, die Vorschriften
über den Arbeitsschutz jedoch anzuwenden seien (*Draeger/Buchwitz/Schönfelder*
AVAVG 1961, § 142 Rn. 12). Diese Regelung wurde konsequent übernommen für
die nichtarbeitsrechtlich verfasste Pflichtarbeit nach **§§ 19 Abs. 3 Satz 2, 20 Abs. 2
Satz 2 BSHG** (BT-Drs. III/1799, S. 41; *Krahmer* in LPK-BSHG, 6. Aufl. 2003, § 19
Rn. 16; *Burdenski,* Die Hilfe zur Arbeit, 1987, S. 88ff.). Folgerichtig wurde sie auch
für die öffentlichrechtlich organisierte Beschäftigung von Asylbewerbern in **§ 5
Abs. 5 S. 3 AsylbLG** (*Birk* in LPK-BSHG § 5 AsylbLG Rn. 6) sowie jetzt in **§ 16d
S. 2 SGB II** übernommen (*Kohte* in Gagel, SGB II, 2014, § 16d Rn. 21).

In der Logik dieser Gesetzgebung lag es, dass bei der Regelung des Strafvollzugs- 44
rechts auf diese Grundsätze ebenfalls zurückgegriffen wurde. Nach **§ 149 Abs. 2
Satz 2 StVollzG** findet auch die nichtarbeitsvertraglich geregelte Heranziehung zur
Pflichtarbeit im Rahmen des Strafvollzugs das Arbeitsschutzrecht ebenfalls Anwendung. Während die Fragen der Vergütung der Strafgefangenen bis heute nachhaltig
umstritten sind, war dieser Grundsatz bereits im Gesetzgebungsverfahren allgemein
anerkannt (BT-Drs. 7/4918, S. 94; *Sonderausschuss zur Strafrechtsreform,* 7/S. 2187).
Gleichwohl ist festzustellen, dass bei der parallelen Kodifikation des Rechts des
Maßregelvollzugs eine vergleichbare Klarstellung bis heute nicht erfolgt ist

(→ Rn. 114) und in einigen neuen Strafvollzugsgesetzen der Länder ausdrückliche Regelungen zum Arbeitsschutz fehlen (Rn. 112).

45 Während die bisher genannten Normen jeweils punktuell und ohne weitergehende Diskussion erlassen worden waren, wurde eine bewusste Ausdehnung des Anwendungsbereichs der öffentlichen Arbeitsschutzvorschriften vor allem seit 1990 vollzogen. Maßgeblich war dazu vor allem die Debatte um die Novellierung des § 19 ChemG, auf die auch in der Begründung zu § 2 ArbSchG (BT-Drs. 13/3540, S. 15) Bezug genommen wurde. Im Zuge der Umsetzung der Richtlinien zum Gefahrstoffrecht und der Erweiterung des Anwendungsbereichs der GefStoffV im Jahr 1986 war diskutiert worden, dass der auf Arbeitnehmer beschränkte Anwendungsbereich der Arbeitsschutzvorschrift des § 19 ChemG a. F. zu eng sei. Um diese Probleme auszuräumen und für weitere Umsetzungen des Gemeinschaftsrechts und der ILO-Übereinkommen in der Lage zu sein, wurde **1990 der Begriff des Arbeitnehmers in § 19 ChemG durch den Begriff des Beschäftigten ersetzt** (BT-Drs. 11/4550, S. 58). Folgerichtig wurde noch im selben Jahr auch in § 30 GenTG in Anlehnung an die Diskussion zum Chemikalienrecht und wiederum unter ausdrücklicher Bezugnahme auf das Gemeinschaftsrecht das öffentliche Arbeitsschutzrecht wiederum beschäftigtenbezogen ausgestaltet (BT-Drs. 11/5622, S. 31 f.) und in **§ 3 Abs. 4 Satz 3 GefStoffV a. F.** eine vergleichbare Erweiterung normiert (*Wlotzk*, in MHdB ArbR § 206 Rn. 7, 46; *Kollmer* EAS B 6400 Rn. 89). Inzwischen ist in **§ 2 Abs. 7 Nr. 1 GefStoffV n. F.** und **§ 2 Abs. 9 S. 2 BiostoffeV** eine nochmalige Erweiterung des Beschäftigtenbegriffs erfolgt (*Kohte* in MHdB ArbR § 295 Rn. 36), die seit 2010 in **§§ 2 Abs. 11 OStrV, 2 Abs. 8 LärmVibrationsArbSchV, 2 Abs. 4 S. 2 BetrSichV** weitgehend übernommen worden ist.

46 Somit ist festzustellen, dass die **Entwicklung** von einem nur arbeitnehmerbezogenen öffentlich-rechtlichen Arbeitsschutzrecht zu einem **umfassenden beschäftigtenbezogenen Recht** mit § 2 nicht begonnen hat, sondern vielmehr zu einem vorläufigen Abschluss gekommen ist. Die bisherigen Erfahrungen der Öffnung des öffentlichen Arbeitsschutzrechts sind damit für die Auslegung der Norm heranzuziehen; dagegen kann die Judikatur zur analogen Anwendung des § 618 BGB, die auf die je einzelne Leistungspflicht bezogen ist, nicht generell, sondern nur im Einzelfall Berücksichtigung finden.

III. Struktur des Beschäftigtenbegriffs

47 Der Rechtsbegriff des Beschäftigten ist ein **Oberbegriff,** der durch verschiedene, im ArbSchG **abschließend normierte Unterbegriffe** konkretisiert wird. Er entspricht der Struktur nach damit dem Beschäftigtenbegriff in § 1 Abs. 2 BeschSchG §§ 6 Abs. 1, 24 AGG; ähnlich ist auch die Definition der Beschäftigung in § 1 Abs. 1 JArbSchG. Regelmäßig werden dort Arbeitnehmer als wesentliche Teilmenge des Beschäftigtenbegriffs hervorgehoben; Insoweit entspricht dies auch der Betonung des Arbeitsverhältnisses als einer besonders wichtigen Unterkategorie für das Beschäftigungsverhältnis in § 7 SGB IV. Rechtstechnisch wird mit dieser Terminologie eine unionsrechtskonforme Bestimmung des Anwendungsbereichs des ArbSchG ermöglicht (zutreffend *Forst* RdA 2014, 157, 164 gegen *Richardi* NZA 2010, 1101, 1102).

48 **1. Beschäftigungsverhältnis und Arbeitsverhältnis.** Die Rechtsprechung des Bundesarbeitsgerichts (*Reinicke* ZIP 1998, 581 und ZTR 2013, 531; *Griebeling,* NZA 1998, 1137) geht weiterhin von **§ 84 Abs. 1 Satz 2 HGB** als typischem Ab-

Begriffsbestimmungen **§ 2 ArbSchG**

grenzungsmerkmal aus und leitet daraus ab, dass auf jeden Fall diejenigen Personen als Arbeitnehmer einzuordnen sind, die nicht im Wesentlichen frei ihre Tätigkeit gestalten und ihre Arbeitszeit bestimmen können. Insoweit ist gerade die Festlegung der jeweiligen Arbeitszeit von zentraler Bedeutung, wobei entscheidend die tatsächliche Durchführung des Vertrages ist (*BAG* NJW 1998, 3661 = BB 1998, 2060; NZA 2008, 878, 879; NZA 2012, 1433, 1435; NZA 2013, 1348, 1350; ebenso *BGH* NJW-RR 2003, 277, 280).

Nach der neueren **Rechtsprechung des BAG** ist es jedoch nicht immer erfor- 49 derlich, dass sich das Weisungsrecht des Arbeitgebers auf die Arbeitszeit erstreckt. Ausreichend kann es auch sein, wenn es sich auf den Inhalt und die Durchführung der geschuldeten Tätigkeit beschränkt, soweit dadurch eine Einbindung in die Arbeitsorganisation des Arbeitgebers erfolgt (*BAG* NZA 1998, 873, 874 = BB 1998, 1849, 1850; NZA 2002, 742, 743; 2004, 39; 2008, 878, 879; NZA 2013, 1348, 1350). Insoweit ist allerdings zu beachten, dass für die Einbindung in die jeweilige Arbeitsorganisation allgemeine Regeln nur schwer formulierbar sind, da diese auch von der Art der jeweiligen Tätigkeit geprägt sind. Bestimmte Tätigkeiten sind so eng in die jeweilige betriebliche Organisation eingebunden, dass sie regelmäßig einen Arbeitnehmerstatus begründen (*BGH* NZA 1997, 191, 192 – Tankwart; BB 1998, 2211, 2212 – Kameraassistent). In anderen Fällen, in denen mit der Tätigkeit ein höheres Maß an Gestaltungsfreiheit, Eigeninitiative oder fachlicher Selbstständigkeit verbunden ist, kann ein wesentlich geringerer Grad der Einbindung in die Arbeitsorganisation ausreichen (*BAG* NZA 1998, 873, 874 – Familienhelferin; anders *BAG* ZTR 2006, 43). In der neueren Literatur ist diese Sichtweise umstritten (vgl. den Überblick bei *Preis* in ErfK, § 611 BGB Rn. 59 ff.); zumindest kann bei einer weniger festen Einbindung in die Arbeitsorganisation Arbeitnehmerähnlichkeit anzunehmen sein (unten Rn. 85).

Die **Judikatur des BSG** geht von vergleichbaren Kategorien aus und stellt eben- 50 falls das auf die Arbeitszeit bezogene Weisungsrecht sowie die Eingliederung in die betriebliche Arbeitsorganisation in den Mittelpunkt, um fremdbestimmte Dienstleistung von anderen Formen der Leistungserbringung abzugrenzen (z. B. *BSG* AP Nr. 67 zu § 611 BGB – Abhängigkeit; *BSG* SozR 3–2400, § 7 SGB IV Nr. 19 = SozVers 2003, 23; zuletzt NZS 2013, 181). Methodisch und sachlich ist damit von einer großen Übereinstimmung zwischen Arbeits- und Sozialgerichtsbarkeit in diesem Bereich festzustellen (*Hanau/Peters-Lange* NZA 1998, 785, 786). Das gemeinsame Rundschreiben der Spitzenorganisationen der Sozialversicherung vom 26.3.2003, das in seinen Anlagen 1 und 4 einen Katalog bestimmter Berufsgruppen zur Abgrenzung zwischen abhängiger Beschäftigung und selbstständiger Tätigkeit enthält, stellt daher auch in der arbeitsrechtlichen Praxis eine wichtige, wenn auch nicht rechtverbindliche, Orientierungshilfe dar. Im Sozialrecht ist allerdings traditionell die Bedeutung der tatsächlichen Beschäftigung besonders nachhaltig hervorgehoben worden, so dass der Sozialgerichtsbarkeit die Einordnung neuer Organisationsstrukturen am Maßstab des Beschäftigungsverhältnisses leichter fiel (z. B. *LSG Berlin* NZA 1995, 139 – Kurierfahrer; vgl. *BVerfG* NJW 1996, 2644; *Kretschmer* RdA 1997, 327; *Brand* NZS 1997, 552 und DB 1999, 1150; *Sommer* NZS 2003, 169; *BSG* NZS 2007, 648, 650; zuletzt SGb 2016, 33 – Merchandising).

In der sozialrechtlichen Lehre vom Beschäftigungsverhältnis ist anerkannt, dass 51 eine solche Beschäftigung nicht notwendig einen wirksamen Arbeitsvertrag voraussetzt (*BSG* NJW 1998, 3140, 3141 = NZS 1998, 487, 488). Daher wird auch die **betriebliche Probetätigkeit vor Vertragsbeginn** erfasst (BSG NZA 2014, 650; zur „Schnupperlehre" Rn. 106). Ebenso sind sowohl **das fehlerhafte Arbeitsver-**

ArbSchG § 2 Arbeitsschutzgesetz

hältnis als auch ein Weiterbeschäftigungsverhältnis ohne vertragliche Grundlage als **Beschäftigungsverhältnis** einzustufen (bereits *BSGE* 8, 278, 282; *Seewald* in KassKomm § 7 SGB IV Rn. 10; *BSGE* 87, 53, 55; zum Beschäftigungsverhältnis bei Verstoß gegen ausländerrechtliche Vorschriften *McHardy* RdA 1994, 93, 104; vgl. EuGH EuZW 2015, 68 m. Anm. *Forst*). Der Normzweck des Arbeitsschutzrechts erfordert insoweit eine Gleichstellung, denn der elementare Schutz von Leben und Gesundheit bei einer Beschäftigung im Betrieb muss auch dann beachtet werden, wenn die Beschäftigung auf einer vertragsfehlerhaften Grundlage erfolgt, so dass auch bei fehlerhaftem Arbeitsvertrag oder im nichtvertraglichen Weiterbeschäftigungsverhältnis eine Beschäftigung nach § 2 Abs. 2 Nr. 1 erfolgt (ebenso *Nöthlichs,* § 2 Rn. 2.2; *Wiebauer* in Landmann/Rohmer GewO § 2 ArbSchG Rn. 26 und unten Rn. 126). Im neueren Sozialrecht wird ein Beschäftigungsverhältnis nicht mehr daran gemessen, ob die Tätigkeit mit den guten Sitten vereinbar ist (BSGE 87, 53 = NJW 2001, 1965 und 30.10.2013 – B 12 KR 17/11 R; *LSG Schleswig-Holstein* NZS 1999, 32; *Felix* NZS 2002, 225). Konsequent wird daher nunmehr anerkannt, dass auch Prostitution nach §§ 1, 3 ProstG im Rahmen eines arbeits- und sozialrechtlichen Beschäftigungsverhältnisses ausgeübt werden kann (*Leube,* SozVers 2002, 85, 90; *Laskowski* AuR 2002, 406, 408). Diese Rechtsentwicklung ist auch für § 2 Abs. 2 Nr. 1 ArbSchG zu übernehmen.

52 Stellt man die **tatsächliche Beschäftigung** in den Mittelpunkt, dann ist auch eher nachvollziehbar, dass eine solche Beschäftigung **aufgespalten** werden und gegenüber verschiedenen Arbeitgebern erfolgen kann. § 12 Abs. 2 zeigt deutlich, dass in einem solchen Fall auch eine Aufspaltung der Arbeitgeberstellung und der damit verbundenen Pflichten eintreten kann. Da es sich hierbei jedoch schwerpunktmäßig nicht um eine Frage des Beschäftigtenbegriffs, sondern um die Stellung des jeweiligen Arbeitgebers handelt, ist eine solche Aufspaltung im Rahmen des Arbeitgeberbegriffs zu kommentieren (→ Rn. 134 ff.).

53 **2. Beamte, Richter und Soldaten.** Zu den wesentlichen strukturellen Neuerungen des ArbSchG wird in der Regierungsbegründung die **umfassende Einbeziehung des öffentlichen Dienstes** und der Beschäftigten in öffentlich-rechtlichen Dienstverhältnissen gerechnet (BT-Drs. 13/3540, S. 15). Damit wird ein wesentlicher Kritikpunkt aus den Untersuchungen zum Arbeitsschutzrecht aufgegriffen, die bereits seit längerer Zeit die Zersplitterung des bisherigen Rechts und die weitgehende Ausklammerung des öffentlichen Dienstes kritisiert hatten (z. B. *Buchholz,* ZTR 1991, 455, 458). Während die verwaltungsrechtliche Judikatur zur Fürsorgepflicht nach § 79 BBG aF, § 31 SoldG die allgemeinen Grundsätze zu § 618 BGB und deren Fortentwicklung aufgegriffen hatte (dazu nur *BVerwG* NJW 1985, 876, 877; NVwZ 1993, 692; NVwZ 1999, 194, 195; *Oetker* in Staudinger § 618 BGB Rn. 108 f.), blieb der organisationsorientierte und präventive Arbeitsschutz im öffentlichen Dienst und vor allem im Beamtenrecht deutlich hinter den Anforderungen des europäischen Rechts zurück (ausführlich *Sehmsdorf,* Europäischer Arbeitsschutz und seine Umsetzung in das deutsche Arbeitsschutzsystem, 1995, S. 187 ff.).

54 Im europäischen Arbeitsrecht war nicht nur in der Judikatur zu Art. 45 AEUV (ex Art. 48 EGV, Art. 39 EUV) die Zuordnung der Beamten zum Arbeitnehmerbegriff schon vor längerer Zeit erfolgt, sondern auch in den ersten Arbeitsschutzrichtlinien zum Gefahrstoffrecht eine vergleichbare umfassende Arbeitnehmerdefinition, die die Beamten einschloss, zugrunde gelegt worden (Rn. 33). Folgerichtig ist in den **Protokollen von Rat und Kommission zu den Beratungen der Rahmenrichtlinie** festgehalten worden, dass diese auf alle Tätigkeiten im öffentlichen

Begriffsbestimmungen **§ 2 ArbSchG**

Dienst Anwendung finde und die Arbeitnehmerdefinition der Richtlinie auch für Beamte gelten solle (in *Koll/Janning/Pinter*, § 2 Rn. 27).

Damit veränderte sich auch in Deutschland die Zielsetzung der Reform des Ar- 55 beitsschutzes: Während vor 1985 in Deutschland eine Einbeziehung des öffentlichen Dienstes in ein einheitliches Arbeitsschutzsystem ausschließlich für die Arbeiter und Angestellten diskutiert worden war (*Wlotzke,* FS Herschel, 1983, S. 503, 516 ff.), wird nunmehr die **vollständige Einbeziehung aller Beschäftigten im öffentlichen Dienst** als unverzichtbar qualifiziert (dazu nur *Wlotzke* RdA 1992, 85, 94).

Das Gesetz nennt **Beamtinnen und Beamte, Richterinnen und Richter,** 56 **Soldatinnen und Soldaten.** Damit sind zunächst diejenigen Personen erfasst, die in einem spezifischen öffentlich-rechtlichen Dienstverhältnis stehen und deren Status durch spezielle gesetzliche Regelungen geprägt worden ist. Insoweit sind diese drei Gruppen hier zusammenzufassen und vom öffentlich-rechtlichen Amtsverhältnis (Rn. 59) zu unterscheiden.

Eine spezifische Definition des **Beamtenbegriffs** enthält § 2 nicht; in Überein- 57 stimmung mit der strukturell ähnlichen Norm des § 4 Abs. 2 BPersVG ist insoweit auf das geltende Beamtenrecht zu verweisen. Damit sind als Beamte nach dem **statusrechtlichen Beamtenbegriff** gem. § 4 BBG diejenigen Personen zu qualifizieren, die zum Bund, zu einem Land oder einer Körperschaft, Anstalt oder Stiftung des öffentlichen Rechts in einem öffentlich-rechtlichen Dienst- und Treueverhältnis stehen. Die in § 6 BBG geregelten Unterscheidungen zwischen verschiedenen Beamtenverhältnissen (auf Lebenszeit, auf Probe oder auf Widerruf) sind für das ArbSchG, das eine umfassende Geltung des persönlichen Anwendungsbereichs bezweckt, nicht von Bedeutung. Sämtliche Arten von Beamten unterfallen grundsätzlich dem Gesetz.

Das **Beamtenverhältnis** wird nicht funktional durch die Ausübung einer be- 58 stimmten hoheitlichen Tätigkeit definiert, sondern bedarf jeweils der förmlichen Berufung und Ernennung durch Aushändigung einer Ernennungsurkunde, wie sich aus § 10 BBG ergibt. Sofern die Ernennung nicht korrekt vollzogen worden ist, entsteht kein Beamtenverhältnis. Für diese Gruppe der fehlerhaften Beamtenverhältnisse ist bereits nach bisherigem Recht anerkannt worden, dass die Anforderungen der gesundheitsbezogenen Fürsorgepflicht zu beachten sind (*Brückner,* Das faktische Dienstverhältnis, 1968, S. 113; *Battis,* BBG, 4. Aufl. 2009, § 10 Rn. 5). In Übereinstimmung mit den allgemeinen Lehren zum Beschäftigungsverhältnis (Rn. 51) sind daher auch die fehlerhaften Beamtenverhältnisse als Beschäftigungsverhältnisse nach Nr. 4 zu qualifizieren (*Schulze-Doll* in HK-ArbSchR ArbSchG § 2 Rn. 25; *Wiebauer* in Landmann/Rohmer GewO ArbSchG § 2 Rn. 53).

Keine Beamtenverhältnisse sind die Rechtsverhältnisse der **Minister, Staatsse-** 59 **kretäre und der dem Parlament verantwortlichen Beauftragten.** Diese Rechtsverhältnisse von Amtsinhabern mit spezifischen staatspolitischen Wahrnehmungszuständigkeiten sind gesetzlich abschließend geregelt und damit als **eigenständige öffentlich-rechtliche Amtsverhältnisse** zu qualifizieren, die nicht dem Beamtenbegriff zuzuordnen sind. Dasselbe gilt für Amtsinhaber mit Zuständigkeiten im Spitzenbereich von Wirtschaftsverwaltung und Daseinsvorsorge (dazu nur *Battis,* BBG, 4. Aufl. 2009, § 1 Rn. 21; *Lorenzen/Haas/Schmitt,* BPersVG, § 4 Rn. 27; ausführlich *Hofmann* ZTR 1992, 362 ff.). Sie unterfallen daher weder als Beamte nach Nr. 4 noch in der Regel als arbeitnehmerähnliche Personen nach Nr. 3 dem Geltungsbereich des ArbSchG.

Ebenso sind nicht als Beamte zu qualifizieren die **Dienstordnungsangestell-** 60 **ten;** auch wenn sich die Dienstordnungen nach §§ 144 ff. SGB VII, § 351 RVO weitgehend an beamtenrechtlichen Vorschriften orientieren (*Platz* ZTR 1992, 10, 13), ist doch das Rechtsverhältnis insgesamt als privatrechtliches Verhältnis ausgestaltet, das als Arbeitsverhältnis einzustufen ist (dazu nur *Sander* ZTR 2001, 445, 446; *Müller/Glöge* in MüKo BGB § 611 Rn. 222ff, 225.; *Rapp* in LPK-SGB VII § 144 Rn. 6), so dass diese bereits nach § 2 Abs. 2 Nr. 1 als Beschäftigte zu qualifizieren sind. Wenn Unfallkassen dagegen nach § 2 BeamtStG Dienstherrenfähigkeit zukommt (z. B. §§ 148, 149 SGB VII), sind die betreffenden Beschäftigten als Beamte nach § 2 Abs. 2 Nr. 4 ArbSchG zu qualifizieren.

61   Die **Kirchenbeamten,** die von denjenigen Kirchen, die die Qualität einer Körperschaft des öffentlichen Rechts haben, ernannt werden, sind als Beamte zu qualifizieren, wie sich aus § 135 Satz 2 BRRG ergibt, der nach § 63 Abs. 3 BeamtStG weiter gilt. Zwar sind die Kirchen nicht verpflichtet, Beamtenverhältnisse zu begründen, da die Dienstherrenfähigkeit ausschließlich ein Recht begründet, Beamte zu bestellen. Sofern sie von dieser Möglichkeit Gebrauch machen, kommt den entsprechend berufenen Personen jedoch die Beamteneigenschaft zu (zu weiteren kirchlich Beschäftigten unten Rn. 108), so dass sie als Beschäftigte nach § 2 Abs. 2 Nr. 4 ArbSchG zu qualifizieren sind (*Georgi,* Die Beteiligungsrechte der Mitarbeitervertretungen im Arbeitsschutz, S. 76; *Wiebauer* in Landmann/Rohmer GewO § 2 ArbSchG Rn. 53).

62   Das **Richterverhältnis** ist nach der Systematik des DRiG nicht als Beamtenverhältnis, sondern als eigenständiges öffentlich-rechtliches Dienstverhältnis ausgestaltet (*Schmidt-Räntsch,* DRiG, 6. Aufl. 2009, vor § 8 Rn. 2). Daher war es legislatorisch erforderlich, Richterinnen und Richter gesondert in Nr. 5 als Beschäftigte zu qualifizieren. Nach der allgemeinen Bestimmung des § 2 DRiG gelten richtergesetzliche Normen für ehrenamtliche Richter nur dann, wenn diese ausdrücklich einbezogen sind. Da eine solche Ausdehnung nicht erfolgt ist, sind ehrenamtliche Richter nicht als Beschäftigte i. S. d. § 2 zu qualifizieren.

63   Als eigenständiges öffentlich-rechtliches Dienstverhältnis ist schließlich auch das Rechtsverhältnis der **Soldaten** ausgestaltet (*Vogelgesang* in Fürst/Frankel/Weiß, GKÖD, Stand: 2014, vor § 1 Rn. 3, § 1 Rn. 10 SoldG). Es war daher folgerichtig, in Nr. 6 Soldatinnen und Soldaten gesondert als Beschäftigte zu benennen. Eine weitere Differenzierung ist nicht geboten. Dem umfassenden Ansatz des Arbeitsschutzrechts entspricht es, dass alle Soldaten erfasst sind, die in einem Wehrdienstverhältnis stehen. Es war danach nicht erheblich, ob dieses auf Grund der Wehrpflicht oder durch freiwillige Verpflichtung – sei es auf Zeit oder Lebenszeit – zustande gekommen war (*Pieper,* § 2 Rn. 26). Diese Einbeziehung ist durch die Systematik der Richtlinie geboten, die nach Art. 2 Abs. 2 nicht die soldatische Tätigkeit an sich, sondern nur spezifische Tätigkeiten bei den Streitkräften aus dem Geltungsbereich der Richtlinie ausklammert.

64   **3. Zu ihrer Berufsbildung Beschäftigte.** Mit der besonderen Hervorhebung der zur Berufsbildung Beschäftigten als spezieller Kategorie, für die das ArbSchG gilt, knüpft das Gesetz an die Terminologie der Richtlinie an. In Art. 3a ist ausdrücklich hervorgehoben worden, dass „**Praktikanten und Lehrlinge** (trainees and apprentices)" dem Arbeitnehmerbegriff zuzuordnen sind. Mit dieser Formulierung wird der umfassende persönliche Anwendungsbereich der Richtlinie hervorgehoben und zugleich in Abgrenzung zur Judikatur zu Art. 45 AEUV (ex Art. 48 EGV/39 EG (Rn. 36ff.)) die vollständige Einbeziehung dieser Personengruppe klargestellt (ausführlich *Pottschmidt* S. 213ff).

65   In der deutschen Gesetzgebung hat man daher an die Normstruktur der § 5 BetrVG, § 5 ArbGG, § 2 BUrlG angeknüpft, in denen jeweils die zu ihrer Berufs-

Begriffsbestimmungen **§ 2 ArbSchG**

ausbildung Beschäftigten den **Arbeitnehmern gleichgestellt** worden sind. Damit sollte erreicht werden, dass die in der juristischen Literatur bis heute diskutierte Frage, inwieweit das Berufsausbildungsverhältnis als Arbeitsverhältnis zu qualifizieren ist (zuletzt *Schlachter* in ErfK, *16. Aufl.*, BBiG, 2016, § 10 Rn. 3a. m.w.N.) keinen Einfluss auf die Auslegung des Anwendungsbereichs des BetrVG, ArbGG, BUrlG haben sollte (dazu nur *BAG* NZA 1994, 713, 715 und 2004, 205, 206; *Richardi,* § 5 Rn. 64). Eine vergleichbare Normstruktur liegt auch § 2 Abs. 2 Nr. 2 zugrunde.

Zu beachten ist allerdings, dass in § 2 – anders als in § 5 BetrVG – nicht nur die **66** zu ihrer Berufsausbildung Beschäftigten genannt, sondern in Übereinstimmung mit **§ 23 Abs. 1 Satz 2 KSchG, § 20 Abs. 1 Satz 1 BEEG umfassend alle zu ihrer Berufsbildung Beschäftigten einbezogen** sind. Damit sollte der Anwendungsbereich bewusst weiter gefasst und über die berufliche Erstausbildung und die ihr vergleichbaren Ausbildungsformen hinaus alle Bereiche der betrieblichen Berufsbildung einbezogen werden (BT-Drs. 13/3540, S. 15). In der Literatur wird daher für das Arbeitsschutzrecht eine umfassende Anwendung dieser Fallgruppe favorisiert, die deutlich über das Betriebsverfassungsrecht hinausgeht (*Wank* in TAS, ArbSchG § 1 Rn. 10). Zu ihr gehören auch die Teilnehmer der **Berufsausbildungsvorbereitung,** die als spezifisches Qualifizierungsverhältnis (*Natzel* in MHdB ArbR § 321 Rn. 9) allerdings eher § 2 Abs. 2 Nr. 3 ArbSchG zuzuordnen sind (s. u. Rn. 106).

An erster Stelle stehen die zu ihrer **Berufsausbildung Beschäftigten** nach § 3 **67** BBiG. Diesen sollen eine berufliche Grundbildung sowie die für die Ausbildung einer qualifizierten beruflichen Tätigkeit notwendigen fachlichen Fertigkeiten und Kenntnisse in einem geordneten Ausbildungsgang vermittelt werden (§ 1 Abs. 2 BBiG); es handelt sich insoweit um den klassischen Bereich der betrieblichen Berufsausbildung. Unabhängig von der Klassifikation dieses Rechtsverhältnisses ist bereits durch § 14 Abs. 1 Nr. 5, Abs. 2 BBiG anerkannt, dass der Ausbildende verpflichtet ist, die Vorschriften des Arbeitsschutzrechts sowie der Unfallverhütung im Verhältnis zum Auszubildenden zu beachten und zu realisieren (dazu nur *Wohlgemuth/Banke,* BBiG, 2011, § 14 Rn. 42 ff.; *Benecke/Hergenröder,* BBiG, § 14 Rn. 51 ff.; *Leinemann/Taubert* § 14 Rn. 52; *Natzel* in MHdB ArbR, § 322 Rn. 71). Selbstverständlich gilt für diesen Personenkreis auch das ArbSchG.

Die nach § 26 BBiG **gleichgestellten Praktikanten, Anlernlinge und Vo- 68 lontäre** zeichnen sich dadurch aus, dass ihre berufliche Ausbildung nicht durch einen staatlich geregelten Ausbildungsgang geprägt ist, sondern auf eine weitere Ausbildung vorbereiten oder nur einzelne Fertigkeiten vermitteln soll. Diese Unterscheidung ist, wie die Norm des § 26 BBiG zeigt, bereits ausbildungsrechtlich nur von geringer Bedeutung. Für den Normzweck des Arbeitsschutzrechts ist sie ohne Relevanz, da die Erfordernisse des Gesundheitsschutzes unabhängig von der Länge und Gliederung der Ausbildung sind (dazu bereits BT-Drs. 13/3540, S. 15; *Nöthlichs,* § 2 Rn. 2.4). Dies entspricht insoweit der Auslegung des bisherigen Rechts, wonach im Praktikantenverhältnis die Arbeitsschutzvorschriften generell zu beachten sind (*Fangmann* AuR 1977, 201, 206).

Nicht mehr § 26 BBiG zugeordnet werden dagegen Teilnehmer an Umschu- **69** lungs- und Weiterbildungsmaßnahmen (*BAG* EzA § 47 BBiG Nr. 1; *Leinemann/ Taubert* § 26 Rn. 31). Für § 2 Abs. 2 Nr. 2 ergibt sich jedoch auf Grund des Wortlauts und der Systematik ein weitergehender Anwendungsbereich. In Übereinstimmung mit der Auslegung der § 23 KSchG, § 20 BEEG sind daher auch die **Teilnehmer an Maßnahmen der beruflichen Fort- und Weiterbildung** den zu ihrer

ArbSchG § 2 Arbeitsschutzgesetz

Berufsbildung Beschäftigten zuzurechnen, so dass auch Teilnehmer an Weiterbildungs- und Umschulungsmaßnahmen nach §§ 81 ff. SGB III erfasst werden (nach dem früheren Recht *BAG* EzA § 23 KSchG Nr. 6; jetzt *v. Hoyningen-Huene/Linck,* KSchG, 15. Aufl. 2013, § 23 Rn. 38f.; *Bader* KR KSchG § 23 Rn. 43f.; *Löwisch,* FS Hanau, 1999, S. 669, 674). Dies entspricht auch der Judikatur zu § 5 ArbGG, die auch bei einer **Umschulung** die Bedeutung der **Beschäftigung** in einem organisierten Weisungsverhältnis betont (*BAG* NZA 1999, 557; AP Nr. 56 zu § 5 ArbGG 1979).

70   In der neueren Judikatur des 7. Senats des BAG sind **Umschüler in überbetrieblichen Ausbildungseinrichtungen** aus dem Anwendungsbereich des § 5 BetrVG herausgenommen worden (zuletzt *BAG* DB 2007, 2548 und AiB 2013, 595). Diese in der betriebsverfassungsrechtlichen Literatur umstrittene Rechtsprechung (dazu nur *Dannenberg* AiB 1997, 565; *Raab,* GK-BetrVG § 5 Rn. 45) kann auf das Arbeitsschutzrecht nicht übertragen werden, da sie auf spezifisch betriebsverfassungsrechtlichen Wertungen (Majorisierungsthese) beruht (*Fitting* § 5 Rn. 300). In der Judikatur zu § 5 ArbGG ist daher anerkannt worden, dass auch Auszubildende und Umschüler in überbetrieblichen Einrichtungen insoweit als Arbeitnehmer, zumindest jedoch als arbeitnehmerähnliche Personen zu qualifizieren sind (dazu nur *LAG Bremen,* DB 1996, 1884; *Rohlfing* NZA 1997, 365; *BAG* NZA 1999, 557, 559f.; vgl. *BAG* NZA 2006, 1432 zur dualen Ausbildung in Berufsakademien und Betriebsstätten). Die auf dieser Basis vom 5. Senat des BAG (*BAG* NZA 1997, 1013) vorgenommene Wahlfeststellung zwischen Arbeitnehmerposition und arbeitnehmerähnlicher Person ist für das Arbeitsschutzrecht in gleicher Weise maßgeblich, da dieses eine vergleichbare Wahlfeststellung ermöglicht (ausführlich unten Rn. 88f.).

71   Der umfassende Begriff der Berufsbildung erfasst schließlich auch die **betriebliche Ausbildung im Gesundheitswesen,** da die Sonderstellung auf kompetentiellen, nicht jedoch auf materiellen Erwägungen beruht (*Benecke/Hergenröder,* BBiG, 2009, § 3 Rn. 11 f.), so dass auch insoweit eine Gleichstellung erforderlich ist. Ebenso sind im Bereich der Ordensangehörigen **Postulanten und Novizen** in Übereinstimmung mit dem Unfallversicherungsrecht den zur Berufsbildung Beschäftigten zuzurechnen (*BSGE* 23, 231; *Kater/Leube,* SGB VII, § 4 Rn. 22; *Sailer,* Die Stellung der Ordensangehörigen im staatlichen Sozialversicherungsrecht, 1996, S. 233; *Wiebauer* in Landmann/Rohmer GewO§ 2 ArbSchG Rn. 32).

72   In der ausbildungs- und betriebsverfassungsrechtlichen Judikatur werden Praktika nach ihrer Organisation unterschieden. Während **betriebliche Praktika** dem Berufsbildungsrecht unterliegen, soll dies für das Schülerpraktikum und vor allem für Praktika, die Teil eines Studiums sind, nicht gelten (informativ zu den verschiedenen Organisationsformen solcher Praktika *Natzel,* Anm. *BAG* AP Nr. 11 zu § 18 SchwbG; *Leinemann/Taubert,* § 26 Rn. 9ff.). In der Judikatur zu § 5 BetrVG wird für Praktika, die im Rahmen eines Studiums absolviert werden, weiter differenziert. Wenn sich aus den Ordnungen der Hochschule ergibt, dass die Studierenden während des Praktikums in einer privatrechtlichen Vertragsbeziehung zum Betriebsinhaber stehen, sollen sie ebenfalls als zu ihrer Berufsausbildung Beschäftigte zu qualifizieren sein (*BAG* NZA 1992, 808, 809; *LSG Bremen,* Breithaupt 1998, 515). Damit ist zumindest für diese Gruppen auch das Arbeitsschutzrecht anwendbar. Andere Praktika können im Einzelfall § 2 Abs. 2 Nr. 3 unterfallen (Rn. 106). Die differenzierte Kodifikation der Praktika in § 22 MiLoG (dazu D. *Ulber* AuR 2014, 404ff) beruht dagegen auf spezifischen Wertungen, die nicht für den Arbeitsschutz nutzbar gemacht werden können.

Begriffsbestimmungen **§ 2 ArbSchG**

In einigen Arbeitsschutzverordnungen sind **Schüler, Studierende** sowie **in wissenschaftlichen Einrichtungen** bzw. **Ausbildungseinrichtungen tätige Personen** in §§ 2 Abs. 7 S. 2 GefStoffV, 2 Abs. 9 S. 2 BiostoffeV, § 2 Abs. 11 OStrV, § 2 Abs. 8 LärmVibrationsArbSchV den Beschäftigten gleichgestellt worden (BGBl. I 2010 S. 960ff.). Die Begründung macht deutlich, dass es insoweit nicht um innerbetriebliche Praktika, sondern um ihre Beschäftigung in Schulen und Hochschulen geht (BR-Drs. 262/10, S. 20, 25; anders interpretiert von *Wiebauer* in Landmann/ Rohmer GewO ArbSchG § 2 Rn. 71).

4. Beschäftigte in einer Werkstatt für Behinderte. Die rechtliche Qualifi- 73 kation von Beschäftigungsverhältnissen in Werkstätten für Behinderte ist schwierig und umstritten, da die Werkstätten für Behinderte an einem **integrativen Konzept** orientiert sind, das produktionsorientierte, ausbildungsorientierte und therapeutisch geprägte Tätigkeiten in einer Einrichtung vereinigt (*BSGE* 65, 138, 142f.; *Müller-Wenner/Winkler,* SGB IX, Teil 2, 2. Aufl. 2011, § 136 Rn. 10). Gesetzlich ist daher vorgeschrieben, dass die Werkstatt, die der Eingliederung Behinderter in das Arbeitsleben dient, über ein möglichst breites Angebot an Arbeitstrainings- und Arbeitsplätzen verfügen soll (§ 136 Abs. 1 Satz 4 SGB IX), so dass alle Behinderten aufgenommen werden können, von denen erwartet werden kann, dass sie im Laufe der Zeit wenigstens ein Mindestmaß wirtschaftlich verwertbarer Arbeitsleistung erbringen werden (§ 136 Abs. 2 Satz 1 SGB IX). Die so begründeten Beschäftigungsverhältnisse wurden teilweise als Arbeitsverhältnisse (*LAG Berlin* AuR 1978, 346 m. Anm. *Ihlefeld*), teilweise als Berufsbildungsverträge nach § 19 BBiG aF (*Neumann/Pahlen,* SchwbG, 8. Aufl. 1992, § 54 Rn. 17), überwiegend jedoch als sozialrechtlich geprägte eigenständige Beschäftigungsverhältnisse (dazu nur *Pünnel* AuR 1987, 104ff. m.w.N.) qualifiziert. Einheitliche arbeitsschutzrechtliche Vorschriften betrafen bis 1996 ausschließlich die Ausgestaltung der Arbeitsstätte, die nach § 8 Abs. 1 Satz 2 SchwbWV vom 13.8.1980 – jetzt WVO vom 19.6.2001 – den Erfordernissen des Arbeitsschutzes und der Unfallverhütung zu entsprechen hatte. Im Übrigen wurde das öffentlich-rechtliche Arbeitsschutzrecht – in Abweichung zur privatrechtlichen Pflicht nach § 618 BGB – als nicht anwendbar angesehen (*Aretz,* Die Rechtsstellung der Behinderten in Werkstätten für Behinderte, 1985, S. 104ff. m.w.N.)

Fast zeitgleich mit der Verabschiedung des ArbSchG sind die Rechtsverhältnisse 74 der Behinderten im Arbeitsbereich anerkannter Werkstätten neu geregelt worden. Für diesen Personenkreis ist in **§ 54b Abs. 1 SchwbG n. F. – jetzt § 138 Abs. 1 SGB IX –** angeordnet worden, dass diejenigen Behinderten, die nicht Arbeitnehmer sind, zu den Werkstätten in einem **arbeitnehmerähnlichen Rechtsverhältnis** stehen. Damit ist eine in der Literatur seit langer Zeit geforderte Vereinheitlichung (bereits *Pünnel/Vater* AuR 1981, 230, 236f.) verwirklicht worden. Im Gesetzestext fehlen nähere Aussagen, welchen Inhalt dieses arbeitnehmerähnliche Rechtsverhältnis haben soll. Die historische und systematische Auslegung zeigt jedoch, dass auf jeden Fall die **Vorschriften des Arbeitsschutzrechts anwendbar** sein sollen (bereits BT-Drs. 13/3904, S. 48; *Wendt* RsDE 36/1997, S. 37, 43; *Neumann/Pahlen,* SGB IX, 12. Aufl. 2010, § 138 Rn. 12). In der Gesetzesbegründung ist daher als wichtige Konsequenz der Neuregelung die dadurch ermöglichte Bildung eines Werkstattrates betont worden, der auch einen Rahmen für die Mitwirkung der Behinderten im Unfall- und Gesundheitsschutz schaffe (BT-Drs. 13/ 3904, S. 49). Diese Zuständigkeit des Werkstattrats ist in § 5 Abs. 1 Nr. 6 WMVO vom 25.6.2001 (BGBl. 2001 I S. 1297) anerkannt worden.

ArbSchG § 2 Arbeitsschutzgesetz

75 Die Norm des § 2 Abs. 2 Nr. 7 geht über den Anwendungsbereich des § 138 SGB IX, der sich auf den Arbeitsbereich der Werkstätten beschränkt, hinaus. Sie erfasst die **Beschäftigung in allen Bereichen der Werkstatt für Behinderte** und lehnt sich damit offenkundig an die sozialrechtlichen Vorbilder in § 5 Abs. 1 Nr. 7 SGB V, § 1 Abs. 1 Nr. 2a SGB VI, § 2 Abs. 1 Nr. 4 SGB VII an, die sich ebenfalls generell an der Tätigkeit in der Werkstatt für Behinderte orientieren (zu weiteren Gemeinsamkeiten der Beschäftigung in allen Bereichen der Werkstatt BSG 9.12.2008–8/9b SO 11/07 R, info also 2009, 137). Ausgeschlossen sind diejenigen Behinderten, die die Voraussetzungen für eine Beschäftigung in der Werkstatt nicht erfüllen und daher nach § 136 Abs. 3 SGB IX in Einrichtungen oder Gruppen betreut und gefördert werden, die der Werkstatt nur angegliedert sind (*Vater* in HK SGB IX, § 136 Rn. 33). Diese Gruppe war bisher bereits aus den ersten Normen zur Integration Behinderter in die Sozialversicherung ausgeklammert worden (*BSGE* 62, 149 = SGb 1989, 82 mit Anm. *Fuchs*); sie wird inzwischen auch in § 117 Abs. 2 SGB III nicht berücksichtigt (*Karmanski* in Brand, SGB III § 117 Rn. 19). Ebenso nicht erfasst sind die Behinderten, die in Anstalten und Heimen gewisse wirtschaftliche Leistungen erbringen und nach § 5 Abs. 1 Nr. 8 SGB V, § 1 Abs. 1 Nr. 2b SGB VI der Kranken- und Rentenversicherung zugeordnet sind. Hier kann im Einzelfall allerdings eine arbeitnehmerähnliche Position (auch BT-Drs. 13/2204, S. 74 zur Einordnung dieser Gruppe im Unfallversicherungsrecht) vorliegen (Rn. 111).

76 § 2 Abs. 2 Nr. 7 erfasst somit **alle Behinderten**, die im **Eingangsverfahren** (§ 3 SchwbWV), im **Arbeitstrainingsbereich** (§ 4 SchwbWV) oder im **Arbeitsbereich** (§ 5 SchwbWV) tätig sind. Zwar werden regelmäßig die meisten dieser Behinderten bereits durch die Normen in § 2 Abs. 2 Nr. 1, 2 oder 3 ArbSchG dem Arbeitsschutzrecht unterstellt, doch eine solche Zuordnung kann im Einzelfall schwierig sein und Schutzlücken verursachen, wenn verschiedene Gruppen von Behinderten keinem dieser drei Rechtsverhältnisse zugeordnet werden können. Der Auffangtatbestand in § 2 Abs. 2 Nr. 7 dokumentiert dagegen das Ziel einer umfassenden Anwendung des Arbeitsschutzrechts, die Schutzlücken vermeidet und sowohl den Betroffenen als auch der Aufsicht eine klare Zuordnung ermöglicht (BT-Drs. 13/3540, S. 15; *Koll* in Koll/Janning/Pinter § 2 Rn. 32 a. E.; *Wank,* TAS ArbSchG § 1 Rn. 14). Seine Anwendung ist auch zu prüfen, wenn entgegen § 136 Abs. 3 SGB IX auch nicht „werkstattfähige" Behinderte in der Werkstatt tätig sind (dazu der Sachverhalt in *BAG* NZA 2015, 1071). Klarstellend ist in **§§ 36, 138 Abs. 4 SGB IX** für Rehabilitanden außerhalb des Arbeitsbereichs die entsprechende Anwendung des Arbeitsschutzrechts angeordnet worden (*Deusch* in LPK-SGB IX § 36 Rn. 11; *Busch* in FKSB, SGB IX § 36 Rn. 14ff.). Im Recht der **unterstützten Beschäftigung** nach § 38a SGB IX fehlt diese Gleichstellung, doch wird in der Literatur zu Recht eine analoge Anwendung von § 36 SGB IX favorisiert (*Wendt* in GK-SGB IX, § 38a Rn. 52).

77 **5. Schlüsselrolle der arbeitnehmerähnlichen Personen.** Als weiterer Auffangtatbestand werden in § 2 Abs. 2 Nr. 3 ArbSchG arbeitnehmerähnliche Personen i. S. d. § 5 Abs. 1 ArbGG als Beschäftigte qualifiziert. In der Judikatur zu § 5 ArbGG sind als **arbeitnehmerähnliche Personen** diejenigen Personen qualifiziert worden, die **wirtschaftlich abhängig** und darüber hinaus einem Arbeitnehmer **vergleichbar sozial schutzbedürftig** sind. Insoweit hat man sich vor allem an den Kategorien orientiert, die in § 12a TVG kodifiziert worden sind (*BAG* NJW 1991, 1629 = NZA 1991, 402 und NZA 2011, 309; *BGH* NJW 1999, 218, 220;; *Hauck/*

Begriffsbestimmungen § 2 ArbSchG

Helml/Biebl, ArbGG, 4. Aufl. 2011, § 5 Rn. 18; *Pfarr,* FS Kehrmann, 1997, S. 75, 83 ff.). Von besonderer Bedeutung sind nach der Judikatur damit die Einkommens- und Vermögensverhältnisse dieses Personenkreises. Es wird danach gefragt, ob die durch die Beschäftigung erzielte Vergütung die entscheidende Existenzgrundlage darstellt (*BAG* a. a. O., unter Bezugnahme auf *BAGE* 25, 248, 253). Soweit sonstige Einkünfte erzielt werden oder namhaftes Vermögen vorhanden ist, soll eine Einordnung als arbeitnehmerähnliche Person ausscheiden (*BAG* NZA 1991, 239; BGHZ 68, 127, 130 = NJW 1977, 853; *Waas* in Grunsky ArbGG, 8. Aufl. 2014, § 5 Rn. 28). In der Literatur werden daher generelle Unter- und Obergrenzen zur Bestimmung der wirtschaftlichen Abhängigkeit diskutiert (dazu nur *Hromadka* NZA 1997, 1249, 1254); als strukturelles Vorbild kann dabei die für Ein-Firmen-Handelsvertreter in § 5 Abs. 3 ArbGG normierte Obergrenze von 1000 € herangezogen werden.

a) Übernahme der tarifrechtlichen Begriffsbildung? In der arbeitsschutz- 78 rechtlichen Literatur wird teilweise davon ausgegangen, dass diese Abgrenzungslinien auch für § 2 maßgeblich sind und dass bei arbeitnehmerähnlichen Handelsvertretern die Einkommensobergrenze von 1000 € aus § 5 Abs. 3 ArbGG zu entnehmen ist (so *Koll,* § 2 Rn. 24). Eine solche Auslegung kann jedoch nicht überzeugen. Für die Bestimmung des Beschäftigtenbegriffs gilt, wie für diejenige des Arbeitnehmerbegriffs, dass zwischen Tatbestand und Rechtsfolge ein sinnvoller, durch den Normzweck gesteuerter Zusammenhang bestehen muss (grundlegend *Wank,* Arbeitnehmer und Selbstständige, 1988, S. 50 ff.). Die in der Judikatur zu § 12 a TVG, § 5 Abs. 1 Satz 2 ArbGG im Mittelpunkt gestellte Frage, ob die Person aus diesem Vertragsgestaltung im Wesentlichen ihren Lebensunterhalt bestreitet oder ob sie noch andere Einkünfte hat, durch die eine einfache wirtschaftliche Existenz gesichert ist, enthält für die Gefährdung der Gesundheit und für Maßnahmen, die dieser Gefährdung entgegenwirken sollen, keine Aussagekraft (ebenso *Wank,* TAS ArbSchG § 1 Rn. 12; vgl. *Mikosch,* FS Löwisch, 2007, S. 189, 191 f.). Die Notwendigkeit einer Gefährdungsanalyse, einer Dokumentation oder einer vorherigen Unterweisung kann nicht davon abhängen, wie hoch die Einkünfte des Betroffenen sind und welche anderweitigen Einkünfte oder gar welches Vermögen zur Verfügung stehen. Es ist daher nach einem anderen Bezugspunkt zu suchen, denn für die Bewertung als ähnlich bedarf es bereits aus Gründen der juristischen Logik (dazu nur *Gast,* Juristische Rhetorik, 2. Aufl. 1992, Rn. 328 ff.; *Klug,* Juristische Logik, 4. Aufl. 1982, S. 109 ff.) eines gemeinsamen Bezugspunktes, der den Normzweck eines solchen Ähnlichkeitsschlusses trägt. **Die Einkommens- und Vermögensverhältnisse sind kein geeigneter Bezugspunkt.**

Die **mangelnde Eignung der tarifrechtlichen Kategorien** zur Auslegung 79 des Begriffs der Arbeitnehmerähnlichkeit für den Arbeitsschutz ist in den letzten Jahren ausführlich in Judikatur und Literatur zum Jugendarbeitsschutz herausgearbeitet worden. § 1 JArbSchG umfasst auch arbeitnehmerähnliche und ausbildungsähnliche Dienstleistungen; bereits aus der Formulierung des Gesetzes ist abgeleitet worden, dass sich hier die Ähnlichkeit auf die Tätigkeit und nicht auf die wirtschaftliche Existenzsicherung bezieht. Daher kommt es auf die vergleichbare – wenn auch möglicherweise kurzzeitige – Form der Beschäftigung und nicht auf die Art oder Höhe der Vergütung an (dazu nur *OVG Münster,* NJW 1987, 1443; *Salje,* DVBl. 1988, 135, 136; *Molitor/Volmer/Germelmann,* JArbSchG, 3. Aufl. 1986, § 1 Rn. 45; *Zmarzlik/Anzinger,* JArbSchG, 5. Aufl. 1998, § 1 Rn. 19 ff.; vgl. *Neuvians,* Die arbeitnehmerähnliche Person, 2002, S. 124). Der Begriff der arbeitnehmerähn-

ArbSchG § 2 Arbeitsschutzgesetz

lichen Dienstleistung wird weit ausgelegt, weil er in das Gesetz als Auffangtatbestand aufgenommen worden ist, der Schutzlücken schließen und Umgehungen verhindern soll (BT-Drs. 7/2305, S. 26; *Schlachter* in ErfK, JArbSchG § 1 Rn. 11; *Tillmanns* in HWK, § 1 JArbSchG Rn. 7; HK-*Ritschel* in ArbSchR JArbSchG Rn. 9).

80 In vergleichbarer Weise wird der Rechtsbegriff der arbeitnehmerähnlichen Person in **§ 54 b SchwbG n. F. – jetzt § 138 Abs. 1 SGB IX** (bereits oben Rn. 74) verwandt. Die in dieser Norm angeordnete Gleichstellung verschiedener Gruppen von Behinderten in der Werkstatt für Behinderte bezieht sich nicht vorrangig auf Fragen der wirtschaftlichen Abhängigkeit, sondern soll in den Fällen, in denen ein Arbeitsverhältnis mangels hinreichenden Leistungsaustauschs nicht in Betracht kommt, gleichwohl die Geltung arbeitsschutzrechtlicher Normen sichern (dazu schon *Steinmeyer* in ErfK 2. Aufl. 2001, §§ 54 ff. SchwbG, Rn. 14 ff.; *Pünnel*, AuR 1996, 483). Folgerichtig wird auch für § 138 SGB IX für die Bestimmung der arbeitnehmerähnlichen Personen nicht auf die Kategorien des § 12 a TVG zurückgegriffen (*Vater* in HK SGB IX § 138 Rn. 6; *M. Müller*, aaO, S. 227; *Neumann/Pahlen*, SGB IX § 138 Rn. 12, *Cramer*, Werkstätten für behinderte Menschen, 5. Aufl. 2009, § 138 Rn. 13).

81 Methodisch ähnlich hat sich schließlich die **Entwicklung im Unfallversicherungsrecht** vollzogen. Hier ist – zunächst in § 537 Nr. 10 RVO a. F., § 539 Abs. 2 RVO n. F. und jetzt in § 2 Abs. 2 Nr. 1 SGB VII – die Unfallversicherung auf Personen erstreckt worden, die wie Beschäftigte tätig werden. Dieser Auffangtatbestand (so *Schmitt*, § 2 Rn. 131) verlangt, dass eine Tätigkeit ausgeübt worden ist, die einem fremden Unternehmen dienlich ist und unter Umständen verrichtet worden ist, die einem Beschäftigungsverhältnis ähnlich sind. Die Judikatur des BSG hat es von Anfang an abgelehnt, für diese Ähnlichkeit auf die Kategorie der wirtschaftlichen Abhängigkeit aus der Judikatur zur arbeitnehmerähnlichen Person zurückzugreifen (*BSGE* 5, 168, 175 = NJW 1958, 158, 160; *LSG Hessen* NZS 2012, 392, 395; ebenso *BAG* NZA 1985, 789). Erforderlich ist somit vor allem, dass die Tätigkeit, die hier die Versicherung begründet, typischerweise von Arbeitnehmern verrichtet wird und – wenn auch nur kurzzeitig – der betrieblichen Organisation unterstellt wird, ohne dass bereits eine arbeitsrechtliche Weisungsgebundenheit dadurch entstanden ist (*BGH* NZA 1984, 304; *BSG* NZA 1986, 406). Dies entspreche einer sachgerechten Zuordnung der betrieblichen Gefahren.

82 Der Überblick hat gezeigt, dass eine schlichte Orientierung an den Kategorien der § 5 ArbGG, § 12 a TVG zu normzweckwidrigen Lösungen führen würde, zumal der Rechtsbegriff der arbeitnehmerähnlichen Person in § 12 a TVG nur tarifrechtliche Bedeutung hat und keine allgemeine Definition enthält (so jetzt auch *Wiedemann/Wank*, TVG, 7. Aufl. 2007, § 12 a Rn. 38, 42). Dagegen zeigt die Judikatur und Literatur zu § 138 SGB IX, § 1 JArbSchG, § 2 Abs. 2 Satz 1 SGB VII, dass **eine eigenständige arbeitsschutzrechtliche Begriffsbestimmung arbeitnehmerähnlicher Personen bzw. Tätigkeiten** möglich und geboten ist, die arbeitsschutzrechtlichen Zwecken wesentlich besser gerecht werden kann (ähnlich *Däubler*, ZIAS 2000, 325, 330; *Kollmer*, ArbStättV, 3. Aufl. 2009 § 1 Rn. 7; *N. Julius*, Arbeitsschutz und Fremdfirmenbeschäftigung, S. 90 ff.; *Deinert*, Soloselbständige Rn. 71; verfehlt dagegen *C. Schubert*, S. 361, die in dieser Definition eine unzulässige teleologische Reduktion sieht; differenzierend *Wiebauer* in Landmann/Rohmer GewO ArbSchG § 2 Rn. 38). Daher ist es erforderlich, sich für die Auslegung des § 2 Abs. 2 Nr. 3 von der **Kategorie der wirtschaftlichen Abhängigkeit** als unverzichtbarem Maßstab **zu lösen.** Der gesetzliche Wortlaut, der – anders als in

§ 138 SGB IX, § 1 JArbSchG – auf § 5 ArbGG verweist, steht einer solchen Auslegung nicht entgegen. Methodisch ist allgemein anerkannt, dass eine in einer konkreten Rechtsnorm enthaltene definitorische Verweisung auf einen allgemeinen Rechtsbegriff (dazu nur *Oetker* ZfA 1986, 177, 181) diesen Rechtsbegriff in die konkrete Norm inkorporiert, so dass in Zweifelsfällen Untermerkmale des allgemeinen Rechtsbegriffs am Zweck der konkreten Norm zu orientieren sind und damit zu einer spezifischen Färbung des allgemeinen Rechtsbegriffs führen können (grundlegend *Fabricius,* Anm. zu *BAG* AP Nr. 1 zu § 54 BetrVG 72; *Oetker* ZfA 1986, 188; *Franzen* in GK-BetrVG, § 54 Rn. 13 m.w.N.).

b) Arbeitsschutzrechtlicher Begriff der arbeitnehmerähnlichen Person. 83
Für die Begriffsbildung im Arbeitsschutzrecht ist es **sachgerecht, vom Unfallversicherungsrecht** als dem rechtssystematisch nächsten Gebiet **auszugehen** (ebenso *Däubler,* ZIAS 2000, 325, 331). In der Rechtsprechung des BSG wurde eine beschäftigungsähnliche Tätigkeit nach § 539 Abs. 2 RVO angenommen, wenn eine ernsthafte, dem Unternehmen zu dienen bestimmte und seinem wirklichen oder mutmaßlichen Willen entsprechende Tätigkeit vorliegt, die ihrer Art nach sonst von Personen verrichtet werden könnte, die in einem dem allgemeinen Arbeitsmarkt zuzurechnenden Beschäftigungsverhältnis stehen, und die unter solchen Umständen geleistet wird, dass sie einer Tätigkeit auf Grund eines Beschäftigungsverhältnisses ähnlich ist (*BSG* NJW 1999, 446, 447 = NZS 1998, 531, 532; NZS 2012, 826, 828; ebenso für § 2 Abs. 2 Nr. 1 SGB VII *Ricke* in KassKomm § 2 Rn. 104 ff.; *Rolfs* in ErfK § 2 Rn. 14 ff.; *Krasney* NZS 1999, 577, 579 ff.).

Für das Arbeitsschutzrecht muss allerdings beachtet werden, dass dieses nicht al- 84
lein an der Tätigkeit anknüpft, sondern zusätzlich verlangt, dass diese von Beschäftigten ausgeübt wird. Der damit verbundene **Organisationsbezug** (so auch *Schulze-Doll* in HK-ArbSchR ArbSchG § 2 Rn. 20) schließt punktuelle und kurzzeitige Hilfeleistungen, die im Unfallversicherungsrecht integriert werden, aus. Insoweit ist das Untermerkmal der konkreten Umstände, unter denen die Tätigkeit verrichtet wird, für das Arbeitsschutzrecht enger zu fassen als für das Unfallversicherungsrecht. Eine solche Eingrenzung entspricht den bereits oben (→ Rn. 19 f.) hervorgehobenen unterschiedlichen Zielrichtungen der Entschädigung und der Prävention. Eine planende Prävention, die mit den Mitteln der Gefährdungsbeurteilung, der Dokumentation und der Unterweisung arbeitet, kann die spontane und kurzzeitige Hilfe nur in geringem Umfang berücksichtigen (*BSGE* 34, 240, 243; *Kohte* AuR 1986, 250, 254).

Erforderlich ist daher eine Beschäftigung, die in Übereinstimmung mit OVG 85
Münster (NJW 1987, 1443) als **tatsächliche Inanspruchnahme einer Person durch eine andere** ohne Rücksicht auf die Rechtsform der Inanspruchnahme zu qualifizieren ist (auch *Schlachter* in ErfK JArbSchG § 1 Rn. 5). Da die wichtigste Rechtsfolge der Anwendbarkeit des ArbSchG in der Grundpflicht des Arbeitgebers nach § 3 besteht, die als eine Organisationspflicht zu verstehen ist (*Kohte,* EAS B 6100, Rn. 36; *Faber,* Die arbeitsschutzrechtlichen Grundpflichten, S. 351 f.), kann somit eine Person nur dann auf Grund einer Beschäftigung als arbeitnehmerähnlich qualifiziert werden, wenn diese **im Rahmen einer Organisation** erfolgt, auch wenn die Einbindung in diese Organisation nicht die gleiche Festigkeit und vertragliche Bindung wie bei Arbeitnehmern hat (vgl. *Wlotzke,* FS *Däubler,* 1999, S. 654 f.; *M. Müller,* S. 236 f.; *L. Frey,* Arbeitnehmerähnliche Personen, S. 45, 99; vgl. die Bedeutung des „organisatorischen Rahmens" der Werkstatt in *EuGH* NZA 2015, 1444, 1445 – Fenoll).

ArbSchG § 2   Arbeitsschutzgesetz

86   c) **„Neue Selbstständigkeit" und arbeitnehmerähnliche Personen im Arbeitsschutz.** Die somit erforderliche, jedoch auch ausreichende lose betriebsorganisatorische Bindung ist typischerweise bei den Fallgruppen festzustellen, die als „neue Selbstständigkeit" bzw. Scheinselbstständigkeit bezeichnet werden (dazu nur *Wank* DB 1992, 90; *von Einem* BB 1994, 63). Dieser Sachverhalt ist in der Öffentlichkeit vor allem unter dem Gesichtspunkt der Umgehung des Kündigungsschutz- und Entgeltfortzahlungsrechts sowie der Vermeidung sozialversicherungsrechtlicher Beitragspflichten diskutiert worden (beispielhaft *Schliemann* RdA 1997, 321, 324). Aus den Arbeitsministerien als den zuständigen Behörden ist berichtet worden, dass solche Konstellationen zugleich die **Gefahr der Umgehung bzw. Missachtung öffentlich-rechtlicher Arbeitsschutzvorschriften** bewirken (8. Erfahrungsbericht der Bundesregierung zum AÜG, BT-Drs. 13/5498, S. 68; *Grafe* AuA 1997, 119, 121). Die Norm des § 2 Abs. 2 Nr. 3 kann auch unter diesem Gesichtspunkt zur Verringerung von Schutzlücken beitragen.

87   Methodisch ist zu beachten, dass weder die Vorschriften zur Definition der Beschäftigten im Sozialrecht und zur weitergehenden Einbeziehung arbeitnehmerähnlicher Selbstständiger in das Rentenversicherungsrecht, die durch das Korrekturgesetz vom 19.12.1998 (BGBl. I S. 3843 ff.) vorgenommen worden sind, noch die entgegengesetzten Vorschriften zur Förderung von Existenzgründern, die im Zweiten Gesetz für moderne Dienstleistungen am Arbeitsmarkt (BGBl. 2002 I S. 4621) normiert worden sind, schematisch auf das Arbeitsschutzrecht übertragen werden dürfen (Rn. 50). Die neuen Vorschriften betrafen zunächst die widerlegliche Vermutung einer Beschäftigung „gegen Arbeitsentgelt", die vor allem in der Kranken- und Rentenversicherung vorausgesetzt wird. In der aktuellen Rechtsprechung des BSG zur Auslegung von § 7 Abs. 1 SGB IV, die inzwischen auch das Unfallversicherungsrecht erfasst, wird der Begriff der Beschäftigung in einer spezifischen Weise eingesetzt, die über das Arbeitsverhältnis hinausgeht und auch bestimmte arbeitnehmerähnliche Verhältnisse einbezieht (*Rolfs* in ErfK SGB IV § 7 Rn. 11). Vor allem enthält § 2 S. 1 Nr. 9 SGB VI eine spezifisch rentenversicherungsrechtliche Begriffsbestimmung der arbeitnehmerähnlichen Selbstständigen, die sich von den Definitionen des Arbeitsschutz- und Unfallversicherungsrechts deutlich unterscheidet.

88   Dagegen ist § 2 Abs. 2 Nr. 3 ArbSchG ebenso wie § 2 Abs. 2 Satz 1 SGB VII, § 1 Abs. 1 Nr. 3 u. 4 JArbSchG (*Salje* DVBl 1988, 135, 136) als **Auffangtatbestand** konzipiert, so dass die Abgrenzung gegenüber dem Arbeitnehmerbegriff in den Hintergrund treten muss. Insoweit liegt dieselbe Regelungstechnik wie bei § 2 Abs. 2 Nr. 7 (dazu Rn. 76) vor. Die Gesetzesbegründung hat ausdrücklich darauf hingewiesen, dass insoweit der Anwendungsbereich weiter gefasst worden ist, um Zweifel bei der Anwendbarkeit des Gesetzes auszuräumen (BT-Drs. 13/3540, S. 15). Diesem **Zweck einer Vereinfachung bei der Normanwendung** entspricht es, die in der Judikatur und Literatur nachhaltig umstrittene Frage nach der Abgrenzung zwischen Arbeitnehmern und arbeitnehmerähnlichen Personen in diesen Fällen auf sich beruhen zu lassen, da bei jeder Variante das ArbSchG anwendbar ist (vgl. *Wiebauer* in Landmann/Rohmer GewO ArbSchG § 2 Rn. 33; *Schulze-Doll* in HK-ArbSchR ArbSchG § 2 Rn. 20).

89   Methodisches Vorbild könnte dazu die Judikatur des BAG und des BGH in Verfahren nach §§ 17a ff. GVG sein, in denen über die Arbeitnehmereigenschaft von Franchisenehmern zu entscheiden war. Beide Obergerichte haben hier bewusst mit dem Mittel der Wahlfeststellung gearbeitet und die Zuständigkeit des Arbeitsgerichts bereits dann bejaht, wenn zumindest die Qualifikation als arbeitnehmerähnliche Person feststand (*BAG* NZA 1997, 339 und NJW 1997, 2973; *BGH*

Begriffsbestimmungen **§ 2 ArbSchG**

NJW 1999, 218, 220). Eine solche **Wahlfeststellung ist sachlich und methodisch geboten** und ist am ehesten für einen effizienten Normvollzug geeignet, indem die streitigen Fragen auf ihren Kern reduziert und andere komplizierte Rechtsfragen, die für den Anwendungsbereich des § 2 ohne Bedeutung sind, ausgeklammert werden (ebenso zum früheren § 1 Abs. 2 BeschSchG *Herzog,* Sexuelle Belästigung am Arbeitsplatz, 1997, S. 190f.).

Die weitere Kommentierung beteiligt sich daher nicht an den interessanten und 90 schwierigen Fragen der Abgrenzung zwischen Arbeitnehmern und arbeitnehmerähnlichen Personen, sondern führt im Folgenden die aus der Diskussion um die **„neue Selbstständigkeit"** bekannten Personengruppen auf, um zu prüfen, ob sie zumindest als arbeitnehmerähnliche Personen zu qualifizieren und damit dem Anwendungsbereich des ArbSchG zuzuordnen sind.

„Neue Selbstständige" im Baugewerbe. Im Baugewerbe wird zunehmend 91 festgestellt, dass Kolonnen von speziellen Beschäftigten als Gruppen von jeweils als selbstständig bezeichneten Personen auftreten (dazu nur BT-Drs. 12/3180, S. 27, 31f.). Bei bestimmten Berufsgruppen ist diese Tendenz vor allem zu beobachten, z. B. bei Eisenflechtern, Fugern, Gerüstbauern und Fliesenlegern (vor allem *H. Julius,* S. 10ff.). Im Baustellenrecht wird folgerichtig hervorgehoben, dass auch Unternehmer ohne Beschäftigte gehalten sind, auf solchen Baustellen Arbeitsschutzvorschriften einzuhalten (*Kollmer* NJW 1998, 2634, 2637; *Pieper* AuR 1999, 88, 93; *Doll* sis 1999, 6, 10). Im Regelfall wird jedoch für diese Gruppen davon auszugehen sein, dass sie auch das allgemeine Arbeitsschutzrecht anzuwenden haben, da sie so intensiv in die betriebliche Organisation der jeweiligen Auftraggeber eingebunden sind, dass sie zumindest als arbeitnehmerähnlich zu qualifizieren sind (so auch *H. Julius,* S. 174f. m.w.N. und *Kollmer* BaustellV, 2. Aufl. 2004, § 1 Rn. 23; *Bremer,* Arbeitsschutz im Baubereich, 2007, S. 117; vgl. zum Unfallversicherungsschutz am Bau BSG SGb 2007, 748 m. Anm. *Preis*).

„Neue Selbstständige" in Fertigungsberufen. In den letzten Jahren ist zu- 92 nehmend festgestellt worden, dass auch im Rahmen handwerklicher oder industrieller Fertigung eine Aufgliederung und Automatisierung bisheriger betrieblicher Tätigkeit in der Weise erfolgt ist, dass die je einzelnen Beschäftigten ihre Tätigkeit nunmehr als Selbstständige verrichten. Anschaulich sind die regelmäßig als Beispielsgruppe herangezogenen Ausbeiner und Fleischzerleger (dazu nur BT-Drs. 12/3180, S. 31; *Grafe,* AuA 1997, 119, 121). Die Judikatur hat diese Gruppe regelmäßig bereits den Beschäftigten gleichgestellt, da sie in ihren Arbeitsabläufen typischerweise in die betriebliche Organisation fest einbezogen sind (*BSG Breithaupt* 1999, 363; vgl. auch *LAG Berlin-Brandenburg* BB 2013, 1020; *Diepenbrock* NZS 2016, 127, 131). Selbst wenn man dies verneinen wollte, müsste regelmäßig arbeitnehmerähnliche Beschäftigung bejaht werden (*OLG Düsseldorf* BB 1995, 522; *LG Oldenburg* BB 1995, 1697; *ArbG Passau* BB 1998, 1266).

„Neue Selbstständigkeit" in Verkehrsbetrieben. Einen weiteren Schwer- 93 punkt stellen Verkehrsbetriebe dar, wobei als fragliche Tätigkeiten sowohl die Aufgaben von Kurierfahrern (vor allem *LSG Berlin,* NZA 1995, 139 und 17.1.2014 – L 1 KR 358/12; *LSG Bayern* NZS 2013, 67; auch *BVerfG* NJW 1996, 2644 und *BGH* NStZ-RR 2014, 246), von Frachtführern und Spediteuren in Betracht kommen, die mit ihrer vorstrukturierten Tätigkeit zunehmend in der Judikatur als Arbeitnehmer bzw. arbeitnehmerähnliche Personen qualifiziert werden (dazu nur *LG München I* NZA 1997, 943; *LAG Düsseldorf* BB 1995, 2275; *BAG* NZA 1998, 364; *BSG* NZS 2006, 318; *LSG Rheinland-Pfalz* Breithaupt 2015, 1040 – Paketfahrer; *SG Dortmund* 11.9.2015 – S 34 R 934/14 – Paketfahrer; *LSG Bayern*

23.11.2015 – L 7 R 1008/14 – Kurierdienstfahrer; *LAG Rostock* NZA-RR 2015, 605; Diepenbrock NZS 2016, 127, 129).

94 „Neue Selbstständigkeit" und Dienstleistungen. Nach den empirischen Untersuchungen ist der Dienstleistungssektor der wichtigste Bereich für die Grauzone zwischen Vertrag und Beschäftigung (*Dietrich*, Empirische Befunde zur Scheinselbstständigkeit, 1998, S. 102 ff.). Aus der Judikatur sind die Fälle der „selbstständigen Kellner" bekannt (*LSG Hessen* DB 1993, 2081). Einen breiten Raum nehmen Fallgestaltungen im Einzelhandel, wie z. B. bei Regalauffüllern (*LSG Hessen* NZS 2009, 628; *LSG Berlin-Brandenburg* NZS 2012, 736) sowie beim „Shop in the Shop" ein, die immer neue Varianten betreffen (z. B. Propagandistinnen, *LSG Berlin* NZS 1997, 31; *ArbG Bremerhaven* AiB 1989, 85 = DB 1989, 2131; *LAG Köln*, AP Nr. 80 zu § 611 BGB Abhängigkeit; *Frantzioch*, Abhängige Selbstständigkeit im Arbeitsrecht, 2000, S. 38 f. und Merchandising/Rackjobbing *BSG* 18.11.2015 – B 12 KR 16/13, SGb 2016, 33). Aufmerksamkeit findet inzwischen der Bereich der Telefondienstleistungen (*LSG Schleswig-Holstein* NZS 1999, 32; *BSG* NZS 2001, 23 = NJW 2001, 1965; *LAG Berlin*, LAGE ArbGG § 2 Nr. 42; BSG 30.10.2013 – B 12 KR 17/11 R). Ebenso sind Fitnesstrainer, die in ein Fitness-Center eingegliedert sind, als Arbeitnehmer zu qualifizieren (*LAG Rheinland-Pfalz* LAGE § 611 BGB 2002 Arbeitnehmerbegriff Nr. 8).

95 „Neue Selbstständigkeit" und Vertriebsmittler. Eine große Rolle nehmen in der Auseinandersetzung um die Qualifikation „neuer Selbstständiger" die verschiedenen Fallgruppen der Absatzmittlungsverhältnisse ein, die zunehmend den arbeitnehmerähnlichen Personen nach § 5 ArbGG zugeordnet werden (z. B. *BAG* NJW 1997, 2973; *BGH* NJW 1999, 218 – Franchisenehmer; *BAG* NJW 1998, 701 – Kommissionsvertrag; *BGH* NJW 1998, 2057 – Vertreter; *LAG Nürnberg* ZIP 1998, 617, anders NZA 1999, 769; insoweit ablehnend *Waßer* AuR 2001, 168 ff.; – Versicherungsvertreter; *LG Kiel* VersR 1999, 485 – Vermögensberater). Bei dieser Personengruppe ist die wirtschaftliche Abhängigkeit vor allem aus der Vergütungs- bzw. Provisionsstruktur abgeleitet worden, durch die eine enge und nachhaltige Steuerung der jeweiligen Absatzmittler erreicht werden soll. Unter arbeitsschutzrechtlichen Gesichtspunkten führt dies nicht notwendig zur Arbeitnehmerähnlichkeit. Wenn die Betroffenen die Arbeitsmittel (z. B. das Fahrzeug) selbst stellen, außerhalb der Betriebsstätte tätig sind und eine gewisse Eigenständigkeit bei der Planung der Arbeitszeit und des Vertriebs haben, könnte hier eine arbeitsschutzrelevante Beschäftigung zu verneinen sein, so dass gerade diese Fallgruppe die Bedeutung einer eigenständigen Begriffsbildung der arbeitsschutzbezogenen Arbeitnehmerähnlichkeit verdeutlicht.

96 d) Sonstige Beschäftigungsverhältnisse: Einzelbeispiele. Die Bedeutung des § 2 Abs. 2 Nr. 3 würde jedoch nachhaltig unterschätzt, wenn diese Norm ausschließlich unter dem aktuellen Gesichtspunkt der „neuen Selbstständigkeit" gesehen würde. Als **Auffangtatbestand** ist diese Norm vielmehr dazu geeignet, Schutzlücken zu schließen, so dass sie für ein breites Spektrum möglicher Beschäftigungsverhältnisse herangezogen werden kann. Im Folgenden sollen einige typische Rechtsverhältnisse erörtert werden, die in Anwendung der oben erläuterten Möglichkeit der Wahlfeststellung (→ Rn. 89) als Beschäftigte qualifiziert werden können.

97 Tätigkeiten im Medienbereich. Tätigkeiten im Medienbereich werden überwiegend in der Form eines Arbeitsverhältnisses realisiert. Ein solches Arbeitsverhältnis wird sich in zahlreichen Fällen bereits aus der Art der Tätigkeit ergeben, die eine

Begriffsbestimmungen § 2 ArbSchG

regelmäßige Einbindung in die betriebliche Arbeitsorganisation erfordert (z. B. *BAG* BB 1998, 2211, 2212 – Kameraassistenten; NZA 2007, 321, 322 – Musikarchivar; NZA 2013, 903, 905 – Cutterin; LAG Mainz 12.3.2015 – 9 Sa 437/15 – Korrekturleserin). Auch bei programmgestaltender Tätigkeit ist ein Arbeitsverhältnis anzunehmen, wenn eine feste, in aller Regel durch Dienstpläne oder andere Arbeitszeitregelungen realisierte Einbindung in die betriebliche Organisation erfolgt (zu den möglichen Differenzierungen *BAG* NZA 1998, 1336, 1339 sowie 2000, 1102, 1105; *Schmidt* in ErfK Art. 5 GG Rn. 103ff.). Bei einer geringeren organisatorischen Bindung kann dagegen Arbeitnehmerähnlichkeit vorliegen, die § 2 Abs. 2 Nr. 3 zuzuordnen ist, wenn die Tätigkeit in einem organisatorischen Zusammenhang erbracht wird (*BAG* NZA 1997, 1275 – Nebenberuflicher Rundfunkreporter; *BVerwG* DB 1998, 2276 – Moderator). Arbeitnehmerähnlich i. S. d. § 12a TVG sind im Medienbereich auch freiberufliche Journalisten (*BAG* NJW 1991, 1629) oder Autoren, die einem Verlag spezifisch zugeordnet sind (*Wiese,* Buchautoren als arbeitnehmerähnliche Personen, 1980, S. 30ff.; *Kempen/Zachert/Stein,* TVG, 5. Aufl. 2014, § 12a Rn. 32). In diesen Fällen findet eine Beschäftigung in einem organisatorischen Zusammenhang nicht statt, so dass in aller Regel Arbeitnehmerähnlichkeit nach § 2 Abs. 2 Nr. 3 nicht angenommen werden kann.

Tätigkeiten im Bildungswesen. Lehrtätigkeiten können nach ständiger 98 Rechtsprechung des BAG sowohl in einem Arbeitsverhältnis als auch im Rahmen freier Mitarbeit erbracht werden. Entscheidend für die Abgrenzung ist, wie intensiv die Lehrkraft in den Unterrichtsbetrieb eingebunden ist und in welchem Umfang sie den Unterrichtsinhalt, die Arbeitszeit und die sonstigen Umstände der Dienstleistung mitgestalten kann. Bei einer festen arbeitszeitbezogenen Einbindung in eine Arbeitsorganisation, die vor allem in allgemeinbildenden Schulen regelmäßig anzunehmen ist, wird grundsätzlich ein Arbeitsverhältnis vorliegen (z. B. *BAG* NZA 1997, 600; 1998, 565; ZTR 2010, 424; *Reinecke* ZTR 2013, 531, 532). Dagegen ist für Fortbildungsveranstaltungen im Rahmen einer Volkshochschule und andere Maßnahmen der Erwachsenenbildung mehrfach ein Arbeitsverhältnis verneint worden (*BAG* NZA 1992, 407 und 1125; ZTR 2003, 37). Unter dem Gesichtspunkt des Arbeitsschutzes kann diese Differenzierung nicht überzeugen, da z. B. bei jeder ortsgebundenen Form der Lehrtätigkeit die Vorgaben des Arbeitsstätten- und Gefahrstoffrechts zu beachten sind. Somit ist freie, jedoch arbeitsstättenbezogene Mitarbeit im Bildungswesen regelmäßig als arbeitnehmerähnliche Tätigkeit nach § 2 Abs. 2 Nr. 3 zu qualifizieren. Es bedarf daher in diesen Fällen nicht der strittigen Abgrenzung, ob ein Arbeitsverhältnis vorliegt; vielmehr kann im Wege der Wahlfeststellung die Anwendbarkeit des ArbSchG bejaht werden.

Telearbeit. Der in der Öffentlichkeit als Telearbeit abkürzend umschriebene 99 Sachverhalt, mit dem verschiedene Arbeitsmethoden erfasst werden, durch die Tätigkeiten mit Hilfe neuer Informations- und Kommunikationstechniken außerhalb der Betriebsstätte zusammengefasst werden, kann in verschiedenen Rechtsformen auftreten. Entgegen ersten Annahmen hat sich inzwischen gezeigt, dass Telearbeit überwiegend in der Form von Arbeitsverhältnissen durchgeführt wird (*Wank,* NZA 1999, 225ff.; *Wiese* RdA 2009, 344, 345; *Rieble/Picker* ZfA 2013, 383, 386). Diese Gestaltung ist inzwischen durch Kollektivverträge verdeutlicht und abgesichert worden (zur Nutzung *Peters/Orthwein* CR 1997, 293ff. und 355ff. – Telekom/ IBM; *Peter,* DB 1998, 573ff.; *Kirner* NZA 1999, 1190ff.). Daneben ist bei weniger fester Organisation arbeitnehmerähnliche Telearbeit möglich (*Haupt/Wollenschläger* NZA 2001, 289ff.). Nur in denjenigen Fällen, in denen eine solche organisatorische oder technische Einbindung fehlt und die typischerweise gekennzeichnet sind durch die Arbeit für verschiedene Auftraggeber (*BAG* NZA 1989, 141), kann Heimarbeit nach § 2 HAG angenommen werden (*Wedde,* Telearbeit, 2. Aufl. 1994, S. 71 ff.; *Schmidt u. a.,* HAG, 4. Aufl. 1998, § 2 Rn. 68 ff.; *Wank* NZA 1999, 233), so dass § 2 ArbSchG nicht zur Anwendung kommt (so auch *Pieper* ArbSchR ArbSchG § 2 Rn. 16; → Rn. 121). In der Regel ist bei Telearbeit das Arbeitsschutzrecht daher nach § 2 Abs. 2 Nr. 1 ArbSchG anwendbar (*Aligbe* ArbRaktuell 2016, 132; *Däubler,* Internet und Arbeitsrecht, 5. Aufl. 2015 Rn. 405 f).

100 Von der Telearbeit kategorial unterscheidbar ist das **Crowdworking**, in dem Unternehmen an die „crowd", also eine unbestimmte Anzahl von Internetnutzern ein Angebot machen, bestimmte Aufgaben gegen Entgelt zu übernehmen. In der Konstruktion sollen diese Personen Selbständige sein, doch sind auch Konstellationen denkbar, in denen eine strikte Bindung, zB innerhalb eines Konzerns, erfolgt, die eine Qualifikation als Arbeitnehmer zur Folge hat (*Däubler,* Digitalisierung und Arbeitsrecht, S. 35 ff.). Eher sind Fallgestaltungen zu erwarten, in denen Crowdworker als arbeitnehmerähnliche Personen qualifiziert werden können (dazu *Däubler,* Internet und Arbeitsrecht, Rn. 447 r ff.; *Krause* Gutachten zum 71. DJT B 103 ff.), so dass dann auch § 2 Abs. 2 Nr. 3 ArbSchG zur Geltung kommt (*Däubler* aaO Rn. 447 g; *Däubler/Klebe* NZA 2015, 1032, 1036; *Kohte* NZA 2015, 1417, 1422). Daraus können sich entsprechende Anforderungen an Hardware und/oder Software ergeben.

101 **Wiedereingliederungsvertrag.** Nach § 74 SGB V kann eine stufenweise Wiedereingliederung arbeitsunfähiger Beschäftigter in den Betrieb durch eine spezielle Vereinbarung erfolgen. Dieser Vertrag wird in der Judikatur des BAG nicht als Arbeitsvertrag, sondern als eigenständiger Vertrag gedeutet (*BAG* NZA 1992, 643); angesichts der gesundheitlichen Risiken einer stufenweisen Wiedereingliederung besteht Übereinstimmung, dass in einem solchen Rechtsverhältnis spezifische Schutzpflichten des Gläubigers bestehen (dazu nur *Gitter* ZfA 1995, 123, 140). In der Literatur wird zutreffend darauf hingewiesen, dass eine solche Wiedereingliederung bei Anerkennung einer Teilarbeitsfähigkeit auch arbeitsvertraglich verfasst werden kann und dass diese Abgrenzung schwierig ist (*Gitter* ZfA 1995, 135; *Wank* BB 1992, 1993, 1998). Damit ist auch hier Raum für eine Wahlfeststellung, die in jedem Fall zur Geltung des Arbeitsschutzrechts führt.

102 **Rehabilitationsrechtlicher Wiedereingliederungsvertrag.** Anknüpfend an das Vorbild des § 74 SGB V ist 2001 in **§ 28 SGB IX** als eine besondere Maßnahme der medizinischen Rehabilitation, die sich in der Regel als Belastungserprobung bzw. Arbeitstherapie nach § 26 Abs. 2 Nr. 7 SGB IX darstellt, die rehabilitationsrechtliche Wiedereingliederung normiert worden. Das betriebliche Verhältnis, das hier begründet wird, wird ebenfalls nicht als Arbeitsverhältnis qualifiziert (*Gagel,* NZA 2001, 988, 989; *Liebig* in LPK-SGB IX § 28 Rn. 6); da jedoch eine innerbetriebliche Beschäftigung erfolgt, ist auch hier arbeitsschutzrechtlich zumindest von einem arbeitnehmerähnlichen Beschäftigungsverhältnis nach § 2 Abs. 2 Nr. 3 ArbSchG auszugehen (FKSB − SGB IX/*Nebe,* § 28 Rn. 26 und ausführlich *Nebe,* SGb, 2015, 125, 130). Dies entspricht der unfallversicherungsrechtlichen Parallelwertung, die bei solchen Maßnahmen ebenfalls von einem Beschäftigungsverhältnis ausgeht (*Mrozynski/Jabben,* SGB IX, 2. Aufl. 2011, § 28 Rn. 10 aE).

103 **Arbeitsgelegenheiten in der Grundsicherung.** Nach der bis 2004 geltenden Norm des § 19 BSHG sollten für Hilfesuchenden, die keine Arbeit finden können, Arbeitsgelegenheiten geschaffen werden. Wenn der Sozialhilfeträger im Rahmen einer solchen Maßnahme nach § 19 Abs. 2 Satz 1 Alt. 1 BSHG den Hilfesuchenden das übliche Arbeitsentgelt gewährte, so kam regelmäßig ein Arbeitsverhältnis zu-

Begriffsbestimmungen   **§ 2 ArbSchG**

stande, das bereits nach § 2 Abs. 2 Nr. 1 ArbSchG die Beschäftigteneigenschaft begründet. In den anderen Fällen, in denen ausschließlich eine Entschädigung gewährt wurde, fand die Arbeit im Rahmen eines öffentlich-rechtlichen Verhältnisses statt (*Schellhorn/Schellhorn,* BSHG, 16. Aufl. 2002, § 19 Rn. 17; *Fasselt* in Fichtner/Wenzel, BSHG, 2. Aufl. 2003 § 19 Rn. 12). § 19 Abs. 3 Satz 2 BSHG – ebenso jetzt § 16d S. 2 SGB II – ordnet jedoch an, dass auch in diesem Fall die Vorschriften über den Arbeitsschutz Anwendung finden (bereits Rn. 43). Damit sind Empfänger von ALG II, die auf öffentlich-rechtlicher Grundlage tätig werden, dem Auffangtatbestand des § 2 Abs. 2 Nr. 3 zuzuordnen (*Kohte* in Gagel SGB II § 16d Rn. 21).

Helfer im freiwilligen sozialen Jahr – Jugendfreiwlligendienst. Nach § 15 **104** des Gesetzes zur Förderung eines freiwilligen sozialen Jahres vom 17.8.1964 (BGBl. 1964 I S. 640, 643) fanden auf die Tätigkeit im Rahmen eines freiwilligen sozialen Jahres die Arbeitsschutzbestimmungen Anwendung (*Schuler,* ZFSH/SGB, 1999, 717, 720).. Das ArbSchG und die auf seiner Grundlage erlassenen Verordnungen gehören allerdings ebenso wie das ASiG zu den hier anwendbaren Vorschriften (*BAG* NZA 1993, 334, 335), so dass die Helfer folgerichtig als arbeitnehmerähnliche Personen zu qualifizieren waren. Dies galt ebenso für die Teilnahme an einem **freiwilligen ökologischen Jahr.** Nach § 4 des Gesetzes zur Förderung eines freiwilligen ökologischen Jahres (BGBl. 1993 I S. 2118, 2119) galten auch für diese Tätigkeit die Arbeitsschutzbestimmungen entsprechend. Inzwischen sind beide Dienste durch das **Jugendfreiwilligendienstegesetz** (JFDG) legislativ zusammengefasst worden. Nach § 13 S. 1 JFDG sind auch für diesen Dienst die Arbeitsschutzbestimmungen entsprechend anwendbar (*Leube* ZfSH SGB 2012, 18, 22).

Zivildienstleistende – Bundesfreiwilligendienst. Der frühere Zivildienst **105** konnte nach § 15a ZDG in einem Arbeitsverhältnis erbracht werden. In den meisten Fällen standen sie in einem Beschäftigungsverhältnis zur Beschäftigungsstelle nach § 4 ZDG sowie in einem öffentlich-rechtlichen Verhältnis zum Bund, der nach § 35 ZDG zur Fürsorge verpflichtet war. Arbeitsschutzrechtlich maßgeblich war jedoch, dass die Zivildienstleistenden gegenüber der Beschäftigungsstelle eine in deren Betrieb eingegliederte Beschäftigung zu erbringen haben, so dass hier eine Funktionsaufspaltung (Rn. 139) vorlag und der Schwerpunkt der Arbeitsschutzpflichten in Übereinstimmung mit § 30 ZDG durch die Beschäftigungsstelle zu erbringen war. Inzwischen gilt für solche Dienste das **Bundesfreiwilligendienstegesetz** (BGBl. 2011 I S. 687). Nach § 13 BFDG sind für diesen Einsatz die arbeitsschutzrechtlichen Bestimmungen entsprechend anzuwenden (*Leube* ZfSH SGB 2012, 18, 22). Die in den Betrieben/Einsatzstellen eingegliederten Freiwilligen sind folgerichtig im Verhältnis zum Betriebsinhaber als arbeitnehmerähnliche Personen zu qualifizieren (so zum ZDG *Pieper,* ArbSchR § 2 Rn. 26a; vgl. wertungsparallel zur Eingliederung der Zivildienstleistenden *BAG* AP Nr. 35 zu § 99 BetrVG 1972 Einstellung m. Anm. *Waas* = SAE 2002, 142 m. Anm. *Giesen,* ebenso jetzt zum BFDG *ArbG* Ulm AiB 2012, 608 m. Anm. *Klenter*). Durch § 18 BFDG wurde der Anwendungsbereich auf Tätigkeiten mit Flüchtlingen und für Flüchtlinge erweitert, für die ebenfalls § 13 BFDG gilt (*Leube* ZTR 2016, 74, 75).

Praktikanten. Betriebliche Praktika, die auf einer privatrechtlichen Vertragsbe- **106** ziehung zwischen Praktikant und Betriebsinhaber beruhen, unterfallen bereits § 2 Abs. 2 Nr. 2. Wenn dagegen das Praktikum von Studierenden ausschließlich dem Hochschulrecht zugeordnet ist, wird diese Norm in der Literatur in Übereinstimmung mit der Judikatur zu § 5 BetrVG abgelehnt (so *Koll* in Koll/Janning/Pinter § 2 Rn. 18). Damit ist die Rechtslage jedoch noch nicht hinreichend erfasst: Insoweit ist auf § 1 Abs. 1 Nr. 4 JArbSchG hinzuweisen, wonach das JArbSchG auch für Praktika gilt, die von Fachschulen, Fachhochschulen und Hochschulen organisiert werden (*Zmarzlik/Anzinger*, JArbSchG, § 1 Rn. 26). Rechtssystematisch sind solche Praktikanten dann arbeitnehmerähnliche Personen, denn die mit dieser Norm bezweckte Ausdehnung des Schutzes bezieht sich nicht nur auf § 2 Abs. 2 Nr. 1 ArbSchG, sondern auf sämtliche Fallgruppen des Beschäftigtenbegriffs. Eine vergleichbare Lösung gilt auch für Schülerpraktika, denn für diese ist es kennzeichnend, dass die Schülerpraktikanten ebenfalls in einem gewissen Umfang auch „Tätigkeiten wie die Arbeitnehmer des Betriebes ausführen" (so *BAG* NZA 1990, 896, 897), so dass sie ebenfalls § 1 Abs. 1 Nr. 4 JArbSchG zugeordnet werden (so *Zmarzlik/Anzinger*, JArbSchG, § 1 Rn. 27; zur Schnupperlehre vgl. *OLG Hamm* AuR 1989, 152 = AiB 1989, 267 m. Anm. *Hamm*), und damit folgerichtig auch vom Auffangtatbestand des § 2 Abs. 2 Nr. 3 erfasst werden. Schließlich lässt sich auf diese Weise die betrieblich durchgeführte **Berufsausbildungsvorbereitung** nach §§ 1 Abs. 1a, 68 ff. BBiG (dazu *Natzel* DB 2003, 719; *Leinemann/Taubert*, BBiG § 68 Rn. 7) am besten arbeitsschutzrechtlich einordnen.

107 **Öffentlich-rechtliche Dienstverhältnisse.** Neben Beamtenverhältnissen und Arbeitsverträgen werden im öffentlichen Dienst auch spezielle öffentlich-rechtliche Dienstverhältnisse anerkannt, die nicht durch Vertrag, sondern durch einseitige Ernennung begründet werden, sofern dafür eine gesetzliche Grundlage besteht (dazu nur *BVerwGE* 49, 138; NJW 1976, 1364; *BAGE* 38, 259; 46, 218 und *BAG* NZA-RR 2008, 103 sowie ZTR 2012, 187). Betroffen sind z. B. Lehrbeauftragte an Hochschulen und Verwalter von Professorenstellen. In Bezug auf die aus der Sicht des Arbeitsschutzrechts maßgebliche Beschäftigung ergibt sich kein wesentlicher Unterschied zu Arbeitnehmern, so dass dieser Personenkreis ebenso den arbeitnehmerähnlichen Personen zuzuordnen ist. Die in der Literatur zutreffend von *Reinecke* (ZTR 1996, 337, 342) hervorgehobene Schwierigkeit der Abgrenzung zwischen öffentlich-rechtlichen und arbeitsrechtlichen Dienstverhältnissen wird in der Praxis dazu führen, dass auch hier eine Wahlfeststellung zwischen Arbeitnehmern und arbeitnehmerähnlichen Personen möglich und sachgerecht ist.

108 **Kirchenbedienstete.** Die überwiegende Zahl der Beschäftigungsverhältnisse, die in kirchlichen Einrichtungen begründet werden, sind als Arbeitsverhältnisse zu qualifizieren, die grundsätzlich dem allgemeinen Arbeitsrecht unterstehen (dazu nur *Thiel/Fuhrmann/Jüngst*, MAVO, 7. Aufl. 2014, § 3 Rn. 12 ff.; *Georgi*, S. 76). Insoweit ist allgemein anerkannt, dass die öffentlich-rechtlichen Arbeitsschutzvorschriften, sofern nicht spezifische Ausnahmen – z. B. § 21a Abs. 3 JArbSchG (dazu nur *Zmarzlik/Anzinger*, JArbSchG, § 21 Rn. 37 ff.) – bestehen, auch für kirchliche Arbeits- und Beschäftigungsverhältnisse gelten (*Richardi*, Arbeitsrecht in der Kirche, 6. Aufl. 2012, § 8 Rn. 21 ff.; *Hammer*, Kirchliches Arbeitsrecht, 2002, S. 255 f.; *Neumann*, FS G. Müller, 1981, S. 353, 365), denn die allgemeinen Normen zum Gesundheitsschutz gehören zu den schrankenbildenden Gesetzen nach Art. 140 GG, 137 Abs. 3 WRV (*BVerwG* NJW 1984, 989, 990 f.; dazu oben § 1 Rn. 78). Im Gesetzgebungsverfahren sind Forderungen nach Bereichsausnahmen wie in § 18 Abs. 1 Nr. 4 ArbZG und § 21a Abs. 3 JArbSchG in das ArbSchG folgerichtig nicht aufgestellt worden (*Koll* in Koll/Janning/Pinter § 1 Rn. 14). In den Regeln des Mitarbeitervertretungsrechts – z. B. § 2 Abs. 3 MVG EKiD, § 3 Abs. 1 MAVO – sind Angehörige von Orden sowie von kirchlichen oder diakonischen Dienst- und Lebensgemeinschaften, die auf Grund von Gestellungsverträgen in kirchlichen Einrichtungen tätig werden, als Mitarbeiter gleichgestellt (*Thiel/Fuhrmann/Jüngst*, MAVO, 7. Aufl. 2014, § 3 Rn. 34; *Richardi*, aaO § 18 Rn. 24; *Hammer*, Kirchliches

Begriffsbestimmungen **§ 2 ArbSchG**

Arbeitsrecht S. 441; *Fey/Rehren,* MVG EKD 2015 § 2 Rn. 7). Dieser bewussten und gezielten Erweiterung des Mitarbeiterkreises über die Grenzen des Arbeitsrechts hinaus entspricht es, diesen Personenkreis zumindest als arbeitnehmerähnliche Personen einzustufen. Dies stimmt überein mit der Regelungsstruktur im Unfallversicherungsrecht, denn dieser Personenkreis ist nach § 4 Abs. 1 Nr. 3 SGB VII nur versicherungsfrei, weil und sofern ihm eine satzungsmäßige und gesicherte Versorgung zusteht (dazu nur *Kater/Leube,* § 4 Rn. 23 ff.). Eine solche versorgungsorientierte Freistellung kann jedoch nicht von der Einhaltung präventiver Gesundheitsschutzpflichten entbinden, so dass diese Personen in Übereinstimmung mit der mitarbeitervertretungsrechtlichen Gleichstellung – und insoweit auch mit dem kirchlichen Selbstverständnis – § 2 Abs. 2 Nr. 3 zuzuordnen sind.

Pflegekräfte auf arbeitsvertraglicher Grundlage. Die Beschäftigung von 109 Pflegekräften erfolgt in unterschiedlichen Rechtsformen, so dass verschiedene Regelungsebenen zu beachten sind. Die überwiegende Zahl von Pflegekräften wird von Krankenhäusern und anderen Pflegeeinrichtungen auf arbeitsvertraglicher Grundlage beschäftigt (*Kohte,* BlStSozArbR 1983, 129, 132 m. w. N.; *Rohde,* Soziologie des Krankenhauses, 2. Aufl. 1974, S. 285 f.). Auch Organisationen wie das DRK, die Krankenschwestern auf vereinsrechtlicher Grundlage beschäftigen, schließen in beachtlichem Umfang Arbeitsverträge mit „Gastschwestern" ab (*BAG* AP Nr. 10 zu § 611 BGB Rotes Kreuz), die § 2 Abs. 2 Nr. 1 zuzuordnen sind. Im Rahmen von Gestellungsverträgen kann es zu einer Aufspaltung der Arbeitgeberfunktionen kommen, so dass zumindest gegenüber dem Träger der Einrichtung ein Beschäftigungsverhältnis zustande kommen kann (Rn. 138).

Pflegekräfte auf vereinsrechtlicher Grundlage. Trotz eines überzeugenden 110 Vorstoßes des LAG Schleswig-Holstein (*LAGE* § 5 ArbGG 1979 Nr. 2) hat die Judikatur des BAG – wenn auch mit regelmäßig wechselnder Begründung – daran festgehalten, dass in vertragsrechtlicher Sicht die Schwestern im Verhältnis zum Roten Kreuz weder Arbeitnehmerinnen noch arbeitnehmerähnliche Personen seien (zuletzt *BAG* NZA 1996, 33, 35; vgl. BAG NZA 2010, 1302, 1304; aA jetzt *Mestwerdt* NZA 2014, 281, 284). Es soll insoweit zur Schwesternschaft ausschließlich ein vereinsrechtliches Mitgliedsverhältnis bestehen; die in Organisationsrecht nicht seltene Konstruktion einer Verknüpfung von Mitgliedsverhältnis und Arbeitsverhältnis (*Gitter,* SAE 1976, 208) wird insoweit abgelehnt. Allerdings wird verlangt, dass die Begründung vereinsrechtlicher Arbeitspflichten nicht zur Umgehung zwingender arbeitsrechtlicher Schutzbestimmungen führen dürfe (*BAG* NZA 1995, 823, 832; NJW 2003, 161; vgl. *BAG* NZA 2012, 1433, 1435 – Telefonseelsorge). Dies sei im Roten Kreuz nicht der Fall, da die Satzung den Schwestern einen Anspruch auf angemessene Vergütung, Ruhegeld, Urlaub und Krankenbezüge einräume. Unter arbeitsschutzrechtlichen Aspekten kann dies nicht ausreichen. Es ist nicht ersichtlich, dass durch die Satzung des DRK ein arbeitsschutzrechtlicher Schutz gewährleistet wird, der so effektiv ist, dass die in allen anderen Bereichen für erforderlich gehaltene Aufsicht der Ämter für Arbeitsschutz entfallen könnte (*Nebe/Schulze-Doll* AuR 2010, 216, 218). Im Übrigen wäre es unionsrechtlich nicht zulässig, die effektive Umsetzung der Richtlinien (zur Bedeutung der RL 90/269 zur Handhabung von Lasten im Krankenhaus z. B. *Opfermann/Rückert* AuA 1997, 187, 188; *Bücker/Feldhoff/Kohte,* Rn. 341 f.) für die Gestaltung vereinsrechtlicher Satzungen zu überlassen (vgl. jetzt der Vorlagebeschluss *BAG* ZTR 2015, 400; Schlussanträge d. GA v. 2. 7. 2016, Rn. 41 – C-1216/15). Folgerichtig sind nach § 4 Abs. 1 Nr. 3 SGB VII die DRK-Schwestern in der Unfallversicherung nicht mehr versicherungsfrei, sondern als Beschäftigte integriert und damit auch der Aufsicht der Berufsgenossen-

ArbSchG § 2   Arbeitsschutzgesetz

schaften nach §§ 14 ff. SGB VII unterstellt (*Kater/Leube,* SGB VII, § 4 Rn. 18). Somit spricht bereits die Parallele zwischen den beiden Teilgebieten des öffentlich-rechtlichen Arbeitsschutzrechts dafür, die Rote-Kreuz-Schwestern bereits im Verhältnis zum DRK arbeitsschutzrechtlich als Beschäftigte zu qualifizieren (*Pieper,* ArbSchR ArbSchG § 2 Rn. 18; *Nebe/Schulze-Doll* AuR 2010, 216, 218; *N. Julius,* S. 183 ff. zur Aufspaltung der Arbeitgeberfunktionen bei Gestellungsverträgen *BAG* NZA 1997, 1297; unten Rn. 138).

111   **Tätigkeiten im Rahmen einer Arbeitstherapie.** Eine Arbeitstherapie dient der Eingliederung in das Arbeitsleben und erfolgt unter möglichst realistischer Simulation eines Arbeitsprozesses, der jedoch in einen medizinischen Behandlungsplan eingebunden ist (*Mrozynski,* SGb 1985, 277, 286; *BSG* USK 8303; BSGE 109, 122), so dass diese Tätigkeit gesetzlich dem Krankenversicherungsrecht nach §§ 27 Abs. 1 Satz 2 Nr. 6, 42 SGB V zugeordnet ist. Diese Tätigkeit kann im Rahmen eines Arbeitsverhältnisses ausgeübt werden; wenn dagegen im Mittelpunkt des Rechtsverhältnisses nicht der Austausch von Arbeit und Vergütung steht, dann wird sie nicht als Beschäftigungsverhältnis eingeordnet (dazu nur *Höfler* in KasskKomm SGB V, § 42 Rn. 6). Gleichwohl werden hier Tätigkeiten in einem betrieblichen Zusammenhang erbracht, so dass konsequent bis 2004 für die Tätigkeiten nach § 20 BSHG, bei denen ebenfalls arbeitstherapeutische Ansätze im Vordergrund stehen sollten (*Schellhorn/Schellhorn,* BSHG, 16. Aufl. 2002, § 20 Rn. 4), die Geltung des Arbeitsschutzrechts in § 20 Abs. 2 Satz 2 BSHG angeordnet war. Diese Tätigkeit wurde nach allgemeiner Ansicht ebenso im Jugendarbeitsschutzrecht (*Zmarzlik/Anzinger,* § 62 JArbSchG Rn. 5) sowie im Unfallversicherungsrecht als arbeitnehmerähnlich qualifiziert (*BSG* SGb 1960, S. 18). Im Rahmen der Kodifikation des § 2 Abs. 1 Nr. 4, Abs. 2 Satz 1 SGB VII ist diese Einstufung gerade für diejenigen, die nach § 5 Abs. 1 Nr. 8 SGB V versichert sind, ausdrücklich bekräftigt worden (BT-Drs. 13/2204, S. 74; *Lauterbach/Schwerdtfeger,* § 2 SGB VII Rn. 696), so dass folgerichtig bei jeder Beschäftigung im Rahmen einer Arbeitstherapie Arbeitnehmerähnlichkeit zu bejahen ist (dazu ausführlich *Kalina* ZfSH/SGB 2012, 317, 321; zustimmend *Brockmann* in NE-GesundhR 2015 § 42 SGB V Rn. 15). Dies gilt ebenso bei solchen Tätigkeiten von Jugendlichen im Rahmen einer Heimunterbringung nach §§ 34, 42 SGB VIII (vgl. auch zu § 1 Abs. 1 Nr. 3 SGB VI: *Kreikebohm,* SGB VI, 3. Aufl. 2008, § 1 Rn. 25).

112   **Strafgefangene** können nach § 39 StVollzG bzw. den Strafvollzugsgesetzen der Bundesländer (dazu *Laubenthal/Nestler* StVollzG 12. Aufl. 2015 F 54 ff) als Freigänger ein Arbeitsverhältnis begründen (*LAG Baden-Württemberg* NStZ 1989, 141; *LAG Hamm* NStZ 1991, 455; *Däubler/Galli* in Feest/Lesting StVollzG 6. Aufl. 2012 § 39 Rn. 13), so dass sie insoweit bereits nach § 2 Abs. 2 Nr. 1 als Beschäftigte zu qualifizieren sind (zum Vorrang eines solchen Beschäftigungsverhältnisses *BVerfG* NJW 1998, 3337, 3340; *Calliess* NJW 2001, 1692, 1693;). Nach überwiegender Ansicht sollen sie dagegen nicht als Arbeitnehmer zu qualifizieren sein, wenn sie nur im Rahmen einer Maßnahme der Vollzugslockerung nach § 11 StVollzG als „unechte Freigänger" in einem Unternehmen außerhalb der Anstalt beschäftigt werden (dazu nur *BAG* AP Nr. 18 zu § 5 BetrVG 1972; zu den verfassungsrechtlichen Grenzen BVerfGE 98, 169, 210). Erst recht werden sie nicht als Arbeitnehmer qualifiziert, wenn sie auf Grund der Arbeitspflicht nach § 41 StVollzG in der Anstalt mit einer Tätigkeit betraut werden. Nach § 149 Abs. 2 Satz 2 StVollzG, der in den Ländern, die kein eigenes StVollzG normiert haben, weiter anwendbar ist, sind in diesen Fällen jedoch die Arbeitsschutz- und Unfallverhütungsvorschriften zu beachten. Dies kann sich nicht nur auf die objektiven Pflichten des Trägers der Anstalt

Begriffsbestimmungen **§ 2 ArbSchG**

beziehen, denn zu den wesentlichen Strukturelementen des neuen Gesetzes gehört es, dass die zu schützenden Personen zugleich als „berechtigte Rechtssubjekte" akzeptiert werden (oben § 1 Rn. 64). Folgerichtig wird ihnen ein subjektives Recht auf Beachtung der Arbeitsschutzvorschriften zuerkannt (*Laubenthal,* Strafvollzug, 6. Aufl. 2013, § 149 Rn. 6; *Arloth,* StVollzG, 3. Aufl. 2011, § 149 Rn. 4). Damit sind in diesen Fällen die Strafgefangenen arbeitsschutzrechtlich als arbeitnehmerähnliche Personen und somit auch als Beschäftigte zu qualifizieren, die in entsprechender Weise zu unterrichten und in die jeweiligen Tätigkeiten einzuweisen sind. Insoweit entspricht die Normstruktur der Regelung in § 2 Abs. 2 Satz 2 SGB VII, wonach Strafgefangene, die wie Beschäftigte tätig werden, als arbeitnehmerähnliche Personen zu qualifizieren sind und mit einem arbeitsvertraglich geregelten Beschäftigungsverhältnis gleichgestellt werden sollen (*BSGE* 27, 197, 199 und 82, 118, 122; vgl. zu anderen arbeitsbezogenen Grundrechten der Strafgefangenen *BVerfG* NJW 1998, 3337). Dies gilt unproblematisch auch in den Bundesländern, die eine vergleichbare Norm in ihr föderales Recht integriert haben, so zB Art. 39 Abs. 2 S. 3 StVollzG BY. In den neuen Gesetzen einiger Bundesländer fehlt jeglicher Hinweis auf den Arbeitsschutz (*Laubenthal* in Schwind/Laubenthal Strafvollzug, 6. Aufl. 2013 § 149 Rn. 8 ff). Hier ist § 2 Abs. 2 S. 3 ArbSchG unmittelbar anwendbar (im Ergebnis auch *Wiebauer* in Landmann/Rohmer GewO ArbSchG § 2 Rn. 50).

Für **jugendliche Strafgefangene** bestand eine vergleichbare öffentlich-recht- **113** lich verfasste Arbeitspflicht in § 91 Abs. 2 JGG. Die Regelung war lückenhaft und enthielt keine ausdrückliche Schutzbestimmung, obgleich der Arbeitsschutz hier zu den bekannten Problemen gehört (*Sohns,* Die Gefangenenarbeit im Jugendstrafvollzug, 1973, S. 107). In der Judikatur wurde daher § 149 Abs. 2 Satz 2 StVollzG analog herangezogen (anschaulich zur rechtmäßigen Weigerung, Zellenarbeit mit PVC-Dämpfen zu leisten *LG Bonn* NStZ 1988, 575; *Däubler/Spaniol* in AK-StVollzG 4. Aufl. 2000, § 41 Rn. 11; *Ostendorf,* JGG, 6. Aufl. 2003, § 91 Rn. 16). Eine ausdrückliche Gleichstellung im Jugendarbeitsschutz enthält § 62 JArbSchG für die Beschäftigung Jugendlicher im Vollzug einer gerichtlich angeordneten Freiheitsentziehung. Diese Norm macht deutlich, dass Jugendliche bei einer Beschäftigung im Rahmen einer gerichtlichen Freiheitsentziehung einen gleichwertigen Arbeitsschutz erlangen sollen (*Zmarzlik/Anzinger,* § 62 JArbSchG Rn. 3), so dass sie ebenfalls – sofern sie nicht bereits als zur Berufsausbildung Beschäftigte erfasst werden – als arbeitnehmerähnliche Personen einzustufen sind. In der neueren Literatur wird auch für gemeinnützige Arbeiten von Jugendlichen, die auf Weisungen nach § 10 JGG beruhen (dazu OLG Braunschweig NStZ 2012, 575) die analoge Anwendung von § 62 JArbSchG präferiert (*Ostendorf,* JGG, 10. Aufl. 2016, § 10 Rn. 15; *Eisenberg* JGG 18. Aufl. 2016 § 10 Rn. 21). Einzelne Ländergesetze zum Jugendstrafvollzug verweisen auf die Geltung der Arbeitsschutzvorschriften (§ 116 Abs. 1 S. 2 JStVollzG NW). In den anderen Ländern ist direkt oder analog auf § 62 JArbSchG zurückzugreifen.

Im **Maßregelvollzug** soll den Gefangenen Gelegenheit zur Berufsausbildung, **114** Umschulung oder Berufsausübung gegeben werden (zur Praxis *BSG Breithaupt,* 1996, S. 674). Verschiedene Landesgesetze regeln, dass diese Berufsausübung auch in einem freien Beschäftigungsverhältnis erfolgen kann, so dass dann wiederum § 2 Abs. 2 Nr. 1 eingreifen würde. In den anderen Fällen, in denen eine Tätigkeit innerhalb der Einrichtung aufgenommen wird, sind die Arbeitsbedingungen weitgehend an die Arbeitsbedingungen der allgemeinen betrieblichen Praxis anzugleichen (dazu nur *Kammeier//Marschner,* Maßregelvollzug, 3. Aufl. 2010, Rn. E 33; *Volckert/*

ArbSchG § 2 Arbeitsschutzgesetz

Grünebaum, Maßregelvollzug 7. Aufl. 2009, Teil III Rn. 253). Wiederum gebietet diese Angleichungsfunktion, auch die Gefangenen/Untergebrachten im Maßregelvollzug als zumindest arbeitnehmerähnliche Personen einzustufen.

115   6. **Vom Anwendungsbereich ausgeschlossene Personen.** Mit Hilfe der methodischen Orientierung an der unfallversicherungsrechtlichen Judikatur zu arbeitnehmerähnlichen Tätigkeiten (Rn. 83 ff.) lässt sich am besten ein Bezugspunkt finden, durch welchen Personengruppen von der Arbeitnehmerähnlichkeit abgegrenzt und daher nicht mehr als Beschäftigte qualifiziert werden können. Zu diskutieren sind in diesem Zusammenhang die Formen der Mitarbeit auf familien-, verbands- und organisationsrechtlicher Grundlage (dazu nur *Krasney*, BKK 1994, 363, 367 ff.; *Kater/Leube*, § 2 Rn. 431 ff.; *Rolfs* in ErfK § 2 SGB VII Rn. 19 f.).

116   **Mitarbeit auf familienrechtlicher Grundlage.** Zwischen Familienangehörigen kann Mitarbeit in unterschiedlichen Formen praktiziert werden: auf der Basis eines Arbeitsvertrages, eines Gesellschaftsvertrages, schließlich in Form familiärer Mithilfe bzw. Gefälligkeit. In der unfallversicherungsrechtlichen Judikatur wird ein Arbeitsvertrag zwischen Familienangehörigen bejaht, wenn eine Fremdbestimmung der Tätigkeit und deren Entgeltlichkeit eindeutig festgestellt werden kann (*BSG* VersR 1995, 484; *BSGE* 74, 275, 278 ff.; *LAG Rheinland-Pfalz* 20.8.2014 – 4 Sa 13/14; vgl. *BVerfG* NJW 1996, 833). Gerade in kleineren und handwerklich organisierten Betrieben wird die Mitarbeit von Familienangehörigen – vor allem von Ehegatten – jedoch, sofern nicht eindeutig untergeordnete Tätigkeiten verrichtet werden, im Zweifel als gesellschaftsvertragliche Mitarbeit gedeutet (*BSG* NJW 1994, 341; *Menken* DB 1993, 161, 162 m.w.N.). Familiäre Mithilfe, die nicht auf der Basis eines Arbeitsvertrages erfolgt, kann weiter nur dann als arbeitnehmerähnlich qualifiziert werden, wenn sie über typisch familiäre Unterstützungsmaßnahmen, die unentgeltlich erwartet werden können, deutlich hinausgeht (*BSG* BB 1979, 1297; NZS 2012, 826, 829; *LAG Köln* 11.9.2015 – 4 Ta 181/15 zur innerfamiliären Pflege, dazu *Göhle-Sander* jurisPR-ArbR 50/2015 Anm. 5; vgl. *BFH* NJW 1997, 1872). Auch in diesen Fällen ist jedoch in erster Linie abzugrenzen, ob diese Mithilfe eher arbeitnehmerähnlich oder eher unternehmerähnlich ist (anschaulich die beiden Fälle *BSG Breithaupt*, 1977, 208 und 687; *Krasney* NZS 1999, 577, 580).

117   **Mitarbeit auf vereinsrechtlicher Grundlage.** Die Tätigkeit von Vereinsmitgliedern, die nicht Vorstandsmitglieder sind, kann auf der Satzung oder auf einem gesonderten Arbeitsvertrag beruhen. Ein gesonderter Arbeitsvertrag ist vor allem dann anzunehmen, wenn die geforderte Leistung nicht durch die Satzung verlangt wird oder einen solchen Charakter hat, dass durch eine vereinsrechtliche Qualifikation arbeitsrechtliche Schutzvorschriften umgangen werden (*BAG* NZA 1995, 823, 832; einschränkend jedoch NZA 2002, 1412 = NJW 2003, 161, 162 – Scientology). In der unfallversicherungsrechtlichen Judikatur ist auf dieser Basis ein Beschäftigungsverhältnis angenommen worden, wenn die erbrachten Leistungen im Rahmen fremdbestimmter Tätigkeit in der Organisation des Vereins erfolgten und über dasjenige hinausgingen, was von den Mitgliedern erwartet werden konnte (*BSGE* 14, 1, 3; *BSGE* 52, 11, 12). In der Regel erfolgt die Mitarbeit von Vereinsmitgliedern jedoch allenfalls im Rahmen arbeitnehmerähnlicher Tätigkeiten in gelockerter organisatorischer Bindung. Wiederum ist für die Abgrenzung zur vereinsrechtlichen Tätigkeit maßgeblich, ob es sich um eine den Mitgliedern auferlegte Arbeitspflicht handelt (*AG Grevenbroich*, NJW 1991, 2646, 2647) oder ob zumindest von der jeweiligen Mitgliedergruppe eine solche Tätigkeit erwartet werden

Begriffsbestimmungen **§ 2 ArbSchG**

konnte (*BSG* NJW 1999, 446, 447 m.w.N.; *Krasney,* BKK 1994, 363, 367 und NZS 1999, 577, 581 f.). Übersteigt die Mitarbeit einen solchen Rahmen, so ist sie als Arbeitsvertrag oder zumindest als arbeitnehmerähnliche Tätigkeit zu qualifizieren (*BSG* VersR 1993, 464; vgl. *Pieper* ArbSchR ArbSchG § 2 Rn 18). Zur Tätigkeit von DRK-Schwestern vgl. Rn. 109 f., 138 und *Mestwerdt* NZA 2014, 281, 284.

Mitarbeit auf gesellschaftsrechtlicher Grundlage. Zwischen einem Gesell- **118** schafter und einer Gesellschaft kann zusätzlich zum Gesellschaftsvertrag auch ein Arbeitsvertrag vereinbart werden, der die innerbetriebliche Mitarbeit reguliert (*BAG* NZA 1990, 525). In einem solchen Fall führt die Gesellschafterstellung, solange keine beherrschende Stellung vorliegt, nicht zur Verneinung eines Arbeits- oder Beschäftigungsverhältnisses (*BAG* NZA 2014, 1293 m. Anm. *Reill-Ruppe* JR 2015, 451 sowie *BSG* 11.11.2015 – B 12 KR 13/14 R, m. Anm. *Thees* DB 2015, 352; *BayLSG* NZS 2016, 233). In der Regel wird sich die Mitarbeit von Gesellschaftern jedoch ausschließlich auf gesellschaftsvertraglicher Grundlage vollziehen (*Schnorr von Carolsfeld,* FS A. Hueck, 1959, S. 261, 263), so dass die unfallversicherungsrechtliche Judikatur folgerichtig ein Beschäftigungsverhältnis zwischen Gesellschafter und Gesellschaft nur bei eindeutiger Regelung und einer entsprechenden innerbetrieblichen Tätigkeit angenommen hat (*BSGE* 25, 51, 52; *BSG* SGb 1989, 165 mit Anm. *Wank*). Beruht somit die Tätigkeit des Gesellschafters nicht auf dem Arbeitsvertrag, sondern auf dem Gesellschaftsvertrag, dann wird in der Unfallversicherung auch eine arbeitnehmerähnliche Tätigkeit verneint (*BSG* NJW 1973, 168). Diese für die Zwecke der Entschädigung ergangene Judikatur kann nicht in gleicher Weise auf die Zwecke der Prävention übertragen werden, denn der Gesellschafter, der – auf welcher Grundlage auch immer – vollständig in den betrieblichen Arbeitsprozess eingegliedert ist, wie dies in kleineren Handwerksbetrieben nicht selten der Fall ist, muss auch im Interesse der anderen Beschäftigten genauso die Vorschriften des öffentlich-rechtlichen Arbeitsschutzes über Gefahrstoffe und Arbeitsmittel einhalten (bereits *Schnorr von Carolsfeld,* FS A. Hueck, S. 276; zustimmend *Krause,* Mitarbeit in Unternehmen, 2002, S. 459). Somit bedarf auch diese Tätigkeit der Berücksichtigung in der Gefährdungsbeurteilung und kann von Maßnahmen der Aufsicht nicht ausgenommen werden, so dass die in den Arbeitsprozess eingegliederte Tätigkeit des Gesellschafters insoweit als arbeitnehmerähnlich zu qualifizieren ist (vgl. auch *Loritz,* Die Mitarbeit Unternehmensbeteiligter, 1984, S. 256 f., 406 f.).

Mitarbeit auf organisationsrechtlicher Grundlage. Die Stellung der Vor- **119** standsmitglieder einer Aktiengesellschaft ist durch die umfassende Leitungsmacht nach § 76 AktG geprägt, so dass in der sozialrechtlichen Judikatur weder ein Beschäftigungsverhältnis noch eine Arbeitnehmerähnlichkeit angenommen wird (*BSGE* 49, 22; 85, 214; *Seewald* in KassKomm § 7 SGB IV Rn. 99). Für Geschäftsführer einer GmbH wird nach ihren Einflussmöglichkeiten differenziert; für Gesellschafter-Geschäftsführer mit entsprechenden Einflussmöglichkeiten wird ebenfalls eine zumindest unternehmerähnliche Position angenommen (*BSG* BB 1989, 72; 2000, 674.), während Fremdgeschäftsführer, die Weisungen der Gesellschafter unterliegen, einem Beschäftigungsverhältnis zugeordnet werden (*BSG* BB 1973, 1310; NZA-RR 2003, 325 und 29.8.2012 – B 12 R 14/10 R). Erst recht wird eine solche Position bei Vorstandsmitgliedern eines Vereins angenommen, die auf die konkreten Abläufe keinen Einfluss hatten (*BSG* SGb 1985, 199; 2002, 298 m. Anm. *Hergenröder;* aus dem Haftungsrecht anschaulich *BGH* NJW 1978, 2390). Unter dem Gesichtspunkt der Prävention kommt es wiederum entscheidend auf den Charakter der Beschäftigung an. Ist dieser durch eine umfassende Integration in die Arbeitsabläufe ge-

Kohte

prägt, so ist wie bei den Gesellschaftern (Rn. 118) eine arbeitnehmerähnliche Position i. S. d. § 2 Abs. 2 Nr. 3 zu bejahen (aus der Literatur *Fleck,* FS für Hilger und Stumpf, 1983, S. 197, 216; *v. Groß,* Das Anstellungsverhältnis des GmbH-Geschäftsführers, 1987, S. 338 f.; *Krause,* Mitarbeit in Unternehmen, S. 462; allgemein *Gissel,* Arbeitnehmerschutz für den GmbH-Geschäftsführer, 1987, S. 117 ff.). In den anderen Fällen, in denen die Beschäftigung des Geschäftsführers durch die Leitung der Gesellschaft geprägt ist, kann auch unter dem Gesichtspunkt der Prävention in der Regel keine Arbeitnehmerähnlichkeit angenommen werden. Diese auch in der Vorauflage vertretene Position ist jetzt bestätigt worden durch das **Urteil „Danosa" des EuGH** vom 11.11.2010 – C 232/09 (NZA 2011, 143), wonach eine Fremdgeschäftsführerin in einer GmbH als Arbeitnehmerin iSd RL 92/85/EWG (Mutterschutz) zu qualifizieren ist. Der für diese Richtlinie heranzuziehende unionsrechtlich definierte Arbeitnehmerbegriff ist weiter als der deutsche Arbeitnehmerbegriff und umfasst auch verschiedene Fallgruppen arbeitnehmerähnlicher Tätigkeit (o. Rn. 38). Damit ist hier § 2 Abs. 2 Nr. 3 ArbSchG einschlägig und § 1 MuSchG unionsrechtskonform auszulegen (ausführlich *Kohte,* FS Horst, 2011 S. 337, 345 f; *C. Schubert* ZESAR 2013, 5, 13; vgl. *Oberthür* NZA 2011, 253, 256; *Hergenröder* in HWK § 1 MuSchG Rn. 4; *Reinecke/Velikova* in HK-ArbSchR MuSchG § 1 Rn. 4; iE auch *Hochheim* in KJP § 2 ArbSchG Rn. 24 a).

120 Für eine spezielle Begriffsbildung der arbeitnehmerähnlichen Personen unter dem Gesichtspunkt des Arbeitsschutzrechts spricht schließlich die in § 2 Abs. 2 Nr. 3 angeordnete Bereichsausnahme für eine der wichtigsten Gruppen arbeitnehmerähnlicher Personen, die **Heimarbeiterinnen und Heimarbeiter.** In den parlamentarischen Beratungen ist diese Norm von der damaligen Bundesregierung damit gerechtfertigt worden, dass für die Heimarbeit spezielle Sondervorschriften gelten, die sinnvollerweise nicht verallgemeinert würden (BT-Drs. 13/4733, S. 13 gegen den Vorschlag des Bundesrats, die in Heimarbeit Beschäftigten einzubeziehen, a. a. O., S. 3). Diese Regelung betrifft damit unterschiedliche Formen der Gesundheitsgefährdung und damit der Überwachung, nicht jedoch ein angeblich bestehendes geringeres Schutzbedürfnis der in Heimarbeit Beschäftigten. Da in der gemeinschaftsrechtlichen Literatur auch die Heimarbeit dem Geltungsbereich des Arbeitsschutzrechts zugeordnet wird (dazu schon *Willms* in GTE 5. Aufl. 1999, Art. 118 a Rn. 17 ff.), wäre diese Ausnahme nicht akzeptabel, wenn damit ein geringeres Schutzniveau für die in Heimarbeit Beschäftigten fixiert worden wäre. In der Praxis sind allerdings zahlreiche Defizite festzustellen (*Müller,* Die arbeitnehmerähnliche Person, S. 232 ff.).

121 § 12 HAG geht davon aus, dass die in **Heimarbeit** Beschäftigten selbst für die Einhaltung der Arbeitsschutzvorschriften, vor allem für den ordnungsgemäßen Zustand der Arbeitsräume und Maschinen, verantwortlich sind. Dagegen sind nach § 16 Abs. 1 HAG **Auftraggeber und Zwischenmeister** dafür verantwortlich, dass Leben oder Gesundheit der in der Heimarbeit Beschäftigten durch technische Mittel und Arbeitsstoffe, die sie zur Verwendung überlassen, nicht gefährdet werden. Folgerichtig sind die in Heimarbeit Beschäftigten in § 2 Abs. 7 Nr. 1 GefStoffV, in § 2 Abs. 9 S. 2 Nr. 4 BiostoffeV sowie in § 2 Abs. 4 S. 2 Nr. 2 BetrSichV 2015 Arbeitnehmern gleichgestellt; § 15 c GefStoffV aF normierte für sehr gefährliche Gefahrstoffe ein Überlassungsverbot und verpflichtete in den anderen Fällen den Auftraggeber oder Zwischenmeister, für die in Heimarbeit Beschäftigten eine Betriebsanweisung nach § 20 GefStoffV aF aufzustellen (*Nöthlichs,* GefStoffV, § 15 c Rn. 2, 4). Dagegen fehlt eine konkrete Nennung im Arbeitsstättenrecht für diejenigen Fälle, in denen die in Heimarbeit Beschäftigten die Räume und Betriebsein-

Begriffsbestimmungen **§ 2 ArbSchG**

richtungen nicht unterhalten (zur Pflichtenstellung in diesen Fällen *Schmidt/Koberski/Tiemann/Wascher*, HAG, 4. Aufl. 1998, § 16 Rn. 2). Allerdings verlangt inzwischen § 16 Abs. 4 GefStoffV nF, dass den in Heimarbeit Beschäftigten generell nur Tätigkeiten mit geringer Gefährdung übertragen werden (*Schulze-Doll* in HK-ArbSchR § 2 ArbSchG Rn. 22). Insoweit kommt es darauf an, dass Gerichte und Aufsicht vor allem die §§ 16, 16a HAG richtlinienkonform auslegen, und dass legislativ gesichert wird, dass alle einschlägigen EG-Richtlinien für die Heimarbeit umgesetzt werden. Eine weitergehende Angleichung des Schutzes der in Heimarbeit Beschäftigten und der sonstigen Beschäftigten ist möglich, wenn das **ILO-Übereinkommen 177** zur Heimarbeit ratifiziert wird, das in Art. 4 Abs. 2e sowie in Art. 7, 8 gerade eine **Angleichung des Schutzes der Sicherheit und Gesundheit der in Heimarbeit Beschäftigten** anstrebt. Dies würde im Übrigen der unfallversicherungsrechtlichen Situation entsprechen, in der nach § 12 Abs. 2 SGB IV, § 2 Abs. 1 Nr. 1 SGB VII die in Heimarbeit Beschäftigten den sonstigen Beschäftigten gleichgestellt sind (dazu nur *Schmitt,* SGB VII, § 2 Rn. 17 ff.). Die sonstigen Ausnahmen vom persönlichen Anwendungsbereich des ArbSchG **(Beschäftigte in privaten Haushalten, auf Seeschiffen und im Bergbau)** sind in § 1 ArbSchG enthalten, da sie als Ausnahmen vom sachlichen Anwendungsbereich formuliert sind (→ § 1 Rn. 65 ff.).

F. Arbeitgeberbegriff

I. Allgemeines

Zu den allgemeinen Definitionen, die dem Gesetz vorangestellt werden, gehört 122 nach § 2 Abs. 3 auch der Arbeitgeberbegriff. Dies ist sachgerecht, denn der **Arbeitgeber** ist in konsequenter Verfolgung der Politik der Richtlinie (dazu *Kohte* ZIAS 1999, 85, 94 f.; sowie *EuGH* EAS RL 89/391 Art. 16 Nr. 3 Rn. 30 ff. und 19.5.2011 – C-256/10, NZA 2011, 967 Rn. 29 ff) **zentraler Normadressat** des Gesetzes. Dies betrifft sowohl die materiellen Pflichtenstellungen (z. B. §§ 3, 12) als auch die Adressatenstellung für die Anordnungen der Aufsicht, also die Verwaltungsakte nach § 22 Abs. 3 Nr. 1 sowie schließlich als wesentlicher Adressat im Bußgeldverfahren nach § 25 Abs. 2.

Vorgegeben ist die Definition in Art. 3b der Richtlinie 89/391, die den Arbeit- 123 geber in doppelter Weise durch seine Position im Beschäftigungsverhältnis sowie seine Verantwortung für den Betrieb bzw. das Unternehmen charakterisiert.

Einfacher formuliert sind dagegen die **Definitionen im supranationalen** 124 **Recht**. Die in das nationale Recht transformierten Übereinkommen Nr. 167 (Arbeitsschutz im Bauwesen) und 176 (Arbeitsschutz in Bergwerken) definieren übereinstimmend als Arbeitgeber jede natürliche oder juristische Person, die einen oder mehrere Arbeitnehmer auf einer Baustelle bzw. in einem Bergwerk beschäftigt; klarstellend wird hervorgehoben, dass ein Arbeitgeber ein Betreiber, Hauptunternehmer oder auch Subunternehmer sein kann.

Die im ArbSchG kodifizierte Definition des Arbeitgebers, die im Wesentlichen 125 § 2 Abs. 2 Satz 1 ArbSchRGE entspricht (BT-Drs. 12/6752, S. 34) lehnt sich stärker an die **Formulierungen des supranationalen Rechts** an. In der Sache entspricht sie im Wesentlichen der **Definition in § 3 JArbSchG**, die sowohl 1960 als auch 1976 eingehend diskutiert worden ist. Insoweit bestand damals Einigkeit, dass diese Definition über den Arbeitgeberbegriff des allgemeinen Arbeitsrechts hinausgeht (BT-Drs. 7/2305, S. 26), denn der allgemeine Arbeitgeberbegriff wird in vertragsrechtlicher Tradition als diejenige Vertragspartei umschrieben, die Anspruch auf die Dienstleistung hat (*BAGE* 40, 145, 149; NJW 2012, 1694; *Richardi* in Staudinger Rn. 542 vor § 611 BGB).

126 In § 3 JArbSchG, § 2 Abs. 3 ArbSchG wird dagegen der Schwerpunkt auf die **tatsächliche Beschäftigung** durch den Arbeitgeber gelegt. Es geht somit nicht um dessen Gläubigerstellung, sondern um dessen tatsächliches Handeln in Form der Beschäftigung. Damit ist sachlich der entscheidende Gesichtspunkt für die arbeitsschutzrechtliche Pflichtenstellung des Arbeitgebers hervorgehoben, die gerade auf dem Aufbau einer Betriebsorganisation und der Integration der Beschäftigten in diese Organisation beruht (vgl. zu diesem Aspekt auch *Boemke,* Schuldvertrag und Arbeitsverhältnis, 1999, S. 132 ff.). Zugleich wird damit verdeutlicht, dass die Pflichten aus dem ArbSchG auch im fehlerhaften Arbeitsverhältnis zur Anwendung kommen (ebenso *Schulze-Doll* in HK-ArbSchR ArbSchG § 2 Rn. 27). Insoweit entspricht auch hier die Definition der parallelen Problemverarbeitung in § 2 SGB VII (dazu nur *Kater/Leube,* SGB VII, § 2 Rn. 5 m. w. N. und oben Rn. 51). In ähnlicher Weise wie in § 6 Abs. 2 AGG wird mit dieser offenen Formulierung die Arbeitgeberstellung auch auf die Auftraggeber arbeitnehmerähnlicher Personen erstreckt (*Richardi* NZA 2010, 1101, 1102).

II. Einzelbeispiele

127 Als Arbeitgeber kommen die verschiedenen Personen und Personenvereinigungen in Betracht, die eine solche Rechtsposition einnehmen können. Das Gesetz nennt in bewusster Abkehr von der bisherigen Differenzierung in gewerbliche und nichtgewerbliche Arbeitsverhältnisse an erster Stelle ohne weitere Einschränkungen **sämtliche natürliche Personen,** so dass sowohl Kaufleute als auch z. B. Landwirte, Ärzte und Rechtsanwälte als Arbeitgeber in Betracht kommen.

128 An zweiter Stelle werden **juristische Personen** genannt; der Normzusammenhang macht deutlich, dass sowohl juristische Personen des Privatrechts als auch des öffentlichen Rechts erfasst sein sollen (zustimmend BayVGH 24.4.2015 – 3 BV 13.834, Rn 71). Juristische Personen des Privatrechts sind vor allem die Kapitalgesellschaften sowie die Genossenschaft, der Versicherungsverein auf Gegenseitigkeit und schließlich der eingetragene Verein nach § 21 BGB. Als juristische Person des öffentlichen Rechts kommen sämtliche Körperschaften in Betracht, seien es die Gebietskörperschaften, Stiftungen des öffentlichen Rechts und schließlich die kirchenbezogenen Körperschaften des öffentlichen Rechts.

129 Schließlich werden die **rechtsfähigen Personengesellschaften** genannt. Damit ist ein Rechtsbegriff aufgegriffen worden, der nur einen Monat vor Verabschiedung des ArbSchG an versteckter Stelle (*Seibert,* JZ 1976, 785) in das Privatrecht eingeführt worden ist. Nach der im Gesetz zur Änderung des Rechts der beschränkten persönlichen Dienstbarkeiten vom 17.7.1996 (BGBl. I S. 990) eingefügten Norm des § 1059 Abs. 2 BGB wird als rechtsfähige Personengesellschaft eine Personengesellschaft definiert, die mit der Fähigkeit ausgestattet ist, Rechte zu erwerben und Verbindlichkeiten einzugehen. Einigkeit besteht darin, dass die Personenhandelsgesellschaften und die ihnen gleichgestellten Gesellschaften als rechtsfähige Personengesellschaften zu qualifizieren sind, so dass auf jeden Fall OHG, KG, Partnerschaft und europäische wirtschaftliche Interessenvereinigungen (EWIV) diesem Begriff zuzuordnen sind.

130 Nach der neueren gesellschaftsrechtlichen Judikatur ist auch die (Außen-)**Gesellschaft bürgerlichen Rechts** als rechtsfähige Personengesellschaft zu qualifizie-

Begriffsbestimmungen § 2 ArbSchG

ren, soweit sie durch die Teilnahme am Rechtsverkehr eigene Rechte und Pflichten begründet (*BGH* NJW 2001, 1056 = BGHZ 146, 341, dazu *K. Schmidt,* NJW 2001, 993, *Ulmer* ZIP 2001, 585, bestätigt in *BGH* NJW 2002, 1207 = NZA 2002, 405). In Anknüpfung an die der Gesellschaft bisher zugesprochene Fähigkeit, jede Rechtsposition einzunehmen, sofern nicht spezifische Rechtsvorschriften dieser Möglichkeit entgegenstehen (so *BGH* NJW 1997, 2754, 2755 = BGHZ 136, 254) wurde in Übereinstimmung mit der heutigen Lehre der Grundlagenstreit über die Rechtsnatur der Außengesellschaft beigelegt.

Die im Gesellschaftsrecht anerkannte Rechtsfähigkeit der (Außen-)Gesellschaft **131** bürgerlichen Rechts gilt in Abkehr von der traditionellen Lehre, die vom BAG bis 1989 vertreten worden ist (*BAG* NJW 1989, 3034; zur Kritik *Habersack* JuS 1990, 179 ff.) daher auch im Arbeitsrecht (*Diller* NZA 2003, 401). Die Außengesellschaft kann somit auch die Position eines Arbeitgebers einnehmen (*BAG* NJW 1994, 2973; NZA 2008, 1289, 1290; *Ulmer/Schäfer* in MüKo 6. Aufl. 2013, § 705 BGB Rn. 253.; *Wiedemann/Thüsing,* TVG, 7. Aufl. 2007, § 1 Rn. 382) und ist in der Folge Trägerin der Pflichten nach §§ 3 ff. ArbSchG. Die Gesellschaft ist als Arbeitgeber zugleich auch tauglicher Adressat von Verwaltungsakten. Für das Verwaltungsverfahren ist die Beteiligungsfähigkeit der Gesellschaft bürgerlichen Rechts anerkannt; sie richtet sich in konsequenter Anwendung der gesellschaftsrechtlichen Judikatur, die die Parteifähigkeit der Gesellschaft im Rahmen ihrer Rechtsfähigkeit annimmt (*BGH* NJW 2001, 1056 = BGHZ 146, 341; *BAG* NZA 2008, 118, 119; siehe auch Rn. 130), nach § 11 Nr. 1 VwVfG (*Kopp/Ramsauer,* VwVfG, 16. Aufl. 2015, § 11 Rn. 7). Im Verwaltungsgerichtsverfahren wird § 61 Nr. 2 VwGO angewandt (*J. Schmidt* in Eyermann, VwGO, 14. Aufl. 2014, § 61 Rn. 9; *OVG Bautzen* NJW 2002, 1361), so dass Anordnungen nach § 22 Abs. 3 ebenfalls an die GbR adressiert werden können. Im Ordnungswidrigkeitenrecht gilt § 9 Abs. 1 Nr. 2 OWiG für rechtsfähige Personengesellschaften, weshalb die GbR selbst Adressat des Bußgeldbescheids sein kann (Göhler, OWiG, 16. Aufl. 2012, § 9 Rn. 10; *Bohnert,* OWiG, 2. Aufl. § 9 Rn. 12).

In besonderen Fällen werden die Rechte und Pflichten des Arbeitgebers priva- **132** ten Amtsträgern zur Ausübung überwiesen, ohne dass diese dadurch selbst Rechtsträger werden (*Heinze,* AuR 1976, 33, 39). In der betrieblichen Praxis sind hier vor allem die Vorschriften des Insolvenzrechts von Bedeutung. § 80 InsO bestimmt, dass der **Insolvenzverwalter** die Verwaltungs- und Verfügungsbefugnis des Schuldners wahrnimmt, so dass ihm nunmehr die Rechte und Pflichten des Arbeitgebers zukommen (*BAG* NJW 1991, 1971; *Wimmer-Amend* in FK InsO 8. Aufl. 2015, § 80 Rn. 39; *Ott/Vuia* in MüKoInsO§ 80 Rn. 121 f.; *Busch* in HK-ArbSchR Insolvenz Rn. 8). Damit ist der Insolvenzverwalter auch Adressat der Arbeitgeberpflichten im Arbeitsschutz. Dies gilt nach § 22 Abs. 1 Nr. 1 InsO auch für den vorläufigen Insolvenzverwalter, sofern ihm die Verwaltungsbefugnis übertragen worden ist (*Pohlmann,* Befugnisse und Funktion des vorläufigen Insolvenzverwalters, 1998, Rn. 173; *Berscheid* ZIP 1997, 1569, 1574; *Wiebauer* in Landmann/Rohmer GewO ArbSchG § 2 Rn. 63). Ist nur ein „schwacher" vorläufiger Insolvenzverwalter bestellt, bleibt der Insolvenzschuldner als Arbeitgeber auch für den Arbeitsschutz verantwortlich (*Busch* in HK-ArbSchR Insolvenz Rn. 22f) Fällt der Betrieb unter das Verwaltungsamt eines **Nachlassverwalters** oder eines **Testamentsvollstreckers,** so hat dieser die Rechte und Pflichten des Arbeitgebers wahrzunehmen (*Heinze* AuR 1976, 33, 41; *Richardi,* BetrVG, Einl. Rn. 124).

Für den Gesundheitsschutz in der Heimarbeit (Rn. 121) werden in §§ 2 Abs. 7 **133** Nr. 2 GefStoffV, 2 Abs. 3 S. 2 BetrSichV sowie in § 2 Abs. 10 S. 2 BioStoffV Auf-

ArbSchG § 2

traggeber und Zwischenmeister dem Arbeitgeber gleichgestellt, so dass z.B auch die Informationspflichten nach §§ 14 GefStoffV, 14 BioStoffV, 12 BetrSichV von diesen zu erfüllen sind.

III. Aufspaltung der Arbeitgeberstellung

134 In anderen Fällen kommt es zu einer Aufteilung der Arbeitgeberstellung, denn diese muss nicht notwendigerweise von einer einzigen Person wahrgenommen werden. Mit dieser Aufspaltung der Arbeitgeberbefugnisse darf nicht verwechselt werden die Lehre vom **funktionellen Arbeitgeber** (zuletzt *Taubert* in Kasseler Handbuch 3.2. Rn. 32ff.; ausführlich *Mehrhoff*, Die Veränderung des Arbeitgeberbegriffs, 1984, S. 61), die als Arbeitgeber neben der Gesellschaft auch die Gesellschafter bzw. Organmitglieder klassifizieren will. Diese im Anschluss an *Nikisch* und *Hueck* entwickelte Lehre kann bereits nach den allgemeinen Kategorien des Privatrechts nicht überzeugen (dazu nur *Fabricius*, Rechtsprobleme gespaltener Arbeitsverhältnisse im Konzern, 1982, S. 34ff.; *Richardi* in MHdB ArbR § 21 Rn. 10); im jetzigen Arbeitsschutzrecht **widerspricht sie der eindeutigen Systematik des Gesetzes**, das in § 13 **neben** den Arbeitgeber die vertretungsberechtigten Organe bzw. Gesellschafter stellt und damit beide deutlich und zutreffend unterscheidet. Die Begründung verdeutlicht, dass im Interesse eines effektiven betrieblichen Arbeitsschutzes zusätzlich zum Arbeitgeber weitere Personen in die Pflicht genommen werden können (BT-Drs. 13/3540, S. 19). Auch die Pflichtendelegation nach § 13 Abs. 2 kann, wie sich aus der Systematik des § 13 Abs. 1 ergibt, die generelle Pflichtstellung des Arbeitgebers nicht aufheben (*Gerhard* AuA 1998, 236, 239). **Arbeitgeber** ist damit die rechtsfähige Person bzw. teilrechtsfähige Personengruppe, die der Beschäftigungspflicht nachzukommen hat bzw. die im § 2 Abs. 2 genannten Personen **tatsächlich beschäftigt.**

135 Durch Art. 5 des Gesetzes zur Umsetzung der EG-Rahmenrichtlinie Arbeitsschutz und weiterer Arbeitsschutzrichtlinien (EASUG) vom 7.8.1996 (BGBl. I 1996 S. 1254ff.) war die Aufspaltung der Arbeitgeberstellung bei der **gewerbsmäßigen Arbeitnehmerüberlassung** verdeutlicht und näher ausgestaltet worden. Nach § 11 Abs. 6 AÜG unterliegt die Tätigkeit des Leiharbeitnehmers den für den Betrieb des Entleihers geltenden öffentlich-rechtlichen Vorschriften des Arbeitsschutzrechts (ausführlich *Düwell* in Kasseler Handbuch 4.5. Rn. 445ff. sowie *N. Julius*, S. 79ff.). Die sich hieraus ergebenden Pflichten für den Arbeitgeber obliegen dem Entleiher unbeschadet der Pflichten des Verleihers (zur „doppelten" Gefährdungsbeurteilung und Unterweisung: *Nebe/Schulze-Doll* AuR 2010, 216, 218; vgl. BGI 5021, jetzt DGUV 215–820; *Wiebauer* in Landmann/Rohmer GewO ArbSchG § 2 Rn. 66). Folgerichtig sind dem Entleiher auch die konkreten arbeitsplatzbezogenen Unterrichtungs- und Unterweisungspflichten im Arbeitsschutz zugeordnet worden (*Kollmer* ArbSchG Rn. 356). Diese Aufspaltung ist in § 16 Abs. 1 SGB VII sozialrechtlich flankiert worden und wird auch für die privatrechtlichen Pflichten des Entleihers gegenüber den Leiharbeitnehmern anerkannt (*Wiebauer* ZfA 2014, 29, 58).

136 Die Aufspaltung der Arbeitgeberstellung ist besonders deutlich durch **Art. 8 der RL 91/383** zur Ergänzung der Maßnahmen und zur Verbesserung der Sicherheit und des Gesundheitsschutzes von Arbeitnehmern mit befristetem Arbeitsverhältnis oder Leiharbeitsverhältnis (ABlEG 1991 L 206/19ff. = RdA 1992, 143ff.). Danach treffen die Mitgliedstaaten die erforderlichen Vorkehrungen, damit auf jeden Fall während der Dauer des Arbeitsauftrags die entleihende Einrichtung für alle Bedin-

Begriffsbestimmungen **§ 2 ArbSchG**

gungen der Arbeitsausführung verantwortlich ist. Die Organisationspflicht des Entleihers gebietet es, dass er Regelungen zum Gesundheitsschutz der Leiharbeitsbeschäftigten trifft bzw. diese in die sonstigen betrieblichen Regelungen einbezieht. Soweit diese dem Mitbestimmungsrecht nach § 87 Abs. 1 Nr. 7 BetrVG zuzuordnen sind, erstreckt sich **das Mitbestimmungsrecht des Betriebsrats** auch auf die **Leiharbeitsbeschäftigten** (*BAG* NZA 1993, 513; DKK/*Klebe*, § 87 BetrVG Rn. 6; *Bücker/Feldhoff/Kohte*, Rn. 276; *Schüren/Hamann*, AÜG, § 14 Rn. 370; *Ulber*, AÜG, 4. Aufl. 2011 § 14 Rn. 164; *Wiebauer* NZA 2012, 68, 70).

Seit 2011 gilt § 11 Abs. 6 AÜG für jede Arbeitnehmerüberlassung, die sich als **137** wirtschaftliche Tätigkeit darstellt (*Wank* in ErfK AÜG, 16. Aufl. 2016 § 1 Rn. 31; *Fitting* § 5 Rn. 243). Weitergehend ist in unionsrechtskonformer Auslegung davon auszugehen, dass diese Regelungen **für alle Formen der Arbeitnehmerüberlassung** heranzuziehen sind (dazu nur *Ulber*, § 11 Rn. 145). Sowohl die offene Fassung des § 12 Abs. 2 als auch diejenige des § 16 Abs. 1 SGB VII sind dagegen bereits weder vom Wortlaut noch vom Normzweck auf die wirtschaftliche Arbeitnehmerüberlassung nach § 1 AÜG zu beschränken, sodass auch für die nichtwirtschaftliche Arbeitnehmerüberlassung sowie für die Arbeitnehmerüberlassung im Konzern (*BAG* BB 1998, 1540; *Pieper*, ArbSchR ArbSchG § 12 Rn. 18 a; vgl. bereits *Worpenberg*, Die konzerninterne Arbeitnehmerüberlassung, 1993, S. 228 ff.) eine vergleichbare Aufspaltung der Arbeitgeberstellung anzunehmen ist (ebenso in richtlinienkonformer Auslegung *Ulber*, AÜG 4. Aufl. 2011 § 11 Rn. 145; vgl. *Wiebauer* in Landmann/Rohmer GewO § 2 ArbSchG Rn. 68; *Schulze-Doll* in HK-ArbSchR § 2 ArbSchG Rn. 28). Ein wichtiger Anwendungsfall ist die **Aufspaltung der Ausbilderfunktionen** bei einer Berufsausbildung, die abschnittsweise in mehreren Betrieben stattfindet (*Oetker*, DB 1985, 1739 ff.). Die in der betriebsverfassungsrechtlichen Judikatur vorgenommene Eingrenzung der Betriebszugehörigkeit auf den Stammbetrieb (so *BAG* NZA 1992, 223; *LAG Hamm* DB 1990, 383; anders *ArbG Bielefeld* DB 1989, 1580) kann auf das Arbeitsschutzrecht nicht übertragen werden. Hier nimmt jeder der Ausbildungsbetriebe zeitweilig die Ausbilder- und Arbeitgeberfunktion wahr.

Eine spezifische Form der Überlassung von Beschäftigten sind die **Gestellungs- 138 verträge**, die vor allem im Bereich der **Krankenpflege** eine Rolle spielen. Diese Verträge sind dadurch gekennzeichnet, dass die überlassende Organisation Personen stellt, von denen sie eine Tätigkeit auf mitgliedschaftlicher, vor allem vereinsrechtlicher Grundlage verlangt (z. B. kirchliche Orden, Deutsches Rotes Kreuz – ausführlich *Richardi* in MHdB ArbR § 340 Rn. 6 ff.). Die aufnehmende Organisation ist jedoch in aller Regel nicht in gleicher Weise vereinsrechtlich organisiert, sondern setzt die gestellten Personen als Arbeitskräfte zusammen mit Arbeitnehmern in ihrem Betrieb ein. Wenn die gestellten Personen so in die Arbeitsorganisation eingegliedert werden, dass der Vertragspartner die für ein Arbeitsverhältnis typischen Entscheidungen über ihren Arbeitseinsatz nach Art, Zeit und Ort zu treffen hat, nimmt dieser damit einen Teil der Arbeitgeberstellung ein (dazu *BAG* NZA 1997, 1297, 1299; NZA 2010, 1302, 1304 und Vorlagebeschluss ZTR 2015, 400). Damit ist diese Beschäftigung sowohl der Beteiligung des Betriebsrats nach § 99 BetrVG als auch den Bestimmungen des ArbSchG nach § 2 Abs. 2 Nr. 1 bzw. Nr. 3 zuzuordnen (so auch *Pieper*, ArbSchR § 2 Rn. 17; ausführlich *N. Julius*, S. 188 ff. und *Nebe/Schulze-Doll* AuR 2010, 216, 217), da es sich insoweit um „beschäftigte Personen" (so ausdrücklich *BAG* a. a. O.) handelt (ausführlich *Müllner*, Aufgespaltene Arbeitgeberstellung und Betriebsverfassungsrecht, 1978, S. 49 f.; ähnlich *Mayer-Maly*, Anm. AP Nr. 10 zu § 611 BGB Rotes Kreuz).

Kohte

ArbSchG § 2 Arbeitsschutzgesetz

139 Das Beispiel der Gestellungsverträge zeigt, dass insoweit auch der Arbeitgeberbegriff relativ ist und auch Sachverhalte erfassen kann, die vertragsrechtlich auf einem Dienst- oder Werkvertrag oder einem sonstigen Rechtsverhältnis (zur Aufspaltung der Arbeitgeberfunktion im Bundesfreiwilligendienst oben Rn. 105) beruhen können. Unter arbeitsschutzrechtlichen Gesichtspunkten ist daher der Vertragspartner der nach § 2 Abs. 2 Nr. 3 erfassten arbeitnehmerähnlichen Person, die einen Dienst- oder Werkvertrag geschlossen hat, nicht als Dienstberechtigter oder Besteller, sondern als Arbeitgeber nach § 2 Abs. 3 zu qualifizieren.

G. Rechtsvorschriften

140 Die Definition der **„sonstigen Rechtsvorschriften"** ist mit geringen Modifikationen aus dem ArbSchRGE entnommen worden (BT-Drs. 12/6752, S. 35). Sie war dort aufgenommen worden, da – dem Konzept eines Rahmengesetzes entsprechend – in diesem Gesetzentwurf an verschiedenen Stellen auf den Vorrang „sonstiger Rechtsvorschriften" verwiesen worden war (z. B. §§ 20 Abs. 1, 39 Abs. 1 ArbSchRGE). In der schlankeren Fassung des ArbSchG sind – mit Ausnahme des inzwischen aufgehobenen § 6 Abs. 1 Satz 3 ArbSchG (dazu *EuGH* NZA 2002, 321; BT-Drs. 17/13808, S. 16) diese Verweisungen getilgt worden; an deren Stelle ist die allgemeine Bestimmung des § 1 Abs. 3 getreten (§ 1 Rn. 80ff.). Zur Sicherung einer einheitlichen Auslegung ist die Definitionsnorm des § 2 Abs. 4 beibehalten worden.

141 Diese Norm enthält eine **eigenständige arbeitsschutzrechtliche Definition** der Rechtsvorschriften, die in spezifischer Weise von allgemeinen Regelungen, wie z. B. Art. 2 EGBGB, abweicht. Sie beschränkt sich auf Vorschriften, die Maßnahmen des Arbeitsschutzes betreffen (zu diesem Begriff oben Rn. 15ff.). Die Offenheit der Formulierung zeigt, dass diese Regelungen nicht ausschließlich oder vorrangig dem Arbeitsschutz dienen müssen, sondern auch mit anderen Regelungen, wie z. B. dem Verbraucherschutz oder dem Umweltschutz verknüpft sein können (oben § 1 Rn. 85 sowie BT-Drs. 13/3540, S. 14 zu § 1 Abs. 3). Damit sind z. B. die Vorschriften zum Störfallrecht und Chemikalienrecht dieser Norm zuzuordnen, auch wenn sie zugleich umweltrechtlichen Zwecken dienen. Von besonderer Bedeutung sind, wie bereits die Regelung in Art. 1 Abs. 4 der RL 93/104 zeigt, die Vorschriften des **Arbeitszeitrechts** (vgl. *Pieper* in ArbSchR § 2 Rn. 31).

142 Die Rechtsvorschriften umfassen zunächst Gesetze und Rechtsverordnungen. Die Formulierung differenziert nicht nach der jeweiligen Normsetzung, so dass auch die Landesgesetze und etwaige landesrechtliche Verordnungen (z. B. GVBl NW 1998, S. 428) einbezogen sind. Andererseits ist nicht die weitergehende Formulierung aus Art. 2 EGBGB übernommen worden, die jedes Gesetz im materiellen Sinn erfasst, so dass **Rechtsnormen in Tarifverträgen** – anders als zu Art. 2 EGBGB (*BAG* NZA 1985, 121) – hier **nicht aufgenommen sind.** Dies darf allerdings nicht zu dem Fehlschluss verleiten, dass Tarifvertragsparteien keine Rechtsnormen im Bereich des Arbeitsschutzrechts setzen könnten; Rechtsnormen zum Arbeitsschutz und zur menschengerechten Arbeitsgestaltung gehören vielmehr zum Kernbereich tariflicher Vereinbarungen (dazu nur *Wiedemann/Thüsing*, TVG, 7. Aufl. 2007, § 1 Rn. 572f.; *Däubler/Hensche/Heuschmid*, TVG, 3. Aufl. 2012, § 1 Rn. 803ff.; *Kohte*, FS Blanke, 2009, S. 157ff). Die Ausklammerung der Tarifverträge ergibt sich aus dem Charakter des ArbSchG als einem Gesetz zur Regulierung öffentlich-rechtlicher Aufsicht, denn die Aufsicht und Beratung sowohl nach § 21

Begriffsbestimmungen **§ 2 ArbSchG**

ArbSchG als auch nach § 17 SGB VII kann sich nicht auf die Auslegung und Durchsetzung von Tarifnormen beziehen (so auch *Wilrich* in Nöthlichs § 2 ArbSchG Rn. 5.3).

Als spezielle Form autonomer Rechtssetzung im Arbeitsschutz sind die **Unfall-** **143** **verhütungsvorschriften** nach § 15 Abs. 1 SGB VII ausdrücklich einbezogen worden (oben § 1 ArbSchG Rn. 83). Es gehörte zu den Zielen des ArbSchG, die Rechtsetzung durch die Berufsgenossenschaften auch unter den Bedingungen des europäisch verfassten Arbeitsschutzrechts zu erhalten und ihr einen eigenständigen Rahmen zu setzen. Die Unfallverhütungsvorschriften haben damit ebenfalls die Aufgabe, die Richtlinien des europäischen Rechts in das nationale Recht zu transformieren und ihre Umsetzung zu konkretisieren (vgl. *Wilhelm*, Die Unfallverhütungsvorschriften, S. 135 ff.). Im Verhältnis zwischen Gesetz und Unfallverhütungsvorschriften gilt seit 2009 generell die Regel, dass das staatliche Arbeitsschutzrecht vorgeht (*Kohte* in MHdB ArbR § 290 Rn. 10). Den Unfallverhütungsvorschriften nach § 15 Abs. 1 SGB VII stehen – wie sich aus § 115 Abs. 3 SGB VII ergibt – die vom Bund in seiner Rolle als Unfallversicherungsträger erlassenen allgemeinen Verwaltungsvorschriften gleich (BT-Drs. 13/3540, S. 15; *Kater/Leube,* SGB VII, § 15 Rn. 7). Es handelt sich insoweit um eine Form des in der verwaltungsrechtlichen Literatur kontrovers diskutierten administrativen Handelns (*Sehmsdorf,* Europäischer Arbeitsschutz und seine Umsetzung in das deutsche Arbeitsschutzsystem, 1995, S. 139 ff.; *Leube* ZTR 2003, 380, 382). Ob diese Vorschriften den Anforderungen des EuGH an eine normative Umsetzung von Arbeitsschutzrichtlinien (dazu *EuGH* EAS RL 89/391 Art. 7 Rn. 3) gerecht werden, ist hier nicht zu diskutieren (zur Kritik *Arndt-Zygar* in HK-ArbSchR § 21 ArbSchG Rn. 26).

Dagegen gelten **nicht als Rechtsvorschriften** die für das öffentliche Arbeits- **144** schutzrecht typischen Formen der **Sicherheitsregeln und Richtlinien.** Diese werden einerseits von den Berufsgenossenschaften aufgestellt, um eine einheitliche Anwendung der UVV sicherzustellen bzw. in noch nicht normierten Feldern erste Hinweise geben zu können (*Kohte* in MHdB ArbR § 290 Rn. 40). Ein wichtiges Beispiel für diese Funktion waren z. B. die 1980 aufgestellten Sicherheitsregeln der Verwaltungsberufsgenossenschaft für Bildschirmarbeitsplätze im Bürobereich (ZH 1/608; ausführlich *Wagner,* Mitbestimmung bei Bildschirmtechnologien, 1985, S. 177 ff.). Solange die RL 2013/35/EU noch nicht umgesetzt ist, nimmt die DGUV-Regel 103–013 „Elektromagnetische Felder" eine vergleichbare Funktion ein. Ebenso nicht als Rechtsvorschriften zu qualifizieren sind die sicherheitstechnischen Regelwerke, auf die z. B. § 3 a Abs. 1 S. 2 – früher § 3 Abs. 1 Nr. 1 – ArbStättV verweist (*Kohte* in MHdB ArbR § 290 Rn. 37; *Faber* in HK-ArbSchR ArbStättV Rn. 40; *Wiebauer* in Landmann/Rohmer GewO § 2 ArbSchG Rn. 74). Auch die für die Praxis wichtigen Leitlinien der Gemeinsamen Deutschen Arbeitsschutzstrategie sind keine Rechtsvorschriften (zu ihrer Rechtsnatur *Faber/Kohte* in HK-ArbSchR Rn. 11 vor § 20a ArbSchG). Schließlich fallen weder DIN-Normen noch europäische technische Normen (CEN) unter den Begriff der sonstigen Rechtsvorschriften.

Zur Erleichterung der praktischen Arbeit wird im jährlich zu erstattenden **Be-** **145** **richt über den Stand von Sicherheit und Gesundheit bei der Arbeit** (§ 25 SGB VII) in einem Anhang ein **„Verzeichnis der Arbeitsschutzvorschriften des Bundes"** veröffentlicht (zuletzt BT-Drs. 18/6980, S. 180 ff.). Dieses Verzeichnis enthält die Rechtsvorschriften nach § 2 Abs. 4 und vorerst zusätzlich auf die wesentlichen technischen Regelwerke. Dies entspricht dem Zweck eines solchen Berichts, der eine transparente Übersicht über das gesamte Regelwerk ermöglichen soll.

H. Betrieb und Dienststelle

146 § 2 Abs. 5 stellt die Dienststellen den Betrieben gleich und enthält eine spezielle **Definition der Dienststelle.** Damit handelt es sich bei dieser Norm um eine definitorische Konsequenz der Einbeziehung des öffentlichen Dienstes in das Arbeitsschutzrecht, das in herkömmlicher Weise betrieblich und betriebsverfassungsrechtlich geprägt ist. Einer näheren Definition des Betriebsbegriffs bedurfte es für das ArbSchG nicht, da die maßgeblichen Schwellenwerte nicht auf den Betrieb, sondern – wie die inzwischen aufgehobene Norm des § 6 Abs. 1 Satz 3 ArbSchG zeigte – auf den jeweiligen Arbeitgeber bezogen waren (auch *Pieper*, § 2 ArbSchG Rn. 32; § 6 Rn. 6). Soweit in §§ 6 Abs. 2, 8 Abs. 2 ArbSchG auf den Betrieb Bezug genommen wird, ist damit nicht der betriebsverfassungsrechtliche Begriff nach §§ 1, 4 BetrVG gemeint, sondern die jeweilige betriebliche Tätigkeit (ebenso *Wilrich* in Nöthlichs ArbSchG § 2 Rn. 6), in deren Rahmen sich ein Unfall ereignet oder eine Kooperation entwickelt hat (BT-Drs. 13/3540, S. 17 a. E. unter Bezugnahme auf die Gefährlichkeit der in dem Betrieb anfallenden Tätigkeiten).

147 **Betriebsbezogen** ist allerdings die ursprünglich in § 39 ArbSchRGE, nunmehr jedoch weiterhin in § 11 ASiG geregelte **Pflicht zur Bildung eines Arbeitsschutzausschusses.** Bei dieser organisationsbezogenen Regelung ist der nach §§ 1, 4 BetrVG geltende Betriebsbegriff zugrunde zu legen, da zwischen Arbeitsschutzausschuss und Betriebsverfassung eine enge Verbindung bestehen soll und die konkreten Sicherheitsprobleme vor Ort zu lösen sind (*LAG Hessen* NZA 1997, 114; ähnlich zum Arbeitsschutz in der Seeschifffahrt *BAG* BB 1994, 2499). Dies ist 2013 durch die Pflicht zur Bildung eines Schiffsicherheitsausschusses bekräftigt worden (*Kohte* in HK-ArbSchR § 11 ASiG Rn. 7. Zusätzlich ist die vertraglich begründete Bildung eines Arbeitsschutzausschusses auf Unternehmensebene oder zur Zusammenarbeit mehrerer Arbeitgeber, die nach § 8 generell gefordert ist, möglich und in vielen Fällen auch sinnvoll (*Anzinger/Bieneck*, ASiG, § 11 Rn. 12). Ebenfalls sachgerecht ist die Bildung eines unternehmensübergreifenden Baustellensicherheitsausschusses (*Pieper* AuR 1999, 88, 91; *Bremer* in HK-ArbSchR BaustellV Rn. 60).

148 **§ 2 Abs. 5 Satz 2** definiert die Dienststelle als den spezifischen Betrieb des öffentlichen Dienstes. Einer solchen Definition bedarf es hier, da im jeweiligen Einzelfall nach § 14 Abs. 2 festgestellt werden muss, ob in der einzelnen Dienststelle eine Personalvertretung besteht. Falls eine solche Vertretung fehlt, hat der Arbeitgeber die Beschäftigten selbst zu allen Maßnahmen zu hören, die Auswirkungen auf Sicherheit und Gesundheit der Beschäftigten haben können (*Pieper*, ArbSchR ArbSchG § 14 Rn. 3).

149 Die im Gesetz formulierte Definition lehnt sich weitgehend an **§ 6 Abs. 1 BPersVG** an, so dass für Zweifelsfragen die in § 6 Abs. 2–4 BPersVG vorgenommenen Sonderregelungen sowie vergleichbare Bestimmungen des Landespersonalvertretungsrechts ergänzend herangezogen werden können (*Wiebauer* in Landmann/Rohmer GewO ArbSchG § 2 Rn. 76). Aus Gründen der systematischen Einheit ist dieser Dienststellenbegriff auch bei der Bildung eines Arbeitsschutzausschusses in jeder Dienststelle heranzuziehen. Da insoweit auch der Beschäftigtenbegriff des Arbeitsschutzrechts maßgeblich ist, zählen nunmehr z. B. bei einem Gericht, das als eigenständige Dienststelle gilt, auch die Richterinnen und Richter bei der Bestimmung der Untergrenze von 20 Beschäftigten (§§ 11, 16 ASiG) mit.

Begriffsbestimmungen § 2 ArbSchG

Wegen der Gleichstellung der **Mitarbeitervertretungen** der öffentlich-rechtlichen Religionsgemeinschaften nach § 1 Abs. 4 ArbSchG mit den Personalvertretungen (→ § 1 Rn. 77 ff.) ist als notwendige Konsequenz auch der **Begriff der Dienststelle** entsprechend **mitarbeitervertretungsbezogen auszulegen.** So ist im Bereich des MVG der EKiD für die Auslegung des § 14 Abs. 2 ArbSchG die Definition der Dienststelle nach § 3 MVG heranzuziehen. Im Geltungsbereich der MAVO ist dieser Begriff ebenso wie derjenige der Einrichtungen den §§ 1, 1a MAVO zu entnehmen (*Thiel/Fuhrmann/Jüngst* MAVO § 1a Rn. 2ff.). Ebenso ist in diesen Dienststellen nach §§ 11, 16 ASiG ein Arbeitsschutzausschuss einzurichten (*Georgi*, Die Beteiligungsrechte der Mitarbeitervertretungen im Arbeitsschutz, S. 97 ff.). Das Mitbestimmungsrecht nach § 40b MVG EKiD bezieht sich auch auf die Bestellung von Sicherheitsbeauftragten und die Bildung solcher Ausschüsse (*Georgi*, aaO S. 186 f; zu den entsprechenden personalvertretungsrechtlichen Bestimmungen *BVerwG* AP Nr. 1 zu § 719 RVO). Ebenso bezieht sich das Anhörungsrecht nach § 10 Abs. 2 S. 3 ArbSchG auch auf die Mitarbeitervertretungen (*Georgi*, S. 89). **150**

Zweiter Abschnitt. Pflichten des Arbeitgebers

§ 3 Grundpflichten des Arbeitgebers

(1) ¹Der Arbeitgeber ist verpflichtet, die erforderlichen Maßnahmen des Arbeitsschutzes unter Berücksichtigung der Umstände zu treffen, die Sicherheit und Gesundheit der Beschäftigten bei der Arbeit beeinflussen. ²Er hat die Maßnahmen auf ihre Wirksamkeit zu überprüfen und erforderlichenfalls sich ändernden Gegebenheiten anzupassen. ³Dabei hat er eine Verbesserung von Sicherheit und Gesundheitsschutz der Beschäftigten anzustreben.

(2) Zur Planung und Durchführung der Maßnahmen nach Absatz 1 hat der Arbeitgeber unter Berücksichtigung der Art der Tätigkeiten und der Zahl der Beschäftigten
1. für eine geeignete Organisation zu sorgen und die erforderlichen Mittel bereitzustellen sowie
2. Vorkehrungen zu treffen, daß die Maßnahmen erforderlichenfalls bei allen Tätigkeiten und eingebunden in die betrieblichen Führungsstrukturen beachtet werden und die Beschäftigten ihren Mitwirkungspflichten nachkommen können.

(3) Kosten für Maßnahmen nach diesem Gesetz darf der Arbeitgeber nicht den Beschäftigten auferlegen.

Übersicht

	Rn.
A. Normzweck	1
B. Gemeinschafts- und supranationales Recht	3
C. Entstehungsgeschichte	6
D. Systematische Stellung des § 3 ArbSchG/Verhältnis zu anderen Vorschriften	8
E. Die allgemeine Gewährleistungspflicht des Arbeitgebers	14
F. Verfahrensorientierte Grundpflichten	22
I. Die Verfahrenspflichten nach § 3 Abs. 1 ArbSchG im Überblick	22
II. Erforderliche Maßnahmen des Arbeitsschutzes treffen (§ 3 Abs. 1 Satz 1 ArbSchG)	23
III. Wirksamkeitskontrollen durchführen (§ 3 Abs. 1 Satz 2 ArbSchG)	28
IV. Anpassungs- und Optimierungsmaßnahmen (§ 3 Abs. 1 Sätze 2 und 3 ArbSchG)	33
1. Anlässe für Anpassungs- und Optimierungsmaßnahmen	34
2. Umfang (Reichweite) der Pflicht zum Treffen von Anpassungs- und Optimierungsmaßnahmen	39
V. Planungs- und Durchführungspflicht	42
G. Allgemeine und spezielle Organisationspflichten (§ 3 Abs. 2 ArbSchG)	46
I. Die Bedeutung der Arbeitsschutzorganisation	46
II. Bereitstellung der erforderlichen Mittel	56
III. Integrationsverpflichtungen (§ 3 Abs. 2 Nr. 2 ArbSchG)	59
1. „Eingebunden in alle Führungsebenen" – Vertikale Integration	60
2. „bei allen Tätigkeiten" – Horizontale Organisation	63
3. Ordnungsgemäße Umsetzung des Art. 6 Abs. 3 lit. a der Rahmenrichtlinie 89/391/EWG	67

Grundpflichten des Arbeitgebers § 3 ArbSchG

Rn.
IV. Mitwirkungspflichten der Beschäftigten (§ 3 Abs. 2 Nr. 2
ArbschG) 69
H. Rechtsdurchsetzung 72
   I. Aufsicht 74
   II. Betriebsrat 80
   III. Beschäftigte 82
I. Kosten (§ 3 Abs. 3 ArbSchG) 91
J. Arbeitsschutzmanagementsysteme 96

Literatur: *Balikcioglu,* Psychische Erkrankungen am Arbeitsplatz, NZA 2015, 1424 ff.; *BAuA (Hrsg.),* Gefährdungsbeurteilung psychischer Belastung. 2014; *Bell/Merdian,* Forum Arbeitsschutzmanagement, BG 2008, 184f.; *Benz,* Die Haftung der betrieblichen Vorgesetzten im Bereich der Arbeitssicherheit und des Umweltschutzes, BB 1988, 2237 ff.; *ders.,* Sicherheitsmängel im Betrieb – Die strafrechtliche Verantwortung von Sicherheitsfachkräften, Betriebsärzten, Sicherheitsbeauftragten und Technischen Aufsichtsbeamten, BB 1991, S. 1185 ff.; *Beutler/Langhoff,* Qualitätsmanagement und Arbeitsschutz, WS I Mitteilungen 1997, S. 829 ff.; *Bieneck,* Das Arbeitssicherheitsgesetz – Grundlage für den betrieblichen Arbeitsschutz in Anzinger, Rudolf; *Wank, Rolf,* Entwicklungen im Arbeitsrecht und Arbeitsschutzrecht, in FS für Otfried Wlotzke zum 70. Geburtstag, 1996, S. 465 ff.; *ders./Knospe,* Arbeitssicherheit – Fachkräfteausbildung modernisiert, BArbBl. 1998 (3), S. 5 ff.; *ders./Rückert,* Neue Herausforderungen für die Arbeitswissenschaft – Konsequenzen aus den EG-Richtlinien, ZArbWiss 1994, 1 ff.; *Birk,* Die Rahmenrichtlinie über die Sicherheit und den Gesundheitsschutz am Arbeitsplatz – Umorientierung des Arbeitsschutzes und bisherige Umsetzung in den Mitgliedsstaaten der Europäischen Union in Anzinger, Rudolf; *Brandes,* System des Arbeitsschutzrechts, 1999; *Buchholz,* Gesetz zur Umsetzung der EG-Rahmenrichtlinie Arbeitsschutz und weiterer Arbeitsschutz-Richtlinien, ZTR 1996, 495 ff.; *Bücker/Feldhoff/Kohte,* Vom Arbeitsschutz zur Arbeitsumwelt – Europäische Herausforderungen für das deutsche Arbeitsrecht, 1994; *Bürkert,* Beurteilung von Gefährdungen und Belastungen, AuA 1997, 190 ff.; *Elke,* Management des Arbeitsschutzes, Wiesbaden 2000; *dies.,* Merkmale eines erfolgreichen Informationsmanagements des betrieblichen Arbeits- und Gesundheitsschutzes in von Benda, Helmut; Bratge, Dietmar (Hrsg.): Psychologie der Arbeitssicherheit – 9. Workshop 1997, 1998, S. 53 ff.; *Faber,* Das betriebliche Arbeits- und Gesundheitsschutzrecht der Bundesrepublik nach der Umsetzung der europäischen Richtlinien, Arbeit 1998, S. 203 ff.; *ders.,* Die arbeitsschutzrechtlichen Grundpflichten nach § 3 ArbSchG, Berlin 2004; *ders.,* Management des Arbeits- und Gesundheitsschutzes nach dem neuen Arbeitsschutzgesetz in von Benda, Helmut; Bratge, Dietmar (Hrsg.): Psychologie der Arbeitssicherheit – 9. Workshop 1997, 1998, S. 78 ff.; *Fabricius,* Die Mitbestimmung des Betriebsrats bei der Umsetzung des neuen Arbeitsschutzrechts, BB 1997, 1254 ff.; *Feldhaus,* Umweltschutzsichernde Betriebsorganisation, NVwZ 1991, 927; *Fischer,* Arbeitsschutz-Artikelgesetz – Starke Präventionsimpulse, BArbBl. 1996 (1), 21 ff.; *Franzen,* Umkleidezeiten und Arbeitszeit, NZA 2016, 136; *Gaul/Hofelich,* Arbeitsschutzrechtliche Pflicht zur Bezahlung von Umkleidezeit? NZA 2016, 149 ff; *Gebhardt/Müller,* Ergonomische Gestaltung von Kältearbeitsplätzen, 2003; *Geray,* Defizite in der Umsetzung des Arbeitsschutzgesetzes – Handlungsmöglichkeiten von Betriebsräten, AiB 2000, 193 ff.; *Gerhard,* Arbeitsschutzpflichten delegieren – ein Kann oder ein Muß?, AuA 1998, S. 236 ff.; *Hinrichs,* Vergütungspflichten im Gesundheitsschutz, AiB 1997, S. 217 ff.; *Jürgen/Blume/Schleicher/Szymanski,* Arbeitsschutz durch Gefährdungsanalyse – Eine Orientierungshilfe zur Umsetzung eines zeitgemäßen Arbeitsumweltschutzes, 1997; *Kittner,* Die Mitbestimmung des Betriebsrats beim Arbeitsschutz – zur Reichweite des § 87 Abs. 1 Nr. 7 BetrVG in FS für Wolfgang Däubler, 1999, S. 690 ff.; *Kohstall,* Braucht der Arbeitsschutz ein Managementsystem?, BG 1996, S. 371 ff.; *Kohte,* Arbeitsschutzrahmenrichtlinie in Oetker, Hartmut; Preis, Ulrich (Hrsg.): Europäisches Arbeits- und Sozialrecht, Loseblattsammlung, Kennziffer B 6100; *ders.,* Arbeitsschutzrecht im Wandel – Strukturen und Erfahrungen in Dieterich, Thomas (Hrsg.): Jahrbuch des Arbeitsrechts, Bd. 37, 2000, S. 21 ff.; *ders.,* Ein Rahmen ohne Regelungsgehalt? Kritische Anmerkungen zur Auslegung des § 87 Abs. 1 Nr. 7 BetrVG, ArbuR 1984, S. 263 ff.; *ders.*, Störfallrecht zwischen Umwelt- und Arbeitsrecht – eine Verbindung ohne Verständigung, JUTR 1995, S. 37 ff.; *ders.*, Arbeitsschutz in der digitalen Arbeitswelt, NZA 2015, S. 1417 ff; *ders.*, in: Freiheit, Gerechtigkeit, Sozial(es) Recht, FS für Eberhard Eichenhofer, 2015, S. 314; *ders./Zimolong/Elke*, Arbeits-, Gesundheit- und Umweltschutz in Marktbeziehungen, 2006, S. 122 ff.; *Kollmer*, Das neue Arbeitsschutzgesetz als „Grundgesetz" des Arbeitsschutzes, WiB 1996, 825 ff.; *ders.*, Mobbing im Arbeitsverhältnis, 3. Aufl. 2003; *ders./Vogl*, Das Arbeitsschutzgesetz – Darstellung der Rechtslage für Arbeitgeber, Beschäftigte und Fachkräfte für Arbeitssicherheit, 2. Aufl. 1999; *Konstanty/Zwingmann*, Perspektiven des Arbeitsschutzes und der betrieblichen Gesundheitsförderung nach der Arbeitsschutzgesetzgebung, WS I Mitteilungen 1997, S. 817 ff.; *Krämer/Zimolong*, Führungsverantwortung für die Arbeitssicherheit in soziotechnischen Systemen in Karrer/Gauss/Steffens (Hrsg.), Beiträge der Forschung zur Mensch-Maschine-Systemtechnik, 2005, S. 367 ff.; *Lang/Vorath*, Betriebliche Arbeitsschutzmanagementsysteme, AiB 2001, 426 ff.; *Langhoff/Brandt*, Verbesserung von Gesundheit und Sicherheit bei der Arbeit mit einer Systemnorm zum Arbeitsschutzmanagement?, WS I Mitteilungen 1996, S. 661 ff.; *Larisch, Ritter, Sassmannshausen, Lang, Pieper Hien*, Arbeitsschutzmanagement im Handel: Pilotprojekt Rewe, 2006; *Maier*, Pausengestaltung als Organisationspflicht, 2012; *Merten/Klein*, Die Auswirkungen des Arbeitsschutzgesetzes auf die Mitbestimmungsrechte des Betriebsrats nach § 87 Abs. 1 Nr. 7 BetrVG – Unter besonderer Berücksichtigung der Bildschirmarbeitsverordnung, DB 1998, 673 ff.; *Müller-Petzer*, Fürsorgepflichten des Arbeitgebers nach europäischen, nationalen Arbeitsschutzrecht, 2003; *Oppolzer*, Gesundheitsmanagement im Betrieb, 2. Aufl. 2010; *Pangert*, Erfahrungswerte für Hitzepausen, Ergo-Med 2002, S. 158–161; *Paridon*, Mobbing und Aufgaben der gesetzlichen Unfallversicherung BG 2003, 154; *Podehl*, Haftung des Arbeitgebers wegen Stress am Arbeitsplatz? DB 2007, 2090; *Poppendick/Brückner/Rötzer/Waldeck/Brock/Zwingmann*, Management im Arbeitsschutz – Die deutsche Konzeption, BArbBl. (2), S. 11 ff.; *Rehbinder*, Umweltsichernde Unternehmensorganisation, ZHR 2001, 1 ff.; *Rehhahn*, Betriebsleitung in der Verantwortung, ArbSch 1977, S. 243 ff.; *Resch*, Analyse psychischer Belastungen, Bern 2003; *Ritter/Langhoff*, Arbeitsschutzmanagementsysteme – Vergleich ausgewählter Standards, Forschungsberichte der Bundesanstalt für Arbeitsschutz und Arbeitsmedizin, Bd. 792, 1998; *Schucht*, Die neue Betriebssicherheitsverordnung, NZA 2015, S. 333 ff.; *Vogl*, Das neue Arbeitsschutzgesetz, NJW 1996, 2753 ff.; *Wagner*, Rechtsprechung zur Mitbestimmung des Betriebsrats bei der Umsetzung des Arbeitsschutzgesetzes und der Bildschirmarbeitsverordnung, DB 1998, 2366 f.; *Waldeck*, Arbeitsschutz als Führungs- und Organisationsaufgabe BG 1997, 240; *Wank*, Kommentar zum Arbeitsschutz, München 1999; *Wattendorff*, Mitarbeiterbeteiligung im betrieblichen Arbeitsschutz, BG 2010, 210 ff.; *Wlotzke*, Ausgewählte Leitlinien des Arbeitsschutzgesetzes in FS für Wolfgang Däubler, 1999, S. 654 ff.; *ders.*, Das betriebliche Arbeitsschutzrecht – Ist Zustand und künftige Aufgabe, NZA 2000, 19 ff.; *ders.*, Das neue Arbeitsschutzgesetz – zeitgemäßes Grundlagengesetz für den betrieblichen Arbeitsschutz, NZA 1996, 1017 ff.; *Zimolong (Hrsg.)*, Management des Arbeits- und Gesundheitsschutzes – Die erfolgreichen Strategien der Unternehmen, Wiesbaden 2001; *Zimolong/Kohte*, Integrativer und kooperativer Arbeits- und Umweltschutz in der Metallindustrie, 2006.

A. Normzweck

1   Durch § 3 werden, wie die amtliche Überschrift zeigt, die „Grundpflichten des Arbeitgebers" im Arbeitsschutz normiert. Bereits diese Überschrift weist darauf hin, dass es sich um eine zentrale Basisvorschrift handelt. Die Pflichten sind von allen Arbeitgebern, unabhängig von Status, Rechtsform oder Branche, gleichermaßen zu beachten. § 3 ArbSchG stellt damit normativ klar, dass der **Arbeitgeber grundlegend für die Sicherheit und Gesundheit der Beschäftigten verantwortlich**

Grundpflichten des Arbeitgebers   § 3 ArbSchG

ist und deswegen vorrangiger Adressat der Pflichten des ArbSchG ist. (BT-Drs. 13/ 3540, S. 12, 16; *Koll,* ArbSchG, § 3, Rn. 2; *Kollmer* WiB 1996, 825, 826; *Fischer,* BArbBl. 1996 (1), 21, 22; *Vogl* NJW 1996, 2753, 2754). § 3 ArbSchG umschreibt mit der Sicherheit und der Gesundheit der Beschäftigten gegenständlich einen **Verantwortungsbereich,** der durch einen effektiven Arbeits- und Gesundheitsschutz zu garantieren ist *(Faber,* Die arbeitsschutzrechtlichen Grundpflichten, S. 32 ff.). § 3 Abs. 3 ArbSchG ist mit Blick auf die Kosten Ausdruck dieser Verantwortungszuweisung, indem er anordnet, dass den Beschäftigten die Kosten von Arbeitsschutzmaßnahmen nicht auferlegt werden dürfen.

Der Normzweck des § 3 ArbSchG erschöpft sich nicht in dieser Zuweisung 2 eines Verantwortungsbereichs. Insgesamt werden in unterschiedlicher Deutlichkeit **drei Typen von Grundpflichten** normiert. Zunächst enthält § 3 Abs. 1 S. 1 eine **materielle Gewährleistungspflicht,** die die Norm des § 120a GewO abgelöst hat und als **Generalklausel** einen wichtigen Auffangtatbestand für das gesamte Arbeitsschutzrecht bildet. Die weiteren **Verfahrenspflichten** des Absatzes 1 und die **Organisationspflichten** des Absatzes 2 bezwecken zugleich eine normative Festlegung eines **Instrumentariums,** wie der Arbeitgeber seiner Verantwortung für die Sicherheit und die Gesundheit nachzukommen hat.

B. Gemeinschafts- und supranationales Recht

§ 3 ArbSchG dient der **Umsetzung** der Grundpflichten des Arbeitgebers nach 3 **Art. 5 Abs. 1** sowie der Umsetzung weiterer Pflichten aus **Art. 6 RL 89/391** (BT-Drs. 13/3540, S. 16). Diese beiden Artikel sind zu unterscheiden, denn Art. 5 Abs. 1 enthält die grundlegende Pflicht des Arbeitgebers zur Gewährleistung von Sicherheits- und Gesundheitsschutz, während Art. 6 weitere Pflichten normiert, die diese Grundpflicht konkretisieren *(Klindt/Schucht* in EuArbR RL 89/391/EWG Rn. 52).

Im klassischen technischen Arbeitsschutz stand lange Zeit die staatliche Arbeits- 4 aufsicht im Mittelpunkt, die durch Anordnungen und Richtlinien auf die betriebliche Einführung und Anwendung von Schutzmaßnahmen hinwirken sollte und hinwirkte, so dass die Aufsichtsbeamten den Arbeitnehmerschutz sicherzustellen hatten. Nach 1970 wurde mit dem **Konzept der Arbeitsumwelt** eine neue präventive und betriebsorientierte Politik entwickelt, die 1974 und 1975 durch zwei grundlegende ILO-Beschlüsse 1974 und 1975 eingeleitet wurde *(Kohte,* ZIAS 1999, 85, 89 f.). Im 1974 in Großbritannien erlassenen Health and Safety at Work Act (HSW) sowie im 1975 in **Dänemark** kodifizierten Arbeitsumweltgesetz wurde der Arbeitgeber als entscheidender Normadressat definiert, der für Sicherheit und Gesundheitsschutz im Betrieb sicherzustellen hatte. Aufgenommen wurde die Orientierung an der Grundpflicht des Arbeitgebers auf internationaler Ebene erstmals 1981 in Art. 16 ff. des **ILO-Übereinkommens 155 über Arbeitsschutz und Arbeitsumwelt.** Diese Grundpflicht wurde in den ILO-Übereinkommen 167 zum Arbeitsschutz im Bauwesen (1988), im Bergbau (1994) sowie zuletzt in der Landwirtschaft (2001) schrittweise immer deutlicher herausgearbeitet. Im letzten Übereinkommen entspricht der Wortlaut der Grundpflicht des Arbeitgebers der Norm des Art. 5 Abs. 1 der RL 89/ 391. Danach ist der Arbeitgeber verpflichtet, Sicherheit und Gesundheit der Arbeitnehmer sicherzustellen (to ensure/assurer); die Pflicht erstreckt sich auf alle mit der Arbeit zusammenhängenden Aspekte. Damit ist eine **umfassende Gewährleistungspflicht** normiert, die sich nicht auf die Befolgung angeordneter technischer Maßnahmen beschränken darf *(Kohte,* EAS B 6100 Rn. 35 ff.).

ArbSchG § 3

5   Zur Konkretisierung dieser Grundpflicht enthält **Art. 6 der RL 89/391 allgemeine Pflichten des Arbeitgebers, die Verfahren, Organisation und Prävention betreffen.** Einzelne Elemente waren im Gemeinschaftsrecht bereits in Art. 4 der RL 80/1107/EWG sowie im Völkerrecht im ILO-Übereinkommen 167 zum Arbeitsschutz im Bauwesen angelegt. Die vom Rat beschlossene Fassung orientiert sich jedoch in erster Linie an dem Aufgabenkatalog in Art. 3 und 4 des niederländischen Arbowet aus dem Jahr 1980 (*Veigel,* Das niederländische Arbeitsschutzrecht, S. 34 ff.; Text in *Vogel,* Gefahrenverhütung am Arbeitsplatz, S. 204 ff.); dieses Gesetz ist inzwischen mehrfach aktualisiert worden; im Mittelpunkt steht nunmehr die Pflicht des Arbeitgebers, eine Politik zur Verbesserung der Arbeitsbedingungen zu betreiben (*Veigel,* aaO S. 57 ff.). Nach der ILO-Konzeption wird sie eingebettet in eine allgemeine staatliche Politik, die im 2010 ratifizierten **Übereinkommen 187 über den Förderungsrahmen für den Arbeitsschutz** verlangt wird. Schließlich verlangt der Art. 6 Abs. 5 der RL 89/391, dass die Kosten für Gesundheitsschutzmaßnahmen „auf keinen Fall" zu Lasten der Arbeitnehmer gehen (*Balzer* → Einl B Rn. 91).

C. Entstehungsgeschichte

6   Bereits in § 4 ArbSchRGE wurde die Zusammenfassung der auch im geltenden Gesetz normierten Grundpflichten des Arbeitgebers aufgenommen; in der damaligen Fassung wurde verlangt, dass alle Aspekte, die die Arbeit betreffen, beachtet werden (BT-Drs. 12/6752, S. 34).

7   Der 1995 neu eingebrachte **Regierungsentwurf** zum ArbSchG, der insgesamt auf eine „Verschlankung" des Gesetzes zielte, hielt im Wesentlichen an der Fassung des ersten Entwurfs fest. Die Grundpflicht wurde allerdings enger und konkreter gefasst, da sie nunmehr die Berücksichtigung der Umstände verlangt, die die Sicherheit und Gesundheit der Beschäftigten bei der Arbeit beeinflussten. Im Übrigen wurde auch die Begründung des bisherigen Entwurfs übernommen (BT-Drs. 13/3540, S. 16). Der Bundesrat war mit dieser Konzeption einverstanden und brachte keinen Änderungsantrag zu § 3 ein (BT-Drs. 13/4337, S. 3), so dass diese Norm ohne weitere Diskussion in das Gesetz aufgenommen wurde.

D. Systematische Stellung des § 3 ArbSchG/Verhältnis zu anderen Vorschriften

8   Für die systematische Auslegung des § 3 ArbSchG ist es geboten, die drei Pflichtentypen zu unterscheiden, die in dieser Norm statuiert werden. An erster Stelle steht eine **materielle Gewährleistungspflicht,** die den Arbeitgeber verpflichtet, Gesundheit und Sicherheit der Beschäftigten bei der Arbeit sicherzustellen. Diese Pflicht ist generalklauselartig gefasst und steht in einem spezifischen Wechselverhältnis zu den konkreten Handlungspflichten, die in den untergesetzlichen Vorschriften des Arbeitsrechts normiert sind. Sie findet eine gewisse Parallele in der Durchführungspflicht des § 21 Abs. 1 SGB VII, die wiederum den Arbeitgeber als entscheidenden Normadressaten hervorhebt (*Kater/Leube,* SGB VII § 21 Rn. 3; *Schmitt,* SGB VII 4. Aufl. 2009, § 21 Rn. 3) und die durch § 2 Abs. 1 und 3 der DGUV Vorschrift 1 weiter konkretisiert wird (*Wiebauer* in Landmann/Rohmer ArbSchG § 3 Rn. 4).

Grundpflichten des Arbeitgebers **§ 3 ArbSchG**

Durch die **Verfahrensregeln** des Absatzes 1 soll der Arbeitgeber zu einem dyna- 9
mischen, systematisch angelegten und auf präventive Vermeidung von Risiken zielenden Arbeits- und Gesundheitsschutz angehalten werden. Damit erfolgt eine deutliche Akzentverschiebung gegenüber dem klassischen Arbeitsschutzrecht (*Blume/Faber* in HK-ArbSchR § 3 ArbSchG Rn. 11). Die Abfolge der Verfahrensschritte beschreibt eine systematische Abfolge im Sinne eines **kontinuierlichen Verbesserungsprozesses (KVP)**. Dieses vom Gesetzgeber geforderte Vorgehen ist angelehnt an das methodische Vorgehen verschiedener, in der Praxis verbreiteter Managementsysteme, wie das Qualitätsmanagement nach ISO 9000ff. oder das Umweltmanagementsystem nach der europäischen EU-EMASV.

Die Grundpflichten des Absatzes 2 heben die Bedeutung der **Organisation** für 10
einen wirksamen betrieblichen Arbeits- und Gesundheitsschutz hervor. Mit § 3 Abs. 2 Nr. 1 ArbSchG soll dem Umstand Rechnung getragen werden, dass die tatsächliche Realisierung von Maßnahmen des Arbeitsschutzes im arbeitsteilig operierenden Betrieb nur sichergestellt ist, wenn eine angemessene Organisation, die die Arbeitsteilung regelt, aufgebaut worden ist (*Pieper,* ArbSchR, ArbSchG § 3 Rn. 6). Der weiteren Präzisierung der Organisationspflicht dient § 3 Abs. 2 Nr. 2 ArbSchG. Der **Arbeits- und Gesundheitsschutz** soll als **Querschnittsaufgabe** organisiert werden, die alle Führungsebenen und Tätigkeiten umfasst (BT-Drs. 13/3540, S. 16). Zudem wird der Stellenwert einer aktiven **Beteiligung der Belegschaft** unterstrichen, indem die Schaffung der tatsächlichen Voraussetzungen für die Erfüllung der Mitwirkungspflichten der Beschäftigten **als Organisationsaufgabe** formuliert wird (ähnlich *Koll* in Koll/JAnning/Pinter ArbSchG § 3 Rn. 23).

Die **Grundpflichten** des § 3 ArbSchG stellen Grund- bzw. Rahmenvorschriften 11
dar, die auf alle Arten von Arbeitsplätzen, unabhängig von den vorzufindenden spezifischen Gefährdungen Anwendung finden. Sie sind als **Kernelement eines „Allgemeinen Teils"** des betrieblichen Arbeitsschutzrechts zu verstehen. Pflichten aus anderen, spezielleren Rechtsvorschriften bleiben, wie sich aus § 1 Abs. 3 ArbSchG ergibt, unberührt (Grundsatz der Spezialität, *Kollmer* → § 1 Rn. 80).

Eine **echte Normenkonkurrenz** zwischen den Grundpflichten und spezialge- 12
setzlichen Arbeitsschutzvorschriften **soll vermieden werden,** da die in den Grundpflichten geregelten Verfahrens- und Organisationsaspekte in anderen Rechtsvorschriften entweder nicht oder allenfalls partiell geregelt sind. Dies gilt vor allem für die inzwischen seltenen Rechtsvorschriften, die bereits vor dem ArbSchG erlassen worden sind. Die Frage der Gesetzeskonkurrenz stellt sich von daher in diesen Fällen in der Regel nicht. Die Bedeutung der Grundpflichten liegt hier darin, dass sie die speziellen Rechtsvorschriften im Sinne eines „Allgemeinen Teils" ergänzen, indem sie vorschreiben, mit welchen Maßnahmen des Arbeitsschutzes zu verfahren ist und nach welchen Grundsätzen ihre Planung und Durchführung zu organisieren ist.

Inhaltliche Überschneidungen lassen sich vor allem bei den Rechtsverordnungen 13
feststellen, die „unter dem Dach des ArbSchG" auf Grund von §§ 18, 19 ArbSchG erlassen worden sind. So trifft z. B. § 4 Abs. 2 S. 2 BioStoffV eine für die Organisation relevante Regelung, indem die Überprüfung der Gefährdungsbeurteilung mindestens jedes zweite Jahr angeordnet wird. Auch in diesem Falle werden die **Grundpflichten** des § 3 ArbSchG nicht gänzlich von den **speziellen Bestimmungen** der BioStoffV verdrängt. Auszugehen ist vielmehr von einem **Verhältnis wechselseitiger Ergänzung** (*Kollmer* → § 1 Rn. 80; vgl. *Pieper,* ArbSchR ArbSchG § 1 Rn. 22ff.; *Kohte* in MHdB ArbR § 292 Rn. 9). So ergänzt § 3 Abs. 1 S. 3 ArbSchG § 4 BioStoffV indem die dort vorgesehene Überprüfung der Gefährdungsbeurteilung funktional in einen Prozess kontinuierlicher Verbesserung eingebettet wird.

Umgekehrt lassen sich Regelungen der BioStoffV als Wertungsgesichtspunkte nutzen, um im Einzelfall die in § 3 ArbSchG inhaltlich offen beschriebene Abfolge von Verfahrensschritten zu konkretisieren (zu den insoweit bestehenden methodischen Fragen vgl. zum bisherigen Recht *Kohte* ArbuR 1984, 263, 264).

E. Die allgemeine Gewährleistungspflicht des Arbeitgebers

14 § 3 Abs. 1 S. 1 ArbSchG ist eine **rechtlich nicht geglückte Kombination** (anders dagegen § 3 Abs. 1 S. 1 und 3 öASchG) der beiden unterschiedlichen Pflichten aus Art. 5 Abs. 1 und Art. 6 Abs. 1 der RL 89/391. Nach dem Wortlaut scheint die letztere Pflicht zu dominieren, wonach der Arbeitgeber Maßnahmen des Arbeitsschutzes zu treffen hat. Diese beziehen sich zunächst auf die spezialgesetzlich geregelten Fälle, in denen in untergesetzlichen Vorschriften, so z. B. in § 2 LasthandhabV sowie § 4 BildschArbV, spezielle Handlungspflichten normiert sind, aus denen sich die umzusetzenden Maßnahmen ergeben.

15 Diese Orientierung an der Umsetzung speziell geregelter Maßnahmen greift jedoch für den Regelungsgehalt des § 3 Abs. 1 S. 1 ArbSchG zu kurz. Diese Norm ist zugleich die Rechtsgrundlage für Maßnahmen, die zur Abwehr von Gefährdungen bzw. Gefahren für die Sicherheit und Gesundheit der Beschäftigten geboten sind, die bisher nicht durch spezielle Vorschriften erfasst sind (*Blume/Faber* in HK-ArbSchR § 3 ArbSchG Rn. 6). Insoweit stellt **§ 3 Abs. 1 S. 1 ArbSchG zugleich eine Generalklausel** dar (dazu nur *Kohte* in MHdB ArbR § 292 Rn. 10; *Wank Tas,* ArbSchG § 3 Rn. 3) und fungiert daher als **Auffangtatbestand**. Dies ergibt sich bereits aus der Entstehungsgeschichte, denn mit dieser Norm wurde **§ 120a GewO abgelöst,** der ebenfalls eine vergleichbare generalklauselartige Struktur enthielt (*Kohte* AuR 1984, 263, 266ff.). Zudem soll durch § 3 Abs. 1 S. 1 ArbSchG die Grundpflicht des Art. 5 Abs. 1 der RL 89/391 umgesetzt werden (BT-Drs. 13/3540, S. 16), so dass die sich daraus ergebende gemeinschaftsrechtlich verlangte Gewährleistungspflicht in den auslegungsfähigen Wortlaut des § 3 ArbSchG hineinzulesen ist. Dies gebietet auch die **richtlinienkonforme Auslegung,** da die zentrale Grundpflicht des Arbeitgebers auf jeden Fall in nationales Recht umgesetzt werden muss (*Klindt/Schucht* in EuArbR RL 89/391/EWG Rn. 51). Eine solche Auslegung ist auch dann geboten, wenn der Mitgliedstaat das Transparenzgebot bei der Umsetzung der Richtlinie (dazu *EuGH EAS* Art. 9 RL 90/270 Nr. 1) – wofür hier viel spricht (*Faber,* Die arbeitsschutzrechtlichen Grundpflichten, S. 19 ff.) – nicht beachtet hat. Damit enthält § 3 Abs. 1 S. 1 ArbSchG nicht nur die Verpflichtung, anderweit vorgeschriebene Maßnahmen durchzuführen, sondern vor allem eine **umfassende, präventive Handlungspflicht des Arbeitgebers** (*Pieper,* ArbSchR § 3 ArbSchG Rn. 1).

16 Mit dieser Funktion ergibt sich aus § 3 Abs. 1 S. 1 ArbSchG auch die Handlungspflicht des Arbeitgebers zur Abwehr derjenigen Gefahren bzw. Gefährdungen, die bisher noch nicht durch spezielle Normen hinreichend erfasst sind. Zutreffend ist daher vor der Kodifikation des Nichtraucherschutzes in § 3a – jetzt § 5 – ArbStättV der gesundheitsbezogene Nichtraucherschutz der Passivraucher in bestimmten Konstellationen aus § 3 ArbSchG abgeleitet worden (dazu nur *Ahrens,* AR-Blattei 1310, Rauchverbot Rn. 37 ff.; *Wlotzke* in MHdB ArbR 2. Aufl. 2000, § 212 Rn. 37). Soweit Gesundheitsgefährdungen durch besonders hohe oder niedrige Temperaturen am Arbeitsplatz nicht durch § 3a ArbStättV i. V. m. Nr. 3.5 des Anhangs (konkretisiert durch ASR 2.5) geregelt sind, ergibt sich die Handlungspflicht

Grundpflichten des Arbeitgebers **§ 3 ArbSchG**

des Arbeitgebers auch hier wiederum aus § 3 Abs. 1 S. 1 ArbSchG, die neben besonderen Schutzmaßnahmen vor allem auch zusätzliche Pausen und eine andere Gestaltung der Arbeitszeit umfassen kann (*Pangert,* Ergomed, 2002, S. 158 ff. und 2007, 84 ff. zu Hitzepausen; *Gebhardt,* Ergonomische Gestaltung von Kältearbeitsplätzen, 2003). Daher werden die aus der RL 2006/25/EG zur künstlichen optischen Strahlung ausgeklammerten Gesundheitsgefährdungen durch Sonnenstrahlung (dazu *Siekmann/Brose* BG 2007, 296 ff.) im nationalen Recht vom Auffangtatbestand des § 3 ArbSchG erfasst (*Kohte* MHdB ArbR § 292 Rn. 11; ebenso *Wiebauer* in Landmann/Rohmer ArbSchG § 3 Rn. 8).Diese Pflicht ist inzwischen verdeutlicht worden, seit der helle Hautkrebs als Berufskrankheit anerkannt worden ist (*Kohte* Gute Arbeit 8–9/2015, S. 34 ff).

Die generelle Bezugnahme auf die Umstände, die die Sicherheit und Gesundheit 17 der Beschäftigten bei der Arbeit betreffen, ermöglicht den Einsatz der Generalklausel vor allem zur Abwehr von Gesundheitsgefahren durch **psychische Belastungen und Stress.** Inzwischen haben sich die arbeitswissenschaftlichen Erkenntnisse zumindest über einige Konstellationen soweit verdichten lassen, dass eine realistische Gefährdungsbeurteilung sowie eine gezielte Auswahl von Maßnahmen vor allem bei der Gestaltung der Arbeitsorganisation möglich sind (*Resch,* Analyse psychischer Belastungen, 2003, S. 135 ff.; *Balikcioglu* NZA 2015, 1424 ff.). Dasselbe gilt grundsätzlich auch für die Bekämpfung von **Mobbing,** das sich in bestimmten Konstellationen als eine arbeitsbedingte Gesundheitsgefahr darstellen kann (*Paridon,* BG 2003, 154; *Wiebauer* in Landmann/Rohmer ArbSchG § 3 Rn. 8). Die Arbeitsschutzbehörden haben diesem Zusammenhang Rechnung getragen durch die LASI – Handlungsanleitungen LV 34 zum Mobbing (2012 aktualisiert) und LV 52 zu psychischen Belastungen (http://www.lasi-info.com/publikationen). In der Literatur wird daher zunehmend zutreffend die Ansicht vertreten, dass bei bewussten Mobbingaktivitäten, die von dem Arbeitgeber, Vorgesetzten oder auch Arbeitnehmern ausgehen können und die organisatorisch steuerbar bzw. unterbindbar sind, Schutz vor schwerwiegenden Beeinträchtigungen auch durch § 3 Abs. 1 S. 1 ArbSchG mobilisiert werden kann (*Kollmer,* Mobbing im Arbeitsverhältnis, 3. Aufl. 2003, Rn. 195; *Ruberg* AuR 2002, 201, 205; *Ruberg,* Schikanöse Weisungen, 2010, S. 39). In der neueren Judikatur des BAG sind vergleichbare Organisationspflichten des Arbeitgebers anerkannt, die vorrangig auf § 12 AGG gestützt werden können (*BAG* 25.10.2007 – 8 AZR 593/06, NZA 2008, 223, 226); diese korrespondieren mit den arbeitsschutzrechtliche Pflichten. Deren Bedeutung ist in der europäischen Sozialpartnervereinbarung zu Belästigung und Gewalt am Arbeitsplatz vom 26.4.2007 ausdrücklich anerkannt worden (*Kohte* in MHdb ArbR § 289 Rn. 36). Dies ist vor allem für sensible Bereiche personenbezogener Dienstleistungen, wie z. B. in der Schule inzwischen von großer Bedeutung (dazu *Kohte* RdJB 2008, 198, 207). In der neueren Praxis der Arbeitsgerichte werden Regelungen zum Gewaltschutz, mit denen die Pflicht aus § 3 ArbSchG konkretisiert wird, der Mitbestimmung des Betriebsrats nach § 87 Abs. 1 Nr. 7 BtrVG zugeordnet (*ArbG Duisburg* 18.4.2007 – 5 BV 30/07 sowie *ArbG Oberhausen* 29.4.2009 – 2 BV 62/08). Dies gilt auch für die Regelung gesundheitsbezogener Schutzpflichten zur Prävention von Mobbing (*LAG München* 20.10.2005 4 TaBV 61/05, AuA 2006, 229; dazu *Kohte/Faber,* jurisPR-ArbR 31/2006 Anm. 3).

Die Organisation kann daher ein wichtiges Instrument zur Herstellung und Ver- 18 besserung der betrieblichen Sicherheit darstellen. Die **Organisation** selbst kann darüber hinaus aber **auch eine Quelle von Gesundheitsgefährdungen** sein. Ein Beispiel hierfür ist arbeitsbedingter **Stress,** der zu beträchtlichen gesundheitlichen

ArbSchG § 3 — Arbeitsschutzgesetz

Beeinträchtigungen z. B. in Gestalt von Magen-/Darmbeschwerden oder allgemeinen Befindlichkeitsstörungen wie Kopfschmerzen, Schlaflosigkeit oder Konzentrationsstörungen führen kann (dazu *Podehl* DB 2007, 2090). Typische, auf die Arbeitsorganisation zurückzuführende Stressoren sind widersprüchliche Arbeitsanweisungen, Arbeitsverdichtung oder Zeit- und Termindruck (dazu etwa *Richter,* Stress, psychische Ermüdung, Monotonie, psychische Sättigung – Arbeitswissenschaftliche Erkenntnisse Nr. 116, hrsg. von der Bundesanstalt für Arbeitsschutz- und Arbeitsmedizin). Die 2004 auf europäischer Ebene abgeschlossene Rahmenvereinbarung der Sozialpartner zu arbeitsbedingtem Stress (*Kohte* in MHdB ArbR § 289 Rn. 35) hat die arbeitsschutzrechtliche und -politische Bedeutung dieser Aufgabe deutlich herausgestellt. Ein weiterer beispielhaft zu verstehender organisationsbasierter Faktor für Gesundheitsgefährdungen ist die **Arbeitszeitgestaltung.** Insbes. gelten die negativen gesundheitlichen Auswirkungen von Nacht- und Schichtarbeit, z. B. in Form von Magen-/Darmerkrankungen, Schlafstörungen oder psychischen Problemen, etwa durch eine Tendenz zur soziale Isolation im „normalen Leben", als erwiesen. Vor allem durch eine optimierte Schichtplangestaltung lassen sich die Beanspruchungen durch die Arbeitszeitgestaltung spürbar abbauen (dazu *Beermann* AuA 1997, 37 ff.). Zu den aktuellen Problem der Arbeitszeitgestaltung gehören auch die Fragen der **Erreichbarkeit** und der **mobilen Arbeit.** Soweit sich hier keine konkreten Handlungspflichten aus dem Arbeitszeitrecht ergeben, greift auch hier die allgemeine Gewährleistungspflicht nach § 3 Abs. 1 S. 1 ArbSchG ein (so auch *Kraft,* SAE 2004, 192, 193; *Kohte* NZA 2015, 1417, 1422 f.).

19 Ungeachtet der inhaltlich offenen Formulierungen dieser Grundpflicht handelt es sich – ebenso wie bei den anderen in § 3 normierten Pflichten – um eine **echte Rechtspflicht des Arbeitgebers** (so auch *Wiebauer* in Landmann/Rohmer § 3 ArbSchG Rn. 1) und nicht um schlichte Programmsätze (so aber *P. Merten,* Anm. zu BAG, AP, Nr. 7 zu § 87 BetrVG 1972 – Gesundheitsschutz – S. 6). Dagegen spricht nicht nur, dass die Grundpflichten des § 3 ArbSchG systematisch an der Spitze des 2. Abschnitts des ArbSchG stehen, der die „Pflichten des Arbeitgebers" zum Gegenstand hat und die programmatische Ausrichtung des Gesetzes in § 1 Abs. 1 ArbSchG ihre Regelung gefunden hat. Durch die Verwendung des Terminus „die erforderlichen Maßnahmen des Arbeitsschutzes" in § 3 Abs. 1 Satz 1 ArbSchG bekommen die Grundpflichten zugleich einen präzise bestimmbaren **materiellrechtlichen Inhalt.** Nach § 5 Abs. 1 ArbSchG sind diejenigen Maßnahmen des Arbeitsschutzes erforderlich, die auf Grund einer Gefährdungsbeurteilung in einem systematischen Verfahren der Gefährdungsermittlung und -bewertung ermittelt worden sind (dazu unten *Kreizberg* → § 5 Rn. 61 ff.). Zu beachten ist zudem, dass es zu den zentralen Zielen des ArbSchG zählt, dass „Arbeitgeber und Beschäftigte verstärkt und kooperativ den Wandel der Arbeitsschutzerfordernisse selbst gestalten" (*BT*-Drs. 13/3540, S. 13). In diesem Konzept bewusst gestärkter betrieblicher Selbstverantwortung spielen gerade die in § 3 Abs. 1 ArbSchG normierten Prozesse, die Sicherheit und Gesundheit im Betrieb herstellen (*Bieback/Oppolzer,* Strukturwandel im Arbeitsschutz, Rn. 7 ff., 10) sowie ihre Organisation eine entscheidende Rolle eingehend *Faber,* Die arbeitsschutzrechtlichen Grundpflichten, S. 40 ff.; vgl. unten *Kreizberg* → § 5 Rn. 68).

20 In der früheren Norm des § 120a GewO wurden die Pflichten des Arbeitgebers durch die **„Natur des Betriebes"** eingeschränkt. Diese Beschränkung war sachwidrig und widersprach dem hohen Stellenwert, den der Gesundheitsschutz im Rahmen der staatlichen Schutzpflichten, die sich aus Art. 2 Abs. 2 GG ergeben

Grundpflichten des Arbeitgebers   **§ 3 ArbSchG**

(*BVerfG NZA* 1992, 270, 273), hat. Die RL 89/391 kennt im Einklang mit den skandinavischen Vorbildern eine solche weitreichende Einschränkung nicht, so dass das ArbSchG von dieser Regelungstechnik Abschied genommen hat. Die Pflichten des Arbeitgebers sind nunmehr zum Ersten beschränkt durch **das Merkmal „erforderlich".** Der Arbeitgeber ist nicht zu sämtlichen Maßnahmen, die dem Gesundheitsschutz dienen, verpflichtet. Die Pflicht beschränkt sich nur auf diejenigen Maßnahmen, für die bei bestehender Gesundheitsgefahr ein milderes Mittel nicht bekannt ist. Auch in diesen Fällen ergibt sich aus der Regelungsstruktur des öffentlichen Rechts, dass Maßnahmen, die eindeutig außer Verhältnis zu einem möglichen Erfolg stehen, ebenfalls nicht verlangt werden können (*Koll,* ArbSchG § 3 Rn. 8; vgl. *Wank* in ErfK § 3 Rn. 2).

Soweit eine Maßnahme bereits dem vorgelagerten Gefährdungsschutz dient, der 21
ausschließlich an die Möglichkeit eines Schadenseintritts anknüpft, setzt die Handlungspflicht weiter voraus, dass sie unter Abwägung der beiderseitigen Vor- und Nachteile geboten ist (*Kohte,* Jahrbuch des Arbeitsrechts, 2000, S. 21, 31 f.). Diese Differenzierung ist sowohl bei der aufsichtsrechtlichen als auch bei der individualrechtlichen Rechtsdurchsetzung zu beachten.

F. Verfahrensorientierte Grundpflichten

I. Die Verfahrenspflichten nach § 3 Abs. 1 ArbSchG im Überblick

§ 3 Abs. 1 ArbSchG regelt grundlegend die Vorgehensweise, mit der die Fragen 22
des Arbeits- und Gesundheitsschutzes im Betrieb anzugehen sind. Die vorgegebenen Verfahrensschritte – „Maßnahmen treffen", „Wirksamkeit der Maßnahmen überprüfen", „Anpassungsmaßnahmen festlegen" – entsprechen methodisch weitgehend dem „PDCA-Zyklus" (Plan-Do-Check-Act), der ein prägendes Element verschiedener, in der Praxis weit verbreiteter Managementsysteme ist (zu diesem Zusammenhang vgl. etwa *Beutler/Langhoff,* WS I Mitteilungen 1997, 829 ff., 832; *Blume/Faber* in HK-ArbSchR § 3 ArbSchG Rn. 12). Die in vielen Betrieben gewonnenen Erfahrungen insbes. mit Qualitätsmanagementsystemen lassen sich deswegen für die praktische Umsetzung des § 3 Abs. 1 ArbSchG nutzbar machen. Das in der Vorschrift geforderte zyklische Vorgehen verdeutlicht, dass der betriebliche Arbeitsschutz nicht auf die einmalige Festlegung von Maßnahmen des Arbeitsschutzes beschränkt werden darf, sondern als betriebliche Daueraufgabe auszugestalten ist (*Kollmer* ArbSchG Rn. 71; *Wlotzke* NZA 1996, 1017, 1019). Die dabei anzustrebende Verbesserung der Sicherheit und des Gesundheitsschutzes trägt dem obersten Grundsatz des § 4 ArbSchG Rechnung, wonach Gefährdungen möglichst zu vermeiden oder möglichst gering zu halten sind (dazu *Kohte* → § 4 Rn. 6 ff.).

II. Erforderliche Maßnahmen des Arbeitsschutzes treffen (§ 3 Abs. 1 Satz 1 ArbSchG)

Eine zentrale Aufgabe des Arbeitgebers im Arbeits- und Gesundheitsschutz liegt 23
in der Festlegung von Maßnahmen. Mit § 3 Abs. 1 Satz 1 ArbSchG formuliert der Gesetzgeber eine **maßnahmenbezogene, „umfassende und präventionsorientierte Handlungspflicht"** (so zutreffend *Pieper,* ArbSchR ArbSchG § 3 Rn. 1) des Arbeitgebers. Aus § 3 Abs. 1 Satz 1 ArbSchG allein ergeben sich keine inhaltlich konkreten Maßnahmen, was wegen der Vielgestaltigkeit der betriebli-

ArbSchG § 3 Arbeitsschutzgesetz

chen Verhältnisse auch nicht beabsichtigt ist und auch nicht möglich wäre. Ungeachtet ihres offenen Wortlauts lässt sich der Inhalt der Handlungspflicht weiter konkretisieren, wenn § 3 Abs. 1 Satz 1 ArbSchG im Zusammenhang mit weiteren Bestimmungen des Gesetzes gesehen wird.

24 Mit der Verwendung des in § 2 Abs. 1 ArbSchG gesetzlich definierten Begriffs der „Maßnahmen des Arbeitsschutzes" umreißt das Gesetz die **Spannweite der inhaltlichen Ziele der Handlungspflicht.** § 2 Abs. 1 ArbSchG sieht mit der präventiven Verhütung von **Arbeitsunfällen** und **arbeitsbedingten Gesundheitsgefahren** im Kern zwei Zielrichtungen vor. Nicht ausreichend ist es, lediglich reaktive Maßnahmen zur Gefahrenabwehr zu treffen. Da § 2 Abs. 1 ArbSchG die Einbeziehung der Aspekte der **menschengerechten Gestaltung der Arbeit** verlangt, müssen die Maßnahmen generell auf eine Verringerung der arbeitsbedingten gesundheitsrelevanten Belastungsfaktoren, unabhängig davon, ob im Einzelfall eine Gesundheitsgefahr besteht (zum Begriff der Maßnahmen des Arbeitsschutzes im Detail vgl. auch die Kommentierung zu § 2 Rn. 9ff.). Zu berücksichtigen sind deswegen insbes. die gesicherten arbeitswissenschaftlichen Erkenntnisse über die menschengerechte Gestaltung der Arbeit (§ 4 Nr. 3 ArbSchG). Eine wichtige Informationsquelle stellen in diesem Zusammenhang die regelmäßig von der Bundesanstalt für Arbeitsschutz und Arbeitsmedizin publizierten arbeitswissenschaftlichen Erkenntnisse und die Regeln der Ausschüsse nach § 18 Abs. 2 Nr. 5 ArbSchG dar.

25 Die Maßnahmen des Arbeitsschutzes sind unter **Berücksichtigung der Umstände zu treffen, die Sicherheit und Gesundheit der Beschäftigten bei der Arbeit beeinflussen.** Mit diesem Passus des § 3 Abs. 1 Satz 1 ArbSchG soll Art. 5 Abs. 1 der EU-Rahmenrichtlinie-Arbeitsschutz in deutsches Recht transformiert werden (vgl. dazu *Koll* in Koll/Janning/Pinter ArbSchG § 3 Rn. 7). Die Bedeutung der Bestimmung liegt in einer **bewussten Ergänzung des klassischen, primär technischen Arbeitsschutzverständnisses** (ausführlich dazu, sowie zum zugrundeliegenden Konzept des Arbeitsumweltschutzes, *Birk,* FS Wlotzke, S. 645ff., 648ff.; außerdem *Kohte* EAS, B 6100, Rn. 35). Neben rein technischen Lösungen sind deswegen auch Aspekte der Arbeitsorganisation, der Gestaltung der Arbeitsverfahren und der Arbeitszeit oder die Qualifikation der Beschäftigten sowie ihr Zusammenwirken zu berücksichtigen (vgl. auch § 5 Abs. 3 ArbSchG).

26 Deutlichere Konturen bekommt diese anspruchsvolle Zielsetzung durch den allgemeinen Grundsatz des § 4 Nr. 4 ArbSchG: Danach sind die Maßnahmen „mit dem Ziel zu planen, Technik, Arbeitsorganisation, sonstige Arbeitsbedingungen, soziale Beziehungen und Einfluss der Umwelt auf den Arbeitsplatz sachgerecht zu verknüpfen". Zentrales Instrument zur Bewältigung dieser komplexen Verknüpfungsaufgabe ist die **Gefährdungsbeurteilung** nach § 5 ArbSchG (vgl. oben *Kollmer,* Vor § 1 Rn. 56; ebenso jetzt *BAG* NZA 2004, 1175, 1177; 2009, 102, 104; 2010, 506, 508; 2011, 651, 652). Gegenstand und Ziel von Gefährdungsbeurteilungen sind die systematische und umfassende Ermittlung der mit der Arbeit verbundenen Gefährdungen (vgl. dazu die beispielhaft in § 5 Abs. 3 ArbSchG aufgezählten Gefährdungsquellen), ihre rechtliche Bewertung (insbes. anhand der allgemeinen Grundsätze des § 4 ArbSchG sowie spezialgesetzlicher Schutzziele, z.B. der GefStoffV, ArbStättV, BildscharbV) und die Ermittlung von konkreten Maßnahmen zur Realisierung der arbeitsschutzrechtlich zu beachtenden Schutzziele (zu den Einzelheiten vgl. die Kommentierung zu § 5, außerdem *Faber,* Die arbeitsschutzrechtlichen Grundpflichten, S. 100ff.). Der **rechtssystematische Zusammenhang** der **Grundpflicht** mit der **Gefährdungsbeurteilung** nach § 5

Grundpflichten des Arbeitgebers **§ 3 ArbSchG**

ArbSchG ergibt sich aus der Verwendung des dem Begriff der „Maßnahmen des Arbeitsschutzes" beigefügten **Attributs „erforderliche"** in § 3 Abs. 1 Satz 1 ArbSchG. Nach § 5 Abs. 1 ArbSchG ist Ziel der Gefährdungsbeurteilung zu ermitteln, „welche Maßnahmen des Arbeitsschutzes erforderlich sind".

Die rechtssystematische **Verbindung mit der Gefährdungsbeurteilung intensiviert den Verfahrenscharakter der Grundpflichten** des § 3 Abs. 1 ArbSchG, da die Gefährdungsbeurteilung einen Prozess der Ermittlung und von Gefährdungen und den ihnen entgegensteuernden Maßnahmen darstellt (dazu *Kohte,* EAS, B 6100, Rn. 44). Darüber hinaus folgt aus dem rechtssystematischen Zusammenhang mit § 5 ArbSchG der spezifische **materiellrechtliche Gehalt** des § 3 Abs. 1 Satz 1 ArbSchG, da der Prozess der Beurteilung in einen systematischen Abgleich der ermittelten Gefährdungen mit den durch das Arbeitsschutzrecht normierten allgemeinen (§ 4 ArbSchG) und speziellen (z. B. BildscharbV, ArbStättV, BioStoffV) Anforderungen mündet, es sich bei den „erforderlichen Maßnahmen" also immer um die rechtlich gebotenen Maßnahmen handelt. Begrenzt werden die Pflichten des Arbeitgebers durch den im gesamten öffentlichen Recht Geltung **beanspruchenden Grundsatz der Verhältnismäßigkeit** (vgl. nur *Wank* TAS, ArbSchG § 3 Rn. 4). Ein wichtiger normativer Bewertungsaspekt sind dabei die in § 4 Nr. 3 ArbSchG genannten Erkenntnisse und Regeln. Auch wenn danach etwa der Stand der Technik nicht kategorisch einzuhalten ist, sondern lediglich zu berücksichtigen ist, ist bei der Neueinrichtung von Arbeitsplätzen durch Ausstattung mit neuen Arbeitsmitteln stets der Stand der Technik einzuhalten (*Weber* in Nöthlichs Arbeitsschutz und Arbeitssicherheit, § 3 ArbSchG, Anm. 2.7; *Wlotzke,* FS Däubler, S. 654, 664; *Kollmer* ArbSchG Rn. 70).

27

III. Wirksamkeitskontrollen durchführen (§ 3 Abs. 1 Satz 2 ArbSchG)

Wirksamkeitsüberprüfungen nach § 3 Abs. 1 Satz 2 ArbSchG sind **ein wichtiges und verpflichtendes Instrument der betrieblichen Selbstkontrolle** und somit ohne normative Ausformung der durch das ArbSchG eingeforderten gestärkten betrieblichen Eigenverantwortung (*Faber,* Die arbeitsschutzrechtlichen Grundpflichten, S. 135 m. w. N.). Ziel der in § 3 Abs. 1 Satz 2 ArbSchG normierten Wirksamkeitsüberprüfungen ist die Klärung der **Frage, ob sich die getroffenen Maßnahmen des Arbeitsschutzes in der vorgesehenen Weise als geeignet zur Realisierung festgelegten Schutzziele erwiesen haben.** Es handelt sich also um eine Art **Systemkontrolle,** vergleichbar einem Audit, wie es z. B. für das Umweltmanagementsystem nach der EU-EMASV oder das Qualitätsmanagementsystem nach ISO 9000 vorgesehen ist. Keine Wirksamkeitsüberprüfungen i. S. von § 3 Abs. 1 Satz 2 ArbSchG sind danach interne Kontrollen, die sich auf die Frage beschränken, ob die getroffenen Maßnahmen tatsächlich praktisch umgesetzt werden. Diese Kontrollen sind notwendige Elemente der Organisations- und Durchführungsverpflichtung nach § 3 Abs. 2 ArbSchG.

28

Das Gesetz lässt offen, unter welchen konkreten Voraussetzungen Wirksamkeitsüberprüfungen vorzunehmen sind. Das ist eine Konsequenz der formalistischen 1:1-Umsetzung der Richtlinie, die weitgehend auf Konkretisierungen verzichtet hat (*Kohte* Gute Arbeit 4/2016 S. 8ff). Als Gegenbeispiel sind in § 4 Abs. 5 öASchG sieben konkrete Beispielsfälle normiert worden, die Anlass zu einer Wirksamkeitsüberprüfung geben. Die blasse Regulierung in § 3 Abs. 1 S. 2 ArbSchG gibt den Betrieben keine hinreichende Orientierung; es ist daher nicht überraschend, dass die

28a

GDA-Evaluation beachtliche Defizite bei den Wirksamkeitskontrollen festgestellt hat (*BAuA* (Hrsg.) Gefährdungsbeurteilung psychischer Belastung, 2014, S. 114).

29 Unterscheiden lassen sich **regelmäßige Wirksamkeitsüberprüfungen** und **Wirksamkeitsüberprüfungen aus besonderem Anlass**. Regelmäßige Wirksamkeitsüberprüfungen sind vor dem Hintergrund des in § 3 Abs. 1 ArbSchG angelegten kontinuierlichen Verbesserungsprozesses zu sehen. Sie bilden die Voraussetzung für einen neuen Optimierungszyklus. Mit anlassbezogenen Wirksamkeitsüberprüfungen wird besonderen Vorkommnissen, z. B. Arbeitsunfällen, Rechnung getragen, die Zweifel an der Tragfähigkeit des festgelegten Schutzkonzeptes und seiner bisherigen Umsetzung begründen.

30 Die **Häufigkeit** der regelmäßigen Wirksamkeitsüberprüfungen ist für den Einzelfall nach Maßgabe des **Verhältnismäßigkeitsgrundsatzes** zu bestimmen: Je größer die Gefährdung der Beschäftigten ist, desto häufiger sind dem Arbeitgeber entsprechende Überprüfungen zuzumuten. Im Sinne der oben beschriebenen wechselseitigen Ergänzung von ArbSchG und Rechtsverordnungen nach dem ArbSchG ergibt sich ein Richtwert für kritisch einzustufende Tätigkeiten aus § 8 Abs. 6 BioStoffV, der für alle Tätigkeiten mit Biostoffen eine Überprüfung der Gefährdungsbeurteilung spätestens in jedem zweiten Jahr vorsieht. In § 14 Abs. 4 BetrSichV ergeben sich im Zusammenwirken mit Anhang III zur BetrSichV Fristen je nach Gefährdung zwischen ein und drei Jahren. Einen weiteren normativen Anhaltspunkt bietet Anhang V, Nr. 5.6 EU-EMASV, in dem eine Auditierung des Umweltmanagementsystems innerhalb von 36 Monaten gefordert wird. Ein solcher Überprüfungszyklus dürfte bei Tätigkeiten mit geringen Gefährdungen durchaus tragfähig sein. Ein noch wesentlich längerer Überprüfungsintervall lässt Zweifel daran aufkommen, ob noch von einem kontinuierlichen Verbesserungsprozess die Rede sein kann (so auch *Wiebauer* in Landmann/Rohmer ArbSchG § 3 Rn. 25; *Blume/Faber* in HK-ArbSchR ArbSchG § 3 Rn. 26).

31 Wirksamkeitsüberprüfungen aus besonderem Anlass sind zB geboten wegen besonderer, für die Sicherheit und den Gesundheitsschutz bedeutsamer Umstände. Zu denken ist hier vor allem an **Arbeitsunfälle** oder den Verdacht **arbeitsbedingter Erkrankungen an einem Arbeitsplatz**. Als weitere Fallgruppe zu nennen sind **neue relevante Erkenntnisse über Gefahren am Arbeitsplatz**, sei es durch ein Fortschreiten der Erkenntnisse i. S. von § 4 Nr. 3 ArbSchG, sei es durch neue tatsächliche Umstände, wie z. B. die Nutzung von Nanotechnologien oder Bioterrorismus durch Milzbranderreger (zum Ganzen auch *Faber*, Die arbeitsschutzrechtlichen Grundpflichten, S. 138 f.; und die Regelbeispiele in § 4 Abs. 5 öASchG).

31a Die Wirksamkeitsüberprüfung beginnt in der Regel mit einem **Durchführungs-Controlling;** diesem folgt in der Regel ein **Wirkungs-Controlling,** in dem die Belastungssituation erfasst und analysiert wird (*BAuA*, Gefährdungsbeurteilung psychische Belastungen, S. 115; *Oppolzer*, Gesundheitsmanagement im Betrieb, 2. Aufl. 2010, S. 145 f.). Für dieses Controlling gibt es unterschiedliche Methoden; fachlicher Augenschein und Messung kommen in Betracht, in wichtigen Situationen kann aber auch eine **Mitarbeiterbefragung** oder auch ein **gemeinsamer Workshop** zur weiteren Überprüfung herangezogen werden (*BAuA* S. 117; *Oppolzer*, S. 146). Diese Methoden sind inzwischen arbeitswissenschaftlich anerkannt (dazu Kohte JurisPR-ArbR 4/2016 Anm. 3); sie können auch miteinander kombiniert werden. Maßgeblich ist die Struktur der Gefährdungslage und der bisher getroffenen Maßnahmen, deren Wirksamkeit überprüft werden soll. Bei gut messbaren Gefährdungen, zB im Lärmschutz, sind **regelmäßige Messungen** geboten, die mögliche Fortschritte oder Rückschläge gut dokumentieren können. Im Maschinenschutz und bei der Gestaltung von Arbeitsstätten kann der **fachliche Augenschein** im Zusammenhang mit einer Begehung das vorrangige Mittel darstellen.

Bei der **Ausgestaltung** von Art, Umfang und Systematik der **Wirksamkeitskontrollen** besteht ein weiter **Gestaltungsspielraum** (*Wiebauer* in Landmann/Rohmer GewO § 3 Rn. 23). Unverzichtbar als Informationsquelle ist in diesem Zusammenhang das **Erfahrungswissen der Beschäftigten,** die nach § 16 ArbSchG bei Mängeln besondere Unterstützungspflichten haben (*Schucht* → § 16 Rn. 7). Es gehört zu den Organisationspflichten des Arbeitgebers, im Hinblick auf eine effektive Gestaltung der Wirksamkeitsüberprüfungspflicht Vorkehrungen für ein **funktionsfähiges Beschwerdemanagement** zu treffen. Der angesichts der blassen gesetzlichen Regelung bestehende große betriebliche Gestaltungsspielraum unterliegt der **Mitbestimmung nach § 87 Abs. 1 Nr. 7 BetrVG** (so auch LAG Hamburg 20.1.2015 – 2 TaBV 1/15; zustimmend *Kohte* JurisPR-ArbR 4/2016 Anm. 3; ebenso *Wiebauer* in Landmann/Rohmer ArbSchG § 3 Rn. 23; *Blume/Faber* in HK-ArbSchR ArbSchG § 3 Rn. 25; *Fitting* § 87 BetrVG Rn. 295; *Klebe* in DKKW-BetrVG § 87 Rn. 230; *Leube* → Syst B Rn. 28; *Engels* AuR 2009, 65, 71). In Betriebsvereinbarungen sind vor allem die generellen Organisationsentscheidungen zu regeln, wie zum Beispiel die zeitlichen Abstände bei routinemäßigen Überprüfungen und wichtige Anlässe für ad-hoc-Wirksamkeitsüberprüfungen. Ebenfalls können grundlegende Methoden von der Begehung bis zur Mitarbeiterbefragung geregelt werden; eine kurzfristige Entscheidung für eine konkrete Mitarbeiterbefragung kann auch durch einen rechtzeitigen Zustimmungsbeschluss des Betriebsrats erfolgen.

32

IV. Anpassungs- und Optimierungsmaßnahmen (§ 3 Abs. 1 Sätze 2 und 3 ArbSchG)

Die Pflicht des Arbeitgebers nach § 3 Abs. 1 Satz 2 ArbSchG, die Maßnahmen erforderlichenfalls sich ändernden Gegebenheiten anzupassen, markiert den Verfahrensschritt, mit dem das bereits in § 1 Abs. 1 ArbSchG formulierte **Ziel** einer (kontinuierlichen) **Verbesserung des Arbeits- und Gesundheitsschutzes** rechtlich operationalisiert wird. Daher wird in Satz 3 des § 3 Abs. 1 ArbSchG angeordnet, dass der Arbeitgeber bei den Anpassungsmaßnahmen eine Verbesserung von Sicherheit und Gesundheitsschutz der Beschäftigten anzustreben hat.

33

1. Anlässe für Anpassungs- und Optimierungsmaßnahmen. Anpassungsmaßnahmen nach § 3 Abs. 1 Sätze 2, 3 ArbSchG stellen eine **Änderung** der in **der betrieblichen Schutzkonzeption** zusammengefassten Maßnahmen des Arbeitsschutzes dar. In Abgrenzung zu den Pflichten des Satzes 1 geht es nicht um die erstmalige Festlegung der erforderlichen Maßnahmen des Arbeitsschutzes, sondern um ihre Weiterentwicklung mit dem Ziel der Intensivierung der betrieblichen Prävention. **Voraussetzung** und Anknüpfungspunkt für das Entstehen der Anpassungsverpflichtung ist also das **Vorliegen einer rechtlich tragfähigen Schutzkonzeption.** Es müssen demnach in der Vergangenheit bereits die erforderlichen, d.h. die nach § 4 ArbSchG und nach den speziellen Arbeitsschutzvorschriften rechtlich gebotenen Schutzmaßnahmen getroffen worden sein. Ist dies nicht der Fall, handelt es sich um Maßnahmen nach dem Satz 1 des § 3 ArbSchG, wenn erstmalig die „erforderlichen Maßnahmen des Arbeitsschutzes getroffen werden (*Faber*, Die arbeitsschutzrechtlichen Grundpflichten, S. 141f.). Die Abgrenzung ist von Bedeutung, da die rechtlichen Bindungen für Anpassungsmaßnahmen lockerer sind, weil

34

insbes. Aspekten des Vertrauens- und Bestandsschutzes bei Maßnahmen nach § 3 Abs. 1 Sätze 2 und 3 ArbSchG größeres Gewicht zukommt.

35 Zu den sich ändernden Gegebenheiten i. S. von § 3 Abs. 1 Satz 2 ArbSchG zählen insbes. **Fortschritte** der in § 4 Nr. 3 ArbSchG erwähnten Erkenntnisse, namentlich **des Standes von Technik, Arbeitsmedizin und Hygiene sowie der sonstigen gesicherten arbeitswissenschaftlichen Erkenntnisse** (vgl. auch BT-Drs. 13/3540, S. 16.; *Kollmer,* Arbeitsschutzgesetz und -verordnungen, Rn. 82ff.; *Wank,* TAS, § 3 ArbSchG Rn. 7; *Koll* in Koll/Janning/Pinter § 3 Rn. 10; *Weber* in Nöthlichs Arbeitsschutz und Arbeitssicherheit, § 3 ArbSchG Anm. 2.7; *Wlotzke* NZA 1996, 1017, 1020; zu den Erkenntnissen des § 4 Nr. 3 ArbSchG vgl. unten *Kohte* → § 4 Rn. 18). Die neuen, zu berücksichtigenden Erkenntnisse können sich dabei sowohl auf **verbesserte Schutz- und Gestaltungsmöglichkeiten** als auch auf eine **veränderte Bewertung der Gefährlichkeit** bestimmter Tätigkeiten beziehen (z. B. Veränderung der Bewertung der Gefährlichkeit der ursprünglich als unbedenklich geltenden Verarbeitung von Asbest). Um seinen Verpflichtungen nach § 3 Abs. 1 Sätze 2, 3 ArbSchG nachkommen zu können, ist der Arbeitgeber gehalten, systematisch **das Fortschreiten der Erkenntnisse nach § 4 Nr. 3 ArbSchG** zur Kenntnis zu nehmen, die vor allem in den inzwischen gut verfügbaren Regeln der Ausschüsse nach § 18 Abs. 2 Nr. 5 ArbSchG auf der Homepage www.baua.de dokumentiert werden. Daher wird in der LV 54 zur behördlichen Systemkontrolle auch die Überwachung des **innerbetrieblichen Regelwerksmanagements** verlangt. Weiter kommt den nach §§ 2, 5 ASiG bestellten Experten eine wichtige Rolle zu. Die Beratung der Träger der Unfallversicherung nach § 21 SGB VII und die von der Unfallversicherung veröffentlichten Regeln sind weitere Mittel, mit denen die Anpassungspflicht mit zumutbarem Aufwand erfüllbar ist.

36 Das **ArbSchG setzt** die Pflicht zur **Ermittlung der aktuellen Erkenntnisse** nach § 4 Nr. 3 ArbSchG **voraus,** denn nur wenn der Stand der Technik oder die gesicherten arbeitswissenschaftlichen Erkenntnisse bekannt sind, lässt sich sinnvollerweise über die Realisierung von Anpassungsmaßnahmen entscheiden. Das Unionsrecht und auch die Umsetzungsgesetze anderer Mitgliedsstaaten sind insoweit klarer formuliert. So ist in den Erwägungsgründen der Rahmenrichtlinie 89/391/EWG von einer Pflicht des Arbeitgebers sich über den aktuellen Stand der Technik und der wissenschaftlichen Erkenntnisse der Arbeitsgestaltung zu informieren die Rede. In § 3 Abs. 2 des öASchG wird eine vergleichbare Informationspflicht ausdrücklich den „Allgemeinen Pflichten des Arbeitgebers" zugeordnet (vgl. dazu *Faber,* Die arbeitsschutzrechtlichen Grundpflichten, S. 152f.). Den geeigneten rechtlichen Rahmen für diese Ermittlungen bietet die Überprüfung der Gefährdungsbeurteilung im Zusammenhang mit der Überprüfung der Wirksamkeit der getroffenen Maßnahmen des Arbeitsschutzes. Zutreffend wird daher eine **geänderte Gefährdungsbeurteilung** als Anlass für Anpassungsmaßnahmen herausgestellt (*Pieper,* ArbSchR ArbSchG § 3 Rn. 4; *Kollmer* ArbSchG Rn. 70).

37 Sich ändernde Gegebenheiten i. S. von § 3 Abs. 1 Satz 2 ArbSchG können weiter in der **Änderung der Belastungsfähigkeit von Beschäftigten** begründet sein (*Wank,* TAS, § 3 ArbSchG Rn. 7; *Weber* in Nöthlichs Arbeitsschutz und Arbeitssicherheit, § 3 ArbSchG Anm. 2.7; *Brock,* Arbeitsschutzgesetz, 18f.). Neben **Verschlechterungen des Gesundheitszustandes** kommen in diesem Zusammenhang auch natürliche Veränderungen in Betracht, wie die **altersbedingte Veränderung der Leistungsfähigkeit** oder ein besonderes Schutzbedürfnis bei einer **Schwangerschaft** (vgl. dazu auch die speziellen Bestimmungen der §§ 2ff. MuSchG sowie der MuSchArbV, dazu *Nebe,* Betrieblicher Mutterschutz ohne Dis-

Grundpflichten des Arbeitgebers **§ 3 ArbSchG**

kriminierungen, 2006, S. 166f.), die rechtzeitig zu beachten sind. Die Anpassungspflicht ist in diesem Zusammenhang als wichtiger Anknüpfungspunkt für die in § 2 Abs. 1 ArbSchG vorgesehenen und unionsrechtlich geforderten Maßnahmen der menschengerechten Arbeitsgestaltung zu sehen, die insbes. das Ziel der Anpassung der Arbeit an den Menschen verfolgen (→ § 2 Rn. 22ff.).

Kein Fall der Anpassungspflicht des § 3 Abs. 1 Sätze 2, 3 ArbSchG sind **tatsächliche Änderungen der Bedingungen im Betrieb,** wie z. B. Investitionen in Änderungen der Produktionsverfahren. Nach den oben entwickelten Grundsätzen handelt es sich um die erstmalige Festlegung von Schutzmaßnahmen, also um einen Fall des Satzes 1. Derartige Änderungen müssen stets dem Stand der Erkenntnisse nach § 4 Nr. 3 ArbSchG entsprechen (*Weber* in Nöthlichs Arbeitsschutz und Arbeitssicherheit, § 3 ArbSchG, Anm. 2.7; *Wlotzke,* FS Däubler, S. 654, 664; *Wiebauer* in Landmann/Rohmer § 3 ArbSchG Rn. 28; a. A. *Pieper,* ArbSchR ArbSchG § 3 Rn. 4). 38

2. Umfang (Reichweite) der Pflicht zum Treffen von Anpassungs- und Optimierungsmaßnahmen. Die auf die gemeinschaftsrechtliche Vorgabe des Art. 6 Abs. 1 Rahmenrichtlinie-Arbeitsschutz zurückzuführende **Anpassungspflicht** des § 3 Abs. 1 Sätze 2, 3 ArbSchG markiert eine **nachhaltige Änderung des klassischen deutschen Arbeitsschutzrechts.** Von zentraler Bedeutung ist in diesem Zusammenhang der enge systematische Zusammenhang mit § 4 Nr. 3 ArbSchG. Durch die Verpflichtung, bei der Gestaltung der Maßnahmen des Arbeitsschutzes den Stand von Technik, Arbeitsmedizin und Hygiene sowie sonstige gesicherte arbeitswissenschaftliche Erkenntnisse zu berücksichtigen, **soll die Zeitspanne zwischen einer (technischen) Neuerung und der Verpflichtung zur Umsetzung im Betrieb verkürzt werden** (*Kollmer,* Arbeitsschutzgesetz und -verordnungen, Rn. 84; allgemein im Hinblick auf die Berücksichtigung des „Standes der Technik", *Marburger,* Regeln der Technik, S. 160f.; *F. Merten,* Gesundheitsschutz und Mitbestimmung bei der Bildschirmarbeit, S. 87; außerdem Gesetzesbegründung, BT-Drs. 13/3540, S. 13; *Fischer* BArbBl. 1996 21 ff. (21); *Kollmer* → § 1 Rn. 32). Dies ist insoweit bemerkenswert, als im klassischen deutschen Arbeitsschutzrecht unter dem Dach des abgelösten § 120a GewO a. F. (sicherheits)technische Innovationen auf Grund eines sehr strikt verstandenen Bestandsschutzverständnisses nur in sehr engen Grenzen, namentlich bei erheblichen Mißständen, die das Leben und die Gesundheit der Arbeitnehmer gefährden (§ 120d GewO a. F.), möglich waren (dazu *Bücker,* Von der Gefahrenabwehr zur Risikovorsorge, S. 137f.). 39

Bereits aus dem Wortlaut der §§ 3 Abs. 1 Satz 2, 4 Nr. 3 ArbSchG ergibt sich, dass dessen ungeachtet **Anpassungsmaßnahmen nicht strikt und ausnahmslos** bei jeder Änderung der Gegebenheiten festzulegen sind. So sind die Maßnahmen lediglich „erforderlichenfalls" an sich ändernde Gegebenheiten anzupassen. Erkenntnisse nach § 4 Nr. 3 ArbSchG sind nicht in jedem Falle zugrunde zu legen sondern lediglich „zu berücksichtigen". Ein quasi schrankenloses Verständnis der Anpassungsverpflichtung wäre nicht nur praktisch kaum realisierbar, sondern verstieße vor allem gegen den Grundsatz der Verhältnismäßigkeit (so auch *Wiebauer* in Landmann/Rohmer GewO ArbSchG § 3 Rn. 29). Entscheidend und anders als im abgelösten Recht bewirkt die Anpassungsverpflichtung, dass das **Vertrauen des Arbeitgebers in den Bestand von ihm getätigter Investitionen und Dispositionen eingeschränkt wird.** Insoweit kann auf die Struktur des neuen Umweltrechts (z. B. §§ 5, 17 BImSchG) zurückgegriffen werden. Der aus dem dynamischen 40

Charakter der Grundpflichten folgende Anpassungsvorbehalt wird dabei in der Weise berücksichtigt, dass ein Interesse des Anlagenbetreibers an der angemessenen Nutzung seiner Investitionen anerkannt wird. Dieses **Bestandsschutzinteresse** gilt aber nicht unbegrenzt, sondern wegen der Anpassungspflicht nur **zeitlich limitiert.** Bildlich gesprochen schmelzen also die rechtlichen Bedenken gegen Anpassungsmaßnahmen durch die Berücksichtigung des Faktors Zeit in mittel- und langfristiger Perspektive dahin (so anschaulich *Jarass,* Die Anwendung neuen Umweltrechts, S. 86).

41 Jedenfalls dann, wenn sich die **Investition amortisiert** hat, gibt es aus Art. 14 GG keinen Bestandsschutz mehr; das **Kontinuitätsvertrauen** hat sich dann **erschöpft** (*Schröder* UPR 1986, 127, 131 f.; *Jankowski,* Bestandsschutz für Industrieanlagen, S. 60 ff., 64). Mit Blick auf die Anpassungspflicht des § 3 Abs. 1 Sätze 1, 2 ArbSchG ist bei der Interessenabwägung weiter zu berücksichtigen, welche Ziele des Arbeitsschutzes mit einer Anpassungsmaßnahme verfolgt werden. Besonders weitgehend ist die Anpassungspflicht, wenn Maßnahmen dem klassischen Feld der **Gefahrenabwehr** zuzuordnen sind. Geht es hingegen um den **Gefährdungsschutz,** d. h. um Maßnahmen im Vorfeld des ordnungsrechtlichen Gefahrbegriffs, ist ein größerer Spielraum gegeben, bzw. können Anpassungsmaßnahmen zeitlich gestreckt werden (dazu auch *Kohte,* Jahrbuch des Arbeitsrechts, S. 21, 31 f.; *Jarass,* BImSchG 11. Aufl. § 17 Rn. 44 ff.; *Blume/Faber* in HK-ArbSchR ArbSchG § 3 Rn. 34). Bei der Interessenabwägung ist schließlich zu beachten, dass Investitionen (in den Arbeitsschutz) auch **wirtschaftlich positive Effekte** haben können (*Jankowski,* Bestandsschutz für Industrieanlagen, S. 61). Die vorstehend genannten Aspekte bieten erforderliche Anhaltspunkte für die erforderliche Interessenabwägung, die letztlich eine Einzelfallentscheidung bleibt (ausführlich zur vorstehenden Thematik, *Faber,* Die arbeitsschutzrechtlichen Grundpflichten, S. 177 ff.).

V. Planungs- und Durchführungspflicht

42 Mit den Pflichten, die Maßnahmen nach § 3 Abs. 1 ArbSchG zu planen und durchzuführen, finden sich in Absatz 2 des § 3 ArbSchG zwei weitere, primär als Verfahrensaufträge zu verstehende Pflichten des Arbeitgebers. Auch wenn § 3 Abs. 2 ArbSchG Durchführung und Planung nicht explizit als Pflichten formulieren, ist ihr Bestand in der Vorschrift stillschweigend vorausgesetzt und allgemein anerkannt (*Faber,* Die arbeitsschutzrechtlichen Grundpflichten, S. 29; *Kollmer* WiB 1996, 825, 826; *Vogl* NJW 1996, 2753, 2755). Ihre Funktion liegt darin, die **tatsächliche Realisierung des** in § 3 Abs. 1 ArbSchG normierten **kontinuierlichen Verbesserungsprozesses** sicherzustellen. Sie sind deswegen als eine weitere Konkretisierung bzw. Verdeutlichung der Pflichten aus § 3 Abs. 1 ArbSchG unter dem Aspekt der praktischen Umsetzung zu verstehen. Die systematische Zuordnung der Planungs- und Durchführungspflichten zu den Organisationspflichten des § 3 Abs. 2 ArbSchG ist sachgerecht, da der Arbeitsschutzorganisation vor allem die Bedeutung zukommt, die tatsächliche Erfüllung der arbeitsschutzrechtlichen Pflichten unter den Bedingungen der betrieblichen Arbeitsteilung zu ermöglichen und steuern. Daher ist die Einhaltung und Durchführung der Arbeitsschutzpflichten bereits als zweites Element in der GDA-Leitlinie zur Organisation des betrieblichen Gesundheitsschutzes zu beachten.

43 Die Planungspflicht unterstreicht nachhaltig die starke Verfahrensorientierung des ArbSchG. Zeitlich ist die Planung der Durchführung der Maßnahmen des Arbeitsschutzes vorgelagert; sie findet ihren Abschluss im Treffen der Maßnahmen.

Der Begriff der Planung steht für eine vorausschauende, Ziele und Maßnahmen abstimmende Vorgehensweise (*Bücker,* Von der Gefahrenabwehr zur Risikovorsorge, S. 155). Die Planung beschreibt einen Prozess der **systematischen Ermittlung** eines – regelmäßig komplexen – **Planungssachverhalts** sowie der Entwicklung eines Bündels von Gestaltungsmaßnahmen, das den ermittelten Aspekten umfassend im Sinne einer **Gesamtregelung** Rechnung trägt (ausführlich dazu, *Faber,* Die arbeitsschutzrechtlichen Grundpflichten, S. 86 ff.). Es reicht vor diesem Hintergrund deshalb nicht aus, die Maßnahmen des Arbeitsschutzes jeweils isoliert für jede festgestellte Gefährdung zu treffen. Sie sind auf Grund der Planungspflicht vielmehr i. S. einer Gesamtregelung in einer **übergreifenden betrieblichen Arbeitsschutzkonzeption** zusammenzufassen und aufeinander abzustimmen. Hierbei sind insbes. die in § 4 Nr. 3 ArbSchG normierten Planungsziele zu beachten. Als vorausschauendes, auf eine umfassende Gesamtregelung zielendes Verfahren ermöglicht die Planung insbes. den **„Faktor Zeit"** zu berücksichtigen, etwa indem ein Stufenplan festgelegt wird. Dies ist von besonderer Bedeutung für Anpassungsmaßnahmen nach § 3 Abs. 1 Sätze 1, 2 ArbSchG, für deren Erforderlichkeit wie oben dargestellt vielfach der „Faktor Zeit" von entscheidender Bedeutung ist.

Planungsentscheidungen sind Gestaltungsentscheidungen und lassen sich 44 nicht schematisch treffen. Der Arbeitgeber hat deswegen eine **Gestaltungsfreiheit,** die es ihm insbes. ermöglicht, angepasst an die betrieblichen Verhältnisse Prioritäten zu setzen (eingehend dazu *Faber,* Die arbeitsschutzrechtlichen Grundpflichten, S. 94 ff.). Die Planungspflicht ist deswegen in engem Zusammenhang mit dem gesetzgeberischen Ziel des ArbSchG zu sehen, dem Arbeitgeber Spielräume zu eröffnen, für an die Situation im Betrieb angepasste Arbeitsschutzmaßnahmen (BT-Drs. 13/3540, S. 12). Die **Grenze** der planerischen Gestaltungsfreiheit markieren **zwingende Rechtsvorschriften,** die verbindlich eine bestimmte Verhaltensweise vorschreiben (z. B. Verbot von Schiebetüren bei Notausgängen nach Nr. 2.3 Abs. 2 S. 3 Anhang ArbStättV). Werden bei der Maßnahmenplanung **Schutzziele offenkundig fehlerhaft gewichtet,** stellt auch dies eine Überschreitung der planerischen Gestaltungsfreiheit dar. Wichtigstes Beispiel hierfür ist die klassische Gefahrenabwehr: Wenn bei ungehindertem Geschehensablauf mit dem Eintritt eines Schadens in Gestalt einer Beeinträchtigung von Leib und Leben zu rechnen ist, sind Schutzmaßnahmen stets mit höchster Priorität und unverzüglich zu ergreifen (dazu *Kohte,* Jahrbuch des Arbeitsrechts, S. 21 ff., 32). Im Übrigen ist für die rechtliche Bewertung der betrieblichen Schutzkonzeption entscheidend, dass die Abstimmung der Ziele und Maßnahmen transparent und nachvollziehbar ist. Hierbei kommt den Verfahrensregeln des § 3 Abs. 1, 2 ArbSchG entscheidende Bedeutung zu.

Mit der **Durchführungspflicht** wird hervorgehoben, dass die **Maßnahmen** 45 nicht nur zu planen und in einer betrieblichen Arbeitsschutzkonzeption zusammenzufassen sind, sondern **auch tatsächlich zu realisieren** sind (→ § 13 Rn. 7). Es handelt sich somit um einen vorwiegend operativen Verfahrensschritt, der sich zeitlich an den Planungsprozess anschließt. Die Bedeutung und Hervorhebung dieses selbstverständlich anmutenden Verfahrensschritts erschließt sich mit Blick darauf, dass die Erledigung von Pflichten und Aufgaben im arbeitsteiligen Betrieb abgestimmt und geregelt werden muss. Hierzu zählt insbes. auch die kontinuierliche Beaufsichtigung der Durchführung der Maßnahmen. Diese Durchführungspflicht ist ein elementarer Bestandteil der Organisationspflicht des Arbeitgebers (*BAG* NZA 2003, 1348; *LAG Frankfurt* AuR 2016, 171).

C. Allgemeine und spezielle Organisationspflichten (§ 3 Abs. 2 ArbSchG)

I. Die Bedeutung der Arbeitsschutzorganisation

46 Mit den in § 3 Abs. 2 ArbSchG normierten Organisationspflichten wird der Erkenntnis Rechnung getragen, dass die **Sicherheitsorganisation** erheblichen **Einfluss auf die betriebliche Sicherheit** hat. So hat eine Analyse schwerer Unfälle in der Europäischen Gemeinschaft in den meisten Fällen Mängel des Managements und der Organisation als Unfallursachen identifiziert (Erwägungsgrund Nr. 15 der Seveso II Richtlinie (RL 96/82/EG, ABl. EG 1997, Nr. L 10, S. 13 ff.), so dass bei solchen Gefahren ein organisationsbezogenes Sicherheitsmanagementsystem nach Art. 8 Abs. 5 der Seveso III Richtlinie notwendig ist (RL 2012/18/EU, ABl. EG 2012, Nr. L 197, S. 1 ff). So haben sich etwa **unklare Zuständigkeiten und Befugnisse** der betrieblichen Akteure als besonders nachteilig für der Begrenzung der Folgen eines Unfalls erwiesen. Da in solchen Situationen schnelles und kompetentes Handeln notwendig ist – z. B. Entscheidung über das Abschalten eines Kraftwerks –, können Zuständigkeitsüberschneidungen oder fehlende interne Regelungen fatale Folgewirkungen auslösen. Ein gravierendes organisatorisches Sicherheitsproblem stellen auch **Mängel der Sicherheitskommunikation** dar (*Wiebauer* in Landmann/Rohmer GewO ArbSchG § 3 Rn. 39). So kann z. B. die unzureichende gegenseitige Unterrichtung bei der Schichtübergabe oder das Fehlen von geeigneten betriebsinternen Meldewegen dazu führen, dass es an einer adäquaten informatorischen Entscheidungsgrundlage fehlt, so dass es zu Fehlbedienungen von Anlagen kommen kann. Ein spezifisches Problem der formalisierten Sicherheitskommunikation stellen unklare oder widersprüchliche Verfahrens- bzw. Sicherheitsanweisungen dar. Bei dem Reaktorunfall von Tschernobyl hatten z. B. Streichungen im Bedienungshandbuch dazu geführt, dass für das Bedienungspersonal nicht eindeutig ersichtlich war, welche Prozeduren gültig und mithin durchzuführen waren. Eine durchaus vergleichbare Problematik kann sich ergeben, wenn in einem Betrieb mehrere Managementsysteme (z. B. Umweltmanagement, Qualitätsmanagement, Sicherheitsmanagement nach StörfallV) mit mehreren, sich in bestimmten Punkten möglicherweise widersprechenden Handbüchern unterhalten werden (→ Rn. 103). Ein letzter hier anzusprechender Problemkreis ist die **mangelhafte Qualifikation und Unterweisung** der Beschäftigten für die ihnen übertragenen Arbeitsaufgaben. Defizite auf diesem Gebiet bergen sowohl im „Normalbetrieb" als auch und vor allem bei kritischen Situationen, denen nicht mit „Routinewissen" begegnet werden kann, besondere Sicherheitsrisiken (ausführlich zum Ganzen *Faber,* Die arbeitsschutzrechtlichen Grundpflichten, S. 198 ff.). Einen Überblick über die verschiedenen Elemente der Organisationspflicht gibt die **GDA-Leitlinie „Organisation des betrieblichen Arbeitsschutzes"** vom 15.12.2011 (www.gda-portal.de), die insgesamt 15 Elemente mit differenzierten Anforderungen erläutert. Sie korrespondiert weitgehend mit den im März 2011 veröffentlichten **LASI-Grundsätzen LV 54 der behördlichen Systemkontrolle.**

47 § 3 Abs. 2 Nr. 1 ArbSchG verpflichtet den Arbeitgeber unter Berücksichtigung der Art der Tätigkeiten und der Zahl der Beschäftigten für eine geeignete Organisation zu sorgen (allgemeine Organisationspflicht). **Gegenstand der Organisationspflicht** ist die **Planung und Durchführung der Maßnahmen des Absatzes 1.** Bemerkenswert ist, dass sich die Organisationspflicht nicht auf die

Grundpflichten des Arbeitgebers **§ 3 ArbSchG**

Durchführung der konkret getroffenen Maßnahmen des Arbeitsschutzes beschränkt, die unmittelbar auf den Schutz von Sicherheit und Gesundheit zielen und die Arbeitsbedingungen konkret beeinflussen. Sie bezieht sich in gleicher Weise auf die Planung der Maßnahmen und damit auf den der Planung zugrundeliegenden, in § 3 Abs. 1 ArbSchG abgebildeten, kontinuierlichen Verbesserungsprozess, sowie die Gefährdungsbeurteilung als zentralem gesetzlich normierten Planungsinstrument. Hierdurch wird der für das deutsche Arbeitsschutzrecht recht neue Ansatz eines prozesshaften Arbeitsschutzes (dazu *Faber*, Die arbeitsschutzrechtlichen Grundpflichten, S. 34f.) nachhaltig unterstrichen. In der Sache beinhaltet die Organisation **Festlegungen zur Aufbau- und Ablauforganisation** (*Pieper*, ArbSchR, ArbSchG § 3 Rn. 6; ausführlich *Wiebauer* in Landmann/Rohmer GewO ArbSchG § 3 Rn. 39f. und *Weber* in Nöthlichs § 3 ArbSchG Rn. 3.1.1). Mit Blick auf die Aufbauorganisation bedarf es daher einer Verteilung der Aufgaben auf die betrieblichen Akteure (insbes. Führungskräfte), sowohl im Hinblick auf den Planungsprozess als auch im Hinblick auf jede einzelne getroffene Maßnahme des Arbeitsschutzes. So können z. B. den Meistern oder anderen Vorgesetzten jeweils konkrete Aufgaben im Arbeitsschutz zugewiesen werden (dazu *BAG* NZA 2014, 855, 856). Ablauforganisatorisch sind Bestimmungen zu treffen, die die bei der Umsetzung der Maßnahmen bzw. bei der Planung zu beachtende Vorgehensweise weiter konkretisieren und die Abfolge der Teilaufgaben koordinieren. Die Arbeitsschutzorganisation nach § 3 Abs. 2 Nr. 1 ArbSchG darf nicht mit den Organisationsregeln des ASiG (so *Wank*, TAS ArbSchG § 3 Rn. 10) gleichgesetzt werden, denn die Aufgabe der Sicherheitsfachkräfte und der Betriebsärzte besteht gerade nicht darin, Pflichten nach dem ArbSchG verantwortlich durchzuführen oder verantwortlich zu planen. Ihre gesetzliche Aufgabe liegt nach §§ 3, 6 ASiG allein in der fachkundigen Unterstützung und Beratung des Arbeitgebers (*Pieper* ArbSchG § 3 Rn. 6b).

Der Arbeitgeber ist bei der konkreten Ausgestaltung der Organisation weitgehend frei (zur Mitbstimmungspflicht → Rn. 80). Aus dem offenen Wortlaut des § 3 Abs. 2 Nr. 1 ArbSchG ergibt sich, dass dem **Gesetz kein** bestimmtes, **verallgemeinerungsfähiges Organisationsmodell** zugrunde liegt, das auf Betriebe jeglicher Art und Größe anwendbar wäre. Das ArbSchG schafft auf diese Weise den rechtlichen Rahmen für die Entwicklung einer „maßgeschneiderten", speziell der Situation eines jeden Betriebes orientierten Organisation. Deutlich wird diese **organisatorische Gestaltungsfreiheit** dadurch, dass die Organisation unter Berücksichtigung der Art der Tätigkeiten und der Zahl der Beschäftigten bereitzustellen ist (BT-Drs. 13/3540, S. 12). Intensität und Umfang der Organisationpflicht wird von dem – durch die Tätigkeiten maßgeblich bestimmten – **Ausmaß von Unfall- und Gesundheitsgefahren** und der **Betriebsgröße** abhängig gemacht (*Kohte* in MHdB ArbR § 292 Rn. 36; so auch *BAG* NZA 2014, 855, 856). Die ausdrückliche Hervorhebung der Art der Tätigkeiten und der Zahl der Beschäftigten erweist sich einerseits als Einschränkung der organisatorischen Gestaltungsfreiheit, andererseits aber auch als Schutz bei möglichen **ordnungsbehördlichen Anordnungen** nach § 22 ArbSchG. Die Aufsichtsbehörde ist daher gehindert, organisatorische Vorkehrungen anzuordnen, die einheitlichen Vorstellungen einer effektiven Organisation oder eines Arbeitsschutzmanagementsystems entsprechen. Die GDA-Leitlinie zur Organisation des betrieblichen Arbeitsschutzes (Rn. 46 aE) gibt allerdings ebenso wie die LASI-Grundsätze LV 54 Hinweise zu einer systematischen Überwachung der Organisationspflichten und der Nutzung von Revisionsschreiben und Anordnungen (*Blume/Faber* in HK-ArbSchR ArbSchG § 3 Rn. 104).

48

ArbSchG § 3

49 Es ist Ausdruck der beschriebenen Organisationsfreiheit des Arbeitgebers, dass § 3 Abs. 2 Nr. 1 ArbSchG mit der **geeigneten Organisation** lediglich das Ziel der Organisationspflicht allgemein umschreibt, ohne konkrete organisatorische Vorkehrungen vorzuschreiben. Von einer geeigneten Organisation kann ausgegangen werden, wenn sie gewährleistet, dass die Erfüllung der Arbeitgeberpflichten bei der Planung und Durchführung der Maßnahmen nach Absatz 1 auch unter den Bedingungen der betrieblichen Arbeitsteilung gewährleistet ist. Es ist vor diesem Hintergrund eine **betriebliche Verhaltensordnung** zu schaffen, durch die eindeutig und widerspruchsfrei geregelt wird, wie die Arbeit im Zusammenhang mit der Erfüllung der arbeitsschutzrechtlichen Pflichten verteilt werden soll **(Zuständigkeiten)** und welche **Befugnisse**, insbes. Weisungsbefugnisse, mit der Aufgabenübernahme verbunden sein sollen (vgl. → § 13 Rn. 72). Dabei ist darauf zu achten, dass denjenigen Personen, die Arbeitsschutzpflichten wahrnehmen sollen, diese tatsächlich ausführen können (dazu bereits *LG Hanau* VersR 1956, 785 f., 786). Dazu gehört es, dass adäquate sächliche und zeitliche Ressourcen zur Verfügung gestellt werden. Von Bedeutung sind zudem Vertretungsregeln, die gewährleisten, dass z. B. auch im Falle von Krankheiten oder Urlaub die Wahrnehmung der arbeitsschutzrechtlichen Verpflichtungen sichergestellt ist (*BGH* NJW 1968, 247, 249; *BGH* NJW 1988, 2298 ff., 2300). Unverzichtbarer Bestandteil der geeigneten Organisation ist die **interne Sicherheitskommunikation und -information,** deren erhebliche Bedeutung durch die oben vorgestellten Unfallanalysen unterstrichen wird. Zu treffen sind daher etwa Regelungen über Meldewege oder über die gegenseitige Information und Abstimmung, z. b. im Rahmen von regelmäßigen Besprechungen oder durch Gremien wie dem Arbeitsschutzausschuss nach § 11 ASiG. Aus § 3 Abs. 2 Nr. 1 ArbSchG folgt das Recht, und, sofern Arbeitsschutzpflichten nicht persönlich wahrgenommen werden können, die Pflicht des Arbeitgebers, die Wahrnehmung der Pflichten durch Delegation zu regeln (*Blume/Faber* in HK-ArbSchR ArbSchG § 3 Rn. 62). Dies bedeutet nicht, dass sich der Arbeitgeber auf diese Weise seiner grundlegenden Verantwortung entledigen könnte. Es findet lediglich eine Modifizierung des Verantwortungsinhalts dahingehend statt, dass sich die ursprünglich bestehende Ausführungsverantwortung in eine **Pflicht des Arbeitgebers zur (Ober)aufsicht** wandelt. Er muss deswegen zumindest stichprobenartig „Vor-Ort-Kontrollen" durchführen oder sich regelmäßig und systematisch über den Stand des Arbeits- und Gesundheitsschutzes berichten lassen (*BGH* NJW 1968, 247, 248; *BGH* NJW-RR 1996, 867, 868). Die **grundlegende Arbeitgeberverantwortung** wird durch die **Organisationspflicht** also **nicht eingeschränkt** (ebenso → § 13 Rn. 76; *Kohte* in HK-ArbSchR ArbSchG § 13 Rn. 31 f.).

50 Zur Organisationspflicht zählt nicht nur die Erarbeitung eines schlüssigen Konzepts zur Regelung der betrieblichen Arbeitsteilung. Eine geeignete Organisation i. S. von § 3 Abs. 2 Nr. 1 ArbSchG setzt zudem voraus, dass **nur geeignete Personen** mit der Wahrnehmung von arbeitsschutzrechtlichen Pflichten betraut werden. Nach § 13 Abs. 2 ArbSchG ist eine Person geeignet, wenn sie zuverlässig und fachkundig ist (*Kohte* in MHdB ArbR § 292 Rn. 39). Es ist Teil der Organisationspflicht des Arbeitgebers, im Rahmen der Aufgabendelegation sicherzustellen, dass **nur Personen ausgewählt werden,** die **zuverlässig** und **fachkundig** sind. Der Arbeitgeber kann sich nicht damit begnügen, sich einmalig, bei der Aufgabenübertragung, von der Eignung der betreffenden Person zu überzeugen. Es ist vielmehr eine regelmäßige **Überwachung** dahingehend sicherzustellen, dass die **delegierten Aufgaben** ordnungsgemäß ausgeführt werden (BGH NJW 2003, 288, 290; vgl. unten *Steffek*, → § 13 Rn. 77 f. sowie *Belling* in Staudinger 2012 § 831 BGB

Grundpflichten des Arbeitgebers **§ 3 ArbSchG**

Rn. 156, der anschaulich von einer Überwachung in der Zeit spricht). Ein typisches Problem des technischen Sicherheitsrechts ist in diesem Zusammenhang, dass der Arbeitgeber selbst oft nicht über die für die Erledigung der übertragenen erforderlichen fachlichen Kenntnisse verfügt. In der haftungsrechtlichen Judikatur sind in diesem Zusammenhang zur Kompensation des Kenntnisgefälles besonders qualifizierte und intensive Berichtspflichten (*BGH* NJW-RR 1996, 867, 868) und die Hinzuziehung externen Sachverstandes als Instrumente der Überwachung gefordert worden (*BGH,* NJW-RR 1996, 867, 868; *OLG Düsseldorf,* DB 2001, 140, 143).

Diese Zuständigkeitsordnung ist vertragsrechtlich abzusichern. Gerade bei Vor- 51 gesetzten wie z. B. Meistern oder Vorarbeitern, sind Arbeitsschutzaufgaben kraft Arbeitsvertrages anerkannt. Selbst wenn sich im Vertrag keine ausdrücklichen Regelungen finden, sollen sich die Aufgaben im Bereich des Arbeits- und Gesundheitsschutzes aus der Funktion als Führungskraft ergeben (*so z. B. Kohte* in MHdB ArbR § 292 Rn. 38). Dieses Bild der Führungskraft entspricht dem Leitbild des ArbSchG, das insbes. wegen der Integrationspflicht des § 3 Abs. 2 Nr. 2 ArbSchG den **Arbeitsschutz als Führungsaufgabe** versteht. Ohne ausdrückliche Bestimmungen im **Arbeitsvertrag** oder Nachweis nach dem NachwG ist diese Praxis allerdings individualrechtlich durchaus problematisch. Da mit der Übernahme von Führungsverantwortung für den Arbeits- und Gesundheitsschutz auch spezifische strafrechtliche Risiken verbunden sind, spricht einiges dafür, sie als wesentliche Vertragsbedingung i. S. d. § 2 NachweisG anzusehen (dazu *Faber,* Die arbeitsschutzrechtlichen Grundpflichten, S. 308).

Konkrete Anforderungen an die betriebliche Organisation ergeben sich aus dem 52 **ArbSchG** selbst sowie aus **anderen Rechtsvorschriften i. S. von § 2 Abs. 4 ArbSchG,** d. h. anderen arbeitsschutzrechtlichen Gesetzen, Rechtsverordnungen und Unfallverhütungsvorschriften. Mit Blick auf das ArbSchG sind insoweit neben den in § 3 Abs. 2 Nr. 2 ArbSchG normierten speziellen Organisationspflichten die **betriebsbezogenen Vorschriften des zweiten und dritten Abschnitts** des Gesetzes zu beachten, denen bei der Organisationsgestaltung Rechnung zu tragen ist (ähnlich *Pieper,* ArbSchR ArbSchG § 3 Rn. 6b).

Zu den nach § 10 Abs. 1 ArbSchG geforderten **Maßnahmen zur Ersten Hilfe** 53 **und bei Notfällen** gehören neben der Erstellung von Flucht- und Rettungsplänen und der Einrichtung und Unterhaltung von Meldewegen und -einrichtungen vor allem eingehende organisatorische Regelungen, die auch in §§ 24ff DGUV Vorschrift 1 konkretisiert sind. Eine originäre Frage der Organisation ist zudem die im Gemeinschaftsrecht verlangte (EuGH 6.4.2006, ZESAR 2007, 30, 35, m. Anm. *Kohte/Faber; Klindt/Schucht* in EuArbR RL 89/391/EWG Rn. 63) **Benennung von Ersthelfern, Brandbekämpfern und Evakuierungshelfern** nach § 10 Abs. 2 ArbSchG (Einzelheiten *Steffek* → § 10 Rn. 28ff.). Primär Organisationsfragen hat § 8 ArbSchG zum Gegenstand (dazu auch *Pieper,* ArbSchR ArbSchG § 3 Rn. 6b), der die **Zusammenarbeit mit anderen Arbeitgebern** regelt. So ist durch organisatorische Vorkehrungen festzulegen, in welchem Rahmen die gegenseitige Unterrichtung der Arbeitgeber erfolgen soll und welche Personen innerbetrieblich für die Unterrichtung und die Abstimmung der Maßnahmen zuständig sind (Einzelheiten bei *Schack/Schack* → § 8 Rn. 13ff. sowie ausführlich *Julius,* Arbeitsschutz und Fremdfirmenbeschäftigung, 2005, S. 121ff.). Die interne Zuständigkeit und Verantwortlichkeit bilden neben der Frage der Häufigkeit und des äußeren Rahmens auch einen zentralen organisatorischen Aspekt der **Unterweisungspflicht** nach § 12 ArbSchG (dazu *Steffek* → § 12 Rn. 6ff.). Werden **ent-**

ArbSchG § 3   Arbeitsschutzgesetz

sandte **Arbeitnehmer** in einem Betrieb tätig, so hat sich die Vergewisserungspflicht des Betriebsinhabers nach § 8 Abs. 2 ArbSchG auch auf die Beachtung des nach § 2 Nr. 5 AEntG zwingenden Arbeitsschutzrechts zu beziehen (zu den bisherigen Defiziten und zur Bedeutung der RL 2014/67/EU *Kohte,* FS Eichenhofer, S. 314, 318 ff).

54   Weitere praktisch bedeutsame **Strukturelemente für die „geeignete Organisation"** i. S. von § 3 Abs. 2 Nr. 1 ArbSchG ergeben sich auch **aus dem ASiG.** Mit den Pflichten zur Bestellung von Betriebsärzten und Fachkräften für Arbeitssicherheit nach §§ 2, 5 ASiG (branchenspezifische Konkretisierung der Bestellungsvoraussetzungen in der DGUV Vorschrift 2) verpflichtet das Gesetz den Arbeitgeber, sich für den Arbeits- und Gesundheitsschutz in seinem Betrieb fachkundiger Experten zu bedienen. Die ausführlich, katalogartig in §§ 3, 6 ASiG normierten gesetzlichen Aufgaben verdeutlichen die Rolle der **Betriebsärzte und Sicherheitsfachkräfte** als die eines **fachkundigen Unterstützers des Arbeitgebers** (BAG NZA 2010, 506, 508). Nicht zu den gesetzlichen Aufgaben zählt die verantwortliche Wahrnehmung der Arbeitsschutzpflichten des Arbeitgebers (*Brunhöber* in HK-ASiG, § 3 Rn. 2). Dieses skizzierte Leitbild des fachkundigen Unterstützers ist bei der Gestaltung der Organisation nach § 3 Abs. 2 Nr. 1 ArbSchG zu beachten. Probleme bei der leitbildgerechten organisatorischen Einbindung bestehen häufig in kleinen und mittleren Betrieben, wenn die Fachkraft für Arbeitssicherheit Arbeitnehmer des Betriebs ist und die durch DGUV Vorschrift 2 vorgesehenen Einsatzzeiten nicht die volle Arbeitszeit in Anspruch nehmen. Es ist hier durch klare organisatorische Regelungen abzusichern, dass die Aufgaben als Sicherheitsfachkraft nicht im Tagesgeschäft „untergehen" und tatsächlich das Zeitkontingent und die Möglichkeit eingeräumt wird, die Tätigkeit in der im ASiG vorgesehenen Weise auszuüben (hierzu und zu weiteren Problemen des Rollenbildes der Sicherheitsfachkraft vgl. *Faber,* Die arbeitsschutzrechtlichen Grundpflichten, S. 315 ff.). Darüber hinaus finden sich im **ASiG zentrale Regelungen über die betriebliche Sicherheitskommunikation und -kooperation.** Hinzuweisen ist insofern auf den **Arbeitsschutzausschuss** nach § 11 ASiG, in dem alle maßgeblichen Akteure des betrieblichen Arbeits- und Gesundheitsschutzes regelmäßig zusammentreffen; außerdem auf die **Zusammenarbeitsgebote** von Sicherheitsfachkräften und Betriebsärzten untereinander sowie mit den **sonstigen Beauftragten für Angelegenheiten der technischen Sicherheit** (z. B. betriebliche Umweltschutzbeauftragte) (§ 10 ASiG) und mit dem **Betriebsrat** (§ 9 Abs. 1 ASiG), denen durch entsprechende Regelungen ein organisatorischer Rahmen zu geben ist. Die Bildung des Ausschusses nach § 11 ASiG gehört zu den zentralen Organisationspflichten nach § 3 Abs. 2 ArbSchG, die von den Aufsichtsbehörden zu überwachen ist (*BAG* 8.12.2015 – 1 ABR 83/13 – NZA 2016, 504 Rn. 24).

55   Zusätzliche spezialgesetzliche Anforderungen folgen aus **§§ 22 SGB VII, 20 DGUV Vorschrift 1** mit der Verpflichtung des Arbeitgebers in Unternehmen mit mehr als 20 Beschäftigten, **Sicherheitsbeauftragte** zu bestellen. Organisatorisch zu regeln sind in diesem Zusammenhang insbes. Vorkehrungen, damit die Sicherheitsbeauftragten einen zeitlichen Rahmen bekommen, ihren in § 22 SGB VII formulierten Unterstützungsaufgaben nachzukommen. Organisatorisch zu regeln sind zudem der konkrete Aufgabenzuschnitt (z. B. bestimmter Arbeitsbereich, bestimmte Arbeitsmittel) und die Modalitäten der Auswahl der Sicherheitsbeauftragten (vgl. *Kohte,* FS Wlotzke, S. 563 ff.). Teil der Organisation nach § 3 Abs. 2 Nr. 1 ArbSchG sind zudem die **arbeitsschutzrechtlichen Vorgaben des BetrVG.** Vorkehrungen sind etwa zu treffen, damit der **Betriebsrat** nach § 89 BetrVG über

Grundpflichten des Arbeitgebers **§ 3 ArbSchG**

Besichtigungen informiert wird und an ihnen teilnimmt. Außerdem ist der Betriebsrat in die **interne Dokumentenlenkung** zu integrieren. So sind ihm nach § 89 BetrVG Abs. 2, 5, 6 Protokolle von Besichtigungen und Besprechungen zuzuleiten, Kopien von Unfallanzeigen auszuhändigen und behördliche Auflagen und Anordnungen unverzüglich mitzuteilen. Vorzusehen sind schließlich Vorkehrungen, die die konkrete Mitgestaltung des Betriebsrats organisieren. In **betriebsratslosen Betrieben** ist die Mitwirkung der Beschäftigten an der Entscheidung über Arbeitsschutzmaßnahmen durch die organisatorische Verankerung des Anhörungsrechts nach § 81 Abs. 3 BetrVG (*Fitting,* § 81 Rn. 20 ff.) zu gewährleisten.

II. Bereitstellung der erforderlichen Mittel

Die Pflicht für eine geeignete Organisation zu sorgen (allgemeine Organisationspflicht) wird durch § 3 Abs. 2 Nr. 1 ArbSchG um die Forderung ergänzt, die erforderlichen Mittel für die Planung und Durchführung der Maßnahmen nach § 3 Abs. 1 ArbSchG bereitzustellen. So sollen die **tatsächlichen Voraussetzungen geschaffen** werden, **damit die Aufgaben in der vorgesehenen Weise ausgeführt werden können** (*Kollmer,* Arbeitsschutzgesetz und -verordnungen, Rn. 72). Die Pflicht zur Bereitstellung der erforderlichen Mittel hat nicht lediglich eine Hilfsfunktion (so aber *Weber* in Nöthlichs Arbeitsschutz und Arbeitssicherheit, § 3 ArbSchG Anm. 3.2). Systematisch handelt es sich um eine **Komplementärpflicht zur allgemeinen Organisationspflicht,** denn die tatsächliche Durchführung der Maßnahmen nach Absatz 1 setzt sowohl organisatorische Vorkehrungen als auch die Bereitstellung der zur Realisierung der Pflichten notwendigen Mittel voraus (ebenso *Wiebauer* in Landmann/Rohmer GewO ArbSchG § 3 Rn. 66). Im Gesetzestext wird dieser komplementäre Zusammenhang durch Verknüpfung beider Pflichten mittels des Wortes „und" zum Ausdruck gebracht. 56

Zu den bereitzustellenden erforderlichen Mitteln i. S. von § 3 Abs. 2 Nr. 1 ArbSchG gehören **sächliche** und **personelle** Mittel. Außerdem ist der Arbeitgeber verpflichtet, die für die für die Planung und Durchführung der Maßnahmen nach Absatz 1 benötigten **finanziellen Mittel** aufzubringen (vgl. etwa *Koll,* ArbSchG, § 3 Rn. 19; *Weber* in Nöthlichs Arbeitsschutz und Arbeitssicherheit, § 3 ArbSchG Anm. 3.2; *Kohte* in MHdb ArbR § 292 Rn. 41; *Wank* TAS, § 3 ArbSchG Rn. 11) und dies bereits bei Investitionsentscheidungen zu berücksichtigen (*Pieper,* ArbSchR, ArbSchG § 3 Rn. 7). Zu den sächlichen Mitteln zählen insbes. die Bereitstellung von **sicheren Arbeitsmitteln** einschließlich etwaig erforderlicher **Sicherheitstechnik** sowie von **persönlichen Schutzausrüstungen** und **Messinstrumenten.** Weiter zu nennen sind die sicherheitsgerechte **Ausstattung der Arbeitsstätte** mit Erste-Hilfe Material, die Einrichtung von **Sanitäts- und Sanitärräumen,** das Zurverfügungstellen von **Arbeitsschutzvorschriften und dem dazugehörigen technischen Regelwerk** sowie von **Materialien zum Zwecke der Schulung und Unterweisung** der Beschäftigten. Zu erwähnen sind zudem die in §§ 2, 5 ASiG geregelte Pflicht, den **Sicherheitsfachkräften** und **Betriebsärzten** Räume, Geräte und sonstige Mittel zur Verfügung zu stellen. (vgl. *Pieper,* ArbSchR ArbSchG § 3 Rn. 7; *Brunhöber* in HK-ASiG § 2 Rn. 5; *Kohte* in MHdB ArbR § 292 Rn. 58). Zu den erforderlichen personellen Mitteln gehört die **Bereitstellung von Hilfspersonal** für die Sicherheitsfachkräfte und Betriebsärzte (§§ 2, 5 ASiG). Außerdem zu nennen ist die **Einhaltung von Mindestpersonalstärken** (dazu *Blume/Faber* in HK-ArbSchR § 3 ArbSchG Rn. 67), deren Unterschreitung bei vielen gefährlichen Arbeiten zu einer erheblichen Erhöhung des Unfallrisikos 57

ArbSchG § 3

führen kann (z. B. **Sicherungspersonal** bei Umrüstungs-, Instandsetzungs- und Reparaturarbeiten sowie bei Rangiertätigkeiten) sowie zur Vermeidung von Gesundheitsgefährdungen durch physische bzw. psychische Belastung (*Oberberg* RdA 2015, 180, 184).

58 Die Pflicht des Arbeitgebers zur **Bereitstellung der erforderlichen Mittel** ist Ausprägung der grundlegenden Gewährleistungspflicht des Arbeitgebers für die Sicherheit und den Gesundheitsschutz, so dass er dafür verantwortlich ist, dass die für den Arbeitsschutz erforderlichen Mittel vorhanden sind bzw. erforderlichenfalls beschafft werden (zu den strafrechtlichen Folgen einer Verletzung der Pflicht zur Bereitstellung von persönlicher Schutzausrüstung vgl. OLG *Naumburg* NStZ-RR 1996, 229 ff.). Es ist also nicht Pflicht der Beschäftigten, in Eigenregie, Arbeitsschutzmittel auszuwählen, zu beschaffen und vorzuhalten. Diese klare, im Gesetz angelegte Verantwortungszuweisung an den Arbeitgeber, ist von der Frage der Beteiligung der Beschäftigten bzw. der Betriebs- oder Personalrat zu trennen. Sie sind z. B. bei der Auswahl von Schutzausrüstungen oder sicheren Arbeitsmitteln zu beteiligen (vgl. insbes. §§ 81 Abs. 3, 87 Abs. 1 Nr. 7, 89, 90 BetrVG sowie im Öffentlichen Dienst nach § 14 ArbSchG).

III. Integrationsverpflichtungen (§ 3 Abs. 2 Nr. 2 ArbSchG)

59 Die allgemeinen Organisationspflichten werden durch die in § 3 Abs. 2 Nr. 2 ArbSchG normierten **speziellen Organisationspflichten** ergänzt. Sie zielen unter verschiedenen Aspekten (Führungsstrukturen, Tätigkeiten, Mitwirkung der Beschäftigten) darauf ab, die **Sicherheit und den Gesundheitsschutz der Beschäftigten umfassend in die Strukturen und Prozesse in Betrieb und Unternehmen einzubinden.** Damit dienen auch diese Organisationspflichten dem **ganzheitlichen** und **präventiven Arbeitsschutzansatz** des ArbSchG (so auch *Pieper,* ArbSchR ArbSchG § 3 Rn. 8). Sie beschränken sich danach nicht auf – klassische – reaktive Schutzmaßnahmen gegen arbeitsbedingte Gefahren, sondern umfassen auch Gestaltungsaufgaben zur Vermeidung bzw. Minimierung von arbeitsbedingten Gefährdungen, an der alle relevanten Akteure in Betrieb und Unternehmen zu beteiligen sind. Dies entspricht der heutigen arbeitswissenschaftlichen Diskussion, die die Organisationspflichten und Führungsaufgaben im Arbeitsschutz betont und durch empirische Untersuchungen nachgewiesen hat, dass im Arbeitsschutz erfolgreiche Unternehmen gerade hier ihren Schwerpunkt gesetzt haben (*Zimolong,* Management des Arbeits- und Gesundheitsschutzes, 2001, S. 235 ff.).

60 **1. „Eingebunden in alle Führungsebenen" – Vertikale Integration.** Nach § 3 Abs. 2 Nr. 2 ArbSchG ist der Arbeitgeber verpflichtet, Vorkehrungen zu treffen, dass die Maßnahmen erforderlichenfalls eingebunden in die betrieblichen Führungsstrukturen beachtet werden. Das Gesetz normiert mit dieser Bestimmung den **Arbeits- und Gesundheitsschutz als** eine **Führungsaufgabe** aller „in der Linie" verantwortlichen Führungskräfte (*Kollmer* ArbSchG Rn. 74; *Wank* TAS, ArbSchG § 3 Rn. 12; BT-Drs. 13/3540, S. 16). Deutlicher wird die Zielrichtung dieser speziellen Organisationspflicht durch den Wortlaut des Art. 6 Abs. 3 lit. a der Rahmenrichtlinie 89/391/EWG, der durch § 3 Abs. 2 ArbSchG in deutsches Recht transformiert worden ist. Danach müssen die getroffenen Maßnahmen erforderlichenfalls „auf allen Führungsebenen/at all hierarchical levels" einbezogen werden, so dass damit eine Pflicht zur vertikalen Integration in die Führungshierarchie statuiert wird. Diese betrifft nicht nur die betrieblichen Strukturen, sondern auch

Grundpflichten des Arbeitgebers **§ 3 ArbSchG**

alle Strukturen auf Unternehmensebene (zur gemeinschaftsrechtskonformen Auslegung dieser Pflicht: *Faber,* Arbeitsschutzpflichten, S. 339 ff.; *Pieper* ArbSchR § 3 Rn. 8). Damit werden Forderungen der sicherheitswissenschaftlichen Diskussion aufgegriffen, die für eine verstärkte Einbindung von Führungskräften und Vorgesetzten in die betriebliche Sicherheitsarbeit plädiert (dazu *Koll* in Koll/Janning/Peters § 3 Rn. 22 m.w.N.; *Krämer/Zimolong,* Führungsverantwortung für die Arbeitssicherheit in soziotechnischen Systemen in Karrer/Gauss/Steffens (Hrsg.), Beiträge der Forschung zur Mensch-Maschine-Systemtechnik, 2005, S. 367 ff.). Es reicht danach nicht aus, den Arbeits- und Gesundheitsschutz allein als expertenorientierte Stabsorganisation zu verfassen (*Kohte,* EAS B 6100 Rn. 65 f.; ebenso *Waldeck* BG 1997, 240, 241). Mit der Forderung nach einer vertikalen Integration wird zugleich die allgemeine Organisationspflicht des § 3 Abs. 2 Nr. 1 ArbSchG präzisiert (*Faber,* Arbeitsschutzpflichten, S. 338). Daher verlangt bereits das erste Element „Verantwortung und Aufgabenübertragung" der GDA-Leitlinie „Organisation des betrieblichen Gesundheitsschutzes" vom 15.12.2011 (www.gda-portal.de), dass **Führungskräfte ihre Arbeitsschutzaufgaben kennen und wahrnehmen.**

Zu den gebotenen Vorkehrungen zur vertikalen Integration des Arbeits- und Gesundheitsschutzes gehört vor allem die **Regelung der Pflichten, Aufgaben, Zuständigkeiten und Befugnisse der verschiedenen Führungsebenen** (dazu bereits *Wlotzke* in MHdB ArbR 2. Aufl. 2000, § 210, Rn. 36 a). Naheliegend wird es in der Regel sein, die Führungskräfte der unteren Hierarchieebene, die häufig an den praktischen Problemen des Arbeitsschutzes am nächsten „dran sind", mit überwiegend ausführenden Aufgaben zu betrauen. Der Pflichtenkreis der Vorgesetzten der mittleren und oberen Führungsebene wird zumeist von überwachenden Aufgaben geprägt sein. Entscheidend ist jedoch, dass den „Akteuren der Linie" ein klarer Rahmen gesetzt ist, an dem sie ihr Verhalten jederzeit zuverlässig ausrichten können (zustimmend *BAG* NZA 2014, 855, 856). Dies kann z. B. erfolgen durch präzise gefasste **Dokumente über die Pflichtenübertragung,** durch entsprechend inhaltlich gestaltete **Stellenbeschreibungen** (etwa im Rahmen von § 2 NachwG) oder **Verfahrensanweisungen.** Flankierend kommt in diesem Zusammenhang der gezielten **Information und Fortbildung** der Führungskräfte eine wichtige Rolle zu (*Koll,* ArbSchG, § 3 Rn. 22; *Kohte* in MHdB ArbR § 292 Rn. 39; *Wiebauer* in Landmann/Rohmer GewO ArbSchG § 3 Rn. 49; zu Defiziten in der Praxis *Zimolong/Kohte,* Integrativer und kooperativer Arbeits- und Umweltschutz in der Metallindustrie, 2006, S. 180). 61

Einen klar umrissenen **Mindestinhalt** hat in diesem Zusammenhang die **„Führungsaufgabe Arbeitsschutz" des Arbeitgebers.** Er folgt aus der Funktion des Arbeitgebers als oberste Leitung der betrieblichen Organisation. Da er die betrieblichen Aktivitäten veranlasst und leitet, bleibt er stets dafür verantwortlich, dass ein angemessener Schutz der Sicherheit und Gesundheit der Beschäftigten garantiert ist und die einschlägigen Schutzbestimmungen eingehalten werden. Kommt er seinen Pflichten nicht persönlich nach, hat er das von ihm veranlasste arbeitsteilige Handeln nicht nur zu überwachen, sondern auch **einzuschreiten,** wenn Defizite offenbar werden (→ § 13 Rn. 79). Die vertikale Integration des Arbeits- und Gesundheitsschutzes verlangt auch, die Ziele des Arbeits- und Gesundheitsschutzes den übrigen betrieblichen bzw. unternehmerischen Zielen zuzuordnen. Dies geschieht zweckmäßigerweise durch die Formulierung einer **Arbeitsschutzpolitik** oder ähnlicher grundsätzlicher Festlegungen. Die jeweilige Konkretisierung dieser Pflichten unterliegt der Mitbestimmung nach § 87 Abs. 1 Nr. 7 BetrVG: LAG Rostock 11.11.2008 – 5 TaBV 16/08 (dazu *Kohte* jurisPR-ArbR 13/2010, Anm. 5). 62

ArbSchG § 3

63 **2. „bei allen Tätigkeiten" – Horizontale Organisation.** Neben der vertikalen Integration des Arbeitsschutzes in die betrieblichen Führungsstrukturen verlangt § 3 Abs. 2 Nr. 2 ArbSchG Vorkehrungen, damit die Maßnahmen erforderlichenfalls bei allen Tätigkeiten beachtet werden. Der Sinn dieser Pflicht zur horizontalen Integration lässt sich exemplarisch vor dem Hintergrund des präventiven, gestaltungsorientierten Ansatzes des Gesetzes veranschaulichen. Danach sollen Gefahren nicht nur reaktiv verhütetet werden. Die Arbeit soll vielmehr (vgl. § 4 Nr. 1 ArbSchG) so gestaltet werden, dass Gefährdungen möglichst vermieden und die verbleibende Gefährdung möglichst gering gehalten wird. Es genügt deswegen nicht, den Arbeitsschutz auf den Arbeitsplatz oder die Arbeitsstätte, also die Orte an denen sich Gefährdungen realisieren und sich u. U. zu Gefahren verdichten, zu beschränken. Die Pflicht zur horizontalen Integration bedeutet, dass **alle Tätigkeitsbereiche des Betriebs oder Unternehmens auf ihren möglichen Beitrag für die Sicherung und Verbesserung des Arbeits- und Gesundheitsschutzes hin zu prüfen sind.** Die Pflicht zur horizontalen Integration erfordert somit ein (koordiniertes) Zusammenwirken aller Tätigkeitsbereiche bei der Verwirklichung der Ziele des Arbeits- und Gesundheitsschutzes. Sie ist somit ein Instrument, das im Gesetzgebungsverfahren betonte **Ziel einer kooperativen Gestaltung des Arbeits- und Gesundheitsschutzes** zu verwirklichen (BT-Drs. 13/3540, S. 12f.). Der Wirkungsgrad der horizontalen Integration und ihre Bedeutung für einen konsequent präventiven Arbeits- und Gesundheitsschutz können daher beachtlich sein.

64 Ein prägnantes Beispiel ist die Integration des Arbeits- und Gesundheitsschutzes in das **Beschaffungswesen.** Auch bei der Beschaffung von Arbeits- und Betriebsmitteln ist nach §§ 4, 5 BetrSichV die Sicherheit und Gesundheit der Beschäftigten zu gewährleisten (*Wilrich* DB 2002, 1553ff.; jetzt *Schucht* NZA 2015, 333. 334). Die Frage, ob und ggf. in welchem Umfang – reaktive – Schutzmaßnahmen erforderlich werden, hängt maßgeblich vom Gefährdungspotential der in vielen Fällen nicht von Sicherheitsexperten, sondern Kaufleuten beschafften Produkte ab. Ziel der horizontalen Integration ist es, durch organisatorische Maßnahmen den Informationsfluss zwischen den Abteilungen und die vorhandene Expertise so zu bündeln, dass bei Beschaffungsentscheidungen der Gefährdungsschutz nach § 4 Nr. 1 ArbSchG realisiert wird (*Blume/Faber* in HK-ArbSchR ArbSchG § 3 Rn. 78; vgl. *Wink* → BetrSichV § 4 Rn. 6). Vorkehrungen i. S. des § 3 Abs. 2 Nr. 2 ArbSchG sind in diesem Zusammenhang etwa die Erstellung von **Anforderungsprofilen** der zu beschaffenden Produkte durch prospektive Gefährdungsbeurteilungen, **Beschaffungsrichtlinien,** Abstimmungsregeln zwischen der Beschaffungsabteilung und anderen Funktionsbereichen oder die Verpflichtung, sich von der Sicherheitsfachkraft oder dem Betriebsarzt fachkundig beraten zu lassen (ausführlich dazu *Kohte/Zimolong/Elke,* Arbeits-, Gesundheit- und Umweltschutz in Marktbeziehungen, 2006, S. 122ff.). Dieser Grundsatz wird in einigen neueren Verordnungen konkretisiert, die bereits bei der Beschaffung zB von Gefahrstoffen nach § 7 Abs. 3 GefStoffV eine Substitutionsprüfung verlangen (*Blume/Faber* in HK-ArbSchR ArbSchG § 3 Rn. 79).

65 Potentiale zur horizontalen Integration können sich auch bei der **Produktgestaltung** ergeben. Auch insoweit gilt, dass die Rahmenbedingungen für die Sicherheit und Gesundheit der Beschäftigten im Bereich der Fertigung auch von den dort zu ver- und bearbeitenden Arbeitsmaterialien abhängen. Ein anschauliches Beispiel hierfür ist die Farbgebung durch Lacke und sonstige Farbstoffe, deren Gefährdungspotential sich z. T. erheblich unterscheidet (hilfreich kann insoweit die von der BAuA veröffentlichte Positivliste sein, http:/www.baua.de/prax/chem/posli.htm). Durch die Beschaffung weniger gefährlicher, z. B. lösemittelfreier Farben, lassen

Grundpflichten des Arbeitgebers **§ 3 ArbSchG**

sich u. U. Gefährdungen vermeiden, ohne dass hiervon die Qualität der herzustellenden Produkte betroffen wäre (zur Bedeutung der Substitutionspflicht nach § 7 GefStoffV *Marquardt,* Das Sicherheitsdatenblatt, 2007, S. 50; *Grüneberg/Kohte* in HK-ArbSchR GefStoffV Rn. 42). Eine große Bedeutung hat auch hier wieder die Regelung des internen Informationsflusses, der sicherstellen muss, dass die vorhandene Expertise und insbes. die Erfahrungen vor Ort bei der Produktgestaltung berücksichtigt werden können. Synergien können sich, sofern vorhanden, durch die Einbindung und Abstimmung mit betrieblichen Beauftragten für den Umweltschutz ergeben. So zählt etwa das Hinwirken auf die Entwicklung und Einführung umweltfreundlicher Erzeugnisse zu den Aufgaben der Immissionsschutzbeauftragten (§ 54 Abs. 1 Nr. 1, 2 BImSchG), die in mittleren Betrieben und Unternehmen nicht selten durch Umweltbetreuer wahrgenommen werden (zur empirischen Situation: *Zimolong/Kohte,* aaO, S. 188 ff.).

Ein wichtiger Aspekt der betrieblichen Organisationspflichten betrifft die zeitnahe und effektive Organisation von Wartungs- und Reparaturarbeiten. Aus der Unfallursachenforschung ist bekannt, dass **mangelhafte Wartung und Reparatur** zu den zentralen Unfallursachen zählen. Die Anordnungen des Eisenbahnbundesbahnamtes gegen die S-Bahn in Berlin haben anschauliche Belege für diesen Erfahrungssatz geliefert. Dementsprechend ist bereits von Anfang an im deutschen und europäischen Störfallrecht eine präventive Organisation der Wartung und Reparatur verlangt worden (*Kohte* BB 1981, 1277, 1279). Diese seit 1980 in § 6 Abs. 1 Nr. 2 StörfallV verankerte Pflicht wird inzwischen durch die Dokumentationspflichten nach § 12 Abs. 2 StörfallV bekräftigt. Daraus lassen sich jedoch generelle Konsequenzen ziehen, weil auch außerhalb des Bereichs der Eisenbahn und der Störfallunternehmen Wartung und Reparatur zu den elementaren Organisationspflichten gehören, die sowohl fachlich als auch personell sichergestellt werden müssen. Inzwischen ist die horizontale Bedeutung der **Pflichten zur Instandhaltung durch § 10 BetrSichV** (vgl. *Wink* BetrSichV § 10 Rn. 1) nachhaltig bestärkt worden (*Schucht* NZA 2015, 333, 335), so dass ihre Planung und Realisierung regelmäßig mit innerbetrieblichen Organisationspflichten verbunden ist (*Wiebauer* in Landmann/Rohmer GewO ArbSchG § 3 Rn. 45). 65a

Als letztes Beispiel ist auf die horizontale Integration in das **Personalwesen** zu verweisen. Seine Relevanz folgt bereits unmittelbar aus dem ArbSchG, das an vielen Stellen ausdrücklich personelle Anforderungen formuliert (z. B. §§ 7, 9 Abs. 2, 10 Abs. 2, 13 Abs. 2 ArbSchG) und die unzureichende Qualifikation und Unterweisung der Beschäftigten ausdrücklich als Gefährdungsquelle benennt (§ 5 Abs. 3 Nr. 5 ArbSchG). Die sich insoweit ergebenden Erfordernisse des Arbeits- und Gesundheitsschutzes sind bei der Personalbedarfs- und Personalentwicklungsplanung als Eckdaten zu berücksichtigen. Zu den Vorkehrungen i. S. des § 3 Abs. 2 ArbSchG gehört insbes. die Übermittlung der Gefährdungsbeurteilungen nach § 5 ArbSchG an die Personalabteilung, aus denen sich maßgebliche personalpolitische Informationen ergeben. In vielen Unternehmen bilden **Anreiz- und Mitarbeiterbeurteilungssysteme** oder **Zielvereinbarungen** einen wichtigen Bestandteil der Personalführung. Auch diese Instrumente des Personalmanagements können einen Ansatzpunkt für die horizontale Integration darstellen, wenn sie um Aspekte des Arbeits- und Gesundheitsschutzes ergänzt werden (dazu aus empirischer Sicht, *Zimolong,* (Hrsg.) Management des Arbeits- und Gesundheitsschutzes, S. 59 ff.). 66

3. Ordnungsgemäße Umsetzung des Art. 6 Abs. 3 lit. a der Rahmenrichtlinie 89/391/EWG. Wenn man von der herkömmlichen Differenzierung 67

ArbSchG § 3

von Betrieb und Unternehmen nach §§ 1, 4 BetrVG ausgeht, dann sind von den vorstehend erläuterten **Pflichten zur vertikalen und horizontalen Integration des Arbeits- und Gesundheitsschutzes sowohl der Betrieb als auch das Unternehmen betroffen** (anschaulich hierzu auch *Pieper,* ArbSchR ArbSchG, § 3 Rn. 9 f.). So betreffen die angesprochenen Aspekte der Produktgestaltung Entscheidungen und wirtschaftlich relevante Weichenstellungen, die auf Unternehmensebene anzusiedeln sind. Beschaffungsentscheidungen werden, solange sie nicht von erheblichem Gewicht sind (z. B. Beschaffung von Schmierstoffen und Betriebsmitteln) häufig auf der betrieblichen Ebene getroffen. Handelt es sich aber um Investitionsentscheidungen (z. B. Neuanschaffung oder Ersatz der Anlagen einer Produktionslinie) ist von einer Entscheidung auf Unternehmensebene auszugehen.

68 **§ 3 Abs. 2 Nr. 2 ArbSchG** ist angesichts der skizzierten Zusammenhänge der Integrationspflichten mit der Ebene des Unternehmens **nicht sachgerecht** formuliert. Dies gilt vor allem im Hinblick auf die Reichweite der Verpflichtung zur vertikalen Integration, die explizit auf die „betrieblichen" Führungsstrukturen beschränkt wird. Sie widerspricht **der europäischen Rahmenrichtlinie Arbeitsschutz (89/391/EWG)** und ist in der Sache verfehlt (vgl. bereits *Wlotzke* in MHdB ArbR 2. Aufl. 2000, § 210, Rn. 36). Da die Integrationspflichten in Art. 6 Abs. 3 lit. a Rahmenrichtlinie auf das Unternehmen und den Betrieb bezogen werden, ist die Beschränkung auf „betriebliche Führungsstrukturen" nicht akzeptabel. Die RL ist damit nicht vollständig umgesetzt. Gleichwohl kann in richtlinienkonformer Auslegung des Betriebsbegriffs (zur richtlinienkonformen Auslegung des nationalen Arbeitsschutzrechts vgl. *BAG,* AP, Nr. 5 zu 87 BetrVG 1972 – Gesundheitsschutz = NZA 1996, 998, 1002) § 3 Abs. 2 Nr. 2 ArbSchG auf die Organisationsstrukturen des Betriebs und Unternehmens angewandt werden (*Pieper,* ArbSchR ArbSchG § 3 Rn. 8; *Koll* in Koll/Janning/Pinter Rn. 21). Der **Betriebsbegriff ist** danach **funktional auszulegen,** dass er auch diejenigen Elemente der Unternehmensorganisation erfasst, die für den Arbeits- und Gesundheitsschutz von Relevanz sind (dazu *Faber,* Die arbeitsschutzrechtlichen Grundpflichten, S. 338 ff.). Eine solche funktional orientierte Auslegung kann an die Argumentationsmuster anknüpfen, die in Rechtsprechung zum Status des leitenden Angestellten nach § 5 BetrVG entwickelt worden sind (z. B. *BAGE,* 26, 345, 352; *Richardi* BetrVG § 5 Rn. 209). Diese Auslegung heilt jedoch nicht den Mangel einer nicht hinreichend deutlichen (dazu EuGH Slg I-2001, 8575, 8607; 2003, 3655 Rn. 20; Urt. v. 14. 9. 2004 – C 168/03, Rn. 36, ZESAR 2005, 286 m. Anm. *Kohte/Faber*) Umsetzung der RL.

IV. Mitwirkungspflichten der Beschäftigten (§ 3 Abs. 2 Nr. 2 ArbschG)

69 Als dritte spezielle Organisationspflicht normiert § 3 Abs. 2 Nr. 2 ArbSchG die Pflicht des Arbeitgebers, Vorkehrungen zu treffen, damit die Beschäftigten ihren Mitwirkungspflichten nachkommen können. Die **Mitwirkungspflichten der Beschäftigten** sind in den §§ **15, 16 ArbSchG** normiert. Neben den allgemeinen Pflichten (Grundpflichten) zur Eigen- und Fremdsorge (§ 15 Abs. 1 ArbSchG) sowie zur bestimmungsgemäßen Benutzung von Arbeitsmitteln und persönlichen Schutzausrüstungen (§ 15 Abs. 2 ArbSchG) regelt § 16 ArbSchG besondere Unterstützungspflichten. Hierzu zählen die Pflichten zur Meldung von erheblichen Gefahren und Defekten (§ 16 Abs. 1, Abs. 2 Satz 2 ArbSchG) und zur Unterstützung des Arbeitgebers im Arbeitsschutz, gemeinsam mit der Fachkraft für Arbeitssicher-

Grundpflichten des Arbeitgebers **§ 3 ArbSchG**

heit und dem Betriebsarzt nach § 16 Abs. 2 Satz 1 ArbSchG (ausführlich zu den Mitwirkungspflichten und ihrer Systematik, *Schucht* → § 16 Rn. 2 ff.; *Wlotzke,* FS Hanau, S. 317, 321 ff.; *Kollmer* ArbSchG Rn. 208 ff.). Weitere Regelungen über Mitwirkungspflichten der Beschäftigten finden sich zudem in den §§ 15 ff. DGUV Vorschrift 1. Durch die Verknüpfung der Mitwirkungspflichten der Beschäftigten mit einer hiermit korrespondierenden Organisationspflicht des Arbeitgebers macht das Gesetz deutlich, dass die durch §§ 15, 16 ArbSchG intendierte **aktive Mitwirkung** der Beschäftigten (*Wlotzke,* FS Hanau, S. 317, 322) kein „Selbstläufer" ist, sondern **strukturell durch Organisationsmaßnahmen zu verankern** ist (*Wiebauer* in Landmann/Rohmer GewO ArbSchG § 3 Rn. 52). Die Organisationspflicht ist damit zugleich Ausdruck der grundlegenden Verantwortung des Arbeitgebers für die Sicherheit und den Gesundheitsschutz, zu der es auch gehört, mögliche Beiträge der Beschäftigten sowie ihr Erfahrungswissen zu mobilisieren (*Pieper* ArbSchR ArbSchG § 3 Rn. 12).

Die organisatorischen Vorkehrungen müssen darauf, abzielen, die Beschäftigten **70** in den Stand zu versetzen, ihrer Mitwirkungsverpflichtung tatsächlich und effektiv nachkommen zu können (*Kohte* in MHdB ArbR § 292 Rn. 40; *Nöthlichs/Weber,* § 3 ArbSchG, Anm. 3.4). Grundlegende Bedingung ist dabei nach dem Leitbild des europäisch geprägten Arbeitsschutzrechts die Schaffung von **Transparenz** (*Kohte* EAS, B 6100, Rn. 100; *Feldhoff* in HK-ArbSchR/ArbSchG §§ 15–17 Rn. 3). Diese erfordert zunächst, entsprechend der Struktur der Mitwirkungspflichten, die **klare und umfassende Information und Unterweisung** der Beschäftigten, denn eine effektive Mitwirkung der Beschäftigten hängt entscheidend von ihren qualifikatorischen Fertigkeiten und ihrem Informationsstand ab. § 15 ArbSchG macht dementsprechend den Umfang der Pflichten zur Eigen- und Fremdsorge sowie zur bestimmungsgemäßen Benutzung von Arbeitsmitteln und persönlichen Schutzausrüstungen von der Unterweisung und Weisung des Arbeitgebers abhängig (näher hierzu unten *Schucht* § 15 Rn. 30 ff.; *Wlotzke,* FS für Hanau, S. 317, 322 ff.). Ähnliches gilt für die in § 16 Abs. 2 Satz 1 ArbSchG geregelte Pflicht zur Unterstützung des Arbeitgebers, bei der Gewährleistung von Sicherheit und Gesundheit entsprechend den behördlichen Auflagen. Einer so ausgestalteten Verpflichtung können die Beschäftigten nur nachkommen, wenn sie über die behördlichen Auflagen informiert sind. Außerdem bedarf es klarer organisatorischer **Regelungen über Meldewege und Ansprechpartner** bei der Erfüllung der Mitwirkungspflichten. So setzt etwa die Pflicht zur Meldung von Defekten und erheblichen Gefahren gemäß § 16 Abs. 1 Regelungen voraus, an wen (Arbeitgeber, zuständige Vorgesetzte) und in welcher Form Meldungen zu machen sind und wer ggf. als Vertreter anzusprechen ist (*Blume/Faber* in HK-ArbSchR ArbSchG § 3 Rn. 83).

Die Pflicht des Arbeitgebers, die Mitwirkungspflichten der Beschäftigten im Ar- **71** beitsschutz zu organisieren, unterstreicht nachhaltig das hinter dem ArbSchG stehende europäische Leitbild des Arbeitsumweltschutzes. Die **Beschäftigten** sollen in den Stand gesetzt werden, im Arbeits- und Gesundheitsschutz als **aktiv handelnde Subjekte** aufzutreten und nicht als passive Objekte hoheitlichen Schutzes (*Bücker/Feldhoff/Kohte,* Rn. 264; *Birk,* FS Wlotzke, S. 645, 665). Die Norm des § 3 Abs. 2 Nr. 2 ArbSchG bleibt auf halber Strecke stehen, indem die **Organisationspflicht allein auf die Pflichten, nicht aber auch auf die Rechte der Beschäftigten** erstreckt wird. Dies ist **nicht sachgerecht,** da auch die Möglichkeit der effektiven Wahrnehmung von Rechten maßgeblich von den organisatorischen Rahmenbedingungen abhängt (so auch *Blume/Faber* in HK-ArbSchR ArbSchG § 3 Rn. 84). Darüber hinaus sind die Beschäftigtenrechte z. T. systematisch den Arbeitgeberpflichten zugeordnet (dazu *Kohte* EAS, B 6100 – Arbeitsschutzrahmenrichtlinie – Rn. 85), so dass insoweit bereits die allgemeine Organisationspflicht des § 3 Abs. 2 Nr. 1 ArbSchG greift (z. B. Entfernungsrecht nach § 9 Abs. 3 ArbSchG, Unterweisungsrecht nach § 12 ArbSchG). Dadurch dass der Gesetzgeber die Organisationspflicht nicht auf die Beschäftigtenrechte ausgedehnt hat, hat er allerdings den Blick darauf versperrt, dass die Mitwirkung der Beschäftigten insgesamt, d. h. sowohl im Hinblick auf ihre Pflichten, als auch im Hinblick auf ihre Rechte, einen wesentlichen Aspekt der Organisationsaufgabe des Arbeitgebers darstellt (vgl. die Bedeutung der Partizipation der Beschäftigten in *EuGH* v. 6.4.2006, ZESAR 2007, 30, 36 m. Anm. *Kohte/Faber;* vgl. *Wattendorff* BG 2010, 210ff.).

H. Rechtsdurchsetzung

72 Den **Institutionen der staatlichen Arbeitsschutzaufsicht** der Länder (z. B. Gewerbeaufsichtsämter, staatliche Ämter für Arbeitsschutz, dazu im Einzelnen *Kollmer,* Arbeitsschutzgesetz und -verordnungen, 3. Aufl. 2008, Rn. 254 ff.) kommt seit jeher eine **zentrale Rolle für den Vollzug** und die Durchsetzung **des öffentlichen Arbeitsschutzrechts** zu. Aufgrund des für den Arbeitsschutz in der Bundesrepublik Deutschland charakteristischen dualen Systems von staatlichem Arbeitsschutzrecht und Unfallversicherungsrecht haben außerdem die Träger der gesetzlichen Unfallversicherung Vollzugsaufgaben. Die Überwachungs- und Beratungsaufgabe der Unfallversicherungsträger bezieht sich nach § 17 SGB VII vor allem auf die Durchführung der Maßnahmen zur Verhütung von Arbeitsunfällen, Berufskrankheiten und arbeitsbedingten Gesundheitsgefahren. Diese Überwachungsaufgabe ist bewusst weiter gefasst als in § 21 ArbSchG und soll nicht nur die Einhaltung von Vorschriften und Befolgung von Pflichten umfassen, sondern sich auf die gesamte betriebliche Gefährdungslage beziehen (*Schmitt,* SGB VII, § 17 Rn. 3; *Kohte* in MHdB ArbR § 290 Rn. 103). Die nach 1996 nur punktuell vorgenommene vertragliche Kooperation zwischen Arbeitsschutzbehörden und Trägern der Unfallversicherung ist im Rahmen der gemeinsamen deutschen Arbeitsschutzstrategie wesentlich verbessert worden. Nicht nur auf nationaler Ebene, sondern auch auf Landesebene wurden Arbeitsprogramme zur Koordinierung der Aufsicht und der sonstigen Tätigkeit vereinbart (*Kohte* in MHdB ArbR § 290 Rn. 119). Sie beschränken sich aber im Grundsatz auf den Vollzug der als autonomes Recht nach Maßgabe von § 15 SGB VII erlassenen Unfallverhütungsvorschriften.. Durch diese Novellierung des § 21 ArbSchG wurde die große Bedeutung der Arbeitsschutzaufsicht bekräftigt. Diese folgte bereits aus der staatlichen Schutzpflicht für Leben und Gesundheit nach Art. 2 Abs. 2 GG, die einen effektiven Schutz erfordert (*BVerfG* NZA 1992, 270, 274; in diesem Sinne bereits die Gesetzesbegründung, BT-Drs. 13/3540, S. 11). sowie aus dem 1955 von der Bundesrepublik ratifizierten ILO-Übereinkommen Nr. 81 zur Arbeitsaufsicht. Art. 4 Abs. 2 der RL 89/391/EWG verpflichtet die Mitgliedsstaaten, für eine angemessene Überwachung und Kontrolle Sorge zu tragen (*Kollmer* ArbSchG Rn. 251 f.; *Kohte,* EAS B 6100 Rn. 25), so dass jeglicher Politik zur Schwächung der Arbeitsschutzaufsicht gemeinschaftsrechtliche Grenzen gesetzt sind. Das ArbSchG verlangt allerdings eine **Akzentverschiebung der Aufsichtstätigkeit.** Dies folgt daraus, dass das Gesetz den Arbeits- und Gesundheitsschutz vorrangig als **eigenverantwortliche Gestaltungsaufgabe** versteht, die vom Arbeitgeber, den Beschäftigten, den Betriebsräten und den besonderen Funktionsträgern des Arbeits- und Gesundheitsschutzes, angepasst an die spezi-

fischen betrieblichen Erfordernisse, kooperativ zu erfüllen ist (BT-Drs. 13/3540, S. 12f.).

Für die rechtliche Durchsetzung der hier vornehmlich interessierenden Grund- 73
pflichten ergibt sich hieraus, dass die Aufsicht die durch das Gesetz eingeräumten Gestaltungsspielräume zu respektieren hat. Dies hat notwendigerweise Folgen für die Möglichkeit des Erlasses von Anordnungen nach § 22 Abs. 3 ArbSchG, die diese Gestaltungsspielräume typischerweise einschränken. Zu beachten ist weiter, dass die im Gesetz angelegte **Kooperation der betrieblichen Beteiligten** nicht regellos, sondern **rechtlich vorstrukturiert** ist. So wird die Kooperation mit dem Betriebsrat vor allem durch das BetrVG rechtlich ausgestaltet und ist die Zusammenarbeit mit den Beschäftigten durch ArbSchG (insbes. §§ 15ff.), § 81 BetrVG sowie die grundlegenden Vorschriften des Arbeitsvertragsrechts determiniert. Diese **Kooperationsregeln beinhalten ein beachtliches Potential für die rechtliche Durchsetzung der Grundpflichten.** Ihre Bedeutung als flankierende Mechanismen der Rechtsdurchsetzung erschließt sich vor dem Hintergrund der aus der betrieblichen Gestaltungsfreiheit resultierenden Einschränkungen zum Erlass einseitiger Anordnungen und der hieraus folgenden angedeuteten Akzentverschiebungen des Vollzugs durch die Aufsichtsbehörden.

I. Aufsicht

Die klassische hoheitliche Handlungsform der Arbeitsschutzaufsicht ist die Ord- 74
nungsverfügung, die durch ein Revisionsschreiben vorbereitet wird. § 22 Abs. 3 Nr. 1 ArbSchG enthält eine typische ordnungsrechtliche Ermächtigungsgrundlage, die auch zur Durchsetzung der Generalklausel des § 3 ArbSchG herangezogen werden kann. Dabei ist allerdings zu beachten, dass zwischen dem für eine solche Verfügung unabdingbaren Bestimmtheitsgrundsatz nach § 37 VwVfG und der offenen Formulierung der Organisationspflichten sowie der Pflicht der Aufsichtsbehörden, die organisatorischen Gestaltungsmöglichkeiten des Arbeitgebers zu berücksichtigen, ein Spannungsverhältnis besteht. Relativ gering sind die Schwierigkeiten bei Maßnahmen zur klassischen Gefahrenabwehr, weil hier das Bestimmtheitsgebot noch relativ genau beachtet werden kann (anschaulich *VG Münster* 28.2.2013 – 7 L 853/12, dazu *Kohte/Jarosch* jurisPR-ArbR 22/2014 Anm. 5).

Für das technische Sicherheitsrecht ist es anerkannt, dass ein Verwaltungsakt in 75
bestimmten Fällen **allein durch die Angabe des Anordnungszwecks hinreichend bestimmt** i. S. von § 37 VwVfG sein kann (*Kunz* → § 22 Rn. 62ff.). Wichtigstes Beispiel hierfür sind Ordnungsverfügungen, mit denen die Einhaltung bestimmter **Grenzwerte** aufgegeben wird (*BVerwG* GewArch 1983, 339f.; *BVerwG* NZA 1997, 482ff.; *OVG Bremen* NZA 1995, 945ff.; *VG Saarlouis* GewArch 1984, 292f.). Lässt sich das Ziel der Gefahrenabwehr nicht durch die Nennung von Grenzwerten näher präzisieren, kann es zudem genügen, dass sich für den Adressaten der Verfügung auf Grund seiner vorhandenen oder vorauszusetzenden Fähigkeiten aus der **genauen Beschreibung des Anordnungszwecks** erschließt, welche Mindestanforderungen sich für die zu treffenden Maßnahmen ergeben (dazu *BVerwG* NVwZ 1984, 724ff., 725; *VGH Mannheim* GewArch 1980, 393, 394). Da der Arbeitgeber regelmäßig fachkundig von der Sicherheitsfachkraft und dem Betriebsarzt beraten werden kann, **darf die Behörde** dabei **von einem informierten Arbeitgeber als Normadressaten ausgehen.** Dessen ungeachtet ist aus den dargestellten Gründen in der Praxis größte Sorgfalt bei der Formulierung des Anordnungszwecks erforderlich. Hilfreich können dabei auch **erläuternde Hin-**

ArbSchG § 3

weise für die Umsetzung des durch den Anordnungszwecks umrissenen Verhaltensgebots sein (*BVerwGE* 84, 335, 342).

76 Wesentlich schwieriger sind hinreichend bestimmte Anordnungen im Feld des Gefährdungsschutzes, das durch eine offene Abwägung der unterschiedlichen Interessen gekennzeichnet ist. Hier wird es nur selten eine einzige geeignete und erforderliche Maßnahme geben, die durch Verwaltungsakt angeordnet werden kann. Angesichts dieser sehr begrenzten Möglichkeiten, die neuen, innovativen Schutzziele des ArbSchG behördlich durchzusetzen, müssen in Zukunft **Anordnungen zur Durchsetzung** der für das deutsche Arbeitsschutzrecht neuen **betrieblichen Verfahrenspflichten nach § 3 Abs. 1 ArbSchG** sowie die Pflichten zur Planung und Durchführung der Maßnahmen nach § 3 Abs. 2 ArbSchG sorgfältig genutzt werden (*Kohte* BG 2010, 384, 386). Es handelt sich bei ihnen keineswegs um Verpflichtungen von untergeordneter Bedeutung, da sie nach der Konzeption des ArbSchG eine Struktur bilden, damit die betrieblichen Akteure in kooperativem Zusammenwirken an den tatsächlichen betrieblichen Problemlagen orientierte Gestaltungslösungen finden (ausführlich dazu *Faber,* Die arbeitsschutzrechtlichen Grundpflichten, S. 60 ff.). Der Erlass von Ordnungsverfügungen bereitet bei den Verfahrenspflichten vergleichsweise geringe Probleme, da das Gesetz den **Arbeitgeber unbedingt verpflichtet, die genannten Verfahrensweisen,** wozu auch das Verfahren der Gefährdungsbeurteilung nach § 5 ArbSchG zählt, **durchzuführen.** Gestaltungsspielräume bestehen allein im Hinblick auf ihre konkrete betriebliche Ausgestaltung. Entsprechend den oben zu den Anordnungen zur Gefahrenabwehr dargestellten Grundsätzen bestehen keine Bedenken gegen die Bestimmtheit solcher Anordnungen zu den Anforderungen an das betriebliche Verfahren. Ihr Zweck lässt sich insbes. anhand des dem § 3 Abs. 1 ArbSchG zugrundeliegenden Regelkreismodells des kontinuierlichen Verbesserungsprozesses hinreichend deutlich konkretisieren, ohne dass unangemessen in die betriebliche Gestaltungsfreiheit eingegriffen würde (vgl. *VG Frankfurt* 13.5.2009 – 7 K 1462/08 zu Schutzmaßnahmen nach § 3 Abs. 1 ArbSchG gegen Bodenkontamination).

77 Ähnliches gilt für Anordnungen zur Durchsetzung der **Organisationspflichten** nach § 3 Abs. 2 ArbSchG. Auch diese begründen die unbedingte Pflicht, organisatorische Vorkehrungen zu treffen, belassen dem Arbeitgeber aber für die konkrete Ausgestaltung seiner Organisation einen Gestaltungsspielraum. Die Arbeitsschutzbehörden können daher gegenüber dem Arbeitgeber **keine bestimmte Organisationsform anordnen.** Anordnungen zur Arbeitsschutzorganisation lassen sich gleichwohl hinreichend bestimmt i. S. von § 37 VwVfG fassen, da eine **funktionsfähige Organisation** i. S. von § 3 Abs. 2 ArbSchG zwingend eine Reihe von **Kernelementen** beinhaltet (*Faber,* Die arbeitsschutzrechtlichen Grundpflichten, S. 381 m. w. N.; *Wiebauer* in Landmann/Rohmer, GewO ArbSchG § 3 Rn. 13). Sie können zwar unterschiedlich ausgestaltet und konfiguriert sein, müssen aber in jedem Fall vorhanden sein. Wichtige Anhaltspunkte hierfür bieten die zur Mitteilungspflicht nach § 52a BImSchG entwickelten Grundsätze. Hierzu zählen etwa die eindeutige und widerspruchsfreie Regelung der **Verantwortlichkeiten, Zuständigkeiten und Befugnisse,** Festlegungen über die **Kommunikation und Zusammenarbeit,** Vorkehrungen zur **Unterweisung und Qualifikation des Personals** oder die normzweckgerechte organisatorische **Einbindung der gesetzlich vorgesehenen Funktionsträger** entsprechend den geltenden Vorschriften (ausführlich *Feldhaus* NVwZ 1991, 927, 929 ff.; Gemeinsamer Runderlass des Landes NRW zur Durchführung des BImSchG vom 16.7.1993, MBl. NRW 1993, S. 1472 Ziffer 25.2.2). Inzwischen orientieren sich die Aufsichtsbehör-

den an den LASI- Grundsätzen LV 54 der **behördlichen Systemkontrolle.** Ein Beispiel für eine konkrete anordnungsfähige Organisationspflicht ist die Pflicht zur **Bestellung eines Koordinators** nach § 3 BaustellV (*VG Wiesbaden* 2.10.2013 – 1 K 735.12 WI; *Klindt/Schucht* in EuArbR RL 89/391/EWG Rn. 160)

Die Bestellung der im ASiG vorgeschriebenen Funktionsträger und Gremien **78** sowie deren Pflichtenstellung kann durch **Anordnung nach § 12 ASiG** realisiert werden (zur Bestellung eines Arbeitsschutzausschusses *BAG* 15.4.2014 – 1 ABR 82/12, NZA 2014, 1094, 1095; *VG Hannover* GewArch 1996, 28 = AuA 1996, 399 m. Anm. *Kohte*). Weitere Funktionsträger – zum Beispiel Störfallbeauftragte oder Laserschutzbeauftragte – sind nach den jeweiligen Spezialnormen (z. B. §§ 58a ff. BImSchG; 5 Abs. 2 OStRV) zu bestellen; diese Bestellung kann durch Anordnung gesichert werden. Die Generalklausel des § 3 Abs. 2 ArbSchG kann Anordnungen rechtfertigen, die sich auf die Kooperation und Kommunikation der Beteiligten beziehen, soweit sich aus den speziellen Rechtsnormen noch keine abschließenden Aussagen ergeben.

Bei Anordnungen nach § 12 ASiG ist die Aufsichtsbehörde ausdrücklich gehal- **79** ten, vor Erlass einer Anordnung **Arbeitgeber und Betriebsrat rechtzeitig zu hören** und die angebrachten Maßnahmen mit ihnen zu erörtern (dazu *Anzinger/ Bieneck,* ASiG, § 12 Rn. 17ff.; *Aufhauser* in HK-ASiG, § 12 Rn. 6; vgl. *Kunz* → § 22 Rn. 150). Damit wird den Betriebsparteien zugleich die Möglichkeit gegeben, die erforderlichen Regelungen im Wege des Mitbestimmungsrechts nach § 87 Abs. 1 Nr. 7 BetrVG, § 9 Abs. 3 ASiG eigenständig und rechtzeitig regeln zu können. Eine solche **Kooperation** ist grundsätzlich auch bei den **Anordnungen nach § 22 Abs. 3 ArbSchG** zu beachten, wenn diese die Generalklausel des § 3 ArbSchG durch Verwaltungsakt konkretisieren wollen. Damit wird wiederum in Übereinstimmung mit der Bedeutung des Partizipationsgrundsatzes im Europäischen Arbeitsumweltrecht (dazu *Kohte,* EASB 6100 Rn. 101 ff.), die Möglichkeit zur eigenständigen Regelung im Rahmen des Mitbestimmungsrechts nach § 87 Abs. 1 Nr. 7 BetrVG eingeräumt.

II. Betriebsrat

Nach der ständigen Rechtsprechung des BAG setzt das **Mitbestimmungsrecht 80 des § 87 Abs. 1 Nr. 7 BetrVG** voraus, dass eine objektive gesetzliche Handlungspflicht besteht und diese wegen des Fehlens einer zwingenden Vorgabe betriebliche Regelungen verlangt, um das vom Gesetz vorgegebene Ziel des Arbeits- und Gesundheitsschutzes zu erreichen (*BAG* AP Nr. 12 zu § 87 BetrVG – Gesundheitsschutz = NZA 2002, 998; *BAG* AP Nr. 70 zu § 256 ZPO 1977, unter II.1. *BAG* DB 2004, 2274, 2275 = NZA 2004, 1175, 1177; *BAG* NZA 2009, 102, 104; *BAG* DB 2009, 2552, 2553; NZA 2014, 855, 856; 2015, 314, 315). Ausgehend von diesen Grundsätzen eröffnen die **Grundpflichten** des § 3 Abs. 1, 2 ArbSchG **vielfältige Anknüpfungspunkte für das Mitbestimmungsrecht des § 87 Abs. 1 Nr. 7 BetrVG.** Sowohl die Pflicht zum Treffen der materiellrechtlich erforderlichen Maßnahmen des Arbeitsschutzes (§ 3 Abs. 1 Satz 1 ArbSchG) als auch die im Zusammenhang mit den Maßnahmen des Arbeitsschutzes normierten Verfahrens-, Planungs- und Organisationspflichten begründen objektive Handlungspflichten des Arbeitgebers. Dazu bedarf es keiner konkreten Gefahrenlage (so zutreffend *Oberberg* RdA 2015, 120ff.). Wie oben eingehend dargelegt, bedarf es zur Umsetzung dieser Handlungspflichten zwingend einer **konkretisierenden,** die spezifischen betrieblichen Bedingungen aufgreifenden **Gestaltungsentscheidung.** So setzt z. B. die

Planung der Maßnahmen nach § 3 Abs. 2 ArbSchG eine Abwägungsentscheidung voraus. Durch § 87 Abs. 1 Nr. 7 BetrVG wird diese Abwägung, wie auch die anderen Gestaltungsentscheidungen im Zusammenhang mit den Grundpflichten, zu einer gemeinsamen Aufgabe der Betriebsparteien. § 87 Abs. 1 Nr. 7 BetrVG konkretisiert damit die nach dem Gesetz gewünschte Kooperation der betrieblichen Akteure (BT-Drs. 13/3540, S. 12 f.) dahingehend, dass **Arbeitgeber und Betriebsrat gleichberechtigt über die notwendigen Regelungen zur betrieblichen Umsetzung der Grundpflichten zu befinden haben** (vgl. *N. Fabricius*, BB 1997, 1254; LAG Hessen, ARSt 2004, 114). Ein anschauliches Beispiel ist die von den Betriebsparteien gemeinsam zu treffende Entscheidung, wie die Arbeitsschutzaufgaben zwischen Abteilungsleitern und Meistern generell zu verteilen sind (*BAG* NZA 2014, 855; zustimmend *Kohte* jurisPR-ArbR 37/2014 Anm. 1; *Fitting* § 87 BetrVG Rn. 295; *Klebe* in DKKW § 87 Rn. 230).

81 Die beachtlichen Möglichkeiten des Betriebsrats, effektiv zur Durchsetzung der Grundpflichten beizutragen, werden dadurch unterstrichen, dass das Mitbestimmungsrecht als Initiativrecht **keine subjektive Regelungsbereitschaft des Arbeitgebers voraussetzt** (*BAG* AP Nr. 12 zu § 87 BetrVG – Gesundheitsschutz = NZA 2002, 998 = AiB 2003, 110 m. Anm. *Nitsche; Fitting* § 87 Rn. 275). Der Betriebsrat kann konkretisierende Regelungen also auch gegen den Willen des Arbeitgebers erzwingen, indem er die Bildung einer Einigungsstelle beantragt oder im arbeitsgerichtlichen Beschlussverfahren eine Vorabentscheidung über das Bestehen des Mitbestimmungsrechts herbeiführt (dazu *Kohte* in HK-BetrVG § 87, Rn. 158). Wichtig ist dabei, dass sich das Mitbestimmungsrecht **ausschließlich** auf **"Regelungen"**, also auf die grundlegenden betrieblichen Sach-, Verfahrens- und Organisationsvorschriften bezieht. Nicht der Mitbestimmung nach § 87 Abs. 1 Nr. 7 BetrVG unterliegt die Ausführung der hiermit verbundenen konkreten Maßnahmen, also z. B. die Durchführung von Kontrollen, die Montage von technischen Schutzeinrichtungen oder die konkrete Unterweisung der Beschäftigten entsprechend den in einer Regelung nach § 87 Abs. 1 Nr. 7 BetrVG festgelegten Grundsätzen. Bei der Formulierung eines **Antrags** auf Feststellung des Bestehens eines Mitbestimmungsrechts nach § 87 Abs. 1 Nr. 7 BetrVG muss darauf geachtet werden, dass dieser **hinreichend bestimmt** i. S. von § 253 Abs. 2 ZPO gefasst wird. Es genügt nicht, lediglich die gesetzliche Handlungspflicht zu benennen, die durch eine Regelung i. S. von § 87 Abs. 1 Nr. 7 BetrVG betrieblich konkretisiert werden soll. Aus dem Antrag muss sich vielmehr entnehmen lassen, an der Ausgestaltung welcher Regelungen der Betriebsrat mitzuwirken beabsichtigt (*BAG* AP Nr. 12 zu § 87 BetrVG – Gesundheitsschutz; *BAG* AP Nr. 70 zu § 256 ZPO 1977 m. Anm. *Edenfeld*). Dies bedeutet für die in § 3 Abs. 1 Satz 2 ArbSchG vorgesehenen Wirksamkeitskontrollen, dass z. B. angegeben wird, dass Regelungen angestrebt werden über die Anlässe von Wirksamkeitskontrollen, deren Häufigkeit, ggf. Differenzierungen zwischen verschiedenen Arten von Arbeitsplätzen, die Verantwortlichkeit für die Durchführung der Wirksamkeitskontrollen oder die Art und Weise ihrer Auswertung sowie die zu ziehenden Konsequenzen im Hinblick auf eine kontinuierliche Verbesserung von Sicherheit und Gesundheit der Beschäftigten.

III. Beschäftigte

82 Die Durchsetzung des öffentlich-rechtlichen Arbeitsschutzrechts wird zumeist primär als Aufgabe der Arbeitsschutzaufsicht und ergänzend des Betriebsverfassungsrechts angesehen (*Friedrich* in ArbR BGB § 618, Rn. 7). Darüber hinausge-

Grundpflichten des Arbeitgebers **§ 3 ArbSchG**

hend ist anerkannt, dass die betroffenen Beschäftigten **flankierend** mit **individualrechtlichen Mitteln** die Einhaltung vieler arbeitsschutzrechtlicher Pflichten durchsetzen können (*Kohte* in MHdB ArbR § 291, Rn. 11; *Oetker* in Staudinger (2016), § 618 Rn. 18). Da die Beschäftigten nach dem gemeinsamen Leitbild des ArbSchG und des zugrundeliegenden Gemeinschaftsrechts nicht lediglich Objekte hoheitlichen Schutzes sind, sondern sie als handelnde Subjekte aktiv den betrieblichen Arbeitsschutz mitgestalten sollen (*Birk,* Festschrift für Wlotzke, S. 645 ff., 664 f.; *Bücker/Feldhoff/Kohte,* Rn. 264 ff.), ist der **individualrechtlichen Rechtsverfolgung verstärkte Aufmerksamkeit** zu schenken (*Müller-Petzer,* Fürsorgepflichten des Arbeitgebers, S. 184). Neben den **Beschwerderechten** der §§ 17 Abs. 2 ArbSchG, 85 BetrVG, die die Möglichkeit eröffnen, die Arbeitsschutzaufsicht bzw. den Betriebsrat für die Einhaltung von Schutzvorschriften zu mobilisieren, kommt vor allem die Geltendmachung von **arbeitsvertraglichen Ansprüchen und Rechten** in Betracht.

Als öffentlich-rechtliche Rechtsvorschriften haben die Vorschriften des 83 ArbSchG und damit auch des hier primär interessierenden § 3 ArbSchG keine unmittelbare Gestaltungswirkung auf das arbeitsvertragliche Gefüge von Rechten und Pflichten. Es ist aber unbestritten, dass das öffentlich-rechtliche Arbeitsschutzrecht die entscheidende Konkretisierungshilfe ist, um die in § 618 BGB normierte gesteigerte Interessenwahrnehmungspflicht des Arbeitgebers (*Oetker* in Staudinger (2016), § 618 Rn. 14 ff.; *Kohte* in MHdB ArbR § 291 Rn. 10) für Leben und Gesundheit der Arbeitnehmer im Einzelfall zu konkretisieren (*BAG* AP Nr. 17 zu § 618 BGB; *LAG Köln* LAGE, Nr. 6 zu § 618 BGB; *Krause* in HWK § 618 Rn. 6, sowie immer noch grundlegend *Nipperdey,* RG-Praxis, Bd. 4, 203 ff.). **§ 618 BGB** ist also das „Einfallstor" (*Kohte* in MHdB ArbR § 291 Rn. 10; vgl. *BAG* NZA 2004, 927, 928), durch das das **öffentlich-rechtliche Arbeitsschutzrecht** im Wege der **Transformation** Eingang **in das Arbeitsvertragsrecht** findet. Voraussetzung für eine solche Transformation in das Individualarbeitsrecht ist, dass die betreffenden öffentlich-rechtlichen Arbeitsschutzvorschriften geeignet sind, den Gegenstand einer arbeitsvertraglichen Vereinbarung zu bilden (vgl. nur *BAG* AP Nr. 17 zu § 618 BGB; *Müller-Petzer,* Fürsorgepflichten des Arbeitgebers, S. 52). Der einzelne Arbeitnehmer soll also vertraglich diejenigen Vorkehrungen verlangen können, die der Arbeitgeber zu seinem Schutz nach öffentlichem Recht ohnehin treffen muss. Individualrechtliche Ansprüche und Rechte bestehen danach im Hinblick auf das **Treffen und die Durchführung der erforderlichen Maßnahmen des Arbeitsschutzes i. S. von § 3 Abs. 1 Satz 1 ArbSchG,** denn solche Maßnahmen gestalten konkret die Bedingungen, unter denen die Arbeitsleistung sicherheits- und gesundheitsgerecht zu erbringen ist (*Oetker* in Staudinger (2016), § 618 Rn. 69; *Friedrich* in ArbR BGB § 618 Rn. 32; unten *Schucht* → § 17 Rn. 82). Solche vertraglichen Ansprüche des einzelnen Beschäftigten bestehen entgegen einiger Literaturstimmen (*Ahrens* in AR-Blattei SD 1310, Rauchverbot, Rn. 90; *Cosack,* DB 1999, 1450 ff., 1452) nicht nur für den **klassischen Bereich der Gefahrenabwehr,** sondern **auch für das neue Element des Gefährdungsschutzes,** das der ordnungsrechtlichen Gefahrenabwehr vorgelagert ist (*Henssler* in MüKo BGB § 618 Rn. 13). Mit der Fassung des § 618 BGB wollte der historische Gesetzgeber eine Harmonisierung des privatrechtlichen Schutzniveaus mit der Generalklausel des § 120a GewO herbeiführen (*Oetker* in Staudinger (2016), § 618 Rn. 1). Durch eine Beschränkung des § 618 BGB auf die klassische Gefahrenabwehr würde dieser Gleichklang von öffentlichem Recht und Vertragsrecht auf Grund der durch das ArbSchG markierten Entwicklung des Arbeitsschutzrechts aufgehoben. Der nach

ArbSchG § 3

§ 3 Abs. 1 Satz 1 ArbSchG öffentlich-rechtlich gebotene Gefährdungsschutz ist zugleich der Mindeststandard des Vertragsrechts, der in Einzelfällen weitergehen kann (*Kohte* in MHdB ArbR § 291 Rn. 13; *Wank* in ErfK § 618 Rn. 4; *Fuchs* in Bamberger/Roth § 618 Rn. 10; *BAG* NZA 1998, 1231). In dieser Funktion gelten §§ 3 ArbSchG, 618 BGB auch bei arbeitnehmerähnlichen Personen (*Weber* in HK-ArbSchR § 618 BGB Rn. 20; *Oetker* in Staudinger (2016) § 618 BGB Rn. 94).

84 Mit Blick auf die individualrechtliche Durchsetzung der Organisationspflichten des § 3 Abs. 2 ArbSchG ist eine differenzierende Betrachtungsweise angezeigt (so auch *Wiebauer* ZfA 2014, 29, 51). Der häufig vorzufindende und nicht näher begründete Hinweis, dass Organisations- und Ordnungsvorschriften nicht über § 618 BGB in das Arbeitsvertragsverhältnis transformiert werden können (z. B. *Kraft* in Soergel § 618 Rn. 10; *Belling* in Erman § 618 Rn. 4; *Leßmann*, Rauchverbote am Arbeitsplatz, S. 241; *Cosack*, DB 1999, 1450ff., 1452f.; *Henssler* in MüKo BGB § 618 Rn. 9; differenzierend *Krause* in HWK § 618 Rn. 6) trägt der Bedeutung und Wirkungsrichtung von Organisationspflichten nicht angemessen Rechnung. Nach der Ratio des § 618 BGB soll der Arbeitnehmer individualrechtlich den Schutz verlangen können, zu dem der Arbeitgeber gerade ihm gegenüber nach den Vorschriften des öffentlich-rechtlichen Arbeitsschutzrechts verpflichtet ist. **Transformationsfähig** sind also solche **Vorschriften, die unmittelbar und gerade dem Schutz des einzelnen Arbeitnehmers dienen** (*ArbG Siegen* BB 1999, 267, 268; NZA-RR 2001, 629, 630; *BAG* NZA 2009, 102 = AP Nr. 29 zu § 618 BGB m. Anm. *Kohte*; *BAG* NZA 2009, 775 = AP Nr. 30 zu § 618 BGB m. Anm. *Buchner*; *Wlotzke*, FS Hilger/Stumpf, S. 723, 743; *Kohte* in MHdB ArbR § 291 Rn. 14; *Faber*, Die arbeitsschutzrechtlichen Grundpflichten, S. 414ff.). **Sicherheitsorganisationspflichten** dienen auch dazu, die **tatsächliche Umsetzung der materiellen Arbeitsschutzpflichten sicherzustellen.** In § 3 Abs. 2 ArbSchG kommt dieser in vielen Unfallanalysen eindrücklich herausgearbeitete Zusammenhang dadurch zum Ausdruck, dass die Organisationspflichten explizit mit der Planung und Durchführung der Maßnahmen nach § 3 Abs. 1 ArbSchG verknüpft wird. Schutzmaßnahmen werden unter den Bedingungen der Arbeitsteilung nur dann sicher wirksam, wenn sie organisiert sind. Die **Organisation der Durchführung der Maßnahmen des Arbeitsschutzes hat** damit **unmittelbare Auswirkungen auf die Sicherheit und Gesundheit bei der Arbeit.** Der einzelne Arbeitnehmer hat deswegen einen individualrechtlichen, arbeitsvertraglichen Anspruch darauf, dass alle erforderlichen organisatorischen Regelungen im Zusammenhang mit den Maßnahmen des Arbeitsschutzes getroffen und praktiziert werden, z. B. im Hinblick auf die Beaufsichtigung des sicherheitsgerechten Arbeitsablaufs, die Wartung und Instandsetzung von Arbeitsmitteln und Anlagen, die Unterweisung und Sicherheitsinformation oder die tatsächliche Bereitstellung von Schutzausrüstungen. Ebenso hat er einen klagbaren Anspruch auf Durchführung der Gefährdungsbeurteilung (*BAG* NZA 2009, 102 = AP Nr. 29 zu § 618 BGB m. Anm. *Kohte*; *Pieper*, ArbSchR BGB Rn. 11; *Wiebauer* in Landmann/Rohmer GewO ArbSchG vor § 15 Rn. 20).

85 Anders als diese überwiegend ablauforganisatorischen Regelungen sind die aufbauorganisatorischen Pflichten des § 3 Abs. 2 ArbSchG zu beurteilen. Die gesetzlichen Aufgaben der **Sicherheitsfachkräfte, Betriebsärzte** und **Sicherheitsbeauftragte** liegen vorrangig in der Beratung des Arbeitgebers und der sonstigen für den Arbeits- und Gesundheitsschutz verantwortlichen Personen und zielen damit auf eine Verbesserung und Effektivierung des betrieblichen Arbeitsschutzkonzepts als Ganzem. Ihre gesetzlichen Aufgaben haben daher **in der Regel keine unmittelbaren Auswirkungen** auf die Bedingungen, die die Sicherheit und den Ge-

Grundpflichten des Arbeitgebers **§ 3 ArbSchG**

sundheitsschutz bei der Arbeit konkret gestalten (ebenso mit Blick auf die Schutzgesetzeigenschaft i. S. von § 823 Abs. 2 BGB *Müller-Petzer,* Fürsorgepflichten des Arbeitgebers, S. 47). Arbeitsvertragliche Ansprüche auf die Bestellung von Sicherheitsfachkräften, Betriebsärzten und Sicherheitsbeauftragten oder im Hinblick auf einen bestimmten Aufgabenzuschnitt der genannten Funktionsträger scheiden damit im Normalfall aus (dazu auch *Faber,* Die arbeitsschutzrechtlichen Grundpflichten, S. 419 f.; ebenso *Wiebauer* ZfA 2014, 29, 51).

Keine durch § 618 BGB vermittelten **arbeitsvertraglichen Ansprüche** bestehen typischerweise auch im Hinblick auf die in § 3 Abs. 1 Satz 2 ArbSchG vorgesehenen **Wirksamkeitskontrollen** der Maßnahmen des Arbeitsschutzes. Sie sind zu unterscheiden von der Aufsicht über die Durchführung der festgelegten Maßnahmen des Arbeitsschutzes, deren Organisation, wie soeben dargelegt, wegen § 618 BGB arbeitsvertraglich geschuldet sind. Wirksamkeitskontrollen dienen der internen Überprüfung der betrieblichen Schutzkonzeption insgesamt und bilden die Grundlage für Optimierungsmaßnahmen nach § 3 Abs. 1 Satz 3 ArbSchG. Sie zielen deswegen entsprechend den vorstehend entwickelten Grundsätzen nicht auf den unmittelbaren Schutz des einzelnen Beschäftigten. In der Literatur wird dies auch für die Gefährdungsbeurteilung vertreten (*Müller-Petzer,* Fürsorgepflichten des Arbeitgebers, S. 128 f.). Mangelhafte Gefährdungsbeurteilungen und Wirksamkeitskontrollen können allerdings erhebliche Bedeutung bei der prozessualen Geltendmachung von individualrechtlichen Ansprüchen nach § 618 BGB haben. Besonderheiten gelten für **betriebsratslose Betriebe.** Hier begründet § 81 Abs. 3 BetrVG – zur Kompensation der nicht möglichen Beteiligung der betrieblichen Interessenvertretung – mit der Pflicht zur Anhörung des Arbeitnehmers eine gesetzliche Verhaltenspflicht, die schon aus gemeinschaftsrechtlichen Gründen ggf. auch im Klagewege geltend gemacht werden kann (*Faber,* Die arbeitsschutzrechtlichen Grundpflichten, S. 434 f.; *Fitting,* § 81 Rn. 28; Richardi *Thüsing* in BetrVG § 81 Rn. 25 ff.). 86

Um die vom ArbSchG gewünschte aktive Rolle der Beschäftigten zu stützen, ist es erforderlich, die individualrechtlichen Rechtsverfolgungsoptionen stärker als **abgestuftes Instrumentarium zu begreifen, das eine an der jeweiligen Konfliktlage orientierte Reaktion ermöglicht.** Ein wichtiges individualrechtliches Instrument bei Verletzung vertraglich geschuldeter Pflichten nach §§ 618 BGB, 3 ArbSchG ist die **Einstellung der Arbeitsleistung** durch Geltendmachung des **Zurückbehaltungsrechts nach § 273 BGB.** Im Gegensatz zum Entfernungsrecht nach § 9 Abs. 3 ArbSchG setzt das Zurückbehaltungsrecht des § 273 BGB keine besondere Gefahrenlage voraus, sondern knüpft allein an eine **Pflichtverletzung** des Arbeitgebers an (*Müller-Petzer,* Fürsorgepflichten des Arbeitgebers, S. 25; *Krause* in HWK § 618 BGB Rn. 31). Eingeschränkt wird das Zurückbehaltungsrecht durch den Grundsatz von Treu und Glauben (§ 242 BGB) und das Übermaßverbot, so dass es bei geringfügigen und kurzfristigen Pflichtverstößen ohne großes Schädigungsrisiko ausscheidet (*Bücker/Feldhoff/Kohte,* Rn. 33; *Henssler* in MüKo BGB § 618 Rn. 91). Das Zurückbehaltungsrecht des § 273 BGB wird zu Recht als besonders effektives individualrechtliches Instrument betrachtet, das eine sofortige Reaktion ermöglicht, ohne eine gerichtliche Entscheidung abwarten zu müssen (*Belling* in Erman § 618 Rn. 23; *Wank* in ErfK § 618 BGB Rn. 25). Soweit ein Zuwarten möglich ist, bieten sich insoweit andere, individualrechtliche Schritte an. 87

In Betracht kommen insoweit zunächst **Erfüllungsansprüche** des einzelnen Arbeitnehmers (vgl. z. B. *LAG München* LAGE, Nr. 4 zu § 618 BGB; *BAG* NZA 2009, 775; *Oetker* in Staudinger (2016), § 618 Rn. 248 ff.; *Müller-Petzer,* Fürsorge- 88 pflichten des Arbeitgebers, S. 18 ff.). Diese können sich auch auf Aufklärungs- und Unterweisungspflichten des Arbeitgebers beziehen (*BAG,* AP Nr. 28 zu § 618 BGB = NZA 2007, 262, 263). Ein i. S. von § 253 ZPO hinreichend bestimmter Erfüllungsanspruch setzt die genaue Beschreibung des gesetzlich nach § 3 ArbSchG gebotenen Verhalten des Arbeitgebers voraus. Diesem Erfordernis kann relativ einfach Rechnung getragen werden in den Fällen, in denen der Arbeitgeber im betrieblichen Arbeitsschutzkonzept die erforderlichen Maßnahmen des Arbeitsschutzes i. S. von § 3 Abs. 1 Satz 1 ArbSchG getroffen und dokumentiert (§ 6 ArbSchG) hat, er sie aber nicht oder nicht ordnungsgemäß nach § 3 Abs. 2 ArbSchG durchführt. Das gebotene Verhalten lässt sich hier ohne weiteres den nach § 3 Abs. 1 Satz 1 ArbSchG getroffenen Maßnahmen des Arbeitsschutzes entnehmen. Erhebliche Probleme bereiten Erfüllungsansprüche aber dann, wenn der Beschäftigte die den getroffenen Maßnahmen des Arbeitsschutzes zugrundeliegende planerische Gestaltungsentscheidung für unangemessen hält, etwa weil er bestimmte ihn treffende Gefährdungen oder Belastungen überhaupt nicht in der Planungsentscheidung berücksichtigt sieht. Auch wenn überwiegend anerkannt ist, dass ein Erfüllungsanspruch auch auf die ermessensfehlerfreie Festlegung von Schutzmaßnahmen gerichtet sein kann (*LAG Hamm* LAGE, Nr. 3 zu § 618 BGB; *Wank* in ErfK § 618 BGB Rn. 24; *Fuchs* in Bamberger/Roth, BGB, 3. Aufl. 2012, § 618 Rn. 21), kann hier die erforderliche Konkretisierung des Anspruchs Schwierigkeiten bereiten.

89 In einigen Fällen lassen sich diese Probleme durch die Geltendmachung von **Unterlassungsansprüchen** vermeiden (*BAG* NZA 1999, 107 ff.; *BAG,* AP Nr. 20 zu § 618 BGB, B. I.3. der Gründe; *Kollmer* NJW 1997, 2015, 2019; *Nebe* in HK-ArbSchR § 618 BGB Rn. 52). Unterlassungsansprüche setzen voraus, dass sich aus einer Arbeitsschutznorm ergibt, dass bestimmte Arbeiten überhaupt nicht oder unter den dem Gesetz zu entnehmenden Voraussetzungen verboten sind. Unterlassungsansprüche knüpfen also im Gegensatz zu Erfüllungsansprüchen nicht an ein Handlungsgebot, sondern an ein hinreichend klar bestimmbares Verbot an. Sie kommen im hier interessierenden Zusammenhang vor allem dann in Betracht, wenn die Maßnahmen des Arbeitsschutzes entgegen §§ 3, 5 ArbSchG nicht in der gesetzlich vorgesehenen Weise, d. h. nicht das Ergebnis einer auf Basis der Gefährdungsbeurteilung getroffenen Planungsentscheidung sind. Zwar formuliert das ArbSchG insoweit kein ausdrückliches Verbot. Es ergibt sich jedoch aus dem Sinn und Zweck des ArbSchG, systematisch und präventiv Schädigungen der Beschäftigten zu verhüten, dass die Weisung, eine bestimmte Arbeitsaufgabe durchzuführen, insbes. ohne eine Ermittlung und Beurteilung der Gefährdungen vor Arbeitsaufnahme nicht erteilt werden darf (vgl. auch §§ 8 Abs. 3 BiostoffV; 7 Abs. 1 GefStoffV, 4 Abs. 1 BetrSichV) oder dass vorrangig eine Gefahrenlage zu beseitigen ist (§§ 4 Abs. 1 S. 2 ArbStättV, GefStoffV). Hinzuweisen ist schließlich auf die Möglichkeit von **Feststellungsklagen,** für die nach der Rechtsprechung des BAG ein Feststellungsinteresse besteht, wenn sich im Einzelfall ein Erfüllungsanspruch (und wohl auch ein Unterlassungsanspruch) nicht hinreichend bestimmt stellen lässt (*BAG* NZA 1999, 107 ff., 109).

89a Schließlich kommen auch **Schadensersatzklagen** in Betracht, soweit der Haftungsausschluss nach § 104 SGB VII nicht eingreift. Dies ist z. B. der Fall, wenn der Gesundheitsschaden nicht auf einer Berufskrankheit, sondern auf einer arbeitsbedingten Krankheit beruht oder wenn das Berufskrankheitenverfahren erfolglos abgeschlossen worden ist (vgl. § 108 SGB VII). Die Verletzung der allgemeinen Organisationspflichten kann einen Schadensersatzanspruch nach § 280 Abs. 1 BGB begründen, wenn diese Pflicht auch als arbeitnehmerschützende vertragliche Pflicht qualifiziert werden kann (dazu *BAG* NZA 2007, 262; *Kohte* in MHdB ArbR § 291

Rn. 34). Eine solche Schadensersatzpflicht kann auch einen Schmerzensgeldanspruch begründen, wie die Rechtsprechung zum Mobbing zeigt (*BAG* NZA 2008, 223). Grundlegende Organisationspflichtverletzungen können zugleich als Verletzung einer deliktischen Verkehrspflicht qualifiziert werden und somit einen Schadensersatzanspruch nach § 823 Abs. 1 BGB begründen. Schließlich ist anerkannt, dass Normen des Arbeitsschutzrechts, wie auch § 3 ArbSchG, als Schutzgesetze nach § 823 Abs. 2 BGB fungieren (*Podehl,* DB 2007, 2090, 2092; *Henssler* in MüKo BGB § 618 Rn. 106; *Kohte* in MHdB ArbR § 291 Rn. 34; *Krause* in HWK § 618 BGB Rn. 39).

Befindet sich der Beschäftigte bei der Geltendmachung von Erfüllungs- oder Unterlassungsansprüchen sowie bei einer Feststellungsklage materiell in der Angreiferstellung, ist er grundsätzlich für das Vorliegen der Voraussetzungen der für ihn günstigen Normen **beweispflichtig** (BGHZ 121, 357 ff., 364; BGHZ 113, 222 ff., 224 f.). Diese für den Regelfall geltende Beweislastverteilung stellt den klagenden Beschäftigten vor kaum lösbare Probleme, wenn er sich gegen Entscheidungen des Arbeitgebers wendet, bei denen das ArbSchG wie zumeist einen weiten Gestaltungsspielraum einräumt. Ein substantiierter Vortrag ist hier kaum möglich ohne eingehende Kenntnis der der Gestaltungsentscheidung zugrundeliegenden Erwägungen und Tatsachen. Die allgemein anerkannten Beweiserleichterungen im Zusammenhang mit § 618 BGB, wonach der Arbeitnehmer lediglich das Vorliegen einer objektiven Pflichtverletzung darzulegen und zu beweisen hat und der Arbeitgeber darzulegen und zu beweisen hat, dass ihn insoweit kein Verschulden trifft (*BAG* AP Nrn. 1, 16, 23 zu § 618 BGB), helfen in diesem Zusammenhang kaum weiter. Problematisch ist in der angesprochenen Konstellation ja bereits die Frage, ob überhaupt objektiv eine Pflichtverletzung durch den Arbeitgeber gegeben ist. Der **Beweisnot des klagenden Beschäftigten** kann durch die Zubilligung eines **Auskunftsanspruchs** gegenüber dem Arbeitgeber Rechnung getragen werden (zu den Anforderungen an einen solchen Auskunftsanspruch vgl. *BGH* NJW 1995, 386, 387; *BGH* NJW-RR 1992, 1072, 1073 f.; *BGH* NJW 1990, 1358; *Grüneberg* in Palandt § 260 Rn. 3 ff.). Es ist insoweit zu bedenken, dass sich aus der vom Arbeitgeber vorzuhaltenden Dokumentation nach § 6 ArbSchG sowohl das Ergebnis der Gefährdungsbeurteilung und die Ergebnisse der Wirksamkeitskontrollen als auch die hieraus folgenden Entscheidungen über die Maßnahmen des Arbeitsschutzes entnehmen lassen. Kommt der Arbeitgeber dem Auskunftsanspruch nicht nach, z. B. weil er über keine Dokumentation verfügt, kommen entsprechend den Grundsätzen der Beweisvereitelung **weitere Beweiserleichterungen bis hin zur Beweislastumkehr** in Betracht (dazu auch *Faber,* Die arbeitsschutzrechtlichen Grundpflichten, S. 451 ff.). Ebenfalls kommt eine Beweislastumkehr in Bezug auf die **Kausalität** in Betracht, wenn ein objektiv ordnungswidriger Zustand nachgewiesen ist, der zur Schädigung generell geeignet ist (*BAG* NZA 1997, 86, 91; *BAG* AP Nr. 16 zu § 618 BGB; *Henssler* in MüKoBGB § 618 BGB Rn. 104; *Fuchs* in Bamberger/Roth § 618 BGB Rn. 34; *Nebe* in HK-ArbSchR § 618 BGB Rn. 55; zur Nutzung des prima-facie-Beweises *Oetker* in Staudinger (2016) § 618 Rn. 311).

I. Kosten (§ 3 Abs. 3 ArbSchG)

Nach § 3 Abs. 3 ArbSchG (ebenso jetzt § 2 Abs. 5 DGUV Vorschrift 1) darf der Arbeitgeber den Beschäftigten nicht die Kosten für Maßnahmen nach dem ArbSchG auferlegen. § 3 Abs. 3 ArbSchG steht in engem systematischen Zusammenhang mit der Organisationspflicht des Arbeitgebers, die erforderlichen Mittel bereitzustellen (§ 3 Abs. 2 Nr. 1 ArbSchG). Während § 3 Abs. 2 Nr. 1 ArbSchG die Verpflichtung des Arbeitgebers normiert, zu gewährleisten, dass die erforderlichen **Arbeitsschutzmittel tatsächlich verfügbar** sind, regelt **§ 3 Abs. 3 ArbSchG** die sich hieraus ergebende Frage der **Kostentragung.** § 3 Abs. 3 ArbSchG, der Art. 6 Abs. 5 der Rahmenrichtlinie 89/391/EWG in deutsches Recht transformiert, so dass offene Auslegungsfragen dem EuGH vorzulegen sind, entspricht im Ergebnis der Rechtslage in der Bundesrepublik Deutschland vor dem Inkrafttreten des ArbSchG. Danach war und ist der Arbeitgeber **vertragsrechtlich** nach **§ 618 BGB** verpflichtet, die in seinem Betrieb anfallenden Kosten für den Arbeits- und Gesundheitsschutz zu tragen (*BAG* AP Nrn. 17, 18, 19 zu § 618 BGB; *Nöthlichs,* § 3 ArbSchG, Anm. 4; *Koll* ArbSchG, § 3 Rn. 26f.; *Hinrichs,* AiB 1997, 217, 218); Abweichungen zu Lasten der Beschäftigten sind nach § 619 BGB unwirksam (BAG NZA 1996, 883). Die generelle Regelung des § 3 Abs. 3 ArbSchG stellt insofern eine für die Praxis begrüßenswerte Klarstellung dar, dass die Kosten des Arbeitsschutzes generell nicht zu Lasten der Arbeitnehmer gehen. Neu ist an der Bestimmung des § 3 Abs. 3 ArbSchG, dass die Kostenregelung durch eine **öffentlich-rechtliche Rechtsvorschrift** erfolgt. Dies hat vor allem Konsequenzen für die Rechtsdurchsetzung. Beschränkten sich die Möglichkeiten der Beschäftigten insbes. bei der Frage der Kostenerstattung für persönliche Schutzausrüstungen auf den **Arbeitsgerichtsweg,** besteht nunmehr auch die Möglichkeit für die **Behörden,** im Wege der **Einzelfallanordnung** gegen ein Überwälzen von Kosten auf die Arbeitnehmer vorzugehen. Eine entsprechende Information der Behörde durch den einzelnen Beschäftigten ist nach § 17 Abs. 2 ArbSchG (unten *Schucht* → § 17 Rn. 34ff.) zulässig; der Betriebsrat kann einen entsprechenden Konflikt auf der Grundlage des § 89 BetrVG thematisieren (dazu BAG DB 2003, 2496; *Reichold* SAE 2004, 292, 293).

92 § 3 Abs. 3 ArbSchG erfasst **alle Maßnahmen und Vorkehrungen des betrieblichen Arbeits- und Gesundheitsschutzes,** unabhängig davon ob diese den Beschäftigten unmittelbar oder mittelbar zugute kommen (vgl. *Koll* ArbSchG, § 3, Rn. 25). Den Beschäftigten dürfen deshalb weder die Kosten für Gefährdungsbeurteilungen, die Dokumentation oder für die in §§ 11 ArbSchG, 3ff ArbmedVV vorgesehenen arbeitsmedizinischen Untersuchungen noch die Kosten für die unmittelbar die Arbeit gestaltenden technischen, organisatorischen oder personenbezogenen „Maßnahmen des Arbeitsschutzes" (§ 2 Abs. 1 ArbSchG) auferlegt werden (*LAG Mainz* 30.1.2014 – 2 Sa 361/13, dazu *Kohte* jurisPR-ArbR 43/2015 Anm. 5). Vergütungspflichtig sind deswegen auch **organisatorische Schutzmaßnahmen in Gestalt von Arbeitsunterbrechungen,** wie sie z. B. § 5 BildscharbV oder § 4 UVV Lärm in Bereichen mit extremer Lärmbelastung vorgesehen sind (BR-Drs. 656/96, S. 30ff. *Siemes* NZA 1998, 232, 238f.; **a. A.** *F. Merten,* Gesundheitsschutz und Mitbestimmung bei der Bildschirmarbeit, 108ff.). Die Gegenmeinung verkennt, dass die arbeitsschutzrechtlich gebotenen Arbeitsunterbrechungen allein auf einer Organisationsentscheidung des Arbeitgebers beruhen, der sich konkret gegen die Möglichkeit – und den Aufwand – der Organisation von Mischarbeit und für die Gewährung von Pausen zur Belastungsreduzierung entschieden hat. Den Beschäftigten verbleibt bei dieser allein im Verantwortungsbereich des Arbeitgebers liegenden Entscheidung der Anspruch auf die jeweilige Vergütung (*Maier,* Pausengestaltung als Organisationspflicht, 2012, S. 196ff., 220ff.). Nach § 1 Abs. 2 PSA-BV ist unter persönlicher Schutzausrüstung insbes. jede Ausrüstung zu verstehen, die dazu bestimmt ist, von Beschäftigten benutzt oder getragen zu werden, um sich gegen eine Gefährdung für ihre Sicherheit und Gesundheit zu schützen. Zu

Grundpflichten des Arbeitgebers **§ 3 ArbSchG**

den Kosten i. S. von § 3 Abs. 3 ArbSchG, auf die in § 2 PSA-BV verwiesen wird (unten *Klindt* → PSA-BV § 2 Rn. 3), zählt vor diesem Hintergrund auch der finanzielle Aufwand für Schutzkleidung nebst ihrer Reinigung (*LAG Düsseldorf* NZA-RR 2001, 409; *LAG Niedersachsen* v. 11.6.2002 – 13 Sa 53/02; Staudinger/*Oetker* 2016 § 618 BGB Rn. 189). Dienstkleidung ist vor dem Hintergrund der Definition des § 1 Abs. 2 PSA-BV in nicht wenigen Fällen zugleich eine persönliche Schutzausrüstung, so dass Konflikte über die Kostentragungspflicht nach Maßgabe der gesetzlichen Regelung des § 3 Abs. 3 ArbSchG zu lösen sind. Dies gilt z. B. in der Regel für die aus Gründen der Hygiene vorgeschriebene Kleidung von Ärzten, Krankenpflegern oder Laborpersonal, auch wenn die einheitliche Arbeitskleidung auch gleichzeitig einer einheitlichen Außendarstellung der Beschäftigten dient (nur i. E. zutreffend BAG NZA 2003, 1196). Konsequent ist die **Umkleidezeit** auch als Arbeitszeit zu qualifizieren, die nach dem Zweck des § 3 Abs. 3 ArbSchG zu vergüten ist (*ArbG Berlin* 17.10.2012 – 28 BV 14611/12 im Anschluss an *Kohte/Bernhardt* jurisPR-ArbR 30/2011 Anm. 2; zustimmend *Blume/Faber* in Hk-ArbSchR § 3 ArbSchG Rn. 101; *Franzen* NZA 2016, 136, 139; *LAG Hamburg* 6.7.2015 – 8 Sa 53/14, NZA-RR 2016, 66 im Anschluss an *Wiebauer* in Landmann/Rohmer GewO ArbSchG § 3 Rn. 71; *LAG Frankfurt* 23.11.2015 – 16 Sa 494/15 Rn. 19; aA *Gaul/Hofelich* NZA 2016, 149).

Probleme können bei den Kosten für **persönliche Schutzausrüstungen** entstehen, wenn diese auch im Privatbereich genutzt werden können und dürfen (z. B. Sicherheitsschuhe, Schutzhandschuhe). In der Gesetzesbegründung wird in diesem Zusammenhang auf die Möglichkeit einer abweichenden Regelung durch rechtlich abgesicherte **Kostenübernahmevereinbarungen** verwiesen (BT-Drs. 13/3540, S. 16). In der Literatur wird im Anschluss an die bisherige Judikatur eine solche Vereinbarung weiter anerkannt, wenn nicht nur die **tatsächliche Möglichkeit einer privaten Nutzung** besteht, sondern auch jeder einzelne Beschäftigte das Recht hat, **freiwillig** zu entscheiden, ob er ein entsprechendes Angebot annehmen möchte (*Koll,* ArbSchG, § 3 ArbSchG, Rn. 27; *Oetker* in Staudinger (2016) § 619 BGB Rn. 16; *Fitting,* BetrVG, § 87 Rn. 291; *Wiebauer* in Landmann/Rohmer GewO ArbSchG § 3 Rn. 75f.). Gegen eine Fortsetzung der bisherigen Judikatur bestehen nachhaltige **unionsrechtliche Bedenken.** Nach **Art. 4 Abs. 6 der PSA-Benutzungsrichtlinie (RL 89/656)** können die Mitgliedstaaten vorsehen, dass die Arbeitnehmer in bestimmten Fällen um einen Kostenbeitrag „ersucht werden", wenn das Tragen der Schutzausrüstungen nicht auf die Arbeit beschränkt ist. Dies setzt voraus, dass die Mitgliedstaaten eine entsprechende Norm setzen, in der in transparenter Weise die Bedingungen für solche Kostenübernahmevereinbarungen geregelt werden (vgl. die ähnliche Konstellation in *EuGH* Slg I-2001, 8575, 8611). Eine solche Norm ist im deutschen Recht jedoch nicht statuiert worden; bei der Umsetzung der RL 89/656 ist nur Art. 4 Abs. 6 HS. 1 nicht jedoch HS. 2 der Richtlinie in die PSA-BenutzungsVO aufgenommen worden (BR-DS 656/96, S. 17). Berücksichtigt man die strikten Anforderungen des EuGH an die Umsetzung von Richtlinien im Arbeitsschutz (z. B. *EuGH* EAS Art. 3 RL 89/391 Nr. 1), dann kann die Fortsetzung einer früheren Judikatur ohne ausdrückliche staatliche Normsetzung nicht ausreichen (dazu auch *Blume/Faber* in HK-ArbSchR § 3 ArbSchG Rn. 103).

Generell ausgeschlossen sind solche Vereinbarungen für spezielle Sehhilfen für die Arbeit an Bildschirmarbeitsplätzen (dazu auch *EuGH* EAS Art. 9 RL 90/270 Nr. 1). Art. 9 Abs. 4 der EU-Bildschirmrichtlinie ordnet insofern an, dass es in keinem Fall zu einer finanziellen Mehrbelastung der Arbeitnehmer kommen darf (dazu auch *ArbG Dortmund* AiB 1999, 419f., mit Anm. *Wagner; ArbG Neumünster* CR 2000,

93

94

665, 666f., mit Anm. *Kohte/Habich; Wank,* TAS, BildscharbV § 6 Rn. 5; *Kreuzberg* → § 6 Rn. 1; *Pieper,* ArbSchR, BildscharbV § 6 Rn. 8; *Feldhoff* in Hk-ArbSchR BildscharbV Rn. 46f; *Klindt/Schucht* in EuArbR RL 89/391/EG Rn. 146 aE).

95 Beruft sich somit ein Arbeitgeber auf eine unwirksame Kostenvereinbarung und rechnet gegen einen unstreitigen Anspruch auf Arbeitsentgelt auf, dann muss diese Aufrechnung ins Leere gehen, so dass der Lohnklage des Beschäftigten stattzugeben ist (zu weiteren Grenzen der Aufrechnung *Rosendahl* JR 2009, 527 zu BAG DB 2009, 1542). Wenn der Beschäftigte vom Arbeitgeber veranlasst wird, selbst persönliche Schutzausrüstungen, wie z. B. Sicherheitsschuhe, zu kaufen, dann steht ihm ein Erstattungsanspruch aus § 670 BGB zu (BAG NZA 1986, 324). Leistet der Arbeitgeber pflichtwidrig keine Schutzausrüstung und wird diese vom Beschäftigten in Eigeninitiative beschafft, steht diesem ein Anspruch auf Aufwendungsersatz aus §§ 683, 670 BGB zu (*BAG* NZA 1999, 38; *LAG Hamm* ZTR 2000, 182).

J. Arbeitsschutzmanagementsysteme

96 Erhebliche Aufmerksamkeit haben in den letzten Jahren Arbeitsschutzmanagementsysteme gefunden. Da es sich bei ihnen um organisations- und verfahrensbezogene Instrumente handelt, sind sie in engem Zusammenhang mit den arbeitsschutzrechtlichen Grundpflichten des § 3 ArbSchG zu sehen. Unter Managementsystemen werden allgemein **formalisierte und institutionalisierte Führungssysteme** verstanden, die auf allen betrieblichen Hierarchie- und Organisationsebenen sowie bei allen Tätigkeiten ansetzen. Sie sollen der konsequenten Verfolgung der betrieblichen Umsetzung der Unternehmensziele und der kontinuierlichen Verbesserung der betrieblichen Abläufe und Verfahren dienen, insbes. durch Festlegung von Verantwortlichkeiten, Zuständigkeiten und Aufgaben. Typischerweise enthalten Managementsysteme Instrumente zur Selbstüberwachung und -bewertung, durch die organisatorischen Schwachstellen und Ansatzpunkte für Verbesserungen identifiziert werden. Das Arbeitsschutzmanagementsystem ist vor diesem Hintergrund als das **Teilführungssystem** zu verstehen, das den Schutz von Sicherheit und Gesundheit der Beschäftigten zum Gegenstand hat. Es besteht neben anderen Teilführungssystemen, die ebenfalls als Managementsystem ausgestaltet sein können, wie z. B. das Qualitäts- oder Umweltmanagementsystem (*Poppendick/Brückner/Rötzer/Waldeck/Brock/Zwingmann* BArbBl. 1999 (2), 11, 12; *Zimolong,* Arbeitsschutzmanagementsysteme, 13ff.; *Pieper,* ArbSchR ArbSchG § 3 Rn. 11). Es ist weitgehend unstreitig, dass Arbeitsschutzmanagementsysteme ein wirksames Instrument zur Verbesserung des Arbeits- und Gesundheitsschutzes sein können (vgl. z. B. LASI, Arbeitsschutzmanagementsysteme, LV 58, S. 5f.; *Pieper,* ArbSchR ArbSchG § 3 Rn. 11). Die ILO-Empfehlung 197 vom 31.5.2006 erwartet von den Mitgliedsstaaten die Förderung von Arbeitsschutzsystemen.

97 Arbeitsschutzmanagementsysteme sind geprägt durch den **PDCA-Zyklus** (Plan-Do-Check-Act), der z. B. auch in der Praxis weitverbreiteten Qualitätsmanagementsystemen oder Umweltmanagementsystemen zugrundeliegt (*Bamberg/Böhm/Brückner/Große-Jäger/Hiltensberger/Kaiser/Pieper/Strothotte* BArbBl. 2002 (10), 17, 19f.). Sie zeichnen sich im Kern durch **fünf Elemente** aus. Mit der **Arbeitsschutzpolitik** hat die oberste Leitung der Organisation (Betrieb/Unternehmen) allen Organisationsmitgliedern die grundlegenden Prinzipien des Arbeits- und Gesundheitsschutzes bekannt zu machen. Zu diesen prinzipiellen Orientierungen gehören (Selbst)Verpflichtungen auf den Schutz und die Verbesserung der Sicherheit und Ge-

Grundpflichten des Arbeitgebers **§ 3 ArbSchG**

sundheit aller Angehörigen der Organisation, auf die Beachtung aller einschlägigen Rechtsvorschriften sowie zur Einbeziehung der Beschäftigten und ihrer Vertretungen. Zum Managementelement **Organisation** gehören insbes. die Bereitstellung der Mittel, die Festlegung von Verantwortlichkeiten und Zuständigkeiten, die Regelung der Mitwirkungsrechte und -pflichten der Beschäftigten, Fragen der Qualifikation und Schulung, die Kommunikation und Kooperation sowie die Dokumentation wichtiger Aspekte und ihre Verfügbarmachung. Das Element **Planung und Umsetzung** steht für die Entwicklung von Arbeitsschutzzielen sowie die Erarbeitung eines Plans zum Erreichen der einzelnen Ziele (Zuständigkeiten, klare Leistungskritierien, was ist von wem bis wann zu erledigen). Arbeitsschutzziele sollten realistisch und auf eine ständige Verbesserung der Arbeitsschutzleistung ausgerichtet sein. Sie sollen messbar und eingebettet sein in die grundlegenden Orientierungen der Arbeitsschutzpolitik. Grundlage für die Festlegung der Arbeitsschutzziele sind die mit den Tätigkeiten verbundenen Gefährdungen, die von der Organisation zu ermitteln und beurteilen sind. Zu berücksichtigen sind alle relevanten Tätigkeiten, wozu insbes. auch Betriebsstörungen und Notfälle, die Arbeit mit Kontraktoren oder das Beschaffungswesen zählen. Zudem müssen Regelungen getroffen sein, die eine Ermittlung und Bewertung von internen Veränderungen (Personalbereich, Arbeitsverfahren) für die Sicherheit und den Gesundheitsschutz gewährleisten. Arbeitsschutzziele sollen organisationsspezifisch sein und im Einklang stehen mit dem aktuellen Stand der Erkenntnisse und dem geltenden (Arbeitsschutz)Recht. Das Element **Messung und Bewertung** steht für die Prüfung, inwieweit Arbeitsschutzpolitik und Arbeitsschutzziele umgesetzt werden und angemessen sind. Die Messung und Bewertung erfolgt auf zwei Ebenen. Durch Maßnahmen der aktiven (z. B. Verwirklichung der in Plänen festgelegten Arbeitsschutzziele) und reaktiven (z. B. Untersuchung von arbeitsbedingten Erkrankungen, Unfällen, Beinahe-Unfällen) Überwachung ist die Verwirklichung der von der Organisation festgelegten Arbeitsschutzpolitik zu kontrollieren. Darüber hinaus ist im Rahmen von Audits die Leistungsfähigkeit und Angemessenheit des Arbeitsschutzmanagementsystems selbstkritisch zu hinterfragen. Funktional dienen die Maßnahmen der aktiven und reaktiven Überwachung sowie Audits insbes. dazu, eine Bewertung der Arbeitsschutzleistung und des Systems durch die oberste Leitung der Organisation zu unterstützen. Diese Bewertung ist die Grundlage für **Verbesserungsmaßnahmen** als fünftem und letztem Kernelement des Arbeitsschutzmanagementsystems. Es kann sich dabei um Vorbeugungs- und Korrekturmaßnahmen oder Maßnahmen zur kontinuierlichen Verbesserung handeln, wobei wiederum einerseits die konkrete Planung und Durchführung der Arbeitsschutzziele und andererseits die Strukturen des Managements (also das Systems als solches) als Anknüpfungspunkte für Verbesserungsmaßnahmen in Betracht kommen (vgl. eingehend zum Ganzen den Leitfaden für Managementsysteme der ILO – *ILO/OSH-MS 2001* –, download der deutschen Übersetzung möglich über die Homepage der BAuA, www.baua.de; außerdem den deutschen Leitfaden für Arbeitsschutzmanagementsysteme, BArbBl. 2003 (1), 101 ff.). Es gibt mittlerweile eine Fülle von Modellen für Arbeitsschutzmanagementsysteme, deren Vorstellung und Bewertung den Rahmen dieser Kommentierung sprengen würde.

Mitte der 1990iger Jahre wurde intensiv diskutiert, ob neben den eingeführten, genormten Qualitätsmanagementsystemen nach ISO 9000 ff. und Umweltmanagementsystemen nach ISO 14 000 ff. auch Arbeitsschutzmanagementsysteme international genormt werden sollten. Dieses **Normungs**vorhaben wurde auf einem Workshop der internationalen Normungsorganisation ISO im September 1996 **98** mehrheitlich, u. a. auch von den Vertretern der Bundesrepublik Deutschland abgelehnt (dazu die ausführliche und materialreiche Dokumentation im KAN-Bericht Nr. 11, Zur Problematik der Normung von Arbeitsschutzmanagementsystemen – Materialsammlung). Gleiches gilt für einen Antrag des britischen Normungsinstituts BSI aus dem Jahre 2000, der ebenfalls nicht die erforderliche Mehrheit gefunden hatte (*Pieper,* ArbSchR ArbSchG, § 3 Rn. 11). Begründet wurde und wird die **deutsche Ablehnung** vor allem damit, dass die Entscheidung über die Einführung eines Arbeitsschutzmanagementsystems freiwillig bleiben müsse, eine Zertifizierung dieser Freiwilligkeit entgegenstehe sowie beträchtliche Kosten verursache und es nicht Aufgabe der Normung sei, weltweit bestehende Unterschiede des inhaltlichen Niveaus des Arbeitsschutzrechts mittels einer internationalen Norm zu nivellieren (ausführlich dazu KAN-Bericht Nr. 11, 13 ff.).

99 Trotz der klaren Ablehnung einer Industrienorm besteht in der **Bundesrepublik Deutschland** ein breiter **Konsens,** dass **Arbeitsschutzmanagementsysteme** – auf **freiwilliger** Basis und **ohne Zertifizierungszwang** – **ein förderungswürdiges Instrument des Arbeitsschutzes** sind. So verständigten sich das damalige Bundesministerium für Arbeit, die obersten Arbeitsschutzbehörden der Bundesländer, die Träger der gesetzlichen Unfallversicherung und die Sozialpartner im Juni 1997 auf einen **Gemeinsamen Standpunkt** (BArbBl. 1997 (9), 85 f.). Danach werden Arbeitsschutzmanagementsysteme als **wirksame Instrumente zur Verbesserung des Arbeitsschutzes** angesehen, deren Einsatz sowohl aus **humanitären** als auch aus **betriebs- und volkswirtschaftlichen Gründen** geboten ist. Als inhaltliche Anforderungen an Arbeitsschutzmanagementsysteme werden u. a. ein **umfassendes Konzept** verlangt, das alle Führungselemente und Elemente der Aufbau- und Ablauforganisation umspannt und dass **kompatibel zu bestehenden Managementsystemen** wie dem Qualitäts- oder Umweltmanagement ist. Dieses System muss geeignet sein, zu einer **Verbesserung des Arbeitsschutzes** beizutragen, die **Eigenverantwortung der Unternehmer** zu **fördern** und die **Einbeziehung der Beschäftigten und ihrer Interessenvertretungen** zu **verbessern.** Weiter konkretisiert wurde der skizzierte gemeinsame Standpunkt durch das sog. **Eckpunkte-Papier** („Eckpunkte" zur Entwicklung und Bewertung von Konzepten für Arbeitsschutzmanagementsysteme, BArbBl. 1999 (2), 43 ff; dazu auch *Poppendick/Brückner/Rötzer/Waldeck/Brock/Zwingmann* BArbBl. 1999 (2), 11 ff.). Durch die Eckpunkte soll eine **Orientierungsgrundlage** für die Entwicklung bzw. Weiterentwicklung konkreter Arbeitsschutzmanagementsysteme gegeben und inhaltliche Bausteine formuliert werden. Die Konzepte sollen insbes. branchen- und betriebsgrößenspezifische Aspekte berücksichtigen. Die Eckpunkte haben zudem das Ziel, die **Bewertung und Auswahl konkret angebotener Konzepte** zu ermöglichen.

100 Neben diesen Aktivitäten auf nationaler Ebene haben die Vertreter der Bundesrepublik Deutschland maßgeblich am ILO-Leitfaden für Arbeitsschutzmanagementsysteme (*– ILO/OSH-MS 2001 –*) mitgewirkt, der im April 2001 verabschiedet wurde (dazu *Bamberg/Böhm/Brückner/Große-Jäger/Hiltensberger/Kaiser/Pieper/ Strothotte* BArbBl. 2002 (10), 17, 18f., 21). Der ILO-Leitfaden, in den die vorgestellten deutschen Vorstellungen in großem Umfang eingeflossen sind (insbes. Freiwilligkeit, keine Zertifizierung), ist als **Orientierungsrahmen** für die Entwicklung **konkreter Konzepte** und für die Erarbeitung **nationaler Leitfäden** für Arbeitsschutzmanagementsysteme zu verstehen. Ein solcher nationaler Leitfaden, der sich eng an den Vorgaben der ILO orientiert, liegt für die Bundesrepublik Deutschland vor. (Leitfaden für Arbeitsschutzmanagementsysteme, BArbBl. 2003

Grundpflichten des Arbeitgebers **§ 3 ArbSchG**

(1), 101 ff.). Bemerkenswert am nationalen Leitfaden ist, dass er zwar keine obligatorische externe Begutachtung etwa im Rahmen eines Zertifizierungsverfahrens, jedoch – zur Abwendung einer, auch indirekten, Zertifizierungspflicht – die Möglichkeit einer **freiwilligen** Überprüfung des Arbeitsschutzmanagementsystems im Rahmen eines **Angebots** der **staatlichen Aufsichtsbehörden** bzw. der **Unfallversicherungsträger** vorsieht, die schriftlich zu bestätigen ist (Leitfaden für Arbeitsschutzmanagementsysteme, BArbBl. 2003 (1), 101 ff., 102). Inzwischen gibt es praktische Erfahrungen in einigen Unternehmen bei der Umsetzung des Leitfadens in betriebliche Arbeitsschutzmanagementsysteme (*Bell/Merdian* BG 2008, 184; *Larisch, Ritter, Sassmannshausen, Lang, Pieper, Hien*, Arbeitsschutzmanagement im Handel: Pilotprojekt Rewe 2006). Eine wichtige Rolle spielen auch die Spezifikationen des Länderausschusses für Arbeitsschutz und Sicherheitstechnik (LASI) zur freiwilligen Einführung, Anwendung und Weiterentwicklung von Arbeitsschutzmanagementsystemen. Die LV 21 und 22 sind inzwischen allerdings zurückgezogen und 2013 durch die LV 58 ersetzt worden, die Hinweise für das Beratungsangebot der Aufsichtsbehörden gibt (*Wiebauer* in Landmann/Rohmer GewO ArbSchG § 3 Rn. 61 ff; *Blume/Faber* in HK-ArbSchR § 3 ArbSchG Rn. 87).

Der vor allem aus der Betriebswirtschaft bekannte Begriff des Managementsystems hat mittlerweile Eingang in die deutsche Rechtssprache gefunden (*Weber* in Nöthlichs § 3 Rn. 3.1.4). Hinzuweisen ist insofern auf den störfallrechtlichen Begriff des Sicherheitsmanagementsystems (§ 8 Abs. 3 sowie Anhang III StörfallV) sowie auf das Umweltmanagementsystem, dessen rechtliche Ausformung Gegenstand der EU-EMASV ist. Der **Begriff des Arbeitsschutzmanagementsystems** ist demgegenüber bislang (noch) **kein Rechtsbegriff.** Zwar war 2002 im ersten Entwurf der Betriebssicherheitsverordnung in § 24 eine Vorschrift über Arbeitsschutzmanagementsysteme vorgesehen, dass bei Nachweis der Anwendung eines wirksamen Arbeitsschutzmanagementsystems nach Maßgabe des Anhangs 6 davon auszugehen sein sollte, dass die Organisationsverpflichtungen des § 3 Abs. 2 ArbSchG erfüllt sind (vgl. BR.-Drs. 301/02, dort auch den Anhang VI des Entwurfs der BetrSichV, in dem Mindestanforderungen formuliert sind). Die Bestimmung des § 24 sowie der dazugehörige Anhang VI sind aber im Verordnungsgebungsverfahren verworfen worden und in der dann beschlossenen Fassung der BetrSichV (BGBl. I 2002, S. 3777 ff.) ersatzlos entfallen. In der Einleitung des nationalen Leitfadens wird der **rechtliche Stellenwert** des Leitfadens dahingehend charakterisiert, dass bestehende Rechtsvorschriften oder anerkannte Standards weder ersetzt noch erläutert werden und Rechtsvorschriften unberührt bleiben (BArbBl. 2003, 101 ff., 102). Ungeachtet dessen stellt sich die Frage, welche **Rechtsfolgen** entstehen, **wenn** ein **Arbeitgeber** ein **Arbeitsschutzmanagementsystem entwickelt und unterhält,** das sich an den Vorgaben des Leitfadens orientiert. In den begleitenden Publikationen des BMAS, der obersten Arbeitsschutzbehörden der Länder, der Träger der gesetzlichen Unfallversicherung und der Sozialpartner wird in diesem Kontext hervorgehoben, dass Arbeitsschutzmanagementsysteme einen Weg darstellen, den in § 3 Abs. 2 ArbSchG festgelegten Organisationsverpflichtungen in besonders geeigneter Weise nachzukommen und die Sicherheit und den Gesundheitsschutz in alle Strukturen und Prozesse des Unternehmens einzubinden (*Poppendick/Brückner/Rötzer/Waldeck/Brock/Zwingmann* BArbBl. 1999 (2), 11, 12; *Bamberg/Böhm/Brückner/Große-Jäger/Hiltensberger/Kaiser/Pieper/Strothotte* BArbBl. 2002 (10), 17, 19). Dem ist im Grundsatz zuzustimmen. Zu beachten ist allerdings, dass die **Berücksichtigung der** oben skizzierten **Kernelemente des Arbeitsschutzmanagementsystems arbeitsschutzrechtlich** wegen § 3 Abs. 1

101

ArbSchG § 3   Arbeitsschutzgesetz

und 2 ArbSchG für jeden Arbeitgeber **verpflichtend** ist. So folgt die Pflicht zur – integrativen – Organisation aus § 3 Abs. 1 Nrn. 1 und 2 ArbSchG, die Pflicht zur Planung und Umsetzung aus § 3 Abs. 2 einleitender Satzteil i. V. mit § 3 Abs. 1 Satz 1 ArbSchG, die Pflicht zur Messung und Bewertung aus § 3 Abs. 1 Satz 2 und die Pflicht zur Verbesserung aus § 3 Abs. 1 Sätze 2, 3 ArbSchG. Lediglich die Pflicht zur Festlegung und Bekanntmachung einer Arbeitsschutzpolitik durch die Unternehmensleitung lässt sich nicht unmittelbar aus dem Wortlaut der Grundpflichten des § 3 ArbSchG ableiten. Sie folgt aber vor dem Hintergrund des Art. 5 Abs. 1 Rahmenrichtlinie Arbeitsschutz (89/391/EWG) aus der richtlinienkonformen Auslegung der Pflicht zur Einbindung der Maßnahmen in die Führungsstrukturen nach § 3 Abs. 2 Nr. 2 ArbSchG. Von einer freiwilligen Entscheidung ein Arbeitsschutzmanagementsystem zu unterhalten kann deswegen nur insoweit die Rede sein, als es um die Entscheidung geht, die genannten Kernelemente in der vom nationalen Leitfaden vorgesehenen Weise auszugestalten und zu verknüpfen. Das im Leitfaden konturierte Arbeitsschutzmanagementsystem stellt hierbei eine Möglichkeit dar (so zutreffend *Bamberg/Böhm/Brückner/Große-Jäger/Hiltensberger/Kaiser/Pieper/Strothotte* BArbBl. 2002 (10), 17, 19; vgl. *Wiebauer* in Landmann/Rohmer § 3 ArbSchG Rn. 58). Ergänzend hinzuweisen ist in diesem Zusammenhang schließlich noch darauf, dass insbes. die oben erwähnten **Organisations- und Verfahrensregeln des ASiG, des SGB VII und BetrVG nur in sehr allgemeiner Form in den nationalen Leitfaden Eingang gefunden haben.** Um seinen Pflichten nach § 3 Abs. 1, 2 ArbSchG zu genügen, muss der Arbeitgeber ergänzende Vorkehrungen treffen, um sein Arbeitsschutzmanagementsystem in Einklang mit den Grundpflichten zu bringen.

102   Neue Rechtsfragen wirft die im nationalen Leitfaden vorgesehene Möglichkeit auf, dass staatliche **Aufsichtsbehörden** oder die **Träger der gesetzlichen Unfallversicherung** eine **Überprüfung der Wirksamkeit** des Arbeitsschutzmanagementsystems anbieten und das **Ergebnis bescheinigen** (Leitfaden für Arbeitsschutzmanagementsysteme, BArbBl. 2003, 101, 102). Normativ ist die Rechtsgrundlage für diese neue, kooperative Handlungsoption wohl beim Beratungsauftrag der Aufsicht zu finden (§§ 21 Abs. 1 ArbSchG, 17 SGB VII). Fraglich ist zunächst, welche Voraussetzungen an die Erteilung einer solchen Bescheinigung zu stellen sind. Es ist dabei zu beachten, dass die Anforderungen des Leitfadens durchweg als Empfehlungen („sollte") formuliert sind. Von einem **nicht wirksamen Arbeitsschutzmanagementsystem dürfte jedenfalls dann** auszugehen sein, **wenn zwingende Rechtsvorschriften nicht eingehalten werden.** Stellt also, um nur ein Beispiel zu geben, der Arbeitgeber nicht angemessene persönliche Schutzausrüstungen kostenlos zur Verfügung, so kann die Bescheinigung nicht erteilt werden, obgleich dies nach Gliederungspunkt 2.13.1.2 wegen des Gebrauchs des Wortes „sollte" nur empfohlen wird. Es ist weiter zu beachten, dass das Angebot der freiwilligen Überprüfung eine Form kooperativen Verwaltungshandelns ist. Es stellt sich dabei das für viele Formen kooperativen Verwaltungshandelns typische Problem, dass die **Behörde auch in der beratenden Funktion zugleich Ordnungsbehörde** bleibt (zum Ganzen eingehend *Faber,* Die arbeitsschutzrechtlichen Grundpflichten, S. 392 ff.). Es kann daher sein, dass nicht nur die gewünschte Bescheinigung als Ergebnis der freiwilligen Überprüfung nicht erteilt wird, sondern zugleich nach pflichtgemäßem Ermessen über den Erlass einer Ordnungsverfügung nach §§ 22 Abs. 3 ArbSchG, 19 Abs. 1 SGB VII zu entscheiden ist. Die Behörde mag in dieser Situation bei leichteren Verstößen (z. B. partiellen Verstößen gegen die Empfehlungen zur Dokumentation – 2.7. des Leitfadens, § 6 ArbSchG) sich im

Grundpflichten des Arbeitgebers § 3 ArbSchG

Rahmen ihres Ermessens weiterer kooperativer Handlungsformen bedienen, z. B. durch Beanstandungen und Revisionsschreiben. Bestehen aber erhebliche Gefahren dadurch, dass, wie im obigen Beispiel, keine Vorkehrungen für die kostenlose Bereitstellung geeigneter persönlicher Schutzausrüstungen getroffen werden, kann eine Pflicht der Aufsicht zum sofortigen hoheitlichen Handeln durch Erlass einer Ordnungsverfügung bestehen. Nach dem **Transparenzgebot bei kooperativem Verwaltungshandeln** ist die Aufsicht verpflichtet, den Arbeitgeber auf die beschriebenen Möglichkeiten hinzuweisen (dazu *Faber*, Die arbeitsschutzrechtlichen Grundpflichten, S. 393; vgl. *Oebbecke* DVBl. 1994, 147, 153).

Angesichts der in manchen Branchen fast flächendeckenden Verbreitung von **103** Qualitätsmanagementsystemen muss es in der Praxis häufig darum gehen, das **Arbeitsschutzmanagement** und die ihm zugrundeliegenden Grundpflichten des § 3 Abs. 1, 2 ArbSchG **in die bestehenden Managementsystemstrukturen** zu integrieren. Eine solche Integration ist in vielen Fällen schon aus Gründen der Transparenz und sachlichen Abstimmung der Teilführungssysteme zur ganzheitlichen Führung eines Unternehmens geboten (*Zimolong*, Management des Arbeits- und Gesundheitsschutzes, S. 13 f.). So sind etwa parallele Arbeitsanweisungen für das Qualitätsmanagement und das Arbeitsschutzmanagement, ggf. auch noch für das Umweltschutzmanagement für die betroffenen Beschäftigten zumindest unübersichtlich und wenig geeignet für zielgerichtetes und schnelles Handeln, wie es etwa bei Betriebsstörungen oder bei Arbeitsdruck erforderlich ist. Die Wirksamkeit der verschiedenen Managementsysteme ist zudem in Frage gestellt, wenn die Arbeitsanweisungen und Prozesse nicht aufeinander abgestimmt und ggf. widersprüchliche Anforderungen formuliert werden (oben Rn. 46). Die **Integration des Arbeitsschutzmanagements** ist aber nicht nur sachlich, sondern auch **rechtlich geboten**, denn nach § 3 Abs. 2 Nr. 2 ArbSchG ist der Arbeitsschutz erforderlichenfalls in alle Tätigkeitsbereiche einzubinden. Angesichts der angedeuteten notwendigen Abstimmungen der Teilführungssysteme ist in aller Regel davon auszugehen, dass die Integration der Managementsysteme erforderlich ist, so dass zwar keine Pflicht zur Übernahme der institutionellen Elemente eines AMS besteht, doch die **funktionalen Kernelemente** generell zu beachten und widerspruchsfrei zu gestalten sind (*Blume/Faber* in HK-ArbSchR ArbSchG § 3 Rn. 92 ff). Ein wesentlicher Vorzug des **nationalen Leitfadens** liegt darin, dass er die Kompatibilität des Arbeitsschutzmanagementsystems mit bestehenden Managementsystemen nicht nur als integralen Bestandteil der Arbeitsschutzpolitik definiert (Gliederungspunkt 2.1.4), sondern er darüber hinaus **tabellarisch** ausführliche Hinweise zur Verknüpfbarkeit der Elemente des Leitfadens **mit** den praktisch bedeutsamen Qualitätsmanagementsystemen nach **ISO 9000 ff.** und den Umweltmanagementsystemen nach **ISO 14 000 ff.** gibt.

Vom Arbeitsschutzmanagement zu unterscheiden ist das **Betriebliche Gesund- 104 heitsmanagement** (BGM). Dieser Begriff ist inzwischen durch die Gerichtspraxis weitgehend geklärt. Das *OVG Berlin-Brandenburg* (8.11.2012 – OVG 62 PV 2.12) hat – bestätigt durch das *BVerwG* (14.2.2013, 6 PB 1/13 PersR 2013, 176, dazu *Kohte* JurisPR-Arb 27/2014 Anm. 1) – das BGM definiert als systematische, zielorientierte und kontinuierliche Steuerung aller betrieblichen Prozesse, mit dem Ziel, Gesundheit, Leistung und Erfolg für die Beschäftigten auf den Betrieb erhalten und zu fördern. Insoweit handelt es sich beim BGM um eine **Dachorganisation**, mit der **Arbeitsschutz, BEM und betriebliche Gesundheitsförderung** zu einem kohärenten Gesundheitsziel zusammen geführt werden sollen (dazu *Kohte* in HK-ArbSchR ASiG § 1 Rn. 26). Auch wenn Arbeitsschutzmanagementsysteme und BGM somit kategorial voneinander zu unterscheiden sind, sind in aller Regel Überschneidungen zwischen beiden Systemen möglich (dazu *Wiebauer* in Landmann/Rohmer GewO ArbSchG § 3 Rn. 65), so dass die Schnittstellen entsprechend aufeinander abzustimmen sind (so auch *Blume/Faber* in HK-ArbSchR ArbSchG § 3 Rn. 99).

§ 4 Allgemeine Grundsätze

Der Arbeitgeber hat bei Maßnahmen des Arbeitsschutzes von folgenden allgemeinen Grundsätzen auszugehen:
1. **Die Arbeit ist so zu gestalten, daß eine Gefährdung für das Leben sowie die physische und die psychische Gesundheit möglichst vermieden und die verbleibende Gefährdung möglichst gering gehalten wird;**
2. **Gefahren sind an ihrer Quelle zu bekämpfen;**
3. **bei den Maßnahmen sind der Stand der Technik, Arbeitsmedizin und Hygiene sowie sonstige gesicherte arbeitswissenschaftliche Erkenntnisse zu berücksichtigen;**
4. **Maßnahmen sind mit dem Ziel zu planen, Technik, Arbeitsorganisation, sonstige Arbeitsbedingungen, soziale Beziehungen und Einfluss der Umwelt auf den Arbeitsplatz sachgerecht zu verknüpfen;**
5. **individuelle Schutzmaßnahmen sind nachrangig zu anderen Maßnahmen;**
6. **spezielle Gefahren für besonders schutzbedürftige Beschäftigungsgruppen sind zu berücksichtigen;**
7. **den Beschäftigen sind geeignete Anweisungen zu erteilen;**
8. **mittelbar oder unmittelbar geschlechtsspezifisch wirkende Regelungen sind nur zulässig, wenn dies aus biologischen Gründen zwingend geboten ist.**

Übersicht

	Rn.
A. Normzweck	1
B. Gemeinschaftsrecht und supranationales Recht	3
C. Entstehungsgeschichte	5
D. Die Grundlagen der Präventionspolitik	6
E. Dynamische und menschengerechte Arbeitsschutzpolitik	14
F. Vorrang kollektiver Schutzmaßnahmen	25
G. Integrativer Gruppenarbeitsschutz	36

Literatur: *Badura,* Fehlzeiten-Report 2009, 2010; *Bücker,* Von der Gefahrenabwehr zu Risikovorsorge und Risikomanagement im Arbeitsschutzrecht, 1997; *ders.,* Menschengerechter Arbeitsschutz, PersR 9/2015, 16ff; *Bremer,* Arbeitsschutz im Baubereich, 2007; *Bücker/Feldhoff/ Kohte,* Vom Arbeitsschutz zur Arbeitsumwelt, 1994;*Bundesanstalt für Arbeitsschutz und Arbeitsmedizin,* Gefährdungsbeurteilung psychischer Belastung, 2014; *Europäische Agentur für Sicherheit und Gesundheitsschutz am Arbeitsplatz,* Workforce diversity and risk assessment, 2009; *Europäische Agentur für Sicherheit und Gesundheitsschutz am Arbeitsplatz,* Geschlechterspezifische Aspekte der Sicherheit und des Gesundheitsschutzes bei der Arbeit – Eine zusammenfassende Darstellung, 2006; *Faber,* Die arbeitsschutzrechtlichen Grundpflichten des § 3 ArbSchG, 2004 (zit.: Grundpflichten); *Habich,* Sicherheits- und Gesundheitsschutz durch die Gestaltung von Nacht- und Schichtarbeit und die Rolle des Betriebsrates, 2006; *Heilmann/Raehlmann/Schweres,* Arbeitswissenschaft und Arbeitsrecht, ZArbwiss 2015, 258ff; *Hendler/Marburger* (Hrsg.), Technische Regeln im Umwelt- und Technikrecht, 2006; *Jürgen/Blume/Schleicher/Szymanski,* Arbeitsschutz durch Gefährdungsanalyse, 1997; *Julius,* Arbeitsschutz und Fremdfirmenbeschäftigung, 2004;

Allgemeine Grundsätze § 4 ArbSchG

Klimpe-Auerbach, Neue Grippe und Gesundheitsschutz, AiB 2010, 10; *Kohte,* Arbeitsschutzrecht im Wandel, Jahrbuch des Arbeitsrechts, Bd. 37, 2001, S. 21 ff.; *Kohte,* Arbeits- und Gesundheitsschutz in der Schule, RdJB 2008, 198; *Kohte,* Individuelle Beschäftigungsverbote im System des heutigen Arbeitsrechts, FS für Franz-Josef Düwell, 2011, S. 152 ff; *Kohte,* Gesundheitsschutz in der Grauzone? – Arbeitsbedingungen entsandter Beschäftigter, in FS Eichenhofer, 2015, S. 314 ff; *Kohte,* Arbeitsschutz in der digitalen Arbeitswelt, NZA 2015, 1417 ff; *Kollmer,* Arbeitsschutzgesetz und -verordnungen, 3. Aufl. 2008; *Kollmer,* Inhalt und Anwendungsbereich der vier neuen Verordnungen zum Arbeitsschutzgesetz, NZA 1997, 138; *Langhoff/Krietsch/Starke,* Der Erwerbseinstieg junger Erwachsener: unsicher, ungleich, ungesund, WSI-Mitteilungen 2013, 343 ff; *Lindl,* Arbeitsschutzrecht, 1992; *Müller-Petzer,* Fürsorgepflichten des Arbeitgebers nach europäischem und nationalem Arbeitsschutzrecht, 2003; *Nebe,* Betrieblicher Mutterschutz ohne Diskriminierungen, 2006; *Nebe,* Arbeitsentgelt bei mutterschutzbedingter Umsetzung, ZESAR 2011, 10; *Opfermann/Rückert,* Neuregelung für persönliche Schutzausrüstungen, AuA 1997, 124; *Resch,* Analyse psychischer Belastungen, 2003; *Revermann/Gerlinger,* Technologien im Kontext von Behinderung, 2010; *Schlick/Bruder/Luczak,* Arbeitswissenschaft, 3. Aufl. 2010; *Schmidt/Novara,* Arbeitsrechtliche Aspekte der Pandemievorsorge und -bekämpfung, DB 2009, 1817; *Schucht,* Die neue Betriebssicherheitsverordnung, NZA 2015, 333; *Timm,* Eine gemeinsame Strategie für mehr Arbeitsschutz in Deutschland, BG 2008, 422; *Veigel,* Das niederländische Arbeitsschutzrecht und die Umsetzung der Rahmenrichtlinie in den Niederlanden, 2002; *Weg/Stolz-Willig,* Agenda gute Arbeit: geschlechtergerecht, 2014; *Wlotzke,* Ausgewählte Leitlinien des Arbeitsschutzgesetzes, in FS für Wolfgang Däubler, 1999, S. 654; *Wlotzke,* Das neue Arbeitsschutzgesetz – zeitgemäßes Grundlagengesetz für den betrieblichen Arbeitsschutz, NZA 1996, 1017; *Wlotzke,* Fünf Verordnungen zum Arbeitsschutzgesetz von 1996, NJW 1997, 1469; *Zipprich,* Prävention arbeitsbedingter Erkrankungen durch manuelles Handhaben von Lasten, 2006.

A. Normzweck

In § 4 werden in Anlehnung an Art. 6 Abs. 2 der RL 89/391/EWG **allgemeine** 1
Grundsätze der Prävention formuliert, die allen Beteiligten eine möglichst klare Orientierung bei der Gestaltung der Arbeit und der Realisierung des betrieblichen Gesundheitsschutzes verdeutlichen sollen. Die Notwendigkeit einer solchen Zusammenfassung ergibt sich aus dem Leitbildwechsel des Arbeitsschutzrechts. An die Stelle eines technischen und vorschriftenorientierten Arbeitsschutzes, der sich an externen Anordnungen orientiert, ist ein betriebsorientierter Gestaltungsansatz getreten, mit dem die spezifischen Gefährdungen des jeweiligen Betriebs und Arbeitsplatzes soweit wie möglich vermieden oder verringert werden sollen (BAG NZA 2010, 506, 508). Damit sind vor allem die Arbeitgeber als Akteure und Normadressaten gefordert. Die allgemeinen Grundsätze des § 4 normieren für diese Gestaltungsaufgabe eine verbindliche Richtung und Rangfolge. Sie sind daher keine Programmsätze, sondern **verbindliche Rechtspflichten** (*Kollmer,* ArbSchG Rn. 76: „eiserne Grundsätze des Arbeitsschutzes").

Zentraler Adressat für diese Grundsätze ist der **Arbeitgeber,** der nach § 3 2
ArbSchG für die Maßnahmen des Arbeitsschutzes und für die betriebliche Gesundheitspolitik in ihrer Gesamtheit verantwortlich ist (Art. 5 RL 89/391 EWG). Diese Grundsätze sind nach der Systematik des ArbSchG auch von den **verantwortlichen Personen nach § 13 ArbSchG** sowie auch von den Entleihern bei Leiharbeit nach **§ 11 Abs. 6 AÜG** zu beachten (*Weber* in Nöthlichs § 4 Rn. 1). Sie geben aber auch die erforderlichen Kategorien für die beratende Tätigkeit der Betriebsärzte und Sicherheitsfachkräfte und sind bei der Ausübung des Ermessens durch die

Betriebsparteien nach § 87 BetrVG (*Fitting,* § 87 Rn. 299) sowie in der **Einigungsstelle** nach §§ 87, 76 BetrVG ebenfalls maßgeblich (*LAG Hamburg* NZA-RR 2001, 190, 195). Schließlich sind sie auch bei der Ausübung des Ermessens der **Aufsichtsbehörden** nach § 22 Abs. 3 zu beachten (*Faber,* Grundpflichten, S. 375; VG Münster 28.2.2013 – 7 L 853/12, dazu *Kohte/Jarosch* jurisPR-ArbR 22/2014 Anm. 5). Durch die Verweisung in § § 2 Abs. 2 DGUV Vorschrift 1 sind diese Grundsätze schließlich auch für die **Träger der Unfallversicherung** maßgeblich. Durch die Verweisungen in § 2 Abs. 1 sowie § 3 Abs. 3 Nr. 1 BaustellV wirken einige Grundsätze aus § 4 ArbSchG auch direkt auf die **zivilrechtlichen Pflichten** des Bauherren sowie des Sicherheit- und Gesundheits-Koordinators ein (*Bremer,* Arbeitsschutz im Baubereich, S. 66 ff., 87 ff.; *OLG Celle* BauR 2006, 133; *Wiebauer* in Landmann/Rohmer GewO ArbSchG § 4 Rn. 4).

B. Gemeinschaftsrecht und supranationales Recht

3   Die Grundsätze sind als „**general principles of prevention**" in Art. 6 Abs. 2 der RL 89/391/EWG zusammengefasst worden. Ein Teil dieser Grundsätze war bereits in Art. 4 der RL 80/1107/EWG formuliert worden. Als legislatorisches Vorbild für diese Zusammenfassung der Grundsätze kann § 3 des niederländischen Arbeitsumständegesetzes aus dem Jahr 1980 gelten (*Veigel,* Das niederländische Arbeitsschutzrecht, S. 35 f.); im Rahmen der Umsetzung der Rahmenrichtlinie sind diese Grundsätze im niederländischen Recht 1998 weiter verdeutlicht und gestrafft worden (*Veigel,* aaO S. 58 ff.). In den anderen Mitgliedstaaten der Union sind inzwischen vergleichbare Grundsatzkataloge normiert worden, so zB in Österreich die 2012 aktualisierte Norm des § 7 öAschG.

4   Diese gemeinschaftsrechtlichen Prinzipien sind das Ergebnis einer intensiven internationalen Diskussion, die bereits nach 1970 eingesetzt hat und ihren ersten Höhepunkt im **ILO-Übereinkommen 155 über Arbeitsschutz und Arbeitsumwelt** vom 22. Juni 1981 gefunden hat. In Art. 4 dieses Übereinkommens sind die Mitgliedstaaten bereits verpflichtet worden, eine konsequente Präventionspolitik vorzunehmen. Sowohl für die nationale Ebene als auch für die betriebliche Ebene sind wesentliche Grundsätze einer solchen Präventionspolitik bereits damals formuliert worden. In einer Wechselwirkung zur Entwicklung des Gemeinschaftsrechts sind die Grundsätze der Präventionspolitik in den späteren ILO-Übereinkommen 170 über Sicherheit bei der Verwendung chemischer Stoffe bei der Arbeit, 176 für die Arbeit in den Bergwerken und 184 für die Arbeit in der Landwirtschaft weiter konkretisiert worden. Von zentraler Bedeutung ist schließlich das 2007 beschlossene **ILO-Übereinkommen 187** zum Förderungsrahmen für den Arbeitsschutz, das eine innerstaatliche **präventive Arbeitsschutzkultur** verlangt. Dieses inzwischen ratifizierte (BGBl 2010 II 378) Übereinkommen hat wiederum wichtige Impulse für die Kodifikation der gemeinsamen deutschen Arbeitsschutzstrategie nach § 20a ArbSchG gesetzt (*Kohte* in MHdB ArbR § 288 Rn. 40).

C. Entstehungsgeschichte

5   Eine weitgehend mit § 4 ArbSchG vergleichbare Norm war als § 5 im Entwurf des Arbeitsschutzrahmengesetzes 1993 formuliert worden. Der Text war etwas detaillierter formuliert und lehnte sich enger an den Text der Richtlinie an (BT-Drs.

Allgemeine Grundsätze § 4 ArbSchG

12/6752, S. 7, 36; *Wlotzke* NZA 1994, 602, 604). Dieser Entwurf war 1994 nicht mehrheitsfähig und wurde 1996 durch das **schlanker formulierte ArbSchG** ersetzt (*Wlotzke* NZA 1996, 1017, 1019). In § 4 wurde daher in Nr. 3 die bisherige Anordnung einer Erleichterung und Verringerung monotoner Arbeit ersatzlos gestrichen, obgleich die Richtlinie diese Anforderung ausdrücklich formuliert hatte (alleviating monotonous work). Auch die ausdrückliche Erwähnung der besonderen Belange von Behinderten wurde in der neuen Fassung ersatzlos gestrichen. Andererseits wurde in den Ausschussberatungen auf einen Vorschlag des Bundesrates die jetzige Norm des § 4 Nr. 8 zur Einschränkung geschlechtsspezifisch wirkender Regelungen neu aufgenommen (BT-Drs. 13/4854, S. 3). Im Text wurde weiter der 1993 verwandte Begriff des Risikos durch den Begriff der „Gefährdung" ersetzt (BT-Drs. 13/3540, S. 16). 2013 wurde durch Art. 8 des BUK-NOG in § 4 Nr. 1 ArbSchG ergänzt, dass der Schutz die „physische und psychische" Gesundheit betrifft (BGBl. 2013 I 3836, 3847). Die Materialien (BT-Drs. 17/12297, S. 67) weisen aus, dass es sich um eine „Klarstellung" handelt.

D. Die Grundlagen der Präventionspolitik

An die erste Stelle der Grundsätze ist in Nr. 1 die Anforderung gesetzt worden, 6
eine Gefährdung für Leben sowie physische und psychische Gesundheit möglichst zu vermeiden und eine verbleibende Gefährdung möglichst gering zu halten. Damit sind die ersten beiden Grundsätze aus Art. 6 Abs. 2 der Richtlinie (avoiding of risks und reducing of risks) in einem Grundsatz zusammengefasst worden. Der hier eingesetzte **Begriff der Gefährdung** ist für das heutige Arbeitsschutzrecht von zentraler Bedeutung. Während das klassische Arbeitsschutzrecht der Gefahrenabwehr diente, wird mit der Orientierung an der Gefährdung nunmehr der präventive und umfassende Ansatz hervorgehoben, der mit dem **ganzheitlichen Gesundheitsbegriff** korrespondiert, der auch in der Rechtsprechung von Anfang an favorisiert worden ist (BVerwG NZA 1997, 482, 483; BAG NZA 2009, 102, 105; BAG NZA 2014, 855, 856; *Wiebauer* in Landmann/Rohmer GewO ArbSchG § 4 Rn. 16).

In der Gesetzesbegründung wird zunächst der **Begriff der Gefahr** in Übereinstimmung mit dem allgemeinen Recht der Gefahrenabwehr als eine Sachlage definiert, die bei ungehindertem Ablauf zu einem Schaden führt, wobei für einen Schadenseintritt eine hinreichende Wahrscheinlichkeit verlangt wird. Dagegen **bezeichnet Gefährdung bereits die Möglichkeit eines Schadens oder einer gesundheitlichen Beeinträchtigung** ohne bestimmte Anforderungen an deren Ausmaß oder Eintrittswahrscheinlichkeit (BT-Drs. 13/3540, S. 16; *BAG* NZA 2009, 102, 105). 7

Damit ist der Ansatzpunkt der Gesundheitspolitik im Betrieb weit nach vorn gelegt (*Oberberg* RdA 2015, 180, 182; *Klindt/Schucht* in EuArbR RL 89/391 EWG Rn. 48f). Da die Gefährdung auch bei einer geringen Wahrscheinlichkeit besteht, sind gegenüber dem früheren Recht der Gefahrenabwehr deutlich weitergehende Maßnahmen erforderlich. Diese Maßnahmen können auf organisatorische und wirtschaftliche Probleme stoßen und sich als unverhältnismäßig erweisen. Daher sind die Anforderungen deutlich offener als bei der klassischen Gefahrenabwehr formuliert; die Gefährdung soll nach Möglichkeit vermieden werden. Damit ist insoweit Raum für **innerbetriebliche Abwägung,** so dass zugleich wesentlich **mehr Raum für die Mitbestimmung der Betriebsparteien** besteht, die bei 8

ArbSchG § 4 Arbeitsschutzgesetz

einer klassischen Politik der Gefahrenabwehr nur einen geringeren Spielraum hatte (*Kohte* in MHdB ArbR § 292 Rn. 14; *Kohte*, Jahrbuch des Arbeitsrechts, 2001, S. 21, 32; *LAG Hamburg* LAGE § 87 BetrVG Gesundheitsschutz Nr. 1 m. Anm. *Kohte*; aA *Wiese/Gutzeit* in GK-BetrVG § 87 Rn. 603 mwN). Eine solche Abwägung verlangt eine genaue Ermittlung und Bewertung der Gefährdungen und der sich daraus ergebenden Handlungsmöglichkeiten, so dass für das präventive Konzept des Gefährdungsschutzes die Gefährdungsbeurteilung eine Schlüsselrolle einnimmt (*Wlotzke*, FS Däubler, S. 654, 661; *Faber* Grundpflichten, S. 115).

9 Die mit dieser weit nach vorn verlegten Politik der Vermeidung bzw. Verringerung von Gefährdungen verlangte eingehende Interessenabwägung ist in einigen Bereichen bereits durch das Gemeinschaftsrecht und das Arbeitsschutzrecht vorgenommen worden. In den Fällen, in denen die Gefährdung besonders wichtige Rechtsgüter nachhaltig beeinträchtigen kann, nähert sich die Vermeidung der Gefährdung einer strikten Gefahrenabwehr an. Dies gilt für einschneidende Gefährdungen wie zB **Lärm und Gefahrstoffe.** Sowohl für Lärm als auch für Gefahrstoffe sowie im Strahlenschutz ist im Gemeinschaftsrecht und im deutschen Recht ein **striktes Minimierungsgebot** normiert worden. Auch wenn zB die bisherigen Grenzwerte für Lärm nicht erreicht werden, ist der Arbeitgeber nach § 7 I LärmVibrationsArbSchV verpflichtet, Lärm so gering wie möglich zu halten (*Kohte* in MHdB ArbR § 293 Rn. 32). Dies gilt auch für **künstliche optische Strahlung** (§ 7 I OStRV) und bestimmte Gefahrstoffe, bei denen zunächst durch Substitution und danach durch Minimierung ungeachtet etwaiger Grenzwerte die Vermeidung der Gefährdung im Mittelpunkt steht (→ *Kreizberg* § 7 OStRV Rn. 1). Bei weniger einschneidenden Gefährdungen ist die Interessenabwägung, die § 4 Nr. 1 ArbSchG zugrunde liegt, wesentlich offener vorzunehmen (*Wlotzke*, FS Däubler, S. 654, 660).

10 Da im Konzept des Gefährdungsschutzes regelmäßig verschiedene Lösungen möglich sind, stellt sich – anders als beim strikten Gefahrenschutz – wesentlich eher die Frage, ob **wirtschaftliche Erwägungen** bei dieser Abwägung eine Rolle spielen können. Vereinzelt wird die Ansicht vertreten, dass der Arbeitgeber aus wirtschaftlichen Gründen eine weniger optimale Lösung wählen darf (*Weber* in Nöthlichs ArbSchG § 4 Rn. 3.1). Dieser Position wird überwiegend und zutreffend widersprochen, da wirtschaftliche Erwägungen nicht dieselbe Wertigkeit wie die Rechtsgüter Leben und Gesundheit haben (*Wlotzke* FS Däubler S. 654, 660; *Kohte* in MHdB ArbR § 292 Rn. 14). Auf der anderen Seite sind im Gefährdungsschutz wirtschaftliche Aspekte nicht ohne jede Bedeutung; eine Abwägung nach Maßstab eines Kosten-Nutzen-Vergleichs ist regelmäßig geboten und kann bei unverhältnismäßig geringem Zusatznutzen der teureren Variante ins Gewicht fallen (*Bücker*, Von der Gefahrenabwehr zur Risikovorsorge, S. 232 f.). Auf die Ertragslage des einzelnen Betriebes kommt es insoweit nicht an.

11 Zur abgestuften Schutzpolitik gehört weiter der Grundsatz, **Gefahren an der Quelle zu bekämpfen.** Dieser Grundsatz war bereits 1980 in Art. 4 der RL 80/1107/EWG für das damalige Gefahrstoffrecht normiert worden. Gesundheitsschutz ist besonders effektiv, wenn bereits die grundlegenden Gefahrenquellen in Angriff genommen werden. Besonders anschaulich wird dieses Schutzkonzept in § 7 Abs. 3 GefStoffV normiert, wonach die Substitution von Gefahrstoffen vorrangig ist. Ist diese besonders effektive Maßnahme nicht realisierbar, ist es nach § 7 Abs. 4 GefStoffV erforderlich, die Tätigkeit mit Gefahrstoffen zu vermeiden oder weniger gefährliche Stoffe einzusetzen. Werden Gefahrstoffe im Betrieb eingesetzt, so sind zunächst technische Schutzmaßnahmen geboten; schwächer sind organisatorische und letztlich persönliche Schutzmaßnahmen (*Grüneberg/Kohte* in HK-ArbSchR

Allgemeine Grundsätze §4 ArbSchG

GefStoffV Rn. 42ff.; vgl. jetzt ausdrücklich § 7 I 3 OStrV). Damit wird das in der heutigen Arbeitswissenschaft anerkannte TOP-Modell (*Schlick/Brader/Luczak*, Arbeitswissenschaft, S. 744ff.) übernommen (so auch *Faber*, Grundpflichten, S. 116ff.). Die Bekämpfung von Gefahren an der Quelle ist nicht ausschließlich auf die besonders gefahrintensiven Gefahrstoffe, biologischen Arbeitsstoffe und Lärmimmissionen beschränkt, sondern gilt als **genereller Grundsatz**. Anschaulich wird dies verdeutlicht durch die Norm des **§ 2 LasthandhabV**, die wiederum vorrangig die Vermeidung bzw. Verringerung der Lastenhandhabung verlangt, bevor eine Erleichterung der Lastenhandhabung durch Hebehilfen oder durch organisatorische Maßnahmen angeordnet wird (*Wlotzke* NJW 1997, 1469, 1472; *Kollmer* NZA 1997, 138, 141; ausführlich *Zipprich*, Prävention arbeitsbedingter Erkrankungen, S. 87ff.). 12

Mit diesem Grundsatz ist zugleich ein wichtiger Maßstab für die Durchführung der Gefährdungsbeurteilung nach § 5 ArbSchG normiert, da die auf diese Weise zu ermittelnden Maßnahmen sich am Konzept der Gefahrenbekämpfung an der Quelle zu orientieren haben (*Wlotzke* NJW 1997, 1469, 1471). Ebenso ist dieser Grundsatz bei der Ermessensausübung einer Anordnung nach § 22 Abs. 3 ArbSchG zu beachten (*Faber*, Grundpflichten, S. 377; VG Münster 28.2.2013 – 7 L 853/12, dazu *Kohte/Jarosch* jurisPR-ArbR 22/2014 Anm. 5). 13

E. Dynamische und menschengerechte Arbeitsschutzpolitik

Als weiterer Grundsatz wird verlangt, bei allen Maßnahmen den Stand der Technik zu berücksichtigen. Mit dem Stand der Technik ist wiederum eine vom Gemeinschaftsrecht ausgehende zentrale Konzeption aufgenommen worden, die sich von der klassischen deutschen Konzeption der Orientierung an den **„allgemein anerkannten Regeln der Technik"** (dazu *Fitting*, BetrVG § 87 Rn. 282; *Wiese/Gutzeit* in GK-BetrVG § 89 Rn. 16) unterscheidet, bei denen es sich um eine relativ statische Kategorie handelt, mit der die vorherrschende Meinung sämtlicher Fachleute bezeichnet wird (*Bücker*, Von der Gefahrenabwehr zur Risikovorsorge, S. 100ff). Dagegen umschreibt der **Stand der Technik** den **Entwicklungsstand fortschrittlicher Verfahren,** der die praktische Eignung einer Maßnahme zum Gesundheitsschutz gesichert erscheinen lässt – so die sich an die Rechtsprechung (BVerfG NJW 1979, 359, 362) anschließende Definition in § 3 Abs. 10 GefStoffV, die nach allgemeiner Ansicht verallgemeinerungsfähig ist (*Fitting*, § 87 Rn. 283; *Wlotzke*, FS Däubler, S. 654, 664). Diese Kategorie ist im Gemeinschaftsrecht zunächst im Technikrecht der Gemeinschaft, vor allem in der Maschinenrichtlinie RL 89/392/EWG (jetzt RL 2006/42/EG) entwickelt worden (*Kohte* MHdB ArbR § 294 Rn. 11). Der Stand der Technik ist im heutigen Arbeitsschutzrecht die in der Regel maßgebliche Kategorie. Dies entspricht Art. 6 Abs. 2e der RL 89/391/EWG, der als Grundsatz „adapting to technical progress" formuliert. 14

Dabei ist die Bindung der Akteure an diese Kategorie unterschiedlich stark ausgeprägt. Bei **besonderen Gefahren** ist der **Stand der Technik strikt zu beachten,** wie sich aus §§ 3 Abs. 1 Nr. 6 LärmVibrationsArbSchV, 4 Abs. 1 Nr. 2 BetrSichV, 3 Abs. 2 Nr. 5 RöntgenVO, 3 Abs. 4 StörfallVO, 7 Abs. 4 GefStoffV und 8 Abs. 5 BiostoffeV ergibt. In **anderen Fällen** ist der Stand der Technik, wie sich aus § 4 Nr. 3 ArbSchG ergibt, **„zu berücksichtigen",** so dass eine begründete Abweichung möglich ist (*Kohte* in MHdB ArbR § 290 Rn. 27). In jedem Fall muss der Arbeitgeber jedoch im Rahmen der Gefährdungsbeurteilung zunächst feststellen, 15 wie der Stand der Technik für die jeweilige Gefährdung definiert wird; auch außerhalb des Lärmschutz- und Gefahrstoffrechts ist zunächst zu prüfen, was der Stand der Technik verlangt und ob und wie weit dessen Beachtung möglich ist (*Wlotzke* FS Däubler, S. 654, 664; *Faber,* Grundpflichten S. 153). Dabei kann er sich vor allem auf die mehr als 2000 harmonisierten europäischen Normen (*Kohte* in MHdB ArbR § 290 Rn. 32 ff.) stützen, mit denen die grundlegenden Sicherheit- und Gesundheitsanforderungen des europäischen Technikrechts für die betriebliche Praxis konkretisiert werden (*Wiebauer* in Landmann/Rohmer GewO ArbSchG § 4 Rn. 31).

16 Eine vergleichbare Stellung nehmen der **Stand der Arbeitsmedizin** und der Stand der Hygiene ein; diese sind in gleicher Weise zu definieren (§ 2 Abs. 12 S. 3 GefStoffV). Damit sind wiederum fortschrittliche Untersuchungsverfahren und betriebsepidemiologische Methoden für die betriebsärztlichen Untersuchungen nach § 3 ASiG sowie für die Untersuchungen nach der ArbmedVV heranzuziehen. Sie formulieren die Anforderungen, mit welchen Methoden die Arbeitsmedizin arbeitsbedingte Gesundheitsschäden und -probleme erkennen und an der Vermeidung und Verringerung von Gefährdungen mitwirken kann (*Pieper* ArbSchR ArbSchG § 4 Rn. 9). Die Regeln und Erkenntnisse, die diesen Stand ausmachen, sollen im **Ausschuss für Arbeitsmedizin** nach § 9 ArbmedVV ermittelt werden (BR-Drs. 643/08, S. 39; u. *Leube,* ArbmedVV § 9 Rn. 6) und sind von den Betriebsärzten nach § 6 Abs. 1 S. 1 ArbmedVV zu berücksichtigen.

17 Der **Stand der Hygiene** ist zB von Bedeutung für die Pflicht zur Reinigung der Arbeitsstätte nach § 4 Abs. 2 ArbStättV. In Ermangelung weiterführender Regeln wird eine Konkretisierung durch die bisherigen DIN-Normen vorgenommen (*Kohte/Faber* zu LAG Mainz jurisPRArbR 33/2009 Anm. 5), obgleich sich DIN-Normen lange Zeit an den allgemein anerkannten Regeln der Technik orientiert hatten. Ein moderner Stand der Hygiene kann eher den Veröffentlichungen des Robert-Koch-Instituts entnommen werden, die vor allem für die Maßnahmen nach § 9 BioStoffV sowie die Hygiene in der Schule maßgeblich (*Kohte* RdJB 2008, 198, 206 f.) oder bei betrieblichen Schutzvorschriften zur Pandemievorsorge und -bekämpfung (*Schmidt/Novara* DB 2009, 1817; *Klimpe-Auerbach* AiB 2010, 10) richtungsweisend sind.

18 Eine zentrale Rolle für den heutigen betrieblichen Gesundheitsschutz wird in § 4 Nr. 3 ArbSchG weiter der Kategorie der **gesicherten arbeitswissenschaftlichen Erkenntnisse** zugeschrieben, die zunächst 1972 in §§ 90, 91 BetrVG sowie 1975 in der damaligen ArbStättV eingeführt worden ist. Mit diesem Begriff, der in dieser Form im Gemeinschaftsrecht nicht verwandt wird, sollte 1972 die damals gebräuchliche Technikorientierung des Arbeitsschutzrechts aufgebrochen werden (*Bücker/Feldhoff/Kohte,* Vom Arbeitsschutz zur Arbeitsumwelt Rn. 11 ff.). Er setzte bewusst nicht eine zusätzliche Disziplin in den Mittelpunkt, sondern wollte eine **querschnittartige Zusammenfassung verschiedener Fachdisziplinen** erreichen, zu denen vor allem Arbeitsphysiologie, Arbeitspsychologie, Ergonomie und Arbeitssoziologie rechnen (dazu *Pieper* ArbSchR ArbSchG § 4 Rn. 14; *Anzinger/Bieneck,* ASiG § 1 Rn. 84 ff). Letztlich entspricht dies der heute allgemein anerkannten Definition der Arbeitswissenschaft, mit der das systematische Analysieren, Ordnen und Gestalten der technischen, organisatorischen und sozialen Bedingungen von Arbeitsprozessen umschrieben wird (*Fitting* § 90 Rn. 42; *Weber* in GK-BetrVG § 90 Rn. 34). In der aktuellen arbeitswissenschaftlichen Diskussion wird der **interdisziplinäre Charakter** der Arbeitswissenschaft betont (*Heilmann/Raehlmann/Schweres* ZfArbwiss 2015, 258 ff.).

Allgemeine Grundsätze **§ 4 ArbSchG**

Zu dieser Querschnittswissenschaft (*Schlick/Brader/Luczak*, Arbeitswissenschaft 19 S. 27) passt nicht die bisherige hierarchische technische Regelsetzung, die sich an allgemein anerkannten Normen und Entscheidungen von Fachausschüssen orientiert. Mit dem Begriff „gesichert" soll zum Ausdruck gebracht werden, dass die **jeweiligen Erkenntnisse methodisch abgesichert** sind und von einer überwiegenden Meinung der beteiligten Fachkreise zugrunde gelegt werden; in der Regel wird eine **praktische Erprobung** zumindest in einem oder wenigen Betrieben zu verlangen sein (*Kohte* in HK-BetrVG § 89 Rn. 10; *Fitting* § 90 Rn. 43; *Klebe* in DKKW-BetrVG § 91 Rn. 11; differenzierend *Habich*, Sicherheits- und Gesundheitsschutz, S. 167 ff.).

Dieser relativ offenen Kategorie entspricht eine **Pluralität von Formen der** 20 **Absicherung solcher Erkenntnisse** (ausführlich *Habich*, Sicherheits- und Gesundheitsschutz, S. 169 ff). Diese können in technischen Regeln – zB nach § 7 ArbStättV – formuliert werden; sie können sich aus Unfallverhütungsvorschriften, aber auch aus einfachen Gestaltungsrichtlinien ergeben, die im nicht normativen Regelwerk der Träger der Unfallversicherung oder auch in Technischen Regeln nach § 18 Abs. 2 Nr. 5 ArbSchG formuliert sind. Eine vergleichbare Absicherung kann sich auch in tariflicher Normsetzung solcher Erkenntnisse widerspiegeln (*Klebe* in DKKW-BetrVG § 91 Rn. 10). Mögliche Erkenntnisse beschränken sich nicht auf das deutsche Territorium; vor allem Veröffentlichungen und best practices der Europäischen Agentur für Sicherheit und Gesundheitsschutz am Arbeitsplatz (*Kohte* in MHdB ArbR § 289 Rn. 32; http://osha.europa.eu) sowie die harmonisierten europäischen Normen (→ Rn. 15) können eine entsprechende Absicherung dokumentieren.

Mit dieser Kategorie sollte zugleich die Statik der früheren Arbeitsschutztechnik 21 überwunden werden. Da die Anforderungen an die Sicherheit der Erkenntnisse weniger formalisiert gefasst waren, ging man davon aus, auf diese Weise auch der Dynamik des verlangten Arbeitsschutzes gerecht zu werden. Damit ergab sich zugleich aber auch eine Pluralität älterer und neuerer Erkenntnisse, die nicht mehr – wie vor 1996 – in Verwaltungsvorschriften geordnet wurden. Durch § 18 Abs. 2 Nr. 5 ArbSchG wurde stattdessen ein Verfahren **kooperativer Konkretisierung** installiert, in dem interessenplural zusammengesetzte Ausschüsse, zB für Arbeitsstätten, für Betriebssicherheit oder für Arbeitsmedizin (Überblick bei *Wiebauer* in Landmann/Rohmer GewO § 4 ArbSchG Rn. 37), die jeweiligen Kenntnisse ermitteln, die vom zuständigen Ministerium in Form **Technischer Regeln** amtlich bekannt gemacht werden (*Kohte* in MHdB ArbR § 290 Rn. 35 ff.). Diese Methode, die seit längerer Zeit im Recht der Geräte- und Produktsicherheit angewandt worden ist, wird seit 2002 auch im betrieblichen Arbeitsschutz praktiziert. Sie verlangt ein systematisches, transparentes und interessenplurales Verfahren, das durch rechtzeitige Veröffentlichung eine Beteiligung der Betroffenen ermöglicht (ausführlich *Kohte* in Hendler/Marburger, Technische Regeln im Umwelt- und Technikrecht, 2006, S. 119, 144 ff.). Eine umfangreiche und kostenlos herunterladbare Zusammenstellung wichtiger Erkenntnisse bietet der von der BAuA herausgegebene „Leitfaden zur Ermittlung gefährdungsbezogener Arbeitsschutzmaßnahmen im Betrieb" (http://www.baua.de/nn_28722/de/Themen-von-A-Z/Gefaehrdungsbeurteilung/pdf/Ratgeber-Gefaehrdungsbeurteilung.pdf). Gleichwohl ist in der Praxis bis heute eine effektive und transparente Information, welche arbeitswissenschaftlichen Erkenntnisse als gesichert betrachtet werden können, noch nicht in jeder Hinsicht gelungen (zu den Problemlagen *Kohte* in MHdB ArbR § 290 Rn. 37 ff.). Es ist zu erwarten, dass vor allem die Veröffentlichungen der Europä-

ArbSchG § 4   Arbeitsschutzgesetz

ischen Agentur für Sicherheit und Gesundheitsschutz bei der Arbeit eine Schlüsselrolle in diesem Prozess einnehmen werden. Die **Gemeinsame Deutsche Arbeitsschutzstrategie** nach § 20a ArbSchG hat mit der Veröffentlichung (www.gda-portal.de) kooperativ erarbeiteter **Leitlinien** zu deutlichen Verbesserungen beigetragen und auf diese Weise auch gesicherte arbeitswissenschaftliche Erkenntnisse formuliert (*Faber/Kohte* in HK-ArbSchR vor § 20a ArbSchG Rn. 12). Weitere gesicherte Erkenntnisse ergeben sich aus den **Veröffentlichungen der BAuA,** so zB dem 2014 publizierten Band „Gefährdungsbeurteilung psychischer Belastung".

22   Seit 1972 steht die Kategorie der „gesicherten arbeitswissenschaftlichen Erkenntnisse" in einem engen Verhältnis zur Kategorie der **menschengerechten Gestaltung der Arbeit,** die nach § 2 ArbSchG zumindest hinsichtlich der arbeitsschutznahen Bereiche der menschengerechten Gestaltung der Arbeit (*Kohte* in MHdB ArbR § 288 Rn. 5 und § 290 Rn. 25) im Betrieb zu realisieren sind (o. *Kohte,* § 2 Rn. 22ff.). Damit hat sich das Arbeitsschutzrecht zugleich den Einflüssen der nach 1970 entwickelten Humanisierung der Arbeit geöffnet (*Bücker* PersR 9/ 2015, 16ff).

23   Auf dieser Entwicklung basiert § 4 Nr. 4 ArbSchG, wonach Maßnahmen mit dem Ziel zu planen sind, vor allem **Technik, Arbeitsorganisation und soziale Beziehungen sachgerecht zu verknüpfen.** Dies ist eine wenig glückliche Übersetzung des Grundsatzes „developing a coherent overall prevention policy" in Art. 6 Abs. 2 g RL 89/391/EWG. Diese **kohärente betriebliche Gesundheitsschutzpolitik,** die von den Betriebsparteien zu entwickeln und vom Arbeitgeber zu verantworten ist, soll zu der bisher noch fehlenden Integration von Technik, Arbeitsorganisation und sozialen Beziehungen am Arbeitsplatz führen. Diese Kategorie wird verständlicher, wenn sie mit der in § 4 ArbSchG nicht explizit aufgegriffenen Kategorie in § 6 Abs. 2d RL 89/391/EWG kombiniert wird, wonach die **Anpassung der Arbeit an den Menschen** (adapting the work to the individual) sowie die **Beseitigung oder Verringerung monotoner und maschinenbestimmter Arbeit** verlangt wird. Während diese wichtigen Konkretionen noch 1993 im ersten Gesetzentwurf aufgegriffen worden waren, haben sie die Verschlankung nach 1994 nicht überstanden. Einzelne Aspekte sind übernommen worden in § 4 Abs. 1 S. 4 Nr. 4 BetrSichV (*Schucht* NZA 2015, 333, 337) sowie im Begriff der menschengerechten Gestaltung der Arbeit im § 2 ArbSchG, doch fehlt eine hinreichend deutliche Übernahme der Kategorie der Anpassung der Arbeit an den Menschen. Genau eine solche betriebliche Gesundheitspolitik wird jedoch verlangt. Die Reduzierung monotoner Arbeit ist ein besonders anschauliches Beispiel für eine solche Politik. Insoweit ist § 4 Nr. 4 ArbSchG gemeinschaftsrechtskonform auszulegen (dazu ausführlich *Blume/Faber* in HK-ArbSchR § 4 ArbSchG Rn. 28).

24   Diese Anforderungen sind anschaulich im Anhang zur MaschinenRL, der inzwischen im Anhang zur 9. ProdSV umgesetzt worden ist, dokumentiert worden. Hier wird von den Konstrukteuren einer Maschine verlangt, dass Belästigung, Ermüdung und Stress des Bedienungspersonals minimiert werden (*Lindl,* Arbeitsschutzpolitik, S. 84; *Bücker,* aaO S. 185). Die **betrieblichen Gestaltungspflichten** setzten vor allem ein, wenn durch die Gefährdungsbeurteilung **psychische Belastungen** festgestellt worden sind. Diese Belastungen können zunächst durch technische Maßnahmen verringert werden, wie die Anforderungen an die Softwareergonomie im Anhang der BildscharbV dokumentieren (*Kohte* in MHdB ArbR § 293 Rn. 40). Vorrangig können sie allerdings durch organisatorische Maßnahmen verringert werden. Dazu ist es zB notwendig, die jeweiligen Vorgesetzten zu qualifizieren und ihre Kommunikationsfähigkeit mit den Beschäftigten zu verbessern (*Resch,*

Allgemeine Grundsätze § 4 ArbSchG

Analyse psychischer Belastungen, S. 138 f.). In der Literatur werden auch Maßnahmen der work-life-balance und der Vereinbarkeit von Familie und Beruf, wie sie sich zB aus § 6 Abs. 4 ArbZG ergeben (so *Nöthlichs* § 4 Rn. 3.4), genannt. Bereits die Gefährdungsbeurteilung hat auf diese Gestaltungspflichten einzugehen und sie systematisch vorzubereiten (*Jürgen/Blume* u. a., Arbeitsschutz durch Gefährdungsanalyse, S. 95 ff.; *Nübling* u. a. in *Badura*, Fehlzeiten-Report 2009, S. 253 ff.). Wichtige Erkenntnisse sind zusammengefasst in den Veröffentlichungen des Länderausschusses für Arbeitsschutz und Sicherheitstechnik (LASI); maßgeblich sind insoweit das Konzept zur Ermittlung psychischer Fehlbelastungen am Arbeitsplatz und zu Möglichkeiten der Prävention − LV 28 (http://lasi.info.com/uploads/media/lv28_01.pdf) und die **Handlungsanleitung zur Ermittlung psychischer Fehlbelastungen** am Arbeitsplatz und zu Möglichkeiten der Prävention − LV 31 (http://lasi. info.com/uploads/media/lv31_01.pdf; *Wiebauer* in Landmann/Rohmer GewO § 4 Rn. 24). Obgleich in § 3 BildschArbV seit 1997 ausdrücklich verlangt wird, psychische Belastungen in die Gefährdungsbeurteilung einzubeziehen, ist das weitgehend festzustellende Fehlen dieses Teils der Gefährdungsbeurteilung fast nie aufsichtsrechtlich beanstandet worden. Seit Oktober 2009 liegt jetzt ein LASI-Leitfaden „Integration psychischer Belastungen in die Beratungs- und Überwachungspraxis der Arbeitsschutzbehörden der Länder" − LV 52 (lasi.info.com/uploads/media/lv52_01.pdf) vor. Die Gemeinsame Deutsche Arbeitsschutzstrategie gibt die Chance und den Rahmen, dass damit eine **entsprechende Aufsichtspraxis** stattfindet (dazu *Kohte* BG 2010, 384 ff.).

F. Vorrang kollektiver Schutzmaßnahmen

Im § 4 Nr. 5 wird als weiterer Grundsatz der Vorrang kollektiver vor individuellen Schutzmaßnahmen angeordnet. Damit wird der Grundsatz aus Art. 6 Abs. 2 h der RL 89/391/EWG umgesetzt und griffig formuliert (*Klindt/Schucht* in EuArbR RL 89/391/EWG Rn. 54). Es handelt sich um einen allgemeinen Grundsatz der Arbeitsschutzpolitik, der eng mit der Bekämpfung der Gefahren an der Quelle verknüpft ist (*Bücker/Feldhoff/Kohte* Rn. 459 ff.). Während der traditionelle Arbeitsschutz sich lange Zeit auf die Beeinflussung des Verhaltens der Beschäftigten konzentriert hatte (*Kohte*, Arbeitnehmerhaftung und Arbeitgeberrisiko, 1981, S. 155 ff.), dominiert in der Arbeitswissenschaft inzwischen der **Grundsatz der Verhältnisprävention**. Vorrang muss danach die Änderung der Arbeitsbedingungen und die Verringerung der jeweiligen Gefährdungen am Arbeitsplatz haben (*Oppolzer* in *Badura*, Fehlzeiten-Report 2009, S. 13, 18 ff.). Nur in einem solchen Konzept können auch verhaltensorientierte und verhaltenssteuernde Anweisungen den passenden Stellenwert finden. Im internationalen Recht ist dieser Grundsatz zB in Art. 13 und 15 im ILO-Übereinkommen 170 über Sicherheit bei der Verwendung chemischer Stoffe bei der Arbeit verankert worden. 25

Inzwischen ist dieser Grundsatz auch in der Mehrzahl der Verordnungen zum Arbeitsschutz sowie in den Unfallverhütungsvorschriften umgesetzt und verdeutlicht worden. So verlangt zB § 8 LärmVibrationsArbSchV ausdrücklich, dass die **Maßnahmen des aktiven Lärmschutzes** − also der Lärmminderung − Vorrang gegenüber Maßnahmen des passiven Arbeitsschutzes, vor allem dem Gebrauch von Gehörschutz, haben. Nur durch den Vorrang der Maßnahmen des aktiven Lärmschutzes kann eine effektive Lärmminderung und Lärmprävention erreicht werden (*Kohte* in MHdB ArbR § 293 Rn. 33; *Blume/Faber* in HK-ArbSchR ArbSchG § 4 Rn. 62). Der Vorrang 26 dieser Maßnahmen ist inzwischen auch in der Rechtsprechung des EuGH anerkannt worden (EuGH 19.5.2011 – C-256/10 – Barcenilla Fernandez, NZA 2011, 967; zustimmend *Wiebauer* in Landmann/Rohmer GewO ArbSchG § 4 Rn. 48 und *Kocher,* Europäisches Arbeitsrecht, 2015 § 5 Rn. 25).

27 Im klassischen verhaltensorientierten Arbeitsschutz nahmen die **persönlichen Schutzausrüstungen** eine wichtige Stellung ein, während sie im modernen präventiven Arbeitsschutz auf einen nachrangigen Platz zurückgestuft worden sind (ausführlich *Müller-Petzer,* Fürsorgepflichten, S. 112f.). Sehr deutlich ist in Art. 3 der RL 89/656/EWG formuliert worden, dass persönliche Schutzausrüstungen zu verwenden sind, wenn die Gefährdungen nicht durch kollektive technische oder arbeitsorganisatorische Maßnahmen vermieden oder ausreichend begrenzt werden können. Dieser klare Grundsatz ist im § 2 PSA-BV nur schwer nachzuvollziehen, obgleich er bereits in Art. 16 Nr. 3 des ILO-Übereinkommens 155 sowie in Art. 13 des ILO-Übereinkommens 170 verankert worden ist. Daher ist § 4 Nr. 5 ArbSchG auch für die Auslegung der PSA-BV heranzuziehen (*Wlotzke* NJW 1997, 1469, 1471; *Opfermann/Rückert* AuA 1997, 124; u. *Klindt* → PSA-BV Einf Rn. 15; *Bücker* in HK-ArbSchR PSA-BV Rn. 11).

28 Der **Nachrang individueller persönlicher Schutzausrüstungen** ist deutlich in § 7 Abs. 5 S. 2 **GefStoffV** formuliert worden. Danach darf bei Emission von Gefahrstoffen nicht dauerhaft unter persönlichen Schutzausrüstungen gearbeitet werden. Damit wird hier der Nachrang der individuellen Schutzmaßnahmen klarer als in der PSA-BV formuliert. Ein ähnlicher, vergleichbar plakativ formulierter Nachrang der Schutzausrüstungen wird jetzt auch in § 8 Abs. 4 Nr. 4 **BioStoffV** und in § 4 Abs. 2 S. 3 **BetrSichV** verlangt (*Schucht* NZA 2015, 333, 337).

29 Lebhaft diskutiert wird die Bedeutung des Vorrangs kollektiver Schutzmaßnahmen für die arbeitsmedizinische Vorsorge. Zutreffend unterscheidet die Begründung zur ArbmedVV (BR-Drs. 643/08, S. 25) zwischen **arbeitsmedizinischer Primärprävention und Sekundärprävention;** es wird ausdrücklich herausgestellt, dass die Vorsorgemaßnahmen nach § 3 ASiG der primären Prävention für alle Beschäftigten im Betrieb dienen, die damit auch zu einer Anpassung und Veränderung der Arbeitsplätze führen sollen. Dagegen sind die Untersuchungen nach §§ 4, 5 ArbmedVV vor allem der individuellen Sekundärprävention zugeordnet; eine systematische Auswertung der Untersuchungsergebnisse für die Entwicklung betrieblicher Präventionsstrategien ist bisher weiterhin eine seltene Ausnahme und durch die ArbmedVV nicht hinreichend prozedural abgesichert, obgleich in § 6 Abs. 4 ArbmedVV eine solche Pflicht der Betriebsärzte und in § 8 Abs. 1 ArbmedVV eine Umsetzungspflicht des Arbeitgebers normiert ist (*Wiebauer* in Landmann/Rohmer GewO ArbSchG § 4 Rn. 50). Auch ärztlich begründete **individuelle Beschäftigungsverbote** sind entgegen einer langjährigen Praxis als individuelle Maßnahmen **nachrangig** gegenüber kollektiven Schutzmaßnahmen. Insoweit enthält die Struktur des § 3 MuScharbV (Rn. 45) einen allgemeinen Grundsatz, der für alle Beschäftigte gilt (*Kohte,* FS Düwell, S. 152, 156 unter Bezugnahme auf BAG 15.6.2004 – 9 AZR 483/03, NZA 2005, 462, 465; zustimmend *Wiebauer* in Landmann/Rohmer GewO ArbSchG § 4 Rn. 51).

30 Auch für das **Betriebssicherheitsrecht** war bereits nach § 4 BetrSichVaF der in § 4 Nr. 5 ArbSchG normierte Grundsatz des Vorrangs kollektiver Schutzmaßnahmen maßgeblich (*Pieper* in ArbSchR BetrSichV § 4 Rn. 5). Gleichwohl gibt es in der Praxis noch zahlreiche Beispiele dafür, dass der Vorrang der Verhältnisprävention nicht realisiert wird. Ein anschauliches Urteil hatte das LAG Köln zu einem Arbeitsunfall an einem hochgelegenen Arbeitsplatz formuliert, in dem den Beschäf-

Allgemeine Grundsätze **§ 4 ArbSchG**

tigten zwar eine Schulung über das sichere Verhalten auf Dächern vermittelt worden war, jedoch wurden sie nicht mit Leitern ausgerüstet, die für diese Höhe hinreichend geeignet waren (*Kohte/Faber* zu LAG Köln – 16.7.2008 – 3 Sa 190/08, jurisPR-ArbR 10/2010 Anm. 3). Inzwischen ist der Vorrang technischer und organisatorischer Gestaltungsmaßnahmen in § 4 Abs. 1 und 2 BetrSichV nF deutlicher und transparenter formuliert worden (*Schucht* NZA 2015, 333, 337).

Funktionsgleich mit den individuellen Schutzmaßnahmen sind schließlich verhaltensorientierte **Anweisungen,** die in **§ 4 Nr. 7 ArbSchG** als ein weiterer – eher nachgeordneter – Grundsatz der Prävention aufgenommen worden sind. Auch hier zeigt die betriebliche Praxis, dass Arbeitsschutz bisher noch in einem relativ hohen Umfang in den Betrieben als eine Maßnahme der individuellen Verhaltensorientierung gelebt wird. Dies entspricht nicht den Anforderungen, die vor allem § 4 Nr. 5 ArbSchG an die betriebliche Gestaltung stellt. Die jeweiligen verhaltensorientierten Maßnahmen müssen in einem deutlichen Nachrang zur aktiven technischen und organisatorischen Gestaltung der jeweiligen Arbeitsplätze stehen. Dies ist vor allem im Rahmen der Gefährdungsbeurteilung zu beachten, die bekanntlich darauf abzielt, die geeigneten Maßnahmen zu finden. Diese Maßnahmen müssen jedoch vorrangig kollektive Schutzmaßnahmen sein. 31

Die in § 4 Nr. 7 ArbSchG in Anlehnung an Art. 6 Abs. 2i RL 89/391/EWG („appropriate instructions") verlangten geeigneten **Anweisungen sind konkrete und verbindliche Verhaltensanforderungen,** die sich auf bestimmte Arbeitsplätze und konkrete Situationen im Betrieb beziehen. Sie stehen in einem Zusammenhang mit den Unterweisungen nach § 12 ArbSchG, die sich allerdings nicht auf Anweisungen beschränken dürfen, sondern diese den Beschäftigten zu erläutern haben (*Kollmer* ArbSchG Rn. 142). Bei besonderen Gefahren wird die Anweisung zusätzlich generalisiert durch eine **Betriebsanweisung** (dazu §§ 14 Abs. 1 GefStoffV, 14 Abs. 1 BioStoffV, 12 Abs. 2 BetrSichV). 32

Anweisungen sind **objektiv geeignet,** wenn sie der Gefährdungslage angemessen sind; dies wird am besten erreicht durch eine zutreffende und aktuelle Gefährdungsbeurteilung. Von besonderer Bedeutung ist die Verzahnung mit der Gefährdungsbeurteilung bei den Anweisungen nach § 9 Abs. 1 ArbSchG, mit denen der Zugang zu besonders gefährlichen Arbeitsbereichen reguliert wird. Je größer das Gefahrenpotential am Arbeitsplatz ist, desto konkreter und genauer müssen die Anweisungen sein (→ § 9 Rn. 24). 33

Subjektiv geeignet sind Anweisungen nur, wenn sie für die Beschäftigten hinreichend verständlich und praktikabel sind (*Koll* in Koll/Janning/Pinter § 4 Rn. 37). Dies kann bedeuten, dass Anweisungen je nach den spezifischen Fähigkeiten der Beschäftigten, die nach § 7 ArbSchG zu berücksichtigen sind, modifiziert werden müssen. In jedem Fall gilt auch für Anweisungen der allgemeine Grundsatz der für sonstige Informationen sowohl in § 81 BetrVG als auch in § 3 Abs. 2 PSA-BV normiert ist, wonach solche Informationen in **verständlicher Form und Sprache** zu erfolgen haben. Dies kann bedeuten, dass Anweisungen nicht nur in deutscher Sprache, sondern auch in anderen Sprachen, die den Beschäftigten besser verständlich sind, übersetzt werden müssen (*LAG Baden-Württemberg* AiB 1990, 313; *Fitting,* BetrVG § 81 Rn. 14; *Wiebauer* in Landmann/Rohmer GewO ArbSchG § 4 Rn. 58). In geeigneten Fällen sind Bilder und Piktogramme zu verwenden, damit eine kurzfristige Verständlichkeit erreicht werden kann. Besonders wichtig sind solche verständlichen Anweisungen für diejenigen, die neu im Betrieb sind bzw. nur kurzfristig im Betrieb tätig sind. Daher verlangt in Übereinstimmung mit dem Gemeinschaftsrecht § 8 Abs. 2 ArbSchG, dass sich der Betriebsinhaber vergewissert, dass alle Fremdfirmen- 34

Kohte

ArbSchG § 4

beschäftigten, die zeitweilig im Betrieb tätig sind, geeignete Anweisungen erhalten haben (ausführlich *Julius,* Arbeitsschutz und Fremdfirmenbeschäftigung, S. 163 ff.).

35 Die vielfältige Bezugnahme auf die Pflicht zur Erteilung geeigneter Anweisungen in §§ 8, 9, 12, 15 ArbSchG zeigt deutlich den hohen Stellenwert, den Anweisungen für eine präventive betriebliche Gesundheitspolitik haben. Sie sollen die **Transparenz** der jeweiligen Maßnahmen sicherstellen und zur **Motivation** der Beschäftigten und ihrer aktiven Mitwirkung beitragen (*Koll* in Koll/Janning/Pinter § 4 Rn. 35). Ebenso wie bei der Unterweisung nach § 12 ArbSchG sind die verschiedenen Modalitäten durch das Gesetz nicht festgelegt, so dass mündliche und schriftliche Anweisungen möglich sind; ebenso ist offen, in welchem zeitlichen Turnus Anweisungen wiederholt oder erneuert werden. Daher besteht hier ein breiter Handlungsspielraum für die Betriebsparteien und für die Anwendung des § 87 Abs. 1 Nr. 7 BetrVG (*Wiebauer* in Landmann/Rohmer GewO § 4 ArbSchG Rn. 60; vgl. zur Unterweisung BAG NZA 2004, 1175, 1178; NZA 2011, 651, 652). Wegen der großen Bedeutung dieser Maßnahmen können auch Aufsichtsmaßnahmen nach § 22 Abs. 3 ArbSchG geboten sein (*Faber,* Grundpflichten S. 382).

G. Integrativer Gruppenarbeitsschutz

36 § 4 Nr. 6 ArbSchG verlangt, dass **spezielle Gefahren für besonders schutzbedürftige Beschäftigtengruppen** zu berücksichtigen sind. Damit wird auf Art. 15 der RL 89/391/EWG Bezug genommen (BT-Drs. 13/3540, S. 16). Ein grundlegender Bericht der Europäischen Agentur für Sicherheit und Gesundheitsschutz zum Thema „workforce diversity and risk assessment", (http://osha.europa.eu/en/publications/reports/TE7809894ENC, deutsche Zusammenfassung in http://osha.europa.eu/de/publications/factsheets/de_87.pdf) nennt als wesentliche Gruppen die Beschäftigten mit Migrationshintergrund, jüngere Beschäftigte, ältere Beschäftigte, behinderte Beschäftigte, Leiharbeitnehmer und verlangt schließlich ein gender-sensitives Vorgehen. In der Literatur werden schwangere und stillende Frauen als besondere Gruppen qualifiziert (*Koll* in Koll/Janning/Pinter § 4 Rn. 17).

37 Die speziellen Gefahren für besonders schutzbedürftige Beschäftigtengruppen sind bei **sämtlichen Arbeitsschutzmaßnahmen** zu berücksichtigen, d. h. sowohl bei der Erstellung der Gefährdungsbeurteilung, bei der Risikovermeidung und -minimierung, bei der arbeitsschutzbedingten Anpassung der Arbeitsbedingungen; auch bei der Unterrichtung oder Unterweisung der Beschäftigten sind die jeweiligen Besonderheiten zu beachten. Zum Teil ergeben sich konkrete Anforderungen aus speziellen Rechtsvorschriften. So sind für die Bereiche des Mutter- und des Jugendarbeitsschutzes besondere Anforderungen an die zu erstellende Gefährdungsbeurteilung schon gesetzlich ausdrücklich normiert, vgl. §§ 28 a JArbSchG, 1 MuSchArbV (ausführlich dazu *Nebe* in jurisPK-FuB § 1 MuSchArbV Rn. 1 ff.). Auch für die jeweilige Gestaltung der Arbeitsplätze, -bedingungen und -organisation finden sich in den besonderen Schutzgesetzen spezifische Vorgaben; so z. B. in § 81 Abs. 4 SGB IX (dazu *Faber* in FKStB SGB IX § 81 Rn. 48 ff.), in §§ 2 MuSchG, 3 MuSchArbV (dazu wiederum *Nebe* in jurisPK-FuB § 3 MuSchArbV und *Beetz* in HK-ArbSchR Betrieblicher Mutterschutz Rn. 22 ff) sowie in § 28 JArbSchG. Exemplarisch sei auf die gegenüber den allgemeinen Unterrichtungsvorschriften nach dem ArbSchG weitergehenden Vorgaben nach § 2 MuSchArbV oder nach §§ 11 Abs. 6 AÜG, 12 Abs. 2 ArbSchG zugunsten von Leiharbeitnehmern verwiesen. § 4 Nr. 6 ArbSchG bekräftigt diese Sondervorschriften, stellt sich aber zugleich

Allgemeine Grundsätze **§ 4 ArbSchG**

auch als eine **Auffangvorschrift** für diejenigen Gruppen dar, für die spezielle Vorschriften fehlen.

Der damit verlangte **gruppenorientierte Arbeitsschutz** ist im Gemeinschaftsrecht als **integrativer und inklusiver Schutz** konzipiert. Vorrangig ist eine generelle Arbeitsschutzkonzeption **(universal design)**, mit der für möglichst viele Gruppen möglichst viele Gefährdungen vermieden oder verringert werden, so dass **besondere gruppenorientierte Maßnahmen nur als zusätzliche Maßnahmen** erforderlich sind. Besonders deutlich wird dieser inklusive Ansatz bei **Maßnahmen für behinderte Menschen** diskutiert (*Revermann/Gerlinger,* Technologien im Kontext von Behinderung, S. 24 ff, 171 ff; vgl. BT-Drs. 16/13860, S. 128 ff). Vorrangig ist die barrierefreie Gestaltung einer Arbeitsstätte, in der z. B. Rampen, Aufzüge, leichtgängige Schalter sowie mit Leuchtfarbe markierte Stufen eingebaut sind, so dass für möglichst viele Beschäftigte kaum Hindernisse und Unfallquellen beim Weg zur Arbeitsstätte und in der Arbeitsstätte bestehen. Eine solche Arbeitsplatzgestaltung ermöglicht zugleich die ergänzende Installierung individueller Schutzmaßnahmen, mit denen für behinderte Menschen auf zusätzliche und individuelle Besonderheiten eingegangen werden kann **(assistive Technologien)**. Diese im Gemeinschaftsrecht angelegte Inklusion wird vor allem durch Art. 27 der UN-Behindertenkonvention, die inzwischen in das deutsche Recht transformiert ist (BGBl. II 2008, 1419), verlangt. Der in § 3 Abs. 2 ArbStättV für das Arbeitsstättenrecht normierte Grundsatz der **Barrierefreiheit** verkörpert daher ein **generelles Prinzip**, das mit Hilfe von § 4 Nr. 6 ArbSchG zB auch für die Anforderungen der barrierefreien Gestaltung der Bildschirmarbeit und der Softwareergonomie genutzt werden kann (*Blume/Faber* in HK-ArbSchR § 4 ArbSchG Rn. 105). 38

Diese **Kombination von vorrangigem universal design und ergänzenden assistiven Technologien** ist nicht nur für die Inklusion behinderter Menschen, sondern auch z. B. für die Gruppe der **älteren Arbeitnehmer** von großer Bedeutung (dazu *Kohte,* AuR 2008, 281, 286). Hebehilfen nach § 2 LastHandhabV verhindern präventiv Gefährdungen für die Wirbelsäule, ermöglichen aber auch Menschen mit gesundheitlichen Problemen an der Wirbelsäule weiter eine möglichst adäquate Tätigkeit im Betrieb. Eine ähnliche Konstellation ergibt sich für die Bedeutung der Beleuchtung am Arbeitsplatz, die einerseits präventiven Gefährdungsschutz für die menschlichen Augen vermittelt, zum anderen aber sehbehinderten Menschen einen möglichst intensiven und längeren Aufenthalt im Betrieb und in der Erwerbstätigkeit ermöglicht (Beispiele bei *Blume/Faber* in HK-ArbSchR § 4 ArbSchG Rn. 25). Zutreffend verlangt daher § 3 Abs. 2 S. 2 BetrSichV jetzt auch die Berücksichtigung der **alters- und alternsgerechten Gestaltung von Arbeitsmitteln** (zustimmend *Schucht* NZA 2015, 333, 336). 39

In vergleichbarer Weise ist auch der bisher kaum diskutierte Schutz von **Arbeitnehmern mit Migrationshintergrund** zu realisieren. Die **Umsetzung der RL 2014/67/EU** gibt die Chance, einen **besseren Schutz für entsandte Beschäftigte** zu realisieren und auf verschiedenen Ebenen transparente Informationen sicherzustellen (*Kohte,* FS Fichenhofer, 2015, S. 314, 324 ff). In §§ 14 Abs. 1 S. 1 und Abs. 2 S. 6 GefStoffV, 11 Abs. 3 LärmVibrationsArbSchV, 3 Abs. 2 PSA-BV, 12 Abs. 1 S. 1 BetrSichV, 14 Abs. 1 S. 4 und Abs. 3 S. 1 BioStoffV werden Anweisungen und Unterweisungen in einer den Beschäftigten **verständlichen Sprache** verlangt, so dass auch eine Übersetzung bzw. ein Einsatz von Dolmetschern geboten sein kann (*Wank* in TAS PSA-BV § 3 Rn. 2; LAG Baden-Württemberg AiB 1990, 313). Diese Regelungen verkörpern einen allgemeinen Grundsatz, der in § 4 40

ArbSchG seinen Niederschlag gefunden hat (vgl. o. Rn. 34). Bei Schutzmaßnahmen und Kennzeichnungen von Stoffen und Gefahren am Arbeitsplatz ist darauf zu achten, dass **mindestens zwei Zugangswege** zur Informationsverarbeitung zur Verfügung stehen, die einerseits in Textform, zum anderen aber auch mit Hilfe von Symbolen und Farben oder auch akustischen Signalen auf die Gefährdung hinweisen und den Warneffekt möglichst umfassend realisieren. Ein so angelegter Gefährdungsschutz ist zugleich **diversity-orientiert** und stützt die neueren Konzepte der Personalpolitik (*Schulze-Doll* in HK-BetrVG § 92 Rn. 28).

41 **Jüngere Beschäftigte** stellen nach allgemeiner Ansicht ebenfalls eine Gruppe besonders gefährdeter Beschäftigter dar. Für **Jugendliche** sind die Vorschriften des JArbSchG zu beachten, die bestimmte gefährliche Arbeiten verbieten (§ 22), eine besondere Gefährdungsbeurteilung verlangen (§ 28a), spezifische Regeln zur arbeitsmedizinischen Vorsorge anordnen (§ 32) und schließlich eine generalklauselartige Schutzpflicht unter besonderer Bezugnahme auf die menschengerechte Gestaltung der Arbeit statuiert haben (§ 28). Die Europäische Agentur für Sicherheit und Gesundheitsschutz bei der Arbeit hat 2007 gesicherte arbeitswissenschaftliche Erkenntnisse publiziert, dass auch **jüngere Beschäftigte zwischen dem 18. und 24. Lebensjahr** als eine spezifische Risikogruppe mit überdurchschnittlichen Unfallzahlen einzuordnen sind. In vielen Fällen sind sie neu im Betrieb, unerfahren im Umgang mit Risiken und durch Spontaneität sowie fehlende Risikoerfahrung in konkreten Situationen besonders gefährdet (*Langhoff/Krietsch/Starke* WSI-Mitteilungen 2010, 343 ff). Dies ist bei der Gefährdungsbeurteilung sowie bei der Übertragung von Aufgaben nach § 7 ArbSchG zu beachten. Denkbar ist auch eine dem Kommunikationsverhalten dieser Gruppe angemessene Form der Unterweisung nach § 12 ArbSchG (Beispiele zur jugendgerechten Unterweisung bei *Ritschel* in HK-ArbSchR Jugendarbeitsschutz Rn. 29). In der europäischen Diskussion werden auch Modelle und best practices publiziert, wie durch eine enge Verzahnung mit der Schule und vor allem mit der Berufsschule das Risikobewusstsein jüngerer Menschen am Arbeitsplatz verbessert werden kann.

42 **Leiharbeitnehmer** werden ebenfalls als eine besondere Gruppe qualifiziert (*Pieper* in ArbSchR § 4 Rn. 19; *Wiebauer* in Landmann/Rohmer GewO § 4 ArbSchG Rn. 54). Auch insoweit bestehen gesicherte arbeitswissenschaftliche Erkenntnisse über eine weit überdurchschnittliche Unfallhäufigkeit dieser Arbeitnehmergruppe (Julius Arbeitsschutz und Fremdfirmenbeschäftigung, S. 3 mwN). Sie beruht darauf, dass diese Gruppe ihre Arbeitsplätze häufiger wechselt, im jeweiligen Betrieb „neu" und zugleich auch in der Regel schlechter integriert ist. Im Gemeinschaftsrecht sind daher spezielleren Vorschriften nicht nur in der RL 89/391/EWG, sondern auch in der eigenständigen RL 91/383/EWG verankert worden (dazu *Bücker/Feldhoff/Kohte* Rn. 272 ff.). Im AÜG ist daher eine eigenständige **arbeitsschutzrechtliche Verantwortlichkeit des Entleihers** in § 11 Nr. 6 AÜG normiert worden, die zu einer zusätzlichen Verantwortlichkeit neben der auch weiterhin bestehenden Verantwortung des Verleihers als Arbeitgeber getreten ist (*Wank* in ErfK AÜG § 11 Rn. 21). In dieser Norm sind auch zusätzliche Unterrichtungspflichten geschaffen worden, die die allgemeine Pflicht in § 12 Abs. 2 ArbSchG ergänzt (vgl. VG Regensburg 3.4.2014 – 5 S 14.494, dazu *Kohte/Jarosch,* jurisPR-ArbR 37/2014 Anm. 4). Eine vergleichbare Pflicht gilt auch für die sonstige Arbeitnehmerüberlassung (*Julius,* Arbeitsschutz und Fremdfirmenbeschäftigung, S. 104). Der Auffangtatbestand des § 4 Nr. 6 ArbSchG verlangt vom jeweiligen Betriebsinhaber, dass zusätzlich zu diesen speziellen Normen die spezifische Situation der Leiharbeitnehmer auch in allen anderen Arbeitsschutzbelangen, wie zB der Gefähr-

Allgemeine Grundsätze **§ 4 ArbSchG**

dungsbeurteilung, der Übertragung nach § 7 ArbSchG sowie den Anweisungen nach § 9 Abs. 1 ArbSchG berücksichtigt werden. Maßgeblich für das heutige Arbeitsschutzrecht sind insoweit die **Organisations- und Kooperationspflichten nach §§ 8 ArbSchG, 13 BetrSichV, 15 GefStoffV** (dazu *Julius* in HK-ArbSchR § 8 ArbSchG Rn. 21 ff). Sie betreffen nicht nur die Leiharbeit, sondern auch den Einsatz von Werkvertragsarbeitnehmern; gesicherte arbeitswissenschaftliche Erkenntnisse dokumentiert die DGUV-Information 215- 830 (früher BGI 865) zum Einsatz von Fremdfirmen im Rahmen von Werkverträgen. Eine Effektivierung dieser Vorschriften ist auch zur Verbesserung der Rechtsstellung entsandter Beschäftigter bei der Umsetzung der RL 2014/67/EU geboten (*Kohte*, FS Eichenhofer, S. 314, 331).

Zugunsten **werdender, jüngst entbundener und stillender Mütter** sind im 43 MuSchG und insbesondere in der auf die RL 92/85/EWG (ABl. EG Nr. L 348 vom 28.11.1992) zurückgehenden MuSchArbV vom 15.4.1997 (BGBl. I S. 782) besondere Anforderungen an einen mutterschutzspezifischen Arbeitsschutz normiert. Sie basieren auf drei grundlegenden Prinzipien – zum einen ergeben sich für Frauen und/oder das ungeborene bzw. gestillte Kind in der besonderen Lebensphase der Schwangerschaft, in den ersten Monaten nach der Entbindung und während der Stillzeit andere bzw. **größere Gesundheitsrisiken,** denen **mit Hilfe entsprechender Arbeitsschutzmaßnahmen begegnet** werden muss (*Buchner/ Becker*, vor §§ 3–8 MuSchG Rn. 4). Häufig ist zur Vermeidung dieser Risiken, insbesondere in der Zeit einer noch nicht erkannten oder äußerlich noch nicht sichtbaren Schwangerschaft, die **aktive Mitwirkung der einzelnen Frau** an der Risikovermeidung unverzichtbar. Das dritte hier zu betonende Prinzip ist das eines **Mutterschutzes ohne Diskriminierungen** (ausführlich dazu auch u. Rn. 46). Um Frauen trotz des Mutterschutzes und den damit verbundenen besonderen Schutzmaßnahmen in ihrer Beschäftigungsfähigkeit nicht unnötig zu beeinträchtigen und ihnen die gleichen Chancen wie Männern am Arbeitsmarkt zu erhalten, muss der Mutterschutz integrierend sein und darf nicht aussperrend wirken (*Nebe*, Betrieblicher Mutterschutz ohne Diskriminierungen, S. 156 ff.; zu künftigen Mutterschutzrechten *Nebe* jurisPR-Arbl. 28/2016 Anm. 1).

Nach § 1 MuSchArbV muss der Arbeitgeber unabhängig von einem konkreten 44 mutterschutzrechtlichen Anlass eine **besondere mutterschutzspezifische Gefährdungsbeurteilung** erstellen. Diese Beurteilung muss er bei einem konkreten Anlass individuell ergänzen und den sich ändernden Schwangerschaftssituationen entsprechend aktualisieren. Als Maßstab sind die Leitlinien der Kommission nach Art. 3 RL 92/85/EWG (KOM(2000) 466 endg.) zugrunde zu legen (*Buchner/Becker* § 4 MuSchG Rn. 3). Sowohl über die Ergebnisse seiner Gefährdungsbeurteilung als auch über die zu ergreifenden Schutzmaßnahmen hat der Arbeitgeber **nach § 2 MuSchArbV alle Frauen im Betrieb zu unterrichten.** Diese über die Vorgaben nach dem ArbSchG hinausgehende Unterrichtungspflicht kann als eine wichtige Grundlage dazu dienen, die Frauen für die besonderen Risiken im Falle eines mutterschutzspezifischen Umstandes zu sensibilisieren und auf deren frühzeitige Mitteilung über ihren persönlichen Umstand hinzuwirken (*Beetz* in HK-ArbSchR Mutterschutz Rn. 18 ff).

Die auf der Grundlage der allgemeinen oder individuellen Gefährdungsbeurtei- 45 lung ermittelten Schutzmaßnahmen sind in ihrer Reihenfolge nicht in das arbeitgeberseitige Belieben gestellt. Um einen unnötigen Ausschluss der von den konkreten Schutzmaßnahmen betroffene Frauen zu vermeiden, sieht § 3 MuSchArbV eine zwingende Reihenfolge vor (zum Rangverhältnis nach Art. 5 RL 92/85/EWG

ArbSchG § 4

EuGH, 19.11.1998, Rs. C-66/96, Slg. I-7327 Rn. 58ff. sowie EuGH 27.2.2003, Rs. C-320/01, Slg. I-2041 Rn. 44f.). Danach kommt ein **Ausschluss von der Beschäftigung erst als letztes Mittel** in Betracht. Zuvor müssen die Arbeitsbedingungen/Arbeitszeiten soweit möglich umgestaltet werden und auf zweiter Ebene ein zumutbarer Arbeitplatzwechsel geprüft werden (EuGH 1.7.2010 – C 471/08 (Parviainen), NZA 2010, 1284, 1286, dazu Nebe ZESAR 2011, 10, 16). Selbst für die ausdrücklich normierten Beschäftigungsverbote für besondere Risiken gilt nach § 4 Abs. 2 MuSchArbV das **gestufte Anpassungsverfahren.**

46 Die Mutterschutzvorschriften des Gemeinschaftsrechts zeigen deutlich, dass hier ein betrieblicher Mutterschutz ohne Diskriminierungen verlangt und geregelt wird. Damit fügt sich das Arbeitsschutzrecht in die allgemeine Entwicklung des Gemeinschaftsrechts ein, die inzwischen in Art. 14 der RL 2006/54/EG ein umfassendes **Verbot der Diskriminierung wegen des Geschlechts** für den Zugang zur Beschäftigung und für die Arbeitsbedingungen enthält. Dies ist eine Fortentwicklung von Art. 2 Abs. 3 der RL 76/207/EWG, die den Bundestag bereits 1996 veranlasst hat, in § 4 Nr. 8 ArbSchG mittelbar oder unmittelbar geschlechtsspezifisch wirkende Regelungen auf die Fälle zu beschränken, in denen diese aus biologischen Gründen zwingend geboten sind (dazu BT-Drs. 13/4854, S. 3). Damit knüpfte der Bundestag an die bereits damals vorliegende Rechtsprechung des EuGH zum Nachtarbeitsverbot für Frauen an, das als unzulässige Diskriminierung verworfen worden ist (*EuGH* DB 1991, 2194 = EuZW 1991, 666). Das Bundesverfassungsgericht hat diese Entscheidung kurz darauf bestätigt (*BVerfG* NZA 1992, 270). In der weiteren Rechtsprechung des EuGH sind allein aus dem Geschlecht abgeleitete Beschäftigungsverbote – zB für Arbeiten unter Tage und in Druckluft – als unzulässige Diskriminierung qualifiziert worden (*EuGH* EuGRZ 2005, 124; dazu auch *Nebe,* Betrieblicher Mutterschutz ohne Diskriminierungen, S. 123). Nachdem 2009 auch das vergleichbare Beschäftigungsverbot für Frauen im Bergbau nach § 64a BBergG ersatzlos aufgehoben worden ist (BGBl. I S. 550), sind unmittelbar diskriminierende Zugangsbeschränkungen mit arbeitsschutzrechtlicher Begründung im deutschen Recht nicht mehr enthalten. Die Diskussion um **mittelbar diskriminierende Regelungen** ist noch nicht abgeschlossen (*Nebe,* Mutterschutz, S. 209ff.).

47 Mit der Aufhebung diskriminierender Vorschriften ist allerdings die Bedeutung des Gleichberechtigungsgrundsatzes noch nicht erschöpft. Bereits im Urteil des Bundesverfassungsgerichts zum Nachtarbeitsverbot ist auf die zentrale Aufgabe der Herstellung gleicher Arbeitsbedingungen und Chancen nach Art. 3 Abs. 2 GG hingewiesen worden (BVerfG NZA 1992, 270, 273). In der weiteren Judikatur des BVerfG ist die aus diesem Grund verlangte Änderung des § 14 MuSchG hervorzuheben (BVerfG NJW 2004, 146; dazu Eichenhofer BB 2004, 382; *Kohte/Nebe* in jurisPR-ArbR 9/2004 Anm. 1). Dazu postuliert Art. 8 AEUV, dass die Union darauf hinwirkt, Ungleichheiten zu beseitigen und die Gleichstellung von Männern und Frauen zu fördern. Diese Perspektive der Gleichstellung gilt auch für das Arbeitsschutzrecht. Sie ist bisher nur punktuell thematisiert worden.

48 In dem Bericht der Bundesregierung über den Stand von Sicherheit und Gesundheit bei der Arbeit in der Bundesrepublik Deutschland im Jahr 2008 ist ein erster Überblick über das Schwerpunktthema „Sicherheit und Gesundheit von Frauen" enthalten (BT-Drs. 17/380, S. 42ff.). Der Bericht zeigt einen weiterhin stark segregierten Arbeitsmarkt, in dem Frauen typischerweise geringer bezahlte Tätigkeiten sowie häufiger Teilzeitarbeit verrichten und eher im Bereich der

Dienstleistungen tätig sind. Dadurch ergeben sich unterschiedliche Belastungen. Während Männer weiterhin im produzierenden Gewerbe sowie in der Bauwirtschaft mit ihren typischen Risiken dominieren, ist für Frauen zB die Arbeit im Gesundheitswesen sowie in Handelsbetrieben typisch. Im Bereich der industriellen Arbeit werden sie häufiger bei repetitiven und monotonen Arbeiten eingesetzt. Besondere Belastungen sahen die befragten Frauen bei **Arbeiten unter starkem Termin- und Leistungsdruck** und Arbeiten an der Grenze der Leistungsfähigkeit. Dazu gehörten auch besondere Belastungen bei dem Heben und Tragen schwerer Lasten und beim Umgang mit mikrobiologischen und infektiösen Stoffen. Dementsprechend waren die gesundheitlichen Belastungen, die die Frauen moniert hatten, gegenüber Männern häufiger im Bereich der Wirbelsäulenerkrankungen, der Hautkrankheiten sowie nächtlicher Schlafstörungen zu verzeichnen. Damit ist eine **geschlechtersensible Gefährdungsbeurteilung** erforderlich (Beispiele bei *Reuhl* in Weg/Stolz-Willig, 2014, S. 230, 236 ff).

Dieser empirische Überblick deckt sich weitgehend mit den Ergebnissen der Europäischen Agentur (work diversity, S. 27 ff.) und den Ergebnissen ihres 2003 veröffentlichten Reports „Gender issues in safety and health at work" (2006 in der deutschen Fassung erschienen). Für die durch § 4 ArbSchG in Verbindung mit dem heutigen Gemeinschaftsrecht und der Rechtsprechung des BVerfG zu Art. 3 Abs. 2 GG (*Schmidt* in ErfK GG Art. 3 Rn. 81 ff.) verlangte Gleichstellungspolitik lässt sich zunächst ableiten, dass die bisherigen Defizite bei den Fragen der Lastenhandhabung sowie vor allem bei der Ermittlung psychischer Belastungen und den darauf zutreffenden Maßnahmen in Angriff genommen werden müssen. Dabei ist gesondert zu thematisieren, welche Belastungen sich bei **Teilzeitbeschäftigten** durch Arbeit unter Termindruck und durch Verdichtung der Arbeit ergeben können (*Blume/Faber* in HK-ArbSchR § 4 ArbSchG Rn. 115). Die im Rahmen der gemeinsamen deutschen Arbeitsschutzstrategie beschlossenen Schwerpunkte der Verringerungen von Muskel- und Skelettbelastungen sowie der Reduzierung von Hauterkrankungen (*Timm* BG 2008, 422 ff.; *Kohte* in MHdB ArbR § 290 Rn. 118) geben die Chance eines systematischen Einstiegs in eine **gleichstellungsorientierte Arbeitsschutzpolitik**. Die 22. GFMK befasste sich daher 2012 in der Arbeitsgruppe „Geschlechterperspektive für wirksameren Arbeits- und Gesundheitsschutz" mit den spezifischen Anforderungen an geschlechtergerechten Arbeitsschutz. Die Ergebnisse wurden dann zusammengefasst im Beschluss der 89. ASMK „Geschlechtersensibilität bei Sicherheit und Gesundheit bei der Arbeit", der auf dem Bericht einer LASI-Projektgruppe beruhte (*Weg* und *Braun* in Weg/Stolz-Willig, 2014, S. 23 ff und 247 ff). 49

§ 5 Beurteilung der Arbeitsbedingungen

(1) **Der Arbeitgeber hat durch eine Beurteilung der für die Beschäftigten mit ihrer Arbeit verbundenen Gefährdung zu ermitteln, welche Maßnahmen des Arbeitsschutzes erforderlich sind.**

(2) ¹**Der Arbeitgeber hat die Beurteilung je nach Art der Tätigkeiten vorzunehmen.** ²**Bei gleichartigen Arbeitsbedingungen ist die Beurteilung eines Arbeitsplatzes oder einer Tätigkeit ausreichend.**

(3) **Eine Gefährdung kann sich insbesondere ergeben durch**
1. **die Gestaltung und die Einrichtung der Arbeitsstätte und des Arbeitsplatzes,**

ArbSchG § 5

2. physikalische, chemische und biologische Einwirkungen,
3. die Gestaltung, die Auswahl und den Einsatz von Arbeitsmitteln, insbesondere von Arbeitsstoffen, Maschinen, Geräten und Anlagen sowie den Umgang damit,
4. die Gestaltung von Arbeits- und Fertigungsverfahren, Arbeitsabläufen und Arbeitszeit und deren Zusammenwirken,
5. unzureichende Qualifikation und Unterweisung der Beschäftigten,
6. psychische Belastungen bei der Arbeit.

Übersicht

	Rn.
A. Einleitung	1
I. Ursprung der Vorschrift	1
II. Umsetzung und Bedeutung im nationalen Recht	2
B. Systematische Einordnung	4
I. Vom Zivilrecht zum öffentlichen Recht	5
II. Nachfolgende Spezialregelungen	8
1. Arbeitsmedizinische Vorsorgeverordnung	10
2. Arbeitsstätten-Verordnung	11
3. Betriebssicherheits-Verordnung	14
4. Bildschirmarbeits-Verordnung	22
5. Biostoff-Verordnung	26
6. Gefahrstoffverordnung	31
7. Künstliche optische Strahlungs-Verordnung	43
8. Lärm- und Vibrations-Arbeitsschutzverordnung	48
9. Lastenhandhabungs-Verordnung	54
10. Mutterschutz-Richtlinienverordnung	56
C. Arbeitgeber und Beschäftigte	57
I. Normadressaten	57
II. Begünstigte	59
D. Handlungsziel	61
I. Maßnahmen des Arbeitsschutzes	61
II. Erforderlichkeit der Maßnahmen	63
E. Handlungsobjekt	69
I. Die Gefährdung	69
II. Sprachliche und inhaltliche Unterschiede	70
III. Relativierung des Gefährdungspotentials	72
IV. Gefährdungsbeispiele	75
F. Handlungsweise	85
I. Die Beurteilung	85
1. Tätigkeitsbezogene Gefährdungsbeurteilung	92
2. Arbeitsbereichsbezogene Gefährdungsbeurteilung	93
3. Personenbezogene Gefährdungsbeurteilung	94
II. Relativierung der Beurteilung	95
G. Betriebliche Mitbestimmung	98

Literatur: *Arbeitsgemeinschaft der Metall-Berufsgenossenschaften (Hrsg.)*, Leitfaden für die Gefährdungs-/Belastungsanalyse und Anhang 2 – Arbeitsblätter, 1995; *Bayer. Staatsministerium für Arbeit und Sozialordnung, Familie, Frauen und Gesundheit (Hrsg.)*, Arbeitsschutzgesetz, Information Broschüre, 1997; *dass. (Hrsg.)*, Gefährdungsbeurteilung und Dokumentation, ein Ratgeber zur Planung und Durchführung von Maßnahmen zur Verbesserung von Sicherheit und Gesundheitsschutz, 1997; *Berger-Delhey*, Das neue Arbeitsschutzrecht, PersV 1996, 518.; *Berufsgenossen-*

Beurteilung der Arbeitsbedingungen § 5 ArbSchG

schaft der chemischen Industrie (Hrsg.), Gefährdungsbeurteilung, 5/1997, Merkblatt A 016; *dies. (Hrsg.)*, Gefährdungsbeurteilung, Prüflisten, Gefährdungs- und Belastungsfaktoren, 5/1997, Merkblatt A 017; *Böhm,* Grenzen setzen – aber wie?, AiB, Heft 9/2014,. 27.; *Bürkert,* Beurteilung von Gefährdungen und Belastungen, AuA 1997, 190; *Bundesanstalt für Arbeitsschutz und Arbeitsmedizin – BAuA (Hrsg.)*, Ermittlung gefährdungsbezogener Arbeitsschutzmaßnahmen im Betrieb, Ratgeber, Sonderschrift S. 42, 1997; *Bundesvereinigung der Deutschen Arbeitgeberverbände,* Die Gefährdungsbeurteilung nach dem Arbeitsschutzgesetz, Hinweise für Arbeitgeber, 1997; *Coenen,* Verhütung arbeitsbedingter Gesundheitsgefahren – eine neue Dimension des Arbeitsschutzes?, Die BG 1997, 222; Die BG (Hrsg.), Gefährdungsbeurteilung nach dem Arbeitsschutzgesetz, Gemeinsame Grundsätze zur Erstellung von Handlungshilfen, Die BG 1997, 552; *Elhöft,* Gefährdungsbeurteilung – Psychische Belastung und Mitbestimmung, Arbeit und Arbeitsrecht, Heft 10/2013, Seite 578; *Europ. Kommission (Hrsg.)*, Soziales Europa: Europa für Sicherheit und Gesundheitsschutz am Arbeitsplatz, 1993; *Fabricius,* Keine Mitbestimmung bei Gefährdungsbeurteilung, BB 1997, 1255; *Fischer/Schierbaum,* Das Arbeitsschutzgesetz – ein Überblick, Der Personalrat 1996, 423; *Gastell,* Die Gefährdungsbeurteilung, Arbeit und Arbeitsrecht, Heft 8/2013, 464; *Gruber,* Ermittlung von Gefährdungen und Belastungen in Arbeitsbereichen am Beispiel einer Gefährdungs-/Belastungsanalyse, Moderne Unfallverhütung 1/1996; *Haase-Rieger,* Möglichkeiten zur Durchführung von Belastungs-/Gefährdungsanalysen in der betrieblichen Praxis, AiB 1997, 334; *Hahn,* Die Gefährdungsanalyse zum Arbeitsschutzgesetz, 4. Aufl. 1998; *Kiper,* Mitbestimmung bei der Bildschirmarbeitsgestaltung, Der Personalrat, 2008, 354; *Klother,* Zwei Jahrzehnte Beurteilung der Arbeitsbedingungen, Sicher ist sicher, Heft 4/2015, 190; *Klussmann,* Physische Belastungen bei der Arbeit: Bedeutung, Beurteilung, Maßnahmen, Sicher ist sicher, Heft 1/2015, Seite 6 ff.; *Kollmer,* Arbeitsschutz als arbeitsvertragliche Nebenpflicht, AR-Blattei SD, 44. Lfg., 8/1997; *ders.*, Arbeitsschutzgesetz, AR-Blattei SD, 35. Lfg., 11/1996; *ders.*, Das neue Arbeitsschutzgesetz als „Grundgesetz" des Arbeitsschutzes, Wirtschaftsrechtliche Beratung, WiB 1996, 825; *ders.*, Das neue Arbeitsschutzgesetz – aktuelle Fragen und Antworten, Die BG 1997, 347; *ders.*, Grundlagen des Arbeitssicherheits- und Arbeitsschutzrechts, AR-Blattei SD, 38. Lfg., 2/1997; *ders.*, Fachkraft für Arbeitssicherheit, AR-Blattei SD, 34. Lfg., 10/1996; *Kreizberg,* Handwörterbuch des Arbeitsrecht Nr. 250 „Arbeitsschutzrecht", Stand April 2007; *ders.*, Handwörterbuch des Arbeitsrecht Nr. 251 „Arbeitsschutzrecht/EU", Stand März 2007; *ders.*, Handwörterbuch des Arbeitsrecht Nr. 255 „Arbeitssicherheit in der betrieblichen Praxis", Stand Februar 2006; *ders.*, Handwörterbuch des Arbeitsrecht Nr. 700 „Bildschirmarbeit", Stand August 2006, *ders.* Arbeitsschutzgesetz und Arbeitsschutzverordnungen, 2009, S. 48; *Kummer,* Psychische Gefährdungsbeurteilung, Arbeit und Arbeitsrecht, Heft 8/2013, Seite 467 ff.; *Lederindustrie-BG (Hrsg.)*, Gefährdungsbeurteilung, Sicherheit am Arbeitsplatz, 1997, 3/1997, 3 f.; *Leichnitz,* Neues Gemeinschaftsprogramm der EU-Kommission für Sicherheit und Gesundheit am Arbeitsplatz (1), Sicherheitsingenieur 8/1977, 38; *Liedtke,* Physikalische Einwirkungen, Sicher ist sicher, Heft 6/2013, 283 ff.; *Maaß,* Schutz vor Gefahrstoffen am Arbeitsplatz, NZA 1998, 688 ff.; *Mayer,* Neues Recht im Arbeitsschutz, Sicherheitsingenieur 11/1996, 6; *Meisenbach/Kemper,* Die Gefährdungsbeurteilung und ihre Dokumentation nach dem Arbeitsschutzgesetz, Die BG 1997, 716; *Merdian,* Gefährdungs- und Risikobeurteilung, Die BG 1997, 290 ff.; *Mischke,* Untersuchung ausgewählter Gefährdungen durch Energiesparlampen im Vergleich zu Glühlampen, Sicher ist sicher, Heft 6/2012, 270 ff.; *Musslick, Pietrzyk, Schmidt, Richter,* Psychische Belastung: Gefährdungsbeurteilung im Einzelhandel, Sicher ist sicher, Heft 6/2012, Seite 275 ff.; *Nachtigall,* Berücksichtigung von Brandrisiken im Risikomanagement, Sicher ist sicher, Heft 4/2013, 184 ff.; *Necker,* Gefährdungsanalysen in Unternehmen der Bauwirtschaft, dargestellt am Beispiel des Dachdeckerbetriebes, Sicherheitsingenieur 3/1997, 36; *N.N.,* Gefährdungsbeurteilung Psychische Belastung – Arbeitsschutz im Wandel, Interview mit Dr. H. Paridon, DGUV faktor Arbeitsschutz, Heft 1/2013, Seite 21 ff.; *Opfermann/Rückert,* Sicherheit und Gesundheitsschutz bei der Arbeit – Neuregelungen zur Tätigkeit an Bildschirmgeräten, AuA 3/1997, 69; *Pieper,* Das Arbeitsschutzgesetz, AuR 1996, 465; Rentel, Ermittlung von Gefährdungen und Belastungen in Klein- und Mittelbetrieben, Die BG 1997, 120; *Raif, Ginal,* Burn out – Prävention und Reak-

Kreizberg 231

tion, Arbeit und Arbeitsrecht, Heft 4/2013, 206ff.; *Schack,* Bedeutung der Neuerungen im Arbeitsschutzrecht für die Unternehmen in der chemischen Industrie, Vortragsmanuskript im Auftrag BAVC, 6/1997; *Schneider,* Arbeitsschutzmanagementsysteme, Sicherheitsingenieur 8/1997, 20; *Siller,* Das neue Arbeitsschutzgesetz und seine Regelungen über Pflichten und Verantwortlichkeiten, Sicherheitsingenieur 3/1997, 32; *ders.,* Den Arbeitgeber auf die Schulbank, Folgerungen nach dem neuen Arbeitsschutzgesetz, Sicherheitsingenieur 8/1997, 4; *Steidl,* Arbeitsschutzgesetz und Betriebsarzt, Sicherheit im öffentlichen Dienst, 6/1996, 7; *Stück,* Stress für die Personalabteilung – Gefährdungsbeurteilung psychischer Belastungen, Arbeit und Arbeitsrecht, Sonderausgabe 2013, 44ff.; *Stürk,* Unterstützung der Betriebe bei der Gefährdungsbeurteilung, Gesamtübersicht über erschienene branchenbezogene Handlungshilfen BG 1/1998; *Trümner,* Normgerechte Brandschutzordnungen, Sicher ist sicher, Heft 10/2014, 502ff.; Vogl, Das neue Arbeitsschutzgesetz, NJW 1996, 2753; *Wank,* Der neue Entwurf eines Arbeitsschutzgesetzes, DB 1996, 1134; *Wlotzke,* Auf dem Weg zu einer grundlegenden Neuregelung des betrieblichen Arbeitsschutzes, NZA 1994, 602; *ders.,* Das neue Arbeitsschutzgesetz – zeitgemäßes Grundlagengesetz für den betrieblichen Arbeitsschutz, NZA 1996, 1017; *Wulff,* Den Hebel ansetzen, AiB, Heft 9/2014, Seite 10ff.; *Zakrewski,* Arbeitsschutzgesetz – Was ist neu?, Sicherheit im öffentlichen Dienst 6/1996; *Beerheide/Seiler,* Nicht abschalten können – eine unterschätzte Erholungsbarriere, Sicher ist sicher, Heft 5/2013, Seite 240; *Elhöft,* Gefährdungsbeurteilung – Psychische Belastung und Mitbestimmung, Arbeit und Arbeitsrecht, Heft 10/2013, 578.; *Gaul,* Leistungsdruck, psychische Belastung und Stress, Der Betrieb, Heft 1 – 2/2013, 60.; *Kohte,* Neues zum Gesundheitsschutz, Der Personalrat, Heft 9/2014, 13.; *Kummer,* Psychische Gefährdungsbeurteilung, Arbeit und Arbeitsrecht, Heft 8/2014, Seite 467; *Lorse,* Psychische Erkrankungen am Arbeitsplatz und demographischer Wandel – neue Handlungsfelder der Personalvertretung, Die Personalvertretung, Heft 3/2013, 84ff.; *Lützeler,* Herausforderung für Arbeitgeber: Die psychische Gesundheit im Arbeitsverhältnis, Betriebs – Berater, Heft 6/2014, 309ff.; *Markowski/Morisch,* Psychische Fehlbelastungen, AiB, Heft 7 – 8/2015, 48ff.; *Musslick, Pietrzyk, Schmidt, Richter,* Psychische Belastung: Gefährdungsbeurteilung im Einzelhandel, Sicher ist sicher, Heft 6/2012, Seite 275ff.; *N.N.;* Gefährdungsbeurteilung Psychische Belastung, Interview mit Dr. H. Paridon, DGUV Faktor Arbeitsschutz, Heft 1/2013, 21ff.; *Rentrop,* Psychische Gesundheit in der Arbeitswelt – Wir machen es zum Thema Bericht über den Stress–Report 2013, DGUV – Forum, Heft 3/2013, 38ff.; *Schneider;* Die psychische Situation deutscher Arbeitnehmer, BPUVZ Heft 6/2014, 296; *Spellbrink,* Psychische Erkrankungen im Recht der gesetzlichen Unfallversicherung Sozialgerichtsbarkeit, Heft 3/2013,Seite 154ff.; *Stowasser,* Anti – Stress – Verordnung – Psychische Belastung am Arbeitsplatz, Betriebs – Berater, Heft 9/2013, 1; *Stowasser,* Keine Anti – Stress – Verordnung!, Arbeit und Arbeitsrecht, Heft 11/2013, 648ff.; *Stück,* Stress für die Personalabteilung – Gefährdungsbeurteilung psychischer Belastungen, Arbeit und Arbeitsrecht, Sonderausgabe 2013, 44; *Welkoborsky/Baumgarten,* Aktiv gegen Arbeitsstress, AuB Heft 12/2014, Seite 51ff.; *Wulff,* Den Hebel ansetzen, AiB, Heft 9/2014, 10ff.

A. Einleitung

I. Ursprung der Vorschrift

1 § 5 ArbSchG geht im Ursprung zurück auf **Art. 6 Abs. 3 lit. a Satz 1** EU-Arbeitsschutz-RahmenRL (Nr. 89/391/EWG) vom 12.6.1989. Die Vorschrift lautet:

„(3) Unbeschadet der anderen Bestimmungen dieser Richtlinie hat der Arbeitgeber je nach Art der Tätigkeiten des Unternehmens bzw. Betriebs folgende Verpflichtungen:
a) Beurteilung von Gefahren für Sicherheit und Gesundheit der Arbeitnehmer, unter anderem bei der Auswahl von Arbeitsmitteln, chemischen Stoffen oder Zubereitungen und bei der Gestaltung der Arbeitsplätze. Die vom Arbeitgeber auf Grund dieser Beurteilung

getroffenen Maßnahmen zur Gefahrenverhütung sowie die von ihm angewendeten Arbeits- und Produktionsverfahren müssen erforderlichenfalls:
- einen höheren Grad an Sicherheit und einen besseren Gesundheitsschutz der Arbeitnehmer gewährleisten;
- in alle Tätigkeiten des Unternehmens bzw. des Betriebes und auf allen Führungsebenen einbezogen werden."

II. Umsetzung und Bedeutung im nationalen Recht

Die Vorschrift ist mit dem **Gesetz zur Umsetzung der EG-Rahmenrichtlinie Arbeitsschutz und weiterer Arbeitsschutz-Richtlinien** vom 7.8.1996 (BGBl. I S. 1246) beschlossen, mit ihm gem. Art. 6 Satz 1 am Tage nach der Verkündung am 21.8.1996 in Kraft getreten und seither ungeachtet der zahlreichen Änderungen und Ergänzungen, die das ArbSchG seit 1996 erfahren hat, im Wesentlichen unverändert geblieben. Die Vorschrift gehört neben § 6 zur Dokumentation zum Kernbereich des Gesetzes. Sie legt die Pflichten des Arbeitgebers auf **Ermittlung und Beurteilung der denkbaren Gefährdungen** der Beschäftigten am Arbeitsplatz fest. Diese Ermittlung hat zum Ziel, festzustellen, welche Maßnahmen des Arbeitsschutzes erforderlich sind. 2

Abs. 1 legt die Pflicht des Arbeitgebers zur Vornahme einer Gefährdungsermittlung und -beurteilung grundsätzlich fest. In **Abs. 2** werden die weiteren Einzelheiten der Beurteilung bei grundsätzlicher Beibehaltung der Mittelwahl festgelegt. **Abs. 3** nennt einen nicht abschließenden Grundkatalog möglicher Gefährdungsarten, die zu überprüfen sind. Dieser seit dem erstmaligen Inkrafttreten des Gesetzes im August 1996 nie veränderte 5-Punkte-Katalog wurde im Rahmen der durch Art. 8 des Gesetzes vom 19.10.2013 (BGBl. I, S. 3886) vollzogenen Novelle um Ziffer 6 „psychische Belastungen bei der Arbeit" erweitert. Legt man den Verpflichtungen des Arbeitgebers einen logischen Ablaufplan zugrunde, muss er auch unter den thematisch erweiterten Rahmenbedingungen 3
- Gefährdungen zunächst ermitteln,
- diese Gefährdungen danach (in ihrer Gewichtung) beurteilen,
- gemäß der aus der Beurteilung abzuleitenden Gewichtung dann die erforderlichen Maßnahmen des Arbeitsschutzes ermitteln, um diese dann letztlich auch zu ergreifen (gem. § 3 Absatz 1 Satz 1 ArbSchG).

B. Systematische Einordnung

Ungeachtet der insofern irreführenden Paragraphenüberschrift, die die „Beurteilung der Arbeitsbedingungen" in den Vordergrund rückt, beinhaltet § 5 Absatz 1 ArbSchG dem Grunde nach eine „Ermittlungspflicht". So ist bei genauer Lektüre und Anwendung der Vorschrift („durch eine Beurteilung") die Beurteilung nur das notwendige Zwischenstadium auf dem Weg zur Ermittlung der erforderlichen Arbeitsschutzmaßnahmen. Der Beurteilung noch voranzustellen gewesen wäre die Ermittlung der Gefährdungen. Hiervon haben die europäische wie auch der nationale Gesetzgeber aber offenkundig abgesehen, zumal eine Beurteilung von Sachverhalten ohne deren zunächst „unbenotete" Ermittlung schlechterdings nicht möglich ist. 4

ArbSchG § 5

I. Vom Zivilrecht zum öffentlichen Recht

5 Wenngleich das Arbeitsschutzgesetz seine rechtlichen Ursprünge in der Arbeitsschutz-Rahmenrichtlinie der Europäischen Union hat, hat diese dennoch im Bereich der Gefährdungsermittlung, Gefährdungsbeurteilung und anschließender Maßnahmenermittlung nichts sensationell Neues in das nationale Rechtssystem hineingetragen. Der Arbeitgeber hatte schon vor dem Inkrafttreten des Arbeitsschutzgesetzes und der ihm nachfolgenden Verordnungen im zivilrechtlichen **Arbeitsrecht** aus §§ 617, 618 BGB, § 62 HGB und über die allgemeine Fürsorgepflicht als arbeitsvertragliche Nebenpflicht (§ 611 BGB) die Obliegenheit, das Gefährdungspotential eines Arbeitsplatzes zu prüfen und seine Arbeitnehmer vor Gefährdungen zu schützen. Um dies gewährleisten zu können, gehörte eine prüfende Tätigkeit ohnehin bereits zu den Pflichten eines sorgfältigen Arbeitgebers. Der Arbeitgeber hat aber seit Inkrafttreten des Arbeitsschutzgesetzes die Gefährdung nunmehr auch außerhalb des Zivilrechts zu **ermitteln** (sog. Gefährdungsbeurteilung). Damit ist, flankierend zum klassischen Zivil- und Arbeitsrecht, eine generelle **öffentlich-rechtliche Pflicht** zusätzlich gesetzlich festgelegt worden.

6 Das Neue an der vor zwei Jahrzehnten in Kraft gesetzten Vorschrift war seinerzeit die **generelle** Festlegung einer solchen öffentlich-rechtlichen Pflicht über die bis dahin schon geregelten Spezialfälle hinaus. Durch die zusätzlich erfassten sachlichen (z. B. Öffentlicher Dienst, Landwirtschaft) und persönlichen Geltungsbereiche (z. B. auch Beamte, Richter, Soldaten), hat die Vorschrift an zusätzlicher Bedeutung gewonnen.

7 Während des Gesetzgebungsverfahrens war die generelle Festlegung dieser Ermittlungspflicht umstritten. Die Befürworter der Regelung sahen darin einen unverzichtbaren Grundstein für die Neugestaltung und Neusystematisierung des deutschen Arbeitsschutzrechts. Die Gegner befürchteten eine zusätzliche Bürokratisierung und zusätzliche Zeit- und Kostenbelastungen vor allem der Klein- und Mittelbetriebe. Die Antwort des Gesetzgebers mit der Vorlage eines Arbeitsschutzgesetzes in der 13. Legislaturperiode und nach dem Scheitern eines sog. „Arbeitsschutz-Rahmengesetzes" in der 12. Legislaturperiode bestand deshalb darin, die **Regelungen** zur Ermittlungspflicht so **variabel** wie möglich festzulegen (*Kollmer/Vogl*, Rn. 93). Bezeichnenderweise hat das Bundesarbeitsministerium (BMAS) als Mitte der 90er Jahre die Bundesregierung vor dem Europäischen Gerichtshof (EuGH) wegen der nicht zeitgerechten Umsetzung der Rahmen-Richtlinie verklagt worden war, in einer sehr umfänglichen Klageerwiderung den Beweis dafür zu erbringen versucht, dass alle seinerzeit neuen Vorschriften des EU-Rechts in der einen oder anderen Form schon längst im nationalen Recht etabliert seien. Dazu wurde zur Entlastung u. a. auch auf das in der Bundesrepublik schon seit längerem geltende Zivilrecht verwiesen.

II. Nachfolgende Spezialregelungen

8 Auf der Basis der Ermächtigungsnorm des § 18 ArbSchG sind in den zwei Jahrzehnten seit dem Inkrafttreten in 1996 eine ganze Reihe von Rechtsverordnungen entstanden, die die allgemeinen Rechtsgrundsätze des Arbeitsschutzgesetzes in Spezialmaterien noch weiter vertiefen und konkretisieren. Auch die „Generalnorm" des § 5 ArbSchG als Basisregelung für die Gefährdungsermittlung und -beurteilung hat nachfolgend derartige Konkretisierungen in einschlägigen Rechtsverordnungen erfahren. In Rechtsverordnungen, die keine eigene Regelung einer **Gefährdungs-**

Beurteilung der Arbeitsbedingungen **§ 5 ArbSchG**

beurteilung treffen, entsteht deshalb aber gleichwohl kein „rechtsfreier" Raum; in diesen Fällen wirkt, wie z. B. die PSA-BenVO, § 5 ArbSchG als Auffang-Tatbestand.

Die Sonderregelungen finden sich innerhalb der verschiedenen Verordnungen wie folgt: 9

	Verordnung	Vorschrift
1	ArbmedVV	§ 8 Abs. 1 i. V. m. § 6 Abs. 4 Satz 2
2	ArbStättV	§ 3 Abs. 1
3	BetrSichV	§ 3 Abs. 1
4	BildscharbV	§ 3
5	BiostoffV	§ 4
6	GefStoffV	§ 6, § 7, § 9, § 10, § 12
7	OStrV	§ 3 Abs. 3
8	LärmVibrationsArbSchV	§§ 3–5
9	LastenhandhabV	§ 2 Abs. 2
10	MuschRLV	§ 1

1. Arbeitsmedizinische Vorsorgeverordnung. § 8 Abs. 1 enthält einen Reflex auf die Gefährdungsbeurteilung des Arbeitsschutzgesetzes wie auch auf Gefährdungsbeurteilungen nach anderen Rechtsvorschriften, ohne selbst damit eine eigenständige Gefährdungsbeurteilung vorzusehen. 10

Im Falle des § 6 Abs. 4 Satz 2 der ArbmedVV hat der Arbeitgeber die Gefährdungsbeurteilung zu überprüfen und unverzüglich die erforderlichen Maßnahmen des Arbeitsschutzes zu treffen. § 6 Abs. 4 der ArbmedVV wiederum sieht folgendes vor: Der Arzt bzw. die Ärztin hat die Erkenntnisse der arbeitsmedizinischen Vorsorge auszuwerten (Satz 1).

Ergibt die Auswertung Anhaltspunkte dafür, dass die Maßnahmen des Arbeitsschutzes für den oder die Beschäftigte oder andere Beschäftigte nicht ausreichen, so hat der Arzt bzw. die Ärztin dies dem Arbeitgeber mitzuteilen und Maßnahmen des Arbeitsschutzes vorzuschlagen.

Insofern haben die Arbeitsmediziner einen mittelbaren Einfluss auf alle möglichen Formen von Gefährdungsbeurteilungen, ungeachtet der Rechtsgrundlagen im Einzelnen. Wegen der Einzelheiten vgl. die Kommentierung zu § 8 ArbmedVV.

2. Arbeitsstätten-Verordnung. Bis zum Zeitpunkt der Neuregelung durch Art. 4 der Verordnung zur Umsetzung der Richtlinie 2006/25/EG zum Schutz der Arbeitnehmer vor Gefährdungen durch künstliche optische Strahlung und zur Änderung von Arbeitsschutzverordnungen vom 12.7.2010 (BGBl. I S. 960) enthielt die ArbStättV im Unterschied zu zahlreichen, überwiegend naturwissenschaftlich basierten Verordnungen keine Konkretisierung des § 5 ArbSchG zur Beurteilung der Arbeitsbedingungen (Gefährdungsbeurteilung). Die Gefährdungsbeurteilung ist die entscheidende Grundlage für die Bewertung der Gesundheit und Sicherheit der Beschäftigten beim Einrichten und Betreiben einer Arbeitsstätte. Deshalb wurde die ArbStättV im Zuge der Rechtsangleichung an die anderen Arbeitsschutzverordnungen um den Baustein „Gefährdungsbeurteilung" in ihrer arbeits- 11

Kreizberg

ArbSchG § 5   Arbeitsschutzgesetz

stättenspezifischen Ausprägung ergänzt. Damit wurde auch erreicht, dass die Konzepte und die Struktur der Arbeitsschutzverordnungen weiter vereinheitlicht wurden und dem Arbeitgeber in der Folge das Verständnis und die Anwendung der Verordnungen in der betrieblichen Anwendung erleichtert wurden.

12   Dort, wo neue Anforderungen aufgrund der Fortentwicklung des Standes der Technik, z. B. in Technischen Regeln für Arbeitsstätten (ASR „A"), nur mit umfangreichen Änderungen oder erheblichen Aufwendungen in den bereits eingerichteten und betriebenen Arbeitsstätten umsetzbar sind, stellte sich die Frage des Bestandsschutzes. Die Prüfung, ob der Arbeitgeber die Arbeitsstätte den neuen Regelungen entsprechend anpassen muss oder ob die bestehende Arbeitsstätte auch weiterhin den Anforderungen der ArbStättV entspricht, lässt sich nur durch die erforderliche Wiederholung der Gefährdungsbeurteilung ermitteln. Im Arbeitsstättenbereich ist damit die Gefährdungsbeurteilung – wie auch in den anderen Arbeitsschutzverordnungen – die Entscheidungsgrundlage im Hinblick auf die Frage des „Bestandsschutzes". Von entscheidender Bedeutung für eine erfolgreiche Gefährdungsbeurteilung sind die Verfügbarkeit und die Qualität der dazu erforderlichen Informationen. Ohne ausreichende Kenntnisse, z. B. über die Arbeitsstätte und die darin durchzuführenden Tätigkeiten, kann die Gefährdungsbeurteilung nicht erfolgreich durchgeführt und abgeschlossen werden (Wegen der weiteren Einzelheiten zum Zeitpunkt, zum Umfang etc. der „Arbeitsstätten-Beurteilung", vgl. die Kommentierung der ArbStättV § 3 Rn.???).

13   Im Rahmen der Anfang 2015 gescheiterten Novelle der ArbStättV (bei gleichzeitiger Löschung der BildschArbV) hätte § 3 ArbStättV folgende Ergänzung in Form von Abs. 1 Satz 3 erfahren:

„Bei der Gefährdungsbeurteilung hat er die physischen und psychischen Belastungen sowie bei Bildschirmarbeitsplätzen insbesondere die Belastungen der Augen oder die Gefährdung des Sehvermögens der Beschäftigten zu berücksichtigen."

14   **3. Betriebssicherheits-Verordnung.** Nach **§ 3 Abs. 1 und Abs. 2 der Betriebssicherheitsverordnung** in der seit 1.6.2015 geltenden Fassung hat der Arbeitgeber vor der Verwendung von Arbeitsmitteln die auftretenden Gefährdungen zu beurteilen (Gefährdungsbeurteilung) und daraus notwendige und geeignete Schutzmaßnahmen abzuleiten. Das Vorhandensein einer CE-Kennzeichnung am Arbeitsmittel entbindet nicht von der Pflicht zur Durchführung einer Gefährdungsbeurteilung. Für Aufzugsanlagen gilt Satz 1 nur, wenn sie von einem Arbeitgeber im Sinne des § 2 Abs. 3 Satz 1 verwendet werden.

15   In die Beurteilung sind alle Gefährdungen einzubeziehen, die bei der Verwendung von Arbeitsmitteln ausgehen, und zwar von
1. den Arbeitsmitteln selbst,
2. der Arbeitsumgebung und
3. den Arbeitsgegenständen, an denen Tätigkeiten mit Arbeitsmitteln durchgeführt werden.

Bei der Gefährdungsbeurteilung ist insbesondere Folgendes zu berücksichtigen:
1. die Gebrauchstauglichkeit von Arbeitsmitteln einschließlich der ergonomischen, alters- und alternsgerechten Gestaltung,
2. die sicherheitsrelevanten einschließlich der ergonomischen Zusammenhänge zwischen Arbeitsplatz, Arbeitsmittel, Arbeitsverfahren, Arbeitsorganisation, Arbeitsablauf, Arbeitszeit und Arbeitsaufgabe,
3. die physischen und psychischen Belastungen der Beschäftigten, die bei der Verwendung von Arbeitsmitteln auftreten,

4. vorhersehbare Betriebsstörungen und die Gefährdung bei Maßnahmen zu deren Beseitigung.

Im Referenten-Entwurf zu der BetrSichV 2015 wurde dazu wie folgt ausgeführt (BR-Drs. 400/14, S. 79–80):

Zentrales Element aller Arbeitsschutz-Verordnungen ist die Gefährdungsbeurteilung. Sie ist nach **§ 5 AbsSchG und § 19 ChemG für alle Tätigkeiten gefordert** und ist vom Arbeitgeber durchzuführen. Sie wird hier für den Bereich der Arbeitsmittel konkretisiert.

Bisher war für Betreiber überwachungsbedürftiger Anlagen ohne Beschäftigte keine Gefährdungsbeurteilung vorgesehen, weil § 34 ProdSG dafür keine Ermächtigungsgrundlage bietet und das ArbSchG für Betreiber ohne Beschäftigte nicht gilt. Hilfsweise hatte der Ausschuss für Betriebssicherheit (ABS) die „Sicherheitstechnische Bewertung" in § 15 der BetrSichV 2002 im Sinne einer Gefährdungsbeurteilung interpretiert. Eine solche Interpretation ist jedoch rechtlich nicht möglich, weil die „sicherheitstechnische Bewertung" in § 15 der BetrSichV 2002 in Übereinstimmung mit der Ermächtigungsnorm im ProdSG nur die Ermittlung von Fristen für wiederkehrende Prüfungen fordert.

Da § 19 des ChemG jedoch eine entsprechende Ermächtigung bietet, wenn ein Zusammenhang mit Gefahrstoffen besteht, kann – mit Ausnahme von Aufzugsanlagen – auch für Betreiber von überwachungsbedürftigen Anlagen ohne Beschäftigte die gewünschte Gefährdungsbeurteilung für die derzeit in Anhang 2 genannten Anlagen vorgesehen werden. Im Hinblick auf die Sicherheit von Aufzügen im Sinne des Art. 1 der Richtlinie 95/16/EG kann dies hingenommen werden, weil diese Aufzüge durch den Hersteller abschließend montiert und erstmalig in Betrieb genommen werden, so dass bis zu diesem Zeitpunkt für auf einer Gefährdungsbeurteilung beruhende Maßnahmen kein Raum bleibt. Dem Betreiber solcher Anlagen obliegt dann nur noch die Pflicht zu wiederkehrenden Prüfungen sowie ggf. ergänzender Maßnahmen. Sofern Aufzugsanlagen von Arbeitgebern betrieben und den Beschäftigten als Arbeitsmittel zur Verfügung gestellt werden, ist jedoch eine Gefährdungsbeurteilung nach dem ArbSchG vorgeschrieben, die allerdings entsprechend vereinfacht werden kann.

Die BetrSichV regelt – auch in der BetrSichV 2002 – nicht das Bereitstellen von Arbeitsmitteln auf dem Markt (früher: Inverkehrbringen, beachte die Legaldefinition in § 2 Nummer 4 ProdSG). Ein Zusammenhang mit dem Bereitstellen von Arbeitsmitteln auf dem Markt besteht somit nur insoweit, als der sogenannte „vorgelagerte Arbeitsschutz" bei der Gefährdungsbeurteilung hinsichtlich Auswahl und Beschaffung von Arbeitsmittel von erheblicher Bedeutung ist.

Die Sicherheit beim Bereitstellen von Arbeitsmitteln auf dem Markt wird sowohl für neue als auch für gebrauchte Arbeitsmittel vollständig über das ProdSG geregelt. Der Arbeitgeber prüft bereits bei der Gefährdungsbeurteilung, welche Arbeitsmittel im Hinblick auf die beabsichtigte Verwendung auszuwählen sind und ob die dabei „mitgelieferte" Sicherheit ausreicht oder durch zusätzliche Maßnahmen ergänzt werden muss. Dies gilt in gleicher Weise, wenn der Arbeitgeber Eigenhersteller einer Maschine ist. Bei der Eigenherstellung von Arbeitsmitteln, die keine Maschinen sind, gibt es diesbezüglich keine EG-Vorgaben, die Sicherheit richtet sich also alleine nach der Gefährdungsbeurteilung unter Beachtung der Schutzzielvorgaben in den §§ 4, 5, 6 sowie 8 und 9. Gleiches gilt bei der Verwendung oder dem Umbau von vorhandenen Arbeitsmitteln aus dem Bestand des Betriebes (Wegen der weiteren Einzelheiten vgl. Kommentierung zur BetrSichV).

ArbSchG § 5

22   **4. Bildschirmarbeits-Verordnung.** Eine Bezugnahme auf die Generalklausel des Arbeitsschutzgesetzes, wie sie bis zum 1.6.2015 auch in der alten Fassung von § 3 Abs. 1 BetrSichV zu finden war, enthält unverändert **§ 3 der Bildschirmarbeitsverordnung.** Der Vorschrift zufolge hat der Arbeitgeber bei der Beurteilung der Arbeitsbedingungen nach § 5 des Arbeitsschutzgesetzes bei Bildschirmarbeitsplätzen die Sicherheits- und Gesundheitsbedingungen insbesondere hinsichtlich einer möglichen Gefährdung des Sehvermögens sowie körperlicher Probleme und psychischer Belastungen zu ermitteln und zu beurteilen.

23   Die Regelung nimmt ausdrücklich Bezug auf § 5 ArbSchG, weil die in der Bildschirmrichtlinie vorgeschriebene Arbeitsplatzanalyse im Gesamtrahmen der vom Arbeitsschutzgesetz geforderten Beurteilung der Arbeitsbedingungen zu sehen ist, bei der Beurteilung der Arbeitsbedingungen hat der Arbeitgeber insbesondere auf eine mögliche **Gefährdung des Sehvermögens, körperliche Probleme und psychische Belastungen** zu achten, weil physische und psychomentale Faktoren, die sich auf die Gesundheit der Beschäftigten auswirken, in unmittelbarem Zusammenhang mit der Sicherheit und der Gesundheit bei der Bildschirmarbeit stehen. Insoweit ist auch die menschengerechte Gestaltung der Bildschirmarbeit Bestandteil des Gesundheitsbegriffs.

24   Die Beurteilung der Arbeitsbedingungen kann in der Regel vom Betrieb selbst vorgenommen werden; der Arbeitgeber kann sich dabei der vorhandenen betrieblichen Arbeitsschutzexperten (Betriebsärzte und Sicherheitsfachkräfte) bedienen. Die Verordnung schreibt **kein bestimmtes Instrumentarium** für die Durchführung vor. In der Regel wird ein Soll-Ist-Vergleich des Arbeitsplatzes mit den Vorschriften- und Regelwerk erfolgen.

25   Der Fortbestand dieser schon zwei Jahrzehnte bestehenden Regelung ist dem Umstand geschuldet, dass die vom Bundesarbeitsministerium in den Jahren 2013/2014 vorbereitete und vom Bundesrat im Dezember 2014 mit Zustimmung versehene Implementierung der Bildschirmarbeitsverordnung in die Arbeitsstättenverordnung (BR-Drs. 509/14 vom 30.10.2014 und BR-Drs. 509/14 – Beschluss vom 19.12.2014) Ende Januar 2015 vom Bundeskanzleramt kurz vor der abschließenden Kabinettsbefassung am 4.2.2015 angehalten und damit der Weg in das Bundesgesetzblatt vereitelt wurde. Somit bleibt es sowohl bei den Regelungen der ArbStättV (2004/2010) als auch den Normen der BildSchArbV (1996).

26   **5. Biostoff-Verordnung.** Die noch bis zum Sommer 2013 in den §§ 5–8 der früheren BiostoffV sehr verstreut angesiedelten Normen zur Gefährdungsbeurteilung wurden im Rahmen der tiefgreifenden Novelle vom Juli 2013 im § 4 gebündelt und zusammengeführt.

27   Soweit sowohl Tätigkeiten nach der BiostoffV als auch nach dem Gentechnikrecht durchgeführt werden, ist es möglich, die Gefährdungsbeurteilung nach der BiostoffV und die Risikobewertung und Sicherheitseinstufung nach der Gentechniksicherheitsverordnung gemeinsam durchzuführen.

28   § 4 Abs. 1 legt, wie schon ihre Vorgängerregelung im § 8 a. F. fest, dass die Gefährdungsbeurteilung fachkundig oder zumindest mit fachlicher Beratung zu erfolgen habe. Hierfür kommen Betriebsärzte oder Fachkräfte für Arbeitssicherheit in Betracht.

29   Nach § 4 Abs. 2 ist die Gefährdungsbeurteilung aus aktuellem Anlass, spätestens aber im 2-Jahre-Zyklus zu überprüfen und zu aktualisieren. Die entsprechenden Prüfpositionen ergeben sich aus § 4 Abs. 3.

30   Wegen der Einzelheiten wird auf die Kommentierung zur Biostoffverordnung verwiesen.

6. Gefahrstoffverordnung. Die Gefahrstoffverordnung vom 26.11.2010 **31** (BGBl. I S. 1643ff.) wurde zuletzt geändert durch Art. 2 der Verordnung vom 3.2.2015 (BGBl. I, S. 49ff.).

Die Analyse der Gefährdungspotentiale und -quellen ist auch beim Umgang mit **32** Gefahrstoffen Kernstück des betrieblichen Arbeitsschutzes. Umfängliche Regelungen finden sich in § 6 der GefStoffV, weitere in deren §§ 7, 9, 10 und 12.

Nach § 6 Abs. 1 GefStoffV hat der Arbeitgeber bei der Beurteilung der Arbeits- **33** bedingungen nach § 5 ArbSchG festzustellen, ob die Beschäftigten Tätigkeiten mit Gefahrstoffen ausüben oder ob bei Tätigkeiten Gefahrstoffe entstehen oder freigesetzt werden können. Ist dies der Fall, so hat er alle hiervon ausgehenden Gefährdungen der Gesundheit und Sicherheit der Beschäftigten anhand der in § 6 Abs. 1 Nrn. 1–8 GefStoffV aufgelisteten Prüfpunkte zu beurteilen. Stoffe und Zubereitungen, die nicht von einem Inverkehrbringer nach § 4 Abs. 1 oder 2 eingestuft und gekennzeichnet worden sind, beispielsweise innerbetrieblich hergestellte Stoffe oder Zubereitungen, hat der Arbeitgeber nach § 6 Abs. 3 der GefStoffV selbst einzustufen. Zumindest aber hat er die von den Stoffen oder Zubereitungen ausgehenden Gefährdungen der Beschäftigten zu ermitteln. Dies gilt auch für Gefahrstoffe nach § 2 Abs. 2 Nr. 4 GefStoffV.

Nach § 6 Abs. 4 Satz 1 GefStoffV in der zum 1.6.2015 novellierten Fassung hat **34** der Arbeitgeber festzustellen, ob die verwendeten Stoffe, Gemische und Erzeugnisse bei Tätigkeiten, auch unter Berücksichtigung verwendeter Arbeitsmittel, Verfahren und der Arbeitsumgebung sowie ihrer möglichen Wechselwirkungen zu Brand – oder Explosionsgefährdungen führen können. Dabei hat er sich an den unter Abs. 1 im Weiteren aufgeführten Prüfpositionen zu orientieren.

§ 6 Abs. 6 Satz 1 der Verordnung schreibt vor, die mit den Tätigkeiten verbunde- **35** nen inhalativen, dermalen und physikalisch-chemischen Gefährdungen unabhängig voneinander zu beurteilen und in der Gefährdungsbeurteilung zusammenzuführen.

§ 6 Abs. 7 der GefStoffV gestattet es dem Arbeitgeber, bei der Festlegung der **36** Schutzmaßnahmen eine Gefährdungsbeurteilung zu übernehmen, die ihm der Hersteller oder Inverkehrbringer mitgeliefert hat, sofern die Angaben und Festlegungen in dieser Gefährdungsbeurteilung den Arbeitsbedingungen und Verfahren, einschließlich der Arbeitsmittel und der Gefahrstoffmenge im eigenen Betrieb entsprechen.

Ergibt sich aus der Gefährdungsbeurteilung für bestimmte Tätigkeiten auf **37** Grund der in § 6 Abs. 13 Nrn. 1–4 GefStoffV (Fassung ab 1.6.2015) näher beschriebenen Fakten insgesamt eine nur geringe Gefährdung der Beschäftigten und reichen die nach § 8 der GefStoffV zu ergreifenden Maßnahmen zum Schutz der Beschäftigten aus, so müssen keine weiteren Maßnahmen nach Abschnitt 4 ergriffen werden.

Wenn für Stoffe oder Zubereitungen keine Prüfdaten oder entsprechend aussa- **38** gekräftige Informationen zur akut toxischen, reizenden, hautsensibilisierenden oder erbgutverändernden Wirkung oder zur Wirkung bei wiederholten Expositionen vorliegen, sind gemäß § 6 Abs. 14 der GefStoffV (Fassung ab 1.6.2015) die Stoffe oder Zubereitungen bei der Gefährdungsbeurteilung wie Gefahrstoffe mit entsprechenden Wirkungen zu behandeln.

§ 6 Abs. 14 der GefStoffV (Fassung ab 1.6.2015) legt fest, wie der Arbeitgeber **39** bei der Gefährdungsbeurteilung vorgehen muss, wenn für Stoffe oder Zubereitungen keine Prüfdaten oder vergleichbare Informationen vorliegen, die Aufschluss über bestimmte gefährliche Eigenschaften geben. Dabei sind Informationen zur akut – toxischen Wirkung solche, die zu einer Einstufung als gesundheitsschädlich,

ArbSchG § 5

giftig oder sehr giftig führen können. Diese Regelung wurde aus der Technischen Regel für Gefahrstoffe (TRGS Nr. 400) übernommen.

40 Nach § 7 Abs. 11 Satz 1 der GefStoffV hat der Arbeitgeber bei allen Ermittlungen und Messungen die nach § 20 Abs. 4 der Verordnung bekannt gegebenen Verfahren, Messregeln und Grenzwerte zu beachten, bei denen die entsprechenden Bestimmungen der in den Nrn. 1–3 aufgeführten Richtlinien berücksichtigt worden sind.

41 Bei Überschreitung eines Arbeitsplatzgrenzwertes muss der Arbeitgeber gemäß § 9 Abs. 3 Satz 1 der GefStoffV unverzüglich die Gefährdungsbeurteilung nach § 6 erneut durchführen und geeignete zusätzliche Schutzmaßnahmen ergreifen, um den Arbeitsplatzgrenzwert einzuhalten.

42 Wenn Tätigkeiten mit krebserzeugenden, erbgutverändernden oder fruchtbarkeitsgefährdenden Gefahrstoffen der Kategorie 1 oder 2 ausgeübt werden, hat der Arbeitgeber gemäß § 10 Abs. 3 Nr. 1 der GefStoffV die Exposition der Beschäftigten durch Arbeitsplatzmessungen oder durch andere geeignete Ermittlungsmethoden zu bestimmen, auch um erhöhte Expositionen infolge eines unvorhersehbaren Ereignisses oder Unfalls schnell erkennen zu können.

43 **7. Künstliche optische Strahlungs-Verordnung.** Durch § 3 Abs. 3 OStrV ist geregelt, dass der Arbeitgeber **vor** Aufnahme einer Tätigkeit die Gefährdungsbeurteilung durchzuführen und die erforderlichen Schutzmaßnahmen zu treffen hat. Die Gefährdungsbeurteilung ist regelmäßig zu überprüfen und gegebenenfalls zu aktualisieren, insbesondere wenn maßgebliche Veränderungen der Arbeitsbedingungen dies erforderlich machen. Die Schutzmaßnahmen sind gegebenenfalls anzupassen. § 3 Abs. 3 OStrV spezifiziert damit schon einmal den Zeitpunkt, wann die Gefährungsbeurteilung durchgeführt und die erforderlichen Maßnahmen getroffen werden müssen. Er setzt Art. 4 Abs. 4 der RL 2006/25/EG um.

44 Bei der Beurteilung der Arbeitsbedingungen nach § 5 ArbSchG hat der Arbeitgeber gemäß § 3 Abs. 1 OStrV zunächst festzustellen, ob künstliche optische Strahlung am Arbeitsplatz von Beschäftigten **auftritt oder auftreten kann**. Ist dies der Fall, hat er alle hiervon ausgehenden Gefährdungen für die Gesundheit und Sicherheit der Beschäftigten zu beurteilen. Er hat die auftretenden Expositionen durch künstliche optische Strahlung am Arbeitsplatz zu ermitteln und zu bewerten. Für die Beschäftigten ist in jedem Fall eine Gefährdung gegeben, wenn die Expositionsgrenzwerte nach § 6 OStrV überschritten werden. Der Arbeitgeber kann sich die notwendigen Informationen beim Hersteller oder Inverkehrbringer der verwendeten Arbeitsmittel oder mit Hilfe anderer ohne weiteres zugänglicher Quellen beschaffen lässt.

45 Lässt sich nicht sicher feststellen, ob die Expositionsgrenzwerte nach § 6 OStrV eingehalten werden, hat er den Umfang der Exposition durch Berechnungen oder Messungen nach § 4 OStrV festzustellen. Entsprechend dem Ergebnis der Gefährdungsbeurteilung hat der Arbeitgeber Schutzmaßnahmen nach dem Stand der Technik festzulegen. § 3 Abs. 1 OStrV enthält die grundlegenden Anforderungen an die Gefährdungsbeurteilung in Bezug auf Gefährdungen der Beschäftigten am Arbeitsplatz durch künstliche optische Strahlung und übernimmt die entsprechenden Inhalte aus Art. 4 Abs. 1 der RL 2006/25/EG. § 3 Abs. 1 Satz 7 OStrV setzt zusammen mit § 7 der OStrV den Art. 5 der RL 2006/25/EG um.

46 § 3 legt im Grundsatz fest, was bei der Beurteilung der Arbeitsbedingungen nach § 5 ArbSchG speziell bei Gefährdungen der Beschäftigten durch künstliche optische Strahlung am Arbeitsplatz zu beachten ist. Eine Gefährdung für Beschäftigte durch

Beurteilung der Arbeitsbedingungen **§ 5 ArbSchG**

künstliche optische Strahlung liegt immer dann vor, wenn bei Exposition am Arbeitsplatz die Grenzwerte für künstliche optische Strahlung überschritten werden können oder die Sicherheit der Beschäftigten durch indirekte Auswirkungen (Blendung, Brand- und Explosionsgefahr) infolge von künstlicher optischer Strahlung am Arbeitsplatz nicht gewährleistet.

Der Arbeitgeber kann sich zwar zur Erfüllung seiner Pflichten aus § 3 OStrV 47 auch auf eine vom Hersteller oder Inverkehrbringer eines Arbeitsmittels mitgelieferte Gefährdungsbeurteilung beziehen, dies gilt jedoch nur, wenn die tatsächlichen Arbeitsplatzverhältnisse und Expositionsbedingungen auch wirklich mit den dort gemachten Angaben und Feststellungen in Einklang stehen und zudem die Arbeitsmittel nach den Vorgaben des Herstellers oder Inverkehrbringers bestimmungsgemäß benutzt und auch regelmäßig gewartet werden. Dabei kann sich der Arbeitgeber auch auf die zugänglichen Ergebnisse von Messungen oder Berechnungen berufen, die der Hersteller durchgeführt hat, um die Einhaltung der für das Inverkehrbringen erforderlichen Sicherheitsvorschriften zu gewährleisten. Die praktische Durchführung der Gefährdungsbeurteilung wird damit für den Arbeitgeber zwar erheblich erleichtert, aber letztlich nicht völlig verzichtbar.

8. Lärm- und Vibrations-Arbeitsschutzverordnung. Umfangreiche und 48 vielfältige Beurteilungsnormen enthält auch die **Lärm- und Vibrations-Arbeitsschutzverordnung.** Diese finden sich vorrangig in den §§ 3–5 der Verordnung. Der **Schwerpunkt der Beurteilungsregelungen** liegt bei § 3 der Verordnung. § 3 legt fest, was bei der Gefährdungsbeurteilung nach § 5 des ArbSchG speziell für die Beurteilung der Gefährdung der Beschäftigten durch Exposition gegenüber Lärm und Vibrationen zu beachten ist.

Im Rahmen der Gefährdungsbeurteilung nach § 5 des ArbSchG hat der Arbeit- 49 geber gemäß § 3 Abs. 1 LärmVibrationsArbSchV vor Aufnahme einer Tätigkeit festzustellen, ob Beschäftigte Lärm und Vibrationen ausgesetzt sind oder ausgesetzt sein können. Dazu hat er die auftretenden Expositionen am Arbeitsplatz zu ermitteln und zu bewerten. Der Arbeitgeber kann sich die notwendigen Informationen beim **Hersteller oder Inverkehrbringer von Arbeitsmitteln** oder bei anderen ohne weiteres zugänglichen Quellen beschaffen. Lässt sich die Einhaltung der Auslöse- und Expositionsgrenzwerte nicht sicher ermitteln, hat er den Umfang der Exposition durch Messungen nach § 4 festzustellen. Entsprechend dem Ergebnis der Gefährdungsbeurteilung hat der Arbeitgeber **Schutzmaßnahmen nach dem Stand der Technik** festzulegen.

§ 3 Abs. 2 benennt einzelne Aspekte, die der Arbeitgeber bei der Gefährdungs- 50 beurteilung zu berücksichtigen hat. So schreibt § 3 Abs. 2 in insgesamt **acht Einzelpunkten für Lärm und in sieben Einzelpunkten für Vibrationen** präzise vor, was in der jeweiligen Gefährdungsbeurteilung enthalten sein muss. Da es sich bei Lärm und Vibrationen um physikalische Vorgänge handelt, die sich präzise erfassen lassen, kommt den Messungen und der Erzielung verlässlicher Ergebnisse besondere Bedeutung zu.

Was im Zusammenhang mit den in § 3 Abs. 1 Satz 4 LärmVibrationsArbSchV zu 51 beachten ist, regelt § 4 Abs. 1 der Verordnung. Der Arbeitgeber hat sicher zu stellen, dass Messungen nach dem Stand der Technik durchgeführt werden. Dazu müssen die in § 4 Abs. 1 Satz 2 der Verordnung genannten Faktoren unbedingt beachtet werden. Die durchzuführenden Messungen können auch eine **Stichprobenerhebung** umfassen, die für die persönliche Exposition eines Beschäftigten repräsentativ ist.

Kreizberg

ArbSchG § 5

52 Nach § 5 Satz 1 der Verordnung hat der Arbeitgeber sicher zu stellen, dass die **Gefährdungsbeurteilung** nur von **fachkundigen Personen** durchgeführt wird. Verfügt der Arbeitgeber nicht selbst über die entsprechenden Kenntnisse, hat er sich fachkundig beraten zu lassen. Fachkundige Personen sind insbesondere **der Betriebsarzt** und die **Fachkraft für Arbeitssicherheit**. Der Arbeitgeber darf mit der Durchführung von Messungen nur Personen beauftragen, die über die dafür **notwendige Fachkunde** und die **erforderlichen Einrichtungen** verfügen, § 5 Satz 4.

53 Der Grund, weshalb – im Vergleich zu anderen Gegenständen der Gefährdungsbeurteilung – speziell bei Lärm und Vibrationen ein so hoher qualifikatorischer Anspruch gestellt wird, ergibt sich aus § 3 Abs. 3 der LärmVibrationsArbSchV. Danach sind die mit der Exposition durch **Lärm** oder **Vibrationen** verbundenen Gefährdungen **unabhängig voneinander zu beurteilen** und in der Gefährdungsbeurteilung zusammen zu führen. Mögliche Wechsel- oder Kombinationswirkungen sind bei der Gefährdungsbeurteilung zu berücksichtigen. Dies gilt insbesondere bei **Tätigkeiten mit gleichzeitiger Belastung** durch Lärm, arbeitsbedingten ototoxischen Substanzen oder Vibrationen, soweit, dies technisch durchführbar ist. Zu berücksichtigen sind auch mittelbare Auswirkungen auf die Gesundheit und Sicherheit der Beschäftigten, zum Beispiel durch **Wechselwirkungen** zwischen Lärm und Warnsignalen oder anderen Geräuschen, deren Wahrnehmung zur Vermeidung von Gefährdungen erforderlich ist. Bei Tätigkeiten, die eine hohe Konzentration und Aufmerksamkeit erfordern, sind störende und negative Einflüsse in Folge einer Exposition durch Lärm oder Vibrationen zu berücksichtigen.

54 **9. Lastenhandhabungs-Verordnung.** Eine Bezugnahme auf das Arbeitsschutzgesetz enthält auch **§ 2 Abs. 2 der Lastenhandhabungsverordnung**. Die Vorschrift sieht vor, dass, wenn manuelle Handhabungen von Lasten nicht vermieden werden können, der Arbeitgeber bei der Beurteilung der Arbeitsbedingungen nach **§ 5 des Arbeitsschutzgesetzes** die Arbeitsbedingungen insbesondere unter Zugrundelegung des Anhangs zu beurteilen hat. Aufgrund der Beurteilung hat der Arbeitgeber geeignete Maßnahmen zu treffen, damit eine Gefährdung von Sicherheit und Gesundheit der Beschäftigten möglichst gering gehalten wird.

55 Auf der Grundlage der speziellen Beurteilung trifft der Arbeitgeber geeignete Maßnahmen, damit die Gefährdung möglichst gering gehalten wird. Diese Maßnahmen können z. B. **Optimierung der Handhabungsbedingungen,** Tätigkeitswechsel, Verringerung der Lastgewichte oder des Arbeitstempos, Einsatz geeigneter Arbeitsmittel, sein. Geeignete Arbeitsmittel sind Mechanisierungshilfen (z. B. Hebebühnen, verstellbare Arbeitsbühnen) oder einfache mechanische Hilfsmittel (z. B. Sackkarren, Hebezangen, Sauggriffe), wo das Element der manuellen Handhabung zwar erhalten bleibt, die Körperkraft jedoch effizienter eingesetzt und die Gefährdung reduziert wird.

Welche Maßnahmen zur sicheren und gesunden Gestaltung manueller Handhabungen von Lasten in Frage kommen können, wird von der jeweiligen Art und den Umständen der betrieblichen manuellen Handhabungen abhängen.

56 **10. Mutterschutz-Richtlinienverordnung.** Eine herausgehobene Stellung hat, nach dem Willen des Verordnungsgebers, die Beurteilung der Arbeitsbedingungen im Mutterschutz. Nach § 1 der Verordnung zum Schutze der Mütter am Arbeitsplatz (MuSchArbV) muss der Arbeitgeber rechtzeitig für jede Tätigkeit, bei der werdende oder stillende Mütter durch die chemischen Gefahrstoffe, biologischen Arbeitsstoffe, physikalischen Schadfaktoren, die Verfahren oder Arbeitsbedin-

Beurteilung der Arbeitsbedingungen **§ 5 ArbSchG**

gungen nach Anlage 1 dieser Verordnung gefährdet werden können, Art, Ausmaß und Dauer der Gefährdung beurteilen. Die Pflichten nach dem Arbeitsschutzgesetz bleiben unberührt. **Zweck der Beurteilung** ist es,
1. alle Gefahren für die Sicherheit und Gesundheit sowie alle Auswirkungen auf Schwangerschaft oder Stillzeit der betroffenen Arbeitnehmerinnen abzuschätzen und
2. die zu ergreifenden Schutzmaßnahmen zu bestimmen.

Die Beurteilungspflicht des Arbeitgebers nach der Vorschrift des § 1 MuSchArbV, die Art. 4 Abs. 1 der Mutterschutz-Richtlinie 92/58/EWG umsetzt, war in dieser konkretisierten Form bis zum Inkrafttreten der Verordnung nicht im Mutterschutzgesetz geregelt. Die spezielle Beurteilung nach dieser Verordnung tritt neben die allgemeine Beurteilungsverpflichtung.

C. Arbeitgeber und Beschäftigte

I. Normadressaten

§ 5 ArbSchG ist in drei Absätze untergliedert. Die beiden ersten wenden sich an 57 den **Normadressaten des 2. Abschnitts** des Arbeitsschutzgesetzes: **den Arbeitgeber.** Der dritte Absatz enthält – ohne Anspruch auf Vollständigkeit – („insbesondere") Hinweise zur Gefährdung. Wer Arbeitgeber ist, definiert § 2 Abs. 3 ArbSchG. Danach sind Arbeitgeber im Sinne dieses Gesetzes natürliche und juristische Personen und rechtsfähige Personengesellschaften, die Personen nach Absatz 2 beschäftigen (Wegen der Einzelheiten, vgl. Kommentierung zu § 2).

Zu einer Gefährdungsbeurteilung ist **jeder Arbeitgeber** verpflichtet, Ausnah- 58 men sind nicht vorgesehen. Dies gilt **auch** für den Arbeitgeber eines **Kleinbetriebes** mit zehn oder weniger Beschäftigten, er ist nur von der Dokumentation befreit (§ 6 Abs. 1 Satz 3). Die EU-Richtlinie sah für die Gefährdungsbeurteilung keine Ausnahmemöglichkeit für kleinere Unternehmen wie bei der Dokumentation (dort Art. 9 Abs. 2 Rahmenrichtlinie) vor. Ziel des Gesetzes ist ausdrücklich, dass alle Betriebe zu einem effektiven Arbeitsschutz beitragen müssen. Sicherheit und Gesundheitsschutz der Beschäftigten sind in **kleinen und mittleren Betrieben** grundsätzlich nicht anders zu bewerten als in größeren (so Begr. AT, Ziff. 2, BT-Drs. 13/3540, S. 12).

II. Begünstigte

Begünstigte der Gefährdungsbeurteilung nach § 5 ArbSchG wie auch des Ar- 59 beitsschutzgesetzes insgesamt sind **die Beschäftigten** (wegen Einzelheiten vgl. die Kommentierung zu § 2). Beschäftigte sind nach § 2 Absatz 2 ArbSchG
1. Arbeitnehmerinnen und Arbeitnehmer,
2. die zu ihrer Berufsbildung Beschäftigten,
3. arbeitnehmerähnliche Personen im Sinne des § 5 Abs. 1 des Arbeitsgerichtsgesetzes, ausgenommen die in Heimarbeit Beschäftigten und die ihnen Gleichgestellten,
4. Beamtinnen und Beamte,
5. Richterinnen und Richter,
6. Soldatinnen und Soldaten,
7. die in Werkstätten für Behinderte Beschäftigten.

ArbSchG § 5

60 Schutzmaßnahmen nach diesem Gesetz können mithin nur zugunsten der Beschäftigten gefordert werden. Tatsächlich mitgefährdete Dritte (Kunden, Geschäftspartner, Besucher, Passanten, Nachbarn, Familienangehörige des Beschäftigten) sind vom Schutzbereich des Gesetzes nicht erfasst.

D. Handlungsziel

I. Maßnahmen des Arbeitsschutzes

61 Weder die Ermittlung noch die Beurteilung der Gefährdung nach § 5 Abs. 1 ArbSchG sind Selbstzweck. Sie sind vielmehr Schritte auf einem Weg, an dessen Ende die Frage steht: Welche **Maßnahmen des Arbeitsschutzes** sind erforderlich? Wenn die Frage nach der Qualität der Maßnahmen erst am Ende des Beurteilungs- und Ermittlungsverfahrens steht, so lässt sich die Frage nach dem **Rechtscharakter** der Arbeitsschutzmaßnahmen aus dem Arbeitsschutzgesetz selbst ableiten. Nach § 2 Abs. 1 ArbSchG sind Maßnahmen des Arbeitsschutzes im Sinne des Gesetzes Maßnahmen zur Verhütung von Unfällen bei der Arbeit und arbeitsbedingten Gesundheitsgefahren einschließlich Maßnahmen der menschengerechten Gestaltung der Arbeit.

62 Der **Arbeitgeber** ist (nur) zu Maßnahmen des Arbeitsschutzes auf Grund des ArbSchG und der daraufhin erfolgten Gefährdungsbeurteilung **verpflichtet**. Maßnahmen mit anderer Zielsetzung (z. B. Verbraucherschutz, Umweltschutz, Schutz von Sachen im Eigentum des Arbeitnehmers) sind nicht Gegenstand dieser Regelungen und können deshalb nicht verlangt werden. Andere gesetzliche Regelungen (z. B. Verpflichtungen aus allgemeinem Baurecht, Wasserrecht usw.) bleiben unberührt.

II. Erforderlichkeit der Maßnahmen

63 Die vom Arbeitgeber im Rahmen des Ermittlungsauftrags zu ergreifenden Maßnahmen sind zum einen begrenzt auf das Feld des Arbeitsschutzes. Eine weitere Schranke gegen ausufernde Verpflichtungen bildet das Korrektiv der **„Erforderlichkeit"**. Nicht das sozial Wünschenswerte, das technisch Machbare oder aber von progressiven Wissenschaftlern und den Medien Empfohlene ist das Maß der Dinge sondern das „Erforderliche". Damit ist der Gesetzgeber auch bei der Beurteilung der Arbeitsbedingungen mit anschließender Maßnahme-Ermittlung der Linie treu geblieben, die sich wie ein roter Faden durch das gesamte Arbeitsschutzrecht zieht: **weite Handlungsspielräume und betriebsbezogene Flexibilität.** So spricht auch schon § 3 Abs. 1 ArbSchG von der Arbeitgeberpflicht, **„erforderliche"** Arbeitsschutzmaßnahmen zu treffen (Satz 1), die **„erforderlichenfalls"** anzupassen sind (Satz 2). Auch § 3 Abs. 2 ArbSchG spricht von **„erforderlichen"** Mittel und der Notwendigkeit, Maßnahmen **„erforderlichenfalls"** zu beachten.

64 Der einschränkende Begriff der „Erforderlichkeit" findet sich des Weiteren in
 – § 6 Abs. 1 Satz 1: erforderliche Unterlagen;
 – § 8 Abs. 1 Satz 2: erforderliche Unterrichtung;
 – § 10 Abs. 1 Satz 1: erforderliche Maßnahmen;
 – § 12 Abs. 1 Satz 4: erforderliche Wiederholung;
 – § 22 Abs. 1 Satz 1: erforderliche Auskünfte.

65 Der Begriff der **„Erforderlichkeit"** ist somit ein Kernelement des öffentlichen Rechts zu dem auch das Arbeitsschutzrecht gehört. So haben Verwaltungsbehör-

Beurteilung der Arbeitsbedingungen **§ 5 ArbSchG**

den, die gegen Störer der öffentlichen Sicherheit und Ordnung vorgehen wollen nach dem Prinzip, dass nicht „mit Kanonen auf Spatzen" geschossen werden soll, Maßnahmen (Verwaltungsakte) vorzunehmen, die
- bestimmt,
- tauglich,
- notwendig und
- verhältnismäßig sind.

An diesen Maßstäben gemessen sind z. B. Maßnahmen nicht **tauglich,** wenn 66 völlig ungeeignete Verfahren vorgegeben werden, die zudem auch die Grenze der Leistungsfähigkeit überschreiten oder sogar rechtlich Unmögliches dadurch verlangt wird. Der Maßstab der **„Notwendigkeit"** wird im Verwaltungsrecht verletzt, wenn überflüssige Maßnahmen von der Behörde verlangt werden. Nach den Maßstäben des Arbeitsschutzgesetzes sind Maßnahmen „erforderlich" die nach den einschlägigen Vorschriften des Staates, der jeweiligen Berufsgenossenschaft und u. U. der Einzel-Anordnung der Gewerbeaufsichtsbehörden (bzw. Ämter für Arbeitsschutz) geboten sind. Dabei darf der Arbeitgeber selbstverständlich **Verhältnismäßigkeitserwägungen,** Zeitschienen und auch Kostenüberlegungen mit einfließen lassen. Je höher das gefährdete Rechtsgut, und je wahrscheinlicher der Schadenseintritt ist, desto früher ist die Erforderlichkeit einer Maßnahme anzunehmen. Eine **unmittelbar** bevorstehende Gefahr macht **unverzügliche** Maßnahmen erforderlich. Aus der Zielsetzung eines effektiven Arbeitsschutzes folgt, dass die Beurteilung der Erforderlichkeit von Arbeitsschutzmaßnahmen anhand von objektiven Merkmalen **schlüssig und nachvollziehbar** sein muss.

Ob die Erforderlichkeit vom Arbeitgeber zutreffend bewertet wurde (und der 67 Arbeitgeber die Maßnahmen auf ihre Wirksamkeit überprüft hat, § 6 Abs. 1), kann im **Streitfall** durch die Behörde bzw. das Verwaltungsgericht, in der Regel anhand von Sachverständigengutachten, in vollem Umfang **nachgeprüft** werden. Es handelt sich bei der „Erforderlichkeit" um einen unbestimmten und ausfüllungsbedürftigen Rechtsbegriff. Die Erforderlichkeit von Maßnahmen kann auch aus Anlass von **wesentlichen Änderungen** der Gefährdungssituation am Arbeitsplatz oder in der Tätigkeit neu eintreten oder wegfallen. § 3 Abs. 1 Satz 2 schreibt im Rahmen der Grundpflichten des Arbeitgebers vor, dass der Arbeitgeber einmal getroffene Arbeitsschutzmaßnahmen auf ihre Wirksamkeit zu überprüfen und erforderlichenfalls sich ändernden Gegebenheiten anzupassen hat.

Zwar hat der Gesetzgeber bei der Festschreibung der Gefährdungsbeurteilung in 68 § 5 nicht eigens geregelt, wie oft die Gefährdungsbeurteilung getroffen und ggf. **wiederholt** werden muss. Das war nicht nötig, weil er schon einleitend bei den allgemein geltenden Grundpflichten des Arbeitgebers in § 3 Abs. 1 Satz 2 das Prinzip der ständigen Wirksamkeitskontrolle festgeschrieben hat. Arbeitsschutz ist, der modernen Philosophie der umfassenden Vorbeugung (Prävention) folgend, eine Daueraufgabe. Aus der Regelung in § 3 Abs. 1 Satz 2 folgt für die Gefährdungsbeurteilung, dass sie immer dann erneuert werden und daraus folgend ggf. neue Maßnahmen getroffen werden müssen, wenn sich **wesentliche Änderungen** bei den Arbeitsbedingungen ergeben. Dass der Gesetzgeber von wiederholten Gefährdungsbeurteilungen ausgegangen ist, wird an der Anordnung in § 6 Abs. 1 Satz 1 deutlich, bei der Dokumentation auch das Ergebnis der Überprüfung der Maßnahmen festzuhalten.

E. Handlungsobjekt

I. Die Gefährdung

69 So banal es klingen mag, die Gefährdung ist Kernpunkt aller arbeitgeberseitigen Maßnahmen im Arbeitsschutz. Solange nicht klar ist, wo sie liegt und wie groß sie ist, bleibt alles weitere Tun nur Stückwerk. Mit der Ausrichtung am **Begriff der Gefährdung** hat sich der nationale Gesetzgeber erkennbar **von den** Vorgaben des **europäischen Rechts gelöst** (Art. 6 der Rahmenrichtlinie), **wo** dem Arbeitgeber (lediglich) die Beurteilung von **Gefahren** auferlegt ist.

II. Sprachliche und inhaltliche Unterschiede

70 Unter **Gefahr** wird nach dem allgemeinen Recht der Gefahrenabwehr eine Sachlage verstanden, die bei ungehindertem Ablauf des objektiv zu erwartenden Geschehens zu einem Schaden führt. Für den Schadenseintritt muss eine hinreichende Wahrscheinlichkeit vorliegen. Ein Schaden liegt vor, wenn eine nicht unerhebliche Beeinträchtigung eingetreten ist. **Gefahr** in dem zuvor beschriebenen Sinn ist definierbar als nicht mehr akzeptables Risiko. Welcher **Grad an Wahrscheinlichkeit** dabei hinreichend ist, ist entsprechend dem Verhältnismäßigkeitsgrundsatz nach der Art der betroffenen Rechtsgüter zu bestimmen. Im Arbeitsschutz, wo es um Leben und Gesundheit der Beschäftigten geht (§ 4 Nr. 1), kann für das Vorliegen einer Gefährdung ein geringeres Maß an Wahrscheinlichkeit vorausgesetzt werden als bei der geringerwertigen Gefährdung von Sachgütern. Eine **absolute Sicherheit** bei der Arbeit im Sinne eines 100%-igen Ausschlusses jedweder Gefährdung ist **nicht möglich**. Ein hinnehmbares, also akzeptables Risiko muss nach dem Verhältnismäßigkeitsgrundsatz einen umso geringeren Grad an Wahrscheinlichkeit haben, je schwerwiegender die denkbaren Folgen sind. Dementsprechend verpflichtet eine hohe Schadens-Eintrittswahrscheinlichkeit für einen schweren Schaden zu besonderen Maßnahmen (§ 9).

71 Eine **Gefährdung** tritt entsprechend dem Vermeidungsauftrag in § 4 Nr. 1 ArbSchG schon früher ein. Nr. 1 verlangt, dass eine Gefährdung für Leben und Gesundheit möglichst vermieden und die verbleibende Gefährdung möglichst gering gehalten wird. **Gefährdung bezeichnet im Gegensatz zur Gefahr** die Möglichkeit eines Schadens oder einer gesundheitlichen Beeinträchtigung ohne bestimmte Anforderungen an deren Ausmaß oder deren Eintrittswahrscheinlichkeit. Gemessen wird die Gefährdung durch das Risiko. Dies ist das Produkt aus Eintrittswahrscheinlichkeit und Ausmaß des möglichen Schadens (Begründung, BT, zu § 4).

III. Relativierung des Gefährdungspotentials

72 Damit die **Verpflichtungen des Arbeitgebers** im Zusammenhang mit der Gefährdungsbeurteilung **nicht „uferlos"** werden, hat der nationale Gesetzgeber diese begrenzt auf Gefährdungen, „die mit ihrer Arbeit verbunden sind". Damit wurde sinngemäß die Formulierung aus Art. 5 Abs. 1 der Rahmenrichtlinie übernommen, wonach der Arbeitgeber verpflichtet ist, für die Sicherheit und den Gesundheitsschutz der Arbeitnehmer in Bezug auf alle Aspekte zu sorgen, die die Arbeit betreffen.

73 Die zu untersuchenden Gefährdungen müssen **mit der Arbeit** der Beschäftigten **verbunden** sein und mit ihr in direktem inneren oder äußeren Zusammenhang

Beurteilung der Arbeitsbedingungen § 5 ArbSchG

stehen. Ein mittelbarer Zusammenhang genügt nicht. Gefährdungen auf dem Weg von der Wohnung zur Arbeitsstätte sind grundsätzlich nicht erfasst. Das gilt auch dann, wenn der Weg zur Arbeit ausnahmsweise zur Arbeitszeit nach dem gesetzlichen Arbeitszeitbegriff (§ 1 ArbZG) gehört, weil der Arbeitgeber auf die tatsächliche Gefährdungssituation keinen Einfluss nehmen kann.

Nicht erfasst von der Beurteilungspflicht sind Folgen aus einer allein dem Beschäftigten zuzuordnenden psychischen Situation von außerhalb der Arbeitsstätte sein. Der Arbeitgeber kann nicht jede psychische Ausnahmesituation des Beschäftigten (Ablenkung, Unachtsamkeit, Übermüdung aus außerbetrieblichem Anlass usw.) vorhersehen. Dieser schon bisher geltende Standard wird seit der Novelle vom Oktober 2013 bestätigt durch die Formulierung von Abs. 3 Nr. 6: Psychische Belastungen am Arbeitsplatz. 74

IV. Gefährdungsbeispiele

Neben der Relativierung des Bezugsrahmens („mit ihrer Arbeit verbundene") in § 5 Abs. 1 hat der nationale Gesetzgeber nach dem Vorbild aus Art. 6 Abs. 3 lit a Satz 1 der Rahmenrichtlinie 89/391 EWG in § 5 Absatz 3 Beispiele dafür gebildet woraus sich Gefährdungen ergeben können. Über die vom EU-Gesetzgeber beschriebenen Problemkreise: 75
- Auswahl von Arbeitsmitteln,
- chemische Stoffe oder Zubereitungen und
- Gestaltung der Arbeitsplätze

hinaus, hat der bundesdeutsche Gesetzgeber die **Aufzählung noch erweitert** um:
- die Gestaltung und Einrichtung der Arbeitsstätte,
- physikalische und biologische Einwirkungen,
- die Gestaltung und Auswahl von Arbeitsstoffen, Maschinen, Geräten und Anlagen sowie den Umgang damit,
- die Gestaltung von Arbeits- und Fertigungsverfahren, Arbeitsabläufen und Arbeitszeit und deren Zusammenwirken,
- unzureichende Qualifikation und Unterweisung der Beschäftigten sowie
- psychische Belastungen am Arbeitsplatz.

Diese Neigung zum (rechtlichen) Perfektionismus ist letztlich aber unbedenklich als mit dieser Vorgehensweise die **rechtlichen Vorgaben** aus der Arbeitsschutzrahmenrichtlinie doch **nicht überschritten** werden. Während das EU-Recht die wenigen Positionen „unter anderem" nennt, gibt das nationale Recht durch das Wort „insbesondere" zu erkennen, dass es sich um eine lediglich beispielhafte Aufzählung ohne jeden Anspruch auf Vollständigkeit handelt. 76

Dass dieser Regelungs-Perfektionismus gleichwohl seine Tücken und Fallstricke hat, belegt § 5 Abs. 3 Nr. 5 ArbSchG, wonach auch die unzureichende Qualifikation und Unterweisung des Beschäftigten eine Gefährdung darstellen kann. Mögen die in den Nummern 1–4 des Absatzes 3 aufgeführten technischen, naturwissenschaftlichen, materiellen Rahmenbedingungen eine Gefährdung auslösen, dürfte dies speziell durch Nr. 5 eigentlich nicht möglich sein. So verpflichtet § 12 Abs. 1 ArbSchG den Arbeitgeber zur **Unterweisung der Beschäftigten,** Nach § 12 Abs. 1 Satz 3 ArbSchG muss die Unterweisung bei der Einstellung, bei Veränderungen im Aufgabenbereich, der Einführung neuer Arbeitsmittel oder einer neuen Technologie **vor** Aufnahme der Tätigkeit der Beschäftigten erfolgen. Bei strenger Beachtung der Vorgaben aus § 12 Abs. 1 Satz 3 ArbSchG, wonach die umfängliche 77

Unterweisung **vor** der Arbeitsaufnahme stattzufinden hat, dürfte es eigentlich keinen Beschäftigten geben, der – weil unzureichend unterwiesen – eine Gefährdung für sich und andere „bei ihrer Arbeit" darstellt.

78 Entweder ist er hinreichend unterwiesen, dann ist § 12 Abs. 1 beachtet und § 5 Abs. 3 Nr. 5 objektiv ausgeschlossen oder er ist nicht korrekt unterwiesen, dann ergibt sich die Gefährdung aus der Verletzung der Pflicht nach § 12 Abs. 1 ArbSchG. Die Freud'sche Fehlleistung, die dem Gesetzgeber hier offensichtlich unterlaufen ist, ändert nichts an der Sinnhaftigkeit der Norm im Übrigen.

79 Die Ergänzung des Kanons möglicher Gefährdungen um die Ziffer 6 „psychische Belastungen am Arbeitsplatz" entspricht einer Forderung, die schon geraume Zeit von gewerkschaftlicher Seite erhoben wurde. Die SPD-geführten Landesregierungen von Brandenburg, Bremen, Hamburg, Niedersachsen, Nordrhein-Westfalen und Schleswig-Holstein sowie das „grün"regierte Baden-Württemberg hatten in Form der BR-Drs. 315/13 vom 24.4.2013 einen Verordnungsantrag in die Länderkammer eingebracht unter dem Titel „Entwurf einer Verordnung zum Schutz vor Gefährdungen durch psychische Belastungen bei der Arbeit", dem aber angesichts der Mehrheit von Union und FDP im Bundestag seinerzeit kein Erfolg beschieden war.

80 Einen ersten Schritt zur stärkeren Beachtung von psychischen Belastungen am Arbeitsplatz stellt insofern die zum 19.10.2013 vorgenommene Ergänzung durch die neue Ziffer 6 unter § 5 Abs. 3 ArbSchG dar. In der Begründung heißt es dann auch: Die um Ziffer 6 ergänzte Regelung dient der Klarstellung hinsichtlich der Gefährdungsfaktoren, die bei der Gefährdungsbeurteilung berücksichtigt werden müssen. Die Anpassung zielt darauf ab, das Bewusstsein der Arbeitgeber für **psychische Belastungen** bei der Arbeit zu schärfen, die Durchführung der Gefährdungsbeurteilung in der Praxis weiter zu steigern und dabei das Augenmerk vor allem auch auf die Berücksichtigung von psychischen Belastungen zu richten. Durch die Formulierung „bei der Arbeit" wird deutlich gemacht, dass die Klarstellung nicht bezweckt, den Gesundheitszustand der Beschäftigten generell im Hinblick auf alle Lebensumstände zu verbessern. Schutzmaßnahmen werden dem Arbeitgeber weiterhin nur insoweit abverlangt, als Gefährdungen für die physische oder die psychische Gesundheit der Beschäftigten durch die Arbeit auftreten.

81 Der vorerst letzte (politische) Schritt, dem Thema „psychische Belastung am Arbeitsplatz" noch mehr Beachtung zu schenken, findet sich in dem Koalitionsvertrag der seit Ende 2013 amtierenden Bundesregierung von Union und SPD. Unter dem Obersatz „Deutschlands Zukunft gestalten" findet sich auf Seite 50–51 des Dokuments folgende Ankündigung:

82 Der Schutz der Beschäftigten vor Gefahren am Arbeitsplatz und die Stärkung der Gesundheit bei der Arbeit ist ein wichtiges Gebot sozialer Verantwortung. Ein deutlicher Hinweis auf die Herausforderungen, die eine sich wandelnde Arbeitswelt für den deutschen Arbeitsschutz bedeutet, ist die drastische Zunahme psychischer Erkrankungen. Unser Leitbild ist ein ganzheitlicher, physische und psychische Belastungen umfassender Gesundheitsschutz bei der Arbeit. Die Zusammenarbeit mit der allgemeinen Gesundheitspolitik wird ausgebaut. Betriebliche Gesundheitsförderung und Arbeitsschutz werden enger verknüpft. Das betriebliche Eingliederungsmanagement (BEM) wollen wir stärken und mehr Verbindlichkeit erreichen.

83 Gesundheitszirkel in den Betrieben haben sich in der Praxis als erfolgreicher Ansatz erwiesen. Wir wollen erreichen, dass in Unternehmen in Kooperation mit den gesetzlichen Krankenkassen solche Zirkel vermehrt eingerichtet werden. Wir werden die Entwicklung neuer Präventionskonzepte und betrieblicher Gestaltungslö-

Beurteilung der Arbeitsbedingungen **§ 5 ArbSchG**

sungen bei psychischer Belastung in enger Zusammenarbeit mit den Trägern der Gemeinsamen Deutschen Arbeitsschutzstrategie vorantreiben, den Instrumenteneinsatz besser ausrichten, auf eine verbesserte Kontrolle des Arbeitsschutzes hinwirken und in bestehenden Arbeitsschutzverordnungen, die noch keine Klarstellung zum Schutz der psychischen Gesundheit enthalten, dieses Ziel aufnehmen. Es erfolgt eine wissenschaftliche Standortbestimmung, die gleichzeitig eine fundierte Übersicht über psychische Belastungsfaktoren in der Arbeitswelt gibt und Handlungsoptionen für notwendige Regelungen aufzeigt. Im Lichte weiterer wissenschaftlicher Erkenntnisse schließen wir insoweit auch verbindliche Regelungen in Form einer Verordnung gegen psychische Erkrankungen nicht aus.

Danach steht zu erwarten, dass das Thema „psychische Belastungen" auch in den Arbeitsschutzverordnungen eine größere Rolle spielen wird und mit den Regelungen unter § 3 BildscharbV und § 3 Abs. 2 Satz 2 Ziffer 3 der BetrSchV 2015 erst der Anfang gemacht wurde. 84

F. Handlungsweise

I. Die Beurteilung

Das Arbeitsschutzgesetz enthält **keine gesetzliche Definition** dessen, was unter „Beurteilung" zu verstehen ist. Die Bundesvereinigung der Deutschen Arbeitgeberverbände hat in ihrer 1997 erschienenen Schrift „Die Gefährdungsbeurteilung nach dem Arbeitsschutzgesetz" (Seite 7) eine Definition wie folgt gegeben: Eine **Gefährdungsbeurteilung** ist die systematische Untersuchung zur Feststellung von Gefährdungen sowie der Bedingungen, unter denen sie wirksam werden, und die Schlussfolgerung entsprechender Maßnahmen am jeweiligen Arbeitsplatz. In einfacheren Fällen wird für die Gefährdungsbeurteilung ein sog. „Soll-Ist-Vergleich" ausreichen. Dieser besteht aus der Prüfung, ob die einschlägigen Vorschriften und Sicherheitsregeln eingehalten sind. 85

Die Bundesanstalt für Arbeitsschutz und Arbeitsmedizin definiert in ihrer 2014 erschienenen Schrift „Gefährdungsbeurteilung psychischer Belastungen, Erfahrungen und Empfehlungen" Gefährdungsbeurteilung wie folgt: 86

Die **Gefährdungsbeurteilung** beschreibt den Prozess der systematischen Ermittlung und Bewertung aller relevanten Gefährdungen, denen die Beschäftigten im Zuge ihrer beruflichen Tätigkeit ausgesetzt sind. Hinzu kommt die Ableitung und Umsetzung aller zum Schutz der Sicherheit und der Gesundheit erforderlichen Maßnahmen, die anschließend hinsichtlich ihrer Wirksamkeit überprüft werden müssen. Das Ziel besteht darin, Gefährdungen bei der Arbeit frühzeitig zu erkennen und diesen präventiv, das heißt noch bevor gesundheitliche Beeinträchtigungen oder Unfälle auftreten, entgegenzuwirken.

Darüber, wie der Arbeitgeber diese **Gefährdungsbeurteilung** vorzunehmen hat, macht das Gesetz absichtlich nur **wenige Vorgaben** (§ 5 Abs. 2). Das entspricht der Intention des Gesetzgebers: Durch den hohen Abstraktionsgrad der Vorschriften und weit gefasste Formulierungen soll bewusst Spielraum für an die Situation der Betriebe und an die konkrete Gefährdungssituation angepasste und kostengünstige Arbeitsschutzmaßnahmen gelassen werden (Begr. AT Ziff. 2, BT-Drs. 13/3540 Ziff. 2). 87

Das ArbSchG hat die Zielsetzung, die **Eigenverantwortung des Arbeitgebers** zu fördern und zu stärken. Alle im betrieblichen Arbeitsschutzsystem Verantwortli- 88

Kreizberg 249

ArbSchG § 5 Arbeitsschutzgesetz

chen, aber auch die Beschäftigten selbst sollen angehalten werden, die konkreten Arbeitsverhältnisse, aber auch anstehende Veränderungen unter Arbeitsschutzgesichtspunkten zu durchdenken. Sie sollen Gefährdungen erkennen und benennen, so dass Schutzmaßnahmen ergriffen werden können (Begr. AT Ziff. 4, BT-Drs. 13/3540). Daher dient die Gefährdungsbeurteilung und ihre Dokumentation nicht etwa in erster Linie der leichteren Nachvollziehbarkeit durch die **Aufsichtsbehörden;** das ArbSchG folgt vielmehr einer modernen Arbeitsschutzphilosophie, die Arbeitsschutz – bei nach wie vor klarer Verteilung der Verantwortlichkeiten – als ständige Aufgabe der Betriebspartner Arbeitgeber, Betriebsrat und der Beschäftigten (z. B. Hinweispflicht nach § 16 Abs. 1) versteht (Begr. AT Ziff. 4, a. a. O.).

89 Um den im Arbeitsschutz nicht so erfahrenen Unternehmer bei der Gefährdungsbeurteilung nicht alleine zu lassen, haben seit Inkrafttreten des Arbeitsschutzgesetzes vor nunmehr zwei Jahrzehnten zahlreiche Ministerien, Unfallversicherungsträger, Verbände und Wirtschaftsorganisationen eine wahre Flut von **Broschüren und Schriften** veröffentlicht, die teils **branchenspezifisch,** teils **arbeitsplatzbezogene Hilfestellungen** zur Gefährdungsbeurteilung anbieten. Generell empfehlenswert erscheint dabei eine nach **tätigkeitsbezogenen, arbeitsbereichsbezogenen** und letztlich **personenbezogenen** Merkmalen strukturierte Gefährdungsbeurteilung. Basis für diese Handlungsanleitungen sind die vom Bundesarbeitsministerium am 1. 9. 1997 bekannt gemachten „Gemeinsamen Grundsätze zur Erstellung von Handlungshilfen für eine Gefährdungsbeurteilung nach dem Arbeitsschutzgesetz" (BMA-AZ: III b 1–34502/4) nachzulesen im BArbBl. 11/97 S. 74.

90 Die dort näher ausgeführten Grundsätze befassten sich bereits damals mit folgenden Themen:
1) Verantwortung des Arbeitgebers
2) Beteiligung der Beschäftigten und ihrer Vertretungen
3) Zielgruppe
4) Motivation
5) Rechtssituation
6) Branchenbezug
7) Typische Gefährdungen
8) Systematisches Vorgehen
9) Beurteilungskriterien
10) Konzentrationswirkung
11) Beurteilungstiefe
12) Gleichartige Arbeitsbedingungen
13) Einschaltung von Experten
14) Maßnahmen
15) Überprüfung und Wirksamkeitskontrolle
16) Erneute Gefährdungsbeurteilung
17) Praxisgerechte Gestaltung
18) Dokumentation
19) Aktualisierung
20) Information und Beratung

91 Aktuell kann empfohlen werden die im Rahmen der Gemeinsamen Deutschen Arbeitsschutzstrategie (GDA) herausgegebene Leitlinie Gefährdungsbeurteilung und Dokumentation, Stand: 5. Mai 2015, Geschäftsstelle der Nationalen Arbeitsschutzkonferenz c/o Bundesanstalt für Arbeitsschutz und Arbeitsmedizin, Nöldnerstraße 40–42, 10317 Berlin.

Beurteilung der Arbeitsbedingungen **§ 5 ArbSchG**

1. Tätigkeitsbezogene Gefährdungsbeurteilung. Bei der tätigkeitsbezogenen Gefährdungsbeurteilung werden einzelne Arbeitsplätze/Tätigkeiten untersucht ohne Bezug zu den verschiedenen Mitarbeitern, die dort tätig sind. Dieses, ist z. B. bei Instandhaltern mit wechselnden Einsatzstellen bzw. Anlagen erforderlich. Da sich Mitarbeiter der Instandhaltung an allen Orten des Betriebes aufhalten, sind sie auch einer Vielzahl von Gefährdungen und Belastungen ausgesetzt. Zur Erfassung und Beurteilung all dieser möglichen Faktoren ist eine tätigkeitsbezogene Beurteilung erforderlich, d. h. es sind über einen bestimmten Zeitraum alle Tätigkeiten des Instandhalters zu verfolgen und die daraus resultierenden Gefährdungen und Belastungen zu erfassen und zu beurteilen. Da diese Vorgehensweise mit hohem Aufwand verbunden ist, scheint es empfehlenswert, alle aus der arbeitsbereichsbezogenen Beurteilung bekannten Faktoren **pauschal** den jeweiligen Instandhaltern **zuzuordnen**. Zusätzlich sind die Gefährdungen/Belastungen hinzuzufügen, die **individuell** bei der Instandsetzungstätigkeit entstehen. 92

2. Arbeitsbereichsbezogene Gefährdungsbeurteilung. Bei der arbeitsbereichsbezogenen Gefährdungsbeurteilung werden mehrere Arbeitsplätze innerhalb eines Arbeitsbereiches zusammengefasst. Kennzeichen des festgelegten Arbeitsbereiches ist, dass alle hier tätigen Mitarbeiter gleichen Gefährdungen und Belastungen ausgesetzt sind, z. B. Lärm, Vibrationen, künstlichen, optischen Strahlungen sowie Bio- und Gefahrstoffen. 93

3. Personenbezogene Gefährdungsbeurteilung. Die personenbezogene Gefährdungsbeurteilung ist eine **individuelle Gefährdungsbeurteilung an einem Arbeitsplatz mit Bezug zu einem bestimmten Mitarbeiter.** Dieses wird nur bei speziellen Arbeitsplätzen/Personen, wie z. B. bei Schwerbehinderten oder werdenden Müttern erforderlich. Der Unterschied dieser Methode zu den beiden vorgenannten liegt darin, dass hier mögliche Kombinationen von Gefährdungen/Belastungen beim Zusammenwirken verschiedener Tätigkeiten sowie Mehrfachbelastungen erfasst werden. Darüber hinaus fließen hier individuelle Leistungsvoraussetzungen wie Alter, Geschlecht und Qualifikation mit in die Betrachtung ein. Dies ist insbesondere dann von Nutzen, wenn gezielte Maßnahmen bei besonders gefährdeten Personengruppen oder solche mit hohem Krankenstand durchgeführt werden sollen. 94

II. Relativierung der Beurteilung

Da die zu treffenden Maßnahmen des Arbeitsschutzes nicht uferlos werden sollen, sondern sich beschränken auf das „Erforderliche", versteht es sich fast von selbst, dass auch die Beurteilungspflicht Grenzen haben muss. Diese Regulativ beinhaltet der komplette **Absatz 2 von § 5 ArbSchG**. Danach hat der Arbeitgeber die Beurteilung je nach Art der Tätigkeiten vorzunehmen. Bei gleichartigen Arbeitsbedingungen ist die Beurteilung eines Arbeitsplatzes oder einer Tätigkeit ausreichend. § 5 **Abs. 2** regelt (wenige) Einzelheiten zur Gefährdungsbeurteilung. § 5 **Abs. 2 Satz 1** legt fest, dass die Beurteilung je nach Art der Tätigkeiten vorzunehmen ist. Letzteres dient zur Klarstellung. Eine einheitliche Prüfdichte ohne Rücksicht auf die Art der Tätigkeit (Gießereiarbeit wie Bürotätigkeit) wäre rechtswidrig. 95

Durch § 5 Abs. 2 **Satz 2** wird klargestellt, dass bei **Gleichartigkeit der Arbeitsbedingungen** nicht jeder Arbeitsplatz eigens beurteilt werden muss. Vielmehr reicht eine typische Untersuchung für die Beurteilung eines solchen Arbeitsplatzes oder einer solchen Tätigkeit aus, um der gesetzlichen Pflicht für alle vergleichbaren 96

ArbSchG § 5 Arbeitsschutzgesetz

Arbeitsplätze Genüge zu tun. Die Heranziehung von Standardbeurteilungen für typische Arbeitsbereiche ist dadurch möglich. Der Gesetzgeber ist bei der Vorbereitung des Gesetzes selbstverständlich und im Ergebnis auch zutreffend davon ausgegangen, dass die öffentlichen und privaten Arbeitsschutzinstitutionen eine Vielzahl von **allgemeinen und branchenspezifischen Arbeitshilfen** für die Gefährdungsbeurteilung zur Verfügung stellen. Gerade für kleine und mittlere Unternehmen stellen sie in aller Regel wertvolle Arbeitshilfen dar.

97 Die als gleichartig angesehenen Arbeitsplätze bzw. Tätigkeiten müssen im Wesentlichen, aber nicht in allen Einzelheiten übereinstimmen. Bei wesentlichen Abweichungen sind die **abweichenden Arbeitsbedingungen** insoweit einer eigenen Beurteilung zu unterziehen. Diese Ressourcen sparende Betrachtungsweise rechtfertigt sich mit dem Ziel des Gesetzes, nur an die konkrete Gefährdungssituation angepasste und kostengünstige Arbeitsschutzmaßnahmen veranlassen zu wollen (Begr. AT, Ziff. 2, BT-Drs. 13/35, 40, S. 12).

G. Betriebliche Mitbestimmung

98 Ein Aspekt der erst nach dem Inkrafttreten des Arbeitsschutzgesetzes im August 1996 zunehmend ins Blickfeld der Beteiligten gerückt wurde, ist die betriebliche Mitbestimmung.

99 Soweit Rechtsprechung und Literatur in den ersten Jahren nach dem Inkrafttreten des Arbeitsschutzgesetzes Anlass genommen haben, sich mit der Frage der Mitbestimmung bei der Erstellung von Gefährdungsbeurteilungen auseinander zu setzen, so geschah dies zunächst nur anhand der **Gefährdungsbeurteilung nach § 3 der BildschirmarbeitsVO.** Wenngleich – im streng juristischen Sinne – § 3 BildschirmarbeitsVO eine lex specialis zur Generalnorm des § 5 Arbeitsschutzgesetzes ist, kann sicherlich festgestellt werden, dass das Grundproblem, um das bei § 3 Bildschirmarbeitsverordnung diskutiert wurde auf all diejenigen Vorschriften übertragbar ist, die zwar arbeitsrechtliche Gefährdungsbeurteilungen vorschreiben, aber bis jetzt noch nicht in dem Focus von Rechtsprechung und Literatur geraten sind. Das Mitbestimmungsrecht des Betriebsrats nach § 87 Abs. 1 Nr. 7 BetrVG ist von **erheblicher Bedeutung** für die **innerbetriebliche Umsetzung des Arbeitsschutzgesetzes** und der auf seiner Grundlage erlassenen **Arbeitsschutzverordnungen.** Dazu hat vor allem beigetragen, dass auch der Rechtsprechung des Bundesarbeitsgerichts auch die sog. **Generalklauseln des öffentlich-rechtlichen Arbeitsschutzrechts** zu denen ein **Mitbestimmungsrecht nach § 87 Abs. 1 Nr. 7 BetrVG auslösenden Rahmenvorschriften** gehören. Etwas anderes gilt nur dann, soweit der durch diese Generalklauseln vorgegebene weite Rahmen durch speziellere Vorschriften in einer Weise ausgefüllt wird, dass kein Regelungsspielraum verbleibt (vgl. dazu: *BAG* vom 15.1.2002 – 1 ABR 13/01 – mit Hinweis auf *BAG* v. 26.8.1997 – 1 ABR 16/97 –, BAGE 86, 249).

100 Wegen der Einzelheiten zur Mitbestimmung im Bereich der Privatwirtschaft, des öffentlichen Dienstes und der Kirchen → Syst. B Rn. 1 ff.

§ 6 Dokumentation

(1) ¹Der Arbeitgeber muß über die je nach Art der Tätigkeiten und der Zahl der Beschäftigten erforderlichen Unterlagen verfügen, aus denen das Ergebnis der Gefährdungsbeurteilung, die von ihm festgelegten Maßnahmen des Arbeitsschutzes und das Ergebnis ihrer Überprüfung ersichtlich sind. ²Bei gleichartiger Gefährdungssituation ist es ausreichend, wenn die Unterlagen zusammengefaßte Angaben enthalten.

(2) Unfälle in seinem Betrieb, bei denen ein Beschäftigter getötet oder so verletzt wird, daß er stirbt oder für mehr als drei Tage völlig oder teilweise arbeits- oder dienstunfähig wird, hat der Arbeitgeber zu erfassen.

Übersicht

	Rn.
A. Einleitung	1
I. Ursprung der Vorschrift	1
II. Umsetzung und Bedeutung im nationalen Recht	3
B. Sonderregelungen	8
I. Arbeitsmedizinische Vorsorge-Verordnung	10
II. Arbeitsstätten-Verordnung	16
III. Baustellen-Verordnung	18
IV. Betriebssicherheits-Verordnung	21
V. Biostoff-Verordnung	30
VI. Gefahrstoffverordnung	34
VII. Künstliche optische Strahlungs-Verordnung	43
VIII. Lärm- und Vibrations-Arbeitsschutzverordnung	48
IX. Mutterschutzrichtlinienverordnung	51
C. Normadressat	54
D. Unterlagen	55
E. Verfügbarkeit	60
F. Inhalt der Unterlagen	63
I. Das Ergebnis der Gefährdungsbeurteilung	64
II. Festgelegte Maßnahmen des Arbeitsschutzes	66
III. Ergebnis der Überprüfung	68
G. Umfang der Unterlagen	70
H. Zahl der Beschäftigten	71
I. Unfallmeldung	73
I. „Im Betrieb des Arbeitgebers"	74
II. Tod oder Arbeitsunfähigkeit von mehr als drei Tagen	78
1. Arbeits- oder Dienstunfähigkeit	79
2. „Mehr als drei Tage"	80
III. Erfassung von Unfällen	81

Literatur: *Anzinger,* Die neue Kinderarbeitsschutzverordnung, BB 1998, 1843; *Autorengemeinschaft,* Wörterbuch Arbeitssicherheit und Gesundheitsschutz, Wiesbaden (1993); *Bauschke,* Die sogenannte Fremdfirmenproblematik, NZA 2000, 1201; *Beerheide, Schauerte, Seiler,* Den Wandel gesund gestalten – Restrukturierung in Unternehmen und ihre Folgen, Sicher ist sicher, Heft 5/2013, Seite 234 ff.; *Beerheide, Polzer, Röddecke, Seiler,* Die Umsetzung von Arbeitsschutz und betrieblicher Gesundheitsförderung – (k)eine Frage der Größe?, Sicher ist sicher, Heft 5/2014, Seite 255; *Benz,* Sicherheitsmängel im Betrieb, BB 1991, 1185; *Bereiter-Hohn/Schieke/Mehrtens,* Gesetzliche Unfallversicherung, Loseblattkommentar; *Berger,* Persönliche Schutzaus-

ArbSchG § 6   Arbeitsschutzgesetz

rüstungen richtig einsetzen, Die BG 1998, 82; *Beyer/Wocken,* Arbeitgeberpflichten gegenüber Arbeitnehmern mit einer Behinderung im Licht der aktuellen Rechtsprechung des EuGH, Der Betrieb, Heft 40/2013, 2270; *Brübach,* Sicherheit und Gesundheitsschutz am Arbeitsplatz in der Europäischen Gemeinschaft, SdL 1995, 339; *Bux, Gebhardt,* Zeitgemäße Anforderungen an Sanitärräume, Sicher ist sicher, Heft 10/2014, 498 ff.; *Coenen/Waldeck,* Die neue Arbeitsschutzgesetzgebung aus der Sicht der gewerblichen Berufsgenossenschaften, BG 1996, 574; *Diekerhoff,* Kleinbetrieb: Arbeitsschutz ist Chefsache, ArbGeb. 1989, 420; *Diepold,* Arbeitssicherheit und Arbeitsschutz, Arbeit und Arbeitsrecht, Heft 3/2014, 154 ff.; *Doll,* Nichtraucherschutzregelungen in Deutschland, Sicher ist sicher, Heft 7 – 8/2012, 326 ff.; *Doll* Richtlinien der Europäischen Union, die für den Arbeitsschutz von Bedeutung sind, Die Personalvertretung 1997, 488; *Eisenhauer/Schultz,* Arbeitsschutzhelfer an der Basis, DGUV – Forum, Heft 4/2013, 16; *Eiermann,* Unfallverhütungsvorschriften und EG-Binnenmarkt, BG 1992, 408; *Fischer, Cornelia,* Starke Präventionsimpulse, BArbBl. 1/1996, 21; *Fischer, Dirk,* Ein kostengünstiger und ergonomischer Bildschirmarbeitsplatz – ein Widerspruch?, Die BG 1997, 518; *Goedicke, Alaze,* Die Arbeitssituation von Führungskräften und ihre Möglichkeiten zur Gesundheitsförderung, Sicher ist sicher, Heft 5/2014, 261 ff.; *Goertz,* Herausforderungen im Brandschutz, Sicher ist sicher, Heft 4/2013, 171 ff.; *Hagenkötter,* Arbeitsschutzvorschriften jetzt auch für Anwaltskanzleien, AnwBl. 1996, 457; *Hanssen/Bindzius,* Gesundheitsgerechte Arbeitsgestaltung auf der Grundlage voll Gefährdungsbeurteilungen, Die BG 1998, 348; *Hartmann,* Arbeitsschutz auf einer Großbaustelle, Die BG 1998, 30; *Herzberg,* Die rechtliche Verantwortung von Betriebsärzten und Fachkräften für Arbeitssicherheit, Die BG 1997, 632; *Horst/Rückert,* Europaeinheitliches Schutzniveau, BArbBl. 7–8/1998, S. 26; *Jäger,* Die Betriebsanweisung, Die BG 1997, 464; *ders.,* Persönliche Schutzausrüstungen mieten?, Die BG 1998, 332; *Klingsch/Nachtigall,* Brandschutz als wichtiger Bestandteil des Arbeitsschutzes, Sicher ist sicher, Heft 4/2012, 160; *Kohte,* Neues zum Gesundheitsschutz, Der Personalrat Heft 9/2014, 13 ff.; *Kohte,* Neues im Arbeitsschutzrecht, AiB, Heft 9/2014, 31 ff.; *Koll,* Seine Rechte kennen – Aufgaben, Rechte und Pflichten im betrieblichen Arbeitsschutz, AiB, Heft 9/2014, 15 ff.; *Kollmer,* Inhalt und Anwendungsbereich der vier neuen Verordnungen zum Arbeitsschutzgesetz, NZA 1997, 138; *ders.,* Zivilrechtliche und arbeitsrechtliche Wirkungen des Gerätesicherheitsgesetzes, NJW 1997, 2015; *ders.,* Die neue Baustellenverordnung, NJW 1998, 2634; *Krause/Zander,* Arbeitssicherheit (Stand 6/2004); *Kreizberg,* Arbeitsschutzgesetz und Arbeitsschutzverordnungen, 2009, 55–60; *ders.,* Handwörterbuch des Arbeitsrechts, Nr. 250 „Arbeitsschutzrecht", Stand: April 2007; *ders.* Die Arbeitsschutzverordnungen, Das Personal-Büro, 29–72, Stand 2015; *ders.* Arbeitsschutz an Bildschirmarbeitsplätzen, Das Personal-Büro, 73–92, Stand 2009; *ders.* Die Betriebssicherheitsverordnung Das Personal-Büro, 185–206, Stand 2016; *Kreizberg,* Das System von Arbeitsschutz und Arbeitssicherheit, Das Personalbüro, Gruppe 10, 1 (Stand: Juni 2014); *Kreizberg,* Die Arbeitsstättenverordnung, Das Personalbüro, Gruppe 10, 93 ff. (Stand: Dezember 2015); *Kreizberg,* Die Gefahrstoffverordnung, Das Personalbüro, Gruppe 10, 119 ff (Stand: Juni 2015); *Kuntzemann,* Sicherheitsbeauftragte – Ein Gewinn fürs Unternehmen, DGUV – Forum Heft 4/2013, 12 ff.; *Kurz,* Rolle und Funktion von Sicherheitsbeauftragten im öffentlichen Dienst, DGUV – Forum, Heft 4/2013, 14 ff.; *Leube,* Die Pflicht zur Übernahme einer Tätigkeit als Ersthelfer im Betrieb, BB 1998, 1738; *Maass,* Schutz vor Gefahrstoffen am Arbeitsplatz, NZA 1998, 688; *Meisenbach/Kemper,* Die Gefährdungsbeurteilung und ihre Dokumentation nach dem Arbeitsschutzgesetz, Die BG 1997, 716; *Merdian,* Gefährdungs- und Risikobeurteilung, Die BG 1997, 290; *Merten/Klein,* Die Auswirkungen des Arbeitsschutzgesetzes auf die Mitbestimmungsrechte des Betriebsrates nach § 87 Abs. 1 Nr. 7 BetrVG, DB 1998, 673; *Molkentin,* Das Recht auf Arbeitsverweigerung bei Gesundheitsgefährdung des Arbeitnehmers, NZA 1997, 849; *Nowaczyk/Roßmaier/Stoof/Dlugi,* Die neue Betriebssicherheitsverordnung, 2002; *N. N.,* Verzeichnis der Gefahrstoffe, Gesund + Sicher 9/1996, 270; *N. N.,* Umgang mit Gefahrstoffen, Gesund + Sicher 9/1996, 260; *N. N.,* Verantwortung für Arbeitssicherheit, Gesund + Sicher 9/1996, 265; *N. N.,* Der Sicherheitsbeauftragte, Gesund + Sicher 4/1993, 105; *Nöthlichs/Weber,* Arbeitsschutz und Arbeitssicherheit; *Opfermann/Streit,* Arbeitsstätten; *Ostermann,* Die Bedeutung der CE-Kennzeichnung, BG 1994, 36; *Pieck,* Gender Mainstreaming

Dokumentation   **§ 6 ArbSchG**

im betrieblichen Gesundheitsmanagement – Anmerkungen zur Theorie und Praxis, Sicher ist sicher, Heft 5/2014, 253 ff.; *Poppendiek,* Arbeitsstätten – Neue Technologien führen zu neuen Belastungen, Sicher ist sicher, Heft 10/2014, 493 ff.; *Rentel,* Die Ermittlung von Gefährdungen und Belastungen in Klein- und Mittelbetrieben, Die BG 1997, 120; *Rentrop,* Die Bestellung von Sicherheitsbeauftragten, DGUV – Forum, Heft 4/2013, 10 ff.; *Römer,* IKK classic: Versichertenvertreter sorgen für betriebliches Gesundheitsmanagement in Handwerksbetrieben, Soziale Sicherheit, Heft 10/2013, 334 ff.; *Roetteken,* Anforderungen des Gemeinschaftsrechts an Gesetzgebung und Rechtsprechung am Beispiel der Gleichbehandlungs-, der Arbeitsschutz- und der Betriebsübergangsrichtlinie; *Sautter,* Alle Jahre wieder – Unfallversicherungsschutz bei Weihnachtsfeiern, DGUV Faktor Arbeitsschutz Heft 572013, 10 ff.; *Schlechter,* Schutz vor elektromagnetischen Feldern am Arbeitsplatz, Sicher ist sicher, Heft 6/2014, 318 ff.; *Schlüter,* Leichte Arbeiten zugelassen, BArbBl. 9/1998, S. 20; *Schmid,* Betrieblicher Arbeitsschutz – ein Feld für die Normung?, Sicher ist sicher, Heft 10/2013, 480 ff.; *Schmid,* Das verschlankte Arbeitsschutzrecht – die zwei Seiten einer Medaille, Sicher ist sicher, Heft 7 -8/2014, 388 ff.; *Schröder, Cernavin,* Auf dem Weg zu demografieorientierter Arbeitsgestaltung in KMU durch Unterstützung und Qualifizierung betriebsnaher Beratergruppen, Sicher ist sicher, Heft 5/2014, 266 ff.; *Schuckmann,* So sprach das Gericht – Rezension aktueller Urteile zum Arbeitsschutz, AiB, Heft 9/2014, 23 ff.; *Schulte,* Ist Arbeitsschutz eine Frage der Gleichbehandlung?, DB 1998, 204; *Seiler, Hochgreve,* Gesundheit und Gesundheitsförderung bei der Arbeit, Sicher ist sicher, Heft 5/2013, 232 ff.; *Siegmann,* Social Media im Arbeitsschutz – Chancen und Herausforderungen, DGUV faktor Arbeitsschutz, Heft 5/2013, 17 ff.; *Siemens,* Die Neuregelung der Mitbestimmung des Betriebsrates nach § 87 Abs. 1 Nr. 7 BetrVG bei Bildschirmarbeit, NZA 1998, 232; *Sommer/Schmidt,* Gefährliche Stoffe; *Sowka,* Mutterschutzrichtlinienverordnung, NZA 1997, 927; *Sprenger,* Brandschutzhelfer in Betrieben – Aufgaben, Ausbildung, Bestellung, DGUV Faktor Arbeitsschutz, Heft 2/2014, 13 ff.; *Stockhausen, Pieper,* Der Arbeitsschutzausschuss, Sicher ist sicher, Heft 7–8/2014, 394 ff.; *Straub,* Brandschutz im Unternehmen, Zeitschrift für betriebliche Prävention und Unfallversicherung (BPUVZ), Heft 4/2014, 162 ff.; *Stück,* BEM „reloaded" – Anforderungen und Ausgestaltungen, Arbeit und Arbeitsrecht Heft 4/2013, 210 ff.; *Trimpop et al.,* Wirksamkeit von Fachkräften für Arbeitssicherheit: Aktuelle Ergebnisse der SiFa – Langzeitstudie, Sicher ist sicher, Heft 3/2014, 148 ff.; *Wagner,* Rechtsprechung zur Mitbestimmung des Betriebsrates bei der Umsetzung des Arbeitsschutzgesetzes und der Bildschirmarbeitsverordnung, DB 1998, 2366; *Weinmann,* Der Einfluß der Europäischen Union auf die Neuordnung des deutschen Arbeitsschutzrechts, BG 1996, 520; *Wilrich,* Der „haftungsscheue" Professor – Pflichtenübertragung durch Weisung auch gegen den Willen?, Sicher ist sicher, Heft 4/2014, 220 ff.; *Wilrich,* Prüfung, Betrieb und Überwachung von Arbeitsmitteln und Anlagen nach der Betriebssicherheitsverordnung, DB 2002, 1553; *Wlotzke,* Öffentlich-rechtliche Arbeitsschutznormen und privatrechtliche Rechte und Pflichten des einzelnen Arbeitnehmers, Festschrift für Marie Luise Hilger und Hermann Stumpf 1983, 723; *ders.,* Das neue Arbeitsschutzgesetz – Zeitgemäßes Grundlagengesetz für den betrieblichen Arbeitsschutz, NZA 1996, 1017; *ders.,* Fünf Verordnungen zum Arbeitsschutzgesetz von 1996, NJW 1997, 1469; *ders.,* Das betriebliche Arbeitsschutzrecht – Ist-Zustand und künftige Aufgaben, NZA 2000, 19.

Dokumentation (§ 6 ArbSchG) *Helm/Huber,* § 3 Abs. 3 ArbStättV als Zustimmungsverweigerungsgrund?; *Stegmann/Matschke,* Kleinbetriebe: Kenntnistand von Unternehmern auf dem Gebiet des Arbeitsschutzes Sicher ist sicher, Jg. 2012 Heft 5, 225 ff., Heft 6, 281 ff., Heft 7–8, 329 ff.

A. Einleitung

I. Ursprung der Vorschrift

1 § 6 ArbSchG geht in seiner Gesamtheit zurück auf mehrere Einzelvorschriften der EU- Arbeitsschutz-RahmenRL (RL 89/391 EWG) vom 12.6.1989. Die Vorschrift des § 6 Abs. 1 setzt Art. 9 Abs. 1 lit. a der EG-Arbeitsschutz-Rahmenrichtlinie (RL 89/391/EWG) um, nach der der Arbeitgeber über eine **Evaluierung der am Arbeitsplatz bestehenden Gefahren** für die Sicherheit und die Gesundheit „auch hinsichtlich der besonders gefährdeten Arbeitnehmergruppen" verfügen muss. Gleichzeitig ist der deutsche Gesetzgeber der in Art. 9 Abs. 2 enthaltenen Aufgabe gefolgt, die Pflichten der verschiedenen Unternehmenskategorien unter Berücksichtigung der Größe der Unternehmen für die Erstellung der in Absatz 1 Buchstabe a vorgesehenen Dokumente festzulegen.

2 Gleichzeitig setzt § 6 Abs. 2 Art. 9 Abs. 1 lit. c der EG-Arbeitsschutz-Rahmenrichtlinie um, wonach der Arbeitgeber eine **Liste der Arbeitsunfälle** führen muss, die einen Arbeitsausfall von mehr als drei Arbeitstagen für den Arbeitnehmer dokumentiert. Die Vorschrift ist abgestimmt mit der sozialrechtlichen Anzeigepflicht für Unfälle nach § 193 Abs. 1 Satz 1 SGB VII.

II. Umsetzung und Bedeutung im nationalen Recht

3 Die Vorschrift ist mit dem Gesetz zur Umsetzung der **EG-Rahmenrichtlinie** Arbeitsschutz **und weiterer Arbeitsschutz-Richtlinien vom 7.8.1996 (BGBl. I S. 1246)** im Rahmen des Art. 1 „Gesetz über die Durchführung von Maßnahmen des Arbeitsschutzes zur Verbesserung der Sicherheit und des Gesundheitsschutzes der Beschäftigten bei der Arbeit (Arbeitsschutzgesetz – ArbSchG)" geschaffen worden.

4 Das Inkrafttreten der beiden Absätze vollzog sich in einjährigem Abstand. **Absatz 2** trat mit dem ArbSchG gemäß Art. 6 Satz 1 am Tage nach der Verkündung am 21.8.1996 in Kraft. Abweichend davon trat **Absatz 1** der Vorschrift gemäß Art. 6 Satz 2 Umsetzungsgesetz **erst ein Jahr nach** diesem Zeitpunkt, am 21.8.1997, in Kraft. Der Gesetzgeber legte dieses spätere Inkrafttreten der Vorschriften über die Dokumentation fest, um insbesondere kleinen und mittleren Unternehmen Gelegenheit zu geben, die notwendigen Vorkehrungen zur Erfüllung dieser Pflichten treffen zu können (Begr. BT zu Art. 5, BT-Drs. 13/3540). Die Vorschrift wurde in Absatz 1 Satz 4 im Rahmen des Arbeitsrechtlichen Beschäftigungsförderungsgesetzes vom 25.9.1996 (BGBl. I S. 1476) geändert. Die im ursprünglichen Regierungsentwurf (BT-Drs. 13/4612) nicht enthaltene Vorschrift wurde im Gesetzgebungsverfahren durch den Ausschuss für Arbeit und Sozialordnung eingeführt (Beschlussempfehlung und Bericht des Ausschusses für Arbeit und Sozialordnung vom 26.6.1996, Anlage, Art. 7a Änderung des ArbSchG, BT-Drs. 13/5107). Durch Art. 6c des Gesetzes zu Korrekturen in der Sozialversicherung und zur Sicherung der Arbeitnehmerrechte vom 19.12.1998 (BGBl. I S. 3843) wurde die Vorschrift erneut geändert und die Wörter „nicht mehr als zehn Stunden mit 0,25" gestrichen.

5 Im Rahmen der Novelle durch Art. 8 des Gesetzes von 19.10.2013 (BGBl. I, S. 3836) wurden die gut anderthalb Jahrzehnte wirksamen Kleinbetriebs- und Dispens-Regelungen des Abs. 1 Satz 3 und 4 ersatzlos gestrichen.

Dokumentation **§ 6 ArbSchG**

Die Vorschrift legt inhaltlich (i. V. m. §§ 4, 5) gesetzlich fest, dass der Arbeitgeber 6 über bestimmte **Unterlagen** (mit dem Ergebnis der Gefährdungsbeurteilung und im Falle von bedeutsamen Unfällen) verfügen muss. Mit der Vorschrift über die Dokumentation der Gefährdungsbeurteilung und ihrer Folgen soll nach der amtlichen Begründung die Arbeitsschutzsituation im Betrieb **transparent** gestaltet werden (Begr. AT, Ziff. 3, BT-Drs. 13/3540). Dies dient der betrieblichen Umsetzung des Arbeitsschutzes, insbesondere den für den Arbeitsschutz verantwortlichen Personen, den Fachkräften für Arbeitssicherheit, Betriebsärzten und Sicherheitsbeauftragten, den Betriebs- bzw. Personalräten sowie den zuständigen technischen Aufsichtsdiensten der Berufsgenossenschaften und den Gewerbeaufsichtsbehörden.

Dauerhafte und systematisch angelegte Arbeitsschutzbemühungen sind nur dann 7 **effektiv** möglich, wenn die Entscheidungsgrundlagen in gewisser Weise dokumentiert werden. Die für den betrieblichen Arbeitsschutz Verantwortlichen, der Arbeitgeber und die Verantwortlichen nach § 13 und die für die Aufsicht zuständigen Berufsgenossenschaften und Ämter für Arbeitsschutz sind auf Unterlagen angewiesen, die ihnen Auskunft darüber geben, wie Gefährdungen eingeschätzt wurden, ob und welche Maßnahmen des Arbeitsschutzes getroffen wurden und ob und mit welchem Ergebnis die Maßnahmen gem. § 3 Abs. 1 Satz 2 auf ihre Wirksamkeit überprüft und ggf. angepasst wurden. Ergänzend ist noch zu verweisen auf § 13 Abs. 2 ArbSchG, der allerdings keine Gefahren und Gefährdungen zum Gegenstand hat, sondern die Dokumentation von Verantwortlichkeiten.

B. Sonderregelungen

So wie § 5 ArbSchG (Gefährdungsbeurteilung) ist auch § 6 ArbSchG die Generalnorm für weitere Dokumentationspflichten, die auf der Basis der Ermächtigungsnorm des § 19 ArbSchG in verschiedenen Arbeitsschutz-Verordnungen angelegt wurden. 8

Im Einzelnen werden die Dokumentationspflichten in den dem ArbSchG nachfolgenden Verordnungen wie folgt geregelt: 9

Verordnung	Vorschrift
ArbmedVV	§ 3 Abs. 4 § 6 Abs. 3
ArbStättV	§ 3 Abs. 3
BaustellV	§ 2 Abs. 2
BetrSichV	§ 3 Abs. 5 § 3 Abs. 8 und 9 §§ 12, 14, 17 § 19 Abs. 3
BiostoffV	§ 7 Abs. 1 § 14 Abs. 3 Satz 2
GefStoffV	§§ 6, 7 und 14 § 15 Abs. 2
LärmVibrationsV	§ 3 Abs. 4
MuSchRLV	§ 1 Abs. 3
OStrV	§ 3 Abs. 4

Kreizberg

I. Arbeitsmedizinische Vorsorge-Verordnung

10 Nach § 3 Abs. 4 ArbmedVV in der seit Juli 2013 geltenden Fassung hat der Arbeitgeber eine Vorsorgekartei mit Angaben über Anlass, Tag und Ergebnis jeder Vorsorge zu führen. Die Kartei kann automatisiert geführt werden.

11 Die Angaben sind bis zur Beendigung des Beschäftigungsverhältnisses aufzubewahren und anschließend zu löschen, es sei denn aus abweichenden Rechtsvorschriften ergibt sich etwas anderes. Auf die Aufbewahrungsfristen im Zusammenhang mit künstlicher optischer Strahlung sowie Lärm und Vibrationen (jeweils 30 Jahre) sowie der BiostoffV (zehn Jahre nach Beendigung der Beschäftigung) wird entsprechend verwiesen.

12 Der Arbeitgeber hat der zuständigen Behörde auf Anordnung eine Kopie der Vorsorgedatei zu übermitteln. Bei Beendigung des Beschäftigungsverhältnisses hat der Arbeitgeber der betroffenen Person eine Kopie der sie betreffenden Angaben auszuhändigen.

13 Eine weitere Dokumentationspflicht enthält § 6 Abs. 3 ArbmedVV. Danach hat der Arzt oder die Ärztin den Untersuchungsbefund und das Untersuchungsergebnis der arbeitsmedizinischen Vorsorge schriftlich festzuhalten, die untersuchte Person darüber zu beraten und ihr eine Bescheinigung auszustellen.

14 Diese Bescheinigung enthält Angaben über den Untersuchungsanlass und den Tag der Vorsorgemaßnahme sowie die ärztliche Beurteilung, ob und inwieweit bei Ausübung einer bestimmten Tätigkeit gesundheitliche Bedenken bestehen.

15 Wegen der weiteren Einzelheiten siehe die Kommentierung zur ArbmedVV.

II. Arbeitsstätten-Verordnung

16 Nach § 3 Abs. 3 ArbStättV hat der Arbeitgeber die Gefährdungsbeurteilung unabhängig von der Zahl der Beschäftigten vor Aufnahme der Tätigkeiten zu dokumentieren. In der Dokumentation ist anzugeben, welche Gefährdungen am Arbeitsplatz auftreten können und welche Maßnahmen nach Absatz 1 Satz 3 durchgeführt werden müssen.

17 Die Klausel „unabhängig von der Zahl der Beschäftigten" ist überflüssig geworden, seit im Oktober2013 die „Kleinbetriebsklausel" im § 6 ArbSchG gelöscht wurde.

III. Baustellen-Verordnung

18 Dokumentationen, wenn auch nicht primär von Risiken für Sicherheit und Gesundheit der Beschäftigten, verlangt § 2 Abs. 2 der **Baustellenverordnung**. Danach hat der Bauherr (§ 4, 1. Halbsatz) für jede Baustelle, bei der
1. die voraussichtliche Dauer der Arbeiten mehr als 30 Arbeitstage beträgt und auf der mehr als 20 Beschäftigte gleichzeitig tätig werden, oder
2. der Umfang der Arbeiten voraussichtlich 500 Personentage überschreitet,
der zuständigen Behörde spätestens zwei Wochen vor Einrichtung der Baustelle eine Vorankündigung zu übermitteln, die mindestens die Angaben nach Anhang 1 enthält. Die Vorankündigung ist sichtbar auf der Baustelle auszuhängen und bei erheblichen Änderungen anzupassen.

19 Nach Anhang I der Baustellenverordnung müssen folgende Daten dokumentiert werden:
1. Ort der Baustelle,
2. Name und Anschrift des Bauherrn,

3. Art des Bauvorhabens,
4. Name und Anschrift des anstelle des Bauherrn verantwortlichen Dritten,
5. Name und Anschrift des Koordinators,
6. voraussichtlicher Beginn und voraussichtliche Dauer der Arbeiten,
7. voraussichtliche Höchstzahl der Beschäftigten auf der Baustelle,
8. Zahl der Arbeitgeber und Unternehmer ohne Beschäftigte, die voraussichtlich auf der Baustelle tätig werden,
9. Angabe der bereits ausgewählten Arbeitgeber und Unternehmer ohne Beschäftigte.

Aus dem Sinn und Zweck dieser Dokumentationsvorschrift ergibt sich, dass eine **Vorankündigung nur bei größeren Baustellen erforderlich** ist. Baustellen für Einfamilienhäuser sind in der Regel ausgenommen. Die Aushängung der Vorankündigung auf der Baustelle an exponierter Stelle dient dazu, allen Betroffenen, z. B. den Beschäftigten oder neu auf der Baustelle tätig werdenden Arbeitgebern, die Möglichkeit zu eröffnen, von ihrem Inhalt rasch Kenntnis zu nehmen, Sichtbar bedeutet auch, dass die **Lesbarkeit** nicht durch Witterungseinflüsse beeinträchtigt werden darf.

IV. Betriebssicherheits-Verordnung

Die Novelle der BetrSichV zum 1.6.2015 hat zwar eine Fülle neuer Regelungen und Zuordnungen von schon bekanntem Recht gebracht. Das Recht der Dokumentation ist hingegen weiterhin sehr zersplittert geblieben. Über ein halbes Dutzend verschiedener Regelungen verhalten sich zu diesem wichtigen Themenfeld.

Nach § 3 Abs. 5 der neu gestalteten Verordnung kann der Arbeitgeber bei der Festlegung der Schutzmaßnahmen bereits vorhandene (also schon dokumentierte) Gefährdungsbeurteilungen übernehmen, sofern die Angaben und Festlegungen in dieser (älteren) Gefährdungsbeurteilung den Arbeitsmitteln, einschließlich der Arbeitsbedingungen- und verfahren im eigenen Betrieb entsprechen.

Nach § 3 Abs. 8 BetrSichV 2015 hat der Arbeitgeber das Ergebnis seiner Gefährdungsbeurteilung vor der erstmaligen Verwendung der Arbeitsmittel zu dokumentieren. Dabei sind die unter Abs. 8 im Einzelnen aufgeführten fünf Punkte als Mindestmaß aufzuführen. Die Dokumentation kann auch in elektronischer Form erfolgen.

Eine Bürokratie – Erleichterung enthält § 3 Abs. 9 der novellierten Verordnung. Sofern der Arbeitgeber von § 7 Abs. 1 Gebrauch macht (Vereinfachte Vorgehensweise bei der Verwendung von Arbeitsmitteln) und die Gefährdungsbeurteilung ergibt, dass die Voraussetzungen nach § 7 Abs. 1 BetrSichV vorliegen, ist eine Dokumentation dieser Voraussetzungen und der gegebenenfalls getroffenen Schutzmaßnahmen ausreichend.

§ 12 der Verordnung regelt die Unterweisung der Mitarbeiter. Diese Unterweisungen sind einmal jährlich zu wiederholen. Das Datum einer jeden Unterweisung und die Namen der Unterwiesenen hat der Arbeitgeber schriftlich festzuhalten, § 12 Abs. 1, letzter Satz.

Bevor Beschäftigte Arbeitsmittel erstmals verwenden, hat der Arbeitgeber ihnen eine schriftliche (also dokumentierte) Betriebsanweisung für die Verwendung eines Arbeitsmittels zur Verfügung zu stellen, § 12 Abs. 2.

§ 14 der Verordnung verhält sich zur Prüfung von Arbeitsmitteln. Näheres dazu regeln die Absätze 1 bis 4. Nach § 14 Abs. 7 der novellierten, seit 1.6.2015 in dieser Form geltenden Verordnung hat der Arbeitgeber dafür zu sorgen, dass das Ergebnis

ArbSchG § 6 Arbeitsschutzgesetz

der Prüfung aufgezeichnet und mindestens bis zur nächsten Prüfung aufbewahrt wird. Dabei hat er des Weiteren dafür zu sorgen, dass die Aufzeichnungen eine Mindest–Aussagekraft haben. Was dazu gehört, regelt § 14 Abs. 7 Satz 2 mit seinen drei Unterpunkten.

28   Eine in sich geschlossene Dokumentationsregelung enthält § 17 mit der Überschrift „Prüfaufzeichnungen und -bescheinigungen" Die Ergebnisse der Prüfungen nach den §§ 15 und 16 finden ihren Niederschlag in Dokumentationen, die ihrerseits die in Abs. 1 aufgeführten acht Punkte abdecken müssen.

29   § 19 Abs. 3 schließlich verpflichtet den Arbeitgeber, der zuständigen Behörde Informationen zur Verfügung zu stellen. Dazu gehört auch die Dokumentation der Gefährdungsbeurteilung (Weitere Einzelheiten siehe Kommentierung zur BetrSichV).

V. Biostoff-Verordnung

30   Die Reform der BiostoffV im Juli 2013 hat im Gegensatz zu anderen, auch jüngeren Verordnungen, eine erfreuliche Konzentration der Dokumentationsvorschriften gezeitigt. Dementsprechend lautet die Überschrift zu § 7 „Dokumentation der Gefährdungsbeurteilung und Aufzeichnungspflichten".

31   Nach § 7 Abs. 1 hat der Arbeitgeber „unabhängig von der Zahl der Beschäftigten" (eine Formulierung, die seit Streichung der Kleinbetriebsklausel im § 6 ArbSchG im Oktober 2013 hier ebenso überflüssig ist wie in der ArbStättV, der GefStoffV, der LärmVibrationsArbSchV sowie der OStrV) die Gefährdungsbeurteilung erstmals vor Aufnahme der Tätigkeit, sowie danach jede Aktualisierung zu dokumentieren. Die Dokumentation der Gefährdungsbeurteilung hat sich dabei an den unter Absatz 1 aufgeführten Unterpunkten (Nrn. 1–5) zu orientieren.

32   Als Bestandteil der Dokumentation hat der Arbeitgeber gemäß § 7 Abs. 2 ein Verzeichnis der verwendeten oder auftretenden Biostoffe zu erstellen (Biostoffverzeichnis), soweit diese bekannt und für die Gefährdungsbeurteilung nach § 4 maßgeblich sind. Das Verzeichnis muss Angaben zur Einstufung der Biostoffe in eine Risikogruppe nach § 3 und zu ihren sensibilisierenden und toxischen und sonstigen die Gesundheit schädigenden Wirkungen beinhalten.

33   Nach § 14 Abs. 3 Satz 2 muss der Arbeitgeber die Unterweisung (Abs. 2) dokumentieren und sich diese Dokumentation von den unterwiesenen Beschäftigten durch Unterschrift bestätigen lassen (Wegen der weiteren Einzelheiten vgl. Kommentierung zur BiostoffV).

VI. Gefahrstoffverordnung

34   Der Gefährdungsbeurteilung schließen sich nicht minder vielfältige Dokumentationspflichten an. Diese sind geregelt in den §§ 6, 7 und 14 der GefStoffV.

35   Gemäß § 6 Abs. 8 Satz 1 der GefStoffV hat der Arbeitgeber die Gefährdungsbeurteilung unabhängig von der Zahl der Beschäftigten vor Aufnahme der Tätigkeit zu dokumentieren. Auch hier ist anzumerken, dass der Verordnungsgeber, nachdem schon mit der ArbSchG–Novelle im Oktober 2013 die Kleinbetriebsklausel gefallen war, die Beschäftigtenzahl hier gar nicht mehr hätte erwähnen müssen. Sie ist irrelevant und überflüssig wie auch in der ArbStättV, der BiostoffV, der LärmVibrationsArbSchV und der OStrV.

36   Bei der Dokumentation sind die in den Nrn. 1–6 aufgeführten Punkte anzugeben. Nach § 6 Abs. 8 Satz 2 der Verordnung können auch vorhandene Gefähr-

Dokumentation dungsbeurteilungen, Dokumente oder andere gleichwertige Berichte verwendet werden, die aufgrund von Verpflichtungen nach anderen Rechtsvorschriften erstellt worden sind.

Bei der Dokumentation nach Abs. 8 – so die Vorgabe aus Abs. 9 – hat der Arbeitgeber in Abhängigkeit der Feststellungen nach Abs. 4 die Gefährdungen durch gefährliche explosionsfähige Gemische besonders auszuweisen (Explosionsschutzdokument), dabei sind die im Abs. 9 aufgelisteten sechs Punkte zu beachten. 37

Nach § 6 Abs. 10 Satz 1 und 2 der GefStoffV in der zum 1.6.2015 neu gefassten Textversion kann bei Tätigkeiten mit geringer Gefährdung (siehe dazu § 6 Abs. 13 – neu-) auf eine detaillierte Dokumentation verzichtet werden. Falls in anderen Fällen auf eine detaillierte Dokumentation verzichtet wird, ist dies nachvollziehbar zu begründen. Die Dokumentation ist zu aktualisieren, wenn z. B. ein Erfordernis nach der ArbmedVV dies bedingt. 38

§ 7 Abs. 7 Satz 1 der GefStoffV in der schon seit 2010 geltenden und seither unveränderten Fassung verpflichtet den Arbeitgeber, die Funktion und die Wirksamkeit der technischen Schutzmaßnahmen regelmäßig zu überprüfen. Nach Satz 2 hat er das Ergebnis der Prüfungen aufzuzeichnen und vorzugsweise zusammen mit der Dokumentation nach § 6 Abs. 8 der Verordnung aufzubewahren. 39

§ 7 Abs. 8 der GefStoffV trifft Regelungen betreffend Arbeitsplatzgrenzwerte und Arbeitsplatzmessungen. Nach § 7 Abs. 8 Satz 3 sind die Ermittlungsergebnisse aufzuzeichnen, aufzubewahren und den Beschäftigten und ihrer Vertretung zugänglich zu machen. 40

§ 14 Abs. 2 und 3 der GefStoffV treffen umfängliche Regelungen betreffend die Unterrichtung und Unterweisung der Beschäftigten. Nach § 14 Abs. 2 letzter Satz muss der Arbeitgeber Inhalt und Zeitpunkt der Unterweisung schriftlich festhalten. Die Unterwiesenen müssen das durch Unterschrift bestätigen. Die Regelung entspricht nahezu textgleich § 14 Abs. 3 Satz 2 BiostoffV. 41

§ 15 Abs. 2 Satz 2 der GefStoffV schließlich verpflichtet alle an einer Kooperation beteiligten Arbeitgeber, den Abstimmungsprozess bei der Erstellung der untereinander abgestimmten Gefährdungsbeurteilungen zu dokumentieren. 42

VII. Künstliche optische Strahlungs-Verordnung

Nach § 3 Abs. 4 OStrV hat der Arbeitgeber die Gefährdungsbeurteilung (§ 3 Abs. 1 und 2 OStrV) unabhängig von der Zahl der Beschäftigten vor Aufnahme der Tätigkeit in einer Form zu dokumentieren, die eine spätere Einsichtnahme ermöglicht. 43

Auch hier ist die Klausel „unabhängig von der Zahl der Beschäftigten" seit der Neuregelung des ArbSchG im Oktober 2013 ebenso überflüssig, wie in den ArbStättV, der BiostoffV, der GefStoffV und der LärmVibrationsArbSchV. 44

In der Dokumentation ist anzugeben, welche Gefährdungen am Arbeitsplatz auftreten können und welche Maßnahmen zur Vermeidung oder Minimierung der Gefährdung der Beschäftigten durchgeführt werden müssen. Die Gefährdungsbeurteilung ist regelmäßig zu aktualisieren. Eine Aktualisierung muss auch durchgeführt werden, wenn die Gefährdungsbeurteilung auf Grund von bedeutsamen Veränderungen veraltet ist oder auf Grund der Ergebnisse der arbeitsmedizinischen Vorsorge eine Novellierung angezeigt ist. 45

Für Expositionen durch künstliche ultraviolette Strahlung sind entsprechende Unterlagen mindestens 30 Jahre aufzubewahren, § 3 Abs. 4 letzter Satz OStrV. Diese Frist deckt sich mit der aus der LärmVibrationsArbSchV, § 4 Abs. 1 Satz 3. 46

Wegen der weiteren Einzelheiten vgl. Kommentierung zur OStrV. 47

Kreizberg

VIII. Lärm- und Vibrations-Arbeitsschutzverordnung

48 Die LärmVibrationsArbSchV enthält an mehreren, verstreut angeordneten Stellen unterschiedliche Dokumentationspflichten, die vom Arbeitgeber zu erfüllen sind. **§ 3 Abs. 4** enthält die **grundlegenden Vorschriften** zur Dokumentation und zur Überprüfung und Aktualisierung der Gefährdungsbeurteilung. Im Einzelnen regelt die Vorschrift des § 3 Abs. 4, dass der Arbeitgeber die Gefährdungsbeurteilung **unabhängig von der Zahl der Beschäftigten** zu dokumentieren hat. Auf die Notwendigkeit der Streichung einer gegenstandslosen Floskel (Beschäftigtenzahl) sei erneut verwiesen. In der Dokumentation ist anzugeben, welche Gefährdungen am Arbeitsplatz auftreten können und welche Maßnahmen zur Vermeidung oder Minimierung der Gefährdung der Beschäftigten durchgeführt werden müssen.

49 Die Gefährdungsbeurteilung ist zu **aktualisieren,** wenn **maßgebliche Veränderungen** der Arbeitsbedingungen dies erforderlich machen oder wenn sich eine Aktualisierung auf Grund der Ergebnisse der arbeitsmedizinischen Vorsorge als notwendig erweist. Damit ist klar, dass anders als in § 6 ArbSchG, bei der Beurteilung von Lärm und Vibrationen keine „Kleinbetriebsregelung" greift und die Dokumentation nicht erst ab dem 11. sondern bereits ab dem 1. Mitarbeiter nötig ist. Soweit im Zusammenhang mit Lärm und Vibrationen Messungen erfolgen, sind die ermittelten Messergebnisse in einer Form zu speichern, die eine spätere Einsichtnahme ermöglicht und die Ergebnisse mindestens **30 Jahre aufzubewahren,** § 4 Abs. 1 Satz 3.

50 Durch den Verweis auf den Stand der Technik (vgl. dazu: § 2 Abs. 7) wird die Verknüpfung zu den einschlägigen technischen Normen hergestellt. Die Regelung, die Ergebnisse der Messungen zu speichern und für mindestens 30 Jahre aufzubewahren, ist vor dem Hintergrund möglicher Berufskrankheitenverfahren fachlich gerechtfertigt und geht, worauf das Bundesarbeitsministerium besonders hinweist, auf die einvernehmliche Forderung der beteiligten Kreise in den Anhörungen zurück (wegen weiterer Einzelheiten vgl. Kommentierung zur LärmVibrationsArbSchV).

IX. Mutterschutzrichtlinienverordnung

51 Auch eine schriftliche Beauftragung stellt eine Dokumentation dar.
52 Nach § 1 Abs. 3 der Verordnung kann der Arbeitgeber zuverlässige und fachkundige Personen schriftlich damit beauftragen, die ihm obliegende Aufgabe nach dieser Verordnung in eigener Verantwortung wahrzunehmen.
53 Wegen der textlichen Parallele zu § 13 Abs. 2 ArbSchG wird auf die entsprechenden Ausführungen verwiesen.

C. Normadressat

54 Verpflichteter aus § 6 ArbSchG ist der Arbeitgeber. Wer Arbeitgeber ist, bestimmt sich nach § 2 Abs. 3 ArbSchG. **Arbeitgeber** ist nach § 2 Abs. 3:
– die natürliche Person, die den Arbeitsvertrag (auch mündlich) geschlossen hat (z. B. Handwerksbetriebsinhaber) oder für die der Arbeitsvertrag geschlossen wurde (wenn der Personalleiter für den Handwerksbetriebsinhaber den Arbeitsvertrag geschlossen hat),

Dokumentation **§ 6 ArbSchG**

- die juristische Person, für die der Arbeitsvertrag geschlossen wurde (z. B. Aktiengesellschaft – AG, Gesellschaft mit beschränkter Haftung – GmbH)
- die rechtsfähige Personengesellschaft (z. B. Offene Handelsgesellschaft – OHG, Kommanditgesellschaft – KG).

Wegen der weiteren Einzelheiten, vgl. Kommentierung zu § 2

D. Unterlagen

§ 6 Abs. 1 Satz 1 verpflichtet den Arbeitgeber, über **Unterlagen** zu verfügen, 55 aus denen mindestens das Ergebnis der Gefährdungsbeurteilung, die von ihm festgelegten Maßnahmen des Arbeitsschutzes und das Ergebnis ihrer Überprüfung ersichtlich sein müssen.

Es bleibt dem Arbeitgeber überlassen, wie er seine Dokumentationsverpflich- 56 tung erfüllt. Die **Art und Weise** der Dokumentation ist gesetzlich nicht vorgeschrieben. Dies entspricht der Intention des Gesetzgebers: Durch weit gefasste Formulierungen soll **bewusst Spielraum** für eine Anpassung an die Situation der Betriebe sowie die konkrete Gefährdungssituation und kostengünstige Arbeitsschutzmaßnahmen gelassen werden (Begr. AT Ziff. 2, BT-Drs. 13/3540 S. 11). Nicht vorgeschrieben ist z. B., dass der Arbeitgeber für jeden einzelnen Arbeitsplatz entsprechende Unterlagen verfügbar halten muss.

Der Arbeitgeber kann selbstverständlich ohnehin vorhandene Unterlagen aus 57 anderen rechtlichen Verpflichtungen zu den hier geforderten Dokumentationszwecken verwenden. § 3 Abs. 4 und 5 der seit 1.6.2015 geltenden BetrSichV regelt dies sogar ausdrücklich, sodass in der logischen Umkehrungen auch für das ArbSchG gelten muss. Es ist gesetzlich auch nicht gefordert, ob und in welcher Weise sie eigens für die Dokumentation bearbeitet sein müssten. Verlangt werden muss gemäß dem aus dem Zweck jeder gesetzlichen Dokumentationsverpflichtung herzuleitenden Anspruch, dass die Unterlagen jedenfalls für den Fachmann **nachvollziehbar** und grundsätzlich ohne zusätzliche Unterlagen oder umfangreiche Erläuterungen aus sich selbst heraus verständlich oder erschliessbar sind.

Der Arbeitgeber wird im eigenen Interesse zunächst prüfen, ob Unterlagen und 58 Dokumente vorhanden sind, die das Ergebnis von Gefährdungsbeurteilungen darstellen oder die mit seinem Ergebnis der **Gefährdungsbeurteilung** übereinstimmen. Als Beispiele kommen in Frage:
- Betriebsanweisungen,
- Sicherheitsanalysen,
- Verfahrensanweisungen,
- Arbeitsbereichsanalysen,
- Stellen- und Aufgabenbeschreibungen und
- Arbeitsfreigabescheine.

Diese bereits vorhandenen Unterlagen und Dokumentationen von Arbeits- 59 schutzmaßnahmen sind daraufhin zu überprüfen, ob und inwieweit die vom ArbSchG geforderten Inhalte der Dokumentation (Gefährdungsbeurteilung des Arbeitsplatzes oder der Tätigkeit, notwendige Maßnahmen, Effektivitätskontrolle) darin zum Ausdruck kommen. Diese Unterlagen können als **Grundlage für die Dokumentation** verwendet werden und müssen u. U. nur um konkret getroffene Maßnahmen und die Maßnahmenkontrolle ergänzt werden.

ArbSchG § 6 Arbeitsschutzgesetz

E. Verfügbarkeit

60 Der Arbeitgeber muss über die Unterlagen **verfügen** (§ 6 Abs. 1 Satz 1). Die geforderte (bloße) Verfügbarkeit lässt einen großen Spielraum für die Art und Weise der Verfügbarkeit offen. **Nicht** ausdrücklich angeordnet ist etwa, dass es sich um **schriftliche** Unterlagen im herkömmlichen Sinne handeln muss. Wäre dies vom Gesetzgeber gefordert, hätte er dies (wie sonst üblich) ausdrücklich durch den Begriff „schriftlich" (§ 126 BGB) festgeschrieben. Daher reicht eine Verfügbarkeit bei Bedarf etwa durch unverzüglichen Ausdruck über die EDV aus. Die Verpflichtung des Arbeitgebers, über die Unterlagen zu verfügen, bedeutet auch nicht zwingend, dass er die Unterlagen selbst erstellt. § 6 ArbSchG unterscheidet sich dadurch zunächst von § 5 ArbSchG, der dem Arbeitgeber selbst die Verpflichtung auferlegt, die Ermittlung der Gefährdung vorzunehmen. Das Korrektiv zwischen zwingendem, eigenen Tun und dem – lediglich – Verfügen über die Arbeitsleistung Dritter dürfte sich aber aus § 13 Abs. 2 ArbSchG ergeben, der es dem Arbeitgeber erlaubt, im Wege der schriftlichen Beauftragung originär eigene Pflichten auf zuverlässige und fachkundige Personen zu übertragen (wegen der Einzelheiten, vgl. Kommentierung zu § 13 ArbSchG).

61 Der Arbeitgeber verfügt auch dann über die Unterlagen, wenn er dies zusammen mit anderen tut. § 6 Abs. 1 Satz 1 ArbSchG verlangt keinen Alleingewahrsam im zivil- oder strafrechtlichen Sinne an den Unterlagen. Im Regelfall liegt es im Interesse eines effektiven Arbeitsschutzes, wenn andere Sachbeteiligte wie die Sicherheitsfachkraft, der Betriebsarzt oder der Betriebsrat Zugang zu derartigen Unterlagen haben, um damit ihre Aufgaben effektiv wahrnehmen zu können. Aufgrund des ASiG gehört es zu den Aufgaben von **Betriebsarzt** (§ 3 Abs. 1 Satz 2 Nr. 1 lit. g ASiG) und **Sicherheitsfachkraft** (§ 6 Satz 2 Nr. 1 lit. e ASiG), den Arbeitgeber bei der Beurteilung der Arbeitsbedingungen (Gefährdungsbeurteilung) zu beraten. Der **Arbeitgeber** seinerseits hat den Betriebsarzt (§ 2 Abs. 2 Satz 2 ASiG) und die Sicherheitsfachkraft (§ 5 Abs. 2 Satz 2 ASiG) bei der Erfüllung ihrer Arbeit z. B. auch nach den Normen der ArbmedVVO zu unterstützen. Insbesondere ist er verpflichtet, ihnen Hilfspersonal, Räume, Einrichtungen, Geräte und Mittel zur Verfügung zu stellen, soweit dies zur Erfüllung ihrer Aufgaben erforderlich ist. Der Arbeitgeber hat die materiellen Voraussetzungen zu schaffen, um die Tätigkeiten von Betriebsarzt und Sicherheitsfachkraft zu ermöglichen (Schelter, § 2 Abschn. V ASiG). Dazu gehören die notwendigen Informationen, ohne die eine sinnvolle Tätigkeit nicht möglich ist (Aufhauser, § 2 ASiG Rn. 5).

62 Bei der Vornahme der Gefährdungsbeurteilung muss der Arbeitgeber dem Betriebsarzt und der Sicherheitsfachkraft ermöglichen, ihn zu **beraten**. Der Arbeitgeber hat die Pflicht, vorhandene frühere Dokumentationen von Gefährdungsbeurteilungen dem Betriebsarzt und der Sicherheitsfachkraft auszuhändigen, soweit dies zur Erfüllung ihrer Aufgaben erforderlich ist. Für den **Betriebsrat** gehört Mitwirkung beim betrieblichen Arbeitsschutz schon seit jeher zu den klassischen Aufgaben (§§ 90 ff. BetrVG). Er hat Anspruch auf die Vorlage der für seine Arbeit erforderlichen Unterlagen (§ 80 Abs. 2 BetrVG). In Betrieben, in denen kein Betriebsrat besteht, hat der Arbeitgeber zwar gemäß § 81 Abs. 3 BetrVG die Arbeitnehmer zu allen Maßnahmen, die Auswirkungen auf Sicherheit und Gesundheit der Arbeitnehmer haben können, zu hören; eine Pflicht zur Vorlage von Unterlagen besteht ihnen gegenüber allerdings nicht.

F. Inhalt der Unterlagen

Den Inhalt der zur Verfügung zu haltenden Unterlagen hat der Gesetzgeber in 63 drei Punkten abschließend und verbindlich fixiert („ersichtlich sind"):
– das Ergebnis der Gefährdungsbeurteilung
– die von ihm (daran anschließend) festgelegten Maßnahmen des Arbeitsschutzes und
– das Ergebnis ihrer Überprüfung.

I. Das Ergebnis der Gefährdungsbeurteilung

Aus den Unterlagen muss u. a. das Ergebnis der Gefährdungsbeurteilung erkenn- 64 bar sein (§ 6 Abs. 1 Satz 1). Die Vorschrift knüpft an die Regelung über die Pflicht zur Gefährdungsbeurteilung der Arbeitsbedingungen (§ 5) an und setzt die vollzogene Gefährdungsbeurteilung voraus. Nur wenn die konkrete Arbeitsschutzsituation für alle am betrieblichen Arbeitsschutz Beteiligten sichtbar und damit verständlich wird, sind die **Entscheidungsgrundlagen für** notwendige Arbeitsschutzmaßnahmen für alle Beteiligten vollständig und ohne Mißverständlichkeit vorhanden.

Zur Vermeidung innerbetrieblicher Diskussionen sei darauf hinweisen, dass der 65 Arbeitgeber lediglich das **Ergebnis** festhalten muss. Rechtfertigungsszenarien und investigative Ausforschungen dazu, wie der Arbeitgeber zu diesem und keinem anderen Ergebnis kam, sind nicht von § 6 Abs. 1 ArbSchG gedeckt. Dies bedeutet im Umkehrschluss natürlich nicht, dass der Arbeitgeber beliebig „Phantasie-Ergebnisse" niederlegen darf, die mit dem Verlauf der Gefährdungsbeurteilung nicht mehr das Geringste zu tun haben.

II. Festgelegte Maßnahmen des Arbeitsschutzes

Aus den Unterlagen müssen sich u. a. die festgelegten **Maßnahmen des Ar-** 66 **beitsschutzes** ergeben (§ 6 Abs. 1 Satz 1). Dies dient zum einen der Transparenz und der Koordination der Arbeitsschutzziele und Maßnahmen im Betrieb. Zum anderen dient es den Verantwortlichen, sich ein systematisches Gesamtbild der Maßnahmen und ihres möglichen Zusammenwirkens zu machen. Schließlich wird es auch – wenn auch nicht in erster Linie – der Kontrolle der Arbeitsschutzaufsichtseinrichtungen als Informationsmedium dienen. Das ArbSchG schreibt vor, dass die **festgelegten** Maßnahmen des Arbeitsschutzes ersichtlich sein müssen. Daher reicht es aus, die Maßnahmen zu dokumentieren, die positiv festgelegt worden sind und nicht jene, die – aus welchen Gründen auch immer – nicht getroffen worden sind. Aus Gründen der Verantwortlichkeit und zur Beweissicherung erscheint es aber **empfehlenswert**, in bedeutsameren Fällen auch die technisch machbaren, u. U. erwogenen und aus guten Gründen **nicht festgelegten Maßnahmen** festzuhalten. Dies kann im Streitfall nach einer Störung der Betriebssicherheit für die gesetzlich oder Auftragsverantwortlichen des Arbeitsschutzes (§ 13 Abs. 1 und 2) von Bedeutung sein.

Nicht vorgeschrieben – aber gleichfalls empfehlenswert – ist die Dokumentation 67 der **Gründe** für die getroffenen oder – noch wichtiger – nicht getroffenen Maßnahmen. Aus Verantwortlichkeitsgründen und wegen der späteren Nachvollziehbarkeit empfiehlt es sich, Gründe insbesondere bei aus einleuchtenden Motiven unterlassenen Maßnahmen wenigstens stichwortartig festzuhalten. Ebenfalls **nicht** gesetzlich vorgeschrieben sind **Kostenangaben.** Nur die Maßnahmen des **Ar-**

ArbSchG § 6 Arbeitsschutzgesetz

beitsschutzes müssen aus den Unterlagen hervorgehen. Für eine Dokumentation von Maßnahmen zu anderen Zwecken (Umweltschutz, Drittschutz, Verbraucherschutz) besteht zumindest aus diesem Gesetz keine Rechtspflicht.

III. Ergebnis der Überprüfung

68 Aus den Unterlagen muss u. a. das **Ergebnis der Überprüfung** der festgelegten Arbeitsschutzmaßnahmen ersichtlich sein (§ 6 Abs. 1 Satz 1). Die **Überprüfung** der Maßnahmen des Arbeitsschutzes durch den Arbeitgeber ist in § 3 Abs. 1 Satz 2 als seine Grundpflicht bestimmt. Zwar sind zahlenmäßig keine Angaben gemacht, **wie häufig** eine Überprüfung erfolgen muss. Aus dem Zweck der Verbesserung von Sicherheit und Gesundheitsschutz der Beschäftigten bei der Arbeit und damit eines effektiven Arbeitsschutzes (§ 1 Abs. 1) folgt jedoch, dass die Überprüfung immer dann zu erfolgen hat, wenn andernfalls die getroffenen Bewertungen über die Erforderlichkeit von Arbeitsschutzmaßnahmen unzutreffend wären. Das ist immer dann der Fall, wenn sich die Arbeitsbedingungen so wesentlich verändern, dass eine Verschärfung der Gefährdungssituation am einzelnen Arbeitsplatz möglich erscheint (Verschlechterungsoption).

69 Regelzeiten zur Wiederholungsgefährdungsbeurteilung lassen sich demnach nicht für alle Situationen allgemeingültig festlegen. Eindeutig rechtswidrig wäre die einmalige Gefährdungsbeurteilung und Dokumentation in einem Produktionsbetrieb, die dann trotz laufender Produktanpassungen an den Markt mit ebenso häufigen Änderungen der Herstellungsverfahren für Jahrzehnte im Aktenschrank des Werkmeisters abgelegt werden. Wegen der Überprüfungsintervalle werden daher **branchenspezifische Erfahrungen** eingebracht werden müssen. Wie bei den erstmalig festgelegten Maßnahmen des Arbeitsschutzes ist es auch bei der Dokumentation des Ergebnisses der Überprüfungen aus Beweissicherungsgründen empfehlenswert, aber keinesfalls zwingend vorgeschrieben, bei bedeutsameren Gefährdungsbefunden und – aus guten Gründen – nicht veranlasste Arbeitsschutzmaßnahmen die Gründe hierzu wenigstens **stichwortartig** festzuhalten.

G. Umfang der Unterlagen

70 So wie die der Dokumentation vorausgehende Gefährdungsbeurteilung nach § 5 ArbSchG ist auch der Maßstab für die Dokumentation nicht absolut und uferlos. Sachlicher Ankündigungspunkt für den Umfang der „erforderlichen" Unterlagen ist, wie schon in § 5 ArbSchG die Art der Tätigkeit. Auf die entsprechenden Ausführungen kann verwiesen werden. Die „Erforderlichkeit" der Unterlagen ist eine abhängige Größe zu den zu bewertenden Tätigkeiten. Auf die branchenspezifischen Handlungsanleitungen nach Maßgabe der vom BMA im Jahre 1997 publizierten „Gemeinsamen Grundsätze" wird entsprechend verwiesen.

H. Zahl der Beschäftigten

71 Die Zahl der Beschäftigten stellte über gut anderthalb Jahrzehnte eine wichtige Bezugsgröße im Arbeitsschutzrecht dar. § 6 ArbSchG war überhaupt die einzige Stelle im gesamten Gesetz, an der Pflichten des Arbeitgebers in Abhängigkeit gestellt werden zu einer zahlenmäßig konkret benannten Betriebsgröße. § 10 Abs. 1

Dokumentation **§ 6 ArbSchG**

Satz 1 ArbSchG spricht zwar mit Blick auf Notfall- und Brandschutzmaßnahmen von der „Größe des Betriebes", beziffert diese aber nicht konkret.

Die Kleinbetriebs-Regelung, die bei realistischer Betrachtung bereits mit dem Inkrafttreten des ArbSchG einen Verstoß gegen europäisches Recht beinhaltete, selbst wenn das Bundesarbeitsministerium im Rahmen eines Vertragsverletzungsverfahrens in den 90er Jahren das Gegenteil beweisen wollte, hat mit der Novelle vom 19.10.2013 ihr Ende gefunden, was sich bereits mit der Einführung von § 3 Abs. 3 ArbStättV im Rahmen der ArbStättV-Novelle vom Juli 2010 andeutete. Die rechtssystematisch etwas fragwürdige nachträgliche Anpassung des (Arbeitsschutz)gesetzes an eine zuvor schon modifizierte (Arbeitsstätten-)Verordnung hat im Oktober 2013 zu der notwendigen Vereinheitlichung geführt. 72

I. Unfallmeldung

Die Regelung des § 6 Absatz 2 hätte der Sache nach in einem eigenständigen Paragraphen gefasst werden müssen, da sie dogmatisch und inhaltlich nichts mit den Regelungen des Absatz 1, der seinerseits Bezug nimmt auf § 5 ArbSchG zu tun hat. Die Tatsache, dass unter **sehr unterschiedlichen Voraussetzungen** der Arbeitgeber zur **Dokumentation** von Ereignissen und Sachverhalten verpflichtet ist, etwas in dauerhafter Form (schriftlich oder per EDV) zu erfassen, ist nicht Grund genug, beides unter der gemeinsamen Überschrift des § 6 ArbSchG „Dokumentation" zusammen zu fassen. 73

I. „Im Betrieb des Arbeitgebers"

Der Arbeitgeber hat Unfälle in seinem Betrieb zu erfassen. Ein **Unfall** ist ein zeitlich begrenztes, von außen auf den Körper einwirkendes Ereignis, das zu einem Gesundheitsschaden oder zum Tod führt (§ 8 Abs. 1 Satz 2 SGB VII). Die Formulierung „Unfall in dem Betrieb des Arbeitgebers" bezieht sich nur auf **Arbeitsunfälle** im Sinne des Sozialrechts, weil der Gesetzgeber die Formulierung aus dem Sozialrecht (§ 193 Abs. 1 SGB VII) übernommen hat und er keine sachliche Abweichung gegenüber den SGB-Regelungen einführen wollte. Nach der amtlichen Begründung besteht Einklang zwischen der Vorschrift des Arbeitsschutzgesetzes und denen des SGB VII (Begr. BT, Zu § 6, Zu Absatz 2, BT-Drs. 13/3540, S. 17). Gerade die Verweisung auf die Regelungen zum Arbeitsunfall nach § 8 SGB VII macht deutlich, wie sinnvoll eine separate Ausgestaltung der Erfassungspflicht außerhalb des auf § 5 ArbSchG fixierten § 6 ArbSchG gewesen wäre. Dies gilt umso mehr als der betriebliche Praktiker kaum einen nicht über die Begründungen aus dem mehrstufigen Gesetzgebungsverfahren als Sekundärliteratur verfügt. 74

Zum anderen ist die inhaltliche Nähe des § 6 zum § 5 (Dokumentationen der vorhergehenden Gefährdungsbeurteilung) dazu angetan, auch die Begrifflichkeiten des § 6 am § 5 auszurichten. Dies geht jedoch hinsichtlich des örtlichen Rahmens, innerhalb dessen der Arbeitgeber Erfassungen vorzunehmen hat, fehl. Während die Gefährdungsbeurteilung ausdrücklich begrenzt ist, **„auf die mit der Arbeit verbundenen Gefährdungen"** und damit explizit die Analyse solcher Gefährdungen ausschließt, die sich auf dem Weg zur bzw. von der Arbeit ergeben (die Beurteilungspflicht endet im Regelfall am Fabriktor), schließt die Erfassungspflicht des § 6 Abs. 2 entgegen der vordergründigen Begrenzung **„in seinem Betrieb"** auch die Arbeitsunfälle in der Sonderform des Wegeunfalls mit ein. 75

Kreizberg

ArbSchG § 6

76 Ein **Arbeitsunfall** liegt vor, wenn ihn der Geschädigte bei einer der in §§ 2, 3 oder 6 SGB VII genannten Tätigkeiten erleidet (§ 8 SGB VII). Einbezogen sind alle Tätigkeiten, die vom Standpunkt des Beschäftigten dem Unternehmen objektiv dienlich sein können. Dazu gehören letztlich auch Bewerbungen und Dienstreisen. Bei einer einbezogenen Tätigkeit erleidet der Beschäftigte einen Unfall, wenn zwischen dem Unfall und der versicherten Tätigkeit ein ursächlicher Zusammenhang besteht. Ein Arbeitsunfall liegt auch vor bei der Verwirklichung von Gefahren des täglichen Lebens (z. B. Ausrutschen), nicht dagegen beim Eintritt von Naturkatastrophen.

77 Zu den Arbeitsunfällen gehören auch die sog. **Wegeunfälle** (§ 8 Abs. 2 SGB VII). Ein Wegeunfall liegt grds. dann vor, wenn der Unfall auf dem unmittelbaren Weg zwischen der Wohnung und der Ort der versicherten Tätigkeit (Arbeitsstätte) eingetreten ist. Der Weg zur Arbeitsstelle ist nur dann inbegriffen, wenn die Wegbeschreibung mit der Tätigkeit im Unternehmen zusammenhängt. Als Wegeunfälle zählen auch in bestimmten Fällen Abweichungen von dem unmittelbaren Weg (§ 8 Abs. 2 SGB VII).

II. Tod oder Arbeitsunfähigkeit von mehr als drei Tagen

78 Die Erfassungspflicht des Arbeitgebers tritt nur ein bei Arbeitsunfällen, die zum Tod des Beschäftigten geführt haben oder wenn der Beschäftigte so verletzt wurde, dass er **mehr als drei Tage** völlig oder teilweise arbeits- oder dienstunfähig wurde. Der Unfalltag rechnet hierbei nicht mit (§ 26 Abs. 1 SGB X). Nach dem Unfalltag rechnet jeder Kalendertag, nicht etwa nur der Arbeitstag. Der Beschäftigte muss einen **Körperschaden** davongetragen haben, ein bloßer Sachschaden des Beschäftigten reicht nicht aus. Zwischen Unfall und Körperschaden muss ein ursächlicher Zusammenhang bestehen.

79 **1. Arbeits- oder Dienstunfähigkeit. Arbeitsunfähigkeit** liegt dann vor, wenn die Arbeitsverhinderung eines Arbeitnehmers infolge von Krankheit vorliegt. Der Arbeitnehmer muss unfähig sein, seine ihm vertragsmäßig obliegende Arbeit zu verrichten oder diese kann ihm aus bestimmten Gründen vernünftigerweise nicht zugemutet werden. Für die Feststellung der Arbeitsunfähigkeit ist unerheblich, ob der Arbeitnehmer die Erkrankung verschuldet hat. Die Arbeitsunfähigkeit kann durch die Bescheinigung eines Arztes **nachgewiesen** werden. Dies ist für das Vorliegen der Arbeitsunfähigkeit aber nicht Voraussetzung.

80 **2. „Mehr als drei Tage".** Bei den Unfällen mit Arbeitsunfähigkeit sind – in Übereinstimmung mit der sozialrechtlichen Meldepflicht an die Berufsgenossenschaften (§ 193 Abs. 1 Satz 1 SGB VII) – nur die Unfälle zu erfassen, als deren Folge der Tod des Beschäftigten oder dessen Arbeits- oder Dienstunfähigkeit völlig oder teilweise für mehr als drei Tage besteht. Ziel ist nur die Erfassung von Unfällen größerer Bedeutung.

III. Erfassung von Unfällen

81 Der Arbeitgeber hat die genannten Unfälle zu **erfassen**, also in geeigneter Weise dauerhaft zusammenzustellen. Eine bestimmte Form der Erfassung (schriftlich, durch EDV etc.) ist nicht vorgeschrieben. Der Arbeitgeber hat die Unfälle nicht schon gemäß dem ArbSchG einer Stelle zu melden. Meldepflichten ergeben sich aber z. B. aus dem SGB VII oder aus der StörfallV. Die zuständigen Behörden haben allerdings ein Auskunfts- und Unterlagenüberlassungsrecht nach § 22 Abs. 1 ArbSchG.

§ 7 Übertragung von Aufgaben

Bei der Übertragung von Aufgaben auf Beschäftigte hat der Arbeitgeber je nach Art der Tätigkeiten zu berücksichtigen, ob die Beschäftigten befähigt sind, die für die Sicherheit und den Gesundheitsschutz bei der Aufgabenerfüllung zu beachtenden Bestimmungen und Maßnahmen einzuhalten.

Übersicht

	Rn.
A. Einführung	1
I. Überblick	1
II. Zweckbestimmung	4
III. Normadressaten	9
IV. Behördliche Aufsicht und Ausnahmen	10
V. Ordnungswidrigkeiten	11
B. Notwendige Befähigung	12
I. Begriff der Befähigung	13
II. In Betracht kommende Fähigkeiten und Eigenschaften	18
1. Fähigkeiten	19
2. Eigenschaften	22
C. Weitere Voraussetzungen	31
I. Übertragung von Aufgaben	31
1. Übertragene Aufgaben	32
2. Zeitpunkte der Übertragung oder Überprüfung	33
a) Erstmalige Übertragung von Aufgaben	34
b) Überprüfung im Rahmen bestehender Arbeitsverhältnisse: Kontrolle nach der Übertragung von Aufgaben	35
c) Änderung des Aufgabenbereiches	37
II. Bedeutung der ausgeübten Tätigkeit	38
1. Relevanz der Gefährdungsbeurteilung nach § 5 sowie die Feststellung besonderer Gefahren nach § 9	39
a) Gefährdungsbeurteilung nach § 5	39
b) Besonders gefährliche Arbeitsbereiche nach § 9	40
2. Möglichkeit und Bedeutung einer Qualifizierungsmatrix für die Feststellung der Befähigung	41
III. Einhaltung der für die Sicherheit und den Gesundheitsschutz bei der Aufgabenerfüllung zu beachtenden Bestimmungen und Maßnahmen	42
1. Bestimmungen und Maßnahmen für die Sicherheit und den Gesundheitsschutz des Beschäftigten bei der Aufgabenerfüllung	43
2. Einhalten der Maßnahmen des Arbeits- und Gesundheitsschutzes	45
IV. Berücksichtigung der Befähigung	46
1. Berücksichtigung der Befähigung bei der erstmaligen Übertragung von Aufgaben	47
2. Überprüfung der Befähigung im Rahmen bestehender Arbeitsverhältnisse	51
a) Auffällige Beschäftigte	52
b) Unauffällige Beschäftigte	55
3. Änderung des Aufgabenbereichs	57

	Rn.
D. Berücksichtigung der Befähigung nach anderen Vorschriften	58
I. § 5 Abs. 2 12. BImSchV	59
II. § 5 ChemOzonSchichtV	60
III. § 5 AltholzV	61
IV. § 2 Abs. 16 GefStoffV	62
V. TRGS 400 – Gefährdungsbeurteilung für Tätigkeiten mit Gefahrstoffen	63
VI. Verordnung zur Arbeitsmedizinischen Vorsorge – ArbMedVV	64
VII. Regelungen der Berufsgenossenschaften	65
1. Unfallverhütungsvorschrift BGV A 1	66
a) Befähigung für Tätigkeiten	66
b) Allgemeine Unterstützungspflichten und Verhalten	67
2. Berufsgenossenschaftlicher Grundsatz für arbeitsmedizinische Vorsorgeuntersuchungen – G 25	68

Literatur: *Adomeit/Mohr,* Kommentar zum Allgemeinen Gleichbehandlungsgesetz, 2007; *Behrens,* Eignungsuntersuchung und Datenschutz, NZA 2014, 401; *Bengelsdorf,* Illegale Drogen im Betrieb, NZA RR 2004, 113; *Berufsgenossenschaft der chemischen Industrie/Industriegewerkschaft Bergbau, Chemie, Energie/Bundesarbeitgeberverband Chemie,* Gruppenarbeit und Arbeitsschutz, 1999; *Bundesarbeitgeberverband Chemie (BAVC),* Gruppenarbeit in der chemischen Industrie, 1998; *Berufsgenossenschaft der chemischen Industrie,* Merkblatt: Arbeitsschutzrecht (A 006, 6/93); *Berufsgenossenschaft der chemischen Industrie,* Merkblatt A 003 1/2006, Suchtmittelkonsum im Betrieb; *Breitstadt/Kauert,* Der Mensch als Risiko und Sicherheitsreserve, 2004; *Brock,* Arbeitsschutzgesetz, 1997; *Cernavin/Georg,* Praxishandbuch Arbeitsschutz, 2004; *Diller/Powietza,* Drogensreenings und Arbeitsrecht, NZA 2001, 1227; *Duden,* Das große Wörterbuch der deutschen Sprache, 6 Bände; *Fecker,* Rechte, Pflichten und Regelungsmöglichkeiten des privaten Arbeitgebers im Hinblick auf Alkoholkonsum von Arbeitnehmern, 1992; *Gamillscheg,* Die Grundrechte im Arbeitsrecht, 1989; Gemeinsame Hinweise des BAVC, der BG Chemie, der IG BCE, des VCI in Zusammenarbeit mit Werksärzten der chemischen Industrie, Keine Drogen in der Arbeitswelt in *BAVC,* Außertarifliche Sozialpartnervereinbarungen, 2007, S. 27; *Gießen,* Ärztliche Untersuchung von Arbeitnehmern, ZBL Arbeitsmed. 1996, 287, 297 ff.; *Hüllinghorst,* Verbreitung des Mißbrauchs illegaler Drogen in der Bundesrepublik Deutschland, BGZ Report 1/98 S. 15; *Herzberg,* Die Verantwortung für Arbeitsschutz und Unfallverhütung im Betrieb, 1984; *Johannsen/Schneider/Theußen,* Was der Manager vom Arbeitsschutzrecht wissen muß, 1996; *Kauert,* Stellenwert des Drogenscreenings, Der Bayerische Internist 1997, S. 300; *Kleinsorge,* Einschätzung der Arbeitsfähigkeit von Drogenkonsumenten, BGZ Report 1/98, S. 82; *Löwisch/Caspers/Neumann,* Beschäftigung und demographischer Wandel, 2002; *Meyer/Schack,* Arbeitsschutz- und arbeitsrechtliche Perspektiven des Konsums illegaler Drogen aus der Sicht der Sozialpartner der chemischen Industrie, BGZ-Report 1/98, S. 53; *Möller,* Methoden der Drogentestung, BGZ Report 1/98, S. 73; *Nobbe/Pinter/Vögele,* Verantwortung im Unternehmen, 1993; *Nöthlichs,* Arbeitsschutzgestz und Arbeitssicherheit, Loseblatt (1996 ff.); *Panter,* Drogenscreening durch Betriebsärzte (Handhabung/Bedingungen/Konsequenzen), BGZ Report 1/98, S. 88; *Pieper,* Arbeitsschutzrecht, 4. Auflage 2009; *Reinhardt,* Auswirkungen des Konsums illegaler Drogen auf die Arbeits- und Verkehrssicherheit, BGZ Report 1/98, S. 37; *Schäfer/Jochum,* Sicherheit in der Chemie, 1997; *Schliephacke,* Führungswissen Arbeitssicherheit, 3. Aufl. 2008; *Schneider,* Recht, Vorsorge, Haftung, 1997; *Voss* (Hrsg.), Handbuch Arbeitsschutz 2001/2002, 2001; *Wiese,* Genetische Analyse bei Arbeitnehmern, RdA 1986, 120.

§ 7 ArbSchG

A. Einführung

I. Überblick

§ 7 als arbeitsschutzrechtliche Grundlage der Übertragung von Arbeitsaufgaben 1
auf die Beschäftigten ist sehr offen gestaltet und ermöglicht flexible und betriebsbezogene Maßnahmen. Ein genauer Blick auf § 7 verdeutlicht dies. Der Arbeitgeber hat:
- die Befähigung des Beschäftigten
- **bei der Übertragung von Aufgaben** auf Beschäftigte und
- je nach Art der Tätigkeit
- in Bezug auf die **Einhaltung**
- der für die Sicherheit und den Gesundheitsschutz
- **bei der Aufgabenerfüllung** zu beachtenden
- Bestimmungen und Maßnahmen
- zu berücksichtigen.

§ 7 fordert und ermöglicht eine Einzelfallbetrachtung, die von den Anforderun- 2
gen des jeweiligen Arbeitsplatzes abhängt. § 7 sollte aber nicht losgelöst von den anderen Vorschriften des ArbSchG gesehen, sondern als Teil des Prozesses „betrieblicher Arbeitsschutz" verstanden werden. § 7 ist als integraler Bestandteil des betrieblichen Arbeitsschutzes umzusetzen (*Feldhoff in HK-ArbSchR*, § 7 Rn. 1; → § 3 Rn. 10). Auf der einen Seite liefern einige Bestimmungen des ArbSchG wichtige Grundlagen für die Erfüllung des § 7. Auf der anderen Seite kann § 7 durch eine Einbettung in die unterschiedlichen Maßnahmen des betrieblichen Arbeitsschutzes auch unter dem Aspekt der betrieblichen Personalmaßnahmen ausreichend und effizient erfüllt werden. Insbesondere sind aus dem ArbSchG zu nennen:
- die Beurteilung der Arbeitsbedingungen (§ 5),
- die Maßnahmen bei besonderen Gefahren (§ 9) und
- die Pflicht zu Unterweisungen (§ 12).

§ 7 bedeutet **keine grundsätzliche Neuerung** im Bereich des deutschen Ar- 3
beitsschutzes. Schon vor Erlass des ArbSchG hatte der Arbeitgeber im Rahmen von personellen Maßnahmen die Auswahl und Bestellung geeigneter Mitarbeiter und ihre Überwachung sicherzustellen (*BG Chemie* 6/93, S. 12 f.). Damals und heute gilt: der richtige Mitarbeiter am richtigen Ort (*Voss*, S. 89, *Schliephake*, S. 65).

II. Zweckbestimmung

Nach der amtlichen Begründung zu § 7 setzt die Vorschrift Art. 6 Abs. 2b der 4
Rahmenrichtlinie zum Arbeitsschutz um. Soweit bestimmte Tätigkeiten nur bei Beachtung bestimmter Schutzmaßnahmen ohne gesundheitliche Beeinträchtigung erbracht werden können, soll die Eignung des Beschäftigten für die Durchführung dieser Maßnahmen zu den Anforderungen, die der Beschäftigte im Bereich des Arbeitsschutzes zu erfüllen hat, zählen. Der Arbeitgeber soll darauf achten, dass die Beschäftigten körperlich (z. B. Hör- oder Sehfähigkeit) und geistig (z. B. Auffassungsgabe) **in der Lage sind,** die für die Arbeiten maßgeblichen **Schutzvorschriften** und angeordneten Schutzmaßnahmen **zu erfassen** und durchzuführen.

§ 7 dient unmittelbar dem Schutz der Beschäftigten vor Gefahren am Arbeits- 5
platz, nicht bestimmten Qualitätsanforderungen (*Nöthlichs,* Nr. 4022, S. 2) und spricht ein **Verbot der Beschäftigung von unbefähigten Mitarbeitern** aus.

ArbSchG § 7

Der Arbeitgeber ist nach § 3 Abs. 1 verpflichtet, die erforderlichen Maßnahmen des Arbeitsschutzes unter Berücksichtigung der Umstände zu treffen, die Sicherheit und Gesundheit der Beschäftigten bei der Arbeit beeinflussen. Kommt der Arbeitgeber zum Ergebnis, dass der Beschäftigte die für die ausgeübte Tätigkeit notwendige Befähigung nicht oder nicht mehr besitzt, so ist der Arbeitgeber gehalten, den Beschäftigten – als Maßnahme des Arbeitsschutzes – nicht am vorgesehenen Arbeitsplatz einzusetzen oder von seiner Arbeit zu entbinden.

6 Nach § 3 Nr. 5 sind individuelle Schutzmaßnahmen nachrangig zu anderen Maßnahmen des Arbeitsschutzes (→ § 4 Rn. 25 ff.). Zunächst ist der Schutz der Beschäftigten durch **technische** oder **organisatorische Maßnahmen** des Arbeitsschutzes sicherzustellen. Auf notwendige Schutzvorrichtungen darf nicht auf Grund besonderer Fähigkeiten der Beschäftigten verzichtet werden. Z. B. besteht nicht die Möglichkeit, anstelle einer Presse mit Zweihanddrückung eine Presse ohne Schutzvorrichtung zu verwenden, weil an der Presse besonders befähigte Mitarbeiter tätig sind (*Nöthlichs,* Nr. 4022, S. 2). Zu den individuellen Maßnahmen zählen Schutzanzüge, Sicht- und Gehörschutz (→ PSA-BV, Einf. Rn. 3). Individuelle Schutzmaßnahmen sind Verhaltensregeln im Sinne des § 12 und Maßnahmen, die verhindern sollen, dass dem Beschäftigten Arbeiten übertragen werden, denen er körperlich, psychisch oder geistig nicht gewachsen ist (*Nöthlichs,* Nr. 4016, S. 13).

Die Verpflichtung des Arbeitgebers nach § 7 soll eine nachrangige, individuelle Schutzmaßnahme darstellen (*Pieper,* ArbSchG § 7 Rn. 2). Sie kommt nur in Betracht, wenn der Schutz des Beschäftigten neben technischen oder organisatorischen Maßnahmen durch Anweisungen und Unterweisung gem. §§ 4 Nr. 7, 12 gewährleistet werden kann (*Pieper* in Wedde ArbR ArbSchG § 7 Rn. 2). Bei einer einwandfreien Gestaltung des Arbeitsschutzes gem. § 4 Nr. 1 kann dennoch eine Gefährdung aus einem unbefähigten Beschäftigten resultieren. Dementsprechend kann die Verpflichtung des Arbeitgebers mit einer Verpflichtung des Arbeitnehmers korrespondieren. § 15 Abs. 1 regelt die arbeitnehmerseitige Verpflichtung – je nach individueller Möglichkeit – für die eigene Sicherheit und Gesundheit bei der Arbeit Sorge zu tragen. Diese Pflicht zu einem arbeitsschutzkonformen Verhalten bedingt zu jedem Zeitpunkt und jedem Ort im Unternehmen die Befähigung des Beschäftigten zu einem solchen Verhalten. Fehlt diese Befähigung, würde z. B. die Anweisung einer Führungskraft ihre Wirkung verfehlen. Dieses Beispiel verdeutlicht die Bedeutung der Befähigung für einen erfolgreichen Arbeitsschutz.

7 Die aus § 7 herrührende Verpflichtung kann nicht **nur** als individuelle Schutzmaßnahme charakterisiert werden. § 7 dient nicht allein dem Schutz des einzelnen Beschäftigten, sondern vielmehr auch dem Schutz der anderen Beschäftigten. Ein unbefähigter Beschäftigter gefährdet nicht nur sich selbst, sondern auch seine Kollegen. Der Gedanke der **Fremdsorge** bzw. des **Drittschutzes** klingt insbesondere in § 15 Abs. 1 Satz 2 an, wonach die Beschäftigten auch für die Sicherheit und Gesundheit der Personen zu sorgen haben, die von ihren Handlungen oder Unterlassungen bei der Arbeit betroffen sind. § 15 Abs. 1 führt erstmals eine generelle Vorsorgeverantwortung der Mitarbeiter für die eigene Sicherheit und Gesundheit sowie die Pflicht zur Drittvorsorge ein (str. siehe *Bengelsdorf* NZA-RR 2004, S. 113 ff.; umfassend → § 15 Rn. 38 ff.) Der dargestellte Drittschutz soll vorrangig ebenfalls durch Maßnahmen gem. § 3 i. V. m. § 4 zu gewährleisten sein und nur in nachrangiger Hinsicht durch die Prüfung der Befähigung der Beschäftigten (*Pieper* in Wedde ArbR, ArbSchG § 7 Rn. 3). Dem ist zum Teil zuzustimmen. Zwar ist der Schutz der Beschäftigten zunächst durch **technische** oder **organisatorische**

Übertragung von Aufgaben **§ 7 ArbSchG**

Maßnahmen des Arbeitsschutzes sicherzustellen, soweit dies möglich ist (→ Rn. 6). Aber Gefahren sind an der Quelle zu bekämpfen (§ 4 Nr. 2). Bei einer einwandfreien Gestaltung des Arbeitsschutzes gem. § 4 Nr. 1 kann eine Gefährdung aus einem unbefähigten Beschäftigten resultieren. Da Gefahren an der Quelle zu bekämpfen sind (§ 4 Nr. 2), ist der unbefähigte Beschäftigte festzustellen und von dem Arbeitsplatz zu entfernen. Das BAG hat sich mit der besonderen Bedeutung von § 7 und § 15 unter dem Aspekt der Befähigung des Arbeitnehmers auch unter dem Gesichtspunkt des Drittschutzes bis jetzt noch nicht auseinandergesetzt. Allerdings berücksichtigt die arbeitsgerichtliche Rechtsprechung und Literatur die Bedeutung des Schutzes anderer Arbeitnehmer oder Dritter vor schädigenden Handlungen eines alkoholisierten Kollegen (Schaub ArbR Hdb, § 127 Rn. 65 m.w.N.).

Der Drittschutzgesichtspunkt wird auch in der Bergverordnung deutlich. Im **8 Bergbau** dürfen Personen mit körperlichen bzw. geistigen Mängeln nur beschäftigt werden, soweit sie weder sich selbst noch andere Personen infolge dieser Mängel gefährden können (§ 2 Abs. 1 GesBergV).

III. Normadressaten

Der Arbeitgeber ist Normadressat (§ 2 Abs. 3); ebenso die in § 13 genannten **9** sog. **Verantwortlichen Personen. Bei Leiharbeitnehmern** ist der **Verleiher** als Arbeitgeber i. S. d. § 7 anzusehen. Die in § 12 Abs. 2 niedergelegte Regelung, wonach der Entleiher bestimmte an sich dem Verleiher als Arbeitgeber obliegende Pflichten zu übernehmen hat, ist in § 7 nicht übernommen worden (*Nöthlichs*, Nr. 4022, S. 1). Allerdings unterliegt die Tätigkeit des Leiharbeitnehmers für den Betrieb des Entleihers geltenden Vorschriften des Arbeitsschutzrechtes (§ 11 Abs. 6 Satz 1, 1. Halbsatz AÜG). Die sich hieraus ergebenden Pflichten für den Arbeitgeber – dem Verleiher – obliegen auch dem Entleiher (§ 11 Abs. 6 Satz 1, 2. Halbsatz AÜG). Der **Entleiher** muss sich dementsprechend vergewissern, ob der Verleiher seinen Pflichten nach § 7 ArbSchG nachkommt. Der Entleiher hat **schriftlich zu erklären,** welche besonderen Merkmale die für den Leiharbeitnehmer vorgesehene Tätigkeit hat und welche berufliche Qualifikation dafür notwendig ist (§ 12 Abs. 1 Satz 2 AÜG). Der Entleiher hat den Leiharbeitnehmer **zu unterweisen** (§ 12 Abs. 2 ArbSchG) und diesen zusätzlich über die Notwendigkeit besonderer Qualifikationen oder beruflicher Fähigkeiten oder einer besonderen ärztlichen Überwachung sowie über erhöhte besondere Gefahren des Arbeitsplatzes **zu unterrichten** (§ 11 Abs. 6 Satz 3 AÜG).

IV. Behördliche Aufsicht und Ausnahmen

Zur Durchführung des § 7 kann die Behörde nach § 22 Abs. 3 **Anordnungen 10** erlassen, wobei behördliche Ausnahmen nicht zulässig sind.

V. Ordnungswidrigkeiten

Eine Zuwiderhandlung gegen § 7 ist nicht bußgeldbewehrt. **11**

B. Notwendige Befähigung

Für § 7 ist von Bedeutung, ob die Beschäftigten befähigt sind, die für die Sicher- **12** heit und den Gesundheitsschutz bei der Aufgabenerfüllung zu beachtenden Bestimmungen und Maßnahmen einzuhalten. Diese Regelung bezieht sich auf alle Aufgaben, die die Beschäftigten im Rahmen ihrer arbeitsvertraglichen Pflichten zu erfüllen haben, nicht nur auf die Aufgaben im betrieblichen Arbeitsschutz (siehe *Pieper* ArbSchG, § 7 Rn. 1). Weder das ArbSchG im Allgemeinen noch § 7 im Besonderen legen fest, was unter „**Fähigkeiten**" konkret zu verstehen ist.

I. Begriff der Befähigung

13   Die Arbeitsschutzrichtlinie geht in Art. 6 Abs. 3b davon aus, dass der Arbeitgeber bei der Übertragung von Aufgaben auf einen Arbeitnehmer die Eignung des Mitarbeiters in Bezug auf Sicherheit und Gesundheit berücksichtigen muss. Das deutsche ArbSchG wiederum benutzt den Begriff der **Befähigung,** wobei die amtliche Begründung den Begriff der **Eignung** verwendet. Nach *Duden* ist zwischen Eignung und Fähigkeiten zu unterscheiden. Als Fähigkeit wird das auf Wissen und Können beruhende Befähigtsein bezeichnet. Die erforderlichen, zweckentsprechenden Eigenschaften wiederum werden nach *Duden* in Eignungsprüfungen ermittelt, in denen die Person kennzeichnende, charakteristische Merkmale von Bedeutung sind. Auch, wenn hiernach eine gewisse Diskrepanz zwischen den Begriffen Eignung und Befähigung festgestellt werden kann, insbesondere können Fähigkeiten erworben, entwickelt und gefördert werden (*Stürk,* S. 90), entwickelt diese Unterscheidung zunächst keine Relevanz für den Anwendungsbereich des § 7. Angesprochen sind die **körperlichen und geistigen** Befähigungen der Mitarbeiter (*Pieper* ArbSchG, § 7 Rn 1).

14   Als Anhaltspunkt kann, wie schon in der amtlichen Begründung klargestellt, die Frage dienen, ob der betreffende Arbeitnehmer in der Lage ist, die für die Arbeit maßgeblichen Schutzvorschriften und angeordneten Schutzmaßnahmen zu erfassen und durchzuführen. Allerdings müssen zur Bestimmung der Befähigung i. S. d. § 7 und der für den Arbeitgeber bestehenden Verpflichtungen **drei Ebenen** unterschieden werden:
1. Ebene: abstraktes Wissen um Schutzvorschriften und angeordnete Schutzmaßnahmen unter dem Aspekt der Bedeutung des betrieblichen Arbeitsschutzes,
2. Ebene: konkretes Wissen und Verstehen von Schutzvorschriften und angeordneten Schutzmaßnahmen hinsichtlich der ausgeübten Tätigkeit und
3. Ebene: subjektive Möglichkeit, bekannte und verstandene Schutzvorschriften und angeordnete Schutzmaßnahmen jederzeit einhalten und umsetzen zu können.

15   Für die **erste Ebene** ist das **Berufsausbildungssystem** in der Bundesrepublik Deutschland von Bedeutung. Die berufliche Aus- und Fortbildung vermittelt auch Kenntnisse in Bezug auf Inhalt und Aufgaben des betrieblichen Arbeitsschutzes sowie der zuständigen Berufsgenossenschaft und der Gewerbeaufsicht. Grundsätzlich gehört zur beruflichen Aus- und Fortbildung auch die Vermittlung der Fähigkeiten, die für den Arbeitsschutz der eigenen Person oder anderer, die durch die eigene Arbeit betroffen sein könnten, erforderlich sind (*Stürk,* S. 90).

16   Nachdem die Berufsausbildung den Grundstein für ein arbeitsschutzgerechtes Verhalten der Beschäftigten gelegt hat, muss der Beschäftigte über die für seine jeweilige Tätigkeit **konkret** geltenden Schutzvorschriften und angeordneten Schutzmaßnahmen informiert sein und diese verstehen und umsetzen können **(zweite Ebene).** Wird der Arbeitnehmer nicht in seinem Beruf eingesetzt oder hat er diesen Beruf nach der Ausbildung noch nicht ausgeübt, ist die Befähigung von Bedeu-

Übertragung von Aufgaben **§ 7 ArbSchG**

tung (*Feldhoff* in HK-ArbSchR, § 7 Rn. 8). Insbesondere durch **Unterweisungen** nach § 12 Abs. 1 werden den Beschäftigten Anweisungen und Erläuterungen gegeben, die eigens auf den Arbeitsplatz oder den Aufgabenbereich des Beschäftigten ausgerichtet sind.

Beschäftigen sich die Ersten beiden Ebenen mehr mit Fähigkeiten, die durch 17 Qualifizierung, Schulungen und Unterweisungen erreicht oder verbessert werden können, so spricht die **dritte Ebene** mehr die **Eignung**, d. h. die subjektive Möglichkeit des Beschäftigten zu einem arbeitsschutzgerechten Verhalten, an. Die an sich bekannten und verstandenen Schutzvorschriften und angeordneten Schutzmaßnahmen müssen von dem Beschäftigten jederzeit eingehalten und umgesetzt werden können. Angesprochen ist hierbei auch die **Zuverlässigkeit** des Mitarbeiters. Das konkrete Wissen und Verstehen von Schutzvorschriften und angeordneten Schutzmaßnahmen ist unbedeutend, soweit der Arbeitnehmer nicht oder nicht mehr in der Lage ist, die geltenden Schutzvorschriften oder Maßnahmen und arbeitsvertraglichen Pflichten auch im konkreten Einzelfall einzuhalten bzw. umzusetzen.

II. In Betracht kommende Fähigkeiten und Eigenschaften

Nach § 7 ist der Arbeitgeber verpflichtet, den notwendigen Gleichklang zwi- 18 schen Arbeitsplatz bzw. dessen Gefährdungen und der Befähigung des Mitarbeiters zu erreichen. Der Arbeitgeber ist wiederum nicht verpflichtet, dem Beschäftigten die notwendige Befähigung zu verschaffen. Vielfach wird dies auch nicht möglich sein, wie die nachfolgend dargestellten und in Betracht zu ziehenden Fähigkeiten oder Eigenschaften verdeutlichen.

1. Fähigkeiten. Ausgangspunkt der Frage nach der Befähigung ist die Qua- 19 lifizierung des Beschäftigten für die jeweils arbeitsvertraglich bestimmten Arbeitsaufgaben. Der **Vergleich** der tatsächlich vorhandenen **Qualifikation** mit den **Anforderungen** des konkreten Arbeitsplatzes war schon vor dem Erlass des Arbeitsschutzgesetzes eine Aufgabe des Arbeitgebers. Die Übereinstimmung von ausgeübter Tätigkeit und vorgehaltener Qualifikation kann die Gewähr bieten, dass der Beschäftigte die für die Sicherheit und den Gesundheitsschutz bei der Aufgabenerfüllung zu beachtenden Bestimmungen und Maßnahmen kennt und gelernt hat, sie umzusetzen. Darüber hinaus können Arbeitsunfälle durch eine angemessene Qualifikation vermieden werden. Über die in jedem Fall notwendig vorliegende ausreichende Qualifikation des Mitarbeiters für die ausgeübte Arbeitstätigkeit hinaus kommen noch bestimmte weitere Anforderungen an den jeweiligen Beschäftigten in Betracht.

Es können – je nach Tätigkeit – **besondere Fertigkeiten** des Beschäftigten für 20 die Ausübung der Arbeitsaufgabe und damit einer sicherheitsgerechten Bewältigung in Betracht kommen. Fertigkeiten sind die zur Erfüllung einer Arbeitsschutzaufgabe notwendigen Verhaltensweisen, die in der Regel nur durch Lernen und Üben erlangt werden können. Zu den Fertigkeiten gehören, z. B. schwierige Gebrauchsanweisungen für das Bedienen von Maschinen umsetzen zu können, Handgeschick bzw. Fremdsprachenkenntnisse (*Nöthlichs*, Nr. 4022, S. 2f.).

In Betracht zu ziehen ist aber auch eine bestimmte **Fach- oder Sachkunde,** 21 d. h. eine Arbeit kann ohne spezielle Ausbildung oder langjährige praktische Erfahrung nicht sicher ausgeübt werden.

2. Eigenschaften. Die persönliche Eignung des Beschäftigten wird insbeson- 22 dere im Rahmen der **Einstellungsgespräche** bzw. **-untersuchungen** festgestellt (→ Rn. 47–50). Ausgangspunkt für die Feststellung der ausreichenden Befähigung

ArbSchG § 7

ist die Frage nach der die jeweilige Person kennzeichnenden und charakteristischen Merkmale. Je nach Gefährlichkeit der Tätigkeit ist auch die persönliche Zuverlässigkeit der Beschäftigten erforderlich *Koll* in Koll/Janning/Pinter, § 7 Rn. 4). Die Zuverlässigkeit des Beschäftigten ist insbesondere bei allen Tätigkeiten von Bedeutung, die eine Eigen- oder Fremdgefährdung mit sich bringen können. Die **Zuverlässigkeit** wird regelmäßig bei **Drogenkonsum** des Beschäftigten in Frage stehen (Gemeinsame Hinweise des BAVC, der BG Chemie, der IG BCE, des VCI in Zusammenarbeit mit Werksärzten der chemischen Industrie, Keine Drogen in der Arbeitswelt, S. 69 ff.). In Betracht kommen hierbei **legale wie illegale** Drogen (*Berufsgenossenschaft der chemischen Industrie,* Suchtmittelkonsum, S. 4).

23 Der Arbeitgeber hat z. B. dafür zu sorgen, dass **bestimmte gefährliche** Einrichtungsarbeiten oder Arbeiten zur Beseitigung von Störungen an Maschinen oder die Instandhaltung von Verbrauchsanlagen (z. B. von Flüssiggas) **nur besonders zuverlässigen** Beschäftigten übertragen werden (*Nöthlichs,* Nr. 4022, S. 3).

24 Weiterhin kommt für die zu berücksichtigende Befähigung die allgemeine Intelligenz des Beschäftigten in Betracht. Der Beschäftigte muss konkret in der Lage sein, die von ihm verlangte Arbeitstätigkeit sowie die dabei zu berücksichtigenden Schutzmaßnahmen zu verstehen (*Nöthlichs,* Nr. 4022, S. 3). Insbesondere ist die **Auffassungsgabe** von Bedeutung, soweit sich aus einer bestimmten Situation eine vorher festgelegte Schutzmaßnahme ergibt. Z. B. muss der Beschäftigte in der Lage sein festzustellen, ob die Luft am Arbeitsplatz durch gefährliche Stoffe verunreinigt ist oder ob Sauerstoffmangel herrscht und die dementsprechenden Atemschutzgeräte benutzen. Er muss z. B. mit den am Atemschutzgerät vorhandenen Einrichtungen vertraut sein und diese beherrschen (*Schäfer/Jochum,* S. 180 f.).

25 Auch der Tastsinn ist von Bedeutung, da ein beschränkter Tastsinn dazu führen kann, dass Stellteile nicht unterschieden werden können (*Nöthlichs,* Nr. 4022, S. 3). Von Bedeutung ist ferner das **praktisch-technische Verständnis** des Beschäftigten. Auch die Sensormotorik als motorisches Geschick des Beschäftigten kann von Bedeutung sein für den jeweiligen Arbeitsplatz. Entsprechend der jeweils vorgegebenen Arbeitsaufgabe müssen die Beschäftigten die notwendigen Körperkräfte, Körpergröße und **körperliche Belastungsfähigkeit** etwa unter dem Aspekt einer zu berücksichtigenden Herzschwäche oder Kreislaufschwäche aufweisen.

26 Nach § 3 LasthandhabV hat der Arbeitgeber bei der Übertragung von Aufgaben der manuellen Handhabung von Lasten, die für die Beschäftigten zu einer Gefährdung für Sicherheit und Gesundheit führen, die körperliche Eignung der Beschäftigten zur Ausführung der Aufgaben zu berücksichtigen. Mit dieser Vorschrift wird § 7 hinsichtlich der Handhabung von Lasten konkretisiert (*Zipprich* in HK-ArbSchR, ArbSchG § 3 Rn. 18).

27 Die Einhaltung der arbeitsvertraglichen Pflichten bedingt unter dem Aspekt der notwendigen **psychischen Eigenschaften** z. B.:
– Belastungsfähigkeit,
– Konzentrationsfähigkeit,
– Koordinationsfähigkeit oder
– Reaktionsvermögen.

28 Die Belastungsfähigkeit kann etwa von Bedeutung sein, wenn besondere Gefahrensituationen über einen längeren Zeitraum hinausreichen. Die **Konzentrationsfähigkeit,** d. h. die Aufmerksamkeit hinsichtlich der täglichen Arbeitsleistung, kann insbesondere bei Lastwagenfahrern oder Anlagenfahrern in Betracht kommen. Die **Koordinationsfähigkeit** ist insbesondere von Bedeutung, wenn ein Beschäftigter verschiedene Arbeitsvorgänge zu koordinieren hat.

Das **Reaktionsvermögen** kann z. B. bei dem Einleiten von Schutzmaßnahmen 29
eine Bedeutung spielen (*Nöthlichs,* Nr. 4022, S. 3). Die Belastungsfähigkeit, die
Konzentrationsfähigkeit, die Koordinationsfähigkeit oder das Reaktionsvermögen
werden durch den Konsum legaler wie illegaler **Drogen** beeinträchtigt bzw. aufgehoben (einen Überblick über die Wirkung von Drogen geben: *Bengelsdorf* NZA
RR 2004, S. 113ff.; *Breitstadt/Kauert,* S. 19ff.).

Dem Alter ist eine gewisse Bedeutung für die Befähigung des Mitarbeiters 30
i. S. d. § 7 nicht abzuerkennen. Zwar führt das Überschreiten bestimmter Altersgrenzen nicht grundsätzlich zu einer Aberkennung der jeweils notwendigen Befähigung. Aber das Alter kann als Indiz herangezogen werden, dass notwendige Voraussetzungen noch nicht bestehen bzw. weggefallen sind. Arbeitsvertragliche
Altersgrenzen bedürfen nach den §§ 14 Abs. 1 und 21 TzBfG prinzipiell eines sachlichen Grundes. Das AGG enthält für die Berücksichtigung des Alters bestimmte
Rechtfertigungsmöglichkeiten. Gem. § 10 Satz 1 AGG ist eine unterschiedliche
Behandlung wegen Alters zulässig, wenn sie objektiv und angemessen und durch
ein legitimes Ziel gerechtfertigt ist. Ein bestimmtes Alter kann eine wesentliche
und entscheidende berufliche Anforderung gem. § 8 Abs. 1 AGG sein, wenn die
körperliche Belastbarkeit ein wesentlicher Aspekt der Tätigkeit und das Alter eine
legitime Typisierung der Belastungsgrenze ist (*Adomeit/Mohr* § 8 Rn. 52f.). Die Zulässigkeit einer Altersgrenzenregelung wird allerdings durch die besondere Bestimmung des § 41 Satz 2 SGB VI modifiziert: Stellt die Altersgrenze auf einen vor der
Regelaltersgrenze liegenden Zeitpunkt ab, muss sie in den letzten drei Jahren zuvor
vereinbart oder bestätigt worden sein. Sonst tritt die Beendigung erst mit der Regelaltersgrenze ein (Löwisch/Caspers/Neumann, S. 45). Tarifliche Altersgrenzen
und betriebsverfassungsrechtliche Altersgrenzen sind grundsätzlich zulässig. Allerdings sind diese an Art. 12 GG zu messen. Maßstab für eine Prüfung sind das AGG
und das TzBfG (vgl. etwa *Löwisch/Caspers/Neumann,* S. 45f.). Der EuGH hat allerdings in seinem Urteil vom 13. 9. 2011 (C-447/09) zu einer tariflichen Regelung
einer Altersgrenze von 60 Jahren für Piloten bei der Lufthansa eine Diskriminierung
festgestellt (Art 4 Abs. 1 Gleichbehandlungs-Rl 2000/78/EG) und einen Weiterbeschäftigungsanspruch bejaht.

C. Weitere Voraussetzungen

I. Übertragung von Aufgaben

Der Arbeitgeber soll bei der Übertragung der Aufgaben die Befähigung feststel- 31
len. Hieraus ergeben sich folgende **Fragestellungen:**
– Welche Aufgaben werden von dem Gesetz angesprochen?
– Zu welchem Zeitpunkt ist die Befähigung festzustellen, d. h. ob und inwieweit
  muss die Befähigung des Beschäftigten auch **nach** der Übertragung der Aufgaben berücksichtigt werden?

1. Übertragene Aufgaben. § 7 spricht ohne nähere Konkretisierung von der 32
„Übertragung von Aufgaben" auf die Beschäftigten. In Betracht kommen hierbei
einmal **spezielle Arbeitsschutzaufgaben** wie die Kontrolle von Mitarbeitern
oder die Durchführung von Arbeitsschutzmaßnahmen. Zum anderen aber auch
können die Arbeitsaufgaben des Arbeitnehmers, die jeweils arbeitsvertraglich
zugesagten Arbeitsleistung entsprechen, als Aufgaben i. S. d. § 7 verstanden werden.
Die Frage ist unter Rückgriff auf die Zielsetzung des ArbSchG zu beantworten.

ArbSchG § 7 — Arbeitsschutzgesetz

Nach § 1 Abs. 1 dient das Gesetz der Sicherung und Verbesserung der Sicherheit und des Gesundheitsschutzes der Beschäftigten bei der Arbeit durch Maßnahmen des Arbeitsschutzes. Vor diesem Hintergrund kommen nicht nur etwa betriebliche Arbeitsschutzaufgaben in Betracht, sondern vielmehr die im Zusammenhang mit der Arbeitsleistung der Beschäftigten stehenden Tätigkeiten (*Feldhoff* in HK-ArbSchR, ArbSchG § 7 Rn. 5; *Koll* in Koll/Janning/Pinter, § 7 Rn. 2). Hierfür spricht darüber hinaus auch, dass das ArbSchG in § 13 Abs. 2 ausdrücklich die Übertragung von Arbeitsschutzaufgaben des Arbeitgebers auf zuverlässige und fachkundige Personen regelt und damit zwischen der Übertragung von allgemeinen Arbeitsaufgaben und arbeitsschutzrechtlichen Aufgaben differenziert.

33 **2. Zeitpunkte der Übertragung oder Überprüfung.** Die Befähigung ist:
— bei der erstmaligen Übertragung von Aufgaben,
— bei Zweifeln an der Befähigung des Beschäftigten,
— im Rahmen allgemeiner Kontrollen und
— bei der Übertragung anderer bzw. neuer Tätigkeiten zu berücksichtigen.

34 **a) Erstmalige Übertragung von Aufgaben.** Die Frage der Befähigung tritt grundsätzlich bei der Ersten Übertragung von Arbeitsaufgaben wie bei einer Neueinstellung auf. Zunächst kann der Arbeitgeber **im Rahmen des Einstellungsverfahrens** anhand des ausgeschriebenen Arbeitsplatzes die Übereinstimmung der notwendigen Qualifikation mit der vom Bewerber vorgehaltenen Qualifikation feststellen. Aus der angemessenen Qualifikation kann auf das für den Arbeitsplatz notwendige Wissen in Bezug auf den Arbeitsschutz geschlossen werden (→ Rn. 13–16). Auch § 5 Abs. 3 Nr. 5 weist auf den Zusammenhang zwischen Befähigung, Qualifizierung und Gefährdung hin. Eine Gefährdung kann sich insbesondere aus einer unzureichenden Qualifikation des Beschäftigten ergeben. Soweit der jeweilige Arbeitsplatz weitere Anforderungen an die Befähigung des neuen Beschäftigten bedeutet, können diese im Rahmen des Einstellungsgespräches bzw. der Einstellungsuntersuchung durch den Arbeitsmediziner berücksichtigt werden (→ Rn. 47–50).

35 **b) Überprüfung im Rahmen bestehender Arbeitsverhältnisse: Kontrolle nach der Übertragung von Aufgaben.** Soweit der Mitarbeiter schon zum Zeitpunkt des Inkrafttretens des ArbSchG beschäftigt war, besteht seitens des Arbeitgebers **keine allgemeine** Überprüfungs- oder keine spezielle medizinische Untersuchungspflicht. Allerdings muss die Befähigung des Mitarbeiters überprüft werden, soweit je nach ausgeübter Tätigkeit Zweifel bzw. **ernsthafte Zweifel**, insbesondere durch Beobachtungen der Vorgesetzten bzw. Kollegen oder Arbeitsunfälle bzw. Beinaheunfälle, auftreten.

36 Darüber hinaus ist die Befähigung des Mitarbeiters im Rahmen von angemessenen Kontrollen durch den Arbeitgeber bzw. von ihm eingesetzten Mitarbeitern nach § 13 Abs. 2 von Bedeutung. Zwar verlangt § 7 zunächst nur, dass die Befähigung **bei der** Übertragung von Aufgaben auf Beschäftigte zu berücksichtigen ist. Aber es besteht eine allgemeine **Kontrollverpflichtung** (*Johannsen/Schneider/Theußen*, S. 73 f.; umfassend → § 3 Rn. 60 f.) des Arbeitgebers bzw. der zuständigen Führungskräfte. Im Rahmen der Aufsicht etwa kann auch auf sicheres Arbeitsverhalten und auf die Korrektur von falschen Verhaltensweisen geachtet werden (zur Zurechnung des Verhaltens des Mitarbeiters nach § 831 BGB etwa *Nobbe/Pinter/Vögele*, S. 80 f.).

37 **c) Änderung des Aufgabenbereiches.** Die Berücksichtigung der Befähigung des Mitarbeiters muss vom Arbeitgeber auch bei Veränderungen im Aufgabenbe-

reich, der **Einführung neuer** Arbeitsmittel oder einer neuen **Technologie** erfolgen. Dies ergibt sich aus den sich regelmäßig ändernden Anforderungen an den Beschäftigten auf Grund der Übertragung von gänzlich neuen oder anderen Aufgaben. Dieser Gesichtspunkt wird im Rahmen des § 12 Abs. 1 für den Bereich der Unterweisung ausdrücklich angesprochen.

II. Bedeutung der ausgeübten Tätigkeit

Der Arbeitgeber hat nicht pauschal zu berücksichtigen, ob und inwieweit die 38 Beschäftigten befähigt sind, die für die Sicherheit und den Gesundheitsschutz bei der Aufgabenerfüllung zu beachtenden Bestimmungen und Maßnahmen einzuhalten. Vielmehr soll sich der Arbeitgeber an der Art der Tätigkeit des Beschäftigten orientieren. Da sich die konkreten Bestimmungen und Maßnahmen des Arbeitsschutzes nach dem jeweiligen **Gefährdungspotenzial** der ausgeübten Tätigkeit richten, wachsen die Ansprüche an die Befähigung des Beschäftigten mit dem Umfang der mit der Arbeit verbundenen Gefährdungen.

1. Relevanz der Gefährdungsbeurteilung nach § 5 sowie die Feststellung 39 **besonderer Gefahren nach § 9. a) Gefährdungsbeurteilung nach § 5.** Bei der Übertragung von Aufgaben kann der Arbeitgeber flexibel und betriebsbezogen je nach Art der Tätigkeiten des jeweiligen Mitarbeiters feststellen, ob die verlangte Befähigung gegeben ist. Als Grundlage einer solchen Prüfung kann die Gefährdungsbeurteilung nach § 5 **herangezogen** werden, denn der Arbeitgeber hat hiernach durch eine Beurteilung der für die Beschäftigten mit ihrer Arbeit verbundenen Gefährdung zu ermitteln, welche Maßnahmen des Arbeitsschutzes erforderlich sind. Der Arbeitgeber kann feststellen, ob und welche Schutzmaßnahmen von dem jeweiligen Arbeitnehmer einzuhalten sind. § 5 Abs. 3 Nr. 5 weist auf den Zusammenhang zwischen Befähigung, Qualifizierung, Unterweisung und Gefährdungsbeurteilung hin (→ § 5 Rn. 53). Eine Gefährdung kann sich insbesondere aus einer unzureichenden Qualifikation und Unterweisung des Beschäftigten ergeben. Der Arbeitgeber kann die Beurteilung je nach Tätigkeiten vornehmen, und bei gleichartigen Tätigkeiten ist die Beurteilung eines Arbeitsplatzes oder einer Tätigkeit ausreichend (§ 5 Abs. 2 → § 5 Rn. 62 ff.).

b) Besonders gefährliche Arbeitsbereiche nach § 9. In direktem Zusam- 40 menhang mit der Gefährdungsbeurteilung ist § 9 zu sehen, wonach der Arbeitgeber Maßnahmen zu treffen hat, damit nur Beschäftigte Zugang zu besonders gefährlichen Arbeitsbereichen haben, die **zuvor** geeignete **Anweisungen** erhalten haben. Der Arbeitgeber hat nach § 9 Abs. 2 Vorkehrungen zu treffen, dass alle Beschäftigten, die einer unmittelbaren erheblichen Gefahr ausgesetzt sind oder sein können, möglichst frühzeitig über diese Gefahr und die getroffenen oder zu treffenden Schutzmaßnahmen unterrichtet sind. Diese Vorschrift verpflichtet den Arbeitgeber, von vornherein besondere Gefahrbereiche festzulegen und auch auf Grund der Gefährdungsbeurteilung mit geeigneten Schutzmaßnahmen für den Notfall auszurüsten. § 9 konkretisiert dementsprechend den Anwendungsbereich des § 7.

2. Möglichkeit und Bedeutung einer Qualifizierungsmatrix für die 41 **Feststellung der Befähigung.** Die Übereinstimmung von ausgeübter Tätigkeit und vorgehaltener Qualifikation kann die Gewähr bieten, dass der Beschäftigte über die für die Sicherheit und den Gesundheitsschutz bei der Aufgabenerfüllung zu beachtenden Bestimmungen und Maßnahmen informiert ist und gelernt hat, sie umzusetzen. In der chemischen Industrie wurde insbesondere bei der Einführung von **Gruppenarbeit** die Frage nach der ausreichenden Qualifikation der Gruppenmitglieder für die jeweils ausgeübten Tätigkeiten vor dem Hintergrund des Arbeitsschutzes mit Hilfe einer sogenannten Qualifizierungsmatrix gelöst (*BAVC*, S. 49f.). Eine solche Matrix verbindet Arbeitsorganisation, Personalentwicklung und Arbeitssicherheit. Wie folgende Abbildung verdeutlicht, wird anhand der vorhandenen Qualifizierung des Mitarbeiters festgelegt, welche Tätigkeiten vom Beschäftigten ausgeübt werden dürfen. Diese Matrix stellt ebenso dar, welche Tätigkeiten von bestimmten Mitarbeitern nicht ausgeübt werden dürfen. Aufgrund einer solchen Matrix wird bzw. kann auch anhand der konkreten Tätigkeit zusammen mit der notwendigen Qualifizierung die notwendige Befähigung festgehalten werden.

Mitarbeiter	Arbeitsplätze bzw. Tätigkeiten						
	A1	A2	A3	A4	A5	A6	A7
Meier	×	(–)	×	×	(–)	×	(–)
Müller	×	×	(–)	×	×	(–)	×
Schulze	(–)	×	×	×	(–)	×	×
Schmitz	×	(–)	×	(–)	×	(–)	×

Abb. 1: Qualifikations- und Befähigungsübersicht nach Arbeitsplätzen/Tätigkeiten
(–): Tätigkeit wird nicht beherrscht bzw. Befähigung liegt nicht vor und ×: Befähigung und Qualifikation ist angemessen.

III. Einhaltung der für die Sicherheit und den Gesundheitsschutz bei der Aufgabenerfüllung zu beachtenden Bestimmungen und Maßnahmen

42 Nach § 7 muss der Beschäftigte in der Lage sein, die konkreten für seine Tätigkeit geltenden Bestimmungen und Maßnahmen für Sicherheit und Gesundheitsschutz einzuhalten.

43 **1. Bestimmungen und Maßnahmen für die Sicherheit und den Gesundheitsschutz des Beschäftigten bei der Aufgabenerfüllung.** § 7 bezieht sich allgemein auf die bei der Aufgabenerfüllung zu beachtenden Bestimmungen und Maßnahmen des Arbeits- und Gesundheitsschutzes. Maßnahmen des Arbeitsschutzes sind nach § 2 Abs. 1 Maßnahmen zur **Verhütung von Unfällen** bei der Arbeit und arbeitsbedingten Gesundheitsgefahren einschließlich Maßnahmen der menschengerechten Gestaltung der Arbeit. Bestimmungen sind Regelungen über Maßnahmen des Arbeitsschutzes nach dem ArbSchG oder nach anderen Gesetzen, Rechtsverordnungen oder Unfallverhütungsvorschriften. Es kommen in Betracht:
– staatliche und
– berufsgenossenschaftliche Regelungen wie auch
– Arbeitsanweisungen oder
– Unterweisungen als auch
– Einzelanweisungen auf Grund des Direktionsrechts, soweit diese im Zusammenhang mit der Arbeitsaufgabe des Mitarbeiters stehen.

Gesetzliche Verpflichtungen ergeben sich insbesondere aus den §§ 15ff. Als berufsgenossenschaftliche Regelungen kommen insbesondere die Unfallverhütungsvorschriften in Betracht. Darüber hinaus sind die individuellen Schutzmaßnahmen von Bedeutung (§ 15 Abs. 2). Als Maßnahmen des Arbeitsschutzes sind auch Betriebsanweisungen nach der GefahrstoffV oder Unterweisungen z. B. nach § 12 ArbSchG von Bedeutung. Daneben können auch Einzelanweisungen des Arbeitgebers Relevanz entwickeln. 44

2. Einhalten der Maßnahmen des Arbeits- und Gesundheitsschutzes. § 7 verlangt die notwendige Befähigung zur Einhaltung der Maßnahmen und Bestimmungen des Arbeits- und Gesundheitsschutzes. Dies setzt zunächst voraus, dass der Beschäftigte im Rahmen seiner Qualifikation und auf Grund der Unterweisungen über die jeweiligen Maßnahmen und Bestimmungen des Arbeitsschutzes unterrichtet ist (Rn. 13–15). Ferner soll der Beschäftigte in der Lage sein, auf Grund seiner Fähigkeiten oder Eignung die jeweiligen Maßnahmen durchführen oder verstehen zu können (→ Rn. 16, 19f., 22ff.). Daneben wird von § 7 auch die subjektive Möglichkeit des Beschäftigten angesprochen, bekannte, verstandene und beherrschte Schutzvorschriften und Schutzmaßnahmen jederzeit einhalten und umsetzen zu können (→ Rn. 17). § 7 entwickelt damit insbesondere Bedeutung für den Konsum legaler wie auch illegaler Drogen. Der Konsum solcher **Drogen** kann die an sich vorliegende Befähigung des Beschäftigten aufheben (→ Rn. 17, 22ff.). 45

IV. Berücksichtigung der Befähigung

Der Arbeitgeber soll im Rahmen der Übertragung der Arbeitsaufgabe darauf achten, dass der Beschäftigte für die angestrebte Tätigkeit **ausreichend befähigt** ist. § 7 schreibt nicht vor, auf welchem Wege die Befähigung festzustellen ist. Die Art und Weise der Berücksichtigung richtet sich nach: 46
– der auszuübenden Tätigkeit,
– der in Frage stehenden Fähigkeiten oder Eignung und
– dem Zeitpunkt der Überprüfung.
Als Zeitpunkte bzw. Gründe für eine Überprüfung kommen in Betracht:
– die erstmalige Übertragung von Aufgaben,
– Zweifeln an der Befähigung des Beschäftigten,
– allgemeine Kontrollen und
– die Übertragung anderer bzw. neuer Tätigkeiten.

1. Berücksichtigung der Befähigung bei der erstmaligen Übertragung von Aufgaben. Im Vorfeld der Aufgabenübertragung wird der Arbeitgeber vielfach im Rahmen der Einstellungsgespräche bzw. durch Eignungs- und Tauglichkeitsüberprüfungen feststellen, ob und inwieweit der Arbeitnehmer die für die vorgesehene Tätigkeit notwendige Qualifikation sowie die erforderliche geistige, gesundheitliche und psychomentale Geeignetheit bzw. Zuverlässigkeit besitzt (*Gießen*, ZBL Arbeitsmed. 1996, 287, 297ff.). Es liegt hierbei im unternehmerischen Ermessen für ein Anforderungsprofil für einen Arbeitsplatz festzulegen (*BAG* U. v. 7.11.1996 – 2 AZR 811/95 – AP Nr. 82 zu § 1 KSchG 1996 – betriebsbedingte Kündigung). Nach Ansicht des ehemaligen Bundesarbeitsministeriums bestehen für **Einstellungsuntersuchungen** folgende Grundsätze, die auch heute noch Geltung besitzen: 47

ArbSchG § 7

„Gegen Einstellungsuntersuchungen bestehen grundsätzlich keine Bedenken. Der Arzt kann jedoch dem Arbeitgeber nur mitteilen, ob der untersuchte Arbeitnehmer für den Arbeitsplatz geeignet ist oder nicht. Von den einzelnen Untersuchungsbefunden soll der Arzt dem Arbeitgeber nur dann Kenntnis geben, wenn der Arbeitnehmer zustimmt. Die Mitteilung muss allerdings grundsätzlich auf solche Befunde beschränkt werden, deren Kenntnis für den Arbeitgeber wegen der besonderen Eigenart des Arbeitsverhältnisses von Bedeutung ist; denn nur insoweit hat der Arbeitgeber ein berechtigtes, billigenswertes und schutzwürdiges Interesse daran, die Untersuchungsbefunde zu erfahren (abgedruckt in AuR 1976, 270)."

Die Verordnung zur arbeitsmedizinischen Vorsorge (ArbMedVV) zieht eine Grenze zwischen arbeitsmedizinischen Vorsorgeuntersuchungen und Untersuchungen zur Feststellung der Eignung für berufliche Anforderungen nach sonstigen Rechtsvorschriften oder individuellen oder kollektivrechtlichen Vereinbarungen (zur Genomanalyse → § 11 Rn. 32). Beide Untersuchungen sollen (§ 3 Abs. 3 ArbMedVV) nicht zusammen stattfinden, es sei denn, betriebliche Gründe erfordern dies. In diesem Fall hat der Arbeitgeber den Arzt oder die Ärztin zu verpflichten, die unterschiedlichen Zwecke von arbeitsmedizinischer Vorsorge und Eignungsuntersuchung dem oder der Beschäftigten offenzulegen (§ 3 Abs. 3 Satz 2 Hs. 2 ArbMedVV; → ArbMedVV § 3 Rn. 3).

48 Für die Untersuchung der Bewerber sind vor dem Hintergrund des bedeutenden Drogenkonsums in der Bevölkerung **Drogenscreenings** in Betracht zu ziehen (Breitstadt/Kauert, S. 93 f.; *Diller/Powietza* NZA 2001, 1227 f.; *Panter*, S. 88 ff.; *Schaub* ArbR-HdB § 26 Rn. 14). Verschiedene Methoden kommen hierfür in Betracht (*Kauert*, Der bayerische Internist 1997, 300 ff.; *Möller*, S. 73 ff.). Hat der Arbeitgeber einen Betriebsarzt bestellt, ist davon auszugehen, dass der Arbeitgeber dessen Beurteilung berücksichtigt. Der Bewerber ist aber nicht verpflichtet, eine ärztliche Untersuchung im Rahmen der Einstellung über sich ergehen zu lassen. Allerdings kann der Arbeitgeber seine Entscheidung davon abhängig machen, dass eine ärztliche Untersuchung die Eignung des Bewerbers ergibt (*Meyer/Schack*, S. 59).

49 Auch im Rahmen des Einstellungsgespräches und des § 32 BDSG wird der Arbeitgeber regelmäßig feststellen, ob und inwieweit der Arbeitnehmer für die angestrebte Position auch unter dem Aspekt der Befähigung i. S. d. § 7 in Betracht kommt. Die Eignung beurteilt sich danach, ob der Bewerber von seiner körperlichen und physischen Konstitution her in der Lage ist, die vertraglich vorgesehenen Aufgaben ohne Eigen- oder Fremdgefährdung durchzuführen (*Behrens*, NZA 2014, 404). Grundsätzlich unterliegt der Arbeitgeber hierbei **Fragerechtsbeschränkungen**, die auf dem Persönlichkeitsrecht des Arbeitnehmers basieren (*Schaub* ArbR-HdB § 26 Rn. 16 f.). Schon vor Erlass des ArbSchG bedurfte es bei der Beurteilung der Zulässigkeit von Fragen einer Abwägung der Interessen des Arbeitnehmers und des Arbeitgebers. Das BAG spricht dem Arbeitgeber ein Fragerecht insoweit zu, als er im Zusammenhang mit dem zu begründenden Arbeitsverhältnis ein berechtigtes, billigenswertes und schutzwürdiges Interesse an der Beantwortung von Fragen hat (vgl. insb. Urt. v. 7. 6. 1984 AP Nr. 26 zu § 123 BGB). Das BAG hat sich mit der besonderen Bedeutung von § 7 für die Interessenabwägung bis jetzt noch nicht auseinandergesetzt. Allerdings führt das BAG (*BAG U. v. 26. 1. 1995 – 2 AZR 649/94* AP Nr. 34 § 1 KSchG 1996 Verhaltensbedingte Kündigung; ebenso *LAG Schleswig-Holstein U. v. 28. 11. 1988 – 4 Sa 382/88*, NZA 1989, 472) die Bedeutung des Schutzes anderer Arbeitnehmer vor schädigenden Handlungen eines alkoholisier-

Übertragung von Aufgaben **§ 7 ArbSchG**

ten Kollegen in die Interessenabwägung ein. Diesem Drittschutz wird durch § 7 eine arbeitsschutzrechtliche Grundlage gegeben (→ Rn. 7). Da § 7 den Arbeitgeber verpflichtet, die Befähigung des Arbeitnehmers für die jeweilige Tätigkeit festzustellen, ihn eine **Sorgfaltspflicht bei der Übertragung von Aufgaben** trifft, sind grundsätzlich alle Fragen zulässig, die dem Befähigungsnachweis dienen (*Bengelsdorf,* NZA RR 2004, 118f.). Der Arbeitgeber hat auf Grund § 7 ein berechtigtes, billigenswertes und schutzwürdiges Interesse an der Beantwortung der jeweiligen Frage. Beispielhaft zu nennen sind Fragen zur Qualifizierung oder Eignung, wie etwa die Frage nach dem Konsum legaler wie illegaler Drogen. Auch Fragen nach dem Gesundheitszustand muss der Bewerber wahrheitsgemäß beantworten, soweit sie für das konkrete Arbeitsverhältnis von Bedeutung sind. Zum einen wird z. B. eine Alkohol- oder Drogenabhängigkeit in der Regel dazu führen, dass die Eignung des Arbeitnehmers für die zu übertragende Tätigkeit eingeschränkt ist. Zum anderen kann es sowohl zu Gefährdungen des potenziellen Arbeitnehmers selbst als auch anderer Arbeitnehmer kommen.

Den Arbeitnehmer treffen bereits **im vorvertraglichen Stadium** eine Anzahl 50 von Pflichten, deren Verletzung nach Zustandekommen des Arbeitsverhältnisses auch zu dessen **Kündigung** oder **Anfechtung** berechtigen kann. Der Arbeitnehmer muss gegenüber dem Arbeitgeber ohne konkrete Frage des Arbeitgebers alle Umstände angeben, die eine vertragsgemäße Arbeitsausführung unmöglich machen (BAG vom 25.3.1976 – AP Nr. 19 zu § 123 BGB; *Schaub* ArbR-HdB § 26 Rn. 8f.). Der Arbeitnehmer muss, wenn seine Leistungsfähigkeit bzw. seine **Befähigung eingeschränkt** sind, dies dem Arbeitgeber **mitteilen**, soweit die eingeschränkte Leistungsfähigkeit bzw. -befähigung für den vorgesehenen Arbeitsplatz von Bedeutung sind. Auch, wenn eine Gefährdung Dritter zu erwarten ist, kommt eine **Offenbarungspflicht des Bewerbers** in Betracht. Es wird z. B. eine Offenbarungspflicht bejaht, wenn ein Flugzeug- oder Lokführer eine epileptische Veranlagung besitzt (*Wiese,* RdA 1986, 120, 123).

2. Überprüfung der Befähigung im Rahmen bestehender Arbeitsver- 51 **hältnisse.** Die Befähigung des Beschäftigten ist zu überprüfen, soweit insofern Zweifel bzw. ernsthafte Zweifel bestehen. Dies hängt im Einzelfall von der ausgeübten Tätigkeit und der zu erwartenden Gefährdung ab. **Zwei Fallkonstellationen** sind hierbei zu unterscheiden:
– der auffällig gewordene Mitarbeiter und der
– nicht auffällig gewordene Mitarbeiter.

Aufgrund der arbeitsschutzrechtlichen Vorgaben (§§ 3ff., 7, 15) zählt die Einführung eines generellen Drogenverbotes regelmäßig zu den erforderlichen Arbeitsschutzmaßnahmen (*Bengelsdorf* NZA-RR 2004, S. 113ff.).

a) Auffällige Beschäftigte. Im Rahmen der allgemeinen **Kontrollen durch** 52 **die Führungskräfte** (→ Rn. 35) kann auf die Befähigung der Beschäftigten geachtet werden. Soweit die Einschätzung der Arbeitsfähigkeit bzw. Befähigung nach § 7 nur auf Grund einer ärztlichen Untersuchung bei Zweifeln an der Befähigung erfolgen kann, ist der zuständige Arbeitsmediziner einzubinden. Die Überprüfung von Drogenkonsum ist insbesondere bei illegalen Drogen regelmäßig nur durch Drogenscreenings möglich (*Kleinsorge,* S. 83ff.). Demgegenüber hat nach Art. 2 Abs. 1 GG jeder Bürger das Recht auf die freie Entfaltung seiner Persönlichkeit, soweit er nicht die Rechte anderer verletzt und nicht gegen die verfassungsmäßige Ordnung oder das Sittengesetz verstößt. Nach Art. 2 Abs. 2 GG hat jeder das Recht auf Leben und körperliche Unversehrtheit. In diese Rechte darf nur auf Grund eines Gesetzes eingegriffen werden.

ArbSchG § 7

53 Die Persönlichkeitsrechte des Arbeitnehmers begrenzen somit die Eingriffsrechte des Arbeitgebers. Der Arbeitnehmer hat insoweit ein Recht auf Achtung der **Eigensphäre**. Besonders bei ärztlichen Untersuchungen wird der Anspruch des Arbeitnehmers auf seine Eigensphäre relevant, soweit die Untersuchungen nicht durch Arbeitsschutzvorschriften gesetzlich geboten sind und dem Gesetzesvorbehalt entsprochen ist. Untersuchungen erfordern dementsprechend eine **Einwilligung des Arbeitnehmers.** Allerdings kann der Arbeitnehmer auf Grund seiner Rücksichtspflicht (§ 242 BGB) oder Schutzpflicht gegenüber dem Arbeitgeber zu einer ärztlichen Untersuchung unter Berücksichtigung der verfassungsrechtlich geschützten Würde des Menschen (Art. 1 Abs. 1 GG) und seiner Persönlichkeitsrechte aus Art. 2 GG in Ausnahmefällen verpflichtet sein (*Meyer/Schack,* S. 60). Die Beschränkungen der Grundrechte des Arbeitnehmers sind zulässig, soweit diese der Erfüllung des Arbeitsvertrages, insbesondere der Arbeitspflicht oder Treuepflicht dienen. Hierbei wird von dem Grundsatz der Betriebsbezogenheit des Eingriffs auszugehen sein (Gamillscheg, S. 37). Nach der Rechtsprechung des BAG ergibt sich aus der allgemeinen Treuepflicht des Arbeitnehmers in Verbindung mit dem Arbeitsvertrag die Pflicht zur Duldung einer Eignungsuntersuchung, wenn Umstände vorliegen, die bei vernünftiger lebensnaher Einschätzung die ersthafte Besorgnis begründen, dass bei dem Beschäftigten ein fortdauernder Eignungsmangel besteht (*BAG* NZA 1999, 1209 m. w. N.)

54 Ein begründeter Verdacht auf unkontrolliertes Handeln ist in diesem Zusammenhang als Beispiel zu nennen. Folglich kann eine **Verpflichtung** des Arbeitnehmers zu einer ärztlichen **Untersuchung** bestehen, **wenn** die rechtlich geschützten **Interessen des Arbeitgebers** oder Dritter **Vorrang haben und die Untersuchung im Blick auf die Weiterführung der Arbeitsaufgabe erforderlich und verhältnismäßig ist.** Grundsätzlich hätte eine Rechtsgüterabwägung zu erfolgen, d. h. den Gütern, die durch die Ungeeignetheit des Arbeitnehmers geschädigt werden können, muss das Persönlichkeitsrecht des Arbeitnehmers gegenübergestellt werden. Da § 7 den Arbeitgeber aber auch unter Drittschutzgesichtspunkten (→ Rn. 6) verpflichtet, die Befähigung des Arbeitnehmers für die jeweilige Tätigkeit festzustellen, den Arbeitgeber hierfür eine Sorgfaltspflicht trifft und § 7 ein Verbot der Beschäftigung unbefähigter Beschäftigter ausspricht – damit die Arbeitspflicht betrifft –, wird festgelegt, dass der Beschäftigte zu allen Untersuchungen verpflichtet ist, die dem Nachweis seiner Befähigung dienen. Der Arbeitgeber hat auf Grund des § 7 ein berechtigtes, billigenswertes und schutzwürdiges Interesse an der Feststellung der Befähigung (*Behrens* NZA 2014, 406).

55 **b) Unauffällige Beschäftigte.** Der Arbeitgeber ist nicht zu einer Überprüfung der Befähigung des Beschäftigten verpflichtet, wenn keine konkreten Zweifel an der Befähigung bestehen (→ Rn. 35). Allerdings scheint es vor dem Hintergrund des bedeutenden Konsums von legalen und illegalen Drogen nicht mehr als ausreichend, allein auf konkrete Zweifel an der Befähigung auf Grund von Auffälligkeiten zu achten. Vielmehr kommen auch generelle Zweifel an der Befähigung der Beschäftigten in Betracht. Je nach Tätigkeit der Beschäftigten sind Stichproben oder regelmäßige Untersuchungen zu erwägen (a. A. BAG, U. v. 12.8.1999, NZA 1999, S. 1209 f., allerdings wird vom BAG die Bedeutung §§ 7 und 15 für eine Rechtsgüterabwägung nicht angesprochen. Zunächst kommen Stichproben in sicherheitsrelevanten Bereichen in Betracht. Tarifverträge oder Betriebsvereinbarungen können Drogenkontrollen vorsehen (*Diller/Powietzka* NZA 2001, S. 1227 ff.).

Beschäftigte, die mittelbar oder unmittelbar auf Grund ihrer Aufgabenzuwei- 56
sung den sicheren und umweltgerechten Betrieb mit zu gewährleisten haben und
in den Bereichen:
- Forschung,
- technische Planung,
- Produktion und Fertigung sowie
- Instandhaltung und
- Transport und Verkehr

eingesetzt sind, können für Untersuchungen in Betracht kommen (*Meyer/Schack*, S. 61 f.; relativierend Bengelsdorf, NZA-RR 2004, S. 113 ff., er bejaht die Zulässigkeit verdachtsunabhängiger Drogentests jedenfalls für Mitarbeitergruppen deren Fehlverhalten für sich, Dritte, Vorgesetzte und die Umwelt besondere Risiken bergen). Es sind auch diejenigen Beschäftigten mit einzubeziehen, die im Rahmen von **Qualitätssicherungskonzepten** organisations-, produktions- und produktbezogene Parameter ermitteln (*Meyer/Schack*, S. 61 f.).

3. Änderung des Aufgabenbereichs. Die Berücksichtigung der Befähigung 57
des Mitarbeiters muss durch den Arbeitgeber auch bei Veränderungen im Aufgabenbereich, der Einführung **neuer Arbeitsmittel** oder einer **neuen Technologie** erfolgen (Rn. 37). Für die Feststellung der Befähigung sind je nach Tätigkeit ärztliche Untersuchungen und/oder Personalgespräche von Bedeutung (Rn. 47 ff.).

D. Berücksichtigung der Befähigung nach anderen Vorschriften

Nach § 1 Abs. 3 Satz 1 bleiben Arbeitgeberpflichten zur Gewährleistung von Si- 58
cherheit und Gesundheitsschutz der Beschäftigten bei der Arbeit nach sonstigen Rechtsvorschriften unberührt (→ § 1 Rn. 80 ff.). Die Bedeutung der Eignung des Mitarbeiters für die arbeitsvertraglich zu erbringende Arbeitsleistung wird unter anderem in folgenden **Regelungen** angesprochen (siehe auch Rn. 6):
- § 5 Abs. 2 12. BImSchV,
- § 5 ChemOzonSchichtVO,
- § 5 AltholzV,
- § 2 Abs. 17 GefStoffV,
- TRGS 524 Nr. 4 und
- Vorschriften der Berufsgenossenschaften.

I. § 5 Abs. 2 12. BImSchV

Die Störfallverordnung (12. Verordnung zur Durchführung des Bundes-Immis- 59
sionsschutzgesetzes, 12. BImSchV) enthält unter anderem in § 5 Abs. 2 die Pflicht des Betreibers, in einem Störfall dafür zu sorgen, dass die für die Gefahrenabwehr zuständigen Behörden und die Einsatzkräfte unverzüglich, umfassend und sachkundig beraten werden.

II. § 5 ChemOzonSchichtV

Die Verordnung über Stoffe, die die Ozonschicht schädigen (Chemikalien- 60
Ozonschichtverordnung, ChemOzonSchichtV) regelt in § 5 persönliche Voraussetzungen für bestimmte Arbeiten. Danach dürfen bestimmte Inspektionen und War-

tungsarbeiten nur von Personen durchgeführt werden, die die erforderliche Sachkunde nachgewiesen haben. In bestimmten Fällen dürfen Inspektionen an kältetechnischen Einrichtungen auch von Betriebspersonal durchgeführt werden, welches zuvor durch einen Sachkundigen unterwiesen wurde.

III. § 5 AltholzV

61 Die Verordnung über Anforderungen an die Verwertung und Beseitigung von Altholz (Altholzverordnung – AltholzV) bestimmt in seinem § 5 (Zuordnung zu Altholzkategorien), dass das eingesetzte Personal über die erforderliche Sachkunde verfügen muss. Die Sachkunde erfordert hier eine betriebliche Einarbeitung auf der Grundlage eines Einarbeitungsplanes.

IV. § 2 Abs. 16 GefStoffV

62 Aufgrund des Gefährdungspotentials bei Tätigkeiten mit Gefahrstoffen (→ § 6 Rn. 23 ff.) dürfen die Tätigkeiten regelmäßig nur von fachkundigen Personen durchgeführt werden. Nach § 2 Abs. 16 GefStoffV ist fachkundig, wer zur Ausübung einer in der GefStoffV bestimmten Aufgabe über die erforderlichen Fachkenntnisse verfügt. Die Anforderungen an die Fachkunde sind abhängig von der jeweiligen Art der Aufgabe. Zu den Anforderungen zählen auch eine entsprechende Berufsbildung, Berufserfahrung oder eine zeitnah ausgeübte entsprechende berufliche Tätigkeit sowie die Teilnahme an spezifischen Fortbildungsmaßnahmen.

V. TRGS 400 – Gefährdungsbeurteilung für Tätigkeiten mit Gefahrstoffen

63 Die Konkretisierung der spezifischen Fachkundeanforderungen erfolgt durch die TRGS 400 „Gefährdungsbeurteilung für Tätigkeiten mit Gefahrstoffen". Die neue GefStoffV enthält hinsichtlich der Fachkunde für die Gefährdungsbeurteilung eine Veränderung zum alten Regelwerk (*Kohte* in HK-ArbSchR, GefStoffV § 3 Rn. 3). Fachkundige müssen für die Durchführung der Gefährdungsbeurteilung auf Grund einer entsprechenden Berufsausbildung, Berufserfahrung oder einer entsprechenden Tätigkeit sowie die Teilnahme an spezifischen Fortbildungsmaßnahmen befähigt sein.

VI. Verordnung zur Arbeitsmedizinischen Vorsorge – ArbMedVV

64 Die ArbMedVV fasst verschiedene Regelungen zur arbeitsmedizinischen Vorsorge in einer Vorschrift zusammen. Durch das Zusammenführen der Untersuchungsanlässe, die zuvor in unterschiedlichen Arbeitsschutzverordnungen enthalten waren (z. B. GefStoffV, BioStoffV oder BildschArbV) werden die Pflicht- und Angebotsuntersuchungen, § 2 Abs. 3 und 4 für die am Arbeitsschutz Beteiligten transparent (s. ausführlich *Bücker* in HK-ArbSchR ArbMedVV Rn. 1 f.). Ziel der Verordnung ist es, durch Maßnahmen der arbeitsmedizinischen Vorsorge arbeitsbedingte Erkrankungen einschließlich Berufskrankheiten frühzeitig zu erkennen und zu verhüten. Arbeitsmedizinische Vorsorge soll daneben einen Beitrag zum Erhalt der Beschäftigungsfähigkeit und zur Fortentwicklung des betrieblichen Gesundheitsschutzes leisten. Die Durchführung von Pflichtuntersuchungen ist daher Beschäftigungsvoraussetzung.

Übertragung von Aufgaben **§ 7 ArbSchG**

VII. Regelungen der Berufsgenossenschaften

Die Bedeutung der Befähigung des Beschäftigten hinsichtlich des Arbeits- 65
schutzes wird auch in der Unfallverhütungsvorschrift „Grundsätze der Prävention" (BGV A 1) angesprochen. Mit dieser Unfallverhütungsvorschrift wird das berufsgenossenschaftliche Satzungsrecht mit dem staatlichen Arbeitsschutzrecht verzahnt. Darüber hinaus ist auf die berufsgenossenschaftlichen Grundsätze für arbeitsmedizinische Vorsorgeuntersuchungen („G 25, Fahr- Steuer- und Überwachungstätigkeiten" und „G 41, Arbeiten mit Absturzgefahr") hinzuweisen.

1. Unfallverhütungsvorschrift BGV A 1. a) Befähigung für Tätigkeiten. 66
Nach der Unfallverhütungsvorschrift BGV A 1 wird § 7 des ArbSchG in § 7 der Unfallverhütungsvorschrift übernommen. Bei der Übertragung von Aufgaben auf Versicherte hat der Unternehmer je nach Art der Tätigkeit zu berücksichtigen, ob die Versicherten befähigt sind, die für die Sicherheit und den Gesundheitsschutz bei der Aufgabenerfüllung zu beachtenden Bestimmungen und Maßnahmen einzuhalten (§ 7 Abs. 1 BGV A 1). Der Unternehmer darf Versicherte, die erkennbar nicht in der Lage sind, eine Arbeit ohne Gefahr für sich oder andere auszuführen, mit dieser Arbeit nicht beschäftigen (§ 7 Abs. 2 BGV A 1).

b) Allgemeine Unterstützungspflichten und Verhalten. Die Bedeutung 67
der Befähigung des Beschäftigten wird auch in § 15 Abs. 2 (BGV A 1) angesprochen. Versicherte dürfen sich weder durch den Konsum von Alkohol, Drogen oder anderen berauschenden Mitteln noch durch Medikamente (§ 15 Abs. 3 BGV A 1) in einen Zustand versetzen, durch den sie sich selbst oder andere gefährden können.

2. Berufsgenossenschaftlicher Grundsatz für arbeitsmedizinische Vor- 68
sorgeuntersuchungen – G 25. Für die Vorsorgeuntersuchungen haben die gesetzlichen Unfallversicherungsträger sogenannte BG Grundsätze aufgestellt, die Orientierungshilfen zu Untersuchungsinhalten und -umfang bieten sollen. Bei den oben genannten Untersuchungsanlässen „Fahr-, Steuer- und Überwachungstätigkeiten" sowie „Arbeiten mit Absturzgefahren" existieren derzeit keine rechtsverbindlichen Vorgaben. Die ArbMedVV enthält keine entsprechenden Vorschriften. Die Untersuchungen werden deshalb anhand der BG Grundsätze durchgeführt.

Die berufsgenossenschaftlichen Grundsätze G 25, Fahr-, Steuer- und Überwachungstätigkeiten sollen gezielte arbeitsmedizinische Anhaltspunkte für Untersuchungen von Versicherten mit sich bringen, die Fahr-, Steuer- und Überwachungstätigkeiten ausüben. Ziel dieser Vorsorgeuntersuchungen ist es, Unfall- und Gesundheitsgefahren für den Betroffenen oder Dritte zu verhindern.

Die Notwendigkeit arbeitsmedizinischer Vorsorgeuntersuchungen ist nach der 69
BGI 504-25 gegeben, soweit Unklarheiten hinsichtlich der Eignung bestehen. Der Beschäftigte muss für Fahr-, Steuer- und Überwachungstätigkeiten nach den berufsgenossenschaftlichen Grundsätzen für arbeitsmedizinische Vorsorgeuntersuchungen – G 25 – körperlich und geistig zur Ausübung dieser Tätigkeiten geeignet sein. Insbesondere sollen, je nach Arbeitsplatz, bestimmte Anforderungen an das Seh- und Hörvermögen bei Erstuntersuchungen bzw. Nachuntersuchungen erfüllt werden. In Betracht kommen hierbei:
– die Sehschärfe (Ferne/Nähe),
– das räumliche Sehen,

- der Farbensinn,
- das Gesichtsfeld,
- der Lichtsinn und
- das Hören.

71 Die **Sehfähigkeit** ist insbesondere von Bedeutung, weil z. B. Lkw-Fahrer auch entfernte Gefährdungen erkennen müssen bzw. die Beschäftigten infolge mangelnder Sehfähigkeit optische Warnzeichen nicht wahrnehmen können.

§ 8 Zusammenarbeit mehrerer Arbeitgeber

(1) ¹Werden Beschäftigte mehrerer Arbeitgeber an einem Arbeitsplatz tätig, sind die Arbeitgeber verpflichtet, bei der Durchführung der Sicherheits- und Gesundheitsschutzbestimmungen zusammenzuarbeiten. ²Soweit dies für die Sicherheit und den Gesundheitsschutz der Beschäftigten bei der Arbeit erforderlich ist, haben die Arbeitgeber je nach Art der Tätigkeiten insbesondere sich gegenseitig und ihre Beschäftigten über die mit den Arbeiten verbundenen Gefahren für Sicherheit und Gesundheit der Beschäftigten zu unterrichten und Maßnahmen zur Verhütung dieser Gefahren abzustimmen.

(2) Der Arbeitgeber muß sich je nach Art der Tätigkeit vergewissern, daß die Beschäftigten anderer Arbeitgeber, die in seinem Betrieb tätig werden, hinsichtlich der Gefahren für ihre Sicherheit und Gesundheit während ihrer Tätigkeit in seinem Betrieb angemessene Anweisungen erhalten haben.

Übersicht

	Rn.
A. Einführung	1
I. Grundstruktur der Bestimmung	1
II. Ziel- und Zweckbestimmung	4
III. Normadressaten	7
IV. Behördliche Aufsicht und Sanktionen	8
1. Behördliche Aufsicht	8
2. Sanktionen	9
B. Beschäftigte mehrerer Arbeitgeber an einem Arbeitsplatz (Abs. 1)	10
I. Tätigkeit von Beschäftigten mehrerer Arbeitgeber an einem Arbeitsplatz	11
II. Allgemeine Verpflichtung zur Zusammenarbeit bei der Durchführung der Sicherheits- und Gesundheitsschutzbestimmungen (Satz 1)	13
III. Weitergehende Verpflichtung zur Zusammenarbeit (Satz 2)	16
1. Erforderlichkeit weitergehender Maßnahmen des Arbeits- und Gesundheitsschutzes	16
2. Maßnahmen nach Abs. 1, 2. Halbs.	18
a) Berücksichtigung der Tätigkeit	19
b) Unterrichtung der anderen Arbeitgeber über die mit den Arbeiten verbundenen Gefahren für Sicherheit und Gesundheit	20
c) Abstimmung der Maßnahmen	21
d) Unterrichtung der Beschäftigten	22

	Rn.
C. Beschäftigte anderer Arbeitgeber im Betrieb (Abs. 2)	23
I. Berücksichtigung der Tätigkeit	30
II. Angemessene Anweisungen in Bezug auf Gefahren für Sicherheit und Gesundheit	32
III. Informationsverpflichtung des Arbeitgebers	35
D. Sonstige Rechtsvorschriften zur Zusammenarbeit mehrerer Arbeitgeber	37
I. Unfallverhütungsvorschriften	38
II. Baustellenverordnung	39
III. Gefahrstoffverordnung	40

Literatur: *Bereiter-Hahn/Mehrtens*, Gesetzliche Unfallversicherung, Handkommentar, Loseblatt; *Brock*, Arbeitsschutzgesetz, 1997; *Herzberg*, Die Verantwortung für Arbeitsschutz und Unfallverhütung im Betrieb, 1984; *Julius*, Arbeitsschutz und Fremdfirmenbeschäftigung, 2004; *Keßler*, Gleicher Schutz für alle, faktor Arbeitsschutz 2/1997, 4; *Nobbe/Pinter/Vögele*, Verantwortung im Unternehmen, 1993; *Nöthlichs*, Arbeitsschutzgesetz und Arbeitssicherheit, Loseblatt (1996 ff.); *o. V.,* Kollegen auf Zeit, Arbeit und Gesundheit 6/1998, 3 ff.; *Schneider*, Recht, Vorsorge, Haftung, 1997; *Seeger*, Das neue Arbeitsschutzgesetz, Sicherheitsingenieur 12/1996, 16; *Spinnarke/Schork*, Arbeitssicherheitsrecht, 2. Aufl. Stand August 2009; *Voss* (Hrsg.), Handbuch Arbeitsschutz 2001/2002, 2001.

A. Einführung

I. Grundstruktur der Bestimmung

Werden an einer Arbeitsstätte mehrere Beschäftigte verschiedener Arbeitgeber 1
gleichzeitig tätig, so sind alle beteiligten Arbeitgeber nach § 8 zur Zusammenarbeit verpflichtet. Das Gesetz **unterscheidet in § 8 Abs. 1 und Abs. 2 zwischen zwei unterschiedlichen Pflichten** (Abb. 1). § 8 Abs. 1 betrifft die Zusammenarbeit mehrerer Arbeitgeber an einem Arbeitsplatz innerhalb und auch außerhalb des Betriebes (str.: grundlegend siehe *Julius* in HK-ArbSchR, ArbSchG § 8 Rn. 10; *Julius*, S. 122 f.; wie hier auch *Pieper* in Wedde ArbR, ArbSchG § 8 Rn. 4). § 8 Abs. 2 regelt die Beschäftigung fremder Arbeitnehmer im Betrieb eines Arbeitgebers. Abs. 1 ist als arbeitsschutzrechtliche Organisationsvorschrift eine prozedurale Regelung und ergänzt die Grundpflichten der Arbeitgeber aus § 3 (→ § 3 Rn. 46 ff.; *Julius* in HK-ArbSchR, ArbSchG § 8 Rn. 2)

Diese Norm betrifft dementsprechend den großen Bereich der Fremdfirmenbeschäftigten. Spezielle Rechtsvorschriften können ergänzende Regelungen treffen (→ Rn. 37 ff.).

Die Art und Weise sowie der Umfang der Zusammenarbeit orientiert sich an 2
den vorliegenden Gegebenheiten und insbesondere den ausgeübten Tätigkeiten.
§ 8 ermöglicht einen angemessenen und flexiblen Arbeitsschutz. Die Einbettung in den Prozess Arbeitsschutz (insbesondere auch §§ 5 → § 5 Rn. 36 und 12 → § 12 Rn. 8) ist Voraussetzung bzw. vereinfacht grundlegend die Umsetzung.

In § 6 BGV A 1 ist die Koordination von Arbeiten und die gegenseitige Abstim- 3
mung geregelt. Durch das Arbeitnehmerüberlassungsgesetz § 11 Abs. 6 gelten diese Verpflichtungen auch für den Entleiher.

II. Ziel- und Zweckbestimmung

4 Der Arbeitgeber ist nach § 3 Abs. 1 Satz 1 verpflichtet, die erforderlichen Maßnahmen des Arbeitsschutzes unter Berücksichtigung der Umstände zu treffen, die Sicherheit und Gesundheit der Beschäftigten bei der Arbeit beeinflussen. Verantwortlich ist nach dem ArbSchG der Arbeitgeber zunächst für die eigenen Beschäftigten. Die Arbeitsschutzorganisation des Betriebes ist darauf ausgerichtet, für den Arbeitsschutz der **eigenen Mitarbeiter** zu sorgen. Diese Regelungen können versagen, soweit Beschäftigte **verschiedener Arbeitgeber** in einem Bereich zusammenarbeiten oder Beschäftigte in Betrieben fremder Arbeitgeber tätig werden.

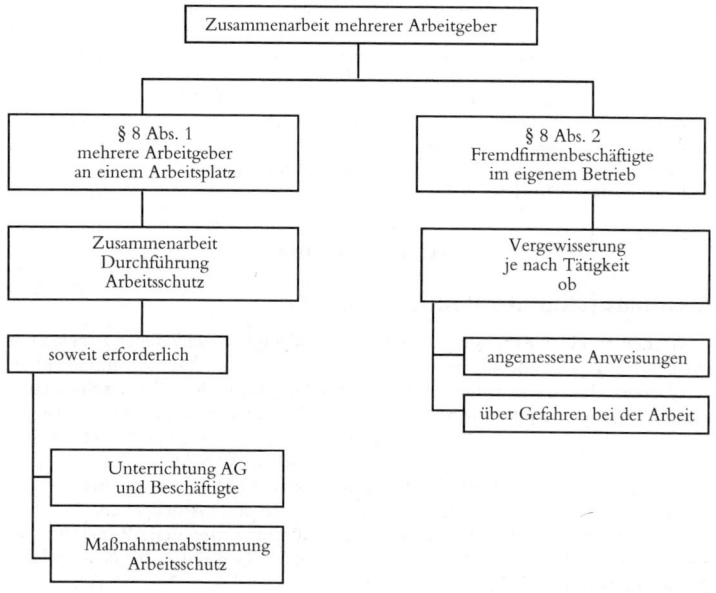

```
                    Zusammenarbeit mehrerer Arbeitgeber
                    ┌──────────────────┴──────────────────┐
              § 8 Abs. 1                            § 8 Abs. 2
          mehrere Arbeitgeber                  Fremdfirmenbeschäftigte
         an einem Arbeitsplatz                    im eigenem Betrieb
                    │                                    │
            Zusammenarbeit                        Vergewisserung
             Durchführung                         je nach Tätigkeit
             Arbeitsschutz                              ob
                    │                                    │
           soweit erforderlich                 angemessene Anweisungen
                    │                                    │
                    │                         über Gefahren bei der Arbeit
            Unterrichtung AG
           und Beschäftigte
                    │
           Maßnahmenabstimmung
             Arbeitsschutz
```

Abb. 1: Überblick über § 8

5 In Betracht zu ziehen sind z. B. **Abstimmungsprobleme** zwischen den regelmäßig voneinander unabhängigen Beschäftigten, die nicht zu unterschätzende Gefährdungsursachen bedeuten können (siehe auch *Pieper*, ArbSchG § 8 Rn 1). Von Bedeutung ist hierbei, dass die Beschäftigten oftmals nicht ausreichend mit den spezifischen Gefährdungen des ihnen fremden Umfeldes oder Betriebes vertraut sind. Vor diesem Hintergrund versucht § 8, die Zusammenarbeit auf dem Gebiet des Arbeitsschutzes sicherzustellen. Nach der amtlichen Begründung können sich besondere Gefahren dadurch ergeben, dass auf einer Arbeitsstätte Beschäftigte von mehr als einem Arbeitgeber beschäftigt werden. Dafür legt § 8 Grundpflichten fest, die von allen Arbeitgebern beachtet werden sollen. In Rechtsvorschriften und Unfallverhütungsvorschriften ist der Erlass ergänzender Regelungen möglich.

Absatz 1 soll den Fall regeln, dass Beschäftigte verschiedener Arbeitgeber zeitlich oder örtlich gemeinsam tätig werden. Alle Arbeitgeber sind in diesem Falle entsprechend Art. 6 Abs. 4 und Art. 10 Abs. 2 der EG-Rahmenrichtlinie insbesondere verpflichtet, sich und ihre Beschäftigten über die möglichen Gefahren zu unterrichten und ihre Schutzmaßnahmen abzustimmen.

Die in Art. 12 Abs. 2 EG-Rahmenrichtlinie enthaltene weitere Pflicht, dass sich der Arbeitgeber vergewissern muss, dass **auch die Beschäftigten der anderen Arbeitgeber,** die in seinem Betrieb tätig werden, in geeigneter Weise angewiesen worden sind, wurde in Absatz 2 aufgenommen. Ausgangspunkt ist hierbei nicht allein die mögliche Gefährdung des Beschäftigten des einen Arbeitgebers durch Beschäftigte des anderen. Angesprochen sollen vielmehr Gefahren sein, die von der Arbeitsstätte und den vorhandenen Einrichtungen ausgehen können. Die Unkenntnis über die von der Arbeitsstätte ausgehenden Gefahren sei bereits ein zusätzlich vermeidbares Gefahrenmoment. Als Beispiel wird in der amtlichen Begründung auf den Einsatz von **Fremdfirmen** für Reinigungs- und Reparaturarbeiten in Produktionsanlagen, Verkehrsbetrieben, Werkstätten, Laboratorien oder Krankenhäusern hingewiesen. Die Art und Weise sowie der Umfang der Feststellung einer angemessenen Unterrichtung sollen sich nach der Gefährlichkeit der in dem Betrieb anfallenden Tätigkeiten richten (Verhältnismäßigkeitsgrundsatz).

III. Normadressaten

Die Arbeitgeber und verantwortlichen Personen nach § 13 (→ § 13 Rn. 17 ff.) sind die Normadressaten des § 8. Die Vorschrift gilt auch für die Arbeitgeber von Leiharbeitnehmern (Verleiher). Für die Einhaltung des § 8 ist aber auch der **Entleiher** nach § 11 Abs. 6 AÜG verantwortlich. Nach § 12 Abs. 2 trifft die Pflicht zur Unterweisung den Entleiher (vgl. Rn 40). Der **Verleiher** ist gehalten, den Entleiher auf die Verpflichtung aus § 8 hinzuweisen und festzustellen, ob der Entleiher seiner Verpflichtung nachgekommen ist.

IV. Behördliche Aufsicht und Sanktionen

1. Behördliche Aufsicht. Der Umfang der behördlichen Aufsicht richtet sich nach § 21 (→ § 21 Rn. 3 ff.). Stellt die Behörde fest, dass die Arbeitgeber die Verpflichtung aus § 8 nicht erfüllen, kann die Einhaltung des § 8 durch eine **Anordnung** durchgesetzt werden. Ein Zwangsgeld dürfte als Zwangsmittel in Betracht kommen (*Nöthlichs*, Nr. 4024, S. 3). Die Behörde kann auch eine Untersagung von Arbeiten auf der Arbeitsstätte verfügen, soweit die Voraussetzung des § 22 Abs. 3 Satz 3 vorliegt (→ § 22 Rn. 99). Kommt der Arbeitgeber seiner Verpflichtung aus § 8 Abs. 2 nicht nach, so begründet dies kein Beschäftigungsverbot. Allerdings kann die Behörde für die Zukunft die Einhaltung des § 8 Abs. 2 durch Anordnung mit Androhung von Zwangsgeld sicherstellen, soweit zu befürchten ist, dass der Arbeitgeber seiner Verpflichtung nicht nachkommt und neue **Fremdarbeitnehmer** in seinem Betrieb einsetzt.

2. Sanktionen. § 8 ist bei Zuwiderhandlung weder bußgeld- noch strafbewehrt (siehe aber §§ 25 f.). Unberührt bleibt die strafrechtliche Verantwortung des Arbeitgebers nach den §§ 222, 230 StGB, wenn in seinem Betrieb ein Fremdarbeitnehmer getötet oder in seiner Gesundheit verletzt wird. Kommen Beschäftigte wegen unterlassener oder ungenügender Zusammenarbeit der Arbeitgeber zu Schaden, kommt ggf. ein Schadensersatzanspruch in Betracht (dazu *Pieper* in Wedde ArbR, ArbSchG § 8 Rn. 4).

B. Beschäftigte mehrerer Arbeitgeber an einem Arbeitsplatz (Abs. 1)

10 Das arbeitsschutzrelevante Rechtsverhältnis zwischen Arbeitgeber und Beschäftigten wird durch das ArbSchG geregelt. Ein Arbeitsschutzdefizit kann in Betracht kommen, soweit Beschäftigte mehrerer Arbeitgeber in derselben räumlichen Umgebung tätig werden. In einem solchen Fall treffen Beschäftigte aufeinander, die unterschiedlichen Verantwortlichen in Sachen Arbeitsschutz unterstellt sind. Dies ist der **Anwendungsbereich des § 8 Abs. 1**:

§ 8 Abs. 1 bestimmt, dass

- mehrere Arbeitgeber, die

- an einem Arbeitsplatz Arbeitnehmer beschäftigen

- **zusammenarbeiten und darüber hinaus**

- soweit erforderlich und

- je nach Tätigkeit

- über Gefahren für Sicherheit und Gesundheit

- eine gegenseitige Unterrichtung vornehmen,

- die eigenen Beschäftigten unterrichten und

- Arbeitsschutzmaßnahmen abstimmen.

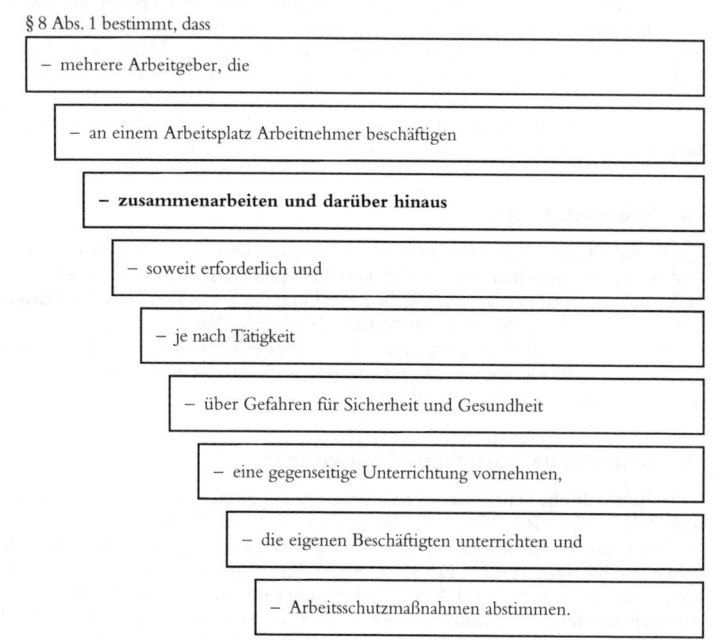

Abb. 2: Anwendungsbereich des § 8 Abs. 1

I. Tätigkeit von Beschäftigten mehrerer Arbeitgeber an einem Arbeitsplatz

11 Ausgangspunkt ist die Tätigkeit von Beschäftigten **mehrerer** Arbeitgeber **an einem Arbeitsplatz**. Das Gesetz selbst konkretisiert den Begriff des Arbeitsplatzes nicht, sondern setzt ihn als bereits geklärt voraus. Der Begriff des Arbeitsplatzes ist weit auszulegen (*Koll* in Koll/Janning/Pinter, § 8 Rn 5). Die Konkretisierung des Begriffes Arbeitsplatz ist anhand der Intention des ArbSchG vorzunehmen. § 8 Abs. 1 spricht die Arbeitsumgebung des Beschäftigten an, in der er auf Grund seiner vertraglichen Verpflichtung die ihm jeweils obliegende Arbeitsaufgabe erfüllt. Nach den §§ 1 Abs. 1 und 2 Abs. 2 Nr. 1 hat der Arbeitgeber Sicherheit und Gesundheitsschutz der Beschäftigten bei der Arbeit durch Maßnahmen des Arbeitsschutzes zu sichern und zu verbessern, was für alle Tätigkeitsbereiche gilt. Unter Arbeitsplatz kann der räumliche Gefahren- und Wirkbereich, in dem Beschäftigte mehrerer Arbeitgeber in zeitlicher Gefährdungsnähe auch ohne einheitliche Direktion arbeiten verstanden werden (*Koll* in Koll/Janning/Pinter, § 8 Rn 5; *Julius* in HK-ArbSchR, § 8 ArbSchG Rn. 8 m.w.N.)

§ 8 Abs. 1 kann sich auch auf Arbeitsstätten außerhalb des eigentlichen Betriebes beziehen. Als Beispiele sind **Baustellen und Montagestellen** zu nennen. Voraussetzung ist, dass Beschäftigte mehrerer Arbeitgeber zeitlich und örtlich gemeinsam an einem gemeinsamen Platz tätig werden. Nicht notwendig ist, dass die Beschäftigten an einem Arbeitsplatz arbeitsteilig zusammenarbeiten (*Pieper*, ArbSchG § 8 Rn. 3). § 8 Abs. 1 stellt auf temporär veränderliche **Arbeitsstätten** ab, für den ein besonderer Arbeitgeber unter arbeitsschutzrechtlichen Gesichtspunkten zuständig wäre, tatsächlich aber unterschiedliche Arbeitgeber mit divergierenden Arbeitsschutzrechtsbeziehungen zu ihren Beschäftigten für deren Arbeitsschutz zuständig sind. 12

II. Allgemeine Verpflichtung zur Zusammenarbeit bei der Durchführung der Sicherheits- und Gesundheitsschutzbestimmungen (Satz 1)

Das Gesetz verpflichtet alle beteiligten Arbeitgeber (Auftraggeber, Auftragnehmer, Subunternehmer etc.), bei der Durchführung der Sicherheits- und Gesundheitsschutzbestimmungen zusammenzuarbeiten. Das Ziel ist die Gewährung eines umfassenden Schutzes der Beschäftigten vor Gefahren (*Pieper*, ArbSchG § 8 Rn. 1). **Inhalt und Umfang der Zusammenarbeit** werden nicht näher konkretisiert. Angesprochen ist die Anwendung der an einer bestimmten Arbeitsstelle bzw. bei den zu verrichtenden Tätigkeiten zu beachtenden Schutzbestimmungen. 13

Das Gesetz unterscheidet verschiedene Stufen der Zusammenarbeit. § 8 Abs. 1 Satz 1 regelt die erste Stufe, in der eine allgemeine Zusammenarbeit im Sinne eines **Informationsaustausches** vorgesehen ist. Die Arbeitgeber haben die gegebene arbeitsschutzrelevante Situation zu klären und Berührungspunkte mit den Beschäftigten der anderen Arbeitgeber festzustellen. Ausgangspunkt ist die Gefährdungsbeurteilung nach § 5 (→ § 5 Rn. 57 ff.). Der Arbeitgeber wird zunächst zu klären haben, welche anderen Arbeitgeber auf der Arbeitsstelle Beschäftigte einsetzen, die zeitlich und örtlich gemeinsam mit seinen Beschäftigten tätig werden. Kommt der Arbeitgeber zu dem Ergebnis, dass die Mitarbeiter zeitlich nacheinander eingesetzt werden, so dass keine gegenseitige Gefährdung in Betracht kommt, ist die Verpflichtung zur Zusammenarbeit hinfällig (*Nöthlichs*, Nr. 4024, S. 3). 14

Etwas anderes hat zu gelten, soweit die Beschäftigten durch besondere gemeinsame Arbeits-, Betriebseinrichtungen, gelagerte Gefahrstoffe oder vorausgegangene Bauarbeiten gefährdet sein können. In Betracht zu ziehen sind etwa Elektroerdleitungen, Freileitungen, gegenseitige Gefährdungen, z. B. durch Übereinanderarbeiten und herabfallende Gegenstände (*Nöthlichs*, Nr. 4024, S. 3). 15

Der Inhalt der Verpflichtung richtet sich naturgemäß nach den konkreten Umständen der jeweiligen Arbeitsplätze. Grundsätzlich kann von Bedeutung sein:
– die vorgesehenen Schutzvorschriften des Arbeits- und Gesundheitsschutzes auszutauschen,
– über einschlägige Vorschriften zu informieren und
– über die Aufgaben und Arbeitsbereiche der eigenen Beschäftigten zu informieren.

III. Weitergehende Verpflichtung zur Zusammenarbeit (Satz 2)

16 1. Erforderlichkeit weitergehender Maßnahmen des Arbeits- und Gesundheitsschutzes. § 8 Abs. 1 wie das gesamte ArbSchG differenzieren zwischen unterschiedlichen Gefährdungen, die sich aus der jeweiligen Tätigkeit des Mitarbeiters bzw. der Mitarbeiter ergeben können. In § 8 Abs. 1 Satz 2 ist dementsprechend eine weitergehende Pflicht zur Zusammenarbeit niedergelegt, soweit dies für die Sicherheit und den Gesundheitsschutz der Beschäftigten bei der Arbeit erforderlich ist. Eine Zusammenarbeit ist erforderlich, wenn aus dem Tätigwerden verschiedener Beschäftigter an einem Arbeitsplatz eine Gefahr für die Sicherheit und den Gesundheitsschutz des/der Beschäftigten resultiert. § 8 Abs. 1 Satz 2 stellt im Gegensatz zu § 5 nicht auf die Gefährdung, sondern auf die Gefahr ab (a. A. *Julius* in HK-ArbSchR, ArbSchG § 8 Rn. 21). Unter einer **Gefahr** wird eine Sachlage verstanden, die bei ungehindertem Ablauf des **objektiv** zu erwartenden Geschehens zu einem Schaden führt (*Brock*, S. 20). Unter **Gefährdung** wird die **Möglichkeit** des Eintritts eines Schadens oder einer Gesundheitsbeeinträchtigung verstanden.

17 Bei einer Zusammenarbeit muss nicht unbedingt jede beschäftigte Person einer Gefahr unterliegen. Vielmehr kann schon bei der **Prüfung der Erforderlichkeit** zwischen unterschiedlichen Tätigkeiten differenziert werden, da sich die konkreten Maßnahmen des Arbeitsschutzes an der tatsächlich aus der Tätigkeit herrührenden Gefahr orientieren. Die Grundlage für diese Feststellung von Gefahren erhält der Arbeitgeber zunächst auch durch die unter Rn. 20 dargestellten Maßnahmen. Der Arbeitgeber kann zu dem Ergebnis kommen, dass eine weitere Zusammenarbeit für eine oder mehrere bestimmte Tätigkeiten nicht angebracht erscheint.

Eine Sekretärin **zum Beispiel**, die in einer Baubude am Rande der Baustelle die Gehaltsabrechnung erledigt, unterliegt nicht regelmäßig Gefahren aus anderen Arbeitsbereichen. Demgegenüber wird ein Transportfahrer, der z. B. Baumaterialien ins Zentrum der Baustelle zu befördern hat, die Tätigkeitsbereiche verschiedener zum Arbeitsschutz Verpflichteter berühren.

18 2. Maßnahmen nach Abs. 1, 2. Halbs. Hat die Zusammenarbeit nach § 8 Abs. 1 Satz 1 ergeben, dass eine Gefahr für die Beschäftigten in Betracht zu ziehen und eine weitere Zusammenarbeit der jeweils zum Arbeitsschutz Verpflichteten erforderlich ist, so wird von Satz 2 die **weitere Vorgehensweise** geregelt. Die möglichen Maßnahmen werden aber nicht abschließend aufgezählt.

19 a) Berücksichtigung der Tätigkeit. Wie bereits in der Basisnorm des ArbSchG (§ 5) angelegt, haben die Arbeitgeber bei der Festlegung der die Zusammenarbeit betreffenden Arbeitsschutzmaßnahmen (§ 8 Abs. 1 Satz 2, 2. Hs.) auch die für die Beschäftigten mit ihrer Arbeit verbundenen Gefahren je nach Art der Tätigkeit zu berücksichtigen.

20 b) Unterrichtung der anderen Arbeitgeber über die mit den Arbeiten verbundenen Gefahren für Sicherheit und Gesundheit. Zunächst sollen sich die Arbeitgeber über die mit den Arbeiten verbundenen Gefahren für Sicherheit und Gesundheitsschutz **unterrichten**. Die gegenseitige Unterrichtung dient der Entwicklung von angemessenen Schutzmaßnahmen (*Pieper*, § 8 ArbSchG Rn. 4). Auf welche Weise die Unterrichtung zu erfolgen hat, wird vom ArbSchG nicht festgelegt. Die Grundlage der Unterrichtung findet sich in der **Beurteilung** der Arbeitsbedingungen nach § 5. Es muss aber nicht die gesamte Gefährdungsbeurteilung zur Unterrichtung verwendet werden. Vielmehr kann eine Zusammenfassung der jeweils notwendigen Ergebnisse ausreichen, in der die jeweiligen Gefahren dargestellt sind. § 8 Abs. 1 Satz 2 stellt im Gegensatz zu § 5 nicht auf die Gefährdung, sondern auf die Gefahr ab (→ Rn. 22). Daneben ist die **Übermittlung** der vorgesehenen Arbeitstätigkeiten in Betracht zu ziehen, soweit aus diesen eine Gefahr resultieren kann.

§ 8 Abs. 1 regelt nicht nur die jeweiligen Gefahren für Sicherheit und Gesundheit, sondern spricht auch die bestehenden und zu treffenden **Schutzmaßnahmen** an, die sich aus der jeweiligen Beurteilung ergeben. Die Unterrichtung umfasst dementsprechend in der Regel auch diese Maßnahmen.

c) Abstimmung der Maßnahmen. Die Arbeitgeber haben die Maßnahmen 21 zur Verhütung der festgestellten Gefahren **untereinander abzustimmen.** Die Art und Weise der Abstimmung wird vom Gesetz nicht festgelegt, sondern richtet sich nach den Gegebenheiten. Grundsätzlich dient die gegenseitige Unterrichtung der Entwicklung und Abstimmung von angemessenen Schutzmaßnahmen. Die Abstimmung ist **nicht** in einer schriftlichen Vereinbarung niederzulegen und auch **nicht** zu dokumentieren. Soweit eine Abstimmung nicht erreicht wird, z. B. weil sich die Arbeitgeber über die zu treffenden Maßnahmen nicht einigen können, ist die Beschäftigung der Mitarbeiter weiterhin möglich.

Allerdings muss der Arbeitgeber im Rahmen seiner **Unterweisung** nach § 12 dafür Sorge tragen, dass die Mitarbeiter über die jeweiligen Gefährdungen, die sich aus der Zusammenarbeit mit den Beschäftigten anderer Arbeitgeber ergeben können, informiert werden. Als Ergebnis der Abstimmung kann sich die Bestellung von Aufsichtspersonen und Koordinatoren für die Sicherheit und den Gesundheitsschutz der Beschäftigten ergeben (siehe § 6 Abs. 1 VBG A 1).

d) Unterrichtung der Beschäftigten. Die Arbeitgeber haben ihre Beschäftig- 22 ten über die festgestellten mit den Arbeiten verbundenen Gefahren für Sicherheit und Gesundheit zu unterrichten. Dies geschieht bereits auf der Grundlage des § 12, da in der Unterweisung auch die konkreten, durch Zusammenarbeit mehrerer Arbeitgeber bedingten Veränderungen dargelegt werden müssen (→ § 12 Rn. 21f.). Die Beschäftigten sind von ihren Arbeitgebern auch **über das Ergebnis** der Abstimmung zwischen den verschiedenen Arbeitgebern **zu informieren,** soweit die Abstimmung die jeweiligen Tätigkeitsbereiche tangiert (*Julius* in HK-ArbSchR, ArbSchG § 8 Rn. 23.)

C. Beschäftigte anderer Arbeitgeber im Betrieb (Abs. 2)

§ 8 Abs. 2 betrifft die Betätigung von Beschäftigten anderer Arbeitgeber in dem 23 Betrieb eines Arbeitgebers. Das Arbeitsschutzgesetz enthält keine eigene Definition des Begriffes „Betrieb". Betrieb i. S. d. des Abs. 2 ist in Anlehnung an die arbeitsrechtliche Begriffsdefinition die organisatorische Einheit innerhalb der Arbeitgeber mit seinen Beschäftigten mit Hilfe von technischen und immateriellen Mitteln bestimmte arbeitstechnische Zweck fortgesetzt verfolgt (umfassend m.w.N. → § 13 Rn. 36; a. A. *Julius* in HK-ArbSchR ArbSchG § 8 Rn. 25). Diese Regelung dient dem Schutz der Beschäftigten anderer Arbeitgeber vor Gefahren, die von der Arbeitsstätte selbst ausgehen und aus der Unkenntnis über die Gegebenheiten der fremden Arbeitsstätte resultieren (BT-Drs. 13/3540 17). Abs. 2 ergänzt die Pflicht zur Zusammenarbeit nach Abs. 1 (*Julius* in HK-ArbSchR, ArbSchG § 8 Rn. 24).

ArbSchG § 8 — Arbeitsschutzgesetz

Der Arbeitgeber ist grundsätzlich für den Arbeitsschutz in seinem Betrieb und für seine Beschäftigten zuständig. In diesem Bereich hat der Arbeitgeber im Rahmen des § 3 Abs. 2 für eine geeignete Organisation des Arbeitsschutzes zu sorgen und die erforderlichen Mittel bereitzustellen (→ § 3 Rn. 56). Werden in diesem Zuständigkeitsbereich Mitarbeiter beschäftigt, zu denen kein Arbeitsschutzrechtsverhältnis besteht, bestimmt § 8 Abs. 2 die Verpflichtung des Arbeitgebers. Dieser soll sich je nach Art der Tätigkeit der Fremdfirmenbeschäftigten vergewissern, ob diese hinsichtlich der Gefahr für ihre Sicherheit und Gesundheit während ihrer Tätigkeit in seinem Betrieb angemessene Anweisungen erhalten haben (Abb. 2). Nach § 16 Abs. 1 SGB VII gelten die **Unfallverhütungsvorschriften** des für den Arbeitgeber zuständigen Unfallversicherungsträgers auch für die Fremdarbeitnehmer (*Bereiter-Hahn/Mehrtens,* § 16 Rn. 3).

24 Der Arbeitgeber ist verpflichtet,
- je nach Art der Tätigkeit
- sich zu vergewissern,
- ob fremde Beschäftigte in seinem Betrieb
- hinsichtlich der Gefahren für deren Sicherheit und Gesundheit während deren Tätigkeit in seinem Betrieb
- angemessene Anweisungen
- erhalten haben.

25 Für die Beschäftigung fremder Arbeitnehmer im Betrieb kommen verschiedene Rechtsgrundlagen in Betracht. **Die Fremdfirma** als Auftragnehmer verpflichtet sich bei einem **Werkvertrag (§ 631 BGB),** eigenverantwortlich ein Werk zu erbringen. Als Beispiel für einen Werkvertrag kann der Umbau einer Anlage genannt werden. Für § 8 Abs. 2 ist von Bedeutung, dass der Auftragnehmer gegenüber seinen im Betrieb des Auftraggebers tätigen Arbeitnehmern das ausschließliche Weisungsrecht behält und für einen Mangel des Werkes haftet. Aus Sicht des Arbeitgebers sind diese Mitarbeiter Fremdarbeitnehmer.

26 Die Fremdfirma als Auftragnehmer verpflichtet sich bei einem Dienstvertrag (§ 611 BGB), bestimmte Tätigkeiten oder Dienste wie z. B. die Reinigung der Gebäude, Sicherheitsleistungen oder die Garten- und Grünflächenpflege unter eigener Verantwortung auszuführen. Der Auftragnehmer behält hinsichtlich der Ausführung des Auftrages das **Weisungsrecht** gegenüber den Arbeitnehmern (*Keßler,* faktor Arbeitsschutz 2/1997, 4). Aus Sicht des Arbeitgebers sind diese Mitarbeiter Fremdarbeitnehmer (*Voss,* S. 92f.).

27 Im Gegensatz zu Werk- oder Dienstverträgen tritt im Rahmen einer Arbeitnehmerüberlassung der Verleiher einem Dritten – **dem Arbeitgeber i. S. d. § 8 Abs. 2** (Entleiher) – sein arbeitsvertragliches Weisungsrecht gegenüber den Leiharbeitnehmern ab. Diese Arbeitnehmer werden vom Entleiher nach eigenen betrieblichen Bedürfnissen in den betrieblichen Arbeitsprozess eingegliedert. Bei **Leiharbeitnehmern** ist der Verleiher trotzdem als Arbeitgeber anzusehen. § 12 Abs. 2 legt aber fest, dass bei einer Arbeitnehmerüberlassung die Pflicht zur Unterweisung nach § 12 Abs. 1 den Entleiher trifft. Darüber hinaus unterliegt die Tätigkeit des Leiharbeitnehmers den für den Betrieb des Entleihers geltenden Vorschriften des Arbeitsschutzrechtes (§ 11 Abs. 6 Satz 1 AÜG). Die sich hieraus ergebenden Pflichten für den Arbeitgeber – den Verleiher – obliegen auch dem Entleiher (§ 11 Abs. 6 Satz 1, AÜG 2. Hs.). Der Entleiher hat schriftlich zu erklären, welche besonderen Merkmale die für den Leiharbeitnehmer vorgesehene Tätigkeit hat und welche berufliche Qualifikation dafür notwendig ist (§ 12 AÜG). Der Entleiher hat den **Leiharbeitnehmer** über die Notwendigkeit besonderer Qualifikationen oder beruflicher

Fähigkeiten sowie über erhöhte besondere Gefahren des Arbeitsplatzes zu unterrichten (§ 11 Abs. 6 Satz 3 AÜG).

Der Arbeitgeber, in dessen Arbeitsstätte **Fremdarbeitnehmer** tätig werden, ist 28 nicht nach den §§ 3 ff. verpflichtet, die zum Schutz der Fremdarbeitnehmer erforderlichen Maßnahmen durchzuführen (*Nöthlichs,* Nr. 4024, S. 4). § 8 Abs. 2 verändert nicht die Verpflichtung des Arbeitgebers des Fremdfirmenbeschäftigten, für die Durchführung der arbeitsschutzrechtlichen Verpflichtungen zu sorgen.

Fremdarbeitnehmer haben nicht die rechtliche Stellung der **Leiharbeitneh-** 29 **mer,** da § 11 Abs. 6 AÜG keine Anwendung findet. § 8 Abs. 2 ArbSchG begründet keine öffentlich-rechtliche Verpflichtung des Arbeitgebers, für den Schutz der in seinem Betrieb tätig werdenden Fremdfirmenbeschäftigten zu sorgen (*Nöthlichs,* Nr. 4024, S. 4). Im Dienst- oder Werkvertrag kann vereinbart werden, dass die Fremdarbeitnehmer den Arbeitsschutzanweisungen der betrieblichen Aufsichtsorgane zu folgen haben.

I. Berücksichtigung der Tätigkeit

Die Verpflichtung des Arbeitgebers zu einer Information über Inhalt von An- 30 weisungen des Fremdarbeitgebers **(Vergewisserung)** wird durch § 8 Abs. 2, 1. Hs., unter Bezugnahme auf die jeweils ausgeübte Tätigkeit des Fremdfirmenbeschäftigten konkretisiert. Die Vorschrift berücksichtigt damit entsprechend § 5 (→ § 5 Rn. 47 ff.), dass unterschiedliche Tätigkeiten mit unterschiedlichen Gefahren und entsprechenden Maßnahmen des Arbeits- und Gesundheitsschutzes vorliegen können. Bei gleichartigen Arbeitsbedingungen ist die Berücksichtigung eines Arbeitsplatzes oder einer Tätigkeit eines Fremdfirmenbeschäftigten ausreichend (analog § 5 Abs. 2; → § 5 Rn. 63).

Ausgangspunkt für die Berücksichtigung der Tätigkeit kann zum einen die vom 31 Fremdarbeitgeber vorgenommene Gefährdungsbeurteilung nach § 5 sein. Zum anderen ist in Betracht zu ziehen, dass sich der Arbeitgeber im Rahmen **seiner Verpflichtung** nach § 5 darüber informiert (*Pieper,* § 8 ArbSchG Rn. 4), welche Beschäftigten anderer Arbeitgeber in seinem Betrieb tätig werden und ob bzw. welche Gefährdungen für die eigenen Beschäftigten zu vergegenwärtigen sind.

II. Angemessene Anweisungen in Bezug auf Gefahren für Sicherheit und Gesundheit

§ 8 Abs. 2 bezieht sich auf angemessene Anweisungen des Arbeitgebers der 32 Fremdfirmenbeschäftigten hinsichtlich der Gefahren für Sicherheit und Gesundheit während ihrer Tätigkeit in dem fremden Betrieb. Angesprochen sind damit Gefahren, die von den Beschäftigten des Arbeitgebers oder von der Arbeitsstätte ausgehen.

Im Gegensatz zu § 12 Abs. 1 (→ § 12 Rn. 1), der vom Arbeitgeber Unterweisun- 33 gen der eigenen Beschäftigten verlangt, soll sich der Arbeitgeber bei den Fremdfirmenbeschäftigten über **„angemessene" Anweisungen** vergewissern. § 8 Abs. 2 übernimmt damit die Unterscheidung der Rahmenschutzrichtlinie zum Arbeitsschutz in Art. 12. Bei einer Arbeitnehmerüberlassung trifft die Pflicht zur Unterweisung den Entleiher (§ 12 Abs. 2; → § 12 Rn. 8). Das ArbSchG regelt nicht, was unter angemessener Anweisung zu verstehen ist. Zunächst legt diese Unterscheidung den Schluss nahe, dass sich der Arbeitgeber nicht über eine Unterweisung der Fremdfirmenbeschäftigten i. S. d. § 12 Abs. 1 erkundigen muss (a. A. *Pieper,* § 8

ArbSchG § 8

ArbSchG Rn. 10). Eine solche Verpflichtung wäre nicht vom Zweck des § 8 Abs. 2 getragen, da Unterweisungen umfangreicher gestaltet sind als Anweisungen und sich nicht allein auf Gefahren beziehen, die aus der Beschäftigung in einem fremden Betrieb resultieren (zum Inhalt einer Unterweisung → § 12 Rn. 24).

34 Die Anweisungen müssen sich auf die Gefahren beziehen, die aus der Tätigkeit in dem fremden Betrieb resultieren. Der Arbeitgeber muss den Arbeitgeber der Fremdfirmenbeschäftigten über die Gefahren aufklären, denen dessen Beschäftigte möglicherweise in seinem Betrieb ausgesetzt sind und ggf. Vorschläge über die zur Abwendung der Gefahr möglichen Maßnahmen machen (*Nöthlichs,* Nr. 4024, S. 4). **Der Inhalt** und der **Umfang** der Anweisungen sollen angemessen sein. Die Anweisung muss die Fremdfirmenbeschäftigten über die Gefahren und die eventuell bestehenden oder zu treffenden Schutzmaßnahmen informieren und ein sicherheitsgerechtes Verhalten ermöglichen (*Brock,* S. 43; *Koll* in Koll/Janning/Pinter, § 8 Rn. 17).

III. Informationsverpflichtung des Arbeitgebers

35 Der Arbeitgeber soll sich vergewissern, ob die Fremdfirmenbeschäftigten angemessene Anweisungen erhalten haben. Das Gesetz bestimmt nicht, auf welche Art und Weise der Arbeitgeber diese Verpflichtung erfüllt. Art und Weise sowie Umfang der Vergewisserung richten sich entsprechend dem Verhältnismäßigkeitsgrundsatz nach den Gefahren für Sicherheit und Gesundheit und sind abhängig von der Tätigkeit der Fremdfirmenbeschäftigten.

36 In Betracht zu ziehen ist die **Befragung** von Fremdarbeitern zu Beginn ihrer Tätigkeit, wobei mündliche Befragung wie aber auch **Fragebögen** möglich sein können. Je nach Betriebsgröße werden der Arbeitgeber selbst bzw. Vorgesetzte, Meister, Vorarbeiter und andere Verantwortliche die Befragung durchführen können (*Koll* in Koll/Janning/Pinter/§ 8 Rn. 16). Nach den Umständen des Einzelfalles ist zu entscheiden, ob jeder einzelne Fremdarbeitnehmer befragt wird oder **Stichproben** vorgenommen werden. Soweit bei einer größeren Zahl von Fremdarbeitnehmern eine Befragung nicht notwendig oder möglich ist, kommt auch eine schriftliche Erklärung des Arbeitgebers der Fremdfirmenbeschäftigten in Betracht.

D. Sonstige Rechtsvorschriften zur Zusammenarbeit mehrerer Arbeitgeber

37 Nach § 1 Abs. 3 Satz 1 bleiben **Arbeitgeberpflichten** zur Gewährleistung von Sicherheit und Gesundheitsschutz der Beschäftigten bei der Arbeit nach sonstigen Rechtsvorschriften unberührt (→ § 1 Rn. 80–85). Die Zusammenarbeit von verschiedenen Arbeitgebern wird insbesondere in § 6 BGV A 1 und in der BaustellV geregelt. Mit dieser Unfallverhütungsvorschrift wird das berufsgenossenschaftliche Satzungsrecht mit dem staatlichen Arbeitsschutzrecht verzahnt. Auch die Gefahrstoffverordnung enthält Regelungen für die Zusammenarbeit verschiedener Arbeitgeber.

I. Unfallverhütungsvorschriften

38 Nach der BGV A 1 ist in § 6 Abs. 1 geregelt, dass die Unternehmen hinsichtlich der Maßnahmen des Arbeitsschutzes zusammenarbeiten müssen, soweit Beschäftigte mehrerer Unternehmer oder selbstständiger Einzelunternehmer an einem Ar-

Besondere Gefahren **§ 9 ArbSchG**

beitsplatz tätig werden. Insbesondere haben sie, soweit es zur Vermeidung einer möglichen gegenseitigen Gefährdung erforderlich ist, eine Person zu bestimmen, die die Arbeiten aufeinander abstimmt; zur Abwehr besonderer Gefahren ist sie mit entsprechender Weisungsbefugnis auszustatten. Nach § 6 Abs. 2 BVA 1 hat sich der Unternehmer je nach Art der Tätigkeit zu vergewissern, dass Personen, die in seinem Betrieb tätig werden, hinsichtlich der Gefahren für ihre Sicherheit und Gesundheit während ihrer Tätigkeit in seinem Betrieb angemessene Anweisungen erhalten haben.

II. Baustellenverordnung

Mit der BaustellV wurde die EG-Richtlinie 92/57/EWG vom 24.6.1992 über die auf zeitlich begrenzte oder ortsveränderliche Baustellen anzuwendenden Mindestvorschriften für die Sicherheit und den Gesundheitsschutz (8. Einzelrichtlinie i. S. d. Art. 16 Abs. 1 der EG-Rahmenrichtlinie Arbeitsschutz 89/391/EWG) umgesetzt. In Deutschland waren verschiedene Regelungen der Richtlinie bereits durch das geltende Arbeitsschutz- und Baurecht abgedeckt. Die Baustellenverordnung ist auf der Grundlage des § 19 (→ § 19 Rn. 2) erlassen worden. Die Baustellenverordnung ist in enger Verbindung mit dem ArbeitsschutzG anzuwenden (→ BaustellV, Einleitung Rn. 12). **39**

III. Gefahrstoffverordnung

Auch die Gefahrstoffverordnung enthält besondere Regelungen für die Zusammenarbeit verschiedener Arbeitgeber. Werden in einem Betrieb Fremdfirmen damit beauftragt, Tätigkeiten mit Gefahrstoffen durchzuführen, hat beispielsweise der auftraggebende Arbeitgeber dafür zu sorgen, dass die Fremdfirma über die Gefahrenquellen und die besonderen Verhaltensregeln informiert ist und über Fachkenntnisse und Erfahrungen verfügt (§ 15 Abs. 1 GefahrstoffV). **40**

Gem. § 15 Abs. 2 GefStoffV haben alle Arbeitgeber, Auftraggeber und Auftragnehmer bei der Durchführung der Gefährdungsbeurteilung zusammenzuwirken und sich abzustimmen. **41**

Jeder Arbeitgeber ist dafür verantwortlich, das seine Beschäftigten die gemeinsam festgelegten Schutzmaßnahmen anwenden (§ 15 Abs. 3 GefStoffV). **42**

Wenn Fremdfirmen eingesetzt werden und für die Beschäftigten eine erhöhte Gefährdung besteht, ist durch die beteiligten Arbeitgeber ein Koordinator zu bestellen § 15 Abs. 4 GefStoffV). Wurde bereits ein Koordinator aufgrund der BaustellV bestellt, entfällt die Notwendigkeit einer weiteren Bestellung. **43**

§ 15 Abs. 5 GefStoffV enthält besondere Regelungen für den Fall von Abbruch-, Sanierungs- und Instandhaltungsarbeiten hinsichtlich der Gefährdungsbeurteilung. **44**

§9 Besondere Gefahren

(1) Der Arbeitgeber hat Maßnahmen zu treffen, damit nur Beschäftigte Zugang zu besonders gefährlichen Arbeitsbereichen haben, die zuvor geeignete Anweisungen erhalten haben.

(2) ¹**Der Arbeitgeber hat Vorkehrungen zu treffen, daß alle Beschäftigten, die einer unmittelbaren erheblichen Gefahr ausgesetzt sind oder sein können, möglichst frühzeitig über diese Gefahr und die getroffenen oder zu treffenden Schutzmaßnahmen unterrichtet sind.** ²**Bei unmittelbarer erheblicher Gefahr für die eigene Sicherheit oder die Sicherheit anderer Personen müssen die Beschäftigten die geeigneten Maßnahmen zur Gefahrenabwehr und Schadensbegrenzung selbst treffen können, wenn der zuständige Vorgesetzte nicht erreichbar ist; dabei sind die Kenntnisse der Beschäftigten und die vorhandenen technischen Mittel zu berücksichtigen. ³Den Beschäftigten dürfen aus ihrem Handeln keine Nachteile entstehen, es sei denn, sie haben vorsätzlich oder grob fahrlässig ungeeignete Maßnahmen getroffen.

(3) ¹Der Arbeitgeber hat Maßnahmen zu treffen, die es den Beschäftigten bei unmittelbarer erheblicher Gefahr ermöglichen, sich durch sofortiges Verlassen der Arbeitsplätze in Sicherheit zu bringen. ²Den Beschäftigten dürfen hierdurch keine Nachteile entstehen. ³Hält die unmittelbare erhebliche Gefahr an, darf der Arbeitgeber die Beschäftigten nur in besonders begründeten Ausnahmefällen auffordern, ihre Tätigkeit wieder aufzunehmen. ⁴Gesetzliche Pflichten der Beschäftigten zur Abwehr von Gefahren für die öffentliche Sicherheit sowie die §§ 7 und 11 des Soldatengesetzes bleiben unberührt.

Übersicht

	Rn.
A. Normzweck	1
B. Gemeinschaftsrecht und supranationales Recht	3
C. Entstehungsgeschichte	7
D. Systematische Bedeutung der Norm	10
I. Besondere Gefahren i. S. d. § 9	11
II. Ermittlung solcher Gefahren	14
III. Primäre und ergänzende Schutzpflichten	17
E. Raumbezogener Gefahrenschutz	20
I. Besonders gefährliche Arbeitsbereiche	21
II. Art und Umfang der zuvor erteilten Anweisungen	24
1. Speziell geregelte Unterweisungspflichten	25
2. Geeignete Anweisungen i. S. d. Abs. 1	27
III. Zugangsbeschränkungen	28
F. Informationsbezogener Gefahrenschutz	31
G. Eigenständige Gefahrenabwehr (Abs. 2 Satz 2 und 3)	40
I. Maßnahmen der eigenständigen Gefahrenabwehr	42
II. Benachteiligungsverbot nach Abs. 2 Satz 3	44
1. Tatbestandliche Voraussetzungen und rechtssystematische Einordnung	45
2. Rechtsfolgen des Benachteiligungsverbots	50
H. Entfernungsrecht (Abs. 3)	55
I. Supranationale Vorschriften	56
II. Entfernungsrecht in Art. 8 Abs. 4 RL 89/391	60
III. Ausgestaltung des Entfernungsrechts in anderen europäischen Staaten	62
1. Recht auf Arbeitseinstellung in Schweden	62
2. Recht auf Arbeitseinstellung in den Niederlanden	63
3. Recht auf Arbeitseinstellung in Frankreich	64
4. Recht auf Arbeitseinstellung in Spanien	65
5. Recht auf Arbeitseinstellung in Italien	66
6. Recht auf Arbeitseinstellung in der Ukraine	66a

Besondere Gefahren **§ 9 ArbSchG**

	Rn.
IV. Entstehungsgeschichte des ArbSchG	67
1. Bisherige Regelung zum Recht auf Arbeitseinstellung	68
2. Ausgestaltung des Entfernungsrechts im ArbSchRGE 1993	71
V. Ausgestaltung des Entfernungsrechts im ArbSchG 1996	74
1. Qualifizierte Gefahrenlagen und Arbeitgeberpflichten	74
2. Qualifizierte Gefahrenlagen und das Entfernungsrecht der Beschäftigten	77
3. Rechtsfolgen des Entfernungsrechts	82
4. Gesetzliche Pflichten zur Gefahrenabwehr	85
5. Aufforderung zur Arbeit trotz anhaltender unmittelbarer Gefahr	86

Literatur: *Birk,* Die Rahmenrichtlinie über die Sicherheit und den Gesundheitsschutz am Arbeitsplatz – Umorientierung des Arbeitsschutzes und bisherige Umsetzung in den Mitgliedstaaten der Europäischen Union in FS Wlotzke, 1996, S. 645; *Bremer,* Arbeitsschutz im Baubereich, 2007; *Fabricius,* Einstellung der Arbeitsleistung bei gefährlichen und normwidrigen Tätigkeiten, 1997; *ders.,* Die Mitbestimmung des Betriebsrats bei der Umsetzung des neuen Arbeitsschutzrechts, BB 1997, 1254; *Gotthardt,* Arbeitsrecht nach der Schuldrechtsreform, 2. Aufl. 2003; *Kohte,* Die Umsetzung der RL 89/391 in den Mitgliedstaaten der EU, ZIAS 1999, 85; *ders.,* Die Schuldrechtsreform und das Arbeitsrecht, in G. Fischer (Hrsg) Moderne Zivilrechtsformen und ihre Wirkungen, 2006, S. 85; *Leube,* Arbeitsschutzgesetz: Pflichten des Arbeitgebers und der Beschäftigten zum Schutz anderer Personen, BB 2000, 302; *Merten/Klein,* Die Auswirkungen des Arbeitsschutzgesetzes auf die Mitbestimmungsrechte des Betriebsrats nach § 87 Abs. 1 Nr. 7 BetrVG, DB 1998, 673; *Molkentin,* Das Recht auf Arbeitsverweigerung bei Gesundheitsgefährdung des Arbeitnehmers, NZA 1997, 849; *Müller-Petzer,* Fürsorgepflichten des Arbeitgebers nach europäischem und nationalem Arbeitsschutzrecht, 2003; *Scheuermann/Schucht,* Die neue Betriebssicherheitsverordnung, 2015; *Wank,* Der Entwurf eines Arbeitsschutzrahmengesetzes im Spannungsfeld von Verfassungs- und Gemeinschaftsrecht in FS für Wlotzke, 1996, S. 617.

A. Normzweck

In § 9 werden verschiedene Einzelregelungen der RL 89/391 zusammengefasst, **1** die organisatorische Bestimmungen zur Bewältigung qualifizierter Gefahren enthalten und daher erhöhte Schutzpflichten des Arbeitgebers statuieren (*Wlotzke,* NZA 1996, 1017, 1021). Diese Pflichten lassen sich in vier Kategorien aufgliedern:
– Absatz 1 enthält einen **raumbezogenen Gefahrenschutz,** indem der Zugang zu besonders gefährlichen Arbeitsbereichen reguliert wird;
– Absatz 2 Satz 1 realisiert **informationsbezogenen Gefahrenschutz,** indem spezielle Organisationspflichten zur Sicherung der Unterrichtung der Beschäftigten über das Verhalten bei qualifizierten Gefahren aufgestellt werden;
– Absatz 2 Satz 2 und 3 betrifft die **eigenständige Gefahrenabwehr** der Beschäftigten;
– Absatz 3 betrifft das **Entfernungsrecht** der Beschäftigten und eine damit korrespondierende **Organisationspflicht des Arbeitgebers.**

Die Überschrift vermittelt den Eindruck einer zusammenhängenden Regelung **2** für „besondere Gefahren"; bei genauer Analyse der Richtlinie und des unterschiedlichen Wortlauts der Einzelbestimmungen zeigt sich, dass hier **verschiedene Gefahrenlagen** betroffen sind (→ Rn. 10 ff.). Ebenso wird durch den Text nicht hinreichend deutlich, dass diese Bestimmung sowohl **Arbeitgeberpflichten** als auch

ArbSchG § 9 Arbeitsschutzgesetz

Arbeitnehmerrechte statuiert, die durch zwei verschiedene Benachteiligungsverbote in Absatz 2 und 3 zur Geltung kommen sollen.

B. Gemeinschaftsrecht und supranationales Recht

3   Die in § 9 zusammengefassten Regelungen betreffen **verschiedene Abschnitte aus der RL 89/391.** Der in Absatz 1 normierte raumbezogene Gefahrenschutz ist im Rahmen der allgemeinen Pflichten des Arbeitgebers in Art. 6 Abs. 3d der Richtlinie geregelt, während Absatz 2 und 3 der Umsetzung der Bestimmungen zum Schutz bei ernsten und unmittelbaren Gefahren nach Art. 8 Abs. 3 bis 5 der Richtlinie dienen. Die Richtlinie statuiert zunächst die generelle Pflicht des Arbeitgebers in Art. 8 Abs. 3, die Beschäftigten über Schutzmaßnahmen zu unterrichten und ihnen die Möglichkeit zu geben, die Arbeit einzustellen, sofern nicht ein begründeter Ausnahmefall vorliegt, in dem der Arbeitgeber eine Tätigkeit trotz Fortbestehens einer ernsten Gefahr verlangen darf. Art. 8 Abs. 4 betrifft den Schutz der Arbeitnehmer, die von ihrem Entfernungsrecht Gebrauch gemacht haben. Art. 8 Abs. 5 regelt die eigenständige Gefahrenabwehr durch die Beschäftigten (*Klindt/Schucht* in EuArbR RL 89/391 Rn. 64).

4   Die Bestimmungen zur ernsten und unmittelbaren Gefahr in Art. 8 RL 89/391 knüpfen an die Normen des **supranationalen Rechts** an, das – beginnend mit Art. 13 des ILO-Übereinkommens Nr. 155 im Jahr 1981 – in den Übereinkommen Nr. 167 (Bauwesen), Nr. 170 (Chemische Stoffe), Nr. 174 (Störfälle) und Nr. 176 (Bergbau) dieses Recht zu einem festen Bestandteil des supranationalen Arbeitsschutzrechts gemacht hat (*Fabricius,* Einstellung der Arbeitsleistung, S. 65 ff.) und 2001 im Übereinkommen Nr. 184 zum Arbeitsschutz in der Landwirtschaft bekräftigt hat. Zugleich nehmen diese Bestimmungen die entsprechenden Regelungen der Arbeitsschutzgesetze unserer Nachbarstaaten auf, die entweder – wie z. B. in Schweden – als Vorbild für die supranationalen Übereinkommen fungierten oder – wie in Frankreich – der Umsetzung des supranationalen Rechts dienten. Sie sind daher notwendig zur Interpretation des § 9 heranzuziehen und werden unten (Rn. 62 ff.) im Zusammenhang erläutert.

5   Die Bestimmungen zum **raumbezogenen Gefahrenschutz** in Art. 6 Abs. 3d RL 89/391 enthalten eine konkrete Pflicht, die in den allgemeiner gehaltenen Übereinkommen der ILO nicht aufgenommen worden ist. Nur Nr. 45 der Empfehlung 175 vom 20.6.1988 betreffend den Arbeitsschutz im Bauwesen enthält ein Beispiel für einen raumbezogenen Gefahrenschutz. Im Gemeinschaftsrecht finden sich dagegen viele Beispiele für einen raumbezogenen Gefahrenschutz. So verlangt z. B. Art. 16 Abs. 2 der RL 2000/54/EG über den Schutz der Arbeitnehmer gegen Gefährdung durch biologische Arbeitsstoffe, dass bei dem Umgang mit besonders riskanten biologischen Arbeitsstoffen der Zugang zu den Arbeitsbereichen ausschließlich auf spezielles Personal zu beschränken ist (Anhang VI Nr. 6b zu RL 2000/54/EG); in ähnlicher Weise verlangt Art. 37 Abs. 1a der RL 2013/59 zur Festlegung grundlegender Sicherheitsnormen gegen die Gefahren durch ionisierende Strahlungen, dass Kontrollbereiche zu bilden sind und der Zugang auf Personen zu beschränken ist, die entsprechende Anweisungen erhalten haben. Weitere Zugangsbeschränkungen verlangen Art. 7 RL 1999/92/EG (Explosionsschutz), Art. 5 Abs. 3 RL 2006/25/EG (künstlich optische Strahlung) sowie Art. 5 Abs. 2d RL 2013/35/EU (elektromagnetische Felder). Von diesen präventiven Regelungen sind Zugangsbeschränkungen nach Störfällen bzw. Unglücksfällen zu unterschei-

Besondere Gefahren **§ 9 ArbSchG**

den, die z. B. in Art. 7 Abs. 2 RL 90/394 (Karzinogene) sowie Art. 7 Abs. 2 RL 98/24 (chemische Arbeitsstoffe) normiert sind (*Wank in Hanau/Steinmeyer/Wank,* § 18 Rn. 766, 822). Diesem Ziel dient im deutschen Recht z. B. die Norm des § 13 Abs. 2 S. 2 GefStoffV.

Die **Umsetzung der RL 89/391** durch diejenigen Mitgliedstaaten, die ähnlich 6 wie in Deutschland eine umfassende neue Kodifikation zu formulieren hatten, vollzog sich in anderen Staaten in enger Anlehnung an die Systematik der Richtlinie, so dass – anders als in Deutschland – keine gesonderte Regelung zu „besonderen Gefahren" geschaffen wurde. Vielmehr wurde in anderen Staaten der raumbezogene Gefahrenschutz im Rahmen der allgemeinen Pflichten der Arbeitgeber geregelt, während der organisationsbezogene Gefahrenschutz und das Entfernungsrecht sowie die Möglichkeiten der eigenständigen Gefahrenabwehr als gesonderter Regelungskomplex mit ausdrücklicher Formulierung eines eigenständigen Entfernungsrechts der Beschäftigten kodifiziert wurden (z. B. §§ 3 Abs. 3 und 4, 6 Abs. 2 des österreichischen ArbSchG, § 8 öAVRAG, Art. 15 Abs. 3 und Art. 21 des spanischen Gesetzes 31/1995 v. 8.11.1995).

C. Entstehungsgeschichte

Im **ersten Entwurf zur RL 89/391** fehlten Regelungen zum raumbezogenen 7 Gefahrenschutz. Diese wurden erst in der letzten Phase der Verhandlungen in die Richtlinie aufgenommen. Dagegen spielten das Entfernungsrecht und die Möglichkeiten der eigenständigen Gefahrenabwehr durch die Beschäftigten von Anfang an eine große Rolle. Auf die Einzelheiten ist unten (→ Rn. 55 ff.) einzugehen.

Bereits im **Entwurf zum** (gescheiterten) **Arbeitsschutzrahmengesetz** – 8 ArbSchRGE – wurde als § 9 ein Normenkomplex zur Regelung „besonderer Gefahren" zusammengefasst, da man eine einheitliche Regelung der verschiedenen Aspekte für sachgerecht hielt (BT-Drs. 12/6752, S. 37 f.). Der Normtext enthielt in dem damaligen Absatz 1 noch eine zusätzliche Informationspflicht und differenzierte zwischen den Fällen „erheblicher Gefahr", die zu präventiven Organisationsmaßnahmen (Unterrichtung, Zugangsbeschränkung) verpflichtete und den Fällen „unmittelbarer erheblicher Gefahr", die zu den Möglichkeiten eigenständiger Gefahrenabwehr und eines Entfernungsrechts führen sollte. Weiter enthielt im damaligen Entwurf neben § 9 Abs. 4 auch § 18 Abs. 3 ein zusätzliches Recht zur Arbeitseinstellung (→ Rn. 71 ff.).

Im **Regierungsentwurf zum ArbSchG** wurde auch in der folgenden Legisla- 9 turperiode die Zusammenfassung der verschiedenen Bestimmungen in einer einheitlichen Norm zu „besonderen Gefahren" beibehalten, doch wurde die allgemeine Informationspflicht in die Regelungen des Absatzes 2 integriert (BR-Drs. 881/95, S. 31). Der Anwendungsbereich der Zugangsbeschränkungen wurde von der „erheblichen Gefahr" auf „besonders gefährliche" Arbeitsbereiche eingeschränkt. Da der Bundesrat insoweit keine eigenständigen Vorschläge unterbreitete, wurde diese Bestimmung in den Regierungsentwurf (BT-Drs. 13/3540, S. 18) unverändert übernommen und in der vorgelegten Form verabschiedet.

D. Systematische Bedeutung der Norm

10 § 9 enthält Regelungen, die an das Vorliegen besonderer Gefahren geknüpft sind. Sie betreffen verschiedenartige Sachverhalte und Zielsetzungen, die nur insoweit zusammengefasst werden, als sämtliche Einzelbestimmungen eine **qualifizierte Gefahr** voraussetzen. Auszugehen ist damit vom allgemeinen Gefahrbegriff (*Koll* in Koll/Janning/Pinter ArbSchG § 2 Rn. 4), der eine Sachlage voraussetzt, die mit hinreichender Wahrscheinlichkeit zu einem Schaden führt (so BT-Drs. 13/3540, S. 18; *Wlotzke* NZA 1996, 1017, 1019 sowie FS für Däubler, 1999, S. 654, 659; *Kohte,* EAS B 6100, Rn. 47). Die hier normierten Pflichten sind an den **Arbeitgeber** adressiert; als ergänzende betriebliche Organisationspflichten richten sie sich vorrangig an den **Entleiher,** doch binden die Benachteiligungsverbote in Absatz 2 und 3 auch den **Verleiher** (Wiebauer in Landmann/Rohmer GewO ArbSchG § 9 Rn. 4).

I. Besondere Gefahren i. S. d. § 9

11 Als Qualifikation wird in § 9 eine Sachlage vorausgesetzt, die zu einem **schweren Schaden** führen kann. Die Schwere des Schadens kann sich sowohl aus der Art als auch aus dem Umfang des Schadens ergeben (so BT-Drs. 13/3540, S. 18; *Wank* in TAS § 9 ArbSchG Rn. 3; *Pieper,* ArbSchR ArbSchG § 9 Rn. 1). Schwer sind daher Schäden, die erfahrungsgemäß zur Erwerbsunfähigkeit oder zum Tod einzelner Beschäftigter führen können oder Schäden, die nachhaltige Krankheiten einer größeren Zahl von Beschäftigten hervorrufen können. Insoweit ergibt sich eine vergleichbare Normstruktur, wie bei der Einteilung der Risikoklassen nach Art. 2 S. 2 RL 2000/54 – umgesetzt durch § 3 BioStoffV (dazu unten *Kossens* → BioStoffV § 3 Rn. 18 ff.), mit der die in Anhang 6 dieser Richtlinie angeordneten Zugangsbeschränkungen gesteuert werden.

12 Die Fassung des deutschen Textes macht es nicht leicht, zu erkennen, dass zwischen den verschiedenen **Schutzpflichten** in Absatz 1 einerseits und Absatz 2 und 3 andererseits eine Abstufung besteht. Während in § 9 ArbSchRGE diese Abstufung noch gut erkennbar war, weil der raumbezogene Gefahrenschutz damals an den Begriff der „erheblichen Gefahr" anknüpfte, ist diese Abstufung inzwischen weniger deutlich formuliert. Sie ist aber durch die Bestimmungen der Richtlinie vorgegeben; am besten wird dies durch die französische Fassung vermittelt, die sich für den raumbezogenen Gefahrenschutz auf die „zones le risque grave et specifique" bezieht, während das Selbsthilfe- und Entfernungsrecht eine „zone dangereuse" voraussetzt, in der „en cas de danger grave et immédiat" agiert werden muss. Diese Differenzierung entspricht der Abstufung in der französischen Fassung des ILO-Übereinkommens 155 und ist auch in den neuen Gesetzen unserer Nachbarländer (Rn. 6) in dieser Weise übernommen worden. Diese Abstufung ist auch sachgerecht, denn organisatorische Maßnahmen wie Zugangsbeschränkungen müssen bereits im Vorfeld schwerwiegender Gefahren, die ein Entfernungsrecht legitimieren können, getroffen werden. Insofern ist die österreichische Fassung, die zwischen „erheblichen und spezifischen Gefahren" (§ 6 Abs. 2) sowie der „ernsten und unmittelbaren Gefahr" (§ 3 Abs. 3 Österr. ArbSchG) deutlich unterscheidet, genauer formuliert.

13 Die verschiedenen **Stufen der qualifizierten Gefahr** in § 9 unterscheiden sich somit nach dem **Grad der hinreichenden Schadenswahrscheinlichkeit.** Für

Besondere Gefahren **§ 9 ArbSchG**

die Gefahr nach Absatz 1 bedarf es keiner besonderen Intensität der Wahrscheinlichkeit, denn die besondere Organisationspflicht des Arbeitgebers, die in der Unterrichtung und Zugangsbeschränkung zum Ausdruck kommt, soll präventiv schwere Schäden verhüten. Das Entfernungs- und Selbsthilferecht in Absatz 2 und 3 betrifft dagegen dringliche Gefahrensituationen, in denen nicht nur allgemein ein schwerer Schaden droht, sondern auch eine besondere Intensität der Schadenswahrscheinlichkeit besteht (zur Definition der unmittelbaren erheblichen Gefahr BT-Drs. 13/3540, S. 18 sowie unten Rn. 41). Für diese speziellen Situationen sind Entfernungs- und Selbsthilferecht geeignete Rechtsfolgen. Somit lässt sich mit Hilfe der richtlinienkonformen Auslegung eine geeignete Abstufung innerhalb des § 9 finden (ebenso *Pieper,* ArbSchR ArbSchG § 9 Rn. 1; *Fabricius* in HK-ArbSchR ArbSchG § 9 Rn. 6).

II. Ermittlung solcher Gefahren

Ob eine § 9 zuzuordnende qualifizierte Gefahr besteht, ist vom Arbeitgeber zu 14 ermitteln (dazu oben *Kreizberg* § 5 Rn. 40). Insoweit ergeben sich keine Besonderheiten gegenüber den allgemeinen Methoden der Gefahrenermittlung und -beurteilung nach § 5. Der Arbeitgeber muss sich also ein Bild von den **Arbeitsbedingungen im Betrieb** machen (*Pieper,* ArbSchR ArbSchG § 5 Rn. 7). Gefahren können sich u. a. aus der Gestaltung des Arbeitsplatzes, der Arbeitsabläufe oder der Arbeitszeit, aus physikalischen, chemischen und biologischen Einwirkungen, aus dem Umgang mit Arbeitsmitteln sowie aus unzureichender Qualifikation und Unterweisung der Beschäftigten ergeben (*Bürkert* AuA 1997, 190). Sodann ist es ihm möglich, die allgemeinen Arbeitsschutzmaßnahmen gem. § 3 festzulegen. Dabei muss der Arbeitgeber die Grundsätze des § 4 berücksichtigen.

Bei der Ermittlung, ob eine **qualifizierte Gefahr für die Beschäftigten** vor- 15 liegt, können die Regelungen der GefStoffV sowie der StörfallV sachliche und methodische Anhaltspunkte geben. Eine besondere Gefahr könnte danach vorliegen, wenn die Beschäftigten mit Stoffen arbeiten müssen oder ihnen ausgesetzt sind. Dabei kann sich die Gefährlichkeit des Stoffes aus seinen Eigenschaften (Qualität) als auch seiner Quantität ergeben. Ein Stoff kann auch auf Grund seiner Wirkungsweise gefährlich sein. § 3 a Abs. 1 ChemG unterscheidet hier z. B. entzündliche, giftige, reizende und krebserregende Stoffe (vgl. auch zum Begriff des gefährlichen Stoffes in der Seveso-Richtlinie, Art. 1 Abs. 2 d RL 82/501/EWG, Anhang IV sowie Art. 3 Nr. 10 i. V. m. Anhang I der RL 2012/18/EU – Seveso III).

Ein Stoff kann allerdings auch erst dann gefährlich sein, wenn eine bestimmte 16 Konzentration oder Menge vorliegt. Für die StörfallV wurde z. B. ein **Mengenschwellenwertkonzept** mit derzeit drei Mengenschwellen entwickelt. Anlagen i. S. d. § 1 Abs. 1 S. 2 StörfallV (im Anhang I Spalte 5 genannt), beinhalten besondere Gefahren, wenn eine bestimmte Menge gefährlicher Stoffe vorhanden ist.

III. Primäre und ergänzende Schutzpflichten

Die mit § 9 verbundenen Maßnahmen sind nicht geeignet, die Gefahren an der 17 Quelle zu bekämpfen, so dass sie **nicht** als **primäre Maßnahmen** anzusehen sind. Vorrangig sind nach der Systematik der Richtlinie und des Gesetzes vielmehr Maßnahmen, die geeignet sind, die Gefahr einzudämmen, also die Wahrscheinlichkeit des Schadenseintritts und möglicherweise auch die Schwere des Schadens zu verringern (*Wiebauer* in Landmann/Rohmer GewO ArbSchG § 9 Rn. 3; *Fabricius* in

HK-ArbSchR ArbSchG § 9 Rn. 1). Dabei sind an die Art und Weise der Maßnahmen umso strengere Anforderungen zu stellen, desto schwerer ein möglicher Schaden die Beschäftigten treffen kann (*RegE*, BT-Drs. 13/3540, S. 18). Ausdrücklich wird daher in § 4 Abs. 1 S. 2 ArbStättV verlangt, dass bei unmittelbarer erheblicher Gefahr die **Arbeit einzustellen** ist und die **Mängel** sofort **zu beseitigen** sind.

18 Damit können die Maßnahmen des § 9 jeweils nur **ergänzende Schutzmaßnahmen** bewirken; **vorrangig** sind die **Organisationspflichten** des § 3 zu beachten, wonach z. B. durch technische und organisatorische Lösungen die Gefahrenintensität verringert oder gar eingedämmt werden kann. Somit sind zunächst die Möglichkeiten technischer Regulierung sowie der geeigneten Personalauswahl und -fortbildung gegenüber den in § 9 statuierten Anforderungen einzusetzen. Deutlich wird dieses Prinzip in Art. 3 RL 92/58/EWG (*Oetker/Preis*, EAS A 3370) und dem diese Richtlinie umsetzenden Anhang 1.3 der ArbStättV zur „Sicherheits- und Gesundheitsschutzkennzeichnung am Arbeitsplatz"; danach sind Sicherheitskennzeichnungen oder gar Zugangsbeschränkungen und -verbote jeweils dann einzusetzen, wenn und soweit die vorrangig zu treffenden technischen und organisatorischen Maßnahmen für einen effektiven Gesundheitsschutz noch nicht ausreichen (*Weber* in Nöthlichs § 9 Rn. 2.1).

19 Ein Teil der in § 9 getroffenen Regelungen ergibt sich grundsätzlich bereits aus der Organisationspflicht nach § 3 Abs. 2. Gleichwohl handelt es sich nicht um eine überflüssige Verdoppelung, sondern um eine wichtige Klarstellung und besondere Hervorhebung, dass der Fall der qualifizierten Gefahr nicht nur die Stunde der Experten ist, sondern unverzügliches Handeln der einzelnen Beschäftigten verlangt. Damit wird auch hier die **aktive Rolle der Beschäftigten** im Rahmen der Verbesserung des Arbeitsschutzes betont (Erwägungsgrund 11 zur RL 89/391/EWG), die sich auch in kurzfristigen Notsituationen sachgerecht verhalten können (auch *Kohte*, EAS B 6100, Rn. 78).

E. Raumbezogener Gefahrenschutz

20 § 9 Abs. 1 verpflichtet den Arbeitgeber, bei besonders gefährlichen Arbeitsbereichen **Zugangsbeschränkungen** einzurichten. Soweit gleichwohl einzelne Beschäftigte zu besonders gefährlichen Arbeitsbereichen Zutritt haben, müssen sie zuvor geeignete Anweisungen erhalten (*Kohte* in MHdB ArbR § 294 Rn. 53). Mit § 9 Abs. 1 wird Art. 6 Abs. 3 d der Rahmenrichtlinie umgesetzt.

I. Besonders gefährliche Arbeitsbereiche

21 Als besonders gefährliche Arbeitsbereiche sind organisatorische oder räumliche Untereinheiten in einem Betrieb zu qualifizieren, bei denen ein nach Art oder Umfang **schwerer Gesundheitsschaden** auftreten kann. Eine besondere Intensität der Eintrittswahrscheinlichkeit ist für die präventive raumbezogene Regelung in Absatz 1 nicht geboten, da diese Regelung der präventiven Gefahrvermeidung und nicht nur der schnellen Bewältigung solcher Gefahren dient (auch *Kollmer/Vogl*, Rn. 155 *Koll*, ArbSchG § 9 Rn. 6; *Fabricius* in HK-ArbSchR ArbSchG § 9 Rn. 7). Neben den konkreten Zugangsbeschränkungen in einzelnen Verordnungen, die sich auf spezifische Tätigkeiten beziehen (dazu Rn 22 und 23) ist inzwischen eine generalklauselartige Pflicht zu Zugangsbeschränkungen für alle Bereiche

Besondere Gefahren **§ 9 ArbSchG**

mit gefahrstoffbezogener „**erhöhter Gefährdung**" in § 9 Abs. 6 GefStoffV normiert (*Nöthlichs* GefStoffV § 9 Rn. 5).

Als **besonders gefährliche Arbeitsbereiche** lassen sich insbesondere Arbeitsplätze einordnen, die durch gefährliche Tätigkeiten gekennzeichnet sind: 22
- aus dem Bereich der GefStoffV:
  - Umgang mit krebserzeugenden Stoffen (§§ 3 Nr. 12, 10 GefStoffV),
  - Umgang mit erbgutverändernden Stoffen (§§ 3 Nr. 14, 10 GefStoffV),
  - Abbruch-, Sanierungs- oder Instandhaltungsarbeiten an bestehenden Anlagen, Fahrzeugen, Gebäuden, Einrichtungen oder Geräten, die krebserregende Gefahrstoffe enthalten (Anhang I Nr. 2 GefStoffV),
  - Begasungen mit sehr giftigen, giftigen Stoffen (Anhang I Nr. 4 GefStoffV),
  - Schädlingsbekämpfung mit sehr giftigen, giftigen und gesundheitsschädlichen Stoffen (Anhang I Nr. 3 GefStoffV);
- aus dem Bereich des Strahlenschutzrechts:
  - Umgang mit radioaktiven Stoffen bzw. Anwendung von ionisierenden Strahlen (§§ 43, 44 StrahlenschutzV);
  - Tätigkeit in Kontrollbereichen nach § 19 Röntgenverordnung (RöV)
- aus dem Bereich der BaustellV:
  - Arbeiten in Baugruben mit der Gefahr des Verschüttetwerdens,
  - Arbeiten in der Nähe von Hochspannungsleitungen,
  - Arbeiten mit schweren Massivbauelementen sowie
  - die sonstigen Arbeiten nach Anhang II zu § 2 Abs. 3 BaustellV (*Kollmer,* BaustellV § 2 Rn. 81 ff. sowie NJW 1998, 2634, 2636; *Doll,* sis 1999, 6, 8; *Pieper,* AuR 1999, 88, 90; *Bremer,* Arbeitsschutz im Baubereich, S. 80).

Weiter können dazugehören: 23
- Arbeiten in umschlossenen Räumen von abwassertechnischen Anlagen, deren Betreten mit Gefahren durch Absturz oder mit Gefahren durch Stoffe bzw. biologische Vorgänge wie Fäulnis oder Gärung verbunden ist;
- Schweißarbeiten in Bereichen, in denen die Brandgefahr aus baulichen oder betriebstechnischen Gründen nicht restlos beseitigt ist;
- Arbeiten in Silos oder Bunkern, in denen sich gesundheitsschädliche Gase bilden können oder in denen Sauerstoffmangel auftreten kann;
- Bereiche, in denen Stoffe oder Zubereitungen aufbewahrt werden, die miteinander gefährlich reagieren können. Eine spezielle Zugangsbeschränkung enthält § 8 Abs. 7 S.1 GefStoffV für die Lagerung giftiger Stoffe;
- Tätigkeiten mit biologischen Arbeitsstoffen der Risikogruppen 2 bis 4, für die nach § 10 Abs. 1 BioStoffV i.V.m. Anhang II Nr. 3 spezielle Zugangsbeschränkungen gelten;
- explosionsgefährdete Bereiche i. S. d. §§ 2 Abs. 14, 11 GefStoffV, bei denen vor allem Anhang I und III der insoweit in Umsetzung der RL 1999/92 2015 modifizierten GefStoffV zu beachten sind;
- Lärmbereiche mit Zutrittsbeschränkung nach § 7 Abs. 4 S. 2 LärmVibrationsArbSchV;
- Arbeiten an hoch gelegenen Arbeitsplätzen, bei denen die in Umsetzung der RL 2001/45 zu beachtenden Bestimmungen in Anhang 1 Nr. 3 der BetrSichV zu beachten sind;
- die in Anhang Nr. 5.2 Abs. 4 zur ArbStättV genannten Arbeiten;
- Bereiche mit erhöhter künstlicher optischer Strahlung (§ 7 Abs. 3 OStrV).

II. Art und Umfang der zuvor erteilten Anweisungen

24 Art und Umfang der vom Arbeitgeber zuvor erteilten Anweisungen bestimmen sich nach der vorliegenden Beurteilung hinsichtlich der Arbeitsbedingungen und vorhandenen Gefahren. Je größer das Gefahrenpotential am Arbeitsplatz ist, desto umfangreicher und detaillierter müssen die Anweisungen sein. Der Arbeitgeber ist nicht verpflichtet, die notwendigen Anweisungen selbst zu erteilen, er hat aber dafür einzustehen, dass die **erforderlichen Anweisungen** erfolgt sind. Er muss daher organisatorische Maßnahmen treffen, die es ausschließen, dass Beschäftigte an besonders gefährlichen Arbeitsplätzen arbeiten, ohne vorher genügend unterwiesen worden zu sein (*Kollmer/Vogl,* Rn. 148; *Wiebauer* in Landmann/Rohmer GewO ArbSchG § 9 Rn. 7).

25 **1. Speziell geregelte Unterweisungspflichten.** Da der Gefahrenschutz zu den klassischen Tätigkeitsfeldern des deutschen Arbeitsschutzes gehört, sind **Unterweisungspflichten,** die sich auf besondere Gefahrenbereiche beziehen, **bereits vor 1996** in verschiedenen Rechtsquellen geregelt worden. Diese speziellen Regelungen gelten weiter und enthalten zugleich wichtige Hinweise zum Umgang mit besonderen Gefahren (*Wank* in TAS ArbSchG, § 9 Rn. 1; vgl. unten *Albertz* § 12 Rn. 11 ff.).

26 **Spezielle Unterweisungspflichten,** die in diesem Zusammenhang von Bedeutung sind, sind z. B. enthalten in:
 – § 20 Druckluftverordnung (DruckLV),
 – § 18 Abs. 1 Röntgenverordnung (RöV),
 – § 14 Biostoffverordnung (BioStoffV),
 – § 14 Gefahrstoffverordnung (GefStoffV),
 – § 12 Verordnung über die Sicherheitsstufen und Sicherheitsmaßnahmen bei gentechnischen Arbeiten in gentechnischen Anlagen (GenTS V),
 – §§ 6 Abs. 1 Nr. 4, 11 Abs. 1 Störfallverordnung (StörfallV),
 – § 11 LärmVibrationsArbSchV,
 – § 38 Strahlenschutzverordnung (StrahlenschutzV),
 – § 8 OStrV.

27 **2. Geeignete Anweisungen i. S. d. Abs. 1.** Die Informationen über die Beschaffenheit der vorliegenden Gefahren (z. B. Art des Stoffes, Menge bzw. Konzentration, Gefahrenklasse) sowie die **Belehrung** über die zu ergreifenden Maßnahmen und Einrichtungen zur Abwendung einer sich realisierenden Gefahr könnten geeignete Anweisungen i. S. d. § 9 Abs. 1 darstellen (auch *Nöthlichs/Weber,* ArbSchG, § 9 Rn. 2.1; vgl. *Leube* BB 2000, 302, 303).

III. Zugangsbeschränkungen

28 Diese so besonders unterrichteten Beschäftigten sind die einzigen Beschäftigten, denen der Zugang zu den Arbeitsplätzen gestattet ist, die durch spezifische Gefahren gekennzeichnet sind. Diese **Zugangsbeschränkungen** korrespondieren mit an § 9 DGUV Vorschrift 1, wonach der Unternehmer verpflichtet ist, dafür zu sorgen, dass unbefugte Dritte Betriebsteile nicht betreten, wenn dadurch eine Gefahr für Versicherte entsteht. Dieses Zutrittsverbot dient sowohl dem Schutz der den Bereich betretenden Versicherten als auch der in diesem Bereich arbeitenden Versicherten vor dem Zutritt anderer Personen, die nicht in der Lage sind, auf die spezifischen Gefahren in diesem Betriebsteil angemessen zu reagieren (vgl. auch § 9 Abs. 6 GefStoffV sowie Anh. 2 Nr. 1.3. Abs. 2 S. 2).

Besondere Gefahren **§ 9 ArbSchG**

Diese Zugangsbeschränkungen sind durch organisatorische Maßnahmen sicher- 29
zustellen, die sowohl durch Hinweisschilder als auch durch technische Sperren gewährleistet werden können (*Koll,* ArbSchG § 9 Rn. 5; *Wiebauer* in Landmann/Rohmer GewO ArbSchG § 9 Rn. 8). In der Regel hat der Arbeitgeber diese besonders gefährlichen Arbeitsbereiche mit **speziellen Sicherheitskennzeichnungen** zu versehen (Anhang 1.3 zur ArbStättV), die den Zutritt nur bestimmten Personen gestatten; so dass sie ein Zutrittsverbot für alle anderen Beschäftigten enthalten (dazu das Zeichen D-P 006 in der 2003 beschlossenen Technischen Regel ASR 1.3 (GMBl. 2013, S. 334). Der Arbeitgeber könnte ferner, ähnlich wie bei der Herstellung gefährlicher Stoffe gem. § 4 GefStoffV, bestimmte Gefahrensymbole und die dazugehörende Gefahrenbezeichnung im Zugangsbereich des gefährlichen Arbeitsplatzes anbringen bzw. Hinweise auf besondere Gefahren geben (zum bisherigen Recht: *Heilmann,* Anhang I Nr. 2, Nr. 3 zur GefStoffV, S. 129–134).

Sowohl die Auswahl als auch die Umsetzung solcher Zugangsbeschränkungen un- 30
terliegen dem **Mitbestimmungsrecht des Betriebsrats,** das in der Literatur weitgehend auf § 87 Abs. 1 Nr. 7 BetrVG gestützt wird (*Fitting,* BetrVG, § 87 Rn. 300; *Wiese-Gutzeit* in GK-BetrVG § 87 Rn. 611; *Wank* in TAS ArbSchG, § 9 Rn. 13; *Wiebauer* in Landmann/Rohmer GewO ArbSchG § 9 Rn. 33; zur zusätzlichen Bedeutung von § 87 Abs. 1 Nr. 1 BetrVG: *Pieper,* ArbSchR ArbSchG § 9 Rn. 5; *Kohte,* Störfallrecht und Betriebsverfassung S. 48f.). Hinsichtlich der geeigneten Formen und der grundsätzlichen Inhalte der Unterweisungen, die zum Schutz vor diesen spezifischen Gefahren erforderlich sind, sind wiederum Regelungen nach § 87 Abs. 1 Nr. 7 BetrVG zu vereinbaren (BAG NZA 2004, 1175, 1178 *LAG Stuttgart* NZA 1988, 515; *Rottmann* BB 1989, 1116; *Fabricius* BB 1997, 1254, 1257; *Merten/Klein* DB 1998, 673, 676; *Leube* BB 2000, 302, 304; *Klebe* in DKK § 87 Rn. 231). Das Mitbestimmungsrecht der Personalräte ergibt sich aus § 75 Abs. 3 Nr. 11 und Nr. 15 BPersVG (vgl. zu dieser Kombination im Personalvertretungsrecht *VG Frankfurt* NZA-RR 2002, 615). Weiter ist zu beachten, dass solche Zugangsbeschränkungen die eigenständige und eigenverantwortliche **Überwachungstätigkeit** von Betriebs- und Personalräten nach § 80 BetrVG, § 68 BPersVG, der Schwerbehindertenvertretung nach § 95 Abs. 1 S. 2 SGB IX sowie von Jugend- und Auszubildendenvertretungen nach § 70 BetrVG, § 61 BPersVG nicht einschränken oder behindern darf. Es ist daher zu gewährleisten, dass diesem Personenkreis auch der **Zugang** zu den für die allgemeine Betriebsöffentlichkeit gesperrten Bereichen zusteht (*LAG Frankfurt* DB 1972, 2214; *ArbG Hamburg* AuR 1997, 374 = NZA-RR 1998, 78; *Fitting,* § 80 Rn. 80; *Buschmann* in DKK BetrVG, § 89 Rn. 28f.; *Kohte* in HK-BetrVG § 80 Rn. 20; *Wiebauer* in Landmann/Rohmer GewO ArbSchG § 9 Rn. 8).

F. Informationsbezogener Gefahrenschutz

§ 9 Abs. 2 enthält weitere präventive Regelungen zum Umgang mit qualifizier- 31
ten Gefahren. Der Arbeitgeber wird verpflichtet, Vorkehrungen zu treffen, dass alle Beschäftigten frühzeitig über solche Gefahren und mögliche Abwehr- und Selbsthilfemaßnahmen unterrichtet sind (BT-Drs. 13/3540, S. 18). Die Regelung enthält damit keine originäre Informationspflicht, sondern eine **Organisationspflicht,** eine rechtzeitige gefahrbezogene Unterrichtung sicherzustellen. Sie hat insoweit klarstellende Bedeutung, denn die allgemeine Organisationspflicht nach § 3 Abs. 2 umfasst bereits die Pflicht zur Organisation von Unterrichtungen und Unterweisungen (→ § 3 Rn. 53, 70).

ArbSchG § 9

32 § 9 Abs. 2 knüpft an die Struktur der in verschiedenen Normen kodifizierten Unterrichtungspflichten an, die jeweils auch auf das Verhalten in Gefahrensituationen abzielen. Die **allgemeine Unterrichtungspflicht** nach § 81 Abs. 1 S. 2 BetrVG bzw. § 14 ArbSchG umfasst auch die Informationen „über die Maßnahmen und Einrichtungen zur Abwendung der Gefahren sowie der besonderen Schutzmaßnahmen bei Notfällen (§ 10 Abs. 2)". Die besondere Bedeutung der Vorbereitung auf Notfälle ist durch die Novellierung des § 81 BetrVG 1996 bekräftigt worden (*Fitting,* § 81 Rn. 9). Ebenso ist schon seit 1981 in § 6 Abs. 1 Nr. 4 StörfallV die Vorbereitung der Gefahrenabwehr als besonderer Informationsgegenstand verankert worden. In den neueren Verordnungen zum Arbeitsschutz ist dieser Aspekt ebenfalls verdeutlicht worden: § 3 Abs. 1 PSA-BV verlangt die Unterweisung über die sicherheitsgerechte Benutzung persönlicher Schutzausrüstungen; § 12 Abs. 1 S. 3 BetrSichV verlangt Informationen über Maßnahmen bei Betriebsstörungen von Arbeitsmitteln; § 4 Abs. 4 S. 4 ArbStättV verlangt das Auslegen von Flucht- und Rettungsplänen. Die Regelung in § 9 Abs. 2 Satz 1 bedeutet keine Verdoppelung von Informationspflichten, sondern eine sinnvolle **Klarstellung** (so auch oben Rn. 19) und **Konkretisierung** (*Fitting,* § 81 Rn. 12; *Lakies* in HK-BetrVG § 81 Rn. 13). Zugleich schafft sie mit Hilfe von § 22 Abs. 3 Nr. 1 die Möglichkeit, Anordnungen der Aufsicht zur Gestaltung der Unterrichtung zu erlassen. Schließlich gehört sie zu den Rahmenvorschriften, die der Konkretisierung durch die Mitbestimmung des Betriebsrats nach § 87 Abs. 1 Nr. 7 BetrVG sowohl fähig als auch bedürftig sind (*Wiese* in GK-BetrVG § 87 Rn. 611; *Fabricius* BB 1997, 1254, 1258; *Merten/Klein* DB 1998, 673, 676; *Fitting,* § 87 Rn. 300; *Wiebauer* in Landmann/Rohmer GewO ArbSchG § 9 Rn. 33; *Fabricius* in HK-ArbSchR ArbSchG § 9 Rn. 29).

33 **Ziel der Unterrichtung ist die Befähigung der Beschäftigten, auf Gefahrensituationen unmittelbar und eigenständig reagieren zu können.** Es sind daher die bereits in der Rechtsprechung und Literatur zu § 81 BetrVG herausgearbeiteten Anforderungen an eine solche Unterrichtung zu beachten. Danach ist es erforderlich, dass die Information die konkreten Gefahrenpotentiale des jeweiligen Arbeitsplatzes umreißt, so dass die Ausgabe von Merkblättern und Informationen der Berufsgenossenschaft oder der Hersteller bestimmter Geräte, so sinnvoll sie im Einzelfall auch sein können, in keinem Fall ausreichen kann (dazu unten *Albertz,* § 12 Rn. 6; *Kania* in ErfK § 81 BetrVG Rn. 12; *Lakies* in HK-BetrVG § 81 Rn. 14).

34 Die Information muss weiter die möglichen und geeigneten Maßnahmen zur Gefahrenabwehr darstellen. Soweit besondere Schutzkleidungen oder Schutzausrüstungen verwandt werden, ist nicht nur über ihren Gebrauch zu informieren, sondern durch **praktische Übungen** eine entsprechende Vorbereitung zu erzielen (*Bücker* in HK-ArbSchR PSA-BV Rn. 19; *Scheuermann/Schucht,* Die neue BetrSichV, 2015 S. 130f)). Dies gilt nach § 13 Abs. 1 S. 2 GefStoffV auch für den Gebrauch von Schutzvorrichtungen gegen Notfälle, Brand und Austritt von Gefahrstoffen (*Franzen* in GK-BetrVG § 81 Rn. 14; unten *Steffek,* § 12 Rn. 23) sowie für die Übung mit Hilfe eines Rettungsplans und § 4 Abs. 4 S. 5 ArbStättV (vgl. auch *Fabricius* in HK-ArbSchR ArbSchG § 9 Rn. 11).

35 Die Unterrichtung muss geeignet sein, den einzelnen Beschäftigten die Gefahren und die möglichen Maßnahmen vor Augen zu führen. Daher ist sie bereits individuell für jeden einzelnen vor Beginn der Beschäftigung vorzunehmen; sie ist dann durch regelmäßige Folgeinformationen nach § 12 zu vertiefen – wie § 12 Abs. 1 S. 3 BetrSichV zeigt –. Da der einzelne Beschäftigte diese Informationen genau verstehen muss, ist sie – wie jetzt § 12 Abs. 1 S. 1 und Abs. 2 S. 4 BetrSichV dokumen-

Besondere Gefahren **§ 9 ArbSchG**

tiert – bei **ausländischen Beschäftigten** erforderlichenfalls in ihrer jeweiligen **Heimatsprache** oder in einer Drittsprache vorzunehmen (*LAG Baden-Württemberg,* AiB 1990, 313; *Franzen* in GK-BetrVG § 81 Rn. 10, 15; *Löwisch/Kaiser* BetrVG, 6. Aufl. 2010, § 81 Rn. 1).

Für **jugendliche Beschäftigte** ist eine vergleichbare Information in § 29   36
JArbSchG vorgeschrieben, die mindestens halbjährlich wiederholt werden muss. Damit sollen der Kenntnisstand und das noch nicht voll entwickelte Sicherheitsbewusstsein von Jugendlichen berücksichtigt werden, das eine intensive, in Inhalt und Form anschauliche und jugendgerechte Information gebietet (*Zmarzlik/Anzinger,* JArbSchG, 5. Aufl. 1998, § 29 Rn. 6; *Ritschel* in HK-ArbSchR JArbSchG Rn. 27 ff).

Der Inhalt der vom Arbeitgeber getroffenen Schutzmaßnahmen bestimmt sich   37
wiederum nach der tatsächlichen Gefahrenlage, die durch die **Gefährdungsbeurteilung gem. § 5** ermittelt wird. Hinsichtlich der präventiven Schutzmaßnahmen kommen z. B. folgende Maßnahmen in Betracht:
– Einrichtungen, mit denen im Gefahrfall Hilfe herbeigerufen werden kann,
– Bereitstellung von Rettungseinrichtungen (z. B. Rettungsleiter, Rettungshauben, Atemschutzgeräte zur Selbstrettung, Löschdecken, Rettungsgurte),
– Bereithaltung von Notfallinformationen,
– Aufstellung von Alarm- und Rettungsplänen nach § 4 Abs. 4 S. 3 ArbStättV; Einrichtung von Fluchtwegen und Notausgängen (*Weber* in Nöthlichs ArbSchG § 9 Rn. 4.1),
– Kenntnisvermittlung bezüglich der richtigen Anwendung der Schutzeinrichtungen durch geeignete Bedienungs- und Sicherheitsanweisungen sowie durch regelmäßige Schulungen (in § 6 Abs. 1 Nr. 4 StörfallV ist eine derartige Pflicht für Betreiber von Anlagen i. S. d. § 1 Abs. 1 StörfallV gesetzlich normiert),
– Einrichten von Sammelplätzen (TRGS 520, Gefährliche Abfälle 1.1).

Als im Notfall zu treffende **Schutzmaßnahmen** wären z. B. denkbar: 38
– zügiges Aufsuchen der Notausgänge,
– Informationen des Krankenhauses/Polizei/Feuerwehr,
– Betätigung der Alarmeinrichtungen.

Der Katalog der zu treffenden Maßnahmen zeigt deutlich, dass die Unterrich-   39
tungspflicht eingebettet sein muss in **eine umfassende präventive betriebliche Politik zur Verhütung und Eindämmung schwerer Gefahren** (bereits *Bücker/Feldhoff/Kohte,* Vom Arbeitsschutz zur Arbeitswelt, Rn. 261). Die Unterrichtung wird nur wirkungsvoll sein, wenn es die erforderlichen technischen Schutzvorrichtungen auch real gibt, wenn also z. B. Einrichtungen bestehen, mit denen im Gefahrenfall Hilfen herbeigerufen werden kann, wenn funktionsfähige Brandschutzeinrichtungen und Rettungsmittel ebenso zur Verfügung stehen wie Notfallinformationen, Alarm- und Rettungspläne (*Kollmer/Vogl,* Rn. 158). Insoweit ist die Umsetzung der RL 89/391 im österreichischen Recht wesentlich besser verständlich und genauer formuliert, denn nach § 3 Abs. 4 österr. ArbSchG werden die Arbeitgeber umfassend verpflichtet, „durch Anweisungen und sonstige geeignete Maßnahmen dafür zu sorgen, dass Arbeitnehmer bei ernster und unmittelbarer Gefahr … in der Lage sind, selbst die erforderlichen Maßnahmen zur Verringerung oder Beseitigung der Gefahr zu treffen" (*Heider/Schneeberger* öArbSchG, 6. Aufl. 2013 § 3 Rn. 7. Damit ist die Organisationspflicht, die in § 9 Abs. 2 S. 1 partiell formuliert ist, umfassend und anschaulich beschrieben.

Kohte

ArbSchG § 9

G. Eigenständige Gefahrenabwehr (Abs. 2 Satz 2 und 3)

40 In § 9 Abs. 2 Satz 2 (ebenso § 21 Abs. 1 S. 2 DGUV Vorschrift 1) wird folgerichtig anerkannt, dass in der Situation einer unmittelbaren erheblichen Gefahr die entsprechend instruierten und geübten Beschäftigten auch in der Lage sein sollen, erste geeignete Maßnahmen zur Gefahrenabwehr und Schadensbegrenzung selbst zu treffen, wenn die Vorgesetzten nicht bzw. nicht rechtzeitig erreichbar sind. Damit fügt sich auch diese Norm in die **neue Konzeption der Förderung der Aktivität und Selbsthilfe der Beschäftigten im Arbeitsschutzrecht** (dazu nur *Wlotzke*, NZA 1996, 1017, 1022) ein. Im bisherigen deutschen Arbeitsschutzrecht dominierte für die Situation der Gefahr entweder der Hinweis auf die Befolgung direktiver Weisungen oder die Anordnung, den Rettungsplänen zu folgen und sich in Sicherheit zu bringen (dazu nur § 55 ArbStättV aF, § 30 VBG 1 aF). In den Normen des bisherigen Arbeitsschutzrechts fehlt daher – in konsequenter Übereinstimmung mit dem bisherigen direktiv und technisch geprägten Bild – jegliche konkrete Aussage zur Eigenständigkeit der Beschäftigten. § 9 dokumentiert ebenso wie § 21 DGUV Vorschrift 1 damit diese neue Perspektive (*Bücker/Feldhoff/Kohte*, Vom Arbeitsschutz zur Arbeitsumwelt, Rn. 264).

41 Die Regelungen der Absätze 2 und 3 setzen voraus, dass von einer **„unmittelbaren erheblichen Gefahr"** ausgegangen werden kann. Damit ist eine besondere Intensität der Schadenswahrscheinlichkeit markiert, mit der eine konkrete und zeitlich direkt bevorstehende qualifizierte Gefahr umschrieben wird (dazu bereits oben Rn. 13). Genauso wie die in Abs. 1 gemeinte Gefahr muss ein nach Art und Umfang schwerer Schaden drohen; im Unterschied zu dieser Regelung liegt jedoch eine Dringlichkeit der Gefahr vor, die ein schnelles Handeln erforderlich macht (*Kollmer/Vogl*, Rn. 231; *Fabricius*, Einstellung der Arbeitsleistung, S. 156f.; *Fabricius* in HK-ArbSchR § 9 ArbSchG Rn. 6). Als Gefahr in diesem Sinn ist nicht nur die Wahrscheinlichkeit eines schweren Schadens, sondern auch die Wahrscheinlichkeit, dass sich ein eintretender bzw. eingetretener Schaden verschlimmert, einzustufen (*Weber* in Nöthlichs § 9 ArbSchG Rn. 4.1; *Oetker* in Staudinger, BGB § 618 Rn. 273).

I. Maßnahmen der eigenständigen Gefahrenabwehr

42 Das **Spektrum** der in einer solchen Gefahrensituation unmittelbar zu ergreifenden Maßnahmen ist sehr **weit gefächert.** Beispielhaft zu nennen sind:
– die Nutzung der vorhandenen Schutzeinrichtungen bzw. persönlichen Schutzausrüstungen (§ 3 PSA-BV, *Kollmer* NZA 1997, 138, 140);
– der Gebrauch von Brandschutzeinrichtungen, also vor allem von Feuerlöschgeräten und ähnlichen Hilfsmitteln (§ 22 DGUV Vorschrift 1);
– die Bereitstellung von Einrichtungen, mit denen im Gefahrenfall Hilfe herbeigerufen werden kann und schließlich die Ausgabe und Nutzung von Rettungsmitteln wie z. B. Rettungsleitern (ausführlich *Kollmer/Vogl*, Rn. 158).

43 Bei diesen Maßnahmen und Vorkehrungen sollen die Kenntnisse der Beschäftigten berücksichtigt werden. Dies kann sich sinnvollerweise nicht allein auf das Verhalten der Beschäftigten in der unmittelbaren erheblichen Gefahr beziehen, sondern betrifft wiederum auch die präventiven Maßnahmen nach Satz 1, die auf Grund der Organisationspflicht des Arbeitgebers zu treffen sind. Die **Schlüsselrolle nimmt** insoweit die **Unterweisung** ein, die nach der neuen Gesetzeslage

Besondere Gefahren **§ 9 ArbSchG**

sehr viel zielgerichteter durchgeführt werden müsste (vgl. *Wiebauer* in Landmann/ Rohmer GewO § 9 ArbSchG Rn. 12).

II. Benachteiligungsverbot nach Abs. 2 Satz 3

Nach § 9 Abs. 2 Satz 3 dürfen den Beschäftigten aus ihrem Handeln keine Nach- 44 teile entstehen, es sei denn, sie haben vorsätzlich oder grob fahrlässig ungeeignete Maßnahmen getroffen. Damit wird Art. 8 Abs. 5 Satz 2 der RL 89/391/EWG in weitgehend identischen Formulierungen umgesetzt. Auf den ersten Blick scheint es sich hier um eine Wiederholung und Konkretisierung des Maßregelungsverbots in § 612a BGB zu handeln. Eine solche Deutung greift m. E. jedoch zu kurz. Dieses Maßregelungsverbot soll sicherstellen, dass Beschäftigten durch die Wahrnehmung ihrer Rechte **keine Nachteile** entstehen. Es wird als unzulässige Rechtsausübung qualifiziert, wenn Arbeitgeber diesen unverzichtbaren Bestandteil der Arbeitnehmerrolle einschränken oder unterbinden wollen (*BAG* NZA 1988, 18; DB 2003, 828, 829; *Raab* in Soergel BGB, § 612a Rn. 2).

1. Tatbestandliche Voraussetzungen und rechtssystematische Einord- 45 **nung.** Die Zielrichtung der Selbsthilfe in § 9 Abs. 2 Satz 2 ist dagegen **nicht vorrangig die Sicherung eigener Rechte, sondern fremdnütziges Handeln** (*Wiebauer* in Landmann/Rohmer GewO ArbSchG § 9 Rn. 17; *Fabricius* in HK-ArbSchR § 9 Rn. 15). Die Beschäftigten sollen vorbereitet und ermutigt werden, in einer qualifizierten Gefahrenlage, die sich auch auf die **„Sicherheit anderer Personen"** (z. B. andere Beschäftigte, Leih- und Fremdfirmenarbeitnehmer; dazu *Leube* BB 2000, 302, 304 *Pieper*, ArbSchR, § 9 Rn. 7; *Wiebauer* in Landmann/Rohmer GewO ArbSchG § 9 Rn. 16) beziehen kann, die ersten Maßnahmen selbst treffen zu können. Mit dieser Ermutigung zu fremdnützigem Handeln zeigt sich, dass hier als **legislatives Vorbild** nicht § 612a BGB, sondern § 680 BGB heranzuziehen ist. Danach hat der Geschäftsführer, der zur Abwendung einer dem Geschäftsherrn drohenden dringenden Gefahr gehandelt hat, nur Vorsatz und grobe Fahrlässigkeit zu vertreten.

Der Norm des § 680 BGB liegt der Gedanke zugrunde, dass ein **helfendes Ein-** 46 **greifen Dritter** in Augenblicken dringender Gefahren im allgemeinen Interesse erwünscht ist und ein Sichvergreifen in den Mitteln der Hilfe wegen der durch die Gefahr erforderten Schnelligkeit der Entschließung, die ein ruhiges, überlegendes Abwägen ausschließt, nur zu leicht stattfinden kann (*BGHZ* 43, 188, 194; *BGH* VersR 1972, 456, 457; *Bergmann* in Staudinger 2015, § 680 BGB Rn. 1; *Gehrlein* in Bamberger/Roth 2012 § 680 Rn. 1). Aus dieser Zielrichtung hat die Judikatur weiter abgeleitet, dass § 680 BGB über den unmittelbaren Anwendungsbereich der Haftung des Geschäftsführers auch umgekehrt für die Ersatzansprüche des Geschäftsführers heranzuziehen ist (*BGH,* VersR 1972, 456, 457 = DB 1972, 721; *Steffen* in RGRK § 680 BGB Rn. 2; *Bergmann* in Staudinger, BGB § 680 Rn. 2).

In der Rechtsprechung und Literatur zu § 680 BGB dominiert folgerichtig die 47 Ansicht, dass diese Form des Haftungsschutzes auch eingreifen muss, wenn die Rettungsaktion scheitert (dazu nur BGHZ 43, 188, 192; *Sprau* in Palandt 2016 § 680 BGB Rn. 2). In der neueren Judikatur und Literatur wird überwiegend für die Haftungsmilderung nicht mehr verlangt, dass die dringende Gefahr objektiv bestand (*BAG* NJW 1976, 1229, 1230; aA *Bergmann* in Staudinger, BGB § 680 Rn. 13). Der Zweck der Vorschrift, das fremdnützige Handeln gerade in besonders schwierigen Situationen zu stimulieren, spricht für einen **situativen Haftungsschutz,** so dass diese Norm auch eingreift, wenn der Geschäftsführer **irrtümlich** eine Gefahr annimmt (so auch *OLG München* WM 1999, 1878, 1879; *Sprau* in Palandt § 680 BGB Rn. 2; *Mansel* in Jauernig § 680 BGB Rn. 2; *Gehrlein* in Bamberger/Roth § 680 Rn. 1).

48 Aus dem oben (→ Rn. 46) dargestellten Normzweck wird in der Literatur zu § 680 BGB zunehmend abgeleitet, dass **leichte Fahrlässigkeit** bei der irrtümlichen Einschätzung der Gefahr **nicht nachteilig** ins Gewicht fallen darf und nicht nur die Haftung, sondern auch die Frage der Zurechnung des Irrtums bei Annahme der Gefahrenlage grobe Fahrlässigkeit voraussetzt (*Mansel* in Jauernig § 680 BGB Rn. 2; *Sprau* in Palandt § 680 BGB Rn. 2).

49 Da somit aus § 680 BGB ein „allgemeiner Rechtsgedanke" (BGHZ 43, 188, 194) abgeleitet worden ist, der i. Ü. bereits in der Judikatur des BAG zum Haftungsrecht aufgegriffen worden ist (*BAG* NJW 1976, 1230), ist diese Judikatur und Literatur auch bei der Auslegung des § 9 Abs. 2 Satz 3 heranzuziehen. Dieses Nachteilsverbot greift daher auch dann ein, wenn **Beschäftigte irrtümlich eine dringende Gefahr** angenommen haben (a. A. *Wiebauer* in Landmann/Rohmer GewO § 9 ArbSchG Rn. 18; *Weber* in Nöthlichs § 9 Rn. 4.3.); ebenso ist diese Norm zu beachten, wenn Beschäftigte Aufwendungsersatz verlangen, denn im Arbeitsschutzrecht ist ebenfalls die Erkenntnis zu Grunde zu legen, dass in solchen Fällen der Notgeschäftsführung den Akteuren das Risiko abzunehmen ist, dass sie ihre in der Regel spontane und daher in ihren Ergebnissen nicht mit der sonst erforderlichen Sorgfalt abwägbaren Hilfeleistungen mit eigenen Verlusten bezahlen müssen (*BGH* VersR 1972, 456, 457; *Gehrlein* VersR 1998, 1330, 1331).

50 **2. Rechtsfolgen des Benachteiligungsverbots.** Die Rechtsfolgen von Satz 3 sind umfassend angelegt; sie sollen **vor allen Nachteilen schützen,** die sich aus nichtgrobfahrlässiger Gefahrenabwehr ergeben können. Das Spektrum der möglichen Nachteile ist breit; exemplarisch sind hier nur zu nennen:
− Ausschluss von Lohnerhöhungen,
− Versagung oder Minderung einer bisher gewährten Lohnzulage,
− Verhinderung von Aufstiegsmöglichkeiten (Beförderung),
− Einstellung von Gratifikationsleistungen und
− Widerruf von Sozialleistungen.
In der betrieblichen Praxis dürfte jedoch der Haftungsschutz, den diese Norm bewirkt, das größte Gewicht einnehmen (so auch *Wiebauer* in Landmann/Rohmer GewO § 9 ArbSchG Rn. 20).

51 In den Beratungen zum ArbSchG wurde die Frage aufgeworfen, in welchem Verhältnis dieser Haftungsschutz zum judikativen Konzept der gefahrgeneigten Arbeit steht; er wurde als **Sonderregelung** charakterisiert, die in den Fällen des § 9 vorrangig gegenüber dem richterrechtlichen Konzept zur Arbeitnehmerhaftung einzusetzen ist (BT-Drs. 13/3540, S. 18; *Molkentin,* NZA 1997, 849, 856). Es ist systematisch folgerichtig, dass im Anwendungsbereich des § 9 Abs. 2 eine konkurrierende Heranziehung der Judikatur zur Arbeitnehmerhaftung nicht erfolgen kann, da dies mit dem Schutzzweck der Norm nicht vereinbar wäre. Dies entspricht i. Ü. der Judikatur zu § 680 BGB, die sich im Rahmen ihres Anwendungsbereichs ebenfalls auf sämtliche möglichen Anspruchsgrundlagen – auch auf das Deliktsrecht – erstreckt (dazu nur *OLG Hamburg* VersR 1984, 758; *LG München I* NJW 1976, 898; *Bergmann* in Staudinger, BGB § 680 Rn. 18).

52 Außerhalb des Anwendungsbereich des § 9 Abs. 2 lässt sich diese Norm nicht generell für Fragen der **Arbeitnehmerhaftung** nutzbar machen, denn die Haftungs-

Besondere Gefahren **§ 9 ArbSchG**

verteilung in den Fällen der Arbeitnehmerhaftung soll vor allem das **Organisationsrisiko** richtig zuordnen (*BAG* NZA 1994, 1083, 1085), während § 680 BGB ein situatives und fremdnütziges Handeln fördern soll. Damit ist selbstverständlich nicht ausgeschlossen, dass in geeigneten Fällen zur Arbeitnehmerhaftung auch auf die Rechtsgedanken des § 680 BGB zurückgegriffen wird (*Söllner*, Anm. zu *BAG* AP Nr. 50 zu § 611 BGB Haftung des Arbeitnehmers). Weitergehende Aussagen sind im Gesetzgebungsverfahren jedoch nicht getroffen worden, so dass ansonsten die allgemeinen Regeln der Arbeitnehmerhaftung in ihrer durch die Judikatur oder die Tarifverträge geprägten Form gelten.

Der Nachteilsschutz gilt nicht, wenn der Beschäftigte vorsätzlich oder grob fahr- 53 lässig ungeeignete Maßnahmen getroffen hat. Damit wird die Forderung der Richtlinie in Art. 8 Abs. 5 Satz 2 RL 89/391 umgesetzt; hier wird im französischen Text die Kategorie der „faute lourde" verwandt, die in den Kategorien des deutschen Rechts eher als eine besonders grobe Fahrlässigkeit zu verstehen ist (*Ahrendt*, Der Kündigungsschutz bei Arbeitsverhältnissen in Frankreich, 1995, S. 54 ff.). Dies spricht dafür, dass zunächst an den in der Judikatur entwickelten und in § 45 Abs. 2 Satz 3 SGB X definierten **Begriff der groben Fahrlässigkeit** angeknüpft werden kann, wonach die erforderliche Sorgfalt in besonders schwerem Maße verletzt werden muss. Die besondere Schwere ergibt sich hier daraus, dass dasjenige unbeachtet geblieben ist, was im gegebenen Fall jedem hätte einleuchten müssen und somit die erforderliche Sorgfalt in einem ungewöhnlich großen Maße verletzt worden ist (*BGHZ* 10, 14, 16; *Kohte* BB 1983, 1603, 1605). Angesichts der Fassung der Richtlinie und der situativen Bedeutung dieser Rechtsfigur im vorliegenden Kontext ist es folgerichtig, in Übereinstimmung mit der Judikatur und Literatur zu § 680 BGB eine besondere subjektive Vorwerfbarkeit zu verlangen (*BGH,* NJW 1972, 475, 476; *Steffen* in RGRK § 680 BGB Rn. 11). Dies entspricht i. ü. den Kategorien des BAG zur Arbeitnehmerhaftung (*BAG* NZA 1998, 310; 1999, 263, 264; 2006, 1428; *Preis* in ErfK § 619a BGB Rn. 15).

In der Rechtsprechung des BAG ist die **verschuldensmindernde Wirkung** 54 **des Betriebsrisikos** mehrfach anerkannt worden. Danach führen bestimmte Merkmale aus der Sphäre der betrieblichen Arbeitsorganisation, wie z. B. eine besondere Gefährlichkeit des Arbeitssubstrats und eine besondere Risikonähe der betrieblichen Arbeitsorganisation dazu, dass das Verschulden des Beschäftigten in einem anderen Licht erscheint und somit nicht mehr als grob fahrlässig charakterisiert werden kann (ausführlich *Kohte*, BB 1983, 1603, 1605 sowie AiB 1998, 346, 348; *Gamillscheg/Hanau*, Haftung des Arbeitnehmers, 2. Aufl. 1974, S. 74 ff.; *Otto/Schwarze*, Haftung des Arbeitnehmers, 3. Aufl. 1998, Rz. 174 sowie *BAG* AP Nr. 58 und 59 zu § 611 BGB Haftung des Arbeitnehmers). Diese Judikatur passt von ihren Wertungsgrundlagen auch für den vorliegenden Fall, so dass in jedem Einzelfall beachtet werden muss, ob angesichts besonderer Umstände aus der betrieblichen Risikosphäre das Verschulden des Beschäftigten sich nicht mehr als grob fahrlässig darstellt. Gerade die in solchen Gefahrensituationen nicht seltenen Fälle des **Augenblicksversagens** werden in Judikatur und Literatur zutreffend als in der Regel nicht mehr grob fahrlässig qualifiziert. Dies wird erst recht anzunehmen sein, wenn die praktischen Pflichten nach § 9 Abs. 1 und Abs. 2 Satz 1 in der Betriebsorganisation nicht hinreichend beachtet worden sind (*Fabricius* in HK-ArbSchG § 9 ArbSchG Rn. 16).

H. Entfernungsrecht (Abs. 3)

55 Zu den am lebhaftesten diskutierten Regelungen des Gesetzes gehört die Bestimmung zum Entfernungsrecht in § 9 Abs. 3. Sie war von Anfang an sowohl in der rechtssystematischen Einordnung als auch in der rechtstechnischen Ausgestaltung umstritten. Aus der supranationalen und der gemeinschaftsrechtlichen Normsetzung lässt sich ableiten, dass dieses Recht sowohl in realer als auch in symbolischer Weise die mit der neuen Konzeption verbundene aktivere Rolle der Beschäftigten deutlich zum Ausdruck bringen soll (*Bücker/Feldhoff/Kohte*, Rn. 264). Daher kann **die Auslegung dieser Norm nicht ohne Rückgriff auf die internationale Diskussion** erfolgen (zur gemeinschaftsrechtlichen Dimension auch *Oetker* in Staudinger (2016) § 618 BGB Rn. 270).

I. Supranationale Vorschriften

56 Die neuere Konzeption der präventiven Arbeitsumweltpolitik begann mit den entsprechenden Gesetzen in Skandinavien, die dort seit 1975 kodifiziert worden waren (ausführlich *Birk*, S. 645, 650 ff.). Auf der supranationalen Ebene wurde dieses Konzept erstmals am 22.6.1981 durch das **ILO-Übereinkommen Nr. 155** über Arbeitsschutz und Arbeitsumwelt von den Mitgliedstaaten beschlossen, in welchem sie sich zu einer geschlossenen Arbeitsschutzpolitik verpflichteten (*Birk*, S. 648 ff.; *Kohte*, ZIAS 1999, 85, 91 f.). In dieses Übereinkommen wurde – zwar erst nach heftiger Diskussion der Regierungen – bereits ein ausdrückliches Entfernungsrecht der Beschäftigten aufgenommen (*Fabricius*, Einstellung der Arbeitsleistung, S. 67, 68).

57 Art. 13 des Übereinkommens lautet:

> Ein Arbeitnehmer, der sich von einer Arbeitssituation entfernt hat, von der er mit hinreichendem Grund annahm, dass sie eine unmittelbare und ernste Gefahr für sein Leben oder seine Gesundheit darstellt, ist gemäß den innerstaatlichen Verhältnissen und Gepflogenheiten vor ungerechtfertigten Folgen zu schützen (*Fabricius*, Einstellung der Arbeitsleistung, S. 66).

Der Arbeitnehmer kann demnach, ohne dass eine Pflichtverletzung des Arbeitgebers vorliegen muss, bei Vorhandensein einer solchen in Art. 13 ILO-Übereinkommen Nr. 155 genannten Gefahr seinen Arbeitsplatz verlassen. Entscheidend ist gem. Art. 13, dass das Vorliegen einer derartigen Gefahr dem Urteilsvermögen des Arbeitnehmers obliegt, dem somit ein **Entscheidungsspielraum** zugebilligt wird. Lag demnach objektiv keine unmittelbare und ernste Gefahr vor, obwohl der Arbeitnehmer dies aber aus hinreichenden Gründen annahm, so durfte er sich dennoch gem. Art. 13 von seinem Arbeitsplatz entfernen.

58 Seit 1981 wurde dieses Entfernungsrecht inzwischen in fünf weiteren supranationalen Abkommen verankert. Eine Untersuchung der jeweiligen Entstehungsgeschichte zeigt, dass das Entfernungsrecht auf der supranationalen Ebene schrittweise immer deutlicher akzeptiert wurde und zugleich die Sorgen vor einem subjektiven Missbrauch angesichts der bisherigen Erfahrungen immer stärker in den Hintergrund traten (ausführlich *Fabricius*, Einstellung der Arbeitsleistung, S. 69 ff.). In Art. 12 des **ILO-Übereinkommens Nr. 167** vom 20.6.1988 über den Arbeitsschutz im Bauwesen, das 1992 von der Bundesrepublik Deutschland ratifiziert wurde (BGBl. II 1992 S. 95), wurde dem Arbeitnehmer ein Entfernungsrecht zuer-

Besondere Gefahren **§ 9 ArbSchG**

kannt, wenn er „guten Grund" zur Annahme einer unmittelbaren und erheblichen Gefahr hatte. Am 25.6.1990 wurde von der Internationalen Arbeitskonferenz das **ILO-Übereinkommen Nr. 170** über die Sicherheit bei der Verwendung chemischer Stoffe bei der Arbeit verabschiedet (*International Labour Organisation,* International Labour Conventions and Recommendations 1919–1991, Bd. 2, 1993, S. 1464) und von der Bundesrepublik Deutschland 2007 ratifiziert (BGBl. II Nr. 4 vom 22.2.2007 S. 130). Das in Art. 18 statuierte Entfernungsrecht greift ein, wenn die Beschäftigten „hinreichenden Grund zu der Annahme haben, dass ein unmittelbares und erhebliches Risiko für ihre Sicherheit und Gesundheit besteht".

Das **ILO-Übereinkommen Nr. 174** vom 22.6.1993 über die Verhütung von **59** industriellen Störfällen sieht in Art. 19 d ein Entfernungsrecht für die betroffenen Arbeitnehmer vor. Auch hier besteht das Entfernungsrecht, wenn der Arbeitnehmer hinreichenden Grund zur Annahme hat, dass eine unmittelbare Gefahr für den Eintritt eines Störfalles besteht. Schließlich ist das in Art. 13 Abs. 1 e) des **ILO-Übereinkommens Nr. 176** vom 22.6.1995 über den Arbeitsschutz in Bergwerken, das 1998 von der Bundesrepublik Deutschland ratifiziert worden ist (BGBl. II 1998 S. 795, 803), verankerte Entfernungsrecht wiederum sowohl durch objektive als auch subjektive Komponenten hinsichtlich der Beurteilung der Gefahrenlage gekennzeichnet. Dieselbe Struktur hat das Entfernungsrecht in Art. 8 Abs. 1 c des **ILO-Übereinkommens Nr. 184** vom 5.6.2001 über den Arbeitsschutz in der Landwirtschaft, das durch ein striktes Benachteiligungsverbot bei Ausübung dieses Rechts abgesichert wird. Obwohl mit der Novellierung der GefStoffV 2005 Anforderungen aus dem Übereinkommen Nr. 184 in das deutsche Recht eingearbeitet worden sind (*Pieper,* ArbSchR, vor § 1 GefStoffV Rn. 8), ist die Ratifikation jedenfalls dieses Übereinkommens, anders als das Übereinkommen Nr. 170, bis heute unterblieben.

II. Entfernungsrecht in Art. 8 Abs. 4 RL 89/391

Die RL 89/391/EWG enthält in Art. 8 Abs. 4 ein **ausdrückliches** Recht der **60** Beschäftigten, sich bei ernster unmittelbarer Gefahr vom Arbeitsplatz entfernen zu können (*Klindt/Schucht* in EuArbR RL 89/391 Rn. 76). Art. 8 Abs. 4 RL lautet:

> Einem Arbeitnehmer, der bei ernster, unmittelbarer und nicht vermeidbarer Gefahr seinen Arbeitsplatz bzw. einen gefährlichen Bereich verlässt, dürfen dadurch keine Nachteile entstehen, und er muss gegen alle nachteiligen und ungerechtfertigten Folgen entsprechend den einzelstaatlichen Rechtsvorschriften bzw. Praktiken geschützt werden (ABlEG Nr. L 183 v. 29.6.1989, S. 5).

Die Kodifikation dieses Entfernungsrechts war wiederum das Ergebnis eines **61** Diskussionsprozesses. Die Kommission hatte in ihrem ersten Entwurf ausschließlich eine Pflicht des Arbeitgebers vorgesehen, die den Beschäftigten in bestimmten Gefahrensituationen ein sofortiges Verlassen ihres Arbeitsplatzes ermöglichen sollte. Weiterführend hatte der Wirtschafts- und Sozialausschuss in seiner Stellungnahme vom 28.4.1988 (ABlEG Nr. C 175 v. 4.7.1988, S. 22, 24) vorgeschlagen, diese Pflicht des Arbeitgebers um das Entfernungsrecht aus Art. 13 des ILO-Übereinkommens Nr. 155 zu ergänzen. Das europäische Parlament schloss sich diesem Vorschlag an. Die jetzige Formulierung entspricht jedoch dem enger gefassten gemeinsamen Standpunkt des Rates (ausführlich *Fabricius,* Einstellung der Arbeitsleistung, S. 78f.). Dass auch hier um die Aufnahme eines solchen Rechtes in die Richtlinie heftig gerungen worden ist, zeigt der erste Entwurf der Kommission, der ein derar-

Kohte 317

ArbSchG § 9

tiges Recht nicht vorsah (*Fabricius,* Einstellung der Arbeitsleistung, S. 78). Ziel der Verankerung des Entfernungsrechts in Art. 8 Abs. 4 RL ist es, die aktive und eigenständige Rolle der Beschäftigten im Rahmen des betrieblichen Gesundheits- und Sicherheitskonzeptes zu stärken (*Kohte* EAS B 6100, S. 46; Erwägungsgrund Nr. 11 der RL 89/391/EWG). Deutlich wird dieser Zusammenhang vor allem in der **rechtsvergleichenden Perspektive,** wenn die einzelstaatlichen Regelungen, die der Richtlinie als Vorbild dienten, sowie diejenigen, die die Richtlinie aufgenommen hatten, herangezogen werden (dazu auch *Kohte* ZIAS 1999, 85, 105 f.).

III. Ausgestaltung des Entfernungsrechts in anderen europäischen Staaten

62   **1. Recht auf Arbeitseinstellung in Schweden.** Das schwedische Arbeitsumweltgesetz wurde bereits 1977 verabschiedet. In Kapitel 3 § 4 wird zunächst eine **Pflicht des Arbeitnehmers** statuiert, nach der dieser bei unmittelbarer und ernster Gefahr für sich oder einen anderen Arbeitnehmer den zuständigen Schutzbeauftragten informieren muss. Mit dieser Pflicht korrespondiert das Recht des Beschäftigten, die Arbeit einzustellen, wenn er zugleich den Vorgesetzten oder den Arbeitgeber gem. Kapitel 3 § 4 S. 3 benachrichtigt (*Gullberg/Rundqvist,* Arbetsmiljölagen 3 kap. 4 §, 2008). Weiterhin enthält Kapitel 6 § 7 das Recht des Schutzbeauftragten, die Arbeit abbrechen zu lassen, wenn die Arbeit eine ummittelbare und ernste Gefahr für Leben und Gesundheit der Arbeitnehmer bedingt. Die örtliche Aufsichtsbehörde ist gem. Kapitel 7 § 8 ermächtigt, dem Verantwortlichen der Arbeitsstätte unter Berufung auf § 7 Vorschriften und Verbote aufzuerlegen.

63   **2. Recht auf Arbeitseinstellung in den Niederlanden.** In den Niederlanden wurde in zeitlichem und sachlichem Zusammenhang zu den Beratungen zum ILO-Übereinkommen Nr. 155 (Rn. 56 ff.) das Arbeitsschutzrecht nachhaltig erneuert. Das 1980 verabschiedete Arbeidsumweltgesetz (arbeidsomstandighedenwet) lehnte sich deutlich an die supranationale Diskussion und an die skandinavischen Vorbilder an (*Bieneck,* BArbBl 10/1984, 5 f.) und enthielt daher ebenfalls eine ausdrückliche Regelung zur Arbeitseinstellung (werkonderbreking). Nach Art. 38 des damaligen arbo-wet war ein Arbeitnehmer berechtigt, die Arbeit einzustellen, wenn er **redlicherweise** („naar zijn redelijk oordeel") von einer ernsten Gefahr für die personelle Integrität ausgehen kann. Im Rahmen der ausführlichen Novellierungs- und Aktualisierungsdebatte, die in den Niederlande zwischen 1991 und 1998 zur Anpassung des arbo-wet an die Vorgaben der RL 89/391/EWG geführt worden waren, blieb dieses Recht – jetzt in Art. 29 arbo-wet mit seiner subjektiven Komponente unverändert (*Veigel,* Das niederländische Arbeitsschutzrecht und die Umsetzung der Rahmenrichtlinie in den Niederlanden, 2002, S. 95).

64   **3. Recht auf Arbeitseinstellung in Frankreich.** In Frankreich wurde **bereits 1982** in den Code du travail (Arbeitsgesetzbuch) ein Entfernungsrecht nach dem Vorbild des Art. 13 **ILO-Übereinkommen Nr. 155** eingefügt (*Fabricius,* Einstellung der Arbeitsleistung, S. 26). Bemerkenswert ist, dass auch hier von einer individuellen Beurteilung des Arbeitnehmers ausgegangen wird. Die Gefahr muss aus nachfolgender Sicht nicht tatsächlich vorgelegen haben; es reicht vielmehr aus, wenn sie in dem Augenblick, in dem sich der Arbeitnehmer für die Arbeitseinstellung entscheidet, vernünftigerweise befürchtet worden ist. In der französischen Judikatur und Literatur, in der anfangs Sis gegenüber diesem neuen Rechtsinstitut bestanden hatte, ist inzwischen eine Entwicklung zu erkennen, die der individuellen

Besondere Gefahren **§ 9 ArbSchG**

Beurteilung der Situation durch den Arbeitnehmer eine größere Bedeutung gibt; zugleich werden die Bedenken bezüglich der Missbrauchsmöglichkeiten immer weniger artikuliert (*Fabricius,* Einstellung der Arbeitsleistung, S. 60 ff.). Daher ist bei der Änderung des Code du travail 2008 der bisherige Text in die Artikel L 4131-3 und 4131-4 übertragen worden. Es wird jetzt noch deutlicher zwischen dem Anzeigerecht und dem Entfernungsrecht unterschieden. Auch weiterhin wird nicht eine objektive Gefahrenlage verlangt, sondern ein „motif raisonnable" des Arbeitnehmers als ausreichend erklärt. Schließlich wird geregelt, dass in diesen Fällen die Arbeitnehmervertreter bzw. der Arbeitsschutzausschuss beteiligt werden.

4. Recht auf Arbeitseinstellung in Spanien. In Spanien wurde die RL 89/ 391/EWG durch das Gesetz 31/1995 umgesetzt. Zunächst sind Organisations- und Informationspflichten der Arbeitgeber in Art. 21 Abs. 1 normiert (*Armada,* Formacion basica en prevencion de riesgos Laborales, 3. Aufl. 2009, S. 178; *Gonzalez Biedma,* Prevencion de riesgos laborales, 9. Aufl. 2009 S. 40). Bei dem eindeutig normierten Recht auf Arbeitseinstellung handelt es sich gem. Art. 14 Abs. 1 des Gesetzes 31/1995 ausdrücklich um ein Arbeitnehmerrecht (*Haas,* Die Partizipation der Beschäftigten im spanischen und deutschen Arbeitsschutzrecht, 2016, S. 119, 136). Das spanische Gesetz berücksichtigt hinsichtlich der Beurteilung der schweren unmittelbaren Gefahr auch **subjektive Komponenten.** Dies wird vor allem am Wortlaut des Art. 21 Abs. 2 deutlich, der davon spricht, dass der Arbeitnehmer die Arbeit einstellen kann, wenn er dafürhält, dass diese Arbeit eine schwere und unmittelbare Gefahr birgt. Weiterhin steht dem **Arbeits- und Sozialversicherungsinspektor** nach Art. 44 unter bestimmten Voraussetzungen das Recht zu, die sofortige Einstellung der Arbeit anzuordnen (vgl. *Gandia/Blasco Lopez,* Curso de Prevencion de Riesgos Laborales, 2003, S. 72 ff.). 65

5. Recht auf Arbeitseinstellung in Italien. In Italien wurde die RL 89/391/ EWG durch das Dekret Nr. 626 vom 19.9.1994 umgesetzt. Das Recht zum Verlassen des Arbeitsplatzes ist im italienischen Recht sowohl im Zusammenhang mit einer **Arbeitgeberpflicht** (Art. 4 Abs. 2 Buchst. h) als auch als **ausdrückliches Recht der Beschäftigten** (Art. 14) verankert. Inzwischen sind diese Arbeitgeberpflichten in Art. 43 und 44 des Decreto legislativo 81/2008 normiert. Der Wortlaut ist weiterhin auf objektive Kriterien beschränkt. In der Literatur (*Stolfa,* S. 265 in Diritto del lavoro Commentario VIII, Ambiente e sicurezza del lavoro, Rusciano/ Natullo) und der Judikatur (Kassationsgericht 7.11.2005, Nr. 21 479) werden subjektive Elemente berücksichtigt; es wird gefragt, ob vernünftigerweise von einer Gefahrenlage ausgegangen werden konnte. 66

6. Recht auf Arbeitseinstellung in der Ukraine. Bereits mit der Kodifikation des Ukrainischen Arbeitsschutzgesetzes im Jahr 1992 (vom 10.12.1991, in Kraft getreten am 1.6.1992, www.rada.gov.ua) wurde auch ein Entfernungsrecht der Beschäftigten in gefährlichen Situationen normiert, Art. 6 ArbeitsschutzG Ukraine. Gesetzlich geregelt ist auch, dass der Arbeitnehmer während der Abwesenheit seinen Lohnanspruch behält und sein Arbeitsplatz erhalten bleibt. Gleichwohl zeigen sich auch im ukrainischen Arbeitsrecht Reserven bei der Ausgestaltung des Fernbleiberechts, denn der Arbeitnehmer ist bei einem Irrtum über die Gefahrenlage nicht geschützt. So halten jedenfalls Stimmen in der arbeitsrechtlichen Literatur Entgeltverlust und Disziplinarmaßnahmen gesetzlich für zulässig, wenn in einem nachträglichen Prüfverfahren eine objektive Gefahrenlage ausgeschlossen wird (dazu *Nebe/ Wendisch* ZESAR 2009, 421 ff.). Für das fliegende Personal schließt Art. 36 des 1993 66a erlassenen ukrainischen Luftfahrtkodex Disziplinarmaßmahmen unabhängig von einer objektiven Gefährdungssituation aus (dazu *Nebe/Wendisch* a. a. O.). Das Entfernungsrecht in Art. 6 Ukrainisches Arbeitsschutzgesetz müsste, sollte die Ukraine wie angekündigt demnächst das ILO-Übereinkommen Nr. 155 ratifizieren (vgl. die Ankündigung der Regierung auf der 97. ILO-Tagung, dazu unter www.mlsp.gov.ua.), subjektive Elemente berücksichtigen (vgl. Rn. 64, 79). Jedenfalls sieht das Ukrainische Arbeitsrecht einen Vorrang bindender internationaler Regelungen bei Divergenzen zum nationalen Recht vor (*Nebe/Wendisch* a. a. O.).

IV. Entstehungsgeschichte des ArbSchG

67   Ein ausdrückliches **Entfernungsrecht** der Arbeitnehmer war 1989 allein in § 21 Abs. 6 Satz 2 GefStoffV in der damaligen Fassung (aufgehoben mit Inkrafttreten der novellierten GefStoffV zum 1.1.2005; auch für Gefahrstoffe gelten nunmehr die allgemeinen Entfernungs- und Zurückbehaltungsrechte; dazu *Pieper,* ArbSchR, § 9 Rn. 15) für einen bestimmten Personenkreis vorgesehen. Erst durch den Erlass der RL 89/391/EWG war die Bundesrepublik Deutschland verpflichtet, ein allgemeingültiges Entfernungsrecht der Beschäftigten im deutschen Recht zu schaffen (*Brandes,* System des europäischen Arbeitsschutzrechts, 1999, S. 117).

68   **1. Bisherige Regelung zum Recht auf Arbeitseinstellung.** In der **früheren Judikatur und Literatur** zum deutschen Arbeitsschutzrecht wurde die hier zu Grunde gelegte Kategorie des Entfernungsrechts für die Norm des § 21 Abs. 6 Satz 2 GefStoffV a. F. nicht angewandt; vielmehr wurde dieses in Anlehnung an § 273 BGB als **„Leistungsverweigerungsrecht"** charakterisiert (dazu nur *Möx,* Arbeitnehmerrechte in der GefStoffV, 1993, S. 101). In der ersten Asbestentscheidung des 5. Senats des BAG wurde dieses Recht ebenfalls als spezielle Ausprägung des Leistungsverweigerungsrechts nach § 273 BGB qualifiziert; für von dieser Norm nicht erfasste Fälle, wie z. B. die Verletzung von Messpflichten nach § 18 GefStoffV a. F., sollte allerdings anstelle von § 273 BGB § 21 Abs. 6 Satz 2 GefStoffV a. F. analog angewandt werden (*BAG* AP Nr. 4 zu § 273 BGB). Soweit folgte der Senat auch früheren Judikaten, die das Recht des Arbeitnehmers, in arbeitsschutzwidrigen Situationen seine Arbeit nicht durchzuführen, generell dem Leistungsverweigerungsrecht zugeordnet hatte, auch wenn im Einzelfall ein Beschäftigungsverbot bestand (so bereits *BAG* AP Nr. 2 zu § 1 AZO; ebenso damals *Denecke/Neumann/Biebl,* AZO, 11. Aufl. 1991, § 2 Rn. 24).

69   In der Literatur ist diese Vermischung von Leistungsverweigerungs- und Entfernungsrecht auf nachhaltige Kritik gestoßen (*Wank,* Anm. zu AP Nr. 4 zu § 273 BGB; *Oetker* in Staudinger 1997 § 618 BGB Rn. 270f. unter Bezugnahme auf *Bücker/Feldhoff/Kohte,* Rn. 33). Inzwischen hatte auch der 5. Senat des BAG seine Rechtsprechung korrigiert und deutlich zwischen dem **Entfernungsrecht nach § 21 Abs. 6 Satz 2 GefStoffV a. F.**, das ausschließlich eine qualifizierte Gefahr beim Umgang mit Gefahrstoffen voraussetzte, und dem **Leistungsverweigerungsrecht aus § 273 BGB**, das die Reaktion des Arbeitnehmers auf eine Pflichtverletzung des Arbeitgebers ist und das darauf abzielt, dass der Arbeitgeber seinen arbeitsschutzrechtlichen Pflichten nachkommt, getrennt (*BAG* AP Nr. 23 und 24 zu § 618 BGB = NZA 1997, 86 und 821).

70   In der Literatur ist diese Kategorienbildung überwiegend auf Zustimmung gestoßen (dazu nur *Wlotzke,* Anm. AP Nr. 23 zu § 618 BGB; *Wank* in ErfK § 618 BGB Rn. 28; *Oetker* in Staudinger (2016) § 618 Rn. 269; *Müller-Petzer,* Fürsorgepflichten,

Besondere Gefahren **§ 9 ArbSchG**

S. 25). Zutreffend wird darauf verwiesen, dass § 273 BGB immer an eine Pflichtverletzung des Vertragspartners anknüpft, während das Entfernungsrecht ausschließlich gefahrbezogen ist und damit an die Unzumutbarkeit der Arbeitsleistung anknüpft. Durch § 21 Abs. 6 Satz 2 GefStoffV a. F. wurde insoweit eine Fallgruppe der Einrede der Unzumutbarkeit durch eine unwiderlegliche gesetzliche Vermutung klargestellt (ausführlich *Fabricius,* Einstellung der Arbeitsleistung, S. 148ff.). Damit kann dieser Sachverhalt gleichzeitig auch von den Beschäftigungsverboten abgegrenzt werden, die § 134 BGB zuzuordnen sind. Die Weisung, trotz Beschäftigungsverbot eine Arbeit durchzuführen, ist per se unwirksam und kann keine Arbeitspflicht begründen (dazu ausführlich *Fabricius,* Einstellung der Arbeitsleistung, S. 105 ff.). Somit lässt sich für die Rechtslage vor dem August 1996 eine klare Unterscheidung mit Hilfe der zivilrechtlichen Kategorien der unterschiedlichen Einwendungen und Einreden finden, denen jeweils nach dem damaligen Schuldrecht die unterschiedlichen **Kategorien** des **Beschäftigungsverbots (§ 134 BGB),** des **Leistungsverweigerungsrechts (§ 273 BGB)** und des **Entfernungsrechts (§ 242 BGB)** entsprechen.

2. Ausgestaltung des Entfernungsrechts im ArbSchRGE 1993. Der Entwurf zum seinerzeit gescheiterten Entwurf eines Arbeitsschutzrahmengesetzes (ArbSchRGE) sah Regelungen bezüglich des Entfernungsrechts in der Beschäftigten in den §§ 9 und 18 vor. Ein Entfernungsrecht der Beschäftigten war in § 9 Abs. 4 für die Fälle vorgesehen, in denen eine objektive Gefahrenlage zwar nicht bestand, aber ein vernünftiger Arbeitnehmer bei Würdigung aller Umstände von einer drohenden Gefahrensituation ausgehen konnte. Ein Entfernungsrecht war somit auch im Fall einer **Anscheinsgefahr** vorgesehen (*Oetker,* ZRP 1994, 219, 221). Dabei griff man Formulierungen der **ILO-Übereinkommen** auf, die bereits solche subjektiven Beurteilungen enthielten (RegE, BT-Drs. 12/6752, S. 38). Eine derartige Ausgestaltung wurde in der Literatur akzeptiert bzw. unterstützt (*Wank,* S. 617, 622; *Birk,* S. 645, 666; *Bücker/Feldhoff/Kohte,* Rn. 607 ff.; ausführlich dazu *Pieper,* Das Arbeitsschutzrecht in der deutschen und europäischen Arbeits- und Sozialordnung, 1998, S. 441 ff.). 71

Ein weiteres Recht zur Arbeitseinstellung sollte für die Beschäftigten gem. **§ 18 Abs. 3 ArbSchRG** bestehen, wenn: 72
- der Arbeitgeber seinen Verpflichtungen aus dem ArbSchRG oder aus anderen gesetzlichen Vorschriften nicht nachkommt und es deshalb zu einer
- erheblichen Gefahr für Leib oder Gesundheit der Beschäftigten oder anderer Personen gekommen ist, welche nur durch die Arbeitseinstellung abgewendet werden kann und
- gesetzliche Pflichten zur Gefahrtragung oder beamtenrechtliche Pflichten nicht entgegenstehen (RegE, BT-Drs. 12/6752, S. 41).

Die **dogmatische Einordnung** des § 18 Abs. 3 ArbSchRG war allerdings **umstritten.** Einerseits wurde in § 18 Abs. 3 ArbSchRG eine Ergänzung zu § 9 Abs. 3 ArbSchRG gesehen, durch die § 273 BGB nicht verdrängt werden würde. § 18 Abs. 3 ArbSchRG stelle eine spezialgesetzliche Ausprägung des Unzumutbarkeitsgrundsatzes in § 242 BGB dar (so *Oetker* ZRP 1994, 219, 222). Nach anderer Auffassung war § 18 Abs. 3 ArbSchRG systematisch dem Zurückbehaltungsrecht gem. § 273 BGB zuzuordnen, an dessen Ausübung entgegen der zivilrechtlichen Norm die weitere Voraussetzung des Vorliegens einer erheblichen unmittelbaren Gefahr geknüpft ist. Eine solche Regelung würde aber den Beschäftigten zum Nachteil gereichen und deshalb auch als **europarechtswidrig** angesehen werden können (*Fabricius,* Einstellung der Arbeitsleistung, S. 196). 73

ArbSchG § 9

V. Ausgestaltung des Entfernungsrechts im ArbSchG 1996

74 1. **Qualifizierte Gefahrenlagen und Arbeitgeberpflichten.** In der 1996 verabschiedeten Fassung ist die nachhaltig kritisierte Doppelung des Rechts auf Arbeitseinstellung korrigiert worden. Nunmehr wird das Verlassen der Arbeit bei unmittelbarer erheblicher Gefahr ausschließlich in § 9 Abs. 3 geregelt. Diese Regelung ist als **Arbeitgeberpflicht** ausgestaltet. In besonderen Gefahrensituationen soll den Beschäftigten die Einstellung der Arbeit und das sofortige Verlassen ihrer Arbeitsplätze ermöglicht werden BT-Drs. 13/3540, S. 18).

75 Damit ist zunächst eine **Organisationspflicht des Arbeitgebers** statuiert, der entsprechende Vorkehrungen zu treffen hat. Diese können z. B. in Betriebsanweisungen, im Bekanntmachen von Alarmplänen, Markieren von Rettungswegen und im Einrichten von Sammelplätzen bestehen (*Koll*, § 9 Rn. 30 sowie oben Rn. 37f.). Ebenso kann es geboten sein, zur Vorbereitung auf solche Störfälle das Verhalten der Beschäftigten in Situationen qualifizierter Gefahr im Rahmen der Simulation und Fortbildung „einzuüben" (*Nöthlichs* § 9 Rn. 5.1; *Wank* in TAS § 9 ArbSchG Rn. 8; *Wiebauer* in Landmann/Rohmer GewO ArbSchG § 9 Rn. 23; vgl. § 4 Abs. 4 S. 5 ArbStättV). Zum „Ermöglichen" des Verlassens des Arbeitsplatzes gehört es schließlich auch, keinen psychischen Druck auf die Beschäftigten auszuüben, in solcher Situation am Arbeitsplatz zu verbleiben (so *Kollmer/Vogl*, Rn. 231).

76 Gerade dieser Zusammenhang zeigt, dass eine solche Arbeitseinstellung nicht nur als Arbeitgeberpflicht verstanden werden kann; vielmehr ist es erforderlich, sie auch als Recht der Beschäftigten zu qualifizieren. Dies entspricht dem Zweck der Systematik der Richtlinie und dem Zweck einer solchen Rechtsposition. Zutreffend geht daher die Literatur fast einhellig davon aus, dass mit § 9 Abs. 3 Satz 1 auch ein **Entfernungsrecht der Beschäftigten** kodifiziert worden ist (*Kollmer/Vogl*, Rn. 230; *Oetker* in Staudinger § 618 BGB Rn. 270; *Wlotzke* NZA 1996, 1017, 1021; *Wiebauer* in Landmann/Rohmer GewO ArbSchG § 9 Rn. 24). Im Unterschied zu § 22 S. 1 Nr. 3 der Allgemeinen Bundesbergverordnung (ABBergV) ist dieses Entfernungsrecht in § 9 Abs. 3 ArbSchG allerdings nur aus dem Sinnzusammenhang (*Wlotzke* in MHdB ArbR 2. A., § 209 Rn. 33; *Kohte* in MHdB ArbR 3. A., § 294 Rn. 57) bzw. im Umkehrschluss (*Müller-Petzer*, Fürsorgepflichten, S. 24) zu erschließen; das widerspricht dem vom EuGH (z. B. *EuGH* EAS RL 90/270/EWG Nr. 1 Rn. 23) gerade im Gesundheitsschutz betonten Transparenzgebot (vgl. unten Rn. 81).

77 2. **Qualifizierte Gefahrenlagen und das Entfernungsrecht der Beschäftigten.** Das Recht, den Arbeitsplatz zu verlassen, entsteht beim Vorliegen einer unmittelbaren erheblichen Gefahr für Sicherheit und Gesundheit der Beschäftigten (zum Begriff dieser Gefahr siehe Rn. 41). Aufgrund der bewussten Abkehr vom Wortlaut des § 9 Abs. 4 ArbSchRG ist in der Literatur überwiegend davon ausgegangen, dass allein **eine objektiv bestehende Gefahrenlage** zum Entstehen des Entfernungsrechts führen kann (so auch *Pieper*, § 9 Rn. 11; *Nöthlichs* ArbSchG, § 9 Rn. 5.2; *Wlotzke* NZA 1996, 1017, 1021; Staudinger/*Oetker*, § 618 BGB Rn. 272). Dabei ist es in Differenz zu § 273 BGB unerheblich, wodurch diese Gefahr verursacht worden ist; insbesondere ist eine Pflichtverletzung des Arbeitgebers nicht notwendig (so auch die Auslegung des § 8 öAVRAG *Mosler* DRdA 1996, 361, 365; *Resch in* Tomandl (Hrsg.), Rechtsfragen des technischen Arbeitsschutzes, 1997, S. 1, 22ff.). Daher ist weitgehend anerkannt, dass die **Differenzierung zwischen**

Besonderer Gefahren **§ 9 ArbSchG**

einem § 273 BGB zuzuordnenden **Zurückbehaltungsrecht** wegen Pflichtverletzung und einem **Entfernungsrecht** wegen Unzumutbarkeit gefährlicher Tätigkeit ein Strukturmerkmal des heutigen Arbeitsschutzrechts ist (so auch *Wlotzke*, Anm. zu BAG AP Nr. 23 zu § 618 BGB; *Wank* in ErfK § 618 BGB Rn. 28; *Fitting*, BetrVG § 87 Rn. 290; *Pieper* ArbSchR ArbSchG § 9 Rn. 16; *Kohte*, Jahrbuch Arbeitsrecht der Gegenwart Bd. 37, S. 21, 36; *Krause* in HWK § 618 Rn. 30 f.). Beide Rechte bestehen nebeneinander und schließen sich gegenseitig nicht aus, sondern können alternativ oder – soweit im Einzelfall eine Überschneidung der tatbestandlichen Voraussetzungen vorliegt – kumulativ geltend gemacht werden (*Müller-Petzer*, Fürsorgepflichten, S. 25 f.). § 273 BGB kommt allerdings zur Anwendung, wenn der Arbeitgeber seiner Pflicht nach § 4 Abs. 1 S. 2 ArbStättV, Mängel, mit denen eine unmittelbare erhebliche Gefahr verbunden ist, sofort zu beseitigen, nicht nachkommt; in solchen Situationen ist die Arbeit einzustellen (*Kollmer* ArbStättV § 4 Rn. 3; *Faber* in HK-ArbSchR ArbStättV Rn. 68).

Bei dem in § 9 Abs. 3 ArbSchG zugrundegelegten Entfernungsrecht handelt es **78** sich um eine **spezialgesetzliche Kodifikation des Unzumutbarkeitsgrundsatzes,** die für eine spezielle Fallgruppe ein Entfernungsrecht, das keiner besonderen Interessenabwägung bedarf und den Entgeltanspruch aufrechterhält, normiert hat (*Fabricius*, Einstellung der Arbeitsleistung, S. 166; *Kohte* in MHdB ArbR § 294 Rn. 57; *Pieper* ArbSchR § 9 Rn. 10; vgl. *Oetker* in Staudinger § 618 Rn. 269; *Krause* in Henssler/Willemsen/Kalb, 7. Aufl. 2016, § 618 Rn. 32; *Henssler* in MüKoBGB § 618 Rn. 94). Insoweit kann § 9 Abs. 3 ArbSchG trotz seiner rechtssystematischen Nähe von der in § 275 Abs. 3 BGB normierten Einrede der persönlichen Unzumutbarkeit, die in der Regel zum Verlust des Entgeltanspruchs führt, kategorial unterschieden werden. Eine solche Differenzierung war bereits zum Verhältnis zwischen der allgemeinen Einrede der Unzumutbarkeit nach § 242 BGB und dem Entfernungsrecht nach § 21 Abs. 6 GefStoffV a. F. anerkannt (*Fabricius*, Einstellung der Arbeitsleistung, S. 160; MünchArbR-*Kohte*, § 294 Rn. 57; *Oetker* in Staudinger § 618 Rn. 267); sie hat durch die Schuldrechtsmodernisierung und die Einfügung von § 275 Abs. 3 BGB an Bedeutung gewonnen (vgl. *Wiebauer* in Landmann/Rohmer GewO ArbSchG § 9 Rn. 29 f).

Die im Gesetzgebungsverfahren bezweckte Beschränkung eines Entfernungs- **79** rechts auf Fälle objektiver und unmittelbarer Gefahr erweist sich vor allem unter der Perspektive des supranationalen Rechts als zu eng. Zumindest in drei Beschäftigungsbereichen müsste das Entfernungsrecht bereits dann eingreifen, wenn die Beschäftigten guten oder hinreichenden Grund zur Annahme einer unmittelbaren und erheblichen Gefahr haben, nämlich im Bauwesen und im Bergbau sowie bei der Verwendung chemischer Stoffe, da die Bundesrepublik Deutschland die entsprechenden ILO-Übereinkommen Nr. 167, 170 und 176 mit dem jeweils subjektiv geprägten Entfernungsrecht (Rn. 57 ff.) ratifiziert hat (dazu auch *Koll* in Koll/Janning/Pinter § 9 ArbSchG Rn. 35). Besonders deutlich zeigt sich dies im Bergbau, denn die **Allgemeine Bundesbergverordnung** (ABBergV) vom 23.10.1995 hat in § 22 Satz 1 Nr. 3 ein objektiv formuliertes Entfernungsrecht kodifiziert (BGBl. 1995 I S. 1466, 1474), obgleich Art. 13 Abs. 1e ILO-Übereinkommen das Entfernungsrecht bereits entstehen lässt, wenn hinreichender Grund zur Annahme einer Gefahr besteht. In der Denkschrift zum Übereinkommen Nr. 176 ist die Bundesregierung jedoch davon ausgegangen, dass Art. 13 ILO-Übereinkommen durch die bisherige innerstaatliche Gesetzgebung, darunter auch die ABBergV vollständig umgesetzt worden ist (BT-Drs. 13/8819, S. 19). Daher ist es geboten, **§ 22 Satz 1 Nr. 3 ABBergV** auch für die Fälle anzuwenden, in denen zwar keine objektive Gefahr bestand, die Beschäftigten aber **guten Grund zur Annahme einer solchen Gefahr** hatten (verallgemeinernd *Fabricius* in HK-ArbSchR § 9 ArbSchG Rn. 21). Eine solche **situative Auslegung objektiver Anforderungen** ist nicht ungewöhnlich; die oben dargestellte Auslegung zum Recht der Geschäftsführung ohne Auftrag (oben Rn. 45 ff.) enthält verschiedene Beispiele, in denen der Geschäftsführer sich darauf berufen kann, dass er von einer Gefahrensituation ausgehen durfte. In ähnlicher Weise wird die ausschließlich „objektiv" formulierte Erforderlichkeit in § 37 Abs. 2 BetrVG zur Befreiung eines Betriebsratsmitglieds von seinen Arbeitspflichten einhellig so ausgelegt, dass sie sich auf jegliches Arbeitsversäumnis bezieht, die dieses Mitglied für erforderlich halten durfte (so schon *BAGE* 4, 75; vgl. AP Nr. 38 und 40 zu § 37 BetrVG 1972; ebenso zu § 40 BetrVG *BAG* DB 2003, 1799). In der Literatur wird diese Ansicht geteilt, weil dies der Risikolage bzw. der Natur der Sache bei solchen Entscheidungen entspreche (*Richardi/Thüsing,* BetrVG, § 37 Rn. 24 f.; *Joost* in MHdb ArbR § 220 Rn. 13).

80   Rechtssystematisch lässt sich diese Gemengelage am ehesten so entwirren, dass sich die **„objektive" Fassung** des § 9 Abs. 3 Satz 1 auf die dort formulierte **Pflicht des Arbeitgebers** bezieht, den Beschäftigten die Entfernung zu ermöglichen. Diese Organisationspflicht bezieht sich sinnvollerweise auf die objektive Gefahrensituation. Auf diese als eindeutig angenommenen Fallgestaltungen soll sich das spezielle Entfernungsrecht beziehen, das den einzelnen Beschäftigten grundsätzlich ohne weitere Interessenabwägung zusteht. Bereits vor 2002 war anerkannt, dass sich die Beschäftigten im Einzelfall auch auf die allgemeine Einrede der Unzumutbarkeit nach § 242 BGB berufen konnten (*Pieper,* ArbSchR § 9 Rn. 10 oder 11 aE; *Koll* in Koll/Janning/Pinter § 9 Rn. 35; *Molkentin* NZA 1997, 849, 856; *Fabricius,* Einstellung der Arbeitsleistung, S. 168; *Wlotzke* in MHdB ArbR § 209 Rn. 35). Die allgemeine **Unzumutbarkeit** ist aber **situations- und personengebunden,** so dass diese Einrede bereits zu bejahen sein kann, wenn die Beschäftigten hinreichenden Grund zur Annahme hatten, dass eine unmittelbare und erhebliche Gefahr besteht. Diese Auslegung, die sich für die Beschäftigten im Bau und Bergbau sowie beim Umgang mit chemischen Stoffen bereits aus dem Gebot der völkerrechtsfreundlichen Auslegung ergibt, war somit zumindest nach § 242 BGB für alle Beschäftigten maßgeblich. Diese Rechtslage wird durch die Normierung der **Einrede der persönlichen Unzumutbarkeit in § 275 Abs. 3 BGB** bekräftigt und verdeutlicht. Soweit die neuere Literatur die Verbindung zwischen Arbeitsschutzrecht und dieser neuen Rechtsfigur diskutiert, wendet sie § 275 Abs. 3 BGB zutreffend **für die § 9 Abs. 3 ArbSchG vorgelagerten Fallgestaltungen** einer schwerwiegenden Gefährdung der Gesundheit, eines ernsthaften Gefahrenverdachts und eines nicht leichtfertig verursachten Irrtums an (so z. B. *Preis* in ErfK § 611 BGB Rn. 686; *Grüneberg* in Palandt § 275 BGB Rn. 30; *Thüsing* in HWK § 611 Rn. 395; *Gotthardt,* Arbeitsrecht nach der Schuldrechtsreform, 2. Aufl. Rn. 110; *Wiebauer* in Landmann/Rohmer GewO § 9 ArbSchG Rn. 29; zu gefährlicher Auslandstätigkeit *Diller/Winzer* DB 2002, 2094; *Reichold* ZTR 2002, 202, 209; *Greiner,* Ideelle Unzumutbarkeit, 2004, S. 309 f.). Auf diese Weise lassen sich gerade für die praktisch wichtigen Fälle der Anscheinsgefahr und des einfachen Irrtums angemessene Lösungen finden, die für diese Einzelfälle allerdings jeweils eine umfassende Interessenabwägung voraussetzen, bei der das Informationsniveau im Betrieb, die jeweilige Notfallunterrichtung und -ausbildung eine besondere Rolle spielen (vgl. ausführlich *Kohte* in Fischer (Hrsg.) Moderne Zivilrechtsformen und ihre Wirkungen, S. 85, 95 ff.; *Kohte* in MHdB ArbR § 294 Rn. 57). § 326 BGB ermöglicht differen-

Besondere Gefahren **§ 9 ArbSchG**

zierende Konsequenzen für den Entgeltanspruch (*Wiebauer* in Landmann/Rohmer GewO § 9 ArbSchG Rn. 30)

Mit dieser Auslegung wird schließlich beachtet, dass der **Beschäftigte** in seiner 81 Rolle **als aktiv handelndes Subjekt** gestärkt werden soll (Erwägungsgrund Nr. 11 der RL 89/391/EWG; *Bücker/Feldhoff/Kohte,* Rn. 606; *Pieper* ArbSchR § 9 ArbSchG Rn. 10). Jedoch stößt die gesetzliche Formulierung des § 9 Abs. 3 Satz 1, die ausdrücklich nur die Arbeitgeberpflicht, nicht jedoch das Entfernungsrecht nennt, in der Praxis auf Verständnisschwierigkeiten und führt (dazu *Kohte/Faber* juris PRArbR 20/2010, Anm. 3) somit auch zu einer geringeren Inanspruchnahme dieses Rechts (*Fabricius* in HK-ArbSchR § 9 ArbSchG Rn. 24, 28. Insoweit entspricht die Umsetzung nicht den Anforderungen, die der EuGH an eine ordnungsgemäße Umsetzung stellt. Danach ist es gerade im Gesundheitsschutz erforderlich, dass Richtlinien so klar und eindeutig umgesetzt werden, dass die von ihnen durch Rechte oder Pflichten begünstigten bzw. belasteten Privaten in der Lage sein müssen, von dieser Pflichtenlage Kenntnis zu erlangen und Rechte eigenständig wahrnehmen zu können (*EuGH* EAS RL 90/270 Nr. 1 = Slg. 2002-I, S. 9239, 9254 und besonders deutlich dazu die Schlussanträge des Generalanwalts aaO S. 9229, 9237, Rn. 21; ebenso EuGH Slg, 2003-I, 3655 Rn. 20; Urt. v. 14.9.2004, Rs. C-168/03 Rn. 36, ZESAR 2005, 286 m. Anm. *Kohte/Faber; EuGH* Urt. v. 19.5.2011, C-256/10, NZA 2011, 967 Rn. 41 (Barcenilla Fernandez); vgl. bereits Slg. 1996, I/6755, 6760 sowie EuZW 1991, 405, 440).

3. Rechtsfolgen des Entfernungsrechts. Aus der Wahrnehmung des Entfer- 82 nungsrechts dürfen den Beschäftigten nach § 9 Abs. 3 Satz 2 keine Nachteile entstehen. Diese Regelung lehnt sich an Art. 8 Abs. 4 der RL 89/391 an. Im Unterschied zum Benachteiligungsverbot in § 9 Abs. 2 Satz 2 handelt es sich in diesem Fall um eine **spezielle Ausprägung des Maßregelungsverbots in § 612a BGB**, weil sichergestellt werden soll, dass den Beschäftigten aus der Ausübung ihres Rechts keine Nachteile entstehen (dazu oben Rn. 44f.). Als Nachteil, vor dem die Beschäftigten zu schützen sind, kommt wieder das gesamte Spektrum betrieblicher Probleme von der Entgeltkürzung bis zu personellen Einzelmaßnahmen in Betracht (ausführlich Rn. 50 sowie *Pieper,* ArbSchR § 9 Rn. 8, 20; *Oetker* in Staudinger § 618 Rn. 275, 279). Dagegen kann die Einrede nach § 275 Abs. 3 BGB zu einem Wegfall des Entgeltanspruchs nach § 326 Abs. 1 BGB führen (*Preis* in ErfK § 611 BGB Rn. 688; *Wiebauer* in Landmann/Rohmer GewO § 9 ArbSchG Rn. 30).

Die Wahrnehmung des Entfernungsrechts aus § 9 Abs. 3 ArbSchG sowie die be- 83 gründete Einrede der Unzumutbarkeit nach § 275 Abs. 3 BGB sind weder eine Arbeitspflichtverletzung noch erst recht eine beharrliche Arbeitsverweigerung. Gleichwohl ist damit zu rechnen, dass § 9 Abs. 3 Satz 2 vor allem in **Kündigungsschutzverfahren** von Bedeutung sein wird. Ebenso wie bei einem Verstoß gegen § 612a BGB ist in einem solchen Fall die Kündigung „aus einem sonstigen Grund" unwirksam.. Bei der Bemessung einer Abfindung kann – ebenso wie bei Verletzung des § 612a BGB – der Normverstoß als Erhöhungsgrund wirken (*LAG Köln* LAGE § 10 KSchG Nr. 2; *Treber* in KR § 612a Rn. 11; *Preis* in ErfK BGB § 612a Rn. 25).

In Übereinstimmung mit der systematischen Stellung des § 612a BGB ist auch 84 **§ 9 Abs. 3 Satz 2 als Schutzgesetz i. S. d. § 823 Abs. 2 BGB** zu qualifizieren, so dass sich bei einer Verletzung dieser Norm auch deliktische Ansprüche ergeben können (*Treber* in KR § 612a Rn. 11; *Preis* in ErfK BGB § 612a Rn. 23), so dass für Verjährungs- und Ausschlussfristen gesonderte Prüfungen erforderlich sind (anschaulich *BAG* NZA 1997, 191, 193f.). Hier zeigt sich deutlich, dass mit diesen

Regelungen die Aktivität der einzelnen Beschäftigten gefordert werden soll (vgl. daher die konsequent individualrechtliche Umsetzung des Bestandsschutzes in Österreich: *Floretta/Wachter,* GS Rabofsky, 1998, S. 59 ff.).

85   **4. Gesetzliche Pflichten zur Gefahrenabwehr.** Das den Beschäftigten gem. § 9 Abs. 3 zustehende Recht, sich vom Arbeitsplatz zu entfernen, greift nur dann ein, wenn eine unmittelbare erhebliche Gefahr für die Sicherheit und Gesundheit besteht. Sind zusätzlich andere Rechtsgüter bedroht, so können weitere gesetzliche Pflichten hinzutreten. Besteht beispielsweise eine Gefahrensituation gem. § 9 Abs. 3, so könnten die betroffenen Arbeitnehmer ihren Arbeitsplatz grundsätzlich verlassen. Liegt allerdings gleichzeitig eine **Gefahr für die öffentliche Sicherheit** vor, so müssen die **spezialgesetzlichen Regelungen** beachtet werden. Dies wird durch § 9 Abs. 3 Satz 4 ausdrücklich klargestellt. Es ist deshalb im Einzelfall möglich, dass die Beschäftigten trotz der unmittelbaren erheblichen Gefahr am Arbeitsplatz verbleiben müssen. Solche Pflichten ergeben sich z. B. aus:
- §§ 36, 124 Abs. 1 S. 2 SeeArbG,
- §§ 7, 11 SG (*Pieper,* § 9 Rn. 21) und
- § 28 Zivilschutz- und KatastrophenhilfeG (*Wiebauer* in Landmann/Rohmer GewO ArbSchG § 9 Rn. 32).

86   **5. Aufforderung zur Arbeit trotz anhaltender unmittelbarer Gefahr.** Gemäß § 9 Abs. 3 Satz 3 darf der Arbeitgeber die Beschäftigten **nur in besonders begründeten Ausnahmefällen** (*Kohte* in MHdB ArbR § 294 Rn. 58) auffordern, ihre Arbeit trotz der unmittelbaren erheblichen Gefahr wieder aufzunehmen. Hierin liegt die Umsetzung von Art. 8 Abs. 3 lit. c RL 89/391/EWG. Dabei muss der Arbeitgeber das zu erreichende Ziel und die gegenüber den Beschäftigten bestehenden Gefahren **abwägen.**

87   Die Aufforderung zur Weiterarbeit kann z. B. berechtigt sein:
- um Beschäftigte oder andere Personen zu retten, deren Leben oder Gesundheit bedroht sind;
- um einen bereits eingetretenen Schaden zu begrenzen, wenn der Verdacht besteht, dass sich die Gefahr vergrößern wird und somit auch die Folgen für die Gesundheit ansteigen werden;
- um gem. §§ 58, 59 StrahlSchV einen Störfall zu beseitigen oder
- für Reparaturen, die die Arbeitsbereiche wieder zugänglich machen (*Pieper,* § 9 Rn. 14).

In jedem Fall muss beachtet werden, dass die Aufforderung nach Satz 3 **nur im Ausnahmefall** möglich ist und dass daher die Gründe des Arbeitgebers dem Gewicht der in Satz 4 kodifizierten Ausnahmebestimmungen nahe kommen müssen (*Koll,* § 9 Rn. 36). Deutlich zeigt sich diese Wertung in der Norm des § 59 StrahlSchV, die für besonders riskante Situationen eine vorherige Aufklärung sowie Freiwilligkeit der Helfer verlangt.

§ 10   Erste Hilfe und sonstige Notfallmaßnahmen

(1) ¹**Der Arbeitgeber hat entsprechend der Art der Arbeitsstätte und der Tätigkeiten sowie der Zahl der Beschäftigten die Maßnahmen zu treffen, die zur Ersten Hilfe, Brandbekämpfung und Evakuierung der Beschäftigten erforderlich sind.** ²**Dabei hat er der Anwesenheit anderer Personen Rechnung zu tragen.** ³**Er hat auch dafür zu sorgen, daß im Notfall die er-**

Erste Hilfe und sonstige Notfallmaßnahmen § 10 ArbSchG

forderlichen Verbindungen zu außerbetrieblichen Stellen, insbesondere in den Bereichen der Ersten Hilfe, der medizinischen Notversorgung, der Bergung und der Brandbekämpfung eingerichtet sind.

(2) [1]Der Arbeitgeber hat diejenigen Beschäftigten zu benennen, die Aufgaben der Ersten Hilfe, Brandbekämpfung und Evakuierung der Beschäftigten übernehmen. [2]Anzahl, Ausbildung und Ausrüstung der nach Satz 1 benannten Beschäftigten müssen in einem angemessenen Verhältnis zur Zahl der Beschäftigten und zu den bestehenden besonderen Gefahren stehen. [3]Vor der Benennung hat der Arbeitgeber den Betriebs- oder Personalrat zu hören. [4]Weitergehende Beteiligungsrechte bleiben unberührt. [5]Der Arbeitgeber kann die in Satz 1 genannten Aufgaben auch selbst wahrnehmen, wenn er über die nach Satz 2 erforderliche Ausbildung und Ausrüstung verfügt.

Übersicht

	Rn.
A. Einleitung	1
I. Grundsätze	1
II. Einbezogener Personenkreis	3
B. Weitere Notfallregelungen	6
I. Verhältnis zu anderen Gesetzen	6
II. Unfallverhütungsvorschriften und Regeln	9
C. Praktische Notfallmaßnahmen	10
I. Erste Hilfe	10
1. Art der Arbeitsstätte und der Tätigkeiten	13
2. Maßnahmen	14
a) Meldeeinrichtungen	14
b) Rettungskette	15
c) Erste-Hilfe-Räume	17
d) Erste-Hilfe-Material	18
e) Rettungstransport	19
II. Brandbekämpfung	20
1. Feuerlöscheinrichtungen	21
2. Kennzeichnungspflicht	23
3. Meldewesen, Alarmplan	24
III. Evakuierung	26
1. Flucht- und Rettungsplan	26
2. Anwesenheit anderer Personen	27
D. Benennung von Beschäftigten	28
I. Grundsatz	28
II. Rechte und Pflichten	30
III. Erste Hilfe	36
IV. Brandbekämpfung und Evakuierung	39
V. Beteiligung des Betriebs- bzw. Personalrats	40

Literatur: *Gambihler,* Der werksärztliche Rettungsdienst, Arbeitsmedizin aktuell, Lfg. 30, 1992; *Konstanty/Zwingmann,* Perspektiven des Arbeitsschutzes und der betrieblichen Gesundheitsförderung nach der Arbeitsschutzgesetz, WS I Mitteilungen 1997, 817; *Leube,* Arbeitsschutzgesetz: Pflichten des Arbeitgebers und der Beschäftigten zum Schutz anderer Personen, BB 2000, 302; *Oehmann/Dietrich* (Hrsg.), Arbeitsrecht-Blattei, Stand: 1999; *Pieper,* Das Arbeitsschutzgesetz, AuR 1996, 465 ff.; *Seeger,* Das neue Arbeitsschutzgesetz, Sicherheitsingenieur 12/1996, 16; *Wank,* Der neue Entwurf eines Arbeitsschutzgesetzes, DB 1996, 1134.

ArbSchG § 10

A. Einleitung

I. Grundsätze

1 § 10 verpflichtet jeden Arbeitgeber und jede neben dem Arbeitgeber verantwortliche Person nach § 13 (also auch Personen, die nach einer auf Grund des Arbeitsschutzgesetzes erlassenen Rechtsverordnung z. B. Baustellenverordnung Aufgaben und Pflichten haben) vorsorglich Maßnahmen für den vorhersehbaren Notfall **(Notfallmaßnahmen)** zu treffen (Abs. 1) und für deren Durchführung verantwortliche Personen zu benennen (Abs. 2). Dabei sind die Zielsetzung der Vorschrift (die Verbesserung von Sicherheit und Gesundheitsschutz der Beschäftigten bei der Arbeit), der Stand der Technik und der Anwendungsbereich des Gesetzes zu berücksichtigen. Durch die Vorschrift werden Art. 8 Abs. 1 und 2 der Richtlinie 89/391/EWG umgesetzt.

2 Alle Maßnahmen und die Qualifizierung und Zahl der benannten Personen haben sich an der Art der Arbeitsstätte (z. B. Ingenieurbüro, Schlosserei, Krankenhaus, Baustelle, Werkhalle im Automobilbau, Lackiererei, Hotel, Tankanlage, Flughafen), der Tätigkeit (z. B. Schweißarbeiten, Abbrucharbeiten, Umgang mit Gefahrstoffen, Arbeiten unter Tage, Hotelbetrieb, Krankenhaus) sowie der Zahl der betroffenen Beschäftigten zu orientieren. Gegebenfalls ist die Anwesenheit anderer Personen (z. B. Kunden, Mitarbeiter eines Reinigungsunternehmens, Besucher, Lieferanten, Gäste) zu berücksichtigen. Die Maßnahmen müssen also jeweils auf die konkrete Situation vor Ort zugeschnitten werden und entziehen sich daher einfachen, schematischen Vorgaben.

II. Einbezogener Personenkreis

3 Die Verpflichtung zu Notfallmaßnahmen beinhaltet zunächst Maßnahmen zur Ersten Hilfe, Brandbekämpfung und Evakuierung bezüglich der Beschäftigten des Arbeitgebers. Durch die Bestimmung, dass bei der Beurteilung der möglichen Gefährdungen und der Festlegung der erforderlichen Maßnahmen der **Anwesenheit anderer Personen** Rechnung zu tragen ist, werden aber alle sonstigen Personen erfasst, die außer den Beschäftigten und dem Arbeitgeber typischerweise mit der Arbeitsstätte in Berührung kommen.

4 Einbezogen sind daher insbesondere Kunden, Besucher und Gäste die sich in der Arbeitsstätte aufhalten. Auch Beschäftigte anderer Unternehmen, wie Lieferanten oder Mitarbeiter von Reinigungsunternehmen sind einbezogen, wenn sie in der Arbeitsstätte Arbeiten verrichten (*Heilmann/Aufhauser*, ArbSchG § 10 Rn. 5; *Pieper*, ArbSchR, § 10 ArbSchG Rn. 1; differenzierend von *Leube* BB 2000, 304). Bei letzteren ist zudem die Vergewisserungspflicht nach § 8 Abs. 2 zu beachten (*Nöthlichs*, 4028, ArbSchG § 10 Erl. 2.1). Nachbarn scheiden hingegen (soweit sie sich nicht ausnahmsweise, z. B. als Besucher, in der Arbeitsstätte aufhalten) aus dem zu berücksichtigenden Personenkreis aus (*Leube* BB 2000, 302, 304). Nicht einzubeziehen sind ferner solche Personen die sich unerlaubt und ohne Wissen des Arbeitgebers in der Betriebsstätte aufhalten wie Einbrecher, Diebe (zumindest wenn sie sich außerhalb des für Kunden und Besucher zugänglichen Bereichs aufhalten) oder Landstreicher (a. A. aber wohl *Pieper* ArbSchR, ArbSchG § 10 Rn. 1).

5 Der Arbeitgeber hat den einzubeziehenden Personenkreis zu erheben und Notfallmaßnahmen dementsprechend zu planen, umzusetzen und gegebenenfalls anzu-

Erste Hilfe und sonstige Notfallmaßnahmen § 10 ArbSchG

passen. § 10 Abs. 1 legt dem Arbeitgeber hierbei primär die Pflicht auf, die anderen in der Arbeitsstätte anwesenden Personen beim Arbeitsschutz, d. h. beim Schutz der eigenen Beschäftigten zu berücksichtigen (vgl. § 1 und § 2 Abs. 1; auch *Nöthlichs,* 4028, § 10 ArbSchG Erl. 2.1). Seine diesen Personen gegenüber bestehenden Verkehrssicherungs- und Drittschutzpflichten werden hierdurch allerdings, wenn auch nur sekundär, teilweise mit konkretisiert. Viele der auf Grund dieser beiden Pflichtenkreise nötigen Maßnahmen dürften aber ohnehin identisch sein.

B. Weitere Notfallregelungen

I. Verhältnis zu anderen Gesetzen

Der Arbeitgeber hat gegenüber seinen Arbeitnehmern als Dienstberechtigter die 6 Pflicht zu Schutzmaßnahmen als Ausprägung seiner allgemeinen Fürsorgepflicht (vgl. BAG 10.3.1976 AP BGB § 618 Nr. 17; *Preis* in ErfK § 611 BGB Rn. 615ff.). Dies beinhaltet eine Reihe von Maßnahmen. Insbesondere gibt § 618 Abs. 1 **BGB** dem Arbeitgeber auf, Räume, Vorrichtungen und Gerätschaften so einzurichten und zu unterhalten sowie Dienstleistungen, die die Arbeitnehmer für den Arbeitgeber zu erbringen haben, so zu regeln, dass die Arbeitnehmer gegen Gefahren für Leben und Gesundheit so weit geschützt sind, „als die Natur der Dienstleistung es gestattet". Hierbei handelt es sich um Vorschriften des privaten Arbeitsrechts die durch das öffentliche Arbeitsschutzrecht, also auch durch § 10 ArbSchG, eine Konkretisierung erfahren (*Dörner/Wank* in ErfK BGB § 618 Rn. 3 ff.).

Zudem gibt es in anderen öffentlichrechtlichen Arbeitsschutzvorschriften eine 7 Reihe von ergänzenden Vorschriften. So verpflichten § 3 Abs. 1 und § 4 **ArbStättV** jeden Arbeitgeber, Arbeitsstätten so einzurichten und zu betreiben, dass von ihnen keine Gefährdungen für Beschäftigte ausgehen und auftretende Mängel sofort abgestellt werden. Dies betrifft auch die Bereiche der ersten Hilfe (u. A. Erste-Hilfe-Räume), Bergung (u. A. Flucht- und Rettungswege) und Brandbekämpfung (u. A. Feuerlöscheinrichtungen) in Betrieben und Baustellen. Zu diesen enthält die ArbStättV im Anhang zu § 3 Abs. 1 einen recht ausführlichen Anforderungskatalog.

Ferner gebieten § 13 **GefStoffV** und § 10 **BioStoffV** besondere Notfallmaß- 8 nahmen beim Umgang mit Gefahrstoffen bzw. biologischen Arbeitsstoffen. Nach §§ 14 ff. **SGB VII** haben die Unfallversicherungsträger mit allen geeigneten Mitteln für die Verhütung von Arbeitsunfällen, Berufskrankheiten und arbeitsbedingten Erkrankungen und für eine wirksame Erste Hilfe zu sorgen. Es gehört somit zu den Aufgaben der Unfallversicherungsträger, die Durchführung der Maßnahmen für Erste Hilfe, Brandschutzmaßnahmen und Rettung in Arbeitsstätten zu überwachen sowie Arbeitgeber und Beschäftigte betriebsbezogen zu beraten.

II. Unfallverhütungsvorschriften und Regeln

Die Unfallversicherungsträger, also die **Berufsgenossenschaften** und **Unfall-** 9 **kassen,** sind durch § 15 SGB VII berechtigt, für ihren jeweiligen Gewerbezweig autonomes, bindendes Recht als Ergänzung zu den staatlichen Arbeitsschutzvorschriften zu erlassen (*Ricke* in KassKomm SGB VII § 15 Rn. 2). Von dieser Ermächtigung haben die Sozialversicherungsträger im Bereich der Maßnahmen zur Ersten Hilfe, Brandbekämpfung und Rettung von Beschäftigten weiten Gebrauch ge-

ArbSchG § 10 Arbeitsschutzgesetz

macht. Hinzu kommen noch einschlägige **DIN-Normen** und Richtlinien privater Versicherungsträger. Entsprechende Regelungen finden sich u. a. in:

Unfallverhütungsvorschriften und Regeln zur Ersten Hilfe
UVV „Grundsätze der Prävention",
UVV „Sicherheits- und Gesundheitsschutzkennzeichnung am Arbeitsplatz",
BGR 128 „Kontaminierte Bereiche",
BGI 509 „Erste Hilfe im Betrieb",
BGI 829 „Handbuch zur Ersten Hilfe".

Unfallverhütungsvorschriften und Regeln zu Brandschutz und Rettung
UVV „Grundsätze der Prävention",
UVV „Schweißen, Schneiden und verwandte Verfahren",
UVV „Sicherheits- und Gesundheitsschutzkennzeichnung am Arbeitsplatz",
UVV „Verwendung von Flüssiggas",
BGR 133 „Ausrüstung von Arbeitsstätten mit Feuerlöschern",
BGR 128 „Kontaminierte Bereiche",
BGR 199 „Benutzung von persönlichen Schutzausrüstungen zum Retten aus Höhen und Tiefen",
BGR 127 „Deponien",
DIN EN 2 „Brandklassen",
DIN EN 3 „Tragbare Feuerlöscher",
Brandschutzrichtlinien des Verbandes der Sachversicherer, Köln.

C. Praktische Notfallmaßnahmen

I. Erste Hilfe

10   Der Arbeitgeber hat nach § 10 Abs. 1 die gesetzliche Verpflichtung, die Maßnahmen zu treffen, die zur **Ersten Hilfe** erforderlich sind. Dies sind Maßnahmen, die in einem Notfall eine Erstversorgung bis zum Eintreffen eines Arztes oder anderer Rettungskräfte erlauben. Ein Notfall kann ein Arbeitsunfall oder eine plötzliche Erkrankung oder anderweitige Verletzung eines Beschäftigten oder einer anderen Person sein (*Heilmann/Aufhauser,* ArbSchG § 10 Rn. 2; *Nöthlichs,* 4028, ArbSchG § 10 Erl. 3.1.1).

11   Bei der Planung der Maßnahmen kann sich der Arbeitgeber nach § 3 ArbSiG umfassend vom Betriebsarzt beraten und unterstützen lassen. Hiernach gehört es u. a. zu den Aufgaben des Betriebsarztes den Arbeitgeber bei der Organisation der Ersten Hilfe zu unterstützen und darauf hinzuwirken, dass sich alle im Betrieb Beschäftigten den Anforderungen des Arbeitsschutzes und der Unfallverhütung entsprechend verhalten. Baubetriebe können auch auf den Arbeitsmedizinischen Dienst (AMD) der BG Bau zurückgreifen.

12   Insbesondere hat der Betriebsarzt die Beschäftigten über die Unfall- und Gesundheitsgefahren, denen sie bei der Arbeit ausgesetzt sind, sowie über die Einrichtungen und Maßnahmen zur Abwendung dieser Gefahren zu belehren und bei der Einsatzplanung und Schulung der Helfer in „Erster Hilfe" und des medizinischen Hilfspersonals mitzuwirken.

13   **1. Art der Arbeitsstätte und der Tätigkeiten.** Für Maßnahmen der Ersten Hilfe sind Art, Lage und Ausdehnung der Arbeitsstätte und der Tätigkeiten der verschiedenen Arbeitnehmer zu berücksichtigen. Ausgangspunkt für wirksame Einrichtungen einer qualifizierten Erste-Hilfe-Organisation sind die **Gefährdungser-**

Erste Hilfe und sonstige Notfallmaßnahmen **§ 10 ArbSchG**

mittlung nach § 5 und die Dokumentation der notwendigen Maßnahmen nach § 6 Abs. 1. Die zu treffenden Maßnahmen entziehen sich somit einer einfachen Kategorisierung, da sie immer auf den konkreten Einzelfall zugeschnitten werden müssen.

2. Maßnahmen. a) Meldeeinrichtungen. Im Notfall müssen inner- wie außerbetriebliche Verbindungen vorhanden sein, über die Rettungs- und Hilfsmaßnahmen eingeleitet werden können. Die gebräuchlichste Meldeeinrichtung ist hierbei das Telefon. Über die Rufnummern 110 (Polizeistellen), 112 (Rettungsleitstellen) oder die Rufnummer der Hubschrauber-Leitstellen sind Rettungswagen, Rettungshubschrauber oder Feuerwehr zu erreichen. Diese Rufnummern sowie die des nächsten Durchgangsarztes der Berufsgenossenschaft und von internen Meldezentralen sind auf Aushängen über Erste-Hilfe-Maßnahmen anzugeben. Wenn auf der Arbeitsstätte kein Festnetztelefon vorhanden ist, ist auch die nächste Notrufmöglichkeit in dem Aushang bekanntzumachen. Eventuell kann es auch nötig sein ein Mobiltelefon oder ein Funkgerät bereit zu stellen. Innerbetriebliche Meldesysteme von Großbetrieben und -baustellen sollten so eingerichtet sein, dass in der Meldezentrale erkennbar ist von wo aus der Notruf abgegeben wird. 14

b) Rettungskette. Zur Organisation der Ersten Hilfe gehört die Einrichtung einer funktionierenden Rettungskette. Als Anhaltspunkt kann folgende fünfgliedrige Rettungskette dienen: 15
– Notruf von der Unfallstelle,
– Erste Hilfe am Unfallort,
– Intensivierung der Ersten Hilfe durch den Notarzt,
– Schneller Abtransport durch Rettungswagen oder -hubschrauber,
– Versorgung im Krankenhaus.

Der Erfolg von Maßnahmen zur Ersten Hilfe hängt wesentlich davon ab, dass jedes der fünf Glieder der Rettungskette für sich wirksam ist und durch vorausschauende Organisation eine zügige Koordination aller Maßnahmen erreicht wird. Nach § 10 Abs. 1 Satz 3 hat der Arbeitgeber daher insbesondere dafür zu sorgen, dass im Rahmen der Rettungskette die Kommunikation zwischen innerbetrieblicher Erster Hilfe und erforderlichen, außerbetrieblichen Stellen zügig funktioniert. 16

c) Erste-Hilfe-Räume. Für eine wirkungsvolle und schnelle Erste Hilfe in Betrieben und auf Baustellen von erheblicher Größe oder Gefahrgeneigtheit kann die Bereitstellung von Erste-Hilfe- oder Sanitätsräumen erforderlich sein (vgl. § 6 Abs. 4 ArbStättV). In ihnen sind dann die für eine wirkungsvolle Erstversorgung notwendigen Einrichtungen und Materialien vorzuhalten. § 25 Abs. 4 UVV „Grundsätze der Prävention" enthält Schwellenwerte für die Erforderlichkeit solcher Räume in Betrieben und auf Baustellen. 17

d) Erste-Hilfe-Material. Zu den Anforderungen an Einrichtungen und Sachmittel zur Ersten Hilfe enthält die UVV „Grundsätze der Prävention" in § 25 Abs. 3 ebenfalls Vorgaben. Weitere Details enthalten Berufsgenossenschafts-Regeln und -Informationen (z. B. BGI 512 „Erste Hilfe-Material"). Verbandskästen in den Arbeitsstätten müssen gut erreichbar, aber nicht für jedermann zugänglich sein. Das zur Mitführung in Kraftfahrzeugen vorgeschriebene Erste-Hilfe-Material entspricht nicht notwendigerweise den für Arbeitsstätten geltenden Anforderungen. 18

Steffek 331

ArbSchG § 10

19 **e) Rettungstransport.** Schließlich muss auch für einen sachkundigen Transport zum Arzt oder ins Krankenhaus gesorgt sein. Hierzu werden in den allermeisten Fällen die Einrichtungen des öffentlichen Rettungsdienstes (z. B. Rettungswagen und -hubschrauber) zur Verfügung stehen und auch ausreichen. In Großbetrieben und auf weitläufigen Baustellen (Bau von Flughäfen, Sportstätten etc.) kann aber das Vorhalten eines betrieblichen Rettungsdienstes nötig sein, der technisch und personell für den Notfall- und Krankentransport von Verletzten oder Erkrankten eingesetzt werden kann und ausgerüstet ist. Insbesondere auf Linienbaustellen (wie Eisenbahntrassen) muss wegen wechselnder Geländeverhältnisse und Arbeitsstätten das Funktionieren von Rettungstransporten mit öffentlichen Rettungsdiensten zudem durch zusätzliche Maßnahmen wie die Festlegung und Bekanntmachung von Lotsenpunkten im öffentlichen Straßenverkehr (gemeinsam mit der Rettungsleitstelle) sichergestellt werden.

II. Brandbekämpfung

20 Der Arbeitgeber ist verpflichtet die Maßnahmen zu treffen, die zur Brandbekämpfung erforderlich sind. § 10 Abs. 1 bezieht sich nicht auf Brandverhütung sondern auf die Bekämpfung entstehender oder bereits bestehender Brände (*Nöthlichs*, 4028, ArbSchG § 10 Erl. 3.2.1).

21 **1. Feuerlöscheinrichtungen.** Der Arbeitgeber muss die erforderlichen Feuerlöscheinrichtungen zur Verfügung stellen (vgl. auch Nr. 2.2 Anhang zu § 3 Abs. 1 ArbStättV). Welche Feuerlöscheinrichtungen erforderlich sind, beurteilt sich nach der konkret bestehenden Brandgefährdung der Arbeitsstätte und der Tätigkeiten. Brandgefährdung besteht überall dort, wo leicht entzündliche oder selbstentzündliche Stoffe oder ihre Zubereitungen eingesetzt werden. Entsprechend DIN-EN 3 sind Feuerlöscheinrichtungen je nach Brandgefährdung (gering/mittel/groß) und bezogen auf die Grundfläche der Arbeitsstätte in m^2 bereitzustellen und betriebssicher vorzuhalten.

22 Als Feuerlöscheinrichtungen kommen primär Handfeuerlöscher in Betracht. Zusätzlich kann es in großen oder besonders brandgefährdeten Arbeitsstätten nötig sein, weitere Feuerlöscheinrichtungen vorzuhalten. Hier können komplexere manuelle Feuerlöschanlagen oder automatische Systeme wie Sprinkleranlagen erforderlich sein (*Nöthlichs*, 4028, ArbSchG § 10 Erl. 3.1.1).

23 **2. Kennzeichnungspflicht.** Die Feuerlöscheinrichtungen müssen gut gekennzeichnet und jederzeit zugänglich sein, sofern sie nicht selbsttätig und ortsfest sind. Ortsfeste automatische oder zentral von Hand gesteuerte Feuerlöscheinrichtungen unterliegen ebenfalls der **Kennzeichnungspflicht,** wenn für die in dem betroffenen Bereich anwesenden Personen durch die Einrichtungen Gefahren entstehen können. Hier ist es erforderlich, sowohl optisch als auch akustisch im Alarmfall zu warnen und die Beschäftigten über die Auswirkungen der stationären Feuerlöscheinrichtungen regelmäßig zu unterrichten.

24 **3. Meldewesen, Alarmplan.** Zur Sicherstellung einer wirksamen, umfassenden und sofort einsetzenden Brandbekämpfung ist ein funktionierendes **Meldewesen** nötig. Bei großen Betrieben oder Baustellen ohne eigene Betriebsfeuerwehr, müssen mit den ortsnahen Freiwilligen- oder Berufsfeuerwehren Abmachungen getroffen werden, in denen Alarmierung und Zugang zu den Betriebsteilen eindeutig geregelt werden. Auch kann die Aufstellung eines **Alarmplans,** der gleich-

Erste Hilfe und sonstige Notfallmaßnahmen **§ 10 ArbSchG**

zeitig Basis für entsprechende **Notfallübungen** sein muss, erforderlich sein. Ein solcher ist insbesondere in Fällen aufzustellen, in denen durch die Art der Arbeiten (z. B. Schweißen, Schneiden, Verwendung von Flüssiggas, sonstige Feuerarbeiten) Brände leicht entstehen können. Ein Alarmplan regelt den Ablauf der zu treffenden Maßnahmen und den Einsatz von Personen und Mitteln. Er sollte kurz und präzise sein und an gut sichtbarer Stelle bekannt gegeben werden.

Als Präventivmaßnahme sollte bei feuerträchtigen innerhalb eines laufenden Betriebes durch Fremdunternehmen immer eine **schriftliche Freigabe** von feuerträchtigen zwischen Auftragnehmer und Auftraggeber vereinbart werden. 25

III. Evakuierung

1. Flucht- und Rettungsplan. In Betrieben kann es – auch unabhängig von spezifischen Gefährdungen – zu schwerwiegenden Störfällen kommen, die eine Evakuierung der Mitarbeiter erforderlich machen. Dazu müssen in den Arbeitsstätten ausreichend ausgeschilderte Flucht- und Rettungswege vorhanden sein und ständig freigehalten werden (vgl. § 4 Abs. 4 ArbStättV). Zudem müssen die Arbeitsplätze der Beschäftigten so angeordnet sein, dass sie einer schnellen Evakuierung nicht entgegenstehen. Wenn Lage, Ausdehnung und Art der Benutzung der Arbeitsstätte es erfordern, hat der Arbeitgeber ebenfalls nach § 4 Abs. 4 ArbStättV einen Flucht- und Rettungsplan aufzustellen. Dieser ist den Beschäftigten zur Kenntnis auszuhängen oder auszulegen. In regelmäßigen Abständen müssen dann Übungen hierzu gemacht werden. 26

2. Anwesenheit anderer Personen. Der Arbeitgeber hat nach § 10 Abs. 1 der Anwesenheit **anderer Personen** Rechnung zu tragen. Im Falle der Evakuierung sind außer den Beschäftigten auch **Besucher, Kunden** und **Beschäftigte anderer Unternehmen** zu berücksichtigen. Um deren Evakuierung im Ernstfall sicherstellen zu können, ist es notwendig, sie in die Maßnahmen zur Evakuierung mit einzubeziehen. Hierzu kann es notwendig sein, den Arbeitgebern bzw. Verantwortlichen von anderen Unternehmen und sonstigen betroffenen Personen Kenntnisse und Informationen über die Flucht- und Rettungspläne zu vermitteln. 27

D. Benennung von Beschäftigten

I. Grundsatz

Nach § 10 Abs. 2 hat der Arbeitgeber diejenigen **Beschäftigten zu benennen,** die Aufgaben der Ersten Hilfe, Brandbekämpfung und Evakuierung der Beschäftigten übernehmen. Anzahl, Ausbildung und Ausrüstung der benannten Beschäftigten müssen in einem angemessenen Verhältnis zur Gesamtzahl der Betriebsangehörigen und zu den besonderen Gefahren der Arbeitsstätte stehen. Was als angemessen anzusehen ist, muss im jeweiligen Einzelfall und unter Beteiligung von Sachverständigen durch den Arbeitgeber bestimmt werden. Diese Personen sind durch Ausbildung, Ausrüstung, Trainingsmaßnahmen und Fortbildung zu qualifizieren, damit sie ihre Aufgaben wirksam wahrnehmen können. 28

Bei der Ermittlung der besonderen Gefahren der jeweiligen Arbeitsstätte sind die speziellen Arbeitsschutznormen mit einzubeziehen, die sich mit **besonderen Gefahren** befassen und zum Teil weitere Beauftragte erfordern (vgl. hierzu § 13). Zu berücksichtigen sind insbesondere GefStoffV, BioStoffV, SprengG, VbF, BetrSichV, 29

Steffek 333

ArbSchG § 10

LärmVibrationsArbSchV, OStrV sowie die Landesbauordnungen. Es können sich aber z. B. auch durch elektrischen Strom, hochgelegene Arbeitsplätze, den Umgang mit Schadstoffen oder biologischen Arbeitsstoffen, Arbeiten unter Tage oder in großen Höhen, oder durch Feuerarbeiten besondere Gefahren ergeben.

II. Rechte und Pflichten

30 Die vom Arbeitgeber benannten Beauftragten sind **innerbetriebliche Organe** (*Schmatz/Nöthlichs*, 4028, § 10 ArbSchG Erl. 2.2). Ihre Pflichten bestehen grundsätzlich nur gegenüber dem Arbeitgeber, nicht gegenüber den Behörden oder der Allgemeinheit. Die Behörden können aber von den benannten Personen nach § 22 Abs. 2 S. 4 die Anwesenheit bei Betriebsbesichtigungen und -prüfungen verlangen.

31 Die Benennung geschieht durch Weisung des Arbeitgebers. Eine Zustimmung des benannten Beschäftigten ist grundsätzlich nicht notwendig (*Schmatz/Nöthlichs*, 4028, § 10 ArbSchG Erl. 2.2).

32 Die benannten Personen sind **keine verantwortlichen Personen** im Sinne des § 13, wenn der Arbeitgeber sie nicht ausdrücklich und schriftlich auch insoweit beauftragt (→ § 13 Rn. 14 und → § 13 Rn. 49f.). Ihre Bestellung ist daher formlos möglich; Schriftform ist aber anzuraten. Sie haben auch **kein gesetzliches Weisungsrecht** gegenüber anderen Arbeitnehmern (*Schmatz/Nöthlichs*, 4028, § 10 ArbSchG Erl. 2.2). Es kann daher sinnvoll sein, dass der Arbeitgeber den benannten Personen ein auf seinen Aufgabenbereich beschränktes Weisungsrecht ausdrücklich zuweist.

33 Bei der **Aus- und Fortbildung** kann sich der Arbeitgeber externer Spezialisten bedienen, was in den meisten Fällen auch anzuraten sein wird. Er muss sie also nicht selbst vornehmen, sondern lediglich für ihre Umsetzung sorgen. Die Aus- und Fortbildung hat während der Arbeitszeit stattzufinden und sie ist den Arbeitnehmern wie reguläre Arbeitszeit zu vergüten. Ihre Kosten trägt ebenfalls der Arbeitgeber (*Heilmann/Aufhauser*, ArbSchG § 10 Rn. 7).

34 Die Anzahl der benannten Personen ist so zu bemessen, dass ihre Anwesenheit in der Arbeitsstätte in ausreichender Zahl und zu jeder Zeit gewährleistet ist. Es ist auch unproblematisch möglich, einzelne Beschäftigte mehrfach zu benennen, sie also gleichzeitig zum Beauftragten für Erste Hilfe, Brandschutz und Evakuierung zu machen.

35 Soweit sie über die erforderliche Ausbildung und Ausrüstung verfügen, können **Arbeitgeber** oder die nach § 13 verantwortlichen Personen die sich aus § 10 Abs. 1 ergebenden Aufgaben auch **selbst** wahrnehmen. Diese im Gesetz vorgesehene Erleichterung für Klein- und Mittelbetriebe ist jedoch nur praktikabel, wenn der Arbeitgeber entweder ständig anwesend ist oder weitere Personen bestellt, die ihn während seiner Abwesenheit vertreten.

III. Erste Hilfe

36 Bei der Aus- und Fortbildung kann sich der Arbeitgeber nach § 3 ArbSiG vom **Betriebsarzt** beraten und unterstützen lassen. Auf diese Weise kann insbesondere die betriebliche Situation in die erforderliche Qualifikation der benannten Personen für Erste Hilfe einbezogen werden. Es ist aber auch eine externe Aus- und Fortbildung möglich. Hierbei sollte darauf geachtet werden, dass die Ausbildungsstelle die im Anhang 3 zur UVV „Grundsätze der Prävention" aufgestellten Voraus-

Erste Hilfe und sonstige Notfallmaßnahmen **§ 10 ArbSchG**

setzungen erfüllt. Auch kann auf vorhandene Kenntnisse von Beschäftigten zurückgegriffen werden.

Anzahl, Ausbildung und Ausrüstung der benannten Personen zur Ersten Hilfe 37 können auf Grund der **Schwellenwerte** der UVV „Grundsätze der Prävention" und „Erste Hilfe" sowie der einschlägigen BG-Informationen und BG-Regeln festgelegt werden. Aus §§ 6–8 der UVV „Erste Hilfe" ergeben sich folgende Schwellenwerte:
- Bei 2 bis zu 20 anwesenden Versicherten ist ein Ersthelfer erforderlich.
- Bei mehr als 20 anwesenden Versicherten sind
  - in Verwaltungs- und Handelsbetrieben 5% der anwesenden Versicherten
  - in sonstigen Betrieben 10% der anwesenden Versicherten

erforderlich. Von der Zahl der Ersthelfer bei mehr als 20 anwesenden Versicherten kann aber im Einvernehmen mit der jeweils zuständigen Berufsgenossenschaft und der Arbeitsschutzbehörde unter Berücksichtigung der Organisation des betrieblichen Rettungswesens und der Gefährdung abgewichen werden.

Zu beachten ist schließlich, dass § 27 der UVV „Grundsätze der Prävention" for- 38 dert, dass für Betriebe und Baustellen mit einer größeren Anzahl von Versicherten an der Arbeitsstätte (Schwellenwerte: mehr als 1500 Versicherte, mehr als 250 Versicherte bei erhöhter Gefahr, mehr als 100 Versicherte auf Baustellen) zusätzlich ein **Betriebssanitäter** mit einer erweiterten Qualifikation zur Verfügung steht.

IV. Brandbekämpfung und Evakuierung

Was Bergung, Brandbekämpfung und die Evakuierung anbelangt, sind die allge- 39 meinen Vorgaben im Gesetz gemessen an den betrieblichen Belangen zu konkretisieren. Feuerwehrspezialisten, Rettungsdienste, Katastrophenschutz und Arbeitsschutzbehörde sollten beigezogen werden, um Zahl, Ausbildung und Ausrüstung der zu benennenden Beschäftigten arbeitsstättenspezifisch im Rahmen einer Beurteilung der Arbeitsbedingungen nach § 5 festzulegen. Im Anhang zu § 3 Abs. 1 ArbStättV werden Regeln zum Schutz vor Entstehungsbränden aufgestellt, es werden jedoch keine Angaben über Anzahl, Ausbildung und Ausrüstung der zu bestellenden Personen gemacht. Der Arbeitgeber muss eigenverantwortlich dafür sorgen, dass im Notfall Personen in ausreichender Anzahl zur Brandbekämpfung und zur Handhabung von Feuerlöscheinrichtungen bzw. zur Koordinierung und Überwachung einer Evakuierung zu Verfügung stehen.

V. Beteiligung des Betriebs- bzw. Personalrats

Nach § 10 Abs. 2 S. 3 ist der Betriebs- bzw. Personalrat vor der Benennung von 40 Personen zu hören. Dieses Beteiligungsrecht zielt vorrangig auf den **Schutz der Gesamtbelegschaft** und nicht des einzelnen, zu benennenden, Arbeitnehmers. Insoweit ist der Betriebs- bzw. Personalrat auch zu hören, wenn ein leitender Angestellter benannt werden soll (a. A. *Schmatz/Nöthlichs*, 4028, § 10 ArbSchG Erl. 6 die hier den Sprecherausschuss für zuständig halten). Ob es auch bei greift, wenn der Arbeitgeber selbst die Aufgaben nach § 10 Abs. 1 wahrnehmen möchte, erscheint nach dem Wortlaut fraglich, muss aber nach dem hier vertretenen Sinn und Zweck wohl angenommen werden (a. A. *Schmatz/Nöthlichs*, 4028, § 10 ArbSchG Erl. 6).

Der Betriebs- bzw. Personalrat ist „zu hören". Es ist ihm also Gelegenheit zur 41 **Stellungnahme** zu geben und diese gegebenenfalls mit ihm zu erörtern (*Schmatz/Nöthlichs*, 4028, § 10 ArbSchG Erl. 6). Unterbleibt die Anhörung oder erfolgt sie

ArbSchG § 11

erst nach der Benennung, ist die Benennung zwar rechtswidrig. Sie bleibt aber dennoch wirksam.

42 Weitergehende Beteiligungs- und Mitbestimmungsrechte bleiben nach § 10 Abs. 2 S. 4 ausdrücklich unberührt. Informations- und Überwachungsrechte im Bereich des Arbeitsschutzes bestehen nach § 80 **BetrVG** und §§ 68 und 103 **BPersVG**. Weitergehende Beteiligungs- und Mitbestimmungsrechte ergeben sich aus §§ 87 Abs. 1 Nr. 7, 88 Abs. 1 Nr. 1 und 89 BetrVG sowie aus §§ 75 Abs. 3 Nr. 11, 78 Abs. 5 und § 81 BPersVG. In Anbetracht dieser Fülle an Beteiligungsrechten des Betriebs- bzw. Personalrat erscheint der eigenständige Sinngehalt von § 10 Abs. 2 S. 3 fraglich, da sich eine entsprechende Anhörungspflicht in den allermeisten Fällen schon aus dem BetrVG bzw. dem BPersVG ergibt.

§ 11 Arbeitsmedizinische Vorsorge

Der Arbeitgeber hat den Beschäftigten auf ihren Wunsch unbeschadet der Pflichten aus anderen Rechtsvorschriften zu ermöglichen, sich je nach den Gefahren für ihre Sicherheit und Gesundheit bei der Arbeit regelmäßig arbeitsmedizinisch untersuchen zu lassen, es sei denn, auf Grund der Beurteilung der Arbeitsbedingungen und der getroffenen Schutzmaßnahmen ist nicht mit einem Gesundheitsschaden zu rechnen.

Übersicht

	Rn.
A. Grundsätze	1
I. Arbeitsmedizinische Vorsorge	1
1. Norm	1
2. Wunschvorsorge	6
II. Korrespondierende Vorsorge und Untersuchungen	9
1. Pflicht- und Angebotsvorsorge	9
2. Spezielle arbeitsmedizinische Vorsorgeuntersuchungen	10
3. Allgemeine arbeitsmedizinische Vorsorgeuntersuchungen	11
4. Untersuchungen nach JArbSchG	12
5. Tauglichkeits- und Eignungsuntersuchungen	13
6. Einstellungsuntersuchungen	14
B. Durchführung	15
I. Rechte der Beschäftigten	15
II. Pflichten des Arbeitgebers	18
1. Normadressat	18
2. Gesundheitsgefahr	19
3. Einschränkung	23
4. Möglichkeiten	25
5. Sonstige Pflichten	27
III. Ärztliche Tätigkeit	28
1. Fachkunde des Arztes	28
2. Inhalt	29
3. Pflichten des Arztes	36
C. Umsetzung	40
I. Arbeitsrechtliche Folgen	40
II. Kosten	44
III. Durchsetzung	47

Arbeitsmedizinische Vorsorge **§ 11 ArbSchG**

Literatur: *Aligbe,* Rechtshandbuch Arbeitsmedizinische Vorsorge, 2014; *ders.,* Impfungen im Rahmen der arbeitsmedizinischen Vorsorge, BPUVZ 2015, 451; *ders.,* Die Pflichten des Arbeitgebers in Bezug auf die „Wunschvorsorge", ArbRAktuell 2016, 261; *Beckschulze,* Die arbeitsmedizinische Untersuchung – Vorsorge oder Eignung? – Teil 1, BB 2014, 1013; *Bücker,* Änderung der Verordnung zur arbeitsmedizinischen Vorsorge, MedR 2014, 291; *Fischinger,* Die arbeitsrechtlichen Regelungen des Gendiagnostikgesetzes, NZA 2010, 65; *dies.,* Das neue Gendiagnostikgesetz, NJW 2010, 113; *Fritsche/Lenuck/Müller-Knöss,* Vorsorge: Manches neu – vieles anders, AiB 5/2014, 46; *Genenger,* Begrenzung genetischer Untersuchungen und Analysen im Arbeitsrecht, ArbuR 2009, 285; *Giesen,* Arbeitsmedizinische Vorsorgeuntersuchungen, Festschrift für Wlotzke zum 70. Geburtstag, 1996, 497; *ders.,* Arbeitsmedizinische Fachkunde, ZBl Arbeitsmed 1998, 12; *ders.,* Ärztliche Untersuchungen im Arbeitsverhältnis – Teil II, ASUMed 2008, 23; *ders.,* Die Verordnung zur arbeitsmedizinischen Vorsorge – ArbMedVV, Zbl Arbeitsmed 2009, 119; *ders.,* Die ärztliche Schweigepflicht, ASUMed 2009, 524; *Hülsemann,* Die Schweigepflicht des Betriebsarztes, ArbRAktuell 2015, 192; *Janning,* Arbeitsmedizinische Vorsorgeuntersuchungen und das Recht auf informationelle Selbstbestimmung, Zbl Arbeitsmed 1997, 358; *Janning/Hoffmann,* Arbeitsmedizinische Vorsorge zukunftsfest machen, ASUMed 2013, 270; *Jansing,* Arbeitsmedizin im Spannungsfeld ökonomischer und ethischer Erwägungen, Zbl Arbeitsmed 1999, 9; *Kleinebrink,* Bedeutung von Gesundheitsuntersuchungen für Arbeitgeber nach neuem Recht, DB 2014, 776; *Kluckert/Behrens,* Novelle der Verordnung zur Arbeitsmedizinischen Vorsorge in Kraft, DGUV Forum 3/2014, 30; *Kothe,* Arbeitsmedizinische Untersuchungen zwischen Fürsorge und Selbstbestimmung, Gedächtnisschrift für Ulrich Zachert, 2010; *Rentrop,* Arbeitsmedizinische Vorsorge, BG 2008, 217; *Schmid,* Sozialmedizinische Beratung von arbeitsunfähigen Beschäftigten – eine Aufgabe (auch) für den Betriebsarzt, ASUMed 2000, 324; *Schmidt/Novara,* Arbeitsrechtliche Aspekte der Pandemievorsorge und -bekämpfung, DB 2009, 1817; *Schreinicke/Hüber/Hinz,* Arbeitsmedizinische Vorsorge bei Personen mit hoher psychischer Belastung, Zbl Arbeitsmed 2002, 200; *Siegmann/Rose/Meyer-Falcke,* Verordnung zur Rechtsvereinfachung und Stärkung der arbeitsmedizinischen Vorsorge, ErgoMed 2009, 10; *Stranzinger/Schilgen/Nienhaus,* Novellierung der Verordnung zur arbeitsmedizinischen Vorsorge, Zbl Arbeitsmed 2015, 28; *Wiese,* Gendiagnostikgesetz und Arbeitsleben, BB 2009, 2198; *ders.,* Genetische Untersuchungen und Analysen zum Arbeitsschutz und Rechtsfolgen bei deren Verweigerung oder Durchführung, BB 2011, 313.

A. Grundsätze

I. Arbeitsmedizinische Vorsorge

1. Norm. Die Vorschrift gilt grundsätzlich für **alle Arbeits- und Tätigkeits-** 1
bereiche. Sie setzt Art. 14 Abs. 2 EG-Rahmenrichtlinie Arbeitsschutz (89/391/EWG) in das nationale Recht um. Durch die Verordnung zur arbeitsmedizischen Vorsorge (ArbMedVV) vom 18.12.2008 (BGBl. I S. 2768) sind für den Geltungsbereich des Arbeitsschutzgesetzes einheitliche Begriffsbestimmungen sowie homogene Tatbestandsvoraussetzungen und Rechtsfolgen für alle in diesem Gesetz oder auf Grund dieses Gesetzes geregelte arbeitsmedizinische Vorsorge getroffen worden (§ 1 Abs. 2 ArbMedVV). Die wenigen Ausnahmen sind in § 1 Abs. 2 aufgeführt (Haushalt, Seeschifffahrt, Bergbau).

Durch die Erste Verordnung zur Änderung der ArbMedVV vom 23.10.2013 2
(BGBl. I S. 3882) erfolgte eine **Anpassung** an die zwischenzeitlich gewonnenen praktischen Erkenntnisse. Dazu zählt unter anderem, die Inanspruchnahme von Wunschvorsorge in Bereichen, die nicht im Anhang der ArbMedVV aufgeführt sind, zu erhöhen (BR-Drs. 327/13 A.I.6. S. 18). Der Begriff „arbeitsmedizinische Vorsorgeuntersuchung" wurde durch den Begriff „arbeitsmedizinische Vorsorge"

ArbSchG § 11

ersetzt. In § 11 wird nach der Überschrift „Arbeitsmedizinische Vorsorge" im Gesetzestext gemäß der bisherigen Terminologie noch der Begriff der arbeitsmedizinischen Untersuchung verwendet („untersuchen lassen"). Richtig ist, auch hier nunmehr von dem weitergehenden Begriff „arbeitsmedizinische Vorsorge" auszugehen, wie er bei der klarstellenden Wiederholung des § 11 im Rahmen der Änderung in § 5a ArbMedVV verwendet wird.

3 Arbeitsmedizinische Vorsorge umfasst primär die Aufklärung und Beratung der Beschäftigten über die Wechselwirkungen zwischen ihrer Arbeit und ihrer Gesundheit. Sie dient weder der Selektion, noch ersetzt sie technische und organisatorische Arbeitsschutzmaßnahmen, die stets Vorrang haben. Wesentlicher **Zweck** der Wunschvorsorge nach § 11 ist es, dem einzelnen Beschäftigten die Möglichkeit zu geben, selbst durch ärztliche Beratung klären zu lassen, ob hinsichtlich der Ausübung seiner konkreten Tätigkeit gesundheitliche Bedenken bestehen und er den Anforderungen seiner Tätigkeit gewachsen ist.

4 Die **Wunschvorsorge** bildet einen eigenständigen Tatbestand innerhalb der verschiedenen arbeitsmedizinischen Vorsorgeregelungen; es handelt sich um einen Auffangtatbestand, der für alle Tätigkeiten gilt, bei denen ein Gesundheitsschaden nicht auszuschließen ist (§ 2 Abs. 4 ArbMedVV). Das Instrument der Wunschvorsorge bietet flexible Möglichkeiten für einen effektiven **individuellen Gesundheitsschutz**. Als Anlässe kommen z. B. allgemeine Muskel-Skelett-Erkrankungen, Fahr-, Steuer- und Überwachungstätigkeiten (DGUV Grundsatz G 25) sowie Arbeiten mit Absturzgefahr (DGUV Grundsatz G 41) in Betracht, die vom Verordnungsgeber im Einklang mit dem EU-Recht bewusst nicht als Pflicht- und Angebotsvorsorge (§§ 4, 5 ArbMedVV) in den Anhang zur ArbMedVV aufgenommen worden sind (BR-Drs. 643/08 A. II. S. 26; zu § 2 S. 32). Dazu gehört auch, wenn Beschäftigte einen Zusammenhang zwischen einer psychischen Störung und ihrer Tätigkeit vermuten (BR-Drs. 327/13 A.I.6. S. 18).

5 Der beim BMAS gebildete **Ausschuss für Arbeitsmedizin** (AfAMed) hat die Aufgabe, durch Arbeitsmedizinische Regeln und Erkenntnisse (AMR) die ArbMedVV zu konkretisieren (§ 9 Abs. 3 S. 1 Nr. 2 ArbMedVV). Arbeitgeber, die sich an die AMR halten, können davon ausgehen, dass sie die Anforderungen der ArbMedVV erfüllen (Vermutungswirkung; § 3 Abs. 1 S. 3 ArbMedVV). Weitere Aufgabe des AfAMed ist es, Arbeitsmedizinische Empfehlungen (AME) in Form von Informationen auszusprechen (§ 9 Abs. 3 S. 1 Nr. 3 ArbMedVV). So erhalten Betriebe und Beschäftigte eine Orientierung, wann arbeitsmedizinische Vorsorge als Pflicht-, Angebots- oder Wunschvorsorge geboten bzw. sinnvoll ist.

6 **2. Wunschvorsorge.** Die Gewährung von Wunschvorsorge nach § 11 ist eine Rechtspflicht des Arbeitgebers, wie der neue § 5a ArbMedVV verdeutlicht (BR-Drs. 327/13 A.I.6. S. 18). Das Ausmaß der Verpflichtung des Arbeitgebers ist allerdings **eingeschränkt** und hängt von den für den Beschäftigten bei der Arbeit möglichen Gefahren für seine Sicherheit und Gesundheit ab. Die Pflicht entfällt, wenn nach dem Ergebnis der Gefährdungsbeurteilung (§ 5) und nach den getroffenen Schutzmaßnahmen keine Anhaltspunkte für eine Gesundheitsgefährdung bei der jeweiligen Tätigkeit gegeben sind. Durch die Anknüpfung an die Gefährdungsbeurteilung und die Schutzmaßnahmen des Arbeitgebers bestehen objektive und leicht zugängliche Kriterien, die geeignet sind, Missbrauch zu verhindern (BT-Drs. 13/3540 zu § 11 S. 19).

7 Die arbeitsmedizinische **Vorsorge** dient der Beurteilung der individuellen Wechselwirkungen von Arbeit und physischer und psychischer Gesundheit und

der Früherkennung arbeitsbedingter Gesundheitsstörungen sowie der Feststellung, ob bei der Ausübung einer bestimmten Tätigkeit eine erhöhte gesundheitliche Gefährdung besteht (§ 2 Abs. 1 Nr. 2 ArbMedVV). Sie beinhaltet ein ärztliches Beratungsgespräch mit Anamnese sowie körperliche oder klinische Untersuchungen, soweit diese für die individuelle Aufklärung und Beratung erforderlich sind und der Beschäftigte diese Untersuchungen nicht ablehnt (§ 2 Abs. 1 Nr. 3 ArbMedVV).

Das Recht des Beschäftigten und die Pflicht des Arbeitgebers bestehen „unbeschadet der Pflichten aus anderen Rechtsvorschriften". Die Wunschvorsorge tritt damit **selbstständig** neben sonstige Vorsorgemaßnahmen und Untersuchungen des Beschäftigten. Der § 4 Nr. 5, nach dem die erforderlichen technischen und organisatorischen Arbeitsschutzmaßnahmen keinesfalls durch individuelle Schutzmaßnahmen ersetzt werden dürfen, ist zu beachten (*Kothe* in MHdB ArbR § 296 Rn. 37). Jede arbeitsmedizinische Vorsorge und damit auch die Wunschvorsorge soll nicht zusammen mit Untersuchungen, die dem Nachweis der gesundheitlichen Eignung für berufliche Anforderungen dienen, durchgeführt werden, es sei denn, betriebliche Gründe erfordern dies; in diesem Fall hat der Arbeitgeber den Arzt oder die Ärztin zu verpflichten, die unterschiedlichen Zwecke von arbeitsmedizinischer Vorsorge und Eignungsuntersuchung gegenüber dem oder der Beschäftigten offenzulegen (§ 2 Abs. 3 S. 2 ArbMedVV). 8

II. Korrespondierende Vorsorge und Untersuchungen

1. Pflicht- und Angebotsvorsorge. Arbeitsmedizinische **Pflichtvorsorge** 9 (§ 4 ArbMedVV) ist vom Arbeitgeber bei besonders gefährdenden Tätigkeiten, die im Anhang der ArbMedVV aufgeführt sind, zu veranlassen. Pflichtvorsorge ist Voraussetzung für die Ausübung einer bestimmten Tätigkeit (z. B. Umgang mit Asbest). Arbeitsmedizinische **Angebotsvorsorge** (§ 5 ArbMedVV) ist vom Arbeitgeber dem Beschäftigten bei Tätigkeiten mit geringerem Gefährdungpotential, die ebenfalls im Anhang zur ArbMedVV konkret aufgeführt sind, anzubieten; sie ist für den Beschäftigten freiwillig (z. B. Tätigkeit an Bildschirmgeräten).

2. Spezielle arbeitsmedizinische Vorsorgeuntersuchungen. Spezielle ar- 10 beitsmedizinische Vorsorgeuntersuchungen sind in staatlichen Rechtsvorschriften enthalten. Sie sind verpflichtend, wenn ein Arbeitgeber einen Beschäftigten nur dann an einem mit **spezifischen Gefahren** verbundenen Arbeitsplatz beschäftigen (Erstuntersuchung) bzw. weiterbeschäftigen (Nachuntersuchung) darf, wenn zuvor ein (ermächtigter) Arzt den Beschäftigten arbeitsmedizinisch untersucht hat. Derartige spezielle arbeitsmedizinische Untersuchungen enthalten § 6 Abs. 3 ArbZG (Nachtarbeit), § 37 RöV (Röntgen), § 60 StrlSchV (Strahlenexposition). Die Unfallverhütungsvorschrift „Arbeitsmedizinische Vorsorge" (BGV A 4) ist durch die ArbMedVV überholt und von den Unfallversicherungsträgern zurückgezogen worden. Versicherte Personen, die keine Beschäftigten sind und die deshalb vom Anwendungsbereich der ArbMedVV nicht erfasst werden (z. B. Ehrenamtlich Tätige, freiwillige Feuerwehrleute), werden jetzt durch § 2 Abs. 1 S. 3 DGUV Vorschrift 1, wonach die in staatlichem Recht bestimmten Maßnahmen auch zum Schutz von Versicherten, die keine Beschäftigten sind, gelten, mittelbar in vollem Umfang in die ArbMedVV einbezogen.

3. Allgemeine arbeitsmedizinische Vorsorgeuntersuchungen. Durch all- 11 gemeine arbeitsmedizinische Vorsorgeuntersuchungen sollen tätigkeits- bzw. arbeitsplatzbezogene Gefährdungsmerkmale aufgedeckt werden, die zu arbeitsbe-

ArbSchG § 11 — Arbeitsschutzgesetz

dingten Erkrankungen führen können. Derartige Untersuchungen sind **freiwillig**, haben eine präventive Zielsetzung und müssen arbeitsmedizinisch indiziert sein (*Anzinger/Bieneck* ASiG § 3 Rn. 72 m.w.N.). Zu nennen ist insbesondere die allgemeine arbeitsmedizinische Vorsorgeuntersuchung im Sinne des **§ 3 Abs. 1 Nr. 2 ASiG** durch den Betriebsarzt. Diese Untersuchung hat einen ähnlichen Charakter wie die arbeitsmedizinische Vorsorge nach § 11, wobei dem Beschäftigten hier allerdings kein Recht auf die Untersuchung zusteht. Die ArbMedVV lässt arbeitsmedizinische Präventionsmaßnahmen nach dem Arbeitssicherheitsgesetz ausdrücklich unberührt (§ 1 Abs. 3 ArbMedVV).

12 **4. Untersuchungen nach JArbSchG.** Jugendliche zwischen 14 und 18 Jahren unterliegen bei Beginn der Berufsausbildung oder einer Arbeitsaufnahme Jugendarbeitsschutzuntersuchungen, die nach Ablauf eines Jahres wiederholt werden müssen (§§ 32 ff. JArbSchG). Dabei ist besonders zu beachten, dass entsprechende Beschäftigungsverbote für Jugendliche gelten und hiermit verhindert werden soll, dass es bei erheblichen Missverhältnissen zwischen **persönlicher gesundheitlicher Eignung** und Arbeitsplatzanforderung zu gesundheitlichen Risiken und Fehlentwicklungen kommt. Jugendarbeitsschutzuntersuchungen können von allen approbierten Ärzten durchgeführt werden.

13 **5. Tauglichkeits- und Eignungsuntersuchungen.** Tauglichkeits- und Eignungsuntersuchungen außerhalb des ArbSchG werden vor allem im **Interesse der Allgemeinheit** für die Ausübung bestimmter Tätigkeiten gesetzlich vorgeschrieben, z. B. § 4 LuftVG (Flugtauglichkeit), § 12 SeearbeitsG (Seediensttauglichkeit), § 66 Nr. 4 BBergG, § 2 GesBergV (Arbeiten unter Tage), § 48 Abs. 5 FeV (Fahrgastbeförderung).

14 **6. Einstellungsuntersuchungen.** Der Arbeitgeber hat ein objektiv berechtigtes Interesse, die aktuelle Eignung der Beschäftigten für den zu besetzenden Arbeitsplatz festzustellen (BAG NZA 1984, 57). Ärztliche Einstellungsuntersuchungen von Bewerbern vor Abschluss des Arbeitsvertrags werden auf **Verlangen des Arbeitgebers** in dessen Interesse durchgeführt. Sie beziehen sich in der Regel auf die allgemeine körperliche und gesundheitliche Eignung des Bewerbers für die vorgesehene Tätigkeit und gehören nicht zu den arbeitsmedizinischen Vorsorgeuntersuchungen (*Anziger/Bieneck* ASiG § 3 Rn. 90 m.w.N.). Das Gleiche gilt für Eignungsuntersuchungen während eines laufenden Beschäftigungsverhältnisses. Eignungsuntersuchungen sollen nicht zusammen mit arbeitsmedizinischer Vorsorge durchgeführt werden (§ 3 Abs. 3 S. 2 ArbMedVV).

B. Durchführung

I. Rechte der Beschäftigten

15 Die Beschäftigten haben auf Grund § 11 bei Vorliegen der Voraussetzungen einen **öffentlich-rechtlichen Anspruch** gegen den Arbeitgeber auf Vornahme der gewünschten arbeitsmedizinischen Vorsorge (*Janning* in Koll/Janning/Pinter ArbSchG § 11 Rn. 13; *Kothe* in MHdB ArbR § 296 Rn. 37; *Pieper* ArbSchR ArbSchG § 11 Rn. 3 c). Der Anspruch folgt aus der Rechtspflicht des Arbeitgebers zur Gewährung von Wunschvorsorge, die der neue § 5 a ArbMedVV ausdrücklich hervorhebt.

16 Der Arbeitgeber hat die arbeitsmedizinische Vorsorge nach § 11 nicht von sich aus, sondern nur auf **Wunsch** der Beschäftigten zu ermöglichen. Der einzelne Be-

schäftigte muss also selbst aktiv werden. Ein Weisungsrecht des Arbeitgebers besteht nicht; die Untersuchung obliegt allein der Entscheidung des Beschäftigten. Der Wunsch muss nicht schriftlich erfolgen. „Ermöglichen" beinhaltet eine personelle (→ Rn. 25), eine zeitliche (→ Rn. 26) und eine finanzielle (→ Rn. 44) Komponente. Ermöglichen erfordert ferner die Unterrichtung des Beschäftigten über die Option für eine Wunschvorsorge, die zweckmäßigerweise bei der Unterweisung nach § 12 erfolgt (*Aligbe* Kap. B Rn. 46).

Von einer eigenen Initiative der Beschäftigten gehen auch andere Bestimmungen aus. Nach **§ 6 Abs. 3 ArbZG** sind Beschäftigte mit Nachtarbeit „berechtigt", sich vor Beginn der Beschäftigung und danach in regelmäßigen Zeitabständen untersuchen zu lassen. Bei Angebotsuntersuchungen ist dem Beschäftigten die Inanspruchnahme der arbeitsmedizinischen Vorsorgeuntersuchung nahe zu legen (§ 5 Abs. 1 S. 2 ArbMedVV). 17

II. Pflichten des Arbeitgebers

1. Normadressat. Normadressat ist der **Arbeitgeber**. Arbeitgeber ist auch der Verleiher von Arbeitnehmern. Gemäß § 11 Abs. 6 S. 1 AÜG hat der **Entleiher** die Vorschriften des Arbeitsschutzrechts und damit § 11 unbeschadet der Pflichten des Verleihers als Arbeitgeber einzuhalten (*Wiebauer* in Landmann/Rohmer GewO ArbSchG § 11 Rn. 24). Eine § 12 Abs. 2 S. 1 entsprechende Vorschrift, wonach die nach dem Gesetz bestehenden Verpflichtungen zur Unterweisung nur den Entleiher und nicht auch den Verleiher treffen, enthält § 11 nicht. Die Konkurrenz zwischen der gleichen Pflicht des Verleihers und des Entleihers ist dahingehend zu lösen, dass aufgrund der betrieblichen Kenntnisse vorrangig der Betriebsarzt des Entleihers die gewünschte Vorsorge vorzunehmen hat (BMAS Arbeitsmedizinische Empfehlung Zeitarbeit des AfAMed S. 14). 18

2. Gesundheitsgefahr. Aufgabe des Arbeitgebers ist es primär, bei allen Maßnahmen des Arbeitsschutzes den allgemeinen arbeitsschutzrechtlichen Grundsatz zu beachten, dass **individuelle Schutzmaßnahmen** gegenüber anderen Maßnahmen **nachrangig** sind (§ 4 Nr. 5). Die arbeitsmedizinische Vorsorge nach § 11 kann deshalb die erforderlichen technischen und organisatorischen Maßnahmen des Arbeitsschutzes nicht ersetzen (*Kothe* in MHdB ArbR § 296 Rn. 37). 19

Die Pflicht des Arbeitgebers, den Beschäftigten auf ihren Wunsch arbeitsmedizinische Vorsorge zu ermöglichen, setzt in einem ersten Schritt voraus, dass bei der konkret zu leistenden Arbeit aufgrund der individuellen Disposition des Beschäftigten Gefahren für seine Sicherheit und Gesundheit vorhanden sind (*Wiebauer* in Landmann/Rohmer GewO ArbSchG § 11 Rn. 8). Maßstab sind die Beurteilung der Arbeitsbedingungen und die getroffenen (auch personenbezogenen) Schutzmaßnahmen, wie sich aus der anschließenden Einschränkung der Verpflichtung des Arbeitgebers ergibt. Die Vorschrift stellt damit auf die **objektiven Arbeitsbedingungen,** nicht aber auf die persönlichen Verhältnisse der Beschäftigten (z. B. Raucher/Nichtraucher) ab (*Wiebauer* in Landmann/Rohmer GewO ArbSchG § 11 Rn. 9; a. A. *Bücker* in HK-ArbSchR ArbSchG § 11 Rn. 11). Nicht ausreichend ist die bloße subjektive Vermutung einer Gesundheitsgefahr. 20

Unter **„Gefahr"** (nicht mehr akzeptables Risiko) wird eine Sachlage verstanden, die bei ungehindertem Ablauf des objektiv zu erwartenden Geschehens zu einem Schaden führt, wobei für den Schadenseintritt eine hinreichende Wahrscheinlichkeit und für den Schaden eine nicht unerhebliche Beeinträchtigung ver- 21

ArbSchG § 11

langt wird. „**Gefährdung**" bezeichnet demgegenüber die Möglichkeit eines Schadens oder einer gesundheitlichen Beeinträchtigung ohne bestimmte Anforderungen an deren Ausmaß oder die Eintrittswahrscheinlichkeit (BT-Drs. 13/3540 zu § 4 S. 16; BAG NZA 2009, 102).

22 Die Notwendigkeit der arbeitsmedizinischen Vorsorge nach § 11 orientiert sich am Vorhandensein einer „Gefahr" und erfordert damit einen **gewissen Grad** an Eintrittswahrscheinlichkeit in Bezug auf einen Gesundheitsschaden (a. A. *Pieper* ArbSchR ArbSchG § 11 Rn. 5a; *Wiebauer* in Landmann/Rohmer GewO ArbSchG § 11 Rn. 6: Gefährdung genügt). Dies zeigt beispielhaft die Begründung zur OStrV; Beschäftigte, die langjährig künstlicher Strahlung ausgesetzt sind, können Wunschuntersuchungen geltend machen, insbesondere wenn bei ihnen Hautveränderungen vorliegen (BR-Drs. 262/10 zu Art. 2 ArbMedVV S. 24). Die Begriffsbestimmung der arbeitsmedizinischen Vorsorge fordert eine „erhöhte Gefährdung". (§ 2 Abs. 1 Nr. 2 ArbMedVV). Anhaltspunkte ergeben sich aus der Gefährdungsbeurteilung (§ 5). Der Betriebsarzt und die Fachkraft für Arbeitssicherheit können dem Arbeitgeber Hinweise geben. Konkretisierungen der Untersuchungsanlässe erfolgen durch den Ausschuss für Arbeitsmedizin (→ Rn. 4).

23 **3. Einschränkung.** Die Pflicht des Arbeitgebers **entfällt,** wenn im Einzelfall nach der Gefährdungsbeurteilung und nach den getroffenen Schutzmaßnahmen nicht mit einem Gesundheitsschaden zu rechnen ist (*Bücker* in HK-ArbSchR ArbSchG § 11 Rn. 11; *Janning* in Koll/Janning/Pinter ArbSchG § 11 Rn. 11; *Kothe* in MHdB ArbR § 296 Rn. 39; *Wank* in ErfK ArbSchG § 11 Rn. 1). Erforderlich ist eine Prognose. Die Einschränkung verlangt damit als zweiten Schritt eine objektive Einschätzung der Gefahrenlage durch den Arbeitgeber dahingehend, ob die festgestellten Gefahren die Gesundheit des betroffenen Beschäftigten trotz aller Vorkehrungen noch beeinträchtigen können. Die positive Formulierung des Gesetzes („zu rechnen") bedeutet dabei, dass ein Gesundheitsschaden nicht nur nicht auszuschließen muss, sondern für den Eintritt des Gesundheitsschadens eine begründete Erwartung besteht. Das Ausmaß des denkbaren Gesundheitsschadens ist für die Bewertung unerheblich. Insgesamt gesehen, sollte der Arbeitgeber bei der von einem Beschäftigten gewünschten arbeitsmedizinischen Untersuchung nicht kleinlich sein und **im Zweifel** eher einer Wunschvorsorge **zustimmen** als diese ablehnen. Die Formulierung „es sei denn" bedeutet, dass von einem Anspruch auf Wunschvorsorge auszugehen ist, wenn nicht das Gegenteil bewiesen wird (Umkehr der Beweislast; *Kopp/Schenke* § 108 Rn. 12). Im Streitfall muss der Arbeitgeber das Fehlen eines Gesundheitsrisikos beweisen.

24 Der Arbeitgeber kann den Wunsch des Beschäftigten auf arbeitsmedizinische Vorsorge nicht verweigern, wenn der Beschäftigte bereits einer **Einstellungsuntersuchung** unterzogen worden ist. Bei der Einstellungsuntersuchung wird die allgemeine gesundheitliche Eignung beurteilt (Personalauswahl), nicht die arbeitsschutzbezogene Eignung im Hinblick auf einen bestimmten Arbeitsplatz festgestellt (*Kothe* in MHdB ArbR § 296 Rn. 39; *Pieper* ArbSchR ArbSchG § 11 Rn. 5b; *Wiebauer* in Landmann/Rohmer GewO ArbSchG § 11 Rn. 10) Bei Einstellungsuntersuchungen geht es vorrangig um die Frage, ob der Bewerber den Leistungsansprüchen des Arbeitgebers genügt (*Janning* in Koll/Janning/Pinter ArbSchG § 11 Rn. 11).

25 **4. Möglichkeiten.** Der Arbeitgeber hat die Durchführung der arbeitsmedizinischen Vorsorge aller Art einem ausgebildeten Facharzt zu übertragen (→ Rn. 28). Es ist dem **Arbeitgeber** grundsätzlich freigestellt, welchen Arzt er beauftragt (OVG Koblenz BeckRS 2013, 58041: Pflichtuntersuchung; *Beckschulze* BB 2014,

Arbeitsmedizinische Vorsorge § 11 **ArbSchG**

1013, 1015; *Kollmer* ArbSchG Rn. 245; ähnl. *Wiebauer* in Landmann/Rohmer GewO ArbSchG § 11 Rn. 14). Ist ein eigener Betriebsarzt bestellt, soll der Arbeitgeber vorrangig diesen Arzt mit der Vorsorge beauftragen (§ 3 Abs. 2 S. 1 ArbMedVV). Das Bestimmungsrecht des Arbeitgebers hat nach billigem Ermessen zu erfolgen (§ 315 Abs. 1 BGB); macht der Beschäftigte objektivierbare begründete Bedenken gegen den Arzt geltend (z. B. Befangenheit), entspricht es billigem Ermessen, dass der Arbeitgeber einen anderen Arzt mit der Vorsorge beauftragt, was im Streitfall als Verstoß gegen die Fürsorgepflicht des Arbeitgebers arbeitsgerichtlich nachgeprüft werden kann (BAG NZA 2013, 527: Eignungsuntersuchung).

In kleinen und mittleren Betrieben ist nach der DGUV Vorschrift 2 „Betriebs- 25a ärzte und Fachkräfte für Arbeitssicherheit" eine **alternative** bedarfsorientierte betriebsärztliche **Betreuung** möglich (→ Syst C Rn. 24). Hier ist der Arbeitgeber verpflichtet, sich hinsichtlich der arbeitsmedizinischen Vorsorge bei besonderen Anlässen betriebsärztlich betreuen zu lassen, in Kleinstbetrieben bis zu 10 Beschäftigten von einem Kompetenzzentrum (DGUV Vorschrift 2 Anlage 4) und in Klein- und Mittelbetrieben bis zu 50 Beschäftigten durch einen beauftragten Betriebsarzt (DGUV Vorschrift 2 Anlage 3). Auch bei der alternativen Betreuung muss der Arbeitgeber arbeitsmedizinische Vorsorge veranlassen, anbieten oder ermöglichen (*Aligbe* Kap. R Rn. 12). Erfolgt die Betreuung durch ein Kompetenzzentrum, muss dort die betriebsärztliche Fachkunde sichergestellt sein.

Der in der Literatur vertretenen Auffassung, der Beschäftigte hätte freie **Arzt-** 25b **wahl** (*Bücker* in HK-ArbSchR ArbSchG § 11 Rn. 14; *Hamm/Faber* in HK-ArbR ArbSchG § 11 Rn. 4; *Kothe* in MHdB ArbR § 296 Rn. 38; *ders.*, GS Zachert, 326, 336; differenzierend *Pieper* ArbSchR ArbSchG § 11 Rn. 10; einschränkend *Aligbe* Kap. E Rn. 12: ohne Kostenerstattung), kann nicht zugestimmt werden. Der Eingriff in das allgemeine Persönlichkeitsrecht (Art. 2 Abs. 1 GG), das die freie Arztwahl mitumfasst, ist gerechtfertigt. Freie Arztwahl hätte die Konsequenz, dass der Arbeitgeber im Einzelfall als Voraussetzung für die Durchführung der Vorsorge wechselnden Ärzten die notwendigen Kenntnisse über die Arbeitsplatzverhältnisse verschaffen müsste (§ 6 Abs. 1 S. 2 ArbMedVV), was einen unverhältnismäßigen betriebsinternen Aufwand erforderte (OVG Koblenz BeckRS 2013, 5804). Auch die DGUV Vorschrift 2 geht in Bezug auf die arbeitsmedizinische Vorsorge einschließlich der Wunschvorsorge von einer Festlegung des Arztes durch den Arbeitgeber aus, indem sie die arbeitsmedizinische Vorsorge bei der Regelbetreuung ausnahmslos in die Einsatzzeit des bestellten Betriebsarztes einrechnet (Anhang 4 Nr. 1.4) und bei der alternativen bedarfsorientierten Betreuung für Kleinstbetriebe ausnahmslos dem zuständigen Kompetenzzentrum überträgt (Anlage 4). Für eine freie Wahl des Arztes durch den Beschäftigten bleibt dem entsprechend kein Raum.

In § 11 nicht geregelt ist, ob die arbeitsmedizinische Vorsorge auf Wunsch des 26 Beschäftigten während oder außerhalb der Arbeitszeit stattzufinden hat. Aus den allgemeinen Bestimmungen über arbeitsmedizinische Vorsorge ergibt sich, dass auch die Wunschvorsorge **während der Arbeitszeit** stattfinden soll (§ 3 Abs. 3 S. 1 ArbMedVV).

5. Sonstige Pflichten. Das Recht der Beschäftigten umfasst eine „**regelmä-** 27 **ßige**" Wunschvorsorge. Regelmäßig heißt, dass der Beschäftigte nach Ablauf einer angemessenen Frist eine erneute Untersuchung verlangen kann. Die Länge der Frist hängt von dem Grad der Gefährdung ab, die mit der Tätigkeit des Beschäftigten verbunden ist (*Bücker* in HK-ArbSchR ArbSchG § 11 Rn. 9). Einen Hinweis enthält die Vorsorgebescheinigung (→ Rn. 37), in der anzugeben ist, wann eine weitere arbeitsmedizinische Vorsorge aus ärztlicher Sicht angezeigt ist (§ 6 Abs. 3 Nr. 3 Hs. 2 ArbMedVV). Werden Arbeitsbedingungen wesentlich geändert, erhält der Beschäftigte einen neuen Arbeitsplatz oder erfährt sein Gesundheitszustand eine wesentliche Verschlechterung, besteht ein neuer Anspruch auf arbeitsmedizinische Vorsorge nach § 11 gegenüber dem Arbeitgeber (*Aligbe,* ArbRAktuell 2016, 261, 263; *Wiebauer* in Landmann/Rohmer GewO ArbSchG § 11 Rn. 11; *Wilrich* in Nöthlichs 4030 ArbSchG § 11 Anm. 4.2).

27a Der Arbeitgeber hat eine **Vorsorgekartei** zu führen mit Angaben, dass, wann und aus welchem Anlass eine Wunschvorsorge stattgefunden hat (§ 3 Abs. 4 S. 1 ArbMedVV). Die Vorsorgekartei erleichtert die Kontrolle der Einhaltung des ArbSchG durch die für die Überwachung des Arbeitsschutzes zuständige Behörde. Über die Vorsorgekartei erfolgt der Nachweis der Umsetzung der Vorgaben der ArbMedVV. Zugleich sind die Angaben für Verfahren nach der Berufskrankheiten-Verordnung ein wichtiges Hilfsmittel (BR-Drs. 327/13 zu § 3 Abs. 4 S. 25). Bei Bedarf wird durch eine AMR (→ Rn. 4) konkretisiert, wie eine Vorsorgekartei zu führen ist. Die datenschutzrechtlichen Vorschriften (z. B. § 4f BDSG) sind zu beachten (*Aligbe,* ArbRAktuell 2016, 261, 263).

III. Ärztliche Tätigkeit

28 **1. Fachkunde des Arztes.** Die Durchführung arbeitsmedizinischer Vorsorge nach § 11 obliegt einem Arzt oder einer Ärztin nach § 7 ArbMedVV (§ 3 Abs. 2 S. 1 ArbMedVV). Der Arzt oder die Ärztin muss berechtigt sein, die Gebietsbezeichnung **„Arbeitsmedizin"** oder die Zusatzbezeichnung „Betriebsmedizin" zu führen (§ 7 Abs. 1 S. 1 ArbMedVV). Ausnahmen sind möglich (§ 7 Abs. 2 ArbMedVV). Eine besondere Ermächtigung des Arztes für arbeitsmedizinische Vorsorge ist nicht vorgesehen. Weitere Bestimmungen zur arbeitsmedizinischen Fachkunde enthalten die Weiterbildungsordnungen der Ärztekammern. Alte Anerkennungen nach § 6 Abs. 1 DGUV Vorschrift 2 (→ Syst C Rn. 20) betreffen lediglich die Aufgaben des Betriebsarztes nach dem ASiG; für die Durchführung der arbeitsmedizinischen Vorsorge nach der ArbMedVV muss der Betriebsarzt zwingend nach § 7 ArbMedVV befähigt sein (*Aligbe* Kap. R Rn. 22).

29 **2. Inhalt.** Der Arzt hat bei der Wunschvorsorge dieselben Aufgaben wie bei der Pflicht- und Angebotsvorsorge. Arbeitsmedizinische Vorsorge dient der Individualprävention. Dabei geht es sowohl darum, ob die konkreten **Arbeitsbedingungen** den Beschäftigten gesundheitlich gefährden, als auch darum, ob der Beschäftigte auf Grund seiner gesundheitlichen **Konstitution oder Veranlagung** an seinem Arbeitsplatz gefährdet ist.

30 Da die Gefahr für den Beschäftigten stets in Bezug auf seine konkrete Tätigkeit zu beurteilen ist, muss der Arzt den **Arbeitsplatz** des Beschäftigten und die Arbeitsbedingungen kennen. Dies ist in der Regel der Fall, wenn der Betriebsarzt die Vorsorge durchführt. Unabhängig davon hat der Arbeitgeber dem beauftragten Arzt alle erforderlichen Auskünfte über die Arbeitsplatzverhältnisse zu erteilen und die Begehung des Arbeitsplatzes zu ermöglichen (§ 3 Abs. 2 S. 3 ArbMedVV) sowie Einsicht in die Vorsorgekartei zu gewähren (§ 3 Abs. 2 S. 4 ArbMedVV). Die Anforderungen werden in der AMR 3.1 „Erforderliche Auskünfte/Informationsbeschaffung über die Arbeitsplatzverhältnisse" konkretisiert.

31 Die arbeitsmedizinische Vorsorge umfasst **Beratung und Untersuchungen** (BT-Drs. 13/3540 zu § 11 S. 19), soweit diese erforderlich sind und der Beschäftigte

Arbeitsmedizinische Vorsorge **§ 11 ArbSchG**

diese Untersuchungen nicht ablehnt (§ 2 Abs. 1 Nr. 3 ArbMedVV). Zwingender Bestandteil der Vorsorge ist nur die Beratung mit Anamnese (BR-Drs. 327/13 A. III.3. S. 22). Für den Beschäftigten bestehen keine Mitwirkungs- und Duldungspflichten bzw. arbeitsvertragliche Treuepflichten. Zwischen dem Arzt und dem Beschäftigten können diagnostische Verfahren und Methoden vereinbart werden, die ansonsten im Rahmen der gutachterlich durchzuführenden Untersuchungen nicht zulässig bzw. nicht duldungspflichtig oder besonders zustimmungspflichtig sind (*Giesen* Zbl Arbeitsmed 1998, 12, 29). Der Umfang und damit die Kosten solcher vereinbarten Untersuchungen müssen in einem angemessenen Verhältnis zu den gesundheitlichen Gefahren für den Beschäftigten stehen.

Der Arzt muss vor Durchführung körperlicher oder klinischer **Untersuchungen** deren Erforderlichkeit prüfen und den Beschäftigten über die Inhalte, den Zweck und die Risiken der Untersuchung aufklären (§ 6 Abs. 1 S. 3 ArbMedVV). Die sogenannten G-Grundsätze der DGUV (→ Rn. 4) sind rechtlich nicht verbindlich und unterscheiden nicht zwischen arbeitsmedizinischer Vorsorge und Eignungsuntersuchungen für berufliche Anforderungen mit einem breiten Spektrum an Untersuchungen. Der Arzt muss deshalb im Einzelfall entscheiden, welche Untersuchungen für eine gute individuelle Aufklärung und Beratung des Beschäftigten angezeigt sind. Die Prüfung umfasst auch die diagnostische Aussagekraft und die Bewertung von Nutzen und Risiken (z. B. Röntgen) der Untersuchungen. Die **Aufklärung** über Inhalt, Zweck und Ausmaß der Untersuchungen verschafft dem Beschäftigten die notwendigen Kenntnisse, um eine informierte Entscheidung für oder gegen die Untersuchung treffen zu können (BR-Drs. 327/13 zu § 6 S. 27 f.). 31a

Untersuchungen dürfen nicht gegen den Willen des Beschäftigten durchgeführt werden (§ 6 Abs. 1 S. 4 ArbMedVV). Eine ausdrückliche schriftliche **Einwilligung** ist nicht vorgeschrieben, vielmehr ist auch eine konkludente Einwilligung möglich (BT-Drs. 327/13 zu § 2 S. 24). Der Normtext verwendet die Formulierung „nicht gegen den Willen" des Beschäftigten. Damit sind alle verbalen und nicht-verbalen Willensäußerungen des Beschäftigten (z. B. Wegziehen des Armes bei einer Blutentnahme) erfasst (BR-Drs. 327/1/13 zu § 6 Abs. 1 S. 2). 31b

Biomonitoring mit Einverständnis des Beschäftigten ist Bestandteil der arbeitsmedizinischen Vorsorge (§ 6 Abs. 2 S. 1 und 2 ArbMedVV). Die Anforderungen werden durch die AMR 6.2 „Biomonitoring" konkretisiert. 31c

Impfungen sind als Bestandteil der arbeitsmedizinischen Vorsorge ebenfalls Gegenstand der Wunschvorsorge und den Beschäftigten anzubieten, soweit das Risiko einer Infektion tätigkeitsbedingt und im Vergleich zur Allgemeinbevölkerung erhöht ist und der Beschäftigte über keinen ausreichenden Impfschutz verfügt (§ 6 Abs. 2 S. 3 u. 4 ArbMedVV). Es bedarf eines unmittelbaren Bezugs zur Tätigkeit des Beschäftigten. Impfungen zum Dritt- und Bevölkerungsschutz aufgrund hygienischer Indikation sind keine Aufgabe des Arbeitsschutzes, unberechtigte Verschiebungen von Kosten vonseiten der gesetzlichen Krankenkassen auf die Arbeitgeber werden vermieden. Es besteht keine Impfpflicht. Der Beschäftigte muss in die Impfung einwilligen. Der Immunschutz soll durch den Arzt festgestellt werden (erster Vorsorgetermin). Der Arzt schlägt gegebenenfalls einen weiteren Termin (Auffrischung) vor oder teilt mit, dass kein weiterer Termin (lebenslanger Immunschutz) erforderlich ist (BR-Drs. 327/13 zu § 6 Abs. 2 S. 28 f.). Für Tätigkeiten mit biologischen Arbeitsstoffen werden die Anforderungen an eine Impfung durch die AMR 6.5 „Impfungen als Bestandteil der arbeitsmedizinischen Vorsorge bei Tätigkeiten mit biologischen Arbeitsstoffen" konkretisiert. Durch das Impfangebot wird der Arbeitgeber nicht von der Pflicht zu Arbeitsschutzmaßnahmen nach der BioStoffV 31d befreit (Nr. 1 Abs. 4). Im Allgemeinen ist bei Tätigkeiten der Schutzstufe 1 BioStoffV das Infektionsrisiko nicht im Sinne der ArbMedVV erhöht (Nr. 3 Abs. 5).

32 Genetische Analysen zum Arbeitsschutz, die zu einer Aufdeckung von Gefahrenpotentialen führen und damit geeignet sind, präventive Arbeitsschutzmaßnahmen zu fördern, sind ein Teil der arbeitsmedizinischen Vorsorge. Die strengen Voraussetzungen hierfür regelt das Gesetz über genetische Untersuchungen bei Menschen **(Gendiagnostikgesetz – GenDG)** vom 31.7.2009 (BGBl. I S. 2529) in Abschnitt 5 „Genetische Untersuchungen im Arbeitsleben".

§ 20 Genetische Untersuchungen und Analysen zum Arbeitsschutz

(1) Im Rahmen arbeitsmedizinischer Vorsorgeuntersuchungen dürfen weder
1. genetische Untersuchungen oder Analysen vorgenommen werden noch
2. die Mitteilung von Ergebnissen bereits vorgenommener genetischer Untersuchungen oder Analysen verlangt, solche Ergebnsse entgegengenommen oder verwendet werden.

(2) Abweichend von Absatz 1 sind im Rahmen arbeitsmedizinischer Vorsorgeuntersuchungen diagnostische genetische Untersuchungen durch Genproduktanalyse zulässig, soweit sie zur Feststellung genetischer Eigenschaften erforderlich sind, die für schwerwiegende Erkrankungen oder schwerwiegende gesundheitliche Störungen, die bei einer Beschäftigung an einem bestimmten Arbeitsplatz oder mit einer bestimmten Tätigkeit entstehen können, ursächlich oder mitursächlich sind. Als Bestandteil arbeitsmedizinischer Vorsorgeuntersuchungen sind genetische Untersuchungen nachrangig zu anderen Maßnahmen des Arbeitsschutzes.

...

33 Die Vorschrift regelt die Zulässigkeit genetischer Untersuchungen im Rahmen der arbeitsmedizinischen Vorsorge (Pflicht-, Angebots- und Wunschvorsorge, § 2 Abs. 2 bis 4 ArbMedVV). Absatz 1 bestimmt als **Grundsatz,** dass bei arbeitsmedizinischen Vorsorgeuntersuchungen **keine genetischen Untersuchungen** vorgenommen werden dürfen. Eingebettet in das System arbeitsmedizinischer Vorsorgeuntersuchungen können auch genetische Untersuchungen dazu beitragen, einen wirksamen Schutz des Beschäftigten vor arbeitsbedingten Erkrankungen zur Verfügung zu stellen. Andererseits ist zu besorgen, dass genetische Untersuchungen im Rahmen der arbeitsmedizinischen Vorsorge zweckentfremdet und dazu genutzt werden könnten, gegen bestimmte Expositionen besonders unempfindliche Beschäftigte zu Lasten „anfälliger" Beschäftigter einzusetzen. Kenntnisse des Arbeitgebers über genetische Eigenschaften von Beschäftigten könnten ferner dazu führen, vorrangig notwendige technische Maßnahmen zur Reduzierung bestehender Arbeitsplatzbelastungen zugunsten der Beschäftigung besonders „resistenter" Arbeitnehmer zurückzustellen (BT-Drs. 16/10532 zu § 20 Abs. 1 S. 37 f.).

34 Absatz 2 trägt in Abweichung von dem grundsätzlichen Verbot vor dem Anliegen des Arbeitsschutzes Rechnung, dass ein vollständiger Verzicht auf genetische Untersuchungen den Beschäftigten ein wirksames Instrument des persönlichen Gesundheitsschutzes vorenthalten würde. Er erklärt als **Ausnahme** diagnostische gentechnische Untersuchungen durch Genproduktanalyse bei schwerwiegenden Erkrankungen oder schwerwiegenden gesundheitlichen Störungen für zulässig. So kann z. B. ein ererbter Mangel an Glucose-6-Phosphat-Dehydrogenase (Favismus) eine hämolytische Wirkung (Zerfall der roten Blutkörperchen) auslösen. Geregelt wird nur die methodische Zulässigkeit der genannten genetischen Untersuchungen. Die Frage, an welche Voraussetzungen solche Untersuchungen im Rahmen arbeitsmedizinischer Vorsorge geknüpft und welche Rechtsfolgen damit verbunden

Arbeitsmedizinische Vorsorge **§ 11 ArbSchG**

sind, bleibt den konkreten Arbeitsschutzvorschriften vorbehalten. Die Vornahme einer genetischen Untersuchung innerhalb einer arbeitsmedizinischen Vorsorge ist stets von der Einwilligung des Beschäftigten abhängig (BT-Drs. 16/10532 zu § 20 Abs. 2 S. 38). Absatz 3 lässt in Abweichung von den Absätzen 1 und 2 diagnostische und molekulargenetische Untersuchungen zu, fordert dazu aber eine Rechtsverordnung der Bundesregierung.

Abs. 4 erklärt **§§ 7 bis 16 GenDG** für **entsprechend** anwendbar. Wichtig ist 35 vor allem: Die Untersuchung darf nur von Ärzten vorgenommen werden (§ 7 GenDG, Arztvorbehalt). Der Betroffene muss in die Untersuchung ausdrücklich schriftlich eingewilligt haben (§ 8 GenDG). Nach Vorliegen des Untersuchungsergebnisses soll bzw. muss eine ärztliche Beratung angeboten werden (§ 10 GenDG). Das Ergebnis der Untersuchung darf nur dem Betroffenen und nur durch die verantwortlichen Ärzte, an Dritte nur mit ausdrücklicher und schriftlicher Einwilligung des Betroffenen mitgeteilt werden (§ 11 Abs. 1 u. 3 GenDG).

3. Pflichten des Arztes. Vor Durchführung arbeitsmedizinischer Vorsorge 36 muss sich der Arzt die notwendigen **Kenntnisse** über den Arbeitsplatz verschaffen (§ 6 Abs. 1 S. 2 ArbMedVV). Die Anforderungen werden in der AMR 3.1 „Erforderliche Auskünfte/Informationsbeschaffung über die Arbeitsplatzverhältnisse" konkretisiert. Vor Durchführung körperlicher oder klinischer Untersuchungen hat er deren Erforderlichkeit nach pflichtgemäßem ärztlichen Ermessen zu prüfen und den Beschäftigten über die Inhalte, den Zweck und die Risiken (z. B. Strahlenbelastung) der Untersuchung aufzuklären (§ 6 Abs. 1 S. 3 ArbMedVV). Untersuchungen dürfen nicht gegen den Willen des Beschäftigten durchgeführt werden (§ 6 Abs. 1 S. 5 ArbMedVV).

Der Arzt hat das Ergebnis sowie die Befunde der arbeitsmedizinischen Vorsorge 37 **schriftlich** festzuhalten und den Beschäftigten darüber zu beraten sowie dem Beschäftigten und dem Arbeitgeber eine **Vorsorgebescheinigung** darüber auszustellen, dass, wann und aus welchem Anlass ein arbeitsmedizinischer Vorsorgetermin stattgefunden hat; die Vorsorgebescheinigung enthält auch die Angabe, wann eine weitere arbeitsmedizinische Vorsorge aus ärztlicher Sicht angezeigt ist (§ 6 Abs. 3 Nr. 1 und 3 ArbMedVV). Voraussetzungen und Inhalt (Muster) der Vorsorgebescheinigung konkretisiert die AMR 6.3 „Vorsorgebescheinigung" (zum Anlass Nr. 3.3. Abs. 1 Buchst. b). Dem Beschäftigten (nicht dem Arbeitgeber) ist auf seinen Wunsch das Ergebnis der arbeitsmedizinischen Vorsorge zur Verfügung zu stellen (§ 6 Abs. 3 Nr. 2 ArbMedVV). Die Vorsorgebescheinigung enthält keine Aussage dazu, ob gesundheitliche Bedenken bestehen, dass die betreffende Person ihre Tätigkeit ausübt. Der Beschäftigte ist jedoch aufgrund seiner arbeitsvertraglichen Treuepflicht (§§ 241 Abs. 2, 611 Abs. 1 BGB) in engen Grenzen gehalten, dem Arbeitgeber von sich aus über gesundheitliche Bedenken zu informieren, wenn diese die geschuldete Leistung unmöglich machen oder wesentlich beeinträchtigen (BAG NZA 1991, 719 m. w. N.).

Die vom Arzt erhobenen Befunde und gestellten Diagnosen verbleiben im In- 38 nenverhältnis zwischen Arzt und Beschäftigtem. Der Arzt hat die **ärztliche Schweigepflicht** (§ 203 StGB) zu beachten (§ 6 Abs. 1 S. 5 ArbMedVV). Es bleibt dem Beschäftigten überlassen, ob er den Arzt von seiner Schweigepflicht entbindet oder selbst den Arbeitgeber unterrichtet oder überhaupt nichts veranlasst. Eine Verpflichtung zur Weitergabe an den Arbeitgeber besteht für den Beschäftigten weder öffentlich-rechtlich noch aus dem Arbeitsvertrag, sofern die Weitergabe nicht ausnahmsweise ausdrücklich arbeitsvertraglich vereinbart ist. Der Beschäftigte kann ein

ArbSchG § 11

Interesse daran haben, dass der Arbeitgeber das Ergebnis nicht erfährt, weil er befürchtet, den Arbeitsplatz zu verlieren. Besteht bei einer Krankheit akute Ansteckungsgefahr für die übrige Belegschaft, hat der Arbeitnehmer den Arzt von seiner Schweigepflicht zu entbinden (*Schmidt/Novara* DB 2009, 1817, 1819). Beschäftigte sind nach § 15 Abs. 1 S. 2 verpflichtet, auch für die Gesundheit der Personen zu sorgen, die von ihren Handlungen bei der Arbeit betroffen sind.

38a Bei erheblicher Drittgefährdung kann der Arzt wegen rechtfertigenden **Notstands** nach § 34 StGB die Schweigepflicht brechen und den Arbeitgeber auch gegen den Willen des Beschäftigten informieren (*Beckschulze* BB 2014, 1013, 1014; *Hülsemann* ArbRAktuell 2015, 192, 194). Eine gesetzliche Offenbarungspflicht des Arztes besteht bei Verdacht auf eine Berufskrankheit (§ 202 SGBVII) und bei meldepflichtigen Infektionskrankheiten (§ 8 IfSG).

39 Der Arzt hat die Erkenntnisse arbeitsmedizinischer Vorsorge **auszuwerten**. Ergeben sich Anhaltspunkte dafür, dass die Maßnahmen des Arbeitsschutzes für den Beschäftigten oder andere Beschäftigte nicht ausreichen, so hat der Arzt dies dem Arbeitgeber mitzuteilen und Maßnahmen des Arbeitsschutzes vorzuschlagen (§ 6 Abs. 4 S. 1 und 2 ArbMedVV). Dies können technische, organisatorische oder persönliche Maßnahmen des Arbeitsschutzes sowohl zum Schutz der betreffenden Person als auch anderer Beschäftigter sein (BR-Drs. 327/13 zu § 6 Abs. 4 S. 29). Erkenntnisse können sich sowohl aus der Auswertung der arbeitsmedizinischen Vorsorge als auch aus anderen Erkenntnisquellen (z. B. Befunde behandelnder Ärzte, Arbeitsplatzbegehungen) ergeben (BR-Drs. 327/1/13 zu § 6 Abs. 4 S. 4). Die Anonymität des Beschäftigten muss dabei gewahrt bleiben.

39a Hält der Arzt aus medizinischen Gründen, die ausschließlich in der Person des Beschäftigten liegen, einen **Tätigkeitswechsel** für erforderlich, so bedarf diese Mitteilung an den Arbeitgeber der Einwilligung des Beschäftigten (§ 6 Abs. 4 S. 3 ArbMedVV). Die Mitteilung und den Vorschlag eines Tätigkeitswechsels konkretisiert die AMR 6.4 „Mitteilungen an den Arbeitgeber nach § 6 Absatz 4 ArbMedVV". Mit Einwilligung des Beschäftigten ist der Arzt berechtigt, die Ergebnisdaten an den Arbeitgeber weiterzugeben. Davon zu trennen sind die medizinischen Befunddaten. Diese dürfen an den Arbeitgeber nur weitergegeben werden, wenn der Beschäftigte auch insoweit ausdrücklich seine Einwilligung erklärt (*Kleinebrink* DB 2014, 776, 777).

C. Umsetzung

I. Arbeitsrechtliche Folgen

40 Ergibt das Ergebnis der arbeitsmedizinischen Vorsorge, dass der Arbeitsplatz die Gesundheit des Beschäftigten gefährdet und wird das Ergebnis dem Arbeitgeber bekannt, hat der Arbeitgeber die notwendigen Schutzmaßnahmen nach § 3 zu treffen. Die öffentlich-rechtlichen Arbeitsschutznormen konkretisieren den Inhalt der arbeitsvertraglichen Pflichten des Arbeitgebers im Hinblick auf die Sicherheit und die Gesundheit des Arbeitnehmers. Das ArbSchG wird durch § 618 BGB (Fürsorgepflicht) in das Arbeitsvertragsrecht transformiert (BAG NZA 2009, 102 m.w.N.). Dazu gehören auch arbeitsmedizinische Vorschriften (*Henssler* in MüKoBGB § 618 Rn. 11). Liegen die gesundheitlichen **Bedenken** in der Person des Beschäftigten, ist der Arbeitgeber auf Grund seiner arbeitsvertraglichen Fürsorgepflicht gehalten, dem Beschäftigten einen **anderen Arbeitsplatz** anzubieten. Ist dies nicht möglich, kommt als letztes

Arbeitsmedizinische Vorsorge § 11 ArbSchG

Mittel eine Auflösung des Arbeitsverhältnisses in Betracht (*Kollmer* ArbSchG Rn. 246; *Wiebauer* in Landmann/Rohmer GewO ArbSchG § 11 Rn. 17).

Ergeben sich Anhaltspunkte für unzureichende **Schutzmaßnahmen** und teilt 40a der Arzt dies dem Arbeitgeber mit (→ Rn. 39), hat der Arbeitgeber die Gefährdungsbeurteilung zu überprüfen und unverzüglich die erforderlichen zusätzlichen Schutzmaßnahmen zu treffen (§ 8 Abs. 1 S. 1 ArbMedVV). Wird ein **Tätigkeitswechsel** vorgeschlagen (→ Rn. 39a), hat der Arbeitgeber nach Maßgabe der dienst- oder arbeitsrechtlichen Regelungen dem Beschäftigten eine andere Tätigkeit zuzuweisen, bei der keine gesundheitlichen Bedenken bestehen. Dem Betriebs- oder Personalrat und der zuständigen Behörde (§ 21) sind die getroffenen Maßnahmen mitzuteilen (§ 8 Abs. 2 ArbMedVV).

Für **genetische Untersuchungen** gelten besondere Vorschriften. Der Arbeit- 41 geber darf von Beschäftigten weder vor Begründung des Beschäftigungsverhältnisses noch im laufenden Beschäftigungsverhältnis genetische Untersuchungen oder genetische Analysen verlangen (§ 19 Nr. 1 u. 2 GenDG). Der Schutz der Persönlichkeitsrechte des Beschäftigten verbietet die Erhebung eines umfassenden Persönlichkeits- oder Gesundheitsprofils. Von der Regelung erfasst werden sämtliche genetischen Untersuchungen (Pflicht-, Angebots- und Wunschvorsorge) sowie darüber hinaus isoliert vorgenommene, also nicht in eine genetische Untersuchung eingebundene genetische Analysen. Das Verbot schließt aus, dass Beschäftigte wegen festgestellter genetischer Eigenschaften oder Veranlagungen nicht eingestellt oder versetzt werden. Die Regelung lässt die im Rahmen von Einstellungsuntersuchungen üblichen ärztlichen Untersuchungen (z. B. Rot-Grün-Farbblindheit bei Berufskraftfahrern) unberührt. (BT-Drs. 16/10532 zu § 19 Nr. 1 S. 37).

In Ergänzung des allgemeinen Benachteiligungsverbots (§ 4 GenDG) besteht für 42 Beschäftigte wegen ihrer **genetischen Eigenschaften** ein arbeitsrechtliches **Benachteiligungsverbot**. Arbeitgeber dürfen Beschäftigte bei einer Vereinbarung oder Maßnahme, insbesondere bei der Begründung des Beschäftigungsverhältnisses, beim beruflichen Aufstieg, bei einer Weisung oder der Beendigung des Beschäftigungsverhältnisses nicht wegen ihrer oder der genetischen Eigenschaften einer genetisch verwandten Person benachteiligen. Dies gilt auch, wenn sich Beschäftigte weigern, genetische Untersuchungen oder Analysen bei sich vornehmen zu lassen oder die Ergebnisse bereits vorgenommener Analysen zu offenbaren (§ 21 Abs. 1 GenDG). Verstößt der Arbeitgeber gegen das Benachteiligungsverbot, hat er dem Betroffenen eine angemessene Entschädigung zu leisten (§ 21 Abs. 2 GenDG).

Bei der Umsetzung des § 11 haben die Betriebsvertretungen ein **Mitbestim-** 43 **mungsrecht** insbesondere in Bezug auf die Information der Beschäftigten über die Wunschvorsorge, die im Gesetz nicht geregelten zeitlichen Abstände hierfür und die Durchführung innerhalb oder außerhalb (z. B. Arbeitsmedizinisches Zentrum) des Betriebes (LAG Hmb NZA-RR 2001, 190; *Hecht* Syst B Rn. 49; *Kothe* in MHdB ArbR § 296 Rn. 43; *Nitsche* in HK-ArbSchR BetrVG § 87 Rn. 47; *Pieper* ArbSchR ArbSchG § 11 Rn. 6; *Wiese/Gutzeit* in GK-BetrVG § 87 Rn. 613; a. A. *Otto* in AnwK-ArbR ArbSchG § 11 Rn. 7; *Wilrich* in Nöthlichs 4030 ArbSchG § 11 Anm. 11: keine ausfüllungsbedürftige Rahmenvorschrift). Die Durchführung der Vorsorge selbst ist mitbestimmungsfrei (*Hecht* Syst B Rn. 49). Ob die Voraussetzungen für eine Wunschvorsorge vorliegen, ist eine Rechtsfrage, mangels eines Regelungsspielraums kommt ein Mitbestimmungsrecht nicht in Betracht; ebenso unterliegt die Kostenpflicht des Arbeitgebers (→ Rn. 44) nicht der Mitbestimmung (*Wank* TAS ArbSchG § 11 Rn. 7; *Wiebauer* in Landmann/Rohmer GewO ArbSchG § 11 Rn. 20; *Wiese/Gutzeit* in GK-BetrVG § 87 Rn. 613).

ArbSchG § 11

II. Kosten

44 Die Kosten der arbeitsmedizinischen Vorsorge trägt nach § 3 **Abs.** 3 immer der Arbeitgeber (allg. Meinung; *Wank* in ErfK ArbSchG § 11 Rn. 1). Anders ist es nur, wenn die Vorsorge ohne betrieblichen Anlass auf Wunsch des Beschäftigten aus persönlichen Gründen (z. B. Unzufriedenheit mit Betriebsarzt) durch einen Arzt seiner Wahl erfolgt; hier muss der Beschäftigte die Arztkosten selbst tragen (*Bantle* in Kittner/Zwanziger/Deinert § 93 Rn. 106). Sucht der Beschäftigte aus betrieblichen Gründen einen Arzt seiner Wahl auf (z. B. Betriebsarzt vakant), hat der Arbeitgeber die Kosten zu übernehmen (*Hamm/Faber* in HK-ArbR ArbSchG § 11 Rn. 4). Bei Impfungen (→ Rn. 31 d) wird das Impfangebot als Bestandteil der ärztlichen Beratung nicht gesondert vergütet; der Arbeitgeber hat nur die Kosten für den Impfstoff zu tragen (BR-Drs. 327/13 A.III.3. S. 20).

45 Der § 11 regelt nicht, in welchem Umfang der Beschäftigte Anspruch auf **Entgeltfortzahlung** hat. Findet die arbeitsmedizinische Vorsorge während der üblichen Arbeitszeit innerhalb oder außerhalb des Betriebs statt, steht dem Beschäftigten nach § 616 BGB Anspruch auf Entgeltfortzahlung zu (allg. Meinung; *Kothe* in MHdB ArbR § 296 Rn. 41). Dies gilt auch, wenn der Beschäftigte aus privaten Gründen (→ Rn. 44) einen Arzt seiner Wahl aufsucht (*Bantle* in Kittner/Zwanziger/Deinert § 93 Rn. 106), jedoch nur im zeitlichen Umfang einer Vorsorge durch den Betriebsarzt. Findet die Vorsorge außerhalb der Arbeitszeit in der Freizeit statt, besteht wegen des neben dem Interesse des Beschäftigten an der Erhaltung seiner Gesundheit vorhandenen, erheblichen betrieblichen Interesses des Arbeitgebers am Ergebnis der Vorsorge (→ Rn 40a) ebenfalls Anspruch auf Entgeltfortzahlung (BAG NZA 1999, 38; *Bücker* in HK-ArbSchR ArbSchG § 11 Rn. 22; *Kothe* in MHdB ArbR § 296 Rn. 41; *Pieper* ArbSchG ArbSchG § 11 Rn. 12; *Wiebauer* in Landmann/Rohmer GewO ArbSchG § 11 Rn. 23; a. A. *Aligbe* Kap. M Rn. 11. Wegezeiten sind zu berücksichtigen.

46 **Fahrtkosten** als Aufwendungen nach § 670 BGB zu erstatten (*Aligbe* Kap. M Rn. 23; *Bücker* in HK-ArbSchR ArbSchG § 11 Rn. 22; *Kollmer* ArbSchG Rn. 247; *Kothe* in MHdB ArbR § 296 Rn. 41; *Wiebauer* in Landmann/Rohmer GewO ArbschG § 11 Rn. 22).

III. Durchsetzung

47 Ob im Einzelfall mit Gesundheitsgefahren zu rechnen ist, ist eine **Rechtsfrage.** Geht der Arbeitgeber zu Unrecht davon aus, dass eine Verpflichtung nach § 11 nicht besteht, kann die Aufsichtsbehörde den Arbeitgeber durch eine verwaltungsrechtliche **Anordnung** (§ 22 Abs. 3 S. 1 Nr. 1) verpflichten, dem betroffenen Beschäftigten die gewünschte arbeitsmedizinische Vorsorge zu ermöglichen. Bei einem Rechtsstreit sind die Verwaltungsgerichte zuständig (*Janning* in Koll/Janning/Pinter ArbSchG § 11 Rn. 13; *Kothe* in MHdB ArbR § 296 Rn. 42).

48 Die öffentlich-rechtliche Arbeitsschutzpflicht des Arbeitgebers nach § 11 ist zugleich eine **arbeitsvertragliche** Pflicht des Arbeitgebers (→ Rn. 40). Der Beschäftigte hat einen Erfüllungsanspruch gegen seinen Arbeitgeber. Bei einem Rechtsstreit sind die Arbeitsgerichte zuständig (*Janning* in Koll/Janning/Pinter ArbSchG § 11 Rn. 13; *Kothe* in MHdB ArbR § 296 Rn. 42).

49 Zuwiderhandlungen des Arbeitgebers gegen seine Verpflichtung, eine Wunschvorsorge nach § 11 zu ermöglichen, sind keine **Ordnungswidrigkeit.** Verstöße des

Unterweisung **§ 12 ArbSchG**

Arbeitgebers führen erst dann gemäß § 25 Abs. 1 Nr. 2a zur Verhängung eines Bußgeldes, wenn eine vollziehbare Anordnung der zuständigen Behörde (→ Rn. 47) ergangen ist (BR-Drs. 327/13 zu § 10 S. 30; *Aligbe* Kap. P Rn. 38; *Heilmann/Aufhauser* ArbSchG § 11 Rn. 11). Ordnungswidrig im Sinne des § 25 Abs. 1 Nr. 1 handelt der Arbeitgeber, der schuldhaft eine Vorsorgekartei (→ Rn. 27a) nicht, nicht richtig oder nicht vollständg führt (§ 10 Abs. 1 Nr. 3 ArbMedVV). Verletzt der Arzt seine Pflichten nach der ArbMedVV, so liegt keine Ordnungswidrigkeit vor, der Verstoß ist nach Standesrecht zu beurteilen.

§ 12 Unterweisung

(1) ¹**Der Arbeitgeber hat die Beschäftigten über Sicherheit und Gesundheitsschutz bei der Arbeit während ihrer Arbeitszeit ausreichend und angemessen zu unterweisen.** ²**Die Unterweisung umfaßt Anweisungen und Erläuterungen, die eigens auf den Arbeitsplatz oder den Aufgabenbereich der Beschäftigten ausgerichtet sind.** ³**Die Unterweisung muß bei der Einstellung, bei Veränderungen im Aufgabenbereich, der Einführung neuer Arbeitsmittel oder einer neuen Technologie vor Aufnahme der Tätigkeit der Beschäftigten erfolgen.** ⁴**Die Unterweisung muß an die Gefährdungsentwicklung angepaßt sein und erforderlichenfalls wiederholt werden.**

(2) ¹**Bei einer Arbeitnehmerüberlassung trifft die Pflicht zur Unterweisung nach Absatz 1 den Entleiher.** ²**Er hat die Unterweisung unter Berücksichtigung der Qualifikation und der Erfahrung der Personen, die ihm zur Arbeitsleistung überlassen werden, vorzunehmen.** ³**Die sonstigen Arbeitsschutzpflichten des Verleihers bleiben unberührt.**

Übersicht

	Rn.
A. Zweck der Bestimmung	1
I. Grundsatz	1
II. Allgemeine Unterweisungspflicht	2
III. Umfang der Unterweisung	4
B. Unterweisung in besonderen Fällen	8
I. Unterweisung bei Arbeitnehmerüberlassung	8
II. Arbeiten in besonders gefährlichen Bereichen	9
III. Unterweisung bei bestimmten Tätigkeiten	11
1. Gefahrstoffverordnung	12
2. Betriebssicherheitsverordnung	13
3. PSA-Benutzungsverordnung	15
4. Röntgenverordnung	16
5. Druckluftverordnung	17
6. Lastenhandhabungsverordnung	18
7. Lärm- und Vibrations-Arbeitsschutz-Verordnung	18a
8. Optische Strahlenschutzverordnung	18b
IV. Unterweisung nach Unfallverhütungsvorschriften	19
C. Eignung der Unterweisung	21
I. Art der Unterweisung	21
II. Unterweisungsschritte	23
III. Inhalt der Unterweisung	24
D. Pflichten der Beschäftigten	28

ArbSchG § 12

Literatur: *Fitzner/Kolmsee/Scheithauer,* Unterweisen, StBG 1993; *Lorenz,* Die grundlegenden Arbeitsschutzpflichten des Dienstgebers, ZMV 2008, 2; *Mitsch,* Gesetzliche Informationspflichten des Arbeitgebers als Konkretisierung seiner allgemeinen Fürsorgepflicht, 2008; *Siller,* Führungsziel Arbeitssicherheit, Leitfaden, 1992.

A. Zweck der Bestimmung

I. Grundsatz

1 Deie Unterweisung ist ein **tragender Grundsatz** des Arbeitsschutzrechts. Nur durch eine ausreichende Unterweisung erhalten Beschäftigte die erforderlichen, auf eine individuelle Arbeitssituation zugeschnittenen Informationen, Erläuterungen und Anweisungen. Diese sind wiederum Voraussetzung dafür, dass die Beschäftigten eine Gesundheitsgefährdung oder Unfallgefahren erkennen und entsprechend den vorgesehenen Maßnamen auch handeln können. Die Unterweisung ist somit ein wichtiges Instrument, um Beschäftigte in den Stand zu versetzen, Arbeitsschutzanordnungen richtig zu erfassen und sich sicherheitsgerecht zu verhalten (BT-Drs. 13/1540 S. 19).

II. Allgemeine Unterweisungspflicht

2 § 12 enthält die allgemeine Unterweisungspflicht; der Arbeitgeber hat die Beschäftigten über Sicherheit und Gesundheitsschutz bei der Arbeit während der Arbeitszeit **ausreichend und angemessen** zu unterweisen. Entsprechende Vorschriften sind sowohl in **spezialgesetzlichen Regelungen** (z. B. GefStoffV, SprengG, RöV) als auch in verschiedenen UVV und BG-Regeln enthalten.

3 Daneben ergibt sich diese Verpflichtung auch aus § 81 Abs. 1 Satz 2 BetrVG sowie aus der **Fürsorgepflicht** des Arbeitgebers auf der Grundlage des jeweiligen Arbeitsvertrages. Mit der Regelung des § 12 wird nun auch im öffentlichen Recht eine der Bedeutung der Unterweisung gerecht werdende, umfassende rechtliche Arbeitgeberpflicht geschaffen.

III. Umfang der Unterweisung

4 Eine ausreichende und angemessene Unterweisung umfasst **Anweisungen** und **Erläuterungen,** die eigens auf den Arbeitsplatz oder den Aufgabenbereich des Beschäftigten ausgerichtet sind. Sie muss sowohl über die bestehenden Gefährdungen als auch über die getroffenen bzw. einzuhaltenden Arbeitsschutzmaßnahmen informieren und so geartet sein, dass Arbeitsschutz im Betrieb wirksam wird.

5 Die Unterweisung muss bei der **Einstellung,** bei Veränderungen im Aufgabenbereich, der Einführung neuer Arbeitsmittel oder einer neuen Technologie sowie jeweils vor Aufnahme der Tätigkeit der Beschäftigten erfolgen. Die Unterweisung muss darüber hinaus an die Gefährdungsentwicklung angepasst sein und erforderlichenfalls **regelmäßig** wiederholt werden (§ 12 Abs. 1 Sätze 2 und 3).

6 Der Unternehmer muss die Unterweisung nicht zwingend selbst vornehmen, er kann die Unterweisung auf andere Personen, insbesondere **Vorgesetzte** oder die Fachkraft für Arbeitssicherheit oder den Betriebsarzt übertragen. Sie erfolgt – sinnvollerweise gestützt auf eine schriftliche Betriebsanweisung – in der Regel mündlich und muss die erheblichen Gesichtspunkte in verständlicher Form und mit einem gewissen Nachdruck darstellen. Zu Beweiszwecken empfiehlt sich die

schriftliche Dokumentation der Unterweisung und ihres Inhalts (*Heilmann/Aufhauser*, ArbSchG § 12 Rn. 4; *Nöthlichs*, 4032, § 12 ArbSchG Erl. 4.4). Die bloße Aushändigung eines einfachen Merkblattes reicht nicht aus. Bei technischen Arbeitsmitteln ist die Verwendungs- bzw. Bedienungsanleitung des Herstellers beizuziehen, die meist auch maschinenbezogene Sicherheitsvorgaben enthält.

Die Unterweisung muss **während der Arbeitszeit** erfolgen. Damit wird klargestellt, dass die Unterweisung zum Leistungsumfang des Arbeitsverhältnisses zählt. Wird der Beschäftigte nicht unterwiesen, so ist er zur Zurückhaltung seiner Arbeitsleistung nach § 273 BGB berechtigt (*Nöthlichs*, 4032, § 12 ArbSchG Erl. 5). Während der Unterweisung besteht der Vergütungsanspruch des Beschäftigten fort. Er ist im Gegenzug zur aufmerksamen Teilnahme an der Unterweisung verpflichtet. 7

B. Unterweisung in besonderen Fällen

I. Unterweisung bei Arbeitnehmerüberlassung

Im Rahmen einer **Arbeitnehmerüberlassung** trifft die Pflicht zur Unterweisung den **Entleiher**, also den Arbeitgeber des Betriebs, in dem der entliehene Arbeitnehmer tätig wird. Der entleihende Arbeitgeber hat die Unterweisung unter Berücksichtigung der Qualifikation und der Erfahrung der Personen, die ihm zur Arbeitsleistung überlassen werden, vorzunehmen. Hierbei gilt, dass eine sorgfältige Beobachtung und Beurteilung der Kenntnisse bzw. Vorkenntnisse des entliehenen Arbeitnehmers vorausgehen muss. Die sonstigen Pflichten im Arbeitsschutz des Verleihers (z. B. die Ausrüstung der Beschäftigten mit einer bei der Arbeitsleistung erforderlichen persönlichen Schutzausrüstung) bleiben unberührt (§ 12 Abs. 2). 8

II. Arbeiten in besonders gefährlichen Bereichen

Beschäftigte, die besonderen Gefahren ausgesetzt sind, haben nach § 9 Abs. 1 zusätzliche **geeignete Anweisungen** zu erhalten. Diese Verpflichtung konkretisiert die dem Arbeitgeber obliegende allgemeine Unterweisungspflicht. 9

Als **gefährliche Arbeitsbereiche** sind solche Bereiche anzusehen, in denen die Beschäftigten Gefahren ausgesetzt sind, die mit einer allgemeinen Unterweisung oder Gesundheitsschutzkennzeichnung (z. B. Lärmschutzbereiche) nicht mehr ausreichend abgedeckt sind. Die Anweisungen müssen sich dort über die allgemeine Unterweisungspflicht hinaus auf die konkreten Gefährdungen in den besonders gefährlichen Bereichen erstrecken (→ § 9 Rn. 1 ff.). 10

III. Unterweisung bei bestimmten Tätigkeiten

Neben den generellen Unterweisungspflichten nach den §§ 12 und 9 bestehen auch spezielle Unterweisungspflichten nach verschiedenen Spezialvorschriften. Hier hatte die Pflicht des Arbeitgebers bei gefährlichen Tätigkeiten die Beschäftigten im Arbeitsschutz zu unterweisen, schon vor dem Inkrafttreten des ArbSchG, in jeweils unterschiedlicher Ausgestaltung ihren Niederschlag gefunden. 11

1. Gefahrstoffverordnung. Die wohl umfassendsten Regelungen zur Erteilung besonderer Unterweisungen sind in der GefStoffV enthalten. Nach § 20 GefStoffV hat der Arbeitgeber für Arbeitnehmer, die mit Gefahrstoffen umgehen, eine arbeitsbereichs- und stoffbezogene **Betriebsanweisung** zu erstellen, in der 12

ArbSchG § 12

auf die mit dem Umgang mit Gefahrstoffen verbundenen Gefahren für Mensch und Umwelt hingewiesen wird, sowie die erforderlichen Schutzmaßnahmen und Verhaltensregeln festgelegt werden.

13 **2. Betriebssicherheitsverordnung.** Auch § 9 BetrSichV regelt die Unterrichtung und Unterweisung. Unter Bezug auf § 81 des BetrVG und § 14 wird der Arbeitgeber in § 9 Abs. 1 BetrSichV allgemein verpflichtet, Vorkehrungen zu treffen, damit den Beschäftigten angemessene Informationen zu Betriebsgefahren zur Verfügung stehen, und – soweit erforderlich – Betriebsanweisungen aufzustellen. Die Betriebsanweisung ist in verständlicher Form abzufassen und an geeigneter Stelle in der Arbeitsstätte oder auf der Einsatzstelle bekannt zu machen.

14 Ferner wird in § 9 Abs. 2 BetrSichV die Unterweisung nach § 12 dadurch konkretisiert, dass Vorkehrungen zu treffen sind, damit bei der Benutzung von Arbeitsmitteln und bei der Durchführung von Instandsetzungs-, Wartungs- und Umbauarbeiten sicher gearbeitet werden kann.

15 **3. PSA-Benutzungsverordnung.** Nach § 3 Abs. 1 PSA-BV hat der Arbeitgeber die Beschäftigten bei der Unterweisung nach § 12 auch in der Benutzung ihrer **persönlicher Schutzausrüstung** (PSA) zu unterweisen. Zusätzlich zur Unterweisung ist – soweit erforderlich – eine praktische Schulung in der Benutzung der persönlichen Schutzausrüstung durchzuführen.

16 **4. Röntgenverordnung.** Nach § 18 Abs. 1 Nr. 1 RöV hat derjenige, der eine Röntgeneinrichtung betreibt, dafür zu sorgen, dass die beim Betrieb der Röntgeneinrichtung beschäftigten Personen anhand der Gebrauchsanweisung durch jemanden eingewiesen werden, der über die dafür erforderliche Fachkunde verfügt.

17 **5. Druckluftverordnung.** In § 18 Abs. 1 Nr. 1 DruckLV wird dem Arbeitgeber die Pflicht auferlegt, einen Fachkundigen zu bestellen, der die Arbeiten unter Druckluft leitet. Nach § 20 Abs. 1 DruckLV hat der Arbeitgeber dafür Sorge zu tragen, dass der Fachkundige gemeinsam mit einem nach § 12 Abs. 1 DruckLV beauftragten Arzt die Beschäftigten, die Arbeiten in Druckluft ausführen, vor Beginn der Beschäftigung über die Unfall- und Gesundheitsgefahren, denen sie bei der Beschäftigung ausgesetzt sind, sowie über die Einrichtungen und Maßnahmen zur Abwendung dieser Gefahren belehrt. Die Belehrungen ist mindestens in Abständen von sechs Monaten zu wiederholen.

18 **6. Lastenhandhabungsverordnung.** Der Arbeitgeber hat bei der Unterweisung der Beschäftigten nach § 12, die körperliche Eignung des Beschäftigten und die im Anhang der LasthandhabV hierzu aufgeführten Merkmale zu berücksichtigt (§ 4 LasthandhabV). Der Arbeitgeber hat den Beschäftigten danach möglichst genaue Angaben über die sachgemäße Handhabung von Lasten und über die von der unsachgemäßen Handhabung von Lasten ausgehenden Gefahren zu machen.

18a **7. Lärm- und Vibrations-Arbeitsschutz-Verordnung.** § 1 Abs. 1 LärmVibrationsArbSchV verpflichtet den Arbeitgeber Beschäftigten, die einer erhöhten Lärm- oder Vibrationsbelastung ausgesetzt sind, eine Unterweisung zuteil werden zu lassen. Die Unterweisung muss auf den Ergebnissen einer Gefährdungsbeurteilung beruhen und Aufschluss über die möglichen Gesundheitsgefährdungen für die Beschäftigten geben. Weiter hat die Unterweisung vor Aufnahme der betroffenen Tätigkeit zu erfolgen und ist danach regelmäßig zu wiederholen. In § 11 Abs. 2 enthält die Verordnung zudem einen Katalog von Mindestinhalten, die in der Unterweisung vermittelt werden müssen.

Unterweisung **§ 12 ArbSchG**

8. Optische Strahlenschutzverordnung. Der Arbeitgeber hat nach § 8 **18b**
Abs. 1 OStrV sicherzustellen, dass alle Beschäftigten die künstlichen optischen Strahlen ausgesetzt sein können eine Unterweisung erhalten die auf den Ergebnissen einer Gefährdungsbeurteilung beruht und Aufschluss über die möglichen Gefährdungen gibt. Die Unterweisung hat vor Aufnahme der betroffenen Tätigkeit zu erfolgen und muss zu vorgeschriebenen Zeitpunkten wiederholt werden. Weiter ist ein Katalog von Mindestinhalten vorgegeben, die in der Unterweisung vermittelt werden müssen.

IV. Unterweisung nach Unfallverhütungsvorschriften

Auch die Träger der gesetzlichen Unfallversicherung haben in ihren UVV be- **19** sondere Unterweisungsverpflichtungen für ihre Mitgliedsbetriebe festgelegt. Eine allgemeine Unterweisungspflicht des Unternehmers gegenüber den Versicherten über die bei ihren Tätigkeiten auftretenden Gefahren sowie über Maßnahmen zu ihrer Abwendung enthält § 4 UVV „Grundsätze der Prävention". Hier ist festgelegt, dass die Unterweisung erstmals vor Beginn der Beschäftigung zu erfolgen hat und erforderlichenfalls, mindestens aber **jährlich einmal** zu wiederholen ist.

Neben dieser Generalklausel enthält z. B. die BGR 500 „Betreiben von Arbeits- **20** mitteln" neben der Feststellung der Unterweisungspflicht des Arbeitgebers auch Festlegungen über Zeitraum, Personenkreis und Gegenstand der Unterweisung.

C. Eignung der Unterweisung

I. Art der Unterweisung

Arbeits- und Gesundheitsschutz sind von Natur aus von richtigen, d. h. sicheren **21** menschlichen Handlungen und Verhaltensweisen abhängig. Ein Schutz vor Gefährdungen resultiert aus der Gestaltung der Arbeit, den getroffenen Maßnahmen zur Gefahrenbekämpfung und der Haltung (persönliche Einstellung) der Beschäftigten zu der Notwendigkeit der Umsetzung geeigneter Maßnahmen. Dies bedeutet im gesetzlich vorgeschriebenen Zusammenwirken zwischen Arbeitgebern und Beschäftigten auch, dass Arbeitsschutz durch Einflussnahme des Arbeitgebers auf die Beschäftigten erfolgen muss.

Die Unterweisung nach § 12 ist eine solche Einflussnahme auf das Handeln des **22** einzelnen Beschäftigten. Bei einer zielgerichteten, effektiven Durchführung kann sie eine große Wirkung auf die Erhöhung der Sicherheit und des Gesundheitsschutzes im Betrieb haben. Sie darf daher nicht zu einer reinen Pflichtübung degenerieren. Die Unterweisung muss daher umfassend sein und die Eigenart der Arbeitsplätze und der Persönlichkeiten der Beschäftigten berücksichtigen. Zudem muss sie in angemessenen Abständen wiederholt werden.

II. Unterweisungsschritte

Bei einer Unterweisung haben sich folgende Schritte bewährt: **23**
– Vorbereiten durch Information; Vorkenntnisse ermitteln und darauf aufbauend informieren, um einen gleichen Wissensstand bei den Zuhörern zu erreichen.
– Vorführen; Anwenden des theoretischen Wissens in der Praxis durch Vorführen der angestrebten sicheren Betriebsabläufe.

– Ausführen und üben lassen; festigen des sicherheitsgerechten Verhaltens durch selbstständiges und wiederholtes Ausführen und Handhaben.
– Korrigieren und den Erfolg kontrollieren; fehlerhaftes Verhalten korrigieren, das Gelernte beispielsweise durch Testfragen überprüfen, um dabei den Erfolg der Unterweisung abzuschätzen.

III. Inhalt der Unterweisung

24 In der Unterweisung muss der Arbeitgeber die Beschäftigten auf die gerade an ihren Arbeitsplätzen bestehenden Gefahren hinweisen. Dabei hat er auf Art und Schwere der bestehenden Gefahren genauso hinzuweisen, wie auf die getroffenen und zu beachtenden Sicherheitsmaßnahmen. Auch darüber wie sich die Beschäftigten bei Verwirklichung einer Gefahr verhalten sollen und wer dann ihre Ansprechpartner sind, hat der Arbeitgeber zu informieren.

25 Die Beschäftigten müssen daher auch über die gemäß § 10 getroffenen Notfallmaßnahmen zur Ersten Hilfe, bei Brand und Evakuierung sowie über die benannten Notfallbeauftragten unterrichtet werden.

26 Gebärfähige Frauen sind grundsätzlich zusätzlich über die für werdende Mütter möglichen Gefahren und Beschäftigungsbeschränkungen zu informieren.

27 Wenn Beschäftigte an bestimmten Arbeitsmitteln oder in deren Umgebung eingesetzt werden, müssen auch die mit deren Benutzung verbundenen Gefahren und die zu ihrer Vermeidung nötigen Verhaltensweisen erläutert werden. Gleiches gilt für die Verwendung von Schutzausrüstung.

D. Pflichten der Beschäftigten

28 Der Schutzpflicht des Arbeitgebers als Unterweisungspflicht steht die Schutzpflicht des Arbeitnehmers als Pflicht zur aufmerksamen Teilnahme an den Unterweisungen gegenüber. Neben den Pflichten des Arbeitnehmers zur Verschwiegenheit, zur Meldung von Nebentätigkeiten, zur Gewährung von Auskunft über betriebliche Verhältnisse gehören auch die Verhinderung von Schäden zu den zentralen Nebenpflichten des Arbeitnehmers (*Preis* in ErfK BGB § 611 Rn. 735 ff.). Nach § 15 sind Arbeitnehmer zudem verpflichtet, sich entsprechend der Unterweisung des Arbeitgebers zu verhalten.

§ 13 Verantwortliche Personen

(1) Verantwortlich für die Erfüllung der sich aus diesem Abschnitt ergebenden Pflichten sind neben dem Arbeitgeber
1. **sein gesetzlicher Vertreter,**
2. **das vertretungsberechtigte Organ einer juristischen Person,**
3. **der vertretungsberechtigte Gesellschafter einer Personenhandelsgesellschaft,**
4. **Personen, die mit der Leitung eines Unternehmens oder eines Betriebes beauftragt sind, im Rahmen der ihnen übertragenen Aufgaben und Befugnisse,**
5. **sonstige nach Absatz 2 oder nach einer auf Grund dieses Gesetzes erlassenen Rechtsverordnung oder nach einer Unfallverhütungsvorschrift verpflichtete Personen im Rahmen ihrer Aufgaben und Befugnisse.**

Verantwortliche Personen §13 ArbSchG

(2) Der Arbeitgeber kann zuverlässige und fachkundige Personen schriftlich damit beauftragen, ihm obliegende Aufgaben nach diesem Gesetz in eigener Verantwortung wahrzunehmen.

Übersicht

	Rn.
A. Grundstruktur der Regelung	1
I. Gegenstand	1
II. Inhalt	5
III. Zweck	8
IV. Ergänzende Vorschriften	11
1. Staatliches Arbeitsschutzrecht	11
2. Berufsgenossenschaftliches Unfallverhütungsrecht	15
B. Kreis der verantwortlichen Personen	17
I. Allgemeines	17
II. Gesetzliche Vertreter des Arbeitgebers (Abs. 1 Nr. 1)	19
1. Begriff des gesetzlichen Vertreters	19
2. Gesetzliche Vertreter rechtlich nicht handlungsfähiger natürlicher Personen	21
3. Gesetzliche Verwalter fremden Vermögens	24
III. Vertretungsberechtigte Organe juristischer Personen (Abs. 1 Nr. 2)	26
1. Begriff und Wesen der juristischen Person	26
2. Juristische Personen des Privatrechts	27
3. Juristische Personen des öffentlichen Rechts	30
IV. Vertretungsberechtigte Gesellschafter von Personenhandelsgesellschaften (Abs. 1 Nr. 3)	32
1. Begriff und Wesen der Personenhandelsgesellschaft	32
2. Vertretungsberechtigte Gesellschafter	34
3. Nicht erfasste Personengesellschaften	35
V. Leiter eines Unternehmens oder Betriebs (Abs. 1 Nr. 4)	36
1. Betriebs- und Unternehmensbegriff	36
2. Erfasster Personenkreis	40
3. Betriebsleiter	41
4. Unternehmensleiter	43
5. Dienststellenleiter	44
VI. Sonstige Beauftragte (Abs. 1 Nr. 5)	45
1. Allgemeines	45
2. Erfasster Personenkreis	47
3. Führungskräfte der mittleren und unteren Leitungsebene	48
4. Betriebliche Arbeitsschutzbeauftragte	49
5. Externe Beauftragte	51
C. Voraussetzungen der Pflichtenübertragung auf sonstige Beauftragte	52
I. Anforderungen des Abs. 2	52
II. Eignung und Qualifikation des Beauftragten	53
1. Zuverlässigkeit	53
2. Fachkunde	54
III. Form und Inhalt der Beauftragung	55
1. Schriftform	55
2. Inhaltliche Anforderungen	58
IV. Voraussetzungen außerhalb des Abs. 2	60
1. Sozialadäquanz der Pflichtenübertragung	60
2. Arbeitsrechtliche Anforderungen (betriebliche Mitbestimmung)	61

	Rn.
D. Umfang und Grenzen der Verantwortung	63
I. Kumulative Verantwortung des Arbeitgebers und seiner Vertreter	63
II. Verantwortung der gesetzlichen und organschaftlichen Vertreter	64
III. Verantwortung der gewillkürten Vertreter	65
1. Beschränkung auf die übertragenen Aufgaben und Befugnisse	65
2. Pflichtendelegation auf nachgeordnete Mitarbeiter	69
IV. Behandlung der fehlerhaft bestellten Vertreter	70
E. Pflichten des Arbeitgebers	71
I. Allgemeines	71
II. Pflicht zur Aufgabendelegation	72
III. Pflichten bei der Aufgabendelegation	73
1. Auswahlpflicht	73
2. Unterweisungspflicht	74
3. Organisationspflicht	75
IV. Pflichten nach der Aufgabendelegation	76
1. Allgemeines	76
2. Überwachungspflicht	77
3. Durchsetzungspflicht	79
F. Rechtsfolgen bei Pflichtverletzungen	80
I. Öffentlich-rechtliche Sanktionen	80
II. Straf- und ordnungswidrigkeitenrechtliche Sanktionen	84

Literatur: *Benz,* Die Haftung des betrieblichen Vorgesetzten im Bereich der Arbeitssicherheit und des Umweltschutzes, BB 1988, 2237; *Gerhard,* Arbeitsschutzpflichten delegieren – ein Kann oder ein Muß?, AuA 1998, 236; *Hanel,* Arbeitssicherheit – Pflichten des Unternehmers und seiner Führungskräfte, Personal 1994, 452; *Jeiter,* Die Verantwortung der Unternehmensleitung für das sichere Verhalten und die Delegation der Pflichten, BG 1981, 140; *Leichsenring/ Petermann,* Die Pflichten des Unternehmers in der Arbeitssicherheit, 4. Aufl. 1996; *Rehhahn,* Betriebsleitung in der Verantwortung, ArbSch 1977, 243; *Schliephacke,* Führungswissen Arbeitssicherheit, 2000; *ders.,* Führungsverantwortung für Arbeitssicherheit, Sicherheitsingenieur 3/2002, S. 20; *Wilrich,* Verantwortlichkeit wahrnehmen und Pflichten rechtssicher übertragen, BG 2009, 30; *ders.,* Verantwortlichkeit und Haftung im Arbeitsschutz, DB 2008, 1294; *Zakrzewski,* Wer ist schuld? Verantwortung im Arbeitsschutz, faktor arbeitsschutz 2007, 9.

A. Grundstruktur der Regelung

I. Gegenstand

1 Bei der rechtlichen Verantwortung für die Einhaltung und Durchführung des Arbeitsschutz- und Unfallverhütungsrechts im Betrieb bzw. Unternehmen ist zwischen der öffentlich-rechtlichen bzw. verwaltungsrechtlichen, der straf- und ordnungswidrigkeitsrechtlichen sowie der zivilrechtlichen Verantwortung zu unterscheiden (vgl. *Wlotzke* in MHdB ArbR § 208 Rn. 1).

2 **Regelungsgegenstand** des § 13 ArbSchG ist allein die öffentlich-rechtliche bzw. **verwaltungsrechtliche Verantwortung** für den Arbeitsschutz. Dabei geht es darum, wer für die Einhaltung und Durchführung der öffentlich-rechtlichen Arbeitsschutz- und Unfallverhütungsvorschriften gegenüber den zuständigen Aufsichtsbehörden des Staates (Ämter für Arbeitsschutz, Gewerbeaufsichtsämter; vgl. § 21) verantwortlich ist, d. h. wer als Adressat für behördliche Anordnungen und Zwangsmaßnahmen (vgl. § 22) in Betracht kommt.

Verantwortliche Personen §13 ArbSchG

Davon zu unterscheiden ist erstens die **straf- und ordnungswidrigkeitenrechtliche Verantwortung** im Fall einer Zuwiderhandlung gegen straf- oder bußgeldbewehrte Verhaltenspflichten auf dem Gebiet des Arbeitsschutzes. Sie ergibt sich aus den einschlägigen Vorschriften des Straf- und Ordnungswidrigkeitenrechts (§ 14 StGB, §§ 9, 30, 130 OWiG; vgl. §§ 25, 26).

Die öffentlich-rechtliche bzw. verwaltungsrechtliche Verantwortung ist ferner gegenüber der **zivilrechtlichen Verantwortung** für den Arbeitsschutz abzugrenzen. Sie regelt, gegen wen im Fall einer Verletzung von Arbeitsschutzvorschriften zivilrechtliche Erfüllungs- und Schadensersatzansprüche (§§ 618 Abs. 1, 823 BGB) geltend gemacht werden können. Ergänzt wird die zivilrechtliche Verantwortung durch die **haftungsrechtliche Verantwortung,** die sich aus den §§ 104 ff. SGB VII ergibt und festlegt, wer die durch Arbeitsunfälle entstandenen Personen- und Sachschäden zu tragen hat.

II. Inhalt

§ 13 regelt in **Abs. 1,** dass für den Arbeitsschutz im Betrieb bzw. Unternehmen außer dem Arbeitgeber auch **dritte Personen** öffentlich-rechtlich verantwortlich sein können. Der Gesetzgeber hat durch die Formulierung „neben dem Arbeitgeber" klargestellt, dass Normadressat der durch die Arbeitsschutz- und Unfallverhütungsvorschriften begründeten öffentlich-rechtlichen Pflichten in erster Linie der Arbeitgeber ist. Der **Grundsatz der primären Verantwortung des Arbeitgebers für den Arbeitsschutz** entsprach bereits der bisherigen Rechtslage vor Inkrafttreten des Arbeitsschutzgesetzes. Für den Bereich des Arbeitsschutzgesetzes ergibt sich diese Verpflichtung des Arbeitgebers auch aus § 3 Abs. 1 ArbSchG, an dessen Regelung die Vorschrift des § 13 Abs. 1 anknüpft.

Der Gesetzgeber hat in § 13 Abs. 1 Nr. 1–5 diejenigen Personen genannt, die neben dem Arbeitgeber als **Normadressaten** für die öffentlich-rechtlichen Arbeitsschutz- und Unfallverhütungspflichten in Betracht kommen. Für die Festlegung des verantwortlichen Personenkreises waren dabei zwei Gesichtspunkten maßgebend: Abs. 1 Nr. 1–3 trägt dem Umstand Rechnung, dass der Arbeitgeber, der kraft Gesetzes, staatlicher Anordnung oder auf Grund seiner gesellschaftsrechtlichen Organisation nicht selbst am Rechtsverkehr teilnehmen kann, der Vertretung durch andere Personen bedarf. Der Normadressatenkreis des § 13 umfasst daher in erster Linie diejenigen Personen, die auf Grund **gesetzlicher oder organschaftlicher Vertretungsmacht** berechtigt sind, für den Arbeitgeber zu handeln. Abs. 1 nennt insoweit die gesetzlichen Vertreter des Arbeitgebers (Nr. 1), die vertretungsberechtigten Organe juristischer Personen (Nr. 2) und die vertretungsberechtigten Gesellschafter von Personengesellschaften. § 13 Abs. 1 Nr. 4 und 5 knüpft daran an, dass der Arbeitgeber insbesondere dann, wenn er über ein größeres Unternehmen oder mehrere Betriebe verfügt, nicht sämtliche Arbeitgeberpflichten persönlich erfüllen kann, sondern weitere Personen mit der Wahrnehmung bestimmter Funktionen und Aufgaben beauftragen muss. Dabei handelt es sich um Personen, die kraft **gewillkürter Vertretungsmacht** befugt sind, für den Arbeitgeber zu handeln. Dementsprechend bezieht Abs. 1 auch bestimmte Leitungspersonen (Nr. 4) und sonstige Beauftragte (Nr. 5) in den Kreis der Normadressaten ein. Der Gesetzgeber hat jedoch klargestellt, dass die öffentlich-rechtliche Verantwortung der gewillkürten Vertreter im Unterschied zu den gesetzlichen bzw. organschaftlichen Vertretern durch den Umfang der ihnen übertragenen Aufgaben und Befugnisse begrenzt wird.

ArbSchG § 13

7   § 13 **Abs.** 2 regelt im Anschluss an Abs. 1 Nr. 5 die Voraussetzungen, unter denen der Arbeitgeber ihm obliegende Arbeitsschutzpflichten auf Dritte zur Wahrnehmung in eigener, öffentlich-rechtlicher Verantwortung übertragen kann. Die dort aufgestellten Anforderungen betreffen einerseits die persönliche Eignung und Qualifikation des Beauftragten (Zuverlässigkeit und Fachkunde), andererseits die Form der Aufgabenübertragung (schriftliche Beauftragung). Durch die Formulierung als „Kann-Vorschrift" hat der Gesetzgeber klargestellt, dass es dem Arbeitgeber grundsätzlich freigestellt ist, ob und inwieweit er Arbeitsschutzaufgaben selbst wahrnimmt oder auf Dritte delegiert.

III. Zweck

8   Die Durchsetzung öffentlich-rechtlicher Arbeitsschutzpflichten war bis zum Inkrafttreten des Arbeitsschutzgesetzes nur dadurch möglich, dass die staatlichen Aufsichtsbehörden gegenüber dem Arbeitgeber eine hoheitliche Vollzugsanordnung erlassen und gegebenenfalls mit Hilfe der zur Verfügung stehenden Zwangsmittel (Zwangsgeld, Ersatzvornahme, unmittelbarer Zwang) vollstreckt haben. Dies galt auch für den Fall, dass für die Einhaltung der Arbeitsschutz- und Unfallverhütungsvorschriften im Betrieb bzw. Unternehmen dritte Personen verantwortlich waren, die insoweit als gesetzliche bzw. organschaftliche oder gewillkürte Vertreter für den Arbeitgeber handelten. Diese Personen konnten im Fall einer Pflichtverletzung nur zur Verantwortung gezogen werden, soweit der Verstoß gegen die betreffenden Norm straf- oder bußgeldbewehrt war und ihnen nach den einschlägigen Vorschriften der straf- bzw. ordnungswidrigkeitenrechtlichen Organ- und Vertreterhaftung (§ 14 StGB, §§ 9, 130 OWiG) zugerechnet werden konnte.

9   Die o. g. Ahndungsmöglichkeiten wurden vom Gesetzgeber zu Recht als nicht ausreichend beurteilt, um einen effektiven Vollzug des öffentlich-rechtlichen Arbeitsschutzrechts sicherzustellen. Umfassende Straf- und Ordnungswidrigkeitenregelungen sind nur in einem Teil der staatlichen Arbeitsschutzvorschriften enthalten (z. B. §§ 22f. ArbZG, §§ 16f. GSG, §§ 47ff. GefStoffV). Zahlreiche Arbeitsschutzvorschriften sanktionieren lediglich einen Ausschnitt der Arbeitgeberpflichten (z. B. § 20 ASiG, § 7 BaustellV, § 7 BildscharbV) oder enthalten überhaupt keine Straf- und Ordnungswidrigkeitentatbestände (z. B. die ArbStättVO, die PSA-BV oder die LasthandhabV). Hinzu kommt, dass die Ahndung von Verstößen gegen Arbeitsschutzvorschriften durch Verhängung eines Bußgeldes in vielen Fällen erst dann möglich ist, wenn eine vollziehbare behördliche Anordnung erlassen wurde (vgl. etwa § 20 Abs. 1 Nr. 1 ASiG, § 22 Abs. 1 Nr. 7 ArbZG, § 16 Abs. 1 Nr. 3, Abs. 2 Nr. 2 GSG). Außerdem sind straf- bzw. bußgeldrechtliche Sanktionen im Unterschied zu verwaltungsrechtlichen Anordnungen vom Nachweis eines Verschuldens abhängig, dessen Feststellung nicht selten mit erheblichen tatsächlichen und rechtlichen Schwierigkeiten verbunden ist.

10 Der Gesetzgeber hat daher in § 13 die öffentlich-rechtliche Verantwortung der Personen, die für den Arbeitgeber als gesetzliche bzw. organschaftliche oder gewillkürte Vertreter Arbeitsschutzaufgaben wahrnehmen, an ihre straf- und ordnungswidrigkeitenrechtliche Haftung (§§ 14 StGB, §§ 9, 130 OWiG) angepasst. Der Zweck dieser Regelung besteht darin, die Arbeitssicherheit im Betrieb bzw. Unternehmen dadurch zu verbessern, dass behördliche Überwachungsmaßnahmen und Vollzugsanordnungen nicht nur an den Arbeitgeber, sondern auch direkt an die Personen gerichtet werden können, die auf Grund der betrieblichen Organisations- und Leitungsstruktur für die Einhaltung und Durchführung der Arbeitsschutz- und

Verantwortliche Personen **§ 13 ArbSchG**

Unfallverhütungsvorschriften unmittelbar ver-antwortlich sind (§ 22). Für die Aufsichtsbehörden hat die durch § 13 eingeräumte Möglichkeit einer unmittelbaren Inspruchnahme der für den Arbeitsschutz im Betrieb bzw. Unternehmen verantwortlichen Personen im wesentlich zwei Vorteile: Zum einen wird den Aufsichtsbehörden die Bestimmung des Anordnungsadressaten erleichtert, denn sie müssen nicht mehr in jedem Einzelfall feststellen, welcher Rechtsträger hinter dem Betrieb bzw. Unternehmen steht und wer Arbeitgeber der dort Beschäftigten ist. Zum anderen ist mit der unmittelbaren Inanspruchnahme der für den Arbeitgeber handelnden Personen ein erheblicher Beschleunigungseffekt verbunden, da die bisher erforderliche Umsetzung der behördlichen Anordnungen durch den Arbeitgeber mittels organisatorischer oder arbeitsrechtlicher Maßnahmen gegenüber den nachgeordneten Mitarbeitern entfällt.

IV. Ergänzende Vorschriften

1. **Staatliches Arbeitsschutzrecht.** Die Gesetze und Rechtsverordnungen des staatlichen Arbeitsschutzrechts enthalten zum Teil eigene Vorschriften, die ausdrücklich regeln, wer anstelle oder neben dem Arbeitgeber bzw. Betriebs- oder Unternehmensinhaber für die Erfüllung bestimmter Arbeitsschutzpflichten verantwortlich ist. Dazu gehört neben den einschlägigen Bestimmungen des **Bundesberggesetzes** (vgl. §§ 58f. BBergG) und des **Sprengstoffgesetzes** (vgl. §§ 19–21 SprengG) auch die Vorschrift des § 31 Abs. 1 Satz 3 **Strahlenschutzverordnung** (StrlSchV), nach der Kapitalgesellschaften und Personengesellschaften, soweit sie von mehrgliedrigen Organen ihres Vertretungsorgans bzw. einen vertretungsberechtigten Gesellschafter zum Strahlenschutzverantwortlichen ernennen müssen. Daneben gibt es noch weitere Vorschriften, die den Arbeitgeber bzw. Betriebs- oder Unternehmensinhaber ermächtigen, bestimmte Arbeitsschutzpflichten durch Dritte in eigener Verantwortung wahrnehmen zu lassen (vgl. etwa § 1 Abs. 3 MuSchV, § 4 BaustellV). 11

§ 13 wird durch derartige spezialgesetzlichen Vorschriften nur verdrängt, soweit diese eine eigenständige und abschließende Regelung des Kreises der verantwortlichen Personen und der ihnen obliegenden Pflichten beinhalten. Dies ist etwa bei §§ 19–21 SprengG der Fall, nicht jedoch bei § 1 Abs. 3 MuSchV und § 4 BauStellV. Für die dem BBergG unterliegenden Betriebe ergibt sich die Unanwendbarkeit des § 13 bereits aus § 1 Abs. 2 S. 2. 12

Die Bestimmungen über die eigenverantwortliche Wahrnehmung von Arbeits- schutzaufgaben durch Dritte, die als gesetzliche bzw. organschaftliche oder gewillkürte Vertreter anstelle des Arbeitgebers handeln, sind abzugrenzen gegenüber den Vorschriften des staatlichen Arbeitsschutz- und Unfallverhütungsrechts die regeln, dass der Arbeitgeber bzw. Betriebs- oder Unternehmensinhaber besondere Beauftragte zu bestellen hat, die ihn generell oder in bestimmten Bereichen bei der Erfüllung seiner Arbeitsschutzpflichten zu unterstützen haben. Zu diesem Kreis der gesetzlich vorgeschriebenen **betrieblichen Arbeitsschutzbeauftragten** (i. e. *Anzinger/Bieneck,* § 10 ASiG, Rn. 22ff.; *Ehrich,* AR-Blattei SD 475 „Betriebsbeauftragte"; *ders.,* Handbuch der Betriebsbeauftragten, 1995; *Kreizberg,* HwB AR SD 445 „Beauftragte in der betrieblichen Praxis") gehören u. a.: 13
– die **Erste Hilfe-, Brand- und Evakuierungsbeauftragten** (§ 10 Abs. 1),
– der **Betriebsarzt** (§ 2ff. ASiG),
– die **Fachkraft für Arbeitssicherheit** (§§ 5ff. ASiG),

ArbSchG § 13

- der **Sicherheitsbeauftragte** (§ 22 SGB VII),
- der **Schwerbehindertenbeauftragte** (§ 98 SGB IX),
- der **Strahlenschutzbeauftragte** (§§ 31 ff. StrlSchV, §§ 13 ff. RöV),
- der **Störfallbeauftragte** (§§ 58a–d BImSchG),
- der **Gefahrgutbeauftragte** (§§ 1 ff. GbV),
- der **Beauftragte für die biologische Sicherheit** (§ 3 Nr. 11 GenTG, §§ 16 ff. GenTS V; § 16 UVV „Biologische Arbeitsstoffe" – BGV B 12),
- der **Laserschutzbeauftragte** (§ 6 UVV „Laserstrahlung" – BGV B 2) und
- der **Laserschutzbeauftragte** (§ 5 Abs. 2 OStrV).

14 Die betrieblichen Arbeitsschutzbeauftragten haben im Unterschied zu den verantwortlichen Personen i. S. d. § 13 nicht die Funktion, den Arbeitgeber bei der Erfüllung seiner Arbeitsschutz- und Unfallverhütungspflichten zu entlasten, sondern sollen ihn dabei lediglich unterstützen. Mit ihrer Stellung ist daher **keine eigene öffentlich-rechtliche Verantwortung** für die Einhaltung des Arbeitsschutzes im Betrieb verbunden. Etwas anderes gilt nur dann, wenn ihnen der Arbeitgeber bestimmte Aufgaben auf dem Gebiet des Arbeitsschutzes und der Unfallverhütung zur eigenverantwortlichen Wahrnehmung übertragen hat (vgl. für den Strahlenschutzbeauftragten §§ 31 Abs. 2 Satz 2, 33 Abs. 2 StrlSchV; näher zu den Voraussetzungen und Grenzen der Pflichtenübertragung auf betriebliche Arbeitsschutzbeauftragte unter Rn. 49 f.).

15 **2. Berufsgenossenschaftliches Unfallverhütungsrecht.** Für das berufsgenossenschaftliche Unfallverhütungsrecht ist die Übertragung von Arbeitsschutzpflichten durch den Unternehmer auf Dritte in § 13 **DGUV Vorschrift** geregelt und ist inhaltlich weitgehend an die Vorschrift des § 13 ArbSchG angepasst.

16 Die Anforderungen an die Pflichtenübertragung nach § 13 UVV „Grundsätze der Prävention" stimmen mit § 13 Abs. 2 weitgehend überein (Rn. 55). § 13 S. 1 BGV A 1 verlangt ebenso wie § 13 Abs. 2 eine **schriftliche Beauftragung.** Die schriftliche Beauftragung muss den Verantwortungsbereich und die Befugnisse festlegen und von dem Beauftragten unterzeichnet werden (§ 13 S. 2 **DGUV Vorschrift**). Der Unternehmer muss dem Beauftragten eine Ausfertigung der Beauftragung aushändigen (§ 12 S. 3 **DGUV Vorschrift**). Um dem Unternehmer die Einhaltung dieser formellen Anforderungen zu erleichtern, haben die Unfallversicherungsträger ein Merkblatt für die Bestätigung der Übertragung von Unternehmerpflichten (BGI 507) sowie ein entsprechendes Formularmuster (BGI 508) herausgegeben, das von den Mitgliedern im Bedarfsfall angefordert werden kann.

B. Kreis der verantwortlichen Personen

I. Allgemeines

17 § 13 Abs. 1 enthält eine abschließende Aufzählung der Personen, die neben dem Arbeitgeber für den Arbeitsschutz im Betrieb bzw. Unternehmen öffentlich-rechtlich verantwortlich sind und ebenso wie dieser als Adressaten für behördliche Vollzugsmaßnahmen in Betracht kommen. Dabei hat der Gesetzgeber an drei unterschiedliche Kriterien angeknüpft: die Verantwortlichkeit kraft **gesetzlicher Vertretung** (Nr. 1), die Verantwortlichkeit kraft **organschaftlicher Vertretung** (Nr. 2 und 3) und die Verantwortlichkeit kraft **gewillkürter Vertretung** (Nr. 4 und 5).

18 Die in Nr. 1–3 genannten gesetzlichen und organschaftlichen Vertreter des Arbeitgebers unterscheiden sich von den in Nr. 4 und 5 aufgezählten gewillkürten

Vertretern im Hinblick auf den Rechtsgrund der Vertretungsmacht und den damit verbundenen Umfang ihrer öffentlich-rechtlichen Verantwortung für den Arbeitsschutz im Betrieb bzw. Unternehmen. Die Vertretungsmacht der gesetzlichen bzw. organschaftlichen Vertreter ergibt sich unmittelbar aus dem Gesetz, ist also in ihrem Bestand und Umfang vom Willen des vertretenen Arbeitgebers, der selbst rechtlich nicht handlungsfähig ist, unabhängig. Aufgrund dieser Stellung entspricht die Verantwortung der gesetzlichen bzw. organschaftlichen Vertreter grundsätzlich der des Arbeitgebers, an dessen Stelle und für den sie handeln (Rn. 64). Demgegenüber beruht die Vertretungsmacht des gewillkürten Vertreters auf einem rechtsgeschäftlichen Willensakt des Arbeitgebers, der sie jederzeit widerrufen oder inhaltlich einschränken kann. Aus diesem Grund reicht die Verantwortung der gewillkürten Vertreter nur so weit wie ihnen entsprechende Aufgaben und Befugnisse übertragen worden sind, ist also in der Regel auf einen Teilbereich der arbeitsschutzrechtlichen Arbeitgeberpflichten begrenzt (→ Rn. 65 ff.).

II. Gesetzliche Vertreter des Arbeitgebers (Abs. 1 Nr. 1)

1. Begriff des gesetzlichen Vertreters. Die gesetzliche Vertretung ist im Unterschied zur gewillkürten Vertretung in ihrem Bestand und Umfang nicht vom Willen des Vertretenen abhängig. Der gesetzliche Vertreter erwirbt seine Rechtsstellung entweder unmittelbar kraft Gesetzes (z. B. die Eltern Minderjähriger, vgl. § 1626 Abs. 1 BGB) oder durch eine auf dem Gesetz beruhende richterliche Anordnung (z. B. der Betreuer geschäftsunfähiger Volljähriger, vgl. § 1896 Abs. 1 BGB). Das Gesetz regelt ferner den Umfang der ihm zustehenden Vertretungsmacht. 19

Abs. 1 Nr. 1 erfasst alle Personen, die kraft Gesetzes oder richterlicher Anordnung befugt sind, den Arbeitgeber in seinem geschäftlichen Wirkungskreis zu vertreten, d. h. die zu seinem Vermögen gehörenden Betriebe und Unternehmen zu verwalten sowie mit Wirkung für und gegen den Vertretenen die Unternehmer- bzw. Arbeitgeberfunktion auszuüben. Personen, die derartige Befugnisse lediglich aus einer rechtsgeschäftlichen Vollmachtserteilung des Arbeitgebers (vgl. für die Bevollmächtigung § 167 BGB und für die Prokura § 48 HGB) herleiten (z. B. Betriebs- und Unternehmensleiter, Prokuristen), fallen als gewillkürte Vertreter nicht unter diese Regelung, sondern werden allein von Abs. 1 Nr. 4 oder 5 erfasst. 20

2. Gesetzliche Vertreter rechtlich nicht handlungsfähiger natürlicher Personen. Natürliche Personen bedürfen eines gesetzlichen Vertreters, solange sie auf Grund ihrer Minderjährigkeit nicht oder nur beschränkt geschäftsfähig sind (§§ 104 ff. BGB). Das Gleiche gilt für volljährige Personen, die infolge einer psychischen Erkrankung oder einer Behinderung körperlicher, geistiger oder seelischer Art nicht in der Lage sind, selbst am Rechtsverkehr teilzunehmen (§ 1896 Abs. 1 BGB). 21

Minderjährige Arbeitgeber werden, solange sie unter elterlicher Sorge stehen, i. d. R. von ihren Eltern gemeinsam vertreten (§§ 1626 Abs. 1, 1629 Abs. 1 BGB). Bei nichtehelichen Kindern ist grundsätzlich die Mutter allein zur Vertretung berechtigt (§ 1705 BGB); beide Elternteile können jedoch erklären, dass sie die Sorge gemeinsam übernehmen wollen (§ 1626 a ff. BGB). Die Vertretung nicht unter elterlicher Sorge stehender Minderjähriger obliegt dem Vormund (§§ 1773, 1793 BGB), dem für bestimmte Angelegenheiten ein Pfleger zur Seite gestellt wird (§§ 1795 f., 1909 BGB). 22

ArbSchG § 13

23 **Volljährige Arbeitgeber** können, wenn sie ganz oder teilweise geschäftsunfähig sind, unter Betreuung gestellt werden (§ 1896 BGB). Sie werden dann durch den Betreuer vertreten (§ 1902 BGB). Zum Betreuer können sowohl natürliche Personen als auch Vereine oder Behörden bestellt werden (§§ 1897, 1900 BGB). Die Betreuung kann auch auf mehrere Personen verteilt werden (§ 1899 BGB).

24 **3. Gesetzliche Verwalter fremden Vermögens.** Neben den Vorschriften über die gesetzliche Vertretung rechtlich nicht handlungsfähiger Personen gibt es zahlreiche weitere Bestimmungen, die regeln, dass ein Dritter befugt ist, ein fremdes Vermögen zu verwalten und insoweit Verfügungen mit Wirkung für und gegen den Vermögensinhaber treffen kann. Zu diesen **gesetzlichen Vermögensverwaltern** gehören u. a.
- der **Insolvenzverwalter** (§§ 80, 81 InsO),
- der **Zwangsverwalter** (§ 152 ZVG),
- der **Nachlassverwalter** (§§ 1981, 1984f. BGB),
- der **Testamentsvollstrecker** (§§ 2197, 2205 BGB),
- und der **Abwesenheitspfleger** (§ 1911 BGB).

25 Die gesetzlichen Vermögensverwalter sind zwar rechtlich betrachtet keine Vertreter des Vermögensinhabers, da sie als sog. „Partei kraft Amtes" im eigenen Namen handeln. Sie sind jedoch dann einem **gesetzlichen Vertreter i. S. d. Abs. 1 Nr. 1 gleichzustellen**, wenn die ihnen kraft Gesetzes verliehene Rechtsmacht für den geschäftlichen Wirkungskreis gegenüber der des Vermögensinhabers nicht wesentlich eingeschränkt ist. Dies ist insbesondere der Fall bei dem **Insolvenzverwalter,** der nach allgemeiner Auffassung von Abs. 1 Nr. 1 erfasst wird. Entsprechendes muss auch für die übrigen gesetzlichen Vermögensverwalter gelten (ebenso *Heilmann/Aufhauser,* § 13 Rn. 3 sowie für das Straf- und Ordnungswidrigkeitenrecht *Perron* in Schönke/Schröder, StGB, 29. Aufl. 2014, § 14 Rn. 2; *Göhler,* § 9 OWiG Rn. 12; *Rogall* in KKOWi OWiG § 9 Rn. 56; a. A. *Nöthlichs,* 4034 Erl. 2.2).

III. Vertretungsberechtigte Organe juristischer Personen (Abs. 1 Nr. 2)

26 **1. Begriff und Wesen der juristischen Person.** Zu den juristischen Personen zählen alle Organisationen, denen die Rechtsordnung eine **eigene Rechtspersönlichkeit,** d. h. die Fähigkeit, selbst Träger von Rechten und Pflichten zu sein, zuerkannt hat. Abs. 1 Nr. 2 erfasst nicht nur juristische Personen des Privatrechts, sondern auch solche des öffentlichen Rechts. Ist die juristische Person als solche nicht wirksam entstanden, so scheidet eine Anwendung dieser Vorschrift aus; als Normadressaten kommen in diesem Fall die Gründungsmitglieder in Betracht (ebenso für das Straf- und Ordnungswidrigkeitenrecht *Perron* in Schönke/Schröder StGB, 29. Aufl. 2014 § 14 Rn. 15; *Göhler,* OWiG § 9 Rn. 8; *Rogall* in KKOWi § 9 OWiG Rn. 42).

27 **2. Juristische Personen des Privatrechts.** Zu den juristischen Personen des Privatrechts gehören
- die **Gesellschaft mit beschränkter Haftung** (GmbH, § 13 GmbHG),
- die **Aktiengesellschaft** (AG, § 1 AktG),
- die **Kommanditgesellschaft auf Aktien** (KGaA, § 278 Abs. 1 AktG),
- der **eingetragene Verein** (eV, § 21 BGB),
- die **rechtsfähige Stiftung** (rS, § 80 BGB),
- und die **eingetragene Genossenschaft** (eG, § 1 GenG).

Zur Vertretung juristischer Personen des Privatrechts ist das Organ berechtigt, 28
das gesellschaftsrechtlich zur Führung der Geschäfte nach innen und außen befugt
ist. **Vertretungsberechtigtes Organ** ist
- bei der **GmbH** der **Geschäftsführer** (§ 35 GmbHG) und sein **Stellvertreter** (§ 44 GmbHG),
- bei der **AG** der **Vorstand** (§§ 76, 78, 82 AktG),
- bei der **KGaA** der **persönlich haftende Gesellschafter** (§ 278 Abs. 2 AktG),
- beim **eV** der **Vorstand** (§ 26 BGB) oder der für bestimmte Geschäfte bestellte **besondere Vertreter** (§ 30 BGB),
- bei der **rS** der **Vorstand** (§ 86 i.V. m. § 26 BGB),
- bei der **eG** der **Vorstand** (§ 24 GenG).

In bestimmten Fällen wird die Vertretung der juristischen Person von den Mit- 29
gliedern des gerichtlich bestellten **Notvorstandes** (vgl. etwa § 29 BGB, 85 AktG)
sowie den mit der Abwicklung einer aufgelösten juristischen Person beauftragten
Liquidatoren (vgl. §§ 48 f. BGB; §§ 265, 269 AktG; §§ 66, 70 GmbHG) wahrgenommen. Der **Vorstand** eines **nicht rechtsfähigen Vereins** (vgl. § 54 BGB) fällt
nicht unter Abs. 1 Nr. 2; Normadressat ist in diesem Fall vielmehr die Gesamtheit
der dem Verein angehörenden Mitglieder.

3. Juristische Personen des öffentlichen Rechts. Juristische Personen des 30
öffentlichen Rechts sind
- die **Körperschaften** (z. B. der Bund und die einzelnen Länder, die Gemeinden und Gemeindeverbände, die großen Religionsgesellschaften, die Sozialversicherungsträger und die Hochschulen),
- die **rechtsfähigen Anstalten** (z. B. die öffentlich-rechtlichen Rundfunk- und Fernsehanstalten, die Bundes- und Landesbanken sowie die Sparkassen, die Bundesanstalt für Arbeit),
- und die **rechtsfähigen Stiftungen** (z. B. die Bundesstiftungen „Preußischer Kulturbesitz" oder „Hilfswerk für behinderte Kinder").

Wer im Einzelnen zur Vertretung juristischer Personen des öffentlichen 31
Rechts berechtigt ist, ergibt sich aus dem Organisationsrecht des Rechtsträgers,
dem die juristische Person zugeordnet ist. Dabei gibt es erhebliche länderspezifische Unterschiede. So werden etwa Gemeinden durch den (ersten) Bürgermeister bzw. Oberbürgermeister (z. B. in Baden-Württemberg und Bayern), den Gemeinde-, Stadt oder Oberstadtdirektor (z. B. in Niedersachsen oder Nordrhein-Westfalen) oder den Gemeindevorstand (z. B. in Hessen) vertreten.

IV. Vertretungsberechtigte Gesellschafter von Personenhandelsgesellschaften (Abs. 1 Nr. 3)

1. Begriff und Wesen der Personenhandelsgesellschaft. Unter diesen Be- 32
griff fallen alle Personengesellschaften, deren Zweck auf den Betrieb eines Handelsgewerbes unter einer gemeinschaftlichen Firma gerichtet ist (§§ 105 Abs. 1, 161
Abs. 2 HGB). Personenhandelsgesellschaften sind danach
- die **offene Handelsgesellschaft** (OHG, § 105 HGB),
- die **Kommanditgesellschaft** (KG, § 161 HGB) unter Einschluss der **GmbH & Co. KG,**
- die **Europäische Wirtschaftliche Interessenvereinigung** (EWIV, § 1 EWIV-AusfG i.V. m. § 105 HGB).

ArbSchG § 13   Arbeitsschutzgesetz

33   Die Personenhandelsgesellschaften unterscheiden sich von den juristischen Personen dadurch, dass sie über **keine eigene Rechtspersönlichkeit** verfügen. Träger der Rechte und Pflichten ist vielmehr die Gesamthand der jeweiligen Gesellschafter. Die Personenhandelsgesellschaften werden jedoch **im Außenverhältnis wie eine juristische Person behandelt,** da sie unter ihrer Firma, d. h. im eigenen Namen, Rechte erwerben und Verbindlichkeiten eingehen sowie vor Gericht klagen und verklagt werden können (vgl. § 124 HBG, § 1 Abs. 2 EWIV-VO). Sie sind daher – ebenso wie die juristischen Personen – Arbeitgeber der bei ihnen beschäftigten Personen und insoweit auch Normadressaten der öffentlich-rechtlichen Arbeitsschutz- und Unfallverhütungsvorschriften.

34   **2. Vertretungsberechtigte Gesellschafter.** Vertretungsberechtigt sind im Einzelnen
– bei der **OHG** grundsätzlich **alle Gesellschafter,** sofern nicht einzelne Gesellschafter durch Gesellschaftsvertrag von der Vertretung ausgeschlossen sind (§ 125 Abs. 1 und 4 HGB),
– bei der **KG** nur der **persönlich haftende Gesellschafter (Komplementär);** Kommanditisten sind von der gesellschaftsrechtlichen (organschaftlichen) Vertretung der KG ausgeschlossen, können jedoch als gewillkürte Vertreter kraft rechtsgeschäftlicher Vollmacht für die KG tätig werden (§§ 161 Abs. 2 i. V. m. 125 HGB, 170 HGB),
– bei der **GmbH & Co. KG** der **Geschäftsführer der GmbH** (*BGHSt* 28, 371, 372; *BGH* NStZ 1984, 119; vgl. auch *Perron* in Schönke/Schröder StGB § 14 Rn. 23; *Göhler,* OWiG § 9 Rn. 10),
– bei der **EWIV** der **Geschäftsführer,** der nicht notwendig dem Kreis der Gesellschafter angehören muss (§§ 19 f. EWIV-VO).

35   **3. Nicht erfasste Personengesellschaften.** Nicht erfasst von Abs. 1 Nr. 3 werden die **Gesellschaft des bürgerlichen Rechts (GbR)** und die **Partnerschaftsgesellschaft (PartG).** Sie sind zwar Personengesellschaften, können jedoch **kein Handelsgewerbe** betreiben (§ 705 BGB, § 1 Abs. 1 PartGG). Die Partnerschaftsgesellschaft kann auf Grund ihrer Gleichstellung im Außenverhältnis mit der OHG (vgl. § 7 PartGG) selbst Arbeitgeber und damit Normadressat der öffentlich-rechtlichen Arbeitsschutz- und Unfallverhütungsvorschriften sein. Dagegen wurde die GbR bisher als nicht rechtsfähige Gesamthandsgemeinschaft eingestuft mit der Folge, dass nicht die Gesellschaft, sondern die ihr angehörenden Gesellschafter in ihrer gesamthänderischen Verbundenheit Träger der Arbeitgeberrechte und -pflichten sind (*BAG* AP Nr. 4 zu § 705 BGB). Seit der BGH jedoch am 29.1.2001 (*BGHZ* 146, 341 = NJW 2001, 1056) entschieden hat, dass die GbR Rechtsfähigkeit besitzt, soweit sie als Außengesellschaft am Rechtsverkehr teilnimmt und dabei eigene Rechte und Pflichten erwerben kann, spricht viel dafür, auch der GbR grundsätzlich die Arbeitgeberfähigkeit zuzubilligen (ausführlich *Diller* NZA 2003, 401, 402 ff.).

V. Leiter eines Unternehmens oder Betriebs (Abs. 1 Nr. 4)

36   **1. Betriebs- und Unternehmensbegriff.** Das Arbeitsschutzgesetz enthält **keine eigene Definition** der Begriffe „Betrieb" und „Unternehmen". Entsprechendes gilt für die Regelung des § 2 Abs. 5, nach der im Bereich des öffentlichen Dienstes die Dienststelle dem Betrieb gleichgestellt wird). Was ein Betrieb oder Unternehmen i. S. d. Arbeitsschutzgesetzes ist, ist daher unter Rückgriff auf den ar-

Verantwortliche Personen **§ 13 ArbSchG**

beitsrechtlichen Betriebs- und Unternehmensbegriff zu klären. Die Heranziehung der für das Arbeitsrecht entwickelten Begriffsdefinitionen zur Lückenschließung rechtfertigt sich daraus, dass das Arbeitsschutzgesetz, indem es als Normadressaten den Arbeitgeber benennt, ohne ihn in § 2 Abs. 3 abweichend gegenüber dem arbeitsrechtlichen Arbeitgeberbegriff zu definieren, ebenfalls an die Vorgaben des Arbeitsrechts anknüpft.

Betrieb i. S. d. Abs. 1 Nr. 4 ist in Anlehnung an die arbeitsrechtliche Begriffsdefinition (vgl. etwa *BAG* AP Nr. 9 zu § 1 BetrVG 1972; *Fitting,* BetrVG § 1 Rn. 63) die organisatorische Einheit, innerhalb der ein Arbeitgeber (§ 2 Abs. 3) mit seinen Beschäftigten (§ 2 Abs. 2) mit Hilfe von technischen und immateriellen Mitteln bestimmte arbeitstechnische Zwecke fortgesetzt verfolgt (vgl. auch *Nöthlichs,* 4034 Erl. 2.5.1; *Pieper,* ArbSchR § 2 ArbSchG Rn. 28). Von dem Begriff der **Arbeitsstätte** (vgl. § 2 Abs. 1–3 ArbStättV) unterscheidet sich der Betriebsbegriff dadurch, dass es weniger auf die räumliche Einheit der Betriebsmittel als vielmehr auf das Vorhandensein einer einheitlichen Organisations- und Leitungsstruktur ankommt. Der Betrieb ist daher nicht notwendig mit der Betriebs- bzw. Arbeitsstätte identisch. Vielmehr ist ein Betrieb dadurch gekennzeichnet, dass der Einsatz der in einer oder mehreren Betriebsstätten vorhandenen technischen und immateriellen Betriebsmittel einschließlich der dort beschäftigten Personen von einem einheitlichen Leitungsapparat gesteuert wird. 37

Im Unterschied zum Betrieb ist das **Unternehmen** die organisatorische Einheit, mit der der Unternehmer einen wirtschaftlichen oder ideellen Zweck, der hinter dem arbeitstechnischen Zweck des Betriebes steht, verfolgt (vgl. *Nöthlichs,* 4034 Erl. 2.5.1; *Pieper,* ArbSchR § 2 ArbSchG Rn. 32). Kennzeichnend für das Unternehmen ist vor allem der hinter ihm stehende Rechtsträger (vgl. für den arbeitsrechtlichen Unternehmensbegriff *BAG* AP Nr. 7 zu § 106 BetrVG 1972; *Fitting,* BetrVG § 1 Rn. 146). Bei Personen- und Kapitalgesellschaften ist die Gesellschaft mit dem Unternehmen identisch, da diese jeweils nur ein Unternehmen haben können. Abs. 1 Nr. 4 hat in diesem Fall gegenüber Abs. 1 Nr. 2 und 3 nur dann eine eigenständige Bedeutung, soweit die gesellschaftsrechtliche Vertretung und die unternehmerische Leitung personell auseinanderfallen. Natürliche Personen können dagegen mehrere rechtlich selbstständige Unternehmen betreiben. 38

Ein Unternehmen kann mehrere Betriebe umfassen, aber auch nur aus einem Betrieb bestehen. Im letzteren Fall ist die Unterscheidung zwischen Betrieb und Unternehmen im Rahmen des Abs. 1 Nr. 4 nur dann relevant, wenn die betriebliche und die unternehmerische Leitung auseinanderfallen, also der Betriebsleiter nicht mit dem Unternehmensleiter identisch ist. 39

2. Erfasster Personenkreis. Abs. 1 Nr. 4 erfasst nicht nur die **Betriebs- und Unternehmensleiter** des Produktions-, Dienstleistungs- und Handelsgewerbes. Da die Geltung des Arbeitsschutzgesetzes weder von der Art des Tätigkeitsbereiches noch der Absicht der Gewinnerzielung abhängig ist (§ 1 Abs. 1 S. 2), ist diese Regelung auch auf Landwirtschaftsbetriebe, Niederlassungen der freien Berufe (Rechtsanwaltskanzleien, Arztpraxen, Apotheken) sowie karitative und gemeinnützige Einrichtungen (z. B. Behindertenwerkstätten, Krankenhäuser, Theater) anwendbar. Für den Bereich des öffentlichen Dienstes gelten die Dienststellen als Betriebe i. S. d. Abs. 1 Nr. 4 (§ 2 Abs. 5 S. 1), so dass auch die nicht ausdrücklich als Normadressaten genannten **Dienststellenleiter** erfasst werden. Ausgenommen sind neben den privaten Haushalten lediglich die dem Bundesberggesetz unterliegenden Betriebe (§ 2 Abs. 2). Aus § 2 Abs. 2 folgt ferner, dass die Kapitäne von Seeschiffen nicht unter Abs. 1 Nr. 4 fallen. 40

ArbSchG § 13

41 **3. Betriebsleiter.** Betriebsleiter ist derjenige, dem die Geschäftsführung des Betriebs nach innen und außen verantwortlich übertragen ist und der dementsprechend berechtigt ist, selbstständig anstelle des Betriebsinhabers zu handeln (vgl. für das Straf- und Ordnungswidrigkeitenrecht *Perron* in Schönke/Schröder § 14 StGB Rn. 31; *Göhler,* OWiG § 9 Rn. 19; *Rogall* in KKOWi OWiG § 9 Rn. 76). Dabei kommt es nicht auf die Bezeichnung (z. B. Direktor, Generalbevollmächtigter, Prokurist), sondern allein auf den sachlichen Inhalt der übertragenen Funktion an (ebenso *Schmatz/Nöthlichs,* 4034, Erl. 2.5.1). Wird die Betriebsleitung gemeinsam von mehreren Personen ausgeübt, so ist grundsätzlich jeder im Rahmen der ihm übertragenen Aufgaben und Befugnisse für den Arbeitsschutz im Berieb verantwortlich (Rn. 65 ff.).

42 Abs. 1 Nr. 4 regelt – im Unterschied zu den entsprechenden Vorschriften des Straf- und Ordnungswidrigkeitenrechts (§ 14 Abs. 2 S. 1 Nr. 1 StGB, § 9 Abs. 2 S. 1 Nr. 1 OWiG) – nicht ausdrücklich, dass die **Personen,** die den **Betrieb nicht ganz,** sondern **nur zum Teil leiten,** ebenfalls zum Kreis der Normadressaten gehören. Dennoch ist davon auszugehen, dass der Gesetzgeber neben der an der Spitze der Betriebsleitung stehenden Person auch die nachgeordneten betrieblichen Leitungsorgane erfassen wollte, da andernfalls die in Abs. 1 Nr. 4 vorgesehene Beschränkung der Verantwortlichkeit auf die übertragenen Aufgaben und Befugnisse entbehrlich wäre (a. A. *Schliephacke,* S. 66). Dabei ist allerdings zu beachten, dass die Ausübung betrieblicher Leitungsfunktionen mehr voraussetzt als die jeder Vorgesetztenstellung immanente arbeitsrechtliche Weisungsbefugnis. Von Abs. 1 Nr. 4 werden daher **nur die Führungskräfte der oberen betrieblichen Leitungsebene erfasst.** Dazu gehören etwa die Personen, die einen räumlich oder organisatorisch getrennten Betriebsteil (z. B. Zweigstelle, Filiale) oder eine als eigenständige Organisationseinheit innerhalb des Gesamtbetriebs geführte Betriebsabteilung (z. B. den Fuhrpark oder die Schlosserei) leiten. Die nachgeordneten Führungskräfte der mittleren und unteren Leitungsebene (z. B. Bereichs- oder Gruppenleiter, Vorarbeiter, Meister) fallen nicht unter Abs. 1 Nr. 4, sondern sind nur im Rahmen des Abs. 1 Nr. 5 verantwortlich (ebenso *Wlotzke* in MüKo-ArbR § 208 Rn. 4; *Nöthlichs,* 4034, Erl. 2.5.1).

43 **4. Unternehmensleiter.** Wer Unternehmensleiter ist, bestimmt sich ebenso wie im Fall des Betriebsleiters allein nach der tatsächlichen Stellung und nicht nach der Art der Bezeichnung. Maßgeblich ist die Befugnis zur eigenverantwortlichen Führung der Geschäfte des Unternehmens anstelle des Inhabers. Erfasst werden auch solche Personen, die das Unternehmen gemeinsam mit anderen oder nur zum Teil leiten.

44 **5. Dienststellenleiter.** Die Leiter von Dienststellen im Bereich des öffentlichen Dienstes sind in Abs. 1 Nr. 4 nicht als Normadressaten erwähnt. Sie fallen jedoch auf Grund der durch § 2 Abs. 5 S. 1 bewirkten Gleichstellung der Dienststelle mit dem Betrieb auch ohne ausdrückliche Einbeziehung unter diese Regelung. Der Begriff der Dienststelle ist in § 2 Abs. 5 S. 1 näher definiert. Wer als Leiter einer Dienststelle anzusehen ist, ergibt sich aus dem Organisationsrecht des Rechtsträgers (z. B. Bund, Land, Kommune), dem die Dienststelle zugeordnet ist.

VI. Sonstige Beauftragte (Abs. 1 Nr. 5)

45 **1. Allgemeines.** Abs. 1 Nr. 5 ist vom Gesetzgeber als **Auffangregelung** für alle nicht bereits von Nr. 4 erfassten Personen konzipiert worden, die der Arbeitgeber als gewillkürte Vertreter ganz oder teilweise mit der eigenverantwortlichen Wahr-

Verantwortliche Personen § 13 ArbSchG

nehmung der ihm obliegenden Arbeitsschutzaufgaben beauftragt hat. Dazu gehören nicht nur die nach Abs. 2 beauftragten Personen. Erfasst werden vielmehr auch solche Personen, die vom Arbeitgeber auf Grund der in einer Rechtsverordnung gemäß §§ 18, 19 oder einer UVV enthaltenen Ermächtigung beauftragt werden, die sich aus dieser Rechtsverordnung oder Unfallverhütungsvorschrift ergebenden Pflichten an seiner Stelle zu erfüllen. Im Bereich des öffentlichen Dienstes kann die Beauftragung auch in einer Verwaltungsvorschrift vorgesehen sein.

Von den auf der Grundlage des Arbeitsschutzgesetzes erlassenen Rechtsverord- 46 nungen enthalten bisher nur die MuSchV und die BaustellV eine entsprechende Regelung. So ist der Arbeitgeber nach § 1 Abs. 3 MuSchV berechtigt, zuverlässige und fachkundige Personen schriftlich mit der eigenverantwortlichen Wahrnehmung der ihm nach dieser Verordnung obliegenden Aufgaben zu beauftragen. § 4 BaustellV gestattet dem Bauherrn die Beauftragung Dritter mit der Durchführung der Maßnahmen nach §§ 2, 3 Abs. 1 S. 1 BaustellV in eigener Verantwortung. Für den Bereich des berufsgenossenschaftlichen Unfallverhütungsrechts ist die Befugnis des Unternehmers zur Pflichtenübertragung auf Dritte in § 13 UVV „Grundsätze der Prävention" geregelt (→ Rn. 14 ff.).

2. Erfasster Personenkreis. Der Gesetzgeber hat in der amtlichen Begrün- 47 dung zu § 13 ausgeführt, dass die öffentlich-rechtlichen Arbeitsschutzpflichten des Arbeitgebers auch von Personen eigenverantwortlich wahrgenommen werden können, die „den Ablauf der Arbeit tatsächlich bestimmen und in den Arbeitsprozess eingreifen können". Er hat damit den Kreis der sonstigen Beauftragten i. S. d. Abs. 1 Nr. 5 auf die Personen beschränkt, die innerhalb der Betriebs- und Unternehmenshierarchie über einen **eigenen Entscheidungsspielraum** verfügen, also ermächtigt sind, für einen räumlich, personell oder organisatorisch begrenzten Teilbereich des Betriebs oder Unternehmens Arbeitgeberfunktionen wahrzunehmen und entsprechende Weisungsbefugnisse auszuüben.

3. Führungskräfte der mittleren und unteren Leitungsebene. Ausgehend 48 von den o. g. Grundsätzen kommen als sonstige Beauftragte gemäß Abs. 1 Nr. 5 in erster Linie die den Betriebs- bzw. Unternehmensleitern i. S. d. Abs. 1 Nr. 4 nachgeordneten Führungskräfte der mittleren und unteren Ebene in Betracht (→ Rn. 42). Dazu gehören alle Personen, die keine betrieblichen oder unternehmerischen Leitungsfunktionen ausüben, sondern innerhalb der Betriebs- und Unternehmenshierarchie nur über einen in inhaltlicher, räumlicher, personeller und organisatorischer Hinsicht begrenzten Entscheidungsspielraum verfügen. Unter diesen Personenkreis fallen etwa Bereichs- und Gruppenleiter, Schicht- und Maschinenführer sowie Meister und Vorarbeiter (ebenso *Nöthlichs,* 4034, Erl. 2.5.1; 4012 Erl. 3.1.3; vgl. zu den verschiedenen Leitungsebenen ausführlich *Rehhahn,* ArbSch 1977, 243, 246 ff.). Ob und inwieweit die nachgeordneten Führungskräften verpflichtet sind, Arbeitsschutz- und Unfallverhütungsaufgaben anstelle des Arbeitgebers wahrzunehmen, richtet sich nach ihrer Stellung im Betrieb und den im Rahmen des Beschäftigungsverhältnisses getroffenen vertraglichen Vereinbarungen (→ Rn. 61).

4. Betriebliche Arbeitsschutzbeauftragte. Als sonstige Beauftragte nach 49 Abs. 1 Nr. 5 bieten sich für den Arbeitgeber ferner die betrieblichen Arbeitsschutzbeauftragten an, die er nach den für seinen Betrieb geltenden öffentlich-rechtlichen Arbeitsschutz- und Unfallverhütungsvorschriften zu bestellen hat (Überblick oben Rn. 13). Besonders geeignet sind dabei die Fachkräfte für Arbeitssicherheit (§ 5

ArbSchG § 13

ASiG) und die Sicherheitsbeauftragten (§ 22 SGB VII), da sie über eine umfassende sicherheitstechnische Fachkunde verfügen. Die Delegation von Arbeitsschutz- und Unfallverhütungspflichten auf betriebliche Arbeitsschutzbeauftragte durch den Arbeitgeber ist grundsätzlich zulässig (ebenso *Wlotzke* in MHdB ArbR § 208 Rn. 6; *Schmatz* in Nöthlichs, 4034, Erl. 2.5.1 und 2.6.1; *Gerhard* AuA 1998, 236, 237). Sie wird entgegen einer im Schrifttum vertretenen Auffassung (*Pieper*, ArbSchR § 13 ArbSchG Rn. 9; *Skiba*, Taschenbuch Arbeitssicherheit, S. 424; *Stürk*, Wegweiser Arbeitsschutzgesetz, S. 99f.) nicht schon dadurch ausgeschlossen, dass die betrieblichen Arbeitsschutzbeauftragten auf Grund ihrer gesetzlichen Stellung keinerlei Weisungsbefugnisse gegenüber den Beschäftigten haben. Zwar besteht die Funktion der betrieblichen Arbeitsschutzbeauftragten in erster Linie darin, den Arbeitgeber bei der Wahrnehmung seiner Arbeitsschutz- und Unfallverhütungspflichten zu unterstützen, so dass sie innerhalb der Betriebs- und Unternehmenshierarchie auf der Stabs- und nicht auf der Führungs- oder Leitungsebene angesiedelt sind. Daraus folgt jedoch nicht, dass der Arbeitgeber generell gehindert ist, betrieblichen Arbeitsschutzbeauftragten einen eigenen, mit Führungs- und Leitungskompetenzen verbundenen Verantwortungsbereich auf dem Gebiet des Arbeitsschutzes zuzuweisen. Festzuhalten bleibt daher, dass der Arbeitgeber ihm obliegende Arbeitsschutz- und Unfallverhütungspflichten nach Abs. 1 Nr. 5 auch auf einen betrieblichen Arbeitsschutzbeauftragten übertragen, wenn er ihm diejenigen Entscheidungs- und Weisungsbefugnisse einräumt, die dieser für eine eigenverantwortliche Aufgabenwahrnehmung benötigt (vgl. auch § 31 Abs. 2 S. 2 StrlSchV für die Übertragung von Aufgaben auf den Strahlenschutzbeauftragten).

50 Die grundsätzlich zulässige Delegation von Arbeitsschutz- und Unfallverhütungspflichten auf betriebliche Arbeitsschutzbeauftragte unterliegt zwei Einschränkungen. In Bezug auf den Umfang der Pflichtenübertragung muss der Arbeitgeber beachten, dass die Erfüllung der dem betrieblichen Arbeitsschutzbeauftragten kraft Gesetzes obliegenden Aufgaben nicht durch die ihm zusätzlich übertragenen Arbeitgeberpflichten beeinträchtigt werden darf (*Wlotzke* in MHdb ArbR § 210 Rn. 59; *Gerhard* AuA 1998, 236, 237). Dies ist etwa der Fall, wenn die Pflichtenübertragung dazu führt, dass eine Fachkraft für Arbeitssicherheit nicht mehr die von ihr abzuleistenden Einsatzzeiten erbringen kann. Der Arbeitgeber muss ferner sicherstellen, dass sich aus der Doppelfunktion des betrieblichen Arbeitsschutzbeauftragten keine Interessenkonflikte ergeben (*Wlotzke* in MHdB ArbR § 210 Rn. 59; *Gerhard* AuA 1998, 236, 237). So muss er z. B. beachten, dass Fachkräfte für Arbeitssicherheit bei der Anwendung ihrer sicherheitstechnischen Fachkunde weisungsfrei sind (§ 8 Abs. 1 S. 1 ASiG), also nur im Rahmen der ihnen zur eigenverantwortlichen Wahrnehmung übertragenen Arbeitgeberpflichten seinen Anweisungen Folge leisten müssen.

51 5. Externe Beauftragte. Dass nur die im Betrieb oder Unternehmen des Arbeitgebers tätigen Beschäftigten zu sonstigen Beauftragten i. S. d. Abs. 1 Nr. 5 ernannt werden können, hat der Gesetzgeber nicht vorgeschrieben. Der Arbeitgeber hat daher auch die Möglichkeit, die ihm obliegenden Arbeitsschutz- und Unfallverhütungspflichten durch externe Beauftragte (z. B. freiberuflich tätige Sicherheitsfachkräfte oder überbetriebliche Dienste) in eigener Verantwortung wahrnehmen zu lassen (ebenso *Nöthlichs*, 4034, Erl. 2.6.1; vgl. für das Straf- und Ordnungswidrigkeitenrecht *Göhler*, OwiG § 9 Rn. 23). Dies setzt allerdings voraus, dass den externen Beauftragten eigene Entscheidungs- und Weisungsbefugnisse für die Erfüllung der ihnen übertragenen Aufgaben eingeräumt werden.

C. Voraussetzungen der Pflichtenübertragung auf sonstige Beauftragte

I. Anforderungen des Abs. 2

Der Gesetzgeber hat in Abs. 2 bestimmte Anforderungen an die Delegation von 52
Arbeitsschutzpflichten auf sonstige Beauftragte gemäß Abs. 1 Nr. 5 geregelt. Sie betreffen zunächst die **Person des Beauftragten,** d. h. seine **Eignung** (Zuverlässigkeit) und **Qualifikation** (Fachkunde) für die Ausführung der übertragenen Aufgabe. Ferner ergeben sich aus Abs. 2 bestimmte Anforderungen an die **Form** der **Pflichtenübertragung** (schriftliche Beauftragung) und ihren **Inhalt.** Diese Voraussetzungen gelten auch für die Beauftragung Dritter nach § 1 Abs. 3 MuSchV und § 4 BaustellV, da diese Vorschriften, anders als etwa §§ 19–21 SprengG oder § 13 UVV „Grundsätze der Prävention", keine eigenständige und abschließende Regelung der Pflichtenübertragung beinhalten.

II. Eignung und Qualifikation des Beauftragten

1. Zuverlässigkeit. Das Kriterium der Zuverlässigkeit betrifft die **persönliche** 53
Eignung des Beauftragten für die ordnungsgemäße Erfüllung der ihm übertragenen Pflichten (vgl. die Regelung über die Zuverlässigkeit des Immissions- und Störfallbeauftragten in § 10 Abs. 1 der 5. BImSchV). Dabei geht es nicht nur darum, ob der Beauftragte auf Grund seiner **körperlichen** und **geistigen Eigenschaften** befähigt ist, die einschlägigen Arbeitsschutz- und Unfallverhütungspflichten einzuhalten und die entsprechenden Maßnahmen für ihre Durchführung zu treffen (zu dieser Anforderung bereits § 7). Erforderlich ist vielmehr, dass der Beauftragte auch auf Grund seines bisherigen **Verhaltens** im Betrieb die Gewähr dafür bietet, die ihm übertragenen Aufgaben ordnungsgemäß auszuführen. Daran fehlt es etwa bei Beschäftigten, die bereits wiederholt gegen Arbeitsschutz- und Unfallverhütungsvorschriften verstoßen haben. Auch sonstige arbeitsvertragliche Pflichtverletzungen des Beschäftigten (z. B. häufiges unentschuldigtes Fehlen oder Zuspätkommen, schlampige Arbeitsweise) können ebenso wie bestimmte persönliche Eigenheiten (z. B. die Neigung zu Auseinandersetzungen mit Arbeitskollegen oder mangelnde persönliche Durchsetzungsfähigkeit gegenüber Mitarbeitern) dazu führen, dass er für die Delegation von Arbeitsschutzaufgaben nicht geeignet ist.

2. Fachkunde. Bei der Fachkunde geht es um die **fachliche Qualifikation** 54
des Beauftragten als Voraussetzung für die ordnungsgemäße Ausführung der ihm übertragenen Aufgaben. Die Qualifikation des Beauftragten ist zunächst davon abhängig, dass er über die erforderlichen theoretischen Kenntnisse und praktischen Fertigkeiten verfügt, um die einschlägigen Arbeitsschutz- und Unfallverhütungsvorschriften einzuhalten und die entsprechenden Maßnahmen für ihre Durchführung zu treffen. Darüber hinaus kann es zur Gewährleistung einer ordnungsgemäßen Pflichtenwahrnehmung auch erforderlich sein, dass der Beauftragte über eine hinreichende berufliche Erfahrung verfügt. Sofern eine Arbeitsschutz- oder Unfallverhütungsvorschrift vorschreibt, dass die Durchführung bestimmter Maßnahmen Personen mit einem besonderen Fachkundenachweis oder einer behördlichen Erlaubnis vorbehalten ist (vgl. z. B. den Befähigungsschein nach § 20 SprengG für den Umgang mit explosionsgefährlichen Stoffen), muss auch der Beauftragte über

ArbSchG § 13

diese Qualifikation verfügen. Ist dies nicht der Fall, so ist die Beauftragung unwirksam.

III. Form und Inhalt der Beauftragung

55 **1. Schriftform.** Abs. 2 regelt, dass die Pflichtenübertragung auf Beauftragte schriftlich vorzunehmen ist. Der Zweck des Schriftformerfordernisses besteht nach der Intention des Gesetzgebers in der rechtlichen Absicherung des Arbeitgebers und des Beauftragten. Damit ist vor allem die **Beweisfunktion** der Schriftform gemeint. Durch die schriftliche Vornahme der Pflichtenübertragung soll sichergestellt werden, dass zwischen den Beteiligten keine Zweifel über die Beauftragung und ihren Inhalt bestehen. Ferner wird dadurch gewährleistet, dass die außer- und innerbetrieblichen Überwachungsorgane, d. h. die staatlichen Aufsichtsbehörden und der Betriebsrat, die Person des Beauftragten und den Umfang der auf ihn übertragenen Pflichten zweifelsfrei feststellen können. Das Schriftformerfordernis gilt daher nicht nur für die Vornahme der Beauftragung, sondern auch für ihren Widerruf (ebenso *Schmatz* in Nöthlichs, 4034, Erl. 2.6.3).

56 Die Anforderungen an die Schriftform der Beauftragung ergeben sich aus **§ 126 BGB** (ebenso *Schmatz* in Nöthlichs, 4034, Erl. 2.6.3; zweifelnd *Gerhard* AuA 1998, 236; vgl. für die schriftliche Bestellung von Betriebsärzten und Sicherheitsfachkräften nach §§ 2 Abs. 1, 5 Abs. 1 ASiG *Anzinger/Bieneck,* Arbeitssicherheitsgesetz, 1998 § 2 Rn. 25; *Spinnarke/Schork,* § 2 ASiG Rn. 2). Der Umstand, dass § 126 BGB für den Bereich des öffentlichen Rechts grundsätzlich nicht gilt (vgl. *Ellenberger* in Palandt BGB § 126 Rn. 1;) steht nicht entgegen, da die Beauftragung nach Abs. 2 auf einer privatrechtlichen Willenserklärung des Arbeitgebers beruht. Das Schriftformerfordernis ist nach dieser Vorschrift gewahrt, wenn der Inhalt der Beauftragung vom Arbeitgeber schriftlich niedergelegt und eigenhändig unterzeichnet wird. Eine Vertretung des Arbeitgebers durch Dritte ist zulässig (vgl. *Ellenberger* in Palandt BGB § 126 Rn. 9; *Einsele* in MüKoBGB § 126 Rn. 5). Im Unterschied zur Pflichtenübertragung nach § 12 UVV „Grundsätze der Prävention" verlangt Abs. 2 nicht, dass der Arbeitgeber die schriftliche Beauftragung durch den Beauftragten gegenzeichnen lässt und ihm eine Ausfertigung dieses Schriftstücks aushändigt. Eine derartige Vorgehensweise kann sich jedoch aus Beweisgründen empfehlen. Die Beauftragung muss nicht notwendig in einem gesonderten Schriftstück erfolgen, sondern kann auch Bestandteil einer anderen, vom Arbeitgeber unterzeichneten Erklärung sein. So genügt es etwa, wenn sich aus der Arbeitsplatz- oder Stellenbeschreibung einer Organisationsverfügung des Arbeitgebers (z. B. einem Geschäftsverteilungsplan) ergibt, welche Arbeitsschutzaufgaben dem Beauftragten zur eigenverantwortlichen Wahrnehmung übertragen werden (vgl. *Gerhard* AuA 1998, 236 f.). Ist die Beauftragung in einem Arbeits- oder Dienstvertrag enthalten, muss die Vertragsurkunde nach § 126 Abs. 2 S. 1 BGB von beiden Parteien unterzeichnet werden.

57 Die Einhaltung der Schriftform ist Voraussetzung für die öffentlich-rechliche Wirksamkeit der Beauftragung nach Abs. 1 Nr. 5 und Abs. 2 (ebenso *Nöthlichs,* 4034, Erl. 2.6.3; a. A. *Schliephacke,* S. 66; *Gerhard* AuA 1998, 236, 237). Für dieses Ergebnis spricht neben der Vorschrift des § 125 S. 1 BGB vor allem, dass der Gesetzgeber im Unterschied zu der entsprechenden Regelung über die straf- und ordnungswidrigkeitenrechtliche Verantwortung des Beauftragten (§ 14 Abs. 3 StGB, § 9 Abs. 3 OWiG) nicht angeordnet hat, dass die Wirkungen des § 13 auch im Fall einer unwirksamen Beauftragung eintreten. Der Verstoß gegen das Schriftformerfordernis des Abs. 2 hat jedoch nur zur Folge, dass die öffentlich-rechtlichen Rechtsfolgen der Beauftragung nicht eintreten; die arbeits- bzw. dienstvertragliche Verpflichtung des Beauftragten bleibt davon unberührt (vgl. *Schmatz/Nöthlichs,* aaO).

2. Inhaltliche Anforderungen. Der Gesetzgeber hat in Abs. 2 nicht geregelt, 58 welche inhaltlichen Anforderungen an die Wirksamkeit einer Beauftragung nach Abs. 1 Nr. 5 zu stellen sind. Im Unterschied dazu setzt die Pflichtenübertragung nach § 12 UVV „Grundsätze der Prävention" voraus, dass die schriftliche Beauftragung den Verantwortungsbereich und die Befugnisse des Beauftragten festlegen muss. Da Abs. 1 Nr. 5 eine öffentlich-rechtliche Verantwortung des Beauftragten neben dem Arbeitgeber nur im Rahmen der ihm übertragenen Aufgaben und Befugnisse vorsieht (Rn. 65 ff.) empfiehlt es sich für den Arbeitgeber, diese Regelung auch im Rahmen des Abs. 2 zu beachten. Eventuelle Unklarheiten über den Verantwortungsbereich des Beauftragten und seine Kompetenzen gehen nämlich zu seinen Lasten und führen dazu, dass er im Fall einer Pflichtverletzung des Beauftragten damit rechnen muss, als alleiniger Adressat für behördliche Anordnungen und Vollstreckungsmaßnahmen in Anspruch genommen zu werden.

Der Arbeitgeber sollte daher dafür sorgen, dass die übertragenen Arbeitsschutz- 59 und Unfallverhütungsaufgaben sowie die sich hieraus ergebenden Pflichten und Kompetenzen des Beauftragten so präzise wie möglich schriftlich niedergelegt werden (ebenso *Gerhard* AuA 1998, 237 f.). Diese Angaben müssen nicht notwendig in der schriftlichen Beauftragung enthalten sein, sondern können sich auch aus anderen, in Bezug genommenen Unterlagen ergeben. Neben einer detaillierten Aufgabenbeschreibung empfiehlt es insbesondere, auch den räumlichen Verantwortungsbereich des Beauftragten (Betrieb, Abteilung), seine hierarchische Stellung (Angabe des bzw. der unmittelbaren Vorgesetzten des Beauftragten und der ihm unterstellten bzw. weisungsunterworfenen Mitarbeiter) und die ihm eingeräumten Kompetenzen (z. B. Durchführung einzelner Maßnahmen, Einräumung konkreter Weisungsbefugnisse, Veranlassung von Betriebsausgaben in einer bestimmten Höhe) festzulegen und eine Regelung für den Vertretungsfall (Urlaub, Krankheit) vorzusehen (näher *Rehhahn,* ArbSch 1977, 243, 250 ff.). Dabei kann auf das vom Hauptverband der gewerblichen Berufsgenossenschaften herausgegebene Formularmuster für die Bestätigung der Übertragung von Unternehmerpflichten (BGI 507) zurückgegriffen werden (weitere Beispiele: *Schliephacke,* S. 185 ff.).

IV. Voraussetzungen außerhalb des Abs. 2

1. Sozialadäquanz der Pflichtenübertragung. Die straf- und ordnungs- 60 rechtliche Verantwortung der unterhalb der betrieblichen Leitungsebene bestellten sonstigen Beauftragten i. S. d. § 14 Abs. 2 S. 1 Nr. 2 StGB, § 9 Abs. 2 S. 1 Nr. 2 OWiG ist nach herrschender Auffassung davon abhängig, dass die Pflichtenübertragung innerhalb des Sozialadäquaten liegt, d. h. im Rahmen dessen, was bei der Aufteilung von Aufgaben und Pflichten in der arbeitsteiligen Wirtschaft allgemein üblich ist (vgl. für das Straf- und Ordnungswidrigkeitenrecht; *Fischer* StGB, 63. Aufl. 2016 § 4 Rn. 13; *Göhler* OWiG § 9 Rn. 32; kritisch aber im Ergebnis gleich *Rogall* in KKOWi OWiG § 9 Rn. 84 f.; a. A. *Perron* in Schönke/Schröder § 14 Rn. 36). Als Musterbeispiel für die fehlende Sozialadäquanz der Pflichtenübertragung wird dabei der Fall genannt, dass der Inhaber einer Verkaufsstätte ein Lehrmädchen beauftragt, in eigener Verantwortung für die Einhaltung der Ladenschlusszeiten zu sorgen. Entgegen einer zum Teil vertretenen Auffassung (*Nöthlichs,* 4034, Erl. 2.6.1; *Gerhard* AuA 1998, 236, 238) kommt dem Kriterium der Sozialadäquanz der Pflichtenübertragung im Rahmen der Beauftragung nach Abs. 1 Nr. 5 **keine eigenständige Bedeutung** zu. Soweit Aufgaben auf eine offensichtlich ungeeignete Person delegiert werden, führt bereits der damit verbundene Verstoß gegen die in Abs. 2 geregelten Mindestanforderungen an die persönliche Eignung und Qualifikation des Beauftragten dazu, dass die Pflichtenübertragung keine öffentlich-rechtliche Wirkung entfaltet. Entsprechendes gilt nach Abs. 1 Nr. 5, wenn dem Beauftragte nicht die zur ordnungsgemäßen Aufgabenerfüllung erforderlichen Kompetenzen eingeräumt werden (→ Rn. 65 ff.).

61 **2. Arbeitsrechtliche Anforderungen (betriebliche Mitbestimmung).** Für die Beschäftigten ergibt sich aus dem Arbeitsschutzgesetz keine öffentlich-rechtliche Pflicht, als Beauftragte des Arbeitgebers nach Abs. 1 Nr. 5 tätig zu werden (so für das Amt des Sicherheitsbeauftragten BSG in *BSGE* 37, 262, 266). Maßgeblich ist somit, ob der dem Beschäftigungsverhältnis zugrunde liegende **Arbeits- oder Dienstvertrag** eine derartige Verpflichtung des Beschäftigten beinhaltet. Soweit die Wahrnehmung von Arbeitsschutzaufgaben Bestandteil der vertraglich geschuldeten Leistung ist, kann der Arbeitgeber den Beschäftigten kraft seines Direktionsrechts zum Beauftragten bestellen. Ist dies nicht der Fall, so bedarf es einer Änderung des Arbeitsvertrages, die ggf. im Wege der Änderungskündigung durchzusetzen ist.

62 Der Gesetzgeber hat – anders als im Fall des § 10 Abs. 2 S. 3 – nicht vorgesehen, dass der Betriebsrat bei der Bestellung von Beauftragten nach Abs. 1 Nr. 5 zu beteiligen ist. Der Arbeitgeber hat jedoch in Betrieben, die in der Regel mehr als zwanzig wahlberechtigte Arbeitnehmer beschäftigen, das Mitbestimmungsrecht des Betriebsrats nach **§ 99 BetrVG** zu beachten, wenn mit der Bestellung eines Arbeitnehmers zum Beauftragten eine Einstellung, ein Wechsel der Beschäftigungsart (Versetzung) oder eine vergütungsmäßige Ein- bzw. Umgruppierung verbunden ist (zu den einzelnen Mitbestimmungstatbeständen *Schaub,* § 241 II; *Fitting,* § 99 Rn. 29 ff). Dabei ist insbesondere zu berücksichtigen, dass der Betriebsrat nach § 99 Abs. 2 Nr. 1 BetrVG seine Zustimmung zu der beabsichtigten personellen Maßnahme u. a. dann verweigern kann, wenn diese gegen ein Gesetz, eine Rechtsverordnung oder eine Unfallverhütungsvorschrift verstößt. Er kann dadurch verhindern, dass der Arbeitgeber eine Person zum Beauftragten bestellt, die für diese Aufgabe nicht über die erforderliche Eignung und Qualifikation nach § 13 Abs. 2 verfügt (vgl. *ArbG Berlin* AiB 1988, 292 für die Bestellung einer Aufsichtsperson nach § 12 VBG 1).

62a Dem Betriebsrat steht bei der Bestellung von Beauftragten nach Abs. 1 Nr. 5 hingegen kein Mitbestimmungsrecht nach **§ 87 Abs. 1 Nr. 7 BetrVG** zu (*Wiese* in GK-BetrVG § 87 BetrVG, Rn. 587; *Merten/Klein* DB 1998, 673, 676; *Wank,* TAS, ArbSchG § 13 Rn. 8; a. A. *LAG Hamburg* LAGE § 87 BetrVG 1972 Gesundheitsschutz Nr. 1 = NZA-RR 2001, 190; *Pieper,* ArbSchR § 13 Rn. 15; *dies.,* AiB 1997, 325, 328; *Fabricius* BB 1997, 1254, 1256, 1258). Mit der Beauftragung handelt der Arbeitgeber im Rahmen seiner unternehmerischen Entscheidungsfreiheit. Genauso wie er frei entscheiden kann, wem er das Recht überträgt, sein arbeitgeberisches Weisungsrecht ganz oder teilweise für ihn auszuüben, muss er auch frei darin sein, zu entscheiden, wer einen Teil seiner Arbeitsschutzpflichten mit trägt. Dies gilt umso mehr, als der Arbeitgeber weiterhin voll für den Arbeitsschutz verantwortlich bleibt (→ Rn. 5, → Rn. 63).

D. Umfang und Grenzen der Verantwortung

I. Kumulative Verantwortung des Arbeitgebers und seiner Vertreter

Der Arbeitgeber wird von seiner Verantwortung als Normadressat des staatlichen 63
Arbeitsschutz- und Unfallverhütungsrechts nicht dadurch befreit, dass für die Erfüllung der sich aus diesen Vorschriften ergebenden Aufgaben und Pflichten Dritte zuständig sind, die als gesetzliche, organschaftliche oder gewillkürte Vertreter an seiner Stelle handeln (vgl. für das Straf- und Ordnungswidrigkeitenrecht Schönke/Schröder-*Perron*, § 14 StGB Rn. 7; *Göhler*, § 9 OWiG Rn. 36 f.). Durch die Formulierung „neben dem Arbeitgeber" in § 13 Abs. 1 hat der Gesetzgeber klargestellt, dass die in Abs. 1 Nr. 1–5 genannten Vertreter nicht anstelle des Vertretenen für die Einhaltung des Arbeitsschutzes im Betrieb bzw. Unternehmen verantwortlich sind, sondern insoweit eine zusätzliche Verantwortung übernehmen. § 13 bewirkt daher keinen Übergang der öffentlich-rechtlichen Verantwortung des Vertretenen auf den Vertreter; Rechtsfolge ist vielmehr die Kumulation der Verantwortung des Arbeitgebers und seiner Vertreter. Dies führt zu einer Erweiterung des Kreises der möglichen Adressaten behördlicher Überwachungs- und Vollzugsmaßnahmen nach § 22: Neben dem Arbeitgeber als primären Normadressaten der staatlichen Arbeitsschutz- und Unfallverhütungsvorschriften kommen insoweit auch die für ihn handelnden gesetzlichen, organschaftlichen oder gewillkürten Vertreter in Betracht (→ Rn. 5, → Rn. 80 ff.).

II. Verantwortung der gesetzlichen und organschaftlichen Vertreter

Der Umfang der öffentlich-rechtlichen Verantwortung der gesetzlichen und or- 64
ganschaftlichen Vertreter i. S. d Abs. 1 Nr. 1–3 entspricht der des Arbeitgebers. Die fehlende rechtliche Handlungsfähigkeit des Arbeitgebers hat zur Folge, dass die Vertreter ohne Einschränkung für alle dem Vertretenen obliegenden Arbeitsschutz- und Unfallverhütungspflichten zuständig sind. Gehören dem Vertretungsorgan **mehrere Personen** an, so besteht eine von der internen Geschäftsverteilung unabhängige Gesamtverantwortung sämtlicher Organmitglieder (vgl. für das Straf- und Ordnungswidrigkeitenrecht *BGH* BGHSt 37, 106, 123 ff. = NJW 1990, 2560, 2564; *Perron* in Schönke/Schröder § 14 Rn. 18 f.; *Rogall* in KK-OWiG § 9 Rn. 62 ff.; *Göhler*, OWiG § 9 Rn. 15). Der Umstand, dass ein Mitglied mit der Einhaltung der staatlichen Arbeitsschutz- und Unfallverhütungsvorschriften beauftragt wurde, lässt die öffentlich-rechtliche Verantwortung der übrigen Organmitglieder nicht entfallen (ebenso *Nöthlichs,* 4034, Erl. 2.3). Darauf, ob es einem unzuständigen Organmitglied möglich und zumutbar war, das pflichtwidrige Handeln oder Unterlassen des intern mit der Wahrnehmung der Arbeitsschutz- und Unfallverhütungsaufgaben beauftragten Organmitglieds zu erkennen und zu verhindern, kommt es im Unterschied zum Straf- und Ordnungswidrigkeitenrecht nicht an.

III. Verantwortung der gewillkürten Vertreter

1. Beschränkung auf die übertragenen Aufgaben und Befugnisse. Die 65
Verantwortung der in Abs. 1 Nr. 4 und 5 genannten gewillkürten Vertreter ist vom

ArbSchG § 13

Gesetzgeber ausdrücklich auf den „Rahmen der übertragenen Aufgaben und Befugnisse" begrenzt worden. Der Gesetzgeber wollte dadurch sicherstellen, dass der Arbeitgeber auf seinen Vertreter nur solche Arbeitsschutz- und Unfallverhütungsaufgaben delegiert, die dieser infolge seiner Stellung im Betrieb und der ihm eingeräumten Befugnisse auch erfüllen kann (vgl. die für die Aufgabändelegation auf Strahlenschutzbeauftragte geltende Regelung des § 31 Abs. 2 S. 2 StrlschV). Der Umfang der öffentlich-rechtlichen Verantwortung gewillkürter Vertreter hat dadurch eine doppelte Einschränkung erfahren: Zum einen geht die Verantwortung des gewillkürten Vertreters nicht über den Kreis der Aufgaben und Pflichten hinaus, die ihm der Arbeitgeber zur eigenverantwortlichen Wahrnehmung übertragen hat. Durch das kumulative Erfordernis der Übertragung von (Arbeitgeber)Befugnissen wird ferner dem Umstand Rechnung getragen, dass Verantwortung die Freiheit des Handelns und damit auch die Befugnis zur eigenverantwortlichen Entscheidung voraussetzt. Eine öffentlich-rechtliche Verantwortung des gewillkürten Vertreters besteht daher nur insoweit, als ihm zusammen mit den übertragenen Aufgaben und Pflichten auch die Kompetenzen verliehen werden, die zur ordnungsgemäßen Wahrnehmung anstelle des Arbeitgebers erforderlich sind. Diese Kongruenz von Aufgabe und Entscheidungsbefugnis ist zwingende Voraussetzung dafür, dass der gewillkürte Vertreter neben dem Arbeitgeber für die Erfüllung der auf ihn delegierten Arbeitsschutz- und Unfallverhütungspflichten verantwortlich ist; im Fall eines Missverhältnisses auf Grund unzureichender Kompetenzen verbleibt es bei der ausschließlichen Verantwortung des Arbeitgebers (*Wlotzke* in MHdB ArbR § 208 Rn. 6; *Schmatz* in Nöthlichs, 4034, Erl. 2.6.1; *Gerhard* AuA 1998, 236, 238; vgl. für das Straf- und Ordnungswidrigkeitenrecht *Perron* in Schönke/Schröder § 14 Rn. 35; *Göhler*, OWiG § 9 Rn. 17f).

66 Der sachliche Umfang der dem Vertreter obliegenden Verantwortung hängt zunächst davon ab, welche Aufgaben und Pflichten auf dem Gebiet des Arbeitsschutzes und der Unfallverhütung der Arbeitgeber zur eigenverantwortlichen Wahrnehmung auf ihn übertragen hat. Dabei ist zwischen der generellen und der speziellen Pflichtenübertragung zu unterscheiden (*Schmatz* in Nöthlichs, 4034, Erl. 2.6.1). Eine **generelle Pflichtenübertragung** liegt dann vor, wenn der Vertreter bevollmächtigt ist, bezogen auf den Betrieb, das Unternehmen oder einen räumlich bzw. organisatorisch abgrenzbaren Teilbereich die Arbeitgeberfunktionen an dessen Stelle wahrzunehmen. Dazu gehören insbesondere die unter Abs. 1 Nr. 4 fallenden Personen (z. B. die Betriebs-, Unternehmens- und Abteilungsleiter). Die Übertragung von Führungs- und Leitungsaufgaben innerhalb des Betriebs oder Unternehmens schließt die Verantwortung ein, für die Sicherheit und den Gesundheitsschutz der unterstellten Beschäftigten zu sorgen und die insoweit geltenden Arbeitsschutz- und Unfallverhütungsvorschriften einzuhalten. Der Vertreter erwirbt in diesem Fall auch ohne ausdrückliche Delegation automatisch den entsprechenden Teil der mit der eingeräumten Leitungskompetenz verbundenen, dem Arbeitgeber obliegenden Arbeitsschutzpflichten (vgl. *Rehhahn*, ArbSch 1977, 243, 249f.). Eine **spezielle Pflichtenübertragung** ist dann erforderlich, wenn der Arbeitgeber Arbeitsschutz- und Unfallverhütungsaufgaben auf Beschäftigte delegieren will, die diesen nicht schon kraft ihrer Stellung im Betrieb und der damit verbundenen Führungs- und Leitungsfunktionen obliegen. Dies ist etwa der Fall, wenn die Zuständigkeit für bestimmte Pflichten nach dem Arbeitsschutzgesetz (z. B. die Durchführung und Dokumentation der Gefährdungsbeurteilung nach §§ 5, 6 oder die Unterweisung der Beschäftigten nach § 12) innerhalb des Betriebs oder für einzelne Teilbereiche auf besonders fachkundige Personen (z. B. die Fachkräfte für Arbeitssicherheit oder die

Verantwortliche Personen **§ 13 ArbSchG**

Sicherheitsbeauftragten) konzentriert wird oder wenn die unter Abs. 1 Nr. 4 fallenden Leitungspersonen zusätzliche, nicht in ihren Verantwortungsbereich fallende Aufgaben auf dem Gebiet der Arbeitssicherheit übernehmen sollen.

Maßgeblich für den Umfang der **Entscheidungskompetenz,** die der Arbeitgeber dem gewillkürten Vertreter einräumen muss, sind die Art und der Inhalt der damit verbundenen Pflichten. Erforderlich ist in jedem Fall, dass der Beauftragte über ausreichende sachliche, personelle und organisatorische Mittel verfügt und befugt ist, die erforderlichen Maßnahmen für eine ordnungsgemäße Aufgabenerfüllung in eigener Verantwortung zu treffen. Kann er in der Regel nicht ohne Zustimmung seines Vorgesetzten tätig werden, so fehlt es an einem eigenverantwortlichen Handeln (vgl. für das Straf- und Ordnungswidrigkeitenrecht *Perron* in Schönke/Schröder § 14 Rn. 35; *Göhler,* OWiG § 9 Rn. 18). Eine wesentliche Voraussetzung für die eigene Verantwortung des Beauftragten ist die Ausübung der Weisungsbefugnis anstelle des Arbeitgebers (vgl. *Nöthlichs,* 4034, Erl. 2.6.1; *Gerhard* AuA 1998, 236, 238). So ist z. B. ein Beschäftigter nur dann für die ordnungsgemäße Verpackung des zu versendenden Gefahrguts verantwortlich, wenn er innerbetrieblich auch befugt ist, den Transport des mangelhaft verpackten Gefahrguts zu unterbinden (*OLG Düsseldorf* NJW 1990, 3221). 67

Die Beauftragung muss dem anstelle des Arbeitgebers handelnden Vertreter eine klare Vorstellung von Art und Umfang der von ihm in eigener Verantwortung zu erfüllenden Pflichten vermitteln (*OLG Düsseldorf* DB 1982, 1562). Insbesondere bei der speziellen Pflichtenübertragung ist daher darauf zu achten, dass die übertragenen Arbeitsschutz- und Unfallverhütungsaufgaben sowie die sich hieraus ergebenden Pflichten und Kompetenzen des Beauftragten so präzise wie möglich schriftlich niedergelegt werden (bereits oben Rn. 58 f.). Eventuelle Unklarheiten gehen zu Lasten des Arbeitgebers. So ist z. B. ein Baustellenleiter i. d. R. nicht ohne ausdrücklichen Auftrag anstelle des Halters für die Betriebssicherheit der Baustellenfahrzeuge verantwortlich (*BayObLG* NZV 1994, 82 = VRS 86, 298). Der Begriff „Fuhrparkleiter" allein lässt noch nicht drauf schließen, dass der Betreffende vom Betriebsinhaber mit der eigenverantwortlichen Wahrnehmung der Verpflichtungen aus dem Fahrpersonalgesetz beauftragt worden ist (*OLG Hamm* v. 25.6.1992 – 3 Ss OWi 59/92 – n. v.). 68

2. Pflichtendelegation auf nachgeordnete Mitarbeiter. Delegiert ein gewillkürter Vertreter des Arbeitgebers ihm obliegende Arbeitsschutz- und Unfallverhütungspflichten auf nachgeordnete Mitarbeiter, so gelten für die Begründung einer öffentlich-rechtlichen Verantwortung dieser Personen die gleichen Voraussetzungen wie im Fall der erstmaligen Übertragung vom Arbeitgeber auf den Vertretenen. Soweit es sich nicht um Betriebs- und Unternehmensleiter handelt, bedarf die Pflichtendelegation auf nachgeordnete Mitarbeiter der **Zustimmung des Arbeitgebers** oder der **jeweiligen Vorgesetzten.** Diese Zustimmung sollte aus Beweisgründen stets schriftlich erteilt werden (vgl. *Rehhahn* ArbSch 1977, 243, 256). 69

IV. Behandlung der fehlerhaft bestellten Vertreter

§ 13 enthält im Unterschied zu den entsprechenden Vorschriften des Straf- und Ordnungswidrigkeitenrechts (vgl. § 14 Abs. 3 StGB, § 9 Abs. 3 OWiG) keine Regelung, die bestimmt, dass die öffentlich-rechtliche Verantwortung der gesetzlichen, organschaftlichen oder gewillkürten Vertreter des Arbeitgebers auch dann begründet wird, wenn die dem Vertretungsverhältnis oder der Beauftragung zu- 70 grundeliegende Rechtshandlung unwirksam ist. Hieraus ist zu schließen, dass der **Gesetzgeber nicht beabsichtigt hat, die rechtsfehlerhaft bestellten Vertreter des Arbeitgebers in den Kreis der Normadressaten einzubeziehen.** Eine behördliche Anordnungsbefugnis wäre bei Unwirksamkeit des dem Vertretungsverhältnis zugrundeliegenden Bestellungsaktes auch kaum sinnvoll, da fraglich ist, ob der Vertreter ohne die entsprechende Rechtsmacht die von ihm geforderten Maßnahmen im Betrieb bzw. Unternehmen umzusetzen kann. Daher trifft in diesen Fällen die öffentlich-rechtliche Verantwortung allein den Arbeitgeber; gegen die Vertreter können lediglich straf- und bußgeldrechtliche Sanktionen verhängt werden (dazu Schönke/Schröder-*Perron,* § 14 StGB, Rn. 42ff.; *Rogall* KK-OWiG§ 9 Rn. 55; *Göhler,* OWiG § 9 Rn. 46ff.).

E. Pflichten des Arbeitgebers

I. Allgemeines

71 Den Arbeitgeber treffen im Zusammenhang mit der Delegation von Arbeitsschutz- und Unfallverhütungsaufgaben verschiedene Pflichten, die nur zum Teil in § 13 eine Regelung erfahren haben. Zunächst stellt sich für den Arbeitgeber die Frage, ob und inwieweit er verpflichtet ist, Dritte mit der Einhaltung und Durchführung des staatlichen Arbeitsschutz- und Unfallverhütungsrechts zu beauftragen **(Pflicht zur Aufgabendelegation).** Soweit eine derartige Pflicht bejaht wird, muss der Arbeitgeber geeignete Personen auswählen, sie über die übertragenen Aufgaben und die damit verbundene Verantwortung informieren und die für eine eigenverantwortliche Aufgabenwahrnehmung erforderlichen organisatorischen Vorkehrungen treffen **(Auswahl-, Unterweisungs- und Organisationspflicht bei der Aufgabendelegation).** Schließlich muss er die ordnungsgemäße Erfüllung der übertragenen Arbeitsschutz- und Unfallverhütungsaufgaben durch die beauftragten Personen dadurch sicherstellen, dass er ihre Tätigkeit kontrolliert und die geeigneten Maßnahmen zur Verhinderung und Beseitigung von Pflichtverletzungen ergreift **(Überwachungs- und Durchsetzungspflicht nach der Aufgabendelegation).**

II. Pflicht zur Aufgabendelegation

72 Das Arbeitsschutzgesetz enthält **keine ausdrückliche Verpflichtung** des Arbeitgebers, Arbeitsschutzaufgaben auf sonstige Beauftragte i. S. d. § 13 Abs. 1 Nr. 5 zu delegieren. Die Bestimmung des Art. 7 Abs. 1 der EG-Rahmenrichtlinie Arbeitsschutz, wonach der Arbeitgeber einen oder mehrere Arbeitnehmer zu benennen hat, die er mit Schutzmaßnahmen und Maßnahmen zur Verhütung berufsbedingter Gefahren im Unternehmen bzw. im Betrieb beauftragt, ist nicht in das Arbeitsschutzgesetz übernommen worden. Der Gesetzgeber hat jedoch in § 3 Abs. 2 Nr. 1 geregelt, dass der Arbeitgeber für eine geeignete Arbeitsschutzorganisation zu sorgen und die erforderlichen sachlichen, finanziellen und personellen Mittel bereitzustellen. Hieraus ergibt sich für den Arbeitgeber auch die Pflicht zur Übertragung von Arbeitsschutzaufgaben auf sonstige Beauftragte, soweit dies zur organisatorischen Sicherstellung des Arbeitsschutzes im Betrieb bzw. Unternehmen notwendig ist (*Schmatz* in Nöthlichs, 4012, Erl. 3.1.3). Die Zahl der zu bestellenden Beauftragten richtet sich dabei nach der Betriebsart und -größe, d. h. der Zahl der Beschäftigten und der von ihnen verrichteten Tätigkeit.

Verantwortliche Personen **§ 13 ArbSchG**

III. Pflichten bei der Aufgabendelegation

1. Auswahlpflicht. Aus Abs. 2 folgt, dass der Arbeitgeber nur solche Personen 73
mit der eigenverantwortlichen Wahrnehmung von Arbeitsschutzaufgaben beauftragen darf, die dafür persönlich und fachlich geeignet sind. Den Arbeitgeber trifft daher bei der Aufgabendelegation auf Dritte zuerst die Pflicht zur sorgfältigen Auswahl des Beauftragten (vgl. für das Straf- und Ordnungswidrigkeitenrecht *Rogall* in KK-OWiG § 130 OWiG Rn. 52; *Göhler,* OWiG § 130 Rn. 12). Er muss sich vor der Pflichtenübertragung im Rahmen des Möglichen davon überzeugen, dass der Beauftragte auf Grund seiner körperlichen und geistigen Fähigkeiten, seiner charakterlichen Zuverlässigkeit, seiner Fachkunde und seiner beruflichen Erfahrung die Gewähr für eine ordnungsgemäße Erfüllung der betreffenden Aufgabe bietet. Dabei muss sich der Arbeitgeber aller ihm zur Verfügung stehenden Erkenntnismittel bedienen, insbesondere die Vorlage von Zeugnissen, Tätigkeits- und Fachkundenachweisen verlangen und gegebenenfalls ergänzende Auskünfte bei früheren Arbeitgebern einholen. An die Sorgfaltspflicht des Arbeitgebers bei der Auswahl des Beauftragten sind umso schärfere Anforderungen zu stellen, je größer die mit der übertragenen Tätigkeit verbundene Verantwortung des Beauftragten für das Leben und die Gesundheit der Beschäftigten ist. Kann der Arbeitgeber im Zeitpunkt der Pflichtenübertragung die Eignung des Beauftragten noch nicht sicher beurteilen, so muss er ihn so lange **einarbeiten, erproben** und **überwachen**, bis er die Gewissheit hat, dass der Beauftragte seine Pflichten ordnungsgemäß wahrnehmen wird. Die vorstehenden Grundsätze sind auch dann zu beachten, wenn dem Beauftragten weitere Pflichten übertragen werden sollen, die erhöhte Anforderungen an seine persönliche und fachliche Eignung stellen.

2. Unterweisungspflicht. Ein weiterer Teil der dem Arbeitgeber bei der Auf- 74
gabendelegation auf Dritte obliegenden Pflichten besteht darin, den Beauftragten über die von ihm wahrzunehmenden Tätigkeiten und die damit verbundene Verantwortung zu informieren (vgl. für das Straf- und Ordnungswidrigkeitenrecht *Cramer* in KK-OWiG OWiG § 130 Rn. 58; *Göhler,* OWiG § 130 Rn. 12; *Rebmann/Roth/Herrmann,* OWiG, Stand: 2015 § 130 OWiG Rn. 19). Diese Pflicht zur ausreichenden Unterweisung des Beauftragten ergibt sich aus Abs. 1 Nr. 5, der die Verantwortung des Beauftragten auf die ihm übertragenen Aufgaben und Befugnisse beschränkt. Der Arbeitgeber muss daher dem Beauftragten genau mitteilen, worin seine Aufgabe besteht, welche Pflichten ihn insoweit treffen und welche Kompetenzen ihm zur Ausübung seiner Tätigkeit eingeräumt sind. Dazu gehört auch eine ausdrückliche und unmissverständliche **Belehrung** des Beauftragten darüber, dass er selbst für die Einhaltung der übertragenen Pflichten verantwortlich ist und im Verletzungsfall mit öffentlich-rechtlichen sowie straf- und bußgeldrechtlichen Sanktionen zu rechnen hat. Ein weiterer Bestandteil der Unterweisung ist die Vermittlung der Informationen, die der Beauftragte für eine ordnungsgemäße Aufgabenerfüllung benötigt. Dazu gehört nicht nur die Kenntnis der einzuhaltenden Arbeitsschutz- und Unfallverhütungsvorschriften sondern – insbesondere bei externen Beauftragten – auch eine Unterrichtung über die für die Tätigkeit des Beauftragten maßgeblichen betrieblichen Gegebenheiten (z. B. Personalstruktur, Arbeitsorganisation, Arbeitsverfahren, technische Besonderheiten, bisherige Unfallschwerpunkte). Die Unterweisung ist kein einmaliger Vorgang, sondern muss vom Arbeitgeber je nach Bedarf wiederholt werden (z. B. bei einer Änderung der Rechtslage oder der betrieblichen Gegebenheiten). Soweit der Beauftragte dies für

seine Tätigkeit benötigt, hat der Arbeitgeber – ebenso wie im Fall der speziellen Beauftragten (vgl. etwa § 5 Abs. 3 ASiG für die Fachkräfte für Arbeitssicherheit) – auch die Pflicht, ihm den Erwerb zusätzlicher Kenntnisse und Qualifikationen im Wege der Fortbildung zu ermöglichen.

75 **3. Organisationspflicht.** Die dem Arbeitgeber nach § 3 Abs. 2 Nr. 1 obliegende Pflicht zur Organisation des Arbeitsschutzes im Betrieb bzw. Unternehmen erfordert zunächst, dass er alle von ihm nicht selbst wahrgenommenen Arbeitsschutz- und Unfallverhütungspflichten lückenlos auf geeignete Beauftragte delegiert (vgl. für das Straf- und Ordnungswidrigkeitenrecht *Rogall* in KK-OWiG OWiG § 130 Rn. 53 f.; *Göhler*, OWiG § 130 Rn. 14). Soweit der Arbeitgeber mehrere Beauftragte bestellt hat, muss er die jeweiligen Zuständigkeitsbereiche klar voneinander abgrenzen und dafür sorgen, dass sich die Beauftragten untereinander abstimmen. Dazu gehört insbesondere die Aufstellung von Organisations- und Geschäftsverteilungsplänen, die Inhalt und Umfang der innerbetrieblichen Verantwortungsbereiche genau festlegen. Den Beauftragten muss ferner die erforderliche Weisungsbefugnis eingeräumt werden, die sie für die eigenverantwortliche Wahrnehmung der ihnen übertragenen Arbeitsschutz- und Unfallverhütungsaufgaben benötigen.

IV. Pflichten nach der Aufgabendelegation

76 **1. Allgemeines.** Die Delegation von Arbeitsschutz- und Unfallverhütungsaufgaben auf Dritte führt nicht dazu, dass der Arbeitgeber von seiner Verantwortung für die Erfüllung der übertragenen Pflichten vollständig befreit wird. Die Aufgabendelegation hat lediglich eine **Verlagerung der Verantwortung des Arbeitgebers** zur Folge: an die Stelle der ursprünglichen Verpflichtung, selbst die erforderlichen Maßnahmen zur Einhaltung und Durchführung der staatlichen Arbeitsschutz- und Unfallverhütungsvorschriften im Betrieb bzw. Unternehmen zu treffen **(Ausführungspflicht),** tritt die Pflicht, für die ordnungsgemäße Ausführung der übertragenen Aufgaben durch die dazu beauftragten Personen zu sorgen **(Überwachungspflicht).** Stellt der Arbeitgeber dabei Pflichtwidrigkeiten der an seiner Stelle handelnden Beauftragten fest, so hat er durch entsprechende Weisungen, ggf. auch durch eigenes Tätigwerden, sicherzustellen, dass diese umgehend beseitigt werden **(Durchsetzungspflicht).**

77 **2. Überwachungspflicht.** Der Arbeitgeber, der Dritte mit der Wahrnehmung ihm obliegender Arbeitsschutz- und Unfallverhütungsaufgaben an seiner Stelle beauftragt hat, muss dafür sorgen, dass diese Personen ihren Pflichten nachkommen und sie ordnungsgemäß erfüllen (vgl. § 13 UVV „Grundsätze der Prävention"). Dazu ist es zunächst erforderlich, dass der Arbeitgeber **geeignete Aufsichtsmaßnahmen** ergreift, um die Tätigkeit seiner Beauftragten zu kontrollieren und mögliche Pflichtverletzungen feststellen zu können. Art und Umfang der Überwachung richten sich nach den Umständen des Einzelfalls; maßgeblich sind dabei insbesondere die Größe und Organisation des Betriebs, die Zahl und Zusammensetzung der Beschäftigten, die Person des Beauftragten (Alter, Qualifikation, Erfahrung, bisherige Bewährung im Betrieb) und die Bedeutung der übertragenen Aufgabe im Hinblick auf den präventiven Schutz der Sicherheit und Gesundheit der Beschäftigten (vgl. für das Straf- und Ordnungswidrigkeitenrecht *Rogall* in KKOWiG OWiG § 130 Rn. 41; *Göhler*, OWiG § 130 Rn. 10). So hat der Arbeitgeber Beauftragte, die für Tätigkeiten oder Bereiche mit einem hohen Unfallrisiko oder der Gefahr schwerer Gesundheitsschäden zuständig ist, besonders sorgfältig zu beaufsichtigen.

Verantwortliche Personen **§ 13 ArbSchG**

Welche Aufsichtsmaßnahmen der Arbeitgeber ergreifen muss, kann auf Grund 78 der Abhängigkeit der Überwachungspflicht von den betrieblichen Gegebenheiten nicht im Einzelnen festgelegt werden. Daher können hier nur einige allgemeine Grundsätze für die Ausübung der Überwachung durch den Arbeitgeber genannt werden (vgl. für das Straf- und Ordnungswidrigkeitenrecht *Rogall* in KKOWiG OWiG § 130 Rn. 51 ff.; *Göhler,* OWiG § 130 Rn. 11 f.; *Rebmann/Roth/Herrmann,* OWiG § 130 Rn. 15). Jede Kontrolle beginnt mit der Festlegung des Ziels, das durch sie erreicht werden soll. Im Fall der Bestellung von Beauftragten durch den Arbeitgeber besteht das Ziel der Überwachung nicht darin, diese Personen so umfassend zu beaufsichtigen, dass jede Pflichtwidrigkeit sofort entdeckt und verhindert wird. Dies würde nicht nur die Möglichkeiten des Arbeitgebers übersteigen, sondern auch dem Grundsatz der **Eigenverantwortung der Mitarbeiter,** den das Arbeitsschutzgesetz in §§ 15 f. ausdrücklich angesprochen hat, widersprechen. Der Arbeitgeber muss daher nur diejenigen Aufsichtsmaßnahmen ergreifen, die objektiv erforderlich sind, um sicherzustellen, dass die Beauftragten aller Voraussicht nach die ihnen übertragenen Arbeitsschutz- und Unfallverhütungsaufgaben ordnungsgemäß erfüllen. Dazu gehört insbesondere, dass sich der Arbeitgeber durch regelmäßige, für den Betroffenen nicht vorhersehbare Stichproben von der pflichtgemäßen Ausübung seiner Tätigkeit überzeugt. Falls im Betrieb bereits Verstöße gegen Arbeitsschutz- und Unfallverhütungsvorschriften aufgetreten sind oder Zweifel an der fachlichen Eignung bzw. Zuverlässigkeit des Beauftragten bestehen, ist der Arbeitgeber zu gesteigerten Aufsichtsmaßnahmen verpflichtet. Diese können neben der Intensivierung der innerbetrieblichen Kontrollen (z. B. durch die Anordnung von Berichtspflichten) auch sonstige Maßnahmen, etwa die regelmäßige mündliche oder schriftliche Erinnerung der Beauftragten an ihre Pflichten oder die Androhung arbeitsrechtlicher Sanktionen für den Fall weiterer Zuwiderhandlungen (unten Rn. 79), umfassen. Neben der bereits erwähnten Eigenverantwortung der Mitarbeiter wird die Überwachungspflicht des Arbeitgebers auch durch den Grundsatz der Zumutbarkeit beschränkt. Unzumutbar sind etwa Aufsichtsmaßnahmen, die für den Arbeitgeber mit einem unverhältnismäßigen Arbeits- oder Kostenaufwand verbunden sind oder den Betriebsfrieden stören, weil sie von den Beschäftigten als schikanös oder entwürdigend empfunden werden (z. B. Alkoholkontrollen auch ohne entsprechende Verdachtsmomente). Das Gleiche gilt für solche Kontrollen, die rechtlich nicht zulässig sind (z. B. aus arbeits- oder datenschutzrechtlichen Gründen).

3. Durchsetzungspflicht. Zur Überwachungspflicht des Arbeitgebers gehört 79 es auch, die notwendigen Konsequenzen aus den von ihm festgestellten Pflichtverstößen der Beauftragten zu ziehen (vgl. für das Straf- und Ordnungswidrigkeitenrecht *Rogall* in KKOWiG OWiG § 130 Rn. 61 f.; *Göhler,* OWiG § 130 Rn. 13). So hat er durch entsprechende **Weisungen** sicherzustellen, dass die Beauftragten die ihnen übertragenen Aufgaben und Tätigkeiten ordnungsgemäß erfüllen. Bei wiederholten Pflichtverletzungen kann ferner die Androhung bzw. Durchführung **arbeitsrechtlicher Sanktionen** (Abmahnung, Betriebsbuße, Aufgabenentzug, Versetzung, Kündigung) geboten sein. Bestehen hinreichende Anhaltspunkte, dass der Beauftragte fachlich ungeeignet oder unzuverlässig ist, so hat der Arbeitgeber unverzüglich seine **Abberufung** aus der Stellung als verantwortliche Person i. S. d. § 13 zu veranlassen (→ Rn. 83).

Steffek

ArbSchG § 13

F. Rechtsfolgen bei Pflichtverletzungen

I. Öffentlich-rechtliche Sanktionen

80 Der Gesetzgeber hat den staatlichen Aufsichtsbehörden im Fall von Verstößen gegen die öffentlich-rechtlichen Arbeitsschutz- und Unfallverhütungsbehörden ausdrücklich die Befugnis eingeräumt, sowohl gegen den Arbeitgeber als auch gegen die verantwortlichen Personen i. S. d. Abs. 1 Nr. 1–5 **Einzelfallanordnungen** gemäß § 22 Abs. 3 S. 1 Nr. 1 und 2 zu erlassen (§ 22). Das behördliche Wahlrecht zwischen der Inanspruchnahme des Arbeitgebers und der an seiner Stelle handelnden verantwortlichen Personen hat seine Grundlage in der durch § 13 Abs. 1 bewirkten Kumulation der Verantwortung des Arbeitgebers und seiner gesetzlichen, organschaftlichen oder gewillkürten Vertreter. Eine Subsidiarität der öffentlich-rechtlichen Beauftragtenhaftung vergleichbar der des Strahlenschutzbeauftragten, der nur in dringenden Fällen als Adressat für behördliche Anordnungen in Betracht kommt (vgl. § 32 Abs. 2 S. 2 StrlSchV), hat der Gesetzgeber nicht vorgesehen.

81 Der **Zweck des behördlichen Auswahlermessens** besteht vor allem darin, den Aufsichtsbehörden die Bestimmung des Anordnungsadressaten zu erleichtern (→ Rn. 8 ff.). Sie müssen nicht mehr in jedem Einzelfall feststellen, welcher Rechtsträger hinter dem Betrieb bzw. Unternehmen steht und wer Arbeitgeber der dort Beschäftigten ist, sondern können auch Maßnahmen gegen die Personen erlassen, die im Betrieb bzw. Unternehmen als Vertreter des Arbeitgebers und nachgeordnete Verantwortliche tätig sind. Der Auffassung von *Gerhard* (AuA 1998, 236, 238), dass Bescheide und Anordnungen, die sich auf die Erfüllung der vom Arbeitgeber delegierten Pflichten beziehen, unmittelbar an den jeweiligen Beauftragten zu richten sind, da ihm die Umsetzung der geforderten Maßnahmen ohnehin obliegt, widerspricht dem Zweck dieser Regelung, denn es kann in vielen Fällen durchaus fraglich sein, wer anstelle des Arbeitgebers mit der Wahrnehmung der betreffenden Arbeitsschutz- und Unfallverhütungsaufgaben beauftragt worden ist und wie weit die ihm übertragenen Kompetenzen und Befugnisse reichen. Praktische Bedeutung dürfte daher vor allem der Inanspruchnahme der in Abs. 1 Nr. 1–4 genannten Personen zukommen; dagegen wird der Erlass von Anordnungen gegen sonstige Beauftragte i. S. d. Abs. 1 Nr. 5 – von Eilfällen abgesehen – nur selten zweckmäßig sein. In jedem Fall ist darauf zu achten, dass ein wirksames Vertretungsverhältnis vorliegt, da fehlerhaft bestellte Vertreter des Arbeitgebers in Ermangelung einer öffentlich-rechtlichen Verantwortung nicht als Anordnungsadressaten in Betracht kommen (→ Rn. 70).

82 Eine Einschränkung des behördlichen Auswahlermessens ergibt sich aus dem für den gesamten Bereich der Eingriffsverwaltung geltenden **Grundsatz der Verhältnismäßigkeit,** der in bestimmten Fällen die Inanspruchnahme einer bestimmten Person gebieten kann. So wird es z. B. bei mehrköpfigen Vertretungsorganen erforderlich sein, Vollzugsmaßnahmen zunächst gegen das nach der internen Geschäftsverteilung für den Arbeitsschutz zuständige Organmitglied zu ergreifen, bevor eine Inanspruchnahme der übrigen Organmitglieder in Betracht kommt (ebenso *Nöthlichs,* 4034, Erl. 2.3).

83 Die Aufsichtsbehörden können die **Pflicht des Arbeitgebers zur Aufgabendelegation** nach § 3 Abs. 2 Nr. 1 und die **Einhaltung der Anforderungen des Abs. 2** bei der Bestellung sonstiger Beauftragter i. S. d. Abs. 1 Nr. 5 mit Anordnun-

Verantwortliche Personen **§ 13 ArbSchG**

gen gemäß § 22 Abs. 3 S. 1 Nr. 1 durchsetzen. So kann z. B. dem Arbeitgeber aufgegeben werden, für bestimmte Bereiche, in denen er selbst nicht fachkundig ist, Beauftragte i. S. d. Abs. 1 Nr. 5 zu bestellen oder Beauftragte, die nicht über die gemäß Abs. 2 erforderliche Zuverlässigkeit oder Fachkunde verfügen, abzuberufen (ebenso *Nöthlichs,* 4034, Erl. 3). Das Vorliegen der personellen und formellen Voraussetzungen für die Bestellung sonstiger Beauftragter kann die Aufsichtsbehörde mit Hilfe ihres Auskunftsrechts gemäß § 22 Abs. 1 überprüfen. Die verantwortlichen Personen i. S. d. Abs. 1 Nr. 1–5 sind nach § 22 Abs. 2 S. 4 verpflichtet, die Aufsichtsbehörden bei der Ausübung ihrer Besichtigungs- und Kontrollrechte im Betrieb bzw. Unternehmen zu unterstützen.

II. Straf- und ordnungswidrigkeitenrechtliche Sanktionen

Die in Abs. 1 Nr. 1–5 genannten gesetzlichen, organschaftlichen und gewillkürten Vertreter des Arbeitgebers können nach **§ 14 StGB** bzw. **§ 9 OWiG** für die von ihnen begangenen Pflichtverletzungen straf- und ordnungswidrigkeitenrechtlich zur Verantwortung gezogen werden (vgl. §§ 25, 26). Dies gilt auch bei Unwirksamkeit des dem Vertretungsverhältnis zugrunde liegenden Bestellungsaktes (§ 14 Abs. 3 StGB, § 9 Abs. 3 OWiG). **§ 25 Abs. 1 Nr. 2a** bestimmt, dass die verantwortliche Person, die einer vollziehbaren Anordnung gemäß § 22 Abs. 3 nicht nachkommt, eine Ordnungswidrigkeit begeht, die mit einer Geldbuße bis zu 25 000 Euro geahndet werden kann. 84

Ist der Arbeitgeber eine **juristische Person** oder **Personenhandelsgesellschaft**, so kann gegen ihn nach **§ 30 Abs. 1 Nr. 1 bzw. 3 OWiG** eine Geldbuße festgesetzt werden, wenn die in Abs. 1 Nr. 1 bis 3 genannten vertretungsberechtigten Organe oder Gesellschafter eine Straftat oder Ordnungswidrigkeit begangen haben. Das Gleiche gilt bei Pflichtverletzungen verantwortlicher Personen i. S. d. Abs. 1 Nr. 4, soweit sie für die juristische Person oder Personenhandelsgesellschaft als Generalbevollmächtigte oder in leitender Stellung als Prokurist (§ 49 HGB) oder Handlungsbevollmächtigte (§ 54 HGB) tätig sind. Diese Regelung betrifft nur die in § 13 Abs. 1 Nr. 2 und 3 genannten Organmitglieder und einen Teil des von Abs. 1 Nr. 4 erfassten Personenkreises; ausgenommen sind die anstelle des Arbeitgebers handelnden gesetzlichen Vertreter (Abs. 1 Nr. 1), die sonstigen Beauftragten i. S. d. Abs. 1 Nr. 5 sowie die Betriebs- und Unternehmensleiter ohne General- bzw. Handlungsvollmacht oder Prokura. 85

Der Arbeitgeber und seine **gesetzlichen, organschaftlichen oder gewillkürten Vertreter** i. S. d. Abs. 1 Nr. 1–5 begehen ferner nach **§ 130 OWiG** eine Ordnungswidrigkeit, wenn sie ihre Aufsichtspflicht im Betrieb oder Unternehmen verletzen. Das Ausmaß der Aufsichtspflicht hängt u. a. von der Größe und Organisation des Betriebs, der Vielfalt und Bedeutung der zu beachtenden Vorschriften, der jeweiligen Stellung im Betrieb und dem sich daraus ergebenden Verantwortungsbereich ab (→ Rn. 77 f.). § 130 OWiG ist ein Auffangtatbestand, der nur eingreift, wenn der Aufsichtspflichtige nicht bereits wegen bedingt vorsätzlicher Täterschaft, wegen Beteiligung (Anstiftung oder Beihilfe) an der Zuwiderhandlung oder wegen fahrlässiger Nebentäterschaft verurteilt werden kann. 86

§ 14 Unterrichtung und Anhörung der Beschäftigten des öffentlichen Dienstes

(1) Die Beschäftigten des öffentlichen Dienstes sind vor Beginn der Beschäftigung und bei Veränderungen in ihren Arbeitsbereichen über Gefahren für Sicherheit und Gesundheit, denen sie bei der Arbeit ausgesetzt sein können, sowie über die Maßnahmen und Einrichtungen zur Verhütung dieser Gefahren und die nach § 10 Abs. 2 getroffenen Maßnahmen zu unterrichten.

(2) Soweit in Betrieben des öffentlichen Dienstes keine Vertretung der Beschäftigten besteht, hat der Arbeitgeber die Beschäftigten zu allen Maßnahmen zu hören, die Auswirkungen auf Sicherheit und Gesundheit der Beschäftigten haben können.

Übersicht

	Rn.
A. Regelungsinhalt	1
B. Fürsorgepflicht als rechtliche Grundlage	6
I. Arbeitsrechtliche Fürsorgepflicht	7
II. Fürsorgepflicht gegenüber dem Beamten	8
C. Unterrichtungspflicht nach Abs. 1	11
I. Art und Weise der Unterrichtung	11
II. Aufklärung vor dem Eingehen eines Beschäftigungsverhältnisses	22
III. Aufklärung bei Veränderungen während eines bestehenden Beschäftigungsverhältnisses	23
IV. Person des Aufklärungspflichtigen	24
D. Anhörungspflicht nach Abs. 2	25
E. Rechtsfolgen bei einem Verstoß gegen Unterrichtungs- und Anhörungspflichten	31
I. Rechtsfolgen beim Arbeitsvertrag	32
II. Rechtsfolgen beim Beamtenverhältnis	33

Literatur: *Albrod,* Management des Influenza-Pandemie-Risikos in Betrieben und Dienststellen, PerR 2009, 428; *Battis,* Personalvertretung und Verfassung, NVWZ 1986, 884; *Buchholz,* Gesetz zur Umsetzung der EG Rahmenrichtlinie Arbeitsschutz und weiterer Arbeitsschutz-Richtlinien, ZTR 1996, 495; *Hering,* Übertragung von Unternehmerpflichten im Arbeits- und betrieblichen Gesundheitsschutz; P.u.R. 2014, 88; Klimpe- Auerbach, Grippepandemie und die Folgen für die Beschäftigten, PersR 2009, 431; *Kollmer,* Die Bedeutung des Arbeitsschutzgesetzes für Beamtentum und öffentlichen Dienst, ZBR 1997, 265; *Kort,* Inhalt und Grenzen der arbeitsrechtlichen Personenfürsorgepflicht, NZA 1996, 854; *Rimscha,* Das duale Arbeitsschutzsystem, BG 2001, 305 ff; *Schaller,* Das Arbeitsschutzgesetz, APF 1998, 57; *Schall/ Heupel/Weiß/Steinmeier,* Arbeitsrecht für den öffentlichen Dienst (2007), *Summer* Gedanken zur beamtenrechtlichen Fürsorgepflicht, PersV 1988, 76; *Summer,* Neue Aspekte zur Fürsorgepflicht – Einerseits Entzauberung, andererseits weitere Anwendungen, ZBR 1998, 151; *Vogl,* Das neue Arbeitsschutzgesetz, NJW 1996, 2753; *Weiß/Niedermaier/Summer/Zängl,* Kommentar zum BayBG, Losebl., Stand Februar 2016.

Beschäftigte des öffentlichen Dienstes § 14 ArbSchG

A. Regelungsinhalt

Das öffentlich-rechtliche Arbeitsschutzrecht ist eine Materie des öffentlichen 1
Wirtschaftsverwaltungsrechts. Es berührt den Verbraucher- und Umweltschutz
und findet sich gleichsam spiegelbildlich auch im zivilrechtlichen Arbeitsrecht. Im
Bereich des öffentlichen Dienstes berührt es gerade auch das Beamtenrecht (*Kollmer,*
ZBR 1997, 265).

Die Unterrichtung und Anhörung der Beschäftigten des öffentlichen Dienstes 2
gehört zu den allgemeinen Pflichten des Arbeitgebers. Beschäftigte des öffentlichen
Dienstes sind nach § 2 Abs. 2 zum einen Beamte, Richter und Soldaten, zum anderen aber auch solche Angehörige des öffentlichen Dienstes, die in einem privatrechtlichen Arbeitsverhältnis als Arbeitnehmer stehen. Während man im Bereich
der privatrechtlichen und damit durch einen Vertrag begründeten Arbeitsverhältnisse den Begriff des **(öffentlich-rechtlichen) Arbeitgebers** verwendet, wird
dieser Terminus bei den Dienstverhältnissen, die durch einen einseitigen Hoheitsakt
(Verwaltungsakt i. S. d. § 35 VwVfG) begründet werden, durch den des **„Dienstherrn"** ersetzt (vgl. § 2 BeamtStG für Landes und Kommunalbeamte, § 2 BBG für
Bundesbeamte).

Das Arbeitsschutzrecht verwendet den Begriff „Arbeitgeber" einheitlich sowohl 3
für den privatrechtlichen Bereich des öffentlichen Dienstes (Arbeitnehmer bzw. Tarifbeschäftigte) als auch für den hoheitlichen Bereich der Dienstherren der Beamten, Soldaten und Richter (§ 2 Abs. 3).

Für den Bereich der Arbeitnehmer (Tarifbeschäftigten) und der Beamten wird 4
bereits durch § 12 eine Unterweisungspflicht für die Arbeitgeber begründet und detailliert geregelt. § 14 legt darüber hinaus fest, dass **die Arbeitgeber des öffentlichen Dienstes,** also Staat, Gemeinden, Gemeindeverbände, Landkreise, Bezirke
und die sonst unter der Aufsicht des Staates stehenden Körperschaften, Anstalten
und Stiftungen des öffentlichen Rechts (vgl. § 2 BeamtStG und § 2 BBG) ihre Beschäftigten vor Beginn der Beschäftigung und bei Veränderungen in ihren Arbeitsbereichen über die Gefahren für Sicherheit anzuhören sowie über die Maßnahmen
und Einrichtungen zur Gefahrenabwehr und über Maßnahmen nach § 10 Abs. 2 zu
unterrichten haben.

Soweit im Bereich des jeweiligen Arbeitgebers keine Personalvertretung besteht, 5
muss der öffentliche Arbeitgeber oder Dienstherr nach § 14 Abs. 2 seine Beschäftigten zu allen Maßnahmen hören, die Auswirkungen auf die Sicherheit und Gesundheit der Beschäftigten haben können (→ Rn. 25 ff.).

B. Fürsorgepflicht als rechtliche Grundlage

Informations- und Anhörungspflichten nach § 14 hängen – wie das gesamte Ar- 6
beitsschutzrecht – eng mit dem Begriff der Fürsorgepflicht zusammen (*Kollmer*
ZBR 1997, 269). Dabei sind bezüglich der Fürsorgepflicht die Bereiche der Arbeitnehmer und der Beamten zu unterscheiden.

I. Arbeitsrechtliche Fürsorgepflicht

Die **arbeitsrechtliche Fürsorgepflicht** wird aus der Treuebindung zwischen 7
Arbeitgeber und Arbeitnehmer hergeleitet, die ihre Wurzeln in § 242 BGB hat

(*Kort* NZA 1996, 854 ff.). Es handelt sich dabei um eine Nebenpflicht zu einem bestehenden Arbeitsvertrag. Im Arbeitsrecht kommen als die die Fürsorgepflicht konkretisierenden Normen zum einen § 618 BGB und zum anderen die Vorschriften des Arbeitsschutzrechts und damit auch § 14 in Betracht, mit welchem dem öffentlich-rechtlichen Arbeitnehmer eine Unterrichtungs- und Anhörungspflicht auferlegt wird.

II. Fürsorgepflicht gegenüber dem Beamten

8 Für den Bereich der Beamten wurde die Fürsorgepflicht des Dienstherrn erstmals im Deutschen Beamtengesetz 1937 gesetzlich festgeschrieben. Diese gesetzliche Festlegung war erforderlich, weil die Rechtsprechung des Reichsgerichts die Anwendung des § 618 BGB auf die bereits damals bestehenden Beamtenverhältnisse ablehnte (*Summer* PersV 1988, 76). Nach der Rspr. des BVerfG (s. *BVerfGE* 8, 332, 356; *BVerfGE* 43, 154, 165 und *BVerfGE* 58, 68, 76) gehört die beamtenrechtliche Fürsorgepflicht zu den hergebrachten Grundsätzen des Berufsbeamtentums nach Art. 33 Abs. 5 GG. Das Fürsorgeprinzip als beamtenrechtliches Regelungsprinzip ist außerdem bereits in Art. 33 Abs. 4 GG angelegt, weil das Beamtenverhältnis von der Verfassung als öffentlich-rechtliches Dienst- und Treueverhältnis gekennzeichnet ist und die Fürsorgepflicht zu den Hauptpflichten des Dienstherrn gehört (*Summer* PersV 1988, 76; *Kollmer* ZBR 1997, 269).

9 Die Fürsorgepflicht des Dienstherrn spiegelt sich aber auch in den allgemeinen Beamtengesetzen wider. Sie lässt sich dabei nach dem Gesetzestatbestand des § 78 BBG (für Bundesbeamte) und des § 45 BeamtStG (für Landes- und Kommunalbeamte) gliedern in:

– **Schutzpflichten** (§ 78 Satz 2 BBG/§ 45 Satz 2 BeamtStG) und
– **sonstige Fürsorgepflichten** (§ 78 Satz 1 BBG/§ 45 Satz 1 BeamtStG).

Die Informations- und Anhörungspflichten des § 14 gehören dabei zu den sonstigen Fürsorgepflichten des § 78 Satz 1 BBG und des § 45 Satz 1 BeamtStG (*Summer* PersV 1988, 76).

10 Aus den Beamtengesetzen des Bundes und der Länder folgt jedoch **keine allgemeine Belehrungspflicht** des Dienstherrn über den Inhalt der Vorschriften, die für die Rechte und Pflichten des Beamten bedeutsam sind (*BVerwG* DÖV 1997, 690 = DVBl. 1997, 1004 = ZBR 1997, 231). Dies gilt insbesondere dann, wenn es sich um Kenntnisse handelt, die zumutbar vom Beamten vorausgesetzt werden können.

Zur beamtenrechtlichen Fürsorgepflicht → § 20 Rn. 16 ff.

C. Unterrichtungspflicht nach Absatz 1

I. Art und Weise der Unterrichtung

11 § 14 Abs. 1 konkretisiert für den Bereich des Berufsbeamtentums die allgemeinen Vorschriften zur Fürsorgepflicht und legt entsprechende Aufklärungspflichten für den Bereich des Arbeitsschutzes fest. Die allgemeine Fürsorgepflicht gebietet es wiederum, die Beschäftigten **rechtzeitig, richtig und umfassend** zu belehren (*BVerwG* v. 27.10.1966, Buchholz 232 § 23 BBG Nr. 9). Der Dienstherr ist außerdem gehalten, einen **erkennbaren Irrtum** auf Seiten des Beschäftigten von sich aus **zu beseitigen**. (Für den Bereich der Beamten vgl. *BVerwG* v. 21.4.1982, BVerwGE 65, 197, 203). Diese zum allgemeinen Beamtenrecht entwickelten

Grundsätze haben insofern allgemeine Bedeutung – gerade auch für das Arbeitsschutzrecht des öffentlichen Dienstes und insbesondere für die Unterrichtungspflichten aller Arbeitgeber und damit der Dienstherrn (→ Rn. 1) nach § 14 Abs. 1.

Über **Art und Weise** der Unterrichtung sagt das Gesetz nichts aus. Die Unterrichtung kann also sowohl mündlich als auch schriftlich vorgenommen werden. So kann eine allgemeine Information etwa durch eine entsprechende Informationsbroschüre oder ein Rundschreiben des Arbeitgebers erfolgen. Dabei ist jedoch zu berücksichtigen, dass die Information auf jeden Beschäftigten bezogen sein muss, der von potentiellen Gefahren betroffen sein könnte. Jede Unterrichtung hat nur dann ihren Sinn erreicht, wenn der Beschäftigte, für den sie bestimmt ist, ihren Inhalt auch tatsächlich verstanden hat. 12

Die Aufklärung muss dabei grundsätzlich **individuell** erfolgen. Eine allgemeine Information der Beschäftigten kommt nur dann in Frage, wenn durch sie sichergestellt ist, dass jeder Beschäftigte, für den sie bestimmt ist, ausreichend informiert ist. Der Arbeitgeber hat deshalb dafür Sorge zu tragen, dass der Beschäftigte seine Informationen auch tatsächlich verstanden hat. So muss die Unterrichtung dem Kenntnis- und Erfahrungsstand des einzelnen Beschäftigten angepasst werden. Damit werden z. B. an die Aufklärung eines Beschäftigten, der bereits lange Zeit in einem anderen Bereich entsprechenden Gefahren ausgesetzt war und darüber eigene Kenntnisse besitzt, andere Voraussetzungen gestellt als an die Aufklärung eines Beschäftigten, der zum Beispiel aus einem ganz anderen Bereich kommt. Gleiches gilt auch für Beschäftigte, die bereits selbst bei der Planung oder Durchführung von Maßnahmen zur Gefahrenabwehr beteiligt waren. 13

Bei jeder Unterrichtung der Beschäftigten über die nach dem Arbeitsschutzrecht erforderlichen Punkte können gegebenenfalls Rückfragen seitens des Vertreters des Arbeitgebers hilfreich sein; denn erst auf Grund solcher Rückfragen kann oft festgestellt werden, ob die jeweiligen Informationen zum Arbeitsschutz beim Beschäftigten auch tatsächlich auf das erforderliche Verständnis gestoßen sind. 14

Eine **allgemeine Information** wird in der Regel dann in Frage kommen, wenn es darum geht, die Beschäftigten zu benennen, die Aufgaben der Ersten Hilfe, der Brandbekämpfung und Evakuierung der Beschäftigten im Notfall wahrzunehmen haben (§ 10 Abs. 2). 15

Es empfiehlt sich schon aus Beweisgründen, eine Unterrichtung, die im Einzelfall vorgenommen wird, zu **dokumentieren.** Dies kann durch eine vom Beschäftigten unterschriebene Erklärung geschehen, die den Personalakten beigefügt wird. In aller Regel reicht aber bereits eine entsprechende Aktennotiz desjenigen aus, der die Unterrichtung tatsächlich vorgenommen hat. 16

Die Information nach § 14 Abs. 1 kann im Einzelfall sogar dann **unterbleiben,** wenn der Beschäftigte bereits ausreichende Kenntnisse zu den konkreten Gefahren besitzt, die in Bezug auf seine Sicherheit und Gesundheit nach dem ArbSchG relevant sind; so etwa bei Gefahren, die allgemein bekannt sind und über die sich jeder auch ohne Aufklärung im Klaren ist. Gleiches gilt auch für den Fall, dass der Beschäftigte die Maßnahmen und Einrichtungen, die zur Verhütung der Gefahren nach § 10 Abs. 1 getroffen wurden, bereits kennt (→ Rn. 13). In solchen Fällen sollte allerdings in der Praxis stets zusätzlich eine allgemeine Information durchgeführt werden (→ Rn. 15). 17

Bestehen **Zweifel** darüber, ob der Beschäftigte genügend Kenntnisse besitzt, so muss der Arbeitgeber im Interesse der Rechtssicherheit und Rechtsklarheit die sonst übliche und erforderliche Unterrichtung des Beschäftigten vornehmen. Zumindest hat sich der Arbeitgeber in Zweifelsfällen durch entsprechende Rückfragen 18

ArbSchG § 14

Klarheit über den Kenntnisstand der jeweiligen Beschäftigten zu schaffen, um sich nicht dem Vorwurf einer nicht genügenden Information ausgesetzt zu sehen. Es gilt der Grundsatz. „Im Zweifel besteht immer eine Aufklärungspflicht des Arbeitgebers."

19 Fraglich ist weiterhin, ob ein **Verzicht** des Beschäftigten auf Unterrichtung nach § 14 Abs. 1 möglich ist. Ein solcher Verzicht ist grundsätzlich denkbar, denn jeder kann wegen des Grundsatzes der freien Entfaltung seiner Persönlichkeit (Art. 2 GG) selbst entscheiden, ob er über Gefahren irgendwelcher Art informiert sein möchte oder nicht. Hier besteht allerdings die Gefahr einer Umgehung der Vorschriften des Arbeitsschutzrechts. Ein solcher Verzicht auf Unterrichtung wird deshalb allenfalls in wenigen Einzelfällen zulässig sein. Dieser Einzelfall liegt etwa vor, wenn der Beschäftigte die entsprechenden Gefahren oder die Einrichtungen und Maßnahmen nach § 10 Abs. 2 bereits kennt, weil in diesem Fall sogar die Unterrichtung unterbleiben könnte (→ Rn. 17).

20 § 14 Abs. 1 schreibt vor, dass die Beschäftigten des öffentlichen Dienstes:
– **vor** Beginn der Beschäftigung und
– bei **Veränderungen** in ihrem Arbeitsbereich
über Gefahren für ihre Sicherheit und Gesundheit zu unterrichten sind. Damit wird zum Ausdruck gebracht, dass die jeweiligen Beschäftigten vor der Arbeitsaufnahme, also vor Beginn der konkreten Tätigkeiten, bei denen sie unter Umständen den arbeitsschutzrelevanten Gefahren ausgesetzt sind, informiert werden müssen. Wann die Aufklärung im Einzelfall tatsächlich zu erfolgen hat, wird dabei von § 14 nicht näher ausgeführt.

21 Es sind nach dem Gesetz jedenfalls zwei Fälle grundsätzlich zu unterscheiden:
– die Aufklärung vor dem Eingehen eines Beschäftigungsverhältnisses und
– die Aufklärung bei Veränderungen während eines bestehenden Arbeitsverhältnisses.

II. Aufklärung vor dem Eingehen eines Beschäftigungsverhältnisses

22 Besteht ein Arbeits- bzw. Beamtenverhältnis noch nicht, plant der Arbeitgeber jedoch, einen Beschäftigten im öffentlichem Dienst einzustellen (oder zu ernennen), so besteht die Möglichkeit, dass evtl. bestehende Gefahren, die auf Grund des Arbeitsschutzrechts relevant sein könnten, bereits in der **Ausschreibung** bezeichnet werden. Ist dies – wie im Regelfall – nicht möglich oder nicht geschehen, so ist der Beschäftigte nicht erst vor der Arbeitsaufnahme, sondern bereits **vor Abschluss des konkreten Arbeitsvertrages bzw. vor einer Ernennung** auf diese Gefahren hinzuweisen. Nur auf diese Weise kann sichergestellt werden, dass der Beschäftigte sich frühzeitig informiert und gegebenenfalls für ihn wichtige Fragen stellen kann. Es empfiehlt sich, die Unterrichtung bereits im Vorstellungsgespräch durchzuführen.

§ 14 Abs. 1 stellt damit einen Fall der gesetzlich geregelten culpa in contrahendo im Sinne des § 311 Abs. 2 BGB dar: Die Fürsorgepflicht des Arbeitgebers/Dienstherrn wird durch Abs. 1 auf die Zeit vorverlagert, in welcher das Beschäftigungsverhältnis noch nicht besteht. Für den Bereich des Beamtenrechts vgl. *Kellner* DVBl. 2004, 207.

III. Aufklärung bei Veränderungen während eines bestehenden Beschäftigungsverhältnisses

Besteht dagegen bereits ein Beschäftigungsverhältnis, so sind wiederum zwei Alternativen möglich:
– Der Beschäftigte soll an einem anderen Arbeitsplatz eingesetzt werden. Das kann z. B. bei Beamten entweder im Wege der Versetzung oder Abordnung zu einer anderen Behörde, einer Zuweisung zu einer anderen Dienststelle oder der Umsetzung innerhalb der Behörde geschehen. In diesem Fall ist der Beschäftigte vor Aufnahme der neuen Tätigkeit über die Gefahren für Sicherheit und Gesundheit zu unterrichten, die der neue Arbeitsplatz mit sich bringt.
– Es kann aber auch sein, dass der konkrete Arbeitsplatz eines Beschäftigten oder sein Umfeld umgestaltet wird und sich dabei Gefahren für seine Sicherheit und Gesundheit ergeben, denen er bei seiner Arbeit künftig ausgesetzt sein kann. Diesen Fall meint das Gesetz in Abs. 1, wenn es von „Veränderungen in ihren Arbeitsbereichen" spricht.

IV. Person des Aufklärungspflichtigen

Das Gesetz lässt außerdem offen, **wer** auf Arbeitgeberseite im Einzelfall die Information des Beschäftigten vornehmen muss. Die erforderliche Aufklärung muss dabei nicht notwendigerweise von den nach § 13 verantwortlichen Personen durchgeführt werden. Die Unterrichtung kann beispielsweise durch den Dienststellenleiter selbst, durch den Personalleiter(-referenten), aber auch durch den unmittelbaren Vorgesetzten oder durch andere zuverlässige und fachkundige Personen (etwa durch andere Mitarbeiter) geschehen. Auch eine Aufklärung durch externe Fachleute ist denkbar.

D. Anhörungspflicht nach Abs. 2

Durch § 14 Abs. 2 wird darüberhinaus – auch auf der Grundlage der allgemeinen Vorschriften zur Fürsorge – eine **Anhörungspflicht** für Dienststellen normiert, die keine Personalvertretung besitzen. Abs. 2 dient der vollständigen Umsetzung der Art. 10 Abs. 1 und Art. 11 Abs. 1 und Abs. 2 der Richtlinie 89/391/EWG. Zwar spricht Absatz 2 ausschließlich von „Arbeitgeber", wegen der grundsätzlichen Gleichstellung von Beamten und Arbeitnehmern im Bereich des Arbeitsschutzes folgt jedoch, dass diese Bestimmung in gleicher Weise für die Dienstherrn der Beamten, Richter und Soldaten Geltung hat. Dies ergibt sich außerdem bereits aus der Legaldefinition des § 2 Abs. 3, wonach unter den Arbeitgeberbegriff des ArbSchG auch alle juristische Personen fallen, die Personen nach § 2 Abs. 2 beschäftigen. Dazu gehören aber gerade auch Beamte, Richter und Soldaten.

Nach dem allgemeinen Beamtenrecht besteht eine Anhörungspflicht für den Dienstherrn gegenüber dem Beamten nur, wenn er diesem gegenüber einen Verwaltungsakt erlässt. In diesem Fall ergibt sich die Anhörungspflicht bereits aus § 28 VwVfG (gemeint sind auch die entsprechenden Paragraphen von Artikel der Landes-Verwaltungsverfahrensgesetze, z. B. Art. 28 BayVwVfG), Aufgrund des Fürsorgegedankens beschränkt sich die Anhörungspflicht bei Beamten aber nicht nur auf diese Fälle. Der Dienstherr muss vielmehr auch sonst wegen des Fürsorgegedankens – z. B. bei Organisationsakten ohne Verwaltungsaktcharakter – den Be-

ArbSchG § 14 Arbeitsschutzgesetz

amten anhören, wenn Gründe dafür vorliegen, dass eine Maßnahme die Interessen des Beamten schwerwiegend tangiert.

27 Nach § 14 Abs. 2 besteht die Anhörungspflicht aber nur dann, wenn in Betrieben des öffentlichen Dienstes **keine Vertretung der Beschäftigten** besteht.

28 Besitzt ein Betrieb – oder eine Dienststelle – dagegen einen Personalrat, so ist in erster Linie dieser zu hören. Im öffentlichen Dienst fehlt dabei der für die Privatwirtschaft typische Gegensatz von Kapital und Arbeit. Es treten aber auch hier Gegensätze auf, die notwendige Folge jeder arbeitsteiligen Organisation sind (*Battis* NVwZ 1986, 884, 885).

29 **Sinn und Zweck** der Personalvertretung im öffentlichen Dienst ist es deshalb, den einzelnen Beschäftigten davor zu bewahren, als bloßes Objekt von Leitungs- und Kontrollmaßnahmen dem Träger der Organisationsgewalt unterworfen zu sein und ihn **von den besonderen Gefahren,** die jeder abhängigen Arbeit innewohnen, zu **bewahren** (*Battis* NVwZ 1986, 884, 885). So sieht auch das BVerfG in den Regelungen des Personalvertretungsrechts ein wichtiges Mittel zur Wahrung der Menschenwürde und der Entfaltung der Persönlichkeit der Beschäftigten des öffentlichen Dienstes (*BVerfGE* 28, 314, 323 = PersV 1970, 260). Die Personalvertretungsgesetze des Bundes und der Länder gehen dabei von dem Gebot der vertrauensvollen Zusammenarbeit von Dienststelle und Personalvertretung auf der Basis einer vertrauensvollen Zusammenarbeit aus (*Basslsperger* in Weiß/Niedermaier/Summer, Kommentar zum BayBG, Rn. 23 zu § 51 BeamtStG).

30 Es entspricht aber dem allgemeinen Fürsorgegedanken, dass der Arbeitgeber oder Dienstherr über die Anhörung der Personalvertretung hinaus **auch den einzelnen Beschäftigten,** den eine Maßnahme, die den Bereich des Arbeitsschutzes tangiert, selbst und unmittelbar betroffen ist, über die geplante Maßnahme informiert und ihn dazu hört. Der einzelne Beschäftigte kann durchaus gewichtige Gründe gesundheitlicher Art verbringen, die gerade ihn daran hindern, eine bestimmte Arbeit unter geänderten Bedingungen auszuüben, von denen weder der Arbeitgeber noch die Personalvertretung Kenntnis hat.

E. Rechtsfolgen bei einem Verstoß gegen Unterrichtungs- und Anhörungspflichten

31 Bei einem Verstoß des öffentlich-rechtlichen Arbeitgebers gegen Unterrichtungs- und Anhörungspflichten ist hinsichtlich der Rechtsfolgen wiederum zwischen dem Bereich der Arbeitnehmer und dem der Beamten (bzw. Richter und Soldaten) zu unterscheiden.

I. Rechtsfolgen beim Arbeitsvertrag

32 Wie bei jeder **arbeitsrechtlichen Fürsorgepflicht** besteht grundsätzlich ein Erfüllungsanspruch als Basisanspruch. Bei der Nichterfüllung der Unterrichtungs- und Anhörungspflichten des § 14 durch den öffentlich-rechtlichen Arbeitgeber kann der Arbeitnehmer zwar sein **Zurückbehaltungsrecht** nach § 273 BGB ausüben. Ein Zurückbehaltungsrecht nach § 320 BGB kommt dagegen nicht in Betracht, da es sich bei den Aufklärungs- und Anhörungspflichten nur um Nebenpflichten aus dem Arbeitsvertrag handelt. Der Arbeitnehmer geht dabei aber in zweifelhaften Fällen ein hohes Risiko.

Der öffentlich-rechtliche Arbeitnehmer kann außerdem **Schadensersatzansprüche** aus positiver Vertragsverletzung geltend machen, soweit Ansprüche nicht durch § 104 SGB VII ausgeschlossen sind. Bei einem Verstoß gegen vorvertragliche Aufklärungspflichten gelten die Grundsätze des § 311 Abs. 2 BGB.

Der Schadensersatzanspruch ist dabei stets vom **Verschulden** des Arbeitgebers abhängig (§ 276 BGB). Bei einem Unterlassen der aus § 14 ArbSchG resultierenden Pflichten ist regelmäßig von einem Verschulden des Arbeitgebers auszugehen. Dieser kann sich allenfalls exkulpieren. Die Beweislast trifft dabei in jedem Fall den Arbeitgeber.

Außerdem muss nicht nur ein **Schaden** eingetreten sein.

jeder Verstoß gegen eine Aufklärungs- und Anhörungspflicht muss darüber hinaus für den eingetretenen Schaden **kausal** gewesen sein.

Die Ansprüche der Arbeitnehmer können nach § 2 Abs. 1 Nr. 3a ArbGG vor den **Arbeitsgerichten** (ArbGG) realisiert werden.

II. Rechtsfolgen beim Beamtenverhältnis

Bei **Beamten** besteht ebenfalls zunächst ein **Erfüllungsanspruch.** 33

Daneben können im Einzelfall auch **Folgenbeseitigungsansprüche** und **Schadensersatzansprüche** bestehen. Rechtsgrundlage dafür sind die jeweiligen Vorschriften des Bundes und der Länder zur Fürsorgepflicht des Dienstherrn (etwa § 78 BBG oder auf Länderebene § 45 BeamtStG).

Hierbei ist nach § 126 Abs. 1 BBG bzw. § 54 Abs. 1 BeamtStG der Rechtsweg zu den **Verwaltungsgerichten** gegeben.

Bei einem Verstoß gegen Aufklärungs- und Anhörungspflichten kann auch eine 34 **Amtspflicht** i. S. d. § 839 BGB verletzt worden sein. Damit kann bei einem Schadensersatzanspruch aus demselben Sachverhalt parallel auch der Rechtsweg zu den **ordentlichen Gerichten** eröffnet sein (Art. 34 GG).

Auch im Beamtenrecht trifft die Feststellungs- bzw. Beweislast den Dienstherrn.

Dritter Abschnitt. Pflichten und Rechte der Beschäftigten

§ 15 Pflichten der Beschäftigten

(1) ¹Die Beschäftigten sind verpflichtet, nach ihren Möglichkeiten sowie gemäß der Unterweisung und Weisung des Arbeitgebers für ihre Sicherheit und Gesundheit bei der Arbeit Sorge zu tragen. ²Entsprechend Satz 1 haben die Beschäftigten auch für die Sicherheit und Gesundheit der Personen zu sorgen, die von ihren Handlungen oder Unterlassungen bei der Arbeit betroffen sind.

(2) Im Rahmen des Absatzes 1 haben die Beschäftigten insbesondere Maschinen, Geräte, Werkzeuge, Arbeitsstoffe, Transportmittel und sonstige Arbeitsmittel sowie Schutzvorrichtungen und die ihnen zur Verfügung gestellte persönliche Schutzausrüstung bestimmungsgemäß zu verwenden.

Übersicht

	Rn.
A. Überblick	1
B. Allgemeine Lehren zu den Pflichten und Rechte der Beschäftigten	7
I. Adressat der Pflichten und Rechte	7
1. Beschäftigte	7
2. Einzelfälle	9
a) Leiharbeitnehmer	9
b) Fremdfirmenbeschäftigte	11
c) Arbeitnehmerähnliche Personen	12
d) Hausangestellte, Beschäftigte auf Seeschiffen und im Bergbau	15
e) Beschäftigte in Heimarbeit und ihnen Gleichgestellte	16
II. Universalgeltungsprinzip	17
III. Unberührtheitsklausel	18
IV. Zwecke	19
V Doppelnatur der Beschäftigtenrechte	20
VI. Besondere Organisationspflichten des Arbeitgebers	27
VII. Gleiches Schutzniveau	28
VIII. Bedeutung des europäischen Binnenmarkts für die Regelung der Rechtsstellung der Beschäftigten	29
C. Die einzelnen Absätze	30
I. Pflicht zur Eigen- und Fremdvorsorge (Abs. 1)	30
1. Eigenvorsorge (S. 1)	33
a) Grenzen	35
b) Beispiele	48
2. Schutz anderer Personen (S. 2)	49
II. Bestimmungsgemäße Verwendung von Arbeitsmitteln, Schutzvorrichtungen und persönlicher Schutzausrüstung (Abs. 2)	53
1. Gegenstände der bestimmungsgemäßen Verwendung	55
a) Arbeitsmittel	55
b) Schutzvorrichtungen	56
c) Persönliche Schutzausrüstung (PSA)	57
2. Bestimmungsgemäße Verwendung	58

Pflichten der Beschäftigten **§ 15 ArbSchG**

	Rn.
3. Grenzen	62
4. Pflichten der Arbeitgeber	65
a) Betriebssicherheitsrecht	66
b) PSA-Benutzungsrecht	68
5. Folgen fehlender Compliance in zivilgerichtlichen Schadensersatz- und Schmerzensgeldprozessen	69

Literatur: *Angermaier,* Das neue Arbeitsschutzgesetz. Eine erste Einschätzung, AiB 1996, 522; *Becker/Kniep,* Die Beauftragten im betrieblichen Umweltschutz – arbeitsrechtliche Aspekte, NZA 1999, 243; *Bell,* Die Überlastungsanzeige – besser: Gefährdungsanzeige, AiB 2011, 600; *Deinert,* Arbeitsunfallschutz und Ausgleich von Personenschäden, AiB 1998, 85; *Diepold,* Arbeitssicherheit und Arbeitsschutz. Nicht vernachlässigen!, AuA 2014, 154; *Faber,* Gestaltungsmöglichkeiten des Betriebsrates beim betrieblichen Arbeits- und Gesundheitsschutz, AiB 1995, 19; *Geray,* Defizite in der Umsetzung des Arbeitsschutzgesetzes, AiB 2000, 193; *Hofmeister,* Fremdarbeiter im Unternehmen, Brücke 2002, 12; *Horstkötter/Wahsner,* Stiefkinder des Arbeits- und Gesundheitsschutzes. Beschäftigte in kleinen und mittleren Betrieben, AiB 2001, 397; *Houben,* Trifft den Arbeitnehmer eine vertragliche Pflicht, sich gesund zu halten?, NZA 2000, 128; *Kohte,* Anwendbarkeit der Bildschirmrichtlinie auf Cutterin, BB 2000, 2579; *ders.,* Die Umsetzung der Richtlinie 89/391 in den Mitgliedstaaten der EU, ZIAS 1999, 85; *ders.,* Die Sicherheitsbeauftragten nach geltendem und künftigem Recht in FS Wlotzke, 1996, S. 563; *Kollmer,* Das neue Arbeitsschutzgesetz als „Grundgesetz des Arbeitsschutzes", WiB 1996, 285; *Kuhnke/Lißner/von Seggern,* Betriebsvereinbarung über die Beteiligung der Arbeitnehmer beim betrieblichen Arbeitsschutz, AiB 1995, 391; *Leube,* Arbeitsschutzgesetz: Pflichten des Arbeitgebers und der Beschäftigten zum Schutz anderer Personen, BB 2000, 302; *Pieper,* Zehn Jahre Arbeitsschutzgesetz. 10 Anmerkungen zur Entwicklung und zu den Perspektiven des betrieblichen Arbeitsschutzes in Deutschland, AiB 2006, 523; *ders.,* Sicherheit und Gesundheitsschutz. Welche Rechte hat der einzelne Beschäftigte?, AiB 2013, 499; *Raif/Ginal,* Prävention und Reaktion, AuA 2013, 206; *Rieble/Picker,* Arbeitsschutz und Mitbestimmung bei häuslicher Telearbeit, ZfA 2013, 383; *Scheuermann/Schucht,* Die neue Betriebssicherheitsverordnung. Praxisleitfaden zur sicheren Verwendung von Arbeitsmitteln, 2015; *Schierbaum/Franz,* Bildschirmarbeitsverordnung – Mitbestimmung des Betriebsrates nach § 87 Abs. 1 Nr. 7 BetrVG, ArbuR 1999, 82; *Schmitt-Schönenberg,* Umweltschutz – Arbeitsvertragliche Rechte und Pflichten des Arbeitnehmers, ArbuR 1994, 281; *Schucht,* Die neue Betriebssicherheitsverordnung, NZA 2015, 333; *ders.,* Die Reform des Betriebssicherheitsrechts – Ein Leitfaden zur Sicherstellung arbeitsschutzrechtlicher Compliance, CCZ 2015, 41; *Waldinger,* Auswahl von Persönlicher Schutzausrüstung bei Arbeiten mit biologischer Gefährdung, BPUVZ 2014, 355; *Wiese,* Beteiligung des Betriebsrats beim betrieblichen Umweltschutz nach dem Gesetz zur Reform des Betriebsverfassungsgesetzes, BB 2002, 674; *Wiebauer,* Arbeitsmittelsicherheit – Arbeitgeberpflichten nach der neuen Betriebssicherheitsverordnung (Teil 1), ArbR 2015, 198; *ders.,* Arbeitsmittelsicherheit – Arbeitgeberpflichten nach der neuen Betriebssicherheitsverordnung (Teil 2), ArbR 2015, 243; *Windeln,* Das Burn-out-Syndrom als arbeitsrechtliches Problem, ArbRB 2014, 306; *Wilrich,* Prüfung, Betrieb und Überwachung von Arbeitsmitteln und Anlagen nach der Betriebssicherheitsverordnung, DB 2002, 1553; *ders.,* Verantwortlichkeit und Pflichtenübertragung im Arbeitsschutzrecht, DB 2009, 1294; *ders.,* Die Betriebssicherheitsverordnung 2015. Überblick und Leitfaden für den Umgang mit der Praxis, DB 2015, 981; *Wlotzke,* Das neue Arbeitsschutzgesetz – zeitgemäßes Grundlagengesetz für den betrieblichen Arbeitsschutz, NZA 1996, 1017; *ders.,* Das Arbeitsschutzgesetz und die Arbeitsschutzpflichten der Beschäftigten in FS Hanau, 1999, S. 317.

ArbSchG § 15

A. Überblick

1 § 15 ArbSchG steht am Beginn des Dritten Abschnitts des ArbSchG, welcher die „Pflichten und Rechte der Beschäftigten" regelt. Während sich § 15 ArbSchG mit den „Pflichten der Beschäftigten" befasst, regeln im Anschluss daran § 16 ArbSchG „Besondere Unterstützungspflichten" und § 17 ArbSchG „Rechte der Beschäftigten". Die Norm wurde seit dem Erlass des ArbSchG im Jahr 1996 nicht verändert.

2 Im Einzelnen regelt § 15 ArbSchG **Pflichten der Beschäftigten** in Bezug auf sowohl die eigene Sicherheit und Gesundheit als auch die Sicherheit und Gesundheit derjenigen Personen, die von ihrem Verhalten bei der Arbeit betroffen sind (Abs. 1). Darüber hinaus wird die Pflicht zur bestimmungsgemäßen Verwendung von Arbeitsmitteln, Schutzvorrichtungen und persönlichen Schutzausrüstungen (PSA) statuiert (Abs. 2). In der Literatur werden die genannten Pflichten z. T. als **Grundpflichten der Beschäftigten** bezeichnet (*Wlotzke*, FS Hanau, 1999, 317, 321, 325; siehe aber auch → § 16 Rn. 30).

3 Im Kern werden durch die Bestimmung des § 15 ArbSchG genuin **öffentlich-rechtliche Pflichten der Beschäftigten** aus dem Arbeitsverhältnis aus der Taufe gehoben, die zugleich die privatrechtlichen Pflichten aus § 242 BGB (in Bezug auf die leistungsbezogenen Nebenpflichten) und § 241 Abs. 2 BGB (in Bezug auf die nicht-leistungsbezogenen Nebenpflichten) konkretisieren (instruktiv *Wlotzke*, FS Hanau, 1999, 317, 326 ff.; siehe auch *Wank* in ErfK ArbSchG § 16 Rn. 1; *Vogelsang* in Schaub ArbR-HdB § 154 Rn. 13; *Otto* in NK-ArbR ArbSchG § 15 Rn. 8; unter Berücksichtigung der Hauptleistungspflichten differenzierend *Wiebauer* in Landmann/Rohmer GewO ArbSchG Vorb § 15 Rn. 7 f.). § 15 ArbSchG regelt mithin **nicht nur Obliegenheiten** (*Vogelsang* in Schaub ArbR-HdB § 154 Rn. 1). Vor diesem Hintergrund beeinflussen auch die öffentlich-rechtlichen Pflichten der Beschäftigten die rein zivilrechtliche Ebene des Arbeitsvertrags zwischen Arbeitgeber und Arbeitnehmer (vgl. zur Verzahnung der öffentlich-rechtlichen mit den privatrechtlichen Pflichten in Bezug auf die Arbeitgeber → Rn. 23).

4 **Europarechtlich** steht hinter § 15 ArbSchG die Bestimmung aus Art. 13 RL 89/391/EWG (sog. **Arbeitsschutz-Rahmenrichtlinie** oder **EG-Rahmenrichtlinie Arbeitsschutz**). Art. 13 RL 89/391/EWG ist die einzige Bestimmung des Abschnitts III der RL 89/391/EWG über die „Pflichten des Arbeitnehmers". Dabei sind die Pflichten aus § 15 Abs. 1 ArbSchG eng mit Art. 13 Abs. 1 RL 89/391/EWG verbunden, wohingegen die Bestimmung aus § 15 Abs. 2 ArbSchG auf Art. 13 Abs. 2 lit. a)–c) RL 89/391/EWG zurückzuführen ist.

5 **Sozialversicherungsrechtlich** ist in diesem Zusammenhang auf die Regelung in § 21 Abs. 3 SGB VII hinzuweisen (vgl. auch *Wiebauer* in Landmann/Rohmer GewO ArbSchG § 15 Rn. 4). Danach haben die Versicherten „nach ihren Möglichkeiten alle Maßnahmen zur Verhütung von Arbeitsunfällen, Berufskrankheiten und arbeitsbedingten Gesundheitsgefahren sowie für eine wirksame Erste Hilfe zu unterstützen und die entsprechenden Anweisungen des Unternehmers zu befolgen."

6 Aus der **Perspektive der Unfallverhütungsvorschriften** (UVV) existieren vergleichbare Bestimmungen in der DGUV Vorschrift 1 (vgl. auch *Wiebauer* in Landmann/Rohmer GewO ArbSchG § 15 Rn. 3, 25; zur historischen Entwicklung des Unfallverhütungsrechts *Rentrop* BG 2003, 401, 401 f.). Sie regelt „Grundsätze der Prävention" im Allgemeinen und „Allgemeine Unterstützungspflichten und Verhalten" (§ 15 DGUV Vorschrift 1), „Benutzung von Einrichtungen, Arbeitsmitteln und Arbeitsstoffen" (§ 17 DGUV Vorschrift 1) und „Benutzung" von persönlichen Schutzausrüstungen (§ 30 DGUV Vorschrift 1) im Besonderen. Ganz allgemein bilden die §§ 15–18 DGUV Vorschrift 1 das Dritte Kapitel mit den „Pflichten der Versicherten" und die §§ 29–31 DGUV Vorschrift 1 rechnen als Vierter Abschnitt („Persönliche Schutzausrüstungen") zum Vierten Kapitel über die „Organisation des betrieblichen Arbeitsschutzes". Rechtsdogmatisch rechnen die Unfallverhütungsvorschriften zum **Sozialversicherungsrecht**, da sie auf das Siebte Buch Sozialgesetzbuch – Gesetzliche Unfallversicherung – zurückzuführen sind. Konkret sieht § 15 Abs. 1 S. 1 Hs. 1 SGB VII vor, dass die Unfallversicherungsträger „unter Mitwirkung der Deutschen Gesetzlichen Unfallversicherung e.V. als autonomes Recht Unfallverhütungsvorschriften über Maßnahmen zur Verhütung von Arbeitsunfällen, Berufskrankheiten und arbeitsbedingten Gesundheitsgefahren oder für eine wirksame Erste Hilfe erlassen" können. Mögliche Gegenstände von UVV werden in § 15 Abs. 1 S. 1 Hs. 2 Nr. 2 SGB VII geregelt. Danach rechnet auch „das Verhalten der Versicherten zur Verhütung von Arbeitsunfällen, Berufskrankheiten und arbeitsbedingten Gesundheitsgefahren" zu den tauglichen Regelungsgegenständen von UVV (siehe auch *Kohte* in MHdB ArbR § 290 Rn. 50).

B. Allgemeine Lehren zu den Pflichten und Rechten der Beschäftigten

I. Adressat der Pflichten und Rechte

1. Beschäftigte. Die Pflichten aus den §§ 15 f. ArbSchG sowie die Rechte aus 7
§ 17 ArbSchG richten sich an die **Beschäftigten**. Der **Rechtsbegriff der Beschäftigten** wird in § 2 Abs. 2 ArbSchG definiert, wobei mit dieser Definition ausweislich der Gesetzesbegründung diejenigen Personen bestimmt werden, „die aufgrund einer rechtlichen Beziehung zum Arbeitgeber (…) Arbeitsleistungen erbringen und durch Arbeitsschutzmaßnahmen vor Gesundheitsgefahren geschützt werden sollen" (BT-Drs. 13/3540 S. 15). Was die erforderliche rechtliche Beziehung anbelangt, wird in der Gesetzesbegründung beispielhaft auf den **Arbeitsvertrag**, das **öffentlich-rechtliche Dienstverhältnis** und die **Arbeitnehmerüberlassung** verwiesen.

Im Ergebnis sind mit Blick auf die Aufzählung in § 2 Abs. 2 ArbSchG die folgen- 8
den Personengruppen Adressaten der Pflichten und Rechte aus den §§ 15 ff. ArbSchG:
– Arbeitnehmerinnen und Arbeitnehmer (Nr. 1);
– die zu ihrer Berufsbildung Beschäftigten (Nr. 2);
– arbeitnehmerähnliche Personen i. S. d. § 5 Abs. 1 ArbGG, ausgenommen die in Heimarbeit Beschäftigten und die ihnen Gleichgestellten (Nr. 3);
– Beamtinnen und Beamte (Nr. 4);
– Richterinnen und Richter (Nr. 5);
– Soldatinnen und Soldaten (Nr. 6);
– die in Werkstätten für Behinderte Beschäftigten (Nr. 7).
Der Beschäftigtenbegriff ist vor diesem Hintergrund **weit gefasst** (*Wlotzke*, FS Hanau, 1999, 317, 318). Keine Beschäftigten sind insbesondere **ehrenamtlich Tätige** in Hilfeleistungsunternehmen und **mitarbeitende Familienangehörige** des Arbeitgebers ohne Arbeitsvertrag (*Leube* BB 2000, 302; zum Ganzen → § 2 Rn. 32 ff.).

ArbSchG § 15

9 **2. Einzelfälle. a) Leiharbeitnehmer. Leiharbeitnehmer** i. S. d. Gesetzes zur Regelung der Arbeitnehmerüberlassung (Arbeitnehmerüberlassungsgesetz – AÜG) i. d. F. der Bekanntmachung vom 3.2.1995 (BGBl. I S. 158) sind Normadressaten gem. den §§ 15 ff. ArbSchG. Gem. § 1 Abs. 1 S. 1 AÜG sind **Leiharbeitnehmer** solche Arbeitnehmer, welche von ihren Arbeitgebern als Verleiher Dritten (Entleihern) im Rahmen ihrer wirtschaftlichen Tätigkeit überlassen werden. In § 11 Abs. 6 S. 1 Hs. 1 AÜG ist geregelt, dass die Tätigkeit des Leiharbeitnehmers bei dem Entleiher „den für den Betrieb des Entleihers geltenden öffentlich-rechtlichen Vorschriften des Arbeitsschutzrechts" unterliegt (siehe auch *Kohte* in MHdB ArbR § 292 Rn. 63; zum Verhältnis zur Regelung in § 8 Abs. 2 ArbSchG *Leube* BB 2000, 302, 303). Ergänzend ist darauf hinzuweisen, dass die „Unfallverhütungsvorschriften eines Unfallversicherungsträgers" auch dann gelten, „soweit in dem oder für das Unternehmen Versicherte tätig werden, für die ein anderer Unfallversicherungsträger zuständig ist", § 16 Abs. 1 SGB VII. Diese sozialversicherungsrechtliche Bestimmung ist insbesondere für Fälle der Arbeitnehmerüberlassung relevant (*Marschner* in BeckOK Sozialrecht SGB VII § 16 Rn. 1).

10 Besonderheiten ergeben sich bei der Arbeitnehmerüberlassung aus der **Eingliederung der Leiharbeitnehmer in ein fremdes Unternehmen**. Dabei bereiten die Verpflichtungen zum Eigenschutz und zum Schutz jener Personen im Entleihbetrieb, die vom Verhalten der Leiharbeitnehmer bei der Arbeit betroffen sind, keine Schwierigkeiten (vgl. § 15 Abs. 1 ArbSchG; siehe hierzu auch *Pieper* ArbSchR ArbSchG § 15 Rn. 5; *Kohte* in MHdB ArbR § 292 Rn. 63). Im Ergebnis gilt für die Pflicht zur bestimmungsgemäßen Verwendung von Arbeitsmitteln, Schutzvorrichtungen und persönlicher Schutzausrüstung nichts anderes (vgl. § 15 Abs. 2 ArbSchG). Der Leiharbeitnehmer ist somit ohne Weiteres verpflichtet, z. B. die Werkzeugmaschine beim Entleiher bestimmungsgemäß zu verwenden, zumal die **Pflicht zur Unterweisung** bei der Arbeitnehmerüberlassung dezidiert den Entleiher trifft, § 12 Abs. 2 ArbSchG. Als weitaus schwieriger erweist sich bei der Arbeitnehmerüberlassung demgegenüber der Umgang mit den Pflichten aus § 16 ArbSchG (→ § 16 Rn. 23) und den Rechten aus § 17 ArbSchG (→ § 17 Rn. 15 zum Vorschlagsrecht der Beschäftigten aus § 17 Abs. 1 S. 1 ArbSchG und → § 17 Rn. 48 zum außerbetrieblichen Beschwerderecht aus § 17 Abs. 2 S. 1 ArbSchG).

11 **b) Fremdfirmenbeschäftigte.** Fremdfirmenbeschäftigte, d. h. die im Rahmen insbesondere von Werk-, aber auch von Dienstverträgen eingesetzten Arbeitnehmer, sind Adressaten der Pflichten und Rechte gem. den §§ 15 ff. ArbSchG. Beispiele sind in diesem Zusammenhang **Reinigungsarbeiten** durch selbständige Reinigungsfirmen oder **Reparatur- und Wartungsarbeiten** an betrieblichen Einrichtungen auf werkvertraglicher Grundlage (*Leube* BB 2000, 302). Darüber hinaus muss der Auftraggeber im Falle der Beauftragung von Fremdfirmen auf die Einhaltung des § 5 DGUV Vorschrift 1 achten, der die „Vergabe von Aufträgen" regelt. Bei Aufträgen über die Planung, Herstellung, Änderung oder Instandsetzung muss der Unternehmer dem Auftragnehmer schriftlich aufgeben, jene „für die Durchführung des Auftrags maßgeblichen Vorgaben zu beachten", die in § 2 Abs. 1, 2 DGUV Vorschrift 1 statuiert sind (**staatliches Regelwerk** und **Regelwerk der Unfallversicherungsträger**). Dabei dient § 5 DGUV Vorschrift 1 auch der Konkretisierung des § 16 SGB VII (*Hofmeister* Brücke 2002, 12 ff.). Dass die Unfallverhütungsvorschriften auch dann zu beachten sind, wenn Versicherte von ausländischen Unternehmen eine Tätigkeit im Inland ausüben, folgt aus § 16 Abs. 2 SGB VII (siehe auch *Hofmeister* Brücke 2002, 12 ff.). Wie bei den Leiharbeitneh-

Pflichten der Beschäftigten **§ 15 ArbSchG**

mern sind die spezifischen Bedingungen der **Eingliederung der Arbeitnehmer in ein fremdes Unternehmen** zu beachten (→ Rn. 10).

c) **Arbeitnehmerähnliche Personen.** Arbeitnehmerähnliche Personen sind 12 gem. § 2 Abs. 2 Nr. 3 ArbSchG Beschäftigte i. S. d. ArbSchG und als solche Pflichtenträger und Berechtigte gem. den §§ 15–17 ArbSchG. Der Grund hierfür ist insbesondere darin zu sehen, dass sie – ebenso wie Arbeitnehmer – **sozial schutzbedürftig** sind (*Kollmer* ArbSchG Rn. 47). Ausgenommen sind nur „die in Heimarbeit Beschäftigten und ihnen Gleichgestellten" (→ Rn. 16). Der Gesetzgeber hat indes auf eine eigenständige Definition des Rechtsbegriffs „arbeitnehmerähnliche Personen" verzichtet. Die erforderliche Konkretisierung erfolgt vielmehr durch **Verweis auf das Arbeitsgerichtsgesetz**: Arbeitnehmerähnliche Personen sind gem. § 5 Abs. 1 ArbGG durch ihre **wirtschaftliche Unselbstständigkeit** gekennzeichnet, die typischerweise darauf beruht, dass sie – im Unterschied zu Selbstständigen – auf die **Geschäftsbeziehung zu einem bestimmten Auftraggeber** zur Sicherung ihrer Existenzgrundlage angewiesen sind (*Kollmer* ArbSchG Rn. 48). Der Unterschied zum Arbeitnehmer besteht im **Grad der persönlichen Abhängigkeit** (*Koch* in ErfK ArbGG § 5 Rn. 5). Sie sind **Selbstständige und in wesentlich geringerem Maße persönlich abhängig** als Arbeitnehmer, weil regelmäßig die Weisungsgebundenheit fehlt oder im Vergleich zu Arbeitnehmern schwächer ausgeprägt ist und die Eingliederung in eine betriebliche Organisation fehlt oder schwächer ausgeprägt ist (vgl. BAG NZA 2002, 1412, 1415). Im Unterschied zum Arbeitnehmer kann die arbeitnehmerähnliche Person **Zeit und im Wesentlichen auch Ort der Arbeitsleistung frei bestimmen** (*Kollmer* ArbSchG Rn. 47).

Im Ergebnis können solche Personen als arbeitnehmerähnlich qualifiziert wer- 13 den, die **künstlerische, schriftstellerische, journalistische oder wissenschaftliche Leistungen im Rahmen wiederkehrender oder längerfristiger Geschäftsbeziehungen** erbringen (*Kollmer* ArbSchG Rn. 49). Arbeitnehmerähnliche Personen können im Übrigen auch sog. **Crowdworker** sein (*Kohte* NZA 2015, 1417, 1422). Als Crowdwork bzw. Crowdsourcing wird die Vergabe bzw. Auslagerung von bestimmten Arbeiten durch den Auftraggeber (Crowdsourcer) an eine typischerweise unbestimmte Menge von Menschen (Crowd) bezeichnet (*Däubler/Klebe* NZA 2015, 1032, 1033; siehe auch *Günther/Böglmüller* NZA 2015, 1025, 1029 f.).

In der Literatur wird mit Blick auf die **Anwendbarkeit konkreter Bestim-** 14 **mungen** des ArbSchG auf arbeitnehmerähnliche Personen die Bedeutung der drei folgenden Aspekte betont:
– Sinn und Zweck der in Frage stehenden Arbeitsschutzvorschrift,
– konkrete Schutzbedürftigkeit der arbeitnehmerähnlichen Person,
– rechtliche oder tatsächliche Einflussnahmemöglichkeit des Dienstverpflichteten (zum Ganzen *Kollmer* ArbSchG Rn. 54).

Diese Aspekte sind daher heranzuziehen, wenn die Anwendbarkeit der §§ 15 ff. ArbSchG in Bezug auf arbeitnehmerähnliche Personen zu prüfen ist. In diesem Zusammenhang ist zu beachten, dass eine **differenzierte Betrachtungsweise** angezeigt sein kann, wenn der Arbeitgeber mittelbare Einflussnahmemöglichkeiten hat (*Kollmer* ArbSchG Rn. 54).

d) **Hausangestellte, Beschäftigte auf Seeschiffen und im Bergbau.** Be- 15 schäftigte i. S. d. § 2 Abs. 2 ArbSchG sind grds. auch die **Hausangestellten in privaten Haushalten** sowie **auf Seeschiffen und in dem Bundesberggesetz unterliegenden Betrieben Tätige**. Diese Personengruppen sind indes durch § 1

Schucht

ArbSchG § 15 Arbeitsschutzgesetz

Abs. 2 ArbSchG ausdrücklich vom Anwendungsbereich des ArbSchG ausgenommen, wobei die Ausnahmebestimmung für die Beschäftigten auf Seeschiffen und in Betrieben, die dem Bundesberggesetz unterliegen, aufgrund ihrer Ausgestaltung als **relative Ausnahme** nur zur Anwendung gelangt, wenn entsprechende Rechtsvorschriften bestehen (→ § 1 Rn. 70ff.). Für Beschäftigte auf Seeschiffen und in Betrieben, die dem Bundesberggesetz unterliegen, existieren mit dem Seearbeitsgesetz **(SeeArbG)** vom 20.4.2013 (BGBl. I S. 868) und dem Bundesberggesetz **(BBergG)** vom 13.8.1980 (BGBl. I S. 1310) entsprechende Rechtsvorschriften, sodass die Anwendung des ArbSchG auf die in Rede stehenden Beschäftigten weitgehend ausgeschlossen ist (vgl. *Kollmer* ArbSchG Rn. 45). Mit dem SeeArbG wurde im Übrigen das **Seearbeitsrecht** modernisiert, welches zuvor im Seemannsgesetz geregelt worden war. Das Seemannsgesetz entsprach freilich in vielen Bereichen nicht mehr den arbeits- und sozialrechtlichen Erfordernissen der modernen Handelsschifffahrt (BT-Drs. 17/10959 S. 1).

16 **e) Beschäftigte in Heimarbeit und ihnen Gleichgestellte.** Gem. § 2 Abs. 2 Nr. 3 ArbSchG sind **Heimarbeitnehmer und ihnen Gleichgestellte** nicht Bestandteil des Beschäftigtenbegriffs i. S. d. ArbSchG. Aufgrund der zugrunde liegenden Gesetzestechnik kann diese Ausnahme leicht übersehen werden, weil sie unmittelbar im Anschluss an den Beschäftigtenbegriff rechnenden arbeitnehmerähnlichen Personen i. S. d. § 5 Abs. 1 ArbGG geregelt ist. Heimarbeiter ist gem. § 2 Abs. 1 HAG, „wer in selbstgewählter Arbeitsstätte (…) allein oder mit seinen Familienangehörigen (…) im Auftrag von Gewerbetreibenden oder Zwischenmeistern erwerbsmäßig arbeitet, jedoch die Verwertung der Arbeitsergebnisse dem unmittelbar oder mittelbar auftraggebenden Gewerbetreibenden überlässt". Was den **Gefahrenschutz** anbelangt, gilt der Fünfte Abschnitt des HAG und damit die §§ 12 ff. HAG. Zu beachten sind insbesondere die „Grundsätze des Gefahrenschutzes" gem. § 12 HAG. Danach müssen die Arbeitsstätten der in Heimarbeit Beschäftigten einschließlich der Maschinen, Werkzeuge und Geräte so beschaffen sein, eingerichtet und unterhalten werden und Heimarbeit muss so ausgeführt werden, „dass keine Gefahren für Leben, Gesundheit und Sittlichkeit der Beschäftigten und ihrer Mitarbeiter sowie für die öffentliche Gesundheit" entstehen. **Spezifische Pflichten und Rechte der Heimarbeiter** sind im Fünften Abschnitt des HAG indes nicht geregelt.

II. Universalgeltungsprinzip

17 Was die Pflichten und Rechte aus den §§ 15 ff. ArbSchG anbelangt, gelten diese für **alle Tätigkeitsbereiche** i. S. v. § 1 Abs. 1 S. 2 ArbSchG. Im Hinblick auf das **Universalgeltungsprinzip** werden grds. alle Tätigkeiten einbezogen, die in abhängiger Arbeit erbracht werden (*Wlotzke* NZA 1996, 1017, 1018). Der weite Anwendungsbereich ergibt sich in erster Linie aus der **Umsetzung der Arbeitsschutz-Rahmenrichtlinie**(→ Rn. 4), die auf „alle privaten oder öffentlichen Tätigkeiten" Anwendung findet, Art. 2 Abs. 1 RL 89/391/EWG. Ausdrücklich genannt werden in diesem Zusammenhang „gewerbliche, landwirtschaftliche, kaufmännische, verwaltungsmäßige sowie dienstleistungs- oder ausbildungsbezogene, kulturelle und Freizeittätigkeiten". Vor diesem Hintergrund kommen die Pflichten und Rechte gem. den §§ 15 ff. ArbSchG in der gewerblichen Wirtschaft, in land- und forstwirtschaftlichen Betrieben, dem öffentlichen Dienst, den freien Berufen, den Religionsgemeinschaften und allen sonstigen Organisationen mit und ohne

Pflichten der Beschäftigten **§ 15 ArbSchG**

Erwerbscharakter zum Tragen (*Vogl* NJW 1996, 2753, 2754; *Kollmer* WiB 1996, 825, 826; *Wlotzke,* FS Hanau 1999, 317, 318). Sie gelten schließlich auch in solchen Betrieben, die nicht in den **Geltungsbereich des BetrVG oder der Personalvertretungsgesetze** fallen (*Pieper* ArbSchR ArbSchG § 15 Rn. 2).

III. Unberührtheitsklausel

Die Pflichten und Rechte gem. den §§ 15 ff. ArbSchG stellen **keine abschlie- 18 ßende Regelung** dar. Gem. § 1 Abs. 3 S. 2 ArbSchG i. V. m. § 1 Abs. 3 S. 1 ArbSchG bleiben die „Pflichten und Rechte der Beschäftigten", welche sie „nach sonstigen Rechtsvorschriften haben" unberührt. Dabei ist zu beachten, dass sonstige Rechtsvorschriften in diesem Sinne gem. § 2 Abs. 4 ArbSchG „Regelungen über Maßnahmen des Arbeitsschutzes in anderen Gesetzen, in Rechtsverordnungen und Unfallverhütungsvorschriften" sind.

Was die **Pflichten** der Beschäftigten anbelangt, ist exemplarisch zum einen auf das **Gefahrstoffrecht** hinzuweisen. Gem. § 7 Abs. 5 S. 1 GefStoffV müssen Beschäftigte etwa „die bereitgestellte persönliche Schutzausrüstung verwenden, solange eine Gefährdung besteht." **Unfallverhütungsrechtlich** dürfen sich die Versicherten zum anderen „durch den Konsum von Alkohol, Drogen oder anderen berauschenden Mitteln nicht in einen Zustand versetzen, durch den sie sich selbst oder andere Menschen gefährden können", § 15 Abs. 2 DGUV Vorschrift 1 (vgl. mit weiteren Beispielen spezifischer Pflichten *Kollmer* ArbSchG Rn. 222a). In Bezug auf die **Rechte** der Beschäftigten ist etwa an die betriebsverfassungsrechtlichen Vorschlagsrechte in den §§ 82 Abs. 1 S. 2, 86a BetrVG hinzuweisen, die neben § 17 Abs. 1 S. 1 ArbSchG (→ § 17 Rn. 6 ff.) anwendbar sind.

IV. Zwecke

Mit der Normierung von Pflichten und Rechten der Beschäftigten, die erstmals 19 durch den Erlass des ArbSchG im Jahr 1996 eine systematische Regelung erfuhren (*Kollmer* ArbSchG Rn. 22), zielt der Gesetzgeber darauf ab, die **Mitverantwortung der Beschäftigten für ihre Arbeitssicherheit** festzulegen (*Vogl* NJW 1996, 2753, 2756). Das Ziel eines wirksamen Arbeitsschutzes kann selbst im Falle einer betrieblichen Arbeitsschutzorganisation, die höchsten Standards genügt, nur erreicht werden, wenn sich die Beschäftigten selbst als **zentrale Akteure für den Arbeitsschutz** ansehen, **aktiv am Arbeitsschutz mitwirken** und sich insbesondere stets **sicherheitsgerecht verhalten** (vgl. auch *Wlotzke* NZA 1996, 1017, 1022; *Wiebauer* in Landmann/Rohmer GewO ArbSchG Vorb § 15 Rn. 1). Aus diesem Grund sind die **Anstrengungen der Beschäftigten als unmittelbar Beteiligte,** nach ihren individuellen Möglichkeiten für Sicherheit und Gesundheitsschutz bei der Arbeit zu sorgen, **unabdingbare Voraussetzung für die Effektivität des betrieblichen Arbeitsschutzes** (siehe auch *Kohte* in MHdB ArbR § 292 Rn. 62). Im Hinblick darauf, dass sich die Beschäftigten tatsächlich innerbetrieblich beteiligen, bedarf es in der Tat auch der **gesellschaftlichen Verankerung** der „Beteiligung als Konzept" (so *Pieper* AiB 2006, 523, 526).

ArbSchG § 15

**Rechtsgrundlagen für
Pflichten der Beschäftigten**

Europarecht

Arbeitsschutz-Rahmenrichtlinie 89/391/EWG
19 Einzelrichtlinien

Gesetze

Gesetz zur Umsetzung der Arbeitsschutz-Rahmenrichtlinie (ArbSchG)
allgemeine Gesetze (z. B. ASiG, MuSchG, JArbSchG)

Verordnungen

aufgrund gesetzlicher Ermächtigung erlassen
(z. B. GefStoffV, BetrSichV, BildschirmV)

Satzungsrecht

durch Ermächtigung in § 15 SGB VII von den UT
beschlossene Unfallverhütungsvorschriften

Arbeitsvertrag

einzelvertragliche Nebenpflichten zur Einhaltung
arbeitsschutzrechtlicher Bestimmungen

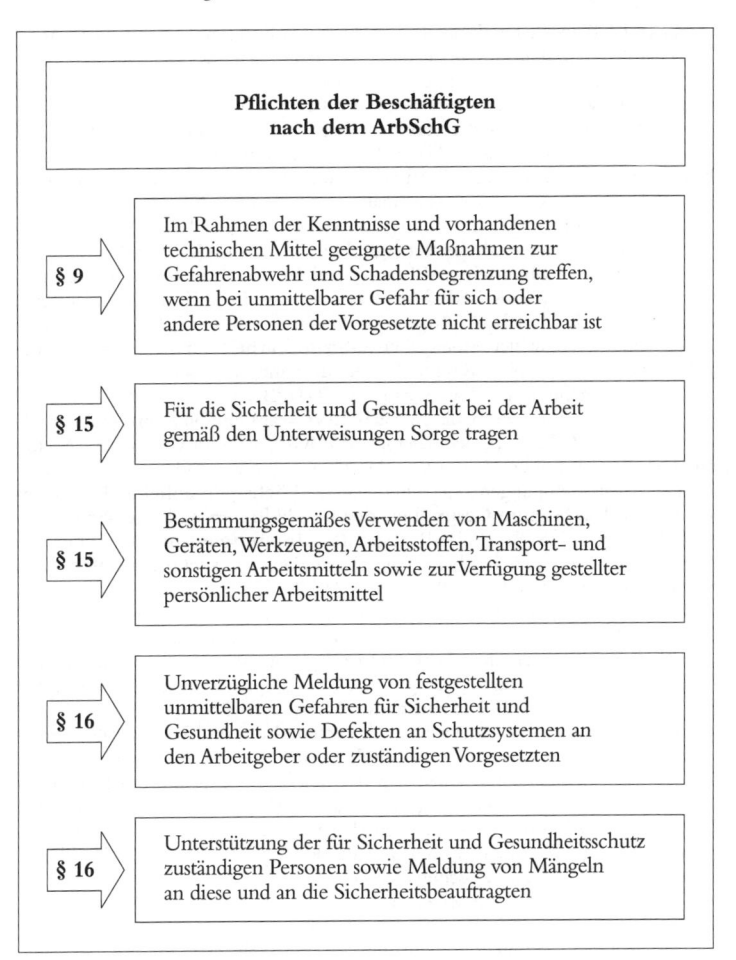

Pflichten der Beschäftigten nach dem ArbSchG

§ 9 — Im Rahmen der Kenntnisse und vorhandenen technischen Mittel geeignete Maßnahmen zur Gefahrenabwehr und Schadensbegrenzung treffen, wenn bei unmittelbarer Gefahr für sich oder andere Personen der Vorgesetzte nicht erreichbar ist

§ 15 — Für die Sicherheit und Gesundheit bei der Arbeit gemäß den Unterweisungen Sorge tragen

§ 15 — Bestimmungsgemäßes Verwenden von Maschinen, Geräten, Werkzeugen, Arbeitsstoffen, Transport- und sonstigen Arbeitsmitteln sowie zur Verfügung gestellter persönlicher Arbeitsmittel

§ 16 — Unverzügliche Meldung von festgestellten unmittelbaren Gefahren für Sicherheit und Gesundheit sowie Defekten an Schutzsystemen an den Arbeitgeber oder zuständigen Vorgesetzten

§ 16 — Unterstützung der für Sicherheit und Gesundheitsschutz zuständigen Personen sowie Meldung von Mängeln an diese und an die Sicherheitsbeauftragten

V. Doppelnatur der Beschäftigtenrechte

Rechte der Beschäftigten mit Bezug zum Arbeitsschutz können sich erstens aus spezifischen Regelungen wie insbesondere § 17 ArbSchG ergeben (Beschäftigtenrechte aus öffentlich-rechtlichem Arbeitsschutzrecht). Daneben können sie freilich auch aus den **arbeitsvertraglichen Pflichten des Arbeitgebers** abgeleitet werden (Beschäftigtenrechte aus arbeitsvertraglichen Arbeitgeberpflichten; Pieper AiB 2013, 499, 503). Im Rahmen des **privatrechtlichen Arbeitsrechts** ist der Fokus insbesondere auf § 618 BGB zu richten, welcher die „Pflicht zu Schutzmaßnahmen" regelt; denn die **privatrechtlichen Pflichten des Arbeitgebers** werden

ArbSchG § 15 Arbeitsschutzgesetz

aus § 618 BGB abgeleitet (*Wank* in ErfK ArbSchG § 16 Rn. 1). Gem. § 618 Abs. 1 BGB hat der Dienstberechtigte „Räume, Vorrichtungen oder Gerätschaften, die er zur Verrichtung der Dienste zu beschaffen hat, so einzurichten und zu unterhalten und Dienstleistungen, die unter seiner Anordnung oder seiner Leitung vorzunehmen sind, so zu regeln, dass der Verpflichtete gegen Gefahr für Leben und Gesundheit soweit geschützt ist, als die Natur der Dienstleistung es gestattet." Für **Auszubildende** i. S. d. § 2 Abs. 2 Nr. 2 ArbSchG findet § 618 Abs. 1 BGB entsprechende Anwendung, § 10 Abs. 2 BBiG (zur analogen Anwendung bei Leiharbeitnehmern *Wiebauer* in Landmann/Rohmer GewO ArbSchG Vorb § 15 Rn. 42).

21 Die Regelung dieser **arbeitsvertraglichen Schutzpflicht** ist im Beispiel eine **Ausprägung der allgemeinen Fürsorgepflicht des Dienstberechtigten** (Arbeitgebers) (*Wank* in ErfK BGB § 618 Rn. 2; *Henssler* in MüKoBGB § 618 Rn. 1; *Reinefeld* in Moll, Münchener Anwaltshandbuch, 3. Aufl. 2012, § 34 Rn. 3). Gem. § 241 Abs. 2 BGB ist der Arbeitgeber **aufgrund arbeitsvertraglicher Nebenpflicht** verpflichtet, auf die Rechte, Rechtsgüter und Interessen der Arbeitnehmer Rücksicht zu nehmen (*Koch* in Schaub ArbR-HdB § 106 Rn. 1). Die Fürsorgepflicht aus § 618 Abs. 1 BGB, die eine **arbeitsvertragliche Nebenpflicht** darstellt (*Kollmer* ArbSchG Rn. 227), kann gem. § 619 BGB „nicht im Voraus durch Vertrag aufgehoben oder beschränkt werden." Vor diesem Hintergrund muss der Arbeitgeber die Arbeitsbedingungen so gestalten, dass die **höchstpersönlichen Rechtsgüter Leben, Körper und Gesundheit der Beschäftigten nicht gefährdet** werden. Die aus § 618 Abs. 1 BGB abgeleitete **Interessenwahrungspflicht des Arbeitgebers** bezieht sich dabei auf die **physische und psychische Gefährdung** von Leben, Körper und Gesundheit (*Pieper* AiB 2013, 499, 501).

22 Die privatrechtlichen Pflichten des Arbeitgebers werden – mit Blick auf die aus den Grundrechten abgeleiteten Schutzpflichten – flankiert von den **öffentlich-rechtlichen Pflichten der Arbeitgeber** (vgl. nur die §§ 3 ff. ArbSchG). Der **staatliche Schutzauftrag** in Bezug auf die Beschäftigten wird verfassungsrechtlich aus den Artt. 1 Abs. 1 GG **(Schutz der Menschenwürde)**, 2 Abs. 2 S. 1 GG **(Recht auf Leben und körperliche Unversehrtheit)** und 20 Abs. 1 GG **(Sozialstaatsprinzip)** abgeleitet. Die **staatlichen Gewalten** im Allgemeinen und die **Legislative** im Besonderen sollen sich insoweit schützend und fördernd vor die verbürgten Rechtsgüter stellen (vgl. zum Ganzen *Wlotzke* in MHdB ArbR, Bd. 2, 2. Aufl. 2000, § 206 Rn. 22; siehe auch *Pieper* AiB 2006, 523, 525 zu den verfassungsrechtlichen Vorgaben für den Vollzug des Arbeitsschutzrechts). Vor diesem Hintergrund dient der arbeitsschutzrechtliche Rahmen, den der Staat aus der Taufe gehoben hat, der Erfüllung seiner verfassungsrechtlichen Pflicht, Sicherheit und Gesundheitsschutz der Beschäftigten bei der Arbeit zu gewährleisten.

23 Das geltende **öffentlich-rechtliche Arbeitsschutzrecht** mit Gesetzen, Rechtsverordnungen und Satzungen dient in seiner Gesamtheit dem Ziel, einen wirksamen Arbeitsschutz in den Betrieben sicherzustellen. Zugleich erzeugen die arbeitsschutzrechtlichen Bestimmungen **unabdingbare Vertragspflichten** des Arbeitgebers gegenüber seinen Arbeitnehmern, indem sie die arbeitsrechtliche Pflicht aus § 618 Abs. 1 BGB konkretisieren (BAG NZA 2009, 102; 2009, 775; *Pieper* AiB 2003, 499, 500; *Wank* in ErfK BGB § 618 Rn. 2 f.). Dieses **Phänomen einer Transformierung** des öffentlich-rechtlichen Arbeitsschutzes in das jeweilige Arbeitsverhältnis wird als **Doppelwirkung des öffentlich-rechtlichen Arbeitsschutzrechts** bezeichnet (BAG NZA 2009, 102, 103; 2009, 775, 776; *Pieper* AiB 2003, 499, 501; *Wank* in ErfK BGB § 618 Rn. 4; *Kollmer* ArbSchG Rn. 227). Gegenstand dieser Transformation sind im Übrigen auch die **Unfallverhütungsvor-**

Pflichten der Beschäftigten **§ 15 ArbSchG**

schriften der Unfallversicherungsträger (*Wiebauer* in Landmann/Rohmer GewO ArbSchG Vorb § 15 Rn. 18). Zu beachten ist in diesem Zusammenhang freilich, dass sich die öffentlich-rechtlichen Bestimmungen eignen müssen, „den Gegenstand einer arbeitsvertraglichen Vereinbarung zu bilden", sodass insbesondere ordnungsrechtliche Regelungen außer Betracht bleiben müssen (BAG NZA 1986, 324; *Pieper* AiB 2013, 499, 501). In der neueren Rechtsprechung des BAG wird darüber hinaus geprüft, ob die betreffende öffentlich-rechtliche Arbeitsschutzvorschrift dezidiert **den Schutz des einzelnen Arbeitnehmers zum Ziel hat** (BAG NZA 2009, 102, 103). Dogmatisch wird im Rahmen des § 618 Abs. 1 BGB zwischen der Einrichtung und Unterhaltung von Räumen, Vorrichtungen und Gerätschaften einerseits und der Regelung von Dienstleistungen andererseits unterschieden: Was die **Räume, Vorrichtungen und Gerätschaften** anbelangt, lassen sich damit z. B. die **arbeitsschutzrechtlichen Bestimmungen des Betriebssicherheits- (BetrSichV), Arbeitsstätten- (ArbStättV) oder PSA-Benutzungsrechts (PSA-BV)** in das Arbeitsverhältnis transformieren (*Henssler* in MüKoBGB § 618 Rn. 27 ff.). Demgegenüber bildet die **Regelung von Dienstleistungen** die Grundlage für die Einbeziehung zum einen von arbeitsschutzrechtlichen Organisationspflichten (instruktiv *Wiebauer* in Landmann/Rohmer GewO ArbSchG Vorb § 15 Rn. 20 mit der Unterscheidung zwischen aufbauorganisatorischen Regelungen und ablauforganisatorischen Verpflichtungen) und zum anderen des sozialen Arbeitsschutzes (*Wiebauer* in Landmann/Rohmer GewO ArbSchG Vorb § 15 Rn. 22; vgl. zum Ganzen auch *Pieper* AiB 2013, 499, 501 f.).

Wenn und soweit in concreto das öffentlich-rechtliche Arbeitsschutzrecht eingehalten wird, geht damit insoweit eine **Entlastung des Arbeitgebers** einher, als er in diesem Fall zugleich seine vertraglichen Schutzpflichten erfüllt; denn grds. bilden die Normen des technischen Arbeitsschutzes die Obergrenze im Hinblick auf die Konkretisierung der privatrechtlichen Fürsorgepflicht gem. § 618 Abs. 1 BGB (*Henssler* in MüKoBGB § 618 Rn. 24; instruktiv zu den Grenzen der Schutzpflichten gem. § 618 Abs. 1 BGB *Wiebauer* in Landmann/Rohmer GewO ArbSchG Vorb § 15 Rn. 26 ff.). 24

Im Falle von Verstößen des Arbeitgebers gegen seine arbeitsvertraglichen Nebenpflichten aus § 618 Abs. 1 BGB i. V. m. dem öffentlich-rechtlichen Arbeitsschutzrecht können die Beschäftigten insbesondere die folgenden Ansprüche bzw. Rechte geltend machen: 25
– Erfüllungs- und Unterlassungsanspruch;
– Leistungsverweigerungs- bzw. Zurückbehaltungsrecht;
– Recht aus einem Annahmeverzug des Arbeitgebers;
– Anspruch auf Schadensersatz;
– Recht auf außerordentliche Kündigung.
Damit stehen den Beschäftigten (arbeits-)vertragliche Instrumente zur Verfügung, um die Einhaltung der Pflichten aus § 618 Abs. 1 BGB i. V. m. dem öffentlich-rechtlichen Arbeitsschutzrecht durchzusetzen bzw. etwaige Verstöße zu sanktionieren (zum Ganzen *Pieper* AiB 2013, 499, 502 f.; *Kollmer* ArbSchG Rn. 248; *Wiebauer* in Landmann/Rohmer GewO ArbSchG Vorb § 15 Rn. 31 ff.; zu denkbaren Schadensersatzansprüchen im Zusammenhang mit § 9 Abs. 3 ArbSchG *Kollmer* ArbSchG Rn. 234).

Zu betonen ist insbesondere das **Leistungsverweigerungs- bzw. Zurückbehaltungsrecht** des Beschäftigten gem. § 273 Abs. 1 BGB für den Fall, dass der Arbeitgeber seine Schutzpflicht aus § 618 Abs. 1 BGB i. V. m. dem öffentlich-rechtlichen Arbeitsschutzrecht nicht erfüllt und damit den Beschäftigten in Gefahr 26 bringt. Basis für die Geltendmachung der genannten Rechte ist der Erfüllungsanspruch, wobei **unerhebliche Gefährdungen eine vorherige Abmahnung des Arbeitgebers durch den Arbeitnehmer** erforderlich machen können (*Wiebauer* in Landmann/Rohmer GewO ArbSchG Vorb § 15 Rn. 33). Gleichwohl muss der Arbeitgeber – mit Blick auf den insoweit bestehenden **Annahmeverzug** – das vereinbarte Entgelt weiterhin zahlen (zum Ganzen *Kollmer* ArbSchG Rn. 230); denn der Arbeitgeber gerät gem. den §§ 293, 295 S. 2 BGB im Hinblick darauf, dass die **Zurverfügungstellung eines arbeitsschutzkonformen Arbeitsplatzes eine notwendige Mitwirkungshandlung des Arbeitgebers** ist, in Annahmeverzug, sobald der Beschäftigte ihm gegenüber auf den Missstand hinweist und mitteilt, dass er die Arbeit solange einstellt, bis die Schutzpflichten erfüllt sind (*Wiebauer* in Landmann/Rohmer GewO ArbSchG Vorb § 15 Rn. 34).

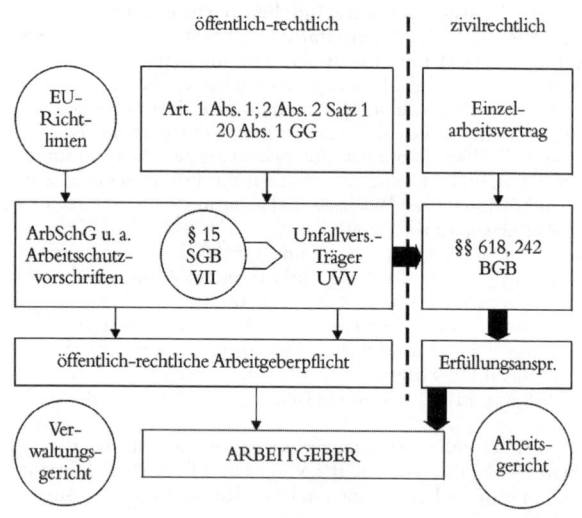

	öffentlich-rechtlich		zivilrechtlich
EU-Richtlinien	Art. 1 Abs. 1; 2 Abs. 2 Satz 1 20 Abs. 1 GG		Einzelarbeitsvertrag
ArbSchG u. a. Arbeitsschutzvorschriften	§ 15 SGB VII → Unfallvers.-Träger UVV		§§ 618, 242 BGB
	öffentlich-rechtliche Arbeitgeberpflicht		Erfüllungsanspr.
Verwaltungsgericht	ARBEITGEBER		Arbeitsgericht

VI. Besondere Organisationspflichten des Arbeitgebers

27 Gesetzessystematisch sind im Rahmen der §§ 15 f. ArbSchG auch die „Grundpflichten des Arbeitgebers" in § 3 ArbSchG zu beachten. Gem. § 3 Abs. 2 Nr. 2 ArbSchG ist der Arbeitgeber u. a. verpflichtet, „Vorkehrungen zu treffen, dass (...) die Beschäftigten ihren Mitwirkungspflichten nachkommen können" (zur daraus abzuleitenden Managementaufgabe *Pieper* AiB 2006, 523, 526). Damit werden die Pflichten der Beschäftigten aus den § 15 f. ArbSchG in Bezug genommen, welche im Ergebnis dazu führen, dass die Beschäftigten an der betrieblichen Arbeitsschutzorganisation teilnehmen (*Kohte* in MHdB ArbR § 290 Rn. 52). Der Gesetzgeber hat mit der **Verzahnung der Mitwirkungspflichten der Beschäftigten mit einer korrespondierenden Organisationspflicht des Arbeitgebers** verdeutlicht, dass die aktive Mitwirkung der Beschäftigten im Bereich des Arbeitsschutzes (→ Rn. 19) nicht ohne strukturelle Organisationsmaßnahmen des Arbeitgebers denkbar ist; in diesem Zusammenhang bedarf es **Transparenz durch die klare und umfassende Information und Unterweisung der Beschäftigten** (zum

Ganzen → § 3 Rn. 69; zur betrieblichen Mitbestimmung gem. § 87 Abs. 1 Nr. 7 BetrVG *Hamm/Faber* in HK-ArbR ArbSchG § 16 Rn. 5). Kein Gegenstand der Organisationspflicht des Arbeitgebers sind umgekehrt die **Rechte der Beschäftigten** (krit. → § 3 Rn. 71).

VII. Gleiches Schutzniveau

Die Pflichten und Rechte der Beschäftigten in den §§ 15 ff. ArbSchG bestehen **28 ohne Einschränkungen,** sodass im Ergebnis ein **gleiches Schutzniveau** gewährleistet wird. Die Beschäftigten können sich insbesondere auch dann auf die Rechte berufen, wenn in concreto **kein Betriebsrat** existiert (vgl. *Pieper* AiB 2013, 499 mit dem Hinweis, dass 90% der Betriebe im Jahr 2010 über weniger als zehn Beschäftigte verfügten und diese Betriebe regelmäßig keinen Betriebsrat haben; siehe auch *ders.* AiB 2006, 523, 526). Im Übrigen spielt es keine Rolle für die Pflichten der Beschäftigten und die Wahrnehmung der Beschäftigtenrechte, ob der Beschäftigte im Groß-, Mittel- oder Kleinbetrieb sowie in welcher Branche er tätig wird (*Pieper* AiB 2013, 499).

VIII. Bedeutung des europäischen Binnenmarkts für die Regelung der Rechtsstellung der Beschäftigten

In der arbeitsschutzrechtlichen Literatur wird der Zusammenhang zwischen der **29** Statuierung dezidiert auch von Pflichten und Rechten der Beschäftigten und der Ebene des Europarechts im Allgemeinen und der forcierten Verwirklichung des europäischen Binnenmarkts im Besonderen betont (*Pieper* AiB 2006, 523, 524). In der Tat sind die §§ 15 ff. ArbSchG eine **Frucht der europäischen Arbeitsschutz-Rahmenrichtlinie** (→ Rn. 4; siehe indes auch *Wlotzke* NZA 1996, 1017, 1022 mit Verweis auf Pflichten der Beschäftigten in speziellen Arbeitsschutzvorschriften und Unfallverhütungsvorschriften).

C. Die einzelnen Absätze

I. Pflicht zur Eigen- und Fremdvorsorge (Abs. 1)

Stoßrichtung der Pflicht aus § 15 Abs. 1 ArbSchG ist der **Gesundheitsschutz 30 der Beschäftigten** (→ Rn. 7 ff.), wobei zwischen dem **Selbst- oder Eigenschutz** bzw. der **Eigensorge oder -vorsorge** (S. 1) und dem **Schutz anderer Personen** im Allgemeinen und anderer Beschäftigter im Besonderen (S. 2) unterschieden wird (sog. **Fremdsorge oder -vorsorge**). Die Norm ergänzt **gesetzessystematisch** die „Grundpflichten des Arbeitgebers" aus § 3 ArbSchG, indem sie neben den – freilich im Vordergrund stehenden – Arbeitgebern auch die Beschäftigten in die Pflicht nimmt. Zu beachten ist, dass die Pflichten aus § 15 Abs. 1 ArbSchG durch die Bestimmung in § 15 Abs. 2 ArbSchG konkretisiert werden (*Wiebauer* in Landmann/Rohmer GewO ArbSchG § 15 Rn. 11, 22). Vor diesem Hintergrund wird die Pflicht aus § 15 Abs. 1 ArbSchG als **Grundnorm** bezeichnet (*Wlotzke* NZA 1996, 1017, 1022). Im Ergebnis führt die Pflicht aus § 15 Abs. 1 ArbSchG zur **Begrenzung der Verantwortung des Arbeitgebers,** indem dieser nicht für solche Schäden einstehen muss, die eintreten, obwohl alle rechtlich gebotenen Arbeitsschutzmaßnahmen im Betrieb getroffen worden sind (*Wiebauer* in Landmann/Rohmer GewO ArbSchG § 15 Rn. 2, 16). Was die **Unfallverhütungsvorschrif-**

ArbSchG § 15

ten anbelangt, regelt § 15 Abs. 1 S. 1 DGUV Vorschrift 1 eine mit § 15 Abs. 1 ArbSchG **vergleichbare Pflicht der Versicherten.**

31 Ungeachtet der genuinen **Begrenzungsfunktion der Mitwirkungspflichten** der Beschäftigten in Bezug auf die Pflichten der Arbeitgeber (→ Rn. 30) kann die Pflicht aus § 15 Abs. 1 ArbSchG im Übrigen nicht als **Exkulpation für den Arbeitgeber** dienen (*Kollmer* ArbSchG Rn. 211). Gem. § 3 Abs. 1 S. 1 ArbSchG ist und bleibt der Arbeitgeber verpflichtet, „die erforderlichen Maßnahmen des Arbeitsschutzes unter Berücksichtigung der Umstände zu treffen, die Sicherheit und Gesundheit der Beschäftigten bei der Arbeit beeinflussen." Im Ergebnis sind dem Arbeitgeber insbesondere dann Selbstgefährdungen der Beschäftigten nicht zuzurechnen, wenn er die mit Blick auf die durchgeführte Gefährdungsbeurteilung erforderlichen Schutzmaßnahmen getroffen, die individuelle Befähigung der Beschäftigten bei der Aufgabenübertragung berücksichtigt, ordnungsgemäße Unterweisungen durchgeführt und geeignete Anweisungen gegeben hat (vgl. *Wiebauer* in Landmann/Rohmer GewO ArbSchG § 15 Rn. 16).

32 Mit Blick auf die Pflicht zur Eigen- und Fremdvorsorge in § 15 Abs. 1 ArbSchG hat der Gesetzgeber darauf hingewiesen, dass die besten Schutzvorkehrungen keinen Nutzen haben, „wenn sich die Beschäftigten nicht sicherheitsgerecht verhalten" (BT-Drs. 13/3540 S. 20; siehe auch *Otto* in NK-ArbR ArbSchG § 15 Rn. 2; *Kohte* in MHdB ArbR § 292 Rn. 62). Darüber hinaus zeigt die in Rede stehende Pflicht, dass **Schadensvorsorge vor Schadensausgleich** geht (*Kollmer* ArbSchG Rn. 209).

33 **1. Eigenvorsorge (S. 1).** Zunächst sind die Beschäftigten in der Pflicht, für ihren eigenen Schutz bei der Arbeit zu sorgen, wobei **Schutzgüter** die „Sicherheit und Gesundheit" sind. Die Pflicht zur Eigenvorsorge zielt darauf ab, den Eintritt von **Personenschäden zu vermeiden.** Die höchstpersönlichen Rechtsgüter **Leben, Körper und Gesundheit der Beschäftigten selbst** sollen nicht in Mitleidenschaft gezogen werden. Zu diesem Zweck sollen sich die Beschäftigten zu ihrem eigenen Schutz **stets arbeitsschutz- und sicherheitsgerecht** verhalten (*Wlotzke* in MHdB ArbR, Bd. 2, 2. Aufl. 2000, § 211 Rn. 62). Mit § 15 Abs. 1 ArbSchG wurde erstmals im deutschen Arbeitsschutzrecht eine **generelle Vorsorgeverantwortung** der Beschäftigten für die eigene Sicherheit und Gesundheit implementiert (*Wlotzke* NZA 1996, 1017, 1022). Um für die eigene Sicherheit zu sorgen, sollen sich die Beschäftigten naturgemäß keinen Gefahren aussetzen müssen (*Wlotzke* in MHdB ArbR, Bd. 2, 2. Aufl. 2000, § 211 Rn. 61; *Kohte* in MHdB ArbR § 292 Rn. 63); denn die Existenz konkreter Gefahren rechnet nicht mehr zum **akzeptablen Restrisiko** (*Wlotzke,* FS Hanau, 1999, 317, 322). Zu beachten ist, dass die Pflicht zur Eigenvorsorge aus § 15 Abs. 1 ArbSchG nicht zur Erweiterung der arbeitsvertraglichen Leistungspflichten führt, sodass die Beschäftigten z. B. nicht zur Übernahme von vertraglich nicht vorgesehenen Tätigkeiten im Rahmen der Arbeitsschutzorganisation verpflichtet werden können (*Pieper* ArbSchR ArbSchG § 15 Rn. 6; vgl. hierzu auch § 16 Rn. 34). In der Literatur wird schließlich auch im Zusammenhang mit der Pflicht zur Eigenvorsorge darauf hingewiesen, dass eine arbeitsschutzgerecht erbrachte Leistung **positiven Einfluss auf die Qualität der zu erbringenden Dienstleistungen** bzw. **der zu erzeugenden Produkte** hat bzw. haben kann (*Wlotzke,* FS Hanau, 1999, 317, 328).

34 Gegenstand der Pflicht zum Eigenschutz ist auch der **soziale Arbeitsschutz.** Die Beschäftigten werden daher z. B. die vom Arbeitgeber vorgegebenen Ruhepausen gem. § 4 ArbZG ebenso einhalten müssen wie werdende Mütter die Be-

Pflichten der Beschäftigten **§ 15 ArbSchG**

schäftigungsverbote aus den §§ 3f. MuSchG. Bei **europarechts- bzw. richtlinienkonformer Auslegung** (→ Rn. 4) ergibt sich die Einbeziehung des sozialen Arbeitsschutzes etwa aus den Verweisen in Art. 1 Abs. 4 RL 2003/88/EG (sog. **Arbeitszeitrichtlinie**) oder Art. 1 Abs. 2 RL 92/85/EG (sog. **Mutterschutzrichtlinie**) auf die RL 89/391/EWG (instruktiv *Wiebauer* in Landmann/Rohmer GewO ArbSchG § 15 Rn. 12).

a) Grenzen. Begrenzt wird die Pflicht zum Eigenschutz zum einen durch die 35 Inbezugnahme der jeweiligen **Möglichkeiten der Beschäftigten** (dazu aa)). Zum anderen spielen die **Unterweisung und Weisung des Arbeitgebers** eine maßgebliche Rolle für die Grenzen des Selbstschutzes (dazu **bb**)). Diese Grenzen sind im Hinblick auf Art. 13 Abs. 1 RL 89/391/EWG im Übrigen **europarechtlich vorgegeben** (zur Bedeutung der europarechts- bzw. richtlinienkonformen Auslegung im Rahmen der Pflichten aus § 16 ArbSchG → § 16 Rn. 18, 38, 42). Schließlich gilt die Pflicht zur Eigenvorsorge nur „bei der Arbeit" (dazu **cc**)).

aa) Nach ihren Möglichkeiten. Die Pflicht der Beschäftigten zum Eigen- 36 schutz besteht ausdrücklich nur „nach ihren Möglichkeiten". Damit gilt insoweit kein objektiver, sondern ein dezidiert **subjektiver (individueller) Maßstab** (*Wiebauer* in Landmann/Rohmer GewO ArbSchG § 15 Rn. 10), der im Ergebnis vor Überforderung schützen soll (*Wlotzke*, FS Hanau, 1999, 317, 322). Dem Beschäftigten wird folglich erstens nicht abverlangt, das **Menschmögliche** zu leisten. Vor diesem Hintergrund dürfen in der Tat **keine allzu hohen Erwartungen an die Sorgfaltspflicht der Beschäftigten** gestellt werden (*Kollmer* ArbSchG Rn. 210). Zweitens wird auch nicht darauf abgestellt, was andere Beschäftigte aus dem in Rede stehenden **Verkehrskreis (Berufskreis)** zu leisten imstande sind (a. A. wohl *Kollmer* ArbSchG Rn. 210 mit der Inbezugnahme der „für den durchschnittlichen Arbeitnehmer" üblichen Sorgfalt). Entscheidend ist allein das individuelle Leistungsvermögen des betreffenden Beschäftigten. Dieses Leistungsvermögen ist allerdings in Bezug auf die Anforderungen an den arbeitsschutzrechtlichen Eigenschutz auch abzurufen. Typischerweise sollte die betriebliche Praxis mit dem gesetzlichen Anspruch übereinstimmen, wenn man sich vor Augen hält, dass jeder Beschäftigte ein spezifisches Interesse an der Aufrechterhaltung seiner Gesundheit haben und somit grds. alle Anstrengungen unternehmen wird, um betriebliche Gefahren von sich fernzuhalten. Vor diesem Hintergrund hat der Gesetzgeber ein Gebot zum Selbstschutz positiviert, das im Einklang mit **„natürlichem Verhalten"** (bzw. der „Natur des Menschen") und dem **Selbsterhaltungstrieb des Menschen** steht.

Maßgeblich beeinflusst werden die Möglichkeiten der Beschäftigten durch ihre **Befähigung** i. S. d. § 7 ArbSchG (dazu **(1)**) und die **vorhandenen technischen Mittel** gem. den §§ 9 Abs. 2 S. 2 Hs. 1, 10 Abs. 1 ArbSchG (dazu **(2)**). Schließlich ist eine Abgrenzung zum außerbetrieblichen Beschwerderecht gem. § 17 Abs. 2 S. 1 ArbSchG vorzunehmen (dazu **(3)**)

(1) Befähigung. Gesetzessystematisch ist die Regelung in § 7 ArbSchG eng 37 mit dem subjektiven Maßstab in § 15 Abs. 1 ArbSchG verbunden (*Kohte* in MHdB ArbR § 292 Rn. 63; *Wiebauer* in Landmann/Rohmer GewO ArbSchG § 15 Rn. 10); denn danach muss der Arbeitgeber bei der „Übertragung von Aufgaben auf Beschäftigte" je nach Art der Tätigkeiten berücksichtigen, „ob die Beschäftigten befähigt sind, die für die Sicherheit und den Gesundheitsschutz bei der Aufgabenerfüllung zu beachtenden Bestimmungen und Maßnahmen einzuhalten." Die Anforderungen an die Berücksichtigungspflicht steigen dabei mit der Zunahme der Ge-

Schucht

ArbSchG § 15 Arbeitsschutzgesetz

fahren bei den Tätigkeiten (*Kohte* in MHdB ArbR § 292 Rn. 29). Mittels dieser **Maßnahme des individuellen Arbeitsschutzes** soll verhindert werden, dass Beschäftigte aufgrund fehlender Eignung oder Fähigkeiten sich oder andere Personen bei der Arbeit gefährden (*Otto* in NK-ArbR ArbSchG § 17 Rn. 2); denn sie müssen körperlich und geistig in der Lage sein, die Bestimmungen des Arbeitsschutzes einzuhalten (*Kohte* in MHdB ArbR § 292 Rn. 29). Darüber hinaus schafft sie erst die Voraussetzung dafür, dass die Beschäftigten die Pflichten aus den §§ 15 f. ArbSchG erfüllen können (*Pieper* AiB 2013, 499, 500).

38 (2) **Technische Mittel.** Aus den Bestimmungen gem. §§ 9 Abs. 2 S. 2 Hs. 2, 10 Abs. 1 ArbSchG lässt sich entnehmen, dass Eigen- wie Fremdvorsorge der Beschäftigten davon abhängen, welche **technischen Mittel** ihnen zur Verfügung stehen (vgl. auch *Leube* BB 2000, 302, 304; *Wiebauer* in Landmann/Rohmer GewO ArbSchG § 15 Rn. 9). Während § 9 Abs. 2 S. 2 ArbSchG **gesetzessystematisch im Zusammenhang mit unmittelbaren erheblichen Gefahren** steht und in Hs. 1 vorsieht, dass die Beschäftigten im Falle des Vorliegens dieser qualifizierten Gefahr „die geeigneten Maßnahmen zur Gefahrenabwehr und Schadensbegrenzung selbst treffen können" müssen, regelt § 10 Abs. 1 ArbSchG „Erste Hilfe und sonstige Notfallmaßnahmen". Danach müssen insbesondere im Notfall „die erforderlichen Verbindungen zu außerbetrieblichen Stellen (…) eingerichtet" sein, § 10 Abs. 1 S. 3 ArbSchG (auch auf die organisatorischen Mittel abstellend *Wlotzke*, FS Hanau, 1999, 317, 322).

39 (3) **Abgrenzung zum außerbetrieblichen Beschwerderecht gem. § 17 Abs. 2 S. 1 ArbSchG.** Wenn und soweit die **getroffenen Maßnahmen des Arbeitgebers oder die vom Arbeitgeber bereitgestellten Mittel keinen ausreichenden Arbeitsschutz gewährleisten**, sind die Beschäftigten nicht zur Eigenvorsorge verpflichtet (*Kohte* in MHdB ArbR § 292 Rn. 63). In der Tat führt die **gesetzessystematische Auslegung** vor Augen, dass in diesen Fällen das außerbetriebliche Beschwerderecht zum Tragen kommen kann. Dabei ist freilich der **Vorrang der innerbetrieblichen Klärung** zu beachten, sodass zunächst dem Arbeitgeber die Möglichkeit zur Abhilfe einzuräumen ist (→ § 17 Rn. 27, 44 ff.).

40 bb) **Gem. der Unterweisung und Weisung.** Maßgebliche Bedeutung für die Erfüllung der Pflichten aus § 15 Abs. 1 ArbSchG kommt neben dem Aspekt der **Ausschöpfung der eigenen Möglichkeiten** der **Unterweisung und Weisung des Arbeitgebers** zu. Gem. § 2 Abs. 3 ArbSchG sind Arbeitgeber natürliche und juristische Personen und rechtsfähige Personengesellschaften, die Personen nach § 2 Abs. 2 ArbSchG beschäftigen (→ § 2 Rn. 122 ff.). In der Literatur wird in diesem Zusammenhang angemerkt, dass die Pflicht der Beschäftigten gem. § 15 Abs. 1 ArbSchG insbesondere ohne entsprechende An- und Unterweisungen **mehr Appell als Rechtspflicht** sei (*Hamm/Faber* in HK-ArbR ArbSchG § 16 Rn. 1). Mit dem **Rechtsbegriff der Unterweisung** wird auf § 12 ArbSchG Bezug genommen: Gem. § 12 Abs. 1 S. 1 ArbSchG muss der Arbeitgeber „die Beschäftigten über Sicherheit und Gesundheitsschutz bei der Arbeit während ihrer Arbeitszeit ausreichend und angemessen" unterweisen. Erfasst werden dabei sowohl **Anweisungen als auch Erläuterungen,** die arbeitsplatz- und aufgabenbereichsbezogen sind, § 12 Abs. 1 S. 2 ArbSchG. Auch wenn weder § 15 Abs. 1 ArbSchG noch § 12 Abs. 1 ArbSchG **Vorgaben zu Form und Sprache der Unterweisung** macht, muss der Arbeitgeber darauf achten, dass seine Unterweisung **empfangsfähig** ist. Dies kann sich bei ausländischen Beschäftigten auswirken, falls diese der deutschen Sprache nicht mächtig sind. In diesem Fall kann es erforderlich sein, die Unterweisung in der jeweiligen Landessprache durchzuführen.

Mit dem Begriff der „Unterweisung" wird freilich nicht nur Bezug auf § 12 ArbSchG genommen. Diese allgemeine arbeitsschutzrechtliche Pflicht der Arbeitgeber wird flankiert von einer Vielzahl vergleichbarer Bestimmungen in weiteren arbeitsschutzrechtlichen Gesetzen (im materiellen Sinn). Aus der Fülle arbeitsschutzrechtlich relevanter Unterweisungspflichten seien im Folgenden drei Beispiele aus dem **Gefahrstoff-, Betriebssicherheits- und PSA-Benutzungsrecht** genannt (ausführlich hierzu → § 12 Rn. 11 ff.): **41**
- § 14 Abs. 2 S. 1 GefStoffV regelt die Pflicht der Arbeitgeber, „sicherzustellen, dass die Beschäftigten anhand der Betriebsanweisung nach Absatz 1 über alle auftretenden Gefährdungen und entsprechende Schutzmaßnahmen mündlich unterwiesen werden."
- § 12 Abs. 1 S. 2 BetrSichV regelt die Pflicht der Arbeitgeber, „die Beschäftigten vor Aufnahme der Verwendung von Arbeitsmitteln tätigkeitsbezogen anhand der Informationen nach Satz 1 zu unterweisen."
- § 3 Abs. 1 S. 1 PSA-BV regelt die Pflicht der Arbeitgeber, bei der Unterweisung gem. § 12 ArbSchG „die Beschäftigten darin zu unterweisen, wie die persönlichen Schutzausrüstungen sicherheitsgerecht benutzt werden."

Vor diesem Hintergrund erfüllen die Beschäftigten ihre Pflicht zum Eigenschutz gem. § 15 Abs. 1 ArbSchG nur dann ordnungsgemäß, wenn sie die arbeitsschutzrechtlich vorgesehenen und übermittelten Unterweisungsinhalte ausnahmslos beachten.

Auch wenn sie in § 15 Abs. 1 ArbSchG nicht ausdrücklich Erwähnung finden, werden in diesem Kontext auch etwaige **Betriebsanweisungen** Berücksichtigung finden müssen (so auch *Wiebauer* in Landmann/Rohmer GewO ArbSchG § 15 Rn. 5); denn die **Vornahme arbeitsbereichsbezogener Betriebsanweisungen** kann als Grundlage für die arbeitsschutzrechtliche Unterweisung ratsam sein. Vorbild kann dabei die entsprechende Regelung im Gefahrstoffrecht sein. Gem. § 14 Abs. 1 S. 1 GefStoffV hat der Arbeitgeber sicherzustellen, „dass den Beschäftigten eine schriftliche Betriebsanweisung, die der Gefährdungsbeurteilung (...) Rechnung trägt, in einer für die Beschäftigten verständlichen Form und Sprache zugänglich gemacht wird." Die gefahrstoffrechtliche Unterweisung wiederum muss darauf Bezug nehmen (→ Rn. 41). **42**

Gerade der gesetzliche **Zusammenhang mit dem Eigenschutz der Beschäftigten** betont die **Bedeutung der Unterweisung durch den Arbeitgeber.** Die Vornahme der Unterweisung stellt nicht nur eine Pflicht aus dem umfangreichen Pflichtenprogramm der Arbeitgeber (in den §§ 3 ff. ArbSchG) dar. In erster Linie ist die Unterweisung ein unmittelbar dem Eigenschutz der Beschäftigten (aber auch der Fremdvorsorge) dienendes Instrument des geltenden Arbeitsschutzrechts. Inhaltlich unzureichende Unterweisungen, die fehlende Vornahme von Unterweisungen und diesbezüglich fehlende Wiederholungen erweisen sich vor diesem Hintergrund als Verhaltensweisen des Arbeitgebers, die sich unmittelbar negativ auf Sicherheit und Gesundheit der Beschäftigten auswirken können. **43**

Demgegenüber zielt der Rechtsbegriff der „Weisung" auf eine Einzelweisung ab, die im Rahmen des **Weisungs- bzw. Direktionsrechts des Arbeitgebers** gem. § 106 GewO erfolgt (*Wiebauer* in Landmann/Rohmer GewO ArbSchG § 15 Rn. 5). In der Literatur wird in diesem Kontext z. T. freilich auch auf **geeignete Anweisungen** gem. § 4 Nr. 7 ArbSchG Bezug genommen (so *Otto* in NK-ArbR ArbSchG § 15 Rn. 3). In diesem Zusammenhang ist zwar zu berücksichtigen, dass **44** europarechtlich insoweit in der Tat von „Anweisungen" die Rede ist (Art. 13 Abs. 1 RL 89/391/EWG). Anweisungen sind arbeitsschutzrechtlich aber bereits per definitionem Teil der Unterweisung (→ Rn. 40), sodass die „Weisung" i. S. d. § 15 Abs. 1 S. 1 ArbSchG abweichend auszulegen ist. Inhaber des Weisungsrechts sind – im Bereich des ArbSchG – neben dem Arbeitgeber die verantwortlichen Personen i. S. d. § 13 ArbSchG. Etwaige Weisungen müssen sich innerhalb des Rahmens bewegen, der durch die in § 3 ArbSchG geregelten „Grundpflichten des Arbeitgebers" gebildet wird. Darüber hinaus müssen sie im Einklang mit den allgemeinen Grundsätzen aus § 4 ArbSchG stehen. Typischerweise sind Einzelweisungen auf **atypische Sachverhalte** wie z. B. spezifische Betriebsstörungen zugeschnitten, die sich naturgemäß der vorausschauenden Regelung in Instrumenten wie der schriftlichen Betriebsanweisung und der (wiederkehrenden) Unterweisung entziehen.

45 Wenn der Arbeitgeber Weisungen auf der Grundlage des arbeitsvertraglichen Direktionsrechts erteilt, sind die Beschäftigten arbeitsvertraglich zur Befolgung verpflichtet. Unfallverhütungsrechtlich müssen die Versicherten zudem „die entsprechenden Anweisungen des Unternehmers" befolgen, § 15 Abs. 1 S. 3 DGUV Vorschrift 1. Allerdings dürfen die Versicherten solche Weisungen nicht befolgen, die „erkennbar gegen Sicherheit und Gesundheit" gerichtet sind, § 15 Abs. 1 S. 4 DGUV Vorschrift 1. Weil insoweit auf die **Erkennbarkeit der Sicherheitswidrigkeit** Bezug genommen wird, ist davon auszugehen, dass die Versicherten (Beschäftigten) ohne konkrete Anhaltspunkte die Rechtmäßigkeit etwaiger Weisungen unterstellen dürfen (so auch *Kollmer* ArbSchG Rn. 211a). Im Falle von Verstößen gegen spezifische Verbotsnormen sind Weisungen im Übrigen gem. § 134 BGB nichtig (*Wiebauer* in Landmann/Rohmer GewO ArbSchG § 15 Rn. 7).

46 Wenn und soweit in concreto die Unterweisungen (ggf. auf der Grundlage schriftlicher Betriebsanweisungen) und etwaige (Einzel-)Weisungen unklar oder unbestimmt sind, wird der Beschäftigte den Arbeitgeber bzw. die verantwortlichen Personen gem. § 13 ArbSchG um entsprechende Klarstellungen ersuchen müssen (*Kollmer* ArbSchG Rn. 211). Selbst wenn die Unterweisung nicht durchgeführt wurde und auch konkretisierende bzw. klarstellende Weisungen fehlen, ändert dies nichts an der Existenz der Pflicht zum Selbstschutz. In diesem Fall müssen die Beschäftigten „nach ihren Möglichkeiten" Eigenschutz betreiben, d. h. in eigener Initiative die erforderlichen Maßnahmen ergreifen (*Wlotzke* in MHdB ArbR, Bd. 2, 2. Aufl. 2000, § 211 Rn. 61; *Wiebauer* in Landmann/Rohmer GewO ArbSchG § 15 Rn. 8).

47 cc) **Bei der Arbeit.** Die Pflicht der Beschäftigten zum Eigenschutz gem. § 15 Abs. 1 ArbSchG besteht nur „bei der Arbeit", sodass damit zugleich das übrige (Freizeit-)Verhalten der Beschäftigten nicht erfasst wird. In diesem Zusammenhang ist im Übrigen zu beachten, dass eine **allgemeine Pflicht der Beschäftigten zu einem gesundheitsförderlichem Verhalten** auch in der Freizeit **verfassungsrechtlichen Bedenken** ausgesetzt wäre (*Butz* in Kollmer/Klindt, ArbSchG, 2. Aufl. 2011, § 15 Rn. 36; siehe zur Diskussion auch *Pieper* ArbSchR ArbSchG § 15 Rn. 9: „Es besteht im Regelfall keine derartige arbeitsvertragliche Verpflichtung."). Allerdings kann eine **Arbeitsaufnahme in ungeeigneter Verfassung** (z. B. übermüdet oder alkoholisiert) gegen die Pflicht zum Selbstschutz aus § 15 Abs. 1 ArbSchG verstoßen (*Wiebauer* in Landmann/Rohmer GewO ArbSchG § 15 Rn. 13; *Kollmer* ArbSchG Rn. 212 mit dem Beispiel des übermüdeten Beschäftigten, der bei der Arbeit mit Gefahrstoffen umgeht).

Pflichten der Beschäftigten **§ 15 ArbSchG**

b) Beispiele. Was die Erfüllung der Pflicht zur Eigenvorsorge anbelangt, werden in der arbeitsschutzrechtlichen Literatur folgende Beispiele genannt: 48
- Nachfragen beim Vorgesetzten bzw. bei den Arbeitsschutzfachlauten
- Nachspüren und Melden von festgestellten oder vermuteten Gefahren
- strikte Beachtung der anzuwendenden Arbeitsschutz- und Unfallverhütungsvorschriften, der Betriebsanweisung und von Einzelweisungen
- Benutzung von Schutzvorrichtungen und von persönlicher Schutzausrüstung
- Meldung von Defekten an Schutzeinrichtungen
- ggf. Abstellen von Mängeln
- umsichtiges Achten auf die eigene Sicherheit
(zum Ganzen *Wlotzke,* FS Hanau, 1999, 317, 323).

In diesem Zusammenhang ist zu beachten, dass ungeachtet der bestehenden Grenzen (→ Rn. 35 ff.) der **Grundsatz der Eigenverantwortung** der Beschäftigten gilt, d. h. sie müssen grds. selbst für ihre eigene Sicherheit und Gesundheit Sorge tragen (*Kollmer* ArbSchG Rn. 211a).

Rechtliche Verpflichtung der Beschäftigten zur Vorsorge bei der Arbeit

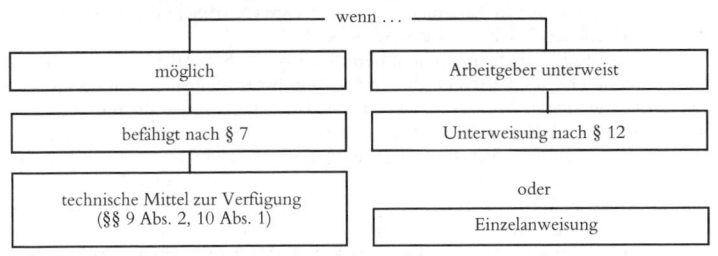

```
                        ┌──── wenn ... ────┐
                        │                  │
            ┌───────────┴──┐       ┌───────┴───────────┐
            │   möglich    │       │ Arbeitgeber unterweist │
            └──────────────┘       └───────────────────┘
            ┌──────────────┐       ┌───────────────────┐
            │ befähigt nach § 7 │  │ Unterweisung nach § 12 │
            └──────────────┘       └───────────────────┘
            ┌──────────────────┐            oder
            │ technische Mittel zur Verfügung │  ┌───────────────────┐
            │ (§§ 9 Abs. 2, 10 Abs. 1)        │  │  Einzelanweisung  │
            └──────────────────┘            └───────────────────┘
```

2. Schutz anderer Personen (S. 2). Mit der Bestimmung in § 15 Abs. 1 S. 2 49 ArbSchG werden die Schutzpflichten der Beschäftigten signifikant erweitert. Schutzbedürftig sind auch jene Personen, „die von ihren Handlungen oder Unterlassungen bei der Arbeit betroffen sind." Aufgrund der gesetzlichen Formulierung ist die Schutzpflicht im Ergebnis weit auszulegen; denn „bei der Arbeit" finden auch solche Verhaltensweisen statt, die **im Rahmen der Arbeitstätigkeit** erfolgen, wozu **Aufnahme und Beendigung der Arbeit** rechnen (*Wiebauer* in Landmann/Rohmer GewO ArbSchG § 15 Rn. 17). Erfasst sind darüber hinaus insbesondere solche Aktivitäten der Beschäftigten, die nicht im Einklang mit den arbeitsvertraglichen Pflichten stehen. Der Schutz anderer Personen soll arbeitsschutzrechtlich nicht von Zustand arbeitsrechtlicher Compliance abhängen; vielmehr muss die dahinter stehende Pflicht zur Rücksichtnahme in Bezug auf die höchstpersönlichen Rechtsgüter anderer Personen selbst dann gelten, wenn ein Beschäftigter z. B. weisungswidrig handelt (*Wiebauer* in Landmann/Rohmer GewO ArbSchG § 15 Rn. 17).

Umstritten in der arbeitsschutzrechtlichen Literatur ist die Bestimmung jener 50 Personen, die i. S. d. § 15 Abs. 1 S. 2 ArbSchG „betroffen" sein können. Damit ist die Frage nach der **Reichweite der Schutzpflicht** aufgeworfen. In der Literatur herrscht weitgehende Einigkeit, dass sich neben den **Arbeitskollegen** auch die **Arbeitgeber, Leiharbeitnehmer und Fremdfirmenbeschäftigten** im Schutzbereich der Norm befinden. Die Einbeziehung von **Arbeitskollegen und Arbeitgebern** zu den Schutzobjekten gem. § 15 Abs. 1 S. 2 ArbSchG folgt schon daraus,

Schucht

dass sie den „Handlungen oder Unterlassungen" der Beschäftigten aufgrund ihrer Betriebszugehörigkeit unmittelbar ausgesetzt sind. Was die Arbeitgeber anbelangt, wird freilich z. T. die Ansicht vertreten, dass sie „als Auftraggeber der ausgeübten Tätigkeit" und „Hauptverantwortliche für den betrieblichen Arbeitsschutz" nicht i. S. d. § 15 Abs. 1 S. 2 ArbSchG „betroffen" seien (so *Leube* BB 2000, 302, 305). Diese einschränkende Auslegung lässt sich mit dem Wortlaut des § 15 Abs. 1 S. 2 ArbSchG jedoch nicht in Einklang bringen. Was die **Leiharbeitnehmer** anbelangt, muss deren arbeitsschutzrechtliche Schutzbedürftigkeit schon mit Blick auf § 11 Abs. 6 S. 1 Hs. 1 AÜG angenommen werden; danach unterliegt die Tätigkeit des Leitarbeitnehmers „den für den Betrieb des Entleihers geltenden öffentlich-rechtlichen Vorschriften des Arbeitsschutzrechts". Vor diesem Hintergrund lässt sich schlechterdings nicht begründen, warum Leiharbeitnehmer nicht den besonderen Schutz aus § 15 Abs. 1 S. 2 ArbSchG erhalten sollen. Für **Fremdfirmenbeschäftigte**, die z. B. im Rahmen eines Werkvertrags im für sie fremden Betrieb tätig sind, kann im Ergebnis nichts anderes gelten: Der arbeitsschutzrechtliche Telos verlangt nach dem Schutz auch dieser spezifischen Personengruppe, zumal dieser Sichtweise auch nicht die grammatikalische Auslegung entgegensteht (instruktiv zum Ganzen *Wiebauer* in Landmann/Rohmer GewO ArbSchG § 15 Rn. 19; im Ergebnis so wohl auch *Wank* in ErfK ArbSchG § 16 Rn. 2).

51 Die Grenzen für die Schutzpflicht gem. § 15 Abs. 1 S. 2 ArbSchG werden mit Blick auf jene Personen erreicht, die im Ergebnis nicht mehr bestimmungsgemäß Teil der betrieblichen Arbeitsprozesse sind (vgl. *Wiebauer* in Landmann/Rohmer GewO ArbSchG § 15 Rn. 19; instruktiv *Wlotzke*, FS Hanau, 1999, 317, 323 f.). Aus diesem Grund sind **Vertreter von Kunden, Lieferanten und Unternehmen, mit denen Geschäftsbeziehungen aus der Taufe gehoben werden sollen, sonstige Betriebsbesucher (z. B. „Tag der offenen Tür" oder Familienangehörige der Beschäftigten), Nachbarn, Mitarbeiter von (Arbeitsschutz-)Behörden oder der Unfallversicherungsträger und unbefugte Personen** nicht Schutzobjekte des § 15 Abs. 1 S. 2 ArbSchG (a. A. noch *Butz* in Kollmer/Klindt, ArbSchG, 2. Aufl. 2011, § 15 Rn 38 f.; *Kollmer* ArbSchG Rn. 214; *Pieper* AiB 2013, 499, 500; *ders.* ArbSchR ArbSchG § 15 Rn. 10: „aber auch Lieferanten, Kunden, Besucher des Betriebs"; vgl. zur fehlenden Einbeziehung von Schülern *Leube* BB 2000, 302, 305 f.). Zur Begründung dieser restriktiveren Sichtweise kann darauf verwiesen werden, dass das ArbSchG grds. nicht dem Schutz Dritter dient; gerade **bei gesetzessystematischer Auslegung** führt die Bestimmung in § 9 Abs. 2 S. 2 Hs. 1 ArbSchG vor Augen, dass die Beschäftigten nur **im Falle unmittelbarer erheblicher Gefahr** in die Lage versetzt sein sollen, insbesondere geeignete Gefahrabwendungsmaßnahmen auch zum Schutz Dritter zu treffen (*Wlotzke,* FS Hanau, 1999, 317, 323 f.; krit. in Bezug auf die weite Auslegung im Rahmen des § 9 Abs. 2 ArbSchG *Leube* BB 2000, 302, 303 f.). Vor diesem Hintergrund wäre es nicht sachgerecht, den Beschäftigten den Drittschutz zur arbeitsschutzrechtlichen Pflicht zu machen. Im Übrigen darf nicht übersehen werden, dass die Personen, die nicht mehr in den Schutzbereich des § 15 Abs. 1 S. 2 ArbSchG einbezogen werden, keinesfalls schutzlos gestellt sind. **Präventiv gefahrensteuernd** wirken sich insofern **zivil-** (insbesondere § 823 Abs. 1 BGB) und **strafrechtliche Normen** (insbesondere mit den Straftaten gegen das Leben in den §§ 211 ff. StGB und mit den Straftaten gegen die körperliche Unversehrtheit in den §§ 223 ff. StGB) aus (so auch *Wlotzke,* FS Hanau, 1999, 317, 324; *Wiebauer* in Landmann/Rohmer GewO ArbSchG § 15 Rn. 21; so im Ergebnis auch *Leube* BB 2000, 302, 305).

Pflichten der Beschäftigten **§ 15 ArbSchG**

Aufgrund des Verweises in § 15 Abs. 1 S. 2 ArbSchG auf § 15 Abs. 1 S. 1 **52** ArbSchG gelten die bereits dargestellten **Grenzen der in Rede stehenden Schutzpflicht** (→ Rn. 35 ff.) auch im Rahmen der Fremdvorsorge. Danach sind diese Personen nach den jeweiligen **(subjektiven) Möglichkeiten des Beschäftigten** und entsprechend den Inhalten von **Unterweisung und Weisung des Arbeitgebers** zu schützen.

II. Bestimmungsgemäße Verwendung von Arbeitsmitteln, Schutzvorrichtungen und persönlicher Schutzausrüstung (Abs. 2)

Aufgrund der Bestimmung in § 15 Abs. 2 ArbSchG werden die Beschäftigten **53** (→ Rn 7 ff.) in die Pflicht genommen,
– Arbeitsmittel,
– Schutzvorrichtungen und
– persönliche Schutzausrüstung
bestimmungsgemäß zu verwenden. Dabei werden als Beispiele von Arbeitsmitteln Maschinen, Geräte, Werkzeuge, Arbeitsstoffe und Transportmittel genannt. Europarechtlich dient die Bestimmung der Umsetzung des Art. 13 Abs. 2 lit. a)–c) RL 89/391/EWG. Danach ist jeder Arbeitnehmer insbesondere verpflichtet, gem. seiner Unterweisung und den Anweisungen des Arbeitgebers „Maschinen, Geräte, Werkzeuge, gefährliche Stoffe, Transportmittel und sonstige Mittel ordnungsgemäß zu benutzen" (lit. a), „die ihm zur Verfügung gestellte persönliche Schutzausrüstung ordnungsgemäß zu benutzen und sie nach Benutzung an dem dafür vorgesehenen Platz zu lagern" (lit. b) und „Schutzvorrichtungen insbesondere an Maschinen, Geräten, Werkzeugen, Anlagen und Gebäuden nicht außer Betrieb zu setzen, willkürlich zu verändern oder umzustellen und diese Schutzvorrichtungen ordnungsgemäß zu benutzen" (lit. c). Mit Blick auf die **Unfallverhütungsvorschriften** wird eine vergleichbare Pflicht der Versicherten in § 17 DGUV Vorschrift 1 statuiert. Danach haben die Versicherten „Einrichtungen, Arbeitsmittel und Arbeitsstoffe sowie Schutzvorrichtungen bestimmungsgemäß und im Rahmen der ihnen übertragenen Arbeitsaufgabe zu benutzen."

Im Ergebnis handelt es sich bei der Pflicht aus § 15 Abs. 2 ArbSchG im Wesent- **54** lichen um eine **Konkretisierung der Schutzpflichten** aus § 15 Abs. 1 ArbSchG (*Kohte* in MHdB ArbR § 292 Rn. 64; *Wiebauer* in Landmann/Rohmer GewO ArbSchG § 15 Rn. 22; *Pieper* ArbSchR ArbSchG § 15 Rn. 4). Sicherheit und Gesundheit der Beschäftigten hängen entscheidend davon ab, dass Arbeitsmittel, Schutzvorrichtungen und persönliche Schutzausrüstung bestimmungsgemäß eingesetzt werden.

1. Gegenstände der bestimmungsgemäßen Verwendung. a) Arbeits- **55** **mittel.** Der Begriff der **Arbeitsmittel** wird im ArbSchG nicht definiert. Aus diesem Grund spricht vieles dafür, Anleihen in der seit dem 1.6.2015 geltenden Verordnung über Sicherheit und Gesundheitsschutz bei der Verwendung von Arbeitsmitteln (Betriebssicherheitsverordnung – BetrSichV) vom 3.2.2015 (BGBl. I S. 49; hierzu *Scheuermann/Schucht* BetrSichV; *Schucht* NZA 2015, 333 ff.; *ders.* CCZ 2015, 41 ff.; *Wilrich* DB 2015, 981 ff.; *ders.* CCZ 2015, 171 ff.) zu nehmen. Gem. § 2 Abs. 1 BetrSichV sind Arbeitsmittel „Werkzeuge, Geräte, Maschinen oder Anlagen, die für die Arbeit verwendet werden, sowie überwachungsbedürftige Anlagen." Zu berücksichtigen ist dabei freilich auch der europarechtliche Hintergrund mit Blick

ArbSchG § 15

auf die RL 2009/104/EG (*Schucht* in Scheuermann/Schucht BetrSichV S. 40f.). In dieser **Arbeitsmittel- bzw. Arbeitsmittelbenutzungsrichtlinie** werden Arbeitsmittel gem. Art. 2 lit. a) RL 2009/104/EG als „Maschinen, Apparate, Werkzeuge oder Anlagen, die bei der Arbeit benutzt werden", definiert.

56 **b) Schutzvorrichtungen.** Was den – ebenfalls nicht näher definierten – Rechtsbegriff der **Schutzvorrichtungen** anbelangt, werden damit insbesondere **Schutzeinrichtungen z. B. von Maschinen** in Bezug genommen, zumal die Manipulation von Schutzeinrichtungen fraglos praktisch relevant ist. So rechnet die **Manipulation von Schutzeinrichtungen** (an Arbeitsmitteln im Allgemeinen) neben der Instandhaltung, Betriebsstörungen und der unsachgemäßen Benutzung laut Unfallstatistiken der Deutschen Gesetzlichen Unfallversicherung (DGUV) zu **besonderen Unfallschwerpunkten** im Hinblick auf das aktuelle Unfallgeschehen bei Arbeitsmitteln (BR-Drs. 400/14 S. 68). Vor diesem Hintergrund ist die **neue Regelung im Betriebssicherheitsrecht** zu verstehen: Gem. § 6 Abs. 2 S. 1 BetrSichV muss der Arbeitgeber dafür sorgen, „dass vorhandene Schutzeinrichtungen (…) verwendet werden, dass erforderliche Schutz- oder Sicherheitseinrichtungen funktionsfähig sind und nicht auf einfache Weise manipuliert oder umgangen werden" (vgl. hierzu *Schucht* NZA 2015, 333, 335). Damit wurde ausdrücklich auf den Umstand reagiert, dass laut der vorliegenden Statistik der DGUV eine nicht unerhebliche Anzahl von Arbeitsunfällen auf unerlaubte Eingriffe in die Sicherheitseinrichtungen verursacht wird. Solche Manipulationen oder Umgehungen können **mithilfe verfügbarer Gegenstände oder Werkzeuge** wie Büroklammern, Münzen, Klebebändern, Drähten, Schraubendrehern oder Zangen erfolgen (BR-Drs. 400/14 S. 84). Mit Blick auf den europarechtlichen Hintergrund werden freilich auch **Schutzvorrichtungen z. B. an Werkzeugen oder Anlagen** erfasst (→ Rn. 53).

57 **c) Persönliche Schutzausrüstung (PSA).** Der Begriff der **persönlichen Schutzausrüstung** (PSA) schließlich wird ebenfalls nicht im ArbSchG konkretisiert. Er lässt sich indes unter Zuhilfenahme der Verordnung über Sicherheit und Gesundheitsschutz bei der Benutzung persönlicher Schutzausrüstungen bei der Arbeit (PSA-Benutzungsverordnung – PSA-BV) vom 4.12.1996 (BGBl. I S. 1841) konkretisieren. Gem. § 1 Abs. 2 PSA-BV wird unter PSA jede Ausrüstung verstanden, „die dazu bestimmt ist, von den Beschäftigten benutzt oder getragen zu werden, um sich gegen eine Gefährdung für ihre Sicherheit und Gesundheit zu schützen, sowie jede mit demselben Ziel verwendete und mit der persönlichen Schutzausrüstung verbundene Zusatzausrüstung." Hinter dieser Definition steht europarechtlich die RL 89/656/EWG (sog. **PSA-Benutzungsrichtlinie**) im Allgemeinen und die entsprechende PSA-Definition in Art. 2 Abs. 1 RL 89/656/EWG im Besonderen. In § 1 Abs. 3 PSA-BV bzw. Art. 2 Abs. 2 RL 89/656/EWG wiederum wird geregelt, welche Gegenstände nicht als PSA i. S. d. Arbeitsschutzrechts gelten sollen. Sodann ist im vorliegenden Kontext – aus produktsicherheitsrechtlicher Perspektive – noch die RL 89/686/EWG zu nennen. Sie regelt die **formellen und materiellen Anforderungen an das Inverkehrbringen** von PSA und definiert PSA in Art. 1 Abs. 2 RL 89/686/EWG. In der Bundesrepublik Deutschland gilt die entsprechende Definition aus der Achten Verordnung zum Produktsicherheitsgesetz (Verordnung über die Bereitstellung von persönlichen Schutzausrüstungen auf dem Markt – 8. ProdSV) vom 20.2.1997 (BGBl. I S. 316). Vor diesem Hintergrund sind z. B. **Schutzhelme, Sicherheitsschuhe, Gehörschutz, Atemschutz, Schutzbrillen oder Warnwesten** PSA i. S. d. Arbeitsschutzrechts (vgl. zum Ganzen auch *Klindt/Schucht* in Franzen/Gallner/Oetker RL 89/391/EWG Rn. 134ff.).

Pflichten der Beschäftigten **§ 15 ArbSchG**

2. Bestimmungsgemäße Verwendung. § 15 Abs. 2 ArbSchG beinhaltet die 58
Pflicht der Beschäftigten zur bestimmungsgemäßen Verwendung von Arbeitsmitteln, Schutzvorrichtungen und persönlicher Schutzausrüstung (PSA). Was unter einer bestimmungsgemäßen Verwendung in diesem Sinne zu verstehen sein soll, wird im ArbSchG freilich nicht definiert. Aus diesem Grund ist der Fokus zunächst auf den **vorgreifenden oder vorbeugenden (produktbezogenen) Arbeitsschutz** in Gestalt des **Produktsicherheitsrechts** zu richten (so auch *Pieper* ArbSchR ArbSchG § 15 Rn. 12; zum vorgreifenden Arbeitsschutz *Wlotzke* NZA 1996, 1017, 1018; *Klindt/Schucht* in Franzen/Gallner/Oetker RL 89/391/EWG Rn. 5, 10 f.); denn dort wird der **Prüfungsmaßstab der bestimmungsgemäßen Verwendung** von (Non-Food-)Produkten im Allgemeinen definiert. Gem. § 2 Nr. 5 ProdSG ist bestimmungsgemäße Verwendung „die Verwendung, für die ein Produkt nach den Angaben derjenigen Person, die es in den Verkehr bringt, vorgesehen ist" (lit. a) oder „die übliche Verwendung, die sich aus der Bauart und Ausführung des Produkts ergibt" (lit. b). Diese aus dem Produktsicherheitsrecht abzuleitenden Vorgaben werden typischerweise von den Warenherstellern mit Leben gefüllt, indem sie den **Primat der Herstellerbestimmung** aktiv wahrnehmen (vgl. *Klindt/Schucht* in Klindt, ProdSG, 2. Aufl. 2015, § 2 Rn. 61). Die Arbeitgeber müssen diese Angaben des Herstellers wie z. B. **Aussagen in der Gebrauchs- und Betriebsanleitung** (*Klindt/Schucht* in Klindt, ProdSG, 2. Aufl. 2015, § 2 Rn. 60) sodann rezipieren, bevor sie in **Unterweisungen und Weisungen** einfließen; denn § 15 Abs. 2 ArbSchG nimmt dezidiert Bezug auf § 15 Abs. 1 ArbSchG, wonach die Beschäftigten verpflichtet sind, u. a. „gem. der Unterweisung und Weisung des Arbeitgebers für ihre Sicherheit und Gesundheit bei der Arbeit Sorge zu tragen" (→ Rn. 40 ff., → Rn. 62 ff.). Die Bedeutung von Unterweisung und Weisung ergibt sich im Übrigen auch bei **Zugrundelegung europarechts- bzw. richtlinienkonformer Auslegung,** da Art. 13 Abs. 2 lit. a)–c) RL 89/391/EWG entsprechende Vorgaben statuiert (→ Rn. 53). In der Literatur wird zu Recht die **Schlüsselrolle der Unterweisung** in Bezug auf die Pflicht aus § 15 Abs. 2 ArbSchG erwähnt (*Kohte* in MHdB ArbR § 292 Rn. 64). Angesichts dieser Zusammenhänge folgt die Pflicht der Beschäftigten zur bestimmungsgemäßen Verwendung der Arbeitsmittel, Schutzvorrichtungen und PSA praktisch aus dem **Dialog mit dem Arbeitgeber.**

Im Übrigen werden die Beschäftigten die Arbeitsmittel, Schutzvorrichtungen 59
und persönliche Schutzausrüstung (PSA) **entsprechend dem jeweiligen Verwendungs- bzw. Gebrauchszweck** und **im Rahmen der ihnen übertragenen Aufgaben** einsetzen müssen (*Otto* in NK-ArbR ArbSchG § 17 Rn. 4). Wichtig für die bestimmungsgemäße Verwendung von Arbeitsmitteln, Schutzvorrichtungen und PSA können darüber hinaus spezifische **Arbeitsschutz- und Unfallverhütungsvorschriften** sein (*Kohte* in MHdB ArbR § 292 Rn. 64; *Wiebauer* in Landmann/Rohmer GewO ArbSchG § 15 Rn. 23).

Der Begriff der Verwendung i. S. d. § 15 Abs. 2 ArbSchG ist **weit auszulegen.** 60
Insoweit dürften ohne Weiteres **Anleihen im Betriebssicherheitsrecht** genommen werden können. Gem. § 2 Abs. 2 S. 1 BetrSichV umfasst die **Verwendung von Arbeitsmitteln** „jegliche Tätigkeit mit diesen". Ausdrücklich genannt werden in § 2 Abs. 2 S. 2 BetrSichV das
– Montieren und Installieren,
– Bedienen,
– An- oder Abschalten oder Einstellen,
– Gebrauchen,

ArbSchG § 15 Arbeitsschutzgesetz

- Betreiben,
- Instandhalten,
- Reinigen,
- Prüfen,
- Umbauen,
- Erproben,
- Demontieren,
- Transportieren und
- Überwachen.

Voraussetzung ist mit Blick auf § 15 Abs. 2 ArbSchG, dass die genannten Verwendungsarten zu den Aufgaben der Beschäftigten rechnen. Mit Blick auf den europarechtlichen Hintergrund wird auch das **Lagern von persönlicher Schutzausrüstung** erfasst (→ Rn. 53; das Lagern grds. einbeziehend *Wiebauer* in Landmann/Rohmer GewO ArbSchG § 15 Rn. 25).

61 Zu Recht wird in der Literatur darauf hingewiesen, dass die Pflicht zur bestimmungsgemäßen Verwendung zugleich die **Änderung der Arbeitsmittel, Schutzvorrichtungen und persönlichen Schutzausrüstung** verbietet (*Vogelsang* in Schaub ArbR-HdB § 154 Rn. 14; *Kohte* in MHdB ArbR § 292 Rn. 64; wie die RL 89/391/EWG insoweit nur Schutzvorrichtungen in den Fokus rückend *Wlotzke* in MHdB ArbR, Bd. 2, 2. Aufl. 2000, § 211 Rn. 64). Was Arbeitsmittel gem. § 2 Abs. 1 BetrSichV anbelangt, gelten für Änderungen betriebssicherheitsrechtlich gem. § 10 Abs. 5 S. 1 BetrSichV im Übrigen die Vorgaben aus § 10 Abs. 1–3 BetrSichV. Danach muss der Arbeitgeber u. a. Änderungen „auf der Grundlage einer Gefährdungsbeurteilung sicher durchführen" lassen, § 10 Abs. 5 S. 1 BetrSichV i. V. m. § 10 Abs. 2 S. 1 BetrSichV. Darüber hinaus muss der Arbeitgeber gem. § 10 Abs. 5 S. 2 BetrSichV sicherstellen, „dass die geänderten Arbeitsmittel die Sicherheits- und Gesundheitsschutzanforderungen" aus § 5 Abs. 1, 2 BetrSichV erfüllen.

62 **3. Grenzen.** Da § 15 Abs. 2 ArbSchG unmittelbar auf § 15 Abs. 1 ArbSchG Bezug nimmt, gelten auch im Rahmen der Pflicht zur bestimmungsgemäßen Verwendung von Arbeitsmitteln, Schutzvorrichtungen und persönlicher Schutzausrüstung die oben dargestellten Grenzen: Die in Rede stehende Pflicht der Beschäftigten ist somit erstens an die subjektiven Möglichkeiten des jeweiligen Beschäftigten gekoppelt (→ Rn. 36 ff.). Zweitens spielen „Unterweisung und Weisung des Arbeitgebers" eine maßgebliche Rolle (→ Rn. 40 ff.). Wenn und soweit in concreto solche **Direktiven fehlen**, richtet sich die bestimmungsgemäße Verwendung „nach dem Üblichen" (*Wank* in ErfK ArbSchG § 16 Rn. 2). Drittens gilt die Pflicht nur „bei der Arbeit" (→ Rn. 47).

63 **Betriebssicherheitsrechtlich** ist mit Blick auf **Unterweisungen und Weisungen** auf die Regelung in § 12 BetrSichV über die „Unterweisung und besondere Beauftragung von Beschäftigten" hinzuweisen. Diese Bestimmung bezieht sich indes nur auf **Arbeitsmittel** gem. § 2 Abs. 1 BetrSichV. Gem. § 12 Abs. 1 BetrSichV hat der Arbeitgeber den Beschäftigten vor der erstmaligen Verwendung von Arbeitsmitteln „ausreichende und angemessene Informationen anhand der Gefährdungsbeurteilung in einer für die Beschäftigten verständlichen Form und Sprache zur Verfügung zu stellen". Gegenstand dieser Informationsübermittlung sind

- vorhandene Gefährdungen bei der Verwendung von Arbeitsmitteln
- erforderliche Schutzmaßnahmen und Verhaltensregelungen
- Maßnahmen bei Betriebsstörungen, Unfällen und zur Ersten Hilfe bei Notfällen

Tätigkeitsbezogen muss der Arbeitgeber die Beschäftigten vor der Aufnahme der Verwendung von Arbeitsmitteln anhand dieser Informationen **unterweisen**, § 12 Abs. 1 S. 2 BetrSichV. Relevant ist im vorliegenden Kontext sodann die Pflicht des Arbeitgebers aus § 12 Abs. 2 S. 1 BetrSichV. Danach muss der Arbeitgeber den Beschäftigten „eine schriftliche Betriebsanweisung für die Verwendung eines Arbeitsmittels zur Verfügung" stellen, bevor diese „Arbeitsmittel erstmalig verwenden". Anstelle der **Betriebsanweisung** kann der Arbeitgeber gem. § 12 Abs. 2 S. 3 BetrSichV auch eine **vorhandene Gebrauchsanleitung** zur Verfügung stellen, „wenn diese Informationen enthält, die einer Betriebsanweisung entsprechen." Dieser betriebssicherheitsrechtlich vorgesehene Informationsfluss zwischen Arbeitgeber und Beschäftigten in Bezug auf die Verwendung von Arbeitsmitteln wird sich ebenfalls unter das Begriffspaar „Unterweisung und Weisung" i. S. d. § 15 Abs. 1 ArbSchG subsumieren lassen (→ Rn. 42), sodass der Beschäftigte im Falle von Missachtungen dieser spezifischen Informationen pflichtwidrig gem. § 15 Abs. 2 ArbSchG handelt. Was die Betriebsanweisung bzw. die Gebrauchsanleitung anbelangt, müssen diese gem. § 12 Abs. 2 S. 4 BetrSichV „in einer für die Beschäftigten verständlichen Form und Sprache abgefasst sein und den Beschäftigten an geeigneter Stelle zur Verfügung stehen."

Arbeitsschutzrechtlich ist mit Blick auf die **persönliche Schutzausrüstung** 64 schließlich die Regelung in § 3 PSA-BV zu beachten. Gem. § 3 Abs. 1 S. 1 PSA-BV hat der Arbeitgeber im Rahmen der Unterweisung gem. § 12 ArbSchG „die Beschäftigten darin zu unterweisen, wie die persönlichen Schutzausrüstungen sicherheitsgerecht benutzt werden." Diese Unterweisung kann erforderlichenfalls durch „eine Schulung in der Benutzung" ergänzt werden, § 3 Abs. 1 S. 2 PSA-BV.

4. Pflichten der Arbeitgeber. Ungeachtet der Mitwirkungspflicht der Be- 65 schäftigten bleiben die Arbeitgeber mit Blick auf Arbeitsmittel, Schutzvorrichtungen und persönliche Schutzausrüstung für die Gewährleistung von Compliance mit dem Betriebssicherheit (dazu **a)**) einerseits und dem PSA-Benutzungsrecht (dazu **b)**) andererseits verantwortlich (vgl. auch *Wlotzke,* FS Hanau, 1999, 317, 324; *ders.* in MHdB ArbR, Bd. 2, 2. Aufl. 2000, § 211 Rn. 64). Für die Schutzvorrichtungen als solche existiert hingegen kein spezifisches arbeitsschutzrechtliches Regelungsregime. Beachtlich ist insoweit insbesondere das Betriebssicherheitsrecht (→ Rn. 67).

a) Betriebssicherheitsrecht. Betriebssicherheitsrechtlich unberührt bleiben 66 die in Abschnitt 2 der BetrSichV geregelten Pflichten der Arbeitgeber in Bezug auf „Gefährdungsbeurteilung und Schutzmaßnahmen". Gem. § 4 Abs. 1 BetrSichV dürfen **Arbeitsmittel** erst verwendet werden, wenn der Arbeitgeber zuvor
- eine Gefährdungsbeurteilung durchgeführt hat (Nr. 1),
- die dabei ermittelten Schutzmaßnahmen nach dem Stand der Technik getroffen hat (Nr. 2) und
- festgestellt hat, dass die Verwendung der Arbeitsmittel nach dem Stand der Technik sicher ist (Nr. 3).

Die Pflicht zur Durchführung der Gefährdungsbeurteilung in Bezug auf Arbeitsmittel und zur Ableitung der notwendigen und geeigneten Schutzmaßnahmen folgt aus § 3 Abs. 1 S. 1 BetrSichV. Dabei ist zu beachten, dass die Gefährdungsbeurteilung gem. § 3 Abs. 3 S. 1 BetrSichV „bereits vor de Auswahl und der Beschaffung der Arbeitsmittel begonnen werden" soll. Im Rahmen der in § 5 BetrSichV geregelten **Beschaffenheitsanforderungen** an Arbeitsmittel kommt es im Übrigen zur **Verzahnung mit dem Produktsicherheitsrecht** (vgl. *Schucht* NZA 2015,

333, 337; ausführlich zu den Beschaffenheitsanforderungen *Schucht* in Scheuermann/Schucht BetrSichV S. 85 ff.). Schließlich werden die Arbeitgeber gem. § 10 Abs. 1 S. 1 BetrSichV verpflichtet, „Instandhaltungsmaßnahmen zu treffen, damit die Arbeitsmittel während der gesamten Verwendungsdauer den für sie geltenden Sicherheits- und Gesundheitsschutzanforderungen entsprechen und in einem sicheren Zustand erhalten werden."

67 Was **Schutzvorrichtungen** anbelangt, ist betriebssicherheitsrechtlich die Bestimmung in § 6 Abs. 2 S. 1 BetrSichV zu beachten. Danach hat der Arbeitgeber betriebssicherheitsrechtlich dafür zu sorgen, dass u. a. vorhandene Schutzeinrichtungen verwendet werden, „dass erforderliche Schutz- oder Sicherheitseinrichtungen funktionsfähig sind und nicht auf einfache Weise manipuliert oder umgangen werden" (vgl. hierzu *Schucht* NZA 2015, 333, 335).

68 **b) PSA-Benutzungsrecht.** Was das PSA-Benutzungsrecht anbelangt, muss der Arbeitgeber dafür Sorge tragen, dass die **Anforderungen aus § 2 PSA-BV** eingehalten werden. Darin werden Pflichten in Bezug auf **Auswahl und Bereitstellung von persönlicher Schutzausrüstung** statuiert (→ § 2 PSV-BV Rn. 1 ff.). Gem. § 6 Abs. 2 S. 1 BetrSichV (→ Rn. 67) muss der Arbeitgeber im Übrigen auch dafür sorgen, dass „zur Verfügung gestellte Schutzausrüstungen verwendet werden."

69 **5. Folgen fehlender Compliance in zivilgerichtlichen Schadensersatz- und Schmerzensgeldprozessen.** Zu beachten ist, dass der Verstoß gegen die Pflicht aus § 15 Abs. 2 ArbSchG in **zivilgerichtlichen Schadensersatz- und Schmerzensgeldprozessen** z. B. beim Regress eines Unfallversicherungsträgers gegen den Hersteller eines (fehlerhaften) Arbeitsmittels eine Rolle spielen kann. Wenn und soweit der streitgegenständliche Unfall auch darauf zurückzuführen ist, dass der Beschäftigte
– ein Arbeitsmittel,
– eine Schutzvorrichtung oder
– eine zur Verfügung gestellte Schutzausrüstung
nicht bestimmungsgemäß verwendet hat, wird dieser Umstand im Rahmen des **Mitverschuldens gem. § 254 Abs. 1 BGB** eine Rolle spielen. Gem. § 254 Abs. 1 BGB hängt die „Verpflichtung zum Ersatz sowie der Umfang des zu leistenden Ersatzes" im Falle eines Verschuldens des Geschädigten bei der Entstehung des Schadens „von den Umständen, insbesondere davon ab, inwieweit der Schaden vorwiegend von dem einen oder dem anderen Teil verursacht worden ist." Voraussetzung hierfür ist indes stets, dass der Geschädigte auch Beschäftigter i. S. d. § 2 Abs. 2 ArbSchG ist. Andernfalls muss ein Verstoß gegen § 15 Abs. 2 ArbSchG mangels Anwendbarkeit dieser Pflicht von vornherein ausscheiden.

70 Zum Tragen kommen kann eine Beschränkung der Ersatzpflicht des Schädigers z. B. bei der **Missachtung der arbeitsmittelbezogenen Unterweisung** gem. § 12 Abs. 1 S. 2 BetrSichV, bei der **Missachtung der schriftlichen Betriebsanweisung** bzw. **der diese ersetzenden Gebrauchsanleitung** gem. § 12 Abs. 2 S. 1, 3 BetrSichV, bei der **Manipulation oder Umgehung von Schutzeinrichtungen an Maschinen** oder bei der **fehlenden Benutzung von bereitgestellter persönlicher Schutzausrüstung**. Bei persönlicher Schutzausrüstung ist indes zu beachten, dass der **Grundsatz der Verhältnisprävention** gilt, der sich aus § 4 Nr. 5 ArbSchG ableiten lässt (→ § 4 Rn. 25). Danach gilt ein **Vorrang kollektiver Schutzmaßnahmen**. Bei Arbeitsmitteln ist das sog. TOP-Prinzip mit dem Vorrang von technischen Schutzmaßnahmen (T) vor organisatorischen (O) und personenbezogenen (P) Schutzmaßnahmen in § 4 Abs. 2 S. 2 BetrSichV statuiert. Die Verwendung persönlicher Schutzausrüstung ist gem. § 4 Abs. 2 S. 3 BetrSichV „auf das erforderliche Minimum zu beschränken" (*Schucht* NZA 2015, 333, 337). Voraussetzung für die Beschränkung der Ersatzpflicht in concreto ist naturgemäß stets **Kausalität** des betreffenden Verstoßes gegen die Pflicht aus § 15 Abs. 2 ArbSchG in Bezug auf die Entstehung des Schadens.

Fehlt es in concreto an der **Beschäftigteneigenschaft des Geschädigten,** 71 dürfen etwaige **Unfallverhütungsvorschriften** nicht übersehen werden. Praktisch wichtig ist etwa im Bereich der Landtechnik die Unfallverhütungsvorschrift über „Technische Arbeitsmittel" (VSG 3.1) i. d. F. vom 27.5.2008. Gem. § 3 VSG 3.1 dürfen technische Arbeitsmittel „nur bestimmungsgemäß verwendet werden und nur von Versicherten benutzt, gewartet und instand gesetzt werden, die mit der Benutzung, Wartung und Instandsetzung vertraut und über die damit verbundenen Gefahren unterrichtet sind." Zu berücksichtigen ist daneben regelmäßig auch § 4 Abs. 2 VSG 3.1, wonach Schutz- und Sicherheitseinrichtungen nicht unwirksam gemacht werden dürfen. Sie sind vielmehr „in funktionssicherem Zustand zu erhalten und erforderlichenfalls zu reinigen." Schließlich ist mit Blick auf eine Entscheidung des LG Regensburg vom 10.12.2013 noch auf die Bestimmungen in den §§ 5 Abs. 2 S. 1, 6 VSG 3.1 aufmerksam zu machen. Im zugrunde liegenden Fall wurde die Klage eines Landwirts gegen den Hersteller von Düngerstreuern abgewiesen, weil die Schadensursache ausschließlich auf das sorgfaltswidrige Verhalten des Klägers zurückzuführen gewesen sei und damit ein weit überwiegendes Mitverschulden i. S. d. § 254 Abs. 1 BGB vorgelegen habe (LG Regensburg Urt. v. 10.12.2013 – 6 O 700/13 (2) – n. v.; hierzu auch *Molitoris/Klindt* NJW 2014, 1567, 1570). Die genannten Bestimmungen aus den Vorschriften für Sicherheit und Gesundheitsschutz (VSG) der Sozialversicherung für Landwirtschaft, Forsten und Gartenbau regeln, dass der Gesamtantrieb des technischen Arbeitsmittels vor „dem Beheben von Störungen oder bei Wartungs- und Reparaturarbeiten sowie bei Arbeitsunterbrechungen" abzustellen und dessen Stillstand abzuwarten ist (§ 5 Abs. 2 S. 1 VSG 3.1), und befassen sich mit dem „Beseitigen von Fremdkörpern oder Materialteilen", indem es als unzulässig qualifiziert wird, „Fremdkörper oder Materialteile mit ungeeigneten Hilfsmitteln oder mit Körperteilen aus der Nähe sich bewegender Teil zu entfernen" (§ 6 VSG 3.1).

§ 16 Besondere Unterstützungspflichten

(1) **Die Beschäftigten haben dem Arbeitgeber oder dem zuständigen Vorgesetzten jede von ihnen festgestellte unmittelbare erhebliche Gefahr für die Sicherheit und Gesundheit sowie jeden an den Schutzsystemen festgestellten Defekt unverzüglich zu melden.**

(2) ¹**Die Beschäftigten haben gemeinsam mit dem Betriebsarzt und der Fachkraft für Arbeitssicherheit den Arbeitgeber darin zu unterstützen, die Sicherheit und den Gesundheitsschutz der Beschäftigten bei der Arbeit zu gewährleisten und seine Pflichten entsprechend den behördlichen Auflagen zu erfüllen.** ²**Unbeschadet ihrer Pflicht nach Absatz 1 sollen die Beschäftigten von ihnen festgestellte Gefahren für Sicherheit und Gesundheit und Mängel an den Schutzsystemen auch der Fachkraft für Arbeitssicherheit, dem Betriebsarzt oder dem Sicherheitsbeauftragten nach § 22 des Siebten Buches Sozialgesetzbuch mitteilen.**

ArbSchG § 16 — Arbeitsschutzgesetz

Übersicht

	Rn.
A. Überblick	1
B. Die einzelnen Absätze	6
I. Meldepflicht bei unmittelbarer erheblicher Gefahr und Defekt an den Schutzsystemen (Abs. 1)	6
1. Zwecke	7
2. Adressat der Pflicht	8
3. Tatbestandliche Voraussetzungen	9
a) Unmittelbare erhebliche Gefahr oder Defekt am Schutzsystem	9
b) Feststellung durch Beschäftigten	16
c) Grenzen der Pflicht	18
3. Rechtsfolge	19
a) Unverzüglichkeit der Meldung	20
b) Adressat der Meldung	21
c) Form der Meldung	24
d) Maßnahmen zur Gefahrenabwehr und Schadensbegrenzung gem. § 9 Abs. 2 S. 2 Hs. 1 ArbSchG	25
e) Unfallverhütungsrechtliche Beseitigungspflicht	26
f) Beschwerdeverfahren gem. § 85 Abs. 1 BetrVG	27
II. Grund- und Mitteilungspflicht (Abs. 2)	28
1. Zwecke	29
2. Allgemeine Grundpflicht (S. 1)	30
a) Gewährleistung von Sicherheit und Gesundheitsschutz	33
b) Erfüllung behördlicher Auflagen	36
c) Grenzen der Pflicht	38
2. Mitteilungspflicht (S. 2)	39
a) Tatbestandliche Voraussetzungen	40
b) Rechtsfolge	43
III. Systematik der Melde- und Mitteilungspflichten	49
C. Weitere Pflichten der Beschäftigten aus dem ArbSchG	50
I. Pflicht zur Durchführung von Maßnahmen zur Gefahrenabwehr und Schadensbegrenzung aus § 9 Abs. 2 S. 2 Hs. 1 ArbSchG	51
II. Pflichterfüllungsklausel gem. § 9 Abs. 3 S. 4 ArbSchG	53
D. Aufgaben der Arbeitsschutzfachleute	54
I. Sicherheitsbeauftragte gem. § 22 SGB VII	56
II. Fachkräfte für Arbeitssicherheit und Betriebsärzte	57
1. Betriebsärzte gem. § 3 ASiG	57
2. Fachkräfte für Arbeitssicherheit gem. § 6 ASiG	59
3. Berichtspflichten	61
4. Pflicht zur Zusammenarbeit	62
a) Mit dem Betriebsrat	62
b) Mit den Betriebsärzten bzw. Fachkräften für Arbeitssicherheit	63
c) Mit anderen beauftragten Personen	64
5. Arbeitsschutzausschuss	65
E. Sanktionen bei Verstößen gegen die Pflichten der Beschäftigten	66
I. Systematik	66
II. Handeln und Unterlassen	71
III. Ordnungswidrigkeiten und Straftaten	72
1. Tatbestandsmäßigkeit	73
2. Rechtswidrigkeit	74
3. Schuld	75

Besondere Unterstützungspflichten §16 ArbSchG

	Rn.
IV. Rechtsfolgen	76
1. Verwaltungsvollstreckung	76
2. Geldbuße und Verwarnung (Ordnungswidrigkeiten)	77
3. Geld- und Freiheitsstrafe (Straftaten)	79
4. Schadensersatz	80
a) Haftung für Personenschäden	81
b) Haftung für Sachschäden	82
5. Arbeitsrechtliche Konsequenzen	87

Literatur: Vgl. die Hinweise in § 15.

A. Überblick

Im Anschluss an § 15 ArbSchG befasst sich § 16 ArbSchG innerhalb des Dritten 1
Abschnitts des ArbSchG mit dem Thema „Besondere Unterstützungspflichten".
Das Pflichtenprogramm der Beschäftigten aus § 15 ArbSchG wird somit durch die
Regelung in § 16 ArbSchG ergänzt und im Ergebnis erweitert. Seit dem Erlass des
ArbSchG erfuhr § 16 ArbSchG keine Änderungen.

Was die besonderen Unterstützungspflichten des § 16 ArbSchG anbelangt, wer- 2
den zunächst **Meldepflichten gegenüber dem Arbeitgeber oder dem zuständigen Vorgesetzten in bestimmten Gefahrenlagen** (Abs. 1) und sodann
Unterstützungs- gegenüber dem Arbeitgeber und Mitteilungspflichten gegenüber den Arbeitsschutzfachleuten statuiert (Abs. 2). **Gesetzessystematisch** ist damit im Ergebnis zwischen Melde- bzw. Mitteilungs- (§ 16 Abs. 1, 2 S. 2
ArbSchG) und Unterstützungspflichten (§ 16 Abs. 2 S. 1 ArbSchG) zu unterscheiden. Vor diesem Hintergrund ist die amtliche Überschrift mit ihrer Fokussierung
auf spezifische „Unterstützungspflichten" zu eng.

Im Wesentlichen regelt § 16 ArbSchG genuin **öffentlich-rechtliche Pflichten** 3
der Beschäftigten aus dem Arbeitsverhältnis, mit denen die privatrechtlichen
Pflichten aus § 242 BGB (in Bezug auf die leistungsbezogenen Nebenpflichten)
und § 241 Abs. 2 BGB (in Bezug auf die nicht-leistungsbezogenen Nebenpflichten)
konkretisiert werden (instruktiv *Wlotzke*, FS Hanau, 1999, 317, 326ff.; siehe auch
Wank in ErfK ArbSchG § 16 Rn. 1; *Vogelsang* in Schaub ArbR-HdB § 154 Rn. 13;
Otto in NK-ArbR ArbSchG § 15 Rn. 8; unter Berücksichtigung der Hauptleistungspflichten differenzierend *Wiebauer* in Landmann/Rohmer GewO ArbSchG
Vorb § 15 Rn. 7f.). § 16 ArbSchG regelt mithin **nicht nur Obliegenheiten** (*Vogelsang* in Schaub ArbR-HdB § 154 Rn. 1). Arbeitsvertraglich kann die Meldepflicht
aus § 16 Abs. 1 ArbSchG im Übrigen als **Teil einer allgemeinen vertraglichen Schadensabwendungspflicht des Arbeitnehmers** aufgefasst werden
(*Wiebauer* in Landmann/Rohmer GewO ArbSchG Vorb § 15 Rn. 7). Vor diesem
Hintergrund beeinflussen auch die öffentlich-rechtlichen Pflichten der Beschäftigten die rein zivilrechtliche Ebene des Arbeitsvertrags zwischen Arbeitgeber und Arbeitnehmer (vgl. zur Verzahnung der öffentlich-rechtlichen mit den privatrechtlichen Pflichten in Bezug auf die Arbeitgeber → § 15 Rn. 23).

Mit § 16 ArbSchG wird – ebenso wie mit § 15 ArbSchG – der Abschnitt III der 4
RL 89/391/EWG (sog. **Arbeitsschutz-Rahmenrichtlinie** oder **EG-Rahmenrichtlinie Arbeitsschutz**) in nationales Recht transformiert. Die besonderen Unterstützungspflichten in Gestalt der **Melde- und Mitteilungspflichten** gem. § 16
Abs. 1, 2 S. 2 ArbSchG nehmen dabei Bezug auf die Regelung in Art. 13 Abs. 2

lit. d) RL 89/391/EWG (vgl. auch BT-Drs. 13/3540 S. 20). Danach ist der Arbeitnehmer verpflichtet, „dem Arbeitgeber bzw. den Arbeitnehmern mit einer besonderen Funktion bei der Sicherheit und beim Gesundheitsschutz der Arbeitnehmer jede von ihm festgestellte ernste und unmittelbare Gefahr für die Sicherheit und Gesundheit sowie jeden an den Schutzsystemen festgestellten Defekt unverzüglich zu melden". Mit Blick auf die **allgemeine Grund- bzw. Unterstützungspflicht** aus § 16 Abs. 2 S. 1 ArbSchG wiederum wird Bezug genommen auf Art. 13 Abs. 2 lit. e), f) RL 89/391/EWG. Danach wirken die Arbeitnehmer insbesondere gemeinsam mit dem Arbeitgeber darauf hin, dass die Ausführung aller Aufgaben und die Einhaltung aller behördlichen Auflagen ermöglicht werden (lit. e)) und der Arbeitgeber gewährleisten kann, dass das Arbeitsumfeld und die Arbeitsbedingungen sicher sind und keine Gefahren für die Sicherheit und die Gesundheit innerhalb des Tätigkeitsbereichs der Arbeitnehmer aufweisen (lit. j)).

5   In Bezug auf die **Unfallverhütungsvorschriften** (UVV) ist im Zusammenhang mit § 16 ArbSchG die DGUV Vorschrift 1 zu beachten (vgl. auch *Pieper* ArbSchR ArbSchG § 16 Rn. 3 zur BGV A1; zur historischen Entwicklung des Unfallverhütungsrechts *Rentrop* BG 2003, 401, 401 f.). Sie regelt die „Grundsätze der Prävention". Mit Blick auf die besonderen Unterstützungspflichten aus § 16 ArbSchG sind § 15 DGUV Vorschrift 1 („Allgemeine Unterstützungspflichten und Verhalten") und § 16 DGUV Vorschrift 1 („Besondere Unterstützungspflichten") relevant. Ganz allgemein bilden die §§ 15–18 DGUV Vorschrift 1 das Dritte Kapitel mit den „Pflichten der Versicherten". Rechtsdogmatisch rechnen die Unfallverhütungsvorschriften zum **Sozialversicherungsrecht,** da sie auf das Siebte Buch Sozialgesetzbuch – Gesetzliche Unfallversicherung – zurückzuführen sind. Konkret sieht § 15 Abs. 1 S. 1 Hs. 1 SGB VII vor, dass die Unfallversicherungsträger „unter Mitwirkung der Deutschen Gesetzlichen Unfallversicherung e. V. als autonomes Recht Unfallverhütungsvorschriften über Maßnahmen zur Verhütung von Arbeitsunfällen, Berufskrankheiten und arbeitsbedingten Gesundheitsgefahren oder für eine wirksame Erste Hilfe erlassen" können. Mögliche Gegenstände von UVV werden in § 15 Abs. 1 S. 1 Hs. 2 Nr. 2 SGB VII geregelt. Danach rechnet auch „das Verhalten der Versicherten zur Verhütung von Arbeitsunfällen, Berufskrankheiten und arbeitsbedingten Gesundheitsgefahren" zu den tauglichen Regelungsgegenständen von UVV (siehe auch *Kohte* in MHdB ArbR § 290 Rn. 50).

B. Die einzelnen Absätze

I. Meldepflicht bei unmittelbarer erheblicher Gefahr und Defekt an den Schutzsystemen (Abs. 1)

6   § 16 Abs. 1 ArbSchG befasst sich ausschließlich mit einer genuinen **Meldepflicht der Beschäftigten.** Im Folgenden wird zunächst auf den Normzweck (dazu **1.**) einzugehen sein, bevor die Adressaten der Pflicht (dazu **2.**), deren tatbestandliche Voraussetzungen (dazu **3.**) und die Empfänger der Meldung (dazu **4.**) in den Fokus des Interesses gerückt werden sollen.

7   **1. Zwecke.** Was den Zweck der Melde- und Mitteilungspflichten aus § 16 Abs. 1, Abs. 2 S. 2 ArbSchG anbetrifft, wird in der Literatur darauf hingewiesen, dass damit der **innerbetriebliche Organisationsfluss** zum Zweck der Gefahrenprophylaxe sichergestellt werden soll (*Kollmer* ArbSchG Rn. 221; *Wiebauer* in Landmann/Rohmer GewO ArbSchG Vorb § 15 Rn. 2). Sodann soll die Statuierung der

Meldepflicht nicht zuletzt auch die **Position der Beschäftigten stärken,** sich mit den betreffenden Informationen insbesondere an den Arbeitgeber wenden zu dürfen, ohne mit Benachteiligungen rechnen zu müssen (*Pieper* ArbSchR ArbSchG § 16 Rn. 1). **Gesetzessystematisch** ist schließlich auf den Zusammenhang mit den „Grundpflichten des Arbeitgebers" in § 3 ArbSchG aufmerksam zu machen: Mit Blick auf die arbeitgeberseitige Prüfung der getroffenen Schutzmaßnahmen auf ihre Wirksamkeit gem. § 3 Abs. 1 S. 2 ArbSchG können die gemeldeten Inhalte der Beschäftigten Anlass für etwaige **Nachjustierungen** sein (vgl. auch *Wiebauer* in Landmann/Rohmer GewO ArbSchG § 16 Rn. 12).

2. Adressat der Pflicht. Ebenso wie in § 15 ArbSchG werden die Beschäftigten auch in § 16 Abs. 1 ArbSchG als Adressaten der Pflicht genannt. Wer Beschäftigter ist, folgt aus § 2 Abs. 2 ArbSchG (→ § 15 Rn. 7 ff.). 8

3. Tatbestandliche Voraussetzungen. a) Unmittelbare erhebliche Gefahr oder Defekt am Schutzsystem. Was das erste Tatbestandsmerkmal der Meldepflicht der Beschäftigten anbelangt, ist zu beachten, dass es insoweit **zwei Alternativen** gibt: Die Meldepflicht kann erstens durch das **Vorliegen einer spezifischen Gefahrenlage** aktiviert werden (→ Rn. 10 ff.)). Sie kann zweitens indes auch durch **Defekte an den Schutzsystemen** ausgelöst werden (→ Rn. 13 ff.)). 9

aa) Unmittelbare erhebliche Gefahr für die Sicherheit und Gesundheit. Die Meldepflicht ist zunächst an das Vorliegen **einer unmittelbaren erheblichen Gefahr für die Sicherheit und Gesundheit** gekoppelt. Dieser **qualifizierte Gefahrenbegriff** wird auch in § 9 Abs. 2 S. 1, 2, Abs. 3 S. 1, 3 ArbSchG verwendet. In der Gesetzesbegründung zu § 9 ArbSchG wird die unmittelbare erhebliche Gefahr als Sachlage definiert, „bei der der Eintritt eines Schadens sehr wahrscheinlich ist oder sein Eintritt nicht mehr abgewendet werden kann und der Schaden nach Art oder Umfang besonders schwer ist" (BT-Drs. 13/3540 S. 18). Die arbeitsschutzrechtliche Literatur setzt die unmittelbare erhebliche Gefahr mit einer Sachlage gleich, bei der „ernsthaft mit einer alsbaldigen, nicht nur geringfügigen Schädigung der Gesundheit der Beschäftigten zu rechnen" sei (*Kollmer* ArbSchG Rn. 232 zu § 9 Abs. 3 S. 1 ArbSchG). Eine solche Gefahrenlage kann z. B. bei **Bränden, Explosionen, Wassereinbrüchen, dem Freiwerden gefährlicher Stoffe oder sonstigen erheblichen Betriebsstörungen** vorliegen (vgl. *Wlotzke*, FS Hanau, 1999, 317, 325; *Otto* in NK-ArbR ArbSchG § 16 Rn. 2; *Kohte* in MHdB ArbR § 292 Rn. 65). Damit zeichnet sich diese spezifische Gefahr durch eine **verwirklichungs- und rechtsgutbezogene Qualifikation** aus (vgl. aus polizeirechtlicher Perspektive auch *Knugmann* NVwZ 2006, 152, 154). Dogmatisch wichtig ist dabei die **Unterscheidung zwischen Gefahr und Schaden** i. S. e. realisierten Gefahr. Die Gefahr liegt naturgemäß im Vorfeld eines Schadens, sodass arbeitsschutzrechtlich ein Anknüpfen an den Gefahrenbegriff tunlich ist, um den Eintritt von Schäden präventiv zu verhindern. Auf der anderen Seite darf nicht übersehen werden, dass mit der tatbestandlich statuierten Gefahrenlage in § 16 Abs. 1 ArbSchG eine hohe Schwelle für die Aktivierung der Meldepflicht errichtet wurde. Im Ergebnis wird es sich um **handgreifliche Gefahren für die genannten höchstpersönlichen Rechtsgüter** handeln (zu weit daher *Kollmer* ArbSchG Rn. 219 mit der Ansicht, dass sich die Meldepflicht auch „auf eine später möglicherweise eintretende Gefahr" beziehe). Der Gefahrenbegriff der unmittelbaren erheblichen Gefahr soll im Übrigen auch **unfallverhütungsrechtlich** die **Meldepflicht der Versicherten** auslösen, § 16 Abs. 1 S. 1 DGUV Vorschrift 1 (zu Meldepflichten bei konkreten Gefahren gem. § 16 Abs. 2 S. 1 ArbSchG → Rn. 34). 10

Schucht

ArbSchG § 16

11 Als **Schutzgüter** kommen mit Blick auf die Gefahrenlage nur die höchstpersönlichen Rechtsgüter **Sicherheit und Gesundheit** von Personen in Betracht. Eine scharfe Trennung zwischen den beiden arbeitsschutzrechtlichen Schutzgütern muss nicht vorgenommen werden, weil mit dem **Rechtsbegriff der Sicherheit** ersichtlich nichts anderes als die genuin **körperliche Sicherheit** in Bezug genommen wird. Körperliche Sicherheit wiederum ist ein Synonym für Gesundheit (sschutz). Was den schillernden Begriff der Gesundheit anbelangt, versteht er EuGH hierunter „sämtliche körperlichen und sonstigen Faktoren, die die Gesundheit und die Sicherheit der Arbeitnehmer in ihrem Arbeitsumfeld unmittelbar oder mittelbar berührten" (EuGH Rs. C–84/94, Rn. 15). Umgekehrt steht damit freilich auch fest, dass andere Schutzgüter wie z. B. das **Eigentum an Sachen** im Rahmen des § 16 Abs. 1 ArbSchG keine Rolle spielen. Wer als Beschäftigter somit z. B. Kenntnis von drohenden Sachschäden (etwa an Arbeitsmitteln) erlangt, unterliegt keiner Meldepflicht gem. § 16 Abs. 1 ArbSchG (a. A. *Kollmer* ArbSchG Rn. 219a mit dem Postulat der Einbeziehung auch von Vermögens- und Eigentumsschäden).

12 Eine **unmittelbare erhebliche Gefahr** liegt objektiv nicht vor, wenn ein ersichtlich abgenutztes Arbeitsmittel z. B. wegen einer **Betriebs- oder Produktionsunterbrechung** auf absehbare Zeit ohnehin nicht verwendet werden soll. In diesem Szenario fehlt es jedenfalls an der **Unmittelbarkeit der Gefahr.** Im Falle einer näherrückenden bzw. sich abzeichnenden Verwendung des Arbeitsmittels wird indes die Schwelle von der (konkreten) Gefahr zur unmittelbaren Gefahr notwendigerweise überschritten werden, sodass im Falle der erforderlichen Feststellung der Gefahr durch einen Beschäftigten (→ Rn. 16 f.) die Meldepflicht ausgelöst wird.

13 bb) **Defekt am Schutzsystem.** Außer der in mehreren Hinsichten qualifizierten Gefahr für höchstpersönliche Rechtsgüter (→ Rn. 10 ff.) mobilisiert auch jeder Defekt an den Schutzsystemen die Meldepflicht aus § 16 Abs. 1 ArbSchG. Dieses Tatbestandsmerkmal ist auch **unter Berücksichtigung grammatikalischer Auslegung weit auszulegen:** Ein solcher Defekt liegt insbesondere bei der Fehlfunktion z. B. von persönlicher Schutzausrüstung, von Schutzvorrichtungen an Arbeitsmitteln i. S. d. § 2 Abs. 1 BetrSichV oder von Warnanlagen vor (*Kothe* in MHdB ArbR § 292 Rn. 65; zu weit indes *Kollmer* ArbSchG Rn. 219a mit der Einbeziehung jedes Defekts an den Gerätschaften des Arbeitgebers). In der Literatur wird daneben auch Bezug auf die Definition des **Rechtsbegriffs der Schutzsysteme in der RL 2014/34/EU** (sog. ATEX-Richtlinie) genommen: Gem. Art. 2 Nr. 2 RL 2014/34/EU sind Schutzsysteme „alle Vorrichtungen mit Ausnahme der Komponenten von Geräten, die anlaufende Explosionen umgehend stoppen und/oder den von einer Explosion betroffenen Bereich begrenzen sollen und als autonome Systeme gesondert auf dem Markt bereitgestellt werden." Danach sollen als Schutzsysteme i. S. d. § 16 Abs. 1 ArbSchG solche Vorrichtungen (bauliche oder technische Maßnahmen) zu verstehen sein, die Gefahren für die Beschäftigten verhüten oder vermindern und sich nicht im Rahmen der Sicherheitstechnik vermeiden lassen (*Wiebauer* in Landmann/Rohmer GewO ArbSchG § 16 Rn. 16 mit dem Hinweis auf Not- und Sicherheitsschalter, Schutzgitter, Abschirmungen sowie optische und akustische Warnvorrichtungen).

14 Praktisch besonders wichtig sind fraglos **Defekte in Bezug auf Schutzeinrichtungen von Maschinen.** Was das Phänomen der **Manipulation von Schutzeinrichtungen** anbelangt, fehlt es am maschinenrechtlich erforderlichen Schutz gegen die Risiken durch bewegliche Teile gem. Nr. 1.3.8 des Anhangs I der RL 2006/42/EG. Gem. Nr. 1.4.1 des Anhangs I der RL 2006/42/EG dürfen

Besondere Unterstützungspflichten **§ 16 ArbSchG**

trennende und nichttrennende Schutzeinrichtungen zwar „nicht auf einfache Weise umgangen oder unwirksam gemacht werden können". In der Praxis zeigt sich aber, dass Manipulationen an Schutzeinrichtungen von Arbeitsmitteln zu den **besonderen Unfallschwerpunkten im Betrieb** rechnen (BR-Drs. 400/14 S. 1, 68). Auch wenn keine Manipulation vorgenommen wird, können **Verstöße gegen die Anforderungen an trennende** (Nr. 1.4.2 des Anhang I der RL 2006/42/EG) **und nichttrennende Schutzeinrichtungen** (Nr. 1.4.3 des Anhangs I der RL 2006/42/EG) zu gewärtigen sein. Exemplarisch kann sich eine feststehende trennende Schutzeinrichtungen – entgegen der Vorgabe aus Nr. 1.4.2.1 des Anhangs I der RL 2006/42/EG – nicht nur mit Werkzeugen lösen oder abnehmen lassen.

Aufgrund des engen Sachzusammenhangs ist an dieser Stelle auf § 6 Abs. 2 S. 1 BetrSichV hinzuweisen. Danach hat der Arbeitgeber betriebssicherheitsrechtlich dafür zu sorgen, dass u. a. vorhandene Schutzeinrichtungen verwendet werden, „dass erforderliche Schutz- oder Sicherheitseinrichtungen funktionsfähig sind und nicht auf einfache Weise manipuliert oder umgangen werden" (vgl. hierzu *Schucht* NZA 2015, 333, 335). Die besondere Unterstützungspflicht der Beschäftigten aus § 16 Abs. 1 ArbSchG ist vor diesem Hintergrund auch ein Instrument, um andauernde Verstöße gegen die den Arbeitgeber treffende Pflicht aus § 6 Abs. 2 S. 1 BetrSichV so schnell wie möglich zu beseitigen. Die im Rahmen der grundlegenden Schutzmaßnahmen bei der Verwendung von Arbeitsmitteln geregelte Arbeitgeberpflicht im geltenden Betriebssicherheitsrecht soll freilich verhindern, dass die Meldepflicht der Beschäftigten aus § 16 Abs. 1 ArbSchG unter dem Aspekt eines mangelhaften Schutzsystems überhaupt virulent wird. Wenn der Arbeitgeber seine Pflicht eins-zu-eins erfüllt, bleibt kein Raum für insoweit **nachgelagerte und naturgemäß weniger wirksame Meldepflichten der Beschäftigten.** Im Ergebnis sollen beiden Pflichten jeweils einen Beitrag leisten, um mögliche Gefahrenlagen im Betrieb infolge nicht ordnungsgemäß funktionierender Schutzsysteme wirksam zu beseitigen.

Unfallverhütungsrechtlich ist schließlich die Bestimmung in § 16 Abs. 1 S. 1 **15** DGUV Vorschrift 1 in Erinnerung zu rufen. Die darin statuierte **Meldepflicht der Versicherten** wird u. a. durch „jeden an den Schutzvorrichtungen und Schutzsystemen festgestellten Defekt" aktiviert. Auch wenn an dieser Stelle akkurat zwischen **Schutzvorrichtung** einerseits und **Schutzsystem** andererseits unterschieden wird, bedeutet dies im Umkehrschluss nicht, dass Defekte an Schutzvorrichtungen im Rahmen der Meldepflicht aus § 16 Abs. 1 ArbSchG unbeachtlich sind; denn die Auslegung gesetzlicher Bestimmungen ist unabhängig vom autonomen Unfallverhütungsrecht der Unfallversicherungsträger. Der arbeitsschutzrechtliche Begriff des Schutzsystems ist so (weit) auszulegen, dass er ohne Weiteres auch Schutzvorrichtungen umfasst.

b) Feststellung durch Beschäftigten. Voraussetzung der Meldepflicht ist je- **16** weils die **vorherige Feststellung der meldebedürftigen Sachlage** (entweder unmittelbare erhebliche Gefahr oder Defekt am Schutzsystem) durch den Beschäftigten. Vor diesem Hintergrund ist festzuhalten, dass die Beschäftigten **keine eigene Prüfpflicht** in Bezug auf etwaige Gefahrenlagen bzw. Defekte an Schutzsystemen haben. Vielmehr sollen sie ihre diesbezüglichen Erkenntnisse nicht für sich behalten (*Wiebauer* in Landmann/Rohmer GewO ArbSchG § 16 Rn. 13). Sodann ist der verwendete Rechtsbegriff „festgestellt" **auslegungsbedürftig.** Richtigerweise verlangt der Gesetzgeber insoweit nicht, dass die Meldepflicht an objektive Umstände gekoppelt ist. Vor diesem Hintergrund muss insbesondere die spezifische

Gefahrenlage nicht – wie im Polizei- und Ordnungsrecht – mit einer „objektivierenden" Betrachtung gespiegelt werden. Arbeitsschutzrechtlich gibt es weder pflichtgemäße Anscheinsgefahr noch pflichtwidrige Scheingefahr. Entscheidend ist allein die **subjektive Einschätzung des zur Meldung verpflichteten Beschäftigten.**

17 Dessen ungeachtet müssen die Beschäftigten subjektiv nicht vom Vorliegen der qualifizierten Gefahrenlage bzw. des Defekts am Schutzsystem dergestalt überzeugt sein, dass kein vernünftiger Zweifel mehr besteht: **Feststellung ist nicht absolute Gewissheit.** Andererseits genügt es für die Aktivierung der Meldepflicht noch nicht, dass aus der Sicht der Beschäftigten nur **Anhaltspunkte** für das Vorliegen der unmittelbaren und erheblichen Gefahr bzw. des Defekts am Schutzsystem existieren (anders noch *Butz* in Kollmer/Klindt, ArbSchG, 2. Aufl. 2011, § 16 Rn. 7). Konkret vorliegende Anhaltspunkte müssen vielmehr von den Beschäftigten – jedenfalls vorläufig – bewertet werden, um sich zur arbeitsschutzrechtlich erforderlichen Feststellung verdichten zu können (a. A. *Kollmer* ArbSchG Rn. 219 mit dem Hinweis, dass konkrete Anhaltspunkte „für einen möglichen oder denkbaren Defekt" genügten). Dabei ist freilich zu beachten, dass die Anforderungen an die Feststellung umso geringer sind, je höher der drohende Schaden für (Sicherheit und Gesundheit) ist. Für diese Sichtweise streitet nicht zuletzt das auch hinter dieser Norm steckende gesetzgeberische Motiv, **Sicherheit und Gesundheitsschutz der Beschäftigten bei der Arbeit zu verbessern** (vgl. § 1 Abs. 1 S. 1 ArbSchG). Entgegen einer in der arbeitsschutzrechtlichen Literatur geäußerten Ansicht löst auch ein Gefahrenverdacht nicht die Meldepflicht gem. § 16 Abs. 1 ArbSchG aus (so aber *Kollmer* ArbSchG Rn. 219).

18 c) **Grenzen der Pflicht.** Auch wenn im Rahmen des § 16 Abs. 1 ArbSchG keine ausdrückliche Rede von etwaigen Grenzen der Meldepflicht ist, existieren sie **bei europarechts- bzw. richtlinienkonformer Auslegung** sehr wohl: Aus Art. 13 Abs. 2 RL 89/391/EWG ergibt sich, dass der Arbeitnehmer die Meldepflicht in lit. d) nur gem. „seiner Unterweisung und den Anweisungen" erfüllen muss. Darüber hinaus ist Art. 13 Abs. 2 RL 89/391/EWG dadurch mit Art. 13 Abs. 1 RL 89/391/EWG verknüpft, dass er auf die Verwirklichung der im ersten Absatz genannten Ziele Bezug nimmt. In Art. 13 Abs. 1 RL 89/391/EWG wird jeder Arbeitnehmer verpflichtet, „nach seinen Möglichkeiten" Eigen- und Fremdvorsorge zu betreiben (so auch *Wiebauer* in Landmann/Rohmer GewO ArbSchG § 16 Rn. 8). Im Ergebnis gelten somit dieselben Pflichtgrenzen wie im Rahmen des § 15 ArbSchG (→ § 15 Rn. 35 ff.).

19 3. **Rechtsfolge.** Wenn und soweit die tatbestandlichen Voraussetzungen des § 16 Abs. 1 ArbSchG vorliegen, wird die **Pflicht zur Meldung** ausgelöst. Konkret wird dem meldenden Beschäftigten damit aufgegeben, die relevanten Informationen über die (subjektiv) festgestellte Gefahr bzw. den (subjektiv) festgestellten Defekt am Schutzsystem an die gesetzlich bestimmte Stelle weiterzuleiten. Meldung bedeutet somit **Benachrichtigung über die festgestellte Sachlage.** Umgekehrt wird nicht verlangt, dass der Meldende dem Meldeempfänger zugleich **Wege zur Lösung in Gestalt von Abhilfe- und/oder Gefahrabwendungsmaßnahmen** vorschlägt. Die Abhilfe bzw. Gefahrabwendung ist originäre **Aufgabe des Arbeitgebers. Im Unterschied zur Mitteilungspflicht** gem. § 16 Abs. 2 S. 2 ArbSchG (→ Rn. 47 f.) handelt es sich bei der Meldepflicht nicht um eine „Soll-Vorschrift", d. h. die Beschäftigten haben die Meldung im Falle der Erfüllung aller tatbestandlichen Voraussetzungen ausnahmslos abzusetzen.

Besondere Unterstützungspflichten **§ 16 ArbSchG**

a) Unverzüglichkeit der Meldung. Mit Blick auf das Erfordernis der **Unverzüglichkeit der Meldung** darf zunächst nicht übersehen werden, dass es sich insoweit um einen **originären Rechtsbegriff** handelt. Mangels gesetzlicher Definition im ArbSchG ist insoweit auf die **Legaldefinition in § 121 BGB** zurückzugreifen, zumal diese Inbezugnahme in der deutschen Rechtsordnung üblich ist (vgl. zu § 377 Abs. 1, 3 HGB *Hopt* in Baumbach/Hopt, Handelsgesetzbuch, 36. Aufl. 2014, § 377 Rn. 35). Gem. § 121 Abs. 1 S. 1 BGB bedeutet unverzüglich „ohne schuldhaftes Zögern" (so im Ergebnis auch *Kollmer* ArbSchG Rn. 219a). Im Hinblick auf dieses **Eilgebot** sind die Anforderungen bereits im Allgemeinen streng; in concreto kommt noch hinzu, dass die Unverzüglichkeit der Meldung arbeitsschutzrechtlich bedrohliche Lagen abwenden soll. Vor diesem Hintergrund bleibt kaum Raum für Verzögerungen; denkbar ist insoweit vor allem die **fehlende Erreichbarkeit** der gesetzlich vorgesehenen Adressaten der Meldung. In diesen Fällen ist der Arbeitgeber bzw. der zuständige Vorgesetzte indes unverzüglich zu informieren, sobald er erreichbar ist. Zu beachten ist in diesem Szenario freilich auch die Pflicht und das Recht der Beschäftigten gem. § 9 Abs. 2 S. 2 Hs. 1 ArbSchG bei unmittelbarer erheblicher Gefahr (→ Rn. 25). 20

b) Adressat der Meldung. Was die Adressaten der Meldung anbelangt, kann die Benachrichtigung erstens gegenüber dem **Arbeitgeber** und zweitens gegenüber dem **zuständigen Vorgesetzten** erfolgen. Dabei ist nicht erforderlich, dass der Beschäftigte beide Personen kumulativ kontaktiert. Gem. § 2 Abs. 3 ArbSchG sind Arbeitgeber natürliche und juristische Personen und rechtsfähige Personengesellschaften, die Personen nach § 2 Abs. 2 ArbSchG beschäftigen (→ § 2 Rn. 122 ff.). In der Praxis wird die Meldung vor diesem Hintergrund regelmäßig gegenüber dem zuständigen Vorgesetzten erfolgen. Zuständiger Vorgesetzter ist jene Person, in dessen Verantwortungssphäre die festgestellte Gefahrenlage bzw. der festgestellte Defekt fällt, ohne dass es auf dessen Sachkunde ankommt (so auch *Wiebauer* in Landmann/Rohmer Gewo ArbSchG § 16 Rn. 18; anders noch *Butz* in Kollmer/Klindt, ArbSchG, 2. Aufl. 2011, § 16 Rn. 10). 21

Darüber hinaus sind die verantwortlichen Personen gem. § 13 Abs. 1 ArbSchG „neben dem Arbeitgeber" taugliche Adressaten der Meldung (*Kohte* in MHdB ArbR § 292 Rn. 65; *Wiebauer* in Landmann/Rohmer GewO ArbSchG § 16 Rn. 17; *Kollmer* ArbSchG Rn. 219a). Vor diesem Hintergrund können z. B. der **Insolvenzverwalter, Geschäftsführer der GmbH, Vorstand der AG,** der **Gesellschafter einer oHG,** der **Unternehmens-, Betriebs- oder Produktionsleiter, Bereichs- und Gruppenleiter, Vorarbeiter und Meister** über die arbeitsschutzrechtlich kritische Situation informiert werden. Im Falle einer Linienorganisation mit mehreren hierarchisch organisierten Vorgesetzten (z. B. Betriebs- und Produktionsleiter) kann der Beschäftigte den Meldeadressaten grds. **frei auswählen. Handlungsleitend** sollte bei der Entscheidung freilich die Überlegung sein, wer voraussichtlich so schnell wie möglich für die Wiederherstellung eines arbeitsschutzrechtlich ordnungsgemäßen Zustands Sorge tragen wird. 22

Bei **Leiharbeitnehmern bzw. Fremdfirmenbeschäftigten** wird als Ansprechpartner im Hinblick auf die Meldepflicht der Arbeitgeber des entleihenden bzw. den Auftrag erteilenden Unternehmens angesehen werden müssen (a. A. für Fremdfirmenbeschäftigte *Wiebauer* in Landmann/Rohmer GewO ArbSchG § 16 Rn. 18). Andernfalls droht ein ggf. nicht unerheblicher Zeitverlust, welcher einer effektiven Gefahrensteuerung entgegenstehen kann. Wenn und soweit gleichwohl der jeweilige Arbeitgeber seitens der Beschäftigten angesprochen wird, wird dieser 23 nicht zuletzt aufgrund seiner vertraglichen Beziehungen dafür sorgen müssen, dass die in Rede stehenden Informationen der Meldung an den Entleiher bzw. Auftraggeber gelangen. Diesem Erfordernis kann freilich auch dadurch nachgekommen werden, dass der Arbeitgeber den betreffenden Beschäftigten an den insoweit zuständigen Entleiher bzw. Auftraggeber verweist.

24 **c) Form der Meldung.** Zur **Form der Meldung** gibt es in § 16 Abs. 1 ArbSchG keine rechtlichen Vorgaben. Aus diesem Grund wird sich der Beschäftigte sowohl mündlich als auch schriftlich an den Arbeitgeber oder zuständigen Vorgesetzten wenden können. Mit Blick auf das **Gebot der Unverzüglichkeit der Meldung** wird es in praxi indes regelmäßig auf eine **mündliche Meldung** hinauslaufen, wobei auch eine **Meldung via E-Mail** in Betracht kommen kann. Unabhängig davon kann es ratsam sein, **aus Gründen der Dokumentation** und **zum Zwecke des Nachweises** die Meldung schriftlich abzusetzen.

25 **d) Maßnahmen zur Gefahrenabwehr und Schadensbegrenzung gem. § 9 Abs. 2 S. 2 Hs. 1 ArbSchG.** Ergänzend ist mit Blick auf die Meldepflicht wegen unmittelbarer erheblicher Gefahr für die Sicherheit und Gesundheit auf die Regelung in § 9 ArbSchG in Bezug auf „Besondere Gefahren" hinzuweisen. Aus der Perspektive der Beschäftigten kann in diesem Szenario neben die Pflicht zur Absetzung einer Meldung gem. § 16 Abs. 1 ArbSchG auch die Pflicht (und das Recht) treten, „die geeigneten Maßnahmen zur Gefahrenabwehr und Schadensbegrenzung selbst" zu treffen, wenn der zuständige Vorgesetzte nicht erreichbar ist, § 9 Abs. 2 S. 2 Hs. 1 ArbSchG (→ Rn. 51 f.; § 17 Rn. 72 ff.).

26 **e) Unfallverhütungsrechtliche Beseitigungspflicht.** Aufgrund des engen Sachzusammenhangs ist an dieser Stelle auf § 16 DGUV Vorschrift 1 mit der Überschrift „Besondere Unterstützungspflichten" hinzuweisen. Danach hat ein Versicherter unfallverhütungsrechtlich festgestellte Mängel unverzüglich zu beseitigen, wenn „im Hinblick auf die Verhütung von Arbeitsunfällen, Berufskrankheiten und arbeitsbedingten Gesundheitsgefahren
– ein Arbeitsmittel oder eine sonstige Einrichtung einen Mangel aufweist,
– Arbeitsstoffe nicht einwandfrei verpackt, gekennzeichnet oder beschaffen sind oder
– ein Arbeitsverfahren oder Arbeitsabläufe Mängel aufweisen",
§ 16 Abs. 2 S. 1 DGVU Vorschrift 1. Voraussetzung für diese **Beseitigungspflicht** des Versicherten ist allerdings, dass „dies zu seiner Arbeitsaufgabe gehört und er über die notwendige Befähigung verfügt". Liegen diese Voraussetzungen nicht vor, muss er unverzüglich seinen Vorgesetzten über den Mangel in Kenntnis setzen, § 16 Abs. 2 S. 2 DGUV Vorschrift 1.

27 **f) Beschwerdeverfahren gem. § 85 Abs. 1 BetrVG.** Abschließend ist darauf hinzuweisen, dass die gleichzeitige **Meldung an den Betriebsrat,** der im Falle des Vorliegens einer berechtigten Beschwerde eines Arbeitnehmers gem. § 85 Abs. 1 BetrVG beim Arbeitgeber auf Abhilfe hinzuwirken hat, ratsam sein kann. Im Unterschied zu § 16 Abs. 1 ArbSchG und der insoweit statuierten Rechtspflicht steht das Herantreten an den Betriebsrat indes **im Belieben des Beschäftigten** (vgl. nur *Kollmer* ArbSchG Rn. 222).

Besondere Unterstützungspflichten **§ 16 ArbSchG**

II. Grund- und Mitteilungspflicht (Abs. 2)

In § 16 Abs. 2 ArbSchG werden die **allgemeine Grund- bzw. Unterstüt-** 28
zungspflicht (S. 1) und eine **weitere Informations- in Gestalt einer Mitteilungspflicht** (S. 2) geregelt. Dabei ist die Regelung der Meldepflicht aus § 16
Abs. 2 S. 2 ArbSchG **systematisch verfehlt:** Aufgrund des engen Sachzusammenhangs mit der Meldepflicht aus § 16 Abs. 1 ArbSchG fügte sich die Bestimmung aus
§ 16 Abs. 2 S. 2 ArbSchG besser in § 16 Abs. 1 ArbSchG ein. Zu konzedieren ist
freilich, dass die beiden Pflichten in § 16 Abs. 2 ArbSchG jeweils Bezug auf die Arbeitsschutzfachleute nehmen. Im Folgenden sind die Zwecke der Norm darzustellen (dazu **1.**), bevor die allgemeine Grund- (→ **2.**) und die Mitteilungspflicht (→ **3.**)
in den Fokus gerückt werden sollen.

1. Zwecke. In der Gesetzesbegründung wird mit Blick auf den **Zweck der** 29
Norm (→ Rn. 7) darauf hingewiesen, dass die Beschäftigten aufgrund dieser Regelung einen Beitrag zur Erfüllung der Arbeitsschutzaufgaben durch den Arbeitgeber
und die von ihm beauftragten Fachkräfte und Sicherheitsbeauftragten leisten (BT-
Drs. 13/3540 S. 20). In der Literatur wird mit Blick auf § 16 Abs. 2 ArbSchG zu
Recht betont, dass Arbeitgeber, Beschäftigte und Arbeitsschutzfachleute ein Team
bilden sollen, „das gemeinsam auf die Verwirklichung von Arbeits- und Gesundheitsschutz hinwirkt" (*Kollmer* ArbSchG Rn. 221). Im Ergebnis stärkt die Norm
auch die **Eigenverantwortung der Beschäftigten,** ohne freilich am Grundsatz
der Verantwortung des Arbeitgebers zu rütteln (siehe auch *Pieper* ArbSchR ArbSchG
§ 16 Rn. 2). Mit Blick auf die Mitteilungspflicht aus § 16 Abs. 2 S. 2 ArbSchG soll die
**Zusammenarbeit der Beschäftigten mit den betrieblichen Arbeitsschutz-
fachleuten gefördert werden** (*Otto* in NK-ArbR ArbSchG § 16 Rn. 5). Darüber
hinaus sollen die Arbeitsschutzfachleute unmittelbar von den Beschäftigten über etwaige Gefahrenlagen in Kenntnis gesetzt werden, um sie zu prüfen, auszuwerten und
ggf. dem Arbeitgeber Vorschläge in Bezug auf Abhilfemaßnahmen zu unterbreiten
(*Wlotzke,* FS Hanau, 1999, 317, 326; *Kohte* in MHdB ArbR § 292 Rn. 66).

2. Allgemeine Grundpflicht (S. 1). Was die **Pflicht der Beschäftigten** 30
(→ § 15 Rn. 7 ff.) aus § 16 Abs. 2 S. 1 ArbSchG anbelangt, kann diese als **allgemeine Grund- oder Unterstützungspflicht** beschrieben werden (zur system-
widrigen Platzierung in § 16 ArbSchG *Wiebauer* in Landmann/Rohmer GewO
ArbSchG Vorb § 15 Rn. 1; zur verzerrten Überschrift des § 16 ArbSchG *ders.* in
Landmann/Rohmer GewO ArbSchG § 16 Rn. 1; siehe aber auch *Wlotzke,* FS Hanau, 1999, 317, 321, 325 mit der Bezeichnung der Pflichten aus § 15 ArbSchG als
Grundpflichten; → § 15 Rn. 2).
Dabei bezieht sich die Unterstützungspflicht auf die beiden folgenden Aspekte:
– die Gewährleistung von Sicherheit und Gesundheitsschutz bei der Arbeit;
– die Erfüllung behördlicher Aufgaben.
Indem § 16 Abs. 2 S. 1 ArbSchG von „unterstützen" spricht, weicht die Norm von
Art. 13 Abs. 2 lit. e) RL 89/391/EWG ab; denn danach haben die Arbeitnehmer
insbesondere „gemeinsam mit dem Arbeitgeber (…) darauf hinzuwirken", dass alle
Aufgaben ausgeführt und alle in Rede stehenden behördlichen Auflagen eingehalten werden können. Vor diesem Hintergrund wird die **eigene Arbeitsschutzver-
antwortung der Arbeitnehmer** in der Arbeitsschutz-Rahmenrichtlinie in der
Tat stärker akzentuiert (so *Wiebauer* in Landmann/Rohmer GewO ArbSchG § 16
Rn. 4). Da die Gewährleistung von Sicherheit und Gesundheitsschutz bei der Arbeit als Gegenstand der Unterstützungspflicht statuiert und damit die abstrakt for-

mulierte Zielsetzung aus § 1 Abs. 1 S. 1 ArbSchG in Bezug genommen wird, spiegeln die Unterstützungspflichten der Beschäftigte die im Zweiten Abschnitt des ArbSchG geregelten Einzelpflichten des Arbeitgebers. Im Ergebnis können die Ziele des ArbSchG damit durch Arbeitgeber und Beschäftigte gemeinsam erreicht werden. In Bezug auf die **Unfallverhütungsvorschriften** wird eine vergleichbare Pflicht in § 15 Abs. 1 S. 2 DGUV Vorschrift 1 geregelt. Danach haben die Versicherten „die Maßnahmen zur Verhütung von Arbeitsunfällen, Berufskrankheiten und arbeitsbedingten Gesundheitsgefahren sowie für eine wirksame Erste Hilfe zu unterstützen."

31 Im Rahmen der allgemeinen Grundpflicht gem. § 16 Abs. 2 S. 1 ArbSchG werden auch die beiden Arbeitsschutzfachleute „Betriebsarzt" und „Fachkraft für Arbeitssicherheit" in Bezug genommen; denn die in Rede stehende Pflicht ist aus der Perspektive der in die Pflicht genommenen Beschäftigten „gemeinsam mit dem Betriebsarzt und der Fachkraft für Arbeitssicherheit" zu erfüllen. Relevant wird vor diesem Hintergrund das Gesetz über Betriebsärzte, Sicherheitsingenieure und andere Fachkräfte für Arbeitssicherheit vom 12.12.1973 (BGBl. I S. 1885). Gem. § 1 Abs. 1 S. 1 ASiG hat der Arbeitgeber „nach Maßgabe dieses Gesetzes Betriebsärzte und Fachkräfte für Arbeitssicherheit zu bestellen." Während der Rechtsbegriff des **Betriebsarztes** im ASiG nicht näher definiert wird (vgl. zu den Aufgaben der Betriebsärzte § 3 ASiG sowie → Rn. 57 f.), ergibt sich ohne Weiteres aus § 5 Abs. 1 ASiG, dass **Fachkräfte für Arbeitssicherheit**
– Sicherheitsingenieure,
– Sicherheitstechniker und
– Sicherheitsmeister
sind (vgl. zu den Aufgaben der Fachkräfte für Arbeitssicherheit § 6 ASiG sowie → Rn. 59 f.). Im Unterschied zur nachfolgenden Bestimmung in § 16 Abs. 2 S. 2 ArbSchG spielt der **Sicherheitsbeauftragte gem. § 22 SGB VII** damit keine Rolle im Rahmen der allgemeinen Grundpflicht.

32 Die Verknüpfung der allgemeinen Grundpflicht der Beschäftigten mit den beiden Arbeitsschutzexperten ist mit Blick auf deren gesetzlich statuierte Aufgaben **rein deklaratorisch**: Während die **Betriebsärzte** gem. § 3 Abs. 1 S. 1 ASiG die Aufgabe haben, „den Arbeitgeber beim Arbeitsschutz und bei der Unfallverhütung in allen Fragen des Gesundheitsschutzes zu unterstützen", haben die **Fachkräfte für Arbeitssicherheit** gem. § 6 Abs. 1 S. 1 ASiG die Aufgabe, „den Arbeitgeber beim Arbeitsschutz und bei der Unfallverhütung in allen Fragen der Arbeitssicherheit einschließlich der menschengerechten Gestaltung der Arbeit zu unterstützen." Eine spezifische Pflicht der Beschäftigten zur Zusammenarbeit mit dem Betriebsarzt und der Fachkraft für Arbeitssicherheit besteht – ungeachtet der Verwendung des Wortes „gemeinsam" – indes nicht; die dann bestehenden **Unterstützungspflichten** der Beschäftigten sowie der genannten Arbeitsschutzfachleute **existieren nebeneinander** (*Wiebauer* in Landmann/Rohmer GewO ArbSchG § 16 Rn. 10; a. A. *Wlotzke*, FS Hanau, 1999, 317, 325). Im Ergebnis wird durch § 16 Abs. 2 S. 1 ArbSchG somit zum Ausdruck gebracht, dass das arbeitsschutzrechtliche Ziel der Gewährleistung von Sicherheit und Gesundheitsschutz nur durch die den Arbeitgeber unterstützenden Anstrengungen aller drei genannten betrieblichen Akteure erreicht werden kann.

33 **a) Gewährleistung von Sicherheit und Gesundheitsschutz.** Die Beschäftigten sollen den Arbeitgeber erstens bei der Aufgabe der Gewährleistung von Sicherheit und Gesundheitsschutz der Beschäftigten bei der Arbeit unterstützen. Vor

Besondere Unterstützungspflichten **§ 16 ArbSchG**

diesem Hintergrund ergeben sich in der Theorie **vielfältige Anwendungsfelder für unterstützende Tätigkeiten** der Beschäftigten, weil grds. jeder betriebliche Vorgang mit Sicherheitsrelevanz die Unterstützungspflicht aktivieren kann (vgl. auch *Kohte* in MHdB ArbR § 292 Rn. 67). Angesichts der Weite der gesetzlichen Formulierung kann dieser Teil der allgemeinen Grundpflicht als **Generalklausel** in Bezug auf die Unterstützungspflicht der Beschäftigten bezeichnet werden. Umgekehrt hat der grds. **weite Anwendungsbereich der Norm** Unschärfen zur Folge, welche eine Subsumtion konkreter Vorgänge im Betrieb erschweren können. Angesichts dessen darf die praktische Bedeutung der allgemeinen Grundpflicht gewiss nicht überschätzt werden.

Ungeachtet der Vielgestaltigkeit möglicher Maßnahmen zur Erfüllung der allgemeinen Grundpflicht bringen die folgenden Aktivitäten der Beschäftigten eine Unterstützungsleistung mit sich: 34

– Vorschläge zur Beseitigung erkannter Sicherheitsmängel,
– Beseitigung von festgestellten Sicherheitsmängeln,
– Verbesserungsvorschläge zur Arbeitssicherheit und zum Gesundheitsschutz,
– Aufzeigen erkannter oder möglicher Unfallursachen,
– Hinweis auf die turnusmäßige oder konkret erforderliche Inspektion, Wartung und Instandsetzung von Arbeitsmitteln und überwachungsbedürftigen Anlagen,
– Hinweis auf ggf. sicherheitsrelevante Organisationsmängel,
– Hinweis an Arbeitskollegen auf arbeitsschutz- und sicherheitsgerechtes Verhalten,
– Bereitschaft zur Übernahme von Funktionen zur Ersten Hilfe, Brandbekämpfung und Evakuierung der Beschäftigten in Notfällen,
– Vorschläge gem. § 17 Abs. 1 ArbSchG zur Verbesserung des Arbeitsschutzes unterbreiten (zum Ganzen *Kohte* in MHdB ArbR § 292 Rn. 67; *Wlotzke,* FS Hanau, 1999, 317; siehe auch *Otto* in NK-ArbR ArbSchG § 16 Rn. 4).

Auch wenn § 16 Abs. 1 ArbSchG eine Meldepflicht gegenüber dem Arbeitgeber und zuständigen Vorgesetzten nur bei unmittelbarer erheblicher Gefahr regelt, wird schon die **Existenz einer konkreten Gefahr** regelmäßig eine Unterstützungsleistung der Beschäftigten in Erfüllung der allgemeinen Grundpflicht aktivieren müssen; denn die Meldepflicht aus § 16 Abs. 1 ArbSchG ist insoweit nicht abschließend (so auch *Wiebauer* in Landmann/Rohmer GewO ArbSchG § 16 Rn. 15). Keine Stütze in § 16 Abs. 2 S. 1 ArbSchG findet hingegen eine Pflicht der Beschäftigten, **besondere Funktionen in der Arbeitsschutzorganisation** zu übernehmen (zu § 15 Abs. 1 ArbSchG → § 15 Rn. 33); insoweit bedarf es der arbeitsvertraglichen Regelung entsprechender Beschäftigtenpflichten (*Wiebauer* in Landmann/Rohmer GewO ArbSchG § 16 Rn. 9 zur Aufgabe des Sicherheitsbeauftragten gem. § 22 SGB VII).

In Betracht zu ziehen sind in diesem Kontext sowohl **freiwillige Betriebsvereinbarungen** gem. § 88 Nr. 1 BetrVG als auch aufgrund des **Mitbestimmungsrechts des Betriebsrats** gem. § 87 Abs. 1 Nrn. 7, 12 BetrVG abgeschlossene Betriebsvereinbarungen. Die freiwilligen Betriebsvereinbarungen gem. § 88 Nr. 1 BetrVG nehmen Bezug auf „zusätzliche Maßnahmen zur Verhütung von Arbeitsunfällen und Gesundheitsschädigungen". Gem. § 87 Abs. 1 Nr. 7 BetrVG besteht ein Mitbestimmungsrecht des Betriebsrats in Bezug auf „Regelungen über die Verhütung von Arbeitsunfällen und Berufskrankheiten sowie über den Gesundheitsschutz im Rahmen der gesetzlichen Vorschriften oder der Unfallverhütungsvorschriften". Die „Grundsätze über das betriebliche Vorschlagswesen" sind gem. § 87 Abs. 1 Nr. 12 BetrVG ebenfalls Gegenstand des Mitbestimmungsrechts. Aufgrund 35

Schucht 431

dieser **betriebsverfassungsrechtlichen Instrumente** besteht somit die Möglichkeit, die Beteiligung der Beschäftigten innerhalb des betrieblichen Arbeitsschutzes zu regeln und damit deren Rolle als wichtige Akteure im Arbeitsschutz zu akzentuieren.

36 **b) Erfüllung behördlicher Auflagen.** Der zweite Gegenstand der allgemeinen Grundpflicht ist mit der **Erfüllung der Pflichten des Arbeitgebers** „entsprechend den behördlichen Auflagen" verbunden. Damit werden das **arbeitsschutzrechtliche Vollzugsrecht** im Allgemeinen und die **Befugnisse der Arbeitsschutzbehörden** aus § 22 ArbSchG im Besonderen in Bezug genommen. Auch wenn der Begriff der Auflage in § 22 ArbSchG nicht verwendet wird, kann es etwa um **Anordnungen im Einzelfall** gem. § 22 Abs. 3 S. 1 Nr. 1 ArbSchG gehen. Vor diesem Hintergrund ist der Rechtsbegriff der Auflage in § 16 Abs. 2 S. 1 ArbSchG insbesondere nicht i. S. d. § 36 Abs. 2 Nr. 4 VwVfG zu verstehen. **Verwaltungsverfahrensrechtlich** wird danach unter einer Auflage eine Bestimmung verstanden, „durch die den Begünstigten ein Tun, Dulden oder Unterlassen vorgeschrieben wird (Auflage)". Damit wird verwaltungsverfahrensrechtlich eine sog. **Nebenbestimmung zum Verwaltungsakt** definiert. Dieses enge Verständnis kann bei **teleologischer Auslegung** nicht auf die arbeitsschutzrechtlichen Pflichten der Beschäftigten übertragen werden; denn die Stoßrichtung des § 16 Abs. 2 S. 1 ArbSchG besteht darin, einen möglichst hohen Schutz der höchstpersönlichen Rechtsgüter der Beschäftigten während der Arbeit zu gewährleisten. Unter dieser Prämisse wird von den Beschäftigten zu verlangen sein, den Arbeitgeber mit Blick auf sämtliche behördliche Vorgaben zu unterstützen.

37 In der arbeitsschutzrechtlichen Literatur wird zu Recht darauf hingewiesen, dass die Beschäftigten ihre Unterstützungspflicht in diesem Punkt naturgemäß nur erfüllen können, wenn sie von ihrem Arbeitgeber über **Existenz wie Inhalt etwaiger behördlicher Auflagen informiert** werden (*Hamm/Faber* in HK-ArbR ArbSchG § 16 Rn. 1). Vor diesem Hintergrund tun die Arbeitgeber gut daran, diesen Informationsfluss mit Leben zu erfüllen, um zugleich die allgemeine arbeitsschutzrechtliche Grundpflicht der Beschäftigten zu mobilisieren.

38 **c) Grenzen der Pflicht.** Was die Grenzen der allgemeinen Grundpflicht anbelangt, gelten **unter Zugrundelegung europarechts- bzw. richtlinienkonformer Auslegung** jene in § 15 ArbSchG ausdrücklich normierten Grenzen („nach ihren Möglichkeiten" und „gem. der Unterweisung und Weisung des Arbeitgebers") auch im Rahmen des § 16 Abs. 2 S. 1 ArbSchG (→ Rn. 18). Richtlinienrechtlicher Anknüpfungspunkt ist insoweit freilich Art. 13 Abs. 2 lit. e), f) RL 89/391/EWG.

39 **2. Mitteilungspflicht (S. 2).** Aufgrund der Regelung des § 16 Abs. 2 S. 2 ArbSchG werden über die Meldepflichten aus § 16 Abs. 1 ArbSchG (→ Rn. 6 ff.) hinaus weitere **Mitteilungspflichten der Beschäftigten** aus der Taufe gehoben (zu den Zwecken → Rn. 7, 29).

40 **a) Tatbestandliche Voraussetzungen.** Im Unterschied zu § 16 Abs. 1 ArbSchG wird im Rahmen der Mitteilungspflicht aus § 16 Abs. 2 S. 2 ArbSchG in Bezug auf die erforderliche Gefahrenlage de lege lata nur auf „festgestellte Gefahren für Sicherheit und Gesundheit" abgestellt, sodass die Qualifizierung der **Unmittelbarkeit sowie Erheblichkeit der Gefahr** fehlt. Dessen ungeachtet wird in der arbeitsschutzrechtlichen Literatur die Auffassung vertreten, dass die Melde- und Mitteilungspflichten aus § 16 ArbSchG **ausnahmslos nur bei einer unmittelbaren**

Besondere Unterstützungspflichten **§ 16 ArbSchG**

erheblichen Gefahr aktiviert werden sollen (*Wank* in ErfK ArbSchG § 16 Rn. 2; so wohl auch *Vogelsang* in Schaub ArbR-HdB § 154 Rn. 15). Diese Ansicht überzeugt nicht: Für eine weitreichendere Pflicht im Rahmen des § 16 Abs. 2 S. 2 ArbSchG spricht nicht nur der im Vergleich zu § 16 Abs. 1 ArbSchG abweichende Wortlaut (**grammatikalische Auslegung**); darüber hinaus wird die betreffende Pflicht dezidiert **unbeschadet der Pflicht** aus § 16 Abs. 1 ArbSchG statuiert. Wenn und soweit der Gesetzgeber einen Gleichlauf mit der Meldepflicht aus § 16 Abs. 1 ArbSchG hätte herstellen wollen, wäre diesem Ansinnen nichts im Wege gestanden: Für diesen Fall hätte die Mitteilungspflicht bloß mit dem Tatbestandsmerkmal der unmittelbaren erheblichen Gefahr verknüpft werden müssen. Diesen Weg hat der Gesetzgeber indes nicht beschritten. Soll der Wortlaut der Norm vorliegend ernst genommen werden, wird die Mitteilungspflicht aus § 16 Abs. 2 ArbSchG somit schon **bei jeder Gefahr** mobilisiert (h. M.; vgl. *Wlotzke*, FS Hanau, 1999, 317, 326; *Otto* in NK-ArbR ArbSchG § 16 Rn. 5; *Hamm/Faber* in HK-ArbR ArbSchG § 16 Rn. 1; *Kohte* in MHdB ArbR § 292 Rn. 66; *Wiebauer* in Landmann/Rohmer GewO ArbSchG § 16 Rn. 22; *Pieper* AiB 2013, 499, 501: „Gefahren für Sicherheit und Gesundheit ... mitteilen"). Im Übrigen ist dieses Auslegungsergebnis keineswegs sachwidrig; denn die Implementierung genuiner Informationspflichten zwischen Beschäftigten einerseits und den Fachkräften für Arbeitssicherheit, Betriebsärzten und Sicherheitsbeauftragten andererseits. § 22 SGB VII anderseits ist umso effektiver, je niedriger die Schwelle angesetzt wird (solange sie nicht durch Bagatellen ausgelöst wird). Gefahren für die Sicherheit und Gesundheit sind indes fraglos angemessene Auslöser für innerbetriebliche Informationsflüsse.

Daneben sollen auch „Mängel an den Schutzsystemen" die Mitteilungspflicht **41** auslösen. Ungeachtet des von § 16 Abs. 1 ArbSchG abweichenden Wortlauts („an den Schutzsystemen festgestellten Defekt") ist davon auszugehen, dass der Gesetzgeber insoweit keine unterschiedlichen Melde- bzw. Mitteilungsschwellen aus der Taufe zu heben beabsichtigte (so auch *Wiebauer* in Landmann/Rohmer GewO ArbSchG § 16 Rn. 22).

In Bezug auf die Mitteilungspflicht gelten **unter Zugrundelegung europa- 42 rechts- bzw. richtlinienkonformer Auslegung** jene in § 15 ArbSchG ausdrücklich normierten Grenzen („nach ihren Möglichkeiten" und „gem. der Unterweisung und Weisung des Arbeitgebers") auch im Rahmen des § 16 Abs. 2 S. 2 ArbSchG (→ Rn. 18).

b) Rechtsfolge. Im Falle des Vorliegens einer Gefahr für die in Rede stehenden **43** Schutzgüter soll der Beschäftigte eine **Mitteilung** machen. Auch wenn der Terminus damit von der **Meldung** i. S. d. § 16 Abs. 1 ArbSchG abweicht, ist im Ergebnis **keine abweichende Auslegung** angezeigt. Im Ergebnis wird daher die **Benachrichtigung über die festgestellte Sachlage** inhaltliches Zentrum des Informationsflusses sein. Im Unterschied zur Meldepflicht aus § 16 Abs. 1 ArbSchG muss die Mitteilung gem. § 16 Abs. 2 S. 2 ArbSchG **nicht unverzüglich** erfolgen. Wichtig ist in diesem Zusammenhang, dass es bei dieser informatorischen Benachrichtigung erneut sein Bewenden hat, sodass insbesondere keine Pflicht besteht, dem Adressaten der Mitteilung zugleich in Betracht kommende **Abhilfe- und/ oder Gefahrabwendungsmaßnahmen** vorzuschlagen (→ Rn. 19).

aa) Adressat der Meldung. Anders als bei § 16 Abs. 2 S. 1 ArbSchG wird im **44** Rahmen der Meldepflicht aus § 16 Abs. 2 S. 2 ArbSchG eine **genuine Interaktion** zwischen dem meldenden Beschäftigten einerseits und der Fachkraft für Arbeitssicherheit (→ Rn. 31), dem Betriebsarzt (→ Rn. 31) und dem Sicherheitsbeauftragtem gem. § 22 SGB VII andererseits hergestellt. Damit werden die arbeitsschutzrechtlichen Potentiale im Unternehmen i. S. e. **Verbundlösung** aktiviert. Der Informationsfluss verläuft indes allein von den Beschäftigten zu den drei genannten Akteuren mit spezifischer Funktion im innerbetrieblichen Arbeitsschutz. Dabei ist allerdings darauf zu achten, dass der Beschäftigte im Falle der Verwirklichung der tatbestandlichen Voraussetzungen nicht an jeden der drei Akteure herantreten muss; denn der Gesetzgeber hat durch die Verwendung des Wortes „oder" klargestellt, dass die Mitteilungspflicht bereits dann erfüllt ist, wenn **eine der drei Personen** über die konkrete Gefahr bzw. den Mangel an einem Schutzsystem in Kenntnis gesetzt wird (vgl. zum Arbeitgeber oder dem zuständigen Vorgesetzten → Rn. 21). Was den Sicherheitsbeauftragten anbelangt, wird in § 16 Abs. 2 S. 2 ArbSchG auf das **Siebte Buch Sozialgesetzbuch** und damit das Recht der gesetzlichen Unfallversicherung verwiesen. Gem. § 22 Abs. 1 S. 1 SGB VII hat der Unternehmer in Unternehmen mit regelmäßig mehr als 20 Beschäftigten **Sicherheitsbeauftragte** „unter Berücksichtigung der im Unternehmen für die Beschäftigten bestehenden Unfall- und Gesundheitsgefahren und der Zahl der Beschäftigten" zu bestellen. Welche **Aufgaben** die Sicherheitsbeauftragten haben, ist in § 22 Abs. 2 SGB VII geregelt (→ Rn. 56; vgl. zu den Kriterien für die Anzahl der zu bestellenden Sicherheitsbeauftragten *Aligbe* ArbR 2015, 218 f.).

45 Weil es sich bei der Mitteilungspflicht gem. § 16 Abs. 2 S. 2 ArbSchG um eine spezifische Mitteilungspflicht handelt, muss zusätzlich nicht auch der Arbeitgeber oder der zuständige Vorgesetzte über die festgestellte konkrete Gefahr in Kenntnis gesetzt werden. Dessen ungeachtet können Meldepflichten gegenüber dem Arbeitgeber bei dieser Gefahrenlage aus der allgemeinen Grundpflicht abgeleitet werden (→ Rn. 34).

46 **bb) Form der Meldung.** Zur **Form der Mitteilung** gibt es in § 16 Abs. 2 S. 2 ArbSchG keine Vorgaben. Aus diesem Grund wird sich der Beschäftigte sowohl mündlich als auch schriftlich an die Adressaten (→ Rn. 44) wenden können. Dessen ungeachtet kann es ratsam sein, **aus Gründen der Dokumentation** die Mitteilung schriftlich zu machen, um ggf. später nachweisen zu können, die erkannte Gefahrenlage bzw. den erkannten Mangel an einem Schutzsystem ordnungsgemäß weitergeleitet zu haben. Ob die Weiterleitung dann mittels E-Mail, Brief oder Fax erfolgt, spielt keine entscheidende Rolle.

47 **cc) Soll-Vorschrift.** Wichtig ist, dass die Mitteilung an die betreffenden Adressaten **nicht erfolgen muss, sondern soll.** Aufgrund der **Ausgestaltung der betreffenden Pflicht als Soll-Vorschrift** ist davon auszugehen, dass insoweit eine **abgeschwächte Rechtspflicht** Geltung beanspruchen soll (vgl. auch *Hamm/Faber* in HK-ArbR ArbSchG § 16 Rn. 3). Vor diesem Hintergrund besteht Raum für solche Konstellationen, in denen die Mitteilung der Beschäftigten ohne Verstoß gegen geltendes Arbeitsschutzrecht unterbleiben kann (→ Rn 48). Dessen ungeachtet führt kein Weg an der Erkenntnis vorbei, dass die Vornahme der Mitteilung der **Regelfall** sein soll. Ausbleibende Mitteilungen müssen vor diesem Hintergrund **Ausnahmefall für atypische Situationen** bleiben (zu den arbeitsrechtlichen Konsequenzen → Rn. 87 ff.).

48 In der arbeitsschutzrechtliche Literatur wird mit Blick auf etwaige **Ausnahmesituationen** zum einen auf das **Vorliegen geringer Mängel** (an Schutzsystemen) hingewiesen, die von den Beschäftigten selbst ohne Weiteres beseitigt werden können. Zum anderen sollen auch ersichtlich **einmalige Gefahrenlagen** nicht die Mitteilungspflicht gem. § 16 Abs. 2 S. 2 ArbSchG auslösen, wenn deren Ursachen

Besonderer Unterstützungspflichten § 16 ArbSchG

sofort eliminiert werden (zum Ganzen *Wlotzke,* FS Hanau, 1999, 317, 326; *Kohte* in MHdB ArbR § 292 Rn. 66).

III. Systematik der Melde- und Mitteilungspflichten

Rechtsdogmatisch ist somit im Hinblick auf die Regelungen in § 16 Abs. 1, Abs. 2 S. 2 ArbSchG zwischen **zwei Typen von Melde- bzw. Mitteilungspflichten** zu unterscheiden, die bald an eine qualifizierte Gefahr und bald an jegliche Gefahr anknüpfen. Abhängig von der Art der Gefahr ist namentlich zwischen der **Intensität der Pflicht**, dem **Adressaten der Meldung bzw. Mitteilung** und der **Dringlichkeit der Meldung** zu unterscheiden. 49

Alles in allem lassen sich die genannten Pflichten wie folgt abbilden:

Unmittelbare erhebliche Gefahr:	Meldung
	„muss"
	gegenüber dem Arbeitgeber oder Vorgesetzten
	unverzüglich (= ohne schuldhaftes Zögern)
Gefahr:	Mitteilung
	„soll"
	gegenüber der Fachkraft für Arbeitssicherheit, dem Betriebsarzt oder Sicherheitsbeauftragten
	nicht unverzüglich

C. Weitere Pflichten der Beschäftigten aus dem ArbSchG

Auch wenn die §§ 15f. ArbSchG Pflichten der Beschäftigten regeln, kennt das ArbSchG darüber hinaus weitere Pflichten. Sie stehen einerseits im Zusammenhang mit unmittelbaren erheblichen Gefahren und der hierauf Bezug nehmenden Bestimmung in § 9 Abs. 2 ArbSchG (→ Rn. 51f.) und sind andererseits insbesondere an gesetzliche Pflichten zur Abwehr von Gefahren (→ Rn. 53) gekoppelt. 50

I. Pflicht zur Durchführung von Maßnahmen zur Gefahrenabwehr und Schadensbegrenzung aus § 9 Abs. 2 S. 2 Hs. 1 ArbSchG

§ 9 ArbSchG befasst sich mit arbeitsschutzrechtlich **besonderen Gefahren.** Gesetzessystematisch rechnet § 9 ArbSchG zwar zu den „Pflichten des Arbeitgebers" im Zweiten Abschnitt des ArbSchG. Die Bestimmung beinhaltet aber auch eine **Pflicht der Beschäftigten im Falle unmittelbarer erheblicher Gefahren** (*Leube* BB 2000, 302, 303; *Pieper* ArbSchR ArbSchG § 15 Rn. 10a). In § 9 Abs. 2 S. 1 ArbSchG wird der Arbeitgeber dazu verpflichtet, „Vorkehrungen zu treffen, dass alle Beschäftigten, die einer unmittelbaren erheblichen Gefahr ausgesetzt sind oder sein können, möglichst frühzeitig über diese Gefahr und die getroffenen oder zu treffenden Schutzmaßnahmen unterrichtet sind." Im Falle einer **unmittelbaren erheblichen Gefahr für die eigene Sicherheit oder die Sicherheit anderer** 51

ArbSchG § 16

Personen „müssen die Beschäftigten die geeigneten Maßnahmen zur Gefahrenabwehr und Schadensbegrenzung selbst treffen können, wenn der zuständige Vorgesetzte nicht erreichbar ist", § 9 Abs. 2 S. 2 Hs. 1 ArbSchG. Die betreffende Pflicht ist durch „die Kenntnisse der Beschäftigten und die vorhandenen technischen Mittel" begrenzt, § 9 Abs. 2 S. 2 Hs. 2 ArbSchG (vgl. auch *Leube* BB 2000, 302, 304). Eine solche Maßnahme kann z. B. in der **unverzüglichen Unterbrechung der Produktion** oder im **Abschalten von Maschinen** bestehen, um die negativen Auswirkungen von Bränden oder Explosionen zu begrenzen.

52 Flankiert wird die Pflicht aus § 9 Abs. 2 S. 2 Hs. 1 ArbSchG durch ein **Benachteiligungsverbot** in § 9 Abs. 2 S. 3 ArbSchG. Danach dürfen den Beschäftigten „aus ihrem Handeln grds. keine Nachteile" entstehen. Eine Ausnahme wird nur für den Fall zugelassen, dass sie „vorsätzlich oder grob fahrlässig ungeeignete Maßnahmen getroffen" haben (zum Ganzen → § 9 Rn. 40 ff.).

II. Pflichterfüllungsklausel gem. § 9 Abs. 3 S. 4 ArbSchG

53 Schließlich ist die Regelung der sog. **Pflichterfüllungsklausel** in § 9 Abs. 3 S. 4 ArbSchG zu nennen. Danach bleiben gesetzliche Pflichten der Beschäftigten zur Abwehr von Gefahren für die öffentliche Sicherheit ebenso unberührt wie die §§ 7, 11 SoldG. Dabei regelt § 7 SoldG die „Grundpflicht des Soldaten", wonach der Soldat die Pflicht hat, „der Bundesrepublik treu zu dienen und das Recht und die Freiheit des deutschen Volkes tapfer zu verteidigen." In § 11 SoldG wird der „Gehorsam" geregelt. Im Übrigen wird in der Literatur insbesondere auf die **Pflichten der Besatzung von Seeschiffen** hingewiesen (*Wiebauer* in Landmann/Rohmer GewO ArbSchG § 9 Rn. 32; *Kollmer* ArbSchG Rn. 235). In diesem Zusammenhang kann in der Tat § 36 SeeArbG mit der Regelung über die „Abwendung von Gefahren für das Schiff" eine Rolle spielen.

D. Aufgaben der Arbeitsschutzfachleute

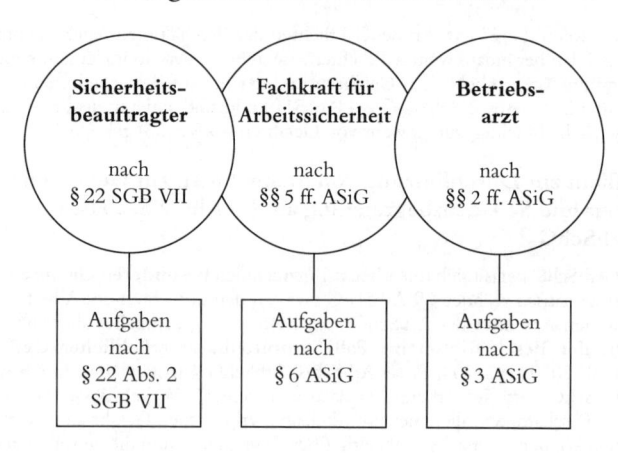

Sicherheitsbeauftragter	Fachkraft für Arbeitssicherheit	Betriebsarzt
nach § 22 SGB VII	nach §§ 5 ff. ASiG	nach §§ 2 ff. ASiG
Aufgaben nach § 22 Abs. 2 SGB VII	Aufgaben nach § 6 ASiG	Aufgaben nach § 3 ASiG

Besondere Unterstützungspflichten **§ 16 ArbSchG**

Systematisch eng mit den Pflichten der Beschäftigten verbunden sind die **Auf-** 54 **gaben der sog. Arbeitsschutzfachleute bzw. -experten.** Konkret handelt es sich hierbei um die
– Sicherheitsbeauftragten gem. § 22 SGB VII,
– Betriebsärzte i. S. d. §§ 2 ff. ASiG und
– Fachkräfte für Arbeitssicherheit i. S. d. §§ 5 ff. ASiG.
Diese Arbeitsschutzexperten sind insbesondere **von den verantwortlichen Personen gem.** § 13 **ArbSchG zu unterscheiden;** diese sind neben dem Arbeitgeber eigenverantwortlich für Compliance mit dem Arbeitsschutzgesetz verantwortlich. Dabei sollen sie freilich – ebenso wie die Arbeitgeber – von den Arbeitsschutzfachleuten unterstützt werden. Gleichwohl zeigt die betriebliche Praxis, dass die unterschiedlichen Rollen durchaus miteinander vermengt werden, indem ein und dieselbe Person sowohl verantwortliche Person i. S. d. § 13 ArbSchG ist (insbesondere gem. § 13 Abs. 1 Nr. 5, Abs. 2 ArbSchG) als auch mit der Aufgabe als Arbeitsschutzexperte betraut wird. Rechtlich unzulässig sind solche **Doppelfunktionen** indes nicht.

Unvereinbar ist hingegen die **Bündelung der Aufgaben der Fachkraft für** 55 **Arbeitssicherheit** gem. den §§ 5 ff. ASiG einerseits und des **Sicherheitsbeauftragten** gem. § 22 SGB VII andererseits. Auch wenn die genannten Arbeitsschutzexperten den Arbeitgeber unterstützen sollen (§ 6 Abs. 1 S. 1 ASiG; § 22 Abs. 2 SGB VII), lassen sich die damit verbundenen gesetzlichen Stoßrichtungen („Expertenwissen von oben" und „Erfahrungswissen von unten") schlechterdings nicht in ein und derselben Person bündeln (vgl. zur Unterscheidung dieser beiden Arbeitsschutzfachleute auch *Vogelsang* in Schaub ArbR-HdB § 154 Rn. 53).

I. Sicherheitsbeauftragte gem. § 22 SGB VII

Den vom Unternehmen gem. § 22 Abs. 1 SGB VII bestellten Sicherheitsbeauf- 56 tragten werden sozialversicherungsrechtlich besondere Pflichten übertragen (vgl. zu den Kriterien für die Anzahl der zu bestellenden Sicherheitsbeauftragten *Aligbe* ArbR 2015, 218 f.). Gem. § 22 Abs. 2 SGB VII müssen sie „den Unternehmer bei der Durchführung der Maßnahmen zur Verhütung von Arbeitsunfällen und Berufskrankheiten" unterstützen. Zu diesem Zweck haben sie sich insbesondere „von dem Vorhandensein und der ordnungsgemäßen Benutzung der vorgeschriebenen Schutzeinrichtungen und persönlichen Schutzausrüstungen zu überzeugen und auf Unfall- und Gesundheitsgefahren für die Versicherten aufmerksam zu machen", § 22 Abs. 2 SGB VII. Vor diesem Hintergrund kann z. B. zu den Aufgaben des Sicherheitsbeauftragten rechnen, den Arbeitskollegen auf die Notwendigkeit der Benutzung von Schutzhelmen oder Sicherheitsschuhen aufmerksam zu machen (zum Arbeitsschutzausschuss gem. § 11 ASiG → Rn. 65).

II. Betriebsärzte und Fachkräfte für Arbeitssicherheit

1. Betriebsärzte gem. § 3 ASiG. In Bezug auf die **Betriebsärzte** erfolgt die 57 Bestellung gem. § 2 ASiG. Die Aufgaben der Betriebsärzte sind in § 3 ASiG geregelt. Danach haben die Betriebsärzte **aufgrund ihrer arbeitsmedizinischen Fachkunde** gem. § 4 ASiG i. V. m. § 2 DGUV Vorschrift 2 „die Aufgabe, den Arbeitgeber beim Arbeitsschutz und bei der Unfallverhütung in allen Fragen des Gesundheitsschutzes zu unterstützen", § 3 Abs. 1 S. 1 ASiG. Mit Blick auf den nicht-abschließenden Aufgabenkatalog in § 3 Abs. 1 S. 2 ASiG (→ Rn. 58) müssen die Betriebsärzte im

Schucht

ArbSchG § 16   Arbeitsschutzgesetz

Wesentlichen **Unterstützungs-, Beratungs-, Untersuchungs-, Beobachtungs-, Hinwirkungs-, Belehrungs-, Mitwirkungs- und Mitteilungsaufgaben** erfüllen (vgl. auch *Vogelsang* in Schaub ArbR-HdB § 154 Rn. 50).

58   Gem. § 3 Abs. 1 S. 2 ASiG sollen die Betriebsärzte insbesondere und damit keineswegs abschließend
- den Arbeitgeber und die sonst für den Arbeitsschutz verantwortlichen Personen **beraten,** insbesondere bei
  - der Planung, Ausführung und Unterhaltung von Betriebsanlagen und sozialen und sanitären Einrichtungen,
  - der Beschaffung von technischen Arbeitsmitteln und der Einführung von Arbeitsverfahren und Arbeitsstoffen,
  - der Auswahl und Erprobung von Körperschutzmitteln,
  - arbeitsphysiologischen, arbeitspsychologischen und sonstigen ergonomischen sowie arbeitshygienischen Fragen, insbesondere
    - des Arbeitsrhythmus, der Arbeitszeit- und der Pausenregelung,
    - der Gestaltung der Arbeitsplätze, des Arbeitsablaufs und der Arbeitsumgebung,
  - der Organisation der „Ersten Hilfe" im Betrieb,
  - Fragen des Arbeitsplatzwechsels sowie der Eingliederung und Wiedereingliederung Behinderter in den Arbeitsprozess,
  - der Beurteilung der Arbeitsbedingungen,
- die Arbeitnehmer **untersuchen,** arbeitsmedizinisch beurteilen und beraten sowie die Untersuchungsergebnisse erfassen und auswerten,
- die Durchführung des Arbeitsschutzes **beobachten** und im Zusammenhang damit
  - die Arbeitsstätten in regelmäßigen Abständen begehen und festgestellte Mängel dem Arbeitgeber oder der sonst für den Arbeitsschutz verantwortlichen Person mitteilen, Maßnahmen zur Beseitigung dieser Mängel vorschlagen und auf deren Durchführung hinwirken,
  - auf die Benutzung der Körperschutzmittel achten,
  - Ursachen von arbeitsbedingten Erkrankungen untersuchen, die Untersuchungsergebnisse erfassen und auswerten und dem Arbeitgeber Maßnahmen zur Verhütung dieser Erkrankungen vorschlagen und
- darauf **hinwirken,** dass sich alle im Betrieb Beschäftigten den Anforderungen des Arbeitsschutzes und der Unfallverhütung entsprechend verhalten, insbesondere sie über die Unfall- und Gesundheitsgefahren, denen sie bei der Arbeit ausgesetzt sind, sowie über die Einrichtungen und Maßnahmen zur Abwendung dieser Gefahren **belehren** und bei der Einsatzplanung und Schulung der Helfer in „Erster Hilfe" und des medizinischen Hilfspersonals **mitwirken.**

Auf Wunsch der Arbeitnehmer sollen die Betriebsärzte zudem „das Ergebnis der arbeitsmedizinischen Untersuchungen" mitteilen, § 3 Abs. 2 ASiG.

59   **2. Fachkräfte für Arbeitssicherheit gem. § 6 ASiG.** Was die **Fachkräfte für Arbeitssicherheit** anbelangt, werden diese gem. § 5 ASiG bestellt. Gem. § 5 Abs. 1 ASiG handelt es sich bei den zu bestellenden **Fachkräften für Arbeitssicherheit** um
- Sicherheitsingenieure,
- Sicherheitstechniker und
- Sicherheitsmeister.

Im Hinblick auf die **fachlichen Anforderungen** gem. § 7 ASiG i. V. m. § 4 DGUV Vorschrift 2 sind die Fachkräfte für Arbeitssicherheit nicht nur **sicherheits-**

Besondere Unterstützungspflichten § 16 ArbSchG

technisch fachkundige Berater des Arbeitgebers, sondern aller Beschäftigten. Zum Ausdruck kommt dieses Verständnis in § 6 ASiG, welcher die „Aufgaben der Fachkräfte für Arbeitssicherheit" regelt. Danach sollen sie „den Arbeitgeber beim Arbeitsschutz und bei der Unfallverhütung in allen Fragen der Arbeitssicherheit einschließlich der menschengerechten Gestaltung der Arbeit" unterstützen, § 6 Abs. 1 S. 1 ASiG. Vor diesem Hintergrund wird von einer **Allzuständigkeit** gesprochen (*Vogelsang* in Schaub ArbR-HdB § 154 Rn. 53). Unter Berücksichtigung des Aufgabenkatalogs in § 6 Abs. 1 S. 2 ArbSchG (→ Rn. 60) rechnen zu den Aufgaben der Fachkräfte für Arbeitssicherheit im Wesentlichen **Unterstützungs-, Beratungs-, Überprüfungs-, Beobachtungs- sowie Hinwirkungs-, Belehrungs- und Mitwirkungsaufgaben.**

Konkret sollen die Fachkräfte für Arbeitssicherheit gem. § 6 Abs. 1 S. 2 ArbSchG 60 insbesondere und damit keineswegs abschließend
– den Arbeitgeber und die sonst für den Arbeitsschutz und die Unfallverhütung verantwortlichen Personen **beraten,** insbesondere bei
  – der Planung, Ausführung und Unterhaltung von Betriebsanlagen und von sozialen und sanitären Einrichtungen,
  – der Beschaffung von technischen Arbeitsmitteln und der Einführung von Arbeitsverfahren und Arbeitsstoffen,
  – der Auswahl und Erprobung von Körperschutzmitteln,
  – der Gestaltung der Arbeitsplätze, des Arbeitsablaufs, der Arbeitsumgebung und in sonstigen Fragen der Ergonomie,
  – der Beurteilung der Arbeitsbedingungen,
– die Betriebsanlagen und die technischen Arbeitsmittel insbesondere vor der Inbetriebnahme und Arbeitsverfahren insbesondere vor ihrer Einführung sicherheitstechnisch **überprüfen**,
– die Durchführung des Arbeitsschutzes und der Unfallverhütung **beobachten** und im Zusammenhang damit
  – die Arbeitsstätten in regelmäßigen Abständen zu begehen und festgestellte Mängel dem Arbeitgeber oder der sonst für den Arbeitsschutz und die Unfallverhütung verantwortlichen Person mitzuteilen, Maßnahmen zur Beseitigung dieser Mängel vorzuschlagen und auf deren Durchführung hinzuwirken,
  – auf die Benutzung der Körperschutzmittel zu achten,
  – Ursachen von Arbeitsunfällen zu untersuchen, die Untersuchungsergebnisse zu erfassen und auszuwerten und dem Arbeitgeber Maßnahmen zur Verhütung dieser Arbeitsunfälle vorzuschlagen und
– darauf **hinwirken,** dass sich alle im Betrieb Beschäftigten den Anforderungen des Arbeitsschutzes und der Unfallverhütung entsprechend verhalten, insbesondere sie über die Unfall- und Gesundheitsgefahren, denen sie bei der Arbeit ausgesetzt sind, sowie über die Einrichtungen und Maßnahmen zur Abwendung dieser Gefahren **belehren** und bei der Schulung der Sicherheitsbeauftragten **mitwirken.**

3. Berichtspflichten. In § 5 DGUV Vorschrift 2 werden die Unternehmer 61 verpflichtet, dafür Sorge zu tragen, dass die bestellten Betriebsärzte und Fachkräfte für Arbeitssicherheit „über die Erfüllung der übertragenen Aufgaben regelmäßig schriftlich (...) berichten." Gegenstand der Berichte soll auch die **Zusammenarbeit der Betriebsärzte und Fachkräfte für Arbeitssicherheit** sein.

4. Pflicht zur Zusammenarbeit. a) Mit dem Betriebsrat. In § 9 ASiG wird 62 die „Zusammenarbeit mit dem Betriebsrat" geregelt. Gem. § 9 Abs. 1 ASiG sollen die Betriebsärzte und die Fachkräfte für Arbeitssicherheit bei der Erfüllung ihrer

Schucht 439

ArbSchG § 16 Arbeitsschutzgesetz

Aufgaben **mit dem Betriebsrat zusammenarbeiten.** Betriebsärzte und Fachkräfte für Arbeitssicherheit sollen „den Betriebsrat über wichtige Angelegenheiten des Arbeitsschutzes und der Unfallverhütung" unterrichten (§ 9 Abs. 2 S. 1 Hs. 1 ASiG) und ihm den Inhalt eines Vorschlags mitteilen, den sie dem Arbeitgeber gem. § 8 Abs. 3 ASiG machen (§ 9 Abs. 2 S. 1 Hs. 2 ASiG). Auf Verlangen des Betriebsrats haben sie ihn „in Angelegenheiten des Arbeitsschutzes und der Unfallverhütung zu beraten", § 9 Abs. 2 S. 2 ASiG.

63 **b) Mit den Betriebsärzten bzw. Fachkräften für Arbeitssicherheit.** Sodann sind die Betriebsärzte und Fachkräfte für Arbeitssicherheit „bei der Erfüllung ihrer Aufgaben" gem. § 10 S. 1 ASiG zur **Zusammenarbeit** verpflichtet. Besonders betont werden in diesem Zusammenhang „gemeinsame Betriebsbegehungen", § 10 S. 2 ASiG.

64 **c) Mit anderen beauftragten Personen.** Schließlich werden die Betriebsärzte und Fachkräfte für Arbeitssicherheit gem. § 10 S. 3 ASiG verpflichtet, „bei der Erfüllung ihrer Aufgaben mit den anderen im Betrieb für Angelegenheiten der technischen Sicherheit, des Gesundheits- und des Umweltschutzes beauftragten Personen" zusammenzuarbeiten (zu den Berichtspflichten → Rn. 61).
Zu den beauftragten Personen i. S. d. § 10 S. 3 ASiG gehören insbesondere
– Beauftragte für die biologische Sicherheit gem. den §§ 16ff. GenTSV,
– Gefahrgutbeauftragte gem. der Verordnung über die Bestellung von Gefahrgutbeauftragten in Unternehmen (Gefahrgutbeauftragtenverordnung – GbV) vom 25.2.2011 (BGBl. I S. 341),
– Immissionsschutzbeauftragte gem. § 53 BImSchG i. V. m. der Fünften Verordnung zur Durchführung des Bundes-Immissionsschutzgesetzes (Verordnung über Immissionsschutz- und Störfallbeauftragte – 5. BImSchV) vom 30.7.1993 (BGBl. I S. 1433),
– Sicherheitsbeauftragte gem. § 22 SGB VII (→ Rn. 56),
– Störfallbeauftragte gem. den §§ 58a ff. BImSchG i. Vm. der Fünften Verordnung zur Durchführung des Bundes-Immissionsschutzgesetzes (Verordnung über Immissionsschutz- und Störfallbeauftragte – 5. BImSchV) vom 30.7.1993 (BGBl. I S. 1433) und
– Strahlenschutzbeauftragte gem. den §§ 31 StrlSchV, 13 ff. RöV

65 **5. Arbeitsschutzausschuss.** Gem. § 11 S. 1 Hs. 1 ASiG ist ein **Arbeitsschutzausschuss in Betrieben mit mehr als zwanzig Beschäftigten** zu bilden. Was die in § 11 S. 2 ASiG geregelte **Zusammensetzung des Ausschusses** anbelangt, rechnen neben dem Arbeitgeber oder einem von ihm Beauftragten und zwei vom Betriebsrat bestimmten Betriebsratsmitgliedern auch die **Betriebsärzte, Fachkräfte für Arbeitssicherheit und Sicherheitsbeauftragten gem. § 22 SGB VII** (→ Rn. 56) zu den Ausschussmitgliedern. Der Arbeitsschutzausschuss, der mindestens einmal pro Quartal zusammentreten soll, hat gem. § 11 S. 3 ASiG die **Aufgabe,** „Anliegen des Arbeitsschutzes und der Unfallverhütung zu beraten".

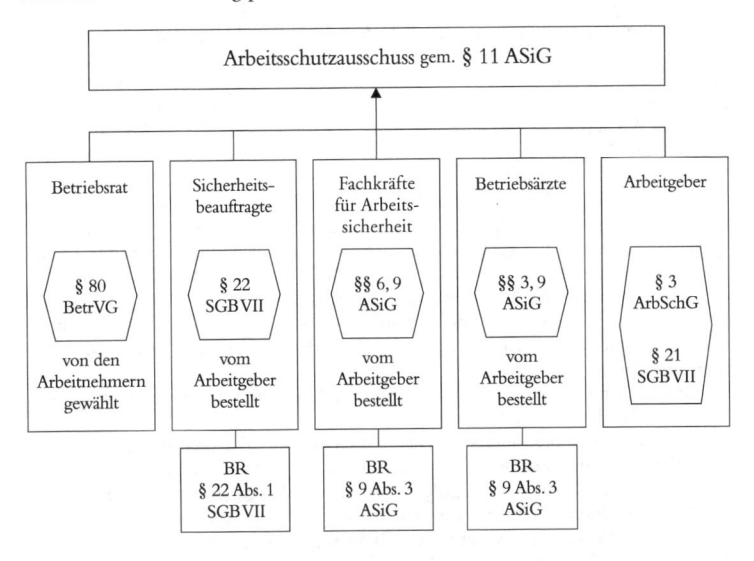

Besondere Unterstützungspflichten **§ 16 ArbSchG**

```
                    ┌─────────────────────────────────┐
                    │ Arbeitsschutzausschuss gem. § 11 ASiG │
                    └─────────────────────────────────┘
                                    ▲
   ┌────────────┬────────────┬──────┴──────┬────────────┬────────────┐
 Betriebsrat  Sicherheits-  Fachkräfte   Betriebsärzte  Arbeitgeber
              beauftragte   für Arbeits-
                            sicherheit

   § 80         § 22         §§ 6, 9      §§ 3, 9      § 3
   BetrVG       SGB VII      ASiG         ASiG         ArbSchG

   von den      vom          vom          vom          § 21
   Arbeitnehmern Arbeitgeber Arbeitgeber  Arbeitgeber  SGB VII
   gewählt      bestellt     bestellt     bestellt

                BR           BR           BR
                § 22 Abs. 1  § 9 Abs. 3   § 9 Abs. 3
                SGB VII      ASiG         ASiG
```

E. Sanktionen bei Verstößen gegen die Pflichten der Beschäftigten

I. Systematik

Wenn und soweit Verstöße der Beschäftigten gegen ihre Pflichten aus den §§ 15 f. ArbSchG zu konstatieren sind, wirft dies die Frage nach den damit einhergehenden Rechtsfolgen im Allgemeinen und etwaigen **Sanktionen** im Besonderen auf. Wer **entgegen der Unterweisung** z. B. als Maschinenbediener die Werkzeugmaschine mit Blick auf die Schutzeinrichtungen manipuliert oder als Schweißer bei Schweißarbeiten die zur Verfügung gestellte Schutzbrille nicht trägt, begeht ohne Weiteres einen Verstoß gegen die in § 15 Abs. 2 ArbSchG statuierte Rechtspflicht aus dem geltenden Arbeitsschutzrecht. Arbeitsschutzrechtlich bringen solche Verstöße indes keine unmittelbaren Sanktionen mit sich, weil insoweit weder die **Bußgeldvorschriften** gem. § 25 ArbSchG (siehe aber auch → Rn. 67) noch die **Strafvorschriften** gem. § 26 ArbSchG aktiviert werden. Dieses Fehlen arbeitsschutzrechtlich spürbarer Sanktionen ist Kennzeichen sämtlicher Pflichten der Beschäftigten aus den §§ 15 f. ArbSchG. 66

Strikt zu trennen von der Betrachtungsweise, welche persönliche Sanktionen in den Blick nimmt, ist die **Ebene des staatlichen Vollzugs des ArbSchG**. Angesprochen werden damit insbesondere die Befugnisse der zuständigen Arbeitsschutzbehörden gem. § 22 ArbSchG. Vor diesem Hintergrund können ohne Weiteres Anordnungen im Einzelfall gem. § 22 Abs. 3 S. 1 Nr. 1 ArbSchG erlassen werden, die sich an die Beschäftigten richten, wenn sie gegen die öffentlich-rechtlichen Verhaltenspflichten aus den §§ 15 f. ArbSchG verstoßen (vgl. auch *Vogelsang* in Schaub ArbR-HdB § 152 Rn. 1; *Wlotzke*, FS Hanau, 1999, 317, 322). In diesem Fall sind die **Bußgeldvorschriften** aus § 25 ArbSchG zu beachten; 67

denn ordnungswidrig handelt gem. § 25 Abs. 1 Nr. 2 lit. b) ArbSchG, wer vorsätzlich oder fahrlässig „als Beschäftigter einer vollziehbaren Anordnung" nach § 22 Abs. 3 S. 1 Nr. 1 ArbSchG zuwiderhandelt. Voraussetzung für die Verwirklichung dieses Ordnungswidrigkeitentatbestands ist mithin die **sofortige Vollziehbarkeit der Anordnung** insbesondere gem. § 80 Abs. 2 S. 1 Nr. 4, Abs. 3 VwGO. Ein solches Vorgehen bildet verwaltungsverfahrensrechtlich indes nicht den Regelfall ab.

68 Sodann darf mit Blick auf den bestehenden Dualismus im Arbeitsschutzrecht nicht übersehen werden, dass neben Verstößen gegen das ArbSchG auch **Verstöße gegen Unfallverhütungsvorschriften der Unfallversicherungsträger** in Betracht zu ziehen sind, zumal in den §§ 15 ff. DGUV Vorschrift 1 „Pflichten der Versicherten" geregelt sind. Die Befugnisse der Aufsichtspersonen gem. § 19 SGB VII umfassen auch Anordnungen, die sich an die Versicherten richten. Danach können die Aufsichtspersonen gem. § 19 Abs. 1 S. 1 SGB VII anordnen, welche Maßnahmen Versicherte

– zur Erfüllung ihrer Pflichten aufgrund der Unfallverhütungsvorschriften gem. § 15 SGB VII (Nr. 1) und
– zur Abwendung besonderer Unfall- und Gesundheitsgefahren (Nr. 2)

treffen müssen. Gem. § 19 Abs. 1 S. 2 SGB VII können die Aufsichtspersonen „bei Gefahr im Verzug" auch „sofort vollziehbare Anordnungen zur Abwendung von arbeitsbedingten Gefahren für Leib und Gesundheit" treffen.

Im Hinblick auf das **System der Ordnungswidrigkeiten** ist zunächst § 32 DGUV Vorschrift 1 zu beachten. Danach kann in Bezug auf die „Pflichten der Versicherten" allein der **vorsätzliche oder fahrlässige Verstoß** gegen § 15 Abs. 2 DGUV Vorschrift 1 sanktioniert werden. Insoweit wird auf die zugrunde liegende Bestimmung in § 209 Abs. 1 Nr. 1 SGB VII verwiesen. Gem. § 15 Abs. 2 DGUV Vorschrift 1 dürfen sich Versicherte „durch den Konsum von Alkohol, Drogen oder anderen berauschenden Mitteln nicht in einen Zustand versetzen, durch den sie sich selbst oder andere gefährden können." Ordnungswidrig handelt sodann gem. § 209 Abs. 1 Nr. 2 SGB VII auch, wer vorsätzlich oder fahrlässig „einer vollziehbaren Anordnung nach § 19 Abs. 1 [SGB VII] zuwiderhandelt". Im Ergebnis unterliegen die Beschäftigten damit auch der **Ordnungsstrafgewalt der Unfallversicherungsträger** (*Vogelsang* in Schaub ArbR-HdB § 152 Rn. 3).

69 Die fehlende Anwendbarkeit der Strafvorschriften gem. § 26 ArbSchG darf nicht darüber hinwegtäuschen, dass sich die Beschäftigten durch die Verwirklichung insbesondere der **Straftatbestände aus dem Strafgesetzbuch (StGB)** bei der Arbeit strafbar machen können (siehe auch *Kollmer* ArbSchG Rn. 224). Wenn und soweit das gegen die Pflichten aus den §§ 15 f. ArbSchG verstoßende Verhalten der Beschäftigten dazu führt, dass eine andere Person wie z. B. ein Arbeitskollege einen **Personenschaden** erleidet, kommen vor allem die folgenden Straftatbestände in Betracht:

– § 212 StGB („Totschlag"),
– § 222 StGB („Fahrlässige Tötung"),
– § 223 StGB („Körperverletzung"),
– § 229 StGB („Fahrlässige Körperverletzung").

Im Falle von **Sachschäden** ist mit Blick auf § 303 StGB zu beachten, dass der Straftatbestand der **Sachbeschädigung** nur **im Falle des Vorsatzes** verwirklicht werden kann, sodass umgekehrt die praktisch weitaus wichtigere Sachbeschädigung aufgrund von fahrlässigen Verhaltens nicht strafbar ist. In solchen Fällen kann sich der Beschäftigte indes **zivilrechtlichen Ansprüchen auf Schadensersatz** ausge-

Besondere Unterstützungspflichten **§ 16 ArbSchG**

setzt sehen (z. B. auf arbeitsvertraglicher Grundlage oder gem. § 823 Abs. 1 BGB). Schließlich sind die **Straßenverkehrsdelikte** in den Fokus des Interesses zu richten. In diesem Zusammenhang ist insbesondere auf die beiden folgenden Straftatbestände hinzuweisen:
- § 315 c StGB („Gefährdung des Straßenverkehrs"),
- § 316 StGB („Trunkenheit im Verkehr").

Die Verwirklichung eines Straßenverkehrsdelikts unter Verstoß gegen die Pflicht aus § 15 Abs. 2 ArbSchG ist ohne Weiteres möglich; denn danach sind auch **Transportmittel bzw. sonstige Arbeitsmittel bestimmungsgemäß zu verwenden.** Vom Arbeitgeber zur Verfügung gestellte **Fahrzeuge** etwa sind Arbeitsmittel i. S. d. § 2 Abs. 1 BetrSichV (vgl. nur *Schucht* in Scheuermann/Schucht BetrSichV S. 44 auch zu **Privatfahrzeugen**). Zu beachten ist, dass die beiden Straßenverkehrsdelikte nicht den Eintritt eines (Personen- und/oder Sach-)Schadens voraussetzen: Während die „Trunkenheit im Verkehr" ein **abstraktes Gefährdungsdelikt** ist, verlangt § 315 c StGB zumindest eine **konkrete Gefährdung** („und dadurch Leib oder Leben eines anderen Menschen oder fremde Sachen von bedeutendem Wert gefährdet"). Der Straftatbestand der „Trunkenheit im Verkehr" gem. § 316 StGB kann im Übrigen auch fahrlässig verwirklicht werden, § 316 Abs. 2 StGB.

Schließlich existiert die **Ebene des zivilrechtlichen Arbeitsvertragsrechts.** 70 Danach kommen im Falle von Verstößen gegen die arbeitsschutzrechtlichen Pflichten der Beschäftigten arbeitsrechtliche Konsequenzen in Betracht (→ Rn. 87 ff).

II. Handeln und Unterlassen

Rechtlich relevantes Verhalten kann grds. ebenso im (aktiven) **Handeln** wie im 71 (passiven) **Unterlassen** bestehen. Was die konkreten Pflichten der Beschäftigten in den §§ 15 f. ArbSchG anbelangt, lassen sich Verstöße ebenfalls mithilfe dieser beiden menschlichen Verhaltensweisen konstruieren: Das Verhalten des Beschäftigten, der z. B. in einer potenziell gefährlichen Situation entgegen der Unterweisung des Arbeitgebers passiv bleibt und damit die Sicherheit und Gesundheit eines Arbeitskollegen in Gefahr bringt, stellt ohne Weiteres ein Unterlassen im Rahmen des § 15 Abs. 1 S. 2 ArbSchG dar. Wer als Beschäftigter hingegen – entgegen der Unterweisung des Arbeitgebers – die Schutzeinrichtungen einer Maschine manipuliert oder umgeht, verstößt durch aktives Tun i. S. e. **aktiven Eingriffs in die Außenwelt** gegen die Pflicht aus § 15 Abs. 2 ArbSchG. Wenn gegen eine Pflicht in concreto sowohl durch aktives Tun als auch durch Unterlassen verstoßen werden kann, kommt es im Ergebnis auf den **Schwerpunkt der Vorwerfbarkeit** an.

III. Ordnungswidrigkeiten und Straftaten

Wenn die Verwirklichung einer Ordnungswidrigkeit oder Straftat im Raum 72 steht, erfolgt die Prüfung anhand der folgenden drei Schritte:
- Tatbestand,
- Rechtswidrigkeit,
- Schuld bzw. Verantwortlichkeit (vgl. *Bohnert* § 1 Rn. 11).

Wenn nur eine dieser Voraussetzungen in concreto nicht gegeben ist, wird der Ordnungswidrigkeiten- bzw. Straftatbestand nicht verwirklicht, sodass etwaige Sanktionen aus diesen Bereichen ausscheiden.

1. Tatbestandsmäßigkeit. Im ersten Schritt muss der Tatbestand einer Ord- 73 nungswidrigkeit oder Straftat durch menschliches Handeln oder Unterlassen erfüllt

Schucht 443

ArbSchG § 16

sein. Dabei müssen sämtliche Tatbestandsmerkmale vorliegen. Dass neben dem aktiven Tun auch das Unterlassen relevant sein kann, folgt aus § 8 OWiG bzw. aus § 13 Abs. 1 StGB. Danach ist jeweils entscheidend, ob die in Rede stehende Person „rechtlich dafür einzustehen hat, dass der Erfolg nicht eintritt, und wenn das Unterlassen der Verwirklichung des gesetzlichen Tatbestandes durch ein Tun entspricht." Im Ergebnis wird danach eine besondere Pflichtenstellung vorausgesetzt, die als sog. **Garantenstellung** bezeichnet wird (*Kühl* in Lackner/Kühl § 13 Rn. 7). Innerhalb der Garantenpflichten wird zwischen **Schutzpflichten für bestimmte Güter** (Obhuts- oder Beschützergarantie) und **Schutzpflichten für Gefahrenquellen** (Überwachergarantie) unterschieden (*Bohnert* § 8 Rn. 9). Daneben gibt es freilich auch solche Unterlassungsdelikte (sog. echte Unterlassungsdelikte), bei denen bereits der Deliktstatbestand das Unrecht als Unterlassen beschreibt, sodass diese Delikte für jedermann geltende Handlungspflichten begründen. Ein weithin bekanntes Beispiel hierfür aus dem Bereich des Strafrechts ist die **unterlassene Hilfeleistung** gem. § 323c StGB.

74 **2. Rechtswidrigkeit.** Wer mit seinem Handeln oder Unterlassen den Tatbestand einer Ordnungswidrigkeit oder Straftat erfüllt, handelt rechtswidrig, wenn er sich auf keinen **Rechtfertigungsgrund** berufen kann. Im Ordnungswidrigkeitenrecht spielen in diesem Zusammenhang insbesondere § 15 OWiG („Notwehr") und § 16 OWiG („Rechtfertigender Notstand") eine Rolle. Entsprechende Rechtfertigungsgründe kennt auch das Strafrecht, und zwar in § 32 StGB („Notwehr") und § 34 StGB („Rechtfertigender Notstand"). Demgegenüber stellt die – grds. als Rechtfertigungsgrund anerkannte – **Einwilligung einer vom ArbSchG geschützten Person** in das verletzende Handeln oder Unterlassen **keinen Rechtfertigungsgrund** dar; denn eine solche Einwilligung kann nicht über die Einhaltung öffentlich-rechtlicher Vorschriften bestimmen.

75 **3. Schuld.** Voraussetzung für die Verwirklichung von Ordnungswidrigkeiten- bzw. Straftatbeständen ist **vorsätzliches oder fahrlässiges** und damit im Ergebnis **schuldhaftes** Verhalten. Gem. § 10 OWiG kann als Ordnungswidrigkeit „nur vorsätzliches Handeln geahndet werden, außer wenn das Gesetz fahrlässiges Handeln ausdrücklich mit Geldbuße bedroht." **Vorsatz** i. S. d. Ordnungswidrigkeitenrechts lässt sich kurz als **Wissen und Wollen der objektiven Tatbestandsverwirklichung** definieren (*Bohnert* § 10 Rn. 2). **Fahrlässigkeit** in diesem Sinne wiederum ist die unbewusste oder ungewollte, jedoch pflichtwidrige Tatbestandsverwirklichung (*Bohnert* § 10 Rn. 16).

Im Strafrecht ist gem. § 15 StGB nur vorsätzliches Handeln strafbar, „wenn nicht das Gesetz fahrlässiges Handeln ausdrücklich mit Strafe bedroht." Der strafrechtliche Vorsatzbegriff ist – insoweit vergleichbar mit dem Vorsatz i. S. d. Ordnungswidrigkeitenrechts – einer (unpräzisen) Kurzformel zufolge das **Wissen und Wollen der Tatbestandsverwirklichung** (*Kühl* in Lackner/Kühl § 15 Rn. 3). Fahrlässig handelt im strafrechtlichen Sinne, wer entweder die Sorgfalt außer Acht lässt, zu der er nach den Umständen und seinen persönlichen Verhältnissen verpflichtet und fähig ist, und deshalb die Tatbestandsverwirklichung nicht erkennt **(unbewusste Fahrlässigkeit)** oder wer die Tatbestandsverwirklichung für möglich hält, jedoch pflichtwidrig und vorwerfbar darauf vertraut handelt, dass sie nicht eintreten werde **(bewusste Fahrlässigkeit;** *Kühl* in Lackner/Kühl § 15 Rn. 35).

Was den **Unterschied zwischen unbewusster und bewusster Fahrlässigkeit** anbelangt, handelt eine Reinigungskraft, die eine rutschige Wasserlache verursacht und nicht sofort beseitigt, unbewusst fahrlässig, wenn sie nicht daran denkt,

Besondere Unterstützungspflichten **§ 16 ArbSchG**

dass andere Personen zeitnah an der Stelle vorbeikommen könnten. Wenn sie indes denkt, dass zwar andere Personen vorbeikommen könnten, aber auf deren „Standfestigkeit" vertraut („es wird schon gut gehen"), liegt bewusste Fahrlässigkeit vor.

IV. Rechtsfolgen

1. Verwaltungsvollstreckung. Die zuständigen Arbeitsschutzbehörden und 76 die Träger der gesetzlichen Unfallversicherung können zur Durchsetzung der von ihnen erlassenen und an die Beschäftigten gerichteten Anordnungen auf die **Zwangsmittel** aus den Verwaltungsvollstreckungsgesetzen der Länder zugreifen und damit **Verwaltungszwang** ausüben. Solche Anordnungen sind Verwaltungsakte i. S. d. § 35 (L)VwVfG, § 106 shLVwG und haben ein den Bestimmungen des Arbeitsschutzrechts entsprechendes Verhalten der Beschäftigten zum Ziel.

Zulässige Zwangsmittel z. B. gem. Art. 29 Abs. 2 bayVwZVG sind
– Zwangsgeld,
– Ersatzvornahme,
– Ersatzzwangshaft und
– unmittelbarer Zwang.

Gem. Art. 35 bayVwZVG besteht die Möglichkeit, „Zwangsmittel in unaufschiebbaren Fällen" anzuwenden. Danach können **Ersatzvornahme und unmittelbarer Zwang** „innerhalb der Zuständigkeit der handelnden Behörde ohne vorausgehende Androhung angewendet werden, wenn es zur Verhütung oder Unterbindung einer mit Strafe bedrohten Handlung oder zur Abwehr einer drohenden Gefahr oder zur Durchführung der Abmeldung nicht versteuerter Kraftfahrzeuge von Amts wegen notwendig ist."

2. Geldbuße und Verwarnung (Ordnungswidrigkeiten). Die oben er- 77 wähnte Ordnungswidrigkeit gem. § 25 Abs. 1 Nr. 2 lit. b) ArbSchG (→ Rn. 67) kann mit Geldbuße bis 5 000 Euro geahndet werden, § 25 Abs. 2 ArbSchG. Was die beiden genannten sozialversicherungsrechtlichen Ordnungswidrigkeitstatbestände (→ Rn. 68) gem. § 209 Abs. 1 Nrn. 1, 2 SGB VII anbelangt, können diese mit Geldbuße bis zu 10 000 Euro sanktioniert werden, § 209 Abs. 3 SGB VII.

In § 56 OWiG ist die „Verwarnung durch die Verwaltungsbehörde" geregelt. 78 Danach kann die zuständige Arbeitsschutzbehörde oder der betreffende Unfallversicherungsträger bei „geringfügigen Ordnungswidrigkeiten" **den Betroffenen verwarnen und ein Verwarnungsgeld erheben.** Das Verwarnungsgeld beträgt zwischen fünf und 55 Euro. Damit soll dem Betroffenen ein relativ **geringfügiges Vermögensopfer** auferlegt werden, um der zugrunde liegenden Rüge Nachdruck zu verleihen (*Lutz* in Karlsruher Kommentar zum OWiG, 4. Aufl. 2014, § 56 Rn. 1). Es kann allerdings auch eine **Verwarnung ohne Verwarnungsgeld** erteilt werden, § 56 Abs. 1 S. 2 OWiG.

Gem. § 56 Abs. 2 S. 1 OWiG ist die Verwarnung „nur wirksam, wenn der Betroffene nach Belehrung über sein Weigerungsrecht mit ihr einverstanden ist und das Verwarnungsgeld entsprechend der Bestimmung der Verwaltungsbehörde entweder sofort zahlt oder innerhalb einer Frist (…) bei der hierfür bezeichneten Stelle oder bei der Post zur Überweisung an diese Stelle einzahlt." Praktisch wichtig ist in diesen Fällen, dass die Tat im Falle einer wirksamen Verwarnung nicht mehr als Ordnungswidrigkeit verfolgt werden kann, § 56 Abs. 4 OWiG.

3. Geld- und Freiheitsstrafe (Straftaten). Was die genannten Straftaten an- 79 belangt (→ Rn. 69), droht bei der fahrlässigen Tötung gem. § 222 StGB Freiheits-

ArbSchG § 16 Arbeitsschutzgesetz

strafe bis zu fünf Jahren oder Geldstrafe und bei der fahrlässigen Körperverletzung gem. § 229 StGB Freiheitsstrafe bis zu drei Jahren oder Geldstrafe. Demgegenüber droht beim Totschlag gem. § 212 StGB Freiheitsstrafe nicht unter fünf Jahren, wobei in besonders schweren Fällen „auf lebenslange Freiheitsstrafe zu erkennen" ist, § 212 Abs. 2 StGB. Wer i. S. d. § 223 Abs. 1 StGB „eine andere Person körperlich misshandelt oder an der Gesundheit schädigt, wird mit Freiheitsstrafe bis zu fünf Jahren oder mit Geldstrafe bestraft." Die praktisch wichtige „Trunkenheit im Verkehr" gem. § 316 StGB „wird mit Freiheitsstrafe bis zu einem Jahr oder mit Geldstrafe bestraft". Die „Gefährdung des Straßenverkehrs" gem. § 315c StGB „wird mit Freiheitsstrafe bis zu fünf Jahren oder mit Geldstrafe bestraft."

80   **4. Schadensersatz.** Wenn und soweit Beschäftigte ihre öffentlich-rechtlichen und damit zugleich arbeitsvertraglichen Pflichten (→ Rn. 3) in Bezug auf den Arbeitsschutz fahrlässig oder sogar vorsätzlich verletzen und dadurch bei ihrem Arbeitgeber, einem Arbeitskollegen oder einem betriebsfremden Dritten einen (Personen- oder Sach-)Schaden herbeiführen, sind sie grds. zum **Schadensersatz** verpflichtet. In diesem Zusammenhang ist mit Blick auf den **Eintritt der Haftung** bzw. den **Haftungsumfang** erstens zu unterscheiden, ob es sich um einen **Personen- oder Sachschaden** handelt. Zweitens ist die sog. **Haftungsprivilegierung der Arbeitnehmer** in Gestalt der **Grundsätze der beschränkten Arbeitnehmerhaftung** (→ Rn. 83f.) zu beachten.

81   **a) Haftung für Personenschäden.** Die Haftung der Beschäftigten ist aufgrund der Regelung in § 105 SGB VII grds. ausgeschlossen, wenn **Arbeitskollegen** durch ihr Handeln einen **Personenschaden** erleiden. **Ausnahmen** bestehen gem. § 105 Abs. 1 S. 1 SGB VII immer dann, wenn der Versicherungsfall (Arbeitsunfall oder Berufskrankheit) **vorsätzlich** oder auf einem nach § 8 Abs. 2 Nrn. 1–4 SGB VII versicherten Weg **(Wegeunfall)** herbeigeführt wird (*Preis* in ErfK BGB § 619a Rn. 22). Der Haftungsausschluss ist auch dann anwendbar, wenn der **Unternehmer** selbst einen Personenschaden erleidet (beim versicherten Unternehmer gilt § 105 Abs. 1 S. 1 SGB VII, beim nicht versicherten Unternehmer gilt § 105 Abs. 2 S. 1 SGB VII). Der zuständige Unfallversicherungsträger kann gegenüber den Beschäftigen jedoch gem. § 110 Abs. 1 SGB VII **Regress** nehmen. Der erfolgreiche Regress setzt freilich voraus, dass der „Versicherungsfall vorsätzlich oder grob fahrlässig herbeigeführt" wurde. Unterhalb dieser Verschuldensschwelle scheidet ein Regress der Träger der gesetzlichen Unfallversicherung umgekehrt aus.

82   **b) Haftung für Sachschäden.** Was **Sachschäden** anbelangt, muss nach dem jeweils Geschädigten differenziert werden. Je nachdem, ob der **Arbeitgeber,** ein **Arbeitskollege** oder ein **unternehmensfremder Dritter** geschädigt wird, kann dies juristisch unterschiedliche Rechtsfolgen mit sich bringen.

83   **aa) Haftung gegenüber dem Arbeitgeber.** Wenn und soweit der **Arbeitgeber** einen Sachschaden erleidet, kommen die richterrechtlich entwickelten **Grundsätze der beschränkten Arbeitnehmerhaftung** zur Anwendung. Die Rechtsprechung hat dieses arbeitsrechtliche Institut vor dem Hintergrund des **Betriebsrisikos des Arbeitgebers** und wegen der **Schutzbedürftigkeit des Arbeitnehmers** entwickelt (näher *Waltermann* JuS 2009, 193, 193, 195). Die betreffenden Grundsätze dienen im Ergebnis dem **Zweck einer richtigen Risikozuweisung.**

Die beschränkte Arbeitnehmerhaftung gilt unter **zwei Voraussetzungen:** Erstens muss der Schädiger zu dem durch die richterrechtlichen Grundsätze erfassten

Besondere Unterstützungspflichten **§ 16 ArbSchG**

Personenkreis gehören. Zweitens muss dem betreffenden Sachverhalt eine betrieblich veranlasste Tätigkeit zugrunde liegen. Dabei ist zum einen zu beachten, dass sich nach h. M. auch **leitende Angestellte** auf die Grundsätze der beschränkten Arbeitnehmerhaftung berufen können (vgl. zur Diskussion *Preis* in ErfK BGB § 619a Rn. 19). Zum anderen soll eine betriebliche Veranlassung vorliegen, wenn die ausgeführte Tätigkeit dem Arbeitnehmer entweder **arbeitsvertraglich übertragen** worden ist oder der Arbeitnehmer die Tätigkeit **im Interesse des Arbeitgebers** für den Betrieb ausführt (*Waltermann* JuS 2009, 193, 195).

Wesentlich für das Verständnis der beschränkten Arbeitnehmerhaftung ist die 84 **Differenzierung nach dem Grad des Verschuldens.** Das Bundesarbeitsgericht (BAG) unterscheidet zwischen den folgenden Verschuldensformen:
- Vorsatz,
- grobe Fahrlässigkeit,
- mittlere (normale) Fahrlässigkeit,
- leichteste (leichte) Fahrlässigkeit.

Bei **leichtester Fahrlässigkeit** („Sich-Vergreifen", „Sich-Vertun") soll der Arbeitnehmer gar nicht haften. Bei **mittlerer Fahrlässigkeit** präferiert das BAG eine Haftungsquotelung, die nicht notwendigerweise zu einer hälftigen Teilung des Schadens durch Arbeitgeber und Arbeitnehmer führen muss. Im Falle **grober Fahrlässigkeit** wiederum (z. B. Unfall unter starker Alkoholeinwirkung oder Fahren ohne Fahrerlaubnis) gilt der Grundsatz, wonach der Arbeitnehmer den gesamten Schaden zu tragen hat. Ausnahmen werden insbesondere dann zugelassen, wenn das Schadensrisiko besonders hoch ist (sog. Missverhältnis zwischen Vergütung und Schaden). Volle Haftung des Arbeitnehmers besteht bei **Vorsatz** (vgl. zum Ganzen *Linck* in Schaub ArbR-HdB § 59 Rn. 16; *Preis* in ErfK BGB § 619a Rn. 13 ff.).

Wichtig ist schließlich, dass der **Bezugspunkt für das Verschulden der Schadenseintritt und nicht die Pflichtverletzung** ist. Dies kann sich dann auswirken, wenn der Arbeitnehmer zwar die Pflichtverletzung vorsätzlich begeht (weil er z. B. eine ausdrückliche Arbeitgeberweisung bewusst missachtet), hinsichtlich des Schadenseintritts aber z. B. nur grob fahrlässig handelt (*Waltermann* JuS 2009, 193, 197).

bb) Haftung gegenüber Arbeitskollegen. Im Falle der **Schädigung eines** 85 **Arbeitskollegen** kommen im Ergebnis ebenfalls die **Grundsätze der beschränkten Arbeitnehmerhaftung** zur Anwendung. Entscheidend ist in diesen Fällen die Überlegung, ob der Arbeitgeber verpflichtet wäre, den Schaden selbst zu tragen, wenn er selbst geschädigt worden wäre. Wenn dies zu bejahen ist, besteht ein **Freistellungsanspruch des Arbeitnehmers gegen den Arbeitgeber** (*Linck* in Schaub ArbR-HdB § 59 Rn. 60; *Preis* in ErfK BGB § 619a Rn. 22). Dieser Freistellungsanspruch wandelt sich in einen **Zahlungs-, Erstattungs- bzw. Schadensersatzanspruch** um, wenn und soweit der Arbeitnehmer gegenüber dem Arbeitskollegen bereits mehr geleistet hat, als er im Verhältnis zum Arbeitgeber zu zahlen verpflichtet ist (*Preis* in ErfK BGB § 619a Rn. 22 f.) Wer also schuldhaft (vorsätzlich oder fahrlässig) Eigentum eines Arbeitskollegen beschädigt (z. B. dessen Kleidung), muss diesen Schaden nicht ohne Weiteres (vollumfänglich) ersetzen.

cc) Haftung gegenüber unternehmensfremden Dritten. Wenn schließlich 86 ein **unternehmensfremder Dritter** geschädigt wird, wird dem schädigenden Arbeitnehmer ebenfalls ein **Freistellungsanspruch** gegen den Arbeitgeber zugestanden. Dabei findet ein etwaiges **Mitverschulden des schädigenden Arbeitneh-**

mers entsprechend den Grundsätzen der beschränkten Arbeitnehmerhaftung Berücksichtigung. Damit muss der Arbeitnehmer z. B. im Falle leichtester Fahrlässigkeit nicht für den eingetretenen Sachschaden bei dem unternehmensfremden Dritten haften. Erneut ist zu beachten, dass sich der ursprüngliche Freistellungsanspruch des Arbeitnehmers gegen den Arbeitgeber in einen **Zahlungs-, Erstattungs- bzw. Schadenersatzanspruch** wandelt, sobald der Arbeitnehmer (im Außenverhältnis zum unternehmensfremden Dritten) vollen Schadensersatz geleistet hat (für etwaige **Personenschäden** eines unternehmensfremden Dritten gilt im Übrigen nichts anderes).

87 **5. Arbeitsrechtliche Konsequenzen.** Für den Fall, dass die Beschäftigten ihre als arbeitsvertragliche Nebenpflicht bestehende Obliegenheit zur Einhaltung der §§ 15 f. ArbSchG verletzen, kommen naturgemäß auch **arbeitsrechtliche Konsequenzen** in Betracht (vgl. auch LAG Hamm Urt. v. 11.9.1997 – 12 Sa 964/97 – juris). Aus dem Arbeitsvertrag i. V. m. den §§ 15 f. ArbSchG kann der Arbeitgeber vom Beschäftigten verlangen, dass dieser die gesetzlich statuierten Pflichten der Beschäftigten einhält (**Erfüllungsanspruch;** *Wiebauer* in Landmann/Rohmer GewO ArbSchG Vorb § 15 Rn. 10). Tätigkeiten unter Verstoß gegen geltendes Arbeitsschutzrecht wiederum kann der Arbeitgeber zurückweisen. In diesem Fall gerät er nicht in Annahmeverzug; vielmehr verliert der Arbeitnehmer seinen Anspruch auf Zahlung des vereinbarten Entgelts (*Kollmer* ArbSchG Rn. 226). Arbeitnehmer können darüber hinaus ihren **Anspruch auf Entgeltzahlung im Krankheitsfall verlieren,** wenn sie ihre Arbeitsunfähigkeit durch ein grob sicherheitswidriges Verhalten selbst verschuldet haben (*Otto* in NK-ArbR ArbSchG § 15 Rn. 9 mit dem Beispiel der fehlenden Benutzung von bereitgestellter persönlicher Schutzausrüstung; siehe auch *Pieper* ArbSchR ArbSchG § 15 Rn. 9; ausführlich *Houben* NZA 2000, 128 ff.). Der Entgeltfortzahlungsanspruch besteht de lege lata nur dann, wenn den Arbeitnehmer kein Verschulden daran trifft, dass er „durch Arbeitsunfähigkeit infolge Krankheit an seiner Arbeitsleistung verhindert" wird, § 3 Abs. 1 S. 1 EFZG. Nach den allgemeinen Regeln kommen schließlich auch **Ansprüche des Arbeitgebers gegen die Beschäftigten auf Zahlung von Schadensersatz** in Betracht (§ 280 Abs. 1 BGB, ggf. i. V. m. § 241 Abs. 2 BGB; vgl. auch *Pieper* ArbSchR ArbSchG § 15 Rn. 7; *Vogelsang* in Schaub ArbR-HdB § 152 Rn. 3). In diesem Zusammenhang sind indes die **Grundsätze der beschränkten Arbeitnehmerhaftung** zu beachten (→ Rn. 83 f.).

88 Darüber hinaus können Verstöße gegen die §§ 15 ff. ArbSchG oder andere arbeitsschutzrechtliche Pflichten (→ Rn. 50 ff.) **arbeitsrechtliche Sanktionen von der Abmahnung bis zur Kündigung** nach sich ziehen (*Pieper* AiB 2013, 499, 500; *ders.* ArbSchR ArbSchG § 15 Rn. 4; *Hamm/Faber* in HK-ArbR ArbSchG § 16 Rn. 2). Ganz konkret kann der Arbeitgeber ggf. zum **Mittel der verhaltensbedingten ordentlichen Kündigung** greifen. Kündigungen kommen etwa in Betracht, wenn sich Beschäftigte **beharrlich weigern, bereitgestellten Gehör- oder Atemschutz** zu benutzen (*Hamm/Faber* in HK-ArbR ArbSchG § 16 Rn. 4). Voraussetzung für die Wirksamkeit einer solchen Kündigung ist allerdings – mit Blick auf die arbeitsrechtliche Dogmatik – grds. die vorherige **Abmahnung** wegen dieses Verstoßes, wobei auch eine **mehrfache Abmahnung** je nach den Umständen des Einzelfalles erforderlich sein kann (*Linck* in Schaub ArbR-HdB § 133 Rn. 4). Bei **vorsätzlichen Verstößen** gegen Bestimmungen des Arbeitsschutzrechts kann eine Abmahnung entbehrlich sein, wenn entweder bereits ex ante erkennbar ist, dass eine **Verhaltensänderung in Zukunft nicht zu erwarten sein**

wird oder wenn es sich um eine so **schwere Pflichtverletzung** handelt, dass selbst deren erstmalige Hinnahme dem Arbeitgeber nach objektiven Maßstäben unzumutbar ist (*Linck* in Schaub ArbR-HdB § 133 Rn. 3). Im Falle **besonders schwerer Arbeitsschutzverstöße** kommt auch die **außerordentliche Kündigung** gem. § 626 BGB in Betracht. Dies kann etwa der Fall sein, wenn der Beschäftigte durch eine **vorsätzliche oder wiederholte Verletzung seiner Pflichten Arbeitskollegen in Gefahr bringt** (*Wiebauer* in Landmann/Rohmer GewO ArbSchG Vorb § 15 Rn. 9; so auch *Otto* in NK-ArbR ArbSchG § 15 Rn. 11 mit Blick auf vorsätzliche schwere und wiederholte Verletzungen der Sicherheitsvorschriften trotz Abmahnung).

In der Literatur wird die Ansicht vertreten, dass Verstöße gegen die Soll-Vorschrift des § 16 Abs. 2 S. 2 ArbSchG **keine arbeitsrechtlichen Konsequenzen** nach sich ziehen können (*Hamm/Faber* in HK-ArbR ArbSchG § 16 Rn. 3). Diese Ansicht ist zurückzuweisen, weil die Rechtspflicht insoweit zwar abgeschwächt ist (→ Rn. 47), aber gleichwohl – bei Vorliegen der tatbestandlichen Voraussetzungen – regelmäßig eine Mitteilung zur Folge haben soll. Aus diesem Grund ist nichts dafür ersichtlich, dass Verstöße gegen § 16 Abs. 2 S. 2 ArbSchG im Hinblick auf arbeitsrechtliche Folgen anders zu behandeln sind als Verstöße gegen die übrigen Pflichten aus den §§ 15 f. ArbSchG. **89**

§ 17 Rechte der Beschäftigten

(1) ¹**Die Beschäftigten sind berechtigt, dem Arbeitgeber Vorschläge zu allen Fragen der Sicherheit und des Gesundheitsschutzes bei der Arbeit zu machen.** ²**Für Beamtinnen und Beamte des Bundes ist § 125 des Bundesbeamtengesetzes anzuwenden.** ³**Entsprechendes Landesrecht bleibt unberührt.**

(2) ¹**Sind Beschäftigte auf Grund konkreter Anhaltspunkte der Auffassung, daß die vom Arbeitgeber getroffenen Maßnahmen und bereitgestellten Mittel nicht ausreichen, um die Sicherheit und den Gesundheitsschutz bei der Arbeit zu gewährleisten, und hilft der Arbeitgeber darauf gerichteten Beschwerden von Beschäftigten nicht ab, können sich diese an die zuständige Behörde wenden.** ²**Hierdurch dürfen den Beschäftigten keine Nachteile entstehen.** ³**Die in Absatz 1 Satz 2 und 3 genannten Vorschriften sowie die Vorschriften der Wehrbeschwerdeordnung und des Gesetzes über den Wehrbeauftragten des Deutschen Bundestages bleiben unberührt.**

Übersicht

	Rn.
A. Überblick	1
B. Die einzelnen Absätze	5
I. Vorschlagsrecht (Abs. 1)	5
1. Vorschlagsrecht der Beschäftigten (S. 1)	6
a) Zwecke	7
b) Adressat des Rechts	8
c) Gegenstände der Vorschläge	9
d) Adressat des Vorschlags	13
e) Form des Vorschlags	16
f) Abgrenzung zum Vorschlagsrecht gem. § 82 Abs. 1 BetrVG	17

	Rn.
2. Einhaltung des Dienstwegs bei Beamtinnen und Beamten (S. 2)	23
3. Landesrechtsklausel (S. 3)	26
II. Außerbetriebliches Beschwerderecht (Abs. 2)	27
1. Außerbetriebliches Beschwerderecht der Beschäftigten (S. 1)	27
a) Zwecke	31
b) Adressat des Rechts	32
c) Tatbestandliche Voraussetzungen	33
d) Rechtsfolge	57
e) Beschwerdeverfahren gem. § 85 BetrVG	66
2. Keine Nachteile für die Beschäftigten (S. 2)	67
3. Unberührte Vorschriften (S. 3)	70
C. Weitere Rechte der Beschäftigten aus dem ArbSchG	71
I. Rechte bei unmittelbarer erheblicher Gefahr	72
1. Recht auf Durchführung von Maßnahmen zur Gefahrenabwehr und Schadensbegrenzung gem. § 9 Abs. 2 S. 2 Hs. 1 ArbSchG	73
2. Entfernungsrecht gem. § 9 Abs. 3 S. 1 ArbSchG	76
II. Recht auf arbeitsmedizinische Untersuchung gem. § 11 ArbSchG	77
D. Ansprüche der Beschäftigten aus dem Arbeitsschutzgesetz i. V. m. dem Arbeitsvertrag	78
I. Anspruch auf Schutzmaßnahmen gegen Tabakrauch gem. § 4 Nr. 1 ArbSchG i. V. m. Arbeitsvertrag	78
II. Anspruch auf Durchführung einer Gefährdungsbeurteilung gem. § 5 ArbSchG i. V. m. Arbeitsvertrag	79
II. Anspruch auf Anweisungen gem. § 9 Abs. 1 ArbSchG i. V. m. Arbeitsvertrag	80
III. Anspruch auf Unterweisung gem. § 12 ArbSchG i. V. m. Arbeitsvertrag	81
IV. Anspruch auf einen arbeitsschutzkonformen Arbeitsplatz gem. den §§ 618f. BGB i. V. m. Arbeitsvertrag	82

Literatur: *Düwell,* Nichtraucherschutz im Betrieb, AiB 2002, 400; *Heilmann,* Rauchen am Arbeitsplatz, ArbuR 1997, 145; *Henn,* Stress – eine Volkskrankheit, BG 2008, 318; *Kohte,* Anwendbarkeit der Bildschirmrichtlinie auf Cutterin, BB 2000, 2579; *ders.,* Die Umsetzung der Richtlinie 89/391 in den Mitgliedstaaten der EU, ZIAS 1999, 85; *Kort,* Inhalt und Grenzen der arbeitsrechtlichen Personenfürsorge, NZA 1996, 854; *Leßmann,* Neues über Rauchverbote am Arbeitsplatz, ArbuR 1995, 241; *Molkentin,* Das Recht auf Arbeitsverweigerung bei Gesundheitsgefährdung des Arbeitnehmers, NZA 1997, 849; *Müller,* Whistleblowing – Ein Kündigungsgrund?, NZA 2002, 424; *Oetker,* Ausgewählte Probleme zum Beschwerderecht des Beschäftigten nach § 13 AGG, NZA 2008, 264; *Podehl,* Haftung des Arbeitgebers wegen Stress am Arbeitsplatz?, DB 2007, 2090; *Pieper,* Sicherheit und Gesundheitsschutz. Welche Rechte hat der einzelne Beschäftigte?, AiB 2013, 499; *Ritter,* Anspruch auf einen rauchfreien Arbeitsplatz im Wege des Arbeitsschutzes, NJW 2009, 2702; *Sasse,* Hilfspolizist Arbeitnehmer – oder sinnvolle Neuregelung?, NZA 2008, 990; *Sperl,* Nichtraucherschutz am Arbeitsplatz. Passivrauchen gefährdet die Gesundheit, AiB 2006, 207; *Wiebauer,* Whistleblowing im Arbeitsschutz, NZA 2015, 22.

A. Überblick

Mit § 17 ArbSchG findet der Dritte Abschnitt des ArbSchG seinen Abschluss. 1
Die Norm regelt im Anschluss an die beiden vorangehenden Paragraphen mit öffentlich-rechtlichen Pflichten genuine „Rechte der Beschäftigten". Weil das ArbSchG im Kern Pflichten des Arbeitgebers regelt (vgl. die §§ 3 ff. ArbSchG), handelt es sich bei § 17 ArbSchG um einen **Fremdkörper im öffentlich-rechtlichen Arbeitsschutzrecht,** zumal sonstige Ansprüche der Beschäftigten in Bezug auf den Arbeitsschutz ihre Grundlage insbesondere im zugrunde liegenden Arbeitsvertrag haben (*Wiebauer* in Landmann/Rohmer GewO ArbSchG § 17 Rn. 1). Aus diesem Grund darf nicht übersehen werden, dass § 17 ArbSchG nur **einen kleinen Teil der Beschäftigtenrechte** behandelt (*Wiebauer* in Landmann/Rohmer GewO ArbSchG Vorb § 15 Rn. 4; siehe auch *Pieper* ArbSchR ArbSchG § 17 Rn. 1; → Rn. 71 ff.).

Was die Rechte der Beschäftigten anbelangt, wird zunächst das **Vorschlags-** 2
recht geregelt (Abs. 1), bevor das **außerbetriebliche Beschwerderecht mitsamt Benachteiligungsverbot** in den Fokus des Interesses gerückt werden (Abs. 2). Dabei wird arbeitsschutzrechtlich zwischen den **Beschäftigten** einerseits sowie den **Beamtinnen und Beamten bzw. den Soldatinnen und Soldaten** andererseits differenziert.

Europarechtlich dient § 17 ArbSchG der Umsetzung der RL 89/391/EWG 3
(sog. **Arbeitsschutz-Rahmenrichtlinie** oder **EG-Rahmenrichtlinie Arbeitsschutz**). Bezug genommen wird konkret auf Art. 11 RL 89/391/EWG, welcher sich ausweislich der amtlichen Überschrift mit der „Anhörung und Beteiligung der Arbeitnehmer" befasst. Während das Vorschlagsrecht aus § 17 Abs. 1 ArbSchG auf Art. 11 Abs. 1 RL 89/391/EWG zurückzuführen ist, dient die Regelung in § 17 Abs. 2 S. 1, 2 ArbSchG der Umsetzung des Art. 11 Abs. 6 UAbs. 1 RL 89/391/EWG (BT-Drs. 13/3540 S. 20).

Mit Blick auf die **Unfallverhütungsvorschriften** (UVV) existieren **keine mit** 4
§ 17 ArbSchG vergleichbaren Bestimmungen (zur historischen Entwicklung des Unfallverhütungsrechts *Rentrop* BG 2003, 401, 401 f.): Die DGUV Vorschrift 1, welche „Grundsätze der Prävention" regelt, statuiert im Dritten Kapitel (§§ 15 ff. DGUV Vorschrift 1) zwar „Pflichten der Versicherten", aber **keine Rechte der Versicherten** (vgl. auch *Otto* in NK-ArbR ArbSchG § 17 Rn. 11).

B. Die einzelnen Absätze

I. Vorschlagsrecht (Abs. 1)

Der aus drei Sätzen bestehende § 17 Abs. 1 ArbSchG befasst sich allein mit dem 5
Vorschlagsrecht und unterstreicht damit die Bedeutung dieses spezifischen Beschäftigtenrechts. Im Einzelnen regelt die Norm
– das Vorschlagsrecht der Beschäftigten (S. 1),
– eine Sonderregelung für die Beamtinnen und Beamten des Bundes (S. 2) und
– eine Landesrechtsklausel (S. 3).

In der Literatur wird darauf hingewiesen, dass § 17 Abs. 1 ArbSchG in der Tat nur ein Recht und nicht auch zugleich eine Pflicht der Beschäftigten zum Gegenstand hat (*Wiebauer* in Landmann/Rohmer GewO ArbSchG § 16 Rn. 7).

ArbSchG § 17

6 1. Vorschlagsrecht der Beschäftigten (S. 1). Das Vorschlagsrecht der Beschäftigten ist insofern prominent verankert, als es den Ausgangspunkt der statuierten Beschäftigtenrechte im arbeitsschutzrechtlichen Kontext bildet. Bei der Anwendung der Norm ist zwischen dem Normzweck (dazu **a)**) dem Inhaber des Rechts (dazu **b)**), den denkbaren Gegenständen von Vorschlägen (dazu **c)**), deren Adressaten (dazu **d)**) und der Form der Vorschläge (dazu **e)**) zu differenzieren. Im Übrigen ist das arbeitsschutzrechtlich fundierte Vorschlagsrecht der Beschäftigten vom „Anhörungs- und Erörterungsrecht des Arbeitnehmers" gem. § 82 Abs. 1 S. 2 BetrVG abzugrenzen (→ Rn. 17 ff.).

7 a) Zwecke. Mit der Regelung des Vorschlagsrechts der Beschäftigten zielt der Gesetzgeber darauf ab, die Beschäftigten **aktiv in die Entscheidungsprozesse** in Bezug auf die Gestaltung des innerbetrieblichen Arbeitsschutzes einzubeziehen (*Kollmer* ArbSchG Rn. 236). Damit ist untrennbar die Stoßrichtung verbunden, den Arbeitsschutz im Unternehmen bzw. Betrieb zu verbessern.

8 b) Adressat des Rechts. Adressat des Rechts gem. § 17 Abs. 1 S. 1 ArbSchG sind die **Beschäftigten.** Wer Beschäftigter ist, folgt aus § 2 Abs. 2 ArbSchG (→ § 15 Rn. 7 ff.).

9 c) Gegenstände der Vorschläge. Das Vorschlagsrecht der Beschäftigten ist inhaltlich weit gefasst (vgl. auch *Wiebauer* in Landmann/Rohmer GewO ArbSchG § 17 Rn. 3 mit dem Hinweis darauf, dass das Vorschlagsrecht umfassend sei): Die unterbreiteten Vorschläge können sich dezidiert auf alle „Fragen der Sicherheit und des Gesundheitsschutzes bei der Arbeit" beziehen. Das **Vorliegen etwaiger Missstände** wird demgegenüber nicht vorausgesetzt (*Hamm/Faber* in HK-ArbR ArbSchG § 17 Rn. 2). Vor diesem Hintergrund werden Themen sowohl des **technischen als auch des sozialen Arbeitsschutzes** erfasst. Aufgrund der weiten Formulierung geht das Vorschlagsrecht der Beschäftigten **über den Kreis genuin arbeitsplatzbezogener Aspekte und den eigenen Arbeitsplatz hinaus** (so auch *Wank* in ErfK ArbSchG § 17 Rn. 1). Sodann können auch **organisatorische Aspekte** ohne Weiteres zum Gegenstand eines Vorschlags der Beschäftigten gemacht werden, wenn und soweit sie relevant in Bezug auf die Arbeitssicherheit und die Gesundheit der Beschäftigten sind (*Wiebauer* in Landmann/Rohmer GewO ArbSchG § 17 Rn. 3). Gegenstand der Vorschläge können schließlich erstens **genuine Arbeitsschutzinhalte** sein, die insbesondere auf eine Verbesserung oder Vereinfachung des Arbeitsschutzes im Unternehmen abzielen. Daneben können sich die Vorschläge zweitens auch mit der **Art und Weise der Umsetzung** befassen.

10 Als Beispiele für zulässige Vorschläge der Beschäftigten kommen folgende Gegenstände in Betracht:
– getroffene oder geplante Arbeitsschutzmaßnahmen (sowohl technischer als auch organisatorischer Natur),
– Form und Inhalt der Unterweisung,
– Häufigkeit von Unfällen,
– Zusammenarbeit mit den Arbeitsschutzfachleuten (Sicherheitsbeauftragte, Betriebsärzte und Fachkräfte für Arbeitssicherheit),
– Berücksichtigung aktueller arbeitswissenschaftlicher Erkenntnisse gem. § 4 Nr. 3 ArbSchG (zum Ganzen *Kohte* in MHdB ArbR § 292 Rn. 68; *Pieper* ArbSchR ArbSchG § 17 Rn. 2; siehe zu Überlastungsanzeigen in Krankenhäusern *Hamm/Faber* in HK-ArbR ArbSchG § 17 Rn. 2).

Rechte der Beschäftigten **§ 17 ArbSchG**

Dass der Vorschlagende mit Blick auf den Gegenstand seines Vorschlags **selbst** 11 **betroffen** sein muss, ist im Übrigen keine Voraussetzung des Vorschlagsrechts aus § 17 Abs. 1 S. 1 ArbSchG. Der Wortlaut der Norm ist insoweit eindeutig, als er dezidiert keine entsprechenden Beschränkungen vorsieht (so auch *Kohte* in MHdB ArbR § 292 Rn. 68; *Wiebauer* in Landmann/Rohmer GewO ArbSchG § 17 Rn. 3). Nicht mehr erfasst werden von § 17 Abs. 1 S. 1 ArbSchG demgegenüber **Vor-** 12 **schläge der Beschäftigten ohne Bezüge zur Arbeitssicherheit und zum Gesundheitsschutz,** zumal sie sich auch nicht mit der Zielsetzung des ArbSchG in Einklang bringen lassen: Gem. § 1 Abs. 1 ArbSchG dient das ArbSchG dazu, „Sicherheit und Gesundheitsschutz der Beschäftigten bei der Arbeit durch Maßnahmen des Arbeitsschutzes zu sichern und zu verbessern." Damit werden zugleich Grenzen für die Rechte (aber auch für die Pflichten) der Beschäftigten gesetzt.

d) Adressat des Vorschlags. Der Empfänger der von den Beschäftigten unter- 13 breiteten Vorschläge ist der **Arbeitgeber.** Damit wird auf jene Personen Bezug genommen, die in § 2 Abs. 3 ArbSchG als Arbeitgeber i. S. d. Arbeitsschutzrechts definiert werden. Danach sind Arbeitgeber natürliche oder juristische Personen und rechtsfähige Personengesellschaften, die Personen nach § 2 Abs. 2 ArbSchG beschäftigen (→ § 2 Rn. 122 ff.). Im Ergebnis gelangen die Informationen vor diesem Hintergrund zu jenem arbeitsschutzrechtlichen Akteur, der Adressat der Pflichten gem. den §§ 3 ff. ArbSchG ist. Daneben können die Vorschläge auch den **verantwortlichen Personen** i. S. d. § 13 ArbSchG unterbreitet werden.

Wie die Arbeitgeber als Adressaten des Informationsflusses mit den Vorschlägen 14 in concreto verfahren sollen, ist nicht (mehr) Gegenstand der Regelung in § 17 Abs. 1 S. 1 ArbSchG. Richtigerweise wird man die Arbeitgeber als verpflichtet ansehen müssen, die **Vorschläge entgegenzunehmen und zu prüfen** (*Pieper* AiB 2013, 499, 501). In der Literatur wird vertreten, dass dem betreffenden Beschäftigten darüber hinaus innerhalb angemessener Frist **Bericht über die Behandlung des Vorschlags zu erstatten** sei. Zur Begründung wird insoweit vorgebracht, dass das mit der Statuierung des Vorschlagsrechts verbundene arbeitsschutzrechtliche Ziel, die Beschäftigten aktiv in Fragen des innerbetrieblichen Arbeitsschutzes einzubinden und sie dezidiert auch zur Verbesserung des Arbeitsschutzes zu motivieren, nur erreicht werden könne, wenn es von entsprechenden Informationspflichten auf Seiten der Arbeitgeber flankiert werde, welche eine Rückkopplung mit den Vorschlägen bewirken. Diese Rückkopplung setze voraus, dass die Beschäftigten über das Ergebnis der Prüfung des in Rede stehenden Vorschlags unterrichtet werden. In diesem Zusammenhang sollen **formelhafte bzw. inhaltsleere Begründungen des Arbeitgebers** den ungeschriebenen rechtlichen Erfordernissen nicht genügen (zum Ganzen *Butz* in Kollmer/Klindt, ArbSchG, 2. Aufl. 2011, § 17 Rn. 30). Diese Auffassung ist im Ergebnis abzulehnen; denn für eine Pflicht der Arbeitgeber zur Stellungnahme fehlt es an einer gesetzlichen Verankerung (so im Ergebnis auch *Kohte* in MHdB ArbR § 292 Rn. 68; *Otto* in NK-ArbR ArbSchG § 17 Rn. 2; *Wiebauer* in Landmann/Rohmer GewO ArbSchG § 17 Rn. 5; so wohl auch *Pieper* AiB 2013, 499, 501). Allerdings wird der Arbeitgeber auf Nachfrage des Beschäftigten sehr wohl (mündlich) Auskunft geben müssen, „was aus seinem Vorschlag geworden ist" (so *Kollmer* ArbSchG Rn. 236; zust. *Hamm/Faber* in HK-ArbR ArbSchG § 17 Rn. 2). Vor diesem Hintergrund ist erst recht ein **Anspruch der Beschäftigten auf Berücksichtigung ihrer Vorschläge abzulehnen.** Das Vorschlagsrecht ist rechtsdogmatisch **Ausfluss eines Anhörungsrechts** (so im Ergebnis auch *Vogelsang* in Schaub ArbR-HdB § 154 Rn. 19).

ArbSchG § 17

15 Bei **Leiharbeitnehmern bzw. Fremdfirmenbeschäftigten** wird als Adressat etwaiger Vorschläge der **Entleiher bzw. der Auftraggeber** anzusehen sein. Aus **Gründen der Effizienz** sind die in Rede stehenden Vorschläge zur Sicherheit und zum Gesundheitsschutz an die jeweils verantwortlichen Personen im Einsatzbetrieb zu richten. Wenn und soweit gleichwohl der jeweilige Arbeitgeber seitens der Beschäftigten angesprochen wird, wird dieser nicht zuletzt aufgrund seiner vertraglichen Beziehungen dafür Sorge tragen müssen, dass etwaige Vorschläge an den Entleiher bzw. Auftraggeber gelangen. Diesem Erfordernis kann freilich auch dadurch nachgekommen werden, dass der Arbeitgeber den betreffenden Beschäftigten an den insoweit zuständigen Entleiher bzw. Auftraggeber verweist.

16 e) **Form des Vorschlags.** Was die **Form der unterbreiteten Vorschläge** anbelangt, statuiert § 17 Abs. 1 S. 1 ArbSchG keine Vorgaben. Dementsprechend gilt ohne Weiteres **Formfreiheit** (so auch *Wank* in ErfK ArbSchG § 17 Rn. 1; *Otto* in NK-ArbR ArbSchG § 17 Rn. 2), sodass Vorschläge nicht nur **schriftlich** (insbesondere per Brief oder via E-Mail), sondern auch **(fern-)mündlich** gemacht werden können. Das Vorschlagsrecht darf **während der Arbeitszeit und ohne Entgeltminderung** ausgeübt werden (*Kollmer* ArbSchG Rn. 237; vgl. zu den Grenzen auch *Wiebauer* in Landmann/Rohmer GewO ArbSchG § 17 Rn. 4).

17 f) **Abgrenzung zum Vorschlagsrecht gem. § 82 Abs. 1 BetrVG.** **Betriebsverfassungsrechtlich** können die Beschäftigten dem Arbeitgeber im Übrigen auch gem. § 82 Abs. 1 BetrVG **Vorschläge unterbreiten.** Gem. § 82 Abs. 1 S. 1 BetrVG hat ein Arbeitnehmer zunächst das Recht, „in betrieblichen Angelegenheiten, die seine Person betreffen, von den nach Maßgabe des organisatorischen Aufbaus des Betriebs hierfür zuständigen Personen gehört zu werden." Darüber hinaus sind die Arbeitnehmer berechtigt, zu Maßnahmen des Arbeitgebers, die sie betreffen, „Stellung zu nehmen sowie Vorschläge für die Gestaltung des Arbeitsplatzes und des Arbeitsablaufs zu machen", § 82 Abs. 1 S. 2 BetrVG. Das **Recht zur Stellungnahme** nimmt insbesondere solche Maßnahmen des Arbeitgebers in Bezug, die Auswirkungen auf den betrieblichen Arbeitsbereich oder die persönliche Stellung des Arbeitnehmers im Betrieb haben, ohne dass die Ausübung dieser Rechte an persönliche Beeinträchtigungen des betreffenden Arbeitnehmers gekoppelt ist. **Vorschläge der Arbeitnehmer** im Rahmen des betriebsverfassungsrechtlichen Vorschlagsrechts sind auf die **Sicherheit des eigenen Arbeitsplatzes** beschränkt (*Otto* in NK-ArbR ArbSchG § 17 Rn. 2; *Wiebauer* in Landmann/Rohmer GewO ArbSchG § 17 Rn. 8). Inhaltlich können sich die Vorschläge etwa mit der Abwehr von Gefahren oder der Verbesserung der Arbeitsbedingungen in Bezug auf die **Gestaltung des Arbeitsplatzes oder des Arbeitsablaufs** befassen. Das Vorschlagsrecht der Arbeitnehmer gem. § 82 Abs. 1 S. 2 BetrVG ist freilich **kein Mitbestimmungsrecht über die Gestaltung des Arbeitsplatzes** (*Thüsing* in Richardi § 82 Rn. 7). Weil die Anhörungs- und Erörterungsrechte aus § 82 Abs. 1 BetrVG **Ausfluss der Treue- und Fürsorgepflicht des Arbeitgebers** sind, bestehen sie auch **in Betrieben ohne Betriebsrat** (*Kania* in ErfK BetrVG § 82 Rn. 1).

18 Formvorgaben in Bezug auf die Vorschläge gem. § 82 Abs. 1 S. 2 BetrVG werden im Betriebsverfassungsrecht nicht gemacht. Vor diesem Hintergrund müssen die Vorschläge insbesondere **nicht schriftlich** unterbreitet werden. Darüber hinaus bedürfen die Vorschläge auch **keiner spezifischen Begründung.** Gleichwohl dürfte eine Begründung regelmäßig zweckdienlich sein, wenn die Vorschläge Aussicht auf eine innerbetriebliche Umsetzung haben sollen. Das Vorschlagsrecht darf **während der Arbeitszeit** (ohne Entgeltminderung) ausgeübt werden kann.

Das Vorschlagsrecht der Arbeitnehmer besteht **gegenüber dem Arbeitgeber**. 19
Der Arbeitnehmer muss sich indes – mit Blick auf § 82 Abs. 1 S. 1 BetrVG – an
jene Person wenden, die nach Maßgabe des organisatorischen Aufbaus des Betriebs
hierfür zuständig ist. In der Praxis wird es sich regelmäßig um die dem Arbeitnehmer unmittelbar vorgesetzte Person wie z. B. den Meister oder den Abteilungsleiter
handeln (*Thüsing* in Richardi § 82 Rn. 8; *Kania* in ErfK BetrVG § 82 Rn. 3).

Die Rechte der Arbeitnehmer aus § 82 Abs. 1 BetrVG wiederum sind vom **Be-** 20
schwerderecht gem. § 84 BetrVG abzugrenzen. § 84 BetrVG findet Anwendung,
wenn sich die Stellungnahme des Arbeitnehmers darauf bezieht, dass er sich vom
Arbeitgeber oder von Arbeitnehmern des Betriebs insbesondere benachteiligt fühlt;
in solchen Fällen kann der Arbeitnehmer zudem das **Beschwerdeverfahren über
den Betriebsrat** gem. § 85 BetrVG einleiten (zum Ganzen *Thüsing* in Richardi
§ 82 Rn. 10; vgl. zum Beschwerdeverfahren auch *Wiebauer* in Landmann/Rohmer
GewO ArbSchG § 17 Rn. 10).

Betriebsverfassungsrechtlich sind im vorliegenden Kontext schließlich noch 21
die §§ 80, 86a BetrVG zu erwähnen. Der Betriebsrat hat gem. § 80 Abs. 1 Nr. 3
BetrVG „Anregungen von Arbeitnehmern und der Jugend- und Auszubildendenvertretung entgegenzunehmen und, falls sie berechtigt erscheinen, durch Verhandlungen mit dem Arbeitgeber auf eine Erledigung hinzuwirken". Darüber hinaus hat er „die betreffenden Arbeitnehmer über den Stand und das Ergebnis der
Verhandlungen zu unterrichten". Gem. § 86a S. 1 BetrVG hat jeder Arbeitnehmer „das Recht, dem Betriebsrat Themen zur Beratung vorzuschlagen." Mit dieser Norm soll das demokratische Engagement der Arbeitnehmer in den Betrieben
gestärkt werden, indem sie Einfluss auf die Betriebspolitik und die Betriebsratsarbeit nehmen können. Das **individuelle Vorschlagsrecht** soll vor diesem Hintergrund einen Anreiz für die Arbeitnehmer bieten, sich in betrieblichen Angelegenheiten verstärkt einzuschalten und ihre Ideen und Sichtweisen gegenüber
ihrer Interessenvertretung kundzutun (zum Ganzen BT-Drs. 14/5741 S. 47). In
diesem Zusammenhang ist darauf hinzuweisen, dass § 86a S. 1 BetrVG als **deklaratorische Norm** bezeichnet wird, weil die Arbeitnehmer schon zuvor das
Recht hatten, mit Vorschlägen an den Betriebsrat zu wenden (*Thüsing* in Richardi § 86a Rn. 1).

Gem. § 87 Abs. 1 Nr. 12 BetrVG rechnen die „Grundsätze über das betriebliche 22
Vorschlagswesen" zu den **Mitbestimmungsrechten des Betriebsrats**, sodass insoweit **Betriebsvereinbarungen** abgeschlossen werden können, welche das Vorschlagsrecht konkretisieren (*Kollmer* ArbSchG Rn. 237).

2. Einhaltung des Dienstwegs bei Beamtinnen und Beamten (S. 2). Was 23
die Beamtinnen und Beamten des Bundes anbelangt, wird durch § 17 Abs. 1 S. 2
ArbSchG auf § 125 BBG verwiesen. § 125 BBG regelt den „Dienstweg bei Anträgen und Beschwerden". Danach können Beamtinnen und Beamte „Anträge und
Beschwerden vorbringen", wobei der **Dienstweg einzuhalten** ist, § 125 Abs. 1
S. 1, 2 BBG. Mit § 125 BBG wird das **allgemeine Petitionsrecht** aus Art. 17 GG
konkretisiert (*Battis,* BBG, 4. Aufl. 2009, § 125 Rn. 6). Die form- und fristlose Eingabe muss dabei ein **bestimmtes Verlangen** beinhalten, sodass z. B. **bloße Anregungen zur Verbesserung des Behördenprinzips** nicht unter § 125 Abs. 1
BBG fallen (*Battis,* BBG, 4. Aufl. 2009, § 125 Rn. 7).

Im Unterschied zu Anträgen bzw. Vorschlägen regelt § 125 Abs. 1 S. 3, Abs. 2 24
BBG **Beschwerden der Beamtinnen und Beamten**. Arbeitsschutzrechtlich
wird das Beschwerderecht indes in § 17 Abs. 2 S. 1 ArbSchG und damit gesondert

Schucht

ArbSchG § 17

vom Vorschlagsrecht geregelt, sodass diese beamtenrechtlichen Bestimmungen erst über § 17 Abs. 2 S. 3 ArbSchG relevant werden.

25 Für **Soldaten** gilt im Ergebnis die Bestimmung in § 7 SoldG (*Kohte* in MHdB ArbR § 292 Rn. 68; *Wank* in ErfK ArbSchG § 17 Rn. 1), welche die „Grundpflicht des Soldaten" regelt. Danach hat der Soldat die „Pflicht, der Bundesrepublik Deutschland treu zu dienen und das Recht und die Freiheit des deutschen Volkes tapfer zu verteidigen."

26 **3. Landesrechtsklausel (S. 3).** Gem. § 17 Abs. 1 S. 3 ArbSchG bleibt **entsprechendes Landesrecht** unberührt. Diese Norm nimmt gesetzessystematisch Bezug auf das **Beamtenrecht der Länder**. Damit wird arbeitsschutzrechtlich geregelt, dass entsprechende Regelungen zur **Einhaltung des Dienstwegs** im Landesrecht weiterhin Geltung beanspruchen.

II. Außerbetriebliches Beschwerderecht (Abs. 2)

27 **1. Außerbetriebliches Beschwerderecht der Beschäftigten (S. 1).** Mit der Regelung in § 17 Abs. 2 S: 1 ArbSchG wird ein **außerbetriebliches Beschwerderecht** aus der Taufe gehoben, dessen Wahrnehmung indes an die **Überwindung hoher Hürden** gekoppelt ist. Durch die Statuierung dieser Hürden hat der Gesetzgeber klargestellt, dass die Beschäftigten in praxi **nur im Ausnahmefall** auf dieses Recht zurückgreifen können und damit von der **arbeitsvertraglichen Schweigepflicht** befreit sein sollen (vgl. *Vogelsang* in Schaub ArbR-HdB § 154 Rn. 20). Vorrangig ist grds. der **betriebliche Weg** zu beschreiten, um den Schutz von Sicherheit und Gesundheit der Beschäftigten zu gewährleisten bzw. wiederherzustellen (→ Rn. 44 ff.). Durch die **Vorschaltung der innerbetrieblichen Klärung des behaupteten Missstands** werden die berechtigten Interessen des Arbeitgebers an einer begrenzten Mitwisserschaft mit den berechtigten Interessen der Beschäftigten an der Gewährleistung eines wirksamen Arbeitsschutzes in Ausgleich gebracht (*Wiebauer* in Landmann/Rohmer GewO ArbSchG § 17 Rn. 15). Vor diesem Hintergrund kann die Beschwerde bei der zuständigen Behörde als arbeitsschutzrechtliche **Ultima Ratio** beschrieben werden. Allerdings darf dies nicht darüber hinwegtäuschen, dass es sehr wohl innerbetriebliche Konstellationen geben kann, in denen dem Beschäftigten – auch aus Gründen der Reduzierung bzw. Beseitigung genuin haftungsrechtlicher Risiken für ihn selbst – keine andere Wahl bleibt, als an die Behörde heranzutreten, weil z. B. offenkundige Missstände mit Sicherheitsrelevanz trotz Kenntnis des Arbeitgebers nicht beseitigt werden. Fraglos kann das Arbeitsschutzrecht mit dem Ziel, Sicherheit und Gesundheitsschutz bei der Arbeit zu gewährleisten, in solchen Szenarien keine Rücksicht mehr auf die Belange des Arbeitgebers nehmen, wenn und soweit sich dieser zuvor (beharrlich) geweigert hat, sich der betreffenden Sache anzunehmen und für Abhilfe zu sorgen. In diesen Fällen sieht das außerbetriebliche Beschwerderecht einen gangbaren Weg für die Beschäftigten vor, sodass diese nicht auf **den schwierigen Weg der Selbsthilfe** beschränkt sind (*Wiebauer* in Landmann/Rohmer GewO ArbSchG § 17 Rn. 11).

28 Das außerbetriebliche Beschwerderecht ist ein Anwendungsfall des **Whistleblowing** (instruktiv zum Whistleblowing im Arbeitsschutz *Wiebauer* NZA 2015, 22 ff.). Als Whistleblower werden gemeinhin Mitarbeiter bezeichnet, „die unter Umgehung der üblichen, etablierten Berichts- oder Informationswege (…) auf Missstände oder Verstöße gegen interne oder externe Richtlinien oder Normen in einem Unternehmen hinweisen wollen" (*Grützner/Jakob* in dies., Compliance von

A-Z, 2. Aufl. 2015, Whistleblower). Im Hinblick auf ein grundlegendes Urteil des BAG vom 3.7.2003 (BAG NZA 2004, 427 ff.) dürfen **Strafanzeigen gegen den Arbeitgeber** nur unter Berücksichtigung der geschäftlichen Interessen des Arbeitgebers gestellt werden (instruktiv zum Ganzen Wiebauer in Landmann/Rohmer GewO ArbSchG § 17 Rn. 12 f.). Eine Anzeige des Beschäftigten darf insbesondere **keine unverhältnismäßige Reaktion** auf das Verhalten des Arbeitgebers darstellen, wobei in diesem Zusammenhang die Berechtigung der Anzeige, die Motivation des Anzeigenden und das Fehlen eines innerbetrieblichen Hinweises auf die angezeigten Missstände eine Rolle spielen (BAG NZA 2004, 427; Wiebauer NZA 2015, 22). Andere Möglichkeiten, auf Missstände aufmerksam zu machen, bestehen für die Beschäftigten darin, **eine Aufsichtsbehörde oder die Öffentlichkeit zu informieren** (dazu, dass auch insoweit die soeben dargestellten Grundsätze gelten, Wiebauer NZA 2015, 22). Im Hinblick auf den drohenden **Reputationsschaden für das betreffende Unternehmen,** der mit einer Information der Öffentlichkeit regelmäßig einhergeht, ist die Kontaktaufnahme mit einer Arbeitsschutzbehörde freilich das – aus der Perspektive des Arbeitgebers – mildere Mittel.

Europarechtlich haben die Arbeitnehmer bzw. ihre Vertreter gem. Art. 11 Abs. 6 UAbs. 1 RL 89/391/EWG das Recht, „sich gem. den nationalen Rechtsvorschriften bzw. Praktiken an die für die Sicherheit und den Gesundheitsschutz am Arbeitsplatz zuständige Behörde zu wenden, wenn sie der Auffassung sind, dass die vom Arbeitgeber getroffenen Maßnahmen und bereitgestellten Mittel nicht ausreichen, um die Sicherheit und den Gesundheitsschutz am Arbeitsplatz sicherzustellen." Weil § 17 Abs. 2 S. 1 ArbSchG teilweise von diesem Normtext abweicht, steht das **Verdikt der Europarechtswidrigkeit** im Raum. Anlässe für diese Diskussion bieten die nationalen Erfordernisse „konkreter Anhaltspunkte" (→ Rn. 43) und des innerbetrieblichen Abhilfeverfahrens (→ Rn. 51). 29

Mit Blick auf das in Rede stehenden Beschwerderecht sind zunächst der Normzweck (dazu a)) und seine Adressaten (dazu b)) in den Fokus des Interesses zu rücken, bevor seine **tatbestandlichen Voraussetzungen** (dazu c)) und seine **Rechtsfolge** (dazu d)) zu unterscheiden sein werden. Abzugrenzen ist die außerbetriebliche Beschwerde gem. § 17 Abs. 2 S. 1 ArbSchG vom betriebsverfassungsrechtlichen Beschwerdeverfahren gem. § 85 BetrVG (dazu e)). Die Wahrnehmung des außerbetrieblichen Beschwerderechts ist dabei an die ausnahmslose Erfüllung sämtlicher tatbestandlichen Voraussetzungen gekoppelt. Aus der Perspektive der Beschäftigten ist die sorgfältige Prüfung des Tatbestands mit Blick auf die ggf. **gravierenden (arbeitsrechtlichen) Konsequenzen bei unberechtigten Beschwerden** angezeigt (→ Rn. 65). 30

a) Zwecke. Der spezifische **Zweck des außerbetrieblichen Beschwerderechts** liegt darin, das **Leitbild einer aktiven Rolle der Beschäftigten** zu konturieren. Darüber hinaus sollen die an die zuständige Behörden gerichteten Anzeigen die **arbeitsschutzrechtliche Überwachung verbessern;** denn die Praxis zeigt, dass Informationen der Beschäftigten eine **wichtige Informationsquelle für die Aufsichtsdienste** sind (zum Ganzen Kohte in MHdB ArbR § 292 Rn. 69, 71). Schließlich wird darauf hingewiesen, dass § 17 Abs. 2 S. 1 ArbSchG einen Beitrag zur „Herstellung einer Transparenz der Arbeitsbedingungen" leiste (Pieper ArbSchR ArbSchG § 17 Rn. 4). 31

b) Adressat des Rechts. Adressaten des außerbetrieblichen Beschwerderechts sind die Beschäftigten (→ § 15 Rn. 7 ff.). In der Literatur wird insoweit die Ansicht vertreten, dass das Beschwerderecht zwar von den **Sicherheitsbeauftragten gem.** 32

ArbSchG § 17 Arbeitsschutzgesetz

§ 22 SGB VII, nicht aber von den **Betriebsärzten und Fachkräften für Arbeitssicherheit** gem. dem Gesetz über Betriebsärzte, Sicherheitsingenieure und andere Fachkräfte für Arbeitssicherheit vom 12.12.1973 (BGBl. I S. 1885) geltend gemacht werden könne (*Wiebauer* NZA 2015, 22, 26 f.; *ders.* in Landmann/Rohmer GewO ArbSchG § 17 Rn. 37 f.). Zur Begründung wird auf die **besondere Vertrauensstellung** hingewiesen, die den Betriebsärzten und den Fachkräften für Arbeitssicherheit zukomme (*Wiebauer* in Landmann/Rohmer GewO ArbSchG § 17 Rn. 37). Im Ergebnis ist diese Ansicht abzulehnen, weil sie sich mit Blick auf den Wortlaut des § 17 Abs. 2 S. 1 ArbSchG schlechterdings nicht rechtfertigen lässt. Etwaige Einschränkungen der Beschäftigtenrechte müssen indes gesetzlich klar geregelt werden (vgl. zum Anzeigerecht des Betriebsrats gem. § 89 Abs. 1 S. 2 BetrVG *Wiebauer* NZA 2015, 22, 24 ff.)

33   c) **Tatbestandliche Voraussetzungen.** Was die tatbestandlichen Voraussetzungen des außerbetrieblichen Beschwerderechts anbelangt, lassen sich aus § 17 Abs. 2 S. 1 ArbSchG die folgenden **vier Voraussetzungen** ableiten:
– Keine ausreichenden Maßnahmen oder Mittel des Arbeitgebers (Bezugspunkt ist Sicherheit und Gesundheitsschutz bei der Arbeit),
– Auffassung des Beschäftigten auf der Grundlage konkreter Anhaltspunkte,
– Innerbetriebliche Beschwerde des Beschäftigten,
– Keine Abhilfe durch den Arbeitgeber.
Die Berufung auf das außerbetriebliche Beschwerderecht ist mithin nur dann rechtlich zulässig, wenn die genannten Voraussetzungen ausnahmslos vorliegen. Wenn auch nur eine der Voraussetzungen in concreto nicht erfüllt ist, hat die innerbetriebliche Klärung des behaupteten Missstands nach wie vor Vorrang.

34   **aa) Keine ausreichenden Maßnahmen oder Mittel des Arbeitgebers.** Die erste Tatbestandsvoraussetzung zielt darauf ab, dass der Arbeitgeber **keine ausreichenden Maßnahmen** getroffen bzw. **keine ausreichenden Mittel** bereitgestellt hat, um die Sicherheit und den Gesundheitsschutz bei der Arbeit zu gewährleisten. Wie sich aus dem zweiten Tatbestandsmerkmal ergibt, handelt es sich hierbei indes nicht um eine rein objektive Voraussetzung; denn es kommt gerade nicht darauf an, ob tatsächlich kein ausreichender Schutz besteht. Vielmehr ist entscheidend, dass der Beschäftigte subjektiv zu dieser Ansicht gelangt; Grundlage dieser Einschätzung müssen jedoch konkrete (objektive) Anhaltspunkte sein (→ Rn. 41 ff.).

35   Ungeachtet der ausdrücklichen Bezugnahme auf Maßnahmen und Mittel zielt das erste Tatbestandsmerkmal im Kern darauf ab, dass der Arbeitgeber insbesondere die Pflichten aus den §§ 3 ff. ArbSchG nicht eins-zu-eins erfüllt (*Wiebauer* in Landmann/Rohmer GewO ArbSchG § 17 Rn. 17). Vor diesem Hintergrund ist die gesetzliche Formulierung **weit auszulegen.** Erfasst werden insbesondere auch **Fragen der Arbeitsschutzorganisation;** denn die Organisation der Durchführung der Maßnahmen des Arbeitsschutzes hat **unmittelbare Auswirkungen auf die Sicherheit und Gesundheit der Beschäftigten bei der Arbeit** (→ § 3 Rn. 84).

36   Das außerbetriebliche Beschwerderecht ist indes inhaltlich nicht auf fehlende Compliance mit dem ArbSchG und die darauf gestützten Verordnungen beschränkt. Bei **europarechts- bzw. richtlinienkonformer Auslegung** wird namentlich auch der **soziale Arbeitsschutz** einzubeziehen sein; denn auf die hinter § 17 Abs. 2 S. 1 ArbSchG stehende Regelung in Art. 11 Abs. 6 UAbs. 1 RL 89/391/EWG wird etwa in Art. 1 Abs. 4 RL 2003/88/EG (**Arbeitszeitrichtlinie**) und in Art. 1 Abs. 2 RL 92/85/EG (**Mutterschutzrichtlini**e) verwiesen. Darüber hinaus können **Verstöße gegen Unfallverhütungsvorschriften der Unfallversiche-**

rungsträger geltend gemacht werden (instruktiv zum Ganzen *Wiebauer* in Landmann/Rohmer GewO ArbSchG § 17 Rn. 20 mit Beispielen).

Keine ausreichenden Maßnahmen werden vom Arbeitgeber getroffen, wenn 37 der Status quo des innerbetrieblichen Arbeitsschutzes insbesondere nicht im Einklang mit den §§ 3 ff. ArbSchG steht. Gem. § 3 Abs. 1 S. 1 ArbSchG ist der Arbeitgeber verpflichtet, „die erforderlichen Maßnahmen des Arbeitsschutzes (...) zu treffen." In der **Arbeitsschutz-Rahmenrichtlinie** wird insoweit Bezug genommen auf die allgemeinen Pflichten des Arbeitgebers in Art. 6 RL 89/391/EWG. Gem. Art. 6 Abs. 1 UAbs. 1 RL 89/391/EWG trifft der Arbeitgeber im Rahmen seiner Verpflichtungen „die für die Sicherheit und den Gesundheitsschutz der Arbeitnehmer erforderlichen Maßnahmen". Exemplarisch können innerbetriebliche Gefahrenlagen bestehen, die ohne Weiteres zum Eintritt von Personenschäden bei den Beschäftigten führen können. Solche Gefahrenlagen können z. B. darauf zurückzuführen sein, dass der Arbeitgeber bestehende Gefährdungen im Rahmen der durchzuführenden Gefährdungsbeurteilung gem. § 5 ArbSchG nicht ermittelt hat. Darüber hinaus kann der Arbeitgeber zwar die Gefährdungen ordnungsgemäß ermittelt haben, aber keine erforderlichen Maßnahmen des Arbeitsschutzes i. S. d. § 3 Abs. 1 S. 1 ArbSchG zur Gefahrensteuerung ergriffen haben. Mit Blick auf die Gefährdungsfaktoren und die sie kennzeichnenden Merkmale kommen etwa mechanische Gefährdungen, elektrische Gefährdungen, Gefahrstoffe, biologische Arbeitsstoffe oder Brand und Explosionsgefährdungen in Betracht. Darüber hinaus trifft der Arbeitgeber keine ausreichenden Maßnahmen, wenn z. B. keine persönliche Schutzausrüstung (PSA) als individuelle Schutzmaßnahmen zur Verfügung gestellt wird oder wenn die zur Verfügung gestellte PSA nicht individuell passt (vgl. § 2 Abs. 2 S. 1 PSA-BV).

Mit dem Verweis auf **keine ausreichenden Mittel** wird Bezug genommen auf 38 die Regelung in § 3 Abs. 2 Nr. 1 ArbSchG, wonach der Arbeitgeber „zur Planung und Durchführung der Maßnahmen" gem. § 3 Abs. 1 ArbSchG „für eine geeignete Organisation zu sorgen und die erforderlichen Mittel bereitzustellen" hat; denn Art. 11 Abs. 6 UAbs. 1 RL 89/391/EWG steht in engem Zusammenhang mit Art. 6 Abs. 1 UAbs. 1 RL 89/391/EWG, wonach der Arbeitgeber u. a. eine geeignete Organisation und die „erforderlichen Mittel" bereitstellt. Die arbeitsschutzrechtliche Pflicht zur Bereitstellung der erforderlichen Mittel dient dem Zweck, die tatsächlichen Voraussetzungen zu schaffen, um die Aufgaben in der vorgesehenen Weise ausführen zu können. Sie wird als **Komplementärpflicht zur allgemeinen Organisationspflicht** bezeichnet (→ § 3 Rn. 56).

Auch wenn in § 17 Abs. 2 S. 1 ArbSchG darauf abgestellt wird, dass die „getrof- 39 fenen Maßnahmen und bereitgestellten Mittel nicht ausreichen", müssen diese Voraussetzungen richtigerweise nicht kumulativ erfüllt werden. Das außerbetriebliche Beschwerderecht kann damit schon dann aktiviert werden, wenn entweder die getroffenen Maßnahmen oder die bereitgestellten Mittel nicht ausreichen. Jede andere Auslegung führte zu einer **sachwidrigen Einschränkung des außerbetrieblichen Beschwerderechts.** Praktisch weitaus wichtiger werden dabei die nicht ausreichenden Maßnahmen sein, weil sie für die Beschäftigten greifbarer sind.

Richtigerweise setzt die **Geltendmachung des außerbetrieblichen Be-** 40 **schwerderechts** gem. § 17 Abs. 2 S. 1 ArbSchG nicht voraus, dass der Beschwerdeführer selbst betroffen ist. Der Wortlaut der Norm verlangt insoweit nur, „dass die vom Arbeitgeber getroffenen Maßnahmen und bereitgestellten Mittel nicht ausreichen". Vor diesem Hintergrund spricht nichts dagegen, dass der Beschwerdeführer auf solche Missstände hinweist, die sich auf seine eigene Sicherheit und Gesundheit gar nicht auswirken können (so auch *Kollmer* ArbSchG Rn. 241; *Wiebauer* in Landmann/Rohmer GewO ArbSchG § 17 Rn. 19). Dieses weite Verständnis ist im Übrigen auch sachgerecht, weil es erstens einen Beitrag zur Gewährleistung des Arbeitsschutzes im Betrieb leistet. Zweitens wird in der Literatur darauf hingewiesen, dass dem Beschäftigten das **staatsbürgerliche Recht, sich mit einer Beschwerde an eine Aufsichtsbehörde zu wenden,** ohnehin nicht genommen werden könne (*Wiebauer* NZA 2015, 22, 23). Schließlich ist **gesetzessystematisch** darauf hinzuweisen, dass innerhalb der Pflichten aus § 15 Abs. 1 ArbSchG sowohl die Eigenvorsorge als auch der Schutz anderer Personen (Fremdvorsorge) gleichermaßen rechtlichen Regelungen unterworfen wird.

41 bb) **Auffassung der Beschäftigten auf der Grundlage konkreter Anhaltspunkte.** Zweitens müssen die Beschäftigten zu der Auffassung gelangen, dass die getroffenen Maßnahmen bzw. die bereitgestellten Mittel (→ Rn. 34ff.) nicht ausreichen, und zwar **auf der Grundlage konkreter Anhaltspunkte.** Im Ergebnis führt dieses Tatbestandsmerkmal somit **subjektive und objektive Elemente** zusammen; denn während die konkreten Anhaltspunkte objektiv und damit auch für Dritte nachvollziehbar vorliegen müssen, handelt es sich bei der darauf beruhenden Einschätzung nicht ausreichender Maßnahmen oder Mittel um eine dezidiert subjektive Komponente (vgl. auch *Wiebauer* in Landmann/Rohmer GewO ArbSchG § 17 Rn. 21). Vor diesem Hintergrund kann es durchaus dazu kommen, dass ein Beschäftigter zwar zutreffend die konkreten Anhaltspunkte wahrnimmt, hieraus aber die – aus der Sicht Dritter – falschen Schlüsse in Bezug auf die Gewährleistung des Schutzes von Sicherheit und Gesundheit der Beschäftigten zieht. Ein solches Szenario steht dergestalt im Einklang mit der Regelung in § 17 Abs. 2 S. 1 ArbSchG, dass sich der betreffende Beschäftigte sehr wohl auf das außerbetriebliche Beschwerderecht berufen kann (wenn und soweit auch die übrigen Tatbestandsmerkmale vorliegen). Der Grund hierfür liegt vor allem darin, dass dieses Recht grds. den **innerbetrieblichen Informationsfluss zwischen den Beschäftigten und ihrem Arbeitgeber fördern** soll. Für den Arbeitgeber sind die Konsequenzen in diesem Szenario im Übrigen tragbar; denn er – und eben nicht die zuständige Behörde – ist erster Adressat der betreffenden Beschwerde und hat damit frühzeitig die Möglichkeit, seine Sichtweise in die arbeitsschutzrechtliche Diskussion mit dem Beschwerdeführer einzubringen. Vor diesem Hintergrund hat er insbesondere die Möglichkeit – ggf. unter Einbeziehung der Betriebsärzte, Fachkräfte für Arbeitssicherheit oder der Sicherheitsbeauftragten gem. § 22 SGB VII –, den ungeachtet der Beschwerde aus seiner Sicht ausreichenden Arbeitsschutz im Betrieb darzulegen.

42 Was die konkreten Anhaltspunkte anbelangt, sind die denkbaren Auslöser für die Geltendmachung des Beschwerderechts angesichts der bunten Lebenswirklichkeit in den Betrieben unüberschaubar. Angesichts dessen sind im Folgenden **ausgewählte Beispiele** aufgeführt, welche als Tatsachen konkrete Anhaltspunkte i. S. d. § 17 Abs. 2 S. 1 ArbSchG zu begründen vermögen:
– Wahrnehmung von Auffälligkeiten an Arbeitsmitteln (ungewöhnliches Aussehen, Mängel, Schmutz etc.),
– Wahrnehmung von gefährlichen Situationen im Betrieb,
– Wahrnehmung ungewöhnlicher Gerüche,
– Wahrnehmung ungewöhnlicher bzw. ungewöhnlich lauter Geräusche,
– Wahrnehmung von Unregelmäßigkeiten,
  – nach Einführung neuer Arbeits- oder Fertigungsverfahren,
  – nach Einführung neuer Arbeitsabläufe,
  – nach Einführung neuer Arbeitsmittel oder einer neuen Technologie,

Rechte der Beschäftigten **§ 17 ArbSchG**

- Wahrnehmung überforderter Beschäftigter,
- Wahrnehmung von unzureichend geschützten Beschäftigten,
- Wahrnehmung von räumlich veränderten Anlagen oder Arbeitsmitteln.

Umgekehrt reichen **bloße Vermutungen** und **pauschale Behauptungen** über angebliche Missstände im Betrieb nicht aus (*Otto* in NK-ArbR ArbSchG § 17 Rn. 4; *Wiebauer* in Landmann/Rohmer GewO ArbSchG § 17 Rn. 21).

Die Geltendmachung des außerbetrieblichen Beschwerderechts ist mit Blick auf 43 die Regelung in Art. 11 Abs. 6 UAbs. 1 RL 89/391/EWG nur daran gekoppelt, dass die Arbeitnehmer bzw. ihre Vertreter „der Auffassung sind", die vom Arbeitgeber getroffenen Maßnahmen und bereitgestellten Mittel seien nicht ausreichend. Demzufolge fehlt europarechtlich die Voraussetzung, wonach die Auffassung auf konkrete Anhaltspunkte zu stützen ist. Dessen ungeachtet geht mit den Beschränkungen in § 17 Abs. 2 S. 1 ArbSchG **keine europarechtswidrige Umsetzung** einher, weil in der Arbeitsschutz-Rahmenrichtlinie dezidiert auf die nationalen Rechtsvorschriften und Praktiken verwiesen wird (*Dötsch* AuA 1996, 329, 331; *Klindt/Schucht* in Franzen/Gallner/Oetker RL 89/391/EWG Rn. 79).

cc) Innerbetriebliche Beschwerde des Beschäftigten. Was das dritte Tatbe- 44 standsmerkmal anbelangt, muss sich der Beschäftigte zunächst an den Arbeitgeber (→ § 2 Rn. 122 ff.) wenden und ihn über den festgestellten Sachverhalt in Kenntnis setzen („Vorwarnung"; vgl. *Kollmer* ArbSchG Rn. 239). Der Gesetzgeber folgte damit sowohl der **arbeits- als auch der verwaltungsgerichtlichen Rechtsprechung**, wonach die Beschäftigten zuerst beim Arbeitgeber um Abhilfe hatten nachsuchen müssen, bevor sie sich an die Aufsichtsbehörde wenden durften (BT-Drs. 13/3540 S. 20). Die Pflicht zur **Durchführung eines innerbetrieblichen Abhilfeverfahrens** beruht damit auf dem **Ultima-Ratio-Grundsatz** (*Otto* in NK-ArbR ArbSchG § 17 Rn. 5; *Vogl* NJW 1996, 2753, 2756; *Kollmer* ArbSchG Rn. 240).

Im Ergebnis ist die gesetzliche Implementierung des innerbetrieblichen Verfah- 45 rens Ausdruck einer **grundrechtlich dominierten Interessenabwägung.** Während sich die Beschäftigten insbesondere auf die **Meinungsfreiheit** in Art. 5 Abs. 1 GG und das **Recht auf Leben und körperliche Unversehrtheit** gem. Art. 2 Abs. 2 S. 1 GG berufen können, können die Arbeitgeber die **Berufsfreiheit** aus Art. 12 Abs. 1 GG in die Waagschale werden (zum Ganzen *Wiebauer* NZA 2015, 22).

Auch wenn in § 17 Abs. 2 S. 1 ArbSchG insoweit von den „darauf gerichteten 46 Beschwerden" die Rede ist, muss der betreffende Beschäftigte nicht ausdrücklich von einer Beschwerde sprechen bzw. sich dezidiert beschweren. Vielmehr werden die arbeitsschutzrechtlichen Anforderungen schon dann erfüllt, wenn der Beschäftigte deutlich macht, dass im Betrieb ein sicherheitskritischer Zustand herrscht, der einer Abhilfe durch den Arbeitgeber bedarf. Zu diesem Zweck wird der Beschäftigte seine Wahrnehmungen wiedergeben und darauf hinweisen müssen, welche Folgen sich ihm zufolge für Sicherheit und Gesundheitsschutz der Beschäftigten bei der Arbeit ergeben (vgl. auch *Otto* in NK-ArbR ArbSchG § 17 Rn. 5).

(1) Adressat der Beschwerde. Adressat der innerbetrieblichen Be- 47 schwerde ist der Arbeitgeber (→ Rn. 13). Daneben kann sich der Beschäftigte auch an die verantwortlichen Personen gem. § 13 Abs. 1 ArbSchG wenden (*Otto* in NK-ArbR ArbSchG § 17 Rn. 7). Demgegenüber genügt es nicht, wenn die in Rede stehende Beschwerde an die **Betriebsärzte, Fachkräfte für Arbeitssicherheit** oder **Sicherheitsbeauftragten gem. § 22 SGB VII** gerichtet wird.

Schucht

48 Bei **Leiharbeitnehmern bzw. Fremdfirmenbeschäftigten** stellt sich die Frage, wer Adressat etwaiger Beschwerden über **Sicherheitsmängel im Einsatzbetrieb** (des Entleihers bzw. Auftraggebers) sein soll. In diesem Zusammenhang kommt man nicht umhin, stets den **Verleiher bzw. Auftragnehmer als Arbeitgeber der Beschäftigten** als Hauptverantwortlichen für den Arbeitsschutz zu qualifizieren. Bei Leiharbeit folgt jedoch eine parallele **Mitverantwortung des Entleihers** aus § 11 Abs. 6 S. 1 Hs. 2 AÜG. Beim Fremdeinsatz im Rahmen von Werk- oder Dienstverträgen gilt hingegen, dass die rechtliche Verantwortung des Auftraggebers mit dem **Umfang der Weisungsrechte** hinsichtlich der Ausführung der Arbeiten und mit der **Notwendigkeit spezifischer Maßnahmen** aufgrund von besonderen betrieblichen Verhältnissen beim Auftraggeber steigt. Weil dem Beschäftigten die Kenntnis dieser ggf. abgestuften Pflichtenkreise nicht abverlangt werden kann, ist ihm zuzugestehen, dass er sich nach jeder (erfolglosen) Beschwerde gegenüber einem dieser Verantwortlichen ohne die Furcht vor Sanktionen an die zuständige Behörde wendet.

49 Zu betonen ist, dass keine Pflicht der Beschäftigten besteht, auch den **Betriebsrat** einzuschalten; denn § 17 Abs. 2 S. 1 ArbSchG sieht diesbezüglich keine entsprechenden Regelungen zur Kontaktaufnahme vor (so auch *Wiebauer* NZA 2015, 22, 23).

50 **(2) Form der Beschwerde.** Zur **Form der „Beschwerde"** (→ Rn. 46) gibt es in § 17 Abs. 2 S. 1 ArbSchG keine Vorgaben. Aus diesem Grund wird sich der Beschäftigte sowohl mündlich als auch schriftlich an den Arbeitgeber wenden können. Dessen ungeachtet kann es ratsam sein, **aus Gründen der Dokumentation** die Beschwerde schriftlich zu führen, um ggf. später nachweisen zu können, den erkannten Sicherheitsmangel an die hierfür zuständige Stelle im Betrieb weitergeleitet zu haben. Ob die Weiterleitung dann mittels E-Mail, Brief oder Fax erfolgt, spielt keine entscheidende Rolle.

51 **(3) Vorbehalt der Zumutbarkeit.** Im Unterschied zu § 17 Abs. 2 S. 1 ArbSchG verlangt die Regelung in Art. 11 Abs. 6 UAbs. 1 RL 89/391/EWG keinen innerbetrieblichen Abhilfeversuch. Vor diesem Hintergrund wird § 17 Abs. 2 S. 1 ArbSchG in der Literatur z. T. als **europarechtswidrig** qualifiziert; denn die Ausgestaltung im nationalen Recht dürfe den wesentlichen Zweck (der RL 89/391/EWG) nicht abschwächen (*Kohte* in MHdB ArbR § 292 Rn. 70). Auf der anderen Seite darf erneut nicht übersehen werden, dass die Arbeitsschutz-Rahmenrichtlinie dezidiert auf die nationalen Rechtsvorschriften und Praktiken verweist, sodass im Ergebnis von der **Europarechtskonformität** des § 17 Abs. 2 S. 1 ArbSchG auszugehen ist (h. M.; *Pieper* ArbSchR ArbSchG § 17 Rn. 5; *Dötsch* AuA 1996, 329, 331; *Klindt/Schucht* in Franzen/Gallner/Oetker RL 89/391/EWG Rn. 79; *Wiebauer* in Landmann/Rohmer GewO ArbSchG § 17 Rn. 26; *ders.* NZA 2015, 22, 23; *Wlotzke* NZA 1996, 1017, 1022).

Gleichwohl ist eine **restriktive Auslegung des Tatbestandsmerkmals** angezeigt (vgl. *Kohte* in MHdB ArbR § 292 Rn. 70). Im **Ausnahmefall** muss die innerbetriebliche Beschwerde entbehrlich sein; denn der Vorrang des betrieblichen Wegs steht unter dem **Vorbehalt der Zumutbarkeit** (*Pieper* ArbSchR ArbSchG § 17 Rn. 7). Das innerbetriebliche Abhilfeverfahren darf insbesondere nicht zum **bloßen Formalismus** werden (*Wiebauer* in Landmann/Rohmer GewO ArbSchG § 17 Rn. 26). Vor diesem Hintergrund kann sich ein Beschäftigter etwa schon dann direkt an die zuständige Aufsichtsbehörde wenden, wenn die Beschwerde **offensichtlich keinen Erfolg** verspricht (vgl. auch BAG NZA 2004, 427). Dies kann der Fall sein, wenn der in Rede stehende Missstand dem Arbeitgeber schon anderweit (länger) bekannt ist und er gleichwohl keine Abhilfemaßnahmen ergriffen hat (vgl. *Otto* in NK-ArbR ArbSchG § 17 Rn. 5; *Wiebauer* in Landmann/Rohmer GewO ArbSchG § 17 Rn. 27; *Hamm/Faber* in HK-ArbR ArbSchG § 17 Rn. 4). Dabei soll ausreichend sein, dass der **Missstand offensichtlich** ist (*Kollmer* ArbSchG Rn. 242; *Wiebauer* in Landmann/Rohmer GewO ArbSchG § 17 Rn. 27; *Hamm/Faber* in HK-ArbR ArbSchG § 17 Rn. 4). Unzumutbarkeit ist schließlich anzunehmen, wenn **Straftaten des Arbeitgebers** im Raum stehen (vgl. BAG NZA 2004, 427; *Otto* in NK-ArbR ArbSchG § 17 Rn. 5; *Pieper* ArbSchR ArbSchG § 17 Rn. 7).

Allerdings ist zu beachten, dass der innerbetriebliche Abhilfeversuch regelmäßig zumutbar sein wird, zumal der Arbeitgeber von dem Missstand ggf. gar keine Kenntnis hat (*Wiebauer* in Landmann/Rohmer GewO ArbSchG § 17 Rn. 23).

dd) Keine Abhilfe durch den Arbeitgeber. Schließlich muss das innerbetriebliche Abhilfeverfahren **erfolglos durchgeführt** worden sein. Davon kann in den folgenden Szenarien ausgegangen werden: 52
– keine Reaktion des Arbeitgebers innerhalb angemessener Frist
– Reaktion des Arbeitgebers, die keine inhaltliche Befassung mit der Beschwerde erkennen lässt und deshalb als unzureichend zu qualifizieren ist
– keine Durchführung der Abhilfemaßnahme innerhalb angemessener Frist trotz erfolgter Reaktion des Arbeitgebers, wonach die Beschwerde berechtigt sei

Demgegenüber hilft der Arbeitgeber der Beschwerde ab, wenn er entweder die in Rede stehenden Maßnahmen trifft bzw. die betreffenden Mittel bereitstellt oder wenn er inhaltlich nachvollziehbar darlegt, dass der arbeitsschutzrechtliche Status quo ungeachtet der Beschwerde mit dem geltenden Arbeitsschutzrecht in Einklang steht, sodass keine Abhilfemaßnahmen getroffen werden müssen (instruktiv zum Ganzen *Otto* in NK-ArbR ArbSchG § 17 Rn. 6).

Fraglich ist, ob das Abhilfeverfahren erfolglos durchgeführt wurde, wenn der Arbeitgeber die Beschwerde zwar begründet zurückgewiesen hat, der Beschwerdeführer davon aber nicht (restlos) überzeugt ist. In diesem Fall wird man dem Beschwerdeführer die Geltendmachung des außerbetrieblichen Beschwerderechts versagen müssen (a. A. *Otto* in NK-ArbR ArbSchG § 17 Rn. 6); denn bei dieser Sachlage muss die **Interesse des Arbeitgebers an der innerbetrieblichen Klärung** berücksichtigt werden. Wenn sich der Arbeitgeber inhaltlich mit der Beschwerde befasst und sie mit nachvollziehbarer Begründung zurückweist, muss er sich darauf verlassen können, dass der Vorgang nicht an die zuständige Behörde weitergeleitet wird. In dieselbe Richtung geht jene Auffassung aus der Literatur, wonach es auf die „Sicht eines sachkundigen, objektiven Betrachters" ankomme. Wenn diesem Betrachter zufolge kein Raum für Zweifel mehr bestehe, sei die gleichwohl erfolgte Anzeige bei der zuständigen Behörde pflichtwidrig (*Wiebauer* in Landmann/Rohmer GewO ArbSchG § 17 Rn. 22). 53

Vergleichbar ist die Fallgestaltung, wenn sich Arbeitgeber und Beschäftigter nicht über die erforderliche Abhilfemaßnahme einigen können. In diesem Fall soll sich der Beschäftigte mangels Abhilfe durch den Arbeitgeber an die zuständige Behörde wenden dürfen (so *Wiebauer* NZA 2015, 22, 23). Im Ergebnis ist diese Sichtweise erneut mit der Begründung zurückzuweisen, dass dem **Interesse des Arbeitgebers an der innerbetrieblichen Klärung bei dieser Sachlage der Vorrang gebührt** (siehe aber auch *Kollmer* ArbSchG Rn. 241a mit dem Vorschlag, in diesem Fall den Betriebsrat als vermittelnde Instanz einzuschalten; so auch *Pieper* ArbSchR ArbSchG § 17 Rn. 5). 54

ArbSchG § 17

55 Was die **Bestimmung der angemessenen Frist** anbetrifft, wird sich der Arbeitgeber **unverzüglich,** d. h. gem. § 121 Abs. 1 S. 1 BGB „ohne schuldhaftes Zögern", mit der Beschwerde **befassen** müssen. Diese Befassung wird zunächst mit dem Ziel erfolgen, die Dringlichkeit der Beschwerde zu ermitteln. Je nach den Umständen des Einzelfalles kann sich der dem Arbeitgeber zugestandene Zeitraum zur Reaktion sodann **von wenigen Tagen bis zu wenigen Wochen** erstrecken. Regelmäßig soll freilich eine **Reaktionszeit von zwei Wochen** ausreichen (*Wiebauer* in Landmann/Rohmer GewO ArbSchG § 17 Rn. 28).

56 Strenger sind die Anforderungen für den Fall, dass der Arbeitgeber die Berechtigung der Beschwerde innerhalb angemessener Frist anerkannt hat. In diesem Fall wird er abermals **unverzüglich** (→ Rn. 55) dafür Sorge tragen müssen, dass die **erforderliche Abhilfemaßnahme in Angriff genommen** wird. Zu streng dürfte hingegen die Ansicht sein, wonach die Abhilfemaßnahme des Arbeitgebers unverzüglich umgesetzt sein müsse (so *Wiebauer* in Landmann/Rohmer GewO ArbSchG § 17 Rn. 29).

Wenn der Beschäftigte indes feststellt, dass die Durchführung der Abhilfemaßnahme ins Stocken gerät, lebt das Recht zur Anzeige bei der zuständigen Behörde wieder auf. Dessen ungeachtet kann in diesem Szenario die vorherige (nochmalige) Kontaktaufnahme mit dem Arbeitgeber – mit Blick auf die grds. erfolgte Anerkennung der Berechtigung der Beschwerde – ratsam sein, bevor das Recht der außerbetrieblichen Beschwerde ausgeübt wird.

57 **d) Rechtsfolge.** Mit Blick auf die Geltendmachung des außerbetrieblichen Beschwerderechts ist zwischen der **berechtigten Beschwerde** einerseits (dazu (aa)) und der **unberechtigten Beschwerde** andererseits (dazu (bb)) zu unterscheiden.

58 **aa) Berechtigte Beschwerde. (1) Zuständige Behörde.** Wenn und soweit die tatbestandlichen Voraussetzung gem. § 17 Abs. 2 S. 1 ArbSchG ausnahmslos erfüllt sind, darf sich der Beschwerdeführer **ohne Verstoß gegen den Ultima-Ratio-Grundsatz** „an die zuständige Behörde" wenden. Damit werden ohne Weiteres die **Arbeitsschutzbehörden der Länder** in Bezug genommen, die zum Vollzug des ArbSchG und der darauf gestützten Verordnungen berufen sind (→ § 21 Rn. 7, 65). In diesem Zusammenhang müssen nicht notwendigerweise die unteren Landesbehörden (insbesondere die **Gewerbeaufsichtsämter oder die staatlichen Ämter für Arbeitsschutz**) kontaktiert werden. Der Beschwerdeführer kann sich fraglos auch an das jeweils zuständige Ministerium (oberste Landesbehörde) wenden.

59 Darüber hinaus sollen auch die **Unfallversicherungsträger** taugliche Adressaten der außerbetrieblichen Beschwerde sein können (*Otto* in NK-ArbR ArbSchG § 17 Rn. 8). Angezeigt ist insoweit indes eine **differenzierende Betrachtungsweise**: Die Unfallversicherungsträger sind (nur dann) von den Beschäftigten mit der Beschwerde zu befassen, wenn diese auf einem Verstoß gegen Unfallverhütungsvorschriften beruht; andernfalls sind für die Beschwerde nur die staatlichen Arbeitsschutzbehörden zuständig (*Wiebauer* in Landmann/Rohmer GewO ArbSchG § 17 Rn. 30).

60 Andere Behörden und Stellen sind umgekehrt keine tauglichen Adressaten der Beschwerde. Der Beschwerdeführer darf sich mithin unter Berufung auf das außerbetriebliche Beschwerderecht gem. § 17 Abs. 2 S. 1 ArbSchG z. B. weder an **Polizeidienststellen, Gesundheits- oder Ordnungsämter oder Gewerkschaften noch an Parteien, Parlamente, Fernseh- und Hörfunksender oder die Presse** wenden (*Otto* in NK-ArbR ArbSchG § 17 Rn. 8).

Weil die Arbeitsschutzbehörden der Länder – nicht zuletzt mit Blick auf die Auf- 61
gabe der Beratung der Arbeitgeber gem. § 21 Abs. 1 S. 2 ArbSchG (→ § 21
Rn. 17 ff.) – nicht nur repressiv, sondern auch präventiv tätig werden, ist die behördliche Anzeige aus der Perspektive der Arbeitgeber im Übrigen weniger beeinträchtigend als eine etwaige Strafanzeige (*Wiebauer* NZA 2015, 22, 23; vgl. auch
→ Rn. 28).

(2) Anspruch auf ermessensfehlerfreie Entscheidung der Behörde. Die 62
zuständige Behörde wird sich mit der Beschwerde inhaltlich befassen und das ihr
eingeräumte Überwachungsermessen in Gestalt des **Handlungs- bzw. Entschließungsermessens** gem. § 40 (L)VwVfG, § 73 shLVwG ausüben müssen. Insoweit
wird dem Beschwerdeführer ein **Anspruch auf ermessensfehlerfreie Entscheidung der Behörde** eingeräumt (*Wiebauer* in Landmann/Rohmer GewO
ArbSchG § 17 Rn. 34). Unter Zugrundelegung der verwaltungsrechtlichen Dogmatik kann es freilich auch zu einer **Ermessensreduzierung auf Null** kommen,
wenn die Behörde davon ausgehen muss, dass relevante Gefahren für Sicherheit
und Gesundheit der Beschäftigten bei der Arbeit bestehen (vgl. *Wiebauer* in Landmann/Rohmer GewO ArbSchG § 17 Rn. 34; vgl. auch → § 21 Rn. 15).

(3) Vertrauliche Behandlung der Anzeige. In der arbeitsschutzrechtlichen 63
Literatur wird zu Recht darauf hingewiesen, dass der Beschwerdeführer die zuständige Behörde (→ Rn. 58 f.) ausdrücklich um **vertrauliche Behandlung der Anzeige** bitten sollte (näher *Otto* in NK-ArbR ArbSchG § 17 Rn. 14 f.). Die Beschäftigten haben in diesem Fall das Recht auf vertrauliche Behandlung etwaiger
Beschwerden, weil die Geheimhaltung der Identität des Beschwerdeführers – bei
berechtigten Beschwerden – im Interesse des Allgemeinwohls liegt (*Wiebauer* in
Landmann/Rohmer GewO ArbSchG § 17 Rn. 33). Die entsprechende behördliche Pflicht zur vertraulichen Behandlung von Beschwerden wird dogmatisch aus
dem **Benachteiligungsverbot** gem. § 17 Abs. 2 S. 2 ArbSchG (→ Rn. 67 ff.) abgeleitet (*Wiebauer* NZA 2015, 22, 23 f.).

(4) Kein Rechtsbehelf. Die Beschwerde der Beschäftigten stellt **keinen** 64
förmlichen Rechtsbehelf dar. Im Ergebnis werden sich die zuständigen Behörden inhaltlich so mit der Beschwerde der Beschäftigten wie mit anderen Anhaltspunkten für Sicherheitsmängel, von denen sie Kenntnis erlangen, befassen müssen.
Aus diesem Grund werden sie der Beschwerde insbesondere dann näher auf den
Grund gehen müssen (z. B. durch eine Betriebsbesichtigung), wenn glaubhafte Anhaltspunkte für relevante Verstöße gegen das geltende Arbeitsschutzrecht vorliegen.
Vor diesem Hintergrund wird das Recht aus § 17 Abs. 2 S. 1 ArbSchG als „Kommunikationsrecht" der Beschäftigten bezeichnet (zum Ganzen *Vogl* NJW 1996,
2753, 2756).

bb) Unberechtigte Beschwerde. Unberechtigte Beschwerden wirken sich ty- 65
pischerweise nicht nur negativ auf den Betriebsfrieden im Allgemeinen und das
Verhältnis des Beschwerdeführers zum Arbeitgeber im Besonderen aus. Darüber hinaus kann die fehlende Beachtung des Vorrangs der innerbetrieblichen Klärung
(→ Rn. 44 ff.) eine **verhaltensbedingte ordentliche oder ggf. sogar außerordentliche Kündigung** rechtfertigen (*Vogl* NJW 1996, 2753, 2756), weil hierin
eine **Verletzung der arbeitsvertraglichen Nebenpflicht zur Rücksichtnahme auf die berechtigten Interessen des Arbeitgebers** gem. § 241 Abs. 2
BGB liegt (*Otto* in NK-ArbR ArbSchG § 17 Rn. 13; vgl. auch *Kollmer* ArbSchG
Rn. 238 mit dem Hinweis auf die „allgemein anerkannte vertragliche Pflicht zur

Rücksichtnahme" zwischen Arbeitgeber und Beschäftigten). Arbeitsrechtliche Konsequenzen drohen naturgemäß insbesondere dann, wenn die unberechtigte Beschwerde eines Beschäftigten zu einer **existenziellen Gefährdung des Arbeitgebers oder zu schweren innerbetrieblichen Vertrauensbrüchen** führt (*Kollmer* ArbSchG Rn. 243). Dabei ist indes zu beachten, dass eine Kündigung mit Blick auf das Leitbild der aktiven Rolle der Beschäftigten (→ Rn. 31) sowie die neuere Judikatur des Bundesverfassungsgerichts (BVerfG) zur Verfassungswidrigkeit von Kündigungen nach Strafanzeigen (BVerfG NZA 2001, 888 ff.) grds. nur dann rechtmäßig ist, wenn der Beschäftigte die falschen Angaben in der Anzeige **vorsätzlich oder leichtfertig** gemacht hat (näher *Kohte* in MHdB ArbR § 292 Rn. 71).

66   e) **Beschwerdeverfahren gem. § 85 BetrVG.** Gesetzessystematisch ist schließlich auf § 85 BetrVG hinzuweisen (→ Rn. 20). Gem. § 85 Abs. 1 BetrVG muss der Betriebsrat Beschwerden von Arbeitnehmern entgegennehmen und beim Arbeitgeber auf Abhilfe hinwirken, wenn er sie für berechtigt hält (näher *Wiebauer* in Landmann/Rohmer GewO ArbSchG § 17 Rn. 36; vgl. auch zu mittelbaren Beschwerden bei der Gewerkschaft *Wiebauer* NZA 2015, 22, 24).

67   **2. Keine Nachteile für die Beschäftigten (S. 2).** Wenn und soweit Beschäftigte das außerbetriebliche Beschwerderecht berechtigt wahrnehmen, dürfen ihnen daraus **keine Nachteile** entstehen. Dieses **Benachteiligungsverbot** wird in § 17 Abs. 2 S. 2 ArbSchG statuiert. Hierbei handelt es sich um eine **Ausprägung des arbeitsrechtlichen Maßregelungsverbots** (*Wiebauer* in Landmann/Rohmer GewO ArbSchG § 17 Rn. 32): Gem. § 612a BGB darf der Arbeitgeber „einen Arbeitnehmer bei einer Vereinbarung oder einer Maßnahme nicht benachteiligen, weil der Arbeitnehmer in zulässiger Weise seine Rechte ausübt". Praktisch wichtig ist das Benachteiligungsverbot insbesondere dann, wenn sich der Beschwerdeführer zwar auf konkrete Anhaltspunkte stützen kann, sich später aber herauskristallisiert, dass kein Verstoß gegen geltende Arbeitsschutzpflichten vorliegt. In diesen Szenarien sind **alle Maßnahmen tatsächlicher oder rechtlicher Natur verboten,** die zu einer **Schlechterstellung des Beschwerdeführers** im Vergleich zu anderen Beschäftigten führen (*Otto* in NK-ArbR ArbSchG § 17 Rn. 9).

68   Verboten sind durch das Benachteiligungsverbot nicht nur arbeitsrechtliche Maßnahmen wie z. B. **Abmahnungen,** die **unmittelbar eine Benachteiligung** mit sich bringen; darüber hinaus sind auch solche Maßnahmen verboten, die – wie z. B. das Vorenthalten von Vergünstigungen – als **mittelbare Formen der Benachteiligung** zu qualifizieren sind (*Otto* in NK-ArbR ArbSchG § 17 Rn. 9). Praktisch besonders wichtig ist das Benachteiligungsverbot freilich in Bezug auf **arbeitsrechtliche Kündigungen** (*Kohte* in MHdB ArbR § 292 Rn. 71).

In Betracht zu ziehen sind schließlich je nach den Umständen des Falles auch **Ansprüche des Beschwerdeführers auf Schadensersatz** (insbesondere auf arbeitsvertraglicher Grundlage). Dabei ist zu beachten, dass der Beschwerdeführer nach den allgemeinen Grundsätzen die **Darlegungs- und Beweislast** für den Verstoß gegen das Benachteiligungsverbot trägt (*Otto* in NK-ArbR ArbSchG § 17 Rn. 9).

69   Verstöße gegen das Benachteiligungsverbot mit Blick auf diskriminierende Maßnahmen wie **Versetzungen, Umsetzungen oder Organisationsänderungen** werden z. T. nur schwerlich nachzuweisen sein, sodass **Vollzug wie Justiziabilität** des § 17 Abs. 2 S. 2 ArbSchG in praxi in Zweifel gezogen werden (näher *Kollmer* ArbSchG Rn. 243).

Rechte der Beschäftigten **§ 17 ArbSchG**

3. Unberührte Vorschriften (S. 3). In § 17 Abs. 2 S. 3 ArbSchG wird klarge- 70
stellt, dass für Beamtinnen und Beamten und für Soldatinnen und Soldaten die für
sie geltenden Vorschriften über Beschwerden unberührt bleiben (BT-Drs. 13/3540
S. 20).

C. Weitere Rechte der Beschäftigten aus dem ArbSchG

Auch wenn mit § 17 ArbSchG eine spezifische Norm die „Rechte der Beschäf- 71
tigten" regelt, werden im ArbSchG weitere Beschäftigtenrechte statuiert. Sie stehen
einerseits im Zusammenhang mit unmittelbaren erheblichen Gefahren und den
hierauf Bezug nehmenden Bestimmungen in § 9 Abs. 2, 3 ArbSchG (dazu **I.**) und
sind andererseits an die Regelung der arbeitsmedizinischen Vorsorge in § 11
ArbSchG (dazu **II.**) gekoppelt.

I. Rechte bei unmittelbarer erheblicher Gefahr

§ 9 ArbSchG befasst sich mit **besonderen Gefahren.** Gesetzessystematisch 72
rechnet § 9 ArbSchG zwar zu den „Pflichten des Arbeitgebers" im Zweiten Abschnitt des ArbSchG. Die Bestimmung beinhaltet aber auch genuine **Rechte der
Beschäftigten im Falle unmittelbarer erheblicher Gefahren** (krit. in Bezug
auf die Gesetzessystematik *Kollmer* ArbSchG Rn. 231). Hierbei handelt es sich zum
einen um das Recht auf eigene Schutzmaßnahmen gem. § 9 Abs. 2 S. 2 Hs. 1
ArbSchG (dazu **1.**) und zum anderen um das Entfernungsrecht gem. § 9 Abs. 3 S. 1
ArbSchG (dazu **2.**).

1. Recht auf Durchführung von Maßnahmen zur Gefahrenabwehr und 73
Schadensbegrenzung gem. § 9 Abs. 2 S. 2 Hs. 1 ArbSchG. In § 9 Abs. 2 S. 1
ArbSchG wird der Arbeitgeber dazu verpflichtet, „Vorkehrungen zu treffen, dass
alle Beschäftigten, die einer unmittelbaren erheblichen Gefahr ausgesetzt sind oder
sein können, möglichst frühzeitig über diese Gefahr und die getroffenen oder zu
treffenden Schutzmaßnahmen unterrichtet sind." Bei Vorliegen einer **unmittelbaren erheblichen Gefahr für die eigene Sicherheit oder die Sicherheit anderer Personen** sollen die Beschäftigten in die Lage versetzt sein, „die geeigneten
Maßnahmen zur Gefahrenabwehr und Schadensbegrenzung selbst treffen" zu können, „wenn der zuständige Vorgesetzte nicht erreichbar ist", § 9 Abs. 2 S. 2 Hs. 1
ArbSchG. In diesem Zusammenhang sind freilich „die Kenntnisse der Beschäftigten
und die vorhandenen technischen Mittel zu berücksichtigen", § 9 Abs. 2 S. 2 Hs. 2
ArbSchG. Europarechtlich wird damit die Bestimmung in Art. 8 Abs. 5 UAbs. 1 RL
89/391/EWG in nationales Recht umgesetzt.

Die in Rede stehenden Maßnahmen zur Gefahrabwendung bzw. Schadensbe- 74
grenzung **muss der Arbeitgeber dulden,** auch wenn sie mit – aus seiner Sicht
nachteiligen – Eingriffen in betriebliche Abläufe verbunden sind. Vor diesem Hintergrund wäre ein arbeitgeberseitiges Verbot für die Beschäftigten, bei unmittelbarer erheblicher Gefahr eigenmächtig die in Rede stehenden Maßnahmen zu treffen,
wegen Verstoßes gegen § 134 BGB nichtig. Darüber hinaus ist zu berücksichtigen, dass die Beschäftigten für den Fall unterlassener Maßnahmen zugunsten der
Sicherheit anderer Personen **Schadensersatzansprüchen der Geschädigten**
und ggf. sogar **staatsanwaltschaftlichen Ermittlungen** ausgesetzt sein können.

Flankiert wird das Recht auf Durchführung von Maßnahmen zur Gefahrenab- 75
wehr und Schadensbegrenzung durch ein **Benachteiligungsverbot** in § 9 Abs. 2

Schucht 467

S. 3 ArbSchG. Danach dürfen den Beschäftigten „aus ihrem Handeln grds. keine Nachteile" entstehen. Eine Ausnahme wird nur für den Fall zugelassen, dass sie „vorsätzlich oder grob fahrlässig ungeeignete Maßnahmen getroffen" haben. Europarechtlich ist dieses Verbot in Art. 8 Abs. 5 UAbs. 2 RL 89/391/EWG angelegt (zum Ganzen → § 9 Rn. 40 ff.).

76 **2. Entfernungsrecht gem. § 9 Abs. 3 S. 1 ArbSchG.** Gem. § 9 Abs. 3 S. 1 ArbSchG muss der Arbeitgeber Maßnahmen treffen, damit sich die Beschäftigten „bei unmittelbarer erheblicher Gefahr" (…) durch sofortiges Verlassen der Arbeitsplätze in Sicherheit" bringen können. Dieses genuine **Entfernungsrecht** (*Pieper* AiB 2006, 523, 524; *Wlotzke* in MHdB ArbR, Bd. 2, 2. Aufl. 2000, § 211 Rn. 60; *Wiebauer* in Landmann/Rohmer GewO ArbSchG Vorb § 15 Rn. 38) ist auf Art. 8 Abs. 4 RL 89/391/EWG zurückzuführen (vgl. hierzu *Klindt/Schucht* in Franzen/Gallner/Oetker RL 89/391/EWG Rn. 76) und gilt insbesondere auch dann, wenn die betreffende qualifizierte Gefahr nicht vom Arbeitgeber verursacht wird. Bereits **europarechtlich** ist darüber hinaus ein genuines **Benachteiligungsverbot** vorgesehen, das durch die Regelung in § 9 Abs. 3 S. 2 ArbSchG in nationales Recht überführt wurde. Danach dürfen den Beschäftigten im Falle der berechtigten Entfernung keine Nachteile entstehen. Gem. § 9 Abs. 3 S. 3 ArbSchG kann der Arbeitgeber „die Beschäftigten nur in besonders begründeten Ausnahmefällen auffordern, ihre Tätigkeit wieder aufzunehmen" (zum Ganzen → § 9 Rn. 55 ff.)

II. Recht auf arbeitsmedizinische Untersuchung gem. § 11 ArbSchG

77 Aus § 11 ArbSchG wird das Recht der Beschäftigten abgeleitet, vom Arbeitgeber – bzw. bei der Arbeitnehmerüberlassung vom Entleiher – zu verlangen, Vorsorgeuntersuchungen durchzuführen (*Wiebauer* in Landmann/Rohmer GewO ArbSchG § 17 Rn. 1; *Pieper* ArbSchR ArbSchG § 17 Rn. 6; *Kollmer* ArbSchG Rn. 246; *Wlotzke* NZA 1996, 1017, 1022). Gem. § 11 ArbSchG muss der Arbeitgeber „den Beschäftigten auf ihren Wunsch (…) ermöglichen, sich je nach den Gefahren für ihre Sicherheit und Gesundheit bei der Arbeit regelmäßig arbeitsmedizinisch untersuchen zu lassen". Eine Ausnahme von dieser Pflicht der Arbeitgeber besteht nur für den Fall, dass mit Blick auf die Gefährdungsbeurteilung gem. § 5 ArbSchG und die getroffenen Schutzmaßnahmen gem. § 3 Abs. 1 S. 1 ArbSchG „nicht mit einem Gesundheitsschaden zu rechnen" ist. Europarechtlich dient § 11 ArbSchG der Umsetzung des Art. 14 Abs. 2 RL 89/391/EWG über die „Präventivmedizinische Überwachung" (*Pieper* ArbSchR ArbSchG § 11 Rn. 1), welche als **Arbeitnehmerrecht** ausgestaltet ist (*Klindt/Schucht* in Franzen/Gallner/Oetker RL 89/391/EWG Rn. 87). Im Übrigen werden Regelungen in Bezug auf die arbeitsmedizinische Vorsorge aus anderen Rechtsvorschriften durch § 11 ArbSchG nicht verdrängt (vgl. hierzu *Pieper* ArbSchR ArbSchG § 11 Rn. 7 ff.; zum Ganzen → § 11 Rn. 1 ff.).

D. Ansprüche der Beschäftigten aus dem Arbeitsschutzgesetz i. V. m. dem Arbeitsvertrag

78 Abschließend ist auf jene Ansprüche der Beschäftigten gegen die Arbeitgeber einzugehen, die aus dem Arbeitsschutzgesetz i. V. m. dem zugrunde liegenden Arbeitsvertrag abgeleitet werden. Diese Ansprüche beziehen sich auf den Nichtrau-

Rechte der Beschäftigten **§ 17 ArbSchG**

cherschutz (dazu **I.**), die Gefährdungsbeurteilung gem. § 5 ArbSchG (dazu **II.**), den Zugang zu besonders gefährlichen Arbeitsbereichen gem. § 9 Abs. 1 ArbSchG (dazu **III.**), die Unterweisung gem. § 12 ArbSchG (dazu **IV.**) und einen arbeitsschutzkonformen Arbeitsplatz (dazu **V.**).

I. Anspruch auf Schutzmaßnahmen gegen Tabakrauch gem. § 4 Nr. 1 ArbSchG i. V. m. Arbeitsvertrag

Zu den allgemeinen und vom Arbeitgeber zu beachtenden Grundsätzen in § 4 ArbSchG rechnet die Leitlinie, die Arbeit „so zu gestalten, dass eine Gefährdung für das Leben sowie die physische und die psychische Gesundheit möglichst vermieden und die verbleibende Gefährdung möglichst gering gehalten wird", § 4 Nr. 1 ArbSchG. Daraus wird die Pflicht der Arbeitgeber abgeleitet, geeignete Schutzmaßnahmen auch im Hinblick auf etwaige **Gefahren für die Gesundheit infolge des Passivrauchens** zu ergreifen. Vor diesem Hintergrund können die Beschäftigten im Falle entsprechender Gefahren aus § 4 Nr. 1 ArbSchG i. V. m. dem Arbeitsvertrag grds. die Implementierung der folgenden Maßnahmen verlangen: **79**

- Raumtrennungen und -teilungen,
- flexible Raumnutzungen,
- Zusammenlegung von Raucher- und Nichtraucherarbeitsplätzen (ggf. durch Ver- und Umsetzungen),
- Einrichtungen von Raucherräumen,
- Einrichtung von Klimaanlagen

(vgl. zum Ganzen *Kollmer* ArbSchG Rn. 247c). Im Übrigen ist der Fokus mit Blick auf den praktisch wichtigen Nichtraucherschutz auf § 5 ArbStättV zu richten. Gem. § 5 Abs. 1 S. 1 ArbStättV muss der Arbeitgeber die erforderlichen Maßnahmen treffen, „damit die nicht rauchenden Beschäftigten in Arbeitsstätten wirksam vor den Gesundheitsgefahren durch Tabakrauch geschützt sind." Spezifische Regelungen bestehen für Rauchverbote in § 5 Abs. 1 S. 2 ArbStättV und „Arbeitsstätten mit Publikumsverkehr" in § 5 Abs. 2 ArbStättV (→ § 5 ArbStättV Rn. 12ff.).

II. Anspruch auf Durchführung einer Gefährdungsbeurteilung gem. § 5 ArbSchG i. V. m. Arbeitsvertrag

Mit Blick auf die Regelung der „Beurteilung der Arbeitsbedingungen" in § 5 ArbSchG sowie die spezifischen Bestimmungen zur Durchführung einer Gefährdungsbeurteilung wie z. B. § 3 BetrSichV im Betriebssicherheitsrecht oder § 3 ArbStättV im Arbeitsstättenrecht ist anerkannt, dass die Beschäftigten insoweit einen **arbeitsvertraglichen Anspruch auf Durchführung einer Gefährdungsbeurteilung durch den Arbeitgeber** haben (BAG NZA 2009, 102). Dogmatisch wird dieser Anspruch aus § 618 Abs. 1 S. 1 BGB i. V. m. § 5 ArbSchG hergeleitet (*Pieper* AiB 2013, 499, 502). Dabei ist zu beachten, dass die Beschäftigten **keinen Anspruch auf die Anwendung bestimmter Überprüfungskriterien und -methoden** haben (BAG NZA 2009, 102). Eng verbunden mit dem genannten Anspruch auf Durchführung einer Gefährdungsbeurteilung ist der arbeitsvertragliche Anspruch der Beschäftigten gegen den Arbeitgeber auf **Ausübung des fehlerfreien Ermessens bzw. fehlerfreie Ausfüllung des Beurteilungsspielraums** in Bezug auf die vom Arbeitgeber auszufüllenden Schutzzielbestimmungen (*Pieper* AiB 2013, 499, 502); denn bei der Erfüllung der Handlungspflicht aus § 3 **80**

Schucht 469

ArbSchG § 17

Abs. 1 ArbSchG existieren **weite Handlungsspielräume,** zumal der **Grundsatz der betriebsbezogenen Flexibilität** zu beachten ist (→ § 5 Rn. 63), der **Raum für betriebs- und tätigkeitsorientierte Schutzmaßnahmen** lässt (*Wlotzke,* FS Hanau, 1999, 317, 321; siehe auch *Wiebauer* in Landmann/Rohmer GewO ArbSchG Vorb § 15 Rn. 32).

II. Anspruch auf Anweisungen gem. § 9 Abs. 1 ArbSchG i. V. m. Arbeitsvertrag

81 Aus der Pflicht der Arbeitgeber gem. § 9 Abs. 1 ArbSchG, „Maßnahmen zu treffen, damit nur Beschäftigte Zugang zu besonders gefährlichen Bereichen haben, die zuvor geeignete Anweisungen erhalten haben", folgt – ebenso wie bei der Unterweisung gem. § 12 ArbSchG (→ Rn. 81) – umgekehrt ein Recht der Beschäftigten, dass die in Rede stehenden Anweisungen vom Arbeitgeber auch erteilt werden.

III. Anspruch auf Unterweisung gem. § 12 ArbSchG i. V. m. Arbeitsvertrag

82 Aus § 12 Abs. 1 ArbSchG leitet die arbeitsschutzrechtliche Literatur ein **Recht der Beschäftigten auf Unterweisung** ab (*Pieper* ArbSchR ArbSchG § 15 Rn. 1). Ganz konkret sollen die Beschäftigten das Recht haben, vom Arbeitgeber **arbeitsplatz- und aufgabenbereichsbezogene Anweisungen und Erläuterungen** zu erhalten. Dieser Anspruch gilt im Übrigen auch für **Leiharbeitnehmer,** § 12 Abs. 2 S. 1 ArbSchG (so zu Recht *Kollmer* ArbSchG Rn. 248a).

IV. Anspruch auf einen arbeitsschutzkonformen Arbeitsplatz gem. den §§ 618f. BGB i. V. m. Arbeitsvertrag

83 Schließlich wird ein **Recht der Beschäftigten auf einen arbeitsschutzkonformen Arbeitsplatz** aus den §§ 618f. BGB i. V. m. dem Arbeitsvertrag abgeleitet (*Kollmer* ArbSchG Rn. 227).

Vierter Abschnitt. Verordnungsermächtigungen

§ 18 Verordnungsermächtigungen

(1) ¹Die Bundesregierung wird ermächtigt, durch Rechtsverordnung mit Zustimmung des Bundesrates vorzuschreiben, welche Maßnahmen der Arbeitgeber und die sonstigen verantwortlichen Personen zu treffen haben und wie sich die Beschäftigten zu verhalten haben, um ihre jeweiligen Pflichten, die sich aus diesem Gesetz ergeben, zu erfüllen. ²In diesen Rechtsverordnungen kann auch bestimmt werden, daß bestimmte Vorschriften des Gesetzes zum Schutz anderer als in § 2 Abs. 2 genannter Personen anzuwenden sind.

(2) Durch Rechtsverordnungen nach Absatz 1 kann insbesondere bestimmt werden,
1. daß und wie zur Abwehr bestimmter Gefahren Dauer oder Lage der Beschäftigung oder die Zahl der Beschäftigten begrenzt werden muß,
2. daß der Einsatz bestimmter Arbeitsmittel oder -verfahren mit besonderen Gefahren für die Beschäftigten verboten ist oder der zuständigen Behörde angezeigt oder von ihr erlaubt sein muß oder besonders gefährdete Personen dabei nicht beschäftigt werden dürfen,
3. daß bestimmte, besonders gefährliche Betriebsanlagen einschließlich der Arbeits- und Fertigungsverfahren vor Inbetriebnahme, in regelmäßigen Abständen oder auf behördliche Anordnung fachkundig geprüft werden müssen,
4. daß Beschäftigte, bevor sie eine bestimmte gefährdende Tätigkeit aufnehmen oder fortsetzen oder nachdem sie sie beendet haben, arbeitsmedizinisch zu untersuchen sind und welche besonderen Pflichten der Arzt dabei zu beachten hat,
5. dass Ausschüsse zu bilden sind, denen die Aufgabe übertragen wird, die Bundesregierung oder das zuständige Bundesministerium zur Anwendung der Rechtsverordnungen zu beraten, dem Stand der Technik, Arbeitsmedizin und Hygiene entsprechende Regeln und sonstige gesicherte arbeitswissenschaftliche Erkenntnisse zu ermitteln sowie Regeln zu ermitteln, wie die in den Rechtsverordnungen gestellten Anforderungen erfüllt werden können. Das Bundesministerium für Arbeit und Soziales kann die Regeln und Erkenntnisse amtlich bekannt machen.

Übersicht

	Rn.
A. Inhalt, Zweck und Ausmaß der Bestimmung	1
I. Allgemeines	1
II. Nähere Pflichtenbestimmung (Abs. 1)	4
III. Regelbare Tatbestände (Abs. 2)	7
B. Verfahren zum Erlass von Rechtsverordnungen	10
C. Vollzug von Rechtsverordnungen	16
D. Verstöße gegen Rechtsverordnungen	17

ArbSchG § 18

Literatur: *v. Barby,* Der Anspruch auf Erlaß einer Rechtsverordnung, NJW 1989, 80; *Epping,* Die Willensbildung von Kollegialorganen, DÖV 1995, 719; *Isensee/Kirchhof* (Hrsg.), Handbuch des Staatsrechts der Bundesrepublik Deutschland, Bd. V, 3. Aufl. 2007; *Oldiges,* Die Bundesregierung als Kollegium, 1983.

A. Inhalt, Zweck und Ausmaß der Bestimmung

I. Allgemeines

1   Da das ArbSchG keine detaillierten Vorschriften, sondern weitgefasste, für alle Tätigkeitsbereiche und Beschäftigtengruppen gültige Grund- bzw. Rahmenbestimmungen enthält, hat der Gesetzgeber für die Bundesregierung die Möglichkeit geschaffen, bestimmte Spezialbereiche durch Rechtsverordnungen näher zu konkretisieren. Praktische **Bedeutung** hat § 18 vornehmlich auf Grund der **Verweisung des § 19,** der die Ermächtigung des § 18 auch auf Verordnungen zur Durchführung von Rechtsakten der Europäischen Union ausdehnt.

Rechtsverordnungen sind Rechtsnormen, die von Exekutivorganen (Regierungen, Ministern, Verwaltungsbehörden) erlassen werden. Rechtsverordnungen stehen in der Rangfolge der Rechtsquellen unterhalb der vom Parlament beschlossenen Gesetze, erzeugen aber ebenso wie diese allgemein verbindliches Recht, d. h. sie binden nicht nur den angesprochenen Normadressaten, sondern auch die Gerichte (*Ossenbühl* in Isensee/Kirchhof, § 103 Rn. 1 ff.).

2   Von Exekutivorganen erlassene Rechtsnormen sind im Hinblick auf den Gewaltenteilungsgrundsatz – wonach die Rechtssetzung bei der Legislative, also den Parlamenten liegt – nicht unproblematisch. Rechtsverordnungen dürfen daher nach **Art. 80 Abs. 1 GG** nur dann erlassen werden, wenn sie sich auf ein (parlamentsbeschlossenes) Gesetz stützen können, das **Inhalt, Zweck und Ausmaß** der Ermächtigung bestimmt. Dieses Bestimmtheitsgebot ist jedoch nach der Rechtsprechung des BVerfG nicht dahingehend auszulegen, dass das ermächtigende Gesetz so bestimmt wie irgend möglich sein muss. Vielmehr genügt es, wenn das Gesetz „**hinreichend** bestimmt" ist (vgl. *BVerfGE* 68, 277, 280), d. h., wenn die dem Verordnungsgeber übertragene Kompetenz nach Tendenz und Programm so genau umrissen ist, dass schon aus der Ermächtigung erkennbar und vorhersehbar ist, was dem Bürger gegenüber zulässig sein soll (*BVerfGE* 55, 207, 226). Art. 80 GG verbietet solche Pauschalermächtigungen, die keinerlei weitere Eingrenzungen enthalten (*Ossenbühl* in Isensee/Kirchhof, § 103 Rn. 22). § 18 entspricht den Anforderungen des Art. 80 Abs. 1 S. 2 GG. Durch die Formulierung der Vorschrift kommt zum Ausdruck, was geregelt werden soll **(Inhalt),** welchem Ziel die Regelung dienen soll **(Zweck)** und innerhalb welchen Rahmens sich die Regelung bewegen muss **(Ausmaß).**

3   Beim Erlass von Rechtsverordnungen ist nach Art. 80 Abs. 1 S. 3 GG die (gesetzliche) Rechtsgrundlage anzugeben. Ein Verstoß gegen dieses **Zitiergebot** führt zur Nichtigkeit der Rechtsverordnung (*BVerfGE* 101, 1, 42 f.; → § 19 Rn. 18).

II. Nähere Pflichtenbestimmung (Abs. 1)

4   Mit Absatz 1 wird die Bundesregierung ermächtigt, durch Rechtsverordnung vorzuschreiben, welche Maßnahmen die **Arbeitgeber und** die sonstigen in § 13 Abs. 1 genannten **verantwortlichen Personen** zu treffen haben. Der Gesetzeswortlaut ist in dem Sinne zu verstehen, dass die Bundesregierung die im zweiten

Verordnungsermächtigungen **§ 18 ArbSchG**

Abschnitt (§§ 3–14) des Gesetzes geregelten **Pflichten** der genannten Personen näher **konkretisieren** darf. Sie kann also etwa die vom Arbeitgeber zu treffenden Arbeitsschutzmaßnahmen detaillierter und umfassender festlegen oder die Schutzziele präziser formulieren, als dies im ArbSchG geschehen ist (→ Rn. 8).

Ebenso können durch Rechtsverordnung die **Pflichten** der **Beschäftigten** 5 nach dem Dritten Abschnitt des Gesetzes (§§ 15–17) näher **konkretisiert** werden.

Ferner kann die Bundesregierung in Verordnungen nach § 18 festlegen, dass be- 6 stimmte Vorschriften des ArbSchG zum **Schutz anderer** als in § 2 Abs. 2 genannter **Personen** anzuwenden sind. Dies kann u. a. für Personen erforderlich sein, bei denen die Beschäftigteneigenschaft zweifelhaft erscheint, z. B. bei ehrenamtlich Tätigen. Aber auch sonstige Personen, z. B. Schüler und Studenten, können durch eine Rechtsverordnung nach § 18 geschützt werden. Dagegen können in Heimarbeit Beschäftigte und Hausangestellte, da sie ausdrücklich vom Anwendungsbereich des ArbSchG ausgenommen sind (§ 2 Abs. 2 Nr. 3), auch von einer Rechtsverordnung nicht erfasst werden.

III. Regelbare Tatbestände (Abs. 2)

Absatz 2 enthält eine Aufzählung verschiedener Tatbestände, die durch eine 7 Rechtsverordnung näher geregelt werden können. Durch das Wort „**insbesondere**" wird klargestellt, dass es sich um eine beispielhafte, nicht um eine abschließende Aufzählung handelt. Die Bundesregierung kann also Regelungen auch zu anderen arbeitsschutzrechtlichen Fragen treffen.

Nach Absatz 2 können insbesondere Verordnungen ergehen, die 8
- zur Abwehr bestimmter Gefahren Dauer oder Lage der **Beschäftigung** oder die Zahl der Beschäftigten **begrenzen (Nr. 1)**. Eine Regelung hinsichtlich Beschäftigungsdauer und -lage ist etwa für Bildschirmarbeit getroffen worden (vgl. § 5 BildscharbV);
- die Verwendung besonders gefährlicher **Arbeitsmittel oder -verfahren verbieten oder** unter **Bedingungen stellen (Nr. 2)**. Entsprechende Regelungen treffen z. B. die §§ 10 ff. Biostoffverordnung (BiostoffV) und §§ 4 ff. der Betriebssicherheitsverordnung (BetrSichV);
- die fachkundige **Überprüfung besonders gefährlicher Betriebsanlagen**, einschließlich der Arbeits- und Fertigungsverfahren, vorschreiben **(Nr. 3)**. Dies geschieht etwa in den §§ 14 ff. der BetrSichV;
- die **arbeitsmedizinische Untersuchung der Beschäftigten** im Zusammenhang mit bestimmten gefährdenden Tätigkeiten regeln **(Nr. 4)**. Insoweit hat der Verordnungsgeber Ende 2008 eine Reihe von Regelungen zur arbeitsmedizinischen Vorsorge in der Arbeitsmedizinvorsorgeverordnung (ArbMedVV) zusammengefasst;
- die **Bildung von Ausschüssen** vorsehen, welche die Bundesregierung oder das zuständige Bundesministerium im Hinblick auf die Anwendung der Rechtsverordnungen **beraten** und arbeitswissenschaftliche Erkenntnisse ermitteln **(Nr. 5)**. Die Ausschüsse sollen die Umsetzung der nach §§ 18 ff. ArbSchG erlassenen Rechtsverordnungen erleichtern helfen. In ihre Arbeit sind die betroffenen Kreise, insbesondere die Sozialpartner, die Länder und Unfallversicherungsträger sowie die Wissenschaft eingebunden.

Ausschüsse i. S. d. Nr. 5 wurden **eingerichtet** auf Grund der folgenden Verord- 9 nungen:
- Arbeitsstättenverordnung (Ausschuss für Arbeitsstätten – ASTA);
- Betriebssicherheitsverordnung (Betriebssicherheitsausschuss – ABS);

Doerfert

ArbSchG § 18   Arbeitsschutzgesetz

- Lärm- und Vibrationsarbeitsschutzverordnung (Betriebssicherheitsausschuss – ABS);
- Biostoffverordnung (Ausschuss für biologische Arbeitsstoffe – ABAS);
- Gefahrstoffverordnung (Ausschuss für Gefahrstoffe – AGS);
- Arbeitsmedizinvorsorgeverordnung (Ausschuss für Arbeitsmedizin – AfAMed).

Die Geschäftsführungen der Ausschüsse liegen bei der Bundesanstalt für Arbeitsschutz und Arbeitsmedizin (BAuA) als Bundesoberbehörde und Ressortforschungseinrichtung des Bundes.

B. Verfahren zum Erlass von Rechtsverordnungen

10 Ermächtigt zum Erlass von Rechtsverordnungen nach § 18 ist **die Bundesregierung,** d. h. nur das Kollegialorgan bestehend aus Bundeskanzler und der Gesamtheit der Bundesminister (vgl. Art. 62 GG). Die anderen in Art. 80 Abs. 1 Satz 1 GG genannten Ermächtigungsadressaten (ein Bundesministerium – etwa das für Arbeitsschutz fachlich zuständige Ministerium für Arbeit und Soziales – oder die Landesregierungen) sind von der Ermächtigung des § 18 nach dessen eindeutigem Wortlaut nicht erfasst (vgl. *Oldiges,* S. 181). Nach der Rechtsprechung dürfen die Landesregierungen auch dann keine Rechtsverordnungen erlassen, wenn die Bundesregierung auf der Grundlage von § 18 keine oder keine erschöpfenden Regelungen getroffen hat (*BVerfGE* 18, 407, 417; *BayVerfGH,* DVBl. 1990, 692, 694). Dem **Bundesrat** als Verfassungsorgan – nicht einzelnen Mitgliedern oder Ländern – steht allerdings nach **Art. 80 Abs. 3 GG** das Recht zu, der Bundesregierung beschlussreife Verordnungsentwürfe zuzuleiten.

11 Der Entwurf einer Rechtsverordnung ist gem. § 15 Abs. 1 lit. b der Geschäftsordnung der Bundesregierung (GO BReg) dem Bundeskabinett zur Beratung und Beschlussfassung vorzulegen. Im Beschlussverfahren muss die Mehrheit der Kabinettsmitglieder der Verordnung ausdrücklich oder stillschweigend (z. B. in der Kabinettssitzung) zustimmen (*BVerfGE* 91, 148, 165 ff.). Ist eine mündliche Erörterung im Kabinett nicht erforderlich, kann der Kabinettsbeschluss nach §§ 16, 20 GO BReg auch auf schriftlichem Wege, im sog. **Umlaufverfahren,** eingeholt werden. Insoweit ist aber eine Beschlussfassung geboten, die es zweifelsfrei erlaubt, die erlassene Rechtsverordnung der Bundesregierung zuzurechnen. Dies bedeutet, dass die Zustimmung der Bundesregierung zu der Rechtsverordnung nicht unterstellt oder fingiert werden darf (*BVerfGE* 91, 148, 165 ff.; *Epping* DÖV 1995, 719).

12 Da das ArbSchG von den Bundesländern als eigene Angelegenheit durchgeführt wird, bedürfen die von der Bundesregierung erlassenen Rechtsverordnungen der **Zustimmung des Bundesrates** (Art. 80 Abs. 2 GG). Auf diese Weise ist es möglich, die Verwaltungs- und Vollzugserfahrungen der Landesbehörden für die Verordnungspraxis der Bundesregierung nutzbar zu machen.

13 Der Bundesrat hat nach Art. 77 Abs. 2a GG **in angemessener Frist** über die Zustimmung zu entscheiden. Die Angemessenheit der Frist lässt sich nicht abstrakt bestimmen, sondern hängt u. a. von der Dringlichkeit der Regelung und der Belastung des Bundesrates ab. Für eine Zustimmung ist gem. Art. 52 Abs. 3 GG mindestens die Mehrheit der Stimmen des Bundesrats erforderlich. Der Bundesrat kann eine Verordnung aber auch ablehnen oder Änderungen verlangen. In den Fällen, in denen er die Verordnung ablehnt oder die Bundesregierung die Änderungen nicht vornimmt, kann die Rechtsverordnung nicht gem. Art. 82 Abs. 1 S. 2 GG verkündet werden. Der Bundesregierung bleibt es aber unbenommen, dem Bun-

Verordnungsermächtigungen **§ 18 ArbSchG**

desrat den Entwurf erneut zuzustellen und zu versuchen, mit zusätzlichen Argumenten eine Zustimmung zu erreichen.

Es besteht **keine allgemeine Verpflichtung** der Bundesregierung **zum Erlass** 14 von Rechtsverordnungen nach § 18. Die Frage, ob und in welchem Umfang sie von ihrer Ermächtigung Gebrauch machen will, ist ihr selbst überlassen. Interessierte Kreise oder Einzelpersonen haben keinen im Verwaltungsrechtsweg durchsetzbaren Anspruch auf Erlass einer Rechtsverordnung; eine entsprechende Klage wird im Regelfall bereits unzulässig sein (vgl. BVerwGE 43, 261, 262; BayVGH NVwZ 1986, 636, 637; *Ossenbühl* in *Isensee/Kirchhof,* § 103 Rn. 52; a. A. *v. Barby* NJW 1989, 80).

Eine **Anhörung von Sachverständigen** oder eine **Beteiligung von Fach-** 15 **ausschüssen** vor dem Erlass einer Verordnung ist in § 18 nicht vorgesehen. Dies bedeutet jedoch nicht, dass sich die Bundesregierung nicht von Experten auf dem Gebiet des Arbeitsschutzes beraten lassen darf. Eine Unterstützung durch Fachleute, insbesondere durch die beim Bundesministerium eingerichteten Fachausschüsse, kann bei dem stetigen Wandel der Technik und der Arbeitswelt oft sinnvoll und zweckmäßig sein (→ Rn. 9).

C. Vollzug von Rechtsverordnungen

Für den Vollzug der Rechtsverordnungen nach § 18 sind wie für den Vollzug des 16 ArbSchG selbst die **Länder zuständig** (vgl. Art. 83 GG). Die nach Landesrecht zuständigen Behörden, das sind in der Regel die Gewerbeaufsichtsämter bzw. die staatlichen Ämter für Arbeitsschutz, können zur Durchsetzung der Rechtsverordnungen u. a. **Anordnungen im Einzelfall** erlassen, § 22 Abs. 3 S. 1 Nr. 1. Die behördliche Anordnung ist ein Verwaltungsakt und kann von dem Betroffenen nach § 68 Abs. 1 VwGO grundsätzlich durch Widerspruch **angefochten** werden. Ergeht eine Anordnung durch eine oberste Landesbehörde, z. B. durch ein Landesarbeitsministerium, kann ohne vorheriges Widerspruchsverfahren sofort Klage zum Verwaltungsgericht erhoben werden (§ 68 Abs. 1 S. 2 Nr. 1). Über diesen bundesrechtlich vorgeschriebenen Ausschluss des Widerspruchsverfahrens hinaus haben etliche **Bundesländer** seit 2005 das **Widerspruchsverfahren abgeschafft** oder eingeschränkt (*Steinbeiß-Winkelmann* NVwZ 2009, 686). Je nach Landesrecht ist daher gegen Anordnungen im Einzelfall nunmehr ohne Vorverfahren der Rechtsweg zu den Verwaltungsgerichten eröffnet (→ § 22 Rn. 155).

Aufgaben des Vollzugs von Rechtsverordnungen nach § 18 können auch auf Träger der **gesetzlichen Unfallversicherung** übertragen werden. Voraussetzung ist allerdings, dass die obersten Landesbehörden mit den Unfallversicherungsträgern eine entsprechende Vereinbarung nach § 21 Abs. 4 abschließen.

D. Verstöße gegen Rechtsverordnungen

Verstöße gegen Bestimmungen einer gemäß § 18 erlassenen Rechtsverordnung 17 können **nach § 25** als **Ordnungswidrigkeit** mit einem Bußgeld geahndet werden, wenn dies in der betreffenden Rechtsverordnung vorgesehen ist. Derartige Bußgeldbewehrungen finden sich z. B. in § 7 BaustellV, § 18 BioStoffV und § 7 BildscharbV.

Doerfert

ArbSchG § 19   Arbeitsschutzgesetz

Sofern der Arbeitgeber bzw. eine in § 13 genannte verantwortliche Person oder ein Beschäftigter durch einen vorsätzlichen Verstoß gegen eine Rechtsverordnung das Leben oder die Gesundheit eines Beschäftigten gefährdet, kann **nach § 26** auch eine **Straftat** vorliegen. Straftatbestände enthalten etwa § 7 BaustellV sowie § 18 BioStoffV (zu den Ordnungswidrigkeits- und Strafbestimmungen → Erläuterungen zu §§ 25, 26).

§ 19 Rechtsakte der Europäischen Gemeinschaften und zwischenstaatliche Vereinbarungen

Rechtsverordnungen nach § 18 können auch erlassen werden, soweit dies zur Durchführung von Rechtsakten des Rates oder der Kommission der Europäischen Gemeinschaften oder von Beschlüssen internationaler Organisationen oder von zwischenstaatlichen Vereinbarungen, die Sachbereiche dieses Gesetzes betreffen, erforderlich ist, insbesondere um Arbeitsschutzpflichten für andere als in § 2 Abs. 3 genannte Personen zu regeln.

Übersicht

	Rn.
A. Inhalt der Bestimmung	1
I. Allgemeines	1
II. Begriffsbestimmungen	2
1. Richtlinien nach Art. 114 AEUV	5
2. Richtlinien nach Art. 153 AEUV	8
3. Beschlüsse internationaler Organisationen/zwischenstaatliche Vereinbarungen	10
B. Bedeutung von Rechtsverordnungen	11
I. Durchführung von EU-Rechtsakten	11
II. Durchführung von Beschlüssen internationaler Organisationen und zwischenstaatlicher Vereinbarungen	16
III. Einzelheiten zum Erlass von Rechtsverordnungen	18

Literatur: *Calliess,* Die verfassungsrechtliche Zulässigkeit von fachgesetzlichen Rechtsverordnungsermächtigungen zur Umsetzung von Rechtsakten der EG, NVwZ 1998, 8; *Calliess/Ruffert* (Hrsg.), EUV/AEUV-Kommentar, 4. Aufl. 2011; *Doerfert,* Der Europäische Gerichtshof, die TA Luft und das deutsche Verwaltungsrecht, JA 1999, 949; *Geiger,* Grundgesetz und Völkerrecht, 2009; *Saurer,* Rechtsverordnungen zur Umsetzung europäischen Richtlinienrechts, JZ 2007, 1073.

A. Inhalt der Bestimmung

I. Allgemeines

1   Die Bestimmung knüpft an § 18 an. Sie dient vor allem der **Umsetzung von EG/EU-Rechtsakten** in innerstaatliches Recht. Der Einfluss des Unionsrechts auf den Arbeitsschutz hat ständig an Bedeutung gewonnen. Insbesondere die **Einheitliche Europäische Akte** von 1987 bewirkte für den Arbeitsschutz in Europa entscheidende Fortschritte. Seit der Einführung der damaligen Art. 100a, 118a (ab 1999: Art. 95, 137) in den EG-Vertrag können alle Felder des Arbeitsschutzes umfassend gestaltet werden. Mit dem Inkrafttreten des **Vertrages von Lissabon** am 1.12.2009 kam es wieder zu einer Neunummerierung der Vorschriften: Die Er-

EG-Rechte u. zwischenstaat. Vereinbarungen **§ 19 ArbSchG**

mächtigungsgrundlage des Art. 95 findet sich nun in Art. 114, der Art. 137 wurde zu Art. 153 des Vertrags über die Arbeitsweise der Europäischen Union (AEUV). Inhaltlich blieben die Regelungen dabei weitgehend unverändert.

II. Begriffsbestimmungen

§ 19 spricht von „Rechtsakten der Europäischen **Gemeinschaften**". Mit dem 2 Inkrafttreten des Vertrages von Lissabon trat die Europäische Union als Rechtsnachfolgerin an die Stelle der Europäischen Gemeinschaft (Art. 1 Abs. 3 S. 3 EUV). Die erhalten gebliebene Europäische Atomgemeinschaft wurde in ihren Strukturen der EU angegliedert und spielt arbeitsschutzrechtlich keine Rolle. Damit bezieht sich § 19 nunmehr auf die Rechtsakte der **Union** i. S. d. Art. 288 AEUV. Soweit der Wortlaut von § 19 auf „Rechtsakte des Rates" Bezug nimmt, ist dies heute vor allem als Verweis auf „Rechtsakte des Europäischen Parlamentes und des Rates" zu lesen (Ordentliches Gesetzgebungsverfahren nach Art. 294 AEUV).

Mit diesen Rechtsakten sind in erster Linie **Richtlinien** nach Art. 288 Abs. 3 AEUV gemeint. Hier definiert die EU verbindlich ein zu erreichendes Ziel. Die Mitgliedsstaaten sind zur Umsetzung dieser Richtlinien verpflichtet, haben jedoch eine gewisse Freiheit hinsichtlich der Art und Weise der Umsetzung. Richtlinien, die arbeitsschutzrechtliche Regelungen zum Inhalt haben, stützen sich insbesondere auf Art. 114 und 153 AEUV.

Rechtsakte der EU nach § 19 sind auch **Verordnungen** im Sinne des Art. 288 3 Abs. 2 AEUV. Verordnungen bedürfen jedoch keiner Umsetzung in innerstaatliches Recht, sondern sind in allen ihren Teilen verbindlich und gelten unmittelbar in jedem Mitgliedstaat. Mitgliedstaatliche Ausführungsakte sind sogar unzulässig, wenn sie die unmittelbare Geltung der Verordnung verbergen können. Im Arbeitsschutzrecht sind Randbereiche durch EU-Verordnungen geregelt (z. B. VO (EG) 561/2006 zur Harmonisierung bestimmter Sozialvorschriften – wie Lenk- und Ruhezeiten – im Straßenverkehr).

Daneben bezieht sich § 19 auch auf **Beschlüsse** nach Art. 288 Abs. 4 AEUV (vor Inkrafttreten des Vertrages von Lissabon wurden diese Rechtsakte als „Entscheidungen" bezeichnet). Relevant kann dies für Beschlüsse sein, die an die Mitgliedstaaten gerichtet sind und dort Umsetzungsbedarf auslösen. Ein Beispiel aus dem Produktsicherheitsrecht ist die deutsche Feuerzeugverordnung zur Umsetzung der Entscheidung der Kommission 2006/502/EG; dazu *Doerfert* StoffR 2008, 22.

Weiterhin können die Institutionen der Europäischen Union nach Art. 288 4 Abs. 5 **Stellungnahmen** und **Empfehlungen** erlassen. Diese Maßnahmen sind zwar nicht verbindlich, können aber mittelbare Bindungswirkungen entfalten (*Ruffert* in Calliess/Ruffert AEUV Art. 288 Rn. 95). Dies gilt etwa für die EU-Aktionsprogramme zum Arbeitsschutz.

1. Richtlinien nach Art. 114 AEUV. Die sog. Binnenmarkt-Richtlinien nach 5 Art. 114 AEUV dienen der **Harmonisierung des Binnenmarktes.** Sie tragen so zur Verwirklichung eines Raums ohne Binnengrenzen für Waren, Personen, Dienstleistungen und Kapital in der EU bei. Art. 114 AEUV ist zwar keine unmittelbare Ermächtigung zum Erlass arbeitsschutzrechtlicher Vorschriften, doch profitieren die Beschäftigten in den Mitgliedstaaten von den auf diese Vorschrift gestützten Maßnahmen der EU. Da sich die Bestimmungen der Binnenmarkt-Richtlinien in erster Linie an die Hersteller von Produkten wenden, wird hier allgemein vom **produktbezogenen** oder auch vom **vorgreifenden Arbeitsschutz** gesprochen.

Doerfert

ArbSchG § 19 Arbeitsschutzgesetz

6 Ziel der Vorschrift ist es, durch EU-einheitliche Bestimmungen einerseits Handelshemmnisse abzubauen und andererseits – und dies ist bedeutsam für den Arbeitsschutz – nur sichere Produkte und Arbeitsmittel auf den europäischen Binnenmarkt gelangen zu lassen. Der freie Warenverkehr wird nämlich nicht nur durch nationale Zoll- oder Importbestimmungen behindert, sondern auch durch **unterschiedliche nationale Bestimmungen** über die sicherheitstechnischen Beschaffenheitsanforderungen an Produkte oder über die Verwendung gefährlicher chemischer Stoffe (vgl. *Kingreen* in Calliess/Ruffert AEUV Art. 288 Rn. 140).

7 Von herausragender Bedeutung im Bereich der Harmonisierung sicherheitstechnischer Beschaffenheitsanforderungen an Produkte ist die **Maschinenrichtlinie** 89/392/EWG (zuletzt neugefasst als Richtlinie 2006/42/EG, ABl. L 157, S. 24 ff.). Diese regelt die Anforderungen an Werkzeuge, Geräte, Maschinen und technische Anlagen und die Voraussetzungen für deren Inverkehrbringen in der EU. Gestützt auf Art. 95 EGV (heute Art. 114 AEUV) wurden hier unterschiedliche Vorschriften der Mitgliedstaaten zur Unfallverhütung für Maschinen im Sinne eines einheitlichen Schutzniveaus abschließend harmonisiert. Abweichende nationale Regeln sind nur nach den strengen Regeln des Art. 114 Abs. 4–10 AEUV zulässig. In Deutschland erfolgte die Umsetzung der Maschinenrichtlinie in nationales Recht durch die Maschinenverordnung (seit dem Gesetz zur Neuordnung des Geräte- und Produktsicherheitsrechts 2011 – BGBl. I, S. 2178, ber. BGBl. 2012 I, S. 131 – als 9. ProdSV, dazu *Wende* in Klindt, ProdSG, 2. Aufl.,§ 8 Rn. 28).

8 **2. Richtlinien nach Art. 153 AEUV.** Für den **betrieblichen** und **sozialen Arbeitsschutz** sind die nach Art. 153 AEUV möglichen bzw. nach der Vorgängernorm des Art. 137 EGV bereits erlassenen Richtlinien von besonderer Bedeutung. Diese Richtlinien enthalten Vorschriften zur Verbesserung der Sicherheit und des Gesundheitsschutzes im Betrieb. In erster Linie regeln sie die Pflichten der Arbeitgeber und die Rechte und Pflichten der Beschäftigten sowie die innerbetriebliche Zusammenarbeit mit betriebsinternen oder externen Sicherheitsexperten. Anders als bei Richtlinien auf der Grundlage des Art. 114 AEUV ist hier keine „Totalangleichung" vorgesehen, sondern beschränkt sich die EU auf die Festschreibung sozialer Mindeststandards. Richtlinien nach Art. 153 AEUV enthalten **Mindestvorschriften,** die im nationalen Recht der Mitgliedstaaten nicht unterschritten werden dürfen, und garantieren dadurch einen sozialen Mindeststandard. Gleichzeitig sollen Wettbewerbsverzerrungen zwischen den Mitgliedstaaten der EU auf Grund unterschiedlicher Mindeststandards im betrieblichen und sozialen Arbeitsschutzrecht vermieden werden. Dagegen sind nationale Regelungen zulässig, die strengere Vorgaben als die EU-Richtlinien enthalten.

9 Die EU/EG hat seit 1987 auf der Grundlage des Art. 153 AEUV (bzw. seiner Vorläufer) eine ganze Anzahl von Richtlinien erlassen. Kernstück der europäischen Richtlinienpolitik auf diesem Gebiet ist die Rahmenrichtlinie über Maßnahmen zur Verbesserung der Sicherheit und des Gesundheitsschutzes bei der Arbeit **(Arbeitsschutz-Rahmenrichtlinie)** vom 12.6.1989 (ABl. EG 1989 Nr. L 183/1). Diese Richtlinie, die als Grundgesetz des europäischen betrieblichen Arbeitsschutzes bezeichnet wird, enthält mit **Art. 16 Abs. 1** eine Ermächtigung, auf deren Grundlage bis heute 20 Einzelrichtlinien erlassen worden sind.

10 **3. Beschlüsse internationaler Organisationen/zwischenstaatliche Vereinbarungen.** Neben EU-Rechtsakten können auch **Beschlüsse internationaler Organisationen,** z. B. Beschlüsse der Internationalen Schifffahrtsorganisation oder der Internationalen Arbeitsorganisation der Vereinten Nationen (IAO), und **zwi-**

EG-Rechte u. zwischenstaat. Vereinbarungen **§ 19 ArbSchG**

schenstaatliche **Vereinbarungen**, z. B. multi- oder bilaterale Verträge, Abkommen oder Übereinkommen, in Rechtsverordnungen nach § 19 durchgeführt werden, wenn sie Fragen des Arbeitsschutzes aus dem ArbSchG betreffen (→ Rn. 16 f.).

B. Bedeutung von Rechtsverordnungen

I. Durchführung von EU-Rechtsakten

Um die von den europäischen Organen erlassenen Richtlinien für EU-Bürger 11 und Unternehmen verbindlich zu machen, müssen sie **in nationales Recht umgesetzt** werden (Art. 288 Abs. 3 AEUV). Die Umsetzung einer Richtlinie kann durch **Gesetz** oder durch **Rechtsverordnung** erfolgen. Das Bestimmtheitsgebot des Art. 80 Abs. 1 S. 2 GG findet Anwendung auch bei Rechtsverordnungen zur Umsetzung von Richtlinien, bereitet im Falle des ArbSchG aber keine Probleme (→ § 18 Rn. 2; allgemein dazu *Saurer* JZ 2007, 1073). Möglich ist auch eine teilweise Transformation durch **Unfallverhütungsvorschriften** der Unfallversicherungsträger (*Wiebauer* in Landmann/Rohmer GewO ArbSchG § 19 Rn. 10). Das staatliche Verordnungsrecht genießt im Vergleich zum Recht der Unfallversicherungsträger aber den Vorzug größerer Rechtssicherheit und ersetzt jenes zunehmend (→ Rn. 15). Eine förmliche und wortgenaue Übernahme des Richtlinientextes in innerstaatliches Recht ist nicht erforderlich. Je nach Inhalt der Richtlinie kann ein allgemeiner rechtlicher Rahmen genügen, wenn er tatsächlich die vollständige Anwendung der Richtlinie in hinreichend bestimmter und klarer Weise gewährleistet (*EuGH* NVwZ 1991, 973).

Eine Umsetzung von EU-Richtlinien durch **Verwaltungspraxis** oder **Verwal-** 12 **tungsvorschrift** erfüllt diese Voraussetzungen dagegen **nicht**. Das hat der **EuGH** in seinen Urteilen zu den Richtlinien über das zulässige Maß der Luftverschmutzung entschieden. Er hat ausgeführt, dass sich, falls durch Grenzwertüberschreitungen Gesundheitsgefahren drohen, die Betroffenen auf zwingende Vorschriften berufen können müssen, um ihre Rechte geltend zu machen. Eine bloße Verwaltungspraxis oder eine behördeninterne Verwaltungsvorschrift wie die TA Luft genügen diesen Anforderungen nicht, da sie ohne Vorankündigung und allein nach behördlichem Ermessen geändert werden können bzw. mangels Veröffentlichung für die Betroffenen nicht genügend vorhersehbar sind (*EuGH* Slg. I 1991, 2607; *EuGH* Slg. I 1991, 2567; dazu *Callies* NVwZ 1998, 9; *Doerfert* JA 1999, 949).

Nach § 19 sind eine Reihe von **Einzelrichtlinien** durch Rechtsverordnungen 13 in deutsches Recht umgesetzt worden. Regelfall ist dabei eine **„1:1-Umsetzung"**, d. h. die Vorschriften der Richtlinie werden in das nationale Recht übernommen, ohne dass sie verschärft oder in ihrem Anwendungsbereich erweitert werden („überschießende Umsetzung").

EG-Richtlinie	umgesetzt durch:
Richtlinie 89/655/EWG des Rates vom 30.11.1989 über Mindestvorschriften für Sicherheit und Gesundheitsschutz bei der Benutzung von Arbeitsmitteln durch Arbeitnehmer bei der Arbeit (AB1EG Nr. L 393, S. 13)	(einen Teil der) Verordnung zur Rechtsvereinfachung im Bereich der Sicherheit und des Gesundheitsschutzes bei der Bereitstellung von Arbeitsmitteln und deren Benutzung bei der Arbeit, über Sicherheit beim Betrieb überwachungsbedürftiger Anlagen und

EG-Richtlinie	umgesetzt durch:
	über die Organisation des betrieblichen Arbeitsschutzes (Betriebssicherheitsverordnung – BetrSichV) vom 27.9.2002 (BGBl. I 2002, 3777) [ersetzte die Arbeitsmittelbenutzungsverordnung – AMBV) vom 11.3.1997 (BGBl. I S. 450)]
Richtlinie 89/656/EWG des Rates vom 30.11.1989 über Mindestvorschriften für Sicherheit und Gesundheitsschutz bei der Benutzung persönlicher Schutzausrüstungen durch Arbeitnehmer bei der Arbeit (ABlEG Nr. L 393, S. 18)	Verordnung über Sicherheit und Gesundheitsschutz bei Benutzung persönlicher Schutzausrüstungen bei der Arbeit (PSA-Benutzungsverordnung – PSA-BV) vom 4.12.1996 (BGBl. I S. 1841)
Richtlinie 92/57/EWG des Rates vom 26.6.1992 über die auf zeitlich begrenzten oder ortsveränderlichen Baustellen anzuwendenden Mindestvorschriften für die Sicherheit und den Gesundheitsschutz (ABlEG Nr. L 245, S. 6)	Verordnung über Sicherheit und Gesundheitsschutz auf Baustellen (Baustellenverordnung – BaustellV) vom 10.6.1998 (BGBl. I S. 1283)
Richtlinie 90/679/EWG des Rates vom 26.11.1990 über den Schutz der Arbeitnehmer gegen Gefährdung durch biologische Arbeitsstoffe bei der Arbeit (ABlEG Nr. L 374. S. 1)	Verordnung über Sicherheit und Gesundheitsschutz bei Tätigkeiten mit biologischen Arbeitsstoffen (Biostoffverordnung – BiostoffV) vom 27.1.1999 (BGBl. I S. 50)
Richtlinie 2002/44/EG des Europäischen Parlamentes und des Rates vom 25.6.2002 über Mindestvorschriften zum Schutz von Sicherheit und Gesundheit der Arbeitnehmer vor der Gefährdung durch physikalische Einwirkungen (Vibrationen) (ABlEG Nr. L 177, S. 13)	Verordnung zum Schutz der Beschäftigten vor Gefährdungen durch Lärm und Vibrationen (Lärm- und Vibrations-Arbeitsschutzverordnung – LärmVibrationsArbSchV) vom 6.3.2007 (BGBl. I S. 261)
Richtlinie 2003/10/EG des Europäischen Parlamentes und des Rates vom 6.2.2003 über Mindestvorschriften zum Schutz von Sicherheit und Gesundheit der Arbeitnehmer vor der Gefährdung durch physikalische Einwirkungen (Lärm) (ABlEU Nr. L 42, S. 38)	Verordnung zum Schutz der Beschäftigten vor Gefährdungen durch Lärm und Vibrationen (Lärm- und Vibrations-Arbeitsschutzverordnung – LärmVibrationsArbSchV) vom 6.3.2007 (BGBl. I S. 261)
Richtlinie 2006/25/EG des Europäischen Parlaments und des Rates vom 5.4.2006 über Mindestvorschriften zum Schutz von Sicherheit und Gesundheit durch physikalische Einwirkungen (künstliche optische Strahlung) (ABlEU Nr. L 114 S. 38)	Verordnung zum Schutz der Beschäftigten vor Gefährdungen durch künstliche optische Strahlung (Arbeitsschutzverordnung zu künstlicher optischer Strahlung – OStrV) vom 19.7.2010 (BGBl. I S. 960)

Die letztgenannte Verordnung ist ein Beispiel für kontroverse politische Diskussionen um eine „überschießende Umsetzung". Es gab Überlegungen, die Arbeitsschutzverordnung zu künstlicher optischer Strahlung – OStrV – auf natürliche Strahlung zu erweitern, wozu es dann nicht kam (vgl. ZDH-Mitteilungen vom 15.3.2010). 14

Daneben gibt es Rechtsverordnungen, die nur **zum Teil** der Umsetzung arbeitsschutzrechtlicher Richtlinien dienen und im Übrigen andere Richtlinien umsetzen. Zu nennen sind hier aus dem Produktsicherheitsrecht die 13. und 14. Verordnung zum ProdSG, mit denen u. a. auch verschiedene arbeitsschutzrechtliche Einzelrichtlinien umgesetzt wurden. Andere Verordnungen mit arbeitsschützendem Inhalt sind in erster Linie auf spezielle Rechtsgrundlagen außerhalb des ArbSchG gestützt (z. B. die Verordnung zum Schutz der Mütter am Arbeitsplatz auf § 2 Abs. 4 MuSchG).

Besonderheiten weist auch die Verordnung zur arbeitsmedizinischen Vorsorge **(ArbMedVV)** vom 18.12.2008 (BGBl. I Nr. 62, S. 2768) auf. Zwar ist dort als Rechtsgrundlage § 19 ArbSchG zitiert, aber es bestand bei der Neuordnung der arbeitsmedizinischen Vorsorge streng genommen keine Notwendigkeit der Umsetzung von EG-Recht. Die europäischen Vorgaben waren bereits zuvor in verschiedenen anderen Verordnungen (z. B. in der BioStoffV) sowie Unfallverhütungsvorschriften umgesetzt (UVV BGV A 4) worden. Die ArbMedVV bündelt und vereinheitlicht diese nunmehr in einer transparenten Verordnung. 15

II. Durchführung von Beschlüssen internationaler Organisationen und zwischenstaatlicher Vereinbarungen

Nach Art. 59 Abs. 2 GG bedürfen Verträge, welche die politischen Beziehungen des Bundes regeln oder sich auf Gegenstände der Bundesgesetzgebung beziehen, der Zustimmung oder Mitwirkung der jeweils für die Bundesgesetzgebung zuständigen Körperschaften in Form von **Bundesgesetzen.** Gegenstand der Gesetzgebung ist eine Materie, die innerstaatlich nur durch Gesetz geregelt werden kann. Diskutiert wird die Frage, ob es eines solchen (Vertrags)Gesetzes auch dann bedarf, wenn die Exekutive durch eine gesetzliche Ermächtigung autorisiert wird, die in einem Vertrag getroffene Regelung im Wege der **Rechtsverordnung** innerstaatlich durchzuführen (*Geiger*, S. 122). Der Wortlaut des § 19 scheint eine Rechtsverordnung zuzulassen. Im Bereich des Arbeitsschutzrechtes ist wegen seines engen Grundrechtsbezuges allerdings eine förmliche gesetzliche Umsetzung (Transformation) zu fordern. 16

Geeignet sind Rechtsverordnungen hingegen zur **Konkretisierung** internationaler Vereinbarungen. Durch das Vertragsgesetz nach Art. 59 Abs. 2 GG erhält das betreffende Übereinkommen den Rang eines einfachen Gesetzes. Namentlich die Übereinkommen der IAO beschränken sich aber i. d. R. auf allgemeine Grundsätze, die nicht aus sich heraus justiziabar („self-executing") sind. Um subjektive Rechte für Arbeitgeber, Arbeitnehmer oder Gewerkschaften zu begründen, bedarf es oftmals weiterer Rechtsakte. Dieses können neben Gesetzen insbesondere auch Rechtsverordnungen sein (*Birk* in MHdB ArbR § 17 Rn. 52). 17

ArbSchG § 20

III. Einzelheiten zum Erlass von Rechtsverordnungen

18 Da § 19 auf die Verordnungsermächtigung des § 18 verweist, müssen beim Erlass von Rechtsverordnungen gemäß § 19 die **Bestimmungen des § 18** beachtet werden. Zum Erlass von Verordnungen nach § 19 ist wie in § 18 nur die Bundesregierung ermächtigt (→ § 18 Rn. 9). Die Verordnungen nach § 19 bedürfen ebenfalls der Zustimmung des Bundesrates. Das Zitiergebot des Art. 80 Abs. 1 S. 3 GG (→ § 18 Rn. 3) wird so ausgelegt, dass eine auf die Umsetzung von Unionsrecht gerichtete Rechtsverordnung ihre europarechtliche Grundlage nicht angeben muss (BVerwGE 118, 70, 72; 121, 382, 386). Des Weiteren gelten auch hier die unter § 18 Rn. 10–15 dargelegten Verfahrensgrundsätze.

Für den Vollzug von Verordnungen nach § 19 sind die allgemeinen Ausführungen über den Vollzug von Rechtsverordnungen (→ § 18 Rn. 16) und über die Verstöße gegen Rechtsverordnungen (→ § 18 Rn. 17) maßgebend.

19 Es gibt Fälle, in denen Rechtsakte der EG/EU oder sonstige internationale Rechtsakte arbeitsschutzrechtliche **Pflichten für andere als die in § 2 Abs. 3 genannten** Arbeitgeber vorsehen. Gemäß ihrem letzten Halbsatz erlaubt die Ermächtigung des § 19 „insbesondere" Rechtsverordnungen zur Umsetzung solcher erweiterter Verpflichtungen in das deutsche Recht. Von dieser Regelermächtigung hat die Bundesregierung in der Baustellenverordnung **(BaustellV)** Gebrauch gemacht. Durch diese Verordnung, die die EG-Baustellenrichtlinie in deutsches Recht umsetzt (→ Rn. 13), werden neben den Arbeitgebern auch den vom Anwendungsbereich des ArbSchG nicht erfassten Bauherren, den Unternehmern ohne Beschäftigte und den Baustellen-Koordinatoren bestimmte Arbeitsschutzpflichten auferlegt.

§ 20 Regelungen für den öffentlichen Dienst

(1) **Für die Beamten der Länder, Gemeinden und sonstigen Körperschaften, Anstalten und Stiftungen des öffentlichen Rechts regelt das Landesrecht, ob und inwieweit die nach § 18 erlassenen Rechtsverordnungen gelten.**

(2) ¹**Für bestimmte Tätigkeiten im öffentlichen Dienst des Bundes, insbesondere bei der Bundeswehr, der Polizei, den Zivil- und Katastrophenschutzdiensten, dem Zoll oder den Nachrichtendiensten, können das Bundeskanzleramt, das Bundesministerium des Innern, das Bundesministerium für Verkehr und digitale Infrastruktur, das Bundesministerium der Verteidigung oder das Bundesministerium der Finanzen, soweit sie hierfür jeweils zuständig sind, durch Rechtsverordnung ohne Zustimmung des Bundesrates bestimmen, daß Vorschriften dieses Gesetzes ganz oder zum Teil nicht anzuwenden sind, soweit öffentliche Belange dies zwingend erfordern, insbesondere zur Aufrechterhaltung oder Wiederherstellung der öffentlichen Sicherheit.** ²**Rechtsverordnungen nach Satz 1 werden im Einvernehmen mit dem Bundesministerium für Arbeit und Soziales und, soweit nicht das Bundesministerium des Innern selbst ermächtigt ist, im Einvernehmen mit diesem Ministerium erlassen.** ³**In den Rechtsverordnungen ist gleichzeitig festzulegen, wie die Sicherheit und der Gesundheitsschutz bei der Arbeit unter Berücksichtigung der Ziele dieses Geset-**

Regelungen für den öffentlichen Dienst § 20 ArbSchG

zes auf andere Weise gewährleistet werden. ⁴Für Tätigkeiten im öffentlichen Dienst der Länder, Gemeinden und sonstigen landesunmittelbaren Körperschaften, Anstalten und Stiftungen des öffentlichen Rechts können den Sätzen 1 und 3 entsprechende Regelungen durch Landesrecht getroffen werden.

Übersicht

	Rn.
A. Beamtentum und Arbeitsschutzgesetz	1
B. Überblick: Spezielle Regelungen für den Öffentlichen Dienst	5
C. Verfassungsrechtliche Grundlagen des Beamtenverhältnisses	16
D. Fürsorgepflicht – Arbeitsschutz	19
I. Inhalt der Fürsorgepflicht	20
II. Schutz von Leben und Gesundheit	21
E. Arbeitsschutzgesetz – Schutz von Leben und Gesundheit	25
I. EG-Richtlinien zum Arbeitsschutz	26
II. Anwendbarkeit arbeitsschutzrechtlicher Spezialgesetze	28
III. Weitere Vorschriften des beamtenrechtlichen Arbeitsschutzes	30
1. Unfallverhütungsvorschriften	31
2. Arbeitssicherheitsgesetz	36
IV. Sonderfälle des beamtenrechtlichen Arbeitsschutzes	37
1. Nichtraucherschutz	37
2. Dienstliche Überbelastung	42
F. Einschränkung der Arbeitsschutzvorschriften	44
G. Prüfungssytematik des Arbeitsschutzes für Beamte	46
H. Vollzugsvorschriften des Arbeitsschutzgesetzes	47
I. Verletzung der Arbeitsschutzvorschriften	48
I. Erfüllungsanspruch	51
II. Folgenbeseitigungsanspruch	52
III. Schadensersatzanspruch	55
IV. Ansprüche nach den Arbeitsschutzvorschriften	56
V. Beschwerderecht und Verwaltungsrechtsschutz	57

Literatur: *B. Kollmer*, Aktuelle Fragen und Anworten zum ArbSchG, Die BG 7/1997, S. 347; *ders.*, Arbeitsrecht-Blattei, Sonderdruck, Hrsg. Oehmann/Dietrich, 35., 38., 44. Lfg. November 1996, Februar 1997, August 1997; *ders.*, Arbeitsschutzgesetz als Grundgesetz des Arbeitsschutzes, WiB 18/1996, 826; *ders.*, Die Bedeutung des Arbeitsschutzgesetzes für Beamtentum und öffentlichen Dienst, Zeitschrift für Beamtenrecht 8–9/1997, S. 265; *Konstanty/Zwingmann*, Perspektiven des Arbeitsschutzes, WSI Mitteilungen 12/1997, S. 817; *Nebe/Kiseow* Einstweiliger Rechtsschutz für Anspruch auf rauchfreien Dienstposten, jurisPR-ArbR 40/2011 Anm. 2; *Rimscha*, Das duale Arbeitsschutzsystem, BG 2001, 305; *Rossi/Lenski*, Föderale Regelungsbefugnisse für öffentliche Rauchverbote, NJW 2006, 2657; *Schall/Heupel/Weiß/Steinmeier*, Arbeitsrecht für den öffentlichen Dienst (1977); *Schierbaum*, Das Arbeitsschutzgesetz im Überblick, Der Personalrat, 11/1996; *Summer*, Gedanken zu beamtenrechtliche Fürsorgepflicht, Die Personalvertretung 1988, 76; *Terborg* Arbeitsmedizin bei der Bundeswehr – Eine Übersicht, ErgoMed 2011, Nr. 4, 24; *Wank*, Der neue Entwurf eines Arbeitsschutzgesetzes, Arbeits-/Sozialrecht 22/1996, S. 1134; *Weiß/Niedermaier/Summer/Zängl*, Kommentar zum BayBG (Stand Februar 2016); *Wlotzke*, Das neue Arbeitsschutzgesetz – zeitgemäßes Grundlagengesetz für den betrieblichen Arbeitsschutz, NZA 1996, 1017.

ArbSchG § 20

A. Beamtentum und Arbeitsschutzgesetz

1 § 20 gilt in er der jetzt vorliegenden geänderten Fassung vom 31.8.2015 (BGBl I 1474). In der Änderung des § 20 Absatz 2 Satz 1 erfolgte dabei lediglich eine Anpassung in Bezug auf die aktuelle Bezeichnung des Bundesverkehrsministeriums (siehe jetzt den Zusatz „Verkehr und digitale Infrastruktur").
Mit der Umsetzung der EG-Rahmenrichtlinie 89/391/EWG durch das Arbeitsschutzgesetz (ArbSchG) wurde **nun auch die öffentliche Verwaltung** in den Anwendungsbereich dieses Gesetzes einbezogen. Viele der wichtigsten Arbeitsschutzvorschriften waren nicht auf Beamte oder auf öffentliche Dienststellen anwendbar. So galt das Kernstück des deutschen Arbeitsschutzrechts, die Gewerbeordnung, nicht für öffentliche Dienststellen. Mit Inkrafttreten des Arbeitsschutzgesetzes als „Grundgesetz" des Arbeitschutzes in Deutschland (vgl. *Kollmer,* WiB 18/1996) und der gleichzeitigen Streichung verschiedener Vorschriften der Gewerbeordnung (vgl. Art. 4 des Gesetzes zur Umsetzung der EG-Rahmenrichtlinie Arbeitsschutz und weiterer Arbeitsschutzrichtlinien vom 7.8.1996 (BGBl. I S. 1216): „Die §§ 120a, 139b Abs. 5a, und die §§ 139g, 139h, 139m GewO werden aufgehoben") hat sich der Mittelpunkt der Arbeitsschutzsystematik auf das mit einem umfassenden Anwendungsbereich ausgestattete Arbeitsschutzgesetz verlagert:

2 Das Arbeitsschutzgesetz gilt nach § 1 ArbSchG **für alle Tätigkeitsbereiche.** Es gilt insbesondere auch für Beamte, Richter und Soldaten (§ 2 Abs. 2 ArbSchG) und in öffentlichen Dienststellen (§ 2 Abs. 5 ArbSchG). Unter dem Aspekt der Gleichbehandlung ist es als Fortschritt zu werten, dass nunmehr nicht mehr zwischen Beschäftigten in einem privatrechtlichen Arbeitsverhältnis (Tarifbeschäftigte) und Beschäftigten in einem öffentlich-rechtlichen Dienst- und Treueverhältnis (Beamte, Richter und Soldaten) unterschieden werden darf.

3 Gleichwohl wird die Gleichbehandlung nicht konsequent durchgezogen, da **§ 20 ArbSchG für Beamte eine Sonderregelung** bezüglich der Anwendung der Arbeitsschutzvorschriften zulässt. Dabei werden gesetzliche Einschränkungen nicht dazu führen können, dass für die Beamten ein minderer Arbeitsschutz gilt, als für die Arbeitnehmer (ausgenommen für die besonderen Beamtengruppen z. B. Polizei). Keinesfalls kann die Anwendung des Arbeitsschutzgesetzes auf Beamte eine Verschlechterung des bisherigen Status zur Folge haben.

4 Die Arbeitsschutzpflichten des Arbeitgebers waren und sind auch bezogen auf das öffentlich-rechtliche Dienst- und Treueverhältnis von Beamten (vgl. Art. 33 Abs. 4 GG), Richtern und Soldaten. Zum Inhalt der **beamtenrechtlichen Fürsorgepflicht** (§ 78 BBG/§ 45 BeamtStG); siehe bereits § 14 Rn. 8ff.. Auch künftig werden diese Schutzpflichten Mindestinhalte der Fürsorgepflicht auf dem Gebiet des Arbeitsschutzes sein, soweit nicht für bestimmte Tätigkeiten nach § 20 Abs. 2 ArbSchG die Anwendung des Arbeitsschutzgesetzes eingeschränkt wurde.

B. Überblick: Spezielle Regelungen für den Öffentlichen Dienst

5 Das Arbeitsschutzgesetz enthält mehrere auf den öffentlichen Dienst und auf die öffentlichen Dienststellen zugeschnittene Regelungen. Bevor auf den Arbeitsschutz der Beamten eingegangen wird, werden **nachfolgend** die **speziellen Regelungen dargestellt** (vgl. *Kollmer* ZBR 1997, 8ff.):

Regelungen für den öffentlichen Dienst **§ 20 ArbSchG**

1. Das Arbeitsschutzgesetz **findet auch Anwendung** auf Beamtinnen und Beamte, Richterinnen und Richter sowie Soldatinnen und Soldaten (§ 2 Abs. 2 Nr. 4, 5 und 6 ArbSchG). Zu beachten ist allerdings, dass dieser weite „Beschäftigtenbegriff" nur für den Vollzug des Arbeitsschutzgesetzes und der darauf beruhenden Rechtsverordnungen, nicht aber auch für den Vollzug anderer, den Arbeits- und Gesundheitsschutz betreffender Gesetze und Verordnungen gilt.
2. **Betriebe** im Sinne des Arbeitsschutzgesetzes sind für den Bereich des öffentlichen Dienstes **auch die Dienststellen** (§ 2 Abs. 5 ArbSchG). Dienststellen sind dabei die einzelnen Behörden, Verwaltungsstellen und Betriebe des Bundes, der Länder, der Gemeinden und Gemeindeverbände sowie der sonstigen Körperschaften, Anstalten und Stiftungen des öffentlichen Rechts, ferner die Gerichte des Bundes und der Länder sowie die entsprechenden Einrichtungen der Streitkräfte. Arbeitgeber sind die jeweiligen juristischen Personen und rechtsfähige Personengesellschaften, wie etwa die Länder oder die Gemeinden.
3. Eine kollektivrechtliche Sonderregelung gilt für die öffentlich-rechtlichen **Religionsgemeinschaften:** Hier treten an die Stelle der Betriebs- und Personalräte die Mitarbeitervertretungen entsprechend dem kirchlichen Recht (vgl. § 1 Abs. 4 ArbSchG). Aus einer Entscheidung des BVerwG vom 25.11.2015 (NVwZ 2016, 453) geht hervor, dass Ansprüche von Kirchenbeamten (und von Priestern) im Klageverfahren auch vor staatlichen Gerichten sehr wohl geltend gemacht werden können, wenn und weil dies erforderlich ist, um sie zwangsweise durchsetzen zu können. Dies folgt nach dem BVerwG aus der Rechtsschutzgarantie des Grundgesetzes nach Art. 19 Abs. 4 GG. Weiterhin wurde – richtigerweise – entschieden, dass die staatlichen Gerichte kirchenrechtliche Ansprüche nur dann anerkennen dürfen, wenn die staatliche Rechtsordnung dem nicht entgegensteht. Diese Grundsätze gelten auch für das Arbeitsschutzrecht, denn auch hier sind Religionsgemeinschaften kein „Staat im Staat".
4. Der Arbeitgeber/Dienstherr hat Maßnahmen zu treffen, die es den Beschäftigten bei unmittelbarer Gefahr ermöglichen, sich durch **sofortiges Verlassen der Arbeitsplätze** in Sicherheit zu bringen (§ 9 Abs. 3 ArbSchG). Diese Arbeitgeberpflicht – respektive dieses Arbeitnehmerrecht – wird durch eine für in erster Linie den öffentlichen Dienst und das Soldatentum zutreffende **abschwächende Regelung** relativiert: Gesetzliche Pflichten der Beschäftigten zu Abwehr von Gefahren für die öffentliche Sicherheit sowie die §§ 7 und 11 des Soldatengesetzes bleiben nämlich unberührt (§ 9 Abs. 3 Satz 4 ArbSchG). Pflichten von Beamten und im öffentlichen Dienst Beschäftigten zur Abwehr von Gefahren gehen also auf jeden Fall vor; das Gleiche gilt für die soldatenrechtlichen Regelungen der Treue- und Gehorsamspflicht.
5. Mangels einer dem § 81 BetrVG entsprechenden Vorschrift im Bundespersonalvertretungsgesetz und in entsprechender landesrechtlicher Vorschriften über die Unterrichtung und Anhörung der Beschäftigten des öffentlichen Dienstes sieht § 14 ArbSchG vor, dass die Beschäftigten des öffentlichen Dienstes vor Beginn der Beschäftigung und bei Veränderungen in ihren Arbeitsbereichen über Gefahren für Sicherheit und Gesundheit, denen sie bei der Arbeit ausgesetzt sein können, sowie über die Maßnahmen und Einrichtungen zur Verhütung dieser Gefahren, die nach § 10 Abs. 2 ArbSchG getroffenen Maßnahmen (Erste Hilfe und sonstige Notfallmaßnahmen) **zu unterrichten** sind (siehe hierzu auch bereits die Ausführungen zu § 14). Besteht keine Beschäftigtenvertretung, muss der Arbeitgeber die Beschäftigten zu Problemen des betrieblichen Arbeitsschutzes anhören (§ 14 Abs. 2; → § 14 Rn. 25 ff.).

ArbSchG § 20

11 6. Alle Beschäftigten sind nach der Konzeption des Arbeitsschutzgesetzes berechtigt – und in gewisser Weise auch verpflichtet – dem Arbeitgeber **Vorschläge zu machen** zu allen Fragen der Sicherheit und des Gesundheitsschutzes bei der Arbeit und Beschwerden hinsichtlich nicht ausreichender Maßnahmen zum Arbeitsschutz zu erheben. Hierdurch dürfen dem Beschäftigten keine Nachteile entstehen (vgl. § 17 Abs. 1 und 2 ArbSchG). § 17 Abs. 1 Satz 2 u. 3 ArbSchG stellt klar, dass Beamte den **Dienstweg einzuhalten** haben. Vorschriften über das Recht auf Beschwerden von Beamten, Richter und Soldaten bleiben nach § 17 Abs. 2 Satz 3 ArbSchG unberührt (vgl. § 125 BBG für Bundesbeamte und die entsprechenden Vorschriften für Landesbeamte, z. B. für Bayern: Art. 7 BayBG). Beamtinnen und Beamte können nach § 125 BBG und dem entsprechenden Landesrecht Anträge und Beschwerden vorbringen. Der Beschwerdeweg bis zur obersten Dienstbehörde steht offen.

12 7. Die **Überwachung des Arbeitsschutzes** ist in § 21 ArbSchG geregelt. Danach ist die Überwachung grundsätzlich staatliche Aufgabe. Die zuständigen Behörden haben die Einhaltung des Arbeitsschutzgesetzes und der auf Grund des Gesetzes erlassenen Rechtsverordnungen zu überwachen und die Arbeitgeber bei der Erfüllung ihrer Pflichten zu beraten. Bedeutsam für den öffentlichen Dienst ist die sogenannte **„Experimentierklausel"** in § 21 Abs. 4 ArbSchG: Die für den Arbeitsschutz zuständige oberste Landesbehörde (Ministerium) kann mit den Trägern der gesetzlichen Unfallversicherung vereinbaren, dass diese in näher zu bestimmenden Tätigkeitsbereichen die Einhaltung des Arbeitsschutzgesetzes oder bestimmte Vorschriften des Arbeitsschutzgesetzes sowie auf Grund des Arbeitsschutzgesetzes erlassenen Rechtsverordnungen überwachen. In einer Art öffentlich-rechtlichen Vereinbarung sind Art und Umfang der Überwachung sowie die Zusammenarbeit mit den staatlichen Arbeitsschutzbehörden festzulegen (§ 21 Abs. 4 ArbSchG). Diese auch als „Öffnungsklausel" bezeichnete Regelung geht auf eine Anregung der „Waffenschmidt-Kommission" zurück und wurde von Länderseite in das Gesetzgebungsverfahren eingebracht. Die Vorschrift hat ihren primären Ansatz zum einen in der Landwirtschaft, zum anderen aber auch im öffentlichen Dienst der Länder (vgl. *Coenen/Waldeck* BG 1996, 579–580). Es steht insbesondere zu erwarten, dass Institutionen wie z. B. die Gemeindeunfallversicherungsträger und die Unfallkasse Post und Telekom per Vereinbarung mit den Ländern Aufgaben nach dem Arbeitsschutzgesetz übernehmen werden. Zu beachten ist allerdings, dass diese „Experimentierklausel" nur für den Vollzug des Arbeitsschutzgesetzes und der darauf beruhenden Rechtsverordnungen (z. B. Arbeitsstättenverordnung, Bildschirmverordnung), nicht aber auch für die sonstigen Arbeitsschutzgesetze (wie z. B. Gerätesicherheitsgesetz, Chemikaliengesetz) gilt.

13 8. Den Arbeitsschutzbehörden stehen **Befugnisse** zur Überwachung und Durchsetzung von Arbeitsschutzmaßnahmen grundsätzlich **auch gegenüber öffentlichen Instanzen** zu. So ist die Gewerbeaufsicht z. B. auch in öffentlichen Dienststellen befugt, eine von einer vorgehenden Anordnung betroffenen Arbeit, die Verwendung und den Betrieb bestimmter Arbeitsmittel zu untersagen, wenn Mißstände nicht innerhalb einer gesetzten Frist beseitigt werden. Aber auch hier gilt eine Sonderregelung für öffentliche Dienststellen: Maßnahmen der Gewerbeaufsichtsbehörde im Bereich des öffentlichen Dienstes, die den Dienstbetrieb wesentlich beeinträchtigen, sollen nur im Einvernehmen mit der obersten Bundes- oder Landesbehörde getroffen werden. Ist der Gewerbeaufsichtsbeamte allerdings der Auffassung, die Anordnung sei auf Grund einer

drohenden Gefahr gleichwohl erforderlich, so ist der Anordnung trotzdem Folge zu leisten. Allerdings wird sich im Konfliktfall die Anordnung des Gewerbeaufsichtsbeamten als stumpfes Schwert erweisen. Denn gegen Behörden und juristische Personen des öffentlichen Rechts ist Verwaltungszwang nur zulässig, wenn er durch Gesetz oder auf Grund eines Gesetzes besonders zugelassen ist.

9. In § 25 Abs. 5 ArbSchG ist geregelt, dass für den Bereich des öffentlichen Dienstes des Bundes die **„Zentralstelle für Arbeitsschutz beim Bundesministerium des Innern"** die zuständige Überwachungsbehörde ist. In deren Auftrag handelt die Bundesausführungsbehörde für Unfallversicherung. Für die Geschäftsbereiche des Bundesverkehrsministeriums, des Verteidigungsministeriums, des Auswärtigen Amtes und Nachrichtendienste sind besondere Stellen mit der Durchführung des Gesetzes betraut.

10. Erlässt das Bundesministerium für Arbeit und Sozialordnung nach § 24 ArbSchG **allgemeine Verwaltungsvorschriften,** die den öffentlichen Dienst mit einbeziehen, ist das Einvernehmen des Bundesministeriums des Innern herzustellen.

C. Verfassungsrechtliche Grundlagen des Beamtenverhältnisses

An der Spitze der einzelnen Rechte des Beamten steht die **Fürsorgepflicht.** Die Fürsorgepflicht war erstmals im Deutschen Beamtengesetz 1937 in § 36 gesetzlich fixiert. Siehe hierzu bereits § 14 Rn. 8 ff.

Das Beamtenverhältnis ist nach Art. 33 Abs. 4 Grundgesetz (GG) ein öffentlich-rechtliches Dienst- und Treueverhältnis, das als **Korrelat zur Treuepflicht** des Beamten die Fürsorge- und Schutzpflicht des Dienstherrn gegenüber dem Beamten beinhaltet (*BVerfGE* 43, 154, 165). Die Fürsorgepflicht, unter die auch der Arbeitsschutz fällt, ist somit unmittelbar nach dem Grundgesetz (GG) als Strukturelement des Beamtenverhältnisses vorgegeben.

Als **hergebrachter Grundsatz des Berufsbeamtentums** (Art. 33 Abs. 5 GG) hat die beamtenrechtliche Fürsorge- und Schutzpflicht grundsätzlich **Verfassungsrang** (*BVerfGE* 8, 332, 356 f.; 43, 154, 165; *Weiß/Niedermaier/Summer,* § 1 BeamtStG, Rn. 75). Wobei zu beachten ist, dass nicht jede auf den Fürsorgegedanken basierende Regelung verfassungsrechtlich abgesichert ist. Nur der Kernbestand dieses hergebrachten Grundsatzes des Berufsbeamtentums hat Verfassungsrang. Dies bedeutet, dass der Beamte – über die Verfassungsbeschwerde – beamtenrechtliche Normen an diesem Mindestinhalt der verfassungsrechtlichen Fürsorgepflicht messen lassen kann (*BVerfGE* 8, 11, 17).

D. Fürsorgepflicht – Arbeitsschutz

Die beamtenrechtliche Fürsorgepflicht wird in **§ 78 BBG** (für Bundesbeamte) und **§ 45 BeamtStG** (für Landesbeamte) in Form einer Generalklausel einer beamtenrechtlichen Regelung zugeführt. Danach hat der Dienstherr im Rahmen des Dienst- und Treueverhältnisses zum Wohl des Beamten und seiner Familie zu sorgen. Er schützt ihn bei seiner amtlichen Tätigkeit und in seiner Stellung als Beamter.

ArbSchG § 20   Arbeitsschutzgesetz

I. Inhalt der Fürsorgepflicht

20   Die **Ziele der Fürsorgepflicht** sind sehr **vielfältig**. Im Wesentlichen können Sie in folgende Komplexe gegliedert werden (vgl. *Weiss/Niedermaier/Summer/Zängl*, § 45 BeamtStG Rn. 80ff.):
a) Schutz von Leben und Gesundheit,
b) Schutz von Eigentum und Vermögen,
c) Schutz der Persönlichkeitsrechte,
d) Anspruch auf amtsgemäße Verwendung,
e) Anspruch auf Alimentationsergänzung,
f) Anspruch auf berufliche Förderung,
g) Ausübungsschranken für Dienstherrnrechte,
h) Nebenpflichten,
i) sonstige soziales Dienstherrnengagement.

II. Schutz von Leben und Gesundheit

21   Das Recht der Beamten auf Leben und **körperliche Unversehrtheit** verpflichtet den Dienstherrn im Rahmen der Fürsorgepflicht Leben und Gesundheit seiner Beamten zu schützen. Soweit allerdings die dem Beamten übertragenen Dienstgeschäfte ihrer Natur nach mit Gefahren für Leben und Gesundheit verbunden sind, muss der Beamte diese Gefahren hinnehmen (z. B. Polizeivollzugsaufgaben – vgl. § 20 Abs. 2 ArbSchG). Der Dienstherr hat aber in diesem Fall Sorge zu tragen, dass diese Gefahren auf das unvermeidbare Mindestmaß beschränkt bleiben bzw. werden.

22   Die Fürsorgepflicht des Dienstherrn hinsichtlich Leben und körperliche **Unversehrtheit des Beamten** bezieht sich auf (*Weiss/Niedermaier/Summer/Zängl*, § 45 BeamtStG, Rn. 80ff.):
– Räume, Vorrichtungen und Gerätschaften, die vom Dienstherrn gestellt werden,
– die öffentlich-rechtlichen Normen über Arbeitssicherheit,
– die Vermeidung gesundheitlicher Beeinträchtigungen durch Kollegen oder Dritter,
– die Vermeidung dienstlicher Überlastung.

23   Der Inhalt der Schutzpflicht des Dienstherrn besteht vornehmlich in der **Schadensabwendungspflicht**. Schutzwürdiges Rechtsgut ist insbesondere die Gesundheit des Beamten. Der Dienstherr ist daher verpflichtet Arbeitsplätze in einem sicheren und ordnungsgemäßen Zustand zur Verfügung zu stellen, so dass Unfälle und andere Gesundheitsschäden vermieden werden. Hierzu gehört auch die Einhaltung von Sicherheitsvorschriften in Gesetzen und Verordnungen, soweit sie für die öffentliche Verwaltung gelten und dem Schutz der Beschäftigten dienen.

Die Zielsetzungen „Gesundheitsschutz" und „Arbeitssicherheit" bedürfen konkretisierender Detailregelungen. Schutzpflichten und Ansprüche aus der Verletzung von Schutzpflichten müssen transparent sein und können nicht erst von der Rechtsprechung entwickelt werden (vgl. *Weiss/Niedermaier/Summer/Zängl*, § 45 BeamtStG, Rn. 77ff.).

24   Im Arbeitsrecht ist man den Weg gegangen, die öffentlich-rechtlichen Schutzpflichten, insbesondere in der Form der Unfallverhütungsregelung, auch als Inhalt der arbeitsrechtlichen Fürsorgepflicht zu definieren und diese Normen, die für die Verwaltung nicht gegolten haben, auch als **Inhalt der beamtenrechtlichen Fürsorgepflicht** anzusehen (vgl. *Weiss/Niedermeier/Summer/Zängl*, a. a. O.).

Regelungen für den öffentlichen Dienst § 20 ArbSchG

E. Arbeitsschutzgesetz – Schutz von Leben und Gesundheit

Durch die Umsetzung der EG-Rahmen-Richtlinie 89/391/EWG über die 25
Durchführung von Maßnahmen zur Verbesserung der Sicherheit und des Gesundheitsschutzes der Arbeitnehmer bei der Arbeit ist mit dem Arbeitsschutzgesetz hat sich etwas Entscheidendes geändert. Die öffentlich-rechtlichen Schutzmaßnahmen nach diesem Gesetz gelten nun auch für die öffentliche Verwaltung.

I. EG-Richtlinien zum Arbeitsschutz

Das Arbeitsschutzgesetz enthält in § 19 die Ermächtigung, EG-Einzelrichtlinien 26
zur Richtlinie 89/391/EWG in der Form nationaler Rechtsverordnung umzusetzen. Hierfür ist **im Bundesministerium des Innern für den öffentlichen Dienst eine „Zentralstelle für Arbeitsschutz"** eingerichtet worden (Erlass vom 30.8.1996, GMBl. S. 678). Aufgrund dieser Ermächtigung sind über eine sog. Artikel-Verordnung (Verordnung vom 4.12.1996, BGBl. I Seite 1841) etwa folgende Rechtsverordnungen ergangen:
– Die Verordnung über die Sicherheit und Gesundheitsschutz bei der Benützung persönlicher Schutzeinrichtungen bei der Arbeit (PSA-Benutzungsverordnung).
– Verordnung über Sicherheit und Gesundheitsschutz bei der manuellen Handhabung von Lasten bei der Arbeit (Lastenhandhabungsverordnung).
– Die Verordnung über Sicherheit und Gesundheitsschutz bei der Arbeit an Bildschirmgeräten (Bildschirmarbeitsplatzverordnung).
– Die Novellierung der Arbeitsstättenverordnung.

Diese Rechtsverordnungen sind zum 20.12.1996 in Kraft getreten. Ihr Inhalt 27
wird wie folgt zusammengefasst: (*Kollmer* NZA 1997, 138/143).
– Die PSA-Benutzungsverordnung normiert spezielle Pflichten des Arbeitgebers, der Bereitstellung und Nutzung von persönlichen Schutzausrüstungen; außerdem treffen den Dienstherrn bestimmte Unterweisungspflichten.
– Die Lastenhandhabungsverordnung will die manuelle Handhabung von Lasten insoweit vermeiden, als sie insbesondere die Lendenwirbelsäule gefährden. Soweit derartige Arbeiten nicht vermeidbar sind, muss die Belastung möglichst gering gehalten werden. Den Dienstherrn treffen Prüf- und Unterweisungspflichten.
– Die Bildschirmarbeitsverordnung schreibt die ergonomische Ausgestaltung der Arbeitsplätze vor, gibt Vorgaben zu den Arbeitsabläufen (Pausenregelungen) und schreibt Untersuchungen der Augen und des Sehvermögens vor.
– Die Novellierung der Arbeitsstättenverordnung brachte ihre Anwendung auch für den Verwaltungsbereich.
– Als Einzelverordnung ist weiterhin die Verordnung über Sicherheit und Gesundheitsschutz bei der Benützung von Arbeitsmitteln bei der Arbeit (Arbeitsmittelbenutzungsverordnung) ergangen, die mittlerweile durch die Betriebssicherheitsverordnung (BetrSichV) voll inhaltlich abgelöst wird.

II. Anwendbarkeit arbeitsschutzrechtlicher Spezialgesetze

Viele arbeitsschutzrechtliche **Spezialgesetze** gelten **nun auch für** den über- 28
wiegenden Teil der **Beamten** (z. B. §§ 1a, 2 Abs. 2a des Gerätesicherheitsgesetzes i. d. F. der Bek. vom 23.10.1992 – BGBl. I S. 1793, mit späteren Änderungen und

ArbSchG § 20

das Chemikaliengesetz idF der Bek. v. 25.7.1994 (BGBl. I S. 1703), mit späteren Änderungen). Gleiches gilt für die auf dem Arbeitsschutzgesetz oder den Spezialgesetzen beruhenden Rechtsverordnungen (z. B. Gefahrstoffverordnung, Arbeitsstättenverordnung).

29 Dieses Rechtssystem auf europarechtlicher Grundlage ist **Mindestinhalt auch der Fürsorgepflicht.** Dies schließt nicht aus, dass der Dienstherr weiterreichende Fürsorgeregelungen als Verwaltungsvorschriften erlässt.

III. Weitere Vorschriften des beamtenrechtlichen Arbeitsschutzes

30 Die **Schutzpflicht des Dienstherrn** gegenüber seinen Beamten hat **keinen geringeren** Inhalt als diejenige des Arbeitgebers gegenüber seinen Arbeitnehmern nach § 618 Abs. 1 BGB (vgl. *BVerwG* v. 13.9.1994, Buchholz 237.7). Diese Schutzpflicht des Arbeitgebers ist im Bereich der privaten Wirtschaft weiter konkretisiert durch Gesetze und Verordnungen des Gewerberechts, durch Arbeitsschutzvorschriften wie das Gesetz über Betriebsärzte, Sicherheitsingenieure und andere Fachkräfte für Arbeitssicherheit (Arbeitssicherheitsgesetz vom 12.12.1973 – BGBl. I S. 1885) sowie besonders detailliert durch die im Rahmen der gesetzlichen Unfallversicherung von den Berufsgenossenschaften und Unfallkassen als Satzungsrecht mit Genehmigung des Bundesarbeitsministeriums (oder ggfs. der zuständigen Landesbehörde im Benehmen mit dem BMA) erlassenen Unfallverhütungsvorschriften.

Hinsichtlich des Arbeitssicherheitsgesetzes ist nach dessen § 16 in Verwaltung und Betrieben des Bundes, der Länder, der Gemeinden usw. ein den Grundsätzen des Gesetzes gleichwertiger arbeitsmedizinischer und sicherheitstechnischer Arbeitsschutz zu gewährleisten.

31 **1. Unfallverhütungsvorschriften.** Dem Schutz von Leben und Gesundheit dienen auch die Unfallverhütungsvorschriften der Berufsgenossenschaften. Die Regelungen basieren auf dem Arbeitssicherheitsgesetz, das sich auf die Definition von Grundkonzept und Zielsetzung beschränkt, die Konkretisierung aber den Regeln der gesetzlichen Unfallversicherung überlässt. Das Regelungssystem beruht daher auf dem Prinzip der Subsidiarität. Das Arbeitsrecht geht davon aus, dass die Unfallverhütungsvorschriften der Berufsgenossenschaften, die öffentlich-rechtlichen Verpflichtungen der Arbeitgeber begründen und ihre Rechtsgrundlage letztlich im Unfallversicherungsrecht haben, **auch privatrechtliche Verpflichtungen des Arbeitgebers gegenüber dem Arbeitnehmer** sind, soweit sie von ihrem Inhalt her auch Gegenstand des Arbeitsvertrags sein können.

32 Im Bereich **der Eigenunfallversicherung des Bundes,** überwiegend wahrgenommen durch die Bundesausführungsbehörde für Unfallversicherung in Wilhelmshaven, ist die Unfallverhütung den entsprechenden allgemeinen Verwaltungsvorschriften vorbehalten, die das **BMI** im Einvernehmen mit dem HBMWA erlässt.

33 Der Freistaat Bayern z. B. wendet als Träger der Eigenunfallversicherung grundsätzlich die Unfallverhütungsvorschriften des **Gemeindeunfallversicherungsverbandes (GUV)** entsprechend an. Dem GUV obliegt als staatliche Ausführungsbehörde für Unfallversicherung neben den Gewerbeaufsichtsämtern die Überwachung der Unfallverhütung, auch für die staatliche Verwaltung.

34 Die Aufgaben des Staates als Träger der Eigenunfallversicherung beziehen sich zwar nicht unmittelbar auf Beamte. Aufgrund seiner Fürsorgepflicht darf erwartet

Regelungen für den öffentlichen Dienst § 20 **ArbSchG**

werden, dass er die Einhaltung materiell – unter Berücksichtigung der besonderen Gegebenheiten der Verwaltung und des Beamtenrechts – **gleichwertige Regeln zur** Unfallverhütung und zum sonstigen Arbeitsschutz sowie eine Überwachung ihrer Einhaltung sicherstellt, die der Überwachung durch Gewerbeaufsichtsbehörden und Berufsgenossenschaften sachlich gleichwertig ist. Rechtlich geeignete Mittel hierzu sind Verwaltungsvorschriften materiellen und organisatorischen Inhalts zur Konkretisierung der gesetzlichen Fürsorgepflicht auf diesem Gebiet.

Der Staat als Dienstherr von Beamten ist gehalten, diesen Personenkreis (mit Ausnahme der Polizeibeamten und Feuerwehrbeamten, die ihren Beruf unter Einsatz ihrer Gesundheit und ihres Lebens ausführen müssen) keiner weitergehenden Gefährdung von Leben und Gesundheit auszusetzen, als vergleichbare Arbeitnehmer. Gleiches gilt für die Gemeinden und anderen Dienstherrn im Verhältnis zu ihren Beamten.

Aus den Unfallverhütungsvorschriften wird auch die Pflicht der Dienstherren 35 abgeleitet, durch Unfallverhütungsvorschriften gebotene **Schutzkleidung** auf ihre Kosten zu beschaffen und die **Kosten** nicht auf den Beamten abzuwälzen. Verschiedene Länder haben hierzu entsprechende Bekanntmachungen erlassen.

2. Arbeitssicherheitsgesetz. Der Bundesgesetzgeber hat mit dem Gesetz über 36 Betriebsärzte, Sicherheitsingenieure und andere Fachkräfte für Arbeitssicherheit vom 12.12.1973 (BGBl. I S. 1885 – ASiG) unmittelbar Normen zum Schutz von Leben und Gesundheit in Betriebsstätten gesetzt. Diese Normen sind nach § 16 ASiG auch für die öffentliche Verwaltung von Bedeutung. Nach dieser Norm ist in den Verwaltungen und Betrieben des Bundes, der Länder, der Gemeinden und der sonstigen Körperschaften, Anstalten und Stiftungen des öffentlichen Rechts ein gleichwertiger arbeitsmedizinischer und sicherheitstechnischer Arbeitsschutz zu gewährleisten. Betriebsärzte und Fachkräfte für Arbeitssicherheit sind – im Verhältnis zu den Beamten – Erfüllungsgehilfen des Dienstherrn. Die Erfüllungsgehilfenstellung darf aber nicht dazu verleiten, die Pflichten des Betriebsarztes und des/der Sicherheitsingenieurs/Sicherheitsfachkraft zu überziehen. Man muss unterscheiden einerseits zwischen den Pflichttätigkeiten, d. h. den Tätigkeiten, die der Erfüllung der Dienstherrnpflicht aus § 78 BBG bzw. § 45 BeamtStG dienen, und einer freiwilligen Zusatzaktivität, die rechtlich in den Bereich des sonstigen sozialen Dienstherrnengagement zu rechnen ist.

IV. Sonderfälle des beamtenrechtlichen Arbeitsschutzes

1. Nichtraucherschutz. Die beamtenrechtliche Fürsorgepflicht umfasst auch 37 den Schutz vor unerwünschter Einwirkung von Tabakrauch am Arbeitsplatz (vgl.: *VGH Koblenz* IÖD 2009, 2, *Windeln* ArbRB 2016, 50). Der Dienstherr ist verpflichtet, im Rahmen des Möglichen geeignete Maßnahmen zum Schutz von Nichtrauchern gegen das sog. Passivrauchen, d. h. gegen die Beeinträchtigung durch rauchende Kolleginnen/Kollegen oder rauchendes Publikum zu treffen. Ob der Nichtraucherschutz auch E-Zigarettem einschließt, ist umstritten (ablehnend: *Bissels/Falter,* BB 2015, 2999; vgl. Müller NVwZ 2015, 751). Zumindest nikotinhaltige E-Zigaretten fallen unter das Verbot. Ein einheitliches Verbot wäre im Interesse der nichtrauchenden Beschäftigten sinnvoll. Dies ist heute weitgehend allgemeine Auffassung und durch die Rechtsprechung des Bundesverwaltungsgerichts bestätigt (vgl. *BVerwG* v. 13.9.1984, Buchholz 237.7; *BVerwG* v. 25.2.1993, Buchholz 236.1) und jetzt auch in **§ 3a ArbStättV ausdrücklich** geregelt. Es kann hier-

Baßlsperger

ArbSchG § 20

bei dahingestellt bleiben, ob und in welchem Ausmaß Passivrauchen gesundheitlich schadet. Für den Fürsorgepflichtanspruch ist es ausreichend, dass die Befürchtungen über eine gesundheitliche Beeinträchtigung durch Passivrauchen nicht ohne weiteres von der Hand zu weisen sind. Eine letzte wissenschaftliche Klarheit ist für eine Pflicht auf Rücksichtnahme auf den Nichtraucher nicht erforderlich (vgl. *Summer* PersV 1988, 76, 83; vgl. auch *Nebe/Kiseow* Einstweiliger Rechtsschutz für Anspruch auf rauchfreien Dienstposten, jurisPR-ArbR 40/2011 Anm. 2 zur Entscheidung des OVG Münster 1. Senat, Beschluss vom 26.5.2011, 1 B 146/11).

38 Das Grundrecht der körperlichen Unversehrtheit (Art. 2 Abs. 1 GG) der Passivraucher geht jedenfalls dem Grundrecht der Raucher auf freie Entfaltung ihrer Persönlichkeit (Art. 2 Abs. 1 GG) vor. Die freie Entfaltung der Persönlichkeit gilt lediglich für minimale Einwirkungen, die weder nennenswert spürbar sind, noch mit einem objektiv ins Gewicht fallenden Risiko einer Gesundheitsbeeinträchtigung verbunden sind. Das kann nach jeweils näher zu treffender Feststellung unter Umständen auf geringfügige Reste von Tabakrauch in einem durch eine Lüftung- oder Klimaanlage entlüfteten Raum oder in sehr großen Räumen bei üblicher Entfernung zwischen Raucher und Betroffenen zutreffen, nicht dagegen auf das Rauchen in durchschnittlichen Büroräumen für wenige Beschäftigte.

39 Die nähere Art und Weise der Abhilfe durch den Dienstherrn steht in dessen pflichtgemäßem Ermessen und hat sich an die **Maßstäbe des § 3a ArbStättV** zu orientieren. Diesem entspricht es jedoch grundsätzlich nicht, wenn der Dienstherr, anstatt nötigenfalls das Rauchen gegen den Wunsch einzelner betroffener Beschäftigter zu untersagen, den betroffenen Nichtraucher gegen seinen Willen in ein anderes Arbeitsgebiet umsetzt oder ihn gar an eine andere Dienststelle versetzt (*BVerwG* NJW 1985, 876; *BVerwG* NJW 1988, 783; *BVerwG* DÖD 1993, 180).

40 Die Fürsorgepflicht gegenüber Nichtrauchern verpflichtet den Dienstherrn nur zu **Abhilfemaßnahmen,** die sich im Bereich des Möglichen bewegen; individuelle Überempfindlichkeit begründet keine gegenüber dem Normalmaß weitergehende Ansprüche (*BVerwG* DÖD 1993, 180).

41 Bringt die Ausübungsweise der Dienstaufgaben eine Tätigkeit im Raucherbereich, z. B. für Zugbegleiter der Eisenbahn, die auch die Raucherbereiche betreten müssen, so muss ein Beamter der entsprechenden Laufbahn dies grundsätzlich als zum Berufsbild gehörend hinnehmen (§ 3a ArbStättV).

42 **2. Dienstliche Überbelastung.** Es ist hinsichtlich der dienstlichen Beanspruchung auch davon auszugehen, dass grundsätzlich jeder Beamte dem Dienstherrn für jede seiner Laufbahn und seinem statusrechtlichen Amt entsprechende Aufgabe zur Verfügung steht und damit verbundene Belastungen hinnehmen muss, abgesehen von der gebotenen Berücksichtigung einer etwaigen Schwerbehinderung. Die Schutzpflicht des Dienstherrn hinsichtlich Leben und Gesundheit verpflichtet jedoch auch zu Maßnahmen, dienstliche Überbelastungen **von gesundheitsgefährdenden Ausmaß** zu **vermeiden** (*BayVGH* ZBR 1962, 326).

So kann die Fürsorgepflicht es erfordern, besondere Belastungen (z. B. durch notwendige **Mehrarbeit,** durch **Rufbereitschaft** oder durch hohe, nicht auf die Arbeitszeit anrechenbare Reisezeiten) durch organisatorische Vorkehrungen und ggfs. durch Verteilung auf mehrere Beschäftigte in möglichst erträglichen Grenzen zu halten, sowie eine verbleibende, ungewöhnlich hohe Beanspruchung z. B. durch Freizeit auszugleichen.

Das BVerwG hat mit Urt. v. 16.7.2015 (Az.: C 16/14, ZBR 2015, 426ff.) entschieden, dass teilzeitbeschäftigte Lehrer einen Rechtsanspruch darauf besitzen, nicht über ihre Teilzeitquote hinaus zur Dienstleistung herangezogen zu werden. Diese Begrenzung der Dienstleistungspflicht betrifft nicht nur ihre Lehrtätigkeit, sondern auch andere in Zusammenhang mit ihrem Beruf anfallende Tätigkeiten. Zu berücksichtigen ist dies insbesondere dann, wenn die Arbeitszeit nach § 27 BeamtStG (Landes- und Kommunalbeamte) bzw. § 45 BBG (Bundesbeamte) aus gesundheitlichen Gründen reduziert wurde.

Die grundsätzliche Rechtsprechung des Arbeitsgerichts (*BAGE* 19, 288) über die üblicherweise **stärkere** zeitliche und nervliche **Inanspruchnahme Leitender Angestellter** kann auch auf Leitende Beamte übertragen werden. Danach darf der Dienstherr auch einem Leitenden Beamten gegenüber weder dulden noch verlangen, dass er sich in einer, seine Gesundheit ernstlich gefährdenden Weise überarbeitet (*BAG* a. a. O.). Bei einem evtl. Schadensersatzanspruch wegen Gesundheitsschädigung durch dienstliche Überlastung wird sich häufig die Frage des Mitverschuldens des Beamten stellen, wenn dieser nicht auf die Überlastungssituation seinem Dienstvorgesetzten gegenüber unmißverständlich hingewiesen hat. Das Bundesverwaltungsgericht hat bisher die Frage der Grenze der Belastbarkeit – soweit ersichtlich – nur im Rahmen der Übertragung eines Nebenamts geprüft und hierzu entschieden, dass ein Nebenamt nicht übertragen werden darf, wenn es die Arbeitskraft des Beamten übermäßig beansprucht und damit letztlich auf Kosten der Dienstleistung im Hauptamt ausgeübt wird (*BVerwGE* 29, 191). Zur Frage der Fürsorgepflicht im Zusammenhang mit einer geltend gemachten Überlastung durch einen Bereitschaftsdienst können die Grundsätze der arbeitsgerichtlichen Rechtsprechung entsprechend herangezogen (vgl. *BAGE* 34, 281; *BAGE* 38, 69). **43**

F. Einschränkung der Arbeitsschutzvorschriften

Die Fürsorgepflicht kann aber den Beamten nicht von den laufbahn- und aufgabenspezifischen **Gefahren** entbinden, die mit besonderen Aufgabenstellungen **naturgemäß verbunden** sind, wie den Gefahren für den **Polizeivollzugsbeamten,** den Beamten im Einsatzdienst der **Feuerwehr,** den Amtsarzt. Der Dienstherr ist zu diesen Gefahrenfeldern verpflichtet, die abwehrenden Vorkehrungen zu treffen, die dem Stand von Wissenschaft und Technik entsprechen und in einem wirtschaftlich vertretbaren Aufwand möglich sind. **44**

So kann nach **§ 20 Abs. 2 ArbSchG** die Anwendung des Arbeitsschutzgesetzes **außer Kraft** gesetzt werden. Der Bund und die Länder können durch Rechtsverordnung die entsprechende Ausnahme treffen. Auch § 9 Abs. 3 Satz 4 ArbSchG hält eine entsprechende Regelung bereit, wonach gesetzliche Pflichten der Beschäftigten zu Abwehr von Gefahren für die öffentliche Sicherheit sowie die §§ 7 und 11 des Soldatengesetzes unberührt bleiben. Sinn und Zweck dieser Regelung ist wohl, eine möglichst flexible Regelung für Beamte, die in gefahrenträchtigen Berufen tätig sind, zu schaffen. **45**

G. Prüfungssytematik des Arbeitsschutzes für Beamte

Bei der Prüfung der Anwendbarkeit von Arbeitsschutzvorschriften für Beamte ergibt sich somit folgende **Rangfolge der Prüfung:** **46**
1. Anwendbarkeit einer besonderen beamtenrechtlichen Arbeitsschutzvorschrift (z. B. Arbeitszeitregelung, Mutterschutzverordnung).

ArbSchG § 20 Arbeitsschutzgesetz

2. Grundsätzliche Anwendbarkeit des Arbeitsschutzgesetzes und der darauf beruhenden Rechtsverordnung, es sei denn
   2.1 Regelungen des Arbeitsschutzgesetzes werden eingeschränkt durch
      2.1.1 Regelungen (auch Verweisungsregelungen) im Arbeitsschutzgesetz selbst oder
      2.1.2 einschränkende Regelungen nach § 20 ArbSchG nach Landes- oder Bundesrecht.
3. Anwendbarkeit der Spezialgesetze, die auch für Beamte gelten (z. B. Gerätesicherheitsgesetz, Chemikaliengesetz).
4. Anwendung der nicht unmittelbar geltenden Vorschriften im Rahmen der Fürsorgepflicht. Gleiches gilt für die für die öffentlich-rechtlichen Bediensteten anwendbaren Unfallverhütungsvorschriften.

H. Vollzugsvorschriften des Arbeitsschutzgesetzes

47 Das Bay. Finanzministerium hat in Zusammenarbeit mit dem Bay. Arbeitsministerium (jetzt Gesundheitsministerium) **Vollzugsvorschriften zum Arbeitsschutzgesetz** erlassen. Diese Vorschriften gelten auch für die Beamten im Freistaat Bayern. Zu den Richtlinien gehört auch eine Checkliste und Dokumentation einer Gefährdungsbeurteilung für Büro- und Bildschirmarbeitsplätze, die vom Bay. Landesamt für Arbeitsschutz, Arbeitsmedizin und Sicherheitstechnik erarbeitet wurden. Aus den Vorschriften können **auch außerbayerische Behörden nützliche Hinweise** für die Umsetzung des Arbeitsschutzgesetzes entnehmen.

Richtlinien zum Vollzug des Arbeitsschutzgesetzes im öffentlichen Dienst des Freistaates Bayern

Gemeinsame Bekanntmachung des Bayerischen Staatsministeriums der Finanzen und des Bayerischen Staatsministeriums für Arbeitsministeriums vom 13.10.2000 Nr. 25 – P 2007 – 8/134 – 44389; geändert durch Bekanntmachung vom 1. Juni 2010   Az.: 25 – P 2506 – 004 – 19 081/10

1. Allgemeines

Das Gesetz über die Durchführung von Maßnahmen des Arbeitsschutzes zur Verbesserung der Sicherheit und des Gesundheitsschutzes der Beschäftigten bei der Arbeit (Arbeitsschutzgesetz – ArbSchG) vom 7. August 1996 (BGBl I S. 1246), zuletzt geändert durch Art. 15 Abs. 89 des Gesetzes vom 5. Februar 2009 (BGBl I S. 160), ist als Art. 1 des Gesetzes zur Umsetzung der EG-Rahmenrichtlinie Arbeitsschutz und weiterer Arbeitsschutz-Richtlinien (ArbSchEGRLUmsG) am 21. August 1996, die in § 6 Abs. 1 ArbSchG festgelegte Dokumentationspflicht am 21. August 1997 in Kraft getreten.
Mit dem ArbSchG wurde die Richtlinie 89/391/EWG des Rates vom 12. Juni 1989 über die Durchführung von Maßnahmen zur Verbesserung der Sicherheit und des Gesundheitsschutzes der Arbeitnehmer bei der Arbeit (ABl L 183 S. 1), die die grundlegenden Regelungen zum betrieblichen Arbeitsschutz enthält, in nationales Recht überführt.
Auf der Grundlage des § 18 ArbSchG wurde eine Reihe von Rechtsverordnungen erlassen.

1.1 Diese Richtlinien regeln den Vollzug des Arbeitsschutzgesetzes und der darauf gestützten Rechtsverordnungen in den Dienststellen des Freistaats Bayern. Dienststellen im Sinn dieser Richtlinien sind alle Behörden, Gerichte und sonstige Verwaltungsstellen sowie die Betriebe des Freistaats Bayern.

Regelungen für den öffentlichen Dienst **§ 20 ArbSchG**

1.2 Das Arbeitsschutzgesetz (ArbSchG) und die darauf gestützten Rechtsverordnungen gelten für Beamtinnen/Beamte, Richterinnen/Richter, Arbeitnehmerinnen/Arbeitnehmer sowie für Dienstanfängerinnen/Dienstanfänger im Sinn des Bayerischen Beamtengesetzes und sonstige, außerhalb des Beamtenverhältnisses beschäftigte Auszubildende (einschließlich der Praktikantinnen/Praktikanten) des Freistaats Bayern (im Folgenden: Beschäftigte).

1.3 Soweit und solange öffentliche Belange dies zwingend erfordern, insbesondere zur Aufrechterhaltung oder Wiederherstellung der öffentlichen Sicherheit, kann bei Einsatztätigkeiten der Polizei, des Verfassungsschutzes, des Justizvollzugs und der Feuerwehr, die dem Vollzug gesetzlicher Aufgaben dienen, und für Einsatzvorbereitungstätigkeiten, insbesondere bei Übungen unter Einsatzbedingungen, ganz oder zum Teil von den Vorschriften des ArbSchG und den darauf gestützten Rechtsverordnungen abgewichen werden. In diesen Fällen sind Sicherheit und Gesundheitsschutz unter Berücksichtigung der Ziele der Arbeitsschutzvorschriften auf der Grundlage von Gefährdungsbeurteilungen im Sinn des § 5 Abs. 1 ArbSchG zu gewährleisten, die die Einsatzleiterin/der Einsatzleiter bei der Beurteilung der Situation vor Ort in ihre/seine Entscheidung einbezieht (vgl. § 20 Abs. 2 ArbSchG, Art. 99 Abs. 1 Satz 1 Nr. 4 und Abs. 2 des Bayerischen Beamtengesetzes [BayBG] vom 29. Juli 2008 [GVBl S. 500, BayRS 2030-1-1-F], zuletzt geändert durch § 2 des Gesetzes vom 8. Dezember 2009 [GVBl S. 605], Art. 2 des Bayerischen Gesetzes über die Zuständigkeit zum Vollzug von Vorschriften auf dem Gebiet des Arbeitsschutzes, der Anlagen- und Produktsicherheit und des Chemikalienrechts [Bayerisches Arbeitsschutz-Zuständigkeitsgesetz – BayArbZustG] vom 24. Juli 1998 [GVBl S. 423, BayRS 805–1–UG], zuletzt geändert durch Art. 15 Abs. 1 des Gesetzes vom 9. Juli 2007 [GVBl S. 442] sowie §§ 2 und 3 der Verordnung über die Anwendung des Arbeitsschutzgesetzes und der auf das Arbeitsschutzgesetz gestützten Rechtsverordnungen [Arbeitsschutzverordnung – ArbSchV] vom 21. April 2009 [GVBl S. 116, BayRS 2030-2-28-F]).

1.4 Für die Einhaltung der Vorschriften des ArSchG und der darauf gestützten Rechtsverordnungen ist neben dem Arbeitgeber/Dienstherrn (d. h. dem Freistaat Bayern, vertreten durch das jeweilige Ressort für seinen Geschäftsbereich) die Dienststellenleiterin/der Dienststellenleiter verantwortlich.

Im Bereich der Hochschulen trägt neben dem Staatsministerium für Wissenschaft, Forschung und Kunst die/der Vorsitzende des Leitungsgremiums die Gesamtverantwortung für die Einhaltung der Vorschriften des Arbeitsschutzgesetzes und der darauf gestützten Einzelverordnungen. Unbeschadet dieser Gesamtverantwortung ist die Kanzlerin/der Kanzler im Rahmen der Erledigung der Verwaltungsangelegenheiten verantwortlich.

Im Bereich der Schulen obliegt die Verantwortung für den äußeren Schulbereich (Gebäude, Anlagen und Einrichtungen) dem Sachaufwandsträger, für den inneren Schulbereich (Schulbetrieb, Schulorganisation) der Schulleiterin/dem Schulleiter.

Diese neben dem Arbeitgeber verantwortlichen Personen können zuverlässige und fachkundige Beschäftigte (d. h. Beschäftigte, die über die erforderlichen theoretischen Kenntnisse und praktischen Fertigkeiten verfügen, um die einschlägigen Arbeitsschutzvorschriften einzuhalten und die entsprechenden Maßnahmen für die Durchführung zu treffen) schriftlich damit beauftragen, die ihnen nach dem Arbeitsschutzgesetz und diesen Richtlinien obliegenden Aufgaben in eigener Verantwortung wahrzunehmen. Diese Delegationsmöglichkeit schließt eine weitere, den Strukturen und Aufgaben einer Dienststelle gerecht werdende Delegation nicht aus. Somit kann insbesondere im Bereich der Hochschulen eine präzise Verantwortungsstruktur und -hierarchie festgelegt werden. Dabei muss gewährleistet sein, dass die jeweils mit diesen Aufgaben betrauten Beschäftigten die hierzu erforderlichen Kenntnisse und Fähigkeiten besitzen. Die Verantwortung des Arbeitgebers bzw. der/des jeweils Delegierenden bleibt dabei unberührt, d. h. an die Stelle der ursprünglichen Verpflichtung, selbst die erforderlichen Maßnahmen zur Einhaltung und Durchführung der Arbeitsschutzvorschriften in der Dienststelle

Baßlsperger

ArbSchG § 20

zu treffen, tritt die Pflicht, für die ordnungsgemäße Ausführung der übertragenen Aufgaben durch die dazu beauftragten Beschäftigten zu sorgen.

2. Gefährdungsbeurteilung/Dokumentation

2.1 In jeder Dienststelle sind die erforderlichen Maßnahmen des Arbeitsschutzes nach den Vorgaben des Arbeitsschutzgesetzes, der darauf gestützten Rechtsverordnungen sowie der einschlägigen Unfallverhütungsvorschriften unter Berücksichtigung aller, die Sicherheit und Gesundheit der Beschäftigten betreffenden Umstände durchzuführen.

2.2 Insbesondere ist zur Ermittlung der erforderlichen Arbeitsschutzmaßnahmen in jeder Dienststelle eine Beurteilung der Arbeitsbedingungen nach § 5 ArbSchG durchzuführen und deren Ergebnis nach Maßgabe des § 6 ArbSchG zu dokumentieren. Die Gefährdungsbeurteilung ist als Prüfung zu verstehen, welche Umstände die Beschäftigten bei ihrer Arbeit gesundheitlich gefährden und welche Vorkehrungen dagegen zu treffen sind. Die Beurteilung ist je nach Art der Tätigkeiten vorzunehmen. Bei gleichartigen Arbeitsbedingungen ist die Beurteilung eines Arbeitsplatzes oder einer Tätigkeit ausreichend; bei wesentlichen Abweichungen sind jedoch die abweichenden Arbeitsbedingungen einer eigenen Beurteilung zu unterziehen.

2.2.1 Gefährdungsbeurteilung

Bei der Durchführung der Gefährdungsbeurteilung ist in der Regel wie folgt vorzugehen:

– systematische Untergliederung der Dienststelle, Festlegung von Betrachtungsbereichen (Arbeitsplatz, Tätigkeit)
– Ermittlung und Beurteilung der Gefährdungen in den Betrachtungsbereichen (Mängel)
– Festlegung der erforderlichen Arbeitsschutzmaßnahmen (Schutzziel/Vorschrift)
– Durchführung und Überprüfung der Wirksamkeit der festgelegten Maßnahmen (Wer? Wann? Ergebnis?).

Bei der Ermittlung und Beurteilung der Gefährdungen in den Betrachtungsbereichen ist folgendermaßen vorzugehen:

– In einem ersten Schritt sind Gefährdungen zu ermitteln, die aus der Beschaffenheit der Arbeitsstätte als solche resultieren (z. B. mangelhafte Beleuchtung, schlechtes Raumklima).
– In einem zweiten Schritt sind die vorhandenen Arbeitsmittel auf mögliche Gefährdungen zu überprüfen. Hier sind insbesondere zur Verfügung gestellte Maschinen oder persönliche Schutzausrüstungen auf die Einhaltung der Sicherheitsanforderungen sowie ihre Funktionstüchtigkeit hin zu überprüfen.
– In einem dritten Schritt ist der konkrete Arbeitsplatz unter Berücksichtigung der dort auszuführenden konkreten Tätigkeit zu überprüfen.
– In einem vierten Schritt ist auf die am Arbeitsplatz tätige einzelne Person abzustellen. Neben spezifischen Gefährdungen besonders schutzwürdiger Personen (z. B. behinderte Menschen, Jugendliche, Schwangere und stillende Mütter) kann sich eine unzumutbare Belastung auch aus der Summierung von voneinander unabhängigen – jeweils für sich genommen unbedenklichen – Einzelumständen ergeben, sofern es hierdurch zu einer nachweisbaren Gefährdung kommt. Zu berücksichtigen sind hierbei das Zusammenwirken von Arbeitsabläufen und Arbeitszeit sowie wechselnden Tätigkeiten während eines Arbeitstages.

Bei jedem der vorgenannten Schritte ist eine Beurteilung hinsichtlich der in Betracht kommenden Gefährdungsarten vorzunehmen. In Betracht kommen insbesondere Gefährdungen durch den Umgang mit Gefahrstoffen, biologischen Arbeitsstoffen, heißen oder kalten Medien, elektrische und mechanische Gefährdungen, Brand- und Explosionsgefährdungen, Gefährdungen durch Strahlung, Vibration, Lärm, physische oder psychische Belastungen, mangelnde Organisation oder unzureichende Qualifikation und Unterweisung der Beschäftigten, aber auch spezifische Gefährdungen wie zum Beispiel Absturzgefahr bei Tätigkeiten in großer Höhe oder Verletzungsgefahr beim

Regelungen für den öffentlichen Dienst § 20 ArbSchG

Umgang mit Tieren, z. B. Hundeführerinnen/Hundeführer, Tierpflegerinnen/Tierpfleger.
Auf der Grundlage der Gefährdungsbeurteilung sind die erforderlichen Maßnahmen zur Gefahrenverhütung mit entsprechenden Umsetzungsfristen festzulegen. Bei den zu treffenden Maßnahmen sind die allgemeinen Grundsätze nach § 4 des Arbeitsschutzgesetzes zugrunde zu legen.
Die auf Grund der Gefährdungsbeurteilung getroffenen Arbeitsschutzmaßnahmen sind bei einer Änderung der Gegebenheiten zu überprüfen und erforderlichenfalls anzupassen. Eine Anpassung kommt insbesondere in Betracht bei neuen Erkenntnissen über die Beurteilung einer bestimmten Gefährdung, besseren Schutzmöglichkeiten auf Grund neuer Techniken oder Änderungen in der Belastbarkeit der betroffenen Beschäftigten.

2.2.2 Dokumentation
Das Ergebnis der Gefährdungsbeurteilung, die festgelegten Arbeitsschutzmaßnahmen und das Ergebnis ihrer Überprüfung sind schriftlich zu dokumentieren. Der Schriftform steht die Erfassung auf Datenträgern gleich. Der Umfang der erforderlichen Unterlagen richtet sich nach der Art der Tätigkeiten und der Zahl der Beschäftigten der jeweiligen Dienststelle. Bei gleichartiger Gefährdungssituation ist es ausreichend, wenn die Unterlagen zusammengefasste Angaben enthalten.

2.3 Bei Büro- und Bildschirmarbeitsplätzen ist die Gefährdungsbeurteilung anhand der vom Landesamt für Gesundheit und Lebensmittelsicherheit (LGL) erstellten Büro- und Bildschirmarbeitsplatz-Checkliste durchzuführen. Diese Checkliste, die vom LGL bei Bedarf aktualisiert wird, steht unter http://www.lgl.bayern.de/arbeitsschutz/arbeitsmedizin/bildschirmarbeitsplaetze.htm als Download zur Verfügung.
Arbeitsplätze, die nicht anhand derBüro- und Bildschirmarbeitsplatz-Checkliste beurteilt werden können, sind der jeweiligen obersten Dienstbehörde bzw. der von ihr beauftragten Dienststelle zu melden. Diese stellt den Dienststellennach Beteiligung der Personalvertretung arbeitsplatzspezifische Checklisten zur Verfügung. Material hierzu bzw. darin enthaltene vorgefertigte Checklisten können bei der Bayerischen Landesunfallkasse, Ungererstr. 71, 80805 München, bzw. beim LGLangefordert werden.
Die Checklisten sind Arbeitshilfen zur Durchführung der Gefährdungsbeurteilung. Aus den Checklisten kann ein Anspruch auf eine diesen Kriterien entsprechende Gestaltung des Arbeitsplatzes nicht abgeleitet werden.
Die Dokumentation ist jeweils anhand des vom LGL erstellten Formblatts zur Dokumentation durchzuführen. Dieses Formblatt steht unter dem in Nr. 2.3 Abs. 1 genannten Link als Download zur Verfügung. Soweit im Rahmen der Dokumentation personenbezogene Daten in Dateien gespeichert werden bzw. in Akten enthalten sind, sind sie gemäß Art. 12 Abs. 1 Nr. 2 bzw. Abs. 4 Satz 2 des Bayerischen Datenschutzgesetzes zu löschen, wenn ihre Kenntnis für die speichernde Stelle zur Erfüllung der in ihrer Zuständigkeit liegenden Aufgaben nicht mehr erforderlich ist. Die Datenkenntnis ist zum Beispiel dann nicht mehr erforderlich, wenn das Ergebnis einer neuen Gefährdungsbeurteilung vorliegt, der überprüfte Arbeitsplatz weggefallen oder die/der Beschäftigte ausgeschieden ist.
Soweit von einzelnen Dienststellen unter Verwendung arbeitsplatzspezifischer Checklisten bereits Gefährdungsbeurteilungen durchgeführt worden sind, hat es damit hinsichtlich der Erstbeurteilung sein Bewenden.

2.4 Das Ergebnis der Gefährdungsbeurteilung, die festgelegten Arbeitsschutzmaßnahmen und das Ergebnis der Überprüfung sind der Personalvertretung zur Kenntnis zu geben. Unabhängig hiervon sind die Beteiligungsrechte der Personalvertretung zu beachten (Art. 75 Abs. 4 Satz 1 Nr. 8, Art. 76 Abs. 2 Nr. 3 und Art. 79 BayPVG).

2.5 Die Dienststellenleiterin/der Dienststellenleiter hat Arbeits- bzw. Dienstunfälle, bei denen eine Beschäftigte/ein Beschäftigter getötet oder so verletzt wird, dass sie/er stirbt oder für mehr als drei Tage völlig oder teilweise arbeits- oder dienstunfähig wird, zu erfassen. Hiervon unberührt bleibt die Meldepflicht nach § 193 SGB VII, die Informationspflicht nach Nummer 12 der Bekanntmachung des Staatsministeriums der Finanzen

ArbSchG § 20 — Arbeitsschutzgesetz

vom 25. November 1997 (StAnz Nr. 50, FMBl S. 289) sowie die Melde- und Untersuchungspflicht nach § 45 des Beamtenversorgungsgesetzes.

3. Zuständigkeiten, Inkrafttreten

3.1 Auskünfte hinsichtlich eines effizienten und praxisorientierten Vollzugs des Arbeitsschutzgesetzes und der darauf gestützten Rechtsverordnungen erteilen die Bayerische Landesunfallkasse, die Gewerbeaufsichtsämter und das LGL.

3.2 Die Gewerbeaufsichtsämter überprüfen die Einhaltung der gesetzlichen Anforderungen.

Die Anordnung von Maßnahmen durch die Gewerbeaufsichtsämter, für die durch die Dienststellenleiterin/den Dienststellenleiter geltend gemacht wird, dass sie den Dienstbetrieb wesentlich beeinträchtigen, bedarf – außer bei Gefahr im Verzuge – der Zustimmung des Staatsministeriums für Arbeit und Sozialordnung, Familie und Frauen. Die Zustimmung kann nur im Einvernehmen mit der jeweiligen obersten Dienstbehörde bzw., soweit Einvernehmen nicht zu erzielen ist, im Einvernehmen mit dem Staatsministerium der Finanzen erteilt werden.

3.3 Den unter der Aufsicht des Freistaates Bayern stehenden Körperschaften, Anstalten und Stiftungen des öffentlichen Rechts wird empfohlen, entsprechend zu verfahren

Büro- und Bildschirmarbeitsplatz-Checkliste

(Quellenangaben)

	Büro- und Bildschirmarbeitsplatzelemente	ja	nein	entf.
1	**Arbeitsplatz, Arbeitsraum**			
1.1	Bietet der Arbeitsraum genügend Arbeitsfläche pro Arbeitsplatz? Mindestfläche je Büroarbeitsplatz sollte sein: – 8 bis 10 m² in Büroräumen einschl. allg. üblicher Möblierung und anteiliger Verkehrsflächen im Raum – 12 bis 15 m² in Großraumbüros (4, 5, 15, 19)	☐	☐	☐
1.2	Ist ein ungehinderter Zugang zum Arbeitsplatz (Breite: min. 60 cm) möglich? (4, 5, 17, 18)	☐	☐	☐
1.3	Wurde beachtet, dass sich Benutzerflächen und Verkehrswegeflächen nicht überlagern dürfen? (4)	☐	☐	☐
1.4	Steht am Arbeitsplatz eine ausreichende Bewegungsfläche (³ 1 × 1.5 m) für Arbeitsbewegungen und wechselnde Arbeitshaltung zur Verfügung? (4, 6)	☐	☐	☐
1.5	Sind die Kabel so verlegt, dass sie keine Stolperstellen bilden (z. B. gesichert und verdeckt verlegt)? (4, 29-5)	☐	☐	☐
2	**Beleuchtung**			
2.1	Ist die Licht- und Helligkeitsverteilung im Arbeitsraum gleichmäßig (besonders bei Bildschirmarbeit keine Spotleuchten am Tisch)? (17, 23-7)	☐	☐	☐
2.2	Ist die Beleuchtungsstärke am Arbeitsplatz ausreichend (bei Büroarbeitsplätzen mindestens 300 Lux, zusätzliche Arbeitsplatzbeleuchtung zulässig, bei Bildschirmarbeitsplätzen ca. 500 Lux)? (5, 17, 23-2, -7)	☐	☐	☐
2.3	Werden Direktblendung und Reflexblendung durch Leuchten bzw. Tageslicht vermieden (z. B. durch Spiegelrasterleuchten, Jalousien, Lamellenstores mit senkrechten Lamellen u. ä.)? (5, 6, 17, 23-7, 28-6)	☐	☐	☐

Regelungen für den öffentlichen Dienst § 20 **ArbSchG**

	Büro- und Bildschirmarbeitsplatzelemente	ja	nein	entf.
2.4	Besitzen alle Lampen die gleiche Lichtfarbe (Neutralweiß oder Warmweiß)? (23-1, -2)	☐	☐	☐
3	**Temperatur, Luftfeuchtigkeit, Zugluft, Lärm**			
3.1	Herrschen am Arbeitsplatz Temperaturen von mindestens 19 °C bis 20 °C, bzw. im Sommer unter Beachtung der Wärmeentwicklung aller Geräte regelmäßig von nicht mehr als 26 °C? (5, 6, 15)	☐	☐	☐
3.2	Ist eine angemessene Luftfeuchtigkeit (Zielbereich relative Luftfeuchtigkeit: 40–65%) gegeben? (5, 15)	☐	☐	☐
3.3	Wird störende Zugluft (Luftgeschwindigkeit: > 0,10 bis 0,15m/sec) vermieden? (15)	☐	☐	☐
3.4	Lärmschutz: Beträgt der Beurteilungspegel am Arbeitsplatz höchstens 55 dB(A) bei überwiegend geistigen Tätigkeiten, bzw. 70 dB(A) bei einfachen oder überwiegend mechanisierten Büroarbeiten? (6, 15)	☐	☐	☐
3.5	Ist der Raum frei von störenden Lärmquellen? (15)	☐	☐	☐
4	**Arbeitstisch**			
4.1	Hat der Arbeitstisch, je nach Aufgabe (Komponenten und Arbeitsmittel), eine ausreichende Arbeitsfläche? (Breite: 120 cm bis 160 cm; Tiefe: min. 80 cm) (6, 15, 20, 28-5)	☐	☐	☐
4.2	Ermöglicht die Tischhöhe (in Verbindung mit dem Arbeitsstuhl, s. 5) eine ergonomisch günstige Arbeitshaltung und ausreichende Beinfreiheit? Beurteilungskriterien insbesondere bei der Bildschirmarbeit: – Oberarm hängt locker herab – Unterarm und Oberschenkel etwa horizontal – Winkel zwischen Ober- u. Unterarm, bzw. von Ober- u. Unterschenkel mindestens 90° – Bei Tastatureinsatz: keine Überstreckung der Handgelenke Bei Bedarf: Verwendung von Handballenauflagen, Ausgleichsteilen, Fußstützen (verstellbar in Höhe u. Neigung, mind. 35 × 45 cm) (6, 15, 19, 22, 28-5)	☐	☐	☐
4.3	Ist ausreichend Beinraum vorhanden? (Abstand zwischen Oberschenkel und Tischunterkante, Beinbewegungen und Streckungen möglich.) (15, 28-5)	☐	☐	☐
4.4	Ist die Tischoberfläche nicht spiegelnd und frei von Reflexionen, d. h. matt, höchstens seidenmatt? (6, 28-5)	☐	☐	☐
5	**Arbeitsstuhl**			
5.1	Ist der Stuhl kippsicher? (d. h.: 5 Abstützpunkte bei Rollen) (6, 21, 28-5)	☐	☐	☐
5.2	Ermöglicht der Stuhl in Verbindung mit dem Arbeitstisch (s. 4) individuell anpassbare, wechselnde, ergonomisch günstige Arbeitshaltungen? (6, 21)	☐	☐	☐
5.3	Ist der Wegrollwiderstand des Stuhles an die Fußbodenart angepasst (Teppichboden – glatter Boden)? (17, 21)	☐	☐	☐

Baßlsperger

ArbSchG § 20 — Arbeitsschutzgesetz

	Büro- und Bildschirmarbeitsplatzelemente	ja	nein	entf.
6	**Bildschirm – Monitor**			
6.1	Ist die Bildschirmgröße für die Arbeitsaufgabe geeignet? Empfohlene Mindestgröße Bildschirmdiagonale (Monitore mit Kathodenstrahlröhren, CRT): – 15 Zoll für Textverarbeitung (S/W-Darstellung) – 17 Zoll für Textverarbeitung (Farbdarstellung) – 19 Zoll für Graphik, CAD, Fotosatz – je 2 Zoll weniger bei Flachbildschirmen (LCD/TFT-Technologie) (28-3, ergibt sich aus sonstigen ergonomischen Forderungen)	☐	☐	☐
6.2	Ist die Aufstellungshöhe des dreh- und neigbaren Bildschirms so, dass die Sehachse bei Blick auf die Bildschirmmitte etwa 35° abwärts geneigt ist? (15, 28-5) – Ein einfacher Sehwinkeltest ist beim LfAS kostenlos erhältlich	☐	☐	☐
6.3	Kann die Bildschirmarbeit bei unverdrehter und entspannter Kopf- und Körperhaltung und „gerader" Ausrichtung des Körpers vor dem Arbeitstisch ausgeführt werden? (28-5)			
6.4	Beträgt der Sehabstand zum Bildschirm je nach Bildschirmgröße und Auflösung ca. 50–70 cm? (28-5)	☐	☐	☐
6.5	Ist der Bildschirm durch richtige Aufstellung frei von Reflexionen und Spiegelungen? d. h.: – Position nicht zu nahe am Fenster – Blickrichtung etwa parallel zur Fensterfront – Blickrichtung etwa parallel zu Deckenleuchten oder Leuchtbändern – Position zwischen – nicht unter – den Deckenleuchten/Leuchtbändern (23-7, 28-6)	☐	☐	☐
6.6	Ist das dargestellte Bild – auch bei seitlicher Blickrichtung – stabil und flimmerfrei? (Empfehlung bei CRT-Monitoren: Bildwiederholfrequenz [3] 80 Hz) (28-3)	☐	☐	☐
6.7	Ist als Darstellungsart schwarz auf hellem Hintergrund (Positivdarstellung) gewählt? (28-3)	☐	☐	☐
6.8	Ist die Schriftgröße individuell einstellbar und/oder beträgt sie mindestens 2.6 mm bei Großbuchstaben? (28-3)	☐	☐	☐
6.9	Sind die Zeichen bis zum Rand scharf abgebildet? (28-3)	☐	☐	☐
6.10	Sind Helligkeit und Kontrast (bei CRT-Technologie) einfach einstellbar? (28-3)	☐	☐	☐
6.11	Ist der Bildschirm „CE" (Gerätesicherheit, EU) und optional „GS" (geprüfte Sicherheit) gekennzeichnet? (8)	☐	☐	☐
6.12	Ist das Bildschirmgerät als „strahlungsarm" gekennzeichnet (z. B. TÜV-ergonomiegeprüft, TCO 92/TCO 95/TCO 99 oder MPR II)? (31, 32)	☐	☐	☐
7	**Tastatur** (6, 28-4)			
7.1	Ist die Tastatur vom Monitor getrennt?	☐	☐	☐
7.2	Hat die Tastatur eine reflexionsarme Oberfläche?	☐	☐	☐

	Büro- und Bildschirmarbeitsplatzelemente	ja	nein	entf.
7.3	Ist die Tastaturbeschriftung bei normaler Arbeitshaltung gut lesbar?	☐	☐	☐
7.4	Ist vor der Tastatur genug Arbeitsfläche frei, so dass ein Auflegen der Handballen auf dem Tisch möglich ist (ca. 5–10 cm)?	☐	☐	☐
7.5	Liegt die Tastatur bei regelmäßiger Benutzung fest am Arbeitsplatz auf (Rutschhemmung)?	☐	☐	☐
7.6	Ist die Tastatur geneigt? (Neigungswinkel: 5°–15°; Höhe der Tastatur – C-Reihe < 30 mm)	☐	☐	☐
8	**Vorlagenhalter** (6, 17)			
8.1	Ist der Vorlagenhalter stabil, standsicher und frei aufstellbar?	☐	☐	☐
8.2	Ist der Vorlagenhalter reflexionsarm?	☐	☐	☐
8.3	Ist der Vorlagenhalter neigbar und höhenverstellbar (ca. zwischen 15° und 75°)?	☐	☐	☐
9	**Sonstiges**			
9.1	Sind die vorhandenen elektrischen Betriebsmittel „CE" (Gerätesicherheit, EU) und optional „GS" (geprüfte Sicherheit) gekennzeichnet? (8)	☐	☐	☐
9.2	Sind die vorhandenen elektrischen Betriebsmittel bei Sichtprüfung unbeschädigt (z. B. Kabelisolierungen, Stecker)? (13)	☐	☐	☐
9.3	Wird vor Aufnahme der Tätigkeit an Bildschirmarbeitsplätzen und nachfolgend in regelmäßigen Abständen eine Untersuchung des Sehvermögens durch eine fachkundige Person (= ermächtigter Arzt) angeboten? (6)	☐	☐	☐
9.4	Wurden die Mitarbeiter über die richtige Benutzung der Arbeitsplatzelemente unterwiesen? (3)	☐	☐	☐
9.5	Sind in der Arbeitsorganisation an Bildschirmarbeitsplätzen ausreichende andere Tätigkeiten oder Pausen vorgesehen? (6, 28-5)	☐	☐	☐
9.6	Entspricht die eingesetzte Software in ergonomischer Hinsicht dem Stand der Technik? (Aktuelle Standard-Software erfüllt üblicherweise diese Bedingungen). (28-11bis 17)	☐	☐	☐

Dokumentation der Gefährdungsbeurteilung nach §§ 5 und 6 Arbeitsschutzgesetz

Unternehmen/ Dienststelle	☐		
Bereich	☐		
Arbeitsplatz			
Erstbeurteilung:	☐	Datum:	
Kontrollbeurteilung:	☐	Datum:	
Beurteilungskriterien:	s. Checkliste in Anlage ☐	Andere:	
Erstellt von:		Datum:	Unterschrift
Ergebnis:	Keine Mängel ☐	Mängel ☐	
Nächste Beurteilung	Datum:		

Mängel-Nr.	Mängelbeschreibung – Maßnahmen	Nächste Kontrolle am:

I. Verletzung der Arbeitsschutzvorschriften

48 Mit der Fürsorge- und Schutzpflicht des Dienstherrn korrespondiert ein **Erfüllungsanspruch des Beamten, Richters oder Soldaten,** der sich bei Beamten etwa unmittelbar auf die fürsorgerechtlichen Vorschriften des Bundes (§ 78 BBG) oder der Länder (§ 45 BeamtStG) stützt.

49 In der Regel wird der Beamte seinen Anspruch nur auf eine pflichtgemäße Ermessensausübung richten können. Erweist sich eine Erfüllung der Fürsorge- und Schutzpflicht als unmöglich, kann anstelle des Erfüllungsanspruch der Anspruch auf Schadenersatz treten (vgl. *BVerGE* 41, 253; *BVerfG* ZBR 1974, 14; *BVerfG* DÖD 1958, 201; *Weiss/Niedermaier/Summer/Zängl,* BeamtStG § 45 Rn. 50ff.).

50 **Arbeitsschutzbezogene Ansprüche** lassen sich aber auch direkt aus dem Arbeitsschutzgesetz herleiten, da bestimmte Vorschriften des Gesetzes eine öffentlich-rechtliche Verpflichtung des Dienstherrn bedeuten und gleichzeitig öffentlich-rechtliche Ansprüche der Beamten darstellen. Ansprüche auf Erfüllung der Fürsorgepflicht bzw. Schadensersatz kann der Beamte auf dem Rechtsweg geltend machen.

I. Erfüllungsanspruch

Der Beamte hat also **gegenüber seinem Dienstherrn**, einen Anspruch auf Erfüllung der gesetzlichen Arbeitschutzvorschriften, der Unfallverhütungsvorschriften für die öffentlich-rechtlichen Bediensteten sowie direkt Anspruch auf Ausführung der Vorschriften der für alle Beschäftigten geltenden Arbeitschutzgesetze und der darauf beruhenden Verordnungen. 51

II. Folgenbeseitigungsanspruch

Hat der Dienstherr fürsorgepflichtwidrig gehandelt und dadurch eine Lage geschaffen, die mit der Fürsorgepflicht nicht in Einklang steht und Ansprüche des Beamten aus der Fürsorgepflicht des Dienstherrn verletzt, so hat der Beamte einen gerichtlich durchsetzbaren **Anspruch darauf**, dass diese **rechtswidrige Lage beseitigt** wird (Weiß/Niedermaier/Summer, BeamtStG § 45 Rn. 36 ff.). Der Folgenbeseitigungsanspruch ist im Grunde genommen ein Wiederherstellungsanspruch, d. h. es ist grundsätzlich der Zustand wiederherzustellen, der bestünde, wenn das rechtswidrige Handeln der Verwaltung nicht geschehen wäre. Bedeutung hat der Folgenbeseitigungsanspruch in erster Linie für die Rückabwicklung von Realakten, wie z. B. arbeitsbezogenen Organisationsmaßnahmen. Der Dienstherr wird z. B. verpflichtet sein, eine das Leben oder die Gesundheit des Beamten gefährdende Situation zu beseitigen, selbst wenn diese Situation vom Beamten selbst verursacht worden ist. 52

Ansprüche auf Folgenbeseitigung im Sinne des ArbSchG sind **beispielsweise** bei den folgenden Situationen denkbar: 53
– der Dienstherr gibt fehlerhafte Sicherheitsanweisungen heraus;
– der Dienstherr ordnet gegenüber dem Beamten an, sich auf eigene Kosten an, untersuchen zu lassen;
– der Dienstherr fertigt eine fehlerhafte Dokumentation der Gefahrensituation an;
– der Dienstherr überträgt gefahrengeneigte Aufgaben auf hierfür nicht geeignete Beschäftigte;
– der Dienstherr stellt dem Beamten eine nichtgeeignete Arbeitsstätte oder eine ungeeignete persönliche Schutzausrüstung zur Verfügung (vgl. *Kollmer* ZBR 1997, 8).

Ist das fürsorge- bzw. arbeitsschutzwidrige Verhalten des Dienstherrn in einen Verwaltungsakt eingeflossen (z. B. Anordnung an den Beamten, sich auf eigene Kosten untersuchen zu lassen), so stehen dem Beamten der Anfechtungswiderspruch und die **Anfechtungsklage** zur Verfügung (*Weiß/Niedermaier/Summer/Zängl*, BeamtStG § 54 Rn. 36 ff. und Rn. 94 ff.). Liegt die arbeitsschutzwidrige Fürsorgepflichtverletzung in einem rein tatsächlichen Handeln oder in faktischen Organisationsmaßnahme (z. B. zur Verfügungstellen ungeeigneter persönlicher Schutzausrüstung), so kann die Rückgängigmachung der Maßnahme durch eine **allgemeine Leistungsklage** durchgesetzt werden (vgl. *Kollmer* ZBR 1997, 8). 54

III. Schadensersatzanspruch

Ist eine Wiederherstellung oder eine Folgenbeseitigung nicht möglich, so kommt **Schadensersatz wegen Fürsorgepflichtverletzung** in Betracht. Der 55

ArbSchG § 20 Arbeitsschutzgesetz

Schadensersatzanspruch ist bei Beamten vor dem Verwaltungsgericht geltend zu machen (§ 126 Abs. 1 BBG/§ 54 Abs. 1 BeamtStG) und setzt voraus, dass ein objektiv fürsorgepflichtwidriges Verhalten des Dienstherrn feststeht. Ferner knüpft der Schadensersatzanspruch an ein Verschulden des Dienstherrn an. Weiter muss der Fürsorgeverstoß zu einen konkreten Schaden des Beamten geführt haben (*BVerfGE* 70, 296). Daneben könnte der Beamte eventuell eine Anspruch aus der Amtshaftung nach Art. 34 GG i. V. m. § 839 BGB geltend machen (*BGH* v. 14. 5. 2009, Az.: III ZR 86/09).

Wird also beispielsweise durch mangelnde Arbeitsschutzvorrichtungen an einer Arbeitsstätte ein Beamter verletzt, so kann sich ein möglicher Schadensersatzanspruch wegen Gesundheitsverletzung und ein etwaiger **Schmerzensgeldanspruch** aus der Fürsorgepflichtverletzung ergeben (vgl. § 253 BGB).

IV. Ansprüche nach den Arbeitsschutzvorschriften

56 Die Beamten haben gegenüber ihrem Dienstherrn einen **öffentlich-rechtlichen Anspruch**
- auf **Rücksichtnahme** dahingehend, ob und inwieweit er als eingesetzter Beamter tatsächlich befähigt ist, die Sicherheits- und Gesundheitsschutzvorschriften einzuhalten (§ 7 ArbSchG),
- darauf, angemessene **Sicherheitsanweisungen zu erhalten** (§ 9 Abs. 1 ArbSchG),
- darauf, dass es ihm ermöglicht wird, sich bei unmittelbarer erheblicher Gefahr, durch sofortiges Verlassen des Arbeitsplatzes **in Sicherheit zu bringen** (§ 9 Abs. 3 ArbSchG),
- auf arbeitsmedizinische Vorsorge (§ 11 ArbSchG),
- darauf, Vorschläge zu allen Fragen der Sicherheit des Gesundheitsschutzes bei der Arbeit machen zu können oder zu dürfen (§ 17 Abs. 1 ArbSchG) und
- darauf, nach Ausschöpfung des in § 17 Abs. 2 ArbSchG vorgeschriebenen Instanzenwegs sich an die zuständige Behörde zu wenden.

V. Beschwerderecht und Verwaltungsrechtsschutz

57 Der Beamte ist auf sein Beschwerderecht nach § 125 BBG (Bundesbeamte) bzw. nach den jeweiligen landesbeamtenrechtlichen Bestimmungen (z. B.: Art. 7 BayBG) beschränkt, wenn er auf Grund konkreter Anhaltspunkte der Auffassung ist, dass die vom Dienstvorgesetzten getroffenen Maßnahmen oder bereitgestellten Mitteln **nicht ausreichen,** um die Sicherheit und den Gesundheitsschutz bei der Arbeit zu gewährleisten und der Dienstherr einer hierauf gerichteten Beschwerde des Beamten **nicht abgeholfen hat.** Der Beamte hat insofern den nach diesen Vorschriften vorgegebenen Dienst-Beschwerdeweg einzuhalten. Der Beschwerdeweg steht dabei bis zur obersten Dienstbehörde offen.

58 Maßnahmen der Arbeitssicherung stellen regelmäßig **Verwaltungsakte** nach § 35 VwVfG dar. Eine Außenwirkung ist gegeben, weil solche Maßnahmen wegen Art. 2 Abs. 2 GG den Beamten in seinem Grundverhältnis betreffen (*Baßlsperger,* ZBR 2005, 192). Lehnt die Behörde auf einen Antrag des Beamten hin einen entsprechenden Verwaltungsakt des Beamten hin also die erforderlichen arbeitsschutzrechtlichen Maßnahmen ab, so kann sich der Beamte mit einem **beamtenrechtlichen Verpflichtungswiderspruch** (§ 126 Abs. 2 BBG bzw. § 54 Abs. 2 BeamtStG; vgl. dazu *Weiß/Niedermaier/Summer/Zängl,* BeamtStG § 54 Rn. 36 ff.)

Regelungen für den öffentlichen Dienst § 20 ArbSchG

und – bei einem negativen Widerspruchsbescheid (§ 73 Abs. 3 VwGO) – mit der **Versagungsgegenklage** (§ 42 Abs. 1 2. Alt. VwGO; dazu: *Weiß/Niedermaier/Summer/Zängl*, Rn. 101 ff. zu § 54 BeamtStG) durch förmliche Rechtsbehelfe vor dem zuständigen Verwaltungsgericht (§ 52 Nr. 4 VwGO) zur Wehr setzen. Der Verwaltungsrechtsrechtsweg ist nach den beamtenrechtlichen Sonderregelungen eröffnet (§ 126 Abs. 1 BBG für Bundesbeamte/§ 54 Abs. 1 BeamtStG für Landes- und Kommunalbeamte). In **Eilfällen** – dies ist wohl die Regel – erhält der Beamte vorläufigen Rechtsschutz über den Regelungs- bzw. Sicherungsantrag nach § 123 Abs. 1 VwGO (vgl. dazu: *Weiß/Niedermaier/Summer*, BeamtStG § 54 Rn. 140 ff.).

Fünfter Abschnitt. Gemeinsame deutsche Arbeitsschutzstrategie

§ 20a Gemeinsame deutsche Arbeitsschutzstrategie

(1) ¹Nach den Bestimmungen dieses Abschnitts entwickeln Bund, Länder und Unfallversicherungsträger im Interesse eines wirksamen Arbeitsschutzes eine gemeinsame deutsche Arbeitsschutzstrategie und gewährleisten ihre Umsetzung und Fortschreibung. ²Mit der Wahrnehmung der ihnen gesetzlich zugewiesenen Aufgaben zur Verhütung von Arbeitsunfällen, Berufskrankheiten und arbeitsbedingten Gesundheitsgefahren sowie zur menschengerechten Gestaltung der Arbeit tragen Bund, Länder und Unfallversicherungsträger dazu bei, die Ziele der gemeinsamen deutschen Arbeitsschutzstrategie zu erreichen.

(2) Die gemeinsame deutsche Arbeitsschutzstrategie umfasst
1. die Entwicklung gemeinsamer Arbeitsschutzziele,
2. die Festlegung vorrangiger Handlungsfelder und von Eckpunkten für Arbeitsprogramme sowie deren Ausführung nach einheitlichen Grundsätzen,
3. die Evaluierung der Arbeitsschutzziele, Handlungsfelder und Arbeitsprogramme mit geeigneten Kennziffern,
4. die Festlegung eines abgestimmten Vorgehens der für den Arbeitsschutz zuständigen Landesbehörden und der Unfallversicherungsträger bei der Beratung und Überwachung der Betriebe,
5. die Herstellung eines verständlichen, überschaubaren und abgestimmten Vorschriften- und Regelwerks.

Übersicht

	Rn.
A. Überblick	1
B. Die einzelnen Absätze	5
I. Gemeinsame deutsche Arbeitsschutzstrategie als Gesamtkonzept (Abs. 1)	5
1. Entwicklung, Umsetzung und Fortschreibung der gemeinsamen deutschen Arbeitsschutzstrategie (S. 1)	6
a) Entwicklung der gemeinsamen deutschen Arbeitsschutzstrategie	6
b) Umsetzung und Fortschreibung der gemeinsamen deutschen Arbeitsschutzstrategie	14
b) Akteure	16
2. Zielerreichung durch Aufgabenwahrnehmung (S. 2)	18
II. Gegenstände der gemeinsamen deutschen Arbeitsschutzstrategie (Abs. 2)	20
1. Entwicklung gemeinsamer Arbeitsschutzziele (Nr. 1)	21
2. Festlegung vorrangiger Handlungsfelder und von Eckpunkten für Arbeitsprogramme (Nr. 2)	26
3. Evaluierung des Arbeitsschutzes (Nr. 3)	29
4. Festlegung eines abgestimmten Vorgehens bei der Beratung und Überwachung der Betriebe (Nr. 4)	30
5. Herstellung eines Vorschriften- und Regelwerks (Nr. 5)	36

Gemeinsame deutsche Arbeitsschutzstrategie **§ 20a ArbSchG**

Literatur: *Becker,* Prävention in der gesetzlichen Unfallversicherung, BPUVZ 2012, 82; *Eberhardt,* Leitplanken für Gute Arbeit, AiB 9/2015, 16; *Hussing,* Gemeinsame Deutsche Arbeitsschutzstrategie – Fortschritt oder zusätzlicher Bürokratismus, BG 2007, 75; *Hussing/Pinter,* Änderungen durch das Unfallversicherungsmodernisierungsgesetz (UVMG) im Bereich Prävention (§§ 14, 15, 17 19, 20 SGB VII), BG 2008, 419; *Kohte,* Der Beitrag der Anordnungen der Unfallversicherung zur effizienten Realisierung des Arbeitsschutzes, BG 2010, 384; *Koll/Duve,* Optimierungsansätze für Vorschriften und Regeln im Arbeitsschutz, BG 2010, 422; *Ludwig,* Hautgefährdung – Schutz durch den richtigen Hand- und Hautschutz, BG 2011, 61; *Meffert,* Entwicklung von gemeinsamen Arbeitsschutzzielen und Handlungsfeldern, BG 2008, 49; *Rentrop,* Das künftige Vorschriften- und Regelwerk. Teil 1, BG 2003, 226; *ders.,* Das künftige Vorschriften- und Regelwerk. Teil 2, BG 2003, 401; *ders.,* Modernisierung des deutschen dualen Arbeitsschutzsystems, BG 2008, 46; *ders.,* Kooperationsbeziehungen. Gemeinsame Deutsche Arbeitsschutzstrategie – GDA, BG 2008, 54; *Schneider,* Qualitätsleitlinie Gefährdungsbeurteilung, BG 2011, 450; *Timm,* Eine gemeinsame Strategie für mehr Arbeitsschutz in Deutschland, BG 2008, 422; *ders.,* Die Gemeinschaftsstrategie der EU für Gesundheit und Sicherheit am Arbeitsplatz 2007 – 2012, BG 2007, 438.

A. Überblick

§ 20a ArbSchG eröffnet den Fünften Abschnitt des ArbSchG und hat die „Gemeinsame deutsche Arbeitsschutzstrategie" (im Folgenden auch „GDA") zum Gegenstand. Darüber hinaus beinhaltet dieser Abschnitt nur noch § 20b ArbSchG über die „Nationale Arbeitsschutzkonferenz" (im Folgenden auch „NAK"). 1

Normativ regelt § 20a ArbSchG zum einen den Auftrag an Bund, Länder und Unfallversicherungsträger, eine gemeinsame deutsche Arbeitsschutzstrategie zu entwickeln (Abs. 1). Zum anderen werden die Inhalte der GDA vorgegeben (Abs. 2). 2

Im ursprünglichen ArbSchG vom 7.8.1996 waren die §§ 20a, 20b ArbSchG noch nicht enthalten. Sie wurden erst durch das – als Artikelgesetz erlassene – **Gesetz zur Modernisierung der gesetzlichen Unfallversicherung** (Unfallversicherungsmodernisierungsgesetz – UVMG) vom 30.10.2008 (BGBl. I S. 2130) zum Gegenstand des ArbSchG. Art. 6 dieses Gesetzes brachte die in Rede stehenden Änderungen im allgemeinen Arbeitsschutzrecht mit sich. Neben der Implementierung der neuen §§ 20a, 20b ArbSchG wurde auch die schon vorhandene Bestimmung in § 21 Abs. 3 ArbSchG neu gefasst. Der bisherige Fünfte Abschnitt des ArbSchG wurde folgerichtig zum neuen Sechsten Abschnitt über die „Schlussvorschriften". Mit der Gesetzesänderung wurde das Ziel verfolgt, in allgemeiner Form die Grundsätze festzulegen, die bei der Ausarbeitung und Durchführung der GDA zu beachten sind (BR-Drs. 113/08 S. 109). Seit der Einfügung in das ArbSchG Ende 2008 blieb § 20a ArbSchG unverändert. 3

Hinter der Gesetzesänderung standen nicht zuletzt **internationale und europäische Vorgaben** wie z. B. das Übereinkommen der Internationalen Arbeitsorganisation „Förderungsrahmen für den Arbeitsschutz" (näher hierzu *Wiebauer* in Landmann/Rohmer GewO ArbSchG § 20a Rn. 13; siehe auch Fachkonzept und Arbeitsschutzziele 2008 – 2012, Stand: 12.12.2007, Nr. 1, S. 2; ferner *Timm* BG 2008, 422). Diese Übereinkommen verlangen auf nationaler Ebene einheitliche Strategien im Bereich des Arbeitsschutzes sowie die **Verbesserung des Arbeitsschutzes** durch die **Entwicklung von Arbeitsschutzprogrammen** mit festgelegten Zielen, Prioritäten und abgestimmten Aktionen (BR-Drs. 113/08 S. 109). Daneben spielte auch ein **Bericht des Senior Labour Inspectors Comittee** (SLIC) eine Rolle (*Pieper* ArbSchR ArbSchG § 20a Rn. 2). Umgekehrt steht die Bestimmung des § 20a 4

ArbSchG § 20a

ArbSchG nicht in Verbindung zur RL 89/391/EWG (sog. **Arbeitsschutz-Rahmenrichtlinie** oder **EG-Rahmenrichtlinie Arbeitsschutz**).

B. Die einzelnen Absätze

I. Gemeinsame deutsche Arbeitsschutzstrategie als Gesamtkonzept (Abs. 1)

5   Im ersten Absatz des § 20a ArbSchG steht die gemeinsame deutsche Arbeitsschutzstrategie im Mittelpunkt, und zwar unter den Aspekten der **Entwicklung, Umsetzung und Fortschreibung.** Im Unterschied zur Aufgabe der Entwicklung der GDA, die unmittelbar den drei betreffenden Akteuren (Bund, Länder und Unfallversicherungsträger) zugewiesen wird, besteht in Bezug auf die **Aufgaben der Umsetzung und Fortschreibung** der GDA eine **Pflicht der drei genannten Akteure zur Gewährleistung** (→ Rn. 14). Bei der GDA handelt es sich um ein **Gesamtkonzept** (BR-Drs. 113/08 S. 110), welches das **Ziel verfolgt,** „Sicherheit und Gesundheit der Beschäftigten durch einen inhaltlich und organisatorisch effizienten und systematisch wahrgenommenen Arbeitsschutz zu erhalten, zu verbessern und zu fördern, ergänzt durch Maßnahmen der betrieblichen Gesundheitsförderung" (BR-Drs. 110/8 S. 111). M.a.W. soll die Prävention wirkungsvoller und effizienter gestaltet werden (*Timm* BG 2008, 422). Vor der GDA wurde zwischen Bund, den Ländern und den Unfallversicherungsträgern intensiv über **Entbürokratisierung und Deregulierung** sowie die **Verbesserung des dualen Arbeitsschutzsystems** mit staatlichem Arbeitsschutzrecht einerseits und dem autonomen Recht der Unfallversicherungsträger andererseits diskutiert (ausführlich *Rentrop* BG 2008, 46, 46 f.; siehe auch *Wiebauer* in Landmann/Rohmer GewO ArbSchG § 20a Rn. 10 ff.; *Pieper* AiB 2006, 523, 525). Mit der GDA wird der **arbeitsschutzrechtliche Dualismus** in der Tat gestärkt (so auch *Pieper* ArbSchR ArbSchG § 21 Rn. 19).

6   **1. Entwicklung, Umsetzung und Fortschreibung der gemeinsamen deutschen Arbeitsschutzstrategie (S. 1). a) Entwicklung der gemeinsamen deutschen Arbeitsschutzstrategie.** Bund, Länder und Unfallversicherungsträger haben gem. Art. 20a Abs. 1 S. 1 ArbSchG eine gemeinsame deutsche Arbeitsschutzstrategie zu entwickeln. Aus der Perspektive des Gesetzgebers wurde die Entwicklung einer solchen Strategie angesichts **geänderter Risiken in der Arbeitswelt** und somit auch **geänderter Anforderungen an wirksame Arbeitsschutzmaßnahmen** als „dringend erforderlich" angesehen (BR-Drs. 113/08 S. 109). Ungeachtet dieser zu beobachtenden Entwicklungen in der Arbeitsumwelt stimmten sich Bund, Länder und Unfallversicherungsträger dem Gesetzgeber zufolge nicht im gebotenen Maße ab. Vor diesem Hintergrund besteht kein Zweifel, dass der Gesetzgeber auf eine **Stärkung der Zusammenarbeit der betreffenden arbeitsschutzrechtlichen Akteure** abzielt. Zu betonen ist in diesem Zusammenhang der **strategische Gedanke,** der dezidiert nach einem planvollen Zusammenwirken verlangt.

7   Die Regelung in § 20a Abs. 1 ArbSchG ist als **Zielbestimmung** aufzufassen, derzufolge die angesprochenen Adressaten ihre Aktivitäten an der zu entwickelnden gemeinsamen deutschen Arbeitsschutzstrategie auszurichten haben. In diesem Zusammenhang ist darauf hinzuweisen, dass die **gesetzlichen (Vollzugs-)Zuständigkeiten** im Bereich des Arbeitsschutzes gem. § 21 ArbSchG unberührt bleiben (*Pieper* ArbSchR ArbSchG § 20a Rn. 3; *Wiebauer* in Landmann/Rohmer GewO ArbSchG § 20a Rn. 5 mit Hinweis auf das **grundsätzliche Verbot der**

Gemeinsame deutsche Arbeitsschutzstrategie **§ 20a ArbSchG**

Mischverwaltung). Was in der GDA zu regeln ist, wird im Übrigen in § 20a Abs. 2 ArbSchG detailliert festgelegt. Behördliche Zuständigkeiten sind dementsprechend nicht Gegenstand dieses Katalogs notwendiger Gegenstände der GDA. Vor diesem Hintergrund nimmt es schließlich nicht wunder, dass der Gesetzgeber in § 20a ArbSchG auch keine dezidierten Vorgaben zu den insoweit einzusetzenden Ressourcen macht. Ganz konkret verhält sich § 20a ArbSchG weder zu den Mitteln personeller oder finanzieller Art noch zur Höhe dieser Mittel. Die **Personal- und Finanzhoheit von Bund, Ländern und Unfallversicherungsträgern** bleibt folglich unangetastet (zum Ganzen BR-Drs. 113/08 S. 109).

Die Entwicklung der gemeinsamen deutschen Arbeitsschutzstrategie erfolgt „im 8 Interesse eines wirksamen Arbeitsschutzes". Damit ist die **Stoßrichtung der GDA** gesetzlich klar formuliert. Sie soll ein Instrument des Staates und der Unfallversicherungsträger sein, mithilfe dessen der Arbeitsschutz substanziell gefördert bzw. verbessert wird. Andere Zwecke wie z. B. finanzielle Erwägungen sollen umgekehrt nicht mit der GDA verfolgt werden. In der Literatur wird darauf hingewiesen, dass die wichtigste Voraussetzung für **erfolgreiche Prävention** im Feld des Arbeitsschutzes in der **Stärkung des Sicherheits- und Gesundheitsbewusstseins der Arbeitgebern und Beschäftigten** liege (*Pieper* ArbSchR ArbSchG § 20a Rn. 6).

Im Hinblick auf das zu entwickelnde Gesamtkonzept mit den Inhalten aus § 20a 9 Abs. 2 ArbSchG lässt sich die GDA insoweit weiter aufgliedern, als sie erstens auf der **Entwicklung gemeinsamer Arbeitsschutzziele** beruht, die zweitens in **vorrangige Handlungsfelder und Eckpunkte für Arbeitsprogramme** einfließen (BR-Drs. 113/08 S. 110). Mehrfach betont wird die Bedeutung eines **abgestimmten bzw. einheitlichen Vorgehens** der zum Vollzug des Arbeitsschutzrechts berufenen Akteure. Schließlich rechnet auch die Herstellung eines **verständlichen, überschaubaren und abgestimmten Vorschriften- und Regelwerks** zu den Inhalten der GDA.

Mit Blick auf die gemeinsame deutsche Arbeitsschutzstrategie existiert **im In-** 10 **ternet eine entsprechende Webseite** unter http://www.gda-portal.de/de/Start seite.html (zuletzt abgerufen am 31.1.2016). Sie beinhaltet eine Vielzahl aktueller Informationen über die GDA. Danach ist Ziel des Verbunds, „das Arbeitsschutzsystem in Deutschland zu modernisieren und Anreize für Betriebe zu schaffen, die Sicherheit und Gesundheit der Beschäftigten zu stärken" (http://www.gda-portal. de/de/Ueber-die-GDA/Ueber-die-GDA.html; zuletzt abgerufen am 31.1.2016).

Leitprinzip der gemeinsamen deutschen Arbeitsschutzstrategie ist die **Koope-** 11 **ration zwischen Bund, Ländern und Unfallversicherungsträgern.** Die arbeitsschutzrechtliche **Präventionspolitik** soll zwischen den genannten Trägern der GDA abgestimmt werden (http://www.gda-portal.de/de/Ueber-die-GDA/ Ueber-die-GDA.html; zuletzt abgerufen am 31.1.2016).

Im Hinblick darauf, dass ab 2008 gemeinsame Arbeitsschutzziele Geltung bean- 12 spruchten (→ Rn. 23f.), ist die Aufgabe der Entwicklung der gemeinsamen deutschen Arbeitsschutzstrategie weitgehend erfüllt. Vor diesem Hintergrund stehen nunmehr die **Aufgaben der Umsetzung und Fortschreibung der GDA stärker im Fokus** (*Wiebauer* in Landmann/Rohmer GewO ArbSchG § 20a Rn. 21).

Die wesentlichen Ergebnisse und Aktivitäten der gemeinsamen deutschen Ar- 13 beitsschutzstrategie werden jedes Jahr in einem **Jahresbericht** zusammengefasst und veröffentlicht (http://www.gda-portal.de/de/Ueber-die-GDA/Jahresbe richte.html; zuletzt abgerufen am 31.1.2016). Derzeit liegt der Jahresbericht 2014 vor. Darin wird als Meilenstein für das Jahr 2015 u. a. auf den Start der Umsetzungsphase des Arbeitsprogramms Psyche und den Beginn der Betriebsbesichtigungen hingewiesen.

ArbSchG § 20a

14 b) Umsetzung und Fortschreibung der gemeinsamen deutschen Arbeitsschutzstrategie. Bei der Entwicklung der gemeinsamen deutschen Arbeitsschutzstrategie hat es gem. § 20a Abs. 1 S. 1 ArbSchG nicht sein Bewenden. Bund, Länder und Unfallversicherungsträger **gewährleisten** überdies **Umsetzung und Fortschreibung der GDA.** Hervorzuheben ist insoweit zunächst die genuine **Gewährleistungsverantwortung** der drei genannten Akteure. Auf welche Weise Umsetzung und Fortschreibung gewährleistet werden sollen, wird arbeitsschutzrechtlich freilich nicht vorgegeben. Aufgrund der Gewährleistungsverantwortung müssen Bund, Länder und Unfallversicherungsträger nicht selbst die GDA umsetzen und fortschreiben. Sie müssen nur dafür Sorge tragen, dass diese Aufgaben tatsächlich wahrgenommen werden. Mit Blick auf die Regelung in § 20b Abs. 1 S. 1 ArbSchG läuft die Wahrnehmung der Gewährleistungsverantwortung im Ergebnis darauf hinaus, dass Bund, Länder und Unfallversicherungsträger insoweit die **Arbeit der Nationalen Arbeitsschutzkonferenz** im Blick behalten müssen.

15 Zu Recht wird in der arbeitsschutzrechtlichen Literatur die Bedeutung der Fortschreibung der gemeinsamen deutschen Arbeitsschutzstrategie betont (*Wiebauer* in Landmann/Rohmer GewO ArbSchG § 20a Rn. 21); denn damit wird verdeutlicht, dass die Gewährleistung eines effektiven Arbeitsschutzes eine **(Dauer-)Aufgabe** ist (BR-Drs. 110/8 S. 111), die fortlaufend Impulse aus der sich ändernden Arbeitswelt erhält. Die Fortschreibung der GDA kann vor diesem Hintergrund ein Instrument sein, um das Arbeitsschutzrecht z. B. mit Blick auf technologische Veränderungen, neue Berufsbilder und Arbeitsformen, veränderte Belastungsarten sowie die Alterung der Erwerbsbevölkerung für die Praxis operationalisierbar zu machen (vgl. Fachkonzept und Arbeitsschutzziele 2008 – 2012, Stand: 12.12.2007, Nr. 1, S. 2). Derzeit beginnt z. B. die Diskussion um den **Arbeitsschutz in der digitalen Arbeitswelt** im Hinblick auf das industriepolitische Konzept namens **„Industrie 4.0",** das arbeitsrechtlich auch unter der Flagge **„Arbeit 4.0"** bzw. **„Arbeiten 4.0"** segelt (instruktiv *Kohte* NZA 2015, 1417 ff.). Dabei ist zu berücksichtigen, dass bislang noch jede industrielle Revolution in der Geschichte auch mit einschneidenden Veränderungen in der Arbeitswelt verbunden war (*Günther/Böglmüller* NZA 2015, 1025, 1026). Aus diesem Grund kann ohne Weiteres davon ausgegangen werden, dass sich die menschliche Arbeit durch die mit der „Industrie 4.0" verbundene **umfassende Kommunikation von Werkstücken, Maschinen, Beschäftigten und Kunden** verändern wird (*Günther/Böglmüller* NZA 2015, 1025).

16 b) Akteure. (1) Träger der gemeinsamen deutschen Arbeitsschutzstrategie. Der Gesetzgeber richtet sich in Bezug auf die gemeinsame deutsche Arbeitsschutzstrategie – ausschließlich – an den
– Bund,
– die 16 Länder und
– die Unfallversicherungsträger.
Mit Blick auf den **Bund** ist die Bundesregierung im Allgemeinen und das Bundesministerium für Arbeit und Soziales (BMAS) als federführendes Ressort im Besonderen Adressat der Norm (*Wiebauer* in Landmann/Rohmer GewO ArbSchG § 20a Rn. 16). Zu erwähnen ist zudem die **Bundesanstalt für Arbeitsschutz und Arbeitsmedizin (BAuA)** (→ Rn. 17). Auf der **Ebene der Länder** sind die obersten Landesbehörden sowie die nachgeordneten Arbeitsschutzbehörden beteiligt (*Wiebauer* in Landmann/Rohmer GewO ArbSchG § 20a Rn. 17). Mit Blick auf die **Unfallversicherungsträger** schließlich gilt § 114 Abs. 1 SGB VII sowie Anlage 1 zum SGB VII (→ § 21 Rn. 26 f.).

(2) **Nationale Arbeitsschutzkonferenz.** Aus § 20b Abs. 1 S. 1 ArbSchG folgt, 17
dass die sog. **Nationale Arbeitsschutzkonferenz** (NAK) die Aufgabe der Entwicklung, Steuerung und Fortschreibung der gemeinsamen deutschen Arbeitsschutzstrategie wahrnimmt. Ebenso wie § 20a ArbSchG wurde § 20b ArbSchG erst durch das Gesetz zur Modernisierung der gesetzlichen Unfallversicherung im Jahr 2008 (→ Rn. 3) in das ArbSchG integriert. Die NAK ist somit das **zentrale Steuerungsgremium** der GDA (*Wiebauer* in Landmann/Rohmer GewO ArbSchG § 20a Rn. 2, 5) und setzt sich aus jeweils **drei stimmberechtigten Vertretern von Bund, Ländern und den Unfallversicherungsträgern** zusammen, § 20b Abs. 1 S. 2 ArbSchG. Aufgrund der verfassungsrechtlichen Vorgaben zur Ausführung der Bundesgesetze ist die NAK indes **nicht als eigenständiger Akteur im Arbeitsschutz konzipiert** (*Wiebauer* in Landmann/Rohmer GewO ArbSchG § 20a Rn. 5). Im Falle der Behandlung der Angelegenheiten gem. § 20a Abs. 2 Nrn. 1–3, 5 ArbSchG wird das Gremium durch jeweils bis zu drei **Vertreter der Spitzenorganisationen der Arbeitgeber und Arbeitnehmer** erweitert, § 20b Abs. 1 S. 3 ArbSchG (vgl. hierzu auch *Becker* BPUVZ 2012, 82, 84). Allerdings nehmen diese Vertreter nur „mit beratender Stimme an den Sitzungen teil". Die NAK wird gem. § 20b Abs. 3 S. 1 ArbSchG durch ein – regelmäßig einmal jährlich stattfindendes – **Arbeitsschutzforum** unterstützt (vgl. zu den Teilnehmern § 20b Abs. 3 S. 2 ArbSchG). Das Arbeitsschutzforum ist vor diesem Hintergrund ein **Beratungsgremium** (*Wiebauer* in Landmann/Rohmer GewO ArbSchG § 20a Rn. 3), welches dem „strukturierten Dialog mit allen relevanten Akteuren im Arbeitsschutz" dienen soll (Fachkonzept und Arbeitsschutzziele 2008 – 2012, Stand: 12.12.2007, Nr. 1, S. 3). Hervorzuheben ist in diesem Zusammenhang die **Geschäftsführung von NAK und Arbeitsschutzforum** durch die **Bundesanstalt für Arbeitsschutz und Arbeitsmedizin (BAuA)** gem. § 20b Abs. 5 S. 1 ArbSchG.

2. Zielerreichung durch Aufgabenwahrnehmung (S. 2). Neben die Ent- 18
wicklung, Umsetzung und Fortschreibung der gemeinsamen deutschen Arbeitsschutzstrategie tritt in § 20a Abs. 1 S. 2 ArbSchG eine **Regelung zur Zielerreichung:** Die Ziele der GDA sollen u. a. dadurch erreicht werden, dass Bund, Länder und Unfallversicherungsträger die ihnen gesetzlich zugewiesenen Aufgaben zur Verhütung von Arbeitsunfällen, Berufskrankheiten und arbeitsbedingten Gesundheitsgefahren wahrnehmen. Auch wenn diese Vorgabe prima facie i. S. e. **Programmsatzes** anmutet, werden damit genuine Pflichten der genannten GDA-Träger aus der Taufe gehoben, sich insoweit inhaltlich einzubringen (*Wiebauer* in Landmann/Rohmer GewO ArbSchG § 20a Rn. 22). Zu diesem Zweck sind naturgemäß auch personelle Ressourcen einzusetzen. In diesem Zusammenhang sehen die Länder den Einsatz von „10% der insgesamt für die Umsetzung der Arbeitsschutzaufgaben zur Verfügung stehenden Nettoarbeitszeit" vor (Überwachungs- und Beratungstätigkeit der Arbeitsschutzbehörden der Länder. Grundsätze und Standards, hrsg. v. Länderausschuss für Arbeitsschutz und Sicherheitstechnik, 2014, Kap. 3.3, S. 27). Zugleich soll die GDA **Maßstäbe setzen**, die Orientierung beim Vollzug des geltenden Arbeitsschutzrechts bieten.

Zu betonen ist, dass die GDA-Träger ungeachtet der gemeinsamen deutschen 19
Arbeitsschutzstrategie eigene Schwerpunktsetzungen vornehmen können (vgl. *Timm* BG 2008, 422, 423 mit Hinweis auf breiten Raum für eigenständige Aktivitäten); denn die GDA soll mit Blick auf die GDA-Träger zwar zu einem **abgestimmten Vorgehen, nicht aber zu einer vollständigen und keinen Raum für Eigeninitiative lassenden Steuerung des arbeitsschutzrechtlichen Vollzugs** führen (*Wiebauer* in Landmann/Rohmer GewO ArbSchG § 20a Rn. 24).

II. Gegenstände der gemeinsamen deutschen Arbeitsschutzstrategie (Abs. 2)

20 Was Gegenstand der gemeinsamen deutschen Arbeitsschutzstrategie sein soll, wird in § 20a Abs. 2 ArbSchG geregelt. Weil der aus fünf Nummern bestehende Katalog des § 20a Abs. 2 ArbSchG kein „insbesondere" aufweist, ist von einem **abschließenden Katalog** auszugehen (so auch *Wiebauer* in Landmann/Rohmer GewO ArbSchG § 20a Rn. 26). Die genannten Inhalte in § 20a Abs. 2 ArbSchG müssen als **notwendige Bestandteile in die GDA** einfließen. Die Elemente müssen fachlich konzipiert und schließlich zu einem Gesamtkonzept zusammengefügt werden (*Pieper* ArbSchR ArbSchG § 20a Rn. 4).

21 **1. Entwicklung gemeinsamer Arbeitsschutzziele (Nr. 1).** Mit der Entwicklung gemeinsamer Arbeitsschutzziele wird der Katalog des § 20a Abs. 2 ArbSchG eröffnet. Hierbei handelt es sich indes auch inhaltlich um den ersten Schritt, den Bund, Länder und Unfallversicherungsträger mit Blick auf die zu entwickelnde gemeinsame deutsche Arbeitsschutzstrategie unternehmen sollen; denn die vorrangigen Handlungsfelder i. S. d. § 20a Abs. 2 Nr. 2 ArbSchG sind dezidiert aus den gemeinsamen Arbeitsschutzzielen abzuleiten (BR-Drs. 113/08 S. 110). Bei der Festlegung gemeinsamer Arbeitsschutzziele geht es im Kern um eine **Prioritätensetzung.**

Im Übrigen fließen **Fachkenntnisse und Erfahrungen der GDA-Träger** bei der Auswahl der Arbeitsschutzziele ein. Daneben sind freilich auch **wissenschaftliche und empirische Daten** beachtlich. Die Festlegung findet dabei im Konsens von Bund, Ländern und Unfallversicherungsträgern statt. Im Einklang mit § 20b Abs. 1 S. 3 ArbSchG wird zudem für eine **Abstimmung mit den Sozialpartnern** Sorge getragen. Was den Zeitraum der Arbeitsschutzziele anbetrifft, sollen diese für **3–5 Jahre festgelegt** werden (sog. **GDA-Periode;** http://www.gda-portal.de/de/Ziele/Ziele.html; zuletzt abgerufen am 31.1.2016).

22 Laut dem vorliegenden Dokument „Fachkonzept und Arbeitsschutzziele 2008 – 2012" vom 12.12.2007 betreffen die Arbeitsschutzziele die folgenden Felder:
- technische Sicherheit,
- Unfallverhütung,
- Gesundheitsschutz,
- betriebliche Gesundheitsförderung,
- menschengerechte Gestaltung der Arbeit.

Umfasst sind jeweils die Aspekte der Arbeitsaufgabe, Arbeitsplatz- und Arbeitsumgebungsgestaltung, Arbeitsorganisation und Personalentwicklung. Innerhalb der Arbeitsschutzziele werden schließlich sog. **Sicherheits- und Gesundheitsziele** einerseits und sog. **Struktur- und Prozessziele** andererseits unterschieden (zum Ganzen Fachkonzept und Arbeitsschutzziele 2008 – 2012, Stand: 12.12.2007, Nr. 2.2, S. 4).

23 Was die gemeinsamen Arbeitsschutzziele anbelangt, galt zunächst die Festlegung für den **Zeitraum 2008–2012.** Für diesen Zeitraum galten die folgenden Arbeitsschutzziele:

- Verringerung von Häufigkeit und Schwere von Arbeitsunfällen;
- Verringerung von Muskel-Skelett-Belastungen und Erkrankungen;
- Verringerung der Häufigkeit und Schwere von Hauterkrankungen.

Diese Ziele wurden im Rahmen der 84. Arbeits- und Sozialministerkonferenz 2007 am 15./16.11.2007 festgelegt (näher *Timm* BG 2008, 422).

24 Aufgrund des Beschlusses der Nationalen Arbeitsschutzkonferenz vom 30.8.2011 gelten für den Zeitraum von 2013–2018 die folgenden Arbeitsschutzziele:

Gemeinsame deutsche Arbeitsschutzstrategie **§ 20a ArbSchG**

– Verbesserung der Organisation des betrieblichen Arbeitsschutzes
– Verringerung von arbeitsbedingten Gesundheitsgefahren und Erkrankungen im Muskel-Skelett-Bereich
– Schutz und Stärkung der Gesundheit bei arbeitsbedingter psychischer Belastung

Beim abstrakt formulierten Ziel der Verbesserung der Organisation des betrieblichen Arbeitsschutzes steht die **Verbesserung der Umsetzung der Gefährdungsbeurteilung** im Mittelpunkt (zum Ganzen http://www.gda-portal.de/de/Ziele/Arbeitsschutzziele2013-18.html; zuletzt abgerufen am 31.1.2016). Repräsentative Befragungen sollen das Ergebnis zutage gefördert haben, dass die Gefährdungsbeurteilung insbesondere in kleineren Betrieben noch immer unterbelichtet sei, wohingegen in immerhin 98% der Großbetriebe mit mehr als 250 Beschäftigten eine Gefährdungsbeurteilung durchgeführt werde. Vor dem Hintergrund dieser Bestandsaufnahme soll eine Konzentration in **zwei Handlungsfeldern** stattfinden: Erstens sollen Sicherheit und Gesundheit in betriebliche Prozesse integriert werden, und zweitens soll die Umsetzung der Gefährdungsbeurteilung verbessert werden. Als Kernelement der gemeinsamen deutschen Arbeitsschutzstrategie zur Erreichung dieses Arbeitsschutzziels wird ein sog. **Unternehmens-Check zur Selbstbewertung der Organisation des betrieblichen Arbeitsschutzes** („ORGAcheck") qualifiziert, der die Unternehmen im Ergebnis in die Lage versetzen soll, eine Standortbestimmung vorzunehmen (zum Ganzen Infoblatt: Gemeinsames Arbeitsschutzziel 2013 – 2018 – „Verbesserung der Organisation des betrieblichen Arbeitsschutzes", 2012, S. 1). 25

2. Festlegung vorrangiger Handlungsfelder und von Eckpunkten für Arbeitsprogramme (Nr. 2). Als zweites Element der gemeinsamen deutschen Arbeitsschutzstrategie wird die **Festlegung vorrangiger Handlungsfelder** und von **Eckpunkten für Arbeitsprogramme** aufgeführt. In diesem Zusammenhang wird zudem die Bedeutung der **Ausführung nach einheitlichen Grundsätzen** betont. Was die vorrangigen Handlungsfelder anbelangt, sind diese dezidiert aus den gemeinsamen Arbeitsschutzzielen abzuleiten. Auch wenn sich dieser Zusammenhang nicht wörtlich aus § 20a Abs. 2 Nr. 2 ArbSchG ergibt, folgt er doch aus dem Sachzusammenhang mit übergeordneten Arbeitsschutzzielen (BR-Drs. 113/08 S. 110). Mit dem Instrument der Handlungsfelder sollen Bereiche festgelegt werden, in denen die GDA-Träger **vorrangig die Umsetzung der Arbeitsschutzziele in Angriff nehmen** (*Wiebauer* in Landmann/Rohmer GewO ArbSchG § 20a Rn. 32). Die **bundesweiten Arbeitsprogramme** wiederum konkretisieren die vorrangigen Handlungsfelder für die operative Arbeit (vgl. BR-Drs. 113/08 S. 110), sodass die Praxis der GDA dezidiert **von den Arbeitsprogrammen geprägt** wird (*Wiebauer* in Landmann/Rohmer GewO ArbSchG § 20a Rn. 35). Sie wenden sich vor allem an die betriebliche Ebene, indem sie Unternehmer, Führungskräfte, Beschäftigte und betriebliche Arbeitsschutzexperten bei der konkreten Ausgestaltung des Arbeitsschutzes unterstützen sollen (http://www.gda-portal.de/de/Ueber-die-GDA/Ueber-die-GDA.html; zuletzt abgerufen am 31.1.2016). 26

Keineswegs unterschätzt werden darf im Kontext der Inhalte der gemeinsamen deutschen Arbeitsschutzstrategie gem. § 20a Abs. 2 Nr. 2 ArbSchG der Aspekt der **Ausführung nach einheitlichen Grundsätzen.** Aufgrund des in Deutschland bestehenden dualen Arbeitsschutzsystems mit staatlichem und berufsgenossenschaftlichem Vollzug existiert eine Vielzahl zum Vollzug geltenden Arbeitsschutzrechts berufener Behörden. Wenn und soweit diese Behörden bei der Umsetzung der GDA nicht einheitlich agieren, führt dies unmittelbar zu **Schieflagen im ar-** 27

beitsschutzrechtlichen Vollzug. Aus diesem Grund sind die einheitlichen Grundsätze für die Ausführung elementarer Bestandteil der GDA. Dabei ist zu beachten, dass **Abstimmung und Koordination im Bereich der Beratung und Überwachung der Betriebe** in § 20a Abs. 2 Nr. 4 ArbSchG gesondert geregelt sind. Dieser Aspekt betrifft indes nur die **Landesbehörden sowie die Unfallversicherungsträger.**

28 Während bei den Arbeitsschutzzielen für den Zeitraum 2008–2012 insgesamt **elf Arbeitsprogramme** erarbeitet wurden, die inzwischen abgeschlossen sind (zu Ergebnissen und Erfahrungen http://www.gda-portal.de/de/Arbeitsprogramme/Arbeitsprogramme.html; zuletzt abgerufen am 31.1.2016; zu den Handlungsfeldern in diesem Zeitraum *Timm* BG 2008, 422), liegen für die laufende Periode von 2013–2018 **drei Arbeitsprogramme** vor, welche dezidiert Bezug nehmen auf die entsprechenden Arbeitsschutzziele (→ Rn. 24). Über die genauen Inhalte informieren entsprechende **Infoblätter der GDA,** die insbesondere Auskunft zu den „Aktivitäten der Gemeinsamen Deutschen Arbeitsschutzstrategie" geben und in diesem Kontext grds. auch auf die **relevanten Handlungsfelder** eingehen.

29 **3. Evaluierung des Arbeitsschutzes (Nr. 3).** Ausdrücklich aufgeführt wird im Katalog der Bestandteile der gemeinsamen deutschen Arbeitsschutzstrategie auch die **Evaluierung der Arbeitsschutzziele, Handlungsfelder und Arbeitsprogramme.** Damit wird unmittelbar Bezug genommen auf die Inhalte der GDA gem. § 20a Abs. 2 Nrn. 1, 2 ArbSchG. Dass die Evaluierung mittels **geeigneter Kennziffern** erfolgen soll, bedarf keiner weiteren Erläuterung. Zu konkreten Schlussfolgerungen aus den Ergebnissen der Evaluierung verhält sich § 20a Abs. 2 Nr. 3 ArbSchG indes nicht. **Gesetzessystematisch** ist darauf hinzuweisen, dass gem. § 21 Abs. 3 S. 3 Hs. 2 ArbSchG die **Zielerreichung** in Bezug auf die „Umsetzung der gemeinsamen Arbeitsprogramme" gem. § 20a Abs. 2 Nr. 2 ArbSchG zu evaluieren ist (→ § 21 Rn. 43). Eine weitere Evaluierungsdimension im Vergleich zu § 20a Abs. 2 Nr. 3 ArbSchG dürfte damit freilich nicht einhergehen (so wohl auch *Wiebauer* in Landmann/Rohmer GewO ArbSchG § 20a Rn. 38).

30 **4. Festlegung eines abgestimmten Vorgehens bei der Beratung und Überwachung der Betriebe (Nr. 4).** Die Bedeutung der Abstimmung zwischen den für den Arbeitsschutz zuständigen Landesbehörden und den Unfallversicherungsträgern bei der Beratung und Überwachung der Betriebe sollte durch Aufnahme in den Katalog der notwendigen Inhalte der gemeinsamen deutschen Arbeitsschutzstrategie deutlich hervorgehoben werden. Der Grund für dieses gesetzgeberische Motiv liegt in erster Linie darin, dass die Personalgewinnung in den Ländern in Bezug auf die Aufgabe der Arbeitsschutzaufsicht signifikanten Schwierigkeiten begegne, sodass die **Arbeitsteilung zwischen den Aufsichtsdiensten von Ländern und Unfallversicherungsträgern** von besonderer Bedeutung sei (BR-Drs. 113/08 S. 110). Vor diesem Hintergrund zielt das abgestimmte Vorgehen der Landesbehörden und der Unfallversicherungsträger auf den **effektiven und effizienten Einsatz der Aufsichtsdienste** bei insgesamt **zurückgehenden personellen Ressourcen** ab (BR-Drs. 110/08 S. 60). Im Ergebnis sollen die Bemühungen zu einer **verbesserten Beratungs- und Überwachungspraxis** durch ein abgestimmtes Vorgehen der Aufsichtsdienste führen.

31 **Gesetzessystematisch** ist in diesem Zusammenhang auf die Regelung in § 21 Abs. 3 ArbSchG hinzuweisen (vgl. auch *Pieper* ArbSchR ArbSchG § 20a Rn. 3): Danach wirken die „zuständigen Landesbehörden und die Unfallversicherungsträger (…) auf der Grundlage einer gemeinsamen Beratungs- und Überwachungsstra-

Gemeinsame deutsche Arbeitsschutzstrategie § 20a ArbSchG

tegie" gem. § 20a Abs. 2 Nr. 4 ArbSchG zusammen, § 21 Abs. 3 S. 1 ArbSchG. Diese **gemeinsame Beratungs- und Überwachungsstrategie** soll gem. § 21 Abs. 3 S. 2 ArbSchG folgende **allgemeine Grundsätze zur methodischen Vorgehensweise** umfassen:
– Beratung und Überwachung der Betriebe
– Festlegung inhaltlicher Beratungs- und Überwachungsschwerpunkte, aufeinander abgestimmter oder gemeinsamer Schwerpunktaktionen und Arbeitsprogramme
– Förderung eines Daten- und sonstigen Informationsaustausches, insbesondere über Betriebsbesichtigungen und deren wesentliche Ergebnisse

Als **zentrale Instrumente der gemeinsamen Beratungs- und Überwachungsstrategie** werden auf dem GDA-Portal die folgenden Instrumente hervorgehoben: 32

– *Rahmenvereinbarungen über das Zusammenwirken der staatlichen Arbeitsschutzbehörden und der Unfallversicherungsträger*

– *Gemeinsame Leitlinien für ein abgestimmtes planvolles Aufsichtshandeln und eine gleichwertige Umsetzung von Arbeitsschutzvorschriften*

– *Förderung eines Daten- und Informationsaustausches zwischen den Ländern und Unfallversicherungsträgern zu Betriebsbesichtigungen (zum Ganzen http://www.gda-portal.de/de/Betreuung/Betreuung.html; zuletzt abgerufen am 31.1.2016).*

Zum Zwecke der Verbesserung der Zusammenarbeit der Aufsichtsdienste der Länder und der Unfallversicherungsträger wurde unter dem Dach der gemeinsamen deutschen Arbeitsschutzstrategie ein Infoblatt unter dem Titel „Optimierung des dualen Systems" (Stand: März 2012) veröffentlicht (Abzurufen unter http://www.gda-portal.de/de/Betreuung/Betreuung.html; zuletzt abgerufen am 31.1.2016). Die darin aufgeführten drei zentralen Instrumente weichen zwar sprachlich leicht, nicht aber inhaltlich von den drei o. g. Instrumenten ab.

Mit Blick auf die **Rahmenvereinbarung** zwischen Ländern und Unfallversicherungen bietet das GDA-Portal Einblick in eine **Musterrahmenvereinbarung** mit dem Stand vom 23.8.2013 (→ § 21 Rn. 38 ff.). Die „Rahmenvereinbarung über das Zusammenwirken der staatlichen Arbeitsschutzbehörden der Länder und der Träger der gesetzlichen Unfallversicherung im Rahmen der Gemeinsamen Deutschen Arbeitsschutzstrategie (GDA)" regelt in insgesamt sechs Paragraphen „Allgemeines" (I.), „Zusammenarbeit auf Betriebsebene" (II.), „Zusammenarbeit auf Landesebene" (III.) und „Zusammenarbeit auf Bundesebene" (IV.). 33

In Bezug auf die **gemeinsamen Leitlinien** für ein abgestimmtes planvolles Aufsichtshandeln und eine gleichwertige Umsetzung von Arbeitsschutzvorschriften soll zunächst Einigkeit über ein **Grundverständnis der GDA-Träger zu zentralen Themen** der Sicherheit und Gesundheit bei der Arbeit erzielt werden. Dem Infoblatt zufolge setzen sie „den Rahmen für das Vorgehen bei der Beratung und Überwachung von Betrieben." In diesem Zusammenhang werden Anlässe und Umfang für etwaige Überwachungstätigkeiten bestimmt sowie „Kriterien und Maßstäbe für die Bewertung der im Betrieb vorgefundenen Situation" festgelegt. 34

Die Abstimmung der Aufsichtsdienste soll auf der **Grundlage einheitlicher Bewertungsmaßstäbe** (sog. **GDA-Leitlinien**) erfolgen (http://www.gda-portal.de/de/Ueber-die-GDA/Ueber-die-GDA.html; zuletzt abgerufen am 31.1.2016). Die GDA-Leitlinien bringen zum einen das **Grundverständnis der GDA-Träger zu zentralen Arbeitsschutzthemen** zum Ausdruck und ermöglichen zum ande-

Schucht 515

ren den Unternehmen einen **Einblick in die Auslegung des Arbeitsschutzrechts durch die Aufsichtsdienste** (*Wiebauer* in Landmann/Rohmer GewO ArbSchG § 20a Rn. 44). Die GDA-Leitlinien sind zwar **keine Verwaltungsvorschriften,** aber bezüglich ihrer Bedeutung mit Verwaltungsvorschriften vergleichbar (*Wiebauer* in Landmann/Rohmer GewO ArbSchG § 20a Rn. 44).

Derzeit existieren die folgenden **vier GDA-Leitlinien,** die jeweils von der Nationalen Arbeitsschutzkonferenz (→ Rn. 17) erarbeitet und veröffentlicht wurden:
- Leitlinie Gefährdungsbeurteilung und Dokumentation vom 5.5.2015
- Leitlinie Organisation des betrieblichen Arbeitsschutzes vom 15.12.2011
- Leitlinie Beratung und Überwachung bei psychischer Belastung am Arbeitsplatz vom 24.9.2012
- Leitlinie Planung und Ausführung von Bauvorhaben vom 13.6.2013 (zum Ganzen http://www.gda-portal.de/de/Betreuung/Betreuung.html; zuletzt abgerufen am 31.1.2016).

Die GDA-Leitlinien sind im Ergebnis auf die §§ 21 Abs. 3 S. 2 Nr. 1 ArbSchG, 20 Abs. 1 S. 2 Nr. 1 SGB VII zurückzuführen.

35 Was schließlich die Förderung eines Daten- und Informationsaustausches zwischen den Ländern und Unfallversicherungsträgern zu Betriebsbesichtigungen anbelangt, sollen **Betriebsbesichtigungen effizient gestaltet** und **Doppelbesichtigungen vermieden** werden.

36 **5. Herstellung eines Vorschriften- und Regelwerks (Nr. 5).** Mit der Vorgabe aus § 20a Abs. 2 Nr. 5 ArbSchG wird Bezug auf frühere Festlegungen genommen, wonach ein verständliches, überschaubares und abgestimmtes Vorschriften- und Regelwerk zwischen staatlichem Arbeitsschutzrecht und autonomem Satzungsrecht der Unfallversicherungsträger geschaffen werden sollte. Dieses Ziel war namentlich Gegenstand des Leitlinienpapiers „Neuordnung des Vorschriften- und Regelwerks" von Bund, Ländern und Unfallversicherungsträgern (vgl. *Rentrop* BG 2003, 226). Überdies stand eine entsprechende Empfehlung an den Bund im Raum, die auf die 81. Arbeits- und Sozialministerkonferenz (ASMK) zurückging (BR-Drs. 113/08 S. 110; *Pieper* ArbSchR ArbSchG § 20a Rn. 5). Die Bemühungen um **Transparenz im Normengeflecht** müssen vor dem Hintergrund des gewachsenen „**Wildwuchses" an rechtsverbindlichen Normen** des Staates und der Unfallversicherungsträger in Gestalt insbesondere von Gesetzen, Rechtsverordnungen und Unfallverhütungsvorschriften gesehen werden (vgl. zur Diskussion vor der gemeinsamen deutschen Arbeitsschutzstrategie ab 1997 *Rentrop* BG 2003, 226ff.). Mit der Zunahme dieser Regelungen kam es vermehrt zu **Doppelregelungen** und **widersprüchlichen Anforderungen** (*Wiebauer* in Landmann/Rohmer GewO ArbSchG § 20a Rn. 48; *Rentrop* BG 2003, 226). Vor diesem Hintergrund sank zugleich die **Rechtssicherheit** aufgrund fehlenden Verständnisses für das in concreto anwendbare Recht (auf fehlende Übersichtlichkeit und Verständlichkeit abstellend *Rentrop* BG 2003, 226). Nicht zuletzt aus diesem Grund wurde im Koalitionsvertrag für die 17. Legislaturperiode des Deutschen Bundestages einer **Entbürokratisierung des Rechts der gesetzlichen Unfallversicherung** im Bereich der Prävention das Wort geredet (Das Leitlinienpapier kompakt, 2011, S. 1).

37 Die Optimierung des Vorschriften- und Regelwerks soll einen Beitrag zur **Schaffung von Rechtssicherheit für Unternehmen und Beschäftigte** leisten. Exemplarisch sollen dadurch **Doppelregelungen** im staatlichen und autonomen Recht vermieden werden, dass neue Unfallverhütungsvorschriften – nach strenger Bedarfsprüfung – nur noch in Ausnahmefällen erlassen werden. Vor diesem Hinter-

§ 20a ArbSchG

grund soll es **Aufgabe der Unfallversicherungsträger** sein, durch den Erlass von „Branchenregeln" staatliches Recht **branchenspezifisch und praxisnah** zu konkretisieren (zum Ganzen http://www.gda-portal.de/de/Ueber-die-GDA/Ueber-die-GDA.html; zuletzt abgerufen am 31.1.2016).

Im Rahmen des § 20a Abs. 2 Nr. 5 ArbSchG wurden diverse Papiere erarbeitet, 38 die für die Praxis von Bedeutung sind. Zu nennen sind insbesondere die folgenden Dokumente:
- Infoblatt: Optimierung des Vorschriften- und Regelwerks (Stand: März 2012);
- Leitlinienpapier zur Neuordnung des Vorschriften- und Regelwerks im Arbeitsschutz vom 31.8.2011;
- das Leitlinienpapier kompakt vom September 2011.

Hervorzuheben ist das **Leitlinienpapier** zur Neuordnung des Vorschriften- und Regelwerks im Arbeitsschutz als erstes und zentrales Ergebnis im Rahmen des § 20a Abs. 2 Nr. 5 ArbSchG. Das Papier zielt dezidiert auf die **Vermeidung von Doppelregelungen.** Zu diesem Zweck befasst es sich mit dem Verhältnis von staatlichem Arbeitsschutzrecht und autonomem Satzungsrecht. Dabei werden die folgenden Prinzipien als **wesentliche Elemente des Leitlinienpapiers** aufgeführt:
- Vorrangprinzip für staatliche Vorschriften,
- Bedarfsprüfung für Unfallverhütungsvorschriften,
- Einheitliche Struktur staatlicher Regeln,
- Vermutungswirkung,
- Empfehlungscharakter von DGUV/LSV-Regeln,
- Staatliche und DGUV/LSV-Regeln ergänzen sich (Zum Ganzen Das Leitlinienpapier kompakt, 2011, S. 2).

Das **Vorrangprinzip für staatliche Vorschriften** wird dabei als **Leitprinzip** 39 bezeichnet. Die Förderung von Sicherheit und Gesundheit der Beschäftigten soll vorrangig durch staatliches Recht gewährleistet werden. Dementsprechend sollen Unfallverhütungsvorschriften nur noch erlassen werden, wenn
- es keine staatlichen Vorschriften gibt,
- es nicht zweckmäßig ist, eine Regelung in staatlichen Vorschriften oder Regeln zu treffen und
- eine Bedarfsprüfung ergeben hat, dass eine Unfallverhütungsvorschrift das geeignete Regelungsinstrument ist.

Im Leitlinienpapier zur Neuordnung des Vorschriften- und Regelwerks im Arbeitsschutz wird mit Blick auf diese Anforderungen konstatiert, dass eine Gesamtschau dieser Voraussetzungen „den Gestaltungsspielraum für Unfallverhütungsvorschriften auf wenige Anwendungsfälle" verdichte (Leitlinienpapier zur Neuordnung des Vorschriften- und Regelwerks, 2011, S. 2; vgl. zu verbleibenden Regelungsspielräumen für die Unfallversicherungsträger *Wiebauer* in Landmann/Rohmer GewO ArbSchG § 20a Rn. 53f.).

Im Einklang mit dem **Vorrangprinzip für staatliche Vorschriften** steht die **Vermutungswirkung,** die dezidiert nur an das **staatliche Arbeitsschutzrecht in Gestalt staatlicher Regeln** geknüpft wird. Im Falle der Orientierung an den Inhalten staatlicher Regeln der **staatlichen Arbeitsschutzausschüsse** sollen die Arbeitgeber davon ausgehen können, dass sie auch die dahinter stehenden Arbeitsschutzbestimmungen wie z. B. die Arbeitsschutzverordnungen erfüllen.

Hervorzuheben ist schließlich in diesem Kontext das **Kooperationsmodell** ei- 40 nerseits und das **Kombinationsmodell** andererseits. **Kooperation** bedeutet im Rahmen der Herstellung eines abgestimmten Vorschriften- und Regelwerks, dass vorhandene Inhalte aus dem autonomen Satzungsrecht – unter Nennung der Ur-

ArbSchG § 20a

heberschaft – in das staatliche Recht überführt werden, wenn ein entsprechender Bedarf besteht. Das autonome Satzungsrecht wird in diesem Fall zurückgezogen. Mit dem **Kombinationsmodell** wiederum wird den Unfallversicherungsträgern ermöglicht, staatliches Arbeitsschutzrecht durch **branchenbezogene Regelungen** (tätigkeits-, arbeitsplatz- oder arbeitsverfahrensbezogen) zu ergänzen.

```
                    Träger der GDA
    Bund           Länder        Unfallversiche-
                                  rungsträger
                  (§ 20a Abs. 1)
```

Nationale Arbeitsschutzkonferenz (NAK)
(§ 20b)

Arbeitsschutzforum, unterstützt
(§ 20b Abs. 3)

Sozialpartner, beratend,
(§ 20b Abs. 1)

Entwicklung, Steuerung und Fortschreibung der GDA
(§ 20b Abs. 1)

Festlegung gemeinsamer Arbeitsschutzziele
(§ 20a Abs. 2 Nr. 1)

Vorrangige Handlungsfelder, Eckpunkte von Arbeitsprogrammen und deren Ausführung nach nach einheitlichen Grundsätzen
(§ 20a Abs. 2 Nr. 2)

Evaluierung der Arbeitsschutzziele, Handlungsfelder und Arbeitsprogramme
(§ 20a Abs. 2 Nr. 3)

Festlegung eines abgestimmten Vorgehens der Landesbehörden und UVT bei der Beratung und Überwachung der Betriebe
(§ 20a Abs. 2 Nr. 4)

Herstellung eines verständlichen, überschaubaren und abgestimmten Vorschriften- und Regelwerks
(§ 20a Abs. 2 Nr. 5)

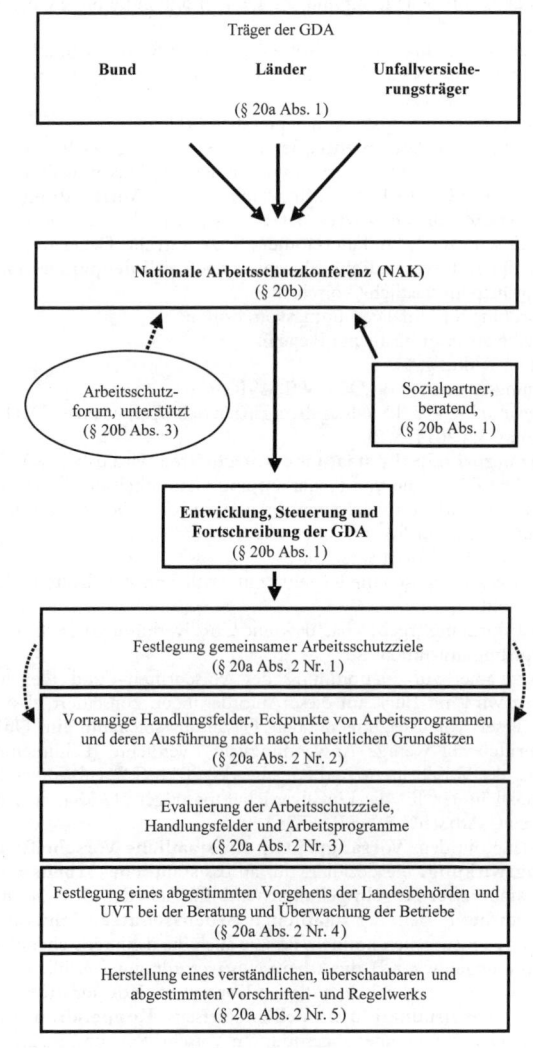

Abb. 1: Übersicht zur Gemeinsamen deutschen Arbeitsschutzstrategie

§ 20b Nationale Arbeitsschutzkonferenz

(1) ¹Die Aufgabe der Entwicklung, Steuerung und Fortschreibung der gemeinsamen deutschen Arbeitsschutzstrategie nach § 20a Abs. 1 Satz 1 wird von der Nationalen Arbeitsschutzkonferenz wahrgenommen. ²Sie setzt sich aus jeweils drei stimmberechtigten Vertretern von Bund, Ländern und den Unfallversicherungsträgern zusammen und bestimmt für jede Gruppe drei Stellvertreter. ³Außerdem entsenden die Spitzenorganisationen der Arbeitgeber und Arbeitnehmer für die Behandlung von Angelegenheiten nach § 20a Abs. 2 Nr. 1 bis 3 und 5 jeweils bis zu drei Vertreter in die Nationale Arbeitsschutzkonferenz; sie nehmen mit beratender Stimme an den Sitzungen teil. ⁴Die Nationale Arbeitsschutzkonferenz gibt sich eine Geschäftsordnung; darin werden insbesondere die Arbeitsweise und das Beschlussverfahren festgelegt. ⁵Die Geschäftsordnung muss einstimmig angenommen werden.

(2) Alle Einrichtungen, die mit Sicherheit und Gesundheit bei der Arbeit befasst sind, können der Nationalen Arbeitsschutzkonferenz Vorschläge für Arbeitsschutzziele, Handlungsfelder und Arbeitsprogramme unterbreiten.

(3) ¹Die Nationale Arbeitsschutzkonferenz wird durch ein Arbeitsschutzforum unterstützt, das in der Regel einmal jährlich stattfindet. ²Am Arbeitsschutzforum sollen sachverständige Vertreter der Spitzenorganisationen der Arbeitgeber und Arbeitnehmer, der Berufs- und Wirtschaftsverbände, der Wissenschaft, der Kranken- und Rentenversicherungsträger, von Einrichtungen im Bereich Sicherheit und Gesundheit bei der Arbeit sowie von Einrichtungen, die der Förderung der Beschäftigungsfähigkeit dienen, teilnehmen. ³Das Arbeitsschutzforum hat die Aufgabe, eine frühzeitige und aktive Teilhabe der sachverständigen Fachöffentlichkeit an der Entwicklung und Fortschreibung der gemeinsamen deutschen Arbeitsschutzstrategie sicherzustellen und die Nationale Arbeitsschutzkonferenz entsprechend zu beraten.

(4) Einzelheiten zum Verfahren der Einreichung von Vorschlägen nach Absatz 2 und zur Durchführung des Arbeitsschutzforums nach Absatz 3 werden in der Geschäftsordnung der Nationalen Arbeitsschutzkonferenz geregelt.

(5) ¹Die Geschäfte der Nationalen Arbeitsschutzkonferenz und des Arbeitsschutzforums führt die Bundesanstalt für Arbeitsschutz und Arbeitsmedizin. ²Einzelheiten zu Arbeitsweise und Verfahren werden in der Geschäftsordnung der Nationalen Arbeitsschutzkonferenz festgelegt.

Übersicht

	Rn.
A. Ausgangspunkt: Modernisierung der Unfallversicherung	1
B. Pflicht zur Entwicklung einer Arbeitsschutzstrategie (§ 20a)	4
C. Aufgaben der Nationalen Arbeitsschutzkonferenz (Abs. 1)	7
I. Zusammensetzung und Vorsitz	8
II. Aufgaben und Ziele	10
III. Sozialpartner: beratende Mitgliedschaft	12
D. Umfassende Beteiligungsmöglichkeiten (Abs. 2)	13

ArbSchG § 20b

Arbeitsschutzgesetz

	Rn.
E. Unterstützung durch Arbeitsschutzforum (Abs. 3)	14
F. Einbringung von Vorschlägen (Abs. 4)	16
G. Geschäftsführung durch die BAuA (Abs. 5)	17

Literatur: *Bundesministerium für Arbeit und Sozialordnung (BMAS, Hrsg.)*, Überblick über das Arbeitsrecht/Arbeitsschutzrecht (2014), S. 740 ff.; *Eichendorf/Jansen*, Die Nationale Arbeitsschutzkonferenz startet durch, DGUV-Forum 2009, Nr. 7/8, S. 20; Gemeinsame Deutsche Arbeitsstrategie *(GDA-Portal,* http://www.gda-portal.de); *Riesenberg-Mordeja/Fritsche*, Staatliches Arbeitsschutzrecht und Unfallversicherungsrecht aus gewerkschaftlicher Sicht, „Gute Arbeit" 2009, S. 22; *Jansen/Timm*, Die Gemeinsame deutsche Arbeitsschutzstrategie, DGUV-Forum 2010, Nr. 4, S. 20; *Röns*, Prävention an der Schnittstelle von Arbeits- und Sozialrecht, NZS 2014, S. 534.

A. Ausgangspunkt: Modernisierung der Unfallversicherung

1   Die **Organisation** der **gewerblichen Unfallversicherung** entsprach bis zum Inkrafttreten des Gesetzes zur Modernisierung der gesetzlichen Unfallversicherung (UVMG) vom 4.11.2008 (BGBl. I S. 2121) nicht mehr den aktuellen Wirtschaftsstrukturen. Die branchenbezogene Organisation der gewerblichen Unfallversicherung hatte den Wandel von der Industrie- zur Dienstleistungsgesellschaft in den letzten Jahrzehnten nicht nachvollzogen. Folge waren erhebliche Unterschiede in den Beitragssätzen der Berufsgenossenschaften. Darüber hinaus war die gewerbliche Unfallversicherung in kleine und kleinste Träger zersplittert. Wesentliche Ziele der mit der Gesetzesänderung vollzogenen Organisationsreform waren die Anpassung der Organisation an veränderte Wirtschaftsstrukturen, die Lösung der Altlastenproblematik sowie eine Modernisierung der Verwaltungsstrukturen (BT-Drs. 16/9154, S. 62).

2   Ein **wesentliches Element** des UVMG betrifft auch das **duale Arbeitsschutzsystem:** Es gilt, den an staatliche Arbeitsschutzbehörden und Unfallversicherungsträgern gemeinsam gerichteten Handlungsauftrag fortzuentwickeln und auf eine moderne rechtliche Grundlage zu stellen. Neben der Gefahr von Doppelregelungen infolge der inhaltlich weit gehend deckungsgleichen Präventionsaufträge war vor allem das Aufsichtssystem angesprochen. Im Vollzug wurden die Beratungs- und Überwachungsaufgaben von Länderbehörden und Unfallversicherungsträgern in der Vergangenheit sehr unterschiedlich wahrgenommen. Es fehlte an aufeinander abgestimmten Beratungs- und Überwachungsschwerpunkten (BMAS, Übersicht, S. 740 Rn. 134). Auf diese Schwachstellen hat auch der *Ausschluss hoher Aufsichtsbeamter* der EU-Mitgliedstaaten, das *Senior Labour Inspectors Committee (SLIC)* im Rahmen seiner Deutschland-Evaluierung im Jahr 2004 hingewiesen; das Fehlen einer Arbeitsschutzstrategie wurde ausdrücklich als Mangel dualen Systems in Deutschland moniert (BMAS, Übersicht, S. 740 Rn. 135).

3   Die Beteiligten am Arbeitsschutzsystem in Deutschland, insbesondere der Bund, die Länder und die Unfallversicherungsträger, wurden durch die Neuregelung verpflichtet, die Wahrnehmung ihrer Aufgaben strategisch neu auszurichten. Ziel ist es, ein **abgestimmtes einheitliches Handeln** des Bundes, der Länder und der Unfallversicherungsträger in vereinbarten Handlungsfeldern, nach gemeinsamen Grundsätzen und in abgestimmten Programmen zu erreichen. Diese Aufgabe wird mit der Entwicklung und Fortschreibung einer **gemeinsamen deutschen Arbeitsschutzstrategie** erfüllt.

Nationale Arbeitsschutzkonferenz § 20b ArbSchG

Das Aufsichtshandeln von Länderbehörden und Unfallversicherungsträgern wird – vor allem auch im Lichte stetig zurückgehender personeller Ressourcen – damit noch besser abgestimmt, so dass die Aufsichtsdienste insgesamt effektiv und effizient eingesetzt werden können. Zugleich gilt es, die Betriebe von übermäßigen Belastungen zu befreien. Mit der Einrichtung einer **Nationalen Arbeitsschutzkonferenz anstelle** des **früheren Spitzengesprächs** zwischen Bund, Ländern und Unfallversicherungsträgern wird die Planung, Koordinierung und Evaluation der Strategieumsetzung in den Händen eines zentralen Entscheidungsgremiums zusammengeführt (BT-Drs. 16/9154, S. 62).

B. Pflicht zur Entwicklung einer Arbeitsschutzstrategie (§ 20a)

§ 20a legt zunächst in allgemeiner Form die Grundsätze fest, die bei der Ausarbeitung und Durchführung der gemeinsamen deutschen Arbeitsschutzstrategie zu beachten sind. § 20b bestimmt danach, in welchem verfahrensmäßigen Ordnungsrahmen die Arbeitsschutzstrategie zu erarbeiten und fortzuentwickeln ist. § 20a enthält die **grundlegende Verpflichtung** von Bund, Ländern und Unfallversicherungsträgern zu einer gemeinsamen, bundesweit geltende Arbeitsschutzstrategie. Die Entwicklung einer solchen Strategie wurde vom Gesetzgeber aus mehreren Gründen als erforderlich angesehen: Durch **geänderte Risiken** in der Arbeitswelt ändern sich auch die Anforderungen an wirksame Arbeitsschutzmaßnahmen. Die Behörden von Bund und Ländern und die Unfallversicherungsträger hatten in der Vergangenheit noch nicht in ausreichendem Umfang abgestimmte Maßnahmen getroffen, um diesen Anforderungen zu begegnen. Schließlich verlangen auch europäische und internationale Vorgaben nach einer bundesweit einheitlichen Strategie. So ist z. B. nach dem – von Deutschland noch zu ratifizierenden – Übereinkommen der Internationalen Arbeitsorganisation *„Förderungsrahmen für den Arbeitsschutz"* der Arbeitsschutz durch Entwicklung eines innerstaatlichen Arbeitsschutzprogramms mit festgelegten Zielen, Prioritäten und abgestimmten Aktionen **ständig zu verbessern.** Die zuständigen Akteure müssen gewährleisten, dass vor allem bei der Aufsicht die Betriebe effizient und anwenderorientiert beraten und betreut werden. Bund, Länder und Unfallversicherungsträger sind deshalb gehalten, ihren jeweiligen Wirkungskreis verfahrensmäßig und fachlich so auszurichten und aufeinander abzustimmen, dass sie diese Aufgabe wirksam erfüllen können. (vgl. http://www.gda-portal.de/de/Ueber-die-GDA/Ueber-die-GDA.html). 4

Beschrieben wird daher in Form einer Zielbestimmung die hierfür notwendige **Verpflichtung** von **Bund, Ländern** und **Unfallversicherungsträgern,** ihr jeweiliges Handeln im Arbeitsschutz an einer **gemeinsam zu entwickelnden,** bundesweiten Arbeitsschutzstrategie auszurichten. Diese Verpflichtung lässt die Zuständigkeiten und gesetzlichen Aufgaben von Bund, Ländern und Unfallversicherungsträgern unberührt: so wird auch nicht vorgeschrieben, welche Mittel, z. B. personeller oder finanzieller Art, in welcher Höhe eingesetzt werden müssen (BT-Drs. 16/9154, S. 111). 5

Benannt werden in § 20a Abs. 2 die einzelnen Elemente einer Arbeitsschutzstrategie. Diese müssen **fachlich konzipiert** und zu einem Gesamtkonzept **zusammengefügt** und **fortgeschrieben** werden. Bei der Beratung und Überwachung der Betriebe wird die Verpflichtung der Aufsichtsdienste zur Zusammenarbeit als fester Bestandteil der Arbeitsschutzstrategie **verankert.** Da es den Ländern zuneh- 6

Kollmer 521

mend schwer fällt, genügend Personal für die Arbeitsschutzaufsicht bereitzustellen, ist die Arbeitsteilung zwischen den Aufsichtsdiensten von Ländern und Unfallversicherungsträgern von besonderer Bedeutung. § 20a Absatz 2 schreibt außerdem die Schaffung eines verständlichen, überschaubaren und **abgestimmten Vorschriften- und Regelwerks** zwischen staatlichem Arbeitsschutzrecht und dem autonomen Satzungsrecht der Unfallversicherungsträger gesetzlich fest. Hierauf hatten sich Bund, Länder und Unfallversicherungsträger bereits im *Leitlinienpapier „Neuordnung des Vorschriften- und Regelwerks"* verständigt (s. http://www.gda-portal.de/de/Vor schriftenRegeln/VorschriftenRegeln.html). Damit wurde auch einer an den Bundesgesetzgeber gerichtete Empfehlung der 81. Arbeits- und Sozialministerkonferenz entsprochen (BT-Drs. 16/9154, S. 112). Die wesentlichen Elemente und Ziele der GDA noch einmal im **Überblick** (*BMAS*, Übersicht, S. 740 Rn. 137):
– Entwicklung gemeinsamer Arbeitsschutzziele;
– Ableitung von Handlungsfeldern und Arbeitsprogrammen und deren
– Ausführung nach einheitlichen Grundsätzen.
– Evaluierung der Ziele, Handlungsfelder und Arbeitsprogramme;
– Festlegung eines abgestimmten, arbeitsteiligen Vorgehens von staatlichen Arbeitsschutzbehörden und Unfallversicherungsträgern;
– Herstellung eines transparenten, überschaubaren und von Doppelregelungen freien Vorschriften- und Regelwerks.

C. Aufgaben der Nationalen Arbeitsschutzkonferenz (Abs. 1)

7   Die inhaltlichen und verfahrensmäßigen Arbeiten zur GDA werden in der Nationalen Arbeitsschutzkonferenz (NAK) zusammengeführt. Die NAK ist **das zentrale Steuerungsgremium** der GDA: hier entscheiden Bund, Länder und gesetzliche Unfallversicherung, die Träger der GDA, über die gemeinsamen Arbeitsschutzziele und prioritären Handlungsfelder sowie über die bundesweit nach einheitlichen Kriterien von Ländern und Unfallversicherungsträger umzusetzenden konkreten Arbeitsprogramme (BMAS, Übersicht, S. 742 Nr. 138). § 20b bestimmt dabei, in welchem verfahrensmäßigen Ordnungsrahmen die Arbeitsschutzstrategie zu erarbeiten und fortzuentwickeln ist. Dazu wurde das Spitzengespräch Bund/ Länder/Unfallversicherungsträger, welches auch in der Vergangenheit nicht gesetzlich verankert war, in ein **neu eingerichtetes Entscheidungsgremium** überführt, die Nationale Arbeitsschutzkonferenz (NAK). Damit wurde der Erarbeitungs- und Entscheidungsprozess der Arbeitsschutzstrategie auch institutionell abgesichert. § 20b Absatz 1 regelt die **Aufgabenstellung** der Nationalen Arbeitsschutzkonferenz, bestimmt ihre **Mitglieder** und enthält den **Auftrag, Arbeitsweise** und Beschlussverfahren in einer einstimmig zu beschließenden Geschäftsordnung **festzulegen** (BT-Drs. 16/9154, S. 113; http://www.gda-portal.de/de/ NAK/NAK.html).

I. Zusammensetzung und Vorsitz

8   Die Konferenz setzt sich aus **je drei Vertretern** des Bundes, der Arbeitsschutzbehörden der Länder und der Spitzenverbände der gesetzlichen Unfallversicherung zusammen. Sie wird beraten von je drei Vertretern der Spitzenorganisationen der Arbeitgeber und Arbeitnehmer. Der **Vorsitz** der Nationalen Arbeitsschutzkonfe-

renz wechselt jährlich im Turnus zwischen Bund, Ländern und Unfallversicherungsträgern.

Mit der Konstituierung der NAK geht das frühere LASI/UVT/BMAS – **Spitzengespräch**, in dem sich die obersten Arbeitsschutzbehörden der Bundesländer, das Bundesministerium für Arbeit und Soziales und die gesetzliche Unfallversicherung über grundsätzliche Fragestellungen des deutschen Arbeitsschutzes abgestimmt haben, in der neuen Kooperationsstruktur auf. In Anlehnung an den Beschluss der *83. Arbeits- und Sozialministerkonferenz (ASMK)* werden die drei Ländervertreter in der NAK auf Vorschlag des Länderausschusses für Arbeitsschutz und Sicherheitstechnik (LASI) durch Beschluss der Arbeits- und Sozialministerkonferenz für einen Zeitraum von jeweils drei Jahren benannt (vgl. http://www.gda-portal.de/gdaportal/de/NAK/NAK.html__nnn=true) und (ASMK-Beschlüsse): http://lasi.osha.de/de/gfx/topics/5EDF555EC0774A0F882745DDE2220A5E.php.

Die **Zusammensetzung** der Nationalen Arbeitsschutzkonferenz (Stand: 1.2.2016, zum aktuellen Stand vgl. http://www.gda-portal.de/de/NAK/Zusammensetzung.html#doc2087100bodyText2):

Vertretungen der Unfallversicherungsträger

Mitglieder der NAK	Stellvertretende Mitglieder der NAK
Dr. Walter Eichendorf (stellvertretender NAK-Vorsitzender) stellvertretender Hauptgeschäftsführer der Deutschen Gesetzlichen Unfallversicherung	Manfred Sterzl Unfallkasse Nordrhein-Westfalen
Thomas Köhler Berufsgenossenschaft Rohstoffe und chemische Industrie	Dr. Stefan Hussy Berufsgenossenschaft Handel und Warenlogistik
Martin Hartenbach Sozialversicherung für Landwirtschaft, Forsten und Gartenbau	Michael Jansen Deutsche Gesetzliche Unfallversicherung

Vertretungen der Länder

Mitglieder der NAK	Stellvertretende Mitglieder der NAK
Dr. Sibylle Scriba (stellvertretende NAK-Vorsitzende) Ministerium für Arbeit, Soziales und Gleichstellung des Landes Mecklenburg-Vorpommern	Ernst-Friedrich Pernack Ministerium für Arbeit, Soziales, Frauen und Familie des Landes Brandenburg
Ingrid Kaindl Bayerisches Staatsministerium für Arbeit und Soziales, Familie und Integration	Prof. Dr. Jörg Tannenhauer Sächsisches Staatsministerium für Wirtschaft, Arbeit und Verkehr
Christel Bayer Ministerium für Arbeit, Integration und Soziales des Landes Nordrhein-Westfalen	Dr. Bernhard Brückner Hessisches Sozialministerium

ArbSchG § 20b

Vertretungen des Bundes

Mitglieder der NAK	Stellvertretende Mitglieder der NAK
Michael Koll (NAK-Vorsitzender) Bundesministerium für Arbeit und Soziales	Isabel Rothe Bundesanstalt für Arbeitsschutz und Arbeitsmedizin
Rita Janning Bundesministerium für Arbeit und Soziales	Andreas Horst Bundesministerium für Arbeit und Soziales
Boris Franßen-Sanchez de la Cerda Bundesministerium des Inneren	Liana Kantowski Bundesministerium des Innern

Vertretungen der Arbeitgeber

Beratende Mitglieder der NAK
Saskia Osing Bundesvereinigung der Deutschen Arbeitgeberverbände
Norbert Breutmann Bundesvereinigung der Deutschen Arbeitgeberverbände
Stefan Gryglewski Gesamtmetall

Vertretungen der Arbeitnehmer

Beratende Mitglieder der NAK
Annika Wörsdörfer DGB – Bundesvorstand
Andrea Fergen Industriegewerkschaft Metall
Dr. Horst Riesenberg-Mordeja Ver.di – Bundesverwaltung

II. Aufgaben und Ziele

10 **Zentrale Zielsetzung** der gemeinsamen Arbeitsschutzstrategie ist es, Sicherheit und Gesundheit der Beschäftigten durch einen inhaltlich und organisatorisch effizienten und systematisch wahrgenommenen Arbeitsschutz zu erhalten, zu verbessern und zu fördern, ergänzt durch Maßnahmen der betrieblichen Gesundheitsförderung. Dabei spielt die Erwägung eine Rolle, dass im Zentrum erfolgreicher Prävention die Stärkung Sicherheits- und Gesundheitsbewusstseins bei Arbeitgebern und Beschäftigten steht. Die **Arbeitsschutzkonferenz entwickelt** konkrete gemeinsame Arbeitsschutzziele und Handlungsfelder und leitet daraus in Abstimmung mit den Beteiligten gemeinsame Handlungsfelder und **Eckpunkte für Arbeits- und Aktionsprogramme** ab. Die Programme werden jeweils für einen Zeitraum von bis zu fünf Jahren festgelegt (vgl. http://www.gda-portal.de/gdaportal/de/NAK/NAK.html__nnn=true).

Nationale Arbeitsschutzkonferenz **§ 20b ArbSchG**

Die **erste Sitzung** der NAK fand am **12.12.2008** statt (zum Grußwort s. *Fischer,* http://www.gda-portal.de/de/pdf/NAK-Auftakt-Grusswort.pdf?__blob=publicationFile&v=2). Mit Beginn des Jahres 2009 wurden insbesondere **bis 2012 bundesweit** nach einheitlichen Kriterien **elf Arbeitsprogramme** in Tätigkeitsfeldern mit besonderen Gefährdungsschwerpunkten umgesetzt und in ihrem Nutzen für Betriebe und Beschäftigte überprüft. Das Arbeitsprogramm sieht drei Handlungsschwerpunkte vor: 11
– Verringerung von Häufigkeit und Schwere von Arbeitsunfällen unter Einbeziehung der Verringerung von psychischen Fehlbelastungen und Förderung der systematischen Wahrnehmung des Arbeitsschutzes;
– Verringerung von Häufigkeit und Schwere von Muskel-Skelett-Belastungen und -Erkrankungen unter Einbeziehung der Verringerung von psychischen Fehlbelastungen und Förderung der systematischen Wahrnehmung des Arbeitsschutzes in Unternehmen;
– Verringerung der Häufigkeit und Schwere von Hauterkrankungen.

Neben dem **Arbeitsprogramm 2008 bis 2012** wurden Entscheidungen zur Struktur und Arbeitsweise der NAK beschlossen. Damit sollen Zahl und Schwere der Arbeitsunfälle sowie die Belastungen und Erkrankungen in den Bereichen „Muskel-Skelett" und „Haut" zurückgeführt werden. Besonderes Augenmerk soll dabei auf psychische Belastungen, die Belange von kleinen und mittleren Unternehmen und auf systematische Präventionsansätze gelegt werden (vgl. http://www.bmas.de/coremedia/generator/29732/2008__12__15__arbeitsschutzkonferenz.html).

Beim aktuellen **Arbeitsprogramm 2013–2018** arbeiten die Träger der GDA gemeinsam an der Verwirklichung der folgenden Arbeitsschutzziele mit: 11a
– Verbesserung der **Organisation des betrieblichen** Arbeitsschutzes
– Verringerung von arbeitsbedingten Gesundheitsgefährdungen und Erkrankungen im **Muskel-Skelett-Bereich** und
– Schutz und Stärkung der Gesundheit bei arbeitsbedingter **psychischer Belastung** (vgl. hierzu das „Arbeitsprogramm Psyche": http://www.gda-psyche.de/DE/Home/home_node.html).

Für die Umsetzung dieser Ziele haben die GDA-Träger **drei Arbeitsprogramme** aufgelegt – ein Programm je Arbeitsschutzziel. Die Arbeitsprogramme werden von Bund, Ländern und Unfallversicherungen gemeinsam und nach einheitlichen Grundsätzen durchgeführt. Präventionsmaßnahmen in den Betrieben sowie Aktivitäten in der Öffentlichkeit werden untereinander abgestimmt. Die Umsetzungsphase läuft bis zum Jahr 2018. (vgl. http://www.gda-portal.de/de/Arbeitsprogramme2013–2018/Arbeitsprogramme2013–2018.html).

III. Sozialpartner: beratende Mitgliedschaft

Von nicht zu unterschätzender Bedeutung bei der praktischen Umsetzung der Gemeinsamen Deutschen Arbeitsstrategie ist auch die maßgebliche und aktive Mitwirkung der **Sozialpartner** bei der Entwicklung und Festlegung der Arbeitsschutzziele, Handlungsfelder und Eckpunkte für Arbeitsprogramme unerlässlich. Zu den drei Aufgabenfeldern schreibt § 20b Abs. 1 Satz 3 deshalb eine **beratende Mitgliedschaft** der Sozialpartner in der Nationalen Arbeitsschutzkonferenz vor. Durch die dreigliedrige Aufgabenstellung der Entwicklung, Steuerung und Fortschreibung der Arbeitsschutzstrategie wird klargestellt, dass es sich um eine Daueraufgabe der Nationalen Arbeitsschutzkonferenz handelt. Die pauschale Bezug- 12 nahme auf die gemeinsame deutsche Arbeitsschutzstrategie bringt zum Ausdruck, dass alle ihre in § 20a Abs. 2 aufgeführten Elemente in vollem Umfang als Aufgabengebiete der Nationalen Arbeitsschutzkonferenz erfasst werden (BT-Drs. 16/9154, S. 113).

D. Umfassende Beteiligungsmöglichkeiten (Abs. 2)

13   Die Funktionsfähigkeit des Strategiekonzepts hängt in der Praxis entscheidend davon ab, dass es von einer möglichst breiten Fachöffentlichkeit mitgetragen wird. Voraussetzung hierfür ist, dass das neue System als **offener Prozess** mit eigenen Gestaltungs- und Einflussmöglichkeiten angelegt ist. Die Regelung des Absatzes 2 stellt deshalb klar, dass sich alle Einrichtungen im Bereich Sicherheit und Gesundheit bei der Arbeit einbringen und sich mit Vorschlägen an der Erarbeitung von Strategieelementen beteiligen können (BT-Drs. 16/9154, S. 113).

E. Unterstützung durch Arbeitsschutzforum (Abs. 3)

14   Eine kritische Reflexion der in der Nationalen Arbeitsschutzkonferenz zu leistenden Arbeit mit den beteiligten Fachkreisen wird durch Abs. 3 ermöglicht. Diese Aufgabe wird einem als **Fachkonferenz** ausgestalteten **Arbeitsschutzforum** übertragen. Es soll die notwendige fachliche Rückkoppelung der Strategieinhalte mit den Arbeitsschutzexperten der Verbände sowie der Wissenschaft und der Fachöffentlichkeit sicherstellen und das Konzept durch eigene Impulse anreichern. Die Ausgestaltung als Fachkonferenz trägt mit dazu bei, den Abstimmungsbedarf unter den Beteiligten gering zu halten. Zugleich macht die Regelung den Weg frei für einen **systematischen Dialog** mit Akteuren angrenzender Politikbereiche mit Bezügen zum Gesundheitsschutz (BT-Drs. 16/9154, S. 114).

15   Das Arbeitsschutzforum wurde **bereits 2006** eingerichtet und ist seitdem **jährlich** zusammengekommen; die gesetzliche Grundlage findet sich im Unfallversicherungsmodernisierungsgesetz (UVMG). Das Arbeitsschutzforum hat die Aufgabe, eine **frühzeitige und aktive Teilhabe** der **sachverständigen Fachöffentlichkeit** an der Entwicklung und Fortschreibung der gemeinsamen deutschen Arbeitsschutzstrategie sicherzustellen und die NAK entsprechend **zu beraten.** Im Arbeitsschutzforum nehmen sachverständige Vertreter der Spitzenorganisationen der Arbeitgeber und Arbeitnehmer, der Berufs- und Wirtschaftsverbände, der Wissenschaft, der Kranken- und Rentenversicherungsträger, von Einrichtungen im Bereich Sicherheit und Gesundheit bei der Arbeit sowie von Einrichtungen, die der Förderung der Beschäftigungsfähigkeit dienen, teil. (http://www.gda-portal.de/de/Arbeitsschutzforum/Arbeitsschutzforum.html).

15a   So fand z. B. das **Arbeitsschutzforum 2015** am 14. und 15. September bei der *DASA Arbeitswelt- Ausstellung in Dortmund* statt. Inhaltlich stand das 10. Arbeitsschutzforum unter dem Motto „Zukunft der Arbeit – Arbeitsschutz der Zukunft"; die Fachkonferenz beleuchtete den Anforderungen der sich wandelnden Arbeitswelt an die verschiedenen Akteure und Kooperationen im Bereich Sicherheit und Gesundheitsschutz. Themen wie die Digitalisierung und die zunehmende Dienstleistungsorientierung setzten dabei den inhaltlichen Rahmen (http://www.gdaportal.de/de/Arbeitsschutzforum/10-Arbeitsschutzforum.html.).

F. Einbringung von Vorschlägen (Abs. 4)

Einzelheiten zur Einbringung von Vorschlägen nach Absatz 2 und zur Durch- 16
führung des Arbeitsschutzforums nach Absatz 3 sind nach Abs. 4 in der Geschäftsordnung festzulegen (BT-Drs. 16/9154, S. 114).

G. Geschäftsführung durch die BAuA (Abs. 5)

Absatz 5 weist die Führung der Geschäfte von Nationaler Arbeitsschutzkon- 17
ferenz und Arbeitsschutzforum der **Bundesanstalt für Arbeitsschutz und
Arbeitsmedizin** (BAuA)zu. Die BAuA ist eine dem BMAS nachgeordnete
Bundesoberbehörde mit Hauptsitz in Dortmund und weiteren Standorten in
Berlin, Dresden und Chemnitz. Die NAK-Geschäftsstelle befindet sich am
Berliner Standort der BAuA (BMAS, Übersicht, S. 740 Rn. 138). Einzelheiten
der Geschäftsführung sollen in der nach Absatz 1 vorgesehenen Geschäftsord-
nung festgelegt werden. Hier können insbesondere auch Bestimmungen zum
Umfang der Geschäftsführungsaufgaben getroffen werden (BT-Drs. 16/9154,
S. 114).

Geschäftsstelle der Nationalen Arbeitsschutzkonferenz
Bundesamt für Arbeitsschutz und Arbeitsmedizin
Nöldnerstraße 40–42
10317 Berlin
Tel. 030 51548–0
Fax 030 5148–4175
nak-geschaeftsstelle@baua.bund.de
http://www.baua.de/de/Ueber-die-BAuA/GDA/GDA.html

Bei der Wahrnehmung ihrer Aufgaben wird die Nationale Arbeitsschutzkonfe- 18
renz organisatorisch und fachlich durch die **Geschäftsstelle der NAK** unterstützt.
Diese ist bei der Bundesanstalt für Arbeitsschutz und Arbeitsmedizin (BAuA) in
Berlin angesiedelt. Mit Stand Februar 2016 waren fünf Personen in der Geschäftsstelle beschäftigt. Neben festem Personal der BAuA sind auch von den GDA-Trä-
gern abgeordnete Fachkräfte tätig (vgl. http://www.gda-portal.de/gdaportal/de/
NAK/Geschaeftsstelle.html__nnn=true). Zum Tagesgeschäft der Geschäftsstelle
gehören:
- die Zusammenarbeit zwischen der NAK und den an der Umsetzung der Gemeinsamen Deutschen Arbeitsschutzstrategie beteiligten Gremien und Personen
  koordinieren
- die GDA-Arbeitsprogramme und sonstigen Arbeitsgruppen der NAK fachorga-
  nisatorisch **begleiten**
- **Konzepte** zu den verschiedenen Aufgabenbereichen der NAK **entwickeln
  und abstimmen**
- Sitzungen und **Veranstaltungen** der NAK **organisieren,** Informationsmaterial
  zur GDA erarbeiten und den Internetauftritt betreuen.

Die konkrete **Aufgabenverteilung** in der Geschäftsstelle (Stand: Februar 2016, 19
s. Zum aktuellen Stand: http://www.gda-portal.de/de/NAK/Geschaeftsstelle.
html):

ArbSchG § 20b

Sabine Sommer, Leiterin der Geschäftsstelle
Gesamtkoordination, Zusammenarbeit mit NAK-Vorsitz, Dachevaluation, Arbeitsschutzforum & Kooperationen
Tel.: 030 51548−4212

André Brodehl
Büro- und Teamassistenz
Tel.: 030 51548−4134

Irmgard Lachmann
NAK-Sitzungen,
fachorganisatorische Unterstützung Dachevaluation und Arbeitsschutzforum
Tel.: 030 51548−4147

Dr. Rainulf Pippig
Lenkungskreissitzungen, Prozesscontrolling, Grundsatzfragen GDA-Arbeitsprogramme
Tel.: 030 51548−4410

Norbert Melcher
Beratung und Überwachung, Veranstaltungen
Tel.: 030 51548−4140

Geschäftsstelle der Nationalen Arbeitsschutzkonferenz
c/o Bundesanstalt für Arbeitsschutz und Arbeitsmedizin
Nöldnerstraße 40−42
10317 Berlin
Tel. 030 51548−4134
Fax 030 51548−4135
nak-geschaeftsstelle@baua.bund.de

Sechster Abschnitt. Schlußvorschriften

§ 21 Zuständige Behörden; Zusammenwirken mit den Trägern der gesetzlichen Unfallversicherung

(1) ¹Die Überwachung des Arbeitsschutzes nach diesem Gesetz ist staatliche Aufgabe. ²Die zuständigen Behörden haben die Einhaltung dieses Gesetzes und der auf Grund dieses Gesetzes erlassenen Rechtsverordnungen zu überwachen und die Arbeitgeber bei der Erfüllung ihrer Pflichten zu beraten.

(2) ¹Die Aufgaben und Befugnisse der Träger der gesetzlichen Unfallversicherung richten sich, soweit nichts anderes bestimmt ist, nach den Vorschriften des Sozialgesetzbuchs. ²Soweit die Träger der gesetzlichen Unfallversicherung nach dem Sozialgesetzbuch im Rahmen ihres Präventionsauftrags auch Aufgaben zur Gewährleistung von Sicherheit und Gesundheitsschutz der Beschäftigten wahrnehmen, werden sie ausschließlich im Rahmen ihrer autonomen Befugnisse tätig.

(3) ¹Die zuständigen Landesbehörden und die Unfallversicherungsträger wirken auf der Grundlage einer gemeinsamen Beratungs- und Überwachungsstrategie nach § 20a Abs. 2 Nr. 4 eng zusammen und stellen den Erfahrungsaustausch sicher. ²Diese Strategie umfasst die Abstimmung allgemeiner Grundsätze zur methodischen Vorgehensweise bei
1. der Beratung und Überwachung der Betriebe,
2. der Festlegung inhaltlicher Beratungs- und Überwachungsschwerpunkte, aufeinander abgestimmter oder gemeinsamer Schwerpunktaktionen und Arbeitsprogramme und
3. der Förderung eines Daten- und sonstigen Informationsaustausches, insbesondere über Betriebsbesichtigungen und deren wesentliche Ergebnisse.

³Die zuständigen Landesbehörden vereinbaren mit den Unfallversicherungsträgern nach § 20 Abs. 2 Satz 3 des Siebten Buches Sozialgesetzbuch die Maßnahmen, die zur Umsetzung der gemeinsamen Arbeitsprogramme nach § 20a Abs. 2 Nr. 2 und der gemeinsamen Beratungs- und Überwachungsstrategie notwendig sind; sie evaluieren deren Zielerreichung mit den von der Nationalen Arbeitsschutzkonferenz nach § 20a Abs. 2 Nr. 3 bestimmten Kennziffern.

(4) ¹Die für den Arbeitsschutz zuständige oberste Landesbehörde kann mit Trägern der gesetzlichen Unfallversicherung vereinbaren, daß diese in näher zu bestimmenden Tätigkeitsbereichen die Einhaltung dieses Gesetzes, bestimmter Vorschriften dieses Gesetzes oder der auf Grund dieses Gesetzes erlassenen Rechtsverordnungen überwachen. ²In der Vereinbarung sind Art und Umfang der Überwachung sowie die Zusammenarbeit mit den staatlichen Arbeitsschutzbehörden festzulegen.

(5) ¹Soweit nachfolgend nichts anderes bestimmt ist, ist zuständige Behörde für die Durchführung dieses Gesetzes und der auf dieses Gesetz gestützten Rechtsverordnungen in den Betrieben und Verwaltungen des Bundes die Zentralstelle für Arbeitsschutz beim Bundesministerium des

ArbSchG § 21   Arbeitsschutzgesetz

Innern. ²Im Auftrag der Zentralstelle handelt, soweit nichts anderes bestimmt ist, die Unfallversicherung Bund und Bahn, die insoweit der Aufsicht des Bundesministeriums des Innern unterliegt; Aufwendungen werden nicht erstattet. ³Im öffentlichen Dienst im Geschäftsbereich des Bundesministeriums für Verkehr und digitale Infrastruktur führt die Unfallversicherung Bund und Bahn, soweit die Eisenbahn-Unfallkasse bis zum 31. Dezember 2014 Träger der Unfallversicherung war, dieses Gesetz durch. ⁴Für Betriebe und Verwaltungen in den Geschäftsbereichen des Bundesministeriums der Verteidigung und des Auswärtigen Amtes hinsichtlich seiner Auslandsvertretungen führt das jeweilige Bundesministerium, soweit es jeweils zuständig ist, oder die von ihm jeweils bestimmte Stelle dieses Gesetz durch. ⁵Im Geschäftsbereich des Bundesministeriums der Finanzen führt die Berufsgenossenschaft Verkehrswirtschaft Post-Logistik Telekommunikation dieses Gesetz durch, soweit der Geschäftsbereich des ehemaligen Bundesministeriums für Post und Telekommunikation betroffen ist. ⁶Die Sätze 1 bis 4 gelten auch für Betriebe und Verwaltungen, die zur Bundesverwaltung gehören, für die aber eine Berufsgenossenschaft Träger der Unfallversicherung ist. ⁷Die zuständigen Bundesministerien können mit den Berufsgenossenschaften für diese Betriebe und Verwaltungen vereinbaren, daß das Gesetz von den Berufsgenossenschaften durchgeführt wird; Aufwendungen werden nicht erstattet.

Übersicht

		Rn.
A.	Überblick	1
B.	Die einzelnen Absätze	6
	I. Überwachung des Arbeitsschutzes und Beratung der Arbeitgeber (Abs. 1)	6
	1. Überwachung des Arbeitsschutzes als staatliche Aufgabe (S. 1)	7
	2. Vollzug des ArbSchG und der Arbeitsschutzverordnung (S. 2)	10
	3. Beratung der Arbeitgeber bei der Erfüllung ihrer Pflichten (S. 2)	17
	II. Abgrenzungsregelung in Bezug auf die Träger der gesetzlichen Unfallversicherung (Abs. 2)	25
	III. Zusammenarbeit der zuständigen Landesbehörden mit den Trägern der gesetzlichen Unfallversicherung (Abs. 3)	32
	1. Gemeinsame Beratungs- und Überwachungsstrategie (S. 1, 2)	32
	2. Vereinbarung von Umsetzungsmaßnahmen (S. 3 Hs. 1)	37
	3. Evaluierung der Zielerreichung (S. 3 Hs. 2)	43
	IV. „Experimentierklausel" (Abs. 4)	44
	1. Öffnungsklausel zur Durchbrechung des dualen Arbeitsschutzsystems	44
	2. Keine Anwendung der „Experimentierklausel" in Schleswig-Holstein	47
	3. Verfassungsmäßigkeit der Experimentierklausel	53
	4. Zusammenfassung der Ergebnisse des „Denninger-Gutachtens"	54
	5. Beschluss des LASI vom 25.6.1998	55
	6. Grundgesetzliches Verbot der Mischverwaltung	56
	7. Ermessen	57
	8. Öffentlich-rechtlicher Vertrag	59
	V. Zuständige Behörden im öffentlichen Dienst des Bundes (Abs. 5)	60

Zuständige Behörden; Zusammenwirken § 21 ArbSchG

	Rn.
C. Arbeitsschutzbehörden in der Bundesrepublik Deutschland	63
I. Baden-Württemberg	66
II. Bayern	67
III. Berlin	68
IV. Brandenburg	69
V. Bremen	70
VI. Hamburg	71
VII. Hessen	72
VIII. Mecklenburg-Vorpommern	73
IX. Niedersachsen	74
X. Nordrhein-Westfalen	75
XI. Rheinland-Pfalz	76
XII. Saarland	77
XIII. Sachsen	78
XIV Sachsen-Anhalt	79
XV. Schleswig-Holstein	80
XVI. Thüringen	81

Literatur: *Becker,* Prävention in der gesetzlichen Unfallversicherung, BPUVZ 2012, 82; *Egger,* Rechtliche Probleme einer engeren Zusammenarbeit zwischen Unfallversicherungsträgern und staatlichen Arbeitsschutzbehörden, NZS 1994, 352.

A. Überblick

Mit § 21 ArbSchG wird der Sechste Abschnitt des ArbSchG mit den „Schlussvorschriften" eröffnet, der durch die Regelungen in § 22 ArbSchG („Befugnisse der zuständigen Behörden"), § 23 ArbSchG („Betriebliche Daten; Zusammenarbeit mit anderen Behörden; Jahresbericht"), § 24 ArbSchG („Ermächtigung zum Erlass von allgemeinen Verwaltungsvorschriften"), § 25 ArbSchG („Bußgeldvorschriften") und § 26 („Strafvorschriften") ergänzt wird. Systematisch enge Verbindungen bestehen aus der Perspektive des § 21 ArbSchG insbesondere zur Regelung in § 22 ArbSchG, weil diese beiden Normen das **Zentrum des arbeitsschutzrechtlichen Vollzugsrechts** bilden. Während die arbeitsschutzrechtlichen Befugnisnormen im ausdifferenzierten System des § 22 ArbSchG geregelt sind, befasst sich der vorangehende § 21 ArbSchG mit den **vollzugsrechtlichen Grundlagen.** In der amtlichen Überschrift zu § 21 ArbSchG wird der **Kern der Vorschrift** durch den Verweis auf die zuständigen Behörden einerseits und die Betonung des Zusammenwirkens mit den Trägern der gesetzlichen Unfallversicherung andererseits zusammengefasst. Wichtig ist, dass das **duale System im Arbeitsschutz** durch die Regelungen in § 21 Abs. 1–4 ArbSchG **unberührt bleibt** (BT-Drs. 13/4854 S. 3; BR-Drs. 881/2/95 S. 4). 1

Konkret definiert § 21 ArbSchG die Tätigkeit der arbeitsschutzrechtlichen Überwachung als staatliche Aufgabe (Abs. 1), befasst sich mit den Aufgaben und Befugnissen der Träger der gesetzlichen Unfallversicherung (Abs. 2), konkretisiert mit Blick auf § 20a Abs. 2 Nr. 4 ArbSchG die gemeinsame Beratungs- und Überwachungsstrategie der zuständigen Landesbehörden und der Unfallversicherungsträger (Abs. 3), ermöglicht Vereinbarungen zwischen den für den Arbeitsschutz zuständigen obersten Landesbehörden und den Trägern der gesetzlichen Unfallversicherung (Abs. 4) und beinhaltet schließlich Sonderregeln für arbeitsschutzrechtliche Zuständigkeiten in Bundesbehörden (Abs. 5). 2

ArbSchG § 21　　　　　　　　　　　　　　　　　　　　　Arbeitsschutzgesetz

3　§ 21 ArbSchG wurde im Rahmen des Gesetzgebungsverfahrens umfangreich modifiziert (s. auch *Pieper* ArbSchR ArbSchG § 21 Rn. 1). Der ursprüngliche Gesetzentwurf der Bundesregierung vom 29.12.1995 (BR-Drs. 881/95) bzw. vom 22.1.1996 (BT-Drs. 13/3540) regelte in § 21 ArbSchG-E noch die „Durchführungsbestimmungen" und benötigte hierfür drei Absätze. Gegenstand dieser Bestimmung waren in § 21 Abs. 2 ArbSchG-E auch noch die **Befugnisse der zuständigen Behörden,** die nunmehr eigens in § 22 ArbSchG statuiert sind. Z.T. berücksichtigt wurde bei der Änderung des § 21 ArbSchG-E die Stellungnahme des Bundesrates vom 1.3.1996 zum „Entwurf eines Gesetzes zur Umsetzung der EG-Rahmenrichtlinie Arbeitsschutz und weiterer Arbeitsschutz-Richtlinien" (BR-Drs. 881/95(B)). Der Bundesrat schlug etwa vor, dass den obersten Arbeitsschutzbehörden die Möglichkeit eingeräumt wird, „Vereinbarungen mit Unfallversicherungsträgern abzuschließen, die eine arbeitsteilige Zusammenarbeit mit den staatlichen Arbeitsschutzbehörden regeln" (BR-Drs. 881/95(B) S. 10). Diese sog. **Experimentierklausel,** die auch von den Ausschüssen des Bundesrates empfohlen wurde (BR-Drs. 881/2/95 S. 12), wurde Gegenstand des § 21 Abs. 4 ArbSchG (→ Rn. 44 ff.). Sodann fügte der Bundesrat in seiner Stellungnahme vom 1.3.1996 einen neuen § 21b ArbSchG-E ein, und zwar unter der Überschrift „Zusammenarbeit mit den Trägern der gesetzlichen Unfallversicherung" (BR-Drs. 881/95(B) S. 20f.). Zur Begründung wies der Bundesrat darauf hin, dass die Zusammenarbeit zwischen den beiden Überwachungsinstanzen im dualen System des Arbeitsschutzes „gesetzlich zu regeln und näher zu konkretisieren" sei (BR-Drs. 881/95(B) S. 21). Diese Inhalte sind nunmehr Gegenstand des § 21 Abs. 3 ArbSchG. Die **wesentlichen Weichenstellungen** auf dem Weg zur Ausgestaltung des § 21 ArbSchG erfolgten schließlich durch die Beschlussempfehlung des Ausschusses für Arbeit und Sozialordnung (BT-Drs. 13/4756). Zu Änderungen kam es im Übrigen auch mit Blick auf die Regelung in § 21 Abs. 2 ArbSchG (s. hierzu → Rn. 31).

4　Seit dem Erlass des ArbSchG blieb § 21 ArbSchG nicht unverändert: Hervorzuheben ist die Änderung im Zuge der Schaffung der §§ 20a, b ArbSchG (→ § 20a Rn. 3). Konkret erfolgte die Änderung des § 21 Abs. 3 ArbSchG durch Art. 6 des Gesetzes zur Modernisierung der gesetzlichen Unfallversicherung (Unfallversicherungsmodernisierungsgesetz – UVMG) vom 30.10.2008 (BGBl. I S. 2130). Hinter der Neufassung des § 21 Abs. 3 ArbSchG stand die Überlegung, dass die zuvor schon bestehende Verpflichtung zur Zusammenarbeit der Aufsichtsdienste der Länder mit den Unfallversicherungsträgern in der Praxis „nicht hinreichend wirksam" gewesen sei. Aus diesem Grund sollte eine noch **stärkere Verzahnung zwischen den Landesbehörden und den Unfallversicherungsträgern** herbeigeführt werden, welche ein **gemeinsames methodisches Vorgehen** und eine **stärkere Arbeitsteilung in der Überwachung** mit sich bringen sollte (zum Ganzen BR-Drs. 113/08 S. 112f.).

5　Erst kürzlich erfuhr § 21 ArbSchG zwei weitere Änderungen: Erstens ist das Gesetz zur Neuorganisation der bundesunmittelbaren Unfallkassen, zur Änderung des Sozialgerichtsgesetzes und zur Änderung anderer Gesetze (BUK-Neuorganisationsgesetz – BUK-NOG) vom 19.10.2013 (BGBl. I S. 3836) zu nennen, mit dem das **Organisationsrecht der Unfallversicherungsträger** reformiert wurde. Art. 8 dieses Artikelgesetzes führte dabei auch zur Änderung des ArbSchG: Konkret wurden einzelne Wörter in § 21 Abs. 5 S. 2, 3, 5 ArbSchG durch neue Begrifflichkeiten ersetzt (BGBl. I S. 3836, 3847f.). Hierbei handelte es sich um Folgeänderungen mit Blick auf die **Errichtung der Unfallversicherung Bund und Bahn** (§ 21 Abs. 5 S. 2, 3 ArbSchG) **bzw. die Nachfolgeorganisation Berufsgenossenschaft Verkehrswirtschaft Post-Logistik Telekommunikation zur bisherigen Unfall-**

Zuständige Behörden; Zusammenwirken § 21 ArbSchG

kasse Post und Telekom (§ 21 Abs. 5 S. 5 ArbSchG). Sodann wurde § 21 ArbSchG zweitens durch die Zehnte Zuständigkeitsanpassungsverordnung vom 31.8.2015 (BGBl. I S. 1474) geändert: Art. 427 dieses Artikelgesetzes vollzog die Umbenennung des Verkehrsministeriums nach, sodass § 21 Abs. 5 S. 3 ArbSchG nunmehr das **Bundesministerium für Verkehr und digitale Infrastruktur** in Bezug nimmt.

B. Die einzelnen Absätze

I. Überwachung des Arbeitsschutzes und Beratung der Arbeitgeber (Abs. 1)

Mit den beiden Aspekten der **Überwachung des Arbeitsschutzes** einerseits und der **Beratung der Arbeitgeber** bei der Erfüllung ihrer Pflichten andererseits befasst sich die Bestimmung des § 21 Abs. 1 ArbSchG. Im Ergebnis regelt § 21 Abs. 1 ArbSchG damit **übergeordnete arbeitsschutzrechtliche Fragen aus genuin staatlicher Perspektive.** Dass die Beratung insoweit neben der Überwachung steht, ist darauf zurückzuführen, dass staatliche Überwachung allein nicht zur Zielerreichung führt (*Wiebauer* in Landmann/Rohmer GewO ArbSchG § 21 Rn. 1). Vor diesem Hintergrund bildet die Beratung eine gesonderte staatliche Aufgabe, die nicht Teil der Überwachungsaufgabe ist (*Pieper* ArbSchR ArbSchG § 21 Rn. 8). Hervorzuheben ist mit Blick auf die Bestimmungen in den §§ 3 ff. ArbSchG einerseits und den §§ 15 ff. ArbSchG andererseits, dass § 21 ArbSchG weder die **Arbeitgeber** noch die **Beschäftigten** in Bezug nimmt.

1. Überwachung des Arbeitsschutzes als staatliche Aufgabe (S. 1). Unbeschadet der umfangreichen Pflichten der Arbeitgeber in den §§ 3 ff. ArbSchG und damit ihrer gesetzlich verankerten **Verantwortung für Sicherheit und Gesundheit** der Beschäftigten wird die arbeitsschutzrechtliche Überwachung in § 21 Abs. 1 S. 1 ArbSchG als genuin **staatliche Aufgabe** festgezurrt. Vor diesem Hintergrund wird das gesamte Arbeitsschutzrecht grds. von den **Arbeitsschutzbehörden der Länder** (→ Rn. 65) vollzogen (*Pieper* ArbSchR ArbSchG § 21 Rn. 2); denn gem. Art. 83 GG führen die „Länder die Bundesgesetze als eigene Angelegenheit aus, soweit dieses Grundgesetz nichts anderes bestimmt oder zulässt." Gem. Art. 84 Abs. 1 S. 1 GG regeln die Länder in diesem Fall auch „die Einrichtung der Behörden und das Verwaltungsverfahren." Folglich nimmt es nicht wunder, dass **Verwaltungsaufbau und Zuständigkeiten in den Ländern nicht einheitlich geregelt** sind (→ Rn. 65; *Pieper* ArbSchR ArbSchG § 21 Rn. 2; *Kollmer* ArbSchG Rn. 255 f.). Im Wesentlichen vollziehen die **Gewerbeaufsichtsämter** bzw. die **staatlichen Ämter für Arbeitsschutz** das ArbSchG (*Otto* in NK-ArbR ArbSchG § 21 Rn. 2). Sie werden insoweit als **untere Landesbehörden** tätig (*Pieper* ArbSchR ArbSchG § 21 Rn. 6). In der Gesetzesbegründung zum ArbSchG wird im Übrigen auch auf die Richtlinie 89/391/EWG (sog. **Arbeitsschutz-Rahmenrichtlinie** oder **EG-Rahmenrichtlinie Arbeitsschutz**) hingewiesen (BT-Drs. 13/3540 S. 21). In der Tat regelt die Arbeitsschutz-Rahmenrichtlinie unter der Überschrift „Kontrolle und Überwachung", dass die EU-Mitgliedstaaten die erforderlichen Vorkehrungen treffen, „um zu gewährleisten, dass die Arbeitgeber, die Arbeitnehmer und die Arbeitnehmervertreter den für die Anwendung dieser Richtlinie erforderlichen Rechtsvorschriften unterliegen", Art. 4 Abs. 1 RL 89/391/EWG. Besonders hervorgehoben wird in Art. 4 Abs. 2 RL 89/391/EWG die „angemessene Kontrolle und Überwachung" durch die EU-Mitgliedstaaten (vgl. *Klindt/Schucht* in Franzen/

ArbSchG § 21 — Arbeitsschutzgesetz

Gallner/Oetker RL 89/391/EWG Rn. 40; zu den Konsequenzen für die Zusammenarbeit von Arbeitsschutzbehörden und Unfallversicherungsträgern *Egger* NZS 1994, 352, 353).

8 Im Übrigen nimmt die Arbeitsschutz-Rahmenrichtlinie insbesondere den Arbeitgeber in die Pflicht. Er soll aufgrund seiner arbeitsrechtlich hervorgehobenen Stellung mit dem Weisungs- bzw. Direktionsrecht sowie seiner Verantwortung dafür sorgen, die richtlinienrechtlichen Ziele des Arbeitsschutzes vor Ort, d. h. im Betrieb, zu erreichen (*Klindt/Schucht* in Franzen/Gallner/Oetker RL 89/391/EWG Rn. 40). Indem die Arbeitgeber insoweit als **Hauptverantwortliche für den Arbeitsschutz** und zentrale Pflichtadressaten anerkannt werden, wird die Betriebsorientierung, d. h. der Grundsatz der Risikovermeidung vor Ort, als **Leitlinie der Arbeitsschutz-Rahmenrichtlinie** betont (*Kohte* in MHdB ArbR § 289 Rn. 11). Vor diesem Hintergrund wird von einer **Verlagerung der Verantwortlichkeit für den Arbeitsschutz** von den staatlichen Behörden in die Betriebe gesprochen (*Klindt/Schucht* in Franzen/Gallner/Oetker RL 89/391/EWG Rn. 51). Mit der Regelung in Art. 4 RL 89/391/EWG wird die Bedeutung genuiner Arbeitgeberpflichten einerseits und einer Flankierung durch eine wirksame Arbeitsschutzverwaltung andererseits für die Verbesserung des Arbeitsschutzes betont.

9 Überwachung i. S. d. § 21 Abs. 1 S. 1 ArbSchG zielt zunächst auf die **Überprüfung, ob geltendes Arbeitsschutzrecht eingehalten wird,** wobei eine erste Konkretisierung durch die Inbezugnahme auf dieses Gesetz, d. h. das ArbSchG, erfolgt. Diese Konkretisierung des zu überwachenden Arbeitsschutzrechts wird durch die Regelung in § 21 Abs. 1 S. 2 ArbSchG ergänzt (→ Rn. 10). Instrumente für diese genuine Compliance-Prüfung sind spezifische Maßnahmen staatlicher Überwachung, mithilfe derer in den Betrieben die Erfüllung der Arbeitsschutzbestimmungen untersucht wird.

Die folgenden Maßnahmen können der staatlichen Überwachung dienen (vgl. zum Ganzen *Kollmer* ArbSchG Rn. 258 m.w.N.):
– das Erheben und Verarbeiten von arbeitsschutzrechtlich relevanten Informationen z. B. durch das Einholen von Auskünften oder die Prüfung von Unterlagen,
– das Betreten und Besichtigen von Betriebs- und Arbeitsstätten,
– die Prüfung von Geschäfts- und Betriebsräumen,
– die Einsichtnahme in die geschäftlichen Unterlagen,
– die Einschaltung von Sachverständigen,
– die Prüfung von Betriebsanlagen, Arbeitsmitteln oder persönlichen Schutzausrüstungen,
– die Untersuchung von Arbeitsverfahren und Arbeitsabläufen,
– die Vornahme von Messungen,
– Stoffprobenentnahmen,
– die Prüfung der Befolgung behördlicher Anordnungen im Einzelfall,
– die Abfassung von Revisionsschreiben, welche das Ergebnis von Besichtigungen enthalten (ggf. verbunden mit einer Fristsetzung für Abhilfemaßnahmen),
– behördliche Anordnungen im Einzelfall, ggf. mit Verwaltungszwang.

Z.T. wird der Vollzug des ArbSchG mit den behördlichen Anordnungen (im Einzelfall) dogmatisch von der Überwachungsaufgabe getrennt (*Pieper* ArbSchR ArbSchG § 21 Rn. 17). Richtig ist, dass insoweit die Befugnisse der zuständigen Behörden gem. § 22 ArbSchG zur Anwendung gelangen müssen; denn **Aufgabennormen** wie § 21 Abs. 1 ArbSchG stellen **keine taugliche Rechtsgrundlage für Grundrechtseingriffe** dar. Dessen ungeachtet spricht nichts dagegen, den Vollzug als praktisch wichtigen Anwendungsfall der staatlichen Überwachungsaufgabe zu qualifizieren.

Zuständige Behörden; Zusammenwirken § 21 ArbSchG

2. Vollzug des ArbSchG und der Arbeitsschutzverordnung (S. 2). Der **10 Rechtsbegriff der Überwachung** wird in § 21 Abs. 1 S. 2 ArbSchG abschließend konturiert, indem er mit der „Einhaltung dieses Gesetzes und der auf Grund dieses Gesetzes erlassenen Rechtsverordnungen" verknüpft wird. Den oben angeführten Beispielen für staatliche Überwachungsmaßnahmen (→ Rn. 9) wohnt damit die Stoßrichtung inne, die Einhaltung des ArbSchG und der darauf gestützten Verordnungen wie z. B. der Verordnung über Arbeitsstätten (Arbeitsstättenverordnung – ArbStättV) vom 12. 8. 2004 oder der Verordnung über Sicherheit und Gesundheitsschutz bei der Verwendung von Arbeitsmitteln (Betriebssicherheitsverordnung – BetrSichV) vom 3. 2. 2015 (BGBl. I S. 49; hierzu *Scheuermann/Schucht* BetrSichV; *Schucht* NZA 2015, 333 ff.; *ders.* CCZ 2015, 42 ff.; *Wilrich* DB 2015, 981 ff.; *ders.* CCZ 2015, 171 ff.) zu prüfen. Nicht erfasst wird damit die Überwachung z. B. des Gesetzes zum Schutz der erwerbstätigen Mutter (Mutterschutzgesetz – MuSchG) vom 20. 6. 2002 (BGBl. I S. 2318), des Arbeitszeitgesetzes (ArbZG) vom 6. 6. 1994 (BGBl. I S. 1170) oder des Gesetzes zum Schutz der arbeitenden Jugend (Jugendarbeitsschutzgesetz – JArbSchG) vom 12. 4. 1976 (BGBl. I S. 965).

Gesetzessystematisch wird die Überwachung auch im Rahmen der gemeinsamen deutschen Arbeitsschutzstrategie erwähnt; denn die Festlegung eines abgestimmten Vorgehens der Träger des dualen Systems des Arbeitsschutzes bezieht sich auch auf den Aspekt der „Überwachung der Betriebe", § 20a Abs. 2 Nr. 4 ArbSchG (→ § 20a Rn. 30 ff.).

Mithilfe der staatlichen **Überwachungstätigkeiten** sollen insbesondere Versäumnisse **im zentralen Bereich der Gefährdungsbeurteilung** gem. den §§ 5 f. ArbSchG identifiziert und beseitigt werden. Ein wichtiges Mittel ist hierbei die **Überprüfung der Unterlagen**, „aus denen das Ergebnis der Gefährdungsbeurteilung, die von ihm festgelegten Maßnahmen des Arbeitsschutzes und das Ergebnis ihrer Überprüfung ersichtlich sind", § 6 Abs. 1 S. 1 ArbSchG. Die **Fokussierung auf die Gefährdungsbeurteilung und deren Dokumentation** dient im Ergebnis der Verbesserung der Sicherheit im Betrieb. **11**

Am Ende der Durchführung von Überwachungsmaßnahmen können sog. **12 Revisionsschreiben** oder genuine **Verwaltungsakte** in Gestalt **behördlicher Anordnungen** gemäß § 22 Abs. 3 S. 1 Nrn. 1, 2, S. 3 ArbSchG (→ § 22 Rn. 53 ff.) stehen. Das Kennzeichen von Revisionsschreiben ist die Darstellung der getroffenen Feststellungen durch die betreffende Arbeitsschutzbehörde. Unterhalb der Schwelle von Verwaltungsakten kann es sich hierbei etwa um **Vorschläge zur Verbesserung des Arbeitsschutzes** im betreffenden Betrieb handeln. Dabei ist die handelnde Behörde freilich nicht verpflichtet, solche Schreiben zu verfassen; sie darf vielmehr davon ausgehen, dass sich der betreffende Arbeitgeber schon aufgrund seiner rechtlichen Verantwortung für die Sicherheit und den Gesundheitsschutz seiner Beschäftigten an jenen Empfehlungen orientieren wird, die seitens der Behörde vor Ort ausgesprochen werden. Demgegenüber sind behördliche Anordnungen gem. § 22 Abs. 3 S. 1 Nrn. 1, 2 ArbSchG nach Bekanntgabe als **wirksame Verwaltungsakte** zu beachten, wenn nicht in concreto Widerspruch und Anfechtungsklage aufschiebende Wirkung haben, § 80 Abs. 1 S. 1 VwGO. Allerdings muss in diesem Zusammenhang beachtet werden, dass die handelnde Behörde insoweit gem. § 22 Abs. 3 S. 2 ArbSchG „zur Ausführung der Anordnung eine angemessene Frist zu setzen" hat. Abweichungen hiervon gelten nur bei **Gefahr im Verzug.**

Der **Umfang der Überwachung** steht grds. im Ermessen der jeweiligen Arbeitsschutzbehörde. Zu beachten sind indes die **unteren Grenzen der staatlichen 13**

ArbSchG § 21

Überwachungstätigkeit, die sich aus dem Verfassungs- und Europarecht speisen: Verfassungsrechtlich verbietet erstens der Schutzauftrag des Staates in Bezug auf „Sicherheit und Gesundheitsschutz der Beschäftigten" gem. § 1 Abs. 1 S. 1 ArbSchG ungenügende Kontrollen. Verfassungsrechtlich verankert wird der Schutz der Beschäftigten in den Artt. 1 Abs. 1 GG **(Schutz der Menschenwürde),** 2 Abs. 2 S. 1 GG **(Recht auf Leben und körperliche Unversehrtheit)** und 20 Abs. 1 GG **(Sozialstaatsprinzip).** Die staatlichen Gewalten und somit auch die **Exekutive** sollen sich insoweit schützend und fördernd vor die verbürgten Rechtsgüter stellen (vgl. zum Ganzen *Wlotzke* in MHdB ArbR, Bd. 2, 2. Aufl. 2000, § 206 Rn. 22). Vor diesem Hintergrund ist etwa eine effektive Arbeitsteilung im überbetrieblichen Arbeitsschutz geboten (*Pieper* AiB 2006, 523, 525). Zweitens ist die europarechtliche Vorgabe aus Art. 4 Abs. 2 RL 89/391/EWG in Erinnerung zu rufen, wonach die staatliche Kontrolle und Überwachung angemessen sein sollen (→ Rn. 7). Im Hinblick auf die in der Vergangenheit zu beobachtende **Reduzierung des Personals der Aufsichtsbehörden** wird die **Effektivität der arbeitsschutzrechtlichen Überwachung** angezweifelt (deutlich *Wiebauer* in Landmann/Rohmer GewO ArbSchG § 20a Rn. 9). Sodann sind die Inhalte der **gemeinsamen deutschen Arbeitsschutzstrategie (GDA)** zu berücksichtigen: Gem. § 20a Abs. 2 Nr. 2 ArbSchG rechnet die „Festlegung vorrangiger Handlungsfelder und von Eckpunkten für Arbeitsprogramme sowie deren Ausführung nach einheitlichen Grundsätzen" zum Inhalt der GDA (→ § 20a Rn. 26ff.; zu § 20a Abs. 2 Nr. 4 ArbSchG → Rn. 10).

14 Was die Arten der Überwachung anbelangt, kann zwischen **proaktiver und reaktiver Kontrolle** unterschieden werden. Bei der **proaktiven Kontrolle** nimmt die Behörde anlasslose Prüfungen vor, die typischerweise in bestimmten Intervallen zwischen den Revisionen wiederholt werden. **Der zeitliche Abstand der Revisionen** ist naturgemäß abhängig von den jeweiligen **Gefahren im Betrieb** sowie **den Ergebnissen vorangehender Prüfungen.** In diesem Zusammenhang kann in Rechnung zu stellen sein, ob z. B. Jugendliche oder werdende Mütter beschäftigt werden, ob überwachungsbedürftige Anlagen i. S. d. Anhangs 2 der BetrSichV vorhanden sind, ob explosionsfähige Atmosphären entstehen können oder ob Gefahrstoffe und biologische Arbeitsstoffe eine Rolle spielen. Daneben sind auch Aspekte wie Lärm, Vibration oder elektromagnetische Felder beachtlich. Neben solch turnusmäßigen Revisionen kommen freilich auch anlassbezogene Prüfungen i. S.e. **reaktiven Kontrolle** in Betracht. Bei der reaktiven Kontrolle erhält die Arbeitsschutzbehörde arbeitsschutzrechtlich relevante Informationen von Dritten. Eine **wichtige Informationsquelle** sind dabei Informationen der Beschäftigten (z. B. in Wahrnehmung des außerbetrieblichen Beschwerderechts gem. § 17 Abs. 2 S. 1 ArbSchG) über etwaige Missstände im Betrieb (*Kohte* in MHdB ArbR § 292 Rn. 69, 71; *Wiebauer* in Landmann/Rohmer GewO ArbSchG § 17 Rn. 33). Zuträger entsprechender Informationen können auch **Gewerkschaften, Betriebsräte oder andere betriebliche Funktionsträger** sein (*Wiebauer* NZA 2015, 22). Daneben können z. B. **Unfallanzeigen, Informationen anderer Behörden, Veröffentlichungen in der Presse, Berichte im Fernsehen, Beiträge im Hörfunk oder Wettbewerber** Anlass für reaktive Kontrollen bieten.

15 Das behördliche Überwachungsermessen in Gestalt des **Handlungs- bzw. Entschließungsermessens** kann im Übrigen unter Zugrundelegung der verwaltungsrechtlichen Dogmatik dadurch begrenzt werden, dass der zuständigen Behörde z. B. Informationen zur Kenntnis gebracht werden oder sie mit dem ernst zu

nehmenden Verdacht konfrontiert wird, wonach bestimmte Beschäftigte relevanten oder sogar erheblichen Gefahren in ihrem Betrieb ausgesetzt sind. In solchen Fällen wird sich das Handlungs- bzw. Entschließungsermessen der zuständigen Arbeitsschutzbehörde regelmäßig stark verengen, wenn nicht sogar eine **Pflicht zur Überprüfung bzw. zum Einschreiten** besteht (*Kollmer* ArbSchG Rn. 260; *Wiebauer* in Landmann/Rohmer GewO ArbSchG § 17 Rn. 34 in Bezug auf erhebliche konkrete Gesundheitsgefahren im Zusammenhang mit einer außerbetrieblichen Beschwerde). Darüber hinaus ist zu beachten, dass die Arbeitsschutzbehörden zur **gleichmäßigen Überwachung der Betriebe** verpflichtet sind, sodass eine Beschränkung der Überwachung auf bestimmte Betriebe unzulässig ist (*Pieper* ArbSchR ArbSchG § 21 Rn. 15).

```
                    Schlußvorschriften
                       (§§ 21–26)
          ┌──────────────┼──────────────┐
          ▼              ▼              ▼
     zuständige      Befugnisse     betriebliche
      Behörde          (§ 22)      Daten, Zusammen-
       (§ 21)                       arbeit (§ 23)
```

↳ Beratungspflicht (Abs. 1)
↳ Überwachungspflicht (Abs. 1)
↳ Aufgabenabgrenzung (Abs. 2)
 • Unfallversicherungsträger
  → autonomes Recht (SGB VII)
 • Behörden
  → ArbSchG
 • aber:
↳ Zusammenwirkungspflicht auf Grundlage einer gemeinsamen Beratungs- und Überwachungsstrategie (Abs. 3)
↳ sog. Experimentierklausel (Abs. 4)
 Zuständigkeiten
 • grundsätzlich Ländersache (Art. 30, 77 GG)
 • Sonderregelung für Bundesbehörden

↳ Auskunftsverlangen (Abs. 1)
↳ Betretungsrecht (Abs. 2)
↳ Untersuchungs- und Prüfrecht (Abs. 2)
↳ Unterstützungsverlangen (Begleitung) (Abs. 2)
↳ Anordnungen (Abs. 3)
 • Gefahrenanordnung (Satz 1 Nr. 1)
 • Generalklausel (Satz 1 Nr. 2)
 • Untersagung (Satz 3)
↳ Vollstreckung (vgl. Landesrecht und Bundes-VwVG)

Ermächtigung, Verwaltungsvorschriften (§ 24)

Bußgeldvorschriften (§ 25)

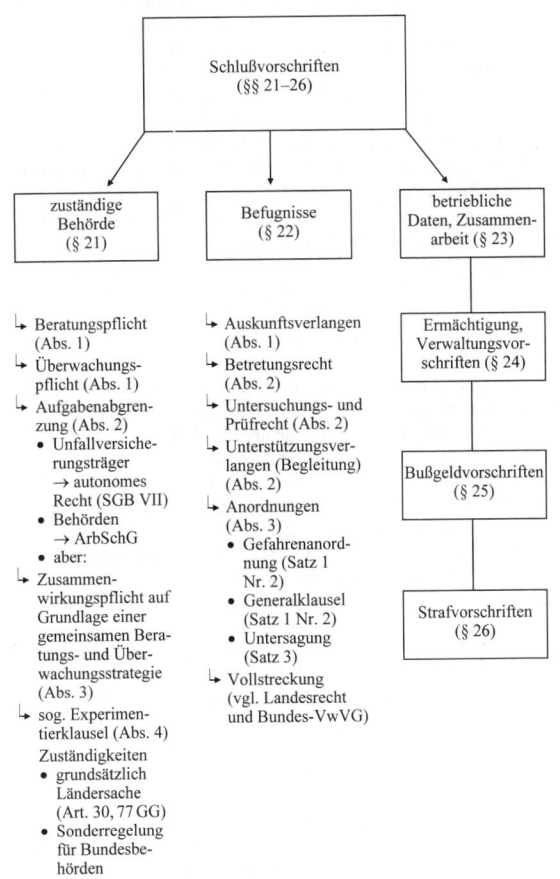

Strafvorschriften (§ 26)

Abb. 1: Vollzug des ArbSchG (vgl. hierzu *Kollmer/Vogl*, Das neue Arbeitsschutzgesetz, 1997, Rn. 23).

ArbSchG § 21   Arbeitsschutzgesetz

16   Klarzustellen ist, dass die Beschäftigten grds. **kein Recht auf Einschreiten der zuständigen Arbeitsschutzbehörde** im Allgemeinen und auf den Erlass spezifischer Anordnungen (im Einzelfall) im Besonderen haben. Zur Begründung kann in diesem Kontext auf die **Regelung des außerbetrieblichen Beschwerderechts in § 17 Abs. 2 S. 1** ArbSchG verwiesen werden, wonach sich die Beschäftigten nur in engen Grenzen und subsidiär an die Behörden wenden dürfen (→ § 17 Rn. 27 ff.; so auch *Kollmer* ArbSchG Rn. 260), zumal selbst der Beschwerdeführer im Falle der Geltendmachung dieses Rechts nur einen **Anspruch auf ermessensfehlerfreie Entscheidung der zuständigen Behörde** hat (*Wiebauer* in Landmann/Rohmer GewO ArbSchG § 17 Rn. 34).

17   **3. Beratung der Arbeitgeber bei der Erfüllung ihrer Pflichten (S. 2).** Dass die zuständigen Behörden die Arbeitgeber „bei der Erfüllung ihrer Aufgaben" gem. § 21 Abs. 2 ArbSchG beraten müssen, ist eine **Klarstellung** im Hinblick auf das **ILO-Übereinkommen 81** über die Arbeitsaufsicht für Handel und Gewerbe; denn danach rechnet es auch zu den Durchführungsaufgaben der Arbeitsschutzbehörden, „die Arbeitgeber über die Mittel zur Einhaltung der Vorschriften zu beraten" (BT-Drs. 13/4854 S. 3; näher *Pieper* ArbSchR ArbSchG § 21 Rn. 8). Gesetzessystematisch spielt die Beratung auch eine Rolle im Rahmen der **gemeinsamen deutschen Arbeitsschutzstrategie;** denn die Festlegung eines abgestimmten Vorgehens der Träger des dualen Systems im Arbeitsschutz betrifft auch den Aspekt der Beratung der Betriebe, § 20a Abs. 2 Nr. 4 ArbSchG (→ § 20a Rn. 30 ff.).

18   Wer **Arbeitgeber** ist, ist in § 2 Abs. 3 ArbSchG geregelt. Danach sind Arbeitgeber i. S. d. ArbSchG natürliche und juristische Personen und rechtsfähige Personengesellschaften, die Personen nach § 2 Abs. 2 ArbSchG beschäftigen (→ § 2 Rn. 122 ff.). Daneben soll die Regelung in § 21 Abs. 1 S. 2 ArbSchG auch „alle mit Verantwortung betrauten Personen im Betrieb" erfassen (so *Wiebauer* in Landmann/Rohmer GewO ArbSchG § 21 Rn. 1). In der Tat werden die **verantwortlichen Personen gem. § 13 ArbSchG** in die Beratungspflicht einzubeziehen sein, weil sie „neben dem Arbeitgeber" für die arbeitsschutzrechtliche Compliance verantwortlich sind. Schließlich bleibt die Pflicht der Arbeitgeber und insbesondere der für den Arbeitsschutz zuständigen Behörden gem. § 89 Abs. 2 S. 1 BetrVG unberührt, „den Betriebsrat oder die von ihm bestimmten Mitglieder des Betriebsrats bei allen im Zusammenhang mit dem Arbeitsschutz oder der Unfallverhütung stehenden Besichtigungen und Fragen und bei Unfalluntersuchungen hinzuzuziehen" (zum Personalrat *Pieper* ArbSchR ArbSchG § 21 Rn. 8).

19   Was den **Rechtsbegriff der Beratung** anbelangt, wird dieser im ArbSchG selbst nicht näher konkretisiert. Inhaltlich wird hierunter unter Zugrundelegung des allgemeinen Sprachgebrauchs die **Erteilung von Ratschlägen** zu verstehen sein. Im Hinblick auf das **ILO-Übereinkommen 81** soll die Arbeitsaufsicht u. a. den Arbeitgeber **durch technische Aufklärung belehren** (vgl. *Pieper* ArbSchR ArbSchG § 21 Rn. 8). Mit der Aufgabe der Beratung zielt der Gesetzgeber ersichtlich darauf ab, das in § 1 Abs. 1 S. 1 ArbSchG verankerte arbeitsschutzrechtliche Ziel zu erreichen, „Sicherheit und Gesundheitsschutz der Beschäftigten bei der Arbeit" zu sichern und zu verbessern. Vor diesem Hintergrund kann insbesondere auch die **Erfüllung der grundlegenden Arbeitsschutzpflichten** Gegenstand der Beratung sein (*Pieper* ArbSchR ArbSchG § 21 Rn. 9). **Beratungstätigkeiten** kommen z. B. in Betracht bei geplanten Neubaumaßnahmen, Produktionsumstellungen, der Einführung neuer Technologien, dem Einsatz neuer Arbeitsmittel oder -stoffe oder der Umstellung von Arbeits- und Fertigungsverfahren oder Arbeitsabläufen (vgl.

Zuständige Behörden; Zusammenwirken **§ 21 ArbSchG**

insoweit auch § 5 Abs. 3 ArbSchG). Wichtig ist, dass die **Beratung grds. Vorrang vor der Anordnung (im Einzelfall)** haben soll; Ausnahmen gelten naturgemäß bei **Gefahr im Verzug** (*Pieper* ArbSchR ArbSchG § 21 Rn. 8).

In welcher Form und **mit welcher Intensität** die zuständigen Behörden der 20 Aufgabe der Beratung nachkommen sollen, ist gesetzlich nicht geregelt. **In Bezug auf die Form** können mithin **vielfältige Instrumente** zum Einsatz gelangen. In der Literatur wird etwa auf die Unterstützung z. B. durch Handlungsleitfäden, die Initiierung von überbetrieblichen Formen der Kooperation oder die projektorientierte Beratung hingewiesen (*Pieper* ArbSchR ArbSchG § 21 Rn. 10). Was die **Intensität der Beratung** anbelangt, wird die Aufgabenerledigung nicht zuletzt von den zur Verfügung stehenden personellen Ressourcen zum Zwecke des arbeitsschutzrechtlichen Vollzugs abhängen (vgl. *Wiebauer* in Landmann/Rohmer GewO ArbSchG § 20a Rn. 9 mit dem Hinweis darauf, dass die Arbeitsschutzbehörden als Ansprechpartner und Berater nur noch eingeschränkt zur Verfügung stehen). Bei der Ressourcenverteilung werden die Länder die arbeitsschutzrechtliche Aufgabe der Beratung indes berücksichtigen müssen, d. h. sie darf neben der – freilich im Vordergrund stehenden – Aufgabe der Überwachung (mitsamt Vollzug) nicht ins Abseits geraten.

Fraglich ist, ob die Pflicht zur Beratung mit einem **Recht der Arbeitgeber auf** 21 **Beratung** einhergeht. Damit wird die Frage nach der Existenz eines **subjektiv-öffentlichen Rechts** aufgeworfen, welches mit der Möglichkeit der gerichtlichen Durchsetzung im Allgemeinen und der Klagebefugnis vor den Verwaltungsgerichten im Besonderen verknüpft ist. Unter einem subjektiv-öffentlichen Recht wird die einem Subjekt durch eine Rechtsnorm zuerkannte Rechtsmacht verstanden, zur Verfolgung eigener Interessen von einem anderen ein bestimmtes Tun, Dulden oder Unterlassen zu fordern (*Maurer* VerwR § 8 Rn. 2). Dabei ist zu beachten, dass Rechtspflichten ohne korrespondierende subjektive Rechte ohne Weiteres denkbar sind (*Maurer* VerwR § 8 Rn. 6). Bei Normen des öffentlichen Rechts ist nach der herrschenden **Schutznormtheorie** von entscheidender Bedeutung, dass eine zwingende Rechtsvorschrift nicht nur dem öffentlichen Interesse, sondern – jedenfalls auch – dem Interesse einzelner Bürger zu dienen bestimmt ist. Danach kommt es mithin auf den gesetzlich bezweckten Interessenschutz an, wobei Vorteile für den Bürger gesetzlich gewollt sein müssen, sodass sie insbesondere von sog. günstigen Rechtsreflexen abzugrenzen sind (zum Ganzen *Maurer* VerwR, § 8 Rn. 8). Bei Zugrundelegung der verwaltungsrechtlichen Dogmatik wird man in der Tat aus der Regelung in § 21 Abs. 1 ArbSchG einen solchen **Anspruch der Arbeitgeber auf Beratung** ableiten können; denn die in Rede stehende Norm soll ersichtlich auch dem Interesse der Arbeitgeber dienen, damit diese ihren Beitrag zur Erreichung des übergeordneten arbeitsschutzrechtlichen Ziels leisten können.

Dafür, dass sich auf diesen Anspruch auch andere als die Arbeitgeber gem. § 2 22 Abs. 3 ArbSchG und die verantwortlichen Personen gem. § 13 ArbSchG berufen können, ist nichts ersichtlich. **Betriebsärzte, Fachkräfte für Arbeitssicherheit** oder **Sicherheitsbeauftragte gem. § 22 SGB VII** können sich folglich nicht auf der Grundlage des § 21 Abs. 1 S. 2 ArbSchG an die zuständigen Behörden wenden. Aus diesem Grund haben auch die **Beschäftigten** i. S. d. § 2 Abs. 2 ArbSchG (→ § 2 Rn. 32 ff.) grds. **kein Recht**, sich von den zuständigen Behörden beraten zu lassen (so auch *Pieper* ArbSchR ArbSchG § 21 Rn. 8). Zur Begründung kann erneut auf die **Regelung des außerbetrieblichen Beschwerderechts** in § 17 Abs. 2 S. 1 ArbSchG verwiesen werden (→ Rn. 16).

Was etwaige **Kosten für die Beratung** durch die Arbeitsschutzbehörden anbelangt, 23 erfolgt diese Tätigkeit grds. kostenfrei, zumal sie **im öffentlichen Interesse** durchge-

Schucht

ArbSchG § 21

führt wird. Allerdings steht es den Ländern frei, Kosten i. S. v. Gebühren und Auslagen durch die **Implementierung entsprechender Kostentatbestände** in ihren Kostengesetzen festzulegen (siehe auch *Pieper* ArbSchR ArbSchG § 21 Rn. 11 m. w. N.).

24 Schließlich ist darauf hinzuweisen, dass die fehlerhafte Beratung zur **Amtshaftung** führen kann. Amtshaftungsrechtliche Ansprüche werden auf § 839 BGB i. V. m. Art. 34 GG gestützt (*Kollmer* ArbSchG Rn. 303). Gem. § 839 Abs. 1 BGB hat ein Beamter, der „vorsätzlich oder fahrlässig die ihm einem Dritten gegenüber obliegende Amtspflicht [verletzt], (…) dem Dritten den daraus entstehenden Schaden zu ersetzen." Diese Haftung bei Amtspflichtverletzungen wird gem. Art. 34 GG auf „den Staat oder die Körperschaft" übergeleitet, „in deren Dienst er steht" (sog. **Haftungsüberleitung**).

II. Abgrenzungsregelung in Bezug auf die Träger der gesetzlichen Unfallversicherung (Abs. 2)

25 Mit der Regelung in § 21 Abs. 2 ArbSchG werden die **Träger der gesetzlichen Unfallversicherung** in den Fokus des arbeitsschutzrechtlichen Interesses gerückt. Im Kern beinhaltet § 21 Abs. 2 S. 1 ArbSchG eine **Abgrenzungsregelung für die Aufgaben der Unfallversicherungsträger** (BT-Drs. 13/4854 S. 3). Indem § 21 Abs. 2 S. 1 ArbSchG klarstellt, dass sich die Aufgaben und Befugnisse der Unfallversicherungsträger „nach den Vorschriften des Sozialgesetzbuchs" richten, bleibt das **dualistische System im Arbeitsschutz** unberührt (BT-Drs. 13/4854 S. 3; BR-Drs. 881/2/95 S. 4; *Wlotzke* NZA 1996, 1017, 1020; zur Alternativlosigkeit des Dualismus *Becker* BPUVZ 2012, 82, 83). Für die genannten Sozialversicherungsträger gelten damit allein die Bestimmungen des **Siebten Buchs Sozialgesetzbuch** (SGB VII), d. h. das **Regelungsregime für die gesetzliche Unfallversicherung**. Hervorzuheben ist in diesem Zusammenhang § 17 SGB VII, welcher die „Überwachung und Beratung" regelt. Gem. § 17 Abs. 1 SGB VII haben die Unfallversicherungsträger „die Durchführung der Maßnahmen zur Verhütung von Arbeitsunfällen, Berufskrankheiten, arbeitsbedingten Gesundheitsgefahren und für eine wirksame Erste Hilfe in den Unternehmen zu überwachen sowie die Unternehmer und die Versicherten zu beraten." Die **Aufgabe der Unfallversicherungsträger zur Überwachung** wird durch die „Befugnisse der Aufsichtspersonen" in § 19 SGB VII ergänzt (→ Rn. 28).

26 Wer **Träger der gesetzlichen Unfallversicherung** ist, ergibt sich aus dem **Siebten Buch Sozialgesetzbuch** (SGB VII). Im Fünften Kapitel des SGB VII wird die „Organisation" geregelt, wobei § 114 SGB VII die „Unfallversicherungsträger" aufführt. Im Hinblick auf die in den §§ 121 ff. SGB VII geregelte „Zuständigkeit" der Unfallversicherungsträger lassen sich systematisch folgende Träger unterschieden:
- gewerbliche Berufsgenossenschaften in den §§ 121 f. SGB VII
- landwirtschaftliche Berufsgenossenschaft in den §§ 123 f. SGB VII
- Unfallversicherungsträger der öffentlichen Hand in den §§ 125 ff. SGB VII

27 Was die **gewerblichen Berufsgenossenschaften** mit ihrer Zuständigkeit für alle Unternehmen (Betriebe, Verwaltungen, Einrichtungen und Tätigkeiten) anbelangt, soweit nicht die landwirtschaftliche Berufsgenossenschaft oder die Unfallversicherungsträger der öffentlichen Hand zuständig sind, existieren derzeit **neun Berufsgenossenschaften** (vgl. *Wiebauer* in Landmann/Rohmer GewO ArbSchG § 20a Rn. 9 zur Reform der gesetzlichen Unfallversicherung durch das UVMG). Sie sind gem. § 114 Abs. 1 Nr. 1 SGB VII in der Anlage 1 zum SGB VII aufgeführt. Im Einzelnen handelt es sich um die **Berufsgenossenschaft Rohstoffe und chemische Industrie** (BG RCI) mit Sitz in Heidelberg, die **Berufs-**

Zuständige Behörden; Zusammenwirken   **§ 21 ArbSchG**

genossenschaft Holz und Metall** mit Sitz in Mainz, die **Berufsgenossenschaft Energie Textil Elektro Medienerzeugnisse** (BG ETEM) mit Sitz in Köln, die **Berufsgenossenschaft Nahrungsmittel und Gastgewerbe** mit Sitz in Mannheim, die **Berufsgenossenschaft der Bauwirtschaft** – BG Bau mit Sitz in Berlin, die **Berufsgenossenschaft für Handel und Warenlogistik** mit Sitz in Mannheim, die **Verwaltungs-Berufsgenossenschaft** mit Sitz in Hamburg, die **Berufsgenossenschaft Verkehrswirtschaft Post-Logistik Telekommunikation** mit Sitz in Hamburg und die **Berufsgenossenschaft für Gesundheitsdienst und Wohlfahrtspflege** mit Sitz in Hamburg.

Träger der landwirtschaftlichen Berufsgenossenschaft ist die **Sozialversicherung für Landwirtschaft, Forsten und Gartenbau** (SVLFG) mit Sitz in Kassel. Sie ist zuständig für landwirtschaftliche Unternehmen, soweit nicht die Unfallversicherungsträger der öffentlichen Hand zuständig sind.

Die **Unfallversicherungsträger der öffentlichen Hand** wiederum sind abrufbar auf der folgenden Webseite der Deutschen Gesetzlichen Unfallversicherung (DGUV): http://www.dguv.de/de/Berufsgenossenschaften-Unfallkassen-Landesverbände/Unfallkassen/index.jsp (zuletzt abgerufen am 31.1.2016)

Wenn die Unfallversicherungsträger gem. den Bestimmungen des SGB VII **zum** 28 **Zwecke der Prävention** „auch Aufgaben zur Gewährleistung von Sicherheit und Gesundheitsschutz der Beschäftigten wahrnehmen", spielen gem. § 21 Abs. 2 S. 2 ArbSchG ausschließlich ihre **autonomen Befugnisse** eine Rolle. Damit wird Bezug auf das Kapitel 2 des SGB VII genommen (BT-Drs. 13/4854 S. 3), welches sich in den §§ 14ff. SGB VII mit dem Aspekt der „Prävention" befasst. Umgekehrt scheidet aus der Perspektive der Unfallversicherungsträger die Wahrnehmung der den staatlichen Arbeitsschutzbehörden eingeräumten Befugnisse aus § 22 ArbSchG aus. Im Hinblick auf die in § 21 Abs. 2 S. 2 ArbSchG angesprochenen Befugnisse sind die „Befugnisse der Aufsichtspersonen" gem. § 19 SGB VII hervorzuheben. Danach können Aufsichtspersonen i. S. d. § 18 SGB VII u. a. im Einzelfall anordnen, welche Maßnahmen **Unternehmerinnen und Unternehmer oder Versicherte** zur Erfüllung ihrer Pflichten aufgrund von Unfallverhütungsvorschriften gem. § 15 SGB VII zu treffen haben, § 19 Abs. 1 S. 1 Nr. 1 SGB VII. Dabei ist zu beachten, dass sich die Unfallverhütungsvorschriften gem. § 15 Abs. 1 S. 1 Hs. 2 Nr. 6 SGB VII auch mit jenen Maßnahmen befassen können, „die der Unternehmer zur Erfüllung der sich aus dem Gesetz über Betriebsärzte, Sicherheitsingenieure und andere Fachkräfte für Arbeitssicherheit ergebenden Pflichten zu treffen hat". Die Anordnungsbefugnisse der Aufsichtspersonen erstrecken sich mithin auch auf das **ASiG** (siehe auch *Wiebauer* in Landmann/Rohmer GewO ArbSchG § 21 Rn. 8). Darüber hinaus kann es zum **mittelbaren Vollzug staatlichen Arbeitsschutzrechts** mit Blick auf die Befugnis der Aufsichtspersonen gem. § 19 Abs. 1 S. 1 Nr. 2 SGB VII kommen. Auf dieser Grundlage können Anordnungen im Einzelfall „zur Abwendung besonderer Unfall- und Gesundheitsgefahren" getroffen werden. **Verstöße gegen Bestimmungen des Arbeitsschutzrechts** indizieren indes just solche Gefahren (instruktiv hierzu *Kollmer* ArbSchG Rn. 253). Die Befugnisse gem. § 19 Abs. 2 SGB VII wiederum dienen ausdrücklich insbesondere „der Überwachung der Maßnahmen zur Verhütung von Arbeitsunfällen, Berufskrankheiten und arbeitsbedingten Gesundheitsgefahren".

Ausdruck der autonomen Befugnisse der Träger der gesetzlichen Unfallver- 29 sicherung sind vor diesem Hintergrund Aktivitäten auf den Gebieten insbesondere der Arbeitssicherheit, der Sicherheitstechnik, der Maschinen- und Gerätesicherheit (Arbeitsmittelsicherheit) und des Gesundheitsschutzes. Hiervon unberührt bleibt die **Pflicht der zuständigen Landesbehörden und der Unfallversicherungs-**

ArbSchG § 21   Arbeitsschutzgesetz

träger zur engen Zusammenarbeit gem. § 21 Abs. 3 ArbSchG im Allgemeinen und die in diesem Umfeld vorzunehmende Festlegung eines abgestimmten Vorgehens „bei der Beratung und Überwachung der Betriebe" als Ausfluss der gemeinsamen deutschen Arbeitsschutzstrategie gem. § 20a Abs. 2 Nr. 4 ArbSchG im Besonderen. Diese **Verzahnungen** ändern indes nichts an der **formalen Trennung der Verantwortungsbereiche** zwischen staatlichen Behörden und Unfallversicherungsträgern de lege lata (*Kollmer* ArbSchG Rn. 253; *Wiebauer* in Landmann/Rohmer GewO ArbSchG § 21 Rn. 7).

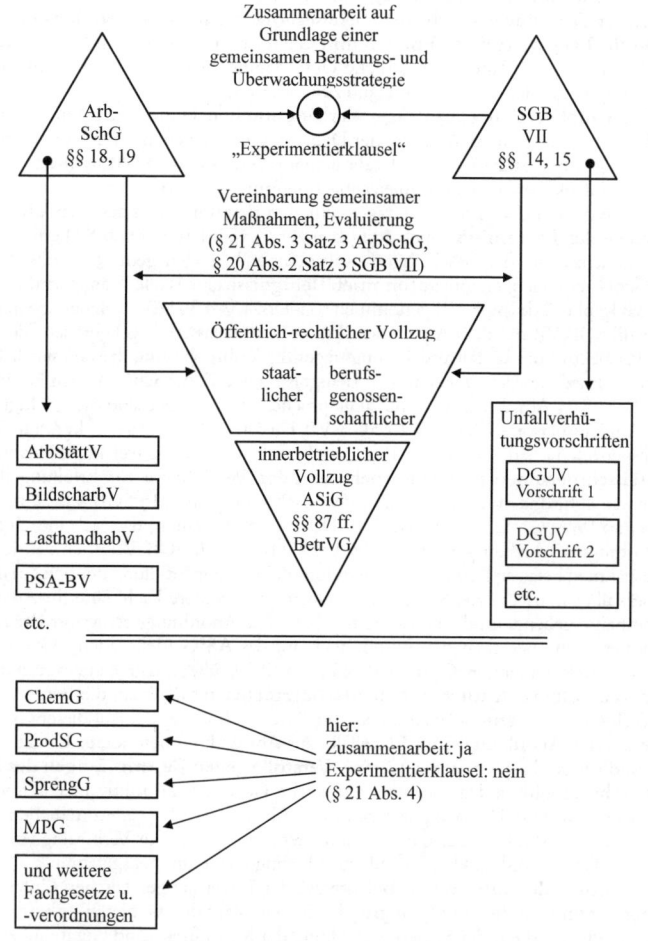

Abb. 2: Überblick über das duale System. Zusammenarbeit der Arbeitsschutzbehörden mit den Unfallversicherungsträgern (*Kollmer* BG 1997, 347, 349 mit Ergänzung)

Was etwaige **Beratungstätigkeiten der Unfallversicherungsträger** in den 30
Betrieben anbetrifft, ersetzen sie keinesfalls etwaige Pflichten aus dem Gesetz über
Betriebsärzte, Sicherheitsingenieure und andere Fachkräfte für Arbeitssicherheit
vom 12.12.1973 (BGBl. I S. 1885). Vor diesem Hintergrund bleibt die **Bestellung
von Fachkräften für Arbeitssicherheit** gem. § 5 ASiG unberührt von einer etwaigen sozialversicherungsrechtlichen Beratung. Aus diesem Grund erfährt auch
die unfallversicherungsrechtliche Pflicht zur **Bestellung von Sicherheitsbeauftragten** gem. § 22 SGB VII in Unternehmen mit regelmäßig mehr als 20 Beschäftigten keine Modifikation durch etwaige Beratungstätigkeiten der Unfallversicherungsträger. Beratungen durch die Unfallversicherungsträger können im Zuge der
Überwachung der Betriebe oder auf betriebliche Anforderung z. B. im Zusammenhang mit der Einführung neuer Arbeitsmittel oder einer neuen Technologie mündlich oder schriftlich erfolgen. In praxi kommt der Beratung durch die Träger der
Unfallversicherungsträger ein hoher Stellenwert zu, zumal sich auch die Beschäftigten – z. B. im Falle von Unklarheiten über etwaige Pflichten – ohne Weiteres von
den Trägern der gesetzlichen Unfallversicherung beraten lassen können.

Die Regelung in § 21 Abs. 2 ArbSchG zu Aufgaben und Befugnissen der Unfallversicherungsträger war zunächst Gegenstand des § 1 Abs. 4 ArbSchG-E (BT-Drs.
13/3540 S. 4). Allerdings fehlte zum damaligen Zeitpunkt noch der heutige Satz 2
des § 21 Abs. 2 ArbSchG. Der **Bundesrat** schlug am 1.3.1996 vor, die Regelung in
§ 1 Abs. 4 ArbSchG-E zu streichen und statt dessen einen neuen § 1a ArbSchG-E
zu schaffen, welcher „das Verhältnis zwischen staatlichem Arbeitsschutz und autonomer Prävention" festschreiben sollte (BR-Drs. 881/95(B) S. 4). Die Beschlussempfehlung des Ausschusses für Arbeit und Sozialordnung sah sodann die Übernahme des vorgeschlagenen § 1a ArbSchG-E in § 21 Abs. 2 ArbSchG-E vor (BT-Drs. 13/4756 S. 21).

III. Zusammenarbeit der zuständigen Landesbehörden mit den Trägern der gesetzlichen Unfallversicherung (Abs. 3) 31

1. Gemeinsame Beratungs- und Überwachungsstrategie (S. 1, 2). Während mit § 21 Abs. 2 ArbSchG eine Abgrenzungsregelung zwischen staatlichem Arbeitsschutz und autonomer Prävention geschaffen wurde, brachte die Bestimmung
in § 21 Abs. 3 ArbSchG die Verankerung der „Pflicht der staatlichen Arbeitsschutzbehörden zur Zusammenarbeit mit den Trägern der gesetzlichen Unfallversicherung" mit sich, die zuvor Gegenstand allgemeiner Verwaltungsvorschriften gewesen war (BT-Drs. 13/4854 S. 3; näher *Egger* NZS 1994, 352, 353). Im Ergebnis soll
diese Pflicht zur dezidiert **engen Zusammenarbeit** zwischen den Akteuren im
dualen System des deutschen Arbeitsschutzes ein Vehikel zur **Verbesserung und
effektiveren Gestaltung der Überwachungstätigkeit** darstellen (BT-Drs. 13/
4854 S. 4; vgl. zu unnötigen Kosten und Reibungsverlusten im dualen Arbeitsschutzsystem *Becker* BPUVZ 2012, 82, 83). Die Intensivierung der Zusammenarbeit soll insbesondere – auch mit Blick auf die europarechtlichen Vorgaben zur
Kontrolle und Überwachung (→Rn. 7) – **Vollzugsdefizite durch Doppelzuständigkeiten** reduzieren (*Egger* NZS 1994, 352, 353). Flankiert wird die Zusammenarbeit durch einen **sicherzustellenden Erfahrungsaustausch** zwischen
den zuständigen Behörden und den Unfallversicherungsträgern. Im Ergebnis führt
diese Norm zu einer **Ausweitung der Kooperationsmöglichkeiten im dualen
System** des überbetrieblichen Arbeitsschutzes (*Pieper* ArbSchR ArbSchG § 21
Rn. 1). 32

ArbSchG § 21

33 Aufgrund der geschilderten Änderungen durch das UVMG im Jahr 2008 (→ Rn. 4) sollte die Wirksamkeit der Zusammenarbeit zwischen Arbeitsschutzbehörden der Länder und den Unfallversicherungsträgern dadurch verbessert werden, dass beide Seiten „zur Abstimmung eines gemeinsamen methodischen Vorgehens und zu einer stärkeren Arbeitsteilung in der Überwachung" angehalten werden (BR-Drs. 113/08 S. 112f.). Der Fokus sollte dabei auf „die intensivere Orientierung des Aufsichtshandelns an bestimmten Beratungs- und Überwachungsschwerpunkten sowie auf die Durchführung gemeinsamer Schwerpunktaktionen" gerichtet werden (BR-Drs. 113/08 S. 113). Die Reform ist vor dem Hintergrund zu sehen, dass die praktische Zusammenarbeit zwischen den staatlichen Arbeitsschutzbehörden und den Unfallversicherungsträgern zuvor durch **nicht unerhebliche Reibungsverluste und Abstimmungsprobleme** gekennzeichnet war (*Kollmer* ArbSchG Rn. 254). Was die anzustrebende Verbesserung der administrativen Zusammenarbeit durch **Ausbau der elektronischen Vernetzung und des wechselseitigen Daten- und Informationstransfers** anbelangt, sollen die hierfür erforderlichen Lösungen **aufkommensneutral** ausgestaltet sein (BR-Drs. 113/08 S. 113). Allfälliger Verwaltungsaufwand infolge der elektronischen Vernetzung soll durch die **Verringerung des herkömmlichen Abstimmungsbedarfs** kompensiert werden. Schließlich wird in der Gesetzesbegründung zum UVMG darauf hingewiesen, dass Länder und Unfallversicherungsträger verpflichtet werden sollen, „sich fachlich und personell in einem von ihnen selbst zu bestimmenden Umfang an der Umsetzung des gemeinsamen Überwachungskonzepts zu beteiligen" (BR-Drs. 113/08 S. 113).

34 Grundlage der Zusammenarbeit zwischen den Arbeitsschutzbehörden der Länder und den Unfallversicherungsträgern soll die **gemeinsame Beratungs- und Überwachungsstrategie** i. S. d. § 20a Abs. 2 Nr. 4 ArbSchG (→ § 20a Rn. 30 ff.) sein, die wiederum notwendiger Bestandteil der gemeinsamen deutschen Arbeitsschutzstrategie (GDA) ist. Zur GDA (→ § 20a Rn. 5 ff.) rechnet gem. § 20a Abs. 2 Nr. 4 ArbSchG u. a. „die Festlegung eines abgestimmten Vorgehens der für den Arbeitsschutz zuständigen Landesbehörden und der Unfallversicherungsträger bei der Beratung und Überwachung der Betriebe". Gem. § 21 Abs. 3 S. 2 ArbSchG umfasst die Strategie die **Abstimmung allgemeiner Grundsätze zur methodischen Vorgehensweise**, welche die drei folgenden Bereiche abdeckt:
– Beratung und Überwachung der Betriebe (Nr. 1);
– Festlegung inhaltlicher Beratungs- und Überwachungsschwerpunkte, aufeinander abgestimmter oder gemeinsamer Schwerpunktaktionen und Arbeitsprogramme (Nr. 2);
– Förderung eines Daten- und sonstigen Informationsaustausches, insbesondere über Betriebsbesichtigungen und deren wesentliche Ergebnisse (Nr. 3).
Praktisch wichtig sind die sog. GDA-Leitlinien zur Beschreibung methodischer Vorgehensweisen für die Beratung und Überwachung der Betriebe (→ § 20a Rn. 34).

35 Die Regelung in § 21 Abs. 3 ArbSchG ist im Kontext mit § 20 SGB VII zu sehen, welcher sozialversicherungsrechtlich und damit **aus der Perspektive der Unfallversicherungsträger** die „Zusammenarbeit mit Dritten" regelt. Gem. § 20 Abs. 1 S. 1 SGB VII wirken die Unfallversicherungsträger und die für den Arbeitsschutz zuständigen Behörden „bei der Beratung und Überwachung der Unternehmen auf der Grundlage einer gemeinsamen Beratungs- und Überwachungsstrategie (...) eng zusammen und stellen den Erfahrungsaustausch sicher." Dabei wird ebenfalls ausdrücklich Bezug auf die Regelung in § 20a Abs. 2 Nr. 4 ArbSchG genom-

Zuständige Behörden; Zusammenwirken § 21 ArbSchG

men (→ § 20a Rn. 30 ff.). Was die im Rahmen der gemeinsamen Strategie abzustimmenden Bereiche anbelangt, kann auf die gleichlautenden Inhalte gem. § 21 Abs. 3 S. 2 Nrn. 1–3 ArbSchG (→ Rn. 34) verwiesen werden.

In Bezug auf die konkrete Ausgestaltung der Zusammenarbeit zwischen den zuständigen Landesbehörden und den Unfallversicherungsträgern sollten beim Erlass des ArbSchG im Jahr 1996 **allgemeine Verwaltungsvorschriften** Einzelheiten der Abstimmung regeln (BT-Drs. 13/4854 S. 4). Die Ermächtigung zum Erlass solcher Verwaltungsvorschriften ist Regelungsgegenstand des § 20 Abs. 3 SGB VII. Danach wird durch allgemeine Verwaltungsvorschriften, die der Zustimmung des Bundesrates bedürfen, u. a. das Zusammenwirken „der Unfallversicherungsträger einschließlich der gemeinsamen landesbezogenen Stellen (...) mit den für den Arbeitsschutz zuständigen Landesbehörden" geregelt, § 20 Abs. 3 S. 1 Nr. 2 SGB VII. Bislang sind freilich **keine Verwaltungsvorschriften** zu § 20 Abs. 3 S. 1 Nr. 2 SGB VII erlassen worden (*Ricke* in Kasseler Kommentar zum Sozialversicherungsrecht, Losebl., September 2015, SGB VII § 20 Rn. 5). Sie sollen im Übrigen auch nur noch dann erlassen werden, wenn entweder keine Vereinbarungen gem. § 21 Abs. 3 S. 3 ArbSchG getroffen worden (→ Rn. 37 ff.) oder die getroffenen Vereinbarungen unzureichend sind (*Pieper* ArbSchR ArbSchG § 21 Rn. 22). Verankert ist dieser **Vorrang der Vereinbarungen gem. § 20 Abs. 2 S. 3 SGB VII,** der Gegenstand von Art. 1 Nr. 9 UVMG (→ Rn. 4) war, in § 20 Abs. 3 S. 3 SGB VII. 36

2. Vereinbarung von Umsetzungsmaßnahmen (S. 3 Hs. 1). Die gemeinsame deutsche Arbeitsschutzstrategie (→ § 20a Rn. 5 ff.) spielt vorliegend nicht nur durch den Verweis auf § 20a Abs. 2 Nr. 4 ArbSchG in § 21 Abs. 3 S. 1 ArbSchG eine bedeutsame Rolle. Gem. § 21 Abs. 3 S. 3 Hs. 1 ArbSchG vereinbaren die zuständigen Landesbehörden mit den Unfallversicherungsträgern „Maßnahmen, die zur Umsetzung der gemeinsamen Arbeitsprogramme gem. § 20a Abs. 2 Nr. 2 ArbSchG und der gemeinsamen Beratungs- und Überwachungsstrategie notwendig sind". Gem. § 20a Abs. 2 Nr. 2 ArbSchG rechnet auch die „Festlegung vorrangiger Handlungsfelder und von Eckpunkten für Arbeitsprogramme sowie deren Ausführung nach einheitlichen Grundsätzen" zu den notwendigen Inhalten der GDA (→ § 20a Rn. 26 ff.). Dabei verweist § 21 Abs. 3 S. 3 Hs. 1 ArbSchG auf § 20 Abs. 2 S. 3 SGB VII, wonach die **gemeinsame landesbezogene Stelle** (vgl. § 20 Abs. 2 S. 1 SGB VII) die Aufgabe hat, mit den für den Arbeitsschutz zuständigen Behörden der Länder Vereinbarungen über 37

– die zur Umsetzung der gemeinsamen Beratungs- und Überwachungsstrategie notwendigen Maßnahmen und
– gemeinsame Arbeitsprogramme, insbesondere zur Umsetzung der Eckpunkte i. S. d. § 20a Abs. 2 Nr. 2 ArbSchG

abzuschließen. Die Regelungen in den §§ 21 Abs. 3 S. 3 Hs. 1 ArbSchG, 20 Abs. 2 S. 3 SGB VII stimmen somit inhaltlich überein. Die insoweit abgeschlossenen Vereinbarungen gelten für sämtliche von der gemeinsamen landesbezogenen Stelle vertretenen Unfallversicherungsträger.

Was die **abzuschließenden Vereinbarungen** zwischen den Akteuren im dualen System des Arbeitsschutzes anbelangt, liegt eine „Rahmenvereinbarung über das Zusammenwirken der staatlichen Arbeitsschutzbehörden der Länder und der Träger der gesetzlichen Unfallversicherung im Rahmen der Gemeinsamen Deutschen Arbeitsschutzstrategie (GDA)" mit Stand vom 23.8.2013 vor (sog. **Musterrahmenvereinbarung**). Mit dieser Rahmenvereinbarung wird das Ziel verfolgt, „die gleichlautenden Aufträge des Arbeitsschutzgesetzes (ArbSchG) und des Siebten Buches Sozialgesetzbuch zum engen Zusammenwirken zwischen den staatlichen 38

ArbSchG § 21

Arbeitsschutzbehörden und den Trägern der gesetzlichen Unfallversicherung bei der Beratung und Überwachung der Betriebe sowie zur Sicherstellung des Erfahrungsaustausches" zu konkretisieren. Ganz konkret dient sie der Umsetzung der Bestimmungen aus § 21 Abs. 3 ArbSchG und § 20 Abs. 1 SGB VII (→ § 20a Rn. 33). Auf dieser Grundlage wurden in allen 16 Ländern **Rahmenvereinbarungen zwischen den für den Arbeitsschutz zuständigen obersten Landesbehörden und den Trägern der Unfallversicherung geschlossen** (*Wiebauer* in Landmann/Rohmer GewO ArbSchG § 20a Rn. 42).

39 Der erste Abschnitt der Rahmenvereinbarung regelt „Allgemeines" in den Artt. 1 f. Im Anschluss an die Regelung des Geltungsbereichs in Art. 1 der Rahmenvereinbarung werden in Art. 2 der Rahmenvereinbarung die „Ziele und Grundsätze" statuiert. Danach **verpflichten sich die Vereinbarungspartner** dazu,
- die von der Nationalen Arbeitsschutzkonferenz (NAK) festgelegten **Arbeitsschutzziele** in den vorrangigen Handlungsfeldern mit hieraus abgeleiteten **Arbeitsprogrammen** gemeinsam **umzusetzen,**
- die aufgrund der von der NAK vorgegebenen Eckpunkte bundesweit nach einheitlichen Kriterien und gemeinsam durchzuführenden Arbeitsprogramme hinsichtlich der Zielerreichung mit den von der NAK bestimmten Indikatoren gemeinsam zu **evaluieren,**
- die im Rahmen der GDA umzusetzenden Arbeitsprogramme und die sonstigen landesbezogenen Arbeitsschutzaktivitäten sowie die Beratungs- und Überwachungstätigkeiten nach dem ArbSchG und dem SGB VII i. S.e. **arbeitsteiligen und aufeinander abgestimmten Vorgehens** in Betrieben bzw. Branchen durchzuführen und
- zur Umsetzung einer gemeinsamen Beratungs- und Überwachungsstrategie **Grundsätze und Leitlinien** zur Durchführung der Beratungs- und Überwachungstätigkeit abzustimmen.

In Ergänzung der Arbeitsprogramme der NAK können die betreffenden Akteure „gemeinsame landesbezogene Arbeitsschutzaktivitäten planen, durchführen und evaluieren."

40 Die „Zusammenarbeit auf Betriebsebene" wiederum ist Gegenstand des zweiten Abschnitts der Rahmenvereinbarung. Art. 3 der Rahmenvereinbarung befasst sich insoweit mit „Koordinierung und Informationsaustausch". Danach berücksichtigen die Vereinbarungspartner gem. Art. 3 Abs. 1 der Rahmenvereinbarung „bei der Planung und Durchführung ihrer Beratungs- und Überwachungstätigkeiten die abgestimmten Grundsätze und Leitlinien". Bei der Planung und Durchführung der Beratungs- und Überwachungstätigkeiten muss gewährleistet werden, „dass die für die Prävention zur Verfügung stehenden Personalressourcen zielgerichtet und arbeitsteilig eingesetzt und so inhaltliche oder zeitliche Überschneidungen von Aktivitäten in den Betrieben vermieden werden", Art. 3 Abs. 1 der Rahmenvereinbarung. Die **Verhinderung sog. Doppelbesichtigungen** soll zugleich **unnötige Belastungen der Betriebe** verhindern (BR-Drs. 110/08 S. 60; *Wiebauer* in Landmann/Rohmer GewO ArbSchG § 20a Rn. 40, 47). Sodann verpflichten sich die Vereinbarungspartner gem. Art. 3 Abs. 2 der Rahmenvereinbarung dazu, die hierfür wesentlichen Daten und Informationen auszutauschen. Zu diesem Zweck soll „eine von beiden Seiten zu nutzende internetgestützte Daten- und Informationsbasis gemeinsam entwickelt, bereitgestellt und unterhalten" werden.

Bei **Betriebsbesichtigungen aus besonderem Anlass** wie z. B. bei Anträgen des Betriebes auf Ausnahmen, Erlaubnisse oder Genehmigungen, bei Untersuchungen von Unfällen oder Berufskrankheiten oder beim Vorliegen unmittelbarer spezifischer Gefährdungen wird gem. Art. 3 Abs. 4 Hs. 1 der Rahmenvereinbarung eine Pflicht zur **gegenseitigen Unterrichtung** über die Ergebnisse aus der Taufe gehoben, wenn und soweit die „Information für die Tätigkeit des anderen Aufsichtsdienstes von wesentlicher Bedeutung oder rechtlich geboten ist". Die Unterrichtung soll gem. Art. 3 Abs. 4 Hs. 2 der Rahmenvereinbarung „möglichst zeitnah" erfolgen.

Im dritten Abschnitt der Rahmenvereinbarung wird die „Zusammenarbeit auf 41 Landesebene" mit Art. 4 über die „Zusammenarbeit der staatlichen Arbeitsschutzbehörden und der gemeinsamen landesbezogenen Stelle der Unfallversicherungsträger" geregelt, bevor sich der vierte Abschnitt der Rahmenvereinbarung mit der „Zusammenarbeit auf Bundesebene" befasst. In diesem Zusammenhang statuiert Art. 5 der Rahmenvereinbarung die „Zusammenarbeit in der Nationalen Arbeitsschutzkonferenz".

In Art. 6 der Rahmenvereinbarung schließlich wird das „Inkrafttreten" geregelt. Hervorzuheben ist insoweit, dass die Vereinbarung zunächst für drei Jahre gelten soll. Sie gilt jeweils für weitere drei Jahre, wenn „sie nicht von den Vereinbarungspartnern mit einer Frist von drei Monaten zum Ende der laufenden Gültigkeitsperiode gekündigt wird", Art. 6 Abs. 2 der Rahmenvereinbarung.

Die **Allgemeine Verwaltungsvorschrift über das Zusammenwirken der** 42 **Träger der Unfallversicherung und der Gewerbeaufsichtsbehörden** vom 26.7.1968 (hierzu noch *Getzberger/Plechinger* in Kollmer/Klindt, ArbSchG, 2. Aufl. 2011, § 21 Rn. 16f.) wurde durch Art. 1 der Allgemeinen Verwaltungsvorschrift zur Aufhebung der Allgemeinen Verwaltungsvorschrift über das Zusammenwirken der Träger der Unfallversicherung und der Gewerbeaufsichtsbehörden vom 15.4.2014 aufgehoben (GMBl. 2014 S. 341, ber. S. 535).

3. Evaluierung der Zielerreichung (S. 3 Hs. 2). Sodann werden die zustän- 43 digen Landesbehörden gem. § 21 Abs. 3 S. 3 Hs. 2 ArbSchG verpflichtet, die Zielerreichung mit Blick auf die mit den Unfallversicherungsträgern vereinbarten Maßnahmen zu evaluieren. Zu diesem Zweck sollen sie auf die **von der Nationalen Arbeitsschutzkonferenz (NAK) bestimmten Kennziffern** zurückgreifen (siehe auch → Rn. 39). Diese wiederum sind gem. § 20a Abs. 2 Nr. 3 ArbSchG notwendiger Inhalt der gemeinsamen deutschen Arbeitsschutzstrategie (zum Verhältnis zu § 20a Abs. 2 Nr. 3 ArbSchG → § 20a Rn. 29). Dass sich die Pflicht zur Evaluierung aus § 21 Abs. 3 S. 3 Hs. 2 ArbSchG nur auf die Arbeitsschutzbehörden und nicht zugleich auch auf die Unfallversicherungsträger bezieht, folgt aus **systematischer Auslegung:** Die Pflicht zur Evaluierung der Zielerreichung in diesem Bereich wird dezidiert auch der **gemeinsamen landesbezogenen Stelle** i. S. d. § 20 Abs. 2 S. 1 SGB VII übertragen; sie folgt – „mit Wirkung für die von ihr vertretenen Unfallversicherungsträger" – indes aus § 20 Abs. 2 S. 3 SGB VII.

IV. „Experimentierklausel" (Abs. 4)

1. Öffnungsklausel zur Durchbrechung des dualen Arbeitsschutzsys- 44 **tems.** Aufgrund der Bestimmung in § 21 Abs. 4 ArbSchG wurde für die für den Arbeitsschutz zuständigen obersten Landesbehörden die Möglichkeit geschaffen, **Vereinbarungen mit Unfallversicherungsträgern** abzuschließen, um die Aufgabe der Überwachung des **ArbSchG und der darauf gestützten Verordnungen** auf die Unfallversicherungsträger zu übertragen (BT-Drs. 13/4854 S. 4). Solche Vereinbarungen sollen insbesondere mit Blick auf solche **Betriebe (z. B. in**

ArbSchG § 21   Arbeitsschutzgesetz

der Landwirtschaft) und Verwaltungen (z. B. öffentlicher Dienst der Länder) in Betracht kommen, hinsichtlich derer die Arbeitsschutzbehörden der Länder aufgrund des weiten Anwendungsbereichs des ArbSchG neue Überwachungsaufgaben erhielten (BT-Drs. 13/4854 S. 4; *Wlotzke* NZA 1996, 1017, 1023). Die betreffende Regelung, mit der ein Weg zur **Entlastung staatlicher Stellen** gewiesen wird (*Wlotzke* NZA 1996, 1017, 1023), ist gesetzessystematisch im Zusammenhang mit § 21 Abs. 1 ArbSchG (→ Rn. 6ff.) zu sehen; denn § 21 Abs. 1 ArbSchG regelt, dass die „Überwachung des Arbeitsschutzes nach diesem Gesetz" **Aufgabe des Staates** ist. Aus § 21 Abs. 1 S. 2 ArbSchG ergibt sich, dass **Bezugspunkt** dieser staatlichen Überwachungsaufgabe neben dem **ArbSchG** auch die **darauf gestützten Verordnungen** (→ Rn. 10) sind.

45   Die Regelung in § 21 Abs. 4 ArbSchG konfligiert mit der Zuordnung der Aufgabe der Überwachung des Arbeitsschutzes zum staatlichen Bereich, weil sie ein Instrument zum Gegenstand hat, um die an sich klare Trennung zwischen staatlicher Überwachung und autonomem Arbeitsschutzrecht der Unfallversicherungsträger und damit das **System des Dualismus** zu durchbrechen. Durchgesetzt hat sich für diese Bestimmung inzwischen der Begriff der **„Experimentierklausel"** (*Kollmer* ArbSchG Rn. 262; *Wiebauer* in Landmann/Rohmer GewO ArbSchG § 21 Rn. 12; *Pieper* ArbSchR ArbSchG § 21 Rn. 25). Die „Experimentierklausel" ermöglicht einen „Feldversuch", mithilfe dessen die **etwaige Schaffung von Synergieeffekten** untersucht werden soll. Zugleich soll eruiert werden, ob der Arbeitsschutz im Falle der Anwendung dieser Klausel in Mitleidenschaft gezogen wird (*Kollmer* ArbSchG Rn. 262). Aufgrund der gesetzlichen Ermächtigung der **obersten Landesbehörden** werden die **für den Arbeitsschutz zuständigen Ministerien** in Bezug genommen werden (vgl. *Maurer* VerwR § 22 Rn. 19).

46   Was genau **Gegenstand einer solchen Vereinbarung** zwischen den Akteuren im dualen System des Arbeitsschutzes sein kann, ist in § 21 Abs. 4 S. 1 ArbSchG **abschließend geregelt**. Erstens sind **spezifische Tätigkeitsbereiche** näher zu bestimmen. Zweitens muss sich die Überwachungstätigkeit auf
– die Einhaltung des ArbSchG,
– die Einhaltung bestimmter Vorschriften des ArbSchG oder
– die Einhaltung der auf das ArbSchG gestützten Verordnungen
beziehen.

Damit steht umgekehrt zugleich fest, dass alle anderen Sektoren nicht Gegenstand einer Vereinbarung zwischen einer obersten Landesbehörde und den Trägern der gesetzlichen Unfallversicherung sein können. Überwachungstätigkeiten der Unfallversicherungsträger im Bereich des Gesetzes über explosionsgefährliche Stoffe (Sprengstoffgesetz – SprengG) i. d. F. der Bekanntmachung vom 10.9.2002 (BGBl. I S. 3518), der Verordnung über den Schutz vor Schäden durch Röntgenstrahlen (Röntgenverordnung – RöV) i. d. F. der Bekanntmachung vom 30.4.2003 (BGBl. I S. 604) oder des Gesetzes über die Bereitstellung von Produkten auf dem Markt (Produktsicherheitsgesetz – ProdSG) vom 8.11.2011 (BGBl. I S. 2178, ber. 2012 I S. 131; vgl. hierzu *Kapoor/Klindt* NVwZ 2012, 719ff.; *Wilrich,* Das neue Produktsicherheitsgesetz (ProdSG), 2012; *Schucht* DVBl. 2013, 760ff.) kommen damit auch unter Berücksichtigung der „Experimentierklausel" nicht in Betracht.

47   **2. Keine Anwendung der „Experimentierklausel" in Schleswig-Holstein.** Im arbeitsschutzrechtlichen Umfeld wird z. T. die Meinung vertreten, dass die **Organisation des Arbeitsschutzes in Schleswig-Holstein** einen Anwen-

Zuständige Behörden; Zusammenwirken § 21 ArbSchG

dungsfall der „Experimentierklausel" gem. § 21 Abs. 4 ArbSchG darstelle. Insoweit ist auch vom **Präzedenzfall** die Rede, der vor Augen führe, dass das geltende Arbeitsschutzrecht jedenfalls in einem Bundesland nicht mehr durch die staatlichen Arbeitsschutzbehörden vollzogen werde.

Diese These hält freilich einer kritischen Prüfung am Maßstab des schleswig-holsteinischen Verwaltungsorganisationsrechts nicht stand: Nach wie vor werden das ArbSchG und die darauf gestützten Verordnungen in Schleswig-Holstein von einer **staatlichen Arbeitsschutzbehörde** vollzogen.

In Schleswig-Holstein nimmt seit Anfang 2008 die **Staatliche Arbeitsschutz-** 48 **behörde bei der Unfallkasse Nord** die **Aufgaben des staatlichen Arbeitsschutzes** zur Vermeidung von Gesundheitsgefahren und zur Gestaltung einer menschengerechten Arbeit wahr. Vor diesem Hintergrund informiert und berät die Staatliche Arbeitsschutzbehörde bei der Unfallkasse Nord die Betriebe und ihre Beschäftigten zu den arbeitsschutzrechtlichen Rechtsvorschriften und kontrolliert deren Einhaltung. Exemplarisch erfüllt die Staatliche Arbeitsschutzbehörde bei der Unfallkasse Nord die folgenden Aufgaben:
– die Verringerung der gesundheitlichen Risiken und der Krankenstände der Arbeitnehmerinnen und Arbeitnehmer in den Betrieben,
– der Schutz vor gesundheitlichen Beeinträchtigungen durch Gefahrstoffe,
– der Schutz vor gesundheitlichen Beeinträchtigungen durch biologische Arbeitsstoffe,
– die Überwachung der Lenk- und Ruhezeiten von Berufskraftfahrern (vgl. zum Ganzen https://www.uk-nord.de/de/staatliche-arbeitsschutzbehoerde-bei-der-unfallkasse-nord/unsere-aufgaben.html, zuletzt abgerufen am 31.1.2016).

Grundlage für die Reform der Organisation der schleswig-holsteinischen Ar- 49 beitsschutzverwaltung war das Gesetz über die Errichtung einer unteren Landesbehörde bei der Unfallkasse Schleswig-Holstein zum Vollzug der Aufgaben des staatlichen Arbeitsschutzes vom 10.12.2007 (shGOVBl. S. 478). Gem. § 1 Abs. 1 ArbSchUnfkG wird bei der Unfallkasse Schleswig-Holstein „eine untere Landesbehörde mit Sitz in Kiel zum Vollzug von Aufgaben des staatlichen Arbeitsschutzes und der Marktüberwachung im Land Schleswig-Holstein errichtet." In der Gesetzbegründung der schleswig-holsteinischen Landesregierung wird in diesem Zusammenhang dezidiert Bezug auf das ArbSchG und das ChemG genommen und darauf hingewiesen, „dass die auf diesen Gesetzen beruhenden Vollzugsaufgaben ausschließlich von Landesbehörden wahrgenommen werden" (shLT-Drs. 16/1628 S. 11). Das ArbSchUnfkG dient somit nicht dem Zweck, Überwachungsaufgaben im Arbeitsschutz auf Träger der Unfallversicherung zu übertragen.

Die **Aufgaben der unteren Landesbehörde** nimmt ein Geschäftsführer bzw. 50 eine Geschäftsführerin wahr, § 1 Abs. 2 ArbSchUnfkG. Hervorzuheben ist sodann die Regelung im ArbSchUnfkG zu den Aspekten „Verantwortlichkeit, Aufsicht". Gem. § 2 Abs. 1 ArbSchUnfkG „ist die Geschäftsführerin oder der Geschäftsführer ausschließlich dem Land verantwortlich", wenn es um **Angelegenheiten der unteren Landesbehörde** geht. Sie oder er steht dabei unter der **Dienst- und Fachaufsicht der zuständigen obersten Landesbehörde.** Zuständige oberste Landesbehörde ist das schleswig-holsteinische **Ministerium für Soziales, Gesundheit, Wissenschaft und Gleichstellung.** Umgekehrt besteht somit **keine Verantwortlichkeit gegenüber den Selbstverwaltungsgremien des Unfallversicherungsträgers** (shLT-Drs. 16/1628 S. 11). Die oben genannte Unfallkasse Schleswig-Holstein wurde gem. § 1 Abs. 1 der Landesverordnung zur Errichtung einer gemeinsamen Unfallkasse Nord für die schleswig-holsteinischen Kommunen,

Schucht 549

das Land Schleswig-Holstein und die Freie und Hansestadt Hamburg (– UKNVO –) vom 12.12.2007 (shGOVBl. S. 619) in die gemeinsame **Unfallkasse Nord** eingegliedert.

51 Vor 2008 vollzog das **Landesamt für Gesundheit und Arbeitssicherheit des Landes Schleswig-Holstein** den staatlichen Arbeitsschutz. Im Zuge der **Verlagerung dieser Aufgabe auf die Staatliche Arbeitsschutzbehörde bei der Unfallkasse Nord** wurden wesentliche Teile dieser Behörde unter dem Dach der Unfallkasse zusammengefasst. Zugleich wurde das Landesamt durch Art. 1 Abs. 1 der Landesverordnung zur Auflösung des Landesamtes für Gesundheit und Arbeitssicherheit und zur Übertragung von Zuständigkeiten vom 12.12.2007 (shGOVBl. S. 625) aufgelöst. Allerdings wurden nicht sämtliche staatlichen Arbeitsschutzaufgaben auf die Staatliche Arbeitsschutzbehörde bei der Unfallkasse Nord übertragen (shLT-Drs. 16/1628 S. 11). Konkret wurden bestimmte Aufgaben gem. Art. 1 Abs. 2 der soeben genannten Landesverordnung auf das **Landesamt für soziale Dienste** übertragen. Die konkrete Aufgabenübertragung erfolgte durch die schleswig-holsteinische Landesverordnung zur Übertragung von Zuständigkeiten auf die Staatliche Arbeitsschutzbehörde bei der Unfallkasse Schleswig-Holstein und zur Regelung weiterer Zuständigkeiten (ASZustVO) vom 12.12.2007 (shGOVBl. S. 621).

52 Vor diesem Hintergrund kann der Regelungsrahmen in Schleswig-Holstein mithin nicht als Präzedenzfall für die Anwendung der „Experimentierklausel" gem. § 21 Abs. 4 ArbSchG angesehen werden. Andernfalls könnten z. B. Gesetze aus dem Bereich des sozialen Arbeitsschutzes wie das MuSchG, das ArbZG oder das JArbSchG (→ Rn. 10) wegen der beschränkten Möglichkeit der Aufgabenübertragung (→ Rn. 46) gar nicht von der Staatlichen Arbeitsschutzbehörde bei der Unfallkasse Nord vollzogen werden.

53 **3. Verfassungsmäßigkeit der Experimentierklausel.** Im Auftrag des damaligen Hessischen Ministeriums für Frauen, Arbeit und Sozialordnung erstattete *Denninger,* Professor für Öffentliches Recht und Rechtsphilosophie an der Johann-Wolfgang-Goethe-Universität in Frankfurt am Main, im März 1998 ein **Rechtsgutachten zur Verfassungsmäßigkeit** des § 21 Abs. 4 ArbSchG **im Rahmen einer verfassungs- und verwaltungsrechtlichen Prüfung.** Was die **Auftragsgrundlagen für das Rechtsgutachten** anbelangt, ist auf den Beschluss des Länderausschusses für Arbeitsschutz und Sicherheitstechnik (LASI) auf seiner 28. Sitzung vom 15.-17.4.1997 in Mainz hinzuweisen. Danach sollten die Länder prüfen, ob ein Rechtsgutachten zur Klärung der offenen Fragen bei der Anwendung des § 21 Abs. 4 ArbSchG vergeben werden sollte.

Gegenstand des Rechtsgutachtens sollten dabei laut LASI-Beschluss folgende Aspekte sein:

> *„Im Vordergrund stand die verfassungsrechtliche Frage, ob und inwieweit der Bundesgesetzgeber berechtigt ist, eine Übertragung von Verwaltungskompetenzen eines Landes an Körperschaften des Bundes vorzusehen. In diesem Zusammenhang hatte sich das Gutachten auch mit der Frage des Verbots der sog. Mischverwaltung auseinanderzusetzen. Im weiteren war zu klären, ob eine Übertragung von Aufgaben im Wege einer Vereinbarung verfassungsrechtlich möglich ist, ob eine ausreichende staatliche Aufsicht über die Aufgabenerfüllung durch Landesgesetz sicherzustellen ist oder ob hier die in § 21 Abs. 4 genannte Vereinbarung ausreichend sei.*
>
> *Unter dem Gesichtspunkt des Parlamentsvorbehalts war ferner zu prüfen, ob § 21 Abs. 4 Arbeitsschutzgesetz mit einer abschließenden Vereinbarung überhaupt eine ausrei-*

Zuständige Behörden; Zusammenwirken **§ 21 ArbSchG**

chende Ermächtigungsgrundlage für Eingriffshandlungen der beauftragten Träger der gesetzlichen Unfallversicherung gegenüber den jeweiligen Normadressaten sein könne.

Ebenfalls der Prüfung bedurfte die Frage, welche Konsequenzen eine Aufgabenübertragung auf das behördliche Verwaltungsverfahren habe, da sich die Ermächtigung des § 21 Abs. 4 nicht auf die entsprechenden Rechtsgrundlagen des Verwaltungsverfahrens (Verwaltungsverfahrensgesetz, Verwaltungsgerichtsordnung, Verwaltungsvollstreckungsgesetz) erstrecke."

4. Zusammenfassung der Ergebnisse des „*Denninger*-Gutachtens". Die 54
Ergebnisse des „*Denninger*-Gutachtens" zum Thema „Zur Verfassungsmäßigkeit des § 21 Abs. 4 Arbeitsschutzgesetz – Verfassungs- und verwaltungsrechtliche Prüfung –" wurden in **zehn Punkten** zusammengefasst und dem Gutachten vorangestellt. Sie lauten wie folgt:

„1. Dem Bund steht weder aus Art. 84 Abs. 1 GG noch aus ungeschriebenem Bundesverfassungsrecht eine Gesetzgebungskompetenz zu, eine Delegationsermächtigung der obersten Landesbehörden wie die in § 21 Abs. 4 ArbSchG zu nominieren. Diese Vorschrift ist verfassungswidrig. Wenn der Bund durch ein ‚Einschaltgesetz' mit Zustimmung des Bundesrates den Grundsatz der Organisationsgewalt der Länder beschränken will, dann kann er allenfalls den <u>Landesgesetzgeber</u> zu einer entsprechenden Regelung ermächtigen.

2. Werden ‚bundesunmittelbare Versicherungsträger' mit der Überwachungsaufgabe gemäß § 21 Abs. 4 ArbSchG betraut, so können deren Organe zwei unterschiedlichen fachaufsichtlichen Weisungsgewalten, der des Bundes und der des Landes, hinsichtlich teilidentischer Aufgabenbereiche unterliegen. Im Hinblick auf klare Kompetenztrennungen und widerspruchsfreie Weisungsgewalten ist dies verfassungsrechtlich bedenklich. Einem ‚Verbot der Mischverwaltung' kommt daneben keine selbständige normative Bedeutung zu. Der Bundesgesetzgeber könnte durch Zusammenführung der Weisungsstränge und Aufsichtsbefugnisse bei einem Verwaltungsträger des Bundes Klarheit schaffen. Allerdings würde die Staatsaufgabe ‚Überwachung des Arbeitsschutzes' insoweit dann auf den Bund übergehen. Die Schranken des Art. 87 Abs. 3 GG wären dabei zu beachten.

3. Die Delegationsermächtigung des § 21 Abs. 4 ArbSchG verstößt gegen den im Demokratieprinzip wurzelnden <u>organisationsrechtlichen Gesetzesvorbehalt.</u> Dieser umfasst Art und Umfang der auf einen Selbstverwaltungsträger dauerhaft zu übertragenden Aufgaben. Dem Parlamentsvorbehalt unterliegt die Entscheidung, ob der Staat hinsichtlich einer staatlichen Aufgabe seine Erfüllungsverantwortung auf eine bloße Gewährleistungsverantwortung zurücknehmen will; Art und Maß seiner Aufsichtsbefugnisse einschließlich der Frage des Selbsteintrittsrechts sind gesetzlich zu regeln. Im Bereich der konkurrierenden Gesetzgebungskompetenzen ist hierzu der Landesgesetzgeber berufen. § 21 Abs. 4 ArbSchG kann daher verfassungsrechtlich nur Bestand haben, wenn sein Regelungsgehalt durch entsprechende landesgesetzliche Regelungen unterfangen, ergänzt und konkretisiert wird.

4. Widerspruchsbehörden bei Maßnahmen der Staatlichen Ämter für Arbeitsschutz und Sicherheitstechnik sind grundsätzlich die Regierungspräsidien, bei Maßnahmen landesunmittelbarer Berufsgenossenschaften in der Regel diese selbst.

5. Beklagter ist grundsätzlich das Land Hessen, falls Maßnahmen der Staatlichen Ämter für Arbeitsschutz und Sicherheitstechnik Klagegegenstand sind; falls es um das Verhalten von Bediensteten der Berufsgenossenschaften geht, sind in der Regel diese selbst Beklagte.

ArbSchG § 21 Arbeitsschutzgesetz

6. In Amtshaftungsfällen haftet grundsätzlich die Körperschaft, deren Bedienstete die haftungsauslösende Amtshandlung vorgenommen haben. Deshalb haften grundsätzlich die Berufsgenossenschaften selbst für das Handeln ihrer Organwalter.

7. Eine Übertragung von <u>Verwaltungszwang</u> kann als eine Aufgabendelegation mit hoher Grundrechtsrelevanz nur bei einer hinreichend bestimmten gesetzlichen Ermächtigung erfolgen.

Die Vollstreckung von staatlichen Geldforderungen nehmen <u>in Hessen</u> die Finanzämter wahr. Ist eine landesunmittelbare Berufsgenossenschaft Ausgangsbehörde, unterliegt die Bestimmung der Vollstreckungsbehörde dem Rechtsvorbehalt des § 17 HVwVG. Hinsichtlich der Beitreibung von Zwangsgeldern gilt in Hessen der Grundsatz, dass der Ertrag dem Träger der Vollstreckungsbehörde zufließt. In den übrigen Fällen der Verwaltungsvollstreckung sind die jeweiligen Ausgangsbehörden auch die Vollstreckungsbehörden.

Für den Bereich der <u>Bundesverwaltung</u> führen generell die Hauptzollämter die Verwaltungsvollstreckung durch.

8. Nehmen Behörden gebührenpflichtige Handlungen vor, so fließen die Erträge aus den Gebühren sowohl bei der Bundes- als auch bei der Landesverwaltung dem Rechtsträger zu, dessen Behörde die gebührenauslösende Amtshandlung vorgenommen hat.

9. Die Delegation polizeilicher Befugnisse ist durch Verwaltungsvereinbarung nicht möglich; sie steht unter dem Rechtssatzvorbehalt.

10. Die Ahndung von Ordnungswidrigkeiten im Bereich des Arbeitsschutzes obliegt in Hessen dem Ministerium für Frauen, Arbeit und Sozialordnung. Eine Aufgabendelegation ist nur durch Rechtsverordnung der Landesregierung bzw. des von dieser ermächtigten Fachministeriums möglich."

Hervorzuheben ist danach insbesondere die **Feststellung in Nr. 1 der Zusammenfassung:** *Denninger* kommt darin zum Ergebnis, dass die Regelung in § 21 Abs. 4 ArbSchG **verfassungswidrig** sei.

55 **5. Beschluss des LASI vom 25.6.1998.** Aufgrund des „*Denninger*-Gutachtens" fasste der Länderausschuss für Arbeitsschutz und Sicherheitstechnik (LASI) auf seiner 31. Sitzung am 24./25.6.1998 in Frankfurt am Main einen Beschluss zum Thema „Organisationsfragen der staatlichen Arbeitsschutzbehörden – Rechtsgutachten zu § 21 Abs. 4 Arbeitsschutzgesetz".
Der LASI-Beschluss vom 25.6.1998 hatte folgenden Inhalt:

„1. Der LASI sieht sich in seinen mehrheitlich getragenen Vorbehalten gegenüber der Regelung des § 21 Abs. 4 ArbSchG durch die im Rechtsgutachten von Herrn Prof. Denninger dargelegten verfassungsrechtlichen Bedenken bestätigt.

2. Den Ländern ist mit § 21 Abs. 1 ArbSchG die Verantwortung für die Überwachung des Arbeitsschutzes als staatliche Aufgabe übertragen. Sie müssen aus dieser Verantwortung heraus die Fachaufsicht über die Unfallversicherungsträger ausüben, soweit diese die ihnen übertragenen Aufgaben wahrnehmen. Diese Verantwortung ist nicht übertragbar.

3. Die Überwachung der Einhaltung des Arbeitsschutzgesetzes, bestimmter Vorschriften dieses Gesetzes bzw. der darauf gestützten Verordnungen gehört nicht zu den Aufgaben im Rahmen der Selbstverwaltung der Unfallversicherungsträger nach SGB VII.

Zuständige Behörden; Zusammenwirken **§ 21 ArbSchG**

4. Mit Anwendung des § 21 Abs. 4 ArbSchG wären die Unfallversicherungsträger auf Grund von § 30 Abs. 2 SGB IV gezwungen, sich die durch die Übertragung entstehenden Kosten, einschließlich der Personal- und Sachkosten, erstatten zu lassen.

5. Aus fachlichen und ökonomischen Gründen sollte § 21 Abs. 4 ArbSchG nicht angewandt werden. Im Hinblick auf die Beschlüsse der ASMK zur Systemüberwachung im Arbeitsschutz und zur Weiterentwicklung des staatlichen Arbeitsschutzes können Übertragungen nach § 21 Abs. 4 ArbSchG das Erreichen der in den Beschlüssen festgelegten Ziele erschweren.

6. Der LASI hält eine weitergehende praktische Ausgestaltung der Kooperationsregelungen nach § 21 Abs. 3 ArbSchG für zielführender."

Die Beschlüsse wurden einstimmig (Ziff. 2) bzw. mit großer Mehrheit gefasst (Ziff. 1, 3–6).

6. Grundgesetzliches Verbot der Mischverwaltung. Mit Blick auf die Öffnungsklausel in § 21 Abs. 4 ArbSchG stellt sich nicht zuletzt die Frage nach der **Zulässigkeit der sog. Mischverwaltung** (s. hierzu auch *Egger* NZS 1994, 352 ff.; *Wiebauer* in Landmann/Rohmer GewO ArbSchG § 21 Rn. 14). Mit dem schillernden Begriff der Mischverwaltung wird die **organisatorische Trennung der Bundesverwaltung von den Landesverwaltungen** in Bezug genommen. Dem Bundesverfassungsgericht zufolge schließt das Grundgesetz die Mischverwaltung aus, wenn nicht im Einzelfall eine Ausnahme besteht (BVerfGE 119, 331, 365). Vor dem Hintergrund, dass die Träger der Sozialversicherung gemäß § 29 Abs. 1 SGB IV „rechtsfähige Körperschaften des öffentlichen Rechts mit Selbstverwaltung" sind und mit Blick auf die Unfallversicherungsträger **Körperschaften des Bundes** existieren, wird die zugrunde liegende verfassungsrechtliche Fragestellung virulent. Mangels grundgesetzlicher Öffnungsklausel sprechen in Bezug auf die „Experimentierklausel" in § 21 Abs. 4 ArbSchG in der Tat die **besseren Gründe für einen Verstoß gegen das Verbot der Mischverwaltung** (so wohl auch *Pieper* ArbSchR ArbSchG § 21 Rn. 26a). Die **Bundesregierung** ist hingegen nach wie vor von der Verfassungsmäßigkeit der „Experimentierklausel" überzeugt, ohne sich freilich inhaltlich mit dem Verbot der Mischverwaltung auseinanderzusetzen (so *Pieper* ArbSchR ArbSchG § 21 Rn. 26a). Entschärft wird die Diskussion freilich dadurch, dass selbst im Falle der Aktivierung der Öffnungsklausel stets Rechtsbereiche in den zu überwachenden Betrieben verbleiben, welche wie der **soziale Arbeitsschutz** (z. B. MuSchG, ArbZG oder JArbSchG → Rn. 10) untrennbar mit der Überwachungszuständigkeit der staatlichen Arbeitsschutzbehörden verbunden sind.

56

7. Ermessen. Wenn und soweit die verfassungsrechtlichen Bedenken (→ Rn. 53 ff.) nicht als durchgreifend angesehen werden, handelt es sich um eine **Ermessensfrage,** ob es zum Abschluss entsprechender Vereinbarungen zwischen oberster Landesbehörde und den Trägern der gesetzlichen Unfallversicherung kommt, wobei sich das Ermessen sowohl auf den Abschluss der Vereinbarung („Ob") als auch den Umfang der Aufgabenübertragung („Wie") bezieht (*Kollmer* ArbSchG Rn. 262). Bei der Ausübung des Ermessens werden die den **Grundsatz der Verhältnismäßigkeit** bildenden Kriterien der Geeignetheit, Erforderlichkeit und Angemessenheit und damit genuine Rechtmäßigkeitskriterien eine maßgebliche Rolle spielen müssen (*Kollmer* ArbSchG Rn. 263).

57

In der Literatur wird zudem die Frage diskutiert, ob eine Übertragung der staatlichen Überwachungstätigkeit auf die Unfallversicherungsträger **aus Gründen rei-**

58

ner **Kostenersparnis** zulässig sein kann. Mit Blick auf die **Funktion der Träger der Sozialversicherung** wird eine Aufgabenübertragung als nicht statthaft zu qualifizieren sein, die allein Kosten von den Ländern auf die Unfallversicherungsträger verlagert, zumal letztere sich wiederum durch Beiträge der Unternehmer finanzieren, § 150 Abs. 1 S. 1 SGB VII (so auch *Wiebauer* in Landmann/Rohmer GewO ArbSchG § 21 Rn. 13; vgl. auch *Kollmer* ArbSchG Rn. 263 in Bezug auf die willkürliche Verlagerung von Aufgaben). Im Übrigen steht den einzelnen Trägern der Sozialversicherung frei, sich zur Akzeptabilität der „Experimentierklausel" autonom zu positionieren.

59 **8. Öffentlich-rechtlicher Vertrag.** Etwaige Vereinbarungen zwischen den für den Arbeitsschutz zuständigen obersten Landesbehörden und den Trägern der gesetzlichen Unfallversicherung werden verwaltungsverfahrensrechtlich als **öffentlich-rechtliche Verträge** i. S. d. §§ 54ff. VwVfG qualifiziert werden müssen (so auch *Kollmer* ArbSchG Rn. 264; *Wiebauer* in Landmann/Rohmer GewO ArbSchG § 21 Rn. 15). Vereinbarungen auf landesbehördlicher Ebene der Mittel- oder Unterstufe sind mithin unzulässig. In der gem. § 57 VwVfG schriftlich abzufassenden Vereinbarung sind **Art und Umfang der Überwachung** sowie die **Zusammenarbeit mit den staatlichen Arbeitsschutzbehörden** festzulegen; ohne die Festlegung dieser in § 21 Abs. 4 S. 2 ArbSchG ausdrücklich genannten Parameter dürfen öffentlich-rechtliche Verträge mit dem Zweck der Aufgabenübertragung nicht abgeschlossen werden (§ 54 S. 1 VwVfG). Inhaltlich ist im Interesse beider Vertragspartner sowie der zu überwachenden Betriebe darauf zu achten, dass „die Einzelheiten der zu übertragenden Überwachungsaufgaben in der Vereinbarung eindeutig festgelegt werden" (BT-Drs. 13/4854 S. 4). Darüber hinaus sind **Regelungen zu den Kündigungsfristen** (*Kollmer* ArbSchG Rn. 264) und zur **Kostentragung** (BT-Drs. 13/4865 S. 4) in den öffentlich-rechtlichen Verträgen ratsam.

Sodann sind mit Blick auf den Wortlaut des § 21 Abs. 4 S. 1 ArbSchG etwaige Vereinbarungen **für jeden Tätigkeitsbereich** gesondert abzuschließen. Empfehlenswert dürfte schließlich die vertragliche Regelung von **Berichtspflichten der Unfallversicherungsträger** gegenüber der obersten Landesbehörde sein; denn die **Fachaufsicht** über den Vollzug des Arbeitsschutzrechts durch die Unfallversicherungsträger verbleibt **beim Staat.**

V. Zuständige Behörden im öffentlichen Dienst des Bundes (Abs. 5)

60 Umfangreich werden in § 21 Abs. 5 ArbSchG Zuständigkeitsregelungen für den öffentlichen Dienst des Bundes statuiert. Wie oben bereits erwähnt (→ Rn. 5), kam es insoweit kürzlich zu terminologischen Anpassungen, die auf das **BUK-Neuorganisationsgesetz** einerseits und die **Zehnte Zuständigkeitsanpassungsverordnung** andererseits zurückzuführen waren.

Im Einzelnen statuiert die Regelung in § 21 Abs. 5 ArbSchG folgende Zuständigkeitsregelungen:
- **Zentralstelle für Arbeitsschutz** beim Bundesministerium des Innern für die Betriebe und Verwaltungen des Bundes, wenn nichts anderes bestimmt ist (S. 1)
  - wenn nichts anderes bestimmt ist, handelt die **Unfallversicherung Bund und Bahn** im Auftrag der Zentralstelle (S. 2 Hs. 1),
  - die Unfallversicherung Bund und Bahn unterliegt insoweit der Aufsicht des Bundesministeriums des Innern (S. 2 Hs. 1);

Zuständige Behörden; Zusammenwirken **§ 21 ArbSchG**

– **Unfallversicherung Bund und Bahn** für den öffentlichen Dienst im Geschäftsbereich des Bundesministeriums für Verkehr und digitale Infrastruktur (S. 3)
  – soweit die Eisenbahn-Unfallkasse bis zum 31.12.2014 Träger der Unfallversicherung war (S. 3);
– das **jeweilige Bundesministerium** für Betriebe und Verwaltungen in den Geschäftsbereichen des Bundesministeriums der Verteidigung und des Auswärtigen Amtes hinsichtlich seiner Auslandsvertretungen (S. 4)
  – oder die von ihm jeweils bestimmte Stelle (S. 4);
– Berufsgenossenschaft Verkehrswirtschaft Post-Logistik Telekommunikation im Geschäftsbereich des Bundesministeriums der Finanzen (S. 5)
  – soweit der Geschäftsbereich des ehemaligen Bundesministeriums für Post und Telekommunikation betroffen ist (S. 5).

Gem. § 21 Abs. 5 S. 6 ArbSchG gelten die Zuständigkeitsregelungen aus § 21 Abs. 5 S. 1–4 ArbSchG auch „für Betriebe und Verwaltungen, die zur Bundesverwaltung gehören, für die aber eine Berufsgenossenschaft Träger der Unfallversicherung ist." In diesen Fällen können die zuständigen Bundesministerien mit den Berufsgenossenschaften für die betreffenden Betriebe und Verwaltungen vereinbaren, dass die Berufsgenossenschaften dieses Gesetz ausführen, wobei Aufwendungen nicht erstattet werden, § 21 Abs. 5 S. 7 ArbSchG (ausführlich zu § 21 Abs. 5 → Syst D Rn. 164 ff.).

Hinter der Regelung in § 21 Abs. 5 ArbSchG steckt die Überlegung, dass die **61** Einhaltung des ArbSchG und der darauf gestützten Rechtsverordnungen im öffentlichen Dienst des Bundes nicht von den Arbeitsschutzbehörden der Länder überwacht werden soll; vielmehr sollen **besondere Behörden des Bundes** die Aufgabe der Überwachung übernehmen (zum Ganzen BT-Drs. 13/3540 S. 21).

In diesem Zusammenhang ist im Übrigen zu berücksichtigen, dass beim Bund zuvor die „Eigenüberwachung" durch den jeweiligen Dienststellenleiter dominierte (BT-Drs. 13/3540 S. 21). Diese Form der Überwachung konfligierte aus Sicht des Gesetzgebers freilich mit den entsprechenden Vorgaben aus der Arbeitsschutz-Rahmenrichtlinie, und zwar insbesondere unter dem Aspekt der richtlinienrechtlich vorgegebenen **angemessenen Kontrolle und Überwachung durch die EU-Mitgliedstaaten**, Art. 4 Abs. 2 Richtlinie 89/391/EWG (→ Rn. 7).

Als **allgemeine Überwachungsbehörde** agiert die **Zentralstelle für Arbeits- 62 schutz** beim Bundesministerium des Innern, wobei zunächst die **Bundesausführungsbehörde für Unfallversicherung** in deren Auftrag handelte. Diese Behörde befasste sich schon vor dem Erlass des ArbSchG im Jahr 1996 mit Fragen der Unfallverhütung und beriet Betriebe und Verwaltungen der öffentlichen Hand durch technisches Fachpersonal. Durch Art. 17 des Gesetzes zur Einführung einer kapitalgedeckten Hüttenknappschaftlichen Zusatzversicherung und zur Änderung anderer Gesetze (Hüttenknappschaftliches Zusatzversicherungs-Neuregelungs-Gesetz – HZvNG) vom 21.6.2002 (BGBl. I S. 2167) war die „Bundesausführungsbehörde für Unfallversicherung" durch die „Unfallversicherung des Bundes" ersetzt worden, bevor es zu den bereits erwähnten Änderungen durch das BUK-NOG kam (→ Rn. 5).

Mit Blick auf die Besonderheiten des öffentlichen Dienstes sieht § 21 Abs. 5 S. 2 ArbSchG vor, dass die „Unfallversicherung Bund und Bahn" bei der Wahrnehmung ihrer Aufgaben der **Fachaufsicht des Bundesministeriums des Innern** untersteht (BT-Drs. 13/3540 S. 21). **Abweichende Regelungen** sehen die Bestimmungen in § 21 Abs. 5 S. 3–5 ArbSchG für die Geschäftsbereiche der Bundesministerien für Verkehr und digitale Infrastruktur, der Verteidigung, des Auswärtigen Amtes und der Finanzen vor.

ArbSchG § 21 Arbeitsschutzgesetz

C. Arbeitsschutzbehörden in der Bundesrepublik Deutschland

63 Abschließend ist auf die **Arbeitsschutzbehörden des Bundes** (→ Rn. 64) und **der Länder** (→ Rn. 65) einzugehen. Aufgrund der verfassungsrechtlichen Zuständigkeitsverteilung (→ Rn. 7) sind die Arbeitsschutzbehörden der Länder mit Blick auf den Vollzug des ArbSchG und der darauf gestützten Verordnungen Herren der Verfahren.

64 Was die **Arbeitsschutzbehörden des Bundes** anbelangt, ist auf die folgenden Behörden hinzuweisen:
– Bundesministerium für Arbeit und Soziales mit Dienstsitzen in Bonn und Berlin,
– Bundesanstalt für Arbeitsschutz und Arbeitsmedizin (BAuA) mit Sitz in Dortmund und Standorten in Berlin und Dresden sowie einer Außenstelle in Chemnitz,
– DASA Arbeitswelt Ausstellung in Dortmund.

Was die **volkswirtschaftlichen Kosten der Arbeitsunfähigkeit** und somit einen wesentlichen Faktor im Rahmen des Arbeitsschutzes anbelangt, sind die Veröffentlichungen der BAuA hervorzuheben. Die BAuA greift insoweit auf Zahlen des Statistischen Bundesamtes und der gesetzlichen Krankenversicherung zurück.

Zu den volkswirtschaftlichen Produktionsausfällen bzw. zum Ausfall an Bruttowertschöpfung im Jahr 2013 heißt es auf der Webseite der BAuA wie folgt (http://www.baua.de/de/Informationen-fuer-die-Praxis/Statistiken/Arbeitsunfaehigkeit/Kosten.html, zuletzt abgerufen am 31.1.2016):

„Die Schätzung der volkswirtschaftlichen Produktionsausfälle durch Arbeitsunfähigkeit wird von der Bundesanstalt für Arbeitsschutz und Arbeitsmedizin seit 1994, erstmals für das Jahr 1993, durchgeführt. Die Schätzung gibt volkswirtschaftlich gesehen ein Präventionspotential und mögliches Nutzenpotential an. Mit einer durchschnittlichen Arbeitsunfähigkeit von 15,0 Tagen je Arbeitnehmer ergeben sich im Jahr 2013 insgesamt 567,7 Millionen Arbeitsunfähigkeitstage.

Die Schätzung basiert auf Daten der volkswirtschaftlichen Gesamtrechnung (Statistisches Bundesamt) sowie auf Arbeitsunfähigkeitsdaten von rund 29,5 Millionen GKV-Mitgliedern (Pflicht- und freiwillige Mitglieder der Gesetzlichen Krankenversicherung mit Krankengeldanspruch, ohne Rentner und mitversicherte Familienangehörige) folgender gesetzlicher Krankenkassen: Allgemeine Ortskrankenkassen, Betriebskrankenkassen, Ersatzkassen und Sozialversicherung für Landwirtschaft, Forsten und Gartenbau als Träger der landwirtschaftlichen Krankenversicherung. Ausgehend von diesem Arbeitsunfähigkeitsvolumen schätzt die Bundesanstalt für Arbeitsschutz und Arbeitsmedizin die volkswirtschaftlichen Produktionsausfälle auf insgesamt 59 Milliarden Euro bzw. den Ausfall an Bruttowertschöpfung auf 103 Milliarden Euro."

Im Hinblick darauf, dass sich die volkswirtschaftlichen Produktionsausfälle im Jahr 2013 auf insgesamt 59 Milliarden Euro beliefen und der Ausfall an Bruttowertschöpfung 103 Milliarden Euro betrug, sind etwaige Reformdiskussionen im Bereich des Arbeitsschutzrechts mit dem Ziel der Kosteneinsparung kritisch zu hinterfragen.

65 Die **gegenwärtigen Dienststellen der Länder** für den Vollzug des Arbeitsschutzrechts sind auf der **Webseite des Länderausschusses für Arbeitsschutz und Sicherheitstechnik (LASI)** abrufbar (http://lasi-info.com/ueber-uns/organisationen/dienststellen-der-asv-der-laender, zuletzt abgerufen am 31.1.2016).

Zuständige Behörden; Zusammenwirken **§ 21 ArbSchG**

Die **fehlende Einheitlichkeit der Vollzugszuständigkeiten** in den Ländern ist eine Folge der **verfassungsrechtlichen Ausgestaltung der Länderverwaltung,** Artt. 83, 84 GG (→ Rn. 7).

I. Baden-Württemberg

Ministerium für Umwelt, Naturschutz und Verkehr 66
Kernerplatz 9, 70182 Stuttgart; Tel. 0711/1260; Fax: 0711/1262881
poststelle@uvm.bwl.de
Abteilung 4: Immissionsschutz, Arbeitsschutz, Abfallwirtschaft
Zuständigkeit: Gewerbeaufsicht, Arbeitsschutzrecht, Gentechnik, Betrieblicher Arbeitsschutz, Störfallvorsorge, Lärm, Chemikalien und Produktsicherheit, Marktüberwachung

Ministerium für Arbeit und Sozialordnung, Familien und Senioren
Schellingstraße 15, 70174 Stuttgart; Tel: 0711/1230; Fax: 0711/1233999
poststelle@sm.bwl.de
Abteilung 4: Arbeit und soziale Grundsicherung
Zuständigkeit: Gewerbeaufsicht, Sozialer, medizinischer und organisatorischer Arbeitsschutz, aktive Medizinprodukte
Abteilung 5: Gesundheit
Zuständigkeit: Nicht aktive Medizinprodukte, Röntgenverordnung

Regierungspräsidium Freiburg
Gewerbeaufsicht
Bissierstraße 7, 79114 Freiburg; Tel.: 0761/2080; Fax: 0761/208394200
poststelle@rpf.bwl.de

Regierungspräsidium Karlsruhe
Gewerbeaufsicht
76247 Karlsruhe; Tel.: 0721/9260; Fax: 0721/9266211
poststelle@rpk.bwl.de

Regierungspräsidium Stuttgart
Gewerbeaufsicht
Ruppmannstraße 21, 70565 Stuttgart; Tel.: 0711/904039600; Fax: 0711/90411190
abteilung5@rps.bwl.de

Regierungspräsidium Tübingen
Gewerbeaufsicht
Konrad-Adenauer-Straße 20, 72072 Tübingen; Tel.: 07071/7570; Fax: 07071/7573190
poststelle@rpt.bwl.de

Regierungspräsidium Stuttgart
Nordbahnhofstraße 135, 70191 Stuttgart; Tel.: 0711/90439600; Fax: 0711/90435010
gewerbearzt@rps.bwl.de
Abteilung 9: Landesgesundheitsamt
Referat 96

Landesanstalt für Umwelt, Messungen und Naturschutz
Postfach 100163, 76231 Karlsruhe; Tel.: 0721/56000; Fax: 0721/56001456
E-Mail: poststelle@lubw.bwl.de
Abteilung 3: Technischer Umweltschutz
Zuständigkeit: Arbeitsschutz, Gefahrstoffe in der Luft und am Arbeitsplatz, Arbeitsmedizin, Lärm, Erschütterungen, elektromagnetische Felder, Licht, Chemikaliensicherheit, gute Laborpraxis

ArbSchG § 21

Die Landesanstalt für Umwelt, Messungen und Naturschutz (LUBW) ist das Kompetenzzentrum des Landes Baden-Württemberg in Fragen des Umwelt- und Naturschutzes, des technischen Arbeitsschutzes, des Strahlenschutzes und der Produktsicherheit.

II. Bayern

67 Regierung von Schwaben
Gewerbeaufsichtsamt
Morellstraße 30d, 86159 Augsburg; Tel.: 0821/32701; Fax: 0821/3272700
gaa@reg-schw.bayern.de

Regierung von Oberfranken
Gewerbeaufsichtsamt
Oberer Bürglaß 34–36, 96450 Coburg; Tel.: 09561/74190; Fax: 09561/7419100
poststelle@reg-ofr.bayern.de

Regierung von Niederbayern
Gewerbeaufsichtsamt
Gestütstraße 10, 84028 Landshut; Tel.: 0871/80801; Fax: 0871/8081799
poststelle@reg-nb.bayern.de

Regierung von Oberbayern
Gewerbeaufsichtsamt
Heßstraße 130, 80797 München; Tel.: 089/21761; Fax: 089/21763102
poststelle@reg-ob.bayern.de

Regierung von Mittelfranken
Gewerbeaufsichtsamt
Roonstraße 20, 90429 Nürnberg; Tel.: 0911/9280; Fax: 0911/9282999
gewerbeaufsichtsamt@reg-mfr.bayern.de

Regierung der Oberpfalz
Gewerbeaufsichtsamt
Bertoldstraße 2, 93047 Regensburg; Tel.: 0941/50250; Fax: 0941/5025114
gewerbeaufsichtsamt@reg-opf.bayern.de

Regierung von Unterfranken
Gewerbeaufsichtsamt
Georg-Eydel-Straße 13, 97082 Würzburg; Tel.: 0931/38000; Fax: 0931/3801803
gaa@reg-ufr.bayern.de

Landesinstitut für Arbeitsschutz und Produktsicherheit (AP)
des Bayerischen Landesamtes für Gesundheit und Lebensmittelsicherheit (LGL)
Pfarrstraße 3, 80538 München; Tel.: 089/21840; Fax: 089/2184297
poststelle@lgl.bayern.de

III. Berlin

68 Senatsverwaltung für Gesundheit, Umwelt und Verbraucherschutz
Oranienstraße 106, 10969 Berlin; Tel.: 030/90280; Fax: 030/90282089
arbeitsschutz@senguv.berlin.de

Landesamt für Arbeitsschutz, Gesundheitsschutz und technische Sicherheit Berlin – LAGetSi
Turmstraße 21, 10559 Berlin; Tel.: 030/9025450, Fax: 030/902545301
post@lagetsi.berlin.de

Zuständige Behörden; Zusammenwirken §21 ArbSchG

IV. Brandenburg

Ministerium für Arbeit, Soziales, Frauen und Familie 69
Heinrich-Mann-Allee 103/Haus 12, 14473 Potsdam; Tel.: 0331/8660; Fax: 0331/8665369
poststelle@masf.brandenburg.de
Abteilung: Arbeit, Qualifikation, Fachkräfte
Zuständigkeit: Sicherheit und Gesundheit bei der Arbeit, Produktsicherheit (Referat 36)

Landesamt für Arbeitsschutz
Sitz und Zentralbereich
Horstweg 57, 14478 Potsdam; Tel.: 0331/86830; Fax: 0331/864335
las.office@las.brandenburg.de

Landesamt für Arbeitsschutz
Horstweg 57, 14478 Potsdam; Tel.: 0331/86830; Fax: 0331/864335
las.arbeitsmedizin@las.brandenburg.de
Dezernat Z 3: Arbeitsmedizin und Arbeitspsychologie

Landesamt für Arbeitsschutz
Regionalbereich Süd
Thiemstraße 105a, 03050 Cottbus; Tel.: 0355/49930; Fax: 0355-4993571
office.sued@las.brandenburg.de

Landesamt für Arbeitsschutz
Regionalbereich Ost, Dienstort Eberswalde
Tramper Chausee 4, 16225 Eberswalde; Tel.: 03334/385230; Fax: 03334/38523949
office.ost@las.brandenburg.de

Landesamt für Arbeitsschutz
Regionalbereich Ost, Dienstort Frankfurt (Oder)
Robert-Havemann-Straße 4, 15236 Frankfurt (Oder); Tel.: 0335/2847460;
Fax: 0335/284746989
office.ost@las.brandenburg.de

Landesamt für Arbeitsschutz
Regionalbereich West, Dienstort Neuruppin
Fehrbelliner Straße 4a, 16816 Neuruppin; Tel.: 03391/404490; Fax.: 03391/40449939
office.west@las.brandenburg.de

Landesamt für Arbeitsschutz
Regionalbereich West, Dienstort Potsdam
Max-Eyth-Allee 22, 14469 Potsdam; Tel.: 0331/288910; Fax: 0331/28891927
office.west@las.brandenburg.de

V. Bremen

Der Senator für Gesundheit 70
Bahnhofsplatz 29, 28195 Bremen; Tel.: 0421/3612075; Fax: 0421/4962075
arbeitsschutz@gesundheit.bremen.de
Zuständigkeit: Arbeitsschutz, technischer Verbraucherschutz, Eichwesen

Der Senator für Gesundheit
Bahnhofsplatz 29, 28195 Bremen; Tel.: 0421/36115119; Fax: 0421/36115929
Zuständigkeit: Landesgewerbearzt
Landesgewerbearzt@gesundheit.bremen.de

Gewerbeaufsicht des Landes Bremen
Dienstort Bremen
Parkstraße 58/60, 28209 Bremen; Tel.: 0421/3616260; Fax: 0421-3616522
office-hb@gewerbeaufsicht.bremen.de

Gewerbeaufsicht des Landes Bremen
Dienstort Bremerhaven
Lange Straße 119, 27580 Bremerhaven; Tel.: 0471/59613270; Fax: 0471/59613494
office-brhv@gewerbeaufsicht.bremen.de

VI. Hamburg

71 Behörde für Soziales, Familie, Gesundheit und Verbraucherschutz
Billstraße 80, 20539 Hamburg; Tel.: 040/428373397; Fax: 040/428372372
ines.bunde@bsg.hamburg.de
Zuständigkeit: Amt für Arbeitsschutz mit den Abteilungen Ministerial- und Rechtsangelegenheiten, Arbeitnehmerschutz sowie Produkt- und Anlagensicherheit (Geschäftszimmer)
Billstraße 80, 20539 Hamburg; Tel.: 040/428372112; Fax: 040/428373100
arbeitnehmerschutz@bsg.hamburg.de
Zuständigkeit: Abteilung Arbeitsschutz
Billstraße 80, 20539 Hamburg; Tel.: 040/428373103; Fax: 040/428373370
Rainer.hellbach@bsg.hamburg.de
Zuständigkeit: Abteilung Ministerial- und Rechtsangelegenheiten
Billstraße 80, 20539 Hamburg; Tel.: 040/428373101; Fax: 040/428373168
Wolf-dieter-malmberg@bsg.hamburg.de
Zuständigkeit: Abteilung Produkt- und Anlagensicherheit

VII. Hessen

72 Hessisches Sozialministerium
Dostojewskistraße 4, 65187 Wiesbaden; Tel.: 0611/8173305; Fax: 0611/8173592
VorzimmerALIII@hsm.hessen.de
Abteilung III: Arbeit
Zuständigkeit: Arbeitsschutz, Sicherheitstechnik, betrieblicher Gesundheitsschutz, Produktsicherheit, Medizinprodukte

Regierungspräsidium Darmstadt
Abteilung IV: Arbeitsschutz und Umwelt
Rheinstraße 62, 64278 Darmstadt; Tel.: 06151/124001 und 124146; Fax: 06151/124100
arbeitsschutz-darmstadt@rpda.hessen.de
Gutleutstraße 114, 60327 Frankfurt am Main; Tel.: 069/27140; Fax: 069/27145950
arbeitsschutz-frankfurt@rpda.hessen.de
Simone-Veil-Straße 5, 65197 Wiesbaden; Tel.: 0611/33090; Fax: 0611/3309537
arbeitsschutz-wiesbaden@rpda.hessen.de

Regierungspräsidium Gießen
Abteilung II: Arbeitsschutz und Inneres
Südanlage 17, 35390 Gießen; Tel.: 0641/3030; Fax: 0641/3033203
poststelle-afasgi@rpgi.hessen.de
Gymnasiumstraße 4, 65589 Hadamar; Tel.: 06433/860; Fax: 06433/8611
poststelle-afaslm@rpgi.hessen.de

Regierungspräsidium Kassel
Abteilung III: Arbeits- und Umweltschutz
Steinweg 6, 34117 Kassel; Tel.: 0561/1060; Fax: 0561/1062789

Zuständige Behörden; Zusammenwirken **§ 21 ArbSchG**

arbeitsschutz@rpks.hessen.de
Hubertusweg 19, 36251 Bad Hersfeld; Tel.: 06621/406930; Fax: 06621/406940
arbeitsschutz-35.2@rpks.hessen.de

Fachzentrum „Medizinischer Arbeitsschutz/Landesgewerbearzt"
Regierungspräsidium Darmstadt
Simone-Veil-Straße 5, 65187 Wiesbaden; Tel.: 0611/3309580; Fax: 0611/3309537
ulrich.bolm-audorff@rpda.hessen.de
Zuständigkeit: Medizinischer Arbeitsschutz

Fachzentrum „Produktsicherheit und Gefahrstoffe"
Regierungspräsidium Kassel
Steinweg 6, 34117 Kassel; Tel.: 0561/2000199; Fax: 0561/2000222
ursula.vater@rpks.hessen.de
Zuständigkeit: Produktsicherheit und Gefahrstoffe

Fachzentrum und zentrale Ahndungsstelle „Sozialvorschriften im Straßenverkehr"
Regierungspräsidium Gießen
Gymnasiumstraße 4, 65589 Hadamar; Tel.: 06433/860; Fax: 06433/8611
volker.walter@rpgi.hessen.de
Zuständigkeit: Sozialvorschriften im Straßenverkehr

Fachzentrum „Systemischer Arbeitsschutz"
Südanlage 17, 35390 Gießen; Tel.: 0641/3033270; Fax: 0641/3033204
hildegunde.weigand@rpgi.hessen.de
Zuständigkeit: Systemischer Arbeitsschutz, Arbeitsschutzmanagementsysteme

VIII. Mecklenburg-Vorpommern

Ministerium für Arbeit, Gleichstellung und Soziales 73
Werderstraße 124, 19055 Schwerin; Tel.: 0385/5889031; Fax: 0385/5889703
poststelle@sm.mv-regierung.de

Landesämter für Gesundheit und Soziales
Erich-Schlesinger-Straße 35, 18059 Rostock; Tel.: 0381/331590000; Fax: 0381/13359045
poststelle.zentral@lagus.mv-regierung.de

Landesamt für Gesundheit und Soziales
Erich-Schlesinger-Straße 35, 18059 Rostock; Tel.: 0381/33159180; Fax: 0381/33159048
poststelle.arbsch.hro@lagus.mv-regierung.de
Grundsatzdezernat Arbeitsschutz und technische Sicherheit

Landesamt für Gesundheit und Soziales
Neustrelitzer Straße 120, 17033 Neubrandenburg; Tel.: 0395/38059651; Fax: 0395/38059730
poststelle.arbsch.nb@lagus.mv-regierung.de
Dezernat Arbeitsschutz und technische Sicherheit Neubrandenburg

Landesamt für Gesundheit und Soziales
Erich-Schlesinger-Straße 35, 18059 Rostock; Tel.: 0381/3315910; Fax: 0381/33159048
poststelle.arbsch.hro@lagus.mv-regierung.de
Dezernat Arbeitsschutz und technische Sicherheit Rostock

Landesamt für Gesundheit und Soziales
Friedrich-Engels-Straße 47, 19061 Schwerin; Tel.: 0385/3991550; Fax: 0385/3991155
poststelle.arbsch.sn@lagus.mv-regierung.de
Dezernat Arbeitsschutz und technische Sicherheit Schwerin

ArbSchG § 21

Arbeitsschutzgesetz

Landesamt für Gesundheit und Soziales
Frankendamm 17, 18439 Stralsund; Tel.: 03831/269759811; Fax: 03831/269759877
poststelle.arbsch.sn@lagus.mv-regierung.de
Dezernat Arbeitsschutz und technische Sicherheit Stralsund

IX. Niedersachsen

74 Niedersächsisches Ministerium für Soziales, Frauen, Familie und Gesundheit
Hinrich-Wilhelm-Kopf-Platz 2, 30159 Hannover; Tel.: 0511/1200; Fax: 0511/1203098
poststelle@ms.niedersachsen.de

Staatliches Gewerbeaufsichtsamt Celle
Im Werder 9, 29221 Celle; Tel.: 05141/7550; Fax: 05141/75588
poststelle@gaa-ce.niedersachsen.de

Staatliches Gewerbeaufsichtsamt Cuxhaven
Elfenweg 15, 27474 Cuxhaven; Tel.: 04721/506200; Fax: 04721/506260
poststelle@gaa-cux.niedersachsen.de

Staatliches Gewerbeaufsichtsamt Emden
Brückstraße 38, 26725 Emden; Tel.: 04921/92170; Fax: 04921/921758 und 921759
poststelle@gaa-emd.niedersachsen.de

Staatliches Gewerbeaufsichtsamt Göttingen
Alva-Myrdal-Weg 1, 37085 Göttingen; Tel.: 0551/507001; Fax: 0551/5070250
poststelle@gaa-goe.niedersachsen.de

Staatliches Gewerbeaufsichtsamt Hannover
Am Listholze 74, 30177 Hannover; Tel.: 0511/90960; Fax: 0511/9096199
poststelle@gaa-h.niedersachsen.de

Staatliches Gewerbeaufsichtsamt Hildesheim
Hindenburgplatz 20, 31134 Hildesheim; Tel.: 05121/16000; Fax: 05121/160010 und 160092
poststelle@gaa-hi.niedersachsen.de

Staatliches Gewerbeaufsichtsamt Lüneburg
Auf der Hude 2, 21339 Lüneburg; Tel.: 04131/151401; Fax: 04131/151401
poststelle@gaa-lg.niedersachsen.de

Staatliches Gewerbeaufsichtsamt Oldenburg
Theodor-Tantzen-Platz 8, 26122 Oldenburg; Tel.: 0441/7990; Fax: 0441/7992700
poststelle@gaa-ol.niedersachsen.de

Staatliches Gewerbeaufsichtsamt Osnabrück
Johann-Dormann-Straße 2, 49080 Osnabrück; Tel.: 0541/503500; Fax: 0541/503501
poststelle@gaa-os.niedersachsen.de

Staatliches Gewerbeaufsichtsamt Hannover
Göttinger Straße 14, 30449 Hannover; Tel.: 0511/44460; Fax: 0511/4446470
Gewerbeärztlicher Dienst für Niedersachsen

X. Nordrhein-Westfalen

75 Ministerium für Arbeit, Integration und Soziales des Landes Nordrhein-Westfalen
Fürstenwall 25, 40219 Düsseldorf; Tel.: 0211/8555; Fax: 0211/8553683
poststelle@mais.nrw.de

Bezirksregierung Arnsberg
Seibertzstraße 1, 59821 Arnsberg; Tel.: 02391/820; Fax: 02391/822520
poststelle@bezreg-arnsberg.nrw.de

Zuständige Behörden; Zusammenwirken **§ 21 ArbSchG**

Bezirksregierung Detmold
Leopoldstraße 15, 32756 Detmold; Tel.: 05231/710; Fax: 05231/711295
poststelle@brdt.nrw.de

Bezirksregierung Düsseldorf
Cecilienallee 2, 40474 Düsseldorf; Tel.: 0211/4750; Fax: 0211/4752989
poststelle@brd.nrrw.de

Bezirksregierung Köln
Zeughausstraße 2-10, 50667 Köln; Tel.: 0221/1470; Fax: 0221/1473185
poststelle@bezreg-koeln.nrw.de

Bezirksregierung Münster
Domplatz 1-3, 48143 Münster; Tel.: 0251/4110; Fax: 0251/4112525
poststelle@bezreg-muenster.nrw.de

Landesinstitut für Arbeitsgestaltung NRW
Ulenbergstraße 127–131, 40225 Düsseldorf; Tel.: 0211/31010; Fax: 0211/31011189
poststelle@lia.nrw.de

XI. Rheinland-Pfalz

Ministerium für Umwelt, Landwirtschaft, Ernährung, Weinbau und Forsten 76
Kaiser-Friedrich-Straße 1, 55116 Mainz; Tel.: 06131/160 und 164611; Fax: 06131/164646
poststelle@mulewf.rlp.de
Abteilung 6: Gewerbeaufsicht, Geräte- und Produktsicherheit, Immissionsschutz, Chemikaliensicherheit, Gentechnik
Zuständigkeit: allg. Angelegenheiten der Gewerbeaufsicht, Immissionsschutz, Gefahrstoffe und Chemikaliensicherheit, Gentechnik, Geräte- und Produktsicherheit, Gefahrgut, Sprengstoffe

Ministerium für Wirtschaft, Klimaschutz, Energie und Landesplanung
Stiftsstraße 9, 55116 Mainz; Tel.: 06131/160; Fax: 06131/162100
poststelle@mwkel.rlp.de
Abteilung 6: Energie, Klimaschutz, Atomaufsicht, Strahlenschutz

Ministerium für Soziales, Arbeit, Gesundheit und Demografie
Bauhofstraße 9, 55116 Mainz; Tel.: 06131/162315; Fax: 06131/16172315
poststelle@msagd.rlp.de
Abteilung 62: Arbeit
Zuständigkeit: Sicherheit und Gesundheitsschutz am Arbeitsplatz (sozialer, technischer und medizinischer Arbeitsschutz)

Struktur- und Genehmigungsdirektion (SGD) Nord
Stresemannstraße 3–5, 56068 Koblenz; Tel.: 0261/1200; Fax: 0261/1202000
poststelle@sgdnord.rlp.de
Abteilung 2: Gewerbeaufsicht
Zuständigkeit: Gewerbeaufsicht

Struktur- und Genehmigungsdirektion (SGD) Nord
Zentralreferat Gewerbeaufsicht
Stresemannstraße 3–5, 56068 Koblenz; Tel.: 0261/1202173; Fax: 0261/1202171
poststelle21@sgdnord.rlp.de

Struktur- und Genehmigungsdirektion (SGD) Nord
Regionalstelle Gewerbeaufsicht Idar-Oberstein
Hauptstraße 238, 55743 Idar-Oberstein; Tel.: 06781/5650; Fax: 06781/565150
poststelle22@sgdnord.rlp.de

Struktur- und Genehmigungsdirektion (SGD) Nord
Regionalstelle Gewerbeaufsicht Koblenz
Stresemannstraße 3–5, 56068 Koblenz; Tel.: 0261/1202192; Fax: 0261/1202171
poststelle23@sgdnord.rlp.de

Struktur- und Genehmigungsdirektion (SGD) Nord
Regionalstelle Gewerbeaufsicht Trier
Deworastraße 8, 54290 Trier; Tel.: 0651/4601231; Fax: 0651/4601200
poststelle24@sgdnord.rlp.de

Struktur- und Genehmigungsdirektion (SGD) Süd
Friedrich-Ebert-Straße 14, 67433 Neustadt a. d. Weinstraße; Tel.: 06321/990;
Fax: 06321/992900
poststelle@sgdsued.rlp.de
Abteilung 2: Gewerbeaufsicht
Zuständigkeit: Gewerbeaufsicht

Struktur- und Genehmigungsdirektion (SGD) Süd
Zentralstelle Gewerbeaufsicht
Friedrich-Ebert-Straße 14, 67433 Neustadt a. d. Weinstraße; Tel.: 06321/992422;
Fax: 06321/993207
referat21@sgdsued.rlp.de

Struktur- und Genehmigungsdirektion (SGD) Süd
Regionalstelle Gewerbeaufsicht Mainz
Kaiserstraße 31, 55116 Mainz; Tel.: 06131/960300; Fax: 06131/9603099
referat22@sgdsued.rlp.de

Struktur- und Genehmigungsdirektion (SGD) Süd
Regionalstelle Gewerbeaufsicht Neustadt a. d. Weinstraße
Karl-Helfferich-Straße 2, 67433 Neustadt a. d. Weinstraße; Tel.: 06321/990;
Fax: 06321/33398
referat23@sgdsued.rlp.de

Landesamt für Umwelt, Wasserwirtschaft und Gewerbeaufsicht
Kaiser-Friedrich-Straße 7, 55116 Mainz; Tel.: 06131/60330; Fax: 06131/1432966
poststelle@luwg.rlp.de
Abteilung 2: Gewerbeaufsicht
Abteilung 3: Sicherheit und Gesundheitsschutz am Arbeitsplatz
Abteilung 6: Messinstitut, Zentrallabor
Zuständigkeit: Gewerbeaufsicht

XII. Saarland

77 **Ministerium für Umwelt und Verbraucherschutz des Saarlandes**
Keplerstraße 18, 66117 Saarbrücken; Tel.: 0681/5013172; Fax: 0681/5012385
m.berner@umwelt.saarland.de
Referat C/3: Sozialer und medizinischer Arbeitsschutz

Ministerium für Umwelt und Verbraucherschutz des Saarlandes
Keplerstraße 18, 66117 Saarbrücken; Tel.: 0681/5013126
f.theis@umwelt.saarland.de
Referat C4: Technischer Arbeitsschutz, wirtschaftlicher und technischer Verbraucherschutz, Medizintechnik

Zuständige Behörden; Zusammenwirken §21 ArbSchG

Landesamt für Umwelt- und Arbeitsschutz
Don-Bosco-Straße 1, 66119 Saarbrücken; Tel.: 0681/85000; Fax: 0681/8500284
poststelle@lua.saarland.de
Zuständigkeit: Arbeitsschutz und technischer Verbraucherschutz

Landesamt für Umwelt- und Arbeitsschutz
Don-Bosco-Straße 1, 66119 Saarbrücken, Tel.: 0681/85000; Fax: 0681/8500284
zfau@lua.saarland.de
Zuständigkeit: Zentrum für Arbeits- und Umweltmedizin

XIII. Sachsen

Sächsisches Staatsministerium für Wirtschaft, Arbeit und Verkehr 78
Wilhelm-Buck-Straße 2, 01097 Dresden; Tel.: 0351/5640; Fax: 0351/4510088576
poststelle@smwa.sachsen.de

Landesdirektion Sachsen
Reichsstraße 39, 09112 Chemnitz; Tel.: 0371/36850; Fax: 0371/3685100
post.asc@lds.sachsen.de
Unterabteilung 5: Arbeitsschutz

Landesdirektion Sachsen
Dienststelle Dresden
Stauffenbergallee 2, 01099 Dresden; Tel.: 0351/8255001; Fax: 0351/8259700
post.asd@lds.sachsen.de
Abteilung 5: Arbeitsschutz

Landesdirektion Sachsen
Dienststelle Bautzen
Käthe-Kollwitz-Straße 17 Haus 3, 02625 Bautzen; Tel.: 03591/273400; Fax: 03591/273460
post.asd@lds.sachsen.de

Landesdirektion Sachsen
Dienststelle Zwickau
Lothar-Streit-Straße 24, 08056 Zwickau; Tel.: 0375/390320; Fax: 0375/3903220
post.asc@lds.sachsen.de

Landesdirektion Sachsen
Braustraße 2, 04107 Leipzig; Tel.: 0341/9775001; Fax: 0341/9771199
post.asl@lds.sachsen.de
Unterabteilung 5: Arbeitsschutz

XIV Sachsen-Anhalt

Ministerium für Arbeit und Soziales 79
Turmschanzenstraße 25, 39114 Magdeburg; Tel.: 0391/5676909; Fax: 0391/5676937
arbeitsschutz@ms.sachsenanhalt.de
Abteilung 2
Abteilung 3
Zuständigkeit: Gesundheit und Verbraucherschutz; Soziales und Arbeit

Landesamt für Verbraucherschutz des Landes Sachsen-Anhalt
Kühnauer Straße 70, 06846 Dessau-Roßlau; Tel.: 0340/65010; Fax: 0340/6501294
FB5@lav.ms.sachsenanhalt.de
Fachbereich 5: Arbeitsschutz

ArbSchG § 21

Dezernat 51: Technischer und sozialer Arbeitsschutz
Dezernat 52: Stoffliche/physikalische Gefahren, Medizinischer Arbeitsschutz
Dezernat 54: Gewerbeaufsicht Ost

Landesamt für Verbraucherschutz des Landes Sachsen-Anhalt
Klusstraße 18, 38820 Halberstadt; Tel.: 03941/5863; Fax: 03941/586454
ga-west@lav.ms.sachsenanhalt.de
Dezernat 53: Gewerbeaufsicht West

Landesamt für Verbraucherschutz des Landes Sachsen-Anhalt
Große-Steinernetischstraße 4, 39104 Magdeburg; Tel.: 0391/25640; Fax: 0391/2564202
ga-mitte@lav.ms.sachsenanhalt.de
Dezernat 55: Gewerbeaufsicht Mitte

Landesamt für Verbraucherschutz des Landes Sachsen-Anhalt
Priesterstraße 14, 39576 Stendal, Tel.: 03931/4940; Fax: 03931/212018
ga-nord@lav.ms.sachsenanhalt.de
Dezernat 56: Gewerbeaufsicht Nord

Landesamt für Verbraucherschutz des Landes Sachsen-Anhalt
Dessauer Straße 104, 06118 Halle/Saale; Tel.: 0345/52430; Fax: 0345/5243214
ga-sued@lav.ms.sachsenanhalt.de
Dezernat 57: Gewerbeaufsicht Süd

Landesgewerbearzt beim Landesamt für Verbraucherschutz des Landes Sachsen-Anhalt
Kühnauer Straße 70, 06846 Dessau-Roßlau; Tel.: 0340/6501240 und 6501260;
Fax: 0340/6501288
FB5@lav.ms.sachsenanhalt.de
Dezernat 52: Stoffliche/physikalische Gefahren, Medizinischer Arbeitsschutz

XV. Schleswig-Holstein

80 **Ministerium für Soziales, Gesundheit, Wissenschaft und Gleichstellung des Landes Schleswig-Holstein**
Adolf-Westphal-Straße 4, 24143 Kiel; Tel.: 0431/9880; Fax: 0431/9885416
poststelle@sozmi.landsh.de
Abteilung VIII 2: Soziales

Staatliche Arbeitsschutzbehörde bei der Unfallkasse Nord
Standort Kiel
Seekoppelweg 5a, 24113 Kiel; Tel.: 0431/64070; Fax: 0431/6407650
poststelle-iz@arbeitsschutz.uknord.de

Staatliche Arbeitsschutzbehörde bei der Unfallkasse Nord
Standort Itzehoe
Oelixdorfer Straße 2, 25524 Itzehoe; Tel.: 04821/660; Fax: 04821/662807
poststelle-ki@arbeitsschutz.uknord.de

Staatliche Arbeitsschutzbehörde bei der Unfallkasse Nord
Standort Lübeck
Bei der Lohmühle 62, 23554 Lübeck; Tel.: 0451/3175010; Fax: 0451/317501210
poststelle-hl@arbeitsschutz.uknord.de

Landesgewerbearzt
Adolf-Westphal-Straße 4, 24143 Kiel; Tel.: 0431/9880

XVI. Thüringen

Thüringer Ministerium für Soziales, Familie und Gesundheit 81
Werner-Seelenbinder-Straße 6, 99096 Erfurt; Tel.: 0361/3798230; Fax: 0361/3798850
Arbeitsschutz-TH@tmsfg.thueringen.de
Abteilung 5
Referat 55
Zuständigkeit: Verbraucherschutz, Arbeitsschutz

Thüringer Landesamt für Verbraucherschutz
Tennstedter Straße 8/9, 99947 Bad Langensalza; Tel.: 0361/37800; Fax: 0361/37743010
Praesident@tlv.thueringen.de
Zuständigkeit: Verbraucherschutz, Arbeitsschutz, Gesundheitsschutz und Veterinärwesen

Thüringer Landesamt für Verbraucherschutz
Tennstedter Straße 8/9, 99947 Bad Langensalza; Tel.: 0361/37743200; Fax: 0361/37743020
Abteilung2@tlv.thueringen.de
Dezernat 21
Zuständigkeit: Technischer Verbraucherschutz, Marktüberwachung

Thüringer Landesamt für Verbraucherschutz
Karl-Liebknecht-Straße 4, 98527 Suhl; Tel.: 03681/735400; Fax: 03681/733398
Abteilung6@tlv.thueringen.de
Abteilung 6
Zuständigkeit: Arbeitsschutz

Regionalinspektion Mittelthüringen
Linderbacher Weg 30, 99099 Erfurt; Tel.: 0361/3788300; Fax: 0361/3788380
AS-Mittel@tlv.thueringen.de

Regionalinspektion Ostthüringen
Otto-Dix-Straße 9, 07548 Gera; Tel.: 0365/82110; Fax: 0365/8211104
AS-Ost@tlv.thueringen.de

Regionalinspektion Nordthüringen
Gerhard-Hauptmann-Straße 3, 99734 Nordhausen; Tel.: 03631/61330; Fax: 03631/613361
AS-Nord@tlv.thueringen.de

Regionalinspektion Südthüringen
Karl-Liebknecht-Straße 4, 98527 Suhl; Tel.: 03681/734800; Fax: 03681/734890
AS-Sued@tlv.thueringen.de

§ 22 Befugnisse der zuständigen Behörden

(1) ¹**Die zuständige Behörde kann vom Arbeitgeber oder von den verantwortlichen Personen die zur Durchführung ihrer Überwachungsaufgabe erforderlichen Auskünfte und die Überlassung von entsprechenden Unterlagen verlangen.** ²Die auskunftspflichtige Person kann die Auskunft auf solche Fragen oder die Vorlage derjenigen Unterlagen verweigern, deren Beantwortung oder Vorlage sie selbst oder einen ihrer in § 383 Abs. 1 Nr. 1 bis 3 der Zivilprozeßordnung bezeichneten Angehörigen der Gefahr der Verfolgung wegen einer Straftat oder Ordnungswidrigkeit aussetzen würde. ³Die auskunftspflichtige Person ist darauf hinzuweisen.

(2) ¹**Die mit der Überwachung beauftragten Personen sind befugt, zu den Betriebs- und Arbeitszeiten Betriebsstätten, Geschäfts- und Betriebs-

räume zu betreten, zu besichtigen und zu prüfen sowie in die geschäftlichen Unterlagen der auskunftspflichtigen Person Einsicht zu nehmen, soweit dies zur Erfüllung ihrer Aufgaben erforderlich ist. ²Außerdem sind sie befugt, Betriebsanlagen, Arbeitsmittel und persönliche Schutzausrüstungen zu prüfen, Arbeitsverfahren und Arbeitsabläufe zu untersuchen, Messungen vorzunehmen und insbesondere arbeitsbedingte Gesundheitsgefahren festzustellen und zu untersuchen, auf welche Ursachen ein Arbeitsunfall, eine arbeitsbedingte Erkrankung oder ein Schadensfall zurückzuführen ist. ³Sie sind berechtigt, die Begleitung durch den Arbeitgeber oder eine von ihm beauftragte Person zu verlangen. ⁴Der Arbeitgeber oder die verantwortlichen Personen haben die mit der Überwachung beauftragten Personen bei der Wahrnehmung ihrer Befugnisse nach den Sätzen 1 und 2 zu unterstützen. ⁵Außerhalb der in Satz 1 genannten Zeiten, oder wenn die Arbeitsstätte sich in einer Wohnung befindet, dürfen die mit der Überwachung beauftragten Personen ohne Einverständnis des Arbeitgebers die Maßnahmen nach den Sätzen 1 und 2 nur zur Verhütung dringender Gefahren für die öffentliche Sicherheit oder Ordnung treffen. ⁶Die auskunftspflichtige Person hat die Maßnahmen nach den Sätzen 1, 2 und 5 zu dulden. ⁷Die Sätze 1 und 5 gelten entsprechend, wenn nicht feststeht, ob in der Arbeitsstätte Personen beschäftigt werden, jedoch Tatsachen gegeben sind, die diese Annahme rechtfertigen. ⁸Das Grundrecht der Unverletzlichkeit der Wohnung (Artikel 13 des Grundgesetzes) wird insoweit eingeschränkt.

(3) ¹Die zuständige Behörde kann im Einzelfall anordnen,
1. welche Maßnahmen der Arbeitgeber und die verantwortlichen Personen oder die Beschäftigten zur Erfüllung der Pflichten zu treffen haben, die sich aus diesem Gesetz und den auf Grund dieses Gesetzes erlassenen Rechtsverordnungen ergeben,
2. welche Maßnahmen der Arbeitgeber und die verantwortlichen Personen zur Abwendung einer besonderen Gefahr für Leben und Gesundheit der Beschäftigten zu treffen haben.

²Die zuständige Behörde hat, wenn nicht Gefahr im Verzug ist, zur Ausführung der Anordnung eine angemessene Frist zu setzen. ³Wird eine Anordnung nach Satz 1 nicht innerhalb einer gesetzten Frist oder eine für sofort vollziehbar erklärte Anordnung nicht sofort ausgeführt, kann die zuständige Behörde die von der Anordnung betroffene Arbeit oder die Verwendung oder den Betrieb der von der Anordnung betroffenen Arbeitsmittel untersagen. ⁴Maßnahmen der zuständigen Behörde im Bereich des öffentlichen Dienstes, die den Dienstbetrieb wesentlich beeinträchtigen, sollen im Einvernehmen mit der obersten Bundes- oder Landesbehörde oder dem Hauptverwaltungsbeamten der Gemeinde getroffen werden.

Übersicht

	Rn.
A. Überblick über die Bestimmung	1
B. Behördliche Überwachungsbefugnisse	4
I. Recht auf Erteilung von Auskünften (Abs. 1 Satz 1)	6
II. Recht auf Überlassen von Unterlagen (Abs. 1 Satz 1) und Einsicht in Unterlagen (Abs. 2 Satz 1)	14

	Rn.
III. Auskunfts- und Vorlageverweigerungsrecht der auskunftspflichtigen Person (Abs. 1 Sätze 2 und 3)	19
1. Allgemeines	20
2. Angehöriger (§ 383 Abs. 1 Nr. 1–3 ZPO)	21
3. Vorlageverweigerung	22
4. Rechtsfolgen bei unterbliebenem Hinweis auf das Auskunfts- und Vorlageverweigerungsrecht	26
IV. Betretungs- und Besichtigungsrecht (Absatz 2)	27
1. Allgemeines	27
2. Die „mit der Überwachung beauftragten Personen"	33
3. Besichtigung nur „während der Betriebs- und Arbeitszeiten"	34
4. Besichtigung zu anderen Zeiten	36
5. Zutritt zu betriebsfremden Grundstücken	39
6. Zutrittsrecht bei Wohn- und gemischt genutzten Räumen	40
7. Einsichtnahme in geschäftliche Unterlagen	41a
V. Prüfungsrechte (Abs. 2)	42
VI. Entnahme von Proben	44
VII. Mitwirkungs- und Duldungspflichten (Abs. 2)	46
1. Pflichten des Arbeitgebers und anderer verantwortlicher Personen	47
2. Pflichten sonstiger Personen	51
3. Folgen einer Weigerung	52
C. Behördliche Anordnungen (Abs. 3)	53
I. Anordnung „im Einzelfall"	55
II. Gefahrenanordnung (Absatz 3 Satz 1 Nr. 2)	57
1. Anordnungsadressat	58
2. Anordnungsinhalt	61
a) Bestimmtheit der Anordnung	62
b) Durchführbarkeit der Anordnung	65
c) Vorliegen einer „besonderen Gefahr"	68
III. Generalbefugnis (Abs. 3 Satz 1 Nr. 1)	74
1. Anordnungsadressat	75
2. Anordnungsinhalt	76
IV. Ermessen der Behörde	80
1. Allgemeines	81
2. Erforderlichkeit einer Anordnung	83
3. Verhältnismäßigkeitsgrundsatz	85
V. Ausführungsfrist (Abs. 3 Satz 2)	91
1. „Gefahr im Verzug"	92
2. Angemessene Frist	94
VI. Untersagungsanordnung (Abs. 3 Satz 3)	99
VII. Grundsätze zum Erlass einer Anordnung	105
1. Form	105
2. Begründung	108
3. Bekanntgabe	116
4. Wirksamkeit	120
5. Räumliche Geltung	126
6. Kosten	127
7. Nachträgliche Abänderung der Anordnung	130
D. Verwaltungsverfahren	133
I. Zuständigkeit	133
II. Ermittlung des Sachverhalts	135

	Rn.
1. Ermittlungen	136
2. Beweiserhebung	138
III. Anhörung	145
1. Anhörung der Beteiligten	145
2. Anhörung des Betriebsrates	150
IV. Akteneinsicht	151
V. Verwaltungsverfahren und Bußgeldverfahren	153
E. Rechtsbehelfe und Anfechtung	155
I. Widerspruch	157
1. Grundsätzliches	157
2. Einlegung des Widerspruchs	161
3. Ablauf des Widerspruchsverfahrens	169
II. Klage vor dem Verwaltungsgericht	171
III. Formloser Rechtsbehelf	175
F. Anordnung der sofortigen Vollziehung (VzA)	177
I. Sinn und Zweck der VzA	178
II. Besondere Begründung	180
III. Einstweiliger Rechtsschutz	182
G. Vollstreckung der Anordnung	185
I. Arten von Zwangsmitteln	186
1. Zwangsgeld	186a
2. Ersatzvornahme	186b
3. Unmittelbarer Zwang	186c
II. Voraussetzungen und Verfahren	188
1. Androhung des Zwangsmittels	188
2. Festsetzung des Zwangsmittels	190
3. Anwendung des Zwangsmittels	191
III. Rechtsbehelfe	193
H. Öffentlicher Dienst (Abs. 3 Satz 4)	194
I. Anhang	201
1. Musterbescheid „Anordnung im Arbeitsstättenrecht"	201
2. Musterbescheid „Anordnung der sofortigen Vollziehung"	202

Literatur: *Göhler,* Ordnungswidrigkeitengesetz, Kommentar, 16. Aufl. 2012; *Heilmann/Aufhauser,* Arbeitsschutzgesetz, Kommentar, 2. Aufl. 2005; *Pieper,* ArbSchG, Basiskommentar, 5. Aufl. 2012; *Koll/Janning/Pinter,* ArbSchG, 16. Aktualisierung Stand 2015; *Kollmer,* Das neue ArbSchG als „Grundgesetz" des Arbeitsschutzes, WiB 1996, 825 ff.; *Kollmer* Arbeitsschutzgesetz und verordnungen, 3. Aufl. 2008; *Kopp/Ramsauer,* Verwaltungsverfahrensgesetz, Kommentar, 16. Aufl. 2015; *Kopp/Schenke,* Verwaltungsgerichtsordnung, Kommentar, 21. Aufl. 2015; *Landmann/Rohmer* (Hrsg.), Gewerbeordnung, Kommentar, Bd. I und II, Stand 6/2015; *Palandt,* Bürgerliches Gesetzbuch, Kommentar, 75. Aufl. 2016; *Pieper,* Das ArbSchG, ArbuR 1996, 465 ff.; *Nöthlichs* (Hrsg.), Arbeitsschutz und Arbeitssicherheit, Losebl., Stand 2015; *Seifert/Hömig,* Grundgesetz für die Bundesrepublik Deutschland, Taschenkommentar, 8. Aufl. 2007; *Stürk,* Wegweiser ArbSchG (Kurzinformation für die Praxis), 4. Aufl. 2004; *Thomas/Putzo,* Zivilprozeßordnung, Kommentar, 36. Aufl. 2015; *Verein Deutscher Gewerbeaufsichtsbeamten e. V.* (Hrsg.), Information und Beratung der Arbeitsschutzbehörden zur effektiven Durchsetzung des Arbeits- und Gesundheitsschutzes in Betrieben – Projektergebnisse, Bd. 1, 1994 (zit.: VDGAB, Information und Beratung 1); *Vogl,* Das neue ArbSchG, NJW 1996, 2753.

Befugnisse der zuständigen Behörden   § 22 ArbSchG

A. Überblick über die Bestimmung

Die zuständigen Behörden und ihre Dienstkräfte können ihre Überwachungs- 1
aufgabe nur dann sinnvoll ausüben, wenn sie mit den Befugnissen ausgestattet sind, die eine ordnungsgemäße Durchführung der Tätigkeit sicherstellen. Ohne Handlungsmöglichkeiten zur Durchsetzung des Gesetzes wäre das ArbSchG ein „zahnloser Tiger" (*Kollmer*, AR-Blattei 220.11, Rn. 39). Deshalb regelt § 22 die Voraussetzungen bzw. Einschränkungen der Befugnisse für die staatliche Verwaltung. Ziel der Regelung der Befugnisse im ArbSchG ist vor allem ein **bundeseinheitlicher Vollzug** des ArbSchG und der auf seiner Grundlage erlassenen Rechtsverordnungen. Diese Zielrichtung ist insbesondere für länderübergreifende Unternehmen von Bedeutung. § 22 trägt auch Art. 4 Abs. 2 der EG-Rahmenrichtlinie zum Arbeitsschutz (89/391/EWG) Rechnung. Dieser Artikel enthält die Verpflichtung der Mitgliedstaaten, für eine **angemessene Kontrolle und Überwachung** der Einhaltung der Arbeitsschutzvorschriften zu sorgen.

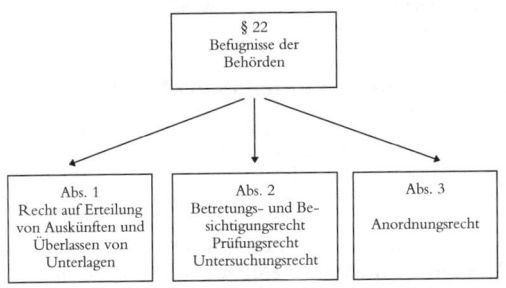

```
                    § 22
                Befugnisse der
                  Behörden
    ┌───────────────┼───────────────┐
    ▼               ▼               ▼
 Abs. 1          Abs. 2          Abs. 3
 Recht auf       Betretungs- und
 Erteilung       Besichtigungs-   Anordnungsrecht
 von Auskünften  recht
 und Überlassen  Prüfungsrecht
 von Unterlagen  Untersuchungsrecht
```

Die Regelungen zur behördlichen Überwachung und Unterstützung bei der 2
Durchführung des ArbSchG wurden gegenüber dem **Regierungsentwurf** erheblich erweitert und konkreter gefasst. Die Änderungen gehen u. a. auf die Stellungnahme des Bundesrates zurück, der klare Vollzugsvorschriften für die zuständigen Behörden gefordert hatte. Die Aufsichtsbehörden müssten mit vergleichbaren Pflichten und Befugnissen ausgestattet werden, wie sie nach der GewO und nach moderneren Arbeitsschutzgesetzen wie z. B. dem ChemG gelten (*Kittner*, § 21 Rn. 1).

Ergänzt werden die Befugnisse des § 22 durch die **Verwaltungsverfahrensge-** 3
setze der Länder. Sie sind wegen des Verfassungsgrundsatzes des Art. 84 Abs. 1 GG neben § 22 anwendbar. Sofern sich aus Bundesgesetzen nicht etwas anderes ergibt, regelt daher das entsprechende Landesrecht sonstige

Fragen der **Durchführung** sowie die Bestimmung der **zuständigen Behörden**. Um die Befugnisse, die sich aus den Landesgesetzen ergeben, wahrzunehmen, ist eine entsprechende Anordnung nach § 22 Abs. 3 nicht notwendig.

B. Behördliche Überwachungsbefugnisse

Die zuständigen Überwachungsbehörden der Länder und des Bundes haben **alle** 4
Rechte und Befugnisse für die Durchführung einer angemessenen Kontrolle und

ArbSchG § 22 Arbeitsschutzgesetz

Überwachung des ArbSchG und der auf Grund dieses Gesetzes erlassenen Rechtsverordnungen. Sie können insbesondere:
- Auskünfte und Unterlagen verlangen,
- Betriebe und Dienststellen betreten und besichtigen,
- Unterlagen einsehen,
- Arbeitsverfahren, Arbeitsmittel und Betriebsanlagen prüfen,
- Messungen vornehmen,
- Ursachen von Unfällen und arbeitsbedingten Erkrankungen untersuchen sowie
- Anordnungen treffen.

5   Diese Befugnisse sind nicht neu, sondern lehnen sich weitgehend an das bisher geltende Recht an (z. B. § 139b Abs. 1 Satz 2, Abs. 4 GewO, § 13 ASiG, § 21 Abs. 3–5 ChemG, § 17 Abs. 4–6 ArbZG, vgl. BT-Drs. 13/4854 v. 12.6.1996, S. 4). Die Befugnisse gelten aber nicht uneingeschränkt. Sie können nur dann ausgeübt werden, wenn dies zur Erfüllung der Überwachungsaufgaben erforderlich ist. Ebenso hat die Behörde festzustellen, welche der möglichen Überwachungsmaßnahmen im Einzelfall erforderlich, zur Zweckerfüllung am Besten geeignet und – bei mehreren möglichen Maßnahmen – den Arbeitgeber bzw. die auskunftspflichtige Person am wenigsten belastet.

I. Recht auf Erteilung von Auskünften (Abs. 1 Satz 1)

6   Die zuständige Behörde kann nach § 22 Abs. 1 Satz 1 vom Arbeitgeber die zur Durchführung ihrer Überwachungsaufgaben erforderlichen Auskünfte verlangen. Durch diese Befugnis erhält die Arbeitsschutzbehörde die Möglichkeit, **gezielte Einzelfragen** zur Ermittlung arbeitsschutzrechtlicher Sachverhalte zu stellen.

Informationsdefizite der zuständigen Behörden können nämlich meist nur vom Arbeitgeber selbst oder von den verantwortlichen Personen behoben werden (*Kollmer*, Rn. 269). **Ähnliche Auskunftsbefugnisse** der Behörde sind beispielsweise in § 17 Abs. 4 Satz 1 ArbZG oder § 13 Abs. 1 Satz 1 ASiG vorgesehen. (Auch § 139b GewO beinhaltet nach allgemeiner Auffassung ein Recht auf Erteilung allgemeiner Auskünfte wie Lage und Einrichtung der Betriebsräume, ein weitergehendes Auskunftsrecht ist dort aber problematisch, s. *Kahl* in Landmann/Rohmer, GewO, § 139b Rn. 39).

7   Außer vom Arbeitgeber kann die zuständige Behörde zur Durchführung ihrer Überwachungsaufgabe auch von den **„verantwortlichen Personen"** Auskünfte und Unterlagen verlangen. Hierbei handelt es sich um die in § 13 Abs. 1 genannten Personen; dies sind
- der gesetzliche Vertreter des Arbeitgebers,
- das vertretungsberechtigte Organ einer juristischen Person,
- der vertretungsberechtigte Gesellschafter einer Personengesellschaft,
- Personen, die mit der Leitung eines Unternehmens oder eines Betriebes beauftragt sind, im Rahmen ihrer Befugnisse sowie
- sonstige nach Abs. 2, einer Rechtsverordnung oder Unfallverhütungsvorschrift verpflichtete Personen im Rahmen ihrer Aufgaben und Befugnisse.

Die ausdrückliche Erwähnung, dass neben dem Arbeitgeber auch die „verantwortlichen Personen" Verpflichtete i. S. d. § 22 sind, war erforderlich, da § 13 sich ausdrücklich nur auf die Erfüllung der im 2. Abschnitt enthaltenen Arbeitgeberpflichten bezieht.

Die Behörde kann von ihrem Auskunftsrecht nur Gebrauch machen, soweit dies zur Durchführung ihrer Überwachungsaufgaben erforderlich ist. Maßstab ist die

Zielsetzung des ArbSchG, Sicherheit und Gesundheitsschutz der Beschäftigten zu sichern und zu verbessern (§ 1 Abs. 1). Ob eine Maßnahme erforderlich ist, ist am Grundsatz der Verhältnismäßigkeit zu messen. Danach muss die Maßnahme zur Erreichung des angestrebten Ziels:
- **geeignet** sein (Prinzip der Geeignetheit des Mittels);
- **erforderlich** sein, d. h. sie darf nicht auf eine andere, weniger belastende Weise ebenso gut zu erreichen sein (Prinzip des geringstmöglichen Eingriffs) und
- es muss das Verhältnis zwischen Mittel und Zweck angemessen sein, d. h. die Maßnahme darf keinen Nachteil herbeiführen, der zu dem beabsichtigten Erfolg erkennbar außer Verhältnis steht (Grundsatz der **Verhältnismäßigkeit im engeren Sinne**, hierzu Rn. 85).

In welcher **Form** die Auskunft verlangt werden kann, regelt § 22 nicht. Die Überwachungsbehörde kann daher wählen, ob die Auskunft in mündlicher oder schriftlicher Form zu erteilen ist. In der Regel wird die Behörde während einer Besichtigung eine mündliche Auskunft verlangen. Sie kann aber auch eine andere Form und Art der Auskunftserteilung vorschreiben, soweit dies erforderlich ist (*Nöthlichs*, Nr. 4052, S. 7). Das Auskunftsverlangen selbst kann ebenfalls in schriftlicher oder mündlicher Form gestellt werden. 8

Das Auskunftsverlangen setzt keinen bestimmten **Verdacht** auf einen Gesetzesverstoß voraus (*BVerwG* DVBl. 1988, 440). Das Auskunftsverlangen muss auch nicht in unmittelbarer Verbindung zu einer Besichtigung stehen. Es darf aber nicht lediglich den Zweck haben, die behördliche Aufsicht zu erleichtern (*BVerwGE* 32, 204; DVBl. 1988, 440). Ebensowenig kann grundsätzlich eine fortlaufende Unterrichtung verlangt werden (*OVG Berlin*, GewArch 1982, 279). Es wäre daher unzulässig, z. B. von einem Einzelhandelsbetrieb ohne weitere Veranlassung halbjährlich ohne weitere Aufforderung die Vorlage der Dokumentation nach § 6 zu fordern. 9

Das Auskunftsverlangen ist in der Regel ein **Verwaltungsakt** i. S. v. § 35 VwVfG. Es kann daher, unabhängig in welcher Form die Auskunft erteilt werden soll, mit den zulässigen Rechtsbehelfen angefochten werden (dies sind i. d. R. Widerspruch und Anfechtungsklage, → Rn. 155ff.). Verwaltungsakte sind Verfügungen, „die eine Behörde zur Regelung eines Einzelfalles auf dem Gebiet des öffentlichen Rechts trifft und die auf unmittelbare Rechtswirkung nach außen gerichtet sind" (Legaldefinition in § 35 VwVfG). „Nach außen" bedeutet, dass die Verfügung nicht nur verwaltungsintern wirken darf, sondern sich gegen einen außenstehenden Dritten richten muss. Teilweise wird das Auskunftsverlangen aber als **schlichtes Verwaltungshandeln** und nicht als Verwaltungsakt zu werten sein (z. B. die Frage nach dem Weg zur Geschäftsführung; siehe dann zur Belehrungspflicht unter Rn. 20). Maßgeblich ist, ob mit dem Auskunftsersuchen die Behörde in dem VA für den Adressaten zum Ausdruck bringt, dass sie seine Rechte bzw. seine Rechtsposition verbindlich regeln will (*Kopp/Ramsauer*, § 35 Rn. 9), z. B. wenn der Beamte direkt oder indirekt auf die Verpflichtung zur Auskunftserteilung hinweist. Ist für den Arbeitgeber erkennbar, dass die Weigerung, Auskunft zu erteilen, zunächst keine Konsequenzen hat, ist das Auskunftsersuchen schlichtes Verwaltungshandeln. In den meisten Fällen ist ein Auskunftsverlangen im Rahmen einer Revision aber als Verwaltungsakt zu werten. Dies gilt auch dann, wenn es in Form einer höflichen Bitte formuliert wird. Maßgeblich für die Abgrenzung zwischen Verwaltungsakt und schlichtem Verwaltungshandeln sind die konkreten Umstände des Einzelfalls. 10

Die Aufsichtsbehörde kann die Auskunft sowohl vom Arbeitgeber selbst als auch von allen verantwortlichen Personen i. S. v. § 13 verlangen. Sie ist in ihrer Entscheidung, welche von diesen Personen sie in Anspruch nimmt, frei. Allerdings hat sie 11

ArbSchG § 22

auch hier die allgemeinen verwaltungsrechtlichen Grundsätze zum Auswahlermessen zu berücksichtigen (Rn. 83). Nicht **zur Auskunft verpflichtet** sind sonstige betriebliche Aufsichtsorgane, Fachkräfte für Arbeitssicherheit oder Betriebsärzte. Ebensowenig kann die Auskunft vom Betriebsrat oder einem Beschäftigten am Arbeitsplatz verlangt werden (*Nöthlichs,* Nr. 4052, S. 6). Diese Personen können aber als **Zeugen** im Rahmen eines Verwaltungsverfahrens vernommen werden (§ 26 Abs. 1 Nr. 2 VwVfG). Allerdings sieht § 26 Abs. 3 VwVfG vor, dass sie nicht zur Aussage verpflichtet sind, soweit dies nicht durch besondere Vorschriften vorgesehen ist (näher *Kopp/Ramsauer,* VwVfG, § 26 Rn. 45 ff.).

12 Das Auskunftsverlangen kann auch gegenüber einer Person gestellt werden, von der **nicht feststeht,** ob sie **Arbeitgeber** ist, jedoch Tatsachen gegeben sind, die diese Annahme rechtfertigen. Dieser Sonderfall wird im Gegensatz zu § 22 Abs. 2 letzter Satz in Abs. 1 zwar nicht geregelt, dabei dürfte es sich aber um ein Redaktionsversehen handeln (so auch *Nöthlichs,* Nr. 4052, S. 6, im Ergebnis auch *Kittner,* § 22 Rn. 9; anders *Koll* in Koll/Janning/Pinter, § 22 Rn. 2, der ein Auskunftsverlangen gegen Personen, die nur möglicherweise Arbeitgeber sind, verneint). Denn wenn der Aufsichtsbeamte im Zweifelsfall die Betriebsstätte sogar betreten, besichtigen und prüfen darf, muss ihm erst recht das mildere Mittel des Auskunftsverlangens zur Verfügung stehen.

13 **Zuwiderhandlungen** gegen das Auskunftsverlangen sind grundsätzlich nicht mit Bußgeld bedroht. Etwas anderes gilt nur dann, wenn die Überwachungsbehörde das Auskunftsverlangen in Form einer Anordnung nach § 22 Abs. 3 gestellt, die Anordnung für sofort vollziehbar erklärt hat und der Auskunftspflichtige gegen diese Anordnung verstößt. Gleiches gilt, wenn die Anordnung eines Auskunftsverlangens nach Absatz 3 bereits bestandskräftig geworden ist, also nicht mehr mit Rechtsbehelfen angefochten werden kann (§ 25 Abs. 1 Nr. 2 a).

II. Recht auf Überlassen von Unterlagen (Abs. 1 Satz 1) und Einsicht in Unterlagen (Abs. 2 Satz 1)

14 Die Behörden können sowohl die Überlassung von Unterlagen (Abs. 1 Satz 1) als auch die Einsicht in die geschäftlichen Unterlagen (Abs. 2 Satz 1) verlangen. Voraussetzung ist auch hier, dass das Überlassen oder die Einsicht für die Durchführung der behördlichen Überwachungsaufgabe **erforderlich** ist (zum Kreis der verpflichteten Personen oben Rn. 11). Nicht in Betracht kommt daher z. B. ein Verlangen nach Vorlage der Bilanzen, um sich einen Überblick über die finanzielle Situation des Betriebes zu verschaffen. Das Recht auf Überlassen von Unterlagen steht **gleichberechtigt** neben dem Recht auf Auskunftserteilung. Die Vorlage kann daher nicht mit dem Argument verweigert werden, die benötigten Informationen könnten ebenso gut mündlich mitgeteilt werden.

15 Die Behörde kann auch solche Unterlagen verlangen, die sich **nicht im Besitz** des Auskunftspflichtigen befinden. Maßgeblich ist nur, dass sie für die Überwachungsaufgabe erforderlich sind. In diesem Fall muss sich die auskunftspflichtige Person die entsprechenden Unterlagen auch von Dritten besorgen. Die Behörde ist im Gegensatz zum Ordnungswidrigkeitenrecht im Verwaltungsverfahren nicht berechtigt, die Unterlagen auch von nichtbeteiligten Dritten herauszuverlangen. Denkbar wäre z. B. das Verlangen von Unterlagen, die sich zurzeit beim Steuerberater befinden. Es können auch solche Unterlagen herausverlangt werden, die sich **nicht in den Geschäftsräumen,** sondern in der **Wohnung** des Arbeitgebers befinden. Ein Einsichtsrecht in der Privatwohnung selbst besteht zwar nicht (dazu

Befugnisse der zuständigen Behörden § 22 **ArbSchG**

auch Rn. 40f.), die Behörde kann aber die Übermittlung an das Amt fordern. Bei dem Verlangen nach Unterlagen, die häufig sehr sensible Daten enthalten können, muss die Behörde besonders den Grundsatz der Verhältnismäßigkeit berücksichtigen.

Bei den Unterlagen kann es sich um solche handeln, die nach dem Arbeitsschutzgesetz oder dessen Rechtsverordnungen vorgeschrieben sind oder aber auch nur solche, die lediglich Aufschluss über die Erfüllung der Verpflichtungen nach dem ArbSchG oder dessen Rechtsverordnungen geben. In Betracht kommen sowohl **technische** (z.B. Lagepläne, Zeichnungen, Prüfberichte) als auch sonstige geschäftliche Unterlagen (z.B. Unterlagen über Schulungen, Betriebsanweisungen). Die auskunftspflichtigen Personen sind verpflichtet, die Unterlagen im **Original** auszuhändigen, soweit der Behörde nicht das Überlassen von Fotokopien genügt. Die Behörde hat hier insbesondere den Verhältnismäßigkeitsgrundsatz zu berücksichtigen. Die Behörde hat auch das Recht, die Vorlage der Unterlagen in den Amtsräumen zu verlangen, es sei denn, dies ist dem Arbeitgeber wegen des damit verbundenen kostenmäßigen und organisatorischen Aufwandes nicht zuzumuten. 16

Auch das Verlangen von Unterlagen ist grundsätzlich ein **Verwaltungsakt**, der mit Rechtsbehelfen angefochten werden kann (Rn. 10). Nur dann, wenn während einer Betriebsbesichtigung um die Vorlage von Unterlagen gebeten wird und alle Beteiligten davon ausgehen, dass eine mögliche Verweigerung keinerlei Konsequenzen hätte, kann die Bitte als **schlichtes Verwaltungshandeln** gewertet werden. Letzteres hat zur Folge, dass die auskunftspflichtige Person nicht auf ihr Auskunftsverweigerungsrecht hingewiesen werden muss (Abs. 1 Sätze 2, 3, dazu Rn. 19 ff.). In der Regel wird aber auch dieses Verlangen als Verwaltungsakt zu werten sein. 17

Ein Verstoß gegen das Gebot, auf Verlangen der Behörde Unterlagen herauszugeben oder Einsicht in geschäftliche Unterlagen zu gewähren, ist grundsätzlich **nicht bußgeldbewehrt** (zu den Ausnahmen Rn. 13). 18

III. Auskunfts- und Vorlageverweigerungsrecht der auskunftspflichtigen Person (Abs. 1 Sätze 2 und 3)

Wenn die auskunftspflichtige Person sich oder einen Angehörigen durch die Erteilung der Auskunft oder die Vorlage von Unterlagen der Gefahr der Verfolgung wegen einer Straftat oder einer Ordnungswidrigkeit aussetzen würde, kann sie die Auskunft oder die Vorlage der entsprechenden Unterlagen **verweigern.** 19

Es muss sich dabei nicht notwendigerweise um eine Straftat oder Ordnungswidrigkeit nach dem ArbSchG oder dessen Rechtsverordnungen handeln. Ein Auskunfts- und Vorlageverweigerungsrecht nach § 22 Abs. 1 S. 2 und 3 besteht auch dann, wenn der Betroffene sich (möglicherweise) Straf- oder Ordnungswidrigkeitenverfahren wegen anderer Verstöße ausgesetzt sieht (z. B. Unterschlagung durch den Geschäftsführer).

1. Allgemeines. Das **Auskunfts- und Vorlageverweigerungsrecht** ist Ausfluss des **Rechtsstaatsprinzips**. Die auskunftspflichtige Person muss von der Überwachungsbehörde auf ihr Auskunfts- und Vorlageverweigerungsrecht **hingewiesen** werden (§ 22 Abs. 1 Satz 3). Zweckmäßigerweise wird der Überwachungsbeamte dies bereits bei Beginn der Besichtigung bzw. beim ersten Auskunftsverlangen tun. Die Gefahr einer Verfolgung ist schon bei Anhaltspunkten für das 20

Kunz 575

ArbSchG § 22

Vorliegen einer Straftat oder Ordnungswidrigkeit gegeben, wenn also die **Einleitung eines Ermittlungsverfahrens** droht. Sie kann auch dann bestehen, wenn der Auskunftspflichtige die in Betracht kommende Tat in Wirklichkeit nicht begangen hat. Ob die Gefahr besteht oder nicht, entscheidet der Auskunftspflichtige (ausführlich *Göhler,* § 59 Rn. 47 ff.). Der Auskunftspflichtige darf aber nicht nur schweigen, sondern muss erklären, dass er nicht aussagen möchte.

21 **2. Angehöriger (§ 383 Abs. 1 Nr. 1–3 ZPO).** Das Auskunftsverweigerungsrecht haben neben der auskunftspflichtigen Person auch deren **Angehörige.** Wer Angehöriger ist, ergibt sich aus § 383 Abs. 1 Nr. 1–3 ZPO. Dies sind:
– der Verlobte einer Partei oder derjenige, mit dem die Partei ein Versprechen eingegangen ist, eine Lebenspartnerschaft zu begründen;
– der Ehegatte einer Partei, auch wenn die Ehe nicht mehr besteht,
– der Lebenspartner einer Partei, auch wenn die Lebenspartnerschaft nicht mehr besteht;
– diejenigen, die mit einer Partei in gerader Linie verwandt oder verschwägert (z. B. Kinder, Eltern) oder
– in der Seitenlinie bis zum dritten Grad verwandt oder bis zum zweiten Grad verschwägert sind oder waren (z. B. Ehefrau des Vetters, Großtante).

22 **3. Vorlageverweigerung.** Das Auskunftsverweigerungsrecht gibt es in ähnlicher Form bereits in anderen Fachgesetzen (z. B. § 13 Abs. 1 Satz 2 ASiG, § 17 Abs. 6 ArbZG). Allerdings ist das Recht auf Verweigerung der Herausgabe von Unterlagen neu. Nach der bisherigen Rechtsprechung durften lediglich Auskünfte verweigert werden, die entsprechenden Unterlagen jedoch mussten herausgegeben werden (*Kollmer* ArbSchG Rn. 270). § 22 Abs. 1 Satz 2 bestimmt nun erstmals, dass im Verwaltungsverfahren auch die belastenden Unterlagen nicht herausgegeben werden müssen. Die auskunftspflichtige Person muss auch **nicht begründen,** warum sie die Herausgabe verweigert. Das Gesetz fordert keine Glaubhaftmachung der Gründe. Ein Hinweis auf das Verweigerungsrecht genügt. Es ist zu befürchten, dass mit dieser Regelung die Arbeit der Überwachungsbehörden erheblich erschwert wird, weil unter Berufung auf das Verweigerungsrecht – möglicherweise – belastende Unterlagen mit einem entsprechenden Hinweis nicht mehr herausgegeben werden. Nicht erfasst vom Auskunftsverweigerungsrecht sind Unterlagen, zu deren Führung der Adressat verpflichtet ist (*BVerwGE* GewArch 1984, 120).

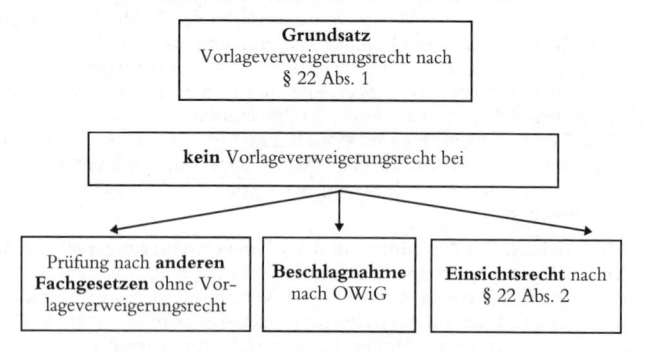

Grundsatz Vorlageverweigerungsrecht nach § 22 Abs. 1

kein Vorlageverweigerungsrecht bei

Prüfung nach **anderen Fachgesetzen** ohne Vorlageverweigerungsrecht	**Beschlagnahme** nach OWiG	**Einsichtsrecht** nach § 22 Abs. 2

Allerdings bezieht sich das Recht auf Verweigerung der Herausgabe von Unter- 23
lagen nur auf Anordnungen nach § 22. Unberührt bleibt das Recht der Behörde,
nach anderen Fachgesetzen und Rechtsverordnungen Auskunft und Unterlagen
zu verlangen. So kann beispielsweise der Fahrer eines LKW nicht die Herausgabe
der Schaublätter aus dem Fahrtenschreiber mit dem Hinweis auf § 22 Abs. 1 verweigern. Maßgeblich bleiben in diesem Fall weiterhin die entsprechenden Fachgesetze wie z. B. das Fahrpersonalgesetz. Soweit in anderen Fachgesetzen die **Pflicht
zur Herausgabe** von Unterlagen besteht, werden diese also durch § 22 nicht berührt. Dies bedeutet aber auch, dass sich das Auskunftsverlangen nach dem jeweiligen Fachgesetz richtet, nach dem der Gewerbeaufsichtsbeamte prüft. Verlangt der
Beamte z. B. die Arbeitszeitnachweise, um die Einhaltung der täglichen Arbeitszeit
nach dem ArbZG zu überprüfen, gilt nur das Auskunftsverweigerungsrecht des § 17
Abs. 6 ArbZG. Die entsprechenden Unterlagen aber müssen herausgegeben werden, da das ArbZG eine Herausgabeverweigerung nicht beinhaltet. Nur dann,
wenn etwa Gefährdungsanalysen nach dem ArbSchG verlangt werden, besteht das
Recht auf Herausgabeverweigerung nach § 22 Abs. 1. Dokumentationen nach § 6,
aus denen das Ergebnis der Gefährdungsbeurteilung ersichtlich ist, sind allerdings
herauszugeben, da der Arbeitgeber zur Führung der Dokumentation verpflichtet
ist.

Auch im Rahmen eines **Ordnungswidrigkeitenverfahrens** kann die Behörde 24
Unterlagen herausverlangen. Eine Herausgabepflicht besteht nach § 46 OWiG
i. V. m. §§ 94, 95 StPO vor allem dann, wenn entweder die Staatsanwaltschaft oder
die Gewerbeaufsichtsbeamten als Hilfsbeamte der Staatsanwaltschaft Unterlagen
beschlagnahmen (dazu und zu den Ausnahmen *Göhler*, vor § 59 Rn. 66 ff. m. w. N.).

Zusätzlich zum Recht auf Herausgabe der Unterlagen hat die Überwachungsbe- 25
hörde nach § 22 Abs. 2 Satz 1 das **Recht auf Einsicht** in die geschäftlichen Unterlagen. Gegen dieses Recht hat der Auskunftspflichtige im Gegensatz zum Überlassen von Unterlagen nach § 22 Abs. 1 **kein Einsichtsverweigerungsrecht,** denn
Absatz 2 verweist nicht auf Absatz 1 Sätze 2 und 3. Werden bei der Einsicht Verstöße entdeckt, können die Unterlagen zwar nicht herausverlangt, aber nach dem
Ordnungswidrigkeitengesetz i. V. m. der StPO **beschlagnahmt** werden, soweit
die auskunftspflichtige Person die Unterlagen nicht freiwillig herausgibt. Der Unterschied zwischen dem Herausgabeverweigerungsrecht in Abs. 1 und dem Einsichtsrecht der Behörde ohne entsprechendes Gegenrecht des Auskunftspflichtigen
beruht auf dem Rechtsstaatsprinzip. Auf der einen Seite kann niemand verpflichtet
werden, sich selbst zu belasten und auch noch die entsprechenden Unterlagen herauszugeben. Auf der anderen Seite ist die Arbeit der Überwachungsbehörde zum
Schutz der Arbeitnehmer und auch Dritter praktisch wirkungslos, wenn die auskunftspflichtige Person die Einsicht in sämtliche Unterlagen mit einem Einsichtsverweigerungsrecht verhindern könnte. Diesen Konflikt löst § 22, indem er der Behörde zwar das Recht „zu suchen" einräumt, den Auskunftspflichtigen aber nicht
in jedem Fall zur Mithilfe verpflichtet.

4. Rechtsfolgen bei unterbliebenem Hinweis auf das Auskunfts- und 26
Vorlageverweigerungsrecht. Unterbleibt der Hinweis auf das Auskunfts- und
Vorlageverweigerungsrecht durch den Überwachungsbeamten, so hat dies – anders
als im Strafverfahren – nicht in jedem Fall ein **Verwertungsverbot** zur Folge. Für
das Strafverfahren führt die unterbliebene Belehrung über das Aussageverweigerungsrecht zu einem Verbot, die Aussage des Betroffenen gegen seinen Willen zu
verwerten. Für das Ordnungswidrigkeitenverfahren gilt dies nur **bedingt.** Einer-

ArbSchG § 22 Arbeitsschutzgesetz

seits soll dem Betroffenen auch im Bußgeldverfahren ein faires Verfahren gesichert werden. Andererseits sind die Gründe für ein Verwertungsverbot im Strafrecht (Verwirrung des Beschuldigten durch die drohende Kriminalstrafe, Verängstigung durch die ungewohnte Umgebung) nicht ohne weiteres auf das Ordnungswidrigkeitenverfahren übertragbar. Ein Verwertungsverbot ist deshalb im Ordnungswidrigkeitenverfahren zu verneinen, wenn sich der Betroffene nach den Umständen des Falls über seine Aussagefreiheit auch ohne ausdrückliche Belehrung im klaren gewesen ist (*Göhler*, § 55 Rn. 9).

IV. Betretungs- und Besichtigungsrecht (Absatz 2)

27 **1. Allgemeines.** Eine ordnungsgemäße Durchführung der Aufgaben aus dem ArbSchG setzt voraus, dass die zu kontrollierenden Betriebe vor Ort revidiert werden. Um die Überwachungsmaßnahmen überhaupt erst zu ermöglichen, räumt § 22 Abs. 2 den mit der Überwachung beauftragten Personen umfängliche Betretungs- und Besichtigungsrechte der Betriebsstätten, Geschäfts- und Betriebsräume ein. Dieses sind z. B.
– Arbeitsplätze in Gebäuden und im Freien auf dem Betriebsgelände,
– Verkehrswege im Betrieb,
– Pausen-, Bereitschafts- und Ruheräume,
– Lagerräume,
– Umkleide-, Wasch- und Toilettenräume.
Vergleichbare Bestimmungen gibt es bereits im bisher geltenden Recht (z. B. § 139b Abs. 1 und 4 GewO). § 22 Abs. 2 berücksichtigt den neuesten verfassungsgerichtlichen Stand. Danach stellen die an die üblichen Betriebs- und Geschäftszeiten gebundenen Betretungs- und Besichtigungsrechte für die Geschäfts- und Betriebsräume keine Eingriffe i. S. d. **Art. 13 Abs. 3 GG** dar (*BVerfGE* 32, 54, 75 ff.). Geschäftsräume erscheinen im Hinblick auf die grundgesetzlich geschützte räumliche Privatsphäre letztlich weniger schutzbedürftig als die eigentlichen Privaträume. Art. 13 Abs. 3 GG erfasst daher von vornherein nicht die üblichen Betretungs- und Besichtigungsrechte bei Betriebsgrundstücken und Geschäftsräumen.

28 Auch das Betretungsrecht darf nur zur Erfüllung der arbeitsschutzrechtlichen Aufgaben wahrgenommen werden. Die Besichtigung muss also in jedem Einzelfall **erforderlich** sein (§ 22 Abs. 2 Satz 1). Der Aufsichtsbeamte muss die Erforderlichkeit aber nicht förmlich erklären. Ausreichend ist es, wenn sie im Zweifelsfall nachvollziehbar dargelegt werden kann. Die bloße Ausübung des Zutritts- und Besichtigungsrechts ist **keine Durchsuchung** i. S. v. §§ 102 ff. StPO (ausführlich *Kahl in* Landmann/Rohmer, GewO, § 139b Rn. 37 m. w. N.).

29 Die Ausübung des Besichtigungs- und Betretungsrechts setzt **keinen konkreten Verdacht** des Verstoßes gegen Bestimmungen des ArbSchG oder seiner Rechtsverordnungen voraus (*BVerwG*, DVBl. 1988, 440; *OLG Oldenburg*, DVBl. 1953, 640). Um eine wirksame Überwachung zu gewährleisten, kann der Betrieb vielmehr auch ohne einen entsprechenden Verdacht besichtigt werden. Dies ist erforderlich, um eine umfassende Kontrolle zu ermöglichen und Missbräuche zu verhindern. Neben der **anlassbezogenen** Kontrolle ist daher auch eine **turnusmäßige** Besichtigung durch die zuständige Behörde üblich und zulässig. Je mehr Gefährdungen von einem Betrieb ausgehen oder je größer der Betrieb ist, desto häufiger wird er in der Regel revidiert.

30 Es besteht **keine Pflicht** für die Behörde, die Revision bereits im Voraus anzuzeigen oder sogar einen Termin zu vereinbaren. Es ist vielmehr ausreichend, wenn

Befugnisse der zuständigen Behörden **§ 22 ArbSchG**

der Aufsichtsbeamte die beabsichtigte Prüfung und Besichtigung unmittelbar bei Erscheinen in dem Unternehmen anmeldet (*KG* GewArch 1987, 305). Es ist auch nicht unbedingt üblich, dass eine **Besichtigung angemeldet** wird, soweit nicht die Anwesenheit bestimmter Ansprechpartner im Betrieb erforderlich ist. Die Vereinbarung eines Termins hat allerdings den Vorteil, dass die für den Arbeitsschutz zuständigen betrieblichen Organe (z. B. Betriebsleiter, Fachkraft für Arbeitssicherheit, Betriebsrat) an der Besichtigung teilnehmen können und der Beamte damit alle notwendigen Informationen erhält. (Zur Duldungspflicht des Arbeitgebers vgl. Rn. 48).

Die **Abwesenheit des Arbeitgebers** vom Betrieb steht dem Zutrittsrecht nicht 31 entgegen. Dem Sinn und Zweck der Bestimmung, Überwachungsmaßnahmen überhaupt erst zu ermöglichen, wird auch dann genüge getan, wenn nicht der Betriebsinhaber persönlich, sondern eine andere **betriebskundige** Person anwesend ist (*Kahl in* Landmann/Rohmer, GewO, § 139b Rn. 38 m. w. N.). Der Überwachungsbeamte wird aber in der Regel auf eine Besichtigung verzichten, soweit auch keine andere betriebskundige Person greifbar ist und die Revision nicht zwingend erforderlich ist.

Ein Zutrittsrecht zum Betrieb besteht auch dann, wenn **nicht feststeht,** ob in 32 der Arbeitsstätte Personen beschäftigt werden, aber Tatsachen gegeben sind, die diese Annahme rechtfertigen (§ 22 Abs. 2 Satz 7). Solche Tatsachen (keine Gerüchte, anonyme Hinweise) sind z. B. regelmäßiges Betreten der Arbeitsstätte durch Personen in Arbeitskleidung. Stellt der Überwachungsbeamte während der Revision fest, dass **keine Personen beschäftigt** werden, ist die Revision mangels Anwendbarkeit des ArbSchG unverzüglich abzubrechen. Verweigert der Arbeitgeber den Zutritt zum Betrieb, ist dies zwar rechtswidrig, kann aber zunächst von der Behörde nicht als Ordnungswidrigkeit verfolgt werden. Die zuständige Behörde muss in einem solchen Fall zuerst nach § 22 Abs. 3 Satz 1 Nr. 1 anordnen, dass der Zutritt zu gewähren oder die Besichtigung zu dulden ist. Erst wenn der Arbeitgeber daraufhin wieder den Zutritt verweigert, erfüllt er den Ordnungswidrigkeitentatbestand des § 25 Abs. 1 Nr. 2a („als Arbeitgeber einer vollziehbaren Anordnung ... zuwiderhandelt") und kann mit einem Bußgeld belegt werden.

2. Die „mit der Überwachung beauftragten Personen". Die „mit der 33 Überwachung **beauftragten Personen**" sind in erster Linie die **Beamten** und **Angestellten** der Überwachungsbehörde. Dabei wird der Kreis des Personals der zuständigen Behörde auf diejenigen Beamten und Angestellte beschränkt, die z. B. durch Geschäftsverteilungsplan oder dienstliche Weisung des Behördenleiters mit der Durchführung der Überwachungsaufgaben betraut sind. Dabei wird der Kreis des Personals der zuständigen Behörde auf diejenigen Beamten und Angestellte beschränkt, die z. B. durch Geschäftsverteilungsplan oder dienstliche Weisung des Behördenleiters mit der Durchführung der Überwachungsaufgaben betraut sind. Daneben kommen aber auch **Sachverständige** (z. B. vom TÜV) in Betracht, die von der zuständigen Behörde wegen ihrer besonderen Fachkunde hinzugezogen werden (*HessVGH* GewArch 1983, 201). Nicht erforderlich sind **„besonders ernannte Beamte"** i. S. v. § 139b Abs. 1 Satz 1 GewO. Der Arbeitgeber kann die Beauftragung durch die Behörde mangels drittschützender Norm nicht anfechten. Der Beauftragte wird in Absatz 2 mit eigenen öffentlich-rechtlichen Befugnissen ausgestattet. Daher ist er als Beliehener eine Art Verwaltungshelfer für die Behörde.

3. Besichtigung nur „während der Betriebs- und Arbeitszeiten". Ab- 34 satz 2 erlaubt ein Betreten und Besichtigen des Betriebes grundsätzlich nur **wäh-**

Kunz

ArbSchG § 22

rend der Betriebs- und Arbeitszeiten. Das Einverständnis des Arbeitgebers oder das Vorliegen einer Gefahr ist nicht notwendig. Dies bedeutet, dass die Revision immer dann zu gestatten ist, wenn Arbeitnehmer in dem Betrieb zu dieser Zeit **tatsächlich arbeiten** oder der Betrieb auch ohne Arbeitnehmer aufrechterhalten wird (z. B. bei automatisierten Verfahren). Im letzteren Fall ist allerdings der Grundsatz der Verhältnismäßigkeit besonders zu beachten, vor allem wenn die Betriebsbesichtigung für den Arbeitgeber mit unverhältnismäßig hohem Aufwand verbunden ist. Die grundsätzliche Beschränkung des Zutrittsrechts auf die Betriebs- und Arbeitszeiten ist Ausfluss des Verhältnismäßigkeitsgrundsatzes. Es kann dem Arbeitgeber nicht zugemutet werden, ohne Vorliegen dringender Gefahren jederzeit den Zutritt zur Arbeitsstätte zu dulden. Nicht übernommen wurde die Formulierung einiger Arbeitsschutzgesetze, den Zutritt zu den **üblichen Betriebs- und Arbeitszeiten** zu gestatten (so z. B. § 13 Abs. 2 ASiG; § 51 Abs. 2 Satz 1 JArbSchG). Der Verzicht auf den Zusatz „üblich" hat den Vorteil, dass die Arbeitsstätte auch dann besichtigt werden darf, wenn außerhalb der üblichen Arbeitszeit Überstunden, Nacht-, Sonn- oder Feiertagsarbeit bzw. Instandsetzungsarbeiten geleistet werden (*Nöthlichs*, Nr. 4052, S. 10, anders *Heilmann/Aufhauser*, § 22 Rn. 6, der auf die üblichen Betriebs- und Arbeitszeiten abstellt). Ausreichend ist es, wenn in einem **Teil der Betriebsstätte** gearbeitet wird. Die Überwachungspersonen sind dann berechtigt, auch die Betriebsteile zu betreten, in denen der Betrieb zurzeit ruht (*KG*, GewArch 1987, 305).

35 Eine Betriebsbesichtigung kann auch während der **Nacht** stattfinden, wenn die Arbeitsstätte zu dieser Zeit in Betrieb ist. Die üblichen **Pausen**, die in der Regel keinen längere Zeit abgestellten Stillstand des Betriebes zur Folge haben, unterbrechen die Betriebszeiten nicht (*Kahl in* Landmann/Rohmer, GewO, § 139b Rn. 38 m.w.N.). Soweit z. B. in einem Handwerksbetrieb alle Arbeitnehmer auf einer Baustelle beschäftigt sind und in dem Betrieb lediglich der Arbeitgeber anwesend ist, zählt auch diese Zeit zu den Betriebszeiten. Keine Betriebszeiten sind die Zeiten, in denen Betriebsanlagen durch Beschäftigte lediglich **bewacht** werden, der Betrieb als solcher aber ruht. Allerdings kann die Behörde in diesem Fall die Einhaltung der Arbeitsschutzvorschriften für das Bewachungspersonal überprüfen. Zu den Betriebszeiten zählen auch nicht die Zeiten, in denen lediglich Beschäftigte von **Fremdunternehmen** (z. B. für Wartungs- oder Instandsetzungsarbeiten) eingesetzt werden.

36 **4. Besichtigung zu anderen Zeiten. Außerhalb der Betriebszeiten** ist ein Zutrittsrecht nur dann gegeben, wenn:
– der Arbeitgeber mit der Besichtigung **einverstanden** ist oder
– der Aufsichtsbeamte Maßnahmen zur Verhütung **dringender Gefahren** für die öffentliche Sicherheit und Ordnung zu treffen hat.

Bei der ersten Alternative genügt die Zustimmung lediglich der verantwortlichen Personen nach § 13 nicht. Vielmehr bedarf es der ausdrücklichen und freiwilligen Zustimmungserklärung des Arbeitgebers. Außerdem muss der Arbeitgeber darüber **informiert** sein, dass er nicht verpflichtet ist, den Zutritt außerhalb der Betriebszeiten zu gestatten.

37 Unter den **Begriff der „öffentlichen Sicherheit und Ordnung"** fallen z. B. die Unversehrtheit von Leben und Gesundheit sowie der Schutz der gesamten Rechtsordnung, die auch das ArbSchG sowie die darauf beruhenden Rechtsverordnungen umfasst. Eine „dringende Gefahr" meint eine gesteigerte Gefahr, nicht nur eine (möglicherweise relativ harmlose) unmittelbar drohende Gefahr (*BVerwGE* 47

ArbSchG, 31, 40). Weder das Bestehen einer nur abstrakten Gefahr noch jeder Verstoß gegen Bestimmungen des ArbSchG reichen für die Annahme einer **dringenden Gefahr** aus (*Kollmer* ArbSchG Rn. 277; *Nöthlichs,* Nr. 4052, S. 13). Es ist daher nicht zulässig, einen Betrieb außerhalb der Betriebs- und Arbeitszeiten zur Aufdeckung eines **zurückliegenden Verstoßes**, von dem z. B. keine Lebensgefahr ausgeht, zu betreten. Es müssen vielmehr Leben oder Gesundheit von Beschäftigten konkret gefährdet sein. Es ist zwar nicht Aufgabe des ArbSchG, den Betrieb in seinem Bestand zu schützen, doch wird man auch bei einer dringenden Gefahr für Sachen von hohem Wert ein Betretungsrecht außerhalb der Betriebszeiten annehmen können. Letztlich kann nie ausgeschlossen werden, dass sich Arbeitnehmer in dem Betrieb aufhalten und gefährdet sind, wenn z. B. Brand- oder Explosionsgefahr besteht.

Die dringende Gefahr für die öffentliche Sicherheit und Ordnung braucht noch **38 nicht eingetreten** zu sein. Ausreichend ist, dass die Beschränkung des Grundrechts dem Zweck dient, einen Zustand nicht eintreten zu lassen, der seinerseits eine dringende Gefahr für die öffentliche Sicherheit darstellen würde (*BVerfGE* 17, 251 ff.). Ist sich der Aufsichtsbeamte nicht sicher, ob eine dringende Gefahr vorliegt, hat er dann ein Betretungsrecht, wenn bei verständiger Würdigung der Umstände objektive Anhaltspunkte die Vermutung rechtfertigen. Die Revision ist aber abzubrechen, wenn sich die Vermutung als falsch herausstellt.

5. Zutritt zu betriebsfremden Grundstücken. Soweit die Beschäftigten **39** nicht im Betrieb selbst, sondern auf einem betriebsfremden Grundstück, etwa einer **Baustelle** tätig sind, kann der Aufsichtsbeamte sein Zutrittsrecht nur gegenüber dem **Arbeitgeber** geltend machen. Gegenüber dem Grundstückseigentümer kann er es nicht durchsetzen. Dies würde allerdings bedeuten, dass die Berufsgenossenschaften nach § 19 Abs. 2 Satz 5 SGB VII mehr Rechte hätten als die staatlichen Arbeitsschutzbehörden. **§ 19 Abs. 2 S. 5 SGB VII** bestimmt, dass Eigentümer und Besitzer von Grundstücken, auf denen Unternehmer tätig sind, das Betreten des Grundstücks zu gestatten haben. Dieses muss in analoger Anwendung auch für die Arbeitsschutzbehörden gelten (ebenso *Nöthlichs,* Nr. 4052, S. 12). Ein Recht zum Betreten von Privatwohnungen kann daraus aber nicht abgeleitet werden. Führt z. B. der Arbeitnehmer eines Handwerksbetriebes in einer Privatwohnung einen Reparaturauftrag durch, besteht für die Überwachungsbehörde kein Betretungsrecht nach § 22 Abs. 2. In Betracht kommt allenfalls ein **Eingreifen nach § 904 BGB** (Notstand).

6. Zutrittsrecht bei Wohn- und gemischt genutzten Räumen. Das Be- **40** tretungsrecht gilt grundsätzlich nur für Geschäfts- und Betriebsräume. Der Zutritt zu einer Arbeitsstätte, die sich in **Wohnräumen** im engeren Sinne (also Räumen, die der räumlichen Privatsphäre zuzuordnen sind) befindet, ist unter Beachtung des Art. 13 Abs. 3 GG nur unter engen Voraussetzungen möglich (§ 22 Abs. 2 Satz 5). Dies sind:
– **Zustimmung** des Arbeitgebers oder
– zur Verhütung **dringender Gefahren** für die öffentliche Sicherheit und Ordnung.
Zum Begriff der „dringenden Gefahr für die öffentliche Sicherheit und Ordnung" siehe Rn. 37 ff.

Bei **gemischt genutzten Räumen** (dies sind Räume, die sowohl privat als **41** auch geschäftlich genutzt werden) ist zu differenzieren:
– Die Beschränkung des Zutrittsrechts gilt immer dann, wenn der Raum der durch Art. 13 Abs. 3 GG **geschützten Privatsphäre** zuzuordnen ist. Das ist er

ArbSchG § 22   Arbeitsschutzgesetz

in der Regel dann, wenn er von der Bestimmung her grundsätzlich für private Zwecke genutzt wird (z. B. Arbeitszimmer im Wohnhaus des Telearbeitnehmers, das i. d. R. auch für private Zwecke genutzt wird, Aktenschrank im Schlafzimmer). Ein zum Wohnen bestimmter Raum verliert seine Eigenschaft als Wohnraum nicht dadurch, dass in ihm zugleich eine berufliche oder geschäftliche Tätigkeit ausgeübt wird (*BVerfGE* 32, 54, 75). Der Aufsichtsbeamte darf den Raum dann nur bei Zustimmung des Wohnungsinhabers oder bei Vorliegen einer dringenden Gefahr betreten.
- Auf der anderen Seite macht die gelegentliche **Übernachtung** in einem Geschäftsraum diesen nicht zu einem Wohnraum.

41a   **7. Einsichtnahme in geschäftliche Unterlagen.** Die behördlichen Überwachungsbefugnisse beinhalten in Abs. 2 Satz 1 u. a. ein Einsichtsrecht in **„geschäftliche Unterlagen"**. Darunter sind nicht nur die nach dem ArbSchG und dessen Rechtsverordnungen zu führenden Unterlagen (z. B. Dokumentationen nach § 6) sondern alle Schriftstücke und sonstigen Medien (CDs, USB-Sticks) zu verstehen, die Angaben über die Größe und Struktur des Betriebes, Arbeitsverfahren, Arbeitsbedingungen, Betriebsabläufe usw. beinhalten sowie Genehmigungen und Bescheide anderer Behörden.

Diese weitreichende Auslegung des Begriffs „geschäftliche Unterlagen" erfährt allerdings seine **Einschränkung** in § 22 Abs. 2 Satz 1 letzter Halbsatz, wonach das Einsichtsrecht für die Behörden nur besteht, soweit die Einsicht zur Erfüllung ihrer Aufgaben erforderlich ist.

Diese ausdrückliche Erwähnung des an sich im Verwaltungsrecht selbstverständlichen Erfordernisgrundsatzes zeigt, dass der Gesetzgeber sich durchaus bewusst war, dass ein Einblick in sämtliche geschäftliche Unterlagen möglicherweise **sensible unternehmerische Entscheidungen** und Daten (z. B. Forschungsergebnisse) beinhaltet, die es gesondert zu schützen gilt.

Das Recht der Einsichtnahme nach Abs. 2 Satz 1 beinhaltet nicht das Recht, die Unterlagen im Original oder in Kopie in die zuständige Behörde mitzunehmen, da dies vom Wortlaut nicht gedeckt ist. Ein entsprechendes Recht auf Überlassung kann sich aber aus Abs. 1 ergeben (→ Rn. 14), allerdings mit der Konsequenz, dass bei Gefahr der Verfolgung wegen einer Straftat oder Ordnungswidrigkeit ein Vorlageverweigerungsrecht nach Abs. 1 besteht. Eine Auslegung des Einsichtsrechts als „Mitnahmerecht" würde das Vorlageverweigerungsrecht umgehen.

V. Prüfungsrechte (Abs. 2)

42   § 22 Abs. 2 stattet die mit der Überwachung beauftragten Personen mit umfangreichen Prüfungsrechten aus. Sie können Betriebsanlagen, Arbeitsmittel und persönliche Schutzausrüstungen prüfen, Arbeitsabläufe und Arbeitsverfahren untersuchen und die erforderlichen Messungen vornehmen. Daneben können sie arbeitsbedingte Gesundheitsgefahren feststellen und die Ursachen für Arbeitsunfälle u. ä. untersuchen. Diese Prüfungsrechte setzen – wie auch das Zutrittsrecht – **keinen konkreten Verdacht** eines Verstoßes gegen Arbeitsschutzvorschriften voraus. Die Befugnisse dürfen aber grundsätzlich nur während der Betriebs- und Arbeitszeiten wahrgenommen werden (→ Rn. 34 ff.). Der Arbeitgeber hat die Durchführung der Prüfungen zu **dulden** (ausführlich → Rn. 46 ff.). Der Begriff der Prüfungen schließt Abnahme- und Funktionsprüfungen mit ein (*Nöthlichs*, Nr. 4052, S. 16). **Arbeitsmittel** sind Maschinen, Geräte, Werkzeuge oder Anlagen, die für die Arbeit verwendet werden (vgl. § 2 Verordnung

Befugnisse der zuständigen Behörden § 22 **ArbSchG**

über Sicherheit und Gesundheitsschutz bei der Verwendung von Arbeitsmitteln und deren Benutzung bei der Arbeit,– BetrSichV –) einschließlich Arbeitsstoffen (vgl. § 5 Abs. 3 Ziff. 3). Betriebsanlagen sind ein Unterfall der Arbeitsmittel (vgl. § 5 Abs. 3 Ziff. 3 ArbSchG sowie § 2 BetrSichV). Unter „**persönliche Schutzausrüstung**" fällt jede Ausrüstung, die dazu bestimmt ist, von den Beschäftigten benutzt oder getragen zu werden, um sich gegen eine Gefährdung für ihre Sicherheit und Gesundheit zu schützen, sowie jede mit demselben Ziel verwendete und mit der persönlichen Schutzausrüstung verbundene Zusatzausrüstung (vgl. dazu und zu den Ausnahmen § 1 Persönliche Schutzausrüstungs-BenutzungsVO).

Arbeitsablauf und **Arbeitsverfahren** bezeichnen die organisatorische Gestaltung der Arbeit der Beschäftigten. Arbeitsablauf bezieht sich auf die Inhalte und Abfolge einzelner Arbeitsschritte (z. B. Zusammenarbeit verschiedener Beschäftigungsgruppen, Pausenaufteilung) während das Arbeitsverfahren mehr die technische Seite (z. B. Aneinanderreihen verschiedener Tätigkeiten, Maschinen) betrifft. Die Notwendigkeit von Messungen (z. B. Messung von Gefahrstoffen in der Luft, Lärmmessungen) kann sich z. B. auf Grund von physikalischen, chemischen oder biologischen Einwirkungen auf den Beschäftigten ergeben (vgl. § 5 Abs. 3 Ziff. 2).

Aufgrund der Komplexität technischer Entwicklungen kann es immer wieder **43** sicherheitstechnische Probleme geben, die die Überwachungsbehörde auf Grund eigener Fachkunde nicht lösen kann. In diesem Fall ist i. d. R. die Einholung eines **Sachverständigengutachtens** erforderlich. Es stellt sich dann allerdings die Frage, wer das Gutachten in Auftrag geben muss und wer die oft erheblichen Kosten zu tragen hat. Die Behörde kann vom Arbeitgeber nicht verlangen, dass dieser bei auftretenden Zweifeln durch einen Sachverständigen ein Gutachten über Art und Umfang der Gefahren sowie der zur Abwendung der Gefahren erforderlichen Maßnahmen auf seine Kosten erstellen lässt. Ein entsprechender Antrag des Bundesrates ist im Gesetzgebungsverfahren abgelehnt worden. Hält die Behörde daher auf Grund einer unklaren Sachlage die Einholung einer Sachverständigenprüfung für erforderlich, muss sie diese von Amts wegen in Auftrag geben und zunächst auch die Kosten übernehmen. Wenn auf Grund des Gutachtens eine Anordnung nach § 22 Abs. 3 erfolgt, kann die Behörde dem Arbeitgeber die Kosten des Gutachtens in Rechnung stellen. Die **Gutachterkosten** sind dann als Auslagen Kosten des Verfahrens (z. B. Art. 10 Abs. 1 Nr. 1 BayKG). Die Behörde kann aber auch den Arbeitgeber zunächst zur Durchführung einer Gefährdungsanalyse nach § 5 auffordern und ihn um Vorlage des Ergebnisses bitten. Kommt er dieser Aufforderung nicht freiwillig nach, kann die Behörde im Rahmen des § 22 Abs. 3 die Durchführung der Gefährdungsanalyse anordnen und die Vorlage des Ergebnisses verlangen. Sofern für die Durchführung der Gefährdungsanalyse die Einholung eines Sachverständigengutachtens erforderlich ist, hat der Arbeitgeber die Kosten zu tragen. Da der Sachverständige auf Basis eines Auftrags des Arbeitgebers tätig ist, sollte die Behörde i. d. R. ihm die Auswahl überlassen. Es empfiehlt sich aber für den Arbeitgeber, die Auswahl des Sachverständigen mit der Behörde abzustimmen. Damit kann der Arbeitgeber spätere Unstimmigkeiten (z. B. Verdacht eines Gefälligkeitsgutachtens, Behörde erkennt Kompetenz des Gutachters nicht an) vermeiden. Die Kosten des Gutachtens hat der Arbeitgeber auch dann zu tragen, wenn sich ein Gefahrenverdacht nicht bestätigt, der Arbeitgeber aber den Verdacht oder den Anschein der Nichteinhaltung der Sicherheitsvorschriften zu verantworten hat.

Kunz 583

ArbSchG § 22

VI. Entnahme von Proben

44 Das Recht, Prüfungen vorzunehmen, beinhaltet auch das Recht auf Probenahmen. Der Behörde wird es oft nicht möglich sein, z. B. direkt im Betrieb die Übereinstimmung eines Arbeitsmittels mit arbeitsschutzrechtlichen Bestimmungen zu beurteilen. Sie ist daher darauf angewiesen, Proben zu nehmen, um diese entweder im Amt oder durch Dritte genauer untersuchen zu können. Der Betrieb ist verpflichtet, der mit der Überwachung beauftragten Person ein Stück zur Prüfung auch **außerhalb des Betriebes** zu überlassen. Die Eigentumsverhältnisse an dem entnommenen Stück ändern sich deshalb nicht, d. h. die Behörde wird nicht Eigentümerin der Probe. Die Prüfung kann und darf aber auch nur so umfassend sein, wie es für die Erreichung des Prüfungszwecks erforderlich ist. Wenn es sich nicht vermeiden lässt, kann die Probe dabei auch **beschädigt** oder **zerstört** werden. Sobald die Prüfung beendet ist, muss die Behörde die Probe zurückgeben. Sie ist aber nur verpflichtet, die Probe in dem Zustand herauszugeben, in dem sie sich nach der Prüfung befindet (*Nöthlichs,* Nr. 4052, S. 16a). Sie ist nicht verpflichtet, den ursprünglichen Zustand wiederherzustellen. Die Überwachungsbehörde muss das beschädigte oder zerstörte Stück weder ersetzen noch hat sie für den **Schaden Ersatz** zu leisten. Allerdings sind umso höhere Anforderungen an die Erforderlichkeit der Prüfung zu stellen, je größer der Schaden ist, den der Eigentümer der Probe durch die Prüfung erleiden kann (*Nöthlichs,* Nr. 4052, S. 16a).

45 Die **Kosten** der Prüfung trägt zunächst die Behörde. Stellt sich nach der Prüfung heraus, dass die Probe nicht den arbeitsschutzrechtlichen Bestimmungen entsprochen hat und erlässt die Behörde daraufhin eine Anordnung nach § 22 Abs. 3, kann sie die Kosten dem Arbeitgeber als Auslagen auferlegen (näher unter Rn. 43). Durch die Entnahme der Probe wird ein öffentlich-rechtliches Verwahrungsverhältnis an der Probe begründet (näher *Palandt,* § 688 BGB Rn. 12), für das die §§ 688 ff. BGB rechtsähnlich gelten. Der Staat haftet in entsprechender Anwendung der privatrechtlichen Grundsätze der Forderungsverletzung (§ 278 BGB) für Schäden, die nicht notwendigerweise mit der Prüfung zusammenhängen (*Nöthlichs,* Nr. 4052, S. 16a). Daneben kommt ein **Schadensersatzanspruch** wegen Amtspflichtverletzung nach Art. 34 GG in Verbindung mit § 839 BGB in Betracht.

VII. Mitwirkungs- und Duldungspflichten (Abs. 2)

46 Die wirkungsvolle Ausübung der Befugnisse setzt voraus, dass der Arbeitgeber oder auch andere Personen bestimmten Mitwirkungs- und Duldungspflichten unterliegen.

47 **1. Pflichten des Arbeitgebers und anderer verantwortlicher Personen.** Die Pflichten des Arbeitgebers sowie anderer verantwortlicher Personen bestehen im Wesentlichen darin:
– die Maßnahmen der Überwachungsbehörde zu **dulden,**
– sie aktiv zu **unterstützen** sowie
– die von der Behörde beauftragte Person auf Verlangen bei der Revision zu **begleiten.**

48 Der Arbeitgeber hat zunächst den Zutritt zum Betrieb zu dulden. Ihm steht grundsätzlich kein **Abwehrrecht** gegen das Betreten zu, da sich der Beamte weder widerrechtlich Zutritt verschafft noch unbefugt in den Räumen verweilt. Der Tatbestand des Hausfriedensbruchs (§ 123 StGB) ist daher nicht verwirklicht. Der Arbeitgeber kann sich nur im Ausnahmefall auf sein **Hausrecht** berufen. Ein solcher

Ausnahmefall liegt vor, wenn ihm im Einzelfall unter Abwägung aller Umstände aus schwerwiegenden Gründen **nicht zuzumuten** ist, gerade zu diesem Zeitpunkt eine bestimmte Kontrollmaßnahme zu dulden (*HessVGH,* JZ 1971, 257). Dies kann z. B. der Fall sein, wenn eine Maschine ohne Anhaltspunkte für eine Gefährdung nur für die behördliche Überprüfung abgeschaltet werden müsste und deshalb ein Großauftrag mit Vertragsstrafen nicht rechtzeitig abgewickelt werden kann. In diesem Fall wäre eine sofortige Überprüfung unverhältnismäßig und der Arbeitgeber könnte eine Überprüfung des Arbeitsmittels zu einem späteren Zeitpunkt verlangen. Nicht ausreichend ist, wenn der Arbeitgeber sich lediglich über den Beamten im Hinblick auf dessen bisherige Tätigkeit geärgert hat, den Beamten für befangen hält, oder wenn der Arbeitgeber die erforderliche Fachkunde des Beamten anzweifelt (*OVG Münster* GewArch 1978, 366). Der Zutritt ist auch bei einem etwaigen Auskunftsverweigerungsrecht (§ 22 Abs. 1 Satz 2) zu dulden (*OLG Stuttgart,* s. i. s. 1979, 411).

Dem Arbeitgeber und den verantwortlichen Personen obliegt nicht nur die Verpflichtung, den Zutritt oder andere Maßnahmen zu dulden, er muss darüber hinaus die von der Arbeitsschutzbehörde beauftragte Person bei der Wahrnehmung ihrer Befugnisse **aktiv unterstützen** (§ 22 Abs. 2 Satz 4). Die Unterstützung bezieht sich auf alle Handlungen und Maßnahmen, die die Überwachung ermöglichen oder erleichtern, also auch Zurverfügungstellen von Besprechungsräumen, Einräumen der Möglichkeit des Telefonierens, usw. Sie beinhaltet auch gewisse **Mitwirkungspflichten** wie z. B. das Aufsperren verschlossener Türen (*BVerwG,* NJW 1988, 1278) oder die Erteilung allgemeiner Auskünfte über Lage und Einrichtung der Betriebsräume sowie deren Zugänge. Soweit zumutbar, haben der Arbeitgeber oder die verantwortlichen Personen im Betrieb auch Auskunft zu geben über die Beschaffenheit von Arbeitsmitteln, deren technische Eigenarten oder bestimmte Besonderheiten des Betriebes (*Kollmer,* Rn. 281). Den Überwachungsbeamten sind auch die zur Durchführung von Prüfungen vor Ort notwendigen Arbeitskräfte und Hilfsmittel wie z. B. technische Zeichnungen, Beschreibungen o. ä. zur Verfügung zu stellen (*Nöthlichs,* Nr. 4052, S. 16b). Wenn die den Aufsichtsbeamten begleitende Person zu erfragten Sachverhalten keine Auskunft geben kann, ist sie gehalten, fachkundiges Personal zu befragen und gegebenenfalls herbeizurufen, soweit dies nicht unverhältnismäßig ist.

Die von der Behörde beauftragte Person hat das Recht, bei der Revision **Begleitung** durch den Arbeitgeber oder eine von ihm beauftragte Person zu verlangen (§ 22 Abs. 2 Satz 3). Beauftragte Personen können auch solche sein, die nicht zu den Verantwortlichen nach § 13 zählen. Allein durch die Beauftragung erwachsen ihnen keine öffentlich-rechtlichen Pflichten gegenüber dem Überwachungsorgan. Zweckmäßigerweise wird der Betriebsleiter oder ein anderes Aufsichtsorgan die Begleitung übernehmen, um möglichst **umfassend Auskunft** geben zu können. Der Aufsichtsbeamte kann aber nicht die Begleitung durch eine **bestimmte Person** verlangen, wenn der Arbeitgeber ihm eine andere fachkundige Person zur Seite stellt. Auch hier gilt es für die Behörde, das Übermaßverbot zu beachten. Der Arbeitgeber ist z. B. nicht verpflichtet, eine wichtige Besprechung zu unterbrechen, um persönlich die Begleitung der Aufsichtsperson zu übernehmen, wenn er eine andere fachkundige Person mit der Begleitung beauftragt und die Besichtigung ohne Vorankündigung erfolgte. Nach § 89 Abs. 2 BetrVG haben u. a. die für den Arbeitsschutz zuständigen Stellen den Betriebsrat bei allen im Zusammenhang mit dem Arbeitsschutz oder der Unfallverhütung stehenden Besichtigungen und Fragen hinzuzuziehen.

ArbSchG § 22   Arbeitsschutzgesetz

51   **2. Pflichten sonstiger Personen.** Die Duldungspflicht, den Zutritt zu gestatten, betrifft auch Personen, die an sich für den Arbeitgeber das Recht haben, fremden Personen den Zutritt zur Betriebsstätte zu verweigern, wie **Betriebsleiter** oder **Pförtner** (*BayObLG,* GewArch 1959/60, 217, zit. nach *Nöthlichs,* Nr. 4052, S. 13). Macht die Überwachungsbehörde von ihren Befugnissen nach § 22 Abs. 2 Gebrauch, sind auch die Beschäftigten zur Duldung verpflichtet. Das Recht auf Unterstützung der Aufsichtspersonen besteht aber zunächst nur gegenüber dem Arbeitgeber und den nach § 13 verantwortlichen Personen. Diese haben aber, um ihrer Unterstützungspflicht nachzukommen, die Beschäftigten im Rahmen des **Weisungsrechts** zur Unterstützung der Beamten anzuhalten. Das bedeutet, dass die Beschäftigten ebenso wie die nach § 22 Abs. 1 auskunftspflichtigen Personen Revisionen mit entsprechendem Betreten der Geschäftsräume etc. zu dulden haben. Eine **Duldungsanordnung** gegen den Betriebs- oder Personalrat, die Fachkraft für Arbeitssicherheit oder die übrigen Arbeitnehmer ist nicht möglich. Adressat einer entsprechenden Duldungsanordnung bleibt der Arbeitgeber (Rn. 52). Allerdings sind der Betriebs- und der Personalrat nach § 89 Abs. 1 BetrVG bzw. § 81 BPersVG oder der entsprechenden Landesgesetze verpflichtet, die für den Arbeitsschutz zuständigen Behörden bei der Bekämpfung von Unfall- und Gesundheitsgefahren durch Anregung, Beratung und Auskunft zu unterstützen. Unberührt bleibt das Recht nach § 22 Abs. 3, im Einzelfall anzuordnen, welche Maßnahmen die Beschäftigten zur Erfüllung ihrer in §§ 15 und 16 aufgeführten Pflichten zu treffen haben.

52   **3. Folgen einer Weigerung.** Weigert sich der Arbeitgeber zu Unrecht, den Zutritt, eine Prüfung oder die Ausübung anderer in § 22 Abs. 2 aufgezählten Befugnisse zu dulden, ist dies zunächst nicht bußgeldbewehrt. Der Aufsichtsbeamte kann aber eine **Duldungsverfügung** erlassen, d. h. eine Anordnung erlassen, wonach die Besichtigung oder Prüfung zu dulden ist. Diese auf § 22 Abs. 3 gestützte Anordnung kann sowohl schriftlich als auch mündlich erfolgen und mit Mitteln des Verwaltungszwangs durchgesetzt werden. Der Arbeitgeber muss also notfalls ein Zwangsgeld zahlen oder mit der Ausübung unmittelbaren Zwangs rechnen, wenn er den Zutritt oder die Prüfung weiter verweigert (im Einzelnen unter Rn. 185 ff.). Der Verstoß gegen eine vollziehbare – d. h. entweder nicht mehr anfechtbare oder für sofort vollziehbar erklärte – Duldungsverfügung ist **bußgeldbewehrt** (§ 25 Abs. 1 Nr. 2 lit. a). Der Arbeitgeber muss deshalb bei Zuwiderhandlung mit dem Erlass eines Bußgeldbescheides rechnen. Die Geldbuße kann bis zu 25 000 € betragen (§ 25 Abs. 2). Weigert sich der Arbeitgeber beharrlich, kann sogar eine **strafbare Handlung** vorliegen: Nach § 26 Nr. 1 wird mit Freiheitsstrafe bis zu einem Jahr oder mit Geldstrafe bestraft, wer eine in § 25 Abs. 1 Nr. 2 lit. a bezeichnete Handlung beharrlich wiederholt. Der Arbeitgeber läuft außerdem Gefahr, je nach Intensität der Weigerung ein Ermittlungsverfahren etwa wegen Widerstandes gegen Vollstreckungsbeamte (§ 113 StGB), Beleidigung (§ 185 StGB) oder Nötigung (§ 240 StGB) zu riskieren.

C. Behördliche Anordnungen (Abs. 3)

Der **Kern** der Befugnisse des § 22 findet sich in Abs. 3 Satz 1 mit seinem Recht 53
für die zuständige Behörde im Einzelfall anzuordnen:
- welche Maßnahmen zu treffen sind, um die sich aus dem ArbSchG oder den auf Grund des Gesetzes erlassenen Rechtsverordnungen ergebenden Pflichten zu erfüllen und/oder
- welche Maßnahmen zur Abwendung einer besonderen Gefahr für Leben und Gesundheit der Beschäftigten

zu treffen sind.). Die Sätze 2 und 3 enthalten schon im (bisher) geltenden Recht vorhandene Bestimmungen über das grundsätzliche Erfordernis der Fristsetzung für eine Anordnung und über die Befugnisse der Überwachungsbehörden bei Fristversäumung (ausführlich unter Rn. 91 ff.). Satz 4 enthält eine Sonderregelung für den öffentlichen Dienst (ausführlich unter Rn. 193 ff.). Anordnungen nach Absatz 3 sind Verwaltungsakte i. S. d. VwVfG.

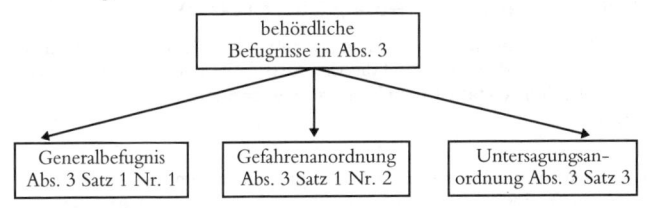

```
              behördliche
          Befugnisse in Abs. 3
         /         |          \
 Generalbefugnis  Gefahrenanordnung  Untersagungsan-
 Abs. 3 Satz 1 Nr. 1  Abs. 3 Satz 1 Nr. 2  ordnung Abs. 3 Satz 3
```

Unberührt bleibt das Recht der Behörde, nach anderen Gesetzen Anordnungen 54
zu treffen. Die Behörde kann daher **zusätzlich** zu einer Anordnung nach § 22 Abs. 3 etwa:
- nach § 17 Abs. 2 ArbZG anordnen, dass der Arbeitnehmerin Z eine Ruhepause von 30 Minuten gewährt werden muss oder
- nach § 51 JArbSchG anordnen, dass der Jugendliche XY am Samstag nicht beschäftigt werden darf.

Ebenso sind **andere Behörden** befugt, zur Abwehr von Gefahren Anordnungen nach anderen Gesetzen zu treffen. Die Bauordnungsbehörden sind nach dem Bauordnungsrecht berechtigt, hinsichtlich der baulichen Anlagen, die zu der Arbeitsstätte gehören, Anordnungen zur Gefahrenabwehr zu treffen (z. B. Art. 63 BayBO). Gleiches gilt für die Immissionsschutzbehörden, deren Anordnungen zur Durchführung des Immissionsschutzrechts auch Maßnahmen zum Schutz der Beschäftigten beinhalten können. Bei **Gefahr im Verzug**, d. h. bei einer Gefahr, bei der nicht bis zum Einschreiten der Arbeitsschutzbehörden gewartet werden kann, sind Polizei und Ordnungsbehörden befugt, Maßnahmen zum Schutz von Beschäftigten in der Arbeitsstätte zu treffen (z. B. Art. 11 BayPAG).

I. Anordnung „im Einzelfall"

Anordnungen nach Absatz 3 sind Verwaltungsakte i. S. d. § 35 VwVfG. Der Be- 55
griff umfasst jede Verfügung, Entscheidung oder andere hoheitliche Maßnahme, die eine Behörde zur Regelung eines Einzelfalls auf dem Gebiet des öffentlichen Rechts trifft und die auf eine unmittelbare Rechtswirkung nach außen gerichtet ist. Eine wichtige Voraussetzung ist daher, dass die Anordnung einen **Einzelfall** re-

gelt. Aus der Sicht der Überwachungsbehörde muss also ein bestimmter Sachverhalt vorliegen, der es aus ihrer Sicht erforderlich macht, eine belastende Verfügung zu erlassen. Ausgeschlossen ist daher eine Anordnung, die dem Betrieb auferlegt, „alle arbeitsschutzrechtlichen Bestimmungen einzuhalten". Nicht zulässig ist auch der Erlass von allgemein verbindlichen Anordnungen, die Ge- oder Verbote für eine unbestimmte Anzahl von Fällen enthalten (Verordnungen).

56 Zulässig ist aber der Erlass einer **Allgemeinverfügung**, d. h. eines Verwaltungsakts, der sich an einen nach allgemeinen Merkmalen bestimmten oder bestimmbaren Personenkreis richtet (§ 35 Satz 2 VwVfG). Auch eine Allgemeinverfügung regelt einen Einzelfall im Sinne der gesetzlichen Bestimmung, nur richtet sie sich an eine Vielzahl von Personen. Der Erlass einer Allgemeinverfügung kann z. B. dann sinnvoll sein, wenn eine Vielzahl von Arbeitnehmern, etwa die Beschäftigten der Abteilung X, eine bestimmte, ihnen nach §§ 15 oder 16 obliegende Pflicht, nicht erfüllt haben.

II. Gefahrenanordnung (Absatz 3 Satz 1 Nr. 2)

57 Nach § 22 Abs. 3 Satz 1 Nr. 2 kann die zuständige Behörde anordnen, welche Maßnahmen der Arbeitgeber und die verantwortlichen Personen zur Abwendung einer **besonderen Gefahr für Leben und Gesundheit** der Beschäftigten zu treffen haben.

58 **1. Anordnungsadressat.** Eine Anordnung zur Abwendung einer Gefahr kann sich nur **gegen den Arbeitgeber** oder die nach § 13 verantwortlichen Personen richten. Das „und" im Gesetzeswortlaut ist alternativ als „oder" zu verstehen. Ein nach § 13 Abs. 1 Nr. 4 und 5, Abs. 2 Verantwortlicher kann nur dann Anordnungsadressat sein, wenn die Erfüllung der Anordnung in seinen Aufgabenbereich fällt. Das kann z. B. der Betriebsleiter für die in dem von ihm geleiteten Betrieb eintretenden Gefahren sein. Gegen sonstige Aufsichtsorgane können Anordnungen nicht erlassen werden. Eine Gefahrenanordnung gegenüber Beschäftigten oder Dritten ist ebenfalls nicht zulässig. Gibt es mehrere mögliche Anordnungsadressaten, kann die Behörde grundsätzlich frei wählen, gegenüber wem sie die Anordnung erläßt (*VG München* Urt. v. 16.3.2012 – M 16 K 11.5809; *Wiebauer* in Landmann/Rohmer, ArbSchG § 22 Rn. 47).

59 Der Arbeitgeber ist auch dann Anordnungsadressat, wenn die Behörde während einer Revision **sonstige Aufsichtspersonen** auffordert, bestimmte Arbeitsschutzmaßnahmen für den Arbeitgeber zu treffen. Die Anordnung, die grundsätzlich ein Verwaltungsakt ist, wird durch die **Bekanntgabe** an die Aufsichtsperson als Vertreter des Arbeitgebers diesem gegenüber wirksam. Einer förmlichen Zustellung bedarf es nicht. In Betracht kommt diese Möglichkeit, wenn wegen Gefahr im Verzug zum Schutz der Beschäftigten schnell eine Maßnahme getroffen werden muss.

60 Eine Anordnung nach § 22 Abs. 3 Nr. 2 gegen einen **Beschäftigten** ist auch bei Gefahr im Verzug nicht zulässig. Allerdings sind die Arbeitsschutzbehörden dann befugt, nach Sicherheits- und Ordnungsrecht (z. B. Art. 7 BayLStVG) Anordnungen gegenüber einem Beschäftigten oder anderen zu schützenden Personen zu treffen, wenn Anordnungen gegenüber dem Arbeitgeber die Gefahr nicht rechtzeitig beseitigen würden. Denkbar ist ein solcher Fall z. B. gegenüber den Beschäftigten auf einem Baugerüst mit erheblicher Absturzgefahr. Allerdings ist auch die Zuständigkeit anderer Behörden zu beachten (z. B. Umweltbehörden).

2. Anordnungsinhalt. Die Behörde kann im Rahmen der Gefahrenanordnung alle Maßnahmen anordnen, die zur Abwendung der **besonderen Gefahr** erforderlich sind. Es muss sich nicht um Pflichtverletzungen des Arbeitgebers oder der verantwortlichen Personen handeln, die ihre Ursache in der Nichterfüllung von Arbeitsschutzpflichten haben. Es genügt das Vorliegen einer besonderen Gefahr für Leben und Gesundheit der Beschäftigten, unerheblich, auf welchen Rechtsmaterien die Gefahr beruht oder ob überhaupt gegen eine Bestimmung verstoßen wurde. 61

a) Bestimmtheit der Anordnung. Die zu treffenden Maßnahmen müssen **inhaltlich hinreichend bestimmt**, d. h. klar, verständlich und in sich widerspruchsfrei gefasst sein (§ 37 VwVfG). Bestimmt ist eine Anordnung, wenn der Entscheidungsinhalt für den Adressaten nach Art und Umfang aus sich heraus **erkennbar** und **verständlich** ist (*BVerwG* NVwZ 1990, 885). Der Adressat muss also genau erkennen, was von ihm gefordert wird. Es genügt nicht, das Geforderte nur allgemein zu umschreiben, sondern es muss entweder: 62
– das zu erreichende Ziel oder
– es muss die zu treffende Maßnahme i. e.
angegeben werden.

Nicht ausreichend wäre somit eine Anordnung, die dem Arbeitgeber auferlegt, alle Gefährdungen bei Arbeiten auf dem Gerüst zu vermeiden. Der Überwachungsbeamte müsste vielmehr anordnen, z. B. das Gerüst so gestalten, dass die Beschäftigten gegen Absturz gesichert sind **(Festlegung des Ziels)** oder Auffangsicherungen entsprechend der Unfallverhütungsvorschrift anzubringen **(Beschreibung der Einzelmaßnahme).** Nicht erforderlich ist es, dass der wesentliche Inhalt der Regelung in einem Entscheidungssatz zusammengefasst ist, der alle wesentlichen Punkte vollständig wiedergibt. Vielmehr genügt es, dass aus dem gesamten Inhalt des Verwaltungsaktes und aus dem gesamten Zusammenhang (z. B. Begründung, den Beteiligten bekannte nähere Umstände etc.) hinreichend Klarheit über das Gewollte gewonnen werden kann (näher *Kopp/Ramsauer*, § 37 Rn. 8ff.). 63

Der Grundsatz der Bestimmtheit erfordert, dass bei einer Überprüfung der Anordnung im Verwaltungsverfahren für die **Gerichte** feststellbar bleibt, ob der Adressat seinen Verpflichtungen nachgekommen ist oder nicht (*OVG Münster* GewArch 1979, 60). Den Grad der Bestimmtheit lassen die Verwaltungsverfahrensgesetze aber offen, indem sie hinreichende Bestimmtheit fordern. Damit erhalten die Behörden Raum für eine dem **Einzelfall angepasste Ausgestaltung** der Anordnung. Bei der Festlegung des Ziels kann beispielsweise die Wahl des Mittel dem Adressaten überlassen werden. Dass ein solcher Verwaltungsakt nur mit Einschränkungen vollziehbar sein mag, berührt nicht die Rechtmäßigkeit der Anordnung (*BVerwG* GewArch 1983, 339, 340, s. a. *OVG Münster* GewArch 1979, 60). Es gibt Fälle, in denen sich eine solche nur das Ziel angebende Anordnung als sehr sinnvoll oder sogar unumgänglich erweist, z. B. wenn die Behörde nicht in der Lage ist, Ausmaß und Umfang der Gefahr zu beurteilen. Sie könnte dementsprechend die konkreten Maßnahmen zur Beseitigung der Gefahrensituation gar nicht festlegen. Ebenso kann es sich als sachgerechter erweisen, dem Arbeitgeber die Auswahl der konkreten Mittel zu überlassen. Die Behörde ist auch verpflichtet, ein vom Arbeitgeber benanntes gleich effektives Austausch- oder Ersatzmittel zu gestatten, auch wenn sie in ihrer Anordnung ein konkretes Mittel benannt hat (*BVerwG* NVwZ 1997, 498). 64

b) Durchführbarkeit der Anordnung. Die Behörde darf nur das anordnen, was **technisch durchführbar** ist. Eine Anordnung, die technisch nicht realisierbar 65

ArbSchG § 22

ist, wäre durch den Adressaten nicht erfüllbar. Von der technischen Durchführbarkeit hat sich die Behörde zu überzeugen. Unzulässig wegen **Unmöglichkeit** ist eine Anordnung nur dann, wenn niemand die Forderung erfüllen könnte (objektive Unmöglichkeit). Bloßes subjektives Unvermögen beeinträchtigt die Rechtmäßigkeit der Anordnung nicht (*BVerwGE* 40, 101, 103).

66 Grundsätzlich darf eine Behörde auch nur das anordnen, was **rechtlich durchführbar** ist. Häufig treten Probleme auf, wenn dem Arbeitgeber die Arbeitsstätte nur im Rahmen eines **Miet- oder Pachtverhältnisses** überlassen ist, er also nicht Eigentümer der Räumlichkeiten ist. Verantwortlich für den arbeitsschutzrechtlich einwandfreien Zustand der Arbeitsstätte ist aber der Arbeitgeber. Er hat die für die Einhaltung der arbeitsschutzrechtlichen Vorschriften notwendigen Maßnahmen zu treffen. Er ist deshalb auch dann Adressat von Anordnungen nach Absatz 3, wenn Mängel im baulichen Bereich auftreten, die er im Rahmen seines Miet- oder Pachtverhältnisses nicht selbst beseitigen darf (z. B. Raumhöhe, Einbau einer Lüftungsanlage, die einen Eingriff in die Bausubstanz erfordert). Eine Anordnung ist rechtlich dann nicht unmöglich, wenn unter Berücksichtigung des vertraglichen Miet- oder Pachtzwecks der Arbeitgeber gegenüber dem Vermieter oder Verpächter einen Anspruch darauf hat, dass ihm die Zustimmung zu den baulichen Maßnahmen erteilt wird und der Arbeitgeber in die Lage versetzt wird, die Arbeitsstätte vertragsgemäß zu nutzen (*BVerwG* GewArch 1983, 339). Erteilt der Vermieter oder Verpächter seine **Zustimmung** nicht, hat nur der Arbeitgeber die Möglichkeit, zivilrechtlich gegen ihn vorzugehen. Eine Anordnung der Überwachungsbehörde gegen den Vermieter oder Verpächter, die Beseitigung der Mängel zu dulden, ist nicht zulässig (str.). Im Regelfall ebenso unzulässig dürfte es sein, eine Duldungsverfügung auf Grund von § 22 Abs. 3 gegen einen Dritten, z. B. den Eigentümer, zu erlassen. Wenn im Einzelfall der Eingriff in die Bausubstanz ausscheidet (z. B. weil im Mietvertrag eine Zustimmung zu baulichen Änderungen ausdrücklich ausgeschlossen ist), muss die Behörde Anordnungen erlassen, die **Betriebsregelungen** enthalten (*Nöthlichs*, Nr. 4052, S. 23). Denkbar wäre beispielsweise die Untersagung der Beschäftigung in einem bestimmten Arbeitsraum, solange nicht ausreichend zuträgliche Atemluft vorhanden ist.

67 Auch eine Duldungsverfügung ist auf Grund § 22 Abs. 3 **gegen** einen **Dritten**, etwa den Eigentümer der Arbeitsstätte, wohl nicht möglich, da die Adressaten der Anordnung in der Bestimmung klar und abschließend aufgeführt sind. Bei Vorliegen einer **erheblichen Gefahr** könnte aber eine Anordnung nach dem Sicherheits- und Ordnungsrecht in Betracht kommen (→ Rn. 60).

68 c) **Vorliegen einer „besonderen Gefahr".** Eine Anordnung nach § 22 Abs. 3 Satz 1 Nr. 2 darf nur getroffen werden, wenn sie zur Abwendung einer **besonderen Gefahr** für Leben und Gesundheit der Beschäftigten erforderlich ist. Der Begriff der **Gefahr** ist dem allgemeinen Polizei- und Ordnungsrecht entnommen (vgl. zum Begriff der Gefahr amtliche Begründung zu § 4). Danach stellt eine Situation dann eine Gefahr dar, wenn sie nach allgemeiner Lebenserfahrung bei ungehindertem Ablauf mit Sicherheit oder mit hinreichender Wahrscheinlichkeit zum Eintritt einer Störung für die öffentliche Sicherheit, insbesondere eines Schadens führt. Es muss also eine auf Grund objektiver Beurteilung gegebene konkrete Gefahrenlage vorliegen (*BVerwG* NJW 1970, 1890 mit umfangreichen Ausführungen zum Begriff der Gefahr im Wasserrecht).

69 Eine Störung für die **öffentliche Sicherheit** liegt schon dann vor, wenn Vorschriften des öffentlichen Rechts verletzt werden. In Betracht kommen z. B. Vorschriften des ArbSchG und der auf ihm basierenden Rechtsverordnungen oder auch anderer Gesetze wie z. B. des MuSchG. Die Gefahr muss ihre Ursache nicht unbedingt in der Nichterfüllung von Arbeitsschutzvorschriften haben.

Es reicht aber nicht jede Gefahr aus, es muss eine **besondere** Gefahr vorliegen, 70 um eine Anordnung nach Abs. 3 Nr. 2 zu rechtfertigen. Jede normale Pflichtverletzung oder eine Gefahr, die lediglich zu Bagatellschäden führt, reicht nicht aus. Der Verstoß gegen bloße Ordnungsvorschriften, der zu keiner Gefahr für Leben oder Gesundheit der Beschäftigten führt, genügt nicht (z. B. der Verstoß gegen das Auslegen aushangpflichtiger Gesetze). Es muss vielmehr eine Sachlage gegeben sein, die zu einer tatsächlichen wesentlichen Gesundheitsbeeinträchtigung der Beschäftigten führen kann.

Es muss also eine Gefahr für die Beschäftigten vorliegen, nicht nur eine bloße 71 Gesundheitsgefährdung. **Gesundheitsgefährdung** bezeichnet im Gegensatz zur Gefahr die Möglichkeit eines Schadens oder einer gesundheitlichen Beeinträchtigung ohne bestimmte Anforderungen an deren Ausmaß oder Eintrittswahrscheinlichkeit. Der Regierungsentwurf zum ArbSchG bezeichnet als quantitative Größe für eine Gefährdung „das Risiko als Produkt aus Eintrittswahrscheinlichkeit und Ausmaß des möglichen Schadens" (BT-Drs. 13/3540, S. 16). Gefahr in dem zuvor beschriebenen Sinne lässt sich dann als nicht mehr akzeptables Risiko beschreiben.

Wie groß die besondere Gefahr sein muss, um eine Anordnung nach Nr. 2 zu 72 rechtfertigen, hängt von der **Schwere der möglichen Folgen** ab. Je schwerwiegender die möglichen Folgen für Leben und Gesundheit der Beschäftigten sind, desto geringere Anforderungen wird man an das Vorliegen der besonderen Gefahr stellen. Die Gefahr braucht auch nicht unmittelbar bevorzustehen. Nach einer Entscheidung des BVerwG ist es ausreichend, wenn der zu erwartende Schaden in ferner, wenn auch überschaubarer Zukunft liegt (BVerwG NJW 1970, 1890). Eine nicht zu unterschätzende Gefährdungsursache sind Abstimmungsprobleme beim Einsatz von **Fremdarbeitnehmern,** vgl. § 8 Abs. 1 und 2.

Zu den besonderen Gefahren wird man Gefahren zählen können, die durch 73 Brände, Explosionen oder andere Katastrophen ausgelöst werden, von benachbarten Betrieben ausgehen oder durch Dritte, z. B. Kunden verursacht wurden. Ein **Verschulden** des Arbeitgebers oder der i. S. v. § 13 verantwortlichen Personen am Eintritt der Sachlage, die eine Gefahr verursacht hat, ist nicht erforderlich.

III. Generalbefugnis (Abs. 3 Satz 1 Nr. 1)

Nach § 22 Abs. 3 Satz 1 Nr. 1 kann die zuständige Behörde im Einzelfall anord- 74 nen, welche Maßnahmen der Arbeitgeber, die verantwortlichen Personen oder die Beschäftigten zur Erfüllung der Pflichten, die sich aus dem ArbSchG oder den auf Grund des ArbSchG erlassenen Rechtsverordnungen ergeben, zu treffen haben.

1. Anordnungsadressat. Maßnahmen nach Nr. 1 können sowohl gegenüber 75 dem **Arbeitgeber,** den nach § 13 verantwortlichen Personen als auch gegenüber den **Beschäftigten** angeordnet werden. Das bedeutet aber nicht, dass die Behörde frei wählen kann, wem gegenüber sie die Anordnung trifft. Maßgeblich ist immer, wem die Pflicht obliegt, gegen die verstoßen wurde. Die Behörde kann z. B. nicht die Unterweisung der Beschäftigten über Sicherheit und Gesundheitsschutz bei der Arbeit (§ 12) von einem Arbeitnehmer verlangen. Adressat einer Anordnung nach Nr. 1 ist daher immer derjenige, der in der Vorschrift, gegen die verstoßen wurde, **als Verpflichteter genannt** wird. Beispiele sind:

ArbSchG § 22 — Arbeitsschutzgesetz

- § 18 „Der Arbeitgeber hat ... zu unterweisen."
- § 15 „Die Beschäftigten sind verpflichtet ..."

Ist als Verpflichteter der Arbeitgeber genannt, kann sich die Anordnung ebenso an die nach § 13 verantwortlichen Personen richten.

76 **2. Anordnungsinhalt.** Nach der Nr. 1 können alle Maßnahmen angeordnet werden, die zur Erfüllung der sich aus dem ArbSchG und der auf Grund des Gesetzes erlassenen Rechtsverordnungen zu treffen sind. Das Vorliegen einer besonderen Gefahr für Leben und Gesundheit der Beschäftigten ist nicht erforderlich (so auch *VG Regensburg* Urt. v. 8.7.2014 – RO 5 K 14.495). Nr. 1 ist daher eine **Generalklausel** zur Beseitigung aller bevorstehenden oder andauernder Verstöße gegen das ArbSchG und der darauf beruhenden Rechtsverordnungen (so *Kollmer,* Rn. 288). Aufgrund der Nr. 1 können aber keine Anordnungen getroffen werden, welche die Beseitigung von **Verstößen gegen andere Rechtsvorschriften** zum Inhalt haben.

77 **Gegenstand einer entsprechenden Anordnung** können beispielsweise Maßnahmen zur Durchsetzung der Arbeitgeberpflichten nach §§ 3 bis 14 und der Pflichten der Beschäftigten nach §§ 15 bis 17 sein. Maßgeblich für den Inhalt der Anordnung ist der Inhalt der entsprechenden Arbeitsschutzvorschrift. Beinhaltet die Arbeitsschutzpflicht ein Gebot, so darf die Behörde mit der Anordnung kein Verbot aussprechen. Beispiele für Anordnungen nach Nr. 1 sind:
- Anordnung der effektiveren Zusammenarbeit mehrerer Arbeitgeber bei der Durchführung von Sicherheits- und Gesundheitsbestimmungen;
- Anordnung, einem Beschäftigten eine arbeitsmedizinische Untersuchung zu ermöglichen;
- Anordnung der Durchführung einer Gefährdungsanalyse;
- Anordnung, die Beschäftigten des öffentlichen Dienstes über Gefahren in ihrem Arbeitsbereich zu unterrichten;
- Anordnung an einen Beschäftigten, die persönliche Schutzausrüstung zu benutzen;
- Anordnung der Erstellung einer Dokumentation.
- Unerheblich ist, warum der Arbeitgeber oder der Beschäftigte gegen die entsprechende Arbeitsschutzvorschrift verstoßen hat oder ob ihn ein **Verschulden** (Vorsatz oder Fahrlässigkeit) an der Nichteinhaltung trifft.

78 Zulässig ist eine sog. **Ermittlungsanordnung.** Dem Adressaten (hier i.d.R. der Arbeitgeber) wird aufgegeben, die Maßnahmen zu ermitteln und nachzuweisen, die geeignet und erforderlich sind, den von der Behörde festgestellten Mangel zu beheben bzw. den von der Behörde geforderten Zustand herzustellen (so auch *Kollmer* in Landmann/Rohmer, § 22 ArbSchG Rn. 44). Vollzugsfähig ist in diesem Fall zunächst nur die angeordnete Ermittlungsmaßnahme (z.B. die Einholung eines Sachverständigengutachtens). Liegt dann das Ergebnis der Ermittlung vor, kann die Behörde auf Grund dessen weitere konkrete Maßnahmen anordnen. Eine Ermittlungsanordnung darf aber nur unter engen Voraussetzungen erlassen werden. Insbesondere darf sich die zuständige Behörde nicht dadurch lediglich ihre Aufsichtstätigkeit erleichtern. Unzulässig ist eine Ermittlungsanordnung daher, wenn dadurch
- erst festgestellt werden soll, ob überhaupt eine Pflichtverletzung vorliegt, die eine Anordnung rechtfertigen würde oder
- wenn durch die Ermittlungsanordnung lediglich die Kosten des Sachverständigengutachtens auf den Arbeitgeber abgewälzt werden sollen.

Befugnisse der zuständigen Behörden § 22 ArbSchG

Zivilrechtliche oder arbeitsrechtliche Ansprüche zwischen Arbeitnehmer und Arbeitgeber können nicht Gegenstand einer Anordnung der Arbeitsschutzbehörde sein. Zivilrechtliche Streitigkeiten sind vor den Zivilgerichten, arbeitsrechtliche Streitigkeiten vor den Arbeitsgerichten auszutragen. Die Behörde darf daher z. B. nicht anordnen, dass der Arbeitslohn für die Beschäftigten trotz Beschäftigungsverbot zu entrichten ist. 79

IV. Ermessen der Behörde

Nach § 22 Abs. 3 kann die Behörde im Einzelfall Anordnungen treffen, wenn die tatbestandlichen Voraussetzungen für den Erlass einer Anordnung vorliegen (**Ermessen**). Damit ist der Behörde die Entscheidungsfreiheit darüber eingeräumt, ob sie eine Anordnung trifft (**Entschließungsermessen**) oder wenn ja, welche Maßnahmen sie anordnet (**Auswahlermessen**). Dies gilt nur dann nicht, wenn: 80
– die Behörde auf Grund von Rechtsvorschriften verpflichtet ist zu handeln oder ein Handeln zu unterlassen (§ 22 VwVfG) oder
– jede andere als die in Betracht kommende Maßnahme nicht ausreichend und damit rechtswidrig wäre (**Ermessensreduzierung auf Null**).
Letzteres liegt z. B. vor, wenn ein Arbeitnehmer sich weigert, bestimmte Schutzmaßnahmen einzuhalten und dadurch sowohl sich als auch andere Beschäftigte erheblich gefährdet.

1. Allgemeines. Die Einräumung dieser Entscheidungsfreiheit widerspricht nicht dem **Rechtsstaatsprinzip**. Danach muss der Einzelne wissen, inwieweit die Verwaltung in seinen Rechtskreis eingreifen darf. Das Rechtsstaatsprinzip fordert aber weder, dass der Gesetzgeber die Verwaltung bindet, den möglichen Eingriff immer zu vollziehen, noch dass der Gesetzgeber tatbestandsmäßig immer ganz genau umreißt, wann die Verwaltung von einem zulässigen, nach Tatbestand und Rechtsfolge genau geregelten Eingriff Abstand nehmen darf (*BVerfGE* 9, 137). Maßgeblich ist vielmehr, ob das, wozu die Behörde ermächtigt wird, ausreichend **klar umschrieben** ist. Diese Voraussetzung erfüllt § 22 Abs. 3. 81

§ 40 VwVfG bestimmt zur Ermessensausübung: 82

Ist die Behörde ermächtigt, nach ihrem Ermessen zu handeln, hat sie ihr Ermessen entsprechend dem Zweck der Ermächtigung auszuüben und die gesetzlichen Grenzen des Ermessens einzuhalten.

Die **gesetzlichen Grenzen** des Ermessens werden im Wesentlichen durch:
– das Prinzip der **Gleichbehandlung** (Art. 3 GG),
– die Selbstbindung der Verwaltung,
– eine ordnungsgemäße **Güterabwägung,**
– **Erforderlichkeit** (Geeignetheit und Notwendigkeit) und
– den **Grundsatz der Verhältnismäßigkeit der Mittel** (Gebot des mildesten Mittels, Übermaßverbot)
bestimmt.

Ein Beispiel für die Berechtigung eines weiten Ermessensspielraumes der Behörde sind Maßnahmen im Bereich des **Mobbing**. Eine Befugnis der Behörde konkret in den Betriebsablauf dadurch einzugreifen, dass sie einzelne Maßnahmen zur menschengerechten Gestaltung der Arbeit nach § 3 Abs. 1 und § 2 Abs. 1 anordnet, wie z. B. die Umsetzung des Gemobbten oder des Mobbers, wird man wohl ablehnen müssen. Genaue Anordnungen, die rechtlich erfüllbar und verhältnismäßig wären, werden der Behörde aber in der Praxis Probleme bereiten, da sie

ArbSchG § 22 Arbeitsschutzgesetz

nicht in der Lage ist, alle Einzelheiten des Konflikts zu durchschauen und eine ermessensgerechte Lösung zu finden. Sollte ein Revisionsschreiben (vgl. Rn. 84) keine Abhilfe schaffen, ist ein Bescheid zu Lasten des Arbeitgebers denkbar, in dem das Ziel der Verpflichtung (menschengerechte Gestaltung des Arbeitsplatzes des Gemobbten) festgelegt wird, die Wahl des Mittels (z. B. Umsetzung des Gemobbten oder des Mobbers) aber dem Arbeitgeber überlassen wird (vgl. dazu ausführlich *Kollmer in* Oehmann/Dieterich, SD 1215 (Mobbing im Arbeitsverhältnis), Rn. 105 f.).

83 **2. Erforderlichkeit einer Anordnung.** Bei Anordnungen oder Untersagungen nach Absatz 3 hat die Behörde unter Beachtung dieser Grundsätze zu entscheiden:
– ob der **Erlass** einer Anordnung oder Untersagung geboten ist, und wenn ja,
– **welche** von möglicherweise mehreren in Betracht kommenden Maßnahmen angeordnet werden soll und ggf. schließlich
– an welchen **Adressaten** sich die Anordnung richten soll.

Bei **mehreren** in Betracht kommenden **Adressaten** kann die Behörde zwar grundsätzlich frei wählen, an wen sie die Anordnung richtet (so auch *VG München* Urt. v. 19.3.2012 – M 16 K 11.5809).

84 Der Beamte muss sich also zunächst überlegen, **ob** der Erlass einer Anordnung überhaupt geboten ist. Er kann z. B. auf eine Anordnung verzichten, wenn der Arbeitgeber glaubhaft versichert, er werde einen bestimmten Missstand von sich aus beseitigen (auch *Kollmer,* Rn. 289). Ausreichend wäre in diesem Fall entweder eine mündliche Absprache, ein Hinweis oder ein sog. **Revisionsschreiben** (Besichtigungsschreiben). In einem solchen Schreiben fasst der Beamte nach der Besichtigung alle festgestellten Mängel und die zu ihrer Beseitigung erforderlichen Maßnahmen zusammen und ersucht um Durchführung der Maßnahmen innerhalb einer bestimmten Frist. Es handelt sich um eine rechtlich unverbindliche Ergebnisniederschrift der Besichtigung. Eine solche Vorgehensweise hat den Vorteil, dass die beratende Tätigkeit der Arbeitsschutzbehörden gegenüber ihrer Aufgabe als Überwachungsbehörde in den Vordergrund rückt und so die vertrauensvolle Zusammenarbeit zwischen Behörde und Betrieben gestärkt wird. Bei erheblichen oder sogar gefährlichen Mängeln scheidet ein Revisionsschreiben aus. Auf eine Anordnung kann i. d. R. ebenfalls nicht verzichtet werden, wenn der Arbeitgeber in der Vergangenheit bereits mehrfach Zusagen gebrochen hat.

85 **3. Verhältnismäßigkeitsgrundsatz.** Hält die Behörde den Erlass einer Anordnung für den richtigen Weg, so muss diese dem **Verhältnismäßigkeitsgrundsatz** entsprechen. Das bedeutet, dass die angeordnete Maßnahme erforderlich sein muss, d. h. lediglich nützliche oder zweckmäßige Maßnahmen scheiden aus. „Erforderlich" bedeutet zum einen, dass eine konkrete Gefahr oder Pflichtverletzung vorliegt, die mit Hilfe der Anordnung beseitigt werden soll. In verfassungsrechtlicher Hinsicht ist die Erforderlichkeit am Grundsatz der Verhältnismäßigkeit zu messen. Das heißt:
– die Maßnahme muss zur Erreichung des angestrebten Ziels geeignet sein (Gebot der **Geeignetheit des Mittels**);
– sie muss erforderlich sein, d. h. das Ziel darf nicht durch ein anderes, weniger belastendes Mittel ebenso erreichbar sein (Prinzip des **geringstmöglichen Eingriffs**) und

Befugnisse der zuständigen Behörden   § 22 ArbSchG

– das Verhältnis zwischen Zweck und Mittel muss angemessen sein, d. h. die Maßnahme darf keinen Nachteil herbeiführen, der erkennbar außer Verhältnis zu dem beabsichtigten Erfolg steht (Grundsatz der **Verhältnismäßigkeit im engeren Sinne**).

Die konkrete Umsetzung des Verhältnismäßigkeitsgrundsatzes hängt für die Behörde davon ab, ob sie durch Rechts- oder Verwaltungsvorschrift bereits **konkretisierte Anforderungen** durchsetzt oder ob sie in Rechts- oder Verwaltungsvorschriften nur allgemein umrissene Pflichten erstmals konkretisiert. Es sind also andere Anforderungen an die Ausübung des Ermessens zu stellen, wenn die Behörde z. B. bereits in der Arbeitsstättenverordnung festgelegte Raumhöhen durchsetzen möchte als wenn sie anordnet, dass der Arbeitgeber für geeignete Organisation zu sorgen hat. 86

Sind die Pflichten bzw. Anforderungen, welche die Behörde durchsetzen möchte, bereits in einem Gesetz oder einer **Verwaltungsvorschrift** konkret festgelegt (z. B. höchstzulässige Arbeitszeiten im ArbZG) braucht die Behörde die Verhältnismäßigkeit nur eingeschränkt zu prüfen. Denn man kann davon ausgehen, dass der Normgeber bereits bei der Festlegung der konkreten Werte oder Maßnahmen den Verhältnismäßigkeitsgrundsatz umfassend berücksichtigt hat. Sind in einer Rechtsnorm Alternativen oder Ausnahmemöglichkeiten vorgesehen, darf nur unter den dafür geltenden Voraussetzungen von den generellen Anforderungen abgewichen werden (vgl. *Nöthlichs*, Nr. 4052, S. 23). 87

Auch wenn die Rechtsvorschrift nur das **konkrete Ziel** vorgibt, ist lediglich eine eingeschränkte Verhältnismäßigkeitsprüfung notwendig. Bestimmt das Gesetz z. B. die Pflicht mehrerer Arbeitgeber zusammenzuarbeiten, wenn Beschäftigte mehrerer Arbeitgeber an einem Arbeitsplatz tätig sind (§ 8 ArbSchG), braucht der Beamte nicht mehr abzuwägen, ob eine solche Zusammenarbeit grundsätzlich erforderlich ist. Diese Erforderlichkeitsprüfung ist bereits **durch den Gesetzgeber** erfolgt. Allerdings muss der Beamte dann, wenn er für die Erreichung des Zieles ein bestimmtes Mittel vorschreibt, den Verhältnismäßigkeitsgrundsatz beachten. 88

Wenn im Gesetz nur **allgemein umrissene Pflichten** durch eine **Verwaltungsvorschrift** konkretisiert werden, braucht der Überwachungsbeamte die Verhältnismäßigkeitsprüfung ebenfalls nur eingeschränkt zu prüfen. Ebenso wie bei konkreten Vorgaben im Gesetz oder in Verordnungen kann davon ausgegangen werden, dass bei Erlass der Verwaltungsvorschrift die für die Verhältnismäßigkeit maßgeblichen Gesichtspunkte bereits geprüft und berücksichtigt wurden. Das Gleiche gilt für ermessenslenkende Verwaltungsvorschriften. 89

Soweit Verwaltungsvorschriften zu einzelnen Gesetzen und Verordnungen bestehen, hat der Beamte dennoch eine Verhältnismäßigkeitsprüfung vornehmen. Eine Verwaltungsvorschrift regelt nämlich immer nur **typische Sachverhalte** und kann daher auch nur diese in die bei ihrem Erlass erfolgte Verhältnismäßigkeitsprüfung einbeziehen und berücksichtigen. Liegen **atypische** Sachverhalte vor oder weicht ein ansonsten typischer Sachverhalt in bestimmten Punkte von dem Normalfall ab, entfaltet die Verwaltungsvorschrift **keine Bindungswirkung** mehr. Der Vorschriftengeber kann in der Verwaltungsvorschrift nämlich nur eine generelle Betrachtung der für die Verhältnismäßigkeit maßgeblichen Gesichtspunkte vornehmen. 90

Kunz

ArbSchG § 22

V. Ausführungsfrist (Abs. 3 Satz 2)

91 § 22 Abs. 3 Satz 2 bestimmt, dass die Behörde – außer bei Gefahr im Verzug – zur Ausführung der Anordnung eine angemessene Frist zu setzen hat. Die Behörde hat hinsichtlich der Frage, ob eine Frist gewährt wird oder nicht, **keinen Ermessensspielraum** („hat zu gewähren"). Sie muss eine Frist gewähren, wenn keine Gefahr im Verzug vorliegt.

92 **1. „Gefahr im Verzug".** Unter „Gefahr im Verzug" versteht man eine Gefahr, die **unmittelbar bevorsteht** oder **drohend** ist. Es muss sich um eine konkrete Gefahr handeln, d. h. es muss der Eintritt eines unmittelbar bevorstehenden Schadens für wichtige Rechtsgüter drohen. Dies ist z. B. bei einer drohenden Gefahr für das Leben oder die Gesundheit der Arbeitnehmer der Fall. Ob Gefahr im Verzug vorgelegen hat, ist gerichtlich voll überprüfbar. Denkbar ist ein Fall von Gefahr im Verzug z. B. bei Dachdeckerarbeiten ohne Auffangsicherung. In diesem Fall würde der Beschäftigte Gefahr laufen, abzustürzen und sich dabei schwer zu verletzen. Hier wäre eine Fristsetzung entbehrlich.

93 Liegt Gefahr im Verzug vor, hat die Behörde ohne Aufschub die erforderliche Anordnung zu erlassen. Sie wird anordnen, dass die Maßnahme **sofort durchzuführen** ist, um eine Gefahr für die Beschäftigten auszuschließen. Außerdem wird sie i. d. R. auch die sofortige Vollziehung nach § 80 Abs. 2 Nr. 4 VwGO anordnen. Dies hat zur Konsequenz, dass ein möglicher Widerspruch keine aufschiebende Wirkung entfaltet (dazu unter Rn. 160).

94 **2. Angemessene Frist.** Die Behörde hat also eine angemessene Frist einzuräumen, wenn nach der Sachlage bei ungehindertem Ablauf des objektiv zu erwartenden Geschehens mit hinreichender Wahrscheinlichkeit ein **Schaden für Leben oder Gesundheit** der Arbeitnehmer innerhalb der Frist ausgeschlossen ist.

95 Welche Frist als angemessen bezeichnet werden kann, lässt sich nicht verallgemeinern. Maßgeblich sind die **jeweiligen Umstände des Einzelfalls**, insbesondere Art und Umfang der angeordneten Maßnahmen. Eine wichtige Rolle spielt, ob der Arbeitgeber zur Erfüllung der gestellten Forderungen eigenes Personal einsetzen und damit freier disponieren kann als es ihm bei Durchführung der notwendigen Arbeiten durch einen beauftragten Dritten möglich wäre. Ist für die Auftragserteilung eine Ausschreibung notwendig, muss der Beamte dies bei der Fristsetzung berücksichtigen. Einfluss auf die Fristberechnung haben ferner Art und Intensität der Gefahrensituationen, auf die sich die angeordneten Maßnahmen beziehen. Je unwahrscheinlicher in absehbarer Zeit ein **Schadenseintritt** ist, desto großzügiger kann die Frist bemessen werden. Je wahrscheinlicher in naher Zukunft ein Schaden ist oder je schwerer dieser Schaden wiegen kann, desto kürzer wird die Frist ausfallen müssen.

96 Erweist sich die gewährte Frist als **zu kurz**, kann der Anordnungsadressat bei der Behörde Fristverlängerung beantragen. Der Unternehmer muss dazu stichhaltige Gründe vortragen. Auf Verlangen der Behörde hat er diese auch nachzuweisen. Liegen stichhaltige Gründe vor und ist nicht zu befürchten, dass innerhalb einer weiteren Frist mit einem Schaden gerechnet werden muss, muss die Behörde einem Fristverlängerungsantrag grundsätzlich stattgeben.

97 Dies bedeutet aber nicht, dass laufend Fristverlängerungsanträge bewilligt werden müssen, nur weil nicht unmittelbar mit einem Schadenseintritt zu rechnen ist. In der Regel reicht eine **einmalige Verlängerung der Frist** aus. An weitere Verlängerungsanträge werden dann erhöhte Anforderungen zu stellen sein.

Die Fristsetzung ist nicht deshalb unwirksam, weil die Behörde von vornherein 98
eine **zu kurze** Frist setzt, innerhalb derer die Maßnahme nicht durchgeführt werden kann. Allerdings muss in diesem Fall einem Verlängerungsantrag zugestimmt werden. Die zu kurze Frist beeinträchtigt auch nicht die Rechtmäßigkeit der Anordnung (*VGH Mannheim* NVwZ 1984, 434).

VI. Untersagungsanordnung (Abs. 3 Satz 3)

Kommt der Arbeitgeber der Anordnung nicht fristgerecht nach, so kann die Behörde: 99
– die von der Anordnung betroffene Arbeit oder
– die Verwendung der von der Anordnung betroffenen Arbeitsmittel oder
– den Betrieb derselben
untersagen. **Nicht fristgerecht** bedeutet entweder:
– nicht innerhalb der gesetzten Frist oder
– bei für sofort vollziehbar erklärten Anordnungen nicht sofort.

Die von der Anordnung betroffene Arbeit kann auch ein Arbeitsverfahren oder 100
ein bestimmter Arbeitsablauf sein. Eine Untersagungsanordnung scheidet aus, wenn auch bei nicht fristgerechter Durchführung i. d. R. nicht mit einer Gefahrensituation gerechnet werden braucht. **Nicht erfasst** von § 22 Abs. 3 Satz 3 werden daher Anordnungen, die auf die Erfüllung von Verpflichtungen des Arbeitgebers nach § 3 Abs. 2 (Arbeitsschutzorganisation, Bereitstellung von Mitteln) oder § 6 (Dokumentation) gerichtet sind. Die Untersagungsanordnung ist von den behördlichen Befugnissen eine derjenigen, die den Arbeitgeber am **stärksten belasten** kann. Sie eröffnet der Behörde die Möglichkeit, bei entsprechender Gefährdung der Beschäftigten z. B. Betriebsmittel stillzulegen, die für die wirtschaftliche Grundlage des Unternehmens von großer Bedeutung sind.

Adressat der Anordnung sind der Arbeitgeber und die nach § 13 verantwortli- 101
chen Personen. Dies gilt auch dann, wenn sich die nicht fristgerecht durchgeführte Anordnung nach der Generalbefugnis von Absatz 3 Satz 1 Nr. 1 gegen einen Beschäftigten gerichtet hat. Weigert sich dieser z. B. bestimmte Schutzvorrichtungen zu verwenden, ist die Untersagung, das entsprechende Betriebsmittel zu verwenden, trotzdem an den Arbeitgeber zu richten. Allerdings wird in einem solchen Fall der Verhältnismäßigkeitsgrundsatz besonders genau zu prüfen sein. Insbesondere sollte dem Arbeitgeber vor Erlass einer entsprechenden Untersagungsanordnung die Möglichkeit gegeben werden, im Rahmen seines **Weisungsrechts** auf den Beschäftigten einzuwirken, um ihn zur Erfüllung der Verpflichtung zu drängen.

Maßgeblich für den Erlass einer Untersagungsanordnung ist allein die Nichter- 102
füllung der angeordneten Maßnahme, unabhängig davon, ob den Arbeitgeber oder die verantwortlichen Personen ein **Verschulden** trifft.

Eine Untersagungsanordnung darf erst dann ergehen, wenn die Anordnung 103
nach Absatz 3 Satz 1 **vollziehbar** ist. Das bedeutet, dass sie entweder:
– mit förmlichen Rechtsbehelfen (Widerspruch, Anfechtungsklage) nicht mehr angefochten werden kann (z. B. wegen Ablauf der Rechtsbehelfsfrist) oder
– die Anordnung für sofort vollziehbar erklärt wurde.

Eine Untersagungsanordnung **innerhalb der Rechtsbehelfsfrist** des Ausgangsbescheides ist also – bis auf Bescheide mit Sofortvollzug – wegen der aufschiebenden Wirkung von Widerspruch und Anfechtungsklage nicht zulässig (zu den Rechtsbehelfen Rn. 155 ff.).

ArbSchG § 22

104 Ob die Behörde bei Vorliegen der Voraussetzungen eine Untersagungsanordnung erlässt, liegt in ihrem **Ermessen** („kann die zuständige Behörde ... untersagen"). Da die Untersagungsanordnung u. U. für den Arbeitgeber weitreichende Konsequenzen hat, sind an die Beachtung des Verhältnismäßigkeitsgrundsatzes und das Verbot des Übermaßes besonders hohe Anforderungen zu stellen (zum Ermessen näher unter Rn. 80 ff.). Insbesondere hat die Behörde zu prüfen, ob nicht zunächst der **Einsatz von Zwangsmitteln** (z. B. Zwangsgeld, näher → Rn. 185 ff.) ebenso zum gewünschten Erfolg führen würde. Sie muss hierbei allerdings berücksichtigen, dass eine mögliche Gefährdung des Beschäftigten während der Durchführung des Verwaltungszwangs bestehen bleibt. Erscheint der Einsatz von Zwangsmitteln nicht Erfolg versprechend oder kann eine Gefährdung für die Zeit der Vollstreckung nicht hingenommen werden, muss sie sich überlegen, ob es z. B. ausreicht, nur einen Teil der betroffenen Arbeit zu untersagen. Genauso sollte im Ernstfall erwogen werden, nur einzelne Funktionen des technischen Arbeitsmittels außer Betrieb zu setzen oder aber lediglich einzelne Verwendungsweisen zu verbieten (*Kollmer,* ArbSchG Rn. 291).

VII. Grundsätze zum Erlass einer Anordnung

105 **1. Form.** Über die Form, in der die Anordnungen durch die zuständigen Behörden zu erlassen sind, enthält das ArbSchG keine Angaben. Die Anordnungen können daher entweder **mündlich** oder **schriftlich** erlassen werden. Welche Form die Behörde wählt, liegt in ihrem pflichtgemäßen Ermessen. Mündliche Anordnungen sind nur gegenüber Anwesenden bzw. ihren Vertretern oder Bevollmächtigten wirksam.

106 § 37 VwVfG bestimmt, dass ein mündlicher Verwaltungsakt, also auch eine mündliche Anordnung, **schriftlich oder elektronisch zu bestätigen** ist, wenn hieran ein berechtigtes Interesse besteht und der Betroffene dies unverzüglich verlangt. Die Bestätigung stellt keinen Neuerlass der Anordnung dar, sondern dient lediglich Beweiszwecken.

107 Bei einer **schriftlichen** (oder elektronischen) **Anordnung** muss die erlassende Behörde erkennbar sein (z. B. durch den Briefkopf oder einen Stempel). Außerdem muss die Anordnung die Unterschrift oder Namenswiedergabe des Behördenleiters, seines Vertreters oder seines Beauftragten (z. B. zuständiger Beamter oder beauftragter Sachverständiger) enthalten (§ 37 Abs. 3 VwVfG). Letzteres Erfordernis soll gewährleisten, dass keine unfertigen, noch nicht als endgültige Entscheidung gedachten Schreiben (z. B. Entwürfe) als Anordnungen ergehen (*BGH* NJW 1984, 2533). Wird für einen Verwaltungsakt, für den durch Rechtsvorschrift die Schriftform angeordnet ist, die elektronische Form verwendet, muss auch das der Signatur zugrunde liegende qualifizierte Zertifikat oder ein zugehöriges qualifiziertes Attributzertifikat die erlassende Behörde erkennen lassen (§ 37 Abs. 3 Satz 2 VwVfG).

108 **2. Begründung.** Ergeht die Anordnung schriftlich, ist sie in der Regel auch schriftlich zu begründen (§ 39 VwVfG). Mündliche Anordnungen brauchen zunächst nicht begründet zu werden, da der Anordnungsadressat deren schriftliche Bestätigung verlangen kann, die dann eine Begründung enthalten muss (§ 37 Abs. 2 Satz 2 VwVfG; dazu *Kopp/Ramsauer,* § 39 Rn. 22).

109 Die Begründung muss erkennen lassen, von welchen rechtlichen und tatsächlichen Voraussetzungen und Überlegungen die Behörde bei ihrer Entscheidung

Befugnisse der zuständigen Behörden **§ 22 ArbSchG**

ausging, **auf Grund welcher Tatsachen** sie also gerade diese Entscheidung getroffen hat. Die Begründung muss aus sich heraus für den Adressaten und auch Drittbetroffene verständlich sein. Zu den maßgeblichen Gründen, welche die Behörde zu ihrer Entscheidung bewogen haben, zählen auch diejenigen, die von Beteiligten vorgebracht wurden, denen die Behörde aber **nicht gefolgt** ist.

Erforderlich ist grundsätzlich auch die Angabe der **Rechtsgrundlage** der Entscheidung. Ausreichend ist die Angabe der zutreffenden Paragraphen am Ende der Anordnung. Nicht notwendig ist die Angabe des genauen Wortlautes. 110

Die Begründung muss sich auf den konkreten Fall beziehen und darf sich **nicht in formelhaften** allgemeinen Darlegungen erschöpfen. Die Betroffenen müssen die in ihrem Fall für die Behörde maßgeblich gewesenen Gründe erfahren, damit sie ggf. in der Lage sind, sich über einen eventuellen Rechtsbehelf gegen die Entscheidung schlüssig zu werden und diesen sachgerecht begründen zu können (*Kopp/Ramsauer*, § 39 Rn. 4). 111

Maßgeblich für den Umfang der Begründung sind vor allem die Art der in Frage stehenden Anordnung und der betroffenen Rechte, die **Bedeutung der Sache** für den Betroffenen oder die Schwere eines etwaigen Eingriffs und der **Kenntnisstand** des Anordnungsadressaten. An die Begründung einer Untersagungsanordnung, die einen wesentlichen Eingriff in die Betriebsabläufe eines Unternehmens darstellt, sind daher höhere Anforderungen zu stellen als beispielsweise an eine Anordnung, im Waschraum einen Seifenspender zur Verfügung zu stellen. 112

Auf eine Begründung kann **verzichtet** werden, wenn dem Betroffenen die näheren Umstände, die zum Erlass der Anordnung geführt haben, im Wesentlichen bekannt oder ohne weiteres einsichtig sind. Hier reicht die Angabe der angewandten Vorschriften. Ein solcher Fall liegt z. B. vor, wenn der Arbeitgeber den Beamten bei der Revision begleitet hat und die wesentlichen Punkte bereits mündlich erörtert wurden und sich dies aus der Behördensakte ergibt (*VG Regensburg* Urt. v. 31.3.2011 – RN 5 K 09.2518). 113

Die dargelegten Grundsätze gelten auch für **Ermessensentscheidungen.** Aus der **Begründung** muss ersichtlich sein, dass die Behörde ein Ermessen ausgeübt und dabei die Interessen der Betroffenen berücksichtigt und abgewogen hat. Je größer der Ermessensspielraum der Behörde ist, desto eingehender hat sie ihre Entscheidung zu begründen. 114

Hat die Behörde ihre Entscheidung in der Anordnung nicht oder nicht ausreichend begründet, kann sie dies bis zum Abschluss des verwaltungsgerichtlichen Verfahrens **nachholen** (§ 45 Abs. 1 Nr. 2 i. V. m. Abs. 2 VwVfG; *Kopp/Ramsauer*, VwVfG, § 45 Rn. 18f.). 115

3. Bekanntgabe. Die Anordnung ist dem Anordnungsadressaten oder seinem Bevollmächtigten bekannt zu geben (§ 41 VwVfG). Eine **bestimmte Form** der Bekanntgabe – z. B. die förmliche Zustellung – ist in § 22 Abs. 3 nicht vorgeschrieben. Die Behörde kann daher die Anordnung mündlich mitteilen, aushändigen, mit einfachem oder eingeschriebenem Brief aufgeben oder z. B. mit Postzustellungsurkunde bekannt geben. Welche Form die zweckmäßigste ist, hängt von den Umständen des Einzelfalls ab. 116

Bekanntgegeben ist eine Anordnung schon dann, wenn sie mit Wissen und Wollen der Behörde in den **Machtbereich des Empfängers** gelangt. Es kommt nicht darauf an, ob er tatsächlich Kenntnis erlangt. Eine Anordnung ist bekanntgegeben, wenn sie am Samstag in den Briefkasten des Betriebes geworfen wird, unabhängig davon, ob der Arbeitgeber diesen erst am Montag wieder leert. Es reicht 117

Kunz 599

ArbSchG § 22

auch aus, wenn die Anordnung anlässlich einer Betriebsrevision dem Betriebsleiter oder sonstigen Aufsichtsorganen mitgeteilt wird.

118 Ist es der Behörde wichtig, den Zugang der Anordnung nachweisen zu können – etwa weil mit Schwierigkeiten gerechnet wird – empfiehlt sich Zustellung mittels **Postzustellungsurkunde.** Wählt die Behörde diese oder eine andere Zustellungsart, sind die landesrechtlichen Zustellungsvorschriften zu beachten (z. B. Art. 3 BayVwZVG; die förmlichen Zustellungsarten sind Zustellung mit Postzustellungsurkunde, mittels eingeschriebenem Brief, gegen Empfangsbestätigung und mittels Vorlegen der Urschrift). Die Zustellung mit Postzustellungsurkunde hat gegenüber der Zustellung mit Einschreiben den Vorteil, dass das Datum der Übergabe auf der Postzustellungsurkunde vermerkt wird, welche die Behörde zurückerhält. Beim einfachen Einschreiben muss die Behörde den Zugang erst ermitteln. Wurde der Empfänger nicht angetroffen, gilt ein mit Postzustellungsurkunde zugestelltes Schreiben als bekanntgegeben, wenn dem Adressaten die Mitteilung des Zustellungsversuches bekanntgegeben wurde, z. b. durch Einwurf eines Benachrichtigungsscheins in den Briefkasten (Niederlegung). Ein eingeschriebenes Schreiben gilt aber erst dann als zugestellt, wenn es tatsächlich bei der Post abgeholt wurde (zu den Besonderheiten der Ersatzzustellung vgl. die Zustellungsgesetze der Länder mit Verweisen auf die ZPO).

119 Eine förmliche Zustellung ist z. B. **vorgeschrieben** für:
– den Widerspruchsbescheid (§ 73 Abs. 3 VwGO) und
– die Androhung von Zwangsmitteln (z. B. Art. 36 Abs. 7 BayVwZVG).

120 4. **Wirksamkeit.** Die Anordnung wird gegenüber dem Anordnungsadressaten in dem Moment wirksam, in dem sie ihm **bekanntgegeben** wurde (§ 43 VwVfG). Sie bleibt auch mit dem Inhalt wirksam, solange und soweit sie nicht zurückgenommen, widerrufen, anderweitig aufgehoben oder durch Zeitablauf oder auf andere Weise erledigt ist.

121 Die Anordnung braucht nur dann nicht beachtet zu werden, wenn sie **nichtig** ist (§ 43 Abs. 3 VwVfG). Nichtig ist sie, wenn sie an schwerwiegenden Fehlern leidet und dies offenkundig ist (§ 44 Abs. 1 VwVfG) oder wenn einer der in § 44 Abs. 2 VwVfG genannten Gründe vorliegt.

122 Ist eine Anordnung nicht nichtig, ist sie zunächst wirksam. Leidet sie aber an einem materiellrechtlichen oder verfahrensrechtlichen Fehler, ist sie **rechtswidrig** und kann angefochten werden. Dies geschieht i. d. R. mit dem Widerspruch (näher Rn. 157 ff.). Eine Anfechtung wegen Form- oder Verfahrensfehlern ist unbeachtlich, wenn die Voraussetzungen der §§ 45 oder 46 VwVfG vorliegen, z. B. die erforderliche Anhörung oder Begründung (bis zum Abschluss eines verwaltungsgerichtlichen Verfahrens) nachgeholt wird oder wenn offensichtlich ist, dass der Fehler die Entscheidung in der Sache nicht beeinflusst hat.

123 Der Anordnungsadressat kann die Fehler nur innerhalb der Rechtsbehelfsfristen geltend machen. Versäumt er diese, wird die Anordnung für ihn unanfechtbar, auch wenn die Anordnung rechtswidrig ist. Hat der Betroffene die **Frist** ohne sein Verschulden **versäumt,** kann er Wiedereinsetzung in den vorigen Stand beantragen (näher unter Rn. 168). Andernfalls kann die Anordnung nur noch von der Behörde mit Wirkung für die Vergangenheit oder die Zukunft aufgehoben werden (§ 48 VwVfG).

124 Stellt die Behörde – abweichend vom Arbeitsschutzrecht – **zu geringe Anforderungen,** ist sie an ihre Anordnung nicht gebunden (*Nöthlichs,* Nr. 4052, S. 31). Belastende Verwaltungsakte begründen keinen Vertrauensschutz (*VGH Mannheim* GewArch 1977, 311).

Die Anordnungen nach dem ArbSchG sind **personen- und nicht anlagenbezogen**. Das hat zur Konsequenz, dass im Falle eines **Arbeitgeberwechsels** (z. B. bei Neuverpachtung einer Gaststätte) die Anordnung gegen den neuen Arbeitgeber neu erlassen werden muss. Die Anordnung gegen den früheren Arbeitgeber entfaltet gegenüber dem neuen Arbeitgeber keine dingliche Wirkung. 125

5. Räumliche Geltung. Anordnungen, die auf Grund von § 22 getroffen werden, gelten **im gesamten Bundesgebiet**. Zwar werden die Anordnungen durch die nach Landesrecht zuständigen Behörden erlassen, aber sie handeln auf Grund bundesrechtlicher Vorschriften. Daher gelten sie grundsätzlich nicht nur im Amtsbezirk der erlassenden Verwaltungsbehörde, sondern bundesweit. Einer ausdrücklichen Anerkennung durch Behörden außerhalb des Amtsbezirks bedarf es nicht (*Kollmer,* ArbSchG Rn. 293 m. w. N.). 126

6. Kosten. Die Behörde kann für den Erlass einer Anordnung nach § 22, die selbstständige Anordnung des Sofortvollzugs, die selbstständige Androhung von Zwangsmitteln und die Anwendung von Verwaltungszwang Kosten nach den Kostengesetzen der Länder verlangen. Die Kostenentscheidungen sind **Verwaltungsakte,** gegen die entweder zusammen mit dem übrigen Bescheid oder auch getrennt Widerspruch und Anfechtungsklage erhoben werden kann. Legt der Betroffene nur gegen die Kostenentscheidung **Widerspruch** ein, wird der übrige Bescheid bestandskräftig. 127

Die **Höhe der Kosten** für einen Bescheid richtet sich nach den Kostengesetzen der Länder i. V. m. dem jeweiligen Kostenverzeichnis (z. B. BayKostG i. V. m. dem Kostenverzeichnis). Meist sind dort für die einzelnen Anordnungen Rahmengebühren vorgesehen. Wie hoch die konkreten Kosten sind, richtet sich bei Rahmengebühren im Wesentlichen nach: 128

– dem der Anordnung zugrunde liegenden Verwaltungsaufwand (z. B. Zeitaufwand von drei Stunden sowie fünf Seiten Bescheid),
– der Schwere des Verstoßes (z. B. grober/leichter Verstoß) sowie
– besonderen Umständen des Einzelfalls (z. B. besonders schlechte wirtschaftliche Lage des Betriebes, wiederholter Verstoß).

Ist für die Anordnung im Kostenverzeichnis eine **Rahmengebühr** vorgesehen, muss die Behörde die konkreten Kosten innerhalb des Rahmens festlegen, d. h. sie darf nicht mehr, aber auch nicht weniger verlangen. 129

7. Nachträgliche Abänderung der Anordnung. Die Anordnung kann, auch wenn sie bereits unanfechtbar geworden ist, von der Behörde grundsätzlich **jederzeit zurückgenommen** werden. War die Anordnung rechtswidrig, kann sie ganz oder auch nur teilweise mit Wirkung für die Zukunft oder für die Vergangenheit zurückgenommen werden. War der Betroffene durch die Anordnung begünstigt (z. B. die rechtswidrige Erteilung einer Genehmigung), gelten die Einschränkungen des § 48 Abs. 2 bis 4 VwVfG (näher *Kopp/Ramsauer,* § 48 Rn. 84 ff.). 130

War die Anordnung **rechtmäßig,** kann sie ganz oder teilweise mit Wirkung nur für die Zukunft widerrufen werden. Dies gilt nicht, wenn erneut ein Verwaltungsakt gleichen Inhalts erlassen werden müsste oder der Widerruf aus anderen Gründen unzulässig ist (§ 49 Abs. 1 VwVfG). Ein rechtmäßiger begünstigender Verwaltungsakt darf nur unter bestimmten engen Voraussetzungen widerrufen werden (vgl. § 49 VwVfG). 131

Möchte der Anordnungsadressat von dem von der Behörde zur Beseitigung des Mangels vorgeschlagenen Mittel abweichen und bietet er ein ebenso wirksames 132

ArbSchG § 22

Mittel an, hat die Behörde seine Anwendung auf Antrag durch einen förmlichen **Änderungsbescheid** zu gestatten (*Nöthlichs,* Nr. 4052, S. 32).

D. Verwaltungsverfahren

I. Zuständigkeit

133 Die Zuständigkeit zum Erlass von Anordnungen und Untersagungen nach § 22 Abs. 3 ist – soweit nicht ausnahmsweise Bundesbehörden zuständig sind – in den **landesrechtlichen Zuständigkeitsverordnungen** geregelt (z. B. in Bayern die „Verordnung über gewerbeaufsichtliche Zuständigkeiten– ZustV-GA –"). Zuständig sind i. d. R. die Arbeitsschutzbehörden bzw. Gewerbeaufsichtsämter. **Örtlich zuständig** ist i. d. R. die Behörde bzw. das Amt, in dessen Aufsichtsbezirk der betroffene Betrieb liegt (§ 3 VwVfG). Für die Durchsetzung von Anordnungen und Untersagungen im Verwaltungszwangsverfahren (→ Rn. 185 ff.) ist die Behörde zuständig, die die Anordnung oder Untersagung erlassen hat.

134 Sind Arbeitsschutzvorschriften Gegenstand von **Genehmigungen** (z. B. nach § 4 BImSchG) oder Erlaubnissen, liegt die Zuständigkeit zur Durchsetzung solcher Auflagen bei der jeweiligen Genehmigungs- bzw. Erlaubnisbehörde. Gleiches gilt, wenn Arbeitsschutzvorschriften Gegenstand von Baugenehmigungen sind. Anders ist es bei Genehmigungen mit **formeller Konzentrationswirkung** (z. B. § 13 BImSchG). Das sind Genehmigungen, die eine gesonderte Genehmigung nach dem entsprechenden Arbeitsschutzgesetz entbehrlich machen, aber insoweit mit einschließen, dass bei Erteilung der Genehmigung das entsprechende materielle Arbeitsschutzrecht mit zu prüfen ist. In diesem Fall können – soweit es das Arbeitsschutzrecht zulässt – die Arbeitsschutzbehörden nach § 22 Abs. 3 diese Arbeitsschutzforderungen abändern.

II. Ermittlung des Sachverhalts

135 Die Behörde ist verpflichtet, den Sachverhalt, der der Anordnung zugrunde liegt, **aufzuklären**. Sie kann sich dabei verschiedener Beweismittel bedienen.

136 **1. Ermittlungen.** Im Verwaltungsverfahren herrscht der sog. **Untersuchungsgrundsatz,** d. h. die Behörde ist zur Ermittlung des für ihre Entscheidung maßgeblichen Sachverhalts **von Amts wegen** verpflichtet. § 24 VwVfG verpflichtet die Behörde zu einer umfassenden Aufklärung des für ihre Entscheidung maßgeblichen Sachverhalts, überlässt es aber der Behörde, nach pflichtgemäßem Ermessen zu entscheiden, welche Mittel sie zur Erforschung des Sachverhalts anwendet (*Kopp/Ramsauer,* § 24 Rn. 8).

137 Die Bemühungen der Behörde müssen grundsätzlich umso intensiver sein, je schwerwiegender die Folgen der Entscheidung für den Betroffenen sein können. Allerdings sind auch die **Beteiligten** verpflichtet, an der Ermittlung des Sachverhalts **mitzuwirken** (§ 26 Abs. 2 VwVfG). Rechtsvorschriften, die den Beteiligten die Vorlage bestimmter Unterlagen auferlegen (z. B. die Vorlagepflicht des § 22 Abs. 1), berechtigen die Behörde, insoweit von eigenen Ermittlungen abzusehen. Das Gleiche gilt – auch ohne besondere Rechtsvorschriften – für Fragen, zu denen ein Beteiligter ohne weiteres etwas vortragen oder Aufklärung geben könnte. Dies gilt vor allem für die für einen Beteiligten günstigen Tatsachen, die der Behörde nicht ohne weiteres bekannt sind oder sein können.

§ 22 ArbSchG

2. Beweiserhebung. Die Behörde kann sich der **Beweismittel** bedienen, die sie für die Aufklärung des Sachverhalts für erforderlich hält (§ 26 VwVfG). Sie kann dabei insbesondere: 138
- **Auskünfte** jeder Art einholen,
- Beteiligte, **Zeugen** oder Sachverständige mündlich oder schriftlich anhören,
- Urkunden und Akten beiziehen und
- **Augenschein** einnehmen (d. h. z. B. eine Lärmquelle selbst wahrnehmen).

In Betracht kommen **Auskünfte** jeder Art, also auch Auskünfte anderer Behörden, die im Wege der **Amtshilfe** erbeten werden oder auch von Privatpersonen. Letztere sind allerdings nicht zur Auskunft verpflichtet, sie können demnach nicht zur Aussage gezwungen werden. 139

Die Beteiligten verfügen oft über ein Wissen, das nur ihnen bekannt ist. Deshalb ist die **Anhörung von Beteiligten** (nicht zu verwechseln mit der Anhörung nach § 28 VwVfG; → Rn. 145 ff.) eines der wichtigsten Beweismittel im Verwaltungsverfahren. Die Behörde kann aus der **Weigerung** eines Beteiligten, an der Aufklärung des Sachverhalts mitzuwirken, u. U. im Rahmen der Beweiswürdigung Schlüsse ziehen. Als Zeugen kommen nur am Verfahren nicht beteiligte Dritte in Betracht, z. B. Arbeitnehmer, die an der gefahrverursachenden Maschine arbeiten. 140

Die Behörde kann zur Aufklärung des Sachverhaltes auch **Sachverständige** heranziehen. Nicht erforderlich ist, dass ein Sachverständiger speziell zum Verfahren herangezogen wird; die Behörde kann auch Gutachten, die in anderen Verfahren angefallen sind, verwerten (*Kopp/Ramsauer*, § 26 Rn. 28). Weicht die Behörde vom Gutachten des Sachverständigen ab, muss sie dies in ihrer Entscheidung näher darlegen (*BGH NJW* 1989, 2948). Doch auch, wenn sie dem Ergebnis des Gutachtens folgt, muss sie die Voraussetzungen und Ergebnisse der Begutachtung in eigener Verantwortung nachprüfen bzw. nachvollziehen, sich ein eigenes Bild machen und darf sie nicht einfach übernehmen (*Kopp/Ramsauer*, § 26 Rn. 30). 141

Das wohl wichtigste Beweismittel für die Behörde ist die Vornahme eines **Augenscheins**. Unter Augenschein versteht man jede unmittelbare Sinneswahrnehmung über die Beschaffenheit von Personen und Gegenständen oder über Vorgänge (Thomas/*Putzo*, ZPO, 37. Aufl. 2016, Rn. 1 vor § 371 ZPO). Die Behörde wird meist auf Grund eigener Sachkunde in der Lage sein, z. B. aus der Betrachtung und Untersuchung der Betriebsmittel deren Übereinstimmung mit den arbeitsschutzrechtlichen Vorschriften festzustellen. 142

Weder Beteiligte noch Zeugen oder Sachverständige sind nach dem VwVfG zur Aussage bzw. Gutachtenserstattung verpflichtet (*Kopp/Ramsauer*, § 26 Rn. 45 f. m. w. N.). Eine **Mitwirkungspflicht für den Arbeitgeber,** die verantwortlichen Personen i. S. v. § 13 und der Beschäftigten (in den sie selbst betreffenden Fällen der §§ 15 bis 17) ergibt sich aber direkt aus § 22 Abs. 1 und 2, d. h. diese Personen sind bereits auf Grund der ausdrücklichen Regelung im ArbSchG zur Mitwirkung verpflichtet. 143

Zeugen und Sachverständige können für ihre Aussage bzw. die Erstattung eines Gutachtens auf Antrag eine **Entschädigung** entsprechend dem Gesetz über die Entschädigung von Zeugen und Sachverständigen erhalten (§ 26 Abs. 3 VwVfG). Beteiligte, also insbesondere der Arbeitgeber und die nach § 13 verantwortlichen Personen haben i. d. R. keinen Erstattungsanspruch. 144

III. Anhörung

145 **1. Anhörung der Beteiligten.** Bevor die Behörde eine belastende Anordnung erlässt, muss sie die Beteiligten (Arbeitgeber, verantwortliche Person oder Beschäftigten) anhören, d. h. sie muss ihnen Gelegenheit geben, sich zu den für die Anordnung **entscheidenden Tatsachen** zu äußern (§ 28 VwVfG). Durch die Anhörung soll das Vertrauensverhältnis zwischen Bürger und Behörde gestärkt werden, denn durch die Anhörung erhalten die Beteiligten die Möglichkeit, auf den Gang und das Ergebnis des Verfahrens Einfluss zu nehmen.

146 Die Anhörung ist nicht an eine bestimmte **Form** gebunden. Sie kann z. B. auch im Rahmen von Besprechungen oder Verhandlungen mit den Beteiligten erfolgen, sofern dadurch nicht den Beteiligten die Möglichkeit genommen wird, zu den wesentlichen Fragen Stellung zu nehmen und ihre wichtigsten Argumente vorzubringen. Es steht im Ermessen der Behörde, welche Form (schriftlich, mündlich oder sogar fernmündlich) sie im konkreten Fall für erforderlich oder aber ausreichend hält.

147 Die Behörde muss die Anhörung auch nicht ausdrücklich als solche **bezeichnen**. Es reicht aus, wenn sie dem Beteiligten deutlich macht, dass sie seinen Ausführungen Bedeutung beimisst und dass sie damit die Anhörung bzw. sein Vorbringen zum Sachverhalt als erfolgt und abgeschlossen betrachtet. Jedes **beiläufige Gespräch** reicht also als Anhörung nicht aus.

148 Die Behörde kann unter bestimmten Umständen auf eine Anhörung **verzichten** (§ 28 Abs. 2 und 3 VwVfG). Der wichtigste Grund ist das Vorliegen von Gefahr im Verzug, die eine sofortige Entscheidung notwendig macht (z. B. Untersagung der Beschäftigung auf einem einsturzgefährdeten Gerüst).

149 **Unterlässt** die Behörde die Anhörung eines Beteiligten zu Unrecht, ist dies unbeachtlich, wenn sie bis zum Abschluss eines verwaltungsgerichtlichen Verfahrens **nachgeholt** wird (§ 45 VwVfG). Eine Heilung des Verfahrensfehlers tritt aber nur dann ein, wenn die Behörde die nachträgliche Anhörung nicht nur zur Kenntnis nimmt, sondern auch zum Anlass nimmt, ihre Entscheidung nochmals kritisch zu überdenken (*Kopp/Ramsauer,* § 45 Rn. 26).

150 **2. Anhörung des Betriebsrates.** Die Behörde ist nicht verpflichtet, den Betriebsrat vor Erlass einer Anordnung nach § 22 Abs. 3 zu hören. Einer solchen Anhörung bedarf es nur, wenn es **gesetzlich vorgeschrieben** ist, z. B. in § 12 ASiG. Da der Betriebsrat aber meist wichtige Informationen geben kann und sogar verpflichtet ist, die Behörden bei der Bekämpfung von Unfall- und Gesundheitsgefahren im Betrieb zu unterstützen (§ 89 BetrVG), wird sie ihn zweckmäßigerweise bereits zu der Revision hinzubitten. Beabsichtigt die Behörde den Erlass einer Anordnung, hat sie dann bereits während der Betriebsbesichtigung die Möglichkeit, den Betriebsrat um seine **Stellungnahme** zu bitten. Ist eine arbeitsschutzrechtliche Anordnung ergangen, ist der Arbeitgeber ohnehin verpflichtet, den Betriebsrat davon zu unterrichten. Die Behörde ist berechtigt, die Anordnung dem Betriebsrat direkt mitzuteilen. Der Betriebsrat hat aber kein Recht, die Anordnung selbst anzufechten.

IV. Akteneinsicht

151 Die Beteiligten haben nach § 29 VwVfG das Recht, in die das Verfahren betreffenden Akten Einsicht zu nehmen, wenn der Akteninhalt zur Geltendmachung ihrer rechtlichen Interessen erforderlich ist. Die Akteneinsicht erfolgt **bei der Behörde,** die die Akten führt. Wenn keine Umstände dagegen sprechen, können die

Akten ausnahmsweise auch – gegen Übernahme der Kosten – in **Kopie** an die Beteiligten versandt werden. Ist ein Rechtsanwalt eingeschaltet, ist es vielfach üblich, diesem die Akten im Original (bzw. Beweismittel in Kopie) zur Einsicht in dessen Kanzlei zu überlassen (§ 100 Abs. 2 Satz 2 VwGO analog). Ein Anspruch darauf besteht aber nicht. Werden die Akten aber nicht laufend benötigt oder sprechen auch sonst keine Gesichtspunkte dagegen, kann eine Verweigerung dieser Vergünstigung ermessensfehlerhaft sein.

Unterliegen Teile der Akten einer **Geheimhaltung** – etwa weil ein Arbeitnehmer des Betriebes im Vertrauen auf seine Anonymität Missstände angezeigt hat – kann die Behörde die Aktenteile, aus denen sich der Name des betreffenden Arbeitnehmers ergibt, vor Gewährung der Akteneinsicht entfernen. 152

V. Verwaltungsverfahren und Bußgeldverfahren

Verwirklicht der Betroffene durch die Verletzung einer Arbeitsschutzvorschrift **zugleich** einen Ordnungswidrigkeitentatbestand, kann die Behörde sowohl eine Anordnung (eventuell sogar mit Verwaltungszwang) als auch einen Bußgeldbescheid erlassen. Verwaltungsverfahren und Bußgeldverfahren sind Maßnahmen unterschiedlicher Art und Zielsetzung und können daher **unabhängig voneinander** durchgeführt werden. Mit der Anordnung (und eventuellem Verwaltungszwang) soll erreicht werden, dass eine Maßnahme in der Zukunft durchgeführt bzw. eingehalten wird, während das Bußgeldverfahren eine Pflichtverletzung, die in der Vergangenheit begangen wurde, ahndet. Die Behörde ist also nicht verpflichtet, z. B. zuerst eine Anordnung zu erlassen und erst bei Nichtbefolgung ein Bußgeldverfahren einzuleiten (*BVerwG* NJW 1977, 772; *BayVGH* GewArch 1982, 87, 88f.). 153

Der Arbeitgeber, die verantwortliche Person bzw. der Beschäftigte begehen eine Ordnungswidrigkeit, wenn sie einer **vollziehbaren Anordnung** nach § 22 Abs. 3 **zuwiderhandeln** (§ 25 Abs. 1 Nr. 2). Dies gilt auch dann, wenn ein Verstoß gegen die Arbeitsschutzpflicht als solche nicht bußgeldbewehrt ist. Unterlässt der Arbeitgeber z. B. die Unterweisung nach § 12, handelt er zwar gegen das ArbSchG, begeht aber zunächst keine ordnungswidrige Handlung. Ordnet die Behörde aber die fehlende Unterweisung nach § 22 Abs. 3 an und kommt der Arbeitgeber der Anordnung nicht nach, handelt er ordnungswidrig und kann mit einem Bußgeld belegt werden. 154

E. Rechtsbehelfe und Anfechtung

Erkennt die Behörde Pflichtverstöße des Arbeitgebers, der verantwortlichen Personen oder der Beschäftigten, hat sie die Möglichkeit, gegen die betreffende Person (oder Firma) eine verbindliche Anordnung zu erlassen und diese – falls erforderlich – für sofort vollziehbar zu erklären. Das Rechtsstaatsprinzip gebietet es, dass dem Betroffenen Mechanismen an die Hand gegeben werden, sich gegen die Anordnung **zur Wehr zu setzen.** Das Verwaltungsrecht bietet hier verschiedene Möglichkeiten. 155

Erklärt sich der Betroffene mit der behördlichen Anordnung nicht einverstanden, wird er i. d. R. zunächst **Widerspruch** einlegen. Kommt in dem konkreten Fall ein Widerspruchsverfahren nicht in Betracht oder ist der Widerspruch bereits erfolglos gewesen, kann er **Klage** vor dem Verwaltungsgericht erheben. Hat die Behörde die Anordnung für sofort vollziehbar erklärt, kann er im **einstweiligen** 156

ArbSchG § 22   Arbeitsschutzgesetz

Rechtsschutzverfahren die Wiederherstellung der aufschiebenden Wirkung beantragen. Neben diesen Möglichkeiten kann der Anordnungsadressat sein Begehren aber auch im Wege eines **formlosen Rechtsbehelfs** geltend machen. Zu den Rechtsbehelfen im Einzelnen:

I. Widerspruch

157   **1. Grundsätzliches.** In der Regel kann der Betroffene gegen eine arbeitsschutzrechtliche Anordnung der Behörde nicht sofort Klage beim Verwaltungsgericht erheben. Meist ist ein **Vorverfahren** vorgeschaltet, in dem die zuständige Behörde bzw. die Widerspruchsbehörde nochmals Recht- und Zweckmäßigkeit der Anordnung überprüft. Das Vorverfahren (§ 68 VwGO) wird durch die Einlegung des Widerspruchs eingeleitet. Ausnahmsweise **entfällt** das Vorverfahren, wenn:
– die Anordnung von einer obersten Bundes- oder Landesbehörde (z. B. dem Arbeitsministerium) erlassen wurde oder
– das Widerspruchsverfahren durch Gesetz ausgeschlossen ist (z. B. in Bayern für Anordnungen im Bereich des Arbeitsschutzes).

In diesen Fällen ist der Betroffene sofort berechtigt, gegen die Anordnung Klage vor dem Verwaltungsgericht zu erheben.

158   Das Widerspruchsverfahren als Vorstufe zum verwaltungsgerichtlichen Verfahren hat den Vorteil, dass es ein **effektiver und preisgünstiger Rechtsbehelf** für den Bürger ist und zugleich der Behörde die Möglichkeit gibt, die Anordnung und die darauf beruhenden fachlichen Erwägungen nochmals zu überprüfen (auch *Kollmer*, ArbSchG Rn. 324).

159   Ein Widerspruch kann grundsätzlich nur **gegen einen Verwaltungsakt**, also z. B. eine Anordnung nach § 22 Abs. 3, eingelegt werden. Fehlt einer behördlichen Maßnahme der Regelungscharakter, weil sie z. B. bloß eine Auskunft oder eine Empfehlung erteilen will, ist ein Widerspruch nicht zulässig. In diesem Fall stehen dem betroffenen Bürger aber die nichtförmlichen Rechtsbehelfe zur Verfügung (→ Rn. 175 f.).

160   Widerspruch und Anfechtungsklage haben **aufschiebende Wirkung** (§ 80 Abs. 1 Satz 1 VwGO). Legt der Betroffene daher gegen die Anordnung Widerspruch ein, hat dies zunächst zur Folge, dass die Vollziehbarkeit der Anordnung gehemmt ist. Das bedeutet, dass der Betroffene die Anordnung zumindest bis zum Abschluss des Widerspruchsverfahrens nicht zu befolgen braucht. Damit verdeutlicht der Gesetzgeber, dass grundsätzlich das Interesse des Bürgers der Überprüfung der Rechtmäßigkeit insbesondere einer belastenden Anordnung vor dem öffentlichen Interesse an der Vollziehung der Verfügung rangiert (VDGAB, Information und Beratung 1, S. 26). Die aufschiebende Wirkung tritt aber dann nicht ein, wenn die Behörde die Anordnung ausnahmsweise für sofort vollziehbar erklärt hat (§ 80 Abs. 2 Nr. 4 VwGO). Sie wird dies tun, wenn sie im Betrieb eine Gefahrenlage erkennt, die ein sofortiges wirksames Einschreiten erfordert (zur Anordnung der sofortigen Vollziehung ausführlich → Rn. 177 ff.).

161   **2. Einlegung des Widerspruchs.** Ist der Anordnungsadressat, also der Arbeitgeber, die verantwortliche Person oder der Beschäftigte mit der Anordnung nicht einverstanden und möchte sich dagegen wehren, hat er folgendes zu **beachten:**

162   – Zunächst muss er überprüfen, **ob** er gegen die Anordnung **Widerspruch** einlegen kann oder ob, wie z. B. in Bayern, für den Bereich des Arbeitsschutzes das Widerspruchsverfahren abgeschafft wurde und er sofort Klage vor dem Verwal-

Befugnisse der zuständigen Behörden **§ 22 ArbSchG**

tungsgericht erheben muss (→ Rn. 171 ff.). Welcher Rechtsbehelf zulässig ist, ergibt sich aus der Rechtsbehelfsbelehrung, die die Behörde jeder Anordnung beifügen muss.
– Widerspruch kann grundsätzlich nur der **Anordnungsadressat** einlegen, denn 162a nur dieser hat ein Rechtsschutzbedürfnis an der Aufhebung der Anordnung. Ist die Anordnung an den nach § 13 Verantwortlichen gerichtet, kann auch der Arbeitgeber Widerspruch einlegen, da der nach § 13 Verantwortliche den Arbeitgeber in allen Angelegenheiten des Arbeitsschutzes vertritt und somit durch die Anordnung auch der Arbeitgeber in seinen Rechten verletzt ist.
– Der Widerspruch muss **schriftlich** oder **zur Niederschrift** bei der erlassenden 163 Behörde eingelegt werden (§§ 69, 70 Abs. 1 Satz 1 VwGO). Ein mündlich oder telefonisch eingelegter Widerspruch genügt nicht, auch wenn darüber ein Aktenvermerk angefertigt wird.
– Der Widerspruchsführer muss seine Erklärung weder **als Widerspruch be-** 164 **zeichnen** noch einen bestimmten Antrag stellen. Es muss aus der abgegebenen Erklärung nur deutlich werden, dass der Betroffene mit dem Verwaltungsakt nicht einverstanden ist und sich dagegen wehren möchte. Es empfiehlt sich aber, die Erklärung als Widerspruch zu bezeichnen, um sie von einem formlosen Rechtsbehelf (z. B. der Dienstaufsichtsbeschwerde) deutlich zu unterscheiden. Im Zweifel sind die Beamten aber zu einer großzügigen Auslegung des Betroffenenbegehrens angehalten.
– Der Widerspruch ist innerhalb einer **Frist von einem Monat,** nachdem die 165 Anordnung dem Beschwerten bekanntgegeben worden ist, bei der Behörde zu erheben, die den Verwaltungsakt erlassen hat (§ 70 Abs. 1 Satz 1 VwGO). Die Fristberechnung richtet sich nach § 57 VwGO i. V. m. § 222 ZPO, §§ 187 ff. BGB. Wenn der Arbeitgeber die Anordnung z. B. per einfachem Brief am 12. 8. erhalten hat, läuft die Widerspruchsfrist am 11. 9. um 24 Uhr aus. Fällt der Letzte (nicht der Erste!) Tag der Frist auf einen Samstag, Sonn- oder gesetzlichen Feiertag, läuft die Frist erst am nächsten Werktag ab (§ 193 BGB). Wäre der 11. 9. also ein Sonntag, hätte der Arbeitgeber noch bis zum 12.9.24 Uhr Zeit, den Widerspruch einzulegen. Die Widerspruchsfrist verlängert sich ausnahmsweise auf ein Jahr, wenn die Rechtsbehelfsbelehrung falsch ist oder ganz fehlt (§ 58 Abs. 2 VwGO).
– Der Widerspruch ist **bei der Behörde** einzulegen, die den Verwaltungsakt er- 166 lassen hat (§ 70 Abs. 1 Satz 1 VwGO). Die Frist wird auch durch **Einlegung bei** der Behörde, die den Widerspruchsbescheid zu erlassen hat, gewahrt (§ 70 Abs. 1 Satz 2 VwGO). Dies ist dann der Fall, wenn über der Arbeitsschutzbehörde eine höhere Behörde steht, die über den Widerspruch zu entscheiden hat.
– Der Widerspruch braucht bei seiner Einlegung **nicht begründet** zu werden. 167 Die **Begründung** kann auch später nachgereicht werden.
– **Versäumt** der Betroffene ohne sein Verschulden die **Widerspruchsfrist,** ist 168 ihm auf Antrag „**Wiedereinsetzung in den vorigen Stand**" zu gewähren (§ 60 VwGO). Das bedeutet, dass der Betroffene trotz Fristversäumung noch das betreffende Rechtsmittel, z. B. den Widerspruch, einlegen kann. **Verschulden** liegt vor, wenn der Beteiligte hinsichtlich der Wahrung der Frist diejenige Sorgfalt außer acht lässt, die für einen gewissenhaften und seine Rechte und Pflichten sachgemäß wahrnehmenden Beteiligten im Hinblick auf die Fristwahrung geboten ist und ihm nach den gesamten Umständen des konkreten Falls zuzumuten war (*Thomas/Putzo,* ZPO, 37. Aufl. 2016, § 233 Rn. 13). Unverschuldet versäumt werden kann die Widerspruchsfrist z. B. bei urlaubsbedingter

Abwesenheit während der gesamten Widerspruchsfrist oder Poststreik (näher *Kopp/Schenke*, § 60 Rn. 9 ff.). Der Antrag ist innerhalb von zwei Wochen nach Wegfall des Hindernisses (z. B. nach Rückkehr aus dem Urlaub) zu stellen und ausreichend zu begründen. Außerdem muss auch die versäumte Rechtshandlung, also die Widerspruchseinlegung, innerhalb der Frist nachgeholt werden.

169   **3. Ablauf des Widerspruchsverfahrens.** Im Widerspruchsverfahren **prüft** die Behörde, die die Anordnung ursprünglich erlassen hat, zunächst, ob der Widerspruch zulässig und begründet ist. Kommt sie zu dem Ergebnis, dass der Widerspruch ganz oder zumindest zum Teil begründet ist, hebt sie die Anordnung entsprechend ganz oder teilweise auf und trifft eine Kostenentscheidung (§ 72 VwGO). Hält die Ausgangsbehörde den Widerspruch für unbegründet, reicht sie ihn mit einer Stellungnahme an die Widerspruchsbehörde weiter oder erlässt – wenn die nächsthöhere Behörde eine oberste Bundes- oder Landesbehörde ist – den **Widerspruchsbescheid** selbst. Der Widerspruchsbescheid muss:
- eine **Begründung** enthalten, aus welchen Gründen dem Widerspruch nicht stattgegeben wurde,
- eine Rechtsbehelfsbelehrung enthalten,
- **zugestellt** werden und
- bestimmen, wer die **Kosten** trägt (§ 73 Abs. 3 VwGO).

170   Gegen den Widerspruchsbescheid kann der Widerspruchsführer innerhalb eines Monats nach Zustellung Anfechtungsklage beim zuständigen Verwaltungsgericht erheben (Rn. 171 ff.).

II. Klage vor dem Verwaltungsgericht

171   Der Adressat einer belastenden Anordnung kann Klage erheben (Art. 19 Abs. 4 GG und § 40 Abs. 1 VwGO), wenn:
- er gegen den Widerspruchsbescheid vorgehen möchte;
- er sich gegen die belastende Anordnung wehren möchte und ein Widerspruchsverfahren durch Gesetz ausgeschlossen ist (z. B. in Bayern im Bereich des Arbeitsschutzes) oder
- er sich gegen die belastende Anordnung wehren möchte und die Verfügung durch eine oberste Bundes- oder Landesbehörde erlassen wurde.

172   **Sachlich zuständig** ist in erster Instanz regelmäßig das Verwaltungsgericht. Klagebefugt ist derjenige, der geltend macht, durch die Verfügung in seinen Rechten verletzt zu sein, also i. d. R. der Bescheidsadressat (§ 42 Abs. 2 VwGO). Das kann bei Anordnungen im Bereich des ArbSchG der Arbeitgeber, der Betriebsinhaber, die verantwortliche Person oder auch der Beschäftigte sein. Die richtige **Klageart** ist idR die Anfechtungsklage, mit der die Aufhebung eines Verwaltungsaktes begehrt werden kann (§ 42 Abs. 1 VwGO). Die Klage ist innerhalb eines Monats seit Zustellung des Widerspruchsbescheids oder, wenn das Widerspruchsverfahren nicht durchgeführt zu werden braucht, innerhalb eines Monats nach Bekanntgabe des Verwaltungsaktes zu erheben. Die **Klagefrist** beginnt nur zu laufen, wenn der Betroffene hierüber belehrt worden ist, was i. d. R. in der Rechtsbehelfsbelehrung geschieht. Im Falle einer unterbliebenen oder unrichtigen Belehrung läuft die Jahresfrist ab Zustellung bzw. Bekanntgabe (§ 58 Abs. 2 VwGO).

Befugnisse der zuständigen Behörden § 22 ArbSchG

```
                    ┌─────────────────┐
                    │   Anordnung     │
                    │ eines Arbeits-  │   Arbeitgeber ist      ┌──────────────────┐
                    │ schutzbeamten   │   einverstanden        │  Anordnung wird  │
                    │                 │ ─────────────────────▶ │  bestandskräftig │
                    │  1. ...         │                        └──────────────────┘
                    │  2. ...         │
                    │  3. ...         │
                    └─────────────────┘
```

Arbeitgeber ist
nicht einverstanden
und legt Widerspruch
ein
- bei erlassender Behörde
- binnen 1 Monat
- schriftlich o. z. N.

| **Anordnung mit Sofortvollzug:** Anordnung ist nicht bestandskräftig, muß aber dennoch befolgt werden | **Anordnung ohne Sofortvollzug:** Anordnung ist nicht bestandskräftig und muß zunächst nicht befolgt werden |

| einstweiliger Rechtsschutz nach § 80 Abs. 4 oder Abs. 5 VwGO | kein einstweiliger Rechtsschutz |

Prüfung durch die Widerspruchsbehörde

| keine Abhilfe: Erlaß eines **Widerspruchsbescheids** („Der Widerspruch wird als unzulässig verworfen/als unbegründet zurückgewiesen") | **Abhilfe** zugunsten des Arbeitgebers („Der Bescheid vom ... wird aufgehoben/abgeändert") |

Arbeitgeber ist **einverstanden**   Arbeitgeber ist **nicht einverstanden**

| Anordnung in Form des Widerspruchsbescheids wird **bestandskräftig** | **Klage** vor dem Verwaltungsgericht |

ggf. Berufung ⟶ ggf. Revision

Kunz

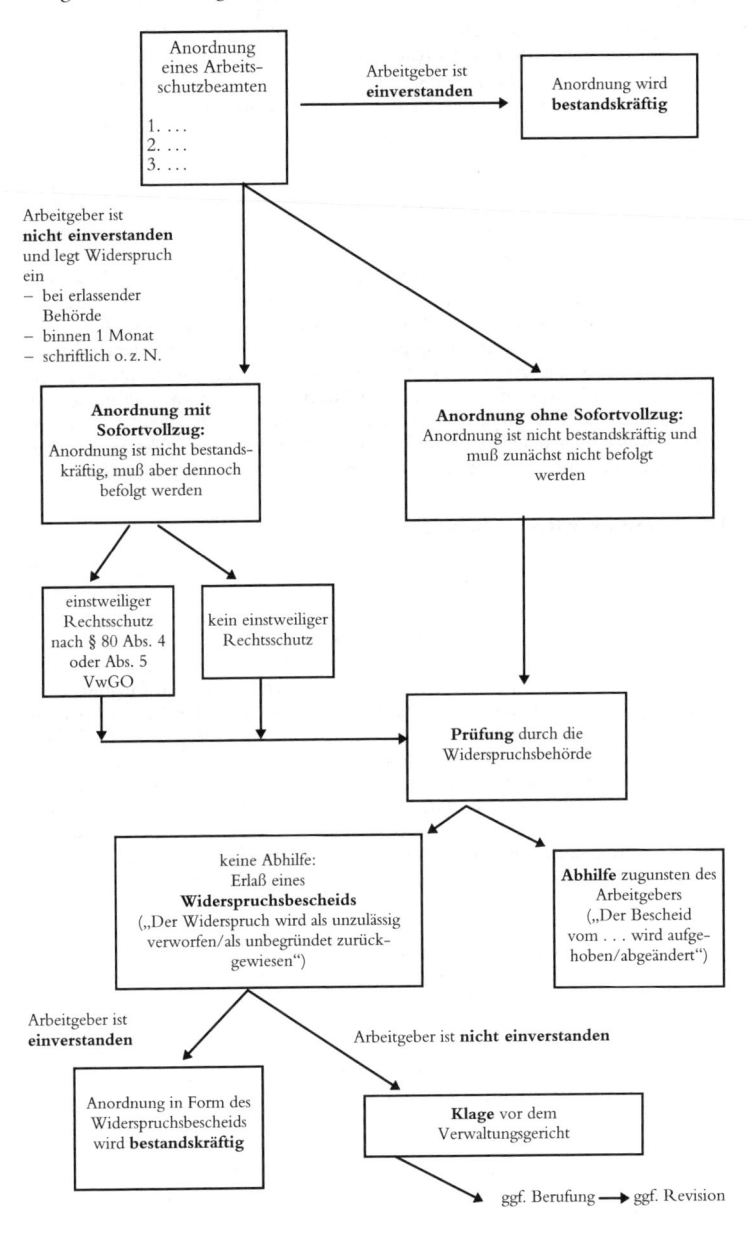

ArbSchG § 22

173 Maßgeblich für die gerichtliche Überprüfung ist die Sach- und Rechtslage zum Zeitpunkt der **gerichtlichen Entscheidung** bzw. der letzten mündlichen Verhandlung (str., wie hier *Kopp/Schenke,* VwGO § 113 Rn. 31 ff. mit Zit. *BVerwGE* 97, 81 f.: „Maßgeblich für die Entscheidung eines Gerichts sind die Rechtsvorschriften, die sich im Zeitpunkt der Entscheidung für die Beurteilung des Klagebegehrens Geltung beimessen, und zwar gleichgültig, ob es sich um eine Feststellungsklage, eine Leistungsklage, eine Anfechtungsklage oder eine Verpflichtungsklage handelt."). Bei Ermessensentscheidungen ist im gerichtlichen (Hauptsache) Verfahren ein **Nachschieben von Gründen** zulässig (§ 114 S. 2 VwGO). Die **Aufhebung** eines nur anfechtbaren Verwaltungsakts kann nicht allein deshalb beansprucht werden, weil er unter Verletzung von Vorschriften über das Verfahren, die Form oder die örtliche Zuständigkeit zustandegekommen ist, wenn offensichtlich ist, dass die Verletzung die Entscheidung in der Sache nicht beeinflusst hat (§ 46 VwVfG).

174 Die Entscheidung des Verwaltungsgerichts (Urteil) kann im Wege der **Berufung** beim Oberverwaltungsgericht (bzw. Verwaltungsgerichtshof) angefochten werden. Danach kommt in Ausnahmefällen die **Revision** beim Bundesverwaltungsgericht in Betracht. Ist der Betroffene mit der letztinstanzlichen Entscheidung nicht einverstanden, weil er sich in seinen Grundrechten verletzt fühlt, kann er **Verfassungsbeschwerde** beim Bundesverfassungsgericht erheben (Art. 93 Abs. 1 Nr. 4a GG).

III. Formloser Rechtsbehelf

175 Art. 17 GG eröffnet jedermann die Möglichkeit, seinen Unmut auch außerhalb förmlicher Rechtsbehelfs- und Gerichtsverfahren im Wege eines **formlosen Beschwerderechts** zur Kenntnis staatlicher Stellen zu bringen. Der Bürger kann sich mit seinem Anliegen direkt an die vorgesetzte Dienststelle der Behörde wenden, die den Verwaltungsakt erlassen hat. Die sog. nichtförmlichen Rechtsbehelfe sind weder an eine Frist noch an eine Form gebunden („form-, frist- und fruchtlos"); sie haben keine aufschiebende Wirkung und wahren keine Rechtsbehelfsfristen. Gleichzeitig begründen sie aber auch keine Kostenpflicht. Der Bürger hat keinen Anspruch auf eine bestimmte Sachentscheidung, kann aber verlangen, dass seine Eingabe von der zuständigen Stelle entgegengenommen und sachlich geprüft wird (*BVerwG* NJW 1976, 638; *BVerfGE* 2, 230). Die wichtigsten formlosen Rechtsbehelfe sind die Dienst- und Fachaufsichtsbeschwerde sowie die Gegenvorstellung:

176 – Mit der **Dienstaufsichtsbeschwerde** kann der betroffene Bürger bei der mit der Dienstaufsicht betrauten Behörde das persönliche Verhalten eines Bediensteten mit dem Ziel disziplinarischer Maßnahmen überprüfen lassen. (Beispiel: Der Betriebsinhaber rügt das herablassende Verhalten eines Gewerbeaufsichtsbeamten).
– Im Wege der **Fachaufsichtsbeschwerde** können sachliche Mängel einer Verwaltungsmaßnahme bei der vorgesetzten Behörde gerügt werden. Ist die Beschwerde berechtigt, kann die vorgesetzte Behörde die handelnde Behörde z. B. im Wege der Weisung zur Abänderung ihrer Entscheidung veranlassen (Beispiel: Ein Arbeitnehmer wendet sich an die übergeordnete Behörde mit der Bitte, die Arbeitsschutzbehörde zum Einschreiten gegen seinen Arbeitgeber zu veranlassen).
– Mit der **Gegenvorstellung** regt der Bürger die Ausgangsbehörde an, ihre Verwaltungsmaßnahme zu ändern oder aufzuheben. Hiermit wird regelmäßig der zuständige Sachbearbeiter befasst sein. (Beispiel: Der Arbeitgeber wendet sich an den Arbeitsschutzbeamten mit der Bitte, sich im Hinblick auf die Anordnung zu den Bildschirmarbeitsplätzen nochmals zusammenzusetzen, um vielleicht eine andere Lösung zu finden).

F. Anordnung der sofortigen Vollziehung (VzA)

Erlässt die Behörde eine Anordnung, kann sie diese grundsätzlich frühestens 177
nach Ablauf der Rechtsbehelfsfrist (→ Rn. 165) **durchsetzen,** da die Anordnung
erst dann bestandskräftig wird. Legt der Betroffene Widerspruch oder Anfechtungsklage gegen die Anordnung ein, tritt sogar aufschiebende Wirkung ein (§ 80 Abs. 1
VwGO), d. h. die Anordnung ist bis zum Abschluss des Rechtsbehelfsverfahrens
nicht wirksam, **nicht vollziehbar** und muss daher vom Arbeitgeber zunächst auch
nicht befolgt werden.

I. Sinn und Zweck der VzA

Bestehen aber in einem Betrieb Umstände, die ein **sofortiges Einschreiten** der 178
Behörde erfordern, weil nur durch sofortige wirkungsvolle Maßnahmen ein Gesundheitsrisiko oder eine andere Gefahrensituation verhindert werden kann, so
kann die Behörde im öffentlichen Interesse die sofortige Vollziehung der Anordnung (VzA) bestimmen (§ 80 Abs. 2 Nr. 4 VwGO, z. B.: „Die sofortige Vollziehung
der Ziffer I. wird angeordnet."). Dies hat zur Folge, dass Widerspruch und Anfechtungsklage keine aufschiebende Wirkung haben. Der Betroffene muss also die Anordnung befolgen, unabhängig davon, ob sie anfechtbar ist, er also Widerspruch
oder Anfechtungsklage erheben könnte oder dies bereits getan hat.

Die VzA ist **kein Verwaltungsakt** i. S. v. § 35 VwVfG, sondern unselbstständiger 179
Annex der Anordnung (str., ebenso *Kopp/Schenke,* § 80 Rn. 78). Daher muss
der Betroffene vor ihrem Erlass nicht nach § 28 VwVfG angehört werden.

II. Besondere Begründung

Das besondere Interesse an der sofortigen Vollziehung ist **schriftlich zu begründen** 180
(§ 80 Abs. 3 VwGO). An die Begründung werden besondere Anforderungen
gestellt, insbesondere reicht es nicht aus, auf die Begründung zum Erlass der Anordnung zu verweisen oder eine lediglich formelhafte Begründung abzugeben. Es muss
vielmehr deutlich gemacht werden, warum im konkreten Fall das öffentliche Interesse an dem Sofortvollzug besteht, warum also mit der Vollziehung der Anordnung
nicht bis zu deren Unanfechtbarkeit abgewartet werden kann. Die Begründung
kann nicht nachgeschoben oder ausgewechselt werden. Fehlt die schriftliche Begründung oder ist sie unzulänglich, ist die Vollziehbarkeit der Anordnung trotzdem
wirksam. Die VzA ist dann aber rechtswidrig und führt auf Antrag gemäß § 80 Abs. 4
oder Abs. 5 VwGO zur Wiederherstellung der aufschiebenden Wirkung. Die Behörde kann dann eine neue VzA mit ausreichender Begründung erlassen.

Einer besonderen Begründung bedarf es nicht, wenn die Behörde bei Gefahr im 181
Verzug, insbesondere bei drohenden Nachteilen für Leben oder Gesundheit vorsorglich eine als solche bezeichnete **Notstandsmaßnahme** trifft. Untersagt der
Aufsichtsbeamte z. B. auf einer Baustelle die Beschäftigung von Arbeitnehmern auf
einem einsturzgefährdeten Gerüst und ordnet er hierfür den Sofortvollzug an, bedarf die VzA dann wegen akuter Gesundheitsgefährdung der Beschäftigten keiner
besonderen Begründung. Erlässt er aber später einen Bescheid, nach dem die Arbeiten erst wieder aufgenommen werden dürfen, wenn bestimmte Sicherungsmaßnahmen eingehalten werden und ordnet er auch hierfür den Sofortvollzug an,
muss er diese VzA besonders schriftlich begründen.

III. Einstweiliger Rechtsschutz

182 Die Anordnung der sofortigen Vollziehung hat zur Folge, dass ein Widerspruch oder eine Anfechtungsklage gegen den Bescheid **keine aufschiebende** (vollzugsaufschiebende) **Wirkung** entfaltet. Will der Arbeitgeber den Vollzug der Anordnung dennoch verhindern, muss er schnell handeln. Er kann entweder:
– bei der Ausgangs- oder der Widerspruchsbehörde einen Antrag auf **Aussetzung der sofortigen Vollziehung** nach § 80 Abs. 4 VwGO stellen oder
– gleich oder im Anschluss daran einen Antrag beim zuständigen Verwaltungsgericht auf **Wiederherstellung der aufschiebenden Wirkung** nach § 80 Abs. 5 VwGO stellen.

183 Die Anträge nach § 80 Abs. 4 oder 5 VwGO setzen nicht voraus, dass in der Hauptsache bereits Widerspruch oder Anfechtungsklage eingelegt wurde. Die Anträge sind **nicht fristgebunden.** Der Antragsteller wird sich aber bei längerem Zuwarten schwer tun, die Eilbedürftigkeit der Aussetzung oder Wiederherstellung der aufschiebenden Wirkung zu begründen. Im einstweiligen Rechtsschutzverfahren empfiehlt es sich daher, möglichst **umgehend zu handeln.**

184 Beim Antrag nach § 80 Abs. 5 VwGO prüft das **Gericht,** ob die tatbestandlichen Voraussetzungen für die VzA vorgelegen haben. Es trifft eine eigene Ermessensentscheidung über die Aussetzung oder Wiederherstellung der Anordnung (*VGH München,* GewArch 1980, 238). Es überprüft überschlägig die **Erfolgsaussichten** einer Klage im **Hauptsacheverfahren** und wägt die Interessen des Antragstellers und des Antragsgegners gegeneinander ab, bevor es durch **Beschluss** (nicht Urteil) entscheidet (näher *Kopp/Schenke,* VwGO, § 80 Rn. 152 ff. m.w.N.). Gegen den Beschluss ist nach den §§ 146 ff. VwGO eine **Beschwerde** beim Oberverwaltungsgericht (bzw. Verwaltungsgerichtshof) zulässig.

G. Vollstreckung der Anordnung

185 Für die Durchsetzung der Anordnungen nach § 22 steht der Behörde das **Verwaltungszwangsverfahren** zur Verfügung. Es richtet sich nach den Verwaltungsvollstreckungsgesetzen der Länder (z. B. BayVerwaltungszustellungs- und Vollstreckungsgesetz). Das Verwaltungszwangsverfahren kann unbeschadet der Möglichkeit eines Bußgeld- oder Strafverfahrens nach §§ 25 oder 26 eingeleitet werden (→ Rn. 153 f.). Sinn und Zweck des Vollstreckungsverfahrens ist, den Betroffenen durch die Zwangsmittel dazu anzuhalten, die Anordnung in der Zukunft zu erfüllen bzw. selbst dafür zu sorgen, dass die Anordnung erfüllt wird. Vollstreckbar sind nur Verwaltungsakte,
– die unanfechtbar sind,
– deren sofortige Vollziehung angeordnet ist oder
– bei denen das Gesetz dem Rechtsmittel keine aufschiebende Wirkung beilegt.

I. Arten von Zwangsmitteln

186 Das Vollstreckungsrecht kennt verschiedene Arten von Zwangsmitteln. Diese sind:
– **Zwangsgeld,**
– **Ersatzvornahme** (d. h. die Behörde nimmt die Handlung auf Kosten des Pflichtigen vor) und
– **unmittelbarer Zwang.**

Befugnisse der zuständigen Behörden · **§ 22 ArbSchG**

1. Zwangsgeld. Wird die Pflicht zu einer Handlung, einer Duldung oder einer Unterlassung nicht oder nicht vollständig oder nicht zur gehörigen Zeit erfüllt, kann die Vollstreckungsbehörde den Pflichtigen durch ein Zwangsgeld zur Erfüllung der Pflicht anhalten (vgl. z. B. Art. 31 BayVwZVG). Das Zwangsgeld beträgt mindestens fünfzehn und höchstens fünfzigtausend Euro. Das Zwangsgeld soll das **wirtschaftliche Interesse,** das der Pflichtige an der Vornahme oder am Unterbleiben der Handlung hat, erreichen. Zur Erreichung dieses Zieles kann das Höchstmaß in Einzelfällen sogar überschritten werden. Die Behörde ist angehalten, das wirtschaftliche Interesse nach pflichtgemäßem Ermessen zu schätzen. Kriterien für die Höhe des Zwangsgeldes sind insbesondere: **186a**
– wirtschaftlicher Wert der zu erfüllenden Pflicht,
– Intensität des zu erwartenden Widerstandes,
– wirtschaftliche Lage des Pflichtigen sowie
Anzahl der bereits erfolgten Androhungen in dieser Sache.

Das Zwangsgeld als **mildestes Zwangsmittel** kann beispielsweise angedroht werden, wenn die Erfüllung nicht strafbewehrter Vorschriften, also solcher, deren Verletzung nicht mit Bußgeld oder Strafe bedroht ist, erreicht werden soll.

Bei der Androhung des Zwangsgeldes kann der Pflichtige darauf hingewiesen werden, dass durch das Verwaltungsgericht **Ersatzzwangshaft** angeordnet werden kann, wenn
– das Zwangsgeld uneinbringlich ist und
– auch unmittelbarer Zwang keinen Erfolg verspricht.

Der Pflichtige muss allerdings vorher angehört werden. Die Dauer der Ersatzzwangshaft beträgt im Tag bis zwei Wochen, bei mehrmaliger Anwendung jedoch insgesamt höchstens vier Wochen. Die Androhung von Zwangsgeld dient auch oft dazu, die Verletzung von Unterlassungspflichten zu verhindern, also ein Verbot durchzusetzen.

2. Ersatzvornahme. Wird die Pflicht zu einer Handlung, die auch ein anderer vornehmen kann **(vertretbare Handlung),** nicht oder nicht vollständig oder nicht zur gehörigen Zeit erfüllt, so kann die Vollstreckungsbehörde die Handlung auf Kosten des Pflichtigen vornehmen lassen (vgl. z. B. Art. 32 BayVwZVG). Die Ersatzvornahme ist allerdings nur zulässig, wenn ein Zwangsgeld keinen Erfolg erwarten lässt. **186b**

3. Unmittelbarer Zwang. Führen die sonstigen zulässigen Zwangsmittel nicht zum Ziel oder würden sie für den Pflichtigen einen erheblich größeren Nachteil bedeuten als unmittelbarer Zwang oder lässt ihre Anwendung keinen zweckentsprechenden und rechtzeitigen Erfolg erwarten, kann die Vollstreckungsbehörde den Verwaltungsakt durch **unmittelbaren Zwang** vollziehen (vgl. z. B. Art. 34 BayVwZVG). Der unmittelbare Zwang kann auch bei Widerstand gegen die Ersatzvornahme angewendet werden. **186c**

Welches Zwangsmittel die Behörde anwenden möchte, liegt grundsätzlich in ihrem Ermessen. Allerdings gilt auch im Vollstreckungsrecht der Grundsatz der Verhältnismäßigkeit – insbesondere die Wahl des mildesten Mittels – so dass i. d. R. zunächst die Androhung und Festsetzung von Zwangsgeld geboten ist. **187**

II. Voraussetzungen und Verfahren

1. Androhung des Zwangsmittels. Die Vollstreckungsbehörden – das sind i. d. R. die Anordnungsbehörden – müssen die Zwangsmittel grundsätzlich **188**

schriftlich androhen. In der Androhung muss das vorgesehene Zwangsmittel nach Art und Ausmaß festgelegt werden. Die Androhung kann entweder
- bereits zusammen mit der Anordnung oder Untersagung nach § 22 Abs. 3 oder
- in einem besonderen Verwaltungsakt ausgesprochen werden.

Die Regel dürfte sein, die Androhung bereits mit dem Verwaltungsakt zu verbinden, der die zu vollziehende Anordnung enthält. Sie soll mit ihm verbunden werden, wenn die sofortige Vollziehung (→ Rn. 177 ff.) angeordnet ist.

Eine solche **Anordnung mit Zwangsgeldandrohung** könnte lauten:

1. Die Kettensäge X darf ab sofort nicht mehr in Verkehr gebracht werden, solange sie nicht den Anforderungen nach ... entspricht.
2. Die Anordnung nach Nr. 1 wird für sofort vollziehbar erklärt.
3. Falls Sie die Verpflichtung nach Nr. 1 nicht oder nicht vollständig erfüllen, wird ein Zwangsgeld in Höhe von EUR ... fällig.

Die Androhung in einem selbstständigen Bescheid wird dann ausgesprochen, wenn sich erst nach Erlass der Anordnung die Notwendigkeit herausstellt, diese zwangsweise durchzusetzen. In diesem Fall muss die Behörde dem Pflichtigen nochmals eine Frist setzen, innerhalb derer er die Anordnung zumutbarerweise erfüllen kann. Eine **gesonderte Zwangsgeldandrohung** kann z. B. folgendermaßen lauten:

1. Falls Sie die Anordnung nach Ziffer X des Bescheides vom ... Az.: ... nicht oder nicht vollständig erfüllen, wird ein Zwangsgeld in Höhe von EUR ... fällig.
2. Sie haben die Kosten des Verfahrens in Höhe von EUR ... zu tragen ...

189 Die Androhung stellt die Grundlage für die eventuelle spätere Anwendung des Zwangsmittels dar. Daher ist das vorgesehene spätere Zwangsmittel nach Art und Ausmaß genau zu bezeichnen. Ein angedrohtes Zwangsgeld ist betragsmäßig anzugeben. Der Inhalt der Androhung muss mit der zugrunde liegenden Anordnung übereinstimmen. Einzelheiten, wie z. B. Zustellungserfordernis sind in den Vollstreckungsgesetzen des Bundes und der Länder geregelt.

189a Sofern dem Pflichtigen in der Anordnung die Durchführung einer Handlung auferlegt wurde, ist in der Androhung eine **Frist** zu bestimmen, innerhalb derer er die Handlung vorzunehmen hat. Für die Länge der Frist sind die
- Dringlichkeit des Vollzuges,
- die wirtschaftlichen Möglichkeiten des Pflichtigen sowie
- die tatsächliche Möglichkeit der Durchführung der Anordnung entscheidend.

Auf die Fristsetzung kann verzichtet werden, wenn das öffentliche Interesse die sofortige Durchführung der Anordnung gebietet und das Interesse des Pflichtigen an einer Fristsetzung dahinter zurücktritt. Dies kann insbesondere bei der Verpflichtung, eine Handlung zu dulden oder zu unterlassen der Fall sein. Die Länge der Frist sollte so gewählt werden, dass die Anordnung bei Fristablauf vollziehbar ist.

Nicht zulässig ist die Androhung verschiedener Zwangsmittel nebeneinander. Eine erneute Zwangsmittelandrohung ist nur zulässig, wenn die vorausgegangene Androhung erfolglos war. In der neuen Androhung kann das Zwangsmittel wiederholt, gesteigert oder gewechselt werden. Nicht erforderlich ist die Beitreibung des Zwangsgeldes.

190 **2. Festsetzung des Zwangsmittels.** Die meisten Bundesländer sehen keine gesonderte Festsetzung des Zwangsmittels vor.

3. Anwendung des Zwangsmittels. Angewendet werden kann das Zwangs- 191
mittel, wenn:
- die Anordnung – also der Ausgangsbescheid – nicht erfüllt wurde und
- die Anordnung unanfechtbar geworden ist oder der Sofortvollzug angeordnet wurde.

Ein Zwangsgeld wird angewendet, indem es beigetrieben wird. Die Beitreibung erfolgt durch die nach Landesrecht zuständigen Behörden (z. B. die Vollstreckungsstellen der Finanzämter). Gleichzeitig oder auch später kann ein weiteres Zwangsgeld für den Fall der Nichterfüllung angedroht werden. Androhung und ggf. Festsetzung können entsprechend ihrem Zweck als Beugemittel sooft wiederholt werden, bis der Pflichtige die Anordnung erfüllt. Zweckmäßigerweise wird ein Zwangsgeld bei jeder Androhung höher festgesetzt werden, um den Druck auf den Pflichtigen zu verstärken. Nicht erforderlich für eine weitere Androhung ist die Beitreibung des Zwangsgeldes. Eine Beitreibung ist einzustellen, wenn der Pflichtige der Anordnung nachkommt. Ein bereits gezahltes Zwangsgeld ist aber nicht zurückzuerstatten.

Zur Durchsetzung des unmittelbaren Zwangs kann die zuständige Behörde die 192
Hilfe der Polizei in Anspruch nehmen. Die örtlich zuständige Polizeidienststelle hat auf Ersuchen der Vollstreckungsbehörde Hilfe zu leisten.

III. Rechtsbehelfe

Gegen die Androhung des Zwangsmittels sind die förmlichen Rechtsbehelfe ge- 193
geben, die auch gegen die Anordnung zulässig sind, die mit dem Zwangsmittel durchgesetzt werden soll, also i. d. R. Widerspruch und Anfechtungsklage. Werden Anordnung und Androhung in einem Bescheid verbunden, richtet sich ein förmlicher Rechtsbehelf gegen die Androhung gleichzeitig gegen die Anordnung, soweit diese nicht bereits Gegenstand eines Rechtsbehelfs- oder gerichtlichen Verfahrens ist oder der Rechtsbehelf **ausdrücklich** auf die Anfechtung des Zwangsmittels beschränkt wird. Ist die Androhung nicht mit dem zugrundeliegenden Verwaltungsakt verbunden und dieser unanfechtbar geworden, kann der Pflichtige nur noch gegen die Androhung vorgehen. Er kann dann aber nur noch geltend machen, durch den Zwangsmittelbescheid selbst in seinen Rechten verletzt zu sein. Er kann nicht mehr vortragen, die zu erfüllende Anordnung sei rechtswidrig.

Wird ein Zwangsmittel ohne vorherige Androhung angewendet, so sind die förmlichen Rechtsbehelfe zulässig, die gegen Verwaltungsakte allgemein gegeben sind, also i. d. R. Widerspruch und Anfechtungsklage.

Förmliche Rechtsbehelfe gegen Maßnahmen der Vollstreckungsbehörden bei der Anwendung des Zwangsmittels sind insoweit zulässig, als geltend gemacht werden kann, dass diese Maßnahmen eine selbständige Rechtsverletzung darstellen.

H. Öffentlicher Dienst (Abs. 3 Satz 4)

§ 22 Abs. 3 Satz 4 trifft eine **Sonderregelung** für den öffentlichen Dienst. Da- 194
nach sollen Maßnahmen der zuständigen Behörden im Bereich des öffentlichen Dienstes, die den Dienstbetrieb wesentlich beeinträchtigen, im Einvernehmen mit der obersten Bundes- oder Landesbehörde oder dem Hauptverwaltungsbeamten der Gemeinde getroffen werden. Diese Sonderregelung dient der Aufrechterhaltung der Funktionsfähigkeit des öffentlichen Dienstes und berücksichtigt, dass ein

ArbSchG § 22

Konflikt zwischen verschiedenen Aufgabenträgern der Verwaltung aus verfassungsrechtlichen Gründen nicht mit hoheitlichen Maßnahmen gelöst werden kann (BT-Drs. 13/4854, S. 4).

195 Unter **„Maßnahmen"** sind nicht nur Anordnungen im Sinne von Absatz 3 Satz 1, sondern sämtliche in § 22 aufgeführten Rechte der Arbeitsschutzbehörden zu verstehen. Dafür spricht bereits der Wortlaut der Regelung. Hätte der Gesetzgeber die Einvernehmensregelung im öffentlichen Dienst nur für das Treffen von „Anordnungen" gelten lassen wollen, hätte er dies ausdrücklich im Gesetzestext erwähnt. Darüber hinaus können Überwachungsmaßnahmen nach Absatz 1 oder 2, z. B. Prüfungen oder Probenahmen, vereinzelt den Dienstbetrieb ebenso erheblich beeinträchtigen wie das Treffen von Anordnungen nach Absatz 3 Satz 1. Damit entspricht eine weite Auslegung auch dem Regelungszweck des Satzes 4, den Dienstbetrieb möglichst ungestört aufrechtzuerhalten.

196 Die Herstellung des Einvernehmens ist nur bei Maßnahmen mit wesentlicher Beeinträchtigung des Dienstbetriebes in **Dienststellen** erforderlich. Dienststellen sind nach § 2 Abs. 5 Satz 2 die einzelnen Behörden, Verwaltungsstellen und Betriebe der Verwaltungen des Bundes, der Länder, der Gemeinden und der sonstigen Körperschaften, Anstalten und Stiftungen des öffentlichen Rechts, die Gerichte des Bundes und der Länder sowie die entsprechenden Einrichtungen der Streitkräfte. Unerheblich ist, ob es sich um Tätigkeitsbereiche mit Publikumsverkehr handelt, da der Schutz der Beschäftigten im Vordergrund steht.

197 Der Dienstbetrieb muss durch die Maßnahme **„wesentlich beeinträchtigt"** sein. Eine wesentliche Beeinträchtigung liegt nur bei einem erheblichen Eingriff in den Dienstbetrieb vor. Andere Maßnahmen, die nur eine einfache Störung verursachen oder beispielsweise die Verfügung, einen Aufzug oder einen Feuerlöscher einer regelmäßigen Prüfung zu unterziehen, unterliegen nicht dem Einvernehmensgebot. An die Bestimmung dessen, was eine „wesentliche Beeinträchtigung" darstellt, ist ein strenger Maßstab anzulegen. Dies gebietet bereits das Interesse an einem effektiven Gesundheitsschutz der Beschäftigten auch im öffentlichen Dienst. Nur in Fällen, in denen die Ungestörtheit des Dienstbetriebes dies unabdingbar erfordert, darf die Durchsetzung erforderlicher Arbeitsschutzmaßnahmen durch einen zusätzlichen Verfahrensschritt möglicherweise verzögert werden.

Eine „wesentliche Beeinträchtigung" liegt immer dann vor, wenn eine wesentliche Aufgabe der Dienststelle zum Nachteil des betroffenen Bürgers nicht oder nicht in ausreichendem Maße erfüllt werden kann. Zudem muss eine **Interessenabwägung** zwischen dem Gesundheitsschutz der Beschäftigten und dem Bürgerinteresse zugunsten des Bürgerschutzes ausgehen. Eine wesentliche Beeinträchtigung wird innerhalb der Dienststelle in der Regel der **Dienststellenleiter** gegenüber dem Aufsichtsbeamten geltend machen. Beispiele sind:
– Polizeieinsatz bei Gewaltverbrechen,
– Hilfeleistung bei Unglücksfällen durch die Feuerwehr,
– dringende Reparaturarbeiten an Einrichtungen der öffentlichen Versorgung mit Strom, Wasser, Gas ect.
– Maßnahmen im Strafvollzug.

Keine wesentliche Beeinträchtigung stellt grundsätzlich eine Verzögerung in der Erbringung **finanzieller Leistungen** dar (z. B. Steuerrückzahlung), es sei denn, die pünktliche Zahlung stellt die Grundlage der Existenzsicherung des betroffenen Bürgers dar (z. B. Sozialhilfe).

198 Wird durch den Dienststellenleiter geltend gemacht, dass die Maßnahme der zuständigen Behörde den Dienstbetrieb wesentlich beeinträchtigt, **„soll"** nach dem

Befugnisse der zuständigen Behörden **§ 22 ArbSchG**

Gesetzeswortlaut ein Einvernehmen mit der für den betroffenen Dienstbetrieb jeweils letztlich zuständigen Behörde hergestellt werden. In der Praxis sind allerdings in den meisten Bundesländern Richtlinien erlassen worden, wonach – außer bei Gefahr im Verzug – die Zustimmung bestimmter oberster Dienstbehörden oder Ministerien erforderlich ist.

In Bayern beispielsweise bedarf die Anordnung von Maßnahmen durch die Gewerbeaufsichtsämter, für die durch den Dienststellenleiter geltend gemacht wird, dass sie den Dienstbetrieb wesentlich beeinträchtigen, – außer bei Gefahr in Verzug – der Zustimmung des Staatsministeriums für Arbeit und Sozialordnung, Familie und Integration. Die Zustimmung kann nur im Einvernehmen mit der jeweiligen obersten Dienstbehörde bzw., soweit Einvernehmen nicht zu erzielen ist, im Einvernehmen mit dem Staatsministerium der Finanzen erteilt werden (vgl. Ziff. 3.2 der Richtlinien zum Vollzug des Arbeitsschutzgesetzes im öffentlichen Dienst im Freistaat Bayern).

Ausnahmsweise darf die zuständige Behörde aber die Maßnahme auch ohne Zustimmung anderer Behörden treffen, wenn **„Gefahr im Verzug"** vorliegt. Dies trifft dann zu, wenn im konkreten Fall Leben oder Gesundheit von Beschäftigten unmittelbar oder in Bezug auf die Gesundheit auch erheblich gefährdet wären und bei einer pflichtgemäßen Abwägung mit den Interessen der von der wesentlichen Beeinträchtigung des Dienstbetriebes Betroffenen den Interessen der Beschäftigten der Vorrang gegeben werden muss.

Kann ein Einvernehmen nicht hergestellt werden, bedeutet dies in letzter Konsequenz, dass die beabsichtigte Maßnahme nicht getroffen werden kann. Die Regelung berücksichtigt, dass ein Konflikt zwischen verschiedenen Aufgabenträgern der Verwaltung nicht mit hoheitlichen Mitteln gelöst werden kann, sondern vom ernsthaften Willen zur Einigung und von der Würdigung auch der Argumente der jeweils anderen Behörde getragen werden muss. Zwar wird auch ein privatwirtschaftlicher Betrieb durch viele Maßnahmen der Arbeitsschutzbehörden zum Teil erheblich belastet, allerdings steht diesem im Konfliktfall der Rechtsweg mit seinen Anfechtungsmöglichkeiten offen. Entscheidend für eine Ungleichbehandlung zwischen dem öffentlichen Dienst und dem privaten Arbeitgeber ist aber letztlich, dass der öffentliche Dienst Aufgaben zum Wohl der Allgemeinheit zu erfüllen hat, deren Aufgabenerfüllung im Einzelfall den Vorrang vor dem Beschäftigtenschutz haben kann. **199**

In den Länderrichtlinien werden durch die Einschaltung der Ministerien keine zusätzlichen bürokratischen Instanzenwege aufgebaut, sondern der gesamte Verfahrensweg konkretisiert mit dem Ziel, die Durchsetzung entsprechender Maßnahmen zu beschleunigen. Die Tatsache, dass die Anordnungen bei nicht lösbaren Vorbehalten des Dienststellenleiters z. B. in Bayern immer unmittelbar der obersten Dienstbehörde vorzulegen sind, ermöglicht kurzfristig abschließende Entscheidungen. Durch die Vorlageverpflichtung wird ebenso verhindert, dass eine Maßnahme, die ohnehin nicht mit Mitteln des Verwaltungszwangs durchgesetzt werden könnte, auf dem Schreibtisch eines „uneinsichtigen Behördenleiters verstaubt". Gleichzeitig eröffnet die Befassung der obersten Dienstbehörde mit der Angelegenheit die Möglichkeit, in diesen strittigen Fällen im Hinblick auf gleichgelagerte Situationen in einer Vielzahl von Dienststellen entsprechende Regelungen vorzugeben.

Mit der Regelung des § 22 Abs. 3 Satz 4 wird zugleich klargestellt, dass die zuständigen Behörden berechtigt sind, auch gegen andere Dienststellen Anordnungen zu erlassen. Allerdings ist eine Vollstreckung der Anordnung im Wege des Verwaltungszwangs, also z. B. die Androhung von Zwangsgeld gegen Behörden und juristische Personen des öffentlichen Rechts nicht möglich, soweit dies nicht durch Ge- **200**

ArbSchG § 22 Arbeitsschutzgesetz

setz oder Verordnung besonders zugelassen ist (für den Bereich des Bundes § 17 BVwVG, für die Länder z. B. Art. 29 Abs. 4 BayVwZVG, vgl. hierzu *Wilhelm* DVP 2012, 143 ff.).

I. Anhang

201   1. **Musterbescheid „Anordnung im Arbeitsstättenrecht".**

Firma
....
....
(Kopfzeile)
Arbeitsstättenrecht;
Ihr Betrieb in ....
Zur Besichtigung des Betriebes am ....
durch ....
Anlagen
1 Rechtsbehelfsbelehrung
1 Kostenrechnung *(abhängig von der Kostenpflichtigkeit des Bescheides)*

Bescheid

1. In Ihrem Betrieb in ...... sind die nachstehenden Anordnungen bis zum ...... bzw. im Falle eines Widerspruchs *(Klage)* mit aufschiebender Wirkung innerhalb von ...... Wochen nach Unanfechtbarkeit des Bescheides durchzuführen:
   1.1 ....
   1.2 ....
2. Das Gewerbeaufsichtsamt ...... ist bis zum vorgenannten Termin bzw. im Falle eines Widerspruchs *(Klage)* mit aufschiebender Wirkung innerhalb von ...... Wochen nach Unanfechtbarkeit des Bescheides über die Durchführung der Anordnungen nach Nr. 1.1 und 1.2 zu unterrichten.
3. Kosten werden nicht erhoben./Sie haben die Kosten des Verfahrens in Höhe von EUR ...... zu tragen. Die Gebühr wird auf EUR ...... festgesetzt. An Auslagen sind EUR ...... entstanden. *(Kostenentscheidung hängt nach den kostenrechtlichen Vorgaben von der Art und Schwere des Verstoßes ab).*

Gründe:

Bei der Überprüfung Ihres Betriebes ...... am ...... durch ...... wurde festgestellt, dass die Arbeitsstätte ...... nicht den Anforderungen nach § 3a ArbStättV i. V. m ...... entspricht. *(Ausführungen im Einzelnen erforderlich.)*
Die Anordnungen sind zum Schutz der Beschäftigten für Leben, Gesundheit und körperliche Unversehrtheit erforderlich. Das Amt hat nach pflichtgemäßem Ermessen entschieden. Nach seiner Auffassung liegen keine Gründe vor, die es rechtfertigen, von einer Entscheidung abzusehen oder eine andere Entscheidung zu treffen. Die mit der Durchführung der Anordnung für Sie verbundenen Kosten und sonstige Belastungen, z. B. organisatorischer Art, sind angesichts der ansonsten bestehenden Gefährdung von Leben und Gesundheit der Beschäftigten als hochrangige Rechtsgüter zumutbar. Bei der Bestimmung der Frist, innerhalb derer die Anordnungen zu erfüllen sind, wurden insbesondere die erforderlichen Planungs- und Durchführungszeiten berücksichtigt.

Rechtsgrundlagen:
§ 22 Abs. 3 Satz 1 Nr. 1 ArbSchG, §§ ...... *(je nach Anordnung und Kostenentscheidung)*

Rechtsbehelfsbelehrung

2. Musterbescheid „Anordnung der sofortigen Vollziehung". 202

Einschreiben
Firma
....
....
(Kopfzeile)
Arbeitsschutz;
Ihr Betrieb in ....
Zum Bescheid vom ....
Anlagen:
1 Rechtsbehelfsbelehrung

Bescheid
1. Die sofortige Vollziehung der Ziffer ...... des Bescheides vom ......, Az ...... wird angeordnet.
2. Kosten werden nicht erhoben.

Gründe:
Mit Bescheid vom ...... ist angeordnet worden, die Presse Nr. 4 in Ihrem Betrieb stillzulegen, bis sie mit einer Zweihandeinrückung ausgerüstet ist. Gegen diesen Bescheid haben Sie Widerspruch *(Klage)* eingelegt. Durch einen Weiterbetrieb der Presse ohne Zweihandeinrückung werden Beschäftigte erheblich gefährdet. Bei jedem Stempelniedergang muss mit einer erheblichen Handverletzung gerechnet werden. Ein Zuwarten bis zu einer Unanfechtbarkeit des Bescheides hätte zur Folge, dass die Gefahr bis zu diesem Zeitpunkt fortbesteht. Zum Schutz des hochrangigen Rechtsguts der Gesundheit der Beschäftigten ist es daher im öffentlichen Interesse erforderlich, die sofortige Vollziehung der Verfügung anzuordnen. Durch die Anordnung der sofortigen Vollziehung entfällt die aufschiebende Wirkung Ihres Widerspruchs *(Ihrer Klage)*.

Rechtsgrundlagen:
§ 80 Abs. 2 Nr. 4 VwGO, §... *Kostengesetz*

Rechtsbehelfsbelehrung

---

§ 23 Betriebliche Daten; Zusammenarbeit mit anderen Behörden; Jahresbericht

(1) ¹Der Arbeitgeber hat der zuständigen Behörde zu einem von ihr bestimmten Zeitpunkt Mitteilungen über
1. die Zahl der Beschäftigten und derer, an die er Heimarbeit vergibt, aufgegliedert nach Geschlecht, Alter und Staatsangehörigkeit,
2. den Namen oder die Bezeichnung und Anschrift des Betriebs, in dem er sie beschäftigt,
3. seinen Namen, seine Firma und seine Anschrift sowie
4. den Wirtschaftszweig, dem sein Betrieb angehört,

zu machen. ²Das Bundesministerium für Arbeit und Soziales wird ermächtigt, durch Rechtsverordnung mit Zustimmung des Bundesrates zu bestimmen, daß die Stellen der Bundesverwaltung, denen der Arbeitgeber die in Satz 1 genannten Mitteilungen bereits auf Grund einer Rechtsvorschrift mitgeteilt hat, diese Angaben an die für die Behörden nach Satz 1 zuständigen obersten Landesbehörden als Schreiben oder auf maschinell verwertbaren Datenträgern oder durch Datenübertragung weiterzuleiten

Baßlsperger

haben. ³In der Rechtsverordnung können das Nähere über die Form der weiterzuleitenden Angaben sowie die Frist für die Weiterleitung bestimmt werden. ⁴Die weitergeleiteten Angaben dürfen nur zur Erfüllung der in der Zuständigkeit der Behörden nach § 21 Abs. 1 liegenden Arbeitsschutzaufgaben verwendet sowie in Datenverarbeitungssystemen gespeichert oder verarbeitet werden.

(2) ¹Die mit der Überwachung beauftragten Personen dürfen die ihnen bei ihrer Überwachungstätigkeit zur Kenntnis gelangenden Geschäfts- und Betriebsgeheimnisse nur in den gesetzlich geregelten Fällen oder zur Verfolgung von Gesetzwidrigkeiten oder zur Erfüllung von gesetzlich geregelten Aufgaben zum Schutz der Versicherten dem Träger der gesetzlichen Unfallversicherung oder zum Schutz der Umwelt den dafür zuständigen Behörden offenbaren. ²Soweit es sich bei Geschäfts- und Betriebsgeheimnissen um Informationen über die Umwelt im Sinne des Umweltinformationsgesetzes handelt, richtet sich die Befugnis zu ihrer Offenbarung nach dem Umweltinformationsgesetz.

(3) ¹Ergeben sich im Einzelfall für die zuständigen Behörden konkrete Anhaltspunkte für
1. eine Beschäftigung oder Tätigkeit von Ausländern ohne den erforderlichen Aufenthaltstitel nach § 4 Abs. 3 des Aufenthaltsgesetzes, eine Aufenthaltsgestattung oder eine Duldung, die zur Ausübung der Beschäftigung berechtigen, oder eine Genehmigung nach § 284 Abs. 1 Satz 1 des Dritten Buches Sozialgesetzbuch,
2. Verstöße gegen die Mitwirkungspflicht nach § 60 Abs. 1 Satz 1 Nr. 2 des Ersten Buches Sozialgesetzbuch gegenüber einer Dienststelle der Bundesagentur für Arbeit, einem Träger der gesetzlichen Kranken-, Pflege-, Unfall- oder Rentenversicherung oder einem Träger der Sozialhilfe oder gegen die Meldepflicht nach § 8a des Asylbewerberleistungsgesetzes,
3. Verstöße gegen das Gesetz zur Bekämpfung der Schwarzarbeit,
4. Verstöße gegen das Arbeitnehmerüberlassungsgesetz,
5. Verstöße gegen die Vorschriften des Vierten und Siebten Buches Sozialgesetzbuch über die Verpflichtung zur Zahlung von Sozialversicherungsbeiträgen,
6. Verstöße gegen das Aufenthaltsgesetz,
7. Verstöße gegen die Steuergesetze,

unterrichten sie die für die Verfolgung und Ahndung der Verstöße nach den Nummern 1 bis 7 zuständigen Behörden, die Träger der Sozialhilfe sowie die Behörden nach § 71 des Aufenthaltsgesetzes. ²In den Fällen des Satzes 1 arbeiten die zuständigen Behörden insbesondere mit den Agenturen für Arbeit, den Hauptzollämtern, den Rentenversicherungsträgern, den Krankenkassen als Einzugsstellen für die Sozialversicherungsbeiträge, den Trägern der gesetzlichen Unfallversicherung, den nach Landesrecht für die Verfolgung und Ahndung von Verstößen gegen das Gesetz zur Bekämpfung der Schwarzarbeit zuständigen Behörden, den Trägern der Sozialhilfe, den in § 71 des Aufenthaltsgesetzes genannten Behörden und den Finanzbehörden zusammen.

(4) ¹Die zuständigen obersten Landesbehörden haben über die Überwachungstätigkeit der ihnen unterstellten Behörden einen Jahresbericht zu

veröffentlichen. ²Der Jahresbericht umfaßt auch Angaben zur Erfüllung von Unterrichtungspflichten aus internationalen Übereinkommen oder Rechtsakten der Europäischen Gemeinschaften, soweit sie den Arbeitsschutz betreffen.

Übersicht

	Rn.
A. Mitteilungspflicht der Arbeitgeber (Abs. 1)	1
B. Geheimhaltungspflicht der Arbeitsschutzbehörden (Abs. 2)	4
I. Sinn und Zweck der gewerbeaufsichtlichen Verschwiegenheitspflicht	4
II. § 23 Abs. 2 ArbSchG und der früher anwendbare § 139b GewO	6
1. Offenbarungsbefugnis	7
2. Betriebs-„geheimnisse" statt Betriebs-„verhältnisse"	8
3. Anwendungsbereich der jeweiligen Geheimhaltungspflichten	11
III. Wichtige Fallkonstellationen	14
1. Privat erlangte Kenntnisse	14
2. Weitergabe in „gut gemeinter Absicht"	16
3. Sonderproblem Anzeigeerstatter	20
IV. Ausnahmen von der Pflicht zur Geheimhaltung	23
1. Dispens durch den Unternehmer (Dienstherrn)	24
2. Offenkundige Tatsachen	25
3. Mitteilungen an andere mit Arbeitsschutz betraute Stellen	26
4. Mitteilungen an Verfolgungsbehörden	28
5. Mitteilungen an Umweltbehörden	31
6. Mitteilungen an die Presse	32
7. Mitteilungen an Parlamentarier	33
8. Informationsweitergabe zum Schutz der bei den Unfallverhütungsträgern Versicherten	34
9. Mitteilungen an sonstige Stellen	35
V. Geheimhaltung nach § 30 VwVfG	39
1. Bedeutung der Vorschriften zum verwaltungsverfahrensrechtlichen Geheimnis	39
2. Regelung des § 30 VwVfG	40
VI. Sonstige Geheimhaltungsvorschriften	43
1. Verschwiegenheitspflicht nach Beamtenrecht	44
a) Allgemeine Verschwiegenheitspflicht	44
b) Aussage vor Gericht	45
2. Datenschutzgesetz	47
3. §§ 199–208 Siebtes Buch Sozialgesetzbuch (SGB VII)	48
4. §§ 7, 8 Umweltinformationsgesetz (UIG)	50
VII. Strafrechtliche Aspekte	54
VIII. Durchsetzbarer Rechtsanspruch des Betriebsinhabers auf Geheimhaltung	57
IX. Amtshaftung wegen Geheimnisverletzung	62
C. Zusammenarbeit und Datenübermittlung bei Sozialmissbrauch (Abs. 3)	65
I. Illegale Betätigung	65
1. Schwarzarbeit	68
2. Illegale Ausländerbeschäftigung, Asylverstöße	69
3. Vorenthaltung von Sozialabgaben	70
II. Zuständigkeiten	71
1. Bundesagentur für Arbeit	71
2. Hauptzollämter	72

ArbSchG § 23

	Rn.
3. Finanzbehörden	73
4. Sozialversicherungsträger	74
5. Unfallversicherungsträger	75
6. Kreisverwaltungsbehörden	76
7. Gewerbeaufsichtsbehörden	77
8. Vergabestellen (Bauämter)	78
9. Gemeinden	79
10. Polizei	80
11. Staatsanwaltschaft	81
12. Handwerkskammern und Handwerksorganisationen, IHK	82
III. Bekämpfungsmaßnahmen	83
D. Jahresberichte (Abs. 4)	85

Literatur: *Bayerisches Arbeitsministerium* Jahresbericht der Gewerbeaufsicht des Freistaates Bayern, 2014; *dass.,* Bekanntmachung des Bayerischen Staatsministeriums vom 9.8.1991 („Geheimhaltungspflicht der Gewerbeaufsichtsbeamten"), Allgemeines Ministerialblatt 1991, 641 (kurz: StMAS, Bek.); *Fischer,* Artikelgesetz Arbeitsschutz – Große Zustimmung, BArbBl. 10/1996, 5; *Kollmer,* Das Recht des Betriebsinhabers auf Geheimhaltung seiner Betriebs- und Geschäftsgeheimnisse, RdA 1997, 155; *Knorr,* Geheimhaltungspflichten, GewArch 1980, 281; *Stelkens/Bonk/Sachs,* Verwaltungsverfahrensgesetz, Kommentar, 8. Aufl. 2014. *Wiesbauer,* Whistleblowing im Arbeitsschutz, NZA 2015,22.

A. Mitteilungspflicht der Arbeitgeber (Abs. 1)

1 Die **Mitteilungspflicht** der Arbeitgeber an die für den Arbeitsschutz und den Gesundheitsschutz der Beschäftigten zuständigen Behörden ist **keine echte Neuerung,** sondern wurde aus § 139b GewO übernommen. Bei der Beurteilung der betrieblichen Verhältnisse ist es für die Behörde von Bedeutung, ob in den Betrieben Jugendliche, Frauen, werdende Mütter oder nur erwachsene männliche Arbeitskräfte tätig sind. Der Staatsangehörigkeit der Beschäftigten kommt eine besondere Bedeutung zu. Hier geht es nicht zuletzt auch um die Frage, ob Beschäftigte der deutschen Sprache soweit mächtig sind, dass sie sicherheitstechnische Anweisungen verstehen und diese als Weisung der Verantwortlichen erkennen und sich entsprechend verhalten. Eine besondere Bedeutung hat diese Bestimmung im Zusammenhang mit der Arbeitsvergebung an **Heimarbeitnehmer,** deren Arbeitsplätze sich in ihren privaten Räumlichkeiten befinden. Werden bei Heimarbeit gefährliche Gase, Dünste oder Stäube freigesetzt und werden die erforderlichen Maßnahmen zum Schutz dieses Personenkreises nicht von den die Arbeiten vergebenden Firmen bereitgestellt, muss die zuständige Arbeitsschutzbehörde die entsprechenden Maßnahmen anordnen und für deren Durchführung Sorge tragen (z.B. Anordnung von Absaugeanlagen für Stäube bzw. Erfassung der Gase und Dämpfe und gefahrlose Abführung).

2 Um rechtzeitig das Erforderliche veranlassen zu können, kommt der Kenntnis über die Art der Arbeiten und der Zusammensetzung der in der Heimarbeit Beschäftigten eine besondere Bedeutung zu. Voraussetzungen sind daher auch die Kenntnis über die Art der Arbeiten und nicht zuletzt auch die Kenntnis, **wo** diese durchgeführt werden. Viele Heimarbeitnehmer sind sich der Gefahren oft nicht bewusst. Beispiel: Der Heimarbeitsplatz befindet sich in der Küche. Bei der Arbeit ist der Umgang mit brennbaren Flüssigkeiten unumgänglich. Im Raum befindet sich der Küchenherd mit einer offenen Flamme. Aus diesem Grund kommt auch der Bekanntgabe des Wirtschaftszwigs, in dem der Heimarbeitnehmer tätig ist, sowie der Anschrift eine große Bedeutung zu. Zusammenfassend ist zu sagen, dass die Weitergabe der geforderten Daten an die zuständigen Behörden zwingend ist. Diese können sonst ihrer gesetzlich festgelegten Aufgabe **„Arbeitsschutz"** nicht nachkommen. Sie dürfen allerdings die ihnen übermittelten Daten **nur zur Erfüllung** ihrer Aufgaben verwenden.

Neu ist allerdings auch, dass die Arbeitsschutzbehörden die ihnen bei den Revisionen zur Kenntnis gelangenden Daten und betrieblichen Verhältnisse, soweit sie arbeitsschutzrelevante Tatsachen beinhalten, an die Träger der gesetzlichen Unfallversicherung weiterleiten können. Damit ist sichergestellt, dass die Beschäftigten eine optimale **Abschirmung vor Gefahren für Leben und Gesundheit** erhalten. 3

B. Geheimhaltungspflicht der Arbeitsschutzbehörden (Abs. 2)

I. Sinn und Zweck der gewerbeaufsichtlichen Verschwiegenheitspflicht

Im Verkehr mit Behörden ist es häufig unvermeidbar, dass der Bürger private oder gesellschaftliche Geheimnisse offenbart, damit die Behörde ordnungsgemäß arbeiten und korrekte Sachentscheidungen treffen kann. Das Erfordernis der Geheimhaltung privater Daten folgt schon aus Art. 1 und Art. 2 GG, denn dem Bürger steht ein unantastbarer Bereich der **informationellen Selbstbestimmung** zu (*BVerwG* NJW 1983, 1221). 4

Zweck dieser besonderen Geheimhaltungspflicht ist, ähnlich wie beim Steuergeheimnis, der Schutz des Betriebs- oder Anlageninhabers vor einem unbefugten Bekanntwerden bestimmter betrieblicher Gegebenheiten (*Kahl* in Landmann/Rohmer GewO § 139b Rn. 24). Der Unternehmer soll vor möglichen wirtschaftlichen Nachteilen, nicht zuletzt im Hinblick auf eine vertrauensvolle Zusammenarbeit mit der Gewerbeaufsicht sowie zum Nutzen der zu schützenden Personen (Arbeitnehmer), bewahrt werden (Bekanntmachung des BayStMAS v. 9.8.1991 [„Geheimhaltungspflicht der Gewerbeaufsichtsbeamten", AllMBl S. 641], Ziff. 1.1; ferner *Knorr* GewArch 1980, 281). Der Unternehmer soll dazu angehalten werden, den Arbeitsschutzbeamten **möglichst alle arbeitsschutzrelevanten Sachverhalte darzulegen** und auch Einblick in vertrauliche Bereiche zu bieten. Gerade hierin liegt eine sehr wesentliche Voraussetzung für einen effektiven Arbeitsschutz, denn ohne eine eingehende Unterrichtung können erforderliche Maßnahmen oft nur unvollständig getroffen werden (*Knorr* GewArch 1980, 281). § 23 Abs. 2 soll auch die Arbeitsschutzbehörden vor Anfragen durch Behörden, Gerichte und sonstige Stellen schützen und damit eine vertrauensvolle und **effektive Zusammenarbeit** mit den innerbetrieblichen Arbeitsschutzdiensten (Sicherheitsingenieuren und -fachkräften) **gewährleisten** (*Kollmer* RdA 1997, 155, 156). 5

ArbSchG § 23

II. § 23 Abs. 2 ArbSchG und der früher anwendbare § 139 b GewO

6 Im Wesentlichen den gleichen materiellen Inhalt wie § 139 b GewO enthält die Geheimhaltungsregelung des § 23 Abs. 2 ArbSchG. Zu den wesentlichen Abweichungen zählen:

7 **1. Offenbarungsbefugnis.** Neu ist die **Offenbarungsbefugnis** gegenüber Trägern der gesetzlichen Unfallversicherung zur Erfüllung gesetzlich geregelter Aufgaben zum Schutz der Versicherten (BT-Drs. 13/4854 v. 12.6.1996, S. 4).

8 **2. Betriebs-„geheimnisse" statt Betriebs-„verhältnisse".** Eine gewisse Auflockerung der Geheimhaltungspflicht ergibt sich nur auf den zweiten Blick: Während beispielsweise in § 139 Abs. 1 Satz 3 GewO noch von geheimzuhaltenden **„Geschäfts- und Betriebsverhältnissen"** die Rede war, sind in § 23 Abs. 2 Satz 1 ArbSchG – begrifflich enger gefasst – lediglich die sog. **Geschäfts- und Betriebsgeheimnisse** angesprochen (*Kollmer/Vogl*, Rn. 306).

9 Außerdem ist **nicht** mehr von „der ihrer Besichtigung und Prüfung unterliegenden **Anlagen**", sondern vielmehr allgemein von der „Überwachungstätigkeit" die Rede. Während als Geschäfts- und Betriebsverhältnisse – viel weitergehender als der Begriff der Betriebsgeheimnisse – alle Vorgänge und tatsächlichen Umstände (auch ohne Bezug zum Arbeitsschutz) anzusehen sind, die mit den Gegebenheiten des Geschäfts- und Betriebsablaufs in Zusammenhang stehen, sind als Geschäfts- und Betriebsgeheimnisse ausschließlich solche Tatsachen zu qualifizieren, die ihrer Natur nach nur einem begrenzten Personenkreis bekannt sind (*Kahl* in Landmann/Rohmer GewO § 139 b Rn. 25).

10 Nicht mehr notwendigerweise unter die Geheimhaltungspflicht gemäß der neuen arbeitsschutzrechtlichen Regelung fallen also Gegebenheiten des Geschäftsablaufs, wie z. B. die Beschaffenheit und Menge der eingesetzten Betriebsmittel, Zahl und Standort bestimmter Maschinen, anfallende Zwischenprodukte, Verteilung der Arbeitszeit, Anzahl der Beschäftigten, etc. (*Kollmer/Vogl*, Rn. 157 ff., 306).

11 **3. Anwendungsbereich der jeweiligen Geheimhaltungspflichten.** Die Verschwiegenheitspflicht des **§ 139 b GewO** galt unmittelbar nur insoweit, als die Gewerbeaufsicht gemäß den Vorschriften der §§ 120 b ff. GewO tätig wurde. Die Verschwiegenheitspflicht galt darüber hinaus in den Fällen, in denen die Befugnisse der Gewerbeaufsichtsbeamten durch Verweisung auf § 139 b GewO geregelt war (Bek. des StMAS Ziff. 1.4 und *Knorr* GewArch 1980, 281, 282).

12 Damit sind weite, bei weitem aber nicht alle Bereiche, in denen die Gewerbeaufsicht zuständig ist, abgedeckt. Für den Vollzug anderer Gesetze (z. B. ArbZG, Fahrpersonalgesetz, Gesetz über die Beförderung gefährlicher Güter und SprengG) gelten andere Maßstäbe: Hier sind lediglich die allgemeinen Geheimhaltungs- und Verschwiegenheitsvorschriften des **§ 30 VwVfG** (gemeint sind auch die entsprechenden Paragraphen oder Artikel der Landes-Verwaltungsverfahrensgesetze, z. B. Art. 30 BayVwVfG), des Bundes- und Landesbeamtenrechts sowie die §§ 203 ff. StGB einschlägig.

13 Für den **Vollzug des ArbSchG** und der auf dem ArbSchG beruhenden Rechtsverordnungen gilt grundsätzlich die Verschwiegenheitspflicht nach § 23 Abs. 2 (*Kollmer* RdA 1997, 155 f.).

Betriebliche Daten; Zusammenarbeit; Jahresbericht **§ 23 ArbSchG**

III. Wichtige Fallkonstellationen

1. Privat erlangte Kenntnisse. Die Geheimhaltungspflicht gilt nach dem 14
Wortlaut des § 23 Abs. 2 nur für die bei der Überwachungstätigkeit dem Gewerbeaufsichtsbeamten zu seiner Kenntnis gelangten Geschäfts- und Betriebsverhältnisse. Fraglich ist, ob die Verschwiegenheitsregelung auch für privat dem Gewerbeaufsichtsbeamten zugegangene Betriebsverhältnisse gilt.

Letzteres ist **zu bejahen.** Es gilt der allgemeine polizei- und beamtenrechtliche 15
Grundsatz, dass der Beamte (fachlich) immer im Dienst ist. Erfährt der Gewerbeaufsichtsbeamte privat oder von arbeitsschutzrelevanten betrieblichen Begebenheiten, hat er auch über diese Stillschweigen zu bewahren. § 23 Abs. 2 schützt das Ansehen der Gewerbeaufsicht in den Augen des Betriebsinhabers. Die Vertrauenswürdigkeit der Gewerbeaufsicht darf nicht dadurch Schaden erleiden, dass privat dem Beamten zur Kenntnis gelangte Geschäftsgeheimnisse offenbart werden (*Kollmer* RdA 1997, 157).

2. Weitergabe in „gut gemeinter Absicht". Die besondere Pflicht zur Ge- 16
heimhaltung verbietet grundsätzlich auch die Weitergabe von Geschäftsgeheimnissen **„in gut gemeinter Absicht"** (*Kahl* in Landmann/Rohmer GewO § 139b Rn. 26). Die Arbeitsschutzbeamten dürfen also auch keine Tatsachen offenbaren, wenn eine solche Offenbarung dem Betrieb sogar Vorteile brächte. Für den Fall, dass eine Offenbarung von Betriebsgeheimnissen dem Unternehmer im Einzelfall erhebliche Vorteile brächte und auf die Schnelle eine Einwilligung des Betriebsinhabers nicht einzuholen ist (z. B. Auskunft an die Feuerwehr, die einen Brand im Betrieb löschen will), können die allgemeinen Grundsätze der **Nothilfe** oder der **mutmaßlichen Einwilligung** im Einzelfall ein Offenbaren bestimmter Fakten rechtfertigen.

Zu den Betriebs- und Geschäftsverhältnissen zählen nicht nur solche Vorgänge 17
und Fakten, zu deren Prüfung die Gewerbeaufsicht auch rechtlich befugt ist. Gerade weil sich der Einblick des Beamten nicht allein auf die Fakten beschränkt, die inhaltlich zu den in § 23 Abs. 2 genannten Vorschriften gehören, sondern darüber hinausreicht, muss auch die Pflicht zur Geheimhaltung entsprechend weit ausgelegt werden (*Knorr* GewArch 1980, 281).

Besondere Vorsicht haben die Gewerbeaufsichtsbeamten walten zu lassen, wenn 18
sie (lediglich) Namen oder Adressen von Firmen – z. B. für statistische Zwecke – weitergeben. Hier ist stets zu prüfen, ob Rückschlüsse auf Geschäfts- und Betriebsinterna auch wirklich ausgeschlossen sind. Denkbar ist beispielsweise, dass allein durch **vermeintlich harmlose Tatsachenangaben** wie das Mitteilen der Anzahl von Filialen oder der Mitglieder der Geschäftsführung eines Unternehmens an interessierte Dritte, Auskunfteien oder Institute Rückschlüsse auf Betriebs- und Geschäftsgeheimnisse gezogen werden können (*Kollmer* RdA 1997, 157).

Der Begriff der „Betriebs- und Geschäftsgeheimnisse" ist insofern **rechtswert-** 19
neutral, als er rechtmäßige wie rechtswidrige Handlungen, Zustände etc. umfasst.

3. Sonderproblem Anzeigeerstatter. Ein Sonderproblem stellt die Frage dar, 20
ob sich die Geheimhaltungspflicht des Gewerbeaufsichtsbeamten auch auf den Namen eines **Anzeigeerstatters** (also eines Arbeitnehmers) erstreckt, der seinen Arbeitgeber auf Grund von (vermeintlichen) Arbeitsschutzverstößen angezeigt hat. Für den Arbeitnehmer ist dies vor allem deswegen von Bedeutung, weil er mit der Anzeige möglicherweise gegen seine **arbeitsvertragliche Treuepflicht** (§§ 611, 242 BGB) verstößt: Nach h. M. darf ein Arbeitnehmer Dritten gegenüber keine

Baßlsperger

ArbSchG § 23

Mitteilung von Tatsachen machen, die dem Ruf des Unternehmens oder des Arbeitgebers abträglich sein können, und zwar unabhängig davon, ob es sich um wahre oder unrichtige Tatsachen handelt; die Anzeige von Pflichtverletzungen nach § 618 BGB bei Behörden kommt nur als **ultima ratio** und unter den Voraussetzungen des § 9 ArbSchG in Betracht.

21 *Knorr* (GewArch 1980, 281) verneint eine Geheimhaltungspflicht (bzgl. § 139b GewO) mit dem Argument, die Geheimhaltungspflicht umfasse „alles, worauf sich die betriebliche Entscheidungsgewalt des Unternehmers erstreckt oder damit in Zusammenhang steht". Diese Eigenheit treffe „aber für den Namen eines Anzeigeerstatters" nicht zu. Aus dem normativen Zweck der Geheimhaltungsvorschrift folge, dass es „wesensmäßig nicht Aufgabe dieser Vorschrift" sein könne, „die Identität eines Arbeitnehmers geheim zu halten, um ihn vor den Konsequenzen eines möglichen Verstoßes gegen die arbeitsvertragliche Treuepflicht zu bewahren".

22 Dem ist nur bedingt zuzustimmen. In den Schutzbereich – zumindest für den Bereich des § 23 Abs. 2 – der Vorschrift muss auch der Arbeitnehmer in gewissem Umfang einbezogen werden. Richtigerweise ist **zu differenzieren:** Handelt es sich um böswillige oder völlig haltlose Beschuldigungen des Arbeitnehmers, ist eine Offenbarung gegenüber dem Arbeitgeber zulässig. Hatte der Arbeitnehmer mit seinem Verdacht hingegen (zumindest teilweise) recht und (bzw. oder) hat der Arbeitnehmer seiner Rücksichtnahmepflicht gegenüber dem Arbeitgeber zumindest nicht grob zuwider gehandelt, so dürfte eine Offenbarung durch die Gewerbeaufsicht zumindest in deren Ermessen stehen (*Kollmer* RdA 1997, 157).

IV. Ausnahmen von der Pflicht zur Geheimhaltung

23 Die Geheimhaltungsmaxime ist **nicht absolut.** Sie wird vielmehr gesetzlich und gewohnheitsrechtlich in einem zum Teil nicht unerheblichen Umfang **eingeschränkt** (*Kollmer* RdA 1997, 158 f.).

24 **1. Dispens durch den Unternehmer (Dienstherrn).** Die Geheimhaltungspflicht soll den **Unternehmer/Dienstherrn schützen.** Hieraus folgt, dass dieser als **Herr der Betriebsverhältnisse** auch über die ihn betreffenden Fakten und Vermutungen verfügen darf. Der Unternehmer kann den Gewerbeaufsichtsbeamten von seiner Verschwiegenheitspflicht entbinden (Bek. des StMAS, Ziff. 1.8). Der Unternehmer kann auch auf Teilaspekte der Geheimhaltung ausdrücklich oder durch schlüssiges Verhalten verzichten. Unberührt bleibt allerdings die Verschwiegenheitspflicht des Gewerbeaufsichtsbeamten, soweit Rechte weiterer Personen (z. B. personenbezogene Daten von Arbeitnehmern) zu schützen sind. Auch lässt ein Verzicht des Arbeitgebers auf seine Geheimhaltungsrechte die Pflicht zur Amtsverschwiegenheit nach Beamtenrecht grundsätzlich unberührt (*Knorr* GewArch 1980, 281, 283 m. w. N.).

25 **2. Offenkundige Tatsachen.** Das Bedürfnis für eine Geheimhaltung entfällt, wenn es um offenkundige Tatsachen oder ihrer Bedeutung nach nicht geheimzuhaltende Vorgänge geht. Auch Mitteilungen gegenüber öffentlich-rechtlichen Körperschaften zu **statistischen Zwecken** sind meist unbedenklich; allerdings muss hierbei sichergestellt sein, dass die vorgesehenen Veröffentlichungen keine Rückschlüsse auf Betriebs- und Geschäftsverhältnisse zulassen (*Knorr* GewArch 1980, 281, 283). Im Einzelfall zu entscheiden ist, ob **Mitteilungen allgemeiner Art** zulässig sind. Inwieweit etwa eine behördliche Auskunft darüber erteilt werden kann, ob ein bestimmter Betrieb auf die Einhaltung von Arbeitsschutzvorschriften über-

prüft wird oder ob eine Überprüfung bereits erfolgt ist, muss im Einzelfall unter Abwägung aller Umstände entschieden werden (Bek. des StMAS, Ziff. 2.9).

3. Mitteilungen an andere mit Arbeitsschutz betraute Stellen. Die Geheimhaltungspflicht geht über die allgemeine beamten- und dienstrechtliche Verschwiegenheitspflicht hinaus (*Kahl* in Landmann/Rohmer GewO § 139b Rn. 25 und *RGZ* 54, 1) und ist auch gegenüber dem Recht anderer Behörden oder Dienststellen auf Amtshilfe grundsätzlich vorrangig (*Kahl* in Landmann/Rohmer GewO § 139b Rn. 24). Die Verschwiegenheitspflicht findet allerdings keine Anwendung bei Mitteilungen gegenüber der **vorrangigen Aufsichtsbehörde** (z. B. Arbeitsministerium) oder anderen Behörden, die ihrerseits der Regelung des § 23 Abs. 2 ArbSchG und des § 139b GewO unterliegen (Bek. des StMAS, Ziff. 2.1). 26

Eine Weitergabe von Geschäfts- und Betriebsverhältnissen ist zulässig, wenn Behörden, Körperschaften des öffentlichen Rechts oder sonstige Dienststellen um Auskünfte, Mitteilungen, um Zusendung von Unterlagen etc. bitten, sofern sie „unmittelbar oder zumindest in Durchführung des Arbeitsschutzes" tätig werden (*Knorr* GewArch 1980, 281, 283; *Kahl* in Landmann/Rohmer GewO § 139b Rn. 26). **Anfragen** solcher Behörden oder Stellen können unter zwei Voraussetzungen beantwortet werden (*Knorr* GewArch 1980, 281, 283): 27
– Es müssen arbeitsschutzrechtliche Belange betroffen sein und
– die anfragende Behörde muss Aufgaben des Arbeitsschutzes und der Sicherheitstechnik (zumindest teilweise) zu erfüllen haben.
Wichtig: Der Empfänger ist **darauf hinzuweisen,** dass der Inhalt der Mitteilung geheimzuhalten ist.

4. Mitteilungen an Verfolgungsbehörden. Die Verpflichtung zur Geheimhaltung nach § 23 Abs. 2 steht unter dem Vorbehalt der Anzeige von Gesetzwidrigkeiten. Mitteilungen über Geschäfts- und Betriebsverhältnisse können also an die **Staatsanwaltschaft, Polizei** oder sonstige **Verfolgungsbehörden** gehen. Die Bekanntgabe von Geschäfts- und Betriebsgeheimnissen ist allerdings nur dann erlaubt, wenn es um die Verfolgung von rechtswidrigen Handlungen zur Abrügung eines Verhaltens im Bereich des Arbeitsschutzes geht (Bek. des StMAS, Ziff. 2.3), es sei denn, aus § 23 ergibt sich Abweichendes. Eine Gesetzwidrigkeit ist in erster Linie dann vor, wenn eine Straftat begangen worden ist. Dabei sind die Merkmale einer Gesetzwidrigkeit nicht nur zu bejahen, wenn eine arbeitsschutzspezifische Straftat verwirklicht worden ist (z. B. abstraktes Gefährdungsdelikt nach § 17 GSG), sondern auch dann, wenn gegen nicht strafbewehrte Pflichten auf dem Gebiet des Arbeitsschutzes verstoßen wurde und die Polizei oder Staatsanwaltschaft infolgedessen wegen einer Körperverletzung oder fahrlässigen Tötung Ermittlungen durchführt (*Kahl* in Landmann/Rohmer GewO § 139b Rn. 28; *Knorr* GewArch 1980, 281, 284). Dabei reicht es aus, dass der Verdacht der Verwirklichung des objektiven Tatbestandes (unabhängig von Erwägungen des objektiven Tatbestands, der Rechtswidrigkeit und der Schuld) vorliegt (etwas a. A. wohl *Knorr* GewArch 1980, 281, 284, der die Rechtswidrigkeit der Handlung verlangt). 28

Die Geheimhaltungspflicht tritt ferner zurück, wenn nach den Feststellungen des Gewerbeaufsichtsbediensteten auf Grund von **schwerwiegenden Verstößen** gegen die Vorschriften auch **außerhalb** des Fachbereichs **Arbeitsschutz** (wie z. B. im Wasser- oder Abfallrecht) unmittelbare Gefahren für Leib oder Leben von Personen (Landmann/Rohmer/*Kahl,* § 139b Rn. 28) oder für Sachgüter drohen oder verwirklicht worden sind. Dies ergibt sich aus dem allgemeinen Gedanken der Nothilfe, lässt sich vor allem aber aus dem Gedanken der **Pflichtenkollision** konstruie- 29 ren; der Rechtfertigungsgrundsatz der Pflichtenkollision ist gegeben, wenn den Handelnden mehrere sich ausschließende Pflichten treffen und er die nach seiner konkreten Lage objektiv **höherwertige** zum Nachteil der geringwertigen erfüllt (*RGSt* 60, 246; 61, 254; 64, 91; *BGHSt* 2, 242; *OLG Stuttgart,* MDR 1956, 245). Ebenso wie der Arzt, der seine Schweigepflicht nach § 203 StGB verletzt, um andere vor Ansteckung zu warnen (*RGSt* 38, 62), ist der Gewerbeaufsichtsbeamte befugt, bei einer drohenden Gefahr für Leib, Leben oder Sachgüter eine Weitermeldung an den potentiellen Adressaten der Rechtsgutverletzung oder an die zuständigen behördlichen Stellen zu machen. Eine sorgfältige Einzelfallabwägung ist in diesen Fällen erforderlich.

30 Gesetzwidrigkeiten i. S. v. § 23 Abs. 2 sind **auch Ordnungswidrigkeiten**. Auch hier muss ein thematischer Bezug zum arbeitsschutzspezifischen Begriff der Gesetzwidrigkeit vorliegen. Grundsätzlich dürfen nur Verstöße gegen Vorschriften des sozialen technischen Arbeitsschutzes mitgeteilt werden (in diesem Sinne ausführlich *Knorr* GewArch 1980, 281 ff.; vgl. auch *Kahl* in Landmann/Rohmer GewO § 139b Rn. 28 und Bek. des StMAS, Ziff. 2.5), sofern sich aus § 23 nichts Abweichendes ergibt. Verstöße des Arbeitgebers außerhalb des Zuständigkeitsbereichs der Gewerbeaufsichtsbehörde gegen bußgeldbewehrte Vorschriften dürfen nicht mitgeteilt werden, da ansonsten die Geheimhaltungsvorschrift des § 23 Abs. 2 weitestgehend leerliefe; ein bußgeldbewehrter Verstoß gegen andere Rechtsmaterien ließe sich oftmals überleicht konstruieren und die besondere Geheimhaltungspflicht der Gewerbeaufsicht dadurch aushebeln.

31 **5. Mitteilungen an Umweltbehörden.** Zulässig sind auch Mitteilungen an die für den Schutz der Umwelt zuständigen Behörden. Dies gilt jedoch nur insoweit, als die Mitteilungen zur Erfüllung gesetzlich geregelter Aufgaben dieser Behörden erforderlich sind. Eine **Sonderregelung** besteht für die Mitteilung von Umweltinformationen i. S. d. UIG.

32 **6. Mitteilungen an die Presse.** Das **Verbot der Weitergabe** von Geschäftsvorgängen besteht auch gegenüber der Presse. Die Pressevorschriften der Länder sehen regelmäßig vor, dass die Auskunft verweigert werden kann, soweit auf Grund gesetzlicher Vorschriften eine Verschwiegenheitspflicht besteht (z. B. § 4 Abs. 2 Nr. 2 des Bayerischen Gesetzes über die Presse v. 3. 10. 1949 (BayRS 2250–1-I). Informationen an die Presse dürfen nur weitergegeben werden, soweit sie offenkundige Tatsachen betreffen oder aber ein Dispens durch den zuständigen Unternehmer vorliegt.

33 **7. Mitteilungen an Parlamentarier.** Die Geheimhaltungspflicht besteht grundsätzlich auch gegenüber Abgeordneten im Zusammenhang mit deren Tätigkeit im Parlament, vor allem bei der politischen Öffentlichkeitsarbeit (L/R-GewO/ *Kahl,* § 139b Rn. 286). Der Schutz des Unternehmers genießt auch dann Vorrang, wenn die Verweigerung der Herausgabe einer solchen Information zu einer nicht unerheblichen Behinderung der parlamentarischen Institute führt. Ausnahmen sind lediglich denkbar, wenn Mitteilungen auf Grund von Auskunftsverlangen parlamentarischer Untersuchungsausschüsse ergehen (in diesem Sinne Bek. des StMAS, Ziff. 2.10). Das Parlament übt hier seine Kontrollfunktion gegenüber der Verwaltung aus und kann insoweit als eine der Verwaltung vorgesetzte, zu informierende Instanz, die auch im Bereich des Arbeitsschutzes tätig wird, gesehen werden. Ob an den parlamentarischen Untersuchungsausschuss eine bestimmte Information weitergereicht werden kann, ist im Einzelfall unter **Abwägung** aller Umstände sorgfältig zu prüfen.

Betriebliche Daten; Zusammenarbeit; Jahresbericht § 23 **ArbSchG**

8. Informationsweitergabe zum Schutz der bei den Unfallverhütungsträgern Versicherten. Mit der Offenbarungsbefugnis auch gegenüber den Trägern der gesetzlichen Unfallversicherung soll im Sinne einer Erfüllung gesetzlich geregelter Aufgaben zum Schutz der Versicherten eine **effektive Zusammenarbeit** zwischen staatlichen Behörden und Berufsgenossenschaften gesichert werden (*Kittner* in Pieper ArbSchR ArbSchG § 23 Rn. 4). Diese Befugnis ist neu. Allerdings sind auch bisher schon die Arbeitsschutzbehörden davon ausgegangen, dass sie den Unfallversicherungsträgern – soweit letztere nach den §§ 15ff. SGB VII zur Verhütung von Unfällen zuständig sind – Geschäfts- und Betriebsgeheimnisse von Arbeitgebern im Wege der Amtshilfe übermitteln dürfen. Schließlich unterliegen auch die Unfallversicherungsträger nach dem SGB der gleichen strengen Geheimhaltungspflicht, wie dies nach § 23 Abs. 2 ArbSchG oder § 139 GewO der Fall ist (§ 35 SGB I und §§ 67ff. SGB X). Umgekehrt dürfen Betriebs- und Geschäftsgeheimnisse sowie personenbezogene Daten, die den Arbeitsschutzbehörden zur Erfüllung ihrer Aufgaben durch die Unfallversicherungsträger offenbart worden sind, gem. § 78 SGB X nur zu dem Zweck verwendet werden, zu dem sie der Arbeitsschutzbehörde offenbart worden sind. Die Arbeitsschutzbehörde hat dann die Daten in demselben Umfang geheimzuhalten, wie dies bei den in § 35 SGB I genannten Stellen der Fall ist (so *Nöthlichs,* Ziff. 4054, S. 4, 5). 34

9. Mitteilungen an sonstige Stellen. Eine Weitergabe von Betriebs- und Geschäftsgeheimnissen an **spezielle Verwaltungsträger** gestattet ausdrücklich § 23 Abs. 1, 2, 3 und 4. Ergeben sich im Einzelfall für die für den Arbeitsschutz zuständigen Landesbehörden konkrete Anhaltspunkte, dass z. B. gegen das AuslG, die Steuergesetze oder das Schwarzarbeitsgesetz verstoßen wird, so dürfen (und unter Umständen müssen) die Arbeitsschutzbehörden die für die Verfolgung und Ahndung dieser Verstöße zuständigen Behörden unterrichten. In den Absätzen 1, 3 und 4 des § 23 sind noch diejenigen Behörden genannt, die mit den Arbeitsschutzbehörden zusammenarbeiten und daher als potentielle Informationsempfänger in Betracht kommen. 35

Keinen Anspruch auf Auskunft haben grundsätzlich Hochschulen und Institute, die wissenschaftlich tätig werden. 36

Statthaft sind Mitteilungen gegenüber den Kreisverwaltungsbehörden zur Durchführung von Verfahren nach § 35 GewO. 37

In eng umgrenzten Ausnahmefällen können Mitteilungen zulässig sein, deren Weitergabe **aus übergeordneten Gesichtspunkten** von bedeutendem öffentlichen Belang dringend **notwendig** ist (Bek. des StMAS, Ziff. 2.11). In solchen Fällen wäre der verweigerte Verzicht durch den Betriebsinhaber als rechtsmissbräuchlich analog **§ 242 BGB** zu betrachten. Jedoch ist – wenn irgend möglich – der Betriebsinhaber vor einer Weitergabe von Mitteilungen **zu hören** (§ 28 VwVfG). Über solche Fälle sollte die oberste Dienstbehörde (i. d. R. das Arbeitsministerium) entscheiden (*Kollmer* RdA 1997, 159). 38

V. Geheimhaltung nach § 30 VwVfG

1. Bedeutung der Vorschriften zum verwaltungsverfahrensrechtlichen Geheimnis. In speziellen Bereichen, in denen die Arbeitsschutzbehörden ebenfalls ganz oder teilweise zuständig sind, gelten mangels Verweisung auf § 139b GewO und mangels Anwendbarkeit des § 23 Abs. 2 ArbSchG nur die immer zu beachtenden **allgemeinen Bestimmungen über die Verschwiegenheit,** z. B. die beam- 39 tenrechtlichen Vorschriften, die Strafvorschrift des § 203 StGB, vor allem aber der allgemeine anerkannte verwaltungsverfahrensrechtliche Grundsatz, dass Erkenntnisse aus einem Verwaltungsverfahren generell geheim zu halten sind (§ 30 VwVfG). § 30 VwVfG oder die jeweilige, dem § 30 VwVfG entsprechende landesrechtliche Vorschrift (z. B. Art. 30 BayVwVfG) gewinnt dann an Bedeutung.

40 **2. Regelung des § 30 VwVfG.** Die Beteiligten eines Verwaltungsverfahrens haben Anspruch darauf, dass ihre Belange, insbesondere die zum persönlichen Lebensbereich gehörenden sowie die Betriebs- und Geschäftsgeheimnisse, von der Behörde nicht unbefugt offenbart werden (§ 30 VwVfG). Geschützt sind insbesondere Betriebs- und Geschäftsgeheimnisse. Darunter fallen sämtliche wirtschaftliche wie technische Interna und Gegebenheiten eines Unternehmens oder eines Betriebs, soweit sie dem **sensiblen Bereich** zugeordnet sind. Der Betriebsinhaber hat einen subjektiv öffentlich-rechtlichen Anspruch auf Wahrung seiner Betriebsgeheimnisse.

41 § 30 VwVfG ist **subsidiär** gegenüber Sozialvorschriften wie z. B. § 139b Abs. 1 Satz 3 GewO oder § 23 Abs. 2 ArbschG.

42 Nach h. M. gehören zum **Begriff** des Geheimnisses „alle sich auf ein bestimmtes privates Rechtsobjekt und dessen Lebens- oder Betriebsverhältnisse beziehenden Tatsachen, die bisher nur einem begrenzten Personenkreis bekannt sind, Dritte nichts angehen, einen Bezug zum auch verfassungsrechtlich geschützten unantastbaren Bereich privater Lebensgestaltung haben, in einem engen Zusammenhang zum Geheimnisträger stehen und an deren Nichtverbreitung das Rechtssubjekt deshalb ein berechtigtes Interesse hat" (*Leonhardt* in Stelkens/Bonk/Sachs § 38 Rn. 8; *Knemeyer* NJW 1984, 2241, 2243; ferner *BVerfGE* 27, 353; *BGH*, NJW 1984, 740). Der Begriff des Betriebs- und Geschäftsgeheimnisses nach § 30 VwVfG ist insgesamt sehr weit und deckungsgleich mit § 23 Abs. 2 (*Kollmer*, RdA 1997, 160).

VI. Sonstige Geheimhaltungsvorschriften

43 Neben den betrieblichen Geheimhaltungsvorschriften der § 23 Abs. 2, § 139 GewO und des § 30 VwVfG existieren **noch weitere** Datenschutz- und Geheimhaltungsvorschriften (*Kollmer*, RdA 1997, 160 f.), deren Erwähnung sich lohnt.

44 **1. Verschwiegenheitspflicht nach Beamtenrecht. a) Allgemeine Verschwiegenheitspflicht.** Der Beamte hat gem. § 67 BBG und gem. § 37 BeamtStG (Lansesbeamte) über die ihm bei seiner amtlichen Tätigkeit bekannt gewordenen Angelegenheiten **Verschwiegenheit** zu bewahren. Diese Pflicht zur **Wahrung des Amtsgeheimnisses** steht neben der speziellen Geheimhaltungspflicht nach Arbeitsschutzrecht. Ebenso wie bei einem Verstoß gegen die Geheimhaltungsverpflichtung nach § 23 Abs. 2 kann der Gewerbeaufsichtsbeamte disziplinarrechtlich verfolgt werden, wenn er gegen seine beamtenrechtliche Verschwiegenheitspflicht verstößt.

45 **b) Aussage vor Gericht.** Ein Gewerbeaufsichtsbeamter ist – wie auch jeder andere Beamte – als Zeuge oder Sachverständiger in einem Strafverfahren grundsätzlich zur Aussage verpflichtet. Dies setzt allerdings voraus, dass die erforderliche **beamtenrechtliche Genehmigung** vorliegt (§§ 54, 76, 161a StPO). Zur beamtenrechtlichen Verschwiegenheitspflicht in Zusammenhang mit Aussagen vor Gericht vgl.: *BVerfG* v. 17.6.2009. Az.: 2 BvE 3/07 Rn. 79 und 115 – juris. Ein Zeugnisverweigerungsrecht allein auf Grund § 23 Abs. 2 besteht noch nicht (Bek. des StMAS, Ziff. 4.1; *Knorr* GewArch 1980, 281, 283; vgl. auch *RGZ* 54, 1). In Strafverfahren und in Bußgeldverfahren nach dem Gesetz über Ordnungswidrigkeiten steht den Gewerbeaufsichtsbeamten das Zeugnisverweigerungsrecht nicht zu (*Kahl* in Landmann/Rohmer GewO § 139b Rn. 27). Die Besorgnis, dass die Aussage des Beamten das Vertrauensverhältnis zwischen der Gewerbeaufsicht, den Unternehmern und den Arbeitnehmern beeinträchtigen und damit die Überwachungstätigkeit der Gewerbeaufsicht erschweren könnte, rechtfertigt die Versagung oder die Beschränkung der Aussagegenehmigung nicht (Bek. des StMAS, Ziff. 4.1).

Wird der Gewerbeaufsichtsbeamte hingegen aufgefordert, vor einem anderen **46** Gericht (Zivilgericht, Arbeitsgericht oder Verwaltungsgericht) auszusagen, so muss er die Aussage verweigern, soweit § 23 Abs. 2 Anwendung findet (Bek. des StMAS, Ziff. 4.2). Das Recht zur **Aussageverweigerung** ergibt sich in diesen Fällen aus § 383 Abs. 1 Nr. 6 ZPO. Allerdings darf der Gewerbeaufsichtsbeamte das Zeugnis nicht verweigern, wenn der Betroffene ihn von seiner Verpflichtung zur Verschwiegenheit entbunden hat (§ 385 Abs. 2 ZPO).

2. Datenschutzgesetz. Soweit der Anwendungsbereich des § 23 Abs. 2 be- **47** rührt ist, sind die datenschutzrechtlichen Regelungen der Länder regelmäßig nicht anwendbar. Für § 30 VwVfG gilt diese Regelung allerdings nicht. Datenschutzbezogene, für das ArbSchG relevante **Sonderregelungen** enthält § 23 Abs. 1.

3. §§ 199–208 Siebtes Buch Sozialgesetzbuch (SGB VII). Die **Geheim-** **48** **haltungspflicht** für die Berufsgenossenschaften ist in den §§ 199 ff. SGB VII geregelt. Die Technische Aufsichtsperson der Berufsgenossenschaft ist dem festgestellten Verstößen gegen Unfallverhütungsvorschriften oder sonstigen Verfehlungen des Unternehmens berechtigt, dem Versicherungsträger, der staatlichen Behörde, Versicherungsbehörden oder Gerichten Tatsachen, die ansonsten geheim zu halten wären, mitzuteilen.

Weitere arbeits- und sozialrechtliche Geheimhaltungsvorschriften enthält auch **49** § 120 BetrVG.

4. §§ 7, 8 Umweltinformationsgesetz (UIG). Mit dem Gesetz zur Umset- **50** zung der Europäischen Umwelt-Informationsrichtlinie (Gesetz zur Umsetzung der Richtlinie 90/313/EWG des Rates v. 7.6.1990 über den freien Zugang zu Informationen über die Umwelt v. 8.7.1994 [BGBl. I S. 1490]), wurde seinerzeit auch die Geheimhaltungspflicht nach § 139b Abs. 1 GewO ergänzt. § 139b Abs. 1 GewO wurde folgender Satz angefügt:

> Soweit es sich bei Geschäfts- und Betriebsverhältnissen um Informationen über die Umwelt im Sinne des Umweltinformationsgesetzes handelt, richtet sich die Befugnis zu ihrer Offenbarung nach dem Umweltinformationsgesetz.

§ 23 Abs. 2 Satz 2 enthält die entsprechende inhaltsgleiche Regelung.

Zweck des UIG ist es, den **freien Zugang** zu den bei den Behörden vorhande- **51** nen Informationen über die Umwelt zu gewährleisten, damit diese Informationen dem Bürger zugänglich gemacht werden können (§ 1 UIG). Jeder Bürger hat Anspruch auf freien Zugang zu Informationen über die Umwelt, die bei einer Behörde vorhanden sind (§ 4 UIG). Das Informationszugangsrecht ist jedoch nicht schrankenlos gewährleistet. Macht ein Bürger gegenüber der Gewerbeaufsicht seinen Anspruch auf Informationen geltend, so richtet sich der materielle Maßstab für die Entscheidung dieses Begehrens allein nach den §§ 7 und 8 UIG.

Baßlsperger

ArbSchG § 23

52 Eine Betriebs- und **Geschäftsgeheimnisklausel** enthält **auch das Umweltinformationsgesetz,** und zwar in § 8 UIG. Ein Informationsanspruch besteht nicht, soweit durch das Bekanntwerden der Informationen personenbezogene Daten offenbart und dadurch schutzwürdige Interessen Betroffener beeinträchtigt werden (§ 8 Abs. 1 Satz 1 Nr. 1 UIG). Ob entsprechende Belange dem Informationsanspruch entgegenstehen, ist mittels einer pflichtgemäßen Abwägung durch die Behörde im Einzelfall zu ermitteln (Amtliche Begründung zum UIG-Gesetzesentwurf, BT-Drs. 12/7138, S. 14; ferner *Kollmer* NVwZ 1995, 858, 862). Der Betriebsinhaber hat also lediglich einen Anspruch auf ermessensfehlerfreie Entscheidung der Behörde über das Informationsbegehren des Bürgers. Außerdem ist er vor der Entscheidung über die Offenbarung der Betriebsinformationen anzuhören (§ 8 Abs. 1 UIG).

53 Richtigerweise hat die Behörde, sofern bzw. soweit man die Arbeitsschutzbehörde überhaupt als Umweltinformationsbehörde i. S. d. UIG ansieht, die **Abwägung gem.** § 8 UIG im Lichte der besonderen Geheimhaltungspflicht des § 30 VwVfG zu prüfen und entsprechend strenge Maßstäbe an ein Umweltinformationsbegehren des Bürgers zu stellen.

VII. Strafrechtliche Aspekte

54 Verletzt der Gewerbeaufsichtsbeamte seine Verschwiegenheitspflicht, so hat dies u. U. nicht nur disziplinarische, sondern auch strafrechtliche Konsequenzen. Nach § 230 Abs. 1 Satz 1 Nr. 1 StGB wird mit Freiheitsstrafe bis zu einem Jahr oder mit Geldstrafe bestraft, wer **unbefugt** ein **fremdes Geheimnis,** namentlich ein Betriebs- oder Geschäftsgeheimnis, offenbart, das ihm als **Amtsträger** anvertraut oder sonst bekannt ist und an dessen Geheimhaltung die geschützte Privatperson ein berechtigtes (schutzwürdiges) Interesse hat (*Nöthlichs,* ArbSchG 1975, S. 447 m. w. N.).

55 **Fremde Geheimnisse** im Sinne dieser Vorschrift liegen also vor, wenn dem Gewerbeaufsichtsbeamten Tatsachen i. S. v. § 23 Abs. 2, § 30 VwVfG oder § 139b GewO bekannt sind. Ob ein unbefugtes Offenbaren vorliegt, beurteilt sich nach den oben besprochenen Grundsätzen. Grundsätzlich gilt: Wenn eine Offenbarung von Betriebsgeheimnissen nach Verwaltungsrecht erlaubt ist, so kann sie nicht nach Strafrecht sanktioniert sein (sog. Verwaltungsakzessorietät des Strafrechts; hierzu allgemein *Horn* UPR 1983, 363ff.).

56 Der Gewerbeaufsichtsbeamte muss also bei Prüfung der Frage, ob er ein Geschäfts- oder Betriebsverhältnis nach außen hin mitteilen darf, stets darauf bedacht sein, dass ein **Ausnahmetatbestand** von der Pflicht zur Geheimhaltung auch tatsächlich vorliegt. Er sollte sich ggf. bei seinem Dienst- oder Fachvorgesetzten, eventuell (in besonders kritischen Fällen) bei der obersten Dienstbehörde (Ministerium) rückversichern.

VIII. Durchsetzbarer Rechtsanspruch des Betriebsinhabers auf Geheimhaltung

57 Der Betriebsinhaber hat einen durchsetzbaren subjektiv-öffentlichen Anspruch auf Geheimhaltung seiner Geschäfts- und Betriebsverhältnisse. Die Entscheidung der Behörde darüber, ob sie eine Information herausgibt, ist ein Verwaltungsakt mit Drittwirkung zugunsten bzw. zu Lasten des Betriebsinhabers (§ 35 VwVfG, § 80 Abs. 1 Satz 2 VwGO). Der Unternehmer ist daher nach allgemeinen verwal-

tungsverfahrensrechtlichen Grundsätzen vor einer solchen Entscheidung **anzuhören** (§ 28 VwVfG).

Erweist sich die Entscheidung des Gewerbeaufsichtsamtes für den Betriebsinhaber als nachteilig, will der Gewerbeaufsichtsbeamte also gegen den Willen des Betriebsinhabers eine bestimmte Information herausgeben, so kann der Unternehmer **Widerspruch** gem. § 68 VwGO gegen die arbeitsschutzbehördliche Entscheidung **einlegen**. In Bayern ist die Einlegung des Widerspruches jedoch durch Art. 15 AGVwGO eingeschränkt. Hier muss sofort Anfechtungsklage erhoben werden. Kommt es zu einer gerichtlichen Streitigkeit, kann der Unternehmer im Wege der Anfechtungsklage nach § 42 Abs. 1 VwGO gegen die für ihn negative Entscheidung der Behörde vorgehen. 58

Der Widerspruch (zur Rechtlage in Bayern siehe Rn. 58) und die Anfechtungsklage des Betriebsinhabers haben nach § 80 Abs. 1 VwGO **aufschiebende Wirkung,** d. h. das Gewerbeaufsichtsamt ist (vorerst) an einer Herausgabe des Geschäfts- und Betriebsgeheimnisses gehindert. Erklärt das Gewerbeaufsichtsamt den Informations-Herausgabebescheid auf Grund eines besonderen öffentlichen Interesses für sofort vollziehbar, kann der Unternehmer vor dem Verwaltungsgericht Wiederherstellung der aufschiebenden Wirkung seines Widerspruchs erreichen (§ 80 Abs. 1 und 4 VwGO). Hat die Behörde vor, ohne förmliches Verwaltungsverfahren einschließlich der dazugehörigen Anhörung eines Geschäftsinhabers eine Information herauszugeben, so kann der Unternehmer dies im Wege einer einstweiligen Anordnung nach § 123 VwGO mit dem Inhalt eines Unterlassungsbegehrens zu verhindern versuchen. 59

Denkbar wäre auch ein Leistungsantrag dahingehend, dass präventiv die Unterlassung einer Geschäftsgeheimnisherausgabe für die Zukunft verlangt wird. Insoweit kann der Unternehmer eine allgemeine **Unterlassungsklage** – als Unterfall der allgemeinen Leistungsklage – gem. § 111 VwGO erheben. 60

Hat die Gewerbeaufsicht die Information bereits herausgegeben, und war diese Informationsherausgabe aus Sicht des Unternehmers rechtswidrig, so kann dieser **Fortsetzungsfeststellungsklage** analog § 113 Abs. 1 Satz 5 VwGO dahingehend erheben, das Verwaltungsgericht möge feststellen, dass die seinerzeitige Offenbarung der Betriebs- und Geschäftsgeheimnisse rechtswidrig gewesen sei (*Kollmer* RdA 1997, 162). 61

IX. Amtshaftung wegen Geheimnisverletzung

Bei einem Verstoß gegen die gewerbeaufsichtliche Geheimhaltungspflicht kommen auch **Schadensersatzansprüche aus Amtshaftung** gem. § 839 BGB i. V. m. Art. 34 GG in Betracht (*Kopp/Ramsauer* § 30 Rn. 11). Amtspflicht i. S. v. § 839 BGB ist auch die Pflicht zur Amtsverschwiegenheit (*BGHZ* 34, 184), insbesondere die arbeitsschutzrechtliche Geheimhaltungspflicht. Dritter i. S. v. § 839 BGB ist jeder, dessen Interessen die Amtspflicht dient und in dessen Rechtskreis durch die Amtsrechtsverletzung eingegriffen wird, auch wenn er nur mittelbar oder unbeabsichtigt betroffen wird (*BGH* NJW 1966, 157; DB 1974, 91; VersR 1988, 963). Betroffener ist regelmäßig der Unternehmer, dem durch die Weitergabe der vertraulichen Informationen ein Schaden zugefügt wurde. Der Amtshaftungsanspruch nach § 839 BGB/Art. 34 GG ist gemäß § 40 Abs. 2 VwGO auf dem Zivilrechtsweg geltend zu machen. Der Prozess ist gemäß § 71 Abs. 2 Nr. 2 GVG in der ersten Instanz vor einem Landgericht zu führen. 62

Neben der Frage, ob im konkreten Fall durch die Verletzung der Geheimhaltungspflicht tatsächlich ein Schaden zugefügt wurde, dürfte im Bereich der Geheimhal- 63

ArbSchG § 23

tungsverletzung das zentrale Problem in der Frage zu sehen sein, ob und wann eine Amtspflichtsverletzung auf Grund einer **ermessensfehlerhaften Informationsherausgabeentscheidung** vorliegt. § 23 Abs. 2 und § 30 VwVfG sowie § 139b GewO belassen dem Beamten Auslegungs-, Ermessens- und Wertungsspielräume.

64 Bei der **Verschuldensfrage** gilt, dass nicht jede objektiv unrichtige Sachbehandlung eine Schadensersatzpflicht auf Grund einer Amtspflichtverletzung zur Folge hat (*Thomas* in Palandt § 839 Rn. 52 m.w.N.). Die unrichtige Gesetzesauslegung oder Rechtsanwendung ist nur dann vorwerfbar, wenn sie gegen den klaren, bestimmten und unzweideutigen Wortlaut einer Vorschrift oder gegen höchstrichterliche Rechtsprechung verstößt (*BGH* VersR 1989, 184; *BGH,* NJW-RR 1992, 919). Wenn der Beamte dagegen bei der Auslegung einer mit der Geheimhaltungspflicht zusammenhängenden Zweifelsfrage (die häufig genug vorliegen wird) zu einer zwar unrichtigen, aber nach gewissenhafter, tatsächlicher und rechtlicher Prüfung der zu Gebote stehenden Hilfsmittel dennoch auf vernünftigen Überlegungen gestützten Stellungnahme kommt, so liegt im Zweifelsfall kein Verschulden i. S. v. § 839 BGB vor (*BGH* NJW 1992, 530). Dies gilt insbesondere dann, wenn – wie im außerordentlich komplexen Recht der Geheimhaltung – die Anwendung der Bestimmungen oft sehr zweifelhaft ist und Zweifelsfragen in weiten Bereichen von der Rechtsprechung noch ungeklärt sind (*BGHZ* 36, 149). Kann die Gesetzesanwendung durch den die Entscheidung treffenden Beamten als gerade noch rechtlich vertretbar angesehen werden, so ist die spätere Missbilligung der Rechtsauffassung des Beamten, z. B. in einem Amtshaftungsprozess, ihm nicht rückschauend als Verschulden anzulasten (*BGH* NJW 1968, 2144; *Kollmer* RdA 1997, 162, 163).

C. Zusammenarbeit und Datenübermittlung bei Sozialmissbrauch (Abs. 3)

I. Illegale Betätigung

65 Schwarzarbeit, illegale Ausländerbeschäftigung, Vorenthaltung von Sozialabgaben und Steuerhinterziehung – **zusammenfassend spricht man von illegaler Betätigung** – verursachen volkswirtschaftliche Schäden in Milliardenhöhe. Sie vernichten in großem Umfang Arbeitsplätze. Steuern und Sozialversicherungsbeiträge werden nicht abgeführt und die Kosten für Arbeitslosengeld, Arbeitslosenhilfe und Sozialhilfe steigen.

66 Illegale Betätigung ist rechtswidrig, sozialschädlich und wettbewerbsverzerrend. Aus diesen Gründen wurden die Anstrengungen zu ihrer Verhinderung und Bekämpfung zunehmend verstärkt. Dabei sind die ordnungs- und strafrechtlichen Mittel, die vom Gesetzgeber mehrmals verschärft wurden, konsequent anzuwenden. Belangt werden nicht nur die illegal Tätigen, sondern auch ihre Auftraggeber. Der **Zusammenarbeit der Behörden** kommt in diesem Zusammenhang eine besondere Bedeutung zu. Sie **muss verbessert werden.** Gleiches gilt auch für die Zusammenarbeit mit den interessierten, durch illegale Beschäftigung betroffenen Wirtschaftsorganisationen wie Industrie- und Handwerkskammern, Innungen, Kreishandwerkerschaften und Verbänden.

67 Der Begriff der illegalen Betätigung ist gesetzlich nicht definiert. Hierunter fällt im Wesentlichen jede Erwerbstätigkeit, bei der gegen einschlägige öffentlich-rechtliche Verpflichtungen verstoßen wird. Der Tatbestand der illegalen Betätigung ist stets dann erfüllt, wenn **Schwarzarbeit** vorliegt, **Ausländer illegal** beschäftigt,

Sozialabgaben vorenthalten oder **Steuern** hinterzogen werden. Illegale selbstständige Tätigkeit setzt allerdings voraus, dass sie gewerbsmäßig ausgeführt wird. **Gewerbsmäßigkeit** liegt dann vor, wenn es sich um eine fortgesetzte und planmäßige Ausübung einer Tätigkeit mit der Absicht Gewinn zu erzielen handelt. Unerheblich ist dabei, inwieweit tatsächlich ein Gewinn erzielt wird.

1. Schwarzarbeit. Schwarzarbeit ist eine in erheblichem Umfang ausgeübte 68 Erwerbstätigkeit, bei der vorsätzlich ein gewerbsmäßig Tätiger bestimmte gewerbe- und handwerksrechtliche Vorschriften (§§ 14, 55 GewO, § 1 HO) verletzt oder eine Person, die Sozialleistungen bezieht, ihren Mitteilungspflichten gegenüber einem Sozialleistungsträger nicht nachkommt (§ 60 Abs. 1 Nr. 2 SGB I, § 8a AsylbLG). In der Regel ist von einem erheblichen Umfang der Erwerbstätigkeit auszugehen, wenn die Einkünfte über der Grenze für geringfügig Beschäftigte nach § 8 ArbSchG in Verbindung mit § 18 SGB IV liegen. Auf die Erzielung wirtschaftlicher Vorteile kommt es nicht an. **Gefälligkeitsleistungen, Nachbarschaftshilfe** und **Selbsthilfe** stellen **keine** Schwarzarbeit dar. Sie setzen allerdings voraus, dass persönliche Beziehungen bestehen, Gegenseitigkeit der Leistungen vorliegt und zumindest erwartet werden kann, dass keine Vergütungen bezahlt werden. Auslagenersatz fällt hierunter nicht.

2. Illegale Ausländerbeschäftigung, Asylverstöße. Sie liegt bei Verstoß 69 gegen das Aufenthaltsgesetz vor:
– bei Beschäftigung von Ausländern aus Staaten außerhalb des Europäischen Wirtschaftsraumes **ohne erforderliche Arbeitsgenehmigung;**
– bei Verstößen gegen das Arbeitnehmerentsendungsgesetz (AEntG), insbesondere gegen die Mindestlohnvorschriften und
– bei als Werkvertrag getarnter Arbeitnehmerüberlassung, die im Baugewerbe grundsätzlich verboten ist;
– bei Beschäftigung ohne **Aufenthaltstitel;**
– bei Verstößen gegen das Asylbewerberleistungsgesetz.

3. Vorenthaltung von Sozialabgaben. Diese basiert auf der missbräuchlichen 70 Ausgestaltung von Beschäftigungsformen, insbesondere bei gesetzwidrig vorgenommener Abgrenzung zwischen nichtselbstständiger Arbeit und sog. **Scheinselbstständigkeit,** sowie bei gesetzwidrig ausgeübter sog. **geringfügiger Tätigkeit.** Dies steht in vielen Fällen im Zusammenhang mit **Steuerhinterziehung.** Zusammenarbeitspflichten der Gewerbeaufsicht bestehen bei (vermuteten) Verstößen gegen das SGB IV und SGB VII über die Verpflichtung zur Zahlung von Sozialversicherungsbeiträgen.

II. Zuständigkeiten

1. Bundesagentur für Arbeit. Ihre Zuständigkeit (und die der Arbeitsagentu- 71 ren) erstreckt sich auf:
– **Leistungsmissbrauch** zu Lasten der Bundesanstalt einschließlich der Überprüfung von Arbeitgeberangaben, die dieser zum Leistungsbezug bescheinigt;
– Beschäftigung von ausländischen Arbeitnehmern, die ohne erforderliche Arbeitsgenehmigung und zu ungünstigeren Arbeitsbedingungen als vergleichbare deutsche Arbeitnehmer beschäftigt werden;
– die Beschäftigung von ausländischen Arbeitnehmern aus mittel- und osteuropäischen Staaten im Rahmen von Werkverträgen;

ArbSchG § 23   Arbeitsschutzgesetz

- die Arbeitsvermittlung, die Arbeitnehmerüberlassung, die Prüfungen hinsichtlich des Sozialversicherungsausweises und die Prüfungen nach dem AEntG.

72   **2. Hauptzollämter.** Sie sind zuständig für **Prüfungen** hinsichtlich:
- des Leistungsmissbrauchs zu Lasten der Bundesanstalt für Arbeit einschließlich
- der Überprüfung von Arbeitgeberangaben, die dieser zum Leistungsbezug bescheinigt,
- der Beschäftigung von ausländischen Arbeitnehmern, die ohne erforderliche Arbeitsgenehmigung und zu ungünstigeren Bedingungen arbeiten als vergleichbare deutsche Arbeitnehmer,
- des Sozialversicherungsausweises und des AEntG.

73   **3. Finanzbehörden.** Sie haben zum Zweck der gleichmäßigen und gesetzmäßigen Festsetzung und Erhebung der Steuern steuerliche Sachverhalte von Amts wegen zu ermitteln. Zur Sicherstellung dieses Zweckes bestehen folgende steuerliche Pflichten: Anzeigepflicht, Buchungs- und Aufzeichnungspflichten, Erklärungspflichten und Mitwirkungspflichten. Neben den für die Steuerfestsetzung zuständigen Abteilungen der Finanzämter sind auch deren Prüfdienste für die Ermittlungen zuständig. Da bei illegaler Betätigung gegen in aller Regel steuerliche Erklärungs- und Aufzeichnungspflichten verstoßen wird, ermittelt grundsätzlich die **Steuerfahndung** in ihrer **Doppelfunktion** als steuerlicher Prüfungsdienst und Strafverfolgungsbehörde die Besteuerungsgrundlagen und die Steuerstraftat oder Steuerordnungswidrigkeit.

74   **4. Sozialversicherungsträger.** Die **Krankenkassen** sind zuständig für die Überwachung des Beitragnachweises und die Zahlung des Gesamtsozialversicherungsbeitrages. EU-Bürger genießen auf Grund europäischen Gemeinschaftsrechts Freizügigkeit, sie brauchen z. B. keine Arbeitsgenehmigung. (Grundsätzliche Auskünfte zu diesem Themenkreis erteilt die Deutsche Verbindungsstelle, Krankenversicherung – Ausland – AOK-Bundesverband, Postfach 20 03 44, 53170 Bonn.) Die **Träger der Rentenversicherung** prüfen bei den Arbeitgebern, ob diese ihre Meldepflichten und ihre sonstigen gesetzlichen Pflichten, die im Zusammenhang mit dem Gesamtsozialversicherungsbeitrag stehen, ordnungsgemäß erfüllen. Sie prüfen insbesondere alle vier Jahre die Richtigkeit der Beitragszahlungen und der Meldungen.

75   **5. Unfallversicherungsträger.** Sie überwachen in den Mitgliedsunternehmen die **Einhaltung** der Unfallverhütungsvorschriften. Die Überwachung erstreckt sich auch auf ausländische Unternehmen und deren Beschäftigte, die eine Tätigkeit im Inland ausüben, ohne einem Unfallversicherungsträger anzugehören.

76   **6. Kreisverwaltungsbehörden.** Sie sind zuständig für die **Verfolgung** und **Ahndung** von Verstößen gegen das Gesetz zur Bekämpfung der Schwarzarbeit, die GewO und die HO. Zuständigkeiten bestehen auch zur Verfolgung und Ahndung von Verstößen im Zusammenhang mit illegaler Betätigung nach ausländerrechtlichen Vorschriften (AuslG, AufenthaltsG, AsylVfG, AsylbLG). § 79 AuslG regelt die Zusammenarbeit mit anderen Verfolgungsbehörden.

77   **7. Gewerbeaufsichtsbehörden.** Die **Verpflichtung zur Zusammenarbeit** ergibt sich aus Vorenthaltung von Sozialabgaben § 23 Abs. 3 ArbSchG. Sie sind u. a. zuständig für die Einhaltung der Arbeitsschutzvorschriften, der Arbeitszeitvorschriften und die Einhaltung der Verordnung über Arbeitsstätten.

Betriebliche Daten; Zusammenarbeit; Jahresbericht **§ 23 ArbSchG**

8. Vergabestellen (Bauämter). Sie unterstützen die **Kontrolltätigkeit** der Bundesanstalt für Arbeit und der Hauptzollämter. 78

9. Gemeinden. Die Gemeinden haben die Aufgabe, die Erfüllung der Pflicht zur Erstattung einer **Gewerbeanzeige** zu überwachen. Dazu gehört auch die stichprobenweise Überprüfung von Gewerbeanzeigen oder die Mitteilung über Handelsregistereintragungen in den Tageszeitungen. 79

10. Polizei. Illegale Betätigung ist als Ordnungswidrigkeit eine **Gefahr** für die öffentliche **Sicherheit** und **Ordnung.** Ihre Verhütung und Unterbindung gehört, soweit die primär zuständige Behörde nicht oder nicht rechtzeitig einschreiten kann, zu den Aufgaben der Polizei. Die Polizei wird insbesondere tätig: 80
– wenn **unmittelbarer Zwang** anzuwenden ist und die zuständige Behörde nicht über die erforderlichen Dienstkräfte verfügt,
– im Rahmen der **Amtshilfe,**
– im Rahmen von Weisungen der Sicherheitsbehörden und
– und bei der Durchführung von polizeilichen **Ermittlungen,** insbesondere im Bereich der Arbeitnehmerüberlassung, bei den Delikten Leistungsmissbrauch, Betrug u. a.

11. Staatsanwaltschaft. Sie ist zuständig für die **Verfolgung von Straftaten.** Die Verwaltungsbehörden geben die Vorgänge an die Staatsanwaltschaft ab, wenn Anhaltspunkte dafür vorhanden sind, dass die Tat eine Straftat ist. Für die Polizei findet § 163 StPO Anwendung. 81

12. Handwerkskammern und Handwerksorganisationen, IHK. Sie haben die Aufgabe, der selbstständigen illegalen Erwerbstätigkeit entgegenzuwirken. Dies gilt auch für die Kreishandwerkerschaften, die Innungen und die Landesinnungsverbände. Die Handwerkskammern sind berechtigt, handwerksrechtliche Betriebsprüfungen durchzuführen. 82

III. Bekämpfungsmaßnahmen

Illegale Beschäftigung findet meist im Verborgenen statt. Die ausführenden Personen sind sich in der Regel ihres verbotenen Handelns bewusst. Sie bemühen sich, die Tätigkeit unbeobachtet von der Öffentlichkeit auszuüben. Bei den Bekämpfungsmaßnahmen sind die Besonderheiten von illegaler Betätigung zu berücksichtigen. Gerade **Baustellen** sollen nicht nur zu den normalen Arbeitszeiten, sondern auch in der Nacht sowie an Samstagen, Sonn- und Feiertagen überprüft werden. Diese Überprüfungen sind vor allem Sache der Arbeitsämter und der Hauptzollämter, die bekanntlich ohne Anfangsverdacht überprüfen können. Die Polizei kann im Rahmen ihrer Befugnis, Ordnungswidrigkeiten und Straftaten zu verhüten (z. B. Art. 11 Abs. 2 BayPAG) und im Wege des Erstzugriffes zur Verfolgung (§ 53 OWiG, § 163 stop) Prüfungen vornehmen, sofern die Umstände eine Gefahr im polizeirechtlichen Sinne begründen oder einen Anfangsverdacht nahelegen. Grundvoraussetzungen für die Bekämpfung von Schwarzarbeit ist das reibungslose Zusammenwirken aller Beteiligten, die zur Bekämpfung aufgerufen sind. 83

Hinsichtlich der in § 23 Abs. 3 genannten Gesetze gelten die Ausführungen im Zusammenhang mit dem Gesetz zur Bekämpfung der Schwarzarbeit entsprechend. Ergeben sich für die zuständigen Behörden sowie die Behörden nach § 63 AuslG. Eine wirkungsvolle Zusammenarbeit ist Voraussetzung für den Erfolg der Maßnahmen. In Fällen der illegalen Ausländerbeschäftigung und Arbeitnehmerüberlassung 84 und bei Verstößen gegen die Steuergesetze müssen die zuständigen Behörden (genauso wie bei der Feststellung von Schwarzarbeit) die Behörden, die für die Verfolgung und Ahndung der Verstöße gegen die jeweiligen Bestimmungen der Gesetze zuständig sind, sowie der Behörden nach § 63 AuslG unterrichten. Die Unterrichtungspflicht bezieht sich auf Verstöße gegen die in § 23 Abs. 3 Ziffer 1 mit 7 aufgeführten Gesetzen.

D. Jahresberichte (Abs. 4)

85 Jahresberichte der **obersten Landesbehörden** fassen die Tätigkeiten der zuständigen Behörden im Rahmen ihrer Befugnisse zusammen. Diese Berichtspflicht ist aus § 139b Abs. 3 GewO übernommen worden. Das ArbSchG hat auch die Erstellung des Jahresberichts auf eine neue gesetzliche Grundlage gestellt. Den Jahresberichten kommt nach wie vor eine besondere Bedeutung zu. Sie sollen insbesondere der Bundesregierung ermöglichen, ihren internationalen Berichtspflichten im Arbeitsschutz nachzukommen.

86 Die Jahresberichte der **Arbeitsministerien der Ländern** werden vom Bundesministerium für Arbeit und Sozialordnung zu einem Gesamtbericht zusammengefasst und veröffentlicht. Dieser Bericht enthält Übersichten über die regionale Verteilung der Betriebe, über die erforderlich gewordenen Beanstandungen auf den Gebieten des Arbeitsschutzes, sowie Tabellen, aus denen die Tätigkeit des gewerbeärztlichen Dienstes und z. B. der erstmals abschließend begutachteten Berufskrankheiten-Fälle entnommen werden kann.

87 Gravierende Missstände in den Betrieben, aus denen sich Schwerpunkte für die weitere Arbeit auf dem Gebiet der Unfall- und Schadensfallverhütung in den Betrieben ableiten lassen, werden dokumentiert. Über die weitere Gestaltung der Jahresberichte werden derzeit von Seiten des Bundesministeriums für Arbeit und Sozialordnung Überlegungen angestellt. Ziel ist es dabei, die Jahresberichte noch effektiver zu gestalten.

§ 24 Ermächtigung zum Erlaß von allgemeinen Verwaltungsvorschriften

¹**Das Bundesministerium für Arbeit und Soziales kann mit Zustimmung des Bundesrates allgemeine Verwaltungsvorschriften erlassen**
1. **zur Durchführung dieses Gesetzes und der auf Grund dieses Gesetzes erlassenen Rechtsverordnungen, soweit die Bundesregierung zu ihrem Erlass ermächtigt ist,**
2. **über die Gestaltung der Jahresberichte nach § 23 Abs. 4 und**
3. **über die Angaben, die die zuständigen obersten Landesbehörden dem Bundesministerium für Arbeit und Soziales für den Unfallverhütungsbericht nach § 25 Abs. 2 des Siebten Buches Sozialgesetzbuch bis zu einem bestimmten Zeitpunkt mitzuteilen haben.**

²**Verwaltungsvorschriften, die Bereiche des öffentlichen Dienstes einbeziehen, werden im Einvernehmen mit dem Bundesministerium des Innern erlassen.**

Erlaß von Verwaltungsvorschriften **§ 24 ArbSchG**

Übersicht

	Rn.
A. Inhalt der Bestimmung	1
I. Allgemeines	1
II. Begriff der allgemeinen Verwaltungsvorschrift	4
III. Wirkung allgemeiner Verwaltungsvorschriften	5
B. Vereinbarkeit mit Art. 84 Abs. 2 GG	8

Literatur: *Dreier,* Grundgesetz-Kommentar, Bd. III. 2. Aufl. 2008; *Epping/Hillgruber,* BeckOK GG, Stand 1.9.2015; *Jarass,* Bindungswirkung von Verwaltungsvorschriften, JuS 1999, 105; *Maurer,* Allgemeines Verwaltungsrecht, 18. Aufl. 2011; *Saurer,* Verwaltungsvorschriften und Gesetzesvorbehalt, DÖV 2005, 587.

A. Inhalt der Bestimmung

I. Allgemeines

Der Wortlaut des § 24 ermächtigt das **Bundesministerium für Arbeit und Soziales (BMAS)** – die genaue Ressortbezeichnung ist wiederholt geändert worden – mit Zustimmung des Bundesrates zu bestimmten Zwecken allgemeine Verwaltungsvorschriften (im Folgenden: AVV) erlassen. Bislang wurde auf der Grundlage von § 24 noch keine AVV erlassen. Soweit und solange das BMAS seine Ermächtigung nicht wahrgenommen hat (zu verfassungsrechtlichen Bedenken → Rn. 8), bleibt die Zuständigkeit für den Erlass von AVV nach Art. 83 GG bei den **Ländern**. In jedem Fall sind die Länder allgemein zuständig für den Vollzug von AVV. Die nach Landesrecht zuständigen Aufsichtsbehörden müssen also sicherstellen, dass die in AVV getroffenen Regelungen durch die betroffenen Behörden beachtet werden. 1

Nach **§ 24 Nr. 1** kann das BMAS in AVV die Durchführung des ArbSchG sowie der hiernach ergangenen Rechtsverordnungen regeln. Derartige **Durchführungsbestimmungen** bezwecken vor allem eine bundesweit gleichmäßige Anwendung arbeitsschutzrechtlicher Vorschriften durch die zuständigen Landesbehörden. Daneben können gemäß **§ 24 Nr. 2** AVVen erlassen werden, die den Aufsichtsbehörden der Länder Vorgaben zur einheitlichen **Gestaltung von Jahresberichten** nach § 23 Abs. 4 machen. Solche Jahresberichte sind z. B. die turnusmäßig zu erstattenden Berichte an die Internationale Arbeitsorganisation der Vereinigten Nationen oder die Berichte zur praktischen Anwendung von Richtlinien an die EU-Kommission. Nach **§ 24 Nr. 3** schließlich kann das BMAS mittels AVV Regelungen über die Angaben treffen, welche die zuständigen obersten Landesbehörden ihm für den **Unfallverhütungsbericht** der Bundesregierung nach § 25 Abs. 2 SGB VII mitzuteilen haben. 2

AVV nach § 24, die Bereiche des **öffentlichen Dienstes** einbeziehen, dürfen nur im Einvernehmen mit dem für den öffentlichen Dienst des Bundes zuständigen Bundesministerium des Innern erlassen werden **(§ 24 S. 2)**. 3

II. Begriff der allgemeinen Verwaltungsvorschrift

In der behördlichen Praxis werden AVV unterschiedlich bezeichnet. Gebräuchlich sind z. B. die Begriffe Durchführungsvorschriften, Durchführungsanweisungen, Richtlinien, Erlasse, Dienstanweisungen. AVV sind generell-abstrakte **Ver-** 4

ArbSchG § 24

waltungsanordnungen einer Behörde an nachgeordnete Behörden, die entweder die innere Organisation einer Behörde oder das sachliche Handeln der Verwaltung betreffen. Sie ergehen auf Grund der Weisungskompetenz der erlassenden vorgesetzten Behörde und sind dem Charakter nach **generelle Weisungen**. Zweck von AVV ist es, eine gleichmäßige und (bundes-)einheitliche Ausübung der Verwaltungstätigkeit zu gewährleisten. Häufig enthalten sie etwa Vorgaben dazu, wie die nachgeordneten Behörden eine Norm auszulegen und anzuwenden haben.

III. Wirkung allgemeiner Verwaltungsvorschriften

5   AVV enthalten zwar allgemeine Rechtssätze, sind aber keine allgemeinverbindlichen Rechtsnormen (*Maurer* VerwR, § 24 Rn. 1 f.). Zur Umsetzung von EU-Richtlinien in deutsches Recht eignen sich AVV nicht (→ § 19 Rn. 12). Da sie lediglich an Behörden gerichtet sind, entfalten AVV grundsätzlich keine Wirkung nach außen, sondern **nur interne Bindungswirkung,** etwa hinsichtlich der Auslegung und Anwendung einer Norm (sog. **norminterpretierende AVV**) oder der Ausübung des Ermessens **(ermessenslenkende AVV).**

6   Diese interne Bindungswirkung gilt jedoch nicht in allen Fällen. Enthält eine norminterpretierende AVV lediglich Regelungen zur Lösung typischer Fälle, ist die Behörde berechtigt, von ihren Bestimmungen abzuweichen, wenn die Besonderheiten des Einzelfalls dies rechtfertigen (*BVerwGE* 55, 250, 256). Gleiches gilt – konkret für den Bereich des Arbeitsschutzes –, soweit eine AVV nicht mehr mit der Zweckbestimmung des § 1 übereinstimmt, etwa weil ihre Regelungen nicht mehr einem zwischenzeitlich fortgeschrittenen Stand der Technik entsprechen, sie also durch gesicherte neue Erkenntnisse überholt ist (*BVerwGE* 55, 250, 258).

7   Für die **Gerichte** haben norminterpretierende oder ermessenslenkende AVV, da sie sich nur an Behörden richten, keine unmittelbare Bindungswirkung. Verwaltungsvorschriften sind Gegenstand, nicht aber Maßstab richterlicher Kontrolle (*BVerfGE* 78, 214, 227; vgl. *Jarass* JuS 1999, 105, 107). Auch gegenüber dem Adressaten einer Rechtsnorm, also z. B. gegenüber dem arbeitsschutzrechtlich für die Durchführung bestimmter Maßnahmen verantwortlichen **Arbeitgeber**, sind norminterpretierende AVV grundsätzlich unverbindlich; sie begründen für ihn weder Rechte noch Pflichten. Trotz der fehlenden Außenwirkung kann der Inhalt von AVV aber auch für den Arbeitgeber von Interesse sein; er kann sich z. B. aus der AVV darüber informieren, bei welchen Arbeitsschutzmaßnahmen nicht mit einer Beanstandung durch die zuständige Aufsichtsbehörde zu rechnen ist (*Nöthlichs* Nr. 4056, Nr. 3).

B. Vereinbarkeit mit Art. 84 Abs. 2 GG

8   Adressat der Ermächtigung in § 24 ist das **Bundesministerium für Arbeit und Soziales.** Dies begegnet Bedenken im Hinblick auf Art. 84 Abs. 2 GG. Danach ist der Erlass von AVV der **Bundesregierung** als Kollegialorgan und nicht einzelnen Ministerien zugewiesen (zur parallelen Ermächtigung bei Rechtsverordnungen → § 18 Rn. 9). In der **älteren Rechtsprechung** des BVerfG wurde es aber als zulässig erachtet, wenn einzelne Bundesminister – wie in § 24 ArbSchG geschehen – durch Gesetz mit Zustimmung des Bundesrates zum Erlass von AVV ermächtigt wurden (*BVerfGE* 26, 338, 399). Diese Auffassung hat das BVerfG nunmehr ausdrücklich **aufgegeben** (*BVerfGE* 100, 249, 261). In der Entscheidung heißt es,

Bußgeldvorschriften **§ 25 ArbSchG**

dass AVV gemäß Art 84 Abs. 2 und 85 Abs. 2 S. 1 GG ausschließlich von der Bundesregierung als **Kollegium** (mit Zustimmung des Bundesrates) erlassen werden können. In Urteilsanmerkungen ist das frühere Verfahren vereinzelt noch verteidigt worden, wobei dafür historisch-teleologische Gründe (*Tschentscher* JZ 1999, 993, 995 f.) bzw. Praktikabilitätserwägungen (*Bleibaum* DVBl. 1999, 1265 f.) herangezogen wurden. Angesichts der Tatsache, dass das GG in einigen Fällen selbst zwischen der Delegation von Befugnissen an die Bundesregierung bzw. an die Bundesministerien differenziert (z. B. in Art 80 Abs. 1, 87 b Abs. 2 S. 2 GG) ist diese Ansicht mit Wortlaut und Systematik der Verfassung nicht vereinbar (so auch *Hermes* in Dreier, Art. 84 Rn. 82; *Suerbaum* in Epping/Hillgruber, Art. 84 Rn. 53).

Eine Befugnis des BMAS ergibt sich auch nicht daraus, dass jedes Bundesministerium auf Grund seiner **Geschäftsleitungsbefugnis** AVV für seinen eigenen Verwaltungsbereich erlassen kann. Zwar können behördeninterne Verwaltungsvorschriften (anders als Rechtsverordnungen) grundsätzlich auch ohne gesetzliche Ermächtigungsgrundlage erlassen werden. Dies findet aber dort seine **Grenze,** wo die AVV weitere, nicht nachgeordnete Behörden verpflichten soll. Dann bedürfen AVV einer besonderen gesetzlichen Ermächtigung (*Maurer*, § 23 Rn. 33). Dies ist bei den in § 24 angesprochenen Vorgaben für die obersten Landesbehörden der Fall. Eine alleine vom Bundesministerium für Arbeit und Soziales erlassene AVV liefe daher ein großes Risiko, von einem Gericht für **nichtig** erklärt zu werden (zum Rechtsschutz *Saurer* DÖV 2005, 587, 592).   9

Die **Staatspraxis** hat sich auf die geänderte Rechtsprechung des BVerfG eingestellt. So erfolgte die Änderung des § 153 b GewO im Jahre 2002 ausdrücklich unter Bezug auf BVerfGE 100, 249 (BT-Drs. 14/6814, S. 11, 18). In der Neufassung des **§ 153 b GewO** wird nun anstelle der zuständigen Bundesressorts die Bundesregierung zum Erlass von Verwaltungsvorschriften ermächtigt (vgl. *Kahl* in Landmann/Rohmer GewO § 153 b Rn. 1). Im Arbeitsschutzrecht haben die Ausschüsse nach § 18 Abs. 2 Nr. 5 (→ § 18 Rn. 9) heute vorrangig die Konkretisierung des ArbSchG und der Verordnungen übernommen (*Kohte* in HK-ArbSchR, § 24 Rn. 7).   10

§ 25 Bußgeldvorschriften

(1) **Ordnungswidrig handelt, wer vorsätzlich oder fahrlässig**
1. **einer Rechtsverordnung nach § 18 Abs. 1 oder § 19 zuwiderhandelt, soweit sie für einen bestimmten Tatbestand auf diese Bußgeldvorschrift verweist, oder**
2. a) **als Arbeitgeber oder als verantwortliche Person einer vollziehbaren Anordnung nach § 22 Abs. 3 oder**
   b) **als Beschäftigter einer vollziehbaren Anordnung nach § 22 Abs. 3 Satz 1 Nr. 1**
   zuwiderhandelt.

(2) **Die Ordnungswidrigkeit kann in den Fällen des Absatzes 1 Nr. 1 und 2 Buchstabe b mit einer Geldbuße bis zu fünftausend Euro, in den Fällen des Absatzes 1 Nr. 2 Buchstabe a mit einer Geldbuße bis zu fünfundzwanzigtausend Euro geahndet werden.**

ArbSchG § 25 — Arbeitsschutzgesetz

Übersicht

	Rn.
A. Grundstruktur der Bestimmung	1
I. Bedeutung der Bußgeldvorschriften	2
II. Überblick: Einzelne Bußgeldtatbestände	3
B. Bußgeldtatbestände des § 25	5
I. Zuwiderhandeln gegen eine Rechtsverordnung (Abs. 1 Nr. 1)	6
1. § 7 Abs. 1 Baustellenverordnung	8
a) Pflichtverletzung im Zusammenhang mit der Vorankündigung	9
b) Pflichtverletzung im Zusammenhang mit der Erstellung des Sicherheits- und Gesundheitsschutzplans	11
2. § 20 Abs. 1 Biostoffverordnung	14
3. § 6 Abs. 1 der Verordnung zum Schutz der Mütter am Arbeitsplatz	30
4. § 22 Abs. 1 Betriebssicherheitsverordnung	32
5. § 22 Abs. 1 Druckluftverordnung	44
6. § 7 Bildschirmarbeitsverordnung	57
7. § 11 Abs. 1 Arbeitsschutzverordnung zu künstlicher optischer Strahlung (OStrV)	59
8. § 9 Abs. 1 Arbeitsstättenverordnung	70
9. § 10 Abs. 1 Verordnung zur arbeitsmedizinischen Vorsorge (ArbMedVV)	80
10. § 16 Abs. 1 Lärm- und Vibrations-Arbeitsschutzverordnung (LärmVibrationsArbSchV)	86
II. Zuwiderhandeln des Arbeitgebers oder einer verantwortlichen Person gegen eine vollziehbare Anordnung (Abs. 1 Nr. 2 lit. a)	98
1. Allgemeines	98
2. Vollziehbare Anordnung	101
3. Verstöße gegen rechtswidrige Anordnungen	103
4. Zuwiderhandlung des Arbeitgebers oder einer verantwortlichen Person gegen eine vollziehbare Anordnung (Abs. 1 Nr. 2 lit. a)	105
5. Zuwiderhandeln des Beschäftigten gegen eine vollziehbare Anordnung (Abs. 1 Nr. 2 lit. b)	107
III. Subjektiver Tatbestand	108
1. Vorsatz	109
2. Fahrlässigkeit	110
IV. Geldbuße	111
V. Konkurrenzen	116
VI. Verjährung	118
C. Verantwortung im Betrieb	120
I. Handeln für einen anderen (§ 9 OWiG)	121
II. Geldbuße gegen juristische Person (§ 30 OWiG)	126
III. Aufsichtspflichtverletzung (§ 130 OWiG)	128

Literatur: *Boujong* (Hrsg.), Karlsruher Kommentar zum Gesetz über Ordnungswidrigkeiten, 4. Aufl. 2014; *Bremer,* Arbeitsschutz im Baubereich, 2007; *Brüssow/Petri,* Arbeitsstrafrecht, 2. Aufl. 2016; *Gercke/Kraft/Richter,* Arbeitsstrafrecht, 2012; *Göhler,* Ordnungswidrigkeitengesetz, 16. Aufl. 2012; *Ignor/Moosbacher,* Handbuch Arbeitsstrafrecht, 3. Aufl. 2016; *Landmann/Rohmer* (Hrsg.), Gewerbeordnung, Bd. I, 70. Aufl. Stand 2015; *Schorn,* Die straf- und ordnungswidrigkeitenrechtliche Verantwortung im Arbeitsschutzrecht und deren Abwälzung, BB 2010, 1345.

A. Grundstruktur der Bestimmung

In Art. 4 der Arbeitsschutzrichtlinie 89/391/EWG (AB1EG Nr. L 183, S. 1) ist **1** die Verpflichtung der Mitgliedstaaten verankert, für eine angemessene **Kontrolle und Überwachung** der Einhaltung der Arbeitsschutzpflichten zu sorgen. Zu einer effektiven Kontrolle gehört auch die angemessene Sanktionierung von Verstößen gegen arbeitsschutzrechtliche Pflichten. Diesem Zweck dienen die Ordnungswidrigkeitenvorschriften des § 25 (BR-Drs. 262/10, S. 29).

I. Bedeutung der Bußgeldvorschriften

In der Bußgeldvorschrift des § 25 sind Verstöße gegen das Arbeitsschutzrecht **2** geregelt, bei denen es sich nach der Wertung des Gesetzgebers um Verwaltungsunrecht handelt, dessen Ahndung durch Kriminalstrafe unangemessen wäre. Bei Hinzutreten bestimmter, sog. qualifizierender Umstände, oder beharrlicher Wiederholung der Tathandlung kann die Ordnungswidrigkeit allerdings zur Straftat nach § 26 werden. Die Geldbuße ist eine Unrechtsfolge für eine tatbestandsmäßige, rechtswidrige und vorwerfbare Handlung. Als **Sanktion** für Verwaltungsunrecht hat sie repressiven Charakter. Doch ist sie **keine echte Kriminalstrafe**, da ihr das mit der Kriminalstrafe zwingend verbundene Unwerturteil fehlt. Maßgeblicher Zweck der Bußgeldvorschrift ist nicht die Sühne einer begangenen Tat, sondern die Durchsetzung einer bestimmten Ordnung (*Göhler*, OWiG vor § 1 Rn. 9).

II. Überblick: Einzelne Bußgeldtatbestände

§ 25 Abs. 1 enthält verschiedene Bußgeldtatbestände, die jeweils vorsätzlich oder **3** fahrlässig verwirklicht werden können:
– **§ 25 Abs. 1 Nr. 1:** Zuwiderhandeln gegen eine Rechtsverordnung nach § 18 Abs. 1 oder § 19, soweit diese für einen bestimmten Bußgeldtatbestand auf § 25 verweist;
– **§ 25 Abs. 1 Nr. 2 lit. a:** Zuwiderhandeln eines Arbeitgebers oder einer sonstigen verantwortlichen Person gegen eine vollziehbare Anordnung nach § 22 Abs. 3;
– **§ 25 Abs. 1 Nr. 2 lit. b:** Zuwiderhandeln eines Beschäftigten gegen eine vollziehbare Anordnung nach § 22 Abs. 3 Satz 1 Nr. 1.

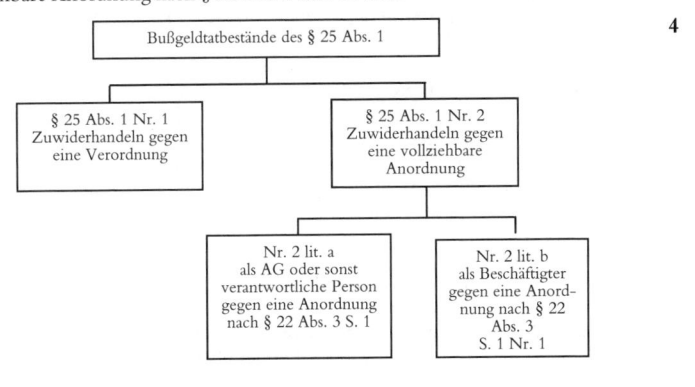

4

```
           Bußgeldtatbestände des § 25 Abs. 1
           ┌───────────────┴───────────────┐
   § 25 Abs. 1 Nr. 1              § 25 Abs. 1 Nr. 2
   Zuwiderhandeln gegen           Zuwiderhandeln gegen
   eine Verordnung                eine vollziehbare
                                  Anordnung
                              ┌───────────┴───────────┐
                        Nr. 2 lit. a              Nr. 2 lit. b
                        als AG oder sonst         als Beschäftigter
                        verantwortliche Person    gegen eine Anord-
                        gegen eine Anordnung      nung nach § 22
                        nach § 22 Abs. 3 S. 1     Abs. 3
                                                  S. 1 Nr. 1
```

ArbSchG § 25

B. Bußgeldtatbestände des § 25

5 Ordnungswidrig handelt, wer vorsätzlich oder fahrlässig einen der Bußgeldtatbestände des § 25 Abs. 1 verwirklicht. Im Einzelnen kommen folgende Bußgeldtatbestände in Betracht:

I. Zuwiderhandeln gegen eine Rechtsverordnung (Abs. 1 Nr. 1)

6 Ordnungswidrig handelt, wer vorsätzlich oder fahrlässig einer Rechtsverordnung nach § 18 Abs. 1 oder § 19 zuwiderhandelt, soweit sie für einen bestimmten Tatbestand auf diese Bußgeldvorschrift verweist. Bei § 25 Abs. 1 Nr. 1 handelt es sich um eine **Blankettvorschrift**. Welches Verhalten tatbestandsmäßig ist, ergibt sich erst aus den Bußgeldvorschriften der auf Grund von § 18 Abs. 1 und § 19 erlassenen Rechtsverordnungen. Deren Tatbestandsmerkmale werden damit zu Tatbestandsmerkmalen des § 25 Abs. 1 Nr. 1. Da § 1 OWiG erfordert, dass eine Ordnungswidrigkeit nur durch ein formelles Gesetz bestimmt werden kann und damit die Festlegung in einer Rechtsverordnung allein nicht genügt, bedarf es der formellgesetzlichen Verbindungsregel des § 25 Abs. 1 Nr. 1.

7 Bußgeldvorschriften, die auf Grund von Rechtsverordnungen nach §§ 18 Abs. 1 und 19 erlassen wurden und auf § 25 Abs. 1 verweisen, finden sich in den nachstehend genannten Bestimmungen.

8 **1. § 7 Abs. 1 Baustellenverordnung.** § 7 Abs. 1 BaustellV enthält Ordnungswidrigkeitentatbestände i. S. d. § 25 Abs. 1 Nr. 1. Ordnungswidrig handelt danach, wer vorsätzlich oder fahrlässig
– entgegen § 2 Abs. 2 Satz 1 i. V. m. § 4 BaustellV der zuständigen Behörde eine **Vorankündigung** nicht, nicht richtig, nicht vollständig oder nicht rechtzeitig übermittelt oder
– entgegen § 2 Abs. 3 Satz 1 i. V. m. § 4 BaustellV nicht dafür sorgt, dass vor Einrichtung der Baustelle ein **Sicherheits- und Gesundheitsschutzplan** erstellt wird.

9 **a) Pflichtverletzung im Zusammenhang mit der Vorankündigung.** Nach § 7 Abs. 1 Nr. 1 BaustellV ist die entgegen § 2 Abs. 2 Satz 1 BaustellV nicht vorgenommene, nicht richtige, nicht vollständige oder nicht rechtzeitige Übermittlung der **Vorankündigung** bußgeldbewehrt. Nach § 2 Abs. 2 Satz 1 BaustellV ist für jede Baustelle, bei der
– die voraussichtliche Dauer der Arbeiten mehr als 30 Arbeitstage beträgt und auf der mehr als 20 Beschäftigte gleichzeitig tätig werden, oder
– der Umfang der Arbeiten voraussichtlich mehr als 500 Personentage überschreitet (dies ist regelmäßig gegeben, wenn ein Bauvorhaben die Größe eines normalen Einfamilienhauses überschreitet, *OLG Zweibrücken* NStZ-RR 2002, 91),
der zuständigen Behörde spätestens zwei Wochen vor Einrichtung der Baustelle eine Vorankündigung zu übermitteln, die mindestens die Angaben nach Anhang I der BaustellV enthält.

10 **Normadressat** des § 2 Abs. 2 Satz 1 BaustellV und damit tauglicher Täter einer Ordnungswidrigkeit ist nach § 4 BaustellV grundsätzlich der **Bauherr**, es sei denn, er beauftragt einen Dritten mit der Wahrnehmung der Maßnahmen in eigener Verantwortung. Wer im Einzelfall Verpflichteter ist, hängt dementsprechend davon ab, ob der Bauherr die Maßnahmen selbst trifft oder ob er nachweislich einen Dritten

Bußgeldvorschriften **§ 25 ArbSchG**

damit beauftragt hat. Nicht nur die Nichtvornahme der Vorankündigung, sondern u. a. auch die nicht rechtzeitige oder nicht vollständige Übermittlung der Vorankündigung ist sanktioniert.

b) Pflichtverletzung im Zusammenhang mit der Erstellung des Sicher- 11
heits- und Gesundheitsschutzplans. Nach § 7 Abs. 1 Nr. 2 BaustellV handelt ordnungswidrig, wer vorsätzlich oder fahrlässig entgegen § 2 Abs. 3 Satz 1 i. V. m. § 4 BaustellV nicht dafür sorgt, dass vor Einrichtung der Baustelle ein **Sicherheits- und Gesundheitsschutzplan** erstellt wird. Ist für eine Baustelle, auf der Beschäftigte mehrerer Arbeitgeber tätig werden, eine Vorankündigung zu übermitteln, oder werden auf einer solchen Baustelle besonders gefährliche Arbeiten nach Anhang II ausgeführt, so ist dafür zu sorgen, dass vor Einrichtung der Baustelle ein Sicherheits- und Gesundheitsschutzplan erstellt wird. Die Pflicht zur Erstellung eines derartigen Planes besteht auch dann, wenn mehrere Arbeitgeber nacheinander tätig werden (*OLG Celle,* BeckRS 2013, 18896).

Anders als bei § 7 Abs. 1 Nr. 1 BaustellV ist nur die Nichterfüllung der auferleg- 12
ten Pflicht, nicht aber beispielsweise die nicht richtige oder nicht vollständige Erstellung des Sicherheits- und Gesundheitsschutzplans bußgeldbewehrt.

Normadressat des § 2 Abs. 3 Satz 1 BaustellV und damit tauglicher Täter einer 13
Ordnungswidrigkeit ist nach § 4 BaustellV wiederum der **Bauherr,** es sei denn, er hat nachweislich einen Dritten mit der eigenverantwortlichen Wahrnehmung der Maßnahmen beauftragt. Hierfür bedarf es aber einer vertraglichen Regelung oder jedenfalls einer besonderen Weisung (*OLG Celle* BeckRS 2013, 18896).

2. § 20 Abs. 1 Biostoffverordnung. § 20 Abs. 1 BioStoffV enthält 26 Ord- 14
nungswidrigkeitentatbestände, die die Verletzung von Vorschriften im Zusammenhang mit der Gefährdungsbeurteilung, deren Aktualisierung und Dokumentation, der Erstellung von Verzeichnissen, für die Schaffung räumlicher Schutzbereiche, die Unterweisung von Beschäftigten oder von Anzeige-, Meldungs- und Mitteilungspflichten mit Bußgeld sanktioniert. Ordnungswidrig im Sinne von § 25 Abs. 1 Nr. 1 ArbSchG handelt, wer vorsätzlich oder fahrlässig einer der enumerativ aufgeführten Pflichten verletzt, namentlich.
– entgegen § 4 Abs. 1 Satz 1 Abs. 2 oder § 7 Abs. 1, Abs. 3 BioStoffV eine Gefährdungsbeurteilung nicht, nicht richtig, nicht vollständig oder nicht rechtzeitig erstellt oder dokumentiert, aktualisiert oder überprüft,
– entgegen Abs. 7 Abs. 3 Satz 1 bzw. 3 BioStoffV ein Verzeichnis der Beschäftigten, welche Tätigkeiten der Schutzstufe 3 oder 4 ausüben, nicht, nicht richtig oder nicht vollständig führt oder nicht mindestens zehn Jahre aufbewahrt,
– entgegen § 8 Abs. 4 Nr. 4 1. HS BioStoffV persönliche Schutzausrüstungen nicht oder nicht rechtzeitig vor Aufnahme der Tätigkeit zur Verfügung stellt bzw. entgegen § 9 Abs. 3 Satz 2 Nr. 5 1. HS BioStoffV zur Verfügung gestellte persönliche Schutzausrüstungen nicht instand hält,
– entgegen § 9 Abs. 1 Satz 2 Nr. 3 und Nr. 4 1. HS BioStoffV nicht dafür sorgt, dass eine Waschgelegenheit und Umkleidemöglichkeit vorhanden ist bzw. entgegen § 9 Abs. 3 Satz 2 Nr. 7 2. HS BioStoffV keinen Bereich einrichtet, der nicht mit persönlicher Schutzausrüstung betreten werden darf und in dem Beschäftigte Nahrungs- und Genussmittel zu sich nehmen können,
– entgegen § 9 Abs. 4 Satz 2 BioStoffV für die Lagerung und Beförderung von Biostoffen keine hinreichend sicheren oder gekennzeichneten Behältnisse verwendet,
– entgegen § 10 Abs. 1 Nr. 1 lit. a oder § 11 Abs. 7 Nr. 1 BioStoffV einen Schutzstufenbereich nicht oder nicht rechtzeitig festlegt oder nicht, nicht richtig oder

ArbSchG § 25   Arbeitsschutzgesetz

nicht rechtzeitig kennzeichnet oder entgegen § 10 Abs. 2 Satz 1 oder § 11 Abs. 7 Nr. 3 BioStoffV eine Person nicht oder nicht rechtzeitig benennt,
– entgegen § 11 Abs. 1 Nr. 1, Abs. 2, Abs. 3 Satz 1 oder Abs. 4 Satz 1 BioStoffV eines der dort genannten Verfahren nicht oder nicht rechtzeitig festlegt, ein Instrument nicht oder nicht rechtzeitig ersetzt oder entsorgt oder nicht sichergestellt, dass eine gebrauchte Kanüle nicht in die Schutzkappe zurückgesteckt wird,
– entgegen § 13 Abs. 1 Satz 1 Nr. 1 bis 3 BioStoffV genannten Maßnahmen nicht oder nicht rechtzeitig festlegt, entgegen § 13 Abs. 3 Satz 1 BioStoffV einen innerbetrieblichen Plan zur Abwendung von Gefahren, die bei Versagen einer Einschließungsmaßnahme durch eine Freisetzung von Biostoffen auftreten können oder ein Verfahren für Unfallmeldungen und Unfalluntersuchungen entgegen Abs. 5 Satz 1 BioStoffV nicht oder nicht rechtzeitig festlegt,
– entgegen § 14 Abs. 1 Satz 1 BioStoffV eine schriftliche Betriebsanweisung nicht, nicht richtig, nicht vollständig oder nicht rechtzeitig erstellt oder entgegen § 14 Abs. 2 Satz 1 BioStoffV nicht sicherstellt, dass Beschäftigte auf der Grundlage einer jeweils aktuellen Betriebsanweisung über alle auftretenden Gefährdungen und erforderlichen Schutzmaßnahmen mündlich unterwiesen werden,
– entgegen § 15 Abs. 1 Satz 1 BioStoffV Tätigkeiten der Schutzstufe 3 oder 4 in Laboratorien, der Versuchstierhaltung oder der Biotechnologie erstmals aufnimmt, bevor die zuständige Behörde eine Erlaubnis hierfür erteilt hat,
– entgegen § 13 Abs. 1 Satz 1 BioStoffV eine Anzeige nicht, nicht richtig, nicht vollständig oder nicht rechtzeitig erstattet, oder
– entgegen § 17 Abs. 1 BioStoffV die zuständige Behörde nicht, nicht richtig oder nicht vollständig oder nicht rechtzeitig unterrichtet.

15   Vor Aufnahme von Tätigkeiten im Zusammenhang mit Biostoffen hat der Arbeitgeber nach § 4 Abs. 1 BioStoffV eine **Gefährdungsbeurteilung** durchzuführen und diese nach § 4 Abs. 2 BioStoffV bei maßgeblichen Veränderungen, sonst mindestens jedes zweite Jahr zu überprüfen und ggf. zu aktualisieren sowie dies nach § 7 Abs. 1 BioStoffV zu dokumentieren. Bußgeldbewehrt ist nach § 20 Abs. 1 Nr. 1–4 BioStoffV die nicht, nicht richtige, nicht vollständige oder nicht rechtzeitige Erstellung einer Gefährdungsbeurteilung oder deren Dokumentation oder deren unterbliebene oder nicht rechtzeitige Überprüfung oder Aktualisierung.

16   In der ersten Alternative wird das vollständige Unterlassen geahndet. **Nicht rechtzeitig** vorgenommen wird die geschuldete Beurteilung, Überprüfung, Aktualisierung oder Dokumentation, wenn die dafür gesetzlich vorgegebene Frist abgelaufen ist. Die Gefährdungsbeurteilung selbst ist nach § 4 Abs. 1 Satz 1 BioStoffV erstmals vor Aufnahme der Tätigkeit zu erstellen. Sie ist bei maßgeblichen Veränderungen der Arbeitsbedingungen unverzüglich zu aktualisieren, ebenso dann, wenn neue Informationen dies erfordern oder sich ergeben hat, dass festgelegte Schutzmaßnahmen nicht wirksam sind. Unverzüglich bedeutet daher entsprechend § 121 Abs. 1 BGB, dass dies ohne schuldhaftes Zögern erfolgen muss. Jedoch darf der Verpflichtete die Zeit in Anspruch nehmen, die er benötigt, um fachlichen oder rechtlichen Rat zu erlangen. Im Übrigen muss die Aktualisierung nur bei Bedarf vorgenommen werden, die Überprüfung der Gefährdungsbeurteilung jedes zweite Jahr. Nach § 7 Abs. 1 Satz 1 BioStoffV ist sowohl die Erstellung der Gefährdungsbeurteilung vor erstmaliger Aufnahme der Tätigkeit als auch jede Aktualisierung zu dokumentieren. § 7 Abs. 1 Satz 1 BioStoffVO enthält keine konkreten Angaben dazu, wann vom Fall der erstmaligen Aufnahme der Tätigkeit abgesehen, eine Aktualisierung zu dokumentieren ist. Da der Bestimmtheitsgrundsatz des Artikel 103 Abs. 2

646   *Pelz*

Bußgeldvorschriften **§ 25 ArbSchG**

GG erfordert, dass sich sämtliche Tatbestandsmerkmale einer Bußgeldvorschrift unmittelbar aus dem Gesetz ergeben, der Tatbestand jedoch keine Vorgaben über den Zeitpunkt der Dokumentierung bei Aktualisierungen enthält, genügt § 20 Abs. 1 Nr. 4 BioStoffV insoweit nicht dem Bestimmtheitsgrundsatz und eine verspätete Dokumentation kann bußgeldrechtlich nicht geahndet werden.

Nicht richtig ist eine Gefährdungsbeurteilung erstellt oder dokumentiert, 17 wenn diese inhaltlich nicht den Vorgaben von § 5 ArbSchG entspricht und inhaltliche Mängel aufweist oder die Dokumentation fehlerhaft ist. Die Dokumentation muss insbesondere die in § 7 Abs. 1 Satz 2 BioStoffV genannten Angaben enthalten. **Nicht vollständig** ist eine Gefährdungsbeurteilung erstellt oder dokumentiert, wenn nicht alle nach § 5 ArbSchG bzw. nach § 7 Abs. 1 Satz 2 BioStoffV genannten Angaben enthalten sind.

Darüber hinaus hat der Arbeitgeber nach § 7 Abs. 3 Satz 1 BioStoffV ein **Ver-** 18 **zeichnis der Beschäftigten** zu führen, die Tätigkeiten mit Biostoffen ausüben, die nach § 3 Abs. 1 BioStoffV in Risikogruppe 3 oder 4 eingestuft sind, die also eine schwere Krankheit bei Menschen hervorrufen und eine ernste Gefahr für Beschäftigte darstellen können. Ordnungswidrig handelt, wer in derartiges Verzeichnis überhaupt nicht erstellt oder dieses Verzeichnis nicht oder nicht mindestens 10 Jahre nach Beendigung der Tätigkeit der Beschäftigten aufbewahrt. Nicht richtig wird das Verzeichnis geführt, wenn die Art der Tätigkeit, die vorkommenden Biostoffe sowie die aufgetretenen Unfälle und Betriebsstörungen fehlerhaft aufgezeichnet sind, insbesondere falsche Angaben gemacht oder aufgetretene Störungen bagatellisiert werden. Nicht vollständig ist das Verzeichnis geführt, wenn nicht alle erforderlichen Angaben aufgenommen wurden.

Der Arbeitgeber hat nach § 8 Abs. 4 Nr. 4 BioStoffV dem Beschäftigten zusätz- 19 liche **persönliche Schutzausrüstungen** vor Aufnahme der Tätigkeit zur Verfügung zu stellen, wenn die in § 8 Abs. 4 Nr. 1 bis 3 BioStoffV vorgesehenen Maßnahmen nicht ausreichen, um eine Gefährdung auszuschließen oder ausreichend zu verringern. Nach § 20 Abs. 1 Nr. 7 BioStoffV begeht eine Ordnungswidrigkeit, wer dem Beschäftigten persönliche Schutzausrüstung überhaupt nicht oder nicht vor Aufnahme seiner Tätigkeit zur Verfügung stellt. Darüber hinaus hat der Arbeitgeber nach § 9 Abs. 3 Satz 2 Nr. 5 BioStoffV zur Verfügung gestellte persönliche Schutzausrüstung zu reinigen, zu warten, instand zu halten und sachgerecht zu entsorgen. Nach § 20 Abs. 1 Nr. 10 BioStoffV ist jedoch lediglich die nicht hinreichende Instandhaltung mit Bußgeld bedroht.

Als allgemeine Hygienemaßnahme bzw. als Schutzmaßnahme gegen Biostoffe 20 hat der Arbeitgeber nach § 9 Abs. 1 BioStoffV verschiedene Vorgaben im Hinblick auf Arbeitsplatz, Arbeitsmittel und Räumlichkeiten zu erfüllen. Nur die Verletzung einzelner dieser Schutzvorkehrungen ist als Ordnungswidrigkeit sanktioniert, nämlich nach § 20 Abs. 1 Nr. 9 u. 10 BioStoffV das Fehlen von **Waschgelegenheiten** und, sofern Arbeitskleidung erforderlich ist, vom Arbeitsplatz getrennter **Umkleidemöglichkeiten.** Darüber hinaus ist es ahndbar, wenn der Arbeitgeber in Fällen, in denen Arbeitnehmer nicht ausschließlich Tätigkeiten mit Biostoffen der Risikogruppe 1 ohne sensibilisierende oder toxische Wirkungen ausüben, vor Aufnahme der Tätigkeit keine **gesonderten Bereiche einrichtet,** in denen Arbeitnehmer Nahrungs- und Genussmittel zu sich nehmen können und die nicht ohne persönliche Schutzausrüstung oder Schutzkleidung betreten werden dürfen.

Nach § 9 Abs. 4 BioStoffV muss der Arbeitgeber sicherstellen, dass für die Lage- 21 rung oder Beförderungen von Biostoffen nur **Behälter verwendet** werden, die hinsichtlich ihrer Beschaffenheit geeignet sind, Biostoffe sicher zu schließen, die so

Pelz 647

ArbSchG § 25

gekennzeichnet sind, dass davon ausgehende Gefahren in geeigneter Weise deutlich erkennbar sind und die hinsichtlich Form und Kennzeichnung so gestaltet sind, dass der Inhalt nicht mit Lebensmitteln verwechselt werden kann. Ordnungswidrig handelt, wer entgegen § 20 Abs. 1 Nr. 12 BioStoffV nicht sicherstellt, dass nur die dort genannten Behälter verwendet werden. Die Verpflichtung zur Sicherstellung bedeutet, dass der Arbeitgeber insoweit eine besondere Organisations- und Überwachungspflicht besitzt, um eine Verwendung anderer als zugelassener Behälter durch Beschäftigte zu verhindern.

22 Nach § 10 Abs. 1 Nr. 1 lit. a BioStoffV hat der Arbeitgeber vor Aufnahme der Tätigkeiten in den Schutzstufen 2 bis 4 in Laboratorien, der Versuchstierhaltung oder Biotechnologie bzw. nach § 11 Abs. 7 Nr. 1 BioStoffV vor Aufnahme von Tätigkeiten der Schutzstufe 4 in Einrichtungen des Gesundheitsdienstes entsprechend der Schutzstufenzuordnung geeignete **räumliche Schutzstufenbereiche festzulegen** und mit der Schutzstufenbezeichnung sowie dem Symbol für die Biogefährdung nach Anhang I zu kennzeichnen. Ordnungswidrig handelt nach § 20 Abs. 1 Nr. 13 BioStoffV, wer einen Schutzstufenbereich nicht oder nicht rechtzeitig, das heißt nicht vor Aufnahme der Tätigkeit eines Beschäftigten festlegt oder ihn nicht, nicht richtig oder nicht rechtzeitig vor Aufnahme der Tätigkeit mit der erforderlichen Schutzstufenbezeichnung und dem Symbol für Biogefährdung kennzeichnet. Zudem ist nach § 10 Abs. 2 Satz 1 bzw. § 11 Abs. 7 Nr. 3 BioStoffV vor Aufnahme von Tätigkeiten der Schutzstufe 3 und 4 in Laboratorien, der Versuchstierhaltung oder der Biotechnologie bzw. der Schutzstufe 4 in Einrichtungen des Gesundheitsdienstes eine Person zu benennen, die bei der Gefährdungsbeurteilung nach § 4 BioStoffV bzw. bei sonstigen sicherheitstechnisch relevanten Fragestellungen berät. Bußgeldbewehrt ist die unterbliebene oder nicht rechtzeitige Benennung vor der Aufnahme von Tätigkeiten nach § 20 Abs. 1 Nr. 14 BioStoffV.

23 § 11 Abs. 1 bis 4 BioStoffV enthält verschiedene Verpflichtungen des Arbeitgebers bei Tätigkeiten der Schutzstufen 2 bis 4 in Einrichtungen des Gesundheitsdienstes, um Gefährdungen durch Infektion oder durch die Verletzung mit spitzen oder scharfen medizinischen Instrumenten bzw. dem mehrfachen Gebrauch von Kanülen zu verhindern. Ordnungswidrig nach § 20 Abs. 1 Nr. 15 bis 18 BioStoffV handelt der Arbeitgeber, der eine dort genannte Maßnahme nicht oder nicht rechtzeitig vor Aufnahme der Tätigkeit durchführt.

24 Der Arbeitgeber hat nach § 13 Abs. 1 BioStoffV bei einer Tätigkeit in Schutzstufen 2 bis 4 vor Aufnahme einer Tätigkeit von Infektions-, Inaktivierungs- oder Dekontaminationsmaßnahmen sowie Maßnahmen zur Verhinderung einer Verschleppung von Biostoffen, zur Ersten Hilfe und für weitergehende Hilfsmaßnahmen bei unfallbedingter Übertragung von Biostoffen einschließlich der Möglichkeit zur post-expositionellen Prophylaxe festzulegen. Zudem hat er nach Abs. 3 vor Aufnahme von Tätigkeiten der Schutzstufe 3 oder 4 in Laboratorien, der Versuchstierhaltung oder Biotechnologie sowie vor Aufnahme von Tätigkeiten der Schutzstufe 4 in Einrichtungen des Gesundheitsdienstes einen **innerbetrieblichen Plan** darüber zu erstellen, wie beim Versagen von Einschließungsmaßnahmen Gefahren durch eine Freisetzung von Biostoffen abgewehrt werden können. Zudem hat er nach Abs. 5 vor der Aufnahme von Tätigkeiten ein Verfahren für Unfallmeldungen und -untersuchungen festzulegen. Ordnungswidrig handelt, wer entgegen § 20 Abs. 1 Nr. 19 bis 21 BioStoffV eine Maßnahme, einen innerbetrieblichen Plan oder ein Verfahren nicht oder nicht rechtzeitig, das heißt nicht vor Aufnahme der Tätigkeit festlegt. Das Gleiche gilt, wer einen innerbetrieblichen Plan zu Abwehrmaßnahmen bei Versagen von Einschließungsmaßnahmen nicht richtig oder nicht voll-

Bußgeldvorschriften **§ 25 ArbSchG**

ständig erstellt. Nicht richtig ist der Plan erstellt, wenn die spezifischen Gefahren, die Abwehrmaßnahmen oder die zuständigen Personen nicht zutreffend bezeichnet sind. Nicht vollständig ist er erstellt, wenn Gefahren, Abwehrmaßnahmen oder zuständige Personen fehlen.

Nach § 14 Abs. 1 Satz 1 BioStoffV hat der Arbeitgeber auf der Grundlage der 25 Gefährdungsbeurteilung vor Aufnahme der Tätigkeit eine **schriftliche Betriebsanweisung** arbeitsbereichs- und biostoffbezogen zu erstellen. Abs. 1 Satz 3 enthält nähere Vorgaben, welche Informationen mindestens enthalten sein müssen. Die Betriebsanweisung ist in einer für die Beschäftigten verständlichen Form zu erstellen. Ordnungswidrig nach § 20 Abs. 1 Nr. 22 BioStoffV handelt, wer eine derartige Betriebsanweisung nicht oder nicht rechtzeitig, das heißt vor Aufnahme der Tätigkeit erstellt. Ferner auch derjenige, der die Betriebsanweisung nicht richtig oder nicht vollständig erstellt. Nach § 14 Abs. 2 Satz 1 BioStoffV muss der Arbeitgeber sicherstellen, dass die Beschäftigten auf Grundlage der jeweils aktuellen Betriebsanweisung über alle auftretenden Gefährdungen und erforderlichen Schutzmaßnahmen mündlich unterrichtet werden. Ordnungswidrig nach § 20 Abs. 1 Nr. 23 BioStoffV handelt, wer keine hinreichenden Vorkehrungen dafür trifft, dass eine entsprechende mündliche Unterweisung stattfindet.

Nach § 15 Abs. 1 BioStoffV bedarf die **erstmalige Aufnahme von Tätigkei-** 26 **ten** der Schutzstufe 3 oder 4 in Laboratorien, der Versuchstierhaltung oder der Biotechnologie einer Erlaubnis der zuständigen Behörde. Davon ausgenommen sind Tätigkeiten mit Biostoffen der Risikogruppe 3, die mit (★★) gekennzeichnet sind. Ordnungswidrig handelt, wer die Tätigkeit aufnimmt, bevor die zuständige Erlaubnis erteilt ist. Erteilt ist die Erlaubnis erst dann, wenn der Erlaubnisbescheid nach § 41 VwVfG bekanntgegeben wurde.

Ordnungswidrig nach § 20 Abs. 1 Nr. 25 BioStoffV, wer eine der nach 27 § 16 Abs. 1 BioStoffV erforderlichen Anzeigen nicht, nicht richtig, nicht vollständig oder nicht rechtzeitig erstattet.

Nach § 17 Abs. 1 BioStoffV hat der Arbeitgeber die zuständige Überwachungs- 28 behörde unverzüglich über jeden Unfall oder jede Betriebsstörung bei Tätigkeiten mit Biostoffen der Risikogruppe 3 oder 4 zu unterrichten, wenn diese Ereignisse zu einer Gesundheitsgefahr bei Beschäftigten führen können. Ferner besteht die Unterrichtungspflicht bezüglich Krankheits- oder Todesfälle beschäftigter Personen, die auf Tätigkeiten mit Biostoffen zurückzuführen sind. Dabei sind genaue Angaben zur Tätigkeit zu machen. Ordnungswidrig nach § 20 Abs. 1 Nr. 26 BioStoffV handelt, wer die Behörde nicht, nicht zutreffend, nicht vollständig oder nicht rechtzeitig, das heißt ohne schuldhaftes Zögern nach Eintritt eines der Umstände unterrichtet. Nach dem Schutzzweck der Norm ist der Tatbestand einschränkend dahingehend auszulegen, dass ein Verstoß gegen die Unterrichtungspflicht dann nicht mehr geahndet werden kann, wenn die Behörde aus anderen Quellen rechtzeitig die erforderlichen Informationen erlangt hat.

Normadressat der Verpflichtungen auf Grund der BioStoffV ist der Arbeitge- 29 ber oder der nach § 13 ArbSchG Beauftragte.

3. § 6 Abs. 1 der Verordnung zum Schutz der Mütter am Arbeitsplatz. 30 Nach **§ 6 Abs. 1 MuSchArbV** handelt ordnungswidrig i. S. d. § 25 Abs. 1 Nr. 1 ArbSchG, wer vorsätzlich oder fahrlässig entgegen § 2 MuSchArbV eine werdende oder stillende Mutter nicht, nicht richtig oder nicht vollständig unterrichtet. Der Arbeitgeber ist nach § 2 MuSchArbV verpflichtet, werdende oder stillende Mütter und sonstige bei ihm beschäftigte Arbeitnehmerinnen und den Betriebs- oder Per-

ArbSchG § 25

sonalrat (sofern ein solcher existiert) über das Ergebnis der **Beurteilung der Arbeitsbedingungen** nach § 1 MuSchArbV und über die entsprechenden **Arbeitsschutzmaßnahmen zu unterrichten.** Eine bußgeldbewehrte Pflichtverletzung ist nicht nur die nicht vorgenommene, sondern auch die nicht richtige oder nicht vollständige Unterrichtung. Beispiele: Der Arbeitgeber unterrichtet nur die werdenden, nicht aber die stillenden Mütter, oder er unterrichtet lediglich über die Beurteilung der Arbeitsbedingungen, nicht aber über die zu ergreifenden Arbeitsschutzmaßnahmen.

31 **Normadressat** und damit tauglicher Täter ist der Arbeitgeber. Neben ihm kann aber auch eine verantwortliche Person nach § 13 ArbSchG Verpflichteter und damit auch Zuwiderhandelnder sein.

32 **4. § 22 Abs. 1 Betriebssicherheitsverordnung.** § 22 Abs. 1 BetrSichV enthält 32 Bußgeldtatbestände für die Verletzung von Schutzmaßnahmen und von Pflichten zur Unterweisung von Beschäftigten beim Einsatz und der Verwendung von Arbeitsmitteln. Danach handelt ordnungswidrig, wer

– entgegen § 3 BetrSichV eine Gefährdungsbeurteilung oder eine Prüfung nicht, nicht richtig durchführt, nicht oder nicht rechtzeitig aktualisiert oder dokumentiert oder Fristen und Art und Umfang von erforderlichen Prüfungen nicht ermittelt oder festlegt,

– entgegen § 4 BetrSichV Arbeitsmittel verwendet, bevor eine Gefährdungsbeurteilung durchgeführt oder Schutzmaßnahmen getroffen wurden bzw. erforderliche Prüfungen durchgeführt und dokumentiert wurden,

– entgegen § 5 Abs. 2 oder Abs. 4 BetrSichV nicht dafür sorgt, dass Beschäftigte nur Arbeitsmittel verwenden, die der Arbeitgeber ihnen zur Verfügung gestellt oder deren Verwendung er ihnen ausdrücklich gestattet hat oder wer Arbeitsmittel zur Verfügung stellt, die Mängel ausweisen, welche die sichere Verwendung beeinträchtigen,

– entgegen § 6 BetrSichV nicht dafür sorgt, dass bei Verwendung von mobilen, selbst fahrenden oder nicht selbst fahrenden Arbeitsmitteln Schutzvorrichtungen oder Schutzvorkehrungen beim Betrieb vorhanden sind, beachtet oder verwendet werden oder Arbeitsmittel nur bei funktionierenden Schutzvorrichtungen betrieben werden,

– entgegen § 12 BetrSichV Beschäftigte nicht, nicht richtig, nicht vollständig oder nicht rechtzeitig über die Gefährdungsbeurteilung unterweist oder Informationen bzw. Betriebsanleitungen nicht, nicht richtig, nicht vollständig oder nicht rechtzeitig zur Verfügung stellt, Arbeitsmittel nicht oder nicht rechtzeitig prüfen lässt und Ergebnisse aufzeichnet oder aufbewahrt bzw. Auskünfte gibt oder

– entgegen § 19 Abs. 3 BetrSichV der zuständigen Behörde auf Verlangen eine Dokumentation, eine Information, einen Nachweis oder eine Angabe über die Gefährdungsbeurteilung, zu den nach § 13 ArbSchG verantwortlichen Personen oder den getroffenen Schutzmaßnahmen nicht, nicht richtig, nicht vollständig oder nicht rechtzeitig übermittelt.

33 § 22 Abs. 1 Nr. 1 bis 6 BetrSichV enthalten verschiedene Ordnungswidrigkeiten im Zusammenhang mit der Durchführung und Dokumentation **einer Gefährdungsbeurteilung von Arbeitsmitteln.** Nach § 22 Abs. 1 Nr. 1 BetrSichV begeht der Arbeitgeber eine Ordnungswidrigkeit, wenn er vor der Verwendung von Arbeitsmittel die auftretenden Gefährdungen nicht oder nicht richtig beurteilt. Welche Gefährdungen in die Beurteilung einzubeziehen sind, ergibt sich aus § 3 Abs. 2 BetrSichV. Mit Bußgeld beahndet werden kann lediglich die völlig unterbliebene oder unzutreffende Gefährdungsbeurteilung. Werden aus der Gefährdungslage entgegen § 3 Abs. 1 Satz 1 2. HS BetrSichV nicht die daraus folgenden notwendigen und geeigneten Schutzmaßnahmen abgeleitet, kann dies nicht geahndet werden. Nach dem ausdrücklichen Wortlaut von § 22 Abs. 1 Nr. 1 BetrSichV ist nur die unterbliebene oder unrichtige Gefährdungsbeurteilung ahndbar.

Nach § 3 Abs. 3 Satz 3 BetrSichV darf eine Gefährdungsbeurteilung nur von **sachkundigen Personen** vorgenommen werden. Der Verstoß hiergegen ist nach § 22 Abs. 1 Nr. 2 BetrSichV ahndbar. Dies betrifft sowohl diejenige Person, die ohne erforderliche Sachkunde eine Gefährdungsbeurteilung vornimmt, als auch den Arbeitgeber, der eine nichtsachkundige Person mit der Durchführung einer Gefährdungsbeurteilung beauftragt. Im Regelfall wird eine von einer nicht sachkundigen Person durchgeführte Gefährdungsbeurteilung auch inhaltliche Mängel im Sinne von § 22 Abs. 1 Nr. 1 BetrSichV aufweisen. 34

Nach § 22 Abs. 1 Nr. 3–5 BetrSichV ahndbar ist der Arbeitgeber, wenn er es vollständig oder innerhalb der gesetzlich bestimmten Zeit unterlässt, Art und Umfang von **erforderlichen Prüfungen** oder die Fristen von wiederkehrenden Prüfungen nach den §§ 14 und 16 BetrSichV zu ermitteln oder festzulegen, entgegen § 3 Abs. 7 Satz 4 BetrSichV eine Gefährdungsbeurteilung zu aktualisieren oder entsprechend § 3 Abs. 8 Satz 1 BetrSichV das Ergebnis einer Gefährdungsbeurteilung zu dokumentieren. Die Gefährdungsbeurteilung ist vor erstmaliger Verwendung eines Arbeitsmittels durchzuführen und zu dokumentieren. Sie ist unverzüglich, d. h. ohne schuldhaftes Zögern im Sinne von § 121 Abs. 1 BGB zu aktualisieren, wenn sicherheitsrelevante Veränderungen der Arbeitsbedingungen dies erfordern, neue Informationen, insbesondere Erkenntnisse aus Unfallgeschehen oder der arbeitsmedizinischen Vorsorge vorliegen oder bislang festgelegte Schutzmaßnahmen nicht wirksam oder nicht ausreichend sind. Allerdings ist dem Arbeitgeber diejenige Zeitspanne einzuräumen, die er benötigt, um rechtliche oder fachkundige Hilfe in Anspruch zu nehmen. 35

Nach § 22 Abs. 1 Nr. 7 BetrSichV begeht eine Ordnungswidrigkeit, wer entgegen § 4 Abs. 1 BetrSichV ein **Arbeitsmittel verwendet,** noch bevor der Arbeitgeber eine Gefährdungsbeurteilung durchgeführt, die dabei ermittelten Schutzmaßnahmen nach dem Stand der Technik getroffen oder festgestellt hat, dass die Verwendung des Arbeitsmittels nach dem Stand der Technik sicher ist. Täter der Ordnungswidrigkeit kann jeder sein, der ein Arbeitsmittel vor einem der genannten Zeitpunkte verwendet, aber auch der Arbeitgeber, der Arbeitsmittel entgegen der ihn treffenden Verpflichtung den Beschäftigten zur Verfügung gestellt hat. Wegen Verletzung von § 22 Abs. 1 Nr. 8 i. V. m. § 4 Abs. 4 BetrSichV kann der Arbeitgeber geahndet werden, wenn er nicht organisatorische Vorkehrungen dafür trifft, dass Arbeitsmittel, für die in § 14 oder in Abschnitt 3 BetrSichV Prüfungen vorgesehen sind, nicht verwendet werden, nachdem diese Prüfungen durchgeführt und auch dokumentiert wurden. 36

Nach § 22 Abs. 1 Nr. 9 bzw. 10 BetrSichV begeht der Arbeitgeber eine Ordnungswidrigkeit, wenn er Arbeitsmittel zur Verfügung stellt und durch Beschäftigte verwenden lässt, die solche Mängel aufweisen, dass ihre sichere Verwendung beeinträchtigt ist. Dem Wortlaut nach handelt es sich um ein Begehungsdelikt, da die Tathandlung die Zurverfügungstellung ist. Jedoch kann auch ein Unterlassen vorliegen, wenn sich das Arbeitsmittel zum Zeitpunkt der erstmaligen Zurverfügungstellung in sicherem Zustand befunden hat und Mängel erst nachträglich aufgetreten sind. In diesem Fall ist der Arbeitgeber verpflichtet, das mangelhafte Werkzeug entweder reparieren zu lassen oder auszusondern. 37

ArbSchG § 25   Arbeitsschutzgesetz

38   Nach § 22 Abs. 1 Nr. 10 i. V. m. § 5 Abs. 4 BetrSichV hat der Arbeitgeber dafür Sorge zu tragen, dass Beschäftigte nur solche Arbeitsmittel verwenden, die er Ihnen zur Verfügung gestellt oder deren Verwendung er ihnen ausdrücklich gestattet hat. Insoweit ist der Arbeitgeber zu entsprechenden organisatorischen Vorkehrungen verpflichtet.

39   § 22 Abs. 1 Nr. 11 bis 24 BetrSichV enthalten verschiedene Verstöße gegen im einzelnen bezeichnete Pflichten aus Anhang 1 der BetrSichV bei der Verwendung von mobilen Arbeitsmitteln, beim Heben von Lasten oder bei Arbeiten auf hochgelegenen Arbeitsplätzen. Den Arbeitgeber treffen insoweit Organisations- und Überwachungspflichten, aufgrund derer er für das Vorhandensein oder die Einhaltung von Schutzvorkehrungen Sorge zu tragen hat.

40   Vor der erstmaligen Verwendung von Arbeitsmitteln hat der Arbeitgeber nach § 12 Abs. 1 BetrSichV den Beschäftigten ausreichende und angemessene Informationen anhand der Gefährdungsbeurteilung in einer verständlichen Form und Sprache zur Verfügung zu stellen und sie tätigkeitsbezogen zu unterweisen. Vor der erstmaligen Verwendung von Arbeitsmitteln ist den Beschäftigten eine schriftliche Betriebsanweisung für die Verwendung des Arbeitsmittels zur Verfügung zu stellen. Ordnungswidrig handelt, wer die Information, die Unterweisung oder die Betriebsanweisung nicht, nicht richtig, nicht vollständig oder nicht rechtzeitig erbringt. Alle Informationen sind vor der erstmaligen Verwendung eines Arbeitsmittels zu erteilen. Nicht richtig oder nicht vollständig sind Informationen erteilt, wenn die Information nicht in einer verständlichen Form und Sprache zur Verfügung gestellt wurde oder vorhandene Gefährdungen, erforderliche Schutzmaßnahmen und Verhaltensregeln oder Maßnahmen bei Betriebsstörung, Unfällen oder zur Ersten Hilfe bei Notfällen unrichtig oder fehlerhaft wiedergegeben oder Informationen nur teilweise aber nicht im vollem Umfang erteilt wurden.

41   Nach § 14 BetrSichV hat der Arbeitgeber **Arbeitsmittel,** deren Sicherheit von Montagebedingungen abhängt, vor der erstmaligen Verwendung durch eine hierzu befähigte Person **prüfen zu lassen.** Das Gleiche gilt, wenn das Arbeitsmittel von Änderungen oder außergewöhnlichen Ereignissen betroffen war, die schädigende Auswirkungen auf die Sicherheit haben oder durch die Beschäftigte gefährdet werden können. In diesem Fall ist unverzüglich eine außerordentliche Prüfung durch eine hierzu befähigte Person durchzuführen. Die Ergebnisse der Prüfung sind nach § 14 Abs. 7 BetrSichV aufzuzeichnen und aufzubewahren. Ordnungswidrig handelt, wer eine Prüfung nicht oder nicht rechtzeitig, das heißt regelmäßig vor der erstmaligen Verwendung, bei Änderungen oder außergewöhnlichem Ereignis unverzüglich ohne schuldhaftes Zögern prüfen lässt oder wer nicht durch organisatorische Vorkehrungen dafür Sorge trägt, dass das Ergebnis der Prüfung aufgezeichnet wird, die in § 4 Abs. 7 Satz 2 BetrSichV genannten Informationen erhält und mindestens bis zur nächsten Prüfung aufbewahrt wird.

42   Nach § 22 Abs. 1 Nr. 32 i. V. m. § 19 Abs. 3 BetrSichV ist ahndbar, wer eine Dokumentation der Gefährdungsbeurteilung, den Nachweis, dass die Gefährdungsbeurteilung den gesetzlichen Anforderungen entsprechend erstellt wurde, Angaben zu den nach § 13 ArbSchG verantwortlichen Personen oder den getroffenen Schutzmaßnahmen der zuständigen Behörde auf Verlangen nicht, nicht richtig, nicht vollständig oder nicht rechtzeitig übermittelt. Die Pflicht zur Übermittlung besteht lediglich auf Verlangen der zuständigen Behörde. Zu erfüllen sind die Verpflichtungen des § 19 Abs. 3 BetrSichV dann, wenn das Auskunftsverlangen nach verwaltungsrechtlichen Vorschriften vollstreckbar ist und vom Adressaten verpflichtend erfüllt werden muss.

Bußgeldvorschriften **§ 25 ArbSchG**

Normadressat und tauglicher Täter ist in erster Linie der Arbeitgeber, aber 43
auch eine beauftragte Person i. S. v. § 13 ArbSchG. Im Falle des § 22 Abs. 1 Nr. 7
BetrSichV kann jedermann Täter sein.

5. § 22 Abs. 1 Druckluftverordnung. § 22 Abs. 1 DruckLV enthält nach der 44
Neufassung durch die Verordnung zur Rechtsvereinfachung und Stärkung der arbeitsmedizinischen Vorsorge vom 18.12.2009 (BGBl. I 2008, 2768) einen Katalog von nunmehr noch 15 Ordnungswidrigkeitentatbeständen.

Nach § 22 Abs. 1 i. V. m. § 3 Abs. 1, Abs. 2 Satz 1 oder Abs. 3 DruckLV handelt 45
ordnungswidrig, wer als Arbeitgeber nicht spätestens zwei Wochen vor Ausführung von Arbeiten in Druckluft dies der zuständigen Behörde unter Mitteilung der in Abs. 2 Satz 1 genannten Angaben **anzeigt** oder eine solche Anzeige nicht, nicht richtig, nicht vollständig, nicht in der vorgeschriebenen Weise oder nicht rechtzeitig erstattet. Das Gleiche gilt auch, wenn der Arbeitgeber nicht unverzüglich beabsichtigte oder eingetretene Änderungen gegenüber der Anzeige den zuständigen Behörden schriftlich anzeigt.

Die Ordnungswidrigkeit des § 22 Abs. 1 Nr. 1 DruckLV wird durch Nr. 2 er- 46
gänzt, wonach die unterlassene, nicht richtige, nicht vollständige oder nicht rechtzeitige **Beifügung** einer der in § 3 Abs. 2 Satz 2 DruckLV genannten **Unterlagen** ebenfalls mit Geldbuße geahndet werden kann.

Nach § 22 Nr. 3 DruckLV kann mit Geldbuße belegt werden, wer entgegen § 7 47
Abs. 1 DruckLV **Arbeitskammern**, d. h. Räume, in denen Arbeiten mit Druckluft mit einem Überdruck von mehr als 0,1 bar ausgeführt werden (§ 2 Abs. 1 Nr. 1 DruckLV), **ohne vorherige Prüfung** durch einen behördlich anerkannten Sachverständigen und ohne Erteilung einer Prüfbescheinigung **betreibt**. Von einem Betreiben in diesem Sinne ist erst dann auszugehen, wenn in der Arbeitskammer tatsächlich Arbeiten mit Druckluft verrichtet worden sind.

§ 22 Abs. 1 Nr. 4, 5 und 7 DruckLV ahnden Verstöße gegen **Beschäftigungs-** 48
verbote. Danach dürfen Arbeitnehmer in Druckluft von mehr als 3,6 bar Überdruck nicht beschäftigt werden (§ 22 Abs. 1 Nr. 4 DruckLV). Ebenso wenig dürfen Arbeitnehmer über 50 Jahren in Druckluft von mehr als 0,1 bar Überdruck (§ 2 Abs. 2 Satz 1 DruckLV) beschäftigt werden. Gleiches gilt nach § 22 Abs. 1 Nr. 7 DruckLV, wenn Arbeitnehmer, die durch Arbeiten in Druckluft erkrankt waren, ihre Arbeit wegen anderer Erkrankungen mehr als einen Tag unterbrochen haben, oder Arbeitnehmer beschäftigt werden, die erkältet sind bzw. die sich sonst nicht wohl fühlen, ohne dass sie einem ermächtigten Arzt vorgestellt worden sind und dieser festgestellt hat, dass keine gesundheitlichen Bedenken gegen die Weiterbeschäftigung bestehen.

§§ 22 Abs. 1 Nrn. 8 und 9 DruckLV befassen sich mit Verstößen gegen Pflichten 49
im Zusammenhang mit dem **ermächtigten Arzt.** Nach § 12 Abs. 1 Satz 2 DruckLV hat der Arbeitgeber dafür zu sorgen, dass der ermächtigte Arzt während der Arbeits- und Wartezeiten jederzeit erreichbar ist und in angemesserer Zeit zur Verfügung steht. Bei Arbeiten mit einem Arbeitsdruck von mehr als 2,0 bar muss der Arbeitgeber dafür sorgen, dass der ermächtigte Arzt ständig an der Arbeitsstelle zur Verfügung steht. Darüber hinaus hat der Arbeitgeber nach § 22 Abs. 1 Nr. 9 DruckLV Name, Anschrift und Fernsprechnummer des ermächtigten Arztes an der Arbeitsstelle in geeigneter, allen Arbeitnehmern zugänglicher Stelle, insbesondere in der Personenschleuse und dem Erholungsraum auszuhängen. Der Verstoß gegen die Verpflichtung, den Aushang in gut lesbarem Zustand zu erhalten, ist nicht bußgeldbewährt.

50 Nach § 22 Abs. 1 Nr. 11 DruckLV stellt es eine Ordnungswidrigkeit dar, wenn der Arbeitgeber nicht dafür sorgt, dass an dem **Betriebsort einer Arbeitskammer** eine Krankendruckluftkammer, die für einen Arbeitsdruck von mindestens 5,5 bar ausgelegt ist, ein Raum für ärztliche Untersuchungen und Behandlungen, Erholungs-, Umkleide- und Trockenräume, sanitäre Einrichtungen, insbesondere Waschräume, Aborte sowie Rettungseinrichtungen zur Bergung Verletzter und Kranker aus der Arbeitskammer zur Verfügung stehen.

51 Ferner hat der Arbeitgeber nach § 22 Abs. 1 Nr. 12 i.V. m. § 17 Abs. 3 Satz 1 DruckLV dafür zu sorgen, dass die **Krankendruckluftkammer** vor Bereitstellung an der Arbeitsstelle, jeweils nach Ablauf von drei Jahren seit der letzten Prüfung sowie nach wesentlichen Änderungen durch einen behördlich anerkannten Sachverständigen daraufhin **überprüft** ist, ob die Voraussetzungen von § 17 Abs. 1 und Abs. 2 DruckLV eingehalten sind.

52 Nach § 22 Abs. 1 Nr. 13 DruckLV begeht eine Ordnungswidrigkeit, wer als Arbeitgeber die in § 18 Abs. 1 DruckLV genannten **Fachkundigen** oder deren Vertreter, die dort genannten Sachkundigen, Schleusenwärter oder Betriebshelfer nicht oder nicht rechtzeitig **bestellt.**

53 Nach § 22 Abs. 1 Nr. 14 DruckLV kann mit Geldbuße geahndet werden, wer als Arbeitgeber die in § 19 DruckLV genannten **Nachweise** nicht auf der Arbeitsstelle bereithält.

54 § 22 Abs. 1 Nrn. 15 und 16 DruckLV enthalten Tatbestände für die Verletzung von **Belehrungspflichten.** So hat der Arbeitgeber dafür Sorge zu tragen, dass der Fachkundige, der Arbeiten in Druckluft leitet, und der beauftragte Arzt die beim Betrieb der Arbeitskammer Beschäftigten vor Beginn der Beschäftigung über Unfall- und Gesundheitsgefahren, denen sie bei der Beschäftigung ausgesetzt sind, sowie über die Einrichtungen und Maßnahmen zur Abwendung dieser Gefahren belehrt (§§ 22 Abs. 1 Nr. 15 i.V. m. § 20 Abs. 1 Satz 1 DruckLV). Ferner hat der Arbeitgeber vor Beginn der Beschäftigung mit Arbeiten in Druckluft allen Arbeitnehmern ein Merkblatt auszuhändigen, in dem der Inhalt der Unterrichtung über Unfall- und Gesundheitsgefahren sowie über Einrichtungen und Maßnahmen zur Abwendung der Gefahren enthalten ist.

55 Schließlich hat der Arbeitgeber nach § 22 Nr. 17 i.V.m. § 21 Abs. 1 DruckLV dafür Sorge zu tragen, dass die **Ausschleusungs- und Wartezeiten** nach Anhang 2 eingehalten werden.

56 **Tauglicher Täter** einer Ordnungswidrigkeit nach § 22 DruckLV ist in erster Regel der Arbeitgeber oder eine beauftragte Person i. S. v. § 13 ArbSchG. Der Bußgeldtatbestand des § 22 Nr. 3 DruckLV richtet sich an den **Betreiber** einer Druckkammer, der im Einzelfall auch vom Arbeitgeber verschieden sein kann.

57 **6. § 7 Bildschirmarbeitsverordnung.** Nach § 7 **BildscharbV** handelt ordnungswidrig i. S. d. § 25 Abs. 1 Nr. 1, wer vorsätzlich oder fahrlässig entgegen § 6 Abs. 1 Satz 1 BildscharbV die dort bezeichnete Untersuchungen nicht oder nicht rechtzeitig anbietet. Der Arbeitgeber hat nach § 6 Abs. 1 Satz 1 BildscharbV den Beschäftigten vor Aufnahme ihrer Tätigkeit an Bildschirmgeräten, anschließend in regelmäßigen Zeitabständen sowie bei Auftreten von Sehbeschwerden, die auf die Arbeit am Bildschirmgerät zurückgeführt werden könnten, eine angemessene **Untersuchung** der Augen und des Sehvermögens durch eine fachkundige Person anzubieten. Eine bußgeldbewehrte Pflichtverletzung des Normadressaten ist nicht nur das nicht vorgenommene, sondern auch das nicht rechtzeitige Anbieten der Untersuchung. **Beispiel:** Die Untersuchung wird nicht vor, sondern nach Auf-

Bußgeldvorschriften **§ 25 ArbSchG**

nahme der Tätigkeit an Bildschirmgeräten angeboten. Die Verletzung anderer Pflichten der BildscharbV, z. B. der Pflicht, den Beschäftigten im erforderlichen Umfang spezielle Sehhilfen zur Verfügung zu stellen (§ 6 Abs. 2 BildscharbV), ist nicht bußgeldbewehrt.

Normadressat und damit tauglicher Täter einer Ordnungswidrigkeit im Rahmen eines Bußgeldverfahrens ist der Arbeitgeber. Daneben kann auch eine verantwortliche Person nach § 13 ArbSchG betroffen sein. 58

7. § 11 Abs. 1 Arbeitsschutzverordnung zu künstlicher optischer Strahlung (OStrV). Die OStrV dient dem Schutz von Beschäftigten, die bei der Arbeit optischer Strahlung aus künstlichen Strahlungsquellen im Wellenlängenbereich von 100 Nanometer bis 1 Millimeter ausgesetzt sind, namentlich ultravioletter Strahlung, sichtbarer elektromagnetischer Strahlung und Infrarotstrahlung (§§ 1 Abs. 1, 2 Abs. 1 OStrV). § 11 Abs. 1 OStrV enthält einen Katalog von neun Tatbeständen, die bei vorsätzlicher oder fahrlässiger Begehung eine Ordnungswidrigkeit i. S. v. § 25 Abs. 1 ArbSchG darstellen. 59

§ 11 Abs. 1 Nr. 1 OStrV bedroht den Arbeitgeber mit Bußgeld, der Beschäftigte eine **Tätigkeit aufnehmen lässt**, noch **bevor** eine **Gefährdungsbeurteilung durchgeführt** und die **erforderlichen Schutzmaßnahmen getroffen** sind. Notwendig ist, dass der Beschäftigte mit der ihm übertragenen Tätigkeit bereits begonnen hat und dabei bestimmungsgemäß mit optischer Strahlung aus künstlichen Strahlungsquellen in Berührung kommen kann. Dass er optischer Strahlung bereits ausgesetzt war, ist für eine Ahndbarkeit ebenso wenig erforderlich wie das Bestehen einer konkreten Gefährdungssituation. § 11 Abs. 1 Nr. 1 OStrV setzt nicht voraus, dass kumulativ die Gefährdungsbeurteilung und die notwendigen Schutzmaßnahmen unterblieben sind, vielmehr werden auch die Fälle erfasst, in denen zwar eine Gefährdungsbeurteilung stattgefunden hat, jedoch die erforderlichen Schutzmaßnahmen vor Tätigkeitsbeginn nicht vorhanden sind. Da § 11 Abs. 1 Nr. 1 OStrV nur auf § 3 Abs. 3 Satz 1 OStrV, aber nicht auf Satz 2 verweist, ist das Unterlassen regelmäßiger Überprüfungen und Aktualisierungen der Gefährdungsbeurteilung sowie der Anpassung von Schutzmaßnahmen nicht bußgeldbewehrt. 60

§ 3 Abs. 4 Satz 1 und 2 OStrV enthalten nähere Vorgaben zur **Dokumentation der Gefährdungsbeurteilung.** Danach hat der Arbeitgeber unabhängig von der Zahl der Beschäftigten vor Aufnahme der Tätigkeit in der Dokumentation anzugeben, welche Gefährdungen am Arbeitsplatz auftreten können und welche Maßnahmen zur Vermeidung oder Minimierung der Gefährdung der Beschäftigten durchgeführt werden müssen. Die Dokumentation ist so zu erstellen, dass eine spätere Einsichtnahme möglich ist. § 11 Abs. 1 Nr. 2 OStrV ahndet den Arbeitgeber, wenn dieser eine Gefährdungsbeurteilung nicht richtig, nicht vollständig oder nicht rechtzeitig dokumentiert. Alleine ein Mangel einer Dokumentation kann daher eine Ahndung auslösen, selbst wenn eine Gefährdungsbeurteilung tatsächlich durchgeführt worden ist. Grundsätzlich steht es dem Arbeitgeber aber innerhalb der zu erfüllenden Vorgaben frei, wie er der Dokumentationspflicht nachkommt. 61

§ 11 Abs. 1 Nr. 3 OStrV ahndet mit Bußgeld, wenn der Arbeitgeber entgegen § 4 Abs. 1 Satz 1 OStrV nicht sicher stellt, dass eine **Messung oder Berechnung nach dem Stand der Technik durchgeführt** wird. Ein Verstoß gegen die weitere Verpflichtung aus § 4 Abs. 1 Satz 1 OStrV, nämlich Messungen und Berechnungen auch fachkundig zu planen, ist nicht mit Bußgeld bedroht. Häufig wird aber aus einer fehlerhaften Planung auch eine fehlerhafte Messung oder Berechnung resultieren. 62

ArbSchG § 25 Arbeitsschutzgesetz

63 § 11 Abs. 1 Nr. 4 OStrV sanktioniert ein **Auswahlverschulden** des Arbeitgebers. Er hat nach § 5 Abs. 1 Satz 1 OStrV sicherzustellen, dass die Gefährdungsbeurteilung, die Messungen oder die Berechnungen **nur von fachkundigen Personen** durchgeführt werden. Vor einer Beauftragung von Fremdfirmen oder von eigenem Personal hat sich der Arbeitgeber zu vergewissern, dass diese über die erforderlichen Fachkenntnisse verfügen. Ist der Arbeitgeber nicht in der Lage, die Fachkunde der zu beauftragten Person zu beurteilen, muss er sich hierzu ggf. Rat einholen.

64 Nach § 11 Abs. 1 Nr. 5 OStrV begeht eine Ordnungswidrigkeit, wer als Arbeitgeber entgegen § 5 Abs. 2 Satz 1 OStrV vor Inbetriebnahme von Lasern der Klassen 3R, 3B und 4 einen **sachkundigen Laserschutzbeauftragten nicht schriftlich bestellt.** Dies ist jedoch nur in den Fällen erforderlich, in denen der Arbeitgeber nicht bereits selbst über die erforderliche Sachkunde verfügt. Trotz des missverständlichen Wortlauts, nach dem lediglich die nicht schriftliche Bestellung bußgeldbewehrt ist, wird von der Vorschrift auch die Bestellung eines nicht sachkundigen Laserschutzbeauftragten erfasst. Auch in diesem Fall fehlt es nämlich an der schriftlichen Bestellung eines sachkundigen Laserschutzbeauftragten.

65 Nach § 11 Abs. 1 Nr. 6 OStrV kann bebußt werden, wer entgegen § 7 Abs. 3 Satz 1 OStrV als Arbeitgeber **Arbeitsbereiche nicht kennzeichnet,** in denen die Expositionsgrenzwerte für künstliche optische Strahlung (§ 6 OStrV) überschritten werden können. Bußgeldbewehrt ist lediglich das vollständige Unterlassen einer Kennzeichnung. Kennzeichnungsmängel nach § 7 Abs. 4 Satz 2 und 3 OStrV sind nicht tatbestandsmäßig.

66 Eng verbunden damit ist die Bußgeldvorschrift des § 11 Abs. 1 Nr. 7 OStrV, nach der bebußt wird, wer einen **Arbeitsbereich nicht abgrenzt,** in dem die Expositionsgrenzwerte für künstliche optische Strahlung überschritten werden können. Eine fehlende Zugangsbeschränkung für Unbefugte, die § 7 Abs. 3 Satz 4 OStrV ebenfalls vorsieht, wird vom Tatbestand nicht erfasst.

67 § 11 Abs. 1 Nr. 8 OStrV ahndet die entgegen § 7 Abs. 4 Satz 1 OStrV **unterlassene oder nicht rechtzeitig durchgeführte Maßnahme,** um trotz der generellen Schutzmaßnahmen bei einer Überschreitung der Expositionsgrenzwerte (§ 6 OStrV) **unverzüglich die Exposition** der Beschäftigten auf einen unterhalb der Expositionsgrenzwerte liegenden Wert **zu senken.** Werden die Expositionsgrenzwerte überschritten, weil schon die nach der Gefährdungsbeurteilung durchzuführenden Sicherheitsmaßnahmen nicht angewandt werden, liegt kein Fall des § 11 Abs. 1 Nr. 8 OStrV, sondern der Nr. 1 vor.

68 § 11 Abs. 1 Nr. 9 OStrV betrifft den Fall, dass der Arbeitgeber entgegen § 8 Abs. 1 Satz 1 OStrV nicht sicherstellt, dass ein Beschäftigter eine **Unterweisung** in der vorgeschriebenen Weise erhält. Dem Beschäftigten ist nämlich eine Unterweisung zu erteilen, die auf den Ergebnissen der Gefährdungsbeurteilung beruht und die Aufschluss über die am Arbeitsplatz auftretenden Gefährdungen gibt. Wie die Unterweisung auszusehen hat, ist in § 8 Abs. 1 Satz 2 OStrV geregelt. Durch die Worte „in der vorgeschriebenen Weise" wird klargestellt, dass auch das Unterlassen der jährlichen Wiederholung oder der Aktualisierung bebußt werden kann.

69 **Normadressat** und tauglicher Täter einer Ordnungswidrigkeit ist in allen Fällen der Arbeitgeber oder die nach § 13 ArbSchG betraute Person.

70 **8. § 9 Abs. 1 Arbeitsstättenverordnung.** Durch die Verordnung zur Umsetzung der Richtlinie 2006/25/EG zum Schutz der Arbeitnehmer vor Gefährdungen durch künstliche optische Strahlung und zur Änderung von Arbeitsschutzverord-

Bußgeldvorschriften **§ 25 ArbSchG**

nungen (BGBl. I 2010, 960) erhielt auch die ArbeitsstättenV eine Bußgeldvorschrift für vorsätzliche oder fahrlässige Verstöße.

Nach § 9 Abs. 1 Nr. 1 ArbeitsstättenV wird geahndet, wer eine **Gefährdungsbeur-** 71 **teilung** entgegen § 3 Abs. 3 ArbeitsstättenV nicht richtig, nicht vollständig oder nicht rechtzeitig dokumentiert. Der Arbeitgeber hat, sofern Arbeitnehmer Gefährdungen ausgesetzt sein können, für jeden Arbeitsplatz die Gefährdungsbeurteilung unabhängig von der Zahl der Beschäftigten zu dokumentieren und zwar vor Aufnahme der Tätigkeiten. Dabei ist anzugeben, welche Gefährdungen am Arbeitsplatz auftreten können und welche Schutzmaßnahmen festgelegt sind. Die Dokumentation ist nicht richtig, wenn die Gefährdungen der Gesundheit und Sicherheit der Beschäftigten nicht zutreffend festgestellt sind. Nicht vollständig ist die Dokumentation, wenn zwar einige, nicht aber alle Gefährdungen niedergelegt sind. Die Anordnung unzureichender Schutzmaßnahmen selbst ist nicht nach dieser Vorschrift bußgeldbedroht, wohl aber die fehlerhafte und unzureichende Dokumentation der tatsächlich angeordneten Maßnahmen.

§ 9 Abs. 1 Nr. 2 ArbeitsstättenV ahndet denjenigen, der entgegen § 3a Abs. 1 72 Satz 1 ArbeitsstättenV nicht dafür sorgt, dass eine **Arbeitsstätte** in der dort **vorgeschriebenen Weise eingerichtet** ist oder **betrieben** wird. Danach ist eine Arbeitsstätte so einzurichten und zu betreiben, dass keine Gefährdungen für die Sicherheit oder die Gesundheit der Beschäftigten ausgehen. Nach § 3a Abs. 1 Satz 3 ArbeitsstättenV besteht eine Vermutung („ist davon auszugehen") dafür, dass keine Gefährdungen vorliegen, wenn die vom Bundesministerium für Arbeit und Soziales bekannt gemachten Regelungen eingehalten wurden. Für das Bußgeldverfahren wird es an der Pflichtwidrigkeit fehlen, wenn diese Regelungen beachtet wurden, außer es ist evident, dass diese Regelungen nicht ausreichend sind.

§ 9 Abs. 1 Nr. 3 ArbeitsstättenV enthält eine Bußgeldbewehrung für den Fall, 73 dass der Arbeitgeber entgegen § 4 Abs. 1 Satz 2 ArbeitsstättenV eine **Arbeit** nicht **einstellt,** wenn Mängel einer Arbeitsstätte, mit denen eine **unmittelbare erhebliche Gefahr** verbunden ist, nicht sofort beseitigt werden können. Eine Einstellung der Arbeit ist aber nicht bei jedem zu einer Gefährdung führenden Mangel geboten, sondern nur dann, wenn eine unmittelbare Gefahr droht und das Maß der Gefährdung erheblich ist.

Ordnungswidrig nach § 9 Abs. 1 Nr. 4 i. V. m. § 4 Abs. 3 ArbeitsstättenV handelt, 74 wer **Sicherheitseinrichtungen** zur Verhütung oder Beseitigung von Gefahren, insbesondere Sicherheitsbeleuchtungen, Feuerlöscheinrichtungen, Signalanlagen, Notaggregate und Notschalter sowie raumlufttechnische Anlange nicht oder nicht in der vorgeschriebenen Weise in regelmäßigen Abständen **sachgerecht warten** oder auf ihre **Funktionsfähigkeit prüfen** lässt.

Nach § 9 Abs. 1 Nr. 5 i. V. m. § 4 Abs. 4 Satz 1 ArbeitsstättenV kann geahndet 75 werden, wer **Verkehrswege, Fluchtwege oder Notausgänge** nicht **frei hält.** Die bestimmungsgemäße Nutzung von Verkehrswegen zum Zwecke der Fortbewegung ist jederzeit gestattet. Halten, Parken oder das Abstellen von Lasten auf Vekehrs- und Fluchtwegen oder vor Notausgängen ist jedoch untersagt.

Diese Vorschrift wird flankiert durch § 9 Abs. 1 Nr. 6 i. V. m. § 4 Abs. 4 Satz 2 Ar- 76 beitsstättenV, wonach der Arbeitgeber **Vorkehrungen** dafür zu treffen hat, dass die Beschäftigten bei Gefahr sich unverzüglich in **Sicherheit bringen** und schnell gerettet werden können.

Nach § 9 Abs. 1 Nr. 7 i. V. m. § 4 Abs. 5 ArbeitsstättenV kann geahndet werden, 77 wer Mittel oder Einrichtungen zur **Ersten Hilfe** nicht zur Verfügung stellt. Welche Mittel oder Einrichtungen der Arbeitgeber zur Verfügung stellen muss, wird in der ArbeitsstättenV nicht geregelt. Es kann daher vom Arbeitgeber nicht erwartet wer-

ArbSchG § 25

den, dass er mehr Mittel zur Verfügung stellt, als allgemein von Unternehmen erwartet werden. Die unterlassene Prüfung auf Verwendungsfähigkeit ist selbst nicht bußgeldbedroht. Ist allerdings ein Mittel oder eine Einrichtung nicht mehr verwendungsfähig, wird dieses auch nicht mehr zur Verfügung gestellt.

78 § 9 Abs. 1 Nr. 8 ArbeitsstättenV ahndet die unterlassene Bereitstellung von **Toilettenräumen**, während § 9 Abs. 1 Nr. 9 ArbeitsstättenV die unterlassene zur Verfügung Stellung von **Pausenräumen oder Pausenbereichen** regelt.

79 **Normadressat** der Bußgeldvorschriften ist in den Fällen der Nr. 1–4 und 6–8 der Arbeitgeber oder die nach § 13 ArbSchG betraute Person. Im Fall der Nr. 5 kann jedermann die Ordnungswidrigkeit begehen, also sowohl eine im Unternehmen beschäftigte Person als auch ein außenstehender Dritter.

80 **9. § 10 Abs. 1 Verordnung zur arbeitsmedizinischen Vorsorge (ArbMedVV).** § 10 ArbMedVV enthält in seinem Absatz 1 vier Bußgeldvorschriften, bei deren Verletzung eine Ahndung nach § 25 Abs. 1 Nr. 1 ArbSchG erfolgt.

81 Nach § 10 Abs. 1 Nr. 1 ArbMedVV macht sich ahndbar, wer entgegen § 4 Abs. 1 ArbMedVV eine **Pflichtvorsorge nicht oder nicht rechtzeitig veranlasst**. § 4 Abs. 1 ArbMedVV bestimmt, dass der Arbeitgeber nach Maßgabe des Anhangs zur ArbMedVV eine Pflichtvorsorge der Beschäftigten veranlassen muss. Die Anlage unterscheidet je nach Gefahrexposition für die Beschäftigten zwischen Pflichtvorsorge und Angebotsvorsorge. Letztere wird nicht von der Nr. 1, sondern der Nr. 4 erfasst. Bußgeldbewehrt ist es, wenn der Arbeitgeber den Beschäftigten überhaupt nicht dazu bewegt, die Maßnahmen der Pflichtvorsorge wahrzunehmen oder wenn dies nicht rechtzeitig, d. h. nicht vor Beginn der Tätigkeit erfolgt ist. Kein Verstoß gegen Abs. 1 Nr. 1 liegt vor, wenn der Arbeitgeber den Beschäftigten dazu aufgefordert hat, die Vorsorge in Anspruch zu nehmen, unabhängig davon, ob der Beschäftigte dem nachkommt oder nicht.

82 § 10 Abs. 1 Nr. 2 ArbMedVV ergänzt die Bußgeldvorschrift der Nr. 1. Er sieht ein Bußgeld für den Arbeitgeber vor, der einen Beschäftigten eine **Tätigkeit ausüben** lässt, **bevor** die nach § 4 Abs. 1 ArbMedVV vorgeschriebene **Pflichtuntersuchung durchgeführt** worden ist.

83 Nach § 10 Abs. 1 Nr. 3 ArbMedVV kann mit Bußgeld geahndet werden, wer entgegen § 4 Abs. 3 Satz 1 Halbsatz 1 ArbMedVV eine **Vorsorgekartei nicht, nicht richtig oder nicht vollständig führt.** § 4 Abs. 3 Satz 1 ArbMedVV verpflichtet der Arbeitgeber, über die Vorsorge (Pflicht- und Angebotsvorsorge) eine Vorsorgekartei mit Angaben über Anlass, Tag und Ergebnis jeder Untersuchung zu führen. Nicht geführt wird eine Vorsorgekartei, wenn der Arbeitgeber überhaupt keine Aufzeichnungen über die Vorsorge vornimmt. Die Abgrenzung zwischen nicht richtiger und nicht vollständiger Führung der Vorsorgekartei kann im Einzelfall schwierig zu treffen sein, jedoch kann im Ergebnis meist offen bleiben, welche der beiden Alternativen vorliegt. Nicht richtig wird die Vorsorgekartei geführt, wenn die Aufzeichnungen inhaltlich unrichtig sind. Ein Fall der Unvollständigkeit liegt vor, wenn einzelne zu erfassende Angaben über Anlass, Datum oder Ergebnis der Vorsorgeuntersuchung fehlen.

84 § 10 Abs. 1 Nr. 4 ArbMedVV stellt das Pendant zur Nr. 1 dar und ahndet das **unterlassene oder nicht rechtzeitige Angebot einer Angebotsvorsorge** entgegen § 5 Abs. 1 Satz 1 ArbMedVV. Hinsichtlich der Tathandlungen kann auf die Kommentierung zur Nr. 1 verwiesen werden.

85 **Normadressat** und tauglicher Täter ist in allen Fällen der Arbeitgeber oder die von ihm nach § 13 ArbSchG beauftragte Person.

Bußgeldvorschriften **§ 25 ArbSchG**

10. § 16 Abs. 1 Lärm- und Vibrations-Arbeitsschutzverordnung (Lärm- 86
VibrationsArbSchV). Derzeit sind insgesamt 11 Verstöße gegen Vorschriften der
LärmVibrationsArbSchV mit Geldbuße bedroht.

Nach § 16 Abs. 1 Nr. 1 LärmVibrationsArbSchV kann bebußt werden, wer ent- 87
gegen § 3 Abs. 1 Satz 2 die **auftretende Exposition nicht in dem in Abs. 2 genannten Umfang ermittelt und bewertet.** Der Arbeitgeber hat nach § 3 Abs. 1
Satz 2 LärmVibrationsArbSchV alle von Lärm oder Vibrationen ausgehenden Gefährdungen für die Gesundheit und die Sicherheit der Beschäftigten zu beurteilen.
Abs. 2 zählt im Einzelnen in einem nicht abschließenden Katalog wesentliche Ermittlungs- und Bewertungskriterien auf. Tatbestandsmäßig ist lediglich die Außerachtlassung der in Abs. 2 enumerativ aufgezählten Kriterien; werden andere, dort
nicht genannte Kriterien nicht berücksichtigt, mag zwar die Gefährdungsbeurteilung unvollständig sein, jedoch ist dies nicht vom Tatbestand umfasst.

§ 16 Abs. 1 Nr. 2 LärmVibrationsArbSchV ahndet, wenn entgegen § 3 Abs. 4 88
Satz 1 LärmVibrationsArbSchV eine **Gefährdungsbeurteilung nicht dokumentiert** oder in der Dokumentation entgegen § 3 Abs. 4 Satz 2 LärmVibrations-
ArbSchV die dort **genannten Angaben nicht gemacht** werden. Nach diesen
Vorschriften hat der Arbeitgeber eine Gefährdungsbeurteilung unabhängig von der
Zahl der Beschäftigten zu dokumentieren. Dabei ist in der Dokumentation anzugeben, welche Gefährdungen am Arbeitsplatz auftreten können und welche Maßnahmen zur Vermeidung oder Minimierung der Gefährdung der Beschäftigten durchgeführt werden müssen.

§ 16 Abs. 1 Nr. 3 LärmVibrationsArbSchV betrifft den Fall, dass der Arbeitgeber 89
entgegen § 4 Abs. 1 Satz 1 und 2 LärmVibrationsArbSchV nicht sicherstellt, dass
Messungen nach dem Stand der Technik durchgeführt werden oder er entgegen § 4 Abs. 1 Satz 4 LärmVibrationsArbSchV die **Messergebnisse nicht speichert.** Messergebnisse hat der Arbeitgeber mindestens 30 Jahre lang so aufzubewahren, dass eine spätere Einsichtnahme möglich ist.

§ 16 Abs. 1 Nr. 4 LärmVibrationsArbSchV sanktioniert ein **Auswahlverschul-** 90
den des Arbeitgebers. Er kann mit Bußgeld belegt werden, wenn er entgegen § 5
Satz 1 LärmVibrationsArbSchV nicht sicherstellt, dass die **Gefährdungsbeurteilung nur von fachkundigen Personen durchgeführt** wird oder er entgegen
§ 5 Satz 4 LärmVibrationsArbSchV mit der **Durchführung von Messungen** nicht
nur Personen beauftragt, die über die dafür notwendige Fachkunde und die erforderlichen Einrichtungen verfügen. Ggf. hat sich der Arbeitgeber bereits bei der
Auswahlentscheidung fachkundig beraten zu lassen.

Nach § 16 Abs. 1 Nr. 5 LärmVibrationsArbSchV kann geahndet werden, wenn 91
der Arbeitgeber entgegen § 7 Abs. 4 Satz 1 LärmVibrationsArbSchV Arbeitsbereiche, in denen einer der oberen Auslösewerte für Lärm (§ 6 Satz 1 Nr. 1 LärmVibrationsArbSchV) überschritten werden kann, nicht als **Lärmbereich kennzeichnet**
und, falls technisch möglich, **abgrenzt.** Für die Kennzeichnungspflicht reicht es
aus, wenn alternativ einer der beiden oberen Auslösewerte (8h = 85 dB(A) bzw.
peak = 137 dB(C)) überschritten werden kann. Auf eine tatsächliche Überschreitung der Auslösewerte kommt es nicht an, sondern es reicht, wenn im konkreten
Fall eine Überschreitung der Auslösewerte möglich ist („kann"). Allerdings genügt
eine rein denkbare Möglichkeit alleine noch nicht aus. Es handelt sich bei dieser
Bußgeldvorschrift um ein abstraktes Gefährdungsdelikt, d. h. eine Überschreitung
der Auslösewerte muss bei nicht fern liegenden betrieblichen Ereignissen zu erwarten sein. Eine bauliche Abgrenzung des Lärmbereichs von anderen Bereichen ist
nur gefordert, wenn dies technisch möglich ist. Da eine Abgrenzung technisch in

Pelz 659

den meisten Fällen durchführbar sein dürfte, wenn auch z. T. zu enormen Kosten, wird ein Verstoß gegen diese Norm bußgeldrechtlich nur dann angenommen werden können, wenn eine Realisierung der Abgrenzung mit üblichem technischen Aufwand möglich ist; der Einsatz völlig außergewöhnlicher technischer Lösungen ist nicht gefordert.

92 § 7 Abs. 5 LärmVibrationsArbSchV fordert vom Arbeitgeber, dass er bei einer Überschreitung der oberen Auslösewerte ein Programm mit technischen und organisatorischen Maßnahmen zur Verringerung der Lärmexposition auszuarbeiten und durchzuführen hat. § 16 Abs. 1 Nr. 6 LärmVibrationsArbSchV sieht für die **unterlassene Durchführung** eines derartigen **Programmes** eine Geldbuße vor. Anders als bei der Nr. 5 sind derartige Programme erst bei einer tatsächlichen Überschreitung des oberen Auslösewertes, nicht schon bei der Möglichkeit der Überschreitung durchzuführen. Da der Arbeitgeber bei einer Überschreitung erst einmal ein derartiges Programm ausarbeiten muss, ist ihm ein gewisser zeitlicher Spielraum bis zur Durchführung einzuräumen. Eine Ahndung kommt nur in Betracht, wenn übliche Durchführungszeiträume eklatant überschritten werden.

93 § 16 Abs. 1 Nr. 7 und 8 LärmVibrationsArbSchV behandeln Verstöße gegen Verpflichtungen zum **Gehörschutz.** Nr. 7 betrifft den Fall, dass der Arbeitgeber entgegen § 8 Abs. 1 LärmVibrationsArbSchV bei Nichteinhaltung der unteren Auslösewerte den Beschäftigten keinen **geeigneten persönlichen Gehörschutz zur Verfügung stellt,** der eine Gefährdung des Gehörs beseitigt oder auf ein Minimum verringert. Die Einhaltung der maximal zulässigen Expositionswerte muss dabei gesichert sein. Nr. 8 flankiert diese Vorschrift und setzt den Arbeitgeber einer Bußgelddrohung aus, wenn er entgegen § 8 Abs. 3 LärmVibrationsArbSchV nicht dafür Sorge trägt, dass Beschäftigte bei Erreich oder Überschreiten der oberen Auslösewerte den **persönlichen Gehörschutz bestimmungsgemäß verwenden.** Der Sache nach ahndet Nr. 8 die Verletzung einer Überwachungspflicht.

94 Nach § 16 Abs. 1 Nr. 9 LärmVibrationsArbSchV wird geahndet, wer als Arbeitgeber entgegen § 10 Abs. 3 Satz 1 LärmVibrationsArbSchV nicht dafür Sorge trägt, dass die in § 9 Abs. 1 Satz 1 Nr. 1 oder § 9 Abs. 2 Satz 1 Nr. 1 LärmVibrationsArbSchV genannten **Expositionsgrenzwerte nicht überschritten** werden.

95 § 16 Abs. 1 Nr. 10 LärmVibrationsArbSchV schließt an die Nr. 9 an und ahndet den Fall, dass der Arbeitgeber bei Überschreiten der Auslösewerte trotz der Schutzmaßnahmen kein **Programm** mit technischen und organisatorischen Maßnahmen zur **Verringerung der Exposition** durch Vibrationen durchführt. Nr. 10 entspricht insoweit der Vorschrift der Nr. 6.

96 Nach § 16 Abs. 1 Nr. 11 LärmVibrationsArbSchV wird geahndet, wenn der Arbeitgeber entgegen § 11 Abs. 1 LärmVibrationsArbSchV nicht sicherstellt, dass die Beschäftigten eine **Unterweisung erhalten,** die auf den Ergebnissen der Gefährdungsbeurteilung beruht oder die in § 11 Abs. 2 LärmVibrationsArbSchV genannten **Informationen enthalten.**

97 **Normadressat** und tauglicher Täter ist in allen Fallgestaltungen der Arbeitgeber oder die nach § 13 ArbSchG beauftragte Person.

II. Zuwiderhandeln des Arbeitgebers oder einer verantwortlichen Person gegen eine vollziehbare Anordnung (Abs. 1 Nr. 2 lit. a)

98 **1. Allgemeines.** Bußgeldbewehrt ist die Zuwiderhandlung gegen eine behördliche Anordnung. Nach § 22 Abs. 3 kann die Verwaltungsbehörde im Einzelfall anordnen

Bußgeldvorschriften **§ 25 ArbSchG**

- welche Maßnahmen der Arbeitgeber und die verantwortlichen Personen oder die Beschäftigten zur Erfüllung derjenigen Pflichten zu treffen haben, die sich aus den Vorschriften der nach dem ArbSchG erlassenen Rechtsverordnungen ergeben, sowie
- welche Maßnahmen der Arbeitgeber und die verantwortlichen Personen zur Abwendung einer besonderen Gefahr für Leben und Gesundheit der Beschäftigten zu treffen haben.

Nicht bußgeldbewehrte Bestimmungen des ArbSchG oder auf Grund der §§ 18 Abs. 1 und 19 erlassenen Rechtsverordnungen können damit ihrerseits dann bußgeldbewehrt werden, wenn eine Verwaltungsbehörde sie zur Grundlage einer vollziehbaren Anordnung gemacht hat. Keine Anordnung in diesem Sinne sind aber Entscheidungen der Verwaltungsbehörde, die auf Grund des ArbSchG oder einer Rechtsverordnung unmittelbar geltende bestimmte und erfüllbare Rechtspflichten lediglich **deklaratorisch wiederholen** (*BayObLG* NStZ-RR 2001, 249; *Ambs* in Erbs/Kohlhaas, § 25 ArbSchG Rn. 13). **99**

Das Gericht ist im Ordnungswidrigkeitenverfahren an die **verwaltungsrechtliche Anordnung gebunden** und kann diese – vom Fall der Nichtigkeit abgesehen – inhaltlich nicht nachprüfen. **100**

2. **Vollziehbare Anordnung.** Voraussetzung einer Ahndbarkeit ist, dass gegen eine vollziehbare Anordnung verstoßen wurde ist. Dies ist dann der Fall, wenn die **Anordnung bestandskräftig** oder nach § 80 Abs. 1 Nr. 4 VwGO für **sofort vollziehbar** erklärt worden ist. Bestandskraft ist dann eingetreten, wenn die Anordnung nicht mehr mit Rechtsbehelfen angefochten werden kann, d. h. die Widerspruchs- oder Klagefrist verstrichen ist oder auf Rechtsmittel verzichtet wurde. **101**

Ist kein Sofortvollzug angeordnet, fehlt es an einer Vollziehbarkeit der Anordnung, solange die Rechtsbehelfsfrist noch nicht abgelaufen oder wenn Rechtsmittel eingelegt ist. Zuwiderhandlungen können in diesen Fällen nicht als Ordnungswidrigkeit verfolgt werden. Ebenfalls nicht bußgeldbewehrt sind Verstöße ab dem Zeitpunkt, ab dem die aufschiebende Wirkung gegen eine sofort vollziehbare Anordnung wiederhergestellt worden ist. **102**

3. **Verstöße gegen rechtswidrige Anordnungen.** Verstöße gegen vollziehbare Anordnungen der Verwaltungsbehörde ziehen keine Bußgeld- oder Strafsanktion nach sich, wenn die **Anordnung nichtig** ist. Ein nichtiger Verwaltungsakt ist nach § 43 Abs. 3 VwVfG unwirksam und braucht daher nicht befolgt zu werden, selbst wenn die Nichtigkeit nicht durch gerichtliche oder behördliche Entscheidung festgestellt ist. Die Nichtigkeit eines Verwaltungsaktes tritt allerdings nur in seltenen Fällen ein, namentlich, wenn er offensichtlich an besonders schwerwiegenden Fehlern leidet (§ 44 VwVfG). **103**

Formell wirksame **Anordnungen** sind nach herrschender Meinung auch dann **zu beachten,** wenn sie zwar nicht nichtig, aber **materiell rechtswidrig** und **anfechtbar** sind (BGHSt 23, 86; *BayObLG* wistra 1996, 238). Aus Gründen der Rechtssicherheit des Verwaltungshandelns sind anfechtbare aber nicht nichtige Verwaltungsakte so lange zu befolgen, bis sie aufgehoben wurden. Voraussetzung ist jedoch weiterhin, dass die rechtswidrige Anordnung vollziehbar ist, d. h. entweder Sofortvollzug angeordnet oder sie bestandskräftig ist. Wird ein derartiger **rechtswidriger Verwaltungsakt** im Verwaltungsrechtsweg **aufgehoben, lässt** dies die **Ahndung** einer Zuwiderhandlung, die während seiner Vollziehbarkeit begangen wurde, grundsätzlich **unberührt.** Für die Ahndbarkeit ist nämlich auf die Verhältnisse zur Tatzeit abzustellen; spätere Änderungen sind unerheblich (*OLG Hamburg,* **104**

NJW 1980, 1007; *Ambs* in: Erbs/Kohlhaas, § 25 ArbSchG Rn. 7). Nach anderer Auffassung soll in diesen Fällen ein außergesetzlicher Strafaufhebungsgrund eingreifen (*OLG Frankfurt* StV 1988, 301; *Cramer/Heine* in Schönke/Schröder, StGB, 29. Aufl. vor § 324 Rn. 19). Nach einer weiteren Ansicht soll auf rechtswidrige Verwaltungsakte eine Strafbarkeit oder Bebußbarkeit nicht gestützt werden können (*Kühl/Lackner,* StGB, 28. Aufl, § 325 Rn. 9; *Wüterich* NStZ 1987, 106). Ist die Anordnung im Verwaltungsrechtsweg erst aufgehoben worden, nachdem ein rechtskräftiges Straf- oder Ordnungswidrigkeitenurteil ergangen ist, kann die Wiederaufnahme des Verfahrens nach § 395 StPO betrieben werden (*BVerfGE* 22, 21, 27).

105 **4. Zuwiderhandlung des Arbeitgebers oder einer verantwortlichen Person gegen eine vollziehbare Anordnung (Abs. 1 Nr. 2 lit. a).** Nach § 25 Abs. 1 Nr. 2 lit. a handelt ordnungswidrig, wer als Arbeitgeber oder als verantwortliche Person einer **vollziehbaren Anordnung** der Verwaltungsbehörde nach § 22 Abs. 3 **zuwiderhandelt.** Damit wird sanktioniert, wenn sich der Arbeitgeber oder eine verantwortliche Person nach § 13 als Anordnungsadressat über eine behördliche Verfügung hinwegsetzt. Der Beschäftigte dagegen kann den Bußgeldtatbestand des § 25 Abs. 1 Nr. 2 lit. a nicht verwirklichen. Als verantwortliche Person i. S. d. § 25 Abs. 1 Nr. 2 lit. a kommt auch eine Person in Betracht, für die sich eine Pflichtenstellung unmittelbar aus einer Rechtsverordnung ergibt, wie es etwa nach der BaustellV für den Bauherrn oder für eine von ihm beauftragte Person der Fall ist.

106 **Adressat** einer behördlichen Anordnung kann nur der Adressat des der Anordnung zugrunde liegenden Norm des ArbSchG oder einer der auf Grundlage von §§ 18 Abs. 1, 19 erlassenen Rechtsverordnung sein. Im Regelfall wird Anordnungsadressat nur der Arbeitgeber oder eine von ihm betraute Person sein. Da die BaustellV dem Bauherren unmittelbar Pflichten auferlegt, kommt in ihren Anwendungsbereich als Adressat auch der Bauherr sowie der von ihm Beauftragte als Anordnungsadressaten in Betracht.

107 **5. Zuwiderhandeln des Beschäftigten gegen eine vollziehbare Anordnung (Abs. 1 Nr. 2 lit. b).** Nach § 25 Abs. 1 Nr. 2 lit. b handelt ordnungswidrig, wer als **Beschäftigter** einer vollziehbaren Anordnung nach § 22 Abs. 3 Satz 1 Nr. 1 zuwiderhandelt. Gemäß § 22 Abs. 3 Satz 1 Nr. 1 kann die zuständige Behörde auch gegenüber einem Beschäftigten im Einzelfall anordnen, welche Maßnahmen er zur Erfüllung seiner Pflichten aus dem ArbSchG und den Rechtsverordnungen zu treffen hat. Der Beschäftigte kann insoweit ebenfalls **Anordnungsadressat** sein, da auch für ihn öffentlich-rechtliche Pflichten im Rahmen des Arbeitsschutzes festgeschrieben sind.

III. Subjektiver Tatbestand

108 Nach § 25 ist sowohl eine vorsätzliche als auch eine fahrlässige Zuwiderhandlung mit Geldbuße bedroht.

109 **1. Vorsatz.** Unter **Vorsatz** ist die wissentliche und willentliche Tatbestandsverwirklichung zu verstehen, wobei verschiedene Vorsatzformen zu unterscheiden sind:
 – **Absicht:** Dem Betroffenen kommt es auf die Tatbestandsverwirklichung an und er will den zum Tatbestand gehörenden Erfolg herbeiführen;
 – **direkter Vorsatz:** Direkter Vorsatz liegt vor, wenn der Betroffene weiß oder als sicher voraussieht, dass er den Tatbestand verwirklicht. Unerheblich ist insoweit,

ob der Betroffene die Tatbestandsverwirklichung anstrebt oder sie ihm sogar unerwünscht ist;
- **bedingter Vorsatz:** Beim bedingten Vorsatz (dolus eventualis) sieht der Betroffene die Tatbestandsverwirklichung nicht als sicher voraus, sondern hält sie nur für möglich (Wissenselement). Gleichwohl sieht er nicht von der Vornahme der Tathandlung (oder Unterlassung) ab und nimmt die Tatbestandsverwirklichung billigend in Kauf (*BGHSt* 7, 363, 369) bzw. ist es ihm gleichgültig, ob der als möglich erkannte Taterfolg eintritt (*BGHSt* 40, 304, 306).

2. **Fahrlässigkeit.** Fahrlässigkeit liegt bei einer zwar ungewollten aber pflicht- 110 widrigen Tatbestandsverwirklichung vor, bei der der Täter die im Verkehr erforderliche Sorgfalt außer acht gelassen und objektiv gegen ihn treffende Sorgfaltspflichten verstoßen hat. Es sind verschiedene Fahrlässigkeitsformen zu unterscheiden:
- **Leichtfertigkeit:** Der Betroffene handelt grob achtlos und beachtet dasjenige nicht, was sich ihm bei seinen Kenntnissen und Fähigkeiten aufdrängen musste; der Begriff der Leichtfertigkeit entspricht demjenigen der groben Fahrlässigkeit im Zivilrecht;
- **bewusste Fahrlässigkeit:** Der Betroffene erkennt die Möglichkeit der Tatbestandsverwirklichung, vertraut aber pflichtwidrig darauf, sie werde nicht eintreten;
- **unbewusste Fahrlässigkeit:** Der Betroffene erkennt die Möglichkeit der Tatbestandsverwirklichung nicht und sieht sie auch nicht voraus, obwohl er dazu fähig und imstande wäre.

IV. Geldbuße

Der Bußgeldrahmen beträgt bei einer **vorsätzlichen Verletzung** von § 25 111 Abs. 1 Nr. 1 sowie im Falle des § 25 Abs. 2 lit. b bei Zuwiderhandlungen eines Beschäftigten gegen eine vollziehbare Anordnung mindestens 5 EUR (§ 17 Abs. 1 OWiG) und maximal bis zu 5000 EUR, bei Zuwiderhandlungen des Arbeitgebers gegen eine vollziehbare Anordnung bis zu 25 000 EUR. Die unterschiedliche Bußgeldhöhe bei Zuwiderhandlungen gegen vollziehbare Anordnungen berücksichtigt nicht zuletzt den Umstand, dass Beschäftigte in der Regel finanziell weniger leistungsfähig sind als Arbeitgeber. Die hohen Obergrenzen der Bußgeldrahmen sind angesichts der Gefahren, die sich bei einer Verwirklichung der Ordnungswidrigkeiten ergeben können, erforderlich (BT-Drs. 13/3540, S. 21).

Im Falle einer **fahrlässigen Zuwiderhandlung** ermäßigt sich der Bußgeldrah- 112 men gemäß § 17 Abs. 1 OWiG auf die Hälfte und beträgt bei Zuwiderhandlungen nach § 25 Abs. 1 Nr. 1 und Nr. 2 lit. b maximal 2500 EUR, bei Zuwiderhandlungen gegen § 25 Abs. 1 Nr. 2 lit. bis zu 12 500 EUR.

Die Geldbuße ist so zu bemessen, dass der **wirtschaftliche Vorteil**, den der Tä- 113 ter aus der Tat erlangt hat, abgeschöpft wird. Reicht der Bußgeldrahmen hierfür nicht aus, darf er gemäß § 17 Abs. 4 OWiG entsprechend überschritten werden.

Bei **geringfügigen Ordnungswidrigkeiten** kann anstelle der Verhängung 114 eines Bußgeldes auch eine Verwarnung ausgesprochen werden. Dabei ist zu unterscheiden zwischen der Verwarnung mit und der Verwarnung ohne Verwarnungsgeld. Voraussetzung jeder Verwarnung ist eine nur geringfügige, aber verfolgbare Ordnungswidrigkeit. Wann Geringfügigkeit in diesem Sinn anzunehmen ist, richtet sich unter Zugrundelegung einer **Gesamtbetrachtung** nach der Bedeutung der Handlung und dem Grad der Vorwerfbarkeit. Aufgrund dieser Gesamtwertung

ArbSchG § 25

kann auch bei einem gewichtigeren Verstoß die Ordnungswidrigkeit wegen geringer Vorwerfbarkeit insgesamt als geringfügig anzusehen sein.

115 Die **Verwarnung mit Verwarnungsgeld** ist in § 56 Abs. 1 Satz 1 OWiG geregelt. Das Verwarnungsgeld kann danach mindestens 5 Euro und höchstens 35 Euro betragen. Die Verwarnung mit Verwarnungsgeld wird jedoch nur wirksam, wenn der Betroffene nach entsprechender Belehrung über sein Verweigerungsrecht mit ihr einverstanden ist und das Verwarnungsgeld entweder sofort oder innerhalb einer in der Regel einwöchigen Frist begleicht. Nach § 56 Abs. 1 Satz 2 OWiG kann die Verwaltungsbehörde als milderes Mittel eine **Verwarnung ohne Verwarnungsgeld** erteilen.

V. Konkurrenzen

116 Werden durch verschiedene Handlungen oder Unterlassungen mehrere Verstöße gegen verschiedene oder dieselben Vorschriften des ArbSchG begangen, stehen diese zueinander in Tatmehrheit (§ 20 OWiG). Allein der Umstand, dass von einem Verstoß mehrere Arbeitnehmer betroffen sind, führt aber noch nicht zur Annahme von Tatmehrheit; allerdings ist Tatmehrheit anzunehmen, wenn von einem Dauerverstoß neben bislang schon beschäftigten Personen neu eingestellte ebenfalls betroffen werden (*BayObLG* NStZ-RR 2001, 248, 250).

117 Werden durch eine Handlung oder Unterlassung mehrere Vorschriften des ArbSchG verletzt, stehen diese in Tateinheit (§ 19 OWiG) zueinander.

VI. Verjährung

118 Die Verfolgungsverjährungsfrist beträgt für vorsätzliche Zuwiderhandlungen gegen § 25 Abs. 1 Nr. 1 und Nr. 2 lit. b gemäß § 31 Abs. 2 Nr. 2 OWiG zwei Jahre, für Zuwiderhandlungen gegen § 25 Abs. 2 lit. a drei Jahre.

119 Bei fahrlässigen Zuwiderhandlungen verringert sich die Verfolgungsverjährungsfrist in den Fällen der Nr. 1 und Nr. 2 lit. b nach § 31 Abs. 2 Nr. 3 OWiG auf ein Jahr, im Fall der Nr. 2 auf zwei Jahre (§ 31 Abs. 2 Nr. 2 OWiG).

C. Verantwortung im Betrieb

120 Für den Arbeitsschutz ist vorrangig der **Arbeitgeber** verantwortlich. Nicht immer ist dieser eine natürliche Person. Arbeitgeber kann ebenso eine juristische Person sein, die ihrerseits nur durch natürliche Personen handeln kann. Daraus kann sich im Ordnungswidrigkeitenrecht, da die arbeitsschutzrechtlichen Pflichten vor allem den Arbeitgeber treffen, eine Vielzahl von Problemen ergeben.

I. Handeln für einen anderen (§ 9 OWiG)

121 Mit § 9 OWiG wird dem Umstand Rechnung getragen, dass für juristische Personen und Personenvereinigungen natürliche Personen als vertretungsberechtigte Organe oder Gesellschafter handeln. Durch die Norm wird der Kreis der bußgeldrechtlich Verantwortlichen erweitert. Der Anwendungsbereich von Vorschriften, die nur für ganz bestimmte Normadressaten gelten, weil sie **besondere persönliche Merkmale** enthalten (z. B. Arbeitgebereigenschaft), wird auf andere Personen erstreckt, die für den eigentlichen Normadressaten handeln. Vorschriften, die nur für einen bestimmten Personenkreis Pflichten enthalten, sind im Arbeitsschutz-

Bußgeldvorschriften **§ 25 ArbSchG**

recht die Regel. Durch § 9 OWiG wird eine ansonsten in der Ahndung entstehende Lücke geschlossen.

Nach § 9 OWiG kann gegen Personen, die entweder als **gesetzliche Vertreter** 122 (Abs. 1) oder als **Beauftragte** (Abs. 2) für den eigentlich Verpflichteten handeln, ein Bußgeld verhängt werden.

Bei **Kollegialorganen** ist grundsätzlich jedes einzelne Organmitglied selbst 123 strafrechtlich verantwortlich. Im Falle einer Geschäftsverteilung (vertikale Aufgabenverteilung) trifft die strafrechtliche Verantwortung primär das ressortmäßig zuständige Organmitglied. Die anderen Organmitglieder dürfen sich solange auf die Aufgabenerfüllung durch das zuständige Organmitglied verlassen, solange keine Zweifel an dessen zuverlässiger Aufgabenerfüllung bestehen. Werden hingegen Missstände oder Unzuverlässigkeiten des ressortmäßig zuständigen Organmitglieds bekannt, lebt die Verantwortlichkeit der anderen Organmitglieder wieder auf.

Beauftragte sind gegenüber gesetzlichen Vertretern nur unter eingeschränkten 124 Voraussetzungen verantwortlich. Die Zurechnungsnorm erfasst lediglich Vertreter, die mit der Leitung des Betriebs oder eines Betriebsteiles oder damit beauftragt sind, (einzelne) Aufgaben wahrzunehmen, die dem Inhaber eines Betriebs obliegen. Beauftragte i. S. v. § 9 Abs. 2 OWiG sind nur solche, die auf Grund ihrer Stellung hinsichtlich der ihnen übertragenen Aufgaben in nennenswertem Umfang eigenverantwortlich handeln und Weisungen erteilen und diese auch durchsetzen können. Ist jemand dementsprechend vom Inhaber eines Betriebs beauftragt, in eigener Verantwortung solche Aufgaben wahrzunehmen, und handelt er auf Grund dieses Auftrags, kann er bußgeldrechtlich in gleicher Weise wie der Inhaber des Betriebs zur Verantwortung gezogen werden. Dies selbst dann, wenn die Schriftform des § 13 ArbSchG nicht beachtet worden ist (*Schorn* BB 2010, 1345, 1348). Im Falle einer solchen horizontalen Aufgabendelegation werden die **Organmitglieder** nicht völlig aus ihrer Verantwortlichkeit entlassen, vielmehr sind sie weiterhin zur Kontrolle und Überwachung des Beauftragten (siehe auch § 130 OWiG) verpflichtet.

Trotz der Regelung des § 13 bleibt § 9 OWiG auch im Bereich des ArbSchG von 125 Bedeutung. So setzt z. B. § 9 Abs. 2 OWiG anders als § 13 keine schriftliche Beauftragung voraus; im Übrigen wird durch ihn klargestellt, dass die bußgeldrechtliche Verantwortung auch besteht, wenn die das Auftragsverhältnis begründende Rechtshandlung unwirksam ist. **Beispiel:** Ein Abteilungsleiter ist mangels wirksamer schriftlicher Beauftragung nicht verantwortliche Person nach § 13 Abs. 1 Nr. 5 i. V. m. Abs. 2, kann aber über § 9 Abs. 2 Nr. 2 OWiG bußgeldrechtlich zur Verantwortung gezogen werden. Die Pflichtenübertragung befreit den Betriebsinhaber aber nicht schlechthin von jeglicher Verantwortung, vielmehr verbleiben ihm stets Aufsichts- und Überwachungspflichten.

II. Geldbuße gegen juristische Person (§ 30 OWiG)

Durch die Regelung des § 30 OWiG kann auch gegen juristische Personen oder 126 gegen ihnen gleichgestellte Personenvereinigungen, die an sich nicht schuldhaft handeln können, ein Bußgeld verhängt werden. § 30 OWiG setzt voraus, dass ein Organ oder ein vertretungsberechtigter Gesellschafter einen Bußgeldtatbestand verwirklicht hat. Durch dessen tatbestandsmäßiges, rechtswidriges und vorwerfbares Verhalten muss eine der juristischen Person oder Personenvereinigung obliegende Pflicht verletzt worden sein. Als solche kommt auch eine **Aufsichtspflichtverletzung** nach § 130 OWiG in Betracht.

Pelz

ArbSchG § 26

127 Die **Geldbuße** gegen die juristische Person oder Personenvereinigung kann in einem **einheitlichen Verfahren** mit der Geldbuße gegen die natürliche Person oder unter den Voraussetzungen des § 30 Abs. 4 OWiG selbstständig festgesetzt werden. Eine **selbstständige Festsetzung** kommt danach nur in Betracht, wenn wegen der Tat der natürlichen Person ein Bußgeldverfahren gegen diese nicht eingeleitet oder eingestellt worden ist oder wenn von Strafe abgesehen wird. Ein gewisser Zusammenhang der Verfahren besteht daher auch bei einer selbstständigen Festsetzung. Die Höhe der Geldbuße ist an den wirtschaftlichen Verhältnissen der juristischen Person oder der Personenvereinigung und nicht an denen der handelnden natürlichen Person auszurichten.

III. Aufsichtspflichtverletzung (§ 130 OWiG)

128 Durch § 130 OWiG wird die Verletzung der Aufsichtspflicht in Betrieben und Unternehmen sanktioniert. Die Vorschrift bezweckt, rechtswidrigen Handlungen vorzubeugen, soweit es sich um **betriebsbezogene** Pflichten handelt und der Betriebsinhaber als Betroffener ausscheidet, weil er selbst nicht gehandelt hat oder außer Stande gewesen ist, die Pflichten wahrzunehmen.

129 Zwischen § 130 und § 30 OWiG besteht ein enger Zusammenhang. Die Aufsichtspflicht nach § 130 OWiG trifft in erster Linie den **Arbeitgeber** und damit in einer Vielzahl von Fällen eine juristische Person oder eine Personenvereinigung. Das Bedürfnis, gegen eine juristische Person oder eine Personenvereinigung eine Geldbuße festsetzen zu können, besteht daher gerade bei einer Aufsichtsverletzung.

130 Als Verpflichteter zur Durchführung der erforderlichen Aufsichtsmaßnahmen ist in § 130 OWiG ausdrücklich nur der **Betriebsinhaber** genannt, doch gilt – wie auch im Rahmen anderer Delikte – in seinem Rahmen ebenfalls § 9 OWiG (*Göhler*, § 130 OWiG Rn. 4).

131 § 130 OWiG ist ein **echtes Unterlassungsdelikt**. Tathandlung ist das Unterlassen von Aufsichtsmaßnahmen, die erforderlich sind, um in dem Betrieb oder Unternehmen Zuwiderhandlungen gegen Pflichten zu verhindern, die den Inhaber als solchen treffen und deren Verletzung mit Strafe oder Geldbuße bedroht ist. § 130 Abs. 1 setzt nicht voraus, dass die Ordnungswidrigkeit oder Straftat bei gehöriger Aufsicht nicht begangen worden wäre. Ein bestimmter Täter der im Betrieb begangenen Tat braucht nicht festgestellt zu werden, da über § 130 OWiG gerade auch Fälle von **Organisationsmängeln** erfasst werden sollen, bei denen ein Verantwortlicher ansonsten nicht festgestellt werden kann.

§ 26 Strafvorschriften

Mit Freiheitsstrafe bis zu einem Jahr oder mit Geldstrafe wird bestraft, wer
1. eine in § 25 Abs. 1 Nr. 2 Buchstabe a bezeichnete Handlung **beharrlich wiederholt** oder
2. durch eine in § 25 Abs. 1 Nr. 1 oder Nr. 2 Buchstabe a bezeichnete vorsätzliche Handlung Leben oder Gesundheit eines Beschäftigten **gefährdet**.

Strafvorschriften **§ 26 ArbSchG**

Übersicht
Rn.
A. Grundstruktur der Bestimmung 1
   I. Bedeutung der Strafvorschriften 2
   II. Überblick: Einzelne Straftatbestände 5
B. Straftatbestände 6
   I. Beharrliche Wiederholung der Zuwiderhandlung gegen eine
      vollziehbare Anordnung (§ 26 Nr. 1) 7
   II. Gefährdung von Leben oder Gesundheit eines Beschäftigten (§ 26
       Nr. 2) 10
   III. Täterschaft und Teilnahme 14
   IV. Subjektiver Tatbestand, Irrtum 16
   V. Versuch 21
   VI. Sanktionsdrohung 22
   VII. Konkurrenzen 23
   VIII. Verjährung 24

Literatur: *Brüssow/Petri,* Arbeitsstrafrecht, 2. Aufl. 2016; *Erbs/Kohlhaas,* Strafrechtliche Nebengesetze, 206. Aufl. 2016; *Gercke/Kraft/Richter,* Arbeitsstrafrecht, 2012; *Göhler,* Ordnungswidrigkeitengesetz, 16. Aufl. 2012; *Fischer,* Strafgesetzbuch, 62. Aufl. 2015; *Ignor/Moosbacher,* Handbuch Arbeitsstrafrecht, 3. Aufl. 2016; *Schönke/Schröder,* Strafgesetzbuch, 29. Aufl. 2014; *Schorn,* Die straf- und ordnungswidrigkeitenrechtliche Verantwortlichkeit im Arbeitsschutzrecht und deren Abwälzung, BB 2010, 1345.

A. Grundstruktur der Bestimmung

Ebenso wie die Bußgeldvorschrift des § 25 dient auch die Strafvorschrift des § 26 **1** dazu, die Zielvorgabe von Art. 4 der Arbeitsschutzrichtlinie 89/391/EWG (ABlEG Nr. L 183, S. 1) umzusetzen, wonach die Mitgliedsstaaten für eine angemessene **Kontrolle und Überwachung der Einhaltung der Arbeitsschutzvorschriften** Sorge zu tragen haben. Zu einer effektiven Überwachung gehört auch die Sanktionierung arbeitsschutzrechtlichen Fehlverhaltens.

I. Bedeutung der Strafvorschriften

In der Strafvorschrift des § 26 sind Verstöße gegen das Arbeitsschutzrecht ge- **2** regelt, für die der Gesetzgeber wegen der vorsätzlich fehlerhaften Einstellung des Täters zur Rechtsordnung oder wegen der durch den Verstoß gegen arbeitsschutzrechtliche Vorschriften ausgehenden Gefahren einen besonders hohen Unwertgehalt angenommen und ein Bedürfnis nach einer Kriminalstrafe gesehen hat.

Regelungstechnisch handelt es sich bei den Strafvorschriften um sog. **unechte 3 Mischtatbestände** (*Rogall* KK-OWiG, Vorbem. Rn. 14). Bei Hinzutreten von zusätzlichen qualifizierenden Merkmalen objektiver (Gefährdung von Leben und Gesundheit eines Beschäftigten) oder subjektiver Art (beharrliche Wiederholung), werden Ordnungswidrigkeiten zu einer Straftat hochgestuft. Diese zusätzlichen Merkmale sind Bestandteil des Tatbestandes. Nicht in allen Fällen führt aber die Verwirklichung der Qualifikationsmerkmale eines Bußgeldtatbestands zu einer Strafbarkeit. Die Ordnungswidrigkeit des § 25 Abs. 1 Nr. 2 lit. b wird auch dann nicht zur Straftat, wenn dabei Leben oder Gesundheit von Beschäftigen gefährdet werden. Ebenso führt bei den Bußgeldtatbeständen der § 25 Abs. 1 Nr. 1 und Nr. 2

ArbSchG § 26   Arbeitsschutzgesetz

lit. a nur die Gefährdung von Leben und Gesundheit eines Beschäftigen, nicht aber sonstiger dritter Personen, zu einer Strafbarkeit.

4   Durch § 26 Nr. 2 kommt es zu einer **Vorverlagerung der Strafbarkeit.** Bei den genannten Handlungen ist nicht erst der Versuch einer Körperverletzung (§ 223 Abs. 2 StGB), sondern schon die Gefährdung von Leben oder Gesundheit strafbar. Besondere praktische Bedeutung kommt den Straftatbeständen des § 26 im Hinblick auf die Körperverletzungsdelikte des StGB gleichwohl nicht zu.

II. Überblick: Einzelne Straftatbestände

5   § 26 enthält verschiedene Straftatbestände, die nur im Falle ihrer vorsätzlichen Begehung von einer Ordnungswidrigkeit zu einer Straftat hochgestuft werden:
- § 26 Nr. 1: die beharrliche Wiederholung einer in § 25 Abs. 1 Nr. 2 lit. a bezeichneten Handlung;
- § 26 Nr. 2: die Begehung einer der in § 25 Abs. 1 Nr. 1 oder Nr. 2 lit. a bezeichneten vorsätzlichen Handlung, wenn dadurch Leben oder Gesundheit eines Beschäftigten gefährdet wurde.

Bei der Strafvorschrift des **§ 26 Nr. 1** handelt es sich um ein **Tätigkeitsdelikt,** bei dem Strafgrund die beharrliche Wiederholung einer Zuwiderhandlung gegen eine vollziehbare behördliche Anordnung ist. Hingegen stellt **§ 26 Nr. 2** ein **konkretes Gefährdungsdelikt** dar.

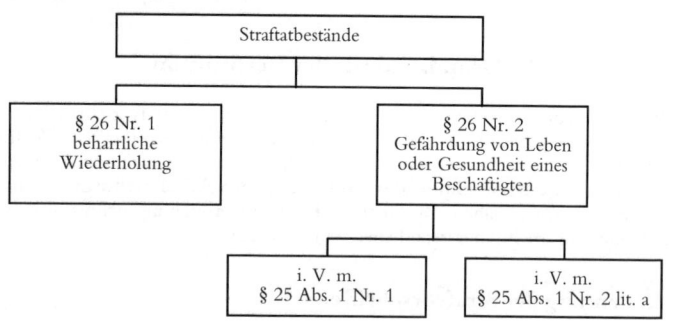

```
                          ┌─────────────────────┐
                          │  Straftatbestände   │
                          └──────────┬──────────┘
                ┌────────────────────┴────────────────────┐
       ┌────────┴────────┐                     ┌──────────┴──────────┐
       │   § 26 Nr. 1    │                     │     § 26 Nr. 2      │
       │   beharrliche   │                     │ Gefährdung von Leben │
       │   Wiederholung  │                     │ oder Gesundheit eines│
       │                 │                     │    Beschäftigten     │
       └─────────────────┘                     └──────────┬──────────┘
                                           ┌──────────────┴──────────────┐
                                  ┌────────┴────────┐         ┌──────────┴────────┐
                                  │     i. V. m.    │         │      i. V. m.     │
                                  │ § 25 Abs. 1 Nr. 1│         │ § 25 Abs. 1 Nr. 2 lit. a │
                                  └─────────────────┘         └───────────────────┘
```

B. Straftatbestände

6   Mit Freiheitsstrafe bis zu einem Jahr oder mit Geldstrafe wird bestraft, wer **vorsätzlich** einen der Straftatbestände des § 26 verwirklicht. Es kommen dabei folgende Straftatbestände in Betracht:

I. Beharrliche Wiederholung der Zuwiderhandlung gegen eine vollziehbare Anordnung (§ 26 Nr. 1)

7   Strafbar handelt nach § 26 Nr. 1, wer eine in § 25 Abs. 1 Nr. 2 lit. a bezeichnete Handlung beharrlich wiederholt. **Tauglicher Täter** einer Straftat nach Nr. 1 kann wegen der Bezugnahme auf § 25 Abs. 1 Nr. 2 lit. a daher nur der Arbeitgeber oder eine nach § 13 verantwortliche Person sein, nicht aber ein Beschäftigter.

Eine **beharrliche Wiederholung** liegt dann vor, wenn der Täter durch einen 8 mehrmaligen Verstoß an seiner **rechtsfeindlichen Einstellung** trotz einer etwaigen Ahndung, Abmahnung oder einer sonst hemmend wirkenden Erfahrung oder Erkenntnis festhält (BT-Drs. 7/262, S. 14). Erforderlich ist, dass der Täter über den zu ahndenden Verstoß hinaus mindestens ein weiteres Mal gegen die Anordnung verstoßen oder solche Verstöße geduldet hat (*BGHSt* 23, 167, 172; *OLG Frankfurt* GewArch 1981, 296). Andererseits genügt ein mehrmaliger Verstoß gegen eine Anordnung alleine noch nicht zur Annahme einer Strafbarkeit. Aus dem wiederholten Verstoß muss vielmehr eine **besondere Hartnäckigkeit** zum Ausdruck kommen, aus der hervorgeht, dass der Täter sich weigert, sich gesetzeskonform zu verhalten (*OLG Frankfurt* GewArch 1981, 296; *BGH,* NStZ 1992, 594, 295). Der Täter muss zeigen, dass er der Anordnung aus Missachtung oder Gleichgültigkeit immer wieder nicht nachkommt und auch keine Bereitschaft hierzu besteht (*BayObLG,* NStE Nr. 2 zu § 184a StGB). Das wird in der Regel der Fall sein, wenn die Zuwiderhandlung trotz einer früheren Ahndung, Abmahnung oder einer sonstigen hemmend wirkenden Erfahrung oder Erkenntnis erfolgt (*Ambs*, in Erbs/Kohlhaas, § 26 ArbSchG Rn. 3). Derartige Hinweise müssen aus der Sphäre der Arbeitsschutzbehörden kommen (*Behrendsen* in Ignor/Moosbacher, Handbuch Arbeitsstrafrecht, § 10 Rn. 39). Unerheblich ist es, ob frühere Zuwiderhandlungen schon lange zurückliegen, ob sie mit Geldbuße oder Strafe geahndet wurden oder überhaupt ein Bußgeld- oder Strafverfahren eingeleitet wurde. Bei lange zurückliegenden Zuwiderhandlungen ist aber die rechtsfeindliche Gesinnung besonders zu prüfen (*OLG Köln* GA 1984, 333). Die Rechtsprechung hat offen gelassen, ob für die Annahme von Beharrlichkeit mindestens eine vorhergehende Abmahnung erforderlich ist (*BGH* NStZ 1992, 594, 595). Nach überwiegender Auffassung soll **keine vorhergehende Abmahnung notwendig** sein (BGH NJW 2011, 3174, 3175; *Ambs* in Erbs/Kohlhaas, ArbSchG § 26 Rn. 3; a. A. *Moosbacher* in MüKo StGB § 11 SchwarzArbG Rn. 7). Jedoch muss der Täter erkennen, dass er gegen eine vollziehbare Anordnung verstößt. Ob ein beharrliches Wiederholen vorliegt, ergibt sich aus einer **Gesamtwürdigung** der jeweiligen Umstände, bei der auch frühere gleichartige oder ähnliche Handlungen zu berücksichtigen sind.

Ein beharrliches Wiederholen kann auch im Rahmen einer **Dauerordnungs-** 9 **widrigkeit** vorliegen. Eine weitere Zuwiderhandlung erfordert in diesen Fällen nicht, dass der Täter einen erneuten Tatentschluss fasst und eine weitere selbstständige Zuwiderhandlung begeht. Vielmehr kann es genügen, wenn er ein einmal begonnenes ordnungswidriges Verhalten hartnäckig fortführt (*BGH* NStZ 1992, 594, 595).

II. Gefährdung von Leben oder Gesundheit eines Beschäftigten (§ 26 Nr. 2)

Strafbar macht sich nach § 26 Nr. 2, wer durch eine in § 25 Abs. 1 Nr. 1 oder 10 Nr. 2 lit. a bezeichnete **vorsätzliche Handlung,** also durch eine vorsätzliche Verletzung einer sich aus einer Rechtsverordnung nach den § 18 Abs. 1 oder § 19 ergebenden Pflicht oder durch einen vorsätzlichen Verstoß gegen eine vollziehbare behördliche Anordnung, Leben oder Gesundheit eines Beschäftigten gefährdet. Von den existierenden **Rechtsverordnungen** i. S. d. §§ 18, 19 enthalten derzeit vier einen Strafbestand i. S. d. § 26 Nr. 2 i. V. m. § 25 Abs. 1 Nr. 1 für Arbeitgeber oder sonstige verantwortliche Personen. Die betreffenden Verordnungsvorschriften sind:
– § 7 Abs. 2 Baustellenverordnung (BaustellV);

ArbSchG § 26

- § 21 Abs. 1 Biostoffverordnung (BioStoffV);
- § 22 Abs. 2 Druckluftverordnung (DruckLV);
- § 11 Abs. 2 Arbeitsschutzverordnung zu künstlicher optischer Strahlung (OStrV)
- § 9 Abs. 2 Arbeitsstättenverordnung (ArbStättV)
- § 10 Abs. 2 Verordnung zur medizinischen Vorsorge (ArbMedVV)
- § 16 Abs. 2 Lärm- und Vibrations-Arbeitsschutzverordnung (LärmVibrationsArbSchV)
- § 23 Abs. 1 Betriebssicherheitsverordnung (BetrSichV).

Die sieben ersten der acht aufgeführten Verordnungen nehmen jeweils Bezug auf ihren Absatz 1, in dem Ordnungswidrigkeiten im Sinne des § 25 Abs. 1 Nr. 1 geregelt sind; § 23 Abs. 1 BetrSichV nimmt in vergleichbarer Weise Bezug auf § 22 Abs. 1 BetrSichV.

11 Voraussetzung einer Strafbarkeit ist jedoch, dass die Gesundheitsgefahr den Personen droht, die vom Schutzzweck der Norm umfasst sind. Nur die Gefährdung von Leben und Gesundheit eines **Beschäftigten** ist strafbar, nicht hingegen die Gefährdung eines Dritten oder des Arbeitgebers selbst.

Eine Gefährdung des **Lebens** liegt vor, wenn der Beschäftigte durch die Tathandlung in die konkrete Gefahr des Todes gebracht wird.

12 **Gesundheit** ist der unversehrte körperliche, geistige oder psychische Zustand eines Menschen. Eine drohende Gesundheitsschädigung setzt voraus, dass durch die Tathandlung eine nicht nur geringfügige Verschlechterung des allgemeinen Wohlbefindens und ein pathologischer, krankheitswertiger Zustand herbeigeführt oder gesteigert wird. Die zu erwartende Verschlechterung des gesundheitlichen Zustands muss zudem eine gewisse Erheblichkeit aufweisen. Ob die Gesundheitsbeeinträchtigung dauerhaft oder nur vorübergehend ist, spielt keine Rolle, ebenso wenig, ob der Beschäftigte zuvor gesund war oder eine Vorerkrankung bestand. Einwirkungen auf das **seelische Wohlbefinden** (psychische Beeinträchtigungen) stellen eine Gesundheitsschädigung nur dann dar, wenn ein somatisch objektivierbarer pathologischer Zustand hervorgerufen wurde; unter dieser Voraussetzung kann auch die dauerhafte Belastung mit Lärm eine Gesundheitsschädigung darstellen (*Eser* in Schönke/Schröder § 223 StGB Rn. 4).

13 § 26 Nr. 2 ist ein **konkretes Gefährdungsdelikt,** d. h. schon die Herbeiführung einer konkreten Gefahr durch eine der genannten Tathandlungen ist strafwürdig; zu einem tatsächlichen Gesundheitsschaden des Beschäftigten braucht es nicht gekommen zu sein. Die Gefahr für Leben oder Gesundheit des Beschäftigten muss allerdings konkret bestehen; eine nur abstrakte, allgemein denkbare Gefährlichkeit genügt nicht. Eine konkrete Gefährdung ist anzunehmen, wenn nach den jeweiligen Umständen des Einzelfalls eine **begründete Wahrscheinlichkeit** für einen alsbaldigen Schadenseintritt besteht; die Möglichkeit einer Schädigung muss im jeweiligen Einzelfall bedrohlich nahe liegen (*Behrendsen* in Ignor/Moosbacher, Handbuch Arbeitsstrafrecht, § 10 Rn. 40). Ein hoher Grad an Wahrscheinlichkeit eines Schadenseintritts ist hingegen nicht erforderlich. Ebenso unerheblich ist es, wenn die eingetretene Gefahr durch spätere Gegenmaßnahmen wieder beseitigt worden ist. Ein Kausalzusammenhang zwischen einer Handlung oder Unterlassung und einer Gesundheitsgefahr liegt bereits dann vor, wenn das Verhalten des Täters für das Entstehen oder Verstärken der Gefährdungslage zumindest mitursächlich geworden ist; ein ausschließlicher Ursachenzusammenhang muss nicht bestehen. Für den Kausalnachweis zwischen einer Zuwiderhandlung gegen arbeitsschutzrechtliche Vorschriften und einer Gesundheitsgefährdung wird es auf wissenschaftlich gesicherte Zusammenhänge ankommen (*Ambs* in Erbs/Kohlhaas, § 26 ArbSchG Rn. 6).

Strafvorschriften **§ 26 ArbSchG**

III. Täterschaft und Teilnahme

Täter einer Straftat nach § 26 Nr. 1 oder Nr. 2 i. V. m. § 25 Abs. 1 Nr. 2 lit. a 14
kann nur der Arbeitgeber oder eine verantwortliche Person nach § 13 sein, da nur
auf die Tathandlung des § 25 Abs. 1 Nr. 2 lit. a, nicht auch auf die des Nr. 2 lit. b Bezug genommen wird.

Täter einer Straftat nach **§ 26 Nr. 2 i. V. m. § 25 Abs. 1 Nr. 1** könnte theoretisch nicht nur ein Arbeitgeber oder eine verantwortliche Person nach § 13, sondern auch ein Beschäftigter sein. Da jedoch die auf Grund von § 18 Abs. 1 und § 19 bislang erlassenen Rechtsverordnungen keine bußgeldbewehrten Pflichten für Beschäftigte enthalten, kommt derzeit auch eine Straftat eines Beschäftigten nach § 26 Nr. 2 nicht in Betracht.

Da die Arbeitgebereigenschaft ein **besonderes persönliches Merkmal** i. S. v. 15
§ 28 Abs. 1 StGB darstellt, können andere als die genannten Personen nicht Täter,
sondern allenfalls Teilnehmer (Anstifter, Gehilfen) sein. Eine strafrechtliche Verantwortlichkeit von gesetzlichen Vertretern oder Beauftragten ergibt sich aus § 14
Abs. 1 und 2 StGB. Zu den Einzelheiten → § 25 Rn. 65 ff.

IV. Subjektiver Tatbestand, Irrtum

Voraussetzung einer Strafbarkeit nach § 26 ist, dass die in Nrn. 1 und 2 bezeich- 16
neten Zuwiderhandlungen gegen arbeitsschutzrechtliche Vorschriften **vorsätzlich**
erfolgt sind (§ 15 StGB, § 1 Abs. 1 EGStGB). Bedingter Vorsatz genügt (zu den Vorsatzformen → § 25 Rn. 108).

Bei Nr. 1 ergibt sich auch aus dem Tatbestandsmerkmal der beharrlichen Zuwi- 17
derhandlung, dass hierfür Vorsatz erforderlich ist.

Bei der Tathandlung der Nr. 2 ist neben Vorsatz in Bezug auf die Tathandlung 18
der Zuwiderhandlung gegen eine Rechtsverordnung oder eine vollziehbare Anordnung weiter Voraussetzung, dass sich der Vorsatz auch auf die Gefährdung der
Gesundheit oder das Leben eines Beschäftigten bezieht **(Gefährdungsvorsatz),**
wobei auch hier bedingter Vorsatz ausreicht. Die Hoffnung oder der Wunsch, dass
eine Gesundheits- oder Lebensgefährdung nicht eintritt, steht der Annahme eines
Gefährdungsvorsatzes nicht entgegen. Bezugspunkt des Gefährdungsvorsatzes ist lediglich der **Eintritt einer Gefahrenlage;** der Gefährdungsvorsatz ist vom Verletzungsvorsatz zu unterscheiden (*BGHSt* 22, 67, 74; *Sternberg-Lieben/Schuster* in
Schönke/Schröder § 15 StGB Rn. 98 a). Auch derjenige, der den Eintritt eines Gesundheitsschadens vermeiden will, kann dennoch eine Gefährdung sicher voraussehen oder in Kauf nehmen.

Der Gefährdungsvorsatz ist von der (bewussten) Fahrlässigkeit zu unterscheiden. 19
Beiden Schuldformen ist gemeinsam, dass der Täter den Eintritt einer Verletzung
nicht will. Bei bedingtem Vorsatz ist dem Täter jedoch die Gefährlichkeit seiner
Handlung und die dadurch herbeigeführte Gesundheitsgefahr bewusst (Wissenselement). Ferner muss er billigend in Kauf nehmen, dass es zu einer Gefahr für Gesundheit und Leben dergestalt kommt, dass der Eintritt oder das Ausbleiben eines
Schadens nur vom Zufall abhängt. Glaubt der Täter hingegen, den Schadenseintritt
abwenden zu können, liegt lediglich Fahrlässigkeit vor.

Kennt der Täter Tatumstände nicht, die zum gesetzlichen Tatbestand gehören, 20
liegt ein **Tatbestandsirrtum** i. S. v. § 16 StGB vor. In diesem Fall kann das Verhalten wegen einer fehlenden Strafbarkeit wegen eines Fahrlässigkeitsdelikts nur als
Ordnungswidrigkeit geahndet werden. Dies ist z. B. der Fall, wenn der Täter eine

Pelz

ArbSchG § 26

Lebens- oder Gesundheitsgefahr verkennt. Hingegen ist es nicht erforderlich, dass der Täter die Wertung seiner Zuwiderhandlung als beharrlich nachvollzieht, Ist sich der Täter über die ihn treffenden Pflichten im Unklaren, liegt regelmäßig nur ein **Verbotsirrtum** i. S. v. § 17 StGB vor, der lediglich im Falle der Unvermeidbarkeit zu einem Strafbarkeitsausschluss führt.

V. Versuch

21 Der Versuch einer Straftat nach § 26 ist nicht mit Strafe bedroht (§ 23 Abs. 1 StGB).

VI. Sanktionsdrohung

22 Verstöße gegen § 26 können mit Geldstrafe bis zu 360 Tagessätzen oder mit Freiheitsstrafe bis zu einem Jahr geahndet werden.

VII. Konkurrenzen

23 Mehrere Verstöße gegen Nr. 1 stehen zueinander im Verhältnis von Tatmehrheit (§ 53 StGB). Tritt durch eine Handlung nach Nr. 2 eine Gesundheits- oder Lebensgefahr bei mehreren Beschäftigten ein, liegt gleichwohl nur eine Tat vor. Mehrere Zuwiderhandlungen gegen arbeitsschutzrechtliche Vorschriften oder vollziehbare behördliche Anordnungen, die jeweils mit einer Gesundheitsgefahr verbunden sind, stehen im Verhältnis der Tatmehrheit.

Fahrlässige oder vorsätzlicher Körperverletzung (§§ 223, 230 StGB), fahrlässiger Tötung (§ 222 StGB) oder Totschlag (§ 212 StGB) stehen zu § 26 im Verhältnis der Spezialität und sind vorrangig anzuwenden (*Behrendsen* in Ignor/Moosbacher, Handbuch Arbeitsstrafrecht, § 10 Rn. 55).

VIII. Verjährung

24 Die Verjährungsfrist für Verstöße gegen § 26 beträgt drei Jahre (§ 78 Abs. 3 Nr. 5 StGB).

Erläuterung der Arbeitsschutzverordnungen

Verordnung über Sicherheit und Gesundheitsschutz bei der Verwendung von Arbeitsmitteln (Betriebssicherheitsverordnung – BetrSichV)

Vom 3. Februar 2015

(BGBl. I S. 49), geänd. durch Art. 1 Erste ÄndVO v. 13.7.2015 (BGBl. I S. 1187) und Art. 15 WSV-ZuständigkeitsanpassungsVO v. 2.6.2016 (BGBl. I S. 1257)

FNA 805-3-14

(Auszug)

Literatur: *Scheuermann/Schucht*, Die neue Betriebssicherheitsverordnung: Praxisleitfaden zur sicheren Verwendung von Arbeitsmitteln, 2015; *Raths*, BetrSichV 2015: Einführung – Verordnungstext – Vergleich alte und neue BetrSichV – Änderung der GefStoffV, Ecomed, 2015; *Pieper*, Betriebssicherheitsverordnung (Basiskommentar), 2015; *Fähnrich/Mattes*, Betriebssicherheitsverordnung (BetrSichV) 2015: Das Arbeitsbuch mit Erläuterungen für die Praxis, 2015, *Wilrich*, Praxisleitfaden Betriebssicherheitsverordnung, 2015; *Wiebauer*, Arbeitsmittelsicherheit – Arbeitgeberpflichten nach der neuen Betriebssicherheitsverordnung (Teil 1), ArbR 2015, 198 f.; *Wiebauer*, Arbeitsmittelsicherheit – Arbeitgeberpflichten nach der neuen Betriebssicherheitsverordnung (Teil 2), ArbR 2015, 243 ff.

Materialien: Informationen rund um die BetrSichV auf der Homepage der Bundesanstalt für Arbeitsschutz und Arbeitsmedizin: http://www.baua.de/de/Themen-von-A-Z/Anlagen-und-Betriebssicherheit/Anlagen-und-Betriebssicherheit.html; Bundesratsdrucksache (BR-Drs.) 400/14, Textentwurf und amtliche Begründung zur Verordnung zur Neuregelung der Anforderungen an den Arbeitsschutz bei der Verwendung von Arbeitsmitteln und Gefahrstoffen, Bundesanzeiger Verlag vom 6.2.2015 bzw. http://www.bundesrat.de/SharedDocs/beratungsvorgaenge/2014/0301-0400/0400-14.html; BR-Drs. 299/15, Textentwurf und amtliche Begründung zur ersten Verordnung zur Änderung der Betriebssicherheitsverordnung, http://www.bundesrat.de/SharedDocs/beratungsvorgaenge/2015/0201-0300/0299-15.html

Einführung

Um die Jahrtausendwende wurde das deutsche Arbeitsschutzrecht systematisch 1 an **europäische Vorgaben** angeglichen, gleichzeitig systematisiert und neu geordnet. Den „letzten großen Baustein" stellte die (in den meisten Teilen) am 3.10.2002 in Kraft getretene Verordnung über Sicherheit und Gesundheitsschutz bei der Bereitstellung von Arbeitsmitteln und deren Benutzung bei der Arbeit, über Sicherheit beim Betrieb überwachungsbedürftiger Anlagen und über die Organisation des betrieblichen Arbeitsschutzes (Betriebssicherheitsverordnung – BetrSichV) vom 27.9.2002 (BGBl. I S. 3777) dar. Gleichzeitig wurden erstmals Vorschriften der Geräte- und Anlagensicherheit einerseits, mit solchen des betrieblichen Arbeitsschutzes andererseits zusammen geführt – für Arbeitsschutzrechtsdogmatiker ein gewisser (wenn auch nicht dramatischer) Systembruch.

BetrSichV Einf
Betriebssicherheitsverordnung

1a Über die Jahre zeigte sich immer deutlicher, dass strukturelle Mängel der Verordnung nicht über einfache Änderungsverfahren heilbar sind. Daher wurden auf Bund und Länderebene die Rufe nach einer grundlegenden Novelle der BetrSichV 2002 immer lauter. Mit der Verordnung zur Neuregelung der Anforderungen an den Arbeitsschutz bei der Verwendung von Arbeitsmitteln und Gefahrstoffen vom 27. 8. 2014 (BR-Drs. 400/14) wurde die Novelle umgesetzt.

2 Einerseits soll die neu gefasste BetrSichV die strukturellen Defizite der BetrSichV 2002 beseitigen, andererseits dient sie der Verbesserung des Arbeitsschutzes bei der Verwendung von Arbeitsmitteln durch Beschäftigte eines Arbeitgebers und des Schutzes Dritter beim Betrieb überwachungsbedürftiger Anlagen. Zur leichteren Anwendung der BetrSichV durch Arbeitgeber wurde die Verordnung strukturell und konzeptionell neu gestaltet und an die Struktur anderer Arbeitsschutzverordnungen wie beispielsweise der Gefahrstoffverordnung angepasst. Vorgaben zur alters- und alternsgerechten Gestaltung von Arbeitsmitteln werden erstmals in die Verordnung aufgenommen.

3 Um die Anforderungen an Arbeitsmittel und überwachungsbedürftige Anlagen gleich zu gestalten – insbesondere die Forderung nach einer Gefährdungsbeurteilung auch beim Betrieb überwachungsbedürftiger Anlagen – musste zur Verbindung der Anforderungen aus dem ArbSchG mit denjenigen aus dem ProdSG auf die Ermächtigungsgrundlage des § 19 Abs. 1 ChemG zurückgegriffen werden, da die Ermächtigungsgrundlage des ProdSG nur im eingeschränkten Umfang Forderungen zulässt. Dies funktioniert jedoch nur dort, wo in einer überwachungsbedürftigen Anlage auch mit einem Gefahrstoff im Sinne des ChemG umgegangen wird. Demnach kann die Forderung nach einer Gefährdungsbeurteilung nicht auf den Betrieb einer Aufzugsanlage im Sinne des ProdSG übertragen werden.

4 Als problematisch hat sich in diesem Zusammenhang die Inanspruchnahme von Ermächtigungsnormen aus verschieden Gesetzen erwiesen. Während das Arbeitsschutzgesetz als Normadressaten den Arbeitgeber und als Zweck den Schutz von Beschäftigten nennt, stellt das Geräte und Produktsicherheitsgesetz als Normadressaten in § 1 Abs. 2 auf überwachungsbedürftige Anlagen ab, deren Errichtung oder Betrieb entweder gewerblich oder im Rahmen einer wirtschaftlichen Unternehmung erfolgt bzw. durch die Beschäftigte oder Dritte gefährdet werden können und nennt als Zweck den Schutz von Beschäftigten und Dritten. Diese unterschiedlichen Normadressaten und Zweckbestimmungen zwingen in der Praxis dazu, genau auf den Geltungsbereich der einzelnen Bestimmungen der Verordnung zu achten. Der zusätzliche Rückgriff auf § 19 Abs. 1 ChemG in der Neufassung der BetrSichV trägt sicher nicht zu einer leichteren Handhabung der BetrSichV 2015 bei.

5 Die neue Verordnung setzt – wie bisher – die Richtlinie 2009/104/EG über die Benutzung von Arbeitsmitteln durch Arbeitnehmer bei der Arbeit vollständig um. Sie dient der Umsetzung der Richtlinie 1999/92/EG zum Schutz vor explosionsfähigen Atmosphären **nur hinsichtlich der dort enthaltenen Prüfungen zum Explosionsschutz.** Alle weiteren bisher in der BetrSichV umgesetzten Anforderungen der RL wurden in die GefStoffV überführt. Weiterhin ermöglichen die Regelungen der BetrSichV die Ratifizierung von Übereinkommen der Internationalen Arbeitsorganisation in Bezug auf Arbeitsmittel (Übereinkommen Nr. 119 (Maschinenschutz), Nr. 152 (Hafenarbeit) und Nr. 184 (Landwirtschaft).

6 In der BetrSichV 2015 befinden sich allgemeine Anforderungen für Arbeitsmittel im verfügenden Teil, spezielle Anforderungen für bestimmte Arbeitsmittel (insbesondere überwachungsbedürftige Anlagen und vormals in Unfallverhütungsvor-

Einführung **Einf BetrSichV**

schriften geregelte besondere Arbeitsmittel wie Krane) in den Anhängen. Anforderungen an die sichere Verwendung von Arbeitsmitteln werden als Schutzziele beschrieben. Der Stellenwert von Prüfungen tritt weiter in den Vordergrund.
Systematisch gliedert sich die BetrSichV in fünf Abschnitte plus Anhänge:
- Abschnitt 1 („Anwendungsbereich und Begriffsbestimmungen"): §§ 1 und 2 BetrSichV;
- Abschnitt 2 („Gefährdungsbeurteilung und Schutzmaßnahmen"): §§ 3–14 BetrSichV;
- Abschnitt 3 („Zusätzliche Vorschriften für überwachungsbedürftige Anlagen"): §§ 15–18 BetrSichV;
- Abschnitt 4 („Vollzugsregelungen und Ausschuss für Betriebssicherheit"): §§ 19–21 BetrSichV
- Abschnitt 5 („Ordnungswidrigkeiten und Straftaten, Schlussvorschriften"): §§ 22–24 BetrSichV
- Anhang 1 (zu § 6 Absatz 1 Satz 2) – Besondere Vorschriften für bestimmte Arbeitsmittel, Anhang 2 (zu §§ 15 und 16) – Prüfvorschriften für überwachungsbedürftige Anlagen und Anhang 3 (zu § 14 Absatz 4) – Prüfvorschriften für bestimmte Arbeitsmittel.

Die Verordnung stützt sich auf folgende Ermächtigungen: 7
- § 18 Abs. 1 und 2 Nr. 1, 2, 3 und 5 sowie des § 19 des ArbSchG, von denen § 18 zuletzt durch Art. 227 Nr. 1 der Verordnung vom 31.10.2006 (BGBl. I S. 2407) geändert worden ist,
- § 19 Abs. 1 in Verbindung mit Abs. 3 Nr. 1, 3, 4 Buchst. a und h, Nr. 7, 8 und 10 des ChemG in der Fassung der Bekanntmachung vom 28.8.2013 (BGBl. I S. 3498),
- § 34 Abs. 1 und 2, auch in Verbindung mit § 38 Abs. 2, und des § 37 Abs. 3 des ProdSG vom 8.11.2011 (BGBl. I S. 2179; 2012 I S. 131) und
- § 13 des HeimarbeitsG, der durch Art. I Nr. 9 des G v. 29.10.1974 (BGBl. I S. 2178,02879) geändert worden ist,
- des § 49 Abs. 4 Satz 1 Nr. 1 bis 5 des EnWG, der zuletzt durch Artikel 1 Nummer 41 Buchstabe b d G v. 26.7.2011 (BGBl. I S. 1554) geändert worden ist, in Verbindung mit § 1 Abs. 2d ZuständigkeitsanpassungsG v. 16.8.2002 (BGBl. I S. 3165) und dem Organisationserlass vom 17.12.2013 (BGBl. I S. 4310) das Bundesministerium für Wirtschaft und Energie im Einvernehmen mit dem Bundesministerium für Umwelt, Naturschutz, Bau und Reaktorsicherheit.

Anders als bei der BetrSichV 2002 lassen sich die Regelungsinhalte der Verord- 8
nung noch schwieriger der jeweils vom Verordnungsgeber in Anspruch genommenen Ermächtigung zuordnen. Die Aufgliederung in Abschnitt 2 „Arbeitsmittel" und Abschnitt 3 „überwachungsbedürftige Anlagen" wurde zugunsten einer klareren Strukturierung hinsichtlich der einzuhaltenden Anforderungen an die Benutzung von Arbeitsmitteln und überwachungsbedürftigen Anlagen aufgegeben. Eine Reihe von vormals in den Anhängen verorteter Schutzziele wurde auf Grund ihrer Bedeutung in den Verfügungsteil der Verordnung überführt.

Abschnitt 1. Anwendungsbereich und Begriffsbestimmungen

§ 1 Anwendungsbereich und Zielsetzung

(1) ¹Diese Verordnung gilt für die Verwendung von Arbeitsmitteln. ²Ziel dieser Verordnung ist es, die Sicherheit und den Schutz der Gesundheit von Beschäftigten bei der Verwendung von Arbeitsmitteln zu gewährleisten. ³Dies soll insbesondere erreicht werden durch
1. die Auswahl geeigneter Arbeitsmittel und deren sichere Verwendung,
2. die für den vorgesehenen Verwendungszweck geeignete Gestaltung von Arbeits- und Fertigungsverfahren sowie
3. die Qualifikation und Unterweisung der Beschäftigten.

⁴Diese Verordnung regelt hinsichtlich der in Anhang 2 genannten überwachungsbedürftigen Anlagen zugleich Maßnahmen zum Schutz anderer Personen im Gefahrenbereich, soweit diese aufgrund der Verwendung dieser Anlagen durch Arbeitgeber im Sinne des § 2 Absatz 3 gefährdet werden können.

(2) ¹Diese Verordnung gilt nicht in Betrieben, die dem Bundesberggesetz unterliegen, soweit dafür entsprechende Rechtsvorschriften bestehen. ²Abweichend von Satz 1 gilt sie jedoch für überwachungsbedürftige Anlagen in Tagesanlagen, mit Ausnahme von Rohrleitungen nach Anhang 2 Abschnitt 4 Nummer 2.1 Satz 1 Buchstabe d.

(3) Diese Verordnung gilt nicht auf Seeschiffen unter fremder Flagge und auf Seeschiffen, für die das Bundesministerium für Verkehr und digitale Infrastruktur nach § 10 des Flaggenrechtsgesetzes die Befugnis zur Führung der Bundesflagge lediglich für die erste Überführungsreise in einen anderen Hafen verliehen hat.

(4) Abschnitt 3 gilt nicht für Gasfüllanlagen, die Energieanlagen im Sinne des § 3 Nummer 15 des Energiewirtschaftsgesetzes sind und auf dem Betriebsgelände von Unternehmen der öffentlichen Gasversorgung von diesen errichtet und betrieben werden.

(5) Das Bundesministerium der Verteidigung kann Ausnahmen von den Vorschriften dieser Verordnung zulassen, wenn zwingende Gründe der Verteidigung oder die Erfüllung zwischenstaatlicher Verpflichtungen der Bundesrepublik Deutschland dies erfordern und die Sicherheit auf andere Weise gewährleistet ist.

---

1   Abs. 1 eröffnet den Anwendungsbereich der Verordnung für die Verwendung von Arbeitsmitteln. Darüber hinaus wird der Schutzbereich bei der Verwendung von überwachungsbedürftigen Anlagen auf andere Personen im Gefahrenbereich ausgeweitet.

1a Das Arbeitsschutzgesetz (ArbSchG) regelt umfassend den Schutz aller Beschäftigten durch Arbeitgeber. Es wird für wichtige Schwerpunkte durch Verordnungen konkretisiert, die ihrerseits teilweise durch technische Regeln erläutert werden. Durch die BetrSichV erfolgt die Konkretisierung des ArbSchG bezogen auf die Ver-

Anwendungsbereich und Zielsetzung **§ 1 BetrSichV**

wendung von Arbeitsmitteln. Darüber hinaus enthalten Einzelverordnungen, z. B. die Arbeitsschutzverordnung zu künstlicher optischer Strahlung (OStrV), die Lärm- und Vibrations-Arbeitsschutzverordnung (LärmVibrationsArbSchV), die Gefahrstoffverordnung (GefStoffV) und die Biostoffverordnung (BioStoffV), gefährdungsbezogene Anforderungen bei der Verwendung von Arbeitsmitteln.

Der **Schutz vor elektrischen Gefährdungen** ist aufgeteilt auf die BetrSichV **1b** und die Arbeitsstättenverordnung (ArbStättV, dort hinsichtlich der Gebäudeinstallation). Die BetrSichV erfasst nur solche elektrischen Gefährdungen, die bei Tätigkeiten mit Arbeitsmitteln unmittelbar oder mittelbar auftreten können. Daneben gelten zusätzlich die ArbStättV und die Unfallverhütungsvorschrift „Elektrische Anlagen und Betriebsmittel (DGUV Vorschrift 3)".

Bei der Prüfung der Anwendungsbereiche der Einzelverordnungen im Zusam- **1c** menhang mit der Gefährdungsbeurteilung empfiehlt der Verordnungsgeber, „vom Allgemeinen zum Speziellen" vorzugehen, da es zum einen nur eine einzige Gefährdungsbeurteilung nach ArbSchG gibt und zum anderen, um Gefährdungen nicht zu übersehen. Die spezielleren Verordnungen sind bei der Ableitung von Maßnahmen für die entsprechenden Gefährdungen mit abzuarbeiten. Soweit speziellere Regelungen bestehen, ist die BetrSichV nur ergänzend anzuwenden. Sie regelt z. B. Fragen der Instandhaltung oder der Prüfungen, die in den spezielleren Verordnungen nicht enthalten sind. Darüber hinaus gibt es Arbeitsmittel, die ausschließlich von der BetrSichV erfasst werden, z. B. Werkzeuge wie Hammer und Zange.

Die BetrSichV regelt allerdings nicht umfassend die Sicherheit in einem Betrieb **1d** (Unternehmen), sondern nur Gefährdungen durch **dort vorhandene** Arbeitsmittel. Ein Dachdecker, der auf dem Dach unter einer Hochspannungsleitung auf einer Baustelle Ziegel verlegt, wird hinsichtlich der Absturzgefahren und auch der Gefährdungen durch Hochspannung nicht von der BetrSichV erfasst, sondern von der ArbStättV und dem ArbSchG. Elektrische Gefährdungen ebenso wie Gefährdungen durch andere Energien werden nur erfasst, wenn sie vom Arbeitsmittel selbst oder von der Arbeitsumgebung bei der Verwendung eines Arbeitsmittels ausgehen (siehe hierzu § 3). Beachtet man diese Grundsätze, ist der Anwendungsbereich in Absatz 1 Satz 1 aus Sicht des Verordnungsgebers eindeutig formuliert und widerspruchsfrei zu den anderen Einzelverordnungen handhabbar.

Eine wesentliche Voraussetzung für die sichere Verwendung von Arbeitsmitteln ist, **1e** dass der Arbeitgeber sichere Arbeitsmittel zur Verfügung stellt, die insbesondere den Anforderungen des Produktsicherheitsgesetzes genügen (siehe hierzu § 5 Abs. 3).

In der Regel dienen die Maßnahmen zum Schutz der Beschäftigten immer auch dem Schutz anderer Personen im Gefahrenbereich. Es gilt der Grundsatz: (Anlagen-)Sicherheit ist unteilbar. Bei überwachungsbedürftigen Anlagen (siehe § 2 Nr. 30 und § 34 ProdSG) ist das Schutzziel „andere Personen" jedoch erforderlich, um auch für den Unternehmer ohne Beschäftigte erkennen zu lassen, wozu er Maßnahmen treffen muss. Der in der BetrSichV 2015 verwendete Begriff „andere Personen" ist eine andere Beschreibung des Begriffs „Dritte" (im Sinne des § 34 Abs. 1 Satz 1 ProdSG) in der BetrSichV 2002. Der Begriff „andere Personen" umfasst nicht die Allgemeinheit, den Schutz der Bevölkerung oder gar den Schutz der Umwelt. Diese Bereiche werden z. B. über das Bundes- Immissionsschutzgesetz geregelt.

Die formelle Einbeziehung anderer Personen („Dritter" im Sinne des § 34 **1f** Abs. 1 Satz 1 ProdSG) gilt nur für den Bereich der überwachungsbedürftigen Anlagen, die in Anhang 2 abschließend konkret beschrieben sind. Es handelt sich bei diesen Anlagen um eine über das EG Recht hinausgehende nationale Besonderheit.

Wink 677

BetrSichV § 1 Betriebssicherheitsverordnung

Die jeweils geeigneten Maßnahmen sind vom Arbeitgeber festzulegen. Im Allgemeinen entsprechen die Maßnahmen den üblichen Arbeitsschutzmaßnahmen; es kann aber auch notwendig sein, sie dem speziellen Personenkreis anzupassen. (so BR-Drs. 400/14)

2 **Abs. 2** enthält für diejenigen Betriebe **Ausnahmen** vom Anwendungsbereich der Verordnung, die dem Bundesberggesetz unterliegen. Die Ausnahmen entsprechen § 1 Abs. 4 der BetrSichV 2002.

2a Die Ausnahme für den Bergbau konkretisiert die Ausnahme nach § 1 Abs. 2 ArbSchG. Im Anwendungsbereich des Bundesberggesetzes (BBergG) ist die Richtlinie 2009/104/EG durch die Allgemeine Bundesbergverordnung (ABBergV) umgesetzt. Der sachliche und räumliche Anwendungsbereich der ABBergV ist abschließend in § 1 geregelt. Demnach ist die ABBergV für sonstige Tätigkeiten und Einrichtungen nach § 2 Abs. 2 Nummer 3 BBergG nicht anzuwenden. Bohrungen nach § 127 BBergG fallen unter diese sonstigen Tätigkeiten und Einrichtungen. Daher ist der § 17 ABBergV, der die Bereitstellung und Benutzung von Arbeitsmitteln (Betriebssicherheitsanforderungen) abschließend regelt, bei Bohrungen nicht anzuwenden.

2b Auch die Prüfung der Einschlägigkeit von Normen aus dem gewerberechtlichen Bereich (Arbeitsschutzgesetz, Baustellenverordnung, BetrSichV 2002) führt zu keinem anderen Ergebnis. Das Fehlen bergrechtlicher Regelungen (s. o.) ermöglicht zwar aufgrund § 1 Abs. 2 ArbSchG die dortigen Regelungen zur Gefährdungsbeurteilung unmittelbar anzuwenden, aber aufgrund des § 1 Absatz 4 der BetrSichV 2002, der die Anwendung der Regelungen zur Bereitstellung und Benutzung von Arbeitsmitteln in Betrieben unter dem Regime des BBergG explizit ausnimmt, kann diese bei Bohrungen nach § 127 BBergG ausdrücklich nicht angewendet werden. Besondere Anforderungen auf Grund landesrechtlicher Regelungen bestehen i. d. R. nicht.

2c Dies hat zur Folge, dass bei Bohrungen nach § 127 BBergG bergrechtlich oder arbeitsschutzrechtlich weder durch Recht des Bundes, noch einheitlich durch Landesrecht Anforderungen an das Bereitstellen und Benutzen von Arbeitsmitteln (Maschinen, Apparate, Werkzeuge oder Anlagen) gestellt werden (können). Es fehlen einheitliche Anforderungen an den sicheren Betrieb der Arbeitsmittel (u. a. gefährdungsbezogene bzw. sicherheitsgerechte Auswahl, vorbeugende Instandhaltung etc.). Der Anwendungsbereich der BetrSichV 2002 wird unter Nummer 1 BetrSichV an die Formulierung des § 1 Abs. 2 Satz 2 ArbSchG angepasst, so dass für Bohrungen nach § 127 BBergG die BetrSichV anzuwenden ist und somit die beschriebene Regelungslücke geschlossen wird. Unabhängig von der Bohrtiefe (§ 127 BBergG gilt für Bohrungen > 100 m) ergibt dies die Anwendung eines einheitlichen Rechtsregimes für die Bereitstellung und Benutzung von Arbeitsmitteln.

2d Im Übrigen gilt wegen § 1 Abs. 2 Satz 2 ArbSchG weiterhin, dass fehlende bergrechtliche Regelungen durch die Anwendung des ArbSchG und seines zugehörigen Rechtsregimes ausgefüllt werden. (so BR-Drs. 400/14)

3 **Abs. 3** enthält Ausnahmen für Seeschiffe vom Anwendungsbereich der Verordnung, die dem Seerecht unterliegen. Die Ausnahme für den in Abs. 3 genannten Seeschiffe entspricht § 1 Abs. 4 Satz 1 der BetrSichV 2002. Für Seeschiffe unter deutscher Flagge gilt die BetrSichV, soweit keine anderen, gleichwertigen Regelungen bestehen (§ 1 Abs. 2 ArbSchG). Insbesondere gelten die Vorschriften des 3. Abschnitts in Verbindung mit Anhang 2, da das ProdSG die Seeschifffahrt nicht ausnimmt. Die Ausnahme für Seeschiffe trägt den Besonderheiten der Seeschifffahrt Rechnung. (so BR-Drs. 400/14)

Begriffsbestimmungen **§ 2 BetrSichV**

In **Abs.** 4 wird die Anwendung der BetrSichV wie bisher auf bestimmte Anlagen beschränkt. Das ArbSchG und die darauf gestützten Verordnungen gelten auch für Arbeitgeber von **Energieanlagen** im Sinne des Energiewirtschaftsgesetzes (EnWG). Jedoch ist das ProdSG nicht anzuwenden bei bestimmten überwachungsbedürftigen Anlagen, wenn diese Energieanlagen im Sinne des Energiewirtschaftsgesetzes sind (§ 2 Nummer 30 Satz 2 ProdSG) sind. Dies betrifft insbesondere die Prüfvorschriften in dieser Verordnung, da diese bei einer zugelassenen Überwachungsstelle (ZÜS) als Prüfer auf das ProdSG abgestützt sind. Damit die Anforderungen der BetrSichV dennoch für die genannten Energieanlagen anwendbar sind, stützt sie der Verordnungsgeber zusätzlich auf § 49 Absatz 4 Satz 1 Nummer 1 bis 5 EnWG. Damit wird aus Sicht des Verordnungsgebers sichergestellt, dass für Energieanlagen und andere überwachungsbedürftige Anlagen, die in einem räumlichen oder betriebstechnischen Zusammenhang verwendet werden, dieselben Anforderungen gelten. (so BR-Drs. 400/14) 4

§ 2 Begriffsbestimmungen

(1) **Arbeitsmittel sind Werkzeuge, Geräte, Maschinen oder Anlagen, die für die Arbeit verwendet werden, sowie überwachungsbedürftige Anlagen.**

(2) ¹**Die Verwendung von Arbeitsmitteln umfasst jegliche Tätigkeit mit diesen.** ²**Hierzu gehören insbesondere das Montieren und Installieren, Bedienen, An- oder Abschalten oder Einstellen, Gebrauchen, Betreiben, Instandhalten, Reinigen, Prüfen, Umbauen, Erproben, Demontieren, Transportieren und Überwachen.**

(3) ¹Arbeitgeber ist, wer nach § 2 Absatz 3 des Arbeitsschutzgesetzes als solcher bestimmt ist. ²Dem Arbeitgeber steht gleich,
1. wer, ohne Arbeitgeber zu sein, zu gewerblichen oder wirtschaftlichen Zwecken eine überwachungsbedürftige Anlage verwendet, sowie
2. der Auftraggeber und der Zwischenmeister im Sinne des Heimarbeitsgesetzes.

(4) ¹Beschäftigte sind Personen, die nach § 2 Absatz 2 des Arbeitsschutzgesetzes als solche bestimmt sind. ²Den Beschäftigten stehen folgende Personen gleich, sofern sie Arbeitsmittel verwenden:
1. Schülerinnen und Schüler sowie Studierende,
2. in Heimarbeit Beschäftigte nach § 1 Absatz 1 des Heimarbeitsgesetzes sowie
3. sonstige Personen, insbesondere Personen, die in wissenschaftlichen Einrichtungen tätig sind.

(5) ¹Fachkundig ist, wer zur Ausübung einer in dieser Verordnung bestimmten Aufgabe über die erforderlichen Fachkenntnisse verfügt. ²Die Anforderungen an die Fachkunde sind abhängig von der jeweiligen Art der Aufgabe. ³Zu den Anforderungen zählen eine entsprechende Berufsausbildung, Berufserfahrung oder eine zeitnah ausgeübte entsprechende berufliche Tätigkeit. ⁴Die Fachkenntnisse sind durch Teilnahme an Schulungen auf aktuellem Stand zu halten.

(6) Zur Prüfung befähigte Person ist eine Person, die durch ihre Berufsausbildung, ihre Berufserfahrung und ihre zeitnahe berufliche Tätigkeit über die erforderlichen Kenntnisse zur Prüfung von Arbeitsmitteln verfügt;

BetrSichV § 2

soweit hinsichtlich der Prüfung von Arbeitsmitteln in den Anhängen 2 und 3 weitergehende Anforderungen festgelegt sind, sind diese zu erfüllen.

(7) ¹Instandhaltung ist die Gesamtheit aller Maßnahmen zur Erhaltung des sicheren Zustands oder der Rückführung in diesen. ²Instandhaltung umfasst insbesondere Inspektion, Wartung und Instandsetzung.

(8) Prüfung ist die Ermittlung des Istzustands, der Vergleich des Istzustands mit dem Sollzustand sowie die Bewertung der Abweichung des Istzustands vom Sollzustand.

(9) ¹Prüfpflichtige Änderung ist jede Maßnahme, durch welche die Sicherheit eines Arbeitsmittels beeinflusst wird. ²Auch Instandsetzungsarbeiten können solche Maßnahmen sein.

(10) ¹Stand der Technik ist der Entwicklungsstand fortschrittlicher Verfahren, Einrichtungen oder Betriebsweisen, der die praktische Eignung einer Maßnahme oder Vorgehensweise zum Schutz der Gesundheit und zur Sicherheit der Beschäftigten oder anderer Personen gesichert erscheinen lässt. ²Bei der Bestimmung des Stands der Technik sind insbesondere vergleichbare Verfahren, Einrichtungen oder Betriebsweisen heranzuziehen, die mit Erfolg in der Praxis erprobt worden sind.

(11) Gefahrenbereich ist der Bereich innerhalb oder im Umkreis eines Arbeitsmittels, in dem die Sicherheit oder die Gesundheit von Beschäftigten und anderen Personen durch die Verwendung des Arbeitsmittels gefährdet ist.

(12) Errichtung umfasst die Montage und Installation am Verwendungsort.

(13) Überwachungsbedürftige Anlagen sind Anlagen nach § 2 Nummer 30 des Produktsicherheitsgesetzes, soweit sie in Anhang 2 genannt sind.

(14) Zugelassene Überwachungsstellen sind die in Anhang 2 Abschnitt 1 genannten Stellen.

(15) Andere Personen sind Personen, die nicht Beschäftigte oder Gleichgestellte nach Absatz 4 sind und sich im Gefahrenbereich einer überwachungsbedürftigen Anlage innerhalb oder außerhalb eines Betriebsgeländes befinden.

---

1 Gemäß RL 2009/104/EG sind „Arbeitsmittel": alle Maschinen, Apparate, Werkzeuge oder Anlagen, die bei der Arbeit benutzt werden. Diese Definition soll gemäß Verordnungsgeber Abs. 1 widergeben; er weicht jedoch im Detail vom originalen Wortlaut ab. Aus Apparaten werden Geräte.
Darüber hinaus wird der Arbeitsmittelbegriff auf überwachungsbedürftige Anlagen ausgedehnt. Dies ist erforderlich um klarzustellen, dass für überwachungsbedürftige Anlagen im Wesentlichen dieselben Schutzziele gelten wie für andere Arbeitsmittel auch.
Von Arbeitsmitteln abzugrenzen sind bauliche Anlagen und einer Arbeitsstätte zuzurechnende Einrichtungsgegenstände. Diese sind typischerweise vom Anwendungsbereich der ArbStättV erfasst. Sofern Abgrenzungsprobleme bestehen, hilft oftmals der Grundsatz „Lex specialis vor Lex generalis" (die spezieller Rechtsvorschrift geht vor die allgemeiner gefasste Rechtsvorschrift) weiter. Überwachungsbedürftige Anlagen sind solche Anlagen, die auch im Katalog des § 2 Nr. 30 ProdSG gelistet sind. Näher bestimmt werden diese in Anhang 2 BetrSichV.

Begriffsbestimmungen **§ 2 BetrSichV**

Mit dem Wort „Verwenden" weicht der Verordnungsgeber vom Wortlaut der RL 2009/104/EG, die von „Benutzen" spricht, ab. Laut Verordnungsbegründung handelt es sich bei diesen Worten jedoch um Synonyme (vgl. BR-Drs. 400/14). Da in anderen Verordnungen nach dem Arbeitsschutzgesetz auch das Wort „Verwenden" gebraucht wird, findet eine Angleichung an die anderen Verordnungen statt. 2

In **Abs. 3** wird zunächst klargestellt, dass die Arbeitgebereigenschaft aus dem ArbSchG übernommen wird. Darüber hinaus wird eine Gleichstellung von Betreibern überwachungsbedürftiger Anlagen mit den Arbeitgebern gemäß ArbSchG vorgenommen, sofern der Betreiber keine eigene Arbeitgebereigenschaft hat. Ausdrücklich ausgenommen von der Gleichstellung sind rein private Betreiber überwachungsbedürftiger Anlagen. Diese können jedoch über Landesrecht zur Einhaltung bestimmter Anforderungen verpflichtet werden. 3

Unter „Verwendung" einer überwachungsbedürftigen Anlage kann nur „Errichtung und Betrieb" im Sinne des § 1 Abs. 2 ProdSG gemeint sein, da im Wege der Verordnungsgebung kein neuer Anwendungsbereich eröffnet werden kann.

Der Verordnungsgeber greift in der Begründung zur Verordnungsnovelle 2015 (BR-Drs. 400/14) den ursprünglichen Begriff des „Betreibers" wieder auf und nimmt eine Definition eines „Verwenders" im Sinne des vormaligen „Betreibers" in die Begründung auf: „Verwender einer überwachungsbedürftigen Anlage im Sinne der BetrSichV ist, wer die tatsächliche oder rechtliche Möglichkeit hat, die notwendigen Entscheidungen im Hinblick auf die Sicherheit der Anlage zu treffen (vgl. VGH Mannheim DVBl. 1988, 542; VG Gießen BVwZ 1991, 914). Auf die Eigentumsverhältnisse kommt es nicht an. So kann auch ein Pächter oder Mieter Verwender einer überwachungsbedürftigen Anlage sein. Maßgeblich hierbei ist die privatrechtliche Ausgestaltung des Verhältnisses zwischen dem Eigentümer der Betriebsanlagen und dem Nutzer. Ein Verpächter bleibt Verwender, wenn er allein über die sicherheitstechnischen Vorkehrungen entscheidet." 3a

Ebenfalls dem Arbeitgeber gleichgestellt werden der Auftraggeber und der Zwischenmeister im Sinne des Heimarbeitsgesetzes (HAG). Der Begriff der Heimarbeit wird im HAG näher bestimmt.

In **Abs. 4** wird zur näheren Definition des Beschäftigtenbegriffs auf § 2 Abs. 2 ArbSchG verwiesen. Sonstige Personen, die einer vergleichbaren Gefährdung unterliegen werden den Beschäftigten gleichgestellt. 4

Abs. 4 bestimmt die Begriffe **„Fachkundig"** und **„Fachkunde"** näher. Insbesondere in § 3 Abs. 3 Satz 3 BetrSichV (Durchführung einer Gefährdungsbeurteilung) wird auf eine erforderliche Fachkunde abgestellt. Im Begriffsglossar zu den technischen Regeln (siehe BAuA-Homepage) wird zur Fachkunde ausgeführt: „Fachkundige nach § 7 Abs. 7 GefStoffV für die Durchführung der Gefährdungsbeurteilung sind Personen, die aufgrund ihrer fachlichen Ausbildung oder Erfahrung ausreichende Kenntnisse über Tätigkeiten mit Gefahrstoffen haben und mit den Vorschriften soweit vertraut sind, dass sie die Arbeitsbedingungen vor Beginn der Tätigkeit beurteilen und die festgelegten Sicherheitsmaßnahmen bei der Ausführung der Tätigkeiten überprüfen können. Fachkundige Personen sind insbesondere der Betriebsarzt und die Fachkraft für Arbeitssicherheit". Diese Definition ist sinngemäß auch auf die Fachkunde für die Durchführung der Gefährdungsbeurteilung für Arbeitsmittel gemäß BetrSichV übertragbar. 5

In Abgrenzung zu fachkundigen Personen im Sinne des Abs. 5 definiert die Verordnung auch „zur Prüfung befähigte Personen". Hier wird auf eine besondere Befähigung zur Durchführung von Prüfungen an Arbeitsmitteln abgestellt. Konkreti- 6

BetrSichV § 2

siert werden die Anforderungen, die an zur Prüfung befähigte Personen zu stellen sind in TRBS 1203.

7 **Abs. 7** Definiert den Begriff der „Instandhaltung" und führt weiter aus, was dieser insbesondere umfasst. In der Begründung wird hierzu ausgeführt, dass sich die Formulierung an die TRBS 1112 und an die DIN 31051 anlehnt.

8 In **Abs. 8** wurde die Begriffsbestimmung der Prüfung in den Verordnungstext aufgenommen. Eine Prüfung kann sowohl aus einer technischen Prüfung eines Arbeitsmittels als auch einer Ordnungsprüfung bestehen. Gemein ist jeder Prüfung, dass zunächst der Istzustand des Arbeitsmittels durch eine hierzu befähigte Person zu ermitteln ist. Dieser Istzustand ist im Anschluss mit dem durch den Arbeitgeber im Rahmen einer Gefährdungsbeurteilung festgelegten Sollzustand des Arbeitsmittels abzugleichen. Abweichungen vom Sollzustand sind hinsichtlich ihrer Auswirkungen auf eine sichere Verwendung des Arbeitsmittels zu bewerten. Ebenso ist eine Prognose hinsichtlich des Zeitraums in dem das Arbeitsmittel ohne eine erneute Prüfung sicher betrieben werden kann, erforderlich.

9 In **Abs. 9** wird der Begriff einer prüfpflichtigen Änderung neu eingeführt. Er ersetzt die in der BetrSichV 2002 verwendeten Begriffe „Änderung" und „wesentliche Veränderung". Diese hatten zu Abgrenzungsproblemen den Begrifflichkeiten im Binnenmarktrecht geführt. Der Tatbestand ist immer dann erfüllt, wenn durch jedwede Maßnahme die Sicherheit des Arbeitsmittels, egal ob positiv oder negativ, beeinflusst wird. Ob die Sicherheit des Arbeitsmittels beeinflusst wird, hat der Arbeitgeber im Rahmen einer Gefährdungsbeurteilung zu entscheiden.

10 In **Abs. 10** wird eine Begriffsbestimmung zum „Stand der Technik" aufgenommen. Der „Stand der Technik" ist für sich keine Beschaffenheitsanforderung bzw. Anforderung an den Betrieb eines Arbeitsmittels. Vielmehr wird damit – sofern gefordert – konkretisiert, an welchem Maßstab Anforderungen an den Betrieb von Arbeitsmitteln (vgl. auch § 34 Abs. 1 Nr. 4 ProdSG) zu messen sind.

11 Der Begriff einer „Gefahrenzone" wird in RL 2009/104/EG definiert: „Der Bereich innerhalb und/oder im Umkreis eines Arbeitsmittels, in dem die Sicherheit oder die Gesundheit eines sich darin aufhaltenden Arbeitnehmers gefährdet ist". Diese Begriffsbestimmung wurde sinngemäß in Abs. 11 zur Definition eines „Gefahrenbereichs" aufgenommen.

12 Die Errichtung umfasst auch die Aufstellbedingungen, zu denen wiederum auch notwendige Schutz- und Sicherheitsabstände gehören.

13 In **Abs. 13** wird klargestellt, dass nur solche überwachungsbedürftigen Anlagen aus dem Katalog des § 2 Abs. 30 ProdSG vom Regelungsbereich der BetrSichV subsumiert sind, die im Anhang 2 näher bestimmt sind.

14 Bei zugelassen Überwachungsstellen handelt es sich um Stellen im Sinne des § 37 ProdSG. Damit sind diese auch nur für die Prüfung von überwachungsbedürftigen Anlagen im Sinne des § 2 Nr. 30 ProdSG näher bestimmt. Soweit die BetrSichV nichts anderes bestimmt, ist die Prüfung einer überwachungsbedürftigen Anlage von einer zugelassenen Überwachungsstelle vorzunehmen (§ 37 Abs. 1 ProdSG).

15 Bei den „anderen Personen" im Sinne des Abs. 15 handelt es sich um „Dritte" im Sinne des § 34 Abs. 1 ProdSG. Es handelt sich um den klassischen Drittschutz.

Abschnitt 2. Gefährdungsbeurteilung und Schutzmaßnahmen

§ 3 Gefährdungsbeurteilung

(1) ¹Der Arbeitgeber hat vor der Verwendung von Arbeitsmitteln die auftretenden Gefährdungen zu beurteilen (Gefährdungsbeurteilung) und daraus notwendige und geeignete Schutzmaßnahmen abzuleiten. ²Das Vorhandensein einer CE-Kennzeichnung am Arbeitsmittel entbindet nicht von der Pflicht zur Durchführung einer Gefährdungsbeurteilung. ³Für Aufzugsanlagen gilt Satz 1 nur, wenn sie von einem Arbeitgeber im Sinne des § 2 Absatz 3 Satz 1 verwendet werden.

(2) ¹In die Beurteilung sind alle Gefährdungen einzubeziehen, die bei der Verwendung von Arbeitsmitteln ausgehen, und zwar von
1. den Arbeitsmitteln selbst,
2. der Arbeitsumgebung und
3. den Arbeitsgegenständen, an denen Tätigkeiten mit Arbeitsmitteln durchgeführt werden.

²Bei der Gefährdungsbeurteilung ist insbesondere Folgendes zu berücksichtigen:
1. die Gebrauchstauglichkeit von Arbeitsmitteln einschließlich der ergonomischen, alters- und alternsgerechten Gestaltung,
2. die sicherheitsrelevanten einschließlich der ergonomischen Zusammenhänge zwischen Arbeitsplatz, Arbeitsmittel, Arbeitsverfahren, Arbeitsorganisation, Arbeitsablauf, Arbeitszeit und Arbeitsaufgabe,
3. die physischen und psychischen Belastungen der Beschäftigten, die bei der Verwendung von Arbeitsmitteln auftreten,
4. vorhersehbare Betriebsstörungen und die Gefährdung bei Maßnahmen zu deren Beseitigung.

(3) ¹Die Gefährdungsbeurteilung soll bereits vor der Auswahl und der Beschaffung der Arbeitsmittel begonnen werden. ²Dabei sind insbesondere die Eignung des Arbeitsmittels für die geplante Verwendung, die Arbeitsabläufe und die Arbeitsorganisation zu berücksichtigen. ³Die Gefährdungsbeurteilung darf nur von fachkundigen Personen durchgeführt werden. ⁴Verfügt der Arbeitgeber nicht selbst über die entsprechenden Kenntnisse, so hat er sich fachkundig beraten zu lassen.

(4) ¹Der Arbeitgeber hat sich die Informationen zu beschaffen, die für die Gefährdungsbeurteilung notwendig sind. ²Dies sind insbesondere die nach § 21 Absatz 4 Nummer 1 bekannt gegebenen Regeln und Erkenntnisse, Gebrauchs- und Betriebsanleitungen sowie die ihm zugänglichen Erkenntnisse aus der arbeitsmedizinischen Vorsorge. ³Der Arbeitgeber darf diese Informationen übernehmen, sofern sie auf die Arbeitsmittel, Arbeitsbedingungen und Verfahren in seinem Betrieb anwendbar sind. ⁴Bei der Informationsbeschaffung kann der Arbeitgeber davon ausgehen, dass die vom Hersteller des Arbeitsmittels mitgelieferten Informationen zutreffend sind, es sei denn, dass er über andere Erkenntnisse verfügt.

(5) Der Arbeitgeber kann bei der Festlegung der Schutzmaßnahmen bereits vorhandene Gefährdungsbeurteilungen, hierzu gehören auch gleichwertige Unterlagen, die ihm der Hersteller oder Inverkehrbringer mitgeliefert hat, übernehmen, sofern die Angaben und Festlegungen in dieser Gefährdungsbeurteilung den Arbeitsmitteln einschließlich der Arbeitsbedingungen und -verfahren, im eigenen Betrieb entsprechen.

(6) ¹Der Arbeitgeber hat Art und Umfang erforderlicher Prüfungen von Arbeitsmitteln sowie die Fristen von wiederkehrenden Prüfungen nach den §§ 14 und 16 zu ermitteln und festzulegen, soweit diese Verordnung nicht bereits entsprechende Vorgaben enthält. ²Satz 1 gilt auch für Aufzugsanlagen. ³Die Fristen für die wiederkehrenden Prüfungen sind so festzulegen, dass die Arbeitsmittel bis zur nächsten festgelegten Prüfung sicher verwendet werden können. ⁴Bei der Festlegung der Fristen für die wiederkehrenden Prüfungen nach § 14 Absatz 4 dürfen die in Anhang 3 Abschnitt 1 Nummer 3, Abschnitt 2 Nummer 4.1 Tabelle 1 und Abschnitt 3 Nummer 3.2 Tabelle 1 genannten Höchstfristen nicht überschritten werden. ⁵Bei der Festlegung der Fristen für die wiederkehrenden Prüfungen nach § 16 dürfen die in Anhang 2 Abschnitt 2 Nummer 4.1 und 4.3, Abschnitt 3 Nummer 5.1 bis 5.3 und Abschnitt 4 Nummer 5.8 in Verbindung mit Tabelle 1 genannten Höchstfristen nicht überschritten werden, es sei denn, dass in den genannten Anhängen etwas anderes bestimmt ist. ⁶Ferner hat der Arbeitgeber zu ermitteln und festzulegen, welche Voraussetzungen die zur Prüfung befähigten Personen erfüllen müssen, die von ihm mit den Prüfungen von Arbeitsmitteln nach den §§ 14, 15 und 16 zu beauftragen sind.

(7) ¹Die Gefährdungsbeurteilung ist regelmäßig zu überprüfen. ²Dabei ist der Stand der Technik zu berücksichtigen. ³Soweit erforderlich, sind die Schutzmaßnahmen bei der Verwendung von Arbeitsmitteln entsprechend anzupassen. ⁴Der Arbeitgeber hat die Gefährdungsbeurteilung unverzüglich zu aktualisieren, wenn
1. sicherheitsrelevante Veränderungen der Arbeitsbedingungen einschließlich der Änderung von Arbeitsmitteln dies erfordern,
2. neue Informationen, insbesondere Erkenntnisse aus dem Unfallgeschehen oder aus der arbeitsmedizinischen Vorsorge, vorliegen oder
3. die Prüfung der Wirksamkeit der Schutzmaßnahmen nach § 4 Absatz 5 ergeben hat, dass die festgelegten Schutzmaßnahmen nicht wirksam oder nicht ausreichend sind.

⁵Ergibt die Überprüfung der Gefährdungsbeurteilung, dass keine Aktualisierung erforderlich ist, so hat der Arbeitgeber dies unter Angabe des Datums der Überprüfung in der Dokumentation nach Absatz 8 zu vermerken.

(8) ¹Der Arbeitgeber hat das Ergebnis seiner Gefährdungsbeurteilung vor der erstmaligen Verwendung der Arbeitsmittel zu dokumentieren. ²Dabei sind mindestens anzugeben
1. die Gefährdungen, die bei der Verwendung der Arbeitsmittel auftreten,
2. die zu ergreifenden Schutzmaßnahmen,
3. wie die Anforderungen dieser Verordnung eingehalten werden, wenn von den nach § 21 Absatz 4 Nummer 1 bekannt gegebenen Regeln und Erkenntnissen abgewichen wird,

Gefährdungsbeurteilung **§ 3 BetrSichV**

4. Art und Umfang der erforderlichen Prüfungen sowie die Fristen der wiederkehrenden Prüfungen (Absatz 6 Satz 1) und
5. das Ergebnis der Überprüfung der Wirksamkeit der Schutzmaßnahmen nach § 4 Absatz 5.

³Die Dokumentation kann auch in elektronischer Form vorgenommen werden.

(9) Sofern der Arbeitgeber von § 7 Absatz 1 Gebrauch macht und die Gefährdungsbeurteilung ergibt, dass die Voraussetzungen nach § 7 Absatz 1 vorliegen, ist eine Dokumentation dieser Voraussetzungen und der gegebenenfalls getroffenen Schutzmaßnahmen ausreichend.

Abs. 1 konkretisiert eine Verpflichtung des Arbeitgebers, die gem. § 5 ArbSchG ganz allgemein ohnehin bereits besteht: nämlich eine Gefährdungsbeurteilung durchzuführen und daraus notwendige und geeignete Schutzmaßnahmen abzuleiten. Um sicherzustellen, dass auch für überwachungsbedürftige Anlagen eine Gefährdungsbeurteilung erstellt wird, an denen keine Beschäftigten des Arbeitgebers zum Einsatz kommen, wird insbesondere hierfür die Ermächtigung des § 19 ChemG in Anspruch genommen, die ebenfalls die Möglichkeit eine „Gefährdungsbeurteilung" zu fordern vorsieht. Die Einschränkung des § 3 Abs. 1 Satz 3 BetrSichV ist insofern folgerichtig, als das Aufzugsanlagen nicht in den Anwendungsbereich des ChemG fallen. 1

Das nicht näher bestimmte Instrument einer „sicherheitstechnischen Bewertung" der BetrSichV 2002 wurde zugunsten einer grundsätzlichen Forderung, eine Gefährdungsbeurteilung durchzuführen, aufgegeben. Eine Gefährdungsbeurteilung ist durch den Arbeitgeber vor der Verwendung des Arbeitsmittels durchzuführen. Belange des Inverkehrbringens sind jedoch nicht zu prüfen, da das Instrument der Gefährdungsbeurteilung auf die vorgesehene Verwendung des Arbeitsmittels abstellt. 1a

Satz 2 wurde aufgenommen, um dem Missverständnis zu begegnen, ein ordnungsgemäß in Verkehr gebrachtes Arbeitsmittel könne unbedenklich im Betrieb eingesetzt werden. Übersehen wird hierbei jedoch oft, dass der vom Hersteller vorgesehene Verwendungszweck mit demjenigen des Arbeitgebers übereinstimmen muss, damit der Schluss zulässig ist, dass beim zur Verwendung vorgesehenen Arbeitsmittel bereits alle möglichen Gefährdungen des Beschäftigten berücksichtigt worden sind. 1b

Zur Durchführung einer Gefährdungsbeurteilung an überwachungsbedürftigen Druck- und Ex- Anlagen von Unternehmen ohne Beschäftigte wurde § 19 ChemG als Ermächtigungsgrundlage herangezogen.

Bei der Durchführung einer Gefährdungsbeurteilung im Sinne des § 3 BetrSichV 2002 blieb bei der Ausformung dieser viel dem Arbeitgeber überlassen. Zur Konkretisierung der Anforderungen an eine Gefährdungsbeurteilung hinsichtlich der Verwendung von Arbeitsmitteln wurde § 3 BetrSichV 2015 deutlich erweitert und konkretisiert. 2

In **Abs. 2** wird nun klargestellt, dass alle Gefährdungen einzubeziehen sind, die **bei der Verwendung von Arbeitsmitteln** ausgehen. Hierbei sind nicht nur diejenigen Gefährdungen zu berücksichtigen, die vom Arbeitsmittel selbst, sondern auch diejenigen die von der Arbeitsumgebung und den Arbeitsgegenständen, an denen Tätigkeiten mit Arbeitsmitteln durchgeführt werden, ausgehen. Hier wird sich in bestimmten Fällen eine Überschneidung mit den Anforderungen an eine 2a

BetrSichV § 3 Betriebssicherheitsverordnung

Gefährdungsbeurteilung aus anderen Rechtsvorschriften, insbesondere der ArbStättV nicht vermeiden lassen. Dies ist jedoch unschädlich, da es nur eine Gefährdungsbeurteilung nach dem ArbSchG gibt und es sich bei den Anforderungen in den Einzelverordnungen nach dem ArbSchG nur um Konkretisierungen zu bestimmten Aspekten handelt. Am Ende muss der Arbeitgeber sichergestellt haben, dass er keine mögliche Gefährdung von Beschäftigten übersehen hat; welche Grundlage er im Einzelfall zur Beurteilung herangezogen hat ist insofern nachrangig.

Abs. 2 Satz 2 konkretisiert, was alles bei der Beurteilung der Sicherheit eines Arbeitsmittels bei der Verwendung zu berücksichtigen ist. Das sind die Gebrauchstauglichkeit, Wechselwirkungen, physische und psychische Belastungen sowie Gefährdungen die bei Betriebsstörungen und deren Beseitigung auftreten können.

3 In **Abs. 3** wurden mehrere Sachverhalte geregelt. Zum einen wird zum Ausdruck gebracht, dass sich der Arbeitgeber bereits vor der Auswahl und der Beschaffung darüber Gedanken machen soll, welche Merkmale ein Arbeitsmittel für den vorgesehenen Verwendungszweck aufweisen muss. Beispielsweise Berücksichtigung der Beanspruchung oder der Einsatzbedingungen wie Feuchträume.

3a Zum anderen werden Anforderungen an die Fachkunde des Arbeitgebers gestellt. Es wird klargestellt, dass der Arbeitgeber eine Gefährdungsbeurteilung nur durchführen darf, wenn er fachkundig ist. Sofern er nicht über die erforderliche Fachkunde verfügt, hat er sich fachkundig beraten zu lassen. Infrage kommen z. B. Betriebsärzte und Fachkräfte für Arbeitssicherheit.

3b Die Sätze 3 und 4 sind etwas widersprüchlich formuliert. Ein Arbeitgeber darf selbstverständlich auch eine Gefährdungsbeurteilung durchführen, wenn er nicht fachkundig ist. Er hat sich in diesem Fall jedoch von fachkundigen Personen beraten zu lassen.

4 **Abs. 4** regelt die Informationsbeschaffung. Eine wesentliche **Informationsquelle** werden regelmäßig die vom Ausschuss für Betriebssicherheit ermittelten Regeln (TRBS) und Erkenntnisse, insbesondere die Bekanntmachung zur Beschaffung von Arbeitsmitteln (BekBS 1113), sein. Als weitere wesentliche Informationsquellen sind vom Hersteller/Inverkehrbringer mitgelieferte Gebrauchs- und Betriebsanleitungen heranzuziehen. Zur Erleichterung der Durchführung einer Gefährdungsbeurteilung kann der Arbeitgeber im Regelfall davon ausgehen, dass die zur Verfügung gestellten Informationen zutreffend sind (Vermutungswirkung).

5 Um den Aufwand bei der Erstellung einer Gefährdungsbeurteilung zu reduzieren, hat der Verordnungsgeber die Möglichkeit eröffnet, bestimmte Unterlagen in die Gefährdungsbeurteilung/Dokumentation zu übernehmen.

6 Ein Kernelement für den sicheren Betrieb von Arbeitsmitteln sind Prüfungen. Der Arbeitgeber hat Art und Umfang sowie Prüffristen für erforderliche Prüfungen festzulegen. Vorgaben aus der Verordnung zur Prüfung bestimmter Arbeitsmittel hat er dabei zu berücksichtigen. Dies gilt insbesondere für die Festlegungen in den Anhängen 2 und 3. Die Verantwortung wird klar dem Arbeitgeber zugewiesen. Auch wenn sich der Arbeitgeber im Einzelfall für die Durchführung einer Prüfung bei geeignetem Prüfpersonal zu bedienen hat, verbleibt die Verantwortung für die ordnungsgemäße und fristgerechte Durchführung von Prüfungen beim Arbeitgeber.

6a Bei der Festlegung von Art, Umfang und Fristen der Prüfungen sind die Feststellungen in der Gefährdungsbeurteilung nach § 5 ArbSchG zu beachten. Diese, alle Tätigkeiten und Gefährdungen umfassende Gefährdungsbeurteilung berücksichtigt auch die Vorgaben aus anderen Arbeitsschutzverordnungen wie z. B. der ArbStättV oder der GefStoffV, die parallel zur BetrSichV gelten. Damit werden die Anforderungen aus diesen Verordnungen, soweit sicherheitstechnisch erforderlich, auch bei den Prüfungen nach §§ 14–16 mit abgeprüft (vgl. § 14 Abs. 1 Satz 3 und § 15 Abs. 1 Satz 4); (BR-Drs. 400/14).

Der Arbeitgeber hat ferner festzulegen, welche Voraussetzungen zur Prüfungen befähigtes Personal erfüllen muss. Näheres hierzu siehe TRBS 1203. **6b**

Auch wenn ein Unternehmer ohne Beschäftigte beim Betrieb einer Aufzugsanlage von der Pflicht eine Gefährdungsbeurteilung zu erstellen befreit ist, bleibt dennoch die Pflicht Art und Umfang erforderlicher Prüfungen für die Aufzugsanlage festzulegen. **6c**

In Satz 3 wird klargestellt, dass Fristen für widerkehrende Prüfungen so festzulegen sind, dass die Arbeitsmittel bis zur nächsten Prüfung sicher verwendet werden können. Für den Arbeitgeber heißt dies im Zweifelsfall, lieber eine kürzere Frist festzulegen, als zu riskieren, dass an einem Arbeitsmittel ein Schaden auftritt, der bei rechtzeitiger Prüfung vermeidbar gewesen wäre. **6d**

Abs. 7 legt fest, dass eine Gefährdungsbeurteilung keine einmalige Angelegenheit ist. Sie ist in regelmäßigen Abständen zu überprüfen. Sofern sicherheitsrelevante Ereignisse eintreten, ist die Gefährdungsbeurteilung zu aktualisieren (Satz 4). **7**

Bei einer Überprüfung der Gefährdungsbeurteilung ist der Stand der Technik zu berücksichtigen. Soweit erforderlich sind die Schutzmaßnahmen entsprechend anzupassen. Einen Bestandsschutz gibt es demnach nicht. Das wiederum heißt jedoch ausdrücklich nicht, dass ein Arbeitsmittel stets von der Beschaffenheit einem neuen Arbeitsmittel entsprechen muss. Der Verordnungsgeber führt hierzu aus: „Bei einer Anpassung ist jedoch nicht zwingend, dass das Arbeitsmittel selbst dem Stand der Technik entsprechen muss. Insgesamt muss die Verwendung des Arbeitsmittels nach dem Stand der Technik sicher sein; dies kann auch durch ergänzende Schutzmaßnahmen gewährleistet werden. Damit ist auch bei dieser Regelung der Bestandschutz gewährleistet." (BR-Drs. 400/14). **7a**

Bereits aus Gründen der Rechtssicherheit ist es im Interesse des Arbeitgebers auf eine vollständige und aussagekräftige Dokumentation der Gefährdungsbeurteilung zu achten. Eine Dokumentation hat vor der erstmaligen Verwendung eines Arbeitsmittels zu erfolgen. Die Mindestanforderungen des Abs. 8 Satz 2 sind einzuhalten. Zur Erleichterung der Dokumentationspflicht ist auch eine Dokumentation in elektronischer Form zulässig. **8**

Sofern ein Arbeitgeber von den Erleichterungen des § 7 Gebrauch macht, hat er das Vorliegen der Voraussetzungen zu dokumentieren. **9**

§4 Grundpflichten des Arbeitgebers

(1) **Arbeitsmittel dürfen erst verwendet werden, nachdem der Arbeitgeber**
1. **eine Gefährdungsbeurteilung durchgeführt hat,**
2. **die dabei ermittelten Schutzmaßnahmen nach dem Stand der Technik getroffen hat und**
3. **festgestellt hat, dass die Verwendung der Arbeitsmittel nach dem Stand der Technik sicher ist.**

(2) ¹**Ergibt sich aus der Gefährdungsbeurteilung, dass Gefährdungen durch technische Schutzmaßnahmen nach dem Stand der Technik nicht oder nur unzureichend vermieden werden können, hat der Arbeitgeber**

geeignete organisatorische und personenbezogene Schutzmaßnahmen zu treffen. ²Technische Schutzmaßnahmen haben Vorrang vor organisatorischen, diese haben wiederum Vorrang vor personenbezogenen Schutzmaßnahmen. ⁴Die Verwendung persönlicher Schutzausrüstung ist für jeden Beschäftigten auf das erforderliche Minimum zu beschränken.

(3) ¹Bei der Festlegung der Schutzmaßnahmen hat der Arbeitgeber die Vorschriften dieser Verordnung einschließlich der Anhänge zu beachten und die nach § 21 Absatz 4 Nummer 1 bekannt gegebenen Regeln und Erkenntnisse zu berücksichtigen. ²Bei Einhaltung dieser Regeln und Erkenntnisse ist davon auszugehen, dass die in dieser Verordnung gestellten Anforderungen erfüllt sind. ³Von den Regeln und Erkenntnissen kann abgewichen werden, wenn Sicherheit und Gesundheit durch andere Maßnahmen zumindest in vergleichbarer Weise gewährleistet werden.

(4) Der Arbeitgeber hat dafür zu sorgen, dass Arbeitsmittel, für die in § 14 und im Abschnitt 3 dieser Verordnung Prüfungen vorgeschrieben sind, nur verwendet werden, wenn diese Prüfungen durchgeführt und dokumentiert wurden.

(5) ¹Der Arbeitgeber hat die Wirksamkeit der Schutzmaßnahmen vor der erstmaligen Verwendung der Arbeitsmittel zu überprüfen. ²Satz 1 gilt nicht, soweit entsprechende Prüfungen nach § 14 oder § 15 durchgeführt wurden. ³Der Arbeitgeber hat weiterhin dafür zu sorgen, dass Arbeitsmittel vor ihrer jeweiligen Verwendung durch Inaugenscheinnahme und erforderlichenfalls durch eine Funktionskontrolle auf offensichtliche Mängel kontrolliert werden und Schutz- und Sicherheitseinrichtungen einer regelmäßigen Funktionskontrolle unterzogen werden. ⁴Satz 3 gilt auch bei Arbeitsmitteln, für die wiederkehrende Prüfungen nach § 14 oder § 16 vorgeschrieben sind.

(6) ¹Der Arbeitgeber hat die Belange des Arbeitsschutzes in Bezug auf die Verwendung von Arbeitsmitteln angemessen in seine betriebliche Organisation einzubinden und hierfür die erforderlichen personellen, finanziellen und organisatorischen Voraussetzungen zu schaffen. ²Insbesondere hat er dafür zu sorgen, dass bei der Gestaltung der Arbeitsorganisation, des Arbeitsverfahrens und des Arbeitsplatzes sowie bei der Auswahl und beim Zur-Verfügung-Stellen der Arbeitsmittel alle mit der Sicherheit und Gesundheit der Beschäftigten zusammenhängenden Faktoren, einschließlich der psychischen, ausreichend berücksichtigt werden.

1   Die Verwendung eines Arbeitsmittels ist nur zulässig, wenn die **drei Bedingungen des Abs. 1** erfüllt sind:
– Eine Gefährdungsbeurteilung muss durchgeführt sein,
– die ermittelten Schutzmaßnahmen müssen nach dem Stand der Technik getroffen sein und
– die Verwendung der Arbeitsmittel muss nach dem Stand der Technik sicher sein.

Bei der Festlegung der Maßnahmen des Arbeitsschutzes durch den Arbeitgeber, hat dieser die allgemeinen Grundsätze des § 4 ArbSchG zu beachten. Die getroffenen Schutzmaßnahmen müssen dem Stand der Technik entsprechen. Wie bereits zu § 3 Abs. 7 BetrSichV ausgeführt, heißt dies nicht, dass das Arbeitsmittel selbst zwingend dem Stand der Technik entsprechen muss. Es darf jedoch keine vermeidbare Gefährdung vom Arbeitsmittel für die Beschäftigten ausgehen.

Abs. 2 greift einen bereits in § 4 ArbSchG verankerten Grundsatz auf. Demnach haben technische Schutzmaßnahmen Vorrang vor organisatorischen Schutzmaßnahmen, die wiederum Vorrang vor personenbezogenen Schutzmaßnahmen haben (TOP – Prinzip). Persönliche Schutzausrüstung steht demnach bei der Wahl von Schutzmaßnahmen regelmäßig hinten an. 2

Bei der Festlegung der Schutzmaßnahmen hat der Arbeitgeber die Bestimmungen der Verordnung einzuhalten und die vom Ausschuss für Betriebssicherheit (ABS) erstellten Regeln (TRBS) und Erkenntnisse zu berücksichtigen. Die Einhaltung einer TRBS löst eine Vermutungswirkung aus, dass diejenigen Vorschriften der Verordnung eingehalten sind, die von der jeweiligen TRBS konkretisiert werden. 3

Die Einhaltung technischer Regeln ist jedoch nicht zwingend erforderlich. Der Arbeitgeber kann jederzeit andere, ebenso wirksame Maßnahmen treffen. Er muss jedoch die Wirksamkeit belegen können und dies in der Gefährdungsbeurteilung dokumentieren.

Gemäß Abs. 4 darf ein Arbeitsmittel nur verwendet werden, wenn vorgeschriebene Prüfungen (fristgerecht) durchgeführt und die Durchführung (inklusive dem Ergebnis der Prüfung) dokumentiert wurde. 4

Abs. 5 sieht ein abgestuftes Maßnahmenpaket vor, das die sichere Verwendung eines Arbeitsmittels dauerhaft sicherstellen soll. 5

Abs. 6 konkretisiert die Forderungen des § 3 ArbSchG. 6

§ 5 Anforderungen an die zur Verfügung gestellten Arbeitsmittel

(1) ¹Der Arbeitgeber darf nur solche Arbeitsmittel zur Verfügung stellen und verwenden lassen, die unter Berücksichtigung der vorgesehenen Einsatzbedingungen bei der Verwendung sicher sind. ²Die Arbeitsmittel müssen
1. für die Art der auszuführenden Arbeiten geeignet sein,
2. den gegebenen Einsatzbedingungen und den vorhersehbaren Beanspruchungen angepasst sein und
3. über die erforderlichen sicherheitsrelevanten Ausrüstungen verfügen,

sodass eine Gefährdung durch ihre Verwendung so gering wie möglich gehalten wird. ³Kann durch Maßnahmen nach den Sätzen 1 und 2 die Sicherheit und Gesundheit nicht gewährleistet werden, so hat der Arbeitgeber andere geeignete Schutzmaßnahmen zu treffen, um die Gefährdung so weit wie möglich zu reduzieren.

(2) Der Arbeitgeber darf Arbeitsmittel nicht zur Verfügung stellen und verwenden lassen, wenn sie Mängel aufweisen, welche die sichere Verwendung beeinträchtigen.

(3) ¹Der Arbeitgeber darf nur solche Arbeitsmittel zur Verfügung stellen und verwenden lassen, die den für sie geltenden Rechtsvorschriften über Sicherheit und Gesundheitsschutz entsprechen. ²Zu diesen Rechtsvorschriften gehören neben den Vorschriften dieser Verordnung insbesondere Rechtsvorschriften, mit denen Gemeinschaftsrichtlinien in deutsches Recht umgesetzt wurden und die für die Arbeitsmittel zum Zeitpunkt des Bereitstellens auf dem Markt gelten. ³Arbeitsmittel, die der Arbeitgeber für eigene Zwecke selbst hergestellt hat, müssen den grundlegenden Si-

BetrSichV § 6

cherheitsanforderungen der anzuwendenden Gemeinschaftsrichtlinien entsprechen. ⁴Den formalen Anforderungen dieser Richtlinien brauchen sie nicht zu entsprechen, es sei denn, es ist in der jeweiligen Richtlinie ausdrücklich anders bestimmt.

(4) Der Arbeitgeber hat dafür zu sorgen, dass Beschäftigte nur die Arbeitsmittel verwenden, die er ihnen zur Verfügung gestellt hat oder deren Verwendung er ihnen ausdrücklich gestattet hat.

1 Abs. 1 beschreibt elementare Grundsätze im Hinblick auf die sichere Verwendung von Arbeitsmitteln. Satz 2 enthält den im Arbeitsschutz geltenden Grundsatz, dass die Gefährdung minimiert werden muss. Sofern eine Minimierung mit Maßnahmen nach den Sätzen 1 und 2 nicht möglich ist, lässt Satz 3 dabei auch andere geeignete Schutzmaßnahmen zur Erreichung des Schutzziels zu. Entspricht der BetrSichV 2002, insbesondere § 4 Absatz 1 und 2 (modifiziert); § 12, Satz 2 ergibt sich aus Anhang 2 Nummer 5.1.2 letzter Satz (modifiziert). (BR-Drs. 400/14)

2 Abs. 3 schreibt vor, dass nur Arbeitsmittel zur Verfügung gestellt und verwendet werden dürfen, die den einschlägigen Rechtsvorschriften über Sicherheit und Gesundheitsschutz entsprechen. Da das Recht über das Bereitstellen von Produkten auf dem Binnenmarkt von einem hohen Schutzniveau ausgeht, sind auch diese Vorschriften unter den erstgenannten zu subsumieren.

Vom Arbeitgeber für die eigene Verwendung selbst hergestellte Arbeitsmittel müssen den grundlegenden Sicherheitsanforderungen (vgl. die in den EU-RL zum Inverkehrbringen niedergelegten grundlegenden Beschaffenheitsanforderungen) des Inverkehrbringensrechtes entsprechen. Ein Konformitätsbewertungsverfahren muss jedoch nicht durchgeführt werden, es sei denn, die jeweilige Inverkehrbringensvorschrift sieht dies auch für den Fall der Eigenherstellung vor.

3 Die Bedeutung des Abs. 4 erschließt sich nicht auf den ersten Blick. Ziel der Regelung ist es klarzustellen, dass der Arbeitgeber auch für den sicheren Gebrauch derjenigen Arbeitsmittel verantwortlich ist, die die Beschäftigten selbst mitgebracht haben, deren Verwendung vom Arbeitgeber jedoch geduldet bzw. gebilligt wird.

§ 6 Grundlegende Schutzmaßnahmen bei der Verwendung von Arbeitsmitteln

(1) ¹Der Arbeitgeber hat dafür zu sorgen, dass die Arbeitsmittel sicher verwendet und dabei die Grundsätze der Ergonomie beachtet werden. ²Dabei ist Anhang 1 zu beachten. ³Die Verwendung der Arbeitsmittel ist so zu gestalten und zu organisieren, dass Belastungen und Fehlbeanspruchungen, die die Gesundheit und die Sicherheit der Beschäftigten gefährden können, vermieden oder, wenn dies nicht möglich ist, auf ein Mindestmaß reduziert werden. ⁴Der Arbeitgeber hat darauf zu achten, dass die Beschäftigten in der Lage sind, die Arbeitsmittel zu verwenden, ohne sich oder andere Personen zu gefährden. ⁵Insbesondere sind folgende Grundsätze einer menschengerechten Gestaltung der Arbeit zu berücksichtigen:
1. die Arbeitsmittel einschließlich ihrer Schnittstelle zum Menschen müssen an die körperlichen Eigenschaften und die Kompetenz der Beschäftigten angepasst sein sowie biomechanische Belastungen bei der Verwendung vermieden sein. Zu berücksichtigen sind hierbei die

Arbeitsumgebung, die Lage der Zugriffstellen und des Schwerpunktes des Arbeitsmittels, die erforderliche Körperhaltung, die Körperbewegung, die Entfernung zum Körper, die benötigte persönliche Schutzausrüstung sowie die psychische Belastung der Beschäftigten,
2. die Beschäftigten müssen über einen ausreichenden Bewegungsfreiraum verfügen,
3. es sind ein Arbeitstempo und ein Arbeitsrhythmus zu vermeiden, die zu Gefährdungen der Beschäftigten führen können,
4. es sind Bedien- und Überwachungstätigkeiten zu vermeiden, die eine uneingeschränkte und dauernde Aufmerksamkeit erfordern.

(2) ¹Der Arbeitgeber hat dafür zu sorgen, dass vorhandene Schutzeinrichtungen und zur Verfügung gestellte persönliche Schutzausrüstungen verwendet werden, dass erforderliche Schutz- oder Sicherheitseinrichtungen funktionsfähig sind und nicht auf einfache Weise manipuliert oder umgangen werden. ²Der Arbeitgeber hat ferner durch geeignete Maßnahmen dafür zu sorgen, dass Beschäftigte bei der Verwendung der Arbeitsmittel die nach § 12 erhaltenen Informationen sowie Kennzeichnungen und Gefahrenhinweise beachten.

(3) ¹Der Arbeitgeber hat dafür zu sorgen, dass
1. die Errichtung von Arbeitsmitteln, der Auf- und Abbau, die Erprobung sowie die Instandhaltung und Prüfung von Arbeitsmitteln unter Berücksichtigung der sicherheitsrelevanten Aufstellungs- und Umgebungsbedingungen nach dem Stand der Technik erfolgen und sicher durchgeführt werden,
2. erforderliche Sicherheits- und Schutzabstände eingehalten werden und
3. alle verwendeten oder erzeugten Energieformen und Materialien sicher zu- und abgeführt werden können.

²Werden Arbeitsmittel im Freien verwendet, hat der Arbeitgeber dafür zu sorgen, dass die sichere Verwendung der Arbeitsmittel ungeachtet der Witterungsverhältnisse stets gewährleistet ist.

Anders als in der BetrSichV 2002, in denen die grundlegenden Schutzmaßnahmen im Wesentlichen in den Anhängen 1 und 2 verortet waren, wurden wesentliche Teile dieser Anhänge in der BetrSichV 2015 in den verfügenden Teil übernommen. Diese finden sich nun in den §§ 4, 5, 6, 8 und 9.

In Abs. 1 wird hervorgehoben dass der Arbeitgeber dafür zu sorgen hat, dass die Arbeitsmittel sicher verwendet werden. Die Grundsätze der Ergonomie sind dabei zu beachten. Näheres hierzu ist in den Sätzen 3 bis 5 ausgeführt. Siehe hierzu auch TRBS 1151.

Über Satz 2 wird Anhang 1 in Bezug genommen. Damit sind die bei der Umsetzung der Verfügungen (sichere Verwendung/Grundsätze der Ergonomie) des § 6 Abs. 1 die in Anhang 1 niedergelegten besonderen Vorschriften für bestimmte Arbeitsmittel einzuhalten.

In Abs. 2 wird das Manipulationsverbot aus Anhang I Nr. 2.8 Satz 2 der RL 2009/104/EG hervorgehoben.

Dass vorhandene Schutzeinrichtungen nicht umgangen werden und zur Verfügung gestellte PSA auch verwendet wird, hat der Arbeitgeber durch regelmäßige Kontrollen zu überwachen. Ferner hat er zu prüfen, ob die Beschäftigten die nach

BetrSichV § 7   Betriebssicherheitsverordnung

§ 12 erhaltenen Informationen sowie Kennzeichnungen und Gefahrenhinweise verstanden haben und diese beachten.

3   Abs. 3 enthält Bestimmungen zur Vermeidung besonderer Gefährdungen. Auf die Einhaltung ggf. erforderlicher Sicherheits- und Schutzabstände wird hingewiesen. Ferner wird auf die Verwendung von Arbeitsmitteln im Freien und mögliche Gefährdungen im Zusammenhang mit den Witterungsverhältnissen eingegangen.

Gerade die Witterungsverhältnisse können einen nicht unerheblichen Einfluss auf die sichere Verwendung eines Arbeitsmittels haben. Insbesondere Hitze- und Kälteeinwirkung sowie Feuchtigkeit können schnell zu einer Gefährdung führen.

§ 7 Vereinfachte Vorgehensweise bei der Verwendung von Arbeitsmitteln

(1) Der Arbeitgeber kann auf weitere Maßnahmen nach den §§ 8 und 9 verzichten, wenn sich aus der Gefährdungsbeurteilung ergibt, dass
1. die Arbeitsmittel mindestens den sicherheitstechnischen Anforderungen der für sie zum Zeitpunkt der Verwendung geltenden Rechtsvorschriften zum Bereitstellen von Arbeitsmitteln auf dem Markt entsprechen,
2. die Arbeitsmittel ausschließlich bestimmungsgemäß entsprechend den Vorgaben des Herstellers verwendet werden,
3. keine zusätzlichen Gefährdungen der Beschäftigten unter Berücksichtigung der Arbeitsumgebung, der Arbeitsgegenstände, der Arbeitsabläufe sowie der Dauer und der zeitlichen Lage der Arbeitszeit auftreten und
4. Instandhaltungsmaßnahmen nach § 10 getroffen und Prüfungen nach § 14 durchgeführt werden.

(2) Absatz 1 gilt nicht für überwachungsbedürftige Anlagen und die in Anhang 3 genannten Arbeitsmittel.

1   Sofern es sich bei dem Arbeitsmittel nicht um eine überwachungsbedürftige Anlage oder ein in Anhang 3 genanntes Arbeitsmittel handelt (Abs. 2), kann der Arbeitgeber unter Umständen auf weitere Maßnahmen nach den §§ 8 und 9 verzichten.

2   Wann dies der Fall ist, regeln die Nrn. 1–4 des Abs. 1. Typischerweise kommen für eine vereinfachte Vorgehensweise Werkzeuge und Geräte wie Handsägen, Zangen, Bolzenschneider, Wagenheber oder auch einfache Elektrowerkzeuge wie Akkuschrauber und Bohrmaschinen in Betracht.

§ 8 Schutzmaßnahmen bei der Gefährdung durch Energien, Ingangsetzen und Stillsetzen

(1) ¹Der Arbeitgeber darf nur solche Arbeitsmittel verwenden lassen, die gegen Gefährdungen ausgelegt sind durch
1. die von ihnen ausgehenden oder verwendeten Energien,
2. direktes oder indirektes Berühren von Teilen, die unter elektrischer Spannung stehen, oder
3. Störungen ihrer Energieversorgung.

²Die Arbeitsmittel müssen ferner so gestaltet sein, dass eine gefährliche elektrostatische Aufladung vermieden oder begrenzt wird. ³Ist dies nicht möglich, müssen sie mit Einrichtungen zum Ableiten solcher Aufladungen ausgestattet sein.

(2) Der Arbeitgeber hat dafür zu sorgen, dass Arbeitsmittel mit den sicherheitstechnisch erforderlichen Mess-, Steuer- und Regeleinrichtungen ausgestattet sind, damit sie sicher und zuverlässig verwendet werden können.

(3) Befehlseinrichtungen, die Einfluss auf die sichere Verwendung der Arbeitsmittel haben, müssen insbesondere
1. als solche deutlich erkennbar, außerhalb des Gefahrenbereichs angeordnet und leicht und ohne Gefährdung erreichbar sein; ihre Betätigung darf zu keiner zusätzlichen Gefährdung führen,
2. sicher beschaffen und auf vorhersehbare Störungen, Beanspruchungen und Zwänge ausgelegt sein,
3. gegen unbeabsichtigtes oder unbefugtes Betätigen gesichert sein.

(4) ¹Arbeitsmittel dürfen nur absichtlich in Gang gesetzt werden können. ²Soweit erforderlich, muss das Ingangsetzen sicher verhindert werden können oder müssen sich die Beschäftigten Gefährdungen durch das in Gang gesetzte Arbeitsmittel rechtzeitig entziehen können. ³Hierbei und bei Änderungen des Betriebszustands muss auch die Sicherheit im Gefahrenbereich durch geeignete Maßnahmen gewährleistet werden.

(5) ¹Vom Standort der Bedienung des Arbeitsmittels aus muss dieses als Ganzes oder in Teilen so stillgesetzt und von jeder einzelnen Energiequelle dauerhaft sicher getrennt werden können, dass ein sicherer Zustand gewährleistet ist. ²Die hierfür vorgesehenen Befehlseinrichtungen müssen leicht und ungehindert erreichbar und deutlich erkennbar gekennzeichnet sein. ³Der Befehl zum Stillsetzen eines Arbeitsmittels muss gegenüber dem Befehl zum Ingangsetzen Vorrang haben. ⁴Können bei Arbeitsmitteln, die über Systeme mit Speicherwirkung verfügen, nach dem Trennen von jeder Energiequelle nach Satz 1 noch Energien gespeichert sein, so müssen Einrichtungen vorhanden sein, mit denen diese Systeme energiefrei gemacht werden können. ⁵Diese Einrichtungen müssen gekennzeichnet sein. ⁶Ist ein vollständiges Energiefreimachen nicht möglich, müssen an den Arbeitsmitteln entsprechende Gefahrenhinweise vorhanden sein.

(6) ¹Kraftbetriebene Arbeitsmittel müssen mit einer schnell erreichbaren und auffällig gekennzeichneten Notbefehlseinrichtung zum sicheren Stillsetzen des gesamten Arbeitsmittels ausgerüstet sein, mit der Gefahr bringende Bewegungen oder Prozesse ohne zusätzliche Gefährdungen unverzüglich stillgesetzt werden können. ²Auf eine Notbefehlseinrichtung kann verzichtet werden, wenn sie die Gefährdung nicht mindern würde; in diesem Fall ist die Sicherheit auf andere Weise zu gewährleisten. ³Vom jeweiligen Bedienungsort des Arbeitsmittels aus muss feststellbar sein, ob sich Personen oder Hindernisse im Gefahrenbereich befinden, oder dem Ingangsetzen muss ein automatisch ansprechendes Sicherheitssystem vorgeschaltet sein, das das Ingangsetzen verhindert, solange sich Beschäftigte im Gefahrenbereich aufhalten. ⁴Ist dies nicht möglich, müssen ausreichende Möglichkeiten zur Verständigung und Warnung vor dem Ingang-

BetrSichV § 9   Betriebssicherheitsverordnung

setzen vorhanden sein. ⁵Soweit erforderlich, muss das Ingangsetzen sicher verhindert werden können, oder die Beschäftigten müssen sich Gefährdungen durch das in Gang gesetzte Arbeitsmittel rechtzeitig entziehen können.

1   In § 8 werden vorher in den Anhängen 1 und 2 der BetrSichV 2002 verortete Schutzziele in den verfügenden Teil der Verordnung übernommen, um deren Bedeutung hervorzuheben.

§ 9 Weitere Schutzmaßnahmen bei der Verwendung von Arbeitsmitteln

(1) ¹Der Arbeitgeber hat dafür zu sorgen, dass Arbeitsmittel unter Berücksichtigung der zu erwartenden Betriebsbedingungen so verwendet werden, dass Beschäftigte gegen vorhersehbare Gefährdungen ausreichend geschützt sind. ²Insbesondere müssen
1. Arbeitsmittel ausreichend standsicher sein und, falls erforderlich, gegen unbeabsichtigte Positions- und Lageänderungen stabilisiert werden,
2. Arbeitsmittel mit den erforderlichen sicherheitstechnischen Ausrüstungen versehen sein,
3. Arbeitsmittel, ihre Teile und die Verbindungen untereinander den Belastungen aus inneren und äußeren Kräften standhalten,
4. Schutzeinrichtungen bei Splitter- oder Bruchgefahr sowie gegen herabfallende oder herausschleudernde Gegenstände vorhanden sein,
5. sichere Zugänge zu Arbeitsplätzen an und in Arbeitsmitteln gewährleistet und ein gefahrloser Aufenthalt dort möglich sein,
6. Schutzmaßnahmen getroffen werden, die sowohl einen Absturz von Beschäftigten als auch von Arbeitsmitteln sicher verhindern,
7. Maßnahmen getroffen werden, damit Personen nicht unbeabsichtigt in Arbeitsmitteln eingeschlossen werden; im Notfall müssen eingeschlossene Personen aus Arbeitsmitteln in angemessener Zeit befreit werden können,
8. Schutzmaßnahmen gegen Gefährdungen durch bewegliche Teile von Arbeitsmitteln und gegen Blockaden solcher Teile getroffen werden; hierzu gehören auch Maßnahmen, die den unbeabsichtigten Zugang zum Gefahrenbereich von beweglichen Teilen von Arbeitsmitteln verhindern oder die bewegliche Teile vor dem Erreichen des Gefahrenbereichs stillsetzen,
9. Maßnahmen getroffen werden, die verhindern, dass die sichere Verwendung der Arbeitsmittel durch äußere Einwirkungen beeinträchtigt wird,
10. Leitungen so verlegt sein, dass Gefährdungen vermieden werden, und
11. Maßnahmen getroffen werden, die verhindern, dass außer Betrieb gesetzte Arbeitsmittel zu Gefährdungen führen.

(2) Der Arbeitgeber hat Schutzmaßnahmen gegen Gefährdungen durch heiße oder kalte Teile, scharfe Ecken und Kanten und raue Oberflächen von Arbeitsmitteln zu treffen.

(3) Der Arbeitgeber hat weiterhin dafür zu sorgen, dass Schutzeinrichtungen
1. einen ausreichenden Schutz gegen Gefährdungen bieten,
2. stabil gebaut sind,

3. sicher in Position gehalten werden,
4. die Eingriffe, die für den Einbau oder den Austausch von Teilen sowie für Instandhaltungsarbeiten erforderlich sind, möglichst ohne Demontage der Schutzeinrichtungen zulassen,
5. keine zusätzlichen Gefährdungen verursachen,
6. nicht auf einfache Weise umgangen oder unwirksam gemacht werden können und
7. die Beobachtung und Durchführung des Arbeitszyklus nicht mehr als notwendig einschränken.

(4) ¹Werden Arbeitsmittel in Bereichen mit gefährlicher explosionsfähiger Atmosphäre verwendet oder kommt es durch deren Verwendung zur Bildung gefährlicher explosionsfähiger Atmosphäre, müssen unter Beachtung der Gefahrstoffverordnung die erforderlichen Schutzmaßnahmen getroffen werden, insbesondere sind die für die jeweilige Zone geeigneten Geräte und Schutzsysteme im Sinne der Richtlinie 2014/34/EU des Europäischen Parlaments und des Rates vom 26. Februar 2014 zur Harmonisierung der Rechtsvorschriften der Mitgliedstaaten für Geräte und Schutzsysteme zur bestimmungsgemäßen Verwendung in explosionsgefährdeten Bereichen (ABl. L 96 vom 29.3.2014, S. 309) einzusetzen. ²Diese Schutzmaßnahmen sind vor der erstmaligen Verwendung der Arbeitsmittel im Explosionsschutzdokument nach § 6 Absatz 8 der Gefahrstoffverordnung zu dokumentieren.

(5) Soweit nach der Gefährdungsbeurteilung erforderlich, müssen an Arbeitsmitteln oder in deren Gefahrenbereich ausreichende, verständliche und gut wahrnehmbare Sicherheitskennzeichnungen und Gefahrenhinweise sowie Einrichtungen zur angemessenen, unmissverständlichen und leicht wahrnehmbaren Warnung im Gefahrenfall vorhanden sein.

In § 9 werden vorher in den Anhängen 1 und 2 der BetrSichV 2002 verortete Schutzmaßnahmen in den Verfügungsteil der Verordnung übernommen, um deren Bedeutung hervorzuheben. 1

§ 10 Instandhaltung und Änderung von Arbeitsmitteln

(1) ¹Der Arbeitgeber hat Instandhaltungsmaßnahmen zu treffen, damit die Arbeitsmittel während der gesamten Verwendungsdauer den für sie geltenden Sicherheits- und Gesundheitsschutzanforderungen entsprechen und in einem sicheren Zustand erhalten werden. ²Dabei sind die Angaben des Herstellers zu berücksichtigen. ³Notwendige Instandhaltungsmaßnahmen nach Satz 1 sind unverzüglich durchzuführen und die dabei erforderlichen Schutzmaßnahmen zu treffen.

(2) ¹Der Arbeitgeber hat Instandhaltungsmaßnahmen auf der Grundlage einer Gefährdungsbeurteilung sicher durchführen zu lassen und dabei die Betriebsanleitung des Herstellers zu berücksichtigen. ²Instandhaltungsmaßnahmen dürfen nur von fachkundigen, beauftragten und unterwiesenen Beschäftigten oder von sonstigen für die Durchführung der Instandhaltungsarbeiten geeigneten Auftragnehmern mit vergleichbarer Qualifikation durchgeführt werden.

(3) ¹Der Arbeitgeber hat alle erforderlichen Maßnahmen zu treffen, damit Instandhaltungsarbeiten sicher durchgeführt werden können. ²Dabei hat er insbesondere
1. die Verantwortlichkeiten für die Durchführung der erforderlichen Sicherungsmaßnahmen festzulegen,
2. eine ausreichende Kommunikation zwischen Bedien- und Instandhaltungspersonal sicherzustellen,
3. den Arbeitsbereich während der Instandhaltungsarbeiten abzusichern,
4. das Betreten des Arbeitsbereichs durch Unbefugte zu verhindern, soweit das nach der Gefährdungsbeurteilung erforderlich ist,
5. sichere Zugänge für das Instandhaltungspersonal vorzusehen,
6. Gefährdungen durch bewegte oder angehobene Arbeitsmittel oder deren Teile sowie durch gefährliche Energien oder Stoffe zu vermeiden,
7. dafür zu sorgen, dass Einrichtungen vorhanden sind, mit denen Energien beseitigt werden können, die nach einer Trennung des instand zu haltenden Arbeitsmittels von Energiequellen noch gespeichert sind; diese Einrichtungen sind entsprechend zu kennzeichnen,
8. sichere Arbeitsverfahren für solche Arbeitsbedingungen festzulegen, die vom Normalzustand abweichen,
9. erforderliche Warn- und Gefahrhinweise bezogen auf Instandhaltungsarbeiten an den Arbeitsmitteln zur Verfügung zu stellen,
10. dafür zu sorgen, dass nur geeignete Geräte und Werkzeuge und eine geeignete persönliche Schutzausrüstung verwendet werden,
11. bei Auftreten oder Bildung gefährlicher explosionsfähiger Atmosphäre Schutzmaßnahmen entsprechend § 9 Absatz 4 Satz 1 zu treffen,
12. Systeme für die Freigabe bestimmter Arbeiten anzuwenden.

(4) Werden bei Instandhaltungsmaßnahmen an Arbeitsmitteln die für den Normalbetrieb getroffenen technischen Schutzmaßnahmen ganz oder teilweise außer Betrieb gesetzt oder müssen solche Arbeiten unter Gefährdung durch Energie durchgeführt werden, so ist die Sicherheit der Beschäftigten während der Dauer dieser Arbeiten durch andere geeignete Maßnahmen zu gewährleisten.

(5) ¹Werden Änderungen an Arbeitsmitteln durchgeführt, gelten die Absätze 1 bis 3 entsprechend. ²Der Arbeitgeber hat sicherzustellen, dass die geänderten Arbeitsmittel die Sicherheits- und Gesundheitsschutzanforderungen nach § 5 Absatz 1 und 2 erfüllen. ³Bei Änderungen von Arbeitsmitteln hat der Arbeitgeber zu beurteilen, ob es sich um prüfpflichtige Änderungen handelt. ⁴Er hat auch zu beurteilen, ob er bei den Änderungen von Arbeitsmitteln Herstellerpflichten zu beachten hat, die sich aus anderen Rechtsvorschriften, insbesondere dem Produktsicherheitsgesetz oder einer Verordnung nach § 8 Absatz 1 des Produktsicherheitsgesetzes ergeben.

1 Neben erforderlichen Prüfungen ist die Instandhaltung wesentlicher Bestandteil für den sicheren Betrieb eines Arbeitsmittels. Sie hat gegenüber Prüfungen sogar Vorrang. Instandhaltungsmaßnahmen sind so vorzusehen, dass das Arbeitsmittel während der gesamten Verwendungsdauer den an dieses gestellten Sicherheits- und Gesundheitsschutzanforderungen genügt und in einem sicheren Zustand bleibt. Konkretisiert werden die Anforderungen an die Instandhaltung in TRBS 1112.

Besondere Betriebszustände, Betriebsstörungen und Unfälle **§ 11 BetrSichV**

Herstellerangaben sind bei der Instandhaltung zu berücksichtigen. Erforderliche Instandhaltungsmaßnahmen dulden keinen Aufschub.

Für die Durchführung von Instandhaltungsmaßnahmen an einem Arbeitsmittel gilt das gleiche Sicherheitsniveau wie bei der Verwendung. Das Merkblatt „Sichere Instandhaltung – Sicherheit für alle" der Europäischen Agentur für Sicherheit und Gesundheitsschutz am Arbeitsplatz (OSHA), ISSN 1681–2107, http://hw.osha.europa.eu beinhaltet fünf Grundregeln für die sichere Instandhaltung. 2

Der Arbeitgeber darf Instandhaltungsmaßnahmen nur von fachkundigen, beauftragten und unterwiesenen Beschäftigte durchführen lassen. Für Auftragnehmer gelten die Anforderungen an Beschäftigte analog.

Absatz 3 listet wesentliche Maßnahmen auf, deren Einhaltung erforderlich ist, um eine sichere Durchführung von Instandhaltungsarbeiten zu gewährleisten. 3

Absatz 4 geht auf den Sonderfall ein, dass für den Normalbetrieb getroffene Schutzmaßnahmen außer Kraft gesetzt werden oder die Arbeiten unter Gefährdung durch Energie durchgeführt werden müssen. In diesem Fall sind andere geeignete Schutzmaßnahmen zu treffen. Als Beispiel kommen Arbeiten unter Spannung in Betracht, bei denen das Instandhaltungspersonal zuverlässig vor einem Stromschlag oder Lichtbogen zu schützen ist. 4

Besondere Problemstellungen können sich aus einer Änderung von Arbeitsmitteln ergeben. Zunächst wird in Abs. 5 Satz 1 verfügt, dass die Absätze 1 – 3 auch auf eine Änderung Anwendung finden. 5

Wird durch die Änderung die Sicherheit des Arbeitsmittels positiv oder negativ beeinflusst, ist das Arbeitsmittel vor erneuter Verwendung zu prüfen.

Eine Änderung kann auch zur Folge haben, dass Herstellerpflichten zu beachten sind. Diese können sich insbesondere aus dem ProdSG und den auf § 8 Abs. 1 gestützten Verordnungen ergeben. Dies ist regelmäßig der Fall, wenn das Arbeitsmittel nach der Änderung oder dem Umbau einem neuen Arbeitsmittel entspricht. Hilfestellung gibt der „Leitfaden für die Umsetzung der nach dem neuen Konzept und dem Gesamtkonzept verfassten Richtlinien" (Blue Guide), herausgegeben von der EU-Kommission.

Insbesondere bei der Änderung von Maschinen und Aufzügen kann es vorkommen, dass Herstellerpflichten zu erfüllen sind. Bleiben Änderungen unter der Schwelle eines „Neugerätes", treffen den Arbeitgeber keine Herstellerpflichten. Er hat dann alleine die Schutzziele der BetrSichV zu erfüllen. 6

§ 11 Besondere Betriebszustände, Betriebsstörungen und Unfälle

(1) ¹**Der Arbeitgeber hat Maßnahmen zu ergreifen, durch die unzulässige oder instabile Betriebszustände von Arbeitsmitteln verhindert werden.** ²**Können instabile Zustände nicht sicher verhindert werden, hat der Arbeitgeber Maßnahmen zu ihrer Beherrschung zu treffen.** ³**Die Sätze 1 und 2 gelten insbesondere für An- und Abfahr- sowie Erprobungsvorgänge.**

(2) ¹**Der Arbeitgeber hat dafür zu sorgen, dass Beschäftigte und andere Personen bei einem Unfall oder bei einem Notfall unverzüglich gerettet und ärztlich versorgt werden können.** ²**Dies schließt die Bereitstellung geeigneter Zugänge zu den Arbeitsmitteln und in diese sowie die Bereitstellung erforderlicher Befestigungsmöglichkeiten für Rettungseinrichtungen an und in den Arbeitsmitteln ein.** ³**Im Notfall müssen Zugangssperren gefahrlos selbsttätig in einen sicheren Bereich öffnen.** ⁴**Ist dies nicht möglich,**

müssen Zugangssperren über eine Notentriegelung leicht zu öffnen sein, wobei an der Notentriegelung und an der Zugangssperre auf die noch bestehenden Gefahren besonders hingewiesen werden muss. [5]Besteht die Möglichkeit, in ein Arbeitsmittel eingezogen zu werden, muss die Rettung eingezogener Personen möglich sein.

(3) [1]Der Arbeitgeber hat dafür zu sorgen, dass die notwendigen Informationen über Maßnahmen bei Notfällen zur Verfügung stehen. [2]Die Informationen müssen auch Rettungsdiensten zur Verfügung stehen, soweit sie für Rettungseinsätze benötigt werden. [3]Zu den Informationen zählen:
1. eine Vorabmitteilung über einschlägige Gefährdungen bei der Arbeit, über Maßnahmen zur Feststellung von Gefährdungen sowie über Vorsichtsmaßregeln und Verfahren, damit die Rettungsdienste ihre eigenen Abhilfe- und Sicherheitsmaßnahmen vorbereiten können,
2. Informationen über einschlägige und spezifische Gefährdungen, die bei einem Unfall oder Notfall auftreten können, einschließlich der Informationen über die Maßnahmen nach den Absätzen 1 und 2.

[4]Treten durch besondere Betriebszustände oder Betriebsstörungen Gefährdungen auf, hat der Arbeitgeber dafür zu sorgen, dass dies durch Warneinrichtungen angezeigt wird.

(4) [1]Werden bei Rüst-, Einrichtungs- und Erprobungsarbeiten oder vergleichbaren Arbeiten an Arbeitsmitteln die für den Normalbetrieb getroffenen technischen Schutzmaßnahmen ganz oder teilweise außer Betrieb gesetzt oder müssen solche Arbeiten unter Gefährdung durch Energie durchgeführt werden, so ist die Sicherheit der Beschäftigten während der Dauer dieser Arbeiten durch andere geeignete Maßnahmen zu gewährleisten. [2]Die Arbeiten nach Satz 1 dürfen nur von fachkundigen Personen durchgeführt werden.

(5) [1]Insbesondere bei Rüst- und Einrichtungsarbeiten, der Erprobung und der Prüfung von Arbeitsmitteln sowie bei der Fehlersuche sind Gefahrenbereiche festzulegen. [2]Ist ein Aufenthalt im Gefahrenbereich von Arbeitsmitteln erforderlich, sind auf der Grundlage der Gefährdungsbeurteilung weitere Maßnahmen zu treffen, welche die Sicherheit der Beschäftigten gewährleisten.

1 Abs. 1 legt fest, dass der Arbeitgeber auch Maßnahmen zu ergreifen hat um unzulässige oder instabile Betriebszustände zu vermeiden. Sind diese nicht zu vermeiden, hat der Arbeitgeber Maßnahmen zu deren Beherrschung zu treffen. Dies ist vor dem Hintergrund hoher Unfallzahlen außerhalb des Normalbetriebs von besonderer Bedeutung.

2 Der Arbeitgeber hat dafür Vorsorge zu treffen, dass bei einem Unfall oder Notfall eine ungehinderte Rettung und Versorgung von verunfallten oder in Not geratenen Beschäftigten möglich ist.

3 Im Rahmen der Gefährdungsbeurteilung hat der Arbeitgeber auch zu ermitteln, welche Informationen über Maßnahmen bei Notfällen zur Verfügung stehen müssen. Diese müssen dann bei Notfällen zur Verfügung stehen.

4 Auch bei Rüst-, Einrichtungs- und Erprobungsarbeiten sind für die sichere Durchführung dieser Arbeiten erforderliche Schutzmaßnahmen zu treffen, sofern

Unterweisung und Beauftragung v. Beschäftigten   § 12 BetrSichV

die für den Normalbetrieb getroffen Schutzmaßnahmen unwirksam sind. Derartige Arbeiten dürfen nur von fachkundigen Personen durchgeführt werden. Werden solche Arbeiten durchgeführt sind Gefahrenbereiche festzulegen. Das Betreten der Gefahrenbereiche durch nicht mit den Rüst-, Einrichtungs- und Erprobungsarbeiten beauftragten Beschäftigten ist nach Möglichkeit zu vermeiden. Ist ein Aufenthalt von Beschäftigten im Gefahrenbereich erforderlich, sind Maßnahmen zu treffen, die den Schutz der Beschäftigten gewährleisten.

§ 12 Unterweisung und besondere Beauftragung von Beschäftigten

(1) ¹Bevor Beschäftigte Arbeitsmittel erstmalig verwenden, hat der Arbeitgeber ihnen ausreichende und angemessene Informationen anhand der Gefährdungsbeurteilung in einer für die Beschäftigten verständlichen Form und Sprache zur Verfügung zu stellen über
1. vorhandene Gefährdungen bei der Verwendung von Arbeitsmitteln einschließlich damit verbundener Gefährdungen durch die Arbeitsumgebung,
2. erforderliche Schutzmaßnahmen und Verhaltensregelungen und
3. Maßnahmen bei Betriebsstörungen, Unfällen und zur Ersten Hilfe bei Notfällen.

²Der Arbeitgeber hat die Beschäftigten vor Aufnahme der Verwendung von Arbeitsmitteln tätigkeitsbezogen anhand der Informationen nach Satz 1 zu unterweisen. ³Danach hat er in regelmäßigen Abständen, mindestens jedoch einmal jährlich, weitere Unterweisungen durchzuführen. ⁴Das Datum einer jeden Unterweisung und die Namen der Unterwiesenen hat er schriftlich festzuhalten.

(2) ¹Bevor Beschäftigte Arbeitsmittel erstmalig verwenden, hat der Arbeitgeber ihnen eine schriftliche Betriebsanweisung für die Verwendung eines Arbeitsmittels zur Verfügung zu stellen. ²Satz 1 gilt nicht für einfache Arbeitsmittel, für die nach § 3 Absatz 4 des Produktsicherheitsgesetzes nach den Vorschriften zum Bereitstellen auf dem Markt eine Gebrauchsanleitung nicht mitgeliefert werden muss. ³Anstelle einer Betriebsanweisung kann der Arbeitgeber auch eine mitgelieferte Gebrauchsanleitung zur Verfügung stellen, wenn diese Informationen enthält, die einer Betriebsanweisung entsprechen. ⁴Die Betriebsanweisung oder die Gebrauchsanleitung muss in einer für die Beschäftigten verständlichen Form und Sprache abgefasst sein und den Beschäftigten an geeigneter Stelle zur Verfügung stehen. ⁵Die Betriebsanweisung oder Bedienungsanleitung ist auch bei der regelmäßig wiederkehrenden Unterweisung nach § 12 des Arbeitsschutzgesetzes in Bezug zu nehmen. ⁶Die Betriebsanweisungen müssen bei sicherheitsrelevanten Änderungen der Arbeitsbedingungen aktualisiert werden.

(3) Ist die Verwendung von Arbeitsmitteln mit besonderen Gefährdungen verbunden, hat der Arbeitgeber dafür zu sorgen, dass diese nur von hierzu beauftragten Beschäftigten verwendet werden.

Absatz 1 regelt die Informationsbereitstellung und Unterweisung der Beschäftigten durch den Arbeitgeber. Eine Unterweisung hat tätigkeitsbezogen zu erfolgen. Sie ist vor der erstmaligen Tätigkeitsaufnahme und dann regelmäßig, jedoch mindestens jährlich, durchzuführen. Wie bereits bei der Dokumentation der Gefährdungsbeurteilung ist aus Gründen der Rechtssicherheit ein besonderes Augenmerk auf die schriftliche Fixierung einer Unterweisung (Datum, Name des Unterwiesenen, Inhalt der Unterweisung) zu legen.

2   Vor der erstmaligen Verwendung eines Arbeitsmittels hat der Arbeitgeber den Beschäftigten eine schriftliche Betriebsanweisung zur Verfügung zu stellen. Diese muss für diese verständlich sein.

3   Sind mit der Verwendung eines Arbeitsmittels besondere Gefährdungen verbunden, hat der Arbeitgeber dafür Sorge zu tragen, dass diese nur von hierzu beauftragten Beschäftigten verwendet werden. Unbeschadet davon können sich z. B. aus Bestimmungen des Jugendarbeitsschutzes weitere Verwendungsbeschränkungen ergeben.

§ 13 Zusammenarbeit verschiedener Arbeitgeber

(1) ¹Beabsichtigt der Arbeitgeber, in seinem Betrieb Arbeiten durch eine betriebsfremde Person (Auftragnehmer) durchführen zu lassen, so darf er dafür nur solche Auftragnehmer heranziehen, die über die für die geplanten Arbeiten erforderliche Fachkunde verfügen. ²Der Arbeitgeber als Auftraggeber hat die Auftragnehmer, die ihrerseits Arbeitgeber sind, über die von seinen Arbeitsmitteln ausgehenden Gefährdungen und über spezifische Verhaltensregeln zu informieren. ³Der Auftragnehmer hat den Auftraggeber und andere Arbeitgeber über Gefährdungen durch seine Arbeiten für Beschäftigte des Auftraggebers und anderer Arbeitgeber zu informieren.

(2) ¹Kann eine Gefährdung von Beschäftigten anderer Arbeitgeber nicht ausgeschlossen werden, so haben alle betroffenen Arbeitgeber bei ihren Gefährdungsbeurteilungen zusammenzuwirken und die Schutzmaßnahmen so abzustimmen und durchzuführen, dass diese wirksam sind. ²Jeder Arbeitgeber ist dafür verantwortlich, dass seine Beschäftigten die gemeinsam festgelegten Schutzmaßnahmen anwenden.

(3) ¹Besteht bei der Verwendung von Arbeitsmitteln eine erhöhte Gefährdung von Beschäftigten anderer Arbeitgeber, ist für die Abstimmung der jeweils erforderlichen Schutzmaßnahmen durch die beteiligten Arbeitgeber ein Koordinator/eine Koordinatorin schriftlich zu bestellen. ²Sofern aufgrund anderer Arbeitsschutzvorschriften bereits ein Koordinator/eine Koordinatorin bestellt ist, kann dieser/diese auch die Koordinationsaufgaben nach dieser Verordnung übernehmen. ³Dem Koordinator/der Koordinatorin sind von den beteiligten Arbeitgebern alle erforderlichen sicherheitsrelevanten Informationen sowie Informationen zu den festgelegten Schutzmaßnahmen zur Verfügung zu stellen. ⁴Die Bestellung eines Koordinators/einer Koordinatorin entbindet die Arbeitgeber nicht von ihrer Verantwortung nach dieser Verordnung.

1   § 13 ergänzt die Regelungen des § 8 ArbSchG und ist an § 15 GefStoffV angelehnt. Die Regelungen dienen dazu, durch die Zusammenarbeit verschiedener Gewerke entstehende Gefährdungen zu reduzieren. Vorbild ist hier der „Koordinator" in der Baustellenverordnung.

§ 14 Prüfung von Arbeitsmitteln

(1) ¹Der Arbeitgeber hat Arbeitsmittel, deren Sicherheit von den Montagebedingungen abhängt, vor der erstmaligen Verwendung von einer zur Prüfung befähigten Person prüfen zu lassen. ²Die Prüfung umfasst Folgendes:
1. die Kontrolle der vorschriftsmäßigen Montage oder Installation und der sicheren Funktion dieser Arbeitsmittel,
2. die rechtzeitige Feststellung von Schäden,
3. die Feststellung, ob die getroffenen sicherheitstechnischen Maßnahmen wirksam sind.

³Prüfinhalte, die im Rahmen eines Konformitätsbewertungsverfahrens geprüft und dokumentiert wurden, müssen nicht erneut geprüft werden. ⁴Die Prüfung muss vor jeder Inbetriebnahme nach einer Montage stattfinden.

(2) ¹Arbeitsmittel, die Schäden verursachenden Einflüssen ausgesetzt sind, die zu Gefährdungen der Beschäftigten führen können, hat der Arbeitgeber wiederkehrend von einer zur Prüfung befähigten Person prüfen zu lassen. ²Die Prüfung muss entsprechend den nach § 3 Absatz 6 ermittelten Fristen stattfinden. ³Ergibt die Prüfung, dass die Anlage nicht bis zu der nach § 3 Absatz 6 ermittelten nächsten wiederkehrenden Prüfung sicher betrieben werden kann, ist die Prüffrist neu festzulegen.

(3) ¹Arbeitsmittel, die von Änderungen oder außergewöhnlichen Ereignissen betroffen sind, die schädigende Auswirkungen auf ihre Sicherheit haben können, durch die Beschäftigte gefährdet werden können, hat der Arbeitgeber unverzüglich einer außerordentlichen Prüfung durch eine zur Prüfung befähigte Person unterziehen zu lassen. ²Außergewöhnliche Ereignisse können insbesondere Unfälle, längere Zeiträume der Nichtverwendung der Arbeitsmittel oder Naturereignisse sein.

(4) ¹Die in Anhang 3 genannten Arbeitsmittel hat der Arbeitgeber auf ihren sicheren Zustand und auf ihre sichere Funktion umfassend prüfen zu lassen:
1. vor ihrer erstmaligen Inbetriebnahme,
2. vor Wiederinbetriebnahme nach prüfpflichtigen Änderungen und
3. wiederkehrend nach Maßgabe der in Anhang 3 genannten Vorgaben.

²Absatz 2 Satz 3 gilt entsprechend. ³Bei der Prüfung vor der erstmaligen Inbetriebnahme müssen Prüfinhalte, die im Rahmen eines Konformitätsbewertungsverfahrens geprüft und dokumentiert wurden, nicht erneut geprüft werden.

(5) ¹Der Fälligkeitstermin von wiederkehrenden Prüfungen wird jeweils mit dem Monat und dem Jahr angegeben. ²Die Frist für die nächste wiederkehrende Prüfung beginnt mit dem Fälligkeitstermin der letzten Prüfung. ³Wird eine Prüfung vor dem Fälligkeitstermin durchgeführt, beginnt die Frist für die nächste Prüfung mit dem Monat und Jahr der Durchführung. ⁴Für Arbeitsmittel mit einer Prüffrist von mehr als zwei Jahren gilt Satz 3 nur, wenn die Prüfung mehr als zwei Monate vor dem Fälligkeitstermin durchgeführt wird. ⁵Ist ein Arbeitsmittel zum Fälligkeitstermin der wiederkehrenden Prüfung außer Betrieb gesetzt, so darf

BetrSichV § 14   Betriebssicherheitsverordnung

es erst wieder in Betrieb genommen werden, nachdem diese Prüfung durchgeführt worden ist; in diesem Fall beginnt die Frist für die nächste wiederkehrende Prüfung mit dem Termin der Prüfung. [6]Eine wiederkehrende Prüfung gilt als fristgerecht durchgeführt, wenn sie spätestens zwei Monate nach dem Fälligkeitstermin durchgeführt wurde. [7]Dieser Absatz ist nur anzuwenden, soweit es sich um Arbeitsmittel nach Anhang 2 Abschnitt 2 bis 4 und Anhang 3 handelt.

(6) [1]Zur Prüfung befähigte Personen nach § 2 Absatz 6 unterliegen bei der Durchführung der nach dieser Verordnung vorgeschriebenen Prüfungen keinen fachlichen Weisungen durch den Arbeitgeber. [2]Zur Prüfung befähigte Personen dürfen vom Arbeitgeber wegen ihrer Prüftätigkeit nicht benachteiligt werden.

(7) [1]Der Arbeitgeber hat dafür zu sorgen, dass das Ergebnis der Prüfung nach den Absätzen 1 bis 4 aufgezeichnet und mindestens bis zur nächsten Prüfung aufbewahrt wird. [2]Dabei hat er dafür zu sorgen, dass die Aufzeichnungen nach Satz 1 mindestens Auskunft geben über:
1. Art der Prüfung,
2. Prüfumfang und
3. Ergebnis der Prüfung.

[3]Aufzeichnungen können auch in elektronischer Form aufbewahrt werden. [4]Werden Arbeitsmittel nach den Absätzen 1 und 2 sowie Anhang 3 an unterschiedlichen Betriebsorten verwendet, ist ein Nachweis über die Durchführung der letzten Prüfung vorzuhalten.

(8) [1]Die Absätze 1 bis 3 gelten nicht für überwachungsbedürftige Anlagen, soweit entsprechende Prüfungen in den §§ 15 und 16 vorgeschrieben sind. [2]Absatz 7 gilt nicht für überwachungsbedürftige Anlagen, soweit entsprechende Aufzeichnungen in § 17 vorgeschrieben sind.

1   Abs. 1 regelt **Prüfverpflichtungen** vor der erstmaligen Verwendung bzw. nach einer erneuten Montage. Eine Prüfung darf nur von einer hierzu befähigten Person durchgeführt werden. Näheres hierzu siehe TRBS 1203. Um Doppelprüfungen zu vermeiden, sind Prüfinhalte, die bereits von Inverkehrbringensvorschriften abgedeckt sind von einer Prüfung vor Inbetriebnahme ausgenommen.

2   Sind Arbeitsmittel Einflüssen (z. B. Verschleiß, Korrosion) ausgesetzt, die Schäden verursachen können, ist eine wiederkehrende Prüfung durch eine hierzu befähigte Person vorzusehen. Zu beachten ist, dass einmal festgelegte Prüffristen nicht feststehend sind. Ergeben sich Anhaltspunkte, dass ein Arbeitsmittel nicht den gesamten Zeitraum bis zur nächsten wiederkehrenden Prüfung sicher betrieben werden kann, ist die Prüffrist zu verkürzen.

3   Eine außerordentliche Prüfung durch eine hierzu befähigte Person ist vorzunehmen, wenn bei außergewöhnlichen Ereignissen (Unfälle, längere Zeiträume der Nichtverwendung, Naturereignisse) die Sicherheit beeinträchtigende Schäden am Arbeitsmittel entstanden sein können.

4   Abs. 4 geht auf Prüfverpflichtungen für die in Anhang 3 neu aufgenommene Arbeitsmittel ein. Die Prüfverpflichtungen für die in Anhang 3 genannten Arbeitsmittel waren bisher in Unfallverhütungsvorschriften geregelt. Satz 3 dient der Vermeidung von Doppelprüfungen.

5   Abs. 5 regelt die Fälligkeit von Prüfungen und den Fristlauf. Eine Karenzzeit wird eingeräumt.

Mitteilungspflichten, behördliche Ausnahmen § 19 BetrSichV

Die Unabhängigkeit einer zugelassenen Überwachungsstelle wird bereits in § 37 Abs. 5 Nr. 1 ProdSG geregelt. Absatz 6 legt fest, dass zur Prüfung befähigte Personen bei der Durchführung von Prüftätigkeiten weisungsfrei sind. Ebenso darf ihnen aus der Tätigkeit kein Nachteil entstehen. Gerade bei Prüftätigkeiten durch eigenes Personal eines Arbeitgebers sind diese Festlegungen von besonderer Bedeutung. 6

Abs. 7 regelt die Dokumentationspflicht. Eine wesentliche Erleichterung stellt die Möglichkeit dar, Aufzeichnungen auch in elektronischer Form aufzubewahren. 7

Abs. 8 soll Doppelprüfungen und Doppelaufzeichnungen, insbesondere bei überwachungsbedürftigen Anlagen verhindern. 8

Abschnitt 3. Zusätzliche Vorschriften für überwachungsbedürftige Anlagen

§§ 15–18 *(nicht kommentiert)*

§§ 15–18 BetrSichV enthalten ausschließlich Regelungen auf der Grundlage der Ermächtigung des § 34 ProdSG und haben keinen Bezug zum ArbSchG.

Abschnitt 4. Vollzugsregelungen und Ausschuss für Betriebssicherheit

§ 19 Mitteilungspflichten, behördliche Ausnahmen

(1) Der Arbeitgeber hat bei Arbeitsmitteln nach den Anhängen 2 und 3 der zuständigen Behörde folgende Ereignisse unverzüglich anzuzeigen:
1. jeden Unfall, bei dem ein Mensch getötet oder erheblich verletzt worden ist, und
2. jeden Schadensfall, bei dem Bauteile oder sicherheitstechnische Einrichtungen versagt haben.

(2) ¹Die zuständige Behörde kann bei überwachungsbedürftigen Anlagen vom Arbeitgeber verlangen, dass dieser das nach Absatz 1 anzuzeigende Ereignis auf seine Kosten durch eine möglichst im gegenseitigen Einvernehmen bestimmte zugelassene Überwachungsstelle sicherheitstechnisch beurteilen lässt und ihr die Beurteilung schriftlich vorlegt. ²Die sicherheitstechnische Beurteilung hat sich insbesondere auf die Feststellung zu erstrecken,
1. worauf das Ereignis zurückzuführen ist,
2. ob sich die überwachungsbedürftige Anlage in einem nicht sicheren Zustand befand und ob nach Behebung des Mangels eine Gefährdung nicht mehr besteht und
3. ob neue Erkenntnisse gewonnen worden sind, die andere oder zusätzliche Schutzvorkehrungen erfordern.

(3) Unbeschadet des § 22 des Arbeitsschutzgesetzes hat der Arbeitgeber der zuständigen Behörde auf Verlangen Folgendes zu übermitteln:

BetrSichV § 19 Betriebssicherheitsverordnung

1. die Dokumentation der Gefährdungsbeurteilung nach § 3 Absatz 8 und die ihr zugrunde liegenden Informationen,
2. einen Nachweis, dass die Gefährdungsbeurteilung entsprechend den Anforderungen nach § 3 Absatz 2 Satz 2 erstellt wurde,
3. Angaben zu den nach § 13 des Arbeitsschutzgesetzes verantwortlichen Personen,
4. Angaben zu den getroffenen Schutzmaßnahmen einschließlich der Betriebsanweisung.

(4) ¹Die zuständige Behörde kann auf schriftlichen Antrag des Arbeitgebers Ausnahmen von den §§ 8 bis 11 und Anhang 1 zulassen, wenn die Anwendung dieser Vorschriften für den Arbeitgeber im Einzelfall zu einer unverhältnismäßigen Härte führen würde, die Ausnahme sicherheitstechnisch vertretbar und mit dem Schutz der Beschäftigten vereinbar ist. ²Der Arbeitgeber hat der zuständigen Behörde im Antrag Folgendes darzulegen:
1. den Grund für die Beantragung der Ausnahme,
2. die betroffenen Tätigkeiten und Verfahren,
3. die Zahl der voraussichtlich betroffenen Beschäftigten,
4. die technischen und organisatorischen Maßnahmen, die zur Gewährleistung der Sicherheit und zur Vermeidung von Gefährdungen getroffen werden sollen.

³Für ihre Entscheidung kann die Behörde ein Sachverständigengutachten verlangen, dessen Kosten der Arbeitgeber zu tragen hat.

(5) ¹Die zuständige Behörde kann bei überwachungsbedürftigen Anlagen im Einzelfall eine außerordentliche Prüfung anordnen, wenn hierfür ein besonderer Anlass besteht. ²Ein solcher Anlass besteht insbesondere dann, wenn ein Schadensfall eingetreten ist. ³Der Arbeitgeber hat eine angeordnete Prüfung unverzüglich zu veranlassen.

(6) ¹Die zuständige Behörde kann die in Anhang 2 Abschnitt 2 bis 4 und Anhang 3 genannten Fristen im Einzelfall verkürzen, soweit es zur Gewährleistung der Sicherheit der Anlagen erforderlich ist. ²Die zuständige Behörde kann die in Anhang 2 Abschnitt 2 bis 4 und Anhang 3 genannten Fristen im Einzelfall verlängern, soweit die Sicherheit auf andere Weise gewährleistet ist.

1 Abs. 1 sieht Meldepflichten für den Arbeitgeber bei Unfällen und Schadensfällen mit überwachungsbedürftigen Anlagen gemäß Anlage 2 und besondere Arbeitsmittel gemäß Anlage 3 vor.
  Die Meldeverpflichtung erstreckt sich demnach nicht auf alle Arbeitsmittel.
2 Abs. 3 eröffnet der zuständigen Behörde die Möglichkeit vom Arbeitgeber wichtige Unterlagen anzufordern.
3 Abs. 4 eröffnet der zuständigen Behörde die Möglichkeit, auf schriftlichen Antrag des Arbeitgebers Ausnahmen von den §§ 8 bis 11 und Anhang 1 zuzulassen. Die Ausnahmemöglichkeit ist jedoch an Bedingungen geknüpft. So muss die Anwendung der Vorschriften für den Arbeitgeber im Einzelfall zu einer unverhältnismäßigen Härte führen und der Schutz der Beschäftigten muss auch weiterhin gewährleistet sein. Für ihre Entscheidung kann die zuständige Behörde ein Sachverständigengutachten verlangen, für dessen Kosten der Arbeitgeber aufzukommen

hat. Die Wahl eines Sachverständigen sollte möglichst im Einvernehmen zwischen der Behörde und dem Antragsteller erfolgen.

Abs. 6 gibt der zuständigen Behörde die Möglichkeit auf Antrag des Arbeitgebers die in Anhang 2 und Anhang 3 genannten Prüffristen im Einzelfall zu verlängern, soweit die Sicherheit auf andere Weise gewährleistet ist. Soweit es zur Gewährleistung der Sicherheit erforderlich ist, kann die zuständige Behörde die in Anhang 2 und 3 genannten Fristen im Einzelfall auch verkürzen. 4

§ 20 Sonderbestimmungen für überwachungsbedürftige Anlagen des Bundes

(1) ¹**Aufsichtsbehörde für die in den Anhängen 2 bis 4 genannten überwachungsbedürftigen Anlagen auf den von der Wasserstraßen- und Schifffahrtsverwaltung des Bundes, der Bundeswehr und der Bundespolizei genutzten Dienstliegenschaften ist das zuständige Bundesministerium oder die von ihm bestimmte Behörde.** ²**Für andere der Aufsicht durch die Bundesverwaltung unterliegende überwachungsbedürftige Anlagen gemäß Anhang 2 Abschnitt 2 bis 4 bestimmt sich die zuständige Aufsichtsbehörde nach § 38 Absatz 1 des Produktsicherheitsgesetzes.**

(2) **§ 18 findet keine Anwendung auf die in Anhang 2 Abschnitt 2 bis 4 genannten überwachungsbedürftigen Anlagen der Wasserstraßen- und Schifffahrtsverwaltung des Bundes, der Bundeswehr und der Bundespolizei.**

§ 21 Ausschuss für Betriebssicherheit

(1) ¹**Beim Bundesministerium für Arbeit und Soziales wird ein Ausschuss für Betriebssicherheit gebildet.** ²**Dieser Ausschuss soll aus fachkundigen Vertretern der Arbeitgeber, der Gewerkschaften, der Länderbehörden, der gesetzlichen Unfallversicherung und der zugelassenen Überwachungsstellen bestehen sowie aus weiteren fachkundigen Personen, insbesondere aus der Wissenschaft.** ³**Die Gesamtzahl der Mitglieder soll 21 Personen nicht überschreiten.** ⁴**Für jedes Mitglied ist ein stellvertretendes Mitglied zu benennen.** ⁵**Die Mitgliedschaft im Ausschuss für Betriebssicherheit ist ehrenamtlich.**

(2) ¹Das Bundesministerium für Arbeit und Soziales beruft die Mitglieder des Ausschusses und die stellvertretenden Mitglieder. ²Der Ausschuss gibt sich eine Geschäftsordnung und wählt die Vorsitzende oder den Vorsitzenden aus seiner Mitte. ³Die Geschäftsordnung und die Wahl der oder des Vorsitzenden bedürfen der Zustimmung des Bundesministeriums für Arbeit und Soziales.

(3) ¹Zu den Aufgaben des Ausschusses gehört es,
1. den Stand von Wissenschaft und Technik, Arbeitsmedizin und Arbeitshygiene sowie sonstiger gesicherter arbeitswissenschaftlicher Erkenntnisse bei der Verwendung von Arbeitsmitteln zu ermitteln und dazu Empfehlungen auszusprechen,
2. zu ermitteln, wie die in dieser Verordnung gestellten Anforderungen erfüllt werden können, und dazu die dem jeweiligen Stand der Technik und der Arbeitsmedizin entsprechenden Regeln und Erkenntnisse zu erarbeiten,

3. das Bundesministerium für Arbeit und Soziales in Fragen von Sicherheit und Gesundheitsschutz bei der Verwendung von Arbeitsmitteln zu beraten und
4. die von den zugelassenen Überwachungsstellen nach § 37 Absatz 5 Nummer 8 des Produktsicherheitsgesetzes gewonnenen Erkenntnisse auszuwerten und bei den Aufgaben nach den Nummern 1 bis 3 zu berücksichtigen.

²Das Arbeitsprogramm des Ausschusses für Betriebssicherheit wird mit dem Bundesministerium für Arbeit und Soziales abgestimmt. ³Der Ausschuss arbeitet eng mit den anderen Ausschüssen beim Bundesministerium für Arbeit und Soziales zusammen.

(4) Nach Prüfung kann das Bundesministerium für Arbeit und Soziales
1. die vom Ausschuss für Betriebssicherheit ermittelten Regeln und Erkenntnisse nach Absatz 3 Satz 1 Nummer 2 im Gemeinsamen Ministerialblatt bekannt geben und
2. die Empfehlungen nach Absatz 3 Satz 1 Nummer 1 sowie die Beratungsergebnisse nach Absatz 3 Satz 1 Nummer 3 in geeigneter Weise veröffentlichen.

(5) ¹Die Bundesministerien sowie die zuständigen obersten Landesbehörden können zu den Sitzungen des Ausschusses Vertreter entsenden. ²Diesen ist auf Verlangen in der Sitzung das Wort zu erteilen.

(6) Die Geschäfte des Ausschusses führt die Bundesanstalt für Arbeitsschutz und Arbeitsmedizin.

1 § 21 regelt Aufgaben, Zusammensetzung, Verfahrensweise und Organisation des Ausschusses für Betriebssicherheit (ABS).

Abschnitt 5. Ordnungswidrigkeiten und Straftaten, Schlussvorschriften

§ 22[1]) Ordnungswidrigkeiten

(1) Ordnungswidrig im Sinne des § 25 Absatz 1 Nummer 1 des Arbeitsschutzgesetzes[2] handelt, wer vorsätzlich oder fahrlässig
1. entgegen § 3 Absatz 1 Satz 1 die auftretenden Gefährdungen nicht oder nicht richtig beurteilt,
2. entgegen § 3 Absatz 3 Satz 3 eine Gefährdungsbeurteilung durchführt,
3. entgegen § 3 Absatz 6 Satz 1 die Art und den Umfang von erforderlichen Prüfungen nicht ermittelt und festlegt,
4. entgegen § 3 Absatz 6 Satz 1 die Fristen von wiederkehrenden Prüfungen nach den §§ 14 und 16 nicht ermittelt und festlegt,
5. entgegen § 3 Absatz 7 Satz 4 eine Gefährdungsbeurteilung nicht oder nicht rechtzeitig aktualisiert,

---

[1] § 22 Abs. 2 Nr. 5 geänd., Nr 5a eingef. durch VO v. 13.7.2015 (BGBl. I S. 1187).
[2] Nr. 1.

Ordnungswidrigkeiten § 22 BetrSichV

6. entgegen § 3 Absatz 8 Satz 1 ein dort genanntes Ergebnis nicht oder nicht rechtzeitig dokumentiert,
7. entgegen § 4 Absatz 1 ein Arbeitsmittel verwendet,
8. entgegen § 4 Absatz 4 nicht dafür sorgt, dass Arbeitsmittel, für die in § 14 oder in Abschnitt 3 dieser Verordnung Prüfungen vorgeschrieben sind, nur verwendet werden, wenn diese Prüfungen durchgeführt und dokumentiert wurden,
9. entgegen § 5 Absatz 2 ein Arbeitsmittel verwenden lässt,
10. entgegen § 5 Absatz 4 nicht dafür sorgt, dass ein Arbeitnehmer nur ein dort genanntes Arbeitsmittel verwendet,
11. entgegen § 6 Absatz 1 Satz 2 in Verbindung mit Anhang 1 Nummer 1.3 Satz 1 nicht dafür sorgt, dass ein Beschäftigter nur auf einem dort genannten Platz mitfährt,
12. entgegen § 6 Absatz 1 Satz 2 in Verbindung mit Anhang 1 Nummer 1.4 Satz 1 nicht dafür sorgt, dass eine dort genannte Einrichtung vorhanden ist,
13. entgegen § 6 Absatz 1 Satz 2 in Verbindung mit Anhang 1 Nummer 1.5 eine dort genannte Maßnahme nicht oder nicht rechtzeitig trifft,
14. entgegen § 6 Absatz 1 Satz 2 in Verbindung mit Anhang 1 Nummer 1.7 Satz 1 nicht dafür sorgt, dass die dort genannte Geschwindigkeit angepasst werden kann,
15. entgegen § 6 Absatz 1 Satz 2 in Verbindung mit Anhang 1 Nummer 1.8 Satz 1 Buchstabe a nicht dafür sorgt, dass eine Verbindungseinrichtung gesichert ist,
16. entgegen § 6 Absatz 1 Satz 2 in Verbindung mit Anhang 1 Nummer 2.1 Satz 1 nicht dafür sorgt, dass die Standsicherheit oder die Festigkeit eines dort genannten Arbeitsmittels sichergestellt ist,
17. entgegen § 6 Absatz 1 Satz 2 in Verbindung mit Anhang 1 Nummer 2.1 Satz 5 ein dort genanntes Arbeitsmittel nicht richtig aufstellt oder nicht richtig verwendet,
18. entgegen § 6 Absatz 1 Satz 2 in Verbindung mit Anhang 1 Nummer 2.2 Satz 1 nicht dafür sorgt, dass ein Arbeitsmittel mit einem dort genannten Hinweis versehen ist,
19. entgegen § 6 Absatz 1 Satz 2 in Verbindung mit Anhang 1 Nummer 2.3.2 nicht dafür sorgt, dass ein dort genanntes Arbeitsmittel abgebremst und eine ungewollte Bewegung verhindert werden kann,
20. entgegen § 6 Absatz 1 Satz 2 in Verbindung mit Anhang 1 Nummer 2.4 Satz 2 nicht dafür sorgt, dass das Heben eines Beschäftigten nur mit einem dort genannten Arbeitsmittel oder einer dort genannten Zusatzausrüstung erfolgt,
21. entgegen § 6 Absatz 1 Satz 2 in Verbindung mit Anhang 1 Nummer 2.5 Buchstabe b oder Buchstabe c nicht dafür sorgt, dass Lasten sicher angeschlagen werden oder Lasten oder Lastaufnahme oder Anschlagmittel sich nicht unbeabsichtigt lösen oder verschieben können,
22. entgegen § 6 Absatz 1 Satz 2 in Verbindung mit Anhang 1 Nummer 3.2.3 Satz 2 nicht dafür sorgt, dass ein dort genanntes Gerüst verankert wird,

23. entgegen § 6 Absatz 1 Satz 2 in Verbindung mit Anhang 1 Nummer 3.2.6 Satz 1 nicht dafür sorgt, dass ein Gerüst nur in der dort genannten Weise auf-, ab- oder umgebaut wird,
24. entgegen § 6 Absatz 2 Satz 1 nicht dafür sorgt, dass eine Schutzeinrichtung verwendet wird,
25. entgegen § 12 Absatz 1 Satz 1 eine Information nicht, nicht richtig, nicht vollständig oder nicht rechtzeitig zur Verfügung stellt,
26. entgegen § 12 Absatz 1 Satz 2 einen Beschäftigten nicht, nicht richtig, nicht vollständig oder nicht rechtzeitig unterweist,
27. entgegen § 12 Absatz 2 Satz 1 eine Betriebsanweisung nicht, nicht richtig, nicht vollständig oder nicht rechtzeitig zur Verfügung stellt,
28. entgegen § 14 Absatz 1 Satz 1 oder Absatz 4 Satz 1 ein Arbeitsmittel nicht oder nicht rechtzeitig prüfen lässt,
29. entgegen § 14 Absatz 3 Satz 1 ein Arbeitsmittel einer außerordentlichen Überprüfung nicht oder nicht rechtzeitig unterziehen lässt,
30. entgegen § 14 Absatz 7 Satz 1 nicht dafür sorgt, dass ein Ergebnis aufgezeichnet und aufbewahrt wird,
31. entgegen § 14 Absatz 7 Satz 2 nicht dafür sorgt, dass eine Aufzeichnung eine dort genannte Auskunft gibt, oder
32. entgegen § 19 Absatz 3 eine Dokumentation, eine Information, einen Nachweis oder eine Angabe nicht, nicht richtig, nicht vollständig oder nicht rechtzeitig übermittelt.

(2) Ordnungswidrig im Sinne des § 39 Absatz 1 Nummer 7 Buchstabe a des Produktsicherheitsgesetzes handelt, wer vorsätzlich oder fahrlässig
1. entgegen § 6 Absatz 1 Satz 2 in Verbindung mit Anhang 1 Nummer 4.1 Satz 1 nicht dafür sorgt, dass ein Kommunikationssystem installiert und wirksam ist,
2. entgegen § 6 Absatz 1 Satz 2 in Verbindung mit Anhang 1 Nummer 4.1 Satz 2 den Notfallplan nicht oder nicht rechtzeitig dem Notdienst zur Verfügung stellt,
3. entgegen § 6 Absatz 1 Satz 2 in Verbindung mit Anhang 1 Nummer 4.1 Satz 3 eine dort genannte Einrichtung nicht oder nicht rechtzeitig bereitstellt,
4. entgegen § 6 Absatz 1 Satz 2 in Verbindung mit Anhang 1 Nummer 4.2 Instandhaltungsmaßnahmen nach § 10 nicht durchführt,
5. entgegen § 6 Absatz 1 Satz 2 in Verbindung mit Anhang 1 Nummer 4.4 Satz 1 nicht dafür sorgt, dass ein Personenumlaufaufzug nur von Beschäftigten verwendet wird,
5a. entgegen § 6 Absatz 1 Satz 2 in Verbindung mit Anhang 1 Nummer 4.4 Satz 2 einen Personenumlaufaufzug durch eine andere Person verwenden lässt,
6. entgegen § 15 Absatz 1 Satz 1 nicht sicherstellt, dass eine überwachungsbedürftige Anlage geprüft wird,
7. entgegen § 16 Absatz 1 in Verbindung mit Anhang 2 eine überwachungsbedürftige Anlage oder ein Anlagenteil nicht oder nicht rechtzeitig prüfen lässt,
8. ohne Erlaubnis nach § 18 Absatz 1 Satz 1 eine dort genannte Anlage errichtet oder betreibt,
9. einer vollziehbaren Anordnung nach § 19 Absatz 5 Satz 1 zuwiderhandelt oder

10. eine in Absatz 1 Nummer 5 oder Nummer 20 bezeichnete Handlung in Bezug auf eine überwachungsbedürftige Anlage nach § 2 Nummer 30 des Produktsicherheitsgesetzes begeht.

Im Rahmen der Verordnungsnovelle wurden die Ordnungswidrigkeitentatbestände angepasst und ergänzt. 1

§ 23 Straftaten

(1) **Wer durch eine in § 22 Absatz 1 bezeichnete vorsätzliche Handlung Leben oder Gesundheit eines Beschäftigten gefährdet, ist nach § 26 Nummer 2 des Arbeitsschutzgesetzes strafbar.**

(2) **Wer eine in § 22 Absatz 2 bezeichnete vorsätzliche Handlung beharrlich wiederholt oder durch eine solche vorsätzliche Handlung Leben oder Gesundheit eines anderen oder fremde Sachen von bedeutendem Wert gefährdet, ist nach § 40 des Produktsicherheitsgesetzes strafbar.**

Die Straftatbestände wurden im Rahmen der Verordnungsnovelle angepasst und ergänzt. 1

§ 24 Übergangsvorschriften

(1) ¹**Der Weiterbetrieb einer erlaubnisbedürftigen Anlage, die vor dem 1. Juni 2015 befugt errichtet und verwendet wurde, ist zulässig.** ²**Eine Erlaubnis, die nach dem bis dahin geltenden Recht erteilt wurde, gilt als Erlaubnis im Sinne dieser Verordnung.** ³**§ 18 Absatz 4 Satz 3 ist auf Anlagen nach den Sätzen 1 und 2 anwendbar.**

(2) ¹**Aufzugsanlagen, die vor dem 1. Juni 2015 errichtet und verwendet wurden, müssen bis zum 31. Dezember 2020 den Anforderungen des Anhangs 1 Nummer 4.1 entsprechen.** ²**Abweichend von Satz 1 ist der Notfallplan innerhalb von zwölf Monaten nach dem Inkrafttreten dieser Verordnung anzufertigen und dem Notdienst zur Verfügung zu stellen.** ³**Sofern kein Notdienst vorhanden sein muss, ist der Notfallplan in der Nähe der Aufzugsanlage anzubringen.**

Der ursprünglich in der BetrSichV 2002 explizit verankerte Bestandsschutz ist entfallen. Dies heißt jedoch nicht, dass automatisch alle Arbeitsmittel nachgerüstet werden müssen, sofern ihre Beschaffenheit nicht mehr dem Stand der Technik entspricht. Näheres hierzu siehe in den §§ 3 und 4. 1

Auch wenn Aufzuganlagen, die vor dem 1. Juni 2015 errichtet und verwendet wurden, erst zum 31. Dezember 2020 den Anforderungen des Anhangs 1 Nr. 4.1 entsprechen müssen, ist auch für diese ein Notfallplan zu erstellen und dem Notdienst zur Verfügung zu stellen. Sofern kein Notdienst vorhanden sein muss, ist der Notfallplan in der Nähe der Aufzuganlage anzubringen. 2

BetrSichV Anh. 1 Betriebssicherheitsverordnung

Anhang 1 zu § 6 Absatz 1 Satz 2

Besondere Vorschriften für bestimmte Arbeitsmittel

1. Besondere Vorschriften für die Verwendung von mobilen, selbstfahrenden oder nicht selbstfahrenden, Arbeitsmitteln

1.1 Mobile Arbeitsmittel müssen so ausgerüstet sein, dass die Gefährdung für mitfahrende Beschäftigte so gering wie möglich gehalten wird. Dies gilt auch für die Gefährdungen der Beschäftigten durch Kontakt mit Rädern und Ketten.

1.2 Gefährdungen durch plötzliches Blockieren von Energieübertragungsvorrichtungen zwischen mobilen Arbeitsmitteln und ihren technischen Zusatzausrüstungen oder Anhängern sind durch technische Maßnahmen zu vermeiden. Sofern dies nicht möglich ist, sind andere Maßnahmen zu ergreifen, die eine Gefährdung der Beschäftigten verhindern. Es sind Maßnahmen zu treffen, die die Beschädigung der Energieübertragungsvorrichtungen verhindern.

1.3 Der Arbeitgeber hat dafür zu sorgen, dass bei mobilen Arbeitsmitteln mitfahrende Beschäftigte nur auf sicheren und für diesen Zweck ausgerüsteten Plätzen mitfahren.
Besteht die Möglichkeit des Kippens oder Überschlagens des Arbeitsmittels, hat der Arbeitgeber durch folgende Einrichtungen sicherzustellen, dass mitfahrende Beschäftigte nicht durch Überschlagen oder Kippen des Arbeitsmittels gefährdet werden:
a) eine Einrichtung, die verhindert, dass das Arbeitsmittel um mehr als eine Vierteldrehung kippt,
b) eine Einrichtung, die gewährleistet, dass ein ausreichender Freiraum um mitfahrende Beschäftigte erhalten bleibt, sofern die Kippbewegung mehr als eine Vierteldrehung ausmachen kann, oder
c) eine andere Einrichtung mit gleicher Schutzwirkung.
Falls beim Überschlagen oder Kippen des Arbeitsmittels ein mitfahrender Beschäftigter zwischen Teilen des Arbeitsmittels und dem Boden eingequetscht werden kann, muss ein Rückhaltesystem für den mitfahrenden Beschäftigten vorhanden sein.

1.4 Der Arbeitgeber hat dafür zu sorgen, dass bei Flurförderzeugen Einrichtungen vorhanden sind, die Gefährdungen aufsitzender Beschäftigter infolge Kippens oder Überschlagens der Flurförderzeuge verhindern. Solche Einrichtungen sind zum Beispiel
a) eine Fahrerkabine,
b) Einrichtungen, die das Kippen oder Überschlagen verhindern,
c) Einrichtungen, die gewährleisten, dass bei kippenden oder sich überschlagenden Flurförderzeugen für die aufsitzenden Beschäftigten zwischen Flur und Teilen der Flurförderzeuge ein ausreichender Freiraum verbleibt, oder
d) Einrichtungen, durch die die Beschäftigten auf dem Fahrersitz gehalten werden, sodass sie von Teilen umstürzender Flurförderzeuge nicht erfasst werden können.

1.5 Der Arbeitgeber hat vor der ersten Verwendung von mobilen selbstfahrenden Arbeitsmitteln Maßnahmen zu treffen, damit sie
a) gegen unerlaubtes Ingangsetzen gesichert werden können,
b) so ausgerüstet sind, dass das Ein- und Aussteigen sowie Auf- und Absteigen Beschäftigter gefahrlos möglich ist,
c) mit Vorrichtungen versehen sind, die den Schaden durch einen möglichen Zusammenstoß mehrerer schienengebundener Arbeitsmittel so weit wie möglich verringern,

d) mit einer Bremseinrichtung versehen sind; sofern erforderlich, muss zusätzlich eine Feststelleinrichtung vorhanden sein und eine über leicht zugängliche Befehlseinrichtungen oder eine Automatik ausgelöste Notbremsvorrichtung das Abbremsen und Anhalten im Fall des Versagens der Hauptbremsvorrichtung ermöglichen,

e) über geeignete Hilfsvorrichtungen, wie zum Beispiel Kamera-Monitor-Systeme verfügen, die eine Überwachung des Fahrwegs gewährleisten, falls die direkte Sicht des Fahrers nicht ausreicht, um die Sicherheit anderer Beschäftigter zu gewährleisten,

f) beim Einsatz bei Dunkelheit mit einer Beleuchtungsvorrichtung versehen sind, die für die durchzuführenden Arbeiten geeignet ist und ausreichend Sicherheit für die Beschäftigten bietet,

g) sofern durch sie selbst oder ihre Anhänger oder Ladungen eine Gefährdung durch Brand besteht, ausreichende Brandbekämpfungseinrichtungen besitzen, es sei denn, am Einsatzort sind solche Brandbekämpfungseinrichtungen in ausreichend kurzer Entfernung vorhanden,

h) sofern sie ferngesteuert sind, automatisch anhalten, wenn sie aus dem Kontrollbereich der Steuerung herausfahren,

i) sofern sie automatisch gesteuert sind und unter normalen Einsatzbedingungen mit Beschäftigten zusammenstoßen oder diese einklemmen können, mit entsprechenden Schutzvorrichtungen ausgerüstet sind, es sei denn, dass andere geeignete Vorrichtungen die Möglichkeiten eines Zusammenstoßes vermeiden, und

j) so ausgerüstet sind, dass mitzuführende Lasten und Einrichtungen gegen unkontrollierte Bewegungen gesichert werden können.

1.6 Der Arbeitgeber hat dafür zu sorgen, dass sich Beschäftigte nicht im Gefahrenbereich selbstfahrender Arbeitsmittel aufhalten. Ist die Anwesenheit aus betrieblichen Gründen unvermeidlich, hat der Arbeitgeber Maßnahmen zu treffen, um Gefährdungen der Beschäftigten so gering wie möglich zu halten.

1.7 Der Arbeitgeber hat dafür zu sorgen, dass die Geschwindigkeit von mobilen Arbeitsmitteln, die durch Mitgänger geführt werden, durch den Mitgänger angepasst werden kann. Sie müssen beim Loslassen der Befehlseinrichtungen selbsttätig unverzüglich zum Stillstand kommen.

1.8 Der Arbeitgeber hat dafür zu sorgen, dass Verbindungseinrichtungen mobiler Arbeitsmittel, die miteinander verbunden sind,

a) gegen unbeabsichtigtes Lösen gesichert sind und

b) sich gefahrlos und leicht betätigen lassen.

Der Arbeitgeber hat Vorkehrungen zu treffen, damit mobile Arbeitsmittel oder Zusatzausrüstungen miteinander verbunden oder voneinander getrennt werden können, ohne die Beschäftigten zu gefährden. Solche Verbindungen dürfen sich nicht unbeabsichtigt lösen können.

1.9 Der Arbeitgeber hat dafür zu sorgen, dass

a) selbstfahrende Arbeitsmittel nur von Beschäftigten geführt werden, die hierfür geeignet sind und eine angemessene Unterweisung erhalten haben,

b) für die Verwendung mobiler Arbeitsmittel in einem Arbeitsbereich geeignete Verkehrsregeln festgelegt und eingehalten werden,

c) bei der Verwendung von mobilen Arbeitsmitteln mit Verbrennungsmotor eine gesundheitlich unbedenkliche Atemluft vorhanden ist,

d) mobile Arbeitsmittel so abgestellt und beim Transport sowie bei der Be- und Entladung so gesichert werden, dass unbeabsichtigte Bewegungen der Arbeitsmittel, die zu Gefährdungen der Beschäftigten führen können, vermieden werden.

2. **Besondere Vorschriften für die Verwendung von Arbeitsmitteln zum Heben von Lasten**

2.1 Der Arbeitgeber hat dafür zu sorgen, dass die Standsicherheit und Festigkeit von Arbeitsmitteln zum Heben von Lasten, ihrer Lastaufnahmeeinrichtungen und gegebenenfalls abnehmbarer Teile jederzeit sichergestellt sind. Hierbei hat er auch besondere Bedingungen wie Witterung, Transport, Auf- und Abbau, mögliche Ausfälle und vorgesehene Prüfungen, auch mit Prüflast, zu berücksichtigen.

Sofern nach der Gefährdungsbeurteilung erforderlich, hat der Arbeitgeber Arbeitsmittel mit einer Einrichtung zu versehen, die ein Überschreiten der zulässigen Tragfähigkeit verhindert. Auch sind Belastungen der Aufhängepunkte oder der Verankerungspunkte an den tragenden Teilen zu berücksichtigen.

Demontierbare und mobile Arbeitsmittel zum Heben von Lasten müssen so aufgestellt und verwendet werden, dass die Standsicherheit des Arbeitsmittels gewährleistet ist und dessen Kippen, Verschieben oder Abrutschen verhindert wird. Der Arbeitgeber hat dafür zu sorgen, dass die korrekte Durchführung der Maßnahmen von einem hierzu besonders eingewiesenen Beschäftigten überprüft wird.

2.2 Der Arbeitgeber hat dafür zu sorgen, dass Arbeitsmittel zum Heben von Lasten mit einem deutlich sichtbaren Hinweis auf die zulässige Tragfähigkeit versehen sind. Sofern unterschiedliche Betriebszustände möglich sind, ist die zulässige Tragfähigkeit für die einzelnen Betriebszustände anzugeben. Lastaufnahmeeinrichtungen sind so zu kennzeichnen, dass ihre für eine sichere Verwendung grundlegenden Eigenschaften zu erkennen sind. Arbeitsmittel zum Heben von Beschäftigten müssen hierfür geeignet sein sowie deutlich sichtbar mit Hinweisen auf diesen Verwendungszweck gekennzeichnet werden.

2.3 Der Arbeitgeber hat Maßnahmen zu treffen, die verhindern, dass Lasten
a) sich ungewollt gefährlich verlagern, herabstürzen oder
b) unbeabsichtigt ausgehakt werden können.

Wenn der Aufenthalt von Beschäftigten im Gefahrenbereich nicht verhindert werden kann, muss gewährleistet sein, dass Befehlseinrichtungen zur Steuerung von Bewegungen nach ihrer Betätigung von selbst in die Nullstellung zurückgehen und die eingeleitete Bewegung unverzüglich unterbrochen wird.

2.3.1 Das flurgesteuerte Arbeitsmittel zum Heben von Lasten muss für den steuernden Beschäftigten bei maximaler Fahrgeschwindigkeit jederzeit beherrschbar sein.

2.3.2 Der Arbeitgeber hat dafür zu sorgen, dass Arbeitsmittel zum Heben von Lasten bei Hub-, Fahr- und Drehbewegungen abgebremst und ungewollte Bewegungen des Arbeitsmittels verhindert werden können.

2.3.3 Kraftbetriebene Hubbewegungen des Arbeitsmittels zum Heben von Lasten müssen begrenzt sein. Schienenfahrbahnen müssen mit Fahrbahnbegrenzungen ausgerüstet sein.

2.3.4 Können beim Verwenden von Arbeitsmitteln zum Heben von Lasten Beschäftigte gefährdet werden und befindet sich die Befehlseinrichtung nicht in der Nähe der Last, müssen die Arbeitsmittel mit Warneinrichtungen ausgerüstet sein.

2.3.5 Der Rückschlag von Betätigungseinrichtungen handbetriebener Arbeitsmittel zum Heben von Lasten muss begrenzt sein.

2.4 Beim Heben oder Fortbewegen von Beschäftigten sind insbesondere die folgenden besonderen Maßnahmen zu treffen:
a) Gefährdungen durch Absturz eines Lastaufnahmemittels sind mit geeigneten Vorrichtungen zu verhindern. Lastaufnahmemittel sind an jedem Arbeitstag auf einwandfreien Zustand zu überprüfen.

b) Das Herausfallen von Beschäftigten aus dem Personenaufnahmemittel des Arbeitsmittels zum Heben von Lasten ist zu verhindern.
c) Gefährdungen durch Quetschen oder Einklemmen der Beschäftigten oder Zusammenstoß von Beschäftigten mit Gegenständen sind zu vermeiden.
d) Bei Störungen im Personenaufnahmemittel sind festsitzende Beschäftigte vor Gefährdungen zu schützen und müssen gefahrlos befreit werden können.

Der Arbeitgeber hat dafür zu sorgen, dass das Heben von Beschäftigten nur mit hierfür vorgesehenen Arbeitsmitteln und Zusatzausrüstungen erfolgt. Abweichend davon ist das Heben von Beschäftigten mit hierfür nicht vorgesehenen Arbeitsmitteln ausnahmsweise zulässig, wenn
a) die Sicherheit der Beschäftigten auf andere Weise gewährleistet ist,
b) bei der Tätigkeit eine angemessene Aufsicht durch einen anwesenden besonders eingewiesenen Beschäftigten sichergestellt ist,
c) der Steuerstand des Arbeitsmittels ständig besetzt ist,
d) der mit der Steuerung des Arbeitsmittels beauftragte Beschäftigte hierfür besonders eingewiesen ist,
e) sichere Mittel zur Verständigung zur Verfügung stehen und
f) ein Bergungsplan für den Gefahrenfall vorliegt.

2.5 Der Arbeitgeber hat dafür zu sorgen, dass
a) Beschäftigte nicht durch hängende Lasten gefährdet werden, insbesondere hängende Lasten nicht über ungeschützte Bereiche, an denen sich für gewöhnlich Beschäftigte aufhalten, bewegt werden,
b) Lasten sicher angeschlagen werden,
c) Lasten, Lastaufnahme- sowie Anschlagmittel sich nicht unbeabsichtigt lösen oder verschieben können,
d) den Beschäftigten bei der Verwendung von Lastaufnahme- und Anschlagmitteln angemessene Informationen über deren Eigenschaften und zulässigen Einsatzgebiete zur Verfügung stehen,
e) Verbindungen von Anschlagmitteln deutlich gekennzeichnet sind, sofern sie nach der Verwendung nicht getrennt werden,
f) Lastaufnahme- und Anschlagmittel entsprechend den zu handhabenden Lasten, den Greifpunkten, den Einhakvorrichtungen, den Witterungsbedingungen sowie der Art und Weise des Anschlagens ausgewählt werden und
g) Lasten nicht mit kraftschlüssig wirkenden Lastaufnahmemitteln über ungeschützte Beschäftigte geführt werden.

2.6 Lastaufnahme- und Anschlagmittel sind so aufzubewahren, dass sie nicht beschädigt werden können und ihre Funktionsfähigkeit nicht beeinträchtigt werden kann.

2.7 Besondere Vorschriften für die Verwendung von Arbeitsmitteln zum Heben von nicht geführten Lasten

2.7.1 Überschneiden sich die Aktionsbereiche von Arbeitsmitteln zum Heben von nicht geführten Lasten, sind geeignete Maßnahmen zu treffen, um Gefährdungen durch Zusammenstöße der Arbeitsmittel zu verhindern. Ebenso sind geeignete Maßnahmen zu treffen, um Gefährdungen von Beschäftigten durch Zusammenstöße von diesen mit nicht geführten Lasten zu verhindern.

2.7.2 Es sind geeignete Maßnahmen gegen Gefährdungen von Beschäftigten durch Abstürzen von nicht geführten Lasten zu treffen. Kann der Beschäftigte, der ein Arbeitsmittel zum Heben von nicht geführten Lasten steuert, die Last weder direkt noch durch Zusatzgeräte über den gesamten Weg beobachten, ist er von einem anderen Beschäftigten einzuweisen.

2.7.3 Der Arbeitgeber hat dafür zu sorgen, dass
a) nicht geführte Lasten sicher von Hand ein- und ausgehängt werden können,

b) die Beschäftigten den Hebe- und Transportvorgang direkt oder indirekt steuern können,
c) alle Hebevorgänge mit nicht geführten Lasten so geplant und durchgeführt werden, dass die Sicherheit der Beschäftigten gewährleistet ist. Soll eine nicht geführte Last gleichzeitig durch zwei oder mehrere Arbeitsmittel angehoben werden, ist ein Verfahren festzulegen und zu überwachen, das die Zusammenarbeit der Beschäftigten sicherstellt,
d) nur solche Arbeitsmittel zum Heben von nicht geführten Lasten eingesetzt werden, die diese Lasten auch bei einem teilweisen oder vollständigen Energieausfall sicher halten; ist dies nicht möglich, sind geeignete Maßnahmen zu treffen, damit die Sicherheit der Beschäftigten gewährleistet ist. Hängende, nicht geführte Lasten müssen ständig beobachtet werden, es sei denn, der Zugang zum Gefahrenbereich wird verhindert, die Last wurde sicher eingehängt und wird im hängenden Zustand sicher gehalten,
e) die Verwendung von Arbeitsmitteln zum Heben von nicht geführten Lasten im Freien eingestellt wird, wenn die Witterungsbedingungen die sichere Verwendung des Arbeitsmittels beeinträchtigen, und
f) die vom Hersteller des Arbeitsmittels zum Heben nicht geführter Lasten vorgegebenen Maßnahmen getroffen werden; dies gilt insbesondere für Maßnahmen gegen das Umkippen des Arbeitsmittels.

3. Besondere Vorschriften für die Verwendung von Arbeitsmitteln bei zeitweiligem Arbeiten auf hoch gelegenen Arbeitsplätzen

3.1 Allgemeine Mindestanforderungen

3.1.1 Diese Anforderungen gelten bei zeitweiligen Arbeiten an hoch gelegenen Arbeitsplätzen unter Verwendung von
a) Gerüsten einschließlich deren Auf-, Um- und Abbau,
b) Leitern sowie
c) von Zugangs- und Positionierungsverfahren unter der Zuhilfenahme von Seilen.

3.1.2 Können zeitweilige Arbeiten an hoch gelegenen Arbeitsplätzen nicht auf sichere Weise und unter angemessenen ergonomischen Bedingungen von einer geeigneten Standfläche aus durchgeführt werden, sind Maßnahmen zu treffen, mit denen die Gefährdung der Beschäftigten so gering wie möglich gehalten wird. Bei der Auswahl der Zugangsmittel zu hoch gelegenen Arbeitsplätzen, an denen zeitweilige Arbeiten ausgeführt werden, sind der zu überwindende Höhenunterschied sowie Art, Dauer und Häufigkeit der Verwendung zu berücksichtigen. Arbeitsstelzen sind grundsätzlich nicht als geeignete Arbeitsmittel anzusehen. Die ausgewählten Zugangsmittel müssen auch die Flucht bei drohender Gefahr ermöglichen. Beim Zugang zum hoch gelegenen Arbeitsplatz sowie beim Abgang von diesem dürfen keine zusätzlichen Absturzgefährdungen entstehen.

3.1.3 Alle Einrichtungen, die als zeitweilige hoch gelegene Arbeitsplätze oder als Zugänge hierzu dienen, müssen insbesondere so beschaffen, bemessen, aufgestellt, unterstützt, ausgesteift und verankert sein, dass sie die bei der vorgesehenen Verwendung anfallenden Lasten aufnehmen und ableiten können. Die Einrichtungen dürfen nicht überlastet werden und müssen auch während der einzelnen Bauzustände und der gesamten Nutzungszeit standsicher sein.

3.1.4 Die Verwendung von Leitern als hoch gelegene Arbeitsplätze und von Zugangs- und Positionierungsverfahren unter Zuhilfenahme von Seilen ist nur in solchen Fällen zulässig, in denen
a) wegen der geringen Gefährdung und wegen der geringen Dauer der Verwendung die Verwendung anderer, sichererer Arbeitsmittel nicht verhältnismäßig ist und

b) die Gefährdungsbeurteilung ergibt, dass die Arbeiten sicher durchgeführt werden können.
3.1.5 An Arbeitsmitteln mit Absturzgefährdung sind Absturzsicherungen vorzusehen. Diese Vorrichtungen müssen so gestaltet und so beschaffen sein, dass Abstürze verhindert und Verletzungen der Beschäftigten so weit wie möglich vermieden werden. Feste Absturzsicherungen dürfen nur an Zugängen zu Leitern oder Treppen unterbrochen werden. Lassen sich im Einzelfall feste Absturzsicherungen nicht verwenden, müssen stattdessen andere Einrichtungen zum Auffangen abstürzender Beschäftigter vorhanden sein (zum Beispiel Auffangnetze). Individuelle Absturzsicherungen für die Beschäftigten sind nur ausnahmsweise im begründeten Einzelfall zulässig.
3.1.6 Kann eine Tätigkeit nur ausgeführt werden, wenn eine feste Absturzsicherung vorübergehend entfernt wird, so müssen wirksame Ersatzmaßnahmen für die Sicherheit der Beschäftigten getroffen werden. Die Tätigkeit darf erst ausgeführt werden, wenn diese Maßnahmen umgesetzt worden sind. Ist die Tätigkeit vorübergehend oder endgültig abgeschlossen, müssen die festen Absturzsicherungen unverzüglich wieder angebracht werden.
3.1.7 Beim Auf- und Abbau von Gerüsten sind auf der Grundlage der Gefährdungsbeurteilung geeignete Schutzmaßnahmen zu treffen, durch welche die Sicherheit der Beschäftigten stets gewährleistet ist.
3.1.8 Zeitweilige Arbeiten an hoch gelegenen Arbeitsplätzen dürfen im Freien unter Verwendung von Gerüsten einschließlich deren Auf-, Um- und Abbau sowie von Leitern und von Zugangs- und Positionierungsverfahren unter der Zuhilfenahme von Seilen nur dann ausgeführt werden, wenn die Witterungsverhältnisse die Sicherheit und die Gesundheit der Beschäftigten nicht beeinträchtigen. Insbesondere dürfen die Arbeiten nicht begonnen oder fortgesetzt werden, wenn witterungsbedingt, insbesondere durch starken oder böigen Wind, Vereisung oder Schneeglätte, die Möglichkeit besteht, dass Beschäftigte abstürzen oder durch herabfallende oder umfallende Teile verletzt werden.
3.2 Besondere Vorschriften für die Verwendung von Gerüsten
3.2.1 Kann das gewählte Gerüst nicht nach einer allgemein anerkannten Regelausführung errichtet werden, ist für das Gerüst oder einzelne Bereiche davon eine gesonderte Festigkeits- und Standfestigkeitsberechnung vorzunehmen.
3.2.2 Der für die Gerüstbauarbeiten verantwortliche Arbeitgeber oder eine von ihm bestimmte fachkundige Person hat je nach Komplexität des gewählten Gerüsts einen Plan für Aufbau, Verwendung und Abbau zu erstellen. Dabei kann es sich um eine allgemeine Aufbau- und Verwendungsanleitung handeln, die durch Detailangaben für das jeweilige Gerüst ergänzt wird.
3.2.3 Die Standsicherheit des Gerüsts muss sichergestellt sein. Der Arbeitgeber hat dafür zu sorgen, dass Gerüste, die freistehend nicht standsicher sind, vor der Verwendung verankert werden. Die Ständer eines Gerüsts sind vor der Möglichkeit des Verrutschens zu schützen, indem sie an der Auflagefläche durch eine Gleitschutzvorrichtung oder durch ein anderes, gleich geeignetes Mittel fixiert werden. Die belastete Fläche muss eine ausreichende Tragfähigkeit haben. Ein unbeabsichtigtes Fortbewegen von fahrbaren Gerüsten während der Arbeiten an hoch gelegenen Arbeitsplätzen muss durch geeignete Vorrichtungen verhindert werden. Während des Aufenthalts von Beschäftigten auf einem fahrbaren Gerüst darf dieses nicht vom Standort fortbewegt werden.
3.2.4 Die Abmessungen, die Form und die Anordnung der Lauf- und Arbeitsflächen auf Gerüsten müssen für die auszuführende Tätigkeit geeignet sein. Sie müssen an die zu erwartende Beanspruchung angepasst sein und ein gefahrloses Begehen erlauben. Sie sind dicht aneinander und so zu verlegen, dass sie bei normaler Verwendung nicht wippen und nicht verrutschen können. Zwischen den

einzelnen Gerüstflächen und dem Seitenschutz darf kein Zwischenraum vorhanden sein, der zu Gefährdungen von Beschäftigten führen kann.

3.2.5 Sind bestimmte Teile eines Gerüsts nicht verwendbar, insbesondere während des Auf-, Ab- oder Umbaus, sind diese Teile mit dem Verbotszeichen „Zutritt verboten" zu kennzeichnen und durch Absperrungen, die den Zugang zu diesen Teilen verhindern, angemessen abzugrenzen.

3.2.6 Der Arbeitgeber hat dafür zu sorgen, dass Gerüste nur unter der Aufsicht einer fachkundigen Person und nach Unterweisung nach § 12 von fachlich hierfür geeigneten Beschäftigten auf-, ab- oder umgebaut werden. Die Unterweisung hat sich insbesondere zu erstrecken auf Informationen über
 a) den Plan für den Auf-, Ab- oder Umbau des betreffenden Gerüsts,
 b) den sicheren Auf-, Ab- oder Umbau des betreffenden Gerüsts,
 c) vorbeugende Maßnahmen gegen Gefährdungen von Beschäftigten durch Absturz oder des Herabfallens von Gegenständen,
 d) Sicherheitsvorkehrungen für den Fall, dass sich die Witterungsverhältnisse so verändern, dass die Sicherheit und Gesundheit der betroffenen Beschäftigten beeinträchtigt werden können,
 e) zulässige Belastungen,
 f) alle anderen, möglicherweise mit dem Auf-, Ab- oder Umbau verbundenen Gefährdungen.

Der fachkundigen Person, die die Gerüstarbeiten beaufsichtigt, und den betroffenen Beschäftigten muss der in Nummer 3.2.2 vorgesehene Plan mit allen darin enthaltenen Anweisungen vor Beginn der Tätigkeit vorliegen.

3.3 Besondere Vorschriften für die Verwendung von Leitern

3.3.1 Der Arbeitgeber darf Beschäftigten nur solche Leitern zur Verfügung stellen, die nach ihrer Bauart für die jeweils auszuführende Tätigkeit geeignet sind.

3.3.2 Leitern müssen während der Verwendung standsicher und sicher begehbar aufgestellt sein. Leitern müssen zusätzlich gegen Umstürzen gesichert werden, wenn die Art der auszuführenden Tätigkeit dies erfordert. Tragbare Leitern müssen so auf einem tragfähigen, unbeweglichen und ausreichend dimensionierten Untergrund stehen, dass die Stufen in horizontaler Stellung bleiben. Hängeleitern sind gegen unbeabsichtigtes Aushängen zu sichern. Sie müssen sicher und mit Ausnahme von Strickleitern so befestigt sein, dass sie nicht verrutschen oder in eine Pendelbewegung geraten können.

3.3.3 Das Verrutschen der Leiterfüße von tragbaren Leitern ist während der Verwendung dieser Leitern entweder durch Fixierung des oberen oder unteren Teils der Holme, durch eine Gleitschutzvorrichtung oder durch eine andere, gleich geeignete Maßnahme zu verhindern. Leitern, die als Aufstieg verwendet werden, müssen so beschaffen sein, dass sie weit genug über die Austrittsstelle hinausragen, sofern nicht andere Vorrichtungen ein sicheres Festhalten erlauben. Aus mehreren Teilen bestehende Steckleitern oder Schiebeleitern sind so zu verwenden, dass die Leiterteile unbeweglich miteinander verbunden bleiben. Fahrbare Leitern sind vor ihrer Verwendung so zu arretieren, dass sie nicht wegrollen können.

3.3.4 Leitern sind so zu verwenden, dass die Beschäftigten jederzeit sicher stehen und sich sicher festhalten können. Muss auf einer Leiter eine Last getragen werden, darf dies ein sicheres Festhalten nicht verhindern.

3.4 Besondere Vorschriften für Zugangs- und Positionierungsverfahren unter Zuhilfenahme von Seilen

3.4.1 Bei der Verwendung eines Zugangs- und Positionierungsverfahrens unter Zuhilfenahme von Seilen müssen folgende Bedingungen erfüllt sein:
 a) Das System muss aus mindestens zwei getrennt voneinander befestigten Seilen bestehen, wobei eines als Zugangs-, Absenk- und Haltemittel (Arbeitsseil) und das andere als Sicherungsmittel (Sicherungsseil) dient.

b) Der Arbeitgeber hat dafür zu sorgen, dass die Beschäftigten geeignete Auffanggurte verwenden, über die sie mit dem Sicherungsseil verbunden sind.
c) In dem System ist ein Sitz mit angemessenem Zubehör vorzusehen, der mit dem Arbeitsseil verbunden ist.
d) Das Arbeitsseil muss mit sicheren Mitteln für das Auf- und Abseilen ausgerüstet werden. Hierzu gehört ein selbstsicherndes System, das einen Absturz verhindert, wenn Beschäftigte die Kontrolle über ihre Bewegungen verlieren. Das Sicherungsseil ist mit einer bewegungssynchron mitlaufenden, beweglichen Absturzsicherung auszurüsten.
e) Werkzeug und anderes Zubehör, das von den Beschäftigten verwendet werden soll, ist an deren Auffanggurt oder Sitz oder unter Rückgriff auf andere, gleich geeignete Mittel so zu befestigen, dass es nicht abfällt und leicht erreichbar ist.
f) Die Arbeiten sind sorgfältig zu planen und zu beaufsichtigen. Der Arbeitgeber hat dafür zu sorgen, dass den Beschäftigten bei Bedarf unmittelbar Hilfe geleistet werden kann.
g) Die Beschäftigten, die Zugangs- und Positionierungsverfahren unter Zuhilfenahme von Seilen verwenden, müssen in den vorgesehenen Arbeitsverfahren, insbesondere in Bezug auf die Rettungsverfahren, besonders eingewiesen sein.

3.4.2 Abweichend von Nummer 3.4.1 ist die Verwendung eines einzigen Seils zulässig, wenn die Gefährdungsbeurteilung ergibt, dass die Verwendung eines zweiten Seils eine größere Gefährdung bei den Arbeiten darstellen würde, und geeignete Maßnahmen getroffen werden, um die Sicherheit der Beschäftigten auf andere Weise zu gewährleisten. Dies ist in der Dokumentation der Gefährdungsbeurteilung darzulegen.

4. Besondere Vorschriften für Aufzugsanlagen
4.1 Wer eine Aufzugsanlage nach Anhang 2 Abschnitt 2 Nummer 2 Buchstabe a oder Buchstabe b betreibt, hat dafür zu sorgen, dass im Fahrkorb der Aufzugsanlage ein wirksames Zweiwege-Kommunikationssystem installiert ist, über das ein Notdienst ständig erreicht werden kann. Zu jeder Aufzugsanlage ist ein Notfallplan anzufertigen und dem Notdienst vor der Inbetriebnahme zur Verfügung zu stellen, damit dieser auf Notrufe unverzüglich angemessen reagieren und umgehend sachgerechte Hilfemaßnahmen einleiten kann. Die zur Befreiung Eingeschlossener erforderlichen Einrichtungen sind vor der Inbetriebnahme in unmittelbarer Nähe der Anlage bereitzustellen.
Der Notfallplan muss mindestens enthalten:
a) Standort der Aufzugsanlage,
b) verantwortlicher Arbeitgeber,
c) Personen, die Zugang zu allen Einrichtungen der Anlage haben,
d) Personen, die eine Befreiung Eingeschlossener vornehmen können,
e) Kontaktdaten der Personen, die Erste Hilfe leisten können (zum Beispiel Notarzt oder Feuerwehr),
f) Angaben zum voraussichtlichen Beginn einer Befreiung und
g) die Notbefreiungsanleitung für die Aufzugsanlage.
Die Sätze 1 bis 4 gelten nicht für Baustellenaufzüge und Fassadenbefahranlagen nach Anhang 2 Abschnitt 2 Nummer 2 Buchstabe b.
4.2 Wer eine Aufzugsanlage nach Anhang 2 Abschnitt 2 Nummer 2 betreibt, hat Instandhaltungsmaßnahmen nach § 10 unter Berücksichtigung von Art und Intensität der Nutzung der Anlage zu treffen.

BetrSichV Anh. 2

4.3 Im unmittelbaren Bereich einer Aufzugsanlage nach Anhang 2 Abschnitt 2 Nummer 2 dürfen keine Einrichtungen vorhanden sein, die den sicheren Betrieb gefährden können.

4.4 Der Arbeitgeber hat dafür zu sorgen, dass Personen-Umlaufaufzüge nur von durch ihn eingewiesenen Beschäftigten verwendet werden. Der Arbeitgeber darf Personenumlaufaufzüge von anderen Personen als Beschäftigten nur verwenden lassen, wenn er geeignete Maßnahmen zum Schutz anderer Personen vor Gefährdungen durch Personenumlaufaufzüge trifft. Soweit technische Schutzmaßnahmen nicht möglich sind oder nicht ausreichen, hat der Arbeitgeber den erforderlichen Schutz dieser Personen durch andere Maßnahmen sicherzustellen; insbesondere hat er den anderen Personen mögliche Gefährdungen bei der Verwendung von Personenumlaufaufzügen bekannt zu machen, die notwendigen Verhaltensregeln für die Benutzung festzulegen und die erforderlichen Vorkehrungen dafür zu treffen, dass diese Verhaltensregeln von den anderen Personen beachtet werden.

4.5 Der Triebwerksraum einer Aufzugsanlage nach Anhang 2 Abschnitt 2 Nummer 2 darf nur zugangsberechtigten Personen zugänglich sein.

4.6 Wer eine Aufzugsanlage nach Anhang 2 Abschnitt 2 Nummer 2 betreibt, hat sie regelmäßig einer Inaugenscheinnahme und Funktionskontrolle nach § 4 Absatz 5 Satz 3 zu unterziehen.

5. **Besondere Vorschriften für Druckanlagen**

5.1 Für die Erprobung von Druckanlagen ist ein schriftliches Arbeitsprogramm aufzustellen. Darin sind die einzelnen Schritte und die hierfür aufgrund der Gefährdungsbeurteilung festzulegenden Maßnahmen aufzunehmen, damit die mit der Erprobung verbundenen Risiken so gering wie möglich bleiben.

5.2 Druckanlagen dürfen nur an dafür geeigneten Orten aufgestellt und betrieben werden. Sie dürfen nicht an solchen Orten aufgestellt und betrieben werden, an denen dies zu Gefährdungen von Beschäftigten oder anderen Personen führen kann.

5.3 Dampfkesseln muss die zum sicheren Betrieb erforderliche Speisewassermenge zugeführt werden, solange sie beheizt werden.

5.4 Druckgase dürfen nur in geeignete Behälter abgefüllt werden.

1 Anhang 1 dient der Umsetzung der Regelungen aus Anhang I, Nummer 3 und Anhang II Nummer 2, Nummer 3 und Nummer 4 der der Richtlinie 2009/104/EG in nationales Recht.

2 Die allgemeinen, für alle Arbeitsmittel geltenden Teile der bisherigen Anhänge 1 und 2 wurden vom Verordnungsgeber zusammengeführt und – als Schutzziele formuliert – in den verfügenden Teil des Verordnungsentwurfes, insbesondere in die §§ 4 bis 9 übernommen. Die verbleibenden, nur für bestimmte Arbeitsmittel geltenden Regelungen der Anhänge 1 und 2 der BetrSichV 2002 wurden im neuen Anhang 1 der BetrSichV zusammengefasst, so dass auf einen weiteren Anhang verzichtet werden konnte.

3 Der Anhang enthält weitere spezielle Anforderungen für bestimmte Arbeitsmittel wie für Aufzugsanlagen und Druckanlagen. Hierzu wurden die Nummern 4 und 5 mit besonderen Anforderungen an diese Anlagen angefügt, die sich aus den §§ 4 bis 9 nicht ableiten lassen. (vgl. BR-Drs. 400/14)

Anhang 2 zu den §§ 15 und 16

(nicht abgedruckt)

Anhang 3 zu § 14 Absatz 4

Prüfvorschriften für bestimmte Arbeitsmittel

Abschnitt 1. Krane

1. **Anwendungsbereich und Ziel**
1.1 Dieser Abschnitt gilt für Prüfungen folgender Krane (Hebezeuge): Laufkatzen, Ausleger-, Dreh-, Derrick-, Brücken-, Wandlauf-, Portal-, Schwenkarm-, Turmdreh-, Fahrzeug-, Lkw-, Lade-, Lkw-Anbau-, Schwimm-, Offshore- und Kabelkrane. Für Lkw-Ladekrane, deren Lastmoment mehr als 300 Kilonewtonmeter oder deren Auslegerlänge mehr als 15 Meter beträgt, gelten die Prüfvorschriften, wie sie in diesem Abschnitt für Fahrzeugkrane festgelegt sind.
1.2 Die Prüfungen sind mit dem Ziel durchzuführen, den Schutz der Beschäftigten vor Gefährdungen durch die genannten Krane sicherzustellen.

2. **Prüfsachverständige**
Prüfsachverständige im Sinne dieses Abschnitts sind zur Prüfung befähigte Personen nach § 2 Absatz 6, die zusätzlich
   a) eine abgeschlossene Ausbildung als Ingenieur haben oder vergleichbare Kenntnisse und Erfahrungen in der Fachrichtung aufweisen, auf die sich ihre Tätigkeit bezieht,
   b) mindestens drei Jahre Erfahrung in der Konstruktion, dem Bau, der Instandhaltung oder der Prüfung von Kranen haben und davon mindestens ein halbes Jahr an der Prüftätigkeit eines Prüfsachverständigen beteiligt waren,
   c) ausreichende Kenntnisse über die einschlägigen Vorschriften und Regeln besitzen,
   d) über die für die Prüfung erforderlichen Einrichtungen und Unterlagen verfügen und
   e) ihre fachlichen Kenntnisse auf aktuellem Stand halten.

3. **Prüffristen, Prüfzuständigkeiten und Prüfaufzeichnungen**
3.1 Für kraftbetriebene Krane gelten die in Tabelle 1 festgelegten Prüffristen und Prüfzuständigkeiten.
3.2 Für handbetriebene oder teilkraftbetriebene Krane gelten die in Tabelle 2 festgelegten Prüffristen und Prüfzuständigkeiten.
3.3 Abweichend von § 14 Absatz 7 Satz 1 sind Aufzeichnungen über die gesamte Verwendungsdauer des Arbeitsmittels aufzubewahren.
3.4 Die in den Tabellen 1 und 2 genannten Krane sind nach außergewöhnlichen Ereignissen durch eine zur Prüfung befähigte Person nach § 2 Absatz 6 und nach Änderungen durch einen Prüfsachverständigen zu prüfen. § 14 Absatz 3 Satz 1 findet insoweit keine Anwendung. § 14 Absatz 2 bleibt unberührt.

Tabelle 1 Prüffristen und Prüfzuständigkeiten für bestimmte Krane

Kran	Prüfung nach der Montage, Installation und vor der ersten Inbetriebnahme	Wiederkehrende Prüfung
Laufkatzen	Prüfsachverständiger	mindestens jährlich durch eine zur Prüfung befähigte Person nach § 2 Absatz 6
Ausleger- und Drehkrane	Prüfsachverständiger	mindestens jährlich durch eine zur Prüfung befähigte Person nach § 2 Absatz 6

Kran	Prüfung nach der Montage, Installation und vor der ersten Inbetriebnahme	Wiederkehrende Prüfung
Derrickkrane	Prüfung entfällt wegen § 14 Absatz 1 Satz 3	mindestens jährlich durch eine zur Prüfung befähigte Person nach § 2 Absatz 6 und mindestens alle 4 Betriebsjahre durch einen Prüfsachverständigen
Brückenkrane, Wandlaufkrane	Prüfsachverständiger	mindestens jährlich durch eine zur Prüfung befähigte Person nach § 2 Absatz 6
Portalkrane	Prüfsachverständiger	mindestens jährlich durch eine zur Prüfung befähigte Person nach § 2 Absatz 6
Schwenkarmkrane	Prüfsachverständiger	mindestens jährlich durch eine zur Prüfung befähigte Person nach § 2 Absatz 6
Turmdrehkrane	zur Prüfung befähigte Person nach § 2 Absatz 6	mindestens jährlich durch eine zur Prüfung befähigte Person nach § 2 Absatz 6 und mindestens alle 4 Betriebsjahre, im 14. und 16. Betriebsjahr und danach mindestens jährlich durch einen Prüfsachverständigen
fahrbare Turmdrehkrane (Auto-Turmdrehkrane) mit luftbereiftem und angetriebenem Unterwagen; die Fahrbewegungen werden von einer Fahrerkabine im Unterwagen und die Kranbewegungen von einer Krankabine aus gesteuert, die im oder am Turm angeordnet ist	Prüfung entfällt wegen § 14 Absatz 1 Satz 3	mindestens halbjährlich durch eine zur Prüfung befähigte Person nach § 2 Absatz 6 und mindestens alle 4 Betriebsjahre, im 14. und 16. Betriebsjahr und danach mindestens jährlich durch einen Prüfsachverständigen
Fahrzeugkrane	Prüfung entfällt wegen § 14 Absatz 1 Satz 3	mindestens jährlich durch eine zur Prüfung befähigte Person nach § 2 Absatz 6 und mindestens alle 4 Betriebsjahre, im 13. Betriebsjahr und danach mindestens jährlich durch einen Prüfsachverständigen
Lkw-Ladekrane a) grundsätzlich	Prüfung entfällt wegen § 14 Absatz 1 Satz 3	mindestens jährlich durch eine zur Prüfung befähigte Person nach § 2 Absatz 6

Kran	Prüfung nach der Montage, Installation und vor der ersten Inbetriebnahme	Wiederkehrende Prüfung
b) mit mehr als 300 kNm Lastmoment oder mit mehr als 15 m Auslegerlänge	Prüfung entfällt wegen § 14 Absatz 1 Satz 3	mindestens jährlich durch eine zur Prüfung befähigte Person nach § 2 Absatz 6 und mindestens alle 4 Betriebsjahre, im 13. Betriebsjahr und danach mindestens jährlich durch einen Prüfsachverständigen
Lkw-Anbaukrane	Prüfung entfällt wegen § 14 Absatz 1 Satz 3	mindestens jährlich durch eine zur Prüfung befähigte Person nach § 2 Absatz 6 und mindestens alle 4 Betriebsjahre durch einen Prüfsachverständigen
Schwimm- und Offshorekrane	Prüfsachverständiger, falls Einbau oder Aufbau vor Ort erfolgen	mindestens jährlich durch eine zur Prüfung befähigte Person nach § 2 Absatz 6
Kabelkrane	Prüfung entfällt wegen § 14 Absatz 1 Satz 3	mindestens jährlich durch eine zur Prüfung befähigte Person nach § 2 Absatz 6

Tabelle 2 Prüffristen und Prüfzuständigkeiten für handbetriebene oder teilkraftbetriebene Krane

Kran	Prüfung nach Montage, Installation und vor der ersten Inbetriebnahme	Wiederkehrende Prüfung
handbetriebene oder teilkraftbetriebene Krane > 1 t Tragfähigkeit	Prüfsachverständiger	mindestens jährlich durch eine zur Prüfung befähigte Person nach § 2 Absatz 6
handbetriebene oder teilkraftbetriebene Krane ≤ 1 t Tragfähigkeit	zur Prüfung befähigte Person nach § 2 Absatz 6	mindestens jährlich durch eine zur Prüfung befähigte Person nach § 2 Absatz 6

Abschnitt 2. Flüssiggasanlagen

1. **Anwendungsbereich und Ziel**
1.1 **Dieser Abschnitt gilt für Prüfungen von Flüssiggasanlagen mit brennbaren Gasen, soweit sie in Tabelle 1 aufgeführt sind. Er gilt nicht, soweit die entsprechenden Prüfungen nach Anhang 2 dieser Verordnung durchzuführen sind.**
1.2 **Die Prüfungen sind mit dem Ziel durchzuführen, den Schutz der Beschäftigten vor Gefährdungen durch Flüssiggasanlagen nach Tabelle 1 sicherzustellen. Die Anlagen sind zu prüfen auf:**
   a) sichere Installation und Aufstellung sowie
   b) Dichtheit und sichere Funktion.

2. Begriffsbestimmungen

2.1 Flüssiggasanlagen nach Tabelle 1 bestehen aus Versorgungsanlagen und zugehörigen Verbrauchsanlagen.

2.2 Versorgungsanlagen bestehen aus Druckgasbehältern und allen Teilen, die der Versorgung der Verbrauchsanlagen dienen, einschließlich der Hauptabsperreinrichtung.

2.3 Verbrauchsanlagen umfassen die Gasverbrauchseinrichtungen einschließlich der Leitungsanlage und der Ausrüstungsteile hinter der Hauptabsperreinrichtung.

2.4 Gasverbrauchseinrichtungen sind Gasgeräte mit und ohne Abgasführung.

2.5 Hauptabsperreinrichtung ist die Absperreinrichtung, mit der die gesamte Verbrauchsanlage von der Versorgungsanlage abgesperrt werden kann. Dies kann auch das Behälterabsperrventil sein.

2.6 Ortsveränderliche Flüssiggasanlagen sind Anlagen, bei denen die Versorgungsanlagen oder Verbrauchsanlagen an unterschiedlichen Aufstellungsorten verwendet werden können.

3. Zur Prüfung befähigte Personen

Zur Prüfung befähigte Personen im Sinne dieses Abschnitts sind solche nach § 2 Absatz 6.

4. Prüfungen und Prüfaufzeichnungen

4.1 Die in Tabelle 1 genannten Flüssiggasanlagen sind vor ihrer erstmaligen Inbetriebnahme, vor Wiederinbetriebnahme nach prüfpflichtigen Änderungen und nach den in Spalte 2 genannten Höchstfristen wiederkehrend von einer zur Prüfung befähigten Personen zu prüfen. § 14 Absatz 2 und 3 bleibt unberührt.

Tabelle 1 Prüffristen für die wiederkehrende Prüfung

Flüssiggasanlage	Wiederkehrende Prüfung
ortsveränderliche Flüssiggasanlage	mindestens alle 2 Jahre
ortsfeste Flüssiggasanlage	mindestens alle 4 Jahre
Flüssiggasanlage mit Gasverbrauchseinrichtungen in Räumen unter Erdgleiche	mindestens jährlich
flüssiggasbetriebene Räucheranlage	mindestens jährlich
Flüssiggasanlagen in oder an Fahrzeugen	mindestens alle 2 Jahre
Flüssiggasanlage auf Maschinen und Geräten des Bauwesens	mindestens jährlich
Arbeitsgeräte und -maschinen mit Gasentnahme aus der Flüssigphase	mindestens jährlich
Fahrzeuge mit Flüssiggas-Verbrennungsmotoren, die nicht Regelungsgegenstand der Straßenverkehrs-Zulassungs-Ordnung sind	mindestens jährlich

4.2 Abweichend von § 14 Absatz 7 Satz 1 sind Aufzeichnungen über die gesamte Verwendungsdauer des Arbeitsmittels aufzubewahren.

Abschnitt 3. Maschinentechnische Arbeitsmittel der Veranstaltungstechnik

1. Anwendungsbereich und Ziel
1.1 Die in diesem Abschnitt genannten Anforderungen gelten für maschinentechnische Arbeitsmittel der Veranstaltungstechnik, die zum szenischen Bewegen und Halten von Personen und Lasten verwendet werden. Maschinentechnische Arbeitsmittel der Veranstaltungstechnik sind insbesondere Beleuchtungs- und Oberlichtzüge, Beleuchtungs- und Portalbrücken, Bildwände, Bühnenwagen, Dekorations- und Prospektzüge, Drehbühnen und Drehscheiben, Elektrokettenzüge, Flugwerke, Kamerakrane und Kamerasupportsysteme, kraftbewegte Dekorationselemente, Leuchtenhänger, Punktzüge, Schutzvorhänge, Stative und Versenkeinrichtungen.
1.2 Die Prüfungen sind mit dem Ziel durchzuführen, den Schutz der Beschäftigten vor Gefährdungen durch die genannten Arbeitsmittel der Veranstaltungstechnik sicherzustellen.
2. Prüfsachverständige
Prüfsachverständige im Sinne dieses Abschnitts sind zur Prüfung befähigte Personen nach § 2 Absatz 6, die zusätzlich
   a) eine abgeschlossene Ausbildung als Ingenieur haben oder vergleichbare Kenntnisse und Erfahrungen in der Fachrichtung aufweisen, auf die sich ihre Tätigkeit bezieht,
   b) über mindestens drei Jahre Erfahrung in der Konstruktion, dem Bau, der Instandhaltung oder der Prüfung von sicherheitstechnischen und maschinentechnischen Einrichtungen von Veranstaltungs- und Produktionsstätten für szenische Darstellung haben, davon mindestens ein halbes Jahr an der Prüftätigkeit eines Prüfsachverständigen,
   c) ausreichende Kenntnisse über die einschlägigen Vorschriften und Regeln besitzen,
   d) mit der Betriebsweise der Veranstaltungs- und Produktionstechnik vertraut sind,
   e) über die für die Prüfung erforderlichen Einrichtungen und Unterlagen verfügen und
   f) ihre fachlichen Kenntnisse auf aktuellem Stand halten.
3. Prüfzuständigkeiten, Prüffristen und Prüfaufzeichnungen
3.1 Für die unter Nummer 1 genannten Arbeitsmittel gelten die in der nachfolgenden Tabelle festgelegten Prüffristen und Prüfzuständigkeiten.
3.2 Die in Tabelle 1 genannten maschinentechnischen Arbeitsmittel der Veranstaltungstechnik sind nach außergewöhnlichen Ereignissen und nach Änderungen von einem Prüfsachverständigen zu prüfen. § 14 Absatz 3 Satz 1 findet insoweit keine Anwendung. § 14 Absatz 2 bleibt unberührt.

Tabelle 1 Prüfzuständigkeiten und Prüffristen

maschinentechnisches Arbeitsmittel der Veranstaltungstechnik	Prüfung nach Montage, Installation und vor der ersten Inbetriebnahme	Wiederkehrende Prüfung
Arbeitsmittel (einschließlich Eigenbauten), die unter den Anwendungsbereich der Maschinenverordnung (Neunte Verordnung zum Produktsicherheitsgesetz) fallen, soweit es sich handelt um		mindestens jährlich durch eine zur Prüfung befähigte Person nach § 2 Absatz 6 und mindestens alle 4 Jahre durch einen Prüfsachverständigen

maschinentechnisches Arbeitsmittel der Veranstaltungstechnik	Prüfung nach Montage, Installation und vor der ersten Inbetriebnahme	Wiederkehrende Prüfung
a) stationäre Arbeitsmittel	Prüfsachverständiger	
b) mobile Arbeitsmittel	zur Prüfung befähigte Person nach § 2 Absatz 6	
c) mobile Arbeitsmittel, mit denen Personen bewegt oder Lasten über Personen bewegt werden	Prüfsachverständiger	
d) mobile Arbeitsmittel, mit denen softwarebasierte automatisierte Bewegungsabläufe erfolgen	Prüfsachverständiger	
Arbeitsmittel (einschließlich Eigenbauten), die nicht unter den Anwendungsbereich der Maschinenverordnung (Neunte Verordnung zum Produktsicherheitsgesetz) fallen	Prüfsachverständiger	

3.3 Abweichend von § 14 Absatz 7 Satz 1 sind Aufzeichnungen über die gesamte Verwendungsdauer des Arbeitsmittels aufzubewahren.

1 Prüfungen sind ein wichtiger Bestandteil des Arbeitsschutzes bei Arbeitsmitteln. Die BetrSichV 2002 kannte nur Prüfungen durch ZÜS (bei „bestimmten überwachungsbedürftigen Anlagen") und durch „zur Prüfung befähigte Personen" (bei allen übrigen Arbeitsmitteln). Bei Prüfungen durch befähigte Personen hatte ausschließlich der Arbeitgeber über Art Umfang und Fristen von Prüfungen sowie über die Qualifikation der Prüfer zu entscheiden.

2 Der neue Anhang 3 gilt nunmehr für Arbeitsmittel, die als besonders prüfpflichtig identifiziert wurden, ohne jedoch überwachungsbedürftige Anlagen im Sinne von § 2 Nummer 30 ProdSG zu sein. Bei diesen Arbeitsmitteln werden Art, Umfang und Fristen sowie die Qualifikation des Prüfers durch den Verordnungsgeber vorgegeben. In den Anhang 3 könnten insbesondere solche Arbeitsmittel übernommen werden, für die schon jetzt besondere Prüfpflichten nach Unfallverhütungsvorschriften gelten. Dies gilt z. B. für Krane, für die die Prüfregelungen der BGV D6 (Krane) und der berufsgenossenschaftlichen Grundsätze (BGG) 924 (Grundsätze für die Ermächtigung von Sachverständigen für die Prüfung von Kranen) in den Anhang 3 Abschnitt 1 übernommen wurden. In analoger Weise wurden in Abschnitt 2 die Prüfvorschriften der BGV D 34 zu bestimmten Flüssiggasanlagen in überarbeiteter Form sowie in Abschnitt 3 die Prüfvorschriften der BGV C 1 zu maschinentechnischen Arbeitsmitteln der Veranstaltungstechnik aufgenommen. (vgl. BR-Drs. 400/14)

Verordnung über Sicherheit und Gesundheitsschutz auf Baustellen (Baustellenverordnung – BaustellV)

Vom 10. Juni 1998

(BGBl. I S. 1283), geänd. durch Art. 15 Gefahrstoffrecht-AnpassungsVO v. 23.12.2004
(BGBl. I S. 3758)

FNA 803-3-5

Literatur: *Kollmer*, Baustellenverordnung, 2. Aufl. 2004; *Meurer*, Die Haftung der am Bau Beteiligten bei Verletzung der Pflichten nach der Baustellenverordnung, der Koordinator 3 (2003); *Pieper*, Arbeitsschutzrecht, 5. Aufl. 2012, insbes., Baustellenverordnung, S. 221; *ders.*, Die neue Baustellenverordnung, NJW 1998; Bundesministerium für Wirtschaft und Arbeit (BMWA), WM 2006: Faire Spiele – faire Arbeitsbedingungen; Abschlussberichte der bundesweiten Aktion Netzwerk Baustelle 2003, 2005; *Sieker*/Schul/Steinborn, INQUA – Netzwerk Baustelle. Bundesarbeitsblatt 9 (2004), S. 10; Steinborn, *Sieker/Schul/Cernavin,* Neue Qualität des Bauens, Bundesarbeitsblatt 8/9 (2005), S. 4 ff; Arbeitsschutzmaßnahmen; *Strampe,* Baustellenverordnung konkretisiert – Ausschuss für Sicherheit und Gesundheitsschutz auf Baustellen (ASGB), Tiefbau 2 (2004), S. 72;

Materialien: Amtliche Begründung zum Vorschlag für eine Richtlinie des Rates über die auf zeitlich begrenzte oder ortveränderliche Baustellen anzuwendenden Mindestvorschriften für die Sicherheit und den Gesundheitsschutz (BR-Drs. 594/90); Amtliche Begründung zur BaustellV vom 2.4.1998 (BR-Drs. 306/98); Entschließung des Rates zum Erlass einer Baustellenrichtlinie, ABl. EG Nr. C 28 vom 3.2.1988.

Hilfen zur Umsetzung:
- Regel zum Arbeitsschutz auf Baustellen: RAB 01: Gegenstand, Zustandekommen, Aufbau, Anwendung und Wirksamwerden der RAB (BArbBl. 1/2001, S. 77 ff.)
- Regel zum Arbeitsschutz auf Baustellen: RAB 10: Begriffsbestimmungen (Konkretisierung von Begriffen der BaustellV) (BArbBl. 3/2004, S. 42 ff.)
- Regel zum Arbeitsschutz auf Baustellen: RAB 25 Arbeiten in Druckluft (Konkretisierung zur Druckluftverordnung) (BArbBl. 6/2003, S. 64 ff.)
- Regel zum Arbeitsschutz auf Baustellen: RAB 30 Geeigneter Koordinator (Konkretisierung zu § 3 BaustellV) (BArbBl. 6/2003, S. 64 ff.)
- Regel zum Arbeitsschutz auf Baustellen: RAB 31 Sicherheits- und Gesundheitsschutzplan – SiGePlan (BArbBl. 3/2004, S. 59 ff.)
- Regel zum Arbeitsschutz auf Baustellen: RAB 32 Unterlage für spätere Arbeiten (Konkretisierung zu § 3 Abs. 2 Nr. 3 BaustellV)(BArbBl. 6/2003 S. 73 ff.)
- Regel zum Arbeitsschutz auf Baustellen: RAB 33 Allgemeine Grundsätze nach § 4 des Arbeitsschutzgesetzes bei Anwendung der BaustellV (BArbBl. 3/2004 S. 65 ff.)
- Ausschreibungstexte: Leistungsbeschreibungen für sicherheitstechnische Einrichtungen und Maßnahmen
- Musterbaustellenordnung
- Informationen für Bauherren zur Baustellenverordnung herausgegeben von den Architektenkammern
- Informationen für Bauherren zur Baustellenverordnung herausgegeben von den zuständigen Behörden der Länder

BaustellV Einf.

Einführung

1 Beschäftigte auf Baustellen sind bei der Arbeit besonderen Unfall- und Gesundheitsgefahren ausgesetzt. Mit der Baustellenverordnung ist eine neue Arbeitsschutzvorschrift geschaffen worden, die eine wesentliche Verbesserung von Sicherheit und Gesundheit auf den deutschen Baustellen für die dort Tätigen bewirken soll.

Die Bauwirtschaft weist in Deutschland eine mehr als doppelt so hohe Unfallrate auf wie der Durchschnitt der gewerblichen Wirtschaft.

Relative Häufigkeit bezogen auf 1000-Vollarbeiter bei:	Durchschnitt über alle Wirtschaftszweige 1990/2008/2014	Durchschnitt im Baugewerbe 1990/2008/2014
meldepflichtigen Unfällen	52/28/23	120/67/56
neuen Arbeitsunfallrenten	1,18/0,51/0,39	3,2/1,5/1,25

Abb. 1: Übersicht zum Unfallrisiko bei der Arbeit, Vergleich der meldepflichtigen Arbeitsunfälle je 1000 Vollarbeiter 1990/2008/2014.

Quelle: DGUV Statistiken für die Praxis 2014, Aktuelle Zahlen und Zahlenreihen aus der gesetzlichen Unfallversicherung, Übersichten 7, 13.

2 Nach einer Mitteilung der Berufsgenossenschaft der Bauwirtschaft (BG Bau) wurden im Jahr 2014 bei der BG Bau 105 248 Arbeitsunfälle registriert und auf die Reduzierung der gemeldete Unfälle um ca. 50 000 Fälle in den vergangenen 10 Jahren hingewiesen. Die Entwicklung der Unfallzahlen in der Baubranche verläuft in einem positiven Trend wie die in anderen Gewerbezweigen.

Wenngleich die absoluten Unfallzahlen nicht für den Vergleich der Risiken zu anderen Branchen oder zurückliegenden Zeiträumen geeignet sind, weil die Zahl der Beschäftigten unterschiedlich sind, sind sie doch ein Maß für die wirtschaftliche Dimension, also die Kosten, die von Unternehmen oder Volkswirtschaft als Folge von Arbeitsunfällen und berufsbedingten Erkrankungen der Beschäftigten zu tragen sind. Unfälle und arbeitsbedingte Krankheit der Mitarbeiter bedeuten für den Unternehmer hohe finanzielle Aufwendungen für krankheitsbedingte Lohnfortzahlung und zusätzliches Personal.

3 Die Erkenntnisse aus der Analyse der Unfälle und der Belastungsfaktoren bei der Arbeit waren ein Grund für eine veränderte **Ausrichtung der Präventionsmaßnahmen** zur Verbesserung der Arbeitssicherheit und des Gesundheitsschutzes gewesen. Neben Aufsicht und Kontrolle durch die staatlichen Arbeitsschutzbehörden und die Berufsgenossenschaften werden im Arbeitsschutzgesetz und der Betriebssicherheitsverordnung Maßnahmen zur Verbesserung der Organisationsstrukturen in Unternehmen gestellt, mit dem Ziel, die Maßnahmen der Arbeitssicherheit und des Gesundheitsschutzes in die Arbeitsabläufe zu integrieren. Dabei wird auf die Beteiligung der Mitarbeiter gesetzt, weil die erfolgreiche Umsetzung der Schutzmaßnahmen wesentlich von Handeln und Motivation der Beschäftigten abhängt. Es wird auf Zielgruppen bezogene Schulungen und Kampagnen gesetzt, von denen eine langfristig positive Wirkung auf die Einstellung und Verhaltensweise der Arbeitnehmer erwartet wird.

Ausbildung und Information von Unternehmern, Führungskräften, Mitarbeitern und den mit besonderen Aufgaben im Arbeitsschutz beauftragten Personen

Einführung **Einf. BaustellV**

sind inhaltlich und methodisch auf Grund der geänderten Rahmenbedingungen weiterentwickelt worden. Dieser Ansatz gilt auch für Baustellen.

Die **besondere Gefahrensituation auf den Baustellen** resultiert aus den sich 4 ständig als Folge des Baufortschrittes ändernden Arbeitsprozessen, dem Einfluss der Witterung, den Einwirkungen von Staub und anderen Gefahrstoffen sowie Lärm und Vibration. Bauwerke unterscheiden sich nach Ort, Form und Bauweise; die Arbeitsabläufe müssen immer neu organisiert werden. Die Tatsache, dass Arbeiten von Arbeitnehmern verschiedener, auch ausländischer Arbeitgeber gleichzeitig oder nacheinander ausgeführt werden, erfordert in besonderem Umfang Koordination und Absprachen, um Gefährdungen zu vermeiden.

Fehlende Absprachen über Schutzmaßnahmen, z. B. über das Instandhalten der 5 Absturzsicherungen an Treppen, Öffnungen in Decken und Fassaden eines Rohbaus stellen die Wirksamkeit der Schutzmaßnahmen in Frage.

Für die Umsetzung des Arbeitsschutzes wirkt sich auch ungünstig aus, dass Bauunternehmen immer mehr Teile ihrer Bauleistung an Nachunternehmer weiter vergeben. Dies erschwert die Abstimmung der notwendigen Schutzmaßnahmen für die Verantwortlichen in der Praxis erheblich.

Aus Untersuchungen in europäischen Staaten ist bekannt, dass Defizite durch 6 ungeeignete bauliche und/oder organisatorische Entscheidungen bei der Planung und Vorbereitung von Bauprojekten und fehlerhafte Bauausführung in mehr als der Hälfte der analysierten Unfälle im Zusammenhang mit dem Unfallereignis standen. Es ist daher geboten, dass die Präventionsmaßnahmen zur Vermeidung von Unfällen und Gesundheitsgefahren bei Bauarbeiten schon in der Planungsphase eines Bauvorhabens eingeleitet werden müssen und nicht erst mit Beginn der Bauphase. Die Abstimmung der Schutzmaßnahmen und die Koordinationsaufgaben stellen wegen der Komplexität hohe Anforderungen an die zuständigen Personen.

Vor diesem Hintergrund hat der Rat der Europäischen Gemeinschaft auf Vor- 7 schlag der Europäischen Kommission am 24. Juni 1992 die Richtlinie 92/57/EWG über die auf zeitlich begrenzten oder ortsveränderlichen Baustellen anzuwendenden Mindestvorschriften für die Sicherheit und den Gesundheitsschutz (Achte Einzelrichtlinie im Sinne des Artikels 16 Abs. 1 der Richtlinie 89/391/EWG) erlassen.

Die **EG-Baustellen-Richtlinie** wurde mit dem Erlass der Verordnung über Si- 8 cherheit und Gesundheitsschutz auf Baustellen (Baustellenverordnung – BaustellV) am 10.6.1998 in deutsches Recht umgesetzt. Die Notwendigkeit der Verordnung ist im Rahmen der Erarbeitung und des Abstimmungsverfahrens lange diskutiert worden, weil viele der Mindestanforderungen der EG-Baustellen-Richtlinie bereits im geltenden deutschen Recht (z. B. Arbeitsschutzgesetz, Arbeitsstättenverordnung, Unfallverhütungsvorschriften und in den Bauordnungen der Länder) enthalten waren. Daher sind mit der Baustellenverordnung nur die noch nicht im deutschen Recht enthaltenen Teile der EG-Baustellen-Richtlinie in nationales Recht umgesetzt worden.

Eine Änderung der Baustellenverordnung ist am 1.1.2005 in Kraft getreten. Der 9 im § 3 BaustellV eingefügte Abs. 1a enthält die Klarstellung, dass der Bauherr oder der von ihm beauftragten Dritte durch die Beauftragung geeigneter Koordinatoren nicht von seiner Verantwortung entbunden wird. Diese Ergänzung war notwendig, um die EG-Baustellen-Richtlinie umfassend in deutsches Recht umzusetzen.

Die Baustellenverordnung führt den **Bauherren als neuen Normadressaten** 10 in das deutsche Arbeitsschutzrecht ein. Er trägt als Veranlasser des Bauvorhabens die Gesamtverantwortung. Im Rahmen dieser Gesamtverantwortung ist der Bau-

Kann

BaustellV Einf. Baustellenverordnung

herr oder der von ihm beauftragte Dritte zur Umsetzung der in der Baustellenverordnung bestimmten baustellenspezifischen Arbeitsschutzmaßnahmen in der Planungsphase und bei der Koordinierung der Bauausführung verpflichtet.

11 Durch die Baustellenverordnung mussten folgende Regelungen **neu in das deutsche Arbeitsschutzrecht eingeführt werden:**
– Die **Vorankündigung** größerer Bauvorhaben bei der zuständigen Behörde,
– die Bestellung von Koordinatoren für Sicherheit und Gesundheitsschutz während der Planung und der Ausführung bestimmter Bauvorhaben **(SiGe – Koordinator),**
– die Erarbeitung eines Sicherheits- und Gesundheitsschutzplans für größere Baustellen **(SiGePlan),**
– die Erstellung einer **Unterlage** mit den erforderlichen, bei möglichen späteren Arbeiten an der baulichen Anlage zu berücksichtigenden Sicherheitshinweisen.

12 Die Baustellenverordnung ist auf Grundlage des § 19 des Arbeitsschutzgesetzes erlassen worden. Damit wird deutlich, dass die **Baustellenverordnung in enger Verbindung mit den Bestimmungen des Arbeitsschutzgesetzes** anzuwenden ist.

13 Der Vollzug der Baustellenverordnung obliegt den staatlichen Behörden. Die Intension der Baustellenverordnung, Voraussetzungen für eine Verbesserung der Sicherheit und Gesundheit bei Bauarbeiten zu schaffen, ist aber auch ein wichtiges Anliegen des Präventionsauftrages der Träger der gesetzlichen Unfallversicherung. Mit dem Leitfaden für das „Zusammenwirken der für den Arbeitsschutz zuständigen Behörden und der Unfallversicherungsträger zur Gewährleistung von Sicherheit und Gesundheitsschutz bei der Planung und Ausführung von Bauvorhaben" wurden die Voraussetzungen für ein abgestimmtes Vorgehen bei Beratung und Überwachung sowie Information über Bauvorhaben geschaffen. Der Leitfaden wurde 2013 ersetzt durch die von der Nationalen Arbeitsschutzkonferenz herausgegebenen Leitlinie „Planung und Ausführung von Bauvorhaben".

14 Durch Erlass des BMAS vom 18.11.1999 wurde der **Ausschuss für Sicherheit und Gesundheitsschutz** auf Baustellen (ASGB) eingerichtet, in dem Behörden, Berufsgenossenschaften, die Sozialpartner und andere fachkundige Kreise vertreten sind. Ein Schwerpunkt der Arbeit des ASGB ist die Erarbeitung und Verabschiedung der konkretisierenden Regeln zum Arbeitsschutz auf Baustellen (RAB) gewesen. Diese werden vom BMAS durch Veröffentlichung im Bundesarbeitsblatt bekannt gegeben. Der ASGB hat am 12.11.2003 festgestellt, dass die Arbeitsprogramme nach Vorliegen der Arbeitsergebnisse erfüllt sind und die Arbeit des ASGB zum Jahresende 2003 endet. Die veröffentlichten Regeln zum Arbeitsschutz auf Baustellen (RAB) sind oben im Abschnitt „Hilfen zur Umsetzung" zusammengestellt. Nach Art. 14 EG-Baustellen-Richtlinie erwartet die EU-Kommission von den Mitgliedsstaaten alle 4 Jahre Berichte über die Ergebnisse und Wirkungen der Richtlinie. Die EU-Kommission hat darüber einen Bericht im Jahre 2008 KOM/2008/0698 veröffentlicht. Ein auf Umfragen der Jahre 2005/2006 erstellter Bericht ist von der Bundesanstalt für Arbeitsschutz und Arbeitsmedizin (BauA) veröffentlicht worden.

15 Die BauA hat einen Forschungsauftrag zur Evaluation der Maßnahmen der Baustellenrichtlinie vergeben. Die Ergebnisse wurden veröffentlicht. Andere Projekte sind im Arbeitsprogramm der Gemeinsamen Deutsche Arbeitsschutzstrategie (GDA) umgesetzt worden. Seit 2003 gibt es eine regelmäßig durchgeführte Veranstaltung als Erfahrungsaustausch zur Baustellenverordnung, die unter dem Namen „Bundeskoordinatorentag" bekannt ist und sich an die betroffenen Zielgruppen der Baustellenverordnung richtet. Die veröffentlichten Arbeitsergebnisse sollen Hinweise zu Verbesserung der Wirksamkeit der Instrumente der Baustellenverordnung geben.

§ 1 Ziele; Begriffe

(1) **Diese Verordnung dient der wesentlichen Verbesserung von Sicherheit und Gesundheitsschutz der Beschäftigten auf Baustellen.**

(2) **Die Verordnung gilt nicht für Tätigkeiten und Einrichtungen im Sinne des § 2 des Bundesberggesetzes.**

(3) ¹**Baustelle im Sinne dieser Verordnung ist der Ort, an dem ein Bauvorhaben ausgeführt wird.** ²**Ein Bauvorhaben ist das Vorhaben, eine oder mehrere bauliche Anlagen zu errichten, zu ändern oder abzubrechen.**

Abs. 1 nennt den Grund für die Erarbeitung dieser Verordnung, die wesentliche Verbesserung der Sicherheit und des Gesundheitsschutzes der Beschäftigten auf Baustellen. Um diese Ziele zu erreichen, werden Bauherren durch die Baustellenverordnung verpflichtet, bestimmte Maßnahmen während der Planungsphase, der Ausführungsphase des Bauwerkes und für spätere Instandhaltungsarbeiten in der Nutzungsphase des Bauwerkes umzusetzen. 1

Durch diese Maßnahmen können sich auch für den Bauherrn positive Effekte ergeben, z. B.: 2
- Verbesserte Kostentransparenz, indem schon in der Ausschreibung auf notwendige und gegebenenfalls gemeinsam zu nutzende Einrichtungen verwiesen wird;
- Optimierung des Bauablaufes, indem Störungen vermieden, das Terminverzugsrisiko vermindert und die Qualität der geleisteten Arbeit erhöht werden;
- mit der Unterlage für spätere Arbeiten schafft der Bauherr eine Voraussetzung für die sicherheits- und gesundheitsgerechte Gestaltung dieser Arbeiten und damit auch für die langfristige wirtschaftliche Nutzung und Instandhaltung des Bauwerkes.

Der Begriff **Beschäftigte** ist im Sinne von § 2 Abs. 2 ArbSchG zu verstehen. Dies sind alle Personen, die auf Grund einer rechtlichen Beziehung zum Arbeitgeber (u. a. Arbeitsvertrag, öffentlich-rechtliches Dienstverhältnis, Arbeitnehmerüberlassung) Arbeitsleistungen erbringen. 3

Abs. 2 schließt Tätigkeiten und Einrichtungen im Sinne des § 2 des Bundesberggesetzes vom Geltungsbereich der BaustellV aus. Solche Tätigkeiten und Einrichtungen im Sinne des § 2 des Bundesberggesetzes sind z. B.: 4
- das Aufsuchen, Gewinnen und Aufbereiten von Bodenschätzen und die damit zusammenhängende Wiedernutzbarmachung der Oberfläche,
- das Aufsuchen und Gewinnen mineralischer Rohstoffe in alten Halden,
- die Untergrundspeicherung von Gasen.

Die Ausführung von Bauvorhaben zum Herstellen, Erweitern und Verändern von unterirdischen Hohlraumbauten (z. B. Tunnel, Kavernen) unterliegt auch dem ArbSchG. Auf die Ausführung solcher Bauvorhaben finden die Bestimmungen der BaustellV Anwendung. 5

Nach der **Definition** in Abs. 3 ist eine **Baustelle** der Ort, an dem ein Bauvorhaben ausgeführt wird. Im Rahmen eines Bauvorhabens können eine oder mehrere bauliche Anlagen errichtet, geändert oder abgebrochen werden. Nach der Erläuterung zum Begriff „Baustelle" in RAB 10 zählen auch die zugehörigen Vorbereitungs- und Abschlussarbeiten zu den Tätigkeiten auf Baustellen. Dies entspricht der geübten Praxis. Wenn mehrere bauliche Anlagen eines Bauvorhabens in unmittelbarem zeitlichen und räumlichen Zusammenhang stehen, diese gemeinsam geplant und zur Ausführung gebracht werden, handelt es sich in der Regel um eine 6

Kann

BaustellV § 2 Baustellenverordnung

Baustelle. Dies gilt auch bei Aufteilung eines Bauvorhabens in verschiedene Baulose. Wenn Gesamtbauvorhaben mit großer räumlicher Ausdehnung oder langen Bauzeiten (z. B. im Verkehrswegebau) ausgeführt werden, kann nach RAB 10 eine Unterteilung in mehrere Bauvorhaben vorliegen und daher getrennte Baustellen.

7 **Bauliche Anlagen** sind mit dem Erdboden verbundene, aus Baustoffen oder Bauteilen hergestellte Anlagen (einschließlich der Gebäudetechnik). Dazu zählen z. B.:
– Aufschüttungen und Abgrabungen, Deponien, Bodensanierungen
– Lagerplätze, Abstellplätze und Ausstellungsplätze,
– Wohn-, Bürocontainer und Sanitätscontainer
– Gerüste,
– Leitungen, die der Versorgung mit Wasser, Energie, Abwasserbeseitigung oder dem Fernmeldewesen dienen.

8 Eine Verbindung mit dem Erdboden besteht auch dann, wenn die bauliche Anlage durch eigene Masse auf dem Boden ruht. Maschinentechnische Anlagen gelten nicht als bauliche Anlagen. Wenn der Ein-, Aus- oder Umbau von Maschinen orts- und zeitgleich zu den Arbeiten an einer baulichen Anlage erfolgt, so sind diese Arbeiten in die Maßnahmen nach der BaustellV einzubeziehen.

9 Als **Änderung einer baulichen Anlage** im Sinne der BaustellV gilt deren nicht unerhebliche Umgestaltung, insbesondere des konstruktiven Gefüges, die Änderung oder der Austausch wesentlicher Bauteile, z. B. Entkernung, Dach-, Fassadenerneuerung. Dies kann auch im Rahmen von größeren Instandsetzungs- und Sanierungsarbeiten erfolgen. Eine Änderung einer baulichen Anlage liegt nicht vor, wenn Instandhaltungsarbeiten, Reparaturen oder Bauarbeiten geringen Umfangs, z. B. Innenanstrich in Wohnungen, Austausch von Bodenbelägen, Arbeiten an der Heizung, Reparaturen von Straßenbelägen durchgeführt werden, sofern nicht die Schwellenwerte des § 2 Abs. 2 BaustellV überschritten werden. Es wird davon ausgegangen, dass bei Änderungen von Ein- und Zweifamilienhäusern die Schwellenwerte nicht überschritten werden. (RAB 10 Ziffer 4)

§ 2 Planung der Ausführung des Bauvorhabens

(1) **Bei der Planung der Ausführung eines Bauvorhabens, insbesondere bei der Einteilung der Arbeiten, die gleichzeitig oder nacheinander durchgeführt werden, und bei der Bemessung der Ausführungszeiten für diese Arbeiten, sind die allgemeinen Grundsätze nach § 4 des Arbeitsschutzgesetzes zu berücksichtigen.**

(2) [1]**Für jede Baustelle, bei der**
1. **die voraussichtliche Dauer der Arbeiten mehr als 30 Arbeitstage beträgt und auf der mehr als 20 Beschäftigte gleichzeitig tätig werden, oder**
2. **der Umfang der Arbeiten voraussichtlich 500 Personentage überschreitet,**

ist der zuständigen Behörde spätestens zwei Wochen vor Einrichtung der Baustelle eine Vorankündigung zu übermitteln, die mindestens die Angaben nach Anhang I enthält. [2]**Die Vorankündigung ist sichtbar auf der Baustelle auszuhängen und bei erheblichen Änderungen anzupassen.**

(3) [1]**Ist für eine Baustelle, auf der Beschäftigte mehrerer Arbeitgeber tätig werden, eine Vorankündigung zu übermitteln, oder werden auf einer**

Planung der Ausführung des Bauvorhabens § 2 BaustellV

Baustelle, auf der Beschäftigte mehrerer Arbeitgeber tätig werden, besonders gefährliche Arbeiten nach Anhang II ausgeführt, so ist dafür zu sorgen, daß vor Einrichtung der Baustelle ein Sicherheits- und Gesundheitsschutzplan erstellt wird. ²Der Plan muß die für die betreffende Baustelle anzuwendenden Arbeitsschutzbestimmungen erkennen lassen und besondere Maßnahmen für die besonders gefährlichen Arbeiten nach Anhang II enthalten. ³Erforderlichenfalls sind bei Erstellung des Planes betriebliche Tätigkeiten auf dem Gelände zu berücksichtigen.

Während der Planungsphase werden wichtige Voraussetzungen für die Ausführung des Bauvorhabens geschaffen. Dabei erarbeitet der Bauherr oder der von ihm Beauftragte die konkreten **Vorgaben für die Ausführung des Bauvorhabens** wie Ausschreibungsunterlagen, Leistungsermittlung, Zeitplanung, Einarbeitung gesetzlicher und behördlicher Auflagen. Auf diese Arbeiten soll der Koordinator, sei es der Bauherr selbst oder der von ihm beauftragte Dritte, Einfluss nehmen. 1

Bei der Planung sind die **allgemeinen Grundsätze** nach § 4 ArbSchG in dem Umfang zu berücksichtigen, wie es zum jeweiligen Zeitpunkt erforderlich und möglich ist. Dazu zählen:
– die vorgesehenen Arbeiten so zu gestalten, dass eine Gefährdung für Leben und Gesundheit möglichst vermieden und die verbleibende Gefährdung möglichst gering gehalten wird;
– die Gefahren für Leben und Gesundheit an ihrer Quelle zu bekämpfen;
– bei der Auswahl von Arbeitsschutzmaßnahmen den Stand von Technik, Arbeitsmedizin und Hygiene sowie sonstige gesicherte arbeitswissenschaftliche Erkenntnisse zu berücksichtigen;
– Maßnahmen mit dem Ziel zu planen, Technik, Arbeitsorganisation, sonstige Arbeitsbedingungen und Einfluss der Umwelt auf den Arbeitsplatz sachgerecht zu verknüpfen;
– den Vorrang technischer und organisatorischer Schutzmaßnahmen vor individuellen Schutzmaßnahmen zu beachten;
– den Beschäftigten geeignete Anweisungen zu erteilen.

Diese Grundsätze wirken sich in der Praxis insbesondere auf Gestaltung der Einrichtungen, Verkehrswege, Schutzmaßnahmen und Arbeitsmittel aus, die von den Arbeitnehmern der verschiedenen auf der Baustelle tätigen Unternehmen gemeinsam genutzt werden, wie Gerüste, Krane, Schutzdächer, Absturzsicherungen, Baustellenunterkünfte, Toiletten- und Waschanlagen, Sanitätsräume, aber auch Einrichtungen für die Untersuchung und Entsorgung kontaminierter Böden und Bauteile. Grundsätzliches für eine VOB-gerechte Leistungsbeschreibung ist in VOB Teil C enthalten. Das Standardleistungsbuch für das Bauwesen (StLB) enthält Ausschreibungstexte für Sicherheitseinrichtungen. Die Berufsgenossenschaft der Bauwirtschaft hat Leistungsbeschreibungen für sicherheitstechnische Einrichtungen und Maßnahmen als Arbeitshilfe erarbeitet. 2

Bei der Planung der Ausführung des Bauvorhabens sind weitere Maßnahmen vom Bauherren oder dem beauftragten Dritten gemäß § 2 und § 3 BaustellV durchzuführen bzw. zu veranlassen: 3
– Übermittlung der Vorankündigung an die zuständige Behörde,
– die Bestellung des Koordinators,
– Koordinierung bei der Planung der Ausführung,
– Erstellung eines Sicherheits- und Gesundheitsschutzplanes und
– die Zusammenstellung einer Unterlage für spätere Arbeiten.

Kann 731

BaustellV § 2 — Baustellenverordnung

4 § 2 Abs. 2 nennt die Voraussetzungen, bei deren Vorliegen eine Vorankündigung an die zuständige Behörde zu übermitteln ist. Gleichzeitig tätig werden im Sinne des § 2 Abs. 2 BaustellV bedeutet, dass planmäßig mindestens 21 Beschäftigte auf der Baustelle für die Dauer von mindestens einer Arbeitsschicht zur selben Zeit Arbeiten verrichten. Ein Personentag umfasst die Arbeitsleistung einer Person über eine Arbeitsschicht. **Der Einsatz von Nachunternehmern bedeutet das Tätigwerden mehrerr Arbeitgeber.**

An

(zuständige Behörde)

Vorankündigung

gemäß § 2 der Verordnung über Sicherheit und Gesundheitsschutz auf Baustellen

(Baustellenverordnung – BaustellV)

1. Bezeichnung und Ort der Baustelle: ....

Straße/Nr.: ....

PLZ/Ort: ....

2. Name und Anschrift des Bauherrn:

....

3. Name und Anschrift des anstelle des Bauherren verantwortlichen Dritten:

....

4. Angaben zum Bauvorhaben:

....

5. Koordinator(en) (sofern erforderlich) mit Anschrift und Telefon, ggf. Fax, E-Mail

– für die Planung der Ausführung: ....

– für die Ausführung des Bauvorhabens: ....

6. Voraussichtl. Beginn u. Ende der Arbeiten:

von .... bis ....

7. Voraussichtl. Höchstzahl der gleichzeitig Beschäftigten auf der Baustelle:

....

8. Voraussichtliche Zahl der Arbeitgeber:

ohne Beschäftigte: ....

9. Voraussichtl. Zahl der Unternehmer

....

10. Bereits ausgewählte Arbeitgeber und Unternehmer ohne Beschäftigte:

1. ....

2. ....

3. ....

4. ....

5. ....

6. ....

Planung der Ausführung des Bauvorhabens **§ 2 BaustellV**

---

7. ....
8. ....

(weitere Angaben ggf. als Anlage)

....

....
(Ort/Datum)   (Name)   (Unterschrift)

(Bauherr oder anstelle des Bauherren verantwortlicher Dritter)

Verteiler: 1 x zuständige Behörde

1 x Baustellenaushang

1 x Bauherr

Abb. 2. Muster einer Vorankündigung

Die **Vorankündigung** ist nicht formbedürftig. Sie muss mindesten die Angaben 5
enthalten, die in Anhang I der BaustellV aufgeführt sind. Die Vorankündigung ist
spätestens 2 Wochen vor Einrichtung der Baustelle an die für die Baustelle örtlich
zuständige Arbeitsschutzbehörde zu übermitteln. Die Unterschrift des Bauherren
oder seines Beauftragten ist nicht gefordert. Dennoch ist in den Mustern, die von
Behörden, Kammern und Verbänden veröffentlicht worden sind, ein Unterschriftenfeld vorgesehen, entspricht es doch üblicher Praxis, Anträge und Mitteilungen
im Geschäftsleben zu unterschreiben.

Der Bauherr oder der von ihm beauftragte Dritter ist verantwortlich dafür, dass 6
die Vorankündigung sichtbar auf der Baustelle angebracht wird, in einer Art und
Weise, dass Unternehmer und Beschäftige auf der Baustelle den Inhalt einsehen
können. Die bedeutet auch, dass die Vorankündigung von äußeren Einwirkungen
und Witterungseinflüssen unbeeinträchtigt lesbar bleibt.

Zuständige Behörde ist nach der Umstrukturierung der Behörden in den Bun- 7
desländern das Gewerbeaufsichtsamt oder das Amt für Arbeitsschutz, die in einigen
Bundesländern den Regierungspräsidien als Abteilung angegliedert sind.

Die Vorankündigung muss bei erheblichen Änderungen des Inhaltes angepasst 8
werden. Dies muss der zuständigen Behörde jedoch nicht erneut mitgeteilt werden.
Solche Änderungen sind z. B.:
- Wechsel des Bauherren;
- erstmalige Bestellung des Koordinators bzw. dessen Wechsel;
- Verkürzung der Bauzeit, wenn verstärkt gleichzeitig oder in nicht geplanter Schichtarbeit gearbeitet werden muss;
- erstmaliges Tätigwerden von Beschäftigten mehrerer Arbeitgeber;
- wesentliche Erhöhung der Höchstzahl gleichzeitig Beschäftigter oder der Anzahl der Arbeitgeber oder der Anzahl der Unternehmer ohne Beschäftigte.

Auf einer Baustelle werden **Beschäftigte mehrerer Arbeitgeber** tätig, wenn 9
Beschäftigte von mindestens zwei Arbeitgebern gleichzeitig oder nacheinander auf
der Baustelle Arbeiten verrichten. Der Einsatz von **Nachunternehmern** bedeutet
das Vorhandensein mehrere Arbeitgeber. Bei kurzzeitigen Tätigkeiten wie Auf-

Kann

BaustellV § 2 Baustellenverordnung

und Abladen, Prüfungen, Probenahmen, Vermessungsarbeiten, Aufsicht und Kontrolltätigkeiten, Hilfe beim Aufstellen des Baustellenkranes, liegt ein Tätigwerden von Beschäftigten verschiedener Arbeitgeber in Sinne der BaustellV nicht vor. Dennoch sind die wegen der Art der Tätigkeit notwendigen Absprachen und Maßnahmen zum Schutz der Beschäftigten im Sinne des § 8 ArbSchG durch zu führen, damit gegenseitige Gefährdungen vermieden werden.

10 § 2 Abs. 3 bestimmt, in welchen Fällen ein **Sicherheits- und Gesundheitsschutzplan** erforderlich ist. In Verbindung mit § 4 BaustellV haben der Bauherr oder sein Beauftragter einen solchen SiGePlan zu erstellen. Die dem Bauherren oder dem beauftragten Dritten nach der BaustellV obliegenden Aktivitäten sind in der nachfolgenden Tabelle zusammengestellt.

Arbeitnehmer	Umfang und Art der Arbeiten	Vorankündigung	Koordinator	SiGe-Plan	Unterlage	
eines Arbeitgebers	kleiner 31 Arbeitstage und 21 Beschäftigte oder 501 Personentage	nein	nein	nein	nein	Die allgemeinen Grundsätze nach § 4 Arbeitsschutzgesetz sind zu berücksichtigen
eines Arbeitgebers	kleiner 31 Arbeitstage und 21 Beschäftigte oder 501 Personentage und gefährliche Arbeiten	nein	nein	nein	nein	
eines Arbeitgebers	größer 30 Arbeitstage und 20 Beschäftigte oder 500 Personentage	ja	nein	nein	nein	
eines Arbeitgebers	größer 30 Arbeitstage und 20 Beschäftigte oder 500 Personentage und gefährliche Arbeiten	ja	nein	nein	nein	
mehrerer Arbeitgeber*	kleiner 31 Arbeitstage und 21 Beschäftigte oder 501 Personentage	nein	ja	nein	ja	
mehrerer Arbeitgeber*	kleiner 31 Arbeitstage und 21 Beschäftigte oder 501 Personentage und gefährliche Arbeiten	nein	ja	ja	ja	
mehrerer Arbeitgeber*	größer 30 Arbeitstage und 20 Beschäftigte oder 500 Personentage	ja	ja	ja	ja	
mehrerer Arbeitgeber*	größer 30 Arbeitstage und 20 Beschäftigte oder 500 Personentage und gefährliche Arbeiten	ja	ja	ja	ja	

* die gleichzeitig oder nacheinander tätig werden.

Tabelle: Festlegungen der BaustellV

11 Der SiGePlan ist dann nicht notwendig, wenn ausschließlich Beschäftigte eines Arbeitgebers auf der Baustelle tätig werden und auf kleinen Baustellen mit zeit-

Planung der Ausführung des Bauvorhabens **§ 2 BaustellV**

lichen und personellen Restriktionen. Um einen Arbeitgeber handelt es sich auch, wenn ein Generalunternehmer oder eine Arbeitsgemeinschaft unter einheitlicher Firmierung sämtliche auf der Baustelle anfallenden Arbeiten nur mit eigenem Personal ausführt. Der Einsatz von **Nachunternehmern** bedeutet das Tätigwerden mehrerer Arbeitgeber.

Der SiGePlan muss, um den Zielen der BaustellV gerecht zu werden, schon bei der Planung der Ausführung erstellt und dann bei der Entwicklung und Ausführung des Projektes fortgeschrieben werden. 12

Der SiGePlan ist ein Instrument der Koordination. § 5 Abs. 3 BaustellV stellt zudem klar, dass die Verantwortung der Arbeitgeber (nach dem Arbeitsschutzgesetz) durch die Maßnahmen der BaustellV nicht berührt wird. Der SiGePlan beschreibt die notwendigen Schutzmaßnahmen an den Grenzen der Wirkungsbereiche der ausführenden Firmen auf der Baustelle, vergleichbar einer Gefährdungsbeurteilung an den Schnittstellen der Arbeitsbereiche. Die Frage, wie verbindlich die Festlegungen des SiGePlanes für die Adressaten sind, bleibt offen.

Besonders gefährliche Arbeiten sind nach Anhang II der BaustellV: 13
1. Arbeiten, bei denen die Beschäftigten der Gefahr des Versinkens, des Verschüttetwerdens in Baugruben oder in Gräben mit einer Tiefe von mehr als 5 m oder des Absturzes aus einer Höhe von mehr als 7 m ausgesetzt sind,
2. Arbeiten, bei denen die Beschäftigten explosionsgefährlichen, hochentzündlichen, krebserzeugenden (Kategorie 1 oder 2), erbgutverändernden, fortpflanzungsgefährdenden oder sehr giftigen Stoffen und Zubereitungen im Sinne der Gefahrstoffverordnung oder biologischen Arbeitsstoffen der Risikogruppen 3 und 4 im Sinne der Richtlinie 90/679/EWG des Rates vom 26. November 1990 über den Schutz der Arbeitnehmer gegen Gefährdung durch biologische Arbeitsstoffe bei der Arbeit (ABl. EG Nr. L 374 S. 1, ersetzt durch Richtlinie 2000/54/EG vom 18.9.2000, ABl. EG Nr. L 262, S. 21, umgesetzt durch BiostoffV v. 27.1.1999, BGBl. I S. 50) ausgesetzt sind,
3. Arbeiten mit ionisierenden Strahlungen, welche die Festlegung von Kontroll- oder Überwachungsbereichen im Sinne der Strahlenschutz- sowie der Röntgenverordnung erfordern,
4. Arbeiten in einem geringeren Abstand als 5 m von Hochspannungsleitungen,
5. Arbeiten, bei denen die unmittelbare Gefahr des Ertrinkens besteht,
6. Brunnenbau, unterirdische Erdarbeiten und Tunnelbau,
7. Arbeiten mit Tauchgeräten,
8. Arbeiten in Druckluft,
9. Arbeiten, bei denen Sprengstoff oder Sprengschnüre eingesetzt werden,
10. Aufbau oder Abbau von Massivbauelementen mit mehr als 10 t Einzelgewicht

Die Aufzählung in Anhang II ist abschließend. Arbeiten nach der **Arbeitsschutzverordnung zu künstlicher optischer Strahlung – OStrV,** dies ist z. B. der Einsatz von Lasereinrichtungen auf einer Baustelle zu Messzwecken, sind daher nicht besonders gefährliche Arbeiten im Sinne der BaustellV. Weitergehende Konkretisierungen zu den **besonders gefährlichen Arbeiten** enthält RAB 10 unter Ziffer 25. Es handelt sich insbesondere um Tätigkeiten, bei denen Beschäftigte Einwirkungen ausgesetzt sind, für die besondere Maßnahmen nach speziellen Regelwerken zu treffen sind. Das sind die Gefahrstoffverordnung, die Biostoffverordnung, die Strahlenschutzverordnung, die Röntgenverordnung und die Druckluftverordnung in Verbindung mit RAB 25, die Empfehlungen zu Bestimmungen der Druckluftverordnung enthält. 14

Kann

BaustellV § 3 — Baustellenverordnung

Bei Arbeiten, bei denen Sprengmittel eingesetzt werden, sind die Bestimmungen des Sprengstoffgesetzes und die Verordnungen zum Sprengstoffgesetz zu beachten. Dies gilt insbesondere für Abbruchsprengungen.

15 In der Liste des Anhanges II sind schließlich auch Tätigkeiten mit besonderen Risiken enthalten, bei denen sich nach der Kenntnis und den Erfahrungen der Fachleute immer wieder schwere Unfällen ereignen: Arbeiten mit Absturzgefahren aus großen Höhen, mit dem unmittelbaren Risiko des Ertrinkens, in unmittelbarer Nähe von Hochspannungsleitungen, beim Umgang mit schwereren Bauelementen.

16 Die äußerliche Gestaltung des SiGePlanes, seine Gliederung, der Umfang, mithin der Konkretisierungsgrad ist dem Bauherrn überlassen. Nach RAB 31 sind diese Grundelemente zu berücksichtigen:
– Arbeitsabläufe ermitteln,
– Gefährdungen gewerkbezogen und gewerkübergreifend ermitteln und dokumentieren,
– räumliche und zeitliche Zuordnung der Arbeitsabläufe,
– festlegen und dokumentieren der Maßnahmen zur Vermeidung bzw. Verringerung der Gefährdungen,
– Zuordnung der Arbeitsschutzbestimmungen zu den festgelegten Maßnahmen

17 Wichtige Elemente des SiGePlanes sind in der Praxis eine Baustellenordnung, ein Baustelleneinrichtungsplan, ein Bauablaufplan und ein Alarmplan. Hinsichtlich der zu treffenden Maßnahmen ist es geboten, im SiGePlan zu dokumentieren, wer für die Umsetzung der Maßnahmen verantwortlich ist. Dies betrifft auch die gemeinsam genutzten Einrichtungen und deren regelgerechter Zustand für die Dauer der Baustelle. Auch als Hilfsmittel zur Einweisung neu auf der Baustelle eingesetzter Personen sollte der SiGePlan eingesetzt werden.

18 Diese benannten Instrumente sind auf Großbaustellen seit langem im Einsatz, denn die Vorteile transparenter Organisationsstrukturen sind unbestritten. Es bedarf aber eindeutiger vertraglicher Vereinbarungen der am Bauprojekt Beteiligten, damit der SiGePlan mit seinen Festlegungen, Anpassungen und Änderungen nicht nur als unverbindliches Informationsmedium angesehen wird, da er sonst seine beabsichtigte Wirkung nicht erreichen kann. Ziel jedes Unternehmers sollte es sein, die eigenen Gefährdungsbeurteilungen, zu deren Durchführung er nach § 5 ArbSchG verpflichtet ist, mit dem SiGePlan zu verknüpfen.

19 Die BaustellV macht keine Aussage darüber, wo der SiGePlan vorgehalten werden muss. Dem Sinn der Verordnung entsprechend sollte er auf der Baustelle vorhanden sein, damit die Adressaten den Inhalt kennen lernen und umsetzten können.

§ 3 Koordinierung

(1) ¹**Für Baustellen, auf denen Beschäftigte mehrerer Arbeitgeber tätig werden, sind ein oder mehrere geeignete Koordinatoren zu bestellen.** ²**Der Bauherr oder der von ihm nach § 4 beauftragte Dritte kann die Aufgaben des Koordinators selbst wahrnehmen.**

(1a) **Der Bauherr oder der von ihm beauftragte Dritte wird durch die Beauftragung geeigneter Koordinatoren nicht von seiner Verantwortung entbunden.**

(2) **Während der Planung der Ausführung des Bauvorhabens hat der Koordinator**

Koordinierung §3 BaustellV

1. die in § 2 Abs. 1 vorgesehenen Maßnahmen zu koordinieren,
2. den Sicherheits- und Gesundheitsschutzplan auszuarbeiten oder ausarbeiten zu lassen und
3. eine Unterlage mit den erforderlichen, bei möglichen späteren Arbeiten an der baulichen Anlage zu berücksichtigenden Angaben zu Sicherheit und Gesundheitsschutz zusammenzustellen.

(3) Während der Ausführung des Bauvorhabens hat der Koordinator
1. die Anwendung der allgemeinen Grundsätze nach § 4 des Arbeitsschutzgesetzes zu koordinieren,
2. darauf zu achten, daß die Arbeitgeber und die Unternehmer ohne Beschäftigte ihre Pflichten nach dieser Verordnung erfüllen,
3. den Sicherheits- und Gesundheitsschutzplan bei erheblichen Änderungen in der Ausführung des Bauvorhabens anzupassen oder anpassen zu lassen,
4. die Zusammenarbeit der Arbeitgeber zu organisieren und
5. die Überwachung der ordnungsgemäßen Anwendung der Arbeitsverfahren durch die Arbeitgeber zu koordinieren.

§ 3 Abs. 1 BaustellV bestimmt in Verbindung mit § 4 BaustellV, dass der Bauherr 1 oder der beauftragte Dritte dann einen oder mehrere geeignete Koordinatoren zu bestellen hat, wenn auf der Baustelle voraussichtlich Beschäftigte mehrerer Arbeitgeber tätig sein werden. Die Verpflichtung zur Koordination ist also nicht an die Dauer oder Art der Tätigkeit gebunden.

Als **SiGe-Koordinator kann** nach § 3 Abs. 1 Satz 2 BaustellV **auch der Bau-** 2 **herr selbst** tätig werden oder ein von ihm **beauftragter Dritter.** SiGe-Koordinatoren sind sowohl für die Planungs- als auch Ausführungsphase eines Bauvorhabens zu bestellen. In Frage kommen auch zeitlich gestaffelte Beauftragungen, denn § 3 Abs. 2 legt die Aufgaben des SiGe-Koordinators sowohl zeitlich als auch hinsichtlich der Aufgaben getrennt für die Planungsphase und die Ausführungsphase fest. Es ist möglich, dass die Koordination als Dienstleistung von einem Planungs- und Bauüberwachungsbüro angeboten und ausgeübt wird. Wenn gleichzeitig mehr als ein SiGe-Koordinator bestellt ist, sollte der Bauherr oder sein beauftragter Dritter die Aufgabe und Zuständigkeiten klar festlegen.

Die pauschale Übertragung der Pflichten des Bauherren auf eines der bauausführenden Unternehmen im Rahmen der üblichen Ausschreibung von Bauleistungen ist nicht zulässig. Zu diesem Zeitpunkt ist die Planung und Vorbereitung der Bauausführung schon abgeschlossen, so dass die Aufgaben des Koordinators bei der Planung der Ausführung und die Erstellung des SiGePlanes bereits hätte erfüllt sein müssen. Diese Verfahrensweise würde nicht den Zielen der BaustellV entsprechen.

Absatz 1a dient der formal umfassenden Umsetzung der europäischen Baustel- 3 lenrichtlinie RL 92/57/EWG. Dieser Absatz wurde eingefügt, weil ein EU-Vertragsverletzungsverfahren wegen mangelhafter Umsetzung des Art. 7 Abs. 1 der EG-Baustellenrichtlinie abgewendet werden sollte. Es wird klargestellt, dass die Beauftragung eines oder mehrerer Koordinatoren den Bauherren oder den von ihm beauftragtren Dritten nicht von seiner Verantwortung entbindet. Hiermit werden keine neue Pflichten des Bauherren oder des von ihm beauftragten Dritten geschaffen. (Begründung des BMWA zur Änderung der BaustellV)

Der **Zeitpunkt für die Bestellung** des Koordinators sollte beim Übergang von 4 der Entwurfs- zur Ausführungsplanung liegen, am besten bei Beginn der Planung

Kann 737

BaustellV § 3 Baustellenverordnung

der Ausführung des Bauwerkes nach Vorliegen der Baugenehmigung, damit die nach § 3 Abs. 2 in dieser Phase anfallenden Aufgaben erfüllt werden.

5 Die dem Bauherren nach der BaustellV obliegenden Pflichten sind nicht Gegenstand des Baugenehmigungsverfahrens. Daneben bestehen die Verpflichtungen für den Bauherren aus der BaustellV. Wenn es die in den Bundesländern geltenden Landesbauordnungen bestimmen, ist in den erteilten Baugenehmigungen der Hinweis enthalten, dass für jede der in § 2 Abs. 2 Nr. 1 und 2 BaustellV genannten Baustellen der hierfür zuständigen Behörde die nach der BaustellV vorgeschriebene Vorankündigung zu übermitteln ist.

6 Die **Anforderungskriterien an den geeigneten Koordinator** sind in RAB 30 unter Ziffer 4 dargestellt. Um die Aufgaben nach § 3 Abs. 2 und 3 fachgerecht erledigen zu können, muss der Koordinator über baufachliche Kenntnisse, fachliche Kenntnisse des Arbeitsschutzes, Kompetenzen zur Koordination von Arbeitsprozessen und berufliche Erfahrungen in der Planung und Ausführung von Bauvorhaben verfügen. Empfohlen werden in der RAB mindestens 2 Jahre. Inhalte und Struktur der empfohlenen Weiterbildungsmaßnahme enthalten die Anlagen zur RAB 30.

7 Der Bauherr sollte sich von der Eignung des bestellten Koordinators zu überzeugen, auch wenn die BaustellV einen **Qualifikationsnachweis** nicht fordert. Die von den Trägern der Ausbildung bzw. Weiterbildung ausgestellten Teilnahmebestätigungen bieten eine Orientierung. Die BaustellV enthält keine **Angaben zum zeitlichen Umfang** der Tätigkeit des Koordinators. Die Erfahrung des Koordinators wird aber Einfluss auf den tatsächlichen Zeitbedarf für die Erfüllung der Aufgaben haben.

8 Die **Aufgaben des Koordinators** sind in § 3 Abs. 2 und 3 bestimmt. Der Koordinator soll durch seine Tätigkeit Informationen kommunizieren und verfügbar machen, damit die für die Arbeiten vorzusehenden Schutzmaßnahmen unter den Beteiligten aufeinander abgestimmt, verbessert und ggf. im SiGePlan dokumentiert werden. Der Koordinator soll alle am Bauprojekt Beteiligten zusammenbringen, beraten und die Zusammenarbeit organisieren. Es ist **nicht Aufgabe des Koordinators** zu überwachen, ob die einzelnen Arbeitgeber den ihnen obliegenden Arbeitsschutzpflichten nachgekommen sind.

9 Nach § 5 Abs. 3 wird die Verantwortung der Arbeitgeber für die Erfüllung ihrer Arbeitsschutzpflichten durch die Maßnahmen der BaustellV nicht berührt. Der Arbeitgeber hat nach wie vor eigenverantwortlich die Gewährleistung von Sicherheit und Gesundheitsschutz seiner Beschäftigten zu organisieren, umzusetzen und zu überwachen.

10 Zu den Aufgaben des SiGe-Koordinators nach Abs. 2 zählt es, **während der Phase der Ausführungsplanung** bei der Festlegung und Koordination der **Ausführungszeiten** für gleichzeitig oder nacheinander zu erledigende Arbeiten mitzuwirken, damit die allgemeinen Grundsätze des Arbeitsschutzes des § 4 ArbSchG Berücksichtigung finden. Diese Angaben sind ein wichtiges Element des SiGePlans, der ein Kerninstrument der BaustellV ist.

11 Die **späteren Arbeiten im Sinne von § 3 Abs. 2 Nr. 3 BaustellV** umfassen vor allem die vorhersehbaren Arbeiten an baulichen Anlagen in der Nutzungsphase. Hinweise zu den Inhalten der Unterlage für spätere Arbeiten und einige Ausführungsbeispiele enthält RAB 32. Wie konkret die zu treffenden Maßnahmen für die späteren Arbeiten dargestellt werden müssen, ist in der BauStellV nicht bestimmt. Aus den Beispielen der RAB 32 ist abzuleiten, dass Objektbeschreibung und Gefährdungsbeurteilungen der Tätigkeiten in tabellarischer Form die Kernelemente der Unterlage sein sollen.

Pflichten der Arbeitgeber **§ 5 BaustellV**

Der Koordinator sollte schriftlich bestellt werden, auch wenn die Verordnung dies nicht verlangt. 12

Die Leistungen nach der BaustellV sind nach herrschender Auffassung keine Leistungen nach der HOAI sondern zusätzliche Leistungen, die gesondert vergütet werden müssen. Die Abrechnung des **Honorars** kann auf Stundenbasis erfolgen, sich aber auch an der Anteil an der Bausumme orientieren. Die BaustellV enthält keine **Angaben zum zeitlichen Umfang** der Tätigkeit des Koordinators.

Beispiele zur Rechtsprechung zu diesen Fragen: OLG Bamberg Urt. v. 11.9.2002, 8U 29/02, OLG Celle, Urt. v. 3.3.2004 9 U 208/03; OLG Celle, Beschl. v. 5.7.2009, 14 W 63/03; OVG Koblenz, Urt. v. 28.4.2009, 6 A 10 141/09.

Die BaustellV enthält keine Aussagen zur **Haftung** des SiGe-Koordinators. Durch die Verordnung bleiben die zivilrechtlichen Ansprüche unberührt. Der Inhalt und die Qualität der Tätigkeit werden sich an fachlichen Maßstäben messen lassen müssen. (s. hierzu OLG Celle, Urt. v. 3.3.2004, 9 U 208/03).

§4 Beauftragung

Die Maßnahmen nach § 2 und § 3 Abs. 1 Satz 1 hat der Bauherr zu treffen, es sei denn, er beauftragt einen Dritten, diese Maßnahmen in eigener Verantwortung zu treffen.

Der Begriff **Bauherr** ist im Sinne des geltenden Bauordnungsrechtes zu sehen (hierzu: OLG Hamm, Beschl. v. 9.8.2006, 1 Ss OWi 417/06). **Dritter im Sinne der BaustellV** ist eine Person, die auf Grund einer Vereinbarung Maßnahmen gemäß §§ 2, 3 Abs. 1 BaustellV eigenverantwortlich übernimmt. Dritter in diesem Sinne kann eine natürliche oder juristische Person sein. Der Bauherr kann einen Architekten, Ingenieur, Bauunternehmer, aber auch ein Planungsbüro beauftragen. 1

Die nachträgliche, pauschale Übertragung aller Pflichten ist nicht zulässig. Im Regelfall wird der Bauherr wegen fehlender eigener Sachkunde die Bauherrenpflichten hinsichtlich des Arbeitsschutzes an einen Dritten – zweckmäßigerweise schriftlich – übertragen. 2

§5 Pflichten der Arbeitgeber

(1) **Die Arbeitgeber haben bei der Ausführung der Arbeiten die erforderlichen Maßnahmen des Arbeitsschutzes insbesondere in bezug auf die**
1. **Instandhaltung der Arbeitsmittel,**
2. **Vorkehrungen zur Lagerung und Entsorgung der Arbeitsstoffe und Abfälle, insbesondere der Gefahrstoffe,**
3. **Anpassung der Ausführungszeiten für die Arbeiten unter Berücksichtigung der Gegebenheiten auf der Baustelle,**
4. **Zusammenarbeit zwischen Arbeitgebern und Unternehmern ohne Beschäftigte,**
5. **Wechselwirkungen zwischen den Arbeiten auf der Baustelle und anderen betrieblichen Tätigkeiten auf dem Gelände, auf dem oder in dessen Nähe die erstgenannten Arbeiten ausgeführt werden,**

zu treffen sowie die Hinweise des Koordinators und den Sicherheits- und Gesundheitsschutzplan zu berücksichtigen.

Kann

BaustellV § 5 Baustellenverordnung

(2) **Die Arbeitgeber haben die Beschäftigten in verständlicher Form und Sprache über die sie betreffenden Schutzmaßnahmen zu informieren.**

(3) **Die Verantwortlichkeit der Arbeitgeber für die Erfüllung ihrer Arbeitsschutzpflichten wird durch die Maßnahmen nach den §§ 2 und 3 nicht berührt.**

1 § 5 Abs. 1 verdeutlicht, dass die auf der Baustelle tätigen Arbeitgeber und Unternehmer ohne Beschäftigte die Hinweise des Koordinators sowie den SiGePlan zur Kenntnis nehmen und bei ihrer eigenen Planung und Umsetzung der Maßnahmen des Arbeitsschutzes nutzen müssen. Wenn der Koordinator feststellt, dass seine Hinweise oder die Angaben im SiGePlan von den Unternehmern nicht berücksichtigt werden, so muss er darüber den Bauherren oder den beauftragten Dritten informieren, sofern ihm nicht die Befugnisse zum Durchsetzen der erforderlichen Maßnahmen übertragen worden sind (RAB 10 Ziffer 25). Es geht um die Frage, die die BaustellV offen lässt: Die Verbindlichkeit des SiGePlanes. Einerseits ist es zielführend, die abgestimmten Inhalte umzusetzen und diese nicht als unverbindliche Empfehlungen zu sehen, andererseits sind die Unternehmer für die Erfüllung der ihnen obliegenden Arbeitsschutzpflichten, also auch für die Festlegung, Koordination und Durchführung der Maßnahmen verantwortlich. Wichtig ist eine angemessene Konkretisierung der Planinhalte, damit diese umgesetzt werden, und nicht durch die Inhalte weiter Fragen aufgeworfen werden.

2 Nach dem ArbSchG ist der Arbeitgeber, auf der Baustelle auch dessen Bauleiter, Polier oder Vorarbeiter verpflichtet, Arbeitsschutzmaßnahmen zu treffen. Dies entspricht seiner Funktion nach dem Bauordnungsrecht, wo dem Unternehmer die Verantwortung für einen sicheren Bauablauf zugewiesen ist (z. B. §§ 52, 56 MBO 2002).

3 Um ein **sicheres Arbeiten zu gewährleisten,** hat der Arbeitgeber nach § 3 ArbSchG
– für eine geeignete Organisation zu sorgen,
– die erforderlichen Mittel bereitzustellen und
– Vorkehrungen zu treffen, damit die Maßnahmen wirksam sind und
– für Verbesserungen zu sorgen.
Ziel sollte es sein, dass der Arbeitgeber seine dokumentierte Gefährdungsbeurteilung nach § 5 ArbSchG mit dem SiGePlan verbindet.

4 An diese Grundpflichten knüpft auch § 5 BaustellV an, der weitere vom Bauunternehmer zu treffende **Maßnahmen** auflistet:
– Die Arbeitsmittel instand zu halten,
– die Baustoffe, Arbeitsmaterialien und Gefahrstoffe sicher zu lagern,
– die Abfälle ordnungsgemäß zu entsorgen (z. B. asbesthaltigen Abbruch, kontaminierte Teile),
– die Ausführungszeiten unter Berücksichtigung der Arbeitszeitvorschriften und den Gegebenheiten auf der Baustelle zu regeln,
– Arbeitsprozesse mit Auswirkungen auf andere Arbeiten und Bereiche sowie die Zusammenarbeit mit Beschäftigten anderer Arbeitgeber sowie Unternehmer ohne Beschäftigte auf der Baustelle und in deren Umfeld umfassend abzustimmen

Ordnungswidrigkeiten und Strafvorschriften   § 7 BaustellV

– andere betriebliche die Tätigkeiten und Gegebenheiten auf der Baustelle, z. B. Brandschutzzonen und Lärmbereiche innerhalb eines Werksgeländes zu berücksichtigen und
– die Beschäftigten über die Arbeitsschutzmaßnahmen zu informieren. Dies hat (als Konkretisierung des § 12 Abs. 1 ArbSchG) in verständlicher Form und Sprache erfolgen, insbesondere bei ausländischen Arbeitnehmern. Der Einsatz geeigneter Methoden und Hilfsmittel (Bilder, Piktogramme) sowie die praktische Unterrichtung tragen dazu bei, um dies effizient um zu setzen.

§ 6 Pflichten sonstiger Personen

¹Zur Gewährleistung von Sicherheit und Gesundheitsschutz der Beschäftigten haben auch die auf einer Baustelle tätigen Unternehmer ohne Beschäftigte die bei den Arbeiten anzuwendenden Arbeitsschutzvorschriften einzuhalten. ²Sie haben die Hinweise des Koordinators sowie den Sicherheits- und Gesundheitsschutzplan zu berücksichtigen. ³Die Sätze 1 und 2 gelten auch für Arbeitgeber, die selbst auf der Baustelle tätig sind.

Es wird klargestellt, dass alle auf der Baustelle Tätigen, seien es Arbeitnehmer, Unternehmern mit oder ohne Beschäftigte oder die in den freien Berufen Tätigen, die Arbeitsschutzvorschriften beachten und die Hinweise des Koordinators sowie den Sicherheits- und Gesundheitsschutzplan berücksichtigen müssen. Dies konsequent durchzusetzen ist auch eine wichtige Voraussetzung, um die Motivation der Beschäftigten zum sicheren Verhalten zu erhalten und zu verbessern. Sichtbar wird dies z. B. an der konsequenten Benutzung der persönliche Schutzausrüstung, dem Zustand der Verkehrswege und der Schutzmaßnahmen gegen Absturz. 1

§ 7 Ordnungswidrigkeiten und Strafvorschriften

(1) **Ordnungswidrig im Sinne des § 25 Abs. 1 Nr. 1 des Arbeitsschutzgesetzes handelt, wer vorsätzlich oder fahrlässig**
1. **entgegen § Abs. 2 Satz 1 in Verbindung mit § 4 der zuständigen Behörde eine Vorankündigung nicht, nicht richtig, nicht vollständig oder nicht rechtzeitig übermittelt oder,**
2. **entgegen § 2 Abs. 3 Satz 1 in Verbindung mit § 4 nicht dafür sorgt, daß vor Einrichtung der Baustelle ein Sicherheits- und Gesundheitsschutzplan erstellt wird.**

(2) **Wer durch eine im Absatz 1 bezeichnete vorsätzliche Handlung Leben oder Gesundheit eines Beschäftigten gefährdet, ist nach § 26 Nr. 2 des Arbeitsschutzgesetzes strafbar.**

Nach Abs. 1 Nr. 1 sind **fahrlässige oder vorsätzliche Verstöße** im Zusammenhang mit der Vorankündigung **Ordnungswidrigkeiten.** Es wird auf die Bußgeldbestimmung des § 25 Abs. 1 Nr. 1 ArbSchG verwiesen. Eine Geldbuße kann gemäß § 25 Abs. 2 ArbSchG bis zu fünftausend Euro betragen. Adressat ist der zur Übermittlung der Vorankündigung Verpflichtete, also der Bauherr und sein von ihm nach § 4 BauStellV beauftragter Dritte. 1

Kann 741

BaustellV § 8   Baustellenverordnung

2   Die in § 7 formulierten Merkmale („nicht, nicht richtig, nicht vollständig oder nicht rechtzeitig erstattet") werfen jedoch Fragen bei der Anwendung dieser Bestimmung auf. So ist zu bedenken, dass einige der in Anhang I geforderten Angaben nur Einschätzungen sein können. Bei üblichem Bauablauf ist einige Wochen vor Ausführungsbeginn nicht immer entschieden, welche Unternehmen in späteren Bauphasen bestimmte Gewerke ausführen, wie viele Beschäftigte diese einsetzen werden oder ob Unternehmer ohne Beschäftigte beauftragt werden. Die Vorankündigung wird daher nur die Angaben im Sinne des Anhang I enthalten können, die zum Zeitpunkt der Abgabe bekannt sind. Dies hat zur Folge haben, dass die Vorankündigung wegen erheblicher Änderungen gemäß § 2 Abs. 1 BaustellV anzupassen ist. Änderungen müssen der zuständigen Behörde jedoch nicht mitgeteilt werden.

3   Durch Abs. 1 Nr. 2 ist ein Tatbestand als **fahrlässiger oder vorsätzlicher Verstoß** im Zusammenhang mit dem **SiGePlan** mit Geldbuße belegt, nämlich gar keinen SiGePlan vor Baubeginn zu erstellen. Durch den Verweis auf § 25 Abs. 1 Nr. 1 ArbSchG beträgt die mögliche Geldbuße dafür gemäß § 25 Abs. 2 ArbSchG bis zu fünftausend Euro. Adressaten dieser Bestimmung sind der Bauherr, sein beauftragter Dritter oder der SiGe-Koordinator, sofern er beauftragt wurde, den SiGePlan zu erarbeiten. Da die Form des SiGePlans nicht vorgegeben ist und § 2 Abs. 3 Satz 2 BaustellV über den notwendigen Inhalt keine konkreten Anforderungen enthält, sollte es mit geringem Aufwand möglich sein, ein Bußgeld zu vermeiden.

4   Wie zu § 3 ausgeführt, berührt die BaustellV nicht die Pflichten des Arbeitgebers nach dem Arbeitsschutzgesetz. Die BaustellV enthält daher keine Bestimmungen zur Verbindlichkeit der Inhalte des SiGe-Planes. Daher ist die Nichteinhaltung von Bestimmungen eines SiGePlans kein Bußgeldtatbestand der BauStellV.

5   Nach dem Entwurf zur BaustellV vom August 1997 sollte auch ordnungswidrig handeln, wer einen Koordinator trotz Vorliegen der Voraussetzungen nicht bestellt. Dieses Vorhaben wurde jedoch bei den weiteren Beratungen gestrichen. Deshalb kann es für die zuständige Behörde schwierig sein, die geforderte Bestellung eines Koordinators zeitnah mit Nachdruck durchzusetzen. Eine Anordnung gegenüber dem Bauherren nach § 22 ArbSchG mit Sofortvollzug ist nicht möglich, weil Adressat des ArbSchG nicht der Bauherr sondern der Arbeitgeber ist.

6   Eine Untersagung der Bauausführung wegen des fehlenden SiGe-Koordinators wäre nur gerechtfertigt, wenn ein ursächlicher Zusammenhang mit unmittelbaren Gefahren für Leben und Gesundheit von Beschäftigen zu beweisen ist. Dieser Zusammenhang wird sich nach den Erfahrungen der Praxis eher nicht darstellen.

§ 8 Inkrafttreten

(1) **Diese Verordnung tritt am ersten Tage des auf die Verkündung folgenden Kalendermonats in Kraft.**

(2) **Für Bauvorhaben, mit deren Ausführung bereits vor dem 1. Juli 1998 begonnen worden ist, bleiben die bisherigen Vorschriften maßgebend.**

Anhang

Anh. BaustellV

Anhang I

1. Ort der Baustelle,
2. Name und Anschrift des Bauherren,
3. Art des Bauvorhabens,
4. Name und Anschrift des anstelle des Bauherren verantwortlichen Dritten,
5. Name und Anschrift des Koordinators,
6. voraussichtlicher Beginn und voraussichtliche Dauer der Arbeiten,
7. voraussichtliche Höchstzahl der Beschäftigten auf der Baustelle,
8. Zahl der Arbeitgeber und Unternehmer ohne Beschäftigte, die voraussichtlich auf der Baustelle tätig werden,
9. Angabe der bereits ausgewählten Arbeitgeber und Unternehmer ohne Beschäftigte.

Anhang II

Besonders gefährliche Arbeiten im Sinne des § 2 Abs. 3 sind:
1. Arbeiten, bei denen die Beschäftigten der Gefahr des Versinkens, des Verschüttetwerdens in Baugruben oder in Gräben mit einer Tiefe von mehr als 5 m oder des Absturzes aus einer Höhe von mehr als 7 m ausgesetzt sind,
2. Arbeiten, bei denen die Beschäftigten explosionsgefährlichen, hochentzündlichen, krebserzeugenden (Kategorie 1 oder 2), erbgutverändernden, fortpflanzungsgefährdenden oder sehr giftigen Stoffen und Zubereitungen im Sinne der Gefahrstoffverordnung oder biologischen Arbeitsstoffen der Risikogruppen 3 und 4 im Sinne der Richtlinie 90/679/EWG des Rates vom 26. November 1990 über den Schutz der Arbeitnehmer gegen Gefährdung durch biologische Arbeitsstoffe bei der Arbeit (ABl. EG Nr. L 374 S. 1) ausgesetzt sind,
3. Arbeiten mit ionisierenden Strahlungen, die die Festlegung von Kontroll- oder Überwachungsbereichen im Sinne der Strahlenschutz- sowie im Sinne der Röntgenverordnung erfordern,
4. Arbeiten in einem geringeren Abstand als 5 m von Hochspannungsleitungen,
5. Arbeiten, bei denen die unmittelbare Gefahr des Ertrinkens besteht,
6. Brunnenbau, unterirdische Erdarbeiten und Tunnelbau,
7. Arbeiten mit Tauchgeräten,
8. Arbeiten in Druckluft,
9. Arbeiten, bei denen Sprengstoff oder Sprengschnüre eingesetzt werden,
10. Aufbau oder Abbau von Massivbauelementen mit mehr als 10 t Einzelgewicht.

Verordnung über Sicherheit und Gesundheitsschutz bei der Arbeit an Bildschirmgeräten (Bildschirmarbeitsverordnung – BildscharbV)

Vom 4. Dezember 1996

(BGBl. I S. 1843), geänd. durch Art. 396 Siebente ZuständigkeitsanpassungsVO v. 29.10.2001 (BGBl. I S. 2785), Art. 304 Achte ZuständigkeitsanpassungsVO v. 25.11.2003 (BGBl. I S. 2304), Art. 437 Neunte ZuständigkeitsanpassungsVO v. 31.10.2006 (BGBl. I S. 2407), Art. 7 VO v. 18.12.2008 (BGBl. I S. 2768) und Art. 429 Zehnte ZuständigkeitsanpassungsVO v. 31.8.2015 (BGBl. I, S. 1474)

FNA 805-3-3

Literatur: *Arbeit & Ökologie-Briefe,* Nr. 14 vom 15. Juli 1998, S. 12; *Arbeit & Ökologie-Briefe,* 8/2002, S. 22 ff.; *Arbeit & Ökologie-Briefe,* 12/2002, S. 15; *Arbeit & Ökologie-Briefe,* 2/2003, S. 17; *Bayerisches Landesamt für Arbeitsschutz, Arbeitsmedizin und Sicherheitstechnik,* Bildschirmarbeitsplätze, Teil 2, Arbeitsplatzgestaltung (Broschüre), LfAS – 061/10/1997; BMA, Arbeitsschutz (Broschüre), 4/1998, S. 63; *Bücker/Feldhoff/Kohte,* Vom Arbeitsschutz zur Arbeitsumwelt, 1994; *BR-Drs. 656/96* vom 5.9.1996, S. 26; *Däubler,* Das neue Mitbestimmungsrecht des Betriebsrats im Arbeitsschutz, BetrR 1998, 31; *Feldhoff,* Mitbestimmung des Betriebsrats, Anmerkung zum Urteil des BAG vom 2. April 1996 – 1 ABR 47/95, ArbuR 1997, 72; *Gaul,* Die rechtliche Ordnung der Bildschirmarbeitsplätze, 2. Aufl. 1984; *Görner/Bullinger,* Leitfaden Bildschirmarbeit – Sicherheit und Gesundheitsschutz, 2. Aufl. 1997; *Hiller/Munker,* Die Umsetzung der Bildschirmarbeitsverordnung – nur eine Brillen- oder Kostenfrage? ASUMed 1998, S. 111; *Harten/Richenhagen,* Die neue Bildschirmarbeitsverordnung, WS I – Mitteilungen 1997, S. 884 ff.; *Kiesche/Schierbaum;* Neue Anforderungen an Software – Ergonomie durch die EG – Richtlinie zur Bildschirmarbeit, ArbuR 1995, 41; *Kollmer,* Inhalt und Anwendungsbereich der vier neuen Verordnungen zum Arbeitsschutzgesetz, NZA 1997, 138; *Kreizberg,* Bildschirmarbeit in Bürger/Oehmann/Matthes, Handwörterbuch des Arbeitsrechts (HwB AR), Nr. 700, August 2006; *ders.,* Arbeitsschutzrecht in: Bürger/Oehmann/Matthes, Handwörterbuch des Arbeitsrechts (HwB AR), Nr. 250, August 2007; *ders.,* Arbeitsschutzrecht/EU in: Bürger/Oehmann/Matthes, Handwörterbuch des Arbeitsrechts (HwB AR), Nr. 251, August 2007; *ders.,* Arbeitsschutz an Bildschirmarbeitsplätzen in: Das Personal-Büro, September 2009; *Löwisch/Neumann,* Anmerkungen zum Urteil des BAG vom 2.4.1996, SAE 1997, 85; *Mattik,* Die neue Lastenhandhabungs- und Bildschirmarbeitsverordnung, BetrR 1997, 5; *Nahrmann/Schierbaum,* Die Bildschirmarbeitsverordnung – Neue Anforderungen bei Bildschirmarbeitsplätzen, RDV 1997, 156; *Opferman/Rückert,* Sicherheit und Gesundheitsschutz bei der Arbeit – Neuregelungen zur Tätigkeit an Bildschirmgeräten, AuA 1997, 69; *Rentrop,* Die Bildschirmarbeitsverordnung, BG 1998, 198; *Richenhagen,* Bildschirmarbeitsplätze, 3. Aufl. 1997; *Richenhagen/Prümper/Wagner,* Handbuch der Bildschirmarbeit, 2. Aufl. 2002; *Wlotzke,* Fünf Verordnungen zum Arbeitsschutzgesetz 1996, NJW 1997, 1469; *Zeitschrift für Technik und Naturwissenschaften im öffentlichen Dienst,* April 2002, S. 63.

Einführung

I. Zweck des Arbeitsschutzes an Bildschirmarbeitsplätzen

1   Ein wesentliches Merkmal der modernen Arbeitswelt ist das rasante Tempo des technischen Fortschritts. Parallel hierzu schreiten auch die Erkenntnisse der Arbeitswissenschaft und Sicherheitstechnik fort. **Zweck des Arbeitsschutzes** ist die För-

Einführung

Einf BildscharbV

derung von Sicherheit und Gesundheit des arbeitenden Menschen. Jeder Arbeitgeber ist auf Grund der ihm obliegenden Fürsorgepflicht gehalten, die menschliche Arbeitskraft als wertvollstes wirtschaftliches Gut zu schützen. Dies folgt dem verfassungsrechtlichen Grundsatz des Rechts auf Leben und körperliche Unversehrtheit (Art. 2 Abs. 2 GG).

Der **Einsatz von Bildschirmgeräten** hat in den vergangenen dreiJahrzehn- 2 ten rasant zugenommen. Die Zahl der Bildschirm-Arbeitsplätze ist seit Ende der 80er Jahre sprunghaft in die Höhe geklettert. Schon 1996 übten mehr als 10 Millionen Erwerbstätige in Deutschland ihre Arbeit mit wesentlicher Unterstützung des Computer aus. Und für das Jahr 2000 prognostizierte die Bundesanstalt für Arbeitsschutz bereits, dass fast 80 Prozent aller Tätigkeiten im Dienstleistungsbereich nicht mehr ohne den Einsatz von Informationstechnologie ausgeübt werden. Eine nicht unerhebliche Rolle spielt dabei auch die Arbeitszeit. Fast jeder zweite Bildschirm-Arbeitspaltz wird heute mehr als vier Stunden täglich in Anspruch genommen. Die „Computerdichte" bei den Berufstätigen betrug Anfang 2002 in Deutschland 45%; dieser Durchschnitt gilt auch über alle EU-Länder hinweg (*Arbeit & Ökologie-Briefe,* 12/2002, S. 15). Einer Statistik aus Österreich zufolge (Stand November 2008) arbeiten dort derzeit 55% aller Beschäftigten an Bildschirmgeräten.

Aktuelle Zahlen des Bundesamtes für Statistik (Stand: 2015) weisen aus, dass von 41,5 Mio. erwerbstätigen Menschen in Deutschland 18 Mio. überwiegend am Bildschirm arbeiten.

Dazu steigt die Zahl der **Teleheimarbeitsplätze** ständig, wobei Bildschirmar- 3 beit (losgelöst vom Büroarbeitsplatz) in privaten Räumen geleistet wird, verknüpft mit dem Betrieb durch elektronischen Datenaustausch.

Mit der Zunahme der Bildschirmarbeit ging jedoch auch eine steigende Zahl 4 **spezifischer Gesundheitsprobleme** einher. Befragungen der so Beschäftigten mit epidemiologischer Auswertung ergaben insbesondere folgende gehäufte Beschwerden (*Bücker/Feldhoff/Kohte,* Rn. 289):
- Augenbeschwerden,
- Kopfschmerzen,
- Schmerzhafte Verspannungen des Stütz- und Bewegungsapparates,
- Schmerzen und Verschleiß von Muskeln, Sehnen und Gelenken der Unterarme, Hände und Handgelenke (sog. RS I-Syndrom – repetitive strain injuries).

Die große Zahl der Befindlichkeitsstörungen im Zusammenhang mit Bild- 5 schirmarbeit lässt den Schluss zu, dass die klassischen **Grundsätze der Hard- und Software-Ergonomie** in vielen Betrieben nicht hinreichend berücksichtigt wurden (*Kollmer* NZA 1997, 128, 141). Eine ausdrückliche Verpflichtung der Arbeitgeber dazu enthielt das staatliche Arbeitsschutzrecht bis Mitte der 90er-Jahre nicht; die Schaffung einer spezifischen Rechtsnorm war deshalb geboten.

Der Einigungsvertrag vom 31.8.1990 enthielt in Art. 30 Abs. 1 Nr. 2 den Auf- 6 trag an den gesamtdeutschen Gesetzgeber, den öffentlich-rechtlichen Arbeitsschutz zeitgemäß neu zu regeln. Dazu kam die Verpflichtung der Bundesregierung, als Mitglied der EU die **europäischen Arbeitsschutzrichtlinien** in das deutsche Recht zu übernehmen:
- EG-Richtlinien nach Art. 95 EGV (sog. Binnenmarkt-Richtlinien) dienen dem Abbau von Handelshemmnissen beim Inverkehrbringen von Maschinen und Geräten, und gleichzeitig der Einhaltung eines hohen Sicherheitsstandards. Sie sind inhaltsgleich in nationales Recht umzusetzen; dies geschah in Deutschland in der Regel durch Verordnungen zum Gerätesicherheitsgesetz. Für den Bereich

der Bildschirmgeräte gelten die allgemeinen Bestimmungen der 9. GSGV in Verbindung mit der EG-Maschinen-Richtlinie 89/392/EWG, jetzt: RL 2006/42/EG.
- Richtlinien nach Art. 137 EGV (sog. betriebliche Arbeitsschutz-Richtlinien) haben die Verbesserung des Arbeitsschutzes in den Betrieben zum Ziel und geben dafür Mindestvorschriften für Sicherheit und Gesundheitsschutz vor. Die Mitgliedsstaaten können bei der Umsetzung in nationales Recht höhere Anforderungen festlegen. § 19 i.V. mit § 18 ArbSchG ermächtigt die Bundesregierung, die EG-Einzelrichtlinien nach Art. 137 EGV in Form von Rechtsverordnungen umzusetzen.

7 Eine der für die Büropraxis bedeutsamen EG-Einzelrichtlinien ist die Richtlinie des Rates 90/270/EWG vom 29.5.1990 über die Mindestvorschriften für Sicherheit und Gesundheitsschutz bei der Arbeit an Bildschirmgeräten (Fünfte Einzelrichtlinie im Sinne von Artikel 16 Absatz 1 der Rahmenrichtlinie 89/391/EWG; ABl. EG Nr. L 156, S. 14, die **EG-Bildschirm-Richtlinie**).

8 Da das staatliche Arbeitsschutzrecht in Deutschland keine speziellen Regelungen enthielt, musste die Bundesregierung zur Umsetzung der EG-Bildschirm-Richtlinie eine neue Rechtsvorschrift schaffen. Dem Umsetzungsauftrag kam sie mit der Verordnung über Sicherheit und Gesundheitsschutz bei der Arbeit an Bildschirmgeräten **(Bildschirmarbeitsverordnung)** als Artikel 3 der Verordnung zur Umsetzung von EG-Einzelrichtlinien zur EG-Rahmenrichtlinie vom 4. Dezember 1996 nach.

9 Werden in einem Betrieb an einem oder mehreren Bildschirmgeräten Arbeitnehmer beschäftigt, so sind auch dort – in Verbindung mit dem ArbSchG – deren Sicherheit und Gesundheit zu gewährleisten. Als **Pflichten für den Arbeitgeber** resultieren daraus:
- die Arbeitsbedingungen zu beurteilen (§ 3 BildscharbV),
- den Bildschirmarbeitsplatz und seine Umgebung sicher zu gestalten (§ 4 BildscharbV) und
- den Arbeitsablauf unter Berücksichtigung ergonomischer Gesichtspunkte zu regeln (§ 5 BildscharbV).

10 Die vormals über § 6 BildschArbV geregelte Verpflichtung des Arbeitgebers, den Beschäftigten fachkundige Untersuchungen der Augen und des Sehvermögens zu ermöglichen, wurde im Rahmen des Inkrafttretens der Verordnung zur **arbeitsmedizinischen** Vorsorge vom 18.12.2008 (BGBl. I S. 2768 gestrichen und durch § 5 der ArbMedVV i.V. m. Anhang Teil 4 Abs. 2 ersetzt.

II. Geplante Fusion mit der ArbStättV

11 Ein Außerkraftsetzen der BildschArbV bei gleichzeitiger Übernahme ihrer Kernvorschriften in eine ebenfalls stark novellierte ArbStättV war Gegenstand eines Verordnungsentwurfs des Bundesarbeitsministeriums im Jahre 2014 (vgl. BR-Drs. 509/14 vom 30.10.2014). Seit einigen Jahren, so die offizielle Begründung erhielt, das BMAS immer wieder Anfragen aus der Praxis, wie bestimmte Anforderungen der ArbStättV zu erfüllen seien. Diese Rechtsunsicherheit wies auf unbestimmte Vorgaben in der Verordnung hin. So bestehen in der Praxis z. B. Probleme, die Regelung umzusetzen, nach der Arbeitsstätten „möglichst ausreichend Tageslicht" erhalten müssen. Auch ist nicht immer klar, worin der Unterschied zwischen einem Büroarbeitsplatz und einem Bildschirmarbeitsplatz besteht oder was unter einem Telearbeitsplatz zu verstehen ist. Darüber hinaus werden in der Praxis einzelne Vor-

Einführung **Einf BildscharbV**

schriften aufgrund ihrer Unbestimmtheit und der daraus folgenden weiten Auslegbarkeit unterschiedlich umgesetzt. Dieser Mangel wurde auch von den Aufsichtsbehörden kritisiert. Änderungsbedarf besteht zudem aufgrund neuer Erkenntnisse hinsichtlich einzelner Anforderungen an das Einrichten und Betreiben von Arbeitsstätten.

Die geplante Änderung der ArbStättV hatte das Ziel, durch eine präzisere Terminologie und durch Klarstellungen Rechtssicherheit zu schaffen und die ArbStättV gleichzeitig zu aktualisieren. Auf diese Weise sollten die Sicherheit und der Schutz der Gesundheit der Beschäftigten in Arbeitsstätten gewährleistet und verbessert werden (BR-Drs. 509/14 vom 30.10.2014, S. 1). 12

Bei dieser Integration ließ sich das BMAS von folgender Überlegung leiten: Die Anforderungen an die Arbeitsumgebung von Arbeitsplätzen in Arbeitsstätten, die im Arbeitsschutzgesetz grundsätzlich geregelt sind, werden mit der Arbeitsstättenverordnung konkretisiert. Bildschirmarbeitsplätze sind inzwischen elementarer Bestandteil von Arbeitsstätten in Verwaltung, Industrie und Gewerbe. Deshalb sollten die Anforderungen an Bildschirmarbeitsplätze aus der Bildschirmarbeitsverordnung in die Arbeitsstättenverordnung überführt werden. Durch die Zusammenfassung der beiden Verordnungen sollten auch Doppelregelungen beseitigt werden, sodass sich der Erfüllungsaufwand für die Wirtschaft verringert. Aufgrund der Konkretisierung der Anforderungen durch die neue Verordnung wurde keine nennenswerte Erhöhung des Erfüllungsstandes erwartet. 13

Im Vorschriftenteil der neuen ArbStättV sollte unter den Begriffsbestimmungen (§ 2 – neu-) ein Regelungsbereich wie folgt gestaltet werden: 14

(5) **Bildschirmarbeitsplätze** *sind Arbeitsplätze, die sich in Arbeitsräumen befinden und die mit Bildschirmgeräten und sonstigen Arbeitsmitteln ausgestattet sind.*

(6) **Bildschirmgeräte** *sind Funktionseinheiten, zu denen insbesondere Bildschirme zur Darstellung von visuellen Informationen, Einrichtungen zur Datenein- und –ausgabe, sonstige Steuerungs- und Kommunikationseinheiten (Rechner) sowie eine Software zur Steuerung und Umsetzung der Arbeitsaufgabe gehören.*

(7) **Telearbeitsplätze** *sind vom Arbeitgeber eingerichtete Bildschirmarbeitsplätze im Privatbereich der Beschäftigung.*

Im **Anhang** sollte das Thema „Bildschirmarbeitsplätze" wie folgt im Rahmen einer neuen Ziffer 6 verankert werden: 15

6 Maßnahmen zur Gestaltung von Bildschirmarbeitsplätzen

6.1 Allgemeine Anforderungen an Bildschirmarbeitsplätze

6.2 Allgemeine Anforderungen an Bildschirme und Bildschirmgeräte

6.3 Anforderungen an Bildschirmgeräte und Arbeitsmittel für die ortsgebundene Verwendung an Arbeitsplätzen

6.4 Anforderungen an tragbare Bildschirmgeräte für die ortsveränderliche Verwendung an Arbeitsplätzen

6.5 Anforderungen an die Benutzerfreundlichkeit von Bildschirmarbeitsplätzen

Im Bundesrat erhielt die neue Verordnung abgesehen von Veränderungswünschen, die nur zum geringen Teil das Thema „Bildschirmarbeitsplätze" betrafen, eine breite Zustimmung (BR-Drs. 509/1/14 v. 8.12.2014 sowie BR-Drs. 509/14 – Beschl.- v. 19.12.2014). Im Februar 2015 wurde die schon druckreife Verordnung vom Bundeskanzleramt gestoppt und der Weg ins Bundesgesetzblatt versperrt. Somit bleibt bis auf weiteres die BildschArbV als selbständige Verordnung erhalten. 16

BildscharbV Einf

III. Hinweise für die praktische Anwendung

17 Die Anforderungen des deutschen Arbeitsschutzrechts geben anerkanntermaßen seit Jahrzehnten ein hohes Schutzniveau vor. Als Ergebnis konnte die Zahl von Arbeitsunfällen, Berufskrankheiten und arbeitsbedingten Erkrankungen stetig gesenkt werden. Arbeitgeber, die bisher schon früher darauf achteten, dass die Arbeitsschutzbestimmungen eingehalten werden, mussten keine grundlegenden Änderungen erwarten. So gab es schon vor dem Inkrafttreten der BildscharbV **Prüflisten** zur Beurteilung von Bildschirmarbeitsplätzen hinsichtlich Hard- und Software, die auch im Vollzug des § 3 BildscharbV iVm. den §§ 5 und 6 ArbSchG zur Beurteilung der Arbeitsbedingungen einschließlich der Dokumentation gute Verwendung finden können (z. B. die Broschüre des Bayerischen Staatsministeriums für Arbeit und Sozialordnung, Familie, Frauen und Gesundheit „Arbeiten mit dem Bildschirm – aber richtig!").

18 Eine Methodik zur Beratung der Arbeitgeber und zur Vereinheitlichung des Handelns der Arbeitsschutzverwaltungen wurde vom Länderausschuss für Arbeitsschutz und Sicherheitstechnik erarbeitet und als LASI-Veröffentlichung LV 14 „Handlungsanleitung zur Beurteilung der Arbeitsbedingungen an Bildschirmarbeitsplätzen" veröffentlicht.

19 Die Berufsgenossenschaften, die Bundesanstalt für Arbeitsschutz und Arbeitsmedizin und die Gewerbeaufsichtsämter/Arbeitsschutzämter der Länder haben zahlreiche Anleitungen und **Checklisten** (in Broschürenform, auf CD-ROM oder über Internet abrufbar) für die Beurteilung von Bildschirmarbeitsplätzen erarbeitet z. B.:

- BG Chemie – Merkblatt „Gefährdungsbeurteilung – Anleitung zur Durchführung" (A 016) und Merkblatt „Gefährdung – Prüfliste Gefährdungs- und Belastungsfaktoren" (A 017);
- Bayerisches Landesamt für Arbeitsschutz, Arbeitsmedizin und Sicherheitstechnik, „Bildschirmarbeitsplätze", Broschüre mit Checkliste, Stand: April 2014;
- Bundesunfallkasse, „Beurteilung von Bildschirmarbeitsplätzen", BAGUV 50.11/97;
- *Görner/Bullinger,* „Leitfaden Bildschirmarbeit – Sicherheit und Gesundheitsschutz", 1997);
- Gefährdungsbeurteilung in der Verwaltung, Erstveröffentlichung 10/2007, Stand 07/2015, Berufsgenossenschaft für Gesundheitsdienst und Wohlfahrtspflege (BGW).

20 Die **digitalen Medien** enthalten teilweise animierte Tipps für ausgleichende Entspannungsübungen und Möglichkeiten zu einer on-line-Gefährdungsbeurteilung nach § 5 ArbSchG einschließlich Speicherung zur Dokumentation nach § 6 ArbSchG. Die Nutzung derartiger Medien sollte gerade an den High-Tech-Arbeitsplätzen der Informationsgesellschaft selbstverständlich werden und so auch der Sicherheit und Gesundheit der Beschäftigten zugute kommen.

21 Für die Bereitstellung von Arbeitsmitteln und deren Benutzung ist außerdem die Betriebssicherheitsverordnung vom 3.2.2015 [BGBl. I S. 49]) zu beachten.

§ 1 Anwendungsbereich

(1) Diese Verordnung gilt für die Arbeit an Bildschirmgeräten.

(2) Diese Verordnung gilt nicht für die Arbeit an
1. Bedienerplätzen von Maschinen oder an Fahrerplätzen von Fahrzeugen mit Bildschirmgeräten,
2. Bildschirmgeräten an Bord von Verkehrsmitteln,
3. Datenverarbeitungsanlagen, die hauptsächlich zur Benutzung durch die Öffentlichkeit bestimmt sind,
4. Bildschirmgeräten für den ortsveränderlichen Gebrauch, sofern sie nicht regelmäßig an einem Arbeitsplatz eingesetzt werden,
5. Rechenmaschinen, Registrierkassen oder anderen Arbeitsmitteln mit einer kleinen Daten- oder Meßwertanzeigevorrichtung, die zur unmittelbaren Benutzung des Arbeitsmittels erforderlich ist, sowie
6. Schreibmaschinen klassischer Bauart mit einem Display.

(3) Die Verordnung gilt nicht in Betrieben, die dem Bundesberggesetz unterliegen.

(4) ¹Das Bundeskanzleramt, das Bundesministerium des Innern, das Bundesministerium für Verkehr und digitale Infrastruktur, das Bundesministerium der Verteidigung oder das Bundesministerium der Finanzen können, soweit sie hierfür jeweils zuständig sind, im Einvernehmen mit dem Bundesministerium für Arbeit und Soziales und, soweit nicht das Bundesministerium des Innern selbst zuständig ist, im Einvernehmen mit dem Bundesministerium des Innern bestimmen, daß für bestimmte Tätigkeiten im öffentlichen Dienst des Bundes, insbesondere bei der Bundeswehr, der Polizei, den Zivil- und Katastrophenschutzdiensten, dem Zoll oder den Nachrichtendiensten, Vorschriften dieser Verordnung ganz oder zum Teil nicht anzuwenden sind, soweit öffentliche Belange dies zwingend erfordern, insbesondere zur Aufrechterhaltung oder Wiederherstellung der öffentlichen Sicherheit. ²In diesem Fall ist gleichzeitig festzulegen, wie die Sicherheit und der Gesundheitsschutz der Beschäftigten nach dieser Verordnung auf andere Weise gewährleistet werden.

Abs. 1 legt als **sachlichen Anwendungsbereich** die Arbeit an Bildschirmgeräten fest. Eine Legaldefinition des Begriffes „Bildschirmgerät" enthält § 2 Abs. 1 BildscharbV. Der Geltungsbereich beschränkt sich jedoch nicht auf Büroarbeitsplätze mit Computern; nach der amtlichen Begründung umfasst er darüber hinaus alle Arten von Tätigkeiten an Bildschirmen, also z. B. auch Arbeitsplätze in der Warte eines Kraftwerkes und bei der Steuerung verketteter Produktionsanlagen (BR-Drs. 656/96, S. 26).

Ebenso gehört dazu der Arbeitsplatz beim **Cutten von Filmen.** Mit Urteil vom 6.7.2000, C-11/99 hat der *EuGH* in Zusammenhang mit einem seinerzeit beim Arbeitsgericht Siegen anhängigen Rechtsstreit folgendes für Recht erkannt:
– Unter den Begriff Bildschirm zur Grafikdarstellung im Sinne der EG-Bildschirm-Richtlinie fallen auch Bildschirme, auf denen Filmaufzeichnungen in analoger oder in digitalisierter Form dargestellt werden.
– Ein Arbeitsplatz, auf dem analoges oder digitalisiertes Bildmaterial mit Hilfe von technischen Einrichtungen und/oder Computerprogrammen bearbeitet wird,

BildscharbV § 1 Bildschirmarbeitsverordnung

um sendefähige Fernsehbeiträge fertig zu stellen, fällt dagegen nicht unter den Begriff Bedienerplatz von Maschinen im Sinne der Maschinen-Richtlinie 90/270/EWG.

3 Der **persönliche Anwendungsbereich** umfasst durch die Stützung der BildscharbV auf das ArbSchG – soweit sich nicht aus Abs. 3 und 4 Ausnahmen ergeben – alle Beschäftigten im Sinne des § 2 Abs. 2 ArbSchG. Somit fallen darunter grundsätzlich Arbeitnehmerinnen und Arbeitnehmer, Beschäftigte in Berufsausbildung, Beamtinnen und Beamte, Richterinnen und Richter, Soldatinnen und Soldaten. Eine gravierende Einschränkung enthält jedoch die zeitbezogene Definition in § 2 Abs. 3 BildscharbV für Beschäftigte im Sinne der Bildschirmarbeitsverordnung.

4 Abs. 2 enthält als **Ausnahmen** vom Anwendungsbereich ausdrücklich die folgenden Arbeiten mit Bildschirmgeräten, auch wenn dort PC-Monitore oder ähnliche digitale Anzeigegeräte vorhanden sind:

– An Bedienerplätzen von Maschinen, wo z. B. durch eine integrierte Steuerungseinrichtung mit Bildschirm in den unmittelbaren Ablauf von Produktionsmechanismen eingegriffen wird. Steuerstände, Leitstände und CNC-Maschinen fallen dagegen nicht unter die Ausnahme, wenn die Bediener dabei vorbereitend, steuernd und optimierend arbeiten (*Richenhagen/Prümper/Wagner*, S. 4; *Görner/Bullinger*, S. 3).

– An Fahrerplätzen von Fahrzeugen, z. B. mit einem Display für das GPS-Leitsystem in einem LKW.

– Das Benutzen an Bord von Verkehrsmitteln, z. B. Radarkonsolen auf Schiffen, Cockpit-Instrumente in Flugzeugen; darunter ist auch die Verwendung eines Laptops zur Arbeit während einer Geschäftsreise im Zug zu subsumieren, die Bedenken wegen ungünstiger ergonomischer Verhältnisse sind nur gering, wenn der Umfang dieser Tätigkeit nur geringfügig gegenüber der sonstigen Arbeitszeit ist.

– An Datenverarbeitungsanlagen, die hauptsächlich zur Benutzung durch die Öffentlichkeit bestimmt sind, z. B. Geldautomaten, Terminals für Fahrplanauskünfte oder *touristische* Informationen, hier sind wegen der üblicherweise nur kurzzeitigen Benutzung keine gesundheitlichen Auswirkungen zu befürchten.

– Benutzung von Bildschirmgeräten für den ortsveränderlichen Gebrauch, sofern sie nicht regelmäßig an einem Arbeitsplatz eingesetzt werden. Tragbare Bildschirmgeräte, die nicht den ergonomischen Forderungen insbesondere bezüglich der Tastaturausführung, der Trennung von Tastatur und Bildschirm oder der Qualität der Zeichendarstellung erfüllen, sind für die dauernde Benutzung an einem festen Arbeitsplatz nicht geeignet *(LASI)*. Eine dauerhafte Büro-Verwendung von z. B. Tablet PC, Handheld Computer, Palmtop, Laptop, Notebook soll damit ausgeschlossen werden. Sie ist allenfalls möglich über eine Docking-Station; dies trifft jedoch auf ergonomische Bedenken wegen der dann starren Anordnung der Kombination und der geringen Ausmaße des Tastenfeldes.

– Rechenmaschinen, Registrierkassen oder anderen Arbeitsmitteln mit einem kleinen Display für Preisdaten oder Messwerte, das zur unmittelbaren Benutzung dieses Arbeitsmittels erforderlich ist. Kleine Daten- oder Messwertanzeigevorrichtung beschreibt die Größe der Anzeige, die nur wenige Zeilen umfassen darf. **Üblicherweise** ist auf derartigen Anzeigen der Betriebszustand oder ein Momentanmesswert bzw. Preis dargestellt. Die Anzeigen sollten den Anforderungen genügen, wie sie beispielhaft in der DIN EN 894 – Teil 2, Ergonomische

Begriffsbestimmungen **§ 2 BildscharbV**

Anforderungen an die Gestaltung von Anzeigen und Stellteilen, festgelegt sind *(LASI)*.
– Schreibmaschinen klassischer Bauart mit einer elektronischen Anzeige, deren Display nur *wenige* Worte oder Zeilen anzeigt und nur nachrangigen Kontrollzwecken dient.

Ferner gilt die Verordnung nicht in Betrieben, die dem **Bundesberggesetz** unterliegen. Für den Bergbau wird der Arbeitsschutz insgesamt weitgehend durch das Bundesberggesetz und darauf gestützte Rechtsverordnungen, z. B. die Allgemeine Bundesbergverordnung vom 23.10.1995 (BGBl. I S. 1466) zuletzt geändert durch Art. 5 Abs. 5 des Gesetzes vom 24.2.0212 (BGBl. I S. 212) und die Gesundheitsschutz-Bergverordnung (GesBergV) vom 31.7.1991 (BGBl. I S. 1751), zuletzt geändert durch Art. 5 Abs. 6 der Verordnung vom 26.11.2010 (BGBl. I S. 1643) geregelt. § 13 GesBergV enthält der BildscharbV entsprechende Bestimmungen zum gesundheitlichen Schutz bei Tätigkeiten an einem stationären Bildschirmgerät. 5

Ebenfalls vom Anwendungsbereich **ausgeschlossen** sind eine Reihe von Bundesministerien sowie Bundeswehr, Polizei, Zivil- und Katastrophenschutz, Zoll, Nachrichtendienste etc. (§ 1 Abs. 4 BildscharbV). Diese Regelung trägt der Tatsache Rechnung, dass in bestimmten Tätigkeitsbereichen des öffentlichen Dienstes die strikte Anwendung der Verordnung mit der ordnungsgemäßen Erfüllung der öffentlichen Aufgaben in diesen Bereichen in Konflikt kommen könnte. 6

Daher können die zuständigen Bundesressorts (vgl. dazu Art. 429 der Zehnten Zuständigkeitsanpassungsverordnung v. 31.8.2015 – BGBl. I, S. 1474) im Einvernehmen mit dem Bundesministerium für Arbeit und Sozialordnung und soweit nicht das Bundesinnenministerium selbst zuständig ist, im Einvernehmen mit diesem bestimmen, welche Vorschriften dieser Verordnung ganz oder zum Teil nicht anzuwenden sind. (*Pieper* ArbSchR BildschArbVO, § 1 Rn. 24 ff. und § 2 BildschArbVO, Rn. 12 ff.; *Richenhagen/Prümper/Wagner* S. 180, 184 ff.). 7

Es ist aber gleichzeitig festzulegen, wie Sicherheit und Gesundheitsschutz der Beschäftigten nach dieser Verordnung auf andere Weise gewährleistet werden kann. 8

§ 2 Begriffsbestimmungen

(1) **Bildschirmgerät im Sinne dieser Verordnung ist ein Bildschirm zur Darstellung alphanumerischer Zeichen oder zur Grafikdarstellung, ungeachtet des Darstellungsverfahrens.**

(2) **Bildschirmarbeitsplatz im Sinne dieser Verordnung ist ein Arbeitsplatz mit einem Bildschirmgerät, der ausgestattet sein kann mit**
1. **Einrichtungen zur Erfassung von Daten,**
2. **Software, die den Beschäftigten bei der Ausführung ihrer Arbeitsaufgaben zur Verfügung steht,**
3. **Zusatzgeräten und Elementen, die zum Betreiben oder Benutzen des Bildschirmgeräts gehören, oder**
4. **sonstigen Arbeitsmitteln,**

sowie die unmittelbare Arbeitsumgebung.

(3) **Beschäftigte im Sinne dieser Verordnung sind Beschäftigte, die gewöhnlich bei einem nicht unwesentlichen Teil ihrer normalen Arbeit ein Bildschirmgerät benutzen.**

BildscharbV § 2

Bildschirmarbeitsverordnung

1 Abs. 1 definiert als Bildschirmgerät einen Bildschirm, auf dem alphanumerische Zeichen oder graphische Elemente elektronisch dargestellt werden, ungeachtet der Abbildungstechnik. Als solche Bildschirmgeräte gelten daher Monitore mit Kathodenstrahlröhre, Flüssigkristallanzeige (OLED, LCD), TFT oder anderen – zum Teil noch in der Entwicklung befindlichen – Technologien z. B. auf Laserbasis. Bildschirmgeräte umfassen über Computer hinaus auch nicht-elektronische Darstellungssysteme wie Mikrofiche- und Mikrofilmlesegeräte. Ebenfalls gehören dazu Computer ohne Recheneinheit am Arbeitsplatz, z. B. Net-PC's, Workstations von Netzwerken (*Opfermann/Rückert* AuA 1997, 70; von *Harten/Richenhagen*, S. 885; BR-Drs. 656/96, S. 26).

2 In der Bildschirmarbeitsverordnung wird entsprechend der EG-Bildschirmrichtlinie (90/270/EWG) nicht konsequent zwischen Bildschirm und Bildschirmgerät unterschieden. Auch dort, wo in der Bildschirmarbeitsverordnung das Bildschirmgerät angesprochen wird, ist der Bildschirm gemeint (so auch „Bildschirm- und Büroarbeitsplätze" – Leitfaden für die Gestaltung – hrsg. von der Verwaltungs-Berufsgenossenschaft, September 2015).

3 Abs. 2 **definiert als Bildschirmarbeitsplatz** einen Arbeitsplatz mit einem Bildschirmgerät. Dazu können als Ausstattung gehören:
   Einrichtungen zur Datenerfassung, z. B. Scanner, Belegleser, Graphiktableau, Digitalkamera;
– Zusatzgeräte und Elemente, die zum Benutzen des Bildschirmgerätes erforderlich oder optional zu verwenden sind wie CPU, Tastatur, Maus, Trackball, Joystick, externes CD-ROM-Laufwerk, Streamer, Drucker, Plotter, Modem, Lautsprecher;
– die Software, um die Aufgaben erledigen zu können, z. B. Betriebssystem, Programme für Textverarbeitung, Tabellenkalkulation und Desktop-Publishing;
– sonstige Arbeitsmittel, die nicht nur speziell bei der Arbeit mit Bildschirmgeräten verwendet werden, z. B. Arbeitstisch, Arbeitsstuhl, Vorlagenhalter, Fußstütze sowie
– die unmittelbare Arbeitsumgebung. Dies ist ein Sammelbegriff für alle physikalischen, chemischen und biologischen Faktoren, die auf den Benutzer unmittelbar an seinem Arbeitsplatz einwirken können, z. B. Reflexionen durch die Beleuchtung, Blendung durch die Sonneneinstrahlung, Ozonbelastung der Raumluft durch die Emission von Laserdruckern, Strahlung durch elektromagnetische Felder (BR-Drs. 656/96 v. 5. 9. 1996, S. 28).

4 Danach gilt die BildscharbV **nicht** für die Arbeit an:
– Bedienerplätzen von **Maschinen** oder an **Fahrerplätzen** von Fahrzeugen mit Bildschirmen. Bedienerplätze von Maschinen sind solche Plätze, an denen bei einzelnen Maschinen, wie z. B. Industrierobotern oder computergestützten Werkzeugmaschinen in der Produktion über eine Steuereinrichtung mit Bildschirm, die integrierter Bestandteil der Maschine ist, unmittelbar in den Produktionsablauf dieser Maschine eingegriffen wird.
– **Bildschirmgeräte an Bord von Verkehrsmitteln.**
– Datenverarbeitungsanlagen, die hauptsächlich zur Benutzung durch die Öffentlichkeit bestimmt sind. Dies gilt z. B. für Geldautomaten, weil hier die Benutzung durch die Öffentlichkeit im Vordergrund steht. Die darüber hinaus nur ausgesprochen kurzzeitige Benutzung lässt keinerlei gesundheitliche Auswirkungen auf die Beschäftigten erwarten.
– **Bildschirmgeräte für den ortsveränderlichen Gebrauch**, sofern sie nicht regelmäßig an einem Arbeitsplatz eingesetzt werden. Hierbei handelt es sich insbesondere um **Laptops** oder **Notebooks.**

Begriffsbestimmungen **§ 2 BildscharbV**

- **Rechenmaschinen, Registrierkassen** oder anderen Arbeitsmitteln mit einer kleinen Daten- oder Messwertanzeigevorrichtung, die zur unmittelbaren Benutzung des Arbeitsmittels erforderlich ist sowie
- **Schreibmaschinen** klassischer Bauart mit einem Display. Diese sind von der Anwendung ausgenommen, weil die Anzeige der Zeichen bei ihnen nur von untergeordneter Bedeutung für die Tätigkeit ist.

Abs. 3 bestimmt, dass **Beschäftigte** im Sinne der BildscharbV nur solche sind, die 5
- gewöhnlich
- bei einem nicht unwesentlichen Teil
- ihrer normalen Arbeit

ein Bildschirmgerät benutzen. Diese Festlegung ist ein Kompromiss zwischen der Auffassung, jeder Beschäftigte an einem Bildschirmgerät falle darunter unabhängig von Dauer und Intensität der Benutzung, sowie der Gegenmeinung, die Bildschirmarbeit müsse die Tätigkeit völlig bestimmen.

Die Frage, ob es sich um einen Beschäftigten im Sinne der BildscharbV handelt, 6 ist hauptsächlich entscheidend für die Anforderungen des § 5 soewie der arbeitsmedizinischen Vorsorge. Dagegen ist nach § 4 Abs. 1 BildscharbV **jeder Bildschirmarbeitsplatz ergonomisch gemäß den Mindestvorschriften im Anhang zu gestalten,** unabhängig davon, ob ein Beschäftigter im Sinne von § 2 Abs. 3 BildscharbV daran arbeitet oder nicht, d. h. auch unabhängig davon, wie lange der Bildschirmarbeitsplatz genutzt wird *(LASI)*. Die im Anhang genannten Mindestvorschriften beziehen sich unterschiedslos auf alle Vorschriften, die in den 3 Abschnitten „Gerät", „Umgebung" und „Mensch-Maschine-Schnittstelle" aufgeführt sind. Diese Verpflichtungen sollen gewährleisten, dass ein bestimmter Arbeitsplatz ein Mindestmaß an Sicherheit und Schutz aufweist (*EuGH*, 5. Kammer vom 12.12.1996, Az.: C-74/95 und C-129/95).

Diese Einschränkung gegenüber dem Beschäftigtenbegriff des Arbeitsschutzgeset- 7 zes (§ 2 Abs. 2) entspricht wörtlich den Vorgaben der EG-Richtlinie. Sie ist ein Kompromiss zwischen der Auffassung, Beschäftigter sei jeder Benutzer eines Bildschirmgerätes unabhängig von Intensität und Dauer der Benutzung, und der Auffassung, dass die Arbeit mit dem Bildschirmgerät bestimmend für die Tätigkeit sein müsse.

Die Frage, wann eine Beschäftigung als **„wesentlich"** im Sinne der Vorschrift 8 einzuschätzen ist, kann in der betrieblichen Praxis zu Problemen führen. Die in **Tarifverträgen** getroffene Festlegung einer generellen zeitlichen Mindestgrenze als Voraussetzung für die Annahme einer wesentlichen Beschäftigung mit Bildschirmarbeit ist grundsätzlich zulässig.

Die **Berufsgenossenschaften** sehen seit vielen Jahren in ihren einschlägigen 9 Empfehlungen (vgl. dazu: BGI 650 von 2012 sowie die Nachfolge-Regelung in Gestalt der DGUV-Information 215–410) das Merkmal der **„Wesentlichkeit"** als gegeben an, wenn drei der nachstehend genannten vier Kriterien erfüllt sind:
- der Beschäftigte benötigt zur Durchführung der Arbeit ein Bildschirmgerät, da zur Erzielung des Arbeitsergebnisses kein anderes Arbeitsmittel zur Verfügung steht,
- die Durchführung der Arbeit mit dem Bildschirmgerät erfordert besondere Kenntnisse und Fähigkeiten des Beschäftigten,
- der Beschäftigte benutzt das Bildschirmgerät i. d. R. arbeitstäglich in ununterbrochenen Zeitabschnitten von mindestens einer Stunde,
- die Arbeit am Bildschirmgerät verlangt von dem Beschäftigten hohe Aufmerksamkeit und Konzentration, weil Fehler zu wesentlichen Konsequenzen führen

können (*EuGH* v. 12.12.1996, NZA 1997, 307–308 = CR 1997, 617 mit Anm. von *Kohte* AiB 1997, 487; *Richenhagen/Prümper/Wagner,* S. 186 ff.; *Keller,* S. 20 ff.; *Rentrop* BG 1998, 198 *ff.; Riese* CR 1997, 27 ff.).

10 Andere Quellen schließlich besagen, dass ein „nicht unwesentlicher Teil der Arbeit" grundsätzlich bei einer Bildschirmarbeit von mehr **als zwei Stunden** je Arbeitstag gegeben sei (*von Harten/Richenhagen, S.* 888 mit Hinweis auf die Begründung des Referentenentwurfs im Rahmen des Gesetzgebungsverfahrens).

11 Als weiterer Anhaltspunkt kann gelten, dass Beschäftigte bei einem Anteil der Bildschirmarbeit von mehr als **10–20% der Gesamtarbeitszeit** unter den Geltungsbereich der BildscharbVO fallen (*Bücker/Feldhoff/Kothe,* Rn. 304; *Richenhagen/ Prümper/Wagner,* S. 188).

12 Das ArbG Neumünster hat bereits vor anderthalb Jahrzehnten entschieden, dass es für die Einbeziehung in § 2 Abs. 3 der BildscharbV genügt, wenn ein Arbeitnehmer in Ausübung seiner Tätigkeit als freigestellter Betriebsratsvorsitzender täglich etwa 30 bis 45 Minuten seiner siebenstündigen Arbeitszeit am Bildschirm arbeitet (ArbG Neumünster vom 20.1.2000 -4 Ca 1034 b/99).

§ 3 Beurteilung der Arbeitsbedingungen

Bei der Beurteilung der Arbeitsbedingungen nach § 5 des Arbeitsschutzgesetzes hat der Arbeitgeber bei Bildschirmarbeitsplätzen die Sicherheits- und Gesundheitsbedingungen insbesondere hinsichtlich einer möglichen Gefährdung des Sehvermögens sowie körperlicher Probleme und psychischer Belastungen zu ermitteln und zu beurteilen.

1 Der Arbeitgeber hat nach § 5 ArbSchG alle Arbeitsplätze in seinem Betrieb hinsichtlich möglicher Gefährdungen für die Sicherheit und Gesundheit der Beschäftigten zu beurteilen. § 3 BildscharbV enthält dazu die Konkretisierung für Bildschirmarbeitsplätze, dass dort die Arbeitsbedingungen zu ermitteln und zu beurteilen sind insbesondere hinsichtlich

– einer möglichen Gefährdung des Sehvermögens, d. h. dessen Beeinträchtigung u. a. durch verschwommenes Sehen, Augenermüdung, Augenrötung, erhöhte Blendempfindlichkeit, Veränderung des Akkomodationsvermögens,

– körperlicher Probleme, d. h. solcher gesundheitlicher Beeinträchtigungen, die nicht speziell die Augen, sondern andere Körperteile betreffen, z. B. Kopfschmerzen, Muskel- und Skeletterkrankungen im Bereich von Nacken oder Handgelenk und

– psychischer Belastungen, z. B. möglicher Ermüdung und Monotoniezustände.

2 Die Formulierung „insbesondere hinsichtlich …" belegt, dass es sich bei der Nennung möglicher Probleme nicht um eine abschließende Aufzählung (numerus clausus) handelt.

Auch die Verringerung vorhandener Belastungen durch eine **menschengerechte Gestaltung der Bildschirmarbeit** gemäß § 2 Abs. 1 ArbSchG kommt als zu beachtender Aspekt in Betracht (BR-Drs. 656/1996 vom 5.9.1996S. 28 ff.; *Pieper* ArbSchG BildschArbVO § 3 Rn. 3ff.; *Richenhagen/Prümper/Wagner* S. 120ff. und 190ff.; *Keller* S. 24ff.). Der **Gesundheitsbegriff** der Verordnung umfasst demnach auch die physischen und psychomentalen Faktoren, die sich auf die Gesundheit des Beschäftigten auswirken und in unmittelbarem Zusammenhang mit der Sicherheit und der Gesundheit bei der Bildschirmarbeit stehen. Insoweit ist auch die

Anforderungen an die Gestaltung **§ 4 BildscharbV**

menschengerechte Gestaltung der Bildschirmarbeit Bestandteil des Gesundheitsbegriffes.

Die Pflicht zur **präventiven Beurteilung** soll dazu führen, dass Arbeitgeber 3 Maßnahmen des Arbeitsschutzes zielgerichteter und wirkungsvoller gestalten sowie die Arbeitsbedingungen kontinuierlich verbessern (vgl. *Bürkert,* AuA 1997, 190, ferner die Merkblätter der Berufsgenossenschaften zur „Gefährdungsbeurteilung – Anleitung zur Durchführung"). Die Beurteilung kann der Arbeitgeber selbst durchführen oder sich Dritter (wie z. B. der Fachkraft für Arbeitssicherheit oder des Betriebsarztes) bedienen. Weder das ArbSchG noch die BildscharbV schreiben allerdings besondere Verfahren für die Beurteilung einschließlich ihrer Dokumentation vor; einschlägige Hilfsmittel stehen in zunehmender Zahl zur Verfügung, um diese Aufgabe effizient und effektiv zu erledigen.

Die Beurteilung der Arbeitsbedingungen ist im Einzelfall erneut vorzunehmen, 4 wenn an einem Bildschirmarbeitsplatz gesundheitliche Beschwerden auftreten, die auf die Bildschirmarbeit oder die Gestaltung des Bildschirmarbeitsplatzes zurückgeführt werden können (Richenhagen/Prümper/Wagner, S. 192). Darüber hinaus trifft den Arbeitgeber eine nochmalige Beurteilungspflicht bei jeder wesentlichen, d. h. die Gefährdungslage betreffenden Änderung von Bildschirmarbeit und Bildschirmarbeitsplatz, z. B. bei einer Umorganisation von Arbeitsabläufen oder gravierender Veränderung im Aufgabenbereich des Beschäftigten (*Görner/Bullinger,* S. 16).

§4 Anforderungen an die Gestaltung

(1) **Der Arbeitgeber hat geeignete Maßnahmen zu treffen, damit die Bildschirmarbeitsplätze den Anforderungen des Anhangs und sonstiger Rechtsvorschriften entsprechen.**

(2) **Bei Bildschirmarbeitsplätzen, die bis zum 20. Dezember 1996 in Betrieb sind, hat der Arbeitgeber die geeigneten Maßnahmen nach Absatz 1 dann zu treffen,**

1. **wenn diese Arbeitsplätze wesentlich geändert werden oder**
2. **wenn die Beurteilung der Arbeitsbedingungen nach § 3 ergibt, daß durch die Arbeit an diesen Arbeitsplätzen Leben oder Gesundheit der Beschäftigten gefährdet ist,**

spätestens jedoch bis zum 31. Dezember 1999.

(3) **Von den Anforderungen des Anhangs darf abgewichen werden, wenn**

1. **die spezifischen Erfordernisse des Bildschirmarbeitsplatzes oder Merkmale der Tätigkeit diesen Anforderungen entgegenstehen oder**
2. **der Bildschirmarbeitsplatz entsprechend den jeweiligen Fähigkeiten der daran tätigen Behinderten unter Berücksichtigung von Art und Schwere der Behinderung gestaltet wird**

und dabei Sicherheit und Gesundheitsschutz auf andere Weise gewährleistet sind.

Abs. 1 verpflichtet jeden Arbeitgeber zu geeigneten Maßnahmen, damit seine 1 Bildschirmarbeitsplätze den Anforderungen des Anhangs zur BildscharbV und den sonstigen Rechtsvorschriften entsprechen. Diese **ergonomischen Anforderun-**

BildscharbV § 4

gen sind an jedem Arbeitsplatz zu erfüllen, unabhängig von der Person des Benutzers und der Dauer und Intensität der Nutzung (*BMAS*, S. 63).

2 Im Anhang zur BildscharbV sind dazu **Schutzziele** aufgelistet hinsichtlich
- des Bildschirmgerätes und der Tastatur (z. B. Beweglichkeit, Flimmerfreiheit),
- der sonstigen Arbeitsmittel (z. B. Computertisch, Bürodrehstuhl),
- der Arbeitsumgebung (z. B. Bewegungsraum und Beleuchtung) und
- des Zusammenwirkens von Mensch und Arbeitsmittel (Software-Ergonomie).

GS-Zeichen
- Freiwilliges Sicherheitskennzeichen
- Von einer Prüfstelle aufgrund § 3 Abs. 1 Gerätesicherheitsgesetz vergeben.
- Geprüft werden die Einhaltung der entsprechenden Bestimmungen der Sicherheitsregeln für Bildschirmarbeitsplätze (ZH 1/618) sowie der DIN-Normen-Reihe 66 234 und die elektrische Sicherheit, nicht jedoch die Bildschirmstrahlung.

TÜV – Ergonomie geprüft
- Freiwilliges Prüfsiegel
- Nachweis, daß die Mindestanforderungen des Anhangs der EG-Bildschirmrichtlinie 90/270/EWG einschließlich der Strahlungsarmut sowie die DIN EN-Norm 29 241, Teil 3 eingehalten sind.

MPR II (nur Monitor)
- Der Meß- und Prüfrat (MPR) ist ein Institut der Schwedischen Regierung.
- MPR hat mehrfach Grenzwerte der Bildschirmstrahlung empfohlen, die sich auch
- in Deutschland als Standard etabliert haben.
Bildschirme mit diesem freiwilligen Prüfsiegel unterschreiten die vom MPR empfohlenen Strahlungsgrenzwerte. Dies dient häufig als Verkaufsargument.

TCO 92, bzw. TCO 95
- Freiwilliges Prüfsiegel der Schwedischen Angestelltengewerkschaft.
- Grenzwerte für die Bildschirmstrahlung liegen deutlich unter denen nach MPR II.
- Umfaßt auch die Überprüfung der Umweltverträglichkeit der Bauteile einschließlich der Recycling-Fähigkeit
- Darüberhinaus ist der Energieverbrauch des Monitors durch Dunkelschaltung bei
- Arbeitspausen (Power-Management) verringert.
Unterscheiden Sie davon das **CE-Zeichen**!
Das CE- Zeichen muß jeder Hersteller aufgrund der EG – Maschinen-Richtlinie anbringen.
Dies ist kein Nachweis einer unabhängigen Überprüfung.

Abb. 1: Prüfkennzeichen auf Bildschirmgeräten

3 Abs. 3 Nr. 1 trägt der Tatsache Rechnung, dass es eine nicht unbeträchtliche Zahl von Arbeiten mit Bildschirmgeräten gibt, bei denen die technischen Parameter des Bildschirmarbeitsplatzes oder die Merkmale der Tätigkeit diesen Anforderungen tatsächlich **zwingend entgegenstehen.** Beispielhaft ist hier zu nennen: Anforderungen an Klimatisierung und Beleuchtung in Lagern, Werkstätten, Hallen, etc.; keine Möglichkeit zur Helligkeitsverstellung bei Bildschirmgeräten in der Prozesskontrolle oder bei Alarmsignaldarstellungen, soweit sie unter den Anwendungsbereich dieser Verordnung fallen *(LASI)*.

4 Die **„sonstigen Rechtsvorschriften"** in Abs. 1 beinhalten Vorschriften des Arbeitsschutzes in anderen Gesetzen (z. B. dem ArbSchG), Rechtsverordnungen

(z. B. ArbStättV, BetrSichV, GefStoffV) und Unfallverhütungsvorschriften (*von Harten/Richenhagen*, S. 886). Dazu gehören weiterhin als Regeln der Technik mit konkreten Angaben zur Arbeitsplatzgestaltung:
- die „Sicherheitsregeln für Bildschirm – Arbeitsplätze im Bürobereich" (ZH 1/618, bzw. GUV 17.8) und „Sicherheitsregelungen für Büroarbeitsplätze" (ZH 1/535) der Verwaltungs-Berufsgenossenschaft bzw. GUV-R 1/535 und
- die einschlägigen DIN-Normen wie z. B. die DIN 2137 oder DIN EN ISO Normen (z. B. DIN EN ISO 9241). Des Weiteren sind eine Reihe von DIN-, CEN-, ISO- und CENELEC-Normen zu beachten, die – und das möglichst weltweit – gleiche Standards für das Inverkehrbringen und Benutzen von Bildschirmgeräten schaffen sollen.

Die über viele Jahre hinweg fehlende Einheitlichkeit internationaler Produktnormen hat zu einer Reihe von **Prüfzeichen** geführt, die für den Käufer oder Anwender teilweise eher Verwirrung schaffen als eindeutige Qualitätskriterien zu bieten. Der Arbeitgeber konnte über einen entsprechenden Zeitraum davon ausgehen, dass ein Bildschirmgerät den Sicherheitsanforderungen genügt, wenn es ein Prüfzeichen wie das GS-Zeichen aufweist, (so noch die Empfehlung in der BR-Drs. 656/96 vom 5.9.1996, 30) zur Zeit gilt TCO 5 als strengstes Prüfzeichen für Bildschirmgeräte. 5

Nach Abs. 3 darf der Arbeitgeber von den in Abs. 1 genannten Anforderungen nur dann **abweichen,** wenn: 6
- dies wegen spezifischer Erfordernisse des Bildschirmarbeitsplatzes oder der Tätigkeit unabdingbar ist oder
- ein Bildschirmarbeitsplatz individuell für Behinderte unter Berücksichtigung von Art und Schwere ihrer Behinderung gestaltet wird.

In beiden Fällen ist dafür zu sorgen, dass Sicherheit und Gesundheitsschutz auf andere Weise sichergestellt werden.

§ 5 Täglicher Arbeitsablauf

Der Arbeitgeber hat die Tätigkeit der Beschäftigen so zu organisieren, daß die tägliche Arbeit an Bildschirmgeräten regelmäßig durch andere Tätigkeiten oder durch Pausen unterbrochen wird, die jeweils die Belastung durch die Arbeit am Bildschirmgerät verringern.

§ 5 Abs. 1 der BildscharbV verpflichtet den Arbeitgeber, die Tätigkeit der Beschäftigten so zu organisieren, dass die tägliche Arbeit an Bildschirmgeräten regelmäßig durch **andere Tätigkeiten** oder durch **Pausen** unterbrochen wird, die **jeweils die Belastung** durch die Arbeit am Bildschirm verringern. Mit der Forderung nach regelmäßiger Unterbrechung der Bildschirmarbeit durch andere Tätigkeiten, die die Belastung durch die Bildschirmarbeit verringern, ist das Konzept der „**Mischarbeit**" angesprochen. Ziel der „Mischarbeit" ist es, dass das Bildschirmgerät ein normales Arbeitsmittel des Beschäftigten ist, das nicht Inhalt und Art der Aufgabenerledigung diktiert oder dominiert. 1

Arbeitswissenschaftliche Modelle dafür sind: 2
- systematischer Arbeitsplatzwechsel (job rotation),
- Erweiterung des Aufgabenumfangs (job enlargement),
- Bereicherung des Arbeitsinhaltes (job enrichment) und
- Arbeitsgruppen mit erweiterten Handlungs- und Entscheidungsspielräumen.

BildscharbV § 6 Bildschirmarbeitsverordnung

Bei den alternativ geforderten regelmäßigen **(Kurz-)Pausen,** die die Belastung durch die Arbeit am Bildschirm verringern, handelt es sich nicht um die im Arbeitszeitrecht geforderten Ruhepausen. (BR-Drs. 656/96 vom 5.9.1996 und Referentenentwurf zum Verordnungsverfahren vom 17.12.1993; *von Harten/Richenhagen* S. 889; *Richenhagen/Prümper/Wagner,* S. 199 ff.; andere Ansicht: *Löwisch/Neumann* SAE 1997, 85.).

3 Die (Kurz-)Pausen sollen vielmehr dem Auftreten von Ermüdung entgegenwirken. Aus ergonomischer Sicht ist der Erholungswert mehrerer kurzer Pausen größer als der von wenigen, festgelegten langen Pausen. Des Weiteren sollen sie, wenn sie erforderlich werden, hinsichtlich ihrer Lage von den Beschäftigten nach Bedarf frei gewählt werden können, auch im Interesse einer flexiblen Unternehmensorganisation und eines gesundheitszuträglichen Arbeitsablaufs.

§ 6 Untersuchung der Augen und des Sehvermögens

Für die Untersuchung der Augen und des Sehvermögens einschließlich des Zurverfügungstellens von speziellen Sehhilfen gilt die Verordnung zur arbeitsmedizinischen Vorsorge vom 18. Dezember 2008 (BGBl. I S. 2768), die im Anhang Teil 4 einen Anlass für Angebotsuntersuchungen enthält, in der jeweils geltenden Fassung.

1 Auf die Kommentierung zur ArbMedVV wird insoweit verwiesen.

§ 7 Ordnungswidrigkeiten

(aufgehoben)

1 Die Vorschrift wurde aufgehoben durch Art. 7 der Verordnung zur Rechtsvereinfachung und Stärkung der arbeitsmedizinischen Vorsorge vom 18.12.2008 (BGBl. I S. 2768).

Anhang über an Bildschirmarbeitsplätze zu stellende Anforderungen

Bildschirmgerät und Tastatur

1. **Die auf dem Bildschirm dargestellten Zeichen müssen scharf, deutlich und ausreichend groß sein sowie einen angemessenen Zeichen- und Zeilenabstand haben.**
2. **Das auf dem Bildschirm dargestellte Bild muß stabil und frei von Flimmern sein; es darf keine Verzerrungen aufweisen.**
3. **Die Helligkeit der Bildschirmanzeige und der Kontrast zwischen Zeichen und Zeichenuntergrund auf dem Bildschirm müssen einfach einstellbar sein und den Verhältnissen der Arbeitsumgebung angepaßt werden können.**
4. **Der Bildschirm muß frei von störenden Reflexionen und Blendungen sein.**
5. **Das Bildschirmgerät muß frei und leicht drehbar und neigbar sein.**
6. **Die Tastatur muß vom Bildschirmgerät getrennt und neigbar sein, damit die Benutzer eine ergonomisch günstige Arbeitshaltung einnehmen können.**
7. **Die Tastatur und die sonstigen Eingabemittel müssen auf der Arbeitsfläche variabel angeordnet werden können. Die Arbeitsfläche vor der Tastatur muß ein Auflegen der Hände ermöglichen.**

8. Die Tastatur muß eine reflexionsarme Oberfläche haben.
9. Form und Anschlag der Tasten müssen eine ergonomische Bedienung der Tastatur ermöglichen. Die Beschriftung der Tasten muß sich vom Untergrund deutlich abheben und bei normaler Arbeitshaltung lesbar sein.

Sonstige Arbeitsmittel

10. Der Arbeitstisch beziehungsweise die Arbeitsfläche muss eine ausreichend große und reflexionsarme Oberfläche besitzen und eine flexible Anordnung des Bildschirmgeräts, der Tastatur, des Schriftguts und der sonstigen Arbeitsmittel ermöglichen. Ausreichender Raum für eine ergonomisch günstige Arbeitshaltung muss vorhanden sein. Ein separater Ständer für das Bildschirmgerät kann verwendet werden.
11. Der Arbeitsstuhl muss ergonomisch gestaltet und standsicher sein.
12. Der Vorlagenhalter muss stabil und verstellbar sein sowie so angeordnet werden können, dass unbequeme Kopf- und Augenbewegungen soweit wie möglich eingeschränkt werden.
13. Eine Fußstütze ist auf Wunsch zur Verfügung zu stellen, wenn eine ergonomisch günstige Arbeitshaltung ohne Fußstütze nicht erreicht werden kann.

Arbeitsumgebung

14. Am Bildschirmarbeitsplatz muss ausreichender Raum für wechselnde Arbeitshaltungen und -bewegungen vorhanden sein.
15. Die Beleuchtung muss der Art der Sehaufgabe entsprechen und an das Sehvermögen der Benutzer angepasst sein; dabei ist ein angemessener Kontrast zwischen Bildschirm und Arbeitsumgebung zu gewährleisten. Durch die Gestaltung des Bildschirmarbeitsplatzes sowie Auslegung und Anordnung der Beleuchtung sind störende Blendwirkungen, Reflexionen oder Spiegelungen auf dem Bildschirm und den sonstigen Arbeitsmitteln zu vermeiden.
16. Bildschirmarbeitsplätze sind so einzurichten, dass leuchtende oder beleuchtete Flächen keine Blendung verursachen und Reflexionen auf dem Bildschirm soweit wie möglich vermieden werden. Die Fenster müssen mit einer geeigneten verstellbaren Lichtschutzvorrichtung ausgestattet sein, durch die sich die Stärke des Tageslichteinfalls auf den Bildschirmarbeitsplatz vermindern lässt.
17. Bei der Gestaltung des Bildschirmarbeitsplatzes ist dem Lärm, der durch die zum Bildschirmarbeitsplatz gehörenden Arbeitsmittel verursacht wird, Rechnung zu tragen, insbesondere um eine Beeinträchtigung der Konzentration und der Sprachverständlichkeit zu vermeiden.
18. Die Arbeitsmittel dürfen nicht zu einer erhöhten Wärmebelastung am Bildschirmarbeitsplatz führen, die unzuträglich ist. Es ist für eine ausreichende Luftfeuchtigkeit zu sorgen.
19. Die Strahlung muss – mit Ausnahme des sichtbaren Teils des elektromagnetischen Spektrums – so niedrig gehalten werden, dass sie für Sicherheit und Gesundheit der Benutzer des Bildschirmgerätes unerheblich ist.

Zusammenwirken Mensch – Arbeitsmittel

20. Die Grundsätze der Ergonomie sind insbesondere auf die Verarbeitung von Informationen durch den Menschen anzuwenden.
21. Bei Entwicklung, Auswahl, Erwerb und Änderung von Software sowie bei der Gestaltung der Tätigkeit an Bildschirmgeräten hat der Arbeitgeber den folgenden Grundsätzen insbesondere im Hinblick auf die Benutzerfreundlichkeit Rechnung zu tragen:

BildscharbV Anh
Bildschirmarbeitsverordnung

21.1 Die Software muß an die auszuführende Aufgabe angepaßt sein.

21.2 Die Systeme müssen den Benutzern Angaben über die jeweiligen Dialogabläufe unmittelbar oder auf Verlangen machen.

21.3 Die Systeme müssen den Benutzern die Beeinflußung der jeweiligen Dialogabläufe ermöglichen sowie eventuelle Fehler bei der Handhabung beschreiben und deren Beseitigung mit begrenztem Arbeitsaufwand erlauben.

21.4 Die Software muß entsprechend den Kenntnissen und Erfahrungen der Benutzer im Hinblick auf die auszuführende Aufgabe angepaßt werden können.

22. Ohne Wissen der Benutzer darf keine Vorrichtung zur qualitativen oder quantitativen Kontrolle verwendet werden.

1 Der Anhang zu § 4 BildscharbV entspricht den Formulierungen der EG-Bildschirm-Richtlinie, der Text wurde lediglich etwas umsortiert. Er enthält **Ziele,** um Sicherheit und Gesundheitsschutz der Beschäftigten am Bildschirmarbeitsplatz zu gewährleisten, ohne konkrete Vorgaben aufzuerlegen. Letztere können den allgemein anerkannten Regeln der Technik entnommen werden, z. B. DIN 66 234 „Bildschirmarbeit", ISO 9241 Teil 10 „Software-Gestaltung".

2 Einen umfassenden Überblick gibt der KAN-Bericht 16 „Normung im Bereich Bildschirmarbeit" der Kommission für Arbeitsschutz und Normung. Abb. 2 bietet eine Übersicht zum ergonomischen Ziel „Flimmerfreiheit des Bildschirms", abhängig von üblichen Gerätedaten:

Bildschirmdurch-messer (Zoll)	Auflösung (Pixel oder Punkte)	Zeilenfrequenz (Khz)			
(14)	640 × 480	(31) 38	40	42	51
15	800 × 600	(38) 47	50	53	64
17	1024 × 768	(48) 60	64	68	81
19	1280 × 1024	(64) 81	85	91	108
21	1600 × 1200	– 94	100	106	125
Bildwiederholfrequenz (Hz)		(60) 75	80	85	100

Monitor = flimmerfrei, wenn > ca. 70 Hz

Erläuterung der Begriffe:

– Zeilenfrequenz (kHz) = Horizontalfrequenz
– Bildwiederholfrequenz (Hz) = vertikale Ablenkfrequenz
= Bildfolge
= Bildwechselfrequenz

Abb. 2: Vollzug der BildscharbG
Ergonomische Anforderungen an die Hardware, hier: **Flimmerfreiheit eines Bildschirms**

# Verordnung über Sicherheit und Gesundheitsschutz bei der manuellen Handhabung von Lasten bei der Arbeit (Lastenhandhabungsverordnung – LasthandhabV)

Vom 4. Dezember 1996

(BGBl. I S. 1842), geänd. durch Art. 395 Siebente ZuständigkeitsanpassungsVO v. 29.10.2001 (BGBl I S. 2785), Art. 303 Achte ZuständigkeitsanpassungsVO v. 25.11.2003 (BGBl. I S. 2304), Art. 436 Neunte ZuständigkeitsanpassungsVO v. 31.10.2006 (BGBl. I S. 2407) und Art. 428 Zehnte ZuständigkeitsanpassungsVO v. 31.8.2015 (BGBl. I S. 1474)

FNA 805-3-2

Literatur: *Amtliche Begründung zur LasthandhabV,* BR-Drs. 656/96, S. 19ff.; *Arbeit & Ökologie-Briefe,* Hohe Kosten bei Erkrankungen des Bewegungsapparates, Nr. 8/9, 1994, S. 9; *Arbeit & Ökologie-Briefe,* Kranker Rücken durch schweres Heben und Tragen: Es gibt kein einheitliches Ermittlungsverfahren, Nr. 24, 1997, S. 7; *Arbeit & Ökologie-Briefe,* Sozialgericht bezeichnet Berufskrankheiten der Wirbelsäule als rechtswidrig, Nr. 12, 1998, S. 7; *Bahnen-Berufsgenossenschaft,* Rückenschmerzen vermeiden: Heben und Tragen schwerer Lasten, BG Bahnen 2/1997, S. 14; *BAuA,* Broschüre „Gesundheitsschutz in Zahlen 2005", abrufbar unterhttp://www.baua.de/de/Publikationen/Fachbeitraege/GIZ 2005.html; *BMAS/BAuA,* Bericht „Sicherheit und Gesundheit bei der Arbeit 2014, abrufbar unter http://www.baua.de/de/Publikationen/Fach beitraege/Suga-2014.html; *Bieler/Kuhn,* Pflegebedürftige Menschen sicher und gesund bewegen, BPUVZ 2015, 424; *Bürkert/Ulrich,* Beurteilung von Gefährdungen und Belastungen, AuA 1997, S. 190ff.; *Hartmann,* Vorgehen bei Verdacht der Berufskrankheit Nr. 2108, Zbl Arbeitsmed 44/1994, S. 86ff.; *Hartung/Dupuis,* Verfahren zur Bestimmung der beruflichen Belastung durch Heben und Tragen schwerer Lasten, Die BG, Juli 1994, S. 452; *Heben und Tragen leicht gemacht,* Sicherheitsbeauftragter 8/1998, S. 10; *Hettinger/Hahn,* Schwere Lasten leicht gehoben, Hrsg. Bayerisches Staatsministerium für Arbeit, Familie und Sozialordnung, 1991; *Kollmer,* Inhalt und Anwendungsbereich der vier neuen Verordnungen zum Arbeitsschutzgesetz, NZA 1997, 138; *LASI,* Handlungsanleitung zur Beurteilung der Arbeitsbedingungen beim Heben und Tragen von Lasten, (Broschüre LV 9), 12/1996; Neuauflage 4/2001; *LASI,* Handlungsanleitung zur Beurteilung der Arbeitsbedingungen beim Ziehen und Schieben von Lasten, (Broschüre LV 29), 9/2002; *Laurig/Vedder,* Rechner-Programm ErgonLIFT zur Gefährdungsanalyse beim manuellen Handhaben von Lasten, ZArbWiss 48/1994, 2; *Mattik,* Die neue Lastenhandhabungs- und Bildschirmarbeitsverordnung, BetrR 1997, S. 5ff.; *Opfermann/Rückert,* Neue Regeln zur manuellen Handhabung von Lasten bei der Arbeit, AuA 1997, 187; *Pangert/Hartmann,* Gleichzeitige Berücksichtigung von Alter und Belastung auf die Lendenwirbelsäule beim Heben schwerer Lasten, Sicherheitsingenieur 10/2000, S. 24ff.; *Schaub,* Europäische und internationale Normungsaktivitäten in den Bereichen Arbeitssicherheit und Ergonomie dargestellt am Beispiel des manuellen Lastenhandhabens, ZArbWiss 53/1999, 4; *Steinberg/Windberg,* Leitfaden Sicherheit und Gesundheitsschutz bei der manuellen Handhabung von Lasten, BAuA, 1996; *Steinbruchs BG,* Mitgliederzeitung 4/94; *Windberg/Steinberg,* Heben und Tragen ohne Schaden, BAuA, 4/1998; *Wlotzke,* Fünf Verordnungen zum Arbeitsschutzgesetz 1996, NJW 1997, S. 1469ff.; *Zipprich,* Prävention arbeitsbedingter Erkrankungen durch manuelles Handhaben von Lasten, 2006.

Einführung

1. Vielfaches Bewegen schwerer Lasten allein durch Körperkraft kann die Gesundheit erheblich beeinträchtigen. Berufliche Tätigkeiten mit häufigem manuellen Heben, Schieben, Ziehen und Tragen können Muskeln und Bänder, Gelenke und Knochen überbeanspruchen und zu **arbeitsbedingten Erkrankungen** (vor allem an der Lendenwirbelsäule) führen. 2007 waren 23,4% der anerkannten Berufskrankheiten, die zum Unterlassen aller schädigenden Tätigkeiten gezwungen haben, bandscheibenbedingte Erkrankungen der Lendenwirbelsäule *(BMAS/BAuA, S. 39)*. Darüber hinaus sind dabei **akute Gesundheitsschäden**, z. B. Sturzunfälle und Bandscheibenvorfälle, zu beklagen. Etwa 20% aller Arbeitsunfälle mit erheblichen Folgelasten für die Betriebe und Unfallversicherungsträger ereignen sich beim innerbetrieblichen Transport, viele davon beim Handling schwerer Lasten ohne Hebehilfen.
2. Krankheiten des Muskel-Skelett-Systems und des Bindegewebes verursachten im Jahr 2014 etwa **126 Mio. Arbeitsunfähigkeitstage** im Bundesgebiet. Daraus resultierte ein Produktionsausfall in der Höhe von rund 13,2 Milliarden EURO *(BMAS/BAuA, S. 43)*.
3. Das Bundesinstitut für Berufsbildung führt in mehrjährigen Abständen Erhebungen über Arbeitsbedingungen und -belastungen durch. Eine vergleichende Studie hat ergeben, dass 1979 17% der Beschäftigten regelmäßig oder häufig Lasten von mehr als 20 kg heben und tragen mussten, 2005/2006 jedoch sogar 22,8% der Arbeitnehmer *(BAuA, S. 35)*. Trotz der Mechanisierung und Automatisierung im Produktionsbereich gibt es also **zunehmende Belastungen** durch das Bewegen schwerer Lasten von Hand.
4. Einige Wirbelsäulenschäden, die auf das manuelle Bewegen schwerer Lasten bei der Arbeit zurückzuführen sind, können seit Januar 1993 als **Berufskrankheit** anerkannt werden:
   - Bandscheibenbedingte Erkrankungen der Lendenwirbelsäule durch langjähriges Heben oder Tragen schwerer Lasten, insbesondere in extremer Rumpfbeugehaltung (BK-Nr. 2108), z. B. bei Möbelpackern, Stauern auf Fluggepäck, Beschäftigten im Berg-, Hoch- und Tiefbau, in der Holzverarbeitung und Krankenpflege.
   - Bandscheibenbedingte Erkrankungen der Halswirbelsäule durch langjähriges Heben oder Tragen schwerer Lasten auf der Schulter (BK-Nr. 2109) z. B. bei Fleischträgern.
5. Im ersten Jahr der Anerkennungsmöglichkeit gingen etwa **26 000 Verdachtsanzeigen** bei den gewerblichen Berufsgenossenschaften ein, von denen allerdings nur ca. 60 zu einer Anerkennung führten *(Steinbruchs BG, 4/94)*. Im Laufe der Jahre hat sich eine Anerkennungsquote von um die 5% stabilisiert. Im Jahr 2014 standen 6.264 Verdachtsanzeigen wegen bandscheibenbedingter Erkrankungen 393 anerkannte Berufskrankheiten gegenüber *(BMAS/BAuA, S. 93)*. Die geringe Anerkennungsquote hat ihre Ursache vor allem in den strengen Anspruchsvoraussetzungen der Unfallversicherungsträger:
   - Die belastende Tätigkeit musste über mehr als 10 Jahre hinweg ausgeübt worden sein,
   - Lasten von mindestens 10 bis 25 Kilogramm waren ständig tätigkeitsbestimmend, z. B. regelmäßig mehr als 40 mal pro Schicht,

Einführung

– die Beschwerden führten zur vollständigen Aufgabe dieser Tätigkeit und
– der Versicherungsfall ist erst nach dem 30. April 1988 eingetreten.

Über die extrem restriktive Anerkennungspraxis hinaus wurde die BK-Nr. 2108 **6**
in zwei Gerichtsurteilen sogar als rechtswidrig bezeichnet: Das SG Landshut (Az.
S 8 U 224/95 v. 18.12.1997) und das LSG Celle (Az. L 6 U 178/97 vom
5.2.1998) beanstandeten eine **fehlende wissenschaftliche Grundlage** dieser
BK-Regelung. Es sei nicht erwiesen, dass schwere Arbeit den Rücken mehr belaste
als normaler körperlicher Verschleiß. Vergleiche mit anderen Personen seien nicht
möglich, weil kein altersspezifischer Normalbefund existiere. Ein Entschädigungs-
anspruch scheide aus, da die Erkrankungen im Wesentlichen individuell und anla-
gebedingt seien, ein Kausalzusammenhang zwischen den Tätigkeiten mit vieljähri-
gem schweren Heben und Tragen als Polsterer bzw. Maurer und dem Auftreten der
Bandscheibenerkrankungen sei nicht nachweisbar (*Arbeit & Ökologie-Briefe,* Nr. 12/
98).

Muskel- und Skeletterkrankungen entwickeln sich zu einer **Volkskrankheit**, ein **7**
berufsbedingter Hintergrund ist oft zu vermuten. In ca. 30% aller Anträge auf Früh-
rente wegen Berufsunfähigkeit werden Rückenbeschwerden auf Grund schwerer
Lasten und statischer Zwangshaltungen geltend gemacht. Bei diesen Gesundheitsbe-
lastungen bietet sich deshalb ein weites Feld für präventive Maßnahmen, um die
Gesundheit vieler Menschen zu erhalten und gleichzeitig den Betrieben und der
Volkswirtschaft erhebliche Kosten zu ersparen. Konkrete Verpflichtungen zu
Schutzvorkehrungen bei beruflichen Tätigkeiten gab es allerdings bis vor wenigen
Jahren in staatlichen oder berufsgenossenschaftlichen Arbeitsschutzvorschriften na-
hezu keine. Detaillierte Festlegungen gab es lediglich im Bereich Abfallwirtschaft
und beim Umgang mit schweren Steinen im Mauerwerksbau.

Der Rat der Europäischen Gemeinschaften beschloss im Jahr 1988, auf der **8**
Grundlage des Art. 153 AEUV (ex-Art. 137 EGV) in Richtlinien Mindestvorschriften zum betrieblichen Arbeitsschutz festzulegen, um die **Arbeitsumwelt zu
verbessern** und dabei u. a. Maßnahmen gegen gefährdendes Tragen schwerer Lasten zu fordern.

In der Folge entstand die Richtlinie des Rates 89/269/EWG vom 29. Mai 1990 über **9**
die Mindestvorschriften bezüglich der Sicherheit und des Gesundheitsschutzes bei der
manuellen Handhabung von Lasten, die für die Arbeitnehmer insbesondere eine Gefährdung der Lendenwirbelsäule mit sich bringt (Vierte Einzelrichtlinie im Sinne des
Art. 16 Abs. 1 der Rahmenrichtlinie 89/391/EWG; ABl. EG Nr. L 156, S. 9). Die
„**EG-Lastenhandhabungs-Richtlinie**" regelte grundsätzliche Schutzmaßnahmen
beim Bewegen schwerer Lasten von Hand und verpflichtete alle Mitgliedstaaten, diese
zumindest auf gleichem Sicherheitsniveau in nationales Recht zu übernehmen.

Die Umsetzung dieser Richtlinie in das deutsche Rechtssystem erfolgte durch **10**
die Verordnung über Sicherheit und Gesundheitsschutz bei der manuellen Handhabung von Lasten bei der Arbeit (**Lastenhandhabungsverordnung** –
LasthandhabV, als Artikel 2 der „Verordnung zur Umsetzung von EG-Einzelrichtlinien zur EG – Rahmenrichtlinie" vom 4. Dezember 1996, BGBl. I S. 1841). Ihre
allgemein gehaltenen Grundsätze können im Betrieb durch konkrete, branchenspezifische Vorgaben in u. a. berufsgenossenschaftlichen Unfallverhütungsvorschriften und Sicherheitsregeln effizient ausgefüllt werden. Die LasthandhabV ist dabei
stets im Zusammenhang mit dem ArbSchG zu sehen, beide ergänzen sich gegenseitig. Der Verordnungsgeber hat bei der Umsetzung der Mindestvorschriften aus der
EG-Lastenhandhabungs-Richtlinie Inhalte, die bereits im ArbSchG eine Regelung
gefunden haben, nicht mehr in die Verordnung aufgenommen.

Klindt

LasthandhabV § 1 — Lastenhandhabungsverordnung

Die LasthandhabV wirkt aber auch mit anderen Normen des Arbeitsrechts zusammen. So gewährt § 618 BGB dem Arbeitnehmer einen schuldrechtlichen Anspruch gegen den Arbeitgeber auf Beschäftigung mit nicht die Gesundheit gefährdenden Tätigkeiten. Aus § 2 Abs. 2 S. 2 LasthandhabV i. V. m. § 618 BGB folgt ein Anspruch des Arbeitnehmers gegen den Arbeitgeber auf Ergreifen geeigneter Maßnahmen, damit die Gesundheitsgefährdung durch die Tätigkeit reduziert wird *(Zipprich, S. 131ff.)*. Diese Verpflichtung kann bei einem bereits an der Lendenwirbelsäule geschädigten Arbeitnehmer Einfluss darauf haben, ob der Arbeitgeber zur krankheitsbedingten Kündigung berechtigt ist oder ob er die Pflicht hat, den Arbeitnehmer anderweitig zu beschäftigen (*LAG Frankfurt*, Az. 2 Sa 1833/99 v. 15.9.2000; Az. 18/16 Sa 340/06 v. 27.11.2006).

11   Ein Arbeitgeber hat **vorrangig technische bzw. organisatorische Maßnahmen** für einen Lastentransport zu treffen. Erst wenn es unvermeidlich ist eine schwere Last manuell zu handhaben darf er Beschäftigte damit beauftragen. Dazu muss er vorher die möglichen Gefahren beurteilen unter Berücksichtigung von Lastmerkmalen,
– Bewegungsablauf und Kraftaufwand,
– erkannte Gefährdungen auf ein Mindestmaß beschränken sowie
– die Beschäftigten über die sachgemäße Ausführung unterweisen.

§ 1 Anwendungsbereich

(1) **Diese Verordnung gilt für die manuelle Handhabung von Lasten, die aufgrund ihrer Merkmale oder ungünstiger ergonomischer Bedingungen für die Beschäftigten eine Gefährdung für Sicherheit und Gesundheit, insbesondere der Lendenwirbelsäule, mit sich bringt.**

(2) **Manuelle Handhabung im Sinne dieser Verordnung ist jedes Befördern oder Abstützen einer Last durch menschliche Kraft, unter anderem das Heben, Absetzen, Schieben, Ziehen, Tragen oder Bewegen einer Last.**

(3) **Die Verordnung gilt nicht in Betrieben, die dem Bundesberggesetz unterliegen.**

(4) **[1]Das Bundeskanzleramt, das Bundesministerium des Innern, das Bundesministerium für Verkehr und digitale Infrastruktur, das Bundesministerium der Verteidigung oder das Bundesministerium der Finanzen können, soweit sie hierfür jeweils zuständig sind, im Einvernehmen mit dem Bundesministerium für Arbeit und Soziales und, soweit nicht das Bundesministerium des Innern selbst zuständig ist, im Einvernehmen mit dem Bundesministerium des Innern bestimmen, daß für bestimmte Tätigkeiten im öffentlichen Dienst des Bundes, insbesondere bei der Bundeswehr, der Polizei, den Zivil- und Katastrophenschutzdiensten, dem Zoll oder den Nachrichtendiensten, Vorschriften dieser Verordnung ganz oder zum Teil nicht anzuwenden sind, soweit öffentliche Belange dies zwingend erfordern, insbesondere zur Aufrechterhaltung oder Wiederherstellung der öffentlichen Sicherheit. [2]In diesem Fall ist gleichzeitig festzulegen, wie die Sicherheit und der Gesundheitsschutz der Beschäftigten nach dieser Verordnung auf andere Weise gewährleistet werden.**

Maßnahmen **§ 2 LasthandhabV**

Abs. 1 umfasst als Anwendungsbereich der LasthandhabV nicht jegliches manuelle Handhaben von Lasten, sondern schränkt auf solche Fälle ein, die auf Grund der Randbedingungen die **Sicherheit und Gesundheit der Beschäftigten gefährden** können. Gefahren resultieren aus den Eigenschaften der jeweiligen Last oder ungünstigen ergonomischen Bedingungen. Eine maßvolle dynamische Belastung des Körpers bei der Arbeit muss nicht schädlich sein, sie kann vielmehr der Erhaltung der Gesundheit dienen. Geringe Wechselbeanspruchungen und Bewegungen fördern Kreislauf und Muskeln, Sehnen, Knochen und Bandscheiben. Sie sind ist sogar günstiger als eine Unterforderung des Muskel-Skelett-Systems durch das Vermeiden jeglicher Belastung. 1

Entscheidend ist demnach die Abgrenzung, wann eine Tätigkeit für den Handhabenden ein Risiko darstellt. Dies ist jedoch in Theorie und Praxis schwer zu beantworten. Der Referentenentwurf der LasthandhabV von 1993 enthielt eine **Auslöseschwelle,** nach der eine Gefährdung – abhängig u. a. von Masse und Form der Last, Anzahl und Ablauf der Vorgänge – bereits dann anzunehmen sei, wenn gelegentlich Lasten von mehr als 10 kg manuell zu handhaben seien. Diese Festlegung konnte jedoch keinen Bestand haben in Anbetracht der politischen Vorgabe die Mindestregelungen der EG-Richtlinien national in einer „schlanken" Form umzusetzen. 2

Abs. 2 enthält die Legaldefinition der manuellen Handhabung. Sie umfasst jede Bewegung einer Last allein durch menschliche Kraft, also das Aufheben, Tragen und Absetzen, Schieben und Ziehen, selbst das Abstützen. Die Tätigkeiten betreffen nicht allein die Armkraft; vielmehr umfassen sie auch den Krafteinsatz über Beine, Rumpf, Rücken, Schultern und andere Muskelgruppen. Darunter fällt auch der Lastentransport mit handbetriebenen Seilwinden, z. B. im Gerüstbau; nicht betroffen ist dagegen die maschinelle Unterstützung etwa durch Kran oder Gabelstapler. Unter dem Begriff Last sind sowohl Gegenstände und Stoffe als auch Tiere und Menschen, z. B. Kinder oder Patienten, zu verstehen (*Opfermann/Rückert* AuA 1997, 188). Die Vorschrift gilt deshalb unstreitig auch im Pflegebereich beim Umgang mit Patienten und pflegebedürftigen Menschen (dazu *Bieler/Kuhn,* BPUVZ 2015, 424) 3

Abs. 3 schließt die Anwendung der LasthandhabV im Bereich des Bergbaus aus. In Betrieben, die dem Bundesberggesetz unterliegen, finden jedoch entsprechende Regelungen in § 14 der Gesundheitsschutz – Bergverordnung Anwendung (GesBergV) vom 31.7.1991 (BGBl. I S. 1751, zuletzt geänd. BGBl. 2010 I S. 1643). 4

Abs. 4 listet – als eine nicht abschließende Aufzählung – einige Bereiche auf, bei denen eine strikte Anwendung der Verordnung die ordnungsgemäße Erfüllung der öffentlichen Aufgaben beeinträchtigen könnte, z. B. Bundeswehr, Polizei, Zivil- und Katastrophenschutz. Hier können die obersten Bundesbehörden gesonderte Regelungen schaffen, haben aber dennoch Schutzmaßnahmen für die Sicherheit und Gesundheit der Beschäftigten festzulegen. 5

§ 2 Maßnahmen

(1) **Der Arbeitgeber hat unter Zugrundelegung des Anhangs geeignete organisatorische Maßnahmen zu treffen oder geeignete Arbeitsmittel, insbesondere mechanische Ausrüstungen, einzusetzen, um manuelle Handhabungen von Lasten, die für die Beschäftigten eine Gefährdung für Sicherheit und Gesundheit, insbesondere der Lendenwirbelsäule mit sich bringen, zu vermeiden.**

LasthandhabV § 3

(2) ¹Können diese manuellen Handhabungen von Lasten nicht vermieden werden, hat der Arbeitgeber bei der Beurteilung der Arbeitsbedingungen nach § 5 des Arbeitsschutzgesetzes die Arbeitsbedingungen insbesondere unter Zugrundelegung des Anhangs zu beurteilen. ²Aufgrund der Beurteilung hat der Arbeitgeber geeignete Maßnahmen zu treffen, damit eine Gefährdung von Sicherheit und Gesundheit der Beschäftigten möglichst gering gehalten wird.

1   Abs. 1 fordert manuelles Handhaben von Lasten möglichst **ganz zu vermeiden,** wenn es die Sicherheit und Gesundheit von Beschäftigten gefährden kann, und zwar durch geeignete organisatorische und technische Maßnahmen.

2   Beispiele für organisatorische Maßnahmen sind die Reduzierung des Lastgewichts auf gut handhabbare Größen durch Aufteilen einer großen Last in mehrere kleinere, Abpackmengen zu verringern, schwere Materialien durch leichtere ersetzen (*Windberg/Steinberg,* S. 8), den Arbeitsablauf ändern (z. B. das Vermeiden von Zwischenlagerungen mit Handumschlag oder das Handhaben einer Last durch mehrere Beschäftigte). Ein vorzügliches Beispiel für angewandte Ergonomie beim Inverkehrbringen von Produkten ist die „Leichterung" der Zentnersäcke mit Zement zu 25 kg-Gebinden.

3   Wenn eine Gewichtsbegrenzung nicht möglich ist, sollen mechanische Arbeitsmittel zur Verfügung gestellt werden, wie z. B. Maurerkrane, höhenverstellbare Bühnen für Materialbehälter, treppengängige Gepäckkarren, Fasskippwagen.

4   Abs. 2 verpflichtet jeden Arbeitgeber, falls die manuelle Handhabung von Lasten nicht durch mechanische Arbeitsmittel ersetzt werden kann:

die **Arbeitsbedingungen** gemäß § 5 ArbSchG zu **beurteilen** unter Berücksichtigung des Anhangs zur LasthandhabV und in der Folge

geeignete **Maßnahmen** zu **treffen,** um Gefährdungen von Sicherheit und Gesundheit der Beschäftigten zu minimieren.

§ 3 Übertragung von Aufgaben

Bei der Übertragung von Aufgaben der manuellen Handhabung von Lasten, die für die Beschäftigten zu einer Gefährdung für Sicherheit und Gesundheit führen, hat der Arbeitgeber die körperliche Eignung der Beschäftigten zur Ausführung der Aufgaben zu berücksichtigen.

1   § 3 soll ein Restrisiko für Sicherheit und Gesundheit abdecken. Manche Lasten müssen doch manuell gehandhabt werden, da trotz Gefährdungsbeurteilung keine technischen Hilfsmittel Verwendung finden können. Als Beispiel sei das Ein- und Ausladen von Gepäckstücken in engen Flugzeugrümpfen genannt. Beauftragt nun ein Arbeitgeber Beschäftigte mit einer solchen Tätigkeit, so hat er Rücksicht auf ihre körperliche Eignung zu nehmen. Dabei sind nicht nur Alter und Geschlecht, sondern auch Geübtheit, körperliche Konstitution und aktueller Gesundheitszustand von Bedeutung. Zu einer individuellen Bewertung sollte der Betriebsarzt zugezogen werden.

2   Besondere Anforderungen gelten für Jugendliche wegen der noch reduzierten Belastbarkeit der Wirbelsäule (§ 22 JArbschG) und für Frauen aus gynäkologischen Gründen zum Schutz der Beckenbodenmuskulatur. Für werdende Mütter ist das regelmäßige bzw. gelegentliche Heben, Bewegen oder Befördern von Lasten untersagt, wenn deren Gewicht mehr als 5 kg bzw. 10 kg beträgt (§ 4 MuSchG).

Anhang   **Anh. LasthandhabV**

§4 Unterweisung

¹Bei der Unterweisung nach § 12 des Arbeitsschutzgesetzes hat der Arbeitgeber insbesondere den Anhang und die körperliche Eignung der Beschäftigten zu berücksichtigen. ²Er hat den Beschäftigten, soweit dies möglich ist, genaue Angaben zu machen über die sachgemäße manuelle Handhabung von Lasten und über die Gefahren, denen die Beschäftigten insbesondere bei unsachgemäßer Ausführung der Tätigkeit ausgesetzt sind.

Wenn Hebe- und Tragearbeiten unumgänglich sind, sollten sie bewusst ausgeführt werden, um Schädigungen vorzubeugen oder sie nicht zu verschlimmern. Jeder Beschäftigte sollte dazu seine Grenzen kennen, sich selbst nicht über- und die zu handhabenden Lasten nicht unterschätzen. Um Überlastungen vor allem der Wirbelsäule zu vermeiden, spielt die richtige Hebe- und Tragetechnik eine wesentliche Rolle. Rückenschonende Methoden zu vermitteln und zu üben muss Bestandteil der Unterweisung sein, die der Arbeitgeber nach § 12 ArbSchG während der Arbeitszeit ausreichend und angemessen durchzuführen hat. Gemäß § 4 LasthandhabV hat er dabei insbesondere die Gefährdungskriterien des Anhangs zur LasthandhabV und die körperliche Eignung der Beschäftigten zu berücksichtigen. Durch möglichst genaue Angaben soll er sie zu sachgemäßem Verhalten beim manuellen Lastenhandhaben sensibilisieren. 1

Zweckdienlich für die Information und Motivation der Beschäftigten ist die Mitwirkung der Arbeitsschutzspezialisten Betriebsarzt, Fachkraft für Arbeitssicherheit und Sicherheitsbeauftragter. Mit dem Betriebsrat sollte der Arbeitgeber spezifische Regelungen in Betriebsvereinbarungen treffen. 2

Bewährt hat sich in vielen Betrieben das freiwillige Angebot von Rückenschulen, meist in Zusammenarbeit mit dem Betriebsarzt und einer Krankenkasse. Auch dabei wird das Bewusstsein für Gefährdungen geschärft, das Wissen über richtige Hebetechniken verbessert und die körperliche Eignung für die auszuführenden Arbeiten gefördert. 3

Anhang

Merkmale, aus denen sich eine Gefährdung von Sicherheit und Gesundheit, insbesondere der Lendenwirbelsäule, der Beschäftigten ergeben kann:
(1) Im Hinblick auf die zu handhabende Last insbesondere
– ihr Gewicht, ihre Form und Größe,
– die Lage der Zugriffsstellen,
– die Schwerpunktlage und
– die Möglichkeit einer unvorhergesehenen Bewegung.
(2) Im Hinblick auf die von den Beschäftigten zu erfüllende Arbeitsaufgabe insbesondere
– die erforderliche Körperhaltung oder Körperbewegung, insbesondere Drehbewegung,
– die Entfernung der Last vom Körper,
– die durch das Heben, Senken oder Tragen der Last zu überbrückende Entfernung,
– das Ausmaß, die Häufigkeit und die Dauer des erforderlichen Kraftaufwandes,
– die erforderliche persönliche Schutzausrüstung,
– das Arbeitstempo infolge eines nicht durch die Beschäftigten zu ändernden Arbeitsablaufs und
– die zur Verfügung stehende Erholungs- oder Ruhezeit.

LasthandhabV Anh. Lastenhandhabungsverordnung

(3) Im Hinblick auf die Beschaffenheit des Arbeitsplatzes und der Arbeitsumgebung insbesondere
- der in vertikaler Richtung zur Verfügung stehende Platz und Raum,
- der Höhenunterschied über verschiedene Ebenen,
- die Temperatur, Luftfeuchtigkeit und Luftgeschwindigkeit,
- die Beleuchtung,
- die Ebenheit, Rutschfestigkeit oder Stabilität der Standfläche und
- die Bekleidung, insbesondere das Schuhwerk.

1 Der Anhang listet rein qualitativ auf, welche **Kriterien zu einer Gefährdung** von Sicherheit und Gesundheit der Beschäftigten, insbesondere zur Schädigung der Lendenwirbelsäule, führen können. Dazu zählen insbesondere:
- die **Lastmerkmale** Gewicht (physikalisch exakt „Masse"), Form und Größe, Schwerpunktlage (wegen der Möglichkeit einer unvorhergesehenen Bewegung), Lage und Form von Handgriffen und Halteflächen;
- als Dimensionen der **Lastbewegung** die Entfernungen, die durch Heben, Tragen, Wenden und Senken oder Schieben und Ziehen der Last zu überbrücken sind, Ausmaß, Häufigkeit und Dauer des erforderlichen Kraftaufwandes einschließlich von Erholungspausen;
- hinsichtlich der **Arbeitsplatzumgebung** der zur Verfügung stehende Raum mit Lichtverhältnissen und klimatischen Bedingungen, etwaige Unfallrisiken durch Stolperstellen und Rutschgefahren und
- **personenbezogene Kriterien** wie Körperhaltung und Bewegungsablauf (vor allem, wenn eine Drehbewegung erforderlich ist), der Abstand der Last vom Körper, notwendige aber ungeeignete persönliche Schutzausrüstung (PSA), z. B. Schuhe ohne Schutzkappen, sowie die individuelle körperliche Eignung (Alter und Geschlecht, auch Geübtheit, körperliche Konstitution und aktueller Gesundheitszustand).

2 Die Beurteilung von Tätigkeiten mit manuellem Lastenhandhaben anhand dieser Gefährdungskriterien kann für Verantwortliche und Aufsichtspersonen im Einzelfall schwierig sein. Wegen der Vielzahl von Einzelfällen erwies sich die gewünschte Festlegung einer **„Schallmauer" für die Ungefährlichkeit** als unmöglich. Als einzig konkreter Grenzwert existiert in den Arbeitsschutzvorschriften die Festlegung einer Masse von 25 kg, von der ab großformatige Mauersteine nicht von einer einzelnen Person gehandhabt werden dürfen. Eine Orientierung bietet u. U. die Bestimmung der kritischen Belastungsdosis durch langjähriges Heben und Tragen schwerer Lasten bei der Anerkennung eines Rückenleidens als Berufskrankheit. Hier wurde lange Zeit das Mainz-Dortmunder-Dosismodell angewendet, das mit bestimmten Richtwerten arbeitete. Allerdings wird das Modell auf Grund neuerer medizinischer Studien kritisiert, da es nicht alle Formen der Lastenhandhabung berücksichtige (vgl. hierzu *BSG*, Az. B 2 U 4/06 R v. 30.10.2007; Merkblatt zu der Berufskrankheit Nr. 2108 der Anlage zur Berufskrankheiten-Verordnung, abrufbar unter http://www.baua.de/de/Themen-von-A-Z/Berufskrankheiten/Dokumente/Merkblaetter.html).

3 Als einfache, aber grobe Hilfe zur Abschätzung einer Gefährdung bietet sich noch immer die 1981 vom BMA empfohlene „*Hettinger*"-Tabelle an (*BG Bahnen*, S. 14). Diese **Richtwerte** (vgl. Abb. 1) sollen ohne Schutzmaßnahmen nicht überschritten werden.

Anhang **Anh. LasthandhabV**

Lebensalter	Häufigkeit des Hebens und Tragens			
	gelegentlich		häufig	
	Zumutbare Last in kg			
	Frauen	Männer	Frauen	Männer
15–18	15	35	10	20
19–45	15	55	10	20
Älter als 45	15	45	10	25

Gelegentlich = weniger als zweimal/Stunde und maximal 3–4 Schritte mit Last
Häufig = mehr als zwei- bis dreimal je Stunde und/oder längere Wegstrecke mit mehr als 10 Schritten

Abb. 1: Richtwerte für die manuelle Lastenhandhabung

Der Länderausschuss für Arbeitsschutz und Sicherheitstechnik (LASI) hat ein 4 rechnerisches Orientierungsverfahren veröffentlicht, das Arbeitgeber, Betriebspraktiker, ergonomisch geschultes sowie wissenschaftliches Personal für Gefährdungsbeurteilungen beim Heben und Tragen von Lasten nutzen können. Vom LASI wird eine **Leitmerkmalmethode** „LMMM" vorgeschlagen, mit der die Tätigkeit nach den vier Leitmerkmalen Zeit, Last, Haltung und Ausführungsbedingungen zahlenmäßig einem Risikobereich zugeordnet wird. Je nach der Gesamtzahl der Punkte sind Gesundheitsgefährdungen unwahrscheinlich, bzw. ist eine Überbeanspruchung möglich oder gar wahrscheinlich. Bei den Risikobereichen 2 bis 4 sind Gestaltungsmaßnahmen angezeigt oder erforderlich *(LASI, LV 9 und LV 29)*.

Ein ähnliches **Analyse- und Bewertungsschema** enthält die als Abb. 2 beige- 5 fügte Checkliste, die der Verfasser *Blachnitzky* für den Einsatz im Betrieb mit entwickelt hat. Auch dieses Abschätzungsverfahren kann der Gefährdungsbeurteilung und -dokumentation nach den §§ 5 und 6 ArbSchG dienen.

Auch **EDV-gestützte Verfahren** zur personenspezifischen Gefährdungsbeur- 6 teilung bei als risikoträchtig vermuteten Tätigkeiten befinden sich auf dem Markt, z. B. das Programm ErgonLIFT der Universität Dortmund *(Laurig/Vedder)*.

LasthandhabV Anh.

Lastenhandhabungsverordnung

Betrieb: ....
Bereich: ....
Checklisten-Nr.: ....

Hinweis: In jeden Block – ein Kreuz!

(1) Weibliche Beschäftigte an diesem Arbeitsplatz?
- nein ☐
- ja ☐

(2) Jugendliche an diesem Arbeitsplatz?
- nein ☐
- ja ☐

(3) Gewicht der Last?
- < 25 kg ☐
- 25–45 kg ☐
- 45–55 kg ☐
- > 55 kg ☐

(4) Häufigkeit des Hebens pro Schicht?
- gelegentlich < 16 mal ☐
- 16–40 mal ☐
- häufig > 40 mal ☐

(5) Anzahl der Schichten mit häufigem Heben?
- < 110/Jahr ☐
- ≥ 110/Jahr ☐

(6) Rumpfbeugwinkel beim Stehen mit Last?
- < 30° ☐
- 30°–60° ☐
- > 60° ☐

(7) Rumpfseitneigung und/oder Verdrehung mit Last?
- nein ☐
- ja ☐

(8) Handhabbarkeit?
- gut, z. B. durch Handgriffe ☐
- schlecht, z. B. sperrige Form ☐

(9) Tragestrecke?
- Umsetzen, kein Tragen ☐
- Tragstrecke < 5 m ☐
- Tragstrecke > 5 m ☐

(10) Streckenbeschaffenheit?
- Eben ☐
- Uneben/Treppen ☐

(11) Sonstige Belastungen oder Risiken wie Zwangshaltung, Unfallgefahr durch glatten Fußboden?
- nein ☐
- ja ☐

(12) Technische Hilfsmittel?
- Vorhanden und genutz/nich erorderlich ☐
- Vorhanden, nicht genutzt ☐
- Vorhanden, ungeeignet ☐
- Erforderlich, nicht vorhanden ☐

(13) Ergonomie?
- keine Verbesserung erkennbar ☐
- Erforderlich, nicht vorhanden ☐

(14) Unterweisung in Hebetechnik/techn. Hilfsmittel?
- ist erfolgt ☐
- ist nicht erfolgt ☐

(15) Rückenschule (freiwillig)
- wird betrieblicherseits angeboten ☐
- nicht angeboten ☐

Bewertung der Gefährdung:
Gefährdung = Summe der „!"

weibliche Beschäftigte, Jugendliche	männliche Beschäftigte	Gefährdungsgrad
> 3 × „!"	> 4 × „!"	gering
> 6 × „!"	> 8 × „!"	erheblich

(16) Ergebnis:
- Keine Mängel/Gefährdung ☐
- Mängel/Gefährdung gering ☐
- Mängel/Gefährdung ☐

(17) Maßnahmen:
- Keine Maßnahmen erforderlich ☐
- Beratung der Beschäftigung ☐
- Verbesserung durch Arbeitgeber notwendig ☐

Ausgefüllt am: ....
von:
Name: ....
Funktion: ....
Unterschrift: ....

Abb. 2: Checkliste zur Überprüfung von Arbeitsplätzen hinsichtlich Manuellem Heben und Tragen

# Verordnung über Sicherheit und Gesundheitsschutz bei der Benutzung persönlicher Schutzausrüstungen bei der Arbeit (PSA-Benutzungsverordnung – PSA-BV)

Vom 4. Dezember 1996
(BGBl. I S. 1841)
FNA 805-3-1

Literatur: *Bamberg,* Wie lange schützt die Schutzausrüstung? Leistungswandel von PSA und seine Berücksichtigung in Normen, Die BG 2008, 281; *Berger,* Benutzung von persönlichen Schutzausrüstungen, Die BG 1996, 469; *BMA,* Arbeitsschutz (Broschüre), 4/1998, S. 38 ff.; *BR-Drs. 656/96* vom 5.9.1996, 15; *Christ,* Ergonomische Gestaltung von PSA, Die BG 1998, S. 222 ff.; *Flocke,* Persönliche Schutzausrüstung – sicher von Kopf bis Fuß?, Die BG 2009, S. 162 ff.; *Hauptverband der gewerblichen Berufsgenossenschaften,* BGVR-Verzeichnis 2003; *Kleesz,* Schutzhandschuhe oder Hautschutzmittel?, SiS 2009, 240; *Klindt,* Persönliche Schutzausrüstung als Gegenstand gerichtlicher Urteile, BG 2009, 174; *Kollmer,* Inhalt und Anwendungsbereich der vier neuen Verordnungen zum Arbeitsschutzgesetz, NZA 1997, 138; *Opfermann/Rückert,* Sicherheit und Gesundheitsschutz bei der Arbeit – Neuregelungen für Persönliche Schutzausrüstungen, AuA 1997, 124; *Pieper,* Verordnungen zur Umsetzung von EG – Arbeitsschutz- Richtlinien, ArbuR 1997, 21; *Wlotzke,* Fünf Verordnungen zum Arbeitsschutzgesetz 1996, NJW 1997, 1469.

Einführung

Ein wesentliches Merkmal der modernen Arbeitswelt ist und bleibt das rasante **1** Tempo des technischen Fortschritts; dies gilt auch für den Bereich der Sicherheitstechnik. Parallel dazu schreiten auch die Erkenntnisse der Arbeitswissenschaft voran. Zweck des Arbeitsschutzes ist die Förderung von **Sicherheit und Gesundheit des arbeitenden Menschen.** Dies ist wesentlich umfassender als der frühere Begriff „Unfallverhütung". Jedem Arbeitgeber obliegt die Fürsorgepflicht, die menschliche Arbeitskraft als wertvollstes wirtschaftliches Gut zu schützen. Dies folgt dem Verfassungsgrundsatz des Rechts auf Leben und körperliche Unversehrtheit (Art. 2 Abs. 2 GG). Dazu gehört auch die Vorsorge gegen berufliche und arbeitsbedingte Erkrankungen.

Ein Arbeitgeber muss nach dem Arbeitsschutzgesetz (ArbSchG) seinen Betrieb so **2** gestalten, dass Risiken für Leben und Gesundheit der Beschäftigten möglichst nicht entstehen. Verbleibende Gefährdungen bei der Arbeit sind sorgfältig abzuschätzen und auf ein Mindestmaß zu reduzieren. Für dabei notwendige Schutzmaßnahmen sind **kollektiv wirksame technische Schutzmittel vorrangig** einzusetzen, die Beschäftigte unabhängig von ihren Fähigkeiten und ihrem Willen schützen, z. B.
– ein Fanggerüst bei Dacharbeiten,
– eine Zweihandeinrückung als Pressensteuerung,
– eine Lärmkapselung von lauten Produktionsanlagen und
– ein Verriegelungsschalter an der Zugangstür zu einer verketteten Anlage.

PSA-BV Einf

Technisch funktionierende, willensunabhängige Schutzmaßnahmen führen also zu dem Versuch, Arbeitsunfälle und/oder Berufserkrankungen möglichst zu vermeiden. Ihre sicherheitstechnische Überlegenheit zeigt sich darin, dass sie willensunabhängig sind, also weder vergessen noch verkannt (allerdings umgangen und „überbrückt") werden können. Der Arbeitgeber erreicht mit technisch vorrangigen Schutzmaßnahmen bei bestimmungsgemäßem Umgang mit seinen Arbeitsmitteln also, nicht in der Hand des Mitwirkungsinteresses derjenigen sein zu müssen, die er schützen muss und will.

3 Erst wenn das Ergebnis der pflichtigen Gefährdungsbeurteilung nach § 5 ArbSchG die Verwendung von kollektiven technischen Schutzmitteln ausgeschlossen hat, dürfen **individuelle Schutzmaßnahmen** für einzelne Beschäftigte getroffen werden. Die Bereitstellung und Benutzung persönlicher Schutzausrüstungen (PSA) darf also keine primäre und nicht die alleinige Maßnahme zur Verbesserung von Sicherheit und Gesundheitsschutz sein. Es gilt vielmehr auch im Bereich der PSA-Benutzung der Leitsatz „Kollektiver Schutz geht vor individuellen Schutz" (§ 4 Nr. 5 ArbSchG). Falls jedoch der Gebrauch von PSA erforderlich ist, sollen diese wirksam gegen spezifische Gefahren schützen, z. B. gegen
- Gehörschäden: Ohrkapseln, Gehörschutzwatte;
- Ersticken, Schädigung der Atemwege: Atemschutzmasken, Sauerstoff-Selbstretter;
- Hautschäden: Schutzhandschuhe, Hautschutzcreme;
- Stichverletzungen: Stechschutzschürze, Schutzschuhe mit Stahleinlage;
- Kälte: Schutzkleidung für Tiefkühlhäuser, Winterschutzkleidung für Bauarbeiten;
- Hitze: Schutzkleidung für Brandbekämpfung oder Hochofenanstich;
- Absturz: Höhen-Sicherheitsgeschirr, Haltegurt;
- Herabfallende Teile: Schutzhelm, Schutzschuhe mit Stahlkappe;
- Ertrinken: Schwimmwesten, aufblasbarer Rettungskragen;
- Straßenverkehr: Sicherheitswesten, Arbeitskleidung mit reflektierenden Streifen;
- Strahlung: Röntgenschutzkleidung.

4 Bereits der Einigungsvertrag vom 31.8.1990 enthielt in Art. 30 Abs. 1 Nr. 2 den Auftrag an den gesamtdeutschen Gesetzgeber, den **öffentlich-rechtlichen Arbeitsschutz zeitgemäß neu zu regeln.** Hinzu kam die Verpflichtung der Bundesregierung, die diversen europäischen Arbeitsschutzrichtlinien umzusetzen. denn das Arbeitsschutzrecht bewegt sich auf einer Hand in Hand greifenden „Übergabestelle" der Sicherheitsbewältigung von vielen öff.-rechtl. Warenvertriebsvorschriften.

5 PSA müssen die beabsichtigte Schutzwirkung gewährleisten. Dies ist nur möglich im **Zusammenspiel von Hersteller und Verwender.** Die neue europäische Arbeitsschutzgesetzgebung hat diese Bereiche – aufbauend auf den Art. 114 und 153 AEUV (ex-Art. 95 und 137 EGV) – in strikt getrennten, aber eben sich ergänzenden Richtlinien-Sparten für das Inverkehrbringen und Benutzen, also Produzent bzw. Importeur oder Händler und Verbraucher geregelt.

6 In **Richtlinien nach Art. 114 AEUV** hat der Rat Anforderungen an die Sicherheit von Maschinen, Geräten, Arbeitsmitteln und sonstigen Produkten festgelegt, die in allen Mitgliedstaaten wortgleich in nationales Recht zu übernehmen sind. Damit soll erreicht werden, dass die Hersteller ihre Produkte einerseits ohne Handelsschranken, aber dennoch auf hohem Sicherheitsstandard auf dem gemeinsamen freien Markt in den Verkehr bringen können. Anstelle der ggf. vorhandenen nationalen Bestimmungen mit ihrem Potential, zugleich rechtliche Hemmnisse für den ungestörten Binnenmarkthandel zu sein, tritt das europäisch harmonisierte Produktsicherheitsrecht für die jeweilige Produktgattung.

Einführung **Einf PSA-BV**

Für das **Herstellen und Inverkehrbringen von persönlichen Schutzaus-** 7
rüstungen hat die EG die Richtlinie 89/686/EWG des Rates vom 21.12.1989
zur Angleichung der Rechtsvorschriften für persönliche Schutzausrüstungen (ABl.
EG Nr. L 399, S. 18) erlassen, sog. PSA-Richtlinie. Die Umsetzung vieler dieser
„Art. 114-Richtlinien" in deutsches Recht erfolgte durch Verordnungen auf der
Grundlage des alten Gerätesicherheitsgesetzes (GSG a. F.) bzw. ab 2004 Geräte-
und Produksicherheitsgesetzes (GPSG) und seit dem Inkrafttreten 2011 auf Grundlage des nunmehr gültigen Produktsicherheitsgesetzes (ProdSG). Für den Bereich
PSA wurde noch unter Geltung des GSG a. F. die Verordnung über das Inverkehr-
bringen von persönlichen Schutzausrüstungen vom 10.6.1992 (jüngste Fassung
vom 20.2.1997, BGBl I S. 316, zul. geänd. 8.11.2011, BGBl I S. 2178) erlassen.
Sie firmiert heute wegen des ProdSG als 8. ProdSV, findet sich aber in älteren Fundstellen wegen des Namenswechsels der Gesetze noch als 8. GPSGV. Die PSA-
Richtlinie und mit ihr die 8. ProdSV werden ab 21.4.2018 durch die Verordnung
(EU) Nr. 2016/425 des Europäischen Parlaments und des Rates vom 9.3.2016 über
persönliche Schutzausrüstungen (ABl. EU Nr. L 81, S. 51), sog. PSA-Verordnung,
die dann unmittelbar gilt, aufgehoben und durch diese ersetzt. Diese bringt arbeitsschutzrechtlich keine Änderungen, bezieht aber PSA gegen Feuchtigkeit, Wasser
und Hitze zur privaten Verwendung in den Anwendungsbereich mit ein. Die Pro-
duktliste, für die das strengste Konformitätsbewertungsverfahren gilt, wird erweitert
und insgesamt die Festlegung der PSA-Kriterien vereinfacht.

Detaillierte Kriterien für die Konstruktion enthalten europäische oder weltweit 8
gültige **technische Normen** (EN und/oder ISO, bei elektrischen Geräten
CENELEC). Für den EU-Binnenmarkt und die dort europäisch harmonisierten
EN-Normen steckt dahinter das hier nur skizzierbare System des **sog. new approach:** Normen sind und bleiben freiwillig, der Inverkehrbringer muss von
Rechts wegen nur die europäischen Rechtsvorschriften selbst einhalten. Allerdings
lösen bestimmte, europäisch harmonisierte und im EU-Amtsblatt veröffentlichte
Normen eine sog. Vermutungswirkung zulasten der Marktüberwachungsbehörden
aus, die sich der Hersteller zunutze machen kann: Indem er diese Normen (vollständig!) einhält, kann er für sich die gesetzlich niedergeschriebene Vermutung in
Anspruch nehmen, auch das EU-Sicherheitsrecht selbst eingehalten zu haben.
Diese Vermutungswirkung endet erst bei konkreter Widerlegung durch die Behörden, oftmals im Zusammenhang mit einem formellen Einwand gegenüber der
Norm. Zu erkennen ist dieses Sicherheitskonzept auch an der am Produkt angebrachten CE-kennzeichnung und der mitzuliefernden Konformitätserklärung, worin der Produzent die für dieses Produkt einschlägigen Sicherheitsnormen nennt
und ihre Einhaltung bestätigt.

In **Richtlinien nach Art. 153 AEUV** hat der Rat der EU Mindestvorschriften 9
bezüglich der Sicherheit und des Gesundheitsschutzes bei der Arbeit festgelegt. Die
Mitgliedstaaten haben auch diese Richtlinien zum betrieblichen Arbeitsschutz innerhalb vorgegebener Fristen in nationales Recht umzusetzen. Sie dürfen dabei auf
ein höheres Schutzniveau abzielen, wenn dies dort bisher schon vorhanden oder für
die Zukunft vorgesehen ist.

Für den arbeitsschutzrechtlichen Bereich der PSA erließ der Rat der EU die 10
Richtlinie 89/656/EWG vom 30.11.1989 über Mindestvorschriften bezüglich der
Sicherheit und des Gesundheitsschutzes bei Benutzung von persönlichen Schutzausrüstungen durch Arbeitnehmer bei der Arbeit (ABl. EG Nr. L 393, S. 18, zuletzt
geänd. ABl. 2007 Nr. L 165, S. 21), die **PSA-Benutzungs-Richtlinie.** Diese
bleibt nach Art. 6 der PSA-Verordnung von dieser unberührt.

Klindt

PSA-BV Einf

11 Da das deutsche Arbeitsschutzrecht bisher – über die allgemeinen Vorgaben des ArbSchG hinaus – keine speziellen Regelungen für diesen Bereich enthielt, schuf die Bundesregierung zur Umsetzung eine neue Rechtsverordnung: Die Verordnung über Sicherheit und Gesundheitsschutz bei der Benutzung persönlicher Schutzausrüstungen durch Arbeitnehmer bei der Arbeit (**PSA-Benutzungsverordnung** – PSA-BV) wurde erlassen als Art. 1 der Verordnung zur Umsetzung von EG-Einzelrichtlinien zur EG-Rahmenrichtlinie Arbeitsschutz vom 4.12.1996 (BGBl. I S. 1841) und ist am 20.12.1996 in Kraft getreten. Sie ist seitdem noch nicht geändert worden.

12 Die Rechtsetzung zielte bei der nationalen Umsetzung erklärtermaßen auf eine schlanke Form ohne zusätzliche national weitergehende Regelungen ab. Die **Umsetzung im „Maßstab 1 : 1"** erfolgte durch
– die inhaltsgleiche Übertragung der materiellen europäischen Mindestregelungen, also ohne darüber hinaus gehende Festlegungen;
– die Übereinstimmung mit den Vorschriften des ArbSchG („Kohärenz") und
– die Vermeidung von Regelungen, die bereits dort getroffen sind.

13 Somit wurden lediglich die allgemeingehaltenen Regelungen der EG-Richtlinien in das staatliche Arbeitsschutzrecht eingestellt. **Detaillierte Festlegungen,** z. B. wann ein Arbeitgeber welche PSA zur Verfügung zu stellen hat, enthielten vorher – also im System regulierter Vorgaben ohne die zentrale Eigenverantwortlichkeit des Arbeitgebers – die autonomen Vorschriften der Unfallversicherungsträger, das Berufsgenossenschaftliche Vorschriften- und Regelwerk. Umfassend weiterführende Informationen, Anregungen und Hinweise über Funktion, Auswahlkriterien, Benutzung, Instandhaltung und Ablegereife von PSA sind außer in den Unfallverhütungsvorschriften vor allem in BG-Regeln und BG-Informationen (früher: Sicherheitsregeln) zu finden (→ § 3 Rn. 3). Mit der Neuausrichtung des Arbeitsschutzrechts auf eine eigenverantwortliche, „entbürokratisierte" Arbeitgeberentscheidung wuchs seit ihrer Einführung 1996 die Bedeutung des zentralen arbeitsschutzrechtlichen Elements, nämlich der Gefährdungsbeurteilung nach § 5 ArbSchG. Mit ihr wird dem Arbeitgeber das Instrument in die Hand gegeben, die gesetzlichen Zielvorgaben des Arbeitsschutzes im Betrieb einhalten zu können, weil er zuvor sämtliche Gefährdungen identifiziert hat und dann über die Mittel der §§ 3 ff. ArbSchG zu bekämpfen hat. Dazu kann – bei Beachtung des Vorrangprinzips nach § 4 Nr. 5 ArbSchG – auch die Benutzung von PSA Teil der Arbeitsschutzstrategie sein.

14 Jeder Arbeitgeber ist daher verpflichtet, bei der Auswahl und beim Bereitstellen der PSA die erforderlichen **Maßnahmen** des Arbeitsschutzes unter Berücksichtigung der Umstände **zu treffen,** die Sicherheit und Gesundheit der Beschäftigten beeinflussen.

15 Wegen der Stützung und Bezugnahme der PSA-BV auf das ArbSchG hat also jeder gewerbliche Unternehmer und öffentliche Arbeitgeber hinsichtlich der PSA allgemein zu beachten:
– die Grundpflichten des Arbeitgebers, insbesondere dass die dabei entstehenden **Kosten** nach § 3 Abs. 3 ArbSchG nicht den Beschäftigten auferlegt werden dürfen und
– die allgemeinen Grundsätze nach § 4 ArbSchG, wenn ein Arbeitgeber Arbeitsschutzmaßnahmen ergreift. Insbesondere gilt hier der Leitsatz, dass **individuelle technische Schutzmaßnahmen nachrangig zu kollektiven Schutzmaßnahmen** sind.

Mit der **präventiven Beurteilung der Arbeitsbedingungen** nach § 5 ArbSchG sollen Arbeitgeber die Schutzmaßnahmen zielgerichteter und wirkungs-

Anwendungsbereich **§ 1 PSA-BV**

voller gestalten sowie die Arbeitsbedingungen kontinuierlich verbessern. Die Gefährdungsbeurteilung kann der Arbeitgeber selbst durchführen oder sich dabei Dritter – wie z. B. der Fachkraft für Arbeitssicherheit oder des Betriebsarztes – bedienen. Zudem sind in § 6 ArbSchG besondere Verfahren für die Dokumentation vorgeschrieben. Eine kurze Anleitung zur Durchführung und Dokumentation der Gefährdungsbeurteilung gibt der Fachausschuss „Persönliche Schutzausrüstung" in *SiS* 2009, S. 140f.

Der Arbeitnehmer ist gem. § 15 Abs. 2 ArbSchG zur Benutzung der bereit gestellten persönlichen Schutzausrüstung entsprechend der Schulung und Unterweisung durch den Arbeitgeber verpflichtet (vgl. hierzu § 15 Abs. 1 S. 1 ArbSchG; *Flocke,* Die BG 2009, 162, 165). Andererseits ist der Arbeitgeber wiederum verpflichtet, den Arbeitnehmer von der Notwendigkeit des Tragens der persönlichen Schutzausrüstung durch umfassende Aufklärung überzeugen und uU. auch verschiedene Modelle zur Erhöhung der Akzeptanz zur Verfügung stellen (*Flocke*, S. 164). Der Arbeitgeber kann aber auch disziplinarische Maßnahmen ergreifen, um das Tragen der PSA sicher zu stellen. Nach einer Abmahnung kann sogar eine verhaltensbedingte Kündigung darauf gestützt werden (*LAG Köln,* Az. 11 Sa 777/08 v. 12.12.2008).

§ 1 Anwendungsbereich

(1) Diese Verordnung gilt für die Bereitstellung persönlicher Schutzausrüstungen durch Arbeitgeber sowie für die Benutzung persönlicher Schutzausrüstungen durch Beschäftigte bei der Arbeit.

(2) Persönliche Schutzausrüstung im Sinne dieser Verordnung ist jede Ausrüstung, die dazu bestimmt ist, von den Beschäftigten benutzt oder getragen zu werden, um sich gegen eine Gefährdung für ihre Sicherheit und Gesundheit zu schützen, sowie jede mit demselben Ziel verwendete und mit der persönlichen Schutzausrüstung verbundene Zusatzausrüstung.

(3) Als persönliche Schutzausrüstungen im Sinne des Absatzes 2 gelten nicht:
1. **Arbeitskleidung und Uniformen, die nicht speziell der Sicherheit und dem Gesundheitsschutz der Beschäftigten dienen,**
2. **Ausrüstungen für Not- und Rettungsdienste,**
3. **persönliche Schutzausrüstungen für die Bundeswehr, den Zivil- und Katastrophenschutz, die Polizeien des Bundes und der Länder sowie sonstige Einrichtungen, die der öffentlichen Sicherheit oder der öffentlichen Ordnung dienen,**
4. **persönliche Schutzausrüstungen für den Straßenverkehr, soweit sie verkehrsrechtlichen Vorschriften unterliegen,**
5. **Sportausrüstungen,**
6. **Selbstverteidigungs- und Abschreckungsmittel,**
7. **tragbare Geräte zur Feststellung und Signalisierung von Gefahren und Gefahrstoffen.**

(4) Die Verordnung gilt nicht in Betrieben, die dem Bundesberggesetz unterliegen.

Abs. 1 legt den sachlichen und persönlichen Geltungsbereich der Verordnung 1 fest. Der **persönliche Anwendungsbereich** entspricht auf Grund der Ermächti-

PSA-BV § 1 PSA-Benutzungsverordnung

gungsgrundlage dem des § 2 Arbeitsschutzgesetz. Damit gilt die PSA-BV grundsätzlich für alle privaten (gewerblichen) und öffentlichen Arbeitgeber.

2 Ebenso gilt die Verordnung für die **Beschäftigten** i. S. v. § 2 Abs. 2 ArbSchG, also für alle Fälle einer rechtlichen Beziehung zum Arbeitgeber. Darunter fallen Arbeits- und Ausbildungsverträge, auch Teilzeitkräfte, Arbeitnehmerüberlassung und öffentlich-rechtliches Dienstverhältnis, nicht jedoch Schüler, Studenten, Patienten und ehrenamtliche Helfer.

3 Abs. 2 **definiert die PSA** allgemein anhand der beabsichtigten Schutzfunktion und der personengebundenen Nutzung. PSA sind dazu bestimmt, von Beschäftigten zum Schutz gegen eine oder mehrere Gefährdungen getragen zu werden. Im Ergebnis (wenn auch nicht im Wortlaut) beschreibt damit die Definition des PSA-Benutzungsrechts dieselben Gegenstände, die das PSA-Inverkehrbringensrecht regelt; es gibt also unbeachtet unterschiedlicher Ausnahmevorschriften kein prinzipielles Auseinanderklaffen herstellerseitiger und betreiberseitiger PSA-Anwendbarkeitsvorgaben. Das zeigt sich letztlich auch an der Verknüpfung in § 2 Abs. 1 Nr. 1.

Der Schutz muss sich immer auf die **Sicherheit** (z. B. Sichtbarkeit in der Dunkelheit) oder auf die **Gesundheit** (z. B. Krankheits- oder Verletzungsprävention) beziehen. Sonstige Ziele – z. B. reiner Schutz vor Helligkeit, Witterung, Feuchtigkeit oder firmenbezogene Identifizierbarkeit in Menschengruppen (vgl. auch Abs. 3 Nr. 1) – sind davon also nicht erfasst. Die Abgrenzung ist im Zweifel nach dem Ergebnis der Gefährdungsbeurteilung nach § 5 ArbSchG zu ziehen: kurzfristiger Regenschutz ist bequem, langfristiger Feuchtigkeitsschutz bei langanhaltenden Arbeitstätigkeiten in nassem Umfeld dagegen bereits Gesundheitsprävention.

4 Abs. 3 nennt persönliche Schutzausrüstungen, die – gleich lautend mit der EG-PSA-Benutzungs-Richtlinie – vom Anwendungsbereich **ausgenommen** sind, weil sie entweder keine spezifische Schutzfunktion besitzen (z. B. „der Blaumann" bei verschmutzenden Tätigkeiten) oder Ausrüstungen der Not- und Rettungsdienste darstellen. Zu den Rettungsdiensten werden auch die **kommunalen Feuerwehren** zu zählen sein: Ihre zentrale Aufgabe besteht in der Rettung von Menschen bei Bränden, Verkehrsunfällen, Explosionen, Überschwemmungen und anderen Katastrophen. Dass der EuGH mit Urteil aus 2003 (dazu *Klindt*, BG 2009, 174) für das parallele Rechtgebiet der PSA-Richtlinie entschieden hatte, Feuerwehren nicht unter den Begriff der Ordnungskräfte zu zählen und daher voll unter die PSA-Richtlinie 89/686/EWG fallen zu lassen, hat also im Bereich der PSA-Benutzung keine Konsequenzen: Die Ausrüstungen von Feuerwehren bleiben von der PSA-BV gem. Abs. 3 Nr. 2 ausgeschlossen.

Ausgeschlossen sind nach Abs. 3 Nr. 3 auch persönliche Schutzausrüstungen für Institutionen der öffentlichen Sicherheit und Ordnung (Polizei, Bundeswehr). Private Sicherheitsdienste und Werksfeuerwehren) fallen ohnehin nicht unter diese Ausnahme und unterliegen deshalb vollständig der PSA-BV. Unter die Ausnahme fallen darüber hinaus Sportausrüstungen – was wegen Abs. 1 ohnehin keine privat genutzten Sportausrüstungen, sondern nur beruflich benutzte Sportausrüstungen, also solche von **Profisportlern,** erfassen kann – oder PSA, für die besondere verkehrsrechtliche Vorschriften gelten (BR-Drs. 656/96, S. 16) sowie Selbstverteidigungsmittel. Ausgeschlossen ist schließlich all das technische Equipment, das zur Identifikation, Detektion und Kommunikation vor Gefahren und Gefahrstoffen dient. Auch wenn hiermit mittelbar arbeitsschutz-relevante Gefahren ferngehalten werden können, sind dies nicht „haptische" PSA-Ausrüstungsgegenstände im Sinne der PSA-BV.

Für die ausgenommenen Tätigkeitsbereiche gilt neben den allgemeinen Vorgaben des ArbSchG der über das öff.-rechtl. Fürsorgeprinzip bzw. der über das privatrechtliche Arbeitsrecht und über Beschäftigungs-/Anstellungsverträge vermittelte Arbeitsschutz.

Abs. 4 nimmt die **Betriebe des Bergbaus** von der PSA-BV aus. Das Bundes- 5 wirtschaftsministerium hatte – bereits vor Inkrafttreten des ArbSchG – durch eine Änderung des Bundesberggesetzes die Ermächtigungsgrundlage erhalten, EG-Richtlinien für den Bereich des Bergbaus in nationales Recht umzusetzen. Es erließ dazu die Allgemeine Bundesbergverordnung vom 23.10.1995 (ABBergV, BGBl. I S. 1466, zuletzt geänd. BGBl. 2012 I S. 212). Neben Teilen der Rahmenrichtlinie Arbeitsschutz umfasste dies die
– 2. Einzelrichtlinie (Benutzung von Arbeitsmitteln),
– 3. Einzelrichtlinie (Benutzung persönlicher Schutzausrüstungen),
– 9. Einzelrichtlinie (Sicherheits- und Gesundheitsschutzkennzeichnung),
– 11. Einzelrichtlinie (Bohrungen für Mineralien) und
– 12. Einzelrichtlinie (Über- und untertägige mineralgewinnende Betriebe).

Damit fallen folgende gewerbliche **bergbauliche Tätigkeiten** nicht unter das 6 ArbSchG und die darauf gestützten Arbeitsschutzverordnungen:
– Betriebe, die Bodenschätze aufsuchen, gewinnen und aufbereiten, einschließlich der abschließenden Wiedernutzbarmachung der Erdoberfläche, also Bergwerke, Tagebaue, Steinbrüche, Sand-, Ton- und Kiesgruben, Bohranlagen;
– das Aufsuchen und Gewinnen mineralischer Rohstoffe in Halden,
– die Untergrundspeicherung, z. B. von Erdgas, sowie
– Versuchsgruben und sonstige bergbauliche Versuchsanstalten.

§ 2 Bereitstellung und Benutzung

(1) Unbeschadet seiner Pflichten nach den §§ 3, 4 und 5 des Arbeitsschutzgesetzes darf der Arbeitgeber nur persönliche Schutzausrüstungen auswählen und den Beschäftigten bereitstellen, die
1. **den Anforderungen der Verordnung über das Inverkehrbringen von persönlichen Schutzausrüstungen entsprechen,**
2. **Schutz gegenüber der zu verhütenden Gefährdung bieten, ohne selbst eine größere Gefährdung mit sich zu bringen,**
3. **für die am Arbeitsplatz gegebenen Bedingungen geeignet sind und**
4. **den ergonomischen Anforderungen und den gesundheitlichen Erfordernissen der Beschäftigten entsprechen.**

(2) ¹Persönliche Schutzausrüstungen müssen den Beschäftigten individuell passen. ²Sie sind grundsätzlich für den Gebrauch durch eine Person bestimmt. ³Erfordern die Umstände eine Benutzung durch verschiedene Beschäftigte, hat der Arbeitgeber dafür zu sorgen, dass Gesundheitsgefahren oder hygienische Probleme nicht auftreten.

(3) Werden mehrere persönliche Schutzausrüstungen gleichzeitig von einer oder einem Beschäftigten benutzt, muß der Arbeitgeber diese Schutzausrüstungen so aufeinander abstimmen, daß die Schutzwirkung der einzelnen Ausrüstungen nicht beeinträchtigt wird.

(4) **Durch Wartungs-, Reparatur- und Ersatzmaßnahmen sowie durch ordnungsgemäße Lagerung trägt der Arbeitgeber dafür Sorge, daß die persönlichen Schutzausrüstungen während der gesamten Benutzungsdauer gut funktionieren und sich in einem hygienisch einwandfreien Zustand befinden.**

Klindt

PSA-BV § 2 PSA-Benutzungsverordnung

1 Abs. 1 normiert die **Anforderungen,** welche die vom Arbeitgeber ausgewählten und bereitgestellten persönlichen Schutzausrüstungen erfüllen müssen. Er darf nur solche persönliche Schutzausrüstungen auswählen und den Beschäftigten zur Verfügung stellen, die kumulativ und ohne Ausnahme
 – die Anforderungen für das Inverkehrbringen von PSA – geregelt in der Verordnung über das Inverkehrbringen von persönlicher Schutzausrüstung (8. ProdSV), ab dem 21.4.2018 in der PSA-BV – erfüllen. Wie andere arbeitsschutzrechtliche Vorschriften auch (z. B. § 7 Abs. 1 BetrSichV für den Bereich technischer Arbeitsmittel) hat also der arbeitsschutzrechtliche Verordnungsgeber die Betreibervorschriften im gewünschten Mindestsicherheitsniveau an die produktsicherheitsrechtlichen Inverkehrbringensvorschriften angedockt. Über diese ausdrückliche Anordnung des Verordnungsgebers werden damit Herstellervorschriften auch für den Betreiber relevant, da ihr Verstoß automatisch zum Verstoß gegen Arbeitsschutzrecht führt; EU-rechtlich ist diese nationale Verknüpfung zulässig.

2 – Zu betonen ist, dass Nr. 1 nicht nur davon spricht, dass die bereitgestellten PSA optisch und in der äußeren Anmutung (z. B. wegen der CE-Kennzeichnung) den PSA-Inverkehrbringensvorschriften zu entsprechen haben. Es geht vielmehr um eine Einhaltung dieser Anforderungen „der Sache nach": Der Arbeitgeber verstößt also autonom gegen das für ihn gültige Arbeitsschutzrecht der PSA-BV dann, wenn er PSA bereitstellt, die nicht mit den Anforderungen der 8. ProdSV (ab 21.4.2018 PSA-BV) konform gehen. Dass er diese Konformität oftmals nicht selbst im Detail beurteilen, sondern sich nur auf Herstellerangaben verlassen kann, ist ein beachtlicher subjektiver Faktor, der ggf. bei Ordnungswidrigkeiten und ihrem subjektiven Vorwurfscharakter große Bedeutung gewinnt. Für die arbeitsschutzrechtliche Amtsüberwachung ist er komplett irrelevant, da eine PSA, die gegen die 8. ProdSV (ab 21.4.2018 PSA-BV) verstößt, in jedem Fall nach dem klaren Willen des Verordnungsgebers in der PSA-BV für den Arbeitseinsatz unerwünscht ist und behördlich untersagt werden kann. So hat das VG Aachen eine solche behördliche Untersagung (Vertriebsverbot gem. § 8 Abs. 4 Nr. 6 GPSG, nunmehr § 26 Abs. 2 S. 2 Nr. 6 ProdSG) gegen einen Hersteller von Feuerwehrstiefeln, die nicht den Anforderungen der 8. GPSGV/ProdSV entsprachen, als rechtmäßig erachtet (*VG Aachen,* Az. 3 L-383/08 v. 20.11.2008; hierzu *Klindt,* Die BG 2009, 174, 175).

– Der VO-Text fordert PSA, die den notwendigen Schutz bieten, ohne selbst eine größere Gefährdung mit sich zu bringen. Das Tragen eines Schutzhandschuhs kann z. B. beim Betätigen einer schnell rotierenden Maschine das Verletzungsrisiko erheblich erhöhen, da der Handschuh in die drehenden Maschinenteile gezogen werden und die Hand dabei mitziehen kann. Es muss daher genau differenziert werden, ob von der Maschine eine Schneide-, Schleif- oder Verbrennungsgefahr ausgeht (vgl. hierzu *Kleesz* SiS 2010, 240). Die möglicherweise erforderliche Kombination verschiedener PSA (z. B. Schutzhelm für Sägearbeiten mit integrierten Gehörschutzkapseln und Gesichtsschild) darf deren jeweilige Schutzfunktion nicht beeinträchtigen,

– Zudem fordert der VO-Text, dass die PSA hinsichtlich der ergonomischen Anforderungen und gesundheitlichen Erfordernisse der Beschäftigten geeignet sind. Personen mit Korrekturgläsern muss z. B. eine angepasste Korrekturschutzbrille zur Verfügung gestellt werden. Damit gehen die Vorschriften der PSA-BV teilweise über die Anforderungen an die Zurverfügungstellung von persönlicher Schutzausrüstung nach anderen Gesetzen hinaus. So sind z. B. die Träger öffentlicher Schulen nur verpflichtet, die Kosten für Sachmittel zu tragen. Dazu gehö-

Bereitstellung und Benutzung **§ 2 PSA-BV**

ren auch Sicherheitsausrüstungen. Allerdings ist der Schulträger bei der Auswahl der Sicherheitsausrüstung weitgehend frei und nur an vorgegebene allgemeine Sicherheitsstandards gebunden. Eine Verpflichtung zur Anschaffung von Sonderausstattungen, die durch die individuelle Hilfsbedürftigkeit einzelner Lehrer bedingt sind, kann nur für den Dienstherrn, also das jeweilige Land, aus der beamtenrechtlichen Fürsorgepflicht i. V. m. § 2 Abs. 1 PSA-BV hergeleitet werden (*VGH Mannheim,* Az. 9 S 778/04 v. 3. 5. 2006, ESVGH 56, 222).

Die Bezugnahme in Abs. 1 auf § 3 ArbSchG stellt klar, dass der Arbeitgeber die 3 durch die Bereitstellung, Benutzung und Wartung entstehenden Kosten nicht den Beschäftigten auferlegen darf (*Opfermann/Rückert,* S. 125). Durch die Regelung im ArbSchG brauchte die einschlägige Bestimmung der EU-PSA-Benutzungs-Richtlinie nicht in die PSA-BV eingefügt zu werden. Dies ist eine weitergehende Regelung, als sie vordem durch Gerichtsurteile bestand, wonach für die Arbeit erforderliche PSA grundsätzlich kostenfrei zur Verfügung zu stellen waren, jedoch eine **Kostenbeteiligung der Beschäftigten** im Rahmen einer Betriebsvereinbarung als rechtmäßig erachtet wurde. Derartige tarifliche Regelungen sind jedoch auch weiterhin möglich.

Abs. 2 fordert, dass PSA **individuell anpassbar** sein müssen. Sie sind grundsätz- 4 lich nur für den Gebrauch durch **eine Person** bestimmt. Die Benutzung einer Schutzausrüstung durch verschiedene Beschäftigte ist lediglich in Ausnahmefällen zulässig, wenn die Umstände dies erfordern, z. B. zur dringenden Beseitigung einer Gefahr. Auch dann hat der Arbeitgeber jedoch dafür zu sorgen, dass Gesundheitsgefahren oder hygienische Probleme minimiert werden.

Abs. 3 regelt den Fall, dass für eine Tätigkeit **mehrere PSA gleichzeitig** benö- 4a tigt werden, z. B. für Baumfällarbeiten ein Schutzhelm mit integrierten Gehörschutzkapseln und Gesichtsschild. Der Arbeitgeber ist danach verpflichtet, diese Schutzausrüstungen so aufeinander abzustimmen, dass sie sich nicht gegenseitig negativ beeinflussen können (vgl. auch Rn. 2). Hierbei macht sich auch wieder das gesetzlich gewollte Zusammenspiel von Hersteller und Verwender bemerkbar (vgl. Einf. Rn. 5). So muss der Hersteller gem. § 3 Abs. 1 Nr. 2 der Verordnung über das Inverkehrbringen von persönlichen Schutzausrüstungen eine schriftliche Information u. a. mit Anweisungen für den Gebrauch der PSA liefern. Dieser Anweisung sind auch Angaben zur Verträglichkeit der PSA mit anderen PSAen zu entnehmen.

Abs. 4 enthält die Pflicht für den Arbeitgeber, durch **Kontrolle, Wartung, Re-** 5 **paratur und Austausch** dafür zu sorgen, dass die persönliche Schutzausrüstung während der gesamten Benutzungsdauer gut funktioniert und in einem hygienisch einwandfreien Zustand bleibt; vgl. zur Berücksichtigung von Verschleißerscheinungen in technischen Normen *Bamberg,* Die BG 2008, S. 281. Dabei fällt insbesondere bei der Bereitstellung von Arbeitskleidung für den Umgang mit Gefahrstoffen die Sicherstellung der richtigen Aufbewahrung (getrennt von der Straßenkleidung der Mitarbeiter) und der regelmäßigen Reinigung in den Verantwortungsbereich des Arbeitgebers (*Flocke, S. 164).* Einige BGR fordern die wiederkehrende Prüfung der PSA durch einen entsprechenden Sachkundigen, z. B. die BGR 198 für PSA gegen Absturz. Die Ausbildung zum Sachkundigen erfordert in der Regel eine mehrtägige Ausbildung.

Die PSA-BV enthält keine Regelung darüber, bei welchen Arbeiten eine persönliche Schutzausrüstung zur Verfügung zu stellen ist. Dies ergibt sich aus den Unfallverhütungsvorschriften der Unfallversicherungsträger (vgl. hierzu *Wlotzke,* NJW 1997, 1471).

Klindt

§ 3 Unterweisung

(1) ¹Bei der Unterweisung nach § 12 des Arbeitsschutzgesetzes hat der Arbeitgeber die Beschäftigten darin zu unterweisen, wie die persönlichen Schutzausrüstungen sicherheitsgerecht benutzt werden. ²Soweit erforderlich, führt er eine Schulung in der Benutzung durch.

(2) Für jede bereitgestellte persönliche Schutzausrüstung hat der Arbeitgeber erforderliche Informationen für die Benutzung in für die Beschäftigten verständlicher Form und Sprache bereitzuhalten.

1   Abs. 1 konkretisiert die allgemeine **Unterweisungspflicht** des § 12 ArbSchG. Danach hat der Arbeitgeber die Beschäftigten auch darin zu unterweisen, wie und wann persönliche Schutzausrüstungen zu benutzen sind. Art und Umfang der Unterweisung richten sich nach den Gefahren, vor denen die PSA schützen sollen, und müssen den für die sicherheitsgerechte Benutzung erforderlichen Kenntnissen angepasst sein. Letzteres erfolgt sinnvollerweise durch praxisbezogene Schulungen.

2   Abs. 2 verpflichtet den Arbeitgeber, für jede zu benutzende PSA die notwendigen **Informationen** in einer für die Beschäftigten verständlichen Form und Sprache bereitzuhalten. Dazu bietet es sich an, die Gebrauchsanweisungen der Hersteller zu verwenden. Eine Entsprechung enthält § 7 ABBergV, wonach der Arbeitgeber für jede Arbeitsstätte bzw. jeden Betrieb Anweisungen in schriftlicher Form zu erstellen hat. In diesen Betriebsanweisungen, die für jeden Arbeitnehmer verständlich sein müssen, ist u. a. auch der Einsatz von persönlicher Schutzausrüstung festzulegen.

3   Als **Regeln der Technik** für den PSA-Bereich dienen derzeit folgende Regeln (BGR, früher „ZH 1-Reihe") aus dem Berufsgenossenschaftlichen Vorschriften- und Regelwerk (BGVR-Verzeichnis). Sie wurden aufgestellt vom Fachausschuss „Persönliche Schutzausrüstungen" im Auftrag des Hauptverbandes der gewerblichen Berufsgenossenschaften und sind zu erhalten über die BG, bei der ein Unternehmen versichert ist:

PSA	BGVRVerzeichnis	Aktueller Stand	früher:
Schutzkleidung	BGR 189	10/2007	ZH 1/700
Atemschutzgeräte	BGR 190	12/2011	ZH 1/701
Fuß- und Knieschutz	BGR 191	1/2007	ZH 1/702
Augen- und Gesichtsschutz	BGR 192	2/2006	ZH 1/703
Kopfschutz	BGR 193	1/2006	ZH 1/704
Gehörschützer	BGR 194	5/2011	ZH 1/705
Schutzhandschuhe	BGR 195	10/2007	ZH 1/706
Stechschutzschürzen	BGR 196	10/2003	ZH 1/707
Hautschutz	BGR 197	zurückgezogen!	ZH 1/708
PSA gegen Absturz	BGR 198	3/2011	ZH 1/709
PSA zum Halten und Retten	BGR 199	7/2012	ZH 1/710
Stechschutzhandschuhe und Armschützer	BGR 200	4/2003	ZH 1/711
PSA gegen Ertrinken	BGR 201	10/2007	ZH 1/712

Verordnung über Sicherheit und Gesundheitsschutz bei Tätigkeiten mit biologischen Arbeitsstoffen (Biostoffverordnung – BiostoffV)

In der Fassung der Bekanntmachung vom 15. Juli 2013
(BGBl. I S. 2514)
FNA 805-3-13

Literatur: *Allescher,* Arbeitsschutzgesetz konkretisiert, BArbl. 5/1999, 15; *Allescher/Klein/ Pipke,* Kommentar zur Biostoffverordnung, 2000; *Angermaier,* Biostoffverordnung, AiB 1999, 387; *Blachnitzy/Kollmer/Kossens,* Die neuen Arbeitsschutzverordnungen; *Buschhausen-Denker/ Höfer,* Pflichtenheft biologische Arbeitsstoffe, 2006; *Kollmer,* Verordnungen zum Arbeitsschutzgesetz, AR-Blattei SD 200.2; *Koyuncu/Kamann,* Medizinprodukte zum Arbeitsschutz im Gesundheitswesen – die Folgen der Neufassung der TRBA 250 für Krankenhäuser und Arztpraxen, KHR 2007, 113; *Kreizberg,* Leitfaden Arbeitsschutzrecht, 2000; LASI, Leitlinien zur Biostoffverordnung, 4. Aufl., Stand: 12/2014; *Mielke/Nassauer,* Rechtsgrundlagen des Infektionsschutzes im Krankenhaus; Bundesgesundhbl. 2000, 459; Möller, TRBA 250 und ihre rechtliche Folgen, BArbl. 1/2004, 7; *Nöthlichs/Weber,* Bio- und Gentechnik, Kommentar, Loseblatt, *Pieper,* Die Biostoffverordnung, AiB 2001, 435.

Einführung

Als siebte Einzelrichtlinie nach Art. 16 der Arbeitsschutzrichtlinie (89/391/ EWG) ist die EG-Richtlinie des Rates vom 26.11.1990 über den Schutz der Arbeitnehmer gegen Gefährdungen durch biologische Arbeitsstoffe bei der Arbeit erlassen worden (90/679/EG, ABl. EG 26.11.1990, Nr. L 374, S. 1). Diese Richtlinie war bis zum 30.11.1993 in nationales Recht umzusetzen. Die EG-Richtlinie über biologische Arbeitsstoffe bei der Arbeit regelt **Einzelheiten zu Tätigkeiten mit natürlichen und genetisch veränderten Mikroorganismen,** Zellkulturen und Humanendoparasiten unter Berücksichtigung des Gefährdungspotentials dieser biologischen Arbeitsstoffe. 1

Die Verordnung über Sicherheit und Gesundheitsschutz bei Tätigkeiten mit biologischen Arbeitsstoffen (Biostoffverordnung – BioStoffV) vom 27.1.1999 dient der Umsetzung der EG-Richtlinie 90/679/EWG. Die Biostoffverordnung, die mit Zustimmung des Bundesrates erlassen wurde, ist am 1.4.1999 in Kraft getreten. Mit der Biostoffverordnung wurden die Sicherheit und der Gesundheitsschutz der Beschäftigten bei Tätigkeiten mit biologischen Arbeitsstoffen verbessert. 2

Die Biostoffverordnung ist durch das Gesetz zur zur Rechtsvereinfachung und Stärkung der arbeitsmedizinischen Versorgung v. 18.12.2008 (BGBl. I S. 2768) inhaltlich verändert worden. Zuletzt ist die Biostoffverordnung im Jahr 2013 neugefasst worden. Dabei wurden Erkenntnisse aufgegriffen, die seit 1999 bei der praktischen Anwendung der Verordnung gewonnen wurden. Anlass war die Umsetzung der EU-Nadelstichrichtlinie (Richtlinie 2010/32/EU) in nationales Recht. Diese Richtlinie beinhaltet Regelungen zur Vermeidung von Verletzungen durch scharfe oder spitze Instrumente im Krankenhaus- und Gesundheitssektor. Nach ihrer 3

BiostoffV § 1
Biostoffverordnung

Verkündung im Bundesgesetzblatt ist die neu gefasste Biostoffverordnung am 23.7.2013 in Kraft getreten.

Beispielhaft seien folgende Änderungen der neugefassten BioStoffV genannt:
- Formulierungen zu Grundpflichten, die seitens des Arbeitgebers zu erfüllen sind, ebenso wie Aussagen zu allgemeinen und zusätzlichen Schutzmaßnahmen.
- Bei nicht gezielten Tätigkeiten, bei denen die sensibilisierenden oder toxischen Wirkungen der Biostoffe im Vordergrund stehen, wird auf die formalen Anforderungen zur Klassifizierung der Infektionsgefährdung (Schutzstufenzuordnung) verzichtet. Dies betrifft u. a. Tätigkeiten in der Landwirtschaft, der Abfall- und Abwasserbehandlung, der Kompostierung und dem Sanierungsgewerbe.
- Nach der neu gefassten Biostoffverordnung sind im Gesundheitsdienst – soweit dies technisch möglich und zur Vermeidung einer Infektionsgefährdung erforderlich ist – spitze und scharfe Instrumente durch solche zu ersetzen, bei denen keine oder eine geringere Gefahr von Stich- und Schnittverletzungen besteht.
- Umwandlung des bisherigen Anzeigeverfahrens für Tätigkeiten mit hochpathogenen Biostoffen in ein Erlaubnisverfahren.
- Konkretisierung der Anforderungen an die Fachkunde in Abhängigkeit von der durchzuführenden Aufgabe und Höhe der Gefährdung bei Tätigkeiten mit Biostoffen.

Abschnitt. Anwendungsbereich, Begriffsbestimmungen und Risikogruppeneinstufung

§ 1 Anwendungsbereich

(1) **¹Diese Verordnung gilt für Tätigkeiten mit Biologischen Arbeitsstoffen (Biostoffen). ²Sie regelt Maßnahmen zum Schutz von Sicherheit und Gesundheit der Beschäftigten vor Gefährdungen durch diese Tätigkeiten. ³Sie regelt zugleich auch Maßnahmen zum Schutz anderer Personen, soweit diese aufgrund des Verwendens von Biostoffen durch Beschäftigte oder durch Unternehmer ohne Beschäftigte gefährdet werden können.**

(2) **Die Verordnung gilt auch für Tätigkeiten, die dem Gentechnikrecht unterliegen, sofern dort gleichwertige oder strengere Regelungen bestehen.**

1 Ziel der Biostoffverordnung ist es, einen **branchenübergreifenden rechtlichen Rahmen** für Tätigkeiten mit **Biostoffen** zu schaffen. Die Verordnung regelt dabei nur das Grundlegende. Einzelheiten und weitere Präzisierungen erfolgen durch branchen- und tätigkeitsbezogene Regelungen außerhalb der Biostoffverordnung. Entsprechend dem Vorgehen nach der Gefahrstoffverordnung wird die Festlegung dieser besonderen Regelungen dem Ausschuss für Biologische Arbeitsstoffe (ABAS) übertragen. Die in § 1 festgelegte Zweckbestimmung des Gesetzes hat keine unmittelbare Bedeutung. Allerdings ist die Zwecksetzung bei der Auslegung der einzelnen Vorschriften der BiostoffV heranzuziehen.

2 Die Biostoffverordnung gilt für Tätigkeiten mit Biostoffen einschließlich Tätigkeiten in deren Gefahrenbereich. Zweck der Verordnung ist der Schutz der Beschäftigten vor der Gefährdung durch diesen Tätigkeiten, § 1 Satz 2. Durch Satz 2, der auch in § 2 Abs. 2 GefStoffV und § 1 GentS V enthalten ist, erfolgt die Abgrenzung zum Arbeitsstättenrecht. Nicht jeglicher Kontakt mit Biostoffen wird von der

Begriffsbestimmungen **§ 2 BiostoffV**

Biostoffverordnung umfasst; **erforderlich** ist vielmehr ein **direkter Bezug zur beruflichen Tätigkeit**. Unter die Biostoffverordnung fallen daher Tätigkeiten im Gesundheitswesen, in medizinischen undf mikrobiologischen Laboratorien, der Biotechnologie, in Bereichen der Abfallwirtschaft und der Abwasserreinigung. Dagegen unterfallen Berufsgruppen wie Lehrer, Busfahrer, Verkaufs- und Büropersonal grundsätzlich nicht unter den Anwendungsbereich der Biostoffverordnung

Durch Abs. 1 Satz 3 ist klargestellt, dass die Biostoffverordnung auch Maßnahmen zum Schutz anderer Personen als Beschäftigte erhält, soweit diese in gleicher Weise gefährdet sind wie die Beschäftigten. Diese Maßnahmen beschränken sich allerdings auf das aktive Verwenden von Biostoffen. Unter dem Begriff des „Verwendens" gehört das Isolieren, Erzeugen, Ab- und Umfüllen. Dagegen ist nach der Verordnungsbegründung der Schutz anderer Personen, die aufgrund des Umgangs mit Menschen, Tieren, Pflanzen oder Materialien mit Biostoffen in Kontakt kommen, in der Biostoffverordnung nicht geregelt. Bei den in Satz 3 genannten „anderen Personen" handelt es sich um unbeteiligte Personen, z. B. Büropersonal, Passanten oder Besucher, die beim Versagen einer Einschließungsmaßnahme und Verschleppung von Biostoffen gesundheitlich gefährdet werden können. 3

Die Biostoffverordnung gilt nach Abs. 2 **nicht** für Tätigkeiten, die dem **Gentechnikrecht** unterliegen, soweit dort gleichwertige oder strengere Regelungen bestehen. Im Zusammenhang mit dem Erlass der Biostoffverordnung wurde auch die Gefahrstoffverordnung geändert und in § 2 Abs. 4 GefStoffV klargestellt, dass die Gefahrstoffverordnung nicht anzuwenden ist für Stoffe, die Biostoffe im Sinne von § 2 Abs. 1 BiostoffV sind. 4

Für Schwangere und stillende Mütter gelten neben der Biostoffverordnung die entsprechenden Regelungen des Mutterschutzgesetzes und der Verordnung zum Schutze der Mütter am Arbeitsplatz. Für Jugendliche finden auch die Regelungen des Jugendarbeitsschutzgesetzes Anwendung. Jugendliche dürfen nicht mit Arbeiten beschäftigt werden, bei denen sie schädlichen Einwirkungen von Biostoffen ausgesetzt sind, § 22 Abs. 1 Nr. 1 JArbSchG. Hiervon sind Ausnahmen möglich, wenn die Beschäftigung zum Erreichen des Ausbildungsziels notwendig ist und der Schutz der Jugendlichen durch die Aufsicht eines Fachkundigen gewährleistet ist, § 22 Abs. 2 Nr. 1 und 2 JArbSchG. 5

§ 2 Begriffsbestimmungen

(1) ¹**Biostoffe sind**
1. **Mikroorganismen, Zellkulturen und Endoparasiten einschließlich ihrer gentechnisch veränderten Formen,**
2. **mit Transmissibler Spongiformer Enzephalopathie (TSE) assoziierte Agenzien**

die den Menschen durch Infektionen, übertragbare Krankheiten, Toxinbildung, sensibilisierende oder sonstige, die Gesundheit schädigende Wirkungen gefährden können.

(2) **Den Biostoffen gleichgestellt sind**
1. **Ektoparasiten, die beim Menschen eigenständige Erkrankungen verursachen oder sensibilisierende oder toxische Wirkungen hervorrufen können,**
2. **technisch hergestellte biologische Einheiten mit neuen Eigenschaften, die den Menschen in gleicher Weise gefährden können wie Biostoffe.**

BiostoffV § 2

(3) Mikroorganismen sind alle zellulären oder nichtzellulären mikroskopisch oder submikroskopisch kleinen biologischen Einheiten, die zur Vermehrung oder zur Weitergabe von genetischem Material fähig sind, insbesondere Bakterien, Viren, Protozoen und Pilze.

(4) Zellkulturen sind in-vitro-vermehrte Zellen, die aus vielzelligen Organismen isoliert worden sind.

(5) Toxine im Sinne von Absatz 1 sind Stoffwechselprodukte oder Zellbestandteile von Biostoffen, die infolge von Einatmen, Verschlucken oder Aufnahme über die Haut beim Menschen toxische Wirkungen hervorrufen und dadurch akute oder chronische Gesundheitsschäden oder den Tod bewirken können.

(6) [1]Biostoffe der Risikogruppe 3, die mit (**) gekennzeichnet sind, sind solche Biostoffe, bei denen das Infektionsrisiko für Beschäftigte begrenzt ist, weil eine Übertragung über den Luftweg normalerweise nicht erfolgen kann. [2] Diese Biostoffe sind im Anhang III der Richtlinie 2000/54/EG des Europäischen Parlaments und des Rates vom 18. September 2000 über den Schutz der Arbeitnehmer gegen Gefährdung durch biologische Arbeitsstoffe bei der Arbeit (ABl. L 262 vom 17.10.2000, S. 21) sowie in den Bekanntmachungen nach § 19 Absatz 4 Nummer 1 entsprechend aufgeführt.

(7) [1]Tätigkeiten sind
1. das Verwenden von Biostoffen, insbesondere das Isolieren, Erzeugen und Vermehren, das Aufschließen, das Ge- und Verbrauchen, das Be- und Verarbeiten, das Ab- und Umfüllen, das Mischen und Abtrennen sowie das innerbetriebliche Befördern, das Aufbewahren einschließlich des Lagerns, das Inaktivieren und das Entsorgen sowie
2. die berufliche Arbeit mit Menschen, Tieren, Pflanzen, Produkten, Gegenständen oder Materialien, wenn aufgrund dieser Arbeiten Biostoffe auftreten oder freigesetzt werden und Beschäftigte damit in Kontakt kommen können.

(8) [1]Gezielte Tätigkeiten liegen vor, wenn
1. die Tätigkeiten auf einen oder mehrere Biostoffe unmittelbar ausgerichtet sind,
2. der Biostoff oder die Biostoffe mindestens der Spezies nach bekannt sind und
3. die Exposition der Beschäftigten im Normalbetrieb hinreichend bekannt oder abschätzbar ist.

[2]Nicht gezielte Tätigkeiten liegen vor, wenn mindestens eine Voraussetzung nach Satz 1 nicht vorliegt. [3]Dies ist insbesondere bei Tätigkeiten nach Absatz 7 Nummer 2 gegeben.

(9) [1]Beschäftigte sind Personen, die nach § 2 Absatz 2 des Arbeitsschutzgesetzes als solche bestimmt sind. Den Beschäftigten stehen folgende Personen gleich, sofern sie Tätigkeiten mit Biostoffen durchführen:
1. Schülerinnen und Schüler,
2. Studierende,
3. sonstige Personen, insbesondere in wissenschaftlichen Einrichtungen und in Einrichtungen des Gesundheitsdienstes Tätige,
4. in Heimarbeit Beschäftigte nach § 1 Absatz 1 des Heimarbeitsgesetzes.

Begriffsbestimmungen § 2 BiostoffV

²Auf Schülerinnen und Schüler, Studierende sowie sonstige Personen nach Nummer 3 finden die Regelungen dieser Verordnung über die Beteiligung der Vertretungen keine Anwendung.

(10) ¹Arbeitgeber ist, wer nach § 2 Absatz 3 des Arbeitsschutzgesetzes als solcher bestimmt ist. ²Dem Arbeitgeber stehen gleich
1. der Unternehmer ohne Beschäftigte,
2. der Auftraggeber und der Zwischenmeister im Sinne des Heimarbeitsgesetzes.

(11) ¹Fachkundig im Sinne dieser Verordnung ist, wer zur Ausübung einer in dieser Verordnung bestimmten Aufgabe befähigt ist. ²Die Anforderungen an die Fachkunde sind abhängig von der jeweiligen Art der Aufgabe und der Höhe der Gefährdung. ³Die für die Fachkunde erforderlichen Kenntnisse sind durch eine geeignete Berufsausbildung und eine zeitnahe einschlägige berufliche Tätigkeit nachzuweisen. ⁴In Abhängigkeit von der Aufgabe und der Höhe der Gefährdung kann zusätzlich die Teilnahme an spezifischen Fortbildungsmaßnahmen erforderlich sein.

(12) ¹Stand der Technik ist der Entwicklungsstand fortschrittlicher Verfahren, Einrichtungen oder Betriebsweisen, der die praktische Eignung einer Maßnahme zum Schutz von Sicherheit und Gesundheit der Beschäftigten gesichert erscheinen lässt. ²Bei der Bestimmung des Standes der Technik sind insbesondere vergleichbare Verfahren, Einrichtungen oder Betriebsweisen heranzuziehen, die mit Erfolg in der Praxis erprobt worden sind.

(13) ¹Schutzstufen orientieren sich an der Risikogruppe des jeweiligen Biostoffs und sind ein Maßstab für die Höhe der Infektionsgefährdung einer Tätigkeit. ²Entsprechend den Risikogruppen nach § 3 werden vier Schutzstufen unterschieden. ³Die Schutzstufen umfassen die zusätzlichen Schutzmaßnahmen, die in den Anhängen II und III festgelegt oder empfohlen sind.

(14) Einrichtungen des Gesundheitsdienstes nach dieser Verordnung sind Arbeitsstätten, in denen Menschen stationär medizinisch untersucht, behandelt oder gepflegt werden oder ambulant medizinisch untersucht oder behandelt werden.

(15) Biotechnologie im Sinne dieser Verordnung umfasst die biotechnologische Produktion sowie die biotechnologische Forschung unter gezieltem Einsatz definierter Biostoffe.

Nach der **Legaldefinition** in Abs. 1 Nr. 1 sind Biostoffe „Mikroorganismen, 1
Zellkulturen und Endoparasiten einschließlich gentechnisch veränderter die beim Menschen durch Infektionen, übertragbare Krankheiten, Toxinbildung, sensibilisierende oder sonstige, die Gesundheit schädigende Wirkung hervorrufen können." Der Anwendungsbereich der Biostoffverordnung ist damit auf Parasiten beschränkt, die im menschlichen Körper leben und Krankheiten auslösen können.

Mit der Novelle der Biostoffverordnung im Jahr 2013 wurde die Begriffsbestim- 2
mung an den Stand der Wissenschaft angepasst. In Anlehnung an § 2 des Infektionsschutzgesetzes wurde die Gefährdung durch Biostoffe auch auf übertragbare Krankheiten ausgedehnt. Zusätzlich zu den bisherigen Gefährdungsarten wurde auch sonstige, die Gesundheit schädigende Wirkung neu aufgenommen. Nach der Ver-

BiostoffV § 2 Biostoffverordnung

ordnungsbegründung trägt dies der Tatsache Rechnung, dass Biostoffe auch krebserregende und fruchtschädigende Eigenschaften besitzen können, die miterfasst werden müssen. Unter einer sensibilisierenden Wirkung im Sinne von Abs. 1 ist die Überempfindlichkeit des Immunsystems gegenüber Biostoffen zu verstehen (Allergie, Asthma usw.). Diese kann durch ein- oder mehrmaligen Kontakt ausgelöst werden. Nicht erfasst werden dagegen sensibilisierende und toxische Wirkungen sonstiger Organismen (z. B. Pollen, Hausstaubmilben, Pflanzen, Fruchtkörper mehrzelliger Pilze, Holz- und Mehlstaub). Diese genannten Organismen unterliegen dem Regelungswerk der Gefahrstoffverordnung.

3   Biostoff ist nach Abs. 1 Nr. 2 auch ein mit transmissibler, spogiformer Enzephalopthie assosiertes Agens, das beim Menschen eine Infektion hervorrufen kann, Abs. 1 Nr. 2. Bei der Transmissiblen Spongiformen Enzephalopathie (TSE) handelt es sich um eine übertragbare schwammartige Erkrankung des Gehirns. Hierunter fallen z. B. die Creutzfeldt-Jacob-Krankheit, das Gerstmann-Sträussler-Scheinker-Syndrom oder Kuru. Grund dieser Begriffserweiterung gegenüber dem Gentechnikgesetz ist, dass Forschungsergebnisse gezeigt haben, dass verschiedene spongiforme Enzephalopathien durch Akkumulation abnormaler, krankheitsauslösender Formen von Prion-Protein ausgelöst werden (VO-Entwurf, Begründung, S. 4).

4   In Abs. 2 Nr. 1 werden Ektoparasiten mit schädigender Wirkung auf den Menschen den Biostoffen gleichgestellt. In Abs. 2 Nr. 2 werden technisch hergestellte biologische Einheiten ebenfalls den Biostoffen zugeordnet. Dies trägt nach der Begründung zur im Jahr 2013 neu gefassten Biostoffverordnung dem wissenschaftlichen Fortschritt im Bereich der sogenannten synthetischen Biologie Rechnung. Dabei handelt es sich um eine Zukunftstechnologie, deren weitere Entwicklung nur schwer vorhersehbar ist. Die entsprechende Aufnahme in die Biostoffverordnung ist von Verordnungsgeber deshalb lediglich als Option dafür vorgesehen, bei einem eventuellen zukünftigen Bedarf spezielle Präventionsmaßnahmen festlegen zu können.

5   Ektoparasiten leben dauerhaft oder sporadisch auf der Oberfläche des Wirtes. Sie unterfallen dann der Biostoffverordnung, wenn sie eigenständig Erkrankungen oder sensibilisierende oder toxische Wirkung hervorrufen können. In der TRBA 464 wird auf die Arbeitsschutzrelevanz von stationären sowie temporären Ektoparasiten eingegangen. Im Unterschied zu den Endoparasiten werden Ektoparasiten nicht in Risikogruppen eingestuft.

6   Technisch hergestellte biologische Einheiten im Sinne von Abs. 2 Nr. 2 sind biologische oder artifizielle Systeme auf biologischer Basis, die im Labor entworfen, nachgebaut oder modifiziert werden. Die Aufnahme dieser Einheiten in die Biostoffverordnung soll dem wissenschaftlichen Fortschritt in der Synthetischen Biologie Rechnung tragen, bei der die weitere Entwicklung nur schwer prognostizierbar ist.

7   In Abs. 5 wurde der Begriff der „**Toxine**" neu in die Biostoffverordnung eingeführt. Zweck der Definition ist laut Verordnungsgeber die Abgrenzung zum Gefahrstoffrecht, die in der Praxis vielfach zu Schwierigkeiten geführt hat. Nach Abs. 5 gilt die Biostoffverordnung nur dann, wenn die Gefährdung durch eine Tätigkeit mit einem Biostoff hervorgerufen wird. Wird dagegen lediglich das isolierte Toxin eines Biostoffes verwendet, findet die Gefahrstoffverordnung Anwendung. Unter die Biostoffverordnung fallen auch Tätigkeiten mit Kulturflüssigkeiten, die lebensfähige Biostoffe und ihre toxischen Stoffwechselprodukte enthalten.

8   In Abs. 6 werden die Biostoffe der Risikogruppe 3, die im Technischen Regelwerk und in Anhang III der Richtlinie 2000/54/EG mit zwei Sternchen gekennzeichnet werden, näher erläutert. Die gesonderte Nennung dieser Biostoffe war er-

forderlich, da an verschiedenen Stellen der Biostoffverordnung (§ 10 Abs. 2 Satz 5, § 13 Abs. 3 Satz 4 und § 15 Abs. 1 Satz 4) Ausnahmen für diese Biostoffe vorgesehen sind, da aufgrund der eingeschränkten Übertragbarkeitswege das Infektionsrisiko begrenzt ist.

In Abs. 7 wird der **Begriff der Tätigkeiten** definiert. Tätigkeiten im Sinne **9** von § 1 Abs. 1 sind demnach das Herstellen und Verwenden von biologischen Arbeitsstoffen. Daneben enthält Abs. 7 eine nicht abschließende Aufzählung von Arbeiten, die unter dem Begriff der Tätigkeiten zusammengefasst sind. In Abs. 7 Nr. 2 wird der Begriff der Tätigkeiten auch auf den beruflichen Umgang mit Menschen, Tieren, Pflanzen, biologischen Produkten und Gegenständen ausgedehnt, bei deren Ausübung wegen des möglichen Kontakts mit biologischen Arbeitsstoffen ein Infektionsrisiko besteht. Entscheidend für den beruflichen Umgang ist die Ausrichtung der beruflichen Tätigkeit: d. h. es muss wegen der beruflichen Tätigkeit, z. B. als Laborant, Krankenschwester oder Arzt u. a. zu einem Kontakt mit biologischen Arbeitsstoffen kommen. Rein zufällige Berufskontakte, z. B. bei Busfahrern, der einen kranken Fahrgast transportiert, unterfallen nicht der BiostoffV. Umfasst demnach die berufliche Aufgabe Tätigkeiten, bei deren Ausübung wegen des möglichen Kontakts mit biologischen Arbeitsstoffen ein Infektionsrisiko besteht, wird eine Tätigkeit iSd. BiostoffV ausgeübt.

Nach Abs. 8 wird unterschieden in **gezielte** und **nicht gezielte Tätigkeiten.** **10** Eine gezielte Tätigkeit liegt vor, wenn
- die Tätigkeit auf einen oder mehrere biologische Arbeitsstoffe unmittelbar ausgerichtet ist. Dies bedeutet, dass der Biostoff eingesetzt wird, um z. B. bestimmte Eigenschaften genauer zu untersuchen oder um Produkte im Rahmen der Anzucht zu gewinnen.
- der biologische Arbeitsstoff mindestens der Spezies nach bekannt ist, und
- die Exposition der Beschäftigten im Normalbetrieb hinreichend bekannt oder abschätzbar ist.

Die Voraussetzungen für die Annahme einer gezielten Tätigkeit sind so gefasst, dass sie vor allem auf Tätigkeiten in der Forschung und Entwicklung und an industriellen Arbeitsplätzen in der Biologietechnologie zutreffen.

Nicht gezielte Tätigkeiten liegen vor bei Tätigkeiten mit biologischen Arbeitsstoffen, die mindestens eine der drei zuvor genannten Kriterien nicht erfüllen. **11** Nicht gezielte Tätigkeiten liegen in der Regel vor bei Arbeiten mit Stoffen, Gegenständen, Materialien, die Mikroorganismen natürlicherweise oder zufällig durch Verunreinigungen enthalten oder diesen anhaften. Nicht gezielte Tätigkeiten sind oftmals dadurch gekennzeichnet, dass eine wechselnde Mischexposition mit biologischen Arbeitsstoffen unterschiedlicher Risikogruppen vorliegt.

Die **Beurteilung,** ob eine gezielte oder nicht gezielte Tätigkeit vorliegt, **hat** **12** **der Arbeitgeber vorzunehmen.** Auf das **Schutzniveau** hat die Unterscheidung in gezielte und nicht gezielte Tätigkeiten **keine Auswirkungen.** Die Unterscheidung hat aber folgende Bedeutung:
- Die Gefährdungsbeurteilung bestimmt sich bei gezielte Tätigkeit nach § 6 BiostoffV und bei nicht gezielten Tätigkeiten nach § 7 BiostoffV.
- Bei gezielten Tätigkeiten muss in den Unterlagen des Arbeitgebers ein Verzeichnis der biologischen Arbeitsstoffe enthalten sein, § 8 Abs. 4. Bei nicht gezielten Tätigkeiten ist dieses Verzeichnis nur zu führen, wenn es dem Arbeitgeber möglich ist.

Nach Abs. 9 Satz 1 sind Beschäftigte solche Personen, die nach § 2 Abs. 2 des Arbeitsschutzgesetzes als solche bestimmt sind. Dazu zählen auch arbeitnehmerähn- **13**

BiostoffV § 2　　　　　　　　　　　　　　　　　　　　　　　　Biostoffverordnung

liche Personen nach § 5 Abs. 1 ArbGG. Hierunter fallen z. B. auch Asylbewerber im Rahmen öffentlich-rechtlich organisierter Beschäftigung oder Strafgefangene im Rahmen der Pflichtarbeit im Strafvollzug sowie Teilnehmer an Maßnahmen der beruflichen Fort- und Weiterbildung. Satz 2 stellt Schülerinnen, Schüler, Studierende, sonstige Personen sowie in Heimarbeit Beschäftigte den Beschäftigten gleich. Zudem ist durch die Novelle der Biostoffverordnung im Jahr 2013 der Begriff der sonstigen Personen, der auch Praktikanten umfasst, präzisiert worden durch den beispielhaft genannten Tätigkeitsbereich des Gesundheitsdienstes. Damit – so die Intention des Verordnungsgebers – soll der gesamte Personenkreis einbezogen werden, der unter den Anwendungsbereich der Nadelstich-Richtlinie fällt.

14　Nach § 2 Abs. 3 ArbSchG sind Arbeitgeber iSd. Arbeitsschutzgesetzes natürliche und juristische Personen und rechtsfähige Personengesellschaften, die Personen nach § 2 Abs. 2 ArbSchG beschäftigen. Abs. 10 erweitert die Arbeitgeberdefinition um Unternehmen ohne Beschäftigte sowie um Auftraggeber und Zwischenmeister iSd. Heimarbeitsgesetzes. Den Beschäftigten stehen die in der Heimarbeit beschäftigten sowie Schüler und Studenten gleich. Zum schutzwürdigen Personenkreis gehören z. B. auch Doktoranden, Forschungsstipendiaten und sonstige Personen, die Tätigkeiten mit biologischen Arbeitsstoffen an anderen Einrichtungen oder Instituten, die nicht Hochschule sind, durchführen

15　Mit der Novelle der Biostoffverordnung im Jahr 2013 ist in Abs. 11 erstmals der Begriff der **Fachkunde** definiert worden. Fachkundig im Sinne der Biostoffverordnung ist, wer zur Ausübung einer in dieser Verordnung bestimmten Aufgabe befähigt ist. Durch die allgemein gehaltene Formulierung soll es nach der Verordnungsbegründung ermöglicht werden, den Anforderungen je nach Aufgabe und Gefährdung im technischen Regelwerk sachgerecht zu differenzieren. Dadurch können Tätigkeitsbereiche ohne oder mit geringer Infektionsgefährdung von überzogenen Fachkundeanforderungen entlastet und bei Tätigkeiten mit hohem Gefährdungspotential die Anforderungen präzisiert werden. Die jeweiligen Fachkundeanforderungen werden in der TRBA 200 „Anforderungen an die Fachkunde nach BiostoffV" im Einzelnen näher konkretisiert. Darin ist für einzelne Tätigkeitsbereich niedergelegt, welche Berufsausbildung geeignet ist, welche Berufserfahrungen vorliegen sollen und welche Kompetenzen notwendig sind, damit die erforderliche Fachkunde gegeben ist.

16　In Abs. 12 wird der Begriff „Stand der Technik" definiert. „Stand der Technik" ist danach der Entwicklungsstand fortschrittlicher Verfahren, Einrichtungen oder Betriebsweisen, der die praktische Eignung einer Maßnahme zum Schutz von Sicherheit und Gesundheit der Beschäftigten gesichert erscheinen lässt. Die TRBA beschreiben den Stand der Technik für Tätigkeiten mit Biostoffen. Bei Einhaltung der dort beschriebenen Regelungen ist davon auszugehen, dass die Anforderungen der Biostoffverordnung erfüllt sind, s. § 8 Abs. 5.

17　Abs. 13 befasst sich mit den **Schutzstufen** Die Schutzstufen orientieren sich an der Risikogruppe des jeweiligen Biostoffs. Die Schutzstufe 1 umfasst nach § 9 Abs. 2 neben den allgemeinen Hygienemaßnahmen auch spezielle Hygienemaßnahmen. Die Schutzstufen 2 bis 4 umfassen die zusätzlichen Schutzmaßnahmen, die in den Anhängen II und III festgelegt oder empfohlen werden.

18　Durch Abs. 14 wurde der Begriff „Einrichtungen des Gesundheitsdienstes" neu eingeführt. Nach der Verordnungsbegründung war dies erforderlich, um hinsichtlich der Maßnahmen eine Differenzierung zu ermöglichen zwischen Tätigkeiten, die in Arbeitsstätten ausgeübt werden und solchen, die im privaten Bereich durchgeführt werden. Diese Unterscheidung war erforderlich, da insbesondere bauliche und technische Anforderungen vom Arbeitgeber im privaten Bereich nicht umgesetzt werden können.

§ 3 Einstufung von Biostoffen in Risikogruppen

(1) **Biostoffe werden entsprechend dem von ihnen ausgehenden Infektionsrisiko nach dem Stand der Wissenschaft in eine der folgenden Risikogruppen eingestuft:**
1. **Risikogruppe 1: Biostoffe, bei denen es unwahrscheinlich ist, dass sie beim Menschen eine Krankheit hervorrufen,**
2. **Risikogruppe 2: Biostoffe, die eine Krankheit beim Menschen hervorrufen können und eine Gefahr für Beschäftigte darstellen könnten; eine Verbreitung in der Bevölkerung ist unwahrscheinlich; eine wirksame Vorbeugung oder Behandlung ist normalerweise möglich,**
3. **Risikogruppe 3: Biostoffe, die eine schwere Krankheit beim Menschen hervorrufen und eine ernste Gefahr für Beschäftigte darstellen können; die Gefahr einer Verbreitung in der Bevölkerung kann bestehen, doch ist normalerweise eine wirksame Vorbeugung oder Behandlung möglich,**
4. **Risikogruppe 4: Biostoffe, die eine schwere Krankheit beim Menschen hervorrufen und eine ernste Gefahr für Beschäftigte darstellen; die Gefahr einer Verbreitung in der Bevölkerung ist unter Umständen groß; normalerweise ist eine wirksame Vorbeugung oder Behandlung nicht möglich.**

(2) [1]Für die Einstufung der Biostoffe in die Risikogruppen 2 bis 4 gilt Anhang III der Richtlinie 2000/54/EG des Europäischen Parlaments und des Rates vom 18. September 2000 über den Schutz der Arbeitnehmer gegen Gefährdung durch biologische Arbeitsstoffe bei der Arbeit (ABl. L 262 vom 17.10.2000, S. 21). [2]Wird dieser Anhang im Verfahren nach Artikel 19 dieser Richtlinie an den technischen Fortschritt angepasst, so kann die geänderte Fassung bereits ab ihrem Inkrafttreten angewendet werden. [3]Sie ist nach Ablauf der festgelegten Umsetzungsfrist anzuwenden.

(3) [1]Ist ein Biostoff nicht nach Absatz 2 eingestuft, kann das Bundesministerium für Arbeit und Soziales nach Beratung durch den Ausschuss nach § 19 die Einstufung in eine Risikogruppe nach Absatz 1 vornehmen. [2]Die Einstufungen werden im Gemeinsamen Ministerialblatt bekannt gegeben. [3]Der Arbeitgeber hat diese Einstufungen zu beachten.

(4) [1]Liegt für einen Biostoff weder eine Einstufung nach Absatz 2 noch eine nach Absatz 3 vor, hat der Arbeitgeber, der eine gezielte Tätigkeit mit diesem Biostoff beabsichtigt, diesen in eine der Risikogruppen nach Absatz 1 einzustufen. [2]Dabei hat der Arbeitgeber Folgendes zu beachten:
1. kommen für die Einstufung mehrere Risikogruppen in Betracht, ist der Biostoff in die höchste infrage kommende Risikogruppe einzustufen,
2. Viren, die bereits beim Menschen isoliert wurden, sind mindestens in die Risikogruppe 2 einzustufen, es sei denn, es ist unwahrscheinlich, dass diese Viren beim Menschen eine Krankheit verursachen,
3. Stämme, die abgeschwächt sind oder bekannte Virulenzgene verloren haben, können vorbehaltlich einer angemessenen Ermittlung und Be-

BiostoffV § 3

wertung in eine niedrigere Risikogruppe eingestuft werden als der Elternstamm (parentaler Stamm); ist der Elternstamm in die Risikogruppe 3 oder 4 eingestuft, kann eine Herabstufung nur auf der Grundlage einer wissenschaftlichen Bewertung erfolgen, die insbesondere der Ausschuss nach § 19 vornehmen kann.

1 Ausgehend vom Infektionsrisiko werden die biologischen Arbeitsstoffe in vier Risikogruppen eingeteilt. Wichtigste Unterscheidungskriterien sind die Wahrscheinlichkeit des Eintretens einer Krankheit und das Ausmaß einer Erkrankung für den Arbeitnehmer. Einzelheiten zur Einstufung sind geregelt in
 – TRBA 450 „Einstufungskriterien für biologische Arbeitsstoffe",
 – TRBA 460 „Einstufung von Pilzen in Risikogruppen",
 – TRBA 462 „Einstufung von Viren in Risikogruppen",
 – TRBA 464 „Einstufung von Parasiten in Risikogruppen",
 – TRBA 466 „Einstufung von Prokaryonten in Risikogruppen

2 Die Einstufung in die jeweiligen Risikogruppen nach Abs. 1 ist Voraussetzung für eine sachgerechte Durchführung der Risikobeurteilung. Je nach Art der Tätigkeit und der damit verbundenen Gefährdung für den Beschäftigten müssen als Ergebnis der Gefährdungsbeurteilung Schutzmaßnahmen getroffen werden. Die Einstufung in die Risikogruppen 1–4 erfolgt ausschließlich aufgrund des Infektionsrisikos. Sensibilisierende oder toxische Wirkungen werden bei der Einstufung der Biostoffe in Risikogruppen nicht berücksichtigt. Diese Wirkungen sowie die Infektionsgefährdung sind jeweils unabhängig voneinander zu beurteilen und die Einzelbeurteilungen in einer Gesamtbeurteilung zusammenzuführen.

3 Abs. 2 regelt die **Einstufung** der biologischen Arbeitsstoffe in die **Risikogruppen 2–4.** Abs. 2 Satz 1 nimmt dabei Bezug auf die EG-Biostoffrichtlinie sowie die danach erlassenen Änderungsrichtlinien. Der Anhang I der Änderungsrichtlinie 93/88/EWG enthält eine Liste der bereits EU-weit eingestuften biologischen Arbeitsstoffe und deren Zuordnung zu den Risikogruppen 2, 3 und 4. Die gemeinschaftliche Einstufung beschränkt sich dabei auf biologische Arbeitsstoffe, die bekanntermaßen beim Menschen Infektionskrankheiten hervorrufen.

4 Soweit biologische Arbeitsstoffe **nicht von der Liste** im Anhang I der EG-Richtlinie 93/88/EWG **erfasst** sind, **hat der Arbeitgeber** nach Abs. 2 bei gezielten Tätigkeiten eine Einstufung in die Risikogruppen entsprechend dem **Stand der Wissenschaft und Technik vorzunehmen.** Nach welchen Kriterien der Arbeitgeber die Einstufung vorzunehmen hat, ist in der Biostoffverordnung selbst nicht geregelt. Die Deutsche Gesetzliche Unfallversicherung veröffentlicht die Einstufungen als Merkblätter der B-Reihe. Weitere Regeln und Erkenntnisse zur Einstufung werden vom Ausschuss für biologische Arbeitsstoffe heraus gegeben, vgl. § 17 Abs. 3 Nr. 1.

5 Liegt für einen Biostoff weder eine Einstufung in den TRBA noch in der organismenliste nach § 5 Abs. 6 GenTSV vor, hat der Arbeitgeber nach Abs. 4, der eine gezielte Tätigkeit mit diesem Biostoff beabsichtigt, diesen Biostoff bei der Durchführung der Gefährdungsbeurteilung vor Aufnahme der Tätigkeit in eine Risiko einzustufen.

Abschnitt 2. Gefährdungsbeurteilung, Schutzstufenzuordnung, Dokumentations- und Aufzeichnungspflichten

§ 4 Gefährdungsbeurteilung

(1) ¹Im Rahmen der Gefährdungsbeurteilung nach § 5 des Arbeitsschutzgesetzes hat der Arbeitgeber die Gefährdung der Beschäftigten durch die Tätigkeiten mit Biostoffen vor Aufnahme der Tätigkeit zu beurteilen. ²Die Gefährdungsbeurteilung ist fachkundig durchzuführen. ³Verfügt der Arbeitgeber nicht selbst über die entsprechenden Kenntnisse, so hat er sich fachkundig beraten zu lassen.

(2) ¹Der Arbeitgeber hat die Gefährdungsbeurteilung unverzüglich zu aktualisieren, wenn
1. maßgebliche Veränderungen der Arbeitsbedingungen oder neue Informationen, zum Beispiel Unfallberichte oder Erkenntnisse aus arbeitsmedizinischen Vorsorgeuntersuchungen, dies erfordern oder
2. die Prüfung von Funktion und Wirksamkeit der Schutzmaßnahmen ergeben hat, dass die festgelegten Schutzmaßnahmen nicht wirksam sind.

²Ansonsten hat der Arbeitgeber die Gefährdungsbeurteilung mindestens jedes zweite Jahr zu überprüfen und bei Bedarf zu aktualisieren. ³Ergibt die Überprüfung, dass eine Aktualisierung der Gefährdungsbeurteilung nicht erforderlich ist, so hat der Arbeitgeber dies unter Angabe des Datums der Überprüfung in der Dokumentation nach § 7 zu vermerken.

(3) Für die Gefährdungsbeurteilung hat der Arbeitgeber insbesondere Folgendes zu ermitteln:
1. Identität, Risikogruppeneinstufung und Übertragungswege der Biostoffe, deren mögliche sensibilisierende und toxische Wirkungen und Aufnahmepfade, soweit diese Informationen für den Arbeitgeber zugänglich sind; dabei hat er sich auch darüber zu informieren, ob durch die Biostoffe sonstige die Gesundheit schädigende Wirkungen hervorgerufen werden können,
2. Art der Tätigkeit unter Berücksichtigung der Betriebsabläufe, Arbeitsverfahren und verwendeten Arbeitsmittel einschließlich der Betriebsanlagen,
3. Art, Dauer und Häufigkeit der Exposition der Beschäftigten, soweit diese Informationen für den Arbeitgeber zugänglich sind,
4. Möglichkeit des Einsatzes von Biostoffen, Arbeitsverfahren oder Arbeitsmitteln, die zu keiner oder einer geringeren Gefährdung der Beschäftigten führen würden (Substitutionsprüfung),
5. tätigkeitsbezogene Erkenntnisse
   a) über Belastungs- und Expositionssituationen, einschließlich psychischer Belastungen,
   b) über bekannte Erkrankungen und die zu ergreifenden Gegenmaßnahmen,
   c) aus der arbeitsmedizinischen Vorsorge.

(4) ¹Der Arbeitgeber hat auf der Grundlage der nach Absatz 3 ermittelten Informationen die Infektionsgefährdung und die Gefährdungen durch

sensibilisierende, toxische oder sonstige die Gesundheit schädigende Wirkungen unabhängig voneinander zu beurteilen. ²Diese Einzelbeurteilungen sind zu einer Gesamtbeurteilung zusammenzuführen, auf deren Grundlage die Schutzmaßnahmen festzulegen und zu ergreifen sind. ³Dies gilt auch, wenn bei einer Tätigkeit mehrere Biostoffe gleichzeitig auftreten oder verwendet werden.

(5) ¹Sind bei Tätigkeiten mit Produkten, die Biostoffe enthalten, die erforderlichen Informationen zur Gefährdungsbeurteilung wie zum Beispiel die Risikogruppeneinstufung nicht zu ermitteln, so muss der Arbeitgeber diese beim Hersteller, Einführer oder Inverkehrbringer einholen. ²Satz 1 gilt nicht für Lebensmittel in Form von Fertigerzeugnissen, die für den Endverbrauch bestimmt sind.

1 Abs. 1 entspricht inhaltlich § 8 der bis 2013 geltenden Biostoffverordnung. Die sachgerechte und vollständige Ermittlung der Gefährdungen durch biologische Arbeitsstoffe liegt in der **Verantwortung des Arbeitgebers**. Der Schutz der Beschäftigten vor Gefährdungen durch biologische Arbeitsstoffe ist nur dann möglich, wenn alle Einflussgrößen, die zu einer Gefährdung führen können, ermittelt, bewertet und die erforderlichen Schutzmaßnahmen festgelegt und durchgeführt werden. Nach § 4 hat der Arbeitgeber durch eine Beurteilung der für die Beschäftigten mit ihrer Arbeit verbundenen Gefährdungen zu ermitteln, welche Maßnahmen des Arbeitsschutzes erforderlich sind (Gefährdungsbeurteilung). Wesentliche Voraussetzung für die sachgerechte Durchführung der Beurteilung der Gefährdung bei Tätigkeiten mit biologischen Arbeitsstoffen sind Umfang und Qualität der dafür verfügbaren Informationen. Die TRBA 400 „Handlungsanleitung zur Gefährdungsbeurteilung und für die Unterrichtung der Beschäftigten bei Tätigkeiten mit biologischen Arbeitsstoffen" gibt Hilfestellung für die Durchführung der Gefährdungsbeurteilung.

2 Wird ein Arbeitsplatz eingerichtet, ist vor Inbetriebnahme zu ermitteln, ob Biologische Arbeitsstoffe zu einer Gefährdung der Beschäftigten führen können. Zu diesem Zeitpunkt ist die Gefährdungsbeurteilung nach den festgelegten Kriterien zu erarbeiten. Die Gefährdungsbeurteilung ist bei maßgeblichen Veränderungen zu aktualisieren. Maßgebliche Veränderungen sind z. B. die Veränderung der Technologie, die Verwendung neuer Arbeitsmittel, der Einsatz anderer biologischer Arbeitsstoffe mit einem verringerten oder erhöhten Infektionspotential oder der Umfang mit potentiell infektiösem Material anderen Ursprungs.

3 Die Gefährdungsbeurteilung ist fachkundig durchzuführen, Abs. 1 Satz 2. Die Formulierung zur fachkundigen Beratung des Arbeitgebers bei der Gefährdungsbeurteilung übernimmt die Vorgaben aus dem Arbeitssicherheitsgesetz, die Modelle zur Kleinbetriebsbetreuung aus den Unfallverhütungsvorschriften und konkretisiert diese für den Bereich der Biologischen Arbeitsstoffe. Fachkundig können u. a. Fachkräfte für Arbeitssicherheit, Betriebsärzte und andere Personen mit einer biologisch-naturwissenschaftlichen Ausbildung sein. Konkretisiert werden die Anforderungen an die Fachkunde gefährdungsbezogen im Technischen Regelwerk (TRBA 200 „Anforderung an die Fachkunde nach Biostoffverordnung").

4 In Abs. 2 ist die Pflicht normiert, die Gefährdungsbeurteilung bei Veränderungen der Arbeitsbedingungen zu aktualisieren. Dabei hat die Überprüfung auch ohne besonderen Anlass regelmäßig zu erfolgen. Die Prüfung bedeutet nach der Verordnungsbegründung nicht zwingend eine Neudurchführung der Gefähr-

Gefährdungsbeurteilung **§ 4 BiostoffV**

dungsbeurteilung, sondern dient der Feststellung, ob diese noch aktuell ist. Erst wenn dies nicht der Fall ist, ist die Gefährdungsbeurteilung zu aktualisieren oder völlig neu durchzuführen.

Konkrete Zeitvorgaben für die Überprüfung werden in der Verordnung nicht gemacht, allerdings ist der zeitliche Abstand mit maximal zwei Jahren festgelegt, Abs. 2 Satz 2. Ergibt die Überprüfung, dass eine Aktualisierung der Gefährdungsbeurteilung nicht erforderlich ist, so hat der Arbeitgeber dies unter Angabe des Datums der Überprüfung in der Dokumentation nach § 7 BiostoffV zu vermerken.

Aus den Dokumentationsunterlagen **muss mindestens hervorgehen**
- für welche konkreten Tätigkeiten die Gefährdungsbeurteilung durchgeführt wurde,
- das Ergebnis der Gefährdungsbeurteilung,
- die festgelegten Schutzmaßnahmen und ggf. die Maßnahmen der arbeitsmedizinischen Vorsorge sowie
- das Ergebnis der Überprüfung der Wirksamkeit der Schutzmaßnahmen.

Bei der Gefährdungsbeurteilung muss der Arbeitgeber die Mitarbeitervertretungen (z. B. Betriebs- und Personalrat) oder den Arzt sowie die Fachkraft für Arbeitssicherheit beteiligen. Der Arbeitgeber kann sich darüber hinaus anderweitig betriebsintern oder zusätzlich extern beraten lassen (z. B. durch staatliche Arbeitsschutzbehörden, die Unfallversicherungsträger, Handwerkskammern, Innungen, sonstige Verbände).

Absatz 3 listet die Informationen auf, die für die Gefährdungsbeurteilung zu beschaffen sind. Bei der Gefährdungsbeurteilung **hat der Arbeitgeber die nach Abs. 3 Nr. 1–5 genannten Informationen zu berücksichtigen.** In der Regel sind dazu keine umfangreichen Recherchen nötig. Notwendige Informationen können z. B. über die Berufsverbände, die Krankenkassen oder die Innungen u. a. angefordert werden. Im Einzelnen muss der Arbeitgeber nach § 4 Abs. 3 BiostoffV **folgende Informationen berücksichtigen:**
- Identität, Risikogruppeneinstufung und Übertragungswege der Biostoffe, deren mögliche sensibilisierende und toxische Wirkung und Aufnahmepfade, soweit diese Informationen für den Arbeitgeber zugänglich sind, dabei hat er sich auch darüber zu informieren, ob durch die Biostoffe sonstige die Gesundheit schädigende Wirkungen hervorgerufen werden können (Nr. 1), Im Rahmen der Neufassung der Biostoffverordnung im Jahr 2013 wurde die Ermittlung der Aufnahmepfade, die für die Beurteilung der sensibilisierenden und toxischen Wirkung von Biostoffen wichtig sind, aufgenommen. Damit werden diese Gefährdungsarten besser berücksichtigt. Darüber hinaus werden auch sonstige die Gesundheit schädigende Wirkungen wie fruchtschädigende oder krebserzeugende Eigenschaften genannt.
- Art der Tätigkeit unter Berücksichtigung der Betriebsabläufe, Arbeitsverfahren und verwendeten Arbeitsmittel einschließlich der Betriebsanlagen (Nr. 2),
- Art, Dauer und Häufigkeit der Exposition der Beschäftigten, soweit diese Informationen für den Arbeitgeber zugänglich sind (Nr. 3),
- Möglichkeit des Einsatzes von Biostoffen, Arbeitsverfahren und Arbeitsmittel, die zu keiner oder einer geringen Gefährdung der Beschäftigten führen würden (Nr. 4). Damit ist die Substitutionsprüfung in die Informationsbeschaffung einbezogen worden. Die Substitutionsprüfung betrifft nach der Verordnungsbegründung auch den Einsatz scharfer und spitzer medizinischer Instrumente im Gesundheitsdienst und dient insoweit der Umsetzung der Nadelstich-Richtlinie
- Tätigkeitsbezogene Erkenntnisse über Belastungs- und Expositionssituationen, einschließlich psychischen Belastungen, über bekannte Erkrankungen und die

BiostoffV § 5 Biostoffverordnung

zu ergreifenden Gegenmaßnahmen und aus der arbeitsmedizinischen Vorsorge (Nr. 5).

8 Die **Aufzählung** in Abs. 3 ist **nicht abschließend**. Vielmehr hat der Arbeitgeber alle ihm vorliegenden Informationen mit in die Gefährdungsbeurteilung einzubeziehen. Dabei sind die tätigkeitsrelevanten betriebseigenen Erfahrungen sowie die entsprechenden betrieblichen Unterlagen, wie z. B. Berichte aus Arbeitsschutzausschuss-Sitzungen, Unfallmeldebögen, Berufskrankheitenverdachtsmeldungen und ggf. vorliegende innerbetriebliche Unterlagen zu Messungen heranzuziehen.

9 Absatz 4 verpflichtet den Arbeitgeber, die Infektionsgefährdung und die Gefährdungen durch sensibilisierende, toxische oder sonstige die Gesundheit schädigende Wirkung unabhängig voneinander zu beurteilen. Dabei ist die Einzelbeurteilung zu einer Gesamtbeurteilung zusammen zu führen, auf deren Grundlage die Schutzmaßnahmen festzulegen und zu ergreifen sind.

10 Im Rahmen der Neufassung der Biostoffverordnung ist Abs. 5 neu aufgenommen worden. Er trägt der Tatsache Rechnung, dass verstärkt Produkte in Verkehr gebracht werden, die Biostoffe enthalten. Abs. 5 Satz 1 regelt die Verpflichtung des Arbeitgebers bei Tätigkeiten mit Produkten, die Biostoffe enthalten, die erforderlichen Informationen zur Gefährdungsbeurteilung beim Hersteller, Einführer oder Inverkehrbringer einzuholen. Die Arbeitgeberpflicht gilt nur für Lebensmittel in Form von Fertigerzeugnissen nicht, die für den Endverbrauch bestimmt sind.

§ 5 Tätigkeiten mit Schutzstufenzuordnung

(1) ¹**Bei Tätigkeiten in Laboratorien, in der Versuchstierhaltung, in der Biotechnologie sowie in Einrichtungen des Gesundheitsdienstes hat der Arbeitgeber ergänzend zu § 4 Absatz 3 zu ermitteln, ob gezielte oder nicht gezielte Tätigkeiten ausgeübt werden.** ²**Er hat diese Tätigkeiten hinsichtlich ihrer Infektionsgefährdung einer Schutzstufe zuzuordnen.**

(2) **Die Schutzstufenzuordnung richtet sich**
1. **bei gezielten Tätigkeiten nach der Risikogruppe des ermittelten Biostoffs; werden Tätigkeiten mit mehreren Biostoffen ausgeübt, so richtet sich die Schutzstufenzuordnung nach dem Biostoff mit der höchsten Risikogruppe,**
2. **bei nicht gezielten Tätigkeiten nach der Risikogruppe des Biostoffs, der aufgrund**
   a) **der Wahrscheinlichkeit seines Auftretens,**
   b) **der Art der Tätigkeit,**
   c) **der Art, Dauer, Höhe und Häufigkeit der ermittelten Exposition**
   den Grad der Infektionsgefährdung der Beschäftigten bestimmt.

1 Im Gegensatz zur alten Biostoffverordnung enthält der neugefasste § 5 BiostoffV Erleichterung, indem die bisher für alle Tätigkeiten obligatorische Schutzstufenzuordnung nicht mehr für die Tätigkeiten erforderlich ist, bei denen eine Infektionsgefährdung nicht besteht oder nur gering ist. Dies ist nach der Begründung zur Verordnung deshalb möglich, weil die Schutzstufen ausschließlich an die Infektionsgefährdung gekoppelt und mit den Containment-Maßnahmen der Anhänge II und III verknüpft sind.

Tätigkeiten ohne Schutzstufenzuordnung　　　　　**§ 6 BiostoffV**

Abs. 1 Satz 1 benennt die Tätigkeitbereiche, für die weiterhin eine Schutzstufen- 2
zuordnung vorzunehmen ist, weil hier für die Beschäftigten eine relevante Infektionsgefährdung vorliegt. Dies sind Tätigkeiten in Laboratorien, der Versuchstierhaltung, der Biotechnologie und in Einrichtungen des Gesundheitsdienstes. In diesen Bereichen hat der Arbeitgeber ergänzend zu § 4 Abs. 3 zu ermitteln, ob gezielte oder nicht gezielte Tätigkeiten ausgeübt werden. Nach Abs. 1 Satz 2 hat der Arbeitgeber diese Tätigkeiten hinsichtlich ihrer Infektionsgefährdung einer Schutzstufe zuzuordnen. Schutzstufenzuordnungen sind z. B. in der TRBA 100 für Laboratorien, in der TRBA 120 für die Versuchstierhaltung und in der TRBA 250 für das Gesundheitswesen und die Wohlfahrtspflege aufgeführt.

Abs. 2 bestimmt die Zuordnung zu einer Schutzstufe. Die Zuordnung ist danach 3
differenziert, ob eine gezielte (Nr. 1) oder eine nicht gezielte Tätigkeit (Nr. 2). vorliegt. Nach Abs. 2 Nr. 1 richtet sich die Schutzstufenzuordnung bei gezielten Tätigkeiten nach der Risikogruppe des ermittelten Biostoffes. Werden Tätigkeiten mit mehreren Biostoffen ausgeübt, so richtet sich die Schutzstufenzuordnung nach dem Biostoff mit der höchsten Risikogruppe. Tätigkeits- und Expositionsbedingungen, die die Gefährdung der Beschäftigten maßgeblich beeinflussen, werden bei der Festlegung der erforderlichen Schutzmaßnahmen und nicht bei der Zuordnung der Schutzstufe berücksichtigt.

Nach Nr. 2 richtet sich die Schutzstufenzuordnung bei nicht gezielten Tätigkei- 4
ten nach der Risikogruppe des Biostoffs, der aufgrund
a) der Wahrscheinlichkeit seines Auftretens,
b) der Art der Tätigkeit,
c) der Ar, Dauer Höhe und Häufigkeit der ermittelten Exposition
den Grad der Infektionsgefährdung bestimmt.

§ 6 Tätigkeiten ohne Schutzstufenzuordnung

(1) ¹**Tätigkeiten, die nicht unter § 5 Absatz 1 fallen, müssen keiner Schutzstufe zugeordnet werden.** ²**Dabei handelt es sich um Tätigkeiten im Sinne von § 2 Absatz 7 Nummer 2.** ³**Zu diesen Tätigkeiten gehören beispielsweise Reinigungs- und Sanierungsarbeiten, Tätigkeiten in der Veterinärmedizin, der Land-, Forst-, Abwasser- und Abfallwirtschaft sowie in Biogasanlagen und Schlachtbetrieben.**

(2) **Kann bei diesen Tätigkeiten eine der in § 4 Absatz 3 Nummer 1 und 3 genannten Informationen nicht ermittelt werden, weil das Spektrum der auftretenden Biostoffe Schwankungen unterliegt oder Art, Dauer, Höhe oder Häufigkeit der Exposition wechseln können, so hat der Arbeitgeber die für die Gefährdungsbeurteilung und Festlegung der Schutzmaßnahmen erforderlichen Informationen insbesondere zu ermitteln auf der Grundlage von**
1. **Bekanntmachungen nach § 19 Absatz 4,**
2. **Erfahrungen aus vergleichbaren Tätigkeiten oder**
3. **sonstigen gesicherten arbeitswissenschaftlichen Erkenntnissen.**

§ 6 nennt in Absatz 1 beispielhaft Tätigkeitsbereiche, bei denen eine Schutzstu- 1
fenzuordnung nicht erfolgen muss. Dies sind vornehmlich solche Arbeitsbereiche, in denen überwiegend Gefährdungen aufgrund der sensibilisierenden oder toxischen Wirkung von Biostoffen auftreten und Infektionsgefahren weniger relevant sind. Einzelheiten zu den nicht einer Schutzstufe zuzuordnenden Tätigkeiten sind

BiostoffV § 7   Biostoffverordnung

in den TRBA 212, 213 und 214 für die Abfallwirtschaft, in der TRBA 220 für die abwassertechnischen Anlage, der TRBA 230 für die Landwirtschaft und die TRBA 240 für Tätigkeiten mit kontaminiertem Archivgut beschrieben.

2   In Abs. 2 in das Verfahren der vereinfachten Gefährdungsbeurteilung beschrieben. Die vereinfachte Gefährdungsbeurteilung hat danach auf Grundlage der einschlägigen Technischen Regeln zu erfolgen, soweit solche existieren. Liegen keine Technischen regeln vor, sind Erfahrungen aus vergleichbaren Tätigkeiten oder sonstige gesicherte Erkenntnisse nach dem Stand der Technik heranzuziehen. Hierzu zählen Informationsschriften der Unfallversicherungsträger sowie Veröffentlichungen der Länder oder Verbände. Liegen z. B. Erfahrungen aufgrund von Messungen oder des Auftretens tätigkeitsbedingter gesundheitlicher Beeinträchtigungen aus anderen Branchen vor, können auch diese berücksichtigt werden. Unter gesicherten arbeitswissenschaftlichen Erkenntnissen sind solche zu verstehen, die sich aus Ergebnissen von forschungsarbeiten im Bereich der Arbeitswissenschaft ableiten lassen. Ein Maß für „gesichert" ist z. B. die Bestätigung der Erkenntnisse durch weitere ähnliche Untersuchungen.

§ 7 Dokumentation der Gefährdungsbeurteilung und Aufzeichnungspflichten

(1) ¹**Der Arbeitgeber hat die Gefährdungsbeurteilung unabhängig von der Zahl der Beschäftigten erstmals vor Aufnahme der Tätigkeit sowie danach jede Aktualisierung gemäß Satz 2 zu dokumentieren.** ²**Die Dokumentation der Gefährdungsbeurteilung umfasst insbesondere folgende Angaben:**
1. **die Art der Tätigkeit einschließlich der Expositionsbedingungen,**
2. **das Ergebnis der Substitutionsprüfung nach § 4 Absatz 3 Nummer 4,**
3. **die nach § 5 Absatz 2 festgelegten Schutzstufen,**
4. **die zu ergreifenden Schutzmaßnahmen,**
5. **eine Begründung, wenn von den nach § 19 Absatz 4 Nummer 1 bekannt gegebenen Regeln und Erkenntnissen abgewichen wird.**

(2) ¹**Als Bestandteil der Dokumentation hat der Arbeitgeber ein Verzeichnis der verwendeten oder auftretenden Biostoffe zu erstellen (Biostoffverzeichnis), soweit diese bekannt und für die Gefährdungsbeurteilung nach § 4 maßgeblich sind.** ²**Das Verzeichnis muss Angaben zur Einstufung der Biostoffe in eine Risikogruppe nach § 3 und zu ihren sensibilisierenden, toxischen und sonstigen die Gesundheit schädigenden Wirkungen beinhalten.** ³**Die Angaben müssen allen betroffenen Beschäftigten und ihren Vertretungen zugänglich sein.**

(3) ¹**Bei Tätigkeiten der Schutzstufe 3 oder 4 hat der Arbeitgeber zusätzlich ein Verzeichnis über die Beschäftigten zu führen, die diese Tätigkeiten ausüben.** ²**In dem Verzeichnis sind die Art der Tätigkeiten und die vorkommenden Biostoffe sowie aufgetretene Unfälle und Betriebsstörungen anzugeben.** ³**Es ist personenbezogen für den Zeitraum von mindestens zehn Jahren nach Beendigung der Tätigkeit aufzubewahren.** ⁴**Der Arbeitgeber hat**
1. **den Beschäftigten die sie betreffenden Angaben in dem Verzeichnis zugänglich zu machen; der Schutz der personenbezogenen Daten ist zu gewährleisten,**

Dokumentation der Gefährdungsbeurteilung § 7 BiostoffV

2. bei Beendigung des Beschäftigungsverhältnisses dem Beschäftigten einen Auszug über die ihn betreffenden Angaben des Verzeichnisses auszuhändigen; der Nachweis über die Aushändigung ist vom Arbeitgeber wie Personalunterlagen aufzubewahren.
⁵Das Verzeichnis über die Beschäftigten kann zusammen mit dem Biostoffverzeichnis nach Absatz 2 geführt werden.

(4) **Auf die Dokumentation der Angaben nach Absatz 1 Satz 2 Nummer 2 und 5 sowie auf das Verzeichnis nach Absatz 2 kann verzichtet werden, wenn ausschließlich Tätigkeiten mit Biostoffen der Risikogruppe 1 ohne sensibilisierende oder toxische Wirkungen durchgeführt werden.**

Nach Abs. 1 Satz 1 hat der Arbeitgeber die Gefährdungsbeurteilung unabhängig 1 von der Zahl der Beschäftigten erstmals vor Aufnahme der Tätigkeit sowie danach jede Aktualisierung nach Satz 2 zu **dokumentieren.** Die Dokumentation dient dem Nachweis, dass der Arbeitgeber alle Belange zum Schutz der Beschäftigten berücksichtigt hat. Die Dokumentationspflichten gelten unabhängig von der Betriebsgröße. Kleinbetriebe sind also nicht von der Dokumentationspflicht ausgenommen.

In Abs. 1 Satz 2 Nr. 1 bis 5 sind die Inhalte der Dokumentation beschrieben und 2 zusammengefasst aufgelistet. Nach Nr. 2 ist das Ergebnis der Substitutionsprüfung zu dokumentieren. Dies betrifft sowohl die Substitution von Biostoffen als auch die Substitution von Verfahren oder Arbeitsmitteln. Somit ist auch zu dokumentieren, warum kein Einsatz von spitzen oder scharfen Instrumenten durch sichere Instrumente erfolgen konnte.

Nach Abs. 2 hat der Arbeitgeber als Bestandteil der Dokumentation ein Ver- 3 zeichnis der verwendeten oder auftretenden Biostoffe zu erstellen, das sog. Biostoffverzeichnis. Der Dokumentationspflicht des Arbeitgebers unterliegen dabei nur solche Biostoffe, die bekannt sind oder für die eine Gefährdungsbeurteilung nach § 4 maßgeblich ist.

Abs. 2 Satz 2 bestimmt, dass das Verzeichnis Angaben zur Einstufung der Bio- 4 stoffe in eine Risikogruppenach § 3 und zu ihren sensibilisierenden, toxischen oder sonstigen die Gesundheit schädigenden Wirkungen beinhalten muss. Bei gezielten Tätigkeiten ist der Biostoff einschließlich der Risikogruppe anzugeben. Bei nicht gezielten Tätigkeiten können – wenn keine anderen Erkenntnisse vorliegen – auch Sammeleinträge, wie z. B. „Bodenbakterien" oder „Schimmelpilze" erfolgen. Die sensibilisierende und toxische Wirkung der Biostoffe ist gesondert auszuweisen.

Die Angaben nach Abs. 2 Satz 2 müssen alle betroffenen Beschäftigten und ihren 5 Vertretungen (also Personal- bzw. Betriebsrat, Schwerbehindertenvertretung, kirchliche Mitarbeitervertretung usw.) zugänglich sein.

Bei Tätigkeiten der Schutzstufe 3 oder 4 hat der Arbeitgeber zusätzlich ein Ver- 6 zeichnis über die Beschäftigten zu führen, die diese Tätigkeiten ausführen, Abs. 3 Satz 1. In dem Verzeichnis hat der Arbeitgeber die Art der Tätigkeiten und die vorkommenden Biostoffe sowie auftretende Unfälle und Betriebsstörungen anzugeben, Abs. 3 Satz 2. Das Verzeichnis der Beschäftigten soll die Möglichkeit geben, durch Tätigkeiten mit Biostoffen verursachte Erkrankungen auch dann zuordnen zu können, wenn ein relativ großer Zeitraum zwischen Exposition und Erkrankung vergangen ist.

Die **Aufbewahrungsfrist** für die nach Abs. 3 Satz 1 und 2 personenbezogenen 7 Daten beträgt 10 Jahre. Dem Beschäftigten ist bei Beendigung des Beschäftigungsverhältnisses ein Auszug über alle ihn betreffenden Angaben auszuhändigen.

BiostoffV § 8 Biostoffverordnung

8 Abs. 4 schränkt die Dokumentationspflicht nach Abs. 1 bei Tätigkeiten mit Biostoffen der Risikogruppe 1 ohne sensibilisierende oder toxische Wirkung auf die erforderlichen Grundangaben ein. Für diese Biostoffe sind im Biostoffverzeichnis nur Angaben über die Art der Tätigkeit einschließlich der Expositionsbedingungen, die nach § 5 Abs. 2 festgelegten Schutzstufen und die zu ergreifenden Schutzmaßnahmen aufzunehmen. So kann nach der Verordnungsbegründung bei geringer Gefährdung darauf verzichtet werden, ein Biostoffverzeichnis zu führen und die Ergebnisse der Substitutionsprüfung zu dokumentieren. Ein Abweichen von den Technischen Regeln muss nach Absatz 4 nicht begründet werden.

Abschnitt 3. Grundpflichten und Schutzmaßnahmen

§ 8 Grundpflichten

(1) ¹**Der Arbeitgeber hat die Belange des Arbeitsschutzes in Bezug auf Tätigkeiten mit Biostoffen in seine betriebliche Organisation einzubinden und hierfür die erforderlichen personellen, finanziellen und organisatorischen Voraussetzungen zu schaffen.** ²**Dabei hat er die Vertretungen der Beschäftigten in geeigneter Form zu beteiligen.** ³**Insbesondere hat er sicherzustellen, dass**
1. **bei der Gestaltung der Arbeitsorganisation, des Arbeitsverfahrens und des Arbeitsplatzes sowie bei der Auswahl und Bereitstellung der Arbeitsmittel alle mit der Sicherheit und Gesundheit der Beschäftigten zusammenhängenden Faktoren, einschließlich der psychischen, ausreichend berücksichtigt werden,**
2. **die Beschäftigten oder ihre Vertretungen im Rahmen der betrieblichen Möglichkeiten beteiligt werden, wenn neue Arbeitsmittel eingeführt werden sollen, die Einfluss auf die Sicherheit und Gesundheit der Beschäftigten haben.**

(2) **Der Arbeitgeber hat geeignete Maßnahmen zu ergreifen, um bei den Beschäftigten ein Sicherheitsbewusstsein zu schaffen und den innerbetrieblichen Arbeitsschutz bei Tätigkeiten mit Biostoffen fortzuentwickeln.**

(3) **Der Arbeitgeber darf eine Tätigkeit mit Biostoffen erst aufnehmen lassen, nachdem die Gefährdungsbeurteilung nach § 4 durchgeführt und die erforderlichen Maßnahmen ergriffen wurden.**

(4) **Der Arbeitgeber hat vor Aufnahme der Tätigkeit**
1. **gefährliche Biostoffe vorrangig durch solche zu ersetzen, die nicht oder weniger gefährlich sind, soweit dies nach der Art der Tätigkeit oder nach dem Stand der Technik möglich ist,**
2. **Arbeitsverfahren und Arbeitsmittel so auszuwählen oder zu gestalten, dass Biostoffe am Arbeitsplatz nicht frei werden, wenn die Gefährdung der Beschäftigten nicht durch eine Maßnahme nach Nummer 1 ausgeschlossen werden kann,**
3. **die Exposition der Beschäftigten durch geeignete bauliche, technische und organisatorische Maßnahmen auf ein Minimum zu reduzieren, wenn eine Gefährdung der Beschäftigten nicht durch eine Maßnahme**

Grundpflichten **§ 8 BiostoffV**

nach Nummer 1 oder Nummer 2 verhindert werden kann oder die Biostoffe bestimmungsgemäß freigesetzt werden,
4. zusätzlich persönliche Schutzausrüstung zur Verfügung zu stellen, wenn die Maßnahmen nach den Nummern 1 bis 3 nicht ausreichen, um die Gefährdung auszuschließen oder ausreichend zu verringern; der Arbeitgeber hat den Einsatz belastender persönlicher Schutzausrüstung auf das unbedingt erforderliche Maß zu beschränken und darf sie nicht als Dauermaßnahme vorsehen.

(5) ¹Der Arbeitgeber hat die Schutzmaßnahmen auf der Grundlage der Gefährdungsbeurteilung nach dem Stand der Technik sowie nach gesicherten wissenschaftlichen Erkenntnissen festzulegen und zu ergreifen. ²Dazu hat er die Vorschriften dieser Verordnung einschließlich der Anhänge zu beachten und die nach § 19 Absatz 4 Nummer 1 bekannt gegebenen Regeln und Erkenntnisse zu berücksichtigen. ³Bei Einhaltung der Regeln und Erkenntnisse ist davon auszugehen, dass die gestellten Anforderungen erfüllt sind (Vermutungswirkung). ⁴Von diesen Regeln und Erkenntnissen kann abgewichen werden, wenn durch andere Maßnahmen zumindest in vergleichbarer Weise der Schutz von Sicherheit und Gesundheit der Beschäftigten gewährleistet wird. ⁵Haben sich der Stand der Technik oder gesicherte wissenschaftliche Erkenntnisse fortentwickelt und erhöht sich die Arbeitssicherheit durch diese Fortentwicklung erheblich, sind die Schutzmaßnahmen innerhalb einer angemessenen Frist anzupassen.

(6) ¹Der Arbeitgeber hat die Funktion der technischen Schutzmaßnahmen regelmäßig und deren Wirksamkeit mindestens jedes zweite Jahr zu überprüfen. ²Die Ergebnisse und das Datum der Wirksamkeitsprüfung sind in der Dokumentation nach § 7 zu vermerken. ³Wurde für einen Arbeitsbereich, ein Arbeitsverfahren oder einen Anlagetyp in einer Bekanntmachung nach § 19 Absatz 4 ein Wert festgelegt, der die nach dem Stand der Technik erreichbare Konzentration der Biostoffe in der Luft am Arbeitsplatz beschreibt (Technischer Kontrollwert), so ist dieser Wert für die Wirksamkeitsüberprüfung der entsprechenden Schutzmaßnahmen heranzuziehen.

(7) Der Arbeitgeber darf in Heimarbeit nur Tätigkeiten mit Biostoffen der Risikogruppe 1 ohne sensibilisierende oder toxische Wirkung ausüben lassen.

In § 8 sind die **Grundpflichten** festgelegt, die der **Arbeitgeber zu erfüllen** 1
hat. Nach Abs. 1 Satz 1 hat der Arbeitgeber die Belange des Arbeitsschutzes in Bezug auf Tätigkeiten mit Biostoffen in seine betriebliche Organisation einzubinden und hierfür die erforderlichen personellen, finanziellen und organisatorischen Voraussetzungen zu schaffen. Dies schließt ein, dass der Arbeitgeber alle gesundheits- und sicherheitsrelevanten einschließlich der psychischen Faktoren ausreichend berücksichtigen muss. Der Verordnungstext enthält keine konkreten Inhalte, wie der Arbeitgeber seine Verpflichtung umzusetzen hat. Die konkrete Umsetzung hängt vielmehr von der jeweiligen betrieblichen Situation ab und wird in der Praxisvielfach durch Arbeitsschutzmanagementsysteme realisiert.

Nach Absatz 2 hat der Arbeitgeber geeignete Maßnahmen zu ergreifen, um bei 2
den beschäftigten ein Sicherheitsbewusstsein zu schaffen und den innerbetrieb-

BiostoffV § 8 Biostoffverordnung

lichen Arbeitsschutz bei Tätigkeiten mit Biostoffen fortzuentwickeln. Das Sicherheitsbewusstsein umfasst auch Aspekte der Vermeidung einer möglichen missbräuchlichen Verwendung von Biostoffen.

3　In Abs. 3 wird die Pflicht des Arbeitgebers zur Durchführung der Gefährdungsbeurteilung vor Aufnahme der Tätigkeit festgeschrieben.

4　Abs. 4 statuiert das sog. STOP-Prinzip. Danach haben die Substitution von Biostoffen und technische Sicherheitsmaßnahmen Vorrang gegenüber anderen Maßnahmen. Nach Abs. 4 Nr. 1 hat der Arbeitgeber gefährliche Biostoffe vorrangig durch solche zu ersetzen, die nicht oder weniger gefährlich sind, soweit dies nach der Art der Tätigkeit und dem Stand der Technik möglich ist. Das Substitutionsgebot ist bereits bei der Gefährdungsbeurteilung zu berücksichtigen.

5　Verbleibt trotz Substitution noch eine Restgefährdung sind zunächst solche Arbeitsverfahren und Arbeitsmittel einzusetzen, die ein Freiwerden von Biostoffen ausschließen. Ist eine Exposition von Biostoffen auch auf diese Weise nicht zu verhindern, muss die Exposition durch weitere geeignete bauliche, technische und organisatorische Maßnahmen minimiert werden. Erst wenn dies alles nicht die Sicherheit und den Schutz der Gesundheit der Beschäftigten zu schützen vermag, ist persönliche Schutzausrüstung einzusetzen. Eine dauerhafte Verwendung von persönlicher Schutzausrüstung ist nicht zulässig, wenn sichere Arbeitsverfahren zur Verfügung stehen.

6　Nr. 2 fordert für den Fall, dass eine Gefährdung nicht durch eine Substitution von Biostoffen verhindert werden kann, dass ein Freiwerden von Biostoffen durch geeignete Arbeitsverfahren und Arbeitsmittel verhindert wird.

7　Nach Abs. 4 Nr. 3 ist die Exposition der Beschäftigten durch geeignete bauliche, technische und organisatorische Maßnahmen auf ein Minimum zu reduzieren, wenn eine Gefährdung der Beschäftigten nicht durch Maßnahmen nach Nr. 1 oder 2 verhindert werden kann oder die Biostoffe bestimmungsgemäß freigesetzt werden. Das Minimierungsgebot nach Nr. 3 bezieht sich grundsätzlich auf alle Tätigkeiten mit Biostoffen, bei denen Kontaminationen auftreten können. Unter organisatorischen Maßnahmen sind sowohl solche zu verstehen, die auf eine räumliche Veränderung als auch auf eine zeitliche Trennung der Tätigkeit abzielen. Zum Minimierungsgebot gehört auch, dass die Anzahl der Beschäftigten, die Tätigkeiten mit Gesundheitsgefährdungen durchführen, begrenzt wird.

8　In Nr. 4 ist schließlich normiert, dass **persönliche Schutzmaßnahmen** zusätzlich einzusetzen sind, wenn trotz Ausschöpfung der Maßnahmen nach den Nrn 1 bis 3 kein ausreichender Schutz der Beschäftigten gewährleistet ist. Unter dem Begriff der persönlichen Schutzausrüstung sind persönliche Schutzkleidung (z. B. Schutzkittel oder Schutzanzüge), Schutzhandschuhe, Atemschutz (Hauben, Masken) oder Gesichtsschutz (z. B. Schutzbrille) zu verstehen. Der Arbeitgeber muss normgerechte persönliche Schutzausrüstung auswählen, die den Schutz vor den vorkommenden Biologischen Arbeitsstoffen bei der Durchführung von Tätigkeiten mit Biologischen Arbeitsstoffen. Der Arbeitgeber muss die persönliche Schutzausrüstung desinfizieren, reinigen und bei Erfordernis auch Instandsetzen. Kontaminierte Arbeitskleidung darf generell nicht im häuslichen Bereich gereinigt werden.

9　Der Arbeitgeber ist zudem verpflichtet, den Einsatz belastender persönlicher Schutzausrüstungen auf das unbedingt erforderliche Maß zu beschränken und darf sie nicht als Dauermaßnahme vorsehen. Eine Definition, wann die persönliche Schutzausrüstung belastend ist, besteht nicht. Die konkreten Arbeitsbedingungen, wie z. B. Schwere der Arbeit, Temperatur und Luftfeuchtigkeit sind entscheidend

Allgemeine Schutzmaßnahmen § 9 Biostoff V

dafür, ob eine PSA belastend ist. Die TRBA 100, 120, 130 und 250 enthalten konkrete Angaben zur erforderlichen Schutzkleidung.

Nach Abs. 5 Satz 1 hat der Arbeitgeber die Schutzmaßnahmen auf Grundlage 10 der Gefährdungsbeurteilung nach dem Stand der Technik sowie nach gescherten wissenschaftlichen Erkenntnissen festzulegen und zu ergreifen. Bei der Festlegung der Schutzmaßnahmen sind die vom Ausschuss für Biologische Arbeitsstoffe ermittelten Regeln und Erkenntnisse zu berücksichtigen.

§ 9 Allgemeine Schutzmaßnahmen

(1) ¹**Bei allen Tätigkeiten mit Biostoffen müssen mindestens die allgemeinen Hygienemaßnahmen eingehalten werden.** ²**Insbesondere hat der Arbeitgeber dafür zu sorgen, dass**
1. **Arbeitsplätze und Arbeitsmittel in einem dem Arbeitsablauf entsprechenden sauberen Zustand gehalten und regelmäßig gereinigt werden,**
2. **Fußböden und Oberflächen von Arbeitsmitteln und Arbeitsflächen leicht zu reinigen sind,**
3. **Waschgelegenheiten zur Verfügung stehen,**
4. **vom Arbeitsplatz getrennte Umkleidemöglichkeiten vorhanden sind, sofern Arbeitskleidung erforderlich ist; die Arbeitskleidung ist regelmäßig sowie bei Bedarf zu wechseln und zu reinigen.**

(2) **Bei Tätigkeiten in Laboratorien, in der Versuchstierhaltung, in der Biotechnologie und in Einrichtungen des Gesundheitsdienstes hat der Arbeitgeber für die Schutzstufe 1 über die Maßnahmen des Absatzes 1 hinaus spezielle Hygienemaßnahmen entsprechend den nach § 19 Absatz 4 Nummer 1 bekannt gegebenen Regeln und Erkenntnissen zu berücksichtigen.**

(3) ¹**Werden nicht ausschließlich Tätigkeiten mit Biostoffen der Risikogruppe 1 ohne sensibilisierende und toxische Wirkungen ausgeübt, hat der Arbeitgeber in Abhängigkeit von der Gefährdungsbeurteilung weitergehende Schutzmaßnahmen zu ergreifen.** ²**Dabei hat er insbesondere**
1. **Arbeitsverfahren und Arbeitsmittel so zu gestalten oder auszuwählen, dass die Exposition der Beschäftigten gegenüber Biostoffen und die Gefahr durch Stich- und Schnittverletzungen verhindert oder minimiert werden, soweit dies technisch möglich ist,**
2. **Tätigkeiten und Arbeitsverfahren mit Staub- oder Aerosolbildung, einschließlich Reinigungsverfahren, durch solche ohne oder mit geringerer Staub- oder Aerosolbildung zu ersetzen, soweit dies nach dem Stand der Technik möglich ist; ist dies nicht möglich, hat der Arbeitgeber geeignete Maßnahmen zur Minimierung der Exposition zu ergreifen,**
3. **die Zahl der exponierten Beschäftigten auf das für die Durchführung der Tätigkeit erforderliche Maß zu begrenzen,**
4. **die erforderlichen Maßnahmen zur Desinfektion, Inaktivierung oder Dekontamination sowie zur sachgerechten und sicheren Entsorgung von Biostoffen, kontaminierten Gegenständen, Materialien und Arbeitsmitteln zu ergreifen,**
5. **zur Verfügung gestellte persönliche Schutzausrüstung einschließlich Schutzkleidung zu reinigen, zu warten, instand zu halten und sachge-**

BiostoffV § 9 Biostoffverordnung

recht zu entsorgen; Beschäftigte müssen die bereitgestellte persönliche Schutzausrüstung verwenden, solange eine Gefährdung besteht,
6. die Voraussetzungen dafür zu schaffen, dass persönliche Schutzausrüstung einschließlich Schutzkleidung beim Verlassen des Arbeitsplatzes sicher abgelegt und getrennt von anderen Kleidungsstücken aufbewahrt werden kann,
7. sicherzustellen, dass die Beschäftigten in Arbeitsbereichen, in denen Biostoffe auftreten können, keine Nahrungs- und Genussmittel zu sich nehmen; hierzu hat der Arbeitgeber vor Aufnahme der Tätigkeiten gesonderte Bereiche einzurichten, die nicht mit persönlicher Schutzausrüstung einschließlich Schutzkleidung betreten werden dürfen.

(4) [1]Der Arbeitgeber hat Biostoffe sicher zu lagern, innerbetrieblich sicher zu befördern und Vorkehrungen zu treffen, um Missbrauch oder Fehlgebrauch zu verhindern. [2]Dabei hat er sicherzustellen, dass nur Behälter verwendet werden, die
1. hinsichtlich ihrer Beschaffenheit geeignet sind, den Inhalt sicher zu umschließen,
2. so gekennzeichnet sind, dass die davon ausgehenden Gefahren in geeigneter Weise deutlich erkennbar sind,
3. hinsichtlich Form und Kennzeichnung so gestaltet sind, dass der Inhalt nicht mit Lebensmitteln verwechselt werden kann.

(5) [1]Bei der medizinischen Untersuchung, Behandlung und Pflege von Patienten außerhalb von Einrichtungen des Gesundheitsdienstes findet § 11 Absatz 2 bis 5 Anwendung. [2]Bei diesen Tätigkeiten hat der Arbeitgeber in Arbeitsanweisungen den Umgang mit persönlicher Schutzausrüstung und Arbeitskleidung sowie die erforderlichen Maßnahmen zur Hygiene und zur Desinfektion festzulegen.

1   Schutzmaßnahmen nach der Biostoffverordnung werden unterschieden nach allgemeinen Hygienemaßnahmen (Abs. 1), spezielle Hygienemaßnahmen (Abs. 2) und weitergehenden Schutzmaßnahmen (Abs. 3). Bei allen Tätigkeiten mit Biostoffen müssen nach Abs. 1 Satz 1 mindestens die allgemeinen Hygienemaßnahmen eingehalten werden. Der Arbeitgeber hat insbesondere dafür Sorge zu tragen, dass die in Abs. 1 Satz 2 Nr. 1 bis 4 genannten Maßnahmen vorgenommen werden. Nach der TRBA 500 „grundlegende Maßnahmen bei Tätigkeiten mit biologischen Arbeitsstoffen" hat der Arbeitgeber vom Arbeitsplatz getrennte Umkleidemöglichkeiten zur Verfügung zu stellen. Arbeitskleidung und persönliche Schutzausrüstung sind von der Privatkleidung getrennt aufzubewahren.
2   Absatz 2 stellt klar, dass für Tätigkeiten der Schutzstufe 1 in Laboratorien, der Versuchstierhaltung, der Biotechnologie und im Gesundheitsdienst darüber hinaus weitere Mindestmaßnahmen – die speziellen Hygienemaßnahmen – zu treffen sind, die im Technischen Regelwerk festgelegt werden. Der Hinweis auf das Technische Regelwerk war notwendig, da aufgrund der unterschiedlichen Tätigkeitsbereiche die allgemeinen Hygienemaßnahmen auf Verordnungsebene nicht ausreichen würden. Die speziellen Hygienemaßnahmen sind geregelt in TRBA 100 (Laboratorien), TRBA 120 (Versuchstierhaltung) und der TRBA 250 (Einrichtungen des Gesundheitsdienstes).
3   Absatz 3 legt fest, dass zusätzlich zu Abs. 1 weitere Schutzmaßnahmen ergriffen werden müssen, wenn nicht ausschließlich Tätigkeiten mit Biostoffen der Risikogruppe 1 ohne sensibilisierende und toxische Wirkung ausgeübt werden. Bei Tätig-

Allgemeine Schutzmaßnahmen **§ 9 BiostoffV**

keiten ab der Risikogruppe 2 sind somit die in Abs. 3 Satz 3 Nr. 1 bis 7 genannten Maßnahmen zu ergreifen. Die Aufzählung der Schutzmaßnahmen in Satz 3 Nr. 1 bis 7 ist nicht abschließend.

Nach Nr. 1 hat der Arbeitgeber Arbeitsverfahren und Arbeitsmittel so zu gestalten oder auszuwählen, dass die Exposition der Beschäftigten gegenüber Biostoffen und die Gefahr durch Stich- und Schnittverletzungen verhindert oder minimiert werden, soweit dies technisch möglich ist. Hierzu gehört u. a. der Einsatz von Sicherheitsgeräten, wenn für die Beschäftigten gesundheitliche Gefährdungen durch Stich- oder Schnittverletzungen bestehen. 4

Nr. 2 legt fest, dass Tätigkeiten und Arbeitsverfahren mit Staub und Aerosolbildung, einschließlich Reinigungsverfahren durch solche ohne oder mit geringer Staub- oder Aerosolbildung zu ersetzen sind, soweit dies nach dem Stand der Technik möglich ist. 5

Nach Nr. 3 ist die Zahl der exponierten Beschäftigten auf das für die Durchführung der Tätigkeit erforderliche Maß zu begrenzen. Nr. 4 bestimmt, dass die erforderlichen Maßnahmen zur Desinfektion, Inaktivierung oder Dekontamination sowie zur sachgerechten und sicheren Entsorgung von Biostoffen, kontaminierten Gegenständen, Materialien und Arbeitsmitteln zu ergreifen sind. 6

Nach Nr. 5 hat der Arbeitgeber die zur Verfügung gestellte persönliche Schutzausrüstung einschließlich Schutzkleidung zu reinigen, zu warten, instand zu halten und sachgerecht zu entsorgen. Der Arbeitgeber hat dafür zu sorgen, dass schadhafte Teile ausgebessert, ausgetauscht und erforderlichenfalls vernichtet werden. Nach Nr. 6 hat der Arbeitgeber die Voraussetzungen dafür zu schaffen, dass persönliche Schutzausrüstung einschließlich Schutzkleidung beim Verlassen des Arbeitsplatzes sicher abgelegt und getrennt von anderen Kleidungsstücken aufbewahrt werden kann. Schließlich hat der Arbeitgeber nach Nr. 7 sicherzustellen, dass Beschäftigte in Arbeitsbereichen, in denen Biostoffe auftreten können, keine Nahrungs- und Genussmittel zu sich nehmen. 7

Absatz 4 enthält Anforderungen an Behälter bei der Lagerung, innerbetrieblichen Beförderung und der Entsorgung von Biostoffen. Transportbehälter müssen hinsichtlich ihrer Beschaffenheit geeignet und sicher sein sowie eine eindeutige Kennzeichnung aufweisen. Einzelheiten hierzu sind in den TRBA 100 und 120 enthalten. In Laboratorien hat der Transport von Biostoffen in geschlossenen, formstabilen, bruchsicheren, flüssigkeitsdichten und von außen desinfizierbaren Gefäßen zu erfolgen. Eine Kennzeichnung der innerbetrieblichen Transportbehälter mit dem Warnzeichen für Biogefährdung nach Anhang I ist in der Schutzstufe 2 nicht zwingend nach TRBA 100 gefordert. 8

In Absatz 5 wird speziell auf medizinische Tätigkeiten eingegangen, die nicht in Einrichtungen des Gesundheitsschutzes durchgeführt werden. Dies betrifft insbesondere die Arbeit ambulanter Pflegedienste. Mit Absatz 5 werden die Regelungen über den Einsatz sicherer medizinischer Geräte und deren Entsorgung (§ 11 Abs. 2 bis 5) auch für diese Tätigkeiten verbindlich gemacht. 9

Nach Abs. 5 Satz 2 hat der Arbeitgeber das Ergebnis der Gefährdungsbeurteilung zum Umgang mit persönlicher Schutzausrüstung und Arbeitskleidung sowie zu den erforderlichen Hygiene- und Desinfektionsmaßnahmen in Arbeitsanweisungen zusammenzufassen. Arbeitsanweisungen schreiben Verhaltensregeln vor und gewährleisten so ein sicherheitsadäquates Handeln, das unabhängig von den räumlichen Gegebenheiten ist. 10

Kossens

§ 10 Zusätzliche Schutzmaßnahmen und Anforderungen bei Tätigkeiten der Schutzstufe 2, 3 oder 4 in Laboratorien, in der Versuchstierhaltung sowie in der Biotechnologie

(1) Zusätzlich zu den Schutzmaßnahmen nach § 9 hat der Arbeitgeber vor Aufnahme der Tätigkeiten der Schutzstufe 2, 3 oder 4 in Laboratorien, in der Versuchstierhaltung oder in der Biotechnologie
1. entsprechend der Schutzstufenzuordnung
   a) geeignete räumliche Schutzstufenbereiche festzulegen und mit der Schutzstufenbezeichnung sowie mit dem Symbol für Biogefährdung nach Anhang I zu kennzeichnen,
   b) die Schutzmaßnahmen nach Anhang II oder III zu ergreifen; die als empfohlen bezeichneten Schutzmaßnahmen sind zu ergreifen, wenn dadurch die Gefährdung der Beschäftigten verringert werden kann,
2. gebrauchte spitze und scharfe Arbeitsmittel entsprechend der Anforderung nach § 11 Absatz 4 sicher zu entsorgen,
3. den Zugang zu Biostoffen der Risikogruppe 3 oder 4 auf dazu berechtigte, fachkundige und zuverlässige Beschäftigte zu beschränken; Tätigkeiten der Schutzstufe 3 oder 4 dürfen diesen Beschäftigten nur übertragen werden, wenn sie anhand von Arbeitsanweisungen eingewiesen und geschult sind.

(2) ¹Der Arbeitgeber hat vor Aufnahme von Tätigkeiten der Schutzstufe 3 oder 4 eine Person zu benennen, die zuverlässig ist und über eine Fachkunde verfügt, die der hohen Gefährdung entspricht. ²Er hat diese Person mit folgenden Aufgaben zu beauftragen:
1. Beratung bei
   a) der Gefährdungsbeurteilung nach § 4,
   b) sonstigen sicherheitstechnisch relevanten Fragestellungen,
2. Unterstützung bei der
   a) Kontrolle der Wirksamkeit der Schutzmaßnahmen,
   b) Durchführung der Unterweisung nach § 14 Absatz 2,
3. Überprüfung der Einhaltung der Schutzmaßnahmen.

³Der Arbeitgeber hat die Aufgaben und die Befugnisse dieser Person schriftlich festzulegen. ⁴Sie darf wegen der Erfüllung der ihr übertragenen Aufgaben nicht benachteiligt werden. ⁵Ihr ist für die Durchführung der Aufgaben ausreichend Zeit zur Verfügung zu stellen. ⁶Satz 1 gilt nicht für Tätigkeiten mit Biostoffen der Risikogruppe 3, die mit (**) gekennzeichnet sind.

1   § 10 betrifft ausschließlich Tätigkeiten in **Laboratorien, der Versuchstierhaltung sowie der Biotechnologie.** Tätigkeiten in diesen Bereichen müssen einer Schutzstufe zugeordnet werden, aus der sich zusätzliche technische und bauliche Maßnahmen nach den Anhängen II oder III ergeben.

2   Nach Abs. 1 hat der Arbeitgeber zusätzlich zu den Schutzmaßnahmen nach § 9 vor Aufnahme vor Tätigkeiten der Schutzstufe 2, 3 oder 4 in Laboratorien, der Versuchstierhaltung oder in der Biotechnologie die in den Ziffern 1–3 genannten Maßnahmen zu ergreifen. Nach Nr. 1a hat der Arbeitgeber entsprechend der Schutzstufenzuordnung geeignete Schutzstufenbereiche festzulegen und mit der

Zusätzliche Schutzmaßnahmen § 10 BiostoffV

Schutzstufenbezeichnung sowie dem Symbol für Biogefährdung nach Anhang I zu kennzeichnen. Ein Verstoß gegen diese Verpflichtung ist bußgeldbewehrt nach § 20 Abs. 1 Nr. 13. Das Symbol der Biogefährdung dient als Warnzeichen vor Biogefährdung für Beschäftigte und andere Personen. Unter Schutzstufenbereich ist die räumliche Einheit zu verstehen, die einer Schutzstufe zugeordnet ist. Die räumliche Einheit kann aus einem Arbeitsraum (z. B. Labor oder Produktionsraum) oder mehreren Arbeitsräumen und dazugehörenden Funktionsräumen bestehen. Zum Schutzstufenbereich gehört auch eine evtl. erforderliche Schleuse oder ein Vorraum.

Nr. 1 b legt fest, dass der Arbeitgeber Schutzmaßnahmen nach Anhang II oder III 3 zu ergreifen hat. Dabei sind die als empfohlen bezeichneten Schutzmaßnahmen zu ergreifen, wenn dadurch die Gefährdung der Beschäftigten verringert werden kann.

Nach Nr. 2 sind gebrauchte, spitze und scharfe Arbeitsmittel entsprechend der 4 Anforderung nach § 11 Abs. 4 sicher zu entsorgen. Das erfordert, dass der Arbeitgeber vor Aufnahme der Tätigkeit Abfallbehältnisse bereit zu stellen hat, die stich- und bruchfest sind und den Abfall sicher umschließen. Zudem hat der Arbeitgeber dafür Sorge zu tragen, dass diese Abfallbehältnisse durch Farbe, Form und Beschriftung eindeutig als Abfallbehältnisse erkennbar sind.

Nr. 3 enthält Zugangsbeschränkungen zu Biostoffen der Risikogruppe 3 und 4. 5 Danach hat der Arbeitgeber der Zugang zu den Biostoffen der Risikogruppe 3 oder 4 auf dazu berechtigte, fachkundige und zuverlässige Beschäftigte zu beschränken. Zugang besteht bereits dann, wenn ein Schutzstufenbereich betreten wird, in dem Tätigkeiten mit Biostoffen durchgeführt werden oder diese zugänglich gelagert werden. Die vom Arbeitgeber benannte fachkundige Person muss in der Lage sein, den Arbeitgeber bei der Gefährdungsbeurteilung aller vorgesehenen Tätigkeiten der Schutzstufe 3 und 4 und bei sonstigen sicherheitstechnischen Fragestellungen zu beraten. Die Anforderungen an die Fachkunde der Beschäftigten sind in der TRBA 200 im Einzelnen aufgeführt. Durch das Kriterium der „Zuverlässigkeit" soll gewährleistet werden, dass die benannte Person sich weder selbst noch andere Personen durch Missachtung einzelner Verhaltensregeln und Schutzmaßnahmen gefährden. Zur Zuverlässigkeit gehören allgemeine Faktoren, wie verlässliches Arbeiten und das Befolgen von Rechtsnormen, Unterweisungen oder Arbeitsanweisungen. Der Tätigkeiten der Schutzstufe 3 und 4 dürfen diesen Beschäftigten nur übertragen werden, wenn sie anhand von Arbeitsanweisungen eingewiesen und geschult sind.

Abs. 2 setzt nach der Verordnungsbegründung eine Forderung der Praxis um, 6 nach der die Benennung einer zuverlässigen, fachkundigen Person bei Tätigkeiten mit hochpathogenen Biostoffen erforderlich ist. Dieser Person ist die Aufgabe zu übertragen, den Arbeitgeber bei Tätigkeiten mit hohem Gefährdungspotential zu beraten und zu unterstützen. Eine explizite Benennung des ausgewählten Beschäftigten als „Beauftragter" ist nicht erforderlich.

Nach Abs. 2 Satz 3 hat der Arbeitgeber die Aufgaben und Befugnisse der von 7 ihm benannten fachkundigen Person schriftlich festlegen. Das Schriftformerfordernis dient der Rechtssicherheit für Arbeitgeber und der benannte Person. Die zuständige Überwachungsbehörde ist berechtigt, die schriftliche Benennung einschließlich der entsprechenden Festlegungen zu überprüfen.

Kossens

§ 11 Zusätzliche Schutzmaßnahmen und Anforderungen bei Tätigkeiten der Schutzstufe 2, 3 oder 4 in Einrichtungen des Gesundheitsdienstes

(1) Zusätzlich zu den Schutzmaßnahmen nach § 9 hat der Arbeitgeber vor Aufnahme der Tätigkeiten der Schutzstufe 2, 3 oder 4 in Einrichtungen des Gesundheitsdienstes in Abhängigkeit von der Gefährdungsbeurteilung
1. wirksame Desinfektions- und Inaktivierungsverfahren festzulegen,
2. Oberflächen, die desinfiziert werden müssen, so zu gestalten, dass sie leicht zu reinigen und beständig gegen die verwendeten Desinfektionsmittel sind; für Tätigkeiten der Schutzstufe 4 gelten zusätzlich die Anforderungen des Anhangs II an Oberflächen.

(2) Der Arbeitgeber hat entsprechend § 9 Absatz 3 Satz 2 Nummer 1 spitze und scharfe medizinische Instrumente vor Aufnahme der Tätigkeit durch solche zu ersetzen, bei denen keine oder eine geringere Gefahr von Stich- und Schnittverletzungen besteht, soweit dies technisch möglich und zur Vermeidung einer Infektionsgefährdung erforderlich ist.

(3) ¹Der Arbeitgeber hat sicherzustellen, dass gebrauchte Kanülen nicht in die Schutzkappen zurückgesteckt werden. ²Werden Tätigkeiten ausgeübt, die nach dem Stand der Technik eine Mehrfachverwendung des medizinischen Instruments erforderlich machen, und muss dabei die Kanüle in die Schutzkappe zurückgesteckt werden, ist dies zulässig, wenn ein Verfahren angewendet wird, das ein sicheres Zurückstecken der Kanüle in die Schutzkappe mit einer Hand erlaubt.

(4) ¹Spitze und scharfe medizinische Instrumente sind nach Gebrauch sicher zu entsorgen. ²Hierzu hat der Arbeitgeber vor Aufnahme der Tätigkeiten Abfallbehältnisse bereitzustellen, die stich- und bruchfest sind und den Abfall sicher umschließen. ³Er hat dafür zu sorgen, dass diese Abfallbehältnisse durch Farbe, Form und Beschriftung eindeutig als Abfallbehältnisse erkennbar sind. ⁴Satz 1 und 2 gelten auch für gebrauchte medizinische Instrumente mit Schutzeinrichtungen gegen Stich- und Schnittverletzungen.

(5) ¹Der Arbeitgeber hat die Beschäftigten und ihre Vertretungen über Verletzungen durch gebrauchte spitze oder scharfe medizinische Instrumente, die organisatorische oder technische Ursachen haben, zeitnah zu unterrichten. ²Er hat die Vorgehensweise hierfür festzulegen.

(6) Tätigkeiten der Schutzstufe 3 oder 4 dürfen nur fachkundigen Beschäftigten übertragen werden, die anhand von Arbeitseinweisungen eingewiesen und geschult sind.

(7) Vor Aufnahme von Tätigkeiten der Schutzstufe 4 hat der Arbeitgeber
1. geeignete räumliche Schutzstufenbereiche festzulegen und mit der Schutzstufenbezeichnung sowie mit dem Symbol für Biogefährdung nach Anhang I zu kennzeichnen,
2. die Maßnahmen der Schutzstufe 4 aus Anhang II auszuwählen und zu ergreifen, die erforderlich und geeignet sind, die Gefährdung der Beschäftigten und anderer Personen zu verringern,

Zusätzliche Schutzmaßnahmen **§ 11 BiostoffV**

3. **eine Person im Sinne von § 10 Absatz 2 Satz 1 zu benennen und mit den Aufgaben nach § 10 Absatz 2 Satz 2 zu beauftragen.**

§ 11 benennt die Maßnahmen, die zusätzlich zu Maßnahmen nach § 9 bei Tätig- 1
keiten in **Einrichtungen des Gesundheitsdienstes** zu ergreifen sind. Wirksame Desinfektions- und Inaktivierungsverfahren nach Abs. 1 Nr. 1 müssen validiert sein. Das bedeutet, es muss sichergestellt sein, dass sie unter definierten einzuhaltenden Bedingungen (Konzentration und Einwirkdauer) die erwünschte Wirkung erzielen. Eine Liste der geprüften und anerkannten Desinfektionsmittel und -verfahren wird vom Robert-Koch-Institut herausgegeben. Ergänzend können bei der Auswahl geeigneter Desinfektions- und Inaktivierungsverfahren auch die Listen der Fachgesellschaft VAH (Verbund für Angewandte Hygiene) sowie der DVG (Deutsche Veterinärmedizin Gesellschaft) herangezogen werden. Mittel und Verfahren, die auf keiner dieser Listen genannt sind, müssen nachweislich für den vorgesehenen Einsatzzweck geeignet sein.

Nach Abs. 1 Nr. 2 müssen Oberflächen so gestaltet werden, dass sie leicht zu rei- 2
nigen und beständig gegen die verwendeten Desinfektionsmittel sind. Leicht zu reinigen sind insbesondere glatte Oberflächen ohne Fugen. Die Oberflächen müssen zudem wasserundurchlässig sein. Dagegen stellen Materialien, die Flüssigkeiten aufnehmen können, keine geeignete Oberfläche dar.

Abs. 2 regelt, dass der Arbeitgeber spitze und scharfe medizinische Instrumente 3
zu ersetzen hat, soweit dies technisch möglich ist und zur Vermeidung einer Infektionsgefährdung erforderlich ist. Solche Instrumente verfügen über einen integrierten Sicherheitsmechanismus zum Schutz vor Verletzungen (Sicherheitsgeräte). Dabei ist es möglich, dass der Sicherheitsmechanismus entweder durch den Nutzer aktiv ausgelöst wird oder automatisch bei Gebrauch des Instruments.

Nach Abs. 3 Satz 1 hat der Arbeitgeber sicherzustellen, dass gebrauchte Kanülen 4
nicht in die Schutzkappen zurückgesteckt werden. Vor dem in Abs. 3 Satz 1 fixierte Grundsatz erlaubt Satz 2 Ausnahmen bei Tätigkeiten, bei denen nach dem Stand der Technik eine Mehrfachverwendung erforderlich ist und bei denen ein Verfahren angewendet werden, das ein sicheres Zurückstecken der Kanüle in die Schutzkappe mit einer Hand erlaubt. Dieses Recapping muss mit einer Hand möglich sein, z. B. durch die Verwendung einer Kanülenhalterung. Das entsprechende Verfahren muss in einer Arbeitsanweisung enthalten sein.

Abs. 4 enthält Einzelheiten zur sicheren Entsorgung von spitzen und scharfen In- 5
strumenten. Danach sind gebrauchte medizinische Instrumente in stich- und bruchfesten Abfallbehältern zu entsorgen. Es muss gewährleistet sein, dass sich Beschäftigte beim Sammeln, Transportieren und Entsorgen von Abfällen, nicht verletzten können. Die TRBA 250 enthält Einzelheiten zur Beschaffenheit der entsprechenden Abfallbehältnisse.

Nach Abs. 5 Satz 1 hat der Arbeitgeber die Beschäftigten und ihre Vertretungen 6
über Verletzungen durch gebrauchte spitze und scharfe medizinische Instrumenten, die organisatorische oder technische Ursachen haben, zeitnah zu unterrichten. Solche Ursachen können in der Arbeitsverdichtung, der Übermüdung der Beschäftigten, das Arbeiten mit bekanntermaßen infektiösen Patienten, Zeitdruck oder der Unerfahrenheit der Beschäftigten begründet sein. Über daraus resultierende Verletzungen hat der Arbeitgeber die Beschäftigten und der Betriebsrat/Personalrat zu informieren. Ziel ist es, durch die Optimierung der Arbeitsorganisation, auch im Hinblick von psychischen Belastungen zukünftige Verletzungen zu vermeiden.

BiostoffV § 12

7 Tätigkeiten der Schutzstufe 3 oder 4 dürfen nur fachkundigen Beschäftigten übertragen werden, die anhand von Arbeitsanweisungen eingewiesen und geschult sind, Abs. 6. Absatz 7 Nr. 1 bis 3 regelt die Anforderungen an Tätigkeiten der Schutzstufe 4. Nach Nr. 1 hat der Arbeitgeber geeignete räumliche Schutzstufenbereiche festzulegen und mit der Stufenbezeichnung sowie dem Symbol für Biogefährdung nach Anhang I zu kennzeichnen.

8 Nr. 2 verweist für Tätigkeiten der Schutzstufe 4 auf die Schutzstufen bezogenen Maßnahmen des Anhangs II, die in der Humanmedizin zusätzlich zu treffen sind. Nach Nr. 2 hat der Arbeitgeber die Maßnahmen der Schutzstufe 4 aus dem Anhang II auszuwählen und zu ergreifen, die erforderlich und geeignet sind, die Gefährdung der Beschäftigten und anderer Personen zu verringern.

9 Der Arbeitgeber hat nach Nr. 3 eine Person im Sinne von § 10 Abs. 2 Satz 1 zu benennen und mit den Aufgaben nach § 10 Abs. 2 Satz 2 zu beauftragen. Eine Konkretisierung der allgemein gehaltenen Anforderung wird durch eine Technische Regel erfolgen.

§ 12 Arbeitsmedizinische Vorsorge

Die Verordnung zur arbeitsmedizinischen Vorsorge in der jeweils geltenden Fassung gilt auch für den in § 2 Absatz 9 Satz 2 genannten Personenkreis.

1 § 12 enthält einen Verweis auf die Verordnung zur arbeitsmedizinischen Vorsorge (ArbMedVV) in der geltenden Fassung. Die Verordnung zur arbeitsmedizinischen Vorsorge gilt ausdrücklich auch für den in § 2 Abs. 9 Satz 2 genannten Personenkreis. Dies sind Schülerinnen und Schüler, Studierende, sonstige Personen, insbesondere in wissenschaftlichen Einrichtungen und Einrichtungen des Gesundheitsdienstes Tätige sowie die in Heimarbeit Beschäftigte.

2 Gemäß § 2 Abs. 2, 3 und 4 ArbMedVV wird zwischen arbeitsmedizinischer Pflicht-, Angebots- und Wunschvorsorge unterschieden. Die Vorsorgeanlässe für die Pflicht- und Angebotsvorsorge bei Tätigkeiten mit Biostoffen sind im Anhang Teil 2 der ArbMedVV zusammengefasst. Der Arbeitgeber hat auf der Grundlage der Gefährdungsbeurteilung die erforderliche arbeitsmedizinische Vorsorge zu veranlassen, anzubieten bzw. zu ermöglichen.

3 Die arbeitsmedizinische Vorsorge beinhaltet ein ärztliches Beratungsgespräch mit Anamnese einschließlich Arbeitsanamnese sowie körperliche oder klinische Untersuchungen, Der Arbeitgeber erhält eine Bescheinigung über die Teilnahme an der arbeitsmedizinischen Vorsorge, aus der Anlass, Zeitpunkt der Vorsorge und die Angabe des nächsten Vorsorgetermins hervorgehen. Im Fall einer arbeitsmedizinischen Pflichtvorsorge ist die Teilnahme Voraussetzung für die Aufnahme bzw. Fortsetzung der Tätigkeit. Dagegen liegt es im Ermessen des Beschäftigten, ob er eine Angebotsvorsorge wahrnimmt.

4 Arbeitsmedizinische Vorsorge ist vor Tätigkeitsbeginn und dann regelmäßig durch den Arbeitgeber zu veranlassen (Pflichtvorsorge) bzw. anzubieten (Angebotsvorsorge). Auf Wunsch des Beschäftigten ist eine Wunschvorsorge zu ermöglichen, wenn Tätigkeiten, bei denen ein nicht ausgeschlossen werden kann, durchgeführt werden.

5 Die allgemeine arbeitsmedizinische Beratung ist regelmäßig Bestandteil der Unterweisung der Beschäftigten. Sie muss nicht zwingend persönlich durch den nach § 3 Abs. 2 ArbMedVV beauftragten bzw. nach § 3 Arbeitssicherheitsgesetz (ASiG) bestellten Arzt erfolgen. Führt der Arzt die Beratung nicht selbst durch, muss aber sichergestellt sein, dass den Beschäftigten die erforderlichen medizinischen Informationsinhalte vollständig und verständlich vermittelt werden, zum Beispiel anhand von Unterweisungsmaterialien, an deren Erstellung der Arzt beteiligt war.

Für die im Anhang Teil 2 Abs. 1 ArbMedVV genannten Arbeitsbereiche und Tätigkeiten ist die Teilnahme des Beschäftigten an der Pflichtvorsorge die Voraussetzung für die Beschäftigung oder eine Weiterbeschäftigung mit der entsprechenden Tätigkeit. Da die Pflichtvorsorge Beschäftigungsvoraussetzung ist und fristgerecht erfolgen muss, kann die Weigerung, an der Vorsorge teilzunehmen, arbeitsrechtliche Konsequenzen für den Beschäftigten haben. Veranlasst der Arbeitgeber eine arbeitsmedizinische Pflichtvorsorge, muss der Beschäftigte daher am Vorsorgetermin teilnehmen. 6

§ 13 Betriebsstörungen, Unfälle

(1) ¹**Der Arbeitgeber hat vor Aufnahme einer Tätigkeit der Schutzstufen 2 bis 4 die erforderlichen Maßnahmen festzulegen, die bei Betriebsstörungen oder Unfällen notwendig sind, um die Auswirkungen auf die Sicherheit und Gesundheit der Beschäftigten und anderer Personen zu minimieren und den normalen Betriebsablauf wiederherzustellen.** ²**In Abhängigkeit von der Art möglicher Ereignisse und verwendeter oder vorkommender Biostoffe ist insbesondere Folgendes festzulegen:**
1. **Maßnahmen zur Ersten Hilfe und weitergehende Hilfsmaßnahmen für Beschäftigte bei unfallbedingter Übertragung von Biostoffen einschließlich der Möglichkeit zur postexpositionellen Prophylaxe,**
2. **Maßnahmen, um eine Verschleppung von Biostoffen zu verhindern,**
3. **Desinfektions-, Inaktivierungs- oder Dekontaminationsmaßnahmen,**
4. **dass getestet wird, ob bei Betriebsstörungen oder Unfällen die verwendeten Biostoffe in die Arbeitsumgebung gelangt sind, soweit dies technisch möglich ist und validierte Testverfahren bestehen.**

³**Die Festlegungen sind gemäß § 14 Absatz 1 Satz 4 Nummer 3 ein Bestandteil der Betriebsanweisung.**

(2) ¹**Der Arbeitgeber hat die Beschäftigten über die festgelegten Maßnahmen und ihre Anwendung zu informieren.** ²**Tritt eine Betriebsstörung oder ein Unfall im Sinne von Absatz 1 Satz 1 ein, so hat der Arbeitgeber unverzüglich die gemäß Absatz 1 Satz 2 festgelegten Maßnahmen zu ergreifen.** ³**Dabei dürfen im Gefahrenbereich nur die Personen verbleiben, die erforderlich sind, um die in Absatz 1 genannten Ziele zu erreichen.**

(3) ¹**Vor Aufnahme von Tätigkeiten der Schutzstufe 3 oder 4 in Laboratorien, in der Versuchstierhaltung, in der Biotechnologie sowie vor Aufnahme von Tätigkeiten der Schutzstufe 4 in Einrichtungen des Gesundheitsdienstes hat der Arbeitgeber ergänzend zu den Festlegungen nach Absatz 1 einen innerbetrieblichen Plan darüber zu erstellen, wie Gefahren abzuwehren sind, die beim Versagen einer Einschließungsmaßnahme durch eine Freisetzung von Biostoffen auftreten können.** ²**Darin hat er die spezifischen Gefahren und die Namen der für die innerbetrieblichen Rettungsmaßnahmen zuständigen Personen festzulegen.** ³**Die Festlegungen sind regelmäßig zu aktualisieren.** ⁴**Satz 1 gilt nicht für Tätigkeiten mit Biostoffen der Risikogruppe 3, die mit (**) gekennzeichnet sind.**

BiostoffV § 13

(4) ¹Bei Tätigkeiten der Schutzstufe 4 hat der Plan nach Absatz 3 Angaben über den Umfang von Sicherheitsübungen und deren regelmäßige Durchführung zu enthalten, sofern solche Sicherheitsübungen aufgrund der Gefährdungsbeurteilung erforderlich sind. ²Die Maßnahmen nach Absatz 3 sind mit den zuständigen Rettungs- und Sicherheitsdiensten abzustimmen. ³Darüber hinaus hat der Arbeitgeber Warnsysteme einzurichten und Kommunikationsmöglichkeiten zu schaffen, durch die alle betroffenen Beschäftigten unverzüglich gewarnt und der Rettungs- und Sicherheitsdienst alarmiert werden können. ⁴Der Arbeitgeber hat sicherzustellen, dass diese Systeme funktionstüchtig sind.

(5) ¹Der Arbeitgeber hat vor Aufnahme der Tätigkeiten ein Verfahren für Unfallmeldungen und -untersuchungen sowie die Vorgehensweise zur Unterrichtung der Beschäftigten und ihrer Vertretungen festzulegen. ²Das Verfahren ist so zu gestalten, dass bei schweren Unfällen sowie bei Nadelstichverletzungen mögliche organisatorische und technische Unfallursachen erkannt werden können und individuelle Schuldzuweisungen vermieden werden. ³Die Beschäftigten und ihre Vertretungen sind über Betriebsstörungen und Unfälle mit Biostoffen, die die Sicherheit oder Gesundheit der Beschäftigten gefährden können, unverzüglich zu unterrichten.

1   Die Vorschrift fasst die Bestimmungen der bis 2013 geltenden Biostoffverordnung zu Betriebsstörungen, Unfällen und Notfällen zusammen. Nach Abs. 1 Satz 1 hat der Arbeitgeber vor Aufnahme einer Tätigkeit der Schutzstufen 2 bis 4 die erforderlichen Maßnahmen festzulegen, die bei Betriebsstörungen oder Unfällen notwendig sind, um Auswirkungen auf die Sicherheit und Gesundheit der Beschäftigten und anderer Personen zu minimieren und den normalen Betriebsablauf wiederherzustellen. Unter einer Betriebsstörung ist eine unerwünschte Abweichung vom regelmäßigen innerbetrieblichen Betriebsablauf zu verstehen, durch die eine Gefährdung Beschäftigter oder anderer Personen durch Biostoffe hervorgerufen wird. Unfälle sind plötzliche Ereignisse, die aufgrund der Einwirkung von Biostoffen zu einer Schädigung der Gesundheit oder zum Tod von Beschäftigten geführt haben. Beispiele für Betriebsstörungen können sein: Stromausfall, Feuer, Hochwasser, Gebäudebeschädigungen, Ausfall von Lüftungsanlagen, Bruch von Reaktoren.

2   Abs. 1 Satz 2 Nr. 1 bis 4 verpflichtet den Arbeitgeber nach Betriebsstörungen oder Unfällen, in Abhängigkeit von der Art möglicher Ereignisse und verwendeter oder vorkommender Biostoffe bestimmte Maßnahmen vorzunehmen. Nach Nr. 1 hat der Arbeitgeber Maßnahmen zur Ersten Hilfe und weitgehende Hilfsmaßnahmen für Beschäftigte bei unfallbedingter Übertragung von Biostoffen einschließlich der Möglichkeit postexpositioneller Prophylaxe festzulegen. Bei Maßnahmen der Ersten Hilfe können die Fachkraft für Arbeitssicherheit oder der Betriebsrat unterstützend tätig werden.

3   Nach Nr. 2 hat der Arbeitgeber Maßnahmen zu ergreifen, um eine Verschleppung von Biostoffen zu hindern. Nr. 3 schreibt Desinfektions-, Inaktivierungs- oder Dekontaminationsmaßnahmen vor.

4   Schließlich hat der Arbeitgeber nach Nr. 4 festzulegen, dass getestet wird, ob bei Betriebsstörungen oder Unfällen die verwendeten Biostoffe in die Arbeitsumgebung gelangt sind, soweit dies technisch möglich ist und validierte Testverfahren bestehen.

Abs. 2 Satz 1 statuiert eine Informationspflicht für den Arbeitgeber. Dieser hat die Beschäftigten über die festgelegten Maßnahmen und ihre Anwendung zu informieren. Sobald eine Betriebsstörung oder ein Unfall eintritt hat der Arbeitgeber unverzüglich die in Abs. 1 Satz 2 festgelegten Maßnahmen zu ergreifen.

Absatz 3 betrifft Laboratorien, die Versuchstierhaltung und die Biotechnologie. In diesen drei Bereichen hat der Arbeitgeber vor Aufnahme von Tätigkeiten der Schutzstufe 3 oder 4 ergänzend zu den Festlegungen nach Abs. 1 einen innerbetrieblichen Plan darüber zu erstellen, wie Gefahren abzuwehren sind, die beim Versagen einer Einschließungsmaßnahme durch eine Freisetzung von Biostoffen auftreten können. Hierzu gehören insbesondere der Aufbau einer Notfallorganisation sowie Ablaufpläne für die interne Notfallbewältigung.

In dem innerbetrieblichen Plan sind nach Abs. 3 Satz 2 die spezifischen Gefahren und die Namen der für die innerbetrieblichen Rettungsmaßnahmen zuständigen Personen festzulegen.

Der innerbetriebliche Plan hat der Tätigkeiten der Schutzstufe 4 auch Angaben über den Umfang von Sicherheitsübungen und deren regelmäßige Durchführung zu enthalten, sofern solche Sicherheitsübungen aufgrund der Gefährdungsbeurteilung erforderlich sind. Nach Abs. 4 Satz 2 ist festgelegt, dass die Pläne mit den betroffenen außerbetrieblichen Institutionen abgestimmt sein müssen.

In Abs. 5 Satz 1 ist die Verpflichtung des Arbeitgebers niedergelegt, vor Aufnahme der Tätigkeiten ein Verfahren für Unfallmeldungen und -untersuchungen sowie zur Unterrichtung der Beschäftigten und ihren Vertretungen festzulegen. Dabei liegt der Schwerpunkt auf der Analyse der organisatorischen und technischen Ursachen, um individuelle Schuldzuweisungen, die Auswirkungen auf das Meldeverhalten der Beschäftigten haben können, zu vermeiden. Die Form des Verfahrens ist nicht detailliert im Gesetz geregelt.

Beschäftigte und ihre Vertretungen sind nach Abs. 5 Satz 3 über Betriebsstörungen und Unfällen mit Biostoffen, die die Sicherheit oder Gesundheit der Beschäftigten gefährden können, unverzüglich zu unterrichten, Unverzüglich heißt ohne schuldhaftes Zögern. Die Beschäftigten und ihre Vertretung demnach so zeitnah zur Betriebsstörung und Unfällen zu unterrichten, soweit es die Umstände des Einzelfalles es ermöglichen.

§ 14 Betriebsanweisung und Unterweisung der Beschäftigten

(1) ¹Der Arbeitgeber hat auf der Grundlage der Gefährdungsbeurteilung nach § 4 vor Aufnahme der Tätigkeit eine schriftliche Betriebsanweisung arbeitsbereichs- und biostoffbezogen zu erstellen. ²Satz 1 gilt nicht, wenn ausschließlich Tätigkeiten mit Biostoffen der Risikogruppe 1 ohne sensibilisierende oder toxische Wirkungen ausgeübt werden. ³Die Betriebsanweisung ist den Beschäftigten zur Verfügung zu stellen. ⁴Sie muss in einer für die Beschäftigten verständlichen Form und Sprache verfasst sein und insbesondere folgende Informationen enthalten:
1. die mit den vorgesehenen Tätigkeiten verbundenen Gefahren für die Beschäftigten, insbesondere zu
   a) der Art der Tätigkeit,
   b) den am Arbeitsplatz verwendeten oder auftretenden, tätigkeitsrelevanten Biostoffen einschließlich der Risikogruppe, Übertragungswege und gesundheitlichen Wirkungen,

2. Informationen über Schutzmaßnahmen und Verhaltensregeln, die die Beschäftigten zu ihrem eigenen Schutz und zum Schutz anderer Beschäftigter am Arbeitsplatz durchzuführen oder einzuhalten haben; dazu gehören insbesondere
   a) innerbetriebliche Hygienevorgaben,
   b) Informationen über Maßnahmen, die zur Verhütung einer Exposition zu ergreifen sind, einschließlich der richtigen Verwendung scharfer oder spitzer medizinischer Instrumente,
   c) Informationen zum Tragen, Verwenden und Ablegen persönlicher Schutzausrüstung einschließlich Schutzkleidung,
3. Anweisungen zum Verhalten und zu Maßnahmen bei Verletzungen, bei Unfällen und Betriebsstörungen sowie zu deren innerbetrieblicher Meldung und zur Ersten Hilfe,
4. Informationen zur sachgerechten Inaktivierung oder Entsorgung von Biostoffen und kontaminierten Gegenständen, Materialien oder Arbeitsmitteln.

[5]Die Betriebsanweisung muss bei jeder maßgeblichen Veränderung der Arbeitsbedingungen aktualisiert werden.

(2) [1]Der Arbeitgeber hat sicherzustellen, dass die Beschäftigten auf der Grundlage der jeweils aktuellen Betriebsanweisung nach Absatz 1 Satz 1 über alle auftretenden Gefährdungen und erforderlichen Schutzmaßnahmen mündlich unterwiesen werden. [2]Die Unterweisung ist so durchzuführen, dass bei den Beschäftigten ein Sicherheitsbewusstsein geschaffen wird. [3]Die Beschäftigten sind auch über die Voraussetzungen zu informieren, unter denen sie Anspruch auf arbeitsmedizinische Vorsorge nach der Verordnung zur arbeitsmedizinischen Vorsorge haben. [4]Im Rahmen der Unterweisung ist auch eine allgemeine arbeitsmedizinische Beratung durchzuführen mit Hinweisen zu besonderen Gefährdungen zum Beispiel bei verminderter Immunabwehr. [5]Soweit erforderlich ist bei der Beratung die Ärztin oder der Arzt nach § 7 Absatz 1 der Verordnung zur arbeitsmedizinischen Vorsorge zu beteiligen.

(3) [1]Die Unterweisung muss vor Aufnahme der Beschäftigung und danach mindestens jährlich arbeitsplatzbezogen durchgeführt werden sowie in einer für die Beschäftigten verständlichen Form und Sprache erfolgen. [2]Inhalt und Zeitpunkt der Unterweisung hat der Arbeitgeber schriftlich festzuhalten und sich von den unterwiesenen Beschäftigten durch Unterschrift bestätigen zu lassen.

(4) [1]Für Tätigkeiten der Schutzstufen 3 und 4 sind zusätzlich zur Betriebsanweisung Arbeitsanweisungen zu erstellen, die am Arbeitsplatz vorliegen müssen. [2]Arbeitsanweisungen sind auch erforderlich für folgende Tätigkeiten mit erhöhter Infektionsgefährdung:
1. Instandhaltungs-, Reinigungs-, Änderungs- oder Abbrucharbeiten in oder an kontaminierten Arbeitsmitteln,
2. Tätigkeiten, bei denen erfahrungsgemäß eine erhöhte Unfallgefahr besteht,
3. Tätigkeiten, bei denen bei einem Unfall mit schweren Infektionen zu rechnen ist; dies kann bei der Entnahme von Proben menschlichen oder tierischen Ursprungs der Fall sein.

Betriebsanweisung und Unterweisung der Beschäftigten **§ 14 BiostoffV**

§ 14 konkretisiert diese Unterrichtungspflichten für den Bereich der Bio- 1
stoffe. Nach Abs. 1 ist auf Grundlage der Gefährdungsbeurteilung vor Aufnahme
einer Tätigkeit eine arbeitsbereichs- und biostoffbezogene Betriebsanweisung zu
erstellen. In dieser Betriebsanweisung
– ist auf die mit den vorgesehenen Tätigkeiten verbundenen Gefahren für die Beschäftigten hinzuweisen und
– es sind die erforderlichen Schutzmaßnahmen und Verhaltensregeln sowie Anweisungen über das Verhalten bei Unfällen und Betriebsstörungen und zur ersten Hilfe festzulegen.

Bei der Umsetzung von Schutzmaßnahmen in der Praxis kommt der **Betriebs-** 2
anweisung eine zentrale Rolle zu. Betriebsanweisungen sind arbeitsplatzbezogene
und tätigkeitsbezogene Anweisungen des Arbeitgebers, die verbindliche Verhaltensregelungen für alle im Arbeitsbereich tätigen Beschäftigten beinhalten. Sie
muss neben allgemeinen Hinweisen zur Sicherheit, vor allem betriebsspezifische
Angelegenheiten klar, verständlich und nachvollziehbar festlegen. Die Betriebsanweisung ist auf Grundlage der Gefährdungsbeurteilung vor Aufnahme der Tätigkeit
zu erstellen. Bei der Erstellung der Betriebsanweisung sollen Personen einbezogen
werden, die maßgeblich an der fachkundigen Durchführung der Gefährdungsbeurteilung beteiligt waren. Um Betriebe bzw. Institute zu unterstützen entwickelte der
TÜV Süddeutschland im Auftrag der Bundesanstalt für Arbeitsschutz und Arbeitsmedizin eine Musterbetriebsanweisung. Die Musterbetriebsanweisung ist über den
Wirtschaftsverlag NW, Postfach 10 11 10, 27511 Bremerhaven zu beziehen.
Darüber hinaus bietet es sich an, für die Erstellung einer Betriebsanweisung auf die
Beratung durch den Betriebsarzt und die Fachkraft für Arbeitssicherheit zurück zu
greifen. Zusätzlich kann die BGl 853 „Betriebsanweisung nach der Biostoffverordnung" der DGUV als Hilfe verwendet werden.

Für Tätigkeiten mit Biostoffen der Risikogruppe 1 ohne sensibilisierende oder 3
toxische Wirkung entfällt die Notwendigkeit der Erstellung einer Betriebsanweisung. Die Betriebsanweisung ist aber notwendig, wenn Biostoffe der Risikogruppe
1 sensibilisierende oder toxische Wirkung hervorrufen können.

Die Betriebsanweisung ist den Beschäftigten mach Abs. 1 Satz 2 zur Verfügung 4
zu stellen. Dies kann dadurch erfolgen, dass sie an geeigneter Stelle in der Betriebsstätte **bekanntgegeben** und zur Einsichtnahme **ausgelegt oder ausgehängt**
wird, z. B. am schwarzen Brett, Abs. 1 Satz 3.

Abs. 2 konkretisiert die Vorschrift des § 12 ArbSchG zur Unterweisung der Be- 5
schäftigten. Die Betriebsanweisung muss so gestaltet sein, dass die Beschäftigten, die
Tätigkeiten mit Biostoffen durchführen, über die auftretenden Gefahren und über
die Schutzmaßnahmen unterwiesen werden. Die Unterweisung ist mündlich und
arbeitsplatzbezogen durchzuführen. Für Arbeitsplätze und Tätigkeiten mit vergleichbaren Gefahren können gemeinsame Unterweisungen durchgeführt werden.
Die Unterweisungsinhalte müssen die Vorkenntnisse und Fähigkeiten der zu Unterweisungen berücksichtigen. Sind im Betrieb beschäftigte tätig, die die deutsche
Sprache nicht beherrschen, ist die Unterweisung in einer Sprache durchzuführen,
die diese ausreichend verstehen.

Abs. 2 Satz 2 und 3 verpflichtet Arbeitgeber, eine arbeitsmedizinische Beratung 6
der Beschäftigten sicherzustellen. Durch die verbesserten Kenntnisse über mögliche
gesundheitliche Auswirkungen der Tätigkeiten wird die Eigenverantwortung des
einzelnen Beschäftigten gestärkt und die sinnvolle Nutzung des Instrumentariums
der Angebotsuntersuchungen unterstützt. Um eine umfassende Arbeitsschutzinformation zu gewährleisten, sollte die arbeitsmedizinische Beratung im Rahmen der

Unterweisung erfolgen. Die Beteiligung des Arztes bei der Beratung ist erforderlich. Sie muss nicht zwingend von diesem persönlich durchgeführt werden, wenn auch auf andere Weise sichergestellt werden kann, dass die erforderlichen Inhalte umfassend und richtig übermittelt werden.

7 Die Unterweisung ist nach Abs. 3 vor Aufnahme der Tätigkeit durchzuführen und jährlich zu wiederholen. Anknüpfungspunkt ist dabei das Kalenderjahr. Als Beweis für die tatsächliche Durchführung der Unterweisung sind der Zeitpunkt und der Gegenstand der Unterweisung schriftlich festzuhalten und vom Unterwiesenen durch Unterschrift zu bestätigen.

8 Nach Abs. 4 sind für Tätigkeiten der Schutzstufen 3 und 4 zusätzlich zur Betriebsanweisung Arbeitsanweisungen zu erstellen, die am Arbeitsplatz vorliegen müssen.

Abschnitt 4. Erlaubnis- und Anzeigepflichten

§ 15 Erlaubnispflicht

(1) ¹Der Arbeitgeber bedarf der Erlaubnis der zuständigen Behörde, bevor Tätigkeiten der Schutzstufe 3 oder 4 in Laboratorien, in der Versuchstierhaltung oder in der Biotechnologie erstmals aufgenommen werden. ²Die Erlaubnis umfasst die baulichen, technischen und organisatorischen Voraussetzungen nach dieser Verordnung zum Schutz der Beschäftigten und anderer Personen vor den Gefährdungen durch diese Tätigkeiten. ³Satz 1 gilt auch für Einrichtungen des Gesundheitsdienstes, die für Tätigkeiten der Schutzstufe 4 vorgesehen sind. ⁴Tätigkeiten mit Biostoffen der Risikogruppe 3, die mit (**) gekennzeichnet sind, bedürfen keiner Erlaubnis.

(2) ¹Schließt eine andere behördliche Entscheidung, insbesondere eine öffentlich-rechtliche Genehmigung oder Erlaubnis, die Erlaubnis nach Absatz 1 ein, so wird die Anforderung nach Absatz 1 durch Übersendung einer Kopie dieser behördlichen Entscheidung an die zuständige Behörde erfüllt. ²Bei Bedarf kann die zuständige Behörde weitere Unterlagen anfordern.

(3) ¹Die Erlaubnis nach Absatz 1 ist schriftlich zu beantragen. ²Dem Antrag sind folgende Unterlagen beizufügen:
1. Name und Anschrift des Arbeitgebers,
2. Name und Befähigung der nach § 10 Absatz 2 oder § 11 Absatz 7 Nummer 3 benannten Person,
3. Name des Erlaubnisinhabers nach § 44 des Infektionsschutzgesetzes,
4. Lageplan, Grundriss und Bezeichnung der Räumlichkeiten einschließlich Flucht- und Rettungswege,
5. Beschreibung der vorgesehenen Tätigkeiten,
6. Ergebnis der Gefährdungsbeurteilung unter Angabe
   a) der eingesetzten oder vorkommenden Biostoffe und der Schutzstufe der Tätigkeit,
   b) der baulichen, technischen, organisatorischen und persönlichen Schutzmaßnahmen einschließlich der Angaben zur geplanten Wartung und Instandhaltung der baulichen und technischen Maßnahmen,

Erlaubnispflicht **§ 15 BiostoffV**

7. Plan nach § 13 Absatz 3,
8. Informationen über die Abfall- und Abwasserentsorgung.
³Bei Bedarf kann die zuständige Behörde weitere Unterlagen anfordern.

(4) Die Erlaubnis ist zu erteilen, wenn die Anforderungen dieser Verordnung erfüllt werden, die erforderlich sind, um den Schutz der Beschäftigten und anderer Personen vor den Gefährdungen durch Biostoffe sicherzustellen.

Abs. 1 Satz 1 statuiert für den Arbeitgeber eine **Erlaubnispflicht** vor Aufnahme 1
von Tätigkeiten der Schutzstufe 3 oder 4 in Laboratorien, in der Versuchstierhaltung oder in der Biotechnologie. Erst wenn die zuständige Behörde dem Arbeitgeber die Erlaubnis erteilt hat, dürfen entsprechende Tätigkeiten durchgeführt werden. Die Erlaubnispflicht gilt nach Abs. 1 Satz 3 auch für Einrichtungen des Gesundheitsdienstes, die für Tätigkeiten der Schutzstufe 4 vorgesehen sind. Von der Erlaubnispflicht ausgenommen sind Tätigkeiten mit Biostoffen der Risikogruppe 3, die mit (**) gekennzeichnet sind. Dies sind solche Biostoffe, die nicht über die Luft übertragen werden können.

Dieses Erlaubnisverfahren ersetzt das bis zur Novelle der Biostoffverordnung im 2
Jahr 2013 geltende Anzeigeverfahren. Die Erlaubnispflicht wurde vom ABAS für erforderlich gehalten, da hochpathogene Erreger (z. B. Milzbranderreger, Ebola-, Lassa- oder Marburg-Viren) ein hohes Gefährdungspotenzial besitzen.

Die Erlaubnispflicht umfasst nach Abs. 1 Satz 2 die baulichen, technischen und 3
organisatorischen Voraussetzungen nach der Biostoffverordnung zum Schutz der Beschäftigten und anderer Personen vor den Gefährdungen durch diese Tätigkeiten.

Durch Abs. 2 soll das Verwaltungshandeln optimiert und Arbeitgeber durch we- 4
niger Bürokratie entlastet werden. Die Vorschrift lässt es zu, dass eine andere öffentlich-rechtliche Erlaubnis oder Genehmigung, sofern sie eine Erlaubnis nach § 15 Abs. 1 BiostoffV einschließt, einen Erlaubnisantrag ersetzen kann. Danach ist es ausreichend, die Kopie einer anderen behördlichen Entscheidung zu übersenden, wenn dabei die Anforderungen zum Erlaubnisverfahren nach Abs. 1 ausreichend berücksichtigt wurden.

Nach der Verordnungsbegründung kommen hierfür Genehmigungen nach dem 5
Gentechnikgesetz oder gegebenenfalls baurechtliche Verfahren in Frage. Sofern Tätigkeiten nach der Biostoffverordnung in direktem Zusammenhang mit die gentechnischen Arbeit stehen, kann der Betreiber den gentechnischen Genehmigungsbescheid auch bei der für die BiostoffV zuständigen Behörde einreichen. Stehen allerdings die Tätigkeiten der Schutzstufe 3 und 4 nicht in direktem Zusammenhang mit den gentechnischen Arbeiten, ist ein gesondertes Erlaubnisverfahren nach § 15 Abs. 1 erforderlich.

In Abs. 3 Satz 1 ist festgelegt, dass die Erlaubnis schriftlich zu beantragen ist. In 6
Satz 2 Nr. 1 bis 8 ist detailliert aufgeführt, welche Unterlagen dem Antrag beizufügen ist. Die Aufzählung ist abschließend, allerdings kann die zuständige Behörde nach Abs. 3 Satz 3 weitere Unterlagen anfordern.

Die **Fristen des Erlaubnisverfahrens** richten sich nach dem Verwaltungsver- 7
fahrensgesetzes.

Bei der Entscheidung der Behörde handelt es sich um eine gebundene Entschei- 8
dung. Bei Vorliegen der Voraussetzungen hat die Behörde die Erlaubnis zu erteilen. Ein Ermessen besteht für die Behörde nicht. Die Behörde kann allerdings die Erlaubnis mit Nebenbestimmungen, wie z. B. Bedingungen oder Auflagen verbinden.

BiostoffV § 16

§ 16 Anzeigepflicht

(1) Der Arbeitgeber hat der zuständigen Behörde nach Maßgabe der Absätze 2 und 3 anzuzeigen:
1. die erstmalige Aufnahme
   a) einer gezielten Tätigkeit mit Biostoffen der Risikogruppe 2,
   b) einer Tätigkeit mit Biostoffen der Risikogruppe 3, soweit die Tätigkeiten keiner Erlaubnispflicht nach § 15 unterliegen,
   in Laboratorien, in der Versuchstierhaltung und in der Biotechnologie,
2. jede Änderung der erlaubten oder angezeigten Tätigkeiten, wenn diese für die Sicherheit und den Gesundheitsschutz bedeutsam sind, zum Beispiel Tätigkeiten, die darauf abzielen, die Virulenz des Biostoffs zu erhöhen oder die Aufnahme von Tätigkeiten mit weiteren Biostoffen der Risikogruppe 3 oder 4,
3. die Aufnahme eines infizierten Patienten in eine Patientenstation der Schutzstufe 4,
4. das Einstellen einer nach § 15 erlaubnispflichtigen Tätigkeit.

(2) Die Anzeige hat folgende Angaben zu umfassen:
1. Name und Anschrift des Arbeitgebers,
2. Beschreibung der vorgesehenen Tätigkeiten,
3. das Ergebnis der Gefährdungsbeurteilung nach § 4,
4. die Art des Biostoffs,
5. die vorgesehenen Maßnahmen zum Schutz der Sicherheit und Gesundheit der Beschäftigten.

(3) Die Anzeige nach Absatz 1 Nummer 1, 2 oder Nummer 4 hat spätestens 30 Tage vor Aufnahme oder Einstellung der Tätigkeiten, die Anzeige nach Absatz 1 Nummer 3 unverzüglich zu erfolgen.

(4) Die Anzeigepflicht kann auch dadurch erfüllt werden, dass der zuständigen Behörde innerhalb der in Absatz 3 bestimmten Frist die Kopie einer Anzeige, Genehmigung oder Erlaubnis nach einer anderen Rechtsvorschrift übermittelt wird, wenn diese gleichwertige Angaben beinhaltet.

1 Die Vorschrift regelt Einzelheiten zur **Anzeigepflicht** des Arbeitgebers. Im Gegensatz zu in § 15 vorgeschriebenen Erlaubnis ist die anzeigepflichtige Tätigkeit auch ohne Anzeige grundsätzlich erlaubt. Allerdings ist das Unterlassen der Anzeige nach § 20 Abs. 1 Nr. 16 bußgeldbewehrt. Der Arbeitgeber hat der zuständigen Behörde in denen nach Abs. 1 Nr. 1–4 aufgeführten Fällen der Aufnahme oder Einstellung einer Tätigkeit mit Biostoffen mit denen in Abs. 2 genannten Angaben anzuzeigen. Die Anzeigepflicht ist differenziert nach der Risikogruppe der Biostoffe und der jeweiligen Schutzstufe der Tätigkeiten.

2 Die Anzeigepflicht nach Abs. 1 Nr. 1 beschränkt sich auf die einmalige Aufnahme gezielter Tätigkeiten mit Biostoffen der Risikogruppe 2 sowie von Tätigkeiten mit Biostoffen der Risikogruppe 3, die nicht erlaubnispflichtig sind. Nicht erlaubnispflichtige Tätigkeiten mit Biostoffen der Risikogruppe 3 sind gezielte und nicht gezielte Tätigkeiten der risikogruppe 3, die mit (**) gekennzeichnet sind sowie nicht gezielte Tätigkeiten mit Biostoffen der Risikogruppe 3, die nach dem Ergebnis der Gefährdungsbeurteilung der Schutzstufe 2 zugeordnet sind.

Nach Abs. 1 Nr. 3 gilt die Anzeigepflicht bei der Aufnahme eines infizierten Patienten in eine **Patientenstation der Schutzstufe** 4. Diese Anzeigepflicht ist demnach beschränkt auf Einrichtungen des Gesundheitsdienstes auf Sonderisolierstationen. Die Anzeigepflicht gilt auch bei der vorläufigen Einstellung der erlaubnispflichtigen Tätigkeit, also z. B. bei der Entlassung des Patienten. Die Meldepflichten nach dem Infektionsschutzgesetz bleiben von Abs. 1 Nr. 3 unberührt. 3

Abs. 2 Nr. 1 bis 5 enthält die Angaben, die der Arbeitgeber gegenüber der zuständigen Behörde mitzuteilen hat. Die Anzeige der Einstellung der Tätigkeit der Schutzstufe 4 (Abs. 1 Nr. 3) in einer Isolierstation kann sich auf eine entsprechende Mitteilung beschränken. 4

Nach Absatz 3 ist der Arbeitgeber verpflichtet, binnen bestimmter Fristen die Anzeige vorzunehmen. In den Fällen des Abs. 1 Nr. 1, 2 und 4 hat die Anzeige spätestens 30 Tage vor Aufnahme oder Einstellung der Tätigkeit zu erfolgen. In den Fällen des Abs. 1 Nr. 3, also die Aufnahme eines infizierten Patienten in eine Patientenstation der Schutzstufe 4 hat die Anzeige unverzüglich zu erfolgen. Äußert die Behörde keine Bedenken, kann der Arbeitgeber nach Ablauf der 30 Tagesfrist die entsprechenden Tätigkeiten durchführen lassen. 5

Abs. 4 dient dem Bürokratieabbau und der **Entlastung der Arbeitgeber.** Danach kann die Anzeigepflicht auch dadurch erfüllt werden, dass der zuständigen Behörde innerhalb der in Abs. 3 genannten Fristen die Kopie einer Anzeige, Genehmigung oder Erlaubnis nach einer anderen Rechtsvorschrift übermittelt wird, wenn diese gleichwertige Angaben beinhaltet. Diese Voraussetzungen kommen insbesondere bei Anzeigen, Genehmigungen oder Erlaubnissen nach dem Gentechnikgesetz oder dem Infektionsschutzgesetz in Betracht. 6

Abschnitt 5. Vollzugsregelungen und Ausschuss für Biologische Arbeitsstoffe

§ 17 Unterrichtung der Behörde

(1) **Der Arbeitgeber hat die zuständige Behörde unverzüglich zu unterrichten über**
1. **jeden Unfall und jede Betriebsstörung bei Tätigkeiten mit Biostoffen der Risikogruppe 3 oder 4, die zu einer Gesundheitsgefahr der Beschäftigten führen können,**
2. **Krankheits- und Todesfälle Beschäftigter, die auf Tätigkeiten mit Biostoffen zurückzuführen sind, unter genauer Angabe der Tätigkeit.**

(2) **Unbeschadet des § 22 des Arbeitsschutzgesetzes hat der Arbeitgeber der zuständigen Behörde auf ihr Verlangen Folgendes zu übermitteln:**
1. **die Dokumentation der Gefährdungsbeurteilung,**
2. **das Verzeichnis nach § 7 Absatz 3 Satz 1 sowie den Nachweis nach § 7 Absatz 3 Satz 4 Nummer 2,**
3. **die Tätigkeiten, bei denen Beschäftigte tatsächlich oder möglicherweise gegenüber Biostoffen exponiert worden sind, und die Anzahl dieser Beschäftigten,**
4. **die ergriffenen Schutz- und Vorsorgemaßnahmen einschließlich der Betriebs- und Arbeitsanweisungen,**
5. **die nach § 13 Absatz 1 und 2 festgelegten oder ergriffenen Maßnahmen und den nach § 13 Absatz 3 erstellten Plan.**

BiostoffV § 18

1 Die Vorschrift regelt **Einzelheiten** über den **Inhalt der Unterrichtungspflicht des Arbeitgebers**. Für die Erfüllung der Unterrichtungspflicht des Arbeitgebers bestehen keine Formvorschriften. Die Unterrichtung kann daher schriftlich, mündlich, fernmündlich, per Telefax oder per E-Mail erfolgen. Es empfiehlt sich eine nachvollziehbare Unterrichtung, weil ein Verstoß gegen die Unterrichtungspflicht bußgeldbewehrt ist.

2 Nach Abs. 1 Nr. 1 hat der Arbeitgeber die zuständige Behörde unverzüglich zu unterrichten über jeden Unfall und jede Betriebsstörung mit Biostoffen der Risikogruppe 3 oder 4, die zu einer Gesundheitsgefahr der Beschäftigten führen können. Hierunter fallen auch Biostoffe der Risikogruppe 3(**), wie HIV, HBC oder HCV. Der Meldepflicht unterliegen auch solche Unfälle oder Betriebsstörungen, die zwar noch nicht aktuell zu einer Gesundheitsgefahr geführt haben, bei denen es aber zu Gesundheitsgefahren der Beschäftigten kommen kann. Der Arbeitgeber kann also nicht abwarten, ob es tatsächlich zu einer Infektion oder Erkrankung des Beschäftigten kommt, sondern es reicht aus, dass die Möglichkeit hierfür besteht.

3 Nr. Abs. 1 Nr. 2 besteht eine Unterrichtungspflicht des Arbeitgebers bei Krankheits- und Todesfällen Beschäftigter, die auf Tätigkeiten mit Biostoffen zurückzuführen sind, unter genauer Angabe der Tätigkeit. Dagegen ist die Angabe des Namens des Erkrankten oder Verstorbenen sowie dessen persönliche Daten nicht Inhalt der Unterrichtungspflicht.

4 Die Unterrichtung hat gegenüber der nach der BiostoffV zuständigen Behörde zu erfolgen. Die Unfallmeldung an den jeweiligen Unfallversicherungsträger ersetzt diese unverzügliche Unterrichtung nicht.

5 Über die die nach Abs. 1 genannten Sachverhalte hat der Arbeitgeber die zuständige Behörde ohne weitere Aufforderung zu unterrichten. Dagegen betrifft Abs. 2 die Unterrichtungspflicht des Arbeitgebers für die Fälle, in denen die zuständige Behörde ihn ausdrücklich zur Unterrichtung aufgefordert hat. Der Arbeitgeber hat der zuständigen Behörde auf deren Verlangen die in Abs. 2 Nr. 1–5 genannten Aspekte zu unterrichten. Ein Verstoß gegen die Unterrichtungspflicht nach Abs. 2 ist nicht bußgeldbewehrt.

§ 18 Behördliche Ausnahmen

Die zuständige Behörde kann auf schriftlichen oder elektronischen Antrag des Arbeitgebers Ausnahmen von den Vorschriften der §§ 9, 10, 11 und 13 einschließlich der Anhänge II und III erteilen, wenn die Durchführung der Vorschrift im Einzelfall zu einer unverhältnismäßigen Härte führen würde und die beantragte Abweichung mit dem Schutz der betroffenen Beschäftigten vereinbar ist.

1 § 18 ermöglicht es dem Arbeitgeber, Ausnahmen von den Vorschriften nach § 9, 10, 11 und 13 und den Anhängen I und II bei der zuständigen Behörde zu beantragen. Der Antrag muss schriftlich oder elektronisch gestellt und begründet werden. Die Entscheidung der Behörde steht in deren Ermessen („kann … erteilen"). Die Behörde hat die Möglichkeit, den Ausnahmebescheid mit Nebenbestimmungen, z. B. Bedingungen oder Auflagen zu versehen.

2 Ausnahmen sind möglich, wenn die Durchführung der Vorschrift im Einzelfall zu einer unverhältnismäßigen Härte führen würde und die Abweichung mit dem Schutz der betroffenen Beschäftigten vereinbar ist. Diese beiden Voraussetzungen

müssen kumulativ vorliegen. Ausnahmen sind lediglich zu den Vorschriften der 9,10, 11 und 13 möglich. Hingegen kommen Ausnahmen von der Gefährdungsbeurteilung und deren Dokumentation, von den Grundpflichten, von der arbeitsmedizinischen Vorsorge oder von der Betriebsanweisung nach dem ausdrücklichen Wortlaut von § 18 nicht in Betracht.

Eine Härte liegt vor, wenn die erforderliche Maßnahme nur mit erheblichem technischem und wirtschaftlichem Aufwand getroffen werden kann. Allein die Tatsache, dass die in der BiostoffV und ihren Anhängen beschriebenen Maßnahmen mit Kosten für den Arbeitgeber verbunden sind, reicht zur Begründung einer unverhältnismäßigen Härte nicht aus. 3

Die beantragte Abweichung muss mit dem Schutz der Beschäftigten vereinbar sein. Der beantragte Wegfall oder die beantragte Veränderung der Maßnahme darf also nicht zu einer Erhöhung der Gesundheitsgefährdung der Beschäftigten führen. Um dies sicherzustellen sind ggf. geeignete Ersatzmaßnahmen anzubieten. 4

§ 19 Ausschuss für Biologische Arbeitsstoffe

(1) ¹Beim Bundesministerium für Arbeit und Soziales wird ein Ausschuss für Biologische Arbeitsstoffe (ABAS) gebildet, in dem fachlich geeignete Personen vonseiten der Arbeitgeber, der Gewerkschaften, der Länderbehörden, der gesetzlichen Unfallversicherung und weitere fachlich geeignete Personen, insbesondere der Wissenschaft, vertreten sein sollen. ²Die Gesamtzahl der Mitglieder soll 16 Personen nicht überschreiten. ³Für jedes Mitglied ist ein stellvertretendes Mitglied zu benennen. ⁴Die Mitgliedschaft im Ausschuss ist ehrenamtlich.

(2) ¹Das Bundesministerium für Arbeit und Soziales beruft die Mitglieder des Ausschusses und die stellvertretenden Mitglieder. ²Der Ausschuss gibt sich eine Geschäftsordnung und wählt die Vorsitzende oder den Vorsitzenden aus seiner Mitte. ³Die Geschäftsordnung und die Wahl des oder der Vorsitzenden bedürfen der Zustimmung des Bundesministeriums für Arbeit und Soziales.

(3) ¹Zu den Aufgaben des Ausschusses gehört es,
1. den Stand der Wissenschaft, Technik, Arbeitsmedizin und Arbeitshygiene sowie sonstige gesicherte Erkenntnisse für Tätigkeiten mit Biostoffen zu ermitteln und entsprechende Empfehlungen auszusprechen einschließlich solcher Beiträge, die in öffentlich nutzbaren Informationssystemen über Biostoffe genutzt werden können,
2. zu ermitteln, wie die in dieser Verordnung gestellten Anforderungen erfüllt werden können und dazu die dem jeweiligen Stand von Technik und Medizin entsprechenden Regeln und Erkenntnisse zu erarbeiten,
3. wissenschaftliche Bewertungen von Biostoffen vorzunehmen und deren Einstufung in Risikogruppen vorzuschlagen,
4. das Bundesministerium für Arbeit und Soziales in Fragen der biologischen Sicherheit zu beraten.

²Das Arbeitsprogramm des Ausschusses wird mit dem Bundesministerium für Arbeit und Soziales abgestimmt. ³Der Ausschuss arbeitet eng mit den anderen Ausschüssen beim Bundesministerium für Arbeit und Soziales zusammen.

BiostoffV § 19

(4) Nach Prüfung kann das Bundesministerium für Arbeit und Soziales
1. die vom Ausschuss ermittelten Regeln und Erkenntnisse nach Absatz 3 Satz 1 Nummer 2 sowie die Einstufungen nach § 3 Absatz 3 im Gemeinsamen Ministerialblatt bekannt geben,
2. die Empfehlungen nach Absatz 3 Satz 1 Nummer 1 sowie die Beratungsergebnisse nach Absatz 3 Satz 1 Nummer 4 in geeigneter Weise veröffentlichen.

(5) ¹Die Bundesministerien sowie die zuständigen obersten Landesbehörden können zu den Sitzungen des Ausschusses Vertreter entsenden. ²Diesen ist auf Verlangen in der Sitzung das Wort zu erteilen.

(6) Die Bundesanstalt für Arbeitsschutz und Arbeitsmedizin führt die Geschäfte des Ausschusses.

1   Eine **wichtige Aufgabe** im Konzept der Biostoffverordnung nimmt der **Ausschuss für biologische Arbeitsstoffe (ABAS)** wahr. Nach Abs. 1 wird der ABAS zur Beratung in allen Fragen des Arbeitsschutzes beim Bundesministerium für Arbeit und Soziales gebildet. Dem Ausschuss gehören sachverständige Mitglieder der Arbeitgeber, der Gewerkschaften, der Länderbehörden, der Träger der gesetzlichen Unfallversicherung und der Wissenschaft an. Der ABAS ist somit das analoge Gremium zum Ausschuss für Gefahrstoffe (AGS) nach der Gefahrstoffverordnung.

2   **Aufgabe des ABAS** ist es, Regeln zur ermitteln, die die Vorschriften der Biostoffverordnung praxisnah konkretisieren. Hierzu gehört u. a.
    – die Erteilung von fachlichen Auskünften und gutachterlichen Stellungnahmen im Einvernehmen mit dem Bundesministerium für Arbeit und Soziales,
    – die Entwicklung von sicherheitstechnischen, arbeitsmedizinischen und hygienischen Regeln,
    – die Ermittlung von Regeln über die Einstufung, Sicherheitsinformationen und Arbeitsorganisation sowie sonstige gesicherte arbeitswissenschaftliche Erkenntnisse,
    – die Ausfüllung der teilweise abstrakten Bestimmungen der Richtlinie bzw. der Biostoffverordnung durch die Erarbeitung technischer Regeln für biologische Arbeitsstoffe (TRBA),
    – Erarbeitung von Empfehlungen für Vorschriften, die dem jeweiligen Stand von Wissenschaft, Technik und Medizin entsprechen und geeignet sind, die Beschäftigten vor Gefährdungen durch biologische Arbeitsstoffe zu schützen,
    – Die Unterbreitung von Vorschlägen, wie die in der Richtlinie über den Schutz der Arbeitnehmer vor Gefährdung durch Biostoffe (Richtlinie 90/679/EWG) gestellten Anforderungen erfüllt werden können.

3   Die Mitglieder des ABAS werden nach Abs. 2 vom Bundesministerium für Arbeit und Soziales berufen. Der ABAS hat sich eine Geschäftsordnung geben, in der Einzelheiten bzgl. des Vorsitzes, des Sitzungsablaufs, die Beschlussfähigkeit und der Geschäftsführung geregelt werden. Die aktuelle Geschäftsordnung des ABAS ist unter www.baua.de/prax/abas/go_abat.htm abrufbar.

    Zusammensetzung des ABAS
    – Vertreter der Arbeitgeber
    – Vertreter der Gewerkschaften
    – Vertreter der Länder und der gesetzlichen Unfallversicherung
    – Vertreter der Hochschulen und der Wissenschaft

Ausschuss für Biologische Arbeitsstoffe　　　　　**§ 19 BiostoffV**

Vertreter der Arbeitgeber

Mitglieder des ABAS	Stellvertretende Mitglieder des ABAS
Herr Dr. Martin Egger Roche Diagnostics GmbH 82377 Penzberg Telefon: 08856 60-3717 E-Mail: martin.egger@roche.com	Frau Dr. Marie-Luise Roth Deutsche Industrievereinigung Biotechnologie im Verband der Chemischen Industrie e.V. Mainzer Landstraße 55 60329 Frankfurt am Main Telefon: 069 2556-1514 E-Mail: m.roth@dib.org
Frau Dr. Monika Müller Bayer Pharma AG 13342 Berlin Telefon: 030 46819-6043 E-Mail: monika.mueller1@bayer.com	Herr Dipl.-Ing. Michael Alker Infraserv GmbH & Co. Höchst KG Industriepark Höchst Arbeits- und Gesundheitsschutz, D 810 65926 Frankfurt am Main Telefon: 069 305 2366 Telefax: 069 305 98 2366 E-Mail: michael.alker@infraserv.com
Frau Dr. Bärbel Schröder Ltd. Veterinärdirektorin Lebensmittelüberwachung-, Tierschutz u. Veterinärdienst des Landes Bremen (LMTVET) Lötzenerstr. 5 28207 Bremen Telefon: 0421 361-4765 o. (-17468) E-Mail: baerbel.schroeder@veterinaer.bremen.de	Frau Dr. Sophia Schulze-Geisthövel Deutscher Bauernverband e.V. Claire-Waldoff-Straße 7 10117 Berlin Telefon: 030 31904-244 E-Mail: s.schulze-geisthoevel@bauernverband.net
Herr Hans-Jürgen Ulrich MLT Medizin- und Labortechnik Werrastraße 3 60486 Frankfurt/Main Telefon: 069 437861 E-Mail: elatec-abas@t-online.de	Frau Dr. med. Annegret E. Schoeller Bundesärztekammer Herbert-Lewin-Platz 1 10623 Berlin Telefon: 030 400456-452 Telefax: 030 400456-455 E-Mail: annegret.schoeller@baek.de

BiostoffV § 19

Vertreter der Gewerkschaften

Mitglieder des ABAS

Frau
Dr. Gabriela Förster
Volkswagen Werk Kassel
Brieffach 41280
Postfach: 14 51
34219 Baunatal
Telefon: 0561 490-4909
Telefax: 0561 490-2729
E-Mail: gabriela.foerster@volkswagen.de

Herr
Dr. Horst Riesenberg-Mordeja
ver.di-Bundesverwaltung
Paula-Thiede Ufer 10
10179 Berlin
Telefon: 030 6956-2146
Telefax: 030 6956-3553
E-mail: horst.riesenberg@verdi.de

Herr
Vadim Lenuck
IG Bergbau, Chemie, Energie
Königsworther Platz 6
30167 Hannover
Telefon: 0511 7631 364
Telefax: 0511 7631 704
E-Mail: vadim.lenuck@igbce.de

Frau
Dr. Birgit Corell
Staatliches Gewerbeaufsichtsamt
Braunschweig
Ludwig-Winter-Str. 2
38120 Braunschweig
Telefon: 0531 35476-113
Telefax: 0531 35476-333
E-Mail: birgit.corell@gaa-bs.niedersachsen.de

Stellvertretende Mitglieder des ABAS

Frau
Dr. Annika Wörsdörfer
DGB-Bundesvorstand
Henriette-Herz-Platz 2
10178 Berlin
Telefon: 030 2406-0604
Telefax: 030 2406-0226
E-Mail: annika.woersdoerfer@dgb.de

Frau
Dr. Sandra Eßbauer
Institut für Mikrobiologie der Bundeswehr
Neuherbergstr. 11
80937 München
Telefon: 089 992692-3978
Telefax: 089 992692-3983
E-Mail: sandraessbauer@bundeswehr.org

Herr
Herbert Beck
Uniklinikum Heidelberg
Personalratsbüro
Im Neuenheimer Feld 154
69120 Heidelberg
Telefon: 06221 5629-92
E-Mail: herbert.beck@med.uni-heidelberg.de

Herr
Ulrich Steinkamp
Fachkraft für Arbeitssicherheit der
Stadt Wolfsburg
Schillerstr. 4
38440 Wolfsburg
Telefon: 05361-282917
E-Mail: ulrich.steinkamp@stadt.wolfsburg.de

Vertreter der Länder und der gesetzlichen Unfallversicherung

Mitglieder des ABAS

Frau
Dr. Ulrike Swida
Behörde für Gesundheit und
Verbraucherschutz
Amt für Arbeitsschutz
Billstraße 80
20539 Hamburg
Telefon: 040 42837-3936
E-Mail: ulrike.swida@bgv.hamburg.de

Stellvertretende Mitglieder des ABAS

Herr
Dr. Tobias Jacobi
Ministerium für Umwelt, Landwirtschaft, Ernährung, Weinbau und Forsten Rheinland-Pfalz
Kaiser-Friedrich-Straße 1
55116 Mainz
Telefon: 06131 16-5395
Telefax: 06131 16-175395
E-Mail: Tobias.Jacobi@mulewf.rlp.de

Ausschuss für Biologische Arbeitsstoffe §19 BiostoffV

Mitglieder des ABAS

Herr
Dr. Bernhard Schicht
Landesamt für Verbraucherschutz Sachsen-Anhalt
Fachbereich 5 Arbeitsschutz
Postfach 1802
06815 Dessau
Telefon: 0340 6501-226
Telefax: 0340 6501-294
E-Mail: Bernhard.Schicht@lav.ms.sachsen-anhalt.de

Herr
Dr. Robert Kellner
Deutsche Gesetzliche Unfallversicherung (DGUV)
Abteilung Sicherheit und Gesundheit
Fockensteinstraße 1
81539 München
Telefon: 089 62272-180
Telefax: 089 62272-111
E-Mail: robert.kellner@dguv.de

Herr
Dr. Christian Felten
Berufsgenossenschaften für Transport und Verkehrswirtschaft
Hauptabteilung Gesundheitsschutz
Ottenser Hauptstraße 54
22765 Hamburg
Telefon: 040 3980-1910
E-Mail: christian.felten@bg-verkehr.de

Stellvertretende Mitglieder des ABAS

Frau
Dr. Vera Zemke
Bezirksregierung Münster
Außenstelle Herten
Dezernat 56
Gartenstr. 27
45699 Herten
Telefon: 0251 411-1522
E-Mail: vera.zemke@bezreg-muenster.nrw.de

Herr
Dr. Christoph Heidrich
Unfallkasse Rheinland-Pfalz
Orensteinstr. 10
56626 Andernach
Telefon: 02632 960-254
Telefax: 02632 960-311
E-Mail: c.heidrich@ukrlp.de

Frau
Dr. Alexandra Riethmüller
Sozialversicherung für Landwirtschaft, Forsten und Gartenbau
– Bereich Prävention –
Weißensteinstraße 70–72
34131 Kassel
Telefon: 0561 9359-426
Telefax: 0561 935936-0426
E-Mail: alexandra.riethmueller@svlfg.de

Vertreter der Hochschulen und der Wissenschaft

Mitglieder des ABAS

Herr
Prof. Dr. Dr. Andreas Podbielski
Institut für Medizinische Mikrobiologie, Virologie und Hygiene
Universitätsmedizin Rostock
Schillingallee 70
18057 Rostock
Telefon: 0381 494-5900/-5901
Telefax: 0381 494-5902
E-Mail: andreas.podbielski@med.uni-rostock.de

Stellvertretende Mitglieder des ABAS

Frau
Prof. Dr. med. Caroline Herr
Bayerisches Landesamt für Gesundheit und Lebensmittelsicherheit
Pfarrstraße 3
80538 München
Telefon: 09131 6808-4202
Telefax: 09131 6808-4297
E-Mail: Caroline.Herr@lgl.bayern.de

BiostoffV § 19

Mitglieder des ABAS	Stellvertretende Mitglieder des ABAS

Herr
Dr. Jürgen Mertsching
Medizinische Hochschule Hannover
Carl-Neuberg-Straße 1
30625 Hannover
Telefon: 0511 532-9580
E-Mail: mertsching.juergen@mh-hannover.de

Herr
Dr. Erwin Grund
Helmholtz-Zentrum für Infektionsforschung GmbH
Abt. Sicherheit und Umweltschutz
Inhoffenstr. 7
38124 Braunschweig
Telefon: 0531 6181-1380
Telefax: 0531 6181-1399
E-Mail: erwin.grund@helmholtz-hzi.de

Herr
Prof. Dr. Dr. Peter Kämpfer
Universität Gießen
Institut für angewandte Mikrobiologie
Heinrich-Buff-Ring 26–32
35392 Gießen
Telefon: 0641 9937352
Telefax: 0641 9937359
E-Mail: Peter.Kaempfer@umwelt.uni-giessen.de

Herr
Prof. Dr. Roland Grunow
Robert Koch-Institut
Nordufer 20
13353 Berlin
Telefon: 030 18754-2100
Telefax: 030 18754-2110
E-Mail: GrunowR@rki.de

Herr
Prof. Dr. Heinz-Michael Just
Klinikum Nürnberg
Institut für Klinikhygiene, medizinische Mikrobiologie und klinische Infektiologie
Prof.-Ernst-Nathan-Str. 1
90419 Nürnberg
Telefon: 0911 398-2520
Telefax: 0911 398-3266
E-Mail: just@klinikum-nuernberg.de

Frau
Dr. Gisela Martens
Berufsgenossenschaft Rohstoffe und chemische Industrie
Prävention – Kompetenz-Center
Wissenschaftliche Fachreferate
Kurfürsten-Anlage 62
69115 Heidelberg
Telefon: 06221 51082-8453
Telefax: 06221 51082-1199
E-Mail: gisela.martens@bgrci.de

Herr
Prof. Dr. Jens Peter Teifke
Friedrich-Loeffler-Institut
Bundesforschungsinstitut für Tiergesundheit
Südufer 10
17493 Greifswald – Insel Riems
Telefon: 038351 7-1225
Telefax: 038351 7-1226
E-Mail: Jens.Teifke@fli.bund.de

Herr
Prof. Dr. Uwe Rösler
Institut für Tier- und Umwelthygiene
FB Veterinärmedizin
Freie Universität Berlin
Robert-von-Ostertag-Str. 7–13
14163 Berlin
Tel: 030 83851845
Fax: 030 838451830
E-Mail: uwe.roesler@fu-berlin.de

4 Der Aufbau des technischen Regelwerks zur Biostoffverordnung richtet sich nach **Themenschwerpunkten,** die sich an der Biostoffverordnung orientieren. Die Themenschwerpunkte gliedern sich wie folgt:

01–99	Allgemeines, Aufbau und Anwendung
100–299	Tätigkeiten mit biologischen Arbeitsstoffen
300–399	Arbeitsmedizinische Vorsorge
400–499	Arbeitsplatzbewertung
500–599	Hygiene- und Desinfektionsmaßnahmen

Ausschuss für Biologische Arbeitsstoffe **§ 19 BiostoffV**

600–699   Sonstige Bekanntmachungen des Bundesministeriums für Arbeit und Sozialordnung

Technische Regeln für Biologische Arbeitsstoffe (TRBA) 5

TRBA 001	**Allgemeines und Aufbau des Technischen Regelwerks zur Biostoffverordnung – Anwendung von Technische Regeln für Biologische Arbeitsstoffe (TRBA) (Hinweise des Bundesministeriums für Arbeit und Sozialordnung)** (BArbBl. 5/00, S. 52)
TRBA 002	Übersicht über den Stand der Technischen Regeln für Biologische Arbeitsstoffe (Hinweise des Bundesministeriums für Arbeit und Sozialordnung) **(BArbBl. 12/99, S. 54)**
TRBA 100	**Schutzmaßnahmen für gezielte und nicht gezielte Tätigkeiten mit biologischen Arbeitsstoffen in Laboratorien** (BArbBl. 4/02, S. 122–127)
TRBA 120	Versuchstierhaltung (BArbBl. 5/00, S. 48–50)
TRBA 130	TRBA 130 Arbeitsschutzmaßnahmen in akuten biologischen Gefahrenlagen
TRBA 200	TRBA 200 Anforderungen an die Fachkunde nach Biostoffverordnung
TRBA 210	Abfallsortieranlagen: Schutzmaßnahmen (BArbBl. 6/99, S. 77–81 1. Änderung BArbBl. 8/01, S. 79)
TRBA 211	Biologische Abfallbehandlungsanlagen: Schutzmaßnahmen (BArbBl. 8/01, S. 83–89)
TRBA 212	Thermische Abfallbehandlung: Schutzmaßnahmen (BArbBl. 10/03, S. 39)
TRBA 213	Abfallsammlung: Schutzmaßnahmen
TRBA 214	Abfallbehandlungsanlagen einschließlich Sortieranlagen in der Abfallwirtschaft
TRBA 220	Sicherheit und Gesundheit bei Tätigkeiten mit biologischen Arbeitsstoffen in abwassertechnischen Anlagen (BArbBl. 4/02, S. 128–134)
TRBA 230	Landwirtschaftliche Nutztierhaltung (BArbBl. 6/00, S. 57–58)
TRBA 240	Schutzmaßnahmen bei Tätigkeiten mit mikrobiell kontaminiertem Archivgut (BArbBl. 3/03, S. 60)
TRBA 250	Biologische Arbeitsstoffe im Gesundheitswesen und in der Wohlfahrtspflege (BArbBl. 11/03, S. 53)
TRBA 400	Handlungsanleitung zur Gefährdungsbeurteilung bei Tätigkeiten mit biologischen Arbeitsstoffen (BArbBl. 8/01, S. 89–99)
TRBA 405	Anwendung von Messverfahren und technischen Kontrollwerten für luftgetragene Biologische Arbeitsstoffe (BArbBl. 5/01, S. 58)
TRBA 406	Sensibilisierende Stoffe für die Atemwege
TRBA 430	Verfahren zur Bestimmung der Schimmelpilzkonzentration in der Luft am Arbeitsplatz (BArbBl. 8/01, S. 79–83)

BiostoffV § 20

Biostoffverordnung

TRBA 450	Einstufungskriterien für Biologische Arbeitsstoffe (BArbBl. 6/00, S. 58–61 mit Änderungen und Ergänzungen: BArbBl. 4/02, S. 127–128)
TRBA 460	Einstufung von Pilzen in Risikogruppen (BArbBl. 12/98, S. 39)
TRBA 462	Einstufung von Viren in Risikogruppen (BArbBl. 12/98, S. 41)
TRBA 464	Einstufung von Parasiten in Risikogruppen (BArbBl. 4/02, S. 134–139)
TRBA 466	Einstufung von Bakterien in Risikostufen (BArbBl. 10/02, S. 87)
TRBA 468	Liste der Zelllinien und Tätigkeiten mit Zellkulturen
TRBA 500	Allgemeine Hygienemaßnahmen: Mindestanforderungen (BArbBl. 6/99, S. 81)
Beschluss 603	Empfehlung der Bundesforschungsanstalt für Viruskrankheiten der Tiere für die Probenentnahme und die Durchführung diagnostischer Arbeiten im Rahmen der epidemiologischen BSE- und Scrapie-Überwachungsprogramme sowie der Untersuchung konkreter Verdachtsfälle (BArbBl. 8/01, S. 77–79 mit Änderungen und Ergänzungen: BArbBl. 4/02, S. 128)
Beschluss 605	Tätigkeiten mit poliowildvirus-infiziertem und/oder potenziell infektiösem Material einschließlich der sicheren Lagerung von Poliowildviren in Laboratorien (BArbBl. 10/02, S. 146)
Beschluss 608	Empfehlungen spezieller Maßnahmen zum Schutz der Beschäftigten durch den Erreger der klassischen Geflügelpest (BArbBl. 10/03, S. 68)
Beschluss 609	Arbeitsschutz beim Auftreten von nicht impfpräventabler Infuenza unter besonderer Berücksichtigung des Atemschutzes

Abschnitt 6. Ordnungswidrigkeiten, Straftaten und Übergangsvorschriften

§ 20 Ordnungswidrigkeiten

(1) **Ordnungswidrig im Sinne des § 25 Absatz 1 Nummer 1 des Arbeitsschutzgesetzes handelt, wer vorsätzlich oder fahrlässig**
1. **entgegen § 4 Absatz 1 Satz 1 die Gefährdung der Beschäftigten nicht, nicht richtig, nicht vollständig oder nicht rechtzeitig beurteilt,**
2. **entgegen § 4 Absatz 2 Satz 1 eine Gefährdungsbeurteilung nicht oder nicht rechtzeitig aktualisiert,**
3. **entgegen § 4 Absatz 2 Satz 2 eine Gefährdungsbeurteilung nicht oder nicht rechtzeitig überprüft,**
4. **entgegen § 7 Absatz 1 Satz 1 eine Gefährdungsbeurteilung nicht, nicht richtig, nicht vollständig oder nicht rechtzeitig dokumentiert,**
5. **entgegen § 7 Absatz 3 Satz 1 ein dort genanntes Verzeichnis nicht, nicht richtig oder nicht vollständig führt,**
6. **entgegen § 7 Absatz 3 Satz 3 ein dort genanntes Verzeichnis nicht oder nicht mindestens zehn Jahre aufbewahrt,**

7. entgegen § 8 Absatz 4 Nummer 4 erster Halbsatz persönliche Schutzausrüstung nicht oder nicht rechtzeitig zur Verfügung stellt,
8. entgegen § 9 Absatz 1 Satz 2 Nummer 3 nicht dafür sorgt, dass eine Waschgelegenheit zur Verfügung steht,
9. entgegen § 9 Absatz 1 Satz 2 Nummer 4 erster Halbsatz nicht dafür sorgt, dass eine Umkleidemöglichkeit vorhanden ist,
10. entgegen § 9 Absatz 3 Satz 2 Nummer 5 erster Halbsatz zur Verfügung gestellte persönliche Schutzausrüstung nicht instand hält,
11. entgegen § 9 Absatz 3 Satz 2 Nummer 7 zweiter Halbsatz dort genannte Bereiche nicht oder nicht rechtzeitig einrichtet,
12. entgegen § 9 Absatz 4 Satz 2 nicht sicherstellt, dass nur dort genannte Behälter verwendet werden,
13. entgegen § 10 Absatz 1 Nummer 1 Buchstabe a oder § 11 Absatz 7 Nummer 1 einen Schutzstufenbereich nicht oder nicht rechtzeitig festlegt oder nicht, nicht richtig oder nicht rechtzeitig kennzeichnet,
14. entgegen § 10 Absatz 2 Satz 1 oder § 11 Absatz 7 Nummer 3 eine Person nicht oder nicht rechtzeitig benennt,
15. entgegen § 11 Absatz 1 Nummer 1 ein dort genanntes Verfahren nicht oder nicht rechtzeitig festlegt,
16. entgegen § 11 Absatz 2 ein dort genanntes Instrument nicht oder nicht rechtzeitig ersetzt,
17. entgegen § 11 Absatz 3 Satz 1 nicht sicherstellt, dass eine gebrauchte Kanüle nicht in die Schutzkappe zurückgesteckt wird,
18. entgegen § 11 Absatz 4 Satz 1, auch in Verbindung mit Satz 4, ein dort genanntes Instrument nicht oder nicht rechtzeitig entsorgt,
19. entgegen § 13 Absatz 1 Satz 2 Nummer 1, 2 oder 3 eine dort genannte Maßnahme nicht oder nicht rechtzeitig festlegt,
20. entgegen § 13 Absatz 3 Satz 1 einen innerbetrieblichen Plan nicht, nicht richtig, nicht vollständig oder nicht rechtzeitig erstellt,
21. entgegen § 13 Absatz 5 Satz 1 ein Verfahren für Unfallmeldungen und -untersuchungen nicht oder nicht rechtzeitig festlegt,
22. entgegen § 14 Absatz 1 Satz 1 eine schriftliche Betriebsanweisung nicht, nicht richtig, nicht vollständig oder nicht rechtzeitig erstellt,
23. entgegen § 14 Absatz 2 Satz 1 nicht sicherstellt, dass ein Beschäftigter unterwiesen wird,
24. ohne Erlaubnis nach § 15 Absatz 1 Satz 1 eine dort genannte Tätigkeit aufnimmt,
25. entgegen § 16 Absatz 1 eine Anzeige nicht, nicht richtig, nicht vollständig oder nicht rechtzeitig erstattet oder
26. entgegen § 17 Absatz 1 die zuständige Behörde nicht, nicht richtig, nicht vollständig oder nicht rechtzeitig unterrichtet.

(2) Ordnungswidrig im Sinne des § 32 Absatz 1 Nummer 1 des Heimarbeitsgesetzes handelt, wer vorsätzlich oder fahrlässig entgegen § 8 Absatz 7 eine dort genannte Tätigkeit ausüben lässt.

BiostoffV § 21

§ 21 Straftaten

(1) Wer durch eine in § 20 Absatz 1 bezeichnete vorsätzliche Handlung Leben oder Gesundheit eines Beschäftigten gefährdet, ist nach § 26 Nummer 2 des Arbeitsschutzgesetzes strafbar.

(2) Wer durch eine in § 20 Absatz 2 bezeichnete vorsätzliche Handlung in Heimarbeit Beschäftigte in ihrer Arbeitskraft oder Gesundheit gefährdet, ist nach § 32 Absatz 3 oder Absatz 4 des Heimarbeitsgesetzes strafbar.

§ 22 Übergangsvorschriften

Bei Tätigkeiten, die vor Inkrafttreten dieser Verordnung aufgenommen worden sind,
1. ist entsprechend § 10 Absatz 2 oder § 11 Absatz 7 Nummer 3 eine fachkundige Person bis zum 30. Juni 2014 zu benennen,
2. besteht keine Erlaubnispflicht gemäß § 15 Absatz 1, sofern diese Tätigkeiten der zuständigen Behörde angezeigt wurden.

Anhang I Symbol für Biogefährdung

Anhang II Zusätzliche Schutzmaßnahmen bei Tätigkeiten in Laboratorien und vergleichbaren Einrichtungen sowie in der Versuchstierhaltung

(Fundstelle: BGBl. I 2013, 2526 – 2527)

A Schutzmaßnahmen	B Schutzstufen		
	2	3	4
1. Der Schutzstufenbereich ist von anderen Schutzstufen- oder Arbeitsbereichen in demselben Gebäude abzugrenzen.	empfohlen	verbindlich	verbindlich
2. Der Schutzstufenbereich muss als Zugang eine Schleuse mit gegeneinander verriegelbaren Türen haben.	nein	verbindlich, wenn die Übertragung über die Luft erfolgen kann	verbindlich

A Schutzmaßnahmen	B Schutzstufen		
	2	3	4
3. Der Zugang zum Schutzstufenbereich ist auf benannte Beschäftigte zu beschränken.	verbindlich bei gelisteten humanpathogenen Biostoffen* mit Zugangskontrolle	verbindlich mit Zugangskontrolle	verbindlich mit Zugangskontrolle
4. Im Schutzstufenbereich muss ein ständiger Unterdruck aufrechterhalten werden.	nein	verbindlich alarmüberwacht, wenn die Übertragung über die Luft erfolgen kann	verbindlich alarmüberwacht
5. Zu- und Abluft müssen durch Hochleistungsschwebstoff-Filter oder eine vergleichbare Vorrichtung geführt werden.	nein	verbindlich für Abluft, wenn die Übertragung über die Luft erfolgen kann	verbindlich für Zu- und Abluft
6. Der Schutzstufenbereich muss zum Zweck der Begasung abdichtbar sein.	nein	verbindlich, wenn die Übertragung über die Luft erfolgen kann	verbindlich
7. Eine mikrobiologische Sicherheitswerkbank oder eine technische Einrichtung mit gleichwertigem Schutzniveau muss verwendet werden.	verbindlich für Tätigkeiten mit Aerosolbildung	verbindlich	verbindlich
8. Jeder Schutzstufenbereich muss über eine eigene Ausrüstung verfügen.	empfohlen	verbindlich	verbindlich
9. Jeder Schutzstufenbereich muss über einen Autoklaven oder eine gleichwertige Sterilisationseinheit verfügen.	empfohlen	verbindlich, wenn die Übertragung über die Luft erfolgen kann	verbindlich
10. Kontaminierte Prozessabluft darf nicht in den Arbeitsbereich abgegeben werden.	verbindlich	verbindlich	verbindlich

---

* Im Anhang I der Verordnung (EU) Nr. 388/2012 des Europäischen Parlaments und des Rates vom 19. April 2012 zur Änderung der Verordnung (EG) Nr. 428/2009 des Rates über eine Gemeinschaftsregelung für die Kontrolle der Ausfuhr, der Verbringung, der Vermittlung und der Durchfuhr von Gütern mit doppeltem Verwendungszweck (ABl. L 129 vom 16.5.2012, S. 12) unter 1C351 gelistete humanpathogene Erreger sowie unter 1C353 aufgeführte genetisch modifizierte Organismen.

BiostoffV Anh II

A Schutzmaßnahmen	B Schutzstufen		
	2	3	4
11. Wirksame Desinfektions- und Inaktivierungsverfahren sind festzulegen.	verbindlich	verbindlich	verbindlich
12. Die jeweils genannten Flächen müssen wasserundurchlässig und leicht zu reinigen sein.	Werkbänke	Werkbänke und Fußböden	Werkbänke, Wände, Fußböden und Decken
13. Oberflächen müssen beständig gegen die verwendeten Chemikalien und Desinfektionsmittel sein.	verbindlich	verbindlich	verbindlich
14. Dekontaminations- und Wascheinrichtungen für die Beschäftigten müssen vorhanden sein.	verbindlich	verbindlich	verbindlich
15. Beschäftigte müssen vor dem Verlassen des Schutzstufenbereichs duschen.	nein	empfohlen	verbindlich
16. Kontaminierte feste und flüssige Abfälle sind vor der endgültigen Entsorgung mittels erprobter physikalischer oder chemischer Verfahren zu inaktivieren.	verbindlich, wenn keine sachgerechte Auftragsentsorgung erfolgt	verbindlich, wenn die Übertragung über die Luft erfolgen kann; ansonsten grundsätzlich verbindlich, nur in ausreichend begründeten Einzelfällen ist eine sachgerechte Auftragsentsorgung möglich	verbindlich
17. Abwässer sind mittels erprobter physikalischer oder chemischer Verfahren vor der endgültigen Entsorgung zu inaktivieren.	nein für Handwasch- und Duschwasser oder vergleichbare Abwässer	empfohlen für Handwasch- und Duschwasser	verbindlich
18. Ein Sichtfenster oder eine vergleichbare Vorrichtung zur Einsicht in den Arbeitsbereich ist vorzusehen.	verbindlich	verbindlich	verbindlich

Anhang III BiostoffV

A Schutzmaßnahmen	B Schutzstufen		
	2	3	4
19. Bei Alleinarbeit ist eine Notrufmöglichkeit vorzusehen.	empfohlen	verbindlich	verbindlich
20. Fenster dürfen nicht zu öffnen sein.	nein; Fenster müssen während der Tätigkeit geschlossen sein	verbindlich	verbindlich
21. Für sicherheitsrelevante Einrichtungen ist eine Notstromversorgung vorzusehen.	empfohlen	verbindlich	verbindlich
22. Biostoffe sind unter Verschluss aufzubewahren.	verbindlich bei gelisteten humanpathogenen Biostoffen*	verbindlich bei gelisteten humanpathogenen Biostoffen*	verbindlich
23. Eine wirksame Kontrolle von Vektoren (zum Beispiel von Nagetieren und Insekten) ist durchzuführen.	empfohlen	verbindlich	verbindlich
24. Sichere Entsorgung von infizierten Tierkörpern, zum Beispiel durch thermische Inaktivierung, Verbrennungsanlagen für Tierkörper oder andere geeignete Einrichtungen zur Sterilisation/Inaktivierung.	verbindlich	verbindlich	verbindlich vor Ort

Anmerkung: Gemäß § 10 Absatz 1 sind die als empfohlen bezeichneten Schutzmaßnahmen dann zu ergreifen, wenn dadurch die Gefährdung der Beschäftigten verringert werden kann.

Anhang III Zusätzliche Schutzmaßnahmen bei Tätigkeiten in der Biotechnologie

Es gelten die Anforderungen nach Anhang II. Für Tätigkeiten mit Biostoffen in bioverfahrenstechnischen Apparaturen, zum Beispiel Bioreaktoren und Separatoren, gilt darüber hinaus:

A Schutzmaßnahmen	B Schutzstufen		
	2	3	4
1. Die Apparatur muss den Prozess physisch von der Umwelt trennen.	verbindlich	verbindlich	verbindlich

BiostoffV Anh III

A Schutzmaßnahmen	B Schutzstufen		
	2	3	4
2. Die Apparatur oder eine vergleichbare Anlage muss innerhalb eines entsprechenden Schutzstufenbereichs liegen.	verbindlich	verbindlich	verbindlich
3. Die Prozessabluft der Apparatur muss so behandelt werden, dass ein Freisetzen von Biostoffen	minimiert wird.	verhindert wird.	zuverlässig verhindert wird.
4. Das Öffnen der Apparatur zum Beispiel zur Probenahme, zum Hinzufügen von Substanzen oder zur Übertragung von Biostoffen muss so durchgeführt werden, dass ein Freisetzen von Biostoffen	minimiert wird.	verhindert wird.	zuverlässig verhindert wird.
5. Kulturflüssigkeiten dürfen zur Weiterverarbeitung nur aus der Apparatur entnommen werden, wenn die Entnahme in einem geschlossenen System erfolgt oder die Biostoffe durch wirksame physikalische oder chemische Verfahren inaktiviert worden sind.	empfohlen	verbindlich	verbindlich
6. Dichtungen an der Apparatur müssen so beschaffen sein, dass ein unbeabsichtigtes Freisetzen von Biostoffen	minimiert wird.	verhindert wird.	zuverlässig verhindert wird.
7. Der gesamte Inhalt der Apparatur muss aufgefangen werden können.	verbindlich	verbindlich	verbindlich

Anmerkung: Gemäß § 10 Absatz 1 sind die als empfohlen bezeichneten Schutzmaßnahmen dann zu ergreifen, wenn dadurch die Gefährdung der Beschäftigten verringert werden kann.

Verordnung zum Schutze der Mütter am Arbeitsplatz

Vom 15. April 1997

(BGBl. I S. 782), geänd. durch Art. 307 Achte ZuständigkeitsanpassungsVO v. 25.11.2003
(BGBl. I S. 2304), Art. 7 GefahrstoffrechtAnpassungsVO v. 23.12.2004 (BGBl. I S. 3758),
Art. 440 Neunte ZuständigkeitsanpassungsVO v. 31.10.2006 (BGBl. I S. 2407)
und Art. 5 Abs. 8 VO v. 26.11.2010 (BGBl I S. 1643)

FNA 8052-1-1

Literatur: *Kollmer,* Verordnungen zum Arbeitsschutzgesetz, AR-Blattei SD 200.2; *Lenz,* Änderungen im Mutterschutzrecht, NJW 1997, 1491; *Sowka,* Mutterschutzrichlinienverordnung, NZA 1997, 927.

Einführung

Die Mutterschutzarbeitsplatzverordnung vom 15.4.1997 (BGBl. I S. 782) dient der **1**
Umsetzung europäischen Rechts. Die EG-Mutterschutzrichtlinie vom 19.10.1992
als **Zehnte Einzelrichtlinie** im Sinne von Art. 16 Abs. 1 der EG-Arbeitsschutzrahmenrichtlinie verpflichtete die Mitgliedstaaten, die dort enthaltenen Regelungen bis
zum 28.11.1994 in nationales Recht umzusetzen, soweit letzteres nicht schon der
Richtlinie entsprach (Richtlinie 92/85/EWG des Rates über die Durchführung von
Maßnahmen zur Verbesserung der Sicherheit und des Gesundheitsschutzes von
schwangeren Arbeitnehmerinnen, Wöchnerinnen und stillenden Arbeitnehmerinnen am Arbeitsplatz, ABl. EG Nr. L 348, als Zehnte Einzelrichtlinie im Sinne des Artikels 16 Abs. 1 der Richtlinie 89/391/EWG; s. dazu *Zmarzlik,* DB 1984, 96; *Zmarzlik/ Zipperer/Viethen,* MuSchG/RVO/BErzGG. 7. Aufl., → Einf. Rn. 90ff.).

Mit der EG-Mutterschutzrichtlinie soll der Gesundheitsschutz und die Sicher- **2**
heit von schwangeren Arbeitnehmerinnen, von Wöchnerinnen und stillenden Arbeitnehmerinnen am Arbeitsplatz vor besonderen Gefahren gewährleistet werden.
Als **besondere Risiken** werden die Exposition gegenüber gefährlichen Agenzien,
Verfahren oder Arbeitsbedingungen **genannt**. Zum Schutz vor diesen Risiken ist
der Arbeitgeber verpflichtet, bei der Beschäftigung von werdenden oder stillenden
Müttern die Arbeitsbedingungen nach bestimmten Kriterien **zu beurteilen**. Der
Arbeitgeber hat dann die sich aus der Beurteilung ergebenden **Schutzmaßnahmen** zu treffen. Dazu gehört u. a. die Umgestaltung der Arbeitsbedingungen und
die Versetzung der Arbeitnehmerinnen auf einen anderen Arbeitsplatz. Darüber hinaus sind in der EG-Mutterschutzrichtlinie Vorschriften zum Mutterschaftsurlaub
und zum Kündigungsschutz enthalten.

Eine **Teilumsetzung** der EG-Mutterschutzrichtlinie erfolgte bereits mit der **3**
Änderung des Mutterschutzgesetzes vom 20.12.1996 (BGBl. I S. 2110; s. dazu
Sowka NZA 1997, 296; *Kossens* RdA 1997, 276; *Zmarzlik* DB 1997, 474). Im Rahmen der Umsetzung der EG-Mutterschutzrichtlinie wurden die Voraussetzungen
für eine ausnahmsweise zulässige Kündigung gegenüber einer Schwangeren präzisiert. Neben der Erweiterung der Beschäftigungsverbote nach § 4 Abs. 2 MuSchG
und der Gleichstellung der Hausangestellten im Kündigungsschutzrecht (§ 9 Abs. 3

MuSchArbV § 1 Mutterschutzverordnung

MuSchG) sind Regelungen zum Mutterschaftsurlaub durch die Änderung des Mutterschutzgesetzes erfolgt. Darüber hinaus ist nach § 2 Abs. 4 MuSchG die Bundesregierung mit Zustimmung des Bundesrates **ermächtigt, folgende Einzelheiten zu regeln:**
– Verpflichtung der Arbeitgeber zur Beurteilung der Gefährdung,
– Durchführung von Schutzmaßnahmen und
– Unterrichtung der betroffenen Arbeitnehmerinnen.
Weitere Verordnungsermächtigungen resultieren aus § 19 Abs. 1 Satz 1 und Abs. 3 des Chemikaliengesetzes in der Fassung vom 25.7.1994 (BGBl. I S. 1703), § 18 Abs. 1 und 19 Arbeitsschutzgesetz in der Fassung vom 7.8.1996 (BGBl. I S. 1246) und § 8 Satz 1 des Arbeitszeitgesetzes vom 6.6.1994 (BGBl. I S. 1170).

4 In einem **zweiten Schritt** wurde die EG-Mutterschutzrichtlinie durch die Mutterschutzarbeitsplatzverordnung vom 15.4.1997 umgesetzt. Die Mutterschutzarbeitsplatzverordnung schreibt für den Arbeitgeber ein gestuftes Verfahren bei der Überprüfung sowie bei der Gestaltung des Arbeitsplatzes und der Beschäftigung (Arbeitsbedingungen, Arbeitszeit usw.) zum Schutz werdender und stillender Mütter vor (s. BT-Drucks 13/2763, S. 8). Die Mutterschutzarbeitsplatzverordnung umfasst dabei im Wesentlichen den öffentlich-rechtlichen Teil der Umsetzung der EG-Mutterschutzrichtlinie.

5 Nach der Mutterschutzarbeitsplatzverordnung ist der Arbeitgeber verpflichtet, bei der Beschäftigung von werdenden oder stillenden Müttern unter bestimmten Voraussetzungen die Arbeitsbedingungen im Einzelnen zu beurteilen, um alle Risiken für Sicherheit und Gesundheit vor Schwangerschaft und Stillzeit abzuschätzen und die notwendigen Schutzmaßnahmen zu bestimmen. Er kann aber auch fachkundige Personen schriftlich mit dieser Aufgabe bestimmen. Über die Ergebnisse der Beurteilung und die notwendigen Schutzmaßnahmen hat der Arbeitgeber sowohl die betroffenen Frauen als auch die übrigen bei ihm beschäftigten Arbeitnehmerinnen zu unterrichten. Eine formlose Unterrichtung genügt, die weiteren Folgen aus der Beurteilung reichen von der Umgestaltung der Arbeitsbedingungen über den notwendigen Arbeitsplatzwechsel bis hin zum unverzichtbaren Beschäftigungsverbot (abgestuftes Verfahren).

§ 1 Beurteilung der Arbeitsbedingungen

(1) ¹**Der Arbeitgeber muß rechtzeitig für jede Tätigkeit, bei der werdende oder stillende Mütter durch die chemischen Gefahrstoffe, biologischen Arbeitsstoffe, physikalischen Schadfaktoren, die Verfahren oder Arbeitsbedingungen nach Anlage 1 dieser Verordnung gefährdet werden können, Art, Ausmaß und Dauer der Gefährdung beurteilen.** ²**Die Pflichten nach dem Arbeitsschutzgesetz bleiben unberührt.**

(2) **Zweck der Beurteilung ist es,**
1. **alle Gefahren für die Sicherheit und Gesundheit sowie alle Auswirkungen auf Schwangerschaft oder Stillzeit der betroffenen Arbeitnehmerinnen abzuschätzen und**
2. **die zu ergreifenden Schutzmaßnahmen zu bestimmen.**

(3) **Der Arbeitgeber kann zuverlässige und fachkundige Personen schriftlich damit beauftragen, ihm obliegende Aufgaben nach dieser Verordnung in eigener Verantwortung wahrzunehmen.**

Beurteilung der Arbeitsbedingungen **§ 1 MuSchArbV**

Nach § 1 trifft den Arbeitgeber eine – über die allgemeine Beurteilungspflicht 1
nach dem Arbeitsschutzgesetz hinausgehende – **spezifische Beurteilungspflicht.**
Nach § 5 Arbeitsschutzgesetz ist der Arbeitgeber allgemein verpflichtet, eine Beurteilung der Arbeitsbedingungen vorzunehmen (s. *Kollmer,* Arbeitsschutzgesetz in: AR-Blattei 200 „Arbeitsschutz", Rn. 16; *Wlotzke,* NZA 1997, 1017; *Bückert,* AuA 1997, 190). Nach der dazu als lex spezialis zu betrachtenden Vorschrift des § 1 MuSchArbV hat der Arbeitgeber rechtzeitig für jede Tätigkeit, bei der werdenden oder stillende Mütter durch die in der Anlage 1 aufgelisteten chemischen Gefahrstoffe, biologischen Arbeitsstoffe, physikalischen Schadfaktoren, die Verfahren oder Arbeitsbedingungen gefährdet werden können, Art, Ausmaß und Dauer der Gefährdung zu beurteilen. Der **Begriff der „Gefährdung"** bezeichnet dabei die Möglichkeit des Eintritts eines Schadens oder einer gesundheitlichen Beeinträchtigung, ohne dass bestimmte Anforderungen an deren Ausmaß oder an die Wahrscheinlichkeit des Eintritts des Schadens gestellt werden. Der Begriff der „Gefährdung" ist somit inhaltsgleich mit dem Gefährdungsbegriff des Arbeitsschutz- und des Mutterschutzgesetzes (Sowka NZA 1997, 927). Eine besondere Gefährdung ist nicht Voraussetzung der Beurteilungspflicht (s. Begründung zum VO-Entwurf, BR-Drs. 94/97, S. 11).

Anlage 1 der Mutterschutzarbeitsplatzverordnung enthält eine **Liste der che-** 2
mischen Gefahrstoffe und biologischen Arbeitsstoffe, der physikalischen Schadfaktoren sowie der Verfahren und Arbeitsbedingungen nach Abs. 1. In der Anlage 1 sind jedoch nicht alle Faktoren aufgelistet, sondern teilweise wird nur auf die Anhänge der EG-Gefahrstoffverordnung verwiesen (s. dazu *Sowka* NZA 1997, 927; *Kollmer,* Mutterschutz-Richtlinienverordnung in AR-Blattei SD 1220.2 „Mutterschutz", Rn. 11f.). Die Anlage 1 ist unterteilt in:
– Gefahrstoffe und Arbeitsstoffe (chemische, biologische und physikalische Schadstoffe),
– Verfahren und
– Arbeitsbedingungen.

Durch die **Gefährdungsbeurteilung** soll der Arbeitgeber **mögliche Gefah-** 3
ren für die betroffenen Arbeitnehmerinnen **erkennen** und **abschätzen** sowie Maßnahmen des Arbeitsschutzes zielgerichteter und wirkungsvoller **gestalten** können. Zweck der Beurteilungspflicht des Arbeitgebers ist
– nach Abs. 2 Nr. 1, alle Gefahren für Sicherheit und Gesundheit, sowie
– alle Auswirkungen auf Schwangerschaft und Stillzeit der betroffenen Arbeitnehmerinnen abzuschätzen und
– nach Abs. 2 Nr. 2, die notwendigen Schutzmaßnahmen zu ergreifen. Dabei muss die Beurteilung rechtzeitig im Sinne einer präventiven Schadensvermeidung erfolgen.

Vorgaben, wie die Beurteilung zu erfolgen hat, sind vom Verordnungsgeber nicht 4
gemacht worden. Die Beurteilung ist nach dem Stand der Technik gemäß § 4 Nr. 3 ArbSchG durchzuführen. Im Übrigen gelten die allgemeinen, in § 4 ArbSchG bestimmten Grundsätze, wonach z. B. Gefahren an ihrer Quelle zu bekämpfen und bei arbeitsschutzrelevanten Maßnahmen der Stand der Technik, Arbeitsmedizin und Hygiene sowie die sonstigen gesicherten arbeitswissenschaftlichen Erkenntnisse zu berücksichtigen sind (Kollmer, Mutterschutz-Richtlinienverordnung in AR-Blattei SD 1220.2 „Mutterschutz", Rn. 13. F.). Die einzelnen Berufsgenossenschaften und die Länder haben Leitfäden als Handlungsanleitung zur Gefährdungsbeurteilung herausgegeben (z. B. BG Chemie A 016 Gefährdungsbeurteilung – Anleitung zur Durchführung; s. auch *Bückert* AuA 1997, 190).

MuSchArbV § 2 Mutterschutzverordnung

5 Für die Einhaltung der Arbeitsschutzbestimmungen im Betrieb ist der **Arbeitgeber verantwortlich.** Er hat grundsätzlich die ihm obliegenden Pflichten **selbst** zu erfüllen. Dies gilt auch für die Beurteilungspflicht nach § 1 Abs. 1 und 2. Da insbesondere klein- und mittelständische Betriebe mit dieser Aufgabe häufig überfordert sind, gewährt Abs. 3 die Möglichkeit, die Verpflichtung zur Beurteilung auf **„andere zuverlässige und fachkundige"** Personen **zu übertragen,** die die Beurteilung in eigener Verantwortung vornehmen müssen. Als fachkundige Personen kommen insbesondere Betriebsärzte und Fachkräfte für Arbeitssicherheit in Betracht. Eine Übertragung der Verpflichtung auf Dritte setzt allerdings eine schriftliche Beauftragung voraus, die der rechtlichen Absicherung des Arbeitgebers und des beauftragten Dritten dient. Regelmäßig werden dabei auch die Befugnisse und Kompetenzen der beauftragten Person festgelegt. Abs. 3 ist gleich lautend mit § 13 Abs. 2 ArbSchG (s. dort).

6 Nach Abs. 1 Satz 2 bleiben die Pflichten nach dem Arbeitsschutzgesetz unberührt. Neben der Pflicht zur Beurteilung der Arbeitsbedingungen nach § 5 ArbSchG trifft den Arbeitgeber **auch** eine **Dokumentationspflicht nach § 6 ArbSchG.** Danach muss der Arbeitgeber über die je nach Art der Tätigkeiten und der Zahl der Beschäftigten erforderlichen Unterlagen verfügen, aus denen das Ergebnis der Gefährdungsbeurteilung, die von ihm festgelegten Maßnahmen des Arbeitsschutzes und das Ergebnis ihrer Überprüfung ersichtlich sind.

§ 2 Unterrichtung

¹Der Arbeitgeber ist verpflichtet, werdende oder stillende Mütter sowie die übrigen bei ihm beschäftigten Arbeitnehmerinnen und, wenn ein Betriebs- oder Personalrat vorhanden ist, diesen über die Ergebnisse der Beurteilung nach § 1 und über die zu ergreifenden Maßnahmen für Sicherheit und Gesundheitsschutz am Arbeitsplatz zu unterrichten, sobald das möglich ist. ²Eine formlose Unterrichtung reicht aus. ³Die Pflichten nach dem Arbeitsschutzgesetz sowie weitergehende Pflichten nach dem Betriebsverfassungs- und den Personalvertretungsgesetzen bleiben unberührt.

1 Nach § 2 ist der Arbeitgeber verpflichtet, werdende oder stillende Mütter sowie die übrigen bei im beschäftigten Arbeitnehmerinnen über die Ergebnisse der Beurteilung nach § 1 und über die zu ergreifenden Maßnahmen für die Sicherheit und den Gesundheitsschutz am Arbeitsplatz **zu unterrichten, sobald** dies **möglich** ist. Damit ist die Regelung des Art. 4 Abs. 2 der EG-Mutterschutzrichtlinie übernommen worden. Die in § 2 genannte spezielle Unterrichtungspflicht tritt neben die allgemeinen Unterweisungs- und Unterrichtungspflichten nach dem Arbeitsschutzgesetz. Die Unterrichtungspflicht des Arbeitgebers umfasst die:
– Mitteilung der Ergebnisse seiner Beurteilung der Gefährdungsfaktoren und die
– Mitteilung über die zu ergreifenden Maßnahmen, d. h. über die erforderlichen Schutzmaßnahmen für Leben und Gesundheit von Mutter und Kind.

2 Die Unterrichtung **dient** der Vermeidung vor Schäden und kommt dem berechtigten Interesse der betroffenen Frauen auf Erhalt entsprechender Informationen nach. Satz 1 bestimmt, dass die Unterrichtung erfolgen muss, sobald dies möglich ist. Dies ist dann der Fall, wenn der Arbeitgeber über die Ergebnisse der Beurteilung (§ 1 Abs. 1 und 3) verfügt und die notwendigen Maßnahmen übersehen kann. Eine bestimmte Art der Unterrichtung ist nicht vorgesehen. Sie kann

also **formlos** erfolgen. Der Arbeitgeber hat somit einen gewissen Spielraum für die Art und Weise der Unterrichtung je nach den Umständen des Einzelfalles (z. B. Art und Ausmaß der gefährdeten Tätigkeit, der Gesamtzahl der betroffenen Frauen, Größe und Struktur des Betriebes). Geeignete Mittel der Unterrichtung sind u. a. die Betriebsversammlung, Anschläge am schwarzen Brett, das Intranet oder die Hauszeitschrift (Sowka NZA 1997, 927).

In der Mutterschutzschutzrichtlinienverordnung ist keine Aussage darüber ge- 3 troffen, in welchen Abständen eine Unterrichtung zu erfolgen hat. *Kollmer* schlägt eine Auslegung nach Praktikabilitätserwägungen vor. Danach ist – soweit sich die Gefährdungsbedingungen nicht wesentlich verändert haben – eine **wiederholte Unterrichtung nicht automatisch notwendig,** wenn die Belegschaft nicht wechselt. Bei einem gewissen oder erheblichen Wechsel der Belegschaft wird eine erneute Unterrichtung erforderlich sein (*Kollmer,* Mutterschutz-Richtlinienverordnung in AR-Blattei SD 1220.2 „Mutterschutz", Rn. 18; *Sowka* NZA 1997, 927).

Zu unterrichten hat der Arbeitgeber sowohl die werdenden und stillenden Müt- 4 ter **als auch die übrigen** bei ihm beschäftigten Arbeitnehmerinnen. Er muss zusätzlich – soweit vorhanden – auch den **Betriebsrat** bzw. Personalrat informieren. Auch die kirchliche Mitarbeitervertretung hat nach §2 einen Anspruch darauf, über die Ergebnisse der Beurteilung nach §1 und über die zu ergreifenden Maßnahmen für Sicherheit und Gesundheit unterrichtet zu werden (Kirchliches Arbeitsgericht der Diözese Rottenburg v. 26.9.2014 – AS 18/14). Weitergehende Pflichten nach dem Arbeitsschutzgesetz sowie dem Betriebsverfassungsgesetz und den Personalvertretungsgesetzen bleiben unberührt.

§3 Weitere Folgerungen aus der Beurteilung

(1) **Ergibt die Beurteilung nach § 1, daß die Sicherheit oder Gesundheit der betroffenen Arbeitnehmerinnen gefährdet ist und daß Auswirkungen auf Schwangerschaft oder Stillzeit möglich sind, so trifft der Arbeitgeber die erforderlichen Maßnahmen, damit durch eine einstweilige Umgestaltung der Arbeitsbedingungen und gegebenenfalls der Arbeitszeiten für werdende oder stillende Mütter ausgeschlossen wird, daß sie dieser Gefährdung ausgesetzt sind.**

(2) **Ist die Umgestaltung der Arbeitsbedingungen oder gegebenenfalls der Arbeitszeiten unter Berücksichtigung des Standes von Technik, Arbeitsmedizin und Hygiene sowie sonstiger gesicherter arbeitswissenschaftlicher Erkenntnisse nicht möglich oder wegen des nachweislich unverhältnismäßigen Aufwandes nicht zumutbar, so trifft der Arbeitgeber die erforderlichen Maßnahmen für einen Arbeitsplatzwechsel der betroffenen Arbeitnehmerinnen.**

(3) **Ist der Arbeitsplatzwechsel nicht möglich oder nicht zumutbar, dürfen werdende oder stillende Mütter so lange nicht beschäftigt werden, wie dies zum Schutze ihrer Sicherheit und Gesundheit erforderlich ist.**

Ergibt die Beurteilung, dass die Sicherheit oder Gesundheit der betroffenen Ar- 1 beitnehmerinnen **gefährdet** ist und dass Auswirkungen auf Schwangerschaft oder Stillzeit **zu befürchten** sind, **so** ergeben sich aus Abs. 1 (§ 3 MuSchArbV entspricht Art. 5 Abs. 1–3 der EG-Mutterschutzrichtlinie) **weitere Verpflichtungen** des Ar-

MuSchArbV § 3

beitgebers. Die Mutterschutzarbeitsplatzverordnung normiert ein **abgestuftes System von Handlungsverpflichtungen** des Arbeitgebers, das wie folgt ausgestaltet ist:
1. Das Treffen von erforderlichen Maßnahmen, die die Umgestaltung der Arbeitsbedingungen zum Inhalt haben,
2. Arbeitsplatzwechsel,
3. Beschäftigungsverbot.

2   Ergibt die Beurteilung eine Gefährdung für die betroffenen Arbeitnehmerinnen so hat der Arbeitgeber die **erforderlichen Maßnahmen** zu treffen. Durch eine einstweilige **Umgestaltung** der Arbeitsbedingungen und gegebenenfalls eine Änderung der **Arbeitszeiten** für werdenden oder stillende Mütter soll ausgeschlossen werden, dass sie dieser Gefährdung ausgesetzt sind. In Betracht kommen hier etwa die Verkürzung oder Verlegung der Arbeitszeit, die Zubilligung längerer oder häufigerer Pausen, die Zuteilung einer geringeren Arbeitsmenge, die Verringerung des Arbeitstempos oder die Zuweisung in eine andere Arbeitsgruppe. Die Anknüpfung an das Kriterium der „erforderlichen Maßnahmen" ermöglicht eine flexible Handhabung der in Betracht kommenden Regelungen unter Berücksichtigung der besonderen betrieblichen Gegebenheiten.

3   Abs. 2 bestimmt als pflichtgemäße schärfere Maßnahme des Arbeitgebers die Anordnung eines **Arbeitsplatzwechsels** der betroffenen Arbeitnehmerin, wenn die Umgestaltung der Arbeitsbedingungen oder der Arbeitszeiten nicht möglich oder nicht zumutbar ist. Voraussetzung für einen vom Arbeitgeber veranlassten Arbeitsplatzwechsel der betroffenen Arbeitnehmerin ist, dass die Umgestaltung der Arbeitsbedingungen oder der Arbeitszeiten unter Berücksichtigung
– des Standes der Technik,
– der Arbeitsmedizin,
– der Hygiene oder
– sonstiger gesicherter arbeitswissenschaftlicher Erkenntnisse
nicht möglich oder wegen des nachweislich unverhältnismäßigen Aufwandes unzumutbar ist.

4   Das Merkmal des **„nachweislich unverhältnismäßigen Aufwandes"** entspricht der Auslegung von § 2 MuSchG hinsichtlich der Verpflichtung des Arbeitgebers zur Umgestaltungen des Arbeitsplatzes und der ihm verbleibenden Möglichkeit, die betroffene Arbeitnehmerin zur Vermeidung eines unverhältnismäßigen Aufwandes auf einen anderen Arbeitsplatz umzusetzen. Daraus folgt, dass ein **absoluter Schutz** der Frauen vor allen Gefahren für Leben und Gesundheit **nicht gefordert** ist. Die Schutzpflicht des Arbeitgebers geht nur so weit, wie es nach den Grundsätzen von Treu und Glauben vernünftiger Weise von ihm verlangt werden kann. Dabei gehen die Belange von Frau und Kind den Belangen des Betriebes vor (*Zmarzlik/Zipperer/Viethen*, MuSchG/RVO/BerzGG, 7. Aufl., § 2 Rn. 20; *Meisel/Sowka*, 4. Aufl., § 2 Rn. 9).

5   Der Arbeitgeber muss den „unverhältnismäßigen Aufwand" glaubhaft macht. **„Glaubhaft machen"** bedeutet nach § 611a Abs. 1 Satz 3 BGB und § 294 ZPO, dass die behaupteten Tatsachen überwiegend wahrscheinlich gemacht werden müssen. Durch diese Glaubhaftmachung soll eventuellen Schutzbehauptungen des Arbeitgebers zur Unverhältnismäßigkeit des Aufwandes bei der Umgestaltung der Arbeitsbedingungen oder der Arbeitszeiten begegnet werden.

6   Ist ein Arbeitsplatzwechsel der betroffenen Arbeitnehmerin **nicht möglich** oder nicht **zumutbar,** dürfen werden oder stillende Mütter **so lange nicht** beschäftigt werden, wie dies zum Schutz ihrer Sicherheit und Gesundheit erforderlich ist, Abs. 3.

§ 4 Verbot der Beschäftigung

(1) ¹Werdende oder stillende Mütter dürfen nicht mit Arbeiten beschäftigt werden, bei denen die Beurteilung ergeben hat, daß die Sicherheit oder Gesundheit von Mutter oder Kind durch die chemischen Gefahrstoffe, biologischen Arbeitsstoffe, physikalischen Schadfaktoren oder die Arbeitsbedingungen nach Anlage 2 dieser Verordnung gefährdet wird. ²Andere Beschäftigungsverbote aus Gründen des Mutterschutzes bleiben unberührt.

(2) § 3 gilt entsprechend, wenn eine Arbeitnehmerin, die eine Tätigkeit nach Absatz 1 ausübt, schwanger wird oder stillt und ihren Arbeitgeber davon unterrichtet.

In Abs. 1 ist sinngemäß die Regelung des Art. 6 der EG-Mutterschutzrichtlinie 1 übernommen worden. Er begründet unter den dort genannten Voraussetzungen für einen **Katalog** von Arbeiten vollständige **Beschäftigungsverbote**. Danach dürfen werdende oder stillende Mütter nicht mit Arbeiten beschäftigt werden, bei denen die Beurteilung ergeben hat, dass die Sicherheit oder Gesundheit von Mutter und Kind durch die
– chemischen Gefahrstoffe,
– biologischen Arbeitsstoffe,
– physikalischen Schadstoffe oder
– die Arbeitsbedingungen
nach Anlage 2 der MuSchArbV gefährdet ist. Die betroffenen Arbeitnehmer und das ungeborene Kind müssen bereits vor der Möglichkeit eines Schadens geschützt werden. Das Beschäftigungsverbot gilt demnach, wenn auf Grund des Beurteilungsergebnisses von der **Gefährdung** der Sicherheit oder Gesundheit der **Frau** oder des **Kindes** auszugehen ist.

Anlage 2 der MuSchArbV enthält eine Liste der chemischen Gefahrstoffe und 2 biologischen Arbeitsstoffe, der physikalischen Schadstoffe und der Arbeitsbedingung nach Abs. 1. Abs. 2 betrifft den Fall, dass eine Arbeitnehmerin während ihrer Tätigkeit im Bereich der Merkmale der Anlage 2 schwanger wird oder stillt und ihren Arbeitgeber hiervon unterrichtet. Es gilt dann das Beschäftigungsverbot des Absatzes 1. Der Arbeitgeber muss die in § 3 genannten Schutzmaßnahmen treffen, d. h. durch Umgestaltung der Arbeitsbedingungen oder der Arbeitszeiten eine Gefährdung für die betroffene Frau ausschließen.

§ 5 Besondere Beschäftigungsbeschränkungen

(1) ¹Nicht beschäftigt werden dürfen
1. werdende oder stillende Mütter mit sehr giftigen, giftigen, gesundheitsschädlichen oder in sonstiger Weise den Menschen chronisch schädigenden Gefahrstoffen, wenn der Grenzwert überschritten wird;
2. werdende oder stillende Mütter mit Stoffen, Zubereitungen oder Erzeugnissen, die ihrer Art nach erfahrungsgemäß Krankheitserreger übertragen können, wenn sie den Krankheitserregern ausgesetzt sind;
3. werdende Mütter mit krebserzeugenden, fruchtschädigenden oder erbgutverändernden Gefahrstoffen;

MuSchArbV § 6

4. stillende Mütter mit Gefahrstoffen nach Nummer 3, wenn der Grenzwert überschritten wird;
5. gebärfähige Arbeitnehmerinnen beim Umgang mit Gefahrstoffen, die Blei oder Quecksilberalkyle enthalten, wenn der Grenzwert überschritten wird;
6. werdende oder stillende Mütter in Druckluft (Luft mit einem Überdruck von mehr als 0,1 bar).

²In Nummer 2 bleibt § 4 Abs. 2 Nr. 6 des Mutterschutzgesetzes unberührt. ³Nummer 3 gilt nicht, wenn die werdenden Mütter bei bestimmungsgemäßem Umgang den Gefahrstoffen nicht ausgesetzt sind.

(2) Für Absatz 1 Satz 1 Nr. 1 bis 5 gelten die Vorschriften der Gefahrstoffverordnung entsprechend.

1 Abs. 1 enthält eine **Aufzählung der besonderen Beschäftigungsbeschränkungen.** Absatz 2 regelt, dass für die Beschäftigungsbeschränkungen die Vorschriften der Gefahrstoffverordnung Anwendung finden. Dies bedeutet, dass die maßgeblichen Bestimmungen der Gefahrstoffverordnung – vor allem wegen des Begriffs der Gefahrstoffe und der übrigen Begriffsbestimmung, der Gefährlichkeitsmerkmale sowie der Einstufung von Stoffen und deren Zubereitung – auch hier entsprechend gelten.

2 In den Vorschriften der §§ 3 Abs. 3, 4 und 5 Abs. 1 Nr. 1–6 MuSchArbV sind die **Beschäftigungsverbote** geregelt. Nicht geregelt ist, ob der Arbeitgeber während des Beschäftigungsverbotes zur Entgeltfortzahlung verpflichtet ist.

§ 6 Straftaten und Ordnungswidrigkeiten

(1) Ordnungswidrig im Sinne des § 25 Abs. 1 Nr. 1 des Arbeitsschutzgesetzes handelt, wer vorsätzlich oder fahrlässig entgegen § 2 eine werdende oder stillende Mutter nicht, nicht richtig oder nicht vollständig unterrichtet.

(2) Ordnungswidrig im Sinne des § 21 Abs. 1 Nr. 4 des Mutterschutzgesetzes handelt, wer vorsätzlich oder fahrlässig entgegen § 3 Abs. 3 oder § 5 Abs. 1 Satz 1 Nr. 1, 2, 3, 4 oder 6 eine werdende oder stillende Mutter beschäftigt.

(3) Ordnungswidrig im Sinne des § 26 Abs. 1 Nr. 8 Buchstabe b des Chemikaliengesetzes handelt, wer vorsätzlich oder fahrlässig entgegen § 5 Abs. 1 Satz 1 Nr. 5 eine gebärfähige Arbeitnehmerin beschäftigt.

(4) Wer vorsätzlich oder fahrlässig durch eine in Absatz 2 bezeichnete vorsätzliche Handlung eine Frau in ihrer Arbeitskraft oder Gesundheit gefährdet, ist nach § 21 Abs. 3, 4 des Mutterschutzgesetzes strafbar.

(5) Wer vorsätzlich oder fahrlässig durch eine in Absatz 3 bezeichnete Handlung das Leben oder die Gesundheit einer Frau gefährdet, ist nach § 27 Abs. 2 bis 4 des Chemikaliengesetzes strafbar.

Anlage 1

(zu § 1)

Nicht erschöpfende Liste der chemischen Gefahrstoffe und biologischen Arbeitsstoffe, der physikalischen Schadfaktoren sowie der Verfahren und Arbeitsbedingungen nach § 1 Abs. 1

A. Gefahr- und Arbeitsstoffe (Agenzien) und Schadfaktoren

1. Chemische Gefahrstoffe
   Folgende chemische Gefahrstoffe, soweit bekannt ist, daß sie die Gesundheit der schwangeren Arbeitnehmerin und des ungeborenen Kindes gefährden und soweit sie noch nicht in Anlage 2 dieser Verordnung aufgenommen sind:
   a) nach der Gefahrstoffverordnung als R40, R45, R46 und R61 gekennzeichnete Stoffe, sofern sie noch nicht in Anlage 2 aufgenommen sind,
   b) die in Anhang I der Richtlinie 90/394/EWG[1] aufgeführten chemischen Gefahrstoffe,
   c) Quecksilber und Quecksilberderivate,
   d) Mitosehemmstoffe,
   e) Kohlenmonoxid,
   f) gefährliche chemische Gefahrstoffe, die nachweislich in die Haut eindringen.
2. Biologische Arbeitsstoffe
   Biologische Arbeitsstoffe der Risikogruppen 2 bis 4 im Sinne des Artikels 2 Buchstabe d der Richtlinie 90/679/EWG[2], soweit bekannt ist, daß diese Arbeitsstoffe oder die durch sie bedingten therapeutischen Maßnahmen die Gesundheit der schwangeren Arbeitnehmerin und des ungeborenen Kindes gefährden und soweit sie noch nicht in Anlage 2 dieser Verordnung aufgenommen sind.
3. Physikalische Schadfaktoren, die zu Schädigungen des Fötus führen und/oder eine Lösung der Plazenta verursachen können, insbesondere
   a) Stöße, Erschütterungen oder Bewegungen,
   b) Bewegen schwerer Lasten von Hand, gefahrenträchtig insbesondere für den Rücken- und Lendenwirbelbereich,
   c) Lärm,
   d) ionisierende Strahlungen,
   e) nicht ionisierende Strahlungen,
   f) extreme Kälte und Hitze,
   g) Bewegungen und Körperhaltungen, sowohl innerhalb als auch außerhalb des Betriebs, geistige und körperliche Ermüdung und sonstige körperliche Belastungen, die mit der Tätigkeit der werdenden oder stillenden Mutter verbunden sind.

B. Verfahren

Die in Anhang I der Richtlinie 90/394/EWG aufgeführten industriellen Verfahren

C. Arbeitsbedingungen

Tätigkeiten im Bergbau unter Tage

---

[1] ABl. EG Nr. L 196 S. 1.
[2] EG Nr. L 374 S. 1; Richtlinie geändert durch die Richtlinie 93/88/EWG (ABl. EG Nr. L 268 S. 71), angepasst durch die Richtlinie 95/30/EWG (ABl. EG Nr. L 155 S. 41).

MuSchArbV Anl. 2 Mutterschutzverordnung

Anlage 2

(zu § 4 Abs. 1)

Nicht erschöpfende Liste der chemischen Gefahrstoffe und biologischen Arbeitsstoffe, der physikalischen Schadfaktoren und der Arbeitsbedingungen nach § 4 Abs. 1

A. Werdende Mütter

1. Gefahr- und Arbeitsstoffe (Agenzien) und Schadfaktoren
   a) Chemische Gefahrstoffe Blei und Bleiderivate, soweit die Gefahr besteht, daß diese Gefahrstoffe vom menschlichen Organismus absorbiert werden. Die Bekanntmachungen des Bundesministeriums für Arbeit und Soziales nach § 20 Abs. 4 der Gefahrstoffverordnung sind zu beachten.
   b) Biologische Arbeitsstoffe
      Toxoplasma,
      Rötelnvirus,
      außer in Fällen, in denen nachgewiesen wird, daß die Arbeitnehmerin durch Immunisierung ausreichend gegen diese Arbeitsstoffe geschützt ist
   c) Physikalische Schadfaktoren
      Arbeit bei Überdruck, zum Beispiel in Druckkammern, beim Tauchen
2. Arbeitsbedingungen
   Tätigkeiten im Bergbau unter Tage

B. Stillende Mütter

1. Gefahrstoffe (Agenzien) und Schadfaktoren
   a) Chemische Gefahrstoffe
      Blei und Bleiderivate, soweit die Gefahr besteht, daß diese Gefahrstoffe vom menschlichen Organismus absorbiert werden
   b) Physikalische Schadfaktoren
      Arbeit bei Überdruck, zum Beispiel in Druckkammern, beim Tauchen
2. Arbeitsbedingungen
   Tätigkeiten im Bergbau unter Tage

---

1 Die Verordnung dient der Umsetzung der Artikel 4 bis 6 der Richtlinie 92/85/EWG des Rates vom 19.10.1992 über die Durchführung von Maßnahmen zur Verbesserung der Sicherheit und des Gesundheitsschutzes von schwangeren Arbeitnehmerinnen, Wöchnerinnen und stillenden Arbeitnehmerinnen am Arbeitsplatz (10. Einzelrichtlinie im Sinne des Artikels 16 Abs. 1 der Richtlinie 89/391/EWG) (ABl. EG Nr. L 348 S. 1 – EG-Mutterschutz-Richtlinie).

Verordnung zum Schutz der Beschäftigten vor Gefährdungen durch Lärm und Vibrationen (Lärm- und Vibrations-Arbeitsschutzverordnung – LärmVibrationsArbSchV)

Vom 6. März 2007

(BGBl. I S. 261), geänd. durch Art. 5 VO zur Rechtsvereinfachung und Stärkung der arbeitsmedizinischen Vorsorge v. 18.12.2008 (BGBl. I S. 2768) und Art. 3 VO zur Umsetzung der RL 2006/25/EG v. 19.7.2010 (BGBl. I S. 960)

FNA 805-3-10

Literatur: *Bolm–Audorff,* Gesetzesänderungen und ihre Auswirkungen auf die Arbeitsmedizin, Bundesgesundheitsblatt 2008, 274; *Christ, E. und Fischer, S.,* Wirbelsäulenerkrankungen durch Ganzkörper-Vibrationen–Präventionsschwerpunkte aus 1 000 BK-2110-Verdachtsfällen, Die BG, 2001, Heft 2, 60–64; *Delfs, P.; Liedtke, M.,* Gehörschützer für den Gleisoberbau. In: BGIA-Handbuch Digital, ESV Erich Schmidt Verlag, Berlin, Stand: Lfg. 48 – V/2006; *Elsner,* Vibrationsbedingte Berufskrankheiten an Knochen und Gelenken der oberen Extremitäten, Gute Arbeit, 2009, Nr. 2, S. 37; *Höhne,* Umsetzung der Lärm- und Vibrations- Arbeitsschutzverordnung, Sicher ist sicher, Heft 6/2012, Seite 293 ff.; *Koch, Noah, Mohr,* Zur Umsetzung der Lärm- und Vibrations-Arbeitsschutzverordnung – Ergebnisse eines Landesprogramms in Brandenburg, Sicher ist sicher, Heft 6/2013, Seite 323 ff.; *Gabriel, S.; Koch, U.; Milde, J. (2008),* Zur Exposition gegenüber ototoxischen Stoffen. BGIA-Handbuch (in Vorbereitung); Handbuch Ganzkörper-Vibration: A 219, *Bundesministerium für Arbeit und Soziales,* Bonn, Juli 2007; Handbuch Hand-Arm-Vibration: A 220, *Bundesministerium für Arbeit und Soziales,* Bonn, August 2007; *Ising, Sust, Rebentisch,* Lärmbeurteilung – Extraaurale Wirkungen. Auswirkungen von Lärm auf Gesundheit, Leistung und Kommunikation. BAuA–Arbeitswissenschaftliche Erkenntnisse Nr. 98, Dortmund, 1996; *Ising, Sust, Plath,* Lärmwirkungen: Gehör, Gesundheit, Leistung. BAuA-Schriftenreihe Gesundheitsschutz 4, BAuA, 2004, 10. Auflage; *Lazarus, H.; Wittmann, H.; Weißenberger, H.; Meißner, H.,* Die Wahrnehmbarkeit von Rottenwarntyphonen beim Tragen von Gehörschutz. Forschungsbericht der Bundesanstalt für Arbeitsschutz und Arbeitsmedizin, Fb 340, Bremerhaven, Wirtschaftsverlag NW, 1983; *Liedtke, M.,* Hören von Signalen im Arbeitslärm. In: BGIA-Handbuch, 31. Lfg. I/98, Kennziffer 220 210; *Maue, J. H.:* Bestimmen der Lärmexposition an Arbeitsplätzen – Messstrategien und Messunsicherheit. Sicherheitsingenieur (2006), Nr. 5, S. 12–17; *Maue, J. H.,* Ermittlung der Lärmexposition mit Hilfe von Schalldosimetern. Kennzahl 210215. In: BGIA-Handbuch. 48. Lfg. 2006, Erich Schmidt, Bielefeld; *Maue,* Die Beurteilung von Lärm im Betrieb anhand von Geräuschkennwerten, BG 2009, 178; *Milde, J. (2007),* Ototoxische Arbeitsstoffe und Lärm. Bilanz und Ausblick. 47. Jahrestagung der DGAUM. Dokumentation und CD-ROM: 872–875; *Milde, J. (2008),* Ototoxine – schwerhörig durch Gefahrstoffe? Gefahrstoffe – Reinhaltung der Luft. Ausgabe 1/2: 1–2; *Milde, J. (2008),* Ototoxizität – ein neuer Aspekt bei der Lärmschwerhörigkeit? Potsdamer BK-Tage 2008; *Milde/Ponto,* Die Lärm – und Vibrationsarbeitsschutzverordnung, ASUMed 2008, 70; *N. N.* Neue Grenzwerte, Kompass/BBG 2007, Nr. 1+2, Seite 14–15; *N. N.* Lärmschutz im Betrieb, Sicher ist sicher, 2007, S. 524; *N. N.* Lärmschutz im Betrieb, Sicher ist sicher, 2008, S. 40; *N. N.* Lärmminderung an Arbeitsplätzen, Sicher ist sicher, 2008, S. 192; *N. N.* Lärmschutz, Sicher ist sicher, 2008, S. 250; *N. N.* Neue Lärm- und Vibrations-Arbeitsschutzverordnung in Kraft, Sicher ist sicher, 2007, S. 251; *N. N.* Download – Tipps zum Lärm am Arbeitsplatz, Sicher ist sicher, 2008, S. 378; *N. N.* Gefahrenpotenzial Vibrationen, BG 2009, S. 154; *N. N.,* Bundesrecht, Sicher ist sicher, 2009, S. 163; *Pangert,* Gemeinsame

LärmVArbSchV § 1 Lärm- und Vibrations-Arbeitsschutzverordnung

Deutsche Arbeitsschutzstrategie – Leitlinie Gefährdungsbeurteilung und Dokumentation, Sicher ist sicher, 2009, S. 198; *Pauli,* Verordnung zu Lärm- und Vibrationen in Kraft – Neue Aufgaben für den Arbeitsschutz, Gute Arbeit, 2007, Nr. 4, S. 8; *Paulsen, R.,* Gehörschützer für den Gleisoberbau – Positivliste –. In: BGIA-Handbuch Digital, ESV Erich Schmidt Verlag, Berlin, Stand: Lfg. 1 – VIII/2008; *Rack,* Gefährdungsbeurteilung bei Vibrationsexposition der Beschäftigten – eine vernachlässigte Chance in der betrieblichen Praxis, Sicher ist sicher, Heft 6/2014, S. 314 ff.; *Rentrop,* Arbeitsmedizinische Vorsorge, BG 2008, 217; *Reuter,* Anforderungen an Führungskräfte im Arbeitsschutz, GB 2009, 21; *Riehl,* Lärmminderung bei der Abfallsammlung, inform 2008, Nr. 3, S. 7; *Röddecke,* Projekt „Schluss mit Lärm!" – Lärmminderung in der Metallbranche, Sicher ist sicher, 2008, S. 130; *Romanus,* Physikalische Einwirkungen am Arbeitsplatz – Alles geregelt?, Sicher ist sicher, Heft 6/2014, S. 308 ff.; *Schröder,* Systematische Umsetzung der Lärm- und Vibrations-Arbeitsschutzverordnung am Beispiel der Energiewirtschaft, Sicher ist sicher, Heft 6/2012, Seite 264 ff.; *Sickert,* Gehörschutz neu geregelt, Sicher ist sicher, 2007, S. 338; *Sickert,* Aktualisierung der BGR 194 „Benutzung von Gehörschutz", Sicher ist sicher, 2008, S. 526; *Siegmann/Meyer-Falcke,* Lärm- und Vibrationsarbeitsschutzverordnung, ErgoMed 2008, S. 14; *Wilrich,* Anspruch auf lärmgeminderten Arbeitsplatz aus der Lärm- und Vibrationsarbeitsschutzverordnung?, Sicher ist sicher, Heft 6/2013, Seite 312 ff.; *Winter,* Praktische Lösungen zur Lärmreduzierung für Büro und Industrie, Sicher ist sicher, 2008, S. 62

Abschnitt 1. Anwendungsbereich und Begriffsbestimmungen

§ 1 Anwendungsbereich

(1) **Diese Verordnung gilt zum Schutz der Beschäftigten vor tatsächlichen oder möglichen Gefährdungen ihrer Gesundheit und Sicherheit durch Lärm oder Vibrationen bei der Arbeit.**

(2) **Diese Verordnung gilt nicht in Betrieben, die dem Bundesberggesetz unterliegen.**

(3) **[1]Das Bundesministerium der Verteidigung kann für Beschäftigte, die Lärm und Vibrationen ausgesetzt sind oder ausgesetzt sein können, Ausnahmen von den Vorschriften dieser Verordnung zulassen, soweit öffentliche Belange dies zwingend erfordern, insbesondere für Zwecke der Landesverteidigung oder zur Erfüllung zwischenstaatlicher Verpflichtungen der Bundesrepublik Deutschland. [2]In diesem Fall ist gleichzeitig festzulegen, wie die Sicherheit und der Gesundheitsschutz der Beschäftigten nach dieser Verordnung auf andere Weise gewährleistet werden kann.**

1   § 1 legt den Anwendungsbereich der gesamten Verordnung fest. **Abs. 1** entspricht Art. 1 Abs. 1 und 2 der RL 2003/10/EG und Art. 1 Abs. 1 und 2 der RL 2002/44/EG. Die Verordnung deckt sowohl die Exposition bei Lärm und Vibrationen ab, die unmittelbar als Folge von Tätigkeiten bei der Arbeit gegeben ist, als auch die Exposition, die äußere Ursachen hat – also nicht unmittelbare Folge von Tätigkeiten ist. Dies ist dadurch begründet, dass eine Gesundheitsgefährdung durch Lärm oder Vibrationen bei der Arbeit unabhängig von der Quelle besteht, und dass auch bei Messungen nicht zwischen Lärm aus unterschiedlichen Quellen

Begriffsbestimmungen **§ 2 LärmVArbSchV**

unterschieden werden kann (vgl. dazu: Amtliche Begründung in BR-Drs. 751/06, S. 28).

Die Regelung zum Anwendugnsbereich wird wiederholt in den Technischen Regeln zur LärmVibrationsArbSchV und zwar in der TRLV Lärm, Teil Allgemeines Punkt 1 Abs. 3 sowie der TRLV Vibrationen Punkt 1 Abs. 1.

Abs. 2 beinhaltet die Ausnahme für den bestehenden Vorrang bergrechtlicher 2 Vorschriften. Auf die §§ 11 und 12 der Gesundheitsschutz-Bergverordnung, die durch Art. 2 der VO v. 10.8.2005 (BGBl. I S. 2452) an die Richtlinien 2003/10/EG und 2003/35/EG angepasst worden sind, wird verwiesen (vgl. dazu: Amtliche Begründung, a.a.O., S. 28f.).

Abs. 3 ermächtigt das Bundesministerium der Verteidigung für Beschäftigte der 3 Bundeswehr, die bei Tätigkeiten Lärm und Vibrationen ausgesetzt sind oder ausgesetzt sein können Ausnahmen von den Bestimmungen der Verordnung vorzusehen. Dies trägt der Tatsache Rechnung, dass in bestimmten, für die öffentlichen Belange wichtigen Tätigkeitsbereichen, insbesondere der Bundeswehr, die strikte Anwendung der Verordnung mit der ordnungsgemäßen Erfüllung der Aufgaben in diesen Bereichen in Konflikt kommen könnte. In diesen Fällen ist festzulegen, wie **Sicherheit und Gesundheitsschutz der Beschäftigten** auf andere Weise gewährleistet werden kann. Dies kann zum Beispiel durch ergänzende technische und organisatorische Schutzmaßnahmen, durch zusätzliche persönliche Schutzausrüstung und durch begleitende Maßnahmen der arbeitsmedizinischen Vorsorge gewährleistet werden (vgl. dazu: Amtliche Begründung, a. a. O., S. 29).

In diesem Kontext ist ebenfalls von Bedeutung die Verordnung über die modifi- 4 zierte Anwendung von Vorschriften des Arbeitsschutzgesetzes für bestimmte Tätigkeiten im öffentlichen Dienst des Bundes im Geschäftsbereich des Bundesministeriums der Verteidigung (Bundesministerium für Verteidigung vom 3.6.2002 [BGBl. I, S. 1850] Arbeitsschutzgesetzanwendungsverordnung – BMVg-ArbSch-GAnwV). Sie regelt im § 4 Voraussetzungen für ein Abweichen von Vorschriften des Arbeitsschutzgesetzes.

§2 Begriffsbestimmungen

(1) **Lärm im Sinne dieser Verordnung ist jeder Schall, der zu einer Beeinträchtigung des Hörvermögens oder zu einer sonstigen mittelbaren oder unmittelbaren Gefährdung von Sicherheit und Gesundheit der Beschäftigten führen kann.**

(2) **Der Tages-Lärmexpositionspegel ($L_{EX,8h}$) ist der über die Zeit gemittelte Lärmexpositionspegel bezogen auf eine Achtstundenschicht. Er umfasst alle am Arbeitsplatz auftretenden Schallereignisse.**

(3) **Der Wochen-Lärmexpositionspegel ($L_{EX,40h}$) ist der über die Zeit gemittelte Tages-Lärmexpositionspegel bezogen auf eine 40-Stundenwoche.**

(4) **Der Spitzenschalldruckpegel ($L_{pC,peak}$) ist der Höchstwert des momentanen Schalldruckpegels.**

(5) [1]**Vibrationen sind alle mechanischen Schwingungen, die durch Gegenstände auf den menschlichen Körper übertragen werden und zu einer mittelbaren oder unmittelbaren Gefährdung von Sicherheit und Gesundheit der Beschäftigten führen können.** [2]**Dazu gehören insbesondere**

LärmVArbSchV § 2   Lärm- und Vibrations-Arbeitsschutzverordnung

1. mechanische Schwingungen, die bei Übertragung auf das Hand-Arm-System des Menschen Gefährdungen für die Gesundheit und Sicherheit der Beschäftigten verursachen oder verursachen können (Hand-Arm-Vibrationen), insbesondere Knochen- oder Gelenkschäden, Durchblutungsstörungen oder neurologische Erkrankungen, und
2. mechanische Schwingungen, die bei Übertragung auf den gesamten Körper Gefährdungen für die Gesundheit und Sicherheit der Beschäftigten verursachen oder verursachen können (Ganzkörper-Vibrationen), insbesondere Rückenschmerzen und Schädigungen der Wirbelsäule.

(6) Der Tages-Vibrationsexpositionswert A(8) ist der über die Zeit nach Nummer 1.1 des Anhangs für Hand-Arm-Vibrationen und nach Nummer 2.1 des Anhangs für Ganzkörper-Vibrationen gemittelte Vibrationsexpositionswert bezogen auf eine Achtstundenschicht.

(7) [1]Der Stand der Technik ist der Entwicklungsstand fortschrittlicher Verfahren, Einrichtungen oder Betriebsweisen, der die praktische Eignung einer Maßnahme zum Schutz der Gesundheit und zur Sicherheit der Beschäftigten gesichert erscheinen lässt. [2]Bei der Bestimmung des Standes der Technik sind insbesondere vergleichbare Verfahren, Einrichtungen oder Betriebsweisen heranzuziehen, die mit Erfolg in der Praxis erprobt worden sind. [3]Gleiches gilt für die Anforderungen an die Arbeitsmedizin und die Arbeitshygiene.

(8) Den Beschäftigten stehen Schülerinnen und Schüler, Studierende und sonstige in Ausbildungseinrichtungen tätige Personen, die bei ihren Tätigkeiten Lärm und Vibrationen ausgesetzt sind, gleich.

1   **Abs. 1** definiert den Begriff „Lärm" entsprechend dem ILO-Übereinkommen Nr. 148 (vgl. dazu: Amtliche Begründung, a. a. O., S. 29).
2   In den **Abs. 2 bis 4** sind die Definitionen der Begriffe „Spitzenschalldruckpegel (LpC,peak)", „Tages-Lärmexpositionspegel (LEX,8h)" und „Wochen-Lärmexpositionspegel (LEX,40h)" gemäß Artikel 2 der Richtlinie 2003/10/EG aufgenommen. In Absatz 2 entfällt die in der Richtlinie verwendete Formulierung „einschließlich impulsförmigen Schalls", da der Tagesexpositionspegel LEX,8h entsprechend ISO 1999 als äquivalenter Dauerschalldruckpegel LpAeq,8h mit der Zeitbewertung „Fast" ermittelt wird. Damit ist der Energieinhalt von Schallimpulsen im Messergebnis enthalten. Impulsspitzen werden über den zu ermittelnden Spitzenschalldruckpegel LpC,peak erfasst (vgl. dazu: Amtliche Begründung, a. a. O., S. 29).
3   **Abs. 5** definiert den Begriff „Vibrationen" entsprechend dem ILO-Übereinkommen Nr. 148. Die Begriffe „Hand-Arm-Vibrationen" und „Ganzkörper-Vibrationen" werden gemäß Art. 2 der Richtlinie 2004/22/EG definiert.
4   Zu **Abs. 6** ist zu verweisen auf die Nrn. 1.1. und 2.1. des Anhangs (vgl. dazu: Amtliche Begründung zum Entwurf des § 2 Abs. 6, a. a. O., S. 29).
5   **Abs. 7** definiert den Begriff „Stand der Technik" in Analogie zu § 3a Abs. 1 ArbStättV, § 8 Abs. 5 BiostoffV, § 2 Abs. 10 OStrV und anderen Regelwerken des Arbeitsschutzes. Hierdurch wird ein einheitlicher Maßstab bewirkt sowie die Anwendung der in den Richtlinien 2003/10/EG (Art. 2 Buchstaben b und c) und 2002/44/EG (Anhänge A und B) genannten Normen ermöglicht (vgl. dazu: Amtliche Begründung, a. a. O., S. 29).

Begriffsbestimmungen § 2 LärmVArbSchV

Abs. 8 befasst sich mit dem Begriff Beschäftigte. Gemäß § 18 Abs. 1 Satz 2 6
ArbSchG kann der Begriff Beschäftigte auch auf andere als in § 2 Absatz 2 ArbSchG
genannte Personen ausgeweitet werden. In diesem Sinne wird der Begriff Beschäftigte auf Schüler, Studenten, Praktikanten und sonstige in Ausbildungseinrichtungen tätige Personen erweitert.

Auf eine entsprechende Regelung zum Beschäftigten-Begriff in § 2 Abs. 9 der 7
BiostoffV wird verwiesen.

Die Begriffsbestimmungen der LärmVibrationsArbSchV sind unter § 2 der Ver- 8
ordnung konzentriert, jedoch nicht auf diese beschränkt. Weitergehende Definitionen und Erläuterungen finden sich in den Technischen Regeln zur LärmVibrationsArbSchV, jeweils in den Teilen Allgemeines für die separaten Themenfelder „Lärm" einerseits und „Vibrationen" andrerseits. In der alphabetischen Übersicht stellen sich die jeweiligen Fundstellen wie folgt dar:

Lärm 9

Begriff	§ 2 der Verordnung	TRLV Lärm, Teil Allgemeines
A–bewerteter äquivalenter Dauerschallpegel	Keine Nennung	Punkt 4.1
Akustisches Gefahrensignal	Keine Nennung	Punkt 4.2
Arbeitsbedingte ototoxische Substanzen	Keine Nennung	Punkt 4.3
Arbeitsplatz	Keine Nennung	Punkt 4.4
Dämmwirkung	Keine Nennung	Punkt 4.5
Emissions–Schalldruckpegel	Keine Nennung	Punkt 4.6
Gefährdungsbeurteilung bei Lärmexposition	(geregelt unter § 3 der Verordnung)	Punkt 4.7
Genauigkeitsklassen	Keine Nennung	Punkt 4.8
Lärm	**Absatz 1**	**Punkt 4.9**
Lärmbereich	Keine Nennung	Punkt 4.10
Maximal zulässige Expositionswerte	Keine Nennung	Punkt 4.11
Ortsbezogener Lärmexpositionspegel	Keine Nennung	Punkt 4.12
Personenbezogener Lärmexpositionspegel	Keine Nennung	Punkt 4.13
Schallleistungspegel	Keine Nennung	Punkt 4.14
Spitzenschalldruckpegel	**Absatz 4**	**Punkt 4.15**
Tages–Lärmexpositionsspiegel	**Absatz 2**	**Punkt 4.16**
Wochen–Lärmexpositionsspiegel	**Absatz 3**	**Punkt 4.17**

Vibrationen 10

Begriff	§ 2 der Verordnung	TRLV Vibrationen, Teil Allgemeines
Expositionsdauer, Einwirkungsdauer	Keine Nennung	Punkt 4.5
Frequenzbewertung	Keine Nennung	Punkt 4.3

Begriff	§ 2 der Verordnung	TRLV Vibrationen, Teil Allgemeines
Ganzkörper-Vibrationen	Keine Nennung	Punkt 4.2
Gleitender Effektivwert und Maximalwert des gleitenden Effektivwertes	Keine Nennung	Punkt 4.4
Hand–Arm–Vibrationen	Keine Nennung	Punkt 4.1
Minimierungsgebot	Keine Nennung	Punkt 4.6
Mittelbare Auswirkungen auf die Gesundheit und Sicherheit	Keine Nennung	Punkt 4.7
Personenbezogenes Koordinatensystem	Keine Nennung	Punkt 4.8
Tages–Vibrationsexpositionswert	**Absatz 6**	**Keine Nennung**
Unmittelbare Auswirkungen auf die Gesundheit und Sicherheit	Keine Nennung	Punkt 4.9
Vibrationen	**Absatz 5**	**Keine Nennung**
Wechsel- und Kombinationswirkungen	Keine Nennung	Punkt 4.10

11   Die Begriffe „Beschäftigte" und „Stand der Technik" aus den Absätzen 8 und 7 haben einerseits Bezug zu beiden Themenfelder und keinerlei Entsprechungen in den Allgemeinen Teilen der jeweiligen Technischen Regeln.

Abschnitt 2. Ermittlung und Bewertung der Gefährdung; Messungen

§ 3   Gefährdungsbeurteilung

(1) ¹**Bei der Beurteilung der Arbeitsbedingungen nach § 5 des Arbeitsschutzgesetzes hat der Arbeitgeber zunächst festzustellen, ob die Beschäftigten Lärm oder Vibrationen ausgesetzt sind oder ausgesetzt sein können.** ²**Ist dies der Fall, hat er alle hiervon ausgehenden Gefährdungen für die Gesundheit und Sicherheit der Beschäftigten zu beurteilen.** ³**Dazu hat er die auftretenden Expositionen am Arbeitsplatz zu ermitteln und zu bewerten.** ⁴**Der Arbeitgeber kann sich die notwendigen Informationen beim Hersteller oder Inverkehrbringer von Arbeitsmitteln oder bei anderen ohne Weiteres zugänglichen Quellen beschaffen.** ⁵**Lässt sich die Einhaltung der Auslöse- und Expositionsgrenzwerte nicht sicher ermitteln, hat er den Umfang der Exposition durch Messungen nach § 4 festzustellen.** ⁶**Entsprechend dem Ergebnis der Gefährdungsbeurteilung hat der Arbeitgeber Schutzmaßnahmen nach dem Stand der Technik festzulegen.**

(2) **Die Gefährdungsbeurteilung nach Absatz 1 umfasst insbesondere**
1. **bei Exposition der Beschäftigten durch Lärm**
   a) **Art, Ausmaß und Dauer der Exposition durch Lärm,**
   b) **die Auslösewerte nach § 6 Satz 1 und die Expositionswerte nach § 8 Abs. 2,**

c) die Verfügbarkeit alternativer Arbeitsmittel und Ausrüstungen, die zu einer geringeren Exposition der Beschäftigten führen (Substitutionsprüfung),
d) Erkenntnisse aus der arbeitsmedizinischen Vorsorge sowie allgemein zugängliche, veröffentlichte Informationen hierzu,
e) die zeitliche Ausdehnung der beruflichen Exposition über eine Achtstundenschicht hinaus,
f) die Verfügbarkeit und Wirksamkeit von Gehörschutzmitteln,
g) Auswirkungen auf die Gesundheit und Sicherheit von Beschäftigten, die besonders gefährdeten Gruppen angehören, und
h) Herstellerangaben zu Lärmemissionen sowie

2. bei Exposition der Beschäftigten durch Vibrationen
a) Art, Ausmaß und Dauer der Exposition durch Vibrationen, einschließlich besonderer Arbeitsbedingungen, wie zum Beispiel Tätigkeiten bei niedrigen Temperaturen,
b) die Expositionsgrenzwerte und Auslösewerte nach § 9 Abs. 1 und 2,
c) die Verfügbarkeit und die Möglichkeit des Einsatzes alternativer Arbeitsmittel und Ausrüstungen, die zu einer geringeren Exposition der Beschäftigten führen (Substitutionsprüfung),
d) Erkenntnisse aus der arbeitsmedizinischen Vorsorge sowie allgemein zugängliche, veröffentlichte Informationen hierzu,
e) die zeitliche Ausdehnung der beruflichen Exposition über eine Achtstundenschicht hinaus,
f) Auswirkungen auf die Gesundheit und Sicherheit von Beschäftigten, die besonders gefährdeten Gruppen angehören, und
g) Herstellerangaben zu Vibrationsemissionen.

(3) [1]Die mit der Exposition durch Lärm oder Vibrationen verbundenen Gefährdungen sind unabhängig voneinander zu beurteilen und in der Gefährdungsbeurteilung zusammenzuführen. [2]Mögliche Wechsel- oder Kombinationswirkungen sind bei der Gefährdungsbeurteilung zu berücksichtigen. [3]Dies gilt insbesondere bei Tätigkeiten mit gleichzeitiger Belastung durch Lärm, arbeitsbedingten ototoxischen Substanzen oder Vibrationen, soweit dies technisch durchführbar ist. [4]Zu berücksichtigen sind auch mittelbare Auswirkungen auf die Gesundheit und Sicherheit der Beschäftigten, zum Beispiel durch Wechselwirkungen zwischen Lärm und Warnsignalen oder anderen Geräuschen, deren Wahrnehmung zur Vermeidung von Gefährdungen erforderlich ist. [5]Bei Tätigkeiten, die eine hohe Konzentration und Aufmerksamkeit erfordern, sind störende und negative Einflüsse infolge einer Exposition durch Lärm oder Vibrationen zu berücksichtigen.

(4) [1]Der Arbeitgeber hat die Gefährdungsbeurteilung unabhängig von der Zahl der Beschäftigten zu dokumentieren. [2]In der Dokumentation ist anzugeben, welche Gefährdungen am Arbeitsplatz auftreten können und welche Maßnahmen zur Vermeidung oder Minimierung der Gefährdung der Beschäftigten durchgeführt werden müssen. [3]Die Gefährdungsbeurteilung ist zu aktualisieren, wenn maßgebliche Veränderungen der Arbeitsbedingungen dies erforderlich machen oder wenn sich eine Aktualisierung auf Grund der Ergebnisse der arbeitsmedizinischen Vorsorge als notwendig erweist.

LärmVArbSchV § 4   Lärm- und Vibrations-Arbeitsschutzverordnung

1 § 3 legt fest, was bei der Gefährdungsbeurteilung nach § 5 des ArbSchG speziell für die Beurteilung der Gefährdung der Beschäftigten durch Exposition gegenüber Lärm und Vibrationen zu beachten ist (ArbSchG, § 5 Rn. 20 ff.).

2 **Abs. 1** enthält insoweit die grundlegenden Bestimmungen und übernimmt die Inhalte aus Ar. 4 Abs. 1 und 2 RL 2003/10/EG sowie Art. 4 Abs. 1 der Richtlinie 2002/44/EG (vgl. dazu: Amtliche Begründung, a. a. O., S. 30).

3 **Abs. 2** benennt einzelne Aspekte, die der Arbeitgeber bei der Gefährdungsbeurteilung zu berücksichtigen hat. Damit werden Art. 4 Abs. 6 der Richtlinie 2003/10/EG und Art. 4 Abs. 4 der Richtlinie 2002/44/EG umgesetzt (vgl. dazu: Amtliche Begründung, a. a. O., S. 30).

4 Umfängliche, ergänzende Regelungen zur Gefährdungsbeurteilung enthalten die TRLV „Lärm" sowie die TRLV „Vibrationen" jeweils in den Teilen 1 „Beurteilung der Gefährdung durch Lärm (bzw. Vibrationen).

5 **Abs. 3** enthält Bestimmungen zu möglichen Wechsel- und Kombinationswirkungen und setzt insofern Art. 4 Abs. 4 Buchstabe d) RL 2002/44/EG und Art. 4 Abs. 6 Buchstabe d) und e) der Richtlinie 2003/10/EG um (vgl. dazu: Amtliche Begründung, a. a. O., S. 30).

6 **Abs. 4** enthält die Vorschriften zur Dokumentation und zur Überprüfung und Aktualisierung der Gefährdungsbeurteilung. Er setzt Art. 4 Abs. 7 RL 2003/10/EG und Art. 4 Abs. 5 der Richtlinie 2002/44/EG um (vgl. dazu: Amtliche Begründung, a. a. O., S. 30).

7 Die Regelung des „unabhängig von der Zahl der Beschäftigten" hat sich durch die Streichung der Kleinbetriebsklausel in § 6 Abs. 2 ArbSchG inhaltlich überholt, die seit der ArbSchG-Novelle vom 19.10.2013 eine Differenzierung nach der Mitarbeiterzahl unzulässig macht. Dokumentiert werden muss ab dem ersten Mitarbeiter. Die Regelung in Absatz 4 sollte gestrichen werden.

8 In der BR-Drs. 509/14 vom 30.10.2014 betreffend die im Ergebnis gescheiterte Novelle der ArbStättV war die Streichung der Klausel „unabhängig von der Zahl der Beschäftigten" vorgesehen (vgl. a. a. O., Seite 4).

§ 4 Messungen

(1) ¹**Der Arbeitgeber hat sicherzustellen, dass Messungen nach dem Stand der Technik durchgeführt werden.** ²**Dazu müssen**
1. **Messverfahren und -geräte den vorhandenen Arbeitsplatz- und Expositionsbedingungen angepasst sein; dies betrifft insbesondere die Eigenschaften des zu messenden Lärms oder der zu messenden Vibrationen, die Dauer der Einwirkung und die Umgebungsbedingungen und**
2. **die Messverfahren und -geräte geeignet sein, die jeweiligen physikalischen Größen zu bestimmen, und die Entscheidung erlauben, ob die in den §§ 6 und 9 festgesetzten Auslöse- und Expositionsgrenzwerte eingehalten werden.**

³**Die durchzuführenden Messungen können auch eine Stichprobenerhebung umfassen, die für die persönliche Exposition eines Beschäftigten repräsentativ ist.** ⁴**Der Arbeitgeber hat die Dokumentation über die ermittelten Messergebnisse mindestens 30 Jahre in einer Form aufzubewahren, die eine spätere Einsichtnahme ermöglicht.**

(2) **Messungen zur Ermittlung der Exposition durch Vibrationen sind zusätzlich zu den Anforderungen nach Absatz 1 entsprechend den Nummern 1.2 und 2.2 des Anhangs durchzuführen.**

Fachkunde **§ 5 LärmVArbSchV**

§ 4 dient der Umsetzung von Art. 4 Abs. 2 bis 4 der Richtlinie 2003/10/EG und 1
von Art. 4 Abs. 3 der Richtlinie 2002/44/EG.
Abs. 1 enthält Bestimmungen zur Durchführung von Messungen sowie eine 2
Verpflichtung zur Dokumentation der Messergebnisse. Durch den Verweis auf den
Stand der Technik (vgl. z. B.: § 2 Abs. 7) wird die Verknüpfung zu den einschlägigen
technischen Normen hergestellt. Die Regelung, die Ergebnisse der Messungen zu
speichern und für mindestens 30 Jahre aufzubewahren, ist vor dem Hintergrund
möglicher Berufskrankheitenverfahren fachlich gerechtfertigt und geht auf die einvernehmliche Forderung der beteiligten Kreise in den Anhörungen zurück (vgl.
dazu: Amtliche Begründung, a. a. O., S. 30).
Der „Stand der Technik" definiert sich nach § 2 Abs. 7 der Verordnung. 3
Abs. 2 bindet den Anhang bezüglich der Bestimmungen für Messungen von 4
Hand-Arm-Vibrationen und Ganzkörper-Vibrationen an die Verordnung an (vgl.
dazu: Amtliche Begründung, a. a. O., S. 30).
Weitergehende Technische Regeln behandeln das Thema „Messungen" in 5
ihrem jeweiligen Teil 2.

§ 5 Fachkunde

[1]Der Arbeitgeber hat sicherzustellen, dass die Gefährdungsbeurteilung nur von fachkundigen Personen durchgeführt wird. [2]Verfügt der Arbeitgeber nicht selbst über die entsprechenden Kenntnisse, hat er sich fachkundig beraten zu lassen. [3]Fachkundige Personen können insbesondere der Betriebsarzt und die Fachkraft für Arbeitssicherheit sein. [4]Der Arbeitgeber darf mit der Durchführung von Messungen nur Personen beauftragen, die über die dafür notwendige Fachkunde und die erforderlichen Einrichtungen verfügen.

§ 5 stellt die fachkundige Erstellung der Gefährdungsbeurteilung und die fach- 1
kundige Durchführung von Messungen sicher nach dem EU-rechtlichen Vorbild
aus Art. 4 Abs. 4 der Richtlinie 2003/10/EG und Art. 4 Abs. 3 RL 2002/44/EG
(vgl. dazu: Amtliche Begründung, a. a. O., S. 30).
Zur Fachkunde gehören insbesondere die während der Ausbildung und die be- 2
ruflich erworbenen besonderen Kenntnisse und Erfahrungen am Arbeitsplatz hinsichtlich der Anforderungen. Bei Vorliegen dieser besonderen Kenntnisse und Erfahrungen können zum Beispiel Fachkräfte für Arbeitssicherheit und Betriebsärzte
die Fachkunde im Sinne der Verordnung für sich in Anspruch nehmen.
Ebensowenig wie die OStrV (§ 5) enthält die LärmVibrationsArbSchV Vorga- 3
ben dazu, wie die Fachkunde zu erwerben oder gar nachzuweisen sei. § 5 der LärmVibrationsArbSchV differenziert nach der Fachkunde für Gefährdungsbeurteilungen und der für Messungen, ohne zu unterscheiden, ob dies für Lärm oder für
Vibrationen gelten soll.
In den Technischen Regeln (TRVL) finden sich weitere Empfehlungen zur 4
Fachkunde bzw. zur Person eines Fachkundigen unter TRLV „Lärm" Teil 1 (Gefährdungsbeurteilung), Punkte 3.2 und 3.3 sowie im Teil 2 (Messungen) unter
Punkt 3.
Für das Thema „Vibrationen" finden sich die Parallel-Vorschriften in der TRLV 5
„Vibrationen" im Teil 1, Punkt 3.1 Absatz 12 – 15 sowie im Teil 2, Punkt 3.

Abschnitt 3. Auslösewerte und Schutzmaßnahmen bei Lärm

§ 6 Auslösewerte bei Lärm

¹Die Auslösewerte in Bezug auf den Tages-Lärmexpositionspegel und den Spitzenschalldruckpegel betragen:
1. Obere Auslösewerte: $L_{EX,8h}$ = 85 dB(A) beziehungsweise $L_{pC,peak}$ = 137 dB(C),
2. Untere Auslösewerte: $L_{EX,8h}$ = 80 dB(A) beziehungsweise $L_{pC,peak}$ = 135 dB(C).

²Bei der Anwendung der Auslösewerte wird die dämmende Wirkung eines persönlichen Gehörschutzes der Beschäftigten nicht berücksichtigt.

1 Die oberen und unteren Auslösewerte hinsichtlich des Tages-Lärmexpositionspegels und hinsichtlich des Spitzenschalldruckpegels werden aus Art. 3 Abs. 1 der Richtlinie 2003/10/EG übernommen. Bei der Anwendung der Auslösewerte ist die Wirkung eines persönlichen Gehörschutzes nicht zu berücksichtigen (Art. 3 Abs. 2 RL 2003/10/EG) (vgl. dazu: Amtliche Begründung, a. a. O., S. 30).
2 In der Technischen Regel (TRLV) „Lärm" wird im Teil „Allgemeines" unter Punkt 4.5 die Dämmwirkung wie folgt definiert:
Die Dämmwirkung beschreibt die Reduzierung der Schallausbreitung durch Hindernisse, z. B. durch eine Schallschutzhaube oder -kabine, einen Schallschirm, einen Gebäudebauteil oder Gehörschutz.
3 Im Teil 3 der TRLV „Lärm" betreffend Lärmschutzmaßnahmen wird unter Punkt 6.2 zwischen folgenden Arten von Gehörschützern unterschieden:
6.2.1 Kapselgehörschützer
6.2.1.1 Kapselgehörschützer mit pegelabhängiger Schalldämmung
6.2.1.2 Kapselgehörschützer mit Kommunikationseinrichtung
6.2.1.3 Kapselgehörschützer mit Radioempfang oder Musikwiedergabe
6.2.2 Gehörschutzstöpsel
6.2.3 Otoplastiken

§ 7 Maßnahmen zur Vermeidung und Verringerung der Lärmexposition

(1) Der Arbeitgeber hat die nach § 3 Abs. 1 Satz 6 festgelegten Schutzmaßnahmen nach dem Stand der Technik durchzuführen, um die Gefährdung der Beschäftigten auszuschließen oder so weit wie möglich zu verringern. Dabei ist folgende Rangfolge zu berücksichtigen:
1. Die Lärmemission muss am Entstehungsort verhindert oder so weit wie möglich verringert werden. Technische Maßnahmen haben Vorrang vor organisatorischen Maßnahmen.
2. Die Maßnahmen nach Nummer 1 haben Vorrang vor der Verwendung von Gehörschutz nach § 8.

(2) Zu den Maßnahmen nach Absatz 1 gehören insbesondere:
1. alternative Arbeitsverfahren, welche die Exposition der Beschäftigten durch Lärm verringern,

Vermeidung und Verringerung von Lärm **§ 7 LärmVArbSchV**

2. Auswahl und Einsatz neuer oder bereits vorhandener Arbeitsmittel unter dem vorrangigen Gesichtspunkt der Lärmminderung,
3. die lärmmindernde Gestaltung und Einrichtung der Arbeitsstätten und Arbeitsplätze,
4. technische Maßnahmen zur Luftschallminderung, beispielsweise durch Abschirmungen oder Kapselungen, und zur Körperschallminderung, beispielsweise durch Körperschalldämpfung oder -dämmung oder durch Körperschallisolierung,
5. Wartungsprogramme für Arbeitsmittel, Arbeitsplätze und Anlagen,
6. arbeitsorganisatorische Maßnahmen zur Lärmminderung durch Begrenzung von Dauer und Ausmaß der Exposition und Arbeitszeitpläne mit ausreichenden Zeiten ohne belastende Exposition.

(3) In Ruheräumen ist unter Berücksichtigung ihres Zweckes und ihrer Nutzungsbedingungen die Lärmexposition so weit wie möglich zu verringern.

(4) ¹Der Arbeitgeber hat Arbeitsbereiche, in denen einer der oberen Auslösewerte für Lärm ($L_{EX,8h}$, $L_{pC,peak}$) überschritten werden kann, als Lärmbereich zu kennzeichnen und, falls technisch möglich, abzugrenzen. ²In diesen Bereichen dürfen sich Beschäftigte nur aufhalten, wenn das Arbeitsverfahren dies erfordert und die Beschäftigten eine geeignete persönliche Schutzausrüstung verwenden; Absatz 1 bleibt unberührt.

(5) Wird einer der oberen Auslösewerte überschritten, hat der Arbeitgeber ein Programm mit technischen und organisatorischen Maßnahmen zur Verringerung der Lärmexposition auszuarbeiten und durchzuführen. Dabei sind insbesondere die Absätze 1 und 2 zu berücksichtigen.

Abs. 1 übernimmt Regelungen des Art. 5 Abs. 1 RL 2003/10/EG (Minimierungsgebot) und führt in Konkretisierung des § 4 ArbSchG die allgemeingültige Rangfolge der Schutzmaßnahmen auf. 1

Abs. 2 übernimmt die weiteren Bestimmungen des Art. 5 Abs. 1 RL 2003/10/EG. In Nr. 5 wird die Erstellung von Arbeitsanweisungen bei besonderen Gefährdungen verlangt. Im Gegensatz zur allgemeinen Unterweisung der Beschäftigten, die in der Regel mündlich durchgeführt wird, handelt es sich bei Arbeitsanweisungen um schriftliche Handlungsanleitungen für bestimmte Tätigkeiten, die mit einer erhöhten Gefährdung für die Beschäftigten verbunden sind. Arbeitsanweisungen können z. B. erforderlich sein, wenn während bestimmter Tätigkeiten Ereignisse mit sehr hohen Schalldruckpegeln eintreten (vgl. dazu: Amtliche Begründung, a. a. O., S. 31). 2

Abs. 3 setzt Art. 5 Abs. 4 RL 2003/10/EG um, wonach der Lärm in den Beschäftigten zur Verfügung gestellten Ruheeinrichtungen soweit zu verringern ist, dass er mit ihrem Zweck und den Bedingungen ihrer Nutzung vereinbar ist (vgl. dazu: Amtliche Begründung, a. a. O., S. 31). 3

Abs. 4 setzt Art. 5 Abs. 3 RL 2003/10/EG um und enthält Vorgaben zur Abgrenzung und Kennzeichnung von Arbeitsbereichen, in denen einer der oberen Auslösewerte ($L_{EX,8h}$, $L_{pc,peak}$) überschritten werden kann. In diesen Bereichen dürfen nur hierzu berechtigte Beschäftigte tätig werden (vgl. dazu: Amtliche Begründung, a. a. O., S. 31). 4

Abs. 5 setzt Artikel 5 Abs. 2 RL 2003/10/EG um, wonach der Arbeitgeber bei Überschreitung der oberen Auslösewerte ein Programm mit technischen und orga- 5

LärmVArbSchV § 8 Lärm- und Vibrations-Arbeitsschutzverordnung

nisatorischen Maßnahmen zur Verringerung der Lärmexposition ausarbeiten und durchführen muss. Das Lärmminderungsprogramm entspricht dem in § 6 der BGV B3 geforderten Programm. Danach hat der Arbeitgeber bei Überschreitung der oberen Auslösewerte bisher schon ein Lärmminderungsprogramm mit technischen und organisatorischen Maßnahmen zur Verringerung der Lärmexposition ausarbeiten und durchführen müssen. Reichen die unter Berücksichtigung des Standes der Technik getroffenen Maßnahmen nicht aus um die Lärmexposition hinreichend zu mindern, bleibt als zeitlich befristete Schutzmaßnahme die Verwendung von Gehörschutz. Wegen der besonderen Gefährdung einer Exposition oberhalb der oberen Auslösewerte ist das Lärmminderungsprogramm kontinuierlich zu überprüfen und erneut auszuarbeiten und durchzuführen, wenn sich wesentliche Änderungen am Arbeitsplatz oder auf Grund der Weiterentwicklung beim Standes der Technik ergeben (vgl. dazu: Amtliche Begründung, a. a. O., S. 31).

6   Weitere Empfehlungen zur Minimierung von Lärmexpositionen finden sich in der Technischen Regel (TRVL) „Lärm", Teil 3 „Lärmschutzmaßnahmen".

§ 8 Gehörschutz

(1) **Werden die unteren Auslösewerte nach § 6 Satz 1 Nr. 2 trotz Durchführung der Maßnahmen nach § 7 Abs. 1 nicht eingehalten, hat der Arbeitgeber den Beschäftigten einen geeigneten persönlichen Gehörschutz zur Verfügung zu stellen, der den Anforderungen nach Absatz 2 genügt.**

(2) **¹Der persönliche Gehörschutz ist vom Arbeitgeber so auszuwählen, dass durch seine Anwendung die Gefährdung des Gehörs beseitigt oder auf ein Minimum verringert wird. ²Dabei muss unter Einbeziehung der dämmenden Wirkung des Gehörschutzes sichergestellt werden, dass der auf das Gehör des Beschäftigten einwirkende Lärm die maximal zulässigen Expositionswerte $L_{EX,8h}$ = 85 dB(A) beziehungsweise $L_{pC,peak}$ = 137 dB(C) nicht überschreitet.**

(3) Erreicht oder überschreitet die Lärmexposition am Arbeitsplatz einen der oberen Auslösewerte nach § 6 Satz 1 Nr. 1, hat der Arbeitgeber dafür Sorge zu tragen, dass die Beschäftigten den persönlichen Gehörschutz bestimmungsgemäß verwenden.

(4) **Der Zustand des ausgewählten persönlichen Gehörschutzes ist in regelmäßigen Abständen zu überprüfen. Stellt der Arbeitgeber dabei fest, dass die Anforderungen des Absatzes 2 Satz 2 nicht eingehalten werden, hat er unverzüglich die Gründe für diese Nichteinhaltung zu ermitteln und Maßnahmen zu ergreifen, die für eine dauerhafte Einhaltung der Anforderungen erforderlich sind.**

1   **Abs. 1** übernimmt die Bestimmungen von Art. 6 Abs. 1 RL 2003/10/EG. Er verpflichtet den Arbeitgeber bei Überschreitung der unteren Auslösewerte den Beschäftigten wirksamen persönlichen Gehörschutz zur Verfügung zu stellen. Bei Erreichen oder Überschreitung von 80 dB (A) ist Gehörschutz zur Verfügung zu stellen (§ 5 Abs. 2) (vgl. dazu: Amtliche Begründung, a. a. O., S. 31).

2   **Abs. 2** bestimmt, dass unter Einbeziehung der dämmenden Wirkung eines angewandten Gehörschutzes die Werte $L_{EX,8h}$ = 85 dB(A) beziehungsweise $L_{pc,peak}$ = 137 dB(C) eingehalten werden müssen. Die Regelung setzt Art. 3 Abs. 1

Expositionsgrenzwerte und Auslösewerte **§ 9 LärmVArbSchV**

Buchstabe a) und Art. 7 Abs. 1 der Richtlinie 2003/10/EG um. Die Verordnung reduziert den EU-Grenzwert für den Schalldruckpegel am Innenohr von 87 dB (A) (bzw. $L_{pc,peak}$ = 140 dB(C)) auf 85 dB (A) (bzw. $L_{pc,peak}$ = 137 dB(C)). Dieser Wert ist fachlich unumstritten und vermeidet irreversible Schädigungen (Lärmschwerhörigkeit) des Innenohrs. Er wurde für den untertägigen Bereich auch in die vom Bundesminister für Wirtschaft kürzlich erlassenen Gesundheitsschutz-Bergverordnung übernommen (vgl. dazu: Amtliche Begründung, a. a. O., S. 32).

Abs. 3 setzt Art. 6 Abs. 2 RL 2003/10/EG um. Er beinhaltet die Arbeitgeberpflicht, dafür zu sorgen, dass bei Überschreitung der oberen Auslösewerte die Beschäftigten den zur Verfügung gestellten Gehörschutz bestimmungsgemäß verwenden. Die Pflicht der Beschäftigten, einen solchen Gehörschutz zu tragen, ergibt sich aus § 15 Abs. 2 ArbSchG (vgl. dazu: Amtliche Begründung, a. a. O., S. 32). 3

Abs. 4 enthält die Verpflichtung des Arbeitgebers, den Zustand und die einwandfreie Funktion des persönlichen Gehörschutzes regelmäßig zu überprüfen. Schadhaften Gehörschutz hat er zu ersetzen. Diese Bestimmung geht auf Art. 6 Abs. 2 RL 2003/10/EG zurück. Weiterhin werden Regelungen für den Fall getroffen, dass sich aus dem Ergebnis der Gefährdungsbeurteilung eine Überschreitung der zulässigen Expositionswerte ergibt (Art. 7 Abs. 2 RL 2003/10/EG) (vgl. dazu: Amtliche Begründung, a. a. O., S. 32). 4

Weitere Empfehlungen enthalten die Technischen Regeln (TRLV) „Lärm" im Teil 3 „Lärmschutzmaßnahmen", Punkt 6 (Auswahl und Verwendung von persönlichem Gehörschutz). 5

Abschnitt 4. Expositionsgrenzwerte und Auslösewerte sowie Schutzmaßnahmen bei Vibrationen

§ 9 Expositionsgrenzwerte und Auslösewerte für Vibrationen

(1) ¹**Für Hand-Arm-Vibrationen beträgt**
1. **der Expositionsgrenzwert A(8) = 5m/s² und**
2. **der Auslösewert A(8) = 2,5m/s².**

²**Die Exposition der Beschäftigten gegenüber Hand-Arm-Vibrationen wird nach Nummer 1 des Anhangs ermittelt und bewertet.**

(2) ¹**Für Ganzkörper-Vibrationen beträgt**
1. **der Expositionsgrenzwert A(8) = 1,15m/s² in X- und Y-Richtung und A(8) = 0,8m/s² in Z-Richtung und**
2. **der Auslösewert A(8) = 0,5m/s².**

²**Die Exposition der Beschäftigten gegenüber Ganzkörper-Vibrationen wird nach Nummer 2 des Anhangs ermittelt und bewertet.**

Abs. 1 übernimmt den Auslösewert und den Expositionsgrenzwert für Hand-Arm-Vibrationen aus Art. 3 Abs. 1 der Richtlinie 2002/44/EG (vgl. dazu: Amtliche Begründung, a. a. O., S. 32). 1

Abs. 2 übernimmt den Auslösewert für Ganzkörper-Vibrationen aus Art. 3 Abs. 2 der Richtlinie 2002/44/EG. Der Expositionsgrenzwert für Ganzkörper-Vibrationen wird für die X- und Y-Richtung – wie in der Richtlinie – auf 1,15m/s² festgelegt. Für die Z-Richtung wird der Wert auf Grund aktueller arbeitsmedizini- 2

LärmVArbSchV § 10 Lärm- und Vibrations-Arbeitsschutzverordnung

scher Erkenntnisse auf 0,8m/s² reduziert. Dies steht auch im Einklang mit der im Jahr 2005 vom Bundesminister für Wirtschaft erlassenen Gesundheitsschutz-Bergverordnung. Im Übrigen bindet § 9 den Anhang an die Verordnung an (vgl. dazu: Amtliche Begründung, a. a. O., S. 32).

3 Weitere Empfehlungen hierzu enthält die TRLV „Vibrationen" Teil 2 „Messungen von Vibrationen".

§ 10 Maßnahmen zur Vermeidung und Verringerung der Exposition durch Vibrationen

(1) ¹Der Arbeitgeber hat die in § 3 Abs. 1 Satz 6 festgelegten Schutzmaßnahmen nach dem Stand der Technik durchzuführen, um die Gefährdung der Beschäftigten auszuschließen oder so weit wie möglich zu verringern. ²Dabei müssen Vibrationen am Entstehungsort verhindert oder so weit wie möglich verringert werden. Technische Maßnahmen zur Minderung von Vibrationen haben Vorrang vor organisatorischen Maßnahmen.

(2) Zu den Maßnahmen nach Absatz 1 gehören insbesondere
1. alternative Arbeitsverfahren, welche die Exposition gegenüber Vibrationen verringern,
2. Auswahl und Einsatz neuer oder bereits vorhandener Arbeitsmittel, die nach ergonomischen Gesichtspunkten ausgelegt sind und unter Berücksichtigung der auszuführenden Tätigkeit möglichst geringe Vibrationen verursachen, beispielsweise schwingungsgedämpfte handgehaltene oder handgeführte Arbeitsmaschinen, welche die auf den Hand-Arm-Bereich übertragene Vibration verringern,
3. die Bereitstellung von Zusatzausrüstungen, welche die Gesundheitsgefährdung auf Grund von Vibrationen verringern, beispielsweise Sitze, die Ganzkörper-Vibrationen wirkungsvoll dämpfen,
4. Wartungsprogramme für Arbeitsmittel, Arbeitsplätze und Anlagen sowie Fahrbahnen,
5. die Gestaltung und Einrichtung der Arbeitsstätten und Arbeitsplätze,
6. die Schulung der Beschäftigten im bestimmungsgemäßen Einsatz und in der sicheren und vibrationsarmen Bedienung von Arbeitsmitteln,
7. die Begrenzung der Dauer und Intensität der Exposition,
8. Arbeitszeitpläne mit ausreichenden Zeiten ohne belastende Exposition und
9. die Bereitstellung von Kleidung für gefährdete Beschäftigte zum Schutz vor Kälte und Nässe.

(3) ¹Der Arbeitgeber hat, insbesondere durch die Maßnahmen nach Absatz 1, dafür Sorge zu tragen, dass bei der Exposition der Beschäftigten die Expositionsgrenzwerte nach § 9 Abs. 1 Satz 1 Nr. 1 und § 9 Abs. 2 Satz 1 Nr. 1 nicht überschritten werden. ²Werden die Expositionsgrenzwerte trotz der durchgeführten Maßnahmen überschritten, hat der Arbeitgeber unverzüglich die Gründe zu ermitteln und weitere Maßnahmen zu ergreifen, um die Exposition auf einen Wert unterhalb der Expositionsgrenzwerte zu senken und ein erneutes Überschreiten der Grenzwerte zu verhindern.

(4) ¹Werden die Auslösewerte nach § 9 Abs. 1 Satz 1 Nr. 2 oder § 9 Abs. 2 Satz 1 Nr. 2 überschritten, hat der Arbeitgeber ein Programm mit techni-

Unterweisung der Beschäftigten § 11 LärmVArbSchV

schen und organisatorischen Maßnahmen zur Verringerung der Exposition durch Vibrationen auszuarbeiten und durchzuführen. ²Dabei sind insbesondere die in Absatz 2 genannten Maßnahmen zu berücksichtigen.

Abs. 1 übernimmt Bestimmungen aus Art. 5 Abs. 1 RL 2002/44/EG (Minimierungsgebot) und enthält in Konkretisierung des § 4 ArbSchG die Rangfolge der Schutzmaßnahmen (vgl. dazu: Amtliche Begründung, a. a. O., S. 32). 1

Abs. 2 enthält einen Katalog von Maßnahmen, die der Arbeitgeber bei der Festlegung der Schutzmaßnahmen auf Grund der Gefährdungsbeurteilung zu berücksichtigen hat und setzt damit Art. 5 Abs. 2 der Richtlinie 2002/44/EG um (vgl. dazu: Amtliche Begründung, a. a. O., S. 32). 2

Abs. 3 enthält in Umsetzung von Art. 5 Abs. 3 RL 2002/44/EG die Festlegung, dass Beschäftigte keinen Expositionen oberhalb der Grenzwerte ausgesetzt sein dürfen. Weiterhin sind Bestimmungen darüber enthalten, welche weiteren Maßnahmen der Arbeitgeber zu ergreifen hat, wenn die Gefährdungsbeurteilung ergibt, dass die Expositionsgrenzwerte überschritten werden (vgl. dazu: Amtliche Begründung, a. a. O., S. 33). 3

Abs. 4 bestimmt, dass der Arbeitgeber bei Überschreitung der Auslösewerte für Vibrationen ein Programm mit technischen und organisatorischen Maßnahmen zur Verringerung der Exposition auszuarbeiten und durchzuführen hat (Art. 5 RL 2002/44/EG). Dieses Programm kann in Analogie zum Lärmminderungsprogramm nach § 7 Abs. 5 durchgeführt werden. Dazu liegen Erfahrungen auf Grund der BGV B3 vor (vgl. dazu: Amtliche Begründung, a. a. O., S. 33). 4

Abschnitt 5. Unterweisung der Beschäftigten; Beratung durch den Ausschuss für Betriebssicherheit

§ 11 Unterweisung der Beschäftigten

(1) ¹Können bei Exposition durch Lärm die unteren Auslösewerte nach § 6 Satz 1 Nr. 2 oder bei Exposition durch Vibrationen die Auslösewerte nach § 9 Abs. 1 Satz 1 Nr. 2 oder § 9 Abs. 2 Satz 1 Nr. 2 erreicht oder überschritten werden, stellt der Arbeitgeber sicher, dass die betroffenen Beschäftigten eine Unterweisung erhalten, die auf den Ergebnissen der Gefährdungsbeurteilung beruht und die Aufschluss über die mit der Exposition verbundenen Gesundheitsgefährdungen gibt. ²Sie muss vor Aufnahme der Beschäftigung und danach in regelmäßigen Abständen, jedoch immer bei wesentlichen Änderungen der belastenden Tätigkeit, erfolgen.

(2) Der Arbeitgeber stellt sicher, dass die Unterweisung nach Absatz 1 in einer für die Beschäftigten verständlichen Form und Sprache erfolgt und mindestens folgende Informationen enthält:
1. die Art der Gefährdung,
2. die durchgeführten Maßnahmen zur Beseitigung oder zur Minimierung der Gefährdung unter Berücksichtigung der Arbeitsplatzbedingungen,
3. die Expositionsgrenzwerte und Auslösewerte,
4. die Ergebnisse der Ermittlungen zur Exposition zusammen mit einer Erläuterung ihrer Bedeutung und der Bewertung der damit verbundenen möglichen Gefährdungen und gesundheitlichen Folgen,

LärmVArbSchV § 12   Lärm- und Vibrations-Arbeitsschutzverordnung

5. die sachgerechte Verwendung der persönlichen Schutzausrüstung,
6. die Voraussetzungen, unter denen die Beschäftigten Anspruch auf arbeitsmedizinische Vorsorge haben, und deren Zweck,
7. die ordnungsgemäße Handhabung der Arbeitsmittel und sichere Arbeitsverfahren zur Minimierung der Expositionen,
8. Hinweise zur Erkennung und Meldung möglicher Gesundheitsschäden.

(3) ¹Um frühzeitig Gesundheitsstörungen durch Lärm oder Vibrationen erkennen zu können, hat der Arbeitgeber sicherzustellen, dass ab dem Überschreiten der unteren Auslösewerte für Lärm und dem Überschreiten der Auslösewerte für Vibrationen die betroffenen Beschäftigten eine allgemeine arbeitsmedizinische Beratung erhalten. ²Die Beratung ist unter Beteiligung des in § 7 Abs. 1 der Verordnung zur arbeitsmedizinischen Vorsorge genannten Arztes durchzuführen, falls dies aus arbeitsmedizinischen Gründen erforderlich sein sollte. ³Die arbeitsmedizinische Beratung kann im Rahmen der Unterweisung nach Absatz 1 erfolgen.

1 § 11 dient der Umsetzung von Art. 5 Abs. 1 Buchstabe d) und der Art. 8 und 9 der Richtlinie 2003/10/EG sowie des Art. 5 Abs. 2 Buchstabe f) und der Art. 6 und 7 der Richtlinie 2002/44/EG (vgl. dazu: Amtliche Begründung, a. a. O., S. 33).

2 **Abs. 1** bestimmt, dass bei Überschreitung der unteren Auslösewerte bei Lärmexposition oder bei Expositionen durch Vibrationen, die über den Auslösewerten liegen, durch den Arbeitgeber eine Unterweisung der betroffenen Beschäftigten sicher zu stellen ist (vgl. dazu: Amtliche Begründung, a. a. O., S. 33).

3 **Abs. 2** macht Vorgaben zu den Inhalten der Unterweisung. Durch die Abs. 1 und 2 werden Art. 8 der Richtlinie 2003/10/EG und Art. 6 der Richtlinie 2002/44/EG umgesetzt (vgl. dazu: Amtliche Begründung, a. a. O., S. 33).

4 **Abs. 3** setzt Art. 8 Buchstabe g) der Richtlinie 2003/10/EG und Art. 6 Buchstabe e) der Richtlinie 2002/44/EG um. Bei der Überschreitung der unteren Auslösewerte für Lärm und Vibrationen sieht er für die betroffenen Beschäftigten eine allgemeine arbeitsmedizinische Beratung vor (vgl. dazu: Amtliche Begründung, a. a. O., S. 33).

5 Weitere Empfehlungen und Hinweise zum Thema „Unterweisung" enthält die TRLV „Lärm" in Teil 1 (Gefährdungsbeurteilung) unter Punkt 7. Die Parallel-Regelung für Vibrationen findet sich an exakt gleicher Stelle in der TRLV „Vibrationen".

§ 12   Beratung durch den Ausschuss für Betriebssicherheit

¹Der Ausschuss nach § 24 der Betriebssicherheitsverordnung berät das Bundesministerium für Arbeit und Soziales auch in Fragen der Sicherheit und des Gesundheitsschutzes bei lärm- oder vibrationsbezogenen Gefährdungen. ²§ 24 Abs. 4 und 5 der Betriebssicherheitsverordnung gilt entsprechend.

1 § 12 legt fest, dass der Ausschuss für Betriebssicherheit auch zu Gefährdungen der Beschäftigten durch Lärm und Vibrationen Beratungsaufgaben wahrnehmen kann. Macht das Bundesministerium für Arbeit und Soziales von seiner Möglichkeit Gebrauch, die vom Ausschuss ermittelten Regeln und Erkenntnisse im Gemeinsamen Ministerialblatt zu publizieren, lösen die Regeln und Erkenntnisse die Vermu-

tungswirkung aus. Die Regelungen des § 12 folgen dem Muster anderer Verordnungen zum Arbeitsschutzgesetz (Gefahrstoffverordnung, Biostoffverordnung, Betriebssicherheitsverordnung, Arbeitsstättenverordnung) (vgl. dazu: Amtliche Begründung, a. a. O., S. 33).

Durch die Novelle der Betriebssicherheitsverordnung per 1.6.2015 (BGBl. I, S. 49 ff.) ist die Vorschriftenverweisung inzwischen nicht mehr korrekt. Die Bezugsnorm ist nunmehr § 21 BetrSichV. Seit Inkrafttreten der LärmVibrationsArbSchV hat der Ausschuss für Betriebssicherheit nachstehend aufgeführte Technische Regeln für das Themenfeld „Lärm" verabschiedet: 2

TRLV Lärm – Teil Allgemeines
TRLV Lärm – Teil 1 Beurteilung der Gefährdung durch Lärm
TRLV Lärm – Teil 2 Messung von Lärm
TRLV Lärm – Teil 3 Lärmschutzmaßnahmen
allesamt abgedruckt im GMBl. Nr. 18–20 vom 23.3.2010, S. 359 ff.

Für das Themenfeld „Vibrationen" sind zu nennen die 3
TRLV Vibrationen – Teil Allgemeines,
TRLV Vibrationen – Teil 1 Beurteilung der Gefährdung durch Vibrationen,
TRLV Vibrationen – Teil 2 Messung von Vibrationen,
TRLV Vibrationen – Teil 3 Vibrationsschutzmaßnahmen,
allesamt abgedruckt im GMBl. 2015 Nr. 25/26 S. 482 ff.

Des Weiteren sind noch zu nennen die auf der Homepage der BAuA hinterlegten 4
– Gefährdungstabellen bei Vibrationen sowie die
– Benutzungshinweise für die Gefährdungstabellen.

§ 13 Arbeitsmedizinische Vorsorge

(aufgehoben)

§ 13 wurde durch die VO v. 19.7.2010 (BGBl. I S. 960) aufgehoben, da entsprechende Vorschriften in der VO zur arbeitsmedizinischen Vorsorge vom 18.12.2008 (BGBl. I S. 2768), zuletzt geändert durch Art. 1 der Verordnung vom 23.10.2013 (BGBl. I, S. 3882), enthalten sind. 1

§ 14 Veranlassung und Angebot arbeitsmedizinischer Vorsorgeuntersuchungen

(aufgehoben)

Die Vorschrift wurde aufgehoben durch Art. 5 Nr. 4 der Verordnung zur Rechtsvereinfachung und Stärkung der arbeitsmedizinischen Vorsorge vom 18.12.2008 (BGBl. I S. 2768) zuletzt geändert durch Art. 1 der Verordnung vom 23.10.2013 (BGBl. I S. 3882). 1

Abschnitt 6. Ausnahmen, Straftaten und Ordnungswidrigkeiten, Übergangsvorschriften

§ 15 Ausnahmen

(1) ¹Die zuständige Behörde kann auf schriftlichen Antrag des Arbeitgebers Ausnahmen von den Vorschriften der §§ 7 und 10 zulassen, wenn die Durchführung der Vorschrift im Einzelfall zu einer unverhältnismäßigen Härte führen würde und die Abweichung mit dem Schutz der Beschäftigten vereinbar ist. ²Diese Ausnahmen können mit Nebenbestimmungen verbunden werden, die unter Berücksichtigung der besonderen Umstände gewährleisten, dass die sich daraus ergebenden Gefährdungen auf ein Minimum reduziert werden. ³Diese Ausnahmen sind spätestens nach vier Jahren zu überprüfen; sie sind aufzuheben, sobald die Umstände, die sie gerechtfertigt haben, nicht mehr gegeben sind. ⁴Der Antrag des Arbeitgebers muss Angaben enthalten zu
1. der Gefährdungsbeurteilung einschließlich deren Dokumentation,
2. Art, Ausmaß und Dauer der ermittelten Exposition,
3. den Messergebnissen,
4. dem Stand der Technik bezüglich der Tätigkeiten und der Arbeitsverfahren sowie den technischen, organisatorischen und persönlichen Schutzmaßnahmen,
5. Lösungsvorschlägen und einem Zeitplan, wie die Exposition der Beschäftigten reduziert werden kann, um die Expositions- und Auslösewerte einzuhalten.

⁵Die Ausnahme nach Satz 1 kann auch im Zusammenhang mit Verwaltungsverfahren nach anderen Rechtsvorschriften beantragt werden.

(2) In besonderen Fällen kann die zuständige Behörde auf Antrag des Arbeitgebers zulassen, dass für Tätigkeiten, bei denen die Lärmexposition von einem Arbeitstag zum anderen erheblich schwankt, für die Anwendung der Auslösewerte zur Bewertung der Lärmpegel, denen die Beschäftigten ausgesetzt sind, anstatt des Tages-Lärmexpositionspegels der Wochen-Lärmexpositionspegel verwendet wird, sofern
1. der Wochen-Lärmexpositionspegel den Expositionswert $L_{EX,40h} = 85$ dB (A) nicht überschreitet und dies durch eine geeignete Messung nachgewiesen wird und
2. geeignete Maßnahmen getroffen werden, um die mit diesen Tätigkeiten verbundenen Gefährdungen auf ein Minimum zu verringern.

1   Abs. 1 wurde in enger Anlehnung an die entsprechenden Regelungen der Gefahrstoffverordnung formuliert. Ausnahmen von wissenschaftlich ermittelten im EG-Recht verbindlich festgelegten Auslöse- und Grenzwerten sind nicht möglich. Ausnahmetatbestände können sich nur auf die Maßnahmen zum Schutz der Sicherheit und Gesundheit der Beschäftigten und die Unterweisung der Beschäftigten beziehen. Voraussetzung für die Genehmigung einer Ausnahme ist das Ergreifen anderer Maßnahmen, um die Gefährdungen für die Beschäftigten auf ein Minimum zu reduzieren und damit eine vergleichbare Sicherheit zu gewährleisten.

Der Maßstab der „unverhältnismäßigen Härte" orientiert sich an den Grenzen technischer bzw. wirtschaftlicher Leistungsfähigkeit des Betriebes. **Abs. 2** setzt die Ausnahmebestimmung des Art. 3 Abs. 3 der Richtlinie 2003/ 10/EG national um. Zum Grenzwert von 85 dB(A) gelten die Ausführungen zu § 8 Abs. 2 (vgl. dazu: Amtliche Begründung, a. a. O., S. 34).

2

3

§ 16 Straftaten und Ordnungswidrigkeiten

(1) **Ordnungswidrig im Sinne des § 25 Abs. 1 Nr. 1 des Arbeitsschutzgesetzes handelt, wer vorsätzlich oder fahrlässig**
1. **entgegen § 3 Abs. 1 Satz 2 die auftretende Exposition nicht in dem in Absatz 2 genannten Umfang ermittelt und bewertet,**
2. **entgegen § 3 Abs. 4 Satz 1 eine Gefährdungsbeurteilung nicht dokumentiert oder in der Dokumentation entgegen § 3 Abs. 4 Satz 2 die dort genannten Angaben nicht macht,**
3. **entgegen § 4 Abs. 1 Satz 1 in Verbindung mit Satz 2 nicht sicherstellt, dass Messungen nach dem Stand der Technik durchgeführt werden, oder entgegen § 4 Abs. 1 Satz 4 die Messergebnisse nicht speichert,**
4. **entgegen § 5 Satz 1 nicht sicherstellt, dass die Gefährdungsbeurteilung von fachkundigen Personen durchgeführt wird, oder entgegen § 5 Satz 4 nicht die dort genannten Personen mit der Durchführung der Messungen beauftragt,**
5. **entgegen § 7 Abs. 4 Satz 1 Arbeitsbereiche nicht kennzeichnet oder abgrenzt,**
6. **entgegen § 7 Abs. 5 Satz 1 ein Programm mit technischen und organisatorischen Maßnahmen zur Verringerung der Lärmexposition nicht durchführt,**
7. **entgegen § 8 Abs. 1 in Verbindung mit Abs. 2 den dort genannten Gehörschutz nicht zur Verfügung stellt,**
8. **entgegen § 8 Abs. 3 nicht dafür Sorge trägt, dass die Beschäftigten den dort genannten Gehörschutz bestimmungsgemäß verwenden,**
9. **entgegen § 10 Abs. 3 Satz 1 nicht dafür sorgt, dass die in § 9 Abs. 1 Satz 1 Nr. 1 oder § 9 Abs. 2 Satz 1 Nr. 1 genannten Expositionsgrenzwerte nicht überschritten werden,**
10. **entgegen § 10 Abs. 4 Satz 1 ein Programm mit technischen und organisatorischen Maßnahmen zur Verringerung der Exposition durch Vibrationen nicht durchführt oder**
11. **entgegen § 11 Abs. 1 nicht sicherstellt, dass die Beschäftigten eine Unterweisung erhalten, die auf den Ergebnissen der Gefährdungsbeurteilung beruht und die in § 11 Abs. 2 genannten Informationen enthält.**

(2) **Wer durch eine in Absatz 1 bezeichnete vorsätzliche Handlung das Leben oder die Gesundheit eines Beschäftigten gefährdet, ist nach § 26 Nr. 2 des Arbeitsschutzgesetzes strafbar.**

§ 16 enthält die üblichen Sanktionsbestimmungen. **Abs. 1** bezeichnet bestimmte schwere Verstöße gegen die Bestimmungen der Verordnung als Ordnungswidrigkeiten, die gemäß § 25 ArbSchG mit Geldbuße geahndet werden können. Werden durch einen solchen Verstoß vorsätzlich das Leben oder die Gesundheit

1

LärmVArbSchV § 17 Lärm- und Vibrations-Arbeitsschutzverordnung

eines Beschäftigten gefährdet, kann dies durch **Abs. 2** in Verbindung mit § 26 ArbSchG bestraft werden (vgl. dazu: Amtliche Begründung, a. a. O., S. 35).

§ 17 Übergangsvorschriften

(1) **Für den Bereich des Musik- und Unterhaltungssektors ist diese Verordnung erst ab dem 15. Februar 2008 anzuwenden.**

(2) **Für Wehrmaterial der Bundeswehr, das vor dem 1. Juli 2007 erstmals in Betrieb genommen wurde, gilt bis zum 1. Juli 2011 abweichend von § 9 Abs. 2 Nr. 1 für Ganzkörper-Vibrationen in Z-Richtung ein Expositionsgrenzwert von A(8) = 1,15m/s^2.**

(3) **Abweichend von § 9 Abs. 2 Nr. 1 darf bis zum 31. Dezember 2011 bei Tätigkeiten mit Baumaschinen und Baugeräten, die vor dem Jahr 1997 hergestellt worden sind und bei deren Verwendung trotz Durchführung aller in Betracht kommenden Maßnahmen nach dieser Verordnung die Einhaltung des Expositionsgrenzwertes für Ganzkörper Vibrationen nach § 9 Abs. 2 Nr. 1 nicht möglich ist, an höchstens 30 Tagen im Jahr der Expositionsgrenzwert für Ganzkörper-Vibrationen in Z-Richtung von A(8) = 0,8m/s^2 bis höchstens 1,15m/s^2 überschritten werden.**

1   **Abs. 1** diente der Umsetzung der Regelungen des Art. 17 Abs. 2 RL 2003/10/ EG zum Musiksektor und hat dazu geführt, dass die einschlägigen Regelungen seit nunmehr acht Jahren gelten (Stand: Sommer 2016).

2   Die Übergangsregelung des **Abs. 2** war auf Grund der speziellen Anforderungen an Wehrmaterial notwendig zur Aufrechterhaltung der Einsatzbereitschaft der Bundeswehr (vgl. dazu: Amtliche Begründung, a. a. O., S. 35) und hat sich durch Fristablauf inzwischen erledigt.

3   **Abs. 3** enthielt eine Ausnahme für Baumaschinen und Baugeräte, die vor dem Jahr 1997 hergestellt worden waren. Die Ausnahme war bis zum 31.12.2011 befristet (vgl. dazu: Amtliche Begründung, a. a. O. S. 35) und hat sich durch Fristablauf inzwischen erledigt.

Anhang Vibrationen

1. Hand-Arm-Vibrationen
1.1. Ermittlung und Bewertung der Exposition
Die Bewertung des Ausmaßes der Exposition gegenüber Hand-Arm-Vibrationen erfolgt nach dem Stand der Technik anhand der Berechnung des auf einen Bezugszeitraum von acht Stunden normierten Tagesexpositionswertes A(8); dieser wird ausgedrückt als die Quadratwurzel aus der Summe der Quadrate (Gesamtwert) der Effektivwerte der frequenzbewerteten Beschleunigung in den drei orthogonalen Richtungen a_{hwx}, a_{hwy}, a_{hwz}.
Die Bewertung des Ausmaßes der Exposition kann mittels einer Schätzung anhand der Herstellerangaben zum Ausmaß der von den verwendeten Arbeitsmitteln verursachten Vibrationen und mittels Beobachtung der spezifischen Arbeitsweisen oder durch Messung vorgenommen werden.
1.2. Messung
Im Falle von Messungen gemäß § 4 Abs. 2
a) können Stichprobenverfahren verwendet werden, wenn sie für die fraglichen Vibrationen, denen der einzelne Beschäftigte ausgesetzt ist, repräsentativ sind; die

eingesetzten Verfahren und Vorrichtungen müssen hierbei den besonderen Merkmalen der zu messenden Vibrationen, den Umweltfaktoren und den technischen Merkmalen des Messgeräts angepasst sein;

b) an Geräten, die beidhändig gehalten oder geführt werden müssen, sind die Messungen an jeder Hand vorzunehmen. Die Exposition wird unter Bezug auf den höheren der beiden Werte ermittelt; der Wert für die andere Hand wird ebenfalls angegeben.

1.3. Interferenzen

§ 3 Abs. 3 Satz 2 ist insbesondere dann zu berücksichtigen, wenn sich Vibrationen auf das korrekte Handhaben von Bedienungselementen oder das Ablesen von Anzeigen störend auswirken.

1.4. Indirekte Gefährdung

§ 3 Abs. 3 Satz 2 ist insbesondere dann zu berücksichtigen, wenn sich Vibrationen auf die Stabilität der Strukturen oder die Festigkeit von Verbindungen nachteilig auswirken.

1.5. Persönliche Schutzausrüstungen

Persönliche Schutzausrüstungen gegen Hand-Arm-Vibrationen können Teil des Maßnahmenprogramms gemäß § 10 Abs. 4 sein.

2. Ganzkörper-Vibrationen

2.1. Bewertung der Exposition

Die Bewertung des Ausmaßes der Exposition gegenüber Ganzkörper-Vibrationen erfolgt nach dem Stand der Technik anhand der Berechnung des auf einen Bezugszeitraum von acht Stunden normierten Tages-Vibrationsexpositionswertes A (8); dieser wird ermittelt aus demjenigen korrigierten Effektivwert der frequenzbewerteten Beschleunigung $1,4a_{wx}$, $1,4a_{wy}$ oder a_{wz} der drei zueinander orthogonalen Richtungen x, y oder z, bei dem der Zeitraum, der zu einer Überschreitung des Auslösewertes beziehungsweise des Expositionsgrenzwertes führt, am geringsten ist.

Die Bewertung des Ausmaßes der Exposition kann mittels einer Schätzung anhand der Herstellerangaben zum Ausmaß der von den verwendeten Arbeitsmitteln verursachten Vibrationen und mittels Beobachtung der spezifischen Arbeitsweisen oder durch Messung vorgenommen werden.

2.2 Messung

Im Falle von Messungen gemäß § 4 Abs. 2 können Stichprobenverfahren verwendet werden, wenn sie für die betreffenden Vibrationen, denen der einzelne Beschäftigte ausgesetzt ist, repräsentativ sind. Die eingesetzten Verfahren müssen den besonderen Merkmalen der zu messenden Vibrationen, den Umweltfaktoren und den technischen Merkmalen des Messgeräts angepasst sein.

2.3 Interferenzen

§ 3 Abs. 3 Satz 2 ist insbesondere dann zu berücksichtigen, wenn sich Vibrationen auf das korrekte Handhaben von Bedienungselementen oder das Ablesen von Anzeigen störend auswirken.

2.4 Indirekte Gefährdungen

§ 3 Abs. 3 Satz 2 ist insbesondere dann zu berücksichtigen, wenn sich Vibrationen auf die Stabilität der Strukturen oder die Festigkeit von Verbindungen nachteilig auswirken.

2.5 Ausdehnungen der Exposition

Wenn die Ausdehnung der beruflichen Exposition über eine Achtstundenschicht hinaus dazu führt, dass Beschäftigte vom Arbeitgeber überwachte Ruheräume benutzen, müssen in diesen die Ganzkörper-Vibrationen auf ein mit dem Zweck und den Nutzungsbedingungen der Räume zu vereinbarendes Niveau gesenkt werden. Fälle höherer Gewalt sind ausgenommen.

Verordnung zum Schutz der Beschäftigten vor Gefährdungen durch künstliche optische Strahlung (Arbeitsschutzverordnung zu künstlicher optischer Strahlung – OStrV)

Vom 19. Juli 2010

(BGBl. I S. 960)

FNA 805-3-12

Literatur: *Haffke,* Künstliche optische Strahlung: „Die neue EU-Richtlinie 2006/25/EG" in Krause/Zander, Arbeitssicherheit Gruppe 11, S. 53 (Stand: August 2015) *Kreizberg,* Einzelrichtlinien zur Arbeitsschutzrahmenrichtlinie in Europäisches Arbeits- und Sozialrecht (EAS) B 6200, Kap. XIX (Stand: Januar 2009) *Kreizberg,* Arbeitsschutzgesetz und Arbeitsschutzverordnungen, 2009, S. 103 ZDH-Mitteilungen vom 15.3.2010, „Kein Sonnenschutz für Arbeitnehmer per Gesetz"; *Kreizberg,* Die Verordnung zum Schutz der Beschäftigten vor Gefährdungen durch künstliche optische Strahlung, Das Personalbüro, Gruppe 10, Seite 223 ff. (Stand: September 2010); *Mischke,* Das Gemeinwohl und die Anwendung nichtionisierender Strahlung am Menschen, Sicher ist sicher, Heft 6/2013, Seite 308 ff.; *Mischke,* Gefährdung durch künstliche UV – Strahlung in Sonnenstudios, Sicher ist sicher, Heft 10/2014, Seite 506 ff.; *Nolting, Dittmar,* Sicherheit vor optischer Strahlung – Bestimmung des korrekten Grenzwertes für die thermische Netzhautgefährdung, Sicher ist sicher, Heft 6/2014, Seite 322 ff.; *Ott, Janssen, Nowack, Knuschke,* Augenschutz vor Sonnenstrahlung, Sicher ist sicher, Heft 6/2013, Seite 298 ff.; *Romanus, Ott, Brose. Sterk,* Neue Grenzwerte in der Lasersicherheitsnorm – Konsequenzen für den Arbeitsschutz, Sicher ist sicher, Heft 2/2014, Seite 71 ff.; *Romanus,* Physikalische Einwirkungen am Arbeitsplatz – Alles geregelt?, Sicher ist sicher, Heft 6/2014, Seite 308 ff.; *Udovicic, Janssen, Ott, Romanus,* Optische Sicherheit von LED, Sicher ist sicher, Heft 6/2012, Seite 266 ff.; *Udovicic/Romanus,* Expositionsgrenzwerte zum Schutz vor Gefährdungen durch Laserstrahlung, Sicher ist sicher, Heft 6/2013, Seite 294 ff.; *Wittlich,* Was ist zu tun bei der Gefährdungsbeurteilung bei Expositionen gegenüber optischer Strahlung?, Sicher ist sicher, Heft 6/2013, Seite 285 ff.; *Wittlich,* Arbeitsschutz bei künstlicher optischer Strahlung, Sicher ist sicher, Heft 6/2013, Seite 289 ff.

Einführung

1   In der Entschließung des Europäischen Parlamentes von 1990 wurde die Europäische Kommission aufgefordert, für Gefährdungen von Beschäftigten durch physikalische Einwirkungen am Arbeitsplatz vier Einzelrichtlinien bezüglich Lärm, Vibrationen, elektromagnetischer Felder und optischer Strahlung zu erarbeiten. Am 5.4.2006 wurden die Arbeiten mit der Annahme der vorerst letzten EG-Arbeitsschutz-Richtlinie 2006/25/EG durch den Rat und das Europäische Parlament über Mindestvorschriften zum Schutz von Sicherheit und Gesundheit der Arbeitnehmer vor Gefährdungen durch physikalische Einwirkungen (künstliche optische Strahlung) als 19. Einzelrichtlinie im Sinne des Art. 16 Abs. 1 der Arbeitsschutzrahmenrichtlinie 89/391/EWG abgeschlossen, Richtlinie 2006/25/EG des Europäischen Parlaments und des Rates vom 5.4.2006 über Mindestvorschriften zum

Einführung **Einf OStrV**

Schutz von Sicherheit und Gesundheit der Arbeitnehmer vor der Gefährdung durch physikalische Einwirkungen (künstliche optische Strahlung) (19. Einzelrichtlinie im Sinne des Art. 16 Abs. 1 RL 89/391/EWG) (ABl. L 114 v. 27.4.2006, S. 38).

Der Geltungsbereich des ursprünglichen Kommissionsentwurfs zu der EG-Richtlinie 2006/25/EG umfasste sowohl den Schutz der Beschäftigten vor optischer Strahlung aus künstlichen Quellen als auch den Schutz der Beschäftigten vor optischer Strahlung aus natürlichen Quellen (z. B. Sonnenstrahlung oder Feuer). 2

Auf Grund des erheblichen Widerstands im Europaparlament wurden jedoch im Laufe des Verfahrens die Gefährdungen der Beschäftigten durch natürliche optische Strahlung aus dem Geltungsbereich der Richtlinie gestrichen. Begründet wurde dies vor allem damit, dass der Schutz der Beschäftigten vor natürlicher optischer Strahlung bereits durch die EG-Rahmenrichtlinie 89/391/EWG hinreichend abgedeckt sei und im Einklang mit dem Subsidiaritätsprinzip auf nationaler Ebene gemäß nationalen Bedingungen und Bedürfnissen behandelt werden sollte. Die Juristischen Dienste von EU-Parlament, Rat und Kommission haben diese Auffassung in gleich lautenden Stellungnahmen im Grundsatz bestätigt. Danach haben die Mitgliedstaaten zu gewährleisten, dass Arbeitgeber alle notwendigen Maßnahmen ergreifen, um einer Gefährdung der Beschäftigten durch starke Sonnenstrahlung bei Tätigkeiten im Freien entgegen zu wirken. Dies hat zur Folge, dass die materiellen Anforderungen des Arbeitsschutzgesetzes vom Arbeitgeber stärker zu berücksichtigen sind.

I. Die Entstehung der Verordnung im Jahr 2010

Gefährdungen der Beschäftigten durch künstliche optische Strahlung sind in Deutschland durch das Arbeitsschutzgesetz und für Teilbereiche durch spezielle berufsgenossenschaftliche Vorschriften (zum Beispiel BGV B2) und Informationsschriften (zum Beispiel BGI 5007) abgedeckt. Die Bundesregierung wäre, streng genommen, verpflichtet gewesen, die EG-Arbeitsschutz-Richtlinie zu künstlicher optischer Strahlung (2006/25/EG) zum 27.4.2010 in nationales Recht umzusetzen. Mit der vorliegenden Verordnung zur Umsetzung der Richtlinie 2006/25/EG zum Schutz der Arbeitnehmer vor Gefährdungen durch künstliche optische Strahlung und zur Änderung von Arbeitsschutzverordnungen vom 19.7.2010 (BGBl. I S. 960) ist die Bundesregierung ihren europäischen Verpflichtungen mit leichter Verspätung nachgekommen, ohne dafür ein Vertragsverletzungsverfahren vor dem EUGH zu riskieren. 3

Die Umsetzung erfolgte in Form einer Artikelverordnung. Artikel 1 setzt die EG-Arbeitsschutz-Richtlinie zu künstlicher optischer Strahlung (2006/25/EG) in nationales Recht um. Artikel 2 setzte die Anforderungen zur Gesundheitsüberwachung aus dieser Richtlinie durch eine Änderung der Verordnung zur arbeitsmedizinischen Vorsorge (ArbMedVV) um. Artikel 3 und 4 enthielten Änderungen der LärmVibrationsArbSchV und der ArbStättV. 4

Mit der Verordnung wurde die EG-Arbeitsschutz-Richtlinie zu künstlicher optischer Strahlung (2006/25/EG) in nationales Recht umgesetzt. Sie hat im Schwerpunkt den Schutz vor Gefährdungen für die Gesundheit und die Sicherheit der Beschäftigten durch künstliche optische Strahlung bei Tätigkeiten am Arbeitsplatz zum Gegenstand. 5

Hierzu wurden **Emissionsgrenzwerte** festgelegt, um kurz- und langfristig schädigende Wirkungen insbesondere auf Augen und Haut infolge der Einwirkung künst- 6 licher optischer Strahlung zu vermeiden. Kurzfristige Schädigungen durch künstliche optische Strahlung sind beispielsweise thermische Verbrennungen der Haut, Erythembildung durch UV-Einwirkung, phototoxische Reaktionen, Hornhaut- und Bindehautschädigungen des Auges und thermische Netzhautschäden im Auge. Bei langfristiger UV- oder IR-Exposition besteht das erhöhte Risiko eines Augenkatarakts (grauer Star). Langfristige Exposition im sichtbaren Spektralbereich mit hohem kurzwelligem Blaulichtanteil führt zu der Blaulichtgefährdung, einer photochemischen Reaktion in der Netzhaut des Auges. Neben den genannten thermischen Wirkungen künstlicher optischer Strahlung kann es bei kürzeren Wellenlängen (UV) auch zu Schädigungen des Genoms kommen. Dadurch können bereits bei sehr geringen Expositionen Spätfolgen in Form von Hautkrebs ausgelöst werden.

7 Gesundheitsgefährdende künstliche optische Strahlung tritt insbesondere bei Schweißarbeiten, Laseranwendungen, an Arbeitsplätzen zur Glas- und Quarzverarbeitung sowie bei der Stahlherstellung und -verarbeitung auf. Bei der Anwendung von Lasern ergibt sich ein hohes Gefährdungspotenzial für Haut und Augen auf Grund der großen Energiedichten der zur Anwendung kommenden Laserstrahlung. Hier stehen hauptsächlich photothermische Schädigungen für Haut und Augen im Vordergrund. Die Wirkung von Laserstrahlung ist komplex und abhängig von der Intensität, der Strahldivergenz, der Wellenlänge, der Polarisation und der Einwirkdauer. Hochleistungslaser (Klassen 3R, 3B oder 4 nach DIN EN 60 825-1:05–2008) kommen insbesondere zur Materialbearbeitung (Schweißen, Trennen, Oberflächenbehandlung), in der Medizin (Chirurgische und dermatologische Anwendungen, Augenbehandlungen), bei der Datenübertragung (Bereich Telekommunikation), zu militärischen Zwecken und im Showbereich zur Anwendung. Hochleistungslaser führen ohne zwingend einzuhaltende Schutzmaßnahmen zu schwersten und irreversiblen Verletzungen der Haut und der Augen.

8 Wegen des hohen Gefährdungspotenzials dieser Laser hatten Arbeitgeber in Deutschland nach den Vorgaben der Unfallverhütungsvorschrift BGV B2 „Laserstrahlung" Laserschutzbeauftragte schriftlich für die Überwachung des Betriebs dieser Lasereinrichtungen am Arbeitsplatz zu bestellen. Der Laserschutzbeauftragte hat den Arbeitgeber hinsichtlich des sicheren Betriebs und der notwendigen Schutzmaßnahmen zu unterstützen.

II. Reform ohne Abschluss

9 Die Verordnung zum Schutz der Beschäftigten vor Gefährdungen durch künstliche optische Strahlung (OStrV) vom 19.7.2010 (BGBl. I, S. 960) hat seit ihrem erstmaligen Inkrafttrten am 27.7.2010 (Art. 5 der Verordnung) keine einzige Änderung erfahren. Angesichts der Dynamik, die speziell das technisch-naturwissenschaftliche Recht entwickelt, ist dies sehr ungewöhnlich. Die Gründe hierfür liegen allein im politisch-parlamentarischen Bereich. Bereits im März 2013 hatte das Bundesarbeitsminiserium (BMAS) einen ersten Referenten-Entwurf vorgelegt zur „Änderung und Ergänzung der Arbeitsstättenverordnung und zur Änderung von Arbeitsschutzverordnungen" und diesen mit den Vertretern der Länder sowie der großen Wirtschafts- und Sozialpartnerverbände eingehend beraten.

10 Hinter dem Sammelbegriff der nicht näher benannten Arbeitsschutzverordnungen verbargen sich zum einen die Integration der Bildschirmarbeitsverordnung in die Arbeitsstättenverordnung und zum anderen als Art. 2 des Entwurfs Korrekturen an der OStrV, vorrangig im Text von § 5 betreffend „Fachkundige Personen, Laserschutzbeauftragter".

Die Vorarbeiten der einschlägigen Expertenkreise fanden ihren Niederschlag in 11
der BR-Drs. 509/14 vom 30.10.2014. Wie einmütig offenbar von allen Akteuren
die Novellierung der OStrV als „Geschäft der laufenden Verwaltung" betrachtet
wurde, mag die Tatsache belegen, dass auf dem Deckblatt der BR-Drs. im Kapitel A
„Problem und Ziel" die auf den Seiten 16, 33–34 unter Art. 2 vorgestellte OStrV-
Novelle mit keinem Wort Erwähnung fand.

Vorgesehen hatte das BMAS eine Änderung wie folgt: 12

Artikel 2 Änderung der Arbeitsverordnung zu künstlicher optischer Strahlung

Die Arbeitsschutzverordnung zu künstlicher optischer Strahlung vom 19. Juli 2010
(BGBl. I S. 960) wird wie folgt geändert:
1. § 5 Absatz 2 wird wie folgt geändert:
    a) Satz 2 wird wie folgt gefasst:
       „Die Sachkunde ist durch die erfolgreiche Teilnahme an einem entsprechenden Lehrgang bei einem von der zuständigen Behörde anerkannten Lehrgangsträger nachzuweisen."
    b) Satz 3 Nummer 1 und 2 wird wie folgt gefasst:
       „1. die Unterstützung des Arbeitgebers bei der Durchführung der Gefährdungsbeurteilung nach § 3 und bei der Durchführung der notwendigen Schutzmaßnahmen nach § 7;
       2. die Gewährleistung des sicheren Betriebs von Lasern nach Satz 1."
2. In § 10 Absatz 1 Satz 1 werden nach dem Wort „schriftlichen" die Wörter „oder elektronischen" eingefügt.

Zu Begründung der in Art. 2 vorgesehenen Änderung der Arbeitsschutzverord- 13
nung zu künstlicher optischer Strahlung führt das BMAS aus (RefE, S. 33–34):
Zu Nr. 1
Mit Nr. 1 wird § 5 Absatz 2 Satz 2 der bisherigen Verordnung, der sich mit
dem Verfahren zum Nachweis der Sachkunde von Laserschutzbeauftragten befasst,
geändert. Mit der Änderung wird das Verfahren zum Nachweis der Sachkunde
von Laserschutzbeauftragten konkretisiert und für die Vollzugsbehörden vereinfacht.

Da § 5 Abs. 2 Nr. 1 in der Praxis einige Fragen aufgeworfen hat, wird diese
Nummer 1 redaktionell und im Sinne des Gewollten angepasst. Es wird klargestellt,
dass der Laserschutzbeauftragte den Arbeitgeber auch bei der Durchführung der
Gefährdungsbeurteilung und den sich daraus ableitenden notwendigen Schutzmaßnahmen unterstützt.

§ 5 Abs. 2 Nr. 2 der bisherigen Verordnung, befasst sich mit den Aufgaben des
Laserschutzbeauftragten. Mit dieser Änderung wird § 5 Absatz 2 Nummer 2 redaktionell und im Sinne des Gewollten angepasst. Es wird klargestellt, dass der Laserschutzbeauftragte den sicheren Betrieb zu gewährleisten hat, aber beim Betrieb
nicht zwingend anwesend sein muss.

Zu Nr. 2 14
Mit der Ergänzung in § 10 Absatz 1 Satz 1 soll die Antragstellung mit Hilfe von
elektronischen Kommunikationsmitteln bei den für den Arbeitsschutz zuständigen
Verwaltungen erleichtert und vereinfacht werden. Die Antragstellung wird damit
nutzerfreundlicher und effizienter angeboten.

Im Rahmen der parlamentarischen Beratungen haben dann die Fachausschüsse
des Bundesrates, namentlich der federführende Ausschuss für Arbeit und Sozialpolitik (AS) und der Wirtschaftsausschuss (Wi) dem Bundesrat empfohlen (BR-Drs.

509/1/14 v. 8.12.2014), der Verordnung gemäß Artikel 80 Abs. 2 des Grundgesetzes nach Maßgabe der folgenden Änderungen dem Verordnungsentwurf zuzustimmen:

> **Zu Artikel 2 Nummer 1 Buchstabe a (§ 5 Abs. 2 Satz 1, Satz 1 a und Satz 2 OStrV)**
> **In Artikel 2 Nummer 1 ist Buchstabe a wie folgt zu fassen:**
> **a) Satz 1 und Satz 2 werden durch folgende Sätze ersetzt:**
> „Vor der Aufnahme des Betriebs von Lasereinrichtungen der Klassen 3R, 3B und 4 hat der Arbeitgeber, sofern er nicht selbst über die erforderlichen Fachkenntnisse verfügt, einen Laserschutzbeauftragten schriftlich zu bestellen. Der Laserschutzbeauftragte muss über die für seine Aufgaben erforderlichen Fachkenntnisse verfügen. Die fachliche Qualifikation ist durch die erfolgreiche Teilnahme an einem Lehrgang nachzuweisen und durch Fortbildungen auf aktuellem Stand zu halten."

15 Zur Begründung ihrer Empfehlung haben die Fachausschüsse des Bundesrates darauf hingewiesen, dass die Länder eine behördliche Anerkennung von Lehrgangsträgern ablehnen. Sie sehen nicht das Erfordernis einer staatlichen Anerkennung, da auch die Unfallstatistik der DGUV in den vergangenen zehn Jahren nur ganz wenige Arbeitsunfälle beim Umgang mit Lasern ausweise. Damit sei der nicht unerhebliche behördliche Aufwand für ein solches Anerkennungsverfahren nicht zu rechtfertigen.

Die Änderung sichere einerseits das hohe Schutzniveau in Deutschland durch die Einforderung der besonderen Fachkenntnisse der Laserschutzbeauftragten und deren schriftliche Bestellung durch den Arbeitgeber. Andererseits reduziere die Änderung sowohl den behördlichen Aufwand bei der Anerkennung und Qualitätsüberwachung der Lehrgangsträger als auch den finanziellen Aufwand der Arbeitgeber, da keine Kosten für die Lehrgangsträgeranerkennung von diesen auf die Kursteilnehmer umgeschlagen würden.

16 Eine weitere Empfehlung der BR-Ausschüsse wurde wie folgt formuliert (BR-Drs. 509/1/14, S. 15f.):

> **Zu Artikel 2 Nummer 2 (§ 10 Abs. 1 Satz 5 -neu- OStrV) In Artikel 2 ist Nummer 2 wie folgt zu fassen:**
> **2. Dem § 10 Abs. 1 wird folgender Satz angefügt:**
> „Der Antrag des Arbeitgebers kann in Papierform oder elektronisch übermittelt werden."

Zur Begründung wurde darauf hingewiesen, dass auch ein elektronisch übermitteltes Schriftstück ein schriftlicher Antrag sei. Mit der allgemeinen Bezeichnung zur elektronischen Übermittlung werde neben E-Mail, Fax etc. eine zukünftige Möglichkeit geschaffen, den Antrag direkt in ein Online-Formular zu schreiben. Weiterhin bleibe die Papierform bestehen.

17 Die dritte Änderungsempfehlung der Fachausschüsse des Bundesrates ging über die Änderungsvorschläge des BMAS (BR-Drs. 509/14) hinaus und erstreckte sich auf den Sanktionskatalog der OStrV im Lichte der Regelungen über den Laserschutzbeauftragten.

> **Zu Artikel 2 Nummer 3 -neu- (§ 11 Abs. 1 Nummer 5 und Nummer 5a -neu- OStrV)**
> **Dem Artikel 2 ist folgende Nummer 3 anzufügen:**
> **3. § 11 Abs. 1 Nummer 5 wird durch folgende Nummern 5 und 5a ersetzt:**
> „5. Entgegen § 5 Abs. 2 Satz 1 einen Laserschutzbeauftragten nicht schriftlich bestellt,
> 5a. entgegen § 5 Abs. 2 Satz 2 einen Laserschutzbeauftragten bestellt, der nicht über die für seine Aufgaben erforderlichen Fachkenntnisse verfügt."

Anwendungsbereich **§ 1 OStrV**

Zur Begründung wurde geltend gemacht, dass mit der Erweiterung des Sanktionskataloges die Bestellung eines Laserschutzbeauftragten, der nicht die erforderlichen Fachkenntnisse aufweise, als Ordnungswidrigkeitentatbestand aufgenommen werde, der von den Aufsichtsbehörden verfolgt und geahndet werden könne. **18**

Der Bundesrat hat dann in seiner 929. Sitzung am 19.12.2014 den Änderungen der OStrV unter Einbeziehung aller drei Ausschussempfehlungen im „Gesamtpaket" mit der Novelle der ArbStättV zugestimmt (vgl. BR-Drs. 509/14 [Beschluss] vom 19.12.2014 sowie Protokoll zur 929. Sitzung des Bundesrats, S. 419, TOP 31). **19**

Ende Januar 2015 wurde dann, wegen massiver Proteste der Wirtschaftsverbände gegen einzelne Regelungen der ArbStättV-Novelle, das Gesamtpaket der in der BR-Drs. 509/14 enthaltenden Verordnungen vom Bundeskanzleramt von der Tagesordnung der Bundesregierung wieder heruntergenommen und die Entscheidung hierüber „bis auf weiteres" vertragt. Damit ist derzeit auch die Novelle der OStrV, wenngleich gar nicht im Zentrum der politischen Auseinandersetzungen stehend, vorerst auf Eis gelegt. **20**

Abschnitt 1. Anwendungsbereich und Begriffsbestimmungen

§ 1 Anwendungsbereich

(1) ¹**Diese Verordnung gilt zum Schutz der Beschäftigten bei der Arbeit vor tatsächlichen oder möglichen Gefährdungen ihrer Gesundheit und Sicherheit durch optische Strahlung aus künstlichen Strahlungsquellen.** ²**Sie betrifft insbesondere die Gefährdungen der Augen und der Haut.**

(2) **Die Verordnung gilt nicht in Betrieben, die dem Bundesberggesetz unterliegen, soweit dort oder in den auf Grund dieses Gesetzes erlassenen Rechtsverordnungen entsprechende Rechtsvorschriften bestehen.**

(3) ¹**Das Bundesministerium der Verteidigung kann für Beschäftigte, für die tatsächliche oder mögliche Gefährdungen ihrer Gesundheit und Sicherheit durch künstliche optische Strahlung bestehen, Ausnahmen von den Vorschriften dieser Verordnung zulassen, soweit öffentliche Belange dies zwingend erfordern, insbesondere für Zwecke der Verteidigung oder zur Erfüllung zwischenstaatlicher Verpflichtungen der Bundesrepublik Deutschland.** ²**In diesem Fall ist gleichzeitig festzulegen, wie die Sicherheit und der Gesundheitsschutz der Beschäftigten nach dieser Verordnung auf andere Weise gewährleistet werden können.**

§ 1 legt den Anwendungsbereich der Verordnung fest. **Abs. 1** legt das Ziel und den Anwendungsbereich fest. Ziel der Verordnung ist der Schutz von Beschäftigten vor tatsächlichen oder möglichen Gefährdungen durch optische Strahlung aus künstlichen Strahlungsquellen bei Tätigkeiten am Arbeitsplatz. Der Anwendungsbereich umfasst sowohl die direkten Gefährdungen der Beschäftigten am Arbeitsplatz als Folge direkter Einwirkung der am Arbeitsplatz durch den Arbeitsprozess auftretenden künstlichen optischen Strahlung (Gefährdungen von Augen und **1**

Haut) als auch die sich dabei ergebenden indirekten Gefährdungen. Indirekte Gefährdungen können z. B. entstehen als Folge von Reflektionen (Blendwirkung) oder durch die bei Einwirkung durch künstliche optische Strahlung am Arbeitsplatz entstandenen Gase, Dämpfe, Stäube, Nebel und explosionsfähige Gemische. Künstliche optische Strahlung, von der keine Gefährdungen für Augen und Haut der Beschäftigten bei Tätigkeiten am Arbeitsplatz ausgehen, werden vom Anwendungsbereich der Verordnung nicht erfasst.

2 **Abs. 2** regelt den Anwendungsbereich in Bezug auf das Bundesberggesetz sowie die darauf gestützten Rechtsverordnungen.

3 **Abs. 3** ermächtigt das Bundesministerium der Verteidigung, für Beschäftigte der Bundeswehr, die bei Tätigkeiten künstlicher optischer Strahlung ausgesetzt sind oder ausgesetzt sein können, Ausnahmen von den Bestimmungen der Verordnung vorzusehen. Dies trägt der Tatsache Rechnung, dass in bestimmten, für die öffentlichen Belange wichtigen Tätigkeitsbereichen, insbesondere der Bundeswehr, die strikte Anwendung der Verordnung mit der ordnungsgemäßen Erfüllung der Aufgaben in diesen Bereichen in Konflikt kommen könnte. In diesen Fällen ist festzulegen, wie die Sicherheit und der Gesundheitsschutz der Beschäftigten auf andere Weise gewährleistet werden kann. Dies kann zum Beispiel durch ergänzende technische und organisatorische Schutzmaßnahmen und durch zusätzliche persönliche Schutzausrüstung gewährleistet werden.

§ 2 Begriffsbestimmungen

(1) ¹**Optische Strahlung ist jede elektromagnetische Strahlung im Wellenlängenbereich von 100 Nanometer bis 1 Millimeter.** ²**Das Spektrum der optischen Strahlung wird unterteilt in ultraviolette Strahlung, sichtbare Strahlung und Infrarotstrahlung:**
1. **Ultraviolette Strahlung ist die optische Strahlung im Wellenlängenbereich von 100 bis 400 Nanometer (UV-Strahlung); das Spektrum der UV-Strahlung wird unterteilt in UV-A-Strahlung (315 bis 400 Nanometer), UV-B-Strahlung (280 bis 315 Nanometer) und UV-C-Strahlung (100 bis 280 Nanometer);**
2. **sichtbare Strahlung ist die optische Strahlung im Wellenlängenbereich von 380 bis 780 Nanometer;**
3. **Infrarotstrahlung ist die optische Strahlung im Wellenlängenbereich von 780 Nanometer bis 1 Millimeter (IR-Strahlung); das Spektrum der IR-Strahlung wird unterteilt in IR-A-Strahlung (780 bis 1400 Nanometer), IR-B-Strahlung (1400 bis 3000 Nanometer) und IR-C-Strahlung (3000 Nanometer bis 1 Millimeter).**

(2) **Künstliche optische Strahlung im Sinne dieser Verordnung ist jede optische Strahlung, die von künstlichen Strahlungsquellen ausgeht.**

(3) ¹**Laserstrahlung ist durch einen Laser erzeugte kohärente optische Strahlung.** ²**Laser sind Geräte oder Einrichtungen zur Erzeugung und Verstärkung von kohärenter optischer Strahlung.**

(4) **Inkohärente künstliche optische Strahlung ist jede künstliche optische Strahlung außer Laserstrahlung.**

(5) **Expositionsgrenzwerte sind maximal zulässige Werte bei Exposition der Augen oder der Haut durch künstliche optische Strahlung.**

Begriffsbestimmungen § 2 OStrV

(6) Bestrahlungsstärke oder Leistungsdichte ist die auf eine Fläche fallende Strahlungsleistung je Flächeneinheit, ausgedrückt in Watt pro Quadratmeter.

(7) Bestrahlung ist das Integral der Bestrahlungsstärke über die Zeit, ausgedrückt in Joule pro Quadratmeter.

(8) Strahldichte ist der Strahlungsfluss oder die Strahlungsleistung je Einheitsraumwinkel je Flächeneinheit, ausgedrückt in Watt pro Quadratmeter pro Steradiant.

(9) Ausmaß ist die kombinierte Wirkung von Bestrahlungsstärke, Bestrahlung und Strahldichte von künstlicher optischer Strahlung, der Beschäftigte ausgesetzt sind.

(10) ¹Stand der Technik ist der Entwicklungsstand fortschrittlicher Verfahren, Einrichtungen oder Betriebsweisen, der die praktische Eignung einer Maßnahme zum Schutz der Gesundheit und zur Sicherheit der Beschäftigten gesichert erscheinen lässt. ²Bei der Bestimmung des Standes der Technik sind insbesondere vergleichbare Verfahren, Einrichtungen oder Betriebsweisen heranzuziehen, die mit Erfolg in der Praxis erprobt worden sind. ³Gleiches gilt für die Anforderungen an die Arbeitsmedizin und Arbeitshygiene.

(11) Den Beschäftigten stehen Schülerinnen und Schüler, Studierende und sonstige in Ausbildungseinrichtungen tätige Personen, die bei ihren Tätigkeiten künstlicher optischer Strahlung ausgesetzt sind, gleich.

Abs. 1 definiert den Begriff „optische Strahlung" inhaltsgleich nach den Vorgaben der RL 2006/25/EG in Artikel 2a). 1

Abs. 2 definiert den Begriff „künstliche optische Strahlung" in Anlehnung an die Vorgaben der RL 2006/25/EG. 2

Abs. 3 definiert den Begriff „Laserstrahlung". Die Definition fasst die Definitionen aus der RL 2006/25/EG in Artikel 2b) und 2c) zusammen. Nähere Ausführungen hierzu enthält die Technische Regel zur Arbeitsschutzverordnung zu künstlicher optischer Strahlung –TROS Laserstrahlung- vom April 2015, GMBl. 2015, S. 211 ff. 3

Abs. 4 definiert den Begriff inkohärente optische Strahlung inhaltsgleich nach den Vorgaben der RL 2006/25/EG in Art. 2d). Nähere Ausführungen hierzu enthält die Technische Regel zur Arbeitsschutzverordnung zu künstlicher optischer Strahlung (TROS-IOS) vom November 2013, GMBl 2013, S. 1302 ff. 4

Abs. 5 definiert den Begriff Expositionsgrenzwerte und fasst die Definitionen aus der RL 2006/25/EG in Artikel 2e) und aus der berufsgenossenschaftlichen Informationsschrift BGI 5006 zusammen. Durch die Einhaltung der Expositionsgrenzwerte wird sichergestellt, dass Beschäftigte, die künstlicher optischer Strahlung ausgesetzt sind, vor allen bekannten gesundheitsschädlichen Auswirkungen für die Augen und die Haut geschützt sind. 5

Abs. 6 definiert den Begriff Bestrahlungsstärke inhaltsgleich nach den Vorgaben des Artikels 2f) RL 2006/25/EG. 6

Abs. 7 definiert den Begriff Bestrahlung inhaltsgleich nach den Vorgaben des Artikels 2 g) RL 2006/25/EG. 7

Abs. 8 definiert den Begriff Strahldichte inhaltsgleich nach den Vorgaben des Artikels 2h) RL 2006/25/EG. 8

Kreizberg

OStrV § 3 ArbeitsschutzV künstliche optische Strahlung

9   Abs. 9 definiert den Begriff Ausmaß inhaltsgleich nach den Vorgaben des Artikels 2i) RL 2006/25/EG.
10   Abs. 10 definiert den Begriff Stand der Technik in Analogie zur Lärm- und Vibrations-Arbeitsschutzverordnung, zur Gefahrstoffverordnung und zum Bundesimmissionsschutzgesetz. Hierdurch ist gewährleistet, dass ein einheitlicher Maßstab bei der Anwendung der Vorschriften der Verordnung angesetzt wird.
11   **Abs. 11** befasst sich mit dem Begriff „Beschäftigte". Gemäß § 18 Abs. 1 Satz 2 ArbSchG kann der Begriff „Beschäftigte" auch auf andere als in § 2 Abs. 2 ArbSchG genannte Personen ausgeweitet werden. In diesem Sinne wird der Begriff „Beschäftigte" auf Schüler, Studenten und sonstige in Ausbildungseinrichtungen tätige Personen erweitert, die bei ihren Tätigkeiten Gefährdungen durch künstliche optische Strahlung ausgesetzt sind. Zum schutzwürdigen Personenkreis gehören zum Beispiel Praktikanten, Doktoranden, Forschungsstipendiaten und Gastwissenschaftler.

Abschnitt 2. Ermittlung und Bewertung der Gefährdungen durch künstliche optische Strahlung; Messungen

§ 3 Gefährdungsbeurteilung

(1) ¹**Bei der Beurteilung der Arbeitsbedingungen nach § 5 des Arbeitsschutzgesetzes hat der Arbeitgeber zunächst festzustellen, ob künstliche optische Strahlung am Arbeitsplatz von Beschäftigten auftritt oder auftreten kann.** ²**Ist dies der Fall, hat er alle hiervon ausgehenden Gefährdungen für die Gesundheit und Sicherheit der Beschäftigten zu beurteilen.** ³**Er hat die auftretenden Expositionen durch künstliche optische Strahlung am Arbeitsplatz zu ermitteln und zu bewerten.** ⁴**Für die Beschäftigten ist in jedem Fall eine Gefährdung gegeben, wenn die Expositionsgrenzwerte nach § 6 überschritten werden.** ⁵**Der Arbeitgeber kann sich die notwendigen Informationen beim Hersteller oder Inverkehrbringer der verwendeten Arbeitsmittel oder mit Hilfe anderer ohne Weiteres zugänglicher Quellen beschaffen.** ⁶**Lässt sich nicht sicher feststellen, ob die Expositionsgrenzwerte nach § 6 eingehalten werden, hat er den Umfang der Exposition durch Berechnungen oder Messungen nach § 4 festzustellen.** ⁷**Entsprechend dem Ergebnis der Gefährdungsbeurteilung hat der Arbeitgeber Schutzmaßnahmen nach dem Stand der Technik festzulegen.**

(2) **Bei der Gefährdungsbeurteilung nach Absatz 1 ist insbesondere Folgendes zu berücksichtigen:**
1. **Art, Ausmaß und Dauer der Exposition durch künstliche optische Strahlung,**
2. **der Wellenlängenbereich der künstlichen optischen Strahlung,**
3. **die in § 6 genannten Expositionsgrenzwerte,**
4. **alle Auswirkungen auf die Gesundheit und Sicherheit von Beschäftigten, die besonders gefährdeten Gruppen angehören,**
5. **alle möglichen Auswirkungen auf die Sicherheit und Gesundheit von Beschäftigten, die sich aus dem Zusammenwirken von künstlicher optischer Strahlung und fotosensibilisierenden chemischen Stoffen am Arbeitsplatz ergeben können,**

Gefährdungsbeurteilung **§ 3 OStrV**

6. alle indirekten Auswirkungen auf die Sicherheit und Gesundheit der Beschäftigten, zum Beispiel durch Blendung, Brand- und Explosionsgefahr,
7. die Verfügbarkeit und die Möglichkeit des Einsatzes alternativer Arbeitsmittel und Ausrüstungen, die zu einer geringeren Exposition der Beschäftigten führen (Substitutionsprüfung),
8. Erkenntnisse aus arbeitsmedizinischen Vorsorgeuntersuchungen sowie hierzu allgemein zugängliche, veröffentlichte Informationen,
9. die Exposition der Beschäftigten durch künstliche optische Strahlung aus mehreren Quellen,
10. die Herstellerangaben zu optischen Strahlungsquellen und anderen Arbeitsmitteln,
11. die Klassifizierung der Lasereinrichtungen und gegebenenfalls der in den Lasereinrichtungen zum Einsatz kommenden Laser nach dem Stand der Technik,
12. die Klassifizierung von inkohärenten optischen Strahlungsquellen nach dem Stand der Technik, von denen vergleichbare Gefährdungen wie bei Lasern der Klassen 3R, 3B oder 4 ausgehen können,
13. die Arbeitsplatz- und Expositionsbedingungen, die zum Beispiel im Normalbetrieb, bei Einrichtvorgängen sowie bei Instandhaltungs- und Reparaturarbeiten auftreten können.

(3) ¹Vor Aufnahme einer Tätigkeit hat der Arbeitgeber die Gefährdungsbeurteilung durchzuführen und die erforderlichen Schutzmaßnahmen zu treffen. ²Die Gefährdungsbeurteilung ist regelmäßig zu überprüfen und gegebenenfalls zu aktualisieren, insbesondere wenn maßgebliche Veränderungen der Arbeitsbedingungen dies erforderlich machen. ³Die Schutzmaßnahmen sind gegebenenfalls anzupassen.

(4) ¹Der Arbeitgeber hat die Gefährdungsbeurteilung unabhängig von der Zahl der Beschäftigten vor Aufnahme der Tätigkeit in einer Form zu dokumentieren, die eine spätere Einsichtnahme ermöglicht. ²In der Dokumentation ist anzugeben, welche Gefährdungen am Arbeitsplatz auftreten können und welche Maßnahmen zur Vermeidung oder Minimierung der Gefährdung der Beschäftigten durchgeführt werden müssen. ³Der Arbeitgeber hat die ermittelten Ergebnisse aus Messungen und Berechnungen in einer Form aufzubewahren, die eine spätere Einsichtnahme ermöglicht. ⁴Für Expositionen durch künstliche Strahlung sind entsprechende Unterlagen mindestens 30 Jahre aufzubewahren.

§ 3 legt fest, was bei der Beurteilung der Arbeitsbedingungen nach § 5 ArbSchG 1 speziell bei Gefährdungen der Beschäftigten durch künstliche optische Strahlung am Arbeitsplatz zu beachten ist. Eine Gefährdung für Beschäftigte durch künstliche optische Strahlung liegt grundsätzlich immer dann vor, wenn bei Exposition am Arbeitsplatz die Grenzwerte für künstliche optische Strahlung überschritten werden können oder die Sicherheit und Gesundheit der Beschäftigten durch indirekte Auswirkungen (Blendung, Brand- und Explosionsgefahr) infolge von künstlicher optischer Strahlung am Arbeitsplatz nicht gewährleistet ist.

Der Arbeitgeber kann sich zur Erfüllung seiner Pflichten aus § 3 auch auf eine 2 vom Hersteller oder Inverkehrbringer eines Arbeitsmittels mitgelieferte Gefährdungsbeurteilung beziehen. Dies gilt jedoch nur, wenn die tatsächlichen Arbeits-

OStrV § 3 ArbeitsschutzV künstliche optische Strahlung

platzverhältnisse und Expositionsbedingungen mit den dort gemachten Angaben und Festlegungen in Einklang stehen und die Arbeitsmittel nach den Vorgaben des Herstellers oder Inverkehrbringers bestimmungsgemäß verwendet und regelmäßig gewartet werden. Dabei kann sich der Arbeitgeber auch auf die zugänglichen Ergebnisse von Messungen oder Berechnungen berufen, die der Hersteller durchgeführt hat, um die Einhaltung der für das Inverkehrbringen erforderlichen Sicherheitsvorschriften zu gewährleisten. Die praktische Durchführung der Gefährdungsbeurteilung wird damit für den Arbeitgeber erheblich vereinfacht.

3 **Abs. 1** enthält die grundlegenden Anforderungen an die Gefährdungsbeurteilung in Bezug auf Gefährdungen der Beschäftigten am Arbeitsplatz durch künstliche optische Strahlung und übernimmt die entsprechenden Inhalte aus Art. 4 Abs. 1 RL 2006/25/EG.

4 **Abs. 1 Satz 7** setzt zusammen mit § 7 dieser Verordnung Art. 5 RL 2006/25/EG um.

5 **Abs. 2** benennt konkret einzelne Aspekte, die der Arbeitgeber bei der Gefährdungsbeurteilung zu berücksichtigen hat und gibt damit eine praktische Hilfestellung für die Durchführung der Gefährdungsbeurteilung. Damit wird Artikel 4 Absatz 3 der Richtlinie 2006/25/EG umgesetzt.

6 **Abs. 2 Nr. 4** benennt besonders gefährdete Personen im Zusammenhang mit den Gefährdungen durch künstliche optische Strahlung. Der besondere Personenkreis im Rahmen des vorliegenden Verordnungsentwurfes umfasst z. B. Personen mit besonderer Empfindlichkeit gegenüber künstlicher optischer Strahlung. Dies betrifft beispielsweise fotosensible Personen und Personen mit Pigmentstörungen. Stillende und werdende Mütter sowie Jugendliche fallen im Rahmen dieser Verordnung nicht unter diesen Personenkreis. Die besonderen Gefährdungen für stillende und werdende Mütter sowie Jugendliche werden durch das Mutterschutzgesetz und die darauf gestützte Verordnung zum Schutze der Mütter am Arbeitsplatz sowie durch das Jugendarbeitsschutzgesetz gesondert berücksichtigt.

7 **Abs. 3** spezifiziert den Zeitpunkt, wann die Gefährdungsbeurteilung durchgeführt und die erforderlichen Schutzmaßnahmen getroffen werden müssen. Er setzt Art. 4 Abs. 4 RL 2006/25/EG um.

8 **Abs. 4** enthält die Vorschriften zur Dokumentation der Gefährdungsbeurteilung und entspricht Art. 4 Abs. 4 RL 2006/25/EG. Nach diesen Vorgaben ist die Gefährdungsbeurteilung regelmäßig zu aktualisieren. Eine Aktualisierung muss auch durchgeführt werden, wenn
– die Gefährdungsbeurteilung auf Grund von bedeutsamen Veränderungen veraltet ist
– oder auf Grund der Ergebnisse der arbeitsmedizinischen Vorsorge.

9 Gesundheitsschäden in Folge von Einwirkungen durch optische Strahlung können, wie bei Lärm und Vibrationen, langfristige Auswirkungen haben. Deshalb ist eine Aufbewahrungsfrist wie in § 4 Abs. 1 Satz 4 LärmVibrationsArbSchV angezeigt.

10 Weitergehende Regelungen zum Thema „Gefährdungsbeurteilung" enthalten die
– Technischen Regeln zur Arbeitsschutzverordnung zu künstlicher optischer Strahlung – TROS Inkohärente Optische Strahlung – Teil 1: Beurteilung der Gefährdung durch inkohärente optische Strahlung vom November 2013 sowie die
– Technischen Regeln zur Arbeitsschutzverordnung zu künstlicher optischer Strahlung – TROS Laserstrahlung – Teil 1: Beurteilung der Gefährdung durch Laserstrahlung vom April 2015.

Beide Regel-Systeme enthalten unter ihrem jeweiligen Punkt 3 Grundsätze zur Durchführung der (jeweiligen) Gefährdungsbeurteilung und beschreiben unter ihrem jeweiligen Punkt 6 die Durchführung selbst.

§ 4 Messungen und Berechnungen

(1) ¹**Der Arbeitgeber hat sicherzustellen, dass Messungen und Berechnungen nach dem Stand der Technik fachkundig geplant und durchgeführt werden.** ²**Dazu müssen Messverfahren und -geräte sowie eventuell erforderliche Berechnungsverfahren**
1. **den vorhandenen Arbeitsplatz- und Expositionsbedingungen hinsichtlich der betreffenden künstlichen optischen Strahlung angepasst sein und**
2. **geeignet sein, die jeweiligen physikalischen Größen zu bestimmen; die Messergebnisse müssen die Entscheidung erlauben, ob die in § 6 genannten Expositionsgrenzwerte eingehalten werden.**

(2) **Die durchzuführenden Messungen können auch eine Stichprobenerhebung umfassen, die für die persönliche Exposition der Beschäftigten repräsentativ ist.**

§ 4 dient der Umsetzung von Art. 4 Abs. 1 und 2 sowie Art. 5 Abs. 1 RL 2006/ 25/EG. 1

Abs. 1 enthält Bestimmungen zur Durchführung von Messungen und Berechnungen. Damit soll sichergestellt werden, dass Messungen und Berechnungen sowie die dazu notwendigen Messverfahren und -geräte dem Stand der Technik entsprechen. Durch die Inbezugnahme des Standes der Technik (vergleiche § 2 Absatz 10) wird die Anknüpfung zu den einschlägigen technischen Normen hergestellt. 2

Abs. 2 enthält die Verpflichtung zur Dokumentation der Messergebnisse. 3
Weitergehende Regelungen zum Thema „Messen und Berechnen" treffen die 4
– Technischen Regeln zur Arbeitsschutzverordnung zu künstlicher optischer Strahlung – TROS Inkohärente Optische Strahlung – Teil 2: Messungen und Berechnungen von Expositionen gegenüber inkohärenter optischer Strahlung vom November 2013 sowie die
– Technischen Regeln zur Arbeitsschutzverordnung zu künstlicher optischer Strahlung – TROS Laserstrahlung – Teil 2: Messungen und Berechnungen von Expositionen gegenüber Laserstrahlung vom April 2015.

§ 5 Fachkundige Personen, Laserschutzbeauftragter

(1) ¹**Der Arbeitgeber hat sicherzustellen, dass die Gefährdungsbeurteilung, die Messungen und die Berechnungen nur von fachkundigen Personen durchgeführt werden.** ²**Verfügt der Arbeitgeber nicht selbst über die entsprechenden Kenntnisse, hat er sich fachkundig beraten zu lassen.**

(2) ¹**Vor der Aufnahme des Betriebs von Lasern der Klassen 3R, 3B und 4 hat der Arbeitgeber, sofern er nicht selbst über die erforderliche Sachkunde verfügt, einen sachkundigen Laserschutzbeauftragten schriftlich zu bestellen.** ²**Die Sachkunde ist durch die erfolgreiche Teilnahme an einem**

OStrV § 5

entsprechenden Lehrgang nachzuweisen. ³Der Laserschutzbeauftragte hat folgende Aufgaben:
1. die Unterstützung des Arbeitgebers bei der Durchführung der notwendigen Schutzmaßnahmen gemäß § 3 Absatz 1 Satz 7;
2. die Überwachung des sicheren Betriebs von Lasern nach Satz 1.

⁴Bei der Wahrnehmung seiner Aufgaben arbeitet der Laserschutzbeauftragte mit der Fachkraft für Arbeitssicherheit und dem Betriebsarzt zusammen.

1 § 5 Abs. 1 und 2 stellen die fachkundige Erstellung der Gefährdungsbeurteilung und die fachkundige Durchführung von Messungen und Berechnungen gemäß Anforderungen in Art. 4 Abs. 2 RL 2006/25/EG sicher.

2 Zur Fachkunde gehören insbesondere die während der Ausbildung und die beruflich erworbenen besonderen Kenntnisse und Erfahrungen am Arbeitsplatz hinsichtlich der Anforderungen aus dieser Verordnung. Bei Vorliegen dieser besonderen Kenntnisse und Erfahrungen können zum Beispiel Fachkräfte für Arbeitssicherheit und Betriebsärzte die Fachkunde im Sinne dieses Verordnungsentwurfes für sich in Anspruch nehmen.

3 Mit dem Ziel der Deregulierung werden bisherige Forderungen aus Unfallverhütungsvorschriften in die Verordnung über optische Strahlung aufgenommen. Mit der Übernahme der Forderungen aus § 6 der BGV B2 „Laserstrahlung" können die berufsgenossenschaftliche Vorschrift zurückgezogen und somit unnötige Doppelregulierungen vermieden werden. In der betrieblichen Praxis hat sich der Laserschutzbeauftragte in dem für Auge und Haut gefährlichen Bereich der Laserstrahlung bewährt. Unfälle insbesondere aus Unkenntnis werden vermieden. Die Anforderungen an die in einem Lehrgang zur Erlangung der erforderlichen Sachkunde zu vermittelnden Inhalte sollten gemäß den amtlichen Begründungen aus dem Jahr 2010 in einer technischen Regel beschrieben werden.

4 Das Thema „Fachkundige Personen und Laserschutzbeauftragter" hat im Rahmen der im Januar 2015 von der Bundesregierung gestoppten Reform der Artikelverordnung zum Arbeitsstättenrecht eine besondere Wendung erhalten (vgl. II. Reform ohne Abschluss).

5 Noch vergleichsweise unproblematisch stellt sich dabei § 5 Abs. 1 OStrV betreffend die fachkundigen Personen dar. Auf der Rechtsgrundlage von § 9 dieser Verordnung i. V. m § 24 BetrSichV (seit 1.6.2015: § 21 BetrSichV) sind dazu in der Folgezeit Technische Regeln entstanden.

6 Die TROS „Inkohärente optische Strahlung" (IOS) „Teil Allgemeines", Punkt 2, hat zum Thema „Verantwortung" folgendes geregelt:

(1) Für die Durchführung der Gefährdungsbeurteilung ist der Arbeitgeber verantwortlich. Sofern er nicht selbst über die erforderlichen Kenntnisse verfügt, muss er sich fachkundig beraten lassen (z. B. durch geeignete Fachkräfte für Arbeitssicherheit oder fachkundige Personen nach § 5 OStrV).

(2) Hinsichtlich der Beteiligungsrechte der betrieblichen Interessenvertretung gelten die Bestimmungen des Betriebsverfassungsgesetzes bzw. der jeweiligen Personalvertretungsgesetze.

7 In der TROS „Inkohärente optische Strahlung" (IOS) „Teil 1: Beurteilung der Gefährdung" finden sich unter Punkt 3.3 folgende Absätze im Zusammenhang mit Organisation und Verantwortung:

(7) Die Gesamtverantwortung für die Gefährdungsbeurteilung liegt beim Arbeitgeber.

(8) Verfügt der Arbeitgeber nicht über die erforderliche Fachkunde und die entsprechenden Kenntnisse zur Beurteilung der Gefährdung durch inkohärente optische Strahlung, hat er sich nach § 5 Absatz 1 OStrV fachkundig beraten zu lassen. Diese Aufgabe kann beispielsweise die Fachkraft für Arbeitssicherheit durchführen. Die Erstellung der Gefährdungsbeurteilung kann an eine oder mehrere fachkundige Personen delegiert werden. Dazu ist es erforderlich, dass die für den Arbeitgeber tätig werdenden Personen über die notwendigen betriebsspezifischen Kenntnisse verfügen und Einsicht in alle für die Gefährdungsbeurteilung erforderlichen Unterlagen nehmen können und im Besitz aller notwendigen Informationen sind.

Als zentrale Regelung im Zusammenhang mit der nach § 5 Abs. 1 OStrV geforderten Fachkunde stellt sich dann Punkt 3.4 der TROS IOS Teil 1 dar, wenn es dort heißt:

3.4 Fachkundige für die Durchführung der Gefährdungsbeurteilung

(1) Fachkundige für die Durchführung der Gefährdungsbeurteilung im Sinne des § 5 Absatz 1 der OStrV sind Personen, die aufgrund ihrer fachlichen Ausbildung oder Erfahrungen ausreichende Kenntnisse über die Gefährdung durch inkohärente optische Strahlung haben. Sie sind mit den Vorschriften und Regelwerken soweit vertraut, dass sie die Arbeitsbedingungen und daraus resultierenden arbeitsplatzspezifischen Gefährdungen vor Beginn der Tätigkeit ermitteln und bewerten können. Der Fachkundige kann die Schutzmaßnahmen festlegen, bewerten und überprüfen. Umfang und Tiefe der notwendigen Kenntnisse sind häufig in Abhängigkeit von der zu beurteilenden Tätigkeit unterschiedlich.

Damit erhält der unbestimmte Rechtsbegriff „Fachkunde" aus § 5 Abs. 1 OStrV die notwendige Ausgestaltung.

Das für die Durchführung von Gefährdungsbeurteilungen erforderliche Know-how regelt a. a. O. Absatz 2 von Punkt 3.4:

(2) Die Durchführung der Gefährdungsbeurteilung von Tätigkeiten an Arbeitsplätzen mit inkohärenter optischer Strahlung erfordert von der fachkundigen Person je nach Situation Kenntnisse
– der anzuwendenden Rechtsgrundlagen,
– zu den physikalischen Grundlagen inkohärenter optischer Strahlungsexposition,
– zu dem für die Beurteilung notwendigen Stand der Technik,
– zu den Wirkungen von inkohärenter optischer Strahlung,
– zum Vorgehen bei der Beurteilung von Wechsel- oder Kombinationswirkungen von verschiedenen inkohärenten Strahlungsquellen,
– zu den Tätigkeiten im Betrieb, bei denen Personen inkohärenter optischer Strahlung ausgesetzt sein können,
– zu technischen, organisatorischen und personenbezogenen Schutzmaßnahmen,
– zu alternativen Arbeitsverfahren,
– zur Überprüfung der Wirksamkeit von Schutzmaßnahmen,
– zur Dokumentation der Gefährdungsbeurteilung.

Ähnlich streng stellen sich die an „Fachkundige" zu stellenden Know-how-Anforderungen im Kontext von Expositionsmessungen dar. Dazu heißt es in der TROS IOS Teil 1, Punkt 3.5:

OStrV § 5   ArbeitsschutzV künstliche optische Strahlung

3.5 Fachkundige für die Durchführung von Messungen und Berechnungen von Expositionen gegenüber inkohärenter optischer Strahlung

(1) Messungen von Expositionen gegenüber optischer Strahlung für Gefährdungsbeurteilungen dürfen nur von Personen durchgeführt werden, die über die dafür notwendige Fachkunde und die erforderlichen Einrichtungen verfügen. Der Fachkundige für die Durchführung von Messungen muss je nach Aufgabenstellung über die unter Abschnitt 3.4 aufgelisteten Kenntnisse für den Fachkundigen zur Gefährdungsbeurteilung verfügen. Darüber hinaus muss er zusätzliche Kenntnisse in der optischen Messtechnik nach dem Stand der Technik, über die Durchführung von Expositionsmessungen und die Beurteilung der Ergebnisse haben. Die Kenntnisse sind auf dem aktuellen Stand zu halten.

(2) Berechnungen von Expositionen gegenüber optischer Strahlung für Gefährdungsbeurteilungen dürfen nur von Personen durchgeführt werden, die über die dafür notwendige Fachkunde verfügen.

11   Zu der Frage, wie entsprechende Kenntnisse erlangt werden können, verhält sich exemplarisch (a. a. O.) Punkt 4.4 Erkenntnisse aus der arbeitsmedizinischen Vorsorge

(1) Bei der Gefährdungsbeurteilung sind die Erkenntnisse aus der arbeitsmedizinischen Vorsorge sowie allgemein zugängliche, veröffentlichte Informationen hierzu (z. B. Hilfestellungen der Bundesanstalt für Arbeitsschutz und Arbeitsmedizin (BAuA) oder der gesetzlichen Unfallversicherungsträger) zu berücksichtigen.

12   Insgesamt vermeiden es die Regelungen zur Fachkunde bzw. über fachkundige Personen, irgendwelche Vorgaben dazu zu machen, ob Lehrgänge besucht, Prüfungen bestanden oder Zeugnisse vorgelegt werden müssen, etc.

13   Nach der TROS „Inkohärente optische Strahlung" (IOS) Teil 2 Messungen und Berechnungen gilt gemäß Punkt 3.1 Absatz 3 folgendes:

(3) Das Messen optischer Strahlungsexpositionen ist eine komplexe Aufgabe und erfordert entsprechende Fachkenntnisse und Erfahrungen (Fachkunde nach §§ 4 und 5 OStrV). Der Arbeitgeber kann damit fachkundige Personen beauftragen, falls er nicht selbst über die entsprechende Kenntnisse und die notwendige Messtechnik verfügt.

Absatz 3 wiederholt damit im Kern die Regelung aus § 5 Abs. 1 OStrV.

14   Gemessen an der Fachkunde-Kriterien des Abs. 1 stellen sich die Rahmenbedingungen für den sachkundigen Laserschutzbeauftragten (LSB) in Abs. 2 wesentlich komplexer dar, wobei die Pflicht zur schriftlichen Bestellung noch das geringste Problem darstellt. Bereits in der ursprünglichen Fassung (2010) von § 5 Abs. 2 OStrV findet sich die Vorgabe, dass die Sachkunde durch die erfolgreiche Teilnahme an einem entsprechenden Lehrgang nachzuweisen ist.

Die im Januar 2015 entfallene Reform der OStrV hat i. E. jedoch dazu geführt, dass die ursprünglich geplante Ergänzung (Zitat): „Lehrgang eines von der zuständigen Behörde anerkannten Lehrgangsträgers" keine Rechtsgültigkeit erlangte (BR-Drs. 509/14 [Beschluss] vom 19.12.2014). Dies bleibt nicht ohne Folgen für die Einordnung und Bewertung dieses Komplexes im nachgeordneten „rangniedrigeren Recht". Weitergehende Regelungen finden sich dazu in der TROS „Laserstrahlung" Teil 3 Punkt 3 Absatz 1 sowie in deren Teil Allgemeines Punkt 5.

15   Teil 3 Punkt 3 Absatz 1 wiederholt nur die Regelung, wonach der LSB schriftlich zu bestellen ist (vgl. dazu § 5 Abs. 2 Satz 1 OStrV).

Der Teil „Allgemeines" regelt Weiteres wie folgt:

Punkt 5.1 Anforderungen und Aufgaben des LSB

Punkt 5.2 Anforderungen an die Kurse und Prüfung
Punkt 5.2.1 Anforderungen an den Kursveranstalter
Punkt 5.2.2 Ausbildungsinhalte
Punkt 5.2.3 Prüfungen

Losgelöst von der weitgehenden rechtlichen Unverbindlichkeit, die die Technischen Regeln als Empfehlungen charakterisieren, sind die seit April 2015 geltenden Regelungen in juristischer Hinsicht problematisch. Während Punkt 5.1 (Anforderungen) weitgehend die Vorgaben aus § 5 Abs. 2 OStrV wiederholt: 16
- qualifizierte Ausbildung und Sachkunde
- schriftliche Bestellung
- Zusammenarbeitsverpflichtung mit der Fachkraft für Arbeitssicherheit und Betriebsarzt sowie
- Unterstützung des Arbeitgebers bei der Unterweisung der Beschäftigten (§ 8 Abs. 1 OStrV)

fehlen für alle unter Punkt 5.2 folgenden Vorgaben für das Ausbildungs- und Prüfwesen jegliche rechtlichen Vorgaben und Ermächtigungen.

Es gibt keine aus der OStrV ableitbare Ermächtigung einer/der zuständigen Stelle, Anforderungen an Kurse und Prüfungen festzulegen (Punkt 5.2.1 Abs. 1).

Ebenfalls ohne Rechtsgrundlage steht die Vorgabe im Raum, wonach Kursveranstalter Prüfungsunterlagen fünf Jahre zur Einsicht aufbewahren müssen (Punkt 5.2.1 Abs. 2). Losgelöst von der mangelnden rechtlichen Verbindlichkeit und daraus erwachsender Probleme im Rahmen der verwaltungsgerichtlichen Prüfung erscheinen fünf Jahre Frist reichlich überzogen. Exemplarisch sei verwiesen auf § 26 der Richtlinien für Prüfungsordnungen gemäß § 41 BBiG bzw. § 38 HwO sowie § 32 der im Lande Nordrhein-Westfalen geltenden Verordnung für die Durchführung von Prüfungen sowie zur Schlichtung von Streitigkeiten aus einem Berufsausbildungsverhältnis im Ausbildungsberuf der Sozialversicherungsfachangestellten (Prüfungs- und Schlichtungsverordnung – PSVO) vom 1.10.2010 (zuletzt geändert durch Verordnung vom 17.4.2013 – GV.NRW, S. 198). 17

Die vorstehenden Regelungen sehen alle eine lediglich zwei Jahre während Aufbewahrungsfrist von Prüfungsarbeiten zwecks Einsichtnahme vor.

Auch die Vorgaben, die Ausbildungsinhalte (Punkt 5.2.2) und Prüfungsverläufe bis hin zu Punktestaffelungen und Prozentgrenzwerten (Punkt 5.2.3) betreffend, sind rechtlich problematisch und dürften wohl mangels Ermächtigungsgrundlage weder einer behördlichen, geschweige denn einer gerichtlichen Prüfung standhalten. Als vorweggenommenes Ergebnis einer gescheiterten Verordnungsnovelle sind sie ebenfalls untauglich. 18

Abschnitt 3. Expositionsgrenzwerte für und Schutzmaßnahmen gegen künstliche optische Strahlung

§ 6 Expositionsgrenzwerte für künstliche optische Strahlung

(1) **Die Expositionsgrenzwerte für inkohärente künstliche optische Strahlung entsprechen den festgelegten Werten im Anhang I der Richtlinie 2006/25/EG des Europäischen Parlaments und des Rates vom 5. April 2006 über Mindestvorschriften zum Schutz von Sicherheit und Gesundheit der Arbeitnehmer vor der Gefährdung durch physikalische Einwirkungen**

(künstliche optische Strahlung) (19. Einzelrichtlinie im Sinne des Artikels 16 Absatz 1 der Richtlinie 89/391/EWG) (ABl. L 114 vom 27.4.2006, S. 38) in der jeweils geltenden Fassung.

(2) Die Expositionsgrenzwerte für Laserstrahlung entsprechen den festgelegten Werten im Anhang II der Richtlinie 2006/25/EG des Europäischen Parlaments und des Rates vom 5. April 2006 über Mindestvorschriften zum Schutz von Sicherheit und Gesundheit der Arbeitnehmer vor der Gefährdung durch physikalische Einwirkungen (künstliche optische Strahlung) (19. Einzelrichtlinie im Sinne des Artikels 16 Absatz 1 der Richtlinie 89/391/EWG) (ABl. L 114 vom 27.4.2006, S. 38) in der jeweils geltenden Fassung.

1   Abs. 1 und 2 verweisen gleitend auf die in den Anhängen I und II der Richtlinie 2006/25/EG festgelegten Expositionsgrenzwerte für kohärente und inkohärente künstliche optische Strahlung.

2   Weitergehende Regelungen zu den Expositionsgrenzwerten finden sich unter Punkt 5 der TROS IOS, Teil 2, der seinerseits auf die Anlage 2 an gleicher Stelle verweist.

3   Die Parallel-Regelung für Laser findet sich in der TROS „Laserstrahlung", Teil 2, Punkt 4 mit Verweis auf die dortige Anlage 4.

§ 7 Maßnahmen zur Vermeidung und Verringerung der Gefährdungen von Beschäftigten durch künstliche optische Strahlung

(1) ¹Der Arbeitgeber hat die nach § 3 Absatz 1 Satz 7 festgelegten Schutzmaßnahmen nach dem Stand der Technik durchzuführen, um Gefährdungen der Beschäftigten auszuschließen oder so weit wie möglich zu verringern. ²Dazu sind die Entstehung und die Ausbreitung künstlicher optischer Strahlung vorrangig an der Quelle zu verhindern oder auf ein Minimum zu reduzieren. ³Bei der Durchführung der Maßnahmen hat der Arbeitgeber dafür zu sorgen, dass die Expositionsgrenzwerte für die Beschäftigten gemäß § 6 nicht überschritten werden. ⁴Technische Maßnahmen zur Vermeidung oder Verringerung der künstlichen optischen Strahlung haben Vorrang vor organisatorischen und individuellen Maßnahmen. ⁵Persönliche Schutzausrüstungen sind dann zu verwenden, wenn technische und organisatorische Maßnahmen nicht ausreichen oder nicht anwendbar sind.

(2) Zu den Maßnahmen nach Absatz 1 gehören insbesondere:
1. alternative Arbeitsverfahren, welche die Exposition der Beschäftigten durch künstliche optische Strahlung verringern,
2. Auswahl und Einsatz von Arbeitsmitteln, die in geringerem Maße künstliche optische Strahlung emittieren,
3. technische Maßnahmen zur Verringerung der Exposition der Beschäftigten durch künstliche optische Strahlung, falls erforderlich auch unter Einsatz von Verriegelungseinrichtungen, Abschirmungen oder vergleichbaren Sicherheitseinrichtungen,
4. Wartungsprogramme für Arbeitsmittel, Arbeitsplätze und Anlagen,

Vermeidung und Verringerung der Gefährdungen § 7 OStrV

5. die Gestaltung und die Einrichtung der Arbeitsstätten und Arbeitsplätze,
6. organisatorische Maßnahmen zur Begrenzung von Ausmaß und Dauer der Exposition,
7. Auswahl und Einsatz einer geeigneten persönlichen Schutzausrüstung,
8. die Verwendung der Arbeitsmittel nach den Herstellerangaben.

(3) ¹Der Arbeitgeber hat Arbeitsbereiche zu kennzeichnen, in denen die Expositionsgrenzwerte für künstliche optische Strahlung überschritten werden können. ²Die Kennzeichnung muss deutlich erkennbar und dauerhaft sein. ³Sie kann beispielsweise durch Warn-, Hinweis- und Zusatzzeichen sowie Verbotszeichen und Warnleuchten erfolgen. ⁴Die betreffenden Arbeitsbereiche sind abzugrenzen und der Zugang ist für Unbefugte einzuschränken, wenn dies technisch möglich ist. ⁵In diesen Bereichen dürfen Beschäftigte nur tätig werden, wenn das Arbeitsverfahren dies erfordert; Absatz 1 bleibt unberührt.

(4) ¹Werden die Expositionsgrenzwerte trotz der durchgeführten Maßnahmen nach Absatz 1 überschritten, hat der Arbeitgeber unverzüglich weitere Maßnahmen nach Absatz 2 durchzuführen, um die Exposition der Beschäftigten auf einen Wert unterhalb der Expositionsgrenzwerte zu senken. ²Der Arbeitgeber hat die Gefährdungsbeurteilung nach § 3 zu wiederholen, um die Gründe für die Grenzwertüberschreitung zu ermitteln. ³Die Schutzmaßnahmen sind so anzupassen, dass ein erneutes Überschreiten der Grenzwerte verhindert wird.

Abs. 1 übernimmt die Regelungen des Art. 5 Abs. 1 RL 2006/25/EG (Minimierungsgebot) und führt in Konkretisierung des § 4 ArbSchG die allgemeingültige Rangfolge der Schutzmaßnahmen auf. Danach müssen die Schutzmaßnahmen am Arbeitsplatz so durchgeführt werden, dass die Expositionsgrenzwerte eingehalten werden. 1

Abs. 2 konkretisiert Abs. 1 und übernimmt den Katalog von Maßnahmen, die der Arbeitgeber bei der Festlegung der Schutzmaßnahmen auf Grund der Gefährdungsbeurteilung zu berücksichtigen hat entsprechend Art. 5 Abs. 2 RL 2006/25/ EG. 2

Abs. 3 setzt Art. 5 Abs. 3 RL 2006/25/EG um. Er enthält Vorgaben zur Kennzeichnung und Abgrenzung von Arbeitsbereichen, in denen die Expositionsgrenzwerte für künstliche optische Strahlung überschritten werden können und damit eine Gefährdung der Beschäftigten nicht ausgeschlossen werden kann. In diesen Bereichen dürfen nur hierzu berechtigte Beschäftigte tätig werden. 3

Abs. 4 setzt Art. 5 Abs. 4 RL 2006/25/EG um, wonach der Arbeitgeber bei Erreichen oder Überschreitung der Expositionsgrenzwerte für Beschäftigte ein Programm mit technischen und organisatorischen Maßnahmen zur Verringerung der Exposition durch künstliche optische Strahlung ausarbeiten und durchführen muss. 4

Weitergehende Regelungen dazu, wie eine Vermeidung oder Verringerung der Gefährdungen von Beschäftigten durch künstliche optische Strahlung erreicht werden kann, enthalten die (jeweiligen) Punkte 9 der TROS IOS und der TROS „Laserstrahlung". 5

Abschnitt 4. Unterweisung der Beschäftigten bei Gefährdungen durch künstliche optische Strahlung, Beratung durch den Ausschuss für Betriebssicherheit

§ 8 Unterweisung der Beschäftigten

(1) ¹Bei Gefährdungen der Beschäftigten durch künstliche optische Strahlung am Arbeitsplatz stellt der Arbeitgeber sicher, dass die betroffenen Beschäftigten eine Unterweisung erhalten, die auf den Ergebnissen der Gefährdungsbeurteilung beruht und die Aufschluss über die am Arbeitsplatz auftretenden Gefährdungen gibt. ²Sie muss vor Aufnahme der Beschäftigung, danach in regelmäßigen Abständen, mindestens jedoch jährlich, und sofort bei wesentlichen Änderungen der gefährdenden Tätigkeit erfolgen. ³Die Unterweisung muss mindestens folgende Informationen enthalten:
1. die mit der Tätigkeit verbundenen Gefährdungen,
2. die durchgeführten Maßnahmen zur Beseitigung oder zur Minimierung der Gefährdung unter Berücksichtigung der Arbeitsplatzbedingungen,
3. die Expositionsgrenzwerte und ihre Bedeutung,
4. die Ergebnisse der Expositionsermittlung zusammen mit der Erläuterung ihrer Bedeutung und der Bewertung der damit verbundenen möglichen Gefährdungen und gesundheitlichen Folgen,
5. die Beschreibung sicherer Arbeitsverfahren zur Minimierung der Gefährdung auf Grund der Exposition durch künstliche optische Strahlung,
6. die sachgerechte Verwendung der persönlichen Schutzausrüstung.

⁴Die Unterweisung muss in einer für die Beschäftigten verständlichen Form und Sprache erfolgen.

(2) ¹Können bei Tätigkeiten am Arbeitsplatz die Grenzwerte nach § 6 für künstliche optische Strahlung überschritten werden, stellt der Arbeitgeber sicher, dass die betroffenen Beschäftigten arbeitsmedizinisch beraten werden. ²Die Beschäftigten sind dabei auch über den Zweck der arbeitsmedizinischen Vorsorgeuntersuchungen zu informieren und darüber, unter welchen Voraussetzungen sie Anspruch auf diese haben. ³Die Beratung kann im Rahmen der Unterweisung nach Absatz 1 erfolgen. ⁴Falls erforderlich, hat der Arbeitgeber den Arzt nach § 7 Absatz 1 der Verordnung zur arbeitsmedizinischen Vorsorge zu beteiligen.

1 § 8 dient Umsetzung der Art. 6 und 7 RL 2006/25/EG.
2 **Abs. 1** legt fest, dass durch den Arbeitgeber eine Unterweisung der betroffenen Beschäftigten sicher zu stellen ist, wenn im Rahmen der Gefährdungsbeurteilung nach § 3 der Verordnung eine Gefährdung für die Gesundheit und die Sicherheit der Beschäftigten am Arbeitsplatz festgestellt wird. Eine Gefährdung durch künstliche optische Strahlung liegt vor, wenn bei Exposition am Arbeitsplatz die Grenzwerte für künstliche optische Strahlung überschritten werden können oder die Sicherheit und die Gesundheit der Beschäftigten durch indirekte Auswirkungen (Blendung, Brand- und Explosionsgefahr) infolge von künstlicher optischer Strah-

Unterweisung der Beschäftigten **§ 8 OStrV**

lung am Arbeitsplatz nicht gewährleistet ist (vergleiche auch mit Begründung zu § 3). Die Vorgaben der Richtlinie zu den Inhalten der Unterweisung werden inhaltlich übernommen.

Die Unterweisung der Beschäftigten über die bei der Arbeit auftretenden Ge- 3 fährdungen durch künstliche optische Strahlung ist nur bei einer regelmäßigen Wiederholung ein wirksames Instrument des vorbeugenden Arbeitsschutzes. Eine verbindliche Benennung des Wiederholungszeitraums der Unterweisung unterstützt die betriebliche Praxis durch eine eindeutige und unmissverständliche Aufgabe und sichert zugleich kostenneutral das Schutzniveau.

Abs. 2 sieht für den Fall, dass am Arbeitsplatz die Expositionsgrenzwerte nach 4 § 6 überschritten werden können und damit eine Gefährdung der Beschäftigten nicht ausgeschlossen werden kann, eine allgemeine arbeitsmedizinische Beratung vor. Bestandteil der allgemeinen arbeitsmedizinischen Beratung sind auch Informationen, wie gesundheitsschädliche Auswirkungen der Exposition zu erkennen und zu melden sind.

Satz 2 setzt Art. 6 Buchst. e) RL 2006/25/EG um. 5

Weitergehende Regelungen zur Unterweisung nach Abs. 1 finden sich sowohl in 6 der TROS IOS als auch der TROS „Laserstrahlung" jeweils unter Punkt 7 von Teil 1.

Punkt 7 Abs. 3 der TROS IOS wiederholt die Vorgaben aus § 8 Abs. 1:
– Unterweisung vor Beschäftigungsaufnahme
– Regelmäßige, jährliche Wiederholung
– In verständlicher Form und Sprache

Hinsichtlich der Inhalte der Unterweisung weicht Punkt 7 Abs. 4 der TROS von 7 § 8 Abs. 1 der OStrV ab, wenn dort vorgegeben wird:

(4) Folgende Mindestinhalte sind im Rahmen der Unterweisung zu behandeln:
1. **die Art der Gefährdung und Möglichkeit der Schädigungen von Haut und Augen durch inkohärente optische Strahlung,**
2. **die festgelegten Maßnahmen zur Beseitigung oder zur Minimierung der Gefährdung unter Berücksichtigung der Arbeitsplatzbedingungen,**
3. **die Expositionsgrenzwerte und ihre Bedeutung,**
4. **die Ergebnisse der Expositionsermittlung zusammen mit einer Erläuterung ihrer Bedeutung und der Bewertung der damit verbundenen möglichen Gefährdungen und gesundheitlichen Folgen,**
5. **die bestimmungsgemäße Verwendung der persönlichen Schutzausrüstungen und ggf. anderer individueller Maßnahmen, erforderlichenfalls ergänzt durch eine Schulung in der Benutzung,**
6. **die Voraussetzungen, unter denen die Beschäftigten Anspruch auf arbeitsmedizinische Vorsorge haben und deren Zweck,**
7. **die bestimmungsgemäße Handhabung der Arbeitsmittel und sichere Arbeitsverfahren zur Minimierung der Gefährdung durch inkohärente optische Strahlung,**
8. **Hinweise zur Erkennung und Meldung möglicher Gesundheitsschäden,**
9. **Hinweise zu Wirkungen (z. B. fotosensibilisierende Effekte) von Medikamenten, Kosmetika und Gefahrstoffen.**

Da den Technischen Regeln jedoch keine zwingende rechtliche Verbindlichkeit 8 zukommt, gehen im Zweifelsfall die Vorgaben aus § 8 Abs. 1 OStrV vor.

Noch wesentlich umfangreicher sind die Vorgaben nach Punkt 7 der TROS „La- 9 serstrahlung". Diese nimmt im Absatz 1 Bezug auf § 8 OStrV. Im Punkt 7 Absatz 4 werden die Inhalte der Unterweisung nach § 8 OStrV zutreffend als Mindestinhalt beschrieben und dann um ein Mehrfaches an möglichen Punkten wie folgt ergänzt:
– die Eigenschaften der Laserstrahlung,

OStrV § 8   ArbeitsschutzV künstliche optische Strahlung

- die Möglichkeit der Blendung durch sichtbare Laserstrahlung und deren indirekte Auswirkungen,
- die Art der Gefährdung und Möglichkeit der Schädigungen von Haut und Augen durch Laserstrahlung,
- die Expositionsgrenzwerte und ihre Bedeutung,
- die tatsächlich ermittelten Expositionswerte zusammen mit der Bewertung der damit verbundenen Gefährdungen (direkte Gefährdung durch Laserstrahlung an einer Laseranlage), u. a. Wirkung der Laserstrahlung auf Auge und Haut, mögliche Verletzungen und Verletzungsfolgen,
- Gefährdungen durch indirekte Auswirkungen der Laserstrahlung wie lasergenerierte Schadstoffe (auch durch optische Komponenten wie ZnSe-Linsen), Zündung explosionsfähiger Atmosphären und explosionsgefährlicher Stoffe, Brandgefahr und Sekundärstrahlung,
- die festgelegten Maßnahmen zur Beseitigung oder zur Minimierung der Gefährdung unter Berücksichtigung der Arbeitsplatzbedingungen,
- die bestimmungsgemäße Verwendung der persönlichen Schutzausrüstungen und ggf. anderer individueller Maßnahmen, erforderlichenfalls ergänzt durch eine Schulung in der Benutzung,
- Verhalten im Laserbereich bei Normalbetrieb, insbesondere mögliches Fehlverhalten, wie das Abschrauben der Einhausung oder Abdeckung an einer Laser-Einrichtung,
- Verhalten im Laserbereich bei Service- und Wartungsarbeiten,
- bei Unfällen im Laserbereich (Liste der potentiellen Notsituationen und Beschreibung der zugehörigen Rettungs-/Räumungsmaßnahmen, vorsorgliche Einweisung für Ersthelfer und Rettungskräfte),
- Voraussetzungen, unter denen die Beschäftigten Anspruch auf arbeitsmedizinische Vorsorge haben, und deren Zweck,
- die bestimmungsgemäße Handhabung der Arbeitsmittel und sichere Arbeitsverfahren zur Minimierung der Gefährdungen durch inkohärente optische Strahlung,
- Hinweise zur Erkennung und Meldung möglicher Gesundheitsschäden,
- Hinweise zu Wirkungen von Medikamenten, Kosmetika und Gefahrstoffen (z. B. fotosensibilisierende Effekte).

10   Die allgemeine arbeitsmedizinische Beratung nach § 8 Abs. 2 OStrV findet ihre Ergänzung und Ausformung in den (jeweiligen) Punkten 8 der TROS IOS sowie der TROS „Laserstrahlung". Der positive Aspekt für die betriebliche Praxis liegt darin, dass die Regelungen über die zu vermittelnden Themen in beiden TROS absolut textgleich sind und sich wie folgt unisono darstellen (Punkt 8 Abs. 4 TROS Laserstrahlung – Punkt 8 Abs. 5 und 6 TROS IOS):

(5) Grundlage der arbeitsmedizinischen Beratung ist die Gefährdungsbeurteilung. Die Beschäftigten sind je nach Erfordernis zu informieren bzw. zu beraten hinsichtlich:
1. **der möglichen akuten Wirkungen durch inkohärente optische Strahlung auf die Haut und die Augen,**
2. **der zu erwartenden Symptome/Gesundheitsstörungen nach einer Exposition,**
3. **individueller Faktoren, die zu einer Erhöhung des Risikos führen können, wie eine anlagebedingte Anfälligkeit für die Entstehung von Gesundheitsstörungen (z. B. empfindliche Haut), Vorerkrankungen (z. B. Autoimmunerkrankungen), medizinische Hilfsmittel wie Kontaktlinsen, Linsenimplantate, eine bestehende Medikation (etwa Einnahme oder Auftragen fototoxischer, fotosensibilisierender oder immun-**

suppressiver Medikamente) oder Probleme, die sich aus der Verwendung von z. B. Kosmetika, Parfums, Rasierwasser und Desinfektionsmitteln ergeben können,
4. der krebserzeugenden bzw. krebsfördernden Eigenschaften inkohärenter optischer Strahlung und den damit im Zusammenhang stehenden gefährdungsrelevanten Bereichen der UV-Strahlung,
5. sonstiger chronisch-schädigender Eigenschaften inkohärenter optischer Strahlung,
6. arbeitsmedizinische Vorsorge (siehe Abschnitt 5) sowie deren Zweck.

(6) Falls relevant, sind die Beschäftigten darüber hinaus über besondere arbeitsmedizinische Aspekte zu informieren und zu beraten hinsichtlich:
1. der Benutzung persönlicher Schutzausrüstung,
2. möglicher Belastungen und Beanspruchungen durch persönliche Schutzausrüstung,
3. der konsequenten Umsetzung von Schutzmaßnahmen,
4. weiterer Maßnahmen zur Verhältnis- und Verhaltensprävention,
5. Verhaltensweisen bei Erkrankungsverdacht,
6. arbeitsmedizinischer Beratungsmöglichkeiten beim Auftreten von Symptomen, z. B. in Form von arbeitsmedizinischer Vorsorge.

§ 9 Beratung durch den Ausschuss für Betriebssicherheit

¹Das Bundesministerium für Arbeit und Soziales wird in allen Fragen der Sicherheit und des Gesundheitsschutzes bei künstlicher optischer Strahlung durch den Ausschuss nach § 24 der Betriebssicherheitsverordnung beraten. ²§ 24 Absatz 4 und 5 der Betriebssicherheitsverordnung gilt entsprechend.

§ 9 legt fest, dass der Ausschuss für Betriebssicherheit Beratungsaufgaben zu Gefährdungen der Beschäftigten durch künstliche optische Strahlung wahrnimmt. Macht das Bundesministerium für Arbeit und Soziales von seiner Möglichkeit Gebrauch, die vom Ausschuss ermittelten Regeln und Erkenntnisse im Gemeinsamen Ministerialblatt zu publizieren, lösen die Regeln und Erkenntnisse die Vermutungswirkung aus. Die Regelungen des § 9 folgen dem Muster anderer Verordnungen zum Arbeitsschutzgesetz (Lärm- und Vibrations-Arbeitsschutzverordnung, Gefahrstoffverordnung, Biostoffverordnung, Betriebssicherheitsverordnung, Arbeitsstättenverordnung, Verordnung zur arbeitsmedizinischen Vorsorge). 1

Die Bezugsnormen zur Betriebssicherheitsverordnung (BetrSichV) haben sich durch deren Novellierung per 1.6.2015 geändert (BGBl. I, S. 49 ff.). Der Ausschuss ist unter § 21 BetrSichV geregelt. 2

Abschnitt 5. Ausnahmen; Straftaten und Ordnungswidrigkeiten

§ 10 Ausnahmen

(1) ¹Die zuständige Behörde kann auf schriftlichen Antrag des Arbeitgebers Ausnahmen von den Vorschriften des § 7 zulassen, wenn die Durchführung der Vorschrift im Einzelfall zu einer unverhältnismäßigen Härte

OStrV § 10 ArbeitsschutzV künstliche optische Strahlung

führen würde und die Abweichung mit dem Schutz der Beschäftigten vereinbar ist. ²Diese Ausnahmen können mit Nebenbestimmungen verbunden werden, die unter Berücksichtigung der besonderen Umstände gewährleisten, dass die Gefährdungen, die sich aus den Ausnahmen ergeben können, auf ein Minimum reduziert werden. ³Die Ausnahmen sind spätestens nach vier Jahren zu überprüfen; sie sind aufzuheben, sobald die Umstände, die sie gerechtfertigt haben, nicht mehr gegeben sind. ⁴Der Antrag des Arbeitgebers muss mindestens Angaben enthalten zu
1. der Gefährdungsbeurteilung einschließlich der Dokumentation,
2. Art, Ausmaß und Dauer der Exposition durch die künstliche optische Strahlung,
3. dem Wellenlängenbereich der künstlichen optischen Strahlung,
4. dem Stand der Technik bezüglich der Tätigkeiten und der Arbeitsverfahren sowie zu den technischen, organisatorischen und persönlichen Schutzmaßnahmen,
5. den Lösungsvorschlägen, wie die Exposition der Beschäftigten reduziert werden kann, um die Expositionswerte einzuhalten, sowie einen Zeitplan hierfür.

(2) Eine Ausnahme nach Absatz 1 Satz 1 kann auch im Zusammenhang mit Verwaltungsverfahren nach anderen Rechtsvorschriften beantragt werden.

1   **Abs. 1** wurde in enger Anlehnung an die entsprechenden Regelungen der Lärm- und Vibrations-Arbeitsschutzverordnung formuliert. Seine Bestimmungen eröffnen die Möglichkeit, dass die zuständige Vollzugsbehörde in begründeten Einzelfällen unter Beachtung der genannten Kriterien Ausnahmen von Bestimmungen gewähren kann. Nach dem Regierungsentwurf sollten Ausnahmen von § 7 und § 8 möglich sein. Auf Betreiben des Bundesrates (vgl. BR-Drs. 262/10 – Beschluss) wurde der Dispens von der Unterweisungspflicht (§ 8) wieder gestrichen und wie folgt begründet. Wenn eine Gefährdung der Beschäftigten durch künstliche optische Strahlung festgestellt wird, besteht für den Arbeitgeber aufgrund des § 8 OStrV die Verpflichtung, die Beschäftigten zu unterweisen und dabei bestimmte Mindestinformationen zu vermitteln. Im Hinblick auf den hohen Stellenwert der Unterweisung für den Schutz der Beschäftigten, soll dem Arbeitgeber hierzu keine Ausnahmemöglichkeit eingeräumt werden, zumal auch nicht zu erkennen ist, dass die Unterweisung eine unverhältnismäßige Härte darstellen könnte.

2   Die Tatsache, dass die Empfehlung der Bundesratsausschüsse zur Regelung eines elektronischen Antragsverfahrens in Form von § 10 Abs. 1 Satz 2 (neu) dem Reform-Stop zum Opfer fiel (vgl. dazu BR-Drs. 509/1/13 vom 8.12.2014, S. 15–16) ist vernachlässigbar, vor dem Hintergrund einer gleichwertigen Regelung aus § 110a OWiG.

3   **Abs. 2** besagt, dass Ausnahmen nach Absatz 1 Satz 1 beantragt werden können, wenn diese mit Verwaltungsverfahren nach anderen Rechtsvorschriften zusammenhängen.

§ 11 Straftaten und Ordnungswidrigkeiten

(1) Ordnungswidrig im Sinne des § 25 Absatz 1 Nummer 1 des Arbeitsschutzgesetzes handelt, wer vorsätzlich oder fahrlässig
1. entgegen § 3 Absatz 3 Satz 1 Beschäftigte eine Tätigkeit aufnehmen lässt,
2. entgegen § 3 Absatz 4 Satz 1 und Satz 2 eine Gefährdungsbeurteilung nicht richtig, nicht vollständig oder nicht rechtzeitig dokumentiert,
3. entgegen § 4 Absatz 1 Satz 1 nicht sicherstellt, dass eine Messung oder eine Berechnung nach dem Stand der Technik durchgeführt wird,
4. entgegen § 5 Absatz 1 Satz 1 nicht sicherstellt, dass die Gefährdungsbeurteilung, die Messungen oder die Berechnungen von fachkundigen Personen durchgeführt werden,
5. entgegen § 5 Absatz 2 Satz 1 einen sachkundigen Laserschutzbeauftragten nicht schriftlich bestellt,
6. entgegen § 7 Absatz 3 Satz 1 einen Arbeitsbereich nicht kennzeichnet,
7. entgegen § 7 Absatz 3 Satz 4 einen Arbeitsbereich nicht abgrenzt,
8. entgegen § 7 Absatz 4 Satz 1 eine Maßnahme nicht oder nicht rechtzeitig durchführt oder
9. entgegen § 8 Absatz 1 Satz 1 nicht sicherstellt, dass ein Beschäftigter eine Unterweisung in der vorgeschriebenen Weise erhält.

(2) Wer durch eine in Absatz 1 bezeichnete vorsätzliche Handlung das Leben oder die Gesundheit von Beschäftigten gefährdet, ist nach § 26 Nummer 2 des Arbeitsschutzgesetzes strafbar.

§ 11 enthält die üblichen Sanktionsbestimmungen. Abs. 1 bezeichnet bestimmte 1
schwere Verstöße gegen die Bestimmungen der Verordnung als Ordnungswidrigkeiten, die gemäß § 25 ArbSchG mit einer Geldbuße geahndet werden können. Werden durch einen solchen Verstoß vorsätzlich das Leben oder die Gesundheit eines Beschäftigten gefährdet, kann dies durch Abs. 2 in Verbindung mit § 26 ArbSchG bestraft werden.

Die von den Fachausschüssen des Bundesrates im Rahmen der parlamentari- 2
schen Beratungen zum Jahresende 2014 geforderten Erweiterungen im Katalog der Ordnungswidrigkeiten (vgl. Br-Drs. 509/1/14 vom 8.12.2014, S. 16) sind ebenfalls dem Reform-Stop zum Opfer gefallen.

Verordnung zur arbeitsmedizinischen Vorsorge (ArbMedVV)

Vom 18. Dezember 2008

(BGBl. I S. 2768), geänd. durch Art. 2 EG-RL-UmsetzungsVO v. 19.7.2010 (BGBl. I S. 960),
Art. 5 Abs. 8 VO v. 26.11.2010 (BGBl. I S. 1643)
sowie Art. 1 VO v. 23.10.2013 (BGBl. I S. 3882)

FNA 805-3-11

Literatur: *Beckschulze* Die arbeitsmedizinische Untersuchung – Vorsorge oder Eignung? – Teil 1 und 2 –; *Fritsche, Lenuck, Müller-Knöss* Vorsorge: Manches neu, vieles anders, AiB, Heft 5/2014, Seite 46 ff.; *Kiesche* Das betriebliche Eingliederungsmanagement als Teil des Betrieblichen Gesundheitsmanagements – sicher ist sicher, Heft 5/2014, S. 270; *Kleinebrink* Bedeutung von Gesundheitsuntersuchungen für Arbeitgeber nach neuem Recht – Der Betrieb, Heft 14/2014, S. 776; *Klussmann* Physische Belastungen bei der Arbeit: Bedeutung, Beurteilung, Maßnahmen – Sicher ist sicher, Heft 1/2015, S. 6; *N. N.* Arbeitsmedizinvorsorgeverordnung in Kraft getreten, Sicher ist sicher, 2009, S. 107; *Rohs* Kostenerstattung für eine arbeitsmedizinische Vorsorgeuntersuchung – Besprechung der Entscheidung des LAG Rheinland-Pfalz vom 30.1.2014 – 2 Sa 361/13 – AiB, Heft 4/2015, S. 64.

Einführung

1   Vorschriften zur arbeitsmedizinischen Vorsorge waren bis Ende 2008 in verschiedenen staatlichen Verordnungen und in der Unfallverhütungsvorschrift „Arbeitsmedizinische Vorsorge" (BGV A 4) der Unfallversicherungsträger verortet. Mit der Novellierung der Gefahrstoffverordnung (GefStoffV) vom 23.12.2004 (BGBl. I S. 3758), die am 1.1.2005 in Kraft getreten war, hatte die BGV A 4 bereits an Bedeutung verloren und galt seitdem nur noch für wenige Untersuchungsanlässe. Die historisch bedingte, parallele Rechtsetzung sowohl im staatlichen Recht als auch im Unfallverhütungsrecht war aus Sicht des Gesetz- und Verordnungsgebers fachlich nicht mehr begründbar. In einigen Bereichen bestanden zudem in der Praxis Unsicherheiten in Bezug auf die Verbindlichkeit von arbeitsmedizinischen Vorsorgeuntersuchungen.

2   Ziel dieser Verordnung war und ist daher die Schaffung rechtlich einwandfreier, systematischer und transparenter Rechtsgrundlagen zur arbeitsmedizinischen Vorsorge. Die Verordnung dient überdies der Rechtsvereinfachung, die auch der Bundesrat in seiner Entschließung vom 1.10.2004 (BR-Drs. 413/04) gefordert hat (vgl. dazu: Amtliche Begründung in BR-Drs. 643/08 vom 29.8.2008, S. 24). Einige Bereiche arbeitsbedingter Erkrankungen finden, wie festzustellen war, bei der arbeitsmedizinischen Vorsorge noch zu wenig Beachtung. Das gilt z. B. für Muskel-Skelett-Erkrankungen, die rund ein Viertel der Kosten arbeitsbedingter Erkrankungen verursachen. Hier sollen zukünftig Verbesserungen in der Praxis angestoßen werden, ohne die Unternehmen durch verpflichtende Vorgaben zu belasten.

3   Die **Vereinheitlichung von Rechtsvorschriften** zur arbeitsmedizinischen Vorsorge erfolgte im Dezember 2008 im Wege der Artikelverordnung zur Rechts-

vereinfachung und Stärkung der arbeitsmedizinischen Vorsorge v. 18.12.2008. Deren Kernstück war die im Wesentlichen auf die §§ 18 und 19 ArbSchG gestützte Verordnung zur arbeitsmedizinischen Vorsorge (Art. 1). Die Artikel 2 bis 7 enthielten seinerzeit die auf Grund von Artikel 1 erforderlichen Folgeänderungen in der Gefahrstoffverordnung, in der Biostoffverordnung, in der Gentechnik-Sicherheitsverordnung, in der Lärm- und Vibrations-Arbeitsschutzverordnung, in der Druckluftverordnung sowie der Bildschirmarbeitsverordnung. Inhaltlich hatten sich für Arbeitgeber, Beschäftigte sowie Ärzte und Ärztinnen keine Änderungen ergeben. Die seinerzeitigen Neufassungen der § 15 GefStoffV, § 15 BioStoffV, § 13 LärmVibrationsArbSchV und § 10 Druckluftverordnung, die jeweils einen Verweis auf die Verordnung zur arbeitsmedizinischen Vorsorge enthielten, dienten lediglich der Klarstellung (vgl. dazu: BR-Drs. 643/08 v. 29.8.2008).

Bei der Prüfung der Frage, welche Regelungen im Jahr 2008 in die Verordnung 4 aufgenommen und welche in den bereits bestehenden Fachverordnungen verbleiben sollten, wurden folgende Überlegungen angestellt: Arbeitsmedizinische Prävention im Betrieb betrifft sowohl primärpräventive als auch sekundärpräventive Maßnahmen. Gegenstand arbeitsmedizinischer Primärprävention, die nach § 4 Nr. 5 ArbSchG grundsätzlich Vorrang vor individuellen Arbeitsschutzmaßnahmen hat, sind in der Regel kollektive Arbeitsschutzmaßnahmen, wie z. B. die Beteiligung der Arbeitsmedizin an der (allgemeinen) Gefährdungsbeurteilung und an der Unterweisung der Beschäftigten. Eine Herausnahme dieser allgemeinen arbeitsmedizinischen Präventionsmaßnahmen aus den Fachverordnungen bzw. ein Transfer in die Verordnung zur arbeitsmedizinischen Vorsorge wurde als fachlich nicht sinnvoll erachtet.

Die Präsenz des Betriebsarztes oder der Betriebsärztin vor Ort war und ist bei der 5 arbeitsmedizinischen Primärprävention zwar theoretisch wünschenswert, in der Praxis aber nicht immer zu verwirklichen. Besonders kleine und mittlere Unternehmen (KMU) benötigen hier nach wie vor flexible Regelungen. Bund, Länder, Sozialpartner und Unfallversicherungsträger haben sich daher seinerzeit für KMU auf alternative Betreuungsformen verständigt, die diesen Belangen Rechnung tragen (siehe Unfallverhütungsvorschrift „Betriebsärzte und Fachkräfte für Arbeitssicherheit" (DGUV-Vorschrift 2)). Die allgemeine arbeitsmedizinische Prävention verbleibt somit im Arbeitsschutzgesetz i. V. m. DGUV-Vorschrift 2 bzw. in den Fachverordnungen (siehe z. B. die Gefahrstoffverordnung und die Biostoffverordnung) (vgl. dazu: Amtliche Begründung, a. a. O., S. 24 f.).

Die Änderung der Verordnung zur arbeitsmedizinischen Vorsorge ist als Art. 1 6 der ersten Verordnung zur arbeitsmedizinischen Vorsorge am 23.10.2013 in Kraft getreten. Sie trägt dem Umstand Rechnung, dass seit dem ersten Inkrafttreten der Verordnung Rechtsunsicherheiten aufgetreten waren, die unter anderem darauf beruhen, dass für Tätigkeiten mit krebserzeugenden Stoffen keine Arbeitsplatzgrenzwerte existieren. In der Praxis besteht teilweise Unklarheit darüber, ob auch in diesem Fall arbeitsmedizinische Pflichtuntersuchungen zu veranlassen sind. Darüber hinaus wurden, wie sich herausgestellt hatte, einzelne Regelungen der ArbMedVV in der Praxis unterschiedlich gehandhabt. Das basierte nicht zuletzt auch auf interpretierbaren Formulierungen. Beschäftigte müssen sich im Rahmen der arbeitsmedizinischen Vorsorge keinen körperlichen oder klinischen Untersuchungen unterziehen. Arbeitsmedizinische Vorsorge dient der individuellen Aufklärung und Beratung der Beschäftigten über die Wechselwirkungen zwischen ihrer Arbeit und ihrer Gesundheit. Es besteht kein Untersuchungszwang.

Änderungsbedarf existierte zudem aufgrund neuer Erkenntnisse hinsichtlich 7 einzelner Anlässe für arbeitsmedizinische Vorsorge. Darüber hinaus stand die

Wunschuntersuchung bis dahin eher im Hintergrund. Dieses Instrument leistet jedoch einen wichtigen Beitrag zur Verhütung arbeitsbedingter Erkrankungen sowie zum Erhalt der Beschäftigungsfähigkeit und damit auch zur Bewältigung des demografischen Wandels in der Arbeitswelt.

8 Die Verordnung hat das Ziel, durch eine geänderte Terminologie und Klarstellungen weitere Rechtssicherheit zu schaffen, die Inanspruchnahme der Wunschvorsorge zu erhöhen und den Anhang der ArbMedVV zu aktualisieren. Auf diese Weise sollte der Schutz der Gesundheit der Beschäftigten verbessert sowie ihr Recht auf informationelle Selbstbestimmung gestärkt und der notwendige Datenschutz gewährleistet werden. Zugleich soll, nach dem Willen des Verordnungsgebers, die arbeitsmedizinische Vorsorge an den Stand der Wissenschaft angepasst und auf das notwendige Maß beschränkt werden.

I. Rechtspolitische Zielsetzung

9 Gegenstand der Verordnung zur arbeitsmedizinischen Vorsorge, schon in ihrer ursprünglichen Fassung von 2008, ist die arbeitsmedizinische **Sekundärprävention** (arbeitsmedizinische Vorsorgeuntersuchungen einschließlich individueller arbeitsmedizinischer Beratungen). Sie entspricht damit dem Rechtsbereich, den die EU unter der Überschrift „Gesundheitsüberwachung" normiert. „Gesundheitsüberwachung" bzw. „arbeitsmedizinische Vorsorge" ist demnach ein personenbezogenes Arbeitsschutzinstrument, das gegenüber anderen Arbeitsschutzmaßnahmen eine Sonderstellung einnimmt: Zum einen sind hier, insbesondere bei Pflichtuntersuchungen, das Grundrecht auf freie Berufsausübung (Art. 12 Abs. 1 GG) und das allgemeine Persönlichkeitsrecht (Art. 2 Abs. 1 i. V. m. Art. 1 Abs. 1 GG) in besonderer Weise betroffen. Diese spezielle Grundrechtsrelevanz stellt an die arbeitsmedizinische Vorsorge deutlich höhere Legitimationsanforderungen als an andere Arbeitsschutzmaßnahmen. Pflichtuntersuchungen bedürfen deshalb einer klaren gesetzlichen Grundlage. Auch bedarf der Umgang mit den aus den Untersuchungen gewonnenen persönlichen Daten der Beschäftigten besonderer Schutzvorschriften.

10 Zum anderen ist der Arzt oder die Ärztin bei der arbeitsmedizinischen Vorsorge nicht zu ersetzen. Eine „alternative" Erledigung durch den Arbeitgeber kommt hier – anders als bei anderen Arbeitsschutzpflichten – definitiv nicht in Frage. Deshalb müssen für diesen Bereich auch Regelungen zu den Pflichten des Arztes oder der Ärztin getroffen werden (siehe § 18 Abs. 2 Nr. 4 ArbSchG) (vgl. dazu: Amtliche Begründung, BR-Drs. 643/08 v. 29.8.2008, S. 25).

11 Die Verordnung schreibt vor, dass sich der Arzt oder die Ärztin vor Durchführung einer Vorsorgeuntersuchung die notwendigen Kenntnisse über die Arbeitsplatzverhältnisse verschaffen muss. Sie verpflichtet außerdem den Arbeitgeber entsprechend zur Auskunftserteilung sowie zur Ermöglichung von Arbeitsplatzbegehungen. Auch wird der Arzt oder die Ärztin verpflichtet, Untersuchungserkenntnisse auszuwerten, Erkenntnisse über unzureichende Schutzmaßnahmen an den Arbeitgeber weiterzugeben und Verbesserungen vorzuschlagen. Diese Vorschriften sollen eine bestmögliche Verknüpfung von Primär- und Sekundärprävention gewährleisten.

12 Die Verordnung zur arbeitsmedizinischen Vorsorge hat im Vorschriftenteil die allgemeinen Regelungen zur arbeitsmedizinischen Vorsorge aus den in 2008 bestehenden Arbeitsschutzverordnungen zusammengeführt bzw. vereinheitlichte die seinerzeit bereits geltenden Regelungen. In einem Anhang wurden die Untersuchungsanlässe nach Tätigkeitsfeldern aufgelistet. Dabei folgte eine Untergliederung nach Tätigkeiten mit Gefahrstoffen, mit biologischen Arbeitsstoffen, mit physika-

Einführung **Einf ArbMedVV**

lischen Einwirkungen und sonstigen Tätigkeiten. Auch die wenigen, noch in der Unfallverhütungsvorschrift „Arbeitsmedizinische Vorsorge" (BGV A 4) enthaltenen Untersuchungsanlässe (z. B. Hitzearbeiten, Kältearbeiten) wurden in den Anhang überführt und machten dadurch die BGV A 4 im Ergebnis überflüssig (vgl. dazu: BR-Drs. 643/08 v. 29.8.2008, S. 26).

Die Zusammenführung der Untersuchungsanlässe sollte nach dem Willen des 13 zuständigen Bundesarbeitsministeriums Transparenz über **Pflicht- und Angebotsuntersuchungen** herstellen. Sie sollte zugleich Rechtsunsicherheiten, die im Unfallverhütungsrecht in Bezug auf die arbeitsschutzrechtliche Verbindlichkeit bestimmter Untersuchungsanlässe bestanden haben, beseitigen. In der Praxis gab es insbesondere Rechtsunsicherheiten bei den Untersuchungsanlässen „Fahr-, Steuer- und Überwachungstätigkeiten" und „Arbeiten mit Absturzgefahr". Weder das staatliche Recht zur arbeitsmedizinischen Vorsorge noch die BGV A 4 enthielten in den Jahren vor 2008 zu diesen Untersuchungstatbeständen verbindliche Vorgaben. Die entsprechenden Untersuchungen wurden lange Zeit anhand von Grundsätzen der Berufsgenossenschaften („G 25, Fahr-, Steuer- und Überwachungstätigkeiten" bzw. „G 41, Arbeiten mit Absturzgefahr") durchgeführt. BG-Grundsätze sind aber problematisch, weil nicht rechtsverbindlich, d. h. sie lösen keine rechtliche Verpflichtung für Untersuchungen aus, mit allen sich darauf ergebenden Konsequenzen auch für evtl. spätere BK-Verfahren (vgl. dazu: BR-Drs. 643/08 v. 29.8.2008, S. 26).

Im Vorfeld der Erarbeitung der Verordnung ist die ergänzende Aufnahme dieser 14 sehr speziellen Untersuchungsanlässe als Pflicht- oder Angebotsuntersuchungen (jetzt: Pflicht- und Angebots**vorsorge**) in die Verordnung diskutiert worden. Die Aufnahme der Untersuchungsanlässe „Fahr-, Steuer-, und Überwachungstätigkeiten" und „Arbeiten mit Absturzgefahr" in den Anhang der Verordnung hätte aber im Widerspruch zum einschlägigen EU-Recht gestanden, das für diese Bereiche keine Untersuchungen vorsah. Mit der EU-konformen Beibehaltung der geltenden Rechtslage wurde zugleich vermieden, dass den Unternehmen zusätzliche Verpflichtungen auferlegt werden. Dies war und ist besonders für KMU bedeutsam. Diese Klarstellung der Rechtslage stellte darüber hinaus sicher, dass die vom Bundesarbeitsgericht zum Fragerecht entwickelten Grundsätze nicht umgangen wurden. Schließlich legte sie offen, dass die Kosten für scheinbare Pflichtuntersuchungen bei „Fahr-, Steuer- und Überwachungstätigkeiten" und bei „Arbeiten mit Absturzgefahr" grundsätzlich nicht dem Arbeitsschutzrecht zugerechnet werden können. Laut einer aktuellen berufsgenossenschaftlichen Statistik aus jener Zeit handelte es sich um jährlich ca. 876 000 Untersuchungen.

Folglich blieb es hier bei dem allgemeinen Grundsatz auf der Rechtsgrundlage 15 von § 11 ArbSchG, dass der Arbeitgeber den Beschäftigten auf ihren Wunsch hin Untersuchungen ermöglichen muss. Der oder die einzelne Beschäftigte kann so ebenfalls und ohne rechtliche Nachteile abklären lassen, ob er oder sie den Anforderungen der Tätigkeit gewachsen sein wird und sich entsprechend vom Arzt oder von der Ärztin beraten lassen (vgl. dazu: BR-Drs. 643/08 v. 29.8.2008, S. 27).

Die Verordnung bezog seit ihrem ersten Inkrafttreten neben den im damals gel- 16 tenden Recht bereits geregelten Pflicht- und Angebotsuntersuchungen auch **Wunschuntersuchungen (jetzt: Wunschvorsorge)** nach § 11 ArbSchG ein. Nach § 11 ArbSchG hat der Arbeitgeber den Beschäftigten auf ihren Wunsch hin arbeitsmedizinische Untersuchungen zu ermöglichen, es sei denn, auf Grund der Gefährdungsbeurteilung gemäß § 5 ArbSchG ist nicht mit einem Gesundheitsschaden zu rechnen. Ziel der Einbeziehung von § 11 ArbSchG in die Verordnung war es

Kreizberg

ArbMedVV Einf VO zur arbeitsmedizinischen Vorsorge

nach dem Willen des Verordnungsgebers, für die in der arbeitsmedizinischen Vorsorge zu wenig beachteten Bereiche arbeitsbedingter Erkrankungen (z. B. Muskel-Skelett-Erkrankungen) Kriterien und beispielhafte Untersuchungsanlässe ermitteln zu lassen. So sollten Betriebe und Beschäftigte eine verlässliche Orientierung dafür erhalten, wann arbeitsmedizinische Vorsorgeuntersuchungen zusätzlich zu den im Anhang normierten Pflicht- und Angebotsuntersuchungen geboten sind.

17 Die Verordnung verlangt, auch nach der Novelle von 2013, dem oder der Beschäftigten dagegen nicht ab, den Nachweis der Eignung etwa in fachlicher oder psychologischer Hinsicht zu erbringen. Ein Untersuchungsverlangen des Arbeitgebers zur Feststellung der Eignung eines oder einer Beschäftigten für eine bestimmte Tätigkeit muss weiterhin auf Rechtsgrundlagen außerhalb des Arbeitsschutzrechts gestützt werden. In Betracht kommen hier neben Rechtsvorschriften zum allgemeinen Schutz der Bevölkerung (z. B. Fahrerlaubnisverordnung), **Betriebsvereinbarungen,** Tarifverträge und allgemeine arbeitsrechtliche Grundsätze. Überdies spielt die Frage der Befähigung im Gegensatz zur körperlichen Eignung nach § 3 LastenhandhabV nur bei den §§ 7 und 13 Abs. 2 ArbSchG eine Rolle, wenn es darum geht, originäre Arbeitgeberpflichten auf besonders befähigte Mitarbeiter zu delegieren (vgl. dazu: BR-Drs. 643/08 v. 29.8.2008, S. 27).

18 Mit der Verordnung sollte, nach dem damaligen Willen des Bundesarbeitsministeriums, eine positive Entwicklung hinsichtlich einer engeren Verzahnung der arbeitsmedizinischen Vorsorge mit allgemeinen Maßnahmen der Gesundheitsvorsorge unterstützt werden. Die Verordnung knüpft seit ihrem ersten Inkrafttreten zudem an **Gesundheits-Check-Programme** an, die größere Betriebe ihren Mitarbeitern und Mitarbeiterinnen bereits vor Inkrafttreten der Verordnung auf freiwilliger Basis angeboten hatten.

19 Zum Zweck der Konkretisierung der Verordnung wurde ergänzend ein Ausschuss für Arbeitsmedizin normiert, der unter Nutzung bereits bestehender Strukturen und Gremien im Arbeitsschutz bzw. in der Arbeitsmedizin in der Zeit nach dem Inkrafttreten Regeln, Erkenntnisse und Empfehlungen erarbeiten und das Bundesministerium für Arbeit und Soziales fachlich beraten sollte.

Durch die Verordnung zur arbeitsmedizinischen Vorsorge sollte schließlich auch der individuelle Gesundheitsschutz der Beschäftigten gestärkt werden. Dieses Ziel hat im Kontext längerer Lebensarbeitszeiten unverändert große Bedeutung. Auch die EU-Kommission hatte bereits in ihrer „Gemeinschaftsstrategie für Gesundheit und Sicherheit am Arbeitsplatz 2007–2012" die Überwachung des Gesundheitszustandes der Arbeitnehmer und Arbeitnehmerinnen als ein Präventionsinstrument ersten Ranges bezeichnet (vgl. dazu: BR-Drs. 643/08 v. 29.8.2008, S. 28).

II. Die Novelle von 2013

20 Die Änderungs-Verordnung aus dem Oktober 2013 hat das Ziel weitere Rechtssicherheit zu schaffen, die Inanspruchnahme von arbeitsmedizinischer Vorsorge in Bereichen, die nicht ausdrücklich im Anhang der ArbMedVV aufgeführt sind (Wunschvorsorge), zu erhöhen, und den Anhang der ArbMedVV zu aktualisieren. Dazu hatte das BMAS in seinem Referentenentwurf vom Frühjahr 2013 (BR-Drs. 327/13 v. 25.4.2013) nachstehende Überlegungen entwickelt, die weitgehend realisiert wurden.

21 **1. Tätigkeiten mit krebserzeugenden oder erbgutverändernden Stoffen oder Zubereitungen der Kategorie 1 und 2 im Sinne der Gefahrstoffver-**

Einführung

Einf ArbMedVV

ordnung (GefStoffV). Für Tätigkeiten mit krebserzeugenden oder erbgutverändernden Stoffen oder Zubereitungen der Kategorie 1 und 2 im Sinne der Gefahrstoffverordnung (GefStoffV) schreibt die ArbMedVV grundsätzlich Angebotsuntersuchungen vor (Anhang Teil 1 Abs. 2 Nummer 2 Buchstabe d ArbMedVV). Einige dieser Stoffe waren, worauf das BMAS im Referenten-Entwurf (BR-Drs. 327/13 vom 25.4.2013, S. 16ff.) ausdrücklich hinwies, zusätzlich im Katalog speziell benannter Gefahrstoffe enthalten, für die Pflichtuntersuchungen vorgeschrieben sind, wenn Arbeitsplatzgrenzwerte überschritten werden oder die Stoffe über die Haut aufgenommen werden können (Anhang Teil 1 Abs. 1 Nummer 1 ArbMedVV). Dieser Katalog wurde seinerzeit aus der GefStoffV in die ArbMedVV übernommen. Dort waren die krebserzeugenden Stoffe wegen der besonderen Gesundheitsgefährdung der entsprechenden Tätigkeiten aufgenommen worden. Ursprünglich hatte der Verordnungsgeber zudem erwartet, dass für alle Gefahrstoffe Arbeitsplatzgrenzwerte festgelegt werden können. Weil schädliche Auswirkungen auf die Gesundheit bei diesen Stoffen grundsätzlich nie ausgeschlossen werden können, wurden jedoch keine Grenzwerte festgelegt. Für Tätigkeiten mit krebserzeugenden oder erbgutverändernden Stoffen oder Zubereitungen der Kategorie 1 und 2 im Sinne der GefStoffV, die nicht hautresorptiv sind, lief der Tatbestand der Pflichtuntersuchung mangels Arbeitsplatzgrenzwerten deshalb derzeit ins Leere.

Zum Teil wurde, wie das BMAS in der Folgezeit nach dem ersten Inkrafttreten feststellen musste, Anhang Teil 1 Abs. 1 Nummer 1 ArbMedVV jedoch auch so ausgelegt, dass Pflichtuntersuchungen bei Tätigkeiten mit den dort genannten krebserzeugenden oder erbgutverändernden Stoffen durchgeführt werden müssen, wenn bzw. solange für diese Stoffe keine Arbeitsplatzgrenzwerte aufgestellt sind. Diese Auslegung war insbesondere dann problematisch, wenn zugleich auch die Teilnahme an körperlichen und klinischen Untersuchungen als verpflichtend angesehen wurde.

Zur Schaffung der erforderlichen Rechtssicherheit hat das BMAS dann im Rahmen der Novelle den Bezug zum Arbeitsplatzgrenzwert für die aufgeführten krebserzeugenden oder erbgutverändernden Stoffe eliminiert. Damit gilt seither für Tätigkeiten mit diesen Stoffen grundsätzlich die Pflichtvorsorge. Gleichzeitig wird dem AfAMed die Möglichkeit eingeräumt, über das Instrument der vonseiten des BMAS bekannt gegebenen Arbeitsmedizinischen Regeln Ausnahmen zu erarbeiten und festzulegen. Auf diese Weise sollen einerseits die Beschäftigten ausreichend geschützt und andererseits die Beschäftigten vor unnötigen Pflichtterminen und damit zugleich die Arbeitgeber vor unnötigen Kosten bewahrt werden.

Das vonseiten des AfAMed entwickelte Konzept der Pflichtberatung wird wegen der vergleichbaren Sach- und Rechtslage auf alle arbeitsmedizinischen Vorsorgekategorien angewendet. Dadurch wurde nicht zuletzt eine neue und eigenständige Kategorie (Pflichtberatung), die zu Abgrenzungsschwierigkeiten hätte führen können, vermieden.

2. Kein Untersuchungszwang; Abgrenzung der arbeitsmedizinischen Vorsorge von Eignungsuntersuchungen. Die Frage, ob sich Beschäftigte körperlichen oder klinischen Untersuchungen unterziehen müssen, wurde, laut Feststellungen des BMAS, von Arbeitsmedizinern in der Praxis unterschiedlich beantwortet. Das Wort „Pflichtuntersuchung" bzw. der Wortbestandteil „Untersuchung" schien die Unsicherheiten zu fördern. Rechtsunsicherheiten ergaben sich zudem aus der in der Praxis teilweise noch nicht optimal gehandhabten Abgrenzung zwischen arbeitsmedizinischer Vorsorge und Untersuchungen zum Nachweis

Kreizberg

der gesundheitlichen Eignung für berufliche Anforderungen (Eignungsuntersuchungen).

26 Arbeitsmedizinische Vorsorge dient, nach unstreitiger Rechtslage, der individuellen Aufklärung und Beratung der Beschäftigten über die Wechselwirkungen zwischen ihrer Arbeit und ihrer Gesundheit. Hinsichtlich körperlicher oder klinischer Untersuchungen besteht keine Duldungspflicht und damit auch kein Untersuchungszwang. Zur Klarstellung sollte in der ArbMedVV daher ausdrücklich vorgesehen werden, dass körperliche und klinische Untersuchungen der Einwilligung der betreffenden Person bedürfen. Darüber hinaus sollte der Begriff „Untersuchung" vermieden werden. Die drei Kategorien (je nach Gefährdungsgrad Pflicht, Angebot oder Wunsch) sollten bestehen bleiben.

27 Allerdings sollten mit Inkrafttreten der Novelle die Begriffe „Pflichtvorsorge", „Angebotsvorsorge" und „Wunschvorsorge" verwendet werden. In die Begriffsbestimmungen sollte zudem die Klarstellung aufgenommen werden, dass diese nicht dem Nachweis der Eignung dient. Außerdem sollte der einzige Fall, bei dem die gesundheitliche Unbedenklichkeit nach der ArbMedVV bescheinigt werden muss (Tätigkeiten in Druckluft), in die Druckluftverordnung zurückverlagert werden.

28 Eignungsuntersuchungen müssen auf eine andere Rechtsgrundlage als die ArbMedVV gestützt werden. Eignungsuntersuchungen dienen vorrangig Arbeitgeber- oder Drittschutzinteressen und der Klärung der Frage, ob ein Bewerber oder Beschäftigter die gesundheitlichen Anforderungen an die jeweilige Tätigkeit erfüllt. Gesundheitliche Bedenken lösen bei Eignungsuntersuchungen regelmäßig die Rechtsfolge aus, dass die Tätigkeit nicht ausgeübt werden darf. Aus diesem Grund ist die Unterscheidung zwischen arbeitsmedizinischer Vorsorge und Eignungsuntersuchungen von entscheidender Bedeutung und muss dem Beschäftigten auch offen gelegt werden. Daher sollte, nach den Plänen des BMAS, klargestellt werden, dass der Arbeitgeber den Arzt oder die Ärztin verpflichten muss, die unterschiedlichen Zwecke von arbeitsmedizinischer Vorsorge und Eignungsuntersuchungen offenzulegen, wenn beide aus betrieblichen Gründen zusammen durchgeführt werden.

29 **3. Erforderlichkeit körperlicher oder klinischer Untersuchungen.** Das vom AfAMed entwickelte Konzept der Pflichtberatung bei Tätigkeiten mit krebserzeugenden Stoffen beruhte auch auf dem Gedanken, dass Nutzen und Verhältnismäßigkeit von körperlichen und klinischen Untersuchungen geprüft werden müssen. Diese Maßgabe beschränkt sich jedoch nicht auf krebszeugende Stoffe. Die dem Standesrecht entsprechende Pflicht des Arztes oder der Ärztin, vor Durchführung körperlicher oder klinischer Untersuchungen nach pflichtgemäßem Ermessen deren Erforderlichkeit zu prüfen, sollte, nach den Plänen des BMAS, im Rahmen der Novelle von 2013 daher in die ArbMedVV explizit aufgenommen werden. Das stärkt den Arzt oder die Ärztin, verlangt von ihm oder ihr aber auch, im Einzelfall zu entscheiden, welche Untersuchungen durchgeführt werden sollten. Die Beschränkung der Untersuchung auf das erforderliche Maß erspart dem Beschäftigten, so die Sichtweise des BMAS, unnötige Eingriffe in ihre körperliche Unversehrtheit.

30 **4. Vorsorgebescheinigung des Arztes oder der Ärztin.** Die in der Ursprungsfassung von 2008 der ArbMedVV für Pflichtuntersuchungen enthaltene Aussage über das Untersuchungsergebnis („keine gesundheitlichen Bedenken" bzw. „gesundheitliche Bedenken"), die dem Arbeitgeber in der Bescheinigung vonseiten des Arztes oder der Ärztin zu übermitteln ist, sollte, laut BMAS-Entwurf von 2013, durch die Aussage ersetzt werden, dass eine Vorsorge stattgefunden habe.

Vermieden werden sollte auf diese Weise sowohl die unterschiedliche Handhabung in der Praxis (Bescheinigung teilweise nur, wenn körperliche oder klinische Untersuchungen durchgeführt worden sind) als auch ein möglicher Trugschluss über die Gefährlichkeit bzw. Unbedenklichkeit der Tätigkeit. Zugleich wird die Bescheinigung neu bezeichnet (Vorsorgebescheinigung).

Die Änderung sollte laut BMAS zusätzlich praktische Schwierigkeiten und **31** Rechtsunsicherheiten bei der Abrechnung beseitigen. Für Angebots- oder Wunschvorsorge enthielt die ArbMedVV in der Fassung von 2008 keinen Nachweis an den Arbeitgeber. Ab 2013 sollte, so das Konzept des BMAS, sich die Bescheinigung auf Pflichtvorsorge, Angebotsvorsorge und Wunschvorsorge beziehen und allein Angaben, die dem Arbeitgeber bereits bekannt sind oder wegen weiterer arbeitsmedizinischer Vorsorge bekannt sein müssen, enthalten.

5. Maßnahmen nach einer arbeitsmedizinischen Vorsorge. Der Arzt oder **32** die Ärztin hat, worauf das BMAS in seiner konzeptionellen Beschreibung (vgl. BR-Drs. 327/13 vom 25.4.2013, S. 18) hinwies, die Erkenntnisse aus der arbeitsmedizinischen Vorsorge auszuwerten. Ergibt sich daraus, dass die bestehenden Maßnahmen des Arbeitsschutzes nicht ausreichen, teilt der Arzt oder die Ärztin, dies dem Arbeitgeber mit und schlägt geeignete Maßnahmen vor. So kann arbeitsmedizinische Vorsorge auch einen Beitrag zum kollektiven betrieblichen Gesundheitsschutz leisten. Für den Fall, dass der Arzt oder die Ärztin aufgrund einer besonderen Disposition des oder der Beschäftigten einen Tätigkeitswechsel vorschlägt, muss die betreffende Person in die Mitteilung an den Arbeitgeber einwilligen. Das Hervorheben des vom BMAS besonders betonten Einwilligungserfordernisses soll das Recht auf informationelle Selbstbestimmung der Beschäftigten über sensible persönliche Informationen stärken und damit auch dem Datenschutz dienen.

6. Pflicht zur Gewährung der Wunschvorsorge nach § 11 ArbSchG. Die **33** Pflicht zur Gewährung der Wunschvorsorge nach § 11 ArbSchG für alle Tätigkeiten, bei denen ein Gesundheitsschaden nicht auszuschließen ist, sollte nach dem BMAS-Konzept vom April 2013 (a.a.O, S. 18) klarstellend als Arbeitgeberpflicht in die Verordnung aufgenommen werden, weil in der modernen Arbeitswelt mit ihren vielfältigen Belastungen und Beanspruchungen arbeitsmedizinische Vorsorge nicht auf den Katalog im Anhang der ArbMedVV beschränkt bleiben kann. Arbeitsmedizinische Vorsorge kommt bei allen Tätigkeiten, die die Gesundheit gefährden können, in Betracht. Wenn Beschäftigte zum Beispiel einen Zusammenhang zwischen einer psychischen Störung und ihrer Tätigkeit vermuten, ist der Betriebsarzt oder die Betriebsärztin für sie eine erste Anlaufstelle.

Die individuelle arbeitsmedizinische Aufklärung und Beratung ist eine gute Basis **34** zur Stärkung des Gesundheitsbewusstseins und für einen verantwortungsvollen Umgang mit der Gesundheit. Arbeitsmedizinische Vorsorge dient auch der Beratung der Beschäftigten im Zusammenhang mit dem Erhalt ihrer Beschäftigungsfähigkeit und leistet damit zugleich einen Beitrag zur Bewältigung des demografischen Wandels in der Arbeitswelt.

7. Vorsorgeanlässe (Anhang); Impfangebote. Den Anhang wollte das **35** BMAS weitgehend unverändert lassen, allerdings Vorschläge aus dem AfAMed, die einzelne Gefahrstoffe oder biologische Arbeitsstoffe betreffen, umsetzen. Darüber hinaus war geplant, die Ausführungen zu den biologischen Arbeitsstoffen systematisch neu zu fassen. Durch den Verzicht auf die Tabelle sollten, so die Überlegung des BMAS, die Handhabung für die Praxis und künftige Rechtsänderungen er-

ArbMedVV § 1 VO zur arbeitsmedizinischen Vorsorge

leichtert werden. Im Bereich der Gefahrstoffe ließe es sich so ermöglichen, dass vom BMAS veröffentlichte Regeln auf der Grundlage vom AfAMed ermittelter arbeitsmedizinischer Erkenntnisse die Vorsorgeanlässe des Anhangs beschränken. Dadurch könne auf wissenschaftliche Erkenntnisse und Entwicklungen schneller als bisher reagiert werden.

36 Die seit 2008 nur für die Pflichtvorsorge im Anhang vorgesehenen Impfangebote sollten laut BMAS in den Paragrafenteil der ArbMedVV überführt und auf alle Vorsorgekategorien ausgedehnt werden. Das Impfangebot beschränkt sich allerdings auf Fälle, bei denen das Infektionsrisiko der Beschäftigten einen Tätigkeitsbezug hat und im Vergleich zur Allgemeinbevölkerung erhöht ist. Dadurch sollten, so das BMAS abschließend in seiner Einschätzung, unberechtigte Verschiebungen von Kosten der gesetzlichen Krankenversicherung auf die Arbeitgeber vermieden werden.

§ 1 Ziel und Anwendungsbereich

(1) **[1]Ziel der Verordnung ist es, durch Maßnahmen der arbeitsmedizinischen Vorsorge arbeitsbedingte Erkrankungen einschließlich Berufskrankheiten frühzeitig zu erkennen und zu verhüten. [2]Arbeitsmedizinische Vorsorge soll zugleich einen Beitrag zum Erhalt der Beschäftigungsfähigkeit und zur Fortentwicklung des betrieblichen Gesundheitsschutzes leisten.**

(2) **Diese Verordnung gilt für die arbeitsmedizinische Vorsorge im Geltungsbereich des Arbeitsschutzgesetzes.**

(3) **Diese Verordnung lässt sonstige arbeitsmedizinische Präventionsmaßnahmen, insbesondere nach dem Arbeitsschutzgesetz und dem Gesetz über Betriebsärzte, Sicherheitsingenieure und andere Fachkräfte für Arbeitssicherheit (Arbeitssicherheitsgesetz), unberührt.**

1 Die Verordnung zur arbeitsmedizinischen Vorsorge hat, wie eingangs schon ausgeführt, die in verschiedenen staatlichen Verordnungen und im Unfallverhütungsrecht bestehenden Vorschriften zur arbeitsmedizinischen Vorsorge zusammengeführt. Sie schafft für die arbeitsmedizinische Vorsorge einen **einheitlichen Rahmen,** einheitliche Begriffsbestimmungen sowie homogene Tatbestandsvoraussetzungen und Rechtsfolgen mit dem Ziel, Rechtsvereinfachung sowie Rechtssicherheit und Transparenz für Arbeitgeber, Beschäftigte sowie Ärzte und Ärztinnen zu schaffen. Die Verordnung übernimmt im Wesentlichen die Grundentscheidungen, die bereits mit der Novellierung der Gefahrstoffverordnung vom 23.12.2004 (BGBl. I S. 3758) in der Gefahrstoffverordnung und in der Biostoffverordnung getroffen wurden. Das betrifft insbesondere die Differenzierung nach Pflichtuntersuchungen bzw. Angebotsuntersuchungen je nach Gefährdungspotenzial des jeweiligen Untersuchungsanlasses (vgl. dazu: BR-Drs. 643/08 v. 29.8.2008, S. 29).

2 Die fachpolitischen Entscheidungen für die Aufnahme der Untersuchungsanlässe in den Anhang und für ihre Zuordnung zu Pflicht- bzw. Angebotsuntersuchungen erfolgten, nach Aussage des Bundesarbeitsministeriums aus dem Jahre 2008, unter Abwägung der betroffenen Grundrechte. Sie sind und waren von dem Grundsatz geprägt, dass das Arbeitsschutzrecht nicht der Selektion dient, sondern Beschäftigte als Individuen grundsätzlich so schützt, wie sie sind. Arbeitsmedizinische Vorsorge, so der seit Oktober 2013 gängige Begriff, ist hauptsächlich auf die Aufklärung und Beratung von Beschäftigten über gesundheitliche Risiken bei der

Ziel und Anwendungsbereich § 1 **ArbMedVV**

Ausübung bestimmter Tätigkeiten gerichtet. Zielrichtung von arbeitsmedizinischer Vorsorge ist dagegen nicht, worauf das Bundesarbeitsministerium schon in den Erläuterungen zum Referentenentwurf vom August 2008 deutlich hinwies, der Ausschluss bestimmter Beschäftigter von bestimmten Tätigkeiten wegen Nichteignung. Daher werden Pflichtuntersuchungen nur für Tätigkeiten vorgeschrieben, bei denen ein hohes Gefährdungspotenzial für die Gesundheit besteht. Nicht dazu gehören Untersuchungen, die allein oder überwiegend der Feststellung der Eignung einer bestimmten Person für eine bestimmte Tätigkeit dienen und nicht vorrangig der Verhütung arbeitsbedingter Erkrankungen (vgl. dazu: BR-Drs. 643/08 v. 29.8.2008, S. 30).

Gegenstand der Verordnung ist der im EU-Recht seit über einem Vierteljahrhundert als „Gesundheitsüberwachung" normierte Bereich. Die Rahmenrichtlinie 89/391/EWG (Art. 14) und fachspezifische Einzelrichtlinien sehen eine geeignete Gesundheitsüberwachung vor, auf die die Beschäftigten einen Anspruch haben. Die weitere Ausgestaltung dieses Bereichs obliegt den Mitgliedsstaaten. Die Verordnung zur arbeitsmedizinischen Vorsorge setzt nur das zwingend vorgegebene europäische Recht um bzw. greift die Vorschriften auf, die bereits zuvor schon europäisches Recht umgesetzt hatten. 3

Mit ihrem auf das Individuum ausgerichteten Ansatz regelt die Verordnung zur arbeitsmedizinischen Vorsorge einen Teilbereich arbeitsmedizinischer Präventionsmaßnahmen. Die Beteiligung der Arbeitsmedizin an sonstigen Maßnahmen des Arbeitsschutzes bleibt von der Verordnung **unberührt** und richtet sich weiter nach dem Arbeitssicherheitsgesetz i.V.m. der DGUV-Vorschrift 2 bzw. nach den Vorschriften zur Gefährdungsbeurteilung und zur Unterweisung der Beschäftigten in der Gefahrstoffverordnung sowie der Biostoffverordnung und der Lärm- und Vibrations-Arbeitsschutzverordnung (vgl. dazu: BR-Drs. 643/08 v. 29.8.2008, S. 30). 4

Abs. 1 beschreibt als Ziel der Verordnung das frühzeitige Erkennen und Verhüten von arbeitsbedingten Erkrankungen. Dabei handelt es sich um Gesundheitsstörungen, die ganz oder teilweise durch die Umstände bei der Arbeit verursacht werden können. Eine arbeitsbedingte Erkrankung ist anzunehmen, wenn bestimmte Arbeitsverfahren -umstände bzw. Verhältnisse am Arbeitsplatz das Auftreten einer Gesundheitsstörung begünstigt oder gefördert haben. Auch das Vorliegen einer individuellen Disposition oder altersbedingte Verschleißerscheinungen können mitursächlich für arbeitsbedingte Erkrankungen sein. Eine Teilmenge arbeitsbedingter Erkrankungen sind die Berufskrankheiten (vgl. dazu: BR-Drs. 643/08 v. 29.8.2008, S. 30). 5

Zugleich soll die arbeitsmedizinische Vorsorge dem Erhalt der Beschäftigungsfähigkeit und der Fortentwicklung des betrieblichen Gesundheitsschutzes dienen. Die Erhaltung der Beschäftigungsfähigkeit gewinnt im Kontext längerer Lebensarbeitszeiten zunehmend an Bedeutung. Gerade die arbeitsmedizinische Vorsorge mit ihrer individuellen Aufklärung und Beratung kann hier wichtige Beiträge leisten. Erkenntnisse aus Vorsorgeuntersuchungen sollen auch für Verbesserungen bei den objektiven Arbeitsschutzmaßnahmen genutzt werden. 6

Abs. 2 beschreibt als Anwendungsbereich der Verordnung den Geltungsbereich des Arbeitsschutzgesetzes. Vorschriften zur arbeitsmedizinischen Vorsorge außerhalb der Ressortzuständigkeit des Bundesministeriums für Arbeit und Soziales bleiben unberührt, können ggf. später aufgenommen werden (vgl. dazu: BR-Drs. 643/08 v. 29.8.2008, S. 31). 7

Abs. 3 stellt klar, dass sonstige Maßnahmen zur Beteiligung arbeitsmedizinischen Sachverstandes im Betrieb, insbesondere nach dem Arbeitsschutzgesetz und 8

Kreizberg

ArbMedVV § 2 VO zur arbeitsmedizinischen Vorsorge

dessen Verordnungen sowie nach dem Arbeitssicherheitsgesetz, unberührt bleiben. Dazu gehören u. a. die Unterstützungsaufgaben nach dem Arbeitssicherheitsgesetz. Hierzu zählt z. B. die Beteiligung des Betriebsarztes oder der Betriebsärztin an der Gefährdungsbeurteilung, soweit dies aus Gründen des Gesundheitsschutzes erforderlich ist. Die einschlägigen Vorschriften in der GefStoffV, sowie der BioStoffV und der LärmVibrationsArbSchV enthalten entsprechende deklaratorische Verweise. Des Weiteren unberührt bleibt die in den genannten Fachverordnungen verankerte allgemeine arbeitsmedizinische Beratung (vgl. dazu: BR-Drs. 643/08 v 29.8.2008, S. 31).

§ 2 Begriffsbestimmungen

(1) **Arbeitsmedizinische Vorsorge im Sinne dieser Verordnung**
1. **ist Teil der arbeitsmedizinischen Präventionsmaßnahmen im Betrieb;**
2. **dient der Beurteilung der individuellen Wechselwirkungen von Arbeit und physischer und psychischer Gesundheit und der Früherkennung arbeitsbedingter Gesundheitsstörungen sowie der Feststellung, ob bei Ausübung einer bestimmten Tätigkeit eine erhöhte gesundheitliche Gefährdung besteht;**
3. **beinhaltet ein ärztliches Beratungsgespräch mit Anamnese einschließlich Arbeitsanamnese sowie körperliche oder klinische Untersuchungen, soweit diese für die individuelle Aufklärung und Beratung erforderlich sind und der oder die Beschäftigte diese Untersuchungen nicht ablehnt;**
4. **umfasst die Nutzung von Erkenntnissen aus der Vorsorge für die Gefährdungsbeurteilung und für sonstige Maßnahmen des Arbeitsschutzes;**
5. **umfasst nicht den Nachweis der gesundheitlichen Eignung für berufliche Anforderungen nach sonstigen Rechtsvorschriften oder individual- oder kollektivrechtlichen Vereinbarungen.**

(2) **Pflichtvorsorge ist arbeitsmedizinische Vorsorge, die bei bestimmten besonders gefährdenden Tätigkeiten veranlasst werden muss.**

(3) **Angebotsvorsorge ist arbeitsmedizinische Vorsorge, die bei bestimmten gefährdenden Tätigkeiten angeboten werden muss.**

(4) **Wunschvorsorge ist arbeitsmedizinische Vorsorge, die bei Tätigkeiten, bei denen ein Gesundheitsschaden nicht ausgeschlossen werden kann, auf Wunsch des oder der Beschäftigten ermöglicht werden muss.**

1   Die in den bisherigen Abs. 1 und 2 enthaltenen Aussagen wurden, wie das BMAS ausführt, systematisch neu gegliedert. Das führt zu inhaltlichen Verschiebungen. Zusätzlich werden inhaltliche Klarstellungen aufgenommen. In Abgrenzung zu anderen Rechtsgrundlagen, die den Begriff „arbeitsmedizinische Vorsorge" verwenden, wird einleitend klargestellt, dass die aufgeführten Begriffsbestimmungen nur im Anwendungsbereich der ArbMedVV gelten. Das ist notwendig, weil beispielsweise nach der Strahlenschutzverordnung (StrlSchV) und der Röntgenverordnung (RöV) die Pflicht besteht, sich Untersuchungen zu unterziehen (vgl. § 3 Abs. 2 Nr. 37 und § 2 Nr. 26 RöV).

2   Klargestellt wird weiterhin beispielsweise, dass der Gesundheitsbegriff **sowohl die Physis als auch die Psyche** umfasst. Auch wird ausgeführt, dass körperliche

Begriffsbestimmungen § 2 **ArbMedVV**

und klinische Untersuchungen nur mit Einwilligung des oder der Beschäftigten und bei Erforderlichkeit für die arbeitsmedizinische Vorsorge durchzuführen sind. Das entspricht der heutigen Rechtslage. Eine Behandlung gegen den Willen des Patienten ist grundsätzlich rechtswidrig, selbst wenn der Eingriff medizinisch indiziert und lege artis durchgeführt wird. Die Achtung und der Schutz der Würde und der Freiheit des Menschen sowie seines Rechts auf Leben und körperliche Unversehrtheit sind verfassungsrechtlich garantiert (siehe Art. 1, Art. 2 Abs. 1 und Art. 2 Abs. 2 Satz 1 des Grundgesetzes). Aus dieser Garantie resultiert das Erfordernis der Einwilligung in Heileingriffe und in diagnostische und präventive ärztliche Maßnahmen (vgl. § 7 Abs. 1 der (Muster-)Berufsordnung für die in Deutschland tätigen Ärztinnen und Ärzte in der Fassung der Beschlüsse des 114. Deutschen Ärztetages 2011 in Kiel sowie eingehend u. a. *Katzenmeier* in Laufs/Katzenmeier/Lipp, Arztrecht, 2009, S. 103 ff.). Das Arbeitsschutzgesetz enthält keine Duldungspflicht für körperliche oder klinische Untersuchungen (im Gegensatz beispielsweise zum Atomgesetz [AtG], vgl. § 12 Abs. 1 Nr. 4 AtG). Neben der ausdrücklichen Einwilligung ist auch eine konkludente Einwilligung, beispielsweise durch eindeutige Handlungen wie das Hinhalten eines Armes zur Blutentnahme, möglich. Insoweit enthält die ArbMedVV keine Vorgaben, insbesondere wird keine Schriftlichkeit vorgeschrieben.

Zusätzlich wurde die bis zur 1. Änderungsnovelle vom 2013 in § 3 Abs. 3 Satz 2 **3**
ArbMedVV enthaltene Abgrenzung zu **Eignungsuntersuchungen** in den neuen Abs. 1 vorgezogen. Dadurch soll bereits in den Begriffsbestimmungen stärker als bislang hervorgehoben werden, dass zwischen arbeitsmedizinischer Vorsorge und Eignungsuntersuchungen differenziert werden muss. Letztere dienen vorrangig Arbeitgeber- oder Drittschutzinteressen und der Klärung der Frage, ob ein Bewerber oder Beschäftigter die gesundheitlichen Anforderungen an die jeweilige Tätigkeit erfüllt. Eignungsuntersuchungen bezwecken die Auswahl von Beschäftigten. Die Feststellung der gesundheitlichen Eignung erfolgt als gutachtliche Untersuchung des Arztes oder der Ärztin im Auftrag des Arbeitgebers. Wird die gesundheitliche Eignung nicht festgestellt, führt dies regelmäßig dazu, dass die Tätigkeit nicht ausgeübt werden darf. Aus diesem Grund ist die Unterscheidung zwischen arbeitsmedizinischer Vorsorge und Eignungsuntersuchungen von besonderer Bedeutung. Eignungsuntersuchungen müssen auf eine andere Rechtsgrundlage als die ArbMedVV gestützt werden.

Für Eignungsuntersuchungen für Beschäftigte der Feuerwehr, etwa zum Tragen **4**
von Atemschutzgeräten, können beispielsweise Feuerwehrdienstvorschriften der Länder oder arbeitsrechtliche Grundsätze maßgeblich sein. Die ArbMedVV steht Eignungsuntersuchungen nicht entgegen, fordert jedoch die Offenlegung der unterschiedlichen Zwecke.

Die systematischen Änderungen und Klarstellungen dienen insgesamt der Rechtssicherheit.

Gemäß den Empfehlungen der Ausschüsse des Bundesrates (vgl. dazu BR-Drs. **5**
327/1/13 v. 9.9.2013) wurde der vom BMAS zu Abs. 1 Nr. 3 formulierte Einwilligungsvorbehalt (so noch BR-Drs. 327/13 v. 25.4.2013, Seite 2 des Besonderen Teils) abgeändert in „diese Untersuchungen nicht ablehnt". Diesen im Ergebnis erfolgreichen Änderungsvorschlag haben die Fachausschüsse der Länderkammer u. a. wie folgt begründet:

Die Rechtslage ist heute schon eindeutig. Hinsichtlich körperlicher oder klini- **6**
scher Untersuchungen besteht keine Duldungspflicht und damit auch kein Untersuchungszwang. Durch die vom Verordnungsgeber vorgenommene Ausweitung

ArbMedVV § 2

und Klarstellung der betriebsärztlichen Aufklärungspflicht hinsichtlich der Risiken der Untersuchung von Durchführung körperlicher oder klinischer Untersuchungen (§ 6 Abs. 1 Satz 3 ArbMedVV) wird der oder die Beschäftigte umfassend informiert und ist damit in der Lage, eine informierte Entscheidung für oder gegen die Durchführung der Untersuchung zu treffen.

7   Der ursprüngliche Änderungsvorschlag des Verordnungsgebers sah die Einwilligung des oder der Beschäftigten zu Untersuchungen vor. Der Verordnungsgeber stellte in seiner Begründung zwar klar, dass für die Einwilligung des oder der Beschäftigten in die Untersuchung keine Schriftlichkeit vorgeschrieben ist und dass neben der ausdrücklichen Einwilligung auch eine konkludente Einwilligung möglich ist, beispielsweise durch eindeutige Handlungen wie das Hinhalten eines Armes zur Blutentnahme. Die vom Verordnungsgeber ursprünglich vorgeschlagene Fassung der § 2 Abs. 1 Nummer 3 und § 6 Abs. 1 Satz 4 ArbMedVV kann jedoch zu Missverständnissen führen, da in die Formulierung das Erfordernis der Ausdrücklichkeit oder Schriftlichkeit der Einwilligung hinein interpretiert werden könnte. Darüber hinaus könnte diese Formulierung einzelnen Arbeitgebern, die die arbeitsmedizinische Vorsorge aus Kostengründen minimieren möchten, die Möglichkeit eröffnen, kostenintensive Untersuchungen dadurch zu unterbinden, dass sie vorab Einfluss auf den oder die Beschäftigte beziehungsweise den Betriebsarzt oder die Betriebsärztin nehmen. Das Recht auf Selbstbestimmung des oder der Beschäftigten wäre hierdurch gefährdet. Erfahrungen aus der gängigen betriebsärztlichen Praxis zeigen, dass bereits heute durch wirtschaftliche Zwänge eine unabhängige Arbeitsmedizin erschwert wird.

8   Um diesbezüglichen Missverständnissen vorzubeugen, wird die Formulierung zur Einwilligung so geändert, dass die arbeitsmedizinische Untersuchung nicht gegen den Willen des oder der Beschäftigten durchgeführt werden darf. Damit sind alle verbalen und non-verbalen Willensäußerungen des oder der Beschäftigten wie zum Beispiel das Wegziehen des Armes bei einer Blutentnahme erfasst. Dies entspricht auch der Regelung in § 7 Abs. 1 der (Muster-)Berufsordnung für die in Deutschland tätigen Ärztinnen und Ärzte, die ein Ablehnungsrecht der Patientinnen und Patienten vorsieht. Lediglich für den Fall einer der Untersuchung folgenden Behandlung wird in § 8 der Berufsordnung eine Einwilligung verlangt. Eine solche abgestufte Regelung entspricht auch dem verfassungsrechtlich gewährleisteten Selbstbestimmungsrecht und dem Verhältnismäßigkeitsgrundsatz.

9   In den Absätzen 2 bis 4 erfolgt eine Anpassung an die neue Terminologie. Die Definition der Wunschvorsorge verzichtet seit der Novelle zudem auf den Verweis und übernimmt stattdessen die Begrifflichkeiten des § 11 ArbSchG. Gemeinsam mit der Änderung in Art. 1 Nummer 6 soll die Wunschvorsorge gestärkt werden. Zugleich wird damit verdeutlicht, dass die Wunschvorsorge den Anforderungen der ArbMedVV unterliegt.

10 Die im bisherigen Absatz 6 enthaltenen Begriffe und Begriffsdefinitionen (Erstuntersuchung, Nachuntersuchung und nachgehende Untersuchung) wurden im Rahmen der Novelle aufgegeben. Sie passen nicht zur neuen Terminologie. Der umschriebene Inhalt wird an den entsprechenden Stellen direkt in die ArbMedVV integriert.

§ 3 Allgemeine Pflichten des Arbeitgebers

(1) ¹Der Arbeitgeber hat auf der Grundlage der Gefährdungsbeurteilung für eine angemessene arbeitsmedizinische Vorsorge zu sorgen. ²Dabei hat er die Vorschriften dieser Verordnung einschließlich des Anhangs zu beachten und die nach § 9 Abs. 4 bekannt gegebenen Regeln und Erkenntnisse zu berücksichtigen. ³Bei Einhaltung der Regeln und Erkenntnisse nach Satz 2 ist davon auszugehen, dass die gestellten Anforderungen erfüllt sind. Arbeitsmedizinische Vorsorge kann auch weitere Maßnahmen der Gesundheitsvorsorge umfassen.

(2) ¹Der Arbeitgeber hat zur Durchführung der arbeitsmedizinischen Vorsorge einen Arzt oder eine Ärztin nach § 7 zu beauftragen. ²Ist ein Betriebsarzt oder eine Betriebsärztin nach § 2 des Arbeitssicherheitsgesetzes bestellt, soll der Arbeitgeber vorrangig diesen oder diese auch mit der arbeitsmedizinischen Vorsorge beauftragen. ³Dem Arzt oder der Ärztin sind alle erforderlichen Auskünfte über die Arbeitsplatzverhältnisse, insbesondere über den Anlass der arbeitsmedizinischen Vorsorge und die Ergebnisse der Gefährdungsbeurteilung, zu erteilen und die Begehung des Arbeitsplatzes zu ermöglichen. ⁴Ihm oder ihr ist auf Verlangen Einsicht in die Unterlagen nach Absatz 4 Satz 1 zu gewähren.

(3) ¹Arbeitsmedizinische Vorsorge soll während der Arbeitszeit stattfinden. ²Sie soll nicht zusammen mit Untersuchungen, die dem Nachweis der gesundheitlichen Eignung für berufliche Anforderungen dienen, durchgeführt werden, es sei denn, betriebliche Gründe erfordern dies; in diesem Fall hat der Arbeitgeber den Arzt oder die Ärztin zu verpflichten, die unterschiedlichen Zwecke von arbeitsmedizinischer Vorsorge und Eignungsuntersuchung gegenüber dem oder der Beschäftigten offenzulegen.

(4) ¹Der Arbeitgeber hat eine Vorsorgekartei zu führen mit Angaben, dass, wann und aus welchen Anlässen arbeitsmedizinische Vorsorge stattgefunden hat; die Kartei kann automatisiert geführt werden. ²Die Angaben sind bis zur Beendigung des Beschäftigungsverhältnisses aufzubewahren und anschließend zu löschen, es sei denn, dass Rechtsvorschriften oder die nach § 9 Absatz 4 bekannt gegebenen Regeln etwas anderes bestimmen. ³Der Arbeitgeber hat der zuständigen Behörde auf Anordnung eine Kopie der Vorsorgekartei zu übermitteln. ⁴Bei Beendigung des Beschäftigungsverhältnisses hat der Arbeitgeber der betroffenen Person eine Kopie der sie betreffenden Angaben auszuhändigen; § 34 des Bundesdatenschutzgesetzes bleibt unberührt.

Abs. 1 verpflichtet den Arbeitgeber, auf der Grundlage der Gefährdungsbeurteilung für eine angemessene arbeitsmedizinische Vorsorge einschließlich der Vorsorgeuntersuchungen nach §§ 4, 5 zu sorgen. Hierzu gehört es, dass die Beschäftigten ihre Ansprüche auf arbeitsmedizinische Vorsorge kennen. Die Verschaffung dieser Kenntnisse erfolgt durch die in verschiedenen Fachverordnungen geregelte allgemeine arbeitsmedizinische Beratung, (vgl. dazu die einschlägigen Regelungen aus der GefStoffV, der BioStoffV sowie der LärmVibrationsArbSchV) und im Rahmen der allgemeinen Unterweisung nach § 12 ArbSchG. Der Arbeitgeber hat neben den Vorschriften der Verordnung einschließlich des Anhangs die nach § 9 Abs. 4 be-

ArbMedVV § 3

kannt gemachten Regeln und Erkenntnisse zu beachten. Bei Einhaltung dieser Regeln und Erkenntnisse gilt nach Satz 2 die Vermutungswirkung.

2   Diese Regeln und Erkenntnisse werden vom Ausschuss für Arbeitsmedizin beschlossen und betreffen insbesondere konkrete Auslösekriterien für Pflicht- und Angebotsuntersuchungen sowie Aussagen dazu, wie die Anforderungen der Verordnung erfüllt werden können. Satz 3 stellt klar, dass arbeitsmedizinische Vorsorge fakultativ auch weitere Maßnahmen der Gesundheitsvorsorge umfassen kann. Hierzu gehören z. B. betriebliche Gesundheitsprogramme, wie sie einige Betriebe bereits durchführen. Solche Programme ergänzen Vorsorgeuntersuchungen, die für bestimmte Untersuchungsanlässe vorgeschrieben oder anzubieten oder nach § 2 Abs. 5 auf Wunsch zu ermöglichen sind. Sie sollen einen Beitrag dazu leisten, die Beschäftigungsfähigkeit der Menschen zu erhalten (vgl. dazu: BR-Drs. 643/08 vom 29.8.2008, S. 33).

3   Im Rahmen der Novelle vom Oktober 2013 wurde in Absatz 1 eine Differenzierung vorgenommen. Vorschriften sind zu **beachten**. Regeln und Erkenntnisse zu **berücksichtigen**. Hierdurch wurde eine sprachliche Klarstellung vollzogen (vgl. BR-Drs. 327/13, Bes. Teil, S. 20).

4   Nach **Abs. 2** muss der Arbeitgeber zur Durchführung arbeitsmedizinischer Vorsorge einen Arzt oder eine Ärztin mit der Gebietsbezeichnung „Arbeitsmedizin" bzw. mit der Zusatzbezeichnung „Betriebsmedizin" beauftragen. Wie schon vor dem Inkrafttreten der Verordnung in den weiter fortbestehenden einschlägigen Fachverordnungen (GefStoffV, BioStoffV, LärmVibrationsArbSchV) vorgeschrieben, sollte vorrangig der oder die nach § 2 ASiG bestellte Betriebsarzt oder Betriebsärztin mit der Durchführung der Vorsorge beauftragt werden. Der Wechsel vom Begriff „Vorsorgeuntersuchung" zur „Vorsorge" erfolgte im Rahmen der Novelle vom Oktober 2013. Diese Beauftragung hat grundsätzlich zusätzlich zu den Einsatzzeiten der DGUV-Vorschrift 2 (vormals: BGV A 2) zu erfolgen. Der Arzt oder die Ärztin, der oder die arbeitsmedizinische Vorsorge durchführt, muss die Arbeitsplatzverhältnisse der untersuchten Person kennen. Nur mit dieser Kenntnis sind qualifizierte Aussagen zu Wechselwirkungen von Arbeit und Gesundheit möglich. Im Idealfall verfügt der Betriebsarzt oder die Betriebsärztin bereits wegen der Beteiligung an der Gefährdungsbeurteilung sowie der Arbeitsplatzbegehungen aufgrund der Bestellung nach dem Arbeitssicherheitsgesetz über die erforderlichen Informationen. Soweit dies nicht der Fall ist, muss der Arbeitgeber den Arzt oder die Ärztin mit den erforderlichen Informationen über die Arbeitsplatzverhältnisse und den Anlass der jeweiligen Untersuchung ausstatten.

5   Die Auskunft über den Anlass muss aussagekräftig sein und nachvollziehbar darlegen, aus welchem Grund eine Vorsorge durchgeführt werden soll. Die Anlassbeschreibung wird z. B. bei Tätigkeiten mit Gefahrstoffen in der Regel eine Expositionsbeschreibung beinhalten. Einzelheiten der Auskunftserteilung sollen, wie das Bundesarbeitsministerium angekündigt hat, im untergesetzlichen Regelwerk erfolgen. Zu den Auskünften im weiteren Sinne gehören auch das Ermöglichen der Arbeitsplatzbegehung und die Gewährung der Einsicht in relevante Unterlagen. Der Arzt oder die Ärztin soll dadurch mit allen für die Durchführung der Vorsorge und die Bewertung ihrer Ergebnisse erforderlichen Informationen ausgestattet werden (vgl. dazu: BR-Drs. 643/08 v. 29.8.2009, S. 34).

6   **Abs. 3** stellt zum einen klar, dass arbeitsmedizinische Vorsorge während der Arbeitszeit stattfinden soll. Dies entspricht Art. 11 des ILO-Übereinkommens 161 (Übereinkommen über die betriebsärztlichen Dienste, 1985). Zum anderen zielt Abs. 3 darauf, die arbeitsmedizinische Vorsorge von Untersuchungen zur Feststel-

Allgemeine Pflichten des Arbeitgebers § 3 **ArbMedVV**

lung der gesundheitlichen Eignung, die aus anderen als Arbeitsschutzgründen durchgeführt werden, abzugrenzen. Solche anderen Untersuchungen sind zum Beispiel Eignungsuntersuchungen nach verkehrsrechtlichen Vorschriften oder Untersuchungen nach Arbeitsvertragsrecht, aufgrund von Betriebsvereinbarungen oder Tarifverträgen. In diesen Fällen teilt der Arzt oder die Ärztin dem Arbeitgeber regelmäßig das Untersuchungsergebnis mit, so dass es hier z. B. bei der Angebotsvorsorge zu Interessenkollisionen kommen kann. Die Regelung stellt damit eine verfahrensrechtliche Vorkehrung zum Schutz des Persönlichkeitsrechts der Beschäftigten dar. Ist es aus betrieblichen Gründen erforderlich, die Vorsorge und die Eignungsuntersuchungen gemeinsam durchzuführen, wird der Schutz des oder der Beschäftigten dadurch gewährleistet, dass ihm oder ihr die unterschiedlichen Zwecke der Untersuchungen offen gelegt werden. § 6 bleibt unberührt (vgl. dazu: BR-Drs. 643/08 v. 29. 8. 2008, S. 34).

Seit der Novelle vom Oktober 2013enthält der **Abs. 3** ebenfalls die Anpassung an die neue Terminologie. Satz 2 enthält eine Folgeänderung vor dem Hintergrund der Änderung bei den Ausführungen zur Abgrenzung der arbeitsmedizinischen Vorsorge von Eignungsuntersuchungen. Zudem erfolgt die Klarstellung, welche Pflicht der Arbeitgeber hat. Wird die arbeitsmedizinische Vorsorge aus betrieblichen Gründen zusammen mit einer Eignungsuntersuchung durchgeführt, kann die Offenlegung der unterschiedlichen Zwecke allein durch den Arzt oder die Ärztin erfolgen. Die Verpflichtung des Arztes oder der Ärztin durch den Arbeitgeber kann beispielsweise für alle arbeitsmedizinischen Vorsorgen im Rahmen des Vertragsschlusses erfolgen. 7

Abs. 4 dient der Umsetzung eines Vorschlags insbesondere der Länder. Auch wenn es sich bei der **Vorsorgekartei** nicht um die im EU-Recht geforderte Dokumentation der Gesundheitsüberwachung handelt, weil diese Aufgabe in Deutschland durch den Arzt oder die Ärztin wahrgenommen wird, hat sich die Vorsorgekartei in der Praxis bewährt. Eine Vorsorgekartei allein für die Pflichtvorsorge ist jedoch weder für die Arbeitgeber noch für den Vollzug sinnvoll. Auch für Angebots- und Wunschvorsorge sind insbesondere für die betriebliche Organisation im Einzelfall Fristen von Bedeutung sowie insgesamt gegenüber dem Vollzug Nachweise zu erbringen. Aus diesem Grund wird die Vorsorgekartei für sämtliche Arten arbeitsmedizinischer Vorsorge genutzt. 8

Eine Vorsorgekartei für alle Arten der arbeitsmedizinischen Vorsorge entspricht den Vorgaben des § 22 Absatz 1 Satz 1, Absatz 2 Satz 1 ArbSchG. Danach kann die zuständige Behörde vom Arbeitgeber oder von den verantwortlichen Personen die zur Durchführung ihrer Überwachungsaufgabe erforderlichen Auskünfte und die Überlassung von entsprechenden Unterlagen verlangen. Die mit der Überwachung beauftragten Personen sind unter anderem befugt, in die geschäftlichen Unterlagen der auskunftspflichtigen Person Einsicht zu nehmen. Die Überwachungsaufgabe besteht in der Kontrolle der Einhaltung der Bestimmungen des Arbeitsschutzgesetzes und der aufgrund dieses Gesetzes erlassenen Rechtsverordnung, unter anderem der ArbMedVV. Über die Vorsorgekartei erfolgt der Nachweis der Umsetzung der Vorgaben der ArbMedVV am zweckmäßigsten. Zugleich sind die Angaben für Verfahren nach der Berufskrankheiten-Verordnung ein wichtiges Hilfsmittel. Auch insoweit ist die Ausdehnung auf Angebots- und Wunschvorsorge daher folgerichtig (vgl. dazu auch: BR-Drs. 327/13 v. 25. 4. 2013, Bes. Teil, S. 25–26). 9

Über eine Arbeitsmedizinische Regel (AMR) mit Vermutungswirkung kann bei Bedarf konkretisiert werden, wie die Vorsorgekartei zu führen ist. Unberührt bleiben zudem in anderen Rechtsvorschriften oder im ärztlichen Berufsrecht vorgese- 10

Kreizberg

hene Pflichten zur Erfassung oder Aufbewahrung von Informationen oder Unterlagen (siehe auch die Arbeitsmedizinische Regel „Fristen für die Aufbewahrung ärztlicher Unterlagen", GMBl. 2011 S. 714).

§ 4 Pflichtvorsorge

(1) ¹**Der Arbeitgeber hat nach Maßgabe des Anhangs Pflichtvorsorge für die Beschäftigten zu veranlassen.** ²**Pflichtvorsorge muss vor Aufnahme der Tätigkeit und anschließend in regelmäßigen Abständen veranlasst werden.**

(2) **Der Arbeitgeber darf eine Tätigkeit nur ausüben lassen, wenn der oder die Beschäftigte an der Pflichtvorsorge teilgenommen hat.**

1   Bei der im **Abs. 1**, begrifflich leicht verändert, angesprochenen Pflichtvorsorge aus dem Anhang handelt es sich im Wesentlichen um auch nach altem Recht schon als Pflichtuntersuchungen geregelte Untersuchungsanlässe mit einem besonders hohen Gefährdungspotenzial für die Beschäftigten. Nur für diese Fallkonstellationen wertet der Verordnungsgeber die mit Pflichtvorsorge verbundenen Eingriffe in Grundrechte der Beschäftigten und des Arbeitgebers als gerechtfertigt (vgl. dazu: BR-Drs. 643/08 vom 29.8.2008, S. 34 und BR-Drs. 327/13 vom 25.4.2013 Bes. Teil, S. 26).

2   **Abs. 2** legt mit der sprachlichen Korrektur aus der Novelle vom Oktober 2013 fest, dass die Durchführung der jeweiligen Pflichtvorsorge (Erstuntersuchung und Nachuntersuchungen) Beschäftigungsvoraussetzung ist. Beim Untersuchungsergebnis „gesundheitliche Bedenken" richten sich die zu treffenden Maßnahmen nach § 8. Im Falle von Druckluftarbeiten muss als Beschäftigungsvoraussetzung zusätzlich eine Bescheinigung der gesundheitlichen Unbedenklichkeit, d. h. eine Bescheinigung, dass keine gesundheitlichen Bedenken gegen die Ausübung der Tätigkeit bestehen, vorliegen (Anhang Teil 3 Nr. 5). Auch diese Differenzierung wurde aus dem bis dahin geltenden Recht übernommen (vgl. dazu: BR-Drs. 643/08 vom 29.8.2008, S. 34)).

Die Aufhebung des ehemaligen Satzes 2 ist die Folgeänderung zur Änderung in Form der Verlagerung der arbeitsmedizinischen Vorsorge zu Druckluft zurück in die Druckluftverordnung.

3   Die Aufhebung von **Abs. 3** ist die Folgeänderung zur Änderung in Form des neuen § 3 Abs. 4 „Verlagerung der Regelung zur Vorsorgekartei" (vgl. BR-Drs. 327/13 v. 25.4.2013, Bes. Teil, Seit 26

§ 5 Angebotsvorsorge

(1) ¹**Der Arbeitgeber hat den Beschäftigten Angebotsvorsorge nach Maßgabe des Anhangs anzubieten.** ²**Angebotsvorsorge muss vor Aufnahme der Tätigkeit und anschließend in regelmäßigen Abständen angeboten werden.** ³**Das Ausschlagen eines Angebots entbindet den Arbeitgeber nicht von der Verpflichtung, weiter regelmäßig Angebotsvorsorge anzubieten.**

(2) ¹**Erhält der Arbeitgeber Kenntnis von einer Erkrankung, die im ursächlichen Zusammenhang mit der Tätigkeit des oder der Beschäftigten stehen kann, so hat er ihm oder ihr unverzüglich Angebotsvorsorge anzu-**

bieten. ²Dies gilt auch für Beschäftigte mit vergleichbaren Tätigkeiten, wenn Anhaltspunkte dafür bestehen, dass sie ebenfalls gefährdet sein können.

(3) ¹Der Arbeitgeber hat Beschäftigten sowie ehemals Beschäftigten nach Maßgabe des Anhangs nach Beendigung bestimmter Tätigkeiten, bei denen nach längeren Latenzzeiten Gesundheitsstörungen auftreten können, nachgehende Vorsorge anzubieten. ²Am Ende des Beschäftigungsverhältnisses überträgt der Arbeitgeber diese Verpflichtung auf den zuständigen gesetzlichen Unfallversicherungsträger und überlässt ihm die erforderlichen Unterlagen in Kopie, sofern der oder die Beschäftigte eingewilligt hat.

Abs. 1 verweist für Angebotsvorsorge –so der seit Oktober 2013 novellierte Begriff– auf die im Anhang genannten Untersuchungsanlässe, die im Wesentlichen dem schon früher geltenden Recht entsprechen. Auch bei der Angebotsvorsorge sind grundsätzlich Erstuntersuchungen und Nachuntersuchungen vorgesehen. Satz 2 regelt, dass Angebotsvorsorge als Erstuntersuchung und anschließend als Nachuntersuchungen in regelmäßigen Abständen angeboten werden muss. Der Ausschuss für Arbeitsmedizin nach § 9 ist seit dem erstmaligen Inkrafttreten der Verordnung beauftragt, Regeln zu den Abständen aufzustellen. Die Klarstellung in Satz 3 berücksichtigt den für die Beschäftigte freiwilligen Charakter dieser Untersuchungen (vgl. dazu: BR-Drs. 643/08 v. 29.8.2008, S. 35). 1

Die im Rahmen der Novelle vom Oktober 2013 leicht modifizierte Vorschrift unterliegt an verschiedenen Stellen der Anpassung an die neue Terminologie und ist Folgeänderung zur Änderung in § 2. 2

Mit der Änderung der Sätze 2 und 3 wurde im Ergebnis ein Vorschlag aus dem AfAMed umgesetzt. Für ehemals Beschäftigte wurde die Verpflichtung, arbeitsmedizinische Vorsorge anzubieten, bindend auf die zuständigen gesetzlichen Unfallversicherungsträger verlagert. Damit wurde dem Wunsch zu verbessertem Schutz vor den Folgen einer Insolvenz Rechnung getragen. Zugleich wurde für Beschäftigte, die bei mehreren Arbeitgebern Tätigkeiten mit denselben Vorsorgeanlässen ausgeübt haben, eine mehrfache Durchführung der nachgehenden Vorsorge vermieden. Die Einwilligung der Beschäftigten bleibt dagegen vor dem Hintergrund des Umgangs mit personenbezogenen Daten weiterhin erforderlich. Sie kann vor Aufnahme der Tätigkeit erteilt werden.

Abs. 2 führt die im Zeitpunkt des Inkrafttretens in verschiedenen Verordnungen verorteten Regelungen zur Angebotsvorsorge wegen Erkrankungen, die im Zusammenhang mit ausgeübten Tätigkeiten stehen, zusammen (vgl. dazu: BR-Drs. 643/08 v. 29.8.2008, S. 35). 3

Abs. 3 i.V.m. dem Anhang Teil 1 Abs. 3 hat die nachgehenden Untersuchungen aus dem beim erstmaligen Inkrafttreten geltenden Recht übernommen. Die Möglichkeit der Übertragung der Verpflichtung zur Unterbreitung von Vorsorgeangeboten auf den Unfallversicherungsträger unterstützt seither den frühzeitigen Einsatz berufsgenossenschaftlicher Maßnahmen und Leistungen (vgl. dazu: BR-Drs. 643/08 v. 29.8.2008, S. 35). 4

ArbMedVV § 5a VO zur arbeitsmedizinischen Vorsorge

§ 5a Wunschvorsorge

Über die Vorschriften des Anhangs hinaus hat der Arbeitgeber den Beschäftigten auf ihren Wunsch hin regelmäßig arbeitsmedizinische Vorsorge nach § 11 des Arbeitsschutzgesetzes zu ermöglichen, es sei denn, auf Grund der Beurteilung der Arbeitsbedingungen und der getroffenen Schutzmaßnahmen ist nicht mit einem Gesundheitsschaden zu rechnen.

1   Die im Rahmen der Novelle vom Oktober 2013 eingefügte Vorschrift enthält eine Klarstellung zur Stärkung der Wunschvorsorge und steht im Zusammenhang mit der Änderung in § 2. Durch die Übernahme der Formulierung in § 11 ArbSchG wurde zugleich ein Vorschlag aus dem AfAMed umgesetzt. Darüber hinaus soll so die Rechtsanwendung vereinfacht werden.

§ 6 Pflichten des Arztes oder der Ärztin

(1) ¹Bei der arbeitsmedizinischen Vorsorge hat der Arzt oder die Ärztin die Vorschriften dieser Verordnung einschließlich des Anhangs zu beachten und die dem Stand der Arbeitsmedizin entsprechenden Regeln und Erkenntnisse zu berücksichtigen. ²Vor Durchführung der arbeitsmedizinischen Vorsorge muss er oder sie sich die notwendigen Kenntnisse über die Arbeitsplatzverhältnisse verschaffen. ³Vor Durchführung körperlicher oder klinischer Untersuchungen hat der Arzt oder die Ärztin deren Erforderlichkeit nach pflichtgemäßem ärztlichen Ermessen zu prüfen und den oder die Beschäftigte über die Inhalte, den Zweck und die Risiken der Untersuchung aufzuklären. ⁴Untersuchungen nach Satz 3 dürfen nicht gegen den Willen des oder der Beschäftigten durchgeführt werden. ⁵Der Arzt oder die Ärztin hat die ärztliche Schweigepflicht zu beachten.

(2) ¹Biomonitoring ist Bestandteil der arbeitsmedizinischen Vorsorge, soweit dafür arbeitsmedizinisch anerkannte Analyseverfahren und geeignete Werte zur Beurteilung zur Verfügung stehen. ²Biomonitoring darf nicht gegen den Willen der oder des Beschäftigten durchgeführt werden. ³Impfungen sind Bestandteil der arbeitsmedizinischen Vorsorge und den Beschäftigten anzubieten, soweit das Risiko einer Infektion tätigkeitsbedingt und im Vergleich zur Allgemeinbevölkerung erhöht ist. ⁴Satz 3 gilt nicht, wenn der oder die Beschäftigte bereits über einen ausreichenden Immunschutz verfügt.

(3) Der Arzt oder die Ärztin hat
1. das Ergebnis sowie die Befunde der arbeitsmedizinischen Vorsorge schriftlich festzuhalten und den oder die Beschäftigte darüber zu beraten,
2. dem oder der Beschäftigten auf seinen oder ihren Wunsch hin das Ergebnis zur Verfügung zu stellen sowie
3. der oder dem Beschäftigten und dem Arbeitgeber eine Vorsorgebescheinigung darüber auszustellen, dass, wann und aus welchem Anlass ein arbeitsmedizinischer Vorsorgetermin stattgefunden hat; die Vorsorgebescheinigung enthält auch die Angabe, wann eine weitere arbeitsmedizinische Vorsorge aus ärztlicher Sicht angezeigt ist.

Pflichten des Arztes oder der Ärztin　　　　　　　　　　**§ 6 ArbMedVV**

(4) ¹**Der Arzt oder die Ärztin hat die Erkenntnisse arbeitsmedizinischer Vorsorge auszuwerten.** ²**Ergeben sich Anhaltspunkte dafür, dass die Maßnahmen des Arbeitsschutzes für den Beschäftigten oder die Beschäftigte oder andere Beschäftigte nicht ausreichen, so hat der Arzt oder die Ärztin dies dem Arbeitgeber mitzuteilen und Maßnahmen des Arbeitsschutzes vorzuschlagen.** ³**Hält der Arzt oder die Ärztin aus medizinischen Gründen, die ausschließlich in der Person des oder der Beschäftigten liegen, einen Tätigkeitswechsel für erforderlich, so bedarf diese Mitteilung an den Arbeitgeber der Einwilligung des oder der Beschäftigten.**

Abs. 1 in der durch die Novelle von Oktober 2013 leicht modifizierten Fassung verpflichtet den Arzt oder die Ärztin, bei der arbeitsmedizinischen Vorsorge die **Vorschriften dieser Verordnung einschließlich des Anhangs** zu beachten und die dem **Stand der Arbeitsmedizin** entsprechenden Regeln und Erkenntnisse zu berücksichtigen. Für die Durchführung von arbeitsmedizinischer Vorsorge haben die Berufsgenossenschaften Regeln, sog. BG-Grundsätze, aufgestellt, die dem Arzt oder die Ärztin auch über das Inkrafttreten der Verordnung im Jahre 2008 hinaus weiterhin Orientierungshilfen zu Untersuchungsinhalten und zum Untersuchungsumfang bieten sollen. Bei der von den Unfallversicherungsträgern für die Zukunft angekündigten Überprüfung der BG-Grundsätze wird Kompatibilität mit der Verordnung zur arbeitsmedizinischen Vorsorge hergestellt werden müssen. 1

Satz 2 verpflichtet den Arzt oder die Ärztin, sich vor der Durchführung einer Vorsorge die notwendigen Kenntnisse über die Arbeitsplatzverhältnisse zu verschaffen. Die Vorschrift korrespondiert unmittelbar mit § 3 Abs. 2 Satz 3, der den Arbeitgeber zu entsprechenden Auskünften verpflichtet. Die besondere Betonung der Aufklärung der zu untersuchenden Person über die Untersuchungsinhalte und den Untersuchungszweck unterstreicht den Charakter der Vorsorgeuntersuchungen als individuelles Beratungsinstrument. Zur Aufklärung über den Untersuchungszweck gehört auch, dass der Arzt oder die Ärztin die zu untersuchende Person über die Folgen der jeweiligen Vorsorgeuntersuchung aufzuklären hat. Dies betrifft auch die Rechtsfolge, dass der Arzt oder die Ärztin das Untersuchungsergebnis nur bei Pflichtuntersuchungen nicht aber bei Angebots- und Wunschuntersuchungen an den Arbeitgeber weitergibt (vgl. dazu: BR-Drs. 643/08 v. 29.8.2008, S. 36). 2

Die Anfügung weiterer Sätze im Abs. 1 dient Klarstellungen als Folgeänderung zu den Änderungen in § 2 (Erforderlichkeit von körperlichen oder klinischen Untersuchungen sowie Einholung der Einwilligung) vor dem Hintergrund der besonderen Stellung des Arbeitsmediziners oder der Arbeitsmedizinerin bei der arbeitsmedizinischen Vorsorge; zugleich Umsetzung von Änderungsvorschlägen (beispielsweise klarstellende Aufnahme der ärztlichen Schweigepflicht). 3

Die Prüfung der Erforderlichkeit von körperlichen oder klinischen Untersuchungen soll Untersuchungsmechanismen verhindern. Die Grundsätze der Deutschen Gesetzlichen Unfallversicherung e.V. (sogenannte G-Grundsätze) sind rechtlich nicht verbindlich und haben auch keine Vermutungswirkung. Die G-Grundsätze unterscheiden nicht zwischen arbeitsmedizinischer Vorsorge und Untersuchungen zum Nachweis der gesundheitlichen Eignung für berufliche Anforderungen. Sie enthalten regelmäßig ein breites Spektrum an Untersuchungen. Der Arzt oder die Ärztin muss deshalb bei der arbeitsmedizinischen Vorsorge im Einzelfall entscheiden, welche Untersuchungen für eine gute individuelle Aufklärung und Beratung des oder der Beschäftigten angezeigt sind. Die Prüfung umfasst auch die diagnostische Aussagekraft 4

ArbMedVV § 6 VO zur arbeitsmedizinischen Vorsorge

und die Bewertung von Nutzen und Risiken der Untersuchungen. Das gilt besonders für Untersuchungen, die mit erheblichen Eingriffen für die Beschäftigten verbunden sind, wie zum Beispiel Röntgenuntersuchungen.

5   Die Aufklärung über Inhalt, Zweck und Ausmaß der Untersuchungen verschafft dem oder der Beschäftigten die notwendigen Kenntnisse, um eine informierte Entscheidung treffen zu können. Die Einholung der Einwilligung in körperliche oder klinische Untersuchungen sichert das Selbstbestimmungsrecht des oder der Beschäftigten.

Insgesamt schaffen die Klarstellungen die für eine gute arbeitsmedizinische Vorsorge notwendige Vertrauensbasis.

6   Die Vorgabe in § 6 Abs. 1 Satz 4, wonach Untersuchungen nicht gegen den Willen des/der Beschäftigten durchgeführt werden dürfen, beruht auf Empfehlungen der Bundesrats-Ausschüsse (BR-Drs. 327/1/13 v. 9.9.2013, Nr. 1), denen die Bundesregierung gefolgt ist.

7   **Abs.** 2 enthält seit dem erstmaligen Inkrafttreten im Jahre 2008 eine besondere Regelung zum Biomonitoring. Die Novelle im Jahr 2013 hat dann aber gegenüber dem ursprünglichen Recht erhebliche Änderungen gezeitigt. Die Änderungen im Abs. 2 beinhalten eine Anpassung an die neue Terminologie und die Klarstellung vor dem Hintergrund der notwendigen Einwilligung. Auch das EU-Recht verlangt keine Mitwirkung der Beschäftigten am Biomonitoring, etwa über Artikel 10 und 11 der Richtlinie 98/24/EG des Rates vom 7. April 1998 zum Schutz von Gesundheit und Sicherheit der Arbeitnehmer vor der Gefährdung durch chemische Arbeitsstoffe bei der Arbeit (ABl. L 131 v. 5.5.1998, S. 11), die durch die Richtlinie 2007/30/EG (ABl. L 165 vom 27.6.2007, S. 21) geändert worden ist. Die von Artikel 10 u. a. in Verbindung mit Anhang II der Richtlinie 98/24/EG geforderte angemessene Überwachung der Gesundheit der Arbeitnehmer entsprechend den innerstaatlichen Rechtsvorschriften und Gepflogenheiten wird über die Pflichtvorsorge erreicht.

8   Artikel 11 der Richtlinie 98/24/EG verweist hinsichtlich der Anhörung und Mitwirkung der Arbeitnehmer in den von dieser Richtlinie erfassten Angelegenheiten (u. a. Gesundheitsüberwachung) auf Artikel 11 der Richtlinie 89/391/EWG des Rates vom 12.6.1989 über die Durchführung von Maßnahmen zur Verbesserung der Sicherheit und des Gesundheitsschutzes der Arbeitnehmer bei der Arbeit. Dort sind keine Duldungspflichten der Beschäftigten in körperliche Eingriffe enthalten.

9   Die Anfügung weiterer Sätze an Abs. 2 regelt die im Recht von 2008 nur für die Pflichtvorsorge im Anhang vorgesehenen Impfangebote (Anhang Teil 2 Abs. 1 Satz 2 ArbMedVV werden in den Paragrafenteil der ArbMedVV überführt und auf alle Vorsorgekategorien ausgedehnt. Die Beschränkung des Impfangebotes auf die Pflichtvorsorge war nicht sachgerecht. Auch im Rahmen einer Angebots- und Wunschvorsorge kann aus Gründen des Arbeitsschutzes die Notwendigkeit einer Impfung bestehen. Insoweit wurde mit der Neuregelung ein Änderungsvorschlag aus dem AfAMed umgesetzt.

10 Allerdings existiert im Arbeitsschutz keine Impfpflicht. Beschäftigte müssen in die Impfung einwilligen. Ihnen kann die Impfung daher lediglich angeboten werden.

Das Impfangebot und damit die Impfung beschränkt sich auf Fälle, in denen das Infektionsrisiko der Beschäftigten tätigkeitsbedingt und im Vergleich zur Allgemeinbevölkerung erhöht ist. In Abgrenzung zum Infektionsschutzgesetz und zum Fünften Buch Sozialgesetzbuch (SGB V) werden dadurch unberechtigte Verschiebungen von Kosten auf die Arbeitgeber, zum Beispiel vonseiten der gesetzlichen Krankenkassen, vermieden. Es bedarf eines unmittelbaren Bezugs zur Tätigkeit des oder der Beschäftigten. Impfungen zum Dritt- oder Bevölkerungsschutz aufgrund hygienischer Indikation sind keine Aufgabe des Arbeitsschutzes.

Über eine Arbeitsmedizinische Regel (AMR) mit Vermutungswirkung kann bei Bedarf konkretisiert werden, welche Impfungen unter welchen Bedingungen in Betracht kommen. 11

Der Immunschutz soll durch den Arzt oder die Ärztin festgestellt werden (erster Vorsorgetermin). Der Arzt oder die Ärztin schlägt gegebenenfalls den Termin für einen weiteren Vorsorgetermin vor (Auffrischung) oder teilt mit, dass kein weiterer Termin erforderlich ist (lebenslanger Immunschutz). Arbeitgeber verfügen selbst bei Vorlage eines Impfausweises regelmäßig nicht über die für die Einschätzung notwendige Fachkenntnis. 12

Abs. 3 übernimmt im Kern die schon vor dem Inkrafttreten der Verordnung im Jahre 2008 gängigen Vorschriften für die Dokumentation ärztlicher Aufzeichnungen und für das Ausstellen von Bescheinigungen für die untersuchte Person. Ansonsten hat auch hier die Novelle von 2013 sichtbare Änderungen gezeitigt. 13

Nr. 1 entspricht -abgesehen von der Bescheinigung- inhaltlich der Regelung im früheren Satz 1. Er wurde sprachlich an die neue Terminologie angepasst. Unter den Begriff „Befunde" fallen auch Ausführungen zur Anamnese und nicht allein Befunde aus körperlichen oder klinischen Untersuchungen, die der Einwilligung des oder der Beschäftigten bedürfen. Der Begriff „Ergebnis" umfasst insbesondere Aussagen zu einzelnen oder mehreren Diagnosen sowie die Aussage „ohne Befund" (vgl. dazu: BR-Drs. 327/13 v. 25.4.2013, Bes. Teil, S. 29). 14

In **Nr. 2** wurde ausdrücklich geregelt, dass der Arzt oder die Ärztin dem oder der Beschäftigten auf Wunsch das Ergebnis zur eigenen Verwendung zur Verfügung stellt. Dies kann Beweiszwecken, zum Beispiel in einem Verfahren nach der Berufskrankheiten-Verordnung, dienen. Die Herausgabe weiterer Informationen, beispielsweise von Laborwerten, richtet sich nach dem ärztlichen Standesrecht. 15

In **Nr. 3** wurde der Inhalt der Aussagen, die der Arzt oder die Ärztin gegenüber den Beschäftigten und dem Arbeitgeber, zu treffen hat, konkretisiert und ein Gleichlauf mit den Angaben für die Vorsorgekartei hergestellt. Entsprechendes gilt für die Bezeichnung. Mit dem Wegfall einer Aussage zur gesundheitlichen Unbedenklichkeit und dem Ersatz durch die Aussage, dass der Vorsorgetermin stattgefunden hat, werden zahlreiche Änderungsvorschläge umgesetzt. Die Konkretisierung der Bezeichnung der Bescheinigung (Vorsorgebescheinigung) verbessert die Abgrenzung zu anderen Bescheinigungen, insbesondere zum Nachweis der gesundheitlichen Eignung für berufliche Anforderungen nach anderen Rechtsvorschriften. Ziel ist eine erhöhte Rechtssicherheit sowohl aufseiten der Beschäftigten als auch aufseiten der Arbeitgeber. 16

Über eine Arbeitsmedizinische Regel (AMR) mit Vermutungswirkung können die Anforderungen an die Vorsorgebescheinigung (zum Beispiel das Format) bei Bedarf konkretisiert werden (vgl. dazu: BR-Drs. 327/13 v. 25.4.2013 a. a. O.). 17

Abs. 4 verpflichtete den Arzt oder die Ärztin bereits nach dem seit 2008 geltenden Recht zur Auswertung der Erkenntnisse arbeitsmedizinischer Vorsorgeuntersuchungen. Zu den auszuwertenden Erkenntnissen arbeitsmedizinischer Untersuchungen gehören die Befunde sowie die Untersuchungsergebnisse nach § 6 Abs. 3 Satz 1. Im Falle von gesundheitlichen Bedenken gehört dazu auch das Ausloten der möglichen Gründe für gesundheitliche Bedenken. Wenn Anhaltspunkte dafür bestehen, dass die getroffenen Schutzmaßnahmen nicht ausreichen, muss der Arzt 18 oder die Ärztin dies dem Arbeitgeber auch nach dem in 2013 novellierten Recht mitteilen und geeignete Schutzmaßnahmen vorschlagen. Die Mitteilung löst die Verpflichtung des Arbeitgebers aus, die Gefährdungsbeurteilung zu wiederholen und die erforderlichen Schutzmaßnahmen zu treffen, § 8 Abs. 1 Satz 1. Die Auswertung der Erkenntnisse aus den Untersuchungen kann zudem Grundlage für die Erstellung betrieblicher Gesundheitsberichte sein (vgl. dazu: BR-Drs. 643/08 v. 29.8.2008, S. 37).

19   Abs. 4 in der in 2013 novellierten Fassung enthält an verschiedenen Stellen die Anpassung an die neue Terminologie.

20   Von der Auswertung der Erkenntnisse aus arbeitsmedizinischer Vorsorge umfasst sind, wie schon im ursprünglichen Recht, die einzelne Vorsorge als auch ein Blick auf alle Vorsorgen (beispielsweise für einen Betriebsbericht). Ergibt die Auswertung Anhaltspunkte dafür, dass die vorhandenen Maßnahmen des Arbeitsschutzes für die betreffende Person oder andere Beschäftigte nicht ausreichen, erhält der Arbeitgeber vom Arzt oder der Ärztin eine entsprechende Mitteilung mit Vorschlägen für geeignete Schutzmaßnahmen. Dies können technische, organisatorische oder persönliche Maßnahmen des Arbeitsschutzes sowohl zum Schutz der betreffenden Person als auch anderer Beschäftigter sein.

21   Die Anfügung des **letzten Satzes in Abs. 4** hatte, worauf das BMAS in seiner Begründung zum Referenten-Entwurf (BR-Drs. 327/13 v. 25.4.2013, Bes. Teil, S. 29) ausdrücklich hinwies, einen besonderen Grund. Der Vorschlag eines Tätigkeitswechsels aufgrund von besonderen Dispositionen kann für Beschäftigte mit gravierenden Folgen verbunden sein. Für den Fall, dass der Arzt oder die Ärztin wegen einer besonderen Disposition des oder der Beschäftigten einen Tätigkeitswechsel für angezeigt hält, bedarf diese Mitteilung an den Arbeitgeber deshalb der Einwilligung der betreffenden Person. Dies dient der Stärkung des Rechts auf informationelle Selbstbestimmung sowie der Wahrung des Rechts auf freie Berufsausübung.

22   Die Formulierungen von **Abs. 4 Satz 2 und 3** beruhen auf Empfehlungen des Bundesrates (BR-Drs. 327/1/13 v. 9.9.2013, Seite 4), denen die Bundesregierung gefolgt ist.

§ 7 Anforderungen an den Arzt oder die Ärztin

(1) ¹Unbeschadet anderer Bestimmungen im Anhang für einzelne Anlässe arbeitsmedizinischer Vorsorge muss der Arzt oder die Ärztin berechtigt sein, die Gebietsbezeichnung „Arbeitsmedizin" oder die Zusatzbezeichnung „Betriebsmedizin" zu führen. ²Er oder sie darf selbst keine Arbeitgeberfunktion gegenüber dem oder der Beschäftigten ausüben. ³Verfügt der Arzt oder die Ärztin nach Satz 1 für bestimmte Untersuchungsmethoden nicht über die erforderlichen Fachkenntnisse oder die speziellen Anerkennungen oder Ausrüstungen, so hat er oder sie Ärzte oder Ärztinnen hinzuzuziehen, die diese Anforderungen erfüllen.

(2) Die zuständige Behörde kann für Ärzte oder Ärztinnen in begründeten Einzelfällen Ausnahmen von Absatz 1 Satz 1 zulassen.

1   **Abs. 1** enthält, abgesehen von geringen terminologischen Novellen seit 2013, keine inhaltlichen Korrekturen gegenüber dem Recht von 2008.

Maßnahmen nach der arbeitsmedizinischen Vorsorge **§ 8 ArbMedVV**

Die besonderen Qualifikationsanforderungen an den Arzt oder die Ärztin nach **Abs. 1** – Gebietsbezeichnung Arbeitsmedizin oder Zusatzbezeichnung Betriebsmedizin – entsprechen denen der geltenden Gefahrstoffverordnung, der Biostoffverordnung und der Lärm- und Vibrations-Arbeitsschutzverordnung. Für einzelne Untersuchungsanlässe sind, soweit der Anhang hierzu besondere Bestimmungen enthält, Ausnahmen möglich. So kann z. B. die Untersuchung des Sehvermögens aus Anlass von Bildschirmarbeiten auch von einer anderen fachkundigen Person durchgeführt werden. Dies entspricht dem geltenden nationalen und EU-Recht (vgl. dazu auch die Kommentierung zu § 6 BildschArbV). Das Verbot, zugleich Arbeitgeberfunktion auszuüben, dient der Vermeidung von Interessenkollisionen. Satz 2 stellt klar, dass weitere Fachärzte oder Fachärztinnen hinzu gezogen werden müssen, soweit dies für die jeweilige Untersuchung erforderlich ist (vgl. dazu: BR-Drs. 643/08 v. 29.8.2008, S. 37).

Abs. 2 ermöglicht, von der Novelle von 2013 völlig unberührt, auch weiterhin 2 Ausnahmeregelungen. Diese können insbesondere bei einer Tätigkeit im Ausland erforderlich sein, um durch die Einbeziehung von örtlichen Ärzten oder Ärztinnen in Vorsorgeuntersuchungen unverhältnismäßige Untersuchungskosten zu vermeiden und um deren bessere Kenntnis der örtlichen Arbeitsabläufe und Umstände berücksichtigen zu können. Auch bei Untersuchungen im Inland können Ausnahmen erforderlich sein (vgl. dazu: BR-Drs. 643/08 v. 29.8.2008, S. 37 und BR-Drs. 327/13 v. 25.4.2013).

§ 8 Maßnahmen nach der arbeitsmedizinischen Vorsorge

(1) ¹**Im Fall von § 6 Absatz 4 Satz 2 hat der Arbeitgeber die Gefährdungsbeurteilung zu überprüfen und unverzüglich die erforderlichen Maßnahmen des Arbeitsschutzes zu treffen.** ²**Wird ein Tätigkeitswechsel vorgeschlagen, so hat der Arbeitgeber nach Maßgabe der dienst- und arbeitsrechtlichen Regelungen dem oder der Beschäftigten eine andere Tätigkeit zuzuweisen.**

(2) **Dem Betriebs- oder Personalrat und der zuständigen Behörde sind die getroffenen Maßnahmen mitzuteilen.**

(3) **Halten der oder die Beschäftigte oder der Arbeitgeber das Ergebnis der Auswertung nach § 6 Absatz 4 für unzutreffend, so entscheidet auf Antrag die zuständige Behörde.**

Abs. 1 regelte in der ursprünglichen Fassung vom 2008 die Rechtsfolgen, wenn 1 dem Arbeitgeber bekannt wird, dass als Ergebnis der Untersuchung gesundheitliche Bedenken gegen die Ausübung der Tätigkeit bestehen. Die Rechtsfolgen entsprachen dem schon bei Inkrafttreten der Verordnung geltenden Recht. Bei Pflichtuntersuchungen erfolgte die Mitteilung des Untersuchungsergebnisses an den Arbeitgeber unmittelbar durch den Arzt oder die Ärztin (§ 6 Abs. 3 Satz 3). Bei Angebotsvorsorge oder z. B. bei Wunschvorsorge nach § 11 ArbSchG erfolgte keine Weitergabe des Untersuchungsergebnisses durch den Arzt oder die Ärztin. Es stand der untersuchten Person jedoch frei, den Arbeitgeber selbst darüber zu unterrichten.

Erhält der Arbeitgeber von dem Arzt oder der Ärztin eine Mitteilung nach § 6 2 Abs. 4 Satz 2, dass möglicherweise die getroffenen Schutzmaßnahmen nicht ausreichen, so hat er die Gefährdungsbeurteilung zu wiederholen und unverzüglich die

ArbMedVV § 9 VO zur arbeitsmedizinischen Vorsorge

erforderlichen Schutzmaßnahmen zu treffen. Blieben die gesundheitlichen Bedenken dennoch bestehen, so hatte der Arbeitgeber nach Maßgabe der dienst- und arbeitsrechtlichen Regelungen der betroffenen Person eine gesundheitszuträgliche Tätigkeit zuzuweisen. Die Rechtsfolgenregelung des Satzes 1 unterstrich den Vorrang der objektiven Arbeitsschutzmaßnahmen. Satz 2 und Satz 3 entsprochen dem bereits bei Inkrafttreten der Verordnung geltenden Recht (vgl. dazu: BR-Drs. 643/08 vom 29.8.2008, S. 38).

3   **Abs. 2** in der Fassung vom 2008 ermöglichte die Überprüfung des Untersuchungsergebnisses durch die zuständige Behörde. Sowohl Arbeitgeber als auch betroffene Beschäftigte könnten diese Überprüfung beantragen (vgl. dazu: BR-Drs. 643/08 vom 29.8.2008, S. 38).

4   Mit der Neufassung des § 8 im Rahmen der Novelle von 2013 wurden Anpassungen an die neue Terminologie sowie Folgeänderungen aufgrund der Änderungen in § 6 Abs. 3 (Wegfall der Aussage zur gesundheitlichen Unbedenklichkeit) und der Ergänzung bei § 6 Abs. 4 (Vorschlag des Tätigkeitswechsels) umgesetzt.

Die bis dahin in § 8 Abs. 1 Satz 3 ArbMedVV enthaltene Mitteilungspflicht des Arbeitgebers gegenüber dem Personal- oder Betriebsrat und der zuständigen Behörde wurde in einen eigenständigen Absatz überführt (Absatz 2).

5   Der vormalige § 8 Abs. 2 ArbMedVV wurde an den Wegfall der Aussage zur gesundheitlichen Unbedenklichkeit angepasst. Für Beschäftigte und Arbeitgeber besteht hinsichtlich des Ergebnisses der Auswertung der Erkenntnisse aus arbeitsmedizinischer Vorsorge, das heißt in Bezug auf die Mitteilung, ob die Maßnahmen des Arbeitsschutzes ausreichend sind oder nicht und welche Maßnahmen erforderlich sind, ein Rechtsschutzbedürfnis (vgl. dazu: BR-Drs. 327/13 vom 25.4.2013, Bes. Teil, Seite 30).

§ 9 Ausschuss für Arbeitsmedizin

(1) ¹**Beim Bundesministerium für Arbeit und Soziales wird ein Ausschuss für Arbeitsmedizin gebildet, in dem fachkundige Vertreter der Arbeitgeber, der Gewerkschaften, der Länderbehörden, der gesetzlichen Unfallversicherung und weitere fachkundige Personen, insbesondere der Wissenschaft, vertreten sein sollen.** ²**Die Gesamtzahl der Mitglieder soll zwölf Personen nicht überschreiten.** ³**Für jedes Mitglied ist ein stellvertretendes Mitglied zu benennen.** ⁴**Die Mitgliedschaft im Ausschuss für Arbeitsmedizin ist ehrenamtlich.**

(2) **Das Bundesministerium für Arbeit und Soziales beruft die Mitglieder des Ausschusses und die stellvertretenden Mitglieder. Der Ausschuss gibt sich eine Geschäftsordnung und wählt den Vorsitzenden oder die Vorsitzende aus seiner Mitte. Die Geschäftsordnung und die Wahl des oder der Vorsitzenden bedürfen der Zustimmung des Bundesministeriums für Arbeit und Soziales.**

(3) ¹**Zu den Aufgaben des Ausschusses gehört es,**
1. **dem Stand der Arbeitsmedizin entsprechende Regeln und sonstige gesicherte arbeitsmedizinische Erkenntnisse zu ermitteln,**
2. **Regeln und Erkenntnisse zu ermitteln, wie die in dieser Verordnung gestellten Anforderungen insbesondere zu Inhalt und Umfang von Pflicht-, Angebots- oder Wunschvorsorge erfüllt werden können,**
3. **Empfehlungen zur arbeitsmedizinischen Vorsorge aufzustellen,**

Ausschuss für Arbeitsmedizin   **§ 9 ArbMedVV**

4. Empfehlungen für weitere Maßnahmen der Gesundheitsvorsorge auszusprechen, insbesondere für betriebliche Gesundheitsprogramme,
5. Regeln und Erkenntnisse zu sonstigen arbeitsmedizinischen Präventionsmaßnahmen nach § 1 Abs. 3 zu ermitteln, insbesondere zur allgemeinen arbeitsmedizinischen Beratung der Beschäftigten,
6. das Bundesministerium für Arbeit und Soziales in allen Fragen der arbeitsmedizinischen Vorsorge sowie zu sonstigen Fragen des medizinischen Arbeitsschutzes zu beraten.

²Das Arbeitsprogramm des Ausschusses für Arbeitsmedizin wird mit dem Bundesministerium für Arbeit und Soziales abgestimmt. ³Der Ausschuss arbeitet eng mit den anderen Ausschüssen beim Bundesministerium für Arbeit und Soziales zusammen.

(4) Das Bundesministerium für Arbeit und Soziales kann die vom Ausschuss für Arbeitsmedizin ermittelten Regeln und Erkenntnisse sowie Empfehlungen im Gemeinsamen Ministerialblatt bekannt geben.

(5) ¹Die Bundesministerien sowie die obersten Landesbehörden können zu den Sitzungen des Ausschusses Vertreter entsenden. ²Auf Verlangen ist diesen in der Sitzung das Wort zu erteilen.

(6) Die Geschäfte des Ausschusses führt die Bundesanstalt für Arbeitsschutz und Arbeitsmedizin.

Die schon in der ursprünglichen Fassung der ArbMedVV von 2008 verankerte 1
Bildung des Ausschusses für Arbeitsmedizin gemäß **Abs. 1** orientiert sich an der bewährten Funktion der beratenden Ausschüsse beim Bundesministerium für Arbeit und Soziales im Bereich des Arbeitsschutzes (z. B. Ausschuss für Gefahrstoffe, Ausschuss für biologische Arbeitsstoffe, Ausschuss für Betriebssicherheit, Ausschuss für Arbeitsstätten). Sie sollte der Stärkung der arbeitsmedizinischen Vorsorge dienen. Bis zum Inkrafttreten der Verordnung war die Arbeitsmedizin im Ausschusswesen beim Bundesministerium für Arbeit und Soziales in den Bereichen Gefahrstoffe und biologische Arbeitsstoffe vertreten.

Die dort bearbeiteten Fragestellungen behandelten Teilbereiche der Probleme 2
arbeitsbedingter Erkrankungen, so dass weite Bereiche arbeitsbedingter Erkrankungen vorher keine ausreichende Berücksichtigung fanden, z. B. arbeitsbedingte Erkrankungen durch Lärm und Vibrationen sowie Muskel-Skelett-Erkrankungen. Um der grundsätzlichen und eigenständigen Bedeutung der Arbeitsmedizin für die Gesunderhaltung der Beschäftigten gerecht zu werden, arbeitet der Ausschuss seither themenübergreifend. Für alle Ausschüsse nach dem Arbeitsschutzgesetz besteht eine Verpflichtung zur gegenseitigen Zusammenarbeit.

Ferner gewährleistet Absatz 1 die aktive Mitwirkung der betroffenen Kreise ein- 3
schließlich der Länderbehörden und schafft dadurch eine breite Akzeptanz der von ihm ermittelten technischen Regeln. Die Beschränkung auf zwölf Mitglieder soll ein zügiges Arbeiten begünstigen (vgl. dazu: BR-Drs. 643/08 vom 29.8.2008, S. 38f.).

Abs. 2 entspricht dem schon vor Inkrafttreten der Verordnung im Jahre 2008 4
geltenden Recht bei den vorstehend genannten Arbeitsschutzausschüssen.

Abs. 3 beschreibt die Aufgaben des Ausschusses für Arbeitsmedizin. 5

Satz 1 Nr. 1 überträgt dem Ausschuss für Arbeitsmedizin die Ermittlung von Regeln und sonstigen gesicherten arbeitsmedizinischen Erkenntnissen, die dem Stand der Arbeitsmedizin entsprechen. Hierzu gehört z. B. die Erstellung und Aktualisie-

ArbMedVV § 9 VO zur arbeitsmedizinischen Vorsorge

rung von Begründungen für arbeitsmedizinische Vorsorgeuntersuchungen (vgl. dazu: BR-Drs. 643/08 vom 29.8.2008, S. 39).

Absatz 3 enthält in den Ziffern 2 und 3 Anpassungen an die neue Terminologie und Klarstellungen hinsichtlich Arbeitsmedizinischer Regeln, Erkenntnisse und Empfehlungen, die in Bezug auf alle Arten arbeitsmedizinischer Vorsorge (Pflicht, Angebot oder Wunsch) denkbar sind (BR-Drs. 327/13 v. 25.4.2013, Bes. Teil, S. 30).

6   Satz 1 Nr. 2 betrifft die Ermittlung von Regeln und Erkenntnissen, wie die Anforderungen der Verordnung erfüllt werden können. Angesprochen sind hier Konkretisierungen der im Anhang aufgeführten Untersuchungsanlässe sowie Aussagen zu Untersuchungsfristen. Diese Aufgabenzuweisung an den Ausschuss für Arbeitsmedizin hat zur Folge, dass seitdem insoweit kein Raum mehr besteht für verbindliche berufsgenossenschaftliche Regeln und Handlungsanleitungen. Die Aufstellung von Regeln zum Untersuchungsinhalt und Untersuchungsumfang soll der staatliche Ausschuss demgegenüber nur bei Grundsatzfragen mit verfassungsrechtlichem Bezug übernehmen, z. B. bei gendiagnostischen Fragestellungen. Im Übrigen soll dafür der Ausschuss Arbeitsmedizin bei der Deutschen Gesetzlichen Unfallversicherung zuständig bleiben (vgl. dazu: BR-Drs. 643/08 v. 29.8.2008, S. 39).

7   Satz 1 Nr. 3 betrifft das Aufstellen von Empfehlungen, besonders in Form von Kriterien und Beispielen für Wunschuntersuchungen. Handlungsbedarf besteht, nach Meinung des Bundesarbeitsministeriums, hier insbesondere für Bereiche, die bis dato bei der arbeitsmedizinischen Vorsorge noch zu wenig Beachtung gefunden haben wie z. B. Muskel-Skelett-Erkrankungen. Die Aufgabe des Ausschusses wird hier darin bestehen, den Betrieben Orientierung zu verschaffen, bei welchen Gesundheitsgefährdungen zusätzlich zu den im Anhang der Verordnung normierten Anlässen arbeitsmedizinische Vorsorgeuntersuchungen geboten sein können. Den Beschäftigten nutzt dies zugleich bei der Wahrnehmung ihrer Rechte nach der Generalklausel des § 11 ArbSchG (vgl. dazu: BR-Drs. 643/08 v. 29.8.2008, S. 39).

8   Nach Satz 1 Nr. 4 soll der Ausschuss darüber hinaus Empfehlungen für weitere Maßnahmen der Gesundheitsvorsorge erarbeiten. Größere Betriebe bieten ihren Mitarbeitern und Mitarbeiterinnen bereits heute Gesundheitsuntersuchungen auf freiwilliger Basis an. Die Empfehlungen des Ausschusses sollen nach dem Willen des Verordnungsgebers weitere Unternehmen dazu ermutigen, zum Erhalt der Beschäftigungsfähigkeit ihrer Mitarbeiter und Mitarbeiterinnen mehr zu tun, als der bestehende Rechtsrahmen vorschreibt.

9   Entsprechend Satz 1 Nr. 5 soll der Ausschuss für Arbeitsmedizin nicht nur Regeln und Erkenntnisse zur arbeitsmedizinischen Vorsorge nach dieser Verordnung ermitteln. Sein Aufgabenfeld soll sich auch auf die Ermittlung von Regeln und Erkenntnissen zu arbeitsmedizinischen Präventionsmaßnahmen nach sonstigen Rechtsvorschriften erstrecken. Angesprochen ist hier ausdrücklich die allgemeine arbeitsmedizinische Beratung, die Bestandteil der Unterweisungsvorschriften in verschiedenen Fachverordnungen ist (wie z. B. der GefStoffV, der BioStoffV und der LärmVibrationsArbSchV). Hier wirkt der Ausschuss für Arbeitsmedizin an Regeln mit, die andere Ausschüsse (insbesondere Ausschuss für Gefahrstoffe, Ausschuss für biologische Arbeitsstoffe) beschließen. Dem Erfordernis einer guten Zusammenarbeit des Ausschusses für Arbeitsmedizin mit den bestehenden Ausschüssen trägt die Regelung in § 9 Abs. 3 Satz 3 Rechnung (BR-Drs. 643/08 vom 29.8.2008, S. 39).

10 Nach Satz 1 Nr. 6 hat der Ausschuss des Weiteren die Aufgabe, das Bundesministerium für Arbeit und Soziales zu beraten. Beratungsbedarf besteht z. B. zum Bedarf

neuer und zur Aktualisierung bestehender Untersuchungsanlässe für Pflicht- oder Angebotsuntersuchungen. Die Abstimmung des Arbeitsprogramms mit dem Bundesministerium für Arbeit und Soziales nach Satz 2 dient der bedarfsgerechten Erledigung der anfallenden Aufgaben. Satz 3 verpflichtet den Ausschuss für Arbeitsmedizin zur engen Zusammenarbeit mit den anderen Ausschüssen beim Bundesministerium für Arbeit und Soziales. Dies dient insbesondere der Abstimmung der Regeln und Erkenntnisse nach Satz 1 Nr. 5, die in das Regelwerk der anderen Ausschüsse integriert werden müssen. Es wird somit gewährleistet, dass auch diejenigen Aufgabenbereiche der verschiedenen Ausschüsse, die sich berühren, widerspruchsfrei geregelt werden und Synergieeffekte entstehen (vgl. dazu: BR-Drs. 643/08 vom 29.8.2008, S. 40).

Absätze 4 bis 6 entsprechen wie auch Absatz 2 dem bei Inkrafttreten der Verordnung im Jahr 2008 geltenden Recht bei den damals schon bestehenden Arbeitsschutzausschüssen. 11

§ 10 Ordnungswidrigkeiten und Straftaten

(1) **Ordnungswidrig im Sinne des § 25 Abs. 1 Nr. 1 des Arbeitsschutzgesetzes handelt, wer vorsätzlich oder fahrlässig**
1. **entgegen § 4 Abs. 1 eine Pflichtvorsorge nicht oder nicht rechtzeitig veranlasst,**
2. **entgegen § 4 Abs. 2 eine Tätigkeit ausüben lässt,**
3. **entgegen § 3 Absatz 4 Satz 1 Halbsatz 1 eine Vorsorgekartei nicht, nicht richtig oder nicht vollständig führt oder**
4. **entgegen § 5 Abs. 1 Satz 1 eine Angebotsvorsorge nicht oder nicht rechtzeitig anbietet.**

(2) **Wer durch eine in Absatz 1 bezeichnete vorsätzliche Handlung Leben oder Gesundheit eines oder einer Beschäftigten gefährdet, ist nach § 26 Nr. 2 des Arbeitsschutzgesetzes strafbar.**

Die Vorschrift bewehrt das Nichtveranlassen bzw. das nicht rechtzeitige Veranlassen von Pflichtuntersuchungen, bzw. ihre Missachtung als Beschäftigungsvoraussetzung, Verstöße gegen Aufbewahrungspflichten sowie das Versäumen der Offerte von Angebotsuntersuchungen werden mit Bußgeld sowie bei vorsätzlicher Gefährdung von Leben und Gesundheit eines oder einer Beschäftigten mit Strafe geahndet (vgl. dazu: BR-Drs. 643/08 v. 29.8.2008, S. 40). 1

Die Norm enthält seit der Novelle von 2013 in den Ziffern 1 und 3 Anpassungen an die aktuelle Terminologie sowie Folgeänderungen zu der Aufhebung des § 4 Abs. 2 Satz 2, da die Aussage zur gesundheitlichen Unbedenklichkeit entfiel und durch die Aufhebung von § 4 Abs. 3 im Rahmen der Novelle die Verlagerung der Vorsorgekartei geregelt wurde. 2

Ein Tatbestand für die Wunschvorsorge konnte nicht in den Katalog der Ordnungswidrigkeiten aufgenommen werden, weil die Regelung des § 11 ArbSchG in der ArbMedVV lediglich wiederholt wird. Aus diesem Grund handelt es sich nicht um eine Maßnahme im Sinne des § 18 Abs. 1 ArbSchG, auf die eine Regelung nach § 25 Abs. 1 Nummer 1 des ArbSchG gestützt werden könnte. Für die Wunschvorsorge ist daher weiterhin § 25 Abs. 1 Nummer 2 ArbSchG maßgeblich (vgl. dazu: BR-Drs. 327/13 v. 25.4.2013, S. 30). 3

ArbMedVV Anh

VO zur arbeitsmedizinischen Vorsorge

Anhang

Arbeitsmedizinische Pflicht- und Angebotsvorsorge

Teil 1. Tätigkeiten mit Gefahrstoffen

(1) Pflichtvorsorge bei:
1. Tätigkeiten mit den Gefahrstoffen:
   - Acrylnitril,
   - Alkylquecksilberverbindungen,
   - Alveolengängiger Staub (A-Staub),
   - Aromatische Nitro- und Aminoverbindungen,
   - Arsen und Arsenverbindungen,
   - Asbest,
   - Benzol,
   - Beryllium,
   - Bleitetraethyl und Bleitetramethyl,
   - Cadmium und Cadmiumverbindungen,
   - Chrom-VI-Verbindungen,
   - Dimethylformamid,
   - Einatembarer Staub (E-Staub),
   - Fluor und anorganische Fluorverbindungen,
   - Glycerintrinitrat und Glykoldinitrat (Nitroglycerin/Nitroglykol),
   - Hartholzstaub,
   - Kohlenstoffdisulfid,
   - Kohlenmonoxid,
   - Methanol,
   - Nickel und Nickelverbindungen,
   - Polycyclische aromatische Kohlenwasserstoffe (Pyrolyseprodukte aus organischem Material),
   - weißer Phosphor (Tetraphosphor),
   - Platinverbindungen,
   - Quecksilber und anorganische Quecksilberverbindungen,
   - Schwefelwasserstoff,
   - Silikogener Staub,
   - Styrol,
   - Tetrachlorethen,
   - Toluol,
   - Trichlorethen,
   - Vinylchlorid,
   - Xylol (alle Isomeren),

   wenn

   a) der Arbeitsplatzgrenzwert für den Gefahrstoff nach der Gefahrstoffverordnung nicht eingehalten wird,
   b) eine wiederholte Exposition nicht ausgeschlossen werden kann und der Gefahrstoff ein krebserzeugender oder erbgutverändernder Stoff oder eine Zubereitung der Kategorie 1 oder 2 im Sinne der Gefahrstoffverordnung ist oder die Tätigkeiten mit dem Gefahrstoff als krebserzeugende Tätigkeiten oder Verfahren Kategorie 1 oder 2 im Sinne der Gefahrstoffverordnung bezeichnet werden oder
   c) der Gefahrstoff hautresorptiv ist und eine Gesundheitsgefährdung durch Hautkontakt nicht ausgeschlossen werden kann;
2. Sonstige Tätigkeiten mit Gefahrstoffen:
   a) Feuchtarbeit von regelmäßig vier Stunden oder mehr je Tag,
   b) Schweißen und Trennen von Metallen bei Überschreitung einer Luftkonzentration von 3 Milligramm pro Kubikmeter Schweißrauch,

Anhang

Anh ArbMedVV

c) Tätigkeiten mit Exposition gegenüber Getreide- und Futtermittelstäuben bei Überschreitung einer Luftkonzentration von 4 Milligramm pro Kubikmeter einatembarem Staub,

d) Tätigkeiten mit Exposition gegenüber Isocyanaten, bei denen ein regelmäßiger Hautkontakt nicht ausgeschlossen werden kann oder eine Luftkonzentration von 0,05 Milligramm pro Kubikmeter überschritten wird,

e) Tätigkeiten mit einer Exposition mit Gesundheitsgefährdung durch Labortierstaub in Tierhaltungsräumen und -anlagen,

f) Tätigkeiten mit Benutzung von Naturgummilatexhandschuhen mit mehr als 30 Mikrogramm Protein je Gramm im Handschuhmaterial,

g) Tätigkeiten mit dermaler Gefährdung oder inhalativer Exposition mit Gesundheitsgefährdung, verursacht durch Bestandteile unausgehärteter Epoxidharze, insbesondere durch Versprühen von Epoxidharzen,

h) Tätigkeiten mit Exposition gegenüber Blei und anorganischen Bleiverbindungen bei Überschreitung einer Luftkonzentration von 0,075 Milligramm pro Kubikmeter,

i) Tätigkeiten mit Hochtemperaturwollen, soweit dabei als krebserzeugend Kategorie 1 oder 2 im Sinne der Gefahrstoffverordnung eingestufte Faserstäube freigesetzt werden können,

j) Tätigkeiten mit Exposition gegenüber Mehlstaub bei Überschreitung einer Mehlstaubkonzentration von 4 Milligramm pro Kubikmeter Luft.

(2) Angebotsvorsorge bei:

1. Tätigkeiten mit den in Absatz 1 Nr. 1 genannten Gefahrstoffen, wenn eine Exposition nicht ausgeschlossen werden kann und der Arbeitgeber keine Pflichtvorsorge zu veranlassen hat;

2. Sonstige Tätigkeiten mit Gefahrstoffen:
   a) Schädlingsbekämpfung nach der Gefahrstoffverordnung,
   b) Begasungen nach der Gefahrstoffverordnung,
   c) Tätigkeiten mit folgenden Stoffen oder deren Gemischen: n-Hexan, n-Heptan, 2-Butanon, 2-Hexanon, Methanol, Ethanol, 2-Methoxyethanol, Benzol, Toluol, Xylol, Styrol, Dichlormethan, 1,1,1-Trichlorethan, Trichlorethen, Tetrachlorethen,
   d) Tätigkeiten mit einem Gefahrstoff, sofern der Gefahrstoff nicht in Absatz 1 Nummer 1 genannt ist, eine wiederholte Exposition nicht ausgeschlossen werden kann und
     aa) der Gefahrstoff ein krebserzeugender oder erbgutverändernder Stoff oder eine Zubereitung der Kategorie 1 oder 2 im Sinne der Gefahrstoffverordnung ist oder
     bb) die Tätigkeiten mit dem Gefahrstoff als krebserzeugende Tätigkeiten oder Verfahren Kategorie 1 oder 2 im Sinne der Gefahrstoffverordnung bezeichnet werden,
   e) Feuchtarbeit von regelmäßig mehr als zwei Stunden je Tag,
   f) Schweißen und Trennen von Metallen bei Einhaltung einer Luftkonzentration von 3 Milligramm pro Kubikmeter Schweißrauch,
   g) Tätigkeiten mit Exposition gegenüber Getreide- und Futtermittelstäuben bei Überschreitung einer Luftkonzentration von 1 Milligramm je Kubikmeter einatembarem Staub,
   h) Tätigkeiten mit Exposition gegenüber Isocyanaten, bei denen ein Hautkontakt nicht ausgeschlossen werden kann oder eine Luftkonzentration von 0,05 Milligramm pro Kubikmeter eingehalten wird,
   i) Tätigkeiten mit Exposition gegenüber Blei und anorganischen Bleiverbindungen bei Einhaltung einer Luftkonzentration von 0,075 Milligramm pro Kubikmeter,

ArbMedVV Anh   VO zur arbeitsmedizischen Vorsorge

j) Tätigkeiten mit Exposition gegenüber Mehlstaub bei Einhaltung einer Mehlstaubkonzentration von 4 Milligramm pro Kubikmeter Luft,

k) Tätigkeiten mit Exposition gegenüber sonstigen atemwegssensibilisierend oder hautsensibilisierend wirkenden Stoffen, für die nach Absatz 1, Nummer 1 oder Buchstabe a bis j keine arbeitsmedizinische Vorsorge vorgesehen ist.

(3) Anlässe für nachgehende Vorsorge:

1. Tätigkeiten mit Exposition gegenüber einem Gefahrstoff, sofern

   a) der Gefahrstoff ein krebserzeugender oder erbgutverändernder Stoff oder eine Zubereitung der Kategorie 1 oder 2 im Sinne der Gefahrstoffverordnung ist oder

   b) die Tätigkeiten mit dem Gefahrstoff als krebserzeugende Tätigkeiten oder Verfahren Kategorie 1 oder 2 im Sinne der Gefahrstoffverordnung bezeichnet werden;

2. Tätigkeiten mit Exposition gegenüber Blei oder anorganischen Bleiverbindungen;

3. Tätigkeiten mit Hochtemperaturwollen nach Absatz 1 Nummer 2 Buchstabe i.

(4) Abweichungen:

Vorsorge nach Absatz 1 bis 3 muss nicht veranlasst oder angeboten werden, wenn und soweit die auf der Grundlage von § 9 Absatz 3 Satz 1 Nummer 1 ermittelten und nach § 9 Absatz 4 bekannt gegebenen Regeln etwas anderes bestimmen.

Teil 2. Tätigkeiten mit biologischen Arbeitsstoffen einschließlich gentechnischen Arbeiten mit humanpathogenen Organismen

(1) Pflichtvorsorge bei:

1. gezielten Tätigkeiten mit einem biologischen Arbeitsstoff der Risikogruppe 4 oder mit

   − Bacillus anthracis,
   − Bartonella bacilliformis,
   − Bartonella henselae,
   − Bartonella quintana,
   − Bordetella pertussis,
   − Borellia burgdorferi,
   − Borrelia burgdorferi sensu lato,
   − Brucella melitensis,
   − Burkholderia pseudomallei (Pseudomonas pseudomallei),
   − Chlamydophila pneumoniae,
   − Chlamydophila psittaci (aviäre Stämme),
   − Coxiella burnetii,
   − Francisella tularensis,
   − Frühsommermeningoenzephalitis-(FSME)-Virus,
   − Gelbfieber-Virus,
   − Helicobacter pylori,
   − Hepatitis-A-Virus (HAV),
   − Hepatitis-B-Virus (HBV),
   − Hepatitis-C-Virus (HCV),
   − Influenzavirus A oder B,
   − Japanenzephalitisvirus,
   − Leptospira spp.,
   − Masernvirus,
   − Mumpsvirus,
   − Mycobacterium bovis,

Anhang   **Anh ArbMedVV**

- Mycobacterium tuberculosis,
- Neisseria meningitidis,
- Poliomyelitisvirus,
- Rubivirus,
- Salmonella typhi,
- Schistosoma mansoni,
- Streptococcus pneumoniae,
- Tollwutvirus,
- Treponema pallidum (Lues),
- Tropheryma whipplei,
- Trypanosoma cruzi,
- Yersinia pestis,
- Varizelle-Zoster-Virus (VZV) oder
- Vibrio cholerae;

2. nicht gezielten Tätigkeiten mit biologischen Arbeitsstoffen der Risikogruppe 4 bei Kontaktmöglichkeit zu infizierten Proben oder Verdachtsproben oder erkrankten oder krankheitsverdächtigen Personen oder Tieren einschließlich deren Transport sowie

3. nachfolgend aufgeführten nicht gezielten Tätigkeiten
   a) in Forschungseinrichtungen oder Laboratorien: regelmäßige Tätigkeiten mit Kontaktmöglichkeit zu infizierten Proben oder Verdachtsproben, zu infizierten Tieren oder krankheitsverdächtigen Tieren beziehungsweise zu erregerhaltigen oder kontaminierten Gegenständen oder Materialien hinsichtlich eines biologischen Arbeitsstoffes nach Nummer 1;
   b) in Tuberkuloseabteilungen und anderen pulmologischen Einrichtungen: Tätigkeiten mit regelmäßigem Kontakt zu erkrankten oder krankheitsverdächtigen Personen hinsichtlich Mycobacterium bovis oder Mycobacterium tuberculosis;
   c) in Einrichtungen zur medizinischen Untersuchung, Behandlung und Pflege von Menschen:
      aa) Tätigkeiten mit regelmäßigem direkten Kontakt zu erkrankten oder krankheitsverdächtigen Personen hinsichtlich
         - Bordetella pertussis,
         - Hepatitis-A-Virus (HAV),
         - Masernvirus,
         - Mumpsvirus oder
         - Rubivirus,
      bb) Tätigkeiten, bei denen es regelmäßig und in größerem Umfang zu Kontakt mit Körperflüssigkeiten, Körperausscheidungen oder Körpergewebe kommen kann, insbesondere Tätigkeiten mit erhöhter Verletzungsgefahr oder Gefahr von Verspritzen und Aerosolbildung, hinsichtlich
         - Hepatitis-B-Virus (HBV) oder
         - Hepatitis-C-Virus (HCV);
      dies gilt auch für Bereiche, die der Versorgung oder der Aufrechterhaltung dieser Einrichtungen dienen;
   d) in Einrichtungen zur medizinischen Untersuchung, Behandlung und Pflege von Kindern, ausgenommen Einrichtungen ausschließlich zur Betreuung von Kindern: Tätigkeiten mit regelmäßigem direkten Kontakt zu erkrankten oder krankheitsverdächtigen Kindern hinsichtlich Varizella-Zoster-Virus (VZV); Buchstabe c bleibt unberührt;
   e) in Einrichtungen ausschließlich zur Betreuung von Menschen: Tätigkeiten, bei denen es regelmäßig und in größerem Umfang zu Kontakt mit Körperflüssigkeiten, Körperausscheidungen oder Körpergewebe kommen kann, insbeson-

dere Tätigkeiten mit erhöhter Verletzungsgefahr oder Gefahr von Verspritzen und Aerosolbildung, hinsichtlich
- Hepatitis-A-Virus (HAV),
- Hepatitis-B-Virus (HBV) oder
- Hepatitis-C-Virus (HCV);

f) in Einrichtungen zur vorschulischen Betreuung von Kindern: Tätigkeiten mit regelmäßigem direkten Kontakt zu Kindern hinsichtlich
- Bordetella pertussis,
- Masernvirus,
- Mumpsvirus,
- Rubivirus oder
- Varizella-Zoster-Virus (VZV); Buchstabe e bleibt unberührt;

g) in Notfall- und Rettungsdiensten: Tätigkeiten, bei denen es regelmäßig und in größerem Umfang zu Kontakt mit Körperflüssigkeiten, Körperausscheidungen oder Körpergewebe kommen kann, insbesondere Tätigkeiten mit erhöhter Verletzungsgefahr oder Gefahr von Verspritzen und Aerosolbildung, hinsichtlich Hepatitis-B-Virus (HBV) oder Hepatitis-C-Virus (HCV);

h) in der Pathologie: Tätigkeiten, bei denen es regelmäßig und in größerem Umfang zu Kontakt mit Körperflüssigkeiten, Körperausscheidungen oder Körpergewebe kommen kann, insbesondere Tätigkeiten mit erhöhter Verletzungsgefahr oder Gefahr von Verspritzen und Aerosolbildung, hinsichtlich Hepatitis-B-Virus (HBV) oder Hepatitis-C-Virus (HCV);

i) in Kläranlagen oder in der Kanalisation: Tätigkeiten mit regelmäßigem Kontakt zu fäkalienhaltigen Abwässern oder mit fäkalienkontaminierten Gegenständen hinsichtlich Hepatitis-A-Virus (HAV);

j) in Einrichtungen zur Aufzucht und Haltung von Vögeln oder zur Geflügelschlachtung: regelmäßige Tätigkeiten mit Kontaktmöglichkeit zu infizierten Proben oder Verdachtsproben, zu infizierten Tieren oder krankheitsverdächtigen Tieren beziehungsweise zu erregerhaltigen oder kontaminierten Gegenständen oder Materialien, wenn dabei der Übertragungsweg gegeben ist, hinsichtlich Chlamydophila psittaci (aviäre Stämme);

k) in einem Tollwut gefährdeten Bezirk: Tätigkeiten mit regelmäßigem Kontakt zu frei lebenden Tieren hinsichtlich Tollwutvirus;

l) in oder in der Nähe von Fledermaus-Unterschlupfen: Tätigkeiten mit engem Kontakt zu Fledermäusen hinsichtlich Europäischem Fledermaus-Lyssavirus (EBLV 1 und 2);

m) auf Freiflächen, in Wäldern, Parks und Gartenanlagen, Tiergärten und Zoos: regelmäßige Tätigkeiten in niederer Vegetation oder direkter Kontakt zu frei lebenden Tieren hinsichtlich
aa) Borrellia burgdorferi oder
bb) in Endemiegebieten Frühsommermeningoenzephalitis-(FSME)-Virus.

(2) Angebotsvorsorge:
1. Hat der Arbeitgeber keine Pflichtvorsorge nach Absatz 1 zu veranlassen, muss er den Beschäftigten Angebotsvorsorge anbieten bei
a) gezielten Tätigkeiten mit biologischen Arbeitsstoffen der Risikogruppe 3 der Biostoffverordnung und nicht gezielten Tätigkeiten, die der Schutzstufe 3 der Biostoffverordnung zuzuordnen sind oder für die eine vergleichbare Gefährdung besteht,
b) gezielten Tätigkeiten mit biologischen Arbeitsstoffen der Risikogruppe 2 der Biostoffverordnung und nicht gezielten Tätigkeiten, die der Schutzstufe 2 der Biostoffverordnung zuzuordnen sind oder für die eine vergleichbare Gefährdung besteht, es sei denn, nach der Gefährdungsbeurteilung und auf Grund der getroffenen Schutzmaßnahmen ist nicht von einer Infektionsgefährdung auszugehen;

c) Tätigkeiten mit Exposition gegenüber sensibilisierend oder toxisch wirkenden biologischen Arbeitsstoffen, für die nach Absatz 1, Buchstabe a oder b keine arbeitsmedizinische Vorsorge vorgesehen ist;
2. § 5 Abs. 2 gilt entsprechend, wenn als Folge einer Exposition gegenüber biologischen Arbeitsstoffen
   a) mit einer schweren Infektion oder Erkrankung gerechnet werden muss und Maßnahmen der postexpositionellen Prophylaxe möglich sind oder
   b) eine Infektion erfolgt ist;
3. Am Ende einer Tätigkeit, bei der eine Pflichtvorsorge nach Absatz 1 zu veranlassen war, hat der Arbeitgeber eine Angebotsvorsorge anzubieten.

(3) Gentechnische Arbeiten mit humanpathogenen Organismen:
Die Absätze 1 und 2 zu Pflicht- und Angebotsuntersuchungen gelten entsprechend bei gentechnischen Arbeiten mit humanpathogenen Organismen.

Teil 3. Tätigkeiten mit physikalischen Einwirkungen

(1) Pflichtvorsorge bei:
1. Tätigkeiten mit extremer Hitzebelastung, die zu einer besonderen Gefährdung führen können;
2. Tätigkeiten mit extremer Kältebelastung (– 25 °Celsius und kälter);
3. Tätigkeiten mit Lärmexposition, wenn die oberen Auslösewerte von $L_{ex,8h}$ = 85 dB (A) beziehungsweise $L_{pC,peak}$ = 137 dB(C) erreicht oder überschritten werden.
Bei der Anwendung der Auslösewerte nach Satz 1 wird die dämmende Wirkung eines persönlichen Gehörschutzes der Beschäftigten nicht berücksichtigt;
4. Tätigkeiten mit Exposition durch Vibrationen, wenn die Expositionsgrenzwerte
   a) A(8) = 5m/s^2 für Tätigkeiten mit Hand-Arm-Vibrationen oder
   b) A(8) = 1,15m/s^2 in X- oder Y-Richtung und A(8) = 0,8m/s^2 in Z-Richtung für Tätigkeiten mit Ganzkörper-Vibrationen
   erreicht oder überschritten werden;
5. Tätigkeiten unter Wasser, bei denen der oder die Beschäftigte über ein Tauchgerät mit Atemgas versorgt wird (Taucherarbeiten);
6. Tätigkeiten mit Exposition durch inkohärente künstliche optische Strahlung, wenn am Arbeitsplatz die Expositionsgrenzwerte nach § 6 der Arbeitsschutzverordnung zu künstlicher optischer Strahlung vom 19. Juli 2010 (BGBl. I S. 960) in der jeweils geltenden Fassung überschritten werden.

(2) Angebotsvorsorge bei:
1. Tätigkeiten mit Lärmexposition, wenn die unteren Auslösewerte von $L_{ex,8h}$ = 80 dB(A) beziehungsweise $L_{pC,peak}$ = 135 dB(C) überschritten werden.
Bei der Anwendung der Auslösewerte nach Satz 1 wird die dämmende Wirkung eines persönlichen Gehörschutzes der Beschäftigten nicht berücksichtigt;
2. Tätigkeiten mit Exposition durch Vibrationen, wenn die Auslösewerte von
   a) A(8) = 2,5m/s^2 für Tätigkeiten mit Hand-Arm-Vibrationen oder
   b) A(8) = 0,5m/s^2 für Tätigkeiten mit Ganzkörper-Vibrationen
   überschritten werden;
3. Tätigkeiten mit Exposition durch inkohärente künstliche optische Strahlung, wenn am Arbeitsplatz die Expositionsgrenzwerte nach § 6 der Arbeitsschutzverordnung zu künstlicher optischer Strahlung vom 19. Juli 2010 (BGBl. I S. 960) in der jeweils geltenden Fassung überschritten werden können;
4. Tätigkeiten mit wesentlich erhöhten körperlichen Belastungen, die mit Gesundheitsgefährdungen für das Muskel-Skelett-System verbunden sind durch
   a) Lastenhandhabung beim Heben, Halten, Tragen, Ziehen oder Schieben von Lasten,

b) repetitive manuelle Tätigkeiten oder
c) Arbeiten in erzwungenen Körperhaltungen im Knien, in langdauerndem Rumpfbeugen oder -drehen oder in vergleichbaren Zwangshaltungen.

Teil 4. Sonstige Tätigkeiten

(1) Pflichtvorsorge bei:
1. Tätigkeiten, die das Tragen von Atemschutzgeräten der Gruppen 2 und 3 erfordern;
2. Tätigkeiten in Tropen, Subtropen und sonstige Auslandsaufenthalte mit besonderen klimatischen Belastungen und Infektionsgefährdungen. Abweichend von § 3 Abs. 2 Satz 1 in Verbindung mit § 7 dürfen auch Ärzte oder Ärztinnen beauftragt werden, die zur Führung der Zusatzbezeichnung Tropenmedizin berechtigt sind.

(2) Angebotsvorsorge bei:
1. Tätigkeiten an Bildschirmgeräten
Die Angebotsvorsorge enthält das Angebot auf eine angemessene Untersuchung der Augen und des Sehvermögens. Erweist sich auf Grund der Angebotsvorsorge eine augenärztliche Untersuchung als erforderlich, so ist diese zu ermöglichen. § 5 Abs. 2 gilt entsprechend für Sehbeschwerden. Den Beschäftigten sind im erforderlichen Umfang spezielle Sehhilfen für ihre Arbeit an Bildschirmgeräten zur Verfügung zu stellen, wenn Ergebnis der Angebotsvorsorge ist, dass spezielle Sehhilfen notwendig und normale Sehhilfen nicht geeignet sind;
2. Tätigkeiten, die das Tragen von Atemschutzgeräten der Gruppe 1 erfordern;
3. Am Ende einer Tätigkeit, bei der nach Absatz 1 Nummer 2 eine Pflichtvorsorge zu veranlassen war, hat der Arbeitgeber eine Angebotsvorsorge anzubieten.

I. Vorbemerkung

1   Der Anhang hat im Rahmen des erstmaligen Inkrafttretens der Verordnung im Jahr 2008 (BGBl. I, S. 2768) unverändert die Untersuchungsanlässe für Pflicht- und Angebotsuntersuchungen aus den bis zum Inkrafttreten schon geltenden Verordnungen zum Arbeitsschutzgesetz übernommen. Auch die Untersuchungsanlässe aus der damaligen BGV A4 wurden weitgehend inhaltsgleich übernommen. Entsprechend dem schon bis Ende 2008 geltenden Recht enthielt der Anhang für einzelne Untersuchungsanlässe die erforderlichen Abweichungen zu den Grundvorschriften der Verordnung (vgl. dazu: BR-Drs. 643/08 vom 29.8.2008, Seite 40).
2   Im Rahmen der Novelle von 2013 hat das Bundesarbeitsministerium bereits zahlreiche Korrekturen am Anhang vorgesehen (vgl. dazu: BR-Drs. 327/13 vom 25.4.2013, Bes. Teil, Seite 31–38). Diese wurden dann durch Empfehlungen des Bundesrates und seiner Fachausschüsse in insgesamt vier Punkten noch einmal modifiziert (vgl. dazu: BR-Drs. 327/1/13 v. 9.9.2013, S. 5–8, Nrn. 5–8). Die Bundesregierung hat diese Empfehlungen im Ergebnis übernommen (BGBl. I, S. 3882). Der Anhang besteht, auch nach der Novelle von 2013, weiterhin aus vier Teilen mit folgenden Inhalten:

– Teil 1 Tätigkeiten mit Gefahrstoffen;

– Teil 2 Tätigkeiten mit biologischen Arbeitsstoffen einschließlich gentechnischer Arbeiten mit humanpathogenen Organismen;

– Teil 3 Tätigkeiten mit physikalischen Einwirkungen;

– Teil 4 Sonstige Tätigkeiten.

II. Teil 1. Tätigkeiten mit Gefahrstoffen

Die geringfügige Änderung der Überschrift für **Teil 1** im Rahmen der Novelle 3
vom 2013 beruht auf der Anpassung an die neue Terminologie und die Änderung
in § 6 Abs. 2 (Übernahme und Ausweitung des Impfangebots im Paragrafenteil der
ArbMedVV).
1. Abs. 1 Nr. 1
Die Änderung in Absatz 1 Nr. 1 beim 2. Spiegelstrich (Alkylquecksilberverbin- 4
dung statt des ursprünglichen Begriffs „Alkylquecksilber" im Rahmen der Novelle
von 2013 enthält eine Klarstellung aufgrund eines Vorschlags im Beratungsverfahren.
„Alkylquecksilber" bezeichnet eine Stoffgruppe, da die Vorsilbe „Alkyl-" Oberbegriff für verschiedene chemische Verbindungen ist, die sich auch in der chemischen
Summenformel unterscheiden können. Die Wörter „Blei" und „anorganische Bleiverbindungen" sowie „Mehlstaub" wurden bei dieser Gelegenheit gestrichen.

Das Bundesarbeitsministerium hat diese Streichungen (vgl. dazu: BR-Drs. 327/ 5
13 vom 25.4.2013, Bes. Teil, S. 31) damit begründet, dass die für Anhang Teil 1
Abs. 1 maßgeblichen Kriterien auf Blei und anorganische Bleiverbindungen sowie
auf Mehlstaub nicht anwendbar sind. Weder existiert ein Arbeitsplatzgrenzwert,
noch handelt es sich um einen krebserzeugenden oder erbgutverändernden Stoff
der Kategorie 1 oder 2 im Sinne der Gefahrstoffverordnung. Diese Gefahrstoffe
sind auch nicht hautresorptiv.

In Umsetzung eines Vorschlags, der bei den vorbereitenden Erörterungen ge- 6
macht wurde, wurden diese Gefahrstoffe daher systematisch in die Tätigkeiten mit
sonstigen Gefahrstoffen in Absatz 1 und 2 des Anhangs Teil 1 ArbMedVV aufgenommen.

Die Klarstellung beim letzten Spiegelstrich der Nr. 1 in Gestalt des Klammerzu- 7
satzes „alle Isomeren" erfolgte aufgrund eines Vorschlags im Beratungsverfahren.
Mehrere Gefahrstoffe oder Verbindungen werden als „Xylol" bezeichnet.

Die Pflichtvorsorge ist an Bedingungen („wenn") geknüpft. 8
2. Abs. 1 N. 1 a–c
Aufgrund des fehlenden Arbeitsplatzgrenzwertes für Tätigkeiten mit krebserzeu- 9
genden oder erbgutverändernden Stoffen oder Zubereitungen der Kategorie 1 und
2 im Sinne der GefStoffV wurde im Rahmen der Novelle von 2013 in Abs. 1
Nr. 1 a–c auf den Bezug verzichtet. Pflichtvorsorge ist durchzuführen. Entsprechendes gilt für Gefahrstoffe, die zwar nicht selbst krebserzeugende oder erbgutverändernde Stoffe oder Zubereitungen der Kategorie 1 und 2 im Sinne der GefStoffV
sind, bei denen aber die Tätigkeiten mit diesem Gefahrstoff als Tätigkeiten oder
Verfahren der Kategorie 1 oder 2 im Sinne der Gefahrstoffverordnung bezeichnet
werden (zum Beispiel Tätigkeiten mit silikogenem Staub oder Hartholzstaub).

Im Zusammenhang mit der Möglichkeit einer arbeitsmedizinischen Regel 10
(AMR), die Beschränkungen vorsieht, soll arbeitsmedizinische Vorsorge aber auch
in diesem Bereich auf das notwendige Maß beschränkt werden. Beispielsweise sollen Arbeitgeber für Beschäftigte in Kindergärten nicht allein deshalb eine Pflichtvorsorge veranlassen müssen, weil sie im Sandkasten mit silikogenem Staub in Kontakt kommen können. Die Benennung konkreter Tätigkeiten mit den jeweiligen
krebserzeugenden Stoffen hätte, nach Überzeugung des Bundesarbeitsministeriums
die ArbMedVV jedoch erheblich erweitert und zur Unübersichtlichkeit geführt.

Hinsichtlich des Hautkontakts wurde ein Vorschlag aus dem AfAMed umge- 11
setzt. Die Gesundheitsgefährdung folgt häufig auch daraus, dass Gefahrstoffe nicht

Kreizberg

ArbMedVV Anh

durch direkte, sondern vielmehr nach indirekter Hautbenetzung (zum Beispiel durch kontaminierte Arbeitskleidung) die Haut durchdringen und in den Körper gelangen können. Die in der ArbMedVV vor der Novelle von 2013 gewählte Formulierung schloss diese Gefährdungen nicht ein. Über eine Arbeitsmedizinische Regel (AMR) mit Vermutungswirkung kann konkretisiert werden, welche der aufgeführten Gefahrstoffe maßgeblich sind.

12 Die Passage „wiederholte Exposition nicht ausgeschlossen werden" (Nr. 1 Buchstabe b) geht auf Empfehlungen der Ausschüsse des Bundesrates zurück (vgl. dazu: BR-Drs. 327/1/13, S. 5 f.). Zur Begründung hat die Länderkammer angeführt, dass der Arbeitgeber durch Nachweis der fehlenden Exposition auf die Vorsorge verzichten kann. Dies sei weitgehender als dem Arbeitgeber Ermittlungen aufzugeben, ob eine Exposition besteht. Die Bundesregierung ist dieser Empfehlung Nr. 5 (a. a. O) gefolgt.

3. Abs. 1 N. 2

13 Die Änderung bei Nr. 2 Buchstabe d bei der das Wort „vermieden" durch „ausgeschlossen" ersetzt wurde, bringt als Ergebnis der Novelle von 2013 eine klarstellende Umsetzung eines Vorschlags aus dem AfAMed aufgrund der Änderung zum Themenfeld „Hautkontakt".

14 Die Änderung bei Buchstabe „g" in Gestalt der Formulierung „Bestandteile unausgehärteter Epoxidharze, insbesondere durch Versprühen von Epoxidharzen" enthält die Klarstellung aufgrund eines Vorschlags aus dem AfAMed. Die Gefährdung resultiert aus bestimmten Bestandteilen des Epoxidharzes. Das soll für die Praxis verdeutlicht werden. Auslösebedingung für Pflichtvorsorge ist jeder offene Umgang. Das Versprühen bringt jedoch eine besonders offensichtliche Gefährdung mit sich und wird daher gesondert aufgeführt.

15 Die Anfügungen der neuen Buchstaben h–j in Bezug auf Tätigkeiten mit Blei und anorganischen Bleiverbindungen (Buchstabe h) sind eine Folgeänderung zur Änderung unter Rückgriff auf den Wert in Anhang II Nummer 1.2 der RL 98/24/EG des Rates vom 7.4.1998 zum Schutz von Gesundheit und Sicherheit der Arbeitnehmer vor der Gefährdung durch chemische Arbeitsstoffe bei der Arbeit (ABl. L 131 vom 5.5.1998, S. 11), die durch die Richtlinie 2007/30/EG (ABl. L 165 vom 27.6.2007, S. 21) geändert worden ist.

16 Die Einbeziehung von Tätigkeiten mit Hochtemperaturwollen (Buchstabe i) ist im Ergebnis die Umsetzung eines Vorschlags aus dem AfAMed. Bei Hochtemperaturwollen können als krebserzeugend eingestufte Faserstäube freigesetzt werden. Entsprechend der Systematik des Anhangs Teil 1 Absatz 1 ArbMedVV wurde die insoweit angezeigte Pflichtvorsorge in die Nummer 2 eingeordnet. Über eine Arbeitsmedizinische Regel (AMR) mit Vermutungswirkung kann bei Bedarf eine Konkretisierung zu Anlass, Inhalt und Umgang der arbeitsmedizinischen Pflichtvorsorge vorgenommen werden.

17 In Bezug auf Tätigkeiten mit Mehlstaub (Buchstabe j) lag im Rahmen der Novelle von 2013 die Notwendigkeit für eine Folgeänderung vor. Eine Integration der Mehlstaubexposition in den Tatbestand der Getreide- und Futtermittelstaubexposition war nicht angezeigt. Mehl wird zwar aus Getreide hergestellt, der Staub, der bei Tätigkeiten mit Getreidekörnern (vor dem Mahlen) entsteht, ist aber kein Mehlstaub. Mehlstaub ist Ursache für Bäckerasthma, Getreidestaub ist Ursache einer Reihe verschiedener Atemwegserkrankungen.

Anhang **Anh ArbMedVV**

4. Abs. 2
Die Änderungen in Teil 1 Abs. 2 Ziffer 1 beinhalten die Anpassung an die im 18
Rahmen der Novelle von 2013 eingeführte Terminologie sowie die Klarstellung
zur Abgrenzung der Angebots- von der Pflichtvorsorge.

Mit den Änderungen in Ziffer 2 unter Buchstabe a) und b) wurde der Bezug zu 19
konkreten Textteilen der Gefahrstoffverordnung (GefStoffV) gestrichen. Dadurch
haben rechtssystematische Änderungen in der GefStoffV seither keinen Einfluss
mehr auf die ArbMedVV.

Die Neufassung von Buchstabe d) ist eine Folgeänderung beim Merkmal 20
„krebserzeugend" oder „erbgutverändernd" Kategorie 1 oder 2, das sich im Sinne
der Gefahrstoffverordnung auf den Gefahrstoff oder auf Tätigkeiten bzw. Verfahren
mit dem Gefahrstoff beziehen kann.

Die Ausschüsse des Bundesrates haben zusätzlich zu der schon vom Bundesar- 21
beitsministerium vorgesehenen Änderung bei Buchstabe d (vgl. BR-Drs. 327/13
vom 25.4.2013, Bes. Teil, Seite 33) wie schon zu Abs. 1 Nr. 2 die Formulierung
„wenn eine wiederholte Exposition nicht ausgeschlossen werden kann" empfohlen
(vgl: BR-Drs. 327/1/13 vom 9.9.2013 Seite 6, Nr. 6). Dies wurde damit begründet, dass der Arbeitgeber durch Nachweis der fehlenden Exposition auf die Angebotsvorsorge verzichten kann. Dies sei weitgehender als dem Arbeitgeber Ermittlungen aufzugeben, ob eine Exposition besteht. Dieser Empfehlung ist die
Bundesregierung im Ergebnis gefolgt (BGB. I, S. 3882).

Mit der Anfügung der Buchstaben h–k im Rahmen der Novelle von 2013 gin- 22
gen verschiedene Neuerungen einher.

Hinsichtlich der Tätigkeiten mit Exposition gegenüber Isocyanaten (Buch- 23
stabe h) und der Tätigkeiten mit sonstigen atemwegsensibilisierend oder hautsensibilisierend wirkenden Stoffen (Buchstabe k) wurden gemäß Darstellung des BMAS
im Referenten-Entwurf (BR-Drs. 327/13 vom 25.4.2013, Seite 33) Vorschläge aus
dem AfAMed umgesetzt.

Für Tätigkeiten mit Exposition gegenüber Isocyanaten ist Pflichtvorsorge unter 24
anderem dann vorgesehen, wenn eine Luftkonzentration von 0,05 Milligramm pro
Kubikmeter überschritten wird (Anhang Teil 1 Abs. 1 Nummer 2 Buchstabe d
ArbMedVV). Unterhalb der quantitativ festgelegten Auslösegrenze können jedoch
ebenfalls gesundheitsrelevante Expositionen auftreten. Daher bedarf es der Ergänzung einer mit der Pflichtvorsorge korrespondierenden Angebotsvorsorge.

Tätigkeiten mit atemwegssensibilisierend oder hautsensibilisierend wirkenden 25
Gefahrstoffen weisen insgesamt ein beachtliches Gefährdungspotential auf. Sensibi-
lisierungen und deren Folgen sind diagnostizierbar und der Exposition zuzuordnen.
Die arbeitsmedizinische Aufklärung und Beratung zu möglichen Risiken und
Möglichkeiten ihrer Vermeidung sind effektive Maßnahmen zum Gesundheitsschutz der Beschäftigten. Daher wurde im Rahmen der Novelle von 2013 ein eigener Angebotsvorsorgetatbestand geschaffen. Die Abgrenzung zu den übrigen Regelungen des Anhangs Teil 1 der ArbMedVV dient der Klarstellung. Zu den
atemwegs- oder hautsensibilisierend wirkenden Stoffen gehören beispielsweise Ge-
treide- und Futtermittelstäube sowie Isocyanate.

Bei den Änderungen hinsichtlich Tätigkeiten mit Exposition gegenüber Blei 26
und anorganischen Bleiverbindungen (Buchstabe i) sowie Tätigkeiten mit Exposition gegenüber Mehlstaub handelt es sich um Folgeänderungen zu den bereits
mehrfach angesprochenen Änderungen.

Im Rahmen der parlamentarischen Beratungen im Sommer 2013 hatten die 27
Ausschüsse des Bundesrates empfohlen, die noch im Referenten-Entwurf des

ArbMedVV Anh VO zur arbeitsmedizinischen Vorsorge

BMAS beim Buchstaben „k" vorgesehene Passage „einschließlich der aus biologischen Arbeitsstoffen freigesetzten Stoffe" zu streichen (vgl. dazu: BR-Drs. 327/1/13 vom 9.9.2013, Seite 6–7, Nr. 7). Die Bundesregierung ist dieser Empfehlung gefolgt (BGBl. I, S. 3882).

5. Abs. 3

28 Teil 1, Abs. 3 beinhaltet die Folgeänderung bei den Anlässen für nachgehende Vorsorge wegen der Änderungen in vorhergehenden Vorschriften.

6. Abs. 4

29 Die Regelung zu Absatz 4 wurde im Rahmen der Novelle von 2013 neu hinzugefügt. Nach § 9 Absatz 3 Nummer 1 ArbMedVV gehört es zu den Aufgaben des AfAMed, dem Stand der Arbeitsmedizin entsprechende Regeln und sonstige gesicherte arbeitsmedizinische Erkenntnisse zu ermitteln. Bei Einhaltung der vonseiten des Bundesministeriums für Arbeit und Soziales (BMAS) bekannt gegebenen Regeln und Erkenntnisse ist davon auszugehen, dass die gestellten Anforderungen erfüllt sind (unverändert § 3 Abs. 1 Satz 3 ArbMedVV).

30 Wegen der Änderungen zu den krebserzeugenden oder erbgutverändernden Gefahrstoffen, der Regelung in Anhang Teil 1 Abs. 3 hierzu (nachgehende Vorsorge) sowie dem Wegfall des Bezugs zur GefStoffV bedurfte es einer Bestimmung im Anhang (Abweichungsmöglichkeit).

31 Die Abweichungsmöglichkeit aufgrund von Arbeitsmedizinischen Regeln ist kein neues Instrument. Im § 4 Abs. 3 Satz 2 der ArbMedVV von 2008 war geregelt, dass Angaben bis zur Beendigung des Beschäftigungsverhältnisses aufzubewahren und anschließend zu löschen seien, es sei denn, dass die bekannt gegebenen Regeln etwas anderes bestimmen.

32 Der aus fachkundigen Vertretern und Vertreterinnen der Arbeitgeber, der Gewerkschaften, der Länderbehörden, der gesetzlichen Unfallversicherung, der Bundesärztekammer sowie aus Wissenschaft und Praxis gebildete Ausschuss für Arbeitsmedizin (AfAMed) erarbeitet eine AMR. Das BMAS entscheidet wie bisher, ob es die AMR bekannt gibt (siehe § 9 Abs. 4 ArbMedVV). Änderungen durch den AfAMed selbst sind daher nicht möglich. Darüber hinaus kann eine AMR auf der Grundlage dieser Regelung Vorsorgeanlässe lediglich einschränken und nicht erweitern.

III. Teil 2. Tätigkeiten mit biologischen Arbeitsstoffen einschließlich gentechnischer Arbeiten mit humanpathogenen Organismen

1. Abs. 1

33 Diese Ausführungen des Teil 2 Abs. 1 zu den zu den biologischen Arbeitsstoffen wurden im Rahmen der Novelle von 2013 systematisch neu gefasst. Durch den Verzicht auf die Tabelle sollen die Handhabung für die Praxis und künftige Rechtsänderungen erleichtert werden. Da bei nicht gezielten Tätigkeiten mit biologischen Arbeitsstoffen der konkrete Bereich maßgeblich ist (zum Beispiel Forschungseinrichtungen oder Laboratorien) und sich die Praxis hieran orientiert, wurde einleitend darauf abgestellt. Für die einzelne Institution ist damit leichter erkennbar, welche biologischen Arbeitsstoffe unter welchen Expositionsbedingungen betroffen sind. Stuhllaboratorien wurden allerdings nicht mehr gesondert ausgewiesen. Sie sind vom Begriff „Laboratorien" und den insoweit maßgeblichen Expositions-

bedingungen umfasst (Redundanz). Darüber hinaus wurde im Rahmen der Novelle auf die gesonderte Benennung behinderter Menschen verzichtet. Das Hervorheben dieser Personengruppe erschien, wie das BMAS schon in seinem Referenten-Entwurf ausführte (BR-Drs. 327/13 vom 25.4.2013, S. 35), nicht gerechtfertigt. Maßgeblich für die Gefährdung ist beispielsweise der Kontakt zu infektiösem Stuhl, der in der gesamten Bevölkerung vorkommen kann.

Inhaltlich wurden zudem Vorschläge aus dem AfAMed umgesetzt, die auch aktualisierte Empfehlungen der Ständigen Impfkommission (STIKO) des Robert-Koch-Instituts und wissenschaftliche Erkenntnisse zum Impfverhalten berücksichtigen. 34

Die Gefahr für Beschäftigte in der Pflege und Behandlung von Patienten an Bordetella pertussis zu erkranken, ist im Vergleich zur Normalbevölkerung größer. Bordetella pertussis-Ausbrüche in Krankenhäusern sind in der Literatur mehrfach beschrieben. Insofern kann sich die Pflichtvorsorge nicht nur auf Personen beschränken, die in Einrichtungen zur medizinischen Untersuchung, Behandlung und Pflege von Kindern sowie zur vorschulischen Kinderbetreuung beziehungsweise in Forschungseinrichtungen oder Laboratorien tätig sind. Entsprechendes gilt hinsichtlich der biologischen Arbeitsstoffe Masernvirus, Mumpsvirus und Rubivirus. 35

Zum biologischen Arbeitsstoff Tollwutvirus erfolgte im Rahmen der Novelle von 2013 in Anlehnung an die Tollwut-Verordnung vom 4.10.2010 (BGBl. I, S. 1313) eine Klarstellung der Begrifflichkeit. Zusätzlich wurde ein eigenständiger Tatbestand für Tätigkeiten mit engem regelmäßigem Kontakt zu Fledermäusen aufgenommen, was in diesem Bereich zu mehr Rechtssicherheit führt. 36

In Bezug auf die biologischen Arbeitsstoffe Borrellia burgdorferi und Frühsommermeningoenzephalitis-(FSME)-Virus wurden Klarstellungen zu den Bereichen nicht gezielter Tätigkeiten und zu den Expositionsbedingungen umgesetzt. 37

Darüber hinaus handelt es sich um Folgeänderungen im Kontext mit dem Wegfall der Aussagen zum Impfangebot, weil das Impfangebot in den Paragrafenteil der ArbMedVV übernommen wurde. 38

2. Abs. 2

Die Änderungen in der Überschrift sowie in den Ziffern 1 und 1a bilden lediglich die im Rahmen der Novelle von 2013 vollzogene Anpassung an die seither geltende Terminologie ab. 39

Weitere Änderungen, insbesondere in Ziffer 1b enthalten die Anpassung an die Novellierung der Biostoffverordnung in der Fassung vom 15.7.2013, die das Schutzstufenkonzept nur noch für bestimmte Bereiche vorsieht. Bei nicht gezielten Tätigkeiten wurde anstelle der Schutzstufe auf die Risikogruppe abgestellt. Da die Biostoffverordnung seit der jüngsten Novelle vom Juli 2013 davon ausgeht, dass auch nicht gezielte Tätigkeiten mit biologischen Arbeitsstoffen denkbar sind, die keiner Risikogruppe zugeordnet werden können, wurde im Rahmen der ArbMedVV-Novelle von 2013 ebenfalls ergänzend auf eine vergleichbare Gefährdung abgestellt. 40

Die Ausschüsse des Bundesrates haben im Rahmen der parlamentarischen Beratungen empfohlen, Teil 2, Abs. 2 Ziffer 1a und 1b des BMAS-Entwurfes jeweils zu ergänzen, um den Passus (Zitat): „oder für die eine vergleichbare Gefährdung besteht" (Zitat Ende) (vgl. BR-Drs. 327/1/13 vom 9.9.2013, Seite 7 – 8, Nr. 8). Die Länderkammer hat zur Begründung angeführt, dass nach der BioStoffV in der seit Juli 2013 geltenden Fassung Tätigkeiten „Schutzstufen" zugeordnet werden und nicht „Risikogruppen". Die Bezeichnung „Risikogruppe" diene ausschließlich der Einstufung biologischer Arbeitsstoffe. Deshalb sei der in der Drucksache (BR-Drs. 41

ArbMedVV Anh

327/13 vom 25.4.2013) vorgesehene Ersatz des Wortes „Schutzstufe" durch das Wort „Risikogruppe" nicht zutreffend und müssen gestrichen werden. Die Bundesregierung hat sich dieser Sichtweise angeschlossen und die Empfehlung in den Verordnungstext übernommen (BGBl. I, Seite 3882).

42 Die Korrektur unter Ziffer 2a stellt die Umsetzung eines Vorschlags der Länder dar und ist nur eine redaktionelle Anpassung.

43 Die Korrekturen unter Ziffer 3 entsprechen der Anpassung an die aktuell geltende Terminologie.

44 Ebenfalls auf Empfehlungen der Ausschüsse des Bundestages beruht die Ergänzung von Teil 2, Abs. 2 (Angebotsvorsorge) Ziffer 1 um eine weiteren Punkt c, der im Referenten-Entwurf des BMAS noch nicht vorgesehen war (vgl. dazu: BR-Drs. 327/1/13 vom 9.9.2013, Seite 7, Nr. 7).

45 Die Ergänzung lautet: Tätigkeiten mit Exposition gegenüber sensibilisierend oder toxisch wirkenden biologischen Arbeitsstoffen, für die nach Absatz 1, Buchstabe a oder b keine arbeitsmedizinische Vorsorge vorgesehen ist.

46 In der Begründung hat der Bundesrat geltend gemacht, dass gesundheitsgefährdende Wirkungen nicht nur von Stoffen ausgehen, die von biologischen Arbeitsstoffen freigesetzt werden. Biologische Arbeitsstoffe selbst können sensibilisierende oder toxische Wirkungen haben. Deswegen werden in der Biostoffverordnung diese Eigenschaften explizit in der Begriffsbestimmung von biologischen Arbeitsstoffen genannt. Die Formulierung eines entsprechenden Untersuchungsanlasses mache daher nur im Teil 2 des Anhangs Sinn, der auf biologische Arbeitsstoffe Bezug nehme.

47 Diese Verschiebung sei aus rechtssystematischen Gründen erforderlich und diente der Klarstellung (vgl. BR-Drs. 327/1/13a. a. O). Die Bundesregierung ist der Empfehlung Nr. 7 gefolgt (BGBl. I, S. 3882).

48 Teil 2 Abs. 2 mit der Überschrift „Angebotsuntersuchungen" enthielt in der ursprünglichen Fassung von 2008 unter der dortigen Ziffer 3 noch einen Satz 2 mit folgendem Inhalt (Zitat): Satz 1 gilt nicht für Tätigkeiten mit impfpräventablen biologischen Arbeitsstoffen, wenn der oder die Beschäftigte insoweit über einen ausreichenden Immunschutz verfügt (Zitat Ende).

49 Dieser Passus wurde im Rahmen der Novelle von 2013 gestrichen. Die Streichung von Satz 2 (alte Fassung) ist Folgeänderung zum Wegfall der Aussagen zum Impfangebot, weil das Impfangebot in den Paragrafenteil der ArbMedVV übernommen wurde.

3. Ab. 3

50 Absatz 3 enthält auch nach der Novelle von 2013 nur die Anpassung an die seither geltende Terminologie.

IV. Teil 3. Tätigkeiten mit physikalischen Einwirkungen

51 Die Überschrift zu Teil 3 Abs. 1 enthält eine im Rahmen der Novelle von 2013 vorgenommene Anpassung an die seither geltende Terminologie.

1. Abs. 1

52 Teil 3 Abs. 1 Nr. 1, der im Rahmen der Novelle von 2013 unverändert blieb, stellt klar, dass Pflichtuntersuchungen bei Tätigkeiten mit einer extremen Hitzebelastung, die zu einer besonderen Gefährdung führen können, zu veranlassen sind. Dies stellt keine Verschärfung gegenüber der bis zum Inkrafttreten im Jahr 2008 schon bestehenden Rechtslage dar. Die BGV A4 sprach seinerzeit von Hitzearbei-

ten. Die Konkretisierung des Untersuchungsanlasses soll durch den Ausschuss für Arbeitsmedizin nach § 9 erfolgen.

Die Änderung bei Ziffer 4b in deren Folge im Rahmen der Novelle von 2013 53 das Wort „und" gegen das Wort „oder" zweimal ausgetauscht wurde, ist die Umsetzung eines Änderungsvorschlags aus dem AfAMed. Die Gesundheitsgefährdung tritt bereits ein, wenn eine der genannten Bedingungen erfüllt ist. Die noch im Verordnungstext von 2008 verankerte Kumulation entspricht nicht dem Stand der Wissenschaft.

Die im alten Verordnungstext von 2008 nach Anhang Teil 3 Abs. 1 Nr. 5 Arb- 54 MedVV vorgesehene Pflichtuntersuchung bei Tätigkeiten in Druckluft war ein Fremdkörper in der ArbMedVV. Nur in diesem Fall war die Bescheinigung der gesundheitlichen Unbedenklichkeit Tätigkeitsvoraussetzung. Die Ablehnung körperlicher oder klinischer Untersuchungen vonseiten der oder des Beschäftigten hat insoweit andere Rechtsfolgen. Der Arbeitgeber darf die Tätigkeit nicht ausüben lassen. In allen anderen Fällen arbeitsmedizinischer Pflichtvorsorge hat der oder die Beschäftigte lediglich am Termin teilzunehmen. Vor dem Hintergrund der Änderungen in Nummer 2 (insbesondere der klaren Abgrenzung zwischen arbeitsmedizinischer Vorsorge und Eignungsuntersuchungen sowie der Stärkung des Rechts auf informationelle Selbstbestimmung der Beschäftigten) erfolgte daher im Rahmen der Novelle von 2013 eine Rückverlagerung in die DruckLV. Hierbei war auch zu berücksichtigen, dass die DruckLV bereits im Zeitpunkt der Novelle weitere, anlassbezogene arbeitsmedizinische Untersuchungen vorsah (vgl. § 11 DruckLV). Die Änderung verbessert daher insgesamt die Rechtssicherheit und erhöht den Datenschutz.

Die ehemalige Nr. 6 (Verordnung vom 2008) hat durch den ersatzlosen Wegfall 55 der Regelungen zur Druckluftverordnung im Rahmen der Novelle von 2013 die so frei gewordene Nr. 5 erhalten.

Abs. 1 Nr. 6 (neu), vormals Abs. 1 Nr. 7 und der durch die Novelle von 2013 un- 56 verändert gebliebene Absatz 2 Nr. 3 dienen bereits seit dem erstmaligen Inkrafttreten der Verordnung im Jahr 2008 der Umsetzung der Anforderungen an die Gesundheitsüberwachung nach Art. 8 RL 2006/25/EG betreffend künstliche optische Strahlung. Bei der Überschreitung der Expositionsgrenzwerte nach § 6 der Arbeitsschutzverordnung zu künstlicher optischer Strahlung am Arbeitsplatz wird die Veranlassung von Pflichtuntersuchungen vorgeschrieben. Besteht die Möglichkeit, dass am Arbeitsplatz die Expositionsgrenzwerte überschritten werden können und damit eine Gefährdung der Beschäftigten nicht ausgeschlossen werden kann, sind Maßnahmen der Angebotsfürsorge (vormals: Angebotsuntersuchungen) vorgesehen. Über die Anlässe für Angebotsvorsorge hinaus können Beschäftigte, die langjährig künstlicher optischer Strahlung ausgesetzt sind, Wunschuntersuchungen nach § 11 ArbSchG geltend machen, insbesondere wenn bei ihnen Hautveränderungen vorliegen. Konkretisierungen der Vorsorgeanlässe nimmt der Ausschuss für Arbeitsmedizin vor.

Die aus der Novelle von 2013 hervorgegangene neue Ziffer 6 (vormals Ziffer 7) 57 beinhaltet, indem nunmehr von inkohärenter optischer Strahlung die Rede ist, die Umsetzung eines Vorschlags aus dem AfAMed sowie insbesondere vonseiten der Länder. Tätigkeiten mit Exposition durch Laserstrahlung werden von der arbeitsmedizinischen Vorsorge ausgenommen, da im Falle von Laserstrahlung kein diagnostisches oder präventives Potenzial vorhanden ist und es sich, wie das BMAS im Referenten-Entwurf zur Novelle von 2013 erläuterte (vgl. BR-Drs. 327/13 vom 25.4.2013, S. 37) bei Grenzwertüberschreitungen um unfallartige Ereignisse handelt.

2. Abs. 2

58 Absatz 2 der Norm enthält seit der Novelle von 2013 die Anpassung an die neue Terminologie.

59 Die im Rahmen der Novelle unter Ziffer 3 vorgenommene Einfügung des Wortes „inkohärente" ist die Folgeänderung im Kontext mit der Pflichtvorsorge für Tätigkeiten mit Gesundheitsgefährdungen für das Muskel-Skelett-System (Teil 3, Abs. 1, Ziffer 6).

60 Die im Rahmen der Novelle von 2013 vorgenommene Einfügung einer neuen Ziffer 4 dient der Umsetzung eines Vorschlags aus dem AfAMed aufgrund des wissenschaftlichen Erkenntnisstandes und von Daten der Sozialversicherungsträger.

61 Erhöhte körperliche Belastungen sind auch in der modernen Arbeitswelt häufig und betreffen einen erheblichen Anteil der Beschäftigten. Sie steigern das Risiko der Entstehung von Beschwerden, Funktionsstörungen und Erkrankungen im Bereich des Muskel-Skelett-Systems. Bei den mechanischen Belastungen am Arbeitsplatz dominieren das Heben und Tragen schwerer Lasten (22,8 Prozent) und Arbeiten unter Zwangshaltungen (14,3 Prozent) (vgl. BR-Drs. 327/13 vom 25.4.2013, S. 37).

62 Gesundheitsstörungen und -schäden durch Lastenhandhabung beim Heben, Halten, Tragen, Ziehen oder Schieben von Lasten treten insbesondere im Bereich des unteren Rückens als akute Überlastungen der muskuloligamentären Strukturen mit Rückenbeschwerden, Lumboischialgien etc. sowie chronisch-degenerativ vorwiegend als Beschwerden und Erkrankungen durch bandscheibenbedingte Veränderungen auf.

63 Gesundheitsstörungen und -schäden durch repetitive manuelle Tätigkeiten entstehen durch akute und chronische Überlastungen der Muskulatur, der Kapsel-Band-Strukturen, der Schleimbeutel und der Sehnen sowie Sehnenansätze sowie an den Nerven/nervalen Strukturen der oberen Extremitäten. Gesundheitsstörungen und -schäden durch Arbeiten in erzwungenen Körperhaltungen im Knien, langdauernden Rumpfbeugen und -drehen und vergleichbaren Zwangshaltungen stehen im Zusammenhang mit degenerativen Veränderungen der Kniegelenke (Meniskopathien, Gonarthrosen) und mit Überlastungen der muskuloligamentären Strukturen (Rückenbeschwerden, Lumboischialgien, Schulterbeschwerden). Im Zusammenhang mit den Belastungen des Muskel-Skelett-Systems enthält die BK-Liste elf Berufskrankheiten durch mechanische Einwirkungen. Mithilfe arbeitsmedizinischer Vorsorge können Berufskrankheiten frühzeitig erkannt und verhütet werden.

64 Durch eine Anamnese können der Zeitverlauf, die Intensität und Lokalisation von Beschwerden sowie Vorerkrankungen und ihre Beziehungen zu den Arbeitsbelastungen ermittelt werden. Nach Einwilligung der oder des Beschäftigten können mit einer funktionsbezogenen körperlichen Untersuchung des Muskel-Skelett-Systems arbeitsassoziierte Beschwerden und Funktionsstörungen am Muskel-Skelett-System frühzeitig erfasst und auf ihre Beziehungen zur Arbeitsplatzsituation überprüft werden.

65 Über eine Arbeitsmedizinische Regel (AMR) mit Vermutungswirkung kann die Bestimmung konkretisiert werden. Die Konkretisierung im Anhang hätte, worauf das BMAS bereits in der Begründung seines Referenten-Entwurfes zur Novelle von 2013 (a. a. O, Seite 38) hinwies, die ArbMedVV erheblich erweitert und zur Unübersichtlichkeit geführt. Darüber hinaus kann die Konkretisierung in einer AMR schneller an wissenschaftliche Erkenntnisse angepasst werden.

V. Teil 4. Sonstige Tätigkeiten

1. Abs. 1

Die geänderte Überschrift für Teil 4 Absatz 1 (vormals: Pflichtuntersuchungen, jetzt: Pflichtvorsorge) ist die Anpassung an die neue Terminologie im Rahmen der Novelle von 2013. 66

Die verschiedensten weiteren Änderungen beruhen auf der Anpassung an die neue Terminologie und sind Folgeänderungen vor dem Hintergrund der klarstellenden Änderung betreffend körperliche oder klinische Untersuchungen nur mit Einwilligung. Die Änderung steht im Einklang mit Artikel 9 der Richtlinie 90/270/EWG über die Mindestvorschriften bezüglich der Sicherheit und des Gesundheitsschutzes bei der Arbeit an Bildschirmgeräten vom 29. Mai 1990 (ABl. L vom 21.6.1990, S. 14), der den Beschäftigten Rechte und keine Pflichten einräumt. 67

Da die Richtlinie das Angebot einer Untersuchung vorschreibt, wurde die Regelung hinsichtlich der Prüfung der Erforderlichkeit bei Tätigkeiten an Bildschirmgeräten eingeschränkt. Neben dem ärztlichen Beratungsgespräch mit Anamnese einschließlich Arbeitsanamnese ist stets eine angemessene Untersuchung der Augen und des Sehvermögens anzubieten. 68

2. Abs. 2

In der Verordnung i. d. F. von 2008 war im Teil 4 Absatz 2 Ziffer 1 noch ein Satz 4 enthalten mit folgendem Inhalt: „Den Beschäftigten sind im erforderlichen Umfang spezielle Sehhilfen für die Arbeit an Bildschirmgeräten zur Verfügung zu stellen, wenn Untersuchungsergebnis ist, dass spezielle Sehhilfen notwendig und normale Sehhilfen nicht geeignet sind." Diese Formulierung wurde im Rahmen der Novelle von 2013 ersatzlos gestrichen. 69

Zur Begründung für diese Streichung weist das BMAS im Referenten-Entwurf der Verordnung darauf hin, dass die Aufhebung von Absatz 2 Ziffer 1 Satz 4 vor dem Hintergrund der Erkenntnis notwendig war, dass dieser Satz in der Praxis häufig missverstanden wurde. Allein der Sehtest soll durch eine andere fachkundige Person durchgeführt werden können. Beratung und arbeitsmedizinische Vorsorge insgesamt lagen und liegen aber weiterhin in der Hand des Arztes oder der Ärztin nach § 7 ArbMedVV. Das wurde häufig übersehen. Für die Aufhebung sprach zudem, dass die Delegation einzelner Bestandteile der arbeitsmedizinischen Vorsorge auch bei anderen Vorsorgeanlässen möglich ist. 70

Im Rahmen der Novelle von 2013 wurde Teil 4 Absatz 2 bei textgleicher Beibehaltung von Ziffer 2 (Tätigkeiten, die das Tragen von Atemschutzgeräten Gruppe 1 erfordern) noch ergänzt um eine Ziffer 3, die als Regelung zur Angebotsvorsorge ihrerseits Bezug nimmt auf die Pflichtvorsorge-Vorschrift im Zusammenhang mit Auslands-Tätigkeiten in besonderen Klimazonen (Abs. 1 Nr. 2). Zur Erläuterung dieser Ergänzung wies das BMAS darauf hin (vgl. BR-Drs. 327/13 vom 25.4.2013, Bes. Teil, S. 38 Ende), dass bei einer vergleichbaren Gefährdungslage die bei den biologischen Arbeitsstoffen nach Teil 2 Absatz 2 Nummer 3 ArbMedVV vorhandene Angebotsvorsorge am Ende einer Tätigkeit auch für die Tätigkeiten in Tropen, Subtropen und sonstige Auslandsaufenthalte mit besonderen klimatischen Belastungen und Infektionsgefährdungen aufgenommen werden müsse. Die Rückkehrvorsorge habe das Ziel, Erkrankungen, die in diesen Gebieten entstehen können, frühzeitig zu erkennen. 71

Verordnung über Arbeitsstätten
(Arbeitsstättenverordnung – ArbStättV)

Vom 12. August 2004

(BGBl. I S. 2179) geänd. durch Art. 388 Neunte ZuständigkeitsanpassungsVo v. 31.10.2006 (BGBl. I S. 2407), Art. 6 Abs. 4 VO zur Umsetzung der EG-RL zum Lärm- und Vibrations-Arbeitsschutz v. 6.3.2007 (BGBl. I S. 261), Art. 2 G. z. Schutz vor den Gefahren des Passivrauchens v. 20.7.2007 (BGBl. I S. 1595), Art. 9 VO v. 18.12.2008 (BGBl. I S. 2768), Art. 4 VO zur Umsetzung der RL 2006/25/EG v. 19.7.2010 (BGBl. I S. 960) und Art. 282 Zehnte ZuständigkeitsanpassungsVO v. 31.8.2015 (BGBl. I S. 1474)

FNA 7108–35

Einführung

I. Entwicklung des Arbeitsstättenrechts

1 Die Arbeitsstättenverordnung gehört zu den ältesten Vorschriften des betrieblichen Arbeitsschutzrechts. Die Erstausgabe der Arbeitsstättenverordnung wurde am 20.3.1975 erlassen und trat am 1.5.1976 in Kraft (Verordnung über Arbeitsstätten vom 20.3.1975, BGBl. I S. 729, zuletzt geändert am 25.11.2003, BGBl. I S. 2303). Die **Arbeitsstättenverordnung 1975 (ArbStättV 1975)** enthielt 58 Paragraphen, in denen die Anforderungen an die Einrichtung und den Betrieb von Arbeitsstätten umfassend und detailliert geregelt waren. Der Geltungsbereich dieser Bestimmungen war zunächst auf die gewerblichen Arbeitsstätten von Industrie, Handwerk, Handel und Dienstleistung beschränkt. Erst nach Inkrafttreten des Arbeitsschutzgesetzes (ArbSchG) am 24.8.1996 wurden auch die nichtgewerblichen Arbeitsstätten der Kirchen und anderen gemeinnützigen Organisationen, des öffentlichen Dienstes, der Landwirtschaft und der freien Berufe mit Wirkung zum 20.12.1996 in den Anwendungsbereich der ArbStättV einbezogen (vgl. § 1 Abs. 1 ArbStättV 1996).

2 Der Bundesgesetzgeber leitete im Jahr 2003 eine umfassende **Novellierung der Arbeitsstättenverordnung** ein, mit der das Ziel verfolgt wurde, die Verordnung an das Regelungskonzept des Arbeitsschutzgesetzes (ArbSchG) anzupassen und ihre Bestimmungen zu entbürokratisieren und zu flexibilisieren (vgl. die amtliche Begründung in BR-Drs. 450/04 vom 26.5.2004, S. 21). Die **novellierte Arbeitsstättenverordnung (ArbStättV 2004)** wurde am **12.8.2004 erlassen** und trat bereits einen Tag nach ihrer Verkündung im Bundesgesetzblatt (BGBl. I v. 24.8.2004, S. 2179) am **25.8.2004 in Kraft.** Der Inhalt der ArbStättV 2004 orientiert sich weitgehend an den Mindestanforderungen der EG-Arbeitsstättenrichtlinie (Richtlinie 89/654/EWG des Rates über Mindestvorschriften für Sicherheit und Gesundheitsschutz in Arbeitsstätten vom 30.11.1989, ABL. EG Nr. L 393, S. 1 – RL 89/654/EWG). Als Folge dieser Beschränkung sind zahlreiche Regelungen der ArbStättV 1975 nicht in die ArbStättV 2004 übernommen worden, sondern ersatzlos entfallen. Ein weiterer wesentlicher Unterschied der ArbStättV 2004 gegen-

Einführung **Einf ArbStättV**

über der ArbStättV 1975 ist der durchgehende Verzicht auf konkrete Detailregelungen mit bestimmten Größen-, Maß- oder Zahlenvorgaben zugunsten allgemein gehaltener Rahmenvorschriften mit unbestimmten Rechtsbegriffen.

Die ArbStättV 2004 wurde seit ihrem Inkrafttreten mehrfach geändert, zuletzt 3 durch Art. 282 der Zehnten Zuständigkeitsanpassungsverordnung v. 31.8.2015 (BGBl. I, S. 1474). Eine **wesentliche Änderung des Inhalts der ArbStättV** erfolgte durch **Art. 4 der Verordnung zur Umsetzung der Richtlinie 2006/25/ EG zum Schutz der Arbeitnehmer vor Gefährdungen durch künstliche optische Strahlung und zur Änderung von Arbeitsschutzverordnungen** (BR-Drs. 262/10 v. 29.4.2010, S. 12 ff., 26. ff. und vom 9.7.2010, S. 6 ff.). Die **geänderte Arbeitsstättenverordnung** (ArbStättV 2010) trat bereits einen Tag nach ihrer Bekanntmachung im Bundesgesetzblatt (BGBl. I v. 19.7.2010, S. 960) **am 20.7.2010 in Kraft**. Die Änderungen betreffen vor allem den Vorschriftenteil der ArbStättV, der um zwei neue Bestimmungen zur Gefährdungsbeurteilung (§ 3) und zu den straf- und ordnungswidrigkeitenrechtlichen Sanktionen (§ 9) ergänzt wurde. Geändert wurden weiter mehrere Bestimmungen im Vorschriftenteil (§ 1 Abs. 2, § 6 Abs. 5, § 7 Abs. 1–3 und § 8 Abs. 2) sowie im Anhang (Ziff. 1.3, Ziff. 2.3, Ziff. 3.3, Ziff. 3.7 und Ziff. 5.1). Der bisherige § 3 Abs. 1 wurde inhaltlich unverändert in § 3a übernommen.

II. Aufbau und Inhalt der Arbeitsstättenverordnung

Die ArbStättV ist seit ihrer Novellierung im Jahr 2004 in **zwei Teile** untergliedert, einen **Vorschriftenteil** und einen ergänzenden **Anhang**. 4

Der **Vorschriftenteil** der ArbStättV, der ursprünglich acht Paragrafen umfasst hat, besteht seit dem 20.7.2010 aus **10 Paragrafen** mit folgendem Regelungsinhalt:
- § 1: Schutzziel und Anwendungsbereich der ArbStättV
- § 2: Definition zentraler Begriffe wie „Arbeitsstätten", „Arbeitsplätze", „Arbeitsräume" sowie „Einrichten" und „Betreiben" von Arbeitsstätten.
- § 3: Durchführung der Gefährdungsbeurteilung
- § 3a: Grundlegende Anforderungen an das Einrichten und Betreiben von Arbeitsstätten einschließlich der behindertengerechte Gestaltung von Arbeitsstätten
- § 4: Besondere Anforderungen an das Betreiben von Arbeitsstätten
- § 5: Nichtraucherschutz
- § 6: Grundlegende Anforderungen an Arbeitsräume, Sanitärräume, Pausen- und Bereitschaftsräume, Erste-Hilfe-Räume und Unterkünfte
- § 7: Einrichtung und Aufgaben des Ausschusses für Arbeitsstätten
- § 8: Übergangsregelungen für die sog. Alt-Arbeitsstätten
- § 9: Straftaten und Ordnungswidrigkeiten

Der **Anhang der ArbStättV** ist in **fünf Abschnitte** mit insgesamt **27 Einzel-** 5 **bestimmungen** untergliedert. Seine **Funktion** besteht darin, die grundlegenden Vorschriften über das Einrichten und Betreiben von Arbeitsstätten im Paragrafenteil zu konkretisieren und zu ergänzen. Die Bestimmungen des Anhangs sind ebenso wie die Paragrafen des Vorschriftenteils Rechtsnormen und deshalb in gleicher Weise verbindlich.

Abschnitt 1 des Anhangs regelt die **Anforderungen an die bauliche Be-** 6 **schaffenheit der Arbeitsstätte und ihrer Einrichtungen bzw. Bestandteile**. Dazu gehören die Konstruktion und Festigkeit der Gebäude (Ziff. 1.1), die Abmessungen der Räume und die Größe des Luftraumes (Ziff. 1.2), die Gestaltung der Sicherheits- und Gesundheitsschutzkennzeichnung in der Arbeitsstätte (Ziff. 1.3), die sicherheitstechnische Beschaffenheit von Energieverteilungsanlagen (Ziff. 1.4), Fußböden, Wänden, Decken und Dächern (Ziff. 1.5), Fenstern, Oberlichtern und Lüftungsvorrichtungen (Ziff. 1.6), Türen und Toren (Ziff. 1.7), Verkehrswegen (Ziff. 1.8), Fahrtreppen und Fahrsteigen (Ziff. 1.9), Laderampen (Ziff. 1.10) sowie Steigleitern und Steigeisengängen (Ziff. 1.11).

7 Abschnitt 2 des Anhangs bestimmt, welche **Maßnahmen** der Arbeitgeber zum **Schutz der Beschäftigten vor besonderen Gefahren** zu treffen hat. Ziff. 2.1 enthält die Maßnahmen zum Schutz vor Absturz und herabfallenden Gegenständen sowie zum Betreten von Gefahrenbereichen, Ziff. 2.2. die Maßnahmen zum Schutz vor Bränden und Ziff. 2.3 die speziellen Anforderungen an Flucht- und Rettungswege.

8 Abschnitt 3 des Anhangs enthält grundlegende **Anforderungen an die Arbeitsbedingungen in der Arbeitsstätte.** Dazu gehören eine ausreichende Bewegungsfläche am Arbeitsplatz (Ziff. 3.1), die sicherheitsgerechte Anordnung der Arbeitsplätze in der Arbeitsstätte (Ziff. 3.2), die Zurverfügungstellung einer Kleiderablage für jeden Beschäftigten (Ziff. 3.3), die ausreichende natürliche und künstliche Beleuchtung der Arbeitsstätte (Ziff. 3.4), eine gesundheitlich zuträgliche Raumtemperatur (Ziff. 3.5), die ausreichende Lüftung umschlossener Arbeitsräume (Ziff. 3.6) sowie der Lärmschutz in der Arbeitsstätte (Ziff. 3.7).

9 Abschnitt 4 des Anhangs ergänzt die Rahmenvorschrift des § 6 ArbStättV 2004 durch konkretisierende **Anforderungen an die Gestaltung und Ausstattung der besonderen Räume der Arbeitsstätte,** die der Arbeitgeber den Beschäftigten zur Verfügung zu stellen hat. Dazu gehören Sanitärräume (Ziff. 4.1), Pausen- und Bereitschaftsräume (Ziff. 4.2), Erste-Hilfe-Räume (Ziff. 4.3) und Baustellenunterkünfte (Ziff. 4.4).

10 Abschnitt 5 des Anhangs enthält **spezielle Anforderungen für zwei besondere Arten von Arbeitsstätten,** nämlich die nicht allseits umschlossenen und im Freien liegenden Arbeitsstätten (Ziff. 5.1) sowie die Baustellen (Ziff. 5.2).

III. Technische Regeln für Arbeitsstätten (Arbeitsstättenregeln)

11 Die Rechtsnormen der ArbStättV werden ergänzt durch **Technische Regeln für Arbeitsstätten (Arbeitsstättenregeln – ASR),** die von dem neu eingeführten Ausschuss für Arbeitsstätten (ASTA) aufgestellt und vom Bundesministerium für Arbeit und Soziales bekannt gemacht werden (vgl. § 7 Abs. 3 und 4 ArbStättV). Die **Funktion der neuen Arbeitsstättenregeln** besteht darin, die **allgemein gehaltenen Anforderungen an die Einrichtung und das Betreiben der Arbeitsstätten** in den Rahmenvorschriften der ArbStättV und ihres Anhangs **zu konkretisieren** und dem Arbeitgeber praktische Hinweise für deren betriebliche Umsetzung zu geben. Im Unterschied zu den Vorschriften der ArbStättV haben die Arbeitsstättenregeln **keinen Rechtsnormcharakter** und müssen deshalb bei der Einrichtung und dem Betreiben von Arbeitsstätten nicht zwingend angewendet, sondern lediglich berücksichtigt werden (vgl. § 3a Abs. 1 Satz 2 ArbStättV). Ihre Einhaltung begründet jedoch eine gesetzliche Vermutung dafür, dass der Arbeitgeber die Anforderungen der ArbStättV erfüllt hat (vgl. § 3a Abs. 1 Satz 3 ArbStättV).

Ziel, Anwendungsbereich **§ 1 ArbStättV**

Die neuen Arbeitsstättenregeln haben die bereits vorhandenen **30 Arbeitsstät-** 12
tenrichtlinien abgelöst, die vom früheren Bundesministerium für Arbeit zur Konkretisierung der Bestimmungen der ArbStättV 1975 aufgestellt und bekannt gemacht worden sind (vgl. § 3 Abs. 2 ArbStättV 1975). Aufgrund des Umstandes, dass die Aufstellung eines neuen Regelwerkes erfahrungsgemäß längere Zeit in Anspruch nimmt, hat der Gesetzgeber in § 8 Abs. 2 ArbStättV 2004 eine **zeitlich befristete Fortgeltung der Arbeitsstättenrichtlinien** geregelt. Die vorhandenen Arbeitsstättenrichtlinien sollten danach so lange anwendbar bleiben, bis sie durch neu aufgestellte und bekannt gemachte Arbeitsstättenregeln ersetzt worden sind. Die Fortgeltung der alten Arbeitsstättenrichtlinien war zunächst zeitlich befristet bis zum Ablauf von sechs Jahren seit Inkrafttreten der Arbeitsstättenverordnung 2004, d. h. bis zum 25. 8. 2010. Mit der Änderungsverordnung 2010 wurde diese Übergangsfrist bis zum 31. 12. 2012 verlängert (vgl. § 8 Abs. 2 ArbStättV 2010). Seit dem 1. 1. 2013 können die alten Arbeitsstättenrichtlinien nicht mehr angewendet werden.

Das **untergesetzliche Regelwerk der ArbStättV** umfasst derzeit (Stand Mai 13
2016) **18 Arbeitsstättenregeln**. Drei weitere Arbeitsstättenregeln werden noch vom ASTA erarbeitet. Die Arbeitsstättenregeln sind auf der Homepage der Bundesanstalt für Arbeitsschutz und Arbeitsmedizin (BAuA) dokumentiert und können dort abgerufen werden (www.baua.de).

IV. Leitlinien zur Arbeitsstättenverordnung

Der **Länderausschuss für Arbeitsschutz und Sicherheitstechnik (LASI)** 14
hat als Orientierungshilfe für die praktische Umsetzung der Anforderungen der ArbStättV **Leitlinien zur Arbeitsstättenverordnung (LV 40)** aufgestellt und bekannt gemacht. Die Leitlinien zur Arbeitsstättenverordnung enthalten eine Zusammenfassung klarstellender Hinweise und Erläuterungen für die Anwendung und Auslegung zahlreicher Rahmenvorschriften der ArbStättV und ihres Anhangs. Sie sind zuletzt im März 2009 überarbeitet worden und werden auf der Homepage des LASI (http://lasi.osha.de) dokumentiert.

§ 1 Ziel, Anwendungsbereich

(1) **Diese Verordnung dient der Sicherheit und dem Gesundheitsschutz der Beschäftigten beim Einrichten und Betreiben von Arbeitsstätten.**

(2) **Diese Verordnung gilt nicht für Arbeitsstätten in Betrieben, die dem Bundesberggesetz unterliegen, und mit Ausnahme von § 5 sowie Anhang Ziffer 1.3 nicht**
1. **im Reisegewerbe und Marktverkehr,**
2. **in Transportmitteln, sofern diese im öffentlichen Verkehr eingesetzt werden,**
3. **für Felder, Wälder und sonstige Flächen, die zu einem land- oder forstwirtschaftlichen Betrieb gehören, aber außerhalb seiner bebauten Fläche liegen,**

(3) [1]**Das Bundeskanzleramt, das Bundesministerium des Innern, das Bundesministerium für Verkehr und digitale Infrastruktur, das Bundesministerium für Umwelt, Naturschutz, Bau und Reaktorsicherheit, das Bun-**

ArbStättV § 1

desministerium der Verteidigung oder das Bundesministerium der Finanzen können, soweit sie hierfür jeweils zuständig sind, im Einvernehmen mit dem Bundesministerium für Arbeit und Soziales und, soweit nicht das Bundesministerium des Innern selbst zuständig ist, im Einvernehmen mit dem Bundesministerium des Innern Ausnahmen von den Vorschriften dieser Verordnung zulassen, soweit öffentliche Belange dies zwingend erfordern, insbesondere zur Aufrechterhaltung oder Wiederherstellung der öffentlichen Sicherheit. ²In diesem Fall ist gleichzeitig festzulegen, wie die Sicherheit und der Gesundheitsschutz der Beschäftigten nach dieser Verordnung auf andere Weise gewährleistet werden.

I. Überblick

1   § 1 regelt das Schutzziel und den Anwendungsbereich der ArbStättV. Mit Abs. 1 enthält die ArbStättV erstmals eine ausdrückliche Schutzzielregelung. Abs. 2 beinhaltet eine abschließende Aufzählung der Arbeitsstätten, die ganz oder überwiegend vom Anwendungsbereich der ArbStättV ausgenommen sind. Abs. 3 enthält eine Sonderregelung für Ausnahmen von den Vorschriften der ArbStättV zur Wahrung zwingender öffentlicher Belange.

II. Schutzziel (Abs. 1)

2   Abs. 1 übernimmt die Schutzzielregelung des § 1 Abs. 1 Satz 1 ArbSchG in das Arbeitsstättenrecht. **Ziel der ArbStättV** ist die **Sicherheit und der Gesundheitsschutz der Beschäftigten beim Einrichten und Betreiben von Arbeitsstätten.** Die ArbStättV bezweckt damit einen umfassenden Schutz der physischen und psychischen Gesundheit der Beschäftigten vor sämtlichen Gefährdungen, die von der Einrichtung und dem Betrieb der Arbeitsstätte ausgehen.

III. Anwendungsbereich (Abs. 2)

1. Sachlicher Anwendungsbereich

3   Der sachliche Anwendungsbereich der ArbStättV stimmt grundsätzlich mit dem des ArbSchG überein. Die Bestimmungen der ArbStättV gelten deshalb sowohl für die **Arbeitsstätten in den Betrieben der Privatwirtschaft** als auch für die **Arbeitsstätten in den Dienststellen des öffentlichen Dienstes und der Kirchen.**

2. Ausgenommene Arbeitsstätten

4   Abs. 2 enthält eine **Einschränkung des sachlichen Anwendungsbereichs der ArbStättV** dergestalt, dass die dort abschließend aufgezählten Arbeitsstätten entweder ganz oder überwiegend von der Geltung der Vorschriften der ArbStättV ausgenommen sind. Der Kreis der ausgenommenen Arbeitsstätten entspricht der früheren Rechtslage (vgl. § 1 Abs. 2 i. V. m. § 2 Abs. 1 Nr. 2 ArbStättV 1975/1996).

5   **Generell ausgenommen** von der Anwendung der ArbStättV sind alle **Arbeitsstätten in Betrieben, die dem Bundesberggesetz unterliegen** sowie die

Ziel, Anwendungsbereich **§ 1 ArbStättV**

Arbeitsstätten auf See- und Binnenschiffen. Die Ausnahme für Bergbaubetriebe und Seeschiffe beruht auf § 1 Abs. 2 Satz 2 ArbSchG. Danach gilt das ArbSchG nicht für den Arbeitsschutz von Beschäftigten auf Seeschiffen und in Betrieben, die dem Bundesbergbaugesetz unterliegen, soweit dafür entsprechende Rechtsvorschriften bestehen (→ ArbSchGG § 1 Rn. 70ff.). Für die dem Bundesberggesetz unterliegenden Betriebe enthält die Allgemeine Bundesbergverordnung in §§ 12 ff. spezielle Regelungen über die sicherheits- und gesundheitsgerechte Gestaltung der Arbeitsstätten. Binnenschiffe unterliegen zwar dem Anwendungsbereich des ArbSchG, werden aber nicht von der Definition des Arbeitsstättenbegriffs in § 2 Abs. 1 ArbStättV erfasst.

Weitgehend ausgenommen von der Anwendung der ArbStättV sind Arbeitsstätten im Reisegewerbe und Marktverkehr (Abs. 2 Nr. 1), in Transportmitteln des öffentlichen Verkehrs (Abs. 2 Nr. 2) sowie auf Feldern, Wäldern und sonstigen unbebauten Flächen land- und forstwirtschaftlicher Betriebe (Abs. 2 Nr. 3). Für diese Arbeitsstätten gilt zwar das ArbSchG, die Bestimmungen der ArbStättV sind jedoch bis auf die Regelungen zu Nichtraucherschutz in § 5 und zur Sicherheitskennzeichnung in Ziff. 1.3 des Anhangs nicht anwendbar. 6

Abs. 2 Nr. 1 betrifft Arbeitsstätten im **Reisegewerbe und Marktverkehr.** Ein Reisegewerbe betreibt, wer gewerbsmäßig ohne vorhergehende Bestellung außerhalb seiner gewerblichen Niederlassung oder ohne eine solche zu haben Waren oder Leistungen anbietet oder eine unterhaltende Tätigkeit als Schausteller auf Volksfesten oder Jahrmärkten ausübt (vgl. § 55 GewO). Der Marktverkehr umfasst alle behördlich festgesetzten bzw. erlaubnispflichtigen Veranstaltungen des Gewerberechts (z. B. Messen, Ausstellungen, Märkte, vgl. §§ 64 ff. GewO). 7

Abs. 2 Nr. 2 erfasst Arbeitsstätten in **Transportmitteln,** die **im öffentlichen Verkehr eingesetzt** werden. Darunter fallen alle Straßen-, Schienen-, Luft- oder Wasserfahrzeuge, die am öffentlichen Verkehr teilnehmen und deshalb den spezielleren Bestimmungen des Verkehrsrechts unterliegen. Nicht erfasst werden Transportmittel, die ausschließlich im innerbetrieblichen Verkehr, d. h. auf dem Betriebsgelände, zum Einsatz kommen wie z. B. Flurförderfahrzeuge, Baufahrzeuge, schwimmende Geräte und Anlagen oder Werksbahnen. Diese Fahrzeuge unterliegen den Anforderungen der ArbStättV (vgl. LASI, Leitlinien ArbStättV, B 1 auf S. 9). 8

Abs. 2 Nr. 3 enthält eine Ausnahmeregelung für die Betriebe der **Land- und Forstwirtschaft.** Darunter fallen alle Arbeitsstätten im Freien, die auf Feldern, Wäldern und sonstigen Flächen außerhalb der bebauten Fläche liegen. Diese Arbeitsstätten sind deshalb ausgenommen, weil die Anforderungen der ArbStättV dort objektiv nicht eingehalten werden können (vgl. die amtliche Begründung in BR-Drs. 656/96, S. 34). 9

3. Persönlicher Anwendungsbereich

Der persönliche Anwendungsbereich der ArbStättV stimmt mit dem des ArbSchG überein. Die Bestimmungen der ArbStättV gelten deshalb für alle Arbeitgeber und Beschäftigten, die unter das ArbSchG fallen. 10

Adressat der sich aus der ArbStättV ergebenden Pflichten ist jeder **Arbeitgeber,** der **mindestens eine Person** i. S. d. § 2 Abs. 2 ArbSchG **beschäftigt** (§ 2 Abs. 3 ArbSchG). Arbeitgeber kann entweder eine natürliche Person (Einzelunternehmer), eine juristische Person (AG, GmbH) oder eine rechtsfähige Personengesellschaft (OHG, KG) sein. Eine **Gesellschaft bürgerlichen Rechts (GbR)** ist eine (teil-)rechtsfähige Personengesellschaft, soweit sie selbst am Rechtsverkehr teilnimmt und dadurch eigene Rechte und Pflichten begründet (st. Rspr. seit BGH v. 29.1.2001, II ZR 331/00, BGHZ 146, 341 = NJW 2001, 1056; vgl. BGH v. 22.10.2009, III ZR 295/08, MDR 2010, 167; BAG v. 1.12.2004, 5 AZR 597/03, BAGE 113, 50 = NJW 2005, 1004). Arbeitgeber ist in diesem Fall die GbR und nicht mehr – wie früher – die Gesamthandsgemeinschaft der Gesellschafter (BAG v. 30.10.2008, 8 AZR 397/07, AP Nr. 358 zu § 613a BGB = NZA 2009, 485; *Preis* in ErfK § 611 BGB Rn. 184; *Wiedenkaff* in Palandt § 611 BGB Einführung Rn. 6; Diller, NZA 2003, 401 ff.).

11 Geschützt durch die ArbStättV werden die **Beschäftigten** des Arbeitgebers. Dazu gehören nach § 2 Abs. 2 ArbSchG nicht nur Arbeitnehmer, sondern auch arbeitnehmerähnliche Personen und Personen, die aufgrund eines Berufsbildungsverhältnisses beschäftigt werden (z. B. Auszubildende, Umschüler). Einbezogen in den Schutzbereich der ArbStättV sind ferner die im Betrieb beschäftigten Leiharbeitnehmer (vgl. § 11 Abs. 6 S. 1 AÜG). Nicht erfasst werden Heimarbeiter und Gleichgestellte (§ 2 Abs. 2 Nr. 3 ArbSchG) sowie Hausangestellte in privaten Haushalten (§ 1 Abs. 2 S. 1 ArbSchG).

IV. Sonderregelung für Ausnahmen im öffentlichen Interesse (Abs. 3)

12 Abs. 3 enthält eine an § 20 Abs. 2 ArbSchG angelehnte Sonderregelung, die den Bund ermächtigt, zur Wahrung zwingender öffentlicher Belange, insbesondere zur Aufrechterhaltung oder Wiederherstellung der öffentlichen Sicherheit, Ausnahmen von den Vorschriften der ArbStättV zuzulassen. Damit wird der Tatsache Rechnung getragen, dass die strikte Anwendung der ArbStättV in bestimmten, für die öffentlichen Belange wichtigen Tätigkeitsbereichen (z. B. den Streitkräften) mit der ordnungsgemäßen Erfüllung der betreffenden Aufgaben in Konflikt geraten kann (vgl. die amtliche Begründung in BR-Drs. 450/04 v. 26.5.2004, S. 24). Wird aufgrund dieser Ermächtigung eine Ausnahme von den Vorschriften der ArbStättV zugelassen, muss gleichzeitig festgelegt werden, durch welche anderen Maßnahmen die Sicherheit und der Gesundheitsschutz der betroffenen Beschäftigten gewährleistet werden soll. Abs. 3 enthält keine Regelung über die Rechtsform der Ausnahmeregelung; ebenso wie im Fall des § 20 Abs. 2 ArbSchG ist jedoch davon auszugehen, dass ggf. eine Rechtsverordnung erlassen werden muss.

§ 2 Begriffsbestimmungen

(1) **Arbeitsstätten sind:**
1. **Orte in Gebäuden oder im Freien, die sich auf dem Gelände eines Betriebes oder einer Baustelle befinden und die zur Nutzung für Arbeitsplätze vorgesehen sind,**
2. **andere Orte in Gebäuden oder im Freien, die sich auf dem Gelände eines Betriebes oder einer Baustelle befinden und zu denen Beschäftigte im Rahmen ihrer Arbeit Zugang haben.**

(2) **Arbeitsplätze sind Bereiche von Arbeitsstätten, in denen sich Beschäftigte bei der von ihnen auszuübenden Tätigkeit regelmäßig über einen längeren Zeitraum oder im Verlauf der täglichen Arbeitszeit nicht nur kurzfristig aufhalten müssen.**

Begriffsbestimmungen § 2 ArbStättV

(3) **Arbeitsräume sind die Räume, in denen Arbeitsplätze innerhalb von Gebäuden dauerhaft eingerichtet sind.**

(4) ¹**Zur Arbeitsstätte gehören auch:**
1. **Verkehrswege, Fluchtwege, Notausgänge,**
2. **Lager-, Maschinen- und Nebenräume,**
3. **Sanitärräume (Umkleide-, Wasch- und Toilettenräume),**
4. **Pausen- und Bereitschaftsräume,**
5. **Erste-Hilfe-Räume,**
6. **Unterkünfte.**

²**Zur Arbeitsstätte gehören auch Einrichtungen, soweit für diese in dieser Verordnung besondere Anforderungen gestellt werden und sie dem Betrieb der Arbeitsstätte dienen.**

(5) ¹**Einrichten ist die Bereitstellung und Ausgestaltung der Arbeitsstätte.** ²**Das Einrichten umfasst insbesondere:**
1. **bauliche Maßnahmen oder Veränderungen,**
2. **Ausstatten mit Maschinen, Anlagen, Mobiliar, anderen Arbeitsmitteln sowie Beleuchtungs-, Lüftungs-, Heizungs-, Feuerlösch- und Versorgungseinrichtungen,**
3. **Anlegen und Kennzeichnen von Verkehrs- und Fluchtwegen, Kennzeichnen von Gefahrenstellen und brandschutztechnischen Ausrüstungen,**
4. **Festlegen von Arbeitsplätzen.**

(6) **Betreiben von Arbeitsstätten umfasst das Benutzen und Instandhalten der Arbeitsstätte.**

I. Überblick

§ 2 enthält gesetzliche Definitionen für grundlegende Begriffe der ArbStättV. **1** Abs. 1 definiert den Begriff der Arbeitsstätte, der den räumlichen Anwendungsbereich der ArbStättV bestimmt. Die Begriffe „Arbeitsplatz" (Abs. 2) und „Arbeitsraum" (Abs. 3) haben mit der ArbStättV 2004 erstmals eine Legaldefinition erhalten. Der Gesetzgeber wollte dadurch eine klare und deutliche Abgrenzung des Regelungskomplexes „Arbeitsstätte – Arbeitsplatz – Arbeitsraum" im Hinblick auf die zum Teil unterschiedlichen Anforderungen an die verschiedenen Räumlichkeiten einer Arbeitsstätte sicherstellen (vgl. die amtliche Begründung in BR-Drs. 450/ 04, S. 24). Abs. 4 erläutert den Begriff der „anderen Orte" i. S. v. Abs. 1 Nr. 2, die auch zur Arbeitsstätte gehören. Erstmals gesetzlich definiert wurden mit der ArbStättV 2004 auch die Begriffe „Einrichten" (Abs. 5) und „Betreiben" (Abs. 6) von Arbeitsstätten. Diese Legaldefinitionen knüpfen an die bisherige Rechtslage an und bestimmen den tätigkeitsbezogenen Anwendungsbereich der ArbStättV.

II. Arbeitsstätte (Abs. 1)

Der **Begriff der „Arbeitsstätte" bestimmt den räumlichen Anwendungs- 2 bereich des Arbeitsstättenrechts.** Die ArbStättV 2004 hat die bisherige konkrete Begriffsbestimmung in Form einer abschließenden Aufzählung der verschiedenen Kategorien von Arbeitsstätten (vgl. § 2 Abs. 1 Nr. 1 bis 5 ArbStättV 1975) durch

Lorenz

ArbStättV § 2

eine neue, allgemeiner formulierte Definition ersetzt, die sich am Wortlaut des Art. 2 der EG-Arbeitsstätten-Richtlinie (RL 89/654/EWG) orientiert. **Arbeitsstätten** sind danach alle **Orte in Gebäuden oder im Freien**, die sich **auf dem Gelände eines Betriebs oder einer Baustelle befinden** und die entweder **zur Nutzung für Arbeitsplätze vorgesehen sind** (Nr. 1) oder zu denen die **Beschäftigten im Rahmen ihrer Arbeit Zugang** haben (Nr. 2).

3 Abs. 1 beschränkt den räumlichen Anwendungsbereich der ArbStättV auf **Arbeitsorte auf dem Gelände eines Betriebs** oder einer Baustelle. Der **Begriff des Betriebsgeländes** ist aufgrund des umfassenden Schutzzwecks des Arbeitsstättenrechts **weit auszulegen.** Zum Gelände eines Betriebs gehören alle Räumlichkeiten oder Flächen, an denen dem Arbeitgeber unabhängig von den bestehenden Eigentumsverhältnissen ein Verfügungs- und/oder Nutzungsrecht für betriebliche Zwecke eingeräumt ist (vgl. LASI, Leitlinien ArbStättV, C 1 auf S. 10). Die ArbStättV gilt deshalb auch für Arbeitsstätten, Arbeitsräume und Arbeitsplätze, die sich in angemieteten Gebäuden oder auf gepachteten Flächen befinden. Verkaufsstände vor Ladengeschäften im Freien werden wie bisher ebenfalls erfasst, denn sie gehören unabhängig von den Eigentumsverhältnissen zum Gelände des Betriebs und werden i. S. v. Abs. 1 Nr. 1 als Arbeitsplatz genutzt (vgl. LASI, Leitlinien ArbStättV, aaO).

4 **Arbeitsorte außerhalb des Betriebsgeländes** fallen mit Ausnahme von Baustellen nicht unter den Anwendungsbereich des Arbeitsstättenrechts. **Arbeitsplätze,** die **in der Privatwohnung von Beschäftigten** eingerichtet sind (z. B. Heim- oder Telearbeitsplätze), werden deshalb im Unterschied zur früheren Rechtslage **nicht mehr von der ArbStättV erfasst.** Telearbeitsplätze im privaten Bereich der Beschäftigten unterliegen jedoch den Bestimmungen des ArbSchG und der BildscharbV. Der **Begriff der Baustelle** wird in § 1 Abs. 3 BauStellV definiert als der Ort, an dem ein Bauvorhaben durchgeführt wird, d. h. eine oder mehrere bauliche Anlagen errichtet, geändert oder abgebrochen werden.

5 Nach Abs. 1 zählen zur „Arbeitsstätte" sowohl die Orte, an denen unmittelbar gearbeitet wird (Nr. 1) als auch die Orte, die arbeitsbedingt von Beschäftigten betreten werden müssen (Nr. 2). Zur ersten **Kategorie des unmittelbaren Arbeitsortes** gehören alle Orte in Gebäuden oder im Freien, die **zur Nutzung für Arbeitsplätze** im Sinne von Abs. 2 vorgesehen sind. Darunter fallen nach der amtlichen Begründung auch betriebliche Ausbildungsstätten wie z. B. Lehrwerkstätten und Schulungsheime (vgl. BR-Drs. 450/04, S. 24; ebenso LASI, Leitlinien ArbStättV, C 1 auf S.10). Die zweite **Kategorie der sonstigen Arbeitsbereiche** umfasst alle anderen Orte in Gebäuden oder im Freien, zu denen **Beschäftigte im Rahmen ihrer Arbeit Zugang** haben. Abs. 4 enthält eine abschließende Aufzählung der sonstigen Arbeitsbereiche im Sinne von Nr. 2.

III. Arbeitsplatz (Abs. 2)

6 Abs. 2 definiert den „Arbeitsplatz" als den räumlichen Bereich der Arbeitsstätte, in dem sich Beschäftigte bei der von ihnen auszuübenden Tätigkeit aufhalten müssen und zwar entweder regelmäßig über einen längeren Zeitraum oder im Verlauf der täglichen Arbeitszeit nicht nur kurzfristig. Diese Anforderungen sind in der Praxis erfüllt, wenn sich Beschäftigte zur Verrichtung ihrer Arbeitsaufgabe in abgrenzbaren Bereichen einer Arbeitsstätte entweder mindestens zwei Stunden täglich oder an mindestens 30 Arbeitstagen im Jahr aufhalten müssen (vgl. LASI, Leitlinien ArbStättV, C 2 auf S. 11). Dabei ist es unerheblich, ob die Arbeitsaufgabe durchge-

Begriffsbestimmungen

hend durch einen Beschäftigten erledigt wird oder mehrere Beschäftigte nacheinander diesen Bereich zur Verrichtung ihrer Arbeitsaufgabe aufsuchen müssen. So stellen z. B. die Klassenräume in Schulen Arbeitsplätze für die Lehrer dar, auch wenn sich einzelne Lehrer nur jeweils für eine Stunde in den Klassenräumen aufhalten müssen (vgl. LASI, Leitlinien ArbStättV, aaO).

IV. Arbeitsraum (Abs. 3)

Abs. 3 enthält eine Legaldefinition des Begriffs „Arbeitsraum". Als **Arbeitsraum** gilt danach jeder **Raum innerhalb eines Gebäudes,** in dem **mindestens ein Arbeitsplatz dauerhaft eingerichtet** ist. Der Begriff des „Gebäudes" bestimmt sich nach dem Bauordnungsrecht der Länder und umfasst alle selbständig benutzbaren, überdeckten baulichen Anlagen, die von Menschen betreten werden können. Dauerhaft eingerichtet ist ein Arbeitsplatz, wenn die Voraussetzungen des Abs. 2 erfüllt sind, d. h. sich mindestens ein Beschäftigter entweder regelmäßig über einen längeren Zeitraum (Faustregel: mindestens 30 Kalendertage im Jahr) oder während seiner täglichen Arbeitszeit nicht nur kurzfristig (Faustregel: mindestens 2 Stunden pro Tag) zur Verrichtung seiner Arbeitsaufgabe in dem betreffenden Raum aufhält. Räume, in denen Beschäftigte nur kurzfristig oder vorübergehend Arbeitsaufgaben verrichten, zählen nicht zu den Arbeitsräumen. Diese Räume werden jedoch von Abs. 4 erfasst. 7

V. Weitere Bestandteile der Arbeitsstätte (Abs. 4)

Abs. 4 Satz 1 enthält eine abschließende Aufzählung der „anderen Orte" im Sinne von Abs. 1 Nr. 2, die zwar nicht direkt der Arbeit dienen, jedoch arbeitsbedingt von Beschäftigten betreten werden müssen und deshalb ebenso wie die Arbeitsräume zur Arbeitsstätte gehören. Der Katalog aus § 2 Abs. 2 Nr. 1 bis 5 ArbStättV 1975 wurde dabei nahezu unverändert übernommen. Bestandteil der Arbeitsstätte sind folglich auch die Verkehrswege, Fluchtwege und Notausgänge (Nr. 1), die Lager-, Maschinen- und Nebenräume (Nr. 2) sowie die nach § 6 Abs. 2 bis 5 und Nr. 4.1 bis 4.4 des Anhangs speziellen Anforderungen unterliegenden Sanitärräume (Nr. 3), Pausen- und Bereitschaftsräume (Nr. 4), Erste-Hilfe-Räume (Nr. 5) und Unterkünfte (Nr. 6). 8

Abs. 4 Satz 2 stellt klar, dass zur Arbeitsstätte auch **Einrichtungen** gehören, soweit für diese besondere Anforderungen in der ArbStättV gestellt werden und sie dem Betrieb der Arbeitsstätte dienen. Entsprechend der früheren Rechtslage (vgl. § 2 Abs. 3 ArbStättV 1975) sind damit alle baulichen Einrichtungen (z. B. Türen, Tore, Fenster), maschinellen Anlagen (z. B. Lüftungs- und Klimaanlagen, Beleuchtung) und sonstigen Ausstattungsgegenstände (z. B. Feuerlöscher, Toilettenbecken) gemeint, die in den Bestimmungen der ArbStättV einschließlich ihres Anhangs ausdrücklich genannt sind.

VI. Einrichten der Arbeitsstätte (Abs. 5)

Der **Begriff des „Einrichtens"** dient der Abgrenzung des Arbeitsstättenrechts gegenüber dem Bauordnungsrecht der Länder, in dem die „Errichtung" der Arbeitsstätte geregelt ist. Deshalb stellt Satz 1 klar, dass das „Einrichten" ausschließlich die „Bereitstellung" und „Ausgestaltung" der Arbeitsstätte umfasst. Satz 2 erläutert 9

Lorenz

diese abstrakte Begriffsdefinition durch eine beispielhafte Aufzählung von Maßnahmen, die das Einrichten der Arbeitsstätte betreffen. Dazu gehören insbesondere bauliche Maßnahmen oder Veränderungen innerhalb der Arbeitsstätte, ihre Ausstattung mit Arbeitsmitteln (z. B. Maschinen, Anlagen und Mobiliar) und sonstigen Einrichtungen (z. B. Beleuchtung, Lüftung, Heizung, Brandbekämpfung und Versorgung), das Anlegen und Kennzeichnen von Verkehrs- und Fluchtwegen, die Kennzeichnung von Gefahrenstellen und brandschutztechnischen Ausrüstungen sowie das Festlegen von Arbeitsplätzen im Sinne des § 2 Abs. 2. Die **Anforderungen an das Einrichten der Arbeitsstätte** sind in §§ 3a, 6 und den ergänzenden Bestimmungen des Anhangs geregelt.

VII. Betreiben der Arbeitsstätte (Abs. 6)

10 Der **Begriff des „Betreibens"** umfasst das Benutzen und Instandhalten der Arbeitsstätte und ihrer Einrichtungen. Zum Instandhalten gehört nach der DIN 31051: 2003-06 „Grundlagen der Instandhaltung" die Wartung, die Inspektion, die Instandsetzung und die Verbesserung. Die **Anforderungen an das Betreiben der Arbeitsstätte** sind in §§ 3a, 4, 5 und den ergänzenden Bestimmungen des Anhangs geregelt.

§ 3 Gefährdungsbeurteilung

(1) ¹Bei der Beurteilung der Arbeitsbedingungen nach § 5 des Arbeitsschutzgesetzes hat der Arbeitgeber zunächst festzustellen, ob die Beschäftigten Gefährdungen beim Einrichten und Betreiben von Arbeitsstätten ausgesetzt sind oder ausgesetzt sein können. ²Ist dies der Fall, hat er alle möglichen Gefährdungen für die Gesundheit und Sicherheit der Beschäftigten zu beurteilen. ³Entsprechend dem Ergebnis der Gefährdungsbeurteilung hat der Arbeitgeber Schutzmaßnahmen gemäß den Vorschriften dieser Verordnung einschließlich ihres Anhangs nach dem Stand der Technik, Arbeitsmedizin und Hygiene festzulegen. ⁴Sonstige gesicherte arbeitswissenschaftliche Erkenntnisse sind zu berücksichtigen.

(2) ¹Der Arbeitgeber hat sicherzustellen, dass die Gefährdungsbeurteilung fachkundig durchgeführt wird. ²Verfügt der Arbeitgeber nicht selbst über die entsprechenden Kenntnisse, hat er sich fachkundig beraten zu lassen.

(3) ¹Der Arbeitgeber hat die Gefährdungsbeurteilung unabhängig von der Zahl der Beschäftigten vor Aufnahme der Tätigkeiten zu dokumentieren. ²In der Dokumentation ist anzugeben, welche Gefährdungen am Arbeitsplatz auftreten können und welche Maßnahmen nach Absatz 1 Satz 3 durchgeführt werden müssen.

I. Überblick

1 § 3 ist durch die Änderungsverordnung 2010 nachträglich in die ArbStättV eingefügt worden, um die allgemeine Regelung zur Gefährdungsbeurteilung in § 5 ArbSchG für das Arbeitsstättenrecht zu konkretisieren. Begründet wurde dies da-

Gefährdungsbeurteilung **§ 3 ArbStättV**

mit, dass die Gefährdungsbeurteilung die entscheidende Grundlage für die Bewertung der Gesundheit und Sicherheit der Beschäftigten beim Einrichten und Betreiben einer Arbeitsstätte ist. Die Ergänzung der ArbStättV um den Baustein „Gefährdungsbeurteilung" in ihrer arbeitsstättenspezifischer Ausprägung dient der Rechtsangleichung an die anderen Arbeitsschutzverordnungen und soll erreichen, dass Konzept und Struktur der Arbeitsschutzverordnungen weiter vereinheitlicht werden, um dem Arbeitgeber das Verständnis und die Anwendung der Verordnungen in der betrieblichen Praxis zu erleichtern (vgl. die amtliche Begründung in BR-Drs. 262/10, S. 26). § 3 regelt in Abs. 1 den Gegenstand und die einzelnen Verfahrensabschnitte der Gefährdungsbeurteilung, in Abs. 2 das Erfordernis der fachkundigen Durchführung der Gefährdungsbeurteilung und in Abs. 3 die Dokumentation der Gefährdungsbeurteilung.

II. Gegenstand der Gefährdungsbeurteilung (Abs. 1)

Die Gefährdungsbeurteilung bezieht sich nach Abs. 1 Satz 1 auf die Gefährdungen, denen die Beschäftigten beim Einrichten und Betreiben der Arbeitsstätte ausgesetzt sind oder ausgesetzt sein können. **Gegenstand der Gefährdungsbeurteilung** sind folglich **alle möglichen Gefährdungen der Beschäftigten durch die Einrichtung und dem Betrieb der Arbeitsstätte.** 2

III. Verfahrensschritte der Gefährdungsbeurteilung (Abs. 1)

Abs. 1 regelt **drei grundlegende Verfahrensschritte der Gefährdungsbeurteilung.** Als ersten Schritt muss der Arbeitgeber zunächst eine **Gefährdungsermittlung** durchführen, d. h. feststellen, ob die Beschäftigten Gefährdungen beim Einrichten und Betreiben von Arbeitsstätten ausgesetzt sind oder ausgesetzt sein können und um welche Gefährdungen es sich dabei handelt (vgl. Satz 1). Auf die Gefährdungsermittlung folgt als zweiter Schritt die eigentliche **Gefährdungsbeurteilung** (vgl. Satz 2). Der Arbeitgeber muss die von ihm festgestellten Gefährdungen daraufhin beurteilen, inwieweit von ihnen eine Gefährdung für die Sicherheit und Gesundheit der Beschäftigten ausgehen kann. Als dritten Schritt muss der Arbeitgeber entsprechend dem Ergebnis der Gefährdungsbeurteilung die **Schutzmaßnahmen festlegen,** die zur Vermeidung bzw. Verringerung der festgestellten Gefährdungen notwendig sind und deshalb getroffen werden müssen (vgl. Satz 3). 3

Von entscheidender Bedeutung für eine erfolgreiche Gefährdungsbeurteilung sind die Verfügbarkeit und die Qualität der dazu erforderlichen Informationen. Der **Arbeitgeber** hat sich deshalb die **notwendigen Informationen für die Ermittlung und Beurteilung der Gefährdungen aktiv zu beschaffen** (vgl. die amtliche Begründung in BR-Drs. 262/10, S. 27). Diese kann er z. B. beim Überlasser der Arbeitsstätte (z. B. dem Vermieter), beim Hersteller oder Inverkehrbringer der in der Arbeitsstätte verwendeten Anlagen und Einrichtungen (z. B. Warnhinweise, Gebrauchs- und Bedienungsanleitungen) oder bei anderen ohne weiteres zugänglichen Quellen (z. B. im Internet) erhalten. 4

IV. Anlässe für die Gefährdungsbeurteilung

5 Als präventive Maßnahme ist die Gefährdungsbeurteilung in der Regel **vor Aufnahme der Tätigkeit der Beschäftigten** durchzuführen (sog. **Erstbeurteilung**). Die Gefährdungsbeurteilung ist kein einmaliger Vorgang, sondern **bei bestimmten Anlässen zu wiederholen bzw. zu überprüfen.** Eine Wiederholung der Gefährdungsbeurteilung ist insbesondere dann erforderlich, wenn sich die Einrichtung und der Betrieb der Arbeitsstätte gegenüber der letzten Beurteilung maßgeblich geändert haben. Hat sich der Stand der Technik weiterentwickelt oder hat der Ausschuss für Arbeitsstätten eine inhaltliche Anpassung der ASR vorgenommen, ist der Arbeitgeber verpflichtet, die Gefährdungsbeurteilung darauf zu prüfen, ob die bisherigen Maßnahmen für die Sicherheit und den Gesundheitsschutz der Beschäftigten noch ausreichen oder ob die Arbeitsstätte erforderlichenfalls nachgerüstet werden muss.

V. Fachkundige Durchführung der Gefährdungsbeurteilung (Abs. 2)

6 Abs. 2 verpflichtet den Arbeitgeber, dafür zu sorgen, dass die Gefährdungsbeurteilung fachkundig durchgeführt wird. Verfügt der Arbeitgeber nicht selbst über die entsprechenden Kenntnisse, hat er sich fachkundig beraten zu lassen. Die **Gefährdungsbeurteilung** darf deshalb **nur von fachkundigen Personen durchgeführt** werden. Als fachkundige Personen kommen insbesondere die Fachkraft für Arbeitssicherheit und der Betriebsarzt in Betracht (vgl. § 6 Abs. 9 GefStoffV). Der Arbeitgeber kann aber auch externe Fachleute oder Dienste mit der Durchführung der Gefährdungsbeurteilung beauftragen.

VI. Dokumentation der Gefährdungsbeurteilung (Abs. 3)

7 Abs. 3 regelt die Dokumentation der Gefährdungsbeurteilung und ergänzt insoweit § 6 ArbSchG. Der Arbeitgeber hat die **Gefährdungsbeurteilung** unabhängig von der Zahl der Beschäftigten **vor Aufnahme der Tätigkeiten zu dokumentieren** (Satz 1). In der Dokumentation ist anzugeben, welche Gefährdungen am Arbeitsplatz auftreten können und welche Maßnahmen nach Absatz 1 Satz 3 durchgeführt werden müssen (Satz 2). Bei Anwendung der Arbeitsstättenregeln genügt in der Dokumentation in der Regel ein Hinweis auf die Einhaltung der Anforderungen dieser Regeln (vgl. die amtliche Begründung in BR-Drs. 262/10, S. 27).

VII. Ahndung von Pflichtverletzungen als Ordnungswidrigkeit

8 **Verstöße des Arbeitgebers gegen die Dokumentationspflicht des Abs. 3** können nach § 9 Abs. 1 Nr. 1 von den zuständigen Aufsichtsbehörden als Ordnungswidrigkeit mit einer Geldbuße bis zu 5.000 € geahndet werden. Der Tatbestand einer Ordnungswidrigkeit ist erfüllt, wenn der Arbeitgeber vorsätzlich oder

fahrlässig die Gefährdungsbeurteilung nicht richtig, nicht vollständig oder nicht rechtzeitig dokumentiert.

§ 3a Einrichten und Betreiben von Arbeitsstätten

(1) ¹Der Arbeitgeber hat dafür zu sorgen, dass Arbeitsstätten so eingerichtet und betrieben werden, dass von ihnen keine Gefährdungen für die Sicherheit und die Gesundheit der Beschäftigten ausgehen. ²Dabei hat er den Stand der Technik und insbesondere die vom Bundesministerium für Arbeit und Soziales nach § 7 Abs. 4 bekannt gemachten Regeln und Erkenntnisse zu berücksichtigen. ³Bei Einhaltung der im Satz 2 genannten Regeln und Erkenntnisse ist davon auszugehen, dass die in der Verordnung gestellten Anforderungen diesbezüglich erfüllt sind. ⁴Wendet der Arbeitgeber die Regeln und Erkenntnisse nicht an, muss er durch andere Maßnahmen die gleiche Sicherheit und den gleichen Gesundheitsschutz der Beschäftigten erreichen.

(2) ¹Beschäftigt der Arbeitgeber Menschen mit Behinderungen, hat er Arbeitsstätten so einzurichten und zu betreiben, dass die besonderen Belange dieser Beschäftigten im Hinblick auf Sicherheit und Gesundheitsschutz berücksichtigt werden. ²Dies gilt insbesondere für die barrierefreie Gestaltung von Arbeitsplätzen sowie von zugehörigen Türen, Verkehrs-, Fluchtwegen, Notausgängen, Treppen, Orientierungssystemen, Waschgelegenheiten und Toilettenräumen.

(3) ¹Die zuständige Behörde kann auf schriftlichen Antrag des Arbeitgebers Ausnahmen von den Vorschriften dieser Verordnung einschließlich ihres Anhanges zulassen, wenn
1. der Arbeitgeber andere, ebenso wirksame Maßnahmen trifft oder
2. die Durchführung der Vorschrift im Einzelfall zu einer unverhältnismäßigen Härte führen würde und die Abweichung mit dem Schutz der Beschäftigten vereinbar ist.

²Bei der Beurteilung sind die Belange der kleineren Betriebe besonders zu berücksichtigen.

(4) Soweit in anderen Rechtsvorschriften, insbesondere dem Bauordnungsrecht der Länder, Anforderungen gestellt werden, bleiben diese Vorschriften unberührt.

I. Überblick

§ 3a bildet das Herzstück des novellierten Arbeitsstättenrechts. Abs. 1 Satz 1 regelt in Form einer Generalklausel, die an § 3 Abs. 1 Satz 1 ArbSchG und § 3 Abs. 1 Satz 1 ArbStättV 1975 angelehnt ist, die Grundpflicht des Arbeitgebers, Sicherheit und Gesundheit der Beschäftigten beim Einrichten und Betreiben von Arbeitsstätten zu gewährleisten. Abs. 1 Satz 2 verpflichtet den Arbeitgeber zur Berücksichtigung der neuen technischen Regeln für Arbeitsstätten. Abs. 1 Satz 3 und 4 bestimmen die Rechtsfolgen, die sich für den Arbeitgeber aus der Anwendung bzw. Nichtanwendung dieser Regeln ergeben. Abs. 2 enthält die besondere Schutzpflicht des Arbeitgebers gegenüber behinderten Beschäftigten, die mit der ArbStättV 2004 neu in das Arbeitsstättenrecht aufgenommen worden ist. Abs. 3

trifft eine an § 4 Abs. 1 und 2 ArbStättV 1975 angelehnte Ausnahmeregelung für Abweichungen des Arbeitgebers von den Anforderungen der ArbStättV. Abs. 4 regelt das Verhältnis zwischen den Vorgaben des Arbeitsstättenrechts und den Anforderungen, die für Arbeitsstätten durch andere Rechtsvorschriften aufgestellt werden, entsprechend der gleichlautenden Vorläuferbestimmung des § 3 Abs. 1 Satz 2 ArbStättV 1975.

II. Grundpflichten des Arbeitgebers (Abs. 1)

1. Arbeitsstättenrechtliche Generalklausel (Satz 1)

2   Die Generalklausel des Abs. 1 Satz 1 enthält die grundlegende, an den Arbeitgeber gerichtete **Verpflichtung, die Sicherheit und Gesundheit der Beschäftigten beim Einrichten und Betreiben der Arbeitsstätte zu gewährleisten.** Gemäß der Schutzzielbestimmung des § 1 Abs. 3 hat der Arbeitgeber dafür zu sorgen, dass seine Arbeitsstätten entsprechend den Anforderungen der Arbeitsstättenverordnung und ihres Anhangs so eingerichtet und betrieben werden, dass von ihnen keine Gefährdungen für die Sicherheit und Gesundheit der Beschäftigten ausgehen. Welche Gefährdungen von der Einrichtung und dem Betrieb der Arbeitsstätte ausgehen, hat der Arbeitgeber durch eine **Gefährdungsbeurteilung** gemäß § 5 ArbSchG i. V. m. § 3 ArbStättV zu ermitteln. Die Einrichtung und Gestaltung der Arbeitsstätte ist in § 5 Abs. 3 Nr. 1 ArbSchG ausdrücklich als Gefährdungsquelle aufgeführt. Entsprechend dem Ergebnis der Gefährdungsbeurteilung hat der Arbeitgeber die erforderlichen Schutzmaßnahmen festzulegen und umzusetzen.

2. Berücksichtigung der Regeln und Erkenntnisse für Arbeitsstätten (Satz 2)

3   Der Arbeitgeber war bereits vor der Novellierung der ArbStättV verpflichtet, beim Einrichten und Betreiben der Arbeitsstätte neben den einschlägigen Arbeitsschutz- und Unfallverhütungsvorschriften auch die allgemein anerkannten sicherheitstechnischen, arbeitsmedizinischen und hygienischen Regeln sowie die sonstigen gesicherten arbeitswissenschaftlichen Erkenntnisse zu berücksichtigen (vgl. § 3 Abs. 1 Satz 1 Nr. 1 ArbStättV 1975). Abs. 1 Satz 2 übernimmt diese Regelung mit der Maßgabe, dass der Arbeitgeber die **Regeln und Erkenntnisse zu berücksichtigen** hat, die vom **Ausschuss für Arbeitsstätten (ASTA)** ermittelt (vgl. § 7 Abs. 3) und vom **BMAS im Gemeinsamen Ministerialblatt bekannt gegeben** (vgl. § 4 Abs. 4) worden sind. Diese Bestimmung ergänzt die allgemeine Regelung des § 4 Nr. 3 ArbSchG, die den Arbeitgeber bei allen Maßnahmen des Arbeitsschutzes zur Berücksichtigung des Standes von Technik, Arbeitsmedizin und Hygiene sowie der sonstigen arbeitswissenschaftlichen Erkenntnisse verpflichtet (vgl. ArbSchG § 4 Rn. 14 ff.).

Berücksichtigen bedeutet, dass der Arbeitgeber bei allen Maßnahmen, die zum Einrichten und Betreiben der Arbeitsstätte gemäß § 2 Abs. 5 und 6 gehören, **die für Arbeitsstätten geltenden Regeln und Erkenntnisse zu beachten** hat. Dazu gehören zunächst die neuen **technischen Regeln für Arbeitsstätten** bzw. **Arbeitsstättenregeln (ASR)**, die der ASTA nach § 7 Abs. 3 Satz 1 Nr. 2 zu ermitteln hat. Bisher (Stand Mai 2016) sind 18 Arbeitsstättenregeln (ASR) gemäß § 7 Abs. 4 im Gemeinsamen Ministerialblatt bekannt gemacht und damit für anwend-

Einrichten und Betreiben von Arbeitsstätten **§ 3a ArbStättV**

bar erklärt worden. Diese Arbeitsstättenregeln werden von der Bundesanstalt für Arbeitsschutz und Arbeitsmedizin (BAuA) auf ihrer Homepage (www.baua.de) zum Abruf bereitgehalten.

3. Vermutungswirkung bei Einhaltung der Regeln für Arbeitsstätten (Satz 3)

Die **Arbeitsstättenregeln (ASR)** sind – ebenso wie die früheren Arbeitsstätten- 4
richtlinien – **keine Rechtsnormen**, sondern **Regeln der Technik** und haben deshalb **keine unmittelbare rechtliche Bindungswirkung.** Sie konkretisieren jedoch beispielhaft die in der ArbStättV aufgestellten Schutzziele und Rahmenvorgaben und geben insoweit den gesicherten Stand von Wissenschaft und Technik gemäß § 4 Nr. 3 ArbSchG bezogen auf das Einrichten und Betreiben von Arbeitsstätten wieder. Abs. 1 Satz 3 bestimmt deshalb, dass den **Regeln und Erkenntnissen,** die der ASTA ermittelt und das BMAS bekannt gegeben hat, eine **Vermutungswirkung im Hinblick auf die Einhaltung der Anforderungen der ArbStättV** zukommt. Hält der Arbeitgeber beim Einrichten und Betreiben von Arbeitsstätten die Regeln und Erkenntnisse für Arbeitsstätten ein, wird zu seinen Gunsten vermutet, dass die diesbezüglich in der ArbStättV gestellten Anforderungen erfüllt sind. Das **Regelwerk des ASTA** hat insoweit die **Wirkung eines antizipierten Sachverständigengutachtens** für alle Beteiligten einschließlich der zuständigen Arbeitsschutzbehörden (vgl. LASI, Leitlinien ArbStättV, D1 auf S. 12).

Die Regelung des Abs. 1 Satz 3 knüpft an die frühere Rechtspraxis zur Bedeu- 5
tung der alten Arbeitsstättenrichtlinien an. Danach durften die Beteiligten grundsätzlich darauf vertrauen, dass der Inhalt der Arbeitsstättenrichtlinien den aktuellen Stand der allgemein anerkannten, sicherheitstechnischen, arbeitsmedizinischen und hygienischen Regeln sowie der sonstigen gesicherten arbeitswissenschaftlichen Erkenntnissen i. S. d. § 3 Abs. 1 Nr. 1 ArbStättV 1975 bzw. § 4 Nr. 3 ArbSchG richtig und vollständig wiedergibt, soweit kein Anhaltspunkt für eine Fehlbeurteilung vorliegt (vgl. BVerwG v. 31. 1. 1997 NZA 1997, 482).

4. Rechtsfolgen bei Nichtanwendung der Regeln und Erkenntnisse (Satz 4)

Für die Nichtanwendung der neuen Regeln und Erkenntnisse für Arbeitsstätten 6
benötigt der Arbeitgeber – entsprechend der früheren Rechtslage (vgl. § 4 Abs. 2 ArbStättV 1975) – keine Erlaubnis der zuständigen Arbeitsschutzbehörde. Satz 4 gestattet dem Arbeitgeber eine **Abweichung von den Vorgaben der Regeln und Erkenntnisse für Arbeitsstätten** nur unter der **Voraussetzung,** dass er **gleichwertige Ersatzmaßnahmen** trifft. Dies ist der Fall, wenn der Arbeitgeber durch andere Maßnahmen den gleichen Stand von Sicherheit und Gesundheitsschutz der Beschäftigten erreicht, wie er bei Anwendung der Regeln und Erkenntnisse für Arbeitsstätten gegeben wäre.

Die Streichung des § 4 Abs. 2 Satz 2 ArbStättV 1975 hat eine **Beweislast-** 7
umkehr zu Lasten der Arbeitsschutzbehörden bewirkt: Früher musste der Arbeitgeber auf Verlangen der Arbeitsschutzbehörde nachweisen, dass die getroffene Ersatzmaßnahme ebenso wirksam ist. Nach Abs. 1 Satz 4 obliegt es der Arbeitsschutzbehörde, den Beweis für die mangelnde Gleichwertigkeit der Ersatzmaßnahme zu erbringen. Gelingt ihr dies nicht, darf der Arbeitgeber an seiner Alternative festhalten. Den **Arbeitgeber** trifft jedoch eine **Mitwirkungspflicht bei der**

Sachverhaltsaufklärung. Falls die Arbeitsschutzbehörde zu der Auffassung kommt, dass durch die getroffenen Maßnahmen nicht der gleiche Stand von Sicherheit und Gesundheitsschutz der Beschäftigten erreicht wird wie bei Anwendung der Regeln und Erkenntnisse für Arbeitsstätten, muss der Arbeitgeber gegenüber der Behörde begründen, warum er seine Maßnahmen für gleichermaßen geeignet hält. Ein entsprechender Nachweis muss entweder aus den Unterlagen zur Gefährdungsbeurteilung hervorgehen oder anderweitig vom Arbeitgeber erbracht werden (vgl. LASI, Leitlinien ArbStättV, D1 auf S. 12).

III. Arbeitsstättenrechtlicher Behindertenschutz (Abs. 2)

1. Allgemeines

8   Abs. 2 enthält eine Sonderregelung für den Behindertenschutz in der Arbeitsstätte, die als Folge des Bundesbehindertengleichstellungsgesetzes (BGG) neu in die Arbeitsstättenverordnung 2004 aufgenommen worden ist. Ziel dieser Bestimmung ist die **Ergänzung der bereits bestehenden beschäftigungsfördernden Regelungen für Menschen mit Behinderungen in § 81 Abs. 4 Satz 1 Nr. 4 SGB IX um entsprechende flankierende Arbeitsschutzbestimmungen** (vgl. die amtliche Begründung in BR-Drs. 450/04, S. 25). § 81 Abs. 4 Satz 1 Nr. 4 SGB IX gibt schwerbehinderten Menschen gegen ihren Arbeitgeber einen individuellen einklagbaren Rechtsanspruch auf behinderungsrechte Einrichtung und Unterhaltung der Arbeitsstätten einschließlich der Betriebsanlagen, Maschinen und Geräte sowie der Gestaltung der Arbeitsplätze, des Arbeitsumfeldes, der Arbeitsorganisation und der Arbeitszeit unter besonderer Berücksichtigung der Unfallgefahr. Weigert sich der Arbeitgeber, zumutbare Maßnahmen zur behinderungsgerechten Gestaltung der Arbeitsstätte oder des Arbeitsplatzes zu ergreifen, kann der betroffene Arbeitnehmer Leistungsverweigerungsrechte und Schadensersatzansprüche gegen den Arbeitgeber geltend machen (vgl. BAG v. 4.10.2005, 9 AZR 632/04, BAGE 116, 121 = NJW 2006, 1691; LAG Hessen v. 21.3.2013, 5 Sa 842/11; LAG Rheinland-Pfalz v. 20.2.2013, 8 Sa 512/12).

2. Berücksichtigung der besonderen Belange behinderter Beschäftigter (Satz 1)

9   Satz 1 verpflichtet den Arbeitgeber, der Menschen mit Behinderungen beschäftigt, beim Einrichten und Betreiben der Arbeitsstätte sein besonderes Augenmerk auf die Verhütung von spezifischen Gefährdungen zu richten, die von der Beschaffenheit und Ausstattung der Arbeitsstätte für diese Beschäftigten ausgehen können. Der Arbeitgeber hat deshalb die **Arbeitsstätte so einzurichten und zu betreiben,** dass die **besonderen Belange der dort beschäftigten behinderten Menschen** im Hinblick auf die **Sicherheit und den Gesundheitsschutz** bei der Arbeit **berücksichtigt** werden. Berücksichtigen bedeutet, dass der Arbeitgeber durch eine Gefährdungsbeurteilung nach § 3 ermitteln muss, welchen speziellen Gefährdungen und Gesundheitsrisiken die behinderten Beschäftigten am Arbeitsplatz und in den Bereichen der Arbeitsstätte, zu denen sie während ihrer Arbeit Zugang haben, ausgesetzt sind und auf der Grundlage des Ergebnisses dieser Gefährdungsbeurteilung die erforderlichen Abhilfemaßnahmen zu treffen hat.

Einrichten und Betreiben von Arbeitsstätten **§ 3a ArbStättV**

Die Verpflichtung zur Berücksichtigung der besonderen Belange behinderter 10
Beschäftigter bei der Einrichtung und dem Betrieb der Arbeitsstätte gilt für alle Arbeitgeber, die Menschen mit einer Behinderung beschäftigen. Der Personenkreis der behinderten Beschäftigten ist nicht auf diejenigen Beschäftigten beschränkt, die als Schwerbehinderte anerkannt oder gemäß § 2 Abs. 3 SGB IX gleichgestellt sind, sondern umfasst alle Beschäftigten mit einer Behinderung. Eine Behinderung liegt nach Ziff. 3.1 ASR V 3 a.2 vor, wenn die körperliche Funktion, geistige Fähigkeit oder psychische Gesundheit mit hoher Wahrscheinlichkeit länger als sechs Monate von dem für das Lebensalter typischen Zustand abweicht und dadurch Einschränkungen am Arbeitsplatz oder in der Arbeitsstätte bestehen. Behinderungen können z. B. sein eine Gehbehinderung oder eine Lähmung, die die Benutzung einer Gehhilfe oder eines Rollstuhls erforderlich macht oder starke Seheinschränkungen, die sich mit den üblichen Sehhilfen (Brillen, Kontaktlinsen) nicht oder nur unzureichend kompensieren lässt. Als Behinderung zählen auch Kleinwüchsigkeit, Schwerhörigkeit oder erhebliche Krafteinbußen durch Muskelerkrankungen.

Abs. 2 gilt nicht für Arbeitgeber, die keine Menschen mit Behinderun- 11
gen beschäftigen. Die Beschränkung des arbeitsstättenrechtlichen Behindertenschutzes auf Arbeitgeber, die bereits Menschen mit Behinderungen beschäftigen, wird zum Teil mit der Begründung kritisiert, sie schaffe einen negativen Anreiz zur Beschäftigung behinderter Menschen und widerspreche deshalb den Grundprinzipien des modernen Behindertenrechts, das eine gleichberechtigte Teilhabe behinderter Menschen in allen Lebensbereichen, d. h. auch im Arbeitsleben, zum Ziel hat (vgl. *Faber* in HK-ArbSch § 3 Rn. 86; *Kohte* in MHdB ArbR § 293 Rn. 18). Diese Kritik verkennt jedoch, dass es sich beim Arbeitsstättenrecht um ein Schutzrecht zugunsten der Beschäftigten handelt. Die Förderung bzw. Erleichterung der Beschäftigung von Menschen mit Behinderungen ist nicht Gegenstand des Arbeitsstättenrechts, sondern der einschlägigen Rechtsvorschriften des Behindertenrechts (vgl. § 81 SGB IX).

3. Barrierefreie Gestaltung der Arbeitsstätte (Satz 2)

Die in Satz 2 geregelte Verpflichtung des Arbeitgebers zur barrierefreien Gestal- 12
tung der Arbeitsstätte ist ein zentraler Bestandteil des arbeitsstättenrechtlichen Behindertenschutzes. Sie ergänzt die bereits bestehende baurechtliche Pflicht zur barrierefreien Gestaltung neu errichteter Gebäude, die in den Bauordnungen der Länder geregelt ist. Die allgemeine Schutzzielvorgabe in Satz 2 wird konkretisiert durch die **Arbeitsstättenregel ASR V 3 a.2 „Barrierefreie Gestaltung von Arbeitsstätten"** (Ausgabe August 2012, GMBl. 2012, S 663; zuletzt geändert im Februar 2015, GMBl. 2015, S. 11).

Barrierefrei zu gestalten sind **alle Bereiche der Arbeitsstätte,** zu denen die 13
Beschäftigten mit Behinderungen Zugang haben müssen (vgl. Ziff. Abs. 1 Satz 3 ASR V 3 a.2). Dazu gehören neben den Arbeitsplätzen auch alle sonstigen Bestandteile und Einrichtungen der Arbeitsstätte, die von den Beschäftigten mit Behinderungen üblicherweise betreten oder benutzt werden. Barrierefrei zu gestalten sind deshalb auch Türen und Tore, Treppen, Fenster und Oberlichter, Verkehrswege, Fluchtwege und Notausgänge, Orientierungs- und Sicherheitsleitsysteme sowie Pausen- und Sanitärräume.

Der **Begriff der Barrierefreiheit** entspricht der Definition in § 4 des Behin- 14
dertengleichstellungsgesetz (BGG). Eine barrierefreie Gestaltung der Arbeitsstätte ist danach gegeben, wenn bauliche und sonstige Anlagen, Transport- und Arbeits-

ArbStättV § 3a   Arbeitsstättenverordnung

mittel, Systeme der Informationsverarbeitung, akustische, visuelle und taktile Informationsquellen und Kommunikationseinrichtungen für Behinderte in der allgemein üblichen Weise, d. h. ohne besondere Erschwernis und grundsätzlich ohne fremde Hilfe, zugänglich und nutzbar sind (vgl. Ziff. 3.2 ASR V3 a.2). Die Maßnahmen zur barrierefreien Gestaltung der Arbeitsstätte werden durch die Auswirkungen der Behinderung und die sich daraus ergebenden individuellen Erfordernisse der behinderten Beschäftigten bestimmt (vgl. Ziff. 4 Abs. 1 ASR V3 a.2 und LASI, Leitlinien ArbStättV, D2 auf Seite 13). So bedeutet barrierefrei für Rollstuhlfahrer eine rollstuhlgerechte Gestaltung von Verkehrs- und Fluchtwegen, Toiletten, Notausgängen und anderen baulichen Einrichtungen. Bei blinden und gehörlosen Beschäftigten muss der Arbeitgeber dafür sorgen, dass diese Beschäftigten in die Lage versetzt werden, visuelle Sicherheits- und Gesundheitsschutzkennzeichnungen oder akustische Warnsignale in einer für sie geeigneten Weise wahrzunehmen.

15   Die **ASR V3 a.2** enthält folgende **grundlegende Vorgaben für die barrierefreie Gestaltung der Arbeitsstätte.** Der Arbeitgeber muss zunächst durch eine **Gefährdungsbeurteilung** ermitteln, welche Maßnahmen zur barrierefreien Gestaltung der Arbeitsstätte aufgrund der individuellen Erfordernisse der behinderten Beschäftigten getroffen werden müssen (vgl. Ziff. 2 Abs. 1 Satz 2 und Ziff. 4 Abs. 1 Satz 1). Die barrierefreie Gestaltung der Arbeitsstätte ist nach Ziff. 4 Abs. 1 Satz 2 **vorrangig mit technischen Maßnahmen** durchzuführen. Organisatorische oder personenbezogene Maßnahmen sind nur dann zulässig, wenn die im Rahmen der Gefährdungsbeurteilung ermittelten technischen Maßnahmen mit offensichtlich unverhältnismäßigen Aufwendungen verbunden sind (vgl. Ziff. 2 Abs. 2). Für **Beschäftigte mit einer nicht mehr ausreichend vorhandenen Sinnesfähigkeit** (z. B. eingeschränktes Seh- oder Hörvermögen) sind **Ausgleichsmaßnahmen nach dem Zwei-Sinne-Prinzip** vorzunehmen (vgl. Ziff. 4 Abs. 3). Das Zwei-Sinne-Prinzip verlangt, dass Informationen mindestens für zwei der drei Sinne „Hören, Sehen, Tasten" zugänglich sein müssen (z. B. gleichzeitige optische und akustische Alarmierung, vgl. Ziff. 3.3). Für Beschäftigte mit nicht ausreichend vorhandenen motorischen Fähigkeiten (z. B. Gehbehinderung) sind barrierefrei gestaltete alternative Ausgleichsmaßnahmen vorzusehen, z. B. das Öffnen einer Tür mechanisch mit Türgriffen und zusätzlich elektromechanisch mit Tastern oder Näherungsschaltern oder das Überwinden eines Höhenunterschiedes mittels Treppe und zusätzlich durch eine Rampe oder einen Aufzug (vgl. Ziff. 4 Abs. 4).

16   Die **speziellen Anforderungen an die barrierefreie Gestaltung der Bauteile und Einrichtungen der Arbeitsstätte** sind in den **Anhängen zur ASR V3.a2** enthalten (vgl. Ziff. 5). Derzeit gibt es fünf Anhänge mit ergänzenden Anforderungen zur barrierefreien Gestaltung der Sicherheits- und Gesundheitsschutzkennzeichnung (Anhang A1.3), der Fenster, Oberlichter und lichtdurchlässigen Wände (Anhang A1.6), der Türen und Tore (Anhang A1.7), der Fluchtwege und Notausgänge sowie des Flucht- und Rettungsplanes (Anhang A2.3) und der Sicherheitsbeleuchtung sowie der optischen Sicherheitsleitsysteme (Anhang A3.4/3). Weitere Anhänge werden derzeit vom ASTA erarbeitet, z. B. für Arbeitsräume (Anhang A1.2), Verkehrswege (Anhang A1.8), Sanitärräume (Anhang A4.1) und Erste-Hilfe-Räume (Anhang A4.3).

IV. Ausnahmeregelung für Abweichungen von den Vorschriften der ArbStättV (Abs. 3)

Abs. 3 enthält eine **Ausnahmeregelung für Abweichungen von den Vor-** 17
schriften der ArbStättV, die weitgehend der früheren Bestimmung des § 4 Abs. 1 ArbStättV 1975 entspricht. Im Unterschied zu den Technischen Regeln für Arbeitsstätten benötigt der Arbeitgeber für die Abweichung von den Vorschriften der ArbStättV und ihres Anhangs eine **Ausnahmegenehmigung der zuständigen Arbeitsschutzbehörde** (Ämter für Arbeitsschutz bzw. Gewerbeaufsichtsämter). Die Erteilung der Ausnahmegenehmigung setzt einen **schriftlichen Antrag** des Arbeitgebers voraus, in dem die Gründe für die begehrte Abweichung anzugeben sind. Die **Genehmigung der beantragten Ausnahme** steht im **Ermessen der zuständigen Arbeitsschutzbehörde.**

Ebenso wie § 4 Abs. 1 ArbStättV 1975 enthält Abs. 3 **zwei materielle Gründe** 18
für die Zulassung einer Abweichung von den Vorschriften der ArbStättV: Der Arbeitgeber muss entweder eine andere, ebenso wirksame Ersatzmaßnahme treffen (vgl. Satz 1 Nr. 1) oder geltend machen, dass die Durchführung der Vorschrift im Einzelfall zu einer unverhältnismäßigen Härte führen würde und die Abweichung mit dem Schutz der Beschäftigten vereinbar ist (vgl. Satz 1 Nr. 2). Eine **andere ebenso wirksame Ersatzmaßnahme** i. S. d. Nr. 1 liegt vor, wenn diese den gleichen Schutz für Sicherheit und Gesundheit der Beschäftigten gewährleistet wie die durch die ArbStättV vorgegebene Maßnahme. Für eine **unverhältnismäßige Härte** i. S. d. Nr. 2 können technische oder wirtschaftliche Gründe in Betracht kommen. Ein **technischer Härtefall** liegt vor, wenn die Einhaltung der vorgeschriebenen Anforderungen nach dem Stand der Technik oder aus betrieblichen Gründen nicht möglich ist. Ein **wirtschaftlicher Härtefall** ist gegeben, wenn die mit der Durchführung der Vorschrift verbundene Kostenbelastung die finanziellen Möglichkeiten des Arbeitgebers übersteigt oder in einem deutlichen Missverhältnis zu der dadurch bezweckten Verbesserung für die Sicherheit und den Gesundheitsschutz der Beschäftigten steht (vgl. weiterführend Kollmer, § 3 ArbStättV Rn. 53ff.).

Satz 2 enthält eine **Sonderregelung für die Genehmigung von Ausnahmen** 19
für Kleinbetriebe, die mit der ArbStättV 2004 neu in das Arbeitsstättenrecht aufgenommen worden ist. Die Arbeitsschutzbehörden sind danach verpflichtet, bei ihrer Entscheidung über die Zulassung der Ausnahme die Belange der kleineren Betriebe besonders zu berücksichtigen. Dieses spezielle **Rücksichtnahmegebot** gilt für **Kleinbetriebe mit bis zu 20 Beschäftigten** und soll die Arbeitsschutzbehörden anhalten, zugunsten der Kleinbetriebe weitergehende Ausnahmen von den Vorschriften der ArbStättV und ihres Anhangs zu genehmigen.

V. Verhältnis der ArbStättV zu anderen Rechtsvorschriften (Abs. 4)

Abs. 4 entspricht § 3 Abs. 1 S. 2 ArbStättV 1975 und regelt das Verhältnis zwi- 20
schen den Vorgaben des Arbeitsstättenrechts sowie den Anforderungen, die für Arbeitsstätten durch andere Rechtsvorschriften aufgestellt werden. Besonders hervorgehoben wird dabei das Bauordnungsrecht der Ländern, in dem die Anforderungen an die Errichtung von Gebäuden festgelegt sind. Entsprechend der früheren

Rechtslage bleiben die für Arbeitsstätten geltenden Bestimmungen in anderen Rechtsvorschriften von der ArbStättV unberührt, d. h. beide Regelungen sind grundsätzlich nebeneinander anwendbar. In der Praxis bedeutet dies, dass der **Arbeitgeber** beim **Einrichten und Betreiben von Arbeitsstätten** neben den Vorschriften des Arbeitsstättenrechts auch die **Bauordnungen der Länder** sowie **alle sonstigen Arbeitsschutz- und Unfallverhütungsvorschriften** einzuhalten hat. Soweit es noch vereinzelte Doppelregelungen gibt, deren Vorgaben sich widersprechen und deshalb miteinander kollidieren können, sind die daraus entstehenden Normkonflikte grundsätzlich so zu lösen, dass jeweils die Rechtsvorschrift eingehalten werden muss, die weitergehende Anforderungen an den Normadressaten stellt. In Härtefällen kann bei der jeweils zuständigen Aufsichtsbehörde eine Ausnahmegenehmigung beantragt werden (vgl. § 3 Abs. 3 ArbStättV und die entsprechenden Ausnahmeregelungen der Landesbauordnungen).

VI. Ahndung von Pflichtverletzungen als Ordnungswidrigkeit

21 Verstöße des Arbeitgebers gegen die Grundpflichten nach Abs. 1 Satz 1 können nach § 9 Abs. 1 Nr. 2 von den zuständigen Aufsichtsbehörden als Ordnungswidrigkeit mit einer Geldbuße bis zu 5.000 € geahndet werden. Der Tatbestand einer Ordnungswidrigkeit ist erfüllt, wenn der Arbeitgeber vorsätzlich oder fahrlässig nicht dafür sorgt, dass die Arbeitsstätte entsprechend den Vorschriften der ArbStättV und ihres Anhangs so eingerichtet und betrieben wird, dass von ihr keine Gefährdungen für die Sicherheit und Gesundheit der Beschäftigten ausgehen.

§ 4 Besondere Anforderungen an das Betreiben von Arbeitsstätten

(1) ¹**Der Arbeitgeber hat die Arbeitsstätte instand zu halten und dafür zu sorgen, dass festgestellte Mängel unverzüglich beseitigt werden.** ²**Können Mängel, mit denen eine unmittelbare erhebliche Gefahr verbunden ist, nicht sofort beseitigt werden, ist die Arbeit insoweit einzustellen.**

(2) ¹**Der Arbeitgeber hat dafür zu sorgen, dass Arbeitsstätten den hygienischen Erfordernissen entsprechend gereinigt werden.** ²**Verunreinigungen und Ablagerungen, die zu Gefährdungen führen können, sind unverzüglich zu beseitigen.**

(3) **Der Arbeitgeber hat Sicherheitseinrichtungen zur Verhütung oder Beseitigung von Gefahren, insbesondere Sicherheitsbeleuchtungen, Feuerlöscheinrichtungen, Signalanlagen, Notaggregate und Notschalter sowie raumlufttechnische Anlagen, in regelmäßigen Abständen sachgerecht warten und auf ihre Funktionsfähigkeit prüfen zu lassen.**

(4) ¹**Verkehrswege, Fluchtwege und Notausgänge müssen ständig freigehalten werden, damit sie jederzeit benutzt werden können.** ²**Der Arbeitgeber hat Vorkehrungen zu treffen, dass die Beschäftigten sich bei Gefahr sich unverzüglich in Sicherheit bringen und schnell gerettet werden können.** ³**Der Arbeitgeber hat einen Flucht- und Rettungsplan aufzustellen, wenn Lage, Ausdehnung und Art der Benutzung der Arbeitsstätte dies erfordern.** ⁴**Der Plan ist an geeigneten Stellen in der Arbeitsstätte auszulegen**

oder auszuhängen. ⁵In angemessenen Zeitabständen ist entsprechend dieses Planes zu üben.

(5) Der Arbeitgeber hat Mittel und Einrichtungen zur ersten Hilfe zur Verfügung zu stellen und diese regelmäßig auf ihre Vollständigkeit und Verwendungsfähigkeit prüfen zu lassen.

I. Überblick

§ 4 regelt in Umsetzung von Art 6 der EG-Arbeitsstättenrichtlinie die besonderen Anforderungen an das sichere Betreiben von Arbeitsstätten, die vorher in §§ 52 bis 55 ArbStättV 1975 enthalten waren. Den Arbeitgeber treffen im Einzelnen folgende **Betreiberpflichten:** 1
- Instandhaltung der Arbeitsstätte und Mängelbeseitigung (Abs. 1),
- Reinigung der Arbeitsstätte (Abs. 2),
- Wartung und Prüfung der Sicherheitseinrichtungen (Abs. 3),
- Vorkehrungen für die Flucht und Rettung im Gefahrenfall (Abs. 4),
- Bereitstellung und Überprüfung der Mittel und Einrichtungen zur Ersten-Hilfe (Abs. 5).

II. Instandhaltung und Mängelbeseitigung (Abs. 1)

Abs. 1 setzt Art. 6 Anstrich 2 der EG-Arbeitsstättenrichtlinie um und entspricht § 53 Abs. 1 ArbStättV 1975. Satz 1 verpflichtet den Arbeitgeber, die Arbeitsstätte instand zu halten und festgestellte Mängel unverzüglich zu beseitigen. Die **Instandhaltung** umfasst die Wartung, Inspektion und Instandsetzung der Arbeitsstätte. Die Verpflichtung zur **Mängelbeseitigung** bezieht sich auf alle Mängel der Arbeitsstätte, durch die Sicherheit und Gesundheit der Beschäftigten gefährdet werden. Der Arbeitgeber hat dafür zu sorgen, dass die festgestellten Mängel unverzüglich, d. h. „ohne schuldhaftes Zögern" (vgl. § 121 BGB) beseitigt werden. Er muss deshalb nach Bekanntwerden des Mangels sofort die notwendigen Maßnahmen zur Mängelbehebung einleiten und diese zügig durchführen. 2

Die Verpflichtung des Arbeitgebers zur Mängelbeseitigung wird ergänzt durch korrespondierende **Unterstützungspflichten der Beschäftigten.** Jeder Beschäftigte, der einen Mangel an Einrichtungen oder Anlagen der Arbeitsstätte feststellt, hat dies unverzüglich dem Arbeitgeber oder dem zuständigen Vorgesetzten zu melden (sog. **Meldepflicht,** vgl. § 16 Abs. 1 ArbSchG sowie § 16 Abs. 1 Satz 1 und Abs. 2 Satz 2 der Unfallverhütungsvorschrift DGUV Vorschrift 1 „Grundsätze der Prävention"). Soweit dies zu der Arbeitsaufgabe des Beschäftigten gehört und er über die notwendige Befähigung verfügt, hat er den festgestellten Mangel selbst zu beseitigen (sog. **Selbstbeseitigungspflicht,** vgl. § 16 Abs. 2 Satz 1 DGUV 1). 3

Satz 2 verpflichtet den Arbeitgeber für den Fall, dass Mängel, mit denen eine unmittelbare erhebliche Gefahr für die Beschäftigten verbunden ist, nicht sofort beseitigt werden können, zur **Einstellung der Arbeit bis zur Mängelbehebung.** Eine „unmittelbare erhebliche Gefahr für die Beschäftigten" liegt vor, wenn jederzeit mit dem Eintritt eines schweren Körper- oder Gesundheitsschadens gerechnet werden muss. Der Arbeitgeber muss deshalb prüfen, ob die Beschäftigten bei Fortsetzung ihrer Tätigkeit bis zur Behebung des Mangels einem akuten Unfall- oder Gesundheitsrisiko mit schwerwiegenden Verletzungsfolgen ausgesetzt wären. Ist 4 dies der Fall, sind die Arbeiten im Gefahrenbereich solange einzustellen, bis der Mangel beseitigt worden ist.

5   Satz 2 korrespondiert mit **§ 11 der Unfallverhütungsvorschrift DGUV 1 „Grundsätze der Prävention".** Danach hat der Unternehmer dann, wenn bei einem Arbeitsmittel, einer Einrichtung oder einem Arbeitsverfahren bzw. Arbeitsablauf ein Mangel auftritt, durch den für die Versicherten sonst nicht abzuwendende Gefahren entstehen, das Arbeitsmittel oder die Einrichtung der weiteren Benutzung zu entziehen oder stillzulegen bzw. das Arbeitsverfahren oder den Arbeitsablauf abzubrechen, bis der Mangel behoben ist.

III. Reinigung der Arbeitsstätte (Abs. 2)

6   Abs. 2 setzt Art. 6 Anstrich 3 der EG-Arbeitsstättenrichtlinie um und entspricht § 54 ArbStättV 1975. Der Arbeitgeber hat nach Satz 1 dafür zu sorgen, dass die **Arbeitsstätten regelmäßig gereinigt** werden. Häufigkeit und Intensität der Reinigung bestimmen sich nach den hygienischen Erfordernissen innerhalb der Arbeitsstätte. So müssen etwa Kantinen- oder Sanitärräume häufiger gereinigt werden als Arbeitsräume. Satz 2 ergänzt die Reinigungspflicht des Arbeitgebers um die **Verpflichtung zur unverzüglichen Beseitigung von Verunreinigungen und Ablagerungen,** die zu einer **Gefährdung der Beschäftigten** führen können.

7   Verletzt der Arbeitgeber seine Verpflichtung zur Reinigung der Arbeitsstätte, gibt **§ 618 Abs. 1 BGB** den betroffenen Beschäftigten einen einklagbaren **Anspruch auf Erfüllung der Reinigungspflicht.** Dabei können regelmäßig keine festen Reinigungsintervalle oder eine bestimmte Art und Weise der Reinigung verlangt werden, weil § 4 Abs. 2 dem Arbeitgeber einen Ermessensspielraum bei der Erfüllung der Reinigungspflicht einräumt. Lediglich dann, wenn der Arbeitgeber seiner Reinigungspflicht trotz entsprechender Aufforderung durch den Beschäftigten überhaupt nicht nachkommt, kann dieser ausnahmsweise unmittelbar auf eine der Billigkeit entsprechende Leistung des Arbeitgebers in Form konkreter Reinigungshandlungen klagen (vgl. LAG Rheinland-Pfalz v. 19.12.2008, 9 Sa 427/08).

IV. Wartung und Prüfung der Sicherheitseinrichtungen (Abs. 3)

8   Abs. 3 knüpft an § 53 Abs. 2 ArbStättV 1975 an und setzt Art. 6 Anstrich 4 der EG-Arbeitsstättenrichtlinie sowie Ziffer 4.2 des Anhangs 4 Teil A der EG-Baustellenrichtlinie um. Der Arbeitgeber ist verpflichtet, die **Sicherheitseinrichtungen,** die sich zur Verhütung oder Beseitigung von Gefahren in der Arbeitsstätte befinden, in regelmäßigen Abständen **sachgerecht warten** und auf ihre **Funktionsfähigkeit prüfen** zu lassen. Dadurch soll sichergestellt werden, dass die der Sicherheit der Beschäftigten dienenden Einrichtungen jederzeit funktionstüchtig sind. Nach der nicht abschließenden Aufzählung des Abs. 3 zählen zu den Sicherheitseinrichtungen insbesondere Sicherheitsbeleuchtungen, Feuerlöscheinrichtungen, Signalanlagen, Notaggregate und Notschalter sowie raumlufttechnische Anlagen.

9   Im Unterschied zu § 53 Abs. 2 ArbStättV 1975 verzichtet Abs. 3 auf die Vorgabe konkreter Prüffristen für die Sicherheitseinrichtungen, weil diese dem jeweiligen Stand der Technik unterliegen. **Art, Umfang und Fristen der erforderlichen Prüfungen** sind deshalb den einschlägigen technischen Regeln bzw. den Angaben

der Hersteller oder Inverkehrbringer zu entnehmen. Sie müssen vom Arbeitgeber – ebenso wie bei der Prüfung von Arbeitsmitteln (vgl. § 3 Abs. 6 BetrSichV) – im Rahmen der Gefährdungsbeurteilung ermittelt und festgelegt werden. Bei Arbeitsstätten in Sonderbauten (z. B. Verkaufsstätten, Hochhäuser, Krankenhäuser) bestimmt sich die Prüfpflicht nach der jeweiligen Landesverordnung über die Prüfung von sicherheitstechnischen Anlagen und Einrichtungen in Sonderbauten (vgl. z. B. die Sicherheitsanlagen-Prüfverordnung für Bayern oder die Technische Prüfverordnung für Nordrhein-Westfalen).

V. Vorkehrungen für die Flucht und Rettung im Gefahrenfall (Abs. 4)

Abs. 4 setzt Art. 6 Anstrich 1 der EG-Arbeitsstättenrichtlinie, die Ziffern 4.1 und 4.2 des Anhangs I der EG-Arbeitsstättenrichtlinie sowie die Ziffern 3.2 und 3.4 des Anhangs IV Teil A der EG-Baustellenrichtlinie um und fasst die früher auf mehrere Vorschriften (vgl. §§ 19 Satz 3, 52 Abs. 1, 55 ArbStättV 1975) verstreuten Regelungen über das Freihalten von Verkehrs- und Rettungswegen sowie die Vorkehrungen für die Flucht und Rettung im Gefahrenfall zusammen. 10

Verkehrswege, Fluchtwege und Notausgänge müssen nach Satz 1 **ständig freigehalten** werden, damit sie **jederzeit benutzt** werden können. Diese Verpflichtung richtet sich nicht nur an den Arbeitgeber, sondern betrifft auch die Beschäftigten. Die sicherheitstechnischen Anforderungen an die **Einrichtung und Gestaltung** von **Verkehrswegen, Fluchtwegen und Notausgängen** sind in **Ziff. 1.8 und 2.3 des Anhangs** geregelt. Für die Einrichtung und das Betreiben von Fluchtwegen und Notausgängen in Gebäuden enthält die **Arbeitsstättenregel ASR A2.3 „Fluchtwege, Notausgänge, Flucht- und Rettungsplan"** (Ausgabe: August 2007, GMBl. 2007, S. 902; zuletzt geändert im April 2014, GMBl. 2014, S. 286) in Ziff. 4 bis 8 weitere konkretisierende Regelungen. 11

Nach Satz 2 muss der Arbeitgeber **Vorkehrungen zur Flucht oder Rettung der Beschäftigten im Gefahrenfall** treffen. Diese Regelung soll über vorbeugende Maßnahmen hinaus gewährleisten, dass die Beschäftigten im Brand- oder Katastrophenfall wissen, wie sie sich schnell aus dem Gefahrenbereich in Sicherheit bringen bzw. von außen gerettet werden können (vgl. die amtliche Begründung in BR-Drs. 450/04 v. 26.5.2004, S. 26). Die von Arbeiten ausgehenden spezifischen Gefährdungen können weitergehende Sicherheitsvorkehrungen erforderlich machen, z. B. Vorkehrungen, die es Beschäftigten im Tunnelbau ermöglicht, sich beim Eindringen von Wasser oder Material in Sicherheit zu bringen. Zu den vom Arbeitgeber zu treffenden Vorkehrungen kann etwa die Aufstellung betrieblicher Alarm- und Evakuierungspläne gehören. Abs. 4 Satz 2 ergänzt die bereits nach § 10 ArbSchG bestehende Verpflichtung des Arbeitgebers, die erforderlichen Maßnahmen zur Evakuierung der Beschäftigten im Notfall zu treffen (vgl ArbSchG. § 10 Rn. 39 ff.). 12

Satz 3 bis 5 regeln die Verpflichtung des Arbeitgebers zur **Aufstellung eines Flucht- und Rettungsplanes.** Die allgemein gehaltenen Vorgaben dieser Regelung werden durch Ziff. 9 der **Arbeitsstättenregel ASR A2.3 „Fluchtwege, Notausgänge, Flucht- und Rettungsplan"** ergänzt und konkretisiert. 13

Der Arbeitgeber hat nach Satz 3 i. V. m. Ziff. 9 Abs. 1 ASR A2.3 einen Flucht- und Rettungsplan für die Bereiche in Arbeitsstätten aufzustellen, in denen dies die Lage, die Ausdehnung und die Art der Benutzung der Arbeitsstätte erfordern. Dies kann etwa bei unübersichtlicher Flucht- und Rettungswegführung (z. B. über Zwi- 14 schengeschosse, durch größere Räume, gewinkelte oder von den normalen Verkehrswegen abweichende Wegführung), bei einem hohen Anteil an ortsunkundigen Personen (z. B. Arbeitsstätten mit Publikumsverkehr) oder in Bereichen mit einer erhöhten Gefährdung (z. B. durch explosions- bzw. brandgefährdete Anlagen oder Freisetzung von Giftstoffen) erforderlich sein.

15 Die **Flucht- und Rettungspläne** sind nach Satz 4 i. V. m. Ziff. 9 Abs. 5 ASR A2.3 in den Bereichen der Arbeitsstätte, für die sie aufgestellt worden sind, **an geeigneter Stelle auszuhängen**. Geeignete Stellen sind z. b. zentrale Bereiche in Fluchtwegen, an denen sich häufiger Personen aufhalten (z. B. vor Aufzugsanlagen, in Pausenräumen, in Eingangsbereichen, vor Zugängen zu Treppen oder an Kreuzungspunkten von Verkehrswegen).

16 Ziff. 9 Abs. 6 ASR A2.3 verpflichtet den Arbeitgeber, die **Beschäftigten** regelmäßig in verständlicher Form, vorzugsweise mindestens einmal jährlich, im Rahmen einer Begehung der Fluchtwege über den **Inhalt der Flucht- und Rettungspläne** sowie über das **Verhalten im Gefahrenfall zu informieren**. Der Arbeitgeber hat weiter nach Satz 5 i. V. m. Ziff. 9 Abs. 7 ASR A2.3 auf der Grundlage der Flucht- und Rettungspläne **Räumungsübungen** in angemessenen Zeitabständen durchzuführen. Zur Festlegung der Häufigkeit und des Umfangs der Räumungsübungen sowie zu deren Durchführung sind erforderlichenfalls die zuständigen Behörden hinzuzuziehen.

VI. Mittel und Einrichtungen zur Ersten Hilfe (Abs. 5)

17 Abs. 5 setzt Ziffer 19 des Anhangs I der EG-Arbeitsstättenrichtlinie und Ziffer 13 des Anhangs IV Teil A der EG-Baustellenrichtlinie um und knüpft dabei weitgehend an den Inhalt der früheren Regelungen an (vgl. §§ 39 Abs. 1, 53 Abs. 3 ArbStättV 1975). Der Arbeitgeber hat die erforderlichen **Mittel und Einrichtungen zur Ersten Hilfe zur Verfügung zu stellen** und diese **regelmäßig auf ihre Vollständigkeit und Verwendungsfähigkeit prüfen zu lassen**. Welche Mittel und Einrichtungen zur Ersten Hilfe in der Arbeitsstätte erforderlich sind, ist Ziff. 4 und 5 der **Arbeitsstättenregel ASR A4.3 „Erste-Hilfe-Räume, Mittel und Einrichtungen zur Ersten Hilfe"** (Ausgabe Dezember 2010, GMBl. 2010, S. 1764; zuletzt geändert im April 2014, GMBl. 2014, S. 288) zu entnehmen. Die Verpflichtung des Arbeitgebers zur Bereitstellung von Erste-Hilfe-Räumen ist in § 6 Abs. 4 und Ziffer 4.1 des Anhangs geregelt.

18 Weitere Regelungen zur Ersten Hilfe im Betrieb sind in **§ 10 ArbSchG** sowie in der **Unfallverhütungsvorschrift DGUV 1 „Grundsätze der Prävention"** enthalten. Die DGUV 1 regelt in § 24 die allgemeinen Unternehmerpflichten, in § 25 die erforderlichen Einrichtungen und Sachmittel, in § 26 die Zahl und Ausbildung der Ersthelfer, in § 27 die Zahl und Ausbildung der Betriebssanitäter und in § 28 die Unterstützungspflichten der Versicherten.

VII. Ahndung von Pflichtverletzungen als Ordnungswidrigkeit

19 Verstöße des Arbeitgebers gegen bestimmte Betreiberpflichten aus § 4 können von den zuständigen Aufsichtsbehörden nach § 9 als **Ordnungswidrigkeit** mit

Nichtraucherschutz **§ 5 ArbStättV**

einer Geldbuße bis zu 5.000 € geahndet werden. Als Ordnungswidrigkeit sanktioniert sind folgende fünf Pflichtverletzungen:
- § 9 Abs. 1 Nr. 3 i. V. m. § 4 Abs. 1 Satz 2: Nichteinstellung der Arbeit bis zur Behebung gefährlicher Mängel
- § 9 Abs. 1 Nr. 4 i. V. m. § 4 Abs. 3: Unterbliebene oder mangelhafte Prüfung und Wartung der Sicherheitseinrichtungen
- § 9 Abs. 1 Nr. 5 i. V. m. § 4 Abs. 4 S. 1: Nichtfreihalten von Verkehrswegen, Fluchtwegen oder Notausgängen
- § 9 Abs. 1 Nr. 6 i. V. m. § 4 Abs. 4 Satz 2: Fehlen von Vorkehrungen für die Flucht und Rettung der Beschäftigten im Gefahrenfall
- § 9 Abs. 1 Nr. 7 i. V. m. § 4 Abs. 5: Fehlende oder unzureichende Mittel oder Einrichtungen zur Ersten-Hilfe

§ 5 Nichtraucherschutz

(1) ¹**Der Arbeitgeber hat die erforderlichen Maßnahmen zu treffen, damit die nichtrauchenden Beschäftigten in Arbeitsstätten wirksam vor den Gesundheitsgefahren durch Tabakrauch geschützt sind.** ²**Soweit erforderlich, hat der Arbeitgeber ein allgemeines oder auf einzelne Bereiche der Arbeitsstätte beschränktes Rauchverbot zu erlassen.**

(2) **In Arbeitsstätten mit Publikumsverkehr hat der Arbeitgeber Schutzmaßnahmen nach Absatz 1 nur insoweit zu treffen, als die Natur des Betriebes und die Art der Beschäftigung es zulassen.**

I. Überblick

§ 5 regelt die Verpflichtung des Arbeitgebers zum Schutz der nichtrauchenden 1
Beschäftigten vor den Gesundheitsgefahren durch Tabakrauch in der Arbeitsstätte. Die Bestimmung setzt Ziff. 16.3 und 16.4 des Anhangs I der EG-Arbeitsstättenrichtlinie sowie Ziff. 15.5 des Anhangs IV Teil A der EG-Baustellenrichtlinie um und ist bis auf Abs. 1 Satz 2 identisch mit der Vorläuferregelung des § 3a, die mit Wirkung zum 3.10.2002 in die ArbStättV aufgenommen worden ist. Vorher war der Arbeitgeber nur verpflichtet, in Pausen-, Bereitschafts- und Liegeräumen durch geeignete Maßnahmen sicherzustellen, dass Nichtraucher vor Belästigungen durch Tabakrauch geschützt werden (vgl. § 32 ArbStättV 1975). Durch das Gesetz zum Schutz vor den Gefahren des Passivrauchens (PassivrauchSchG) vom 20.7.2007 (BGBl. I S. 1595) wurde Abs. 1 mit Wirkung zum 1.9.2007 um Satz 2 ergänzt.

II. Anwendungsbereich

Die Nichtraucherschutzregelung des § 5 gilt grundsätzlich für alle Arbeitsstätten. 2
Sie ist auch **anzuwenden in den Bereichen,** die nach § 1 Abs. 2 an sich **von der Geltung der ArbStättV ausgenommen** sind. Maßnahmen des Nichtraucherschutzes sind daher auch für die Beschäftigten im Reisegewerbe und Marktverkehr sowie in den Transportmitteln des öffentlichen Verkehrs zu treffen. Für die dem Bundesberggesetz unterliegenden Betriebe ergibt sich der Nichtraucherschutz aus Nr. 11.3 des Anhangs 1 der Allgemeinen Bundesbergverordnung (BBergV). § 5 findet **keine Anwendung in den Einrichtungen und Betrieben,** für die bereits

ArbStättV § 5   Arbeitsstättenverordnung

ein weitgehendes **Rauchverbot** nach dem **Bundesnichtraucherschutzgesetz** bzw. den **Nichtraucherschutzgesetzen der Bundesländer** gilt.

3   Das Bundesnichtraucherschutzgesetz (BNichtrSchG) vom 20.7.2007 (BGBl. I, S. 1595) ist seit 1.9.2007 in Kraft und regelt den Nichtraucherschutz in den Behörden und sonstigen Einrichtungen des Bundes, den Verkehrsmitteln des öffentlichen Nahverkehrs und den Personenbahnhöfen der öffentlichen Eisenbahnen (vgl. § 1 Abs. 1 i. V. m. § 2 BNichtrSchG). Diese Bereiche unterliegen einem weitgehendem Rauchverbot (vgl. § 1 Abs. 1 und 2 BNichtrSchG), auf das in geeigneter Form hinzuweisen ist (vgl. § 3 BNichtrSchG). Das Rauchen ist nur in gesonderten und entsprechend gekennzeichneten Räumen erlaubt (vgl. § 1 Abs. 3 BNichtrSchG). Verstöße gegen das Rauchverbot können als Ordnungswidrigkeit mit einer Geldbuße geahndet werden (vgl. § 5 BNichtrSchG).

4   Die 16 Bundesländer haben jeweils eigene Landesnichtraucherschutzgesetze zur Regelung des Nichtraucherschutzes in den ländereigenen Behörden und Einrichtungen sowie in bestimmten anderen öffentlich zugänglichen Bereichen (z. B. Schulen, Krankenhäuser, Sportstätten, Gaststätten) erlassen, weil der Bund insoweit mangels eigener Gesetzgebungskompetenz keine bundesweit einheitliche Regelung treffen konnte. Im Unterschied zum Bundesnichtraucherschutzgesetz sind die Landesnichtraucherschutzgesetze auch für Arbeitgeber und Beschäftigte der Privatwirtschaft gültig, soweit ihr Betrieb zu den Einrichtungen gehört, für die das einschlägige Landesnichtraucherschutzgesetz ein grundsätzliches Rauchverbot vorsieht. Dazu gehören u. a. Schulen, Hochschulen und sonstige Bildungseinrichtungen (z. B. Volkshochschulen), Einrichtungen für Kinder und Jugendliche (z. B. Kindergärten, Jugendhäuser), Einrichtungen des Gesundheitswesens und Pflegeeinrichtungen (Krankenhäuser, Pflegeheime), Kultur- und Freizeiteinrichtungen (Museen, Theater, Kinos, Bibliotheken), Sporteinrichtungen (Sporthallen, Schwimmbäder), Gaststätten (einschließlich Diskotheken, Hotels, Einzelhandelsgeschäften und Einkaufszentren, soweit diese öffentlich zugänglich sind und dort Speisen oder Getränke zur Bewirtung der Gäste angeboten werden) sowie Verkehrsflughäfen und z. T. auch die Häfen der See- und Binnenschifffahrt.

III. Grundpflichten des Arbeitgebers (Abs. 1)

1. Allgemeines

5   **Passivrauchen** ist **seit Mai 2002** in der **TRGS 905** (Technische Regel für Gefahrstoffe – Verzeichnis krebserzeugender, erbgutverändernder oder fortpflanzugsgefährdender Stoffe) als **krebserzeugend (Kategorie 1), fruchtschädigend (Kategorie 1) und erbgutverändernd (Kategorie 3)** eingestuft. Die Einstufung in Kategorie 1 bedeutet, dass der Kausalzusammenhang zwischen der Exposition eines Menschen gegenüber dem Stoff und der Entstehung der Schädigung ausreichend nachgewiesen ist. **Passivrauchen** ist deshalb ein **Gefahrstoff mit gesicherter krebserzeugender und fruchtschädigender Wirkung.** Die Einstufung in Kategorie 3 bedeutet, dass der Stoff wegen möglicher schädigender Wirkung auf den Menschen Anlass zur Besorgnis gibt.

2. Maßnahmen des Nichtraucherschutzes (Satz 1)

6   Abs. 1 Satz 1 verpflichtet den Arbeitgeber, die nichtrauchenden Beschäftigten in Arbeitsstätten wirksam vor den Gesundheitsgefahren durch Tabakrauch zu schüt-

Nichtraucherschutz **§ 5 ArbStättV**

zen. Der Gesetzgeber hat dem Arbeitgeber mit dieser Bestimmung das **Schutzziel** vorgegeben, eine **Gesundheitsgefährdung der nichtrauchenden Beschäftigten durch Tabakrauch am Arbeitsplatz zu vermeiden** (sog. **Vermeidungsgebot**). Aus der Einstufung von Passivrauchen als krebserzeugender Gefahrstoff in der TRGS 905 ergibt sich, dass **Passivrauchen generell gesundheitsschädlich** ist. Eine Gesundheitsgefährdung für nichtrauchende Beschäftigte liegt deshalb bereits dann vor, wenn sie entweder an einem Arbeitsplatz beschäftigt sind, an dem geraucht wird, oder bei der Arbeit häufig Orte aufsuchen müssen, an denen sich Raucher aufhalten. Da es für Passivrauchen keinen Grenz- oder Schwellenwert gibt, der festlegt, welche Tabakrauchkonzentration noch als gesundheitlich unbedenklich angesehen werden kann, kommt es nicht darauf an, in welchem quantitativen oder qualitativen Ausmaß der nichtrauchende Beschäftigte bei seiner Arbeit Tabakrauch ausgesetzt ist. Eine Gesundheitsgefährdung kann jedoch nicht angenommen werden, wenn die Tabakrauchkonzentration, der der Beschäftigte ausgesetzt ist, kaum wahrnehmbar ist, z. B. bei Beschäftigten, die ausschließlich im Freien mit Rauchern zusammentreffen oder bei der Arbeit nur gelegentlich und kurzfristig Räume aufsuchen müssen, in denen geraucht wird.

Satz 1 regelt nicht, welche Handlungen und Maßnahmen der Arbeitgeber vornehmen muss, damit ein wirksamer Gesundheitsschutz der nichtrauchenden Beschäftigten gewährleistet ist, sondern bestimmt insoweit lediglich, dass der Arbeitgeber die **erforderlichen Maßnahmen** zu treffen hat. Dem **Arbeitgeber** wird dadurch ein **Ermessensspielraum bei der Auswahl der Schutzmaßnahmen** eingeräumt, die er im konkreten Einzelfall zu treffen hat, damit die nichtrauchenden Beschäftigten wirksam vor den Gesundheitsgefahren durch Tabakrauch geschützt sind. § 5 Abs. 1 begründet folglich für **nichtrauchende Beschäftigte** grundsätzlich **keinen Anspruch auf bestimmte Schutzmaßnahmen** (z. B. den Erlass eines allgemeinen oder auf bestimmte Bereiche beschränkten Rauchverbotes). 7

3. Rauchverbot (Satz 2)

Abs. 1 Satz 2 schreibt vor, dass der Arbeitgeber ein allgemeines oder auf einzelne Bereiche beschränktes Rauchverbot erlassen soll, soweit dies erforderlich ist, damit die nichtrauchenden Beschäftigten wirksam vor den Gesundheitsgefahren durch Tabakrauch geschützt sind. Der Gesetzgeber wollte mit dieser Hervorhebung des Rauchverbotes betonen, dass er das **Rauchverbot** als eine **besonders wirksame Maßnahme des Nichtraucherschutzes** betrachtet und der Arbeitgeber in der Regel davon ausgehen kann, dass er seine Schutzpflicht gegenüber den Nichtrauchern erfüllt, wenn er das Rauchen innerhalb der Betriebsgebäude generell verbietet oder zumindest partiell für die Betriebsteile oder Bereiche untersagt, in denen Raucher und Nichtraucher zusammenarbeiten oder aufeinander treffen. Satz 2 schließt aber nicht aus, dass sich der Arbeitgeber für andere alternative Schutzmaßnahmen entscheidet, soweit ein Rauchverbot aus betrieblichen Gründen nicht eingeführt oder umgesetzt werden kann und der Gesundheitsschutz der Nichtraucher auf andere, gleich wirksame Art und Weise sichergestellt werden kann. 8

4. Alternative Schutzmaßnahmen

Anstelle eines generellen Rauchverbotes im Betrieb oder in Ergänzung eines partiellen Rauchverbotes für bestimmte Betriebsteile oder Arbeitsbereiche kommen insbesondere folgende **technische und organisatorische Schutzmaß-** 9

ArbStättV § 5

nahmen in Betracht: die räumliche Trennung von Rauchern und Nichtrauchern, die Beschränkung des Rauchens auf die Bereiche, die ausschließlich von Rauchern benutzt oder betreten werden (z. B. Einzelbüros) und lüftungstechnische Maßnahmen, insbesondere der Einbau einer modernen Klimaanlage, mit der Frischluft von außen zugeführt wird und die über eine Luftbefeuchtungsanlage zur Verhinderung des Austrocknens der Raumluft als Folge des Rauchens verfügt (vgl. dazu weiterführend die Broschüre der Bundeszentrale für gesundheitliche Aufklärung – BZgA „Rauchfrei am Arbeitsplatz – Ein Leitfaden für Betriebe", Ausgabe 2008, abrufbar unter www.bzga.de).

IV. Einschränkung für Arbeitsstätten mit Publikumsverkehr (Abs. 2)

10 Abs. 2 enthält für Arbeitsstätten mit Publikumsverkehr eine **Beschränkung des Nichtraucherschutzes auf die betrieblich zumutbaren Maßnahmen.** Dazu gehören alle Arbeitsstätten, bei denen der Zugang nicht nur den Beschäftigten, sondern auch anderen Personen (Kunden, Gästen, Besuchern, Antragstellern) gestattet ist. In Arbeitsstätten mit Publikumsverkehr hat der Arbeitgeber **Maßnahmen zum Gesundheitsschutz der nichtrauchenden Beschäftigten nur insoweit** zu treffen, **als die Natur des Betriebs und die Art der Beschäftigung es zulassen.** Anstelle des Vermeidungsgebots gilt hier das **Verringerungsgebot.** Der Arbeitgeber muss die nichtrauchenden Beschäftigten nur in dem Umfang bzw. Ausmaß von den Gesundheitsgefahren durch Tabakrauch schützen, als ihm dies aufgrund der konkreten betrieblichen Gegebenheiten zuzumuten ist. Der Gesichtspunkt der Zumutbarkeit ist auch nach der Rechtsprechung der Arbeitsgerichte eine Schranke für den aus der Fürsorgepflicht des Arbeitgebers gemäß § 618 Abs. 1 BGB abgeleiteten Nichtraucherschutz (vgl. BAG v. 8.5.1996, 5 AZR 971/94, NJW 1996, 3028; BAG v. 19.5.2009, 9 AZR 241/08, AP § 618 BGB Nr. 30 = NJW 2009, 2698; BAG v. 10.5.2016, 9 AZR 347/15). So darf der Arbeitgeber z. B. von der Einführung eines Rauchverbotes absehen, wenn dies für ihn unzumutbar ist, weil zu seinem Kundenkreis viele Raucher gehören, deren Fernbleiben dazu führen würde, dass der Betrieb nicht mehr wirtschaftlich rentabel geführt werden kann. Er bleibt jedoch verpflichtet, den Gesundheitsschutz der nichtrauchenden Beschäftigten durch andere mögliche und zumutbaren Maßnahmen sicherzustellen (z. B. bessere Raumbelüftung, Einsatz der Nichtraucher an Orten, an denen weniger geraucht wird, zeitliche Höchstgrenzen für die Beschäftigung oder häufigere Pausen, um den nichtrauchenden Beschäftigten ein Durchschnaufen zu ermöglichen). Abs. 2 räumt dem Arbeitgeber einen **Ermessensspielraum** bei der Auswahl der im konkreten Einzelfall zu treffenden Schutzmaßnahmen ein mit der Folge, dass grundsätzlich kein Anspruch der Beschäftigten auf bestimmte Schutzmaßnahmen besteht.

11 **Schwangere und jugendliche Beschäftigte** dürfen auch in Arbeitsstätten mit Publikumsverkehr nicht beschäftigt werden, solange dort geraucht wird (vgl. VG Bayreuth v. 12.7.2005, B 3 S 05.592). § 5 Abs. 2 wird insoweit durch die Spezialregelungen des § 5 Nr. 3 MuSchArbV und § 22 Nr. 6 JArbSchG verdrängt, nach denen werdende oder stillende Mütter bzw. Jugendliche u. a. nicht mit Arbeiten beschäftigt werden dürfen, bei denen sie den schädlichen Einwirkungen krebserzeugender Gefahrstoffe ausgesetzt sind. Das dadurch begründete **absolute Beschäftigungsverbot** gilt auch in Arbeitsstätten mit Publikumsverkehr.

V. Individualrechtliche Aspekte des Nichtraucherschutzes

1. Rechte der nichtrauchenden Beschäftigten

Nichtrauchende Beschäftigte haben im Regelfall einen **Anspruch auf Zurverfügungstellung eines tabakrauchfreien Arbeitsplatzes** (vgl. BAG v. 19.5.2009, 9 AZR 241/08, AP § 618 BGB Nr. 30 = NJW 2009, 2698; BAG v. 17.2.1998, 9 AZR 84/97, AP § 618 BGB Nr. 26 = NJW 1999, 162). Dieser Anspruch ergibt sich aus der **privatrechtlichen Fürsorgepflicht des Arbeitgebers nach § 618 Abs. 1 BGB,** die durch die öffentlich-rechtliche Nichtraucherschutzvorschrift des § 5 Abs. 1 im Sinne eines einzuhaltenden Mindeststandards konkretisiert wird (sog. Doppelwirkung der Vorschriften des technischen Arbeitsschutzes). Die nichtrauchenden Beschäftigten können deshalb grundsätzlich verlangen, dass sie am Arbeitsplatz bzw. bei der Arbeit keiner Einwirkung von Tabakrauch ausgesetzt sind. Wie der Arbeitgeber dieser Verpflichtung nachkommt, bleibt ihm überlassen. Ein Anspruch auf konkrete Schutzmaßnahmen (z. B. Erlass eines Rauchverbotes) besteht grundsätzlich nicht.

Der Anspruch auf Zurverfügungstellung eines tabakrauchfreien Arbeitsplatzes ist im Unterschied zur früheren Rechtslage, als die ArbStättV noch keine umfassende Nichtraucherschutzregelung enthielt (vgl. dazu BAG v. 17.2.1998, aaO) nicht mehr davon abhängig, dass die nichtrauchenden Beschäftigten durch das Passivrauchen bereits konkret in ihrer Gesundheit beeinträchtigt worden sind und dies im Streitfall nachweisen können. Eine **konkrete Gesundheitsbeeinträchtigung ist keine Voraussetzung für die Schutzpflicht des Arbeitgebers nach § 618 Abs. 1 BGB i. V. m. § 5 Abs. 1.** Die Schutzpflicht des Arbeitgebers setzt bereits dann ein, wenn der Beschäftigte am Arbeitsplatz bzw. bei der Arbeit den generell gesundheitsschädlichen Einwirkungen von Tabakrauch ausgesetzt ist, d. h. Tabakrauch einatmen muss. Nicht geschützt wird dagegen das Bedürfnis des Beschäftigten, nicht dem unangenehmen Geruch ausgesetzt zu sein, der auch nach dem Lüften von Räumen, in denen vorher geraucht wurde, dort längere Zeit hängen zu bleiben pflegt. Mit dieser Begründung hat das Landesarbeitsgericht Berlin (Urt. v. 18.3.2005, 6 Sa 2585/04) die Klage eines Arbeitnehmers abgewiesen, der unter Berufung auf § 618 Abs. 1 BGB und § 5 Abs. 1 ArbStättV verlangt hatte, dass alle Räume bzw. Orte, in bzw. an denen er eingesetzt wird, auch außerhalb seiner Dienstzeit rauchfrei gehalten werden müssen.

Nichtrauchende Beschäftigte in Arbeitsstätten mit Publikumsverkehr haben grundsätzlich **keinen Anspruch auf Zurverfügungstellung eines tabakrauchfreien Arbeitsplatzes** (vgl. BAG v. 10.5.2016, 9 AZR 347/15). Dies ergibt sich aus der gesetzlichen Einschränkung des Nichtraucherschutzes für Arbeitsstätten in Publikumsverkehr in § 5 Abs. 2, nach der anstelle des Vermeidungsverbots das Verringerungsgebot gilt. Wenn und soweit die Möglichkeit zu rauchen zum unternehmerischen Angebot gehört und der Arbeitgeber seinem Publikum das Rauchen nicht verbieten kann, ohne befürchten zu müssen, dass dies negative Auswirkungen auf seine unternehmerische Tätigkeit hätte, muss er nur die Schutzmaßnahmen ergreifen, die ihm nach der Natur des Betriebs und der Art der dort ausgeübten Tätigkeit möglich und zumutbar sind. Nichtrauchende Beschäftigte in Arbeitsstätten mit Publikumsverkehr haben deshalb nur einen **Anspruch auf geeignete und betrieblich zumutbare Schutzmaßnahmen.** Der Arbeitgeber muss die nichtrauchenden Beschäftigten vor Einwirkungen des Tabakrauchs am Arbeitsplatz bzw.

ArbStättV § 5

bei der Arbeit so weit schützen, als dies aufgrund der Verhältnisse des konkreten Einzelfalls technisch möglich sowie betrieblich und wirtschaftlich zumutbar ist (z. B. durch den Einbau einer Belüftungsanlage sowie geeigneten organisatorischen Vorkehrungen wie die Einräumung zusätzlicher Kurzpausen oder die zeitliche Beschränkung des Einsatzes in besonders rauchbelasteten Bereichen, vgl. LAG Berlin v. 11.3.2008, 11 Sa 1910/06). Weitergehende Schutzmaßnahmen wie die Zuweisung eines tabakrauchfreien Arbeitsplatzes kann der Beschäftigte nur dann verlangen, wenn er aufgrund seiner persönlichen Disposition gegen Tabakrauch besonders anfällig und deshalb konkret in seiner Gesundheit gefährdet ist.

2. Rechte der rauchenden Beschäftigten

15   **Rauchende Beschäftigte** haben grundsätzlich einen **Anspruch** darauf, dass ihnen das **Rauchen zu zumutbaren Bedingungen im Betrieb bzw. auf dem Betriebsgelände** ermöglicht wird (vgl. BAG v. 19.1.1999, 1 AZR 499/98, BAGE 90, 316 = NJW 1999, 2203). Dies ergibt sich aus der Arbeitgeber und Betriebsrat gemeinsam nach § 75 Abs. 2 BetrVG obliegenden Verpflichtung, die allgemeine Handlungsfreiheit der im Betrieb beschäftigten Arbeitnehmer zu schützen und nicht weiter als unbedingt erforderlich und notwendig einzuschränken.

16   Wie der Arbeitgeber seiner Verpflichtung, den Rauchern das **Rauchen im Betrieb zu zumutbaren Bedingungen** zu ermöglichen, nachkommt, bleibt ihm überlassen. Die Rechtsprechung (vgl. BAG v. 19.1.1999 aaO, OVG Münster v. 29.3.2010, 1 A 812/08, NJW 2011, 164; VG Köln v. 29.2.2008, 19 K 3549/07, NWVBl 2008, 319) räumt dem Arbeitgeber dabei einen **weiten Ermessensbzw. Gestaltungsspielraum** ein. Er kann insbesondere frei entscheiden, ob er das Rauchen in allen Betriebsräumen verbietet und das Rauchen nur im Freien außerhalb des Betriebsgebäudes gestattet, ob er spezielle Raucherräume einrichtet und – wenn ja, wo und wie viele Raucherräume zur Verfügung gestellt werden und wie Raucherzonen bzw. Raucherräume ausgestattet sind. Ein Anspruch auf Einrichtung eines Raucherraums besteht nach Auffassung der Rechtsprechung grundsätzlich nicht (vgl. OVG Nordrhein-Westfalen aaO; VG Köln aaO).
Ein häufiger Streitpunkt im Rahmen betrieblicher Rauchverbote ist die Frage, ob der Arbeitgeber verpflichtet ist, Raucherpausen zu vergüten. Nach Auffassung der Rechtsprechung haben **Raucher** grundsätzlich **keinen Anspruch auf vergütete Rauchpausen.** (vgl. LAG Nürnberg v. 5.11.2015, 5 Sa 58/15, DB 2016,600; LAG Nürnberg v. 5.8.2015, 2 Sa 132/15; LAG Nürnberg v. 21.7.2015, MDR 2015, 246). Der Arbeitgeber muss den Rauchern zwar das Verlassen des Arbeitsplatzes zum Zweck des Rauchens ermöglichen. Er ist jedoch nicht verpflichtet, den Rauchern diese Zeit als Arbeitszeit zu vergüten. Der Arbeitgeber kann deshalb verlangen, dass sich Raucher, die den Arbeitsplatz zum Rauchen verlassen, vorher ausstempeln und die Zeit der von ihnen in Anspruch genommenen Rauchpause nacharbeiten. Er kann auch die Zahl und die Höchstdauer der den Rauchern gewährten Rauchpausen beschränken.

3. Weitere Einzelfragen

17   Der **Verstoß gegen ein betriebliches Rauchverbot** ist im Regelfall geeignet, nach vorausgegangener Abmahnung eine ordentliche **Kündigung des Arbeitsverhältnisses** zu rechtfertigen (vgl. LAG Köln v. 20.1.2011, 7 Sa 848/10; LAG Rheinland-Pfalz v. 27.8.2009, 11 Sa 207/09; LAG Köln v. 1.8.2008, 4 Sa 590/08,

Nichtraucherschutz **§ 5 ArbStättV**

LAGE § 1 KSchG Verhaltensbedingte Kündigung Nr. 101a; LAG Düsseldorf v. 17.6.1997, 16 Sa 346/97, LAGE § 1 KSchG Verhaltensbedingte Kündigung Nr. 58). Die Nichtbeachtung eines Rauchverbots in besonders brandgefährdeten Betrieben oder Arbeitsbereichen (z. B. Lackiererei) kann sogar einen wichtigen Grund für eine außerordentliche Kündigung i. S. d. § 626 Abs. 1 BGB darstellen (vgl. BAG v. 27.9.2012, 2 AZR 955/11, AP § 15 KSchG 1969 Nr. 74 = NJW 2013, 1323; LAG Schleswig-Holstein v. 27.8.2013, 1 Sa 80/13; ArbG Krefeld v. 20.1.2011, 1 Ca 2401/10).

Der Arbeitgeber, der seine aus § 618 Abs. 1 BGB folgende Verpflichtung, die **18** Beschäftigten gegen Gefahren für ihre Sicherheit und Gesundheit am Arbeitsplatz zu schützen, rechtswidrig und schuldhaft verletzt, haftet den dadurch geschädigten Arbeitnehmern auf **Schadensersatz** und **Schmerzensgeld** (§§ 280, 253 BGB). Der Anspruch auf Schadensersatz und Schmerzensgeld kann sowohl auf eine Verletzung der Fürsorgepflicht (§ 618 Abs. 1 BGB) als auch auf eine unerlaubte Handlung (§ 823 Abs. 1 BGB) gestützt werden. Problematisch für den Geschädigten dürfte im Streitfall der **Nachweis eine Kausal- bzw. Ursachenzusammenhangs zwischen Passivrauchen und der eingetretenen Gesundheitsbeeinträchtigung** sein. Der Geschädigte muss im Prozess darlegen und beweisen, dass seine Gesundheitsbeeinträchtigung durch das Passivrauchen verursacht oder zumindest mitverursacht, d. h. verschlimmert worden ist. Dies lässt sich nur schwer eindeutig belegen bzw. nachweisen, vor allem dann, wenn die akuten Gesundheitsbeschwerden erst nach längerer Zeit aufgetreten sind.

VI. Mitbestimmung bei Maßnahmen des Nichtraucherschutzes

Die Maßnahmen, die der Arbeitgeber zum Schutz der nichtrauchenden Be- **19** schäftigten ergreift, unterliegen der **Mitbestimmung des Betriebsrats nach § 87 Abs. 1 Nr. 7 BetrVG** bzw. **des Personalrats nach § 75 Abs. 3 Nr. 11 BPersVG**. Bei der Einführung betrieblicher Rauchverbote ergibt sich das Mitbestimmungsrecht des Betriebsrats auch aus § 87 Abs. 1 Nr. 1 BetrVG. Mitbestimmungspflichtig ist nicht nur die Einführung eines Rauchverbots, sondern auch dessen Ausgestaltung und Durchführung (vgl. BAG v. 19.1.1999, 1 AZR 499/98, AP § 87 BetrVG 1972 Ordnung des Betriebes Nr. 28 = NJW 1999, 2203; LAG Hamm v. 8.10.2004, 10 TaBV 21/04 und vom 6.8.2004, 10 TaBV 33/04). Arbeitgeber und Betriebsrat haben bei der **Einführung und Ausgestaltung betrieblicher Rauchverbote** einen **weiten Regelungsspielraum**. So hat das BAG (Urt. v. 19.1.1999, aaO) entschieden, dass die Betriebspartner befugt sind, zum Schutz der nichtrauchenden Beschäftigten auch ein generelles Rauchverbot für alle Betriebsräume zu erlassen. Der Arbeitgeber ist grundsätzlich nicht verpflichtet, den rauchenden Beschäftigten bestimmte Räume zu reservieren oder ihnen auf eigene Kosten zusätzliche Einrichtungen zum ungestörten Rauchgenuss zur Verfügung zu stellen (vgl. LAG Frankfurt v. 11.8.2000, 2 Sa 1000/99, NZA-RR 2001, 77 = LAGE Art. 2 GG Persönlichkeitsrecht Nr. 1). Unverhältnismäßig wäre es dagegen, das Rauchen auf dem ganzen Betriebsgelände zu verbieten, da Nichtraucher durch das Rauchen im Freien nicht nennenswert beeinträchtigt werden. Das LAG Schleswig-Holstein (Beschl. v. 21.6.2007, 4 TaBV 12/07) hat entschieden, dass die Einigungsstelle ihre Kompetenz überschreitet, wenn sie durch Spruch die Vergütungspflicht einer Raucherpause regelt. Zur Begründung hat das LAG darauf verwiesen, die Regelung einer Vergütung für die Zeit der Raucherpausen unterliege weder der Mitbestimmung des Betriebsrats nach § 87 Abs. 1 Nr. 1 BetrVG noch nach § 87 Abs. 1 Nr. 2 BetrVG.

§ 6 Arbeitsräume, Sanitärräume, Pausen- und Bereitschaftsräume, Erste-Hilfe-Räume, Unterkünfte

(1) Der Arbeitgeber hat solche Arbeitsräume bereitzustellen, die eine ausreichende Grundfläche und Höhe sowie einen ausreichenden Luftraum aufweisen.

(2) [1]Der Arbeitgeber hat Toilettenräume bereit zu stellen. [2]Wenn es die Art der Tätigkeit oder gesundheitliche Gründe erfordern, sind Waschräume vorzusehen. [3]Geeignete Umkleideräume sind zur Verfügung zu stellen, wenn die Beschäftigten bei ihrer Tätigkeit besondere Arbeitskleidung tragen müssen und es ihnen nicht zuzumuten ist, sich in einem anderen Raum umzukleiden. [4]Umkleide-, Wasch- und Toilettenräume sind für Männer und Frauen getrennt einzurichten oder es ist eine getrennte Nutzung zu ermöglichen. [5]Bei Arbeiten im Freien und auf Baustellen mit wenigen Beschäftigten sind Waschgelegenheiten und abschließbare Toiletten ausreichend.

(3) [1]Bei mehr als zehn Beschäftigten, oder wenn Sicherheits- oder Gesundheitsgründe dies erfordern, ist den Beschäftigten ein Pausenraum oder ein entsprechender Pausenbereich zur Verfügung zu stellen. [2]Dies gilt nicht, wenn die Beschäftigten in Büroräumen oder vergleichbaren Arbeitsräumen beschäftigt sind und dort gleichwertige Voraussetzungen für eine Erholung während der Pause gegeben sind. [3]Fallen in die Arbeitszeit regelmäßig und häufig Arbeitsbereitschaftszeiten oder Arbeitsunterbrechungen und sind keine Pausenräume vorhanden, so sind für die Beschäftigten Räume für Bereitschaftszeiten einzurichten. [4]Schwangere Frauen und stillende Mütter müssen sich während der Pausen und, soweit es erforderlich ist, auch während der Arbeitszeit unter geeigneten Bedingungen hinlegen und ausruhen können.

(4) Erste-Hilfe-Räume oder vergleichbare Einrichtungen müssen entsprechend der Unfallgefahren oder der Anzahl der Beschäftigten, der Art der ausgeübten Tätigkeiten sowie der räumlichen Größe der Betriebe vorhanden sein.

(5) Für Beschäftigte hat der Arbeitgeber Unterkünfte bereitzustellen, wenn Sicherheits- oder Gesundheitsgründe, insbesondere wegen der Art der ausgeübten Tätigkeit oder der Anzahl der im Betrieb beschäftigten Personen und die Abgelegenheit des Arbeitsplatzes dies erfordern und ein anderweitiger Ausgleich vom Arbeitgeber nicht geschaffen ist.

(6) Für Sanitärräume, Pausen- und Bereitschaftsräume, Erste-Hilfe-Räume und Unterkünfte nach den Absätzen 2 bis 5 gilt Absatz 1 entsprechend.

I. Überblick

§ 6 regelt die grundlegenden Vorgaben für die Bereitstellung von Arbeitsräu- 1
men, Sanitärräumen, Pausen- und Bereitschaftsräumen, Erste-Hilfe-Räumen und
Unterkünften durch den Arbeitgeber. Die Anforderungen an die Einrichtung, Beschaffenheit und Ausstattung dieser Räume sind in Ziff. 1.2 und Ziff. 4 des Anhangs
enthalten. Die allgemein gehaltenen Vorgaben der ArbStättV werden konkretisiert
durch die Arbeitsstättenregeln ASR A1.2 „Raumabmessungen und Bewegungsflächen", „ASR A 4.1 „Sanitärräume". ASR A4.2 „Pausen- und Bereitschaftsräume",
ASR A4.3 „Erste-Hilfe-Räume, Mittel und Einrichtungen zur Ersten Hilfe" und
ASR A4.4 „Unterkünfte".

II. Arbeitsräume (Abs. 1)

Abs. 1 entspricht Ziff. 15.1 des Anhangs I der EG-Arbeitsstättenrichtlinie. Die 2
konkreten Anforderungen an die Abmessung von Arbeitsräumen in § 23 ArbStättV
1975 sind in der ArbStättV 2004 durch flexibel formulierte Schutzzielbestimmungen ersetzt worden. Abs. 1 beschränkt sich deshalb auf die grundlegende Forderung, dass die vom Arbeitgeber bereitgestellten **Arbeitsräume eine ausreichende
Grundfläche und Raumhöhe** sowie einen **ausreichenden Luftraum** aufweisen
müssen. Ziff. 1.2 des Anhangs bestimmt dazu ergänzend, dass Arbeitsräume eine
ausreichende Grundfläche und eine, in Abhängigkeit von der Größe der Grundfläche der Räume, ausreichende lichte Höhe aufweisen müssen, so dass die Beschäftigten ohne Beeinträchtigung ihrer Sicherheit, ihrer Gesundheit und ihres Wohlbefindens ihre Arbeit verrichten können. Die Größe des notwendigen Luftraumes ist in
Abhängigkeit von der Art der körperlichen Beanspruchung und der Anzahl der Beschäftigten sowie der sonstigen anwesenden Personen zu bemessen. Die **Detailanforderungen an die Abmessung von Arbeitsräumen** sind in der **Arbeitsstättenregel ASR A1.2 „Raumabmessungen und Bewegungsflächen"** (Ausgabe
September 2013, GMBl. 2013, S. 910) enthalten.

III. Sanitärräume (Abs. 2)

1. Allgemeines

Abs. 2 regelt die **Verpflichtung des Arbeitgebers zur Bereitstellung von** 3
Toiletten-, Wasch- und Umkleideräumen. Die Bestimmung setzt die entsprechenden Vorgaben in Ziff. 18 des Anhangs I der EG-Arbeitsstättenrichtlinie sowie
Ziff. 14 des Anhangs IV Teil A der EG-Baustellenrichtlinie um und entspricht inhaltlich weitgehend den Vorläuferregelungen in §§ 34 Abs. 1, 35 Abs. 1, 37 Abs. 1
und 48 Abs. 1 ArbStättV 1975. Abs. 2 wird bezüglich der **Anforderungen an die
Einrichtung und Ausstattung der Sanitärräume** ergänzt durch **Ziff. 4.1 des
Anhangs** und die **Arbeitsstättenregel ASR A4.1 „Sanitärräume"** (Ausgabe
September 2013, GMBl. 2013, S. 919).

ArbStättV § 6 Arbeitsstättenverordnung

2. Toilettenräume (Satz 1)

4   Satz 1 verpflichtet den Arbeitgeber zur **Bereitstellung von Toilettenräumen** für die Beschäftigten. Abweichend von der Vorläuferregelung (vgl. § 37 Abs. 1 Satz 3 ArbStättV 1975) wird nicht mehr vorgegeben, dass Betriebe mit mehr als fünf Beschäftigten Toilettenräume zur ausschließlichen Benutzung durch die Betriebsangehörigen bereitstellen müssen. **Ziff. 4.1 Abs. 1 des Anhangs** regelt die grundlegenden **Anforderungen an die Einrichtung und Ausstattung der Toilettenräume**, die in **Ziff. 5 ASR A 4.1** näher konkretisiert werden. Konkrete Vorgaben zur **Anzahl der bereitzustellenden Toiletten** sind in der ASR A4.1 in Ziff. 5.2 Abs. 3 bis 5 und der Tabelle 2 enthalten.

3. Waschräume (Satz 2)

5   Satz 2 verpflichtet den Arbeitgeber zur **Bereitstellung von Waschräumen** für die Beschäftigten, wenn es die **Art der Tätigkeit oder gesundheitliche Gründe erfordern**. Diese allgemeine Vorgabe wird konkretisiert durch Ziff. 6.1 Abs. 1 der ASR A4.1. Danach sind Waschräume bei schmutzenden Tätigkeiten, bei Vorliegen gesundheitlicher Gründe, bei Tätigkeiten mit stark geruchsbelästigenden Stoffen, beim Tragen von körpergroßflächiger persönlicher Schutzausrüstung, bei Tätigkeiten unter besonderen klimatischen Bedingungen (Hitze, Kälte, Nässe) und bei schwerer körperlicher Arbeit vorzusehen. Konkrete Vorgaben zur **Anzahl der bereitzustellenden Wasch- und Duschplätze** enthält die ASR A 4.1 in Ziff. 6.2 Abs. 3 und den Tabellen 4, 5.1 und 5.2. Die **Anforderungen an die Einrichtung und Ausstattung der Waschräume** sind in allgemeiner Form in **Ziff. 4.1 Abs. 2 des Anhangs** geregelt und werden in **Ziff. 6 der ASR A4.1** näher konkretisiert.
6   Soweit keine Waschräume erforderlich sind, muss der Arbeitgeber den Beschäftigten nach Ziff. 4.1 Abs. 2 Buchst. c Satz 2 des Anhangs zur ArbStättV in der Nähe des Arbeitsplatzes und der Umkleideräume ausreichende und angemessene **Waschgelegenheiten** zur Verfügung stellen. Die Waschgelegenheiten müssen mit fließendem Wasser sowie Mitteln zum Reinigen und Abtrocknen der Hände ausgestattet sein (vgl. dazu auch Ziff. 6.1 Abs. 2 ASR A4.1).

4. Umkleideräume (Satz 3)

7   Satz 3 regelt die **Verpflichtung des Arbeitgebers zur Bereitstellung von Umkleideräumen** für die Beschäftigten. Geeignete Umkleideräume müssen zur Verfügung gestellt werden, wenn die Beschäftigten bei ihrer Tätigkeit **besondere Arbeitskleidung tragen müssen** und es ihnen nicht zuzumuten ist, **sich in einem anderen Raum umzukleiden**. Das Erfordernis besonderer Arbeitskleidung ist dann anzunehmen, wenn die Arbeitskleidung betriebsbedingt getragen werden muss (vgl. Ziff. 7.2 Abs. 2 ASR A4.1). Eine Unzumutbarkeit i. S. v. Satz 3 ist u. a. gegeben, wenn der Raum nicht gegen Einsichtnahme von außen geschützt ist, gleichzeitig von weiteren Personen anderweitig genutzt wird oder nicht abgeschlossen werden kann (vgl. Ziff. 7.2 Abs. 3 ASR A4.1). Die **Anforderungen an die Einrichtung und Ausstattung der Umkleideräume** sind in allgemeiner Form in **Ziff. 4.1 Abs. 3 des Anhangs** geregelt und werden in **Ziff. 7 der ASR A4.1** näher konkretisiert. Sofern keine Umkleideräume vorhanden sind, muss jedem Beschäftigten nach Ziff. 3.3 Abs. 1 des Anhangs zur ArbStättV mindestens eine **Kleiderablage** zur Verfügung gestellt werden.

Arbeitsräume, Sanitärräume § 6 ArbStättV

5. Getrennte Einrichtung oder getrennte Nutzung (Satz 4)

Satz 4 räumt dem Arbeitgeber grundsätzlich ein **Wahlrecht** ein, **Umkleide-,** 8
Wasch- und Toilettenräume entweder **für Männer und Frauen getrennt einzurichten** oder durch geeignete organisatorische Maßnahmen eine **nach Geschlechtern getrennte Nutzung** zu ermöglichen. Diese Regelung beinhaltet eine Erleichterung gegenüber der ArbStättV 1975. Danach war der Arbeitgeber grundsätzlich verpflichtet, getrennte Umkleide- und Waschräume für Männer und Frauen einzurichten (vgl. § 34 Abs. 1 Satz 2 und § 35 Abs. 1 Satz 2 ArbStättV 1975). Separate Toilettenräume für Männer und Frauen waren für Betriebe mit mehr als fünf Beschäftigten verschiedenen Geschlechts zwingend vorgeschrieben (vgl. § 37 Abs. 1 Satz 2 ArbStättV 1975).

Die **gesetzliche Wahlmöglichkeit des Arbeitgebers** wird in der betrieblichen Praxis durch die **Vorgaben der ASR A4.1 beschränkt.** Nach Ziff. 4 Abs. 6 9
Satz 1 ASR A4.1 sind **grundsätzlich getrennte Sanitärräume für weibliche und männliche Beschäftigte** einzurichten. Von diesem Grundsatz gibt es nur **zwei Ausnahmen für Kleinbetriebe.** Nach Ziff. 4 Abs. 6 Satz 2 ASR A4.1 kann in Betrieben mit bis zu neun Beschäftigten auf getrennt eingerichtete Toiletten-, Wasch- und Umkleideräume für weibliche und männliche Beschäftigte verzichtet werden, wenn eine zeitlich getrennte Nutzung sichergestellt ist. Dabei ist ein unmittelbarer Zugang zwischen Wasch- und Umkleideräumen erforderlich. In Betrieben mit bis zu fünf Beschäftigten ist nach Ziff. 4 Abs. 7 Satz 1 ASR A4.1 eine Kombination von Toiletten-, Wasch- und Umkleideräumen bei einer zeitlich getrennten Nutzung durch weibliche und männliche Beschäftigte möglich, sofern eine wirksame Lüftung gewährleistet ist. Ziff. 8.2 Abs. 3 ASR enthält eine weitere **Ausnahme für Baustellen.** Danach kann auf Baustellen mit bis zu 21 Beschäftigten auf getrennt eingerichtete Toiletten-, Wasch- und Umkleideräume für weibliche und männliche Beschäftigte verzichtet werden, wenn eine zeitlich getrennte Nutzung sichergestellt ist. Bei mehr als sechs Beschäftigten je Beschäftigtengruppe (männlich und weiblich) sind getrennte Sanitärräume erforderlich.

6. Sonderregelung für Arbeiten im Freien und Baustellen (Satz 5)

Nach der Sonderregelung des Satz 5 genügt bei **Arbeiten im Freien** und auf 10
Baustellen mit wenigen Beschäftigten die **Bereitstellung mobiler Toilettenkabinen und Waschgelegenheiten.** Der Begriff „Baustelle mit wenigen Beschäftigten" wird in der ASR A4.1 dahingehend konkretisiert, dass Wasch- und Toilettenräume erst dann bereitzustellen sind, wenn auf einer Baustelle von einem Arbeitgeber mehr als zehn Beschäftigte länger als zwei zusammenhängende Wochen gleichzeitig beschäftigt sind (vgl. Ziff. 8.2 Abs. 1 Satz 1 und Ziff. 8.3 Abs. 1 Satz 1 ASR A4.1). Die Anforderungen an die Anzahl, Einrichtung und Ausstattung der bereitzustellenden Toiletten und Waschplätze sind in Ziff. 8 der ASR A4.1 enthalten.

IV. Pausen- und sonstige Erholungsräume (Abs. 3)

1. Allgemeines

Abs. 3 regelt die **Verpflichtung des Arbeitgebers zur Bereitstellung geeig-** 11
neter Räume für Pausen, Bereitschaftszeiten und Ruhezeiten. Die Bestimmung setzt die Ziff. 16.1, 16.4 und 17 des Anhangs I der EG-Arbeitsstättenrichtlinie

Lorenz 967

ArbStättV § 6   Arbeitsstättenverordnung

sowie die Ziff. 15.1, 15.3 und 16 des Anhangs IV Teil A der EG-Baustellenrichtlinie um und ersetzt die bisherigen Regelungen in §§ 29 Abs. 1, 30 Satz 1 und 31 ArbStättV 1975. Abs. 3 wird bezüglich der **Anforderungen an die Einrichtung und Ausstattung der Pausen- und Bereitschaftsräume** ergänzt durch **Ziff. 4.2 des Anhangs** und die **Arbeitsstättenregel ASR A4.2 „Pausen- und Bereitschaftsräume"** (Ausgabe August 2012, GMBl. 2012, S. 660; zuletzt geändert im April 2014, GMBl. 2014, S. 287).

2. Pausenräume (Satz 1 und 2)

12   Satz 1 und 2 regeln die **Verpflichtung des Arbeitgebers zur Bereitstellung von Pausenräumen oder Pausenbereichen** und haben insoweit § 29 Abs. 1 ArbStättV 1975 abgelöst. Im Unterschied zu § 29 Abs. 1 ArbStättV 1975 räumt Satz 1 dem Arbeitgeber grundsätzlich die Möglichkeit ein, den Beschäftigten anstelle eines Pausenraumes auch einen entsprechenden Pausenbereich zur Verfügung zu stellen. Die Anforderungen an die **Einrichtung und Ausstattung von Pausenräumen und Pausenbereichen** sind in **Ziff. 4.2 Abs. 1 des Anhangs** und in **Ziff. 4 ASR A4.2** enthalten.

13   Nach Satz 1 muss der Arbeitgeber einen **Pausenraum oder Pausenbereich zur Verfügung stellen,** wenn **mehr als zehn Beschäftigte im Betrieb** tätig sind. Ergänzend dazu bestimmt Ziff. 4.1 Abs. 2 ASR A4.2, dass ein Pausenraum oder Pausenbereich zur Verfügung zu stellen ist, wenn mehr als zehn Beschäftigte einschließlich Zeitarbeitnehmern gleichzeitig in der Arbeitsstätte tätig sind. Nicht zu berücksichtigen sind Beschäftigte, die aufgrund des Arbeitszeitgesetzes keinen Anspruch auf Ruhepausen haben (z. B. Teilzeitkräfte mit einer täglichen Arbeitszeit von bis zu sechs Stunden) oder überwiegend außerhalb der Arbeitsstätte tätig sind (z. B. Außendienstmitarbeiter, Kundendienstmonteure).

14   In **Betrieben mit bis zu zehn Beschäftigten** besteht die **Pflicht zur Einrichtung eines Pausenraumes** oder Pausenbereiches nur, soweit **besondere Sicherheits- oder Gesundheitsgründe** dies erfordern. Dieses Erfordernis kann nach Ziff. 4.1 Abs. 3 ASR A4.2 u. a. in folgenden Fällen gegeben sein: Arbeiten mit erhöhter Gesundheitsgefährdung durch Hitze, Kälte, Nässe oder Staub, Überschreiten der Auslösewerte für Lärm und Vibrationen nach der LärmVibrations-ArbSchV, Gefährdung durch den Umgang mit Gefahrstoffen oder biologischen Arbeitsstoffen, Tätigkeiten mit unzuträglichen Gerüchen, überwiegender Arbeit im Freien oder andauernder einseitig belastender Körperhaltung mit eingeschränktem Bewegungsraum (z. B. Steharbeit), schwerer körperlicher Arbeit, stark schmutzender Tätigkeit, Tätigkeit in Arbeitsräumen/Bereichen ohne Tageslicht oder in Arbeitsräumen/Bereichen, zu denen üblicherweise Dritte (z. B. Kunden, Publikum, Mitarbeiter von Fremdfirmen) Zutritt haben.

15   **Pausenbereiche** sind abgetrennte Bereiche innerhalb von Räumen der Arbeitsstätte, die der Erholung oder dem Aufenthalt von Beschäftigten während der Pause dienen (vgl. Ziff. 3.2 ASR A4.2). Sie sind nach Ziff. 4.1 Abs. 1 Satz 2 ASR A4.2 nur dann **Pausenräumen gleichgestellt,** wenn sie **gleichwertige Bedingungen für die Pause** gewährleisten. Dies setzt insbesondere voraus, dass Pausenbereiche frei von Lärm, Staub, Schutz oder Gerüche sein müssen und während der Pause auch kein Publikumsverkehr stattfinden darf (vgl. LASI, Leitlinien ArbStättV, E4 auf S. 16).

16   Nach Satz 2 ist die **Bereitstellung eines besonderen Pausenraums** oder eines entsprechenden Pausenbereichs **nicht erforderlich für Beschäftigte in Büroräumen oder vergleichbaren Arbeitsräumen,** soweit dort **gleichwertige Vor-**

Arbeitsräume, Sanitärräume **§ 6 ArbStättV**

aussetzungen für eine Erholung während der Pausen gegeben sind. Dies setzt nach Ziff. 4.1 Abs. 4 ASR A4.2 voraus, dass die betreffenden Räume während der Pausen frei von arbeitsbedingten Störungen (z. B. durch Publikumsverkehr oder Telefonate) sind. Vergleichbare Arbeitsräume können z. B. Registraturen oder Bibliotheken sein.

3. Bereitschaftsräume (Satz 3)

Satz 3 regelt die **Verpflichtung des Arbeitgebers zur Bereitstellung von** 17 **Bereitschaftsräumen** für die Beschäftigten und ersetzt insoweit die bisherige Vorschrift des § 30 ArbStättV 1975. Bereitschaftsräume sind Räume, in denen sich die Beschäftigten während der Arbeitsbereitschaft oder bei Arbeitsunterbrechungen aufhalten können. Die Anforderungen an die **Einrichtung und Ausstattung der Bereitschaftsräume** sind in **Ziff. 4.2 Abs. 2 des Anhangs** und in **Ziff. 5 ASR A4.2** enthalten.

Der Arbeitgeber muss für die Beschäftigten **Bereitschaftsräume bereitstellen,** 18 wenn **in die Arbeitszeit regelmäßig und häufig Arbeitsbereitschaftszeiten oder Arbeitsunterbrechungen fallen.** Diese Vorgabe wird durch Ziff. 5 Abs. 1 ASR A4.2 näher konkretisiert. Danach muss ein Bereitschaftsraum immer dann zur Verfügung stehen, wenn während der Arbeitszeit regelmäßig und in erheblichem Umfang (i. d. R. mehr als 25 % der Arbeitszeit) Arbeitsbereitschaft oder Arbeitsunterbrechungen auftreten. Dies ist u. a. der Fall, wenn nicht vorhergesehen werden kann, wann eine Arbeitsaufnahme erfolgt, z. B. in Krankenhäusern, bei Berufsfeuerwehren, Rettungsdiensten oder Fahrbereitschaften.

Nach Satz 3 ist ein **besonderer Bereitschaftsraum entbehrlich,** wenn ein 19 **Pausenraum vorhanden** ist, der als Bereitschaftsraum genutzt werden kann. Die Möglichkeit, einen Pausenraum als Bereitschaftsraum zu nutzen, wird in der Praxis dadurch eingeschränkt, dass der Bereitschaftsraum nach Ziff. 5 Abs. 4 ASR A4.2 mit Liegen ausgestattet sein muss, wenn die Arbeitsbereitschaft oder die Arbeitsunterbrechung in den Nachtstunden liegt oder die Arbeitszeit einschließlich der Bereitschaftszeit größer als 12 Stunden ist.

4. Einrichtungen für schwangere Frauen und stillende Mütter (Satz 4)

Satz 4 ersetzt die bisherige Vorschrift des § 31 ArbStättV 1975 über Liegeräume 20 für werdende und stillende Mütter. Im Unterschied zur früheren Rechtslage ist der **Arbeitgeber nicht mehr verpflichtet, einen speziellen Liegeraum für werdende und stillende Mütter bereitzustellen.** Satz 4 beschränkt sich vielmehr auf die allgemein formulierte Vorgabe, dass schwangere Frauen und stillende Mütter die Gelegenheit haben müssen, sich während der Pausen und, soweit es erforderlich ist, auch während der Arbeitszeit unter geeigneten Bedingungen hinlegen und ausruhen zu können. Es genügt deshalb, dass der Arbeitgeber **spezielle Einrichtungen für schwangere Frauen und stillende Mütter zum Hinlegen, Ausruhen und Stillen bereitstellt.**

Die **Anforderungen an die Lage und Ausstattung der Einrichtungen für** 21 **schwangere Frauen und stillende Mütter** sind in **Ziff. 6 ASR A4.2** enthalten. Einrichtungen zum Hinlegen, Ausruhen und Stillen müssen am Arbeitsplatz oder in dessen unmittelbarer Nähe in einer Anzahl vorhanden sein, die eine jederzeitige Nutzbarkeit sicherstellen. Die Privatsphäre muss bei der Nutzung gewährleistet

ArbStättV § 6   Arbeitsstättenverordnung

sein. Einrichtungen zum Hinlegen, Ausruhen und Stillen müssen gepolstert und mit einem wasch- oder wegwerfbaren Belag ausgestattet sein.

V. Erste-Hilfe-Räume (Abs. 4)

22   Abs. 4 regelt die **Verpflichtung des Arbeitgebers zur Bereitstellung von Erste-Hilfe-Räumen oder vergleichbaren Einrichtungen.** Die Bestimmung entspricht weitgehend dem Regelungsinhalt des § 38 ArbStättV 1975 und setzt Ziff. 19.1 des Anhangs I der EG-Arbeitsstättenrichtlinie sowie Ziff. 13.1, 13.2 und 13.4 Satz 1 des Anhangs IV Teil A der EG-Baustellenrichtlinie um. Abs. 4 wird bezüglich der **Anforderungen an die Einrichtung und Ausstattung der Ersten-Hilfe-Räume** ergänzt durch **Ziff. 4.3 des Anhangs** und **Ziff. 6 und 7 ASR A 4.3 „Erste-Hilfe-Räume, Mittel und Einrichtungen zur Ersten Hilfe"** (Ausgabe Dezember 2010, GMBl. 2010, S. 1764; zuletzt geändert im April 2014, GMBl. 2014, S. 288).

23   Abs. 4 enthält im Unterschied zur Vorläuferregelung des § 38 ArbStättV 1975 keine konkreten Vorgaben für die Bereitstellung von Erste-Hilfe-Räumen oder vergleichbaren Einrichtungen, sondern bestimmt lediglich in allgemein gehaltener Form, dass Erste-Hilfe-Räume oder vergleichbare Einrichtungen entsprechend der Unfallgefahren oder der Anzahl der Beschäftigten, der Art der ausgeübten Tätigkeiten sowie der räumlichen Größe des Betriebs vorhanden sein. Diese **allgemeinen Kriterien für die Bereitstellung von Erste-Hilfe-Räumen und vergleichbaren Einrichtungen** werden **konkretisiert durch Ziff. 6.1 ASR A4.3.** Danach ist ein Erste-Hilfe-Raum oder eine vergleichbare Einrichtung erforderlich in Betrieben mit mehr als 1.000 Beschäftigten sowie in Betrieben mit mehr als 100 Beschäftigten, in denen besondere Unfall- oder Gesundheitsgefahren bestehen. Ob in Betrieben mit mehr als 100 Beschäftigten besondere Unfall- oder Gesundheitsgefahren bestehen, die einen Erste-Hilfe-Raum oder eine vergleichbare Einrichtung (z. B. Erste-Hilfe-Container, Arztpraxisräume) erfordern, muss der Arbeitgeber im Rahmen der Gefährdungsbeurteilung nach § 3a Abs. 1 ermitteln.

VI. Unterkünfte (Abs. 5)

24   Abs. 5 regelt die **Verpflichtung des Arbeitgebers zur Bereitstellung von Unterkünften** für die Beschäftigten und ersetzt § 40a ArbStättV 1975. Der Anwendungsbereich dieser Regelung war anfänglich auf Baustellen beschränkt. Diese Einschränkung wurde durch die Änderungsverordnung 2010 aufgehoben, weil aufgrund praktischer Erfahrungen eine Ausweitung dieser Regelung auf andere Wirtschaftsbereiche (z. B. die Beschäftigung von Saisonarbeitskräften in land-, forst- oder weinwirtschaftlichen Betrieben) für sinnvoll und notwendig gehalten wurde (vgl. die amtliche Begründung in BR-Drs. 262/10 v. 29.4.2010, S. 28). Abs. 5 wird bezüglich der **Anforderungen an die Einrichtung und Ausstattung der Unterkünfte** ergänzt durch **Ziff. 4.4 des Anhangs** und die Arbeitsstättenregel **ASR A 4.4 „Unterkünfte"** (Ausgabe Juni 2010, GMBl. 2010, S. 751; zuletzt geändert im April 2014, GMBl. 2014, S. 288).

25   Der Arbeitgeber ist nach Abs. 5 zur **Bereitstellung von Unterkünften für die Beschäftigten verpflichtet,** wenn **Sicherheits- und Gesundheitsgründe,** insbesondere wegen der Art der ausgeübten Tätigkeit und der Anzahl der im Betrieb

Arbeitsräume, Sanitärräume § 6 ArbStättV

beschäftigten Personen, und die **Abgelegenheit der Baustelle** dies erfordern. Diese allgemeinen Kriterien werden für Baustellen in Ziff. 6 Abs. 1 ASR A4.4 näher konkretisiert und sind im Übrigen im Rahmen der Gefährdungsbeurteilung nach § 3a zu ermitteln.

Die **Verpflichtung zur Bereitstellung von Unterkünften entfällt**, wenn der 26 Arbeitgeber den Beschäftigten **einen anderweitigen Ausgleich** gewährt. Mit dieser Regelung wird der praktischen Entwicklung Rechnung getragen, dass sich die Beschäftigten bei der Auswärtsbeschäftigung heute in der Regel ihre Unterkunft selbst beschaffen, indem sie Zimmer in Gasthöfen oder Pensionen anmieten (vgl. die amtliche Begründung in BR-Drs. 450/04 v. 26.5.2004, S. 28). Sofern die Beschäftigten ihre Unterkunft selbst beschaffen und der Arbeitgeber den mit der Beschaffung der Unterkunft verbundenen Mehraufwand ausgleicht, ist die Bereitstellung von Unterkünften nicht erforderlich (vgl. Ziff. 6 Abs. 2 ASR A4.4 und die amtliche Begründung in BR-Drs. 450/04, aaO).

VII. Abmessung von Sanitär-, Pausen-, Bereitschafts- und Erste-Hilfe-Räumen sowie Unterkünften (Abs. 6)

Nach Abs. 6 gelten die flexibel formulierten Anforderungen an die Abmessung 27 von Arbeitsräumen in Abs. 1 (ausreichende Grundfläche und Höhe, ausreichender Luftraum) auch für die vom Arbeitgeber bereitzustellenden Sanitärräume, Pausen- und Bereitschaftsräume, Erste-Hilfe-Räume und Unterkünfte. Ergänzend bestimmt Ziff. 1.2 Abs. 2 des Anhangs, dass sich die Abmessung dieser Räume nach der jeweiligen Nutzungsart zu richten hat. Die **Detailanforderungen an die Abmessung von Sanitär-, Pausen-, Bereitschafts- und Erste-Hilfe-Räumen sowie Unterkünften** sind in den entsprechenden Bestimmungen der jeweiligen **Arbeitsstättenregeln** enthalten, d. h.
- für Sanitärräume: ASR A4.1 Ziff. 5.3 (Toilettenräume), Ziff. 6.3 (Waschräume) und Ziff. 7.3 (Umkleideräume)
- für Pausen- und Bereitschaftsräume: ASR A 4.2 Ziff. 4.1 Abs. 9 (Pausenräume) und Ziff. 5 Abs. 3 (Bereitschaftsräume)
- für Erste-Hilfe-Räume: ASR A 4.3 Ziff. 6.1 Abs. 4
- für Unterkünfte: ASR A 4.4 Ziff. 5.2 Abs. 1 und Ziff. 5.3 Abs. 2

VIII. Ahndung von Pflichtverletzungen als Ordnungswidrigkeit

Verstöße des Arbeitgebers gegen bestimmte Pflichten aus § 6 können von den 28 zuständigen Aufsichtsbehörden nach § 9 als **Ordnungswidrigkeit** mit einer Geldbuße bis zu 5.000 € geahndet werden. Als Ordnungswidrigkeit sanktioniert sind folgende Pflichtverletzungen:
- § 9 Abs. 1 Nr. 8 i. V. m. § 6 Abs. 2 Satz 1: Fehlen von Toilettenräumen
- § 9 Abs. 1 Nr. 9 i. V. m. § 6 Abs. 3: Fehlen von Pausenräumen oder Pausenbereichen.

ArbStättV § 7

§ 7 Ausschuss für Arbeitsstätten

(1) ¹Beim Bundesministerium für Arbeit und Soziales wird ein Ausschuss für Arbeitsstätten gebildet, in dem fachkundige Vertreter der Arbeitgeber, der Gewerkschaften, der Länderbehörden, der gesetzlichen Unfallversicherung und weiterer fachkundiger Personen, insbesondere der Wissenschaft, in angemessener Zahl vertreten sein sollen. ²Die Gesamtzahl der Mitglieder soll 16 Personen nicht überschreiten. ³Für jedes Mitglied ist ein stellvertretendes Mitglied zu benennen. ⁴Die Mitgliedschaft im Ausschuss für Arbeitsstätten ist ehrenamtlich.

(2) ¹Das Bundesministerium für Arbeit und Soziales beruft die Mitglieder des Ausschusses und die stellvertretenden Mitglieder. ²Der Ausschuss gibt sich eine Geschäftsordnung und wählt den Vorsitzenden aus seiner Mitte. ³Die Geschäftsordnung und die Wahl des Vorsitzenden bedürfen der Zustimmung des Bundesministeriums für Arbeit und Soziales.

(3) ¹Zu den Aufgaben des Ausschusses gehört es,
1. dem Stand der Technik, Arbeitsmedizin und Arbeitshygiene entsprechende Regeln und sonstige gesicherte wissenschaftliche Erkenntnisse für die Sicherheit und Gesundheit der Beschäftigten in Arbeitsstätten zu ermitteln,
2. Regeln zu ermitteln, wie die in dieser Verordnung gestellten Anforderungen erfüllt werden können, und
3. das Bundesministerium für Arbeit und Soziales in Fragen der Sicherheit und des Gesundheitsschutzes in Arbeitsstätten zu beraten.

²Bei der Wahrnehmung seiner Aufgaben soll der Ausschuss die allgemeinen Grundsätze des Arbeitsschutzes nach § 4 des Arbeitsschutzgesetzes berücksichtigen. ³Das Arbeitsprogramm des Ausschusses für Arbeitsstätten wird mit dem Bundesministerium für Arbeit und Soziales abgestimmt. ⁴Der Ausschuss arbeitet eng mit den anderen Ausschüssen beim Bundesministerium für Arbeit und Soziales zusammen.

(4) Das Bundesministerium für Arbeit und Soziales kann die vom Ausschuss nach Absatz 3 ermittelten Regeln und Erkenntnisse im Gemeinsamen Ministerialblatt bekannt machen.

(5) ¹Die Bundesministerien sowie die zuständigen obersten Landesbehörden können zu den Sitzungen des Ausschusses Vertreter entsenden. ²Diesen ist auf Verlangen in der Sitzung das Wort zu erteilen.

(6) Die Geschäfte des Ausschusses führt die Bundesanstalt für Arbeitsschutz und Arbeitsmedizin.

I. Überblick

1 § 7 regelt die Einrichtung, Zusammensetzung, Aufgaben und Arbeitsweise des Ausschusses für Arbeitsstätten (ASTA), der mit der Novellierung der Arbeitsstättenverordnung erstmals in das Arbeitsstättenrecht eingeführt worden ist. Der ASTA soll durch seine Arbeit zu einer Entlastung des Verordnungsgebers, der zuständigen Behörden der Länder und der Unfallversicherungsträger beitragen. Seine Hauptaufgabe ist die Erarbeitung eines neuen technischen Regelwerkes für Arbeitsstätten,

Ausschuss für Arbeitsstätten **§ 7 ArbStättV**

das die ausfüllungsbedürftigen Bestimmungen der novellierten Arbeitsstättenverordnung konkretisieren und die bereits vorhandenen Arbeitsstätten-Richtlinien ablösen soll. Durch die Einsetzung des ASTA und die Mitwirkung aller betroffenen Fachkreise und Interessengruppen (Arbeitgeber, Gewerkschaften, Aufsichtsbehörden, Unfallversicherungsträger und Wissenschaft) soll eine breite Akzeptanz der ermittelten technischen Regeln gewährleistet werden. § 7 ist seit Inkrafttreten der Arbeitsstättenverordnung 2004 mehrfach geändert worden, zuletzt durch die Änderungsverordnung 2010.

II. Einrichtung und Zusammensetzung des Ausschusses für Arbeitsstätten (Abs. 1)

Abs. 1 regelt die Einrichtung und Zusammensetzung des Ausschusses für Arbeitsstätten (ASTA). Der ASTA ist ein **pluralistisch zusammengesetztes Fachgremium,** in dem alle mitwirkenden Kreise paritätisch vertreten sind. Er bestand ursprünglich aus 15 sachverständigen Mitgliedern, von denen jeweils drei Vertreter der Arbeitgeber (zwei Vertreter der Privatwirtschaft und ein Vertreter der öffentlichen Arbeitgeber), der für den Vollzug der Arbeitsstättenverordnung zuständigen Länderbehörden, der Gewerkschaften, der Unfallversicherungsträger und der Wissenschaft sind (vgl. § 7 Abs. 1 Satz 1 ArbStättV 2004). Durch die Änderungsverordnung 2010 ist die Regelung über die Einrichtung und Zusammensetzung des ASTA inhaltlich an die entsprechenden Vorschriften der anderen Arbeitsschutzverordnungen (vgl. § 24 BetrSichV, § 21 GefStoffV, § 9 ArbMedVV) angepasst worden. Die **beteiligten Fachkreise (Arbeitgeber, Länderbehörden, Gewerkschaften, gesetzliche Unfallversicherung und Wissenschaft)** sind **nicht mehr mit einer festen Zahl von Mitgliedern im ASTA vertreten,** sondern nur noch in „angemessener" Zahl (vgl. Satz 1). Dem ASTA gehören nunmehr **maximal 16 Mitglieder** an (vgl. Satz 2). Für jedes Ausschlussmitglied ist ein stellvertretendes Mitglied zu benennen (vgl. Satz 3). Die Ausschussmitglieder sind ehrenamtlich tätig (vgl. Satz 4). 2

In der ursprünglichen Fassung des Abs. 1 war bestimmt, dass der ASTA beim Bundesministerium für Wirtschaft und Arbeit (BMWA) gebildet wird. Mit der neunten Zuständigkeitsanpassungsverordnung vom 31.10.2006 (BGBl. I, S. 2407), die am 8.11.2006 in Kraft getreten ist, wurde der ASTA in den **Geschäftsbereich des Bundesministeriums für Arbeit und Soziales (BMAS)** überführt. 3

III. Berufung der Ausschussmitglieder und Geschäftsordnung (Abs. 2)

Abs. 2 enthält Verfahrensregelungen über die Berufung der Ausschussmitglieder, die Wahl des Vorsitzenden und die Geschäftsordnung des ASTA. Die Mitglieder des Ausschusses und ihre Stellvertreter werden vom BMAS berufen (vgl. Satz 1). Die in § 7 Abs. 2 Satz 1 ArbStättV 2004 enthaltene Regelung, dass das BMAS die Ausschussmitglieder und ihre Stellvertreter soweit möglich auf Vorschlag der beteiligten Verbände und Körperschaften berufen soll, ist durch die Änderungsverordnung 2010 gestrichen worden. Es ist jedoch nach wie vor davon auszugehen, dass die personelle Zusammensetzung des Ausschusses in erster Linie von den dort vertretenen Fachkreisen bestimmt wird. Die **Bundesanstalt für Arbeitsschutz und Arbeits-** 4

medizin (BAuA) hat auf ihrer Homepage (www.baua.de) ein **Verzeichnis der aktuell berufenen Ausschussmitglieder** (Stand: 6.7.2016), die **Geschäftsordnung** (Stand: 1.10.2009) und ein **Organigramm des ASTA** (Stand: 25.8.2014) hinterlegt.

IV. Aufgaben des Ausschusses (Abs. 3)

5   Abs. 3 regelt die Aufgaben des ASTA. Der ASTA hatte zunächst nur zwei Aufgaben, nämlich die Ermittlung neuer technischer Regeln zur Konkretisierung der ausfüllungsbedürftigen Anforderungen der novellierten ArbStättV (vgl. Satz 1 Nr. 2, ursprünglich Nr. 1) und die Beratung des BMAS bzw. des zunächst zuständigen BMWA in Fragen der Sicherheit und des Gesundheitsschutzes in Arbeitsstätten (vgl. Satz 1 Nr. 3, ursprünglich Nr. 2). Durch die Verordnung zur Rechtsvereinfachung und Stärkung der arbeitsmedizinischen Vorsorge (ArbMedStärkV) vom 18.12.2008 (BGBl. I, S. 2768) wurde dem ASTA mit Wirkung zum 24.12.2008 die weitere Aufgabe übertragen, dem Stand der Technik, Arbeitsmedizin und Arbeitshygiene entsprechende Regeln und sonstige wissenschaftliche Erkenntnisse für die Sicherheit und Gesundheit der Beschäftigten in Arbeitsstätten zu ermitteln (vgl. Satz 1 Nr. 1). Mit dieser Regelung wurde das Aufgabenfeld des ASTA an den Auftrag der übrigen beratenden Ausschüsse nach den Verordnungen zum ArbSchG und den Inhalt des § 4 Nr. 3 ArbSchG angepasst (vgl. die amtliche Begründung in BR-Drs. 643/08, S. 45).

6   Die **zentrale Aufgabe** des ASTA ist die **Erstellung eines neuen technischen Regelwerks für Arbeitsstätten** mit Hinweisen zur praktischen Anwendung und Umsetzung der ausfüllungsbedürftigen Rahmenvorschriften der ArbStättV und ihres Anhangs. Die neuen Regeln für Arbeitsstätten (ASR) sollen an die Stelle der bestehenden Arbeitsstättenrichtlinien treten, die das technische Regelwerk der ArbStättV 1975 gebildet haben. Zum Zeitpunkt des Inkrafttretens der novellierten ArbStättV am 25.8.2004 gab es insgesamt 30 Arbeitsstättenrichtlinien, die nach § 8 Abs. 2 solange weiter angewendet werden konnten, bis sie durch neue Regeln für Arbeitsstätten ersetzt worden sind. Die Übergangsregelung des § 8 Abs. 2 ist mit Wirkung zum 31.12.2012 ausgelaufen, obwohl zu diesem Zeitpunkt die Erstellung des neuen technischen Regelwerks für Arbeitsstätten noch nicht vollständig abgeschlossen war.

7   Das **technische Regelwerk für Arbeitsstätten** besteht derzeit (Stand Mai 2016) aus **18 Arbeitsstättenregeln (ASR),** die das BMAS gemäß Abs. 4 im Gemeinsamen Ministerialblatt bekannt gemacht und damit für anwendbar erklärt hat. Dabei handelt es sich um
- die ASR V3a.2 „Barrierefreie Gestaltung von Arbeitsstätten" (Ausgabe August 2012, GMBl. 2012, S. 663, zuletzt geändert im Februar 2015, GMBl. 2015, S. 111),
- die ASR A1.2 „Raumabmessungen und Bewegungsflächen" (Ausgabe September 2013, GMBl. 2013, S. 910),
- die ASR A1.3 „Sicherheits- und Gesundheitsschutzkennzeichnung" (Ausgabe Februar 2013, GMBl. 2013, S. 334),
- die ASR A1.5/1,2 „Fußböden" (Ausgabe Februar 2013, GMBl. 2013, S. 348, zuletzt geändert im September 2013, GMBl. 2013, S. 931),
- die ASR A1.6 „Fenster, Oberlichter, lichtdurchlässige Wände" (Ausgabe Januar 2012, GMBl. 2012, S. 5; zuletzt geändert im April 2014, GMBl. 2014, S. 284),

Ausschuss für Arbeitsstätten **§ 7 ArbStättV**

- die ASR A1.7 „Türe und Tore" (Ausgabe November 2009, GMBl. 2009, S. 1619, zuletzt geändert im April 2014, GMBl. 2014, S. 284),
- die ASR A1.8 „Verkehrswege" (Ausgabe November 2012, GMBl. 2012, S. 1210, zuletzt geändert im April 2014, GMBl. 2014, S. 284),
- die ASR A2.1 „Schutz vor Absturz und herabfallenden Gegenständen, Betreten von Gefahrenbereichen" (Ausgabe November 2012, GMBl. 2012, S. 1220, zuletzt geändert im April 2014, GMBl. 2014, S. 284),
- die ASR A2.2 „Maßnahmen gegen Brände" (Ausgabe November 2012, GMBl. 2012, S. 1225, zuletzt geändert im April 2014, GMBl. 2014, S. 286),
- die ASR A2.3 „Fluchtwege, Notausgänge, Flucht- und Rettungsplan" (Ausgabe August 2007, GMBl. 2007, S. 902, zuletzt geändert im April 2014, GMBl. 2014, S. 286),
- die ASR A3.4 „Beleuchtung" (Ausgabe April 2011, GMBl. 2011, S. 303, zuletzt geändert im April 2014, GMBl. 2014, S. 287),
- die ASR A3.4/3 „Sicherheitsbeleuchtung, optische Sicherheitssysteme" (Ausgabe Mai 2009, GMBl. 2009, S. 684, zuletzt geändert im April 2014, GMBl. 2014, S. 287),
- die ASR A3.5 „Raumtemperaturen" (Ausgabe Juni 2010, GMBl. 2010, S. 751, zuletzt geändert im April 2014, GMBl. 2014, S. 287),
- die ASR A3.6 „Lüftung", (Ausgabe Januar 2012, GMBl. 2012, S. 92, zuletzt geändert im Februar 2013, GMBl. 2013, S. 359)
- die ASR A4.1 „Sanitärräume" (Ausgabe September 2013, GMBl. 2013, S. 919),
- die ASR A4.2 „Pausen- und Bereitschaftsräume" (Ausgabe August 2012, GMBl. 2012, S. 660, zuletzt geändert im April 2014, GMBl. 2014, S. 287),
- die ASR A4.3 „Erste-Hilfe-Räume, Mittel und Einrichtungen zur Ersten Hilfe" (Ausgabe Dezember 2010, GMBl. 2010, S. 1764, zuletzt geändert im April 2014, GMBl. 2014, S. 288)
- und die ASR A4.4 „Unterkünfte" (Ausgabe Juni 2010, GMBl. 2010, S. 751, zuletzt geändert im April 2014, GMBl. 2014, S. 288).

Weitere drei Arbeitsstättenregeln (ASR) werden derzeit vom ASTA erarbeitet. Dabei handelt es sich um
- die ASR V3 „Gefährdungsbeurteilung",
- die ASR A3.7 „Lärm"
- und die ASR A5.2 „Straßenbaustellen".

Satz 2 bestimmt, dass der ASTA bei der Wahrnehmung seiner Aufgaben die **allgemeinen Grundsätze des Arbeitsschutzes** entsprechend § 4 ArbSchG berücksichtigen soll. Der ASTA hat deshalb bei allen vorgeschlagenen Maßnahmen den aktuellen Stand der Technik, Arbeitsmedizin und Hygiene sowie die sonstigen gesicherten arbeitswissenschaftlichen Erkenntnisse zu ermitteln und zu beachten. 8

Satz 3 und 4 sind mit der Änderungsverordnung 2010 neu angefügt worden. Der ASTA ist verpflichtet, sein Arbeitsprogramm mit dem BMAS abzustimmen und bei der Wahrnehmung seiner Aufgaben eng mit den anderen, beim BMAS gebildeten Ausschüssen zusammenzuarbeiten. Dabei handelt es sich um den Ausschuss für Betriebssicherheit (§ 24 BetrSichV), den Ausschuss für technische Arbeitsmittel und Verbraucherprodukte (§ 13 GPSG), den Ausschuss für Gefahrstoffe (§ 21 GefStoffV), den Ausschuss für biologische Arbeitsstoffe (§ 17 BioStoffV) und den Ausschuss für Arbeitsmedizin (§ 9 ArbMedVV). 9

ArbStättV § 7

V. Bekanntmachung der Regeln für Arbeitsstätten (Abs. 4)

10 Abs. 4 regelt die Bekanntmachung der vom ASTA ermittelten Regeln und Erkenntnisse. Die **Bekanntmachung** ist eine **zwingende Voraussetzung** für die **Verpflichtung des Arbeitgebers zur Berücksichtigung der Regeln und Erkenntnisse** beim Einrichten und Betreiben von Arbeitsstätten gemäß § 3a Abs. 1 Satz 2 (→ § 3 Rn. 4). Durch die Formulierung „kann ... bekannt machen" wird ausdrücklich klargestellt, dass das BMAS nicht an die Beschlüsse des ASTA zur Regelsetzung gebunden ist, sondern frei darüber entscheiden kann, ob eine vom ASTA ermittelte Regel oder Erkenntnis die Rechtswirkung des § 3 Abs. 1 Satz 2 erlangen soll, indem sie als Teil des technischen Regelwerks der Arbeitsstättenverordnung bekannt gemacht wird. Der Inhalt der vom ASTA ermittelten Regeln und Erkenntnisse steht dadurch unter dem Vorbehalt der Genehmigung durch das BMAS. Die ursprüngliche Fassung des Abs. 4 enthielt noch keine Regelung darüber, wie die Bekanntmachung erfolgen soll. In der seit 9.3.2007 gültigen Fassung vom 6.3.2007 (BGBl. I S. 261) ist bestimmt, dass die **Bekanntmachung im Gemeinsamen Ministerialblatt** zu erfolgen hat. Diese Regelung war notwendig, nachdem das Bundesarbeitsblatt, in dem die alten Arbeitsstättenrichtlinien bekannt gemacht wurden (vgl. § 3 Abs. 2 ArbStättV 1975), mit Wirkung zum 31.12.2006 eingestellt wurde.

VI. Beteiligung von Bund und Ländern an den Ausschusssitzungen (Abs. 5)

11 Abs. 5 räumt den Bundesministerien sowie den zuständigen obersten Landesbehörden ist das Recht ein, an den Sitzungen des ASTA teilzunehmen und dort das Wort zu ergreifen. Dadurch soll es den Bundesministerien und den für den Vollzug der Arbeitsstättenverordnung zuständigen Ländern, die nicht durch eigene Mitglieder im ASTA vertreten sind, ermöglicht werden, auf die Tätigkeit des Ausschusses Einfluss zu nehmen und etwa vorzuschlagen, dass bestimmte Regeln und Erkenntnisse ermittelt bzw. überarbeitet werden.

VII. Geschäftsführung des Ausschusses (Abs. 6)

12 Abs. 6 bestimmt, dass die Geschäfte des ASTA – ebenso wie bei den bereits bestehenden Ausschüssen – durch die **Bundesanstalt für Arbeitsschutz und Arbeitsmedizin (BAuA)** geführt werden, um den dort vorhandenen Sachverstand und die Erfahrungen zu nutzen. Die BAuA informiert regelmäßig auf ihrer Homepage (www.baua.de) über die Tätigkeit des ASTA und die bereits bekannt gemachten oder noch in der Bearbeitung befindlichen Regeln für Arbeitsstätten.

§ 8 Übergangsvorschriften

(1) ¹Soweit für Arbeitsstätten,
1. die am 1. Mai 1976 errichtet waren oder mit deren Einrichtung vor diesem Zeitpunkt begonnen worden war oder
2. die am 20. Dezember 1996 eingerichtet waren oder mit deren Einrichtung vor diesem Zeitpunkt begonnen worden war und für die zum Zeitpunkt der Einrichtung die Gewerbeordnung keine Anwendung fand,

in dieser Verordnung Anforderungen gestellt werden, die umfangreiche Änderungen der Arbeitsstätte, der Betriebseinrichtungen, Arbeitsverfahren oder Arbeitsabläufe notwendig machen, gelten hierfür nur die entsprechenden Anforderungen des Anhangs II der Richtlinie 89/654/EWG des Rates vom 30. November 1989 über Mindestvorschriften für Sicherheit und Gesundheitsschutz in Arbeitsstätten (ABl. EG Nr. L 393 S. 1). ²Soweit diese Arbeitsstätten oder ihre Betriebseinrichtungen wesentlich erweitert oder umgebaut oder die Arbeitsverfahren oder Arbeitsabläufe wesentlich umgestaltet werden, hat der Arbeitgeber die erforderlichen Maßnahmen zu treffen, damit diese Änderungen, Erweiterungen oder Umgestaltungen mit den Anforderungen dieser Verordnung übereinstimmen.

(2) Die im Bundesarbeitsblatt bekannt gemachten Arbeitsstättenrichtlinien gelten bis zur Überarbeitung durch den Ausschuss für Arbeitsstätten und der Bekanntmachung entsprechender Regeln durch das Bundesministerium für Arbeit und Soziales, längstens jedoch bis zum 31. Dezember 2012, fort.

I. Überblick

Abs. 1 regelt den fortwirkenden Bestandsschutz für diejenigen Alt-Arbeitsstätten, die bereits vor der Novellierung der ArbStättV im Jahr 2004 bestandsgeschützt waren. Abs. 2 enthält eine zeitlich befristete Übergangsregelung zur vorübergehenden Fortgeltung der bestehenden Arbeitsstättenrichtlinien bis zur Ablösung durch neue technische Regeln für Arbeitsstätten. 1

II. Bestandsschutz für Alt-Arbeitsstätten (Abs. 1)

1. Anwendungsbereich (Satz 1 Nr. 1 und 2)

Die Bestandsschutzregelung des Abs. 1 gilt für **zwei Gruppen von Alt-Arbeitsstätten.** Satz 1 Nr. 1 betrifft die sog. **gewerblichen Alt-Arbeitsstätten,** die bereits vor dem Inkrafttreten der ArbStättV 1975 am **1.5.1976** bestanden haben. Satz 1 Nr. 2 erfasst die sog. **nichtgewerbliche Alt-Arbeitsstätten,** d. h. diejenigen Arbeitsstätten, die erst mit Wirkung zum **20.12.1996** durch die Anpassung des Anwendungsbereichs der ArbStättV 1975 an den des ArbSchG (vgl. § 1 Abs. 1 ArbStättV 1996) in die Arbeitsstättenrecht einbezogen worden sind. 2

Bestandsschutz nach Abs. 1 genießen nur solche **Alt-Arbeitsstätten,** die zum **maßgeblichen Stichtag** (1.5.1976 für gewerbliche und 20.12.1996 für nichtgewerbliche Arbeitsstätten) **errichtet** waren oder mit deren **Errichtung vor diesem Zeitpunkt begonnen** worden war. Für die Errichtung kommt es nicht allein auf die 3

ArbStättV § 8   Arbeitsstättenverordnung

tatsächliche Fertigstellung der Arbeitsstätte an. Die Arbeitsstätte muss vielmehr baurechtlich legal errichtet worden sein, d. h. insbesondere mit einer entsprechenden Baugenehmigung der zuständigen Bauordnungsbehörde (vgl. BVerwG v. 16.4.1980, IV C 90.77, MDR 1980, 960 = GewArch 1980, 33). Baurechtswidrige Arbeitsstätten genießen keinen Bestandsschutz. Für den Beginn der Errichtung ist maßgeblich, dass der Betroffene bereits konkrete Vorbereitungshandlungen durchgeführt hat, die nicht oder nur schwer rückgängig gemacht werden können (z. B. die Aushebung der Baugrube oder ein bindender Vertrag über die bauliche Errichtung der Arbeitsstätte).

2. Inhalt und Umfang des Bestandsschutzes (Satz 1)

4   Grundsätzlich gilt, dass auch bestandsgeschützte Alt-Arbeitsstätten den Bestimmungen der Arbeitsstättenverordnung entsprechen müssen. Sie sind jedoch von der **Einhaltung solcher Anforderungen ausgenommen, die umfangreiche Änderungen der Arbeitsstätte, der Betriebseinrichtungen, der Arbeitsverfahren oder der Arbeitsabläufe notwendig machen.** Ob eine Änderung „umfangreich" ist, bestimmt sich nicht jedoch so sehr nach technischen oder baulichen Gesichtspunkten, sondern primär danach, welchen finanziellen Aufwand die notwendigen Anpassungsmaßnahmen erfordern und ob dies dem Arbeitgeber wirtschaftlich zumutbar ist (vgl. OVG Bremen v. 22.6.1995, 1 BA 49/95).

5   Der Bestandsschutz für Alt-Arbeitsstätten hat nicht zur Folge, dass der Arbeitgeber vollständig von den Vorgaben des Arbeitsstättenrechts befreit wird. Auch **bestandsgeschützte Alt-Arbeitsstätten** müssen wenigstens den zwingenden **Mindestanforderungen des europäischen Arbeitsstättenrechts** entsprechen. Satz 1 bestimmt deshalb, dass an die Stelle der nicht einzuhaltenden Anforderungen der Arbeitsstättenverordnung die entsprechenden **Vorgaben des Anhangs II der EG-Arbeitsstättenrichtlinie (89/654/EWG)** für bereits genutzte Arbeitsstätten treten und vom Arbeitgeber umgesetzt werden müssen. Diese Regelung gilt – im Unterschied zur früheren Rechtslage (vgl. § 56 Abs. 1 und 3 ArbStättV 1975) – einheitlich für beide Gruppen von Alt-Arbeitsstätten. Seit der Novellierung der Arbeitsstättenverordnung müssen deshalb auch gewerbliche Alt-Arbeitsstätten mindestens die Vorgaben des Anhangs II der EG-Arbeitsstättenrichtlinie einhalten, soweit sie von den Anforderungen der ArbStättV befreit sind. Vorher war dies nur für die nichtgewerblichen Alt-Arbeitsstätten vorgeschrieben.

3. Aufhebung des Bestandsschutzes (Satz 2)

6   Der Bestandsschutz für Alt-Arbeitsstätten wird dadurch aufgehoben, dass der Arbeitgeber nachträglich bestimmte Maßnahmen vornimmt, die eine **wesentliche Änderung der bestandgeschützten Arbeitsstätte** zur Folge haben. Dazu gehören nach Satz 2 zum einen bauliche Veränderungen, die zu führen, dass **Arbeitsstätten oder ihre Betriebseinrichtungen wesentlich erweitert oder umgebaut** werden, zum anderen technische oder organisatorische Maßnahmen, durch die bestehende **Arbeitsverfahren oder Arbeitsabläufe wesentlich umgestaltet** werden. Nicht mehr erfasst wird im Unterschied zur früheren Rechtslage (vgl. § 56 Abs. 2 Nr. 2 ArbStättV 1996) der Fall, dass der Arbeitgeber die Nutzung der Arbeitsstätte wesentlich ändert. Ob die bestandsgeschützte Arbeitsstätte durch eine der o. g. Maßnahmen so wesentlich erweitert, umgebaut oder umgestaltet wird, dass der Bestandsschutz aufgehoben wird, hängt von den konkreten Verhältnissen

im Einzelfall ab und sollte deshalb bereits im Vorfeld mit den zuständigen Aufsichtsbehörden erörtert und abgestimmt werden.

Die Aufhebung des Bestandsschutzes hat zur Folge, dass der Arbeitgeber zur **Anpassung der Alt-Arbeitsstätte an die Anforderungen der ArbStättV** verpflichtet ist. Der Arbeitgeber hat nach Satz 2 von sich aus die erforderlichen Maßnahmen zu treffen, damit die beabsichtigten Änderungen, Erweiterungen oder Umgestaltungen mit den Anforderungen der Arbeitsstättenverordnung übereinstimmen. Diese Regelung beinhaltet eine Verschärfung gegenüber der früheren Rechtslage (vgl. § 56 Abs. 2 ArbStättV 1975), nach der die Anpassung der Alt-Arbeitsstätte an die Anforderungen der ArbStättV erst auf entsprechendes Verlangen der zuständigen Aufsichtsbehörde vorgenommen werden musste. In Härtefällen kann der Arbeitgeber bei der zuständigen Aufsichtsbehörde eine Ausnahme nach § 3 Abs. 3 beantragen.

7

III. Übergangsregelung zur Fortgeltung der Arbeitsstättenrichtlinien (Abs. 2)

Der Gesetzgeber hat in Abs. 2 eine Übergangsregelung für den Zeitraum bis zur Erstellung des neuen technischen Regelwerkes durch den Ausschuss für Arbeitsstätten getroffen, indem er bestimmt hat, dass die bestehenden Arbeitsstättenrichtlinien, die zur ArbStättV 1975 erlassen worden sind, nach Inkrafttreten der novellierten ArbStättV noch solange fortgelten sollen, bis sie durch neue technische Regeln für Arbeitsstätten ersetzt worden sind. Diese Übergangsregelung hat der Gesetzgeber zeitlich befristet, um sicherzustellen, dass die Ablösung der alten Arbeitsstättenrichtlinien durch neue technische Regeln für Arbeitsstätten zügig vorgenommen wird. Ursprünglich bestand eine Übergangsfrist von 6 Jahren ab Inkrafttreten der novellierten Arbeitsstättenverordnung (vgl. § 8 Abs. 2 ArbStättV 2004), die durch die Änderungsverordnung 2010 bis zum 31.12.2012 verlängert worden ist. Die **Übergangsregelung des Abs. 2 ist mit Wirkung zum 1.1.2013 ausgelaufen.** Dies hat zur Folge, dass auch diejenigen Arbeitsstättenrichtlinien nicht mehr angewendet werden können, die noch nicht durch neue technische Regeln für Arbeitsstätten ersetzt worden sind.

8

§ 9 Straftaten und Ordnungswidrigkeiten

(1) **Ordnungswidrig im Sinne des § 25 Absatz 1 Nummer 1 des Arbeitsschutzgesetzes handelt, wer vorsätzlich oder fahrlässig**
1. **entgegen § 3 Absatz 3 eine Gefährdungsbeurteilung nicht richtig, nicht vollständig oder nicht rechtzeitig dokumentiert,**
2. **entgegen § 3a Absatz 1 Satz 1 nicht dafür sorgt, dass eine Arbeitsstätte in der dort vorgeschriebenen Weise eingerichtet oder betrieben wird,**
3. **entgegen § 4 Absatz 1 Satz 2 die Arbeit nicht einstellt,**
4. **entgegen § 4 Absatz 3 eine dort genannte Sicherheitseinrichtung nicht oder nicht in der vorgeschriebenen Weise warten oder prüfen lässt,**
5. **entgegen § 4 Absatz 4 Satz 1 Verkehrswege, Fluchtwege oder Notausgänge nicht freihält,**
6. **entgegen § 4 Absatz 4 Satz 2 eine Vorkehrung nicht trifft,**
7. **entgegen § 4 Absatz 5 ein Mittel oder eine Einrichtung zur Ersten Hilfe nicht zur Verfügung stellt,**

ArbStättV § 9 Arbeitsstättenverordnung

8. entgegen § 6 Absatz 2 Satz 1 einen Toilettenraum nicht bereitstellt,
9. entgegen § 6 Absatz 3 einen Pausenraum oder einen Pausenbereich nicht zur Verfügung stellt.

(2) Wer durch eine in Absatz 1 bezeichnete vorsätzliche Handlung das Leben oder die Gesundheit von Beschäftigten gefährdet, ist nach § 26 Nummer 2 des Arbeitsschutzgesetzes strafbar.

I. Überblick

1 § 9 regelt die straf- und ordnungswidrigkeitenrechtliche Ahndung der Verletzung bestimmter Pflichten nach der ArbStättV unter Anknüpfung an die entsprechenden Bestimmungen des Arbeitsschutzgesetzes (vgl. §§ 25, 26 ArbSchG). Die Vorschrift ist mit der Änderungsverordnung 2010 in die ArbStättV eingefügt worden, um für die Aufsichtsbehörden eine unmittelbare Sanktionsmöglichkeit bei Verstößen gegen die Vorschriften der ArbStättV zu schaffen (vgl. die amtliche Begründung in BR-Drs. 262/10, S. 29).

II. Ordnungswidrigkeiten (Abs. 1)

2 Abs. 1 enthält einen **abschließenden Katalog von 9 Tatbeständen,** die von den zuständigen Aufsichtsbehörden der Länder als **Ordnungswidrigkeit** i. S. d. § 25 Abs. 1 Nr. 1 ArbSchG mit einem **Bußgeld** geahndet werden können. Den **Tatbestand einer Ordnungswidrigkeit** nach Abs. 1 begeht, wer vorsätzlich oder fahrlässig eine der in Nr. 1 bis 9 aufgeführten Pflichten verletzt. **Täter** kann jede natürliche Person sein, die als Arbeitgeber oder dessen Repräsentant i. S. d. § 13 ArbSchG für die Durchführung der in Abs. 1 genannten Maßnahmen verantwortlich ist. **Tathandlung** ist die vorsätzliche oder fahrlässige Verletzung einer der in Abs. 1 Nr. 1 bis 9 aufgeführten Pflichten. **Vorsatz** liegt vor, wenn der Täter die Pflichtverletzung bewusst und gewollt begeht, wobei es genügt, dass er die Pflichtverletzung mindestens billigend in Kauf nimmt (bedingter Vorsatz mit der Einstellung: „ist mir doch egal"). **Fahrlässigkeit** ist gegeben, wenn der Täter die Pflichtverletzung nicht willentlich begangen hat, weil ihm entweder die ihm obliegende Pflicht nicht bewusst war (unbewusste Fahrlässigkeit) oder weil er pflichtwidrig darauf vertraut hat, es wird schon nichts passieren (bewusste Fahrlässigkeit).

3 Die zuständigen Aufsichtsbehörden der Länder können als **Sanktion für eine Ordnungswidrigkeit** nach Abs. 1 eine **Geldbuße bis zu 5.000,00 Euro** verhängen (vgl. § 25 Abs. 1 Nr. 1 i. V. m. Abs. 2 ArbSchG). Der Landesausschuss für Arbeitsschutz und Sicherheitstechnik (LASI) hat im Februar 2013 **zwei Bußgeldkataloge für Arbeitsstätten und Baustellen** erlassen (abrufbar auf der Homepage des LASI unter http://lasi.osha.de). Dadurch soll sichergestellt werden, dass bei der Ahndung von Verstößen gegen die ArbStättV bundesweit einheitliche Bußgeldsätze zugrunde gelegt werden. Die Bußgeldkataloge enthalten für die einzelnen Ordnungswidrigkeitentatbestände des Abs. 1 Nr. 1 bis 9 jeweils konkrete **Regelsätze,** die für die Zumessung der Geldbuße nach § 17 Abs. 3 OWIG maßgeblich sind. Diese Regelsätze gelten für vorsätzliches Handeln und sind bei fahrlässiger Tatbegehung im Regelfall um die Hälfte zu verringern (vgl. § 17 Abs. 2 OWiG). Der **Bußgeldkatalog für Arbeitsstätten (ohne Baustellen)** enthält folgende **Regelsätze:**

Straftaten und Ordnungswidrigkeiten **§ 9 ArbStättV**

- Nr. 1 i. V. m. § 3 Abs. 3: Regelsatz von 3.000,00 € für Mängel bei der Dokumentation der Gefährdungsbeurteilung
- Nr. 2 i. V. m. § 3a Abs. 1 S. 1 (Mängel bei der Einrichtung und dem Betrieb der Arbeitsstätte): Regelsatz von 3.000,00 € für mangelhafte bzw. nicht geeignete Fluchtwege und Notausgänge, von 2.000,00 € für die fehlende bzw. unzureichende Sicherheitskennzeichnung von Fluchtwegen oder Notausgängen und von 1.000,00 € für zu hohe bzw. zu niedrige Raumtemperaturen ohne Kompensationsmaßnahmen
- Nr. 3 i. V. m. § 4 Abs. 1 Satz 2: Regelsatz von 5.000,00 € für die Nichteinstellung der Arbeiten bei gefährlichen Mängeln bis zu deren Beseitigung
- Nr. 4 i. V. m. § 4 Abs. 3: Regelsatz von 1.000,00 € für die unterbliebene oder mangelhafte Prüfung und Wartung der Sicherheitseinrichtungen
- Nr. 5 i. V. m. § 4 Abs. 4 S. 1: Regelsatz von 2.000,00 € für das Nichtfreihalten von Verkehrswegen, Fluchtwegen oder Notausgängen
- Nr. 6 i. V. m. § 4 Abs. 4 Satz 2: Regelsatz von 2.000,00 € für das Fehlen von Vorkehrungen für die Flucht und Rettung der Beschäftigten im Gefahrenfall
- Nr. 7 i. V. m. § 4 Abs. 5: Regelsatz von 200,00 € für fehlende oder unzureichende Erste-Hilfe-Mittel bzw. 1.000,00 € für fehlende Erste-Hilfe-Einrichtungen
- Nr. 8 i. V. m. § 6 Abs. 2 S. 1: Regelsatz von 600,00 € für fehlende Toilettenräume
- Nr. 9 i. V. m. § 6 Abs. 3: Regelsatz von 600,00 € für fehlende Pausenräume oder Pausenbereiche

III. Straftaten (Abs. 2)

Den **Tatbestand einer Straftat** i. S. d. § 26 Nr. 2 ArbSchG begeht, wer vorsätz- **4** lich durch eine in Abs. 1 bezeichnete Handlung das Leben oder die Gesundheit von Beschäftigten gefährdet. **Täter** kann jede natürliche Person sein, die als Arbeitgeber oder dessen Repräsentant i. S. d. § 13 ArbSchG für die Durchführung der in Abs. 1 genannten Maßnahmen verantwortlich ist. **Tathandlung** ist die vorsätzliche Verletzung einer der in Abs. 1 Nr. 1 bis 9 aufgeführten Pflichten. Aufgrund der Ausgestaltung als **konkretes Gefährdungsdelikt** setzt die Strafbarkeit zusätzlich voraus, dass durch die Tathandlung das **Leben oder die Gesundheit von Beschäftigten gefährdet** wird. Dies ist der Fall, wenn als Folge der Pflichtverletzung i. S. d. Abs. 1 der Eintritt einer Beeinträchtigung von Leben und Gesundheit der Beschäftigten in bedrohliche oder nächste Nähe gerückt ist (vgl. BGH v. 5.3.1969, 4 StR 375/68, BGHSt 22, 341). Der **Vorsatz** des Täters muss sich nur auf die Tathandlung und die dadurch geschaffene Gefährdungslage beziehen (Gefährdungsvorsatz), nicht jedoch auch auf deren Verwirklichung in Form des Eintritts einer Beeinträchtigung von Leben und Gesundheit der Beschäftigten (Schädigungsvorsatz). Als **Sanktion für die Straftat** kann durch das Strafgericht eine **Freiheitsstrafe** bis zu einem Jahr oder eine **Geldstrafe** bis zu 360 Tagessätzen (vgl. § 40 StGB) verhängt werden (vgl. § 26 Nr. 2 ArbSchG).

ArbStättV Anh.

Arbeitsstättenverordnung

Anhang: Anforderungen an Arbeitsstätten nach § 3a Abs. 1 der Verordnung

Inhaltsübersicht
1. Allgemeine Anforderungen
   1.1 Konstruktion und Festigkeit von Gebäuden
   1.2 Abmessungen von Räumen, Luftraum
   1.3 Sicherheits- und Gesundheitsschutzkennzeichnung
   1.4 Energieverteilungsanlagen
   1.5 Fußböden, Wände, Decken, Dächer
   1.6 Fenster, Oberlichter
   1.7 Türen, Tore
   1.8 Verkehrswege
   1.9 Fahrtreppen, Fahrsteige
   1.10 Laderampen
   1.11 Steigleitern, Steigeisengänge
2. Maßnahmen zum Schutz vor besonderen Gefahren
   2.1 Schutz vor Absturz und herabfallenden Gegenständen, Betreten von Gefahrenbereichen
   2.2 Maßnahmen gegen Brände
   2.3 Fluchtwege und Notausgänge
3. Arbeitsbedingungen
   3.1 Bewegungsfläche
   3.2 Anordnung der Arbeitsplätze
   3.3 Ausstattung
   3.4 Beleuchtung und Sichtverbindung
   3.5 Raumtemperatur
   3.6 Lüftung
   3.7 Lärm
4. Sanitärräume, Pausen- und Bereitschaftsräume, Erste-Hilfe-Räume, Unterkünfte
   4.1 Sanitärräume
   4.2 Pausen- und Bereitschaftsräume
   4.3 Erste-Hilfe-Räume
   4.4 Unterkünfte
5. Ergänzende Anforderungen an besondere Arbeitsstätten
   5.1 Nicht allseits umschlossene und im Freien liegende Arbeitsstätten
   5.2 Zusätzliche Anforderungen für Baustellen

Die nachfolgenden Anforderungen gelten in allen Fällen, in denen die Eigenschaften der Arbeitsstätte oder der Tätigkeit, die Umstände oder eine Gefährdung der Beschäftigten dies erfordern.

Die Rechtsvorschriften, die in Umsetzung des Artikels 95 EG-Vertrag Anforderungen an die Beschaffenheit von Arbeitsmitteln stellen, bleiben unberührt.

1   Die **Funktion der Bestimmungen des Anhangs** besteht in der Ergänzung und Konkretisierung der grundlegenden Anforderungen für das Einrichten und Betreiben der Arbeitsstätte in § 3a Abs. 1. Einzelne Bestimmungen des Anhangs beziehen sich auch auf die speziellen Vorgaben für den Betrieb der Arbeitsstätte in § 4 (vgl. Ziff. 2.3 des Anhangs) und die nach § 6 bereitzustellenden Räume (vgl. Ziff. 1.2 und 4.1 bis 4.4 des Anhangs). Die Vorschriften des Anhangs sind entsprechend der neuen Schutzzielsystematik der ArbStättV 2004 so konzipiert, dass betriebsnahe Gestaltungsmöglich-

keiten den Vorrang vor differenzierten Verhaltensvorgaben haben. Die Konkretisierungen des Anhangs enthalten Anforderungen, die aufgrund wissenschaftlicher begründeter Erkenntnisse und zwingender Anforderungen zur wirksamen Ausfüllung des arbeitsstättenbezigenen Arbeits- und Gesundheitsschutzes erfüllt werden müssen (vgl. die amtliche Begründung in BR-Drs. 450 v. 26.5.2004, S. 31). Richtschnur bei der Formulierung dieser konkretisierenden Anforderungen sind
- am Stand der Technik ausgerichtete betriebsnahe Schutzziele,
- Festlegungen, die im europäischen Recht benannt und im nationalen Recht bereits umgesetzt oder noch zu übernehmen sind,
- bewährte, beizubehaltende Inhalte des geltenden Arbeitsstättenrechts,
- Regelungen des Arbeitsschutzes, die im Rahmen der Deregulierung aus anderen Vorschriften wie der Gewerbeordnung oder Winterbauverordnung zu übernehmen sind.

Satz 1 der Präambel stellt in Übereinstimmung mit Ziff. 1 des Anhangs I der EG-Arbeitsstättenrichtlinie bezüglich der **Anwendung der Vorschriften des Anhangs** klar, dass diese nur insoweit anzuwenden sind, als dies für die Gewährleistung der Sicherheit und des Gesundheitsschutzes der Beschäftigten bei der Einrichtung und dem Betrieb von Arbeitsstätten erforderlich ist. Die Oder-Verknüpfung der vier Bedingungen „Eigenschaften der Arbeitsstätte", „Art der Tätigkeit", „Umstände" und „Gefährdung der Beschäftigten" macht deutlich, dass die Vorschriften des Anhangs immer dann verbindlich gelten, wenn sich die Notwendigkeit ihrer Anwendung aus einem der vier genannten Sachverhalte ergibt. Im Umkehrschluss ist zu folgern, dass Vorschriften, bei denen sich entweder kein Bezug zur jeweiligen Arbeitsstätte oder zu der in dieser verrichteten Tätigkeit herstellen lässt oder deren Nichtbeachtung nicht mit Gefährdungen für die Sicherheit und Gesundheit der Beschäftigten verbunden ist, außer Betracht bleiben können (vgl. LASI, Leitlinien ArbStättV, F 1 auf S. 18). 2

Satz 2 der Präambel enthält bezüglich der **Anforderungen an die Beschaffenheit von Arbeitmitteln** eine klarstellende Regelung zum Konkurrenzverhältnis zwischen den Vorschriften des Anhangs und den Rechtsvorschriften des produktbezogenen Arbeitsschutzes, die in Umsetzung des Art. 95 EGV (jetzt: Art. 114 AEUV) erlassen worden sind (vgl. die amtliche Begründung in BR-Drs. 450 v. 26.5.2004, S. 30). So unterliegen etwa die an verschiedenen Stellen des Anhangs genannten Bauprodukte (z.B. elektrische Anlagen, Fenster, Türen, Rolltreppen, Laderampen, Steigleitern) nur insoweit den Anforderungen der ArbStättV und ihres Anhangs, wie gerade die spezifische Funtion des Bauprodukts als Bestandteil der Arbeitsstätte und der damit einhergehende Schutzzweckzusammenhang berührt ist. 3

1. ALLGEMEINE ANFORDERUNGEN

1.1 Konstruktion und Festigkeit von Gebäuden

Gebäude für Arbeitsstätten müssen eine der Nutzungsart entsprechende Konstruktion und Festigkeit aufweisen.

Ziff. 1.1. enthält grundlegende **Anforderungen an die Konstruktion und Festigkeit von Gebäuden,** die für die **Einrichtung und den Betrieb von Arbeitsstätten** genutzt werden. Die Bestimmung ist mit der ArbStättV 2004 neu in 1

ArbStättV Anh.

das Arbeitsstättenrecht aufgenommen worden. Sie entspricht Ziff. 2 des Anhangs I der EG-Arbeitsstättenrichtlinie und setzt gleichzeitig Ziff. 1.1 des Anhanges IV Teil A der EG-Baustellenrichtlinie sowie in Verbindung mit den speziellen Anforderungen des Abschnitts 5.2 Ziff. 1.1 des Anhanges IV Teil B Abschnitt II der EG-Baustellenrichtlinie um.

2   Die grundsätzlichen Anforderungen an die Konstruktion und Festigkeit von Gebäuden sind im Baurecht der Länder geregelt und vom Bauherrn zu erfüllen. Das Arbeitsstättenrecht richtet sich an den Arbeitgeber, der in Kenntnis der speziellen betrieblichen Gegebenheiten und der sich daraus ergebenden Anforderungen entscheiden muss, ob er ein Gebäude als Arbeitsstätte nutzen kann. Die **Nutzung eines Gebäudes als Arbeitsstätte** kann dazu führen, dass **bestimmte betriebstechnische oder bauliche Maßnahmen** (u. a. Aufstellung von Maschinen oder Anlagen, Einrichtung von Registraturen oder Lagern, Veränderungen der Bausubstanz wie das Durchbrechen oder Herausnehmen von Wänden oder Decken bzw. den Einbau von Aufzügen oder zusätzlichen Treppen, Türen und Fenstern) vorgenommen werden, die **zusätzliche Anforderungen an die Stabilität („Konstruktion") und Festigkeit von Gebäuden** (z. B. die erhöhte Tragfähigkeit der Geschossdecken) stellen (vgl. LASI, Leitlinien ArbStättV, G 1.1 auf S. 19). Durch Ziff. 1.1. soll gewährleistet werden, dass die über die allgemeinen Vorgaben des Baurechts hinausgehenden speziellen arbeitsstättenrechtlichen Anforderungen an die Konstruktion und Festigkeit von Gebäuden, die als Arbeitsstätten genutzt werden, eingehalten werden. Die zuständigen Arbeitsschutzbehörden können deshalb vom Arbeitgeber im Einzelfall verlangen, dass er ihnen die Eignung des Gebäudes als Arbeitsstätte nachweist (vgl. LASI, Leitlinien ArbStättV, aaO).

1.2 Abmessungen von Räumen, Luftraum

(1) **Arbeitsräume müssen eine ausreichende Grundfläche und eine, in Abhängigkeit von der Größe der Grundfläche der Räume, ausreichende lichte Höhe aufweisen, so dass die Beschäftigten ohne Beeinträchtigung ihrer Sicherheit, ihrer Gesundheit oder ihres Wohlbefindens ihre Arbeit verrichten können.**

(2) **Die Abmessungen aller weiteren Räume richten sich nach der Art ihrer Nutzung.**

(3) **Die Größe des notwendigen Luftraumes ist in Abhängigkeit von der Art der körperlichen Beanspruchung und der Anzahl der Beschäftigten sowie der sonstigen anwesenden Personen zu bemessen.**

1   Ziff. 1.2 enthält grundlegende **Anforderungen an die Abmessungen der Arbeitsräume und sonstigen Räume der Arbeitsstätte** (Sanitär-, Pausen- und Bereitschaftsräume, Erste-Hilfe-Räume und Unterkünfte) und ergänzt insoweit die entsprechenden Vorschriften im Paragraphenteil (vgl. § 6 Abs. 1 und Abs. 6). Ziel dieser Regelung ist neben dem Schutz von Sicherheit und Gesundheit auch das Wohlbefinden der Beschäftigten bei der Arbeit. Ziff. 1.2 setzt Ziff. 15.1 Teilsatz 1 des Anhanges I der EG-Arbeitsstättenrichtlinie um und orientiert sich weitgehend am Inhalt der Vorläuferregelung des § 23 ArbStättV 1975, verzichtet jedoch aus Gründen der Flexibilität auf konkrete Maßvorgaben für die Grundfläche und lichte Höhe der jeweiligen Räume in der Arbeitsstätte sowie die Größe des notwendigen Luftraums.

Arbeitsräume müssen nach § 6 Abs. 1 und Ziff. 1.2 Abs. 1 eine **ausreichende** 2
Grundfläche und lichte Höhe aufweisen. Diese allgemein gehaltenen Vorgaben werden durch die **Arbeitsstättenregel ASR A1.2 „Raumabmessungen und Bewegungsflächen"** (Ausgabe September 2013, GMBl. 2013, S. 910). bezüglich der Grundfläche in Ziff. 5 und bezüglich der lichten Höhe in Ziff. 6 näher konkretisiert.
    Für die **Bemessung der Grundfläche der Arbeitsräume** sind nach Ziff. 5 3 Abs. 1 und 2 ASR A1.2 im Wesentlichen drei Faktoren maßgeblich: die Anzahl der Arbeitsplätze, die Tätigkeit der Beschäftigten und der Flächenbedarf, der benötigt wird als Bewegungsfläche für die Beschäftigten am Arbeitsplatz (vgl. Ziff. 5.1), für Verkehrswege einschließlich der Fluchtwege und Gänge zu den Arbeitsplätzen und zu gelegentlich benutzten Betriebseinrichtungen (vgl. Ziff. 5.2), als Stell- und Funktionsfläche für Arbeitsmittel, Einbauten und Einrichtungen (vgl. Ziff. 5.3 und 5.4) sowie für zusätzliche Sicherheitsabstände (vgl. Ziff. 5.5). Die **Mindestgrundfläche von Arbeitsräumen** beträgt 8 m^2 für einen Arbeitsplatz und mindestens 6 m^2 für jeden weiteren Arbeitsplatz (vgl. Ziff. 5.3 Abs. 3). Für **Büro- und Bildschirmarbeitsplätze** gelten nach Ziff. 5 Abs. 4 folgende **Richtwerte**: In Zellenbüros (vgl. Ziff. 3.8) beträgt der Flächenbedarf für jeden Arbeitsplatz einschließlich Möblierung und anteiliger Verkehrsflächen im Raum 8 bis 10 m^2. Für Großraumbüros mit einer Grundfläche ab 400 m^2 (vgl. Ziff. 3.10) ist aufgrund des höheren Verkehrsflächenbedarfs und der größeren Störwirkungen von einem Flächenbedarf von 12 bis 15 m^2 für jeden Arbeitsplatz auszugehen. Der Anhang 1 der ASR A1.2 enthält beispielhafte Gestaltungslösungen für den Flächenbedarf pro Arbeitsplatz in den einzelnen Bürotypen.
    Die **Bemessung der lichten Höhe von Arbeitsräumen** bestimmt sich nach 4 vier Faktoren: den Bewegungsfreiräumen für die Beschäftigten, der Nutzung der Arbeitsräume, den technischen Anforderungen (z. B. Platzbedarf für Lüftung und Beleuchtung) und den Erfordernissen hinsichtlich des Wohlbefindens der Beschäftigten (vgl. Ziff. 6 Abs. 1). Die **Mindesthöhe von Arbeitsräumen** bemisst sich nach der Größe der Grundfläche und ist wie folgt gestaffelt (vgl. Ziff. 6 Abs. 2):
– 2,50 m bei einer Grundfläche bis zu 50 m^2,
– 2,75 m bei einer Grundfläche zwischen 51 und 100 m^2,
– 3,00 m bei einer Grundfläche von mehr als 100 m^2 und
– 3,25 m bei einer Grundfläche von mehr als 2.000 m^2.

    Die o. g. Maße können nach Ziff. 6 Abs. 3 um bis zu 0,25 m herabgesetzt, wenn 5 eine Gefährdungsbeurteilung ergibt, dass keine gesundheitliche Bedenken entgegenstehen. Eine lichte Höhe von 2,50 m darf jedoch nicht unterschritten werden. In Arbeitsräumen mit bis zu 50 m^2 Grundfläche, in denen überwiegend leichte oder sitzende Tätigkeit ausgeübt wird, kann die lichte Höhe auf das nach Landesrecht zulässige Maß herabgesetzt werden, wenn dies mit der Nutzung der Arbeitsräume vereinbar ist und zu keiner Beeinträchtigung für die Sicherheit, Gesundheit und das Wohlbefinden der Beschäftigten führt (vgl. Ziff. 6 Abs. 4 und 5). Räume mit Schrägdecken dürfen nach Ziff. 6 Abs. 6 nur dann als Arbeitsräume genutzt werden, wenn die Anforderungen an Aufenthaltsräume mit Schrägdecken nach Landesbaurecht erfüllt sind und zusätzlich die Vorgaben der Absätze 2 bis 5 eingehalten werden.
    Nach Ziff. 1.2 Abs. 2 bemisst sich die **Grundfläche und Höhe der Sanitär-,** 6 **Pausen- und Bereitschaftsräume, Erste-Hilfe-Räume und Unterkünfte** nach der Art ihrer Nutzung. Diese allgemeinen Anforderungen werden durch die **Arbeitsstättenregeln ASR A4.1 „Sanitärräume"** (Ausgabe September 2013, GMBl. 2013, S. 919), **ASR A4.2 „Pausen- und Bereitschaftsräume"** (Ausgabe

ArbStättV Anh. Arbeitsstättenverordnung

August 2012, GMBl. 2012, S. 660; zuletzt geändert im April 2014, GMBl. 2014, S. 287), **ASR A4.3 „Erste-Hilfe Räume, Mittel und Einrichtungen zur Ersten Hilfe"** (Ausgabe Dezember 2010, GMBl. 2010, S. 1764; zuletzt geändert im April 2014, GMBl. 2014, S. 288) und **ASR A4.4 „Unterkünfte"** (Ausgabe Juni 2010, GMBl.2010, S. 751; zuletzt geändert im April 2014, GMBl. 2014, S. 288) wie folgt konkretisiert:

Sanitärräume: Grundfläche abhängig von der Anzahl der Benutzer und der Ausstattung (vgl. ASR A4.1 Ziff. 5.3 für Toilettenräume, Ziff. 6.3 für Waschräume und Ziff. 7.3 für Umkleideräume), Mindesthöhe von 2,50 m (vgl. Ziff. 4 Abs. 2 ASR A4.1)

Pausenräume: Grundfläche abhängig von der Anzahl der Benutzer (1,00 m^2 pro Beschäftigten), Mindestgrundfläche von 6,00 m^2, Höhe wie Arbeitsräume (vgl. Ziff. 4.1 Abs. 9 ASR A4.2)

Erste-Hilfe-Räume: Mindestgrundfläche von 20,00 m^2, Höhe wie Arbeitsräume (vgl. Ziff. 6.1 Abs. 4 ASR A4.3)

Unterkünfte: Grundfläche abhängig von der Anzahl der Bewohner, mindestens 8,00 m^2 Nutzfläche pro Bewohner (vgl. ASR A4.4 Ziff. 5.2 Abs. 1), Mindesthöhe von 2,50 m (vgl. Ziff. 5.3 Abs. 2)

7   Ziff. 1.2 Abs. 3 regelt die **Größe des notwendigen Luftraumes** in Arbeitsräumen und sonstigen Räumen. Der Luftraum ist der freie Raum, der nach Abzug des Volumens sämtlicher Betriebseinrichtungen und Einbauten noch zur Verfügung steht. Die Bemessung der Größe des notwendigen Luftraums bestimmt sich nach drei Faktoren, der Art der körperlichen Beanspruchung, der Anzahl der Beschäftigten und der Zahl der sonstigen anwesenden Personen. Diese Anforderungen werden in den einschlägigen Arbeitsstättenregeln wie folgt konkretisiert:

8   Der **Mindestluftraum für jeden ständig anwesenden Beschäftigten in Arbeitsräumen** bemisst sich nach der Art der Tätigkeit und ist wie folgt gestaffelt (vgl. Ziff. 7 Abs. 1 ASR A1.2):
 – 12 m^3 bei überwiegend sitzender Tätigkeit,
 – 15 m^3 bei überwiegend nichtsitzender Tätigkeit,
 – 18 m^3 bei schwerer körperlicher Arbeit.

9   Wenn sich in Arbeitsräumen neben den ständig anwesenden Beschäftigten auch andere Personen nicht nur vorübergehend aufhalten, muss nach Ziff. 7 Abs. 2 ASR A1.2 für jede zusätzliche Person ein Mindestluftraum von 10 m^3 vorgesehen werden. Von dieser Regelung ausgenommen sind lediglich Verkaufsräume, Schank- und Speiseräume in Gaststätten, Schulungs- und Besprechungsräume sowie Unterrichtsräume in Schulen.

1.3 Sicherheits- und Gesundheitsschutzkennzeichnung

(1) [1]**Unberührt von den nachfolgenden Anforderungen sind Sicherheits- und Gesundheitsschutzkennzeichnungen einzusetzen, wenn Gefährdungen der Sicherheit und Gesundheit der Beschäftigten nicht durch technische oder organisatorische Maßnahmen vermieden oder ausreichend begrenzt werden können.** [2]**Die Ergebnisse der Gefährdungsbeurteilung sind dabei zu berücksichtigen.**

(2) [1]**Die Kennzeichnung ist nach der Art der Gefährdung dauerhaft oder vorübergehend nach den Vorgaben der Richtlinie 92/58/EWG des Rates vom 24. Juni 1992 über Mindestvorschriften für die Sicherheits- und/oder**

Gesundheitsschutzkennzeichnung am Arbeitsplatz (Neunte Einzelrichtlinie im Sinne des Artikels 16 Absatz 1 der Richtlinie 89/391/EWG) (ABl. EG Nr. L 254 S. 23) auszuführen. ²Diese Richtlinie gilt in der jeweils aktuellen Fassung. ³Wird diese Richtlinie geändert oder nach den in dieser Richtlinie vorgesehenen Verfahren an den technischen Fortschritt angepasst, gilt sie in der geänderten im Amtsblatt der Europäischen Gemeinschaften veröffentlichten Fassung nach Ablauf der in der Änderungs- oder Anpassungsrichtlinie festgelegten Umsetzungsfrist. ⁴Die geänderte Fassung kann bereits ab Inkrafttreten der Änderungs- oder Anpassungsrichtlinie angewendet werden.

(3) ¹Die Sicherheits- und Gesundheitsschutzkennzeichnung in der Arbeitsstätte oder am Arbeitsplatz hat nach dem Stand der Technik zu erfolgen. ²Den an den technischen Fortschritt angepassten Stand der Technik geben die nach § 7 Absatz 4 bekannt gemachten Regeln wieder.

Ziff. 1.3 enthält grundlegende Vorgaben für den **Einsatz und die Gestaltung** 1 **von Sicherheits- und Gesundheitsschutzkennzeichnungen in der Arbeitsstätte.** Die Bestimmung ist mit der ArbStättV 2004 neu in das Arbeitsstättenrecht aufgenommen worden und setzt den Inhalt der EG-Sicherheitskennzeichnungsrichtlinie (RL 92/58/EWG) durch einen gleitenden Verweis auf die aktuell gültige Fassung dieser Richtlinie in das staatliche Arbeitsschutzrecht um. Ziff. 1.3 ist durch die Änderungsverordnung 2010 in Abs. 1 und 2 geändert und durch einen neuen Abs. 3 ergänzt worden, um das Normverständnis zu verbessern (vgl. die amtliche Begründung in BR-Drs. 262/10 v. 29.4.2010, S. 29)

Der **Einsatz von Sicherheits- und Gesundheitsschutzkennzeichnungen** 2 ist nach Abs. 1 dann erforderlich, wenn die Risiken für die Sicherheit und Gesundheit der Beschäftigten nicht durch technische oder organisatorische Maßnahmen vermieden bzw. nicht ausreichend begrenzt werden können. Die Notwendigkeit einer Sicherheits- und Gesundheitsschutzkennzeichnung ist im Rahmen der Gefährdungsbeurteilung zu prüfen.

Die **Anforderungen an die Ausführung und Gestaltung der Sicherheits-** 3 **und Gesundheitsschutzkennzeichnung** sind in der **Arbeitsstättenregel ASR A1.3 „Sicherheits- und Gesundheitsschutzkennzeichnung"** (Ausgabe April 2013, GMBl. 2013, S. 334; Erstausgabe vom April 2007, GMBl. 2007, S. 674) geregelt. Anhang 1 der ASR A1.3 enthält eine Darstellung der einschlägigen Sicherheitszeichen und der damit verbundenen Sicherheitsaussagen. Die Beschäftigten sind vor der Arbeitsaufnahme und danach in regelmäßigen Zeitabständen, mindestens jedoch einmal jährlich, über die Bedeutung der eingesetzten Sicherheits- und Gesundheitsschutzkennzeichnung zu unterweisen (vgl. Ziff. 4 Abs. 12 ASR A1.3). Konkrete Hinweise für die Gestaltung von Flucht- und Rettungsplänen sind in Ziff. 6 und im Anhang 3 der ASR A1.3 enthalten.

1.4 Energieverteilungsanlagen

Anlagen, die der Versorgung der Arbeitsstätte mit Energie dienen, müssen so ausgewählt, installiert und betrieben werden, dass die Beschäftigten vor Unfallgefahren durch direktes oder indirektes Berühren spannungsführender Teile geschützt sind und dass von den Anlagen keine Brand- oder Explosionsgefahr ausgeht. Bei der Konzeption und der Ausführung

ArbStättV Anh. Arbeitsstättenverordnung

sowie der Wahl des Materials und der Schutzvorrichtungen sind Art und Stärke der verteilten Energie, die äußeren Einwirkbedingungen und die Fachkenntnisse der Personen zu berücksichtigen, die zu Teilen der Anlage Zugang haben.

1   Ziff. 1.4 enthält grundlegende **Anforderungen an die Konzeption und Ausführung von Anlagen,** die als integraler Bestandteil der Arbeitsstätte deren **Versorgung mit Energie** (Strom, Gas etc.) dienen. Die Bestimmung ist mit der ArbStättV 2004 neu in das Arbeitsstättenrecht aufgenommen worden und setzt Ziff. 3 des Anhangs I der EG-Arbeitsstättenrichtlinie sowie Ziff. 2 des Anhangs IV Teil A der EG-Baustellenrichtlinie um.

2   Ein wesentliches **Schutzziel von Ziff. 1.4** ist die Verhinderung von möglichen Gesundheitsschäden der Beschäftigten durch die Einwirkung gefährlicher Körperströme (ab über 50 V Wechselspannung und über 120 V Gleichspannung) beim direkten oder indirekten Berühren von spannungsführenden Teilen. Indirektes Berühren liegt vor, wenn in der Gefahrenzone die Luftstrecke zwischen Mensch und spannungsführendem Teil mit einem Vorlichtbogen überbrückt wird. Bei der Ausführung von Energieverteilungsanlagen müssen auch die speziellen Bedingungen der Arbeitsstätte wie z. B. Feuchträume oder ein besonderer Berührungsschutz berücksichtigt werden (vgl. die amtliche Begründung in BR-Drs. 450/04 v. 26.5.2004, S. 32).

3   Die grundlegenden sicherheitstechnischen Anforderungen an das Errichten und Betreiben elektrischer Anlagen und Betriebsmittel sind in der **Unfallverhütungsvorschrift DGUV Vorschrift 3 „Elektrische Anlagen und Betriebsmittel"** (Ausgabe Januar 1997) geregelt. Daneben sind die technischen Regeln des VDE-Vorschriftenwerkes zu beachten.

1.5 Fußböden, Wände, Decken, Dächer

(1) [1]**Die Oberflächen der Fußböden, Wände und Decken müssen so beschaffen sein, dass sie den Erfordernissen des Betreibens entsprechen und leicht zu reinigen sind.** [2]**An Arbeitsplätzen müssen die Arbeitsstätten unter Berücksichtigung der Art des Betriebes und der körperlichen Tätigkeit eine ausreichende Dämmung gegen Wärme und Kälte sowie eine ausreichende Isolierung gegen Feuchtigkeit aufweisen.**

(2) [1]**Die Fußböden der Räume dürfen keine Unebenheiten, Löcher, Stolperstellen oder gefährlichen Schrägen aufweisen.** [2]**Sie müssen gegen Verrutschen gesichert, tragfähig, trittsicher und rutschhemmend sein.**

(3) **Durchsichtige oder lichtdurchlässige Wände, insbesondere Ganzglaswände im Bereich von Arbeitsplätzen oder Verkehrswegen, müssen deutlich gekennzeichnet sein und aus bruchsicherem Werkstoff bestehen oder so gegen die Arbeitsplätze und Verkehrswege abgeschirmt sein, dass die Beschäftigten nicht mit den Wänden in Berührung kommen und beim Zersplittern der Wände nicht verletzt werden können.**

(4) **Dächer aus nicht durchtrittsicherem Material dürfen nur betreten werden, wenn Ausrüstungen vorhanden sind, die ein sicheres Arbeiten ermöglichen.**

Ziff. 1.5 regelt grundlegende **Sicherheitsanforderungen für Fußböden,** 1
Wände, Decken und Dächer. Ziel der Regelung ist der Schutz der Beschäftigten vor den Gefährdungen, die bei der Benutzung dieser Bauteile entstehen können (z. B. Ausrutschen, Stolpern, Absturz). Ziff. 1.5 ersetzt §§ 8, 45 Abs. 3 ArbStättV 1975 und setzt Ziff. 9 des Anhangs I der EG-Arbeitsstättenrichtlinie sowie Ziff. 6 des Anhangs IV Teil B Abschnitt I und Ziff. 14.2 des Anhangs IV Teil B Abschnitt II der EG-Baustellenrichtlinie um.

Die allgemein gehaltenen Anforderungen an die Beschaffenheit von Fußböden 2 in Ziff. 1.5 Abs. 1 und 2 werden konkretisiert durch die **Arbeitsstättenregel ASR A1.5/1,2 „Fußböden"** (Ausgabe Februar 2013, GMBl 2013, S. 348; zuletzt geändert im September 2013, GMBl 2013, S. 931). Die ASR A1.5/1,2 enthält neben grundlegenden Vorgaben für die Beschaffenheit, Gestaltung und Instandhaltung von Fußböden (vgl. Ziff. 4) spezielle Hinweise zu den Schutzmaßnahmen gegen Stolpern, Ausrutschen und besondere physikalische Einwirkungen (vgl. Ziff. 5 bis 8) sowie zur Reinigung der Fußböden (vgl. Ziff. 9). Die beiden Anhänge der ASR A1.5/1,2 regeln die Anforderungen an die Rutschhemmung von Fußböden sowie das Verfahren zur Prüfung der rutschhemmenden Eigenschaft und des Verdrängungsraums von Bodenbelägen.

Ziff. 1.5 Abs. 3 wird durch die **Arbeitsstättenregel ASR A1.6 „Fenster,** 3
Oberlichter, lichtdurchlässige Wände" (Ausgabe Januar 2012, GMBl 2012, S. 5; zuletzt geändert im April 2014, GMBl 2014, S. 284) konkretisiert. Die ASR A1.6 enthält in Ziff. 4.3 detaillierte Hinweise für die Kennzeichnung und bruchsichere Ausführung von lichtdurchlässigen Wänden. Ziff. 5 regelt die Sicherheitsanforderungen für die Reinigung und Instandhaltung von lichtdurchlässigen Wänden.

Ziff. 1.5 Abs. 4 wird durch die **Arbeitsstättenregel ASR A2.1 „Schutz vor** 4
Absturz und herabfallenden Gegenständen, Betreten von Gefahrenbereichen" (Ausgabe November 2012, GMBl 2012, S. 1220; zuletzt geändert im April 2014, GMBl 2014, S. 284) konkretisiert. Die ASR A2.1 enthält in Ziff. 7.1 konkrete Sicherheitshinweise für nicht durchtrittsichere Dächer und Bauteile (z. B. Lichtkuppeln, Oberlichter).

1.6 Fenster, Oberlichter

(1) ¹**Fenster, Oberlichter und Lüftungsvorrichtungen müssen sich von den Beschäftigten sicher öffnen, schließen, verstellen und arretieren lassen.** ²**Sie dürfen nicht so angeordnet sein, dass sie in geöffnetem Zustand eine Gefahr für die Beschäftigten darstellen.**

(2) **Fenster und Oberlichter müssen so ausgewählt oder ausgerüstet und eingebaut sein, dass sie ohne Gefährdung der Ausführenden und anderer Personen gereinigt werden können.**

Ziff 1.6 enthält grundlegende **Sicherheitsanforderungen für Fenster, Oberlichter und Lüftungsvorrichtungen.** Ziel der Regelung ist der Schutz der Beschäftigten vor den Gefährdungen, die von oder bei der Benutzung dieser Bauteile ausgehen können (z. B. Anstoßen, Quetschen, Absturz). Ziff. 1.6 ersetzt § 9 ArbStättV 1975 und setzt Ziff. 10 des Anhangs I der EG-Arbeitsstättenrichtlinie sowie Ziff. 7 des Anhangs IV Teil B Abschnitt I der EG-Baustellenrichtlinie um. Ziff. 1.6 wird durch die **Arbeitsstättenregel ASR A1.6 „Fenster, Oberlichter, lichtdurch-**

ArbStättV Anh. Arbeitsstättenverordnung

lässige Wände" (Ausgabe Januar 2012, GMBl. 2012, S. 5 zuletzt geändert im April 2014; GMBl. 2014, S. 284) konkretisiert.

2   Abs. 1 betrifft nur Fenster, Oberlichter und sonstige Lüftungsvorrichtungen, die sich öffnen lassen und zielt ausschließlich auf die ausstattungsmäßig vorhandenen Funktionen dieser Bauteile ab (vgl. die amtliche Begründung in BR-Drs. 450/04 v. 26.5.2004, S. 33). Die ASR A1.6 enthält in Ziff. 4.1 und 4.2 konkrete Vorgaben für die sichere Beschaffenheit und Ausführung von Fenstern und Dachoberlichter.

3   Abs. 2 bezweckt den Schutz des Reinigungspersonals und Dritter, die sich bei der Reinigung im Gefahrenbereich der zu reinigenden Fenster oder Oberlichter befinden. Die ASR A1.6 enthält in Ziff. 5 spezielle Sicherheitsanforderungen für die Reinigung und Instandhaltung von Fenstern und Dachoberlichtern sowie Hinweise zur sicherheitstechnischen Prüfung von kraftbetätigten Fenstern.

1.7 Türen, Tore

(1) **Die Lage, Anzahl, Abmessungen und Ausführung insbesondere hinsichtlich der verwendeten Werkstoffe von Türen und Toren müssen sich nach der Art und Nutzung der Räume oder Bereiche richten.**

(2) **Durchsichtige Türen müssen in Augenhöhe gekennzeichnet sein.**

(3) **Pendeltüren und -tore müssen durchsichtig sein oder ein Sichtfenster haben.**

(4) **Bestehen durchsichtige oder lichtdurchlässige Flächen von Türen und Toren nicht aus bruchsicherem Werkstoff und ist zu befürchten, dass sich die Beschäftigten beim Zersplittern verletzen können, sind diese Flächen gegen Eindrücken zu schützen.**

(5) ¹**Schiebetüren und -tore müssen gegen Ausheben und Herausfallen gesichert sein.** ²**Türen und Tore, die sich nach oben öffnen, müssen gegen Herabfallen gesichert sein.**

(6) ¹**In unmittelbarer Nähe von Toren, die vorwiegend für den Fahrzeugverkehr bestimmt sind, müssen gut sichtbar gekennzeichnete, stets zugängliche Türen für Fußgänger vorhanden sein.** ²**Diese Türen sind nicht erforderlich, wenn der Durchgang durch die Tore für Fußgänger gefahrlos möglich ist.**

(7) ¹**Kraftbetätigte Türen und Tore müssen sicher benutzbar sein.** ²**Dazu gehört, dass sie**

a) **ohne Gefährdung der Beschäftigten bewegt werden oder zum Stillstand kommen können,**

b) **mit selbsttätig wirkenden Sicherungen ausgestattet sind,**

c) **auch von Hand zu öffnen sind, sofern sie sich bei Stromausfall nicht automatisch öffnen.**

(8) **Besondere Anforderungen gelten für Türen im Verlauf von Fluchtwegen (Ziffer 2.3).**

1   Ziff 1.7 regelt grundlegende **Sicherheitsanforderungen für Türen und Tore**. Ziel der Regelung ist der Schutz der Beschäftigten von den Gefahren, die von der Benutzung dieser Bauteile ausgehen können (z.B. Anstoßen, Quetschen, Einzug). Ziff. 1.7 ersetzt §§ 10, 11 ArbStättV 1975 und setzt Ziff. 11 des Anhangs I

der EG-Arbeitsstättenrichtlinie sowie Ziff. 9 des Anhangs IV Teil A und Ziff. 8 des Anhangs IV Teil B Abschnitt I der EG-Baustellenrichtlinie um.

Die allgemein gehaltenen Anforderungen an die sicherheitstechnische Beschaffenheit von Türen und Toren in Ziff. 1.7 werden konkretisiert durch die **Arbeitsstättenregel ASR A1.7 „Türen und Tore"** (Ausgabe November 2009, GMBl. 2009, S. 1619; zuletzt geändert im April 2014, GMBl. 2014, S. 284). Die ASR A1.7 enthält Hinweise für die Planung und Auswahl von Türen und Toren (vgl. Ziff. 4 und 5), die Sicherung gegen mechanische Gefährdungen (vgl. Ziff. 6), die Sicherung der Flügelbewegung (vgl. Ziff. 7), die Sicherheit der Steuerung (vgl. Ziff. 8), die besonderen Anforderungen an Türen und Tore im Verlauf von Fluchtwegen (vgl. Ziff. 9) sowie die Instandhaltung und sicherheitstechnische Prüfung von Türen und Toren.

2

1.8 Verkehrswege

(1) **Verkehrswege, einschließlich Treppen, fest angebrachte Steigleitern und Laderampen müssen so angelegt und bemessen sein, dass sie je nach ihrem Bestimmungszweck leicht und sicher begangen oder befahren werden können und in der Nähe Beschäftigte nicht gefährdet werden.**

(2) **Die Bemessung der Verkehrswege die dem Personenverkehr, Güterverkehr oder Personen- und Güterverkehr dienen, muss sich nach der Anzahl der möglichen Benutzer und der Art des Betriebes richten.**

(3) **Werden Transportmittel auf Verkehrswegen eingesetzt, muss für Fußgänger ein ausreichender Sicherheitsabstand gewahrt werden.**

(4) **Verkehrswege für Fahrzeuge müssen an Türen und Toren, Durchgängen, Fußgängerwegen und Treppenaustritten in ausreichendem Abstand vorbeiführen.**

(5) **Soweit Nutzung und Einrichtung der Räume es zum Schutz der Beschäftigten erfordern, müssen die Begrenzungen der Verkehrswege gekennzeichnet sein.**

(6) **Besondere Anforderungen gelten für Fluchtwege (Ziffer 2.3).**

Ziff. 1.8 regelt grundlegende **Sicherheitsanforderungen für Verkehrswege.** Ziel der Regelung ist der Schutz der Beschäftigten vor den Gefahren, die vom innerbetrieblichen Personen- und Güterverkehr ausgehen. Ziff. 1.8 ersetzt § 17 ArbStättV 1975 und setzt Ziff. 12.1 bis 12.4 des Anhangs I der EG-Arbeitsstättenrichtlinie sowie Ziff. 10.1 bis 10.4 des Anhangs IV Teil A und Ziff. 9 des Anhangs IV Teil B Abschnitt I der EG-Baustellenrichtlinie um.

1

Die allgemein gehaltenen Anforderungen an die sichere Ausführung von Verkehrswegen in Ziff. 1.8 werden konkretisiert durch die **Arbeitsstättenregel ASR A1.8 „Verkehrswege"** (Ausgabe November 2012, GMBl. 2012, S. 1210; zuletzt geändert im April 2014, GMBl. 2014, S. 284). Die ASR A1.8 regelt in Ziff. 4 das Einrichten von Verkehrswegen. Ziff. 4.1 enthält grundlegende Anforderungen an die Ausführung und Gestaltung von Verkehrswegen. Diese werden ergänzt durch spezielle Vorgaben für die Wege, die für den Fußgängerverkehr (vgl. Ziff. 4.2) bzw. für den Fahrzeugverkehr (vgl. Ziff. 4.3) bestimmt sind. Ziff. 4.4 regelt die Kennzeichnung und Abgrenzung der Verkehrswege. Die speziellen Sicherheitsanforderungen für die Einrichtung von Treppen, Steigeisengängen und Steigleitern, Lade-

2

ArbStättV Anh. Arbeitsstättenverordnung

rampen sowie Fahrtreppen und Fahrsteige sind in Ziff. 4.5 bis 4.8 enthalten. Die Maßnahmen für das sichere Betreiben von Verkehrswegen sind in Ziff. 5 geregelt. Dazu gehört u. a. die gefährdungsbezogene Unterweisung der Beschäftigten über die Benutzung der Verkehrswege und die betrieblichen Verkehrsregeln (vgl. Ziff. 5 Abs. 2). Ziff. 6 enthält Hinweise für die Instandhaltung und sicherheitstechnische Funktionsprüfung der Verkehrswege. Spezielle Anforderungen für Verkehrsawege auf Baustellen sind in Ziff. 7 geregelt.

1.9 Fahrtreppen, Fahrsteige

[1]Fahrtreppen und Fahrsteige müssen so ausgewählt und installiert sein, dass sie sicher funktionieren und sicher benutzbar sind. [2]Dazu gehört, dass die Notbefehlseinrichtungen gut erkennbar und leicht zugänglich sind und nur solche Fahrtreppen und Fahrsteige eingesetzt werden, die mit den notwendigen Sicherheitsvorrichtungen ausgestattet sind.

1   Ziff. 1.9 regelt grundlegende **Sicherheitsanforderungen für Fahrtreppen und Fahrsteige**. Ziel der Regelung ist der Schutz der Beschäftigten vor den besonderen Gefährdungen bei der Benutzung dieser Einrichtungen (z. B. Sturz-, Stolper-, Quetsch- oder Scherstellen). Ziff 1.9 ersetzt § 18 ArbStättV 1975 und setzt Ziff. 13 des Anhangs I der EG-Arbeitsstättenrichtlinie sowie Ziff. 10 des Anhangs IV Teil B Abschnitt I der EG-Baustellenrichtlinie um.

2   Die allgemein gehaltenen Anforderungen an die sichere Ausführung von Fahrtreppen und Fahrsteigen in Ziff. 1.9 werden konkretisiert durch die **Arbeitsstättenregel ASR A1.8 „Verkehrswege"** (Ausgabe November 2012, GMBl. 2012, S. 1210; zuletzt geändert im April 2014, GMBl. 2014, S. 284). Die ASR A1.8 enthält in Ziff. 4.8 detaillierte Hinweise für die Einrichtung und Gestaltung von Fahrtreppen und Fahrsteigen. Spezielle Anforderungen an den Betrieb der Fahrtreppen und Fahrsteige sind in Ziff. 5 Abs. 9 bis 11 geregelt. So sind die Beschäftigten durch geeignete Maßnahmen (z. B. Unterweisung, Sicherheitskennzeichnung und Aufschriften) auf die besonderen Gefährdungen bei der Benutzung von Fahrtreppen und Fahrsteigen hinzuweisen (vgl. Ziff. 5 Abs. 10). Fahrtreppen und Fahrsteige müssen zur Gewährleistung des sicheren Betriebs in regelmäßigen Abständen auf ihre ordnungsgemäße Funktion überprüft und erforderlichenfalls instandgesetzt werden (vgl. Ziff. 6).

1.10 Laderampen

(1) **Laderampen sind entsprechend den Abmessungen der Transportmittel und der Ladung auszulegen.**

(2) **Sie müssen mindestens einen Abgang haben, lange Laderampen müssen, soweit betriebstechnisch möglich, an jedem Endbereich einen Abgang haben.**

(3) **[1]Sie müssen einfach und sicher benutzbar sein. [2]Dazu gehört, dass sie nach Möglichkeit mit Schutzvorrichtungen gegen Absturz auszurüsten sind; das gilt insbesondere in Bereichen von Laderampen, die keine ständigen Be- und Entladestellen sind.**

Anhang **Anh. ArbStättV**

Ziff. 1.10 enthält grundlegende **Sicherheitsvorgaben für die Ausführung** 1
von Laderampen. Ziel der Regelung ist der Schutz der Beschäftigten gegen die
Gefahr des Absturzes von Laderampen. Ziff. 1.10 ersetzt § 21 ArbStättV 1975 und
setzt Ziff. 12.1 und Ziff. 14.1 bis 14.3 der EG-Arbeitsstättenrichtlinie sowie
Ziff. 10.1 und Ziff. 11.1 bis 11.3 des Anhangs IV Teil A der EG-Baustellenrichtlinie
um.

Die allgemein gehaltenen Anforderungen an die sichere Ausführung von Lade- 2
rampen in Ziff. 1.10 werden konkretisiert durch die **Arbeitsstättenregel ASR
A1.8 „Verkehrswege"** (Ausgabe November 2012, GMBl. 2012, S. 1210; zuletzt
geändert im April 2014, GMBl. 2014, S. 284). Die ASR A1.8 enthält in Ziff. 4.7
Hinweise für die Bemessung der Breite von Laderampen (vgl. Abs. 1 und 2), die
Ausführung der Auf- und Abgänge (vgl. Abs. 3 und 4) sowie die Ausstattung mit
Umwehrungen zum Schutz gegen Absturz (vgl. Abs. 5).

1.11 Steigleitern, Steigeisengänge

¹**Steigleitern und Steigeisengänge müssen sicher benutzbar sein.** ²**Dazu
gehört, dass sie**
a) **nach Notwendigkeit über Schutzvorrichtungen gegen Absturz, vorzugsweise über Steigschutzeinrichtungen verfügen,**
b) **an ihren Austrittsstellen eine Haltevorrichtung haben,**
c) **nach Notwendigkeit in angemessenen Abständen mit Ruhebühnen ausgerüstet sind.**

Ziff. 1.11 enthält grundlegende **Sicherheitsanforderungen für Steigleitern** 1
und Steigeisengängen. Ziel der Regelung ist der Schutz der Beschäftigten gegen
die Gefahr des Absturzens, Ausgleitens oder Abrutschens bei der Benutzung dieser
Einrichtungen. Ziff. 1.11 ersetzt § 20 ArbStättV 1975 und setzt Ziff. 12.1 des Anhangs I der EG-Arbeitsstättenrichtlinie sowie Ziff. 10.1 des Anhangs IV Teil A der
EG-Baustellenrichtlinie um.

Die allgemein gehaltenen Anforderungen an die sichere Ausführung von Steig- 2
leitern und Steigeisengängen in Ziff. 1.11 werden konkretisiert durch die **Arbeitsstättenregel ASR A1.8 „Verkehrswege"** (Ausgabe November 2012, GMBl.
2012, S. 1210; zuletzt geändert im April 2014, GMBl. 2014, S. 284). Steigeisengänge und Steigleitern sind nach Ziff. 4.6.1 Abs. 1 nur zulässig, wenn entweder der
Einbau einer Treppe betriebstechnisch nicht möglich ist oder sie nur gelegentlich
von einer geringen Anzahl unterwiesener Beschäftigten für bestimmte Arbeiten
(z. B. Wartungsarbeiten) genutzt werden. Ziff. 4.6.2 enthält konkrete Sicherheitshinweise für die Gestaltung und den Einbau von Steigeisen und Steigleitern. Die
Ausstattung mit Einrichtungen zum Schutz gegen Absturz ist in Ziff. 4.6.3 geregelt.
Ziff. 5 Abs. 8 enthält spezielle Sicherheitsvorgaben für den Transport von Lasten
über Steigleitern und Steigeisengänge. Steigleitern und Steigeisengängen müssen
nach Ziff. 6 Abs. 3 regelmäßig Funktionsprüfungen unterzogen werden.

ArbStättV Anh.

2. MASSNAHMEN ZUM SCHUTZ VOR BESONDEREN GEFAHREN

2.1 Schutz vor Absturz und herabfallenden Gegenständen, Betreten von Gefahrenbereichen

¹Arbeitsplätze und Verkehrswege, bei denen die Gefahr des Absturzes von Beschäftigten oder des Herabfallens von Gegenständen bestehen oder die an Gefahrenbereiche grenzen, müssen mit Einrichtungen versehen sein, die verhindern, dass Beschäftigte abstürzen oder durch herabfallende Gegenstände verletzt werden oder in die Gefahrenbereiche gelangen. ²Arbeitsplätze und Verkehrswege nach Satz 1 müssen gegen unbefugtes Betreten gesichert und gut sichtbar als Gefahrenbereich gekennzeichnet sein. ³Zum Schutz derjenigen, die diese Bereiche betreten müssen, sind geeignete Maßnahmen zu treffen.

1   Ziff. 2.1 regelt spezielle **Sicherheitsmaßnahmen für Arbeitsplätze und Verkehrswege zum Schutz der Beschäftigten gegen Gefährdungen durch Absturz und herabfallende Gegenstände.** Die Bestimmung ersetzt § 12 und § 44 Abs. 1 Satz 4 bis 7 ArbStättV 1975 und setzt Ziff. 12.5 des Anhangs I der EG-Arbeitsstättenrichtlinie und Ziff. 10.4 des Anhangs IV Teil A sowie Ziff. 5, 10.1 Buchstabe b und Ziff. 14.1 des Anhangs IV Teil B Abschnitt II der EG Baustellenrichtlinie um.

2   Die allgemein gehaltenen Anforderungen in Ziff. 2.1 werden konkretisiert durch die **Arbeitsstättenregel ASR A2.1 „Schutz vor Absturz und herabfallenden Gegenständen, Betreten von Gefahrenbereichen"** (Ausgabe November 2012, GMBl. 2012, S. 1220; zuletzt geändert im April 2014, GMBl. 2014, S. 284). Ziff. 4 der ASR A2.1 regelt die Beurteilung der Gefährdungen durch Absturz und herabfallende Gegenstände sowie die Rangfolge der vom Arbeitgeber aufgrund der Ergebnisse der Gefährdungsbeurteilung festzulegenden Schutzmaßnahmen. Die Maßnahmen zum Schutz vor Absturz sind in Ziff. 5 enthalten. Dazu gehören Sicherheitsmaßnahmen für Absturzkanten (vgl. Ziff. 5.1), für Bodenöffnungen (vgl. Ziff. 5.2) und für Wandöffnungen (vgl. Ziff. 5.3) sowie die Kennzeichnung der Gefahrenbereiche, in denen die Beschäftigten nicht durch bauliche Maßnahmen vor einer Gefährdung durch Absturz geschützt sind (vgl. Ziff. 5.4). Ziff. 6 regelt die Maßnahmen zum Schutz vor herabfallenden Gegenständen (vgl. Ziff. 6.1) sowie die Kennzeichnung der Gerfahrenbereiche, in denen die Beschäftigten nicht durch bauliche Maßnahmen vor einer Gefährdung durch herabfallende Gegenstände geschützt sind (vgl. Ziff. 6.2). Die Maßnahmen zur Absturzsicherung für Arbeitsplätze und Verkehrswege auf Dächern, speziell für nicht durchtrittsichere Dächer und Bauteile, sind in Ziff. 7 enthalten. Ziff. 8 regelt zusätzliche Anforderungen für Sicherungen gegen Absturz und herabfallende Gegenstände auf Baustellen.

2.2. Maßnahmen gegen Brände

(1) **Arbeitsstätten müssen je nach**
a) **Abmessung und Nutzung,**
b) **der Brandgefährdung vorhandener Einrichtungen und Materialien,**

c) der größtmöglichen Anzahl anwesender Personen

mit einer ausreichenden Anzahl geeigneter Feuerlöscheinrichtungen und erforderlichenfalls Brandmeldern und Alarmanlagen ausgestattet sein.

(2) **Nicht selbsttätige Feuerlöscheinrichtungen müssen als solche dauerhaft gekennzeichnet, leicht zu erreichen und zu handhaben sein.**

(3) **Selbsttätig wirkende Feuerlöscheinrichtungen müssen mit Warneinrichtungen ausgerüstet sein, wenn bei ihrem Einsatz Gefahren für die Beschäftigten auftreten können.**

Ziff 2.2 enthält grundlegende **Sicherheitsmaßnahmen zum Schutz der Beschäftigten gegen Gefährdungen durch Brände** in der Arbeitsstätte. Die Bestimmung ersetzt § 13 ArbStättV 1975 und setzt Ziff. 5 des Anhangs I der EG-Arbeitsstättenrichtlinie sowie Ziff. 4 Anhang IV Teil A der EG-Baustellenrichtlinie um. Mit der Änderungsverordnung 2010 ist die ursprüngliche Überschrift der Ziff. 2.2 (Schutz vor Entstehungsbränden) aus redaktionellen Gründen neu gefasst worden. 1

Die allgemein gehaltenen Anforderungen in Ziff. 2.2 werden konkretisiert durch die **Arbeitsstättenregel ASR A2.2 „Maßnahmen gegen Brände"** (Ausgabe November 2012, GMBl. 2012, S. 1225; zuletzt geändert im April 2014, GMBl. 2014, S. 286). Ziff. 4 der ASR A 2.2 enthält grundlegende Anforderungen an die Eignung von Feuerlöschern und Löschmitteln. Die Ausstattung der Arbeitsstätten mit den erforderlichen Einrichtungen zur Branderkennung und Alarmierung ist in Ziff. 5.1 geregelt. Ziff. 5.2 enthält Vorgaben für die Ermittlung der erforderlichen Anzahl von Feuerlöscheinrichtungen sowie Grundanforderungen an die Bereitstellung der Feuerlöscheinrichtungen in der Arbeitsstätte. Ziff. 6.1 regelt die Unterweisung der Beschäftigten über die getroffenen Brandschutzmaßnahmen. Ziff. 6.2 enthält Vorgaben für die Ermittlung der Anzahl der erforderlichen Brandschutzhelfer und deren Unterweisung. Nach Ziff. 6.2 Abs. 2 ist die notwendige Anzahl von Brandschutzhelfern im Rahmen der Gefährdungsbeurteilung zu ermitteln, wobei im Regelfall ein Anteil von 5% der Beschäftigten ausreichend ist. Die Wartung und Prüfung der Brandmelde- und Feuerlöscheinrichtungen ist in Ziff. 6.3 geregelt. Ziff. 7 enthält zusätzliche Anforderungen für Maßnahmen gegen Brände auf Baustellen. 2

2.3 Fluchtwege und Notausgänge

(1) ¹**Fluchtwege und Notausgänge müssen**
a) **sich in Anzahl, Anordnung und Abmessung nach der Nutzung, der Einrichtung und den Abmessungen der Arbeitsstätte sowie nach der höchstmöglichen Anzahl der dort anwesenden Personen richten,**
b) **auf möglichst kurzem Weg ins Freie oder, falls dies nicht möglich ist, in einen gesicherten Bereich führen,**
c) **in angemessener Form und dauerhaft gekennzeichnet sein.**

²**Sie sind mit einer Sicherheitsbeleuchtung auszurüsten, wenn das gefahrlose Verlassen der Arbeitsstätte für die Beschäftigten, insbesondere bei Ausfall der allgemeinen Beleuchtung, nicht gewährleistet ist.**

(2) ¹**Türen im Verlauf von Fluchtwegen oder Türen von Notausgängen müssen**

ArbStättV Anh. Arbeitsstättenverordnung

a) sich von innen ohne besondere Hilfsmittel jederzeit leicht öffnen lassen, solange sich Beschäftigte in der Arbeitsstätte befinden
b) in angemessener Form und dauerhaft gekennzeichnet sein.
[2]Türen von Notausgängen müssen sich nach außen öffnen lassen. [3]In Notausgängen, die ausschließlich für den Notfall konzipiert und ausschließlich im Notfall benutzt werden, sind Karussell- und Schiebetüren nicht zulässig.

1   Ziff 2.3 enthält grundlegende **sicherheitstechnische Anforderungen an die Ausführung und Gestaltung von Fluchtwegen und Notausgängen**. Die Bestimmung ersetzt § 19 ArbStättV 1975 und setzt Ziff. 4 des Anhangs I der EG-Arbeitsstättenrichtlinie sowie Ziff. 3 des Anhangs IV Teil A der EG-Baustellenrichtlinie um. Der frühere Begriff des Rettungsweges ist dabei durch den Begriff des Fluchtweges ersetzt worden. Durch die Änderungsverordnung 2010 ist Abs. 2 Satz 3 neu gefasst und an den Wortlaut der Ziff. 6 Abs. 2 Satz 3 ASR A2.3 angepasst worden (vgl. die amtliche Begründung in BR-Drs. 262/10 vom 9.7.2010, S. 7f.).

2   Die allgemein gehaltenen Anforderungen in Ziff. 2.3 werden konkretisiert durch die **Arbeitsstättenregel ASR A 2.3 „Fluchtwege, Notausgänge, Flucht- und Rettungsplan"** (Ausgabe August 2007, GMBl. 2007, S. 902; zuletzt geändert im April 2014, GMBl. 2014, S. 286). Fluchtwege sind Verkehrswege, die der Flucht aus einem möglichen Gefährdungsbereich und in der Regel zugleich der Rettung von Personen dienen (vgl. Ziff. 3.1 ASR A2.3). Ein Notausgang ist ein Ausgang im Verlauf eines Fluchtweges, der direkt ins Freie oder in einen gesicherten Bereich führt (vgl. Ziff. 3.6 ASR A2.3). Gesicherter Bereich ist ein Bereich, in dem Personen vorübergehend vor einer unmittelbaren Gefahr für Leben und Gesundheit geschützt sind, z. B. benachbarte Brandabschnitte oder Treppenräume (vgl. Ziff. 3.5 ASR A2.3).

3   Abs. 1 enthält grundlegende **Sicherheitsvorgaben für die Anzahl, Ausführung und Gestaltung der Fluchtwege und Notausgänge** in der Arbeitsstätte. Diese Anforderungen werden durch die ASR A2.3 in Ziff. 4 bis 8 näher konkretisiert. Ziff. 4 regelt grundlegende Anforderungen an die Einrichtung und den Betrieb von Fluchtwegen und Notausgängen. Dazu gehört auch die Prüfung des Erfordernisses eines zweiten Fluchtweges im Rahmen der Gefährdungsbeurteilung (vgl. Ziff. 4 Abs. 5). Ziff. 5 regelt die Anordnung und Abmessung der Fluchtwege. Die Fluchtweglänge muss möglichst kurz sein und darf maximal 35 m betragen (vgl. Ziff. 5 Abs. 2). Die Mindestbreite der Fluchtwege bemisst sich gemäß Ziff. 5 Abs. 3 nach der Höchstzahl der Personen, die im Bedarfsfall den Fluchtweg benutzen, und beträgt zwischen 0,875 m (bis 5 Personen) und 2,40 m (bis 400 Personen). Ziff. 6 enthält spezielle Vorgaben für die Ausführung von Fluchtwegen wie z. B. das Verbot von Ausgleichsstufen in Fluchtwegen (vgl. Ziff. 6 Abs. 7). Die Anforderungen an die Kennzeichnung der Fluchtwege und Notausgänge sind in Ziff. 7 enthalten. Ziff. 8 regelt die Ausstattung der Fluchtwege mit einer Sicherheitsbeleuchtung, sofern bei Ausfall der allgemeinen Beleuchtung das gefahrlose Verlassen der Arbeitsstätte nicht gewährleistet ist. Spezielle Anforderungen für Fluchtwege auf Baustellen sind in Ziff. 10 enthalten.

4   Abs. 2 regelt die besonderen **Sicherheitsanforderungen an Türen im Verlauf von Fluchtwegen und Türen von Notausgängen**. Die ASR 2.3 enthält dazu in Ziff. 6 konkretisierende Hinweise. So müssen Türen im Verlauf von Fluchtwegen und Notausgängen grundsätzlich in Fluchtrichtung aufschlagen und sich

leicht und ohne besondere Hilfsmittel öffnen lassen, solange Personen im Gefahrenfalls auf die Nutzung des entsprechenden Fluchtweges angewiesen sind (vgl. Ziff. 6 Abs. 1, 3 und 4). Karussell- und Schiebetüren sind im Verlauf von Fluchtwegen nur beschränkt zulässig und dürfen generell nicht in Notausgängen eingerichtet und betrieben werden, die ausschließlich für den Notfall konzipiert und ausschließlich im Notfall benutzt werden (vgl. Ziff. 6 Abs. 2).

Fluchtwege müssen nach Ziff. 7.2 ASR A2.3 mit einem **optischen Sicherheitsleitsystem** ausgestattet sein, wenn aufgrund der örtlichen oder betrieblichen Bedingungen eine erhöhte Gefährdung vorliegt. Dies ist insbesondere bei großen zusammenhängenden oder mehrgeschossigen Gebäudekomplexen mit einem hohen Anteil ortsunkundiger Personen oder Personen mit eingeschränkter Mobilität der Fall. Die Anforderungen an die Ausführung und den Betrieb optischer Sicherheitsleitsysteme sind in Ziff. 5 und 6 der **Arbeitsstättenregel ASR A3.4/3 „Sicherheitsbeleuchtung, optische Sicherheitsleitsysteme"** (Ausgabe Mai 2009, GMBl. 2009, S. 684; zuletzt geändert im April 2014, GMBl. 2014, S. 287) geregelt. 5

3. ARBEITSBEDINGUNGEN

3.1 Bewegungsfläche

(1) **Die freie unverstellte Fläche am Arbeitsplatz muss so bemessen sein, dass sich die Beschäftigten bei ihrer Tätigkeit ungehindert bewegen können.**

(2) **Ist dies nicht möglich, muss den Beschäftigten in der Nähe des Arbeitsplatzes eine andere ausreichend große Bewegungsfläche zur Verfügung stehen.**

Ziff. 3.1 enthält grundlegende **Vorgaben für die Bemessung der Bewegungsfläche für die Beschäftigten am Arbeitsplatz.** Ziel der Regelung ist die Sicherung einer ausreichenden Bewegungsfreiheit am Arbeitsplatz als Grundbedingung für die sichere Ausführung von Arbeitstätigkeiten und das Wohlbefinden der Beschäftigten bei der Arbeit. Ziff. 3.1 ersetzt § 24 ArbStättV 1975 und setzt Ziff. 15.2 des Anhangs I der EG-Arbeitsstättenrichtlinie um. 1

Der Arbeitgeber wird durch Ziff. 3.1 verpflichtet, den Beschäftigten eine **ausreichend große Bewegungsfläche** entweder **am Arbeitsplatz** oder – soweit dies nicht möglich ist – **in der Nähe des Arbeitsplatzes** zur Verfügung zu stellen. Die allgemein gehaltenen Anforderungen an die Größe der Bewegungsfläche werden konkretisiert in Ziff. 5.1 der **Arbeitsstättenregel ASR A1.2 „Raumabmessungen und Bewegungsflächen"** (Ausgabe September 2013, GMBl. 2013, S. 910). Bewegungsfläche ist die zusammenhängende unverstellte Bodenfläche am Arbeitsplatz, die mindestens erforderlich ist, um den Beschäftigten bei ihrer Tätigkeit wechselnde Arbeitshaltungen sowie Ausgleichsbewegungen zu ermöglichen (vgl. Ziff. 3.1 ASR A1.2). Bei der Festlegung der Größe der Bewegungsfläche sind alle während der Tätigkeit einzunehmenden Körperhaltungen zu berücksichtigen (vgl. Ziff. 5.1.1 Abs. 1 ASR A1.2). Die **Mindestgröße der Bewegungsfläche** muss 1,50 m^2 betragen (vgl. Ziff. 5.1.1 Abs. 2 ASR A1.2). 2

Die **Bemessung der Tiefe und Breite der Bewegungsfläche** ist abhängig von der Körperhaltung der Beschäftigten bei der Ausführung ihrer Tätigkeit. Bei sitzenden und stehenden Tätigkeiten muss die Tiefe und Breite der Bewegungsflä- 3

ArbStättV Anh.

che mindestens 1,00 m betragen (vgl. Ziff. 5.1.2 ASR A1.2). Für Arbeitsplätze mit stehender nicht aufrechter Körperhaltung wird eine Mindesttiefe von 1,20 m vorgegeben (vgl. Ziff. 5.1.3 Abs. 1 ASR A1.2). Bei Tätigkeiten mit anderen Körperhaltungen sind die Maße für die Bewegungsfläche im Rahmen der Gefährdungsbeurteilung gesondert zu ermitteln und festzulegen (vgl. Ziff. 5.1.3 Abs. 2 ASR A1.2). Sind mehrere Arbeitsplätze unmittelbar nebeneinander angeordnet, muss die Breite der Bewegungsfläche an jedem Arbeitsplatz mindestens 1,20 m betragen (vgl. Ziff. 5.1.4 ASR A1.2). Bewegungsflächen dürfen sich nicht überlagern mit Bewegungsflächen für andere Arbeitsplätze, Flächen für Verkehrswege einschließlich Fluchtwegen und Gängen, Stellflächen und Funktionsflächen für Arbeitsmittel, Einbauten und Einrichtungen sowie Flächen für Sicherheitsabstände (vgl. Ziff. 5.1.5 Abs. 1 ASR A1.2). Abweichungen von diesem Überlagerungsverbot sind unter bestimmten Voraussetzungen zulässig (vgl. Ziff. 5.1.5 Abs. 2 ASR A1.2).

3.2 Anordnung der Arbeitsplätze

Arbeitsplätze sind in der Arbeitsstätte so anzuordnen, dass Beschäftigte
a) **sie sicher erreichen und verlassen können,**
b) **sich bei Gefahr schnell in Sicherheit bringen können,**
c) **durch benachbarte Arbeitsplätze, Transporte oder Einwirkungen von außerhalb nicht gefährdet werden.**

1 Ziff. 3.2 enthält grundlegende **Sicherheitsvorgaben für die Anordnung der Arbeitsplätze in der Arbeitsstätte.** Die Bestimmung überträgt die in Ziff. 21.3 Buchstabe c des Anhangs I der EG-Arbeitsstättenrichtlinie und Ziff. 3.2 des Anhangs IV Teil A der EG-Baustellenrichtlinie nur für Arbeitsplätze im Freien und auf Baustellen vorgesehenen Anforderungen auf alle Arbeitsplätze in Arbeitsstätten. Vergleichbare Regelungen gab es im alten Arbeitsstättenrecht lediglich für Wasserfahrzeuge und schwimmende Anlagen (vgl. § 51 Abs. 2 ArbStättV 1975) sowie Baustellen (vgl. § 44 Abs. 3 Ziff. 2 ArbStättV 1975).

2 Bei der **Anordnung der Arbeitsplätze in der Arbeitsstätte** sind **drei Anforderungen** zu beachten: das Vorhandensein eines sicheren Zugangs, das Bestehen einer Fluchtmöglichkeit für den Gefahrenfall und die Abschirmung gegen Gefährdungen durch Einwirkungen von außen. Ein **sicherer Zugang** ist gewährleistet, wenn der Arbeitsplatz von den Beschäftigten jederzeit gefahrlos betreten oder verlassen werden kann. Die Forderung nach einer **Fluchtmöglichkeit für den Gefahrenfall** ergänzt die Pflichten des Arbeitgebers nach § 4 Abs. 4 und Ziff. 2.3 des Anhangs. Notwendig ist insbesondere, dass jeder Arbeitsplatz an einen Fluchtweg und Notausgang angebunden ist, auf dem sich die Beschäftigten im Gefahrenfall schnell in Sicherheit bringen können. Zur **Vermeidung einer Gefährdung der Beschäftigten am Arbeitsplatz durch benachbarte Arbeitsplätze, Transporte oder Einwirkungen von außerhalb** ist es grundsätzlich erforderlich, die Arbeitsplätze in der Arbeitsstätte so anzuordnen, dass ein ausreichender Sicherheitsabstand zwischen benachbarten Arbeitsplätzen sowie zu den daran vorbeiführenden Verkehrs- bzw. Transportwegen und anderen äußeren Gefahrenquellen (z. B. Maschinen, Gefahrstoffe) besteht. Soweit dies nicht möglich ist, müssen andere gleichwertige Schutzmaßnahmen (z. B. geeignete Abtrennungen) getroffen werden.

Anhang **Anh. ArbStättV**

3.3. Ausstattung

(1) **Jedem Beschäftigten muss mindestens eine Kleiderablage zur Verfügung stehen, sofern Umkleideräume nach § 6 Abs. 2 Satz 3 nicht vorhanden sind.**

(2) ¹**Kann die Arbeit ganz oder teilweise sitzend verrichtet werden oder lässt es der Arbeitsablauf zu, sich zeitweise zu setzen, sind den Beschäftigten am Arbeitsplatz Sitzgelegenheiten zur Verfügung zu stellen.** ²**Können aus betriebstechnischen Gründen keine Sitzgelegenheiten unmittelbar am Arbeitsplatz aufgestellt werden, obwohl es der Arbeitsablauf zulässt, sich zeitweise zu setzen, müssen den Beschäftigten in der Nähe der Arbeitsplätze Sitzgelegenheiten bereitgestellt werden.**

Ziff. 3.3 regelt die **Ausstattung der Arbeitsstätten mit Kleiderablagen und Sitzgelegenheiten für die Beschäftigten.** Abs. 1 ersetzt § 34 Abs. 6 ArbStättV 1975 und setzt Ziff. 18.1.4 des Anhangs I der EG-Arbeitsstättenrichtlinie sowie Ziff. 14.1.4 des Anhangs IV Teil A der EG-Baustellenrichtlinie um. Abs. 2 ist erst nachträglich durch die Änderungsverordnung 2010 in Ziff. 3.3 eingefügt worden. Die betreffende Änderung war notwendig, weil Art. 14 des ILO Übereinkommens über den Gesundheitsschutz im Handel und in Büros (Ü 120), das die Bundesrepublik Deutschland im Jahr 1973 ratifiziert hatte, vorschreibt, dass den Arbeitnehmern geeignete Sitzgelegenheiten in ausreichender Zahl zur Verfügung zu stellen sind und die Arbeitnehmer in vertretbarem Maße die Möglichkeit haben müssen, die Sitzgelegenheiten zu benutzen (vgl. die amtliche Begründung in BR-Drs. 262/10 v. 29.4.2010, S. 29). Das alte Arbeitsstättenrecht enthielt in § 25 Abs. 1 ArbStättV 1975 eine entsprechende Regelung, die der Gesetzgeber bei der Novellierung der ArbStättV im Jahr 2004 in Verkennung der sich aus dem ILO-Übereinkommen Ü 120 ergebenden Verpflichtung ersatzlos gestrichen hatte. 1

Die Regelung des **Abs. 1** betrifft nur **Arbeitsstätten ohne Umkleideräume** i. S. d. § 6 Abs. 3 Satz 3 und bestimmt, dass der Arbeitgeber jedem Beschäftigten als Ersatz mindestens eine **Kleiderablage** zur Verfügung stellen muss. Im Unterschied zu der entsprechenden Vorläuferbestimmung des § 34 Abs. 6 ArbStättV 1975 wird nicht mehr vorgeschrieben, dass für jeden Beschäftigten auch ein abschließbares Fach zur Aufbewahrung persönlicher Wertgegenstände vorhanden sein muss. Eine derartige Verpflichtung des Arbeitgebers besteht nach Ziff. 5.2 Abs. 1 Satz 2 Buchst. d des Anhangs nur noch für Baustellen. Der Arbeitgeber kann jedoch im Einzelfall aufgrund seiner allgemeinen Fürsorgepflicht verpflichtet sein, für die Beschäftigten geeignete Einrichtungen zum Schutz ihrer Kleidungsstücke und Wertgegenstände zur Verfügung zu stellen (vgl. BAG v. 5.3.1959, 2 AZR 268/56, BAGE 7, 280 = NJW 1959, 1555; BAG v. 1.7.1965, 5 AZR 264/64, BAGE 17, 229 = NJW 1965, 2173). 2

Abs. 2 verpflichtet den Arbeitgeber, den Beschäftigten **Sitzgelegenheiten** zur Verfügung stellen, wenn diese entweder ihre Arbeit ganz oder teilweise im Sitzen verrichten oder es der Arbeitsablauf zulässt, dass sich die Beschäftigten zeitweise während ihrer Arbeit hinsetzen. Die Sitzgelegenheiten müssen entweder am Arbeitsplatz oder – falls dies aus betriebstechnischen Gründen nicht möglich ist – in der Nähe des Arbeitsplatzes bereitgestellt werden. Konkrete Anforderungen an die Beschaffenheit und Ausführung der Sitzgelegenheiten waren in der alten Arbeitsstättenrichtlinie ASR 25/1 „Sitzgelegenheiten" (Ausgabe Oktober 1985) enthalten. Diese Arbeitsstättenrichtlinie ist bisher noch nicht durch eine neue Arbeitsstät- 3

Lorenz

tenregel ersetzt worden und kann aufgrund des Ablaufs der Übergangsfrist für die Anwendung der alten Arbeitsstättenrichtlinien am 31.12.2012 auch nicht mehr zur Konkretisierung der Vorgaben aus Abs. 2 herangezogen werden.

3.4 Beleuchtung und Sichtverbindung

(1) **Die Arbeitsstätten müssen möglichst ausreichend Tageslicht erhalten und mit Einrichtungen für eine der Sicherheit und dem Gesundheitsschutz der Beschäftigten angemessenen künstlichen Beleuchtung ausgestattet sein.**

(2) **Die Beleuchtungsanlagen sind so auszuwählen und anzuordnen, dass sich dadurch keine Unfall- oder Gesundheitsgefahren ergeben können.**

(3) **Arbeitsstätten, in denen die Beschäftigten bei Ausfall der Allgemeinbeleuchtung Unfallgefahren ausgesetzt sind, müssen eine ausreichende Sicherheitsbeleuchtung haben.**

1 Ziff. 3.4 regelt die **Beleuchtung der Arbeitsstätte** durch **Tageslicht (natürliche Beleuchtung)** und **Beleuchtungsanlagen (künstliche Beleuchtung)** einschließlich der ggf. erforderlichen **Sicherheitsbeleuchtung.** Ziel der Regelung ist die Gewährleistung ausreichender Lichtverhältnisse in der Arbeitsstätte zum Schutz der Gesundheit der Beschäftigten und der Erhaltung ihres Wohlbefindens. Die Bestimmung ersetzt § 7 ArbStättV 1975 und setzt Ziff. 8 und 21.2 des Anhangs I der EG-Arbeitsstättenrichtlinie sowie Ziff. 8.1, 8.2 und 8.3 des Anhangs IV Teil A und Ziff. 5 des Anhangs IV Teil B Abschnitt I der EG-Baustellenrichtlinie um.

2 Die **Anforderungen an die natürliche und künstliche Beleuchtung** in Ziff. 3.4 Abs. 1 und 2 werden konkretisiert durch die **Arbeitsstättenregel ASR A3.4 „Beleuchtung"** (Ausgabe April 2011, GMBl. 2011, S. 303; zuletzt geändert im April 2014, GMBl. 2014, S. 287). Bezüglich der Regelung über die Sicherheitsbeleuchtung in Ziff. 3.4 Abs. 3 sind die notwendigen Konkretisierungen in der **Arbeitsstättenregel ASR A3.4/3 „Sicherheitsbeleuchtung, optische Sicherheitsleitsysteme"** (Ausgabe Mai 2009, GMBl. 2009, S. 684; zuletzt geändert im April 2014, GMBl. 2014, S. 287) enthalten.

3 Nach **Abs. 1** müssen **Arbeitsstätten möglichst ausreichend Tageslicht** erhalten. Daraus ergibt sich, dass die **Beleuchtung der Arbeitsstätte vorrangig mit Tageslicht** zu erfolgen hat (vgl. Ziff. 4.1 Abs. 1 Satz 2 ASR A3.4). Der grundsätzliche Vorrang der natürlichen Beleuchtung durch Tageslicht gegenüber der künstlichen Beleuchtung beruht darauf, dass Tageslicht im Allgemeinen eine positive Wirkung auf die Gesundheit und das Wohlbefinden der Beschäftigten hat (vgl. Ziff. 4.1 Abs. 1 Satz 3 ASR A3.4). Die Anforderung nach ausreichendem Tageslicht ist nach Ziff. 4.1 Abs. 3 ASR A3.4 erfüllt, wenn in Arbeitsräumen am Arbeitsplatz entweder ein Tageslichtquotient (vgl. dazu Ziff. 3.11 ASR A3.4) von mehr als 2% bzw. bei Dachoberlichtern von mehr als 4% erreicht wird oder das Verhältnis von lichtdurchlässiger Fenster-, Tür- oder Wandfläche bzw. Oberfläche zur Raumgrundfläche mindestens 1:10 (entspricht ca. 1:8 Rohbaumaße) beträgt. Diese Anforderungen gelten auch für Aufenthaltsbereiche in Pausenräumen. Kann die Forderung nach ausreichendem Tageslicht in bestehenden Arbeitsstätten oder aufgrund spezifischer betriebstechnischer Anforderungen nicht eingehalten werden, sind im Rahmen der Gefährdungsbeurteilung andere Maßnahmen zur Gewährleistung der Sicherheit und des Gesundheitsschutzes erforderlich. Dazu kann z. B. die Einrich-

tung und Nutzung von Pausenräumen mit hohem Tageslichtanfall in Verbindung mit einer geeigneten Pausengestaltung gehören.

Die **Sichtverbindung nach außen** gehört im Unterschied zum alten Arbeits- 4 stättenrecht (vgl. § 7 Abs. 1 ArbStättV) **nicht mehr zu den grundsätzlichen Mindestanforderungen für Arbeitsräume.** Zwar wird der Begriff der Sichtverbindung noch in der Überschrift von Ziff. 3.4 des Anhangs erwähnt. Der Schwerpunkt der Neuregelung liegt jedoch auf der natürlichen Beleuchtung der Arbeitsstätte durch Tageslicht. Soweit der Arbeitsraum ausreichend mit Tageslicht versorgt wird, besteht deshalb grundsätzlich keine Rechtsgrundlage für die Forderung nach einer zusätzlichen Sichtverbindung nach außen (vgl. LASI, Leitlinien ArbStättV, H3.4–1 auf Seite 22). Aufgrund des Umstandes, dass die bereits in der alten Arbeitsstättenrichtlinie ASR 7/1 „Sichtverbindung nach außen" enthaltene Vorgabe für die Gesamtfläche der als Fenster, Türen oder Wandflächen dienenden Sichtverbindungen von 1/10 der Raumgrundfläche in die ASR A3.4 (vgl. Ziff. 4.1 Abs. 3) übernommen worden ist, dürfte die praktische Bedeutung des Wegfalls der ausdrücklichen Vorgabe einer Sichtverbindung nach außen für Arbeitsräume gering sein. Dem Bedürfnis der Beschäftigten nach Sichtkontakt zum Außenbereich wird in der ASR A3.4 dadurch Rechnung getragen, dass Arbeitsplätze bevorzugt in der Nähe von Fenstern einzurichten sind (vgl. Ziff. 4.1 Abs. 3 Satz 2).

Zur **künstlichen Beleuchtung** bestimmt Abs. 1, dass Arbeitsstätten mit einer 5 der Sicherheit und dem Gesundheitsschutz angemessenen künstlichen Beleuchtung ausgestattet sein müssen. Die Beleuchtungsanlagen sind nach Abs. 2 so auszuwählen und anzuordnen, dass sich dadurch keine Unfall- oder Gesundheitsgefahren für die Beschäftigten oder Dritte (Kunden, Lieferanten) ergeben können. Diese Anforderungen werden durch die ASR A3.4 in Ziff. 5 für die künstliche Beleuchtung in Gebäuden und in Ziff. 6. für die künstliche Beleuchtung im Freien konkretisiert. Detaillierte Vorgaben für die Mindeststärke der Beleuchtung in den einzelnen Arbeits- und Tätigkeitsbereichen sind in den Anhängen 1 und 2 der ASR A3.4 enthalten. Die Anforderungen an den Betrieb und die Instandhaltung der Beleuchtungsanlagen sowie die Messung der Beleuchtungsstärke sind in Ziff. 7 geregelt. Ziff. 8 enthält spezielle Vorgaben für die Beleuchtung von Baustellen.

Abs. 3 verpflichtet den Arbeitgeber, die Bereiche der Arbeitsstätte, in denen die 6 Beschäftigten bei Ausfall der Allgemeinbeleuchtung Unfallgefahren ausgesetzt sind, mit einer speziellen **Sicherheitsbeleuchtung** auszustatten. Dazu gehören u. a. Laboratorien, Dunkelarbeitsplätze, elektrische Betriebsräume und Räume für haustechnische Anlagen, der unmittelbare Bereich von langnachlaufenden Arbeitsmitteln mit nicht zu schützenden bewegten Teilen, Steuereinrichtungen für ständig zu überwachende Anlagen sowie Arbeitsplätze auf Baustellen und in der Nähe heißer Bäder, Gießgruben oder Arbeitsgruben (vgl. Ziff. 4.2 ASR A3.4). Die Anforderungen an die Ausführung der Sicherheitsbeleuchtung und die erforderliche Beleuchtungsstärke sind in Ziff. 4.3 ASR A3.4 geregelt. Ziff. 6 ASR A3.4 enthält Vorgaben für den Betrieb, die Instandhaltung und die Prüfung der Sicherheitsbeleuchtung. Spezielle Hinweise für die Sicherheitsbeleuchtung auf Baustellen sind in Ziff. 8 geregelt.

3.5 Raumtemperatur

(1) **In Arbeits-, Pausen-, Bereitschafts-, Sanitär-, Kantinen- und Erste-Hilfe-Räumen, in denen aus betriebstechnischer Sicht keine spezifischen Anforderungen an die Raumtemperatur gestellt werden, muss während der Arbeitszeit unter Berücksichtigung der Arbeitsverfahren, der körper-**

ArbStättV Anh. Arbeitsstättenverordnung

lichen Beanspruchung der Beschäftigten und des spezifischen Nutzungszwecks des Raumes eine gesundheitlich zuträgliche Raumtemperatur bestehen.

(2) Fenster, Oberlichter und Glaswände müssen je nach Art der Arbeit und der Arbeitsstätte eine Abschirmung der Arbeitsstätten gegen übermäßige Sonneneinstrahlung ermöglichen.

1 Ziff. 3.5 regelt die **Anforderungen an die Raumtemperatur in Arbeitsräumen** und die **Maßnahmen gegen übermäßige Sonneneinstrahlung**. Ziel der Regelung ist der Schutz der Beschäftigten vor gesundheitlich unzuträglichen Raumtemperaturen und störender Sonneneinstrahlung. Die Bestimmung ersetzt § 6 und § 9 Abs. 2 ArbStättV 1975 und setzt Ziff. 7.1 und 7.3 des Anhangs I der EG-Arbeitsstättenrichtlinie sowie Ziff. 7 des Anhangs IV Teil A und Ziff. 4.1 des Anhangs IV Teil B Abschnitt I der EG-Baustellenrichtlinie um. Die allgemein gehaltenen Anforderungen in Ziff. 3.5 werden konkretisiert durch die **Arbeitsstättenregel ASR A3.5 „Raumtemperatur"** (Ausgabe Juni 2010, GMBl. 2010, S. 751; zuletzt geändert im April 2014, GMBl. 2014, S. 287).

2 Abs. 1 verpflichtet den Arbeitgeber, dafür zu sorgen, dass **in allen Räumen der Arbeitsstätte**, an die betriebstechnisch keine spezifischen raumklimatischen Anforderungen gestellt werden, **während der gesamten Arbeitszeit** der Beschäftigten eine **gesundheitlich zuträgliche Raumtemperatur** vorhanden ist. Eine gesundheitlich zuträgliche Raumtemperatur liegt vor, wenn die Wärmebilanz (Wärmezufuhr, Wärmeerzeugung und Wärmeabgabe) des menschlichen Körpers ausgeglichen ist (vgl. Ziff. 4.1 Abs. 2 ASR A3.5). Für die meisten Arbeitsplätze genügt die Lufttemperatur zur Beurteilung des Vorhandenseins einer gesundheitlich zuträglichen Raumtemperatur (vgl. Ziff. 4.1 Abs. 4 ASR A3.5). Die Messung der Lufttemperatur ist in Ziff. 4.1 Abs. 6 ASR A3.5 geregelt. An Arbeitsplätzen mit erheblichem betriebstechnisch bedingten Wärmeeinfluss mit Belastungen durch Lufttemperatur, Luftfeuchte, Luftgeschwindigkeit, Wärmestrahlung, Arbeitsschwere oder Bekleidung ist im Rahmen der Gefährdungsbeurteilung zu prüfen, ob und welche technischen, organisatorischen oder personenbezogenen Maßnahmen erforderlich sind und ob Hitzearbeit vorliegt (vgl. Ziff. 4.1 Abs. 5 ASR A3.5).

3 Das **Erfordernis einer gesundheitlich zuträglichen Raumtemperatur** ist im Regelfall erfüllt, wenn die in Ziff. 4.2 ASR A3.5 festgelegten **Mindest- und Höchstwerte für die Lufttemperatur in Räumen** eingehalten werden. Ziff. 4.2 Abs. 2 ASR A3.5 gibt unter Anknüpfung an die Tätigkeit der Beschäftigten (Körperhaltung) und ihre körperliche Beanspruchung (Arbeitsschwere) folgende **Mindestwerte für die Lufttemperatur in Arbeitsräumen** vor, die **während der gesamten Arbeitszeit einzuhalten** sind (vgl. Ziff. 4.2 Abs. 1 ASR A3.5):

Bei Überwiegen der Körperhaltung „Sitzen"	
– und leichter Arbeit	+ 20 °C
– und mittelschwerer Arbeit	+ 19 °C
Bei Überwiegen der Körperhaltung „Stehen und/oder Gehen"	
– und leichter Arbeit	+ 19 °C
– und mittelschwerer Arbeit	+ 17 °C
– und schwerer Arbeit	+ 12 °C

4 Bei **Nichterreichung der o. g. Mindestwerte** trotz Ausschöpfung der vorhandenen technischen Möglichkeiten muss der Arbeitgeber den Schutz gegen zu

niedrige Temperaturen in folgender Rangfolge durch zusätzliche arbeitsplatzbezogene technische Maßnahmen (z. B. Wärmestrahler, Heizmatten), organisatorische Maßnahmen (z. B. Aufwärmzeiten) oder personenbezogene Maßnahmen (z. B. geeignete Kleidung) sicherstellen (vgl. Ziff. 4.2 Abs. 2 ASR A3.5).

In **Pausen-, Bereitschafts-, Sanitär-, Kantinen- und Erste-Hilfe-Räumen** 5 muss nach Ziff. 4.2 Abs. 4 ASR A3.5 während der Nutzungsdauer eine **Mindestlufttemperatur von +21 °C** herrschen. In **Waschräumen mit Duschen** soll die Lufttemperatur während der Nutzungsdauer mindestens +24 °C betragen (vgl. Ziff. 4.2 Abs. 6 ASR A 3.5). In **stationären Toilettenanlagen,** die für Beschäftigte bei Arbeiten im Freien oder für gelegentlich genutzte Arbeitsstätten eingerichtet werden, muss während der Nutzungsdauer eine Lufttemperatur von +21 °C erreicht werden (vgl. Ziff. 4.2 Abs. 5 ASR A 3.5). **Unterkünfte** müssen während der Nutzungsdauer auf mindestens +21 °C geheizt werden können (vgl. Ziff. 5.1 Abs. 3 ASR A4.4).

Zum **Schutz der Beschäftigten gegen zu hohe Temperaturen** bestimmt 6 Ziff. 4.2 Abs. 3 ASR A3.5, dass die **Lufttemperatur in Arbeitsräumen** sowie in Pausen-, Bereitschafts-, Sanitär-, Kantinen- und Erste-Hilfe-Räumen **maximal +26 °C** betragen soll. Wenn die **Außenlufttemperatur über +26 °C** beträgt und dies dazu führt, dass trotz Verwendung geeigneter Sonnenschutzeinrichtungen der **Höchstwert für die Innenlufttemperatur von +26 °C** überschritten wird, soll der Arbeitgeber nach Ziff. 4.4 Abs. 1 ASR A3.5 zusätzliche Maßnahmen zum Schutz der Beschäftigten ergreifen. Bei einer **Innenlufttemperatur über +30 °C** muss der Arbeitgeber nach Ziff. 4.4 Abs. 2 ASR A3.5 eine Gefährdungsbeurteilung durchführen und Maßnahmen zur Reduzierung der Beanspruchung der Beschäftigten nach Maßgabe der Tabelle 4 treffen (z. B. effektive Steuerung des Sonnenschutzes oder der Lüftungseinrichtungen, Reduzierung der inneren thermischen Lasten, Lüftung in den frühen Morgenstunden, Nutzung von Gleitzeitregelungen zur Arbeitszeitverlagerung, Lockerung der Bekleidungsregeln, Bereitstellung geeigneter Getränke). Dabei gehen technische und organisatorische Maßnahmen gegenüber personenbezogenen Maßnahmen vor. Beträgt die **Innenlufttemperatur über +35 °C,** ist der Raum für die Zeit der Überschreitung ohne zusätzliche technische Maßnahmen (z. B. Luftduschen, Wasserschleier), organisatorische Maßnahmen (z. B. Entwärmungsphasen) oder persönliche Schutzausrüstungen (z. B. Hitzeschutzkleidung) wie bei Hitzearbeit nicht als Arbeitsraum geeignet.

Der **Betriebsrat** hat bei einer Überschreitung der Innenlufttemperaturen von 7 +26 °C, +30 °C und +35 °C ein **Mitbestimmungsrecht nach § 87 Abs. 1 Nr. 7 BetrVG** bei den vom Arbeitgeber zu treffenden **Maßnahmen zur Reduzierung der Wärmebelastung der Beschäftigten** (vgl. LAG Schleswig-Holstein v. 1.10.2013, 1 TaBV 33/13).

Abs. 2 regelt die technischen **Maßnahmen zum Schutz der Beschäftigten vor** 8 **übermäßiger Sonneneinstrahlung in Arbeitsräumen.** Fenster, Oberlichter und Glaswände, die der Tageslichtversorgung dienen, sind so zu gestalten, dass eine ausreichende Tageslichtversorgung gewährleistet ist und gleichzeitig störende Blendung und übermäßige Erwärmung vermieden werden (vgl. Ziff. 4.3 Abs. 1 ASR A 3.5). Führt die Sonneneinstrahlung durch Fenster, Oberlichter und Glaswände zu einer Erhöhung der Raumtemperatur über +26 °C, sind diese Bauteile mit geeigneten Sonnenschutzsystemen auszurüsten; eine störende direkte Sonneneinstrahlung auf den Arbeitsplatz ist zu vermeiden (vgl. Ziff. 4.3 Abs. 2 ASR A3.5). Beispiele für die Gestaltung der Sonnenschutzsysteme sind in Ziff. 4.3 Abs. 3 ASR A3.5 enthalten.

ArbStättV Anh.

3.6 Lüftung

(1) In umschlossenen Arbeitsräumen muss unter Berücksichtigung der Arbeitsverfahren, der körperlichen Beanspruchung und der Anzahl der Beschäftigten sowie der sonstigen anwesenden Personen ausreichend gesundheitlich zuträgliche Atemluft vorhanden sein.

(2) Ist für das Betreiben von Arbeitsstätten eine raumlufttechnische Anlage erforderlich, muss diese jederzeit funktionsfähig sein. Eine Störung muss durch eine selbsttätige Warneinrichtung angezeigt werden. Es müssen Vorkehrungen getroffen sein, durch die die Beschäftigten im Fall einer Störung gegen Gesundheitsgefahren geschützt sind.

(3) Werden Klimaanlagen oder mechanische Belüftungseinrichtungen verwendet, ist sicherzustellen, dass die Beschäftigten keinem störenden Luftzug ausgesetzt sind.

(4) Ablagerungen und Verunreinigungen in raumlufttechnischen Anlagen, die zu einer unmittelbaren Gesundheitsgefährdung durch die Raumluft führen können, müssen umgehend beseitigt werden.

1   Ziff. 3.6 enthält grundlegende **Anforderungen an die Luftqualität in Arbeitsräumen und den sicheren Betrieb von Lüftungsanlagen.** Ziel der Regelung ist die Gewährleistung einer gesundheitlich zuträglichen Atemluft und der Schutz der Beschäftigten gegen Gefährdungen ihrer Gesundheit durch den Betrieb lüftungstechnischer Anlagen (z. B. Zugluft, Lärm, Bakterien). Die Bestimmung ersetzt § 5 ArbStättV 1975 und setzt Ziff. 6 des Anhangs I der EG-Arbeitsstättenrichtlinie sowie Ziff. 5 des Anhangs IV Teil A und Ziff. 3 des Anhangs IV Teil B Abschnitt I der EG-Baustellenrichtlinie um. Die allgemein gehaltenen Vorgaben von Ziff. 3.6 werden konkretisiert durch die **Arbeitsstättenregel ASR A3.6 „Lüftung"** (Ausgabe Januar 2012, GMBL. 2012 S. 92; zuletzt geändert im Februar 2013, GMBl. 2013, S. 359).

2   Abs. 1 verpflichtet den Arbeitgeber, dafür zu sorgen, dass **in umschlossenen Arbeitsräumen gesundheitlich zuträgliche Atemluft in ausreichender Menge** vorhanden ist. Die Vorgabe einer gesundheitlich zuträglichen Atemluft ist in der Regel dann erfüllt, wenn die Luftqualität in den Arbeitsräumen der normalen Außenluftqualität entspricht (vgl. Ziff. 4.1 Abs. 1 ASR A3.6). Bei Beeinträchtigungen der Innenraumluftqualität durch Stofflasten (z. B. Emissionen aus Bauprodukten oder Einrichtungsgegenständen, Schimmel, Rauch oder andere Gerüche), Feuchtelasten (z. B. Wasserdampfabgabe aus Prozessen oder anwesenden Personen) oder Wärmelasten (z. B. Hitzeeinwirkungen durch Geräte, Maschinen oder Sonneneinstrahlung) muss der Arbeitgeber die erforderlichen Maßnahmen nach Ziff. 4.2 bis 4.4 ASR A3.6 zur Beseitigung dieser Lasten treffen. Bei Beschwerden von Beschäftigten über die Luftqualität trotz bestimmungsgemäßer Nutzung des Arbeitsraumes und der Lüftung muss der Arbeitgeber nach Ziff. 4.1 Abs. 5 ASR A3.6 prüfen, ob und ggf. welche weiteren Maßnahmen durchzuführen sind (z. B. zeitweise verstärkte Lüftung, Änderung der Raumnutzung, Umsetzung der Beschäftigten in andere Räume, Einbau oder Anpassung einer RLT-Anlage).

3   Zur **Lüftung von Arbeitsräumen,** d. h. der Erneuerung der Raumluft durch direkte oder indirekte Zuführung von Außenluft, stehen dem Arbeitgeber **zwei Wege** zur Verfügung, die **freie Lüftung durch Fenster** und sonstige Lüftungsöffnungen und die **technische Lüftung durch raumlufttechnischer Anlagen**

Anhang   **Anh. ArbStättV**

(**RLT-Anlagen**). Die ASR A3.6 regelt in Ziff. 5 die verschiedenen Formen der freien Lüftung von Arbeitsräumen (Stoßlüftung oder kontinuierliche Lüftung) und die Anforderungen an die Durchführung der freien Lüftung (z. B. erforderliche Mindestöffnungsfläche von Fenstern, Anordnung der Fensteröffnungen, Zeitdauer der Stoßlüftung). Raumlufttechnische Anlagen (RLT-Anlagen) sind dann erforderlich, wenn eine freie Lüftung zur Erneuerung Raumluft nicht ausreicht (vgl. Ziff. 6.1 ASR A3.6). Die **Anforderungen an den sicheren Betrieb von raumlufttechnischen Anlagen** in Ziff. 3.6 Abs. 2 bis 4 des Anhangs werden durch Ziff. 6.2 bis 6.7 ASR A3.6 ergänzt und konkretisiert. Dazu gehören insbesondere die Erhaltung der Funktionsfähigkeit der Anlage durch regelmäßige Wartung und Prüfung (vgl. Ziff. 3.6 Abs. 2 Satz 1 des Anhangs und Ziff. 6.6 ASR A3.6) sowie Maßnahmen zum Schutz der Beschäftigten gegen Gefährdungen ihrer Gesundheit durch Betriebsstörungen (vgl. Ziff. 3.6 Abs. 2 Satz 2 und 3 des Anhangs sowie Ziff. 6.7 ASR A3.6), störende Luftzüge bzw. Zugluft (vgl. Ziff. 3.6 Abs. 3 des Anhangs sowie Ziff. 6.4 und 6.5 ASR A3.6) und Ablagerungen oder Verunreinigungen in der Anlage (vgl. Ziff. 3.6 Abs. 4 des Anhangs und Ziff. 6.2 ASR A3.6). Die besonderen Anforderungen an die Lüftung von Baustellen sind in Ziff. 7 ASR A3.6 enthalten.

3.7 Lärm

¹In Arbeitsstätten ist der Schalldruckpegel so niedrig zu halten, wie es nach der Art des Betriebes möglich ist. ²Der Schalldruckpegel am Arbeitsplatz in Arbeitsräumen ist in Abhängigkeit von der Nutzung und den zu verrichtenden Tätigkeiten so weit zu reduzieren, dass keine Beeinträchtigungen der Gesundheit der Beschäftigten entstehen.

Ziff. 3.7 enthält grundlegende **Vorgaben für die Minimierung der Lärmbelastung in der Arbeitsstätte und am Arbeitsplatz**. Die Bestimmung ersetzt § 15 ArbStättV 1975 und setzt Ziff. 21.3 Buchst. b des Anhangs I der EG-Arbeitsstättenrichtlinie sowie Ziff. 6.1 des Anhangs IV Teil A der EG-Baustellenrichtlinie um. Ziel der Regelung ist der Schutz der Beschäftigten vor den Gesundheitsgefahren, die durch Lärmeinwirkungen bei der Arbeit hervorgerufen werden können. Dazu gehören neben den klassischen auralen Gefahren (Beeinträchtigung des Hörvermögens, sog. Lärmschwerhörigkeit) auch die sog. nichtauralen Gefährdungen der Gesundheit durch einen Geräuschpegel, der zwar noch unterhalb der Schwelle zum gehörschädigenden Lärm liegt, aber von den Beschäftigten bei ihrer Tätigkeit als störende oder belastende Geräuscheinwirkung empfunden wird. So haben neuere arbeitswissenschaftliche Untersuchungen ergeben, dass die vor allem in Großraumbüros und Call-Centern vorherrschende hohe Geräuschkulisse zu den größten Stressfaktoren bei der Arbeit gehört und bei den Beschäftigten körperliche Beeinträchtigungen (z. B. vegetative Störungen) oder psychische Erkrankungen hervorrufen kann. 1

Lärm i. S. v. Ziff. 3.7 ist jeder Schall, der zu einer Beeinträchtigung des Hörvermögens oder zu einer sonstigen unmittelbaren oder mittelbaren Gefährdung von Sicherheit oder Gesundheit der Beschäftigten führen kann (vgl. § 2 Abs. 1 Lärm-VibrationsArbSchV). Der maßgebliche Richtwert für die Ermittlung der Geräuschexposition bzw. Lärmbelastung der Beschäftigten ist der Schalldruckpegel, der in Dezibel (A) bzw. dB(A) gemessen wird. Die ursprüngliche Fassung von Ziff. 3.7 enthielt in Satz 2 einen Grenzwert für den maximal zulässigen **Schalldruckpegel** am Arbeitsplatz in Höhe von 85 dB(A) bzw. 90 dB(A). Diese Regelung ist mit Inkraft- 2

ArbStättV Anh.

treten der **Verordnung zum Schutz der Beschäftigten vor Gefährdungen durch Lärm und Vibrationen (LärmVibrationsArbSchV)** vom 6.3.2007 obsolet geworden. Seitdem werden Lärmbelastungen ab einem Tages-Lärmexpositionspegel von 80 dB(A), die nach gesicherten arbeitsmedizinischen Erkenntnissen zu Beeinträchtigungen des Hörvermögens führen können, von der LärmVibrationsArbSchV erfasst und verpflichten den Arbeitgeber zur Durchführung von Maßnahmen zur Vermeidung bzw. Verringerung der Lärmexposition (vgl. §§ 6 bis 8 LärmVibrationsArbSchV). Der **Anwendungsbereich von Ziff. 3.7** ist dadurch auf **Lärmbelastungen unterhalb der Schwelle zum gehörschädigenden Lärm von 80 dB(A)** beschränkt. Mit der Änderungsverordnung 2010 ist Satz 2 an die neue Rechtslage angepasst worden (vgl. die amtliche Begründung in BR-Drs. 262/10 v. 29.4.2010, S. 29 und v. 9.7.2010, S. 9).

3   Satz 1 enthält ein **allgemeines Lärmminimierungsgebot für den gesamten Bereich der Arbeitsstätte,** das den Arbeitgeber verpflichtet, den Schalldruckpegel in der Arbeitsstätte so niedrig zu halten wie es nach der Art des Betriebes möglich ist. Der Arbeitgeber hat danach alle betriebstechnisch möglichen und wirtschaftlich zumutbaren Maßnahmen zu ergreifen, um die Lärmbelastung der Beschäftigten in der Arbeitsstätte gering zu halten. Geeignete Maßnahmen zur Lärmminderung sind z. B. der Einsatz lärmarmer Arbeitsmittel, die räumliche Trennung von Arbeitsplätzen und Lärmquellen sowie die schallabsorbierende Ausführung von Fußböden, Decken, Wänden, Möbelteilen und Stellwänden.

4   Satz 2 enthält ein **spezielles Lärmminimierungsgebot für Arbeitsplätze in Arbeitsräumen,** das den Arbeitgeber verpflichtet, den Schalldruckpegel am Arbeitsplatz in Arbeitsräumen in Abhängigkeit von der Nutzung und den zu verrichtenden Tätigkeiten so weit zu reduzieren, dass die Gesundheit der Beschäftigten nicht beeinträchtigt wird. Der Ausschuss für Arbeitsstätten (ASTA) erarbeitet derzeit eine neue Arbeitsstättenregel ASR A3.7 „Lärm" zur Konkretisierung der allgemein gehaltenen Vorgaben in Ziff. 3.7. Bis zur Bekanntmachung der ASR A3.7 können als Orientierungshilfe die bereits bestehenden, in der Fachwelt anerkannten Lärmgrenzwerte des § 15 ArbStättV 1975, der VDI-Richtlinie 2058 Blatt 3 und der DIN EN ISO 11 690-1 herangezogen werden:

5   Lärmgrenzwerte des § 15 ArbStättV 1975 und der VDI-Richtlinie 2058 Blatt 3 „Beurteilung von Lärm am Arbeitsplatz unter Berücksichtigung unterschiedlicher Tätigkeiten" (Ausgabe Februar 1999):
  − 55 dB(A) bei überwiegend geistigen Tätigkeiten
  − 70 dB(A) bei einfachen oder überwiegend mechanisierten Bürotätigkeiten und vergleichbaren Tätigkeiten

6   Lärmgrenzwerte der DIN EN ISO 11 690-1 „Akustik − Richtlinien für die Gestaltung lärmarmer maschinenbestückter Arbeitsstätten − Teil 1: Allgemeine Grundlagen" (Ausgabe Februar 1997):
  − 35−45 dB(A) für Tätigkeiten, die besondere Konzentration verlangen
  − 45−55 dB(A) für routinemäßige Büroarbeit
  − 75−80 dB(A) in industriellen Arbeitsstätten

7   Die Bundesanstalt für Arbeit (BAuA) empfiehlt in ihrem Ratgeber zur Gefährdungsbeurteilung (vgl. unter Teil 2, Ziff. 7.1.2.3) unter Anlehnung an die DIN EN ISO 11 690-1 die Einhaltung folgender Lärmgrenzwerte:
  − 35−45 dB(A) für überwiegend geistige Tätigkeiten (z. B. wissenschaftliches Arbeiten, Texte entwerfen oder übersetzen. Software entwickeln)
  − 45−55 dB(A) für einfache und überwiegend Routinetätigkeiten in Büros und vergleichbare Tätigkeiten (z. B. Arbeiten an Bildschirmgeräten, Buchen und

Disponieren, Beobachtungs- und Steuerungstätigkeiten in Messwarten oder Prozessleitständen)
- 75–80 dB(A) für sonstige Tätigkeiten (z. B. Arbeiten an Werkzeug- oder Fertigungsmaschinen, Wartungs-, Instandsetzungs-, Reinigungs- und Transportarbeiten, handwerkliche Arbeiten)
- 35–45 dB(A) für Pausen-, Bereitschafts-, Liege- und Sanitätsräume

4. SANITÄRRÄUME, PAUSEN- UND BEREITSCHAFTSRÄUME, ERSTE-HILFE-RÄUME, UNTERKÜNFTE

4.1 Sanitärräume

(1) **Toilettenräume sind mit verschließbaren Zugängen, einer ausreichenden Anzahl von Toilettenbecken und Handwaschgelegenheiten zur Verfügung zu stellen. Sie müssen sich sowohl in der Nähe der Arbeitsplätze als auch in der Nähe von Pausen- und Bereitschaftsräumen, Wasch- und Umkleideräumen befinden.**

(2) **Waschräume nach § 6 Abs. 2 Satz 2 sind**
a) **in der Nähe des Arbeitsplatzes und sichtgeschützt einzurichten,**
b) **so zu bemessen, dass die Beschäftigten sich den hygienischen Erfordernissen entsprechend und ungehindert reinigen können; dazu muss fließendes warmes und kaltes Wasser, Mittel zum Reinigen und gegebenenfalls zum Desinfizieren sowie zum Abtrocknen der Hände vorhanden sein,**
c) **mit einer ausreichenden Anzahl geeigneter Duschen zur Verfügung zu stellen, wenn es die Art der Tätigkeit oder gesundheitliche Gründe erfordern.**

Sind Waschräume nach § 6 Abs. 2 Satz 2 nicht erforderlich, müssen in der Nähe des Arbeitsplatzes und der Umkleideräume ausreichende und angemessene Waschgelegenheiten mit fließendem Wasser (erforderlichenfalls mit warmem Wasser), Mitteln zum Reinigen und zum Abtrocknen der Hände zur Verfügung stehen.

(3) **Umkleideräume nach § 6 Abs. 2 Satz 3 müssen**
a) **leicht zugänglich und von ausreichender Größe und sichtgeschützt eingerichtet werden; entsprechend der Anzahl gleichzeitiger Benutzer muss genügend freie Bodenfläche für ungehindertes Umkleiden vorhanden sein,**
b) **mit Sitzgelegenheiten sowie mit verschließbaren Einrichtungen ausgestattet sein, in denen jeder Beschäftigte seine Kleidung aufbewahren kann.**

Kleiderschränke für Arbeitskleidung und Schutzkleidung sind von Kleiderschränken für persönliche Kleidung und Gegenstände zu trennen, wenn Umstände dies erfordern.

(4) **Wasch- und Umkleideräume, die voneinander räumlich getrennt sind, müssen untereinander leicht erreichbar sein.**

ArbStättV Anh. Arbeitsstättenverordnung

1 Ziff. 4.1 ergänzt die Vorschrift des § 6 Abs. 2 über die Bereitstellung von Sanitärräumen um grundlegende **Anforderungen an die Lage, Gestaltung und Ausstattung der Toiletten-, Wasch- und Umkleideräume.** Die Bestimmung ersetzt §§ 34 bis 37 ArbStättV 1975 und setzt Ziff. 18 des Anhangs I der EG-Arbeitsstättenrichtlinie sowie Ziff. 14 des Anhangs IV Teil A der EG-Baustellenrichtlinie um.

2 Die allgemein gehaltenen Regelungen der Ziff. 4.1 werden konkretisiert durch die **Arbeitsstättenregel ASR A4.1 „Sanitärräume"** (Ausgabe September 2013, GMBl. 2013, S. 919). Die ASR A4.1 enthält in Ziff. 4 grundlegende Anforderungen an die Einrichtung und den Betrieb der Sanitärräume. Dazu gehören das Verbot der zweckwidrigen Nutzung der Sanitärräume (vgl. Abs. 1) sowie Vorgaben zur Raumhöhe (vgl. Abs. 2), zum Schutz gegen Einsicht von außen (vgl. Abs. 3), zur Beleuchtung und Lufttemperatur (vgl. Abs. 4 und 5), zur Kennzeichnung (vgl. Abs. 6), zur Gewährleistung der Hygiene (vgl. Abs. 9, 10 und 12), zur Beschaffenheit der Heizeinrichtungen und zum Schutz gegen Zugluft (vgl. Abs. 13). Die speziellen Anforderungen an die einzelnen Sanitärräume sind in Ziff. 5 (Toilettenräume), Ziff. 6 (Waschräume) und Ziff. 7 (Umkleideräume) geregelt. Ziff. 8 enthält besondere Anforderungen für die Sanitäreinrichtungen auf Baustellen.

3 Ziff. 4.1 Abs. 1 Satz 2 des Anhangs bestimmt zur **Lage der Toilettenräume,** dass diese sich in der Nähe der Arbeitsplätze sowie der Pausen-, Bereitschafts-, Wasch- und Umkleideräume befinden müssen. Die ASR A4.1 enthält dazu in Ziff. 5.2 Abs. 1 drei konkretisierende Hinweise: Die Weglänge zu Toilettenräumen soll nicht länger als 50 m sein und darf 100 m nicht überschreiten. Die Toilettenräume müssen sich im gleichen Gebäude befinden und dürfen nicht weiter als eine Etage von ständigen Arbeitsplätzen entfernt sein. Der Weg von ständigen Arbeitsplätzen in Gebäuden zu Toiletten soll nicht durchs Freie führen.

4 Die allgemein gehaltenen Vorgaben in Ziff. 4.1 Abs. 1 Satz 1 des Anhangs zur **Anzahl der bereitzustellenden Toiletten** und zur **Ausstattung der Toilettenräume** werden durch die ASR A4.1 wie folgt konkretisiert: Die erforderliche Mindestanzahl der bereitzustellenden Toiletten ist in Ziff. 5.2 Abs. 3 und der Tabelle 2 geregelt. Maßgeblich sind dabei zwei Faktoren, die Anzahl der männlichen und weiblichen Beschäftigten sowie die Gleichzeitigkeit der Nutzung der Toiletten durch die Beschäftigten. So sind bei hoher Gleichzeitigkeit der Toilettennutzung durch Beschäftigte, die i.d.R die Toiletten nur in den Pausen aufsuchen können (z. B. Bandarbeit, Lehrer im Unterrichtsdienst) mehr Toiletten bereitzustellen als bei niedriger Gleichzeitigkeit der Nutzung durch Beschäftigte, die i. d. R. zu jeder Zeit die Toilettenräume aufsuchen können (z. B. normale Büroarbeit). Ziff. 5.2 Abs. 4 regelt die Ausstattung der Toilettenräume für die männlichen Beschäftigten mit Urinalen. Detaillierte Vorgaben für die Abmessungen der Bewegungsfläche in den Toilettenräumen sowie der Trennwände und Türen von Toilettenzellen sind in Ziff. 5.3 enthalten. Ziff. 5.4 regelt die Ausstattung der Toilettenräume mit innen abschließbaren Türen, Hygienebedarf (Kleiderhaken, Papierhalter, Toilettenbürste, Toilettenpapier) und Handwaschgelegenheiten. Ziff. 5.1 enthält Vorgaben für die Lüftung und Reinigung der Toilettenräume. So müssen Toilettenräume, die täglich genutzt werden, mindestens einmal am Tag gereinigt werden.

5 Ziff. 4.1 Abs. 2 Satz 1 Buchst. a) des Anhangs bestimmt zur **Lage der Waschräume,** dass diese sich in der Nähe der Arbeitsplätze befinden müssen. Die ASR A4.1 enthält dazu in Ziff. 6.2 Abs. 1 zwei konkretisierende Hinweise: Der Weg von den Arbeitsplätzen in Gebäuden zu den Waschräumen darf 300 m nicht überschreiten und soll nicht durchs Freie führen. Waschräume dürfen auch in einer anderen Etage eingerichtet sein.

Die allgemein gehaltenen Vorgaben in Ziff. 4.1 Abs. 2 des Anhangs zur **Anzahl** 6 **der bereitzustellenden Wasch- und Duschplätze** sowie zur **Ausstattung der Waschräume** werden durch die ASR A4.1 wie folgt konkretisiert: Die erforderliche Mindestanzahl der bereitzustellenden Wasch- und Duschplätze ist in Ziff. 6.2 Abs. 2 sowie den Tabellen 4. 5.1 und 5.2 geregelt. Maßgeblich sind dabei zwei Faktoren, die höchste Anzahl der Beschäftigten, die in der Regel den Waschraum nutzen, sowie die Gleichzeitigkeit der Nutzung der Waschräume durch die Beschäftigten. Detaillierte Vorgaben für die Abmessungen der Bewegungsfläche in den Waschräumen sowie die Grundfläche der Durchplätze sind in Ziff. 6.3 enthalten. Ziff. 6.4 regelt die Ausstattung der Waschräume bzw. Wasch- und Duschplätze mit fließendem warmen und kaltem Wasser in Trinkwasserqualität, Haltegriff, Seifenablage und Handtuchhalter, Einrichtungen zum Trocknen der Handtücher und Vorrichtungen zur Haartrocknung sowie Abfallbehältern und Kleiderhaken bzw. Kleiderablagen. Ziff. 6.1 enthält Vorgaben für die Lüftung (vgl. Abs. 3 und 4) und die Reinigung (vgl. Abs. 7 und 8) der Waschräume. So müssen Waschräume, die täglich genutzt werden, mindestens einmal am Tag gereinigt werden. Ziff. 6.1 Abs. 2 konkretisiert die Anforderungen an die Ausstattung der Waschgelegenheiten in Ziff. 4.1 Abs. 2 Satz 2 des Anhangs.

Ziff. 4.2 Abs. 3 des Anhangs enthält grundlegende **Anforderungen an die Ein-** 7 **richtung und Ausstattung der Umkleideräume,** die durch die ASR A4.1 wie folgt konkretisiert werden: Ziff. 7.2 Abs. 4 enthält konkrete Vorgaben an die Lage der Umkleideräume für Beschäftigte, die an Hitzearbeitsplätzen tätig sind. Die Anforderungen an die Abmessungen der Umkleideräume bezüglich der notwendigen Bewegungsfläche sind in Ziff. 7.3 geregelt. Ziff. 7.4 regelt die Ausstattung der Umkleideräume mit Sitzgelegenheiten, Einrichtungen zur Aufbewahrung der Kleidung (z. B. Kleiderschränken), Vorrichtungen zur Trocknung von feuchter Arbeits- und Schutzkleidung sowie Abfallbehältern, Spiegeln und Kleiderablagen. Ziff. 7.1 enthält Vorgaben für die Lüftung und Reinigung der Umkleideräume.

Bei der **räumlichen Anordnung der Wasch- und Umkleideräume** ist nach 8 Ziff. 6.1 Abs. 4 und Ziff. 7.2 Abs. 4 ASR A4.1 zu beachten, dass diese grundsätzlich durch einen unmittelbaren Zugang miteinander verbunden sein müssen. Räumlich getrennte Wasch- und Umkleideräume müssen für die Beschäftigten leicht erreichbar sein. Dies ist nur dann der Fall, wenn Wasch- und Umkleideraum auf der gleichen Etage liegen und die Entfernung maximal 10 m beträgt. Der Weg zwischen Wasch- und Umkleideraum darf nicht durchs Freie oder durch Arbeitsräume führen.

4.2 Pausen- und Bereitschaftsräume

(1) **Pausenräume oder entsprechende Pausenbereiche nach § 6 Abs. 3 Satz 1 sind**
a) **für die Beschäftigten leicht erreichbar an ungefährdeter Stelle und in ausreichender Größe bereitzustellen,**
b) **entsprechend der Anzahl der gleichzeitigen Benutzer mit leicht zu reinigenden Tischen und Sitzgelegenheiten mit Rückenlehne auszustatten,**
c) **als separate Räume zu gestalten, wenn die Beurteilung der Arbeitsbedingungen und der Arbeitsstätte dies erfordern.**

(2) **Bereitschaftsräume nach § 6 Abs. 3 Satz 3 und Pausenräume, die als Bereitschaftsräume genutzt werden, müssen dem Zweck entsprechend ausgestattet sein.**

ArbStättV Anh. Arbeitsstättenverordnung

1 Ziff. 4.2 ergänzt die Bestimmung des § 6 Abs. 3 über die Bereitstellung von Sozialräumen um grundlegende **Vorgaben für die Lage, Gestaltung und Ausstattung der Pausen- und Bereitschaftsräume.** Die Bestimmung ersetzt §§ 29 bis 33 ArbStättV 1975 und setzt Ziff. 16.1, 16.2 und 16.4 des Anhangs I der EG-Arbeitsstättenrichtlinie sowie Ziff. 15.1 bis 15.3 des Anhangs IV Teil A der EG-Baustellenrichtlinie um. Ziff. 4.2 wird konkretisiert durch die **Arbeitsstättenregel ASR A4.2 „Pausen- und Bereitschaftsräume"** (Ausgabe August 2012, GMBl. 2012, S. 660; zuletzt geändert im April 2014, GMBl. 2014, S. 287).

2 Die allgemein gehaltenen **Anforderungen an die Lage, Gestaltung und Ausstattung der Pausenräume und Pausenbereiche** werden durch die ASR A4.2 wie folgt konkretisiert: Pausenräume und Pausenbereiche müssen nach Ziff. 4 Abs. 5 ASR leicht und sicher über Verkehrswege erreichbar sein. Der Zeitbedarf zum Erreichen der Pausenräume soll 5 Minuten je Wegstrecke zu Fuß oder mit betrieblichen Verkehrsmitteln nicht überschreiten. Die Wegstrecke zu Pausenbereichen soll maximal 100 m betragen. Pausenräume und Pausenbereiche müssen nach Ziff. 4 Abs. 8 frei von arbeitsbedingten Störungen (z. B. durch Produktionsabläufe, Publikumsverkehr oder Telefonate) sein. Pausenbereiche müssen zudem nach Ziff. 4.3 Abs. 2 von den Arbeitsbereichen optisch abgetrennt sein (z. B. durch mobile Trennwände, Möbel oder geeignete Pflanzen). Die Grundfläche von Pausenräumen muss nach Ziff. 4 Abs. 9 mindestens 6,00 m^2 betragen. Bei gleichzeitiger Nutzung der Pausenräume oder Pausenbereiche durch mehrere Beschäftigte muss für jeden Beschäftigten eine Grundfläche von mindestens 1,00 m^2 einschließlich Sitzgelegenheit und Tisch vorhanden sein. Pausenräume und Pausenbereiche müssen nach Ziff. 4 Abs. 12 entsprechend der Anzahl der gleichzeitig anwesenden Benutzer mit leicht zu reinigenden Tischen und Sitzgelegenheiten mit Rückenlehne sowie einem Abfallbehälter mit Deckel ausgestattet sein. Bei Bedarf sind Kleiderablagen und der Zugang zu Trinkwasser zur Verfügung zu stellen.

3 **Bereitschaftsräume** müssen nach Ziff. 5. Abs. 3 ASR A4.2 mindestens den Anforderungen an Pausenräume entsprechen. Sie müssen nach Ziff. 5 Abs. 4 ASR A4.2 mit Liegen ausgestattet sein, wenn in den Nachtstunden regelmäßig Arbeitsbereitschaft oder Arbeitsunterbrechungen i. S. d. Ziff. 5 Abs. 1 ASR A4.2 anfallen oder die Arbeitszeit einschließlich der Bereitschaftszeit mehr als 12 Stunden beträgt. Bereitschaftsräume, die mit Liegen ausgestattet sind, müssen die besonderen Anforderungen der Ziff. 5 Abs. 5 ASR A4.2 erfüllen. **Einrichtungen für schwangere Frauen und stillende Mütter** zum Hinlegen, Ausruhen und Stillen müssen nach Ziff. 6 Abs. 2 ASR A4.2 gepolstert und mit einem wasch- oder wegwerfbaren Belag ausgestattet sein.

4.3. Erste-Hilfe-Räume

(1) **Erste-Hilfe-Räume nach § 6 Abs. 4 müssen an ihren Zugängen als solche gekennzeichnet und für Personen mit Rettungstransportmitteln leicht zugänglich sein.**

(2) [1]**Sie sind mit den erforderlichen Einrichtungen und Materialien zur Ersten Hilfe auszustatten.** [2]**An einer deutlich gekennzeichneten Stelle müssen Anschrift und Telefonnummer der örtlichen Rettungsdienste angegeben sein.**

(3) [1]**Erste-Hilfe-Ausstattung ist darüber hinaus überall dort aufzubewahren, wo es die Arbeitsbedingungen erfordern.** [2]**Sie muss leicht zugäng-**

lich und einsatzbereit sein. ³Die Aufbewahrungsstellen müssen als solche gekennzeichnet und gut erreichbar sein.

Ziff 4.3 ergänzt die Vorschrift des § 6 Abs. 4 über die Bereitstellung von Räumen bzw. Einrichtungen zur Ersten Hilfe um grundsätzliche **Anforderungen an die Kennzeichnung, Lage und Ausstattung der Erste-Hilfe-Räume** und der vergleichbaren Einrichtungen zur Ersten Hilfe. Die Bestimmung ersetzt die bisherigen Regelungen in §§ 38f. ArbStättV 1975 und setzt Ziff. 19.2 und 19.3 des Anhangs I der EG-Arbeitsstättenrichtlinie sowie Ziff. 13.3 und 13.4 des Anhangs IV Teil A der EG-Baustellenrichtlinie um. 1

Die allgemein gehaltenen Regelungen der Ziff. 4.3 werden konkretisiert durch die **Arbeitsstättenregel ASR A4.3 „Erste-Hilfe-Räume, Mittel und Einrichtungen zur Ersten Hilfe"** (Ausgabe Dezember 2010, GMBl. 2010, S. 1764; zuletzt geändert im April 2014, GMBl. 2014, S. 288). Die ASR A4.3 enthält in Ziff. 6.1 detaillierte Hinweise zu den baulichen Anforderungen an Erste-Hilfe-Räumen und vergleichbarenn Einrichtungen. So sollen Erste-Hilfe-Räume und vergleichbare Einrichtungedn im Erdgeschoss liegen und müssen mit einer Krankentrage leicht erreichbar sein (vgl. Ziff. 6.1 Abs. 1). Die Ausstattung der Erste-Hilfe-Räume und vergleichbaren Einrichtungen ist in Ziff. 6.2 ASR geregelt. Der konkrete Bedarf an Inventar und Mitteln zur Ersten Hilfe. Pflegematerial und sonstigen Hilfsmitteln sowie Rettungsgeräten und –transportmitteln ist durch eine Gefährdungsbeurteilung zu ermitteln. Erste-Hilfe-Räume und vergleichbare Einrichtungen sowie Aufbewahrungsorte für Mittel zur Ersten Hilfe sind nach Maßgabe der Anlage 1 Punkt 4 der ASR A1.3 „Sicherheits- und Gesundheitsschutzkennzeichnung" zu kennzeichnen (vgl. Ziff. 7 Abs. 1). Die Lage der Erste-Hilfe-Räume und vergleichbaren Einrichtungen ist im Flucht- und Rettungsplan anzugeben (vgl. Ziff. 7 Abs. 2). 2

4.4 Unterkünfte

(1) **Unterkünfte müssen entsprechend ihrer Belegungszahl ausgestattet sein mit:**
a) **Wohn- und Schlafbereich (Betten, Schränken, Tischen, Stühlen),**
b) **Essbereich,**
c) **Sanitäreinrichtungen.**

(2) **Bei Anwesenheit von männlichen und weiblichen Beschäftigten ist dies bei der Zuteilung der Räume zu berücksichtigen.**

Ziff 4.4 ergänzt die Vorschrift des § 6 Abs. 5 über die Bereitstellung von Unterkünften für die Beschäftigten um grundlegende **Vorgaben für die Ausstattung und Belegung der Unterkünfte**. Die Bestimmung ersetzt die bisherige Regelung des § 40a ArbStättV 1975 zu den Gemeinschaftsunterkünften und setzt Ziff. 15.4 des Anhangs IV Teil A der EG-Baustellenrichtlinie um. Die Richtlinien für die Unterkünfte ausländischer Arbeitnehmer in der Bundesrepublik Deutschland vom 29.3.1971 (BAnz. Nr. 63 v. 1.4.1971) sind mit Wirkung zum 21.11.2014 aufgehoben worden (vgl. BAnz AT v. 8.12.2014 unter B4). 1

Die allgemein gehaltenen Regelungen der Ziff. 4.4 werden konkretisiert durch die **Arbeitsstättenregel ASR A4.4 „Unterkünfte"** (Ausgabe Juni 2010, GMBl. 2010, S 751; zuletzt geändert im April 2014, GMBl. 2014, S. 288). Die ASR A4.4 2 enthält in Ziff. 5, speziell in Ziff. 5.4, detaillierte Hinweise für die Ausstattung der Unterkünfte. Bezüglich der erforderlichen Sanitäreinrichtungen sind die Regelungen der ASR A4.1 „Sanitärräume" anzuwenden (vgl. Ziff. 5.2 Abs. 3 ASR A4.4). Männliche und weibliche Bewohner der Unterkünfte müssen in getrennten Räumen untergebracht werden (vgl. Ziff. 4 Abs. 4 ASR A4.4). Bei Schichtbetrieb müssen für die Unterbringung der Beschäftigten verschiedener Schichten getrennte Schlafbereiche zur Verfügung stehen (vgl. Ziff. 4 Abs. 5 ASR A4.4).

5. ERGÄNZENDE ANFORDERUNGEN AN BESONDERE ARBEITSSTÄTTEN

5.1 Nicht allseits umschlossene und im Freien liegende Arbeitsstätten

[1]**Arbeitsplätze in nicht allseits umschlossenen Arbeitsstätten und im Freien sind so zu gestalten, dass sie von den Beschäftigten bei jeder Witterung sicher und ohne Gesundheitsgefährdung erreicht, benutzt und wieder verlassen werden können.** [2]**Dazu gehört, dass Arbeitsplätze gegen Witterungseinflüsse geschützt sind oder den Beschäftigten geeignete persönliche Schutzausrüstungen zur Verfügung gestellt werden.**

[3]**Werden die Beschäftigten auf Arbeitsplätzen im Freien beschäftigt, so sind die Arbeitsplätze nach Möglichkeit so einzurichten, dass die Beschäftigten nicht gesundheitsgefährdenden äußeren Einwirkungen ausgesetzt sind.**

1 Ziff. 5.1 regelt grundlegende Anforderungen für diejenigen Arbeitsplätze, die in nicht allseits umschlossenen Arbeitsstätten oder im Freien eingerichtet sind. Ziel der Regelung ist der **Schutz der Beschäftigten gegen Witterungseinflüsse und sonstige gesundheitsgefährdende Einwirkungen von außen.** Ziff. 5.1 ersetzt die Bestimmungen der ArbStättV 1975 über nicht allseits umschlossene Arbeitsräume sowie ortsgebundene Arbeitsplätze im Freien (vgl. §§ 28, 42) und setzt Ziff. 21.3 Buchstabe a und b des Anhangs I der EG-Arbeitsstättenrichtlinie sowie Ziff. 6.1 des Anhangs IV Teil A und Ziff. 3 des Anhangs IV Teil B Abschnitt II der EG-Baustellenrichtlinie um.

2 Die **Einrichtung von Arbeitsplätzen** in nicht allseits umschlossenen Arbeitsstätten (z. B. Verkaufsstände im Freien, Autowaschanlagen) und im Freien wird im Unterschied zum alten Arbeitsstättenrecht (vgl. § 28 Abs. 1 und § 42 Abs. 1 ArbStättV 1975) nicht mehr durch durch das Kriterium der „betriebstechnischen Erforderlichkeit" beschränkt. Dies bedeutet jedoch nicht, dass die Einrichtung derartiger Arbeitsplätze nunmehr unbeschränkt möglich ist. Der Vorrang, Arbeitsplätze grundsätzlich in geschlossenen Räumen einzurichten, ergibt sich aus dem ArbSchG, insbesondere aus dem Gebot zur Vermeidung bzw. Minimierung von Gefährdungen nach § 4 Nr. 1 ArbSchG und der Verpflichtung nach § 4 Nr. 2 ArbSchG, Gefahren an ihrer Quelle zu bekämpfen. Arbeitsplätze dürfen folglich nur dann außerhalb von geschlossenen Räumen eingerichtet werden, soweit dies aus nachweisbaren betriebstechnischen Gründen erforderlich ist (vgl. LASI, Leitlinien ArbStättV, I5.1–1 auf S. 24 f.).

Abs. 1 regelt den **Schutz der Beschäftigten gegen Witterungseinflüsse** 3 (z. B. Regen, Schnee, Wind, Hitze und Kälte). Aus § 4 Nr. 2 und Nr. 5 ArbSchG folgt, dass Arbeitsplätze, die in nicht allseits umschlossenen Arbeitsstätten oder im Freien eingerichtet sind, vorrangig durch bauliche Maßnahmen vor Witterungseinflüssen zu schützen sind. Ist dies nicht möglich, kann das Schutzziel auch dadurch erreicht werden, dass den Beschäftigten geeignete persönliche Schutzausrüstungen zur Verfügung gestellt werden (vgl. LASI, Leitlinien ArbStättV, I5.1–1 auf S. 25).

Abs. 2 betrifft den **Schutz der Beschäftigten gegen sonstige gesundheits-** 4 **gefährdende Einwirkungen** von außen (z. B. Gase, Dämpfe oder Stäube). Arbeitsplätze im Freien sind im Rahmen des betrieblich Möglichen so einzurichten bzw. auszustatten, dass die Beschäftigten so weit als möglich gegen gesundheitsgefährdende äußere Einwirkungen geschützt sind. Bauliche, technische oder organisatorische Maßnahmen sind dabei grundsätzlich vorrangig gegenüber individuellen Schutzmaßnahmen (vgl. § 4 Nr. 5 ArbSchG).

5.2 Zusätzliche Anforderungen an Baustellen

(1) ¹Die Beschäftigten müssen
a) sich gegen Witterungseinflüsse geschützt umkleiden, waschen und wärmen können,
b) über Einrichtungen verfügen, um ihre Mahlzeiten einnehmen und gegebenenfalls auch zubereiten zu können,
c) in der Nähe der Arbeitsplätze über Trinkwasser oder ein anderes alkoholfreies Getränk verfügen können.

²Weiterhin sind auf Baustellen folgende Anforderungen umzusetzen:
d) Sind Umkleideräume nach § 6 Abs. 2 Satz 3 nicht erforderlich, muss für jeden regelmäßig auf der Baustelle anwesenden Beschäftigten eine Kleiderablage und ein abschließbares Fach vorhanden sein, damit persönliche Gegenstände unter Verschluss aufbewahrt werden können.
e) Unter Berücksichtigung der Arbeitsverfahren und der körperlichen Beanspruchung der Arbeitnehmer ist dafür zu sorgen, dass ausreichend gesundheitlich zuträgliche Atemluft vorhanden ist.
f) Beschäftigte müssen die Möglichkeit haben, Arbeitskleidung und Schutzkleidung außerhalb der Arbeitszeit zu lüften und zu trocknen.
g) In regelmäßigen Abständen sind geeignete Versuche und Übungen an Feuerlöscheinrichtungen und Brandmelde- und Alarmanlagen durchzuführen.

(2) ¹Räumliche Begrenzungen der Arbeitsplätze, Materialien, Ausrüstungen und ganz allgemein alle Elemente, die durch Ortsveränderung die Sicherheit und die Gesundheit der Beschäftigten beeinträchtigen können, müssen auf geeignete Weise stabilisiert werden. ²Hierzu zählen auch Maßnahmen, die verhindern, dass Fahrzeuge, Erdbaumaschinen und Förderzeuge abstürzen, umstürzen, abrutschen oder einbrechen.

(3) ¹Werden Beförderungsmittel auf Verkehrswegen verwendet, so müssen für andere, den Verkehrsweg nutzende Personen ein ausreichender Sicherheitsabstand oder geeignete Schutzvorrichtungen vorgesehen werden. ²Die Wege müssen regelmäßig überprüft und gewartet werden.

(4) ¹Bei Arbeiten, aus denen sich im besonderen Maße Gefährdungen für die Beschäftigten ergeben können, müssen geeignete Sicherheitsvor-

kehrungen getroffen werden. ²Dies gilt insbesondere für Abbrucharbeiten sowie für den Auf- oder Abbau von Massivbauelementen. ³Zur Erfüllung der Schutzmaßnahmen des Satzes 1 sind
a) bei Arbeiten an erhöhten oder tiefergelegenen Standorten Standsicherheit und Stabilität der Arbeitsplätze und ihrer Zugänge auf geeignete Weise zu gewährleisten und zu überprüfen, insbesondere nach einer Veränderung der Höhe oder Tiefe des Arbeitsplatzes,
b) bei Ausschachtungen, Brunnenbauarbeiten, unterirdischen oder Tunnelarbeiten geeignete Verschalungen oder Abschrägungen vorzusehen; vor Beginn von Erdarbeiten sind geeignete Maßnahmen durchzuführen, um die Gefährdung durch unterirdisch verlegte Kabel und andere Versorgungsleitungen festzustellen und auf ein Mindestmaß zu verringern,
c) bei Arbeiten bei denen Sauerstoffmangel auftreten kann geeignete Maßnahmen zu treffen, um einer Gefahr vorzubeugen und eine wirksame und sofortige Hilfeleistung zu ermöglichen; Einzelarbeitsplätze in Bereichen, in denen erhöhte Gefahr von Sauerstoffmangel besteht, sind nur zulässig, wenn diese ständig von außen überwacht werden und alle geeigneten Vorkehrungen getroffen sind, um eine wirksame und sofortige Hilfeleistung zu ermöglichen,
d) beim Auf-, Um- sowie Abbau von Spundwänden und Senkkästen angemessene Vorrichtungen vorzusehen, damit sich die Beschäftigten beim Eindringen von Wasser und Material retten können,
e) bei Laderampen Absturzsicherungen vorhanden sein.

⁴Abbrucharbeiten sowie Arbeiten mit schweren Massivbauelementen, insbesondere Auf- und Abbau von Stahl- und Betonkonstruktionen sowie Montage und Demontage von Spundwänden und Senkkästen, dürfen nur unter Aufsicht einer befähigten Person geplant und durchgeführt werden.

(5) ¹Vorhandene elektrische Freileitungen müssen nach Möglichkeit außerhalb des Baustellengeländes verlegt oder freigeschaltet werden. ²Wenn dies nicht möglich ist, sind geeignete Abschrankungen, Abschirmungen oder Hinweise anzubringen, um Fahrzeuge und Einrichtungen von diesen Leitungen fern zu halten.

1 Ziff. 5.2 enthält **zusätzliche Anforderungen für den Schutz der Beschäftigten auf Baustellen.** Die Bestimmung ersetzt §§ 43 bis 49 ArbStättV 1975 und setzt Ziff. 1.1, 1.2, 4.2, 5, 6.2, 6.3, 10.2, 11.3, 14.1.4, 18.2 und 18.3 des Anhangs IV Teil A sowie Ziff. 1.1, 1.2, 2.3, 10 bis 12.2 und 13 des Anhangs IV Teil B Abschnitt II der EG-Baustellenrichtlinie um.

2 Abs. 1 regelt grundlegende **Sanitäreinrichtungen und Schutzmaßnahmen für die Beschäftigten auf Baustellen.** Nach Satz 1 sind den Beschäftigten witterungsgeschützte Umkleide-, Wasch- und Wärmgelegenheiten (Buchst. a), Einrichtungen zum Einnehmen und Zubereiten von Mahlzeiten (Buchst. b) sowie Trinkwasser oder ein anderes alkoholfreies Getränk (Buchst. c) zur Verfügung zu stellen. Satz 2 verpflichtet den Arbeitgeber, dafür zu sorgen, dass für jeden regelmäßig auf der Baustelle anwesenden Beschäftigten bei Fehlen von Umkleideräumen eine Kleiderablage und ein abschließbares Fach zur Aufbewahrung persönlicher Gegenstände bereit steht (Buchst. d), ausreichend gesundheitlich zuträgliche Atemluft vorhanden ist (Buchst. e), geeignete Möglichkeiten zum Lüften und Trocknen von Ar-

beits- und Schutzkleidung zur Verfügung stehen (Buchst. f) sowie regelmäßige geeigneter Versuche und Übungen an Feuerlöscheinrichtungen, Brandmelde- und Alarmanlagen durchgeführt werden (Buchst. g).

Abs. 2 regelt in Satz 1 die notwendigen **Vorkehrungen zur Stabilisierung von Materialien, Ausrüstungsgegenständen und ortsveränderlichen Arbeitsmitteln** auf der Baustelle. Satz 2 konkretisiert diese allgemeine Vorgabe in Bezug auf Fahrzeuge, Erdbaumaschinen und Förderfahrzeuge, die besonders gegen Abstürzen, Umstürzen, Abrutschen oder Einbrechen zu schützen sind. 3

Abs. 3 enthält besondere **Sicherheitsmaßnahmen für Verkehrswege**, die von Personen und Beförderungsmitteln genutzt werden. Dazu gehören entweder ein ausreichender Sicherheitsabstand oder geeignete Schutzvorrichtungen. 4

Abs. 4 regelt grundlegende Sicherheitsvorkehrungen für besonders gefährliche Arbeiten. Dazu gehören insbesondere Abbrucharbeiten sowie Arbeiten mit Massivbauelementen. 5

Abs. 5 enthält spezielle **Sicherheitsmaßnahmen für Baustellen, auf denen sich elektrische Freileitungen befinden.** Elektrische Freileitungen müssen primär entweder außerhalb des Baustellengeländes verlegt oder freigeschaltet werden. Nur wenn dies nicht möglich ist, kommen die in Satz 2 genannten Maßnahmen in Betracht. 6

Die meisten der bisher bekannt gemachten **Arbeitsstättenregeln** enthalten **einen eigenen Abschnitt mit besonderen Anforderungen für Baustellen,** in dem die allgemein gehaltenen Anforderungen des Anhangs für Baustellen konkretisiert und ergänzt werden. 7

Der Ausschuss für Arbeitsstätten (ASTA) hat am 5.12.2013 den Entwurf einer neuen **Arbeitsstättenregel für Straßenbaustellen** beschlossen. Die ASR A5.2 „Straßenbaustellen" enthält spezielle Sicherheitsanforderungen an Arbeitsplätze und Verkehrswege auf Baustellen im Grenzbereich zum Straßenverkehr. Aufgrund kritischer Anmerkungen aus dem verkehrspolitischen Bereich der Bundesländer ist die ASR A5.2 vom BMAS bisher noch nicht im Gemeinsamen Ministerialblatt veröffentlich worden mit der Folge, dass ihre Einhaltung noch keine Vermutungswirkung gemäß § 3a Abs. 1 Satz 3 ArbStättV begründet. Die ASR A5.2 gibt jedoch den Stand der Technik wieder und kann deshalb schon vor der Bekanntmachung nach § 3a Abs. 1 Satz 2 ArbStättV beim Einrichten und Betreiben von Straßenbaustellen berücksichtigt werden. Der Entwurf der ASR A5.2 (Stand April 2014) ist von der Bundesanstalt für Arbeitsschutz und Arbeitsmedizin (BAuA) auf ihrer Homepage (www.baua.de) zur Information der beteiligten Fachkreise veröffentlicht worden. 8

Verordnung zum Schutz der Beschäftigten vor Gefährdungen durch elektromagnetische Felder (Arbeitsschutzverordnung zu elektromagnetischen Feldern – EMFV)

Referentenentwurf der Bundesregierung
(Stand: 5. April 2016)

Der Entwurf der Verordnung zur Umsetzung der Richtlinie 2013/35/EU zum Schutz der Arbeitnehmer vor Gefährdungen durch elektromagnetische Felder und zur Änderung von Arbeitsschutzverordnungen (Referentenentwurf der Bundesregierung – Stand: 5. April 2016). enthält folgende Artikel:

Art. 1: Verordnung zum Schutz der Beschäftigten vor Gefährdungen durch elektromagnetische Felder (Arbeitsschutzverordnung zu elektromagnetischen Feldern – EMFV)
Art. 2: Änderung der Lärm- und Vibrations-Arbeitsschutzverordnung
Art. 3: Änderung der Arbeitsschutzverordnung zu künstlicher optischer Strahlung
Art. 4: Inkrafttreten

A. Amtliche Begründungen

Die Verordnung dient der Umsetzung der Richtlinie 2013/35/EU des Europäischen Parlaments und des Rates vom 26. Juni 2013 über Mindestvorschriften zum Schutz von Sicherheit und Gesundheit der Arbeitnehmer vor der Gefährdung durch physikalische Einwirkungen (elektromagnetische Felder) (20. Einzelrichtlinie im Sinne des Artikels 16 Abs. 1 der Richtlinie 89/391/EWG) und zur Aufhebung der Richtlinie 2004/40/EG (ABl. L 179 vom 29. 6. 2013, S. 1). Die amtlichen Begründungen lauten:

A. Allgemeiner Teil

I. Zielsetzung und Notwendigkeit der Regelungen

In der Entschließung des Europäischen Parlamentes von 1990 wurde die Europäische Kommission aufgefordert, für Gefährdungen von Beschäftigten durch physikalische Einwirkungen am Arbeitsplatz vier Einzelrichtlinien bezüglich Lärm, Vibrationen, elektromagnetischer Felder und optischer Strahlung zu erarbeiten. Am 26. Juni 2013 trat die letzte Arbeitsschutz-Richtlinie 2013/35/EU des Rates und des Europäischen Parlamentes über Mindestvorschriften zum Schutz von Sicherheit und Gesundheit der Arbeitnehmer vor Gefährdungen durch physikalische Einwirkungen (elektromagnetische Felder) als 20. Einzelrichtlinie im Sinne des Artikels 16 Abs. 1 der Arbeitsschutzrahmenrichtlinie 89/391/EWG in Kraft.

Die Bundesregierung wäre verpflichtet gewesen, die EU-Arbeitsschutz-Richtlinie zu elektromagnetischen Feldern (2013/35/EU) bis 1. Juli 2016 in nationales Recht umzusetzen. Mit der bei Redaktionsschluss nur als Ent-

wurf vorliegenden Verordnung will die Bundesregierung ihren europäischen Verpflichtungen, wenn auch mit leichtem Verzug, nachkommen.
Kern der Umsetzungsmaßnahme ist eine auf das Arbeitsschutzgesetz gestützte neue Rechtsverordnung. Ferner wird das Verordnungsgebungsverfahren genutzt, um einige erforderliche Änderungen in der Lärm- und Vibrations-Arbeitsschutzverordnung und in der Arbeitsschutzverordnung zu künstlicher optischer Strahlung durchzuführen.

II. Wesentlicher Inhalt des Entwurfs

Der vorliegende Entwurf der EMF-Verordnung will die Sicherheit und den Gesundheitsschutz der Beschäftigten vor Gefährdungen durch elektromagnetische Felder bei Tätigkeiten am Arbeitsplatz regeln. Der Arbeitgeber soll auf der Grundlage des Arbeitsschutzgesetzes eine Gefährdungsbeurteilung durchführen und geeignete Maßnahmen für die Sicherheit und den Gesundheitsschutz der Beschäftigten festlegen.

Hierzu werden Expositionsgrenzwerte und Auslöseschwellen festgelegt, um Gefährdungen durch direkte und indirekte Wirkungen infolge der Einwirkung von elektromagnetischen Feldern zu vermeiden. Expositionsgrenzwerte und Auslöseschwellen beziehen sich nur auf Kurzzeitwirkungen von elektromagnetischen Feldern.

Da bisher kein wissenschaftlicher Nachweis für Langzeitwirkungen von elektromagnetischen Feldern vorliegt, sollen diese nicht durch den Anwendungsbereich der Richtlinie 2013/35/EU und der vorliegenden Verordnung abgedeckt werden.

Direkte Wirkungen von statischen und niederfrequenten elektromagnetischen Feldern sind beispielsweise Stimulationen von Nerven, Muskelgewebe und Sinnesorganen bei den betroffenen exponierten Beschäftigten. Diese Wirkungen können die Funktion des zentralen oder peripheren Nervensystems beeinträchtigen und können bei den exponierten Beschäftigten zu Schwindelgefühl, Übelkeit, metallischem Geschmack im Mund und zu Magnetophosphenen (Lichtempfindungen auf der Netzhaut) führen. Direkte Wirkungen von hochfrequenten elektromagnetischen Feldern (z. B. Rundfunk-, Mobilfunk- und Radaranwendungen) sind Gewebeerwärmungen bei den exponierten Beschäftigten. Eine Überexposition kann zu schweren Verbrennungen führen.

Indirekte Wirkungen von elektromagnetischen Feldern sind beispielsweise Störungen von medizinischen Implantaten sowie in starken statischen Magnetfeldern die Projektilwirkung von ferromagnetischen Gegenständen.

In vielen Wirtschaftszweigen treten bei unterschiedlichen Anwendungen wie etwa bei industriellen Galvanik-, Elektrolyse-, Schweiß-, Siegel-, induktiven Erwärmungs- und Härtungsverfahren, bei Rundfunk-, Mobilfunk- und Radaranwendungen, bei der Stromerzeugung und bei medizinischen Verfahren wie der Magnetresonanztomographie (MRT) elektromagnetische Felder mit hohen Feldstärken auf.

Nachdem das Bundesarbeitsministerium bereits im Juni 2016 eine Expertenanhörung mit Vertretern der Länder durchgeführt hat, davon auszugehen, dass
– das Rechtssetzungsverfahren noch in 2016 erfolgreich abgeschlossen und
– die dann geltende EMF-Verordnung ein hohes Maß an Identität mit dem Entwurf haben wird.

B. Besonderer Teil

Artikel 1 Verordnung zum Schutz der Beschäftigten vor Gefährdungen durch elektromagnetische Felder (Arbeitsschutzverordnung zu elektromagnetischen Feldern – EMFV)

Inhaltsübersicht:

Abschnitt 1. Anwendungsbereich und Begriffsbestimmungen
  § 1 Anwendungsbereich
  § 2 Begriffsbestimmungen
Abschnitt 2. Gefährdungsbeurteilung; Fachkundige Personen; Messungen, Berechnungen und Bewertungen
  § 3 Gefährdungsbeurteilung
  § 4 Fachkundige Personen, Messungen, Berechnungen und Bewertungen
Abschnitt 3. Expositionsgrenzwerte und Auslöseschwellen; Festlegungen zum Schutz vor Gefährdungen durch elektromagnetische Felder
Unterabschnitt 1. Expositionsgrenzwerte und Auslöseschwellen; allgemeine Festlegungen zum Schutz vor Gefährdungen durch elektromagnetische Felder
  § 5 Expositionsgrenzwerte und Auslöseschwellen für elektromagnetische Felder
  § 6 Maßnahmen zur Vermeidung und Verringerung der Gefährdungen von Beschäftigten durch elektromagnetische Felder
Unterabschnitt 2. Besondere Festlegungen zum Schutz vor Gefährdungen durch statische Magnetfelder
  § 7 Besondere Festlegungen für Tätigkeiten bei Exposition im statischen Magnetfeld über 2 T
  § 8 Besondere Festlegungen bei Gefährdungen durch die Projektilwirkung von ferromagnetischen Gegenständen im statischen Magnetfeld
Unterabschnitt 3. Besondere Festlegungen zum Schutz vor Gefährdungen durch zeitveränderliche elektromagnetische Felder im Frequenzbereich von 0 Hz bis 10 MHz
  § 9 Besondere Festlegungen bei Überschreitung der unteren Auslöseschwellen für elektrische Felder
  § 10 Besondere Festlegungen bei Überschreitung der oberen Auslöseschwellen für elektrische Felder
  § 11 Besondere Festlegungen bei Überschreitung der unteren Auslöseschwellen für magnetische Felder
  § 12 Besondere Festlegungen bei Überschreitung der Auslöseschwellen für Kontaktströme
  § 13 Besondere Festlegungen bei Überschreitung der Expositionsgrenzwerte für sensorische Wirkungen (Schwindelgefühl und Magnetophosphene)

Unterabschnitt 4. Besondere Festlegungen zum Schutz vor Gefährdungen durch elektromagnetische Felder im Frequenzbereich von 100 kHz bis 300 GHz
- § 14 Besondere Festlegungen bei Überschreitung der Auslöseschwellen für die Exposition gegenüber elektromagnetischen Feldern im Bereich von 100 kHz bis 300 GHz
- § 15 Besondere Festlegungen bei Überschreitung der Auslöseschwellen für stationäre Kontaktströme und induzierte Ströme durch die Gliedmaßen
- § 16 Besondere Festlegungen bei Überschreitung der Expositionsgrenzwerte für sensorische Wirkungen im Frequenzbereich von 0,3 GHz bis 6 GHz (Mikrowellenhören)

Unterabschnitt 5. Besondere Festlegungen zum Schutz vor Gefährdungen bei medizinischen Anwendungen von Magnetresonanzverfahren
- § 17 Besondere Festlegungen bei Überschreitung von Expositionsgrenzwerten bei medizinischen Anwendungen von Magnetresonanzverfahren

Abschnitt 4. Unterweisung der Beschäftigten; Beratung durch den Ausschuss für Betriebssicherheit
- § 18 Unterweisung der Beschäftigten
- § 19 Beratung durch den Ausschuss für Betriebssicherheit

Abschnitt 5. Ausnahmen; Straftaten und Ordnungswidrigkeiten
- § 20 Ausnahmen
- § 21 Straftaten und Ordnungswidrigkeiten

Anlage 1. Physikalische Größen im Zusammenhang mit der Exposition gegenüber elektromagnetischen Feldern

Anlage 2. Nichtthermische Wirkungen: Expositionsgrenzwerte und Auslöseschwellen für statische und zeitveränderliche elektrische und magnetische Felder bis 10 MHz

Anlage 3. Thermische Wirkungen: Expositionsgrenzwerte und Auslöseschwellen für zeitveränderliche elektromagnetische Felder von 100 kHz bis 300 GHz

Einführung

Das Arbeitsschutzgesetz (ArbSchG) regelt umfassend den Schutz aller Beschäftigten. Es wird für wichtige Themen des Arbeitsschutzes durch Verordnungen konkretisiert, die ihrerseits teilweise durch technische Regeln erläutert werden. Die vorliegende Verordnung setzt die europäische Arbeitsschutzrichtlinie zu elektromagnetischen Feldern (2013/35/EU) in nationales Recht um und konkretisiert das ArbSchG bezogen auf die Sicherheit und den Gesundheitsschutz der Beschäftigten vor Gefährdungen durch elektromagnetische Felder bei Tätigkeiten am Arbeitsplatz.

EMFV-E § 1 Arbeitsschutzverordnung elektromagnetische Felder

Abschnitt 1. Anwendungsbereich und Begriffsbestimmungen

§ 1 Anwendungsbereich

(1) Diese Verordnung gilt zum Schutz der Beschäftigten bei der Arbeit vor tatsächlichen oder möglichen Gefährdungen ihrer Gesundheit und Sicherheit durch Einwirkung von elektromagnetischen Feldern.

(2) ¹Diese Verordnung umfasst alle bekannten direkten und indirekten Wirkungen, die durch elektromagnetische Felder hervorgerufen werden können. ²Sie gilt nur für die Kurzzeitwirkungen von elektromagnetischen Feldern.

(3) Diese Verordnung gilt nicht
1. für Gefährdungen durch das Berühren von unter Spannung stehenden elektrischen Leitern,
2. für vermutete Langzeitwirkungen von elektromagnetischen Feldern,
3. in Betrieben, die dem Bundesberggesetz unterliegen, soweit dort oder in den aufgrund dieses Gesetzes erlassenen Rechtsverordnungen entsprechende Rechtsvorschriften bestehen.

(4) ¹Das Bundesministerium der Verteidigung kann für Beschäftigte, für die tatsächliche oder mögliche Gefährdungen ihrer Gesundheit und Sicherheit durch elektromagnetische Felder bestehen, Ausnahmen von den Vorschriften dieser Verordnung zulassen, soweit öffentliche Belange dies zwingend erfordern, insbesondere für Zwecke der Verteidigung oder zur Erfüllung zwischenstaatlicher Verpflichtungen der Bundesrepublik Deutschland. ²In diesem Fall ist festzulegen, wie die Sicherheit und der Gesundheitsschutz der Beschäftigten nach dieser Verordnung auf andere Weise gewährleistet werden können.

1 § 1 setzt Art. 1 der Richtlinie 2013/35/EU um und legt den Anwendungsbereich der vorliegenden Verordnung fest.

2 **Abs. 1** legt das Ziel und den Anwendungsbereich fest. Ziel der Verordnung ist der Schutz von Beschäftigten vor tatsächlichen oder möglichen Gefährdungen ihrer Gesundheit und Sicherheit durch Einwirkung von elektromagnetischen Feldern bei Tätigkeiten am Arbeitsplatz. Tatsächliche Gefährdungen liegen vor, wenn bei Einwirkung von elektromagnetischen Feldern bei Tätigkeiten am Arbeitsplatz die Expositionsgrenzwerte überschritten oder ein sicheres Arbeiten nicht möglich ist. Mögliche Gefährdungen liegen vor, wenn bei Tätigkeiten am Arbeitsplatz die Expositionsgrenzwerte überschritten werden können oder nicht mit Sicherheit gesagt werden kann, dass aufgrund der elektromagnetischen Felder am Arbeitsplatz ein sicheres Arbeiten möglich ist. Die Einwirkung von elektromagnetischen Feldern bei Tätigkeiten am Arbeitsplatz, von der keine Gefährdung für Beschäftigte ausgeht, wird vom Anwendungsbereich der vorliegenden Verordnung nicht erfasst.

3 **Abs. 2** legt fest, dass die Verordnung alle Gefährdungen der Beschäftigten am Arbeitsplatz als Folge von direkten und indirekten Wirkungen durch elektromagnetische Felder am Arbeitsplatz umfasst. Direkte Wirkungen sind insbesondere die im menschlichen Körper durch Einwirkung von elektromagnetischen Feldern unmittelbar hervorgerufenen nichtthermischen Wirkungen durch die Stimulation von Muskeln, Nerven oder Sinnesorganen und thermischen Wirkungen im menschlichen Gewebe aufgrund von Energieabsorption. Indirekte Wirkungen

Begriffsbestimmungen **§ 2 EMFV-E**

von elektromagnetischen Feldern durch Einwirkung auf Gegenstände wie beispielsweise medizinische Implantate oder durch Einwirkung auf ferromagnetische Gegenstände in einem starken statischen Magnetfeld (Projektilwirkung) können ebenfalls zu Gefährdungen für Beschäftigte führen.

Die europäische Arbeitsschutzrichtlinie 2013/35/EU und die vorliegende Verordnung regeln nur die Kurzzeitwirkungen von elektromagnetischen Feldern, da es bisher keinen wissenschaftlichen Nachweis für mögliche Langzeitwirkungen von elektromagnetischen Feldern gibt.

Abs. 3 legt fest, für welche Gefährdungen und Betriebe die Verordnung gilt.   4

In **Nr. 1** wird klargestellt, dass elektrische Gefährdungen durch die Verordnung nicht geregelt sind.

In **Nr. 2** wird klargestellt, dass der Anwendungsbereich der Verordnung Langzeitwirkungen durch Einwirkungen von elektromagnetischen Feldern nicht berücksichtigt, da bis-her noch kein wissenschaftlicher Nachweis für Langzeitwirkungen von elektromagnetischen Feldern vorliegt.

Nr. 3 bestimmt für Betriebe, die dem Bundesberggesetz unterliegen, die vorrangige Anwendung dieses Gesetzes und der darauf gestützten Rechtsverordnungen, soweit dort Vorschriften zum Schutz der Beschäftigten vor Gefährdungen durch elektromagnetische Felder bestehen.

Abs. 4 ermächtigt das Bundesministerium der Verteidigung, für Beschäftigte der   5
Bundeswehr, die bei Tätigkeiten elektromagnetischen Feldern ausgesetzt sind oder ausgesetzt sein können, Ausnahmen von den Bestimmungen der Verordnung vorzusehen. Dies trägt der Tatsache Rechnung, dass in bestimmten, für die öffentlichen Belange wichtigen Tätigkeitsbereichen, insbesondere der Bundeswehr, die strikte Anwendung der Verordnung mit der ordnungsgemäßen Erfüllung der Aufgaben in diesen Bereichen in Konflikt kommen könnte. In diesen Fällen ist festzulegen, wie der Gesundheitsschutz und die Sicherheit der Beschäftigten auf andere Weise gewährleistet werden können. Dies kann zum Beispiel durch ergänzende technische und organisatorische Maßnahmen und gegebenenfalls durch geeignete zusätzliche persönliche Schutzausrüstung erfolgen.

§ 2 Begriffsbestimmungen

Folgende Begriffe finden im Sinne dieser Verordnung Anwendung:
1. **Elektromagnetische Felder sind statische elektrische, statische magnetische sowie zeitvariable elektrische, magnetische und elektromagnetische Felder mit Frequenzen bis 300 GHz.**
2. **Direkte Wirkungen sind die im menschlichen Körper durch dessen Anwesenheit in einem elektromagnetischen Feld unmittelbar hervorgerufenen Wirkungen. Zu den direkten Wirkungen zählen:**
   a) **Thermische Wirkungen aufgrund von Energieabsorption aus elektromagnetischen Feldern im menschlichen Gewebe oder durch induzierte Körperströme in Extremitäten.**
   b) **Nichtthermische Wirkungen durch die Stimulation von Muskeln, Nerven oder Sinnesorganen. Diese Wirkungen können kognitive Funktionen und die körperliche Gesundheit exponierter Beschäftigter nachteilig beeinflussen. Ferner kann die Stimulation von Sinnesorganen zu vorübergehenden Symptomen wie Schwindelgefühl oder Magnetophosphenen führen. Diese Wirkungen können das Wahrnehmungsver-**

EMFV-E § 2 Arbeitsschutzverordnung elektromagnetische Felder

mögen oder andere Hirn- oder Muskelfunktionen beeinflussen und damit das sichere Arbeiten von Beschäftigten gefährden.
3. Indirekte Wirkungen sind die von einem elektromagnetischen Feld ausgelösten Wirkungen auf Gegenstände, die die Gesundheit und die Sicherheit von Beschäftigten am Arbeitsplatz gefährden können. Dies betrifft insbesondere Gefährdungen durch
   a) Einwirkungen auf medizinische Vorrichtungen und Geräte, einschließlich Herzschrittmacher sowie andere aktive und passive Implantate oder am Körper getragene medizinische Geräte;
   b) die Projektilwirkung ferromagnetischer Gegenstände in statischen Magnetfeldern;
   c) die Auslösung von elektrischen Zündvorrichtungen (Detonatoren);
   d) Brände und Explosionen durch die Entzündung von brennbaren Materialien aufgrund von Funkenbildung;
   e) Kontaktströme.
4. Expositionsgrenzwerte (EGW) sind maximal zulässige Werte bei Exposition der Beschäftigten gegenüber elektromagnetischen Feldern für direkte Wirkungen im menschlichen Körper. Folgende Expositionsgrenzwerte sind zu unterscheiden:
   a) Expositionsgrenzwerte für gesundheitliche Wirkungen sind diejenigen Grenzwerte, bei deren Überschreitung gesundheitsschädliche Gewebeerwärmung oder Stimulation von Nerven- und Muskelgewebe auftreten können.
   b) Expositionsgrenzwerte für sensorische Wirkungen sind diejenigen Grenzwerte, bei deren Überschreitung reversible Stimulationen von Sinneszellen und geringfügige Veränderungen von Hirnfunktionen auftreten können.
5. Auslöseschwellen sind festgelegte Werte von direkt messbaren physikalischen Größen. Bei Auslöseschwellen, die von Expositionsgrenzwerten abgeleitet sind, bedeutet eine Exposition unterhalb dieser Auslöseschwellen, dass die entsprechenden Expositionsgrenzwerte eingehalten sind. Bei Exposition oberhalb dieser Auslöseschwellen sind Maßnahmen zum Schutz der Beschäftigten zu ergreifen, es sei denn, dass die relevanten Expositionsgrenzwerte nachweislich eingehalten sind. Bei Überschreitung von Auslöseschwellen, die nicht von Expositionsgrenzwerten abgeleitet sind, sind Maßnahmen zum Schutz der Beschäftigten zu ergreifen. Im Frequenzbereich bis 10 MHz ist zwischen unteren und oberen Auslöseschwellen zu unterscheiden:
   a) Bei elektrischen Feldern bezeichnen die Ausdrücke untere Auslöseschwelle und obere Auslöseschwelle die Werte, ab deren Überschreitung spezifische Maßnahmen zur Vermeidung von direkten und indirekten Wirkungen durch Entladungen oder Kontaktströme zu ergreifen sind.
   b) Bei magnetischen Feldern ist die untere Auslöseschwelle vom Expositionsgrenzwert für sensorische Wirkungen und die obere Auslöseschwelle vom Expositionsgrenzwert für gesundheitliche Wirkungen abgeleitet.
6. Besonders gefährdete Beschäftigte sind Beschäftigte
   a) mit aktiven medizinischen Implantaten, insbesondere Herzschrittmachern,

Begriffsbestimmungen § 2 EMFV-E

b) mit passiven medizinischen Implantaten,
c) mit medizinischen Geräten, die am Körper getragen werden, insbesondere Insulinpumpen,
d) mit sonstigen durch elektromagnetische Felder beeinflussbaren Fremdkörpern im Körper,
e) mit eingeschränkter körperlicher Belastbarkeit.
7. **Fachkundig** ist, wer über die erforderlichen Fachkenntnisse zur Ausübung einer in dieser Verordnung bestimmten Aufgabe verfügt. Die Anforderungen an die Fachkunde sind abhängig von der jeweiligen Art der Aufgabe. Zu den Anforderungen zählen eine entsprechende Berufsausbildung oder Berufserfahrung jeweils in Verbindung mit einer zeitnah ausgeübten einschlägigen beruflichen Tätigkeit sowie die Teilnahme an spezifischen Fortbildungsmaßnahmen.
8. **Der Stand der Technik** ist der Entwicklungsstand fortschrittlicher Verfahren, Einrichtungen oder Betriebsweisen, der die praktische Eignung einer Maßnahme zum Schutz der Gesundheit und zur Sicherheit der Beschäftigten gesichert erscheinen lässt. Bei der Bestimmung des Standes der Technik sind insbesondere vergleichbare Verfahren, Einrichtungen oder Betriebsweisen heranzuziehen, die mit Erfolg in der Praxis erprobt worden sind. Gleiches gilt für die Anforderungen an die Arbeitsmedizin und Arbeitshygiene.
9. **Beschäftigte** sind Personen, die gemäß § 2 Abs. 2 des Arbeitsschutzgesetzes als solche bestimmt sind. Den Beschäftigten stehen folgende Personen gleich, sofern sie bei ihren Tätigkeiten elektromagnetischen Feldern ausgesetzt sein können:
a) Schülerinnen und Schüler,
b) Studierende und
c) sonstige, insbesondere an wissenschaftlichen Einrichtungen tätige Personen.

Auf Schülerinnen und Schüler, Studierende und sonstige Personen nach Buchstabe c finden die Regelungen dieser Verordnung über die Beteiligung der Personalvertretungen keine Anwendung.

§ 2 setzt Art. 2 der Richtlinie 2013/35/EU um. 1

Nr. 1 definiert den Begriff „elektromagnetische Felder" inhaltsgleich nach den 2
Vorgaben der Richtlinie 2013/35/EU in Art. 2a).

Nr. 2 definiert den Begriff „Direkte Wirkungen" entsprechend der Vorgaben der 3
Richtlinie 2013/35/EU. Es treten zwei unterschiedlichen direkte Wirkungen auf: Thermische Wirkungen bei hochfrequenten elektromagnetischen Feldern aufgrund von Energieabsorption im menschlichen Gewebe oder durch induzierte Körperströme in Extremitäten sowie nicht-thermische Wirkungen bei statischen und niederfrequenten elektromagnetischen Feldern durch Stimulation von Muskeln, Nerven oder Sinnesorganen. Nachweisbare Wirkungen sind unkontrollierte Muskelkontraktionen, Schwindelgefühl, Magnetophosphene und metallischer Geschmack auf der Zunge.

Nr. 3 definiert den Begriff „Indirekte Wirkungen" entsprechend der Vorgaben 4
der Richtlinie 2013/35/EU. In den Buchstaben a bis e werden die Anwendungen genannt, bei denen indirekte Wirkungen auftreten.

Nr. 4 definiert den Begriff „Expositionsgrenzwert (EGW)" entsprechend der 5
Vorgaben der Richtlinie 2013/35/EU. Die Definitionen für gesundheitliche und

EMFV-E § 2 Arbeitsschutzverordnung elektromagnetische Felder

für sensorische Wirkungen werden inhaltsgleich übernommen. Bei Einhaltung der Expositionsgrenzwerte ist sichergestellt, dass die exponierten Beschäftigten vor den mit diesen Grenzwerten verbundenen Gefährdungen geschützt sind.

6   **Nr. 5** definiert den Begriff „Auslöseschwellen" entsprechend der Vorgaben der Richtlinie 2013/35/EU. Es existieren zwei verschiedene Typen von Auslöseschwellen:

– Bei dem ersten Typ handelt es sich um Auslöseschwellen, die von Expositionsgrenzwerten abgeleitet sind. Liegt die Exposition von Beschäftigten unterhalb dieser Auslöseschwellen, so kann der Arbeitgeber davon ausgehen, dass die betreffenden Expositionsgrenzwerte eingehalten sind. Bei Überschreitung dieser Auslöseschwellen hat der Arbeitgeber Maßnahmen zum Schutz der Beschäftigten zu ergreifen, es sei denn, die entsprechenden Expositionsgrenzwerte sind nachweislich eingehalten.

– Bei dem zweiten Typ von Auslöseschwellen handelt es sich um Werte, die nicht von Expositionsgrenzwerten abgeleitet sind. Bei Überschreitung dieser Werte muss der Arbeitgeber auf jeden Fall Maßnahmen zum Schutz der Beschäftigten ergreifen.

Im Niederfrequenzbereich bis 10 MHz muss bei Exposition von Beschäftigten durch externe elektrische Felder und externe Magnetfelder eine untere und eine obere Auslöseschwelle beachtet werden.

7   **Nr. 6** definiert den Begriff der „besonders gefährdeten Personen". In der Definition werden alle Vorgaben der Richtlinie 2013/35/EG zusammengefasst. Hierunter fallen insbesondere Beschäftigte mit aktiven und passiven medizinischen Implantaten sowie mit am Körper getragenen medizinischen Geräten. Ebenso berücksichtigt werden müssen Personen mit sonstigen durch elektromagnetische Felder beeinflussbaren Fremdkörpern im Körper. Das können z. B. Metallsplitter von Unfällen oder anderen Ereignissen sein. Ein Bei-spiel für die in Buchstabe e) benannten Personen sind Beschäftigte mit gestörter Thermoregulation im Gewebe. Bei diesem Personenkreis ist teilweise die Gewebedurchblutung gestört, wodurch es lokal bei Exposition in hochfrequenten elektromagnetischen Feldern zu gefährdenden Erwärmungen im Gewebe der betroffenen Beschäftigten kommen kann. Für diese Beschäftigten müssen im Rahmen der Gefährdungsbeurteilung reduzierte Grenzwerte für Expositionen im Hochfrequenzbereich beachtet werden.

8   In **Nr. 7** wird der Begriff „fachkundig" definiert. Die Definition entspricht der in anderen Arbeitsschutzverordnungen wie z. B. der Gefahrstoffverordnung (GefStoffV) und Betriebssicherheitsverordnung (BetrSichV). Fachkundig muss z. B. derjenige sein, der eine Gefährdungsbeurteilung oder die dafür gegebenenfalls notwendigen Messungen, Berechnungen und Bewertungen durchführt.

9   **Nr. 8** definiert den Begriff „Stand der Technik" in Analogie zu den auf das Arbeitsschutzgesetz gestützten Arbeitsschutzverordnungen. Hierdurch wird ein einheitlicher Maßstab bei der Anwendung der Vorschriften der Verordnung gewährleistet.

10   **Nr. 9** befasst sich mit dem Begriff „Beschäftigte". Gemäß § 18 Abs. 1 Satz 2 ArbSchG kann der Begriff „Beschäftigte" auch auf andere als in § 2 Abs. 2 ArbSchG genannte Personen ausgeweitet werden. In diesem Sinne wird der Personenkreis, der vom Beschäftigtenbegriff erfasst wird, auf Schüler und Schülerinnen, Studierende und sonstige in Ausbildungseinrichtungen tätige Personen erweitert, die bei ihren Tätigkeiten Gefährdungen durch elektromagnetische Felder ausgesetzt sein können. Zum schutzwürdigen Personenkreis gehören zum Beispiel Praktikanten, Doktoranden, Forschungsstipendiaten und Gastwissenschaftler.

Abschnitt 2. Gefährdungsbeurteilung; Fachkundige Personen; Messungen, Berechnungen und Bewertungen

§ 3 Gefährdungsbeurteilung

(1) [1]Bei der Beurteilung der Arbeitsbedingungen gemäß § 5 des Arbeitsschutzgesetzes hat der Arbeitgeber zunächst festzustellen, ob elektromagnetische Felder am Arbeitsplatz von Beschäftigten auftreten oder auftreten können. [2]Ist dies der Fall, hat er alle hiervon ausgehenden Gefährdungen für die Gesundheit und die Sicherheit der Beschäftigten zu beurteilen. [3]Dazu sind die auftretenden Expositionen durch elektromagnetische Felder am Arbeitsplatz nach dem Stand der Technik zu ermitteln und zu bewerten. [4]Für die Beschäftigten ist in jedem Fall eine Gefährdung gegeben, wenn die Expositionsgrenzwerte gemäß § 5 überschritten werden. [5]Der Arbeitgeber kann sich die für die Gefährdungsbeurteilung notwendigen Informationen beim Wirtschaftsakteur, insbesondere beim Hersteller oder Inverkehrbringer der verwendeten Arbeitsmittel, oder von anderen ohne Weiteres zugänglichen Quellen beschaffen. [6]Der Arbeitgeber kann auch von Dritten bereitgestellte spezifische Informationen zur Gefährdungsbeurteilung verwenden, wenn diese auf die Expositionsbedingungen am Arbeitsplatz anwendbar sind. [7]Ergebnisse aus Expositionsbewertungen von der Öffentlichkeit zugänglichen Bereichen können bei der Gefährdungsbeurteilung berücksichtigt werden, wenn die Expositionsgrenzwerte gemäß § 5 eingehalten werden und sicheres Arbeiten gewährleistet ist. [8]Lässt sich anhand der verfügbaren Informationen nicht sicher feststellen, ob die Expositionsgrenzwerte gemäß § 5 eingehalten werden, ist der Umfang der Exposition durch Berechnungen oder Messungen gemäß § 4 festzustellen. [9]Entsprechend dem Ergebnis der Gefährdungsbeurteilung hat der Arbeitgeber Maßnahmen nach dem Stand der Technik festzulegen.

(2) Bei Einhaltung der Auslöseschwellen gemäß § 5 kann der Arbeitgeber davon ausgehen, dass die mit diesen Auslöseschwellen verbundenen Expositionsgrenzwerte gemäß § 5 eingehalten sind und damit keine weiteren Maßnahmen gemäß § 6 Abs. 2 zum Schutz der Beschäftigten vor Gefährdungen durch direkte Wirkungen von elektromagnetischen Feldern erforderlich sind. Gefährdungen durch indirekte Wirkungen müssen gesondert betrachtet werden.

(3) Werden die in § 5 genannten Auslöseschwellen überschritten und wird im Rahmen der Gefährdungsbeurteilung gemäß Abs. 1 nicht der Nachweis erbracht, dass Gefährdungen durch Überschreitung der relevanten Expositionsgrenzwerte oder dass Gefährdungen durch indirekte Wirkungen von elektromagnetischen Feldern ausgeschlossen werden können, so hat der Arbeitgeber zur Vermeidung oder Verringerung der Gefährdung gemäß Abs. 1 Satz 9 Maßnahmen nach dem Stand der Technik festzulegen.

(4) Bei der Gefährdungsbeurteilung gemäß Abs. 1 ist insbesondere Folgendes zu berücksichtigen:
1. Art, Ausmaß und Dauer der Exposition durch elektromagnetische Felder, einschließlich der räumlichen Verteilung der elektromagnetischen Felder am Arbeitsplatz und im Körper der Beschäftigten,

2. die Frequenzen und erforderlichenfalls den Signalverlauf der einwirkenden elektromagnetischen Felder,
3. alle direkten und indirekten Wirkungen von elektromagnetischen Feldern, die zu Gefährdungen führen können,
4. die in § 5 genannten Expositionsgrenzwerte für gesundheitliche und sensorische Wirkungen und die Auslöseschwellen,
5. die Verfügbarkeit und die Möglichkeit des Einsatzes alternativer Arbeitsmittel und Aus-rüstungen zur Vermeidung oder Verringerung der Gefährdungen der Beschäftigten durch direkte und indirekte Wirkungen von elektromagnetischen Feldern (Substitutionsprüfung),
6. Erkenntnisse aus der arbeitsmedizinischen Vorsorge sowie hierzu allgemein zugängliche, veröffentlichte Informationen,
7. die Exposition von Beschäftigten gegenüber elektromagnetischen Feldern aus mehreren Quellen,
8. die Exposition von Beschäftigten gegenüber elektromagnetischen Feldern mit mehreren Frequenzen,
9. die relevanten Herstellerangaben zu Arbeitsmitteln, die elektromagnetische Felder erzeugen oder emittieren, sowie weitere relevante gesundheits- und sicherheitsbezogene Informationen,
10. die Arbeitsplatz- und Expositionsbedingungen, die bei verschiedenen Betriebszuständen, bei Einrichtvorgängen sowie bei Instandhaltungs- und Reparaturarbeiten auftreten können,
11. alle Auswirkungen auf die Gesundheit und Sicherheit von besonders gefährdeten Beschäftigten.

(5) [1]Der Arbeitgeber hat vor Aufnahme einer Tätigkeit die Gefährdungsbeurteilung durchzuführen und die erforderlichen Maßnahmen nach dem Stand der Technik zu treffen. [2]Die Gefährdungsbeurteilung und die Wirksamkeit der daraus abgeleiteten Maßnahmen sind regelmäßig zu überprüfen. [3]Die Gefährdungsbeurteilung und die Maßnahmen sind zu aktualisieren, wenn
1. neue sicherheits- oder gesundheitsrelevante Erkenntnisse, zum Beispiel aus der arbeitsmedizinischen Vorsorge, vorliegen,
2. maßgebliche Veränderungen der Arbeitsbedingungen dies erfordern oder
3. die Prüfung der Wirksamkeit der Schutzmaßnahmen ergeben hat, dass die festgelegten Maßnahmen nicht wirksam oder nicht ausreichend sind.

(6) [1]Der Arbeitgeber hat die Gefährdungsbeurteilung unabhängig von der Zahl der Beschäftigten vor Aufnahme der Tätigkeit in einer Form zu dokumentieren, die eine spätere Einsichtnahme ermöglicht. [2]In der Dokumentation ist anzugeben, welche Gefährdungen am Arbeitsplatz auftreten können und welche Maßnahmen zur Vermeidung oder Verringerung der Gefährdung der Beschäftigten durchgeführt werden müssen. [3]Die Dokumentation kann eine Begründung des Arbeitgebers einschließen, warum eine detailliertere Gefährdungsbeurteilung aufgrund der Art und des Umfangs der möglichen Gefährdungen durch elektromagnetische Felder nicht erforderlich ist. [4]Der Arbeitgeber hat die aus Messungen oder Berechnungen ermittelten Ergebnisse in einer Form aufzubewahren, die eine spätere Einsichtnahme ermöglicht. [5]Für Expositionen oberhalb der

Gefährdungsbeurteilung **§ 3 EMFV-E**

oberen Auslöseschwellen bei nichtthermischen und thermischen Wirkungen sind die ermittelten Ergebnisse aus Messungen und Berechnungen mindestens 20 Jahre aufzubewahren.

(7) **Bei der Festlegung der Maßnahmen gemäß Abs. 1 Satz 9 hat der Arbeitgeber gemäß § 4 Nr. 6 ArbSchG die Erfordernisse von besonders gefährdeten Beschäftigten entsprechend dem Ergebnis der Gefährdungsbeurteilung zu berücksichtigen und gegebenenfalls eine individuelle Gefährdungsbeurteilung durchzuführen.**

§ 3 setzt Art. 4 der Richtlinie 2013/35/EU um und legt fest, was bei der Beurteilung der Arbeitsbedingungen nach § 5 ArbSchG speziell bei Gefährdungen der Beschäftigten durch elektromagnetische Felder am Arbeitsplatz zu beachten ist. Eine Gefährdung für Beschäftigte durch elektromagnetische Felder liegt grundsätzlich immer dann vor, wenn bei Exposition am Arbeitsplatz die Expositionsgrenzwerte für elektromagnetische Felder überschritten werden oder die Gesundheit und die Sicherheit der Beschäftigten durch indirekte Auswirkungen infolge der Einwirkungen von elektromagnetischen Feldern auf Gegenstände, Geräte oder Einrichtungen am Arbeitsplatz (z. B. ferromagnetische Gegenstände, Implantate oder andere medizinische Geräte) nicht gewährleistet sind. 1

Abs. 1 enthält die grundlegenden Anforderungen an die Gefährdungsbeurteilung in Bezug auf Gefährdungen der Beschäftigten am Arbeitsplatz durch elektromagnetische Felder und übernimmt die entsprechenden Inhalte aus Art. 4 Abs. 1 der Richtlinie 2013/35/EU. Satz 9 setzt Art. 4 Abs. 7 der Richtlinie 2013/35/EU um. 2

Abs. 2 stellt klar, dass die Expositionsgrenzwerte für gesundheitliche und sensorische Wirkungen gemäß Anlage 2 und 3 eingehalten sind, wenn die mit diesen Expositionsgrenzwerten verbundenen Auslöseschwellen nicht überschritten werden. Mit Abs. 2 wird Art. 3 Abs. 3 der Richtlinie 2013/35/EU umgesetzt. 3

Abs. 3 stellt klar, dass der Arbeitgeber Maßnahmen nach dem Stand der Technik gemäß § 6 festzulegen hat, wenn im Rahmen der Gefährdungsbeurteilung nicht der Nachweis erbracht wird, dass die Expositionsgrenzwerte eingehalten sind und ein sicheres Arbeiten gewährleistet ist. Mit Abs. 3 wird Art. 3 Abs. 3 zusammen mit Art. 4 Abs. 1 bis 3 der Richtlinie 2013/35/EU umgesetzt. 4

Abs. 4 benennt konkret einzelne Aspekte, die der Arbeitgeber bei der Gefährdungsbeurteilung zu berücksichtigen hat und gibt damit eine praktische Hilfestellung für die Durchführung der Gefährdungsbeurteilung. Damit wird Art. 4 Abs. 5 der Richtlinie 2013/35/EU umgesetzt. Gemäß Nr. 11 muss der Arbeitgeber bei der Durchführung der Gefährdungsbeurteilung alle Auswirkungen auf die Gesundheit und Sicherheit dieser Beschäftigten berücksichtigen, wenn besonders gefährdete Beschäftigte am Arbeitsplatz tätig werden. Der besonders gefährdete Personenkreis ist in § 2 Nr. 6 definiert. 5

Abs. 5 spezifiziert den Zeitpunkt, wann die Gefährdungsbeurteilung durchgeführt und die erforderlichen Maßnahmen zum Schutz der Beschäftigten getroffen werden müssen. Damit wird Art. 4 Abs. 7 der Richtlinie 2013/35/EU umgesetzt. Die Gefährdungsbeurteilung und die festgelegten Maßnahmen müssen insbesondere bei bedeutsamen arbeitsschutzrelevanten Veränderungen am Arbeitsplatz oder aufgrund der Ergebnisse der arbeitsmedizinischen Vorsorge aktualisiert werden. 6

Abs. 6 enthält die Vorschriften zur Dokumentation der Gefährdungsbeurteilung und entspricht Art. 4 Abs. 7 der Richtlinie 2013/35/EU. Danach muss nur die je- 7

Kreizberg

weils aktuelle Gefährdungsbeurteilung für eine mögliche Einsichtnahme durch z. B. die Vollzugsbehörden aufbewahrt werden. Ermittelte Ergebnisse aus Messungen und Berechnungen für Expositionen oberhalb der oberen Auslöseschwellen bei nichtthermischen und thermischen Wirkungen sind jedoch für einen Zeitraum von 20 Jahren in schriftlicher oder elektronischer Form aufzubewahren.

8 **Abs. 7** setzt Art. 5 Abs. 3 und 4 der Richtlinie 2013/35/EU um. Der Arbeitgeber wird verpflichtet, entsprechend dem Ergebnis der Gefährdungsbeurteilung Schutzmaßnahmen festzulegen und dabei auch die Erfordernisse von besonders gefährdeten Personen bei der Gefährdungsbeurteilung zu berücksichtigen. Sofern Beschäftigte dem Arbeitgeber erklärt haben, dass sie z. B. ein aktives Implantat (z. B. einen Herzschrittmacher), ein passives medizinisches Produkt (z. B. ein künstliches Gelenk) haben oder ein anderes medizinischen Gerät (z. B. Insulinpumpe) am Körper tragen müssen, hat der Arbeitgeber gegebenenfalls die Gefährdungsbeurteilung entsprechend zu überprüfen und falls erforderlich die Schutzmaßnahmen an die individuellen Schutzbedürfnisse dieser Beschäftigten anzupassen.

§ 4 Fachkundige Personen, Messungen, Berechnungen und Bewertungen

(1) ¹**Der Arbeitgeber hat sicherzustellen, dass die Gefährdungsbeurteilung, die Messungen, die Berechnungen und die Bewertungen nach dem Stand der Technik fachkundig geplant und durchgeführt werden.** ²**Verfügt der Arbeitgeber dazu nicht selbst über die entsprechenden Kenntnisse, hat er sich von fachkundigen Personen beraten zu lassen.**

(2) **Messverfahren und -geräte sowie eventuell erforderliche Berechnungs- und Bewertungsverfahren müssen die folgenden Anforderungen erfüllen:**
1. **Sie sind an die vorhandenen Arbeitsplatz- und Expositionsbedingungen angepasst.**
2. **Sie sind geeignet, die erforderlichen physikalischen Größen zu bestimmen. Anhand der Ergebnisse kann festgestellt werden, ob die Expositionsgrenzwerte und Auslöseschwellen gemäß § 5 eingehalten sind.**
3. **Sie berücksichtigen Mess- oder Berechnungsunsicherheiten.**

(3) **Im Niederfrequenzbereich können als Bewertungsverfahren bei nicht sinusförmigen oder gepulsten elektromagnetischen Feldern die Methode der gewichteten Spitzenwerte oder Verfahren zur Bewertung im Zeitbereich angewendet werden.**

(4) **Die durchzuführenden Messungen, Berechnungen und Bewertungen können bei gleichartigen Arbeitsplatzbedingungen auch durch repräsentative Stichprobenerhebungen erfolgen.**

1 § 4 dient der Umsetzung von Art. 4 Abs. 1 bis 4 sowie Art. 5 Abs. 1 der Richtlinie 2013/35/EU.

2 **Abs. 1** verlangt vom Arbeitgeber, dass die Gefährdungsbeurteilung, die Messungen, die Berechnungen und die Bewertungen nach dem Stand der Technik fachkundig geplant und durchgeführt werden. Durch die Inbezugnahme des Standes der Technik (§ 2 Nr. 8) wird die Anknüpfung zu den einschlägigen technischen

Maßnahmen zur Vermeidung der Gefährdungen **§ 6 EMFV-E**

Normen und zu anderen, z. B. durch den Kommissionsleitfaden[1], bereitgestellten Informationen hergestellt. Der Arbeitgeber muss nicht selbst über die erforderliche Fachkunde verfügen. Er kann sich auch fachkundig beraten lassen.

Abs. 2 enthält Anforderungen an die Messverfahren und -geräte sowie an even- 3 tuell erforderliche Berechnungs- und Bewertungsverfahren.

Abs. 3 enthält besondere Anforderungen an die Bewertungsverfahren von nicht 4 sinusförmigen oder gepulsten elektromagnetischen Feldern im Niederfrequenzbereich. Die Richtlinie 2013/35/EU nennt insbesondere das Verfahren der gewichteten Spitzenwerte, lässt aber auch andere Verfahren zu, die vergleichbare Ergebnisse über die Exposition von Beschäftigten durch nicht sinusförmige oder gepulste elektromagnetische Felder im Niederfrequenzbereich am Arbeitsplatz liefern.

Abs. 4 besagt, dass bei vergleichbaren Arbeitsplatzbedingungen Messungen, Be- 5 rechnungen und Bewertungen auch durch Stichproben durchgeführt werden können, wenn sie repräsentativ sind. Dadurch soll der Aufwand für umfangreiche und kostspielige Messungen, Berechnungen und Bewertungen reduziert werden.

Abschnitt 3. Expositionsgrenzwerte und Auslöseschwellen; Festlegungen zum Schutz vor Gefährdungen durch elektromagnetische Felder

Unterabschnitt 1. Expositionsgrenzwerte und Auslöseschwellen; allgemeine Festlegungen zum Schutz vor Gefährdungen durch elektromagnetische Felder

§ 5 Expositionsgrenzwerte und Auslöseschwellen für elektromagnetische Felder

¹**Expositionsgrenzwerte und Auslöseschwellen für elektromagnetische Felder sind in den Anlagen 2 und 3 festgelegt. ²Die zugehörigen physikalischen Größen sind in Anlage 1 festgelegt.**

§ 5 setzt Art. 3 Abs. 1 der Richtlinie 2013/35/EU um und verweist auf die Ex- 1 positionsgrenzwerte, die Auslöseschwellen und die zugehörigen physikalischen Größen in den Anlagen 1 bis 3 der vorliegenden Verordnung.

§ 6 Maßnahmen zur Vermeidung und Verringerung der Gefährdungen von Beschäftigten durch elektromagnetische Felder

(1) ¹**Der Arbeitgeber hat die gemäß § 3 Abs. 1 Satz 9 festgelegten Maßnahmen nach dem Stand der Technik durchzuführen, um Gefährdungen**

---

[1] Nicht verbindlicher Leitfaden mit bewährten Verfahren im Hinblick auf die Durchführung der Richtlinie 2013/35/EU Elektromagnetische Felder
1. Praktischer Leitfaden: http://bookshop.europa.eu/de/nicht-verbindlicher-leitfaden-mit-bewaehrten-verfahren-im-hinblick-auf-die-durchfuehrung-der-richtlinie-2013−35-eu-el ektromagnetische-felder-pbKE0415140/
2. Leitfaden für KMU: http://bookshop.europa.eu/de/nicht-verbindlicher-leitfaden-mit-be waehrten-verfah-ren-im-hinblick-auf-die-durchfuehrung-der-richtlinie-2013−35-eu-ele ktromagnetische-felder-pbKE0415142/

der Beschäftigten auszuschließen oder so weit wie möglich zu verringern. ²Dazu sind die Entstehung und die Ausbreitung elektromagnetischer Felder vorrangig an der Quelle zu verhindern oder auf ein Minimum zu reduzieren. ³Der Arbeitgeber hat dafür zu sorgen, dass die Expositionsgrenzwerte gemäß § 5 eingehalten und Gefährdungen aufgrund direkter und indirekter Wirkungen von elektromagnetischen Feldern vermieden oder verringert werden und somit ein sicheres Arbeiten gewährleistet ist. ⁴Technische Maßnahmen haben Vorrang vor organisatorischen und individuellen Maßnahmen. ⁵Geeignete persönliche Schutzausrüstung ist dann zu verwenden, wenn technische und organisatorische Maßnahmen nicht ausreichen oder nicht anwendbar sind.

(2) Zu den Maßnahmen gemäß Abs. 1 gehören insbesondere
1. alternative Arbeitsverfahren, durch die Gefährdungen durch elektromagnetische Felder vermieden oder verringert werden,
2. Auswahl, Einsatz und Betriebsweise von Arbeitsmitteln, die unter Berücksichtigung der auszuführenden Tätigkeit in geringerem Maße elektromagnetische Felder emittieren,
3. technische Maßnahmen zur Verringerung der Gefährdungen durch elektromagnetische Felder, falls erforderlich auch unter Einsatz von Abschirmungen, Verriegelungs- oder anderen Sicherheitseinrichtungen,
4. angemessene Abgrenzungs- und Zugangskontrollmaßnahmen, wie zum Beispiel Warnhinweise, Signale, Kennzeichnungen, Markierungen und Schranken,
5. bei elektrischen Feldern Maßnahmen und Verfahren zur Vermeidung oder Minimierung von elektrischen Entladungen oder Kontaktströmen,
6. angemessene Wartungsprogramme und Kontrollen von Arbeitsmitteln, Arbeitsplätzen und Anlagen,
7. die Gestaltung und die Einrichtung der Arbeitsstätten und Arbeitsplätze,
8. organisatorische Maßnahmen zur Begrenzung von Ausmaß und Dauer der Exposition,
9. Auswahl und Einsatz von geeigneter persönlicher Schutzausrüstung,
10. die Verwendung der Arbeitsmittel nach den Herstellerangaben,
11. die besonderen Festlegungen gemäß §§ 7 bis 17.

(3) ¹Arbeitsbereiche, in denen die Auslöseschwellen für elektromagnetische Felder gemäß Anlagen 2 und 3 überschritten werden, oder Arbeitsbereiche mit Gefährdungen für besonders gefährdete Beschäftigte sind zu kennzeichnen. ²Die Kennzeichnung muss deutlich erkennbar und dauerhaft sein. ³Sie kann beispielsweise durch Warn-, Hinweis- und Zusatzzeichen sowie Verbotszeichen und Warnleuchten erfolgen. ⁴Die betreffenden Arbeitsbereiche sind abzugrenzen, und der Zugang ist für Unbefugte einzuschränken, wenn dies technisch möglich ist. ⁵In diesen Bereichen dürfen Beschäftigte nur tätig werden, wenn das Arbeitsverfahren dies erfordert. ⁶Abs. 1 bleibt unberührt. ⁷Bereiche müssen nicht gekennzeichnet werden, wenn der Zugang auf geeignete Weise beschränkt ist und die Beschäftigten in geeigneter Weise unterwiesen sind.

(4) Die Expositionsgrenzwerte für sensorische Wirkungen gemäß § 5 dürfen nur überschritten werden, wenn

Maßnahmen zur Vermeidung der Gefährdungen § 6 EMFV-E

1. die Überschreitung auf kurzzeitige Einzelereignisse unter definierten Betriebsbedingungen beschränkt ist,
2. keine geeigneten alternativen Arbeitsverfahren zur Verfügung stehen, bei denen die Exposition der Beschäftigten minimiert oder beseitigt werden kann,
3. die besonderen Festlegungen gemäß §§ 7, 13, 16 und 17 umgesetzt sind,
4. ein sicheres Arbeiten dadurch gewährleistet ist, dass nach Durchführung der entsprechend dem Ergebnis der Gefährdungsbeurteilung festgesetzten Maßnahmen die Gefährdungen durch direkte und indirekte Wirkungen ausgeschlossen sind.

(5) Die Expositionsgrenzwerte für gesundheitliche Wirkungen gemäß § 5 dürfen bei medizinischen Anwendungen von Magnetresonanzverfahren überschritten werden, wenn die besonderen Festlegungen gemäß § 17 umgesetzt sind.

(6) Werden abweichend von Abs. 4 und 5 die Expositionsgrenzwerte für sensorische oder gesundheitliche Wirkungen überschritten, hat der Arbeitgeber unverzüglich die Gründe zu ermitteln und weitere Maßnahmen gemäß Abs. 2 zu ergreifen, um die Exposition auf einen Wert unterhalb der Expositionsgrenzwerte zu senken und ein erneutes Überschreiten der Expositionsgrenzwerte zu verhindern.

(7) [1]Treten trotz aller durchgeführten Maßnahmen bei Beschäftigten vorübergehende Symptome auf, so hat der Arbeitgeber unverzüglich die Gefährdungsbeurteilung und die gemäß § 3 Abs. 1 Satz 9 festgelegten Maßnahmen zum Schutz der Beschäftigten zu überprüfen und erforderlichenfalls zu aktualisieren. [2]Vorübergehende Symptome können Folgendes umfassen:
1. durch die Bewegung im statischen Magnetfeld hervorgerufene Wirkungen, wie z. B. Schwindelgefühl oder Übelkeit,
2. durch zeitvariable elektromagnetische Felder hervorgerufene Sinnesempfindungen und Wirkungen auf die im Kopf gelegenen Teile des Zentralnervensystems, wie z. B. Magnetophosphene und Mikrowellenhören,
3. Wirkungen durch Entladungen und Kontaktströme in elektromagnetischen Feldern.

Abs. 1 übernimmt die Regelungen des Artikels 5 Abs. 1 der Richtlinie 2013/ 35/EU (Minimierungsgebot) und verweist in Konkretisierung des § 4 ArbSchG auf die allgemein-gültige Rangfolge der zu ergreifenden Maßnahmen zum Schutz der Beschäftigten (Technisch Organisatorisch Persönlich-Prinzip). Das TOP-Prinzip besagt, dass die nach § 3 Abs. 1 Satz 9 festgelegten Maßnahmen in der folgenden Rangfolge durchzuführen sind:
1. Maßnahmen an der Quelle,
2. Technische Maßnahmen,
3. Organisatorische Maßnahmen,
4. Persönliche Schutzmaßnahmen.

Mit den Maßnahmen hat der Arbeitgeber dafür zu sorgen, dass die Expositionsgrenzwerte grundsätzlich eingehalten werden und Gefährdungen aufgrund von direkten und indirekten Wirkungen von elektromagnetischen Feldern ausgeschlossen sind. Dadurch ist das sichere Arbeiten der Beschäftigten zu gewährleisten.

EMFV-E § 7   Arbeitsschutzverordnung elektromagnetische Felder

2   Abs. 2 konkretisiert Abs. 1 und übernimmt den Katalog von Maßnahmen, die der Arbeitgeber bei der Festlegung der Schutzmaßnahmen aufgrund der Gefährdungsbeurteilung zu berücksichtigen hat entsprechend Art. 5 Abs. 2 der Richtlinie 2013/35/EU.

3   Abs. 3 setzt Art. 5 Abs. 5 der Richtlinie 2013/35/EU um. Er enthält Vorgaben zur Kennzeichnung, Abgrenzung und Zugangsbeschränkung von Arbeitsbereichen. Eine Kennzeichnung, eine Abgrenzung und eine Zugangsbeschränkung von entsprechenden Arbeitsbereichen sind immer dann erforderlich, wenn die Auslöseschwellen für elektromagnetische Felder überschritten werden können. Eine Kennzeichnung ist nicht erforderlich, wenn der Zugang zu den Arbeitsbereichen auf geeignete Art eingeschränkt ist und die Beschäftigten in geeigneter Weise unterwiesen sind.

4   Abs. 4 setzt Art. 3 Abs. 4 Buchstabe b) der Richtlinie 2013/35/EU um. Danach ist eine Überschreitung der Expositionsgrenzwerte für sensorische Wirkungen ist danach an bestimmte Bedingungen geknüpft. Wichtig ist dabei, dass es sich nur um kurzzeitige Einzelereignisse unter klar definierten Betriebsbedingungen handeln darf.

5   Abs. 5 setzt zusammen mit § 17 den Art. 10 Abs. 1 Buchstabe a) der Richtlinie 2013/35/EU um.

6   Abs. 6 setzt Art. 5 Abs. 8 der Richtlinie 2013/35/EU inhaltlich um. Danach hat der Arbeitgeber grundsätzlich bei Überschreitung der Expositionsgrenzwerte die Gefährdungsbeurteilung und die festgelegten Maßnahmen zum Schutz der Beschäftigten zu überprüfen und weitere Maßnahmen zu ergreifen, um ein erneutes Überschreiten der Expositionsgrenzwerte zu vermeiden.

7   Abs. 7 setzt Art. 5 Abs. 9 der Richtlinie 2013/35/EU inhaltlich um. Danach hat der Arbeitgeber bei Auftreten von vorübergehenden Symptomen unverzüglich die Gefährdungsbeurteilung und die festgelegten Maßnahmen zum Schutz der Beschäftigten zu überprüfen und weitere Maßnahmen zu ergreifen. Art. 5 Abs. 9 der Richtlinie 2013/35/EU enthält eine offene Aufzählung von möglichen vorübergehenden Symptomen, die bei Exposition in elektromagnetischen Feldern auftreten können. Diese Aufzählung ist in der vorliegenden Verordnung mit Abs. 7 Nr. 1 und 2 übernommen bzw. mit Nr. 3 konkretisiert worden. Die in Nr. 3 angesprochenen vorübergehenden Symptome können insbesondere in statischen und niederfrequenten Hochspannungsfeldern auftreten.

Unterabschnitt 2. Besondere Festlegungen zum Schutz vor Gefährdungen durch statische Magnetfelder

§ 7 Besondere Festlegungen für Tätigkeiten bei Exposition im statischen Magnetfeld über 2 T

Die Überschreitung des Expositionsgrenzwertes für normale Arbeitsbedingungen im statischen Magnetfeld gemäß Anlage 2 Tabelle A2.1 ist zulässig, wenn die Exposition am Arbeitsplatz nur die Gliedmaßen der Beschäftigten betrifft und eine gefährdende Exposition von Kopf und Rumpf ausgeschlossen werden kann oder wenn nach Durchführung der festgelegten Maßnahmen entsprechend der Gefährdungsbeurteilung gewährleistet ist, dass:

1. die Überschreitung der Expositionsgrenzwerte für sensorische Wirkungen gemäß Anlage 2 Tabellen A 2.1 und A 2.4 auf kurzzeitige Einzelereignisse unter definierten Betriebsbedingungen beschränkt ist,

Projektilwirkung von ferromagnetischen Gegenständen § 8 EMFV-E

2. die Expositionsgrenzwerte für kontrollierte Arbeitsbedingungen gemäß Anlage 2 Tabellen A 2.1 und A 2.3 eingehalten werden,
3. nur speziell unterwiesene und geschulte Beschäftigte Zugang zu den kontrollierten Bereichen haben,
4. spezielle Arbeitspraktiken und Maßnahmen insbesondere kontrollierte Bewegungen der Beschäftigten im Bereich der hohen räumlichen Magnetfeldgradienten angewendet werden und
5. weitere Maßnahmen gemäß § 6 Abs. 2 ergriffen werden, wenn vorübergehende Symptome gemäß § 6 Abs. 7 auftreten.

§ 7 setzt Art. 3 Abs. 4 Buchstabe a) der Richtlinie 2013/35/EU inhaltlich um. In § 7 werden die besonderen Anforderungen definiert, die bei der Überschreitung des Expositionsgrenzwertes gemäß Anlage 2 Tabelle A 2.1 im Rahmen der Gefährdungsbeurteilung gemäß § 3 und der Festlegung der Maßnahmen zu berücksichtigen sind. 1

§ 8 Besondere Festlegungen bei Gefährdungen durch die Projektilwirkung von ferromagnetischen Gegenständen im statischen Magnetfeld

(1) **Die Überschreitung der unteren Auslöseschwellen zur Vermeidung von Gefährdungen von Beschäftigten durch die Projektilwirkung von ferromagnetischen Gegenständen im Streufeld von statischen Magnetfeldquellen gemäß Anlage 2 Tabelle A 2.11 ist zulässig, wenn der betreffende Arbeitsbereich gekennzeichnet ist.**

(2) **Bei Überschreitung der oberen Auslöseschwellen zur Vermeidung von Gefährdungen von Beschäftigten durch die Projektilwirkung von ferromagnetischen Gegenständen im Streufeld von statischen Magnetfeldquellen gemäß Anlage 2 Tabelle A2.11 sind weitere Maßnahmen gemäß § 6 Abs. 2 zu ergreifen, um Gefährdungen der Beschäftigten zu beseitigen oder zu minimieren. Dazu zählen insbesondere folgende Maßnahmen:**
1. **Bereitstellung und Verwendung von geeigneten nichtferromagnetischen Arbeitsmitteln,**
2. **Abschirmungen, Verriegelungen oder andere Sicherheitseinrichtungen,**
3. **Zugangskontrolle zum betreffenden Arbeitsbereich, erforderlichenfalls Einsatz von Detektoren für ferromagnetische Gegenstände,**
4. **betriebsorganisatorische Maßnahmen, insbesondere Schulung und Unterweisung sowie erforderlichenfalls Hinweise für Dritte, damit Beschäftigte nicht gefährdet werden.**

§ 8 konkretisiert die Anforderungen der Richtlinie 2013/35/EU zur Gefährdung der Beschäftigten durch die Projektilwirkung von ferromagnetischen Gegenständen im statischen Magnetfeld. Die Richtlinie gibt in Anhang II Tabelle B 4 nur einen sehr restriktiven Wert für die Auslöseschwelle im statischen Magnetfeld, ohne dass daran konkret Anforderungen geknüpft sind. Aus diesem Grund wurden zwei weitere Auslöseschwellen zur Konkretisierung in die Verordnung aufgenommen (Anlage 2 Tabelle A 2.11). Der Wert aus der Richtlinie 2013/35/EU wird in Anlage 2 Tabelle2.11 als untere Auslöseschwelle übernommen. Daran wird die Pflicht zur Kennzeichnung geknüpft. 1

Kreizberg 1033

EMFV-E § 9 Arbeitsschutzverordnung elektromagnetische Felder

2   An die oberen Auslöseschwellen für geschirmte und nicht geschirmte statische Magnetfelder werden die in Abs. 2 aufgeführten Anforderungen geknüpft. Mit den beiden neuen Auslöseschwellen werden die Anforderungen der EU-Richtlinie nicht verschärft. Sie dienen zur Erleichterung der Gefährdungsbeurteilung und der Festlegung der Maßnahmen in der Praxis. Die beiden Auslöseschwellen wurden von der EMF-Expertengruppe des BMAS empfohlen und sind im BMAS-Forschungsbericht FB 400 veröffentlicht.

Unterabschnitt 3. Besondere Festlegungen zum Schutz vor Gefährdungen durch zeitveränderliche elektro-magnetische Felder im Frequenzbereich von 0 Hz bis 10 MHz

§ 9 Besondere Festlegungen bei Überschreitung der unteren Auslöseschwellen für elektrische Felder

Die Exposition der Beschäftigten oberhalb der unteren Auslöseschwellen für elektrische Felder gemäß Anlage 2 Tabelle A 2.7 ist zulässig, wenn keine geeigneten alternativen Arbeitsverfahren zur Verfügung stehen und wenn gewährleistet ist, dass
  1. die Expositionsgrenzwerte für sensorische Wirkungen gemäß Anlage 2 Tabelle A 2.4 nicht überschritten und Gefährdungen durch direkte und indirekte Wirkungen vermieden oder verringert werden und damit ein sicheres Arbeiten gewährleistet ist oder
  2. nach Durchführung der festgelegten Maßnahmen entsprechend der Gefährdungsbeurteilung
   a) die Gefährdungen durch Entladungen oder Kontaktströme durch spezifische Maßnahmen ausgeschlossen sind. Dazu zählen insbesondere
     aa. geeignete technische Arbeitsmittel,
     bb. Maßnahmen zum Potentialausgleich,
     cc. die Erdung von Arbeitsgegenständen,
     dd. die spezielle Unterweisung der Beschäftigten,
     ee. persönliche Schutzausrüstung wie isolierende Schuhe, Isolierhandschuhe und Schutzkleidung;
   b) die Expositionsgrenzwerte für gesundheitliche Wirkungen gemäß Anlage 2 Tabelle A 2.3 nicht überschritten werden und
   c) die Gefährdungen durch direkte und indirekte Wirkungen ausgeschlossen sind und damit ein sicheres Arbeiten gewährleistet ist.

1   § 9 setzt Art. 3 Abs. 3 Buchstabe a) und Art. 5 Abs. 6 der Richtlinie 2013/35/EU inhaltlich um. Eine Überschreitung der unteren Auslöseschwellen gemäß Anlage 2 Tabelle A 2.7 ist dementsprechend an die in § 9 Nr. 1 oder 2 genannten Bedingungen geknüpft.

§ 10 Besondere Festlegungen bei Überschreitung der oberen Auslöseschwellen für elektrische Felder

Die Exposition der Beschäftigten oberhalb der oberen Auslöseschwellen für elektrische Felder gemäß Anlage 2 Tabelle A2.7 ist nur dann zulässig, wenn keine geeigneten alternativen Arbeitsverfahren zur Verfügung stehen und wenn über die in § 9 Nr. 2 genannten Maßnahmen hinaus weitere Maßnahmen gemäß § 6 Abs. 2 durchgeführt werden und damit die Gefährdungen durch direkte und indirekte Wirkungen ausgeschlossen sind.

§ 10 konkretisiert die Anforderungen von Art. 4 Abs. 7 und von Art. 5 Abs. 1 **1** und 2 der Richtlinie 2013/35/EU bei Überschreitung der oberen Auslöseschwellen für elektrische Felder gemäß Anlage 2 Tabelle A 2.7.

Bei Überschreitung der oberen Auslöseschwellen müssen weitere Maßnahmen **2** getroffen werden, damit die Gefährdungen der Beschäftigten durch direkte und indirekte Wirkungen ausgeschlossen sind und ein sicheres Arbeiten möglich ist. Dabei handelt es sich insbesondere um sichere Arbeitsverfahren und spezielle Unterweisungen.

§ 11 Besondere Festlegungen bei Überschreitung der unteren Auslöseschwellen für magnetische Felder

Die Exposition der Beschäftigten oberhalb der unteren Auslöseschwellen für magnetische Felder gemäß Anlage 2 Tabelle A 2.8 insbesondere im Bereich von Kopf und Rumpf ist zulässig, wenn keine geeigneten alternativen Arbeitsverfahren zur Verfügung stehen und wenn gewährleistet ist, dass
1. die Expositionsgrenzwerte für sensorische Wirkungen gemäß Anlage 2 Tabelle A 2.4 nicht überschritten werden oder
2. wenn nach Durchführung der festgelegten Maßnahmen entsprechend der Gefährdungsbeurteilung
   a) die Überschreitung der Expositionsgrenzwerte für sensorische Wirkungen gemäß Anlage 2 Tabelle A 2.4 auf kurzzeitige Einzelereignisse unter definierten Betriebsbedingungen beschränkt ist,
   b) die Expositionsgrenzwerte für gesundheitliche Wirkungen gemäß Anlage 2 Tabelle A 2.3 eingehalten sind und
   c) die Gefährdungen durch direkte und indirekte Wirkungen ausgeschlossen sind und damit ein sicheres Arbeiten gewährleistet ist.

§ 11 setzt Art. 3 Abs. 3 Buchstabe b) der Richtlinie 2013/35/EU inhaltlich um. **1** Eine Überschreitung der unteren Auslöseschwellen für magnetische Felder gemäß Anlage 2 Tabelle A 2.8 ist dementsprechend an die in § 11 genannten Bedingungen geknüpft.

§ 12 Besondere Festlegungen bei Überschreitung der Auslöseschwellen für Kontaktströme

Eine Überschreitung der Auslöseschwellen für Kontaktströme gemäß Anlage 2 Tabelle A 2.9 ist zulässig, wenn
1. keine geeigneten alternativen Arbeitsverfahren oder Arbeitsmittel zur Verfügung stehen,
2. die Beschäftigten so unterwiesen sind, dass sie immer einen greifenden Kontakt herstellen oder spezielle Arbeitstechniken oder Arbeitsmittel einsetzen,
3. die Expositionsgrenzwerte gemäß Anlage 2 Tabelle A 2.5 und A 2.6 eingehalten werden und
4. die Gefährdungen durch direkte und indirekte Wirkungen ausgeschlossen sind und damit ein sicheres Arbeiten gewährleistet ist.

1 § 12 konkretisiert die Anforderungen von Art. 4 Abs. 7 und von Art. 5 Abs. 1 und 2 der Richtlinie 2013/35/EU bei Überschreitung der Auslöseschwellen für Kontaktströme gemäß Anlage 2 Tabelle A 2.9. Eine Überschreitung der Auslöseschwellen ist nur zulässig wenn die Anforderungen in § 12 Nr. 1 bis 4 erfüllt sind.

§ 13 Besondere Festlegungen bei Überschreitung der Expositionsgrenzwerte für sensorische Wirkungen (Schwindelgefühl und Magnetophosphene)

Eine Überschreitung der Expositionsgrenzwerte für sensorische Wirkungen gemäß Anlage 2 Tabelle A 2.4 ist zulässig, wenn keine geeigneten alternativen Arbeitsverfahren zur Verfügung stehen und nach Durchführung der festgelegten Maßnahmen entsprechend der Gefährdungsbeurteilung gewährleistet ist, dass
1. die Überschreitung auf kurzzeitige Einzelereignisse unter definierten Betriebsbedingungen beschränkt ist,
2. die Expositionsgrenzwerte für gesundheitliche Wirkungen gemäß Anlage 2 Tabelle A 2.3 nicht überschritten werden und
3. weitere Maßnahmen gemäß § 6 Abs. 2 ergriffen werden, wenn vorübergehende Symptome gemäß § 6 Abs. 7 auftreten.

1 § 13 setzt Art. 3 Abs. 4 Buchstabe a) der Richtlinie 2013/35/EU inhaltlich um. Eine Überschreitung der Expositionsgrenzwerte für sensorische Wirkungen im Niederfrequenzbereich gemäß Anlage 2 Tabelle A2.4 ist dementsprechend an die in § 13 genannten Bedingungen geknüpft.

Stationäre Kontaktströme und induzierte Ströme § 15 EMFV-E

Unterabschnitt 4. Besondere Festlegungen zum Schutz vor Gefährdungen durch elektromagnetische Felder im Frequenzbereich von 100 kHz bis 300 GHz

§ 14 Besondere Festlegungen bei Überschreitung der Auslöseschwellen für die Exposition gegenüber elektromagnetischen Feldern im Bereich von 100 kHz bis 300 GHz

¹Die Exposition der Beschäftigten oberhalb der Auslöseschwellen für elektromagnetische Felder gemäß Anlage 3 Tabelle A3.4 ist zulässig, wenn die Expositionsgrenzwerte gemäß Anlage 3 Tabelle A3.1 und A3.2 eingehalten werden und nach Durchführung der festgelegten Maßnahmen entsprechend der Gefährdungsbeurteilung gewährleistet ist, dass Gefährdungen der Beschäftigten durch direkte und indirekte Wirkungen ausgeschlossen sind. ²Die Anforderungen von § 16 bezüglich der sensorischen Wirkungen im Hochfrequenzbereich sind gesondert zu betrachten.

§ 14 konkretisiert die Anforderungen von Art. 4 Abs. 7 und von Art. 5 Abs. 1 und 2 der Richtlinie 2013/35/EU bei Überschreitung der Auslöseschwellen für elektromagnetische Felder im Hochfrequenzbereich gemäß Anlage 3 Tabelle A 3.4. **1**

Eine Überschreitung der Auslöseschwellen ist nur zulässig, wenn die Expositionsgrenzwerte gemäß Anlage 3 Tabelle A 3.1 und A 3.2 eingehalten werden und nach Durchführung der aufgrund der Gefährdungsbeurteilung festgelegten Maßnahmen gewährleistet ist, dass Gefährdungen der Beschäftigten durch direkte und indirekte Wirkungen ausgeschlossen sind. Die Anforderungen von § 16 bezüglich der sensorischen Wirkungen im Hochfrequenzbereich sind gesondert zu betrachten. **2**

§ 15 Besondere Festlegungen bei Überschreitung der Auslöseschwellen für stationäre Kontaktströme und induzierte Ströme durch die Gliedmaßen

Eine Überschreitung der Auslöseschwellen für stationäre Kontaktströme und induzierte Ströme durch die Gliedmaßen gemäß Anlage 3 Tabelle A 3.5 ist zulässig, wenn die Expositionsgrenzwerte gemäß Anlage 3 Tabelle A 3.1 eingehalten sind und nach Durchführung der festgelegten Maßnahmen entsprechend der Gefährdungsbeurteilung gewährleistet ist, dass Gefährdungen der Beschäftigten durch direkte und indirekte Wirkungen ausgeschlossen sind.

§ 15 konkretisiert die Anforderungen von Art. 4 Abs. 7 und von Art. 5 Abs. 1 und 2 der Richtlinie 2013/35/EU bei Überschreitung der Auslöseschwellen für stationäre Kontaktströme und induzierte Ströme durch die Gliedmaßen gemäß Anlage 3 Tabelle A 3.5. **1**

Eine Überschreitung der Auslöseschwellen ist nur zulässig, wenn die Expositionsgrenzwerte gemäß Anlage 3 Tabelle A 3.1 eingehalten werden und nach Durchführung der aufgrund der Gefährdungsbeurteilung festgelegten Maßnahmen gewährleistet ist, dass Gefährdungen der Beschäftigten durch direkte und indirekte Wirkungen ausgeschlossen sind. **2**

Kreizberg

§ 16 Besondere Festlegungen bei Überschreitung der Expositionsgrenzwerte für sensorische Wirkungen im Frequenzbereich von 0,3 GHz bis 6 GHz (Mikrowellenhören)

Eine Überschreitung des Expositionsgrenzwertes für sensorische Wirkungen gemäß Anlage 3 Tabelle A 3.3 ist zulässig, wenn nach Durchführung der festgelegten Maßnahmen entsprechend der Gefährdungsbeurteilung gewährleistet ist, dass
1. die Überschreitung aus praxis- oder verfahrensbedingten Gründen gerechtfertigt und auf kurzzeitige Einzelereignisse unter definierten Betriebsbedingungen beschränkt ist,
2. die Expositionsgrenzwerte für gesundheitliche Wirkungen gemäß Anlage 3 Tabellen A 3.1 und A 3.2 nicht überschritten werden und
3. weitere Maßnahmen gemäß § 6 Abs. 2 ergriffen werden, wenn vorübergehende Symptome gemäß § 6 Abs. 7 auftreten.

1 § 16 setzt Art. 3 Abs. 4 Buchstabe b) der Richtlinie 2013/35/EU inhaltlich um. Eine Überschreitung der Expositionsgrenzwerte gemäß Anlage 3 Tabelle A 3.3 ist nur unter den in § 16 genannten Bedingungen zulässig. Das Phänomen des Mikrowellenhörens ist eine spezielle Wirkung von stark gepulsten, hochfrequenten elektromagnetischen Feldern mit Pulsbreiten, die kleiner als 30 μs sind.

2 Beim Mikrowellenhören nehmen die betroffenen Beschäftigten Geräusche in Form von Klicken oder Summen wahr. Der Effekt entsteht durch eine thermoelastische Wechselwirkung des Gewebes im Kopf. Das Mikrowellenhören kann das tatsächliche Hören erheblich einschränken oder verändern und damit zu Irritationen und zu Gefährdungen bei den betroffenen Beschäftigten führen.

Unterabschnitt 5. Besondere Festlegungen zum Schutz vor Gefährdungen bei medizinischen Anwendungen von Magnetresonanzverfahren

§ 17 Besondere Festlegungen bei Überschreitung von Expositionsgrenzwerten bei medizinischen Anwendungen von Magnetresonanzverfahren

Bei der Aufstellung, Prüfung, Anwendung, Entwicklung und Wartung von medizinischen Geräten für bildgebende Verfahren mittels Magnetresonanz am Patienten oder damit verknüpften Forschungsarbeiten ist eine Überschreitung der Expositionsgrenzwerte in den Anlagen 2 und 3 zulässig, wenn folgende Voraussetzungen erfüllt sind:
1. Nachweis von Art, Ausmaß, Häufigkeit und Dauer der Überschreitung von Expositionsgrenzwerten in Bereichen, wo Beschäftigte tätig werden müssen, im Rahmen der Gefährdungsbeurteilung gemäß § 3,
2. Durchführung aller Maßnahmen nach dem Stand der Technik gemäß § 6 Abs. 1 zur Vermeidung oder Verringerung der Exposition der betroffenen Beschäftigten,
3. Begründung, für welche Anwendungsfälle die Notwendigkeit zur Überschreitung der Expositionsgrenzwerte gegeben ist,
4. Berücksichtigung aller spezifischen Merkmale des Arbeitsplatzes, der Arbeitsmittel oder der Arbeitsmethoden bei der Durchführung der

Gefährdungsbeurteilung sowie Festlegung und Durchführung der Maßnahmen für den sicheren Betrieb und zum Schutz der betroffenen Beschäftigten,
5. Nachweis, dass Beschäftigte vor Gefährdungen durch direkte und indirekte Wirkungen geschützt sind,
6. Sicherstellung, dass die vom Hersteller bereitgestellten Bedienungsanleitungen und Sicherheitshinweise eingehalten werden,
7. Sicherstellung, dass nur speziell unterwiesene Beschäftigte tätig werden.

§ 17 setzt Art. 10 Abs. 1 Buchstabe a) der Richtlinie 2013/35/EU inhaltlich um. Eine Überschreitung der Expositionsgrenzwerte in den Anlagen 2 und 3 ist nur zulässig, wenn die Bedingungen in Nr. 1 bis 7 eingehalten sind. 1

Abschnitt 4. Unterweisung der Beschäftigten; Beratung durch den Ausschuss für Betriebssicherheit

§ 18 Unterweisung der Beschäftigten

(1) ¹Bei Gefährdungen der Beschäftigten durch elektromagnetische Felder am Arbeitsplatz stellt der Arbeitgeber sicher, dass die betroffenen Beschäftigten eine Unterweisung erhalten, die auf den Ergebnissen der Gefährdungsbeurteilung beruht und die Aufschluss über die am Arbeitsplatz auftretenden Gefährdungen gibt. ²Sie muss vor Aufnahme der Tätigkeit, danach in regelmäßigen Abständen, mindestens jedoch jährlich, und sofort bei wesentlichen Änderungen der gefährdenden Tätigkeit oder des Arbeitsplatzes erfolgen. ³Die Unterweisung muss in einer für die Beschäftigten verständlichen Form und Sprache erfolgen und muss mindestens folgende Informationen enthalten:
1. die mit der Tätigkeit verbundenen Gefährdungen durch direkte und indirekte Wirkungen von elektromagnetischen Feldern,
2. die durchgeführten Maßnahmen zur Beseitigung oder zur Minimierung der Gefährdung unter Berücksichtigung der Arbeitsplatzbedingungen,
3. die relevanten Expositionsgrenzwerte und Auslöseschwellen sowie ihre Bedeutung,
4. die Ergebnisse der Expositionsermittlung zusammen mit der Erläuterung ihrer Bedeutung und der Bewertung der damit verbundenen möglichen Gefährdungen und gesundheitlichen Folgen,
5. die Beschreibung sicherer Arbeitsverfahren zur Minimierung der Gefährdung aufgrund der Exposition durch elektromagnetische Felder,
6. die sachgerechte Verwendung der persönlichen Schutzausrüstung,
7. Hinweise zur Erkennung und Meldung von möglichen gesundheitsschädlichen Wirkungen einer Exposition,
8. möglicherweise auftretende vorübergehende Symptome gemäß § 6 Abs. 7 und wie diese vermieden werden können,
9. spezifische Informationen für besonders gefährdete Personen.

(2) ¹Können bei Tätigkeiten am Arbeitsplatz die Expositionsgrenzwerte für elektromagnetische Felder gemäß § 5 überschritten werden, stellt der Arbeitgeber sicher, dass die betroffenen Beschäftigten arbeitsmedizinisch

EMFV-E § 19   Arbeitsschutzverordnung elektromagnetische Felder

beraten werden. ²Die Beschäftigten sind dabei auch über den Zweck der arbeitsmedizinischen Vorsorge zu informieren und darüber, unter welchen Voraussetzungen sie Anspruch auf diese haben. ³Die Beratung kann im Rahmen der Unterweisung gemäß Abs. 1 erfolgen. ⁴Falls erforderlich, hat der Arbeitgeber den Arzt gemäß § 7 Abs. 1 der Verordnung zur arbeitsmedizinischen Vorsorge zu beteiligen.

1   § 18 dient der inhaltlichen Umsetzung der Art. 6 und 7 der Richtlinie 2013/35/EU.

2   Nach **Abs. 1** muss der Arbeitgeber sicherstellen, dass betroffene Beschäftigte eine Unterweisung erhalten, wenn im Rahmen der Gefährdungsbeurteilung nach § 3 der Verordnung eine Gefährdung durch elektromagnetische Felder für die Gesundheit und die Sicherheit der Beschäftigten am Arbeitsplatz festgestellt wird. Eine solche Gefährdung liegt vor, wenn bei Exposition am Arbeitsplatz die Expositionsgrenzwerte gemäß § 5 überschritten werden oder die Sicherheit und die Gesundheit der Beschäftigten durch indirekte Auswirkungen durch elektromagnetische Felder am Arbeitsplatz nicht gewährleistet sind (vergleiche auch die Begründung zu § 3). Es wird weiterhin klargestellt, zu welchem Zeitpunkt die Unterweisung zu erfolgen hat. Die Vorgaben der Richtlinie 2013/35/EU zu den Inhalten der Unterweisung werden inhaltlich übernommen.

3   **Abs. 2** sieht für den Fall, dass am Arbeitsplatz die Expositionsgrenzwerte gemäß § 5 überschritten werden können und damit eine Gefährdung der Beschäftigten nicht ausgeschlossen werden kann, eine allgemeine arbeitsmedizinische Beratung vor. Bestandteil der allgemeinen arbeitsmedizinischen Beratung sind auch Informationen, wie gesundheitsschädliche Auswirkungen der Exposition zu erkennen und zu melden sind. Satz 2 setzt Art. 6 Buchstabe g) der Richtlinie 2013/35/EU um.

§ 19 Beratung durch den Ausschuss für Betriebssicherheit

¹Das Bundesministerium für Arbeit und Soziales wird in allen Fragen der Sicherheit und des Gesundheitsschutzes bei elektromagnetischen Feldern durch den Ausschuss gemäß § 21 der Betriebssicherheitsverordnung beraten. ²§ 21 Abs. 3 und 4 der Betriebssicherheitsverordnung gelten entsprechend.

1   § 19 legt fest, dass der Ausschuss für Betriebssicherheit Beratungsaufgaben zu Gefährdungen der Beschäftigten durch elektromagnetische Felder am Arbeitsplatz wahrnimmt. Macht das Bundesministerium für Arbeit und Soziales von seiner Möglichkeit Gebrauch, die vom Ausschuss ermittelten Regeln und Erkenntnisse im Gemeinsamen Ministerialblatt zu publizieren, lösen die Regeln und Erkenntnisse die Vermutungswirkung aus.

2   Hält der Arbeitgeber die ermittelten Regeln und Erkenntnisse ein, kann er davon ausgehen, dass er diesbezüglich die Anforderungen der Verordnung erfüllt. Dies bedeutet eine erhebliche Erleichterung und Unterstützung für den Arbeitgeber. Die Regelungen des § 19 folgen dem Muster anderer Verordnungen zum Arbeitsschutzgesetz (Lärm- und Vibrations-Arbeitsschutzverordnung, Arbeitsschutzverordnung zu künstlicher optischer Strahlung, Gefahrstoffverordnung, Biostoffverordnung, Betriebssicherheitsverordnung, Arbeitsstättenverordnung, Verordnung zur arbeitsmedizinischen Vorsorge).

Abschnitt 5. Ausnahmen; Straftaten und Ordnungswidrigkeiten

§ 20 Ausnahmen

(1) ¹Die zuständige Behörde kann auf schriftlichen oder elektronischen Antrag des Arbeitgebers Ausnahmen von den Vorschriften des § 6 zulassen, wenn die Durchführung der Vorschrift im Einzelfall zu einer unverhältnismäßigen Härte führen würde und die Abweichung mit dem Schutz der Beschäftigten vereinbar ist. ²Diese Ausnahmen können mit Nebenbestimmungen verbunden werden, die unter Berücksichtigung der besonderen Umstände gewährleisten, dass die Gefährdungen, die sich aus den Ausnahmen ergeben können, auf ein Minimum reduziert werden. ³Die Ausnahmen sind spätestens nach vier Jahren zu überprüfen; sie sind aufzuheben, sobald die Umstände, die sie gerechtfertigt haben, nicht mehr gegeben sind. ⁴Der Antrag des Arbeitgebers muss mindestens Angaben enthalten zu
1. der Gefährdungsbeurteilung einschließlich der Dokumentation,
2. Art, Ausmaß und Dauer der Exposition durch die elektromagnetische Felder,
3. den Frequenzen und erforderlichenfalls den Signalverlauf der elektromagnetischen Felder,
4. dem Stand der Technik bezüglich der Tätigkeiten und der Arbeitsverfahren sowie zu den technischen, organisatorischen und persönlichen Schutzmaßnahmen,
5. den Lösungsvorschlägen, wie die Exposition der Beschäftigten reduziert werden kann, um die Expositionsgrenzwerte wieder einzuhalten, sowie einen Zeitplan hierfür.

(2) Eine Ausnahme gemäß Abs. 1 Satz 1 kann auch im Zusammenhang mit Verwaltungsverfahren nach anderen Rechtsvorschriften beantragt werden.

§ 20 setzt Art. 10 Abs. 1 Buchstabe b) der Richtlinie 2013/35/EU inhaltlich um. **1**

Abs. 1 wurde in enger Anlehnung an die entsprechenden Regelungen der **2** Lärm- und Vibrations-Arbeitsschutzverordnung und der Arbeitsschutzverordnung zu künstlicher optischer Strahlung formuliert. Seine Bestimmungen eröffnen die Möglichkeit, dass die zuständige Vollzugsbehörde in begründeten Einzelfällen unter Beachtung der genannten Kriterien Ausnahmen von den Bestimmungen der §§ 5 und 6 gewähren kann.

Abs. 2 besagt, dass eine Ausnahme nach Abs. 1 Satz 1 beantragt werden kann, **3** wenn diese mit Verwaltungsverfahren nach anderen Rechtsvorschriften zusammenhängt.

§ 21 Straftaten und Ordnungswidrigkeiten

(1) Ordnungswidrig im Sinne des § 25 Abs. 1 Nr. 1 des Arbeitsschutzgesetzes handelt, wer vorsätzlich oder fahrlässig
1. entgegen § 3 Abs. 5 Satz 1 Beschäftigte eine Tätigkeit aufnehmen lässt,
2. entgegen § 3 Abs. 6 Satz 1, 2 und 4 eine Gefährdungsbeurteilung nicht richtig, nicht vollständig oder nicht rechtzeitig dokumentiert,

EMFV-E Anl. 1   Arbeitsschutzverordnung elektromagnetische Felder

3. entgegen § 3 Abs. 7 die Erfordernisse besonders gefährdeter Beschäftigter nicht berücksichtigt,
4. entgegen § 4 Abs. 1 Satz 1 nicht sicherstellt, dass die Gefährdungsbeurteilung, die Messungen, die Berechnungen oder die Bewertungen nach dem Stand der Technik durchgeführt werden,.
5. entgegen § 4 Abs. 1 Satz 1 nicht sicherstellt, dass die Gefährdungsbeurteilung, die Messungen oder die Berechnungen fachkundig geplant und durchgeführt werden,
6. entgegen § 6 Abs. 1 Satz 3 nicht sicherstellt, dass die Expositionsgrenzwerte eingehalten werden oder die besonderen Festlegungen in den §§ 7 bis 17 erfüllt sind,
7. entgegen § 6 Abs. 1 Satz 4 nicht sicherstellt, dass die Rangfolge der Maßnahmen eingehalten wird,
8. entgegen § 6 Abs. 3 Satz 1 einen Arbeitsbereich nicht kennzeichnet,
9. entgegen § 6 Abs. 3 Satz 4 einen Arbeitsbereich nicht abgrenzt,
10. entgegen § 8 Abs. 2 die erforderlichen spezifischen technischen und betriebsorganisatorischen Maßnahmen nicht ergreift,
11. entgegen § 18 Abs. 1 Satz 1 nicht sicherstellt, dass ein Beschäftigter eine Unterweisung in der vorgeschriebenen Weise erhält.

(2) Wer durch eine in Abs. 1 bezeichnete vorsätzliche Handlung das Leben oder die Gesundheit von Beschäftigten gefährdet, ist gemäß § 26 Nr. 2 des Arbeitsschutzgesetzes strafbar.

1   § 21 enthält die üblichen Sanktionsbestimmungen. **Abs. 1** bezeichnet bestimmte schwere Verstöße gegen die Bestimmungen der Verordnung als Ordnungswidrigkeiten, die gemäß § 25 ArbSchG mit einer Geldbuße geahndet werden können.

2   Werden durch einen solchen Verstoß vorsätzlich das Leben, die Gesundheit oder die Sicherheit eines Beschäftigten gefährdet, kann dies gemäß **Abs. 2** in Verbindung mit § 26 ArbSchG als Straftat geahndet werden.

Anlage 1. Physikalische Größen im Zusammenhang mit der Exposition gegenüber elektromagnetischen Feldern

Die folgenden physikalischen Größen werden zur Beschreibung der Exposition gegenüber elektromagnetischen Feldern verwendet:

1. Die elektrische Feldstärke (E) ist eine Vektorgröße, die der Kraft entspricht, die auf ein geladenes Teilchen ungeachtet seiner Bewegung im Raum ausgeübt wird. Sie wird ausgedrückt in Volt pro Meter (V/m). Es muss zwischen der Feldstärke E_e eines in der Umgebung auftretenden elektrischen Feldes und der Feldstärke Ei, wie sie im Körper *(in situ)* infolge einer Exposition gegenüber der Umgebungsfeldstärke auftritt, unterschieden werden.
2. Die magnetische Feldstärke (H) ist eine Vektorgröße, die neben der magnetischen Flussdichte zur Beschreibung des magnetischen Feldes in jedem Raumpunkt dient. Sie wird ausgedrückt in Ampere pro Meter (A/m).
3. Die magnetische Flussdichte (B) ist eine Vektorgröße, aus der sich eine Kraft auf bewegte Ladungen ergibt; sie wird in Tesla (T) ausgedrückt. Die magnetische Flussdichte (B) und die magnetische Feldstärke (H) können gemäß der Gleichung $B = 4\pi \cdot 10^{-7} \cdot H$ ineinander umgerechnet werden.

Anlage 2 **Anl. 2 EMFV-E**

4. Die Leistungsdichte (S) ergibt sich aus dem Betrag des Kreuzproduktes von elektrischer Feldstärke (E) und magnetischer Feldstärke (H). Sie wird ausgedrückt in Watt pro Quadratmeter (W/m^2).
5. Die spezifische Absorption (SA) ist die je Masseneinheit biologischen Gewebes absorbierte Energie. Sie wird ausgedrückt in Joule pro Kilogramm (J/kg). In dieser Verordnung wird sie zur Festlegung von Grenzen für Wirkungen gepulster elektromagnetischer Felder für Frequenzen oberhalb von 0,3 GHz bis 6 GHz benutzt.
6. Die spezifische Absorptionsrate (SAR) ist die über den ganzen Körper oder Teile gemittelte Rate, mit der Leistung je Masseneinheit des Körpergewebes absorbiert wird; sie wird ausgedrückt in Watt pro Kilogramm (W/kg). Die Ganzkörper-SAR ist die physikalische Größe, um Wärmewirkungen zu einer Exposition von elektromagnetischen Feldern in Beziehung zu setzen. Neben der Ganzkörper-SAR sind lokale SAR-Werte notwendig, um übermäßige Energiekonzentrationen in kleinen Körperbereichen infolge besonderer Expositionsbedingungen zu bewerten und zu begrenzen.
7. Die elektrische Ladung (Q) ist die physikalische Größe, die zur Beschreibung von transienten Kontaktströmen verwendet und in Coulomb (C) ausgedrückt wird.
8. Der Kontaktstrom (I_K) bezeichnet einen Strom, der beim Kontakt zwischen einem Beschäftigten und einem Gegenstand in einem elektromagnetischen Feld fließt. Er wird in Ampere (A) ausgedrückt. Beim Kontakt kann es zu einem transienten oder einem stationären Kontaktstrom kommen.
9. Der Strom durch die Gliedmaßen (I_G) bezeichnet den Strom in den Gliedmaßen von Beschäftigten, die elektromagnetischen Feldern im Frequenzbereich von 10 MHz bis 110 MHz ausgesetzt sind infolge eines Kontakts mit einem Gegenstand in einem elektromagnetischen Feld oder infolge des Fließens kapazitiver Ströme, die in dem exponierten Körper induziert werden. Er wird in Ampere (A) ausgedrückt.

Von den genannten physikalischen Größen lassen sich elektrische Feldstärke (Ee), magnetische Feldstärke (H), magnetische Flussdichte (B), Leistungsdichte (S), elektrische Ladung (Q), Kontaktstrom (I_K) sowie Strom durch Gliedmaßen (I_G), direkt am Arbeitsplatz des Beschäftigten messen.

Mit Anlage 1 der vorliegenden Verordnung werden die Vorgaben von Anhang I **1** der Richtlinie 2013/35/EU inhaltsgleich umgesetzt.

Anlage 2. Nichtthermische Wirkungen:
Expositionsgrenzwerte und Auslöseschwellen für statische und zeitveränderliche elektrische und magnetische Felder bis 10 MHz

1. Expositionsgrenzwerte

Tabelle A 2.1: Expositionsgrenzwerte für die magnetische Flussdichte B0 von statischen Magnetfeldern Maximalwert der magnetischen Flussdichte B0 [T]

Sensorische Wirkungen (normale Arbeitsbedingungen)	Sensorische Wirkungen (lokale Exposition von Gliedmaßen)	Gesundheitliche Wirkungen (kontrollierte Arbeitsbedingungen)
2	8	8

Hinweis des Autors:
Der Referentenentwurf enthält keine Tabelle A 2.2

EMFV-E Anl. 2 Arbeitsschutzverordnung elektromagnetische Felder

Tabelle A 2.3: Expositionsgrenzwerte der internen elektrischen Feldstärke Ei für gesundheitliche Wirkungen bis 10 MHz

Frequenzbereich	Spitzenwert der internen elektrischen Feldstärke Ei [V/m]
0 Hz < f < 3 kHz	1,1
3 kHz ≤ f ≤ 10 MHz	$0{,}38 \cdot 10{-}3 \cdot f$

Anmerkung 1: f ist die Frequenz in Hertz (Hz)
Anmerkung 2: Die Expositionsgrenzwerte der internen elektrischen Feldstärke für gesundheitliche Wirkungen sind räumliche Maximalwerte im Körper von Beschäftigten.

Tabelle A 2.4: Expositionsgrenzwerte der internen elektrischen Feldstärke Ei für sensorische Wirkungen bis 400 Hz

Frequenzbereich	Spitzenwert der internen elektrischen Feldstärke Ei [V/m]
0 Hz < f < 25 Hz	0,07
25 Hz ≤ f ≤ 400 Hz	$2{,}8 \cdot 10^{-3} f$

Anmerkung 1: f ist die Frequenz in Hertz (Hz).
Anmerkung 2: Die Expositionsgrenzwerte der internen elektrischen Feldstärke für sensorische Wirkungen sind räumliche Maximalwerte im Kopf von Beschäftigten.

Tabelle A 2.5: Expositionsgrenzwerte für kontinuierliche Kontaktströme IK bei greifendem Kontakt

Frequenz	Spitzenwert des stationären zeitvariablen Kontaktstroms IK [mA]
Bis 3 kHz	5
3 kHz ≤ f < 45 kHz	f/600
45 kHz ≤ f < 100 kHz	75
100 kHz ≤ f ≤ 10 MHz	75

Anmerkung 1: f ist die Frequenz in Hz.

Tabelle A 2.6: Expositionsgrenzwerte für den Entladungspuls eines Kontaktstroms

Maximale Entladungsenergie E [mJ]	Maximale übertragene Ladung Q [µC]
350	50

Anlage 2 # Anl. 2 EMFV-E

2. Auslöseschwellen

Tabelle A 2.7: Auslöseschwellen für die Exposition gegenüber zeitveränderlichen externen elektrischen Feldern bis 10 MHz

Frequenzbereich	Spitzenwert der externen elektrischen Feldstärke Ee [V/m]	
	Untere Auslöseschwelle	Obere Auslöseschwelle
0 Hz < f < 25 Hz	$2{,}83 \cdot 10^4$	$2{,}83 \cdot 10^4$
25 Hz ≤ f < 50 Hz	$7{,}07 \cdot 10^5/f$	$2{,}83 \cdot 10^4$
50 Hz ≤ f < 1,64 kHz	$7{,}07 \cdot 10^5/f$	$1{,}41 \cdot 10^6/f$
1,64 kHz ≤ f < 3 kHz	$7{,}07 \cdot 10^5/f$	$8{,}62 \cdot 10^2$
3 kHz ≤ f ≤ 10 MHz	$2{,}36 \cdot 10^2$	$8{,}62 \cdot 10^2$

Anmerkung 1: f ist die Frequenz in Hertz (Hz).
Anmerkung 2: Die Auslöseschwellen für die Exposition gegenüber elektrischen Feldern stellen die berechneten oder gemessenen räumlichen Maximalwerte am Arbeitsplatz von Beschäftigten dar.
Anmerkung 3: Die in dieser Tabelle angegebenen Spitzenwerte dürfen überschritten werden, wenn die Einhaltung der in den Tabellen A 2.3 oder A 2.4 aufgeführten Expositionsgrenzwerte nachgewiesen wird.

Tabelle A 2.8: Auslöseschwellen für die Exposition gegenüber zeitveränderlichen externen magnetischen Feldern bis 10 MHz

Frequenzbereich	Spitzenwert der externen magnetischen Flussdichte B [T]		
	Untere Auslöseschwelle	Obere Auslöseschwelle	Auslöseschwelle für die Exposition von Gliedmaßen
0 Hz < f < 0,0175 Hz	2	2	8
0,0175 Hz ≤ f < 0,175 Hz	$35 \cdot 10^{-3}/f$	2	8
0,175 Hz ≤ f < 0,21 Hz	$35 \cdot 10^{-3}/f$	2	$1{,}4/f$
0,21 Hz ≤ f < 25 Hz	$35 \cdot 10^{-3}/f$	$0{,}42/f$	$1{,}4/f$
25 Hz ≤ f < 300 Hz	$1{,}4 \cdot 10^{-3}$	$0{,}42/f$	$1{,}4/f$
300 Hz ≤ f < 3 kHz	$0{,}42/f$	$0{,}42/f$	$1{,}4/f$
3 kHz ≤ f ≤ 10 MHz	$0{,}14 \cdot 10^{-3}$	$0{,}14 \cdot 10^{-3}$	$0{,}42 \cdot 10^{-3}$

Anmerkung 1: f ist die Frequenz in Hertz (Hz).
Anmerkung 2: Die Auslöseschwellen für die Exposition gegenüber magnetischen Feldern stellen die berechneten oder gemessenen räumlichen Maximalwerte am Arbeitsplatz von Beschäftigten dar.

EMFV-E Anl. 3 — Arbeitsschutzverordnung elektromagnetische Felder

Tabelle A 2.9: Auslöseschwellen für Kontaktstrom IK bei berührendem Kontakt

Frequenz	Spitzenwert des stationären zeitvariablen Kontaktstroms IK [mA]
Bis 3 kHz	1
3 kHz ≤ f < 45 kHz	f/3000
45 kHz ≤ f < 100 kHz	15
100 kHz ≤ f ≤ 10 MHz	15

Tabelle A 2.10: Auslöseschwelle der magnetischen Flussdichte B0 bei statischen Magnetfeldern für die Beeinflussung von implantierten aktiven medizinischen Geräten, z. B. Herzschrittmacher

Magnetische Flussdichte B0 [mT]
0,5

Tabelle A 2.11: Auslöseschwellen für die Projektilwirkung von ferromagnetischen Gegenständen im Streufeld von statischen Magnetfeldern mit hohen Feldstärken (> 100 mT)

Magnetische Flussdichte B [mT]		
Untere Auslöseschwelle	Obere Auslöseschwelle	
	geschirmte Magnetfelder	nicht geschirmte Magnetfelder
3	30	60

1 Mit Anlage 2 der vorliegenden Verordnung werden die Vorgaben von Anhang II der Richtlinie 2013/35/EU inhaltsgleich umgesetzt.

Anlage 3. Thermische Wirkungen: Expositionsgrenzwerte und Auslöseschwellen für zeitveränderliche elektromagnetische Felder von 100 kHz bis 300 GHz

1. Expositionsgrenzwerte

Tabelle A 3.1: Expositionsgrenzwerte der spezifischen Absorptionsrate SAR für gesundheitliche Wirkungen bei Exposition gegenüber elektromagnetischen Feldern von 100 kHz bis 6 GHz

Expositionsgrenzwerte für gesundheitliche Wirkungen	Spezifische Absorptionsrate SAR [W/kg]
Ganzkörpermittelwert der SAR	0,4
Lokale SAR-Wärmebelastung für Kopf und Rumpf	10
Lokale SAR-Wärmebelastung für Gliedmaßen	20

Anmerkung 1: Die SAR-Werte sind über ein Sechs-Minuten-Intervall zu mitteln.
Anmerkung 2: Lokale SAR-Werte sind über 10 g eines beliebigen zusammenhängenden Körpergewebes zu mitteln.

Anlage 3

Anl. 3 EMFV-E

Tabelle A 3.2: Expositionsgrenzwert der Leistungsdichte S für gesundheitliche Wirkungen bei Exposition gegenüber elektromagnetischen Feldern von 6 GHz bis 300 GHz

Frequenzbereich	Expositionsgrenzwert der Leistungsdichte S [W/m2]
6 GHz ≤ f ≤ 300 GHz	50

Anmerkung 1: Die Leistungsdichte wird über jedes Flächenelement von 20 cm² gemittelt. Die maximale örtliche Leistungsdichte, gemittelt über 1 cm2, darf das 20fache des Wertes von 50 W/m² also 1 kW/m² nicht überschreiten. Leistungsdichten im Frequenzbereich von 6 GHz bis 10 GHz werden über Sechs-Minuten-Intervalle gemittelt. Oberhalb von 10 GHz wird die Leistungsdichte über ein beliebiges Zeitintervall von jeweils $68/f^{1.05}$-Minuten gemittelt (wobei f die Frequenz in GHz ist).

Tabelle A 3.3: Expositionsgrenzwert der lokalen spezifischen Energieabsorption SA für sensorische Wirkungen bei Exposition gegenüber elektromagnetischen Feldern von 0,3 GHz bis 6 GHz (Mikrowellenhören)

Frequenzbereich	Expositionsgrenzwert der lokalen spezifischen Energieabsorption SA [mJ/kg]
0,3 GHz ≤ f ≤ 6 GHz	10

Anmerkung 1: Die zu mittelnde Gewebemasse für lokale SA beträgt 10 g.
Anmerkung 2: Die sensorische Wirkung des Mikrowellenhörens tritt nur für Pulsbreiten kleiner als 30 μs auf.

2. Auslöseschwellen

Tabelle A 3.4: Auslöseschwellen für die Exposition gegenüber elektromagnetischen Feldern von 100 kHz bis 300 GHz

Frequenzbereich	Effektivwert der elektrischen Feldstärke E [V/m]	Effektivwert der magnetischen Feldstärke H [A/m]	Mittelwert der Leistungsdichte S [W/m²]
100 kHz ≤ f < 1 MHz	614	$1{,}63 \cdot 10^6/f$	–
1 MHz ≤ f < 10 MHz	$614 \cdot 10^6/f$	$1{,}63 \cdot 10^6/f$	–
10 MHz ≤ f < 400 MHz	61,4	0,163	10
400 MHz ≤ f < 2 GHz	$3{,}07 \cdot 10^{-3} \cdot \sqrt{f}$	$8{,}14 \cdot 10^{-6} \cdot \sqrt{f}$	$25 \cdot 10^{-9} \cdot f$
2 GHz ≤ f < 300 GHz	137,3	0,364	50

Anmerkung 1: f ist die Frequenz in Hertz (Hz).
Anmerkung 2: Die Auslöseschwellen für (E), (H) und (S) werden bis 10 GHz über ein Sechs-Minuten-Intervall gemittelt. Über 10 GHz werden die Auslöseschwellen für (E), (H) und (S) über ein beliebiges Zeitintervall von jeweils $68/f^{1.05}$-Minuten gemittelt (wobei f die Frequenz in GHz ist).
Anmerkung 3: Die Leistungsdichte wird über ein beliebiges exponiertes Flächenelement von 20 cm² gemittelt. Die maximale örtliche Leistungsdichte, gemittelt über 1 cm², sollte das 20-fache des Wertes von 50 W/m² also 1 kW/m² nicht überschreiten.

EMFV-E Anl. 3 Arbeitsschutzverordnung elektromagnetische Felder

Anmerkung 4: Zwischen 100 kHz und 10 MHz berechnen sich die Spitzenwerte für die elektrischen Feldstärken durch Interpolation des 1,5-fachen Spitzenwertes bei 100 kHz und dem 32-fachen Spitzenwert bei 10 MHz. Bei Frequenzen über 10 MHz überschreitet die über die Impulsbreite gemittelte Leistungsdichte Seq nicht das Tausendfache der Auslöseschwellen oder die Feldstärken nicht das 32-fache der entsprechenden Auslöseschwellen.

Tabelle A 3.5: Auslöseschwellen für stationäre Kontaktströme IK und induzierte Ströme durch die Gliedmaßen IG von 100 kHz bis 110 MHz

Frequenzbereich	Effektivwert des stationären zeitvariablen Kontaktstroms IK [mA]	Effektivwert des induzierten Stroms durch eine beliebige Gliedmaße IG [mA]
100 kHz ≤ f < 10 MHz	40	
10 MHz ≤ f ≤ 110 MHz	40	100

Anmerkung: Die Auslöseschwellen IK und IG werden jeweils über ein Sechs-Minuten-Intervall gemittelt.

1   Mit Anlage 3 der vorliegenden Verordnung werden die Vorgaben von Anhang III der Richtlinie 2013/35/EU inhaltsgleich umgesetzt.

Systematische Darstellungen

A. Psychische Belastungen am Arbeitsplatz[1]

Übersicht

	Rn.
A. Einleitung	1
I. Allgemeines	2
II. Zahlen und Fakten	6
III. Gesetzlicher Rahmen des Betrieblichen Gesundheitsmanagements	12
B. Rechtliche Rahmenbedingungen der Gefährdungsbeurteilung	15
I. Arbeitgeber	19
II. Beschäftigte	22
III. Betriebsrat	24
C. Allgemeine Informationen zur Gefährdungsbeurteilung psychischer Belastung bei der Arbeit	26
I. Verhältnis- und Verhaltensprävention	27
II. DIN EN ISO 10075–1	30
III. Inhalte der Gefährdungsbeurteilung psychischer Belastung	32
D. Mögliche Methoden zur Durchführung einer Gefährdungsbeurteilung	36
I. Verschiedene Methoden und Mindestanforderungen	37
II. Die verschiedenen Fragebögen	42
III. Ohne die Beteiligung der Beschäftigten geht es nicht!	44
IV. Begleitung durch externe Experten	45
V. Gefährdungsbeurteilung als geschlossener Kreislauf	49
E. Beispiel zur Einführung einer Gefährdungsbeurteilung psychischer Belastung bei der Arbeit	50
I. Die Aufgabe der Projektgruppe	51
II. Wahl der passgenauen Methode im Einzelfall	53
III. Wahl des optimalen Fragebogens im Einzelfall	55
IV. Auswertung der Umfrage und weiterführender Prozess	58
V. Vertrauen der Beschäftigten gewinnen	60
F. Individuelle personenbezogene Gefährdungsbeurteilung psychischer Belastung bei der Arbeit?	61
I. Personenbezogene Gefährdungsbeurteilung	62
II. Individuelle personenbezogene Gefährdungsbeurteilung	64
III. Weitere gesetzliche präventive Ansätze	68
1. Das Präventionsverfahren im Vergleich zur Gefährdungsbeurteilung psychischer Belastung bei der Arbeit	71
2. Das BEM im Vergleich zur Gefährdungsbeurteilung psychischer Belastung bei der Arbeit	73
a) Das BEM	74
b) Die Unterschiede zur Gefährdungsbeurteilung	78
IV. Schlussfolgerung	84

---

[1] Diese Systematische Darstellung basiert auf meinem Begleitbeitrag zum 2. Deutschen Arbeitsrechtstag, NZA, 23/2015, S. 1424 ff.

		Rn.
G.	Psychische Störungen im Arbeitsleben	87
	I. Allgemeine Ausführungen	88
	II. Beispiele psychischer Störungen	92
	III. Beispiel	97
H.	Fazit	102

A. Einleitung

1 Die Förderung der Arbeits- und Beschäftigungsfähigkeit ist in den vergangenen Jahren immer mehr in den Fokus der Gesellschaft, Unternehmen sowie Beschäftigten gerückt und zu einer zentralen Aufgabe geworden.

I. Allgemeines

2 Das **Betriebliche Gesundheitsmanagement** ist ein breites Feld. Zu seinen **Handlungsfeldern** zählen (a) der Arbeitsschutz, als Arbeitgeber- und Arbeitnehmerpflicht, (b) das Betriebliche Eingliederungsmanagement (BEM), welches nur für den Arbeitgeber verpflichtend, für den Arbeitnehmer jedoch freiwillig ist, sowie (c) die betriebliche Gesundheitsförderung, als Kür sowohl für Arbeitgeber als auch für Arbeitnehmer.

Insbesondere die Verpflichtung zur Durchführung einer Gefährdungsbeurteilung psychischer Belastungen am Arbeitsplatz stellt die Arbeitgeber vor tatsächliche Herausforderungen bei der Umsetzung.

3 Vorab sei dabei erwähnt, dass nach der **„DIN SPEC 33418"**, die die DIN EN ISO 10075-1 ursprünglich ergänzte, nicht von psychischen Belastungen sondern vielmehr von psychischer Belastung gesprochen wird. Auf diesen feinen Unterschied legt die DIN SPEC 33418 aus dem Jahre 2014 großen Wert, da „**Psychische Belastung** ... immer aus einer Vielfalt von kognitiven, emotionalen wie sozialen Belastungsfaktoren, die zusammen (und nie isoliert) auf ein Individuum einwirken, (resultiert)". Im Rahmen des Arbeitsschutzgesetzes (ArbSchG) wird hingegen von „psychischen Belastungen" gesprochen.

Die DIN SPEC 33418 wurde zwischenzeitlich in die **neue DIN EN ISO 10075-1:2015** (Stand: Dezember 2015) integriert. Die Ausführungen zu den Begrifflichkeiten finden sich hier in Abschnitt 3 (3.1.1 – psychische Belastung) wieder.

4 Psychische Belastung kann in psychische Beanspruchung und diese in psychische Erkrankung münden – muss sie aber nicht. Interessant ist, dass Mediziner in diesem Bereich auf den Begriff der Erkrankung verzichten und stattdessen von **Störung** reden: Eine Besonderheit im Bereich der psychischen Störung ist im Unterschied zu den meisten Bereichen der Medizin der **Verzicht auf den Begriff Krankheit** (*Wittchen/Hoyer* (Hrsg.), Klinische Psychologie & Psychotherapie, 2. Aufl. 2011 S. 32).

5 Der Begriff „psychische Erkrankung" bzw. „psychische Störung" löst bei denen, die im Arbeitsleben mit ihm in Kontakt kommen – den betroffenen Beschäftigten, insbesondere aber auch den Arbeitgebern und Kollegen (erfasst sowohl die weibliche, als auch die männliche Form) – häufig eine **gewisse Unsicherheit** aus. Das Thema ist für viele schlichtweg zu wenig greifbar. Dies hat zur Folge, dass die psychische Belastung im Arbeitsschutz nur mit Samthandschuhen angepackt wird, wenn überhaupt.

Psychische Belastungen am Arbeitsplatz **SystDarst A**

II. Zahlen und Fakten

Während die **krankheitsbedingten Fehlzeiten** im Bereich zB der Herzkreis- 6
lauf-, Verdauungs- sowie Muskel- und Skeletterkrankungen in den Jahren 2003 bis
2013 ungefähr gleich geblieben sind (AOK Fehlzeitenreport 2014), sind diese aufgrund **psychischer Erkrankungen** rasant angestiegen (AOK Fehlzeitenreport
2014). Die Bundespsychotherapeutenkammer hat in einer Untersuchung im Jahr
2013 festgestellt, dass im Jahr 2005 32,3 % der **Frühverrentungen durch psychische Erkrankungen** verursacht wurden (BPtK-Studie zur Arbeits- und Erwerbsunfähigkeit, Psychische Erkrankungen und gesundheitsbedingte Frühverrentung,
2013; *Prümper/Zinke/Nachtwei/Hornung,* Personalmagazin, 2014, S. 60). Im Jahr
2012 waren es schon 42,1 % (BPtK-Studie zur Arbeits- und Erwerbsunfähigkeit,
Psychische Erkrankungen und gesundheitsbedingte Frühverrentung, 2013 S. 4, 8
und 9) und im Jahre 2013 sogar 42,7 % (BKK Dachverband e. V., BKK Gesundheitsreport 2015, Langzeiterkrankungen, *Kneps/Pfalt* (Hrsg.), S. 294; Deutsche Rentenversicherung Bund (Hrsg.), Rentenversicherung in Zeitreihen, Berlin, DRV, 2014).
Ferner legt die Studie der Bundespsychotherapeutenkammer dar, dass knapp 14 %
aller betrieblichen Fehltage im Jahre 2012 auf psychische Erkrankungen zurückzuführen waren (BPtK-Studie zur Arbeits- und Erwerbsunfähigkeit, Psychische Erkrankungen und gesundheitsbedingte Frühverrentung, 2013 S. 6). Der Psychoreport 2015 der DAK legt dar, dass im Jahr 2014 psychische Erkrankungen sogar
schon knapp 17 % aller Fehltage verursachten.

Die Auswirkungen der immer häufiger auftretenden psychischen Störungen 7
macht ein Vergleich deutlich: Im Durchschnitt aller Diagnosen wird ein Arbeitnehmer pro Jahr für rund 13 Tage krankgeschrieben. Bei Depressionen hingegen liegt
der **Mittelwert bei 64 Tagen pro Jahr** (Depressionsatlas der Techniker Krankenkasse 2015).

Diese Zahlen zeigen, dass psychische Störungen **häufig auftreten** und zudem 8
lange andauern. Dabei steigt die Anzahl der Fehltage mit dem Alter der Beschäftigten, da im Alter die Zahl der durch die Erkrankung verursachten Fehltage ansteigt (DAK Forschung, Psychoreport 2015 S. 6).

Freilich lässt sich darüber streiten, womit der rasante Anstieg der auf psychischen 9
Störungen basierenden krankheitsbedingten Ausfallzeiten zu begründen ist. Es mag
zum einen daran liegen, dass immer mehr Menschen sich trauen, einen **Psychologen aufzusuchen,** dass immer mehr Menschen durch entsprechende **Aufklärungsprogramme** informiert sind, oder dass es leichter ist, sich einen **Burnout**
als eine Depression einzugestehen. Bisher ist das Burnout-Syndrom als solches
(noch) nicht als Krankheit anerkannt (*Berger/Falkai/Maier,* Deutsches Ärzteblatt,
2012, 109 (14), A-700) – bis heute nicht.

Zum anderen könnte auch der **demographische Wandel** oder aber tatsächlich 10
das immer schneller werdende und mit **immer höheren Anforderungen** verbundene Arbeits- und Freizeitleben eine (zumindest Mit-) Ursache bilden. Die DAK
geht davon aus, dass die auffällige Steigerung sich dadurch erklären lässt, dass heute
generell **offener mit psychischen Problemen umgegangen** wird (DAK Forschung, DAK Psychoreport 2015 S. 7).

Fakt ist aber, dass sich sowohl Arbeitgeber als auch Arbeitnehmer dieser Tendenz
ausgesetzt sehen und damit eindringlich zum Handeln angehalten sind.

Unternehmen haben zwischenzeitlich die Brisanz des Themas erkannt. Dies 11
zeigt auch die **"Trendstudie Betriebliches Gesundheitsmanagement"** aus
dem Jahr 2014 (*Prümper/Zinke/Nachtwei/Hornung,* 2014, Gesundheitsmanagement:

"Das Ziel wird langsam deutlich", Personalmagazin, 4, S. 60–62): Das Thema **psychische Erkrankung** wird nach Angabe der 556 befragten Unternehmen zukünftig einen (noch) **höheren Stellenwert** einnehmen.

III. Gesetzlicher Rahmen des Betrieblichen Gesundheitsmanagements

12   Bereits im Jahr 2004 führte der Gesetzgeber durch das „Gesetz zur Förderung der Ausbildung und Beschäftigung schwerbehinderter Menschen" den **§ 84 Abs. 2 des Sozialgesetzbuch, Neuntes Buch (SGB IX)** und damit das **BEM** zum 1.5.2004 ein. Diese Norm soll, so die Gesetzesbegründung, der **Gesundheitsprävention am Arbeitsplatz** dienen und ihr dadurch einen stärkeren Stellenwert verschaffen, dass die Akteure unter Mitwirkung des Betroffenen zur Klärung der zu treffenden Maßnahmen verpflichtet werden (BT-Drs. 15/1783 S. 16).

13   Diese Norm tritt neben den **§ 84 Abs. 1 SGB IX,** der ausschließlich auf schwerbehinderte Menschen Anwendung findet und Arbeitgeber zur Prävention, zum frühzeitigen Handeln, anhält, sollte durch (u. a.) personenbedingte Schwierigkeiten das Arbeits- oder sonstige Beschäftigungsverhältnis gefährdet sein.

14   Auch die Tatsache, dass der Gesetzgeber mit Wirkung zum 25.10.2013 durch Art. 8 des Bundesunfallkassen-Neuorganisationsgesetzes sowohl den Begriff **„psychische Gesundheit"** in **§ 4 Ziffer 1 ArbSchG**, als auch den Begriff **„psychische Belastungen"** in **§ 5 Abs. 3 Ziffer 6 ArbSchG** ausdrücklich aufgenommen hat, verdeutlicht, wie wichtig der Aspekt der psychischen Gesundheit für das heutige Arbeitsleben ist. Zwar waren sowohl die psychische Gesundheit als auch die psychische Belastung vor dieser Gesetzesänderung schon umfasst und Arbeitgeber somit zum Handeln angehalten, doch haben **bis dahin nur etwa 20 % aller Unternehmen** eine Gefährdungsbeurteilung psychischer Belastung bei der Arbeit durchgeführt (BT-Drs. 17/9478).

B. Rechtliche Rahmenbedingungen der Gefährdungsbeurteilung

15   Der **Arbeitsschutz bildet die erste Säule** des Betrieblichen Gesundheitsmanagements und nimmt sowohl Arbeitgeber als auch Arbeitnehmer in die Pflicht.

Das ArbSchG setzt die europäische **Rahmenrichtlinie 89/391 EWG** über die „Durchführung von Maßnahmen zur Verbesserung der Sicherheit und des Gesundheitszustandes der Arbeitnehmer bei der Arbeit" um.

16   Konkretisiert werden die Vorgaben des ArbSchG hinsichtlich psychischer Belastung in der **DIN EN ISO 10075.** Hierbei handelt es sich um einen internationalen Standard, der die „Berücksichtigung des Stands der Technik" im Sinne des Art. 6 Abs. 2 der europäischen Rahmenrichtlinie 89/391/EWG näher beschreibt (*Prümper,* „Von der KFZA-Grobanalyse zur IPLV-Feinanalyse", personal manager, 2015). **Messbare Grenzwerte,** wie diese etwa für Lärm am Arbeitsplatz existieren, **gibt es bei psychischer Belastung jedoch nicht.**

17   Um Beschäftigte an Arbeitsplätzen vor Gefährdungen durch **Lärm** zu schützen, ist für Arbeitgeber die Lärm- und Vibrations-Arbeitsschutzverordnung (Lärm-VibrationsArbSchV) und die Verordnung zur arbeitsmedizinischen Vorsorge (ArbMedVV) maßgeblich. Auslösewerte von 80 bzw. 85 dB(A) für den Tages-Lärmexpositionspegel (LEX,8h) und an 135 bzw. 137 dB(C) für den C-bewerteten

Spitzenschalldruckpegel (LpCpeak) gekoppelt (BAuA, KAN-Bericht 08: http://www.baua.de/de/Themen-von-A-Z/Laerm-und-Akustik/Vorschriften.html). Werden diese Auslöswerte trotz Durchführung von Vorkehrungsmaßnahmen überschritten, ist den Beschäftigten persönlicher Gehörschutz zur Verfügung zu stellen bzw. dessen Anwendung sicher zu stellen (BAuA, KAN-Bericht 08: http://www.baua.de/de/Themen-von-A-Z/Laerm-und-Akustik/Vorschriften.html).

Für psychische Belastung gibt es solche Grenzwerte nicht. Wie sollte man psychische Grenzwerte auch messen? 18

I. Arbeitgeber

§§ 3, 4 ArbSchG verpflichten Arbeitgeber, die Arbeitsplätze ihrer Beschäftigten 19 so zu gestalten, dass eine **Gefährdung für** das Leben sowie die physische und **psychische Gesundheit möglichst vermieden** und die verbleibende Gefährdung **möglichst gering gehalten** wird.

Gemäß § 5 ArbSchG haben Arbeitgeber durch Gefährdungsbeurteilungen die 20 **Gefahrenquellen** sowie geeignete und erforderliche **Maßnahmen zur Gefahrenabwehr** zu **ermitteln.** Die Verpflichtung der Arbeitgeber zur Ermittlung der psychischen Belastung bei der Arbeit basiert (heute ausdrücklich) auf den §§ 3, 4 Nr. 1 und 5 Abs. 3 Nr. 6 ArbSchG.

Diese Normen regeln die Pflicht der Arbeitgeber zur Durchführung von Ge- 21 fährdungsbeurteilungen psychischer Belastung bei der Arbeit. Hinsichtlich der **Art und Weise der Durchführung** dieser Gefährdungsbeurteilung werden den Arbeitgebern jedoch vom Gesetzgeber **keinerlei Vorgaben** gemacht. Vielmehr hat der Gesetzgeber erkannt, dass bei der Durchführung dieser Gefährdungsbeurteilung auf die **Besonderheiten jedes einzelnen Unternehmens,** jeder einzelnen Unternehmenskultur Rücksicht genommen werden muss und nur eine individuell angepasste Gefährdungsbeurteilung psychischer Belastung letztlich den gewünschten Erfolg erzielen kann.

II. Beschäftigte

Nicht nur die Arbeitgeber werden im Rahmen des Arbeitschutzes **in die** 22 **Pflicht genommen.** Auch die **Beschäftigten** treffen, neben ihren Rechten, auch Pflichten. Auf der einen Seite können sie Vorschläge zum Gesundheitsschutz unterbreiten, gemäß **§ 17 ArbSchG,** und haben nach **§ 5 ArbSchG i. V. m. § 618 BGB** Anspruch auf Beurteilung der mit ihrer Beschäftigung verbundenen Gefährdung. Auf der anderen Seite normiert **§ 15 Abs. 1 ArbSchG,** dass Beschäftigte nach ihren Möglichkeiten für ihre Sicherheit und Gesundheit bei der Arbeit Sorge zu tragen haben. Ferner obliegt es den Beschäftigten, gemäß **§ 16 Abs. 1 ArbSchG,** dem Arbeitgeber **unverzüglich erhebliche Gefahren zu melden.** Damit wird Beschäftigten eine **Selbstverantwortung** auferlegt. Nicht alleine dem Arbeitgeber kann die Pflicht auferlegt werden, sich um die Gesundheit seiner Mitarbeiter zu kümmern. Denn solange die Beschäftigten sich nicht auch des enormen Stellenwertes ihrer Gesundheit und der Tatsache bewusst werden, dass Gesundheit durchaus auch **präventiver Pflege** und **Achtsamkeit** bedarf, solange können auch alle vom Arbeitgeber angebotenen Maßnahmen keinen vollen Erfolg erzielen. Dies gilt für die Gesundheit im Allgemeinen, aber **um so mehr im Hinblick auf die psychische Gesundheit** der Arbeitnehmer, da diese nicht nach au-

SystDarst A Systematische Darstellungen

ßen sichtbar in Erscheinung tritt und für Arbeitgeber **von außen** oftmals **nur schwer wahrnehmbar** ist, wie es um die Psyche seiner Mitarbeiter bestellt ist.

23   Letztlich versetzt erst die **Mitwirkung der Beschäftigten** den Arbeitgeber in die Lage, die in seinem Unternehmen befindliche psychische Belastung bei der Arbeit zu identifizieren und konsequenterweise Maßnahmen zu entwickeln, um die Gefährdung möglichst zu vermeiden bzw. die verbleibende Gefährdung möglichst gering zu halten.

III. Betriebsrat

24   Schließlich hat auch der **Betriebsrat** (ähnlich Regelungen existieren für Personalräte) Rechte und Pflichten (*Stück,* Gefährdungsbeurteilung psychischer Belastungen in Recht und Praxis, ArbRAktuell 2015 S. 517, 518 und *Hecht* in Kollmer/ Klindt/Schucht, 3. Aufl. Syst B). Im Hinblick auf die Gefährdungsbeurteilung psychischer Belastung bei der Arbeit sei explizit darauf hingewiesen, dass der Betriebsrat hinsichtlich der **Art und Weise der Durchführung** der Gefährdungsbeurteilung mitentscheiden kann: Stehen mehrere mögliche und gleich geeignete Maßnahmen zur Gefahrenabwehr zur Verfügung, erstreckt sich das Mitbestimmungsrecht des Betriebsrates auch auf die Auswahl der umzusetzenden Maßnahme (BAG 8.6.2004 – 1 ABR 13/03, ArbRB 2004 S. 336; *Kreizberg* in Kollmer/Klindt, ArbSchG, 2. Aufl. § 5 Rn. 72ff).

25   Wie vorstehend bereits dargelegt, gibt es **keinen „one best way"** für die Gefährdungsbeurteilung psychischer Belastung bei der Arbeit. Vielmehr steht jedem Arbeitgeber eine Vielzahl verschiedener Möglichkeiten zur Verfügung. Hier kann nun der Betriebsrat im Rahmen seines **Mitbestimmungsrechts eine entscheidende Rolle** spielen.

C. Allgemeine Informationen zur Gefährdungsbeurteilung psychischer Belastung bei der Arbeit

26   Mit den Regelungen im Arbeitsschutz stellt der Gesetzgeber einen **präventiven Ansatz** auf – die Belastungsfaktoren sollen **frühzeitig erkannt und minimiert** werden, so dass sie sich erst gar nicht belastend auf die einzelnen Beschäftigten auswirken können.

Gibt es nun Faktoren der täglichen Arbeit, die dazu geeignet sind, uns psychisch zu belasten? Und was ist mit „belasten" eigentlich gemeint?

I. Verhältnis- und Verhaltensprävention

27   Zu unterscheiden ist grundsätzlich zwischen der **Verhältnis- und der Verhaltensprävention.** Die Verhältnisprävention geht der Verhaltensprävention vor.

28   Die **Verhältnisprävention** zielt darauf ab, Gesundheitsrisiken, nämlich Belastungsfaktoren, die sich aus der Gestaltung der Arbeitswelt ergeben – wie zB aus den Arbeitsinhalten, der Arbeitsorganisation, den sozialen Beziehungen am Arbeitsplatz, der Arbeitsumgebung – zu beurteilen, zu kontrollieren, zu verringern und möglichst zu vermeiden. Die Verhältnisprävention **setzt also bei den Arbeitsbedingungen an** (*Lohman-Haislah,* Verhältnisprävention geht vor Verhaltensprävention, BAuA Aktuell 2/12 S. 6f.).

Die **Verhaltensprävention** hat demgegenüber nicht die gesamte Arbeitsumwelt im Fokus, sondern vielmehr den **einzelnen Arbeitnehmer,** wie zB bei Unterweisungen zur Arbeitssicherheit, Angeboten zur **Stressbewältigung** (Yoga-Kurs etc.) oder aber **Betriebssport** (Walking- und/oder Laufgruppen, Rückenschule etc.). Die Verhaltensprävention setzt somit bei der Vermeidung und Minimierung gesundheitsriskanter Verhaltensweisen bzw. Faktoren an und hat die Förderung von Gesundheitskompetenz und gesundheitsgerechtem Verhalten eines jeden Einzelnen zum Ziel (*Lohman-Haislah,* Verhältnisprävention geht vor Verhaltensprävention, BAuA Aktuell 2/12 S. 6f.). 29

II. DIN EN ISO 10075-1

In dieses System reihen sich letztlich auch die Begriffe der „**Belastung**" und „**Beanspruchung**" ein. Nach der DIN EN ISO 10075-1 werden als **psychische Belastung** „alle von außen kommenden Einflüsse bezeichnet, die auf den Menschen psychisch einwirken". Zu diesen Faktoren gehören unter anderem die Aufgabenanforderungen, die physikalischen Bedingungen sowie soziale, organisationale und gesellschaftliche Aspekte (*Richter/Schütte,* DIN EN ISO 10075-1 – Terminologie und Konzept, BAuA Aktuell 2/12 S. 6f.). Diese können **positiv oder aber negativ wirken.** Unter **psychischer Beanspruchung** wird die **unmittelbare Auswirkung** der psychischen Belastung im jeweiligen Beschäftigten verstanden. Je nach den **individuellen Eigenschaften,** Fähigkeiten, Fertigkeiten und dem **persönlichen Umgang** mit den jeweiligen Belastungen entsteht eine **positive oder negative Beanspruchung** (*Richter/Schütte,* DIN EN ISO 10075-1 – Terminologie und Konzept, BAuA Aktuell 2/12 S. 6f.). Jeder geht mit Belastungen anders um. Für den einen Beschäftigten fängt mit zB zeitlichem Stress der Spaß an der Arbeit erst richtig an. Erst jetzt läuft er zur Höchstform auf, wenn er fünf wichtige Aufgaben gleichzeitig und fristgerecht erledigen muss. Für den anderen Beschäftigten ist die Kombination aus konzentriertem Arbeiten an einem komplizierten Einzelfall und der Entgegennahme von regelmäßig eingehenden Telefonanrufen schon zu viel, und er fühlt sich über die Maße beansprucht. 30

Wird aus einer unmittelbaren, nicht langfristigen Auswirkung psychischer Belastung eine **anhaltende negative psychische Beanspruchung,** so birgt dies längerfristig Gesundheitsrisiken (*BAuA* (Hrsg.), Gefährdungsbeurteilung psychischer Belastung, Erfahrungen und Empfehlungen, 2014 S. 22). 31

III. Inhalte der Gefährdungsbeurteilung psychischer Belastung

Im Rahmen der Gefährdungsbeurteilung psychischer Belastung bei der Arbeit geht es, anders als viele Beschäftigte und sicherlich auch einige Arbeitgeber meinen, nicht darum, zu identifizieren, ob ein Mitarbeiter unter psychischen Problemen leidet oder gar unter welchen. 32

Es sollen **keine persönlichen Daten erhoben** und keine einzelnen Kollegen „beurteilt" werden. Vielmehr sollen **gefährdende Faktoren der Arbeitsumwelt festgestellt** und später Maßnahmen ergriffen werden können, um diese Gefährdungen zu minimieren oder im besten Fall sogar zu beseitigen. Damit befinden wir uns hier in der **Verhältnisprävention.**

Grundsätzlich lässt sich unsere Arbeitsumwelt in **vier Merkmalsbereiche** unterteilen, denen wiederum **verschiedene Belastungsfaktoren zugeordnet** wer- 33

SystDarst A Systematische Darstellungen

den (*BAuA* (Hrsg.), Gefährdungsbeurteilung psychischer Belastung, Erfahrungen und Empfehlungen, 2014 S. 30, 31):
- **Arbeitsinhalte/Arbeitsaufgaben:**
  - Vollständigkeit der Aufgabe,
  - Handlungsspielraum,
  - Abwechselungsreichtum,
  - Information/Informationsangebot,
  - Verantwortung,
  - Qualifikation,
  - Emotionale Inanspruchnahme;
- **Arbeitsorganisation:**
  - Arbeitszeit,
  - Arbeitsablauf (zB Zeitdruck, Unterbrechungen),
  - Kommunikation/Kooperation;
- **Soziale Beziehungen:**
  - zu den Kollegen,
  - zu den Vorgesetzten;
- **Arbeitsumgebung:**
  - Physikalische und chemische Faktoren,
  - Physische Faktoren,
  - Arbeitsplatz- und Informationsgestaltung,
  - Arbeitsmittel.

34 Sinnvoll erscheint es auch, einen **fünften Merkmalsbereich** hinzuzunehmen (Gemeinsame Deutsche Arbeitsschutzstrategie, Leitlinie Beratung und Überwachung bei psychischer Belastung am Arbeitsplatz, Stand: 24.9.2012, Nationale Arbeitsschutzkonferenz (Hrsg.), S. 22):
- **Neue Arbeitsformen:** diese Merkmale können für die Belastungssituation der Beschäftigten eine Rolle spielen, zB wenn die räumliche Mobilität oder die zeitliche Flexibilisierung, die verwischten Grenzen zwischen Arbeits- und Privatleben, negativ wirkt.

35 **Gefährdungen** können beispielsweise durch Arbeitsverdichtung (zB Personalabbau, Fehlzeiten, Mehrarbeit), Beschleunigung (zB Technisierung, Globalisierung sowie der daraus resultierende Wettbewerbsdruck führen zu immer kürzer werdenden Fristen), Entgrenzung (zB Trennlinien zwischen Arbeit und Freizeit verwischen), Flexibilisierung (zB Arbeitszeitmodelle), Subjektivierung (zB Anpassungsfähigkeit), Multitasking oder Arbeitsunterbrechungen entstehen.

Im Umkehrschluss geht es zudem darum festzustellen, welche **Faktoren** sich bei der täglichen Arbeit **positiv auf unsere Gesundheit auswirken** (positive Belastung). Dies kann zB die gute Zusammenarbeit mit Kollegen sein oder aber die Möglichkeit, sich seine Arbeit selbst einteilen und planen zu können.

D. Mögliche Methoden zur Durchführung einer Gefährdungsbeurteilung

36 Wie kann ein Unternehmen nun solche gefährdenden Faktoren in seinen Arbeitsabläufen, seiner Arbeitsumwelt identifizieren? Es bestehen **verschiedene Methoden,** ein Unternehmen zu beurteilen.

I. Verschiedene Methoden und Mindestanforderungen

Zum einen wurden **standardisierte Mitarbeiterbefragungen** entwickelt, sozusagen als „flächenübergreifendes arbeitspsychologisches Erfassungstool". Zum anderen haben sich **Beobachtungsinterviews, Beobachtungen der Arbeitsabläufe, moderierte Analyseworkshops** oder die **Analyse von vorhandenen Dokumenten** etabliert. Und letztlich ist auch eine Kombination der verschiedenen Methoden denkbar. **Es gibt keinen allgemeingültigen „one best way".** 37

Jede dieser Methoden hat naturgemäß ihre **Vor- und Nachteile** (Gefährdungsbeurteilung psychischer Belastung, Erfahrungen und Empfehlungen, BAuA (Hrsg.), 2014, S. 59, 60, 70, 71, 79, 80; UVB Broschüre: Was stresst? Gefährdungsbeurteilung psychische Belastung – Eine Handlungshilfe, 2. Aufl., 2015): 38

Die **Vorteile** der Verwendung von **standardisierten Fragebögen** bestehen zB darin, dass (a) der Zeitaufwand für die Datenerhebung gering ist, (b) eine Vielzahl von potentiellen Gefährdungen abgefragt werden kann, (c) **viele Beschäftigte erreicht** und einbezogen werden können und (d) in der Regel **viele Vergleichsmöglichkeiten** bestehen, zB zwischen den einzelnen befragten Untersuchungsgruppen oder aber mit Referenzdaten ähnlicher Unternehmen. Auf der anderen Seite bestehen aber auch Gründe, die **gegen eine Verwendung von Fragebögen** sprechen. Insbesondere wenn bereits kürzlich oder aber mehrfach Mitarbeiterbefragungen durchgeführt wurden, kann eine **gewisse Skepsis** und Resignation bei den Beschäftigten bestehen. Zudem liefern Fragebögen **nur einen groben Überblick** darüber, wo Gefährdungen liegen können. Diese Ergebnisse müssen, bevor gehandelt werden kann, zunächst analysiert und interpretiert werden. Erst dann ist es möglich, Maßnahmen zu erarbeiten und umzusetzen. Auch lassen sich Fragebögen **in kleinen Betrieben nicht sinnvoll** einsetzen. Für eine sinnvolle Auswertung müssen grds. Arbeitsbereiche zusammengefasst werden. Ausgewertet werden kann aus datenschutzrechtlicher Sicht aber erst ab einer Gruppe von fünf Mitarbeitern. Zur Wahrung der Datenschutzgrenzen müssten hier im Kleinbetrieb demnach unterschiedliche Arbeitsbereiche bzw. Tätigkeiten zusammengefasst werden, die sich nicht vergleichen lassen. Die so gewonnen Ergebnisse wären nicht sinnvoll zu interpretieren. 39

Ein wesentlicher **Vorteil** eines **Beobachtungsinterviews** liegt darin, dass es grds. an jedem Arbeitsplatz durchgeführt werden kann. Diese Interviews bedürfen aber in jedem Fall geschulter Experten. Die Experten sind in der Lage, aus den Beobachtungen und Befragungen eindeutige und verlässliche Ergebnisse zu ziehen sowie psychische Belastung objektiv zu erfassen. Bei Beobachtungsinterviews werden jedoch **nicht alle Beschäftigten erreicht**. Zudem besteht die **Möglichkeit einer Verfälschung,** und der **Aufwand** sowie die **Kosten** sind höher als bei anderen Methoden. 40

Unabhängig von der Wahl der Methode, ist es wichtig, dass die Gefährdungsbeurteilung psychischer Belastung bei der Arbeit **bestimmte Mindestanforderungen** erfüllt, die die Bundesanstalt für Arbeitsschutz und Arbeitsmedizin (BAuA) im Rahmen eines **Forschungsprojekts** (Projekt F 1865, S. 116f.) herausgearbeitet hat und im Einzelnen näher beschreibt. An dieser Stelle sollen nur die wichtigsten Eckpunkte benannt werden: (a) Die Gefährdungsbeurteilung soll auf **fundierten Theorien** über den Zusammenhang von Arbeitsmerkmalen und psychischer Gesundheit basieren. Als Orientierung sollte hier die DIN EN ISO 10075-1 dienen. (b) Sie muss sich **empirisch erprobter Methoden** bedienen. Es sollen also zB keine selbstentworfenen Mitarbeiterbefragungen verwendet werden. (c) Schließlich 41 soll die Gefährdungsbeurteilung **objektive und subjektive Verfahren** kombinieren.

II. Die verschiedenen Fragebögen

42 Auf dem Markt ist derzeit eine **Vielzahl von Fragebögen** zu finden. Von kurzen Fragebögen mit 19 Fragen und übersichtlichen Antwortmöglichkeiten („eher ja" bzw. „eher nein"), über etwas längere Fragebögen mit differenzierteren Antwortmöglichkeiten (fünf Varianten von „sehr wenig", über „etwas" bis zu „sehr viel") bis hin zu sehr ausführlichen Fragebögen mit zwischen ca. 70 und 87 Fragen sowie differenzierten Antwortmöglichkeiten. Als Beispiele seien hier genannt: (a) Prüfliste der Unfallversicherung Bund und Bahn (UVB); (b) KFZA-Grobanalyse, entwickelt von Professor Dr. Jochen Prümper und Kollegen (*Prümper/Hartmannsgruber/Frese*, 1995, Zeitschrift für Arbeits- und Organisationspsychologie, 39, 125–132; weiter entwickelt durch *Prümper*, 2009, Handbuch wirtschaftspsychologischer Testverfahren, Band 2, Organisationspsychologische Instrumente); (c) Salutogenetische Subjektive Arbeitsanalyse, der „SALSA-Fragebogen", entwickelt von Martin Rimann und Ivars Udris (Eidgenössische Technische Hochschule Zürich, Institut für Arbeitspsychologie 1997) und (d) Copenhagen Psychosocial Questionaire, der „COPSOQ-Fragebogen", ursprünglich entwickelt in Dänemark.

43 Soll ein Fragebogen eingesetzt werden, gilt es, aus diesen vielen verschiedenen bestehenden Modellen **einen auszuwählen, der am besten auf die Besonderheiten der jeweiligen Organisation zugeschnitten ist** und den Arbeitgebern möglichst effektive Ergebnisse liefert, um die Arbeit für alle Mitarbeiter so weit wie möglich gefährdungsfrei zu gestalten. Nicht nur der Inhalt der Fragebögen kann variieren, sondern auch deren Praktikabilität für das jeweilige Unternehmen.

III. Ohne die Beteiligung der Beschäftigten geht es nicht!

44 Dabei ist es wichtig, **so viele Mitarbeiter wie möglich** zu erreichen. Je mehr Mitarbeiter sich an den geplanten Maßnahmen beteiligen, desto aussagekräftiger ist das Ergebnis. Ein wichtiger Aspekt, der die Entscheidung der Mitarbeiter für eine Teilnahme positiv beeinflussen kann, ist die Sicherheit, dass die Beurteilung **anonym** durchgeführt wird. „Am Ende des Tages" sollte im Unternehmen keiner sagen können, welcher Mitarbeiter im Rahmen der durchgeführten Gefährdungsbeurteilung welchen Input geliefert hat, es sollte aber ein greifbares Ergebnis vorliegen. Daneben führt auch eine offene und stete Kommunikation, ein **reger Informationsfluss in Richtung Beschäftigte,** dazu, ihr Vertrauen und ihre Mitwirkung zu gewinnen.

IV. Begleitung durch externe Experten

45 Die **Anonymität** kann durch verschiedene Maßnahmen realisiert werden. Die Möglichkeit, Fragebögen **anonym auszufüllen** und in einen **allgemein zugänglichen verschlossenen (zB Brief-) Kasten** einwerfen zu können, ist sicherlich eine. Eine noch bessere ist der **Einsatz externer qualifizierter Experten.** Anonym ausgefüllte Fragebögen können so zB in einem Rücksendekuvert direkt an die externen Experten versandt werden. Oder aber die Experten können eine **anonyme Onlinebefragung** über ihr eigenes Internetportal durchführen. Der **Arbeitgeber erhält** so in jedem Fall **keinen einzigen Fragebogen, sondern nur die von den Experten vorgenommene Auswertung.**

Der Einsatz externer qualifizierter Experten hat zudem einen weiteren positiven 46
Aspekt: er zeigt den Mitarbeitern deutlich, dass **es der Arbeitgeber ernst meint:**
Dass der Arbeitgeber wirklich vorhat, Belastungen zu identifizieren und entsprechende Maßnahmen zu ergreifen, um die negativ wirkenden Belastungen zu minimieren oder gar zu beseitigen. Denn der Einsatz externer Experten ist **kostspielig.**
Und ist ein Arbeitgeber bereit, einen nicht unerheblichen Geldbetrag in die Hand zu nehmen, dann spricht dies dafür, dass ihm die Gesundheit seiner Beschäftigten wichtig ist.

Für einen effektiven Prozess ist dabei durchaus auf die Expertise der Experten, 47
insbesondere auf dem Sektor, in dem das betroffene Unternehmen tätig ist, zu achten. Neben der **Anonymität** sollte auch ein hohes Maß an **Professionalität, Qualität** und **Nachhaltigkeit** gewährleistet sein.

Der Einsatz externer Experten ist selbstverständlich kein „Muss". Ein Betrieb 48
kann sich beispielsweise auch von der jeweiligen **Aufsichtsperson** der (zuständigen) Berufsgenossenschaft beraten lassen oder die Gefährdungsbeurteilung psychischer Belastung bei der Arbeit selbst durchführen, zB kann die **Fachkraft für Arbeitssicherheit** die Fragebögen selbst auswerten (zB wenn die Prüfliste der UVB verwendet wird, vgl. auch Praxisbeispiel in *BAuA* (Hrsg.), „Gefährdungsbeurteilung psychische Belastung, Erfahrungen und Empfehlungen", 2014, S. 248).

V. Gefährdungsbeurteilung als geschlossener Kreislauf

Last but not least gilt, dass die Gefährdungsbeurteilung ein **steter Kreislauf** ist, 49
ein Zyklus, der sich **regelmäßig wiederholt.** Sie soll den Arbeitgebern stetig helfen, die tägliche Arbeit so zu gestalten, dass die Mitarbeiter so wenig wie möglich belastet werden. Immerhin **verändern sich nicht nur unsere Arbeitsbedingungen ständig,** sondern auch die Belastungen, die damit einhergehen können.

E. Beispiel zur Einführung einer Gefährdungsbeurteilung psychischer Belastung bei der Arbeit

Ein bayernweit tätiges Unternehmen mit ca. **3000 Beschäftigten an sechs** 50
Standorten möchte gerne eine Gefährdungsbeurteilung psychischer Belastung bei der Arbeit einführen. Um den Prozess möglichst effektiv zu steuern und eine möglichst passgenaue Vorgehensweise zu finden, wurde eine **Projektgruppe** mit Mitgliedern aus allen sechs Standorten sowie aus den verschiedenen Abteilungen und einem Vertreter der **Gesamtinteressenvertretung** ins Leben gerufen.

I. Die Aufgabe der Projektgruppe

Die Arbeit der Projektgruppe zielt darauf ab, ein **Vorgehen festzulegen,** mit 51
dem gefährdende Faktoren der täglichen Arbeit festgestellt und später Maßnahmen ergriffen werden können, um diese möglichen Gefährdungen zu minimieren oder im besten Fall sogar zu beseitigen.

Wie wollen die Mitglieder der Projektgruppe dies machen? Diese Frage stellt sich völlig zu recht.

Grundsätzlich wäre es zwar durchaus möglich, eine Gefährdungsbeurteilung 52
psychischer Belastung bei der Arbeit rein intern mit standardisierten Fragebögen durchzuführen und auszuwerten (UVB Broschüre: Was stresst? Gefährdungsbeur-

teilung psychische Belastung – Eine Handlungshilfe, 2. Aufl., 2015). Doch ist dem betroffenen Arbeitgeber bewusst, dass dies in seinem recht großen Unternehmen **mit den vorhandenen Kapazitäten nicht zu stemmen** wäre und der **Einsatz externer Experten diverse Vorteile** mit sich bringt. Die Projektgruppe soll somit die gefährdenden Faktoren nicht selbst identifizieren. Ihre Aufgabe ist es vielmehr, aus vielen verschiedenen Methoden eine auszuwählen, die am besten auf die Besonderheiten der Organisation zugeschnitten ist.

II. Wahl der passgenauen Methode im Einzelfall

53 Wie soll nun die Gefährdungsbeurteilung vorgenommen werden? Durch Fragebögen oder Beobachtungsinterviews? Können Beobachtungsinterviews das Ergebnis nicht ggf. verfälschen, weil sich der beobachtete Mitarbeiter anders verhalten könnte? Wie viele Beobachtungsinterviews müssten durchgeführt werden, um ein repräsentatives Ergebnis zu bekommen? Sind die Kosten hierfür letztlich nicht recht hoch?

54 Sicherlich, da waren sich die Mitglieder der Projektgruppe einig, bei **Beobachtungsinterviews** würden nicht alle Beschäftigten erreicht werden, die Möglichkeit einer Verfälschung bestünde, und die Kosten wären wohl auch recht hoch.

Wenn aber nun ein **Fragebogen eingesetzt** und dieser von allen bzw. einem Großteil der Beschäftigten auch tatsächlich ausgefüllt würde? Die Beantwortung dieser Frage hängt letztlich wohl in erster Linie von der Struktur des jeweiligen Unternehmens ab und davon, welcher Fragebogen ausgewählt wird. Geht man davon aus, dass ca. **60 bis 80 % der Beschäftigten** den gewählten Fragebogen ausfüllen, so bietet er in jedem Fall die effektivste und kostengünstigste Möglichkeit, sich einen **ersten Überblick zu verschaffen** und herauszukristallisieren, wo Belastungen vorhanden sind bzw. sein können.

III. Wahl des optimalen Fragebogens im Einzelfall

55 Für **welchen Fragebogen** soll man sich nun entscheiden? Den **ausführlichen**, weil diesem **differenziertere Erkenntnisse** entnommen werden können? Oder würde einen so langen Fragebogen erst gar kein Mitarbeiter ausfüllen? In dem betroffenen Unternehmen sind die Mitarbeiter akut Arbeitsverdichtung, Personalabbau, strukturellen und technischen Veränderungen ausgesetzt. Die **fehlende Zeit** ist immer wieder Thema. Daher macht es hier aus der Sicht der Projektgruppe keinen Sinn, einen langen Fragebogen zu verwenden. Auch die Tatsache, dass zwischen mehreren, nämlich fünf, Antwortmöglichkeiten ausgewählt werden kann, wird als eher abschreckend, zumindest aus Sicht eines Großteils der Beschäftigten, beurteilt. Daher entscheidet sich die Projektgruppe für einen **kurzen Fragebogen mit übersichtlichen Antwortmöglichkeiten.** Dies auch in dem Bewusstsein, dass es notwendig sein wird, die eine oder andere **Frage auf die Besonderheiten der Organisation anzupassen.** Dabei ist der Projektgruppe ferner bewusst, dass ausführlichere Fragebögen differenziertere Erkenntnismöglichkeiten liefern können, als dies ein kurzer Fragebogen kann. Nichtsdestotrotz ist letztlich die **Anzahl der ausgefüllten Fragebögen** in den Augen der Projektgruppe ausschlaggebend, und diese wird nach Einschätzung der Projektgruppe bei einem kurzen Fragebogen höher sein als bei einem längeren oder sehr langen. Daher wiegt dieses Kriterium in der Waagschale vorliegend schwerer.

56 Um die Fragebögen sinnvoll einsetzen zu können, sollten die **Mitarbeiter in Gruppen eingeteilt** werden. Die verschiedenen **Untersuchungsgruppen** kön-

nen anhand von den vorstehend benannten **Belastungsfaktoren** zB nach Qualifikationsebenen bzw. Positionen im Unternehmen, nach Zugehörigkeiten zu einer Abteilung bzw. einem Team, nach Arbeitsplatz auf der Süd- oder der Nordseite des Gebäudes, nach Arbeitsplatz mit Lärmbelästigung, nach Arbeit in besonders sensiblen Bereichen etc. unterteilt werden.

Bei der Verwendung von Fragebögen sind ferner zwei Kriterien wichtig und im Voraus festzulegen. Zum einen ist die **Mindestanzahl der ausgefüllten Fragebögen pro Untersuchungsgruppe** festzulegen, damit in der jeweiligen Gruppe eine Auswertung stattfinden kann. Wie viele Fragebögen müssen ausgefüllt werden, damit die Anonymität der Mitarbeiter noch gewahrt werden kann? Erfahrungswerte der UVB zeigen, dass dies bei **fünf ausgefüllten Fragebögen** der Fall ist (UVB Broschüre: Was stresst? Gefährdungsbeurteilung psychische Belastung – Eine Handlungshilfe, 2. Aufl., 2015). Zum anderen ist festzulegen, **wann der Arbeitgeber aktiv werden möchte**. Wie groß muss der Anteil der Beschäftigten sein, der die jeweilige Belastung empfindet, damit weitere Maßnahmen eingeleitet werden? Grundsätzlich kann jedes Unternehmen diesen Grenzwert frei wählen. Wichtig ist nur, dass der Grenzwert über alle Untersuchungsgruppen hinaus beibehalten wird (UVB Broschüre: Was stresst? Gefährdungsbeurteilung psychische Belastung – Eine Handlungshilfe, 2. Aufl., 2015). Die Grenze soll vorliegend bei **50 %** gesetzt werden.

IV. Auswertung der Umfrage und weiterführender Prozess

Die Auswertung dieser Umfrage wird **erste Erkenntnisse** bringen, in welchen Bereichen der Arbeitsumwelt eine negativ wirkende psychische Belastung von den Beschäftigten gesehen wird. Hier sollte genauer hingeschaut werden, aber wie? Durch Beobachtungsinterviews? Oder sollten eher moderierte Analyseworkshops durchgeführt werden? Sicherlich ist dies auch eine Geschmackssache, und **jede Methode hat ihre Vor- und Nachteile**. Es gibt eben (auch an dieser Stelle) keinen „one best way". Im vorliegenden Beispiel entscheidet sich die Projektgruppe für die Methode der moderierten **Analyse- und Mitarbeiterworkshops**. Auf diese Art und Weise ist es nicht nur möglich, die anhand des Fragebogens ermittelte negativ wirkende **Belastung zu validieren und weiter zu analysieren,** sondern auch für die und mit den betroffenen Mitarbeitern **passgenaue Maßnahmen zu entwickeln.** Als positiver Nebeneffekt fördert diese Methode unter anderem den **Erfahrungsaustausch** sowie das **gegenseitige Verständnis zwischen Mitarbeitern und/oder Führungskräften** und vertieft bei allen Betroffenen das Verständnis für die betriebliche Situation (Gefährdungsbeurteilung psychischer Belastung, Erfahrungen und Empfehlungen, BAuA (Hrsg.), 2014 S. 79).

Die so entwickelten **Maßnahmen** müssen schließlich **in die Tat umgesetzt** und deren **Wirksamkeit über einen gewissen Zeitraum kontrolliert** werden.

Dieser gesamte Prozess soll bei dem hier betroffenen Unternehmen mit **Unterstützung der externen Experten** erfolgen. Es bietet sich somit an, neben der Beauftragung der Experten für die Durchführung und Auswertung der Fragebögen, mit diesen einen Rahmenvertrag für die Entwicklung, Umsetzung und Wirksamkeitskontrolle der Maßnahmen über einen Zeitraum von beispielsweise zwei bis drei Jahren abzuschließen.

Nicht nur der Projektgruppe, auch dem Arbeitgeber ist durchaus bewusst, dass seine Pflicht hier nicht endet. Vielmehr wird sich dieser **gesamte Prozess in regelmäßigen Abständen wiederholen.**

SystDarst A

V. Vertrauen der Beschäftigten gewinnen

60 Ein wesentlicher Aspekt des Erfolges einer jeden Gefährdungsbeurteilung psychischer Belastung bei der Arbeit ist die **Akzeptanz bei den Beschäftigten.** Je mehr Mitarbeiter die Fragebögen ausfüllen, desto aussagekräftiger ist das Ergebnis. Und je aussagekräftiger das Ergebnis, desto effektiver ist der Prozess. Was aber fördert die Akzeptanz bei den Beschäftigten? Stehen diese nicht schon dem Begriff „psychische Belastung" skeptisch und ablehnend gegenüber? In vielen Fällen wird letzteres der Fall sein. Die Beschäftigten befürchten regelmäßig, der Arbeitgeber wolle nicht die Belastung, sondern die Beanspruchung oder gar die Folgen der Beanspruchung ermitteln. Daher ist es unabdingbar, die Beschäftigten **frühzeitig, wiederkehrend, anschaulich und transparent über den Inhalt sowie die Ziele der Gefährdungsbeurteilung psychischer Belastung bei der Arbeit zu informieren.** Die Projektgruppe entscheidet sich dafür, ein in sich stimmiges, gut verständliches und ansprechendes Kommunikationskonzept zu entwerfen. Die **Kommunikation soll auf allen Wegen** erfolgen, über das Intranet, im Rahmen von Betriebsversammlungen, durch **spezielle Präsentationen** der Unternehmens- und Projektgruppenleitung an allen sechs Standorten, durch eine Art **anonymen Kummerkasten,** der im Vorfeld die Möglichkeit für Fragen eröffnet, und letztlich auch durch eine **Vorstellungsrunde der externen Experten** an allen Standorten des Unternehmens.

F. Individuelle personenbezogene Gefährdungsbeurteilung psychischer Belastung bei der Arbeit?

61 Wie vorstehend ausführlich dargelegt, bezieht sich die Gefährdungsbeurteilung psychischer Belastung bei der Arbeit **nicht auf eine bestimmte Person,** einen individuellen Beschäftigten, sondern auf die Arbeitsumwelt an sich. Die Beurteilung wird **tätigkeitsbezogen und arbeitsbereichsbezogen** durchgeführt. Personenbezogene Merkmale spielen dabei nur selten eine Rolle (der ein oder andere Fragebogen geht in vereinzelten Fragen darauf ein).

I. Personenbezogene Gefährdungsbeurteilung

62 Generell wird eine Gefährdungsbeurteilung **nur in seltenen Fällen individuell und an einem Arbeitsplatz** mit Bezug zu einem bestimmten Mitarbeiter durchgeführt (*Kreizberg* in Kollmer/Klindt, 2. Aufl. § 5 Rn. 64). Dies ist zB bei **werdenden oder stillende Müttern, Jugendlichen oder aber Auszubildenden** gesetzlich vorgesehen (Berufsgenossenschaft für Gesundheit und Wohlfahrtspflege (BWG), Gefährdungsbeurteilung in der Pflege, Stand 03/2014 S. 10). Für andere Personengruppen, wie zB **schwerbehinderte oder behinderte Menschen, Allergiker,** ist es ratsam, eine solche Gefährdungsbeurteilung durchzuführen (*Berufsgenossenschaft für Gesundheit und Wohlfahrtspflege* (BWG), Gefährdungsbeurteilung in der Pflege, Stand 03/2014 S. 10).

63 Der Unterschied der **personenbezogenen Gefährdungsbeurteilung** zur tätigkeitsbezogenen oder arbeitsbereichsbezogenen Gefährdungsbeurteilung liegt darin, dass „mögliche Kombinationen von Gefährdungen/Belastungen beim Zusammenwirken verschiedener Tätigkeiten sowie Mehrfachbelastungen erfasst werden"

Kreizberg → § 5 Rn. 64). Zudem finden personenbezogene Kriterien, wie zB das Alter, das Geschlecht, die Qualifikation Berücksichtigung (*Kreizberg* → § 5 Rn. 64).

II. Individuelle personenbezogene Gefährdungsbeurteilung

Allerdings wird auch in diesen Fällen der personenbezogenen Gefährdungsbeurteilung grds. keine umfassende individualspezifische Gefährdungsbeurteilung durchgeführt.

Die **Voraussetzungen und Fähigkeiten des Einzelnen** – dessen Einstellung, 64 Selbstvertrauen, Alter, Erfahrungen, Bewältigungsstrategien etc. – finden, insbesondere bei der Gefährdungsbeurteilung psychischer Belastung bei der Arbeit, aber auch hier keine vollumfassende Berücksichtigung. Genauso wenig wie die **individuelle Arbeitsfähigkeit,** die sich aus Eckpunkten wie der individuellen Gesundheit, den individuellen Werten und Normen, den individuellen Fähigkeiten und Fertigkeiten im Zusammenspiel mit den konkreten Arbeitsanforderungen (wie zB Arbeitsinhalte, Arbeitsmittel, Arbeitsumgebung, soziales Arbeitsumfeld, Führung) darstellt, betrachtet wird (vgl. hierzu auch *Prümper/Richenhagen*, 2011, Von der Arbeitsunfähigkeit zum Haus der Arbeitsfähigkeit. Der Work Ability Index und seine Anwendung. In Seyfried (Hrsg.), Ältere Beschäftigte: Zu jung, um alt zu sein. Konzepte – Forschungsergebnisse – Instrumente (S. 135–146). Bielefeld: Bertelsmann.). Lediglich die Datenerhebung findet detaillierter und auf eine „so zu sagen" andere Art und Weise statt.

Würde nun eine **individualspezifische personenbezogene Gefährdungs-** 65 **beurteilung** durchgeführt werden, also die Situation des einzelnen Beschäftigten, wie zB seine Gesundheit, seine innere Einstellung und seine Fähigkeiten, vollumfänglich berücksichtigt werden, was wäre dann?

Grds. werden von einer Gefährdungsbeurteilung psychischer Belastung bei der Arbeit nur die Faktoren betrachtet, die bei der Mehrzahl der Beschäftigten und in aller Regel (positiv oder negativ) belastend wirken. Dabei bleiben die Voraussetzungen, die der einzelne mitbringt, unberücksichtigt. Und so kann es durchaus sein, dass – trotz einer durchgeführten Gefährdungsbeurteilung psychischer Belastung bei der Arbeit – an einem konkreten Arbeitsplatz weiterhin Faktoren vorhanden sind, die den einzelnen Beschäftigten negativ belasten. Nachdem die Gefährdungsbeurteilung ein präventives Instrument ist, das der Minimierung oder aber sogar Vermeidung von Belastung dient, könnte es noch effektiver eingesetzt werden. Durch eine individuelle personenbezogene Gefährdungsbeurteilung psychischer Belastung bei der Arbeit könnte die Belastung **passgenau für jeden Beschäftigten** ermittelt und minimiert oder sogar vermieden werden. Und dies schon zu einem Zeitpunkt, an dem es (im besten Fall) noch nicht zu einer negativen Beanspruchung oder gar einer psychischen Störung, wie zB einer Depression, gekommen ist.

Zu berücksichtigen ist dabei jedoch, dass es **für einen Arbeitgeber nicht ohne** 66 **weiteres möglich ist, jeden einzelnen Arbeitsplatz zu analysieren** und Maßnahmen zur Anpassung der jeweiligen Arbeitsplätze zu entwickeln. Möglicherweise wäre es aber denkbar, dass Arbeitgeber **besonders schutzbedürftige Beschäftigte ermitteln,** um deren Arbeitsplätze dann im Rahmen einer **individuellen personenbezogenen Gefährdungsbeurteilung psychischer Belastung bei der Arbeit** genauer zu betrachten. Die Ermittlung dieser Beschäftigtengruppe kann zB durch eine spezifische Befragung erfolgen, der **Work Ability Index-Befragung** (Arbeitsbewältigungsindex; entwickelt in Finnland). Dieses Verfahren ermöglicht es dem Arbeitgeber, **die Arbeitsfähigkeit von Erwerbspersonen fest-**

zustellen und diese sowie deren Gesundheit im Allgemeinen zu fördern (*Prümper/Richenhagen*, Von der Arbeitsunfähigkeit zum Haus der Arbeitsfähigkeit. Der Work Ability Index und seine Anwendung. In Seyfried (Hrsg.), Ältere Beschäftigte: Zu jung, um alt zu sein. Konzepte – Forschungsergebnisse – Instrumente (2011, S. 135–146). Der WAI ermöglicht es, durch verschiedene Fragen, die die Aspekte der Arbeitsfähigkeit berücksichtigen, dem einzelnen Beschäftigten zu zeigen, wie hoch seine eigene **Fähigkeit** eingeschätzt wird, die **bestehenden Arbeitsanforderungen zu bewältigen** (*Prümper*, 2012. Herausforderung demografischer Wandel: Von der Arbeitsunfähigkeit zum Haus der Arbeitsfähigkeit. In: L. von Rosenstiel, E. von Hornstein & S. Augustin (Hrsg.), Change Management-Praxisfälle: Veränderungsschwerpunkte Organisation, Team, Individuum (S. 233–253). Heidelberg: Springer).

67 Es ist aber auch durchaus denkbar, dass nicht alle Beschäftigten sich auf eine solche Art und Weise analysieren lassen möchten, zB weil sie negative Folgen befürchten und ihnen das nötige Vertrauen in den Arbeitgeber oder die internen Abläufe fehlt. Ohne das **Vertrauen der Beschäftigten,** deren Einverständnis und deren ehrliche Angaben im Fragebogen, ist eine derartige Vorgehensweise jedoch weder sinnvoll noch möglich.

III. Weitere gesetzliche präventive Ansätze

68 Gesetzlich gibt es zudem andere präventive Instrumente, die allerdings **nicht zwingend zu einem solch frühen Zeitpunkt einsetzten,** wie es die Gefährdungsbeurteilung tut. Natürlich können aber auch diese Instrumente nur dann **sinnvoll und erfolgreich eingesetzt** werden, wenn die **Beschäftigten im Einzelfall mitwirken.** Auch hier gilt: Ohne ein – wie auch immer geartetes – Vertrauen des jeweiligen Beschäftigten und ehrliche Angaben über seine konkrete Situation ist eine Beseitigung der (gesundheitlichen) Schwierigkeiten und die Sicherung des Beschäftigungsverhältnisses nicht möglich.

69 § 84 Abs. 1 SGB IX normiert ein **Präventionsverfahren für schwerbehinderte Beschäftigte.** Der Arbeitgeber ist verpflichtet, beim Eintreten von personen-, verhaltens- oder betriebsbedingten Schwierigkeiten im Arbeitsverhältnis, die zur Gefährdung dieses Verhältnisses führen können, **möglichst frühzeitig das Integrationsamt einzuschalten,** um alle Möglichkeiten und alle zur Verfügung stehenden Hilfen zur Beseitigung der Schwierigkeiten zu nutzen, u. a. auch die Möglichkeit der Inanspruchnahme öffentlicher Leistungen.

70 Daneben verpflichtet § 84 Abs. 2 SGB IX den Arbeitgeber zur Durchführung eines **BEM,** wenn der betroffene Mitarbeiter innerhalb eines Jahres **länger als sechs Wochen ununterbrochen oder wiederholt arbeitsunfähig fehlt.** Anders als die anderen Normen des SGB IX gilt § 84 Abs. 2 SGB IX nicht nur für schwerbehinderte Menschen, sondern für **alle Beschäftigten** (BAG v. 12.7.2007, NZA 2008, 173; BAG v. 24.3.2011, NZA 2011, 992).

Die Voraussetzungen des § 84 Abs. 2 SGB IX können im Einzelfall schon bei Vorliegen einer negativen Beanspruchung eintreten und werden regelmäßig immer dann vorliegen, wenn sich eine psychische Störung etabliert hat.

71 **1. Das Präventionsverfahren im Vergleich zur Gefährdungsbeurteilung psychischer Belastung bei der Arbeit.** Zu klären gilt es bei **personenbedingten Schwierigkeiten,** ob der betroffene schwerbehinderte Mensch noch in der Lage ist, eine relevante Arbeitsleistung zu erbringen.

Voraussetzung des § 84 Abs. 1 SGB IX ist, dass sich die **personenbedingte Schwierigkeiten im Arbeitsalltag herauskristallisieren.** Sie müssen für den Arbeitgeber erkennbar sein.

Dies wird in der Regel dann der Fall sein, wenn mehr als eine psychische Belastung vorliegt, nämlich eine **negative Beanspruchung.** Eine Erkrankung – psychische Störung – wird nicht zwingend vorliegen müssen.

Anders als die Gefährdungsbeurteilung psychischer Belastung bei der Arbeit 72 greift das Präventionsverfahren jedoch erst, **wenn sich die psychische Belastung bereits ausgewirkt hat.** Es dient nicht dazu, die Belastungen zu identifizieren und zu minimieren oder zu vermeiden, um so schon die Entstehung von negativen Beanspruchungen zu vermeiden.

2. Das BEM im Vergleich zur Gefährdungsbeurteilung psychischer Be- 73 **lastung bei der Arbeit.** Das BEM bildet den **zweiten Pfeiler des Betrieblichen Gesundheitsmanagements** und zielt, anders als der Arbeitsschutz, auf den jeweils betroffene Mitarbeiter ab.

a) Das BEM. Die Pflicht zur Durchführung eines BEM trifft den **Arbeitgeber** 74 **unabhängig von der Größe** des Betriebes (*Rolfs* in Erfurter Kommentar zum Arbeitsrecht, 16. Aufl. 2016 § 84 Rn. 4).

Vom Arbeitgeber sind dabei **bestimmte Mindeststandards** einzuhalten: (a) er hat alle vorgesehenen Stellen, Ämter und Personen zu beteiligen, und (b) alle erdenklichen Anpassungs- und Änderungsmöglichkeiten sowie von den Beteiligten des BEM eingebrachten Vorschläge müssen sachlich erörtert und dürfen nicht von vornherein ausgeschlossen werden (BAG 10.12.2009 – 2 AZR 400/08). Schließlich ist der Arbeitgeber verpflichtet, die im Rahmen des BEM-Verfahrens empfohlene Maßnahme umzusetzen (BAG 10.12.2009 – 2 AZR 400/08).

Alle Beteiligten am jeweiligen BEM-Verfahren zählen zum **BEM-Team.** Im 75 Rahmen von zB Betriebsvereinbarungen kann ein festes BEM-Team etabliert werden.

Das BEM konkretisiert den im Arbeitsrecht geltenden **Verhältnismäßigkeitsgrundsatz** (BAG, 24.3.2011 – 2 AZR 170/10, NZA-RR, 2011, S. 992, 994).

Ziel eines BEM-Verfahrens ist es, ein **milderes Mittel zur Kündigung zu finden.** Natürlich wird dieses Ziel nicht in jedem Einzelfall auch tatsächlich erreicht.

Den Arbeitnehmer trifft im BEM-Verfahren **keine Mitwirkungspflicht.** Ei- 76 nigkeit besteht aber darüber, dass ein BEM nur dann effektiv und im besten Fall erfolgreich vom Arbeitgeber betrieben werden kann, wenn sich der betroffene Mitarbeiter am Verfahren beteiligt und den erforderlichen Maßnahmen offen gegenüber steht.

Ein **unterlassenes oder nicht ordnungsgemäß durchgeführtes BEM** führt 77 nicht automatisch zur Unwirksamkeit einer personenbedingten Kündigung (*Schunder,* Kündigung wegen Krankheit, NZA Beilage 2015, S. 90). Es wirkt sich aber auf die Darlegungs- und Beweislast des Arbeitgebers im Kündigungsschutzprozess aus (*Schunder,* Kündigung wegen Krankheit, NZA Beilage 2015, S. 90).

b) Die Unterschiede zur Gefährdungsbeurteilung. Bereits diese Ausfüh- 78 rungen zeigen, dass das BEM, anders als die Gefährdungsbeurteilung psychischer Belastung bei der Arbeit, **nicht der allgemeinen Analyse der Arbeitsumwelt dient.** Es sollen nicht, wie dies bei einer Gefährdungsbeurteilung psychischer Belastung bei der Arbeit der Fall ist, belastende Faktoren der gesamten Arbeitsumwelt identifiziert werden.

SystDarst A

Vielmehr zielt das BEM darauf ab, die **belastenden Faktoren am konkreten Arbeitsplatz des jeweils individuell betroffenen Mitarbeiters** zu identifizieren, zu analysieren und den Arbeitsplatz so anzupassen, dass er möglichst keine belastenden Faktoren (mehr) für den individuell betroffenen Beschäftigten aufweist.

79 In diesem Verfahren kann also, anders als bei der Gefährdungsbeurteilung psychischer Belastung bei der Arbeit, **keine Anonymität** gewährleistet werden. Der betroffene Mitarbeiter und sein Arbeitsplatz werden individuell beurteilt – samt möglicher Auswirkungen negativer Beanspruchungen oder aber psychischer Störungen auf die arbeitsvertraglich geschuldete Tätigkeit.

80 Daher sind im Rahmen des BEM verschiedene **datenschutzrechtliche Aspekte** zu berücksichtigen, die in erster Linie dem Schutz der Beschäftigten dienen, aber auch – sozusagen als positiver Nebeneffekt – deren Vertrauen in das Verfahren fördern können. Dazu zählen, unter anderem, sofern keine gesetzlichen Geheimhaltungsverpflichtungen (wie zB § 79 BVerfG und §§ 96 Abs. 8, 97 Abs. 7 SGB IX) bestehen, Verschwiegenheitsvereinbarungen mit den einzelnen BEM-Team-Mitgliedern (zu Einzelheiten, zB zur Aktenführung und -aufbewahrung, vgl. zB den Vorschlag von *Giesert/Reuter/Reiter,* Neue Wege im Betrieblichen Eingliederungsmanagement, Datenschutzkonzept für das Betrieblichen Eingliederungsmanagement mit dem AFCoaching, 2013).

81 Auch im Rahmen des BEM **kommt es nicht darauf an, dass der Betroffene seine Diagnosen offen legt.** Gerade psychisch erkrankte Menschen fürchten immer wieder, dass sie im Rahmen des BEM Diagnosen offenbaren müssen. Diagnosen helfen dem BEM-Team in der Sache jedoch nicht weiter. Ausschlaggebend für das BEM-Verfahren ist vielmehr, dass der Betroffene **die Auswirkungen seiner Krankheit auf die arbeitsvertraglich geschuldete Tätigkeit bzw. die möglicherweise neue Tätigkeit** Preis gibt: das **medizinische Leistungsprofil** wird benötigt. In welchen Bereichen ist der Mitarbeiter eingeschränkt? Und in welchem Ausmaße besteht die Einschränkung? Nur wenn diese Daten bekannt sind, kann ein Arbeitsplatz leidensgerecht gestaltet oder aber ein neuer leidensgerechter Arbeitsplatz gefunden werden.

82 Wie bei der Gefährdungsbeurteilung psychischer Belastung bei der Arbeit hat der Gesetzgeber auch beim BEM **keine konkreten Vorgaben im Hinblick auf die Durchführung** des Verfahrens gemacht. Es bedarf auch keiner festen Strukturen – jedoch kann die Etablierung solcher durchaus hilfreich sein. Eine solche kann zB im Rahmen von Integrations- oder Betriebsvereinbarungen erfolgen (vgl. hierzu *Schunder,* Kündigung wegen Krankheit, NZA Beilage 2015, S. 90).

83 Das BEM geht mehr ins Detail (des Einzelfalls), als die Gefährdungsbeurteilung psychischer Belastung bei der Arbeit. Der Gesetzgeber hat das BEM als **rechtlich regulierten Suchprozess** gestaltet (BAG v. 10.12.2009 – 2 AZR 400/08). Die betrieblichen Partner sollen zusammen nach **Lösungen suchen, wie die Arbeitsfähigkeit des betroffenen Beschäftigten wiederhergestellt und gesichert werden kann.** Abzuklären ist dabei auch, mit welchen Leistungen oder Hilfen der Arbeitsunfähigkeit vorgebeugt und der Arbeitsplatz erhalten werden kann.

IV. Schlussfolgerung

84 Die **Gefährdungsbeurteilung** psychischer Belastung bei der Arbeit setzt zu einem **frühen Zeitpunkt** an und zielt darauf ab, die Faktoren der Arbeitsumwelt zu beseitigen, die negativ belastend auf die psychische Gesundheit der Beschäftigten wirken und zu negativen Beanspruchungen oder gar psychischen Störungen führen können.

Dabei bleibt die Individualität des einzelnen Beschäftigten grds. unberücksichtigt. Dieselben Belastungen können **jedoch positiv oder aber negativ wirken,** je nachdem, wie der Betroffene die Belastung empfindet. Dies wiederum hängt von seinen Eigenschaften, Fähigkeiten und individuellen Voraussetzungen ab.

Daher spricht viel dafür, eine **individualspezifische personenbezogene Gefährdungsbeurteilung** psychischer Belastung bei der Arbeit durchzuführen – zumindest für besonders gefährdete Beschäftigte.

Natürlich bieten die gesetzlichen Regelwerke **präventive Instrumente,** die 85 genau diese **individualspezifischen Gesichtspunkte berücksichtigen,** nämlich die Präventions- und BEM-Verfahren. Allerdings sind Präventionsverfahren nur bei schwerbehinderten Beschäftigten durchzuführen (also nur bei einer Gruppe besonders schutzbedürftiger Beschäftigter). Ferner setzten sowohl Präventions- als auch BEM-Verfahren zu einem **späteren Zeitpunkt** an als es die Gefährdungsbeurteilung tut.

Arbeitgeber würden – das entsprechende Einverständnis und Vertrauen der Be- 86 schäftigten vorausgesetzt – daher sicherlich gut daran tun, die **Möglichkeit einer individuellen personenbezogenen Gefährdungsbeurteilung psychischer Belastung bei der Arbeit zumindest in Betracht zu ziehen.** Sei dies auch nur für besonders gefährdete Beschäftigte.

G. Psychische Störungen im Arbeitsleben

Trotz aller präventiver Instrumente können wir uns im Arbeitsleben mit psychi- 87 sche Erkrankungen bzw. Störungen konfrontiert sehen.

I. Allgemeine Ausführungen

Für einen **effektiven Umgang mit psychischen Störungen im Sinne eines** 88 **präventiven Gesundheitsmanagements** – die Entstehung bzw. Verfestigung von Erkrankungen soll möglichst (frühzeitig) vermieden werden – ist es wichtig, dass Symptome (frühzeitig) erkannt werden.

Natürlich sind Arbeitgeber, Vorgesetzte und Kollegen in der Regel keine Ärzte. 89 Aber es ist durchaus möglich, auch uns „Nicht-Mediziner" **im Hinblick auf die Symptome von psychischen Störungen zu sensibilisieren.** Regelmäßig treten bei psychischen Störungen wiederkehrende und durchaus prägnante Symptome auf.

Natürlich ist es nicht möglich, zu diagnostizieren, welche psychische Erkran- 90 kung ein Mitarbeiter aufweist, und auch nicht, in welcher Intensität er diese aufweist. Hierauf kommt es auch nicht entscheidend an.

Es ist jedoch möglich, die **Beschäftigten zu sensibilisieren,** im Hinblick auf 91 die Wahrnehmung typischer Symptome und den entsprechenden Umgang damit. Sinnvoll erscheinen zum Beispiel entsprechende **Schulungen** der Führungskräfte. Denkbar sind daneben aber auch Weiterbildungen für ausgewählte Mitarbeiter.

II. Beispiele psychischer Störungen

Beispielhaft für psychische Störungen, die sich auf das Arbeitsleben auswirken 92 können, seien die folgenden benannt:

Depressionen, das ergibt sich auch aus den in der Einleitung dargelegten Zah- 93 len, werden immer häufiger diagnostiziert. Arbeitnehmer, die aufgrund von Depressionen krankgeschrieben werden, fallen krankheitsbedingt in der Regel fast fünfmal solange aus, wie Arbeitnehmer, die aufgrund von anderen Erkrankungen am Arbeitsplatz fehlen.

94 Typische **Symptome** von Depressionen sind zum Beispiel: **Verlust von Interesse und Freude,** erhöhte Ermüdbarkeit, **verminderter Antrieb,** vermindertes Selbstvertrauen, verminderter Appetit, **verminderte Konzentration,** Kopfschmerzen, Schlafstörungen, Gefühle von Schuld und Wertlosigkeit, **negative Zukunftsperspektive** (DAK Forschung, Psychoreport 2015 S. 9). Aufgrund der verminderten Konzentration und dem verminderten Antrieb kann es den Betroffenen **schwer fallen, den an sie gerichteten Erwartungen im täglichen Arbeitsleben gerecht zu werden.** Rückstände können sich bilden. Daneben können weitere Probleme, zB im Zwischenmenschlichen, und/oder krankheitsbedingte Ausfallzeiten auftreten.

95 In den letzten Jahren immer mehr in Mode gekommen ist der Begriff des **"Burnout".** Die Wissenschaft ist sich hinsichtlich der medizinischen Einordnung des Burn-out-Syndroms noch uneinig. Bisher ist das Burn-out-Syndrom als solches (noch) nicht als Krankheit anerkannt (*Berger/Falkai/Maier,* Deutsches Ärzteblatt, 2012, 109 (14), A-700).

96 Es gilt nach dem **ICD-10** vielmehr als Problem der Lebensbewältigung (Internationale statistische Klassifikation der Krankheiten und verwandter Gesundheitsprobleme **(ICD).** Die aktuell gültige Ausgabe ist der ICD-10). Ein betroffener Kollege kann viele verschiedene Symptome aufweisen. Häufig wird er sich jedoch als ausgebrannt, total erschöpft darstellen. Typische **Symptome** sind: **Müdigkeit, Erschöpfung, Überforderung und Frustration** (*Christian Angele,* Hilfe bei Burnout: http://www.hilfe-bei-burnout.de/allgemeines/burnout-symptome/). Das **Bedürfnis nach mehr Ruhepausen steigt.** Die Erholung nach einer solchen Pause hält jedoch, wenn überhaupt, nur noch kurz vor. Daneben kann es zu **Konzentrationsstörungen, Nervosität und Entscheidungsunfähigkeit** kommen. Die Arbeit gelingt nicht mehr oder nicht mehr so gut wie bisher. Die Leistungsfähigkeit nimmt ab. Es können Kopfschmerzen, Rückenschmerzen und Schlafstörungen auftreten. Hervorgerufen werden diese körperlichen, emotionalen und geistigen Reaktionen zumeist durch Stress. Ein betroffener Kollege **wird sein anfallendes Arbeitspensum nicht mehr ohne weiteres bewältigen können.** Oftmals kann er wichtige Entscheidungen nicht treffen, kann sich nicht auf die Sache konzentrieren oder hat keine Kraft, die sich stapelnden Akten (effektiv) abzuarbeiten.

III. Beispiel

97 Selbstverständlich führt – insbesondere im Hinblick auf Depressionen und Burnout – nicht das einmalige Auftreten eines oder auch mehrerer Symptome dazu, dass wir davon ausgehen können, dass ein Kollege unter einer psychischen Störung leidet. Jedoch können auch bei **kurzfristig auftretenden Symptomen** durchaus schon negative Belastungen vorliegen, und es sollte näher hingeschaut werden.

Dies zeigt, dass es **nicht in jedem Fall ratsam ist abzuwarten, bis die sechs Wochen i. S. d. § 84 Abs. 2 SGB IX „abgelaufen" sind.**

Es kann durchaus hilfreich sein, schon vorher **Gespräche mit dem betroffenen Kollegen zu führen.** Auch kann ein **BEM-Verfahren schon früher eingeleitet** werden.

98 Dieses Vorgehen kann zB dann sinnvoll sein, wenn den Kollegen und/oder Vorgesetzten auffällt, dass mit einem Beschäftigten etwas nicht stimmt. Dies kann eine

Psychische Belastungen am Arbeitsplatz **SystDarst A**

erhöhte Gereiztheit sein. Der sonst so ruhige Kollege geht bei jeder Kleinigkeit, die schief läuft, und bei jedem etwas schwierigerem Telefonat mit Kunden in die Luft. Von seiner positiven Art ist nicht mehr viel mitzubekommen, vielmehr sieht er alles negativ. Zudem berichtet er immer wieder von Schlafproblemen.

Voraussetzung ist, dass **Führungskräfte und Kollegen in der Lage sind, entsprechende Zeichen zu erkennen.** Wichtig ist es also, vor allem die Führungskräfte aber, wo es möglich ist, auch ausgewählte Beschäftigte im Hinblick auf seelische Erkrankungen zu schulen. Nur dann sind diese für entsprechende Anzeichen sensibilisiert und überhaupt erst in der Lage, diese frühzeitig zu erkennen. 99

Helfen die Gespräche nicht weiter und wird der betroffene Kollege vielmehr tatsächlich (länger- bzw. langfristig) krankgeschrieben, so ist **spätestens nach Ablauf der sechs Wochen ein BEM-Verfahren vom Arbeitgeber einzuleiten.** Hierbei sollte der **Erstkontakt** möglichst im Rahmen eines persönlichen Gespräches oder aber eines sehr vorsichtig formulierten Anschreibens aufgenommen werden. 100

Ist das BEM eingeleitet und das BEM-Team gebildet, besteht die Aufgabe des BEM-Teams darin, **die Aspekte der Arbeit herauszufiltern, in denen die Problematik wurzelt** (sollte es denn überhaupt solche Wurzeln im Arbeitsleben geben), die ggf. sogar **mitursächlich für die Erkrankung** waren. Dabei ist das BEM-Team gerade im Bereich der psychischen Störungen **auf medizinisches Fachwissen und somit die detaillierten Auskünfte der behandelnden Ärzte** angewiesen. Diese kann es nur dann einholen, wenn der Betroffene seine Ärzte von der Schweigepflicht entbindet. **Aufzubewahren** sind die ärztlichen Auskünfte **außerhalb der Personalakte, in der unter Verschluss zu haltenden gesonderten BEM-Akte.** Der Arbeitgeber darf von den medizinischen Details keine Kenntnis erlangen. 101

H. Fazit

Psychische Belastung, Beanspruchungen und Erkrankungen bzw. Störungen im heutigen Arbeitsleben stehen auf der **Tagesordnung.** Nicht nur unser immer schneller werdendes Leben, sondern auch die sich stetig verändernde Arbeitswelt sowie die Digitalisierung und Technisierung der (Arbeits-) Welt **fordern unsere gesundheitlichen Ressourcen.** Stetes Lernen ist sowohl Bestandteil unserer Arbeitswelt, als auch unserer privaten Welt. 102

Es gilt, auch im Sinne der gesetzlichen Regelungen, **präventiv vorzugehen,** um die Entstehung von negativen Beanspruchungen und Erkrankungen (bzw. Störungen) im besten Fall zu vermeiden. Dies **nicht nur im Arbeits- sondern auch im Privatleben.** Nicht nur die Arbeitgeber müssen geeignete Strategien entwickeln, um nachhaltig den Gefahren für die Gesundheit der Beschäftigten vorzubeugen. Auch die Beschäftigten müssen sich der Bedeutung ihrer Gesundheit bewusst werden und eine entsprechende **Selbstverantwortung** übernehmen. Sei dies im privaten Bereich oder aber im Rahmen der von den Arbeitgebern angebotenen präventiven Instrumente. 103

Insbesondere der **demographische Wandel** hält uns alle an, zu handeln und auf den Erhalt unserer Gesundheit und damit auch unserer Arbeitsfähigkeit zu achten. 104

Im Bereich des Arbeitslebens hat der Gesetzgeber bereits gehandelt und entsprechende **präventive Instrumente** normiert: vom Präventionsverfahren über das BEM bis hin zur Gefährdungsbeurteilung.

Balikcioglu

105 Dabei bedarf es **flexibler Prozesse,** die jedes Unternehmen für sich passgenau im Rahmen der gesetzlichen und rechtlichen Vorgaben schneidern muss. Denn nur Prozesse, die die **Besonderheiten des jeweiligen Unternehmens berücksichtigen,** können letztlich auch zu dem gewünschten Erfolg führen – einer möglichst gesunden Belegschaft.

106 Für jeden in das Betriebliche Gesundheitsmanagement **investierten Euro** kommen in Deutschland zwischen 1,60 Euro (*Heissenberger,* „Gesünder Arbeiten", Report (+) Plus, Österreich, Ausgabe 10/2014 S. 24) und 2,70 Euro (*Initiative Gesundheit und Arbeit,* iga Report 28, Wirksamkeit und Nutzen betrieblicher Prävention, 2015) zurück.

B. Betriebliche Mitbestimmung im Arbeitsschutzrecht

Übersicht

	Rn.
A. Grundsätze	1
I. Gesetzliche Vorgaben	1
II. Voraussetzungen	6
1. Keine gesetzlichen oder tariflichen Regelungen	6
2. Kollektive Maßnahme	7
3. Gesetzliche Rahmenregelungen	8
4. Inhalt des Mitbestimmungsrechts	14
5. Rahmenregelungen für die Durchführung, keine Ausführungsdetails	18
6. Verantwortung des Arbeitgebers	19
7. Zuständigkeit des Betriebsrats/Gesamtbetriebsrats	20
8. Kostentragung	21
9. Verletzung des Mitbestimmungsrechts	22
10. Betriebe ohne Betriebsrat	23
B. Arbeitsschutzgesetz	24
Allgemeine Vorschriften (§§ 1 und 2)	24
Grundpflichten des Arbeitgebers (§ 3)	26
Allgemeine Grundsätze (§ 4)	30
Beurteilung der Arbeitsbedingungen (§ 5)	31
Dokumentation (§ 6)	38
Übertragung von Aufgaben (§ 7)	39
Zusammenarbeit mehrerer Arbeitgeber (§ 8)	40
Besondere Gefahren (§ 9)	42
Erste Hilfe und sonstige Notfallmaßnahmen (§ 10)	46
Arbeitsmedizinische Vorsorge (§ 11)	48
Unterweisung (§ 12)	50
Verantwortliche Personen (§ 13)	53
Pflichten und Rechte der Beschäftigten (§§ 15 bis 17)	54
C. Arbeitschutzverordnungen	55
I. Konkretisierung des Arbeitsschutzgesetzes	55
II. Arbeitsstättenverordnung	56
III. Baustellenverordnung	79
IV. Betriebssicherheitsverordnung	89
V. Bildschirmarbeitsverordnung	102
VI. Biostoffverordnung	116
VII. Lärm- und Vibrations-Arbeitsschutzverordnung	139
VIII. Lasthandhabungsverordnung	142
IX. Mutterschutzrichtlinienverordnung	149
X. Persönliche-Schutzausrüstungen-Benutzungsverordnung	154
XI. Künstliche Optische Strahlung (OStrV)	156

Literatur: *Däubler/Kittner/Klebe/Wedde* (DKKW), Betriebsverfassungsgesetz, 15. Aufl. 2016; *Düwell/Blanke*, Betriebsverfassungsgesetz, 4. Aufl. 2014; *Fitting/Engels/Schmid/Trebinger/Linsenmaier*, Betriebsverfassungsgesetz, 28. Aufl. 2016; *Hess/Schlochauer/Worzalla/Glock/Nicolai/Rose* (HSWGNR), Betriebsverfassungsgesetz, 9. Aufl. 2014; *Wiese/Kreutz/Oetker/Raab/Weber/*

Franzen/Gutzeit/Jacobs, Betriebsverfassungsgesetz, Gemeinschaftskommentar (GK-BetrVG), 10. Aufl. 2014; *Merten/Klein,* Die Auswirkungen des Arbeitsschutzgesetzes auf die Mitbestimmungsrechte des Betriebsrats nach § 87 Abs. 1 Nr. 7 BetrVG, DB 1998, 673; *Münchener Handbuch zum Arbeitsrecht,* 3. Aufl. 2009 (MHdB ArbR); *Richardi,* Betriebsverfassungsgesetz, Kommentar, 15. Aufl. 2016; *Siemes,* Die Neuregelung der Mitbestimmung des Betriebsrats nach § 87 Abs. 1 Nr. 7 BetrVG bei Bildschirmarbeit, NZA 1998, 232; *Uhl/Polloczek,* Ermittlungen von psychischen Belastungen am Arbeitsplatz als „Regelungen über den Gesundheitsschutz" im Sinne von § 87 Abs. 1 Nr. 7 BetrVG, BB 2007, 2401; *Wlotzke,* Das Mitbestimmungsrecht nach § 87 Abs. 1 Nr. 7 Betriebsverfassungsgesetz und das erneuerte Arbeitsschutzrecht, FS Hellmut Wissmann, 2005, S. 426;

A. Grundsätze

I. Gesetzliche Vorgaben

1 Die Mitbestimmung des Betriebsrats im Rahmen der sozialen Angelegenheiten umfasst auch die Regelungen über die Verhütung von Arbeitsunfällen und des betrieblichen Gesundheitsschutzes. Kernvorschrift ist **§ 87 Abs. 1 Nr. 7 BetrVG.** Die Vorschrift lautet:

> „(1) Der Betriebsrat hat, soweit eine gesetzliche oder tarifliche Regelung nicht besteht, in folgenden Angelegenheiten mitzubestimmen: ...
> 7. Regelungen über die Verhütung von Arbeitsunfällen und Berufskrankheiten, sowie über den Gesundheitsschutz im Rahmen der gesetzlichen Vorschriften oder der Unfallverhütungsvorschriften, ...".

2 Zweck dieses Mitbestimmungsrechts ist es, durch die Beteiligung des Betriebsrats eine möglichst hohe Effizienz des betrieblichen Arbeits- und Gesundheitsschutzes zu erreichen (*BAG* v. 15.1.2002, AP Nr. 12 unter B II 2b) und 8.6.2004, AP Nr. 13 zu § 87 BetrVG 1972 Gesundheitsschutz unter B I 2b) aa); Wlotzke, FS Wissmann, 426). Im direkten Anwendungsbereich regelt § 87 Abs. 1 Satz 7 BetrVG die Mitbestimmung des Betriebsrats abschließend (*Kraft-Bender* in MHdB ArbR § 87, Rn. 136; *Wiese/Gutzeit* in GK-BetrVG § 87, Rn. 582).

3 Daneben finden im Bereich der Unfallverhütung und des Arbeitsschutzes noch **andere Vorschriften** Anwendung, soweit **mittelbar** der Arbeitsschutz angesprochen ist: Der Betriebsrat hat ein Mitbestimmungsrecht hinsichtlich der Ordnung des Betriebs und des Verhaltens der Arbeitnehmer dort (§ 87 Abs. 1 Nr. 1 BetrVG; *BAG* v. 24.3.1981, AP Nr. 2 zu § 87 BetrVG 1972 Arbeitssicherheit; *Richardi,* BetrVG § 87 Rn. 534; *Wiese/Gutzeit* in GK-BetrVG § 87, Rn. 582). Soweit sich aus den Regelungen des Arbeitsschutzes weitere Regelungsnotwendigkeiten ergeben, ergibt sich die Berechtigung des Betriebsrats zur Mitbestimmung nur soweit für diese Regelungen auch spezifische Mitbestimmungsregeln bestehen, z. B. für Arbeitszeitregelungen aus § 87 Abs. 1 Nr. 2 BetrVG. Gemäß §§ 90 und 91 BetrVG hat der Betriebsrat Mitbestimmungsrechte bei der Gestaltung von Arbeitsplatz, Arbeitsablauf und Arbeitsumgebung. Der Betriebsrat hat die Verpflichtung die Einhaltung des ArbSchG zu überwachen (§ 80 Abs. 1 Nr. 1 BetrVG).

4 Außerhalb dieses gesetzlichen Arbeitsschutzes besteht der sog. autonome Arbeitsschutz: Gemäß § 88 BetrVG können durch **freiwillige** Betriebsvereinbarungen insbesondere geregelt werden „*zusätzliche Maßnahmen zur Verhütung von Arbeitsunfällen und Gesundheitsschädigungen.*" Inhalt können alle zusätzlichen Maßnahmen zum Gesundheitsschutz sein, zu denen der Arbeitgeber nicht aufgrund gesetzlicher

Bestimmungen verpflichtet ist, die aus Sicht der Betriebsparteien sinnvoll erachtet werden. Durch die weite Auslegung des Anwendungsbereichs von § 87 Abs. 1 Nr. 7 BetrVG durch das BAG verbleibt für freiwillige Betriebsvereinbarungen ein eingeschränkter Rahmen. Ein Initiativrecht steht dem Betriebsrat nur im Rahmen der §§ 87 Abs. 1 Nr. 7 und 91 BetrVG zu (BAG v. 24.3.1981, AP Nr. 2 zu § 87 BetrVG 1972 Arbeitssicherheit; *Richardi,* § 88, Rn. 11; a. A. *Wiese/Gutzeit* in GK-BetrVG § 88, Rn. 15).

Der Betriebsrat hat auch **Förderungspflichten:** § 80 Abs. 1 Ziff. 9 BetrVG ergänzt die bestehende Verpflichtung den Arbeitsschutz zu fördern um den Aspekt des betrieblichen Umweltschutzes (*Fitting,* § 80, Rn. 45). Der Betriebsrat soll sich für die Durchführung der Vorschriften über den Arbeitsschutz und die Unfallverhütung im Betrieb einsetzen, dabei die zuständigen Behörden und den Arbeitgeber (*Fitting,* § 89, Rn. 17; *Richardi,* § 89, Rn. 16) unterstützen (§ 89 Abs. 1 S.1 BetrVG).

II. Voraussetzungen

1. Keine gesetzlichen oder tariflichen Regelungen. Die Mitbestimmung nach § 87 Abs. 1 Ziff. 1 BetrVG setzt voraus, dass eine genaue gesetzliche oder tarifliche Regelung für den Gesundheitsschutz nicht besteht (*BAG* v. 10.4.1979, AP Nr. 1 zu § 87 BetrVG 1972 Arbeitssicherheit zu II.4;). **Kein Mitbestimmungsrecht** des Betriebsrats besteht beim schlichten **Normvollzug** durch den Arbeitgeber ohne jeden Handlungsspielraum (z. B. Notwendigkeit einer „speziellen Sehhilfe" auf Grund einer vorangegangenen Untersuchung, § 6 Abs. 2 BildschArbV) oder die reine Rechtsanwendung nach konkreten Vorgaben (z. B. Bestimmung der „Beschäftigten", § 2 Abs. 2). Ein Rahmen für das Mitbestimmungsrecht des Betriebsrats fehlt in diesem Fall (*BAG* v. 8.6.2004, AP BetrVG 1972 § 76 Einigungsstelle Nr. 20 zu B III 2a; *Fitting,* § 87, Rn. 270; *Wiese* in GK-BetrVG § 87, Rn. 605; *Richardi,* § 87, Rn. 144). Gleiches gilt für eine eindeutige Regelung in einem Tarifvertrag, wenn dort die Maßnahmen zum Gesundheitsschutz selbst abschließend und zwingend geregelt werden. Soweit der Tarifvertrag dem Arbeitgeber und dem örtlichen Betriebsrat ausdrücklich die weitere Ausgestaltung der Arbeitsbedingungen überlässt, verbleibt es bei einer Regelungsmöglichkeit und dem entsprechenden Mitbestimmungstatbestand (*LAG Mecklenburg-Vorpommern* v. 25.2.2009, Juris; *Richardi,* § 87, Rn. 144).

2. Kollektive Massnahme. Bei den Maßnahmen des Arbeitgebers muss es sich um einen kollektiven Tatbestand und Maßnahmen mit abstrakt-generellem Charakter handeln (*BAG* v. 10.4.1979, AP Nr. 1 zu § 87 BetrVG 1972 Arbeitssicherheit zu II.3.; *Fitting,* § 87, Rn. 286). Das liegt auch vor, wenn sich Regelungen nur auf bestimmte Arbeitsplätze oder Arbeiten im Betrieb beziehen. **Keine mitbestimmungspflichtige Regelung** enthalten hingegen **Einzelmaßnahmen** des Arbeitgebers in Bezug auf bestimmte Personen oder Arbeitsplätze im Rahmen der Durchführung von bestehenden rechtlichen Vorschriften oder mitbestimmten Regelungen (*Wiese* in GK.BetrVG § 87, Rn. 18; *Richardi,* § 87, Rn. 31, 559). Einzelmaßnahme ist die Beauftragung von externen Personen oder Stellen mit der Durchführung der Gefährdungsbeurteilung oder Unterweisung gem. § 13 Abs. 2 ArbSchG (BAG v. 18.8.2009, NZA 2009, 1434, 1435 [20]; → Rn. 49).

3. Gesetzliche Rahmenregelungen. a) Aus der Formulierung „Regelungen ... im Rahmen der **gesetzlichen Vorschriften** oder Unfallverhütungsvorschriften" folgt, dass das Mitbestimmungsrecht des Betriebsrats nur eingreift, soweit

Rahmenvorschriften bestehen, aufgrund dessen der Arbeitgeber Regelungen zu treffen hat, bei deren Gestaltung ihm aber Handlungsspielräume verbleiben (*BAG* v. 8.6.2004, AP BetrVG 1972 § 76 Einigungsstelle Nr. 20 zu B III 2a; *BAG* v. 8.6.2004, AP BetrVG 1972 § 87 Gesundheitsschutz Nr. 13 zu B I 2b aa; *BAG* v. 15.1.2002, AP BetrVG 1972 § 87 Gesundheitsschutz Nr. 12 zu B II 2b; *Fitting,* § 87, R.272; *Wiese* in GK.BetrVG § 87, R.586; *Richardi,* § 87, R.558). Erforderlich sind **Handlungsalternativen** für den Arbeitgeber, d. h. ein Spielraum des Arbeitgebers für die betrieblichen Arbeitschutzmaßnahmen oder zumindest eine Auswahlmöglichkeit des Arbeitgebers unter mehreren geeigneten Arbeitsschutzmaßnahmen (*BAG* v. 16.6.1998, AP Nr. 7 zu § 87 BetrVG 1972 Gesundheitsschutz, *BAG* v. 8.6.2004, AP Nr. 13 zu § 87 BetrVG 1972 Gesundheitsschutz; *BAG* v. 8.6.2004, AP Nr. 20 zu § 76 BetrVG 1972 Einigungsstelle). Ob dies der Fall ist muß im Einzelfall durch Auslegung ermittelt werden.

9   Das Mitbestimmungsrecht des Betriebsrats besteht **nicht,** wenn konkrete Handlungsanweisungen aus der Gesetzesanwendung (z. B. § 11 ASiG, BAG v. 15.4.2014, BAGE 148, 58, R.13) oder einer Anordnung einer zuständigen Behörde folgen (BAG v. 18.3.2014, BAGE 147, 306, Rn. 19; *Fitting,* § 87, Rn. 276), z. B. wenn die Arbeitsschutzbehörde nach § 22 Abs. 3 oder der Unfallversicherungsträger nach § 17 Abs. 1 SGB VII durch Verwaltungsakt eine **bestimmte Maßnahme** anordnet, ohne dem Arbeitgeber einen Entscheidungsspielraum zu belassen. Die Beschränkung des Gestaltungsspielraumes des Arbeitgebers beschränkt gleichzeitig auch den Gestaltungsspielraum des Betriebsrats (vgl. auch *BAG* AP Nr. 14 zu § 87 BetrVG 1972 Ordnung des Betriebes). Ein Mitbestimmungsrecht des Betriebsrats besteht nur in Bezug auf die Rechtsfolge, d. h. das **„Wie"** bei der Ausgestaltung und Durchführung der Maßnahmen, **nicht** bereits im Vorfeld hinsichtlich des **„Ob",** d. h. den Tatbestandsvoraussetzungen für die Handlungspflicht des Arbeitgebers (BAG v. 15.1.2002, AP § 87 BetrVG Gesundheitsschutz Nr. 12 zu II.2.b); einschränkend: *Fitting,* § 87 Rn. 275 m. w. N.: Das „ob" der Maßnahme hängt nicht von der subjektiven Regelungsbereitschaft des ArbGeb. ab; *Klebe* in DKKW § 87 Rn. 222.); dies ist eine Rechtsfrage, deren Beantwortung sich aus den Arbeitsschutzvorschriften ergibt und ggf. vom Arbeitsgericht zu klären ist.

Als Rahmenvorschriften kommen nur öffentlich-rechtliche Vorschriften in Betracht (BAG vom 11.12.2012, 1 ABR 81/11 –, juris, R.17). Insbesondere ist ein Tarifvertrag nicht als Rahmenvorschrift geeignet (BAG vom 11.12.2012, aao, Rn. 1; *Fitting,* § 87, R: 264).

10 b) Die Rahmenvorschrift muß den **Zielen der Verhütung von Unfällen bei der Arbeit** und **Berufskrankheiten** sowie dem **Gesundheitsschutz** dienen. Ausreichend ist es, wenn eines der Ziele angesprochen wird. Für den Arbeitsunfall gibt § 8 Abs. 1 SGB VII eine Legaldefinition: Arbeitsunfälle sind Unfälle von Versicherten in Folge einer den Versicherungsschutz begründenden Tätigkeit, wobei Unfälle zeitlich begrenzt sind, von außen auf den Körper einwirkende Ereignisse sind, die zu einem Gesundheitsschaden oder zum Tod führen. Der Arbeitsunfall muss daher mit einer versicherten Tätigkeit in einem kausalen Zusammenhang stehen. Im Arbeitsschutzrecht nicht erfasst sind Wegeunfälle, die gemäß § 8 Abs. 2 SGB VII sozialversicherungsrechtlich ebenfalls zu den Arbeitsunfällen gezählt werden (amtl. Begründung, BT-Drs. 13/3540, 15; *Wiese* in GK-BetrVG § 87 BetrVG, Rn. 589). Berufskrankheiten sind alle Krankheiten, die in der Berufskrankheitenverordnung vom 31.10.1997 als Berufskrankheiten ausdrücklich aufgeführt werden und die ein Beschäftigter im Zusammenhang mit seiner Tätigkeit erleidet (§ 9 Abs. 1 SGB VII).

Betriebliche Mitbestimmung im Arbeitsschutzrecht **SystDarst B**

Im Gegensatz zu diesen Begriffen ist der **Begriff des Gesundheitsschutzes** 11
nicht gesetzlich definiert. Dem Ziel des Gesundheitsschutzes dienen zumindest
alle Gesetze, in denen dies ausdrücklich selbst festgehalten ist: **§ 1 Abs. 1 S. 1
ArbSchG** für das ArbSchG und die davon abgeleiteten Rechtsverordnungen (z. B.
ArbStättVO; BildscharbV; LasthandhabV). Der Begriff des Gesundheitsschutzes ist
insoweit einheitlich zu verstehen (*BAG* v. 8.6.2004, AP BetrVG 1972 § 87 Gesundheitsschutz Nr. 13 zu B I 2a bb; *BAG* v. 8.6.2004, AP BetrVG 1972 § 76 Einigungsstelle Nr. 20 zu B III 2b aa; BAG v. 18.3.2014, BAGE 147,306, R.19;). Eine entsprechende Regelung findet sich in § 1 ASiG. Der Gesundheitsschutz ist dabei der
Oberbegriff, der die Verhütung von Arbeitsunfällen und Berufskrankheiten mit einschließt, wie sich aus § 1 Abs. 1 i.V.m. § 2 Abs. 1 ArbSchG ergibt (amtl. Begr. BT-Drs. 13/3540, S. 15). Der Gesundheitsschutz wird durch Maßnahmen des Arbeitsschutzes erreicht; zu den Maßnahmen des Arbeitsschutzes zählen auch Maßnahmen
der menschengerechten Gestaltung der Arbeit (§ 2 Abs. 1 ArbSchG, vgl. Rn. 22).

Sofern das **Ziel des Gesundheitsschutzes nicht im Gesetz selbst definiert** 12
ist, sind Vorschriften des Gesundheitsschutzes alle Vorschriften, die das Ziel haben,
die Arbeitnehmer bei der Ausübung ihrer Tätigkeit vor Gefahren für die physische
und psychische Integrität zu schützen, die sich aus der Arbeitstätigkeit ergeben
(*BAG* v. 18.8.2009, NZA 2009, 1434 R.17; *Fitting*, § 87, Rn. 262; *Richardi*, § 87,
Rn. 541; *Wlotzke*, FS Wissmann, 429). Keine gesetzlichen Vorschriften in diesem
Sinne sind die allgemeinen Verwaltungsvorschriften, Richtlinien und die technischen Regeln, die keinen Regelungscharakter haben, sondern die technisch allgemein anerkannten Regeln und gesicherten arbeitswissenschaftlichen Kenntnisse zusammenfassen (*Fitting*, § 87, Rn. 285; *Richardi*, § 87, Rn. 548).

Ob der Rahmenvorschrift dem Gesundheitsschutz mittelbar oder unmittelbar 13
dient, ist unerheblich. Keine Rolle spielt auch, welchen Weg oder welche Mittel
die dem Gesundheitsschutz dienende Rahmenvorschrift vorsieht (BAG v.
8.6.2004, AP BetrVG 1972 § 87 Gesundheitsschutz Nr. 13 zu B I. 2.b) aa)).

Das Mitbestimmungsrecht setzt **keine konkrete Gesundheitsgefahr** voraus, da
der Wortlaut der Regelung dies nicht vorschreibt (BAG v. 8.6.2004, AP BetrVG
1972 § 87 Gesundheitsschutz Nr. 13 zu B I. 2.b) aa)). Dem Ziel einer effizienten Umsetzung des Arbeitsschutzes im Betrieb folgend, ist es sinnvoll, den Betriebsrat auch
dann zu beteiligen, wenn keine konkrete Gesundheitsgefährdung feststellbar ist
(BAG v. 8.6.2004, AP BetrVG 1972 § 76 Einigungsstelle Nr. 20 zu B III. 2.b) bb)).
Soweit jedoch nur eine allgemeine, freiwillig einzuhaltende Rahmenregelung zur
Anwendung kommen soll, die keine Handlungsaufforderung an den Arbeitgeber
enthält (z. B. § 3 Abs. 1 ArbSchG), muß als Auslöser der Mitbestimmung noch eine
konkrete Gefährdung hinzutreten (*Matthes* in MHdB ArbR § 254, 13; Merten/
Klein DB 1998, 673; *Wiese* in GK-BetrVG § 87, Rn. 604).

4. Inhalt des Mitbestimmungsrechts. Das Mitbestimmungsrecht entsteht, 14
wenn eine gesetzliche Handlungspflicht objektiv besteht und wegen Fehlens einer
zwingenden Vorgabe betriebliche Regelungen verlangt, um das vom Gesetz vorgegebene Ziel des Arbeits- und Gesundheitsschutzes zu erreichen (*BAG* v. 8.6.2004,
AP BetrVG 1972 § 87 Gesundheitsschutz Nr. 13 zu B I.2b) aa); *Richardi*, BetrVG
§ 87 Rn. 551ff.). Die Ausfüllung der gesetzlichen Anforderungen in der Rahmenvorschrift ist gemeinsame Aufgabe der Betriebsparteien. Der Betriebsrat hat im
Rahmen des Mitbestimmungsrechts auch ein Initiativrecht (*Fitting*, § 87, Rn. 287),
d. h. er darf mit geeigneten Regelungsentwürfen auf den Arbeitgeber zugehen und
eine Betriebsvereinbarung anregen.

15 Mitzubestimmen hat der Betriebsrat bei der Ausfüllung des Rahmens der Regelungen. Durch die Beteiligung des Betriebsrats soll im Interesse der betroffenen Arbeitnehmer eine möglichst effiziente Umsetzung des gesetzlichen Arbeitsschutzes im Betrieb erreicht werden (*BAG* AP BetrVG 1972 § 87 Gesundheitsschutz Nr. 13 zu B I.2b) aa); *Klebe* in DKKW § 87 Rn. 222; *Fitting,* § 87 Rn. 257). Die Betriebsparteien haben die Aufgabe, den Gesundheitsschutz und Arbeitsschutz ausfüllende Regelungen für den Betrieb zu treffen; inhaltliche Grenzen der Regelungen sind in § 87 Abs. 1 Nr. 7 BetrVG nicht enthalten; die Grenzen der Mitbestimmung müssen aus den Rahmenregelungen abgeleitet werden. Der Betriebsrat darf dabei nicht die alleinige Gestaltungsbefugnis dem Arbeitgeber übertragen (BAG v. 8.6.2004, AP Nr. 20 zu § 76 BetrVG 1972, Einigungsstelle zu B III. 4. a)). Weitergehende Maßnahmen, die zu einem höheren Sicherheitsstandard führen können die Betriebspartner nur in einer freiwilligen Betriebsvereinbarung regeln (§ 88 BetrVG; *Matthes* in MHdB ArbR, § 254, Rn. 8).

16 Sind die vorgenannten Voraussetzungen erfüllt, umfasst das Mitbestimmungsrecht des Betriebsrats alle Maßnahmen des Arbeitgebers, die **mittelbar oder unmittelbar** dem Arbeits- und Gesundheitsschutz dienen. Dies können verhaltensbezogene, technische, medizinische und organisatorische Maßnahmen des Arbeitgebers sein (vgl. *BAG* v. 26.8.1997, *BAGE* 86, 249, 259 = AP Nr. 74 zu § 87 BetrVG 1972 Arbeitszeit; *BAG* v. 8.6.2004, AP Nr. 13 zu § 87 BetrVG 1972 Gesundheitsschutz zu B I 2b aa m. w. N.). Ebenso wenig kommt es auf eine subjektive Regelungsbereitschaft des Arbeitgebers an (*BAG* AP Nr. 13 a. a. O.). Die Regelung selbst muss nicht direkt gesundheitsschützende Wirkung haben, sondern hat nur den Gesundheitsschutz zu behandeln (*LAG Hamburg* NZA-RR 2001, 790, 792, 794). Entscheidend ist der Zweck der betrieblichen Regelungen; eine Differenzierung in Sachvorschriften und vorgelagerte Regelungen erfolgt nicht (*Faber/Richenhagen* AiB 1998, 317, 319).

17 Erforderlich sind gestaltende arbeitsplatzbezogene Anforderungen; grundsätzliche Vorgaben an den Arbeitgeber sind nicht Gegenstand der Mitbestimmung (*BAG* v. 8.6.2004, AP BetrVG 1972 § 76 Einigungsstelle Nr. 20 zu B III 4a).

18 **5. Rahmenregelungen für die Durchführung, keine Ausführungsdetails.** Mitbestimmungspflichtig sind die Ausfüllungsmaßnahmen für alle Regelungen des Gesundheitsschutzes.

19 Bei der **Durchführung** der mit dem Betriebsrat festgelegten Maßnahmen selbst verbleibt dem Arbeitgeber ein **gewisses Auswahlermessen,** soweit es die Sicherheit und Gesundheit der Beschäftigten nicht mehr tangiert, z. B. gleichwertige Arbeitsgeräte verschiedener Hersteller, Farbe, Form und Design der Arbeitsmittel ohne Einfluss auf deren Funktion (*Merten/Klein* DB 1998, 673, 675).

6. Verantwortung des Arbeitgebers. Verantwortlich für den Arbeitsschutz ist der Arbeitgeber, wie sich aus § 13 Abs. 1 ArbSchG ergibt. Daneben enthält § 13 Abs. 1 eine abschließende Aufzählung der Personen, die neben der Rechtsperson des Arbeitgebers verantwortliche Personen für den Arbeitsschutz im Betrieb sind. Insoweit sieht das Gesetz eine Verantwortung des Betriebsrats nicht vor.

Es ist Aufgabe des Betriebsrats, innerhalb der gesetzlichen Rahmenregelungen bei der Auswahl der Handlungsalternativen mitzubestimmen. Insofern ist der Arbeitsschutz eine gemeinsame Aufgabe von Arbeitgeber und Betriebsrat (GK-Wiese, § 87, Rn. 586; *Richardi,* § 89, Rn. 11). Die Verantwortung des Arbeitgebers gegenüber den Arbeitsschutzbehörden ist dadurch nicht aufgehoben (*Fitting,* § 87, Rn. 257; *Wiese* in GK-BetrVG § 87, Rn. 587; *Richardi,* § 87, Rn. 535). Dies bedeutet, dass das Mitbestimmungsrecht des Betriebsrates dort seine Grenze finden muss, wo die Verantwortung des Arbeitgebers gegenüber den Arbeitsschutzbehörden ein eindeutiges Handeln des Arbeitgebers vorschreibt.

7. Zuständigkeit des Betriebsrats/Gesamtbetriebsrats. Grundsätzlich 20 liegt die Zuständigkeit für die Verhandlungen beim Betriebsrat. Für die Zuständigkeit des Gesamtbetriebsrats gilt § 50 BetrVG, d. h. bei unternehmensweit gleichen Gefährdungsituationen, z. B. Montagen (BAG v.16.6.1998, AP BetrVG 1972, § 87 Gesundheitsschutz Nr. 7 zu B.II.). Allerdings kann auch die Regelung des Gesamtbetriebsrats noch lokale Regelungen des Betriebsrats erforderlich machen. Wenn die Arbeitsplätze nach **überörtlichen** Standards eingerichtet werden, bedeutet das nicht, dass der Betriebsrat unzuständig wäre, da die Gefährdungen zu einem Großteil von den örtlichen Gegebenheiten des einzelnen Betriebs, z. B. den dort herrschenden Umwelteineinflüssen abhängig sind (BAG v. 8.6.2004, AP BetrVG 1972 § 76 Einigungsstelle Nr. 20 zu B III. 3.b) aa)).

8. Kostentragung. Die Kosten für die Maßnahmen nach dem ArbSchG müs- 21 sen vom **Arbeitgeber** getragen werden und dürfen nicht den Beschäftigten auferlegt werden (§ 3 Abs. 3 ArbSchG). Die Verpflichtung des Arbeitgebers, die Kosten der Verhandlungen mit dem Betriebsrat zu übernehmen, ergibt sich aus § 40 BetrVG; auch diese dürfen nicht umgelegt werden (§ 41 BetrVG).

9. Verletzung des Mitbestimmungsrechts. Der Betriebsrat kann verlangen, 22 dass unter Verletzung seines Mitbestimmungsrechts eingeführte Arbeitsschutzmaßnahmen beseitigt werden und entsprechende Anordnungen zurückgenommen werden (BAG vom 16.6.1998, AP Nr. 7 zu § 87 BetrVG 1972 Gesundheitsschutz unter B III).

10. Betriebe ohne Betriebsrat. In Betrieben, in denen **kein Betriebsrat** be- 23 steht, hat der Arbeitgeber die Arbeitnehmer zu allen Maßnahmen zu hören, die Auswirkungen auf Sicherheit und Gesundheit der Arbeitnehmer haben können (§ 81 Abs. 3 BetrVG).

B. Arbeitsschutzgesetz

Allgemeine Vorschriften (§§ 1 und 2)

Der **Erste Abschnitt "Allgemeine Vorschriften"** (§ 1 – Zielsetzung und An- 24 wendungsbereich, § 2 – Begriffsbestimmungen) enthält keine Regelungen, die Verpflichtungen für den Arbeitgeber originär ausweisen. § 1 Abs. 3 ArbSchG hält fest, dass Pflichten, die der Arbeitgeber nach sonstigen Rechtsvorschriften hat, unberührt bleiben.

Auch die Definitionen bestimmter Begriffe in § 2 ArbSchG enthält keine pflich- 25 tenauslösenden Regelungen. Eine Mitbestimmung kommt nicht in Betracht (Merten/Klein DB 1998, 673, 674). Maßnahmen des Arbeitsschutzes schließen danach Maßnahmen der menschengerechten Gestaltung der Arbeit ein. Dieser Begriff ist sehr weit gefasst. Eine menschengerechte Gestaltung der Arbeit liegt vor, wenn insbesondere bei der Gestaltung von Arbeitsplätzen auf eine Verminderung der gesundheitsschädlichen Auswirkungen für die Beschäftigten hingewirkt wird (vgl. amtl. Begr. BT-DS 13/3540, S. 15). Im Rahmen des Arbeitsschutzes kommt es jedoch nur auf die menschengerechte Gestaltung der Arbeit zur Verhütung von Unfällen bei der Arbeit und zur Verhütung von arbeitsbedingten Gesundheitsgefahren an, wie sich aus dem Wortlaut ergibt. Darüber hinausgehende Maßnahmen sind vom ArbSchG nicht erfasst (*Wiese/Gutzeit* in GK-BetrVG § 87, Rn. 584; differenzierend: *Fitting,* § 87, Rn. 293). Die Berücksichtigung der menschengerechten Gestaltung der Arbeit im Rahmen des Arbeitsschutzgesetzes findet daher da ihre Grenze, wo es nicht mehr um arbeitsbedingte Unfall- und Gesundheitsgefahren geht.

Pflichten des Arbeitgebers

26   Die Regelungen in §§ 3–14 ArbSchG enthalten eine Reihe von Verpflichtungen des Arbeitgebers. Nicht alle sind jedoch Rahmenregelungen. Dies muss im Einzelfall geprüft werden.

Grundpflichten des Arbeitgebers (§ 3)

27   Gemäß § 3 Abs. 1 Satz 1 ist der Arbeitgeber verpflichtet, **erforderliche Maßnahmen** des Arbeitsschutzes zu treffen und dabei die Umstände zu berücksichtigen, die Sicherheit und Gesundheit der Beschäftigten bei der Arbeit beeinflussen. Diese Regelung ist der **Prototyp** einer allgemein gehaltenen Rahmenvorschrift (BAG vom 18.3.2014, BAGE 147, 306, Rn. 24) Der Anwendungsbereich dieser Regelung ist sehr weit: Von konkreten Maßnahmen im Einzelfall bis hin zu generellen Regelungen für Gruppen von Beschäftigten oder allen Beschäftigten können erforderliche Maßnahmen im Sinne dieser Regelung sein.

28   Erforderliche Maßnahmen im Sinne dieser Vorschrift können Regelungen sein, die das sicherheitsgerechte Verhalten der Arbeitnehmer bestimmen, zum Beispiel Signalgebung, Benutzung bestimmter Wege, eingeschränktes Betreten gefährlicher Räume, Benutzung und Bedienung von Schutzvorrichtungen (*Fitting,* § 87 Rn. 297f). Dabei hat der Arbeitgeber eine **Verbesserung von Sicherheit und Gesundheitsschutz** der Beschäftigten anzustreben (Abs. 1 Satz 3). Gemäß Abs. 1 Satz 2 hat der Arbeitgeber die Wirksamkeit der Maßnahmen zu überprüfen und erforderlichenfalls sich ändernden Gegebenheiten anzupassen. Die Überprüfungspflicht ist bei mitbestimmten Maßnahmen eine Rahmenvorschrift, die Handlungsspielräume und auch ein Mitbestimmungsrecht eröffnet. Der Arbeitgeber und der Betriebsrat müssen abhängig von den getroffenen Maßnahmen Überprüfungszyklen und -methoden festlegen (*Fitting,* § 87, Rn. 295; a. A. *Merten/Klein* DB 1998, 673, 674;). Im Übrigen kann der Arbeitgeber kann allein entscheiden, in welcher Weise und wie häufig er eine Überprüfung vornehmen will.

29   § 3 Abs. 2 verpflichtet den Arbeitgeber für eine **geeignete Organisation** zu sorgen und erforderliche Mittel bereitzustellen, sowie Vorkehrungen zu treffen, dass die Maßnahmen eingebunden in die betrieblichen Führungsstrukturen beachtet werden und die Beschäftigten ihren Mitwirkungspflichten nachkommen können. Ein Organisationsmodell des Arbeitgebers ist nicht vorgegeben, sondern nur ein Rahmen für die Entwicklung einer geeigneten Organisation. Entsprechend weit ist das Mitbestimmungsrecht des Betriebsrats zu interpretieren, soweit durch das ArbSiG und andere Gesetze nicht eine gesetzliche Regelung vorgeben.

Allgemeine Grundsätze (§ 4)

30   Die Vorschrift nennt eine Reihe von Rechtsgrundsätzen, welche der Arbeitgeber bei seinen Maßnahmen des Arbeitsschutzes zu beachten hat. Insoweit besteht kein gesondertes Mitbestimmungsrecht des Betriebsrats. Die Grundsätze sind im

Rahmen vorhandener Mitbestimmungsrechte als gesetzliche Vorgaben von **Arbeitgeber und Betriebsrat** zu beachten und unterstreichen die Zielrichtung des Arbeitsschutzes.

Beurteilung der Arbeitsbedingungen (§ 5)

Der Arbeitgeber ist gemäß § 5 Abs. 1 verpflichtet, eine **Beurteilung** der für die 31 Beschäftigten mit ihrer Arbeit verbundenen **Gefährdung** durchzuführen. In einem zweiten Schritt ist zu ermitteln, welche **Maßnahmen des Arbeitsschutzes** erforderlich sind. Typische Gefährdungen werden in § 5 Abs. 3 beispielhaft aufgelistet; diese Regelung wird durch Detailregelungen in den Arbeitsschutzverordnungen (§ 3 ArbStättV, § 3 BetrSichV, § 3 BildschArbV, §§ 5 – 8 BioStoffV, § 3 LärmVibrationsArbSchG und § 3 OStrV) zusätzlich festgelegt. Der Arbeitgeber muss grundsätzlich die Beurteilung für jeden einzelnen Arbeitsplatz oder jede Tätigkeit vornehmen. Sofern jedoch von gleichartigen Arbeitsbedingungen auszugehen ist, ist die Beurteilung eines Arbeitsplatzes oder einer Tätigkeit – statt aller – ausreichend (§ 5 Abs. 2 ArbSchG).

Die **Einzelanalyse** eines Arbeitsplatzes oder einer Tätigkeit ist nicht mitbestim- 32 mungspflichtig, da es sich nicht um einen kollektiven Tatbestand und nicht um eine Maßnahme mit abstrakt generellem Charakter handelt (vgl. Rn. 7).

Die Regelung enthält die gesetzliche Verpflichtung, die Gefährdungen zu ermit- 33 teln ohne dabei festzulegen, wie die Gefährdung zu ermitteln ist. Der Arbeitgeber hat den Spielraum, aus verschiedenen **Gefährdungsbeurteilungsmöglichkeiten** auszuwählen, solange sichergestellt ist, dass mindestens die beispielhaft genannten Gefährdungen gemäß Abs. 3 mit geprüft werden. Die Ergänzung in Ziff. 6, Erfassung psychischer Belastungen bei der Arbeit, wird häufig den Einsatz von Dritten erforderlich machen. Der Betriebsrat hat daher ein Mitbestimmungsrecht bei der Festlegung der Verfahren zur Gefährdungsbeurteilung (BAG vom 20.8.2014 – 7 ABR 64/12 – juris, R.25). Beim Einsatz Dritter im Rahmen der Durchführung der Gefährdungsbeurteilung hat der Arbeitgeber im Rahmen der Vertragsgestaltung die Mitbestimmungsrechte des Betriebsrats zu berücksichtigen (BAG vom 30.9.2014, – 1 ABR 106/12 –, juris, R.15). Hier muss sich der Arbeitgeber Möglichkeiten vorbehalten, den Dritten entsprechend der Mitbestimmung zu instruieren. Die Ermittlung der Belastungen und die Regelungen des Gesundheitsschutzes sind nicht trennbar (BAG vom 8.6.2004, AP Nr. 13 zu § 87 BetrVG 1972 Gesundheitsschutz, unter B I 2b bb) (1.); *Wiese* in GK-BetrVG § 87, Rn. 609); je genauer und wirklichkeitsnäher die Gefährdungen ermittelt und beurteilt werden, umso zielsicherer können konkrete Maßnahmen getroffen werden (BAG vom 8.6.2004, AP Nr. 20 zu § 76 BetrVG 1972 Einigungsstelle unter B III 2b) aa), u. a. ArbG Braunschweig vom 15.10.1997, NZA-RR 1998, 214; *Merten/Klein* DB 1998, 673, 675). Mit der Gefährdungsbeurteilung fängt der Schutz der Gesundheit des Arbeitnehmers an (BAG vom 12.8.2008, NZA 2009, 102, 104; *Kothe* in MHdB ArbR, § 290, Rn. 63).

Neu hinzugetreten ist die Verpflichtung, die psychischen Belastungen bei der 34 Arbeit zu bewerten (§ 5 Abs. 4 Ziff. 6 ArbSchG); hierbei geht es um die abstrakte Erfassung typischer Gefährdungen im Betrieb, bspw. Verdichtung, Beschleunigung oder Entgrenzung der Arbeit (*Balikcioglu* NZA 2015, 1424, 1426; *Schwede* ArbRAktuell, 2016, 82). In der Regel werden hier Fragebögen an die Belegschaft ausgegeben um die Fakten anonym zu erheben.

Mitbestimmungspflichtig ist danach, welche (Pilot-)Abteilungen und Tätigkei- 35 ten beurteilt werden sollen, welche mögliche Gefahr bei der Arbeit besteht, mit welchen **Methoden und Verfahren** das Vorliegen und der Grad einer solchen Gefährdung festgestellt werden soll und inwieweit die Arbeitsbedingungen mehrer Beschäftigter im konkreten Fall als gleichartig anzusehen sind. Es muss auch in Abstimmung mit dem Betriebsrat geklärt werden, in welchem zeitlichen Ablauf die Gefährdung beurteilt werden soll und unter Anwendung welcher Kriterien die Gefährdungsbeurteilung erfolgen soll (BAG vom 8.6.2004, AP Nr. 20 zu § 76 Einigungsstelle unter B III 4b aa)). Die Ermittlung der psychischen Belastungen kann anhand von Fragebogen erfolgen, soweit diese arbeitswissenschaftlich anerkannte Kriterien, z. B. Zeitdruck, Einzelarbeitsplatz ohne Kommunikationsmöglichkeit, etc., abfragen und analysieren (*Uhl/Polocek* BB 2007, 2401, 2404).

36 In einem weiteren Schritt hat der Arbeitgeber aus der Gefährdungsbeurteilung abzuleiten, welche **Maßnahmen des Arbeitsschutzes erforderlich** sind. Diese Maßnahmenfestlegung ist Kernbereich der Mitbestimmung nach § 87 Abs. 1 Ziff. 7 (BAG v. 16.6.1998, AP Nr. 7 zu § 87 BetrVG 1972 Gesundheitsschutz unter I 4). Nicht entscheidend ist, ob die schon vorhandenen Maßnahmen den gesetzlich gebotenen Sicherheitsstandard erfüllen. Wenn der Arbeitgeber selbst bereits statt „geeigneter" andere geeignete oder weitere geeignete Maßnahmen einführen will, geht es immer noch um die Frage, wie der Rahmen der Arbeitsschutzvorschriften auszufüllen ist. Genau darin besteht die mitbestimmungspflichtige Regelungsfrage (BAG a. a. O.).

37 Ergänzend ist der Arbeitgeber nach § 89 Abs. 2 BetrVG verpflichtet, den Betriebsrat bei allen im Zusammenhang mit dem Arbeitsschutz oder der Unfallverhütung stehenden Besichtigungen und Fragen hinzuzuziehen.

Dokumentation (§ 6)

38 Der Arbeitgeber muss nach § 6 Abs. 1 über die erforderlichen Unterlagen verfügen, aus denen das Ergebnis der Gefährdungsbeurteilung, der von ihm festgelegten Maßnahmen des Arbeitsschutzes und das Ergebnis ihrer Überprüfung ersichtlich ist. Wenngleich diese Regelungen mehrere Handlungsalternativen eröffnen, muss die Frage, ob diese konkrete Regelung dem Gesundheitsschutz dient, verneint werden. Die Form, in der das Ergebnis der Gefährdungsbeurteilung und der Maßnahmen dokumentiert wird, wirkt sich weder auf die Gefährdungsbeurteilung selbst, noch auf die angeordneten Maßnahmen aus. Art, Aufbau und Gestaltung der Dokumentation, die Form der Aufzeichnung und ihre Aufbewahrung sind damit **nicht mitbestimmungpflichtig** (ebenso *ArbG Braunschweig* v. 15.10.1997 NZA-RR, 1998, 214, 214; *Wiese/Gutzeit* in GK-BetrVG § 87, Rn. 610; *Merten/Klein* DB 1998, 673, 675; *Kreft-Bender* in MHdB ArbR, § 87, Rn. 145; a. A. *LAG Hamburg* v. 21.9.2000, AP Nr. 11 zu § 87 BetrVG 1972 unter 2b) aa); *Wiebauer* in Landmann/Romer GewO ArbSchG § 5, Rn. 36).

Übertragung von Aufgaben (§ 7)

39 § 7 verpflichtet den Arbeitgeber, bei der Übertragung von Aufgaben auf Beschäftigte je nach Art der Tätigkeiten zu berücksichtigen, ob die Beschäftigten befähigt sind, die für die Sicherheit und den Gesundheitsschutz bei der Aufgabenerfüllung zu beachtenden Bestimmungen und Maßnahmen einzuhalten.

Die Übertragung von Aufgaben durch den Arbeitgeber erfolgt im Rahmen der Ausübung des arbeitsvertraglichen Direktionsrechts. Das arbeitsrechtliche Direktionsrecht unterliegt **nicht der Mitbestimmung des Betriebsrats** gemäß § 87

Abs. 1 Nr. 7 BetrVG (*Wiese/Gutzeit* in GK-BetrVG § 87, Rn. 610; a. A. Lüders/ Weller BB 2016, 116, 118). Als personelle Einzelmaßnahme kann ein Beteiligungsrecht nach § 99 BetrVG eröffnet sein; Auswahlrichtlinien für Versetzungen sind mitbestimmungspflichtig nach § 95 BetrVG.

Zusammenarbeit mehrerer Arbeitgeber (§ 8)

Sofern Beschäftigte mehrerer Arbeitgeber an einem Arbeitsplatz tätig werden, **40** sind die Arbeitgeber verpflichtet, bei der Durchführung der Sicherheits- und Gesundheitsschutzbestimmungen zusammenzuarbeiten und sich gegenseitig und ihre Beschäftigten über die mit den Arbeiten verbundenen Gefahren für Sicherheit und Gesundheit zu unterrichten und Maßnahmen zur Verhütung dieser Gefahren abzustimmen. Die Abstimmung der Zusammenarbeit zwischen mehreren Arbeitgebern ist allein **Sache des Arbeitgebers.**

Werden aufgrund der Abstimmung Regelungen über die Sicherstellung des Ar- **41** beitsschutzes getroffen, hat der Betriebsrat mitzubestimmen, soweit durch diese koordinierenden Maßnahmen Arbeitsschutzpflichten des Arbeitgeber erfüllt werden (*Merten/Klein* DB 1998, 673, 676; *Wiese/Gutzeit* in GK-BetrVG § 87, Rn. 610).

Gemäß § 8 Abs. 2 muss der Arbeitgeber sich vergewissern, dass Beschäftigte anderer Arbeitgeber, die in seinem Betrieb tätig sind, für ihre Tätigkeit in seinem Betrieb angemessene Anweisungen erhalten haben. Hier scheidet ein Mitbestimmungsrecht des Betriebsrates aus. Der Arbeitgeber kann alleine entscheiden, in welchem Umfang und in welcher Art und Weise er den Stand der Unterrichtung der Fremdfirmenbeschäftigten in seinem Betrieb überprüfen will (*Merten/Klein* DB 1998, 673, 676).

Besondere Gefahren (§ 9)

Abs. 1 verpflichtet den Arbeitgeber, Maßnahmen zu treffen, dass nur solche Be- **42** schäftigte, die zuvor geeignete Anweisungen erhalten haben, Zugang zu besonders gefährlichen Arbeitsbereichen erhalten. Die **Gestaltung dieser Maßnahmen** ist mitbestimmungspflichtig, soweit die Weisungen dazu dienen, den besonderen Gefahren zu begegnen (*Wiese/Gutzeit* in GK-BetrVG § 87, Rn. 611; *Merten/Klein* DB 1998, 673, 676).

Gemäß Abs. 2 hat der Arbeitgeber Vorkehrungen zu treffen, dass alle Beschäftig- **43** ten, die einer unmittelbaren erheblichen Gefahr ausgesetzt sind, möglichst frühzeitig über die Gefahr und die getroffenen oder zu treffenden Schutzmaßnahmen unterrichtet werden. Bestimmungen zu Form und Inhalt der Unterrichtung unterliegen der **Mitbestimmung**, ebenso wie Musterverhaltenspläne zur Gefahrenabwehr (*Wiese* in GK-BetrVG § 87, Rn. 611; Merten/Klein, DB 1998, 673, 676).

Auch Maßnahmen des Arbeitgebers, die es den Beschäftigten bei unmittelbarer **44** erheblicher Gefahr ermöglichen, sich durch sofortiges Verlassen des Arbeitsplatzes in Sicherheit zu bringen, bedürfen der Mitbestimmung des Betriebsrats nach § 87 Abs. 1 Ziffer 7 BetrVG.

Soweit es sich allerdings um die Auslegung der Begriffe „besonders gefährlich" **45** (Abs. 1), „unmittelbare erhebliche Gefahr" und „frühzeitig" (Abs. 2) handelt, besteht kein Mitbestimmungsrecht. Die Auslegung von unbestimmten Rechtsbegriffen gehört nicht zu den Aufgaben des Betriebsrats *Merten/Klein* DB 1998, 673, 676).

Erste Hilfe und sonstige Notfallmaßnahmen (§ 10)

46 Der Arbeitgeber hat Maßnahmen zu treffen, die zur ersten Hilfe, Brandbekämpfung und Evakuierung der Beschäftigten erforderlich sind. Diese Maßnahmen im Einzelfall unterliegen der Mitbestimmung des Betriebsrats (*Wiese/Gutzeit* in GK-BetrVG § 87, Rn. 612), sofern nicht ein **Notfall** besteht, der unmittelbares Handeln erforderlich macht, um konkrete Gefahren oder einen Schaden von den Beschäftigten oder dem Betrieb abzuwenden (Richardi-Richardi, § 87 BetrVG, R.62; *Kreft-Bender* in MHdB ArbR § 87, Rn. 152). Der Betriebsrat ist dann nachträglich über die Maßnahmen zu unterrichten und gegebenenfalls eine getroffene Maßnahme im Rahmen des Mitbestimmungsrechts zu bestätigen.

47 Gemäß § 10 Abs. 2 hat der Arbeitgeber Beschäftigte zu benennen, die die Aufgaben Erste Hilfe, Bandbekämpfung und Evakuierung der Beschäftigten übernehmen. Bei der **Auswahl der Beschäftigten** hat der Betriebsrat **kein Mitbestimmungsrecht,** da Abs. 2 Satz 2 ausdrücklich vorschreibt, dass vor der Benennung der Arbeitgeber den Betriebs- oder Personalrat zu hören hat. Dies schließt weitergehende Beteiligungsrechte des Betriebsrats unter dem Gesichtspunkt des Gesundheitsschutzes aus. Insbesondere muss der Betriebsrat nicht angehört werden, wenn der Beschäftigte von seiner Funktion abberufen wird. Unberührt bleibt in diesem Fall die Unterrichtungspflicht des Arbeitgebers nach § 80 Abs. 2 BetrVG.

Arbeitsmedizinische Vorsorge (§ 11)

48 Auf den Wunsch der Beschäftigten hin hat der Arbeitgeber zu ermöglichen, dass diese sich – je nach den Gefahren für ihre Sicherheit und Gesundheit bei der Arbeit – regelmäßig arbeitsmedizinisch untersuchen lassen, soweit nicht aufgrund der Gefährdungsbeurteilung und der Arbeitsschutzmaßnahmen (§ 5 ArbSchG) nicht mit einem Gesundheitsschaden zu rechnen ist.

49 Die Pflicht des Arbeitgebers, arbeitsmedizinische Untersuchungen zu ermöglichen, ist **mitbestimmungsfrei** (*Wiese/Gutzeit* in GK-BetrVG § 87, Rn. 613). Mitbestimmungsfrei ist auch die Festlegung, welche Person die arbeitsmedizinische Untersuchung durchführt (a. A. *Wiese/Gutzeit* in GK-BetrVG § 87, Rn. 613). Die Durchführung der Untersuchung selbst ist ebefalls mitbestimmungsfrei, da sie in der Verantwortung der medizinisch ausgebildeten Untersuchungsperson liegt.

Zu gestalten und damit **mitbestimmungspflichtig** sind jedoch Festlegungen im Zusammenhang mit der Gefährdungsbeurteilung und den Arbeitsschutzmaßnahmen nach § 5, dass mit Gesundheitsschäden nicht gerechnet werden muss. Auch die arbeitsrechtlichen Rahmenbedingungen der Untersuchung (Arbeitsbefreiung, zeitliche Abstände, genereller Umfang der Untersuchungen) sind mitbestimmungspflichtig (*LAG Hamburg* v. 21.9.2000, NZA-RR 2001, 190; *Merten/Klein* DB 1998, 673. 676).

Unterweisung (§ 12)

50 Gemäß § 12 hat der Arbeitgeber seine Beschäftigten und überlassene Arbeitnehmer über Sicherheit und Gesundheitsschutz bei der Arbeit, während der Arbeitszeit ausreichend und angemessen zu unterweisen. Dabei müssen die Anweisungen und Erläuterungen auf den Arbeitsplatz und den Aufgabenbereich der Beschäftigten individuell abgestimmt sein und bei Veränderungen erneut erfolgen. Die Unterweisung ist das wichtigste Instrument, um Beschäftigte in den Stand zu versetzen, Ar-

Betriebliche Mitbestimmung im Arbeitsschutzrecht **SystDarst B**

beitsschutzanordnungen richtig zu erfassen und sich sicherheitsgerecht zu verhalten (RegE, BT-Drs. 13/3540, Begründung zu § 12, S. 19).

Die Durchführung der **individuellen Unterweisung** gegenüber dem einzelnen Mitarbeiter ist nicht mitbestimmungspflichtige personelle Einzelmaßnahme (GK – Wiese/Gutzeit, § 87, Anm. 613). 51

Art, Umfang und konkrete Inhalte der Unterweisung müssen aber durch die Betriebsparteien im Rahmen einer **kollektiven Regelung** festgelegt werden. Hierbei hat der Betriebsrat mitzubestimmen, um eine „ausreichende und angemessene Unterweisung" sicherzustellen (*BAG* v. 8.6.2004, AP Nr. 13 zu § 87 BetrVG 1972 Gesundheitsschutz unter B I 2b) cc)). Der Mitbestimmung unterliegen insbesondere auch das Verfahren (z. B. generelle Punkte der Unterweisung für alle, aufgabenbezogene Unterweisungen für Einzelne; Unterweisung innerhalb oder außerhalb des Betriebes) und die Qualifikation der unterweisenden Person, ferner der Zeitpunkt der Unterweisung. Hierbei haben die Betriebsparteien die Erkenntnisse aus der Gefährdungsbeurteilung zu berücksichtigen (*BAG* v. 11.1.2011, BAGE 136, 353 R.16; *BAG* v. 8.11.2011, 1 ABR 42/10, juris, R.17): Die konkreten Gefahren am Arbeitsplatz sind in den Blick zu nehmen und hiervon ausgehend konkrete arbeitsplatzbezogene Bestimmungen festzulegen. Die Dauer der Unterweisung muss unter Berücksichtigung der Gefahren für die jeweilige Tätigkeit oder die einzelnen Arbeitsplätze festgelegt werden (*BAG* v. 11.1.2011, aaO, Rn. 22; *BAG* v. 8.11.2011, a. a. O., R.28). Setzt der Arbeitgeber bei der Unterweisung Dritte ein, muss er im Rahmen der Vertragsgestaltung die Mitbestimmungsrechte wahren (*BAG* v. 30.9.2014, 1 ABR 106/12 –, juris, R.15). 52

Verantwortliche Personen (§ 13)

Gemäß § 13 Abs. 2 kann der Arbeitgeber zuverlässige und fachkundige Personen schriftlich damit beauftragen, ihm nach dem Arbeitsschutzgesetz obliegende Aufgaben in eigener Verantwortung wahrzunehmen. Erschöpft sich die Maßnahme in der Übertragung einzelner Aufgaben auf Mitarbeiter des Unternehmens, liegt eine Einzelmaßnahme vor (*BAG* v. 18.3.2014, BAGE 147, 306, Rn. 21).Die Regelung enthält auch **kein Beteiligungsrecht des Betriebsrats** bei der Übertragung von Aufgaben des Arbeitgebers auf externe Personen (*BAG* v. 18.8.2009, Beck RS 2009, 73840, Rn. 14). Der Betriebsrat hat kein Mitbestimmungsrecht, wenn der Arbeitgeber die Durchführung von Gefährdungsbeurteilungen oder Unterweisungen gemäß § 13 Abs. 2 ArbSchG auf Dritte überträgt. Es ist dem Betriebsrat aber unbenommen, im Rahmen der Mitbestimmung gegenüber dem Arbeitgeber dafür zu sorgen, dass in einer Betriebsvereinbarung generalisierende Regelungen darüber getroffen werden, welche Qualifikationen und Kenntnisse die mit der Durchführung der Gefährdungsbeurteilung und Unterweisung befassten Personen besitzen müssen (*BAG* v. 18.8.2009, a. a. O., Rn. 24). Soweit der Arbeitgeber etwa bei der Durchführung der Maßnahmen, z. B. der Gefährdungsbeurteilung nach § 5 oder der Unterweisung nach § 13 Dritte einschaltet, ist er verpflichtet, durch eine entsprechende Vertragsgestaltung sicherzustellen, dass die Wahrnehmung der Mitbestimmungsrechte gewährleistet ist (*BAG* v. 30.9.2014, – 1 ABR 106/12 –, juris, R.15). Im Gegensatz dazu ist die Schaffung einer Aufbau- und Ablauforganisation zum Gesundheitsschutz nach § 3 Abs. 2 Nr. 1 ArbSchG zu beurteilen. 53

SystDarst B

Pflichten und Rechte der Beschäftigten (§§ 15 bis 17)

54 In §§ 15–17 werden die Pflichten und Rechte der Beschäftigten allgemein definiert. Diese sind als Individualrechte und -pflichen mitbestimmungsfrei (*LAG Hamburg* v. 21.9.2000, AP Nr. 11 zu § 87 BetrVG 1972; *Kreft-Bender* in MHdB ArbR § 87, Rn. 145). Dies gilt auch, soweit nach § 18 Verhaltenspflichten der Beschäftigten durch Rechtsverordnungen verbindlich geregelt sind.

Sofern eine Regelung zur konkreten Ausgestaltung der Pflichten der Beschäftigten getroffen werden soll, ist diese mitbestimmungspflichtig (*Merten/Klein* DB 1998, 673, 676). Dies gilt insbesondere für Anweisungen des Arbeitgebers, in welcher Art und Weise die Verpflichtungen nach § 15 Abs. 1 Satz 2 zu erfüllen sind.

C. Arbeitsschutzverordnungen

I. Konkretisierung des Arbeitschutzgesetzes

55 Die **Rechtsverordnungen** nach § 18 konkretisieren die allgemeinen Anforderungen des ArbSchG. Ein Mitbestimmungsrecht des Betriebsrats nach § 87 Abs. 1 Ziff. 7 BetrVG besteht im Rahmen dieser Rechtsverordnungen dann, wenn die Vorschriften der Verordnungen die Rahmenregelungen des ArbSchG nicht derart ausfüllen, dass der Arbeitgeber letztlich bei der Normanwendung in Bezug auf seine betrieblichen Maßnahmen zum Arbeitsschutz keinen Spielraum mehr hat (Rn. 7). Da die Verordnungen in weitem Umfang nur allgemein gehaltene **Schutzziele** vorgeben, verbleibt insoweit dem Arbeitgeber bei der Festlegung der einzelnen Arbeitsschutzmaßnahmen allerdings häufig ein eigener Regelungsspielraum, der mitbestimmungspflichtig ist (*Wlotzke* NJW 1997, 1469, 1471).

56 Die neuen Arbeitsschutzverordnungen sind alle nach dem gleichen Muster aufgebaut: Ziele und Schutzzweck werden in § 1 definiert: Hier wird regelmäßig erkennbar, dass die Regelung dem Gesundheitsschutz der Beschäftigten dienen soll. § 2 der Verordnungen definiert regelmäßig die speziellen Begriffe im Schutzbereich der Verordnung. § 3 hält ergänzende Regelungen zur mitbestimmungspflichtigen Gefährdungsbeurteilung nach § 5 ArbSchG fest. Erst dann folgen die spezifischen Regelungen, die noch gesondert mitbestimmungspflichtige Gestaltungsspielräume ausweisen können.

II. Arbeitsstättenverordnung (ArbStättV)

57 **Ziel, Anwendungsbereich (§ 1).** Die ArbStättV ergänzt das Arbeitsschutzgesetz; Rechtsgrundlage ist § 18 ArbSchG. Die Konzeption folgt der Regelungssystematik in der Europäischen Arbeitsschutzrichtlinie, nach der **Schutzziele** und allgemein gehaltene Anforderungen, aber keine detaillierten Verhaltensvorgaben festgesetzt werden. Durch flexible Grundvorschriften soll den Betrieben die Möglichkeit für an ihre Situation angepasste, betriebsnahe Arbeitsschutzmaßnahmen gegeben werden (BR-Drs. 450/04, Begr. Teil A, Allgemeines, S. 21). Erstmalig wurde in dieser Verordnung auch ein „Ausschuss für Arbeitsstätten" ins Leben gerufen, der die Aufgabe hat, das Bundesministerium für Wirtschaft und Arbeit in Fragen des Arbeitsstättenrechts zu beraten, den Stand der Technik in den entsprechenden technischen Regeln festzulegen und ausfüllungsbedürftige Anforderungen in der Verordnung zu konkretisieren. Der Ausschuss hat bereits mehrere technische Regeln für Arbeitsstätten (ASR) festgelegt, die vom Bundesministerium für Arbeit und So-

Betriebliche Mitbestimmung im Arbeitsschutzrecht **SystDarst B**

ziales nach § 7 der Arbeitsstättenverordnung bekannt gemacht wurden. Diese Regelungen schränken den Spielraum des Arbeitgebers im Rahmen der Arbeitsstättenverordnung ein. Dementsprechend wird auch das Mitbestimmungsrecht des Betriebsrats gemäß § 87 Abs. 1 Nr. 7 BetrVG in vielen Fällen zwar eröffnet, durch die konkretisierenden Regelungen jedoch in einen engeren Rahmen gestellt.

Ziel, Anwendungsbereich (§ 1). § 1 Abs. 1 hält als Schutzziel die Sicherheit 58 und den Gesundheitsschutz der Beschäftigten beim Einrichten und Betreiben von Arbeitsstätten fest. Damit ist zunächst einmal klargestellt, dass die Regelungen dem **Gesundheitsschutz** dienen (→ Rn. 10ff.).

Die Ausnahmen vom Anwendungsbereich definieren bestimmte Betriebe, auf 59 die die Verordnung nicht angewendet werden darft mit der Folge, dass damit nur die Anforderung des Arbeitsschutzgesetzes gilt. Mitbestimmungsrechte ergeben sich daher nur in dem Umfang, in dem im Arbeitsschutzgesetz eine Mitbestimmung des Betriebsrats vorgesehen ist (vgl. oben Rn. 22ff.).

Soweit der Bund von der Ermächtigung Gebrauch macht, muss anhand der Son- 60 derregelung geprüft werden, inwieweit dem Arbeitgeber noch ein Rahmen bleibt, innerhalb dessen die Einrichtung und der Betrieb von Arbeitsstätten erfolgen kann. Ist ein solcher Regelungsspielraum gegeben, kann eine Beteiligung des Betriebsrats nach § 87 Abs. 1 Ziffer 7 BetrVG erforderlich sein.

Die neue ArbStättV ist in einen Vorschriftentext mit allgemeinen Bestimmungen und einen Anhang mit spezifischen Bestimmungen aufgeteilt. Die **allgemeinen Bestimmungen** enthalten Rahmenvorschriften mit Anforderungen an das Einrichten und Betreiben von Arbeitsstätten. Der **Anhang** stellt grundlegende Konkretisierungen der allgemeinen Anforderungen für das Einrichten und Betreiben von Arbeitsstätten nach § 3 Abs. 1 ArbStättV zusammen (*Begr*, a. a. O., S. 21; zum Anhang, S. 30).

Begriffsbestimmungen (§ 2). Die Begriffsbestimmungen enthalten Definitionen, die bei der Anwendung der ArbStättV zugrunde zu legen sind. Insoweit gibt es keine Regelungsspielräume für den Arbeitgeber. Ein Mitbestimmungsrecht des Betriebsrats scheidet aus. Vielmehr ist einschränkend zu prüfen, ob alle Arbeitsstätten und Arbeitsplätze erfasst werden, weil diese zum Betrieb des Arbeitgebers gehören und der Betriebsrat für die dort Beschäftigten vertretungsbefugt ist.

Gefährdungsbeurteilung (§ 3). Die Regelung wurde durch Art. 4 der Verord- 61 nung zur Umsetzung der Richtlinie 2006/25/EG zum Schutz der Arbeitnehmer vor Gefährdungen durch künstliche optische Strahlung und zur Änderung der Arbeitsschutzverordnungen vom 19.7.2010 eingeführt. Damit wird erreicht, dass die Konzepte und die Struktur der Arbeitsschutzverordnung vereinheitlicht werden und das Verständnis und die Anwendung der Verordnung in der betrieblichen Anwendung erleichtert werden (Regierungsentwurf REG, BT-Drucks. 262/10 vom 29.4.2010, S. 26).

Die Vorschrift konkretisiert die Verpflichtungen des Arbeitgebers bei der Beurteilung der Arbeitsbedingungen nach § 5 des ArbSchG. Genaue Regelungen, wie mögliche Gefährdungen der Gesundheit und der Sicherheit der Beschäftigten zu beurteilen sind, enthält die Norm nicht; in § 3 Abs. 2 wird lediglich festgehalten, dass die Gefährdungsbeurteilung fachkundig durchgeführt werden muss.

Ein Mitbestimmungsrecht des Betriebsrats besteht im Rahmen des § 3 ArbStättV hinsichtlich der **Durchführung der Gefährdungsbeurteilung** (vgl. oben Rn. 31) und hinsichtlich der vom Arbeitgeber **zu treffenden Schutzmaßnah-**

Hecht 1085

men. Letztere sind anhand der Anforderungen an Arbeitsstätten (Anhang zur ArbStättV) zu orientieren, wobei der Stand der Technik, Arbeitsmedizin und Hygiene, sowie gesicherte Arbeitswissenschaftliche Erkenntnisse mit zu berücksichtigen sind.

Gemäß § 3 Abs. 3 S. 2 hat der Arbeitgeber in der Dokumentation anzugeben, welche Gefährdungen am Arbeitsplatz auftreten können und welche Maßnahmen nach Abs. 1 S. 3 durchgeführt werden müssen. Die Form der Dokumentation gemäß § 6 ArbSchG ist mitbestimmungsfrei (vgl. Rn. 38).

62 **Einrichten und Betreiben von Arbeitsstätten (§ 3 a).** § 3 a wurde durch Artikel 4 der Verordnung vom 19. 7. 2010 (Bundesgesetzblatt 1, Seite S. 960) neu eingefügt. Der Inhalt entspricht jedoch nahezu wortgleich § 3 Arbeitsstättenverordnung alter Fassung. Lediglich § 3 a Abs. 1 Satz 2 ist weitergefasst, so dass alle nach § 7 Abs. 4 bekannt gemachten Regeln und Erkenntnisse zu berücksichtigen sind. Wesentliche Änderungen hinsichtlich des Handlungsspielraums des Arbeitgebers werden dadurch nicht eintreten.

Die Regeln selbst sind **keine Rechtsnormen** und deshalb keine ausfüllungsfähigen und ausfüllungsbedürftigen Rahmenvorschriften im Sinne des § 87 Abs. 1 Nr. 7 BetrVG (zu den ASR: *Wlotzke* in MHdB ArbR § 212 Rn. 22; *Richardi* § 87, Rn. 548). Sie erlangen ihre Rechtswirksamkeit erst durch die höherrangige Basisvorschrift des § 3 Abs. 1 Satz 2 ArbStättV (vgl. *Klindt* BG 2004, 20, 21, 24 zu dem gleichlautenden § 24 Abs. 5 BetrSichV).

63 Allerdings enthalten die ASR und die neuen (technischen) Regeln gesicherte arbeitswissenschaftliche Erkenntnisse, die vom Arbeitgeber bei der Planung von Arbeitsplätzen berücksichtigt werden sollen. Hierbei hat der Betriebsrat nach **§ 90 Abs. 2 BetrVG** ein Recht auf **Beratung** mit dem Arbeitgeber.

64 Auch beim Einrichten und Betreiben der Arbeitsstätten hat der Arbeitgeber den Stand der Technik und insbesondere die vom Bundesministerium für Arbeit und Soziales nach § 7 Abs. 4 bekannt gemachten Regeln und Erkenntnisse zu berücksichtigen. Eine Verpflichtung hierzu besteht nicht; wenn der Arbeitgeber die Regeln und Erkenntnisse nicht anwendet, muss er durch **andere Maßnahmen** die gleiche Sicherheit und den gleichen Gesundheitsschutz erreichen. Der Arbeitgeber hat daher einen Handlungsspielraum bei der Festlegung von Maßnahmen.

65 Dieses Vorgehen beinhaltet für den Arbeitgeber eine Wahlmöglichkeit dahin gehend, ob er von den Regeln abweichen will oder nicht, und unterliegt insoweit der **Mitbestimmung** des Betriebsrats (*Wlotzke* in MHdB ArbR § 208 Rn. 34; *Wiese/ Gutzeit* in GK-BetrVG § 87 Anm. 617).

66 Die Bestimmungen des **§ 3 a Abs. 3 ArbStättV** entsprechen dem bisherigen § 3 Abs. 3 ArbStättV. Die Vorschrift der ArbStättV sind auf den Regelfall zugeschnitten. Nach § 3 a Abs. 3 ArbStättV kann die zuständige Behörde auf Antrag des Arbeitgebers **Ausnahmen** von den Vorschriften der ArbStättV zulassen, wenn der Arbeitgeber eine andere, ebenso wirksame Maßnahme trifft (Nr. 1) oder wenn die Durchführung der Vorschrift zu einer unverhältnismäßigen Härte führen würde (Nr. 2). Die **Beantragung** von Ausnahmen ist **mitbestimmungsfrei** (zu § 4 Abs. 2 ArbStättV a. F: *Kollmer*, ArbStättV, § 4 Rn. 22; *Wiese/Gutzeit* in GK-BetrVG Rn. 617). Bei den Voraussetzungen („ebenso wirksame Maßnahme", „unverhältnismäßige Härte") handelt es sich um reine Rechtsanwendung ohne Gestaltungsspielraum für den Arbeitgeber.

Die **Inanspruchnahme** der erteilten Ausnahmegenehmigung unterliegt demgegenüber der **Mitbestimmung** des Betriebsrats, denn dem Arbeitgeber bleibt die Wahlmöglichkeit, nach der Ausnahme zu verfahren oder nicht. Die Beantragung der Ausnahme als solche ist nicht mitbestimmungspflichtig, wohl aber ist der Betriebsrat nach § 89 Abs. 2 Satz 1 BetrVG sowohl durch den Arbeitgeber als auch durch die zuständige Behörde (z. B. durch Aufforderung zur Stellungnahme) zu beteiligen (*Wiese/Gutzeit* in GK-BetrVG § 87 Rn. 617 m. w. N.).

Besondere Anforderungen an das Betreiben von Arbeitsstätten (§ 4). § 4 67
Abs. 1–3 geben dem Arbeitgeber konkrete Prüf- und Instandhaltungspflichten, die keinen Rahmen frei geben. Mitbestimmungsrechte des Betriebsrats scheiden aus.

Die Bestimmungen des § 4 Abs. 4–5 ArbStättV erfordern, dass der Arbeitgeber einen Flucht- und Rettungsplan aufstellt, sofern die Eigenart der Arbeitsstätte dies erfordert. Die Aufstellung und Ausgestaltung des Flucht- und Rettungsplans gibt dem Arbeitgeber einen Regelungsspielraum und dieser unterliegt damit der Mitbestimmung des Betriebsrats (*Wiese/Gutzeit* in GK-BetrVG § 87, Rn. 622). Gleiches gilt hinsichtlich der Bekanntmachung des Flucht- und Rettungsplans hinsichtlich Form („Auslegen" oder „Aushängen") und Ort („geeignete Stelle"). Die Abstimmung der Zeitabstände, in denen entsprechend dem Flucht- und Rettungsplan zu üben ist, muss ebenfalls mit dem Betriebsrat erfolgen (*Wiese/Gutzeit* in GK-BetrVG § 87 Rn. 622).

Die Verpflichtung Einrichtungen zur ersten Hilfe zur Verfügung zu stellen und 68
regelmäßig auf Vollständigkeit und Verwendungsfähigkeit zu prüfen ist eine eigenständige Verpflichtung des Arbeitgebers, die in keiner Detailregelung zugänglich ist.

Nichtraucherschutz (§ 5). Der Arbeitgeber ist nach der Regelung grundsätz- 69
lich verpflichtet, die „erforderlichen Maßnahmen" zu treffen, damit die nichtrauchenden Beschäftigten in Arbeitsstätten wirksam vor den Gesundheitsgefahren durch Tabakrauch geschützt sind. Soweit es erforderlich ist, hat der Arbeitgeber ein allgemeines oder auf einzelne Teilbereiche der Arbeitsstätte beschränktes Rauchverbot zu erlassen. Dies wird eingeschränkt für Arbeitsstätten mit Publikumsverkehr; Schutzmaßnahmen sind nur insoweit zu treffen, als die Natur des Betriebes und die Art der Beschäftigung es zulassen.

Die Vorschrift, enthält nur allgemeine und damit ausfüllungsbedürftige Anforde- 70
rungen. Gemeinsam mit der Arbeitnehmervertretung hat der Arbeitgeber festzulegen, was erforderliche Maßnahmen sind und welche Bereiche der Arbeitsstätte hier erfasst sind. Soweit Nichtraucherschutzgesetze (BNichtrSchG, Berliner Nichtraucherschutzgesetz, etc.) ein Verbot des Tabakrauchens vorsehen, darf dies bei der Prüfung der zulässigen Ausübung der unternehmerischen Betätigungsfreiheit nach § 5 Abs. 1 und 2 ArbStättV nicht unberücksichtigt bleiben. Hieraus kann sich gemäß § 618 BGB i. V. m. § 5 ArbStättV eine Verpflichtung ergeben, ein rauchfreien Arbeitsplatz zur Verfügung zu stellen (*BAG* v. 19.5.2009, AP Nr. 30 zu § 618 BGB).

Im Übrigen ist die unternehmerische Entscheidung über ein Rauchverbot nicht 71
mitbestimmungspflichtig, soweit die Rauchfreiheit der Arbeitsstätte nach der Art des Unternehmens oder aus technischen Gründen betriebsbedingt zwingend notwendig ist: z. B. Chipherstellung, Krankenhäuser, Nichtraucher-Restaurant, Reinsträume).

Arbeitsräume, Sanitärräume, Pausen- und Bereitschafträume, Erste- 72
Hilfe-Räume, Unterkünfte (§ 6). Die Vorschrift legt grundlegende Anforderungen an die unterschiedlichen Räume der Arbeitsstätte fest. Dies betrifft Räume, die dem unmittelbaren Arbeitsablauf dienen (Absatz 1) oder Räume (Absatz 2 bis 5), die

SystDarst B Systematische Darstellungen

den Beschäftigten aus Gründen der Sicherheit, Erholung oder Hygiene zu Verfügung stehen (*Begr* zu § 8 ArbStättV, S. 32). Einige Anforderungen bedürfen innerbetrieblich **weiterer Konkretisierung**, z. B. „geeignete" Umkleideräume (Absatz 2 Satz 2), „regelmäßige und häufige" Arbeitsbereitschaftszeiten oder Arbeitsunterbrechungen (Absatz 3 Satz 3), Erste-Hilfe-Räume oder „vergleichbare" Einrichtungen (Absatz 4). Vor allem die Voraussetzung „wenige Beschäftigte" (Absatz 2 Satz 4 Halbs. 2) für geringere Anforderungen an Umkleide-, Wasch- und Toilettenräume bei der Trennung der Geschlechter lässt sich nur betriebsspezifisch anhand der tatsächlichen Verhältnisse in der einzelnen Arbeitsstätte (z. B. auch ungleichzeitige Anwesenheit wegen Schicht- oder Außendienst) bestimmen. In allen diesen Fällen besteht ein **Mitbestimmungsrecht** des Betriebsrats (*Kothe/Faber*, DB 2005, 224, 230).

73 **Ausschuss für Arbeitsstätten (§ 7).** Der Aussschuss für Arbeitsstätten wird beim Bundesministerium für Arbeit gebildet und hat die Aufgaben, dem Stand der Technik, Arbeitsmedizin und Arbeitshygiene entsprechend der Regeln zur Erkenntnisse für die Sicherheit und Gesundheit der Beschäftigten Arbeitsstätten zu ermitteln sowie Regeln zu ermitteln, in denen die Anforderungen der Verordnung erfüllt werden können. Diese Regelungen sind keine Rechtsvorschriften, da sie nur den Stand der gesicherten Erkenntnisse zusammenfassen, die der Arbeitgeber bei der Einrichtung und Betreiben einer Arbeitsstätte einzuhalten hat. Von ihnen darf nach § 3a Abs. 1 Satz 4 ArbStättV abgewichen werden, wenn durch andere Maßnahmen die gleiche Sicherheit erreicht wird. Insoweit ergeben sich Regelungsspielräume, die der Arbeitgeber gemeinsam mit dem Betriebsrat nach § 87 Abs. 1 Nr. 7 BetrVG auszufüllen hat (*Richardi*, § 87, Rn. 548).

74 **Übergangsvorschriften (§ 8).** Die ArbStättV gilt ohne Ausnahme für neu errichtete Arbeitsstätten. Auf **Alt-Arbeitsstätten**, die beim Inkrafttreten der ArbStättV am 1. Mai 1976, in den Geltungsbereich der ArbStättV fielen, findet die ArbStättV nach **§ 8 Abs. 1 Satz 1 ArbStättV** grundsätzlich keine Anwendung, wenn die Erfüllung ihrer Anforderungen umfangreiche Änderungen der Arbeitsstätte, der Betriebseinrichtungen, der Arbeitsverfahren oder der Arbeitsabläufe notwendig machen würde (Bestandsschutz).

75 Die Anwendbarkeit der ArbStättV auf die bei ihrem Inkrafttreten bereits errichteten Arbeitsstätten ist in Bezug auf den Begriff „umfangreiche Änderungen" eine reine Rechtsfrage ohne Regelungsspielraum für den Arbeitgeber. Der Betriebsrat hat kein **Mitbestimmungrecht** (zu § 56 Abs. 1 ArbStättV a. F.: *Wiese/Gutzeit* in GK-BetrVG § 87 Anm. 622; a. A. *Kittner/Pieper* ArbSchR, ArbStättV Rn. 31 m. w. N.). Der Umfang der Geltung einer öffentlich-rechtlichen staatlichen Eingriffsnorm kann nicht durch die Betroffenen als Normadressat (bzw. im Streitfall durch die Einigungsstelle, § 76 BetrVG) entschieden werden.

76 Ungeachtet der Übergangsregelungen für Alt-Arbeitsstätten hat der Arbeitgeber bei wesentlichen Änderungen **§ 8 Abs. 1 Satz 2 ArbStättV** im Einzelfall die erforderlichen Maßnahmen zu treffen, damit die Arbeitsstätten mit den Anforderungen der ArbStättV übereinstimmen. Der Arbeitgeber hat den Betriebsrat gemäß § 90 BetrVG über seine Planungen in Bezug auf Maßnahmen nach § 10 Abs. 1 Satz 2 ArbStättV zu **unterrichten** (zu § 56 Abs. 2 ArbStättV a. F.: *Kittner/Pieper*, ArbSchR, ArbStättV Rn. 34).

77 **Anhang.** Die Schutzziele und allgemein gehaltenen Anforderungen für das Einrichten und Betreiben von Arbeitsstätten nach § 3 Abs. 1 ArbStättV werden im

Anhang näher konkretisiert. Schutzziele sind nur dann konkret geregelt wenn nach wissenschaftlich begründeten Erkenntnissen im Belastungsfall Gesundheitsschäden möglich sind und wenn Anforderungen keinen nachträglichen Gestaltungsspielraum zulassen. Anforderungen an Arbeitsplätze sind konkreter gefasst als Anforderungen an andere Teile der Arbeitsstätte.

Soweit die Anforderungen im Anhang dem Arbeitgeber einen Gestaltungsspielraum eröffnen sind diese der Mitbestimmung durch den Betriebsrat im Rahmen des § 3 Abs. 1 Satz 1 ArbStättV zugänglich. Dies betrifft die auf den Betrieb anzupassenden Festlegungen, z. B. „ausreichende Grundfläche", „ausreichende Lichthöhe", „größe des notwendigen Luftraums" (Ziffer 1.2), „Funktionieren und sicher Benutzbar sein" (Ziffer 1.9, 1.10 und 1.11) etc.). Viele Regeln sind jedoch Abs. 3 ArbStättV vom Ausschuss für Arbeitsstätten ermittelten und vom Bundesministerium für Arbeit und Soziales bekannt gemachten Regeln ergänzt werden.

Kein Mitbestimmungsrecht des Betriebsrats besteht insbesondere dort, wo bestimmte **Maßzahlen** vorgegeben werden. 78

III. Baustellenverordnung (BaustellV)

Rechtsgrundlage der BaustellV ist § 19 ArbSchG, da mit dieser Verordnung die 79 EG-Baustellenrichtlinie in deutsches Recht umgesetzt wird.

Ziele, Begriffe (§ 1). Die Verordnung dient der wesentlichen Verbesserung 80 von Sicherheit und Gesundheitsschutz der Beschäftigten auf Baustellen. Es handelt sich um eine Regelung des Gesundheitsschutzes im Sinne von § 87 Abs. 1 Ziffer 7 ArbSchG.

Planung der Ausführung des Bauvorhabens (§ 2). Beträgt die voraussichtli- 81 che Dauer der Arbeiten auf der Baustelle mehr als 30 Arbeitstage und werden auf der Baustelle mehr als 20 Beschäftigte gleichzeitig tätig, so ist nach § 2 Abs. 1 Satz 1 BaustellV der zuständigen Behörde eine **Vorankündigung** zu übermitteln. Nach § 2 Abs. 2 Satz 2 BaustellV ist die Vorankündigung sichtbar auf der Baustelle auszuhängen und bei erheblichen Änderungen anzupassen.

Bei § 2 Abs. 2 Satz 2 BaustellV handelt es sich zwar um eine Rahmenvorschrift, 82 die einen Entscheidungsspielraum darüber belässt, wo die Vorankündigung auf der Baustelle „sichtbar" auszuhängen und unter welchen Voraussetzungen eine „erhebliche Änderung" mit der Pflicht zur Anpassung der Vorankündigung anzunehmen ist. Die Maßnahmen nach § 2 BaustellV hat aber nicht der Arbeitgeber der Beschäftigten, sondern gemäß § 4 ausdrücklich allein der **Bauherr** oder sein Beauftragter zu treffen, zu denen seitens der Beschäftigten keine rechtliche Beziehungen bestehen. Es besteht **keine Mitbestimmung** durch den Betriebsrat (*Kollmer,* BaustellV, Einl. Rn. 40).

Koordinierung (§ 3). Der Bauherr hat nach § 3 Abs. 1 Satz 1 BaustellV für 83 Baustellen, auf denen Beschäftigte mehrerer Arbeitgeber tätig werden für die Planung der Ausführung und für die Ausführung von Bauvorhaben einen oder mehrere geeignete **Koordinatoren** zu bestellen. Für die Eignung des Koordinators enthält die BaustellV keine konkreten Anforderungen.

Bei § 3 Abs. 1 Satz 1 BaustellV handelt es sich um eine Rahmenvorschrift, die 84 einen Entscheidungsspielraum darüber belässt, welche Personen als Koordinatoren „geeignet" sind. Die Maßnahmen nach § 3 Abs. 1 Satz 1 BaustellV hat aber nicht der Arbeitgeber der Beschäftigten, sondern gemäß § 4 BaustellV ausdrücklich allein der **Bauherr** oder sein Beauftragter zu treffen, zu denen seitens der Beschäftigten keine rechtliche Beziehungen bestehen. Es besteht **keine Mitbestimmung** durch den Betriebsrat (*Kollmer*, BaustellV, Einl. Rn. 40).

85 **Pflichten des Arbeitgebers (§ 5).** Durch **§ 5 Abs. 1 BaustellV** wird die Verpflichtung des Arbeitgebers nach dem ArbSchG (§ 3 Abs. 1 Satz 1) **konkretisiert,** die erforderlichen Maßnahmen des Arbeitsschutzes unter Berücksichtigung der Umstände zu treffen, die Sicherheit und Gesundheitsschutz der Beschäftigten bei der Arbeit beeinflussen. Wie sich aus der Formulierung „insbesondere" ergibt, ist der Katalog der in Absatz 1 Nr. 1 bis 5 bezeichneten Pflichten **nicht abschließend.**

86 Die Vorschrift des § 5 Abs. 1 BaustellV ist – trotz der Konkretisierung der Grundpflichten des Arbeitgebers nach dem ArbSchG in Nr. 1 bis 5 – eine Rahmenvorschrift, die weiterer Konkretisierung hinsichtlich der vom jeweiligen Arbeitgeber zu treffenden **„erforderlichen Maßnahmen"** bedarf und dem Arbeitgeber dabei einen Entscheidungsspielraum einräumt (z. B. „Instandhaltung" – Zeitabstände der Funktionsprüfungen; „Vorkehrungen zur Lagerung" – sichere Aufbewahrung von asbesthaltigem Material). Auch sind die in Absatz 1 Nr. 1 bis 5 genannten Tatbestände **nur beispielhaft** genannt („insbesondere") und ermöglichen darüber hinausgehende Regelungen zum Arbeitsschutz. Die Maßnahmen des Arbeitgebers unterliegen der **Mitbestimmung** des Betriebsrats (*Klebe* in DKKW § 87 Rn. 222; *Fitting*, § 87 Rn. 307; *Kittner/Pieper*, ArbSchR, BauStellV Rn. 6; *Kollmer*, BaustellV, Einl. Rn. 41). Dies gilt nicht für die Zusammenarbeit mit mehreren Arbeitgebern.

87 Durch **§ 5 Abs. 2 BaustellV** wird der Arbeitgeber verpflichtet, die Beschäftigten in **verständlicher Form und Sprache** über die sie betreffenden Schutzmaßnahmen zu informieren. Mit dieser Regelung soll der besonderen Situation auf einer Vielzahl von Baustellen Rechnung getragen werden, bei der Beschäftigte unterschiedlicher Nationalitäten Bauarbeiten ausführen. Die Beschäftigten müssen die Informationen verstehen können. Eine Übersetzung in die jeweilige Muttersprache wird in der Regel erforderlich sein, ist aber in der BaustellV nicht zwingend vorgeschrieben (*Pieper* ArbuR 1999, 88, 92 f.; *Wank* TAS § 5 BaustellV Rn. 2).

88 Die Vorschrift des § 5 Abs. 2 BaustellV gibt dem Arbeitgeber einen **Regelungsspielraum** bei der Durchführung der Information (z. B. mündlich oder schriftlich, Übersetzung in bestimmte fremde Sprachen, Zeitabstände für die Wiederholung, Piktogramme). Die Maßnahmen des Arbeitgebers unterliegen jeweils damit auch der **Mitbestimmung** des Betriebsrats (*Fitting*, § 87 Rn. 30; *Kollmer*, BaustellV, Einl. Rn. 41).

IV. Betriebssicherheitsverordnung (BetrSichV)

89 **Anwendungsbereich und Begriffsbestimmungen (§§ 1, 2).** Die Betriebssicherheitsverordnung soll die Sicherheit und den Schutz der Gesundheit von Beschäftigten gewährleisten. Sie ist daher geeignetes Rahmengesetz i. S. d. § 87 Abs. 1 Ziff. 7 BetrVG. Sie gilt für die Bereitstellung von Arbeitsmitteln durch den Arbeitgeber sowie für die Benutzung von Arbeitsmitteln durch Beschäftigte bei der Arbeit. Die Vorschrift übernimmt dabei inhaltlich führere Regelungen aus der Arbeitsmittelbenutzungsverordnung. Die Definitionen enthalten keine offenen Regelungsbereiche.

90 **Gefährdungsbeurteilung (§ 3).** In § 3 Abs. 1 BetrSichV wird die Verpflichtung des Arbeitgebers, nach dem ArbSchG (§ 5) eine Gefährdungsbeurteilung

durchzuführen, **konkretisiert.** Der Arbeitgeber hat dabei die Gefährdungen zu berücksichtigen, die mit der Benutzung des Arbeitsmittels selbst verbunden sind und die am Arbeitsplatz durch Wechselwirkungen der Arbeitsmittel untereinander oder mit Arbeitsstoffen oder der Arbeitsumgebung hervorgerufen werden, insbesondere aber auch psychische Belastungen. Dies bedeutet insbesondere, dass die lokalen Besonderheiten des Betriebes und der Arbeitsmittel zu berücksichtigen sind. Für Arbeitsmittel sind bereits vor ihrer Einführung die erforderlichen Prüfungen vorzunehmen (Abs. 3 Satz 1). Die Gefährdungsbeurteilung ist regelmäßig zu überprüfen.

Der Arbeitgeber hat die Arbeitsmittel bereits vor der Verwendung im Hinblick auf die auftretenden Gefährdungen zu beurteilen. Die „Soll"- Regelung in § 3 Abs. 3, S. 1 kann nur so verstanden werden, dass der Betriebsrat schon vor der Auswahl und der Beschaffung der Arbeitsmittel eine Mitbestimmung eingefordern kann. Dies erweitert auch den zeitlichen Rahmen des Mitbestimmungsrechts nach vorne. Es handelt sich um eine Rahmenvorschrift, da der Arbeitgeber mehr Flexibilität bei dem Einsatz der Arbeitsmittel (*Schucht* NZA 2015, 333, 334) erhalten sollte. 91

Die Ausgestaltung des Verfahrens zur „Ermittlung" der Gefährdung über den Einzelarbeitsplatz hinaus unterliegt damit der **Mitbestimmung,** weil die Verordnung trotz der dort bestimmten Anforderungen die Gefährdungsbeurteilung nicht selbst im Einzelnen regelt, sondern dem Arbeitgeber mehrere Möglichkeiten belässt, wie die Gefährdungsbeurteilung in seinem Betrieb vorgenommen werden soll (dazu auch § 5 ArbSchG, Rn. 24 ff.). Insbesondere müssen auch die psychischen Belastungen festgestellt werden, die sich aus der Verwendung der Arbeitsmittel ergeben können. Die Methoden der Feststellung sind mit dem Betriebsrat im Rahmen der Mitbestimmung festzulegen.

In **§ 3 Abs. 3 Satz 3 BetrSichV** ist vorgeschrieben, dass der fachkundige Personen einsetzen muss. Die Festlegung der Personen unterliegt damit der Mitbestimmung des Betriebsrats. Der Arbeitgeber hat einen Handlungsspielraum, der **mitbestimmungspflichtig** auszufüllen ist. Mitbestimmungsfrei ist dagegen die Beauftragung einer konkreten Person mit der Prüfung oder Erprobung (vergl. Rn. 53). Die notwendige, in ihrem Inhalt beschriebene Dokumentation der Ergebnisse der Gefährdungsbeurteilung gemäß § 2 Abs. 8 ist mitbestimmungsfrei, da sie keinen Handlungsrahmen einräumt. 92

Grundpflichten des Arbeitgebers (§ 4). § 4 Abs. 2 BetrSichV ist eine Rahmenregelung im Sinne von § 87 Abs. 1 Nr. 7 BetrVG, da der Arbeitgeber „geeignete Schutzmaßnahmen" zu treffen hat, um sicherzustellen, dass Gefährdungen soweit wie möglich ausgeschlossen werden. Sowohl die Festlegung der Maßnahmen, wie auch die Geeignetheit der Maßnahmen, mit denen die Gefährdung so gering wie möglich gehalten werden soll, sind vom **jeweiligen Betrieb und den konkreten Arbeitsumständen** abhängig, so dass generelle Regelungen hierzu der Mitbestimmung des Betriebsrats unterliegen. 93

Die Betriebsparteien haben bei ihrer Regelung die vom Ausschuss für Betriebssicherheit und vom Bundesministerium für Arbeit und Soziales im Bundesarbeitsblatt oder im gemeinsamen Ministerialblatt veröffentlichte Regeln und Erkenntnisse zu berücksichtigen (§ 4 Abs. 3).

Bei der Gestaltung der betrieblichen Organisation hat der Arbeitgeber die belangen des Arbeitsschutzes angemessen einzubinden; auch dies stellt eine Rahmenregelung dar, die die Mitbestimmung des Betriebsrats auslöst. Sie wird begrenzt durch die grundsätzlich bestehende Aufgabe und Freiheit des Arbeitgebers, den Betrieb zu organisieren. Die Mitbestimmung des Betriebsrats erfasst daher nur zusätzliche Impulse, die aus dem Arbeitsschutz resultieren, in der Organisation des Betriebes zu berücksichtigen.

94 **Grundlegende Schutzmaßnahmen bei der Verwendung von Arbeitsmitteln (§§ 5, 6).** Bei der Nutzung der Arbeitsmittel sind gemäß § 6 Abs. 1 die Grundsätze einer menschengerechten Gestaltung der Arbeit umzusetzen. Die Regeln sind nicht auf den Einzelfall zugeschnitten und keine abstrakten Rechtssätze, sondern müssen im Hinblick auf die tatsächlichen Arbeitsplätze gestaltet werden. Daher liegt auch hier eine Rahmenvorschrift zum Gesundheitsschutz vor. Die Regeln zur Verwendung der persönlichen Schutzausrüstung und zur Einhaltung von Schutzmaßnahmen (Abs. 2, 3) sind klar anweisende Normen, die keine Gestaltungsspielräume eröffnen. Eine Mitbestimmung ist insoweit ausgeschlossen.

95 **Vereinfachte Vorgehensweise bei Arbeitsmitteln (§ 7).** Insoweit liegt keine Rahmenregelung vor, so dass ein Mitbestimmungsrecht des Betriebsrats entfällt.

96 **Schutzmaßnahmen bei Gefährdung durch Energien, Ingangsetzen und Stillsetzen (§ 8).** § 8 hält fest, dass der Arbeitgeber nur solche Arbeitsmittel bereitstellen darf, die den Rechtsvorschriften entsprechen. Diese Regeln binden die Betriebsparteien bei der Gestaltung der Gefährdungsbeurteilung. Im Übrigen scheidet eine Mitbestimmungspflicht aus.

97 **Weitere Schutzmaßnahmen (§ 9), Instandhaltung und Änderung von Arbeitsmitteln (§ 10) und besondere Betriebszustände (§ 11).** Insoweit kann eine Rahmenregelung vorliegen, deren Ausfüllung durch den Arbeitgeber mit den „erforderlichen Maßnahmen" Mitbestimmungspflichten auslöst. Häufig wird jedoch kein Gestaltungsspielraum vorliegen, so dass eine Mitbestimmung des Betriebsrats ausscheidet.

98 Die allgemeinen Unterrichtungspflichten nach dem Arbeitsschutzgesetz werden für die Benutzung von Arbeitsmitteln durch § 9 Abs. 1 ergänzt. Soweit die Regelung auf „angemessene" oder erforderliche Informationen oder Anweisungen und Vorkehrungen verweist werden Regelungsspielräume eröffnet, die der Arbeitgeber gemeinsam mit dem Betriebsrat ausfüllen muss.

99 **Unterweisung und besondere Beauftragung von Beschäftigten (§ 12).** Die Gestaltung der Unterweisung kann in einem angemessenen und ausreichendem Rahmen erfolgen, so dass der Betriebsrat mitbestimmen kann, wie dies im Betrieb erfolgen soll. Dies schließt die Wahl ein, eine Betriebsanweisung oder eine Gebrauchsanleitung zu übergeben.

100 **Zusammenarbeit verschiedener Arbeitgeber (§ 13).** Eine Mitbestimmung des Betriebsrats zum Einsatz von Auftragnehmern besteht nicht. Allenfalls dann, wenn eine Gefährdung der Arbeitnehmer nicht ausgeschlossen werden kann und alle Arbeitgeber zusammen eine Gefährdungsbeurteilung durchzu führen haben, bestehen die entsprechenden Mitbestimmungsrechte.

101 **Prüfung von Arbeitsmitteln (§ 14).** Die Vorschrift enthält keine ausfüllungsbedürftigen Gestaltungsspielräume, so dass eine Mitbestimmung des Betriebsrats ausscheidet.

Zustätzliche Vorschriften für überwachungsbedürftige Anlagen (§§ 15– 18), Vollzugsregelungen (§ 19–21) und Ordnungswidrigkeiten (§ 22). Die

Regelungen sehen keine Gestaltungsmöglichkeiten vor, die der Mitbestimmung unterliegen.

V. Bildschirmarbeitsverordnung (BildscharbV)

Beschäftigte im Sinne der BildscharbV sind alle Beschäftigten, die gewöhnlich bei einem nicht unwesentlichen Teil ihrer normalen Arbeit ein Bildschirmgerät nutzen. Bei welchen konkreten Beschäftigten eines Betriebes dies der Fall ist, ist eine Rechtsfrage, die **nicht** der Mitbestimmung unterliegt. 102

Beurteilungen der Arbeitsbedingen (§ 3). Die Vorschrift konkretisiert für die Bildschirmarbeit die allgemeine Verpflichtung des Arbeitgebers nach dem Arbeistschutzgesetz (§ 5) zur Ermittlung und Beurteilung von Gefährdungen. Bei Bildschirmarbeitsplätzen ist der Arbeitgeber verpflichtet, insbesondere hinsichtlich einer möglichen Gefährdung des Sehvermögens sowie **körperlicher Probleme** und **psychischer Belastungen** zu ermitteln und zu beurteilen wie Ermittlung und Beurteilung der Arbeitsbedingungen unterfällt dem Anwendungsbereich des § 87 Abs. 1 Nr. 7 BetrVG (BAG AP Nr. 13 zu § 87 BetrVG 1972 Gesundheitsschutz zu B I 2b bb. Im Übrigen spricht das Wort „insbesondere" in § 3 Bildschirmarbeitsverordnung, dass ein Mitbestimmungsrecht des Betriebsrats bestehen soll (LAG Hamburg, 7.6.1990 DABV 3/98). 103

Anforderungen an die Gestaltung (§ 4). Der Arbeitsgeber hat geeignete Maßnahmen zu treffen, damit die Anforderung des Anhangs und sonstiger Rechtsvorschriften erfüllt werden. Die im **Anhang** zur Bildschirmarbeitsverordnung festgelegten Anforderungen für das Bildschirmgerät, Tastatur, sonstige Arbeitsmittel und Arbeitsumgebung sind so präzise gefasst, dass praktisch kein Spielraum offen bleibt, so dass ein Mitbestimmungsrecht in der Regel ausscheiden dürfte. Eine Mitbestimmung hinsichtlich ergonomischer Maßnahmen besteht nur im Rahmen von § BetrVG. 104

Soweit Nr. 21 **Anforderung an die Software** festlegt, (Anpassung an auszuführende Aufgabe) oder der Arbeitgeber gemäß § 4 Abs. 3 BildscharbV von den Anforderungen des Anhangs abweichen möchte, besteht ein Mitbestimmungsrecht des Betriebsrats (*LAG Hamburg* NZA – RR 2001, 190/195 *Klebe* in DKKW § 87 RP. 201, *Fitting,* § 87, RP. 277). 105

Täglicher Arbeitsablauf (§ 5). Die **Wahl,** ob die Unterbrechung durch andere – nicht bildschirmgebundene – Tätigkeiten (Mischarbeit) oder Pausen oder durch eine Kombination beider Möglichkeiten erfolgt, gibt dem Arbeitgeber einen Entscheidungsspielraum und unterliegt der **Mitbestimmung** des Betriebsrats. Dazu gehört auch die Ausgestaltung der zu treffenden Regelung, so Zahl (Häufigkeit), Dauer und Lage der einzelnen Pausen. Welche Maßnahmen geeignet und sachgerecht sind, muss durch Arbeitgeber und Betriebsrat vereinbart werden (*Klebe* in DKKW § 87 Rn. 202; ErfK-*Kania,* BetrVG § 87 Rn. 66; *Fitting,* § 87 Rn. 272; *Merten/Klein* DB 1998, 673, 677; *Wiese* in GK-BetrVG § 87 Rn. 631 u. a. A. *Worzalla* in HSWG § 87 Rn. 355). Die Regeln der Pausen erfolgt nicht im Rahmen des Mitbestimmungsrechts nach § 87 Abs. 1 Ziff. 7 BetrVG, sondern kann nur im Rahmen der Mitbestimmung § 87 Abs. 1 Ziff. 2 BetrVG erfolgen. 106

Alle **Unterbrechungsvarianten** stehen grundsätzlich **gleichberechtigt** nebeneinander; hieran ändert sich nichts dadurch, dass § 5 BildscharbV die nicht bildschirmgebundene Tätigkeit als erste Alternative und die Pausen als zweite Alterna- 107 tive aufführt (*BVerwG* AP Nr. 79 zu § 75 BPersVG in Bezug auf § 73 Abs. 3 Nr. 11 BPersVG). Der Mitbestimmung unterliegt auch die Festlegung von **Mischarbeit.** Aus der Amtlichen Begründung zur BildscharbV, wonach die Mischarbeit Vorrang vor der Unterbrechung durch Pausen einzuräumen ist, kann nicht gefolgt werden, der Betriebsrat hätte in diesem Fall kein Mitbestimmungsrecht (vgl. *BVerwG* a. a. O.; *Lorenz* AR-Blattei SD 555 Rn. 65; a. A. *Diezemann/Mühlhausen* AuA 1999 15, 18; *Siemes* NZA 1998, 232, 237). Eine Verpflichtung des Arbeitgebers zur vorrangigen Organisation von Mischarbeit wird durch § 5 BildscharbV ausnahmsweise nur dann begründet, wenn feststeht, dass eine Unterbrechung der Bildschirmarbeit durch Pausen weniger erholsam ist. Somit ist im Regelfall der für die Mitbestimmung des Betriebrats erforderliche Regelungsspielraum des Arbeitgebers vorhanden. Erfolgt die Unterbrechung der Bildschirmarbeit durch Mischarbeit, besteht darüber hinaus ein Mitbestimmungsrecht im Hinblick auf deren Organisation (*Wank* TAS, BildscharbV § 4 Rn. 5).

108   **Untersuchung der Augen und des Sehvermögens (§ 6).** Für die Untersuchung der Augen und des Sehvermögens einschließlich des zur Verfügungstellens von speziellen Sehhilfen gilt neuerdings die Verordung zur arbeitsmedizinischen Vorsorge vom 18. 12. 2008, die in ihrem Anhang Teil 4 Angebote zur Untersuchung regelt. Die Neuregelung schreibt dem Arbeitgeber genau vor, welche Angebotsuntersuchungen anzubieten sind. Ein Regelungsbedürfnis könnte lediglich der Zeitabstände, in denen die Untersuchung der Augen und des Sehvermögens anzubieten sind („regelmäßig") bestehen. Insoweit besteht ein Mitbestimmungsrecht des Betriebsrats (*LAG Hamburg* NZA RR 2001, 190 196; *Klebe* in DKKW § 87 Rn. 203; *Fitting,* § 87, Rn. 302).

109   Der Arbeitgeber hat nach **§ 6 Abs. 1 Satz 1 BildscharbV** den Beschäftigten auf deren Verlangen eine angemessene **Untersuchung** der Augen und des Sehvermögens durch eine fachkundige Person anzubieten, und zwar vor Aufnahme der Tätigkeit und anschließend in regelmäßigen Zeitabständen sowie bei Auftreten von Sehbeschwerden. Es gilt, wie bei der allgemeinen Regelung im ArbSchG (§ 11), das Prinzip der Freiwilligkeit. Der Beschäftigte kann selbst entscheiden, ob er das Angebot des Arbeitgebers annehmen will oder nicht (vgl. *Kittner/Pieper*, BildscharbV § 6 Rn. 4). Die Vorschrift begründet einen **Rechtsanspruch** der Beschäftigten und ist insoweit weder regelungsbedürftig noch mitbestimmungspflichtig (*Wiese* in GK-BetrVG § 87 Anm. 633). Die Verpflichtung des Arbeitgebers nach **§ 6 Abs. 1 Satz 2 BildscharbV,** eine augenärztliche Untersuchung zu ermöglichen, ist abhängig von der Untersuchung nach Satz 1, es besteht kein Regelungsspielraum für den Arbeitgeber und deshalb keine Mitbestimmung des Betriebsrats (*Worzalla* in HSWG § 87 Rn. 355; *Siemes* NZA 1998, 232, 238).

110   Hinsichtlich der **Zeitabstände,** in denen die Untersuchung der Augen und des Sehvermögens anzubieten sind („regelmäßig"), besteht ein der **Mitbestimmung** des Betriebsrats unterliegendes Regelungsbedürfnis (*LAG Hamburg* NZA-RR 2001, 190, 196; *Klebe* in DKKW § 87 Rn. 203; *Fitting,* § 87 Rn. 302; *Worzalla* in HSWG § 87 Rn. 355; *Siemes* NZA 1998, 232, 237; *Wiese* in GK-BetrVG § 87 Anm. 635. A. A. *Merten/Klein* DB 1998, 673, 678). Gleiches gilt bei Festlegung unterschiedlicher Zeitabstände für bestimmte **Alters- oder Beschäftigungsgruppen** (*Schierbaum/Franz*, a. a. O.; *Siemes*, a. a. O.). Dabei darf keine Altersgruppe ganz von den regelmäßigen Untersuchungen ausgeschlossen werden (*Siemes,* a. a. O. m. w. N.).

111   Ein Recht des Betriebsrats auf **Mitbestimmung** besteht auch hinsichtlich **Art und Weise** (Verfahren) sowie **Umfang** der Untersuchung („angemessen") und

Betriebliche Mitbestimmung im Arbeitsschutzrecht **SystDarst B**

der Beantragung beim Arbeitgeber (*LAG Hamburg* NZA-RR 2001, 190 = LAGE § 87 BetrVG 1972 Nr. 1 Gesundheitsschutz mit zust. Anm. *Kothe,* 196; *Klebe* in DKKW § 87 Rn. 203; *Fitting,* § 87 Rn. 302; *Wiese* in GK-BetrVG § 87 Anm. 635. A. A. *Merten/Klein* DB 1998, 673, 678).

Ein Recht des Betriebsrats auf **Mitbestimmung** besteht ferner hinsichtlich der 112 Anforderungen an die berufliche **Qualifikation** der untersuchenden „fachkundigen" Person (*Fitting,* § 87 Rn. 302; *Worzalla* in HSWG § 87 Rn. 355; *Siemes,* NZA 1998, 232, 237; *Wank* BildscharbV § 6 Rn. 4; *Wiese* in GK-BetrVG § 87 Anm. 635. A. A. *Merten/Klein* DB 1998, 673, 678: keine „soziale" Angelegenheit). Fachkundige Personen können sein ein Betriebsarzt, Augenarzt, Allgemeinarzt oder Optiker, freiberufliche Ärzte oder überbetriebliche Dienste.

Ein Recht des Betriebsrats auf **Mitbestimmung** ergibt sich zudem hinsichtlich 113 der organisatorischen Frage, ob die Untersuchung **im Betrieb oder außerhalb des Betriebs** vorgenommen wird (*Merten/Klein* DB 1998, 673, 678; *Siemes* NZA 1998, 232, 238; *Wiese* in GK-BetrVG § 87 Anm. 635). Dazu gehört auch die Art der Kostenerstattung bei außerbetrieblicher Untersuchung des Beschäftigten, wenn der Beschäftigte die Kosten zunächst selbst verauslagt (vgl. *Löwisch/Neumann,* a. a. O.; *Merten/Klein,* a. a. O.).

Nicht der **Mitbestimmung** des Betriebsrats unterliegt die Bestimmung der 114 **konkreten fachkundigen Person** durch den Arbeitgeber (*Merten/Klein* DB 1998, 673, 678; *Siemes* NZA 1998, 232, 238; *Wiese* in GK-BetrVG § 87 Anm. 635). Insoweit handelt es sich nicht um eine soziale, sondern um eine personelle Angelegenheit.

2. Spezielle Sehhilfen. Ergebnis der Untersuchung kann sein, dass der Be- 115 schäftigte eine spezielle **Sehhilfe** („Bildschirmbrille") benötigt. Teil 4 des Anhangs zur Verordnung für **Arbeitsmedizinische Vorsorge** hält fest, dass dem Beschäftigten im erforderlichen Umfang spezielle Sehhilfen für ihre Arbeit an Bildschirmgeräten zur Verfügung zu stellen sind. Insoweit besteht jedoch kein Mitbestimmungsrecht des Betriebsrats.

VI. Biostoffverordnung (BiostoffV)

Die Verordnung dient dem Schutz der Beschäftigten vor der Gefährdung Ihrer 116 Sicherheit und Gesundheit bei Tätigkeiten mit biologischen Arbeitsstoffen (§ 1), §§ 2 und 3 enthalten Definitionen, die einer Mitbestimmung nicht zugänglich sind.

Gefährdungsbeurteilung (§ 5). Aufgrund der Tätigkeit mit biologischen Ar- 117 beitsstoffen, die eine besondere Gefährlichkeit erreichen können (vergleiche § 3, Risikogruppe 4), sind die Regelungen für die Gefährdungsbeurteilung auch besonders umfassend. Der Arbeitgeber muss zunächst ausreichende Informationen beschaffen, um dann die Tätigkeiten mit Schutzstufenzuordnung (§ 6) oder ohne Schutzstufenzuordnung (§ 7) zuzuordnen.

Dem Arbeitgeber verbleibt insoweit ein **Entscheidungsspielraum,** welche In- 118 formationen er beschafft und in welchem Umfang er die Informationen berücksichtigt. Betriebliche Regelungen des Arbeitgebers dazu sind mitbestimmungspflichtig (*Klebe* in DKKW § 87 Rn. 204). Die Zuordnung der Tätigkeiten zu gezielten und nicht gezielten Tätigkeiten selbst ist rechtlich genau beschrieben und subsumierbar unter § 2 Abs. 5. Insoweit besteht kein Mitbestimmungsrecht.

Hinsichtlich der in Betracht kommenden **Schutzmaßnahmen** hat der Arbeit- 119 geber die in Betracht kommenden Schutzmaßnahmen zu ermitteln und zu ergreifen. Die Formulierungen in der Neuregelung von 2013 sind sehr viel klarer und

SystDarst B Systematische Darstellungen

strenger als die Vorgängerregelung. Insoweit besteht kein Mitbestimmungsrecht des Betriebsrats.

120 **Tätigkeiten mit Schutzstufenzuordning (§ 5).** Die allgemeine grundlegende Verpflichtung des Arbeitgebers zur Gefährdungsbeurteilung nach dem ArbSchG wird durch die §§ 5 bis 8 BiostoffV ergänzt und in Bezug auf biologische Arbeitsstoffe ausgestaltet. Der Arbeitgeber hat nach § 5 BiostoffV zur **Gefährdungsermittlung** zunächst bestimmte Informationen zu beschaffen, um die Zuordnung zu Tätigkeiten mit oder ohne Schutzstufenzuordnung vorzunehmen.

121 Die zu berücksichtigenden Informationen ist in § 5 Abs. 1 Satz 1 BiostoffV klar abschließend geregelt. Dem Arbeitgeber verbleibt kein Entscheidungsspielraum, da diese fachlich vorgegeben werden. Betriebliche Regelungen des Arbeitgebers dazu sind **nicht mitbestimmungspflichtig.**

122 **Gefährdungsbeurteilung Tätigkeiten ohne Schutzstufenzuordnung (§ 6).** Auch soweit die Tätigkeiten nicht in den Kreis der Tätigkeiten nach § 5 Abs. 1 Satz 1 BiostoffV fallen, liegt eine klare abschließende Regelung vor. Dem Arbeitgeber verbleibt kein Entscheidungsspielraum. Betriebliche Regelungen des Arbeitgebers dazu sind nicht mitbestimmungspflichtig.

123 **Dokumentation der Gefährdungsbeurteilung und Aufzeichnungspflichten (§ 7).** Die Dokumentation ist inhaltlich durch das Gesetz abschließend beschrieben. Gestaltungsspielräume des Arbeitgebers bestehen nicht, so dass eine betriebliche Mitbestimmung ausgeschlossen ist. Gleiches gilt für das Biostoffverzeichnis und die Beschäftigtenliste.

124 **Grundpflichten (§ 8).** In § 8 Satz 1 **BiostoffV** ist festgelegt, dass der Arbeitgeber die Beschäftigtenvertretungen in geeigneter Form zu beteiligen hat bei der Einbindung der Belange des Arbeitsschutzes in die betriebliche Organisation. Offen ist insoweit das Verhältnis zu § 87 Abs. 1 Ziff. 7 BetrVG, das zwingende Mitbestimmungsrechte vorsieht, während die Regelung in Abs. 1, S 2 von geeigneter Form der Beteiligung spricht. Da die BiostoffV als Verordnung nicht gesetzlichen Rechte einschränken kann, ist § 87 Abs. 1 Ziff. 7 BetrVG maßgebend. Die Regelung ist daher klarstellender Natur. Die Einbindung des Betriebsrats betrifft die gesamten Grundpflichten nach § 8.

125 **Allgemeine Schutzmaßnahmen (§ 9) und zusätzliche Schutzmaßnahmen (§§ 10–11).** Die Anforderungen an allgemeine und zusätzliche Schutzmaßnahmen sind im Gesetz abschließend festgeschrieben. Der Arbeitgeber hat keinen Gestaltungsspielraum, der arbeitsschutzrechtlich über die Mindestanforderungen hinaus ausgefüllt werden müsste. Eine Mitbestimmung des Betriebsrats kommt nicht in Betracht.

126 **Betriebsstörungen (§ 13).** Im Anschluss an die Gefährdungsbeurteilung hat der Arbeitgeber die **erforderlichen Maßnahmen** festzulegen, die bei Betriebstörungen oder Unfällen notwendig sind. Diese sind Bestandteil der Betriebsanweisung gemäß § 14 und sind damit im Rahmen der dortigen Mitbestimmungsrechte mitbestimmungspflichtig.

127 Die im Rahmen der Festlegung der Maßnahmen festgelegten Namen der Beschäftigten sind mitbestimmungsfrei festzulegen.

128 Die Beschäftigten und ihre Vertretungen sind über Betriebsstörungen und Unfälle mit Biostoffen unverzüglich zu unterrichten. Dieses Informationsrecht geht über die Regelung des § 87 Abs. 1 Ziff 7 BetrVG hinaus und lässt diese unberührt.

Die allgemein gehaltenen Anforderungen lassen dem Arbeitgeber einen Ent- 129
scheidungsspielraum, der **mitbestimmungspflichtig** auszufüllen ist (*Wiese* in
GK-BetrVG § 87 Rn. 624).

Unterweisung der Beschäftigten (§ 14). Durch § 14 BiostoffV werden die 130
allgemeinen Unterweisungspflichten des Arbeitgebers für den Bereich der biologischen Arbeitsstoffe um die Betriebsanweisung ergänzt. Der Arbeitgeber hat auf der
Grundlage der Gefährdungsbeurteilung vor Aufnahme der Tätigkeiten eine arbeitsbereichs- und biostoffbezogene **Betriebs-anweisung** zu erstellen (Abs. 1 S. 1) und
anhand dieser Betriebsanweisung die Beschäftigten über auftretende Gefahren und
Schutzmaßnahmen zu **unterweisen** (Abs. 2 S. 1). Die Betriebsanweisung ist in
einer für die Beschäftigten verständlichen Form und Sprache abzufassen. Die Unterweisung ist jährlich zu wiederholen (Absatz 3 Satz 1). Zeitpunkt und Ort kann
der Arbeitgeber festlegen.

Die Ausgestaltung der Betriebsanweisung und der Unterweisung sind nicht im 131
Einzelnen fixiert. Dies gilt in Bezug auf die Betriebsanweisung hinsichtlich Inhalt,
Form und Sprache („verständlich"), Ort der Bekanntmachung („geeignete" Stelle)
und Einsichtnahme („auslegen oder aushängen") sowie in Bezug auf die Unterweisung hinsichtlich Inhalt und Wiederholung (Zeitabstand). Dem Arbeitgeber verbleibt ein Freiraum, welcher der **Mitbestimmung** zugänglich ist.

Die besonderen Anforderungen für Schutzstufen 3 und 4 führen zur Notwen- 132
digkeit Arbeitsanweisungen zu erstellen, die aber mitbestimmungsfreie einzelarbeitplatzbezogene Anweisungen sind.

Erlaubnispflicht (§ 15) und Anzeigepflicht (§ 16). Die Regelungen enthal- 133
ten keine arbeitsrechtlichen Komponenten, die der Mitbestimmung zugänglich
wären.

VII. Lärm- und Vibrations-Arbeitsschutzverordnung (LärmVibrationsArbSchV)

Maßnahmen zur Vermeidung und Verringerung der Exposition durch 134
Vibrationen (§ 10). Die Vorschrift ergänzt § 5 des ArbSchV um die Verpflichtung
des Arbeitgebers, zunächst festzustellen, ob die Beschäftigten Lärm oder Vibrationen
ausgesetzt sind oder ausgesetzt sein können. Dabei umfasst die Gefährundgsbeurteilung insbesondere auch die Verfügbarkeit alternativer Arbeitsmittel und Ausrüstungen, die zu einer geringeren Exposition der Beschäftigten führen (auch Substitutionsprüfung). Sowohl die Gefährdungsbeurteilung, wie die vom Arbeitgeber
festzusetzenden Schutzmaßnahmen (§ 3 Abs. 1 S.6) bieten Regelungsspielräume
des Arbeitgebers, die der Mitbestimmung unterliegen (*Fitting*, § 87, RP 303). Hinsichtlich der Schutzmaßnahmen ist insbesondere auch § 7 zu beachten, der umfassende Maßnahmen zur Vermeidung und Verringerung der Lärmexposition vorsieht.
Hieran sind auch die Betriebsparteien gebunden (*Fitting*, § 87, Rn. 303).

Gefährdungsbeurteilung (§ 3). Hinsichtlich der Vermeidung und Verringe- 135
rung der Exposition durch Vibrationen hat der Arbeitgeber ebenfalls Maßnahmen
durchzuführen, die im Detail nicht festgelegt sind und auf den jeweiligen Betrieb
angepasst werden müssen. Dies gilt im besonderen Maße für weitere Maßnahmen,
die ergriffen werden müssen, weil die Expositionswerte trotz der durchgeführten
Maßnahmen überschritten werden (§ 10 Abs. 3).

136 Unterweisung der Beschäftigen (§ 11). Regelungen zur Unterweisung sind mitbestimmungspflichtig, da der Arbeitgeber die Inhalte und die Form der Unterweisung regeln kann.

VIII. Lastenhandhabungsverordnung (LasthandhabV)

137 Maßnahmen (§ 2). Der Arbeitgeber ist nach **§ 2 Abs. 1 LasthandhabV** verpflichtet, unter Zugrundelegung des Anhangs „geeignete" organisatorische **Maßnahmen** zu treffen oder „geeignete" **Arbeitsmittel,** insbesondere mechanische Ausrüstungen, einzusetzen, um manuelle Handhabungen von Lasten von vornherein zu vermeiden. Dies kann durch Mechanisierung und Automatisierung geschehen. In Betracht kommen aber auch Änderungen hinsichtlich der Arbeitsorganisation, Arbeitsverfahren oder Arbeitsabläufe, z. B. durch die Vermeidung von Zwischenlagerungen. Kombinationen der genannten Maßnahmen sind denkbar (BR-Drs. 656/96, *Begr* zu § 2 Abs. 1 LasthandhabV).

138 Lässt sich eine Gefährdung der Beschäftigten durch manuelle Handhabung von Lasten nicht vermeiden, ist der Arbeitgeber nach **§ 2 Abs. 2 LasthandhabV** verpflichtet, „geeignete" **Maßnahmen** zu treffen, damit die Gefährdung möglichst gering gehalten wird. Diese Maßnahmen können z. B. Optimierung der Handhabungsbedingungen, Tätigkeitswechsel, Verringerung der Lastgewichte oder des Arbeitstempos oder Einsatz geeigneter Arbeitsmittel sein. Geeignete Arbeitshilfen sind Mechanisierungshilfen, z. B. Hebebühnen, verstellbare Arbeitsbühnen, oder einfache mechanische Hilfsmittel, z. B. Sackkarren, Hebezangen, Sauggriffe (BR-Drs. 656/96, *Begr* zu § 2 Abs. 2 LasthandhabV).

139 Die „geeigneten" Maßnahmen zur Vermeidung der manuellen Handhabung von Lasten (§ 2 Abs. 1 LasthandhabV) und zur Minimierung von Gefährdungen (§ 2 Abs. 2 LasthandhabV) sind lediglich an einer Stelle beispielhaft („insbesondere") im Hinblick auf mechanische Ausrüstungen erläutert und im Übrigen in der Vorschrift nicht näher umschrieben. Sie müssen deshalb vom Arbeitgeber konkretisiert werden. Ihm obliegt es, die „geeigneten" Maßnahmen für seinen Betrieb festzulegen (*Opfermann/Rückert* AuA 1997, 187, 188). Die Auswahl des Arbeitgebers unter mehreren geeigneten Möglichkeiten unterliegt der **Mitbestimmung** des Betriebsrats.

140 Übertragung von Aufgaben (§ 3). Der Arbeitgeber hat bei der Übertragung von Aufgaben der manuellen Handhabung von Lasten anhand seines Vorwissens die **körperliche Eignung** der Beschäftigten zur Ausführung der Aufgaben „zu berücksichtigen". Kriterien, die für die Aufgabenübertragung von Bedeutung sein können, sind z. B. Alter, Geschlecht, Körperstatur, Vorerkrankungen.

141 „Berücksichtigen" bedeutet, dass der Arbeitgeber einen gewissen **Beurteilungsspielraum** hat, inwieweit er unter Beachtung der Intensität der vorhandenen Gefährdung von Sicherheit und Gesundheit der Beschäftigten die zu treffenden Maßnahmen ausgestaltet. Der Umfang der Berücksichtigung der körperlichen Eignung und das Verfahren unterliegen der **Mitbestimmung** des Betriebsrats (*Fitting,* § 87 Rn. 303).

142 Unterweisung (§ 4). Die allgemeine Unterweisungspflicht des Arbeitgebers nach dem ArbSchG wird durch § 4 LasthandhabV hinsichtlich der **spezifischen Erfordernisse** für die Unterweisung bei der manuellen Handhabung von Lasten ergänzt. Der Arbeitgeber hat insbesondere den Anhang und die körperliche Eignung des Beschäftigten zu berücksichtigen. Der Anhang wiederum benennt nur beispielhaft ("insbesondere") Merkmale, aus denen sich eine Gefährdung von Sicherheit und Gesundheit der Beschäftigten ergeben kann. Die Unterweisung sollte Informationen über rückenschonende Arbeitstechniken und Hebeverfahren enthalten (BR-Drs. 656/96, *Begr* zu § 4 LasthandhabV).

Der Inhalt der Unterweisung ist in § 4 LasthandhabV nicht abschließend normiert. In der Vorschrift und im Anhang werden lediglich zahlreiche Kriterien genannt, denen der Arbeitgeber bei der Erfüllung seiner Pflichten Rechnung tragen muss. Die Konkretisierung obliegt dem Arbeitgeber. Form und Inhalt der Unterweisung, die z. B. auch ein Training der richtigen Handhabung von Lasten umfassen kann, sowie die Wiederholung der Unterweisung sind **mitbestimmungspflichtig** zu regeln (*Klebe* in DKKW § 87 Rn. 222 ff.; *Wiese* in GK-BetrVG § 87 Rn. 613). 143

IX. Mutterschutzrichtlinienverordnung (MuSchRiV)

Beurteilung der Arbeitsbedingungen (§ 1). Der § 1 Abs. 1 MuSchRiV ergänzt die allgemeine Beurteilungspflicht nach dem ArbSchG und begründet für den Arbeitgeber eine **besondere Beurteilungspflicht**. Der Arbeitgeber muss rechtzeitig für jede Tätigkeit, bei der werdende oder stillende Mütter durch chemische Gefahrstoffe, biologische Arbeitsstoffe, physikalische Schadfaktoren, die verfahren oder Arbeitsbedingungen gefährdet werden können, **Art, Ausmaß und Dauer** der Gefährdung zu beurteilen. Vorgaben, wie die Beurteilung erfolgen soll, sind in der Vorschrift nicht enthalten. Es gelten die allgemeinen Grundsätze des ArbSchG. 144

Die besondere **Beurteilung** werdender oder stillender Mütter gibt dem Arbeitgeber in gleicher Weise wie bei der Beurteilung der Arbeitsbedingungen nach dem ArbSchG (§ 5) eine Beurteilungsspielraum, der **mitbestimmungspflichtig** auszufüllen ist (*Pieper/Vorath,* Nr. 2.7.4.4; → Rn. 24 ff.). 145

Unterrichtung (§ 2). Der Arbeitgeber ist verpflichtet werdende oder stillende Mütter sowie die übrigen bei ihm beschäftigten Arbeitnehmer und den Betriebsrat über die Ergebnisse der Beurteilung nach § 1 MuSchRiV zu unterrichten. Der Inhalt der Unterrichtung ist mitbestimmungsfrei. Die spezielle Unterrichtungspflicht tritt neben die allgemeine Unterweisungsunterrichtungspflicht nach dem Arbeitsschutzgesetz. 146

Weitere Folgerungen aus der Beurteilung (§ 3). Die Festlegung weiterer erforderlicher Maßnahmen aufgrund der Beurteilung der Arbeitsbedingungen nach § 1 eröffnet dem Arbeitgeber einen Regelungsspielraum, der mitbestimmungspflichtig ist. In Betracht kommen Verkürzung oder Verlegung der Arbeitszeit, längere oder häufigere Pausen, verminderte Arbeitsmenge oder langsameres Arbeitstempo. 147

Das in § 3 MuSchRiV nicht näher konkretisierte Merkmal „erforderliche Maßnahmen" eröffnet dem Arbeitgeber eine Auswahl zwischen verschiedenen betrieblichen Möglichkeiten und damit einen breiten Beurteilungsspielraum. Regelungen des Arbeitgebers in Bezug auf die Umgestaltung des Arbeitsplatzes und einen Arbeitsplatzwechsel unterliegen der **Mitbestimmung** des Betriebsrats. 148

SystDarst B

X. Persönliche-Schutzausrüstungen-Benutzungsverordnung (PSA-BV)

149 **Bereitstellung und Benutzung (§ 2).** Die Vorschrift ergänzt §§ 3, 4 und 5 ArbSchG. Für den Arbeitgeber besteht ein Handlungsspielraum. Die Auswahl welche geeigneten persönlichen Schutzausrüstungen er für die Beschäftigten bereitstellt unterliegt der Mitbestimmung des Betriebsrats (BAG AP Nr. 7 zu § 87 BetrVG 1972 Gesundheitsschutz, *Fitting* § 87 Rn. 303). Ein Mitbestimmungsrecht scheidet aus, soweit die persönliche Schutzausrüstung von unterschiedlichen Fabrikaten stammt.

Die Wartungs-, Reinigungs- und Ersatzbeschaffungspflicht des Arbeitgebers ist eine Rechtspflicht, keine mitbestimmungspflichtige Regelungsfrage.

150 **Unterweisung (§ 3).** Der § 3 Abs. 1 der Verordung ergänzt die allgemeine Unterweisungspflicht nach § 12 ArbSchG. Kollektive Regelungen des Arbeitgebers hinsichtlich der Modalitäten der Unterweisung (Form, Inhalt, Anpassung, Wiederholgung) unterliegen derMitbestimmung des Betriebsrats (*Fitting,* § 87, Rn. 303, GK-Wiese § 87 Rn. 613).

XI. Arbeitsschutzverordnung zu künstlicher optischer Strahlung (OStrV)

151 **Gefährdungsbeurteilung (§ 3).** § 3 ergänzt § 5 des Arbeitsschutzgesetzes und normiert die Verpflichtung des Arbeitgebers, zunächst festzustellen, ob künstliche optische Strahlung am Arbeitsplatz von Beschäftigten auftritt oder auftreten kann. Die Expositionen durch künstliche optische Strahlung am Arbeitsplatz muss ermittelt und bewertet werden. Bei der Gefährdungsbeurteilung sind insbesondere die in § 3 Abs. 2 genannten Punkte zu berücksichtigen. Inhalt und Durchführung der Gefährdungsbeurteilung sind mitbestimmungspflichtig nach § 87 Abs. 1 Nr. 7 BetrVG, da der Arbeitgeber bei der Durchführung einen erheblichen Spielraum hat. Dies zeigt sich insbesondere an der Subsitutionsprüfung (gemäß § 3 Abs. 2 Ziff. 7).

152 § 3 Abs. 4 ergänzt die Dokumentationsverpflichtung nach § 6 ArbSchG. Eine Mitbestimmungspflicht besteht insoweit nicht.

153 **Maßnahmen zur Vermeidung und Verringerung der Gefährdung von Beschäftigten durch künstliche optische Strahlung (§ 7).** Die Maßnahmen umfassen auch alternative Arbeitsverfahren und andere technische Maßnahmen sowie die Gestaltung und Einrichtung der Arbeitsstätten und Arbeitsplätze. Insoweit hat der Arbeitgeber einen Regelungsspielraum, der die Mitbestimmungpflicht des Betriebsrats auslöst.

154 **Unterweisung der Beschäftigten (§ 8).** Sofern die Unterweisung der Beschäftigten individuell erfolgt besteht kein Mitbestimmungsrecht. Ein Mitbestimmungsrecht besteht jedoch, soweit generelle Regeln für die Unterweisung von Beschäftigten getroffen werden. Solche Regelungen können beispielsweise Zeitpunkt, Inhalt und Durchführung der Unterweisung betreffen.

C. Arbeitssicherheitsgesetz

Übersicht

	Rn.
A. Grundzüge	1
B. Bestellung und Aufgaben	4
I. Allgemeines	4
II. Betriebsärzte	20
III. Fachkräfte für Arbeitssicherheit	22
IV. Alternative Betreuung	24
V. Art der Bestellung	27
VI. Zusammenarbeit im Betrieb	30
VII. Arbeitsschutzausschuss	36
C. Überwachung	42

Literatur: *Aligbe,* Die oft vernachlässigte Pflicht des Arbeitgebers zur Bestellung eines Betriebsarztes, ArbRAktuell 2012, 524; *Anzinger/Bieneck,* Kommentar zum Arbeitssicherheitsgesetz, 1998; *Aufhauser/Brunhöber/Igl,* Arbeitssicherheitsgesetz, Kommentar, 4. Aufl., 2010 (zit. HK-ASiG); *Eichendorf,* Änderung der DGUV Vorschrift 2, AuA 2011, 166; *Herzberg,* Die rechtliche Verantwortung von Betriebsärzten und Fachkräften für Arbeitssicherheit, BG 1997, 632; *Hoffmann,* Beteiligung der Personalvertretung bei der Bestellung freiberuflicher Betriebsärzte und Fachkräfte für Arbeitssicherheit, PersV 2003, 174; *Hummel/Callsen,* Neue DGUV-Vorschrift 2 bietet mehr Mitbestimmungsmöglichkeiten für Betriebsräte, AiB 2011, 83; *Kolbitsch,* Der Arbeitsschutzausschuss: Wichtigstes Gremium der betrieblichen Arbeitssicherheitorganisation, BPUVZ 2015, 347; *Lüders/Weller,* Erzwingbare Mitbestimmungsrechte des Betriebsrates bei Fragen des Gesundheitsschutzes und der Gesundheitsprävention, BB 2016, 116; *Rentrop/Strothotte,* Reform der Unfallverhütungsvorschrift „Betriebsärzte und Fachkräfte für Arbeitssicherheit", DGUV Forum 5/2010, 10; *dies.,* Ein Jahr DGUV Vorschrift 2 – Erste Erfahrungen mit dem neuen Regelwerk, DGUV Forum 5/2012, 10; *Rey,* Unfallverhütung: DGUV Vorschrift 2 – hilfreiche Idee oder Problem für Unternehmer, DB 2014, 1617; *Riesenberg-Mordeja,* Die neue DGUV Vorschrift 2, AiB 2010, 538; *Riesenberg-Mordeja/Heegner,* Die Umsetzung der DGUV Vorschrift 2, AiB 2012, 517; *Schelter,* Arbeitssicherheitsgesetz, Kommentar, Losebl.; *Schleicher,* Die Beteiligungsrechte der Personalvertretung bei der Bestellung von Betriebsärzten und Fachkräften für Arbeitssicherheit und bei der Verpflichtung eines überbetrieblichen Dienstes, PersV 2014, 444; *Spinnarke,* Mitbestimmungsrechte des Betriebsrats nach dem Arbeitssicherheitsgesetz, BB 1976, 798; *Spinnarke/Schork,* Arbeitssicherheitsrecht (ASiR), Kommentar, Stand: 2016, Losebl.; *Strothotte,* Arbeitsschutz im Kleinbetrieb – Aktivitäten der DGUV, SiS 2009, 121; *ders.,* Die Entwicklung der DGUV Vorschrift 2, DGUV Forum 5/2010, 12; *v. Stein/Roth/Schlegel,* Gesundheitsmanagement und Krankheit im Arbeitsverhältnis, 2015; *Wolber,* Anordnung einer Berufsgenossenschaft zur Bestellung eines Betriebsarztes, NZA 1989, 919.

A. Grundzüge

Das Gesetz über Betriebsärzte, Sicherheitsingenieure und andere Fachkräfte für **1** Arbeitssicherheit (ASiG) vom 12.12.1973 (BGBl. I S. 1885) i. d. F. vom 25.9.1996 (BGBl. I S. 1476) verpflichtet den Arbeitgeber, Betriebsärzte und Fachkräfte für Arbeitssicherheit zu bestellen (§ 1 S. 1 ASiG). Diese sollen den **Arbeitgeber** beim Arbeitsschutz und bei der Unfallverhütung (heute richtiger: „Prävention", § 1 SGB VII) **unterstützen** (§ 1 S. 2 ASiG), jedoch nicht die Aufgaben des Arbeitgebers selbst durchführen. Die Verantwortung für die Durchführung des Arbeitsschutzes und der Prävention bleibt nach dem Gesetz allein beim Arbeitgeber. Der Arbeitgeber darf die Sicherheitsverantwortung nicht auf die Betriebsärzte oder Fachkräfte für Arbeitssicherheit übertragen (LAG Nürnberg r+s 2014, 580).

2   Ziel des Gesetzes ist die Verbesserung der Arbeitssicherheit im Betrieb (§ 1 S. 3 ASiG). Hierzu trifft das Gesetz zwingende öffentlich-rechtliche Regelungen für einen Teilbereich der **Betriebsorganisation**, welche die Gestaltungsfreiheit des Arbeitgebers insoweit einschränken. Das ASiG ist damit ein Spezialgesetz im Verhältnis zu dem umfassenderen ArbSchG. Das ASiG bezieht sich nur auf Arbeitnehmer, der umfassendere Begriff „Beschäftigte" in § 2 Abs. 2 ArbSchG kann auf das ASiG nicht übertragen werden (*Pieper* ArbSchR ASiG Rn. 24).

3   Das Gesetz gilt nicht unmittelbar in den Verwaltungen und Betrieben des öffentlichen Dienstes (§ 16 ASiG). Im **öffentlichen Dienst** ist durch besondere eigene Regelungen (Richtlinien) ein den Grundsätzen des Gesetzes „gleichwertiger" Arbeitsschutz zu gewährleisten. Durch die Gleichwertigkeitsklausel sollen die öffentlichen Arbeitgeber verpflichtet werden, einheitliche Regelungen unter Einbeziehung der Beamten zu schaffen (BT-Drs. 7/260, zu § 16 ASiG, S. 16; BAG NZA 2010, 506). Zur Beteiligung des Personalrats bei der Umsetzung *Schleicher* PersV 2014, 444. Weitere Ausnahmen (§ 17 ASiG) betreffen Arbeitnehmer im **Haushalt** (generelle Ausnahme) sowie die **Seeschiffahrt** und den Bergbau (begrenzte Ausnahme).

B. Bestellung und Aufgaben

I. Allgemeines

4   Das Gesetz enthält Rahmenvorschriften. Die Präzisierung erfolgt vorrangig durch Regelungen der Träger der gesetzlichen Unfallversicherung (§ 14 ASiG). Zur Ausfüllung des Gesetzes erlassen die einzelnen Unfallversicherungsträger **Unfallverhütungsvorschriften** (§ 15 Abs. 1 S. 1 Nr. 6 SGB VII), welche die Einsatzzeiten für die Betriebsärzte und Fachkräfte für Arbeitssicherheit nach den Verhältnissen und Bedürfnissen des jeweiligen Wirtschafts- oder Verwaltungszweiges unterschiedlich konkretisieren. Die Unfallverhütungsvorschriften sind lediglich eine Mindestnorm; der Arbeitgeber kann in seinem Betrieb nach eigenem Ermessen darüber hinausgehen.

5   Die frühere Unfallverhütungsvorschrift „Betriebsärzte und Fachkräfte für Arbeitssicherheit" (BGV A 2) ist ab **1.1.2011** durch die **DGUV Vorschrift 2** abgelöst worden, die einheitlich für die gewerblichen Berufsgenossenschaften und die Unfallversicherungsträger der öffentlichen Hand gilt (*Kranig/Timm* in Hauck/Noftz SGB VII § 14 Rn. 20a ff.; *Spinnarke/Schork* ASiG § 1 Rn. 23). Die Änderungen gegenüber der BGV A 2 beziehen sich im Wesentlichen auf die notwendigen Einsatzzeiten und Leistungen. Abweichend von der Festlegung bestimmter Einsatzzeiten setzt sich die Gesamtbetreuung bei Betrieben mit mehr als 10 Beschäftigten künftig aus zwei Bausteinen zusammen: Grundbetreuung und betriebsspezifische Betreuung (*Rentrop/Strothotte* DGUV Forum 5/2010, 10).

6   Das Gesetz enthält **keine Untergrenze,** von der ab Betriebsärzte und Fachkräfte für Arbeitssicherheit bestellt werden müssen, und ist daher anzuwenden, so-

bald ein Arbeitnehmer beschäftigt wird (BSGE 85, 98, 104). Die früher in den Unfallverhütungsvorschriften enthaltene vorläufige allgemeine Beschränkung der Anwendung des Gesetzes auf Betriebe ab einer bestimmten Anzahl von Arbeitnehmern ist entfallen.

Die Bestellung bezieht sich auf den **Betrieb** als räumliche und technisch-organisatorische Einheit und nicht auf das Unternehmen als wirtschaftliche und rechtliche Einheit (st. Rspr.; BSGE 65, 5, 6 mwN; a. A. *Spinnarke/Schork* ASiG § 1 Rn. 33: Betriebsstätte). Ein Unternehmen kann aus mehreren Betrieben bestehen. Die Voraussetzungen für die Zuordnung innerhalb der Unfallverhütungsvorschriften (z. B. bestehende Unfall- und Gesundheitsgefahren, Zahl der Beschäftigten) sind ausschließlich nach den Verhältnissen des Einzelbetriebes zu beurteilen. 7

Für den **persönlichen Geltungsbereich** verwendet das ASiG den arbeitsrechtlichen Begriff „Arbeitnehmer" (§§ 2 Abs. 1, 5 Abs. 1 ASiG). Die DGUV Vorschrift 2 als autonome Rechtsnorm der Unfallversicherungsträger weicht hiervon ab und verwendet – wie im ArbSchG – den umfassenderen Begriff „Beschäftigte". Dies hat zur Konsequenz, dass zur betriebsbezogenen Feststellung der Schwellenwerte im Hinblick auf die Auswahl der Betreuungsformen (→ Rn. 12ff.) auch arbeitnehmerähnliche Personen (§ 2 Abs. 2 Nr. 3 ArbSchG, z. B. Rehabilitanden in Arbeitstherapie), einbezogen werden müssen (*Pieper* ArbSchR ASiG Rn. 43). 8

Der **Umfang** der Bestellung richtet sich für die Betriebsärzte und für die Fachkräfte für Arbeitssicherheit zunächst nach den gleichen Kriterien (§§ 2 Abs. 1, 5 Abs. 1 ASiG): 9
– Betriebsart und die damit verbundenen Unfall- und Gesundheitsgefahren (z. B. Werkstatt, Labor, Büro);
– Zahl der beschäftigten Arbeitnehmer, wobei die Unfallverhütungsvorschrift (§ 2 Abs. 5 DGUV Vorschrift 2) die Zahl nach der „durchschnittlichen" Anzahl der Beschäftigten im Betrieb als mathematische Rechengröße bestimmt (einschließlich der vorübergehend Tätigen); als Bezugszeitraum ist der Jahresdurchschnitt zugrundezulegen;
– Zusammensetzung der Arbeitnehmerschaft (z. B. Jugendliche, wechselnde Aushilfskräfte) und
– Betriebsorganisation, insbesondere im Hinblick auf die Zahl und die Art der für den Arbeitsschutz und die Prävention verantwortlichen (zu beratenden) Personen (z. B. zahlreiche Abteilungen).

Diese Konkretisierung genügt den Anforderungen des Art. 12 GG an Regelungen, die die Berufsfreiheit einschränken (OVG Hmb BeckRS 2004, 22070). Wegezeiten nicht im Betrieb eingestellter Betriebsärzte und Fachkräfte für Arbeitssicherheit (An- und Abfahrt) dürfen nicht in die Einsatzzeiten eingerechnet werden (DGUV Vorschrift 2 Anlage 2 Abschn. 1).

Als Beschäftigte zählen auch **Leiharbeitnehmer,** die nach dem Arbeitnehmerüberlassungsgesetz im Betrieb tätig sind (DGUV Vorschrift 2 Anhang 1). Für **Teilzeitbeschäftigte** verweist § 2 Abs. 5 Hs. 2 DGUV Vorschrift 2 bezüglich der Berechnung des Schwellenwertes (Betriebsgröße) für die Betreuungsmodelle (§ 2 Abs. 2 bis 4 DGUV Vorschrift 2) auf die Umrechnung von Teilzeitbeschäftigten in Vollzeitbeschäftigte in § 6 Abs. 1 S. 4 ArbSchG. Diese Vorschrift ist im ArbSchG zwischenzeitlich aufgehoben worden (Art. 8 Nr. 2a BUK-NOG). Die Umrechnung sollte jetzt auf eine entsprechende Anwendung des § 11 S. 1 Hs. 2 ASiG gestützt werden, wo für den Arbeitsschutzausschuss der gleiche Umrechnungsfaktor wie im ArbSchG festgelegt ist, nachdem es sich bei der Bildung des Arbeitsschutzausschusses wie bei der Festlegung des Betreuungsmodells um eine organisatorische Maß- 10 nahme des Arbeitgebers handelt. Danach sind Teilzeitbeschäftigte mit einer regelmäßigen wöchentlichen Arbeitszeit von nicht mehr als 20 Stunden mit 0,5 und Teilzeitbeschäftigte von nicht mehr als 30 Stunden mit 0,75 zu berücksichtigen; → DGUV Vorschrift 2 Anhang 1.

11 Die Bestellung der Betriebsärzte und Fachkräfte für Arbeitssicherheit zur Wahrnehmung der in den §§ 3 und 6 ASiG bezeichneten Aufgaben hat **schriftlich** zu erfolgen. Bei der Konkretisierung der einzelnen Aufgaben ist die Zustimmung des Betriebsrats erforderlich (*Pieper* ArbSchR ASiG Rn. 126).

12 **Regelbetreuung:** Die betriebsärztliche und die sichereitstechnische Betreuung besteht zweigeteilt aus Grundbetreuung und betriebsspezifischer Betreuung (Gesamtbetreuung). In Betrieben mit **mehr als 10 Beschäftigten** (§ 2 Abs. 3 DGUV Vorschrift 2) gilt für die Grundbetreuung eine feste jährliche Einsatzzeit (Stunden/ Jahr je Beschäftigten), wobei die einzelnen Betriebsarten nach Höhe und Art der Gefährdungen und Belastungen einer von drei Betreuungsgruppen (Hoch – Gruppe I, Mittel – Gruppe II, Gering – Gruppe III) zugeordnet werden **(Anlage 2)**. Es handelt sich um Summenwerte für den Betriebsarzt und für die Fachkraft für Arbeitssicherheit, welche der Unternehmer auf die beiden Beteiligten aufzuteilen hat, so wie es für seinen Betrieb sinnvoll und zweckmäßig ist. Keinem der Beteiligten darf weniger als 20 Prozent des Gesamtaufwands übertragen werden (Anlage 2 Abschn. 2).

13 Die Ermittlung der **betriebsspezifischen Betreuung** erfolgt durch den Unternehmer selbst eigenverantwortlich auf der Grundlage eines Leistungskatalogs (Anlage 2 Abschn. 3). Zur betriebsspezifischen Betreuung gehören auch die arbeitsmedizinischen Vorsorgeuntersuchungen (Abschnitt 1). Bei der Festlegung der Einsatzzeiten für die betriebsspezifische Betreuung hat der Betriebsrat ein **Mitbestimmungsrecht** (§ 87 Abs. 1 Nr. 7 BetrVG). DGUV Vorschrift 2 Anlage 2 gibt nur die Einsatzzeiten für die Grundbetreuung verbindlich vor, nicht hingegen für die betriebsspezifischen Einsatzzeiten. DGUV Vorschrift 2 Anhang 4 enthält dazu keine rechtsverbindliche Regelung. Hier verbleibt für den Arbeitgeber ein Handlungsspielraum (LAG SchlH BeckRS 2014, 67279).

14 In Betrieben mit **bis zu 10 Beschäftigten** (§ 2 Abs. 2 DGUV Vorschrift 2) gilt eine vereinfachte Betreuung bestehend aus einer branchenspezifischen Grundbetreuung und einer betriebsspezifischen anlassbezogenen Betreuung **(Anlage 1)**. Zur alternativen bedarfsorientierten Betreuung von Klein- und Mittelbetrieben → Rn. 24 ff.

15 Der Arbeitgeber hat den Betriebsärzten und den Fachkräften für Arbeitssicherheit für die Erfüllung ihrer Aufgaben im erforderlichen Umfang insbesondere **Hilfspersonal** sowie **Räume** (z. B. Sprech- und Untersuchungszimmer), Einrichtungen (z. B. Labor), Geräte (z. B. Messapparate) und sonstige Mittel (z. B. Gefahrstoffdateien) zur Verfügung zu stellen (§§ 2 Abs. 2, 5 Abs. 2 ASiG). Er hat den Betriebsärzten und Fachkräften für Arbeitssicherheit die notwendige Fortbildung zu ermöglichen und die Kosten dafür zu tragen (§§ 2 Abs. 3, 5 Abs. 3 ASiG).

16 Betriebsärzte und Fachkräfte für Arbeitssicherheit sind bei der Anwendung ihrer Fachkunde **weisungsfrei** (§ 8 Abs. 1 S. 1 ASiG) und unterstehen – bei mehreren Betriebsärzten oder Fachkräften für Arbeitssicherheit der leitende Betriebsarzt und die leitende Fachkraft für Arbeitssicherheit – unmittelbar dem Leiter des Betriebes (§ 8 Abs. 2 ASiG; BAG NZA 2010, 506: Stabsstelle). Sie dürfen wegen der Erfüllung der ihnen übertragenen Aufgaben nicht benachteiligt werden (§ 8 Abs. 1 S. 2 ASiG). Eine Benachteiligung liegt immer dann vor, wenn der Betroffene schlechter als andere vergleichbare Arbeitnehmer behandelt wird (auch Verweigerung einer

Arbeitssicherheitsgesetz **SystDarst C**

Vergünstigung); eine Benachteiligungsabsicht ist nicht erforderlich (*Litzig* in Kittner/Zwanziger/Deinert § 116 Rn. 30).

Betriebsärzte und Fachkräfte für Arbeitssicherheit sind mit **Zustimmung des** 17 **Betriebsrats** zu bestellen und abzuberufen (§ 9 Abs. 3 S. 1 ASiG; ausführl. *Wiese/Gutzeit* in GK-BetrVG § 87 Rn. 653 ff.). Das Gleiche gilt, wenn ihre Aufgaben erweitert oder eingeschränkt werden sollen (§ 9 Abs. 3 S. 2 Hs. 1 ASiG). Das Zustimmungserfordernis entfällt nicht dadurch, dass die Betroffenen die Stellung eines leitenden Angestellten (§ 5 Abs. 3 und 4 BetrVG) haben (*Klebe* in DKKW § 87 Rn. 233; *Fitting* § 87 Rn. 322; *Richardi* in Richardi § 87 Rn. 583). Wird die Zustimmung des Betriebsrats vor der Maßnahme des Arbeitgebers nicht erteilt, ist diese unwirksam, sofern sie nicht durch eine Entscheidung der Einigungsstelle ersetzt worden ist (BAGE 58, 69, 80 mwN). Zur Beteiligung der Personalvertretung im öffentlichen Dienst *Hoffmann* PersV 2003, 174; *Schleicher* PersV 2014, 444.

Es ist davon auszugehen, dass die Zustimmung zur Bestellung gleichzeitig als Zu- 18 stimmung zur **Einstellung** anzusehen ist (BAGE 58, 69, 91). Dies gilt nicht für die Abberufung, da diese nicht zur Kündigung führen muss. Allerdings ist eine Kündigung stets zugleich Abberufung, so dass vor der Kündigung die Zustimmung des Betriebsrates zu der Abberufung einzuholen ist, zumindest wenn die Kündigung auf Gründe gestützt wird, die sachlich nicht von der betriebsärztlichen oder sicherheitstechnischen Tätigkeit zu trennen sind (BAGE 58, 69, 80).

Im Übrigen gilt § 87 BetrVG – Mitbestimmungsrechte – i. V. m. § 76 BetrVG – 19 Einigungsstelle – (§ 9 Abs. 3 S. 2 Hs. 2 ASiG). Der Betriebsrat hat ein echtes **Initiativrecht** bei der Abberufung, nicht bei der Bestellung (*Richardi* in Richardi § 87 Rn. 581 f.; *Wiese* in GK-BetrVG § 87 Rn. 674; a. A. *Fitting* § 87 Rn. 321; *Koll/Janning/Pinter* ASiG § 9 Rn. 9; *Kothe* in HK-ArbSchR ASiG § 9 Rn. 11: auch Bestellung).

II. Betriebsärzte

Die **Aufgaben** der Betriebsärzte beziehen sich auf „alle Fragen des Gesundheits- 20 schutzes" (Arbeitsmedizin) beim Arbeitsschutz und bei der Unfallverhütung, d. h. nicht nur auf die Verhütung von Arbeitsunfällen und Berufskrankheiten sowie die anderen arbeitsbedingten Erkrankungen, sondern auch auf die Verhütung sonstiger arbeitsbedingter Gesundheitsgefahren. Die Betriebsärzte haben insbesondere den Arbeitgeber und die sonst verantwortlichen Personen zu beraten (z. B. Auswahl von Körperschutzmitteln, Arbeitsrhythmus, Organisation der Ersten Hilfe, Beurteilung der Arbeitsbedingungen; zum letzteren vgl. § 5 ArbSchG), die Arbeitnehmer arbeitsmedizinisch zu beurteilen, die Ursachen von arbeitsbedingten Erkrankungen zu untersuchen und bei der Schulung der Ersthelfer mitzuwirken (§ 3 Abs. 1 ASiG). Die Anforderungen an die arbeitsmedizinische Fachkunde sind in § 3 DGUV Vorschrift 2 festgelegt (Übergangsbestimmung § 6 Abs. 1 DGUV Vorschrift 2). Aufgabe der Betriebsärzte ist es nicht, Krankmeldungen der Arbeitnehmer zu überprüfen (§ 3 Abs. 3 ASiG). Der Betriebsarzt soll darüber hinaus vorrangig mit der Durchführung der arbeitsmedizinischen Vorsorge beauftragt werden (§ 3 Abs. 2 S. 2 ArbMedVV); die dafür erforderlichen Einsatzzeiten sind Bestandteil der betriebsspezifischen Betreuung (DGUV Vorschrift 2 Anlage 2 Nr. 1).

Gesetzliche **Anforderungen** an die Kenntnisse und Erfahrungen sind: Der Be- 21 triebsarzt muss berechtigt sein, den ärztlichen Beruf auszuüben (Approbation), und über die erforderliche arbeitsmedizinische Fachkunde verfügen (§ 4 ASiG). Betriebsärzte unterliegen wie andere Ärzte der strafrechtlich abgesicherten ärztlichen

Schweigepflicht (§ 203 Abs. 1 Nr. 1 StGB) und haben die insoweit geltenden Regeln zu beachten (§ 8 Abs. 1 S. 3 ASiG; ausführl. *Anzinger/Bieneck* ASiG § 8 Rn. 19 ff.).

III. Fachkräfte für Arbeitssicherheit

22   Die **Aufgaben** der Fachkräfte für Arbeitssicherheit beziehen sich auf „alle Fragen der Arbeitssicherheit" beim Arbeitsschutz und bei der Unfallverhütung einschließlich der menschengerechten Gestaltung der Arbeit. Die Fachkräfte für Arbeitssicherheit haben insbesondere den Arbeitgeber und die sonst verantwortlichen Personen zu beraten (z. B. Auswahl und Erprobung von Körperschutzmitteln, Gestaltung der Arbeitsplätze und des Arbeitsablaufs, Fragen der Ergonomie, Beurteilung der Arbeitsbedingungen; zum letzteren § 5 ArbSchG), Betriebsanlagen, technische Arbeitsmittel und Arbeitsverfahren sicherheitstechnisch zu überprüfen, Ursachen von Arbeitsunfällen zu untersuchen und bei der Schulung von Sicherheitsbeauftragten mitzuwirken (§ 6 ASiG).

23   Fachkräfte für Arbeitssicherheit sind Sicherheitsingenieure, Sicherheitstechniker oder Sicherheitsmeister (§ 5 Abs. 1 ASiG). Gesetzliche **Anforderungen** an die Kenntnisse und Erfahrungen sind: Der Sicherheitsingenieur muss berechtigt sein, die Berufsbezeichnung Ingenieur zu führen, und ferner wie der Sicherheitstechniker oder -meister über die erforderliche sicherheitstechnische Fachkunde verfügen (§ 7 ASiG). Weitere Anforderungen sind in § 4 DGUV Vorschrift 2 festgelegt (Übergangsvorschrift § 6 Abs. 2 DGUV Vorschrift 2). Ob die Bestellung eines Sicherheitsingenieurs erforderlich ist oder ob die Bestellung eines Sicherheitstechnikers oder -meisters ausreicht, steht im Ermessen des Arbeitgebers und richtet sich nach den speziellen Anforderungen des Betriebs im Hinblick auf die Sicherung und Verbesserung von Sicherheit und Gesundheitsschutz (*Igl/Aufhauser* in HK-ASiG § 5 Rn. 3 ff.; *Pieper* ArbSchR ASiG Rn. 32; *Spinnarke/Schork* ASiG, § 5 Rn. 13).

IV. Alternative Betreuung

24   Abweichend vom Regelfall der Betreuung kann der Unternehmer eines kleinen oder mittleren Betriebes nach Maßgabe der Unfallverhütungsvorschrift des für den Betrieb zuständigen Unfallversicherungsträgers eine alternative **bedarfsorientierte Betreuung** wählen (§ 2 Abs. 4 DGUV Vorschrift 2), wenn er aktiv in das Betriebsgeschehen eingebunden ist, und zwar bis zu 50 Beschäftigten nach **Anlage 3** (nur anlassbezogene betriebsspezifische Betreuung) und bis zu 10 Beschäftigten nach **Anlage 4** (Betreuung durch Kompetenzzentrum); hierzu ausführl. *Pieper* ArbSchR ASiG Rn. 46 f.

25   Bei der alternativen betriebsärztlichen und sicherheitstechnischen Betreuung wird der **Unternehmer** zu Fragen der Sicherheit und des Gesundheitsschutzes im Betrieb informiert und für die Durchführung der erforderlichen Maßnahmen motiviert (Unternehmerqualifikation). Damit soll die Eigenverantwortlichkeit des Unternehmers für die Sicherheit und die Gesundheit der Beschäftigten bei der Arbeit gestärkt werden. Die Qualifikationsmaßnahmen können vom Unternehmer nicht auf andere Personen im Unternehmen übertragen werden.

26   Voraussetzung ist die Teilnahme an **Motivations-, Informations- und Fortbildungsmaßnahmen** (Seminare, Fernlehrgänge mit Präsenzphase), die Inanspruchnahme externer bedarfsorientierter Beratung (auf Anforderung des Unternehmers oder bei besonderem Anlass, z. B. Einführung neuer Arbeitsverfahren)

sowie deren Dokumentation. Die Beschäftigten werden über die Art der praktizierten betriebsärztlichen und sicherheitstechnischen Betreuung informiert und wissen, welcher Betriebsarzt und welche Fachkraft für Arbeitssicherheit anzusprechen ist (DGUV Vorschrift 2 Anlage 3 Abschn. 1, Anlage 4).

V. Art der Bestellung

Der Arbeitgeber hat bei der Bestellung von Betriebsärzten und Fachkräften für Arbeitssicherheit grundsätzlich die Wahl zwischen drei **Möglichkeiten:** 27
- arbeitsrechtliche Einstellung als Arbeitnehmer im Betrieb,
- vertragliche Verpflichtung eines freiberuflich tätigen Arztes und/oder einer freiberuflichen Fachkraft für Arbeitssicherheit,
- vertraglicher Anschluss an einen überbetrieblichen arbeitsmedizinischen und/oder sicherheitstechnischen Dienst (§ 19 ASiG).

Für Fachkräfte für Arbeitssicherheit wird ab einer Einsatzzeit von 800 Std./Jahr empfohlen, eine betriebliche Fachkraft zu bestellen (*Pieper* ArbSchR ASiG Rn. 33). Die Entscheidung für eine der drei Möglichkeiten kann für die arbeitsmedizinische und die sicherheitstechnische Betreuung unterschiedlich getroffen werden (*Richardi* in Richardi § 87 Rn. 573).

Bei Auswahl der Art der Bestellung durch den Arbeitgeber hat der **Betriebsrat** 28 ein Mitbestimmungsrecht (§ 87 Abs. 1 Nr. 7 BetrVG; allg. M.; BAGE 31, 357). Das Mitbestimmungsrecht bezieht sich auch auf die für Kleinbetriebe relevante Frage, ob bei der sicherheitstechnischen Betreuung das Modell der Regeleinsatzzeiten oder eine alternative Betreuungsform gewählt wird (*Pieper* ArbSchR ASiG Rn. 119). Vor der anschließenden konkreten Verpflichtung oder der Entpflichtung eines freiberuflich tätigen Arztes, einer freiberuflich tätigen Fachkraft für Arbeitssicherheit oder eines überbetrieblichen Dienstes (Auswahl) ist der Betriebsrat lediglich zu hören (§ 9 Abs. 3 S. 3 ASiG; LAG Hamm BeckRS 2008, 51533; LAG Hmb BeckRS 2015, 70237).

Die **Unfallversicherungsträger** können einen überbetrieblichen arbeitsmedizinischen und/oder sicherheitstechnischen Dienst durch ihre Satzung einrichten. 29 Sie können darüber hinaus in der Satzung für die ihnen zugehörenden Unternehmen einen Anschlusszwang an diesen Dienst festlegen (*Spinnarke/Schork* ASiG § 19 Rn. 7a). Unternehmer sind vom Unfallversicherungsträger von der Anschlusspflicht zu befreien, wenn sie ihm nachweisen, dass sie ihre Pflicht auf andere Weise (z.B. Einstellung eines Betriebsarztes, Anschluss an einen anderen überbetrieblichen Dienst) erfüllt haben (§ 24 SGB VII).

VI. Zusammenarbeit im Betrieb

Die Betriebsärzte und die Fachkräfte für Arbeitssicherheit haben bei der Erfüllung ihrer Aufgaben mit dem **Betriebsrat zusammenzuarbeiten** (§ 9 Abs. 1 30 ASiG; z.B. Anregungen, Information). Auf Seiten des Betriebsrates korrespondiert damit die Verpflichtung im BetrVG, sich für die Durchführung der Vorschriften über den Arbeitsschutz und die Unfallverhütung „im Betrieb einzusetzen" (§ 89 Abs. 1 BetrVG).

Die Betriebsärzte und die Fachkräfte für Arbeitssicherheit haben den **Betriebsrat** über wichtige Angelegenheiten des Arbeitsschutzes und der Unfallverhütung zu 31 **unterrichten** (§ 9 Abs. 2 S. 1 Hs. 1 ASiG). „Wichtig" ist alles, was für den Betriebsrat zur Erfüllung seiner Rechte und Pflichten aus dem BetrVG von Interesse sein kann. Die Form der Unterrichtung ist nicht vorgeschrieben, so dass es den Betriebsärzten oder den Fachkräften für Arbeitssicherheit überlassen bleibt, ob sie sich schriftlich oder mündlich äußern wollen.

32 Die Betriebsärzte und die Fachkräfte für Arbeitssicherheit haben den **Betriebsrat** auf sein Verlangen zu **beraten** (§ 9 Abs. 2 S. 2 ASiG). Anders als die Unterrichtung ist die Beratung nicht auf wichtige Angelegenheiten beschränkt, so dass sich der Betriebsrat jederzeit über alle Fragen des Arbeits- und Gesundheitsschutzes beraten lassen kann. Die Beratung erfolgt unmittelbar ohne Einschaltung des Arbeitgebers. Die Form der Beratung ist auch hier nicht vorgeschrieben und kann schriftlich oder mündlich erfolgen.

33 Betriebsärzte oder Fachkräfte für Arbeitssicherheit können eine von ihnen vorgeschlagene Maßnahme unmittelbar dem **Arbeitgeber** oder dem zuständigen Mitglied des zur gesetzlichen Vertretung berufenen Organs unterbreiten, wenn sie sich darüber nicht mit dem Leiter des Betriebes verständigen können (§ 8 Abs. 3 S. 1 ASiG). Sie haben in diesem Falle den Inhalt des Vorschlags dem Betriebsrat zuzuleiten (§ 9 Abs. 2 S. 1 Hs. 2 ASiG). Lehnt der Arbeitgeber den Vorschlag ab, ist die Ablehnung den Vorschlagenden gegenüber schriftlich mitzuteilen und zu begründen; der Betriebsrat erhält eine Abschrift (§ 8 Abs. 3 S. 3 ASiG).

34 Die Betriebsärzte und die Fachkräfte für Arbeitssicherheit haben untereinander bei der Erfüllung ihrer Aufgaben zusammenzuarbeiten; dazu gehören insbesondere **gemeinsame Betriebsbegehungen** (§ 10 S. 1 und 2 ASiG).

35 Die Betriebsärzte und die Fachkräfte für Arbeitssicherheit haben bei der Erfüllung ihrer Aufgaben mit den anderen im Betrieb für bestimmte Gebiete der technischen Sicherheit sowie des Gesundheits- und Umweltschutzes bestellten **Beauftragten** zusammenzuarbeiten (§ 10 S. 3 ASiG; z. B. Immissionsschutz-, Gefahrgut-, Strahlenschutzbeauftragte). Bei Maßnahmen der Krankenkassen zur betrieblichen Gesundheitsförderung sind die Betriebsärzte und Fachkräfte für Arbeitssicherheit zu beteiligen (§ 20b Abs. 1 S. 2 SGB V).

VII. Arbeitsschutzausschuss

36 Der Arbeitgeber hat in Betrieben mit **mehr als 20 Beschäftigten** einen Arbeitsschutzausschuss zu bilden, der sich aus:
– dem Arbeitgeber oder einem von ihm Beauftragten,
– zwei vom Betriebsrat benannten Betriebsratsmitgliedern,
– eigenen oder überbetrieblichen Betriebsärzten (ohne gesetzlich festgelegte Anzahl),
– eigenen oder überbetrieblichen Fachkräften für Arbeitssicherheit (ohne gesetzlich festgelegte Anzahl) und
– Sicherheitsbeauftragten (ohne gesetzlich festgelegte Anzahl)
zusammensetzt (§ 11 S. 1 und 2 ASiG). Bestehen in einem Unternehmen mehrere Betriebe, muss für jeden Betrieb ein eigener Arbeitsschutzausschuss gebildet werden (HessLAG NZA 1997, 114; *Aufhauser* in HK-ASiG § 11 Rn. 2; *Kothe* in HK-ArbSchR ASiG § 11 Rn. 7; abw. *Bissels/Lützeler* jurisPR-ArbR 36/2014 Anm. 1: Bildung allein auf Unternehmensebene denkbar).

37 Die **Bildung** des Ausschusses ist seit Änderung des ASiG durch das ArbSchG im Jahre 1996 nicht mehr davon abhängig, dass Betriebsärzte und Fachkräfte für Arbeitssicherheit tatsächlich in dem Betrieb bestellt sind. Gesetzlich vorgegeben ist lediglich die **Anzahl** der Betriebsräte im Arbeitsschutzausschuss, für alle anderen Mitglieder des Ausschusses (→ Rn. 36) kann der Arbeitgeber bestimmen, wieviele

Funktionsträger dem Ausschuss angehören (*Kolbitsch* BPUVZ 2015, 347, 348). Die Schwerbehindertenvertretung hat das Recht, an allen Sitzungen des Arbeitsschutzausschusses beratend teilzunehmen (§ 95 Abs. 4 SGB IX).

Für das Erreichen der Zahl 20 (Schwellenwert) sind die im Betrieb **durch-** 38 **schnittlich** Beschäftigten entscheidend (BT-Drs. 13/3540 zu Art. 2 Nr. 7 EASUG S. 22). Der Zeitraum, für den der Durchschnitt als mathematische Rechengröße zu ermitteln ist, wird im Gesetz offengelassen. Sinnvoll erscheint die Betrachtung über ein Geschäftsjahr, um im Hinblick auf die vorgeschriebenen mindestens vierteljährlichen Zusammenkünfte (§ 11 S. 4 ASiG) eine sachgerechte Arbeit von gewisser Dauer zu ermöglichen.

Der Begriff „**Beschäftigte**" ist hier gemäß der Terminologie des ASiG im 39 Sinne von „Arbeitnehmern" zu verstehen. Teilzeitbeschäftigte werden auf Grund eines gesetzlich festgelegten Schlüssels nur anteilig berücksichtigt und zwar Teilzeitbeschäftigte mit einer wöchentlichen Arbeitszeit von nicht mehr als 20 Stunden mit 0,5 und nicht mehr als 30 Stunden mit 0,75 (§ 11 S. 1 Hs. 2 ASiG). Maßgebend ist der Arbeitsvertrag, so dass Kurzarbeiter oder Saisonarbeiter mit einem Vollarbeitsverhältnis nicht unter die Umrechnung fallen (*Kothe* in HK-ArbSchR ASiG § 11 Rn. 11; *Wank* JAS ASiG § 11 Rn. 3).

Der Ausschuss hat die **Aufgabe**, Anliegen des Arbeitsschutzes und der Unfall- 40 verhütung zu beraten (z. B. Erfahrungsaustausch, Koordinierung von Arbeitsschutzmaßnahmen, Sicherheitsprogramme). Er hat weder eine Kontroll- noch eine Entscheidungsbefugnis und tritt mindestens einmal vierteljährlich zusammen (§ 11 S. 3 und 4 ASiG). Weitere Personen können einbezogen werden (z. B. Schwerbehindertenvertretung).

Der **Betriebsrat** hat keinen unmittelbar gegen den Arbeitgeber gerichteten An- 41 spruch auf Errichtung eines Arbeitsschutzausschusses. Kommt der Arbeitgeber seiner Pflicht zur Errichtung nicht nach, kann die Arbeitsschutzbehörde die Errichtung anordnen. Der Betriebsrat kann die Arbeitsschutzbehörde um eine entsprechende Anordnung ersuchen (§ 89 Abs. 1 S. 2 BetrVG; BAG NZA 2014, 1094). Ein Mitbestimmungsrecht des Betriebsrats bezüglich der Anwesenheit bestimmter Mitglieder des Arbeitsschutzausschusses (Betriebsarzt, Fachkraft für Arbeitssicherheit) bei dessen Sitzungen besteht nicht (BAG NZA 2016, 504; LAG RhPf BeckRS 2016, 68967). Hingegen hat der Betriebsrat hinsichtlich der Mitgliederzahl und der Zusammensetzung bzw. Auswahl der Mitglieder des Ausschusses mitzubestimmen (*Aufhauser* in HK-ASiG § 11 Rn. 2; *Fitting* BetrVG § 87 Rn. 328; *Kothe* in HK-ArbSchR ASiG § 11 Rn. 22). Nicht der Mitbestimmung unterliegt, wen der Arbeitgeber als Person in den Arbeitsschutzausschuss entsendet (LAG Düsseldorf DB 1977, 915; *Richardi* in Richardi BetrVG § 87 Rn. 597; *Spinnarke/Schork* ASiG § 11 Rn. 5; *Wiese/Gutzeit* in GK-BetrVG § 87 Rn. 671).

C. Überwachung

Die umfassende Kontrolle der Durchführung des ASiG und der zu seiner Durch- 42 führung erlassenen Unfallverhütungsvorschriften obliegt den nach Landesrecht **zuständigen Behörden** (Gewerbeaufsicht). Diese können im Einzelfall Anordnungen in Form von Verwaltungsakten gegenüber dem Arbeitgeber erlassen (§ 12 ASiG, z. B. Verpflichtung zur Gestellung von Hilfspersonal) sowie vom Arbeitgeber Auskünfte verlangen und die Arbeitsstätten betreten und besichtigen (§ 13 ASiG). Insbesondere kann die Bestellung von Fachkräften für Arbeitssicherheit und Betriebsärzten durch Anordnung gegenüber dem Arbeitgeber durchgesetzt werden (VG Lüneburg BeckRS 2011, 52914).

43 Parallel dazu überwachen die **Unfallversicherungsträger** die Einhaltung der Pflichten der Arbeitgeber nach den von ihnen erlassenen Unfallverhütungsvorschriften und können insoweit selbst Anordnungen treffen (§ 19 Abs. 1 S. 1 Nr. 1 SGB VII; BSG SozSich 1990, 196; *Pieper* ArbSchR ASiG Rn. 140; *Spinnarke/Schork* ASiG § 12 Rn. 7; *Wolber* NZA 1989, 919).

44 Im Rahmen der Überwachung als **Ordnungswidrigkeiten** bußgeldbewehrt (§ 20 ASiG) sind die schuldhafte Zuwiderhandlung gegen eine vollziehbare Anordnung der zuständigen Behörde (§ 12 ASiG) sowie die fehlende oder mangelhafte Erteilung einer Auskunft und die Verweigerung der Besichtigung (§ 13 ASiG). Die Befugnis der Unfallversicherungsträger, bei Verstößen gegen Unfallverhütungsvorschriften Geldbußen zu verhängen, besteht parallel dazu unabhängig von § 20 ASiG (*Aufhauser* in HK-ASiG § 20 Rn. 7). Allerdings enthält die DGUV Vorschrift 2 keinen Verweis auf die Bußgeldvorschriften (§ 209 Abs. 1 S. 1 Nr. 1 SGB VII), so dass eine Ordnungswidrigkeit nur bei einem Verstoß gegen eine besondere Anordnung (§§ 19 Abs. 1 S. 1 Nr. 2, 209 Abs. 1 S. 1 Nr. 2 SGB VII) in Betracht kommt (*Spinnarke/Schork* ASiG § 12 Rn. 7).

Betriebsärztliche und sicherheitstechnische Betreuung (DGUV Vorschrift 2)			
Regelbetreuung		Kleinbetriebsbetreuung	
bis 10 Beschäftigte	über 10 Beschäftigte	bis 50 Beschäftigte	bis 10 Beschäftigte
Anlage 1	Anlage 2	Anlage 3	Anlage 4

D. Siebtes Buch. Sozialgesetzbuch (Gesetzliche Unfallversicherung)

Übersicht

	Rn.
A. Unfallversicherung	1
I. Grundlagen	1
1. Entwicklung	1
2. Sozialgesetzbuch	4
II. Versicherte Personen	5
1. Versicherte kraft Gesetzes	5
2. Versicherte kraft Satzung	10
3. Freiwillige Versicherung	12
III. Leistungen	13
1. Versicherungsfall	13
2. Rehabilitation	18
3. Entschädigung	22
4. Verfahren	26
IV. Haftung	28
V. Organisation	31
VI. Finanzierung	33
VII. Kontaktadressen	37a
B. Prävention	38
I. Aufgaben	38
1. Grundsatz	38
2. Arbeitsunfälle und Berufskrankheiten	42
3. Arbeitsbedingte Gesundheitsgefahren	43
4. Datenschutz	50
5. Forschung	53
6. Zusammenarbeit mit Krankenkassen	56
7. Gemeinsame Deutsche Arbeitsschutzstrategie (GDA)	58a
8. Nationale Präventionsstrategie	58b
9. Deutsche Gesetzliche Unfallversicherung e.V. (DGUV)	58c
10. Landwirtschaft	58d
II. Unfallverhütungsvorschriften	59
1. Rechtscharakter	59
2. Inhalt	64
3. Genehmigung und Bekanntmachung	71
4. Sonderregelungen	75
III. Überwachung, Beratung	81
1. Grundpflichten	81
2. Beratung	86
3. Überwachung	87
4. Sonderregelungen	91
5. Aufsichtspersonen	95
6. Rechtsweg	104
IV. Sicherheitsbeauftragte	105
1. Aufgaben	105
2. Bestellung	107
3. Konkretisierung	112

SystDarst D

Systematische Darstellungen

	Rn.
V. Aus- und Fortbildung	113
1. Umfang	113
2. Kosten	115
VI. Überbetriebliche Dienste	116
1. Einrichtung	116
2. Anschlusszwang	118
VII. Bericht	120
VIII. Bußgeldvorschriften	125
1. Tatbestände	125
2. Höhe	130
3. Zuständige Verwaltungsbehörde	131
C. Zusammenwirken mit Dritten	133
I. Allgemeine Zusammenarbeit	133
1. Arbeitsschutzbehörden	133
2. Gemeinsame landesbezogene Stelle (GLS)	136
3. Nationale Arbeitsschutzkonferenz (NAK)	140
4. Allgemeine Verwaltungsvorschriften	141
a) Betriebsvertretungen	141
b) Arbeitsschutzbehörden der Länder	143
c) Bergaufsicht	146
II. Arbeitsschutz	147
1. Wahrnehmung kraft Vereinbarung	147
a) Unfallversicherungsträger	147
b) Bund	164
2. Wahrnehmung kraft Gesetzes	171
III. Zuständigkeit bei Ordnungswidrigkeiten	175
1. Tatbestände	175
2. Verwaltungsbehörde	177
3. Wirkung der Rechtskraft	185

Literatur: *Aligbe,* Kriterien für die Anzahl der zu bestellenden Sicherheitsbeauftragten, ArbRAktuell 2015, 218; *Becker/Franke/Molkentin,* Lehr- und Praxiskommentar – Gesetzliche Unfallversicherung (SGB VII), 4. Aufl. 2014 (zit.: LPK-SGB VII); *Bell/Berger/Gemési u. a.,* Vorschriften- und Regelwerk der DGUV: Erreichtes und Ausblick, DGUV Forum 1–2/2015, 32; *Bereiter-Hahn/Mehrtens,* Gesetzliche Unfallversicherung, Kommentar, Losebl.; *Bindzius,* Verhütung arbeitsbedingter Gesundheitsgefahren, BG 2001, 458; *Bindzius/Knoll/Appt,* Das Präventionsgesetz – Erste Schritte zur Umsetzung, DGUV Forum 4/2016, 10; *Bindzius/Schmidt,* Intensivierung der Zusammenarbeit bei der Ermittlung und Verhütung arbeitsbedingter Gesundheitsgefahren, BG 2000, 582; *Brandenburg,* juris Praxiskommentar – SGB VII, 2. Aufl. 2014 (zit.: jurisPK-SGB VII); *Bull,* „Dienstliche Weisung" statt Widerspruchsbescheid?, DVBl. 1970, 243; *Coenen/Bindzius,* Verhütung arbeitsbedingter Gesundheitsgefahren, BG 1998, 24; *dies.,* Gesundheitsschutz und Gesundheitsförderung bei der Arbeit unter dem Blickwinkel der Berufsgenossenschaften, BG 2000, 502; *Coenen/Waldeck,* Die neue Arbeitsschutzgesetzgebung aus Sicht der gewerblichen Berufsgenossenschaften, BG 1996, 574; *Doll,* Arbeitsschutzpolitik zeigt Wirkung, BArbBl. 1/1998, 8; *Eberle/Bödeker,* Arbeitsumweltbezogene Präventionsziele der gesetzlichen Krankenversicherung, BG 2008, 452; *Egger,* Rechtliche Probleme einer engeren Zusammenarbeit zwischen Unfallversicherungsträgern und staatlichen Arbeitsschutzbehörden, NZS 1994, 352; *Eichenhofer/Wenner,* SGB VII – Gesetzliche Unfallversicherung, Kommentar, 2011; *Erstkommentierung* des Gesetzes zur Modernisierung des Gesetzlichen Unfallversicherung, 2008 (zit.: EK-UVMG; *Freund/Baron,* Notwendigkeit einer Neuorganisation der landwirtschaftlichen Sozialversicherung im Kontext der Fusionsentwicklungen in der allgemeinen Sozialversicherung, SdL 2012, 1; *Gitter,* Grundlagen der gesetzlichen

Gesetzliche Unfallversicherung **SystDarst D**

Unfallversicherung im Wandel der Zeit, SGb 1993, 297; *ders.,* Die gesetzliche Unfallversicherung nach der Einordnung ins Sozialgesetzbuch – ein Versicherungszweig ohne Reformbedarf?, BB 1998, Beilage 6 zu Heft 22; *Goeke/Graeff,* Ins SGB eingegliedert, BArbBl. 10/1996, 9; *Graeff,* Die Einordnung des Rechts der gesetzlichen Unfallversicherung in das Sozialgesetzbuch als dessen Siebtes Buch, SGb 1996, 297; *Hauck/Noftz,* Sozialgesetzbuch – SGB VII – Gesetzliche Unfallversicherung, Kommentar, Losebl.; *Höffer/Wölfle,* Monopol der gesetzlichen Unfallversicherung in Deutschland mit Europarecht im Einklang, DGUV Forum 4/2009, 36; *Hoffmann,* Die neue Unfallanzeige, BG 2002, 299; *Hülsemann,* Mitbestimmung außerhalb des BetrVG: Die neue DGUV V 1, die Anzahl der Sicherheitsbeauftragten und der Betriebsrat, ArbRAktuell 2015, 270; *Hussing/Bell,* Grundsätze der Prävention neu geregelt, DGUV Forum 1–2/2014, 52; *Hussing/Pinter,* Ändergen durch das Unfallversicherungsmodernisierungsgesetz (UVMG) im Bereich der Prävention (§§ 14, 15, 17, 19, 20 SGB VII), BG 2008, 419; *Kasseler Kommentar,* Sozialversicherungsrecht, Losebl.; *Kater/Leube,* Gesetzliche Unfallversicherung – SGB VII, Kommentar, 1997; *Konstanty,* Das neue Arbeitsschutzrecht – Zukunftschance für die Gewerkschaften, SozSich 1996, 361; *Krasney,* Grundpfeiler der Zukunft der gesetzlichen Unfallversicherung, NZS 1996, 259; *Krasney/Burchardt/Kruschinsky/Becker,* Gesetzliche Unfallversicherung (SGB VII), Kommentar, Losebl. (zit.: SGB VII-Komm); *Lauterbach,* Gesetzliche Unfallversicherung – SGB VII, Kommentar, Losebl.; *Leube,* Die Pflicht zur Übernahme einer Tätigkeit als Ersthelfer im Betrieb, BB 1998, 1738; *ders.,* Öffentliche Bekanntmachung des autonomen Rechts in der Sozialversicherung, NZS 1999, 330; *ders.,* Anordnungen der Unfallversicherungsträger zur Prävention, BG 1999, 66; *ders.,* Überwachung der Prävention durch Unfallversicherungsträger – Abgrenzung von Sozial- und Verwaltungsgerichtsbarkeit (§ 51 Abs. 1 Nr. 3 SGG), SGb 2010, 582; *ders.,* Prävention in der Bundesverwaltung – Neuordnung der Unfallversicherung (BUK-NOG), ZTR 2015, 310; *Marburger,* Zusammenarbeit zwischen Krankenkassen und BGen bei Maßnahmen der Gesundheitsförderung, BG 2009, 286; *Meffert,* GDA – Entwicklung von gemeinsamen Arbeitsschutzzielen und Handlungsfeldern, BG 2008, 49; *Mehrtens/Brandenburg,* Die Berufskrankheiten-Verordnung (BKV), Kommentar, Losebl.; *Niemeyer/Freund,* Die Einordnung der gesetzlichen Unfallversicherung im SGB als neues SGB VII, NZS 1996, 497; *Plagemann,* Die Einordnung der gesetzlichen Unfallversicherung in das SGB VII, NJW 1996, 3173; *Plagemann/Radtke-Schwenzer,* Gesetzliche Unfallversicherung, 2. Aufl., 2007; *Radek,* Arbeitsbedingte Gesundheitsgefahren, BG 1997, 351; *Rentrop,* GDA – Modernisierung des dualen Arbeitsschutzsystems, BG 2008, 46; *ders.,* GDA – Kooperationsbeziehungen, BG 2008, 54; *Schenke,* Der rechtswidrige Verwaltungsvertrag nach dem Verwaltungsverfahrensgesetz, JuS 1977, 281; *Schmitt,* SGB VII – Gesetzliche Unfallversicherung, Kommentar, 4. Aufl. 2009; *Schulin,* Handbuch des Sozialversicherungsrechts, Bd. 2 – Unfallversicherungsrecht, 1996; *Schwede,* Praxisleitfaden gesetzliche Unfallversicherung (SGB VII), 3. Aufl. 2015; *Wlotzke,* Probleme der Weiterentwicklung [des Arbeitsschutzes], BArbBl. 3/1981, 32.

A. Unfallversicherung

I. Grundlagen

1. Entwicklung. Die gesetzliche Unfallversicherung wurde im Jahr 1884 eingeführt. Zusammen mit der 1883 geschaffenen gesetzlichen Krankenversicherung (Gesundheit) und der 1889 entstandenen gesetzlichen Rentenversicherung (Alter) bildet sie die **dritte Säule** im System der deutschen Sozialversicherung. Hinzu traten später 1927 die Arbeitslosenversicherung und 1995 die gesetzliche Pflegeversicherung. 1

Wesensmerkmale der Unfallversicherung sind Leistungen bei Personenschäden, unabhängig vom Verschulden des Unternehmers und des Versicherten (sozia- 2 les Schutzprinzip), Wegfall der zivilrechtlichen Haftpflicht des Unternehmers bei eigenem Verschulden (Haftungsersetzungsprinzip) und damit Vermeidung von Rechtsstreitigkeiten zwischen dem Versicherten und dem Unternehmer im Schadensfall (Betriebsfrieden). Leistungsträger ist jeweils ein institutionalisierter Zusammenschluss von Unternehmen gleicher oder ähnlicher Art zu einer Risikogemeinschaft (Versicherungsprinzip). Hervorzuheben ist die enge Verbindung von Unfallversicherung (Entschädigung) und Unfallverhütung (Prävention).

3   Die Unfallversicherung diente zunächst im Wesentlichen dem Schutz der **Arbeitnehmer** bei Arbeitsunfällen im Betrieb und wurde später auf Berufskrankheiten und Unfälle auf dem Weg zum und vom Ort der Tätigkeit ausgedehnt (sog. echte Unfallversicherung). Im Laufe der Zeit sind **weitere Personen** in die gesetzliche Unfallversicherung einbezogen worden, deren Tätigwerden im öffentlichen Interesse liegt und teilweise rechtssystematisch richtiger bei Unfällen dem sozialen Entschädigungsrecht zuzuordnen wäre (sog. unechte Unfallversicherung).

4   **2. Sozialgesetzbuch.** Die gesetzliche Unfallversicherung ist als letzter Zweig der Sozialversicherung am **1.1.1997** (Prävention bereits am 21.8.1996) als **Siebtes Buch** in das **Sozialgesetzbuch** eingeordnet worden, Art. 1 Unfallversicherungs-Einordnungsgesetz (UVEG) vom 7.8.1996 (BGBl. I S. 1254). Die frühere grundlegende Unterscheidung in allgemeine, landwirtschaftliche und See-Unfallversicherung wurde aufgegeben. Die gesetzliche Unfallversicherung bildet nunmehr eine Einheit, wobei Besonderheiten einzelner Wirtschafts- und Verwaltungszweige im Rahmen der jeweiligen Regelungsbereiche des SGB VII durch zusätzliche Vorschriften berücksichtigt sind. Durch das Gesetz zur Modernisierung der gesetzlichen Unfallversicherung (UVMG) vom 30.10.2008 (BGBl. I S. 2130) wurde die Organisation der Unfallversicherungsträger den veränderten Wirtschaftsstrukturen angepasst sowie die Verteilung der Altlasten innerhalb der gewerblichen Berufsgenossenschaften neu gestaltet. Eine weitere Verringerung der Zahl der Unfallversicherungsträger erfolgte durch das Gesetz zur Neuordnung der Organisation der landwirtschaftlichen Sozialversicherung (LSV-NOG) vom 12.4.2012 (BGBl. I S. 579) und das Gesetz zur Neuordnung der bundesunmittelbaren Unfallkassen (BUK-NOG) vom 19.10.2013 (BGBl. I S. 3836).

II. Versicherte Personen

5   **1. Versicherte kraft Gesetzes.** Pflichtversichert sind zunächst alle abhängig **Beschäftigten** (ohne Beamte) einschließlich der Auszubildenden. Der Versicherungsschutz setzt keinen rechtswirksamen Arbeitsvertrag voraus. Einer Anmeldung beim Versicherungsträger bedarf es weder durch den Versicherten noch durch den Unternehmer. Maßgebend sind allein die tatsächlichen Verhältnisse. Entgeltliche Arbeit ist nicht erforderlich. Die Höhe des Verdienstes (keine Geringfügigkeitsgrenzen), Alter und Nationalität sind unerheblich.

6   Versichert sind auch vertragslos **„wie Beschäftigte"** (zumeist vorübergehend und kurzfristig) Tätige. Gefälligkeitshandlungen und Tätigkeiten auf Grund familiärer oder verwandtschaftlicher Bindungen bleiben allerdings ausgenommen.

7   Versichert sind ferner **beschäftigtenähnliche Personen** (Behinderte in anerkannten Werkstätten, Strafgefangene) sowie unentgeltlich zum allgemeinen Nutzen wirkende Personen (freiwillige Helfer im Gesundheitsdienst, in der Wohlfahrtspflege, in Hilfeleistungsorganisationen und im Zivilschutz, Ehrenamtliche in öffentlichen Einrichtungen, Entwicklungshelfer).

Gesetzliche Unfallversicherung **SystDarst D**

In einer besonderen, die **Versicherung begründenden Beziehung** stehen 8
Lernende während der außerbetrieblichen beruflichen Aus- und Fortbildung, Teilnehmer an vorgeschriebenen Prüfungen, Kinder in Tageseinrichtungen, Schüler, Studenten, Not- und Verwaltungshelfer, Zeugen, Blut- und Gewebespender, Arbeitslose und Rehabilitanden.

Bestimmte selbstständige **Unternehmer** (z. T. auch ihre mitarbeitenden Ehe- 9
gatten oder Lebenspartner) sind vom Versicherungsschutz erfasst, wenn sie in besonderer Weise des sozialen Schutzes bedürfen (Landwirte, Hausgewerbetreibende, kleine Küstenschiffer, Selbsthelfer im öffentlich geförderten Wohnungsbau) oder besonderen Gesundheitsgefahren ausgesetzt sind (Gesundheitsdienst und Wohlfahrtspflege, ohne Ärzte und Apotheker).

2. Versicherte kraft Satzung. Die einzelnen Versicherungsträger sind nach 10
dem SGB VII ermächtigt, die Versicherungspflicht durch die Satzung auf **Unternehmer** (und ihre mitarbeitenden Ehegatten oder Lebenspartner) zu erstrecken und nach ihrem Ermessen die Voraussetzungen dafür festzulegen. Sinn und Zweck dieser Möglichkeit ist auch hier in erster Linie das soziale Schutzbedürfnis, so dass in der Praxis vor allem Unternehmensgröße, Höhe des Einkommens und Gefährlichkeit der ausgeübten Tätigkeiten für die Ausdehnung des Versicherungsschutzes entscheidend sind. Das Gesetz selbst enthält allerdings insoweit keine Einschränkungen. Ausgenommen bleiben Verrichtungen, die der Privatsphäre des Liebhaberei zugerechnet werden (Haushaltsführende, Jagdgäste, nichtgewerbsmäßige Fischerei und Imkerei). Eine satzungsmäßige Versicherung ist ferner für ehrenamtlich Tätige und für bürgerschaftlich Engagierte möglich.

Ebenfalls durch Satzung können die einzelnen Versicherungsträger Personen, die 11
sich auf der **Unternehmensstätte aufhalten,** in den Versicherungsschutz einbeziehen (z. B. Besucher, Teilnehmer an Besichtigungen, Sachverständige oder Anwälte). Die Regelung hat den Charakter einer privaten Haftpflichtversicherung des Unternehmers gegen Personenschäden, die die gesetzliche Unfallversicherung die zivilrechtliche Haftung des Unternehmers ersetzt.

3. Freiwillige Versicherung. Alle nicht kraft Gesetzes oder kraft Satzung ver- 12
sicherten **Unternehmer** und ihre im Unternehmen mitarbeitenden Ehegatten oder Lebenspartner können ohne Rücksicht auf ihre soziale Bedürftigkeit der gesetzlichen Unfallversicherung beitreten (Versicherungsberechtigung; Ausnahmen → Rn. 10). Beitreten können ferner gewählte oder beauftragte Ehrenamtsträger in gemeinnützigen Organisationen und Personen, die für Arbeitgeberorganisationen und Gewerkschaften ehrenamtlich tätig sind, sowie für Parteien ehrenamtlich Tätige.

III. Leistungen

1. Versicherungsfall. Die Leistungen sind abhängig vom **Eintritt eines Ver-** 13
sicherungsfalls, d. h. einem Arbeitsunfall oder einer Berufskrankheit. Zum Arbeitsunfall zählen Unfälle auf dem unmittelbaren (nicht notwendig kürzesten) Weg zum oder vom Ort der Tätigkeit (Haustür – Werkstor) sowie Familienheimfahrten. Nicht versichert sind Um- und Abwege; Abweichungen vom unmittelbaren Weg auf Grund von Fahrgemeinschaften oder zum Verbringen eines Kindes in fremde Obhut aus beruflichem Anlass unterliegen jedoch dem Versicherungsschutz.

Arbeitsunfall ist ein plötzliches, zeitlich begrenztes (innerhalb einer Arbeits- 14
schicht), von außen auf den Körper einwirkendes (nicht Sturz aus innerer Ursache)

Ereignis, das zu einem Gesundheitsschaden oder zum Tod führt. Erforderlich ist dabei ein innerer Zusammenhang zwischen dem unfallbringenden Verhalten und der versicherten Tätigkeit, der nach dem Schutzzweck der gesetzlichen Unfallversicherung wertend zu bestimmen ist (fehlt bei eigenwirtschaftlicher Verrichtung: z. B. private Essenseinnahme in der Kantine).

15 Eine **Berufskrankheit** ist gekennzeichnet durch das allmähliche Entstehen eines Gesundheitsschadens. Nach dem sog. **Listensystem** werden die anerkannten Berufskrankheiten in einer staatlichen Verordnung ausdrücklich einzeln bezeichnet, wenn eine Krankheit nach den Erkenntnissen der medizinischen Wissenschaft durch besondere Einwirkungen verursacht ist, denen bestimmte Personengruppen durch ihre versicherte Tätigkeit in erheblich höherem Grade ausgesetzt sind als die übrige Bevölkerung, Berufskrankheiten-Verordnung (BKV) vom 31.10.1997 (BGBl. I S. 2623).

16 Andere arbeitsbedingte Erkrankungen sind im Einzelfall **wie eine Berufskrankheit** anzuerkennen, sofern nach neuen Erkenntnissen der medizinischen Wissenschaft die Voraussetzungen für eine Listenkrankheit erfüllt werden. Neu sind Erkenntnisse, die anlässlich der letzten Berufskrankheiten-Verordnung nicht vorhanden oder nicht bekannt waren oder sich erst nach diesem Zeitpunkt zur „Berufskrankheitenreife" verdichtet haben. Um neue Erkenntnisse handelt es sich dagegen nicht, wenn der Verordnungsgeber die Aufnahme der Krankheit in die Verordnung geprüft und abgelehnt hat.

17 Gleichgestellt ist der Gesundheitsschaden einer **Leibesfrucht** infolge des Versicherungsfalls der Mutter während der Schwangerschaft. Die Leibesfrucht wird damit in den Kreis der versicherten Personen einbezogen. Gleichgestellt ist ferner unter bestimmten Voraussetzungen der Gesundheitsschaden von **Blut- und Gewebespendern.**

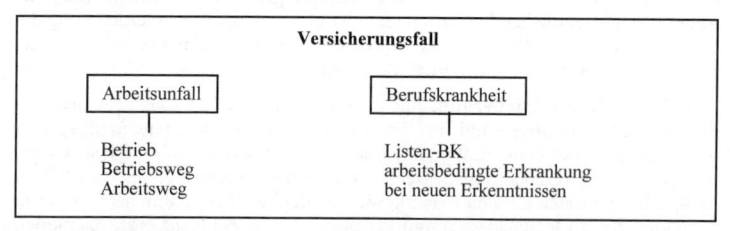

Versicherungsfall	
Arbeitsunfall	Berufskrankheit
Betrieb Betriebsweg Arbeitsweg	Listen-BK arbeitsbedingte Erkrankung bei neuen Erkenntnissen

18 **2. Rehabilitation.** Das Grundprinzip lautet: Rehabilitation vor Rente. Die gesetzliche Unfallversicherung hat nach dem Sachleistungsprinzip ihre Leistungen nach Eintritt eines Versicherungsfalles **„mit allen geeigneten Mitteln"** zu erbringen, d. h. in angemessenem Umfang, nachdem die Leistungen der Unfallversicherung den zivilrechtlichen Anspruch des Geschädigten gegen den Schädiger ablösen (→ Rn. 2) und sich deshalb am Schadensersatzanspruch des Geschädigten gegen einen schuldhaft handelnden Schädiger nach bürgerlichem Recht messen lassen müssen. Die Leistungen der Unfallversicherung sind damit **weitergehend** als die Leistungen in der gesetzlichen Krankenversicherung, die lediglich „ausreichend", „zweckmäßig" und „wirtschaftlich" sein müssen und „das Maß des Notwendigen" nicht überschreiten dürfen.

19 Die **Heilbehandlung** umfasst insbesondere ärztliche und zahnärztliche Behandlung, Versorgung mit Arznei-, Verbands-, Heil- und Hilfsmitteln sowie Behandlung in Krankenhäusern und Leistungen zur medizinischen Rehabilitation. Eine

Besonderheit der Unfallversicherung ist das Durchgangsarztverfahren (D-Arzt-Verfahren) bei nicht ganz leichten Verletzungen. Der von den Unfallversicherungsträgern bestellte D-Arzt beurteilt und entscheidet nach Art und Schwere der Verletzung, ob eine besondere Heilbehandlung erforderlich ist oder die allgemeine ärztliche Behandlung durch den Hausarzt genügt. Bei Arbeitsunfähigkeit ohne Entgeltfortzahlung wird für eine begrenzte Zeit Verletztengeld gezahlt, welches im Wesentlichen dem Krankengeld entspricht.

Die Leistungen zur **Teilhabe am Arbeitsleben** sind primär auf die Erhaltung 20 des bisherigen Arbeitsplatzes gerichtet (z. B. technische Arbeitshilfen) und beinhalten ferner vielfältige Leistungen zur Förderung der Wiederaufnahme der Arbeit (Umschulung des Versicherten in Einrichtungen der beruflichen Rehabilitation, finanzielle Eingliederungszuschüsse an Arbeitgeber). Für die Dauer der berufsfördernden Leistungen wird ausfallender Verdienst durch Zahlung von Übergangsgeld ersetzt.

Leistungen zur **Teilhabe am Leben in der Gemeinschaft** und ergänzende 21 Leistungen sind beispielsweise Kraftfahrzeughilfe (Beschaffung eines behindertengerechten PKW für die Fahrt zur Arbeit), Wohnungshilfe (Einbau eines Lifts), Haushaltshilfe (Reinigungskraft) und Rehabilitationssport.

3. Entschädigung. Renten an Versicherte (Verletztenrenten) sollen die unfall- 22 bedingten, sich aus der Beeinträchtigung des körperlichen und geistigen Leistungsvermögens des Versicherten ergebenden verminderten Arbeitsmöglichkeiten auf dem gesamten Gebiet des Erwerbslebens ausgleichen; auf tatsächliche Diensteinbußen kommt es nicht an (abstrakte Schadensberechnung). Die Bemessung erfolgt nach der Minderung der Erwerbsfähigkeit (MdE), welche auf Grund eines ärztlichen Gutachtens festgesetzt wird. Voraussetzung ist, dass über die 26. Woche nach dem Unfall hinaus eine Erwerbsminderung von wenigstens 20 v. H. besteht bzw. zu erwarten ist. Die Rente beginnt mit Ende des Verletztengeldes oder – wenn kein Anspruch auf Verletztengeld als Einkommensersatz besteht (z. B. Hausfrauen, Schüler) – mit Eintritt des Versicherungsfalls.

Die Berechnung der Rente erfolgt nach dem **Jahresarbeitsverdienst** (JAV), das 23 ist in der Regel der Gesamtbetrag aller Arbeitsentgelte und Arbeitseinkommen des Versicherten in den zwölf Kalendermonaten vor Eintritt des Versicherungsfalles, der regelmäßig durch die Satzung des Unfallversicherungsträgers auf einen Höchstbetrag begrenzt ist (z. B. Verwaltungs-Berufsgenossenschaft 96 000 Euro, Stand: 1.1.2016). Für versicherte Unternehmer setzt die Satzung die Versicherungssumme fest. Besondere Bestimmungen gelten für Versicherte mit geringem oder ohne Verdienst, Seeleute und Landwirte.

Die **Vollrente** (100 v. H. MdE) beträgt zwei Drittel des Jahresarbeitsverdienstes; 24 Teilrente wird in Höhe des v. H.-Satzes gezahlt, der dem Grad der Minderung der Erwerbsfähigkeit entspricht. Bei der Höhe ist zu berücksichtigen, dass die Verletztenrente steuerfrei ist und nicht der Beitragspflicht zur Sozialversicherung unterliegt.

Hinterbliebene erhalten bei Vorliegen der gesetzlichen Voraussetzungen Wit- 25 wen- oder Witwerrenten, Waisenrenten sowie Elternrenten. Überführungskosten werden erstattet. Als Sterbegeld wird ein Festbetrag gewährt.

4. Verfahren. Der Unternehmer hat Arbeitsunfälle, die Arbeitsunfähigkeit von 26 mehr als drei Tagen oder den Tod des Versicherten zur Folge haben, dem Unfallversicherungsträger auf dem für die **Unfallanzeige** amtlich vorgeschriebenen Formular zu melden. Das Gleiche gilt bei Anhaltspunkten für eine Berufskrankheit. Der

SystDarst D

Unfallversicherungsträger führt **von Amts wegen** die erforderlichen Ermittlungen durch und entscheidet anschließend ebenfalls von Amts wegen in einem Verwaltungsakt über die Leistungen; eines Antrags des Versicherten oder seiner Hinterbliebenen bedarf es grundsätzlich nicht.

27 Die förmliche Feststellung von Renten und Abfindungen sowie die Entscheidung über Widersprüche obliegt üblicherweise nach der Satzung **besonderen Ausschüssen** (Rentenausschuss, Widerspruchsstelle), deren ausschließlich oder überwiegend ehrenamtlichen Mitglieder aus dem Kreise der Unternehmer und der Versicherten von der Selbstverwaltung gewählt werden.

IV. Haftung

28 Die **Befreiung** von der zivilrechtlichen Haftung zum einen des Unternehmers gegenüber den Versicherten und zum anderen der Arbeitskollegen untereinander (Haftungsbefreiung) ist eine der Grundlagen der gesetzlichen Unfallversicherung (→ Rn. 2). Der Geschädigte wird auf die öffentlich-rechtlichen Leistungen der Sozialversicherung verwiesen, die ohne Rücksicht auf ein Verschulden des Schädigers oder ein Mitverschulden des Versicherten erbracht werden. Es besteht kein Schmerzensgeldanspruch.

29 **Ausgenommen** von der Haftungsfreistellung sind vorsätzliche Schädigungen sowie versicherte **Wege** nach und vom Ort der Tätigkeit (→ Rn. 13), da der Versicherte hier denselben Gefahren ausgesetzt ist wie jeder andere Verkehrsteilnehmer.

30 Ein **Rückgriff** des Unfallversicherungsträgers (und der anderen Träger der Sozialversicherung) gegen den Schädiger für seine infolge des Versicherungsfalles entstandenen Aufwendungen ist jedoch dann gegeben, wenn der Schädiger den Versicherungsfall grob fahrlässig (Außerachtlassung der im Verkehr erforderlichen Sorgfalt in ungewöhnlich hohem Maße) oder vorsätzlich (bewusst, gewollt) verursacht hat. Der Regressanspruch ist auf die Höhe des zivilrechtlichen Schadens begrenzt; Mitverschulden des Geschädigten ist zu berücksichtigen. Ferner haben die Unternehmer von **Schwarzarbeit** dem Unfallversicherungsträger dessen Aufwendungen zu erstatten. In allen Fällen können die Sozialversicherungsträger ganz oder teilweise auf den Ersatzanspruch verzichten.

V. Organisation

31 Die Unfallversicherungsträger sind Zusammenschlüsse von Unternehmern in bundes- oder landesunmittelbaren rechtsfähigen **Körperschaften des öffentlichen Rechts** mit Selbstverwaltung unter staatlicher Aufsicht. Sie sind gegliedert in gewerbliche Berufsgenossenschaften nach Wirtschafts- und Verwaltungszweigen, territoriale Unfallversicherungsträger der öffentlichen Hand sowie eine landwirtschaftliche Berufsgenossenschaft. Ihre Zuständigkeit ist im Gesetz festgelegt. Die gewählte Selbstverwaltung (Vertreterversammlung, Vorstand) wird in der Regel paritätisch durch die Versicherten und die Arbeitgeber ausgeübt (§ 29 Abs. 2 SGB IV). Die laufenden Verwaltungsgeschäfte führt ein Geschäftsführer (§ 36 Abs. 1 SGB IV). Die staatliche Aufsicht umfasst als Rechtsaufsicht alle Aufgaben der Unfallversicherungsträger (§ 87 Abs. 1 SGB IV) und erstreckt sich auch auf dem Gebiet der Prävention (§§ 14ff. SGB VII) weiter gehend auch auf Umfang und Zweckmäßigkeit der Maßnahmen (Fachaufsicht; § 87 Abs. 2 SGB IV). Die Aufsicht über die bundesunmittelbaren Versicherungsträger führt das Bundesversicherungsamt. Auf dem Gebiet der Prävention in der gesetzlichen Unfallversicherung führt die Aufsicht das

Gesetzliche Unfallversicherung **SystDarst D**

Bundesministerium für Arbeit und Soziales und bei der Unfallversicherung Bund und Bahn das Bundesministerium des Innern (§ 90 Abs. 1 SGB IV).

Gesetzliche Unfallversicherungsträger		
Gewerbliche Berufsgenossenschaften	Landwirtschaftliche Berufsgenossenschaft	Öffentliche Hand
Gewerbespezifische Gliederung	Land- und Forstwirtschaft	Bund Länder
Seefahrt	Gartenbau	Kommunen

Nach zahlreichen Vereinigungen bestehen folgende gewerblichen Berufsgenossenschaften (Stand: 1. Januar 2016): BG Energie Textil Elektro Medizinerzeugnisse – BG ETEM (Köln), BG Rohstoffe und chemische Industrie – BG RCI (Heidelberg), BG Holz und Metall – BGHM (Mainz), BG Nahrungsmittel und Gastgewerbe – BGN (Mannheim), BG der Bauwirtschaft – BG Bau (Berlin), BG Handel und Warenlogistik – BGHW (Mannheim), Verwaltungs-Berufsgenossenschaft – VBG (Hamburg), BG Verkehrswirtschaft Post-Logistik Telekommunikation – BG Verkehr (Hamburg), BG für Gesundheitsdienst und Wohlfahrtspflege – BGW (Hamburg). 31a

Die **Zugehörigkeit eines Unternehmens,** in dem Versicherte tätig oder dem Versicherte zugeordnet sind, zu dem fachlich und örtlich zuständigen Unfallversicherungsträger beginnt automatisch ohne Anmeldung mit der Eröffnung des Unternehmens und endet ohne Abmeldung in gleicher Weise mit dessen Einstellung. Allerdings hat der Unternehmer dem Unfallversicherungsträger Beginn und Ende des Unternehmens (ferner Art und Gegenstand des Unternehmens, Zahl der Versicherten) mitzuteilen. Der Unfallversicherungsträger erteilt über die Zugehörigkeit einen schriftlichen Bescheid. Der Unternehmer kann seinen Unfallversicherungsträger nicht selbst wählen (Zwangsmonopol), wie die Europäische Gerichtshof in einem Urteil bestätigt hat (EuGH NJW 2009, 1325; *Höffer/Wölfle* DGUV Forum 4/2009, 36). 32

VI. Finanzierung

Auf der Ablösung der Unternehmerhaftung durch die gesetzliche Unfallversicherung (→ Rn. 2) beruht die **alleinige Beitragspflicht der Unternehmer** für ihre Versicherten. Versicherte Unternehmen sind für sich selbst beitragspflichtig. Der Finanzbedarf errechnet sich aus den Ausgaben (Leistungen, Verwaltungskosten, Ansammlung der Betriebsmittel und der Rücklage) abzüglich der Einnahmen (Regresse, Zinsen, Mieten, Bußgelder). Gemäß dem Prinzip der nachträglichen Bedarfsdeckung erfolgt die Umlage erst nach Ablauf jedes Kalenderjahres durch Beitragsbescheid; es werden Vorschüsse erhoben. 33

Die **Höhe der Beiträge** berechnet sich im Regelfall aus dem Arbeitsentgelt der Versicherten (Lohnnachweis durch den Unternehmer) im Rahmen des Höchst-Jahresarbeitsverdienstes bzw. der satzungsmäßigen Versicherungssumme (→ Rn. 23) und dem Gefahrtarif. Der Gefahrtarif enthält zur Abstufung der Beiträge innerhalb des Unfallversicherungsträgers Gefahrklassen und ist nach Tarifstellen gegliedert, in denen Unternehmen oder Unternehmensteile gleicher oder ähnlicher Gefährdung im Sinne eines versicherungsmäßigen Risikoausgleichs zusammengefasst werden. Der Gefahrtarif ist autonomes Recht des Unfallversiche- 34

SystDarst D Systematische Darstellungen

rungsträgers. Die Unternehmen werden durch einen Veranlagungsbescheid einer Gefahrklasse zugeteilt.

35 Außerdem gibt es den Beitrag nach der **Zahl der Versicherten** (Kopfbeitrag; z. B. ehrenamtlich Tätige ohne Arbeitsentgelt) und den Mindestbeitrag (Kleinstbetriebe). Für die landwirtschaftlichen Berufsgenossenschaften bestehen besondere Berechnungsgrundlagen (Flächenwert, Arbeitsbedarf, Arbeitswert u. a.).

36 Als Anreiz für eine intensive innerbetriebliche Prävention sind den einzelnen Unternehmen unter Berücksichtigung der anzuzeigenden Versicherungsfälle (→ Rn. 26) **Zuschläge** aufzuerlegen oder **Nachlässe** zu bewilligen.

37 Ein zusätzlicher Beitrag ergibt sich aus dem **Rentenlastausgleich** zugunsten überproportional belasteter Wirtschaftszweige innerhalb der gewerblichen Berufsgenossenschaften.

Berechnungsgrundlagen
Entgeltsumme / Gefahrklasse
Zahl der Versicherten
Mindestbeitrag
Versicherungssumme (Unternehmer)

VII. Kontaktadressen

37a **Deutsche Gesetzliche Unfallversicherung (DGUV)**
Glinkastr. 40
10117 Berlin
Tel.: (0 30) 28 87 63-8 00
Fax: (0 30) 28 87 63-8 08
E-mail: info.dguv.de
Internet: www.dguv.de

Sozialversicherung für Landwirtschaft, Forsten und Gartenbau (SVLFG)
Weissensteinstr. 70–72
34131 Kassel
Tel.: (05 61) 93 59–0
Fax: (05 61) 93 59-2 17
E-mail: poststelle@svlfg.de
Internet: www.svlfg.de

Bundesversicherungsamt (BVA)
Friedrich-Ebert-Allee 38
53113 Bonn
Tel.: (02 28) 6 19–0
Fax: (02 28) 6 19–18 70
E-Mail: poststelle@bvamt.bund.de
Internet: www.bundesversicherungsamt.de

B. Prävention

I. Aufgaben

§ 1 SGB VII Prävention, Rehabilitation, Entschädigung

Aufgabe der Unfallversicherung ist es, nach Maßgabe der Vorschriften dieses Buches
1. mit allen geeigneten Mitteln Arbeitsunfälle und Berufskrankheiten sowie arbeitsbedingte Gesundheitsgefahren zu verhüten,...

§ 14 SGB VII Grundsatz

(1) Die Unfallversicherungsträger haben mit allen geeigneten Mitteln für die Verhütung von Arbeitsunfällen, Berufskrankheiten und arbeitsbedingten Gesundheitsgefahren und für

Gesetzliche Unfallversicherung **SystDarst D**

eine wirksame Erste Hilfe zu sorgen. Sie sollen dabei auch den Ursachen von arbeitsbedingten Gefahren für Leben und Gesundheit nachgehen.
(2) Bei der Verhütung arbeitsbedingter Gesundheitsgefahren arbeiten die Unfallversicherungsträger mit den Krankenkassen zusammen.
(3) Die Unfallversicherungsträger nehmen an der Entwicklung, Umsetzung und Fortschreibung der gemeinsamen deutschen Arbeitsschutzstrategie gemäß den Bestimmungen des Fünften Abschnitts des Arbeitsschutzgesetzes und der nationalen Präventionsstrategie nach §§ 20d bis 20f des Fünften Buches teil.
(4) Die Deutsche Gesetzliche Unfallversicherung e.V. unterstützt die Unfallversicherungsträger bei der Erfüllung ihrer Präventionsaufgaben nach Absatz 1. Sie nimmt insbesondere folgende Aufgaben wahr:
1. Koordinierung, Durchführung und Förderung gemeinsamer Maßnahmen sowie der Forschung auf dem Gebiet der Prävention von Arbeitsunfällen, Berufskrankheiten und arbeitsbedingten Gesundheitsgefahren,
2. Klärung von grundsätzlichen Fach- und Rechtsfragen zur Sicherung der einheitlichen Rechtsanwendung in der Prävention.

1. Grundsatz. Wichtigste Aufgabe der gesetzlichen Unfallversicherung ist die Prävention, die im Gesetz allen anderen Aufgaben vorangestellt worden ist (§ 1 Nr. 1 SGB VII). Die Unfallversicherungsträger haben **Arbeitsunfälle, Berufskrankheiten und arbeitsbedingte Gesundheitsgefahren** mit allen geeigneten Mitteln zu verhüten. Weitere Aufgabe ist die Sorge für eine wirksame Erste Hilfe, die rechtssystematisch zu den Maßnahmen nach Eintritt eines Versicherungsfalles gehört, jedoch wegen der diesbezüglichen Verpflichtung des Unternehmers der Prävention zugeordnet wird. 38

Die umfassende Verknüpfung von Prävention, Rehabilitation und Entschädigung in einer Hand und der breite Umfang hoheitlicher Befugnisse, welcher den Unfallversicherungsträgern bei der Prävention in Form eigener (autonomer) **Rechtsetzung** und deren **Vollzug** eingeräumt ist (§§ 14 bis 24 SGB VII), hebt die Unfallversicherung aus den anderen Zweigen der Sozialversicherung heraus. Die Unfallversicherungsträger haben dabei nicht selbst die notwendigen Sicherheitsvorkehrungen zu treffen, sondern lediglich dem allein verantwortlich bleibenden Unternehmer aufzugeben, dass er diese Maßnahmen auf seine Kosten richtig, rechtzeitig und vollständig veranlasst bzw. die Versicherten anhält, diese Maßnahmen zu befolgen. 39

Das Handeln mit **„allen geeigneten Mitteln"** gibt den Unfallversicherungsträgern einen großen Ermessensspielraum. Es umfasst Öffentlichkeitsarbeit mit Plakaten und Filmen ebenso wie Belohnungen für Rettung aus Unfallgefahr, Preisausschreiben, Wettbewerbe, Fahrtraining für Berufskraftfahrer, finanzielle Förderung wissenschaftlicher Untersuchungen, Bau und Unterhaltung von Schulungsstätten sowie die Mitgliedschaft in Sicherheitsorganisationen (z. B. Deutscher Verkehrssicherheitsrat e.V. – DVR). 40

In Deutschland gibt es seit Anbeginn der gesetzlichen Unfallversicherung (→ Rn. 1) zwei voneinander unabhängige Arbeitsschutzsysteme, sog. **Dualismus.** Auf der einen Seite besteht das von Bund und Ländern erlassene allgemeine staatliche Arbeitsschutzrecht (z. B. ArbSchG, ChemG, GefStoffV), welches von den Arbeitsschutzbehörden der Länder (Gewerbeaufsicht) vollzogen wird. Auf der anderen Seite stellen die einzelnen Unfallversicherungsträger durch autonomes Recht Anforderungen an den Schutz von Leben und Gesundheit der Versicherten in den ihnen zugehörenden Unternehmen in Form von Unfallverhütungsvorschriften (→ Rn. 59 ff.), die sie selbst überwachen (§ 21 Abs. 2 ArbSchG). 41

SystDarst D Systematische Darstellungen

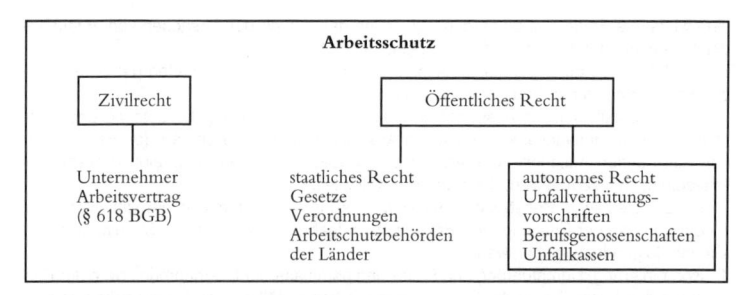

Arbeitsschutz		
Zivilrecht	Öffentliches Recht	
Unternehmer Arbeitsvertrag (§ 618 BGB)	staatliches Recht Gesetze Verordnungen Arbeitsschutzbehörden der Länder	autonomes Recht Unfallverhütungsvorschriften Berufsgenossenschaften Unfallkassen

42   **2. Arbeitsunfälle und Berufskrankheiten.** Der **Präventionsauftrag** der gesetzlichen Unfallversicherungsträger bezieht sich nicht nur auf die betrieblichen Verhältnisse, sondern auch auf Wegeunfälle (→ Rn. 13; z. B. Verkehrssicherheitsprogramme). Hierin unterscheidet sich das SGB VII vom ArbSchG, das nur „bei der Arbeit" anzuwenden ist (§ 2 Abs. 1 ArbSchG). Zum Begriff Arbeitsunfälle → Rn. 14, zum Begriff Berufskrankheiten → Rn. 15.

43   **3. Arbeitsbedingte Gesundheitsgefahren.** Der Begriff wird im Gesetz nicht definiert. Arbeitsbedingte Gesundheitsgefahren sind Gefahren hinsichtlich der Entstehung einer Berufskrankheit, die bereits bisher von der Verhütungspflicht der Unfallversicherungsträger erfasst waren, sowie sonstige arbeitsbedingte Erkrankungen (z. B. Erkältungen bei Arbeit im Freien) und andere arbeitsbedingte Gesundheitsgefahren ohne aktuellen Krankheitswert (z. B. Mobbing), die durch das SGB VII zusätzlich in den Katalog der Präventionsaufgaben aufgenommen worden sind. Die **Erweiterung** ist von erheblicher Bedeutung und wird von Seiten der Gewerkschaften auf mindestens 80% geschätzt (*Konstanty* SozSich 1996, 361, 365). Die Unfallversicherungsträger sind derartigen Gefahren in bestimmten Bereichen bereits bisher ohne gesetzlichen Auftrag nachgegangen und haben Schutzmaßnahmen getroffen (z. B. Sicherheitsregeln für Bildschirmarbeitsplätze).

44   Arbeitsbedingte Gesundheitsgefahren sind **Arbeitsbedingungen** aller Art (z. B. Einwirkung von Gefahrstoffen, Raumklima, Schichtarbeit), durch die Gesundheitsstörungen oder Erkrankungen allgemein oder im Einzelfall in ihrem Verlauf, der Schwere der Störung/Erkrankung, der Häufigkeit ihres Auftretens und der Dauer ungünstig beeinflusst werden. Das Erkennen arbeitsbedingter Gesundheitsgefahren wird dadurch erschwert, dass aus dem Krankheitsgeschehen der Beschäftigten Hinweise auf das mögliche Bestehen arbeitsbedingter Gesundheitsgefahren abgeleitet werden müssen, wobei zu beachten ist, dass es sich oft um Volkskrankheiten multifaktorieller Genese handelt. Als begrifflich richtiger wird deshalb die Bezeichnung „arbeitsbezogene" Gefahren (work-related) angesehen.

45   **Gesundheit** ist neben dem Freisein von Störungen der körperlichen, geistigen oder seelischen Lebensvorgänge auch das Freisein von frühzeitigem Verschleiß durch unzureichende ergonomische Verhältnisse bei der Arbeit. Gesundheitsschaden ist jedes Hervorrufen oder Steigern eines von den normalen körperlichen Funktionen abweichenden nachteiligen Zustandes, auch ohne Schmerzen (BGHZ 114, 284, 289 m. w. N. = NJW 1991, 1948 mit Anm. *Deutsch* NJW 1991, 1937). Gesundheitsschaden sind ferner medizinisch feststellbare psychische Einwirkungen, die über das allgemeine Lebensrisiko hinausgehen (BGH NJW 1991, 2347 m. w. N.).

Gesetzliche Unfallversicherung **SystDarst D**

Immer muss es sich um **innere Lebensvorgänge** in Abgrenzung zu äußeren 46
Ereignissen wie bei Körperverletzung durch einen Unfall handeln. Belastungen am
Arbeitsplatz sind Einwirkungen physischer Art (Nässe, Kälte, Schmutz, Staub, Gase,
Dämpfe, Lärm, Licht), einseitige körperliche Arbeit (Zwangshaltung) oder starke
psychische Anforderungen (Stress, Monotonie). Einfache Belästigungen (z. B. Gerüche) genügen nicht.

Gefahr erfordert eine **Bewertung des Gefährdungsgrades.** Gefährdung bezeichnet die Möglichkeit eines Schadens oder einer gesundheitlichen Beeinträchtigung ohne bestimmte Anforderungen an deren Ausmaß oder Eintrittswahrscheinlichkeit. 47

Als **Gefahr** wird eine Sachlage verstanden, die bei ungehindertem Ablauf des 48
objektiv zu erwartenden Geschehens zu einem Schaden führt, wobei für den Schadenseintritt eine hinreichende Wahrscheinlichkeit besteht und von einem Schaden
erst gesprochen werden kann, wenn eine nicht unerhebliche Beeinträchtigung vorliegt. Als quantitative Größe für eine Gefährdung steht das Risiko als Produkt aus
Eintrittswahrscheinlichkeit und Ausmaß des möglichen Schadens. Gefahr lässt sich
als „das nicht mehr akzeptable Risiko" definieren. Welcher Grad der Wahrscheinlichkeit dabei hinreichend ist, wird entsprechend dem Verhältnismäßigkeitsgrundsatz nach der Art der betroffenen Rechtsgüter bestimmt. Wo es um Leben und Gesundheit geht, genügt ein geringeres Maß an Wahrscheinlichkeit als bei Sachgütern.
Ein hinnehmbares (akzeptables) Risiko muss entsprechend dem Verhältnismäßigkeitsgrundsatz einen umso geringeren Grad an Wahrscheinlichkeit haben, je
schwerwiegender die möglichen Folgen sind (BT-Drs. 13/3540 zu § 4 Nr. 1
ArbSchG S. 16).

Die Einbeziehung arbeitsbedingter **Gesundheitsgefahren** bedeutet nicht, dass 49
die Unfallversicherungsträger berechtigt sind, ihr Tätigkeitsfeld auf den allgemeinen Gesundheitsschutz auszudehnen. Präventionsmaßnahmen sind nur vorzunehmen, wo das Risiko eines Gesundheitsschadens durch die oder bei der Arbeit besteht (*Rentrop* in Lauterbach UV-SGB VII § 14 Rn. 33). Neben die betrieblichen
Einflüsse tritt die persönliche Lebenshaltung (z. B. Rauchen, Alkohol, Extremsport). Die Abgrenzung zwischen tätigkeitsbezogener und privater Gesundheitsgefahr ist nach der Wahrscheinlichkeitsprognose (→ Rn. 48) zu treffen, die damit auch
darüber entscheidet, ob die Unfallversicherungsträger zu Verhütungsmaßnahmen
verpflichtet sind oder nicht.

4. Datenschutz. Die Errichtung einer **Datei für mehrere Unfallversiche-** 50
rungsträger oder bei einem ihrer Verbände ist im SGB VII ausdrücklich zugelassen, um die zahlreichen vorhandenen Daten unterschiedlichster Art (Arbeitsunfälle,
Berufskrankheiten, Vorsorgekarteien, Rehabilitations- und Rentenleistungen)
über Häufigkeiten, Schwerpunkte und Entwicklungen darzustellen, zu verarbeiten
und zu nutzen, damit Erkenntnisse zur Verbesserung der Prävention gewonnen
werden können (§ 204 Abs. 1 S. 1 Nr. 1 bis 6 SGB VII).

Die allgemeine Befugnis zur Übermittlung von Sozialdaten für die Durchfüh- 51
rung des Arbeitsschutzes (§ 70 SGB X) wurde hinsichtlich bestimmter Daten **erweitert** (§ 207 Abs. 1 SGB VII). Die Möglichkeiten der Datenverwendung und
des Datenaustausches untereinander im erforderlichen Rahmen umfassen auch die
Verhütung von arbeitsbedingten Gesundheitsgefahren sowie Betriebs- und Expositionsdaten zur Gefährdungsanalyse.

Die **Weitergabe** an die für den Arbeitsschutz zuständigen Landesbehörden (Ge- 52
werbeaufsicht), die für den Vollzug des Chemikaliengesetzes zuständigen Behörden

(z. B. Bundesanstalt für Arbeitsschutz und Arbeitsmedizin – BAuA) und die für den Vollzug des Rechts der Bio- und Gentechnologie zuständigen Behörden (z. B. Robert Koch-Institut) wird gestattet (§ 207 Abs. 2 SGB VII). Die korrespondierende gesetzliche Offenbarungsbefugnis der für den Arbeitsschutz zuständigen Landesbehörden gegenüber den Unfallversicherungsträgern zur Erfüllung gesetzlich geregelter Aufgaben zum Schutz der Versicherten enthält § 23 Abs. 2 ArbSchG.

53 **5. Forschung.** Die Unfallversicherungsträger haben den Auftrag, den „Ursachen von arbeitsbedingten Gefahren für Leben und Gesundheit nachzugehen" (§ 14 Abs. 1 S. 2 SGB VII). Die **Ermittlung von Ursache-Wirkung-Beziehungen** war bereits früher selbstverständlicher Bestandteil der Prävention. Im Hinblick auf die zunehmende Bedeutung von Dokumentation und Forschung auf dem Gebiet der Berufskrankheiten und der arbeitsbedingten Gesundheitsgefahren wird dieses Tätigkeitsfeld vom Gesetzgeber besonders erwähnt.

54 Das Begriffspaar **„Leben und Gesundheit"** übernimmt die allgemeine Terminologie des deutschen Arbeitsschutzrechts (z. B. § 19 Abs. 1 S. 1 ChemG, § 28 Abs. 1 S. 1 JArbSchG, § 2 Abs. 1 MuSchG). Es weicht damit von der Terminologie des ArbSchG ab, wo im Einklang mit dem EU-Recht das Begriffspaar „Sicherheit und Gesundheitsschutz" (z. B. Titel, § 1 Abs. 1 ArbSchG) sowie „physische und psychische Gesundheit" (§ 4 Nr. 1 ArbSchG) verwendet wird. Das Produktsicherungsgesetz spricht von „Sicherheit und Gesundheit" (§ 3 Abs. 1 Nr. 2 ProdSG). Inhaltlich bedeutet dies allerdings keinen Unterschied, da die Begriffe „Leben" bzw. „Sicherheit" synonym in Verbindung mit der Verhütung von Arbeitsunfällen und die Begriffe „Gesundheit" und „Gesundheitsschutz" in Verbindung mit der Prävention bei arbeitsbedingten Gesundheitsgefahren zu sehen sind.

55 **Nachgehen** heißt sowohl Untersuchung der Ursachen im Einzelfall (→ ausdrückliche Befugnis der Aufsichtspersonen in § 19 Abs. 2 S. 1 Nr. 7 SGB VII) als auch allgemeine Ursachenforschung durch eigene Forschung (Institut für Arbeitsschutz der Deutschen Gesetzlichen Unfallversicherung – IFA, Institut für Arbeit und Gesundheit der Deutschen Gesetzlichen Unfallversicherung – IAG) oder durch Mitwirkung an fremden Forschungsvorhaben. Den gesetzlichen Forschungsauftrag an die Unfallversicherungsträger unterstützt eine flankierende besondere Vorschrift über den Datenschutz, welche die Übermittlung von personenbezogenen Daten für die Forschung zur Bekämpfung von Berufskrankheiten unter bestimmten Voraussetzungen erlaubt (§ 206 SGB VII). Das Institut für Prävention und Arbeitsmedizin der Deutschen Gesetzlichen Unfallversicherung (IPA) ist an der Schnittstelle von arbeitsmedizinischer Forschung und praktischem Gesundheitsschutz am Arbeitsplatz positioniert.

56 **6. Zusammenarbeit mit Krankenkassen.** Bei der Verhütung arbeitsbedingter **Erkrankungen** arbeiten die Träger der Unfallversicherung mit den Krankenkassen zusammen (§ 14 Abs. 2 SGB VII). Die Vorschrift steht in Verbindung mit entsprechenden Vorschriften für die Krankenkassen (§§ 20b und 20c SGB V).

§ 20b SGB V Betriebliche Gesundheitsförderung

(1) Die Krankenkassen fördern mit Leistungen zur Gesundheitsförderung in Betrieben (betriebliche Gesundheitsförderung) insbesondere den Aufbau und die Stärkung gesundheitsförderlicher Strukturen. Hierzu erheben sie unter Beteiligung der Versicherten und der Verantwortlichen für den Betrieb sowie der Betriebsärzte und Fachkräfte für Arbeitssicherheit die gesundheitliche Situation einschließlich ihrer Risiken und Potentiale und entwickeln

Vorschläge zur Verbesserung der gesundheitlichen Situation sowie Stärkung der gesundheitlichen Ressourcen und Fähigkeiten und unterstützen deren Umsetzung …

(2) Bei der Wahrnehmung der Aufgaben nach Absatz 1 arbeiten die Krankenkassen mit dem zuständigen Unfallversicherungsträger sowie mit den für den Arbeitsschutz zuständigen Landesbehörden zusammen …

§ 20c SGB V Prävention arbeitsbedingter Gesundheitsgefahren

(1) Die Krankenkassen unterstützen die Träger der gesetzlichen Unfallversicherung bei ihren Aufgaben zur Verhütung arbeitsbedingter Gesundheitsgefahren. Insbesondere erbringen sie in Abstimmung mit den Trägern der Unfallversicherung auf spezifische arbeitsbedingte Gesundheitsrisiken ausgerichtete Maßnahmen zur betrieblichen Gesundheitsförderung nach § 20b und informieren diese über die Erkenntnisse, die sie über Zusammenhänge zwischen Erkrankungen und Arbeitsbedingungen gewonnen haben. Ist anzunehmen, dass bei einem Versicherten eine berufsbedingte gesundheitliche Gefährdung oder eine Berufskrankheit vorliegt, hat die Krankenkasse dies unverzüglich den für den Arbeitsschutz zuständigen Stellen und dem Unfallversicherungsträger mitzuteilen.

(2) Zur Wahrnehmung der Aufgaben nach Absatz 1 arbeiten die Krankenkassen eng mit den Trägern der gesetzlichen Unfallversicherung sowie mit den für den Arbeitsschutz zuständigen Landesbehörden zusammen …

Die betriebliche **Gesundheitsförderung** ist eine eigenständige Pflichtaufgabe der Krankenkassen. Die Krankenkassen arbeiten dabei mit den Unfallversicherungsträgern zusammen (§ 20b Abs. 2 SGB V; *Eichendorf* in jurisPK-SGB VII § 14 Rn. 63; *Eberle/Bödiker* BG 2008, 452; *Marburger* BG 2009, 286). Bei der Prävention arbeitsbedingter **Gesundheitsgefahren** ist die Zusammenarbeit zwischen Krankenkassen und Unfallversicherungsträgern intensiver ausgestaltet. Die Krankenkassen haben die Unfallversicherungsträger zu unterstützen und diese insbesondere über erkannte Zusammenhänge zwischen Erkrankungen und Arbeitsbedingungen zu unterrichten (§ 20c Abs. 1 SGB V). Die Unterrichtung der Unfallversicherungsträger ist mehr als bloßes Mitteilen und beinhaltet zusätzliche, zum Verständnis der Erkenntnisse der Krankenkassen notwendige Angaben. 57

Die Spitzenverbände der gesetzlichen Krankenkassen und der Träger der gesetzlichen Unfallversicherung haben in diesem Zusammenhang eine **Vereinbarung** zur Zusammenarbeit bei der betrieblichen Gesundheitsförderung und der Verhütung arbeitsbedingter Gesundheitsgefahren abgeschlossen (Text bei *Rentrop* in Lauterbach UV-SGB VII § 14 Anh. 3). 58

7. Gemeinsame Deutsche Arbeitsschutzstrategie (GDA). Das Vorhaben einer GDA ist mit dem UVMG in das ArbSchG eingefügt worden. **§ 14 Abs. 3 SGB VII** stellt klar, dass die Unfallversicherungsträger im Rahmen ihres Präventionsauftrags als einer der drei Träger der gemeinsamen deutschen Arbeitsschutzstrategie zusammen mit Bund und Ländern an dieser Strategie teilnehmen (ausführl. *Kothe* in MHdB ArbR § 290 Rn. 111 ff.; *Kranig/Timm* in Hauck/Noftz SGB VII § 20 Rn. 7). Dazu gehört die Ausarbeitung und Durchführung der GDA (§ 20a ArbSchG) und die Mitgliedschaft in der Nationalen Arbeitsschutzkonferenz (NAK), welche die Entwicklung, Steuerung und Fortschreibung der Arbeitsschutzziele zur Aufgabe hat (§ 20b ArbSchG). Zentrale Zielsetzung der GDA ist es, Sicherheit und Gesundheit der Beschäftigten durch einen inhaltlich und organisatorisch effizienten und systematisch wahrgenommenen Arbeitsschutz zu erhalten, zu verbessern und zu fördern, ergänzt durch Maßnahmen der betrieblichen Gesundheitsförderung (BT-Drs. 16/9154 zu § 20b Abs. 1 ArbSchG S. 44; *Hussing* in Lauterbach UV-SGB VII § 14 Rn. 89 ff.). 58a

SystDarst D Systematische Darstellungen

58b **8. Nationale Präventionsstrategie.** Die Krankenkassen entwickeln im Interesse einer wirksamen und zielgerichteten Gesundheitsförderung und Prävention mit den Trägern der gesetzlichen Rentenversicherung, der gesetzlichen Unfallversicherung und den Pflegekassen eine gemeinsame nationale Präventionsstrategie und gewährleisten ihre Umsetzung und Fortschreibung im Rahmen der Nationalen Präventionskonferenz (§ 20d Abs. 1 SGB V). Bei der Festlegung gemeinsamer Ziele werden auch die Ziele der gemeinsamen deutschen Arbeitsschutzstrategie berücksichtigt (§ 20d Abs. 3 S. 2 SGB V). Die Aufgabe der Entwicklung und Fortschreibung der nationalen Präventionsstrategie wird von der **Nationalen Präventionskonferenz** als Arbeitsgemeinschaft der gesetzlichen Spitzenorganisationen der Leistungsträger nach § 20d Abs. 1 wahrgenommen (§ 20e Abs. 1 S. 1 SGB V). Spitzenorganisationen der Träger der gesetzlichen Unfallversicherung sind die DGUV und die SVLFG. Eine erste Bundesrahmenempfehlung (§ 20d Abs. 3 SGB V) wurde von der Nationalen Präventionskonferenz (NPK) im Februar 2016 verabschiedet (*Bindzius/Knoll/Appt*, DGUV Forum 4/2016, 10).

58c **9. Deutsche Gesetzliche Unfallversicherung e. V. (DGUV).** Die DGUV ist der freiwillige Zusammenschluss aller Unfallversicherungsträger im gewerblichen Bereich und im Bereich der öffentlichen Hand. Sie wurde im Jahre 2007 durch Verbindung von Hauptverband der gewerblichen Berufsgenossenschaften e.V. (HVBG) und Bundesverband der Unfallkassen e.V. (BUK) gebildet. Durch **§ 14 Abs. 4 SGB VII** wird die DGUV für bestimmte Aufgaben der Prävention mit der Funktion eines Beliehenen ausgestattet. Die Aufgaben sind als hoheitlicher Pflichtenkreis mit eigener Verantwortlichkeit der DGUV gesetzlich festgeschrieben. Die **Beleihung** der DGUV belässt allerdings den Präventionsauftrag als solchen in der autonomen Ausführung der einzelnen Unfallversicherungsträger. Zugleich hebt die Beleihung bestimmte übergeordnete Tätigkeitsfelder im Zuständigkeitsbereich der DGUV, insbesondere bei der Steuerung und Koordinierung von Präventionsmaßnahmen, in den gleichen Rang wie die Präventionsmaßnahmen selbst. Dieser Gleichklang ist ein notwendiger Beitrag zur Qualitätssicherung und ein Leistungsanreiz für die Erfüllung des Präventionsauftrages insgesamt (BT-Drs. 16/9154 zu § 14 Abs. 4 SGB VII S. 26). Im Rahmen der Beleihung nimmt die DGUV hoheitliche Aufgaben wahr; sie untersteht deshalb insoweit der Rechtsaufsicht des Bundesministeriums für Arbeit und Soziales (§ 87 Abs. 3 SGB IV).

58d **10. Landwirtschaft.** Im Bereich der Landwirtschaft obliegen die Aufgaben der Prävention der **Sozialversicherung für Landwirtschaft Forsten und Gartenbau (SVLFG)** als Träger der Unfallversicherung. Die SVLFG führt in Angelegenheiten der landwirtschaftlichen Unfallversicherung die Bezeichnung „landwirtschaftliche Berufsgenossenschaft" (§ 114 Abs. 1 S. 1 Nr. 2 SGB VII).

II. Unfallverhütungsvorschriften

§ 15 SGB VII Unfallverhütungsvorschriften

(1) Die Unfallversicherungsträger können unter Mitwirkung der Deutschen Gesetzlichen Unfallversicherung e. V. als autonomes Recht Unfallverhütungsvorschriften über Maßnahmen zur Verhütung von Arbeitsunfällen, Berufskrankheitenn und arbeitsbedingten Gesundheitsgefahren oder für eine wirksame Erste Hilfe erlassen, soweit dies zur Prävention geeignet und erforderlich ist und staatliche Arbeitsschutzvorschriften hierüber keine Regelung treffen; in diesem Rahmen können Unfallverhütungsvorschriften erlassen werden über

1. Einrichtungen, Anordnungen und Maßnahmen, welche die Unternehmer zur Verhütung von Arbeitsunfällen, Berufskrankheiten und arbeitsbedingten Gesundheitsgefahren zu treffen haben, sowie die Form der Übertragung dieser Aufgaben auf andere Personen,
2. das Verhalten der Versicherten zur Verhütung von Arbeitsunfällen, Berufskrankheiten und arbeitsbedingten Gesundheitsgefahren,
3. vom Unternehmer zu veranlassende arbeitsmedizinische Untersuchungen und sonstige arbeitsmedizinische Maßnahmen vor, während und nach der Verrichtung von Arbeiten, die für Versicherte oder für Dritte mit arbeitsbedingten Gefahren für Leben oder Gesundheit verbunden sind,
4. Voraussetzungen, die der Arzt, der mit Untersuchungen oder Maßnahmen nach Nummer 3 beauftragt ist, zu erfüllen hat, sofern die ärztliche Untersuchung nicht durch eine staatliche Rechtsvorschrift vorgesehen ist,
5. die Sicherstellung einer wirksamen Ersten Hilfe durch den Unternehmer,
6. die Maßnahmen, die der Unternehmer zur Erfüllung der sich aus dem Gesetz über Betriebsärzte, Sicherheitsingenieure und andere Fachkräfte für Arbeitssicherheit ergebenden Pflichten zu treffen hat,
7. die Zahl der Sicherheitsbeauftragten, die nach § 22 unter Berücksichtigung der in den Unternehmen für Leben und Gesundheit der Versicherten bestehenden arbeitsbedingten Gefahren und der Zahl der Beschäftigten zu bestellen sind.

In der Unfallverhütungsvorschrift nach Satz 1 Nr. 3 kann bestimmt werden, dass arbeitsmedizinische Vorsorgeuntersuchungen auch durch den Unfallversicherungsträger veranlasst werden können. Die Deutsche Gesetzliche Unfallversicherung e.V. wirkt beim Erlass von Unfallverhütungsvorschriften auf Rechtseinheitlichkeit hin.

(1a) In der landwirtschaftlichen Unfallversicherung ist Absatz 1 mit der Maßgabe anzuwenden, dass Unfallverhütungsvorschriften von der landwirtschftlichen Berufsgenossenschaft erlassen werden ...

(5) Die Unternehmer sind über die Vorschriften nach Absatz 1 zu unterrichten und zur Unterrichtung der Versicherten verpflichtet.

§ 16 SGB VII Geltung bei Zuständigkeit anderer Unfallversicherungsträger und für ausländische Unternehmen

(1) Die Unfallverhütungsvorschriften eines Unfallversicherungsträgers gelten auch, soweit in dem oder für das Unternehmen Versicherte tätig werden, für die ein anderer Unfallversicherungsträger zuständig ist.

(2) Die Unfallverhütungsvorschriften eines Unfallversicherungsträgers gelten auch für Unternehmer und Beschäftigte von ausländischen Unternehmen, die eine Tätigkeit im Inland ausüben, ohne einem Unfallversicherungsträger anzugehören.

1. Rechtscharakter. Die Unfallversicherungsträger sind unter Mitwirkung der 59 DGUV ermächtigt, **Unfallverhütungsvorschriften** (UVV) zu erlassen, mit denen Unternehmer und Versicherte der ihnen jeweils zugehörenden Unternehmen zu bestimmten Maßnahmen der Prävention verpflichtet werden (§ 15 Abs. 1 S. 1 SGB VII). Es handelt sich um **autonomes Recht,** welches die Vertreterversammlungen jedes einzelnen Unfallversicherungsträgers – jeweils beschränkt auf ihren Zuständigkeitsbereich – beschließen. Die Unfallverhütungsvorschriften benennen Schutzziele sowie branchen- oder verfahrensspezifische Forderungen an den Arbeits- und Gesundheitsschutz. Aufgabe der DGUV ist es, auf Rechtseinheitlichkeit der Unfallverhütungsvorschriften hinzuwirken (§ 15 Abs. 1 S. 3 SGB VII); die DGUV unterliegt dabei der Rechtsaufsicht des Bundesministeriums für Arbeit und Soziales (§ 87 Abs. 3 SGB IV).

Die Unfallverhütungsvorschriften unterteilen sich in Regelungen (DGUV-Vor- 60 schriften), die für alle Gewerbe- bzw. Wirtschaftszweige gelten (z. B. DGUV Vor-

SystDarst D Systematische Darstellungen

schrift 1 „Grundsätze der Prävention"), und Regelungen, die auf den jeweiligen Gewerbezweig der Unfallversicherungsträger zugeschnitten sind (z. B. DGUV Vorschrift 23 „Wach- und Sicherungsdienste"). Daneben gibt es ohne Normcharakter nicht rechtsverbindliche **Regeln, Informationen und Grundsätze.** DGUV Regeln sind Empfehlungen, mit welchen konkreten Maßnahmen Arbeitgeber und Versicherte ihre Präventionspflichten erfüllen können. DGUV Informationen enthalten Hinweise zur praktischen Anwendung für bestimmte Branchen und Tätigkeiten. DGUV Grundsätze enthalten Maßstäbe für Verfahrensfragen (z. B. Durchführung von Prüfungen). Die Nummerierung erfolgt durch Kennzahlen nach folgendem Schema: Vorschriften 1 bis 99, Regeln 100 bis 199, Informationen 200 bis 299, Grundsätze ab 300 aufwärts. Zusätzliche Ziffern werden mit einem Bindestrich angefügt (z. B. 100-xxx).

61 Zur Bearbeitung des Regelwerks bestehen bei der DGUV **Fachbereiche,** die mit Experten der Unfallversicherungsträger und externen Fachleuten besetzt sind. Jeweils die zweite und dritte Stelle jeder Kennzahl zeigt die Zugehörigkeit zu einem Fachbereich an (z. B. Fachbereich 05 „Feuerwehr"; DGUV Information 205–008 „Sicherheit im Feuerwehrhaus"). Schriften mit übergreifendem Charakter haben als zweite und dritte Ziffer die 00 (z. B. DGUV Regel 100–001 „Grundsätze der Prävention").

62 Die Rechtssetzungsbefugnis der Unfallversicherungsträger ist durch das UVMG grundlegend geändert und eingeschränkt worden. Regelungen der Unfallversicherungsträger sind nur noch unter sehr engen Voraussetzungen möglich (*Hussing/Pinter* BG 2008, 419). Bereits aus der dem deutschen Rechtssystem immanenten Normenhierarchie Gesetz/Rechtsverordnung/Satzungsrecht (autonomes Recht) ergibt sich der **Vorrang der staatlichen Rechtssetzung** (BT-Drs. 13/2333 SGB VII – Gegenäußerung BReg zu Nr. 1 Stellungnahme BR S. 17). Das Prinzip des Vorrangs staatlichen Arbeitsschutzrechts wird in dem neugefassten § 15 Abs. 1 S. 1 SGB VII festgeschrieben, um den Rechtssetzungsumfang der Unfallversicherungsträger im Interesse eines überschaubaren und anwenderfreundlichen Vorschriften- und Regelwerks auf ein unbedingt notwendiges Maß zurückzuführen (BT-Drs. 16/9154 zu § 15 SGB VII Buchst. a S. 26). Staatliche Arbeitsschutzvorschriften, die den Unfallverhütungsvorschriften vorgehen, sind Gesetze, Verordnungen sowie dem Stand der Technik, Arbeitsmedizin und Hygiene entsprechende Regeln, die von einem gemäß § 18 Abs. 2 Nr. 5 ArbSchG eingerichteten Ausschuss (§ 15 Abs. 4 S. 6 SGB Nr. 2 VII) ermittelt werden.

62a Die Unfallversicherungsträger können Unfallverhütungsvorschriften nur noch erlassen, soweit dies zur Prävention „geeignet" ist, dies zur Prävention „erforderlich" ist und staatliche Arbeitsschutzvorschriften hierüber „keine Regelung" treffen (§ 15 Abs. 1 S. 1 SGB VII). Näheres bezüglich dieser **Voraussetzungen** ist im Gesetz nicht bestimmt. Anhaltspunkte geben die Darlegungspflichten der Unfallversicherungsträger im Genehmigungsverfahren (§ 15 Abs. 4 S. 5 SGB VII). Zur Erforderlichkeit hat der Unfallversicherungsträger anzugeben, dass eine Regelung der in den Vorschriften vorgesehenen Maßnahmen in staatlichen Arbeitsschutzvorschriften „nicht zweckmäßig" ist (§ 15 Abs. 4 S. 6 Nr. 1 SGB VII). Offen bleibt, wann eine Präventionsmaßnahme der Unfallversicherungsträger zweckmäßiger ist. Nach den Gesetzesmaterialien ist dies der Fall, wenn die Maßnahme nur für einen bestimmten Personenkreis oder eine bestimmte Wirtschaftsbranche relevant wird. (BT-Drs. 16/9154 zu § 15 SGB VII Buchst. c S. 26). Das im Jahr 2011 verabschiedete GDA-Leitlinienpapier zur Neuordnung des Vorschriften- und Regelwerkes im Arbeitsschutz (→ Rn. 134) definiert das Verhältnis von staatlichem Recht zu

Gesetzliche Unfallversicherung **SystDarst D**

autonomem Recht der Unfallversicherungsträger und beschreibt das Verfahren, mit dem beide Bereiche aufeinander abgestimmt werden (Unfallverhütungsbericht Arbeit 2013 BT-Drs. 18/3474 S. 31, 176).
Staatliches Arbeitsschutzrecht verpflichtet „Arbeitgeber" und „Beschäftigte". **62b** Unfallverhütungsvorschriften richten sich an „Unternehmer" und „Versicherte". Die DGUV Vorschrift 1 erweitert das staatliche Arbeitsschutzrecht auf den Schutz von Versicherten (§ 2 DGUV Vorschrift 1). Durch die **Inbezugnahme** des staatlichen Arbeitsschutzrechts werden auch ehrenamtliche Kräfte (z. B. Freiwillige Feuerwehr), Kinder, Schüler und Studierende, die nicht unter den Begriff Beschäftigte fallen, von den im staatlichen Recht bestimmten Maßnahmen erfasst (*Bell/Berger/Génesi u. a.* DGUV Forum 1–2/2015, 32, 34).

Das **Ermessen** der Unfallversicherungsträger beim Erlass von Unfallver- **62c** hütungsvorschriften („können erlassen") stellt den Erlass nicht in deren Belieben, sondern bedeutet pflichtgemäßes Ermessen. Die Verpflichtung der Unfallversicherungsträger, bei erkennbaren Gefahren (z. B. Unfallstatistik) einschlägige Unfallverhütungsvorschriften zu erlassen, ergibt sich aus dem gesetzlichen Auftrag zur Prävention „mit allen geeigneten Mitteln" (§§ 1 Nr. 1, 14 Abs. 1 S. 1 SGB VII).
Unfallverhütungsvorschriften sind **„sonstige Rechtsvorschriften"** i. S. v. § 2 **63** Abs. 4 ArbSchG. Für den öffentlichen Dienst stehen den Unfallverhütungsvorschriften die allgemeinen Verwaltungsvorschriften (→ Rn. 79) gleich (BT-Drs. 13/3540 zu § 2 Abs. 4 ArbSchG S. 15). Unfallverhütungsvorschriften sind **keine Schutzgesetze** i. S. d. § 823 Abs. 2 BGB, ein Verstoß als solcher begründet keine Schadensersatzpflicht (BGH NJW-RR 2003, 1459 m. w. N.). Jedoch konkretisieren die Unfallverhütungsvorschriften die Verkehrssicherungspflichten nach § 823 BGB (BGH NJW 2008, 3778 m. w. N.).

2. Inhalt. Die in der Vergangenheit an verschiedenen Stellen enthaltenen Be- **64** fugnisse der Unfallversicherungsträger zum Erlass von Unfallverhütungsvorschriften sind im SGB VII in einer einzigen Vorschrift **zusammengefasst** (§ 15 SGB VII) und erleichtern damit den Adressaten (Unternehmern, Versicherten) den Überblick über ihre Pflichten.

Entsprechend dem weit gefassten Aufgaben der Unfallversicherungsträger allge- **65** mein (§§ 1 Nr. 1, 14 Abs. 1 SGB VII) erstrecken sich die von den Unternehmern zu treffenden „Einrichtungen, Anordnungen und Maßnahmen" sowie die Anforderungen an das „Verhalten der Versicherten" auch auf die Verhütung von **arbeitsbedingten Gesundheitsgefahren** (§ 15 Abs. 1 S. 1 Nr. 1 und 2 SGB VII).

Über die arbeitsmedizinischen Untersuchungen hinaus sind Vorschriften mit **66** Anforderungen an den Unternehmer über zu veranlassende **„sonstige arbeitsmedizinische Maßnahmen"** (z. B. Arbeitsplatzüberprüfungen, Beratung und Aufklärung der Versicherten) sowie über Maßnahmen während und nach bestimmten Beschäftigungen zu erlassen. In Vorschriften zu regeln ist in diesem Zusammenhang die fachliche Qualifikation der Ärzte, die mit den genannten Untersuchungen und Maßnahmen beauftragt sind, sofern die ärztliche Untersuchung nicht durch eine staatliche Rechtsvorschrift vorgesehen ist (§ 15 Abs. 1 S. 1 Nr. 3 und 4 SGB VII).

Die Unfallversicherungsträger sind nach ihrem freien Ermessen befugt (nicht **67** verpflichtet), in der Unfallverhütungsvorschrift über die arbeitsmedizinischen Untersuchungen und Maßnahmen zu bestimmen, dass **arbeitsmedizinische Vorsorgeuntersuchungen** (nicht sonstige arbeitsmedizinische Maßnahmen) auch von dem Unfallversicherungsträger veranlasst werden können (§ 15 Abs. 1 S. 2 SGB VII).

Leube

68 Vorschriften über die **„Erste Hilfe"** (§ 15 Abs. 1 S. 1 Nr. 5 SGB VII) richten sich nur an den Unternehmer. Die nähere Ausgestaltung der Pflichten des Unternehmers ergibt sich aus der Unfallverhütungsvorschrift „Grundsätze der Prävention" (DGUV Vorschrift 1) im Vierten Kapitel – Dritter Abschnitt „Erste Hilfe". Die Versicherten sind abweichend vom früheren Recht nicht mehr genannt (*Leube* BB 1998, 1738). Die Versicherten haben sich aber im Rahmen ihrer allgemeinen Unterstützungspflichten hinsichtlich der Maßnahmen des Unternehmers für eine wirksame Erste Hilfe (§ 21 Abs. 3 SGB VII) als Ersthelfer zur Verfügung zu stellen. Die Erste Hilfe ist begrifflich nicht auf Arbeitsunfälle beschränkt, sondern allgemein angesprochen; sie bezieht sich damit auch auf Erste Hilfe bei Berufskrankheiten (z. B. akute Atemnot bei Bäckerasthma) und arbeitsbedingten Gesundheitsgefahren.

69 Aufgabe der Unfallversicherungsträger ist ferner, das Nähere über die Pflichten des Unternehmers nach dem Gesetz über **Betriebsärzte, Sicherheitsingenieure und andere Fachkräfte für Arbeitssicherheit** (ASiG) durch Unfallverhütungsvorschriften festzulegen (§ 15 Abs. 1 S. 1 Nr. 6 SGB VII; DGUV Vorschrift 2).

70 Bei Bestimmung der Zahl der vom Unternehmer zu bestellenden **Sicherheitsbeauftragten** (§ 15 Abs. 1 S. 1 Nr. 7 SGB VII; → Rn. 109 ff.) sind über Unfallgefahren hinaus alle „arbeitsbedingten Gefahren" zu berücksichtigen, d. h. im Einklang mit dem erweiterten Präventionsauftrag der Unfallversicherungsträger auch alle Berufskrankheiten und arbeitsbedingten Gesundheitsgefahren.

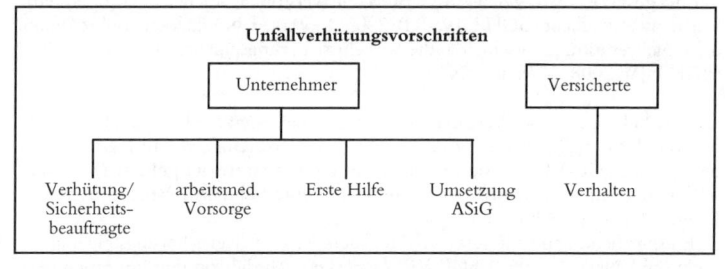

```
                    Unfallverhütungsvorschriften
                              |
           ┌──────────────────┴──────────────────┐
       Unternehmer                           Versicherte
           |                                     |
 ┌─────────┼─────────┬─────────┬─────────┐       |
Verhütung/ arbeitsmed. Erste    Umsetzung      Verhalten
Sicherheits- Vorsorge  Hilfe    ASiG
beauftragte
```

71 **3. Genehmigung und Bekanntmachung.** Die Unfallverhütungsvorschriften bedürfen bei bundesunmittelbaren Unfallversicherungsträgern der **Genehmigung** durch das Bundesministerium für Arbeit und Soziales (BMAS) sowie bei landesunmittelbaren Unfallversicherungsträgern der Genehmigung der zuständigen obersten Landesbehörde (§ 15 Abs. 4 SGB VII). Die Entscheidung wird vom Bund im **Benehmen** mit den obersten Verwaltungsbehörden der Länder und den obersten Landesbehörden im Benehmen mit dem Bund getroffen, um trotz der unterschiedlichen Zuständigkeiten für die Genehmigung bundesweit möglichst einheitliche Anforderungen zu gewährleisten. Benehmen beinhaltet mehr als bloße Anhörung und weniger als Zustimmung oder Einvernehmen; es erfordert keine Willensübereinstimmung. Benehmen bedeutet Information, Beachtung von Stellungnahmen und Verhandlungen mit dem Ziel, sich zu verständigen, ohne den Entscheidenden an die Auffassung des Mitbeteiligten zu binden (BSGE 75, 37, 40 m. w. N.).

72 Die **Voraussetzungen** für die Genehmigung von Unfallverhütungsvorschriften sind durch das UVMG in das SGB VII aufgenommen und stringent gefasst worden. Die Unfallversicherungsträger werden angehalten, ihre Maßstäbe und Kriterien,

Gesetzliche Unfallversicherung **SystDarst D**

die sie an die mit der Neuregelung bezweckte restriktive Bedarfsprüfung von Unfallverhütungsvorschriften angelegt haben, offenzulegen und nachvollziehbar zu begründen (→ Rn. 62 a). Um die Bedarfsprüfung auf eine hinreichend sichere Beurteilungsgrundlage zu stellen, besteht ferner die Vorgabe, die Bedarfsprüfung in einem besonderen Verfahren unter Beteiligung der Arbeitsschutzbehörden des Bundes und der Länder vorzunehmen (§ 15 Abs. 4 S. 6 Nr. 3 SGB VII). Für die im Regelungsbereich des Arbeitssicherheitsgesetzes durch Unfallverhütungsvorschriften zu konkretisierenden Arbeitgeberpflichten bestehen erleichternde Genehmigungsvoraussetzungen (§ 15 Abs. 4 S 7 SGB VII); abweichend von den allgemein erforderlichen Zweckmäßigkeitserwägungen genügt im Genehmigungsverfahren der Hinweis darauf, dass das Bundesministerium für Arbeit und Soziales von seiner Verordnungsermächtigung (§ 14 ASiG) keinen Gebrauch gemacht hat.

Unfallverhütungsvorschriften sind als autonomes Recht **öffentlich bekanntzumachen;** die Art der Bekanntmachung wird durch die Satzung des einzelnen Unfallversicherungsträgers geregelt (§ 34 Abs. 2 SGB IV). Nach früherem Recht galt die Veröffentlichung in dem Mitteilungsblatt der Unfallversicherungsträger als öffentliche Bekanntmachung. Diese speziell für die Unfallversicherung zugelassene vereinfachte Möglichkeit der Bekanntmachung ist nicht in das SGB VII übernommen worden und damit entfallen. Heute bestimmt sich die öffentliche Bekanntmachung nach der vorgenannten, für alle Träger der Sozialversicherung verbindlichen Regelung im SGB IV (z. B. Bundesanzeiger; *Leube* NZS 1999, 330). 73

Die Unternehmer sind von den für sie zuständigen Unfallversicherungsträgern über die Unfallverhütungsvorschriften zu **unterrichten** (→ zum Begriff Rn. 57) und als Unternehmer selbst wiederum zur Unterrichtung der Versicherten in ihren Unternehmen verpflichtet (§ 15 Abs. 5 SGB VII). 74

4. Sonderregelungen. Die Unfallverhütungsvorschriften eines Unfallversicherungsträgers gelten auch, soweit in dem oder für das Unternehmen Versicherte tätig werden, für die ein anderer Unfallversicherungsträger zuständig ist (§ 16 Abs. 1 SGB VII). Die Regelung betrifft vor allem die **Arbeitnehmerüberlassung** und erstreckt die im Unternehmen des Entleihers geltenden Unfallverhütungsvorschriften auf die im Unternehmen des Entleihers tätigen Leiharbeitnehmer. Unabhängig davon sind daneben die Unfallverhütungsvorschriften des für das Unternehmen des Verleihers zuständigen Unfallversicherungsträgers anzuwenden. Die Vorschrift knüpft an das frühere Recht an, erweitert aber den erfassten Personenkreis auf alle Arten von Versicherten ohne Rücksicht auf eine entgeltliche Beschäftigung (z. B. Entwicklungshelfer). 75

Im SGB VII neu festgelegt ist die Anwendung der deutschen Unfallverhütungsvorschriften auf **ausländische Unternehmer** und deren Beschäftigte, die eine Tätigkeit im Inland ausüben, ohne einem deutschen Unfallversicherungsträger anzugehören (§ 16 Abs. 2 SGB VII). In der Praxis hat diese Bestimmung Auswirkungen insbesondere auf Baustellen und in der Land- und Forstwirtschaft. 76

Unternehmen im **Bergbau** bleiben von den meisten Unfallverhütungsvorschriften ausgenommen (§ 15 Abs. 1 Nr. 1 bis 5 SGB VII), da insoweit besondere staatliche Regelungen bestehen (§ 15 Abs. 3 SGB VII). In der **Landwirtschaft** werden die Unfallverhütungsvorschriften von der landwirtschaftlichen Berufsgenossenschaft (→ Rn. 58 d) erlassen (§ 15 Abs. 1 a SGB VII). Zur Beschlussfassung in der Vertreterversammlung ist hier eine Mehrheit in den Gruppen der Versicherten, der Selbständigen ohne fremde Arbeitskräfte und der Arbeitgeber erforderlich (getrennte Abstimmung, § 65 Abs. 1 Nr. 6 SGB IV). Eine Mitwirkung der DGUV 77

(→ Rn. 59) findet nicht statt, da die landwirtschaftliche Berufgenossenschaft die Verbandsaufgaben selbst wahrnimmt (§ 114 Abs. 1 S. 2 SGB VII). Die Unfallverhütungsvorschriften der landwirtschaftlichen Berufsgenossenschaft führen die Bezeichnung „Vorschriften für Sicherheit und Gesundheitsschutz" (VSG).

78 Der Regelfall im Bildungsbereich sind staatlich-kommunale **Schulen**. Der Schulsachkostenträger (Gemeinde) als Unternehmer und Verantwortlicher im Sinne der Unfallversicherung ist hier vom Schulhoheitsträger (Land – Kultusministerium) zu trennen. Der Schulsachkostenträger hat nur Einfluss auf den äußeren Schulbereich (z. B. Gebäude, Einrichtungen), wohingegen der Schulhoheitsträger ohne rechtliche Bindung an den Unfallversicherungsträger eigenständig den inneren Schulbereich (z. B. Organisation, Inhalt des Unterrichts) bestimmt. Diese Lücke schließt das SGB VII in der Weise, dass der Schulhoheitsträger verpflichtet wird, Regelungen über die Durchführung der Präventionsmaßnahmen im inneren Schulbereich zu treffen (§ 21 Abs. 2 S. 2 SGB VII).

79 Die **Unfallversicherung Bund und Bahn** hat für die bundesunmittelbare Verwaltung (bundeseigene Verwaltung) keine Befugnis zum Erlass von Unfallverhütungsvorschriften als autonomes Selbstverwaltungsrecht. Stattdessen erlassen das Bundesministerium des Innern sowie fakultativ für den in Zuständigkeitsbereich des Bundesministerium der Verteidigung und das Bundesministerium der Finanzen allgemeine Verwaltungsvorschriften über Maßnahmen im Sinne des § 15 Abs. 1 SGB VII, wobei die Unfallverhütungsvorschriften der Unfallversicherungsträger berücksichtigt werden sollen (§ 115 Abs. 1 SGB VII). Die Befugnis der Ministerien zum Erlass von allgemeinen Verwaltungsvorschriften wird durch den Verweis auf § 15 Abs. 1 SGB VII und damit auf den dort festgeschriebenen Vorrang des staatlichen Arbeitsschutzrechts, welches gleichermaßen für alle Beschäftigten des öffentlichen Dienstes (Arbeitnehmer, Beamte) gilt (§ 2 Abs. 2 ArbSchG), sowie durch den Verweis auf die Unfallverhütungsvorschriften der anderen Unfallversicherungsträger (§ 115 Abs. 1 S. 2 SGB VII) erheblich eingeschränkt. Die allgemeinen Verwaltungsvorschriften ermöglichen dem Bund einheitliche Regelungen bezüglich der Prävention für Arbeitnehmer und Beamte (Erste Allgemeine Verwaltungsvorschrift zur Regelung der Unfallverhütung im Bundesdienst – 1. AVU Bund – vom 17.3.2005, GMBl. S. 780).

80 Für die **rechtlich selbstständigen Unternehmen** einschließlich der mittelbaren Bundesverwaltung und der versicherten Personen, für welche die Unfallversicherung Bund und Bahn zuständiger Unfallversicherungsträger ist (§ 125 Abs. 1 Nr. 2 bis 9 und Abs. 3 SGB VII) kann die Unfallversicherung Bund und Bahn Unfallverhütungsvorschriften erlassen (*Leube* ZTR 2015, 310). Die Unfallverhütungsvorschriften bedürfen abweichend vom Regelfall (→ Rn. 71) der Genehmigung des Bundesministeriums des Inneren (§ 115 Abs. 2 SGB VII). Die frühere Bundesunternehmen-Unfallverhütungsverordnung (BUV) wurde aufgehoben, gilt aber bis zum 1.1.2017 fort (Art. 17 Abs. 5 BUK-NOG).

III. Überwachung, Beratung

§ 17 SGB VII Überwachung und Beratung

(1) Die Unfallversicherungsträger haben die Durchführung der Maßnahmen zur Verhütung von Arbeitsunfällen, Berufskrankheiten, arbeitsbedingten Gesundheitsgefahren und für eine wirksame Erste Hilfe in den Unternehmen zu überwachen sowie die Unternehmer und die Versicherten zu beraten.

Gesetzliche Unfallversicherung **SystDarst D**

(2) Soweit in einem Unternehmen Versicherte tätig sind, für die ein anderer Unfallversicherungsträger zuständig ist, kann auch dieser die Durchführung der Maßnahmen zur Verhütung von Arbeitsunfällen, Berufskrankheiten, arbeitsbedingten Gesundheitsgefahren und für eine wirksame Erste Hilfe überwachen. Beide Unfallversicherungsträger sollen, wenn nicht sachliche Gründe entgegenstehen, die Überwachung und Beratung abstimmen und sich mit deren Wahrnehmung auf einen Unfallversicherungsträger verständigen.

(3) Erwachsen dem Unfallversicherungsträger durch Pflichtversäumnis eines Unternehmers bare Auslagen für die Überwachung seines Unternehmens, so kann der Vorstand dem Unternehmer diese Kosten auferlegen.

§ 19 SGB VII Befugnisse der Aufsichtspersonen

(1) Die Aufsichtspersonen können im Einzelfall anordnen, welche Maßnahmen Unternehmerinnen und Unternehmer oder Versicherte zu treffen haben
1. zur Erfüllung ihrer Pflichten auf Grund der Unfallverhütungsvorschriften nach § 15,
2. zur Abwendung besonderer Unfall- und Gesundheitsgefahren.

Die Aufsichtspersonen sind berechtigt, bei Gefahr im Verzug sofort vollziehbare Anordnungen zur Abwendung von arbeitsbedingten Gefahren für Leben oder Gesundheit zu treffen. Anordnungen nach Satz 1 und 2 können auch gegenüber Unternehmerinnen und Unternehmern sowie gegenüber Beschäftigten von ausländischen Unternehmen getroffen werden, die eine Tätigkeit im Inland ausüben, ohne einem Unfallversicherungsträger anzugehören.

(2) Zur Überwachung der Maßnahmen zur Verhütung von Arbeitsunfällen, Berufskrankheiten, arbeitsbedingten Gesundheitsgefahren und für eine wirksame Erste Hilfe sind die Aufsichtspersonen insbesondere befugt,
1. zu den Betriebs- und Geschäftszeiten Grundstücke und Betriebsstätten zu betreten, zu besichtigen und zu prüfen,
2. von dem Unternehmer die zur Durchführung ihrer Überwachungsaufgabe erforderlichen Auskünfte zu verlangen,
3. geschäftliche und betriebliche Unterlagen des Unternehmers einzusehen, soweit es die Durchführung ihrer Überwachungsaufgabe erfordert,
4. Arbeitsmittel und persönliche Schutzausrüstungen sowie ihre bestimmungsgemäße Verwendung zu prüfen,
5. Arbeitsverfahren und Arbeitsabläufe zu untersuchen und insbesondere das Vorhandensein und die Konzentration gefährlicher Stoffe und Zubereitungen zu ermitteln oder, soweit die Aufsichtspersonen oder der Unternehmer die erforderlichen Feststellungen nicht treffen können, auf Kosten des Unternehmers ermitteln zu lassen,
6. gegen Empfangsbescheinigung Proben nach ihrer Wahl zu fordern oder zu entnehmen; soweit der Unternehmer nicht ausdrücklich darauf verzichtet, ist ein Teil der Proben amtlich verschlossen oder versiegelt zurückzulassen,
7. zu untersuchen, ob und auf welche betriebliche Ursachen ein Unfall, eine Erkrankung oder ein Schadensfall zurückzuführen ist,
8. die Begleitung durch den Unternehmer oder eine von ihm beauftragte Person zu verlangen.

Der Unternehmer hat die Maßnahmen nach Satz 1 Nr. 1 und 3 bis 7 zu dulden ...

(3) Der Unternehmer hat die Aufsichtsperson zu unterstützen, soweit dies zur Erfüllung ihrer Aufgaben erforderlich ist ...

§ 21 SGB VII Verantwortung des Unternehmers, Mitwirkung der Versicherten

(1) Der Unternehmer ist für die Durchführung der Maßnahmen zur Verhütung von Arbeitsunfällen und Berufskrankheiten, für die Verhütung von arbeitsbedingten Gesundheitsgefahren sowie für eine wirksame Erste Hilfe verantwortlich.

...

(3) Die Versicherten haben nach ihren Möglichkeiten alle Maßnahmen zur Verhütung von Arbeitsunfällen, Berufskrankheiten und arbeitsbedingten Gesundheitsgefahren sowie für eine wirksame Erste Hilfe zu unterstützen und die entsprechenden Anweisungen des Unternehmers zu befolgen.

81 **1. Grundpflichten.** Der **Unternehmer** ist für die Durchführung der Maßnahmen zur Verhütung von Arbeitsunfällen, Berufskrankheiten und arbeitsbedingten Gesundheitsgefahren sowie für eine wirksame Erste Hilfe nach dem Gesetz verantwortlich (§ 21 Abs. 1 SGB VII). Die Vorschrift regelt damit ausdrücklich die grundlegende Verpflichtung des Unternehmers zum Schutze der Versicherten. Die Verantwortung des Unternehmers für die Prävention im Rahmen der gesetzlichen Unfallversicherung entspricht der Verpflichtung des Arbeitgebers zur Durchführung des Arbeitsschutzes (§ 3 Abs. 1 S. 1 ArbSchG).

82 Die Verpflichtung des Unternehmers umfasst jegliche „**Maßnahmen**" **ohne Einschränkung.** Das sind zum einen alle Maßnahmen, die dem Unternehmer auf Grund von Unfallverhütungsvorschriften obliegen (→ Rn. 59 ff.), und zum anderen alle Maßnahmen, die der Unternehmer auf Grund von Anordnungen des Unfallversicherungsträgers zu treffen hat (→ Rn. 88).

83 Ist bei einer Schule der Unternehmer nicht Schulhoheitsträger (→ Rn. 78), ist auch der **Schulhoheitsträger** in seinem Zuständigkeitsbereich für die Durchführung der Maßnahmen zur Verhütung von Arbeitsunfällen, Berufskrankheiten und arbeitsbedingten Gesundheitsgefahren sowie für eine wirksame Erste Hilfe neben dem Schulsachkostenträger verantwortlich (§ 21 Abs. 2 S. 1 SGB VII).

84 Die **Versicherten** haben alle Maßnahmen zur Verhütung von Arbeitsunfällen, Berufskrankheiten und arbeitsbedingten Gesundheitsgefahren sowie für eine wirksame Erste Hilfe zu unterstützen und die entsprechenden Anweisungen des Unternehmers zu befolgen (§ 21 Abs. 3 SGB VII). Die Vorschrift enthält die grundlegende Verpflichtung der Versicherten zur Unterstützung der Präventionsmaßnahmen. Die Mitwirkungspflicht der Versicherten im Rahmen der Prävention in der gesetzlichen Unfallversicherung steht in Verbindung mit den Pflichten der Beschäftigten beim Arbeitsschutz (§ 15 Abs. 1 ArbSchG).

85 Die Mitwirkungspflichten der Versicherten beziehen sich auf „**alle" Maßnahmen,** d. h. die Durchführung der Pflichtmaßnahmen (→ Rn. 82) und der freiwilligen Maßnahmen durch den Unternehmer ebenso wie die Unterstützung von Maßnahmen des Unfallversicherungsträgers (z. B. Unfalluntersuchungen). Die Mitwirkung der Versicherten ist „auf ihre Möglichkeiten" beschränkt und richtet sich damit nach ihrer tatsächlichen und rechtlichen Stellung im Betrieb. Ein Verstoß kann arbeitsrechtliche Konsequenzen haben.

86 **2. Beratung.** Die öffentlich-rechtliche Beratungspflicht der **Unfallversicherungsträger** beinhaltete früher lediglich die Beratung der Unternehmer; sie ist durch das SGB VII auf die unmittelbare Beratung der Versicherten ausgeweitet worden (§ 17 Abs. 1 SGB VII). Der Beratungsauftrag der staatlichen Arbeitsschutzbehörden erstreckt sich demgegenüber nur auf die Arbeitgeber (§ 21 Abs. 1 ArbSchG). Die Beratung der Unfallversicherungsträger ist nicht auf bestimmte Gegenstände eingeschränkt und umfasst deshalb alle denkbaren Aktivitäten zum Schutze vor arbeitsbedingten Gefahren für Leben und Gesundheit der Versicherten in den Unternehmen (enger Überwachung → Rn. 88).

87 **3. Überwachung.** Die **Aufgabe** der Unfallversicherungsträger, die Unternehmen zu überwachen, regelt § 17 Abs. 1 SGB VII. Die bisherigen Bestimmungen

Gesetzliche Unfallversicherung **SystDarst D**

über Anordnungen zur Prävention sind durch das UVMG aus Gründen der Rechtsklarheit in § 19 SGB VII zusammengefasst worden. Um einen „Doppelvollzug" (z. B. parallele Besichtigungen, widersprüchliche Aussagen) zu vermeiden, sieht das Gesetz eine verstärkte Zusammenarbeit zwischen den Unfallversicherungsträgern und den Arbeitsschutzbehörden der Länder vor (§ 20 SGB VII → Rn. 133 ff.). Die Überwachungspflicht nach § 17 SGB VII ist kein Schutzgesetz i. S. d. § 823 Abs. 2 BGB und kann bei einem Verstoß eine Schadensersatzpflicht nicht begründen (OLG Celle NZS 2003, 667).

Abweichend vom bisherigen Recht ist durch das UVMG die Befugnis zu **87a** Anordnungen nicht mehr den Unfallversicherungsträgern als solchen, sondern deren **Aufsichtspersonen** (→ Rn. 95 ff.) zugewiesen. Die Änderung dient der Rechtsklarheit (BT-Drs. 16/2154 zu § 19 Abs. 1 SGB VII S. 27). Die Anordnungen der Aufsichtspersonen sind Verwaltungsakte des Unfallversicherungsträgers, die schriftlich oder mündlich ergehen können (§ 33 Abs. 2 SGB X). Die Anordnung einer bestimmten Handlung ist nicht erforderlich, wenn der Unternehmer wie bei Schutzvorrichtungen einen gewissen Umsetzungsspielraum hat (VG Regensburg BeckRS 2015, 44189). Widersprüche gegen die Anordnungen sind an den zuständigen Unfallversicherungsträger und nicht an die anordnende Aufsichtsperson zu richten; über den Widerspruch entscheidet die Widerspruchsstelle des Unfallversicherungsträgers (§ 36a SGB IV). Im Schadensfalle haftet der Unfallversicherungsträger für das hoheitliche Handeln seiner Aufsichtsperson (§ 839 BGB, Art. 34 GG).

Die Aufsichtspersonen können im Einzelfall **Anordnungen** darüber treffen **88** (§ 19 Abs. 1 S. 1 SGB VII), welche Maßnahmen Unternehmerinnen und **Unternehmer oder Versicherte** vorzunehmen haben:
– zur Erfüllung ihrer Pflichten auf Grund der Unfallverhütungsvorschriften des jeweiligen Unfallversicherungsträgers (Nr. 1) und
– zur Abwendung besonderer Unfall- und Gesundheitsgefahren (Nr. 2).
§ 19 Abs. 1 S. 1 SGB VII unterscheidet sich dabei von der Anordnungsbefugnis der Arbeitsschutzbehörden nach § 22 Abs. 3 S. 1 ArbSchG dadurch, dass Einzelfallanordungen nach dem Arbeitsschutzgesetz nur gegenüber dem Arbeitgeber getroffen werden können; Beschäftigte kommen als Adressaten von Einzelfallanordnungen nicht in Betracht. Dagegen sind Einzelfallanordnungen der Unfallversicherungsträger im Rahmen der Unfallverhütung weitergehend gegenüber dem Unternehmer (Arbeitgeber) und gegenüber den Versicherten zulässig.

§ 19 Abs. 1 S. 1 Nr. 2 SGB VII über Anordnungen zur Abwendung **besonderer 88a Unfall- und Gesundheitsgefahren** bezieht sich auf Gefahren, die nicht bereits in Unfallverhütungsvorschriften geregelt sind, wobei das Merkmal „besondere Unfall- und Gesundheitsgefahren" in erster Linie quantitativ nach der Eintrittswahrscheinlichkeit der Gefahr zu bestimmen ist. Bei Gefahr im Verzug besteht darüber hinaus die Befugnis zu sofort vollziehbaren Anordnungen (→ Rn. 103).

Zur Abwendung besonderer Unfall- und Gesundheitsgefahren können die Auf- **89** sichtpersonen auch Anordnungen treffen, die **inhaltlich auf staatlichem Arbeitsschutzrecht** beruhen (*Hussing* in Lauterbach UV-SGB VII § 19 Rn. 1a; *Kranig* in Hauck/Noftz SGB VII § 19 Rn. 6b; *Zakrzewski* in LPK-SGB VII § 19 Rn. 9). Einen darüber hinausgehenden und im Vorfeld der Arbeitsschutzgesetzgebung diskutierten unmittelbaren Vollzug des staatlichen Arbeitsschutzrechts auch durch die Unfallversicherungsträger enthält das Gesetz nicht. Die staatlichen Arbeitsschutzbehörden können umgekehrt die Einhaltung der Unfallverhütungsvorschriften mittelbar als staatliches Recht vollziehen, soweit die Unfallverhütungsvorschriften allgemeine Anforderungen des staatlichen Arbeitsschutzrechts konkretisieren

(BT-Drs. 13/2333 SGB VII – Gegenäußerung BReg zu Nr. 1 Stellungnahme BR allgemein S. 17). Der Vorrang des staatlichen Arbeitsschutzrechts beim Erlass von Unfallverhütungsvorschriften durch die Unfallversicherungsträger (→ Rn. 62) steht der Befugnis der Aufsichtspersonen, bei der Überwachung im Einzelfall im Rahmen von Anordnungen zur Prävention zugleich indirekt Anforderungen des staatlichen Arbeitsschutzrechts durchzusetzen, nicht entgegen (*Kollmer* ArbSchG Rn. 253a).

90 Bei **widersprechenden Anordnungen** der Arbeitsschutzbehörden und der Aufsichtspersonen der Unfallversicherungsträger zum gleichen Sachverhalt, wo der Widerspruch auch durch Auslegung nicht ausgeräumt werden kann, liegt ein Verstoß gegen das gesetzliche Bestimmtheitsgebot von Verwaltungsakten vor (§ 31 Abs. 1 VwVfG, § 33 Abs. 1 SGB X). Der Arbeitgeber oder der Beschäftigte/Versicherte braucht in diesem Falle beide Anordnungen nicht zu befolgen (VGH Mannheim NVwZ 1988, 184, 185; *Kopp/Ramsauer* § 37 Rn. 12a).

91 **4. Sonderregelungen.** Sind Versicherte eines Unternehmens in einem fremden Unternehmen tätig, welches zu einem anderen Unfallversicherungsträger gehört (z. B. Arbeitnehmerüberlassung), ist der Unfallversicherungsträger des Unternehmens, in dem die Tätigkeit tatsächlich ausgeübt wird, **trägerübergreifend** zur Überwachung befugt (§ 17 Abs. 2 S. 1 SGB VII). Die Regelung knüpft an das bisherige Recht an und erweitert die Überwachung auf arbeitsbedingte Gesundheitsgefahren. Sie ergänzt die umfassende Geltung der Unfallverhütungsvorschriften (→ Rn. 75) unter den gleichen Voraussetzungen um die entsprechende Kontrolle.

92 Neben dem Unfallversicherungsträger des fremden Unternehmens bleibt der Unfallversicherungsträger des „Stammunternehmens" zur Überwachung verpflichtet. Um Doppelarbeit zu vermeiden, sollen beide Unfallversicherungsträger die Überwachung und Beratung **abstimmen** und sich mit deren Wahrnehmung auf einen Unfallversicherungsträger **verständigen** (§ 17 Abs. 2 S. 2 SGB VII). Gedacht ist vom Gesetzgeber an eine gegenseitige Beauftragung (§§ 88 ff. SGB X).

93 In Fortführung der erweiterten Geltung von Unfallverhütungsvorschriften für **ausländische Unternehmer** und deren Beschäftigte (→ Rn. 76) können Anordnungen auch gegenüber ausländischen Unternehmerinnen und Unternehmern sowie gegenüber Beschäftigten getroffen werden, wenn sie im Inland tätig sind, ohne einem Unfallversicherungsträger anzugehören (§ 19 Abs. 1 S. 3 SGB VII).

94 Die Aufgaben der Prävention im Zuständigkeitsbereich der früheren Unfallkasse des Bundes nahm bisher die Zentralstelle für Arbeitsschutz beim Bundesministerium des Innern wahr, in deren Auftrag die Unfallkasse des Bundes handelte. Aufgrund einer Änderung durch das BUK-NOG sind jetzt der neuen **Unfallversicherung Bund und Bahn** die Aufgaben der Prävention in allen Mitgliedsunternehmen unmittelbar in eigener Verantwortung übertragen (Ausnahme: Erlass von Unfallverhütungsvorschriften für die unmittelbare Bundesverwaltung → Rn. 79). Als besondere Aufgabe ist der Unfallversicherung Bund und Bahn die Prävention für die bei den Mitgliedsunternehmen beschäftigten Beamten zugewiesen; die Vorschriften über die Selbstverwaltung finden insoweit keine Anwendung (Art. 1 § 4 Abs. 1 BUK-NOG). Abweichend werden die Aufgaben der Prävention in den Geschäftsbereichen des Bundesminteriums der Verteidigung und des Auswärtigen Amtes hinsichtlich seiner Auslandsvertretungen von diesen Ministerien selbst oder den von ihnen bestimmten Stellen wahrgenommen (§ 115 Abs. 3 S. 1 SGB VII).

95 **5. Aufsichtspersonen.** Der frühere Begriff „Technischer Aufsichtsbeamter" ist im SGB VII durch den Begriff **„Aufsichtsperson"** ersetzt worden (§ 18 Abs. 1

Gesetzliche Unfallversicherung **SystDarst D**

SGB VII). Die Änderung trägt der Tatsache Rechnung, dass heute weniger technische Probleme (Beschaffenheit von Maschinen), als vielmehr Fragen betriebsorganisatorischer (Arbeitsablauf), medizinischer (Gefahrstoffe), psychischer (Stress) und pädagogischer (Schulung) Art im Mittelpunkt der Präventionsarbeit der Unfallversicherungsträger stehen.

Die Tätigkeiten der Aufsichtspersonen der Unfallversicherungsträger werden **96** vom SGB VII mit der Verpflichtung zu einer wirksamen „Überwachung" und „Beratung" (→ Rn. 86ff.) verknüpft. Der Gesetzgeber geht damit offensichtlich davon aus, dass neben den für die Beratung und die Überwachung zuständigen Aufsichtspersonen bei den Unfallversicherungsträgern auf dem Gebiet der Prävention gleichwertig **weiteres Fachpersonal** tätig ist, das nicht unter den Begriff „Aufsichtsperson" fällt und deshalb auch keiner besonderen Befähigung durch eine Prüfung (→ Rn. 97) bedarf (z. B. Mathematiker als Statistiker im Rahmen der Forschung, Pädagogen und Psychologen bei der Aus- und Fortbildung auf dem Gebiet der Arbeitssicherheit).

Der Nachweis der Befähigung für die Tätigkeit als Aufsichtsperson ist kraft Ge- **97** setzes durch eine **Prüfung** nachzuweisen (§ 18 Abs. 2 S. 1 SGB VII). Die einzelnen Unfallversicherungsträger erlassen dazu Prüfungsordnungen, welche als autonomes Recht der Genehmigung durch die jeweilige Aufsichtsbehörde bedürfen (§ 18 Abs. 2 S. 2 und 3 SGB VII).

Die **Anstellung** der Aufsichtsperson im Einzelfall unterliegt nicht mehr der Ge- **98** nehmigung durch die Aufsichtsbehörde. Weggefallen ist auch die frühere Anzeige von Namen, Wohnsitz und Aufsichtsbezirk der Technischen Aufsichtsbeamten an die oberste Verwaltungsbehörde. Die verstärkte enge Zusammenarbeit der gemeinsamen landesbezogenen Stellen der Unfallversicherungsträger (→ Rn. 136) mit den staatlichen Arbeitsschutzbehörden genügt, um die wechselseitige Tätigkeit zu planen und abzustimmen.

Im **Bereich des Bundes** (→ Rn. 94) haben die zuständigen Bundesministerien **99** sicherzustellen, dass die für die Überwachung und Beratung eingesetzten Aufsichtspersonen eine für diese Tätigkeit ausreichende Befähigung besitzen (§ 115 Abs. 3 S. 2 SGB VII).

Die hoheitlichen **Befugnisse** der Aufsichtspersonen gegenüber den Unterneh- **100** men bei der Überwachung sind in einem Katalog beispielhaft („insbesondere") aufgeführt (§ 19 Abs. 2 S. 1 Nr. 1 bis 8 SGB VII):
– Zutritts-, Besichtigungs- und Prüfungsrecht bezüglich Grundstücken und Betriebsstätten während der Betriebs- und Geschäftszeiten (Nr. 1),
– Verlangen der Erteilung der zur Überwachung erforderlichen Auskünfte (Nr. 2),
– Einsicht in geschäftliche und betriebliche Unterlagen des Unternehmers in dem für die Überwachung erforderlichen Umfang (Nr. 3),
– Prüfung von Arbeitsmitteln und persönlichen Schutzausrüstungen sowie ihrer bestimmungsgemäßen Verwendung (Nr. 4),
– Untersuchung von Arbeitsabläufen und Arbeitsverfahren sowie Ermittlung des Vorhandenseins und der Konzentration gefährlicher Stoffe und Zubereitungen (Nr. 5),
– Entgegennahme oder Entnahme von Proben (Nr. 6),
– Untersuchung von Versicherungsfällen und anderen Schadensfällen auf ihre betrieblichen Ursachen (Nr. 7),
– Verlangen der Begleitung durch den Unternehmer oder eine von ihm beauftragte Person (Nr. 8).

Der Unternehmer hat die Pflicht, die Maßnahmen der Aufsichtspersonen zu **101** **dulden** (§ 19 Abs. 2 S. 2 SGB VII), was im Hinblick auf die Bußgeldbewehrung bei Zuwiderhandlungen des Unternehmers (§ 209 Abs. 1 Nr. 3 SGB VII) gesetzlich ausdrücklich bestimmt werden musste.

102 Die **Schweigepflicht** der Aufsichtspersonen hinsichtlich Betriebs- und Geschäftsgeheimnissen, die ihnen bei der Überwachung bekannt werden, ergibt sich aus der allgemeinen übergreifenden Vorschrift betreffend den Schutz des Sozialgeheimnisses (§ 35 SGB I).

103 Die Berechtigung der Aufsichtspersonen, bei Gefahr im Verzug hinsichtlich Personenschäden **sofort vollziehbare Anordnungen** zu treffen (§ 19 Abs. 1 S. 2 SGB VII), umfasst alle arbeitsbedingten Gefahren für Leben und Gesundheit. Die Anordnung kann sich allerdings nur auf die vom Gesetz erfassten Personen beziehen, nicht auf den Schutz der Allgemeinheit (z. B. Passanten). Sofort vollziehbare Anordnungen kommen auch bei der Gefährdung von Unternehmerinnen und Unternehmern sowie Beschäftigten ausländischer Unternehmen (→ Rn. 93) in Betracht, die keinem deutschen Unfallversicherungsträger zugehören (§ 19 Abs. 1 S. 3 SGB VII).

104 **6. Rechtsweg.** Für Streitigkeiten aus der Überwachung der Prävention in den Unternehmen durch die Träger der gesetzlichen Unfallversicherung besteht die Zuständigkeit der **Verwaltungsgerichtsbarkeit** (§ 51 Abs. 1 Nr. 3 SGG), um für das sich überschneidende Gebiet von staatlichem Arbeitsschutzrecht (zuständig Verwaltungsgerichte) und autonomem Unfallverhütungsrecht sicherzustellen, dass einheitliche gerichtliche Entscheidungen ergehen. Die Zuständigkeit umfasst alle Maßnahmen der Prävention, auch solche, die wie Anzahl und Prüfung der Aufsichtspersonen (§ 18 SGB VII) und Zusammenarbeit mit Dritten (§ 20 SGB VII) nur mittelbar die Überwachung betreffen (OVG Münster BeckRS 2010, 47329; a. A. *Leube* SGb 2010, 582).

IV. Sicherheitsbeauftragte

§ 22 SGB VII Sicherheitsbeauftragte

(1) In Unternehmen mit regelmäßig mehr als 20 Beschäftigten hat der Unternehmer unter Beteiligung des Betriebsrates oder Personalrates Sicherheitsbeauftragte unter Berücksichtigung der im Unternehmen für die Beschäftigten bestehenden Unfall- und Gesundheitsgefahren und der Zahl der Beschäftigten zu bestellen …
In Unternehmen mit besonderen Gefahren für Leben und Gesundheit kann der Unfallversicherungsträger anordnen, dass Sicherheitsbeauftragte auch dann zu bestellen sind, wenn die Mindestbeschäftigtenzahl nach Satz 1 nicht erreicht wird. Für Unternehmen mit geringen Gefahren für Leben und Gesundheit kann der Unfallversicherungsträger die Zahl 20 in seiner Unfallverhütungsvorschrift erhöhen.
(2) Die Sicherheitsbeauftragten haben den Unternehmer bei der Durchführung der Maßnahmen zur Verhütung von Arbeitsunfällen und Berufskrankheiten zu unterstützen, insbesondere sich von dem Vorhandensein und der ordnungsgemäßen Benutzung der vorgeschriebenen Schutzeinrichtungen und persönlichen Schutzausrüstungen zu überzeugen und auf Unfall- und Gesundheitsgefahren für die Versicherten aufmerksam zu machen.
(3) Die Sicherheitsbeauftragten dürfen wegen der Erfüllung der ihnen übertragenen Aufgaben nicht benachteiligt werden.

105 **1. Aufgaben.** Sicherheitsbeauftragte nehmen ihre Aufgaben ehrenamtlich und unentgeltlich neben ihrer eigentlichen Arbeitstätigkeit wahr. Sie haben den Unternehmer bei der Durchführung der Maßnahmen zur Verhütung von Arbeitsunfällen und Berufskrankheiten zu **unterstützen,** insbesondere sich von dem Vorhanden-

Gesetzliche Unfallversicherung **SystDarst D**

sein und der ordnungsgemäßen Benutzung der vorgeschriebenen Schutzeinrichtungen und persönlichen Schutzausrüstungen zu überzeugen und auf Unfall- und Gesundheitsgefahren für die Versicherten aufmerksam zu machen (§ 22 Abs. 2 SGB VII).

An den Besprechungen des Arbeitgebers mit den Sicherheitsbeauftragten im 106 Rahmen des § 22 Abs. 2 SGB VII nehmen vom Betriebsrat beauftragte **Betriebsratsmitglieder** teil (§ 89 Abs. 2 BetrVG; → auch § 81 Abs. 3 BPersVG).

2. Bestellung. In Unternehmen mit regelmäßig **mehr als 20 Beschäftigten** 107 hat der Unternehmer Sicherheitsbeauftragte unter – im SGB VII nicht näher festgelegter – Beteiligung (Beratung über personelle Auswahl, mehr als bloße Anhörung) des Betriebsrates oder des Personalrates unter Berücksichtigung der im Unternehmen für die Beschäftigten bestehenden Unfall- und Gesundheitsgefahren und der Zahl der Beschäftigten zu bestellen (§ 22 Abs. 1 S. 1 SGB VII). Hinsichtlich der Beteiligung des Personalrats besteht nach § 75 Abs. 3 Nr. 11 BPersVG ein Mitbestimmungsrecht (BVerwG AP Nr. 1 zu § 719 RVO; zu den PersVG der Länder *Kothe* in HK-ArbSchR SGB VII § 22 Rn. 20). Besteht ein Unternehmen aus mehreren Betrieben, entscheidet die Zahl der Beschäftigten im Gesamtunternehmen (anders „Betrieb" im ASiG). Der Zusatz „regelmäßig" bedeutet, dass vorübergehend Beschäftigte nicht mitzuzählen sind (z. B. kurzzeitige Aushilfskräfte). Es entscheidet die Personalstärke, die für das Unternehmen „allgemein kennzeichnend" ist (BAG BB 1983, 2118 zu § 111 BetrVG). Die Zahl der „durchschnittlich" Beschäftigten ist hier kein gesetzlicher Maßstab (anders beim Arbeitsschutzausschuss, § 11 ASiG) Teilzeitbeschäftigte sind ohne Quotelung in vollem Umfang einzurechnen (*Becker* in SGB VII-Komm § 22 Rn. 11; *Kothe* in HK-ArbSchR SGB VII § 22 Rn. 10; a. A. *Eichendorf* in jurisPK-SGB VII, § 22 Rn. 28; *Rentrop* in Lauterbach UV-SGB VII § 22 Rn. 14).

Als **Beschäftigte** gelten auch außerbetrieblich Lernende, Kinder in Tageseinrichtungen 108 (Kindergärten, -krippen- und -horte), Schüler und Studenten sowie durch Erweiterung des zu berücksichtigenden Personenkreises im SGB VII auch freiwillige Helfer in Unternehmen zur Hilfeleistung bei Unglücksfällen und im Zivilschutz (§ 22 Abs. 1 S. 2 SGB VII). Andere ähnlichen Gefährdungen ausgesetzte Personen (z. B. Behinderte in anerkannten Werkstätten, ehrenamtlich im Gesundheitsdienst und in der Wohlfahrtspflege Tätige) zählen ohne ersichtlichen Grund nicht mit.

Die **Zahl der Sicherheitsbeauftragten** wird in einer Unfallverhütungsvorschrift 109 festgelegt (→ Rn. 70). Maßstab für die erforderliche Anzahl sind nach der diesbezüglichen Ermächtigungsnorm (§ 15 Abs. 1 S. 1 Nr. 6 SGB VII) die **Gefahren** für alle „Versicherten" in dem Unternehmen („der Versicherten"). Die Ermächtigung für die Unfallverhütungsvorschrift weicht damit von der Grundnorm (§ 22 Abs. 1 SGB VII) ab, welche eingeschränkter auf „Beschäftigte" abstellt. Nachdem die Ermächtigungsnorm ausdrücklich die Grundnorm in Bezug nimmt („nach § 22"), ist ein Redaktionsversehen des Gesetzgebers anzunehmen und auch bei der Unfallverhütungsvorschrift lediglich von den Gefahren für Beschäftigte und ihnen gleichgestellte Versicherte (→ Rn. 107 f.) auszugehen.

Die zweite Berechnungsgrundlage **Zahl der Beschäftigten** erfasst im Vergleich 110 zum früheren Recht („Arbeitnehmer") einen wesentlich größeren Personenkreis, so dass es bei den für die Schüler-Unfallversicherung zuständigen Unfallversicherungsträgern der öffentlichen Hand zu einer vermehrten Bestellung von Sicherheitsbeauftragten kommt. Ist trotz wiederholter Nachfrage kein Beschäftigter be-

Leube 1139

reit, das Amt des Sicherheitbeauftragten zu übernehmen, kann gegen den Unternehmer wegen fehlenden Verschuldens kein Bußgeld (§ 209 Abs. 1 S. 1 Nr. 1 SGB VII) verhängt werden (SchlHLSG Urt. v. 30.4.1963 – L 4 U 16/71, juris).

111 In Unternehmen mit **besonderen Gefahren** für Leben und Gesundheit sind die Unfallversicherungsträger ermächtigt, die Bestellung von Sicherheitsbeauftragten im Einzelfall anzuordnen, auch wenn die Mindestbeschäftigtenzahl nicht erreicht wird (§ 22 Abs. 1 S. 3 SGB VII). In Unternehmen mit **geringen Gefahren** für Leben und Gesundheit besteht für die Unfallversicherungsträger die Möglichkeit, die Mindestbeschäftigtenzahl durch Unfallverhütungsvorschrift zu erhöhen (§ 22 Abs. 1 S. 4 SGB VII).

112 **3. Konkretisierung.** Die (Mindest-)Anzahl der vom Unternehmer zu bestellenden Sicherheitsbeauftragten ist anders als früher (BGV 1 Anlage 2) nicht mehr in der Unfallverhütungsvorschrift gemäß der Betriebsgröße exakt benannt. Nach § 20 Abs. 1 der neuen DGUV Vorschrift 1 legt der Unternehmer jetzt die in seinem **Unternehmen erforderliche Anzahl** in eigener Verantwortung selbst fest. Die DGUV Vorschrift 1 enthält als Kriterien unbestimmte Rechtsbegriffe (konkrete Arbeitsbedingungen, Arbeitsumgebung Arbeitsorganisation) und weitere Anhaltspunkte (z. B. räumliche, fachliche, zeitliche Nähe), die in Nr. 4.2.1 DGUV Regel 100–001 näher erläutert werden. Insoweit kann eine Mitbestimmungspflicht des Betriebsrats (Personalrats) bestehen (*Hülsemann* ArbRAktuell 2015, 270, 271; *Kothe* in HK-ArbSchR SGB VII § 22 Rn. 24; *Poeche* in Küttner Personalbuch Arbeitssicherheit/Arbeitsschutz Rn. 20).

V. Aus- und Fortbildung

§ 23 SGB VII Aus- und Fortbildung

(1) Die Unfallversicherungsträger haben für die erforderliche Aus- und Fortbildung der Personen in den Unternehmen zu sorgen, die mit der Durchführung der Maßnahmen zur Verhütung von Arbeitsunfällen, Berufskrankheiten und arbeitsbedingten Gesundheitsgefahren sowie mit der Ersten Hilfe betraut sind. Für nach dem Gesetz über Betriebsärzte, Sicherheitsingenieure und andere Fachkräfte für Arbeitssicherheit zu verpflichtende Betriebsärzte und Fachkräfte für Arbeitssicherheit, die nicht dem Unternehmen angehören, können die Unfallversicherungsträger entsprechende Maßnahmen durchführen. Die Unfallversicherungsträger haben Unternehmer und Versicherte zur Teilnahme an Aus- und Fortbildungslehrgängen anzuhalten.

(2) Die Unfallversicherungsträger haben die unmittelbaren Kosten ihrer Aus- und Fortbildungsveranstaltungen sowie die erforderlichen Fahrt-, Verpflegungs- und Unterbringungskosten zu tragen. Bei Aus- und Fortbildungsmaßnahmen für Ersthelfer, die von Dritten durchgeführt werden, haben die Unfallversicherungsträger nur die Lehrgangsgebühren zu tragen.

(3) Für die Arbeitszeit, die wegen der Teilnahme an einem Lehrgang ausgefallen ist, besteht gegen den Unternehmer ein Anspruch auf Fortzahlung des Arbeitsentgelts.

...

113 **1. Umfang.** Die **Qualifizierungspflicht** der Unfallversicherungsträger bezüglich der Personen, die in den Unternehmen mit der Durchführung der Maßnahmen der Prävention betraut sind, ist in Anpassung an den erweiterten Präventionsauftrag durch das SGB VII auf arbeitsbedingte Gesundheitsgefahren und auf die Erste Hilfe ausgedehnt worden; sie erstreckt sich jetzt ausdrücklich über die Ausbildung hinaus auch auf die Fortbildung (§ 23 Abs. 1 S. 1 SGB VII). Betroffen

Gesetzliche Unfallversicherung **SystDarst D**

sind vor allem Sicherheitsbeauftragte, Fachkräfte für Arbeitssicherheit, Betriebsärzte, Ersthelfer, Betriebssanitäter, Betriebs- und Personalräte, Unternehmer.

Die Unfallversicherungsträger sind nicht verpflichtet, für die Mitarbeiter **außer-** 114 **betrieblicher** sicherheitstechnischer oder arbeitsmedizinischer **Einrichtungen** Aus- und Fortbildungsmaßnahmen durchzuführen. Sie sind aber dazu berechtigt (§ 23 Abs. 1 S. 2 SGB VII).

2. Kosten. Gesetzlich klargestellt ist durch das SGB VII, dass die Unfallversiche- 115 rungsträger nur die Kosten für die **eigenen** Aus- und Fortbildungsmaßnahmen zu tragen haben (§ 23 Abs. 2 S. 1 SGB VII). Abweichend von diesem Grundsatz haben sie bei Aus- und Fortbildungsmaßnahmen für Ersthelfer, die in Absprache mit ihnen von Dritten durchgeführt werden (z. B. Hilfsorganisationen: Deutsches Rotes Kreuz u. a.), nur die Lehrgangsgebühren zu tragen (§ 23 Abs. 2 S. 2 SGB VII); die Praxis erhält damit eine entsprechende gesetzliche Regelung.

VI. Überbetriebliche Dienste

§ 24 SGB VII Überbetrieblicher arbeitsmedizinischer und sicherheitstechnischer Dienst

(1) Unfallversicherungsträger können überbetriebliche arbeitsmedizinische und sicherheitstechnische Dienste einrichten; das Nähere bestimmt die Satzung ...
(2) In der Satzung nach Absatz 1 kann auch bestimmt werden, dass die Unternehmer verpflichtet sind, sich einem überbetrieblichen arbeitsmedizinischen und sicherheitstechnischen Dienst anzuschließen, wenn sie innerhalb einer vom Unfallversicherungsträger gesetzten angemessenen Frist keine oder nicht in ausreichendem Umfang Betriebsärzte und Fachkräfte für Arbeitssicherheit bestellen. Unternehmer sind von der Anschlusspflicht zu befreien, wenn sie nachweisen, dass sie ihre Pflicht nach dem Gesetz über Betriebsärzte, Sicherheitsingenieure und andere Fachkräfte für Arbeitssicherheit erfüllt haben ...

1. Einrichtung. Die Unfallversicherungsträger können überbetriebliche ar- 116 beitsmedizinische und sicherheitstechnische Dienste mit und ohne Anschlusszwang einrichten (§ 24 Abs. 1 S. 1 SGB VII). Die Einrichtung **gemeinsamer** Dienste durch mehrere Unfallversicherungsträger ist nicht ausdrücklich im Gesetz erwähnt, doch besteht die Ermächtigung dazu auch nach dem neuen Wortlaut der Vorschrift fort (BT-Drs. 13/2204 zu § 24 Abs. 1 S. 1 SGB VII S. 82).

Die von den Diensten gespeicherten Daten dürfen nur mit **Einwilligung** des 117 Betroffenen an die Unfallversicherungsträger übermittelt werden (§ 24 Abs. 1 S. 2 SGB VII). Die Dienste sind organisatorisch, räumlich und personell von den übrigen Organisationseinheiten der Unfallversicherungsträger zu trennen (§ 24 Abs. 1 S. 3 SGB VII). Zugang zu den Daten dürfen nur Beschäftigte der Dienste haben (§ 24 Abs. 1 S. 4 SGB VII). Die beiden letztgenannten Bestimmungen enthalten eine sog. datenschutzrechtliche Abschottungsregelung.

2. Anschlusszwang. Wird durch die Satzung des Unfallversicherungsträgers 118 eine Anschlusspflicht der ihm zugehörigen Unternehmer an den von ihm eingerichteten überbetrieblichen Dienst begründet, muss die Satzung aus Gründen des Wettbewerbs vorsehen, dass diese Verpflichtung für den einzelnen Unternehmer erst wirksam wird, wenn er einer Aufforderung des Unfallversicherungsträgers, seine Verpflichtung aus dem Arbeitssicherheitsgesetz zu erfüllen, innerhalb einer vom Unfallversicherungsträger gesetzten angemessenen **Frist** nicht oder nicht in ausreichendem Maße nachgekommen ist (§ 24 Abs. 2 S. 1 SGB VII).

119 Es besteht die Möglichkeit, sich von der Anschlusspflicht nachträglich wieder befreien zu lassen, wenn Unternehmer nachweisen, dass sie ihre Pflicht nach dem ASiG erfüllt haben (§ 24 Abs. 2 S. 2 SGB VII), was beispielsweise durch Einstellung eines eigenen Betriebsarztes oder durch Anschluss an einen anderen überbetrieblichen Dienst erfolgen kann. Die in der Vergangenheit als **Nachweis** geforderte Bescheinigung der zuständigen Arbeitsschutzbehörde ist weggefallen. Der Unfallversicherungsträger hat selbst die Sachkunde, die Einhaltung des ASiG durch den Unternehmer zu überprüfen. Im Übrigen dient die Streichung der Verwaltungsvereinfachung (BT-Drs. 13/2333 Stellungnahme BR Nr. 24 zu § 24 Abs. 2 S. 2 SGB VII S. 8).

VII. Bericht

120 Die Pflicht der Bundesregierung zu einem **jährlichen** statistischen **Bericht** gegenüber dem Deutschen Bundestag, der die Berichte der Unfallversicherungsträger (§ 25 Abs. 2 SGB VII) und die Jahresberichte der Arbeitsschutzbehörden der Länder (§ 23 Abs. 4 ArbSchG) zusammenfasst, bezieht sich in terminologischer Anpassung an das EG-Recht (→ Rn. 54) auf den Stand von Sicherheit und Gesundheit bei der Arbeit sowie auf das Unfall- und das Berufskrankheitengeschehen (§ 25 Abs. 1 S. 1 SGB VII).

121 „Stand von Sicherheit und Gesundheit" erweitert den **Inhalt** des Berichtes und bedeutet, dass es nunmehr nicht mehr ausreicht, jeweils nur die Zahlen der Arbeitsunfälle und Berufskrankheiten aufzulisten (*Doll* BArbBl. 1/1998, S. 8, 14). „Stand" setzt einen Blick auf die Vergangenheit (bisheriger Zustand) und auf die Zukunft (Ziele) voraus, wobei der gegenwärtige Zustand zu bewerten ist. Weiterer Adressat des Berichtes ist der Bundesrat.

122 Alle vier Jahre ist in einem **ausführlichen Bericht** ein umfassender Überblick über die Entwicklung der Arbeitsunfälle und der Berufskrankheiten, ihre Kosten und die Maßnahmen für Sicherheit und Gesundheit bei der Arbeit zu geben (§ 25 Abs. 1 S. 2 SGB VII). Für welchen zurückliegenden Zeitraum diese Entwicklung darzustellen ist, wird im SGB VII nicht ausgesagt. Mindestens wird der ausführliche Bericht den Zeitraum seit dem letzten ausführlichen Bericht, d. h. vier Jahre, umfassen müssen. Im Übrigen ist je nach Sachgegenstand und Aussagekraft ein längerer Zeitraum zu fordern, soweit er Entwicklungen erkennen lässt.

123 Die Unfallversicherungsträger haben dem Bundesministerium für Arbeit und Soziales **jedes Jahr** über die Durchführung der Maßnahmen für Sicherheit und Gesundheit bei der Arbeit sowie über die Unfall- und Berufskrankheitengeschehen zu berichten (§ 25 Abs. 2 SGB VII). Der Begriff „Maßnahmen zur Sicherheit und Gesundheit bei der Arbeit" schließt die Verhütung von arbeitsbedingten Gesundheitsgefahren (§§ 1 Nr. 1, 14 Abs. 1 SGB VII) in die Berichtspflicht ein. Die Berichtspflicht über Maßnahmen der Ersten Hilfe ist nicht im Gesetz aufgeführt; doch dürfte der Begriff „Gesundheit bei der Arbeit" die Erste Hilfe als Gegenstand des Berichts mitumfassen.

124 Für die Unfallversicherungsträger sind anders als nach dem ArbSchG für die Arbeitsschutzbehörden der Länder (§ 24 Abs. 1 Nr. 3 ArbSchG) keine **allgemeinen Verwaltungsvorschriften** über den Inhalt der Berichte vorgesehen.

Gesetzliche Unfallversicherung **SystDarst D**

VIII. Bußgeldvorschriften

1. Tatbestände. Ordnungswidrig handelt (§ 209 Abs. 1 SGB VII), wer vorsätzlich oder fahrlässig:
- als Unternehmer oder Versicherter einer **Unfallverhütungsvorschrift** (§ 15 Abs. 1 oder 2 SGB VII) zuwiderhandelt, soweit sie für einen bestimmten Tatbestand auf diese Bußgeldvorschrift verweist (Nr. 1; sog. Rückverweisungsklausel);
- als Unternehmer oder Versicherter einer vollziehbaren **Anordnung** zur Erfüllung von Unfallverhütungsvorschriften oder zur Abwendung besonderer Unfall- und Gesundheitsgefahren oder einer sofort vollziehbaren Anordnung bei Gefahr im Verzug (§ 19 Abs. 1 SGB VII) zuwiderhandelt (Nr. 2);
- als Unternehmer bei der **Überwachung** Maßnahmen der Aufsichtspersonen zur Unfallverhütung (§ 19 Abs. 2 S. 2 SGB VII) nicht duldet (Nr. 3).

Entsprechende Bußgeldtatbestände enthält das **Arbeitsschutzgesetz** (§ 25 Abs. 1 ArbSchG: Verstoß gegen Rechtsverordnungen zum Arbeitsschutz – Nr. 1, Verstoß gegen Anordnungen der Arbeitsschutzbehörden – Nr. 2). Strafvorschriften mit Androhung von Freiheitsstrafen wie im ArbSchG bei beharrlichen Verstößen oder vorsätzlichen Handlungen (§ 26 ArbSchG) sind im SGB VII nicht enthalten.

Die **Normadressaten** werden in der jeweiligen Bußgeldvorschrift nicht erneut genannt, da die Wiederholung dahin mißverstanden werden könnte, dass die Vorschriften über das Handeln für einen Anderen, die den Kreis der Normadressaten erweitern (§ 9 OWiG), ausgeschlossen werden sollen.

Nicht in die Bußgeldbewehrung einbezogen sind Verstöße gegen die besonderen, Unfallverhütungsvorschriften ersetzenden **Regelungen des Bundes.** (§ 115 Abs. 1 SGB VII). Die allgemeinen Verwaltungsvorschriften für die Bundesverwaltung sind kein formelles Recht und können deshalb nicht Grundlage von Bußgeldern sein (st. Rspr.; BVerfGE 38, 348, 371 m. w. N.).

Die **Ausnahme von Sanktionen** bei Verstößen gegen bestehende Unfallverhütungsbestimmungen im Bereich des Bundes führt zu einer unbefriedigenden Privilegierung der Unternehmen des Bundes und der dort tätigen Versicherten (anders und zu Recht bußgeldbewehrt die allgemein, auch für Verwaltungen und Betriebe des Bundes geltenden staatlichen Rechtsverordnungen zum Arbeitsschutz, § 25 Abs. 1 Nr. 1 ArbSchG).

2. Höhe. Die **Geldbuße** beträgt in allen Fällen einheitlich für Unternehmer und Versicherte bis zu 10 000 Euro (§ 209 Abs. 3 SGB VII). Dagegen unterscheidet das ArbSchG (§ 25 Abs. 2) bei der Höhe der Geldbuße zum einen Verstöße gegen Rechtsverordnungen durch Arbeitgeber und Beschäftigte und Verstöße gegen Anordnungen durch Beschäftigte (jeweils bis 5000 Euro) sowie zum anderen Verstöße gegen Anordnungen durch Arbeitgeber oder neben dem Arbeitgeber verantwortliche Personen (bis 25 000 Euro).

3. Zuständige Verwaltungsbehörde. Verwaltungsbehörde für die Verfolgung und Ahndung von Ordnungswidrigkeiten ist der **Unfallversicherungsträger** (§ 210 SGB VII). Ob innerhalb des Unfallversicherungsträgers der Vorstand oder der Geschäftsführer Bußgeldbescheide erlässt, ist umstritten und sollte nach der allgemeinen Abgrenzung der Aufgaben zwischen diesen beiden Organen bestimmt werden.

Einsprüche gegen Bußgeldbescheide sind bei der Verwaltungsbehörde einzulegen (§ 67 Abs. 1 OWiG). Die weiteren Aufgaben der Verwaltungsbehörde nimmt die von der Vertreterversammlung des Unfallversicherungsträgers bestimmte Stelle

SystDarst D   Systematische Darstellungen

wahr (§ 112 Abs. 2 SGB IV; Einspruchsstelle). Hilft diese Stelle nicht ab und bleibt der Bußgeldbescheid bestehen, entscheidet das Amtsgericht (§ 68 Abs. 1 OWiG).

C. Zusammenwirken mit Dritten

I. Allgemeine Zusammenarbeit

§ 20 SGB VII Zusammenarbeit mit Dritten

(1) Die Unfallversicherungsträger und die für den Arbeitsschutz zuständigen Behörden wirken bei der Beratung und Überwachung der Unternehmen auf der Grundlage einer gemeinsamen Beratungs- und Überwachungsstrategie gemäß § 20a Abs. 2 Nr. 4 des Arbeitsschutzgesetzes eng zusammen und stellen den Erfahrungsaustausch sicher. Die gemeinsame Beratungs- und Überwachungsstrategie umfasst die Abstimmung allgemeiner Grundsätze zur methodischen Vorgehensweise bei
1. der Beratung und Überwachung der Betriebe,
2. der Festlegung inhaltlicher Beratungs- und Überwachungsschwerpunkte, aufeinander abgestimmter oder gemeinsamer Schwerpunktaktionen und Arbeitsprogramme und
3. der Förderung eines daten- und sonstigen Informationsaustausches, insbesondere über Betriebsbesichtigungen und deren wesentliche Ergebnisse.

(2) Zur Förderung der Zusammenarbeit nach Absatz 1 wird für den Bereich eines oder mehrerer Länder eine gemeinsame landesbezogene Stelle bei einem Unfallversicherungsträger oder einem Landesverband mit Sitz im jeweiligen örtlichen Zuständigkeitsbereich eingerichtet. Die Deutsche Gesetzliche Unfallversicherung e. V. koordiniert die organisatorisch und verfahrensmäßig notwendigen Festlegungen für die Bildung, Mandatierung und Tätigkeit der gemeinsamen landesbezogenen Stellen. Die gemeinsame landesbezogene Stelle hat die Aufgabe, mit Wirkung für die von ihr vertretenen Unfallversicherungsträger mit den für den Arbeitsschutz zuständigen Behörden Vereinbarungen über
1. die zur Umsetzung der gemeinsamen Beratungs- und Überwachungsstrategie notwendigen Maßnahmen,
2. gemeinsame Arbeitsprogramme, insbesondere zur Umsetzung der Eckpunkte im Sinne des § 20a Abs. 2 Nr. 2 des Arbeitsschutzgesetzes,

abzuschließen und deren Zielsetzung mit den von der Nationalen Arbeitsschutzkonferenz nach § 20a Abs. 2 Nr. 3 des Arbeitsschutzgesetzes bestimmten Kennziffern zu evaluieren. Die landwirtschaftlichen Berufsgenossenschaften wirken an der Tätigkeit der gemeinsamen landesbezogenen Stelle mit. § 143e Abs. 3 Satz 2 Nr. 3 bleibt unberührt.

(3) Durch allgemeine Verwaltungsvorschriften, die der Zustimmung des Bundesrates bedürfen, wird geregelt das Zusammenwirken
1. der Unfallversicherungsträger mit den Betriebsräten oder Personalräten,
2. der Unfallversicherungsträger einschließlich der gemeinsamen landesbezogenen Stellen nach Absatz 2 mit den für den Arbeitsschutz zuständigen Landesbehörden,
...

133   **1. Arbeitsschutzbehörden.** Die Unfallversicherungsträger nehmen im Rahmen ihres Präventionsauftrags neben Bund und Ländern an der **Gemeinsamen Deutschen Arbeitsschutzstrategie (GDA)** teil, zu der als Unterfall die Beratung und Überwachung der Betriebe gehört (§ 14 Abs. 3 SGB VII, § 20a Abs. 2 Nr. 4 ArbSchG). Die Unfallversicherungsträger und die für den Arbeitsschutz zuständigen Behörden wirken bei der Beratung und Überwachung der Unternehmen auf der Grundlage der gemeinsamen Beratungs- und Überwachungsstrategie eng zusammen und stellen den Erfahrungsaustausch sicher (§ 20 Abs. 1 S. 1 SGB VII). Die Tatbestände für das Zusammenwirken sind abschließend und nicht nur beispielhaft auf-

Gesetzliche Unfallversicherung **SystDarst D**

geführt. Forschung (→ Rn. 53) gehört nicht ausdrücklich dazu, kann aber im Rahmen des Erfahrungsaustausches eine Rolle spielen (→ zur Ausbildung Rn. 144).

Die Vorschrift wurde durch das UVMG an die gleiche Regelung in § 21 Abs. 3 **134** ArbSchG für die Arbeitsschutzbehörden der Länder angepasst. Wegen der begrenzten personellen Kapazitäten bei den staatlichen Aufsichtsdiensten der Länder und der Unfallversicherungsträger wird deren Aufsichtshandeln noch besser abgestimmt und ihr **Einsatz** insgesamt **effektiver und effizienter** gestaltet. Die Aufgaben der Unfallversicherungsträger sind identisch mit den Aufgaben der Arbeitsschutzbehörden nach dem ArbSchG (§ 21 Abs. 3 S. 2 ArbSchG). Doppelte Überwachungen oder widersprüchliche Überwachungsmaßnahmen in den Betrieben sollen entfallen. Mögliche Nachteile des deutschen dualen Arbeitsschutzsystems werden dadurch vermieden. Die gemeinsame Beratungs- und Überwachungsstrategie (§ 20 Abs. 1 S. 2 SGB VII) umfasst die Abstimmung allgemeiner Grundsätze zur methodischen Vorgehensweise bei der Beratung und Überwachung der Betriebe (Nr. 1), die Festlegung inhaltlicher Schwerpunkte und abgestimmter oder gemeinsamer Schwerpunktaktionen und Arbeitsprogramme (Nr. 2) sowie die Förderung eines Daten- und sonstigen Informationsaustausches, insbesondere über Betriebsbesichtigungen und deren wesentliche Ergebnisse (Nr. 3). Die in diesem Zusammenhang erarbeiteten Leitlinien legen Grundsätze zu zentralen Themen des Arbeitsschutzes (z. B. Gefährdungsbeurteilung, betriebliche Arbeitsschutzorganisation) fest (Unfallverhütungsbericht Arbeit 2013 BT-Drs. 18/3474 S. 31). Der Datenaustausch bezieht sich umfassend sowohl auf bevorstehende als auch auf durchgeführte Betriebsbesichtigungen (EK-UVMG SGB VII § 20 S. 63).

Die Zusammenarbeit bezieht sich in der untersten Stufe auf die **Betriebsebene** **135** und findet unmittelbar zwischen den zuständigen Aufsichtsdiensten der einzelnen Unfallversicherungsträger und den regionalen Arbeitsschutzbehörden statt (zum früheren Drei-Ebenen-Modell *Coenen/Waldeck* BG 1996, 574, 579; *Wlotzke* BArbBl. 3/1981, S. 32, 34). Die Verpflichtung der Unfallversicherungsträger, ihr Handeln an der gemeinsamen Arbeitsschutzstrategie auszurichten, lässt deren Zuständigkeiten und gesetzlichen Aufgaben unberührt; welche Mittel personeller und finanzieller Art in welcher Höhe eingesetzt werden müssen, wird nicht vorgeschrieben, die Personal- und Finanzhoheit der Unfallversicherungsträger bleibt in vollem Umfang gewahrt (BT-Drs. 16/9194 zu § 20a Abs. 1 ArbSchG S. 44).

2. Gemeinsame landesbezogene Stelle (GLS). Auf einer mittleren Ebene **136** wird zur Förderung der Zusammenarbeit der Unfallversicherungsträger und der Arbeitsschutzbehörden der Länder eine **gemeinsame landesbezogene Stelle** für den Bereich eines oder mehrerer Länder bei einem Unfallversicherungsträger oder bei einem Landesverband als regionale Untergliederung der DGUV eingerichtet (§ 20 Abs. 2 S. 1 SGB VII), bei der auch die landwirtschaftlichen Berufsgenossenschaft mitwirkt (§ 20 Abs. 2 S. 4 SGB VII). „Gemeinsam" bezieht sich dabei auf das Miteinander der Unfallversicherungsträger und nicht auf die Zusammenarbeit der Unfallversicherungsträger mit den Arbeitsschutzbehörden der Länder. Es handelt sich um keine unzulässige Mischverwaltung, da die Kompetenzen der Beteiligten nicht berührt werden und eine Unterstellung von bundesunmittelbaren Unfallversicherungsträgern unter Landesbehörden nicht stattfindet (*Egger* NZS 1994, 352, 355) Die gemeinsamen landesbezogenen Stellen haben keine eigenen Entscheidungskompetenzen mit verbindlichem Charakter (*Ernst* in Koll/Janning/Pinter ArbSchG § 21 Rn. 33).

Mit dem Koordinierungsauftrag (§ 20 Abs. 2 S. 2 SGB VII) ist die bisher schon **137** von den Spitzenverbänden der Unfallversicherungsträger wahrgenommene Steuer-

SystDarst D Systematische Darstellungen

ungsfunktion für die Organisation und Arbeitsweise der gemeinsamen landesbezogenen Stellen auf den Dachverband DGUV (→ Rn. 58c) übertragen und rechtlich abgesichert worden; die DGUV unterliegt insoweit der Rechtsaufsicht des Bundesministeriums für Arbeit und Soziales (§ 87 Abs. 3 SGB IV). Die früher lediglich geschäftsführende Funktion ohne eigenes Mandat ist jetzt eine die vertretenen Unfallversicherungsträger unmittelbar bindende Befugnis der gemeinsamen landesbezogenen Stellen zum **Abschluss von Vereinbarungen** mit den Arbeitsschutzbehörden der Länder (§ 20 Abs. 2 S. 3 SGB VII). Die landwirtschaftliche Berufsgenossenschaft wirkt an der Tätigkeit der gemeinsamen landesbezogenen Stelle mit (§ 20 Abs. 2 S. 4 SGB VII).

138   Als **Inhalt** der Vereinbarungen nennt das Gesetz die zur Umsetzung der gemeinsamen Beratungs- und Überwachungsstrategie notwendigen Maßnahmen (Nr. 1) sowie gemeinsame Arbeitsprogramme insbesondere zur Umsetzung von Eckpunkten (Nr. 2). Die Länder und die DGUV haben sich auf eine **Rahmenvereinbarung** verständigt, welche im Sommer 2009 jeweils bilateral zwischen den 16 Ländern und der DGUV durch Unterzeichnung in Kraft gesetzt worden ist (*Kranig/ Timm* in Hauck/Noftz SGB VII § 20 Rn. 8; *Rentrop* in Lauterbach UV-SGB VII § 20 Anh. II.1).

139   Beim **Bund** sind vom Dualismus zwischen Unfallversicherungsträgern und Arbeitsschutzbehörden der Länder die privaten selbstständigen Unternehmen im Zuständigkeitsbereich der Unfallversicherung Bund und Bahn (→ Rn 168) betroffen. Insoweit ist die Unfallversicherung Bund und Bahn von der gemeinsamen landesbezogenen Stelle erfasst. Im Übrigen obliegt die Überwachung des Arbeitsschutzes in der Bundesverwaltung der Zentralstelle für Arbeitsschutz beim Bundesministerium des Innern, in deren Auftrag die Unfallversicherung Bund und Bahn handelt (→ Rn. 171). Die Koordinierung zwischen der Unfallversicherung Bund und Bahn als Unfallversicherungsträger und der Zentralstelle für Arbeitsschutz wird weder im SGB VII noch im ArbSchG erwähnt und ist im Rahmen des Auftragsverhältnisses näher festzulegen.

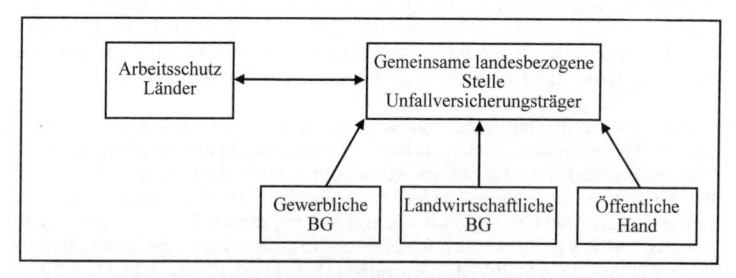

```
┌─────────────────┐      ┌──────────────────────────────┐
│  Arbeitsschutz  │◄────►│  Gemeinsame landesbezogene   │
│     Länder      │      │            Stelle            │
│                 │      │   Unfallversicherungsträger  │
└─────────────────┘      └──────────────────────────────┘
                                       ▲
                           ┌───────────┼───────────┐
                           │           │           │
                    ┌──────────┐ ┌───────────────┐ ┌───────────┐
                    │Gewerbliche│ │Landwirtschaft-│ │Öffentliche│
                    │    BG    │ │   liche BG    │ │   Hand    │
                    └──────────┘ └───────────────┘ └───────────┘
```

140   **3. Nationale Arbeitsschutzkonferenz (NAK).** Die dritte Ebene bildet die **Nationale Deutsche Arbeitsschutzkonferenz**. Das bisherige periodische Spitzengespräch zwischen Bund, Ländern und Unfallversicherungsträgern, das rechtlich nicht verankert war, ist durch das UVMG in dieses neue Entscheidungsgremium überführt worden. Der Erarbeitungs- und Entscheidungsprozess der Arbeitsschutzstrategie wird dadurch institutionell abgesichert. Die NAK setzt sich aus jeweils drei Vertretern von Bund, Ländern und Unfallversicherungsträgern zusammen. Ihre drei Daueraufgaben sind die Entwicklung, Steuerung und Fortschreibung der gemeinsamen deutschen Arbeitsschutzstrategie (§ 20b Abs. 1 ArbSchG).

Gesetzliche Unfallversicherung **SystDarst D**

4. Allgemeine Verwaltungsvorschriften. a) Betriebsvertretungen. Das 141
Zusammenwirken der Unfallversicherungsträger mit den Betriebsräten und Personalräten wird durch allgemeine Verwaltungsvorschriften, die der Zustimmung des Bundesrates bedürfen, vom Bundesministerium für Arbeit und Soziales im Einvernehmen mit dem für das Personalvertretungsrecht zuständigen Bundesministerium des Innern geregelt (§ 20 Abs. 3 S. 1 Nr. 1 SGB VII).

Die Verpflichtung zum Zusammenwirken mit den Betriebs- und Personalräten 142
ist auf die „Unfallversicherungsträger" als Ganzes bezogen und umfasst damit **alle Präventionstätigkeiten** der Unfallversicherungsträger in den einzelnen zugehörigen Unternehmen, d. h. neben der Überwachung und der Beratung durch die geprüften Aufsichtspersonen (→ Rn. 95) auch die sonstige Beratung sowie die Aus- und Fortbildung von Betriebsangehörigen, ferner andere betriebliche Aktivitäten (z. B. Sicherheitswettbewerbe) sowie Forschungsvorhaben, welche ein bestimmtes Unternehmen konkret einbeziehen. Näheres regelt die „Allgemeine Verwaltungsvorschrift über das Zusammenwirken der technischen Aufsichtsbeamten der Träger der gesetzlichen Unfallversicherung mit den Betriebsvertretungen" vom 28. 11. 1977 (BAnz Nr. 225 S. 1).

b) Arbeitsschutzbehörden der Länder. Das **Zusammenwirken** der Unfall- 143
versicherungsträger einschließlich der gemeinsamen landesbezogenen Stellen mit den für den Arbeitsschutz zuständigen Landesbehörden wird durch allgemeine Verwaltungsvorschriften, die der Zustimmung des Bundesrates bedürfen, von der Bundesregierung geregelt (§ 20 Abs. 3 S. 1 Nr. 2 SGB VII). Diese Verwaltungsvorschriften werden erst erlassen, wenn innerhalb einer vom Bundesministerium für Arbeit und Soziales gesetzten angemessenen Frist nicht für jedes Land eine Vereinbarung (→ Rn. 137) abgeschlossen worden ist (§ 20 Abs. 3 S. 3 SGB VII). Die bisherige „Allgemeine Verwaltungsvorschrift über das Zusammenwirken der Träger der gesetzlichen Unfallversicherung und der Gewerbeaufsichtbehörden" vom 28. 11. 1977 (BArbBl. Fachbeilage Arbeitsschutz 1978, 20) ist aufgehoben worden (Allgemeine Verwaltungsvorschrift vom 15. 4. 2014, GMBl. S. 341, ber. S. 535). An die Stelle sind Rahmenvereinbarungen über das Zusammenwirken der Länder und der Träger der gesetzlichen Unfallversicherung im Rahmen der Gemeinsamen Deutschen Arbeitsschutzstrategie (GDA) getreten, die im Jahr 2009 gemäß § 20 Abs. 2 S. 3 Nr. 1 SGB VII abgeschlossen wurden (Unfallverhütungsbericht Arbeit 2013 BT-Drs. 18/3474 S. 30).

Bei der **Ausbildung** (nicht Fortbildung) von Sicherheitsbeauftragten (nicht 144
Ersthelfern) und Fachkräften für Arbeitssicherheit (nicht Betriebsärzten) durch die Unfallversicherungsträger sind die für den Arbeitsschutz zuständigen Landesbehörden zu beteiligen (§ 23 Abs. 4 SGB VII).

Früher war festgelegt, dass allgemeine **Bestimmungen der Landesbehörden** 145
für bestimmte Gewerbezweige oder Betriebsarten zur Verhütung von Unfällen den beteiligten Berufsgenossenschaften zur Begutachtung mitgeteilt werden sollen (§ 711 RVO). Die Vorschrift bezweckte, die speziellen branchenbezogenen Kenntnisse und Erfahrungen der Unfallversicherungsträger für die Rechtsetzung auf Landesebene fruchtbar zu machen (*Egger* NZS 1994, 352, 353). Die Vorschrift ist ohne Begründung mit dem SGB VII ersatzlos weggefallen. Anders als beim Erlass von Unfallverhütungsvorschriften, wo die Beteiligung der Länder verstärkt worden ist (→ Rn. 72), fehlt damit im umgekehrten Fall des Erlasses staatlicher Arbeitsschutzbestimmungen durch die Länder eine gesetzlich geordnete ausdrückliche Beteiligung der Unfallversicherungsträger.

146 **c) Bergaufsicht.** Durch allgemeine Verwaltungsvorschriften, die der Zustimmung des Bundesrates bedürfen, wird das Zusammenwirken der Unfallversicherungsträger mit den für die Bergaufsicht zuständigen Behörden geregelt (§ 20 **Abs. 3 S. 1 Nr. 3 SGB VII**). Es gilt die „Allgemeine Verwaltungsvorschrift über das Zusammenwirken der Berufsgenossenschaften und der für die Bergaufsicht zuständigen Behörden" vom 1.1.1986 (BAnz Nr. 32 S. 1809).

II. Arbeitsschutz

147 **1. Wahrnehmung kraft Vereinbarung. a) Unfallversicherungsträger.** Die für den Arbeitsschutz zuständige oberste Landesbehörde kann mit Trägern der gesetzlichen Unfallversicherung vereinbaren, dass diese in näher zu bestimmenden Tätigkeitsbereichen die **Einhaltung des ArbSchG**, bestimmter Vorschriften des ArbSchG oder der auf Grund des ArbSchG erlassenen Rechtsverordnungen ganz oder teilweise überwachen (§ 21 Abs. 4 S. 1 ArbSchG).

148 Die Möglichkeit der Vereinbarung bezieht ohne Unterschied **alle Unfallversicherungsträger** ein. Die Vereinbarung ist ein öffentlich-rechtlicher Vertrag koordinationsrechtlicher Art zwischen zwei selbstständigen und unabhängig voneinander bestehenden Rechtspersonen und bedarf der Schriftform. Sie bietet sich insbesondere für Betriebe und Verwaltungen an, für welche die Arbeitsschutzbehörden der Länder auf Grund des weiten Anwendungsbereichs des ArbSchG neue Überwachungsaufgaben erhalten haben (z. B. Landwirtschaft, öffentlicher Dienst der Länder, Schulen).

149 Es handelt sich um die sog. **„Experimentierklausel"**. Der Dualismus ist an dieser Stelle in gewisser Weise durchbrochen (*Kollmer* ArbSchG Rn. 262; *Pieper* ArbSchR ArbSchG § 22 Rn. 25 ff.). Die staatliche Verantwortung für den Arbeitsschutz wird durch die Vereinbarung nicht aufgehoben, wie sich aus dem gesetzlich eingeschränkten Umfang („näher zu bestimmenden Tätigkeitsbereichen") und dem gesetzlich vorgeschriebenen Inhalt der Vereinbarung ergibt („Art" – „Umfang" – „Zusammenarbeit", § 21 Abs. 4 S. 2 ArbSchG). Die Länder dürfen sich nicht in vollem Umfang ihrer Überwachungspflichten entledigen. Der Umfang der Verlagerung von Aufgaben auf die Unfallversicherungsträger muss sich an Kriterien wie Geeignetheit, Erforderlichkeit und Verhältnismäßigkeit messen lassen (*Kollmer* ArbSchG Rn. 263). Eine Verlagerung von Aufgaben auf die Unfallversicherungsträger zum Zwecke der reinen Kostenersparnis dürfte unzulässig sein.

150 Durch die in der vorgenannten Weise begrenzte Vereinbarung erfolgt keine Änderung (Verlagerung) von Kompetenzen. Der Grundsatz, dass die Überwachung des Arbeitsschutzes staatliche Aufgabe der Länder ist (§ 21 Abs. 1 S. 1 ArbSchG i. V. m. Art. 30, 83 GG), bleibt unberührt. Das aus der verfassungsrechtlichen Aufgabenteilung abgeleitete Verbot der **Mischverwaltung** zwischen Bund und Ländern wird durch Vereinbarungen zwischen einem Land und bundesunmittelbaren Unfallversicherungsträgern nicht verletzt (*Pinter* in Koll/Janning/Pinter ArbSchG § 21 Rn. 39; zweifelnd *Kollmer* ArbSchG Rn. 263; ausführl. *Schucht* § 21 ArbSchG Rn. 44 ff., insbesondere zur Gegenmeinung).

151 Rechtlich stellt sich die vereinbarte Überwachung als eine Form der **„Organleihe"** dar. Diese ist dadurch gekennzeichnet, dass ein Rechtsträger beauftragt wird, einen eng abgegrenzten Teil der Aufgaben eines anderen Rechtsträgers aus Zweckmäßigkeitsgründen unter Zurverfügungstellung von personellen und sachlichen Mitteln wahrzunehmen (BVerfGE 63, 1, 31 f., 41 f. m. w. N.). Von der Amts-

Gesetzliche Unfallversicherung **SystDarst D**

hilfe unterscheidet sich die Organleihe dadurch, dass sie sich nicht auf den Einzelfall beschränkt, sondern auf einen Aufgabenbereich bezieht und auf Dauer angelegt ist (BVerfGE 63, 32). Organleihe zwischen Bund und Ländern kraft Vereinbarung ist bei Vorliegen besonderer sachlicher Gegebenheiten vom Bundesverfassungsgericht ausdrücklich als zulässig anerkannt worden (BVerfGE 63, 32: Geschäftsführung der Versicherungsanstalt der deutschen Bezirksschornsteinfegermeister durch die Bayerische Versicherungskammer).

Bei vereinbarter Organleihe zwischen Bund und Ländern ist das gesamte Handeln der Bundesbehörde zur Wahrnehmung der Landesaufgaben dem Land zuzurechnen (BVerwG NJW 1976, 1468: Wahrnehmung von Landesaufgaben durch die Wasser- und Schifffahrtsverwaltung des Bundes kraft Verwaltungsvereinbarung). Das entliehene Organ wird als **Organ des Entleihers** tätig, dessen Weisungen es unterworfen ist und dem die von dem entliehenen Organ getroffenen Maßnahmen und Entscheidungen zugerechnet werden. Die Bundesbehörde ist als Organ des Landes zu behandeln, wie wenn es sich um dessen eigene Behörde handeln würde (BVerwG NJW 1976, 1469). 152

Nachdem das ArbSchG keine Bestimmungen zum **Verfahren** bei der Zusammenarbeit zwischen den Ländern und den Unfallversicherungsträgern im Rahmen einer vereinbarten Überwachung des ArbSchG enthält (anders z. B. das SGB für die Zusammenarbeit zwischen den Leistungsträgern der Sozialversicherung untereinander kraft Auftrags, §§ 88ff. SGB X), sind die vom Bundesverwaltungsgericht für die Organleihe entwickelten allgemeinen Grundsätze in Bezug auf das Verhältnis von entliehenem Organ und Entleiher auch auf die Beziehungen zwischen den Ländern und den Unfallversicherungsträgern anzuwenden. 153

Die Unfallversicherungsträger nehmen damit die in der Vereinbarung übernommenen Überwachungsaufgaben der Länder nach dem ArbSchG im Namen des betroffenen Landes wahr. Das **Handeln in fremdem Namen** ist offenzulegen (VGH Kassel DÖV 1974, 604; *Redeker/v. Oertzen* VwGO, 16. Aufl. 2014, § 78 Rn. 2 zum Auftrag an eine andere Behörde), womit zugleich die Verantwortlichkeit und die Haftung des Landes für diese fremdbestimmte Überwachungstätigkeit des Unfallversicherungsträgers nach außen sichtbar gemacht wird. Das Handeln in fremdem Namen ist sinnvollerweise in der Vereinbarung schriftlich festzulegen (BVerwG NJW 1976, 1468). 154

Ist der Unfallversicherungsträger nach der Vereinbarung befugt, bei seiner Überwachung des ArbSchG Anordnungen zu treffen (§ 22 Abs. 3 ArbSchG), ist „erlassende Behörde" derartiger Verwaltungsakte das Land als „Auftraggeber", und zwar sowohl im **Widerspruchsverfahren** als Adressat des Widerspruchs (§ 70 Abs. 1 S. 1 VwGO) als auch im Klageverfahren vor den Verwaltungsgerichten als Beklagter (§ 78 Abs. 1 Nr. 1 VwGO; *Kopp/Schenke* § 78 Rn. 3). Der Unfallversicherungsträger ist lediglich „Erfüllungsgehilfe" des Landes. 155

Eine **Abhilfe** im Widerspruchsverfahren (§ 72 VwGO) ist dadurch zu bewirken, dass das Land dem Unfallversicherungsträger als Ausgangsbehörde Gelegenheit gibt, die im Namen des Landes ergangene Anordnung aufzuheben oder zu modifizieren (*Kopp/Schenke* § 72 Rn. 1; *Redeker/v. Oertzen* VwGO, 16. Aufl. 2014, § 72 Rn. 1). Die Verletzung dieser Pflicht ist ein wesentlicher Verfahrensmangel i. S. d. § 79 Abs. 2 S. 2 VwGO und führt zur Anfechtbarkeit des Widerspruchsbescheids (*Kopp/Schenke* § 72 Rn. 1.). Eigenständige Abhilfe ist dem Land nicht möglich, weil es in der Vereinbarung die Vornahme der Anordnung auf den Unfallversicherungsträger übertragen hat (a. A. *Bull* DVBl. 1970, 243, 250: Widerspruchsverfahren geht Anweisung zur Abhilfe vor). 156

157 Im Rahmen der Vereinbarung sind folgende allgemeine **Grundsätze der Sozialversicherung** zu beachten:
- Die vereinbarte **Ausführung fremder Aufgaben** ist keine Wahrnehmung „eigener" Aufgaben im Sinne des Selbstverwaltungsrechts (§ 29 Abs. 3 SGB IV). Der Grundsatz der „rechtlichen" Selbstverwaltung (eigenverantwortliches Handeln) kommt nicht zur Anwendung (*Freund* in Hauck/Noftz § 30 Rn. 10; *Steinbach* in Hauck/Noftz SGB IV § 29 Rn. 18).
- Die **„politische Selbstverwaltung"** (Sozialpartnerschaft), d. h. die Willensbildung durch Vertreter der Versicherten und der Arbeitgeber, bleibt bestehen (§ 29 Abs. 2 SGB IV; *Steinbach* in Hauck/Noftz SGB IV § 29 Rn. 16).

158 Die durch die übernommenen Aufgaben entstehenden Personal- und Sachkosten sind in vollem Umfang zu erstatten (§ 30 Abs. 2 S. 1 Hs. 2 SGB IV; *Freund* in Hauck/Noftz SGB IV § 30 Rn. 11 f.; speziell zu § 21 Abs. 4 ArbSchG *Coenen/Waldeck* BG 1996, 574, 580). Auf die **Kostenerstattung** kann nicht verzichtet werden (§ 76 Abs. 1 SGB IV: Einnahmen sind rechtzeitig und vollständig zu erheben).

159 Die Kostenerstattung kann auch dadurch erfolgen, dass das Land als **Ausgleich** für die dem Unfallversicherungsträger durch die Überwachung des ArbSchG entstehenden finanziellen Aufwendungen in entsprechendem Umfang eigene Leistungen zur Verfügung stellt (z. B. Untersuchung von im Rahmen der Prävention entnommenen Gefahrstoffproben durch staatliche chemische Untersuchungsämter. Dabei ist darauf zu achten, dass der Geldwert der staatlichen Gegenleistungen den Aufwendungen des Unfallversicherungsträgers im mehrjährigen Durchschnitt (z. B. fünf Jahre) gleichkommt.

160 Erklärt der Unfallversicherungsträger in der Vereinbarung einen **Kostenverzicht**, ist dieser Teil der Vereinbarung als Verstoß gegen die eindeutige gesetzliche Verpflichtung (→ Rn. 158) von Anfang an nichtig (§ 59 Abs. 1 VwVfG i. V. m. § 134 BGB). Es genügt, dass das SGB konkludent zum Ausdruck bringt, dass abweichende Regelungen keinesfalls zulässig sind; ein ausdrückliches Verbot ist nicht erforderlich (*Kopp/Ramsauer* § 59 Rn. 10; *Schenke* JuS 1977, 281, 289).

161 Der Umstand, dass nur der Unfallversicherungsträger bei Abschluss der Vereinbarung **einseitig** gegen das gesetzliche Verbot verstößt, ist für den Eintritt der Nichtigkeit unerheblich. Ein einseitiger Verstoß reicht aus, wenn der Eintritt der Nichtigkeit im öffentlichen Interesse liegt (*Kopp/Ramsauer* § 59 Rn. 12 m.w.N.). Das öffentliche Interesse ist hier wegen Aushöhlung des gesetzlich gebotenen Kostenerstattungsprinzips gegeben, das den finanziellen Schutz der Risikogemeinschaft der dem Unfallversicherungsträger kraft Gesetzes (ohne Wahlrecht) zugehörigen Unternehmer vor fremden Lasten bezweckt.

162 Die **Teilnichtigkeit** der Vereinbarung führt zur Vollnichtigkeit, wenn nicht anzunehmen ist, dass die Vereinbarung auch ohne den nichtigen Teil geschlossen worden wäre (§ 59 Abs. 3 VwVfG). In Anbetracht der begrenzten finanziellen Verhältnisse der Arbeitsschutzbehörden der Länder dürfte der Abschluss der Vereinbarung häufig vom Kostenverzicht des Unfallversicherungsträgers abhängig und Geschäftsgrundlage der Vereinbarung sein; in diesem Falle ist die gesamte Vereinbarung nichtig.

163 Ist die Kostenerstattung in der Vereinbarung nicht geregelt oder ist lediglich der Kostenverzicht in der Vereinbarung rechtsunwirksam, weil die Teilnichtigkeit nicht zur Vollnichtigkeit führt, bildet § 30 Abs. 2 Satz 1 SGB IV **unmittelbar** die erforderliche materiell-rechtliche Anspruchsgrundlage für den Erstattungsanspruch des Unfallversicherungsträgers (BSG SozR 2100 § 30 SGB IV Nr. 2). Bei Vollnichtigkeit ist die Vereinbarung für die Vergangenheit (rückwirkend) abzuwickeln; die Ab-

Gesetzliche Unfallversicherung **SystDarst D**

wicklung der Kosten hat unter analoger Anwendung des § 30 Abs. 2 S. 1 SGB IV zu erfolgen.

b) Bund. Der Bund kann für Betriebe und Verwaltungen, die zur Bundesverwaltung gehören, für die aber eine Berufsgenossenschaft Träger der Unfallversicherung ist, mit den zuständigen **Berufsgenossenschaften** vereinbaren, dass das ArbSchG von diesen Berufsgenossenschaften durchgeführt wird (§ 21 Abs. 5 S. 7 Hs. 1 ArbSchG). Die Entscheidung liegt bei den „zuständigen Bundesministerien", d. h. den für den Arbeitsschutz im Bereich des Bundes jeweils zuständigen Stellen. Aufwendungen werden nicht erstattet (§ 21 Abs. 5 S. 7 Hs. 2 ArbSchG). Der ausdrückliche gesetzliche Ausschluss der Kostenerstattung in Abweichung von dem allgemeinen Grundsatz (→ Rn. 158) ist zulässig (BSG SozR 2100 § 30 SGB IV Nr. 2; *Freund* in Hauck/Noftz SGB IV § 30 Rn. 12). 164

Die Durchführung des ArbSchG in den „Betrieben und Verwaltungen des Bundes", d. h. in der **unmittelbaren Bundesverwaltung**, ist grundsätzlich Aufgabe der Zentralstelle für Arbeitsschutz beim Bundesministerium des Innern, in deren Auftrag die Unfallversicherung Bund und Bahn handelt, bzw. einzelner im ArbSchG bestimmter Bundesministerien (→ Rn. 171). Für eine Vereinbarung nach § 21 Abs. 5 S. 7 ArbSchG ist kein Bedarf. 165

Die Ermächtigung zu Vereinbarungen über die Übertragung von Arbeitsschutzaufgaben auf die Berufsgenossenschaften bezieht sich auf zwei unterschiedliche Fallgestaltungen. Nach § 21 Abs. 5 S. 6 ArbSchG besteht die Zuständigkeit der Zentralstelle für Arbeitsschutz bzw. bestimmter Bundesministerien zum einen hinsichtlich der Durchführung des ArbSchG dann, wenn für Betriebe und Verwaltungen, die zur Bundesverwaltung gehören, eine Berufsgenossenschaft zuständiger Träger der gesetzlichen Unfallversicherung ist. Der Begriff Betriebe und Verwaltungen „der Bundesverwaltung" ist weiter als der Begriff Betriebe und Verwaltungen „des Bundes" in § 21 Abs. 5 S. 1 ArbSchG und umfasst auch die **mittelbare Bundesverwaltung.** Träger der gesetzlichen Unfallversicherung für die rechtlich selbstständigen Körperschaften, Anstalten und Stiftungen des öffentlichen Rechts im Bereich des Bundes (z. B. Deutsche Bundesbank, Deutsche Welle AöR) sind in der Regel die gewerblichen Berufsgenossenschaften oder die landwirtschaftliche Berufsgenossenschaft (Ausnahme → Rn. 169; zur Unterscheidung zwischen unmittelbarer und mittelbarer Staatsverwaltung im Arbeitsschutz → auch die Trennung in §§ 2 Abs. 5, 20 Abs. 1 und 2 S. 4 ArbSchG; § 16 ASiG). 166

Der Bund kann zum anderen den **Beitritt** zu einer Berufsgenossenschaft für einzelne seiner Unternehmen der unmittelbaren Bundesverwaltung erklären (§ 125 Abs. 3 SGB VII). Der Beitritt erfolgt duch eine einseitige empfangsbedürftige Erklärung gegenüber der zuständigen Berufsgenossenschaft (*Ricke* in KassKomm SGB VII § 125 Rn. 4). 167

Für rechtlich selbstständige **private Unternehmen,** die kraft Gesetzes (§ 125 Abs. 1 Nr. 5 bis 7 SGB VII; z. B. DRK e. V.) oder durch einen besonderen Übernahmeakt (§ 125 Abs. 3 SGB VII; z. B. Goethe-Institut e. V.) zur Unfallversicherung Bund und Bahn gehören, gilt mangels Sonderregelung über die Durchführung des ArbSchG die allgemeine Zuständigkeit der staatlichen Arbeitsschutzbehörden der Länder (§ 21 Abs. 1 ArbSchG). Eine Vereinbarung zwischen den Arbeitsschutzbehörden der Länder und der Unfallversicherung Bund und Bahn als Träger der gesetzlichen Unfallversicherung richtet sich nach § 21 Abs. 4 ArbSchG. 168

Im ArbSchG ungeregelt ist der Fall, dass selbstständige **öffentlich-rechtliche Unternehmen** der mittelbaren Bundesverwaltung nicht in die Zuständigkeit der 169

SystDarst D

Berufsgenossenschaften fallen, weil für sie kraft Gesetzes (§ 125 Abs. 1 Nr. 2 und 3 SGB VII; z. B. Bundesagentur für Arbeit) oder durch einen besonderen Übernahmeakt (§ 125 Abs. 3 SGB VII; z. B. Deutsche Bibliothek AöR) die Unfallversicherung Bund und Bahn Träger der Unfallversicherung ist. Die allgemeine Zuständigkeit der Zentralstelle für Arbeitsschutz bzw. bestimmter Bundesministerien für die Durchführung des ArbSchG tritt hier nicht ein, weil sich deren Zuständigkeit nur auf die unmittelbare Bundesverwaltung bezieht (→ Rn. 165). Die besondere Zuständigkeit der Zentralstelle bzw. bestimmter Bundesministerien für die mittelbare Bundesverwaltung (→ Rn. 166) scheitert daran, dass für diese Unternehmen keine Berufsgenossenschaft, sondern die Unfallversicherung Bund und Bahn gesetzlicher Unfallversicherungsträger ist. Es besteht eine Gesetzeslücke.

170 Die **Gesetzeslücke** kann dadurch geschlossen werden, dass die gesetzliche Zuständigkeit der Zentralstelle für Arbeitsschutz bzw. bestimmter Bundesministerien für die mittelbare Bundesverwaltung bei berufsgenossenschaftlicher Unfallversicherung (§ 21 Abs. 5 S. 6 ArbSchG) auf die öffentlich-rechtlichen Unternehmen der mittelbaren Bundesverwaltung, für welche die Unfallversicherung Bund und Bahn Träger der Unfallversicherung ist, sinngemäß angewendet wird. Gestützt wird diese Auslegung durch das vom Gesetz gebilligte Ziel von Prävention und Arbeitsschutz „aus einer Hand", wie es in der Ermächtigung des Bundes zu Vereinbarungen mit den Berufsgenossenschaften zum Ausdruck kommt.

171 **2. Wahrnehmung kraft Gesetzes.** Die **Unfallversicherung Bund und Bahn** ist hinsichtlich der Betriebe und **Verwaltungen des Bundes** nur mittelbar mit dem ArbSchG befasst. Zuständig für die Durchführung des ArbSchG ist insoweit die Zentralstelle für Arbeitsschutz beim Bundesministerium des Innern (§ 21 Abs. 5 S. 1 ArbSchG; Errichtungserlass des BMI vom 1.9.1996, GMBl. S. 678). Im Auftrag der Zentralstelle handelt die Unfallversicherung Bund und Bahn, die insoweit der Aufsicht des Bundesministeriums des Innern unterliegt (§ 21 Abs. 5 S. 2 ArbSchG). Zum Ausschluss der Selbstverwaltung bei der Durchführung des ArbSchG → Rn. 174. Abweichend führt im Geschäftsbereich des Bundesministeriums der Verteidigung und des Auswärtigen Amtes hinsichtlich seiner Auslandsvertretungen das jeweilige Bundesministerium oder die von ihm bestimmte Stelle das ArbSchG durch (§ 21 Abs. 5 S. 4 ArbSchG). Andere Stelle kann auch die Unfallversicherung Bund und Bahn sein.

172 Im öffentlichen Dienst im Geschäftsbereich des Bundesministeriums für Verkehr und digitale Infrastruktur führt die **Unfallversicherung Bund und Bahn,** soweit die frühere **Eisenbahn**-Unfallkasse (§ 126 SGB VII a. F.) Träger der Unfallversicherung war, das ArbSchG unmittelbar in eigener Zuständigkeit durch (§ 21 Abs. 5 S. 3 ArbSchG). Betroffen ist das Bundeseisenbahnvermögen (§ 125 Abs. 2 Nr. 1 SGB VII n. F.). Zum Ausschluss der Selbstverwaltung bei der Durchführung des ArbSchG → Rn. 174.

173 Im Geschäftsbereich des Bundesministeriums für Finanzen führt die **Berufsgenossenschaft Verkehrswirtschaft Post-Logistik Telekommunikation** (BG Verkehr) das ArbSchG unmittelbar in eigener Zuständigkeit durch, soweit der Geschäftsbereich des ehemaligen Bundesministeriums für Post und Telekommunikation betroffen ist (§ 21 Abs. 5 S. 5 ArbSchG). Das Bundesministerium für Post und Telekommunikation wurde mit Ablauf des 31.12.1997 aufgelöst; die Zuständigkeiten wurden z. T. auf das Bundesministerium der Finanzen und im Übrigen auf das damalige Bundesministerium für Wirtschaft und Arbeit übertragen (Organisationserlass des Bundeskanzlers vom 17.12.1997, BGBl. I 1998 S. 68). Für die auf

Gesetzliche Unfallversicherung **SystDarst D**

das Bundesministerium für Wirtschaft (jetzt Bundesministerium für Wirtschaft und Energie) übergegangenen Betriebe und Verwaltungen des ehemaligen Bundesministeriums für Post und Telekommunikation ist damit heute die Zentralstelle für Arbeitsschutz beim Bundesministerium des Innern (→ Rn. 171) zuständig. Zum Ausschluss der Selbstverwaltung bei der Durchführung des ArbSchG → Rn. 174.

Nach der Gesetzesbegründung sollen die Vorschriften über die **Selbstverwal- 174 tung** keine Anwendung finden (BT-Drs. 13/3540 zu § 21 Abs. 3 ArbSchG S. 21). Die Unfallversicherungsträger sind kraft Gesetzes Körperschaft des öffentlichen Rechts mit Selbstverwaltung (§ 29 Abs. 1 SGB IV). Gesetzliche Regelungen können nur durch gesetzliche Vorschriften aufgehoben werden (§ 31 SGB I), wie dies bei Übertragung der Prävention für Beamte auf die Unfallversicherung Bund und Bahn und die BG Verkehr durch den ausdrücklichen Ausschluss der Selbstverwaltung im Gesetzestext erfolgt ist (Art. 1 § 4 Abs. 1 S. 4, Art. 2 § 5 Abs. 5 S. 2 BUK-NOG). Der Ausschluss der Selbstverwaltung allein durch die Gesetzesbegründung zum ArbSchG ist rechtswidrig und unwirksam.

III. Zuständigkeit bei Ordnungswidrigkeiten

1. Tatbestände. Der **Dualismus** zwischen den Unfallversicherungsträgern und 175 den staatlichen Aufsichtsbehörden der Länder bei der Überwachung (→ Rn. 41) wirkt sich auch auf das Bußgeldverfahren aus. Dieser Dualismus kann dazu führen, dass ein und dasselbe Verhalten (Handeln oder Unterlassen) als Verstoß gegen eine Anordnung nach dem Unfallversicherungsrecht bußgeldbewehrt ist (§ 209 Abs. 1 Nr. 2 SGB VII) und gleichzeitig einen ordnungswidrigen Verstoß gegen eine Rechtsverordnung nach dem Arbeitsschutzrecht darstellt (§ 25 Abs. 1 Nr. 1 ArbSchG). Beide Bußgeldtatbestände bestehen unabhängig nebeneinander. Das Gesetz enthält keine Reihenfolge im Sinne einer Subsidiarität, Spezialität oder Konsumtion.

Die gleiche Situation tritt ein, wenn **mehrere Verhaltensweisen** rechtlich zu 176 einer Tat verbunden werden, weil ein enger sachlicher (innerer) Zusammenhang besteht und die Handlungen bei natürlicher Betrachtungsweise einen einheitlichen Lebensvorgang bilden (BGHSt 13, 21, 26; 23, 141, 147) und das gebotene Tun oder Unterlassen und das geschützte Rechtsgut identisch sind (BVerfGE 22, 387, 420). Dies ist der Fall, wenn sowohl der Unfallversicherungsträger (§ 19 Abs. 1 SGB VII) als auch die staatliche Arbeitsschutzbehörde (§ 22 Abs. 3 ArbSchG) gegenüber einem Unternehmer/Arbeitgeber oder Versicherten/Beschäftigten jeweils gleich lautende Anordnungen treffen (z. B. Anbringung einer Schutzeinrichtung; Tragen von Schutzkleidung) und beide Anordnungen nicht befolgt werden (§ 209 Abs. 1 Nr. 2 SGB VII; § 25 Abs. 1 Nr. 2 ArbSchG). Geschütztes Rechtsgut ist in beiden Fällen einheitlich Gesundheit und Leben der Arbeitnehmer.

2. Verwaltungsbehörde. Zuständige Verwaltungsbehörde i. S. d. § 36 Abs. 1 177 Nr. 1 OWiG ist der Unfallversicherungsträger (§ 210 Abs. 1 SGB VII) und die nach Landesrecht bestimmte Behörde (§ 21 Abs. 1 ArbSchG). Es handelt sich um eine **mehrfache sachliche Zuständigkeit.**

Das Zusammentreffen ist gesetzlich nach dem Stand des Ermittlungsverfahrens 178 in der Weise exakt geregelt, dass der Verwaltungsbehörde der **Vorzug** gebührt, die wegen der Tat den Betroffenen zuerst vernommen hat, ihn durch die Polizei zuerst hat vernehmen lassen oder der die Akten der Polizei nach der Vernehmung des Betroffenen zuerst übersandt worden sind (§ 39 Abs. 1 S. 1 OWiG: Grundsatz des „ersten Zugriffs").

SystDarst D   Systematische Darstellungen

179   Eine **abweichende Zuständigkeitsvereinbarung** zwischen den betroffenen Verwaltungsbehörden ist unter bestimmten Voraussetzungen (z. B. Beschleunigung, Vereinfachung, Sachkunde) zulässig (§ 39 Abs. 2 OWiG).

180   Die **unterschiedliche Höhe der Bußgeldandrohungen** ist auf die Bestimmung der zuständigen Verwaltungsbehörde ohne Einfluss (*Gürtler* in Göhler OWiG § 19 Rn. 8). Dies gilt auch im Verhältnis von Unfallversicherungs- und Arbeitsschutzrecht. Für die Unfallversicherungsträger bestehen keine Besonderheiten.

181   Die vorrangig zuständige Verwaltungsbehörde muss die Tat zugleich unter den rechtlichen Gesichtspunkten der anderen Verwaltungsbehörde bewerten, auch wenn sie mit dieser für sie sachfremden Materie nicht vertraut ist. Wegen des **Verbots der Doppelbestrafung** (§ 84 OWiG; Art. 103 Abs. 3 GG, Grundsatz: ne bis in idem) ist diese Rechtsfolge nicht zu vermeiden (*Gürtler* in Göhler OWiG § 39 Rn. 3). Als vorrangig zuständige Verwaltungsbehörde hat deshalb ein Unfallversicherungsträger auch § 25 ArbSchG und umgekehrt eine Arbeitsschutzbehörde auch § 209 SGB VII in die Überlegungen mit einzubeziehen. Eine sinnvolle Änderung der gesetzlichen Zuständigkeit ermöglicht die zulässige Vereinbarung (→ Rn. 178).

182   Der anderen (unzuständigen) Verwaltungsbehörde ist mit der gesetzlichen oder vereinbarten Regelung der Zuständigkeit das Ermessen darüber entzogen, ob die ihrem Fachgebiet zugehörige Ordnungswidrigkeit nach dem Opportunitätsprinzip verfolgt werden soll oder nicht. Diese Entscheidung trifft allein die zuständige Verwaltungsbehörde. Werden beide (tateinheitlichen) Ordnungswidrigkeiten geahndet, ist nur **eine einzige Geldbuße** auf Grund der Verletzung der Bußgeldvorschriften sowohl des Unfallversicherungs- als auch des Arbeitsschutzrechts festzusetzen (§ 19 Abs. 1 OWiG; *Gürtler* in Göhler OWiG § 19 Rn. 3). Der Bußgeldrahmen ist nach dem Gesetz zu bestimmen, das die höchste Geldbuße androht (§ 19 Abs. 1 S. 1 OWiG; zur unterschiedlichen Höhe des Bußgeldes im Unfallversicherungs- und im Arbeitsschutzrecht → Rn. 130).

183   Die vorrangig zuständige Verwaltungsbehörde soll die andere Verwaltungsbehörde vor Abschluss der Ermittlungen **hören** (§ 39 Abs. 2 S. 2 OWiG). Der anderen Verwaltungsbehörde soll so die Gelegenheit gegeben werden, die Gesichtspunkte vorzutragen, die für die Beurteilung der Gesetzesverletzung auf ihrem Sachgebiet von Bedeutung sind, und eine Veränderung der Vorrangzuständigkeit herbeizuführen, damit die Sache von der Verwaltungsbehörde erledigt wird, die über die beste Sachkunde zur Beurteilung des Gesamtvorgangs verfügt (*Gürtler* in Göhler OWiG § 39 Rn. 17).

184   Stellt die vorrangig zuständige Behörde das Verfahren ein, kann die andere Verwaltungsbehörde trotzdem nicht selbst die Verfolgung wegen der ihrem Fachgebiet zugehörigen Ordnungswidrigkeit aufnehmen (*Gürtler* in Göhler OWiG § 39 Rn. 18). Die festgelegte vorrangige sachliche Zuständigkeit ist **endgültig**. Die Zuständigkeit der zurücktretenden Verwaltungsbehörde lebt nicht wieder auf.

185   **3. Wirkung der Rechtskraft.** Erlässt die zuständige oder die nicht zuständige Verwaltungsbehörde einen Bußgeldbescheid allein auf Grund der ihrem Fachgebiet zugehörigen Ordnungswidrigkeit und berücksichtigt sie (irrtümlich oder bewusst) nicht die tateinheitliche Ordnungswidrigkeit im Bereich einer anderen Verwaltungsbehörde und wird der Bußgeldbescheid rechtskräftig, ist der **Bußgeldanspruch** insgesamt **verbraucht**. Die nicht berücksichtigte Ordnungswidrigkeit kann von der anderen Verwaltungsbehörde anschließend nicht selbst verfolgt werden, weil der Verfolgung das Verbot der Doppelbestrafung (§ 84 Abs. 1 OWiG) entgegensteht. Unterlässt beispielsweise ein Unfallversicherungsträger als vorrangig zu-

ständige Verwaltungsbehörde, den gesamten Sachverhalt unter Einbeziehung des ArbSchG zu würdigen, so können die außer acht gelassenen Tatbestände des Arbeitsschutzrechts nicht nachträglich von der Arbeitsschutzbehörde als Ordnungswidrigkeit verfolgt werden (*Seitz* in Göhler OWiG § 84 Rn. 7).

Ergeht durch die andere Verwaltungsbehörde ein **weiterer Bußgeldbescheid** **186** zur gleichen Tat im verfahrensrechtlichen Sinne (z. B. aus Unkenntnis), ist dieser zweite Bußgeldbescheid bei Offenkundigkeit **nichtig** (im Übrigen str.; *Kurz* in KK-OWiG § 66 Rn. 70; *Lutz* in KK-OWiG § 84 Rn. 9; *Seitz* in Göhler OWiG § 66 Rn. 57a). Der § 84 OWiG (Wirkung der Rechtskraft) bringt das verfassungsrechtlich in Art. 103 Abs. 3 GG verankerte Verbot der Doppelahndung (ne bis in idem) für das Ordnungswidrigkeitenrecht zur Anwendung (OLG Jena NStZ-RR 2006, 319; OLG Hamm BeckRS 2011, 08307). Das Verbot gilt nicht erst nach Eintritt der Rechtskraft, sondern bereits mit dem Erlass des ersten Bescheids (*Kurz* in KK-OWiG § 66 Rn. 70).

Sachverzeichnis

Die fettgedruckten Zahlen bezeichnen die Paragraphen, die mageren Zahlen beziehen sich auf die jeweiligen Randziffern.

Abänderung der Anordnung
- nachträgliche **ArbSchG § 22** 130 ff.

Abgestuftes Sicherheitskonzept ArbSchG § 4 10 f.

Abhängige Arbeit ArbSchG § 1 53

Abkommen über die Sozialpolitik Einl B 3

Ablauf des Widerspruchsverfahrens ArbSchG § 22 169 ff.

Abmahnung ArbSchG § 26 8

Abmessungen von Räumen, Luftraum ArbStättV Anh 3 ff.

Abweichende Arbeitsbedingungen ArbSchG § 5 97

Adressaten
- von Arbeitsschutzpflichten **ArbSchG § 1** 28

AEUV
- Arbeitsschutz **Einl B** 3

Akteneinsicht ArbSchG § 22 151 ff.

Aktivitätsgebot ArbSchG § 1 31

Alarmplan ArbSchG § 10 24

Alkylquecksilber ArbMedVV Anh 4

Allgemein anerkannte Regeln
- der Baukunst **ArbSchG § 3** 15
- der Technik **ArbSchG § 3** 15

Allgemeine Grundsätze BaustellV § 2 1

Allgemeine Grundsätze der Prävention ArbSchG § 4 1 ff.

Allgemeine Pflichten ArbSchG § 1 8

Allgemeine Verwaltungsvorschriften (AVV) ArbSchG § 24 1 ff.; **Syst D** 141
- Verfahren zum Erlass **ArbSchG § 24** 8

Allgemeine Vorschriften ArbSchG vor § 1 50

Allgemeiner Teil
- des Arbeitsschutzrechts **ArbSchG vor § 1** 2
- des deutschen Arbeitsschutzrechts **ArbSchG § 1** 7

Allgemeines Persönlichkeitsrecht bei Pflichtuntersuchungen ArbMedVV Einf 9

Allgemeinverfügung ArbSchG § 22 56

Alphanumerische Zeichen BildscharbV § 2 1

Altenheime ArbSchG § 1 63

Ältere Arbeitnehmer
- besonderer Schutz **ArbSchG § 4** 39

Amt für Arbeitsschutz ArbSchG § 6 6

Amtshilfe ArbSchG § 22 139

Änderungen
- Arbeitnehmerüberlassungsgesetz **ArbSchG vor § 1** 74
- Arbeitssicherheitsgesetz **ArbSchG vor § 1** 71
- Betriebsverfassungsgesetz **ArbSchG vor § 1** 72
- Gewerbeordnung **ArbSchG vor § 1** 73

Änderungsbescheid ArbSchG § 22 132

Anerkannte Regeln der Technik ArbSchG § 3 15

Anfechtung ArbSchG § 7 50; **ArbSchG § 22** 155

Anfechtungsklage ArbSchG § 22 170

Angebotsuntersuchungen ArbMedVV § 5 1

Angebotsvorsorge ArbSchG § 11 9

Angehörige ArbSchG § 22 21

Angleichung des Arbeitsschutzes
- in der EU auf hohem Niveau **Einl B** 59

Anhörung
- der Beteiligten **ArbSchG § 22** 145 ff.

Anhörungspflicht ArbSchG § 14 25 ff.
- für Dienststellen **ArbSchG § 14** 25
- Verstoß des Arbeitgebers **ArbSchG § 14** 31 ff.

Anonymität
- Mitarbeiterbefragung **SystDarst A** 45 ff.

Anordnung der Arbeitsplätze ArbStättV Anh 26 f.

Anordnungen ArbSchG § 22 58; **ArbSchG § 25** 101 ff.
- Adressat **ArbSchG § 25** 106
- Begründung **ArbSchG § 22** 108 ff.
- behördliche **ArbSchG § 22** 53 ff.
- Form **ArbSchG § 22** 105 ff.
- Grundsätze zum Erlass **ArbSchG § 22** 105 ff.
- nachträgliche Abänderung **ArbSchG § 22** 130 ff.
- sofort vollziehbare **Syst D** 103

1157

Sachverzeichnis

magere Zahlen = Randnummern

- der sofortigen Vollziehung **ArbSchG** § 22 177
- Zugang **ArbSchG** § 22 118

Anordnungsbefugnis ArbSchG vor § 1 68; **Syst D** 88

Anordnungsinhalt ArbSchG § 22 61 ff.

Anpassung
- der Arbeit an den Menschen **ArbSchG** § 2 23

Ansprechstellen ArbSchG vor § 1 88

Ansprüche
- arbeits- und zivilrechtliche **ArbSchG** § 22 79; **ArbSchG vor § 1** 63

Anstalten des öffentlichen Rechts ArbSchG § 1 62

Anstellung Syst D 98

Anweisungen
- Art und Umfang bei Gefahr **ArbSchG** § 9 24 ff.
- und Erläuterungen **ArbSchG** § 12 4 ff.
- geeignete, i.S.d. § 9 ArbSchG **ArbSchG** § 9 2
- mündliche **ArbSchG** § 3 48

Anweisungspflichten ArbSchG vor § 1 57

Anwendungsbereich
- des Arbeitsschutzgesetzes **ArbSchG vor § 1** 50; **LärmVibrArbSchV** § 1 1
- der Arbeitsstättenverordnung **ArbStättV** § 1 1 ff.
- ausgeschlossene Personen **ArbSchG** § 2 115

Anzeigepflicht
- des Arbeitgebers **BiostoffV** § 16 1 ff.

Anzeigerecht ArbSchG § 20 57

Apotheken ArbSchG § 1 56

Arbeit
- abhängige **ArbSchG** § 1 53

Arbeitgeber ArbSchG § 5 58
- arbeitsmedizinische Vorsorge **ArbMedVV** § 3
- im Sinne des ArbSchG **ArbSchG** § 3 8
- Auskunftserteilung **ArbMedVV Einf** 11
- Begriff **ArbSchG** § 21 18
- besondere Organisationspflichten **ArbSchG** § 15 27
- Dokumentationspflichten **ArbSchG** § 6 54
- Fachkundeanforderungen **BetrSichV** § 3 3a
- Festlegung von Schutzmaßnahmen **BetrSichV** § 4 3
- Grundanforderungen **ArbSchG** § 3 10
- Grundpflichten **BetrSichV** § 4
- Inverantwortungnahme **ArbSchG vor § 1** 15
- jur. Personen **ArbSchG** § 23 136

- Mitteilungspflichten **ArbSchG** § 23 1 ff.; **BetrSichV** § 19 1
- Organisationspflichten **ArbSchG** § 3 25 ff.; **ArbSchG** § 23 1 ff.
- Pflichten **ArbSchG** § 13 71; **ArbSchG vor § 1** 53
- Unterweisung bei Hebe- und Tragearbeiten **LasthandhabV** § 4 1
- verantwortlicher **ArbSchG** § 23 121
- Verwendung von Arbeitsmitteln **BetrSichV** § 4 1 ff.
- Vorsorge für Beschäftigte **ArbSchG** § 11 18
- Zusammenarbeit mehrerer **ArbSchG** § 12 30; **BetrSichV** § 13 1

Arbeitgeberstellung
- Aufspaltung **ArbSchG** § 2 134

Arbeitgeberverbände ArbSchG § 1 58

Arbeitnehmer, s. *Beschäftigte*

Arbeitnehmerähnliche Personen ArbSchG § 2 77
- Crowdworker **ArbSchG** § 15 13
- Qualifizierung **ArbSchG** § 15 13

Arbeitnehmerbegriff ArbSchG § 2 32, 122
- der Arbeitsschutzrichtlinien **ArbSchG** § 2 33
- Erweiterung **ArbSchG** § 2 37

Arbeitnehmergruppen ArbSchG § 6 1

Arbeitnehmerüberlassung Syst D 75, 91

Arbeitnehmerüberlassungsgesetz
- Änderungen **ArbSchG vor § 1** 74

Arbeitsausfall ArbSchG § 6 1

Arbeitsbedingte Gesundheitsgefahren Syst D 42 ff.

Arbeitsbedingungen ArbStättV Anh 25 ff.; **OStrV** § 3 1
- präventive Beurteilung **PSA-BV Einf** 7

Arbeitsbereiche
- gefährliche (allg.) **ArbSchG** § 9 21 ff.

Arbeitsbeschaffungsmaßnahmen ArbSchG § 2 100

Arbeitseinstellung
- Recht **ArbSchG** § 9 68 ff.

Arbeitsgelegenheiten
- in der Sozialhilfe **ArbSchG** § 2 103

Arbeitsmedizin ArbMedVV § 3 4
- Begriff **ArbSchG** § 4 16
- Präventionsmaßnahmen **ArbMedVV** § 9 7

Arbeitsmediziner ArbMedVV § 7 1

Arbeitsmedizinische Beratung LärmVibrArbSchV § 11 4; **OStrV** § 8 3

Arbeitsmedizinische Untersuchung
- Einwilligung **ArbMedVV** § 2 8

fette Zahlen = Paragraphen

Sachverzeichnis

Arbeitsmedizinische Untersuchungen
- Aufbewahrung **ArbMedVV** § 4 4

Arbeitsmedizinische Vorsorge ArbSchG
§ 1 4; **ArbSchG** § 6 10; **ArbMedVV**
§ 1 2; **BiostoffV** § 12 1 ff.; **OStrV** § 3 8;
OStrV Einf 4; **Syst C** 4
- Anlassbeschreibung **ArbMedVV** § 3 5
- arbeitsrechtl. Folgen **ArbSchG** § 11 40 ff.
- Aufklärung **ArbMedVV** § 1 2;
ArbMedVV § 6 2
- Auswertung **ArbMedVV** § 6 18, 20
- Begriff **ArbSchG** § 11 2; **ArbMedVV**
§ 2 1 ff.
- behördl. Anordnung **ArbSchG** § 11 47
- Beratung **ArbMedVV** § 1 2;
ArbMedVV Einf 6
- Durchführung **ArbMedVV** § 6 2
- Erhalt der Beschäftigungsfähigkeit
ArbMedVV § 1 6
- Gesundheitsgefährdung **ArbSchG**
§ 11 21 f.
- Impfangebote **ArbMedVV Einf** 35 f.
- in Kindergärten **ArbMedVV Anh** 10
- individuelle Maßnahmen **ArbSchG**
§ 11 19
- Inhalt **BiostoffV** § 12 3 ff.
- Kenntniserlangung **OStrV** § 5 11
- korrespondierende Vorsorge **ArbSchG**
§ 11 9 ff.
- Kosten **ArbSchG** § 11 44 ff.
- Maßnahmen **ArbMedVV Einf** 32
- Mitbestimmungsrechte **ArbSchG**
§ 11 43
- Ordnungswidrigkeiten **ArbMedVV**
§ 10 1
- Personenkreis **BiostoffV** § 12 1
- Straftaten **ArbMedVV** § 10 1
- Untersuchungsergebnis **ArbSchG** § 6 13
- Vorsorgekartei **ArbMedVV** § 3 8 ff.
- Wiederholung **ArbSchG** § 11 27
- Wunschuntersuchung **ArbMedVV**
Einf 7 f.
- Wunschvorsorge **ArbSchG** § 11 4
- zusätzliche Maßnahmen **ArbMedVV**
§ 3 2

Arbeitsmedizinische VorsorgeVO
- Ordnungswidrigkeiten **ArbSchG**
§ 23 80 ff.

Arbeitsmittel Einl A 25, 33; **ArbSchG**
§ 6 27; **OStrV** § 3 2
- Änderung **BetrSichV** § 10 5 f.
- Anforderungen **BetrSichV** § 5 1 ff.;
BetrSichVEinf 3
- Arbeitgeberpflichten **ArbSchG**
§ 15 65 ff.
- Begriff **ArbSchG** § 15 55

- Begriffsbestimmung **BetrSichV** § 2 1
- besondere Vorschriften **BetrSichV**
Anh 1
- bestimmungsgemäße Verwendung
ArbSchG § 15 53 ff., 58 ff.
- Gefährdung durch vorhandene
BetrSichV § 1 1e
- Gesundheitsschutz **BetrSichVEinf** 1 ff.
- Instandhaltung **BetrSichV** § 10 1 ff.
- Manipulationsverbot **BetrSichV** § 6 2
- Prüfung **BetrSichV** § 14 1 ff.
- Prüfvorschriften für bestimmte
BetrSichV Anh 3
- Schutzmaßnahmen bei der Verwendung
BetrSichV § 6 1 ff.; **BetrSichV**
§ 9 1
- Unterweisung **ArbSchG** § 15 63
- Unterweisungsmissachtung **ArbSchG**
§ 15 70
- Vereinfachte Vorgehensweise bei der Verwendung **BetrSichV** § 7 1 f.
- Verwendung **BetrSichV** § 1 1;
BetrSichV § 2 2

Arbeitsplatz, Gefahren
- Beschleunigung der Arbeitswelt
Einl A 28
- Gase **Einl A** 25
- Gestaltung **Einl A** 33
- Gifte **Einl A** 25
- Lärm **Einl A** 25
- Nacht- und Schichtarbeit **Einl A** 27
- Passivrauchen **Einl A** 26
- Strahlen **Einl A** 25

Arbeitsplätze
- Anordnung **ArbStättV Anh** 26 f.
- Arbeitsplatzanalyse **ArbSchG** § 5 23
- Ausstattung **ArbStättV Anh** 28 ff.
- Begehung **ArbMedVV** § 3 4;
ArbMedVV Einf 11
- Begriffsbestimmung **ArbStättV** § 2 6 f.
- Verhältnisse **ArbMedVV** § 3 4;
ArbMedVV Einf 11

Arbeitsplatzgrenzwerte ArbSchG § 6 40
Arbeitsplatzmessung(en) ArbSchG
§ 5 33
Arbeitsplatzumgebung LasthandhabV
Anh 1
Arbeitsplatzwechsel
- werdender oder stillender Mütter
MuSchV § 3 3 ff.

Arbeitsprogramme ArbMedVV § 9 8
Arbeitsraum
- Begriffsbestimmung **ArbStättV** § 2 7 f.
Arbeitsräume ArbStättV § 6 2
Arbeitsrecht
- und Arbeitsschutz **ArbSchG** § 5 5

1159

Sachverzeichnis

magere Zahlen = Randnummern

Arbeitsschutz
- Angleichung (auf hohem Niveau) **Einl B** 59
- Arbeitsschutzbehörden der Länder **ArbSchG § 21** 7
- Beratung der Arbeitgeber **ArbSchG § 21** 6, 17 ff.
- DDR-Verfassungen **Einl A** 7 f.
- Definition **Einl A** 1
- Evaluierung **ArbSchG § 20a** 29
- Experimentierklausel **ArbSchG § 21** 3
- Gemeinsame Beratungs- und Überwachungsstrategie **ArbSchG § 21** 32 ff.
- Gesetzgebungszuständigkeiten **Einl A** 46 ff.
- Grundgesetz **Einl A** 9 ff.
- Landesverfassungen **Einl A** 12 ff.
- Maßnahmen **ArbSchG § 8** 30, 32
- richtlinienkonforme Auslegung **Einl B** 2, 24 ff.
- staatliche Überwachung **ArbSchG § 21** 11; **ArbSchG § 21** 7
- Überwachung **ArbSchG § 21** 6 ff.
- Überwachungsarten **ArbSchG § 21** 14
- Überwachungsbegriff **ArbSchG § 21** 10
- Überwachungsmaßnahmen **ArbSchG § 21** 9
- Überwachungsumfang **ArbSchG § 21** 13
- Verfassungsrechtlicher Regelungsauftrag **Einl A** 17 ff.
- Wechselwirkungen mit dem Umweltschutz **ArbSchG § 3** 29
- Weimarer Reichsverfassung **Einl A** 4 ff.
- Zuständige Behörden im öffentlichen Dienst des Bundes **ArbSchG § 21** 60 ff.

Arbeitsschutzausschuss ArbSchG § 16 65; **Syst C** 36 ff.

Arbeitsschutzbehörden
- in der Bundesrepublik Deutschland **ArbSchG § 21** 63 ff.

Arbeitsschutzfachleute
- Aufgaben **ArbSchG § 16** 54 ff.

Arbeitsschutzforum ArbSchG § 20b 14 f.

Arbeitsschutzgesetz
- Gesetzesänderungen **vor § 1** 89
- Nicht-Schutzzwecke **ArbSchG § 1** 37 ff.
- Ordnungswidrigkeiten **ArbSchG § 23** 59 ff.
- umfassender Geltungsbereich **ArbSchG § 1** 5
- Verordnungen zum **ArbSchG vor § 1** 76

Arbeitsschutzmaßnahmen ArbMedVV § 8 1

Arbeitsschutzniveau Einl B 69

Arbeitsschutzrecht
- Allgemeiner Teil **ArbSchG vor § 1** 2
- Mittelpunkt des deutschen **ArbSchG § 1** 49
- staatliches **ArbSchG § 13** 11 ff.

Arbeitsschutzregelungen
- Grundrechtskonformität **Einl A** 38 ff.
- Überprüfbarkeit **Einl A** 57 f.

Arbeitsschutzstrategie ArbSchG § 20b 2, 2, 4 ff., 4 ff.; **Syst D** 58a
- Akteure **ArbSchG § 20a** 16
- Ausführung nach einheitlichen Grundsätzen **ArbSchG § 20a** 26 ff.
- Entwicklung **ArbSchG § 20a** 6 ff.
- Gegenstände **ArbSchG § 20a** 20 ff.
- gemeinsame deutsche **ArbSchG § 20a** 1
- Umsetzung und Fortschreibung **ArbSchG § 20a** 14 f.
- Umsetzungsmaßnahmen **ArbSchG § 21** 37 ff.

Arbeitsschutzsystem
- neu geordnetes **ArbSchG vor § 1** 1
- Umgestaltung des deutschen **ArbSchG vor § 1** 2

Arbeitsschutzverordnungen
- Entstehung **ArbSchG vor § 1** 18 ff.

Arbeitsschutzverordnungen, Abgrenzung
- arbeitsmedizinische Vorsorgeverordnung **OStrV § 9** 1
- Arbeitsstättenverordnung **OStrV § 9** 1
- Betriebssicherheitsverordnung **OStrV § 9** 1
- Biostoffverordnung **OStrV § 9** 1
- Gefahrstoffverordnung **OStrV § 9** 1
- Lärm- und Vibrations-Arbeitsschutzverordnung **OStrV § 9** 1

Arbeitsschutzvorschriften
- des Bundes, Verzeichnis **ArbSchG § 2** 145
- Einschränkung **ArbSchG § 20** 44 f.

Arbeitsschutzziele
- Prioritätensetzung **ArbSchG § 20a** 21

Arbeitssicherheit
- durch Betriebsorganisation **Syst C** 2
- Rechtsgrundlage **Syst C** 1

Arbeitssicherheitsgesetz
- Änderungen **ArbSchG vor § 1** 71

Arbeitsstätten ArbSchG § 8 12
- Abmessungen von Räumen, Luftraum **ArbStättV Anh** 3 ff.
- Anordnung der Arbeitsplätze **ArbStättV Anh** 26 f.
- Arbeitsbedingungen **ArbStättV Anh** 25 ff.

fette Zahlen = Paragraphen

Sachverzeichnis

- Arbeitsräume **ArbStättV § 6** 2
- Ausschuss für Arbeitsstätten **ArbStättV § 7** 1 ff.
- Ausstattung **ArbStättV Anh** 28 ff.
- Begriffsbestimmung **ArbStättV § 2** 2 ff.
- Begriffsbestimmungen **ArbStättV § 2** 1 ff.
- Beleuchtung und Sichtverbindung **ArbStättV Anh** 31 ff.
- Bereitschaftsräume **ArbStättV § 6** 17
- Bestandteile **ArbStättV § 2** 8 f.
- Betreiben **ArbStättV § 2** 10; s. auch Betreiben der Arbeitsstätte
- Bewegungsfläche **ArbStättV Anh** 25
- Einrichten **ArbStättV § 2** 9 f.
- Energieverteilungsanlagen **ArbStättV Anh** 9
- Erste-Hilfe-Räume **ArbStättV § 6** 22 f.; **ArbStättV Anh** 45
- Fahrtreppen und -steige **ArbStättV Anh** 14
- Fenster, Oberlichter **ArbStättV Anh** 11
- Fluchtwege und Notausgänge **ArbStättV Anh** 21 ff.
- Fußböden, Wände, Decken, Dächer **ArbStättV Anh** 10
- Gefährdungsbeurteilung **ArbStättV § 3** 1 ff.
- getrennte Einrichtungen für Frauen und Männer **ArbStättV § 6** 8 f.
- Konstruktion und Festigkeit von Gebäuden **ArbStättV Anh** 2
- Laderampen **ArbStättV Anh** 15
- Lärm **ArbStättV Anh** 41 f.
- Lüftung **ArbStättV Anh** 34 ff.
- Maßnahmen gegen Brände **ArbStättV Anh** 19 f.
- nicht umschlossene und im Freien liegende Arbeitsstätten **ArbStättV Anh** 47 f.
- Nichtraucherschutz **ArbStättV § 5** 1 ff.
- Ordnungswidrigkeiten **ArbStättV § 9** 1 ff.
- Pausen- und Bereitschaftsräume **ArbStättV Anh** 44
- Pausen- und Erholungsräume **ArbStättV § 6** 11 ff.
- Raumtemperatur **ArbStättV Anh** 34 ff.
- Ruhegelegenheiten für werdende und stillende Mütter **ArbStättV § 6** 20
- Sanitärräume **ArbStättV § 6** 3 ff.; **ArbStättV Anh** 43
- Schutz vor Absturz und herabfallenden Gegenständen, Betreten von Gefahrenbereichen **ArbStättV Anh** 17 f.
- Sicherheits- und Gesundheitsschutzkennzeichnung **ArbStättV Anh** 7 f.
- Steigleitern, Steigeisengänge **ArbStättV Anh** 16
- Straftaten **ArbStättV § 9** 1 ff.
- Straftaten und Ordnungswidrigkeiten **ArbStättV § 9** 1 ff.
- Toilettenräume **ArbStättV § 6** 4
- Türen, Tore **ArbStättV Anh** 12
- Umkleideräume **ArbStättV § 6** 7
- Unterkünfte **ArbStättV § 6** 24 ff.; **ArbStättV Anh** 46
- Verkehrswege **ArbStättV Anh** 13
- Waschräume **ArbStättV § 6** 5 f.

Arbeitsstättenrecht
- Entwicklung **ArbStättV Einf** 1 ff.
- Technische Regeln **ArbStättV Einf** 12 ff.
- Übergangsvorschriften **ArbStättV § 8** 1 ff.
- zusätzliche Anforderungen an Baustellen **ArbStättV Anh** 49 ff.

Arbeitsstätten-Richtlinien (ASR) ArbStättV Einf 12 f.
- Fortgeltung **ArbStättV § 8** 8 ff.

Arbeitsstättenverordnung
- Anwendungsbereich **ArbStättV § 1** 1 ff., 3 ff.
- Aufbau und Inhalt **ArbStättV Einf** 4 ff.
- ausgenommene Arbeitsstätten **ArbStättV § 1** 4 ff.
- Begriffsbestimmungen **ArbStättV § 2** 1 ff.
- Bestandsschutz für Alt-Arbeitsstätten **ArbStättV § 8** 2 ff.
- Dokumentationspflicht **ArbSchG § 6** 16
- Gefährdungsbeurteilung **ArbSchG § 5** 14
- Leitlinien (LV 40) **ArbStättV Einf** 14
- Mitbestimmung **Syst B** 56 ff.
- Novellierung **ArbStättV Einf** 2
- Ordnungswidrigkeiten **ArbschG § 23** 70 ff.
- persönlicher Anwendungsbereich **ArbStättV § 1** 10 ff.
- Referenten-Entwurf zur Änderung und Ergänzung **OStrV Einf** 9 f.
- sachlicher Anwendungsbereich **ArbStättV § 1** 3 ff.
- Straftaten und Ordnungswidrigkeiten **ArbStättV § 9** 1 ff.
- Übergangsvorschriften **ArbStättV § 8** 1 ff.
- Verhältnis zu anderen Rechtsvorschriften **ArbStättV § 3a** 20
- Ziel **ArbStättV § 1** 1 ff.

Sachverzeichnis

magere Zahlen = Randnummern

Arbeitsumgebung BildscharbV § 2 1;
BildscharbV Anh
Arbeitsumwelt ArbSchG § 1 16
Arbeitsunfähigkeit ArbSchG § 6 78 ff.
Arbeitsunfähigkeitstage LasthandhabV
Einf 2
Arbeitsunfall
– Erfassung durch Arbeitgeber **ArbSchG § 6** 81; **ArbSchG § 6** 1, 73; **Syst D** 14
– auf Baustelle **BaustellV Einf** 1
– Prävention **Syst D** 42
Arbeitsverhältnis
– atypisches **ArbSchG § 2** 35
– fehlerhaftes **ArbSchG § 2** 51
Architekturbüros ArbSchG § 1 56
Art. 95 EGV PSA-BV Einf 6
Art. 114 AEUV Einl B 49 ff., 52 ff., 60
Art. 137 EGV LasthandhabV Einf 8;
PSA-BV Einf 9
Art. 153 AEUV Einl B 49 ff., 55 ff., 60
Artikelgesetz ArbSchG vor § 1 3
Arzt
– Pflichten **ArbSchG § 11** 36 ff.
Ärztliche Schweigepflicht ArbMedVV
§ 6 4
Arztpraxen ArbSchG § 1 56
Atomrecht ArbSchG § 3 15
Auffällige Beschäftigte ArbSchG § 7 52
Aufgaben
– der gesetzlichen Unfallversicherung **Syst D** 38
– ständige, arbeitsschutzbezogene **ArbSchG § 1** 4, 34
Aufgabenbereich
– Änderungen **ArbSchG § 7** 37, 57
Aufgabendelegation
– Pflichten bei **ArbSchG § 13** 72 ff.
Aufgabenübertragung
– Befähigung des Arbeitnehmers **ArbSchG § 7** 4 ff.
– Überprüfung **ArbSchG § 7** 31 f., 51
– und Unfallverhütung **ArbSchG § 7** 65 ff.
Aufsichtsbehörden ArbSchG § 5 88
Aufsichtspersonen
– Begriff **Syst D** 95
– Prüfung **Syst D** 97
Aufsichtspflicht
– des Unternehmers, Ausmaß **ArbSchG § 3 35**
– Verletzung **ArbSchG § 3** 34
Aufzeichnungen
– Nachweis **ArbSchG § 6** 28
Augenbeschwerden BildscharbV
Einf 4
Augenblicksversagen ArbSchG § 9 54
Augenschein ArbSchG § 22 138

Aus- und Fortbildung
– Kosten **Syst D** 115
Ausführungsfrist ArbSchG § 22 91 ff.
Auskünfte ArbSchG § 22 138
– Recht auf Erteilung **ArbSchG § 22** 6 ff.
Auskunfts- und Vorlageverweigerungsrecht ArbSchG § 22 20
Ausland ArbSchG § 1 15
Ausländerbeschäftigung
– illegale **ArbSchG § 23 69**
Ausländische Beschäftigte ArbSchG
§ 9 35
Ausländische Unternehmen ArbSchG vor § 1 88; Syst D 76
Auslegung ArbSchG § 1 4
– von sog. Sollvorschriften **ArbSchG § 1** 4
Auslegungsgrundsätze
– des EG-Rechts **Einl B** 48
Auslegungsmonopol
– des EuGH **Einl B** 31
Auslösewert
– Lärm und Vibration **LärmVibrArbSchV § 6** 1
Ausmaß
– Begriff **OStrV § 2** 9
Ausnahmen von der Anwendung des ArbSchG
– absolute **ArbSchG § 1** 6, 65
– relative **ArbSchG § 1** 65, 70
Ausschuss für Arbeit und Sozialordnung ArbSchG § 6 4
Ausschuss für Arbeitsmedizin
ArbMedVV § 5 1; ArbMedVV § 9 1
– Aufgaben **ArbMedVV § 9** 5
– Aufgabenzuweisung **ArbMedVV**
§ 9 6 ff.
Ausschuss für Arbeitsstätten ArbStättV § 7 1 ff.; Syst B 57, 73
– Aufgaben **ArbStättV § 7** 5 ff.
– Berufung der Mitglieder **ArbStättV**
§ 7 4
– Beteiligung von Bund und Ländern **ArbStättV § 7** 11
– Einrichtung und Zusammensetzung **ArbStättV § 7** 2 f.
– Geschäftsführung **ArbStättV § 7** 12
Ausschuss für Betriebssicherheit
ArbMedVV § 9 1; BetrSichV § 21 1;
LärmVibrArbSchV § 12 1; OStrV
§ 9 1
– Beratungsaufgabe **OStrV § 9** 1
– Beratungsaufgaben bei elektromagnetischen Feldern **EMFV-E § 19** 1 f.
– technische Regeln für Lärm **LärmVArbSchV § 12** 2

fette Zahlen = Paragraphen

Sachverzeichnis

- technische Regeln für Vibration **LärmVArbSchV § 12** 3
Ausschuss für biologische Arbeitsstoffe ArbMedVV § 9 1; **BiostoffV § 19** 1
- Aufgaben **BiostoffV § 19** 2
- Mitglieder **BiosoffV § 19** 3
Ausschuss für Gefahrenstoffe ArbMedVV § 9 1
Ausschuss für Sicherheit und Gesundheitsschutz auf Baustellen BaustellV Einf 14
Außengesellschaft ArbSchG § 2 131
Außerbetriebliches Beschwerderecht
- Adressat **ArbSchG § 17** 32
- arbeitsschutzrechtliche Überwachung **ArbSchG § 17** 31
- konkrete Anhaltspunkte **ArbSchG § 17** 41 f.
- Voraussetzungen **ArbSchG § 17** 33 ff.
- Whistleblowing **ArbSchG § 17** 28
Aussetzung
- der sofortigen Vollziehung **ArbSchG § 22** 182
Ausstattung
- der Arbeitsplätze **ArbStättV Anh** 28 ff.
Auswahlermessen ArbSchG § 22 80
Autonomes Recht Syst D 59

Bandscheibenvorfall LasthandhabV Einf 4
Barrierefreie Gestaltung
- der Arbeitsstätte **ArbStättV § 3a** 15 ff.
Barrierefreiheit
- Begriff **ArbStättV § 3a** 14
Baugeräte LärmVibrArbSchV § 17 3
Bauherr
- als Normadressat **BaustellV Einf** 10
- Pflichten nach der BaustellenV **BaustellV § 2** 1 ff.
Bauherrenpflichten
- Übertragung **BaustellV § 4** 1 f.
Bauhöfe ArbSchG § 1 61
Bauliche Anlage
- Begriff **BaustellV § 1** 7 ff.
Baumaschinen LärmVibrArbSchV § 17 3
Baustellen
- Begriff **BaustellV § 1** 6
- besondere Gefahrensituation **BaustellV Einf** 4
- besonders gefährliche Arbeiten **BaustellV § 2** 13 f., **Anh. II**
- Koordinierung **BaustellV § 3** 1 ff.
- mehrere Arbeitgeber **BaustellV § 2** 9
- Nachunternehmer **BaustellV § 2** 4, 11

- Pflichten sonstiger Personen **BaustellV § 6** 1 f.
- Unfallprävention **BaustellV Einf** 3
- zusätzliche Anforderungen **ArbStättV Anh** 49 ff.
Baustellenverordnung
- Begriff des Beschäftigten **BaustellV § 1** 3
- Dokumentationspflicht **ArbSchG § 6** 18
- Entstehungsgeschichte **BaustellV Einf** 11 f.
- Gegenüberstellung mit der EG-Baustellen-Richtlinie **BaustellV Einf** 13
- Mitbestimmung **Syst B** 79 ff.
- Neuerungen gegenüber der vorherigen Rechtslage **BaustellV Einf** 11 ff.
- Ordnungswidrigkeiten **BaustellV § 7** 1 f.
- Sinn und Zweck **BaustellV Einf** 1 ff.
- Straftaten **BaustellV § 7** 3
- Unfallverhütung **ArbSchG § 8** 39 ff.
- Ziele **BaustellV § 1** 1
Bauunternehmer
- Pflichten nach der BaustellV **BaustellV § 5** 1
Beamte ArbSchG § 20 1
- keine Anwendbarkeit **ArbSchG § 20** 3
Beamten
- Einhaltung des Dienstweges **ArbSchG § 17** 23 ff.
Beamtenbegriff
- Definition **ArbSchG § 2** 57
Beamtenrechtsrahmengesetz ArbSchG § 20 16
Beauftragte Personen ArbSchG § 1 30
Beauftragung
- Form und Inhalt **ArbSchG § 13** 55 ff.
Bedienerplätze BildscharbV § 1 4
Befähigung der Beschäftigten ArbSchG § 7 58 ff., 65 ff.
- Begriff **ArbSchG § 7** 13 ff.
- Ebenen **ArbSchG § 7** 14
- Eigenschaften **ArbSchG § 7** 22, 27
- bei erstmaliger Übertragung von Aufgaben **ArbSchG § 7** 46 ff.
- Fähigkeiten **ArbSchG § 7** 12, 18 ff.
- Fremdsorgegedanke **ArbSchG § 7** 7 ff.
- geistig **ArbSchG § 7** 13
- körperlich **ArbSchG § 7** 13
- persönliche Eignung **ArbSchG § 7** 13, 22
- Schutzzweck **ArbSchG § 7** 1 ff.
- Übersicht **ArbSchG § 7** 41
Befugnisse ArbSchG § 22 1
- Aufsichtspersonen **Syst D** 100
Befunde
- Begriff **ArbMedVV § 6** 14

1163

Sachverzeichnis

magere Zahlen = Randnummern

Begriff
- der öffentlichen Sicherheit und Ordnung **ArbSchG** § 22 37

Begriffsbestimmungen ArbSchG vor § 1 50
- im Arbeitsstättenrecht **ArbStättV** § 2 1 ff.

Begründung
- einer Anordnung **ArbSchG** § 22 108

Behälter
- zur Lagerung, innerbetrieblichen Beförderung und Entsorgung von Biostoffen **BiostoffV** § 9 8

Behinderte
- besonderer Schutz **ArbSchG** § 4 38
- Werkstätten **ArbSchG** § 1 58

Behindertenschutz Einl A 37
- im Arbeitsstättenrecht **ArbStättV** § 3a 8 ff.
- barrierefreie Gestaltung der Arbeitsstätte **ArbStättV** § 3a 15 ff.
- besondere Belange behinderter Beschäftigter **ArbStättV** § 3a 9

Behörde
- Überwachung **Syst C** 42
- zuständige **ArbMedVV** § 9 1; **ArbSchG** § 22 3; **LärmVibr-ArbSchV** § 15 1

Behördenaufsicht ArbSchG § 7 10; **ArbSchG** § 8 8 f.

Behördliche Ausnahmen BiostoffV § 18 1 ff.
- Antrag **BiostoffV** § 18 1

Beitragspflicht Syst D 33

Beleuchtung ArbStättV Anh 31 ff.

Benachteiligungsverbot
- nach § 9 Abs. 2 Satz 3 **ArbSchG** § 9 44

Beratung
- Form **ArbSchG** § 21 20
- Haftungsüberleitung **ArbSchG** § 21 24
- Intensität **ArbSchG** § 21 20
- Kosten **ArbSchG** § 21 23
- Rechtsbegriff **ArbSchG** § 21 19

Beratungsaufgaben LärmVibrArbSchV § 12 1

Berechnung OStrV § 5 1

Bereitschaftsräume ArbStättV § 6 17; **ArbStättV Anh** 44

Bergaufsicht Syst D 146

Bergbau Syst D 77

Bergrecht ArbSchG § 1 75

Bericht
- gegenüber dem Deutschen Bundestag **Syst D** 120
- Inhalt **Syst D** 121

Berufliche Förderung
- Recht **ArbSchG** § 1 40

Berufsfreiheit Einl A 39 ff.

Berufsgenossenschaft ArbSchG § 6 5

Berufsgenossenschaften ArbMedVV § 6 2; **ArbSchG** § 7 65 ff.; **Syst D** 31a
- gewerbliche **ArbSchG** § 21 27
- landwirtschaftliche **ArbSchG** § 21 27

Berufsgenossenschaftliche Vorschriften OStrV Einf 3

Berufskrankheiten LasthandhabV Einf 4
- Begriff **Syst D** 15
- Prävention **Syst D** 42

Berufskrankheiten-Verfahren LärmVibrArbSchV § 4 2

Berufung ArbSchG § 22 174

Beschäftigte ArbSchG § 5 59; **ArbSchG** § 7 5, 46; **ArbSchG** § 26 10 ff.
- Allgemeine Grundpflicht **ArbSchG** § 16 30 ff.
- anderer Arbeitgeber im Betrieb **ArbSchG** § 8 23 ff.
- Anspruch auf Vorsorgeuntersuchungen **ArbSchG** § 11 15 ff.
- Arbeitnehmer **ArbSchG** § 15 8
- Arbeitnehmerähnliche Personen **ArbSchG** § 15 12 ff.
- Arbeitsmedizinische Untersuchung **ArbSchG** § 17 77
- Arbeitsschutz **ArbSchG** § 15 19
- als durch die Arbeitsstättenverordnung Geschützte **ArbStättV** § 1 11
- arbeitsvertragliche Schutzpflicht **ArbSchG** § 15 21
- auf Seeschiffen und im Bergbau **ArbSchG** § 15 15
- auffällige **ArbSchG** § 7 51
- ausländische **ArbSchG** § 9 35
- Ausnahmen vom Beschäftigtenschutz **EMFV-E** § 20 1 ff.
- Außerbetriebliches Beschwerderecht **ArbSchG** § 17 27 ff.
- Auszubildende **ArbSchG** § 15 8
- auf Baustellen **BaustellV** § 1 3
- Beamte **ArbSchG** § 15 8
- Befähigung **ArbSchG** § 7 12 ff.
- Begriff **ArbSchG** § 1 23; **ArbSchG** vor § 1 52; **EMFV-E** § 2 10
- Begriffsbestimmung **BetrSichV** § 2 4
- in Behindertenwerkstätten **ArbSchG** § 2 73
- Benachteiligungsverbot **ArbSchG** § 17 67
- zur Berufsbildung **ArbSchG** § 2 64
- besondere Gefahren **ArbSchG** § 17 72

1164

fette Zahlen = Paragraphen

Sachverzeichnis

- an Bildschirmen **BildscharbV** § 2 5
- Definition **ArbSchG** § 2 32
- Eigen- und Fremdvorsorge **ArbSchG** § 15 30ff
- Eigenschaften **ArbSchG** § 7 22ff.
- Eigenvorsorge **ArbSchG** § 15 33ff.
- Entfernungsrecht **ArbSchG** § 9 77ff.
- Fähigkeiten **ArbSchG** § 7 19ff.
- Fremdfirmenbeschäftigte **ArbSchG** § 15 11
- Gefährdung durch Projektilwirkung von ferromagnetischen Gegenständen **EMFV-E** § 8 1f.
- Gefährdungsbeurteilung **ArbSchG** § 17 79
- Gefahrenabwehrmaßnahmen **ArbSchG** § 16 25; **ArbSchG** § 17 73ff.
- Gefahrenabwehrpflicht **ArbSchG** § 16 51f.
- Gesundheitsschutz **ArbSchG** § 16 33ff.
- Hausangestellte **ArbSchG** § 15 15
- in Heimarbeit **ArbSchG** § 15 16
- Innerbetriebliche Beschwerde **ArbSchG** § 17 44ff.
- Kostenbeteiligung **ArbSchG** § 3 50
- Leiharbeitnehmer **ArbSchG** § 15 9
- Leistungsverweigerungsrecht **ArbSchG** § 15 26
- mehrere Arbeitgeber **ArbSchG** § 8 10ff., 13ff., 16ff.
- Meldepflicht **ArbSchG** § 16 6ff.
- Mitteilungspflicht **ArbSchG** § 16 39ff.
- Ordnungswidrigkeiten und Straftaten **ArbSchG** § 16 72ff.
- Pflichten **ArbSchG vor** § 1 60; **ArbSchG** § 1 84; **ArbSchG** § 15 1ff.; **ArbSchG** § 17 1ff.
- Pflichterfüllungsklausel **ArbSchG** § 16 53
- Rechte **ArbSchG vor** § 1 60, 62; **ArbSchG** § 15 20ff.
- Rechtsbegriff **ArbSchG** § 15 7
- Sanktionen **ArbSchG** § 16 66ff.
- Schüler **OStrV** § 2 11
- Schutz gegen Tabakrauch **ArbSchG** § 17 78
- Schutz vor elektromagnetischen Feldern **EMFV-E** § 1 2f.
- Selbsthilfe (im Arbeitsschutzrecht) **ArbSchG** § 9 40
- Sicherheit und Gesundheit **ArbSchG** § 15 2
- Sicherheitsbewusstsein **ArbSchG vor** § 1 14
- und Strahlenschutz **OStrV** § 2 11
- Studenten **OStrV** § 2 11
- Teilnahme an Unterweisungen **ArbSchG** § 12 28
- unauffällige **ArbSchG** § 7 55f.
- Unberührtheitsklausel **ArbSchG** § 15 18
- Unfallverhütungsrechtliche Beseitigungspflicht **ArbSchG** § 16 26
- Universalgeltungsprinzip **ArbSchG** § 15 17
- Unterstützungspflichten **ArbSchG** § 16 1ff.
- Unterweisung **BetrSichV** § 12 1; **EMFV-E** § 18 1ff.
- Vorschlagsrecht **ArbSchG** § 17 5ff.

Beschäftigung
- in der Systematik des deutschen Arbeitsschutzrechts **ArbSchG** § 2 40

Beschäftigungsfähigkeit ArbMedVV § 9 6

Beschäftigungsverbote Einl A 42
- für werdende oder stillende Mütter **MuSchV** § 4 1ff.
- für werdende oder stillende Mütter (besondere Verbote) **MuSchV** § 5 1ff.

Beschäftigungsvoraussetzungen ArbMedVV § 4 2

Beschwerde
- beim Oberverwaltungsgericht **ArbSchG** § 22 184

Beschwerderecht
- formloses **ArbSchG** § 22 175

Besichtigung
- zu anderen Zeiten **ArbSchG** § 22 36
- angemeldete **ArbSchG** § 22 30
- während der Betriebs- und Arbeitszeiten **ArbSchG** § 22 34
- außerhalb der Betriebszeiten **ArbSchG** § 22 36
- turnusmäßige **ArbSchG** § 22 29

Besondere Gefahren
- qualifizierte **ArbSchG** § 9 10ff.
- Vorliegen **ArbSchG** § 22 68ff.

Besonders gefährdete Personen
- Jugendliche **OStrV** § 3 6
- Mütter **OStrV** § 3 6
- Personen mit Pigmentstörung **OStrV** § 3 6

Besonders gefährliche Arbeiten
- auf einer Baustelle **BaustellV** § 2 13f., Anh. II

Besonders gefährliche Arbeitsbereiche ArbSchG § 9 21ff.

Bestandsschutz
- für Alt-Arbeitsstätten **ArbStättV** § 8 2ff.
- Aufhebung **ArbStättV** § 8 6f.
- Inhalt und Umfang **ArbStättV** § 8 4f.

Sachverzeichnis

magere Zahlen = Randnummern

Bestandteile der Arbeitsstätte
- Begriffsbestimmung **ArbStättV** § 2 8f.

Bestimmtheit
- Anordnung **ArbSchG** § 22 62

Bestrahlung OStrV § 2 7

Bestrahlungsstärke OStrV § 2 6

Betätigung
- illegale **ArbSchG** § 23 65ff.

Betreiben der Arbeitsstätte
- durch den Arbeitgeber **ArbStättV** § 3a 1ff.
- arbeitsstättenrechtliche Generalklausel **ArbStättV** § 3a 2
- Begriffsbestimmung **ArbStättV** § 2 10
- Behindertenschutz **ArbStättV** § 3a 8ff.
- Berücksichtigung von Regeln und Erkenntnissen **ArbStättV** § 3a 3f.
- besondere Anforderungen **ArbStättV** § 4 1ff.
- Gestattung von Ausnahmen **ArbStättV** § 3a 17f.
- Grundpflichten des Arbeitgebers **ArbStättV** § 3a 2ff.
- Instandhaltung **ArbStättV** § 4 2ff.
- Mängelbeseitigung **ArbStättV** § 4 2ff.
- Mittel und Einrichtungen zur Ersten Hilfe **ArbStättV** § 4 17f.
- Rechtsfolgen bei Nichteinhaltung von Regeln und Erkenntnissen **ArbStättV** § 3a 8f.
- Reinigung **ArbStättV** § 4 6ff.
- Vermutungswirkung bei Einhaltung von Regeln und Erkenntnissen **ArbStättV** § 3a 4f.
- Vorkehrungen für Flucht und Rettung **ArbStättV** § 4 10ff.
- Wartung und Prüfung der Sicherheitseinrichtungen **ArbStättV** § 4 8f.

Betreten von Gefahrenbereichen ArbStättV Anh 17f.

Betretungs- und Besichtigungsrecht ArbSchG § 22 27ff., 40

Betrieb und Dienststelle ArbSchG § 2 146

Betriebe
- Festlegung eines abgestimmten Vorgehens bei der Beratung und Überwachung **ArbSchG** § 20a 30ff.

Betriebliche Erfolge ArbSchG vor § 1 46

Betriebliche Gesundheitsprogramme ArbMedVV § 3 1

Betriebliche Mitbestimmung
- Gefährdungsbeurteilung **ArbSchG** § 5 98ff.

Betriebliche Vereinbarungen ArbMedVV § 3 6

Betriebliches Gesundheitsmanagement SystDarst A 2, 73ff.
- gesetzlicher Rahmen **SystDarst A** 12ff.

Betriebs- und Personalrat ArbSchG § 6 5

Betriebs- und Unternehmensbegriff ArbSchG § 13 36

Betriebsanweisungen ArbSchG § 12 6, 12; **ArbSchG** § 25 25
- Bekanntgabe und Einsichtnahme **BiostoffV** § 14 4

Betriebsärzte ArbMedVV Einf 4; **ArbSchG** § 6 5; **ArbSchG** § 10 11ff.; **OStrV** § 5 2; **Syst D** 69
- Aufgaben **ArbSchG** § 16 32; **Syst C** 20f.
- Bestellung durch Arbeitgeber **Syst C** 1, 4ff., 23ff.
- Pflicht zur Zusammenarbeit **ArbSchG** § 16 62ff.
- Unterstützung des Arbeitgebers **ArbSchG** § 16 57f.

Betriebsbeauftragte ArbSchG § 3 71

Betriebsbesichtigung ArbSchG § 22 35

Betriebsgeheimnisse ArbSchG § 23 8ff.

Betriebsgelände
- Begriffsbestimmung **ArbStättV** § 2 3

Betriebsgröße ArbSchG § 6 71

Betriebsleiter ArbSchG § 13 41

Betriebsmedizin ArbMedVV § 3 4

Betriebsrat, s. auch Mitbestimmung
- Förderung Arbeitsschutz **Syst B** 5
- Kostentragung Arbeitgeber **Syst B** 21
- Mitbestimmung bei arbeitsmedizinischer Vorsorge **ArbSchG** § 11 43
- Mitbestimmung bei Zugangsbeschränkung **ArbSchG** § 9 30
- Unfallverhütung **ArbSchG** § 10 40ff.
- Unterrichtung nach der MuSchRiV **MuSchV** § 2 4

Betriebsrisiko
- verschuldensmindernde Wirkung **ArbSchG** § 9 54

Betriebssanitäter ArbSchG § 10 38

Betriebssicherheitsrecht ArbSchG § 4 30

Betriebssicherheitsverordnung
- Ausnahmen von der Anwendung **BetrSichV** § 1 2ff.
- Beschränkung auf bestimmte Anlagen **BetrSichV** § 1 4
- Dokumentationspflicht **ArbSchG** § 6 21
- Gefährdungsbeurteilung **ArbSchG** § 5 14ff.
- Mitbestimmung **Syst B** 89ff.

fette Zahlen = Paragraphen   Sachverzeichnis

- Ordnungswidrigkeiten **ArbSchG § 23** 32ff.
Betriebsstörungen BetrSichV § 11
- Arbeitgeberpflichten **BiostoffV § 13** 3ff.
- Biostoffverordnung **BiostoffV § 13** 1ff.
Betriebsverfassungsgesetz
- Änderungen **ArbSchG vor § 1** 72
Betriebsverhältnisse ArbSchG § 23 8ff.
Beurteilung
- der Arbeitsbedingungen **LasthandhabV § 2** 4
- standardisierte **ArbSchG vor § 1** 56
Beurteilungspflicht
- nach der MuSchRiV **MuSchV § 1** 1
Beurteilungsregelung(en) ArbSchG § 5 43
Beweggründe (zum ArbSchG)
- des Gesetzgebers **ArbSchG vor § 1** 4
Bewegungsfläche ArbStättV Anh 25
Beweismittel ArbSchG § 22 135
BG-Grundsätze ArbMedVV § 6 2; **ArbMedVV Einf** 13
BGV A 2 Syst C 8
Bildschirmarbeit
- Änderungsentwurf **BildscharbV Einf** 11ff.
- Arbeitsbedingungen **BildscharbV § 3** 1ff.
- Gesundheitstipps **BildscharbV Einf** 17ff.
Bildschirmarbeitsplatz
- Begriff **BildscharbV § 2** 3
- Gefährdungsbeurteilung **ArbSchG § 6** 22ff.
- Gesamtarbeitszeit **BildscharbV § 2** 10f.
- Graphische Elemente **BildscharbV § 2** 1
- Software **BildscharbV § 2** 1
- Wesentlichkeit **BildscharbV § 2** 8f.
- Zusatzgeräte **BildscharbV § 2** 1
Bildschirmarbeitsplatzverordnung ArbSchG § 5 22
- Anwendungsbereich **BildscharbV § 1** 1
- Ausnahmen vom Anwendungsbereich **BildscharbV § 1** 4
- Legaldefinition **BildscharbV § 1** 1
- Mitbestimmung **Syst B** 102ff.
- Ordnungswidrigkeiten **ArbschG § 23** 57f.
- persönlicher Anwendungsbereich **BildscharbV § 1** 3
- Zweck **BildscharbV Einf** 1
Bildschirmgerät
- Begriff **BildscharbV § 2** 1
- Bildschirmgerät und Tastatur **BildscharbV Anh**
Binnenschifffahrt ArbSchG § 1 71

Biogefährdung
- Symbol **BiostoffV Anh1**
Biologische Arbeitsstelle
- gezielte und nicht gezielte Tätigkeiten **BiostoffV § 2** 10ff.
Biologische Arbeitsstoffe ArbSchG § 5 56
- Arbeitgeber **BiostoffV § 4** 1ff.
- Legaldefinition **BiostoffV § 2** 1
- Ordnungswidrigkeiten **BiostoffV § 20**
- Risikogruppen **BiostoffV § 3** 1
- Schutz **BiostoffV Einf** 2
- Schutzstufen **BiostoffV Anh3**
- Straftaten **BiostoffV § 20**
- technische Regeln **BiostoffV § 19** 5f.
- zusätzliche Schutzmaßnahmen **BiostoffV Anh2**
Biomonitoring ArbMedVV § 6 3, 7
Biostoffverordnung ArbMedVV § 1 1
- Abwendungsbereich **BiostoffV § 1** 1
- Begriffe **BiostoffV § 2** 1ff.
- Dokumentationspflicht **ArbSchG § 6** 30
- Gefährdungsbeurteilung **ArbSchG § 5** 26
- Mitbestimmung **Syst B** 116ff.
- Ordnungswidrigkeiten **ArbSchG § 23** 11ff.
- Zweck **BiostoffV Einf** 1ff.
Biotechnologie
- zusätzliche Schutzmaßnahmen **BiostoffV § 10** 1ff.
BK-Verfahren ArbMedVV Einf 13
Blaulichtanteil OStrV Einf 6
Bordelle ArbSchG § 1 57
Brandbekämpfung ArbSchG § 10 20ff.
Buchmacher ArbSchG § 1 57
Bund Syst D 99, 164
- als Unfallversicherungsträger **Syst D** 94, 128
Bundesanstalt für Arbeit ArbSchG § 23 71
Bundesanstalt für Arbeitsschutz und Arbeitssicherheit
- Geschäftsleitung in nationaler Arbeitsschutzkonferenz **ArbSchG § 20b** 17ff.
Bundesausführungsbehörde für Unfallversicherung ArbSchG § 20 14, 32
Bundesberggesetz BildscharbV § 1 5; **OStrV § 1** 2
- Beschäftigte **ArbSchG § 1** 73
- Vorrang vor der LasthandhabV **LasthandhabV § 1** 4
- Vorrang vor der PSA-BV **PSA-BV § 1** 5
Bundesministerium des Innern ArbSchG § 20 15

1167

Sachverzeichnis

magere Zahlen = Randnummern

Bundesministerium für Arbeit und Soziales **ArbSchG § 24** 8; **OStrV § 9** 1
Bundesrat
– Zustimmung des **ArbSchG § 18** 12; **ArbSchG § 24** 9
Bundesressort(s) **BildscharbV § 1** 6
Bundesverwaltung
– mittelbare **Syst D** 166
– unmittelbare **Syst D** 165
Bundeswehr **BildscharbV § 1** 1; **LärmVibrArbSchV § 1** 1; **OStrV § 1** 3
Burnout **SystDarst A** 9, 95
Büropraxis **BildscharbV Einf** 7
Bußgeldrahmen **Syst D** 181
Bußgeldtatbestände **ArbSchG § 25** 3ff.
Bußgeldvorschriften, *s. Ordnungswidrigkeiten*

Checkliste
– zur Überprüfung von Lastenhandhabungs-Arbeiten **LasthandhabV Anh** 5
Crowdworker
– Arbeitnehmerähnlicher Personen **ArbSchG § 15** 13

Dächer **ArbStättV Anh** 10
Dämmwirkung
– Definition **LärmVArbSchV § 6** 2
Daseinsvorsorge
– Betriebe zur **ArbSchG § 1** 53
Datenschutz **Syst D** 50
Datenschutzgesetz **ArbSchG § 23** 47
Datenübermittlung
– bei Sozialmissbrauch **ArbSchG § 23** 65ff.
Datenverarbeitungsanlagen **BildscharbV § 1** 4
Dauerordnungswidrigkeit **ArbSchG § 26** 9
Dauerschalldruckpegel **LärmVibrArbSchV § 2** 2
Decken **ArbStättV Anh** 10
Demografischer Wandel **SystDarst A** 10
Denninger-Gutachten
– Ergebnisse **ArbSchG § 21** 54
Depressionen **SystDarst A** 93f.
Deutsche Gesetzliche Unfallversicherung **Syst D** 58c
DGUV Vorschrift 2 **Syst C** 5, 12f., 12f.
Dienst- und Treueverhältnis **ArbSchG § 20** 3
Dienstaufsichtsbeschwerde **ArbSchG § 22** 176
Dienstliche Überbelastung **ArbSchG § 20** 42ff.

Dienstordnungsangestellte **ArbSchG § 2** 60
Dienststelle
– Definition **ArbSchG § 2** 146
Dienststellenleiter **ArbSchG § 13** 44
Dienstverhältnisse
– öffentlich-rechtliche **ArbSchG § 2** 107
Diözesen **ArbSchG § 1** 63
Direkte Wirkungen
– Begriff **EMFV-E § 2** 3
Diskriminierungsverbot **Einl A** 43; **ArbSchG § 4** 46
Docking station **BildscharbV § 1** 4
Dokumentation
– Arbeitgeber **ArbSchG § 6** 54
– der Gefährdungsbeurteilung **ArbSchG § 6** 1ff.
Dokumentationspflichten **ArbSchG vor § 1** 74; **BiostoffV § 7** 1ff.; **MuSchV § 1** 7
– bei Lärm und Vibration **LärmVibrArbSchV § 3** 5
– Normadressat **ArbSchG § 6** 54
– Sonderregelungen **ArbSchG § 6** 8ff.
– Unfallmeldung **ArbSchG § 6** 73ff.
– Unterlagen **ArbSchG § 6** 55ff., 64ff.
– Verstöße des Arbeitgebers **ArbStättV § 3** 8
Dokumentationsunterlagen
– Inhalt **ArbSchG § 6** 63ff.
– Überprüfung **ArbSchG § 6** 68
Drogenscreening **ArbSchG § 7** 48
Druckluft **ArbMedVV Anh** 54
Druckluftverordnung
– Ordnungswidrigkeiten **ArbschG § 23** 44ff.
Dualismus **ArbSchG vor § 1** 44; **Syst D** 41, 174
Duldungsanordnung **ArbSchG § 22** 51
Durchgangsarzt **ArbSchG § 10** 14
Durchsetzungspflicht **ArbSchG § 13** 79
Durchsuchung **ArbSchG § 22** 28

Eckpunkte der Neuordnung (des Arbeitsschutzrechts) **ArbSchG vor § 1** 38
EDV-gestütztes Verfahren
– zur Gefährdungsbeurteilung **LasthandhabV Anh** 6
EG-Arbeitsschutz-Richtlinie zu künstlicher optischer Strahlung **OStrV Einf** 1, 4
EG-Baustellen-Richtlinie **BaustellV Einf** 7ff.
EG-Lastenhandhabungs-Richtlinie **LasthandhabV Einf** 9

fette Zahlen = Paragraphen

Sachverzeichnis

EG-Mutterschutzrichtlinie MuSchV
Einf 1
EG-PSA-Benutzungsrichtlinie
PSA-BV Einf 10
Ehrenamtlich Tätige
– keine Beschäftigten **ArbSchG § 15** 8
Eigenschaften
– Beschäftigte **ArbSchG § 7** 18, 22
Eigenunfallversicherung des Bundes
ArbSchG § 20 32
Eigenverantwortung (des Arbeitgebers)
ArbSchG § 5 88
Eigenvorsorge ArbSchG § 15 33 ff.
– bei der Arbeit **ArbSchG § 15** 47
– Beispiele **ArbSchG § 15** 48
– Grenzen **ArbSchG § 15** 35 ff.
– Unterweisung des Arbeitgebers **ArbSchG § 15** 40 ff.
Eignungsuntersuchung ArbMedVV
§ 2 3; **ArbMedVV § 3** 6
– Abgrenzung **ArbMedVV** Einf 25
– für Beschäftigte der Feuerwehr **ArbMedVV § 2** 4
Eingliederungsvertrag ArbSchG § 2 101
Einigungsvertrag ArbSchG vor § 1 7
Einlegung eines Widerspruchs
ArbSchG § 22 161 ff.
Einrichten der Arbeitsstätte
– durch den Arbeitgeber **ArbStättV § 3a** 1 ff.
– arbeitsstättenrechtliche Generalklausel **ArbStättV § 3a** 2
– Begriffsbestimmung **ArbStättV § 2** 9 f.
– Behindertenschutz **ArbStättV § 3a** 8 ff.
– Berücksichtigung von Regeln und Erkenntnissen **ArbStättV § 3a** 3 f.
– Gestattung von Ausnahmen **ArbStättV § 3a** 17 f.
– Grundpflichten des Arbeitgebers **ArbStättV § 3a** 2 ff.
– Rechtsfolgen bei Nichteinhaltung von Regeln und Erkenntnissen **ArbStättV § 3a** 6 f.
– Vermutungswirkung bei Einhaltung von Regeln und Erkenntnissen **ArbStättV § 3a** 4 f.
Einrichtungen des Gesundheitsdienstes
– zusätzliche Schutzmaßnahmen **BiostoffV § 11** 1 ff.
Einsatzzeiten ArbMedVV § 3 4; **Syst C** 13
Einschränkung
– Arbeitsschutzvorschriften **ArbSchG § 20** 40 ff.

Einsicht
– in geschäftliche Unterlagen **ArbSchG § 22** 14
Einsichtnahme
– in geschäftliche Unterlagen **ArbSchG § 22** 41a
Einspruch
– gegen Entscheidung eines Unfallversicherungsträgers **Syst D** 132
Einstellungsuntersuchung ArbSchG
§ 7 47; **ArbSchG § 11** 14
Einstweiliger Rechtsschutz ArbSchG
§ 22 182
Einvernehmensklausel ArbSchG
§ 22 194 ff.
Einwilligung ArbSchG § 7 53
– des Arbeitnehmers **ArbSchG § 7** 53
Einzelermächtigung
– Prinzip **Einl B** 16
Elektrische Gefährdung
– Schutz **BetrSichV § 1** 1b
Elektromagnetische Felder
– Auslöseschwellen **EMFV-E § 2** 6; **EMFV-E § 5** 1
– Auslöseschwellenüberschreitung **EMFV-E § 9** 1
– Auslöseschwellenüberschreitung für Kontaktströme **EMFV-E § 12** 1
– Begriff **EMFV-E § 2** 2
– Beschäftigte der Bundeswehr **EMFV-E § 1** 5
– besondere Anforderungen an die Bewertungsverfahren **EMFV-E § 4** 4
– besonders gefährdete Personen **EMFV-E § 2** 7
– Direkte Wirkung im menschlichen Körper **EMFV-E § 1** 3
– Expositionsgrenzwerte **EMFV-E § 2** 5; **EMFV-E § 5** 1
– Expositionsgrenzwertüberschreitung **EMFV-E § 13** 1
– Expositionswertgrenze **EMFV-E § 3** 3
– Gefährdung **EMFV-E § 1** 2
– Gefährdungsbeurteilung **EMFV-E § 3** 1 ff.
– Hochfrequenzbereich **EMFV-E § 14** 1 f.
– indirekte Wirkung auf Gegenstände **EMFV-E § 1** 3
– Langzeitwirkung **EMFV-E § 1** 4
– nicht-thermische Wirkungen **EMFV-E § 2** 3
– obere Auslöseschwellenüberschreitung **EMFV-E § 10** 1 f.
– Stand der Technik **EMFV-E § 2** 9
– Ströme durch Gliedmaßen **EMFV-E § 15** 1 f.

Sachverzeichnis

magere Zahlen = Randnummern

- thermische Wirkungen **EMFV-E** § 2 3
- untere Auslöseschwellenüberschreitung **EMFV-E** § 11 1
- Unterweisung **EMFV-E** § 18 1 ff.
- Vermeidung und Verringerung **EMFV-E** § 6 1 ff.
- Zulässigkeit einer Expositionsgrenzwertüberschreitung **EMFV-E** § 16 1 f.; **EMFV-E** § 17 1

Elektronisches Antragsverfahren OStrV § 10 2

Emissionsgrenzwerte
- Strahlung **OStrV** Einf 6

Endlosverbesserung ArbSchG § 1 31

Energie- und Versorgungsunternehmen ArbSchG § 1 60

Energiedichte OStrV Einf 7

Energieverteilungsanlagen ArbStättV Anh 9

Entfernungsrecht
- in anderen europäischen Staaten **ArbSchG** § 9 62 ff.
- der Beschäftigten **ArbSchG** § 9 77 ff.
- Rechtsfolgen **ArbSchG** § 9 82, 82 ff.
- supranationale Vorschriften **ArbSchG** § 9 56 ff.

Entscheidungsgrundlage(n) ArbSchG § 6 65

Entschließungsermessen ArbSchG § 22 80

Erfolg
- betrieblicher **ArbSchG** vor § 1 46

Erforderlichkeit
- des Arbeitsschutzes **ArbSchG** § 5 63

Erfüllungsanspruch ArbSchG § 20 51
- arbeitsschutzrechtlicher **ArbSchG** § 1 43

Ergonomie
- bei Lastgut **LasthandhabV** § 2 2

Ergonomische Anforderung(en)
- am Bildschirm **BildscharbV** § 4 1

Erhebliche Gefahr
- Entfernungsrecht **ArbSchG** § 9 55 ff.
- Vorkehrungen **ArbSchG** § 9 91 ff.

Erkrankungen
- arbeitsbedingte **ArbMedVV** § 9 2; **ArbMedVV** Einf 2; **LasthandhabV** Einf 1
- Muskel-Skelett-Erkrankungen **ArbMedVV** Einf 2

Erlaubnispflicht
- Arbeitgeber **BiostoffV** § 15 1 ff.

Ermächtigung
- Inhalt, Zweck und Ausmaß **ArbSchG** § 18 2

Ermessen
- der Behörde **ArbSchG** § 22 80 ff.

Ermessensreduzierung auf Null ArbSchG § 22 80

Ermittlungsanordnung ArbSchG § 22 78

Ersatzvornahme ArbSchG § 22 186, 186b

Ersatzzwangshaft ArbSchG § 22 186a

Erste Hilfe ArbSchG § 10 10; Syst D 68
- Material **ArbSchG** § 10 18
- Mittel und Einrichtungen **ArbStättV** § 4 17 f.
- praktische Durchführung **ArbSchG** § 10 36

Erste-Hilfe-Räume ArbStättV § 6 22 f.; **ArbStättV** Anh 45

Ersthelfer ArbSchG § 10 37

Erythembildung OStrV Einf 6

EU-Arbeitsschutzpolitik
- dynamische und maschinengerechte **ArbSchG** § 4 14 ff.

EU-Arbeitsschutz-Rahmenrichtlinie ArbSchG § 5 1; **ArbSchG** § 6 1
- Inhalt **Einl B** 83 ff.
- Umsetzungsgesetz **ArbSchG** § 6 4

EU-Arbeitsschutzrecht Einl B 49 ff.

EU-Beschlüsse Einl B 8

EU-Empfehlungen ArbSchG § 19 4

EU-Grundrechte
- Arbeitsschutz **Einl B** 5 f.

Euratom-Vertrag Einl B 3

EU-Recht
- Grundzüge **Einl B** 8 ff.
- Pflicht zur Umsetzung **Einl A** 56
- Vorrang **Einl B** 13
- Vorrang des EU-Rechts **Einl A** 55

EU-Rechtsakte
- Umsetzung durch Rechtsverordnungen **ArbSchG** § 19 1

EU-Richtlinien Einl B 9; **ArbSchG** § 19 10
- Arbeitsmittel **Einl B** 80
- Arbeitsstätten **Einl B** 80
- physikalische Einwirkungen **Einl B** 80
- Umsetzung **Einl B** 19 ff.

Europäische Agentur für Sicherheit und Gesundheitsschutz am Arbeitsplatz Einl B 78

Europäischer Arbeitsschutz
- Entwicklung **Einl B** 62 ff.
- Phasen **Einl B** 64 ff.
- Systematik **Einl B** 79 ff.

Europäischer Gerichtshof (EuGH)
- Arbeitsweise **Einl B** 36
- Entscheidungsgründe **Einl B** 36
- Verfahren **Einl B** 31 ff.

fette Zahlen = Paragraphen

Sachverzeichnis

– Verhältnis zur deutschen Gerichtsbarkeit **Einl B** 42
Europäisches Arbeitsschutzrecht
– Leitlinien **Einl B** 101 ff.
Europarechtskonformität ArbSchG § 1 4
– des Arbeitsschutzgesetzes **Syst D** 32
EU-Stellungnahmen ArbSchG § 19 4
EU-Verordnungen Einl B 9; **ArbSchG § 19** 3
Evakuierung ArbSchG § 10 26 ff.
– Beauftragter **ArbSchG § 10** 26
Experimentierklausel ArbSchG § 21 44 ff.; **ArbSchG vor § 1** 68; **Syst D** 149
– Schleswig-Holstein **ArbSchG § 21** 47 ff.
– Verfassungsmäßigkeit **ArbSchG § 21** 53
Explosionsschutz
– Prüfung **BetrSichVEinf** 5
Exposition ArbMedVV § 6 3; **ArbSchG § 5** 43; **LärmVibrArbSchV § 1** 1; **OStrV § 3** 1
– Bedingung **OStrV § 3** 2
– Blendung **OStrV § 8** 2
– Brand- und Explosionsgefahr **OStrV § 8** 2
– Gesundheitsschädliche Auswirkung **OStrV § 8** 3
– von Biostoffen **BiostoffV § 8** 5 ff.
Expositionsbeschreibung ArbMedVV § 3 6; **ArbMedVV § 4** 3
Expositionsgrenzwert ArbSchG § 5 45; **LärmVibrArbSchV § 9** 1; **LärmVibrArbSchV § 17** 3; **OStrV § 2** 5; **OStrV § 6** 1; **OStrV § 7** 1, 3, 4; **OStrV § 8** 3
– Überschreitung **EMFV-E § 7** 1
Expositionsmessungen
– Fachkundige **OStrV § 5** 9
Externe Beauftragte ArbSchG § 13 51
Exzenterpresse
– Arbeiten an ungesicherter **ArbSchG § 3** 33

Fachaufsichtsbeschwerde ArbSchG § 22 176
Fachkräfte für Arbeitssicherheit ArbSchG § 5 52; **ArbSchG § 16** 31; **OStrV § 5** 2
– Aufgaben **ArbSchG § 16** 32; **Syst C** 22 f.
– Bestellung durch Arbeitgeber **Syst C** 1, 4 ff., 23 ff.
– fachliche Anforderungen **ArbSchG § 16** 59 f.
– Pflicht zur Zusammenarbeit **ArbSchG § 16** 62 ff.

Fachkunde ArbSchG § 5 52; **OStrV § 5** 2
– Arbeitsschutzverordnung zu künstlicher optischer Strahlung **OStrV § 5** 9
– Begriffsbestimmung **BetrSichV § 2** 5
Fachkundige Beratung ArbSchG § 5 28
Fachkundige Personen ArbSchG § 5 52
– Organisation **OStrV § 5** 7
– Verantwortung **OStrV § 5** 6 ff.
Fachverordnungen ArbMedVV § 9 7
Fähigkeiten ArbSchG § 7 12 ff.
– Beschäftigte **ArbSchG § 7** 19
Fahrauftrag ArbSchG § 3 31
Fahrerplätze BildscharbV § 1 4
Fahrlässigkeit ArbSchG § 25 110
– grobe, Maßstab für **ArbSchG § 3** 36
Fahrtreppen und -steige ArbStättV Anh 14
Fehlzeiten
– Depressionen **SystDarst A** 7
– krankheitsbedingte **SystDarst A** 6
Fenster ArbStättV Anh 11
Feuerlöscheinrichtungen ArbSchG § 10 21
Filialleiter ArbSchG § 1 30
Finanzbehörden ArbSchG § 23 73
Flucht und Rettung
– an der Arbeitsstätte **ArbStättV § 4** 10 ff.
Flucht- und Rettungsplan ArbSchG § 10 26
Fluchtwege ArbStättV Anh 21 ff.
Folgenbeseitigungsanspruch ArbSchG § 20 52
Förderung
– berufliche, Recht auf **ArbSchG § 1** 40
Form ArbSchG § 22 105 ff.
Formloser Rechtsbehelf ArbSchG § 22 175 ff.
Formloses Beschwerderecht ArbSchG § 22 175
Forschung Syst D 53
Forstwirtschaftliche Betriebe ArbStättV § 1 6, 9
Fragebögen SystDarst A 42 f.
Frauen
– besondere Anforderungen beim Lastentragen **LasthandhabV § 3** 2
Freie Berufe ArbSchG § 1 56
Freiwillige Versicherung
– Versicherung **Syst D** 12
Fremdarbeitnehmer ArbSchG § 8 28 f.
Fremdfirmenbeschäftigte ArbSchG § 15 11
Fremdvorsorge ArbSchG § 15 49 ff.
Friedhöfe ArbSchG § 1 61

Sachverzeichnis

magere Zahlen = Randnummern

Frist
- angemessene **ArbSchG** § 22 94ff.
- Umsetzung von Richtlinien **Einl** B 19

Früherkennung ArbSchG § 11 2

Führungskräfte
- der mittleren und unteren Leitungsebene **ArbSchG** § 13 48

Fürsorge- und Schutzpflicht des Dienstherrn
- beamtenrechtliche **ArbSchG** § 20 5ff.
- Inhalt **ArbSchG** § 20 20
- als rechtliche Grundlage des § 14 ArbSchG **ArbSchG** § 14 6ff.

Fürsorgepflicht BildscharbV Einf 1

Fußböden ArbStättV Anh 10

Ganzheitlichkeit
- Gesundheitsverständnis **ArbSchG** § 1 39

Ganzkörper-Vibrationen LärmVibrArbSchV § 2 3; **LärmVibrArbSchV** § 4 4

Gärtnereien ArbSchG § 1 55

Gastronomiebetriebe
- kommunale **ArbSchG** § 1 59

Geeignetheit der Mittel ArbSchG § 22 85

Gefahr Syst D 48
- Begriff **ArbSchG** § 4 7
- für Sicherheit und Gesundheit **ArbSchG** § 11 21f.
- verschiedene Stufen der qualifizierten **ArbSchG** § 9 13
- im Verzug **ArbSchG** § 22 92
- Vorliegen einer besonderen **ArbSchG** § 22 68

Gefährdung ArbSchG § 5 2; **BildscharbV** § 3 1; **Syst** D 47
- Begriff **ArbSchG** § 5 69ff.
- Begriff nach der MuSchRiV **MuSchV** § 1 1
- Beispiele **ArbSchG** § 5 75ff.
- Beschäftigte **OStrV** § 3 1; **OStrV** § 7 3
- Grad an Wahrscheinlichkeit **ArbSchG** § 5 70
- der werdenden oder stillenden Mutter oder ihres Kindes **MuSchV** § 4 2

Gefährdungsart(en) ArbSchG § 5 3

Gefährdungsbeurteilung ArbMedVV § 3 1; **ArbMedVV Einf** 16; **ArbSchG** § 1 35aff.; **ArbSchG** § 5 3, 11f., 35ff., 53; **ArbSchG** § 6 58; **ArbSchG** § 7 39ff.; **ArbSchG** § 25 15, 60f., 88, 90; **BetrSichV** § 3; **BiostoffV** § 5 2ff.; **BiostoffV** § 7 4; **OStrV** § 3 7, 8; **OStrV** § 5 1; **OStrV** § 7 2; **OStrV** § 8 2

- Anlässe **ArbStättV** § 3 5
- Arbeitgeber **ArbSchG** § 5 57f.
- Arbeitgeberpflichten **EMFV-E** § 3 8
- arbeitsmedizinische **ArbMedVV Einf** 4
- im Arbeitsstättenrecht **ArbStättV** § 3 1ff.
- Baustelle **BaustellV** § 5 1
- Beschäftigte **ArbSchG** § 5 59f.
- Betriebsrat **SystDarst** A 24f.
- Biostoffe **BiostoffV** § 5 2ff.
- Dokumentation **ArbSchG** § 6 5; **ArbStättV** § 3 7; **BetrSichV** § 3 8f.; **EMFV-E** § 3 7; **OStrV** § 3 8
- Durchführung **BetrSichV** § 3 2
- Einzubeziehende Gefährdungen **BetrSichV** § 3 2a
- Fachkunde **LärmVibrArbSchV** § 5 1f.
- fachkundige Durchführung **ArbStättV** § 3 6
- von Gefahrstoffen **MuSchV** § 1 1ff.
- Gegenstand **ArbStättV** § 3 2ff.
- Gehörschutz **LärmVibrArbSchV** § 8 4
- individuelle personenbezogene **SystDarst** A 64ff.
- Informationsbeschaffung **BetrSichV** § 3 4
- Inhalt **ArbSchG** § 5 85ff.
- bei künstlicher optischer Strahlung **OStrV** § 3 2, 3, 5
- bei Lärm und Vibration **LärmVibrArbSchV** § 3 1, 4
- Messungen, Berechnungen und Bewertungen **EMFV-E** § 4 2
- Messverfahren **EMFV-E** § 4 3
- Mitbestimmung **ArbSchG** § 5 98ff.
- Mögliche Methoden zur Durchführung **SystDarst** A 36ff.
- nach der MuSchRiV **MuSchV** § 1 5
- personenbezogene **SystDarst** A 62f.
- Pflicht des Arbeitgebers **BetrSichV** § 3 1ff.
- psychischer Belastung bei der Arbeit **SystDarst** A 26ff.
- rechtliche Rahmenbedingungen **SystDarst** A 15ff.
- Schutzmaßnahmen **ArbMedVV** § 6 5
- Selbstverantwortung Beschäftigter **SystDarst** A 22f.
- Spezialregelungen **ArbSchG** § 5 10ff.
- Stand der Technik bei elektromagnetischen Feldern **EMFV-E** § 3 4
- Stichproben **EMFV-E** § 4 5
- Verfahrensschritte **ArbStättV** § 3 3
- vom Arbeitgeber zu berücksichtigen **EMFV-E** § 3 5

fette Zahlen = Paragraphen

Sachverzeichnis

- von elektromagnetischen Feldern **EMFV-E § 3** 1 ff.
- weitergehende Regelungen **OStrV §4** 10
- Wiederholung **BetrSichV § 3** 7 f.
- Zeitpunkt **EMFV-E § 3** 6

Gefährdungsermittlung ArbSchG § 5 3
Gefährdungsgrad
- eines Betriebes **ArbSchG § 3** 48

Gefährdungspotential ArbMedVV § 1 2; **ArbSchG § 7** 38 ff.
Gefährdungsursachen ArbSchG § 8 5
Gefährdungsvermeidung
- Arbeitgeber **SystDarst A** 19 ff.

Gefahren
- Ermittlung **ArbSchG § 9** 14 ff.

Gefahrenabwehr
- eigenständige **ArbSchG § 9** 40 ff.
- eigenständige, der Beschäftigten **ArbSchG § 9** 1
- gesetzliche Pflichten **ArbSchG § 9** 85

Gefahrenanordnung ArbSchG § 22 57 ff.
Gefahrenschutz
- informationsbezogener **ArbSchG § 9** 1, 31 ff.
- Mitwirkungsverpflichtung **ArbSchG vor § 1** 61
- raumbezogener **ArbSchG § 9** 1, 20 ff.

Gefahrenzone
- Definition **BetrSichV § 2** 11

Gefahrmeldepflicht ArbSchG vor § 1 61
Gefahrstoffe ArbSchG § 7 62 f.
Gefahrstoffliste
- Mutterschutz **MuSchV Anl 1**; **MuSchV Anl 2**

Gefahrstoffverordnung ArbMedVV § 1 1; **ArbMedVV Einf** 2
- Dokumentationspflicht **ArbSchG § 6** 34
- Gefährdungsbeurteilung **ArbSchG § 5** 31 ff.
- Tätigkeiten **ArbMedVV Einf** 21 ff.
- Unfallverhütung **ArbSchG § 8** 40 ff.

Gefahrtarif Syst D 34
Gegenvorstellung ArbSchG § 22 176
Geheimhaltung
- Ausnahmen von der Pflicht **ArbSchG § 23** 23 ff.
- Pflicht der Arbeitsschutzbehörden **ArbSchG § 23** 4 ff.
- Rechtsanspruch des Betriebsinhabers **ArbSchG § 23** 57 ff.

Geheimhaltungsvorschriften
- sonstige **ArbSchG § 23** 43

Geheimnisverletzung
- Amtshaftung **ArbSchG § 23** 62 ff.

Gehörschutz LärmVibrArbSchV § 7 5; **LärmVibrArbSchV § 8** 1

Gehörschützer
- Unterscheidung **LärmVArbSchV § 6** 3

Geldbuße, s. *Ordnungswidrigkeiten*
Geltungsbereich des Arbeitsschutzgesetzes
- räumlicher **ArbSchG § 1** 14
- sachlicher **ArbSchG § 1** 12
- umfassender **ArbSchG § 1** 5

Gemeinden ArbSchG § 23 79
Gemeindeunfallversicherungsverband (GUV) ArbSchG § 20 33
Gemeinsame deutsche Arbeitsschutzstrategie Syst D 58a
- Rahmenvereinbarung **ArbSchG § 20b** 19

Gemeinsame Grundsätze ArbSchG § 6 70
Gemeinsame landesbezogene Stelle Syst D 136
Gemeinsames Ministerialblatt LärmVibrArbSchV § 12 1; **OStrV § 9** 1
Gemischt genutzte Räume ArbSchG § 22 41
Gendiagnostische Fragestellung ArbMedVV § 9 4
Generalanwälte
- Europäischer Gerichtshof **Einl B** 35
- Schlussanträge **Einl B** 36

Generalbefugnis ArbSchG § 22 74 ff.
Generalklausel ArbSchG § 22 76
Genetische Untersuchungen
- arbeitsmedizinische **ArbSchG § 11** 29 ff., 32 ff.

Genomschädigung OStrV Einf 6
Gentechnikrecht
- und Biostoffverordnung **BiostoffV § 1** 4

Geringe Gefährdung ArbSchG § 6 38
Gesamtarbeitszeit
- an Bildschirmen **BildscharbV § 2** 10

Geschäftsführer ArbSchG § 1 30
Geschäftsführung
- ohne Auftrag **ArbSchG § 1** 43

Geschäftsgrundsätze ArbSchG § 3 42
Geschlechtsspezifisch
- wirkende Regelungen **ArbSchG § 1** 46

Gesellschaft des bürgerlichen Rechts ArbSchG § 2 130
Gesellschafter
- vertretungsberechtigter **ArbSchG § 1** 30

Gesetzgebungszuständigkeiten
- des Bundes für den Arbeitsschutz **Einl A** 46 ff.
- Föderalismusreform 2006 **Einl A** 49
- der Länder für den Arbeitsschutz **Einl A** 53 f.

Sachverzeichnis

magere Zahlen = Randnummern

Gesetzliche Unfallversicherung, s. *Unfallversicherung, Unfallversicherungsträger*
Gesetzlicher Vertreter
– des Arbeitgebers **ArbSchG § 13** 19 ff.
Gesicherte arbeitsmedizinische Erkenntnisse ArbMedVV § 9 3
Gestaltung der Arbeit
– menschengerechte **ArbSchG § 2** 22
Gesundheit Syst D 45
– Begriff **ArbMedVV § 2** 2; **ArbSchG § 1** 16, 20
– der Beschäftigten **LasthandhabV § 1** 1
– Definition **Einl A** 24
– psychische Krankheiten **Einl A** 24, 28
– Stellenwert in der Verfassung **Einl A** 23, 40
Gesundheitliche Bedenken ArbMedVV § 8 1
Gesundheitsbegriff ArbSchG § 2 31
– bei Bildschirmarbeit **BildscharbV § 3** 2
– des EuGH **Einl B** 57
Gesundheits-Check-Programm ArbMedVV Einf 18
Gesundheitsgefährdung LärmVibrArbSchV § 1 1
Gesundheitsprävention
– am Abreitsplatz **SystDarst A** 12
Gesundheitsproblem BildscharbV Einf 4
Gesundheitsschäden LasthandhabV Einf 1
Gesundheitsschutz ArbSchG § 7 45, 58 ff.
– bei der Verwendung von Arbeitsmitteln **BetrSichVEinf** 1
– Maßnahmen **ArbSchG § 7** 42 ff.; **ArbSchG § 8** 16 ff., 30
– Mitbestimmung **Syst B** 10 f
Gesundheitsschutz-Bergverordnung LärmVibrArbSchV § 9 1
Gesundheitsschutzpolitik ArbSchG § 4 14 ff.
Gesundheitsstörung ArbMedVV § 1 5
Gesundheitsüberwachung ArbMedVV Einf 19
Gesundheitsunzuträgliche Tätigkeiten ArbMedVV § 8 1
Gesundheitsverständnis
– ganzheitliches **ArbSchG § 1** 39
Gesundheitsvorsorge ArbMedVV Einf 18
Getrennte Einrichtungen
– für Frauen und Männer **ArbStättV § 6** 8 f.
Gewerbeaufsicht ArbSchG § 6 5

Gewerbeaufsichtsbehörden ArbSchG § 23 77
Gewerbeordnung
– Änderungen **ArbSchG vor § 1** 73
Gewerbeunternehmer
– Verantwortlichkeiten **ArbSchG § 3** 2
Gewerblicher Bereich ArbSchG § 1 54
Gewerkschaften ArbSchG § 1 58
G-Grundsätze ArbMedVV § 6 4
Glas- und Quarzverarbeitung OStrV Einf 7
Gleichartigkeit (der Arbeitsbedingungen) ArbSchG § 5 96
Gleichbehandlungsrecht Einl A 43 ff.
Gleichberechtigung ArbSchG § 1 45
Grafikdarstellung BildscharbV § 1 2
Grenzwert OStrV § 8 2
Grobe Fahrlässigkeit
– Begriff **ArbSchG § 9** 53
Grundanforderungen
– für Arbeitgeber **ArbSchG § 3** 10
Grundbetreuung Syst C 12 f.
Gründe (für Arbeitsschutz-Verbesserung)
– betriebswirtschaftliche **ArbSchG vor § 1** 11
– europarechtliche **ArbSchG vor § 1** 6
– verfassungsrechtliche **ArbSchG vor § 1** 5
– volkswirtschaftliche **ArbSchG vor § 1** 11
Grundgesetz Einl A 9 ff.
Grundpflicht
– behördliche Auflagen **ArbSchG § 16** 36 f.
– Grenzen **ArbSchG § 16** 38
Grundpflichten
– des Arbeitgebers **ArbSchG § 3** 1, 21
– des Arbeitgebers bei Tätigkeiten mit Biostoffen **BiostoffV § 8** 1 ff.
Grundrechte
– Schutzfunktion **Einl A** 21 f.
Grundsatz
– des „ersten Zugriffs" **Syst D** 178
– der Spezialität **ArbSchG § 1** 80
Grundzüge
– des EU-Rechts **Einl B** 8 ff.
Gruppenarbeitsschutz
– integrativer **ArbSchG § 4** 36 ff.

Haftung Syst D 28
Hand-Arm-Vibrationen LärmVibrArbSchV § 4 4
– Begriff **LärmVibrArbSchV § 2** 3
Handeln
– mit allen geeigneten Mitteln **Syst D** 40

fette Zahlen = Paragraphen

Sachverzeichnis

Handelshemmnisse
- Beseitigung **Einl B** 53
Handelsunternehmen ArbSchG § 3 4
Handhabungsbedingung(en) ArbSchG § 5 56
Handlungsanleitung(en) ArbSchG § 6 70
Handlungsspielräume ArbSchG § 5 63
Handwerkskammer ArbSchG § 23 82
Hard- und Software – Ergonomie BildscharbV Einf 5
Harmonisierungsrichtlinien Einl B 50
Hauptzollämter ArbSchG § 23 72
Hausangestellte ArbSchG § 1 6
- in privaten Haushalten **ArbSchG** § 1 66
Haushalt
- Begriff **ArbSchG** § 1 68
Hausrecht ArbSchG § 22 48
Hautkrebs OStrV Einf 6
Hebe- und Tragearbeiten
- Unterweisung **LasthandhabV** § 4 1
Heilbehandlung Syst D 19
Heimarbeiterinnen ArbSchG § 2 120
Heimarbeitnehmer ArbSchG § 1 67
- Beschäftigte **ArbSchG** § 15 16
Heimatsprache ArbSchG § 9 35
Heimwerker ArbSchG § 1 44
Helfer im freiwilligen sozialen Jahr ArbSchG § 2 104
Hersteller ArbSchG § 5 44; **OStrV** § 3 2
Herstellung
- von persönlichen Schutzausrüstungen **PSA-BV Einf** 5 ff.
Hitzebelastung ArbMedVV Anh 52
Hochleistungslaser OStrV Einf 7
Hochschulen ArbSchG § 1 62
Höhe der Beiträge Syst D 34
Hohlraumbauten ArbSchG § 1 75
Hospize ArbSchG § 1 63
Hygienemaßnahmen
- nach der BiostoffV **BiostoffV** § 9 1 ff.
Hygienevorschriften ArbSchG § 4 17

Ich-AG BaustellV § 6 1
ILO-Übereinkommen LärmVibrArbSchV § 2 1
- Nr. 155 über Arbeitsschutz und Arbeitsumwelt **ArbSchG** § 4 10 f.
- Nr. 177 **ArbSchG** § 2 121
Im Freien liegende Arbeitsstätten ArbStättV Anh 47 f.
Immunschutz
- Feststellung **ArbMedVV** § 6 12
Impfangebote ArbMedVV Einf 35

Impfgebot ArbMedVV § 6 9
Impfung
- Einwilligung **ArbMedVV** § 6 10
Indirekte Gefährdung OStrV § 1 1
- Dampf **OStrV** § 1 1
- explosionsfähige Gemische **OStrV** § 1 1
- Gas **OStrV** § 1 1
- Nebel **OStrV** § 1 1
Indirekte Wirkungen
- Begriff **EMFV-E** § 2 4
Industrie- und Handelskammer ArbSchG § 23 82
Industriestandort Deutschland ArbSchG vor § 1 45
Informationsaustausch ArbSchG § 8 14
Informationsbezogener Gefahrenschutz ArbSchG § 9 31 ff.
Ingenieur- und Sachverständigenbüros ArbSchG § 1 56
Inkohärente optische Strahlung OStrV § 2 4; **OStrV** § 6 1
Innerbetriebliche Beschwerde
- Adressat **ArbSchG** § 17 47 ff.
- Berechtigte Beschwerde **ArbSchG** § 17 58 ff.
- erfolgloses Abhilfeverfahren **ArbSchG** § 17 52 ff.
- unberechtigte Beschwerde **ArbSchG** § 17 65
- Vertraulichkeit **ArbSchG** § 17 63
- Vorbehalt der Zumutbarkeit **ArbSchG** § 17 51
Instandhalter
- Gefährdung **ArbSchG** § 5 92
Instandhaltung
- der Arbeitsstätte **ArbStättV** § 4 2 ff.
- Begriffsbestimmung **BetrSichV** § 2 7
Integrativer Gruppenschutz
- für ältere Arbeitnehmer **ArbSchG** § 4 39
- für Behinderte **ArbSchG** § 4 38
- für Jugendliche **ArbSchG** § 4 41
- für Migranten **ArbSchG** § 4 40
- für Schwangere **ArbSchG** § 4 43
Interessenverbände ArbSchG § 1 58
Internationale Organisationen
- Umsetzung deren Beschlüsse **ArbSchG** § 19 10, 16
Inverantwortungnahme
- des Arbeitgebers **ArbSchG vor** § 1 15
- seiner Hilfskräfte **ArbSchG vor** § 1 15
Inverkehrbringen
- von persönlichen Schutzausrüstungen **PSA-BV Einf** 7
Inverkehrbringer ArbSchG § 5 44; **OStrV** § 3 2

1175

Sachverzeichnis

magere Zahlen = Randnummern

Irrtum
- Tatbestandsirrtum **ArbSchG** § 26 20
- Verbotsirrtum **ArbSchG** § 26 20

Jagd- und Fischereibetriebe ArbSchG § 1 55

Jahresberichte
- einheitliche Gestaltung **ArbSchG** § 24 2
- der obersten Landesbehörden über Überwachungstätigkeiten **ArbSchG** § 23 85

Job enlargement BildscharbV § 5 2
Job enrichment BildscharbV § 5 2
Job rotation BildscharbV § 5 2
Jugendarbeitsschutz OStrV § 3 6
- Untersuchungen **ArbSchG** § 11 12

Jugendliche
- besondere Anforderungen beim Lastentragen **LasthandhabV** § 3 2
- besonderer Schutz **ArbSchG** § 4 41
- Biostoffe **BiostoffV** § 2 5

Jugendschutz Einl A 14, 36
Juristische Personen ArbSchG § 2 128; **ArbSchG** § 5 57

Kalkar-Beschluss ArbSchG § 3 17
KAN ArbSchG § 3 58
Kausalitätsprinzip Syst D 49
Kindergärten
- private **ArbSchG** § 1 58

Kirchen
- Ausnahmen **ArbSchG** § 1 77

Kirchenbeamte ArbSchG § 2 61
Kirchenbedienstete ArbSchG § 2 108
Kirchenvertretungen ArbSchG § 1 6
Klage
- vor dem VG **ArbSchG** § 22 171; **Syst D** 155

Klammerfunktion ArbSchG § 1 7
Klein- und Mittelbetriebe ArbMedVV Einf 4; **ArbSchG** § 6 4
- Belastungen **ArbSchG** § 5 7

Kleinbetriebe
- Genehmigung von Ausnahmen **ArbStättV** § 3a 19

Kleinbetriebsbetreuung Syst C 24 ff.
Kleinbetriebsregelung ArbSchG § 6 72
Kleinstbetriebe ArbSchG § 3 48
Klöster ArbSchG § 1 63
Kohärente Strahlung OStrV § 6 1
Kollektive Schutzmaßnahmen
- Formen **ArbSchG** § 4 26 ff.
- Vorrang **ArbSchG** § 4 25 ff.

Kommission „Arbeitsschutz und Normung" ArbSchG § 3 58

Konstruktion und Festigkeit von Gebäuden ArbStättV Anh 2
Kontrollen ArbSchG § 22 4
- anlassbezogene **ArbSchG** § 22 29
- Befähigung eines Beschäftigten **ArbSchG** § 7 52

Konzentrationswirkung
- Ermittlung des Sachverhalts **ArbSchG** § 22 135 ff.
- formelle **ArbSchG** § 22 134

Kopfschmerz(en) BildscharbV Einf 4
Körperimmanente Unterschiede ArbSchG § 1 46
Körperliche Auswirkungen ArbSchG § 1 41
Körperliche Probleme BildscharbV § 3 1
Körperschaden ArbSchG § 6 78
Körperschaften ArbSchG § 1 62
Kosten ArbSchG § 3 49 ff.
- einer Anordnung **ArbSchG** § 22 127
- Erstattung **Syst D** 158, 163

Kostenangabe(n) ArbSchG § 6 67
Kostenbeteiligung
- der Arbeitnehmer **ArbSchG** § 3 50

Krankenhäuser ArbSchG § 1 60
- private **ArbSchG** § 1 58

Krankenkassen ArbSchG § 23 74; **Syst D** 57 f.
Kreisverwaltungsbehörden ArbSchG § 23 76
Kündigung ArbSchG § 7 50
Künstliche optische Strahlung OStrV § 1 1; **OStrV** § 2 2
- Abgrenzung von Arbeitsbereichen **OStrV** § 7 3
- Änderung der Arbeitsverordnung **OStrV Einf** 12
- am Arbeitsplatz **OStrV** § 1 1; **OStrV Einf** 5
- Berechnung **OStrV** § 3 2; **OStrV** § 4 2
- Berechtigte Beschäftigte **OStrV** § 7 3
- besonders gefährdete Personen **OStrV** § 3 6
- Blendung **OStrV** § 3 1
- Brand- und Explosionsgefahr **OStrV** § 3 1
- Dokumentation **OStrV** § 4 3
- Emissionsgrenzwerte **OStrV Einf** 6
- Gefährdung der Beschäftigten **OStrV** § 3 1
- Gefährdungen **OStrV** § 1 1
- Gefährdungsbeurteilung **ArbSchG** § 5 43 ff.
- Grenzwerte **OStrV** § 3 1

fette Zahlen = Paragraphen

Sachverzeichnis

– indirekte Auswirkungen **OStrV § 3** 1
– kurzfristige Schädigungen **OStrV Einf** 6
– langfristige Schädigungen **OStrV Einf** 6
– Messung **OStrV § 3** 2; **OStrV § 4** 2; **OStrV § 5** 1
– öffentliche Belange **OStrV § 1** 3
– Ordnungswidrigkeiten **OStrV § 11** 1
– Schädigungen **OStrV Einf** 6
– Schutzmaßnahmen **OStrV § 7** 1, 2
– Schutzziele **OStrV § 1** 1
Künstliche optische Strahlung-Verordnung
– Dokumentationspflicht **ArbSchG § 6** 43 ff.
– Mitbestimmung **Syst B** 156 ff.
Kurzpausen BildscharbV § 5 2

Laderampen ArbStättV Anh 15
Länderausschuss für Arbeitsschutz und Sicherheitstechnik (LASI) ArbStättV Einf 14
Landesverfassungen Einl A 12 ff.
Landesverwaltung
– mittelbare **ArbSchG § 1** 61
– unmittelbare **ArbSchG § 1** 60
Landtag ArbSchG § 1 60
Landwirtschaftliche Betriebe ArbStättV § 1 6, 9
Lärm ArbStättV Anh 41 f.
– Begriff **LärmVibrArbSchV § 2** 1
– Definitionsübersicht **LärmVArbSchV § 2** 9
Lärm und Vibration
– Auslösewert **LärmVibrArbSchV § 6** 1; **LärmVibrArbSchV § 7** 5
– Gefährdungsbeurteilung **LärmVibrArbSchV § 3** 6; **LärmVibrArbSchV § 8** 4
– unterer Auslösewert **LärmVibrArbSchV § 11** 2
Lärm- und Vibrations-Arbeitsschutzverordnung ArbSchG § 5 48 ff.
– Dokumentationspflicht **ArbSchG § 6** 48 ff.
– Mitbestimmung **Syst B** 139 ff.
– Ordnungswidrigkeiten **ArbSchG § 23** 86 ff.; **LärmVibrArbSchV § 16** 1; **OStrV § 11** 1
– Straftaten **LärmVibrArbSchV § 16** 1; **OStrV § 11** 1
Lärmexposition LärmVibrArbSchV § 7 5
Lärmminderungsprogramm Lärm-VibrArbSchV § 7 5
Lärmschutz
– aktiver **ArbSchG § 4** 26

Lärmschwerhörigkeit LärmVibrArbSchV § 8 2
Laseranwendung OStrV Einf 7
– photothermische Schädigung **OStrV Einf** 7
Laserschutzbeauftragter OStrV Einf 8
– Aufgaben **OStrV Einf** 13
– Bestellung **OStrV § 5** 15 f.
– Fachkunde-Kriterien **OStrV § 5** 14
– Nachweis der Sachkunde **OStrV Einf** 13
– Sanktionskatalog **OStrV Einf** 17 f.
Laserstrahlung OStrV § 2 3; **OStrV Einf** 7
Lastenhandhabungsverordnung
– Anwendungsbereich **LasthandhabV § 1** 1 ff.
– Gefährdungsbeurteilung **ArbSchG § 5** 54
– Kriterien für eine Gefährdung des Beschäftigten (Anhang) **LasthandhabV Anh** 1 ff.
– Mitbestimmung **Syst B** 142 ff.
– Umsetzung in deutsches Recht **LasthandhabV Einf** 10
– Zweck **LasthandhabV Einf** 1 ff.
Latenzzeiten ArbMedVV § 4 4
Leiharbeitnehmer ArbSchG § 8 27, 29; **ArbSchG § 15** 9
– Eingliederung in ein fremdes Unternehmen **ArbSchG § 15** 10
– Schutz **Einl B** 100
– Unterweisungspflicht **ArbSchG § 15** 10
Leiharbeitsverhältnis ArbSchG vor § 1 74
Leitfaden
– Arbeitsschutzmanagement **ArbSchG § 3** 64
Leitgedanke
– gesetzgeberischer **ArbSchG vor § 1** 38
Leitlinien
– zur Arbeitsstättenverordnung (LV 40) **ArbStättV Einf** 14
Leitlinien des europäischen Arbeitsschutzrechts Einl B 101
Leitmerkmalmethode LasthandhabV Anh 4
Lissabon
– Vertrag von **Einl B** 4
Lotterieunternehmen ArbSchG § 1 57
Lüftung ArbStättV Anh 34 ff.

Mainz-Dortmunder-Dosismodell LasthandhabV Anh 2
Maklerbüros ArbSchG § 1 56

1177

Sachverzeichnis

magere Zahlen = Randnummern

Managementsysteme
- Arbeitsschutz **ArbSchG § 3** 54ff.

Mängelbeseitigung
- an der Arbeitsstätte **ArbStättV § 4** 2ff.

Manipulationsverbot
- von Arbeitsmitteln **BetrSichV § 6** 2

Manuelle Handhabung
- Aufgabenübertragung **LasthandhabV § 3** 1
- Definition **LasthandhabV § 1** 3
- technische bzw. organisatorische Maßgaben **LasthandhabV Einf** 11

Marktverkehr ArbStättV § 1 6f.

Maßnahmen ArbSchG § 7 6ff.
- des Arbeitsschutzes **ArbSchG § 1** 35; **ArbSchG § 5** 61; **ArbSchG § 8** 4
- gegen Brände **ArbStättV Anh** 19f.
- Durchführung **ArbSchG § 3** 24
- organisatorische **ArbSchG § 7** 6f.
- Planung **ArbSchG § 3** 24
- technische **ArbSchG § 7** 6f.

Maßregelvollzug ArbSchG § 2 114

Maßstab
- grobe Fahrlässigkeit **ArbSchG § 3** 36

Mehrere Arbeitgeber
- Abstimmung **ArbSchG § 8** 5
- Beschäftigte an einem Arbeitsplatz **ArbSchG § 8** 10ff., 13ff., 16ff.
- Unterrichtung **ArbSchG § 8** 20ff.

Meldepflicht
- Adressat **ArbSchG § 16** 21ff.
- Feststellung durch Beschäftigten **ArbSchG § 16** 16f.
- Form **ArbSchG § 16** 24
- Grenzen **ArbSchG § 16** 18
- qualifizierter Gefahrenbegriff **ArbSchG § 16** 10
- Voraussetzungen **ArbSchG § 16** 9ff.

Meldestelle für Betriebsunfälle ArbSchG § 10 14

Menschengerechte Gestaltung der Arbeit Syst B 11, 25
- von Bildschirmarbeitsplätzen **BildscharbV § 3** 2

Menschenwürde Einl A 32, 33

Messen und Berechnen
- weitergehende Regelungen **OStrV § 5** 4

Messungen
- Stand der Technik **LärmVArbSchV § 4** 3

Miet- oder Pachtverhältnisse ArbSchG § 22 66

Migranten
- besonderer Schutz **ArbSchG § 4** 40

Mikroorganismen
- als biologischer Arbeitsstoff **BiostoffV Einf** 1

Mindestschutzvorschriften
- durch Richtlinien **Einl B** 55

Minimierungsgebot ArbSchG § 4 9; **LärmVibrArbSchV § 7** 1; **OStrV § 7** 1

Mischarbeit BildscharbV § 5 1

Mischverwaltung
- Verbot **ArbSchG § 21** 56; **Syst D** 150

Mitarbeit
- auf familienrechtlicher Grundlage **ArbSchG § 2** 116
- auf gesellschaftlicher Grundlage **ArbSchG § 2** 118
- auf organisationsrechtlicher Grundlage **ArbSchG § 2** 119
- auf vereinsrechtlicher Grundlage **ArbSchG § 2** 117

Mitarbeiterbefragungen
- standardisierte **SystDarst A** 37ff.

Mitbestimmung ArbSchG § 3 39
- arbeitsmedizinische Untersuchungen **ArbMedVV Einf** 17
- Arbeitsmittel **Syst B** 93
- Arbeitsschutzmaßnahmen **Syst B** 36
- Augenuntersuchungen **Syst B** 108
- Auswahlermessen **Syst B** 18
- Bauherr **Syst B** 82f
- besondere Gefahren **Syst B** 42f
- Betriebsbegehungen **Syst C** 30ff.
- Dokumentation **Syst B** 38, 101, 157
- keine Einzelmaßnahme **Syst B** 7, 39
- explosionsgefährdete Bezirke **Syst B** 94
- externe Stellen **Syst B** 7, 53f
- Flucht- und Rettungsplan **Syst B** 67
- freiwillige Mitbestimmung **Syst B** 4
- Gefährdungsbeurteilung **ArbSchG § 5** 98ff.; **Syst B** 31f, 61, 90f, 117f, 140, 150, 156
- Gesundheitsschutz **Syst B** 10f, 58
- Initiativrecht des Betriebsrats **Syst B** 4, 14
- Kostentragung Arbeitgeber **Syst B** 21
- Mitwirkung bei Betriebsärzten und Fachkräften für Arbeitssicherheit **Syst C** 17f.
- Nichtraucherschutz **ArbStättV § 5** 19
- Notfall **Syst B** 46
- Pilotverfahren **Syst B** 35
- psychische Belastungen **Syst B** 34f, 103
- Rahmenvorschrift **Syst B** 8
- Rauchverbot **Syst B** 69f
- Rechtsfolgenseite **Syst B** 9
- Schutzmaßnahmen **Syst B** 36, 126f, 143
- tarifliche Regelung **Syst B** 6
- Unterweisung **Syst B** 50, 131, 141, 147, 159

fette Zahlen = Paragraphen

- Vollzugsverantwortung des Arbeitgebers **Syst B** 19
- Wegfall bei Normvollzug **Syst B** 6
- bei Zugangsbeschränkungen **ArbSchG § 9** 30
- Zuständigkeit BR/GBR **Syst B** 20

Mitteilungen
- an Umweltbehörden **ArbSchG § 23** 31
- an Verfolgungsbehörden **ArbSchG § 23** 28

Mitteilungspflichten ArbSchG § 16 39 ff.
- Adressat **ArbSchG § 16** 44 f.
- der Arbeitgeber **ArbSchG § 23** 1
- Voraussetzungen **ArbSchG § 16** 40 ff.

Mittelbare Bundesverwaltung Syst D 166

Mittelpunkt
- des Arbeitsschutzgesetzes **ArbSchG vor § 1** 56
- des deutschen Arbeitsschutzrechts **ArbSchG § 1** 49

Mitwirkungs- und Duldungspflichten ArbSchG § 22 46 ff., 143
- der Beschäftigten **ArbSchG § 3** 47

Mobbing ArbSchG § 1 18, 41
Müllabfuhr ArbSchG § 1 61
Museen ArbSchG § 1 57
Musiksektor LärmVibrArbSchV § 17 1
Muskel- und Skeletterkrankungen
- als Volkskrankheiten **LasthandhabV Einf** 7

Mütter
- Arbeitsgestaltung und -zeiten **MuSchV § 3** 2
- werdende oder stillende **MuSchV § 3** 2
- werdende oder stillende: Beschäftigungsverbote **MuSchV § 4** 1 ff.

Mutterschutz Einl A 15, 35; **OStrV § 3** 6
Mutterschutzrichtlinie
- Dokumentationspflicht **ArbSchG § 6** 51

Mutterschutz-Richtlinienverordnung ArbSchG § 5 56; **MuSchV Einf** 1
Mutterschutzverordnung
- Mitbestimmung **Syst B** 149 ff.
- Ordnungswidrigkeiten **ArbSchG § 23** 30

Nachlässe Syst D 36
Nacht- und Schichtarbeit Einl A 27, 44
Nachunternehmer
- auf einer Baustelle **BaustellV § 2** 4, 11

Nationale Arbeitsschutzkonferenz ArbSchG § 20a 17; **Syst D** 143
- Arbeitsschutzforum **ArbSchG § 20b** 14 f.
- Aufgaben **ArbSchG § 20b** 7, 10 ff.

Sachverzeichnis

- Geschäftsleitung **ArbSchG § 20b** 17 ff.
- Verfahren **ArbSchG § 20b** 13 ff.
- Ziele **ArbSchG § 20b** 10 ff.
- Zusammensetzung **ArbSchG § 20b** 8 f.

Nationale Präventionsstrategie Syst D 58b
Natur des Betriebes ArbSchG § 1 31; **ArbSchG § 3** 7
Natürliche optische Strahlung OStrV Einf 2
Natürliche Personen ArbSchG § 2 127
Natürliche Quelle OStrV Einf 2
Neue Selbständige
- im Baugewerbe **ArbSchG § 2** 91
- und Dienstleistungen **ArbSchG § 2** 94
- in Fertigungsberufen **ArbSchG § 2** 92
- in Verkehrsbetrieben **ArbSchG § 2** 93
- und Vertriebsvermittler **ArbSchG § 2** 95

New approach PSA-BV Einf 8
Nicht umschlossene Arbeitsstätten ArbStättV Anh 47 f.
Nichtigkeits- und Untätigkeitsklagen Einl B 33
Nichtraucherschutz
- alternative Schutzmaßnahmen **ArbStättV § 5** 9
- im Arbeitsstättenrecht **ArbStättV § 5** 1 ff.
- Einschränkung für Arbeitsstätten mit Publikumsverkehr **ArbStättV § 5** 10 f.
- Grundpflichten des Arbeitgebers **ArbStättV § 5** 5 ff.
- Kündigung bei Verstoß gegen Rauchverbot **ArbStättV § 5** 17
- Maßnahmen **ArbStättV § 5** 6 f.
- Mitbestimmung **ArbStättV § 5** 19
- Rauchverbot **ArbStättV § 5** 8
- Rechte der nichtrauchenden Beschäftigten **ArbStättV § 5** 12 ff.
- Rechte der rauchenden Beschäftigten **ArbStättV § 5** 15 ff.

Nicht-Schutzzwecke
- des Arbeitsschutzgesetzes **ArbSchG § 1** 37 ff.

Normadressat ArbSchG § 25 10, 29, 31, 58, 69
- des § 5 ArbSchG **ArbSchG § 5** 57 ff.

Notausgänge ArbStättV Anh 21 f.
Notfall- und Brandschutzmaßnahmen ArbSchG § 6 71
Notfallmaßnahmen ArbSchG vor § 1 59
- sonstige **ArbSchG § 10** 1 ff.

Notfallübungen ArbSchG § 10 24
Notrufnummern ArbSchG § 10 14
Notstandsmaßnahmen ArbSchG § 22 181

1179

Sachverzeichnis

magere Zahlen = Randnummern

Oberlichter ArbStättV Anh 11
Objektive Ziele
– des Arbeitsschutzes **ArbSchG vor § 1** 8
Öffentliche Sicherheit und Ordnung
– Begriff **ArbSchG § 22** 37
– Störung **ArbSchG § 22** 69
Öffentlicher Dienst ArbSchG § 1 53;
  ArbSchG § 20 1, 5ff.
– Arbeitgeber **ArbSchG § 14** 4
– Beamtenrecht **ArbSchG § 14** 1
– bestimmte Tätigkeiten **ArbSchG § 1** 6
– Unterrichtung und Anhörung der Beschäftigten **ArbSchG § 14** 2ff.
Öffentlicher Verkehr ArbStättV § 1 6, 8
Öffentliches Interesse
– Ausnahmen vom Anwendungsbereich der Arbeitsstättenverordnung **ArbStättV § 1** 12
Öffentlich-rechtliche Pflicht
– zum Arbeitsschutz **ArbSchG § 5** 5
Öffentlich-rechtliche Unternehmen Syst D 169
Optische Strahlung OStrV § 2 1
Ordnungswidrigkeiten ArbMedVV § 10 1; **ArbSchG § 22** 153; **ArbSchG § 25** 111; **BetrSichV § 22**; **BiostoffV § 20**; **BaustellV § 7** 1; **LärmVibrArbSchV § 16** 1; **OStrV § 11** 1; **Syst D** 130, 175
– ArbStättV **ArbStättV § 9** 2f.
– Bedeutung **ArbSchG § 25** 2; *s. auch Geldbuße*
– Geschäfts- und Betriebsgeheimnisse **ArbSchG § 23** 30
– Normadressaten **Syst D** 127
– Tatbestände **Syst D** 125
– bei Verstoß gegen Rechtsverordnung **ArbSchG § 18** 17
– Zuwiderhandeln eines Arbeitgebers gegen eine vollziehbare Anordnung **ArbSchG § 25** 98
– Zuwiderhandeln eines Beschäftigten gegen eine vollziehbare Anordnung **ArbSchG § 25** 107
– Zuwiderhandeln gegen Rechtsverordnungen **ArbSchG § 25** 6ff.
Organisation
– sicherheitsgerechte **ArbSchG § 3** 45
Organisationsfreiheit, unternehmerische Einl A 39
Organisationspflichten
– des Arbeitgebers **ArbSchG § 3** 25ff.; **ArbSchG § 9** 1
– für Inhaber von Klein- und Mittelbetrieben **ArbSchG § 3** 37
Organisationsrisiko ArbSchG § 9 52

Organisationsverschulden ArbSchG § 3 27ff.
Organleihe Syst D 151

Parteien ArbSchG § 1 58
Partizipationsrechte und -pflichten
– der Arbeitnehmervertretungen und Arbeitnehmer **Einl B** 101
Passivrauchen am Arbeitsplatz Einl A 26, 30; **ArbSchG § 20** 37
Pausen- und Erholungsräume ArbStättV § 6 11ff.
Pausenräume ArbStättV Anh 44
Personalinformationssysteme ArbSchG § 1 40
Personalrat
– Unfallverhütung **ArbSchG § 10** 40ff.
Personen
– beauftragte **ArbSchG § 1** 30
Personengesellschaften ArbSchG § 5 57
Personenkreis
– vom Arbeitsschutzgesetz umfasster **ArbSchG § 1** 64
Persönliche Schutzausrüstung
– Begriff **ArbSchG § 15** 57
– persönliche **ArbSchG § 15** 53ff.
Persönliche Schutzausrüstungen ArbSchG § 4 27; **LärmVibrArbSchV § 1** 3; **OStrV § 1** 3
– Anforderungen **PSA-BV § 2** 1ff.
– Definition **PSA-BV § 1** 3
– Kostenbeteiligung **PSA-BV § 2** 2
– Richtlinien für die Arbeitsmittelsicherheit **PSA-BV Einf** 3ff.
– Wartung **PSA-BV § 2** 5
Persönliche-Schutzausrüstungen-Benutzungsverordnung
– Mitbestimmung **Syst B** 154ff.
Persönlichkeitsschutz ArbSchG § 1 38
Pflegedienste ArbSchG § 1 56
Pflegeeinrichtungen ArbSchG § 1 63
Pflegekräfte
– arbeitsvertragliche Grundlage **ArbSchG § 2** 109
– vereinsrechtliche Grundlage **ArbSchG § 2** 110
Pflichten der Beschäftigten ArbSchG § 8 37; **ArbSchG vor § 1** 60
– zur Herausgabe von Unterlagen **ArbSchG § 22** 22
Pflichten des Entleihers ArbSchG § 8 7
Pflichten des Verleihers ArbSchG § 8 7
Pflichten des Arbeitgebers ArbSchG § 8 6, 35; **ArbSchG § 13** 71ff.; **ArbSchG vor § 1** 53

fette Zahlen = Paragraphen

Sachverzeichnis

Pflichten Dritter
- nach sonstigen Rechtsvorschriften **ArbSchG § 1** 85

Pflichtendelegation
- auf nachgeordnete Mitarbeiter **ArbSchG § 13** 69

Pflichtenübertragung
- auf sonstige Beauftragte (Voraussetzungen) **ArbSchG § 13** 52ff.

Pflichtuntersuchungen ArbMedVV § 4 1; **ArbSchG § 11** 9
- Vorsorgebescheinigung **ArbMedVV Einf** 30

Pflichtverletzungen ArbSchG § 25 11
- Rechtsfolgen **ArbSchG § 13** 80ff.

Phototoxische Reaktion OStrV Einf 6

Physikalische Einwirkungen OStrV Einf 1
- elektromagnetische Felder **OStrV Einf** 1
- Lärm **OStrV Einf** 1
- optische Strahlung **OStrV Einf** 1
- Vibrationen **OStrV Einf** 1

Physikalische Schadfaktoren ArbSchG § 5 56

Physikalische Vorgänge ArbSchG § 5 50

Physische Fehlbelastungen ArbSchG § 4 24

Planung
- und Durchführung von Maßnahmen **ArbSchG § 3** 46

Politische Selbstverwaltung Syst D 157

Polizei ArbSchG § 23 80; **BildscharbV § 1** 6

Polizeivollzugsaufgaben ArbSchG § 20 21

Postzustellungsurkunde ArbSchG § 22 118

Praktika
- betriebliche **ArbSchG § 2** 72

Praktikanten ArbSchG § 2 68, 106

Prävention Einl B 101
- von Arbeitsunfällen **Syst D** 38
- Präventionsstrategie **Syst D** 58 b

Prävention, allgemeine Grundsätze
- Adressaten **ArbSchG § 4** 1
- Anforderungen **ArbSchG § 4** 14f.
- Gefahrbegriff **ArbSchG § 4** 7
- Gemeinschaftsrecht **ArbSchG § 4** 3
- Minimierungsgebot **ArbSchG § 4** 9
- Sicherheitskonzept **ArbSchG § 4** 10f.

Präventionsauftrag
- der Unfallversicherungsträger **ArbSchG vor § 1** 88

Präventionspolitik
- Grundlagen **ArbSchG § 4** 6ff.

Präventionsverfahren SystDarst A 68ff.
- für schwerbehinderte Beschäftigte **SystDarst A** 69

Präventive Beurteilung
- der Belastungen durch Bildschirmarbeit **BildscharbV § 3** 3

Primärprävention ArbMedVV Einf 4; **ArbSchG § 4** 29
- Präsenz des Betriebsarztes **ArbMedVV Einf** 5

Prinzip
- „1:1-Umsetzung" **ArbSchG vor § 1** 43
- des geringstmöglichen Eingriffs **ArbSchG § 22** 85

Privatschulen ArbSchG § 1 57

Privilegierung
- für Kleinbetriebe **ArbSchG vor § 1** 56

Probenahmen ArbSchG § 22 44

Produktsicherheitsrecht
- europäische Harmonisierung **PSA-BV Einf** 6

Prozess- und Ergebniskontrolle ArbSchG § 3 61

Prüfpflichtige Änderung
- Begriffsbestimmung **BetrSichV § 2** 9

Prüfung
- Begriffsbestimmung **BetrSichV § 2** 8

Prüfungsbefähigte Personen
- Begriffsbestimmung **BetrSichV § 2** 6

Prüfungsrechte ArbSchG § 22 42ff.

Prüfungsunterlagen
- Aufbewahrung **OStrV § 5** 17

Prüfzeichen BildscharbV § 4 5

PSA-Benutzungsverordnung
- Anwendungsbereich **PSA-BV § 1** 1ff.
- Zweck **PSA-BV Einf** 1ff.

Psychische Belastungen ArbSchG § 5 23, 80; **BildscharbV § 3** 1; **SystDarst A** 3
- Beispiel **SystDarst A** 50ff.
- Belastungsfaktoren **SystDarst A** 33
- Definition **SystDarst A** 30
- Gefährdungen **SystDarst A** 35
- Individuell personenbezogene **SystDarst A** 61ff.
- Inhalte **SystDarst A** 32ff.

Psychische Störungen SystDarst A 4f.
- Beispiele **SystDarst A** 92ff.
- im Arbeitsleben **SystDarst A** 87ff.

Qualifikationsmatrix ArbSchG § 7 41

Qualifizierte Gefahr
- verschiedene Stufen **ArbSchG § 9** 13

Qualitätssicherung ArbSchG § 3 56

Sachverzeichnis

magere Zahlen = Randnummern

RAB BaustellV Einf 14
Rahmengebühr ArbSchG § 22 129
Rahmenrichtlinie 89/391/EWG
- Ziel Einl B 84
Raumbezogener Gefahrenschutz ArbSchG § 9 20ff.
Räumlicher Geltungsbereich ArbSchG § 1 14; ArbSchG § 22 126ff.
- Anordnungen ArbSchG § 22 126
Raumtemperatur ArbStättV Anh 34ff.
Recht auf Einsicht ArbSchG § 22 25
Rechte
- der Beschäftigten ArbSchG vor § 1 60, 62
Rechtliche Selbstverwaltung Syst D 157
Rechtsanwalts- und Notarskanzleien ArbSchG § 1 56
Rechtsbehelf ArbSchG § 22 155
- formloser ArbSchG § 22 175ff.
Rechtsbehelfsbelehrung ArbSchG § 22 169
Rechtsetzungsbefugnis
- der EU im Arbeitsschutzrecht Einl B 8ff.
Rechtsetzungsverfahren
- in der EU Einl B 16
Rechtskraft
- Wirkung Syst D 184
Rechtssicherheit ArbMedVV § 1 1
Rechtsverordnungen ArbSchG § 5 8ff.; ArbSchG § 18 1
- Umsetzung von Beschlüssen internationaler Organisationen ArbSchG § 19 7ff.
- Umsetzung von EU.Rechtsakten ArbSchG § 19 1
- Umsetzung von zwischenstaatlichen Vereinbarungen ArbSchG § 19 10
- Verfahren zum Erlass ArbSchG § 18 10ff.
- Verstoß ArbSchG § 18 17
- Vollzug ArbSchG § 18 16
Rechtsvorschriften OStrV § 10 3
- sonstige i.S.d. ArbSchG ArbSchG § 2 140; Syst D 63
Rechtszersplitterung ArbSchG § 1 51
Regeln der Technik
- in Bezug auf PSA PSA-BV § 3 3
Regeln zum Arbeitsschutz auf Baustellen BaustellV Einf 14
Regelungssystematik des Arbeitsschutzrechts ArbSchG vor § 1 41
Regiebetriebe ArbSchG § 1 53
Regierungsentwurf ArbSchG § 22 2
Rehabilitation
- soziale Syst D 21
Reinigung
- der Arbeitsstätte ArbStättV § 4 6ff.

Reisegewerbe ArbStättV § 1 6f.
Renten Syst D 22
Rentenlastausgleich Syst D 37
Rentenversicherung
- Träger ArbSchG § 23 74
Rentenzahlungen LasthandhabV Einf 5
Rettungskette ArbSchG § 10 15
Rettungstransport ArbSchG § 10 19
Revision ArbSchG § 22 174
Revisionsschreiben ArbSchG § 22 84
Richter ArbSchG § 20 2
Richterverhältnis ArbSchG § 2 62
Richtlinien
- für Arbeitsstätten (ASR) ArbStättV Einf 12f.
Richtlinienkonforme Auslegung
- Grundsatz Einl B 2, 21, 24ff.
Risikogruppen
- für biologische Arbeitsstoffe BiostoffV § 3 1
Rückgriff des Unfallversicherungsträgers Syst D 30
Ruhepausen BildscharbV § 5 2
Rundfunk- und Fernsehveranstalter ArbSchG § 1 57
RVO ArbSchG vor § 1 87

Sachgüter- und Vermögensschutz ArbSchG § 1 42
Sachkunde ArbSchG § 7 61, 63
Sachlicher Geltungsbereich ArbSchG § 1 12
Sachverständige ArbSchG § 22 141
- Anhörung (vor Erlass einer Verordnung) ArbSchG § 18 13
Sanitärräume ArbStättV § 6 3ff.; ArbStättV Anh 41
- Sonderregelung für Arbeiten im Freien und Baustellen ArbStättV § 6 10
Sanitätsräume ArbSchG § 10 17
Schaden
- schwerer ArbSchG § 9 11
Schadensersatzanspruch ArbSchG § 20 55
- bei Verstoß gegen Aufklärungs- und Anhörungspflichten ArbSchG § 14 33
Schadensersatzpflicht
- gegen den Mitgliedstaat Einl B 22
- bei nicht korrekter Umsetzung Einl B 22
Schadenswahrscheinlichkeit
- Grad der hinreichenden ArbSchG § 9 13
Schalldruckpegel LärmVibrArbSchV § 8 2
Schallimpulse LärmVibrArbSchV § 2 2
Schneller Brüter ArbSchG § 3 17
Schriftform ArbSchG § 3 9

fette Zahlen = Paragraphen

Sachverzeichnis

Schulen Syst D 78
Schulhoheitsträger ArbSchG § 3 11
Schutz von Leben und körperlicher Unversehrtheit Einl A 23 ff.
Schutz vor Absturz ArbStättV Anh 17 f.
Schutz vor herabfallenden Gegenständen ArbStättV Anh 17 f.
Schutzausrüstung
– zum Schutz vor biologischen Arbeitsstoffen **BiostoffV** § 8 8 f.
Schutzmaßnahmen ArbSchG § 7 4; **LärmVibrArbSchV** § 1 3; **OStrV** § 3 7
– bei der Gefährdung durch Energien, Ingangsetzen und Stillsetzen **BetrSichV** § 8 1
– Beschäftigter **ArbSchG** § 7 5
– bei gefährlichen Arbeiten **ArbSchG** § 7 40
– Gesundheit **ArbSchG** § 7 43, 45, 58, 66
– individuelle **PSA-BV Einf** 3
– Sicherheit **ArbSchG** § 7 43, 58, 66
Schutzmaßnahmen, kollektive
– Formen **ArbSchG** § 4 26 ff.
– Vorrang **ArbSchG** § 4 25 ff.
Schutzmittel
– kollektiv wirkende technische **PSA-BV Einf** 2
Schutzstufe
– Begriff nach der Biostoffverordnung **BiostoffV** § 2 17
– Tätigkeiten mit Schutzstufenzuordnung **BiostoffV** § 5 1 ff.
– Tätigkeiten ohne Schutzstufenzuordnung **BiostoffV** § 6 1 f.
Schutzsystem
– Defekt **ArbSchG** § 16 13 ff.
Schutzvorrichtungen ArbSchG § 15 53 ff.
– Rechtsbegriff **ArbSchG** § 15 56
Schutzwürdiger Personenkreis bei künstlich optischer Strahlung OStrV § 2 11
– Doktorand **OStrV** § 2 11
– Forschungsstipendiat **OStrV** § 2 11
– Gastwissenschaftler **OStrV** § 2 11
– Praktikant **OStrV** § 2 11
Schutzziele ArbSchG vor § 1 8
– der Arbeitsstättenverordnung **ArbStättV** § 1 2
Schwangere
– Auswirkungen der Arbeitsbedingungen **MuSchV** § 3 1
– besondere Risiken **MuSchV Einf** 2
– besonderer Schutz **ArbSchG** § 4 43
– Biostoffe **BiostoffV** § 2 5

Schwarzarbeit ArbSchG § 23 67
Schweißarbeiten OStrV Einf 7
Schwimmbäder ArbSchG § 1 61
Seeschiffe ArbSchG § 1 6, 70
Sehbeschwerden BildscharbV § 6 1
Sehhilfen ArbMedVV Anh 69
– für Bildschirmarbeitsplätze **ArbSchG** § 3 51
Sehtest BildscharbV § 6 1
Sehvermögen ArbSchG § 5 23; **BildscharbV** § 3 1
Sekten ArbSchG § 1 63
Sekundärprävention ArbMedVV Einf 4; **ArbSchG** § 4 29
Selbständige
– Arbeitsschutz **Einl B** 56
– neue, im Baugewerbe **ArbSchG** § 2 91
– neue, in Fertigungsberufen **ArbSchG** § 2 92
– neue, in Verkehrsbetrieben **ArbSchG** § 2 93
– neue, und Dienstleistungen **ArbSchG** § 2 94
– neue, und Vertriebsvermittler **ArbSchG** § 2 95
Selbsthilfe
– der Beschäftigten im Arbeitsschutzrecht **ArbSchG** § 9 40
Selbstverwaltung Syst D 31
SGB VII ArbSchG vor § 1 87; **Syst D** 4
Sicherheit ArbSchG § 7 43; **ArbSchG** § 8 32 ff.
– Begriff **ArbSchG** § 1 21
– der Beschäftigten **LasthandhabV** § 1 1
– und Gesundheitsschutz **ArbSchG** § 1 16 ff.
Sicherheit und Gesundheit
– des arbeitenden Menschen **LasthandhabV** § 1 1; **PSA-BV** § 1 3; **PSA-BV Einf** 1
Sicherheits- und Gesundheits-Koordinatoren
– Bestellung **BaustellV** § 3 2 f.
– Eignung **BaustellV** § 3 6
– Pflichten **BaustellV** § 3 8
Sicherheits- und Gesundheitsschutzkennzeichnung ArbStättV Anh 7 f.
Sicherheits- und Gesundheitsschutzplan BaustellV § 2 10 ff.
– wichtige Inhalte **BaustellV** § 2 17
Sicherheitsanweisungen ArbSchG § 4 31
Sicherheitsausschuss Syst D 112
Sicherheitsbeauftragte ArbSchG § 6 5; **Syst D** 70, 105
– Aufgaben **Syst D** 105

1183

Sachverzeichnis

magere Zahlen = Randnummern

- Bestellung **Syst D** 107
- erforderliche Anzahl **Syst D** 109
- **Sicherheitseinrichtungen an der Arbeitsstätte**
- Wartung und Prüfung **ArbStättV** § 4 8 f.
- **Sicherheitsfachkraft ArbSchG** § 6 61
- **Sicherheitsgerechte Organisation ArbSchG** § 3 45
- **Sicherheitskonzept ArbSchG** § 4 10 f.
- **Sicherungsschlüssel**
- nicht abgezogene **ArbSchG** § 3 36
- **Sichtverbindung**
- nach außen **ArbStättV Anh** 31 ff.
- **SiGe-Koordinatoren BaustellV Einf** 11
- **SiGe-Plan BaustellV Einf** 11
- **Sittliches Empfinden ArbSchG vor** § 1 13
- **Sofortvollzug ArbSchG** § 22 180
- **Soldaten ArbSchG** § 2 63; **ArbSchG** § 20 2
- **Sollvorschriften**
- Auslegung **ArbSchG** § 1 4
- **Sonstige Arbeitsbereiche ArbStättV** § 2 5
- **Sonstige Arbeitsmittel BildscharbV Anh**
- **Sozialabgaben**
- Vorenthaltung **ArbSchG** § 23 70
- **Sozialdumping ArbSchG vor** § 1 48
- **Soziale Grundrechte Einl A** 4, 7, 9 ff., 12
- **Sozialpartner**
- Mitwirkung in nationaler Arbeitsschutzkonferenz **ArbSchG** § 20b 12
- **Sozialpolitische Aktionsprogramme**
- der EU/EG **Einl B** 65 ff.
- **Sozialstaatsprinzip Einl A** 19 f.
- **Sozialversicherung Landschaft, Forsten und Gartenbau Syst D** 58d
- **Sozialversicherungsträger ArbSchG** § 23 74
- **Spezialität**
- Grundsatz **ArbSchG** § 1 8
- **Spezielle Sehhilfen BildscharbV** § 6 1
- **Spielraum**
- für die Situation der Betriebe **ArbSchG vor** § 1 42
- **Spitzenschalldruckpegel LärmVibrArbSchV** § 2 1; **LärmVibrArbSchV** § 6 1
- **Sportausrüstung**
- von Profisportlern **PSA-BV** § 1 4
- **Sportverbände ArbSchG** § 1 58
- **Staatsanwaltschaft ArbSchG** § 23 81
- **Staatsbrauereien ArbSchG** § 1 59
- **Stand der Arbeitsmedizin ArbMedVV** § 9 3

Stand der Technik ArbSchG § 3 13, 15; **ArbSchG** § 4 14 f.; **ArbSchG** § 6 50; **BiostoffV** § 3 16; **OStrV** § 4 2
- Begriffsbestimmung **BetrSichV** § 2 10
- künstliche optische Strahlung **OStrV** § 2 10
- Lärm und Vibration **LärmVibrArbSchV** § 2 5; **LärmVibrArbSchV** § 4 2

Stand von Wissenschaft und Technik ArbSchG § 3 15
Standardisierte Beurteilung ArbSchG vor § 1 56
Ständige Aufgabe Arbeitsschutz ArbSchG § 1 4
Standpunkt
- Gemeinsamer **ArbSchG** § 3 63

Status-Quo-Gebot ArbSchG § 1 33
Steag-Entscheidungen ArbSchG § 3 18
Steigeisengänge ArbStättV Anh 16
Steigleitern ArbStättV Anh 16
Steuerberater- und Wirtschaftsprüferkanzleien ArbSchG § 1 56
Steuerhinterziehung ArbSchG § 23 70
Stichprobenerhebungen ArbSchG § 5 51
Stiftungen ArbSchG § 1 62
- des Privatrechts **ArbSchG** § 1 57

Stillende Mütter ArbSchG § 5 56
- Ruhegelegenheiten **ArbStättV** § 6 20 f.

Störfallverordnung ArbSchG § 3 29
Strafgefangene ArbSchG § 2 112
- jugendliche **ArbSchG** § 2 113

Straftaten ArbMedVV § 10 1; **ArbSchG** § 26 1 ff.; **ArbStättV** § 9 4; **BetrSichV** § 23; **BiostoffV** § 21; **LärmVibrArbSchV** § 16 1; **OStrV** § 11 1
Strahldichte OStrV § 2 8
Strategischer Rahmen der EU Einl B 76
Subsidiaritätsprinzip Einl B 18
Synopse Rahmenrichtlinie – ArbSchG Einl B 103

Tabakrauch ArbSchG § 20 37
Tages-Lärmexpositionspegel LärmVibrArbSchV § 2 1; **LärmVibrArbSchV** § 6 1
Tarifverträge ArbMedVV § 3 6; **ArbMedVV Einf** 17
Täterschaft ArbSchG § 26 7, 14 f.
Tätigkeiten
- im Bildungswesen **ArbSchG** § 2 98
- gezielte **BiostoffV** § 2 9
- im Medienbereich **ArbSchG** § 2 97
- im Rahmen einer Arbeitstherapie **ArbSchG** § 2 111

fette Zahlen = Paragraphen

Sachverzeichnis

Tätigkeiten mit atemwegssensibilisierenden Gefahrstoffen ArbMedVV Anh 25
Tätigkeiten mit biologischen Arbeitsstoffen ArbMedVV Anh 33 ff.
Tätigkeiten mit Gefahrstoffen ArbMedVV Anh 3
Tätigkeiten mit hautsensibilisierenden Gefahrstoffen ArbMedVV Anh 25
Tätigkeiten mit krebserzeugenden Stoffen
− Angebotsuntersuchungsvorschrift **ArbMedVV Einf 21**
− Arbeitsplatzgrenzwert **ArbMedVV Einf 6**
− Pflichtberatung **ArbMedVV Einf 29**
− Pflichtvorsorge **ArbMedVV Einf 23**
Tätigkeiten mit physikalischen Einwirkungen ArbMedVV Anh 51 ff.
Tauglichkeits- und Eignungsuntersuchungen ArbSchG § 11 13
Technische Normen
− für persönliche Schutzausrüstungen **PSA-BV Einf 8**
Technische Regeln ArbSchG § 4 21
Technische Regeln für Arbeitsstätten ArbStättV Einf 12 ff.
− Bekanntmachung **ArbStättV § 7 10**
Technische Regeln für biologische Arbeitsstoffe BiostoffV § 19 5 f.
Technische Regeln für Gefahrstoffe BiostoffV § 4 3
Technische Schutzmaßnahmen
− Vorrang vor organisatorischen Schutzmaßnahmen **BetrSichV § 4 2**
Technische und organisatorische Schutzmaßnahmen OStrV § 1 3
Technischer Aufsichtsdienst ArbSchG § 6 5
Teilnahme ArbSchG § 26 14 f.
Telearbeit ArbSchG § 1 66; ArbSchG § 2 99
Telearbeitsplatz BildscharbV Einf 3
Tendenzbetriebe ArbSchG § 1 77
Territorialitätsprinzip ArbSchG § 1 14
Theater ArbSchG § 1 57
Theorie
− der wesentlichen Bedingung **ArbSchG § 2 19**
Thermische Netzhautschäden OStrV Einf 6
Thermische Verbrennung OStrV Einf 6
Tod
− des Arbeitnehmers **ArbSchG § 6 78**
Toilettenräume ArbStättV § 6 4
Tore ArbStättV Anh 12

Toxine BiostoffV § 2 7
Transformationsprinzip ArbSchG vor § 1 63
Trendstudie Betriebliches Gesundheitsmanagement SystDarst A 11
Türen ArbStättV Anh 12

Überbelastung
− dienstliche **ArbSchG § 20 42 ff.**
Überbetriebliche Dienste
− Anschlusszwang **Syst D 118**
− Datenschutz **Syst D 117**
− Einrichtung **Syst D 116**
Überlassung von Unterlagen ArbSchG § 22 14 ff.
Überlastung
− akute und chronische **ArbMedVV Anh 63**
Überprüfung
− Aufgaben **ArbSchG § 7 35 f.**
− Beschäftigter **ArbSchG § 7 51**
Übertragung der Arbeitsschutzpflichten ArbSchG § 13 7
Überwachung ArbSchG § 22 4
Überwachungsaufwand ArbSchG § 1 66
Überwachungsbedürftige Anlagen
− Einbeziehung anderer Personen **BetrSichV § 1 1 f**
− Gleichstellung von Betreibern **BetrSichV § 2 3 f.**
Überwachungspflichten ArbSchG § 13 77; Syst D 87
Überwachungsstellen
− zugelassene **BetrSichV § 2 14**
Umgestaltung
− des deutschen Arbeitsschutzsystems **ArbSchG vor § 1 2**
Umkleideräume ArbStättV § 6 7
Umlaufverfahren ArbSchG § 18 11
Umschüler ArbSchG § 2 70
Umstände
− die Sicherheit und Gesundheit bei der Arbeit beeinträchtigen **ArbSchG § 3 22**
Umweltinformationsgesetz ArbSchG § 23 50
Umweltkriminalität ArbSchG § 3 27
Umweltschutzorganisationen ArbSchG § 1 58
Umweltschutzrecht
− Gleichschaltung mit dem deutschen **ArbSchG § 3 13**
Unauffällige Beschäftigte ArbSchG § 7 55
Unfall
− Arbeitgeberpflichten **BiostoffV § 13 3 ff.**

Sachverzeichnis

magere Zahlen = Randnummern

- Biostoffverordnung **BiostoffV § 13** 1 ff.
- Definition **ArbSchG § 2** 12
- Rettungsvorsorge **BetrSichV § 11** 2

Unfallanzeige Syst D 26
Unfallmeldung ArbSchG § 6 73
Unfallstatistik
- Arbeitsunfälle beim Umgang mit Lasern **OStrV Einf** 15

Unfallverhütung
- Beteiligung von Betriebs- oder Personalrat **ArbSchG § 10** 40ff.

Unfallverhütungsrecht
- berufsgenossenschaftliches **ArbSchG § 13** 15f.

Unfallverhütungsvorschriften ArbMedVV Einf 2, 4; **ArbSchG § 7** 65ff.; **ArbSchG § 8** 38ff.; **OStrV Einf** 8; **Syst D** 59ff.
- Unterweisung **ArbSchG § 12** 19ff.

Unfallversicherung
- Aufgabe der gesetzlichen **Syst D** 32, 38
- Modernisierung **ArbSchG § 20b** 1
- Wesensmerkmale **Syst D** 2f.

Unfallversicherung des Bundes Syst D 79, 139a
Unfallversicherungseinordnungsgesetz ArbSchG vor § 1 87; **Syst D** 4
Unfallversicherungsträger ArbMedVV § 5 3; **ArbSchG § 23** 75; **Syst D** 31, 123
- Anordnungen **Syst D** 88
- arbeitsmedizinischer Dienst **Syst C** 27
- Beratungstätigkeiten **ArbSchG § 21** 30
- gesetzlicher **ArbSchG § 21** 26
- Rückgriff **Syst D** 30
- Überwachungspflichten **Syst C** 31a
- Zusammenarbeit der zuständigen Landesbehörden **ArbSchG § 21** 32ff.

Unionsgrundrechte Einl A 57
Universal Design ArbSchG § 4 38f.
Universalgeltungsprinzip ArbSchG § 1 52
Unmittelbarer Arbeitsort ArbStättV § 2 5
Unmittelbarer Zwang ArbSchG § 22 186c
Unmöglichkeit
- einer Anordnung **ArbSchG § 22** 65

Unterer Auslösewert LärmVibrArbSchV § 11 2
Unterkünfte ArbStättV § 6 24ff.; **ArbStättV Anh** 46

Unterlagen
- Einsicht in geschäftliche **ArbSchG § 22** 14
- Einsichtnahme **ArbSchG § 22** 41a
- Verlangen **ArbSchG § 22** 17

Unternehmensberater ArbSchG § 1 56
Unternehmenskategorien ArbSchG § 6 1
Unternehmensleiter ArbSchG § 13 43
Unternehmer Syst D 32
Unternehmermodell Syst C 24ff.
Unterrichtungspflichten ArbSchG vor § 1 57
- des **§ 14 Abs. 1 ArbSchG § 14** 11ff.
- Betriebsanweisung **BiostoffV § 14** 2
- des Arbeitgebers **BiostoffV § 17** 1ff.
- für den Bereich der Biostoffe **BiostoffV § 14** 1ff.
- Inhalt **BiostoffV § 17** 1ff.
- nach der MuSchRiV **MuSchV § 2** 1ff.
- der Versicherten **Syst D** 74
- Verstoß des Arbeitgebers gegen Anhörungs- und – **ArbSchG § 14** 31ff.

Untersagungsanordnung ArbSchG § 22 99ff.
Untersuchungen ArbMedVV § 2
- Angebotsuntersuchungen **ArbMedVV Einf** 14
- Anlass **ArbMedVV § 9** 4
- Duldungspflicht **ArbMedVV § 2** 6
- Einwilligung **ArbMedVV § 2** 7
- Fristen **ArbMedVV § 9** 4
- Pflichtuntersuchungen **ArbMedVV Einf** 14
- Vorsorgeuntersuchungen **ArbMedVV Einf** 9
- Wunschuntersuchung **ArbMedVV § 9** 5

Untersuchungsangebot ArbMedVV § 5 3
Untersuchungsanlass
- Arbeiten mit Absturzgefahr **ArbMedVV Einf** 13
- Fahr-, Steuer- und Überwachungstätigkeiten **ArbMedVV Einf** 13

Untersuchungsergebnis ArbMedVV § 3 6; **ArbSchG § 6** 13
Untersuchungsgrundsatz ArbSchG § 22 136
Untersuchungszwang
- der Beschäftigten **ArbMedVV Einf** 25

Unterweisung LärmVibrArbSchV § 11 3; **OStrV § 8** 2; **OStrV § 10** 1
- Art und Eignung **ArbSchG § 12** 25
- bei bestimmten Tätigkeiten **ArbSchG § 12** 11ff.
- Inhalt **OStrV § 8** 9
- Laserstrahlung **OStrV § 8** 6ff.
- Teilnahmepflicht **ArbSchG § 12** 28

Unterweisungsinhalte ArbSchG § 12 24ff.

fette Zahlen = Paragraphen

Sachverzeichnis

Unterweisungspflicht ArbSchG
vor **§ 1** 57
– allgemeine **ArbSchG § 12** 2ff.
– des Arbeitgebers nach der PSA-BV
PSA-BV § 3 1ff.
– bei Arbeitnehmerüberlassung **ArbSchG § 12** 8
– speziell geregelte **ArbSchG § 9** 25
Unterweisungsschritte ArbSchG § 12 21f.
Urproduktion ArbSchG § 1 55
UVEG ArbSchG vor **§ 1** 87
UVV „See" ArbSchG § 1 71

Verantwortliche Personen
– Kreis **ArbSchG § 13** 17ff.
Verantwortung
– im Betrieb **ArbSchG** vor **§ 1** 58
– für Maßnahmen der Ersten Hilfe, Brandbekämpfung und Evakuierung **ArbSchG § 10** 1
– öffentlich-rechtliche **ArbSchG § 13** 2
– straf- und ordnungswidrigkeitenrechtliche **ArbSchG § 13** 3
– Umfang und Grenzen **ArbSchG § 13** 63ff.
– des Unternehmers **Syst D** 81
– zivilrechtliche **ArbSchG § 13** 4
Verbandskästen ArbSchG § 10 18
Verbesserung ArbSchG § 1 32
– der Arbeitsumwelt **ArbSchG § 1** 27
Verbot der Doppelbestrafung Syst D 185f.
Verbraucher- und Umweltschutz ArbSchG § 1 44
Verbraucherorganisationen ArbSchG § 1 58
Verdacht ArbSchG § 22 29
Vereine ArbSchG § 1 58
Verfahrensordnung
– des EuGH **Einl B** 37
Verfassungsbeschwerde Einl B 42; **ArbSchG § 22** 174
Verfügbarkeit
– der Dokumentationsunterlagen **ArbSchG § 6** 60
Vergabestellen
– Bauämter **ArbSchG § 23** 78
Verhaltensprävantation SystDarst A 29
Verhältnismäßigkeit ArbSchG § 22 7
– im engeren Sinne **ArbSchG § 22** 85
Verhältnismäßigkeitserwägungen ArbSchG § 5 65
Verhältnismäßigkeitsgrundsatz Einl A 40; **ArbSchG § 8** 6; **ArbSchG § 22** 85ff.

Verhältnisprävantation SystDarst A 28
Verhältnisprävention ArbSchG § 4 25
Verhütung
– arbeitsbedingter Gesundheitsgefahren **ArbSchG § 2** 15; **Syst D** 42ff.
Verjährung ArbSchG § 26 24
Verkehrsbetriebe ArbSchG § 1 60
Verkehrsmittel BildscharbV § 1 4
Verkehrswege ArbStättV Anh 13
Vermeidung von Gefährdungen
– der Versicherten **Syst D** 84
Vermutungswirkung LärmVibrArbSchV § 12 1; **OStrV § 9** 1
Verordnungen
– zum Arbeitsschutzgesetz **ArbSchG** vor **§ 1** 76
Verordnungsermächtigungen ArbSchG vor **§ 1** 64
Verschwiegenheitspflicht
– gewerbeaufsichtliche **ArbSchG § 23** 4ff.
Versicherte
– kraft Gesetzes **Syst D** 5
– Personen **Syst D** 5
– kraft Satzung **Syst D** 10
Versicherungsunternehmen ArbSchG § 1 57
Versuch ArbSchG § 26 21
Versuchstierhaltung
– zusätzliche Schutzmaßnahmen **BiostoffV § 10** 1ff.
Vertrag über die Arbeitsweise der Europäischen Union
– Arbeitsschutz **Einl B** 3
Vertragsverletzungsverfahren Einl B 33, 38
Vertretungsberechtigte Gesellschafter
– von Personenhandelsgesellschaften **ArbSchG § 13** 32ff.
Vertretungsberechtigte Organe
– juristischer Personen **ArbSchG § 13** 26ff.
Verwaltungsakt ArbSchG § 22 10
Verwaltungsgericht
– Klage **ArbSchG § 22** 171ff.
Verwaltungshandeln
– sachliches **ArbSchG § 22** 10
Verwaltungsverfahren OStrV § 10 3
Verwaltungsverfahrensgesetz ArbSchG § 22 3
Verwaltungsvorschriften ArbSchG § 22 86
Verwaltungszwangsverfahren ArbSchG § 22 185
Verwarnungsgeld ArbSchG § 23 115
Verwertungsverbot ArbSchG § 22 26
Verzahnungseffekt ArbSchG § 1 11

Sachverzeichnis

magere Zahlen = Randnummern

Verzicht
- des Beschäftigten auf Unterrichtung **ArbSchG § 14** 19

Vibrationen
- Begriff **LärmVibrArbSchV § 2** 3
- Definitionsübersicht **LärmVArbSchV § 2** 10

Vollzug ArbSchG § 22 1
Vollzugsbehörde OStrV § 10 1
Vorabentscheidungsverfahren Einl B 33f., 40ff.
Vorankündigung von Bauvorhaben ArbSchG § 6 20; **BaustellV Anh I**
- Einrichtung einer Baustelle **BaustellV § 2** 5
- Muster **BaustellV § 2** 5
- Pflicht **BaustellV § 2** 5

Vorlageverweigerung ArbSchG § 22 22
Vorrang
- kollektiver vor individuellen Schutzmaßnahmen **PSA-BV Einf** 15
- der staatlichen Rechtsetzung **Syst D** 62

Vorsatz ArbSchG § 25 109
Vorsorgebescheinigung ArbSchG § 11 3; **ArbMedVV Einf** 30
Vorsorgekartei ArbMedVV § 4 3; **ArbMedVV § 3** 8ff.; **ArbSchG § 6** 12; **ArbSchG § 11** 27a
- Angaben der Ärzte **ArbMedVV § 6** 16

Vorsorgeuntersuchungen ArbMedVV Einf 9; **ArbSchG § 7** 68f.
- Durchführung **ArbMedVV Einf** 11
- Pflichtuntersuchungen **ArbMedVV Einf** 9
- Wunschuntersuchungen **ArbMedVV A Einf** 16

Vorverfahren ArbSchG § 22 157

Wahrnehmung kraft Gesetzes Syst D 171
Wände ArbStättV Anh 10
Waschräume ArbStättV § 6 5f.
Wechselwirkungen ArbSchG § 5 53
- zwischen Arbeitsschutz und Umweltschutz **ArbSchG § 3** 29

Wegeunfall ArbSchG § 6 77; **Syst D** 1
Wehrmaterial LärmVibrArbSchV § 17 2
Weinbau ArbSchG § 1 55
Weisungsrecht ArbSchG § 8 26
Weiterentwicklung ArbSchG § 1 31
Weltgesundheitsorganisation (WHO)
- Gesundheitsbegriff **ArbSchG § 1** 17

Werbeagenturen ArbSchG § 1 56
Werdende Mütter
- Ruhegelegenheiten **ArbStättV § 6** 20f.

Wesentliche Änderung ArbSchG § 5 65
Widersprechende Anordnungen Syst D 90
Widerspruch ArbSchG § 22 157ff.
- Einlegung **ArbSchG § 22** 160ff.

Widerspruchsbescheid ArbSchG § 22 169
Widerspruchsverfahren Syst D 155f.
- Ablauf **ArbSchG § 22** 169ff.

Wiedereingliederungsvertrag ArbSchG § 2 102
Wiedereinsetzung
- in den vorigen Stand **ArbSchG § 22** 123, 168

Wiederherstellung
- der aufschiebenden Wirkung **ArbSchG § 22** 182

Wiederholungsgefährdungsbeurteilung ArbSchG § 6 69
Wirbelsäule LasthandhabV Einf 4
Wirksamkeit ArbSchG § 22 120ff.
- der Maßnahmen überprüfen **ArbSchG § 3** 23

Wirtschafts- und Berufskammern ArbSchG § 1 62
Wirtschaftspolitik Einl B 58
Wirtschaftsverfassungsrecht ArbSchG § 3 38
Wochen-Lärmexpositionspegel LärmVibrArbSchV § 2 2
Wohlfahrtsdienste ArbSchG § 1 58
Wohlfahrtseinrichtungen
- kirchliche **ArbSchG § 1** 63

Wohnräume ArbSchG § 22 40
Work Ability Index-Befragung SystDarst A 66
Wunschuntersuchungen
- Kriterien und Beispiele **ArbMedVV § 9** 7

Wunschvorsorge ArbMedVV § 5a; **ArbMedVV Einf** 33; **ArbSchG § 11** 4
- Definition **ArbMedVV § 2** 9
- Ordnungswidrigkeit **ArbMedVV § 10** 3

Xylol ArbMedVV Anh 7

Zentralstelle für Arbeitsschutz
- beim Bundesministerium des Innern **ArbSchG § 20** 14

Zeugen ArbSchG § 22 138
Ziele der Arbeitsstättenverordnung ArbStättV § 1 1ff.
- des Arbeitsschutzes **ArbSchG vor § 1** 50

Zivil- und Katastrophenschutz BildscharbV § 1 6
Zivildienstleistende ArbSchG § 2 105

fette Zahlen = Paragraphen

Sachverzeichnis

Zugangsbeschränkungen
– zum Arbeitsplatz **ArbSchG § 9** 28 ff.
Zurückbehaltungsrechte ArbSchG § 14 32
Zusammenarbeit
– der Behörden **ArbSchG § 23** 66
– mit Krankenkassen **Syst D** 56
Zusammenführungsfunktion ArbSchG § 1 49
Zusammenwirken
– mit Gewerbeaufsicht **Syst D** 133
Zuschläge Syst D 36
Zuständige Behörde ArbSchG § 22 3; **ArbSchG § 23** 71

Zuständigkeitsverordnung ArbSchG § 22 133
Zustimmung
– des Bundesrates **ArbSchG § 24** 9
Zuwiderhandlung ArbSchG § 26 7 ff.
Zwang
– unmittelbarer **ArbSchG § 22** 186
Zwangsgeld ArbSchG § 22 186
Zwangsmittel ArbSchG § 22 185
Zweckbestimmung ArbSchG § 1 2
Zwei-Sinne-Prinzip ArbStättV § 3a 15
Zwischenstaatliche Vereinbarungen
– Umsetzung durch Rechtsverordnung **ArbSchG § 19** 10, 16